# 2011

# 宁夏年鉴

NING XIA NIAN JIAN

宁夏回族自治区人民政府 主办

宁夏地方志编审委员会
宁夏社会科学院 承办
宁夏年鉴协会

宁夏年鉴编辑委员会 编

# 亘元

1、自治区党委、政府历来关注民生、民情，对神华宁煤集团的棚户区改造十分重视，在宁夏第三届房车生活文化节，自治区党委书记张毅（中）、自治区主席王正伟（左二）与自治区政协主席项宗西（右二）共同为神华宁煤集团棚户区改造迁居安置工程揭幕

2、自治区党委副书记、银川市委书记崔波（中）视察太阳城迁居项目

3、自治区副主席李锐（中）出席亘元万豪大厦合作签约仪式

4、神华宁煤集团总经理张玉卓（中）考察调研神华宁煤集团迁居项目

5、神华宁煤集团公司董事长王俭（右二）调研亘元地产代建永宁保障房住宅项目

# 地产

——诚信·创新·服务

| 1 | 2 | 3 |
|---|---|---|
| | 4 | 5 |

# 公司简介

宁夏亘元房地产开发有限公司是神华宁夏煤业集团有限责任公司下属的全资子公司。公司成立于 2001 年 6 月 19 日，为国家一级资质房地产开发企业。

公司目前已开发、在建及储备项目 20 多个，已竣工项目 8 个，在建项目 12 个，其中建筑面积超过百万平方米的超大型项目有 4 个：华雁·香溪美地项目 134 万平方米，太阳城项目 240 万平方米，银子湖·水都项目 320 万平方米，水木灵州项目 123 万平方米。

宁夏亘元房地产公司自成立以来，在神华宁煤集团公司和各级政府的亲切关怀和大力支持下，以"诚信、创新、服务"为企业宗旨，以"打造典范人居、倡导品质生活"为企业使命，以建设"西部一流、全国百强"房地产企业为战略目标，狠抓项目建设，强化经营管理，致力市场销售，树立品牌形象，依法诚信经营。通过十年的跨越式发展，企业规模迅速扩张，经济效益逐年攀升，员工队伍不断壮大，管理水平大幅提高，员工收入稳步增加，综合实力明显增强，品牌形象有力提升。

目前，公司在资产质量、开发规模、土地储备等方面均处于宁夏房地产行业的领先地位。公司已连续多次被自治区人民政府授予纳税百强企业、诚信企业。2007 年荣获首届十大公益企业称号，2008 年、2009 年、2010 年被银川市评为房地产开发"十强企业"，总经理白武新被授予第八届"宁夏十大杰出青年企业家"荣誉称号。

雄关漫道真如铁，而今迈步从头越。展望美好明天，亘元房地产公司全体员工将继续在神宁集团、各级党委政府和行业主管部门的大力支持下，铸造企业过硬品牌，大力推进专业化合作，不断完善法人治理结构，积极参与政府一级土地开发，信心百倍地投入到新的各项工作中去，为早日建成"西部一流、全国百强"房地产企业，为宁夏房地产业健康稳定发展而努力奋斗！

宁夏亘元房地产开发有限公司

NINGXIA GENYUAN REAL ESTATE DEVELOPMENT CO.,LTD

# 亘元地产

——诚信·创新·服务

亘元万豪大厦

**图书在版编目(CIP)数据**

宁夏年鉴．2011 / 宁夏年鉴编辑委员会编．—银川：宁夏人民出版社，2011．11
ISBN 978-7-227-04845-9

Ⅰ．①宁… Ⅱ．①宁… Ⅲ．①宁夏—2011—年鉴 Ⅳ．①Z524.3

中国版本图书馆 CIP 数据核字(2011)第 229186 号

**宁夏年鉴 2011** **宁夏年鉴编辑委员会 编**

责任编辑 周淑芸
封面设计 张 宁
责任印制 王 艳

黄河出版传媒集团
宁夏人民出版社 出版发行

地 址 银川市北京东路 139 号出版大厦(750001)
网 址 http://www.yrpubm.com
网上书店 http://www.hh-book.com
电子信箱 renminshe@yrpubm.com
邮购电话 0951-5044614
经 销 全国新华书店
印刷装订 宁夏精捷彩色印务有限公司

开本 787mm×1092mm 1/16 印张 32.75 字数 1000 千
印刷委托书号 (宁)0008521 印数 2000 册
版次 2011 年 11 月第 1 版 印次 2011 年 11 月第 1 次印刷
书号 ISBN 978-7-227-04845-9/Z·149

定价 298.00 元

**版权所有 侵权必究**

# 宁夏年鉴编辑委员会


**主　任**　王正伟

**副主任**　杨春光　屈冬玉　纪　峥　肖云刚　左　军　朱玉华
张进海　刘天明(常务)

**委　员**　李克强　李耀松　李文华　袁进琳　王和山　王永耀
郭　虎　马清贵　马　力　张学武　杜正彬　姚占河
刘　卉　刘慧芳　周　舒　吴洪相　赵永彪　杨玉经
刘天锡　王　俭　章建忠　马文庆　戴向晖　王正升
田成江　李振国　刘金良　黄宗信　马建民　梅延彦
马云海　朱昌平　马洪真　王德林　李志仁　薛塞峰
魏里阳　刘金定　马汉文　李春阳　董　玲　赵　诚
廖　斌　王永忠　秦亚兵　李新实　孙洪钧　王生屹
杨宏峰　王儒贵　张作理　吴玉才　白尚成　徐力群
王保林　张建中　翟渊博　李秀昆　王永堂　郎中伟
陈英豪　刘功澜　张包平　马林峰　彭晓川　刘天雄
刘　刚　崔吉峰　师增建　肖　蕾　任杏其　邱新荣

**主　编**　屈冬玉

**副主编**　张进海　刘天明(常务)　邱新荣

**总　纂**　张进海　吴忠礼

**编辑部主任**　邱新荣

**副主任**　张明鹏　吴晓红

# 《宁夏年鉴》(2011)编务人员

**特邀编审** 王和山 马闽霞 李学峰 武裕国 李文明 韩万里

**特邀责任编辑** 陈通明

**编　　辑** （以姓氏笔画为序）

尹玉芳 王玉琴 王晓华 吴晓红 杨 云 张 哲

张明鹏 邱新荣 范宗兴 唐 虹 霍丽娜

**目录翻译** 王玉琴

**彩页策划** 杨立元 王清平

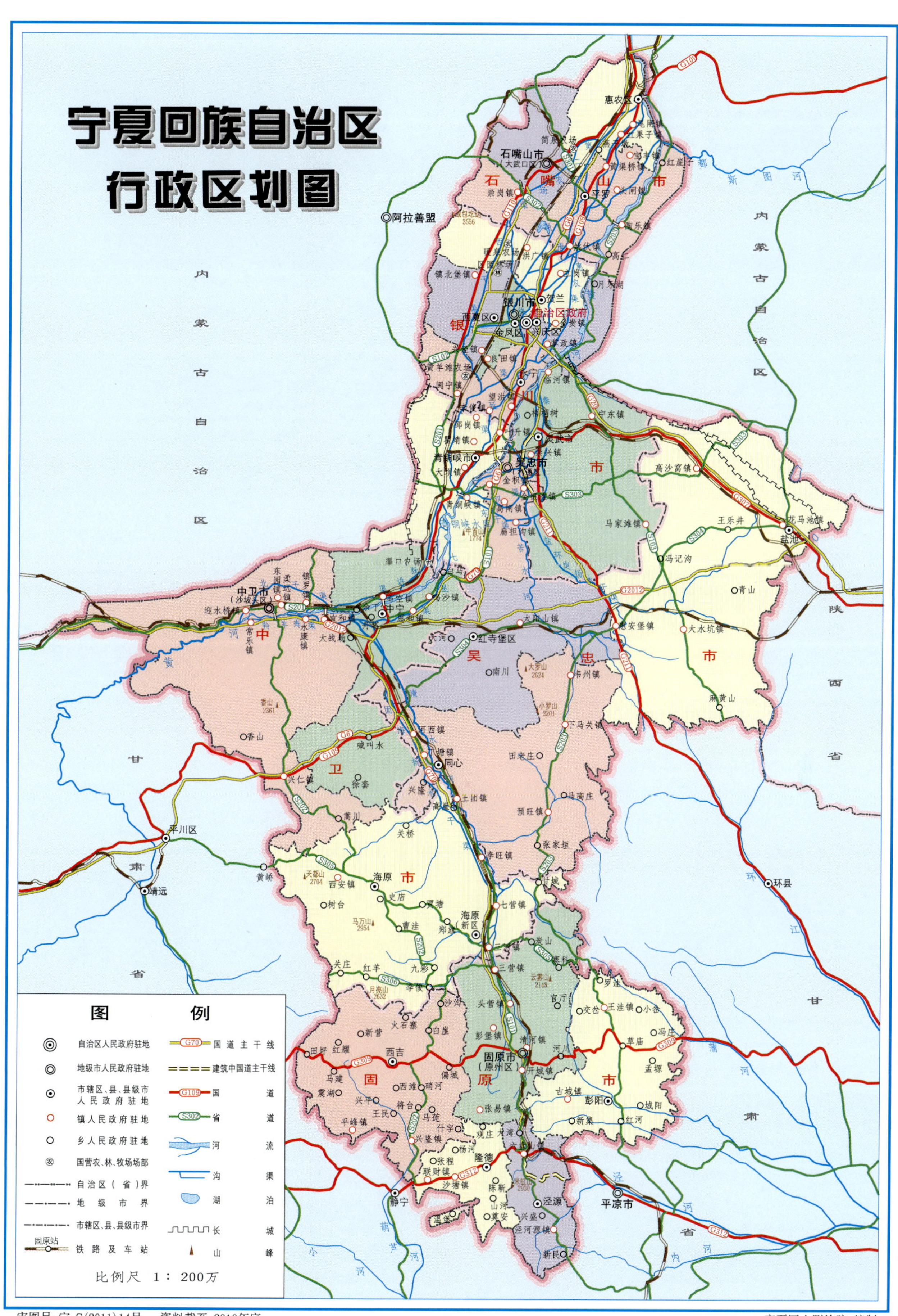


审图号:宁 S(2011)14号　资料截至 2010年底

宁夏国土测绘院 编制

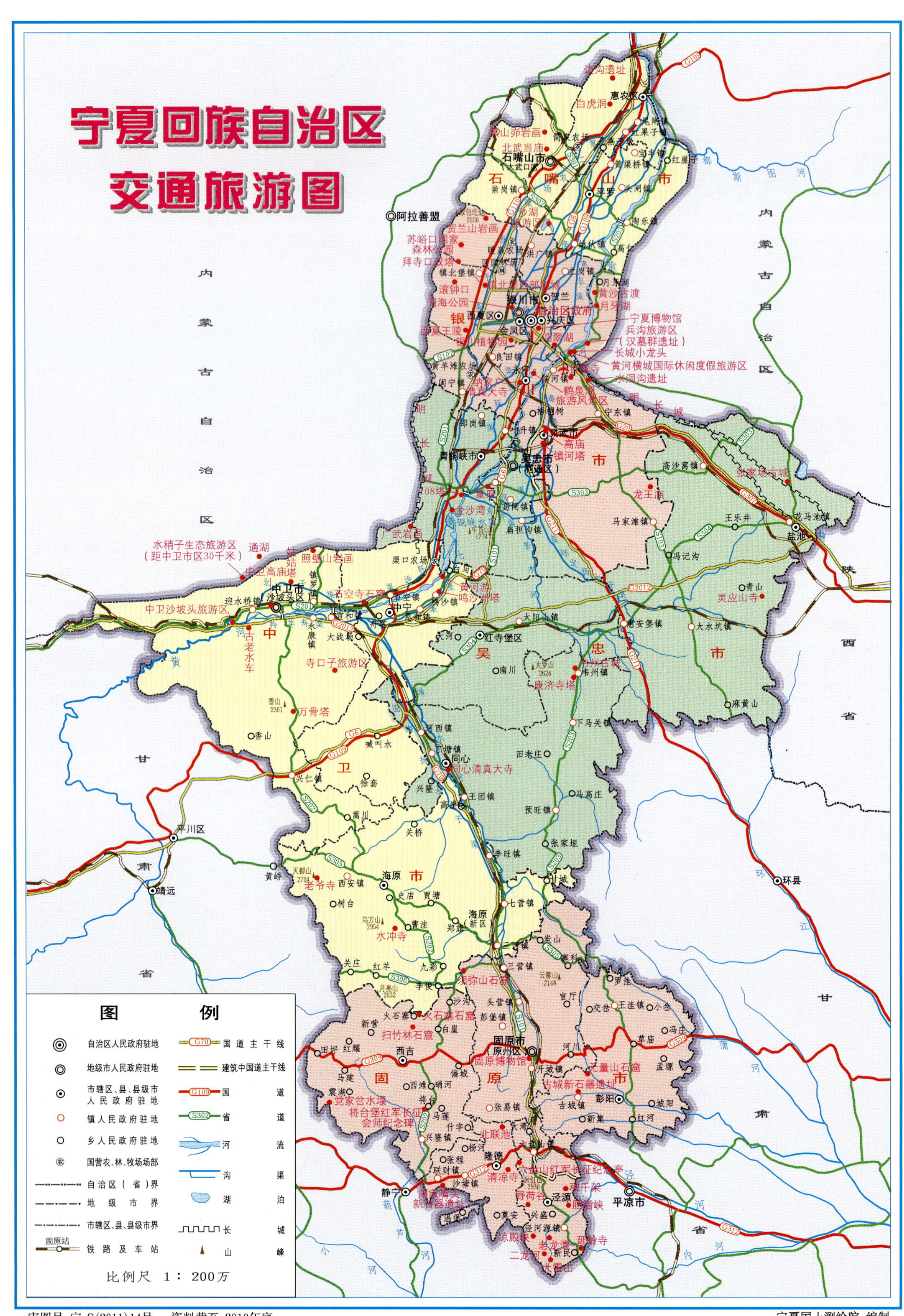


审图号:宁 S(2011)14号 资料截至 2010年底

宁夏国土测绘院 编制

8月17日，宁夏回族自治区第十届人民代表大会第四次会议在银川召开，自治区党委书记张毅当选为自治区人大常委会主任并作重要讲话

（王 猛 摄）

Ning Xia Nian Jian

2月2日，宁夏回族自治区第十届人民代表大会第三次会议在银川召开，自治区主席王正伟作工作报告

（宋克强　摄）

Ning Xia Nian Jian

2月1日，中国人民政治协商会议宁夏回族自治区第九届委员会第三次会议在银川开幕，自治区政协主席项宗西作工作报告

（王　猛　摄）

2011……
Ning Xia Nian Jian

11 月 23 日，自治区党委书记张毅（右一）在宁夏军区看望即将复员的退伍军人　　（宋克强　摄）

4 月 29 日，自治区主席王正伟（左五）视察物流港建设情况　　（安　稳　摄）

5 月 31 日，自治区党委副书记于革胜（左一）为在宁夏首届少儿才艺大赛中获奖的小朋友颁奖

（苏 涛 摄）

6 月 9 日，自治区党委常委、银川市委书记崔波（左一）为在银川房车生活文化节中工作成绩突出的获奖者颁奖

（宋克强 摄）

12 月 25 日，自治区党委常委、组织部部长徐松南（左一）为全区优秀科技工作者颁奖

（苏　涛　摄）

4 月 12 日，自治区党委常委、纪委书记刘晓滨（右二）深入银川市调研农村基层党风廉政建设

（苏　涛　摄）

11 月 10 日，自治区党委常委、宁夏军区政委王志宏（前排右四）慰问在石嘴山植树的宁夏军区部队官兵，检查给水团野外炊事作业情况（曹益民　提供）

6 月 18 日，自治区党委常委、自治区副主席齐同生（左四）视察全区节能工作（苏　涛　摄）

4月27日，自治区党委常委、自治区副主席刘慧为重度残疾人发放津贴证

（苏 涛 摄）

9月28日，自治区党委常委、统战部部长马金虎（左四）在贺兰泰丰生物有限公司考察

（刘西林 摄）

4月30日，自治区党委常委、宣传部部长杨春光（左一）在公益性文化活动中向学生赠书

（宋克强　摄）

10月18日，自治区党委常委、政法委书记苏德良（前）检阅司法警察队伍

（苏　涛　摄）

2月7日，自治区党委常委、秘书长蔡国英（右三）在自治区档案局检查指导工作　（张久清　摄）

9月28日，联合国“宁夏沙漠化防治和民生改善项目”签约仪式在银川举行　（苏　涛　摄）

9月24日，中国宁夏回族自治区·罗马尼亚胡内多阿拉县建立友好区县关系签约仪式在银川举行

（王 猛 摄）

8月2日，福建省·宁夏回族自治区互学互助对口协作第十四次联席会议在福州召开 （王 猛 摄）

4月17日，宁夏·长三角（上海）经贸合作推介会在上海召开　（王　猛　摄）

8月6日，宁夏再生资源公司重组框架协议签约仪式在银川举行　（韩胜利　摄）

9月26~29日，2010中国（宁夏）引进海内外高层次人才合作洽谈会在银川召开　（王　猛　摄）

12月10日，“黄河富农卡”启动暨客户授信仪式在银川举行　（韩胜利　摄）

4 月 29 日，建行宁夏分行与自治区工商联共同支持中小企业经济发展框架合作协议签约仪式暨新产品推介会在银川举行

（韩胜利　摄）

2011
Ning Xia Nian Ji

11 月 11 日，中国银行宁夏分行与北方民族大学签署国家助学贷款业务合作协议

（韩胜利　摄）

5 月 23 日，全区千名律师进万家企业活动启动仪式在银川举行

（韩胜利　摄）

5月3日，自治区人大常委会举行“安全发展宁夏行”启动仪式

（白景辉　摄）

6月5日，世界环境日保护母亲河行动主题宣传实践活动启动仪式在银川举行

（苏　涛　摄）

8月30日，宁夏农村环境连片整治示范项目启动仪式在银川举行

（韩胜利　摄）

9月8日，宁夏千名特困老人免费游家乡公益活动启动仪式在银川举行

（苏　涛　摄）

5月25日，新合作"农超对接"展示洽谈会暨海原县项目启动仪式在海原县举行　（韩胜利　摄）

2011
Ning Xia Nian J

10月20日，中卫市举行农户科学储粮示范工程启动仪式

（宋克强　摄）

3月6日，第十一届宁夏春季农业科技成果推广暨农用物资交流会在银川开幕（苏 涛 摄）

12月28日，全区科学技术奖励大会在银川召开（王 猛 摄）

9月26日，2010中国（宁夏）国际投资贸易洽谈会暨首届中国·阿拉伯国家经贸论坛在银川开幕，并举行项目签约仪式

（安　稳　摄）

2011
Ning Xia Nian Jian

9月25日，第三届中国穆斯林企业家（银川）峰会开幕

（宋克强　摄）

6月10日，“隐形将军韩练成”专题展在固原博物馆开展

（苏　涛　摄）

2011
Ning Xia Nian Jian

6月23日，电视连续剧《给水团》开机仪式在银川举行

（宋克强　摄）

7月21日，第八届中国西部民歌（花儿）歌会在永宁县中华回乡文化园开幕

（苏　涛　摄）

3月28日，太阳山开发区举行2010项目大会战启动仪式

（宋克强　摄）

3月29日，宁夏检验检疫局惠农办事处成立

（苏　涛　摄）

4月13日，自治区举行2010年黄河金岸项目建设大会战动员会　（宋克强　摄）

5月19~24日，全国中学生天文奥林匹克竞赛决赛暨宁夏天文奥林匹克邀请赛在固原举办

（王 彦 摄）

7月30日，自治区妇联举办第五届宁夏家庭文化艺术节暨全区百万妇女健身活动展示大赛

（王 彦 摄）

9月18日，全国科普日暨中小学自然科学课走进科技馆活动在银川启动

（王 彦 摄）

2011
Ning Xia Nian Jian

5月23日，宁夏第七届少数民族传统体育运动会在银川开幕
（王 彦 摄）

8月8日，宁夏回族自治区第十三届运动会在银川开幕
（安 稳 摄）

9月19日，宁夏“黄河金岸”国际马拉松赛在吴忠市开赛
（宋克强 摄）

5月24日，宁夏邮政及中国邮航银川—深圳—迪拜货运航线首航仪式在银川河东机场举行

（胡爱频　提供）

an Jian

7月6日，黄河宁夏段标准化堤防竣工暨黄河金岸滨河大道全线通车

（安　稳　摄）

10月29日，全国首家省级湿地博物馆落户沙湖

（张明鹏　摄）

6月28日，中国石油宁夏石化公司举行500万吨炼油改扩建项目主体装置安装启动仪式

（李效民　摄）

12月28日，世界首个百万千瓦超超临届空冷机组在宁夏投产

（李效民　摄）

9月20日，石嘴山市举行建市50周年庆典活动　（宋克强　摄）

8月16日，青铜峡市举行建市50周年庆典活动　（王　猛　摄）

# 编　辑　说　明

一、《宁夏年鉴》（2011）是经宁夏回族自治区人民政府批准出版的国内外公开发行的正式出版物，是具有政府公报性质的大型资料性工具书，是列入国家新闻出版特殊系列的年刊。由宁夏回族自治区人民政府主办，宁夏地方志编审委员会、宁夏社会科学院、宁夏年鉴协会承办，宁夏年鉴编辑委员会编辑。

二、本年鉴以邓小平理论、"三个代表"重要思想、科学发展观为指导，坚持为改革开放、三个文明建设、构建和谐社会和实现宁夏跨越式发展服务。

三、本年鉴主要反映宁夏2010年各项事业发展状况、重大事件和最新成就。所刊载的资料由各部委（办）、厅（局）、市、县（市、区）和大型厂矿企业、集团公司、驻宁部队等有关单位提供，真实、全面，具有重要的"资治、教化、存史"价值，为人们了解新宁夏、建设新宁夏提供信息服务咨询。

四、本年鉴采取分类编辑法，以类目、分目、条目组成框架结构的主体部分。少数分目中增设子分目层次。全书条目标题统一用黑体字加【】表示。全书前有中英文目录，后有索引，具有比较完善的检索功能。

五、本年鉴设特载、专载、机构和组成人员、大事记、宁夏综览、市县区情、党政群团、政权政协、行政与社会管理、司法公安、军事、财政税务、经济管理与综合经济、农业与农村经济、工业、开发区与工业园区、交通信息产业、商业贸易、旅游业、金融业、生态建设与环境保护、城乡建设与房地产业、教育、科学技术、社会科学、文化、新闻出版与广播影视、体育卫生、民族宗教、人物、文献目录31个类目。全书共列分目294个，条目2342个。

六、本年鉴对各分目、条目之间的交叉重复，在分清主次和互补的基础上，采取平衡删留、详略互见、区别视角等不同记述方法。

七、本年鉴"人物"类设逝世人物、全国劳动模范、全国先进工作者、国务院政府特殊津贴获得者、新闻人物、宁夏年度经济人物、感动宁夏人物、人物名录、集体名录9个分目，逝世人物以卒年为序排列，人物简介以姓氏笔划为序。"机构和组成人员"类收录行政事业单位以及中央驻宁企业单位副厅级（含副厅级待遇）以上领导干部人员。

八、本年鉴表述形式有专文、条目、大事记、表格、图片等多种，其中条目属最基本的表述形式。

九、本年鉴分列中英文目录，其中英文目录省略了条目标题。

十、本年鉴所收录数据，由各有关部门负责提供，并经各主管部门审核。

十一、本年鉴严格执行出版物汉字使用管理规定、法定计量单位、出版物数字用法、标点符号用法等规定，力求规范化。使用自治区、市、县名时，一般写明全称。宁夏回族自治区简称"自治区"或"宁夏"，有时简称"全区"。

十二、《宁夏年鉴》的编写工作，得到自治区各部门、各单位和驻宁单位以及有关人士的热情支持，在此深表谢意。

《宁夏年鉴》编辑部

2011年10月

# 目 录

## 特 载



## 专 载



## 机构和组成人员



## 大 事 记



## 宁夏综览

## 市县区情

## 党派群团

## 政权政协



## 行政与社会管理

## 司法公安



## 军　事

## 财政税务



## 经济管理与综合经济

## 农业与农村经济

## 工 业



## 开发区与工业园区

## 交通信息产业



## 商业贸易

## 旅游业



## 金融业

## 城乡建设和房地产业



## 生态建设与环境保护



## 教　育

## 科学技术



## 社会科学

## 文　化

## 新闻出版管理与广播影视



## 体育卫生



## 民族宗教

## 人　　物



## 文献目录



## 索　　引

# NINGXIA YEARBOOK(2011)

## CONTENTS

### RECORDS OF GREAT SIGNIFICANCE



### DOCUMENTS OF SPECIFIC MEANINGS

## ORGANIZATIONS AND STAFF



## MEMORABILIA



## GENERAL SURVEY OF NINGXIA



## GENERAL VIEW ON THE ADMINISTRATIVE REGIONS OF NINGXIA



## PARTY AND GOVERNMENT &MASS ORGANIZATIONS

## POLITICAL POWER & CPPCC



## ADMINISTRATIVE & SOCIAL MANAGEMENT



## JUDICATURE AND PUBLIC SECURITY



## MILITARY AFFAIRS



## FINANCE AND TAXATION



## ECONOMIC MANAGEMENT & COMPREHENSIVE ECONOMIC

## AGRICULTURE AND RURAL ECONOMY



## INDUSTRY



## DEVELOPMENT ZONES & INDUSTRIAL PARK



## TRANSPORTATION AND INFORMATION INDUSTRIES



## COMMERCE & TRADE



## TOURISM

## FINANCIAL INDUSTRY



## URBAN AND RURAL CONSTRUCTION & REAL ESTATE



## ECOLOGICAL CONSTRUCTION & ENVIRONMENTAL PROTECTION



## EDUCATION



## SCIENCE AND TECHNOLOGY



## SOCIAL SCIENCE

## CULTURE



## MANAGEMENT OF NEWS AND PUBLISHING & BROADING, FILM AND TELEVISION



## SPORTS AND HYGIENE



## NATIONALITIES AND RELIGIOUS



## PERSONAGE



## BIBLIOGRAPHIC TERM



## INDEX

# 特 载

编辑：邱新荣　霍丽娜

## 胡锦涛总书记考察宁夏
## 激励宁夏各族干部群众抢抓发展新机遇 描绘发展新宏图

3月21～23日，中共中央总书记、国家主席、中央军委主席胡锦涛来到宁夏考察工作。胡锦涛总书记一路深入银川、吴忠、石嘴山等地的企业车间、种植基地、城市社区、移民新村和黄河湿地，就深入推进西部大开发、加快转变经济发展方式、保障和改善民生、加强和改进党的建设等进行深入细致的考察。考察结束时，胡锦涛总书记听取了宁夏回族自治区党委和政府的工作汇报，充分肯定了宁夏经济社会发展取得的显著成绩。

加快转变经济发展方式，做大做强特色优势产业，对西部地区在新起点上实现更大发展具有重要意义，是胡锦涛这次考察的一个重点。在中色（宁夏）东方集团有限公司、宁夏林业研究所、银川小任果业有限公司、宁夏塞上阳光牧场等地，胡锦涛总书记说，希望你们抓住机遇，不断推进科技创新、产品创新、管理创新，不断提高企业核心竞争力，为发展我国新材料产业作出更大贡献；要进一步加强基础研究，加快科研成果转化，加大国内外优秀人才引入力度，为推动具有西北特色的农林产业发展、为保护西北地区生态环境发挥应有作用；企业要充分利用当地发展优势，不断扩大规模，切实保证质量，带动更多群众勤劳致富、科技致富。

胡锦涛总书记十分关心宁夏基础设施建设和生态环境保护的进展，专门到黄河标准化堤防和星海湖生态湿地保护区考察。他还强调，要进一步搞好黄河堤防建设，为保护好、治理好我们的母亲河不懈努力；要牢固树立生态文明理念，把保护生态环境这件大事持之以恒地抓下去，确保已经取得的成果得到巩固、已经确定的计划稳步推进，为改善宁夏生态环境、为构筑西部生态屏障贡献更大力量。

在棚户改造小区，在生态移民新村，在给水部队支农打井施工点，胡锦涛总书记对宁夏持续改善各族群众生产生活条件提出明确要求。他说，要继续提高企业退休人员基本养老金，继续加大工矿棚户区改造力度，让退下来的老职工也能共享改革发展成果；不但要组织自然环境恶劣地区的群众搬迁出来，还要解决好搬迁群众的生计问题，真正做到“搬得出、稳得住、能致富”；希望官兵们牢记全心全意为人民服务的根本宗旨，在完成好部队军事任务的同时，千方百计为各族群众找水打井，帮助群众解决吃水难问题，让更多的老百姓喝上安全水，为西部大开发再立新功。

胡锦涛总书记强调，西部大开发第一个十年取得了良好开局，打下了坚实基础，第二个十年将成为承前启后、深入推进的关键时期。中央将把深入实施西部大开发战略作为具有全局意义的重大方针、作为“十二五”时期经济社会发展的重大任务，进一步完善扶持政策，进一步加大资金投入，进一步体现项目倾斜，以更大的决心、更强的力度、更有效的举措，推动西部地区经济社会又好又快发展，为我国发展开拓新的广阔空间。希望宁夏各族干部群众高举中国特色社会主义伟大旗帜，以邓小平理论和“三个代表”重要思想为指导，深入贯彻落实科学发展观，牢牢把握国家深入实施西部大开发战略的重大机遇，切实用好中央关于进一步促进宁夏经济社会发展的政策举措，立足自力更生，矢志艰苦创业，努力走出一条符合宁夏实际、具有宁夏特色的兴区富民发展路子，推动经济社会发展不断迈上新台阶。

考察期间，胡锦涛总书记在新建的宁夏博物馆亲切接见了自治区民族宗教界人士代表、民族工作者代表和民族团结进步模范代表。

（杨柳摘编自《宁夏日报》3月24、26日第1版）

# 吴邦国在宁夏调研时强调
# 要走出一条符合宁夏实际 富有特色的兴区富民之路

9月10~14日,中共中央政治局常委、全国人大常委会委员长吴邦国来到宁夏,深入固原、中卫、银川、石嘴山的城市乡村,在田间地头、车间矿区、机关校园,先后调研了19个单位,与各族各界干部群众共商发展大计。吴邦国强调,要把思想和行动切实统一到中央对形势的分析判断和对工作的总体部署上来,紧紧抓住深入实施西部大开发战略的重要机遇,结合实际走出一条符合宁夏实际、富有特色的兴区富民之路。

在中南部贫困地区,吴邦国要求有关方面继续采取切实有效措施,争取用3年左右时间基本解决中南部地区城乡居民饮水安全问题,积极推动中南部地区生态移民搬迁安置,让中南部地区各族群众的生活一天天好起来。

在宁东能源化工基地,吴邦国认真听取基地规划建设情况介绍,实地察看神华宁煤集团煤基烯烃项目进展情况。他强调要坚持科学规划,选准技术路线,引进大企业大集团,加强资源综合利用,进一步延伸产业链,走出一条煤化工的新路子,努力把资源优势转化为经济优势,把宁东建设成为国家重要的煤炭基地、煤化工基地、西电东送基地和循环经济示范区。

在位于沿黄城市带的中宁、灵武、贺兰、惠农、平罗等城镇,吴邦国详细了解沿黄城市带规划方案和建设进展,实地察看采煤沉陷区地质环境治理情况。吴邦国指出,要立足当前、着眼长远,坚持统筹城乡发展,以此带动乡镇发展和产业发展,带动非公有制经济发展和承接东部产业转移,带动农村人口特别是中南部地区农村人口有序转移,促进全区尤其是中南部地区生态建设。要坚持高起点搞好城乡建设规划和城镇体系统一规划,优化产业布局,扎实稳妥地向前推进,走出一条统筹城乡发展的城镇化新路。

在中卫市沙坡头区,吴邦国走进蔬菜大棚,实地察看膜下滴灌技术应用情况。他说宁夏作为干旱少雨的内陆省区,发展农业一定要坚持走节水、高效、特色的路子。希望进一步做好耐旱作物和抗旱品种选育推广工作,做好先进适用节水技术推广应用工作,实行规模化、产业化经营,为农业增产、农民致富开辟新途径。

吴邦国一直关心宁夏教育事业的发展。在中宁县一中参观时说,要继续兴办针对偏远地区农村孩子的寄宿制教育,落实寄宿生生活补助等政策,确保所有孩子不因贫困而失学。要在改善教学条件的同时,着力加强教师队伍建设,努力把宁夏教育搞上去。

调研期间,吴邦国反复强调,民族团结、社会稳定是各族人民的根本利益所在。要高度重视保障和改善民生,下力气解决涉及群众切身利益的突出问题。要进一步加强民族宗教工作,促进各民族共同团结奋斗、共同繁荣发展。

(杨柳摘编自《宁夏日报》9月15、16日第1版)

# 贾庆林参观西部生态环境与人居环境成就展宁夏馆

7月14日,中共中央政治局常委、全国政协主席贾庆林来到北京全国农业展览馆,参观了西部大开发十周年生态环境与人居环境成就展宁夏馆。中共中央政治局委员、全国政协副主席王刚一同参观展览。

宁夏展厅主题分外突出,充分展示出西部大开发十年来宁夏人民自强不息、奋发进取的精神和在建设秀美山川、构建和谐人居环境征途上迈出的坚实步伐。在全国首先实现人进沙退,大力推进农村危房改造,打造黄河金岸……一幅幅图片,展现了宁夏十年努力和十年成就。贾庆林一边观看展板,一边听取介绍,他指出:“西部大开发十年,宁夏在经济社会科学发展、生态和人居环境改善提升上取得重大成就。”

在展示宁夏实现人进沙退的展板前,贾庆林停了下来。图片资料显示,多年来宁夏累计整治沙化土地700万亩,一举成为全国最早实现人进沙退的省区。贾庆林微笑着点点头,感慨地说:“我在宁夏考察时,看到宁夏的美利纸业在茫茫沙海中种植了几十万亩次生林。对宁夏的生态建设,我记忆犹新。”展板还翔实记录了宁夏在发展低碳经济等方面取得的成就。贾庆林对此十分关心,他说:“宁夏完全具有发展新能源的良好基础,今后应该大力发展光伏产业和风能。”“希望宁夏实现经济发展和生态保护的双赢,建设好祖国西北的生态屏障。”

(杨柳摘编自《宁夏日报》7月16日第1版)

# 李克强在宁夏考察时强调
# 深入推进西部大开发 发展经济改善民生

2月25~27日，中共中央政治局常委、国务院副总理李克强先后到银川、中卫、吴忠等地，深入企业车间、建设工地，走进社区医院、乡村农户，着重就西部大开发中如何加快发展、改善民生等进行深入调研。李克强强调，要抓住加快经济发展方式转变的新机遇，明确深入推进西部大开发的新任务，拓展经济社会发展的新空间，满足保障和改善民生的新期待，造福各族人民群众。

视察宁东能源化工基地和神华宁煤集团、宝丰能源公司、中银绒业公司等企业时，李克强说，贯彻落实科学发展观，加快经济发展方式转变，是当前和今后一段时期的战略任务。加快经济发展方式转变，关键在调整经济结构。加大经济结构调整力度，重点是扩大国内需求。西部地区幅员辽阔，蓄势待发，需求潜力巨大。在新的起点上深入推进西部大开发，有利于扩内需、调结构、上水平。要抓住经济发展方式转变的机遇，做好新一轮西部大开发各项工作，在改革开放中实现又好又快发展。要抓住国内外产业调整转移的时机，依托企业主体，面向市场需求，应用现代科技，引入先进要素，做大做强特色产业，加快把资源优势转化为经济优势。要坚持走新型工业化道路，大力发展循环经济、绿色经济，加强资源节约和环境保护，不断提高经济增长的质量和效益。

在海原县高崖乡、吴忠市利通区上桥镇、银川市保障性住房建设项目五里一居考察时，李克强说，要帮助农民打开更多的致富门路，突出解决好缺水等实际问题，保障人畜饮水，发展节水农业，使群众生活不断改善、日子更有奔头；医药卫生体制改革要重点抓基层、保基本、建机制，努力在缓解看病贵、看病难上取得实际成效，逐步解决人民群众基本医疗问题；要充分发挥医护人员的医疗卫生体制改革主力军作用，切实调动他们的积极性、创造性；要进一步加大投入，科学规划，加快保障性安居工程建设步伐，切实解决低收入家庭的住房困难问题。

在宁夏期间，李克强还专程来到同心清真大寺看望宗教人士和回族群众。他听取了宁夏回族自治区党委政府的工作汇报，充分肯定近年来宁夏取得的显著成绩，希望广大干部群众再接再厉，锐意进取，巩固各民族共同团结奋斗、共同繁荣发展的局面，保持社会和谐稳定，实现宁夏经济社会跨越式发展。

（杨柳摘编自《宁夏日报》2月28日、3月1日第1版）

# 李克强参加宁夏代表团审议时指出
# 继续弘扬敢为人先奋斗精神 加快形成繁荣发展生动局面

3月11日，中共中央政治局常委、国务院副总理李克强在人民大会堂宁夏厅参加宁夏代表团审议《全国人大常委会工作报告》和《政府工作报告》时指出，在促进经济社会发展进程中，宁夏没有等、靠、要，而是敢为人先，许多工作走在了全国的前列，今后国家将给予宁夏更多的支持，帮助宁夏继续巩固各民族团结奋斗的好成绩，加快形成各民族共同繁荣发展的生动局面。全国人大常委会副委员长陈昌智与代表们一起审议《全国人大常委会工作报告》和《政府工作报告》。

在认真听取代表们的发言后，李克强说，我完全赞同《全国人大常委会工作报告》和《政府工作报告》。全国两会召开前夕，我曾到宁夏考察，深深感受到西部大开发十年来，宁夏经济发展上了一个大台阶，地区生产总值、城镇居民人均可支配收入和农民人均纯收入都有较快增长，生态环境发生明显变化，城乡面貌焕然一新，人民得到了实惠，正在探索转变经济发展的新路子。宁夏民族团结、社会和谐、回汉同心，到处都看到和谐安宁祥和的局面，我由衷地感到高兴。

李克强强调，要继续巩固各民族团结奋斗的好形势。宁夏是我们国家回族聚居地区，在促进民族地区经济发展，维护各民族团结的大局中有着十分重要的作用，自治区成立以来取得了巨大成就，是回汉群众共同团结奋斗的结果。我们应该、也完全有条件巩固这个好形势，做共同团结奋斗的模范，这是我们实现中华民族伟大复兴的坚强基础。李克强说，宁夏是连接华北和西北地区的枢纽，有着独特的区位优势，丰富的自然资源。独特的区位优势，可使发展不断推进；丰富的自然资源，可使转变发展方式的步伐加快。宁夏现在还受着水的困扰，水制约着中部干旱带的发展，但这也是我们发展节水农业、设施农业的潜力所在，国家应该给予支持。李克强强调，要促进社会的和谐稳定，最重要的是改善民生。要从国情出发，区情出发，尽力而为，量力而行，抓住重点，解决人民群众的基本生产生活需要。宁夏在这方面已经迈出了比较大的步伐,不论在教育、就业培训还是基本医疗保障等方面,已经走在了全国前列。李克强说,西部大开发的十年,宁夏奋发有为,自强不息,敢为人先。支持宁夏的发展,有利于深入推进西部大开发,有利于促进民族地区的发展,有利于维护中华民族大家庭的团结和国家的完整统一。李克强最后说,无论当前还是长远,发展都是第一位的任务。宁夏要加快经济发展方式的转变,把资源优势转化为经济优势。祝宁夏人民幸福、安康,祝各族人民生活越来越美好。

(杨柳摘编自《宁夏日报》3月12日第1版)

## 周永康在宁夏考察工作时强调 加快改善民族地区群众生活 不断夯实社会和谐稳定根基

9月5~8日,中共中央政治局常委、中央政法委书记周永康在宁夏考察时强调,要抓住深入实施西部大开发战略机遇,加快改善民族地区群众生活,不断夯实社会和谐稳定根基,努力实现跨越式发展和长治久安。希望全区认真开展深入推进西部大开发大学习大讨论活动,总结好前十年,干好后十年,做好开发利用煤炭和水资源两篇大文章,统筹北部和中南部地区协调发展,把北部沿黄地区建成我国塞上明珠,全力推进干旱贫困地区扶贫移民、生态移民、教育移民,高起点科学规划建设,一年一年、一届一届,坚持不懈干下去,让全区各族人民逐步过上幸福生活,努力在西部地区率先建成全面小康社会。

考察期间,周永康来到位于深山沟壑之中的中卫市蒿川乡韩套村看望乡亲们。他说,要根本改变贫困面貌,出路是向更宜居的地方迁移,希望大家转变观念,同党和政府一起做好移民搬迁工作。在固原市原州区团结村,周永康看到村民的生活有了很大改善,感到十分高兴。在同心县河西镇灾后重建工地,他说,要高标准高质量地规划建设,能一步到位的决不分两步,一步不能到位的也要留出发展空间,让受灾群众逐步住上舒适现代的新居。在中卫市沙漠现代农业示范园区果蔬大棚,周永康称赞道,这是变害为宝的好做法,要着眼市场延伸产业链,努力取得持久的生态效益、经济效益、社会效益。在黄河岸边的沙坡头治沙工程,当看到经过多年治理实现人进沙退、生态环境明显改善时,周永康十分欣慰,他说宁夏富在水,穷也在水,要毫不放松地抓好生态建设,把黄河这一母亲河、生命河保护好。在中卫市罗泉村孙寨硒砂瓜种植基地,周永康对怎样利用山坡荒漠地压砂种瓜、如何保墒、瓜农收益等问得很仔细。周永康还考察了神华宁煤集团煤基烯烃项目,希望地方和企业密切合作,尽快把资源优势变为经济优势,为推动宁夏发展、造福当地人民发挥更大作用。

周永康先后来到固原市泾源县六盘山镇派出所、原州区靖朔门社区、吴忠市信访局、灵武市宁东镇综合治理中心和银川市公安局巡特警支队,亲切慰问基层干部群众和政法干警,了解化解矛盾纠纷、创新社会管理等情况,反复强调维护社会稳定的关键是要解决好民生问题,从源头上预防和化解社会矛盾。在永宁县纳家户清真寺,他向广大穆斯林群众致以节日的祝贺,希望宗教界人士和广大信教群众紧密团结在党和政府周围,发扬爱国爱教传统,坚定不移维护民族团结,共同建设和睦和谐的大家园。周永康还专程参观了六盘山红军长征纪念馆,表达了对革命烈士的深切缅怀。

(杨柳摘编自《宁夏日报》9月9日第1版)

## 周永康在会见海小平同志亲属和先进事迹报告团成员时指出 青年干警要学习海小平

7月12日,海小平同志先进事迹报告会在北京人民大会堂举行。报告会前,中共中央政治局常委、中央政法委书记周永康亲切会见宁夏回族青年民警海小平同志亲属和报告团全体成员。在认真听取海小平同志生前所在的同心县公安局预旺派出所负责人的介绍后,周永康首先代表党中央、国务院向海小平同志亲属表示亲切慰问,向报告团全体同志表示诚挚问候,向奋战在基层一线的广大公安民警表示崇高敬意,希望广大“80后”民警向海小平同志学习,积极到基层和艰苦复杂环境中去历练成长,自觉担当起服务人民群众、维护社会和谐稳定的时代重任。

周永康指出,海小平同志用年仅24岁的短暂青春践行了“人民公安为人民”的庄严承诺,他的事迹平凡而感人。作为一名“80后”少数民族青年和家里的独生子,海小平警校毕业后主动要求到偏远艰苦的乡镇派出所工作。在从警后的3年零8个月时间里,他恪尽职守、甘于奉献,全身心地投入公安工作;他扎根基层、刻苦磨练,很快成为派出所的多面手和业务骨干;他勇挑重担、无私无畏,出色地完成了缉毒追逃、援疆维稳等重大任务。海小平同志始终把百姓当亲人，进百家门，解百家难，走到哪里帮到哪里，把党和政府的温暖传递到千家万户，当地群众为失去这样一位好民警、好儿子、好兄弟而悲伤惋惜。海小平同志是当代青年民警的楷模，希望全国涌现更多海小平式的优秀青年民警。

周永康强调，当前我国正处于改革发展的关键时期，维护和谐稳定的任务艰巨繁重。面对新形势新任务，必须努力建设一支政治坚定、业务精通、作风过硬、执法公正的政法公安队伍。现在，越来越多的"80后"甚至"90后"青年进入政法公安机关，并逐步成为基层一线的骨干力量，他们是政法公安队伍的未来和希望。各级政法公安机关要更加重视培养青年干警，为他们成长成才创造良好环境，使他们能够切实肩负起中国特色社会主义事业建设者、捍卫者的神圣使命。广大青年干警要以海小平为榜样，时刻把党和人民放在心中，主动到基层一线、艰苦地区、复杂环境中历练成长，勇于担当急难险重任务，甘于在默默奉献中实现人生价值，为维护社会和谐稳定作出更大贡献。

（杨柳摘编自《宁夏日报》7月13日第1版）

## 回良玉、白立忱出席中国（宁夏）国际投资贸易洽谈会暨首届中阿经贸论坛活动

9月25～26日，中共中央政治局委员、国务院副总理回良玉，全国政协副主席白立忱出席了在银川举行的中国（宁夏）国际投资贸易洽谈会暨首届中阿经贸论坛活动。

26日，回良玉、白立忱出席了中国（宁夏）国际投资贸易洽谈会暨首届中阿经贸论坛开幕式及中阿经贸论坛高峰会议。在中阿经贸论坛高峰会议上，回良玉发表主旨演讲。回良玉说，中国和阿拉伯国家都拥有悠久的历史和灿烂的文明，为推动世界文明进步作出了重要贡献，中阿友谊源远流长。进入新世纪以来，中阿友好合作不断深化，政治互信不断加强，特别是2004年成立的中阿合作论坛，成为中阿集体对话和合作的重要平台，极大地促进了双边关系发展。经贸合作是中阿关系的重要组成部分，近年来，在中阿双方政府和企业的共同努力下，中阿经贸合作机制不断完善，有力地推动了中阿经贸合作全面快速发展。即使在国际金融危机的严峻形势下，中阿经贸合作仍保持了良好的发展势头，充分说明中阿双方合作潜力巨大，前景广阔。回良玉说，要坚持真诚友好，积极发展战略合作关系；坚持互利共赢，夯实推动经贸合作；坚持沟通协调，共同维护发展中国家利益。

回良玉指出，将中阿经贸论坛选址在宁夏，是中国政府深思熟虑的结果。宁夏是我国西北地区重要的交通枢纽，历史上就是丝绸之路的一个重要的商埠，是连接欧亚大陆的重要通道。宁夏资源富集，物产丰富，文化多元，经济发展速度快，后劲足，在中国西部大开发中具有重要地位。宁夏是中国回族集聚最多的地区，与阿拉伯国家开展合作具有独特的便利条件。因此，在宁夏每年定期举办中阿经贸合作论坛具有天时、地利、人和的优势，可以为中国和阿拉伯国家企业家开展商贸投资等领域的合作提供良好的服务。希望通过各方的共同努力，使中阿经贸论坛越办越好，在推动中阿经贸合作向更大规模、更广领域、更高层次发展中发挥越来越大的作用。

25日，回良玉在银川市会见了来华出席2010中国（宁夏）国际投资贸易洽谈会的斐济总统埃佩利·奈拉蒂考。白立忱在银川市会见了参加中国—阿拉伯联合商会理事会议的部分代表。

（杨柳摘编自《宁夏日报》9月26、27日第1版）

## 李源潮在宁夏调研创先争优活动并出席在银川召开的西部城市人才工作座谈会

11月7～8日，中共中央政治局委员、中央书记处书记、中组部部长李源潮在宁夏调研创先争优活动并出席在银川召开的内蒙古、陕西、甘肃、青海、宁夏5省区部分城市人才工作座谈会。

李源潮在调研创先争优活动期间，先后深入中卫市胜金村、银川市兴庆区中山社区和神华宁煤集团并召开座谈会。李源潮指出各级党委要牢牢把握科学发展、加快转变经济发展方式这个主题和主线，引导基层党组织和党员干部围绕"十二五"时期科学发展、和谐发展开展创先争优，使创先争优成为一种精神状态、一种价值导向、一种示范带动、一种社会氛围。要认真总结推广基层创造的好经验，大力宣传科学发展创先争优的先进典型，在全社会营造比、学、赶、超的良好氛围。

李源潮在出席内蒙古、陕西、甘肃、青海、宁夏5省区部分城市人才工作座谈会时指出，推动西部地区科学发展、跨越发展、绿色发展，不仅要发挥资源优势，更要靠人才。近年来，西部地区纷纷加大人才队伍建设力度。宁夏积

极打造人才发展“小环境”,内蒙古实施“草原英才”工程,陕西面向海内外吸引“三秦学者”,甘肃引导人才科技创业,青海以柔性流动方式吸引急需紧缺人才,西安、银川、西宁、包头、张掖等市实施人才强市战略,都取得了可喜成绩。各省区特别是中心城市要以学习贯彻十七届五中全会精神为契机,认真落实国家中长期人才发展规划,制定和实施人才强市战略,把人才作为科学发展第一资源,推动经济社会又好又快发展。要围绕“十二五”时期主要工作和长远发展需要,确定人才队伍建设重点,加大人才投入,实施人才工程,把人才优先发展落到实处,努力构建人才发展比较优势。要进一步解放思想,以政策创新推动人才体制机制创新,为人才发展营造良好环境。

(杨柳摘编自《宁夏日报》11月9日、10日第1版)

## 张德江在宁夏调研时强调 加快转变工业发展方式促进民族地区经济快速发展

5月20~22日,中共中央政治局委员、国务院副总理张德江在宁夏调研时强调,要深入贯彻落实科学发展观,坚持加快推进工业现代化,坚持加快转变工业发展方式,调整优化产业结构,大力发展中小企业和非公有制经济,全面提高工业整体素质和发展水平,促进民族地区经济又好又快发展。

张德江在银川、石嘴山、青铜峡等地先后考察了机械、能源、纺织、电子、原材料、生物、食品加工等行业的企业,并考察了宁东能源化工基地和银川金凤区信息化推进城乡一体化试点项目。张德江充分肯定了宁夏近年来经济社会发展取得的显著成绩。他指出,宁夏是我国少数民族自治区之一,也是革命老区和集中连片贫困地区,必须紧紧抓住发展第一要务,牢牢把握实施西部大开发战略的历史机遇,加快工业化现代化进程,促进民族地区经济社会新的更大发展,努力实现全面建设小康社会宏伟目标。

张德江指出,要顺应国际国内经济科技发展的大趋势,坚决贯彻落实中央的决策部署,坚持走中国特色新型工业化道路,促进民族地区工业高质量、高效益、高水平发展。一要充分发挥宁夏能源资源丰富的优势,重点推进能源资源开发和加工转化,形成宁夏经济发展新的增长点,真正把资源优势转化成经济优势。二要加大产业结构调整力度,大力发展支柱产业和特色产业,用信息技术改造提升传统产业,积极发展战略性新兴产业,加快淘汰落后生产能力,坚决抑制产能过剩行业盲目扩张。三要着力推进科技创新和技术改造,加强质量、品牌建设,切实改善企业管理,增强企业活力和市场竞争力。四要大力发展中小企业和非公有制经济,完善优惠政策,改善服务质量,营造发展良好环境。五要加强能源资源节约和生态环境保护,大力推进节能减排和污染防治,确保完成“十一五”节能减排目标,在建设资源节约型和环境友好型社会中走在西部地区前列。

(杨柳摘编自《宁夏日报》5月23日第1版)

## 陈至立在宁夏考察妇女工作时强调 妇女工作要坚持一手抓发展一手抓维权

11月22~24日,全国人大常委会副委员长、全国妇联主席陈至立在宁夏考察妇女工作并召开座谈会。她强调,各级妇联要坚持一手抓发展、一手抓维权,推动男女平等基本国策的落实。

陈至立考察了妇女农业创业园、社区妇女之家、法院妇女维权合议庭及部分企业,充分肯定在自治区党委、政府高度重视和大力支持下,宁夏妇女工作取得的显著成绩。她强调尤其要推广宁夏在全区设立区、市、县三级人民法院全覆盖的妇女维权合议庭的好做法。她说,自治区党委、政府坚决贯彻落实马克思主义妇女观和男女平等基本国策,加强和改善对妇女工作的领导,不断优化妇女儿童发展环境,支持妇女工作,帮助解决妇女工作中的问题,自治区人大、政协着力加强维护妇女儿童权益的法律法规建设和执法监督力度,形成了党委领导、政府支持、妇联牵头、各方参与的社会化工作格局,促进了妇女儿童事业的健康发展。宁夏的妇女儿童事业发展成果显著,妇女工作呈现出勃勃生机。

陈至立强调,要进一步建立基层维权站(点)、空中维权热线等妇女维权网络,使妇女能就近及时得到维权服务和帮助。各级妇联要抓住2010年全国人大常委会对妇女权益保障法进行执法检查的契机,积极推动解决妇女参政、就业、劳动保护、土地等权益问题,推动加大反家庭暴力、打击拐卖妇女儿童犯罪行为的力度,切实把妇女维权工作落到实处。要继续推进事关妇女民生的重点工作,努力做好让妇女得实惠、普受惠、长受惠的实事;进一步用好用足妇女小额贷款财政贴息政策，突破难点，着力扩大贷款规模，促进更多妇女创业致富，带动更多妇女就业；关注并帮助贫困妇女解决生活和生产问题；扩大农村妇女"两癌"检查试点，做到查治结合。

结合年终送温暖活动，全国妇联代表中国妇女基金会和儿童基金会向宁夏贫困地区妇女赠送了母亲水窖资金、母亲健康快车和图书等。

（杨柳摘编自《宁夏日报》11月25日第1版）

## 陈昌智参加宁夏代表团审议时强调 转变经济发展方式和结构调整是可持续发展的关键

3月6日，全国人大常委会副委员长、民建中央主席陈昌智参加宁夏代表团审议温家宝总理在十一届全国人大三次会议上作的《政府工作报告》时强调，2010年是继续应对国际金融危机、保持经济平稳较快发展的重要一年，经济发展方式的转变和经济结构调整，是可持续发展的关键。宁夏一定要加快经济发展方式的转变步伐，大力调整经济结构，进一步增强抵御风险的能力，实现经济社会又好又快发展。

陈昌智说，温总理的报告，实事求是地总结了2009年的工作，对一年工作的体会和经验概括客观准确，2010年工作安排针对性很强，完全符合科学发展观的要求，完全符合当前国际国内经济形势的要求。2009年，是我国特别艰难的一年。我们经受住了国际金融危机的考验，在世界率先实现经济回升向好，实现了国内生产总值8.7%的增长，这得益于党中央、国务院的正确领导，得利于国家及时提出的"一揽子"应对计划。同时，报告从用市场机制和宏观调控、处理好短期和长期关系等方面谈了2009年的工作经验，这些经验对我们坚持中国特色社会主义道路，提高驾驭社会主义市场经济能力，推进现代化进程，具有重要而深远的意义。

陈昌智说，报告高度重视经济发展方式的转变和经济结构的调整，并把这项工作作为2010年工作的重点，这十分必要。加快经济发展方式的转变，加大经济结构调整步伐对可持续发展至关重要，有利于提高经济发展的质量。同时，教育、科技和人才，是国家强盛、民族振兴的基石，也是综合国力的核心，报告对做好这些工作提出了新要求。

陈昌智强调，没有改革经济发展方式就转变不了，没有体制、机制上的改革，一些制度性的改革也发展不了。宁夏要根据自身的实际，加快改革开放步伐，大力调整经济结构，在调整经济结构中要"好"字当头，提高经济的质量，使经济更好地实现可持续发展。

（杨柳摘编自《宁夏日报》3月7日第1版）

## 陈昌智在宁夏视察指导全国人大重点建议办理情况

9月12～15日，全国人大常委会副委员长、民建中央主席陈昌智就全国人大重点建议办理情况，率调研组来自治区视察指导工作。

从老龙潭六盘山引水工程水源地到清河镇大马庄人畜饮水蓄水库，从原州区马铃薯种薯种植基地到同心县节水补灌技术示范区，从太阳山风力发电厂到灵武羊绒产业园……陈昌智每到一处，都认真查看，仔细询问。陈昌智说，在党中央、国务院的亲切关怀下，宁夏党委政府不等不靠、积极进取，带领全区人民奋力拼搏，取得了巨大的建设和发展成就。宁夏经济发展、社会稳定、民族团结、民生改善、文化繁荣，各项事业蒸蒸日上，广大群众一天天过上了好日子。现在，正值深入实施西部大开发战略的关键时期，全国人大高度关注宁夏的建设和发展，宁夏在项目落实、工程建设方面力度很大，富有成效。

在自治区人大常委会召开的关于全国人大重点建议办理情况汇报会上，陈昌智说，我是宁夏人民选出的代表，帮助宁夏促进经济社会发展责无旁贷，帮助宁夏群众发展生产、过上好日子责无旁贷。陈昌智指出，这些年来，宁夏围绕科学发展和民生改善，推动经济社会又好又快发展，取得了很大成就，宁夏各项事业取得了长足进步。2005年以来，宁夏全国人大代表提出的建议有7件被列为全国人大重点办理建议，这很不容易，宁夏党委、政府深化调研论证、制定完善方案、积极筹措资金、加大工作力度、推动项目实施、狠抓工程质量、重视综合效益，7件全国人大重点建议办理效果良好。

陈昌智强调，新一轮西部大开发，宁夏要把确保经济平稳较快增长作为首要任务，把推动经济发展方式转变和经济结构调整作为主攻方向，把重点项目作为主要抓手，注重产业优化升级、农业提质增效、改革开放和科技创新、社会保障和改善民生，促进社会和谐稳定。

（杨柳摘编自《宁夏日报》9月17日第1版）

## 严隽琪 罗富和出席在银川召开的民进中央参政议政年会并对宁夏教育文化工作进行考察

11月1～2日，全国人大常委会副委员长、民进中央主席严隽琪和全国政协副主席、民进中央常务副主席罗富和出席在银川召开的2010年民进中央参政议政年会。严隽琪作《集智聚力，加强专门委员会建设，不断提高参政议政水平》的主题报告，罗富和主持会议。自治区党委书记张毅出席并致辞。自治区领导项宗西、于革胜、马金虎、冯炯华、郝林海、姚爱兴、张乐琴出席会议。

严隽琪指出，民进各级组织要把思想和行动统一到中共十七届五中全会精神和中共中央的决策部署上来，围绕“十二五”目标任务，履行好参政议政职能。她指出，树立和践行社会主义核心价值体系，是关系多党合作事业发展的基础工程、灵魂工程，民进全会要自觉全面地把树立和践行社会主义核心价值体系的活动贯穿于履行参政议政、民主监督职能之中，把继承民进优良传统、学习先进榜样的成效体现在为党分忧、为国尽力、为民服务的具体实践之中。在新形势下，民进全会要科学分析时代特征，准确把握发展趋势，研究破解发展难题，找准推动“十二五”规划实施的切入点和促进落实“十二五”规划的着力点，努力开创参政议政工作的新局面。

严隽琪、罗富和在宁期间，还对宁夏的教育文化事业进行了专题考察调研，听取了宁夏教育和文化建设的情况汇报。严隽琪说，宁夏虽小，但很多工作都走在了全国的前列，特别是近年来，宁夏优先发展教育文化事业，推动文化产业大发展，为全国教育文化发展提供了一些宝贵的经验。站在新的历史起点上，希望宁夏抢抓机遇，走出一条符合宁夏发展的区域特色之路，促进宁夏经济社会更好更快发展。

(杨柳摘编自《宁夏日报》11月3日第1版)

## 李兆焯出席第二届中国(宁夏)国际文化艺术旅游博览会活动

7月18～19日，全国政协副主席李兆焯出席了由文化部、国家民委、国家广电总局、国家旅游局、中国人民对外友好协会和自治区政府主办的第二届中国(宁夏)国际文化艺术旅游博览会相关活动并宣布展览开幕。

本届国际文化艺术旅游博览会以“神奇宁夏，激情中国，和谐世界”为主题，7月18～24日在宁夏举办。作为一场文化、艺术、旅游三者共同演奏的“交响乐”，本届展会共安排文化旅游产品展、广播影视产品交易订货会、宁夏文莱摄影展、全国回族精品书画展、“99+1”城市摄影展、中国艺术摄影家协会“大河上下”摄影展、奇石文化产品展等多项展览，集中反映各地文化旅游资源发展成就。来自国内外近2000家从事演艺、创意策划、影视制作、出版发行、奇石收藏等方面的企业组团参展。整个展览分布在银川国际会展中心、宁夏博物馆、银川古玩城、银川月星广场和贺兰山岩画中心5大场馆，展位面积33万平方米。本次展会吸引了包括《人民日报》、新华社、中央电视台、日本共同通讯社、西班牙埃菲社、摩洛哥通讯社等国内外40余家媒体的关注。

在出席国际文化艺术旅游博览会各项活动期间，李兆焯还参观了宁夏博物馆。

(杨柳摘编自《宁夏日报》7月19、20、21日第1版)

## 陈宗兴来宁夏考察 深入了解西部大开发成就经验

8月19～24日，全国政协副主席陈宗兴率全国政协委员考察团来宁，深入了解西部大开发十年来宁夏取得的成就与经验。

陈宗兴一行先后到沿黄城市带、永大线节水农业示范区、沙坡头治沙工程、中卫香山硒砂瓜种植基地、宁东能源化工基地、阅海览山剧场、宁夏博物馆等处视察。陈宗兴指出，十年来，宁夏回族自治区党委、政府带领全区广大干部群众，抓住机遇，投身西部大开发伟大实践，在经济发展、民生改善、社会和谐等方面谱写了光辉篇章。不仅为自身发展奠定了良好基础，也为国家进步作出了贡献。当前，西部地区虽然有了长足发展，但依然是我国全面实现小康的重点和难点，与东部发达地区依然有着不小的差距。今后一个时期，特别是“十二五”期间，是西部地区抓住机遇、加快发展，缩小与发达地区差距的关键时期。多年来，全国政协非常关心西部大开发，积极调查研究、建言献策，为中央的决策提出了许多好的意见和建议。这次全国政协委员到宁夏视察，就是为了深入了解西部大开发实施以来宁夏经济社会发展中取得的经验和遇到的瓶颈问题。对宁夏提出的需要解决的问题，考察团的专家与宁夏专家交流讨论后，将形成视察报告，通过全国政协向中共中央和有关部门反映情况，为制定“十二五”规划提出意见和建议，争取形成有利于西部发展的国家战略，为西部大开发贡献力量。

(杨柳摘编自《宁夏日报》8月25日第1版)

编辑:邱新荣　霍丽娜

# 工作报告

## 在自治区党委十届十一次全体(扩大)会议上的工作报告

自治区党委书记　张　毅

(2010年11月25日)

各位委员、同志们:

受自治区党委常委会委托,我现在向全会报告十届十次全委会以来的主要工作。

一年来,在党中央的正确领导下,自治区党委团结带领全区各族干部群众,深入贯彻落实科学发展观,解放思想,振奋精神,抢抓机遇,务实苦干,扎实推进经济建设、政治建设、文化建设、社会建设以及生态文明建设和党的建设,保持了经济平稳较快发展的态势,各项社会事业取得新的成绩。预计全年实现地区生产总值1580亿元,增长13%以上,其中规模以上工业实现增加值540亿元,同比增长15.5%;财政收入270亿元,增长26%,其中地方财政一般预算收入145亿元,增长25%以上;完成全社会固定资产投资1450亿元,增长30%左右;城镇居民人均可支配收入15300元,增长9%左右;农民人均纯收入4500元以上,增长10%以上,将全面完成"十一五"规划各项目标任务。

我们深入贯彻落实科学发展观,从实际出发,采取一系列措施,坚决贯彻落实中央关于改革发展稳定的重大决策部署。自治区党委、政府专门出台了《关于加快转变经济发展方式的意见》,提出了加快转变经济发展方式的指导思想、基本原则、总体目标和重点任务,依靠发展壮大特色优势产业转变经济发展方式,依托高新技术提升产业层次转变经济发展方式,通过节能减排的倒逼机制转变经济发展方式,把巩固和发展经济回升良好势头与确保完成节能减排任务结合起来,采取有保有压、有促有控的针对性措施,促进资源优势向经济优势转化,提高了经济发展的质量和效益。在全区开展了深入实施西部大开发战略大学习活动,明确提出"五个新"的目标要求,组织全体党员、干部认真学习、坚决落实,积极动员广大群众广泛参与、投身实践,进一步统一认识、解放思想、凝聚力量、增强信心,为推进我区在新一轮西部大开发中实现新的跨越奠定了强有力的思想基础。党的十七届五中全会后,我们在全区迅速掀起学习贯彻热潮,并以十七届五中全会精神为指导,进一步修改完善我区"十二五"规划的《建议》稿。

今年以来,胡锦涛、吴邦国、李克强、周永康、回良玉、李源潮、张德江等中央领导同志先后来我区视察,深入实际,调查研究,帮助解决实际问题,作出了一系列重要指示。我们认真组织学习中央领导同志的重要讲话精神,及时研究部署,提出贯彻意见,把学习贯彻中央领导同志的重要讲话精神与贯彻落实中央的一系列重大决策部署紧密结合,与扎实做好各项工作、圆满完成"十一五"目标任务紧密结合,努力把中央的关怀转化为强大动力,创造性地抓好工作落实,推动全区各项事业又好又快发展,为"十二五"开好头、起好步奠定了坚实基础。

### 一、工业经济保持稳定增长

紧扣工业经济增长目标,在加快发展中调结构,在调整结构中降能耗,工业经济运行质量和效益不断提升,为全区经济发展提供了有力支撑。用足用活一系列扩大内需政策措施,坚持实施项目带动战略,以大项目带动大投资,以大投资推动大发展，自治区确定的重点工业项目目前累计完成投资188.8亿元。加快宁东能源化工基地等重大项目建设，支持龙头企业发挥带动作用，对50户重点工业企业加强煤电油运协调调度，帮助解决生产经营困难，引导信贷资金支持，鼓励开足马力生产。变节能减排压力为动力，不失时机地推进工业结构调整"八大工程"，加快实施"五优一新"产业调整振兴规划，不断强化新能源、煤化工、新材料、装备制造、特色农副产品加工和高新技术产业优势，进一步优化工业产业结构。加大技术改造创新力度，重点抓好纺织、轻工、装备制造、信息产业和中小企业技术改造，预计全年完成技改投入160亿元。针对高耗能工业节能减排任务异常艰巨的严峻形势，采取"十大铁律"，打好节能减排攻坚战，有效扭转了前三季度能耗持续增长的不利局面，预计全年单位GDP能耗下降4.13%，二氧化硫和化学需氧量排放量分别下降1.02%和2.56%，全面完成"十一五"节能减排任务。

**二、农业农村工作迈上新台阶**

始终把农业作为经济发展的基础产业，坚持稳粮保供给、增收惠民生、改革促统筹、强基增后劲，加快发展现代农业，千方百计促进农业提质增效、农民持续增收和农村稳定发展，农业农村经济保持了良好发展态势，农民人均纯收入增幅连续六年高于全国平均水平。针对"倒春寒"等情况，在稳定粮食种植面积的基础上，积极压夏增秋，调整农业种植结构，粮食产量突破350万吨，实现连续七年增产。持续推进"三大示范区"和13个特色优势产业带建设，100万亩设施农业和100万亩覆膜保墒旱作节水农业工程提前一年完成，全面启动120个现代农业示范基地创建工作。探索发展高端特色农业方式，打造农产品知名品牌，促进特色优势产业提质、扩量、增效，优质农产品的知名度进一步提高。加快实施农业产业化龙头企业升级工程，推进农产品精深加工，扩大标准化规模养殖，扶持农超对接生产基地和农产品外埠销售窗口，努力提升农产品生产、加工、流通各环节效益，农民增收渠道不断拓宽。大力实施中北部土地开发整理重大工程，组织开展大规模农田水利基本建设，全面完成加固改造54座病险水库任务，进一步改善了农业生产条件，为保障粮食安全、防洪安全和生态安全奠定了坚实基础。

**三、统筹城乡发展步伐加快**

立足我区实际，加快推进城乡一体化，积极开创统筹城乡发展的新路径。坚持中心城市带动战略，着力打造黄河金岸，加快沿黄城市带建设步伐，不断完善县城和中心城镇功能，402公里黄河标准化堤防全面竣工，508公里滨河大道全线通车，完成绿化造林22万亩，成为展示宁夏形象的靓丽风景线。加快构筑综合交通运输体系，石嘴山(崇岗)至银川和孟家湾至营盘水高速公路、国道211线白土岗至太阳山段和吴忠黄河大桥建成通车，太中银铁路年底前建成通车并开动车组、银川火车站南站及物流中心正式开通运营，固原机场已正式投运，以银川为中心的"一小时经济圈"和以4个邻近区市为次中心的"半小时通勤圈"正在加速形成，经济社会发展环境进一步优化，人民群众生产生活更加便利，城市对农村的辐射带动作用不断增强。开展农村公路建设质量年活动，推进农村公路示范工程，继续抓好"百村示范、千村推进"创建工作，坚持新村建设与旧村综合整治相结合，新农村建设取得新的成效。加强城乡社区建设和管理。加快全国防沙治沙综合示范区和生态林业工程建设，继续实施巩固退耕还林、退牧还草成果专项规划，全区生态环境不断改善。

继续大力推动县域经济发展，鼓励各县(市、区)立足县情、因地制宜、发挥优势，县域经济呈现出竞相发展局面。召开第四次固原工作会议，制定针对性政策措施，支持固原地区加快发展。优化环境，加强引导，支持非公有制企业积极参与资源开发和国有企业重组，鼓励有一定实力的个体工商户二次创业，非公有制经济发展速度明显加快，规模不断扩大。加快物流、金融、旅游、会展等服务业发展，继续推进"三大口岸"和"九大物流中心"建设，惠农陆路口岸正式投入运营。加强市场供应，调控价格水平，保持城乡市场活跃繁荣，预计全年实现社会消费品零售总额401亿元，增长18.3%。引进区外银行在宁设立分支机构和支持企业直接融资取得突破，招商银行银川分行挂牌营业，青龙管业在深圳成功上市。精心打造西部独具特色的旅游目的地和面向穆斯林地区的国际旅游目的地，预计实现旅游收入59亿元。

高度重视贫困地区人民群众的生活改善，深入做好扶贫开发，完善扶贫开发方式，继续抓好整村推进工作。新建、续建生态移民项目区18个，新建移民住房31.9万平方米，完成定居移民4.1万人。巩固劳务移民规模，加强农村外出务工人员培训，转移农村劳动力就业75.5万人，实现劳务收入42.2亿元。拓宽产业移民渠道，在银川、青铜峡等地鼓励企业修建农民工公寓，稳定农民工就业。着眼于山川协调发展和与全国同步实现全面建设小康社会的需要，在深入调研论证的基础上，提出对中南部地区35万贫困群众实施生态移民，使他们从根本上摆脱苦瘠环境的扶贫攻坚计划，前期工作正在有序进行。加快饮水安全项目建设进度，盐环定扬黄续建宁夏专用饮水工程和中部干旱带七项重点人饮工程基本建成，39万饮水困难群众喝上了安全洁净的放心水。加强闽宁对口帮扶协作，广泛开展社会帮扶工作。

**四、各项社会事业不断进步**

在加快经济发展的同时，努力推进社会事业协调发展，坚持强区与富民并重，以更大的力度实施民生工程，基本实现新增财政收入的三分之二用于保障和改善民生，30件民生实事年底全面落实，基本公共服务均等化有效推进。

实施教育优先发展战略，启动"义务教育均衡发展行动计划"，开展教育强县创建工作，抓紧中小学校舍安全工程建设，完成第一批工程120万平方米。抓好标准化高中建设,不断提高优质教育资源的普惠性。扩大中等职业教育规模,实施农村家庭经济困难学生和涉农专业学生免学费计划,为有上学意愿但没有考上高中和大学的学生创造继续学习的条件,中职招生规模达到5.6万多人。实施二期"百所回民中小学标准化建设工程",民族教育稳步推进。支持高等院校重点学科和高职院校骨干示范专业建设,高等教育质量不断提升。加快发展学前教育,学前三年入园率达到46%。实施创新基地建设工程,加强科技资源共享平台建设,在构筑科技创新体系上取得新的进展。推进科技特派员创业行动在全区农业领域实现全覆盖,实施"5183"农业科技专项,大力培育科技型企业,提升工业科技创新能力,科技进步和创新在全区经济社会发展中发挥了重要支撑作用。

把提高人民群众健康水平作为最大的民生和福利,积极推进医药卫生体制改革。国家基本药物制度实现全覆盖,构筑了保障群众基本医药需求的安全网。新改扩建一批县级医院、中心乡镇卫生院、村卫生室和社区卫生服务中心,方便了群众就医看病。在全面开展城镇居民医保的基础上,所有县(市、区)实现了新农合医保门诊统筹,继续深化"药品三统一",在银川市和固原市实施城乡居民"一元钱享受基本医疗卫生服务"。开展妇幼卫生"四免一救助"工作,实现县级消除碘缺乏病目标,启动公立医院改革试点工作,基本公共卫生服务均等化取得新的进展。认真做好人口与计划生育工作,组织开展第六次人口普查,深入实施"少生快富"工程,人口自然增长率控制在9.48‰左右。

进一步加强就业和社会保障工作,把全民创业作为促进就业的重要载体,认真落实扶持措施,以创业带动就业。加强就业服务指导和培训,继续实行"三支一扶"政策,引导大学毕业生服务基层、实现就业,坚持购买公益性岗位,帮助城镇就业困难人员实现就业和再就业,城镇新增就业6.89万人,登记失业率控制在4.32%。克服财政困难,提高基本养老保障水平,妥善解决社保历史遗留问题。新农保试点扩大到全区,提高城乡低保标准和补助水平,实行困难家庭临时生活救助,发展残疾人事业,在全国率先建立孤儿养育津贴制度,社会保障体系不断完善。加快建设廉租房、经济适用房、公共租赁房和限价房,努力为城市低收入住房困难家庭提供住房保障。抓好安全生产,重视消防、人防工作,加强食品药品质量监管,做好气象、地震监测预警和防灾减灾工作,"8·11"同心严重山洪灾害无一人伤亡,有力保障了人民群众生命财产安全。

**五、改革开放取得新成就**

坚持以改革促发展、以开放促开发,积极探索,勇于创新,努力在重点领域和关键环节改革上取得新突破,在对外开放上迈出新步伐。

推进投资体制改革,完善招投标管理,规范非经营性政府投资项目代建制管理。深化直管县财政体制改革,加强债务管理,初步建立了覆盖广泛、重点突出的转移支付体系。增强税收调控功能,推进社会综合治税,各项税收大幅提高。继续深化国有企业改革,不断壮大国有经济实力,区属国有大型企业资产总额达到2550亿元,同比增长19%,实现利润75亿元,同比增长41.5%。继续推进农垦改革发展,健全经营管理体制,整顿和加强农垦土地管理,农垦事业焕发新的生机。进一步转变政府职能,取消和调整35项行政审批事项,开展"省直管县"试点工作,加快供销合作社改革发展,创新沿黄城市一体化体制机制,户籍制度改革试点正式启动。推进经营性文化事业单位改制,筹建宁夏演艺集团,整合全区广播电视网络,深化实施黄河出版传媒集团与中国出版集团战略重组,文化体制改革迈出实质性步伐,文化产业和文化事业取得新发展。

加快发展内陆开放型经济,与商务部、中国贸促会联合举办首届中国·阿拉伯国家经贸论坛,建立了中国面向阿拉伯国家和穆斯林地区的国际经贸合作平台,向世界展示了发展、开放、奋进的新宁夏形象,内陆开放型经济取得了新的突破。成功举办了2010年中国(宁夏)国际投资贸易洽谈会。举办了"园博会""文博会""房车节""服饰节"等系列特色节会,开展了"世博会宁夏周"等对外推介活动,组团参加区外一系列大型经贸投资洽谈会,加大招商引资力度,加强外贸进出口工作,拓宽出口渠道,扩大出口规模,预计全年外贸进出口额达17亿美元,同比增长42%。

**六、民族团结宗教和顺的大好局面更加巩固**

把巩固和维护民族团结作为加快发展、促进和谐的重要前提和保证,牢牢把握民族工作主题,作决策、谋发展、抓工作始终着眼民族地区实际,倍加珍惜融洽的民族团结局面,不断发展民族团结进步事业。坚持开展民族团结月活动,推进民族团结宣传教育"六进",在全社会进一步唱响民族团结主旋律,"三个离不开""两个共同"的思想深入人心。在扶贫开发、生态移民、劳务输出等方面充分考虑少数民族群众的实际需要,支持少数民族聚居地区不断改善基础设施建设,积极培育发展特色产业,帮助少数民族群众改善生产生活条件,提高自我发展能力。全区各族干部群众和睦相处、亲如一家,平等团结互助和谐的社会主义民族关系不断巩固和发展。

坚决贯彻党的宗教工作基本方针,全面贯彻党的宗教信仰自由政策,依法管理宗教事务,坚持独立自主自办原则,积极引导宗教与社会主义社会相适应。及时稳妥处理涉及民族宗教因素的各类突发事件和敏感问题,坚决抵御和严厉打击境内外非法传教和渗透活动。加强朝觐服务管理工作,坚决控制寺观教堂盲目改建扩建,开展和谐寺观教堂创建活动,努力减轻信教群众宗教方面的经济负担,维护广大信教群众的利益。加强宗教教职人员培训教育,发挥宗教人士的积极作用,切实维护各宗教之间、各教派之间以及教派内部的团结,保持了宗教领域的和谐稳定。

### 七、社会主义民主法治建设进一步加强

坚持和完善人民代表大会制度,加强和改进对人大工作的领导,支持人大依法履行职责、开展工作。指导和支持人大加强和改进立法工作,制定地方性法规2件,修改地方性法规4件,废止地方性法规和法规性决定8件,为促进科学发展、跨越发展提供了有力的法制保障。明确提出人大监督就是支持和推动工作的理念,支持人大加强对"一府两院"工作的监督,加强对民生计划落实的监督,开展执法检查和重大建设项目实施情况专题调研,加大监督力度,增强监督实效。坚持党管干部和人大依法任免干部有机统一,支持人大依法履行人事任免职责。重视和加强人大代表议案、建议督办工作,人大代表的主体作用得到有效发挥。强化基层民主管理,完善基层群众自治制度,顺利完成村"两委"换届工作。

坚持和完善中国共产党领导的多党合作和政治协商制度,发挥人民政协协调关系、汇聚力量、服务大局的作用,支持政协就全区经济社会发展重大问题开展调研、视察、考察活动,做好建言献策、联系各界、反映民意等工作。坚持重大事项通报制度,在制定"十二五"规划等重大决策前,认真听取各民主党派、工商联、无党派代表人士的意见和建议,广泛集中民智,坚持民主决策,形成整体合力。加强统一战线工作,支持民主党派、工商联加强自身建设,组织开展民主党派"思想建设年"活动,加强党外人士的思想政治教育,发挥统一战线的作用和优势。

加强和改进党对工会、共青团、妇联等群团组织的领导,充分发挥其广泛联系群众的桥梁纽带作用。做好侨务和对台工作。加强国防教育和国防动员建设,发扬双拥工作优良传统,拥政爱民、拥军优属工作取得新的成绩。

坚持依法治区,强化依法执政意识,全面推进依法行政,认真执行经济社会发展计划和财政预算报告。加大法律宣传普及力度,组织开展"法律六进"活动,全面完成"五五"普法检查验收。坚持维护稳定第一责任,深入推进社会矛盾化解、社会管理创新、公正廉洁执法三项重点工作,继续开展"百日矛盾纠纷大排查大调处"和"大走访"亲民爱民实践活动,推行涉法涉诉信访"双向承诺"制度,有效化解了一批矛盾纠纷和信访积案。继续深化平安宁夏创建活动,进一步加强社会治安综合治理,严厉打击各类犯罪,抓好学校、幼儿园周边安全保卫工作,实施"青少年违法犯罪社区预防计划",营造了良好的社会治安环境,人民群众的安全感不断增强。

### 八、宣传思想文化工作扎实推进

坚持党管媒体原则,以团结稳定鼓劲、正面宣传为主,组织开展转变经济发展方式、深入实施西部大开发战略、中阿经贸论坛等重大主题集中宣传报道活动,进一步凝聚全区干部群众加快宁夏发展、促进社会和谐。不断加强社会主义核心价值体系建设,引导干部群众正确认识"七个怎么看""六个为什么",划清"四个重大界限",用科学理论武装头脑、解疑释惑、统一思想。正确把握舆论导向,加强对新兴媒体监督管理,成功举办了"全区领导干部新闻发布与舆论引导"培训班。开展"道德模范宣传年"活动,大力宣传海小平等先进典型。继续深化群众性精神文明创建活动,加强大学生、青少年思想政治教育,正确引导青年学生的爱国热情。开展"百乡千场"文艺下乡、"清凉宁夏"特色品牌文化广场等活动,推进市县文化场馆、乡镇综合文化站、村示范文化活动室等公共文化设施建设,继续实施"农家书屋"、农家文化大院等文化服务项目,不断改善基层群众看书、听戏和开展文化活动的条件。命名表彰第一批"全区文化建设先进县(市、区)"和"历史文化名乡(镇)名村"。组织开展文化市场和网络暴力淫秽色情专项检查,努力净化社会文化环境。《月上贺兰》获第十二届"文华大奖特别奖"并走出国门演出,文化精品创作和民族区域特色文化建设取得新进展。深入开展以"五到基层"为核心内容的"万名宣传思想干部下基层"活动。开展全民健身运动,成功举办自治区第十三届运动会、第七届全区少数民族传统体育运动会和宁夏黄河金岸国际马拉松赛。

### 九、党的建设科学化水平不断提高

以改革创新精神加强和改进党的建设,为推进各项事业发展提供了坚强保证。

重视理论武装,加强党的思想政治建设。深入开展学习型党组织建设,抓好县处级以上党委(党组)中心组理论学习,充分发挥党校、行政学院主阵地作用,创新培训方式,重点抓好"一把手"培训,分层分类加强基层、科研和生产一线干部培训,共培训各级党政干部5540人次。开展"党的思想理论建设重点推进年"活动,努力提高广大党员干部的思想政治素质。

树立正确用人导向,加强领导班子和干部队伍建设。坚持德才兼备、以德为先标准,努力完善制度设计,健全选人用人机制,提高选人用人的公信度。积极推进干部人事制度改革,加大竞争性选拔干部力度,在全区公开选拔了8名副厅级领导干部。建立从基层遴选公务员制度,注重从基层一线选拔培养干部,加强年轻干部、妇女干部、少数民族干部、党外干部的培养选拔,加强后备干部队伍建设,进一步优化领导班子和干部队伍结构。规范干部选任提名制度,增强民主推荐、民主测评的科学性、真实性,改进和完善干部考察工作,力求看准人、用对人。努力加强人才工作,创新人才发展体制机制,加强人才发展"小环境"建设,柔性引进了一批高层次、急需紧缺人才。

按照中央部署,在全区基层党组织和党员中广泛开展创先争优活动,创造了乡镇干部"两管三评一推优""评星定格""民主议政日"等活动载体。完善村干部工作激励保障机制,选聘180名高校毕业生到村任职,鼓励优秀大学生"村官"参加村"两委"班子选举,村党

支部普遍实行“公推直选”，为农村基层组织带头人队伍注入了活力。加强党员活动阵地规范化建设，在全国率先实现了乡镇、行政村、城镇社区远程教育网络全覆盖。加强国有企业、机关学校、非公有制企业和新社会组织党建工作，建立了区、市、县三级社会组织工委工作体制，全区规模以上非公有制企业全部建立党组织。老干部工作进一步加强，党员发展和管理工作取得新的成效。

完善体制机制，加强反腐倡廉建设。认真落实中央《建立健全惩治和预防腐败体系2008～2012年工作规划》，反腐倡廉教育、制度、监督、改革、纠风、惩治等各项工作扎实推进。加强党风廉政建设责任制考核，组织开展了中央和自治区重大决策部署贯彻落实情况的监督检查，继续开展专项治理工作，切实纠正损害群众利益的不正之风。开展“反腐倡廉制度建设推进年”活动，建立健全廉政风险防控机制。查处了一批违纪违法案件。加强农村党风廉政建设，深入实施“勤廉为民”工程。加强对国有企业领导人员的权力监督，健全完善企业负责人经营业绩考核、企业重大决策失误追究制度。加强巡视工作。继续加强和改进民主评议政风行风工作，推进机关效能建设。深入开展“做党的忠诚卫士、当群众的贴心人”主题实践活动，纪检监察机关建设得到进一步加强。

一年来，自治区党委常委会高度重视自身建设，坚持解放思想，实事求是，与时俱进，认真贯彻民主集中制，坚持重大问题集体讨论、集体决定，严格执行党风廉政建设责任制，自觉遵守领导干部廉洁从政各项规定。常委会班子成员团结协作、密切配合、互相支持，巩固和发展了求真务实、勤政为民、开拓进取的局面。

以上报告的是十届十次全委会以来的主要工作。这些工作的开展和各项成绩的取得，是党中央正确领导的结果，也是全委会的同志们同心同德带领全区各族干部群众努力奋斗的结果。在此，我代表党委常委会向各位委员、候补委员，向在座的同志们，向全区广大党员和干部群众，表示衷心的感谢和诚挚的敬意！

在总结工作的时候，常委会也认真分析了存在的问题和不足。经济回升向好的基础还需要进一步巩固，转变经济发展方式和调整经济结构的任务依然艰巨，节能减排的压力仍然巨大；农业产业化水平还不高，农民持续增收难度加大；山川发展不协调问题比较突出，扶贫开发的任务十分艰巨；教育、科技、卫生等社会事业发展还相对滞后，城乡居民收入水平还比较低；生态仍然十分脆弱，资源环境对发展的约束不断加大；影响社会稳定的问题复杂，维护社会稳定的任务艰巨；基层组织建设还存在薄弱环节，领导干部作风需要进一步改进，等等。对这些问题，我们必须高度重视，采取有力措施，认真加以解决。

以上报告请出席和列席全委会的同志审议，恳请同志们对常委会的工作提出意见和建议。

（原文载于《宁夏党办通报》第100期）

# 在自治区第十届人民代表大会第五次会议上的政府工作报告

自治区主席　王正伟

（2011年1月18日）

各位代表：

很高兴与大家相聚在这个庄严神圣的地方。现在，我代表自治区人民政府，向大会作政府工作报告，请予审议，并请自治区政协委员和其他列席人员提出意见。

## 一、2010年工作回顾

2010年，是实施“十一五”规划的最后一年。面对复杂多变的国内外经济环境，我们沉着应对，攻坚克难，夺取了保增长、转方式、调结构、惠民生等一系列重大成就。一年来，在党中央、国务院和自治区党委的坚强领导下，全区上下深入贯彻科学发展观，坚决落实中央宏观调控政策，全面完成了自治区十届人大三次会议确定的各项目标任务，保持了经济社会持续快速健康发展的旺盛势头。

——经济增速刷新纪录。实现地区生产总值1643亿元，增长13.4%，是新世纪以来增速最快的一年；一、二、三产分别增长7%、16%、11.6%。财政一般预算总收入287亿元，增长34.3%，其中地方财政一般预算收入突破150亿元，达153.6亿元，增长37.7%。

——发展动力显著增强。投资、消费、出口“三驾马车”强劲拉动。全社会固定资产投资达1464.7亿元，增长30.9%，接近“十五”总和；社会消费品零售总额突破400亿元，增长19%；进出口总额19.6亿美元，增长63.2%，其中出口增长57.5%，增幅居全国前列。

——结构调整实现突破。设施农业提前跨过百万亩大关，特色农业产值占比突破80%；“五优一新”工业增加值以20%的速度增长，低能耗产品出口额超过60%；旅游业异军突起，物流金融快速增长；绿色环保产业发挥效益，节能减排任务全面完成。

——社会事业蓬勃发展。14个县(市、区)普及高中阶段教育,西北最大的职业教育实验实训基地建成投用。文化卫生体育设施继续完善,服务功能快速提升。新型农村社会养老保险制度提前十年实现全覆盖。人口自然增长率控制在9.4‰。

——人民生活明显改善。10项民生计划全面落实,30件为民实事超额完成。城镇居民人均可支配收入15345元,增长9.4%。农民人均纯收入4675元,增长15.5%,连续5年保持两位数增长。城乡居民人民币储蓄余额达1170.3亿元,增长20.9%。

这些成就的取得,标志着我区在现代化建设的征程上又迈出了新的坚实步伐,极大地增强了全区各族人民科学发展、跨越发展的信心和决心!

一年来,我们主要做了以下工作。

(一)建成一批重大项目,跨越发展的基础更加坚实。集中开展宁东、黄河金岸等项目建设大会战,重点推进50个事关全局和长远的重大项目。建成了宁东至山东直流输电、神华宁煤煤基烯烃一期一套等一批投资过百亿元的重大工程;贯通了银川至石嘴山、孟家湾至营盘水高速公路和吴忠黄河公路大桥;完成了太中银铁路建设等工程,新增铁路里程375公里;六盘山机场建成通航,河东机场三期扩建、包兰铁路复线、银川火车站改造加速推进;一批城镇道路、供排水、污水和垃圾处理等基础设施建成投用;贺兰山体育场、宁夏大剧院、儿童医院、防沙治沙技术学院一期等一批社会事业工程加快实施;灌区续建配套与节水改造、盐环定扬黄续建、中北部土地开发整理和“六个百万亩”生态林业等项目加紧建设,治理水土流失1134平方公里,新增造林143万亩,森林覆盖率达11.4%。

(二)突出培育优势产业,跨越发展的路径更加明晰。制定了“1+7”配套政策文件,力推产业结构优化升级和发展方式加速转变。以“三大示范区”统领现代农业发展,规划建设120个现代农业示范基地,加快推进“三个百万亩”工程,设施农业、覆膜保墒旱作农业、扬黄补灌高效节水农业分别达106万亩、130万亩和60万亩,灌区种植冬麦64万亩,粮食生产实现七连增,枸杞、葡萄、红枣、马铃薯、淡水鱼等13个特色产业规模、效益呈两位数增长,农业科技贡献率达50%;成功引进雨润、煌上煌等一批知名“农字号”龙头企业,主要农产品加工转化率达52%。以“五优一新”产业带动新型工业发展,提升“五大十特”工业园区功能,宁东基地建设全面提速,灵武羊绒产业园跻身国家级园区。新增煤炭产能1000万吨、新型煤化工产能112万吨、火电装机360万千瓦、风电装机68万千瓦,多(单)晶硅产能达8500吨、太阳能发电装机11万千瓦,冶金、有色、建材、机械、电力五大行业增加值增幅均超20%。新能源、新材料、新医药等新兴产业加快发展,太阳能发电能力居全国前列。以自主创新推动企业技术进步,实施重点技改项目50个,完成投资160亿元,新增工业增加值46亿元。实施重大科技专项33个,两大成果荣获国家科技进步奖。世界首条正负660千伏直流输电工程单极试运行,首套煤基烯烃项目试产成功,首台百万千瓦超临界空冷机组并网发电,均创同类项目世界之最。以节能减排助推发展方式转变,果断采取10项硬措施,阶段性关停140家能耗高的企业,淘汰了一批落后产能。预计单位生产总值能耗下降4.13%,化学需氧量、二氧化硫排放量分别削减2.56%、1.02%。坚持办好10件环保实事,重点领域、重点行业污染得到有效整治,环境质量持续改善。

(三)着力扩大消费需求,跨越发展的动力更加强劲。认真落实国家扩大消费的各项政策,大力实施“万村千乡”“现代农村市场体系建设”和家电、汽车、摩托车下乡等工程,成功引进华润万家、北京物美、世纪金花等大型商贸集团,城市连锁经营和超市向农村延伸,农家店覆盖所有乡镇和90%的行政村。大力发展现代物流业,加快建设“三大口岸”“九大物流园区”和“十大专业市场”,开通银川至迪拜货运航线、银川至连云港集装箱班列,民航客运吞吐量突破300万人次,增长28.3%。精心打造特色旅游目的地,规划建设黄河大峡谷、须弥山石窟、水洞沟遗址等景区景点,接待游客超过千万人次,旅游总收入67.8亿元,增长27.6%。积极培育房地产、汽车等消费热点,商品房销售936万平方米,增长20.7%;汽车类零售额59.1亿元,增长44.2%。

(四)全线贯通黄河金岸,跨越发展的平台更加宽广。黄河金岸建设全面展开。402公里标准化堤防和508公里滨河大道全线通车,两岸新增耕地4.7万亩、湿地11万亩、生态绿地65万亩。华夏石刻艺术园、黄河文化展示园、世界沙博园“三大主题公园”规划完成,枸杞博物馆、黄河圣坛、黄河书院等一批地标性建筑基本建成。城乡统筹加快推进。以黄河金岸为主轴,带动了沿黄10个城市的共同发展。银川市争创全国文明城市和联合国宜居城市进展顺利;石嘴山、吴忠、中卫等城市特色更加鲜明,承载力不断提升;贺兰跨入西部百强县行列,灵武、平罗、青铜峡位次前移;12个特色示范乡镇建设步伐加快。公积金异地购房贷款全面推开,4条城际公交开通运行。山川互动效应显现。随着沿黄城市带辐射力的增强,以固原为中心的宁南山区进入了快速蓬勃发展的新时期。固原市在陕甘宁老区的重点城市地位日益凸显,中南部县城聚集能力正在增强。干旱带县内生态移民稳步推进,又有4万人迁入移民新村。第三批扶贫开发整村推进全面完成,草畜、马铃薯、苗木、劳务、生态旅游等产业提速升级,中南部地区农民人均纯收入增速连续3年高于川区。

(五)成功举办中阿经贸论坛,跨越发展的空间更加广阔。出台了“发展内陆开放型经济意见”,高水平举办园博会、文博会、房车节等六大节会,首届中阿经贸论坛成为我区历史上规格最高、规模最大、参会国家最多的国际性盛会。启动了“三大基地”“五个中心”的具体规划,银川德胜清真食品、吴忠穆斯林用品工业园加快建设，在泰国、阿联酋等国家和地区设立了宁夏产品销售中心。多批次组团赴长三角、珠三角及东盟、中东等地开展大型招商活动，全年招商引资到位资金突破800亿元；积极开展与周边省区的横向联合，成功举办能源化工"金三角"合作论坛。大力度推进重点领域改革，自治区直管县改革试点稳步实施，农垦、集体林权、农村土地流转等改革取得阶段性成效，文化、医药卫生体制改革进展顺利；招商银行银川分行、宁夏回商村镇银行挂牌运营，宁夏银行天津分行加紧筹建；信贷市场活跃有序，人民币存贷款余额分别达2573.6亿元和2398.7亿元，增长25%和25.1%；青龙管业实现全区民营企业上市"零"的突破。

（六）全面完成民生计划，跨越发展的合力更加增强。全年投入民生和社会事业资金389亿元，占全区一般预算支出的70%。全民创业深入开展，培育小企业3658个、小老板8830个，创造新岗位4.76万个，1.97万名高校毕业生实现就业，新增城镇就业6.9万人，输转农村劳动力75.5万人次，城镇登记失业率控制在4.35%。社保体系不断完善，妥善解决12.1万人的养老和2万人的医保遗留问题；率先在全国开展统筹城乡居民基本医疗保险试点；率先在全国建立孤儿养育津贴制度，7000多名孤儿生活得到保障。城乡居民稳步增收，提高全区最低工资标准，调高离退休人员生活补贴，加大对低收入群体的转移支付，实施事业单位绩效工资改革；落实农业5项补贴，提高粮食最低收购价。居住条件得到改善，首创廉租房配建制度，补助标准西部最高，新建廉租房1.4万套、经适房1.9万套、棚户区住房9170户，改造危窑危房3.4万户，7.6万户城市低收入家庭实现住有所居，30多万农民喜迁新居；加强房地产市场调控，房屋销售价格涨幅从最高时的14%回落到5.9%。教育事业稳步发展，新建改造加固校舍120万平方米，新增教学班800个；营养早餐工程惠及山区37.5万中小学生；高中阶段教育毛入学率84.5%，教育强县（区）达18个；职业教育基础能力明显增强，中职招生增速全国第一；高等教育健康发展；民族教育积极推进。基本医疗卫生服务不断改善，新建改扩建县以上医院9所、中心乡镇卫生院9所、社区和村卫生室77所；公立医院优势特色专科建设效果显著，中医药、回医药稳步发展；妇幼卫生"四免一救助"惠及13万妇女儿童；城乡大病医疗救助制度进一步完善，重大疫病防控有力有效；"少生快富"扩面提标。文化体育等事业加快发展，推进文化惠民工程，公共文化服务水平不断提升；文学艺术和哲学社会科学进一步繁荣，《月上贺兰》《花儿》等剧目荣获国家级大奖。成功举办黄河金岸国际马拉松赛、第十三届全区运动会和第七届全区少数民族传统体育运动会，在第五届全国特奥会上实现奖牌和总分双突破。第六次人口普查顺利推进。慈善、老龄、残疾人、红十字、妇女儿童等事业快速发展。地质勘查、统计调查、防灾减灾、外事侨务、参事文史等工作都取得了新的成绩。

（七）大力加强效能建设，跨越发展的保障更加有力。坚持依法行政，自觉接受人大及其常委会依法监督和政协民主监督，办理人大代表建议176件、政协委员提案485件，提请人大审议地方性法规议案10件，制定政府规章12件，取消或调整行政审批事项35项；认真听取各民主党派、工商联、无党派人士意见建议；支持工会、共青团、妇联、侨联、科协等人民团体积极开展工作，充分发挥作用。突出高效便民，加快电子政务建设，区市县乡四级政务服务网上审批和督察取得有效进展，率先在全国开展乡镇民生服务中心规范化建设试点；出台政务公开等有关制度，行政透明度全国排名第二；强化效能目标考核，政风行风持续好转。加强管理创新，全面贯彻党的民族宗教政策，民族团结进步、宗教和谐稳定的局面进一步巩固；开展重点领域专项整治，加强食品药品监管，安全生产形势总体平稳；完善矛盾纠纷排查调处机制，有效预防和妥善处置群体性事件；强化城镇社区建设，管理服务能力进一步提高；全面完成"五五"普法，健全完善社会治安防控体系，严厉打击各类违法犯罪活动；支持部队和国防建设，人防和双拥工作不断加强。强化廉政为民，加大审计、监察力度，实行执法责任和过错追究，纠正损害群众利益的不正之风，突出对中央扩内需项目的监督检查，因公出国（境）、公务购车及运行、公务接待支出得到合理控制。

各位代表，总结去年，我们深感欣慰和自豪；回顾"十一五"，我们更觉得不平凡、不寻常。可以说，"十一五"是宁夏历史上经济发展最快、城乡面貌变化最大、群众得到实惠最多的5年！

5年来，我们经受住了诸多重大事件和自然灾害的严峻考验，办成了一系列大事，办妥了一系列难事，办好了一系列喜事，全区经济实力和各项事业连续跃上新台阶。与2005年相比，地区生产总值从612.6亿元跃升至1643亿元；地方财政一般预算收入从47.7亿元增长到153.6亿元；城镇居民人均可支配收入从8094元提高到15345元；农民人均纯收入从2509元增加到4675元；全社会固定资产投资累计完成4580亿元，是"十五"时期的2.9倍。地区生产总值、地方财政一般预算收入、全社会固定资产投资平均增速均为改革开放以来最快的5年。

5年来，我们坚决贯彻中央的一系列决策部署，深刻领会国家的战略导向，主动对接，积极工作，做深做细做实与宁夏结合的文章，宁东基地建设规划得到国家发展改革委批准，宁夏沿黄经济区、六盘山区集中连片扶贫开发攻坚以及大柳树水利枢纽工程等写入中央《关于深入实施西部大开发战略的若干意见》，吴忠、固原、中卫等市县（区）将列入陕甘宁革命老区振兴规划，特别是国务院专门出台的《关于进一步促进宁夏经济社会发展的若干意见》，为宁夏确定了一整套符合科学发展实际的政策措施，明确了"六大基地、六个示范区、一个目的地"的战略定位，充分体现了党中央、国务院对宁夏的亲切关怀和巨大支持。我们成功举办自治区成立50周年大庆活动，向全国、全世界展示了宁夏民族团结、经济繁荣、社会进步、奋力跨越的新形象，产生了重大而深远的影响。我们着力推进以设施农业为重点的现代农业、以“五优一新”产业为重点的新型工业、以特色旅游和物流金融为重点的现代服务业、以黄河金岸为重点的城乡山川统筹，优化经济结构、转变发展方式取得重大成效。我们积极申请国务院批准我区永久承办“中阿经贸论坛”，实现了对外开放的历史性突破。我们连续4年实施民生计划，投入资金1257.4亿元，为民办实事120件，新建维修校舍228万平方米，新建改扩建县级医院23所、乡镇卫生院238所，建成廉租房和经适房11.1万套，改造棚户区住房1.4万户、农村危窑危房14.7万户，解决了158万农村群众的安全饮水问题，修建农村公路6500公里，减少贫困人口33.2万人，56.3万困难群众享受最低生活保障，372万农民参加了新农合，123万农民参加了新农保，有效缓解了上学难、看病难、养老难、饮水难、居住难、出行难等关系群众切身利益的一系列难题。我们面对严重的国际金融危机，出手快、出拳准，及时采取作用直接、见效迅速的一揽子应对举措，成功战胜了新世纪以来最严重的困难，取得了保增长、保民生、保稳定的重大胜利！

各位代表，5年的拼搏奋斗，创造了巨大的物质财富，为全面建设小康社会打下了坚实基础；5年的生动实践，积累了西部欠发达地区解决发展问题的宝贵经验，初步走出了一条具有宁夏特点的跨越发展新路。回首这5年，我们心中充满了敬佩与感动，我们感念党中央、国务院的亲切关怀与厚爱，感激社会各界的大力帮助与支持，感佩600多万回汉各族人民的卓越创造与无私奉献。在此，我代表自治区人民政府，向辛勤耕耘在各条战线的广大干部群众，向给予政府工作大力支持的人大代表、政协委员、各民主党派、工商联和各界人士，向中央驻宁单位、驻宁部队、武警官兵，致以崇高的敬意！向所有关心支持宁夏发展的港澳同胞、台湾同胞、海外侨胞、国际友人，表示衷心的感谢！

在肯定成绩的同时，我们也清醒地看到，全区经济社会发展还面临着一些亟待解决的问题：一是经济总量较小，自我发展能力不强，市场化程度不高，科技创新能力弱，增长方式较为粗放，制约发展的结构性矛盾依然突出；二是社会事业发展滞后，山川、城乡之间发展不平衡、不协调，扶贫攻坚及生态移民的压力较大，保障和改善民生的任务艰巨；三是生态环境依然脆弱，节能减排约束增大，推进“两型”社会建设任重道远；四是公共服务较为薄弱，一些行业管理粗放，群众关心的房价较高、物价上涨、教育医疗优质资源紧缺等问题有待进一步解决。

## 二、“十二五”的奋斗目标和主要任务

“十二五”时期，是全面建设小康社会的关键时期，是加快转变经济发展方式的攻坚时期，更是宁夏实现科学发展、跨越发展的重要时期。根据党的十七届五中全会和自治区党委十届十一次全会精神，《自治区国民经济和社会发展第十二个五年规划纲要(草案)》提出今后5年的总体思路是：高举中国特色社会主义伟大旗帜，以邓小平理论和“三个代表”重要思想为指导，深入贯彻落实科学发展观，顺应全区各族人民过上更好生活的新期待，以科学发展为主题，以加快转变经济发展方式为主线，深入实施西部大开发战略，着力推进以项目为载体的基础设施建设，着力推进以构建现代农业产业体系为主要任务的农业现代化，着力推进以宁东能源化工基地建设为重点的新型工业化，着力推进以沿黄城市带为支撑的特色城市化，着力推进以生态治理和节能减排为抓手的生态环境建设，着力推进以生态移民攻坚为重点的扶贫开发进程，深化改革开放，保障改善民生，加强民族团结，维护社会稳定，奋力推动我区经济社会科学发展、跨越发展，为建设和谐富裕的新宁夏，实现全面建设小康社会的宏伟目标而努力奋斗。

主要预期目标是：2015年地区生产总值在2010年的基础上实现翻番，年均增长12%左右，人均生产总值达到41500元(约合6250美元)；地方财政一般预算收入实现翻番，年均增长15%；全社会固定资产投资5年累计完成1.5万亿元，年均增长25%左右；经济结构调整取得重大进展，三大产业协调发展；人民生活显著改善，城乡居民收入与经济发展同步增长。

实现上述目标，必须把调整经济结构、提升竞争力，作为转变经济发展方式、实现新跨越的主攻方向；必须把科技进步、自主创新，作为转变经济发展方式、实现新跨越的有力支撑；必须把保障民生、改善民生，作为转变经济发展方式、实现新跨越的出发点和落脚点；必须把建设资源节约型、环境友好型社会，作为转变经济发展方式、实现新跨越的重要着力点；必须把深化改革、扩大开放，作为转变经济发展方式、实现新跨越的强大动力；必须把民族团结、社会稳定，作为转变经济发展方式、实现新跨越的重要保障。

纵观国际风云，把握发展大势，我们已进入了一个全球经济在交会中艰难前行、世界市场在摩擦中深度融合、各地发展在竞争中优胜劣汰的历史新阶段。面对这样一个复杂多变、竞争激烈的时代，抢占发展制高点，创造竞争新优势，实现宁夏新跨越，是我们必须完成的历史使命。今后5年，要在以下五个方面实现战略性突破。

(一)着力建设现代产业聚集区，全面提升经济竞争力。现代产业是增强区域经济自我发展能力的战略支撑。要把做大做强具有宁夏特色的现代产业作为提升我区经济竞争力的主要抓手。突出发展现代农业，发挥“三大示范区”的引领作用，在提高农业综合生产能力的基础上，重点抓好13个特色产业的区域化布局、规模化生产、专业化分工和集约化经营，以优良品种、高新技术、高端市场、高效益继续保持我

区农业在全国的先进水平。到2015年,设施农业达到160万亩,农产品加工转化率达到70%。突出发展新型工业,计划投资7000亿元,实施煤电化主导产业做大做强、战略性新兴产业培育发展、传统产业改造提升"三大千亿"计划,力促工业经济总量翻一番。加快推进"五大十特"工业园区开发升级,突出发展特色经济和优势产业集群,努力走出一条精深加工、清洁生产、跨越发展的新型工业化路子。突出发展现代服务业,优先发展物流金融、商务会展、科技服务、信息软件等生产性服务业,大力发展特色旅游、商贸餐饮、房地产等生活性服务业,培育发展新兴服务业,不断提高服务业发展层次和水平。

(二)着力建设统筹城乡发展示范区,全面提升区域竞争力。提升区域竞争力的关键是培育和发展城市群。我们要在保护好母亲河的同时,充分发挥"天下黄河富宁夏"的独特优势,把宁夏作为一个大城市来规划建设,构建以沿黄城市带为核心区,大县城、重点镇、中心村点线结合、良性互动的城乡一体新格局,使我区的城市化与新型工业化、农业现代化同步推进。全面建设"一堤六线",加快推进"六个一体化",促进人口向城镇集中、产业向园区聚集,精心打造示范西北、带动周边的沿黄城市带经济区,成为西部大开发的重要增长极。到2015年,沿黄城市带经济总量占到全区的90%左右,全区城市化率提高到55%。实施宁南区域中心城市和大县城发展战略,夯实基础、强壮产业,做大城镇、转移农民,推进中南部经济社会的大发展、城乡面貌的大改观、人民生活的大改善。

(三)着力建设生态文明先行区,全面提升环境竞争力。保护环境就是保护竞争力。坚持生态为重、环保优先,加快建设资源节约型、环境友好型社会,构筑祖国西部重要的生态安全屏障。健全完善生态保护与补偿机制,综合治理重点流域和生态脆弱区,建设沿黄城市带绿色景观、贺兰山东麓生态防护、中部干旱带防风固沙和六盘山水源涵养林四大绿色长廊,巩固扩大"人进沙退"成果,创建全国防沙治沙综合示范省区。到2015年,全区森林覆盖率提高到15%。深入实施分区治水策略,探索完善水权转换机制,不断提高水资源调控和保障能力,建成全国节水型社会示范省区,实现节水兴工、以工哺农、良性循环、永续发展。强化生态、绿色、低碳发展理念,加大矿产资源勘查力度,提高资源综合利用效率,侧重发展节约资源能源和保护生态环境的产业,大力推行低耗清洁的消费方式。注重源头控制,严格节能减排目标管理,完善落后产能淘汰机制,探索开展排污排放权交易,推进环境协同治理,打造山青、水秀、天蓝、地绿的良好人居创业环境。

(四)着力建设内陆开放试验区,全面提升开放竞争力。内陆地区的竞争实质上是开放的竞争。我们必须发挥人文、地缘、产业和民族团结的优势,以向西开放为突破,着力扩大面向阿拉伯国家和伊斯兰世界的交流合作,构建国际贸易大通道,实现对外开放新突破。坚持每年举办中阿博览会,推动经贸、科技、文化交流,申请设立中阿自由贸易区,先行先试保税物流、旅游免签、购物离境退税等新政策,架起中国与阿拉伯国家和伊斯兰世界经济文化直接交流的"宁夏通道"。争取承担中国清真产业标准的制定和认证,探索建立国际相互认证和产业准入机制,建成清真食品穆斯林用品设计、认证、加工、博览、物流中心和具有浓郁穆斯林特色的休闲度假区,努力把宁夏打造成具有国际影响力的清真食品穆斯林用品生产基地、中阿优势特色产业对接基地、中国面向阿拉伯国家和伊斯兰世界的人才培育基地。加快"走出去"步伐,巩固扩大外贸传统市场,大力拓展中东等新兴市场,全面提升对外经贸水平;加强与西部省区、沿海地区的战略合作,在横向联合中实现互利共赢。深化行政体制、国有企业、收入分配、财税金融和社会事业等重点领域的改革,不断开拓发展新空间,增强发展新动力。

(五)着力建设民族团结进步和谐区,全面提升形象竞争力。一个地区的美好形象可以产生强大的吸引力,转化为现实生产力。宁夏民族团结、宗教和顺,我们要倍加珍惜并发扬光大。要顺应人民群众过上美好生活的新期待,在加快经济社会大发展的基础上,不断提高广大人民群众的物质文化生活水平。扎实推进全民创业,确保每个有劳动能力和意愿的人都能够实现创业就业。加快推进生态移民,努力把宁夏建成全国生态移民扶贫开发示范区。大力发展各级各类教育,建成基本完备的现代国民教育体系,让所有学生既能"有学上",更能"上好学"。建立覆盖城乡居民的基本医疗卫生制度,为群众提供安全、方便、价廉、质优的健康服务。健全覆盖城乡的社会保障体系,实现城乡居民应保尽保。全面抓好精神文明建设,建成覆盖城乡、惠及全民的公共文化服务体系,增强全区人民的向心力和凝聚力。开展形式多样的民族团结进步创建活动,巩固各民族共同团结奋斗、共同繁荣发展的大好局面,让民族团结进步之花开遍宁夏大地,让和谐富裕新宁夏的形象成为国内外熟知的靓丽名片,让每一个生活和工作在宁夏的人都感到无比骄傲和自豪!

**三、2011年的主要任务**

2011年是实施"十二五"规划的第一年。从现在起,我们必须争分夺秒、扎扎实实地做好各方面的工作,开好局,起好步,以优异的成绩向建党90周年献礼。

今年的主要预期目标是:地区生产总值增长12%;全社会固定资产投资增长25%;地方财政一般预算收入增长15%;社会消费品零售总额增长16%;进出口贸易总额增长15%;居民消费价格总水平涨幅控制在4%左右;城镇居民人均可支配收入和农民人均纯收入均增长10%;城镇登记失业率控制在4.6%以内;完成年度单位生产总值降耗和主要污染物减排指标。为确保完成这一目标任务,我们要切实抓好以下重点工作。

(一)继续推进重大项目建设,再添科学发展跨越发展新启动

投资是第一拉力,项目是发展基石。今年安排投资亿元以上的项目323个,其中10亿元以上的105个、50亿元以上的23个、百亿元以上的8个,全社会固定资产投资超过1800亿元。主要分四大板块:工业板块920亿元。开工建设神华宁煤煤基烯烃一期二套等92个项目,加快建设锦宁120万吨铝镁合金等125个项目,建成投产宁夏石化500万吨炼油等59个项目。交通物流板块160亿元。重点是东线高速、同沿高速、石嘴山和兵沟黄河大桥、包兰铁路银兰段扩能改造、惠银段增建二线、银川至西安铁路、中卫和石嘴山火车站、河东机场三期扩建、贺兰国际农产品物流中心等42个项目。农林水板块115亿元。继续坚定不移地做好大柳树工程前期工作,开工或建成现代农业示范基地、中部干旱带高效节水补灌、中北部土地开发整理、中南部城乡人饮安全水源、沙坡头南北干渠及灌区节水改造、星海湖标准化堤防、中小河流综合治理、大型泵站更新改造、防沙治沙等73个项目。社会事业板块75亿元。重点推进宁大科技综合楼、防沙治沙学院一期、财经职业学院和艺术学校新校区、宁夏大剧院、儿童医院、宁安医院、黄河金岸文化旅游设施等83个项目。对以上重点项目,要列出时间表,跟踪督察问效,确保进度和质量。要坚持政府投入和社会投入并重,构建多元化的投融资格局,进一步提高招商引资、民间资本、市场主体和金融融资在总投资中的比重。

(二)大力发展"一优三高"农业,推动"三农"工作迈上新台阶

实践告诉我们,全区农业只有打特色牌、走高端路,做到品种优良化、技术尖端化、市场高端化、效益最大化,才能在国内外大市场上占有一席之地。要普及优良品种。充分发挥全区适宜发展制种业的地域优势,积极引进、繁育和推广国内外优良品种,扩大提升优质稻谷、脱毒种薯、专用玉米、枸杞、长枣等制种业规模档次,建设西部重要的种子种苗基地。年内发展"宁粳43号"等优质水稻30万亩、脱毒种薯繁育16万亩、灌区优质冬麦75万亩,主要农作物良种覆盖率和畜禽水产良种化率都有新提高。要推广高新技术。主动上门对接国内外知名科研院所,引进嫁接、集成示范一批尖端适用技术,加快建设银川国家级现代农业和中部干旱带旱作节水高效农业科技园。继续抓好120个现代农业示范基地建设,完善基层农技推广体系,强化首席专家负责制,充分发挥科学技术的作用,把示范基地真正打造成现代农业的样板区和先进科技成果的展示区。要开发高端市场。在保障粮食安全的前提下,按照标准化生产的要求,继续提升设施果菜、清真牛羊肉、枸杞、红枣、硒砂瓜等农产品的品质和影响力,形成一县一特的品牌格局;抓好农产品产销衔接,在北京、上海等重点城市建立直销网络和"窗口",千方百计把宁夏的绿色、有机农产品打入国内外高端市场。要创造高效益。围绕特色农业产业链,深入实施龙头企业升级工程,吸引国内外大企业参与我区现代农业建设,全年新增规模以上加工企业20家,总量达到450家,其中国家和自治区级龙头企业180家。通过龙头企业的强力带动,使农产品实现多次加工转化增值和优质优价。高水平规划建设贺兰山东麓葡萄长廊,力争5年内酿酒葡萄种植达到70万亩,10年内形成100万亩规模,并以此为依托做好文化旅游结合的大文章,使葡萄长廊与黄河金岸珠联璧合、交相辉映,成为塞上江南的新亮点。

加快现代农业发展,必须进一步改善农业农村基础设施。一要抢抓国家加快水利改革发展的重大机遇,强化农业综合开发、基本农田整治、土壤改良和田间设施配套,再掀水利建设新高潮,新增节水灌溉55万亩、改造中低产田45万亩、建设高标准农田50万亩。二要深入实施天然林保护、三北五期等重点工程,尽快完成"六个百万亩"生态林业建设,新造林150万亩,进一步巩固退耕还林、退牧还草成果,培育壮大后续产业。三要加快推进城乡客运一体化,新建农村公路2000公里、客运站点220个,78%的行政村通沥青路、97%的通班车。四要扩大农村清洁能源覆盖面,沼气、太阳能受益农户达到60万户。

(三)加快实施"三大千亿"计划,争创工业发展新辉煌

推动产业优化升级。从今年开始,启动实施"三大千亿"计划,力争工业增加值增长14%。实施煤电化主导产业做大做强计划。加快推进神华宁煤煤变油、国电英力特煤基化工以及宝丰煤热解多联产、宝塔石化精细化工等一批重大项目,发展壮大煤炭、电力、煤化工产业规模,新增煤炭产能1000万吨、电力装机298万千瓦,新型煤化工产能达到300万吨,在建设国家煤化工产业基地、大型煤炭生产基地、"西电东送"火电基地上取得重要进展。实施战略性新兴产业培育发展计划。以10万千瓦光伏发电、100万千瓦风电以及中色东方9200吨铍青铜、隆基硅业3000吨单晶硅、伊品40万吨玉米深加工、石嘴山青年汽车城等项目为载体,加快推进新能源、新材料、新医药以及生物、环保等战略性新兴产业发展,年增速力争30%以上。实施传统产业改造提升计划。引进新技术、采用新工艺、配套新设备,大规模进行技术改造,集中抓好中电投青铝30万吨电解铝、宁夏石化45万吨合成氨和80万吨尿素、大地化工PVA、荣昌特米尔精纺羊绒纱等重点项目,促使冶金、化工、建材和轻纺等传统产业整体装备尽快达到国内先进水平。

推动园区集聚发展。加大政策扶持,完善配套设施,提升"五大十特"工业园区集聚效益,确保宁东基地、银川经济技术开发区、石嘴山陆港经济区、中卫和太阳山五大工业园区分别完成投资310亿元、60亿元、60亿元、55亿元和47亿元,银川德胜、灵武羊绒等10家特色园区投资和总产值分别增长30%和20%以上,夯实全区招商引资的大平台,形成新型工业的增长极。进一

步做好工作，全力争取生态纺织产业示范园落地开工；支持银川市与中航集团合作，建立“大飞机”配套产业制造基地；加快石嘴山与淄博东西合作产业园建设；吴忠、固原、中卫也要积极与东部地区联办开发区、共建产业园。要充分发挥园区载体作用，培育更多的“旗舰”型大企业、大集团担当领跑重任，力争销售收入30亿元以上的企业达到15家、百亿元以上的5家。强力推进中小企业“百家成长、千家培育”工程，选择100个年销售收入在3000万至3亿元左右成长性好的中小企业，制定发展目标和扶持政策，促其尽快成长；在年销售收入3000万元以下的小企业中，确定1000家进行重点培育，支撑县域经济加快发展。

推动节能减排降耗。严格执行节能减排“十大铁律”，实施节能改造、节能产品惠民、合同能源管理等工程，全面开展建设项目能耗评估和清洁生产审核，突出抓好83户重点企业的节能降耗，认真抓好石嘴山市、宁东基地等国家级循环经济建设试点。毫不动摇地淘汰落后产能，严格项目准入，坚决杜绝能耗高、污染重的项目上马。继续实施10件环保实事，积极做好应对气候变化工作，有效增加森林碳汇，实现绿色低碳循环发展。

（四）着力构建“四大体系”，实现服务业发展新突破

构建大物流体系。建成投用“三大口岸”“九大物流园区”和“十大专业市场”，打造便捷、畅通、高效的现代物流平台。重点培育领鲜物流等一批大型龙头企业加快发展，逐步形成覆盖全区、辐射周边的现代物流体系。建设全区统一、全国互联的公共信息系统，提升物流产业信息化水平。加强综合运输体系建设，争取开通银川至北京、西安、兰州的动车组，加密现有航线班次，增加直飞上海、广州等东部主要城市的航班，开通运营银川至迪拜客运航班，有效缩短通达国内外的时空距离，把宁夏建成全国重要的区域性物流中心和新欧亚大陆桥重要的物流中转基地。

构建大旅游体系。围绕打造西部独具特色的旅游目的地，完善沙坡头、沙湖、须弥山等王牌景区功能形象，优化黄河大峡谷、火石寨、老龙潭等重点景区设施服务，推进西夏王陵、镇北堡影城、贺兰山岩画、苏峪口森林公园、六盘山红色旅游区的评星晋级。加快边塞博物馆、忠烈祠等旅游文化项目建设，创排经典旅游文化舞剧或实景演出。开发阳光沙疗、垂钓漂流、自驾车游等新业态，促进旅游资源开发提档升级。抓紧筹建宁夏旅游投资公司，引进有实力的企业投资我区旅游开发。规划建设一批五星级宾馆，增强中高端接待能力。联合中央电视台等主流媒体开展捆绑式宣传，加大营销推介力度，推进旅游省际合作，拓展旅游客源市场，全面提升“塞上江南·神奇宁夏”的美誉度和影响力。

构建大融资体系。引进各类银行、证券公司等金融机构和中介组织来宁设立分支机构，力争民生银行和中国进出口银行落户我区。努力扩大国际金融组织、外国政府贷款的利用规模，鼓励金融机构增加信贷投放，力争新增贷款超过上年。发展小额信贷公司、村镇银行、农村资金互助社和融资担保机构，改善“三农”及中小企业融资服务。鼓励企业发行股票、债券等，争取更多的企业上市融资。制定落实国务院鼓励民间投资新“36条”的配套措施，激活社会投资，大力发展民营经济。

构建大市场体系。深入实施“万村千乡”“现代农村市场体系建设”等工程，加快构建以大型交易市场为龙头、区域性市场为支撑、城乡社区市场为补充的流通大网络。培育电子商务，发展连锁、代理、配送等新型业态，促进商贸流通现代化。建成中国穆斯林国际商贸城，形成西北区域性商贸物流中心；建成金凤万达商业广场，引进沃尔玛、家乐福等大型企业，激发商贸零售市场的竞争活力。提升发展文化娱乐、教育培训、会计审计等传统服务业，培育壮大工程咨询、资产评估、监理代理、健身养老、家政助理等新兴服务业。

（五）全面建设黄河金岸，拓展城乡统筹发展新境界

加快黄河金岸同城化步伐。要下好沿黄城市带建设一盘棋，统筹规划城乡基础设施建设和公共服务一体化。做大银川主城区，做特永宁、贺兰卫星城，提升城市管理、交通运营等水平，增强龙头带动力和区域辐射力。提升石嘴山、吴忠、中卫沿黄骨干城市功能，加快大武口－平罗、利通－青铜峡组团发展。规划建设宣和、石空、金积、叶盛、临河、掌政、金贵、陶乐、沙湖等特色示范乡镇和100个社区化新农村示范点，形成特色鲜明、风格迥异的新型村镇。全面推进省际、县际、城际交通线与滨河大道联通，形成109国道、滨河大道和东、西线高速“四线”齐驱、南北贯通的黄河金岸大路网。

提升黄河金岸建设管理水平。黄河金岸规划委员会要发挥好职能作用，统一管理两岸建设布局和建筑设计。打造沿黄城市带地标性主题建筑群，建成黄河楼、地质博物馆，开工建设华夏石刻艺术园、黄河文化展示园、世界沙博园、五千年华夏馆，加快推进中华回乡文化园二期、世界水车公园、黄河古渡坊、长河湾国际度假中心等项目建设。加强沿黄土地整理和湖泊水系保护利用，实施河道疏浚加固改造，推进中卫腾格里湖、青铜峡鸟岛、平罗天河湾等湿地开发建设。合理布局一批休闲观光特色农业园区、观河栈道、汽车露营地等设施，全面推进滨河景观长廊建设。整合各种资源和力量，举办书画大采风、万人颂黄河、国际马拉松、汽车拉力赛等大型文体活动，充分展示黄河金岸的独特风采和价值。

大力发展山城经济。强化固原在宁南和陕甘宁革命老区的中心城市地位，实施中南部大县城发展战略。加快海原、同心、盐池等新区建设，突出特色，提升西吉、隆德、泾源、彭阳、红寺堡等县城建设水平。推动城乡安全饮水工程、王洼铁路专线、六盘山热电厂二期等重大项目建设。加强生态绿化和水土治理，改善山区发展环境。推进太

阳山工业园、固原盐化工循环经济扶贫示范区建设,做大草畜、马铃薯制种、设施瓜菜、生态旅游、劳务经济等主导产业,培育航空产业,加速壮大中南部自我发展能力。抓住国家启动特困地区集中连片开发攻坚的机遇,完善整村推进、社会扶贫等工作机制,拓展脱贫致富奔小康的广阔空间,形成南部山区与沿黄城市带良性互动、统筹发展的新局面。

(六)强力推进中阿经贸合作,增添改革开放新活力

高标准办好"中阿博览会"。在巩固扩大"中阿经贸论坛"成果的基础上,谋划举办"中阿博览会",把我区打造成国家向西开放的"桥头堡"。开工建设中阿博览会永久性会址、国际会议中心、阅海湾CBD总部商务区等配套服务项目。研究制定清真食品穆斯林用品国家标准,着力构建国内统一、国际认可的哈拉相互认证机制。抓紧规划论证,争取国家批准设立"清真食品穆斯林用品综合保税区"。在制定好"三大基地"发展规划的同时,落实责任,加快进度,3年内,银川建成国内最大的清真食品穆斯林用品设计中心、认证中心和博览中心,吴忠和贺兰等分别建成国内最大的穆斯林用品和清真食品加工中心,灵武建成国内重要的清真食品穆斯林用品物流中心。

全方位开展外引内联。突出新创意、采用新手法策划举办"沙特宁夏商品展"和"香港宁夏活动周",高品位、大手笔、多亮点办好园博会、文博会、房车节、服装节等六大节会,进一步聚集商气、人气。深化国际合作、东西合作,加强与央企及各类商会、驻华机构的联系,建立长期稳定的招商引资机制。重点面向环渤海、长三角、珠三角、港澳台地区和友好城市,广泛开展招商引资,力争到位资金突破900亿元。推动呼包银重点经济区和能源化工"金三角"的构建,积极开展与陕甘青新和内蒙古等周边省区能源开发战略合作,在强化区域协作中壮大实力。鼓励有条件的企业走出去,在区外、国外建立原材料、生产加工和科技研发基地。

宽领域深化重点改革。推进自治区直管县改革试点,增强县域经济活力。推行项目代建制,完善政府投资运行体系。深化农村综合改革,开展农村土地确权登记,加快集体林权制度和农垦改革,落实草原生态补助奖励等政策。健全国资监管体制,确保国有资产保值增值。扩大民营资金进入的产业和领域,扶持壮大非公经济加快发展。推行资源税改革,研究出台节能减排、战略性新兴产业等税收优惠政策;创新财税管理体制,提高基层公共服务保障水平。破解难题,大胆创新,不断深化医疗卫生体制改革。

(七)切实完善公共服务,促进社会各项事业新发展

教育寄托着百万家庭对美好未来的期盼。要全面实施《宁夏中长期教育改革和发展规划纲要》,努力办好人民满意的教育。高度重视学前教育,政府投资新建改建县城标准化和乡镇中心幼儿园43所,鼓励社会力量兴办幼儿教育,学前教育入园率超过50%。全面推进教育强县(区)创建,继续实施中小学校舍标准化建设工程,新建改建加固校舍100万平方米,新增教学班360个,加强农村薄弱学校建设,推进义务教育均衡发展、民族教育加快发展。发挥宁夏职业技术学院的引领作用,支持宁夏财经、工商等职业学院跻入示范学院行列。提升高等教育质量和水平,推进宁夏大学、宁夏医科大学、北方民族大学等高等院校重点学科和博士授予单位建设,支持宁夏理工学院尽快进入国内一流民办大学行列。坚持规模和质量相统一,鼓励学校办出特色、办出水平,培养更多的名师和英才,把教育这个关系国计民生的千秋大事办实办好。

科技是科学发展、跨越发展的强大支撑。要进一步加强部区、省际、院所合作,建设煤化工循环利用等技术中心。支持宁夏大学申报国家重点实验室,鼓励大企业创办研究院所,搭建自主创新平台。实施重大科技项目35个,推动旱作节水农业、土地综合治理、葡萄酿酒等重点领域的科技创新,开展风电、光伏发电、钽铌铍新材料等关键技术攻关。加快实施"六大人才计划",培育引进一批急需紧缺的高层次专业技术和经营管理人才。

医疗卫生关系人民群众的身体健康和家庭幸福。要进一步完善基本药物制度,巩固深化药招"三统一",健全药品供应保障体系。新增医疗卫生资源重点向乡村和城镇社区倾斜,增加全区乡镇卫生院专业医生编制1184个,村卫生室全部纳入公共医疗服务。加强公共卫生应急体系建设,提高应急处置能力。继续抓好"四免一救助",对重度精神病人和贫困白内障患者的治疗给予资助。推进"医疗卫生服务年"活动,努力让群众享受公平、普惠的医疗卫生服务。开展爱国卫生运动,不断提升全民健康水平。继续实施"少生快富"工程,稳定低生育水平,确保人口自然增长率控制在9.4‰以内。

文化与人民群众的美好生活息息相关。深入实施信息资源共享、广播电视户户通、农村电影放映、农家书屋等惠民工程,广泛开展群众性文化活动,推进公共文化资源向基层延伸覆盖、公共文化设施向公众免费开放。深化文化管理体制改革,组建宁夏演艺集团,重点培育现代演艺、数字媒体、动漫创意、文化会展等新兴业态,启动运营宁夏文化产业投融资公司,下功夫把文化产业培育成新的增长点。鼓励文化创新创造,促进哲学社会科学、广播影视、新闻出版等事业发展,推出更多群众喜爱、健康向上的精品力作。加强文物和非物质文化遗产保护,继承和弘扬民族优秀传统文化。开展群众性的体育健身活动,积极承办高规格的体育赛事,备战全国第九届少数民族传统体育运动会,不断满足人民群众多样化的精神文化需求。

(八)深入做好民生工作,开创构建和谐社会新局面

民生连着民心,民心关乎和谐。必须把保障和改善民生始终放在政府工作的首位,努力让人民群众的生活水平

年年都有新提高。抓生态移民促脱贫致富。启动实施《中南部地区生态移民规划》,加快生态、教育、劳务移民步伐,5年内投资105.8亿元,完成移民搬迁35万人,让这部分群众彻底摆脱生存困境。今年整合资金15亿元,新建移民新村77个,建成6万人的搬迁新房,确保搬得出、稳得住、能致富。抓全民创业促充分就业。新创办小企业2000个,培养小老板2000名,确保新增城镇就业6.6万人,输转农村劳动力80万人次。继续采取购买公益性岗位等措施,帮助更多失地农民、残疾人和困难群体实现就业。抓物价调控促市场稳定。在增加生产、保障供给的前提下,推动产销对接,全区建立300个鲜活农产品直销点,在5个地级市建立重要物资储备调运库,强化市场调控;加强价格监测和预警分析,严厉打击价格违法行为;实施动态物价补贴,稳定社会价格预期;依法加强市场监管,切实维护消费者合法权益。抓合理分配促社会公平。深化事业单位和国有企业收入分配制度改革,提高最低工资标准和企业退休人员养老金,完善职工工资集体协商和支付保障制度,加大对低收入群体的转移支付。抓社会保障解后顾之忧。推进“五险”扩面提标,尽快实现省级社保“一卡通”。加快城乡居民基本医疗保险一体化,扩大住院费即时结算和门诊大病统筹比例。提高城乡低保标准和补助水平,完善高龄老人津贴制度,做好孤儿养育、教育和救助,为全区55万重点优抚、城乡低保和五保供养对象发放取暖、节日补贴。开发聚集慈善资源,鼓励调动社会力量,大力发展慈善事业。抓保障房建设圆安居之梦。落实房地产调控政策,增加保障性住房供应。新建廉租房1.2万套、经适房1.1万套、公共租赁房7000套,新增廉租房租赁补贴1.27万户。深入实施“塞上农民新居”、危窑危房和棚户区改造工程,建设新村20个,整治旧村200个,改造危窑危房3万户、棚户区住房8000户,使更多的困难群众住有所居。抓创新管理促社会和谐。健全基层管理体系,推进和谐社区建设。强化信访督察督办,妥善解决群众反映强烈的突出问题,及时预防和处置群体性、突发性公共事件。严厉打击各种刑事犯罪活动,加强互联网、手机等新兴媒体管理,净化未成年人成长的社会文化环境。加强食品药品监管,严格安全生产责任制,坚决遏制重特大事故发生。

全面贯彻党的民族宗教政策,依法加强宗教事务管理,不断巩固发展平等团结互助和谐的社会主义民族关系。大力支持国防现代化建设,抓好国防教育、国防动员和民兵预备役工作,提高双拥共建水平。支持工会、共青团、妇联、侨联、科协等人民团体工作。发展老龄、残疾人、红十字等事业。高度重视自然灾害的预警预测和应急处置,进一步提高防灾、减灾、救灾能力。

各位代表,我们的政府是人民的政府,人民遇到的难处,就是我们工作的重点;人民关心的难题,就是我们攻坚的目标;人民心中的期盼,就是我们努力的方向。在人民面前,我们始终是公仆;为人民服务,是我们永远的天职。恪尽职守,当好公仆,必须进一步加强政府自身建设,全面提高每一位国家公务人员的综合素质和服务能力。

坚持依法行政,进一步增强公信力。主动接受人大依法监督和政协民主监督,认真办理人大代表建议和政协委员提案,主动听取各民主党派、工商联、无党派人士、人民团体、政府参事、文史馆员等方面的意见建议,广泛接受社会公众监督和媒体舆论监督。加强法治政府建设,严格依照法定权限和程序履行职责、行使权力,强化行政问责,落实过错追究,做到有诉必应、有错必纠、有责必问。坚持科学决策、民主决策,健全重大决策专家论证、集体审定、风险评估和社会公示制度,确保各项决策和行政行为更加符合发展实际,更加符合人民群众的愿望。

坚持廉洁从政,进一步增强凝聚力。认真落实党风廉政建设责任制,严厉查处各种违纪违法行为,加快建立全区统一的工程招投标、政府采购、产权交易、土地出让等公共资源交易平台,从源头上预防腐败。牢固树立过紧日子的思想,严格控制一般性支出,坚决制止奢侈浪费,把更多的精力用到为民谋利上,把更多的财力投到民生改善上。坚持群众路线,深入调查研究,问政于民,问需于民,问计于民,充分调动人民群众干事创业的积极性。在各级机关和国家公务人员队伍中深入开展“创先争优”活动,不断提高推动科学发展能力、维护社会稳定能力和解决民生突出问题能力,努力建设人民满意的政府。

坚持实干兴政,进一步增强执行力。深化机关效能建设,推进政务公开,兑现服务承诺,强化行政督察,完善效能考核,加快构建延伸到村的五级政务服务网络,推行审批服务全程代理制和网上审批制,把我区打造成西部乃至全国审批环节最少、程序最简、费用最低、服务最优的省区。建立健全抓落实的领导责任制和工作机制,以等不起的紧迫感、慢不得的危机感、坐不住的责任感,立说立行、紧张快干,抓实盯牢、不打折扣,把前进中的问题一个一个解决,把发展中的事情一件一件办好,创造出无愧于时代、无愧于人民的新业绩!

各位代表,“十二五”蓝图宏伟壮丽,今年的任务艰巨光荣。让我们紧密团结在以胡锦涛同志为总书记的党中央周围,高举中国特色社会主义伟大旗帜,全面贯彻落实科学发展观,在自治区党委的坚强领导下,开拓进取,科学发展,向建设和谐富裕新宁夏的宏伟目标奋勇前进!

(原文载于《宁夏日报》2011年1月24日第1版至第3版)

# 宁夏回族自治区国民经济和社会发展第十二个五年规划纲要

宁夏回族自治区国民经济和社会发展第十二个五年规划纲要(2011～2015年),根据党的十七届五中全会精神和《中共宁夏回族自治区委员会关于制定国民经济和社会发展第十二个五年规划的建议》编制,主要阐明自治区党委、政府战略意图,明确政府工作重点,引导市场主体行为。本规划《纲要》是全区人民的行动纲领,是政府履行职能的重要依据。

## 第一章 转变经济发展方式 开创跨越发展新局面

"十二五"时期,是我区与全国同步实现全面小康宏伟目标的关键时期,是深化改革、加快转变经济发展方式的攻坚时期,必须紧紧抓住和用好重大战略机遇,努力开创全面、协调、可持续发展的新局面。

### 第一节 现实基础

"十一五"期间,是我区综合实力提升最快、城乡面貌变化最大、人民群众得到实惠最多的五年。在党中央、国务院的亲切关怀和正确领导下,自治区党委、政府团结带领全区各族人民,坚持发展第一要务,深入贯彻落实科学发展观,坚决贯彻中央应对国际金融危机冲击的各项决策部署,认真贯彻《国务院关于进一步促进宁夏经济社会发展的若干意见》(国发〔2008〕29号),奋力拼搏,攻坚克难,除森林覆盖率、人口自然增长率、研发支出占GDP比重3个指标有一定差距外,其余全部实现"十一五"规划确定的目标任务,经济社会发展取得巨大成就。

**综合经济实力显著增强。**地区生产总值、财政收入、固定资产投资三大指标实现总量翻番。2010年地区生产总值达到1643亿元,是2005年的2.7倍。地方财政一般预算收入达到154亿元,是2005年的3.2倍。五年累计完成全社会固定资产投资4580亿元,是"十五"时期的2.9倍。

**以宁东基地为重点的工业快速崛起。**宁东能源化工基地列入国家重点开发区,五年累计完成投资1260亿元,开工建设了一大批现代化大型煤矿、电力、煤化工项目。工业结构战略性调整取得重大进展。

**农业和农村发展步入历史最好时期。**农业综合生产能力显著增强,粮食总产量达到357万吨,农业"三大示范区"建设稳步推进,优势特色农产品产业带基本形成,农业产业化经营迈上新台阶,农业和农村基础设施得到加强,新农村建设成效显著。

**生态环境质量进一步改善。**在全国率先实现全区封山禁牧,被国家确定为全国防沙治沙综合示范省区,全面完成国家下达的节能减排任务。

**基础设施保障能力全面提升。**公路通车里程达到22500公里,全区73%的行政村通沥青(水泥)路。太中银铁路建成通车,铁路运营里程达到1272公里。银川河东机场二期改扩建工程全面完成,中卫香山、固原六盘山支线机场建成通航。大力实施沿黄城市带发展战略,千里滨河大道全线贯通。新建改建了一大批城市市政公用设施。

**人民生活水平不断提高。**各级各类教育快速发展,全面推行义务教育阶段"三免一补","两基"攻坚提前一年实现。城乡居民收入增长是改革开放以来最快的时期之一。以基本养老、基本医疗、失业、工伤、生育等为主的社会保障体系基本建成。扶贫开发成效显著,165万农村人口的饮水安全得到解决。

**改革开放取得新进展。**粮补"一卡通"、药品"三统一""乡财县管""少生快富"、省(区)直管县试点、水权转换等改革走在全国前列。高水平举办宁洽会、文博会、房车节等六大节会,成功举办中阿(宁夏)经贸论坛,内陆开放型经济区建设迈出实质性步伐。

五年取得的成绩来之不易,积累的经验弥足珍贵,创造的精神财富影响深远。

**专栏1:"十一五"规划主要指标完成情况**

| 指　　标 | 2005年 | "十一五"规划目标 | | 2010年 | "十一五"年均增长(%) |
|---|---|---|---|---|---|
| | | 总量 | 增速(%) | | |
| 地区生产总值年均增长(亿元) | 612 | 1000 | 10以上 | 1643 | 12.7 |
| 第一产业 | 72 | 85 | 4 | 160 | 6.9 |
| 第二产业 | 281 | 518 | 13.3 | 833 | 15.8 |
| 工　业 | 228 | 440 | 14 | 553 | 15.9 |
| 第三产业 | 259 | 397 | 9.5 | 650 | 10.5 |

续表

| 指　　标 | 2005年 | “十一五”规划目标 | | 2010年 | “十一五”年均增长(%) |
|---|---|---|---|---|---|
| | | 总量 | 增速(%) | | |
| 全社会固定资产投资(亿元) | 444.8 | (3300~3500) | 14~16 | (4580) | 25.2 |
| 地方财政一般预算收入(亿元) | 47.7 | 85 | 12 | 154 | 26.4 |
| 五年城镇新增就业(万人) | 6 | (30) | | (32.7) | |
| 城镇登记失业率(%) | 4.6 | | 5 | 4.4 | |
| 外贸出口总额(亿美元) | 6.87 | 11 | 9.9 | 11.7 | 11.2 |
| 研究与试验发展(R&D)支出占GDP比重(%) | 0.55 | | 1 | 0.77 | |
| 高等教育毛入学率(%) | 19.2 | | 23 | 23.5 | |
| 高中阶段教育毛入学率(%) | 58.1 | | 80 | 82.5 | |
| 初中毛入学率(%) | 94.2 | | 100 | 104 | |
| 全区总人口(万人) | 596 | 635 | | 635 | |
| 人口自然增长率(‰) | 11 | | 9 | 9.4 | |
| 城镇职工基本养老覆盖人数(万人) | 66 | 76.5 | | 93 | 7 |
| 城镇居民人均可支配收入年均增长(%) | 8094 | 11100 | 6.5 | 15345 | 13.6 |
| 农村居民人均纯收入年均增长(%) | 2509 | 3250 | 5以上 | 4675 | 13.3 |
| 城镇化率(%) | 42.3 | | 47 | 48 | |
| 森林覆盖率(%) | 10.5 | | 18 | 11.4 | |
| 万元GDP综合能耗(吨标准煤) | 4.14 | 3.31 | (-20) | 3.31 | (-20) |

### 第二节　面临形势

“十二五”时期，是我区加快发展的重要战略机遇期，是工业化、城镇化加速的重要发展期，更是优化结构、转变发展方式的转型期，既面临难得的历史机遇，又面临诸多可以预见和难以预见的困难和挑战。

从国际环境看，和平、发展、合作仍是时代潮流，为我区发展内陆开放型经济、参与国际产业分工带来新机遇。从国内环境看，实施西部大开发战略、建设呼包银经济区、启动能源化工金三角开发战略、振兴陕甘宁革命老区、落实《国务院关于进一步促进宁夏经济社会发展的若干意见》等为我区带来重大战略机遇。国内经济结构调整，经济发展方式转变，东部地区产业转移，城市化进程加速推进，为我区调整优化产业结构、构建现代产业体系提供了有力支持。区内水、土、煤资源良好组合，民族文化特色明显，“十一五”时期取得的发展成就和积累的宝贵经验，自治区党委、政府发展思路更加清晰，驾驭复杂局面能力明显提高，为我区抢抓新机遇、实现新跨越奠定了坚实基础。

同时，必须清醒地看到，我区经济总量小，自我发展能力不强，市场化程度不高，制约发展的结构性矛盾依然突出，发展方式仍然粗放，科技创新能力弱，经济转型的任务十分艰巨。社会事业发展不均衡，区域之间、城乡之间基本公共服务差距大，山川发展、城乡发展不协调，贫困面相对较大，保障和改善民生的任务十分艰巨。生态环境脆弱，人口资源环境压力大，节能减排约束增强，推进生态文明和“两型”社会建设的任务十分艰巨。综合交通运输体系建设滞后，水利设施老化严重，基础设施建设的任务十分艰巨。

我们要科学判断和准确把握发展趋势，增强机遇意识和忧患意识，主动适应世情、国情、区情深刻变化的阶段性特征，充分利用各种有利条件，积极有效破解经济社会发展中存在的各种瓶颈制约和难题，更加奋发有为，推进我区经济社会科学发展、跨越发展。

### 第三节　指导思想

“十二五”期间，必须高举中国特色社会主义伟大旗帜，以邓小平理论和“三个代表”重要思想为指导，深入贯彻落实科学发展观，顺应全区各族人民过上更好生活的新期待，以科学发展为主题，以加快转变经济发展方式为主线，深入实施西部大开发战略，着力推进以项目为载体的基础设施建设，着力推进以构建现代农业产业体系为主要任务的农业现代化，着力推进以宁东能源化工基地建设为重点的新型工业化，着力推进以沿黄城市带为支撑的特色城市化，着力推进以生态治理和节能减排为抓手的生态环境建设，着力推进以生态移民攻坚为重点的扶贫开发进程，深化改革开放，保障改善民生，加强民族团结，维护社会稳定，奋力推动我区经济社会科学发展、跨越发展，为建设和谐富裕的新宁夏，实现全面建设小康社会的宏伟目标而努力奋斗。

发展是当前和今后一个时期解决我区一切问题的关键所在，必须始终坚持科学发展、跨越发展的主题;加快转变经济发展方式是我区实现经济社会发展新跨越的必由之路,必须始终把这一主线贯穿于经济社会发展全过程和各领域。坚持实现新跨越与坚持科学发展的主题相统一,与加快转变经济发展方式的主线相统一。基本要求是:

**——必须把经济结构战略性调整作为转变经济发展方式、实现新跨越的主攻方向。**坚持走新型工业化道路,做大做强特色优势产业,培育发展战略性新兴产业,改造提升传统产业;坚持走现代农业发展道路,加快农业"三大示范区"建设,打造特色农业、精品农业、优势农业、高端农业品牌,切实增加农民收入;坚持把服务业作为国民经济主导产业来推进,大力发展现代服务业,加快提升服务业的比重和层次;促进三次产业协同发展,走协调发展之路。

**——必须把科技进步和自主创新作为转变经济发展方式、实现新跨越的有力支撑。**深入实施科教兴宁和人才强区战略,积极依靠科技进步、提高劳动者素质和推进管理创新,增强企业自主创新能力,不断提升经济发展的质量和效益,走创新发展之路。

**——必须把保障和改善民生作为转变经济发展方式、实现新跨越的出发点和落脚点。**完善保障和改善民生的制度安排,推进全民创业,积极扩大就业,统筹城乡发展,推进基本公共服务均等化,实施生态移民攻坚计划,有效增加城乡居民收入,走共同富裕之路。

**——必须把建设资源节约型、环境友好型社会作为转变经济发展方式、实现新跨越的重要着力点。**认真贯彻落实节约资源和保护环境基本国策,扎实推进生态建设,积极发展循环经济、绿色经济,切实搞好节能减排,促进经济社会与人口资源环境协调发展,走可持续发展之路。

**——必须把改革开放作为转变经济发展方式、实现新跨越的强大动力。**深化重点领域和关键环节的改革,努力营造有利于科学发展的良好环境。坚持以大开放促进大发展,加快构筑内陆开放型经济新格局,走改革开放之路。

**——必须把民族团结和社会稳定作为转变经济发展方式、实现新跨越的重要保证。**全面贯彻党的民族政策和宗教工作基本方针,坚持"两个共同"的主题,牢固树立"三个离不开"的思想,巩固和发展平等团结互助和谐的社会主义民族关系,依法加强宗教事务管理,引导宗教与社会主义社会相适应。加强社会管理,促进社会和谐,维护社会稳定,走和谐发展之路。

### 第四节 发展目标

按照党的十七届五中全会和自治区党委十届十一次全委会的总体要求,"十二五"规划要突出战略性、前瞻性和指导性,与全面建设小康社会奋斗目标紧密衔接,综合考虑我区发展现状和未来趋势,今后五年经济社会发展的主要目标是:

**——经济平稳较快增长。**到2015年,全区生产总值达到2900亿元以上(2010年价),年均增长12%左右,人均生产总值达到43000元(约合6500美元)。地方财政一般预算收入达到310亿元,年均增长15%。

**——经济结构不断优化。**三次产业结构调整为6:53:41,现代服务业比重大幅度提高,战略性新兴产业增加值占地区生产总值比重达到8%以上,优势特色农业增加值占农业的比重达到85%以上,非公有制经济增加值占地区生产总值比重达到70%以上,城镇化率提高到55%。

**——人民生活显著改善。**人均基本公共服务接近全国平均水平,城乡居民收入与经济增长保持同步,达到全国平均水平。五年累计新增城镇就业36万人,生态移民35万人,新增脱贫人口60万人,基本解决全区农村饮水安全问题。城乡居民社会保障体系进一步完善,低收入人群实现应保尽保。

**——生态环境全面好转。**全区森林覆盖率达到15%以上,城市建成区绿化覆盖率达到41%,生活垃圾无害化处理率和城镇污水处理率均达到80%。节能减排指标控制在国家下达任务以内,节水型社会建设取得新进展。

**——社会事业全面发展。**九年义务教育质量显著提高,全面普及高中阶段教育。基本建成覆盖城乡的公共文化服务体系,促进文化大繁荣大发展。大力发展医疗卫生事业,稳定低生育水平,促进人口长期均衡发展。研究与试验发展(R&D)经费支出占地区生产总值比重达到1.2%以上,科技对经济增长贡献率达到48%以上。

**——改革开放不断深化。**财税、投资、收入分配等重点领域改革取得新进展,政府效能建设深入推进,发展环境不断优化,构筑内陆开放型经济格局取得新突破。

### 第五节 战略导向

实现"十二五"宏伟蓝图,必须紧紧围绕转变经济发展方式,加快经济结构调整,统筹城乡发展,建设生态文明,发展内陆开放型经济,保障和改善民生,促进民族团结,建设和谐富裕的新宁夏。

**建设现代产业聚集区。**以转变经济发展方式为主线,优化产业结构和布局,全面推进形成我区现代产业体系。坚持产业高端化、低碳化、高技术化、高效化的发展方向,坚定不移地推进工业强区战略,实施"三个千亿投资计划",做大做强特色优势产业,突出发展战略性新兴产业,改造提升传统产业,着力推进宁东能源化工基地等自治区级开发区升格为国家级开发区。加快发展现代服务业,重点发展物流、金融和旅游业,打造辐射西部、服务全国、面向世界的现代服务业基地。推进三大农业示范区建设,加快发展13个优势特色农业产业带,高标准建设120个现代农业示范基地。将我区建成以现代农业为基础、新型工业为主导、现代服务业为支撑的现代产业聚集区。

**建设统筹城乡示范区。**树立将宁夏作为一个大城市进行规划建设的理念,推动沿黄城市带成为新一轮西部大开发的重要引擎,构筑以沿黄城市带为核心、固原市为次中心、重点镇和中心村为补充的新型城乡一体化发展格局。全面推进城乡规划编制、基础设施、产业发展、区域市场、生态建设和公共服务一体化。加快推进沿黄城市带同城化步伐,促进产业、资本、人口向城镇集聚,努力把沿黄城市带建成西北最具潜力、最有特色、最富魅力、最适宜人居和创业的精品城市带。打破城乡二元结构,加快农民变市民步伐,建设城乡良性互动、统筹协调发展的示范区。

**建设生态文明先行区**。树立生态、绿色、低碳发展理念,构建沿黄城市带绿色景观长廊、贺兰山东麓生态防护长廊、中部干旱带防风固沙长廊和六盘山生态保护长廊四大"绿色长城",建设全国防沙治沙示范省区,构建西部重要的生态安全屏障。全面加强水资源节约管理和优化配置,推进节水型社会建设。大力发展清洁生产和循环经济,加强节能减排,严格控制主要污染物和温室气体排放,建设生态工业园区,加强城乡绿化美化,切实解决好老百姓关心的突出环境问题。

**建设内陆开放试验区**。在巩固深化与欧、美、日、韩等国家和地区经贸合作的基础上,充分发挥回族自治区的独特优势,加快面向穆斯林世界的经贸文化合作。以建设中阿(宁夏)论坛银川永久会址、举办中国(宁夏)—阿拉伯国家博览会为契机,推动形成中阿国际经贸合作交流平台、中阿高层对话合作机制,把宁夏打造成最具国际影响力的清真食品穆斯林用品集散地、我国重要的国内外产业转移承接基地、中国面向阿拉伯国家和穆斯林地区开放合作的人才培育基地。

**建设民族团结进步模范区**。把保障和改善民生放在更加突出的位置。组织实施好民生计划,加快生态移民搬迁,强力推进中南部地区扶贫攻坚,实施更加积极的创业就业政策,千方百计增加城乡居民收入,大力推进基本公共服务向农村和贫困地区倾斜,构建覆盖城乡居民的社会保障体系,稳步提高保障水平。坚决贯彻落实民族区域自治政策,牢固树立"三个离不开"的思想,坚持各民族共同团结奋斗、共同繁荣发展,巩固和发展平等、团结、互助、和谐的社会主义新型民族关系。

**专栏2:"十二五"时期经济社会发展主要目标**

| 类别 | 指　标 | 2010年 | 2015年 | 年均增长(%) | 属　性 |
|---|---|---|---|---|---|
| 经济发展 | 1. 地区生产总值(2010年价,亿元) | 1643 | 2900 | 12左右 | 预期性 |
| | 2. 地方财政一般预算收入(亿元) | 154 | 310 | 15 | 预期性 |
| | 3. 全社会固定资产投资(亿元) | 1464 | (15000) | 25左右 | 预期性 |
| | 4. 外贸出口总额(亿美元) | 11.7 | 24 | 15 | 预期性 |
| | 5. 城镇化率(%) | 48 | 55 | | 预期性 |
| 经济结构 | 6. 居民消费率(%) | 37 | 40 | | 预期性 |
| | 7. 三次产业结构比例 | 9:51:40 | 6:53:41 | | 预期性 |
| | 8. 战略性新兴产业增加值占GDP比重(%) | 3.8 | 〉8 | 30 | 预期性 |
| | 9. 服务业就业比重(%) | 34 | 36 | | 预期性 |
| 科技教育 | 10. 研究与试验发展(R&D)支出占GDP比重(%) | 0.77 | 〉1.2 | | 预期性 |
| | 11. 每百万人口发明专利授权数(件) | 9.3 | 15 | 10 | 预期性 |
| | 12. 科技进步贡献率(%) | 42.8 | 〉48 | | 预期性 |
| | 13. 小学六年义务教育巩固率(%) | 85 | 90 | | 约束性 |
| | 14. 初中三年义务教育巩固率(%) | 92 | 93 | | 约束性 |
| | 15. 高中阶段教育毛入学率(%) | 82.5 | 87 | | 预期性 |
| | 16. 高等教育毛入学率(%) | 23.5 | 36 | | 预期性 |
| 人民生活 | 17. 城镇居民人均可支配收入(元) | 15345 | 27000 | 12 | 预期性 |
| | 18. 农民人均纯收入(元) | 4675 | 8200 | 12 | 预期性 |
| | 19. 城镇登记失业率(%) | 4.4 | 〈4.5 | | 预期性 |
| | 20. 五年城镇新增就业(万人) | (32.7) | (36) | | 预期性 |
| | 21. 城镇保障性住房(万户) | 2.79 | (12.44) | | 约束性 |
| | 22. 城乡参加基本养老保险人数(万人) | 253 | 380 | 8.5 | 约束性 |
| | 23. 城乡居民基本医疗保险参保率(%) | 90 | 95 | | 约束性 |
| | 24. 全区总人口(万人) | 635 | 675 | | 预期性 |
| | 25. 人口自然增长率(‰) | 9.4 | 9 | | 约束性 |

续表

| 类别 | 指　　标 | 2010年 | 2015年 | 年均增长(%) | 属　性 |
|---|---|---|---|---|---|
| 资源环境 | 26. 耕地保有量(万亩) | 1650 | 1650 | | 约束性 |
| | 27. 万元工业增加值用水量(吨) | 91 | 64 | (-30) | 约束性 |
| | 28. 农业灌溉用水有效利用系数 | 0.42 | 0.48 | | 预期性 |
| | 29. 非化石能源占一次能源消费比重(%) | 0.9 | 5左右 | | 约束性 |
| | 30. 森林覆盖率(%) | 11.4 | 15 | | 约束性 |
| | 31. 单位GDP能耗降低(%) | 按照国家下达指标执行 | | | 约束性 |
| | 32. 单位GDP二氧化碳排放降低(%) | 按照国家下达指标执行 | | | 约束性 |
| | 33. 化学需氧量排放减少 | 按照国家下达指标执行 | | | 约束性 |
| | 34. 二氧化硫排放减少 | 按照国家下达指标执行 | | | 约束性 |
| | 35. 氨氮排放减少 | 按照国家下达指标执行 | | | 约束性 |
| | 36. 氮氧化物排放减少 | 按照国家下达指标执行 | | | 约束性 |

注:国内生产总值和城乡居民收入绝对数按2010年价格计算,速度按可比价格计算;括号内为五年累计数。

## 第二章　推进工业强区
## 打造西部现代产业集聚区

以优势资源深度开发与转化为重点,加快构建具有宁夏特色的现代产业体系。实施"三个千亿投资计划",做大做强煤电化主导产业,大力培育战略性新兴产业,改造提升传统产业,以增量调整存量,不断推进产业结构优化升级。

### 第六节　做大做强宁东煤电化主导产业

适应市场和国家能源安全需求,高起点、高水平地把宁东(含太阳山)建成国家重要的大型煤炭基地、"西电东送"火电基地、煤化工产业基地,实现资源优势向经济优势转变。

**推进国家大型煤炭生产基地建设。**以建设安全高效煤矿为目标,按照适度超前的原则,全面建成鸳鸯湖矿区,开发建设韦州矿区、马家滩矿区、积家井矿区、红墩子矿区和甜水河井田,建成一批大中型安全高效现代化矿井,扩大煤炭产能。加快推进萌城矿区、韦州矿区后备勘查区前期工作,积极推进与内蒙古上海庙矿区煤炭资源整合开发与合作,增强宁东能源化工基地煤炭供应保障能力。到2015年全区煤炭生产能力达到1亿吨以上。根据资源赋存条件优化矿区生产开发布局,加快煤炭资源整合和中小煤矿升级改造,提高机械化、自动化、信息化和安全装备水平。

**推进国家重要的"西电东送"火电基地建设。**依托宁东丰富的煤炭资源、良好的电源建设条件和便利的取水条件,建成一批大容量、高参数大型坑口电厂,满足"西电东送"和区内用电需求。大力推进高效洁净燃煤发电,加强火电脱硫、脱硝技术和节水技术的推广应用。加快构筑我区坚强的区域主干电网体系,推进智能电网建设。到2015年,全区电力装机达到3000万千瓦以上,建成宁夏外送电第二通道工程,外送电能力达到1000万千瓦以上。

**推进国家重要的煤化工产业基地建设。**按照规模化、大型化、基地化的发展模式,重点加快煤制烯烃、煤制油、煤制气等煤化工项目建设,开工建设煤炭液化、甲醇制烯烃、煤制烯烃二期、煤制天然气、国电英力特宁东煤化工产业园、宝丰能源二期等项目。着力延伸煤化工产业链,推进宁东煤化工产业向高端、高技术、高附加值方向发展。到"十二五"末,煤化工产能达到1000万吨以上。

理顺宁东能源化工基地管理体制,加快规划建设宁东生活基地,完善配套设施。加强与蒙陕甘新等省区在资源能源开发建设上的联合协作,推进"疆煤进宁",促进宁东—上海庙基地一体化发展,合作开发宁陕甘边界油气等资源,培育我区经济新增长极。

**专栏3:宁东基地重点项目**

**煤炭项目:**金凤煤矿(400万吨)、银星一号(400万吨)等一批煤矿项目。

**电源点项目:**鸳鸯湖电厂二期等一批电源项目。

**煤化工项目:**410万吨煤炭间接液化、50万吨甲醇制烯烃、50亿立方米煤制天然气、200万吨煤制烯烃(二期)、国电英力特宁东煤基多联产化学工业园及庆华、宝丰、中电投宁夏能源铝业、盐池华泰煤焦化多联产,捷美丰友煤制化肥项目。

**电力外送项目:**宁夏外送电第二通道工程。

**电网项目:**建设750KV太阳山、330KV临河等一批重点输变电工程,同步加强110KV及以下配电网建设。

第七节　大力培育战略性新兴产业

把培育战略性新兴产业作为优化产业结构、推进发展方式转变、提升产业竞争力的重要抓手。重点发展新能源、新材料、先进装备制造、生物、新一代信息技术、节能环保等战略性新兴产业,设立战略性新兴产业发展专项资金和产业投资基金,实施战略性新兴产业"倍增计划",增加值年均增长30%。

**新能源产业**。做好风电资源评价,科学规划风电场布局和规模,加快贺兰山东麓、宁东、盐池等百万千瓦风电基地建设,加快风机制造及配套产业发展,实现风电开发与配套产业协调发展。鼓励扩大太阳能发电规模,重点利用沙漠、戈壁等集中建设规模化光伏电站。加快推进硅材料—光伏电池—光伏发电产业链建设,将宁夏建成我国重要的风能、太阳能光伏产品生产基地,使新能源产业成为我区重要的经济增长点。

**新材料产业**。重点围绕钽铌铍钛稀有金属新材料、铝镁合金及轻金属材料、碳基材料、复合材料,扩大产业发展规模、提升竞争实力,建成具有世界影响力的钽铌铍钛产业核心技术研发和生产基地。进一步推进铝镁合金产业链向下游高端产业延伸,建设宁东—青铜峡—太阳山—中宁铝镁材料基地和银川市交通工具轻型化材料制造基地,将新材料产业发展成为自治区支柱产业。

**先进装备制造业**。加速推进工业化和信息化融合,做优做强数控机床、仪器仪表、煤矿综采设备、大型铸件、铁路牵引变压器、精密轴承、智能化成套输配电设备等优势产业,建立产业技术持续创新机制,加快形成新型装备制造产业体系,促进产业集群发展。

**生物产业**。适度扩张发酵产业规模,坚持以创新为主,实现生物领域重大关键技术的新突破,掌握一批拥有自主知识产权的核心技术成果。大力发展高附加值生物发酵、生物医药和生物制剂产品,加快发展中医药产业,丰富和完善回族医药产业发展体系。利用现代生物技术,开展宁夏特有农、林、畜、草、水产等生物品种的研究与保护,建立和完善特有生物品种种质资源库,建设区域性良种繁育基地,发展具有区域特色的高效优质良种产业体系。

**新一代信息产业**。大力培育信息制造业,开展无线射频设备、新型电子元器件研发。积极发展物联网、泛在网,以新一代信息技术推动电子商务、信息增值服务、系统集成、软件和服务外包的发展。大力推动数字动漫、影视制作、网络游戏和多媒体数字产品的开发和产业化。加快光伏宽带、第三代移动通信等信息基础设施建设,实现电信网、广电网、互联网三网融合。

**专栏4:战略性新兴产业重点项目**

**光伏发电及相关产业项目**:建设一批太阳能光伏发电及电池组件、逆变器等产业配套项目。

**风电及风机制造项目**:建设贺兰山东麓、宁东(含太阳山)、麻黄山百万千瓦级风电基地和中卫、红寺堡、同心、西吉及海原等50万千瓦级大型风电场。西北轴承公司风力发电机组配套轴承项目、宁夏发电集团风机制造项目、宁夏运达公司风机制造项目。

**新材料项目**:中色(宁夏)东方集团钽铌铍钛稀有金属材料高技术产业链系列项目,太阳镁业等企业30万吨镁合金项目,中电投宁夏铝业铝合金及板带材加工项目、中宁100万吨稀土彩钢板项目。

**装备制造业项目**:宝塔石化石油化工机械制造、宁夏银星能源股份有限公司扩建风力发电机组及组件、力成电气集团高压电气产业化、银川卧龙变压器有限公司变压器产业化、西北轴承股份有限公司轴承产业化、天地奔牛煤矿机械再制造项目。

**生物产业项目**:伊品生物科技有限公司年产5万吨黄氨酸、5万吨蛋氨酸,宁夏启元药业金莲花清热系列制剂、高附加值抗生素原料药及制剂,万胜生物工程公司医药中间体褐藻寡糖、聚谷氨酸,原州区枸杞多维钙和回药开发与应用等项目。

**信息项目**:建设通信大本地网一体化工程、数字企业、光纤宽带网络、物联网基础、3G网络及运营工程,三网融合项目、宁夏电子商务综合服务平台建设。

**节能环保产业**。鼓励节能关键技术、装备的研发和产业化,积极推广使用节能新技术、新工艺、新产品,实施节能重点工程,大幅度提高节能降耗水平。大力开展环保装备制造及推广应用,积极开发环保产品,推进环境技术服务产业发展。

第八节　改造提升传统产业

应用高新技术、先进工艺和新装备改造提升化工、冶金、汽车、建材、特色农产品加工及纺织等传统产业,促进产业优化升级和产品更新换代。到2015年,传统产业技术装备达到国内同行业先进水平。

**化工行业**。积极调整化肥原料结构和品种结构,提高高浓度高效化肥比重。依托周边原油和天然气资源,加快石油天然气化工产业园建设,大力提升石油炼制能力和水平,发展石油深加工产品。"十二五"期间,建成500万吨/年炼油、45万吨合成氨80万吨尿素国产大化肥等项目,再配套扩建500万吨/年炼油等项目,进一步发展工程塑料、聚氨酯、聚酯和精细化工等产品。建设固原盐化工循环经济扶贫示范园区。

**冶金行业**。加快推进先进节能技术改造电解铝、金属镁、铁合金等冶金产业。采用先进的大型预焙电解槽技术建设电解铝项目,加快新型竖罐式炼镁等新技术的研发推广,改进皮江法、硅热法等生产工艺,鼓励铁合金行业采用先进的冶炼炉技术,延伸产业链,发展高附加值产品,有效降低能耗,提高企业竞争力。

**汽车行业**。积极鼓励发展汽车零部件和配套产业,依托青年汽车、君功汽车等企业集团,逐步形成卡车、客车和改装车为主的整车生产体系。

**专栏5:传统产业升级改造重点项目**

**化工项目**:建成中石油宁夏石化分公司500万吨炼油、80万吨PX项目、45/80万吨国产化大化肥等项目,再配套扩建500万吨炼油项目。固原盐化工循环经济扶贫示范园区一期,金昱元公司烧碱、PVC扩建项目。

**汽车项目**:石嘴山青年汽车及零部件等项目、宁夏君功矿用自卸汽车二期。

**电网项目**:全面加强智能电网建设,建设750KV大贺黄Ⅱ回、330KV同心、宣和及220KV西河桥等一批重点工程,实施农网升级改造工程。

**园区项目**:宁夏生态纺织产业园区、"疆煤进宁"中卫化工园区、闽宁西吉产业园区、惠农淄山工业园区、吴忠慈善工业园区。

**建材行业**。鼓励利用工业废渣发展新型干法水泥,支持企业利用余热发电和处置城市垃圾及污泥等。积极发展陶瓷、PVC型材、铝型材、新型墙体材料、防水材料、装修装饰材料、石膏、自发光材料等新型建材。

**特色农产品加工业**。依托资源优势,采用先进生产技术、工艺,发展特质化、差异化的高端加工产品,加强品牌建设和市场营销,努力建设全国高端葡萄酒、高端乳制品、高端枸杞制品、精品羊绒制品和清真食品和穆斯林用品生产与集散基地。

**纺织工业**。充分利用宁夏及周边煤化工、石油、天然气优势,规划建设以聚酯纤维色纺为主导、羊绒及生物纤维相结合的生态纺织产业园,形成以煤化工、石油化工和色纺色织、服装、装饰产品等一体化的现代化新型生态纺织工业基地,打造继宁东基地之后我区又一重要的经济增长极。

## 第三章 推进农业现代化 建设社会主义新农村

把解决好农村、农业、农民问题作为全区工作的重中之重。坚持统筹城乡山川发展、工业反哺农业、城市支持农村,加大强农惠农力度,夯实农业农村发展基础,提高农业现代化和农民生活水平,建设农民幸福生活美好家园。

### 第九节 提高农业综合生产能力

**加快转变农业发展方式,提高农业综合生产能力、抗风险能力、市场竞争能力**。按照国家增产千亿斤粮食要求,实施宁夏百亿斤粮食生产能力建设工程,加大引黄灌区中低产田改造力度,加快中北部土地开发整理步伐,加强中南部地区扬黄、库井灌区节水改造。加强农田水利建设,改造中低产田150万亩,新增有效灌溉面积50万亩。全区粮食产量稳定在350万吨以上。

**加快农业科技创新和服务体系建设**。从技术研发、试验示范、集成推广等全过程推进农业科技进步与创新,完善农业科技服务体系。到2015年,农业科技进步贡献率提高到60%以上,主要农作物良种覆盖率达到95%以上,肉牛、肉羊良种率分别达到75%和95%以上。

**加强农业社会化服务体系建设**。着力提升现代农机装备能力。提高农产品质量安全检验检测能力,形成区有中心、市县有站、基地和企业及市场有点的农产品安全检验检测体系。提升动植物病虫害防控能力,建立健全农作物病虫害专业化防治队伍。进一步完善区、市、县、乡、村五级动物防疫体系,提高重大疫病防控能力。

**完善现代农业产业体系**。促进园艺产品、畜产品、水产品规模种养,加快发展设施农业和农产品加工业、流通业,促进农业生产经营的专业化、标准化、规模化、集约化发展。充分发挥农垦对全区现代农业的引领示范作用,促进其加快发展。

### 第十节 加快建设三大农业示范区

全面推进北部引黄灌区现代农业示范区、中部干旱带旱作节水农业示范区、南部山区生态农业示范区建设,以节水、化学品低投入、优质良种、标准化栽培养殖等技术为核心,全面推进农业生产向高产、优质、高效、生态、安全转变。提高特色优势农产品集中度,奠定农民增收的坚实基础。

**建设北部引黄灌区现代农业示范区**。以现代农业科技示范园为引领,用现代技术装备改造农业,加快转变农业发展方式,着力推进区域产业化、经营集约化、生产规模化、质量标准化和产加销一体化,全面提高劳动生产率、资源利用率和土地产出率,建立资源节约型、环境友好型和高效循环型的现代农业体系。把黄河金岸建成休闲观光农业产业带,引黄灌区建成引领西北、面向全国的现代农业示范区。

**建设中部干旱带旱作节水农业示范区**。按照节水、生态、特色、避灾的发展方向,以现代旱作节水农业科技示范园为引领,坚持生态恢复重建、农业基础设施建设和特色优势产业发展并重,建设特色优势农产品产业带。把中部干旱带建成引领西北的旱作节水农业示范区。

**建设南部山区生态农业示范区**。坚持生态优先、草畜先行、特色种植、产业开发,以"三河源"水源涵养保护工程为重点,加快生态恢复和农田水利基础设施建设,以提高水资源利用效率为目标,配套完善库井灌区,进一步培育壮大退耕还林接续产业。把南部山区建成我国西北黄土高原生态农业示范区。

到2015年,全区形成600万亩优质粮食、400万亩马铃薯、80万头奶牛、1600万只肉羊和250万头肉牛、100万亩淡水鱼、100万亩设施蔬菜和100万亩露地蔬菜、100万亩硒砂瓜、150万亩红枣、100万亩枸杞、80万亩葡萄、100万亩苹果、100万亩中药材等13个优势特色产业带，建设120个现代农业示范基地，打造现代农业产业集聚区。

### 第十一节 大力推进优势农产品转化增值

以工业化理念经营农业，充分发挥龙头企业带动作用，加快推进农业产业化经营，有效解决农业发展资金、市场等问题。重点培育和发展一批特色明显、市场竞争力强的农产品加工产业集群，促进农产品由初级加工向精深加工转变。引黄灌区走高品质、精深加工之路，重点培育枸杞、清真牛羊肉、乳制品、优质粮食、脱水蔬菜、淡水鱼、葡萄、苹果等农产品加工业集群；中部干旱带大力发展以滩羊、红枣、中药材、优质牧草、羊绒为主的农产品加工业；南部山区加快发展肉牛、马铃薯、小杂粮、油料、中药材、优质牧草等农产品加工业。重点培育10家销售收入过10亿元、10家5～10亿元的加工龙头企业，国家和自治区级农业产业化重点龙头企业达到200家以上。到2015年农产品加工率达到70%以上。

### 第十二节 加快社会主义新农村建设

按照推进城乡一体化的要求，制定实施社会主义新农村建设规划。全面加强农村水利和农村信息基础设施建设，以实施农村饮水安全、塞上农民新居和农村危窑危房改造、农村清洁能源、农民初级卫生保健、农村公共服务体系、万村千乡市场、农村环境保护等工程为重点，实现水、电、路、气、房和优美环境"六到农家"目标。推进农村电网升级改造，进一步完善220KV主网架和110KV以下配网，提高城乡供电能力和供电可靠性。在尊重农民意愿的基础上推进农村居民适度集中居住，全面改善农村生产生活条件。到2015年，全区农村公共基础设施明显改善，人均基本公共服务接近全国平均水平，农村文明程度和农民文明素质明显提高，形成产业新格局、生活新提高、乡风新文明、村容新变化、管理新机制的社会主义新农村。

### 第十三节 千方百计增加农民收入

提高农民职业技能和创收能力，多渠道增加农民收入。到2015年，农民人均纯收入达到8200元，年均增长12%。

**巩固提高经营性收入。**鼓励农民优化种养结构，提高效益。健全农产品价格保护制度，稳步提高重点粮食品种最低收购价，完善大宗农产品临时收储政策，建立以目标价格为核心的反周期补贴机制。因地制宜发展特色高效农业、休闲农业、乡村旅游和农村服务业，使农民在农业功能扩展中获得更多收益。

**专栏6：现代农业发展重点项目**

**中北部土地开发整理项目：**土地开发整理面积194万亩，新增耕地47万亩。

**种植业项目：**建设种子工程40处，建设粮食示范基地32万亩，万亩粮油高产示范片500个，优质瓜菜基地及标准示范园200万亩，旱作农业示范基地150万亩，建成马铃薯脱毒种薯三级繁育体系，兴庆区3万亩花卉产供销示范基地。新建12个县农产品质量安全检测检验站。

**畜牧业项目：**建设标准化奶牛养殖场（小区）150个、肉牛标准化养殖场100个、生猪标准化养殖场120个，建设滩羊养殖基地、畜禽良种繁殖体系、饲草（料）加工体系，完善动物防疫体系。

**水产项目：**发展低洼盐碱地生态渔业基地30万亩、适水产业基地100万亩。

**农产品加工项目：**发展优势农产品储藏保鲜、脱水烘干、质量安全控制等技术示范企业200家。宁夏伊利集团、蒙牛集团液态奶、金河乳业牛乳蛋白粉、中粮集团宁夏葡萄示范园和2万吨葡萄酒厂、张裕葡萄酒公司宁夏葡萄基地和酒庄项目、宁夏红产业集团枸杞深加工、荣昌绒业羊绒深加工。

**农村能源项目：**建设规模化畜禽养殖场沼气工程200处、农村户用沼气7.5万户，推广新型高效节能灶（炕）25万台、太阳能热水器1.2万户、太阳灶50万台。

**农业信息化项目：**配套完善农村信息服务网点基础设施，建成县、乡、村三级信息服务网络。

**努力增加工资性收入。**高度重视劳务产业，开展农民就业技能培训，加快实施农民创业促进工程，促进城乡劳动者平等就业，努力实现农民工与城镇就业人员同工同酬，提高农民工工资水平。建设一批农民创业基地和创业园，大力支持农民发展二、三产业，帮助农民实现多元增收。

**大力增加转移性收入。**加大政策惠农力度，健全农业补贴等支持保护制度，坚持对种粮农民实行直接补贴，继续实施良种补贴和农机具购置补贴，扩大补贴范围，提高补贴标准。加快发展政策性农业保险，增加农业保险费补贴品种并扩大覆盖范围。

**创造条件增加财产性收入。**搞好农村土地确权、登记、颁证工作，按照依法自愿有偿原则，允许农民以转包、出租、互换、转让、股份合作等形式流转土地承包经营权，分享土地承包经营权流转中的增值收益。完善征地补偿制度，使农民更多地分享农业用地转为非农业用地过程中形成的土地增值效益。完善农村宅基地制度，探索迁入城市定居的农民工承包地和宅基地有偿退出机制，允许其通过市场自愿转让获得财产性收入。严格界定公益性和经营性建设用地，逐步实现农村集体建设用地与国有建设用地同权同价并保障农民合法权益。拓宽租金、股金、红利等财产性收入增长渠道。

## 第四章 推动现代服务业大发展 促进产业结构转型升级

把推动现代服务业大发展作为产业结构优化升级、促进充分就业、增加城乡居民收入的战略重点,实施服务业发展提速计划,优先发展关联带动作用强、市场需求大和吸纳就业人员多的服务业。

### 第十四节 打造西部具有特色旅游目的地

合理开发和保护旅游资源,将旅游产业培育成为国民经济支柱产业。到2015年,全区年接待国内外游客1600万人次,旅游收入达到160亿元。

优化旅游产业布局,以知名景区为龙头、以历史文化为主线、以地文景观为核心,依托“两山一河”(贺兰山、六盘山、黄河)、“两沙一陵”(沙湖、沙坡头、西夏王陵)、“两文一景”(西夏文化、回族文化、塞上江南景观)等特色旅游资源,科学规划景区景点,深度开发塞上江南新天府、贺兰山历史文化、六盘山红色生态三大旅游板块,努力将我区打造成我国西部独具特色的旅游目的地和面向阿拉伯国家及穆斯林地区的国际旅游目的地。

促进旅游业由观光旅游向休闲度假旅游转变,大力开发旅游休闲度假产品,延伸旅游产业链。全力打造观光游、娱乐游、红色游、探险游、产业游等五大旅游品牌,建设阳光沙疗福地、塞上避暑宝地、黄河金岸胜景、民族风情家园,力争黄河大峡谷、须弥山石窟、水洞沟遗址进入国家风景名胜区。打造贺兰山东麓葡萄长廊,形成集观光采摘、酒庄体验、度假休闲为一体的塞上江南旅游新亮点。建设横跨东西、纵贯南北的特色旅游经济圈。

加大旅游基础设施投入,完善旅游通道与交通设施建设,提高游客出行的便捷性。加强旅游休闲度假基础设施建设,在银川市等中心城市适度建设五星级酒店、中高档旅游健身休闲娱乐设施。

实施旅游品牌战略和国际化战略,加强旅游宣传营销,开展区域旅游协作,重点拓展与阿拉伯国家的旅游合作。充分发挥银川市区域性中心城市的作用,进一步提升城市旅游功能,使其成为辐射周边省区的旅游中心。

### 第十五节 大力发展现代物流业

挖掘地缘空域优势,构建公路、铁路、航空相互配套、紧密衔接的物流大格局。

扩充“三大口岸”功能,推动口岸物流发展。高标准建设银川国际空港物流中心,打通连接国内外的“空中走廊”。完善银川、惠农陆港口岸功能,加强与天津、青岛、连云港、秦皇岛、霍尔果斯、阿拉山口等沿海沿边口岸的跨区域合作,开辟便捷通畅的出海、出境通道。

加快“三大口岸”“九大物流中心”和“十大专业市场”物流基础设施建设,形成覆盖全区、辐射周边、联接国际的现代化物流体系,把我区建成全国重要的区域性物流中心和新欧亚大陆桥重要的物流中转基地。着力引进并培育大型物流企业,提高物流信息化水平及综合效益。围绕重要工业园区,鼓励企业承接服务外包业务,大力促进第三方物流发展。

### 第十六节 积极促进房地产业健康发展

加大房地产投资力度,进一步扩大住房供给,形成住房供需总量基本平衡、结构基本合理、房价与居民收入基本适应的住房体系,实现广大群众住有所居。

根据城乡居民收入增长和消费水平,完善由保障性住房和商品性住房构成的住房供应体系。进一步扩大中低价位、中小套型商品住房的供应,适当发展中高档商品房,构建多层次的商品住房供应格局。对中、高收入家庭,实行租赁与购买商品住房相结合的制度。对中等偏下收入住房困难家庭,实行公共租赁住房制度,政府给予适当支持。对城镇低收入住房困难家庭,实行廉租住房制度,政府提供基本住房保障。倡导租买结合、梯度消费。

把保障基本住房、稳定房价和加强房地产市场监管纳入各地经济社会发展的工作目标,由自治区政府负总责,市、县级人民政府负直接责任,全面促进房地产健康发展。

完善土地供应政策,增加居住用地供应总量,健全差别化的住房税收、信贷政策,完善住房公积金制度,扩大覆盖范围。大力整顿和规范房地产市场秩序,抑制土地价格过快上涨,加大对房地产违法违规行为的查处和打击力度,抑制投资投机性购房需求。完善房地产售后服务,提升物业管理水平,规范住房租赁业务和房地产中介服务管理。

### 第十七节 加快发展现代金融业

坚持扩大总量、盘活存量、增加品种、优化结构,不断增强金融市场功能,推动金融服务业快速健康发展,更好地为实体经济和转变发展方式服务。

积极引进国家政策性银行、股份制商业银行、金融性公司、保险机构和外资金融机构以及非银行金融机构在我区设立分支机构和办事机构,吸收和利用各类金融机构和非金融机构的投资,构造多元化的金融体系。

支持宁夏银行、黄河商业银行、石嘴山银行等地方银行跨区域经营。大力发展证券、期货、保险、担保、信托等非银行金融机构,构建多元化的金融服务体系。全面发展创业基金、信托投资、金融租赁、质押典当等金融服务业,建立完善的产权交易市场。鼓励发展创业投资企业,积极吸引民间投资。加强社会信用体系建设,强化金融监管,防范金融风险。

着重解决县城以下金融网点少、农业保险滞后、农村金融服务水平低等问题。鼓励农业银行加大对三农的投放力度,增强农村信用社支农实力,扩展邮政储蓄银行支农服务功能,引导各类涉农储蓄资金回流农村。着力推进村镇银行、贷款公司和农村资金互助社试点,建立健全农民小额信用贷款和农户联保贷款制度。增加支农再贷款额度,完善扶贫贴息贷款管理,提高资金使用效率。加快农村担保体系建设,建立农业贷款风险基金。积极开展设施农业、特色种养等农业保险，扩大覆盖面。

加快我区资本市场建设，大力推进直接融资，鼓励企业通过发行企业债券和银行中长期票据等方式，拓宽融资渠道，降低融资成本。鼓励有实力的企业跨行业、跨地区、跨所有制进行资产重组，支持上市公司通过配股、增发、可转债和公司债等多种方式融资。积极扶持和培育一批具有增长潜力和带动力强的企业上市融资，“十二五”期间力争新增上市公司5家。

### 第十八节　提升商贸流通业

改造优化传统商贸流通业，加快建立覆盖城乡的现代化流通体系，完善便民服务网络，促进城乡居民消费。以工业园区、物流园区和县乡农贸市场、超市、农家店、外埠销售窗口以及流通企业和合作组织为基础，构建多式联运体系。创新产销对接模式，实施商贸数字化、网络化改造工程，加快商贸流通业改造步伐。

完善城市功能，提升城市形象，改善服务环境，规划设计城市服务业集聚区。加快推进阅海湾新商圈、万达商业广场、拉普斯商业中心等重点商贸项目建设，引导银川等地级市建设中央商务区（CBD），积极引进一批国际国内名牌零售商与商贸企业。大力发展社区商业连锁便利店、超市、放心肉店和面向中低收入群体的标准化菜场和专业化菜店。

加大清真菜肴开发力度，形成全国知名的清真菜系，全面提升清真产业的品牌优势。大力培育和发展清真餐饮业，强化品牌效应，重点支持老字号清真餐饮名店做大做强，鼓励其跨省区经营。

加快发展农村服务业，建设一批农产品综合专业批发市场，完善农村现代市场体系，加快农产品冷链体系和配送中心建设，健全农村商贸物流网络，提高农村双向流通水平。

### 第十九节　发展商务会展业

建立以政府为主导、企业为主体、社会资本广泛参与的会展经济新机制，以举办特色产品、文化旅游、民族商贸、设施园艺等各类特色精品会展为平台，形成以经贸招商旅游为主体、以国内区域交流合作为常态的会展经济新格局。

进一步加大会展基础设施建设力度，策划设计丰富多样的会展平台和会展活动。办好一年一度的“中国（宁夏）－阿拉伯国家博览会”“中国（宁夏）－阿拉伯国家经贸论坛高峰会议”和“中国（宁夏）－阿拉伯国家文化艺术节”，打造国际会展知名品牌。着力办好香港宁夏文化周活动，继续支持银川房车、沙漠摩托车旅游节、园艺博览会、黄河金岸国际马拉松及自行车大赛等会展节庆活动。

**专栏7：现代服务业发展重点项目**

**旅游基础设施项目：**沙坡头旅游基础设施、沙湖旅游区基础设施、环六盘山旅游基础设施、沿黄旅游基础设施、贺兰山东麓旅游基础设施、青铜峡大峡谷旅游区、水洞沟、苏峪口、西夏陵等重点旅游景区基础设施建设。

**现代物流业项目：**银川国际空港物流中心、惠农陆路口岸物流中心、银川陆港物流中心、永宁望远现代物流园区、宁东能源化工基地物流园区、宁夏交通物流园区、中宁物流园区、中卫迎水桥物流园区、海原新区物流中心、太阳山物流园区、固原西兰银交会中心物流园区、吴忠现代商贸物流产业园。

**商业流通业项目：**阅海湾新商圈、万达商业城、拉普斯商业中心。

**商务会展业项目：**国际博览中心。

## 第五章　优化水资源配置　建设节水型社会

以水资源高效利用为核心，优化水资源配置，建立健全严格高效的水资源管理体制，基本形成南北统筹、城乡兼顾、丰枯补给的水资源调配体系，全面保障“十二五”时期我区经济社会发展用水安全。

### 第二十节　加快节水型社会建设

以节水为中心，优化水资源配置，提高水资源利用效率和效益，全面推进节水型社会建设。

**农业节水**。通过调整农业结构和耕作制度，发展设施农业和优势特色产业，减少亩均耗水量，提高单方水的产出效益。创新推广控制灌溉、小畦灌、点灌、注水灌等适用节水灌溉技术，扩大滴灌、喷灌等现代节水技术灌溉规模。到2015年，农业灌溉用水有效利用系数提高到0.48。

**工业节水**。围绕“五大十特”工业园区和重点耗水行业，推进企业循环用水、串联用水和重复用水、园区循环用水网络系统改造与建设，大幅度提高企业水循环利用水平，减少新鲜水用量。新上企业与项目全部采取节水新工艺。到2015年，工业用水重复利用率达到75%，万元工业增加值用水量减少到64立方米。

**城乡生活节水**。加快供水管网系统改造，增加城市中水管网建设，推进城市生产—生活—生态水资源循环利用，大力普及生活节水器具。加强公共用水监测监管，加大节水宣传力度，增强全社会节水意识。到2015年，城市中水回用率达到50%，城镇节水器具普及率达到90%。

### 第二十一节　加强重点水利工程建设

按照“北部节水，中部调水，南部开源”的分区治水思路，抓紧兴建一批事关自治区经济社会可持续发展全局的重点水利工程。

北部引黄灌区以节水为中心，通过加快灌区节水改造和水权转换，大幅度提高水资源利用效率，保障不断增长的生活生产和生态用水需求。加快实施青铜峡灌区、沙坡头灌区续建配套和节水改造工程，进一步完善灌区水系建设，增强调控能力，实现灌区节水30%，增产30%。加强黄河防洪工程和贺兰山东麓防洪工程体系建设，银川市防洪标准达到100年一遇,其他地级市防洪标准达到50年一遇,黄河防洪标准达到20年一遇。

中部干旱带以调水为中心,拓宽扬水范围,建设集雨设施等小微型水源工程,实现扬黄水和当地水资源相互补给,确保农村饮水安全。加快实施固海等扬黄灌区节水改造工程、大型泵站更新改造工程,完成高效节水补灌工程建设,节水灌溉面积达到200万亩。全面建成盐环定扬黄续建工程。建设同心下马关、中卫兴仁综合供水工程和红寺堡、同心、海原城乡供水工程。

南部山区以节流增效为中心,开源与节流并重,以流域为单元加强生态保护和水源涵养建设,加强雨洪水资源利用,建立大中小工程并举、库坝窖池联用的供水体系。实施中南部城乡饮水安全水源工程,解决城乡饮水安全问题。加快实施库井灌区节水改造、病险水库除险加固、中小河流治理、山洪灾害防治等工程,消除安全隐患、增强防洪能力,力争库井灌区灌溉面积达到100万亩。大力推进水土保持工程建设,加快清水河、泾河、葫芦河等重点流域综合治理,新增治理水土流失面积5000平方公里。

完善工业供水工程体系。重点推进上海庙、红墩子、固原盐化工基地供水工程建设。加快推进黄河大柳树水利枢纽工程前期工作,争取早日开工建设。

### 第二十二节 强化水资源管理

建立健全最严格的水资源管理制度,全面落实用水总量控制、用水效率、水功能区纳污控制三条红线,逐步建立覆盖自治区、市、县三级的水权配置体系和用水定额管理制度,落实生活、生产、生态用水定额制度。健全水资源有偿使用制度,建立不同来源、不同用途、不同地域的水价核算体系,进一步完善节水型水价机制,实行阶梯式水价制度。创建水资源交易市场,规范水权转换办法,加强监督管理,加快水权转换步伐。加快推进水利工程管理体制改革,完善水费收支管理办法,切实落实管护经费和管理责任,确保水利工程良性运行。鼓励农民参与水资源管理,充分发挥农民用水协会作用,调动社会力量参与水利建设和工程管护的积极性。

**专栏8:水利重点项目**

**节水项目:**中部干旱带高效节水补灌工程,青铜峡、固海大型灌区续建配套与节水改造工程,沙坡头南北干渠及灌区节水改造工程,大型泵站更新改造工程,中型灌区节水改造工程,节水示范工程。

**民生水利项目:**农村安全饮水工程、中南部城乡饮水安全水源工程、病险水闸除险加固工程、小型农田水利建设工程、盐环定扬黄续建工程、同心下马关和中卫兴仁综合供水工程、城乡供水一体化工程。

**工业供水项目:**上海庙、红墩子、固原盐化工等重点工业园区供水工程。

**水土保持与水生态修复项目:**渭河流域宁夏段重点治理工程、水土保持重点治理工程、易灾地区生态环境综合整治工程。

**防洪抗旱减灾项目:**黄河宁夏河段防洪工程、贺兰山东麓防洪工程、清水河流域防洪治理工程、苦水河流域防洪治理工程、中小河流治理工程、山洪灾害防治工程。

## 第六章 建设现代综合运输体系 提升交通保障能力

全面提升交通运输保障能力,基本建成以干线铁路、高等级公路、干线机场为主骨架,以银川、石嘴山、吴忠、固原、中卫为中心的现代化综合运输体系,实现各种运输方式的无缝对接。

### 第二十三节 构建五纵三横铁路运输网

重点打通宁夏与周边地区的快速通道,提高运输效率。加快包兰铁路惠农—银川扩能改造工程,开工建设包兰铁路银川—兰州段、宝鸡—中卫、甘塘—武威南等铁路二线工程,新建银川—西安快速铁路、银川经鄂尔多斯至北京铁路惠农接轨线、太阳山—甘肃白银铁路。做好太中银铁路银川—定边和中卫—定边段增建二线、沿黄城市带城际轨道和银川城市轨道交通等项目前期工作,争取早日开工建设。完善宁东地方铁路网,加快固原地方铁路建设,推动地方铁路与国铁接轨,形成功能完善、点线协调的客货运输网络。开通银川至北京、西安等城市的动车组,构建银川至西安、兰州、呼和浩特、太原等毗邻城市“三小时通勤圈”和银川至北京、郑州、成都等省会城市“五小时通勤圈”。做好连通能源金三角城际铁路的前期工作。到2015年,全区铁路营运里程达到1770公里,货运量9000万吨,国铁复线率达到70%以上。

### 第二十四节 提高三纵九横公路网现代化水平

加快建设联通内外、覆盖城乡的公路运输网络。加快沿黄城市高速路网通达能力建设,重点抓好呼包银、陕甘宁、能源化工金三角等经济区公路交通运输体系建设,打通省际断头路,促进区域交通一体化融合发展。

改造提升国省干线通行条件,全面更新改造农村公路及危桥,增加公路密度,重点抓好中南部地区和生态移民区公路建设,大幅度提高贫困地区公路交通保障能力。加强综合客运枢纽建设,以银川、石嘴山、固原枢纽为重点,以“零距离换乘”为目标,加强公路运输和其他运输方式的有效衔接。提高公路交通运输服务水平,形成与我区产业布局和经济、人口分布相适应的公路运输体系。

到2015年,全区公路通车里程达到33200公里,高速公路1600公里,公路密度达到50公里/百平方公里左右。国省道二级以上公路达到80%以上。新增沥青(水泥)路面里程7000公里,所有行政村通沥青(水泥)路,所有乡镇建成客运站,90%的行政村建成招呼站。

### 第二十五节　提升一主两辅航空港服务功能

建成银川河东机场三期扩建工程，完善口岸航空货运服务功能。引进1～2家国内航空公司在河东机场设立运营基地，开通国内所有省会城市及计划单列城市的直飞航线，开通银川至迪拜等国际航线，实现银川至韩国、日本的旅游客运包机和银川至中东国家的客货运包机运营，把银川河东机场建成西北重要的区域支线综合枢纽和我国对中东、中亚地区货运的重要节点和物资集散地。进一步完善中卫、固原支线机场基础设施，积极开辟航空线路，提升服务功能。到2015年，全区航空旅客吞吐量达到650万人次。

**专栏9:交通基础设施重点项目**

**铁路项目:**包兰复线惠农至银川、银川至兰州段，甘武铁路复线，宝中复线，银川至西安快速铁路，银川经鄂尔多斯至北京铁路惠农接轨线，完善宁东地方铁路网，原州区至王洼铁路。开展太中银铁路银川至定边、甘肃白银至太阳山铁路、沿黄城市带城际轨道交通等项目前期工作。

**公路项目:**国道211线甜水堡至灵武段及古窑子至青铜峡联络线、福银高速同心至沿川子段、银川至巴彦浩特高速公路、青兰高速公路东山坡至毛家沟段，西线高速、东线高速、京藏高速红寺堡至桃山口段、国道309线宁夏境高速公路，银川北绕城至沙湖、银川亲水大街至永宁、利通区至红寺堡、海原新区至海城镇一级公路。石嘴山黄河大桥、银川兵沟、中宁等黄河大桥，银川、石嘴山、固原公路枢纽客货运站场。农村公路修复建设与危桥改造。

**民航项目:**银川河东机场三期扩建工程。

## 第七章　实施生态移民推进中南部地区扶贫攻坚

深入推进开发式扶贫，加大投入，逐步提高扶贫标准，构建专项扶贫、行业扶贫和社会扶贫格局。切实增强贫困地区和贫困群众的自我发展能力，有效解决中南部地区的贫困问题。

### 第二十六节　全力实施生态移民攻坚工程

把生态移民作为减少贫困人口、保障和改善民生、统筹山川发展的重要抓手，进一步完善政策，整合资源，举全区之力打一场移民攻坚战。

按照山内的问题山外解决、山上的问题山下解决、面上的问题点线解决的思路，围绕水源、生态、开发、特色、转移五个重点，坚持生态移民整村搬迁、县外为主、分类安置的原则，通过山区川区结合、城市农村结合、有地无地结合、宜工宜农结合、集中插花结合等多种途径，采取开发土地集中安置、适度集中就近安置、因地制宜插花安置以及在沿黄城市、重点城镇、工业园区、产业基地建设移民周转房等多种安置方式，利用5年时间将贫困程度深、生存条件差、发展难度大、不适宜人类生存地区的35万最困难群众，妥善安置到近水、沿路、靠城的区域。

按照社会主义新农村建设标准，统一规划、统一设计、统一建设移民住房和移民新村，统一配套建设水、电、路、气、通信和商贸等基础设施，建设教育、卫生、文化、科技、村级活动场所等公共服务设施，积极推进广播电视、互联网进移民新村，方便移民生活。大力发展劳务产业和特色产业，初步形成以特色种养收入为基础、劳务收入为主体的增收格局，确保“搬得出、稳得住、能致富”，努力把我区建设成为国家生态移民扶贫开发示范区。

### 第二十七节　大力推进产业扶贫

把产业扶贫作为贫困地区群众脱贫致富的重要途径加速推进。

依托沿黄经济区、产业园区，使劳务产业成为农民稳定增收、脱贫致富的重要手段。坚持县内转移与县外输出相结合、季节性转移与长期转移相结合、组织转移与自发转移相结合，引导农民向城市和沿黄经济区转移，每年稳定输出劳动力50万人次，使沿黄经济区成为吸纳山区农民务工就业的大平台和主战场。

结合自治区优势特色产业和农业产业化经营，采取政策扶持、示范带动、技术服务等措施，突出发展节水种植、高效养殖、设施农业等特色产业，推进特色优势产业集聚升级。在中南部地区打造清真牛羊肉、马铃薯、红枣、硒砂瓜、中药材产业集群，培育各具特色的产业村，大幅度提高农民生产经营性收入。

### 第二十八节　切实改善贫困地区生产生活条件

改善贫困地区的生产生活条件，既是扶贫开发的一项长期战略任务，又是一项极为紧迫的民生工程。

加大民生水利工程建设力度，基本解决贫困地区112万群众饮水安全问题，实施100万亩库井灌区高效节水改造工程、100万亩集雨补灌工程、100万亩高效节水改造工程。加大危房危窑改造步伐，消除农村居民居住安全隐患。积极发展沼气、太阳能等可再生能源，改善农村生活用能结构。

以整村推进为切入点，对人均纯收入低于国家扶贫标准的贫困人口，实施扶贫到户、责任到人“双到”工程，推进农村低保制度和扶贫开发政策有效衔接，使80%以上的贫困人口年均纯收入达到3000元左右，五年新增脱贫人口60万人。

**专栏10:扶贫攻坚重点项目**

**生态移民项目:**生态移民搬迁35万人。

**百万亩库井灌区高效节水改造和产业发展项目:**高效节水库井灌区灌溉面积110万亩,主要建设水源、灌区配套、特色产业和综合服务配套等工程。

**中南部城乡饮水安全水源项目:**年引水3980万立方米,解决固原市原州区、彭阳、西吉、中卫市海原县部分地区44个乡镇609个行政村、112万城乡居民的生活用水水源问题。

**农村危房危窑改造项目:**以中南部地区为重点改造危房危窑15万户。

**扶贫整村推进项目:**实施600个贫困村整村推进。

### 第二十九节 实施强有力帮扶政策

加大对中南部地区的财政转移支付和公共服务设施的投入力度。制定实施强有力的帮扶政策,以地级市、财政强县和宁夏区域内主要大中型企业为主体,每年拿出一定比例的资金对口帮扶山区贫困县。强化山区公共财政支出强度,努力缩小山川基本公共服务产品供给差距,到2015年山区人均公共财政支出占全区平均水平提高到60%以上。在沿黄经济区设立山区主要贫困县“飞地”工业园区。全面建立贫困村村级发展互助资金,扩大受益人口覆盖面,提高投入标准,每个村由平均25万元提高到40万元。积极探索引进金融资本与互助资金叠加的运作机制,提高资金使用效益,切实解决贫困户发展资金短缺难题。

## 第八章 推进城镇化 优化国土空间开发格局

全面构筑新型城乡发展体系,形成区域经济优势互补、主体功能定位清晰、国土空间高效利用、人与自然和谐的区域发展新格局。大力推进城镇化进程,努力构建以沿黄经济区为核心、固原市为次中心、其他县城和重点镇为补充,大中小城市与城镇布局合理的城镇体系。

### 第三十节 优化国土空间开发格局

将宁夏作为一个大城市进行规划建设,加快构筑以沿黄经济区为核心、以固原市为次中心、以100个重点镇和3000个中心村为补充的相互依存、连片成群的“1113”城乡一体化发展新格局,着力形成具有宁夏特色的新型城乡发展体系。

按照集中均等开发模式重塑宁夏经济地理格局。全区人口、产业重点向沿黄经济区集聚、南部山区重点向固原市及县城集聚、村镇重点向100个重点镇和3000个中心村集聚。基本公共服务产品的供给大幅度向中南部地区和农村倾斜,让全区人民享有基本均等的基本公共服务,共享我区经济社会发展成果。

在重点开发区,推进工业向园区集中,着力打造“五大十特”重点园区,建设现代产业集聚区,推进产业向高端、高附加值、高科技方向发展。加快推进能源化工金三角建设,把能源化工金三角打造成为西部地区现代产业发展的密集区。

在限制开发的农产品主产区,推进土地向规模特色产业集中,大力发展现代农业,推进形成13个优势特色产业带,保障我区粮食安全,带动农民增收与农产品加工行业的可持续发展。

在中南部限制开发区与全区禁止开发区,全面实施退耕还林、围栏禁牧,结合全区主体功能定位实施“六个百万亩”生态林业建设工程,全面修复、治理生态环境,构筑西部重要的生态安全屏障。

### 第三十一节 高水平建设沿黄经济区

奋力打造黄河金岸,加快建设宁夏沿黄城市带。围绕城乡规划编制、基础设施、产业发展、区域市场、生态建设和公共服务“六个一体化”,加快沿黄城市带同城化步伐。

配套完善城市基础设施。建成西线石嘴山—中宁高速公路,充分利用包兰线、太中银铁路正线和银川联络线建设银川—中卫—定边“闭环式”城际快速通道,开通沿黄城际公交,形成以银川市为中心的“一小时经济圈”、以四个地级市为次中心的“半小时通勤圈”。逐步实现供排水、污水处理、垃圾处理、公共交通等基础设施和公共服务设施城乡共建共享,生态环境共同治理。加快推进义务教育、基本医疗、公共卫生、社会保障等城乡接轨。基本实现电话号码统一区号,金融同城结算,共同推介旅游产品线路。

强化城市产业功能,着力提升沿黄经济区产业集聚水平。培育壮大能源产业、战略性新兴产业,大力发展现代服务业,集中发展清真食品和穆斯林用品、轻纺加工等劳动密集型产业,大力发展以农副产品加工为主的特色优势产业。支持银川市服务业综合改革试点,加快推进石嘴山资源枯竭型城市转型。构建统一的区域市场格局,引导沿黄各市充分发挥比较优势,积极承接国内外资本、技术、人才和产业转移,努力把沿黄经济区打造成为产业分工特色鲜明的现代产业集聚区。

高标准建设滨河景观大道,提高黄河行洪、防洪保障能力。以黄河文化为基础,建设一批生态旅游景观与文化景观,发展休闲度假、生态观光、农家体验等产业,形成500公里生态文化景观带,再现“塞上江南”秀美景色,全方位多视角展示黄河文化底蕴。

到2015年,沿黄经济区城镇人口占全区城镇人口、经济总量占全区经济总量均达到90%以上。

### 第三十二节 加强固原区域中心城市建设

加大固原城市建设力度,扩大城市规模,加快完善城乡一体的交通运输网络,增强城市服务配套功能,提升城市辐射带动能力。支持南部山区加强县城和中心村镇基础设施建设,增强就业吸纳能力和自我发展能力。

重点发展煤电、盐化工、劳务、草畜、马铃薯、特色林果与小杂粮等特色产业,加强水土流失治理,积极开发六盘山旅游资源,将固原市建成全国旅游扶贫发展试验区、全国重要的马铃薯育种和种植加工基地、劳动力转移就业培训与劳务输出基地、旅游休闲目的地和陕甘宁区域性物流中心。

### 第三十三节 扎实稳妥推进城镇化进程

在加强沿黄城市带与固原区域中心城市建设的基础上,扶持发展一批资源开发、旅游度假、加工制造、商贸流通等特色小城镇,使其成为承接农业人口和劳动力转移的有效载体。大力推进符合条件的农民工逐步转为城镇居民,不断提升城镇化的质量与水平。到2015年,全区城镇化水平达到55%,沿黄城市带达到70%,固原市达到40%。

积极稳妥推进农民工转为城市居民。把有稳定劳动关系并在城镇居住一定年限的农民工逐步转为城镇居民,优先解决举家迁徙农民工与新生代农民工的落户问题。中小城市和小城镇要根据实际放宽落户条件,切实探索农民工转为城镇居民的相关政策和办法。对暂时不具备条件的农民工,要改善公共服务,加强权益保护,切实保证农民工随迁子女平等接受义务教育。与企业具有稳定劳动关系的农民工,要纳入城镇职工基本养老与医疗保险。增加对农民工的技能培训和就业服务,拓宽就业渠道。多渠道多形式改善农民工居住条件,将符合条件的农民工纳入城镇住房保障体系。“十二五”期间,力争50万农村人口转为市民。

### 第三十四节 推进形成主体功能区

实行差别化的区域调控政策,实施《自治区主体功能区规划》,推进要素资源合理配置,形成分工明确、布局科学、特色鲜明的主体功能区。

适度增加重点开发区工业用地和城镇用地供给,实施积极的人口迁入政策,提高重点开发区集聚能力。加强禁止开发区管制力度,严格控制人为因素对自然生态的干扰破坏,提高环境质量和生态产品供给能力。

强化政府投资,实行按领域安排和按主体功能区安排相结合的政府投资政策。按领域安排的投资,要符合各区域的主体功能定位和发展方向,根据产业指导目录,明确不同主体功能区的鼓励、限制和禁止类产业。按主体功能区安排的预算内投资,重点用于限制开发区域的生态建设、环境保护、农田水利以及公共服务基础设施建设。

建立生态环境补偿机制,在森林、草原、湿地、矿产资源开发、重点流域等开展生态补偿,建立开发地区对保护地区、生态受益地区对生态保护地区的生态环境补偿。对不同主体功能区实行不同的污染物总量控制和环境标准。加大对限制开发区的财政转移支付力度,逐步实现与重点开发区基本均等的公共服务产品供给。

在绩效考核方面,对重点开发的城市化地区,综合评价经济增长、产业结构、质量效益、节能减排和吸纳人口数量等;对限制开发的农产品主产区和重点生态功能区,分别实行农业发展优先和生态保护优先的绩效评价,不考核地区生产总值、工业等指标;对禁止开发的自然文化资源保护区,全面评价自然文化资源原真性和生态完整性。

**专栏11:主体功能区发展建设重点**

**重点开发的城市地区:**包括沿黄城市带(含宁东)与固原原州区,加大交通与能源等基础设施建设,优先布局重大加工、制造项目,统筹工业和城镇发展布局,适度扩大建设用地规模,促进各种经济要素与人口向重点开发区集聚,保持经济集聚和人口集聚同步。

**限制开发的农产品主产区:**加强耕地保护,加大农业综合生产能力建设投入,推进农业规模化、产业化和现代化。以重点镇为基础推进城镇建设和工业发展,引导农产品加工、流通、储运企业集聚,加强公共服务设施建设。

**限制开发的重点生态功能区:**包括盐池县、同心县、海原县、西吉县、隆德县、泾源县、彭阳县、红寺堡区,加大生态环境保护和修复力度,增强水源涵养、水土保持、防风固沙和生物多样性功能。鼓励发展与生态功能相适宜的产业。

**禁止开发的自然文化资源保护区:**依法实施强制性保护。严格控制人为因素对自然生态与文化自然遗产原真性、完整性的干扰,严禁不符合主体功能定位的各类开发活动。加大自然文化遗产投入与保护力度,完善管理体制和政策机制。

## 第九章 保障和改善民生 提高基本公共服务水平

大力实施改善民生计划,显著增强各级政府的基本公共服务产品供给,加快完善符合区情、比较完整、覆盖城乡的基本公共服务体系,推进基本公共服务均等化,让全区人民共享改革发展成果。

### 第三十五节 优先发展教育

按照优先发展、育人为本、改革创新、促进公平、提高质量的要求,推动教育事业科学发展,提高教育现代化水平,为经济社会发展提供强有力的智力支持和人才保障。

推动学前教育发展。建立政府主导、社会参与、公办民办并举的幼儿园办园体制,扩大学前教育资源,重点发展农村、社区学前教育,保证农村留守儿童入园,实现乡镇中心幼儿园全覆盖,全区学前三年教育毛入园(班)率达到60%以上。

巩固提高九年义务教育水平。建立国家义务教育质量基本标准和监测制度,减轻中小学课业负担。促进义务教育均衡发展,统筹规划学校布局,大力实施义务教育学校标准化建设工程,消除校舍安全隐患,解决“大班额、大通铺”等突出问题。大力促进教育公平,实行县域内城乡中小学教师编制和工资待遇同一标准,加快推行教师和校长交流制度;取消义务教育阶段重点学校和重点班,教育资源配置向农村地区、贫困地区、生态移民地区大力倾斜,加快缩小教育差距;完善城乡义务教育经费保障机制,努力实现城乡之间、地区之间义务教育均衡发展。小学六年巩固率达到90%,初中三年巩固率达到93%。

普及高中阶段教育。全面实施高中学业水平考试和综合素质评价,克服应试教育倾向。增加普通高中优质教育资源供给,有效改善普通高中办学条件。建立普通高中阶段家庭困难学生资助制度,实行残疾学生高中阶段免费教育,加强对中南部地区高中阶段教育的扶持。到2015年,高中阶段毛入学率达到87%。

大力发展职业教育。加强职业教育基础能力建设,建成自治区职业教育园区,加强符合用人需求的专业建设,实行工学结合、校企合作、顶岗实习的人才培养模式,坚持学校教育与职业培训并举,提高职业教育培养质量。逐步实行中等职业教育免费制度,完善家庭经济困难学生资助政策。到2015年,中等职业教育招生规模稳定在4万人左右,在校生规模达到12万人以上,普通高中和中职教育在校生比例大体相当;高职招生规模达1.5万人,在校生规模达4.5万人。

全面提升高等教育。提高高等院校办学水平和高等教育大众化程度。加强高校重点学科、专业和实验室建设,积极开展基础研究和适应我区经济社会急需领域的应用研究,推进产学研用相结合,增强办学特色,实现高校规模、结构、质量与效益协调发展,提升高校人才培养、科学研究和社会服务能力。完成宁夏大学"211工程"三期重点学科建设和宁夏医科大学"申博"目标。到2015年,普通本科年招生规模达到1.6万人,高校在校生规模达到12万人,高等教育毛入学率达到36%。

大力发展继续教育、民族教育、特殊教育。鼓励引导社会力量兴办教育,落实民办学校和公办学校同等的法律地位。

全面实施素质教育。坚持育德为先、能力为重,创新教学内容、方法和评价制度,突出培养学生科学精神、创造性思维和创新能力,加强实践培养,促进学生德智体美全面发展。

推进人才培养体制、招生制度、学校管理制度和办学体制改革,扩大教育开放,加强教师队伍、师德师风建设,提高校长和教师专业化水平,鼓励优秀人才终身从教。健全以政府投入为主、多渠道筹集教育经费的体制。

### 第三十六节 积极发展医疗卫生事业

按照保基本、强基层、建机制的要求,深化医药卫生体制改革,优先满足群众基本医疗卫生服务需求,不断提高健康水平。

全面加强公共卫生。健全完善重大疾病预防控制、健康教育、妇幼卫生、精神卫生、卫生监督等公共卫生服务网络,逐步提高人均公共卫生经费补助标准,全面免费提供基本公共卫生服务项目,实施重大公共卫生服务项目,积极预防重大传染病、慢性病、地方病、职业病和精神疾病,提高突发公共卫生事件应急处置能力。到2015年,人口平均期望寿命达到75岁,婴儿死亡率、孕产妇死亡率分别降至12‰、20/10万以下。

健全医疗服务体系。加强村卫生室建设,进一步完善农村三级医疗卫生服务体系,加强社区卫生服务机构建设,建立以社区卫生服务为基础的新型城市医疗卫生服务网络。深化公立医院改革,优化医院布局和结构,加强医疗质量管理和医疗服务监管,提高医疗整体服务水平。鼓励社会资本投资医疗卫生事业,兴办医疗机构和参与公立医院改制重组,加快形成多元化办医格局。到2015年,全区每千人口医疗机构床位数达到4.13张,每千人口职业(助理)医师数达到4.12人。

全面贯彻落实国家基本药物制度。进一步完善基本药物采购配送机制,提高药品供应保障能力。支持中医药、回族医药发展。加强食品药品监管,全面实施食品药品放心工程。

### 第三十七节 全面做好人口工作

坚持计划生育基本国策,稳定低生育水平,促进人口长期均衡发展。到2015年,全区总人口控制在675万人以内,自然增长率控制在9‰。

加强基层计划生育服务网络建设,提升计划生育服务水平,加强流动人口计划生育管理,开展长效节育措施奖励试点。加大少生快富实施力度,进一步完善奖励扶助政策,提高标准扩大覆盖面。综合治理出生人口性别比偏高问题,加大出生缺陷预防干预,做好生殖健康教育、优生咨询、高危人群指导、孕前筛查等,实施强基提质工程和优生促进工程,提高出生人口素质。

加快人口信息化建设,运用信息技术手段,做好人口及相关信息资源管理工作,全面提升人口科学决策、社会管理和公共服务水平。结合推进生态移民工程与城镇化进程,引导人口合理分布。

积极应对人口老龄化,优先发展社会养老服务,注重发挥家庭和社区功能,加大养老服务机构建设力度,构建多层次、社会化养老服务体系。开展医疗健康、精神慰藉、法律援助等养老服务,增加社区老年人活动场所和便利化设施。

### 第三十八节 扩大城乡创业就业

实施更加积极的就业政策,大力发展就业容纳大的服务业和劳动密集型产业,扶持中小企业加快发展,多渠道开发就业岗位,促进充分就业。

加强基层公共就业基础设施建设。健全统一规范灵活的人力资源市场,大力整合各类培训资源,扎实推进农村劳动力转移就业培训,提高劳动者的职业技能和创业能力,确保农村劳动力的整体技能素质明显提升。全力做好高校毕业生就业工作,建立促进就业的长效机制。鼓励自主创业,着力培育个体、工商业主、企业家、经纪人、群众性创业队伍。鼓励发展社区服务、家政服务、养老服务和病患陪护等家庭服务业。进一步完善全民创业政策,做好创业就业服务工作,建设创业园区和创业基地,不断拓展创业空间,实现创业带动就业的倍增效应。

完善面向就业困难人员的就业援助制度。大力开发公益性岗位,确保每个有劳动能力的贫困家庭至少有1人实现就业。城镇每年新增就业岗位7万个以上，农村富余劳动力转移就业70万人次左右。

### 第三十九节 提高社会保障水平

以扩大社会保险覆盖面和提高保障能力为重点，加快推进覆盖城乡居民的社会保障体系建设，实现应保尽保。到2015年，养老保险参保人数达到380万人、基本医疗保险560万人、失业保险57万人、工伤保险60万人、生育保险60万人。

完善以城镇职工基本医疗保险、城乡居民基本医疗保险和城乡医疗救助为主体的医疗保障体系。逐步提高城镇居民医保的筹资标准，稳步提高城镇职工医保、城乡居民医保的保障水平和最高支付限额。建立健全医疗保险关系转移接续和异地就医结算制度。积极推进基本医疗保险门诊统筹和地市级统筹，逐步实现自治区级统筹。

提高社会保险统筹层次，完善基本养老保险自治区级统筹，逐步实现失业保险自治区级统筹。切实做好城镇职工基本养老保险关系转移接续工作，逐步推进城乡养老保障制度有效衔接。完善失业、工伤、生育保险制度。积极发挥商业保险补充性作用。

进一步完善城乡社会救助体系，稳步提高救助水平。完善城乡最低生活保障制度，健全低保标准动态调整机制，合理提高标准和补助水平。加强城乡低保与最低工资、失业保险和扶贫等政策的衔接平衡。

完善社会福利服务体系，提高妇女、儿童、老年人、残疾人、农村五保户、“城市三无人员”等社会困难群体的生活水平和质量。加强孤儿保障工作，建设和完善儿童福利院、孤儿院等福利基础设施。加快福利企业发展步伐，加大福利企业政策支持力度，开辟更多适合残疾人就业的工作岗位。实施“阳光家园计划”，加大残疾人事业投入和残疾人社会保障工作力度。大力发展慈善事业，完善地方慈善法规，鼓励社会各界参与慈善工作。

**专栏12：社会事业与改善民生重点项目**

**学前教育项目：**全区每个乡镇新建或改造1所标准化中心幼儿园，加快城市社区幼儿园建设。

**义务教育项目：**新建和改造中小学校舍200万平方米以上，全面消除中小学校舍安全隐患，实施农村教师周转宿舍建设工程。

**普通高中教育项目：**每个县区都有1~2所标准化高中，全区普通高中达到63所以上。

**职业教育项目：**建成宁夏艺术学校、宁夏财经职业技术学院新校区，完成自治区职业教育园区。中等职业教育二期基础能力建设，建成宁夏防沙治沙职业技术学院，迁建宁夏体育学校。

**高等教育项目：**完成宁夏大学“211工程”三期重点学科建设，建成宁夏大学科技综合楼，完成宁夏医科大学新增博士学位授予单位建设，支持宁夏师范学院、宁夏理工学院等高校改善办学条件，迁建宁夏大学新华学院。

**公共卫生项目：**建设覆盖全区的卫生监督体系，完善妇幼卫生体系和重大疾病预防控制体系，建成自治区儿童医院，建设自治区回医医院，迁建自治区精神卫生中心，完善基层卫生服务体系建设工程。完善计划生育服务体系，继续实施少生快富工程。

**医疗服务项目：**全区县级医院、乡镇卫生院、村卫生室基本达到国家标准，迁建银川市口腔医院。加快城市社区卫生服务站建设，建立以社区卫生服务为基础的新型城市医疗卫生服务体系。改造全区地市级综合医院，实施第二批医学优势特色专科建设项目。

**医疗卫生人才培养与信息化项目：**建设全科和专科医生临床培养基地，建设远程医疗服务系统，建立国家基本药物制度信息服务平台。

**社会保障与救助服务项目：**实施社会保障一卡通工程，新增廉租住房3.14万套。完善养老服务体系、社区服务体系、特殊群体社会福利服务体系、基层就业和社会保障公共服务设施建设工程。

**安全生产监管项目：**建设完善监管执法、信息、技术支撑、应急指挥、实训考核等。

### 第四十节 扩大保障性住房建设

按照统筹规划、分步实施的原则，重点保障城镇中低收入住房困难家庭、外来务工人员、新就业人员等群体的住房需求。

强化各级政府责任，加大保障性安居工程建设力度，基本解决保障性住房供应不足的问题。建立健全由廉租房、公共租赁房、经济适用房、限价商品房构成的住房保障体系。多渠道筹集租房房源，完善租赁补贴制度，稳步扩大覆盖范围。大力发展公共租赁住房，使其成为保障性住房的主体，逐步将新就业职工和符合条件的外来务工人员纳入供应范围。引导社会资金参与保障性住房建设运营。增加土地供应总量，调整供应结构，不断完善保障性住房配建制，将保障性住房列入控制性规划指标，作为土地出让招标的前置条件，确保落到实处。

加强保障性住房管理，制定公平合理、公开透明的保障性住房配租政策和程序，严格规范准入、退出管理和租费标准。倡导住房租赁消费，合理引导居民通过换购、租赁等方式，量力而行改善居住条件。

“十二五”期间建设保障性和政策性住房12.44万套，其中廉租房3.14万套、经济适用房4.9万套、限价商品房1万套、公共租赁房3.4万套。加大城市工矿区、林区、垦区的棚户区改造力度，改造棚户区住房4.23万套，从整体上缓解中低收入群体住房困难问题。

## 第十章 推动文化传承创新 促进文化大繁荣大发展

坚持社会主义先进文化前进方向，提高公民文明素质，基本建成覆盖城乡的公共文化服务体系，推动文化产业发展成为国民经济支柱产业。推进文化创新，深化文化体制改革，不断满足人民群众日益增长的精神文化需求。

### 第四十一节 提高公民文明素质

坚持马克思主义指导地位和中国特色社会主义理论体系，大力弘扬以爱国主义为核心的民族精神和以改革创新为核心的时代精神，深入开展社会主义核心价值观教育，提倡修身律已、尊老爱幼、勤勉做事、踏实做人，培育奋发进取、理性平和、开放包容的社会心态，引导人们知荣辱、讲正气、尽义务，着力营造风清气正的社会风气，进一步巩固全区人民团结奋斗的共同思想基础。深入推进社会公德、职业道德、家庭美德、个人品德建设，大力创建文明城市、文明村镇、文明单位、文明家庭、学习型组织，倡导终身学习理念，抓好文化、科技、卫生、法律、信息五下乡。高度重视未成年人教育，保护青少年身心健康。

### 第四十二节 健全公共文化服务体系

以保障和实现公民基本文化权益为出发点和落脚点，按照“公益性、基本性、均等性、便利性”原则，以政府为主导，以公共财政为支撑，以服务全民为对象，以城乡基层为重点，加快建立和完善覆盖城乡、惠及全民的公共文化服务体系，逐步缩小山川之间、城乡之间公共文化服务设施差距。

加强公共文化基础设施建设。建成宁夏大剧院、红旗文化大厦等一批标志性文化工程，着力改善全区公共文化馆、图书馆、体育馆以及社区和乡村基层公共文化设施条件，使各级各类公共文化设施基本达到国家标准并实行免费开放。

扶持公益性文化事业。实施文化信息资源共享、农村电影数字化放映、农家书屋和自然村广播电视村村通工程，建设文化大院、流动文化服务、文化广场升级改造等文化惠民工程。到2015年实现全区广播电视户户通目标。

加强文化遗产保护，积极组织挖掘、整理、抢救、保护非物质文化遗产。扶持具有回族特色的民族、民间、民俗文化加快发展。在传承的基础上推进文化生产和传播创新，加强重要新闻媒体及互联网等新型媒体建设，把握正确舆论导向，提高传播能力。

推进学科体系、学术观点、科研方法创新，繁荣发展哲学社会科学。加强宣传和对外交流，增强文化竞争力和影响力。加强城乡群众性公共体育设施建设，大力开展全民健身运动，提高竞技体育水平。

### 第四十三节 推动文化产业大发展

逐步推动文化产业成为我区支柱性产业，增强文化整体实力和竞争力。

深入挖掘回族优秀文化、红色经典文化、丝绸之路文化、大漠黄河生态文化、边塞军旅文化、西夏遗存文化等特色文化。加快建设黄河金岸文化产业带、贺兰山历史文化产业带、六盘山生态文化产业带。实施重大文化产业项目带动战略，进一步提升文化影响力。大力推动文化产业结构调整与资源整合。加快文化产业基地和区域性特色文化产业集群建设，大力发展影视制作、出版发行、演艺娱乐、文化会展等产业，积极培育网络、动漫、创意等新兴文化产业。实施文化精品工程，创作一批思想深刻、艺术精湛、群众喜闻乐见的文化精品，艺术再现回族优秀文化。

培育骨干文化企业，做大做强宁夏报业集团、黄河出版传媒集团、宁夏影视传媒集团、宁夏演艺集团等大企业，支持发展“专、精、特、新”的中小型文化企业，增强多元化供给能力，满足多元化社会需求，繁荣文化市场。

### 第四十四节 深化文化体制改革

以创新文化生产和传播方式、解放和发展文化生产力为重点，整合资源、增加投入、转换机制、完善服务，激发公益性文化活力。

围绕重塑文化市场主体，推进国有经营性文化单位加快建立现代企业制度，完善法人治理结构，发展经营性文化产业。培育国有骨干文化企业和战略投资者，努力提高文化企业的实力和竞争力。围绕提高服务水平和能力，深化公益性文化事业单位劳动人事、收入分配等制度改革，不断增强活力，最大限度地发挥社会效益。

**专栏13：文化繁荣发展重点项目**

**公共文化服务体系建设项目：**建设宁夏大剧院、美术馆、贺兰山体育场，固原市广电中心、吴忠市新闻中心。建设地市级公共文化馆、图书馆、体育场馆达标建设，新建和改扩建一批县级文化馆、图书馆和乡镇综合文化站，实施20户以下自然村广播电视村村通工程。实施文化信息资源共享、农村电影数字化放映、农家书屋、农民体育健身工程等文化惠民工程。

**文化产业振兴项目：**建设移动多媒体广播电视系统、宁夏高清数字电视节目制作播出系统、地面数字广播电视单频示范网、宁夏广播电视综合信息网、宁夏区域性影视基地，建成红旗文化大厦、宁夏图书出版大厦等项目，建设黄河文化展示园，建成黄河楼、黄河书院等标志性工程。

**文化和自然遗产地保护项目：**迁建西夏陵博物馆，扩建固原博物馆，建设文物大县县级博物馆及地级市综合性博物馆。

**体育运动设施建设项目：**自治区水上运动中心、吴忠市体育场等市县级体育场馆建设、农民体育健身工程等。

理顺文化行政管理部门与所属企事业单位的关系，加快转变政府职能，推进政企、政事分开，使文化行政管理部门实现由办文化为主向管文化为主转变，更好地履行政策调节、市场监管、社会管理、公共服务的职能。积极推进投资主体多元化，支持有条件的文化企业面向市场融资，提升经营性文化竞争力。建立健全文化产业协会，大力发展文化经纪、文化代理等中介组织。

## 第十一章 增强自主创新能力

**实施科技兴宁和人才强区战略**

充分发挥科技第一生产力和人才第一资源作用，增强自主创新能力，壮大创新型人才队伍，提高全民科学素质，为加快转变经济发展方式、实现全面建设小康社会奋斗目标奠定坚实的科技基础并提供坚强的人才保证。

### 第四十五节 增强自主创新能力

结合我区区情，支持原始创新，加快推进集成创新与引进、消化、吸收、再创新，着力提高自主创新能力，促进科技成果向现实生产力转化。

实施重大科技专项，深入实施科技创新工程，重点在能源化工、新能源、新材料、先进装备制造、生物医药、特色优势产业、节能环保、人口与健康等领域取得新突破。围绕重点产业和关键领域，启动20个重大科技专项，攻克一批关键共性技术，引进、推广、应用一批先进技术，掌握一批核心知识产权，开发一批优势特色产品，形成一批拥有知名品牌的优势企业，显著提升经济社会可持续发展的科技支撑能力。

建立企业、大学和科研机构紧密结合的产业技术创新战略联盟，鼓励有条件的企业建立产学研合作基地，构筑企业技术支撑体系，提升研发水平和成果转化能力。在区内国有和国有控股、非公经济产值超亿元的生产企业建立研发机构，加大研发投入，积极支持科技型中小企业发展。积极开展国内外科技合作。力争到“十二五”末，培育100家高新技术企业，建成300个成长性好、覆盖各个领域的科技型中小企业。

到2015年，全社会研究与试验发展（R&D）支出占地区生产总值比重达到1.2%以上，高新技术产业增加值占工业增加值的比重达到10%以上，科技进步对经济增长的贡献率达到48%以上。

### 第四十六节 健全创新体系

以科技研发、科技资源共享为重点，搭建和完善50个科技创新平台，建设区域创新体系。

围绕自治区特色优势产业完善科研院所布局，建设一个产业一个研发平台、一套研究机构的科技成果转化公共服务平台。鼓励发展科技中介服务。以国家和自治区工程实验室、重点实验室、工程技术研究中心和企业技术中心建设为重点，建立完善以企业为主体、市场为导向、产学研相结合的技术创新体系，增强科技服务产业发展能力。强化支持企业创新和科研成果产业化的财税金融政策，加大政府对研发和创新平台技术设施建设的投入，促进科技和金融结合。实施《全民科学素质纲要》，着力加强科普能力建设。实施知识产权战略，加强知识产权创造、运用、保护和管理。全面落实企业研发投入加计扣除、研发设备加速折旧、所得税减免等激励政策。建立健全科技进步考核体系，加强对各级政府和国有、国有控股企业科技进步目标的考核。

“十二五”期间，建设完善自治区级重点实验室20个、工程技术研究中心30个、技术创新中心100个，建设国家级企业技术中心10个。加快推进自治区六大高新技术产业基地建设，加快科技孵化园和工业园区科技孵化基地建设。

### 第四十七节 造就高素质人才队伍

推进人才强区战略，统筹各类人才队伍建设，为我区全面建设小康社会提供坚强的人才保证和广泛的智力支持。

围绕建设创新型宁夏、构建现代产业体系和建设内陆开放型经济区，在经济社会发展的支柱产业、特色产业和重点领域，培养一批创新型科技人才和经济社会发展的急需人才。建设高层次创新型人才培育基地和急需紧缺专业技术人才培养基地、科技创新团队和人才高地。积极引进特需特缺人才，争取“千人计划”，继续实施“百人计划”，启动并实施国内高层次人才引进计划。

推进科技创新团队和人才提升、未来人才储备工程，实施专家服务团和科技特派员创业行动，加大青年人才培养力度，努力形成合理的人才梯次结构。支持高等院校、职业技术学校根据需求联合、定向培育企业所需技术人才。

推进党政人才、企业经营管理人才和专业技术人才队伍建设，广泛培养高技能人才、农村实用人才和社会工作人才。充分发挥区内人才作用，稳定区内人才队伍，实施“塞上英才”培养激励计划，努力培养造就科技领军人才，大力培养少数民族高层次骨干人才。

**专栏14：科技自主创新重点项目**

**重大科技支撑项目：**宁东煤化工产业研发、新能源产业研发、新材料及稀有金属材料应用开发、生物产业研发、先进装备制造研发、节能环保产业研发、农业特色优势产业研发、固原盐化工产业研发等科技支撑工程。

**科技创新平台项目：**科技资源共享建设工程、科技研发平台建设工程、科技成果转化平台建设工程，科技基础研究工程，银川科技孵化园和创业园。

**自主创新体系项目：**宁东煤化工资源循环利用国家地方联合工程实验室、枸杞繁育与加工国家地方联合工程研究中心，西北特色经济林栽培与利用国家地方联合工程研究中心。

**科普基础设施项目：**建成石嘴山市科技馆，争取建设固原市科技馆，建设市县级综合性科普场馆。

**人才培养引进项目：**创新型人才培育基地、紧缺专业技术人才培养基地、塞上英才培养激励计划、千人计划、百人计划和国内人才引进计划项目。

创新人才发展的体制机制，建立完善有利于各类人才脱颖而出、充分施展才能的选人用人机制。改进、完善人才管理方式，促进人才向重点领域和基层流动。优先保证人才发展的投入，建立人才发现和激励新机制。支持银川市建设“人才特区”或“人才管理改革试验区”。到“十二五”末,全区人才总量超过50万人,培育建设50个优势科技创新团队,培养造就一批在全国有影响的专家、学者和学术带头人。

## 第十二章 改善生态环境 构建“两型”社会

树立生态、绿色、低碳发展理念,以节能减排和生态建设保护为重点,健全激励和约束机制,加快构建资源节约、环境友好的生产方式和消费模式,增强可持续发展能力。

### 第四十八节 积极应对全球气候变化

采取得力措施,以降低能源消耗强度和二氧化碳排放强度为重要抓手和突破口,减缓气候变化。进一步强化节能目标责任制,加强重点企业节能管理,完善落后产能退出机制,限制和淘汰低效落后的工艺设备。利用IGCC(燃气蒸汽联合循环发电技术)和煤气化多联产等先进技术,大力推进煤炭清洁高效利用。严格执行新建项目节能评估审查,推进合同能源管理。到2015年,高耗能行业单位产品能耗指标达到或超过国内同行业先进水平。

建设低碳产业园区,大力发展信息、旅游、动漫、文化创意等低碳产业,鼓励发展新能源及新能源设备制造产业,进一步延伸风力发电、太阳能光伏发电产业链。优化能源消费结构,提高非化石能源消费比重,广泛开展农村沼气综合利用,鼓励低碳产品消费。建立和完善温室气体排放统计监测制度,积极推进碳排放交易平台建设,加快碳交易步伐。

坚持用低碳理念指导城市规划编制,发展低碳城市。应用绿色节能建筑技术,发展节能节地建筑,执行新建住宅建筑和公共建筑推广节能65%的标准。优先发展城市公共交通,推广使用节能环保型汽车,建设绿色照明工程。

加强适应气候变化能力建设,科学分析评估气候变化对经济社会发展的影响。优化水资源配置,合理调整农业生产结构与布局,提高保护性农业发展的比重。继续实施退耕还林、封山禁牧、防沙治沙等工程,提高植被覆盖率,增强固碳能力。根据水土资源潜力,大力实施生态移民工程,实现人口、资源、环境的协调发展。

### 第四十九节 大力发展循环经济

坚持减量化、再利用和资源化,全面推进循环经济发展,从生产、流通、消费各环节入手,构建资源循环利用体系,大幅度提高资源产出效率。

以沿黄经济区为重点,全面推进清洁生产,打造煤炭、化工、冶金、造纸等高效循环生态产业链,着力发展循环型农业。强化资源综合利用,推进城市生活垃圾与废弃物资源化利用,提高工矿企业水资源循环利用率和城市再生水利用率。

继续推进宁东基地国家级循环经济示范区、石嘴山市国家级循环经济示范城市、永宁县农业循环经济示范县、灵武市可再生资源利用循环经济示范园、大地循环经济产业园等建设,为创建全国循环经济示范省区打下坚实基础。

### 第五十节 加强资源节约和管理

着力推进节水、节地、节材,加大资源勘查力度,加大资源供给,建设集约、清洁、绿色的资源节约型社会。

强化水资源节约、管理和有偿使用,严格控制深层地下水开采,科学利用浅层地下水和地表水,加强水源地保护,深入开展农业节水、工业节水、城市节水,全面推进水权转换。

严格执行土地利用总体规划,实行城乡建设用地增减挂钩,控制城镇建设用地,保护基本农田,开展农村土地整理,推进农村居民点撤并后的土地复垦。

制定重点行业原材料消耗技术标准,开发节材代木、代钢、代铝等新材料、新技术、新产品、新工艺。大力推广使用散装水泥、新型墙体材料、可降解材料和替代材料。增强全民资源节约意识,减少使用一次性用品,抵制过度包装,倡导绿色消费。

加强矿产资源勘探和保护,重点加强宁东地区煤炭资源、卫宁北山金属矿产、原州区岩盐、中南部缺水地区地下水以及宁夏急需紧缺矿产资源的勘查。依法规范矿产资源开发秩序,严格执行矿产资源开发准入制度,实行有限开发、有序开发、有偿开发。

### 第五十一节 加大环境保护力度

围绕生态文明建设,加快建设环境友好型宁夏,促进经济发展方式转变,不断开创经济、社会和环境共赢的新局面。到2015年,黄河干流宁夏段水质全面达到Ⅲ类,饮用水水源达标率90%以上,县级以上城市空气质量Ⅱ级标准天数比例达到80%以上,确保二氧化硫、氮氧化物、化学需氧量、氨氮等主要污染物控制在国家下达的指标内。

**专栏15:节能环保重点项目**

**节能重点工程项目:**窑炉改造工程、余热余压利用工程、能量系统优化工程、电机系统节能工程、合同能源示范推广工程、建筑节能工程、绿色照明工程、区域热电联产工程。

**循环经济试点项目:**宁东能源化工基地循环经济试点、石嘴山市循环经济试点,灵武市资源再生利用示范基地建设,大地循环经济产业园、餐厨废弃物资源化试点工程建设,再制造产业化工程,农业循环经济示范工程。

**工业污染减排项目:**火电脱硫脱硝项目、重金属污染防治项目、宁东等工业园区污水处理及中水回用项目。

**城镇环境基础设施项目:**升级改造污水处理厂,新建污水处理厂、集污管网、再生水厂、污泥处理设施、生活垃圾填埋场、生活垃圾渗滤液处理设施。

续表

**农村环境连片整治示范项目:**农村生活污水、垃圾和畜禽养殖废弃物处理示范工程,整治连片村庄1100个。以村为单位建设农村清洁工程100个。

**资源综合利用项目:**采煤沉陷区治理、“五大十特”工业园区固体废弃物处置与综合利用,宁夏电子废弃物资源化综合利用项目。

**区域水环境污染防治项目:**城乡饮用水水源地保护工程、黄河流域宁夏段支流、排水沟治理工程,河道生态污染治理及生态恢复与保护建设。

**环境监管能力建设项目:**环境监测、辐射、应急、执法宣教能力标准化建设,宁夏地表水自动监控体系、城市及工业园区空气自动监测系统,自治区污染源自动监控体系、预警应急及环境风险防范体系。

以环境保护优化经济发展,围绕创建宁东能源化工基地等生态工业园区、实施沿黄城市带区域环境全防全控、确保中部干旱带饮用水安全、加强南部山区生态保护为重点,严格执行环境影响评价、产业和项目准入制度,设置鼓励、限制和禁止建设的产业环保准入标准。

强化主要污染物排放总量控制,实施重点流域综合整治,推进大气污染联防联控,创建生态示范县,加强农村环境综合整治,完善环境监管体系,提高环境监管能力,加强采煤沉陷区治理等重点工作。进一步强化环境目标责任制,将污染总量减排、环境质量目标、重点流域水污染防治、重大环境事件和污染事故防范与应急处置等纳入目标责任制考核范围,实行严格的环保绩效考核,落实问责和责任追究制度。严格环境执法,加强环境监测和环境执法能力建设。改善全区环境质量,实施环保民生工程,切实解决老百姓关心的突出环境问题。

### 第五十二节　建设西部生态文明先行区

坚持保护优先与自然修复为主,以荒漠化防治和水土保持为重点,着力推进生态脆弱区综合治理,构建以六盘山水源涵养和水土流失防治生态屏障、贺兰山防风防沙生态屏障、中部防沙治沙带和宁夏平原绿洲生态带为骨架的“两屏两带”生态安全战略格局。

北部引黄灌区以农田、湿地和城市生态系统建设为核心,重点完善农田林网和贺兰山东麓防护林体系,保护绿洲湿地,打造黄河金岸绿色长城。中部干旱带以防沙治沙为核心,继续实施封山禁牧和退牧还草,恢复退化草场植被,积极推进沙产业开发,建设全国防沙治沙综合示范区。南部山区以水源涵养林和水土保持为核心,加快泾河、葫芦河、清水河、祖厉河等重点流域综合治理,巩固退耕还林成果。

**专栏16:生态建设重点项目**

**生态修复与保护项目:**退耕还林、“三北”防护林、天然林资源保护、大六盘生态经济圈建设、城乡大环境绿化工程。

**黄河金岸绿色长城项目:**生态景观林5万亩、防护林20万亩、经果林10万亩、湿地恢复和保护40万亩。

**防沙治沙综合示范区项目:**治理沙化土地420万亩。

**中南部水土保持和生态治理项目:**“三河源”保护和小流域综合治理工程。治理中小河流69条,治理水土流失面积5000平方公里,新建水库6座,完成小型病险水库加固177座,新建骨干坝467座。

**草原保护和建设项目:**综合整治沙化草原800万亩,建设多年生优质牧草基地400万亩,退牧还草围栏300万亩,草场补播改良1100万亩。

**湿地保护项目:**湿地自然保护区10处,湿地示范区3处,保护湿地60万亩,恢复湿地5万亩。

**生态环境保护项目:**自然保护区建设工程、生物多样性保护工程、自然生态监管能力建设工程、生态建设示范区创建工程。

加快推进“六个百万亩”生态经济林建设工程,实施“三河源”水源保护工程和大六盘生态经济圈建设,增加城市公共绿地面积,加强重点镇、中心村、生态移民新村绿化。加大宁东、太阳山等工业园区生态建设和保护力度。进一步提高自然保护区等重点生态功能区的保护和管理,增强涵养水源、保持水土、防风固沙能力,保护生物多样性。加快建立生态补偿机制。

五年营造林面积1125万亩,治理沙化土地420万亩,森林覆盖率达到15%以上。

## 第十三章　扩大对外开放　发展内陆开放型经济

坚持以大开放促进大发展,树立全球战略眼光和合作共赢理念,充分发挥自身优势,进一步拓展对内对外开放的广度和深度,努力构建全方位、多层次、宽领域的对外开放新格局,打造内陆开放新高地。

### 第五十三节　深化国内区域合作

积极推进与外省、市、自治区的区域合作,不断夯实合作基础,创新合作机制,拓展合作领域,努力形成三大合作圈。

**毗邻地区合作圈**。充分发挥宁蒙陕甘毗邻地区共同发展联席会议机制作用,以能源化工金三角开发、呼包银经济区建设和陕甘宁革命老区振兴为契机,重点深化宁夏与三省区在能源、化工、冶金、服务业、扶贫开发、资源综合利用等领域的交流合作,共同推进能源金三角一体化发展,加快推进呼包银经济区建设,实现陕甘宁革命老区共同繁荣发展。

**西部经济合作圈**。西北区域,积极促进疆煤进宁,加快推进黄河上游经济区建设,全面加强与新疆、青海、甘肃在劳务、能源、化工、清真食品与穆斯林用品产业等领域的合作与开发。西南区域,加强与四川、重庆、云南、广西、贵州在特色旅游、特色农产品、文化产业、节能环保、新材料、生物医药等方面的合作,力争取得实质性进展。

**东中部地区合作圈**。发挥宁夏承东启西的区位优势,加强与京津冀、长三角、珠三角、海西经济区、东北老工业基地等地区在经济、技术、文化、旅游等方面的交流合作。加快建设承接东中部产业转移平台,探索与东中部地区政府、开发区、战略投资者和中央直属企业合作共建开发区、园中园、托管园区,积极吸纳东中部地区资本、技术、人才、品牌等要素,促进我区装备制造业,原材料产业,特色农产品加工业和高技术产业以及战略性新兴产业的优化升级。

### 第五十四节 扩大对外交流合作

立足宁夏,面向世界,积极参与国际产业的分工与合作,充分利用两种资源、两个市场,努力形成开放与发展新优势。

**扩大对外贸易**。主动适应国际贸易发展新趋势,加快调整对外贸易产品结构,加强新材料、生物医药、羊绒制品、机电、信息软件、清真食品等出口创汇基地建设,巩固扩大欧美日韩等外贸市场,积极开拓中东、西亚、北非、南美等新兴市场,切实做大对外贸易规模,形成海外进出口贸易网络。积极引进国际先进技术和关键设备,促进传统产业与国际市场接轨。

**提高利用外资水平**。以特色优势产业为重点,积极吸引外商直接投资。引进一批跨国公司在我区设立生产基地、投资公司、研发中心、采购中心和地区总部,引进一批投资规模大、技术含量高、带动能力强的重大项目。鼓励外资以合资、合作、参股、并购、特许经营、租赁等方式参与我区商贸、旅游、金融、文化、卫生、环保、农业和基础设施等领域的建设与经营。积极稳妥地利用国际金融组织和外国政府优惠贷款,优化贷款投向,提高贷款使用效率。

**实施"走出去"战略**。鼓励有条件的企业开展对外投资,收购国外优良资产,开展跨国生产和境外加工,规避贸易壁垒,拓展国际市场。大力发展海外工程承包,积极承揽国际工程设计与项目施工,提高国际劳务输出,支持本土企业参与境外土地开发。

### 第五十五节 打造面向穆斯林世界开放的前沿阵地

发挥宁夏回族穆斯林文化优势以及与阿拉伯世界先行交往优势,加快建设与阿拉伯国家和穆斯林地区国际经贸文化合作交流平台,发展面向穆斯林世界的经贸文化合作,努力将我区建成我国向西开放的前沿阵地。

**搭建一个平台**。办好一年一度的"中国(宁夏)—阿拉伯国家博览会""中国(宁夏)—阿拉伯国家经贸论坛高峰会议"和"中国(宁夏)—阿拉伯国家文化艺术节",搭建中阿双方国家级、国际性、永久性的经贸、能源、投资、金融、旅游和人力资源培训等领域合作新平台。

**建立两项机制**。建设宁夏清真食品认证中心,升级宁夏清真食品认证标准为行业标准和国家标准,尽快实现与国际清真认证标准(Halal)接轨,形成国内统一、国际认可的相互认证机制;制定中国清真食品穆斯林用品的产业标准,形成规范有序、双方认可的产业准入准出机制。

**建设三大基地**。清真食品和穆斯林用品集散基地。加快清真食品和穆斯林用品研发、生产、销售,扶持出口龙头企业,建设中国(宁夏)—穆斯林国家青年创业园、中国(宁夏)—穆斯林国家清真产业国际工业园,大力发展清真产业集群。依托宁夏国际空港物流园区,建设国家级综合保税区,建设中国小商品交易中心、清真食品交易中心、国际穆斯林商品交易中心等项目,发展集保税仓储、保税出口加工、物流服务、境内关外国际集中采购的物流中转基地,把宁夏建设成为中国清真产品进入穆斯林世界、世界穆斯林产品进入中国的枢纽。国内外产业转移承接基地。适应国内外产业转移的新趋势,以项目对接为纽带,努力改善发展环境,鼓励各市县与阿拉伯国家及穆斯林地区、沿海地区、战略投资者和中央直属企业,合作共建产业园区,承接组团式产业转移。面向阿拉伯国家和穆斯林地区开放合作的人才培育基地。适应内陆开放型经济发展需求,强化国际经贸、法律等相关专业人才培养。办好宁夏大学阿拉伯语学院和阿拉伯国家及穆斯林地区研究院,开展阿语短期培训和学历教育。支持宁夏大学等院校走出去开办孔子学院,拓展与阿拉伯国家及穆斯林地区的文化、科技和教育合作,把宁夏建设成为我国最大的阿语培训基地、阿拉伯国家及穆斯林地区研究中心以及国内外穆斯林学生学习和培训基地。

**建设四大中心**。经贸文化交流中心,引导企业和社会各界广泛开展与阿拉伯国家和穆斯林地区的各类经贸文化交流与合作,鼓励双边开展学术研究与交流,积极开展教育、医疗等社会事业方面的交流合作,逐步将宁夏建设成为中阿经贸文化交流合作与文明对话的主阵地。文化休闲度假中心,建设世界穆斯林文化博览园、世界穆斯林民俗村、世界穆斯林友谊广场、世界穆斯林历史博物馆,形成国际知名的文化旅游休闲度假中心。阿拉伯国家投资承接中心,积极引进阿拉伯国家及穆斯林地区金融机构和有实力的企业来宁设立分支机构、开展合作,吸引保险、担保等机构来宁发展非银行金融业务,积极稳妥推进与阿拉伯国家金融机构业务试点,把宁夏作为承接阿拉伯国家及穆斯林地区投资的重要平台。清真食品穆斯林用品设计、加工和博览中心,研究开发适宜阿拉伯国家及穆斯林地区市场需求的新技术、新工艺、新产品、新包装,依托银川、吴忠等地清真产业园区和优势特色农产品基地,大力发展清真食品穆斯林用品加工业。建设中阿经贸论坛永久性会址、中阿博览会国际博览中心和阿拉伯国家外宾接待中心。

**专栏17:内陆开放型经济重点项目**

**中阿(宁夏)经贸论坛银川永久会址:**国际穆斯林大厦,外宾接待中心、国际博览中心、阿拉伯国家商务区等建筑群落及附属设施建设。

**世界穆斯林文化城:**回乡文化园二期、世界穆斯林民俗村等文化建设项目及附属设施建设。

**中国国际穆斯林商贸城:**中国小商品贸易中心、中国清真食品穆斯林用品贸易中心和国际穆斯林商品贸易中心及附属设施建设。

**清真食品国际认证大厦:**清真食品检测,穆斯林用品认证、监管与认证培训和清真食品穆斯林用品研发建设。

## 第十四章　优化发展环境 凝聚跨越发展强大动力

推进宁夏经济社会发展新跨越,任务艰巨,使命光荣,必须进一步优化发展大环境,大力发展社会主义民主政治,深化体制机制改革,全面推进法制建设,建立政府与社会力量共同参与的社会管理新机制,加强和保障公共安全,凝聚新跨越的强大动力。

### 第五十六节　深化重点领域和关键环节改革

**推进行政管理体制改革。**进一步转变政府职能,切实把政府职能转向提供优质公共服务、创造良好发展环境和维护社会公平正义上来。全面推行自治区直管县改革,实施扩权强县。强化政府社会管理和公共服务职能,建设服务型政府,提高宏观经济调节和市场监管水平。加强政府效能建设,强化政绩考核。健全科学决策和信息公开机制,完善公众参与、专家论证和政府决策相结合的科学决策体系。

**加快农村综合改革。**稳定完善农村家庭联产承包基本经营制度,推进农村土地使用制度改革,依法规范土地有偿流转,完善农村土地承包纠纷争端解决机制。深化农村综合改革,推进集体林权和国有林区林权制度改革,完善草原承包经营制度,加快农垦管理体制改革。创新农村产权制度,开展农村土地确权工作,积极探索以宅基地置换城镇房产、以集体经济组织中资产所有权置换合作社股权的试点工作,保护农民财产权益性收入。继续推行农业经营方式改革,大力发展农业龙头企业和农民专业化合作组织。建立健全城乡发展一体化制度,促进公共资源在城乡之间均衡配置、生产要素在城乡之间平等交换和自由流动,全面提高财政保障农村公共服务水平。

**深化国民收入分配体制改革。**坚持按劳分配为主、多种分配形式并存、各种生产要素按贡献参与分配的基本制度。初次分配和再分配都要处理好效率和公平的关系,再分配更加注重公平。调整政府、企业、居民的收入分配关系,逐步提高居民收入在国民收入分配中的比重,提高劳动者报酬在初次分配中的比重。完善公务员工资制度,积极稳妥地推进事业单位绩效工资制度改革,推进企业职工工资集体协商和支付保障制度建设,改革国有企业特别是垄断行业工资总额管理制度。健全城镇最低工资制度,提高城乡低收入困难群众的保障。

**深入推进所有制改革。**推进国有经济战略性调整,切实把国有资本投资重点放在关系国民经济命脉的重要行业和关键领域。大力发展非公有制经济,鼓励扩大民间投资,进一步放宽民间投资的市场准入,扶持培育一批有实力、上规模的非公有制企业。鼓励有实力的社会法人和非公有制企业参与国有企业改制和重组,充分发挥非公有制经济在促进经济发展、扩大就业以及增加城乡居民收入中的重要作用。

**促进中小企业快速健康发展。**加大对中小企业的财税、金融支持力度。各级政府在本级财政预算中设立中小企业发展专项资金,加快自治区、市、县三级信用担保体系建设,按照国家和自治区的有关规定落实中小企业享受的税费优惠政策。鼓励各类金融机构开发适合中小企业的金融产品并扩大信贷支持,支持中小企业依法使用国际金融组织贷款和外国政府贷款、捐赠,支持符合条件的中小企业上市融资。建立和完善促进中小企业加快发展的体制机制。维护中小企业合法权益,保护其依法参与公平竞争与公平交易的权利,不得歧视、附加不平等的交易条件。法律法规未明令禁止的行业和领域,中小企业可以平等进入。加快中小企业公共服务平台、信息服务网络和创业基地建设。

**推进财税体制改革。**围绕推进基本公共服务均等化和主体功能区建设,规范和完善转移支付制度,增加一般性特别是均衡性转移支付的比例。按财力与事权相匹配的要求,进一步理顺政府间财政分配关系,逐步扩大对市县政府尤其是对中南部地区的公共财政转移支付规模和比例,提高基本公共服务产品投资力度。加大对服务业、战略性新兴产业税收优惠力度。完善预算编制和执行管理制度,强化预算支出约束和预算执行监督,提高预算完整性和透明度。全面扩大矿产资源税的征收范围,开征环境税,进一步推进费改税等税收政策改革。

**深化投资体制改革**。进一步完善政府投资项目决策机制,建立政府投资项目公示制、后评价制和责任追究制度。加强政府投资项目监管,全面推行政府投资项目代建制。牢固确立企业投资主体地位,抓紧完善与投资相关的法律法规制度建设,全面实施企业投资项目管理办法,落实企业投资项目核准、备案制及相关配套联动机制。完善投资体制机制,明确界定政府的投资范围,提高财政用于民生领域的支出比重,地方财政新增收入的三分之二用于民生和社会事业发展。

**深化价格和收费改革**。完善资源性产品价格形成机制,重点推进电价、水价、天然气价格改革,建成全区统一的土地交易市场,改革污水处理、垃圾处理收费制度。完善医疗、教育、住房等重点民生价格监管政策。探索建立体现公益性质的医药价格形成机制,加强对高值医用耗材购销环节的价格监管,降低高端医疗设备检查费,调整医疗服务价格内部结构关系。规范各级各类学校的学费和住宿费标准,加强中小学服务性收费和代收费管理,鼓励有条件的地方降低或直接取消高中阶段择校费。

### 第五十七节 发展社会主义民主政治

坚持和完善人民代表大会制度、中国共产党领导的多党合作和政治协商制度、民族区域自治制度以及基层群众自治制度。巩固和发展民主团结、生动活泼、安定和谐的政治局面。自觉接受人民代表大会及其常委会的各项监督,进一步发挥政协和各民主党派参政议政的重要作用。扩大公民政治参与,依法保障公民知情权、参与权、表达权、监督权。加强社区、农村基层自治组织建设,深化政务、厂务、村务、校务公开。牢牢把握共同团结奋斗、共同繁荣发展主旋律,大力创建民族团结进步模范村镇社区、学校和企业。尊重信教群众的宗教信仰,提高依法管理宗教事务的水平,坚决抵御境内外敌对势力的渗透破坏活动。加强国民国防教育,强化国防动员基础设施建设,提升经济动员应急应战综合水平。推进双拥共建,巩固发展军政军民团结。大力开展创先争优活动,为“十二五”规划实施提供政治动力和组织保障。

### 第五十八节 全面推进法制建设

坚持依法治国,建设平安宁夏。加强执法监督,建立有权必有责、用权受监督、违法必追究的监督机制。深化司法体制改革,规范司法行为,促进司法公正,维护社会正义和司法权威。加强政法系统基础设施保障能力建设,改善基层基础设施条件,提高维护国家安全和社会稳定能力。

加强地方立法,提高立法质量,完善民族区域自治地方法制体系。积极开展法律援助,拓展和规范法律服务,建立健全控面兜底的矛盾纠纷调解网络。加强和改进信访工作。加强社会治安综合治理,着力解决突出的治安问题,防范和依法严厉打击各类违法犯罪活动。深入开展法制宣传教育,启动实施“六五”普法,提高全民法律素质,形成遵法守法、依法办事的社会风气,为全面实现新跨越创造安定和谐、友好宽松的法治环境。

### 第五十九节 加强社区和社会组织建设

充分调动和引导社会各方面力量有序参与社会管理,加快建立政府调控机制与社会协调机制互联、政府行政功能与社会自治功能互补、政府管理力量与社会调节力量互动的社会管理模式。

大力发展民办非企业单位、各类基金会,规范社团组织的发展与监管,进一步创新社会组织登记管理,改进社会组织登记管理办法,简化农村专业经济协会、社区基层社会组织的登记程序,实行备案制管理,适度放宽经济类、公益类和基金会的设立条件。加强社会组织监管,完善法律监督、社会监督、政府监督、自我监督相结合的监督体系,探索政府向社会组织转移职能和购买服务模式,创造社会组织健全发展的良好环境。

健全社区党组织领导的社区居民自治制度。把城市社区和农村社区建设作为社会管理的重要基础,加大社区服务设施建设力度,构建布局合理、功能齐全、运行规范的社区服务体系,建立新型社区管理和服务体制,推进社会管理重心向基层组织转移,使其承担政府和企事业单位剥离的社会管理和公共服务职能。加快社区信息化建设,构建社区综合管理和服务平台。

扎实推进社会管理创新,统筹协调各方面利益关系,拓宽和畅通社情民意表达渠道,推动形成科学有效的利益协调、诉求表达、矛盾调处和权益保障机制。支持工会、共青团、妇联等社会团体参与社会管理,共同维护群众权益,积极化解社会矛盾,切实解决影响社会稳定的源头性、基础性、根本性问题。认真解决好征地拆迁、企业改制、司法诉讼等关系群众切身利益的突出问题,有效预防和妥善处置群体性事件,确保社会稳定和长治久安。

### 第六十节 加强公共安全建设

强化全社会的公共安全意识,加强公共安全体系建设,提高公共安全保障能力。

全面提高防灾减灾能力。高度重视防震减灾工作,重点加强学校、医院等特殊部位防震减灾能力建设,提高设防标准和综合防御能力。加强对水利、气象、地震、农牧、林业、环保等各种灾害、事故预测预报和监测。开展地质灾害、气象灾害等评估,加快构建地质灾害、气象灾害、森林火灾、救灾物资储备等防灾减灾体系建设,实施地质灾害避让搬迁。加强黄河综合治理、病险水库除险加固、蓄滞洪区建设和城市防洪。

建立健全社会应急管理体制和应急救援体系。有效应对自然灾害、事故灾难、公共卫生、社会安全等突发公共事件，提高重大事件处置和重大自然灾害发生后的应急处置能力，切实保障人民生命财产安全。

严格安全生产管理。坚持安全第一、预防为主、综合治理，落实安全生产责任制，严格执行重大安全生产事故责任追究制度。加强交通、消防等安全生产基础设施建设，切实强化煤矿、化工、建筑、交通等高危行业的安全监管，有效遏制重大事故发生。到2015年，单位地区生产总值生产安全事故死亡率下降36%，工矿商贸就业人员生产安全事故死亡率下降10%，有效控制一次死亡10人以上重特大事故的发生。

## 第十五章　保障规划实施　顺利实现发展宏伟蓝图

积极组织实施本规划确定的各项任务，对推进今后五年经济社会科学发展、跨越发展至关重要。在社会主义市场经济体制条件下，既要充分发挥市场配置资源的基础性作用，也要重视发挥政府正确履行职责，积极引导各类社会资源，合理调控配置公共资源，确保规划的顺利实施。

### 第六十一节　加强重大项目谋划与实施

高度重视和充分发挥投资对我区经济增长的重要拉动作用，把加快投资增长和优化投资结构作为实现新跨越目标和转变发展方式的重要抓手。紧抓新一轮西部大开发的战略机遇，围绕新型工业、现代农业、现代服务业，战略性新兴产业、基础设施、公共服务等重要领域，进一步解放思想，拓宽思路，高起点、高水平谋划一批事关当前和长远发展的重大项目，切实增强我区经济社会的可持续发展能力。不断开拓投资增长的新领域，建立重大项目库动态更新机制。完善投融资平台，优化投资环境，积极引导社会力量参与我区经济社会建设。建立目标责任制和激励机制，将固定资产投资任务分解落实到市县、部门、项目单位和具体责任人，纳入各级政府年度效能目标考核管理体系，确保完成“十二五”规划确定的全社会固定资产投资目标。

### 第六十二节　明确规划实施职责

本规划提出的各项发展改革目标任务，各地各部门要严格按照职能分工，各司其职。本规划确定的各项约束性指标，具有法律效力，必须逐级逐项分解落实，纳入各地各部门经济社会发展综合评价和绩效考核。本规划总体上具有宏观性、战略性、政策性，是自治区制定各项经济社会发展政策、专项规划、区域规划、市县规划及年度计划的重要依据。与本规划相配套的若干专项规划、区域规划，由有关部门组织制定，报自治区人民政府和规划主管部门批准实施。完善规划协调机制，下级规划必须服从上级规划，专项规划必须符合总体规划。通过年度计划分解落实五年规划主要目标和重点建设任务，形成有效分类实施机制。

**专栏18：重点专项规划**

（1）工业发展规划；（2）能源发展规划；（3）战略性新兴产业规划；（4）农业和农村经济发展规划；（5）服务业发展规划；（6）独具特色旅游目的地规划；（7）水利发展规划；（8）综合交通运输体系发展规划；（9）生态移民规划；（10）城镇化发展规划；（11）教育发展规划；（12）卫生发展规划；（13）人力资源和社会保障事业发展规划；（14）文化产业发展规划；（15）科技发展规划；（16）生态建设规划；（17）环境保护规划；（18）节能减排规划；（19）低碳经济发展规划；（20）绿色建筑发展规划；（21）安全生产规划；（22）内陆开放型经济区规划。

### 第六十三节　加强规划动态监测

建立规划实施动态监测机制，实行年度巡查报告制度。完善规划中期评估机制，根据实际按程序对规划进行必要调整。自治区发展和改革委员会要加强对本规划实施情况的监测和跟踪分析，各地各部门要自觉接受自治区人民代表大会及其常务委员会对规划实施情况的监督检查。健全政府与企业、公众的沟通机制，推进规划实施信息公开，加强社会监督。

站在新的历史起点上，抢抓西部大开发历史机遇，全面实施“十二五”规划，对加快推进全面小康社会建设具有十分重大的意义。全区各族人民要紧密团结在以胡锦涛同志为总书记的党中央周围，高举邓小平理论和“三个代表”重要思想伟大旗帜，全面贯彻落实科学发展观，在自治区党委、政府的正确领导下，开拓进取，科学发展，为建设和谐富裕的新宁夏而努力奋斗！

（原文载于宁政发〔2011〕35号）

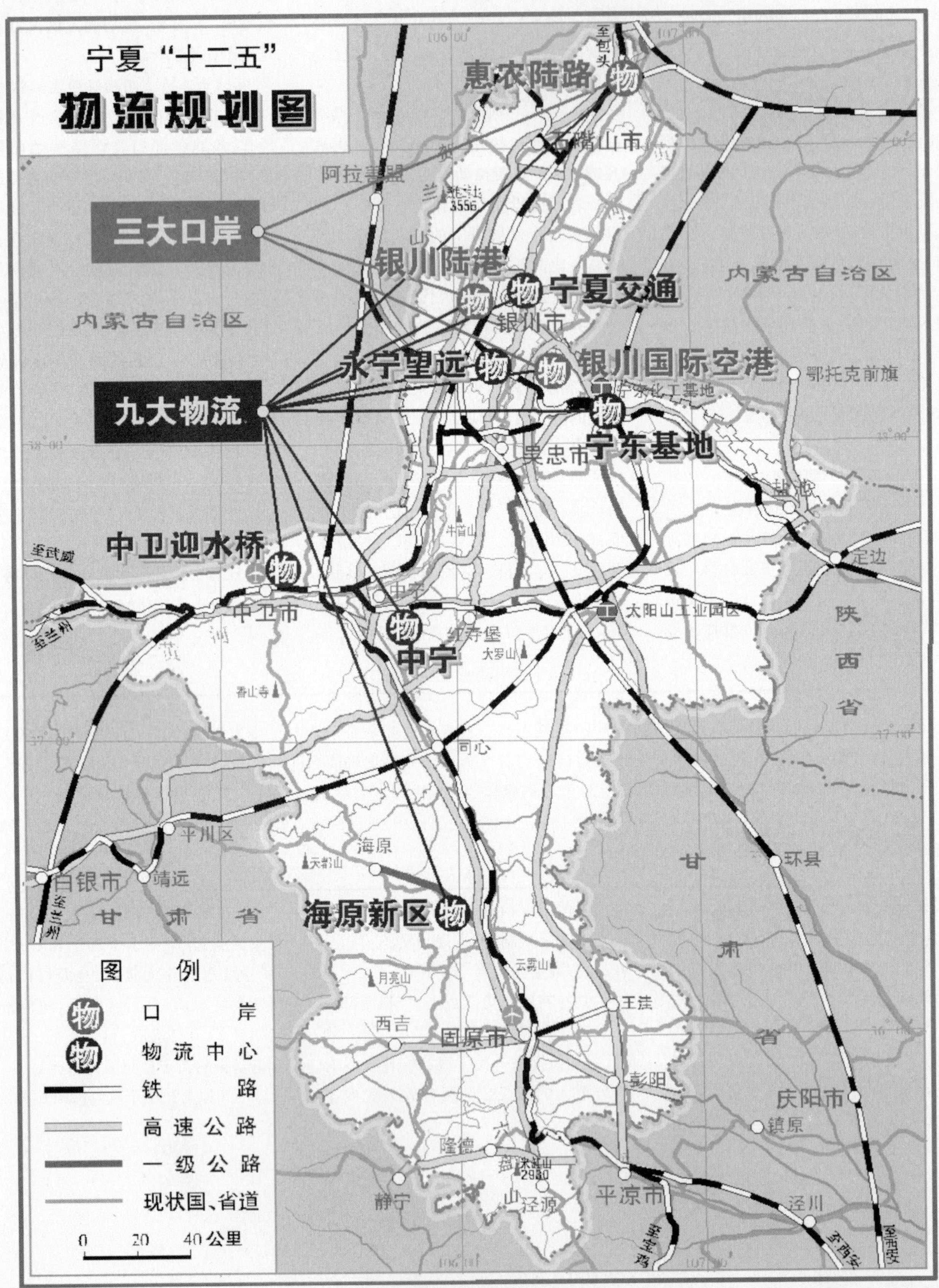


图1:三大口岸、九大物流中心格局

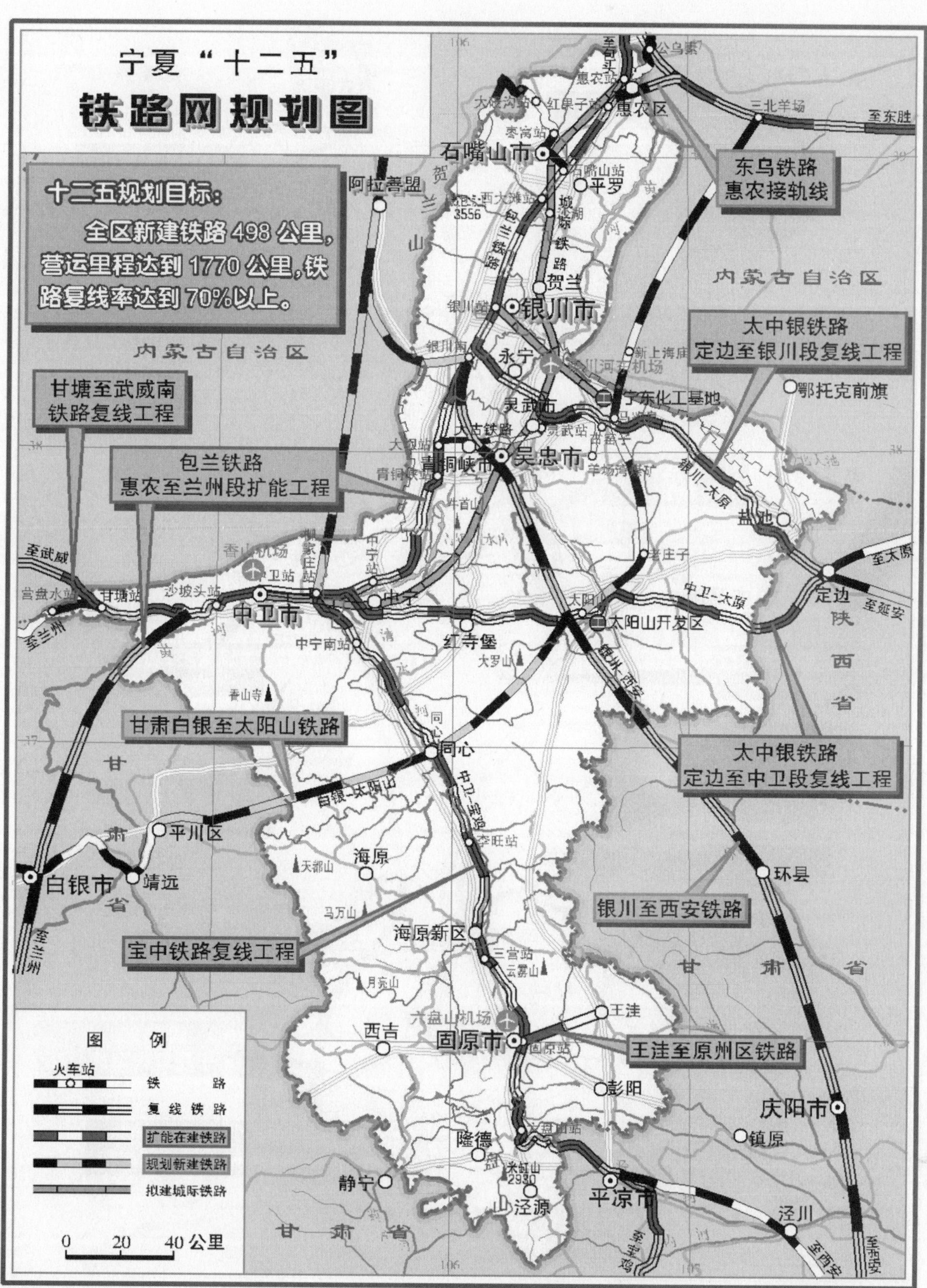


图 2：宁夏五纵三横铁路网

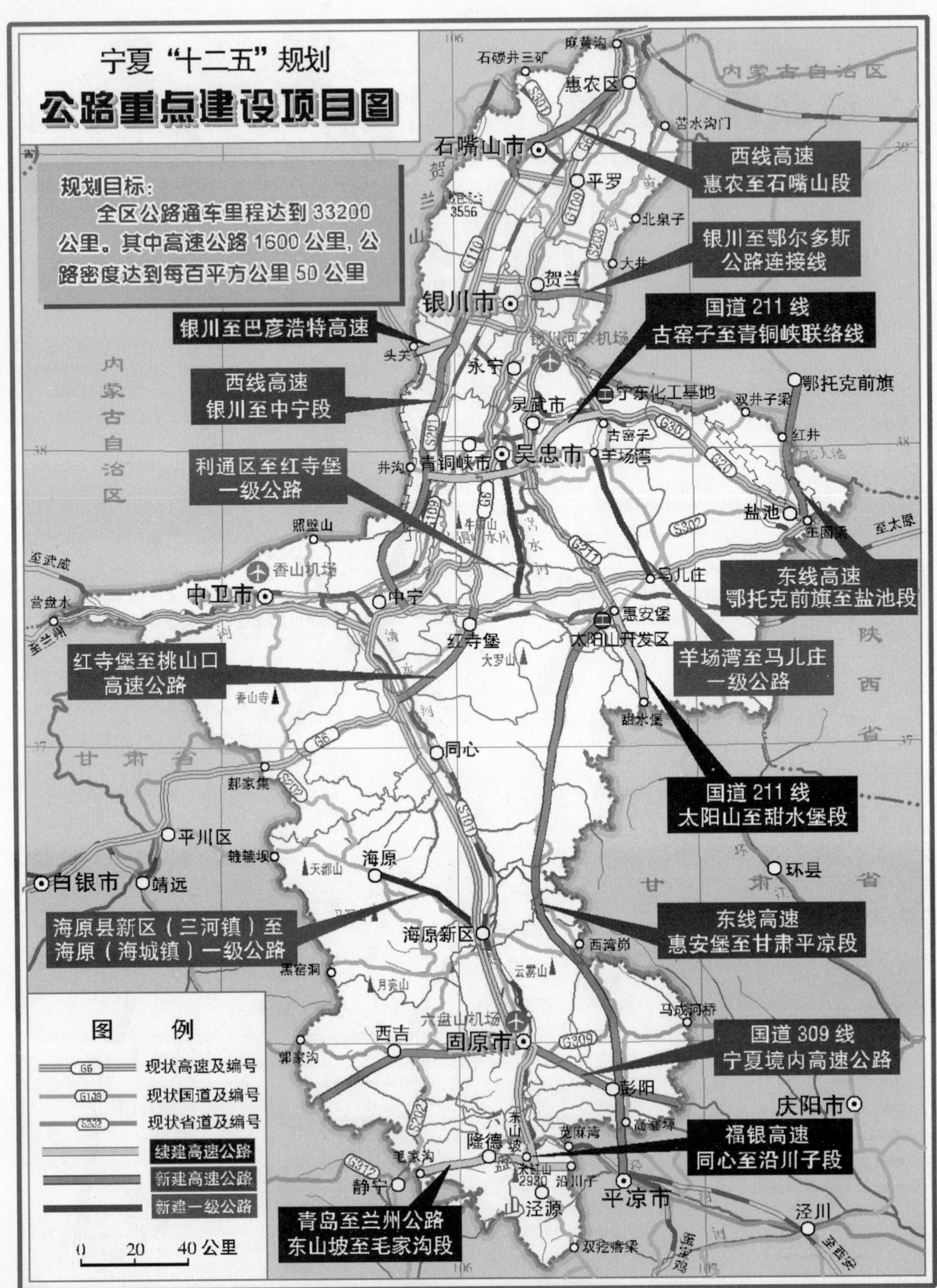


图 3：宁夏三纵九横公路网

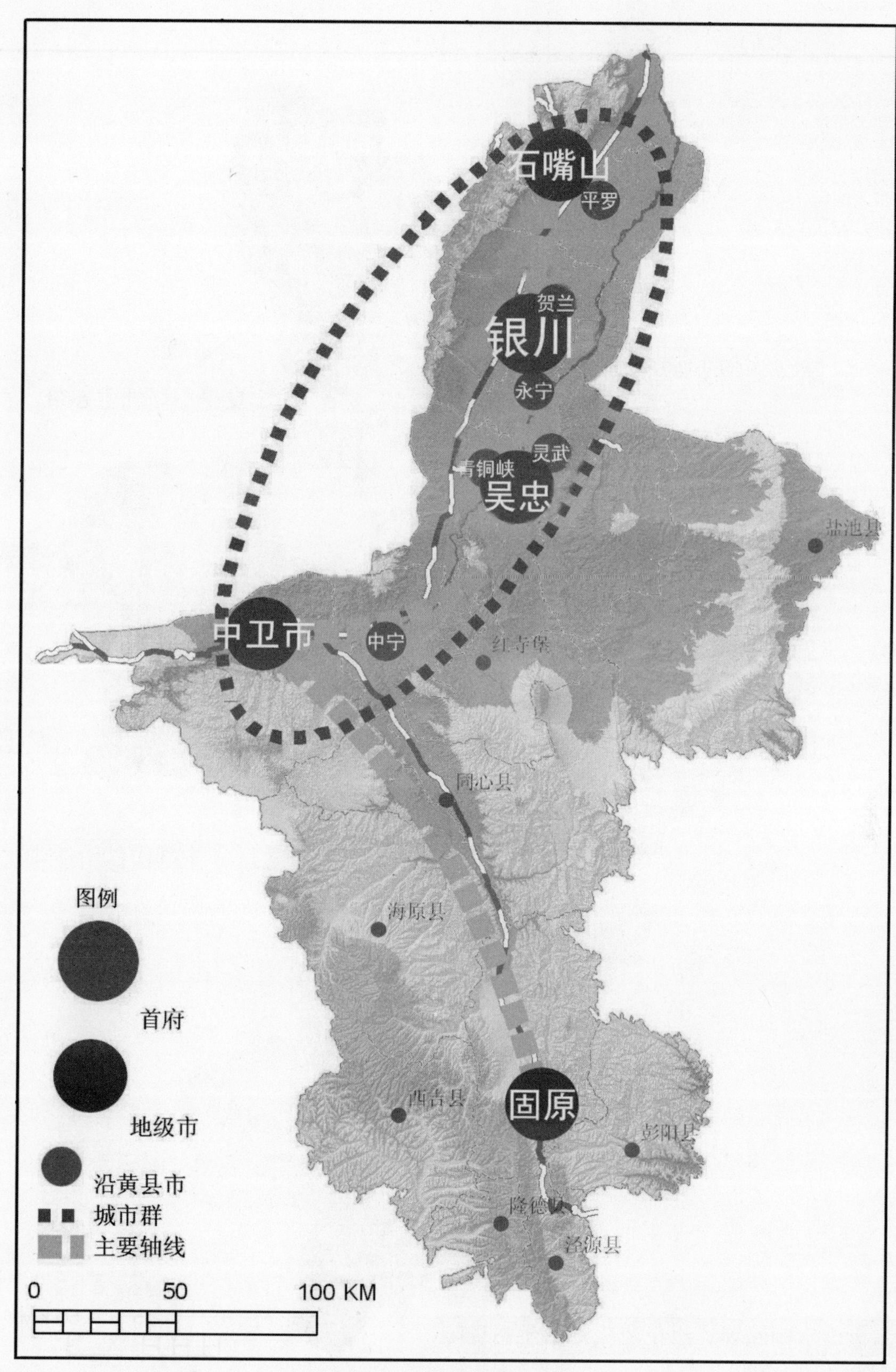


图4:宁夏城镇化战略格局

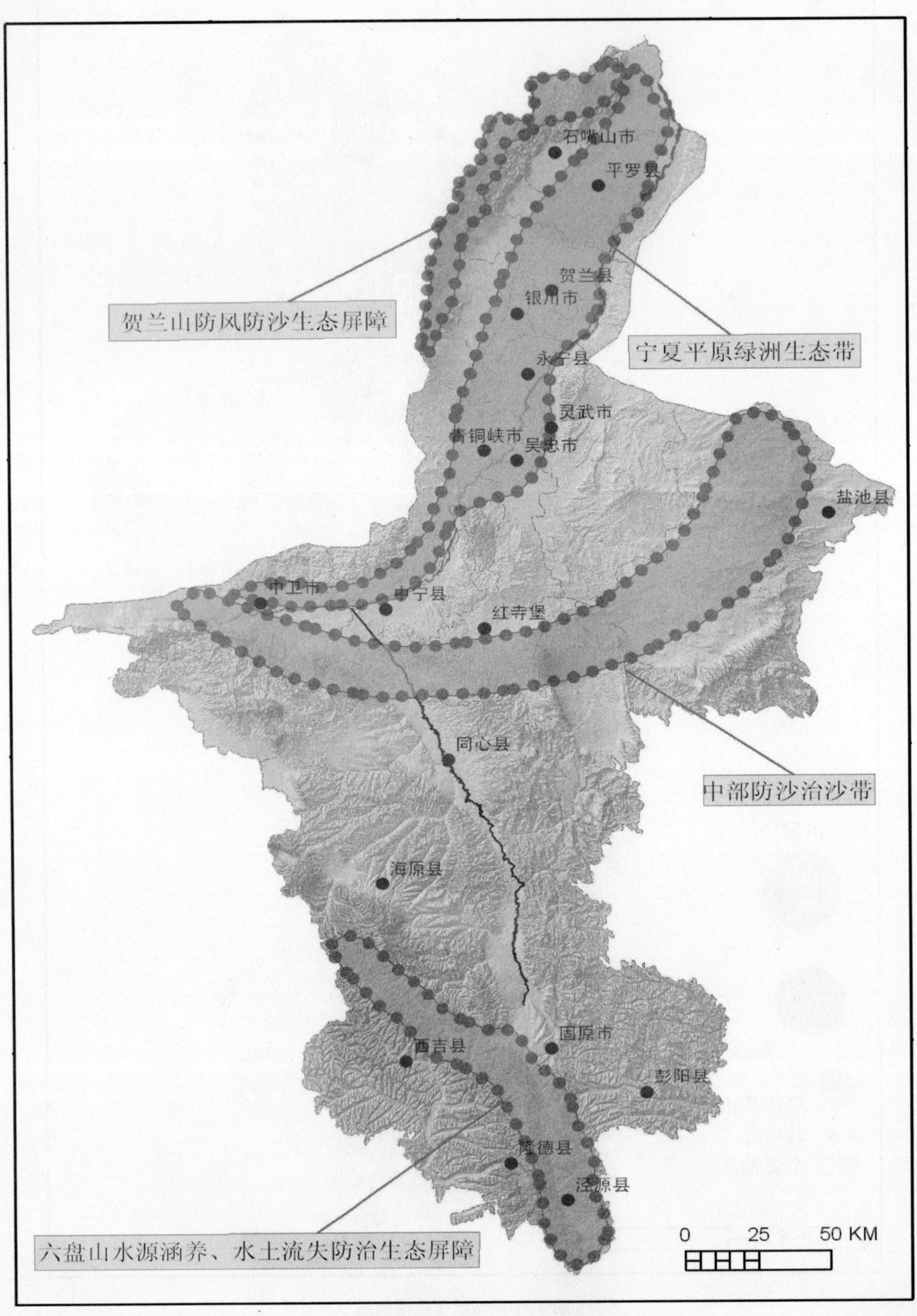


图5:“两屏两带”生态安全战略格局

# 深入学习西部大开发活动综述

按照自治区党委、政府的总体部署，全区开展深入实施西部大开发战略大学习活动，从8月上旬开始到11月上旬基本结束。全区各地各部门紧紧围绕党中央、国务院深入实施西部大开发战略的指导思想和基本原则，牢牢把握自治区党委、政府开展深入实施西部大开发战略大学习活动的总体部署和具体环节，以解放思想为先导，以各级领导干部为重点，以学习讨论为主要形式，主题鲜明，领导有力，组织严密，措施得当，基本实现了“在统一思想认识上要有新提高，在推进思想解放上要有新突破，在促进科学发展上要有新举措，在转变工作作风上要有新成效，在促进社会和谐上要有新气象”的目标要求，为自治区深入实施西部大开发战略，进一步解放思想、统一认识、凝聚人心、科学发展提供了强大动力和重要保证。

**（一）加强组织领导。**自治区党委对开展大学习活动高度重视。张毅书记先后主持自治区党委常委会，审议通过《关于开展深入实施西部大开发战略大学习活动的意见》（以下简称《大学习活动的意见》），批准成立自治区大学习活动领导小组。8月9日，自治区党委召开全区深入实施西部大开发战略动员大会，张毅书记、王正伟主席分别作了重要讲话，对大学习活动进行全面动员部署。在大学习活动期间，张毅书记在有关会议上发表重要讲话，在有关材料上作出重要批示，就深入实施西部大开发战略、深入推进大学习活动提出明确要求。自治区大学习活动领导小组认真贯彻中央和自治区党委指示精神，切实履行工作职责。于革胜、杨春光、蔡国英等自治区领导先后7次召开全区领导小组会议，听取大学习活动情况汇报，研究部署相关工作，切实加强大学习活动各个阶段的统筹谋划和组织领导。特别是在学习讨论阶段，自治区党委坚持实事求是的原则，决定将大学习活动延长一个月，提出了“八个结合、八个下功夫”的要求，突出强调要注重研究实际问题，通过深化大学习活动，出思想成果，出实践成果。自治区党委的坚强领导和自治区党委领导的率先垂范，为大学习活动指明了正确方向，提供了根本保证。

**（二）周密组织实施。**各地各部门认真落实自治区党委关于大学习活动的一系列部署，紧密结合自身，精心组织实施，把大学习活动扎实向前推进。普遍成立大学习活动领导机构和工作机构，党委（党组）主要负责人担任领导小组组长；严格落实领导责任制，明确责任分工，加强协调统筹，积极开展工作，层层抓好落实；及时召开党委（党组）常委会、党委（党组）专题学习会，全体干部动员大会，及时传达全区动员大会精神，认真学习自治区《大学习活动的意见》，及时制定大学习活动实施方案，迅速启动大学习活动。广大干部群众把大学习活动作为进一步学深学透中央和自治区重大决策的重要途径，作为提高政治理论素养的有效载体，认真对待，自觉行动，全区上下形成了步调一致、扎实推进的良好局面。这次大学习活动，从自治区党委的总体部署和各地区各部门的具体实施，都坚持把深化学习、提高认识贯彻始终，把解放思想、改革创新贯彻始终，把领导带头、典型示范贯彻始终，把扎实工作、务求实效贯彻始终，组织广大党员和干部群众认真学习领会深入实施西部大开发战略的新要求、新任务、新举措，认真总结自治区实施西部大开发战略的成就和经验，深入分析推进全区实现全面建设小康社会目标进程中面临的机遇和挑战，进一步明确促进全区民族大团结、经济社会大发展的新举措，保证了大学习活动的健康顺利推进。

**（三）把握学习重点。**在整个大学习活动中，坚持把搞好理论武装摆在首要位置，组织引导党员、干部扎实开展学习。一是按照自治区党委确定的内容组织学习。组织广大党员、干部认真学习党的十七大和十七届三中、四中、五中全会精神，学习胡锦涛、温家宝、李克强等中央领导在中央西部大开发工作会议上的重要讲话，学习胡锦涛、吴邦国、温家宝、贾庆林、习近平、李克强、贺国强、周永康等中央领导来宁视察时的重要讲话，学习《中共中央、国务院关于深入实施西部大开发战略的若干意见》（以下简称《若干意见》）《国务院关于进一步促进宁夏经济社会发展的若干意见》《大学习活动的意见》等，学习张毅、王正伟、于革胜等自治区领导在全区动员大会上的讲话，用党中央和自治区党委的决策部署统一思想，指导学习。二是紧密结合实际深化学习。普遍联系本地区本部门发展实际和党员干部的思想工作实际，搭建学习平台，丰富学习载体，认真总结经验，深入查找问题。特别是把理论学习与深化思想认识，转变经济发展方式，突出解决民生问题，维护社会稳定和民族团结紧密结合起来；与努力完成“十一五”期间的任务，与科学编制“十二五”规划，与用足用活中央深入实施西部大开发战略政策，与本地本部门的工作实际和优势条件紧密结合起来；与正在开展的“创先争优”“学习型党组织建设”结合起来，使大学习活动富有特色。自治区纪委监察厅进一步认清纪检监察工作面临的新形势新问题，自觉肩负起为深入实施西部大开发提供作风和纪律保证的职责；自治区党委办公厅切实履行大学习活动领导小组办公室职责，创编《简报》《学习与交流》，编发《要情与动态》《实践与思考》，及时交流反映各地各部门各单位的好思路、好做法、好经验，确保了大学习活动的健康有序开展；自治区党委组织部按照“带着课题下,带着成果回”的要求,深入开展调查研究;自治区党委宣传部及时指导新闻单位和媒体把深入实施西部大开发战略、把大学习活动作为当前的一项重要政治任务,营造了强大的宣传声势和浓厚的舆论氛围;自治区党委统战部在抓好部机关大学习活动的同时,组织各民主党派、工商联、无党派人士座谈会,广泛征求对自治区“十二五”规划的建议;自治区党委政研室举办西部大开发政策大讲堂,交流讨论思想,深化认识理解,提高决策服务能力。自治区政府办公厅进一步修订完善效能目标管理考核办法和考核指标体系,积极开展“精细化管理年”;地矿局层层动员、层层调研、层层宣讲,全员参与,大学习活动有声有色。银川市在市直机关及各县区开展“三学习”“四结合”活动,确保了学习效果。石嘴山市以建市50周年为契机,开展推动石嘴山在西部率先崛起的大讨论,进一步提高了思想认识;吴忠市开展“万篇心得体会大评比”学习活动,切实把广大党员干部的智慧与力量凝聚到深入实施西部大开发确定的各项任务上来,不断夯实大学习活动的理论基础。许多地方和部门还通过知识竞赛、演讲比赛等群众喜闻乐见的方式,推动大学习活动深入普及。三是通过开展解放思想讨论推动学习。普遍围绕深入实施西部大开发战略这一主题,增强自我发展能力这一主线,改善民生这一核心,固原、中卫围绕“西部大开发,我们怎么办”展开大调研、大讨论,把深入实施西部大开发战略的认识问题、思路问题和能力问题作为重要任务;自治区国资委紧紧围绕“西部大开发、国企要争先”主题,全面审视企业的发展思路、管理模式、产品结构、增长方式,指导21户企业拟定了中长期发展规划。各地各部门通过大讨论,进一步引导广大干部群众解放思想,进一步深化对区情市情县情的认识,统一对中央深入实施西部大开发战略的理解,准确把握中央《意见》与本地区本部门工作的结合点,拓宽干部群众的眼界和思路,开动脑筋破解难题,解放思想谋划发展,努力使深入实施西部大开发战略成为各级领导班子和广大党员干部的自觉行动,努力把大学习的成果转化成科学发展的新思路,转化成推进改革的新办法,转化成维护稳定的新举措。

**(四)加强舆论宣传**。大学习活动能不能形成一定声势、营造浓厚氛围,宣传引导十分重要。一是做好舆论指导。张毅书记高度重视大学习活动的宣传工作,对宣传工作提出了具体要求,作出了明确指示。于革胜、杨春光、蔡国英等自治区领导多次召开领导小组会议专题研究部署宣传工作,对宣传方向、宣传内容、宣传形式等都作出了具体安排,要求各级新闻媒体把做好大学习活动宣传报道工作作为当前一项重要政治任务,坚持贴近主题,贴近群众,进一步加大宣传力度,努力形成宣传热潮,引导和推动大学习活动深入开展。自治区大学习活动办公室按照自治区党委和领导小组的部署要求,及时进行宣传指导,先后多次下发加强宣传工作的指导性意见。各地各部门加强与新闻媒体的对接,密切联系改革开放和社会主义现代化建设的实践,密切联系本地区本部门的工作实际和干部群众的思想实际,把握正确导向,总结新鲜经验,支持和配合宣传工作,营造了大学习活动的良好氛围。二是营造浓厚氛围。各级新闻媒体按照自治区大学习活动领导小组的统一部署和要求,结合自身特点,加大宣传力度,创新宣传方式,营造了大学习活动的浓厚氛围。《宁夏日报》第一版安排有份量的新闻报道,第三版开辟大学习活动专版,并开设“深入实施西部大开发热点面对面”“领导访谈”“专家之见”“我为西部大开发献一策”等特色专栏,大力宣传西部大开发十年来的辉煌成就、宝贵经验,大力宣传深入实施西部大开发战略的新部署、新政策、新任务、新目标,集中反映各地各部门的工作思路和对策措施,积极报道自治区社科领域的研究成果和创新理论。宁夏广电总台开办“我们这十年”专栏,借助图表和数据等,生动全面地展现西部大开发十年来宁夏在经济、社会、文化、生态建设等各方面所取得的成绩和经验、城乡面貌的巨大变化以及西部大开发中所面临的问题和挑战等,各地新闻媒体也分别开设了“一把手”访谈和“西部大开发,我有金点子”“西部大开发,我也说两句”“万言千策征集”等系列栏目,开通网上论坛、电子信箱、手机短信和微博平台,发动党员、干部、群众、网民和社会各界建言献策,问政于民,有力地促进了大学习活动的深入开展。宁夏新闻网充分发挥网络媒体覆盖面大、受众面广的优势,开设“全区开展深入实施西部大开战略大学习活动”网上专栏,征集广大干部群众对大学习活动的意见和建议。三是中央媒体深入报道。积极引导人民日报社宁夏分社、新华社宁夏分社、中央人民广播电台、《经济日报》《农民日报》《工人日报》《中国产经新闻报》《中国经济时报》《法制日报》《中国化工报》驻宁记者站等中央媒体围绕“西部大开发就在我身边”,找准与宁夏工作的结合点,找准深入实施西部大开发战略的着力点,加大西部开发战略的宣传,加大大学习活动的宣传。据统计,大学习活动期间,中央及各新闻单位开设栏目、专栏、特刊近100个,刊出评论员文章12篇、理论文章114篇,累计刊发、播出消息、通讯等各类新闻5500余篇(条),图片近千幅,网络视频100余分钟。

**(五)注重政策解读**。为了引导广大干部群众更深刻、更系统、更准确地理解中央政策和自治区党委、政府的决策部署,更好地实现全区各项工作与中央政策的对接,各地各部门十分重视对深入实施西部大开发战略的政策解读。一是组织报告会解读政策。自治区先后邀请外交部、国家发改委、国务院扶贫办等中央单位的领导和专家学者,组织了3次与西部大开发有关的专题报告会;蔡国英面向区直机关干部作了对区情的再认识、再思考以及大学习活动中大家关注和热议的问题报告会,并要求区直部门在大学习活动和西部大开发中要发挥带头和表率作用,要务求实效。二是通过“百场宣讲”解读政策。区、市、县三级宣讲团和讲师团紧紧围绕深入实施西部大开发战略这一主题、深入开展大学习活动这一主线，深入市县、区直各部门和大型企业宣讲西部大开发的政策任务，宣讲西部大开发的决策部署，进一步统一思想，提高认识，有力推动了大学习活动的深入开展。各地各部门在全力配合自治区宣讲的基础上，组织专家学者深入乡镇社区、生产一线、基层单位进一步扩大宣讲面，产生了良好效果。全区累计组织宣讲1107场次。三是创编学习资料解读政策。《学习与交流》集中17期对中央《若干意见》13个方面57项政策进行解读；吴忠市、泾源县、自治区党校、地矿局、自治区国资委、宁夏大学等编印各类辅导材料，系统阐述中央和自治区西部大开发的相关政策，深入分析实施大开发中全区面临的机遇与挑战，创造性地研究抢抓机遇的思路与措施，确保大学习活动取得实效；石嘴山市拍摄《印象石嘴山》，盐池县拍摄《朔方盐州》，进行宣传和推介。各地各部门通过编印各类辅导材料，汇编中央、自治区领导关于西部大开发战略的重要讲话，解读西部大开发政策，回顾本地区本单位十年西部大开发成就，研究深入实施西部大开发战略的对策措施，激发干部职工投身深入实施西部大开发战略的积极性，起到了很好的学习指导作用。

**（六）紧密结合实际**。这次大学习活动，坚持理论指导工作、学习推动工作，组织引导党员干部把大学习的成果转化为实实在在的行动，使开展大学习的过程成为推动实际工作的过程。注重结合工作成为整个大学习活动最为鲜明的特点。一是结合当前工作，全面完成“十一五”目标任务。各地各部门针对“十一五”期间的约束性指标，积极探索攻坚克难的新途径、新办法，全力推进经济发展方式转变，全力抓好重大项目建设，全力落实好民生计划，确保圆满完成“十一五”的各项目标。二是结合长远发展，科学谋划“十二五”规划。各地各部门深入领会中央《若干意见》和十七届五中全会精神，认真研究事关全局长远发展的重大问题，组织干部在区内观摩学习、取长补短，到区外开阔眼界、解放思想，为制定“十二五”规划启迪思路，为深入实施西部大开发战略出谋划策，为自治区在新的起点上实现新的跨越建言献策。三是结合民族团结，促进和谐社会建设。各地各部门把大学习活动与9月份“民族团结月”活动结合起来，深入贯彻落实党的民族宗教政策，紧紧围绕各民族共同团结奋斗、共同繁荣发展这一主题，引导广大干部群众牢固树立“四个认同”和“三个离不开”的思想，在全区唱响民族大团结大发展大繁荣的主旋律。四是结合机关效能建设，优化发展环境。各地各部门认真落实自治区党委、政府关于效能目标管理考核与领导班子、党建工作一并考核的新要求，大力加强效能目标管理，努力创造责任意识更强、办事效率更高、服务质量更好的政务服务环境，以大学习活动促进效能建设取得新成效。五是结合“创先争优”，推进基层组织建设。各地各部门以大学习活动为契机，自觉把“创先争优”融入大学习活动之中，进一步抓好基层党组织建设和干部队伍建设，把广大党员和干部群众的热情、智慧和力量调动起来，转化为实施西部大开发战略的强大动力。

**（七）强化学习指导**。这次大学习活动，坚持从实际出发，针对自治区各大机关、区直各个部门、自治区大型企业、中央驻宁单位和市县实际，认真研究各地区各领域各行业特点，不断改进指导方式，强化分类指导力度，增强大学习活动的针对性和实效性。一是创新形式加强指导。自治区大学习活动办公室通过定期召开分析会、深入有关单位观摩学习、电话对下指导以及请上来进行座谈等多种形式，掌握大学习活动各个阶段的重点工作，研究各地各部门推动大学习活动的经验做法，积极主动地开展工作，为大学习活动顺利推进提供了必要的保障。大学习活动期间，办公室共召开15次分析会。二是交流经验加强指导。区市县三级和区直部门大学习活动办公室先学一步，学深一些，力争准确把握大学习活动精神实质，紧扣大学习活动各阶段、各环节的要求，不断提高刊物编辑质量，通过刊物及时交流了各地各部门大学习活动的工作动态、思路措施，集中反映了各地各部门大学习活动的典型经验、显著成效。突出点面结合、专题明确、学习借鉴。整个大学习活动期间，自治区大学习活动领导小组办公室编发《简报》69期，《学习与交流》39期。三是汇编成果加强指导。按照大学习活动既出行动成果、又出思想成果的要求，自治区大学习活动办公室、党委宣传部和政研室广泛征集、分类整理、系统编校，将自治区大学习活动重要文件、领导讲话，各地各部门和各级干部、专家学者形成的调研报告、理论文章，重要新闻报道、宣传文稿汇编为《深入实施西部大开发战略大学习活动文件文稿汇编》《深入实施西部大开发战略调查研究报告理论文章汇编》《深入实施西部大开发战略系列政策学习研究成果汇编》《深入实施西部大开发战略重要新闻报道宣传稿件汇编》4本学习材料，成为全区党员干部群众开展大学习活动的好教材、好资料。四是专项督察加强指导。自治区大学习活动领导小组办公室分别于8月下旬和9月上旬，分两次对全区58个单位开展大学习活动情况进行了督察。各地各部门把大学习活动督察工作列入阶段性督察重点，采取定期或不定期的形式对大学习活动进行拉网式督察，及时了解掌握大学习活动开展情况，对认识不到位、工作不得力、活动质量不高的单位进行通报批评，提出整改意见，确保大学习活动有序开展。

在自治区党委、政府的正确领导下，各地各部门切实把这次大学习活动作为对全区广大干部群众普及中央实施深入实施西部大开发战略精神的一次大培训，作为宣传党委、政府关于深入实施西部大开发战略重要工作部署的大讲堂，作为激发全区广大干部群众积极投身西部大开发热情的助推器，取得了阶段性的思想成果、思路成果、调研成果、项目成果和实践效果。

**（一）思想认识上有了新提高，形成了推进西部大开发战略的强大共识**。一是深入实施西部大开发战略的自觉性和坚定性明显增强。广大党员干部进一步深化了对实施西部大开发战略重大意义、时代背景、总体要求、目标任务、战略举措和西部大开发前十年取得的巨大成就的理解,深刻认识到实施西部大开发战略是深入贯彻十七大精神和科学发展观、统筹区域发展、加强民族团结的重大战略部署;深刻认识到只有深入实施西部大开发战略,才能缩小与中东部地区的差距,不断推动经济社会跨越式发展,进一步提高人民的生活水平。二是对事关本地区本部门深入实施西部大开发战略的认识进一步深化。自治区区直部门党员干部普遍认识到,一定要找准与中央《若干意见》的政策结合点,积极主动地加强与中央部委的对接,以大项目带动大开发;一定要进一步转变工作作风,加强机关效能建设,为西部大开发战略营造良好的发展环境。中北部地区党员干部普遍认识到,必须重新审视自身的发展定位,不为过去的成绩而自满、不为传统的模式所束缚,更加注重调整产业结构、转变发展方式、增强自主创新,做足能源、水、沿黄城市带、设施农业文章,努力在深入实施西部大开发中占得先机、赢得主动。南部山区党员干部普遍认识到,要进一步解放思想、克服畏难情绪,不为艰苦条件所限制,着力做好生态移民、生态环境保护、扶贫开发和优势产业培育工作,努力在深入实施西部大开发战略中奋勇争先、快速发展。三是形成了深入实施西部大开发战略普遍共识。广大干部群众普遍认识到,要确保与全国同步实现全面建设小康社会奋斗目标,今后十年是极为关键的十年、是全力追赶的十年,一定要主动作为,赶上政策的"头班车",坐上政策的"专用车",搭上政策的"公共车",挤上政策的"过路车",切实把中央的各项政策真正转变成推动科学发展的生产力。

**(二)在推进思想解放上有了新突破,坚定了实施西部大开发战略的信心。**一是主动查找思想观念问题。通过大学习活动,使干部群众普遍认识到必须进一步解放思想,增强发展创新意识,在深入实施西部大开发中赢得主动。特别要克服小进即满、小富即安的思想,树立大手笔谋划、大气魄干事的意识;克服狭隘封闭、急功近利的思想,增强开放合作和长远发展的意识,用更新的理念拓展发展空间,以理念的提升带动发展的加速。二是自觉查找与发达省区的差距。各地各部门各单位采取内部找、纵向看、横向比,全面审视在西部大开发中的有利条件、不利因素和工作差距,通过外出考察、观摩,寻找差距,正视差距,缩短差距。银川市、灵武市、中宁县组织相关部门和乡镇负责人赴河南、山东、浙江、江苏等省全国百强县,认真查找与东部发达地区在解放思想、经济发展方式转变等方面的差距。同心、红寺堡、原州区、西吉、隆德、彭阳、泾源、海原等县区寻找差距鼓劲加压,在创新中抓好产业结构调整,在创新中突出发展民营经济,在创新中打好生态移民攻坚战,推进县域经济又好又快发展。三是在解放思想上形成了新理念。树立世界眼光,跳出宁夏看宁夏,站在全国看宁夏,面向未来看宁夏,以小省区敢办大事、能办大事的勇气和魄力,抓住宁夏"小"的特点,实现重点领域的改革创新,重要制度的率先创立,重大保障的全面覆盖,重点工作的精细管理。发掘民族特点和地方特色,用你无我有、你有我特的工作,把"老、少、边、穷、小"的文章做足做精,树立敢打必胜的信心,增强后发追赶的决心,走出一条符合宁夏实际的追赶跨越之路。

**(三)在科学发展上有了新举措,支撑西部大开发战略顺利实施。**一是进一步理清本地区本部门科学发展思路。各地各部门认真审视过去,分析现在,规划未来,改变坐标系,转变参照系,以大视野提升大思路,进一步明确了深入实施西部大开发的总体思路、目标要求和具体措施。各地普遍把重民生、扩内需、调结构、促转变作为深入实施西部大开发工作的重中之重,着力提高协调发展和可持续发展水平,着力提升自主创新能力、促进产业转型升级、建设现代产业体系。兴庆区以项目会战为抓手,突出抓好商贸物流产业和现代都市农业两大特色产业;平罗县把争政策、争项目、争资金和招大商、招人才的"三争双招"作为推进深入实施西部大开发的动力和源泉,不断夯实发展的基础;惠农区以陆港经济区建设为引领,进一步完善口岸功能,着力打造西部黄金口岸"桥头堡";银川市、中卫市、固原市明确了打造"黄河文化"、浪漫沙都、红色旅游的发展目标和路径。二是主动做好"十二五"规划重点项目争取、对接和跟踪落实。各地各部门各单位始终把深入实施西部大开发战略的各项部署和要求与正在制定的"十二五"规划紧密结合起来,与落实《自治区党委、政府关于加快转变经济发展方式的意见》结合起来,扎实做好"十二五"规划重点项目的争取、对接和跟踪落实。用足针对性政策,用活差别性政策,用好普惠性政策,争取国家的最大支持。三是以项目为支撑推动大开发。沿黄市县紧扣"呼包银"经济带、"黄河金岸",谋划推动一批重大基础设施和产业项目,着力构建现代产业聚集区和宜居宜业生活区,大力提升竞争力和辐射力。固原市打好老区、扶贫、生态、区域协调发展等"四张牌",以项目建设和招商引资年活动为抓手,共签约项目13个,协议总投资67.2亿元;金凤区在大学习期间启动项目建设百日大会战,累计实施各类项目75个,完成固定资产投资54亿元;青铜峡市以项目支撑发展,着眼于打造新材料产业带;固原市、原州区重点抓好六盘山集中连片困难地区扶贫开发、生态补偿、重大基础设施建设等重点项目。四是全面推进人才强区战略。在中国(宁夏)国际投资贸易洽谈会暨中阿经贸论坛框架下,同步举办了2010中阿人才合作交流研讨会暨2010中国(宁夏)引进海内外高层次人才合作洽谈会,柔性引进"两院"院士16名、国内外知名专家40名,全职引进博士62名,签订人才合作项目协议8个,新建院士工作站7个、专家服务基地8个。

**(四)在转变工作作风上有了新成效,保障西部大开发战略目标的实现。**一是进一步丰富了党组织和党员发挥作用的有效途径及方法。坚持把大学习活动与正在开展的“创先争优”活动和学习型党组织建设结合起来,切实加强领导班子和干部队伍作风建设,以大学习促进作风大转变。自治区区直机关工委与基层党员群众开展联学、帮学,引导广大党员主动将大学习活动与宁夏改革发展的实践,与提升素质、岗位建功结合起来,着力转变工作作风。隆德县积极开展“五好”红旗党组织和“五好”优秀共产党员创建活动,深入开展了“五比五看”争先进位活动,以优良的党风促政风带民风。二是进一步健全工作制度加强效能建设。组织部发出了《改进作风倡议书》,从学风、文风、会风、工作作风方面鲜明地提出了“四个转变”,倡议干部职工主动检查作风方面存在的问题,注意从细节做起、从每个同志做起,认真整改,努力树立良好作风。银川市强化“小事”问责制度,加大对工作敷衍塞责、责任心不强、效率低下等的问责力度,使干部意识到小“错”不小,小“事”不小,小“过”也怕,实现问责治庸、问责提效、问责治腐的目的。工商系统积极开展“社会各界评工商”行风大评议活动,加强效能建设。各地各部门各单位通过一系列活动,建立健全工作机制,努力营造务实苦干、开拓进取、攻坚克难的良好氛围,为深入实施西部大开发战略提供坚强的组织保证。

**(五)在促进社会和谐上有了新气象,为西部大开发战略凝心聚力**。一是推动了惠民利民政策的落实。各地区各部门紧密结合自身实际,认真贯彻党中央、国务院关于保障和改善民生及一系列决策部署,在制度、政策和投入等方面采取了有力举措,促进了发展成果由人民共享。农牧厅认真落实强农惠农政策,大幅度增加农业投入,加强农村基础设施建设,协调推进城镇化和社会主义新农村建设;住房和城乡建设厅进一步扩大经济适用住房和廉租住房建设规模,加快保障性住房建设;民政厅、扶贫办、残联进一步加强扶贫开发、移民帮扶工作,着力帮助残疾人、企业困难职工、低保户等特困群体解决实际困难。石嘴山市加快推进城市棚户区改造,积极改善居住环境。固原市及同心县、盐池县按照中央“搬得出、稳得住、能致富”的要求,结合地震带避让和大村庄规划,集中建设一批移民新村,全面完成生态移民工程各项任务,帮助一大批困难群众改善居住环境。二是解决了一些涉及群众利益的实际问题。各地区各部门普遍加强统筹协调工作力度,使群众关心的上学难、就医难、饮水难、行路难等问题得到不同程度的解决。全区各地大幅度增加教育投入,新建、翻新校舍,推动教育资源均衡发展,促进了教育公平。财政厅加大民生投入,新增财力70%以上用于民生,财政资源向困难群众倾斜、向农村倾斜、向基层倾斜,进一步加大社会事业投入,支持自治区率先在西部建成覆盖城乡居民的公共服务体系,促进了社会和谐稳定。三是多方构筑维稳体系促进和谐。各地深入开展平安创建活动,不断健全治安防控体系,加大社会矛盾纠纷排查调处力度,使人民群众进一步增强了安全感。公安厅以社会管理创新为重点,推动建立人民调解、治安调解、司法调解“三位一体”的大调解体系,形成多元化化解矛盾纠纷的合力。全区检察系统找准检察工作服务西部大开发的最佳切入点和结合点,以推进“社会矛盾化解,社会管理创新和公正廉洁执法”三项重点工作为契机,继续深化“关注民生,走近群众”主题实践活动,以维护社会稳定为首要任务,努力营造安定有序的社会环境。司法厅扎实推进“千名律师进万家企业促发展”和“保民生、送温暖、法律援助律师行”活动,不断提升法律援助质量和效率,高标准完成法律援助为民办实事任务。信访部门面对日益复杂的信访形势,坚持经常性排查与集中排查相结合、属地排查与全面排查相结合、重点敏感时段排查与随机排查相结合、信息汇集与分析研判相结合,深入抓好重点区域、重点时段、重点群体和重点单位的矛盾纠纷排查化解工作,着力维护社会大局稳定。四是巩固和发展互助和谐的民族关系。深入开展“民族团结月活动”,在全区唱响民族大团结大发展大繁荣的主旋律。石嘴山市认真做好清真食品和其他少数民族特需用品的生产、供应和监管工作,保障和满足少数民族在生产生活方面的特殊需要,深入开展和谐寺观教堂创建活动,推动宗教和顺、民族团结和社会稳定。金凤区积极开展慰问贺节活动,组织医疗专家到回族群众聚居的村镇开展义诊和送医送药活动,普及医疗卫生、科学养生、生殖保健、优生优育等知识。原州区开展了民族理论政策和发展成就宣讲活动,加大对民族聚居区政策和资金的扶持力度,切实解决特困少数民族群众行路难、上学难、就医难等实际问题,使广大少数民族群众真正感受到党和政府的关怀,感受到民族区域自治制度的政治优势,促进了民族团结,进一步开创了和睦相处、和衷共济、和谐发展的良好局面。

(自治区党委办公厅综合一处提供)

# 宁夏黄河金岸建设专题

## 打造黄河金岸 加快建设沿黄城市带经济区发展

自2009年4月“沿黄城市带建设启动大会”召开以来,各地各部门认真贯彻自治区党委、政府的决策部署,按照构建沿黄“一堤六线”的总体要求,统一思想,攻坚克难,各项工作取得了突破性进展,黄河金岸建设进入了大发展、快发展、跨越发展的关键时期。一是战略定位实现突破。着力打造黄河金岸、加快建设沿黄城市带经济区这一战略构想从提出到实施,已经得到了党中央、国务院的充分肯定。2010年3月,胡锦涛总书记考察宁夏时特别指出,黄河金岸建设“是一件一举多得的好事”。吴邦国委员长来宁考察时也强调指出,发展沿黄城市带是个好思路、也是个大战略。温家宝总理在西部大开发工作会议上明确提出建设宁夏沿黄经济区。李克强、周永康等党和国家领导人也指出要加快沿黄城市带建设,统筹区域发展。2010年6月,中共中央、国务院《关于深入实施西部大开发战略的若干意见》更是明确要积极培育宁夏沿黄经济区,推动沿黄城市带建设,形成省域经济增长点。这充分说明,打造黄河金岸、建设沿黄城市带经济区已由地方战略上升为国家政策、由地方重点上升为西部大开发重点,宁夏跨越发展面临着难得的历史机遇。二是工程建设实现突破。402公里黄河标准化堤防和508公里滨河大道全线通车,成功举办黄河金岸国际马拉松赛。12个特色城镇建设全面铺开,开工建设了40个新农村示范点,已建成33个。黄河圣坛、黄河书院、青铜古镇等一批标志性建筑主体完工。一批重大产业、物流、商贸、交通项目建成投用或加紧建设。住房公积金异地购房贷款、城际公交等同城化步伐加快,以银川为中心的“一小时经济圈”和以四个地级市为次中心的“半小时通勤圈”加速形成。7.6万户城市低收入家庭实现住有所居,30多万农民喜迁新居。沿黄新开发土地10万多亩,新增绿地65万亩、水面11万亩、耕地4.7万亩,黄河金岸建设取得经济、社会、生态等多方面的良好效益。三是品牌效应实现突破。随着黄河金岸“山水画卷”黄金效应的不断显现,“黄河金岸、塞上江南、西部明珠”的品牌在国内外日益叫响。自治区党委书记张毅在党委专题会上指出,黄河金岸这一品牌身价可值千亿。在中阿经贸论坛等重大节会期间,国内外宾客对黄河金岸建设给予由衷赞叹和高度评价。可以说,黄河金岸已成为宁夏经济社会发展的靓丽名片、展示宁夏形象的重要窗口、聚集财富的全新平台。今后沿黄城市带经济的发展还要不断加强文化、环境及产业方面的建设。

### 一、做大做强产业建设

着力打造黄河金岸,加快建设沿黄城市带经济区,形成“岸、带、区”为一体的区域经济增长极,框架是城市群,核心是产业带,目标是经济区。一是促进现代农业向黄河金岸集约发展。坚持把黄河两岸土地整理与优质粮食、枸杞、水产等优势特色产业发展有机结合,科学规划、合理布局一批优质水稻园、园艺产业园、枸杞观光园、长枣采摘园、水产养殖园、葡萄种植园等特色产业园,采取行政与市场措施相结合的办法,示范推广稻田养蟹、冬麦北移和“宁粳43号”优质水稻等适用技术和优良品种,进一步做大基地、做强龙头、做活市场、做响品牌,努力把黄河金岸的精华地带建成特色农业的观光带、新农村的展示带、农民增收的金腰带。二是促进新型工业向工业园区集群发展。着眼于打造“能源金三角”,以宁东基地为核心,以“四大十特”园区的开发建设为主战场,全面推进三个“千亿投资计划”,加快发展“五优一新”产业集群和新能源、新材料、新医药产业,打造一批产业集聚、土地集约、工业集中、管理集成的循环经济示范园、高新技术产业园、特色产业示范园。要坚持共建、共享、共赢,各市明年都要与东部地区联办开发区、共建产业园,抢抓产业转移制高点,确保工业投资的力度、强度和进度。滨河大道两岸、高速公路两侧要“腾笼换鸟”,全部搬迁或关停转产高耗能企业,大力发展低碳环保型产业。三是促进现代服务业向城市区集聚发展。城市区特别是核心区要“退二进三”,着力提升金融服务、总部经济、会展经济、现代物流等现代服务业水平。要坚持“早”字当头,全力做好中阿经贸论坛等重大节会的筹备举办工作,高起点、高标准建设内陆开放“三大基地”“五个中心”。要进一步扩充“三大口岸”功能,加快建设“十大物流中心”。沿黄各城市加快建设一批五星级酒店,推进城市核心区、商业区改造,完善提升城市功能。银川市启动建设阅海CBD、中阿经贸论坛永久性会址,打造国际化的商务核心区、金融聚集区和总部经济区,着力提升内陆开放的层次和水平。

### 二、挖掘拓展文化建设

宁夏沿黄区域是黄河文化的主要汇聚地,是一部浓缩物化的中华民族史。着力打造黄河金岸、加快建设沿黄城市带经济区,就要坚持经济建设和文化建设“双轮”驱动。一是抓好特色文化开发。特色文化是一个城市走向世界的通道。要把文化发展纳入沿黄城市带总体规划之中，高起点、高标准、高水平制定沿黄区域文化发展规划和文化创意产业发展规划，使沿黄城市功能、环境与文化形象有机统一起来，体现科学性、时代性和超前性。银川市突出“塞上湖城、回乡风情、西夏古都”特色，建设西北最适宜居住、最适宜创业的现代化区域中心城市；石嘴山市突出“山水掩映，环湖而居，兼容并蓄”特色，建设山水园林新型工业城市；吴忠市突出回族居民的生活、文化和商业特色，建设黄河穿城而过、双城拥岸、河渠绕廊的滨河水韵城市；中卫市突出“黄河古城、浪漫沙都、花儿杞乡”特色，建设旅游交通枢纽城市；固原市突出“丝路古城”特色，建设陕甘宁边区的区域中心城市。二是抓好地标工程建设。地标建筑是城市文脉的载体。沿黄市、县（区）依托滨河大道建设，以水系为主线，线面结合，点轴发展，坚持市场化运作，加快建设银川华夏石刻艺术展示园、吴忠黄河文化展示园、中卫世界沙博园、石嘴山五千年华夏馆等特色景区景点和标志性工程，启动西夏王宫建设，丰富文化内涵，增强历史底蕴，打造黄河流域独有的文化景观长廊，增强黄河金岸的文化感召力。三是抓好文化旅游融合。文化与旅游只有完美结合，才能实现相伴发展。要深入挖掘黄河历史文化和民风民俗等，着力做好塞上江南新天府、贺兰山历史文化、六盘山红色生态“三大板块”旅游文化文章，全面彰显“黄河、生态、民族、历史”的主基调。要切实增强旅游宣传意识，加大旅游宣传力度，银川市、石嘴山市和沙湖、沙坡头、六盘山、黄河大峡谷等地市和景区，要率先走出去推介宣传。充分借鉴《印象刘三姐》《禅宗少林》《宋城千古情》等实景演出的成功经验，引进国内外一流的文化创意公司，采取“政府搭台、企业唱戏”的模式，积极创作编排、实景演出优秀文化旅游曲目，让游客得到高雅的艺术享受，促进文化产品与旅游产品的融汇，提高旅游产品的文化品位。

**三、改善优化环境建设**

要进一步加强沿黄各市、县（区）的公共设施、生态绿化、体制机制等软硬环境建设，促进沿黄区域内基础设施更完善、生态环境更美好，体制机制更活跃、城市形象更靓丽。一要着力完善公共设施。完善的市政设施是保障沿黄城市带、经济区科学发展的前提。要加快完善市政基础设施，提高沿黄城市带的承载力，增强辐射力和带动力。沿黄有关市、县（区）要按照自治区统一要求，在滨河大道两侧高标准规划建设一批农家乐、渔家乐、停车场、观河栈道、自行车驿站、商场超市、清真食堂和星级厕所、加油站。今后，黄河金岸区域内所有房地产开发建设全部纳入自治区统一规划建设管理之中，由自治区城乡住房建设厅统一把关。二要着力统筹城乡建设。积极推进吴忠、青铜峡、中宁、灵武等滨河新区建设，加快完善沿黄12个特色城镇功能，新规划建设一批特色城镇和农村社区，川区有条件的地方要建2层楼房，3年内完成投资10亿元的农村环境连片集中整治项目，在沿黄两岸建成100个错落有致的新农村示范点。三要着力提升绿化档次。在沿黄两岸及其延伸段大力开展植树造林，恢复湖泊湿地，营造生态景观林，打造景观美、色彩亮的点线面结合、草灌乔搭配、水林路相连的黄河金岸绿色胜景，维护宁夏平原得天独厚的良好生态，构筑西部重要的生态安全屏障，形成天蓝、水碧、地绿、城靓的沿黄塞上人居佳地。四要着力创新体制机制。要创造性地贯彻落实自治区党委、政府出台的农民变市民的有关政策措施，进一步放宽户籍管理，启动建设新市民园区，以优惠政策、产业集聚、公共服务吸引农民进城。充分发挥沿黄城市带建设领导小组的作用，鼓励各县（市、区）在产业集聚、城乡建设、生态保护等方面合作发展，加速推进城乡一体化。

（摘编于《宁夏党办通报》2010第89期）

# 宁夏沿黄城市带（群）规划建设历程举要

1月28日　自治区主席王正伟主持召开政府常务会，会议决定将黄河金岸沿线村庄的农村环境综合整治、农村重点集中饮用水源地保护等事项列入2010年实施的10件环保实事。

3月18日　宁夏黄河金岸农业综合开发土地治理项目建设大会战在永宁启动。自治区领导陈建国、王正伟、于革胜、崔波、马秀芬、郝林海等出席启动仪式。黄河金岸农业综合开发土地治理项目计划用两年时间，整合农业综合开发和财政资金5亿元，集中对402公里沿黄河两侧约60万亩土地进行改造和治理。

3月26日　宁夏农垦黄河金岸项目建设开工仪式在国家5A级景区沙湖举行。这标志着涉及城镇建设、现代农业、产业基地、示范园区、职工危房改造等18个宁夏农垦黄河金岸建设项目全面启动。自治区领导王正伟、于革胜、张小素、郝林海、陶源出席开工仪式并为项目奠基培土。

4月13日　2010年宁夏黄河金岸项目建设大会战动员会在平罗天河湾湿地公园举行。2010年，沿黄城市带建设确定重点项目300余项（不含工业项目），总投资约280亿元，其中新建项目200余项。自治区主席王正伟在动员会上作重要讲话并宣布2010年宁夏黄河金岸项目建设大会战启动，自治区领导项宗西、于革胜、冯炯华出席动员大会，自治区副主席李锐主持动员会。

7月6日　402公里黄河宁夏段标准化堤防竣工，508公里黄河金岸滨河大道全线通车。这是自治区黄河金岸建设的开篇之作，标志着自治区黄河金岸建设已经进入大开发、大开放、大发展的全面加速阶段。自治区主席王正伟、自治区党委副书记于革胜、水利部总工程师汪洪以及自治区领导崔波、陈二曦、蔡国英等出席庆典仪式。自治区主席王正伟指出，切实把黄河金岸上的这条黄金大道建设成“平安大道”“景观大道”“幸福大道”“跨越大道”“腾飞大道”。以沿黄城市为依托，打造统筹城乡的示范区、现代产业的聚集区、内陆开放的先导区、黄河文化的展示区、民族团结和谐的模范区，让黄河金岸的“山水画卷”产生出黄金效应，焕发出勃勃生机。

7月21日　宁夏首届黄河文化论坛在银川开幕。李京文、刘光明、李崇富等9位知名专家学者纵论黄河文化，献言“黄河金岸”建设。王正伟、于革胜、崔波、冯炯华、安纯人等自治区领导出席论坛开幕式并聆听报告。自治区主席助理田明主持报告会。

9月16日　自治区主席王正伟主持召开第76次政府常务会议。会议审定了《交通运输厅关于黄河金岸滨河大道养护管理办法》(送审稿)。

12月22日　自治区主席王正伟主持召开第83次政府常务会议。会议研究了住房和城乡建设厅关于成立黄河金岸规划管理委员会的请示。

(自治区建设厅提供)

# 2010中国(宁夏)国际投资贸易洽谈会暨首届中国·阿拉伯国家经贸论坛活动综述

2010年9月26～30日，由商务部、中国贸促会和宁夏回族自治区人民政府共同主办的“2010中国(宁夏)国际投资贸易洽谈会(以下简称“宁洽会”)暨首届中国·阿拉伯国家经贸论坛”在银川举办并取得圆满成功。

这是中国政府搭建的以中国和阿拉伯国家为主，同时面向世界开放的我国对外开放的新平台，是中国与阿拉伯国家经贸领域最高级别、最具影响力的盛会，是宁夏历史上首次举办的国家级、国际性经贸会议，是全区经济社会发展的里程碑。会议取得了圆满成功，办出了特色，办出了成效，在国内外产生了广泛影响，中央领导、国家有关部委、全国各省市区参会嘉宾、与会外国政要、各界参会人员及国内外媒体都给予了充分肯定和高度评价。

## 一、基本情况

本届大会由2010中国(宁夏)国际投资贸易洽谈会和首届中国·阿拉伯国家经贸论坛(以下简称“中阿经贸论坛”)两大板块组成，集高峰会议、论坛研讨、经贸洽谈、商品展览为一体，共实施了22项活动。有66个国家、地区和国际机构，24个中央部委，31个省、市、自治区、特别行政区，923家国内外企业，近8000人参会参展。其中国外参会嘉宾1100位，国外政要2位、部长级官员21位、副部长级官员18位、驻华外交官员40位。来自阿盟成员国的嘉宾共计419位，覆盖阿盟20个国家。国内嘉宾近7000人，国家领导人2位、部长和副部长级官员20位；中国科学院院士8位，中国工程院院士10位，中国计量科学研究院院士1位。中共中央政治局委员、国务院副总理回良玉，全国政协副主席白立忱，斐济总统埃佩利·奈拉蒂考，约旦前首相宰哈比，中国商务部部长陈德铭，中国国家民委主任杨晶，国家人口计生委主任李斌，中国贸促会会长万季飞等国内外政要和高官应邀出席了本次大会。阿联酋、埃及、摩洛哥、苏丹、叙利亚、也门、伊拉克、约旦、毛利塔尼亚等阿盟成员国派出了副部级以上官员为团长的政府代表团，阿尔及利亚、阿曼、巴勒斯坦、巴林、吉布提、卡塔尔、科威特、黎巴嫩、利比亚、沙特、突尼斯派出了代表团，斐济、巴基斯坦、孟加拉国、马来西亚、罗马尼亚、印度尼西亚、德国、阿根廷等非阿盟国家派出了副部级以上官员为团长的代表团。中国国家外交部、教育部、民委、人力资源和社会保障部、建设部、海关总署、质监局、旅游局、工商行政管理总局、国务院台湾事务办公室、国家开发银行、全国友协、民族贸易促进会等国家部委和机构的16位副部长级官员出席了大会。与宁夏历届国际性经贸活动相比，这次盛会，无论是来宾总人数，还是国外嘉宾人数；无论是国家领导人的级别，还是外国官员的规格；无论是参会参展的客商人数，还是到会采访的记者人数；无论是参展单位数量，还是展馆布展面积，均创下了宁夏展会的历史之最。

## 二、主要收获和特点

### (一)论坛高端聚首，搭建了中阿经贸合作的新平台

2010宁洽会暨首届中阿经贸论坛的举办，标志着中国政府打造的中国·阿拉伯国家经贸论坛正式起步。宁夏将成为中阿经贸论坛的永久性举办地。这次大会向世界表明了中国政府打造中阿经贸论坛的宗旨、定位、目标、机制。中国商务部部长陈德铭、中国贸促会会长万季飞、约旦前首相宰哈比、自治区党委书记张毅在开幕式上发表了热情洋溢、意义深远的致辞，共同向世界宣布了进一步深化中阿经贸关系的意愿。在高峰会议上，国务院副总理回良玉在发表的主旨演讲中，代表中国政府向世界庄严宣布：“中阿经贸论坛是中阿合作论坛的重要组成部分，是促进中阿经贸合作新的重要平台，将中阿经贸论坛选址在宁夏，是中国政府深思熟虑的结果”。回良玉副总理的演讲向世界表明，宁夏作为中阿经贸论坛的永久性举办地，是中国政府构建全方位、宽领域对外开放新格局的战略性决策。商务部部长陈德铭、中国贸促会会长万季飞在演讲中就中阿经贸合作的前景、原则和任务，代表中国政府部门

向世界作出了庄严的承诺。约旦计划与国际合作大臣贾法尔·哈桑、阿联酋外贸部副部长阿卜杜拉·阿赫默德·沙利赫等阿拉伯国家政要表示:“中国同阿拉伯国家有着深厚的友谊,今后将继续加大同中国的合作力度,促进双方的经贸往来,使双方的兄弟关系再上新台阶。”本次大会上,自治区主席王正伟代表自治区党委、政府,表达了自治区立足宁夏、服务全国,深化中阿经贸合作的意愿和决心。本次大会中、阿政要探讨了深化中阿经贸合作的途径、发展方向、战略措施和重点领域,提出了深化中阿经贸合作,实现共同发展的真知灼见。来自国际国内的350多名政界、商界和学界的代表参加了高峰论坛。中阿投资贸易便利化与进出口贸易发展前景分会、中国·阿拉伯国家清真食品认证标准互认机制对接会、中阿基础设施投融资与建设分会、中阿文化旅游产业合作对接会等专项分会,也结合各自领域,展开了深入的探讨,取得了积极成果。这些活动,搭建起了中阿经贸合作的新平台。

(二)商展特色突出,取得了显著经贸实效

本届展会设有省市特色馆、清真食品穆斯林用品馆、阿拉伯馆、国际交流馆、台湾馆、综合产品馆、区域合作馆、穆斯林书画展、宁夏妇女手工艺品展9个展馆,设置标准展位1589个,其中特装展位1029个。有来自北京、天津、上海等31个省、市、区、特别行政区和包括9个阿盟国家在内的29个国家展团参加了商品展示,国际国内参展企业923家,参展客商3300余人,其中区内参展企业251家,区外参展企业418家,国外参展企业254家。展品涉及清真食品、穆斯林用品、农副产品、医药保健品、日常用品、冶金化工产品、电子产品、工艺礼品、羊绒纺织品及其他轻工类产品等10个大类上千个品种。“世界500强”“亚洲品牌500强”“中国500强”等国内外大企业踊跃参展,中国工商银行、中国银行、美国斯伦贝谢、中国联通、中粮集团、统一集团、哈药集团、江苏雨润集团、维维集团等知名大企业设置了展位。吉林皓月、北京老马、北京月盛斋、秦皇岛正大有限公司、宁夏沙漠王子等中国最具影响力十大清真品牌以及四川美宁神力食品、贵阳伊然红食品、唐山新月穆斯林瓷厂等13家中国穆斯林百强企业集中亮相。中国牛羊肉屠宰量最大的青海百德实业有限公司和贵州老干妈、上海太太乐、“夏进”“涝河桥”“金福来”“泾河”等众多区内外知名清真食品品牌,还有来自世界直销排名第一和第四的美国安利、玫琳凯有限公司等知名品牌企业,受中阿经贸论坛品牌的吸引,慕名参展。据初步统计,2010宁洽会暨首届中阿经贸论坛商品展观展人数达到28万人。

(三)项目合作数额巨大,投资成效硕果累累

本届大会,宁夏与国内外企业、组织共签订合作项目190个,其中框架合作协议8个,投资合作项目182个,总投资额2035.63亿元,其中外方投资2025.11亿元。合同项目92个,投资额893.12亿元。其中外省区利用中阿经贸论坛平台,与沙特KOOB公司签署了2个项目,合同项目总投资126亿美元,协议项目总投资1.2亿元人民币。所有签约项目中,10亿元以上的项目43个,50亿元以上的项目10个。签约项目除传统的能源化工项目外,新能源、物流服务、特色农业、装备制造业项目明显增多。此次项目签约,宁夏与国(境)外企业、组织签订合作项目24个,总投资额168.8亿元,与阿拉伯国家签订合作项目10个,总投资27.46亿元。在中阿经贸论坛品牌吸引下,伊拉克、约旦、叙利亚3国在论坛期间开展投资推介活动;天津市举办了中国·埃及苏伊士经贸合作区推介会,黑龙江省政府举办了对外投资项目推介会。在2010中国(宁夏)引进海内外高层次人才合作洽谈会上,柔性引进“两院”院士16名、国内外知名专家40名,全部聘任为“自治区特聘专家”,全职引进博士62名。签订人才合作项目8个,建立院士工作站7个、专家服务基地8个。在中国—阿拉伯国家联合商会第七届理事会会议上,通过了在银川成立中阿联合会宁夏联络处事宜。一个以穆斯林为主要内涵的国际经贸合作平台的雏形已经建立,品牌效应开始显现。

(四)时代特色鲜明,活动内容丰富,主次配置科学,整体格局合理

2010宁洽会暨首届中阿经贸论坛在举办高峰会议、商品展览、投资洽谈活动的同时,还举办了其他分项活动,这些活动与主板块活动相互映衬,共同演绎了一次丰盛的经贸“大宴”。第三届中国穆斯林企业家(银川)峰会吸引了来自全国各地的180多名企业家及众多专家学者,共商合作,共谋发展。第三届中国(宁夏)回商大会上,来自沙特、埃及等7个阿拉伯国家和山东、河南、陕西等23个省市区的260多名中外客商参加了大会,签约项目61个,签约资金530.68亿元。第二届中国清真食品穆斯林用品企业评选活动,评选出“中国清真产业经济发展领军人物金虎奖”4名、“中国杰出穆斯林企业家金狮奖”29名、“中国清真食品穆斯林用品企业金牛奖”50个、“中国清真品牌大众口碑奖”50个。回族传统名小吃评比暨清真饮食文化论坛上,宁夏、河南、陕西、青海等省区共派出27支代表队参赛,现场推出116种传统回族小吃,有30件作品获金奖。2010中国·阿拉伯国家人才合作交流研讨会,来自埃及、叙利亚、苏丹等9个国家的63位官员、专家学者以及中国人力资源和社会保障部门的领导,就中阿如何深化人才合作交流展开了研讨。人口与发展国际研讨会,有来自孟加拉国、也门、巴基斯坦、津巴布韦、泰国、秘鲁、马来西亚及联合国人口基金会、世界卫生组织等15个国家和国际机构的22名官员及专家学者,以及国内19个知名高校、研究机构的78名专家学者,国内外15位知名专家学者进行了演讲。与会代表、专家学者对宁夏穆斯林地区少生快富、计划生育与经济社会和谐发展的经验给予了高度评价,成为宁夏走向世界的新亮点。

(五)宣传声势浩大,品牌影响深远

大会得到国内外媒体的广泛关注。平面媒体、影视媒体、网络媒体全方位、

立体化、多视角地进行了报道。在9月26～30日的会期宣传中,共邀请中东、东南亚和西方等16个国家23家媒体、42名记者,13家港澳台媒体,55家中央媒体及区内各媒体共412名记者参会采访。宁夏日报报业集团、宁夏广电总台、宁夏新闻网等区内主要媒体发挥主力军作用,带动各媒体全面承担大会宣传报道任务。据不完全统计,各类媒体共刊发专版90多个,播出专题专栏100多个,刊发各类消息、通讯、图片7000多篇(幅),在国内外产生了巨大的反响和深远的影响。

(六)锻炼了人才队伍,展示了宁夏人的风姿

为了高水平办好2010宁洽会暨首届中阿经贸论坛,在筹备过程中,自治区按照王正伟主席提出的接待服务"零失误"、安全保卫"零差错"、展览贸易"高效益"、环境整治"高水平"的标准,在22项活动的安排上,借鉴东盟博览会、中国国际投资贸易洽谈会等同类型的国际性会议的经验,本着重热情、讲文明、守规则、讲细节的原则,对所有的活动制定了具体的方案和工作流程。对领导会见、招待晚宴、巡馆、开幕式、贵宾转场、高峰会议、文艺演出等重要活动,邀请全国知名的策划公司制定了时间上以分计算,在活动上以人设置的方案和流程,并在计算机上进行了反复演练。为展现宁夏主人翁姿态,所有活动都请1名自治区省级领导参加,所有贵宾都请自治区主要领导进行会见,省部级以上贵宾都有对等专人陪同,并有具体接待方案。参会参展的261个代表团都由自治区60多个部门具体接待,接待工作从陪同到随从,从翻译到记者,从乘车到食宿,从起床到就寝,从迎接到送别,每个团体、每项活动、每个细节都有专人负责,一盯到底,表现出了较高的接待水平。

安保工作是这次活动取得成功的重要环节。国家公安部等有关部门高度重视,我们站在讲政治的高度,对安保工作提出了突出国家安全,体现反恐要求,做到内外有别的原则,在各级公安、武警、警卫等部门的共同努力下,采取有力措施,确保了会议的安全运行。

这次大会筹备过程中,自治区锻炼了一支队伍,这支队伍在举办国际性会议的实践中得到了历练,从世界视野谋划发展的能力得到了提高。这支队伍吃苦拼搏、乐于奉献,向国内外各方嘉宾展现了宁夏人良好的精神风貌。

## 三、主要经验和启示

2010宁洽会暨首届中阿经贸论坛的成功举办,是党中央和国务院大力支持、殷切关怀的结果。在中央发出从严控制举办国际性论坛通知的背景下,5月份国务院同意由商务部、中国贸促会和宁夏政府每年定期在宁夏举办宁洽会暨中阿经贸论坛。这是党中央、国务院对宁夏各族人民的亲切关怀,是对宁夏各级党委、政府的最大支持、充分信任和殷切期望。国务院的支持,为宁洽会暨中阿经贸论坛在宁夏永久性举办明确了定位,指明了方向,为形成商务部、中国贸促会和宁夏政府共办机制提出了明确要求;为争取国家有关部委大力支持,全国各省市广泛参与,为把宁洽会暨中阿经贸论坛打造成国家级、国际性经贸合作平台提供了强有力的制度性保障。

2010宁洽会暨首届中阿经贸论坛的成功举办,是中央有关部门大力支持,热情相助的结果。商务部、中国贸促会和宁夏政府共同成立了组委会和执委会,商务部、中国贸促会及外交部派出工作组亲自参与具体筹备工作。国家民委、人力资源和社会保障部、计生委等部委领导亲自赴银川指导筹办工作。公安部、文化部、质量监督检验检疫总局、海关总署、中宣部、国务院新闻办、国台办、全国友协、住房和城乡建设部、旅游总局、工商总局、开发银行等中央有关部门以及我国驻阿盟各国使领馆,都从各方面给予大力支持和帮助,有力地推动了各项筹备工作的顺利进行。

2010宁洽会暨首届中阿经贸论坛的成功举办,是全区上下齐心协力、团结奋斗、开拓创新的结果,是自治区党委政府高度重视、强力推动的结果。本届大会从申请到举办,自始自终都是在自治区党委、政府的直接领导下进行的。自治区党委多次召开常委会会议研究确定筹备工作的重大事项,张毅书记到任不久就听取了筹备工作情况的汇报,并对筹备工作提出了高屋建瓴的要求;自治区政府多次召开常务会议和主席办公会议研究主要筹备方案;自治区各部门都积极参与筹备工作,在宁洽会暨中阿经贸论坛这个平台上大显身手;全区各族人民热情关注、广泛参与,人人都是东道主,努力为2010宁洽会暨首届中阿经贸论坛作贡献,体现了高度的政治责任感和大局意识。自治区党委、人大、政府、政协在职省级领导都亲自参与各项活动,部分领导还亲自到机场负责接送贵宾。全区各市县(区)、各级领导广泛动员,全力参与,为本届大会营造了整洁、优美、文明的环境。

2010宁洽会暨首届中阿经贸论坛的成功举办是宁夏经济社会发展史上的关键之举,是宁夏对外开放的新起点。宁夏将以成功举办中阿经贸论坛并以中阿经贸论坛的永久性举办地高频率进入世界。总结会议,最深刻的启示有以下几点。

(一)举全区之力,集中力量办大事是宁夏实现跨越式发展的必然要求

改革开放以来,特别是西部大开发十年来,宁夏经济社会发生了翻天覆地的变化,取得了历史性进步,但同全国比,宁夏仍处在社会主义初级阶段的较低层次,这就是宁夏在国际国内大格局中的历史方位,就是宁夏发展的阶段性特征。面对这么一个阶段性特征,追赶跨越是历史赋予我们的重大使命。要追赶跨越就必须在更大的空间上谋划我们的未来,在更大的平台上配置各种要素。中阿经贸论坛从提出构想到层层申报,到最后顺利举行,仅仅一年时间,在经历了无数困难和挫折之后,取得了成功。中央领导给予了充分肯定,海内外舆论给予了广泛关注,社会各界给予了高度评价,在阿拉伯世界产生了广泛的影响。中阿经贸论坛将成为宁夏追赶跨越的新引擎。这一成功实践充分说明,小省区要办大事,小省区能办大事,只有办大事,才能大跨越。

（二）做大做强优势资源是宁夏实现跨越式发展的必然选择

党中央、国务院在推进西部大开发战略的意见中多次提出，西部地区要发挥优势，要发展特色产业，宁夏的优势是什么？按照传统，宁夏的比较优势主要集中在农业、能源和旅游方面。农业方面自治区深入推进三大示范区建设；能源化工方面，自治区已经有了宁东1号工程和太阳山2号工程；旅游方面也有了发展规划。在新一轮西部大开发的起点上，站在国际国内大空间上来重新审视宁夏的优势，宁夏最具开发利用价值、最具增长潜力的优势，就是宁夏是中国唯一的回族自治区，这点具有稀缺性和唯一性，具有不可替代的绝对比较优势，具有挖掘不尽的资源，开掘不尽的内涵，不仅是自治区未来产业开发的方向，而且是未来对外开放的空间和市场。只要充分利用好这一资源，科学开发这一资源，把这一资源优势开发到极致，就能把宁夏与世界57个国家、15亿人口、2万亿美元消费额的大市场连在一起，就能进入这一巨大的市场分享其带来的商业利益。中阿经贸论坛永久性在宁夏举办，必将为宁夏以穆斯林为核心内涵的清真产业，伊斯兰文化产业、穆斯林人员往来国际旅游等带来勃勃生机。

（三）深刻把握国际国内发展大趋势，是科学定位宁夏跨越式发展各项重大决策的重要前提

让世界了解宁夏，让宁夏走进世界。举办中阿经贸论坛，就是让宁夏走进世界，让世界了解宁夏的具体实践。早在1980年，自治区就提出了向中东阿拉伯世界开放的构想，自治区原主席黑伯理曾率团访问了海湾6国，但没有继续进行下去，因为国际国内的大环境还不具备这一设想实现的条件。进入21世纪以来，经济全球化迅速发展，各种贸易组织层出不穷，特别是2008年度世界性金融危机全球蔓延之后，全球经济格局正经历深刻调整。围绕着资源的开发，中东、西亚、北非已成为国际竞争的重要焦点。我国作为一个发展中大国，一个重要的经济体，必须构建有利于我国发展的多双边贸易格局。在广西举办的东盟博览会搭建起了我国面向东盟国家开放的平台；在吉林举办的中国东北亚博览会搭建起了面向东北亚国家开放的平台；搭建面向中东、西亚、北非阿拉伯国家和穆斯林国家和地区开放平台，是完善我国全方位对外开放新格局的历史必然。2009年10月，自治区党委、政府敏锐地抓住了这一历史性机遇，果断提出在宁夏举办中阿经贸论坛，打造一个以中国与阿拉伯国家合作为主，同时面向世界开放的经贸合作新平台。党中央、国务院支持了宁夏，商务部、外交部、中国贸促会支持了宁夏，这充分说明，宁夏创办中阿经贸论坛符合我国对外开放大局，中阿经贸论坛是我国对外开放新格局的重要内容。中阿经贸论坛的成功举办，说明抢抓机遇，一定要抢占国际国内对外开放的制高点，一定要走进世界看宁夏。

（四）追求一流，大胆创新，是实现跨越式发展的内在要求

把中阿经贸论坛打造成中国与阿拉伯国家经贸领域最高级别、最具影响力的盛会，宁夏面临着经验少，组织大型国际性活动的人才缺乏；对外沟通渠道不宽，对国际规则不够熟悉；基础设施差，接待能力有限等诸多困难。在短短几个月的时间里，自治区取得了首届中阿经贸论坛的圆满成功，主要是宁夏在活动最初就引进了最先进的展会理念，引入最具活力的办会元素，制定最具创意的设计方案，实施最具广泛认可的活动流程，所有活动都努力争取中华文明与伊斯兰文明相互尊重，传统文化与现代科技相互借鉴，共同需求与个性满足相互适应。在具体工作中，我们始终坚持在“细”和“精”上下足功夫，注重方案细节、活动细节、服务细节，以每一个细节的成功做到了整体活动的成功。整个活动从5月份开始筹备，全区上下齐心协力，许多部门连续几个月不休息，有的主要活动承办部门全体人员每天工作到深夜。正是这种只争朝夕、敢于拼搏的精神，保障了各种活动的成功举办。全区各个部门、各个单位都在中阿经贸论坛这个平台上大显身手；各种智慧、各种力量都能在中阿经贸论坛这个平台上充分释放；各种人才、各种要素都能在中阿经贸论坛这个平台上充分展示。中阿经贸论坛所形成的这种精神，这种举办大型国际性展会的精神将深深地影响宁夏人干事创业、谋发展的思路，在下一轮西部大开发十年中，更好更快地推动宁夏经济社会跨越式发展，必须继续坚持、进一步发扬这种精神。

（五）加强与中央部委的联系，争取中央部委的支持是实现宁夏跨越式发展的重要条件

宁夏是个小地方，资源有限，政府财力有限，要跨越发展，离不开中央的支持，离不开外力的帮助。近年来，自治区已经在争取中央部委支持方面取得了很大突破，积累了一些经验，有力地推动了自治区经济社会的发展。中阿经贸论坛的成功举办深刻地说明，在全国大格局中，谁的工作做得主动，谁就能争取更多的支持。去年自治区提出创办中阿经贸论坛的设想时，到中央几个部门去争取，初期都遇到困难，但经过百般努力，不厌其烦，把宁夏的设想与国家大局的关系讲清，国家相关部委都表示支持并与宁夏共办，自治区还争取到国务院的同意。这次会上中央这么多部长到会，进一步说明，只要敢闯、敢拼，只要善于与中央部委沟通，只要把宁夏的区情搞通搞精，只要把中央的精神吃透、吃准，就一定会得到中央部委的大力支持，就一定会在中央的大力支持和带领下，推进宁夏各项事业蓬勃发展。

（自治区商务厅提供）

# 宁夏回族自治区2010年国民经济和社会发展统计公报

宁夏回族自治区统计局　国家统计局宁夏调查总队

(2011年3月17日)

2010年,面对依然复杂的国内外经济环境,在自治区党委政府的坚强领导下,全区上下认真贯彻落实中央和自治区的各项决策部署,坚持以科学发展观为指导,围绕转方式、调结构、促发展、惠民生的主线,沉着应对,奋力攻坚,在发展中促转变,在转变中谋发展,全区经济持续向好的基础更为坚实稳固,各项社会事业持续进步,人民生活继续改善,圆满完成了全年确定的各项目标任务。

## 一、综合

初步核算,全年实现地区生产总值1643.41亿元,按可比价格计算,比上年增长13.4%,增速比全国平均水平高3.1个百分点。其中,第一产业完成增加值160.28亿元,增长7%;第二产业完成增加值833.16亿元,增长16%;第三产业完成增加值649.97亿元,增长11.6%。

三次产业增加值构成由2009年的9.4:48.9:41.7调整为2010年的9.8:50.7:39.5。2010年,第一产业对经济增长的贡献率为5%;第二产业贡献率为60.9%;第三产业贡献率为34.1%。

图1　2005~2010年地区生产总值及增长速度

单位:亿元、%

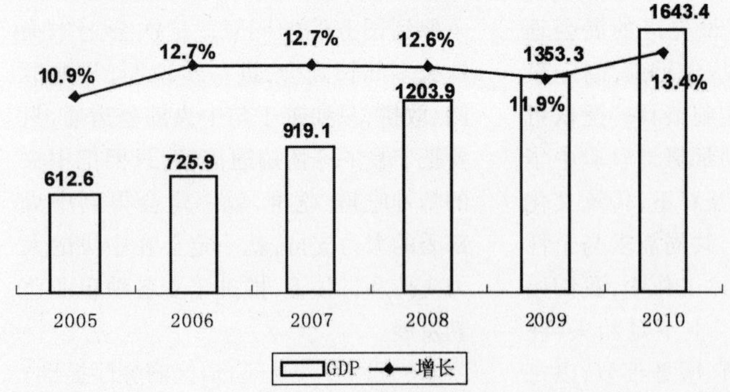


表1　2010年地区生产总值及增长速度

| 指　　标 | 绝对值(亿元) | 比上年增长(%) |
|---|---|---|
| 地区生产总值 | 1643.41 | 13.4 |
| 第一产业 | 160.28 | 7.0 |
| 第二产业 | 833.16 | 16.0 |
| 工业 | 648.53 | 14.4 |
| 建筑业 | 184.63 | 22.9 |
| 第三产业 | 649.97 | 11.6 |
| 交通运输、仓储及邮政业 | 128.01 | 8.7 |
| 批发和零售业 | 84.97 | 10.1 |
| 住宿和餐饮业 | 28.89 | 9.5 |
| 金融保险业 | 87.07 | 10.7 |
| 房地产业 | 52.21 | 3.6 |
| 其他服务业 | 268.82 | 15.6 |

2010年,全区居民消费价格总水平比上年上涨4.1%,其中,城市、农村分别上涨3.7%和4.6%。食品类价格上涨8.3%;工业品出厂价格上涨9.1%,原材料、燃料、动力购进价格上涨14.1%;农产品生产价格上涨17%;农业生产资料价格上涨4.4%。固定资产投资价格上涨4.2%。

表2　2010年全区居民生活消费价格指数(上年=100)

| 指　　标 | 全区 | 城市 | 农村 |
|---|---|---|---|
| 居民生活消费价格总指数(%) | 104.1 | 103.7 | 104.6 |
| 食　品 | 108.3 | 107.9 | 109.0 |
| 其中:粮食 | 112.8 | 111.5 | 113.9 |
| 烟酒及用品 | 101.4 | 101.8 | 100.8 |
| 衣着 | 101.3 | 100.1 | 103.6 |
| 家庭设备用品及服务 | 100.9 | 100.7 | 101.2 |
| 医疗保健及个人用品 | 101.8 | 101.4 | 102.8 |
| 交通和通信 | 100.1 | 100.6 | 99.2 |
| 娱乐教育文化用品及服务 | 103.9 | 103.3 | 105.0 |
| 居　住 | 103.4 | 103.5 | 103.3 |

全年完成一般预算总收入286.83亿元，比上年增长34.3%，完成地方一般预算收入153.64亿元，增长37.8%。其中：实现增值税20.33亿元，增长21%，实现营业税、企业所得税和个人所得税分别是56.24亿元、14.08亿元和5.57亿元，分别增长44.3%、51.8%和23.8%。

图2 2005～2010年地方一般预算收入及增长速度

单位：亿元、%

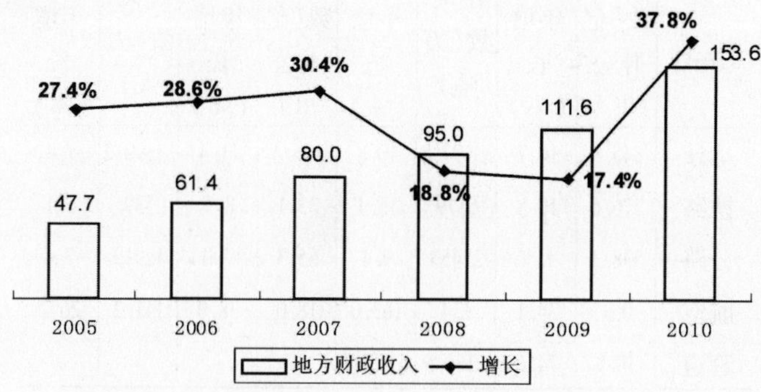


全年一般预算支出555.87亿元，比上年增长29.9%. 其中，一般公共服务支出51.67亿元，增长28.2%；公共安全支出31.44亿元，增长32.5%；农林水事务支出88.1亿元，增长29.3%；社会保障和就业支出34.85亿元，增长6.7%；医疗卫生支出33.81亿元，增长54.4%；环境保护支出30.61亿元，增长36.7%；城乡社区事务支出62.71亿元，增长55.2%。

**二、农业**

全年实现农林牧渔业总产值305.6亿元，比上年增长7.8%；全年粮食总产量356.5万吨，增长4.6%，实现连续七年增产，再创历史新高。

图3 2005～2010年粮食总产量

单位：万吨

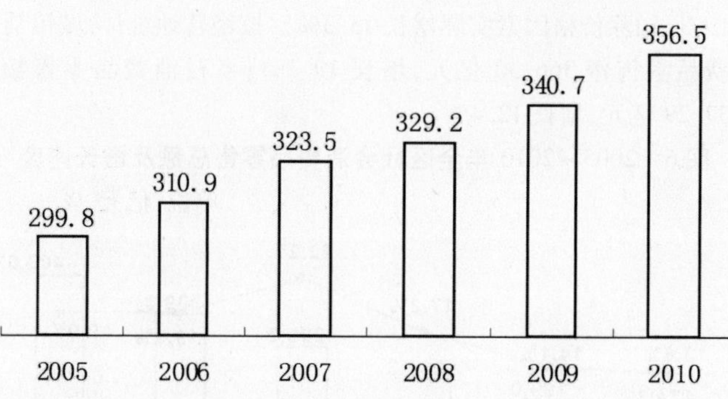


全年蔬菜产量407.4万吨，增长15.1%；枸杞产量6.9万吨，增长9.1%；西甜瓜产量162.9万吨，增长12.5%；苹果产量35.4万吨，增长8.2%；葡萄产量13.8万吨，增长18.8%；红枣产量5.7万吨，增长38%；清真肉牛出栏52.1万头，增长2.3%；清真肉羊出栏425.1万只，增长7.6%；肉类总产量25.9万吨，增长1.5%；禽蛋产量7.1万吨，减少4.4%；牛奶产量84.6万吨，增长4.2%；水产品产量9万吨，增长10%。

全年共完成荒山荒（沙）地造林面积94.9千公顷，其中，经济林面积25.2千公顷。2010年末实有封山（沙）育林面积233.7千公顷。

**三、工业和建筑业**

全年完成规模以上工业增加值552.89亿元，比上年增长16.8%。按经济类型分，国有及国有控股企业增加值296.4亿元，增长18.3%；股份制企业增加值445.41亿元，增长15.7%；外商及港澳台商投资企业增加值22.3亿元，增长17.1%。按轻重工业分，轻工业增加值82.38亿元，增长9.8%；重工业增加值470.51亿元，增长18.2%。全区大中型企业完成工业增加值426.3亿元，增长15.4%。

图4 2005～2010年全区规模以上工业增加值及增长速度

单位：亿元、%

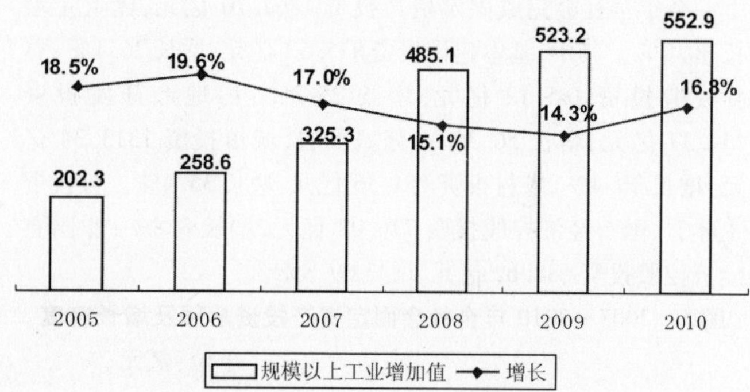


全年规模以上工业企业实现销售产值1860.24亿元，比上年增长36.3%，工业产品销售率为96.69%；工业品出口交货值52.88亿元，增长41.6%。在全区重点监测考核的48种工业产品中，有35种产品产量增长，增长面达72.9%。

表3 2010年全区主要工业产品产量及增长速度

| 指 标 | 单 位 | 产 量 | 比上年增长（%） |
|---|---|---|---|
| 原煤 | 万吨 | 6613.61 | 20.1 |
| 发电量 | 亿千瓦时 | 585.82 | 21.0 |
| 焦炭 | 万吨 | 426.71 | 39.3 |
| 原铝 | 万吨 | 91.51 | 39.6 |
| 轮胎外胎 | 万条 | 210.44 | －6.7 |
| 化肥（折纯） | 万吨 | 95.17 | 4.5 |
| 烧碱（氢氧化钠） | 万吨 | 38.86 | 6.0 |
| 电石（碳化钙） | 万吨 | 237.41 | 0.3 |
| 水泥 | 万吨 | 1357.45 | 28.8 |
| 乳制品 | 万吨 | 13.41 | －0.5 |
| 饮料酒 | 万升 | 19615.60 | 31.2 |
| 白酒 | 万升 | 2103.70 | －8.0 |
| 啤酒 | 万升 | 14096.67 | 23.2 |
| 葡萄酒 | 万升 | 2188.67 | 416.9 |
| 羊绒 | 吨 | 11537 | 8.8 |
| 钽 | 公斤 | 409193 | 37.9 |
| 铌 | 公斤 | 94358 | －1.6 |
| 金属切削机床 | 台 | 5741 | 95.6 |
| 自动化仪表及系统 | 台（套） | 39322 | 0.8 |
| 数控机床 | 台 | 3304 | 86.0 |

全年规模以上工业企业盈亏相抵后实现利润125.66亿元,比上年增长60.8%;工业经济效益综合指数247.03,提高50.61点;工业企业资产贡献率9.18%,资本保值增值率129.12%,资产负债率65.89%,流动资产周转次数1.82次,成本费用利润率7.33%,全员劳动生产率23.7万元/人,增长22.8%。

全年完成建筑业总产值342.69亿元,比上年增长32.2%;建筑业企业房屋建筑施工面积2596.93万平方米,增长22.9%;房屋建筑竣工面积1047.67万平方米,增长10.5%;按建筑业总产值计算的劳动生产率147877元/人,增长16.9%。

**四、固定资产投资**

全年全社会完成固定资产投资1464.70亿元,比上年增长30.9%。其中,基本建设投资875.53亿元,增长26.1%;更新改造投资165.12亿元,增长25.3%;房地产开发投资254.37亿元,增长56.3%。分城乡看,城镇投资1313.34亿元,增长30.4%,农村投资151.36亿元,增长35.4%。分投资主体看,国有经济控股投资776.08亿元,增长8.8%;非国有经济控股投资688.62亿元,增长69.8%。

**图5 2005~2010年全社会固定资产投资总额及增长速度**

单位:亿元、%

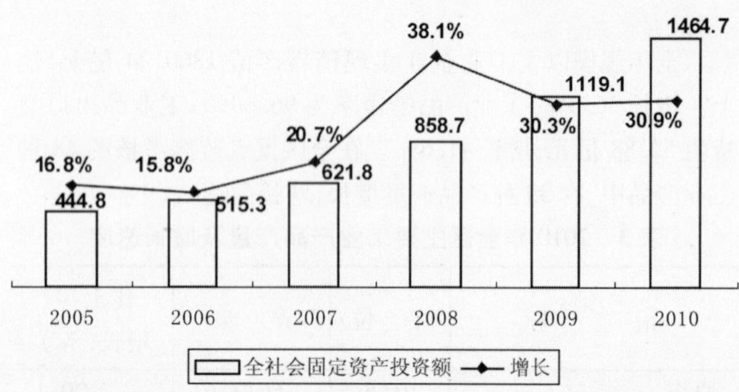


在城镇投资中,第一产业投资19.45亿元,下降26%。第二产业投资699.77亿元,增长21%. 其中,工业投资694.26亿元,增长20.8%。分行业看,采矿业投资126.28亿元,增长3.3%;制造业投资342.95亿元,增长27%;电力燃气及水的生产和供应业投资225.03亿元,增长23.4%;工业投资在城镇投资中所占比重为52.9%,对全区城镇投资增长的贡献达39.1%。第三产业投资594.11亿元,增长47.5%。

全年房地产开发投资254.37亿元,比上年增长56.3%。其中,住宅投资187.29亿元,增长48.5%;商业营业用房投资35.56亿元,增长56.5%。商品房施工面积2940.53万平方米,增长50.6%,竣工面积936.86万平方米,增长26.4%。

全年商品房销售面积935.98万平方米,比上年增长20.7%。其中,住宅销售面积816.79万平方米,增长20.5%;商品房销售额309.22亿元,增长29.1%。其中,住宅销售额253.76亿元,增长32.5%。

**五、交通运输业**

年末铁路通车里程783公里,公路通车里程22518公里,增长3.3%。高速公路里程1159公里,比上年增长13.4%。全年各种运输方式完成货物周转量845.9亿吨公里,增长10.7%;完成旅客周转量116.38亿人公里,增长11.4%。机场旅客吞吐量301.25万人,增长30.6%。

**表4 2010年全区各种运输方式完成运输量及增长速度**

| 运输方式 | 货物周转量 | | 货运量 | | 旅客周转量 | | 客运量 | |
|---|---|---|---|---|---|---|---|---|
| | 绝对数(亿吨公里) | 比上年增长(%) | 绝对数(万吨) | 比上年增长(%) | 绝对数(亿人公里) | 比上年增长(%) | 绝对数(万人) | 比上年增长(%) |
| 总计 | 845.9 | 10.7 | 33597.8 | 10.8 | 116.4 | 11.4 | 13599.2 | 7.4 |
| 铁路 | 276.6 | 10.8 | 6879 | 15.1 | 33.1 | 8.7 | 539 | 5.1 |
| 公路 | 538.3 | 8.3 | 25453 | 9.4 | 65.3 | 7.0 | 12919 | 7.4 |
| 航空 | 0.1 | 34.1 | 1.4 | 163.0 | 18.0 | 38.0 | 141.2 | 26.2 |
| 管道 | 30.9 | 74.6 | 1264.5 | 17.0 | – | – | – | – |

注:2010年对公路运输量调查口径进行调整,增长速度按可比口径计算。

全年完成邮政业务总量4.18亿元,比上年增长2.1%;全年订销报刊累计数7090万份,增长11.1%;函件2087.6万件,下降12.8%;特快专递475万件,增长33.4%。

年末全区固定电话用户达111.87万户,比上年下降2.3%;本地局用交换机容量125.1万门,下降1.3%。每百人拥有电话17.89部,净减0.64部。

年末全区移动电话用户达到450.8万户,增长15.5%。互联网用户数48.8万户。每百人拥有移动电话72.1部,净增8.9部。

**六、国内贸易业和旅游业**

全年实现社会消费品零售总额403.59亿元,比上年增长19%,扣除价格因素实际增长15.3%。按经营地统计,城镇消费品零售额366.30亿元,增长19.7%;乡村消费品零售额37.29亿元,增长12.4%。

**图6 2005~2010年全区社会消费品零售总额及增长速度**

单位:亿元、%

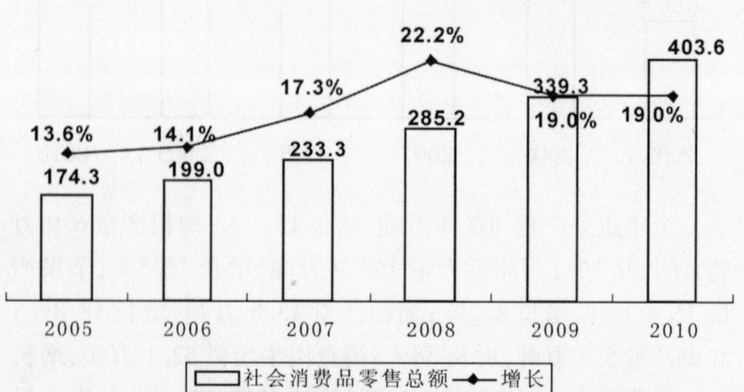


全年批发和零售业实现消费品零售额337.57亿元,比上年增长20%;住宿和餐饮业实现消费品零售额66.02亿元,增长13.8%。2010年,私营经济实现消费品零售额104.88亿

元,增长22.1%;个体经济实现零售额149.86亿元,增长8.8%;股份制经济实现零售额115.15亿元,增长28.5%;国有经济实现零售额26.85亿元,增长35.1%;集体经济实现零售额4.84亿元,增长12.8%。全年限额以上批发和零售贸易企业实现零售额196.3亿元,增长32%。

全年共接待国内外游客达到1020.6万人次,实现旅游总收入67.8亿元,分别比上年增长12.1%和26.9%。

**七、对外经济**

据海关统计,全年实现进出口总额19.6亿美元,比上年增长63.2%。其中,出口总额11.7亿美元,增长57.5%;进口总额7.9亿美元,增长72.3%。

全年高新技术产品出口3.82亿美元,比上年增长31.6%,占全区出口总额的32.6%;机电产品出口1.31亿美元,增长50.2%;碳化硅出口增长2倍;金属镁、钽铌铍及制品和铁合金出口分别增长87.6%、79.9%和59.3%。

全年实际利用外资2.32亿美元,比上年增长63.4%,其中实际利用外商直接投资0.81亿美元,比上年增长15.7%。2010年全区新批准外商直接投资项目25个,合同外资金额2.84亿美元。其中,制造业签订利用外商直接投资项目11个,合同额0.91亿美元。截至2010年底,全区注册登记外商投资企业累计达到165家。其中,中外合资企业占37.6%。

**八、金融、保险和证券业**

截至2010年末,全区金融机构本外币各项存款余额2586.66亿元,比年初增加519.03亿元,同比多增47.98亿元。金融机构人民币各项存款余额2573.64亿元,增长25%,比年初增加515.94亿元,多增47.21亿元。其中,企业存款余额722.78亿元,比年初增加123.48亿元;居民储蓄存款余额1170.25亿元,比年初增加202.54亿元。全区金融机构本外币各项贷款余额2419.89亿元,比年初增加491.37亿元,同比少增23.89亿元。全区金融机构人民币各项贷款余额2398.7亿元,增长25.1%,比年初增加481.49亿元,同比少增34.16亿元。

年末上市公司12家,总股本31.74亿股,总市值535.67亿元,比上年增长35.6%。其中,流通市值471.89亿元,增长33%。全区有21家证券公司分支机构。全年证券交易额1469.08亿元,下降10.2%。

全年实现保费收入52.75亿元,比上年增长34.3%。其中,财产险17.5亿元,增长47.8%;人寿险29.46亿元,增长31.2%;健康险4.36亿元,增长12.5%;意外伤害险1.42亿元,增长28.4%。全年支付各项赔款和给付11.68亿元,增长21%。其中,财产险7.65亿元,增长31.3%;人寿险2.4亿元,下降1.6%;健康险1.27亿元,增长15.2%;意外伤害险0.35亿元,增长26.9%。

**九、教育与科技**

年末全区各级各类学校2796所,教职工84260人。其中,各类普通高校15所,招生数26394人,在校生83415人,毕业生20013人。其中,研究生招生1178人,在校研究生3209人,毕业研究生795人。中等职业教育学校36所,招生42521人,在校生101878人,毕业生28493人。普通中学337所,全区普通高中招生47399人,在校生142392人,毕业生44858人。全区普通初中招生103767人,初中阶段毛入学率104.25%,在校生306755人,毕业生84837人。小学2027所,普通小学招生101270人,小学学龄儿童入学率99.86%,在校生653669人,毕业生109658人。特殊学校7所,特殊教育招生242人,在校生1516人。幼儿园373所,在园幼儿137856人。

全年登记区级科技成果167项,比上年减少18.9%。其中,基础理论成果37项,应用技术成果109项,软科学成果21项。全年申请专利量739件。其中,发明专利268件,增长47.3%。专利授权量1081件,增长18.8%。其中,发明专利授权量61件,增长17.3%。

年末全区拥有国家级工程研究中心3个,自治区级工程研究中心24个;国家重点实验室1个,省部共建国家重点实验室培育基地3个,自治区级重点实验室15个;国家级企业(集团)技术中心9个,自治区级企业(集团)技术中心40个。

**十、文化、卫生和体育**

年末全区共有各类艺术表演团体46个,公共图书馆20个,文化馆24个,博物馆6个。广播综合人口覆盖率92.9%;电视综合人口覆盖率98.2%;有线广播电视用户705692户。全年地方出版报纸15种,出版量9400万份;出版杂志36种,出版量1331.7万册;出版图书1100种,出版量2123万册。

年末全区共有卫生机构1585个,床位23659张;卫生技术人员29746人。其中,执业(助理)医师12084人,护师、护士10308人。疾病预防控制中心25个,卫生工作人员1123人;妇幼保健机构22个,卫生工作人员1532人;卫生院233个,卫生工作人员3275人。全区有22个县(市)开展新型农村合作医疗工作,参加农民人数372万人,参合率95.8%,比上年提高1.2个百分点。

全年举办青少年单项比赛12项,举办大型全民健身活动13次,参加活动的人数总计达到19万人。全区运动员在世界比赛中取得金牌9枚、银牌1枚、铜牌2枚;在全国比赛取得金牌17枚、银牌19枚、铜牌22枚;全年有47人达国家一级运动员等级标准,240人达国家二级运动员等级标准,72人获得国家一级裁判员等级称号。

**十一、人口、人民生活和社会保障**

初步预计,年末全区总人口632万人。

全年城镇居民人均可支配收入15344元,比上年增加1320元,增长9.4%,其中人均工资性收入10821元,增长12.8%;人均经营净收入2238元,增长9.9%;人均财产性收入190元,下降32.6%;人均转移性收入4288元,增长17.9%。人均消费性支出11334元,增长10.3%。其中,增幅较大的是:交通通信和教育文化娱乐服务,分别增长15.5%和19.6%。城镇居民家庭恩格尔系数(食品消费支出占消费性支出的比重)为33.2%,比上年下降0.14个百分点。城镇

10%最高收入户人均可支配收入37041元,城镇10%最低收入户人均可支配收入3086元。城镇居民人均现住房建筑面积29.1平方米,比上年增加0.4平方米。

图7 2005~2010年全区城镇居民人均可支配收入

单位:元/人

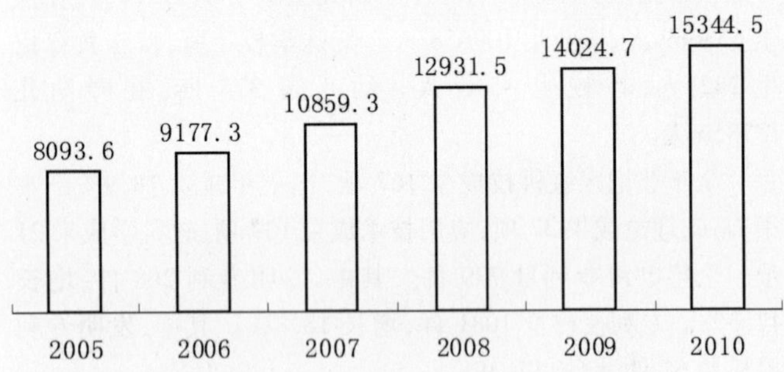


全年农民人均纯收入4674.89元,比上年增加626.6元,增长15.5%。农民人均生活消费支出4013.2元,增长19.9%。农村居民家庭恩格尔系数为38.4%,比上年下降3.3个百分点。农村20%最高收入户人均纯收入9917.8元,农村20%最低收入户人均纯收入1539.9元。农村居民人均住房面积25.7平方米,比上年增加1.2平方米。

图8 2005~2010年全区农民人均纯收入

单位:元/人

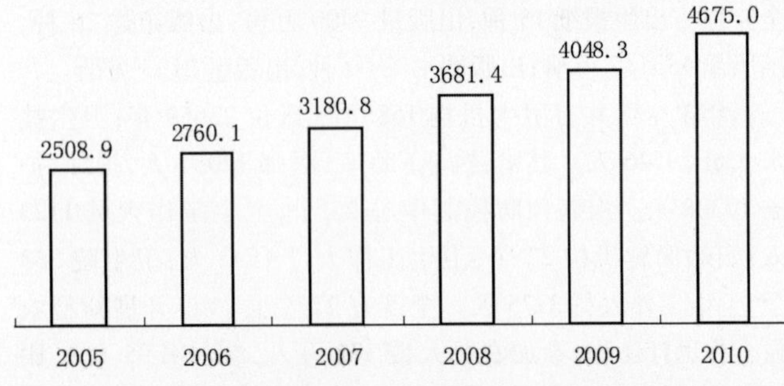


年末全区参加基本养老保险人数为107.7万人,比上年增长16.1%,其中参保职工77.3万人,参保离退休人员30.4万人。离退休人员养老金社会化发放率继续保持在100%。参加失业保险的人数55.7万人,增长16.1%。参加基本医疗保险人数177.94万人,增长4.2%。其中,参保职工67.72万人,参保退休人员26.36万人。截至2010年末,全区养老保险、失业保险、医疗保险、工伤保险和生育保险五项保险基金收入108.48亿元,较上年末增加38.66亿元,增长55.4%。年末五项社保基金累计结余142.31亿元,较上年末增加44.76亿元,增长45.9%。到2010年底,全区享受低保救济的困难群众达53.82万人。其中,城镇20.63万人,农村33.19万人。全区共发行销售福利彩票6.37亿元,筹集公益资金1.99亿元。

年末全区共有各类收养性社会福利单位数80个,床位数6676张,收养各类人员5319人。

**十二、能源、环境保护与安全生产**

全区一次能源生产量为4912.4万吨标准煤(当量值),比上年增长19.9%,能源消费量比上年增长8.6%。单位GDP能耗继续保持下降态势,如期实现了"十一五"单位GDP能耗降低20%的目标任务。

年末全区环境保护系统人员1008人,各级环境监测站15个,环境监测人员306人。全区自然保护区13个,面积53.42万公顷;国家级自然保护区6个。

全年各类事故死亡人数492人,比上年下降16.75%。亿元地区生产总值生产安全事故死亡率0.299人,下降32.4%;煤矿百万吨死亡率为0.22人;道路交通万车死亡率为3.38人,下降29.58%。

**注:**

1. 本公报中统计数据为初步统计数,正式数据以《宁夏统计年鉴-2011》为准。

2. 地区生产总值及各产业增加值和行业增加值指标绝对数按现价计算,增长速度按可比价格计算。

3. 从2010年起,社会消费品零售总额统计采用新的分组,即将经营单位所在地分组由"市""县""县以下"改为"城镇""乡村"。

4. 2010年末人口数为初步预计数,有关最终总人口数和结构数据以拟于2011年4月发布的第六次全国人口普查公报为准。

(原载于宁统字〔2011〕29号)

# 机构和组成人员

编辑：邱新荣　张明鹏

（2010 年 12 月 31 日在职）

## 中国共产党宁夏回族自治区第十届委员会

| | | | | | |
|---|---|---|---|---|---|
| 书　记 | 张　毅 | | | | |
| 副书记 | 王正伟（回族） | 于革胜 | | | |
| 常　委 | 张　毅 | 王正伟（回族） | 于革胜 | 崔　波 | 徐松南 |
| | 刘晓滨 | 王志宏 | 齐同生 | 刘　慧（女，回族） | 马金虎（回族） |
| | 杨春光 | 苏德良 | 蔡国英 | | |
| 秘书长 | 蔡国英 | | | | |
| 副秘书长 | 纪　峥 | 刘　桓（回族，正厅级） | 王进敏（正厅级） | 张秀燕（女、满族） | 李刚军 |
| | 陈洪斌（满族） | 杜银杰 | | | |

委　员（以姓氏笔画为序）

| | | | | |
|---|---|---|---|---|
| 于革胜 | 马　力（回族） | 马　夫（回族） | 马三刚（回族） | 马金虎（回族） |
| 马清贵（回族） | 王正伟（回族） | 王志宏 | 王儒贵（回族） | 田成江（回族） |
| 白金慈（回族） | 白雪山 | 朱玉华 | 刘　云 | 刘　桓（回族） |
| 刘　慧（女，回族） | 刘小河 | 刘天锡 | 刘学军 | 刘语平 |
| 刘晓滨 | 刘慧芳（女） | 齐同生 | 苏德良 | 李　锐（回族） |
| 李文华 | 李文章 | 李志仁（回族） | 李克强 | 李彦凯（回族） |
| 李淑芬（女） | 杨国林（回族） | 杨春光 | 杨惠玲（女，回族） | 肖云刚 |
| 吴玉才（回族） | 吴洪相 | 何学清 | 何建国（回族） | 邸国卫 |
| 张乐琴（女，回族） | 张学武 | 张　毅 | 周　舒 | 周建军 |
| 项宗西 | 赵永彪 | 郝林海 | 袁进琳 | 徐松南 |
| 陶　源 | 崔　波 | 章建忠 | 蔡国英 | 薛塞峰（女） |
| 魏锡良 | 卢苏萍（女） | 郭　虎 | 白尚成（回族） | 张克洪 |
| 白　皋 | 刘立言（女） | 刘　卉（女） | 蔡　明 | |

候补委员（以得赞成票多少排序）

马文娟（女，回族）　冀晓军

## 宁夏回族自治区第十届人民代表大会常务委员会

| | | | | |
|---|---|---|---|---|
| 主任、党组书记 | 张　毅 | | | |
| 副主任、党组副书记 | 马瑞文（回族） | | | |
| 副主任 | 冯炯华 | 张小素（女） | 马秀芬（女，回族） | 何学清 |
| | 刘天贵 | | | |

| | | | | | |
|---|---|---|---|---|---|
| 秘书长 | | 肖云刚 | | | |
| 副秘书长 | | 张志敏(回族) | 赵奋勇 | 姚文明 | |
| 常务委员会委员(以姓氏笔画为序) | | | | | |
| | 丁玉龙(回族) | 马力克 | 马秀芳(女,回族) | 马鸣忠(回族) | 马学恕(回族) |
| | 马晓光(回族) | 马继祯(回族) | 尤燕萍(女,回族) | 石　磊 | 白金慈(回族) |
| | 乔毅智 | 刘　卫 | 刘语平 | 闫晓平(回族) | 孙贵宝 |
| | 杨　钊(回族) | 杨　洪(回族) | 杨万仁 | 杨国林(回族) | 杨保尔 |
| | 李文录 | 李玉华(女,回族) | 何建国 | 邸国卫 | 张　慧(女) |
| | 张守志 | 张克洪 | 张帼文(女) | 张银屏(女,回族) | 陈　恕 |
| | 郁纪鸣 | 金萍芬(女,回族) | 周生信 | 赵正川 | 赵振邦 |
| | 洪　洋(回族) | 徐云萍(女) | 高　伟 | 高　雷 | 韩陕宁 |
| | 喻　通 | 景智和 | 黑良杰(回族) | 冀永强 | 戴秀英(女,回族) |
| | 魏康宁 | | | | |
| 法制委员会主任委员 | | 景智和 | | | |
| 法制委员会副主任委员 | | 喻　通 | 张帼文(女) | | |

## 宁夏回族自治区人民政府

| | | | | |
|---|---|---|---|---|
| 主席、党组书记 | 王正伟(回族) | | | |
| 副主席、党组副书记 | 齐同生 | | | |
| 副主席 | 刘　慧(女,回族) | 郝林海 | 李　锐(回族) | 姚爱兴 |
| | 赵小平 | | | |
| 特邀顾问 | 刘　仲(回族) | 赵廷杰 | | |
| 主席助理 | 屈冬玉 | | | |
| 秘书长 | 左　军 | | | |
| 副秘书长 | 王紫云 | 周建军 | 王　俭(回族) | 马建民(回族) |
| | 李文华(正厅级) | 赵　诚(正厅级) | 任高民 | 李清贵 |
| | 曹志斌 | 张存平 | 张　军 | 徐　宁 |

## 中国人民政治协商会议宁夏回族自治区第九届委员会

| | | | | | |
|---|---|---|---|---|---|
| 主席、党组书记 | | 项宗西 | | | |
| 副主席、党组副书记 | | 李淑芬(女) | | | |
| 副主席 | 马国权(回族) | 陈守信 | 袁汉民 | 陶　源 | 解孟林 |
| | 张乐琴(女,回族) | 安纯人 | | | |
| 秘书长 | 朱玉华 | | | | |
| 副秘书长 | 李　岚(回族,正厅级) | 蔡　明 | 康占胜 | 魏　锋(满族) | 武　珅 |
| | 陈莉萍(女) | 周生俊(兼职) | 姜爱祖(兼职) | 蒋启瑞(兼职) | 杨瑞生(兼职) |
| | 邢学宁(兼职) | 王大陆(兼职) | 程学文(兼职) | | |
| 常务委员会委员(以姓氏笔画和增补时间为序) | | | | | |
| | 马　凯(回族) | 马三保(回族) | 马义真(回族) | 马中勇 | 马丽岩(女,回族) |
| | 马秀珍(女) | 马明芳(回族) | 马金元(回族) | 马宗保(回族) | 马小林(回族) |
| | 马志华 | 马彩霞(女,回族) | 王　俭(回族) | 王大陆 | 王丹华(满族) |
| | 王生林(回族) | 王永亮(回族) | 王有才 | 王明亮(回族) | 王建军 |
| | 王建国 | 王春秀(女) | 左　兵 | 田裕民(回族) | 邢学宁 |

| | | | | |
|---|---|---|---|---|
| 吕新平 | 朱奕龙 | 刘　佳(女) | 刘立言(女) | 刘兴勇 |
| 刘安邦 | 刘金虎 | 孙占财 | 买　霞(女,回族) | 阮若华 |
| 乔恩成 | 苏培学 | 李　进(女) | 李　岚(回族) | 李卫东(女) |
| 李锦平 | 李新闻 | 杨发明(回族) | 杨兆海 | 杨志文(回族) |
| 杨彦聪 | 杨继国(回族) | 杨培君 | 杨瑞生 | 吴有文 |
| 吴自生 | 吴桂兰(女) | 何士平 | 何季麟 | 何晓勇(回族) |
| 何嘉伦 | 沈克尼 | 宋晓华(女) | 张　锦(女) | 张全太 |
| 张欣毅 | 张思源 | 陈　舒 | 陈庆成 | 陈庆梓 |
| 陈逢干 | 陈莉萍(女) | 林祥江 | 范晓军 | 金文彦(回族) |
| 周　涛 | 周生俊 | 郑国祥 | 郑俊武 | 郑歌平 |
| 赵满礼 | 胡迅雷 | 保继荣(回族) | 姜爱祖 | 徐永富 |
| 徐　勇 | 高建华 | 郭建川 | 梅廷彦 | 蒋启瑞 |
| 景湛国 | 释耀正 | 鲁国会 | 温炳成 | 蔡　明 |
| 谭光德(回族) | 魏兆庆 | 李桂林 | 王振平 | |

# 中国共产党宁夏回族自治区纪律检查委员会

书　记　刘晓滨

副书记　田成江(回族)　陶　进　赵正川

常　委　刘晓滨　田成江(回族)　陶　进　赵正川　陈　力　魏赤英(女)　李灵巧(女)　罗万里

正厅级纪检员、监察专员、秘书长　陈　力

干部室主任　魏　林(副厅级)

党风廉政建设室主任　张自军(副厅级)

第一纪检监察室主任　马明芳(副厅级)

办公厅主任　李文斌(副厅级)

副厅级纪检员、监察专员　周伟家(女)　吕　洁(女)　马　力(回族)

委　员(以姓氏笔画为序)

| | | | | |
|---|---|---|---|---|
| 马云海(回族) | 马文庆(回族) | 马占强(回族) | 马汉文(回族) | 王　铎 |
| 王永耀 | 王承东 | 艾　矛(女,回族) | 左　军 | 左新军 |
| 田成江(回族) | 冯志强 | 朱明君 | 刘　卫 | 刘春增 |
| 刘晓滨 | 孙荣山 | 严　军 | 李　艳(女) | 李卫华 |
| 李文波 | 李灵巧(女) | 李金英(女,回族) | 李桂珍(女) | 李捍国(回族) |
| 杨　钊(回族) | 吴建国(回族) | 吴桂兰(女) | 何筱艾(女,回族) | 沙　新(回族) |
| 陈　力 | 陈　刚 | 陈霭琛(女) | 周生信 | 孟祥云(女) |
| 赵　诚 | 赵正川 | 赵永清 | 陶　进 | 路　芳(女) |
| 魏赤英(女) | 罗万里 | | | |

# 自治区高级人民法院

院长、党组书记　马三刚(回族)

副院长、党组副书记　马文庆(回族,正厅级)

副院长　马彦生(回族)　张克文

纪检组长　钟光伟

政治部主任　徐　安

审判委员会专职委员　　侯玉琦(女)
副巡视员　　刘瑞华

## 自治区人民检察院

检察长、党组书记　　王雁飞
副检察长、党组副书记　　汪　敬(正厅级)
副检察长　　殷学儒　　戴向晖
纪检组长　　吕　敏
政治部主任　　康小民(女)
检查委员会专职委员　　韩　军　　陈　录
反贪污贿赂局局长　　路晋军(副厅级)
巡视员　　马学礼(回族)
副巡视员　　雷玺禄　　杨学忠　　朱绍银

## 自治区党委工作部门

**自治区党委办公厅**
主　任　　纪　峥
机要局(宁夏密码管理局)局长
　　宋宜军
副巡视员　　邹　斌
　　白惠敏(女)
　　于　平
　　李亚军(女)
督察室主任　　傅显超(副厅级)

**自治区党委组织部**
部　长　　徐松南
副部长　　张学武(正厅级)
　　艾　矛(女,回族、正厅级组织员)
　　王　铎
　　沈　凡
副厅级组织员　　王少林(回族)
　　周云峰
副巡视员　　雍万祥

**自治区党的建设研究会**
会　长　　韩茂华
专职副会长　　白　皋(正厅级)
专职秘书长　　赵建峰(副厅级)

**自治区党委宣传部**
部　长　　杨春光
副部长　　张克洪(正厅级)
　　李克强(正厅级)
　　房全忠
　　尤艳茹(女)
副巡视员　　辛虎志
　　李　苓(女)
　　王玉生
精神文明建设指导委员会办公室专职
副主任　　贾捷频(女、回族,副厅级)

**自治区党委统一战线工作部**
部　长　　马金虎(回族)
副部长　　王　政(正厅级)
　　杨　洪(回族,正厅级)
　　罗玉林(回族)
　　马　力(回族)
　　杨锦明
巡视员　　杨慧玲(女,回族)
副巡视员　　周万军(回族)

**自治区党委政法委员会**
书　记　　苏德良
副书记兼秘书长
　　冀晓军(正厅级)
副书记　　刘春增(正厅级)
副秘书长　　韩胜利(正厅级)
　　齐健民
副巡视员　　顾仁泉
社会治安综合治理委员会办公室专职
副主任　　利爱国(副厅级)

**自治区防范和处理邪教问题领导小组办公室**
主　任　　乔恩成
副主任　　陈建军

**自治区党委政策研究室**
主　任　　李刚军
副主任　　俞学虹(女)
　　邹玉忠
　　白　华
副巡视员　　史　杨
　　董　强
　　潘银虎

**自治区直属机关工作委员会**
书　记　　刘立言(女)
副书记　　王承东(正厅级)
　　俱旭辉
纪工委书记、监察专员办公室监察专员
　　史梦军
副巡视员　　杨茂科(回族)
　　宋万年

**自治区机构编制委员会办公室**
主　任　　姚占河
副主任　　刘秀华(女,回族)
　　邓建忠

**自治区党委巡视组**
组　长　　郁纪鸣
　　魏康宁
副组长　　丁红霞(女,副厅级)
　　殷玉才(副厅级)
巡视工作办公室主任
　　苏世夏(副厅级)
副厅级巡视专员
　　李　超

# 自治区党委直属事业单位

**自治区党史研究室**

主　任　　布青沪
副主任　　纳建国(回族)
副巡视员　陆维成
　　　　　任建耀

**自治区党委党校(宁夏行政学院)**

校　长　　徐松南(兼)
常务副校长(院长)
　　　　　杨国林(回族,正厅级)
副校长(副院长)张　廉
　　　　　张鸿宾
　　　　　宋建钢
　　　　　王海如
副巡视员　安吉元(裕固族)

**宁夏日报报业集团**

党委书记、社长 刘　卫
党委副书记、副社长、总编辑
　　　　　沙　新(回族)
总经理　　王　强
副社长　　刘文英
　　　　　钟云华
副总编辑　李安宁
　　　　　马存斌(回族)
　　　　　马文锋
　　　　　杨学农(回族)
副总经理　刘占军
纪委书记　白建国(回族)

**宁夏广播电视总台**

党委书记、总台长
　　　　　张杨强
副书记、副总台长
　　　　　马　跃(回族)
副总台长　牛中奇
　　　　　田宝贵(满族)
　　　　　王杨宝
纪委书记　桑敏莉(女)
宁夏电影集团有限公司党委书记、总经理　杨洪涛

# 自治区群众团体

**自治区总工会**

党组书记、主席 陶　源(兼)
党组副书记、副主席
　　　　　杨　钊(回族,正厅级)
副主席　　闫　华
　　　　　金韶琴(女,回族)
　　　　　拓兆功
经费审查委员会主任
　　　　　刘玉生
自治区纪委派驻纪检组长
　　　　　于兴章
副巡视员　罗宗祥
　　　　　陈永福
　　　　　王洪峰

**自治区团委**

党组书记、书记(暂缺)
副书记　　张　慧(女)
　　　　　杨　文(回族)
　　　　　余瑞东
　　　　　王　伟
自治区纪委派驻纪检组长
　　　　　于兴章

**自治区妇联**

党组书记、主席 李金英(女,回族)
副主席　　陈红缨(女)
　　　　　范淑琳(女)
　　　　　樊　虹(女,回族)
　　　　　叶宪静(女)
自治区纪委派驻纪检组长
　　　　　于兴章
巡视员　　吴桂兰(女)
副巡视员　秦桂兰(女,回族)
　　　　　王　立(女)

**自治区科协**

党组书记、主席 李锦平
副主席　　刘国民
　　　　　王　冰
　　　　　何季麟(不驻会)
　　　　　孙　涛(不驻会)
　　　　　李　星(不驻会)
　　　　　郭秉晨(不驻会)
　　　　　马林峰(不驻会)
　　　　　黄　河(不驻会)
纪检组长　郭战胜
副巡视员　王　建

**自治区文联**

党组书记、主席 郑歌平
副主席　　冯　明(满族)
　　　　　郭　刚
　　　　　冯剑华(女)
　　　　　哈若蕙(女,回族)
　　　　　王金柱(不驻会)
　　　　　田裕民(回族,不驻会)
　　　　　吴善璋(不驻会)
　　　　　沈德志(不驻会)
　　　　　查　舜(回族,不驻会)
　　　　　柳　萍(女,不驻会)
作协副主席　余光慧(女,副厅级)
副巡视员　何继英(女)

**宁夏社会科学界联合会**

党组书记、主席 徐永富
副主席　　杨占武(回族)
　　　　　魏　锦
　　　　　吴　勇
　　　　　房全忠(不驻会)
　　　　　吴海鹰(女,回族,不驻会)
　　　　　杨国林(回族,不驻会)
　　　　　朱昌平(不驻会)
　　　　　李　伟(不驻会)
　　　　　马闽霞(女,回族,不驻会)
　　　　　撒承贤(回族,不驻会)
副巡视员　姚迎利

**自治区伊协**

会　长　　杨发明(回族)

专职副会长　黑富礼(回族,副厅级)
　马成才(回族)
副会长　金仲华(回族,不驻会)
　吴清芳(回族,不驻会)
　马崇礼(回族,不驻会)
　洪　洋(回族,不驻会)
　马义真(回族,不驻会)
　何振贵(回族,不驻会)
　杨怀中(回族,不驻会)
　马占文(回族,不驻会)

**自治区工商联**

党组书记、副主席
　罗玉林(回族)
主　席　刘金虎
副主席　程学文
　马西元
　朱奕龙(不驻会)
　孙珩超(不驻会)
　孙占财(不驻会)
　张金山(不驻会)
　郑国祥(不驻会)
　马富强(不驻会)
　温炳成(不驻会)
　杨彦聪(不驻会)
　陈庆成(不驻会)
　梁生科(不驻会)
　万　文(不驻会)
巡视员　丁国民(回族)

**自治区残联**

党组书记、理事长
　景湛国
副理事长　马友谊(女,回族)
　刘继国
　柴建国
副巡视员　陈守亮

**自治区归国华侨联合会**

主　席　朱奕龙
副主席(兼秘书长)
　姜小玲(女、副厅级)
自治区纪委派驻纪检组长
　于兴章

**自治区法学会**

会　长　苏德良
常务副会长　韩胜利(正厅级)

**自治区红十字会**

秘书长　刘　静(女)

## 自治区人大常委会工作部门

**自治区人大常委会办公厅**

机关党组书记　肖云刚
机关党组副书记、主任
　张志敏(回族)
副主任　张聪智
　吉俊成
纪检组长　李　艳(女)
副巡视员　林锦华
　王金萍(女,回族)

**法制工作委员会**

主　任　陈胜利
副主任　哈　莹(女,回族)
副巡视员　李建珍(女)

**内务司法工作委员会**

主　任　刘语平
副主任委员　乔同福
　李文录
　石　磊

**财政经济工作委员会**

主　任　马晓光(回族)
副主任　马荣华

**教育科学文化卫生工作委员会**

主　任　张银屏(女,回族)
副主任　刘万韧

**民族宗教外事侨务工作委员会**

主　任　王　珍(回族)
副主任　曹国建(正厅级)
　马天芳(回族)
巡视员　罗文瑜

**代表联络与选举工作委员会**

主　任　杨保尔
副主任　高定生
副巡视员　乔生刚

**农业与农村工作委员会**

主　任　赵振邦
副主任　杨　勇(回族)
副巡视员　蒋　文

**环境与资源保护工作委员会**

主　任　刘学军
副主任　刘洪灵
保留副厅级待遇
　禹广斌(回族)

## 自治区政府工作部门

**自治区政府办公厅**

党组书记　左　军
党组副书记、主任
　王紫云
纪检组长　孟祥云(女)
督察室主任　崔晓华
应急管理办公室主任
　王耀东(副厅级)
政府参事室专职副主任
　马福成(回族,副厅级)
副巡视员　丁　明(回族)
　李生祥
　丁劲松(回族)
　骆永祥

**自治区发展和改革委员会**

党组书记、主任　袁进琳
党组副书记、副主任
　张八五
副主任　郭秉晨
　吴占东
　马忠玉(回族)
　沈左权
副巡视员　汪建敏
　马　坚(回族)

**自治区经济和信息化委员会**

党组书记、主任 王永耀
党组副书记、副主任
戎生灵(正厅级)
副主任 王玉明
赵小平
赵旭辉
纪检组长 王保安
副巡视员 李毅民(回族)
黄玉华(女)
刘显金
邓亚林
马忠林(回族)

**自治区教育厅**

教育工委书记 黄占华
党组书记、厅长 郭　虎
党委副书记、副厅长
马利明(回族,正厅级)
副厅长 赵紫霞(女)
马　林(回族)
冀永强
史金飞
教育工委副书记
李秋玲(女)
纪检组长、纪工委书记
孟宪福
区政府教育督导室专职副主任
衡　鸣(女、副厅级)
副巡视员 杨树森
保留副厅级待遇刘永翔
梁华和
自治区政府派驻银川大学督导员
张　勇(满族)
自治区政府派驻宁夏大学新华学院督导员 周学峰
自治区政府派驻中国矿业大学银川学院督导员 秦　峰
自治区政府派驻宁夏理工学院督导员
李晓波

**自治区科学技术厅**

党组书记、厅长 马清贵(回族)
副书记、副厅长 王辛武(正厅级)
副厅长 张新君(女)
马希荣
郭建川
纪检组长 李　强
副巡视员 杨汉森
贺　华(回族)

**自治区民族事务委员会(宗教事务局)**

党组书记、主任(局长)
马　力(回族)
党组副书记、副主任(副局长)
丁卫东(回族,正厅级)
副主任(副局长)苏吉瑞(回族)
李文涛(满族)
李文明(回族)
副巡视员 马凤霞(女,回族)
杨生瑞(回族)

**自治区公安厅**

党委书记、厅长 苏德良
党委副书记、副厅长
李振国(正厅级)
副厅长 乔恩成
程海儒
高振宇(兼政治部主任)
刘德中
纪委书记 何筱艾(女,回族)
巡视员 高虹宁
副巡视员 韩向工

**自治区监察厅**

厅　长 田成江(回族)
副厅长 魏赤英(女)
张炳军
杨培君

**自治区民政厅**

党组书记、厅长 马廷礼(回族)
副厅长、副书记 赵俊新(正厅级)
副厅长 娄晓萍(女)
王凤刚
王　刚
纪检组长 贺云生
老龄委办公室常务副主任
李治贵(副厅级)
巡视员 沈克尼
副巡视员 徐福清
王金宝

**自治区司法厅**

党委书记、厅长 王正升
党委副书记、副厅长
陈　刚
副厅长 刘新华
陈福勇
蒋元德
李春芳
政治部主任 冯自保(副厅级)
副巡视员 索争法
桑建江

**自治区财政厅**

党组书记、厅长 王和山
党组副书记、副厅长
路　芳(女、正厅级)
副厅长 马闽霞(女,回族)
张苏安
董　锋
总会计师 刘怀明
纪检组长 王本仁
农业综合开发项目领导小组办公室主任 陈　延(副厅级)
副巡视员 李少文

**自治区人力资源和社会保障厅**

党组书记、厅长 张学武
党组副书记、副厅长
周万生(正厅级)
副厅长 李宁顺
武　平
程锐娟(女)
罗成虎(回族)
纪检组长 郑建国
军转安置办主任
吴成贵(副厅级)
公务员局局长 刘智谋(副厅级)
社会保险管理局局长
刘建军
外国专家局局长
马继凯(回族,副厅级)
巡视员 姚迎建
副巡视员 李新民
王肖军
王新华
孙晓军

**自治区国土资源厅(测绘局)**

党组书记、厅长 刘　卉(女)
副书记 李捍国(回族,正厅级)
副厅长 刘大均(回族)
张玉英(女)
总规划师 韦晓军
纪检组长 于晓峰
土地征收储备局局长
马　鑫(副厅级)
副巡视员 戴涌江

**自治区环境保护厅**

党组书记、厅长　冯志强
副厅长　鲁国会
　郑忠安
　强晓媛(女,回族)
总工程师　金国兴(回族)
纪检组长　蔡　琦
副巡视员　李玉明

**自治区住房和城乡建设厅**

党组书记、厅长　刘慧芳(女)
副厅长　马占林(回族)
　张吉胜(回族)
　潘多俊
　刘德军
建工集团党委书记、董事长
　白耀华
总工程师　郑德金
纪检组长　李桂珍(女)
巡视员　刘化齐
副巡视员　钱全富
　郭　强(回族)

**自治区交通运输厅**

党委书记、厅长　周　舒
党委副书记、副厅长
　康占平(正厅级)
副厅长　喜清江(回族)
　勾红玉(女)
总工程师　张凌云
纪委书记　田贵强
副巡视员　卢清华
　王喜武

**自治区水利厅**

党委书记、厅长　吴洪相
党委副书记、副厅长
　郭进挺
副厅长　杜永发(回族)
　毕廷和
　郭　浩
　方　彦
纪委书记　崔　莉(女)
总工程师　薛塞光
副巡视员　李洪山
　闫国伟(回族)
　陈广宏
防汛抗旱指挥部办公室主任
　朱　云(副厅级)

**自治区农牧厅**

党组书记、厅长　赵永彪
党组副书记、副厅长
　张　柱
副厅长　马　明
　黄全福
　周东宁
总农艺师　王　凌(满族)
首席兽医师　晁向阳
纪检组长　孙　瑛(女,回族)
副巡视员　韩学仁

**自治区商务厅**

党组书记、厅长　马　夫(回族)
副厅长　杨金福(回族)
　张　秀
　邓　宽
纪检组长　齐茹林
宁夏博览局副局长
　何正荣
　霍虹光
巡视员　王法正
副巡视员　刘进国
　何兆军

**自治区文化厅**

党组书记、厅长　杨玉经(回族)
党组副书记　阮教育(正厅级)
副厅长　陶雨芳(女,蒙古族)
纪检组长　思仲举
文化市场行政执法总队总队长(暂缺)
副巡视员　许　成
　行小卫

**自治区卫生厅**

党组书记、厅长　刘天锡
党组副书记、副厅长
　薛塞峰(女)
　叶　旭
副厅长　马秀珍(女)
　李春虹(女)
　王　炜(回族)
　崔学光
纪检组长　马占强(回族)
副巡视员　吉　燕(女)
　肖宝平

**自治区人口和计划生育委员会**

党组书记、主任(暂缺)
党组副书记、副主任
　刘平和(正厅级)
副主任　宋晨阳
　白秀荣(女,回族)
　孙建军
纪检组长　李福才
巡视员　崔　岚
副巡视员　曹文俊

**自治区审计厅**

党组书记、厅长　章建忠
副厅长　马　健(回族)
　陈霭琛(女)
　胡仲秋(女)
纪检组长　安　武
总审计师　王金平

**经济责任审计局**

局　长　宋卫中
副巡视员　徐嘉云
　马　其
特派监督员　张宁平(副厅级)

**自治区外事办公室(侨务办公室)**

党组书记、主任　李　杰
副主任　刘锦旗
　谢晓光(女)
　张业兴
副巡视员　杨新润

## 自治区政府直属特设机构

**自治区国有资产监督管理委员会**

党委书记　魏锡良
党委副书记、主任
　黄宗信
党委副书记　刘日巨
党委副书记、纪委书记
　李文波
副主任　王静波(正厅级)
　陈银生(正厅级)
　韩正生
副巡视员　张　炯
　吴高侠

第三监事会主席
邱少宣
第五监事会主席
陈育州
国有大型企业监事会主席
罗安国
金　虎(回族)
李雪芳(女)

# 自治区政府直属机构

**自治区地方税务局**
党组书记、局长　李彦凯(回族)
党组副书记、副局长
妥永苍(回族)
副局长　毛宏业
李　津
总经济师　杜学章
总会计师　李　戈
纪检组长　虎跃峰
副巡视员　孙瑞明
马新华(回族)

**自治区工商行政管理局**
党组书记、局长　马云海(回族)
党组副书记、副局长
武晓平
副局长　王　峰
杨　京
兰德政(回族)
纪检组长　张　军
副巡视员　张寅东
徐秀香(女)

**自治区质量技术监督局**
党组书记、局长　李志仁(回族)
副局长　曹国跃
胡鑫德
王生礼
总工程师　马远征(回族)
纪检组长　胡瑞琴(女)

**自治区广播电影电视局**
党组书记、局长　马洪真(回族)
副局长　童万才
王政敏
副巡视员　曹玉梅(女)

**自治区新闻出版局(版权局)**
党组书记、局长　朱昌平
(兼版权局局长)
党组副书记、副局长
海　军(回族,
兼版权局副局长)
副局长　黄洪乾
(兼版权局副局长)

**自治区体育局**
党组书记、局长　马汉文(回族)
副局长　刘　淑(女,回族)
梁纪籽
纪检组长　魏　莉(女,满族)
副巡视员　周小京
买玉祥(回族)

**自治区安全生产监督管理局**
党组书记、局长　魏里阳
副局长　钮　钢
杨文栋(回族)
王东刚
纪检组长　王喜元

**自治区统计局**
党组书记、副局长
贾红邦
局　长　梅廷彦
副局长　朱　尼
宋尧军
周万佩(回族)
总统计师　徐秀梅(女)
纪检组长　刘甘霜(女)
副巡视员　黎志毅(回族)
金国华(回族)

**自治区粮食局**
党组书记、局长　刘金定
副局长　严彦召
赵银祥
吴长青
纪检组长　丁　军(回族)
副巡视员　解　涛

**自治区林业局**
党组书记、局长　王德林
副局长　李月祥
王洪界
马　林(回族)
纪检组长　开永安
巡视员　余进军
副巡视员　李　安

**自治区食品药品监督管理局**
党组书记、局长　薛塞峰(女)
副局长　李卫华
董　忠
殷远和
纪检组长　陈峰涛
副巡视员　黑智虎(回族)

# 自治区政府直属事业单位

**自治区旅游局**
党组书记、局长　李春阳
副局长　海生莲(女,回族)
薛　刚
陈质颖
纪检组长　庞俊海
副巡视员　宁　麟

**自治区扶贫开发办公室**
党组书记、主任　杜正彬(回族)
副主任　刘　勇
赵满礼
马崇林(回族)
纪检组长　赵吉庆
副巡视员　朱明君
张　雄

**宁夏农林科学院**
党委书记、院长　刘荣光
副院长　袁汉民

马继东(回族)
李生宝
殷　宏
纪委书记　马　萍(女,回族)

**宁夏社会科学院**
党组书记　李耀松
党组副书记、院长
张进海
副院长　张少明(满族)
陈冬红(女)
郭正礼
刘天明
纪检组长　朱鹏云(女)

**自治区地质矿产勘查开发局**
党委书记、局长　徐占海
党委副书记、副局长
宋新华
副局长　潘万虎
李建国
纪委书记　吴欣荣(女)
副巡视员　宋宪福
肖远锋

**自治区政府研究室、发展研究中心**
党组书记、主任　马建民(回族)
副主任　高树枝
杨万仁(回族)
苏　昀
巡视员　刘　策
副巡视员　郭全忠
周鸣和

**宁夏文史馆**
党组书记、馆长　杨继国(回族)
副馆长　岳志明

胡迅雷
副巡视员　鲍焕军

**自治区农垦事业管理局(农垦企业集团总公司)**
党委书记、局长、集团公司董事长
王永忠
党委副书记、副局长、集团公司总经理
黄永峰
副局长、副总经理
李学明
常利民
徐晓平
总经济师　苟金萍(女,回族)
纪委书记　刘润琦
集团公司副总经理
毛荣业
集团公司总会计师
成　进
巡视员　刘虎山
副巡视员　王　宏(回族)
保留副总经理待遇
蔡晓勤(女)
郑兴国

**自治区轻纺工业局**
党组书记、局长,工业合作社主任
龙　飞
党组副书记、副局长
孙西民
副局长　马立廷(回族)
朱俊玲(女)
纪检组长　尤学忠
副巡视员　魏继义

**自治区供销合作社联合社**
党组书记、理事会主任
秦亚兵
监事会主任　徐　辉
理事会副主任　琚再强
胡瑞峰
纪检组长　任鹏飞
副巡视员　孙　德
郑　旭

**自治区水利水电工程建设管理局(自治区扶贫扬黄灌溉工程建设总指挥部)**
党委书记、厅长　吴洪相
党委副书记、副厅长、局长
杜永发(回族)
副局长(副总指挥)
哈　双
张国福
周京梅(女)
郭建繁
纪委书记(纪检组长)
崔　莉(女)

**自治区招标管理服务局(自治区政府采购中心)**
党组书记、局长　汤效禹
副局长　齐忠诚
张俊平
杨文生(回族)
总工程师　常晋宏
纪检组长　袁有立

**自治区招商局**
党组书记、局长　王　静
副局长　王建青
周明新
巡视员　陈治刚

## 自治区政协工作部门

**自治区政协办公厅**
机关党组书记、秘书长
朱玉华
机关党组副书记
李　岚(回族、正厅级)
纪检组长　孙兆龙
巡视员　卫和平
甘丽莎(女,回族)
副巡视员　闫社贵
李兴元

**提案委员会**
主　任　张全太
专职副主任　马存玉(回族、副厅级)

**社会和法制委员会**
主　任　魏兆庆
专职副主任　王国栋(回族,副厅级)

**教育科技文化卫生体育委员会**
主　任　王有才
专职副主任　杨学林(副厅级)

**经济委员会**
主　任　王建国
副主任　刘兴华(副厅长)

**文史和学习委员会**
主　任　杨兆海
专职副主任　蒋永忠(副厅级)
巡视员　王　杰

**环境人口资源委员会**
主　任　吴有文
专职副主任　李建新(副厅级)

**港澳台侨联络委员会**

主　任　林祥江
专职副主任　曾玉强(副厅级)

**民族和宗教委员会**
主　任　马三保(回族)
专职副主任　杨树青(回族,副厅级)

# 自治区民主党派

**民革宁夏区委会**
主任委员　张守志
副主任委员　刘安邦(不驻会)
周生俊
副巡视员　徐自亮

**民盟宁夏区委会**
主任委员　安纯人
副主任委员　冀永强(不驻会)
姜爱祖
张欣毅(不驻会)

**民建宁夏区委会**
主任委员　孙贵宝
副主任委员　蒋启瑞
杨培君(不驻会)
马中勇(不驻会)
副巡视员　马鸣孝(回族)

**民进宁夏区委会**
主任委员　姚爱兴
副主任委员　梅廷彦(不驻会)
杨瑞生
王春秀(不驻会)
副巡视员　孟召才

**农工党宁夏区委会**
主任委员　冯炯华
副主任委员　戴秀英(女,回族,不驻会)
刑学宁
王生林(回族,不驻会)

**九三学社宁夏区委会**
主任委员　袁汉民
副主任委员　宋晓华(女,不驻会)
丁玉龙(回族,不驻会)
王大陆

# 自治区有关部门管理机构

**自治区党委保密委员会(保密局)**
副主任、办公室主任(局长)
李月林

**自治区党委台湾工作办公室(政府台湾事务办公室)**
主　任　张秀燕(女,满族)

**自治区党委老干部局**
局　长　吴建国(回族)
副局长　段振国
马启宁(女,回族)
老年大学常务副校长
李方庆
副巡视员　许志刚

**自治区政府法制办**
主　任　任高民
副巡视员　洪寅生(回族)

**自治区信访局**
局　长　赵　诚(正厅级)

**自治区政府参事室**
主　任　左　军
专职副主任　马福成(回族、副厅级)

**自治区金融管理办公室**
主　任　尹全洲(正厅级)

**自治区政府派驻金融机构特派监督员**
吴　琼(副厅级)

**自治区物价局**
局　长　马志歧

**自治区宁东能源化工基地建设领导小组办公室**
党组书记、副主任
李建功(正厅级)
副主任　张　湧(副厅级)
赵进旭(回族,副厅级)
杨宏岳(副厅级)
巡视员　陈　立
副巡视员　柏　杨(回族)

**自治区监狱管理局**
第一政委　王正升
党委书记、局长　蒋元德
政　委　曹　艺
副巡视员　师光林

**自治区人防办公室**
主　任　马占林(回族)
副主任　祖惠才
副巡视员　孔祥祯
刘宏亮(回族)

# 自治区有关部门管理的事业单位

**自治区党委机关事务管理局**
局　长　谢金山

**自治区档案局(馆)**
局(馆)长　李自德
副巡视员　张玉琴(女)

**自治区党委讲师团**
团　长　彭生选

**《共产党人》杂志社**
社长、总编辑　雷兴魁

**宁夏社会主义学院**
院　长　安纯人
党组书记　杨锦明
副院长　倪立新
李宁银(回族)
副巡视员　邢宗兰(女)

**自治区政府机关事务管理局**
局　长　高重瞳(女)

**自治区政府驻北京办事处**
主　任　王　俭(回族)
副主任　吕长胜
副巡视员　曹凯龙

**自治区政府驻上海办事处**
主　任　　谢彦平(副厅级)
**自治区政府驻广东办事处**
主　任　　韩　松(回族)
原海南办事处主任
　　杨连宁(副厅级)
**宁夏财经职业技术学院**
党组书记　　杨忠国(回族)
院　长　　郭　伟
**宁夏工商职业技术学院**
党委书记　　高安京
院　长　　徐彦平
**宁夏教育考试院**
院　长　　戴冰青(女,副厅级)
**六盘山高级中学**
党委书记　　温　泽(副厅级)
**宁夏育才中学**
党委书记　　杨　静(女,副厅级)
**自治区知识产权局**
局　长　　廖　斌
**宁夏伊斯兰教经学院**
院　长　　苏　阳(回族)
**宁夏司法警官职业学院**
党委书记　　张广平
院　长　　刘　睿
**宁夏建设职业技术学院**
党委书记　　宋红斌
院　长　　马精凭(回族)
**自治区公路管理局**
党委书记　　杨有明(回族)
局　长　　张拥军
**自治区公路建设管理局**
党委书记　　武宁生
局　长　　许学民

# 大专院校

**宁夏大学**
党委书记　　齐　岳
党委副书记、校长
　　何建国(回族)
党委副书记　　赵利宁
副校长　　许　兴(正厅级)
　　李　伟(正厅级)
　　王燕昌
　　李　星
　　谢应忠
　　张　成
纪委书记　　赵维素
副校级调研员　　田军仓
**宁夏医科大学**
党委书记　　吴世彩
党委副书记、校长
　　孙　涛
党委副书记　　田淑卿(女)
　　马继军(回族)
副校长　　张建中
　　李正直
　　戴秀英(女,回族)
纪委书记　　张发智
**宁夏医科大学附属医院党委书记**
　　李秀萍(女,副厅级)
**宁夏医科大学附属医院院长**
　　杨银学(副厅级)
**宁夏职业技术学院**
**(宁夏广播电视大学)**
党委书记　　张怀斌
党委副书记、院(校)长
　　撒承贤(回族)
党委副书记　　宋玉琳
副院(校)长　　马少先(回族)
　　王冀川
　　孔　斌(女)
纪委书记　　刘荣耀
**宁夏师范学院**
党委书记　　谢建勇
党委副书记、院长
　　薛亚平
党委副书记　　李　静
副院长　　马应虎(回族)
　　李龙锦
　　钟正平
纪委书记　　周运生

# 银川市

**中国共产党银川市委员会**
书　记　　崔　波
副书记　　王儒贵(回族)
　　李泽峰
　　彭友东
常　委　　贺满明
　　左新军
　　贾奋强
　　郑　震(回族)
　　梁积裕
　　王　玮(女)
　　马　凯(回族)
　　范金山
　　彭友东
　　方　勇
　　杨　柳
**银川市人民代表大会常务委员会**
主　任　　孙荣山
副主任　　马德琴(女,满族)
　　雷　鸣
　　杨　波
　　吕秀斌
　　张秉忠
　　金忠华(回族)
**银川市人民政府**
市　长　　王儒贵(回族)
副市长　　梁积裕
　　马迎秋(女,回族)
　　王久彬
　　马军生(回族)
　　代荣民
　　李卫东(女)
**政协银川市委员会**
主　席(暂缺)
副主席　　刘国强
　　杨发明(回族,不驻会)

于晓兵
孙建峰
顾　川
王丹华(满族)
陈　军

**银川市纪委**
书　记　左新军

**银川市中级人民法院**
院　长　刘彦宁

**银川市人民检察院**
检察长　王兆元(回族)

**银川市委党校**
常务副校长　朱世旺

**银川经济技术开发区(银川高新技术产业开发区)**
党工委书记　贺满明(正厅级)
党工委副书记　郝有民(副厅级)
夏夕云(副厅级)
管委会副主任　陈　伟(副厅级)
蒋光临(副厅级)
崔　昆(副厅级)
巡视员　李继荣

**银川市宁东能源化工基地**
党工委副书记、管委会主任
高贺昕

# 石嘴山市

**中国共产党石嘴山市委员会**
书　记　李文章
副书记　张作理
马　波(回族)
常　委　陆　军
魏艳华(女)
马汉成(回族)
马　力(回族)
高恒海
陈栋桥
蒋文龄
李文华

**石嘴山市人民代表大会常务委员会**
主　任　李文章
副主任　闫忠国
丁玉龙(回族)
于相梅(女)
俞爱山
陆秀兰(女)
李巨才

**石嘴山市人民政府**
市　长　张作理
副市长　马汉成(回族)
马学祥(回族)
王生林(回族)
张柏森
张建瑞(女)
杨有贤(回族)

**政协石嘴山市委员会**
主　席　王　中
副主席　马义真(回族,不驻会)
马秀兰(女)
王剑义
赵廷华
李春兴
杨占龙(回族)
赵学芝(女)

**石嘴山市纪委**
书　记　陆　军

**石嘴山市中级人民法院**
院　长　陆维东

**石嘴山市人民检察院**
检察长　李际清

# 吴忠市

**中国共产党吴忠市委员会**
书　记　白雪山
副书记　吴玉才(回族)
常　委　赵永清
张　锋
杨志文(回族)
马文娟(女,回族)
王　中
胡东升
徐　耀
陈海辉

**吴忠市人民代表大会常务委员会**
主　任　白雪山
副主任　张广庆
李国志
杜灵娅(女,回族)
张卫国
马耀宗(回族)
李焕民

**吴忠市人民政府**
市　长　吴玉才(回族)
副市长　赵永清
马和清(回族)
何旭东(回族)
李学文
马忠勇
李卫宁(女)
高万金

**政协吴忠市委员会**
主　席　丁兰玉(女,回族)
副主席　金仲华(回族,不驻会)
贺彩霞(女)
尹金生
冯德胜
刘占保
买　霞(女,回族)
洪　洋(回族,不驻会)

**吴忠市纪委**
书　记　胡东升

**吴忠市中级人民法院**
院　长　陈大威

**吴忠市人民检察院**
检察长　李桂兰(女,回族)

# 固原市

**中国共产党固原市委员会**

书　记　　刘小河
副书记　　白尚成(回族)
　　　　　董　玲(女)
常　委　　黄雅杭
　　　　　高贵武
　　　　　周金柱(回族)
　　　　　陈凤龙
　　　　　马金元(回族)
　　　　　周庆华
　　　　　宋晓国

**固原市人民代表大会常务委员会**

主　任　　刘小河
副主任　　姜文奎(正厅级)
　　　　　杨志明(回族)
　　　　　拜志俊(回族)
　　　　　刘维俊
　　　　　姬永昌(回族)
　　　　　王固平
　　　　　罗京玺
　　　　　马玉芳(女,回族)

**固原市人民政府**

市　长　　白尚成(回族)
副市长　　黄雅杭
　　　　　范宏明
　　　　　田治富(回族)
　　　　　李守银
　　　　　马　吉
　　　　　刘　佳(女)

**政协固原市委员会**

主　席　　邓向贵(回族)
副主席　　杨振兴
　　　　　宋广禄(回族)
　　　　　伍文贵(回族)
　　　　　姚启世
　　　　　刘乐伟
　　　　　罗永红
　　　　　黄湘宁(女)
　　　　　王明亮

**固原市纪委**

书　记　　高贵武

**固原市中级人民法院**

院　长　　黄金柱

**固原市人民检察院**

检察长　　李学军

**六盘山旅游扶贫试验区开发建设管理委员会**

专职副主任　　袁治安(副厅级)

# 中卫市

**中国共产党中卫市委员会**

书　记　　刘　云
副书记　　徐力群
　　　　　马平安(回族)
常　委　　于　霆
　　　　　王永斌
　　　　　吴汉宝(回族)
　　　　　王学林
　　　　　杜秀岚(女,回族)
　　　　　王文宇
　　　　　张　举

**中卫市人民代表大会常务委员会**

主　任　　刘　云
副主任　　潘景林(正厅级)
　　　　　孙占财(不驻会)
　　　　　刘金柱
　　　　　刘锦平
　　　　　李铁路(回族)

**中卫市人民政府**

市　长　　徐力群
副市长　　吴汉宝(回族)
　　　　　马世军(回族)
　　　　　霍健明
　　　　　张宏年(蒙古族)
　　　　　王君兰(女,回族)

**政协中卫市委员会**

主　席　　马宇祯(回族)
副主席　　王学宽
　　　　　张金山(不驻会)
　　　　　刘崇喜(不驻会)
　　　　　田　桦(女)

**中卫市纪委**

书　记　　马平安(回族)

**中卫市中级人民法院**

院　长　　乔生彪

**中卫市人民检察院**

检察长　　杨少华(回族)

# 中央直属单位

**人民银行西安分行银川中心支行**

党委书记、行长　于华民
党委副书记、副行长
　　　　　徐卫中
　　　　　麦遵伍

**中国银行业监督管理委员会宁夏监管局**

党委书记、局长　安　宁
党委副书记、副局长
　　　　　张安顺
副局长　　樊秋惠
　　　　　任彦玲(女)
　　　　　薛晓雷
纪委书记　来建国

**工商银行宁夏区分行**

党委书记、行长　王保林(回族)
副行长　　黄　岗
　　　　　廉　智
纪委书记　唐学文

**建设银行宁夏区分行**

党委书记、行长　李秀昆(蒙古族)
副行长刘海涛　徐长宁
纪委书记　袁　贵
风险总监　李　惠

**农业银行宁夏区分行**

党委书记、行长　张建中
党委副书记、副行长
　张树彬
副行长　石建国
　保健明
副巡视员、工会主席
　高天军
行长助理　孙　健

**农业发展银行宁夏区分行**
党委书记、行长　翟渊博
副行长　韩玉俭
　王国仓

**中国银行宁夏区分行**
党委书记、行长　罗小明
副行长　陈晓燕(女)
　郑文礼
纪委书记　苏建刚
行长助理　殷立新
总稽核　张　丽(女)

**交通银行宁夏分行**
党委书记、行长　张万义
副行长　金　凫
　魏根东

**国家开发银行宁夏分行**
党委书记、行长　傅小东
副行长　靳　涛
　池　勇
　张建伟

**中国邮政储蓄银行宁夏分行**
行　长　张明仁
党委书记、副行长
　朱志友
副行长　金淑兰(女)
　陈庆生(兼纪委书记)
总审计师　张富成

**中国银联宁夏分公司**
总经理　赵振祥
总经理助理　郭卫东

**中国人民财产保险股份有限公司宁夏分公司**
党委书记、总经理
　陈英豪
副总经理　高增昌(兼纪委书记)
　郭吉忠
　张向宏
总经理助理　张保东

**中国人民人寿保险宁夏分公司**
主要负责人　王建平

**中国人寿保险股份有限公司宁夏分公司**
党委副书记、副总经理
　郎中伟(主持工作)
副总经理　朱海涛
纪委书记、工会主任
　陈兴煜
总经理助理　马　文
　姚卫东

**中国人保宁夏办事处**
党委书记、主任　刘东来

**中国太平洋财产保险股份有限公司宁夏分公司**
党委副书记、总经理、纪委书记
　吴　刚
总经理助理　李　伟
　姚殊峰(女)
公会主席　陶立新

**中国太平洋人寿保险股份有限公司宁夏分公司**
党委副书记、副总经理
　刘功澜(主持)
总经理助理　宋天霞(女)

**中国平安人寿保险股份有限公司宁夏分公司**
副总经理　智　勇(主持)
副总经理　于　平
　郭慧保
　赵　军

**中国平安财产保险股份有限公司宁夏分公司**
副总经理　唐继国(主持)

**中国大地财产保险股份有限公司宁夏分公司**
总经理　邵永平
副总经理　戈晓凯

**新华人寿保险宁夏分公司**
总经理　张远旭
副总经理　胡自详

**安邦财产保险股份有限公司宁夏分公司**
总经理　吴建军

**平安养老保险股份有限公司宁夏分公司**
副总经理　史宪魏(主持)

**合众人寿保险股份有限公司宁夏分公司**
总经理　艾新春

**宁夏通信管理局**
党组书记、局长　王生屹(回族)
纪检组长兼国家计算机网络与信息安全管理中心宁夏分中心主任
　杨　臻
副局长　李　锦
宁夏专用通信局局长
　高　伟

**宁夏邮政管理局**
党组书记、局长　戚兰州

**中国邮政集团宁夏邮政公司**
党组书记、总经理
　马赞福(回族)
副总经理、工会主席
　王　刚
副总经理、纪检组长
　庄　健

**宁夏电信公司**
党组书记、董事长、总经理
　马林峰
副总经理　薛敬进
　刘仲弟
　张乾斌
纪检组长　鲍国建

**宁夏移动通信有限责任公司**
党组书记、总经理
　彭晓川
副总经理　余　游
　王　琦
纪检组长　金宝铭(回族)

**中国联合网络通信有限公司宁夏分公司**
党组书记、总经理
　刘天雄
副总经理　邢固荣
　刘　江
　林成明

**宁夏电力公司**
党委副书记、总经理
　崔吉峰
党委书记、副总经理
　邢俊生
副总经理　郭少峰
　房　喜
　靳　昶
工会主席　申宝峰
银川市供电局局长
　胡卫东
总会计师　李　英(女)
总工程师　来文清
副局级调研员　王向东

**国电股份石嘴山发电有限责任公司**

总经理　王青荣
党委书记　刘　毅

**华电集团宁夏分公司**

党组书记、总经理
季　军(副厅级)
副总经理　段喜民

**华能宁夏能源有限公司**

党委副书记、总经理
张　明
党委书记、副总经理、纪委书记
钱学福
副总经理　佟　林
刘生友

**中国石化股份公司宁夏石油分公司**

总经理　王志坤
党委书记、纪委书记、工会主席
张世强

**中电投宁夏青铜峡能源铝业集团有限公司**

董事长　王利民
党委书记、总经理
黄　河
副总经理　石四存
牛庆仁

**国家林业局“三北”防护林工程建设管理局**

党组书记、副局长
曹丕玉
党组副书记、局长
潘迎珍(女)
副局长　张　炜
梁宝君

**宁夏储备物资管理局**

党组书记、局长　魏　敏
副局长　杨志刚
纪检组长　赵进文

**宁夏国家税务局**

党组书记、局长　张　捷
副局长　林　文
任剑英
郭义祥
纪检组长　鞠景德
总经济师　马名骐(回族)
副巡视员　蔺兴才
徐建堂

**宁夏气象局**

党组书记、局长　丁传群
党组副书记、纪检组长
陈占林(回族)
副局长　冯建民
党志成
巡视员　陈晓光

**国家统计局宁夏调查总队**

党组书记、总队长
曾玉平
副总队长　胡宁生
赵　川
黄自荣
纪检组长　叶光军
副巡视员　黄　群

**宁夏出入境检验检疫局**

党组书记、局长　李新实
副局长　董自信
顾海燕(女)
乔惠同
纪检组长　王润武

**宁夏地震局**

党组书记、局长　张思源
副局长　马贵仁(回族，兼纪检组长)
金延龙(回族)

**中国石油天然气股份公司宁夏石化公司**

党委副书记、总经理
雍瑞生
党委书记、纪委书记、工会主席
许君祖
副总经理　陈　坚
高永祥
邹　敏
李汝新
总会计师　张洪斌

**中国石油天然气集团公司宁夏石油销售分公司**

总经理、党委副书记
刘　刚
党委书记、副总经理
马自勤

**宁夏烟草专卖局(中国烟草宁夏公司)**

党组书记、局长(总经理)
师增建(满族)
副局长、纪检组长
李光荣
副总经理　毕溪英
杨保仓(回族)

**北方民族大学**

党委书记　李　伟(回族)
党委副书记、校长
张春雨
常务副校长　任维桢
党委副书记　李晓宁
党委副书记、纪委书记
雷崇明
副校长　杨　敏(蒙古族)
赵　杰(满族)
闵文义(藏族)

**新华社宁夏分社**

党组副书记、副社长
杜晓明(主持)
副社长　陆维新

**财政部驻宁夏财政监察专员办事处**

党组副书记、副监察专员
黄国敏

**中国证监会宁夏监管局**

党委书记、局长　王宏斌

**银川海关**

党组书记、关长　张良柱
副关长　柳德生
王　彬(兼缉私局局长)
闫新普
纪检组长　刘德旭

**宁夏煤炭安全监察局**

党组书记、局长　肖　蕾
副局长　马　毅
黄明康
纪检组长　赵永鑫
副巡视员　沈超英

**民运航空宁夏安全监督管理局**

党委书记、局长　李林忠
西北机场集团宁夏机场有限公司
党委副书记、总经理
卢程祥
党委书记、常务副总经理
王　林

**宁夏建材集团有限责任公司(中国中材集团控股)**

党委书记、董事长
王广林
保留企业正职待遇
王焕平

(资料来源:自治区党委组织部)

# 自治区党委政法委

自治区领导张毅、王正伟、于革胜等接见全区政法系统先进基层党组织、优秀共产党员和优秀党务工作者代表

自治区领导于革胜、崔波出席全区综治工作现场会

自治区党委常委、政法委书记苏德良向获奖单位颁奖

2010年，在自治区党委、政府的正确领导下，自治区党委政法委以邓小平理论和“三个代表”重要思想为指导，深入贯彻落实科学发展观，围绕中心，服务大局，紧紧抓住影响社会和谐稳定的源头性、根本性、基础性问题深入推进社会矛盾化解、社会管理创新、公正廉洁执法“三项重点工作”，以深化队伍素质提升、源头预防治理、基层基础建设、政法文化培育“四项工程”建设为抓手，切实加强政法队伍建设，为全面促进经济社会发展，实现西部大开发战略宏伟目标作出了新贡献。一年来，自治区党委政法委充分发挥职能作用，加强组织领导，加大统筹协调力度，确保中央和自治区党委重大决策部署取得实效。抓重点，深入开展社会治安重点地区综合治理；抓热点，扎实做好维护校园及周边地区安全工作；抓难点，集中开展清理和化解涉法涉诉信访积案；抓机制，深入开展社会矛盾纠纷“大排查、大调解”；强基层，不断夯实社会和谐稳定基础。在机关建设上实行绩效管理考核，在机关党建上强化“一岗双责”，积极开展创先争优和“创建学习型党组织、学习型机关、争当学习型党员”活动，组织“阅读·励志·敬业·成就”主题读书活动等。2010年，自治区党委政法委荣获“文明机关”“全国维护妇女儿童权益先进集体”等称号。

组织召开三项重点工作督办会

自治区党委政法委常务副书记、秘书长、综治办主任冀晓军接受宁夏电视台专访

开展综治宣传

# 宁夏回族自治区 人民代表

召开宁夏回族自治区第十届人民代表大会第四次会议

自治区人大常委会副主任马瑞文作常委会工作报告

视察廉租房建设情况

“安全发展宁夏行”视察食品安全活动

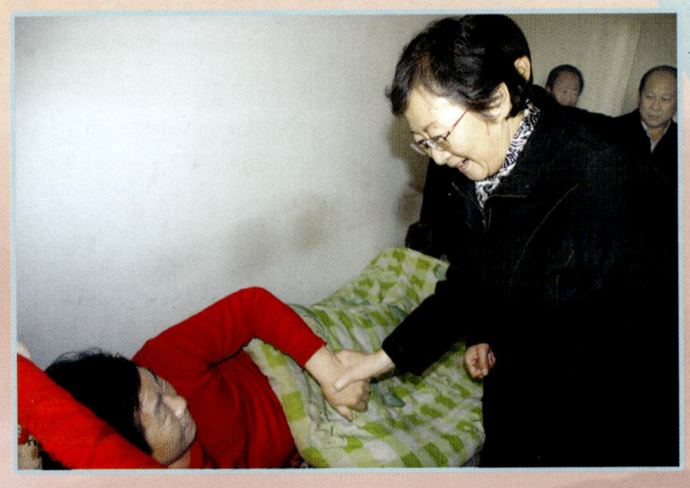

视察组视察民生计划落实情况

开展清真食品管理条例执法检查活动

# 大会常务委员会

集中视察调研公安机关规范化建设工作

视察食品安全生产加工小作坊和食品摊位管理情况

上门督办人大代表建议办理情况

常委会机关开展“六个为什么”集中学习活动

首次委托社会力量起草地方性法规草案

表彰议案建议提出代表及办理督办部门

# 中共宁夏回族自治区纪律检查委员会

自治区党委书记张毅出席反腐倡廉建设座谈会

时任自治区党委常委、纪委书记刘晓滨出席全区纪检监察干部学习培训班

2011年4月11日，召开全区政府廉政工作会议

召开全区农村党风廉政建设工作会议

举办全区纪检监察干部学习培训班

机关干部认真学习胡锦涛总书记来宁重要讲话精神

# 宁夏回族自治区监察厅

自治区党委常委、纪委书记陈绪国到银川市丰登镇调研农村党风廉政建设工作

召开民主党派工商联及无党派人士反腐倡廉建设座谈会

举办全区新任纪检组长、监察室主任培训班

召开全区推进市场诚信体系建设深化治理商业贿赂工作会议

“神宁杯”第三届“塞上清风”廉政书画摄影工艺美术作品展

“塞上清风”全区廉政文化“大蓬车”在固原举行巡回演出

# 中共宁夏回族自治区纪律检查委员会

自治区党委常委、纪委书记陈绪国

2011年9月16日，中央纪委副书记、监察部部长马馼出席自治区预防腐败局揭牌仪式

2011年4月18日，中央党的建设领导小组成员、中央纪委副书记张惠新一行来宁调研党的建设和反腐倡廉建设工作

2011年1月14日，召开自治区纪委十届六次全会

中央纪委检查组来宁检查党风廉政建设工作

自治区党委常委、纪委书记陈绪国在银川市工商系统调研

# 宁夏回族自治区监察厅

**围绕中心加强监督检查 服务大局保障科学发展。**全区纪检监察机关坚持“标本兼治、综合治理、惩防并举、注重预防”的方针，围绕中央、自治区重大决策部署的落实情况开展监督检查，制订了《2010年自治区落实中央扩大内需促进经济增长政策措施监督检查工作方案》，组织检查组对5个地级市、21个县（市、区）和7个区直重点部门落实中央新增投资项目建设情况开展了三轮大规模检查，检查项目189个，督促整改问题246个，对142个项目下发整改通知书，督促有关厅局、市县及项目单位认真整改，57名责任人受到问责处理。深入推进工程建设领域突出问题专项治理，组织有关部门对2008年以来立项、在建和竣工的3010个建设项目进行全面排查，建立了区、市、县（区）三级电子台账，摸清了底数。对五市23个5000万元以上的项目及7个牵头单位的专项治理工作进行重点抽查。向自治区党委、政府提出了“建立统一规范的公共资源交易平台”的建议，受到自治区党委、政府高度重视，被党委政府列为2011年工作要点。会同有关部门开展对节约集约用地政策贯彻落实情况的监督检查，收回闲置土地54公顷，收缴罚没款2216.14万元，追缴出让金1050万元，对43名相关责任人给予党纪政纪处理。加强对节能减排工作的跟踪监督，督促有关部门对83家重点用能企业进行检查，坚决关停自治区确定的落后产能和工业企业。加强对房地产政策执行情况、整治市场中介组织、网吧及互联网服务场所、非法劳务用工等工作的日常监管，对各地、各部门效能建设情况开展明察暗访和督促检查，对自治区政务服务中心各窗口事项办理情况实行电子监察。 纠风治乱着力维护民利，勤廉为民切实保障民生。深化专项治理工作，加强基层党风廉政建设，着力解决发生在群众身边的腐败问题，以党风廉政建设和反腐败工作成果取信于民。积极改进政风行风评议方式，把群众的意见和建议作为政风行风评议的重点，组织了131期《百姓关注·政风行风热线》电台直播节目、2期电台直播的户外节目、154期《新时空·行风面对面》电视节目，安排区直有关部门、单位负责人走进“直播间”，与群众面对面地进行沟通交流，解决群众反映的突出问题。突出抓好对社保基金、住房公积金、强农惠农资金和扶贫、救灾救济专项资金的监管，确保资金安全。继续规范教育收费，坚决纠正医药购销和医疗服务中的不正之风，严肃查处了中卫市医保中心乱收费案件。继续治理公共服务行业侵害群众消费权益的行为，加大对治理公路“三乱”监督检查力度。加强对行业协会和市场中介组织的监管，查出违规资金192.38万元。认真开展治理和规范涉企收费专项治理工作，积极推进减轻企业负担法制化建设。全面开展清理和规范面向基层的检查考核活动。继续巩固清理规范评比达标表彰工作成果，减轻了基层负担。把深入推进农村党风廉政建设作为保障民生的一项重点工作，在全区大力推行“勤廉为民”工程，注重总结经验，坚持以点带面，召开全区农村党风廉政建设工作会，隆重表彰命名27个实施“勤廉为民”工程先进乡（镇）、村。

**严肃查办违纪违法案件，加大惩治腐败工作力度。**始终把查办违纪违法案件作为从严治党、惩治腐败的重要手段，不断加大工作力度。各级纪检监察机关受理群众来信来访、电话举报5002件次，初核违纪线索1166件，立案396件，处分党员和行政监察对象425人，挽回经济损失857.39万元。同时，查核举报失实信访件531件，为一批党员干部澄清了是非。注重发挥查办案件的治本作用，编发重大案件通报，剖析发案原因，查找问题和薄弱环节，起到了以案查漏、以案促改的治本作用。深入开展商业贿赂专项治理工作，全区共查处商业贿赂案件51起，涉案金额764.38万元。大力推进市场诚信体系建设，建立健全防治商业贿赂长效机制。畅通信访举报渠道，完善信访举报分类处理机制。加强办案人才库建设，强化案件监督管理工作，对全区2007年以来党政纪处分决定执行情况进行全面督查，维护纪律的严肃性，取得了良好的政治、法纪和社会效果。

**学习准则促进廉洁从政，完善制度防范廉政风险。**以学习贯彻《廉政准则》为契机，在全区副科级以上党员领导干部中广泛开展“学《廉政准则》，促廉洁从政”主题教育活动，举办全区学习宣讲辅导培训班，为各级各部门培训了120名宣讲人员；开展《廉政准则》知识答题活动，自治区领导和全区7万多名党员干部参与，营造了学准则、讲廉洁的浓厚氛围。把2010年确定为“反腐倡廉制度建设推进年”，制定了《自治区党委巡视工作办法（试行）》、《实行党政领导干部问责的暂行规定》、《机构编制管理违纪行为责任追究办法（试行）》等23项法规。在全区各级党政机关全面推行廉政风险防范管理工作，对23个市、县（区）、78个区直部门单位的廉政风险防范管理工作进行了督促检查，召开全区廉政风险防范管理工作经验交流会，交流经验，提出要求。下发了《宁夏回族自治区推进廉政风险防范管理工作考核办法（试行）》，进一步推动工作落实。各部门、各单位查找风险点，制订防范措施，健全内控机制，切实加强对领导干部、重点领域和关键岗位的监督，使权力运行的监督制约工作取得了新进展。

2010年8月11日，自治区纪委监察厅开展深入实施西部大开发战略大学习活动动员大会

2011年8月11日，全国廉政教育基地挂牌仪式在六盘山举行

# 自治区人

自治区党委书记张毅，中国检察官教育基金会理事长王振川，自治区党委常委、纪委书记刘晓滨，自治区党委常委、秘书长蔡国英，自治区人民检察院检察长王雁飞接见中国检察官教育基金会四届理事会第四次会议代表

自治区党委书记张毅、自治区主席王正伟、自治区政主席项宗西等领导出席全国检察机关惩治和预防渎职侵权罪展览宁夏巡展开展仪式

自治区党委常委、组织部部长徐松南到自治区检察院考察

最高人民检察院副检察长张常韧代表高检院党组和曹建明察长，在自治区检察院检察长王雁飞的陪同下，亲切慰问检干警

检察干警走访七营镇百姓并向他们征求意见和建议

检察干警走上街头开展法制宣传

# 民检察院

2010年2月6日，自治区检察院检察长
工雁飞在自治区第十届人民代表大会第三
次会议上作工作报告

2010年5月18 19日，自治区检察院检察长工雁飞深入石嘴山市、中卫市等地，就检察机关深入推进三项重点工作和开展“恪守检察职业道德，促进公正廉洁执法”主题实践活动情况进行调研

自治区人民检察院举行机关检察官宣誓仪式

银川市政协委员在银川市检察院调研

5月17日，自治区检察院举行全区先进典型事迹报告团首
场报告

10月19日，自治区检察院举办全区检察机关第二届文艺会演

# 中共

表彰2009～2010年度“党建工作先进单位”安排部署2010年机关党的工作

自治区党委常委、秘书长蔡国英为党员志愿者授旗

召开区直机关党组（党委）书记谈党建座谈会

安排部署结对共建工作

观摩学习自治区统计局学习型党组织建设

全区“组工干部创先争优价值观”主题演讲比赛，区直机关选拔赛获奖选手与领导合影

# 直机关工委

加强机关党务干部培训

开展励志·厚德·正行主题读书活动

举办党旗在我心中知识竞赛

举办科学发展大讲坛

2010年，是“十一五”收官之年，是中央部署深入实施西部大开发战略的重要一年，也是区直机关党建工作富有特色、亮点纷呈的一年。一年来，区直机关各级党组织和广大党员干部按照自治区党委的总体部署和机关党建工作要走前头、作表率的目标要求，深入贯彻落实科学发展观，主动作为，创先争优，扎实推进“机关党的建设年”和“创建学习型党组织、争做学习型党员”活动，打造区直机关学习品牌，不断加强党内民主建设、党风廉政建设、精神文明建设和党群共建，努力树立为民、务实、清廉的机关形象，党员干部队伍素质进一步提高，为促进机关中心工作、推动我区经济社会新跨越作出了积极贡献。

举办区直机关职工趣味运动会

慰问离退休职工

自治区党委书记张毅调研全区广电工作

1月

☆10日，宁夏广电总台制定下发了《宁夏广播电视总台廉政风险防范实施方案》，全面推行廉政风险防范管理工作。

☆18日，总台召开2009年度总结表彰大会，对2009年各项工作中涌现出的先进集体、先进个人和优秀作品进行了表彰。

☆26日晚，宁夏春节联欢晚会《花海春潮》在宁夏体育馆录制。

☆28日，由自治区党委宣传部与总台共同主办的“感动宁夏”2009年度人物颁奖盛典在宁夏人民会堂举行。

☆30日，以“拥抱春天　放飞梦想”为主题的2010宁夏青少年春节联欢晚会完成录制。

2月

☆8日，总台与上海广播电视台合作开发的宁夏卫视频道新版节目开播仪式在银川举行。

☆28日，总台各部门、单位负责人与干部职工签订了《宁夏广电总台职工廉政承诺书》。

3月

☆1日，总台两会专题报道组，首次携手上海广播电视台，对全国两会盛况进行报道。

☆8日，总台新闻广播获“全国三八红旗集体”荣誉称号。

☆13日，自治区人大常委会副主任马瑞文作出重要批示：“两会期间，宁夏代表团的报道十分成功，央视采用稿件突破了十条，总台的节目丰富多彩，有力地宣传了宁夏，展示了代表团风采。”

☆15日，总台与广电传媒集团共同举办“见证诚信的力量”宁夏3•15晚会。

☆26日，宁夏广电总台召开党委扩大会，传达学习胡锦涛总书记在全区考察工作时的重要讲话，研究部署贯彻落实措施。

☆30日，总台办公室荣获“全区宣传文化舆情信息工作先进集体”荣誉称号。

4月

☆5日起，总台推出系列报道《学习贯彻胡锦涛总书记来宁考察讲话精神》，并在“宁夏新闻”“宁夏新闻联播”“全区新闻联播”中播出。

☆9日，在第十四届CCTV青年歌手电视大奖赛上，宁夏广电总台选送的宁夏大学学生合唱团晋级合唱单项决赛。

☆14日，青海玉树发生地震，总台第一时间派记者赴灾区宣传报道。

☆18日，以“开拓奋进，贡献宁夏”为主题的2009年度宁夏经济人物揭晓，活动由自治区党委宣传部和总台联合主办。

☆19日，总台和广电传媒集团、电影集团开展“情系玉树”救灾捐款活动，共捐款16.09万元。

☆19日，总台携手上海广播电视台，直播了世博会宁夏馆开馆仪式。

☆21日，总台经济广播与全国50多家电台一起组建联盟，携手打造世博专题联播节目《共享世博盛宴》。

☆21日，总台被评为全国争创广告行业精神文明先进单位。

☆22～27日，国家广电总局广告检查组一行来宁检查广播电视广告播出情况，充分肯定了总台广播电视广告播出管理工作。

☆25日，自治区党委、政府向奋战在青海玉树抗震救灾一线的总台报道组发来慰问电，对前往一线的记者表示深切慰问。

☆28日，总台召开“在基层党组织和党员中开展创先争优活动”动员大会，安排部署总台“创先争优”活动。

☆30日，总台召开党委会议，认真传达学习全国全区宣传部长会议精神，讨论下一阶段宣传工作要点。

☆30日，宁夏卫视全程直播世博会开幕式盛况。

5月

☆4日，2009年度“宁夏新闻奖”评选揭晓，总台43件作品荣获“宁夏新闻奖”。

☆17日，宁夏卫视与上海第一财经携手拍摄的八集电视系列片《走进宁夏》在宁夏卫视播出。

☆21日，总台举办处级干部培训班，对《中国共产党党员领导干部廉洁从政若干准则》《干部选拔任用工作四项监督制度》进行专题辅导，副处级以上干部共70人参加培训。

☆31日，《广电新时空》杂志两件作品《嘉兴广电报：凤凰涅槃之路》《画皮荣获第28届香港电影金像奖“最佳摄影”和“最佳原创歌曲”》双获中国广播电影电视报刊协会优秀新闻作品一等奖。

6月

☆8日，阿拉伯七国新闻代表团参观总台。

☆21日，自治区主席王正伟要求总台对民生计划、黄河金岸建设、全民创业、效能建设、设施农业、职业教育等自治区重点工作进行深入报道。

☆21日，总台与银川市人民政府联合主办的“亚洲熄灯日——银川熄灯1小时”节能环保公益行动在银川光明广场举行。

☆26日，总台机关党委组织先进党支部代表、优秀党务工作者和预备党员赴六盘山红军长征纪念馆举行主题教育活动。

☆27日，由总台承办的第二届中国（宁夏）国际文化艺术旅游博览会系列活动——“《星光大道》冠军走进宁夏”大型演唱会在宁夏体育馆落幕。

☆28日，自治区党委常委、纪委书记刘晓滨来总台，就党风廉政建设和反腐倡廉工作进行调研。

7月

☆2日，由宁夏广电总台与上海广播电视台主办的“西部大开发10周年暨东西携手　创富中国——2010首届中国西部资本论坛”活动在银川举行。

☆2日，自治区政府10万元重奖总台在黄河金岸新闻报道中的出色表现。

☆13日，总台召开党委（扩大）会议，认真学习中央和自治区西部大开发工作会议精神，结合总台工作实际，全面贯彻落实中央、自治区关于深入实施西部大开发战略的重大决策部署。

☆14日，宁夏希望工程20年表彰大会在银川举行。总台获得“希望工程20年优秀合作媒体”称号。

☆18日，国家广电总局党组副书记、副局长赵实，到总台传输发射中心贺兰中波发射台视察。

☆18日，第二届中国（宁夏）国际文化艺术旅游博览会在银川开幕。总台对
博会期间举办的10项大型活动进行深入
道。

☆19日，国家广播电影电视总局电
局局长童刚到宁夏电影集团有限公司慰
并进行调研。

☆30日，总台视频网站点击量突
1000万次。

8月

☆2日，总台召开干部职工大会，
彰奖励上半年在重大宣传战役和大型活
中表现突出的单位，并安排部署下一阶
工作。

☆10日，自治区党委常委、宣传部
杨春光来总台，就深入实施西部大开发
略宣传工作和文化体制改革工作进行
研。

☆10日，总台召开党委（扩大）
议，认真学习全区深入实施西部大开发
略动员大会及全区宣传文化系统干部会
精神。

☆19日，在全国抗震救灾总结表彰
会上，总台新闻中心记者王卫东被授
“全国抗震救灾模范个人”称号。

☆22日下午，由总台新闻广播与甘
新闻广播联合举办的大型募捐公益活
《人间有大爱　舟曲不孤独》在银川光
广场举行。

☆27日，总台少儿频道选送的合唱
曲《心中有朵马兰花》荣获2010年全国
童歌曲大奖赛金奖，歌曲《司马光砸缸》
获银奖。

9月

☆5日，由宁夏交通广播和宁夏道
运输管理局联合举办的“宁夏道路运输
业人员才艺大赛”总决赛在银川举行。

☆10日，第九届全国省级电视台财
管理工作会议在银川召开。

☆15日，在第六届电视制片人论
上，总台少儿频道的《全国儿童歌曲大
赛宁夏赛区颁奖晚会》当选中国2010最
影响力电视营销活动；《PK先锋》栏目
评为中国2010年十大创新电视栏目。

☆17日，广电传媒集团广播电视网
公司与宁夏7个市县广电局成功签署网
整合协议。

☆19日，总台技术中心、传输发射
心完成了首届“黄河金岸国际马拉松赛”
的现场直播。

☆21～25日，上海世博会“宁夏活
周”世博园亮相，总台联合上海第一财
频道圆满完成活动的宣传报道工作。

☆25日，甘肃省广播电影电视总台
来感谢信，对总台举办大型募捐活动，
舟曲受灾同胞筹集捐款表示衷心的感谢。

☆26日，总台交通广播举办庆祝开
十周年系列活动。

☆26～30日，2010中国（宁夏）国
投资贸易洽谈会暨首届中国•阿拉伯国家
贸论坛在银川举行，总台与第一财经携
报道活动盛况。

玉树地震报道

交广十周年

上海世博会直播

家

# 电视总台

☆31日，国家广电总局法规司副司长祝燕南一行就总台“五五”普法工作进行检查验收。检查组对总台普法宣传教育工作给予充分肯定。

☆下旬，总台形成《关于频率、频道定位及节目设置的调研报告（征求意见稿）》，明确频率频道定位，促进节目品质的全面提升。

**10月**

☆18日起，宁夏卫视全面改版，推出《道梦空间》《证券之夜》《财判》《股市天天向上》等新节目。

☆15日，总台就如何更好地促进西部大开发进行了专题辅导，总台副处级以上干部90余人参加学习。

☆16日，宁夏交通广播录制的61回长篇历史评书《话说马鸿逵》获全国小说连播作品一等奖。

☆17日晚，总台大型娱乐电视节目《宁夏红·我是明星》年度总决赛落幕。

☆20日，由总台等8家单位联合承办的宁夏首届勇当创业先锋电视大赛总决赛圆满落幕。

☆20日，总台召开党委会，传达十七届五中全会精神和刘云山在中宣部召开的学习贯彻党的十七届五中全会精神视频会上的重要讲话精神，及杨春光部长在宁夏分会场的讲话，并对十七届五中全会宣传报道工作进行了安排部署。

☆20日，第20届中国新闻奖评选揭晓，总台选送的《一元钱看病》《穷沟沟出了首个亿元村》分获二三等奖。

☆21日，总台联合西部十二省市区电台制作的50集广播专题《西部大开发　十年绘华章》在西部十二省市区电台同时播出。

☆下旬，总台通过开展“结对共建”、讲“党课”“比学习、比干劲、比创新、比贡献”等活动，使“创先争优”活动取得新的进展。

**11月**

☆8日，在全区优秀新闻工作者表彰大会中，总台陈建军、李军获宁夏名记者称号，关楠、孔峥获宁夏名编辑称号。

☆9日，总台公共频道《塞上乡村》栏目荣获全国科普工作先进集体称号。

☆11日，总台开展处级干部公开竞聘，60名同志分别走上正、副处级领导岗位。

☆14日，在第三届中国品牌媒体高峰论坛暨中国媒体品牌影响力排行榜发布会上，宁夏卫视获年度“最具品牌创新力卫视”称号。

☆16日，《同心转播台搬迁建设方案》通过自治区发改委组织的专家技术审查。

☆20日，总台都市广播荣获中国城市广播联盟成立五年来做出突出贡献成员台。

☆29日，总台组织人事处获全国老龄工作先进集体。

☆30日，自治区党委书记张毅到中央驻宁主要新闻单位和区直宣传文化系统调研，并在总台召开的座谈会上发表了重要讲话。

**12月**

☆1日，宁夏首个综合性专业家庭购物频道“家有购物”在银川开播。

☆2日，总台召开党委扩大会议，传达学习张毅书记在视察中央驻宁主要新闻单位和区直宣传文化系统重要讲话精神，研究部署贯彻落实措施。

☆9日，在第四届“农村小康电视节目工程”评奖活动中，公共频道《塞上乡村》栏目选送的《番茄地里拿工资的农民》获一等奖。

☆18日，宁夏广电总台、宁夏广电传媒集团与信达地产股份有限公司签署宁夏广电网络收购协议，以9000万元价格收购信达地产股份有限公司持有宁夏广播电视网络有限公司49%股权。

☆21日，总台召开动员大会，认真开展“杜绝虚假报道　增强社会责任　加强新闻职业道德建设”专项教育活动。

☆24日晚，“2011宁夏新年音乐会”在宁夏体育馆举行。

☆24日，总台人事处举办的摇臂、摄像技术培训班结业，六期培训共有近50名业务骨干参加。

☆26日晚，2010宁夏民主评议政风行风年度特别节目《风正好扬帆》录制完成，在公共频道播出。

☆27日，自治区党委常委、政法委书记、公安厅长苏德良到总台考察调研。

广播世博会直播

新年音乐会

经济人物

播　　感动宁夏



中阿论坛

马兰花

# 自治区人力资

自治区主席王正伟（左一）视察人力资源社会保障厅社保经办大厅

自治区党委常委、组织部部长徐松南（右二），自治区党委常委、副主席刘慧（左一）与柔性引进的院士代表合影

自治区党委组织部副部长、人力资源社会保障厅厅长张学武（左二）检查固原市统筹城乡居民基本医疗保险制度试点情况

自治区启动山区8县区新农保国家试点，国家试点县区达到11个，同时在其余11个县区开展自治区和市级试点，至此，全区实现新农保制度全覆盖

2010年，自治区人力资源社会保障厅紧紧围绕服务发展、保障民生这条主线，以开拓进取的思路抓工作，用改革创新的办法解难题，年度工作亮点纷呈，人力资源社会保障事业整体再上水平。

**——创业就业迈出新步伐**

开展系列活动，提升全民创业水平。自下而上、层层开展“勇当创业先锋”创业大赛，给予获奖选手一定的创业扶持资金，激发全民创业热情；举办创业博览会，展示全民创业成果，助推全民创业深入发展；召开全民创业总结表彰大会，交流全民创业工作经验，提升全民创业水平。建立存贷挂钩机制，破解创业融资难题。健全完善支持创业小额担保贷款工作机制，采取存贷挂钩的办法，破解创业融资难问题。小额贷款担保基金扩充到1.95亿元，引导各级金融机构发放小额担保贷款7.23亿元，分别比上年增长39.29%和112.65%。存贷挂钩被人社部时任副部长张小建誉为“真正管用的办法”。挖掘区内就业岗位，促进重点群体就业。采取岗位兜底的办法，力促高校毕业生总体就业率达90%，高于全国就业预期目标10个百分点；采取区内重点工程和季节性生产项目优先使用本区农民工的做法，使20万农民工实现了区内就业，促进了农民增收。创新创业培训方法，力促创业培训提质。推行培训机构和通用工程招投标、培训资金项目管理机制，成功研发“宁夏SIYB创业培训管理系统”，创造出了创业培训结业会诊的新做法，实现了创业培训机构、师资和对象的全覆盖。

**——社会保障开创新局面**

自筹资金搞试点，新农保实现制度全覆盖。在国家新农保试点覆盖全区50%的县区基础上，自筹资金在剩余的11个县（市、区）开展自治区、地市试点，提前实现了新农保制度全覆盖。打破城乡二元结构，实现医疗保险城乡统筹。整合城镇居民基本医疗保险、新农合制度、管理经办、信息资源等，采取“一制多档”模式和试点运行方式，加快推进城乡居民医疗保险一体化，促进城乡居民基本医疗卫生服务均等化。宁夏成

# 源社会保障厅

为全国第一个实现统筹城乡居民医疗保险的省级行政区。工作经验被人社部在全国推广。采取质押贷款办法，破解困难群体养老缴费难题。在解决城镇企业职工基本养老保险历史遗留问题过程中，及时出台高龄低保人员用身故后丧抚费质押贷款缴纳养老保险费政策，有效解决了城镇低保户无力参保养老难题。政策实施效果明显，得到了社会各界广泛好评和人社部的充分肯定。

——引才引智实现新突破

构建部区合作机制，引才工作取得新突破。将招才引智与招商引资相结合，柔性引才与全职引才相结合，建立招才引智部区合作机制，成功举办中阿人才合作交流研讨会和中国（宁夏）引进海内外高层次人才合作洽谈会，引进海内外高层次人才118名，其中柔性引进院士16名、国内外知名专家40名，全职引进博士62名。创新人才评价机制，突出品德能力业绩。出台优秀高层次专业技术人才和高技能人才选拔办法，建立以品德、能力和业绩为主要评价要素的人才评价机制，修订完善31个系列专业的职称评审条件。首次选拔21名留学归国人才入选自治区“百人计划”，其中2名入选国家“千人计划”，20名高层次、高技能人才享受国务院特殊津贴。

——人事管理取得新成效

全面实施阳光招聘设岗。坚持全员招聘、分类招聘，事业单位推聘率、签聘率均达到100%，比国家计划完成时限提前5年；岗位设置完成率达96.7%，高出全国80%设置率目标16.7个百分点。工作经验在全国人社工作会议上交流。提前兑现绩效工资。在规范公务员津贴补贴时，统筹考虑事业单位生活补贴，并在全国率先兑现公共卫生与基层医疗卫生事业单位绩效工资，启动实施其他事业单位绩效工资，为深化事业单位人事制度改革创造了条件。工作经验被人社部向全国推广。

——劳动关系得到新发展

建立清欠长效机制，维护农民工权益。提请自治区政府出台农民工工资清欠有关政策，将农民工工资清欠工作纳入各级政府效能目标考核体系、落实工资保证金制度、建立企业诚信制度，对拖欠农民工工资的房地产开发企业出台“吊销其建筑施工资质；冻结其在宁夏范围内在建工程项目，依法进行拍卖，用于支付拖欠的农民工工资；不得参与宁夏土地招标、拍卖等经营性活动，并将其清除出宁夏建筑施工市场”的三项硬措施，全区农民工工资清欠率达98%以上。工作经验被人社部向全国推广。

——阳光政务得到新加强

全面推行阳光政务，不断提升公信力。着力打造阳光审批、阳光就业、阳光社保、阳光招考、阳光评审、阳光安置、阳光用人、阳光维权等阳光服务品牌，人社系统公信力得到不断提升。采取政策、过程、结果公开的办法，将公务员考试录用全程置于社会公众的监督之下，招考工作公开、公正、公平，阳光招考品牌得到社会认可。采取功绩制考核安置和双向选择安置办法，强化“五项措施”，推行“十公开”和廉洁自律承诺制度，阳光安置品牌逐步打响，军转安置工作经验被国务院军转办向全国推广。

人力资源社会保障部副部长王晓初（右一）在银川会见前来参加2010中阿人才合作交流研讨会的埃及中央组织管理局局长萨夫瓦特·努哈斯

“勇当创业先锋”全民创业电视大赛现场

荷兰专家在宁夏实地指导农户种植花卉

# 自治区国

自治区主席王正伟在中北部土地开发整理重大工程项目2010年秋季开工仪式现场听取汇报

自治区副主席姚爱兴在“第二十个全国土地日”宣传点视察

自治区人大视察组视察惠农采煤沉陷区矿山环境治理项目工程

全区地质勘查项目观摩会在宁东镇甜水河召开

国土资源厅、86612部队军民共建协议书签字仪式

国土资源厅举行直属事业单位授牌仪式

# 土 资 源 厅

2010年，在自治区党委、政府的正确领导下，在自治区人大、政协和国土资源部的大力支持下，国土资源工作坚持调整结构和促转变相结合，保障发展开创新局面。在土地和矿产资源的配置上确保重点。采取“点供”方式供地，全力保障能源、交通、民生等重点领域和重点项目落地，全年预审银川火车南站、包兰铁路复线等重点项目108个，核准用地近4万亩，是上年的4倍。审批301个项目、面积11.7万亩，同比增长97%；为西气东输二线等10个国家重点项目征地4.64万亩，同比增长57%。出台政策，全力推动新能源产业发展，共审核了55个太阳能、风能发电项目，总装机能力达到2300兆瓦，使全区的新能源产业走在全国前列。全区共供应住房用地1467.4公顷，同比增长119.9%，有力促进了房地产业健康发展。出台了落实中央一号文件精神、服务社会主义新农村建设的12条意见，强化了支农惠农。出台了14条支持石嘴山市资源枯竭型城市发展和28条支持固原发展的政策意见。加大矿产资源开发力度，为国电英力特、盾安集团等一批企业配置资源14亿吨。全年实现土地和矿业权收益104.6亿元，突破百亿元大关，同比增长45%。

全区城乡建设用地增减挂钩试点工作现场观摩会

国土资源厅、金凤区编办、紫园社区联合召开支部党员大会并赠送书籍

坚持破难与创新相结合，国土资源整体保障能力实现新提升。全力争取国家差别化政策支持有了新突破，国土资源部全年分配全区的新增建设用地指标首次突破10万亩，同比增长23%，同时放宽了未利用地的政策。国土资源部从支持宁夏发展的角度妥善界定黄河金岸3万亩建设用地性质，降低了建设成本，有效化解了用地矛盾。争取到国土资源部授权宁夏办理应由部办的矿业权审批，共涉及58个探矿权、采矿权和141亿吨煤炭资源。全年争取到国土资源部各项投入15亿元，同比增长50%。

# 自 治 区 国

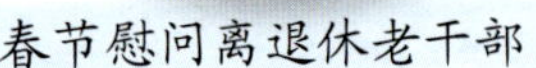

春节慰问离退休老干部

国土资源厅党员志愿者义务服务活动

坚持严管与建设相结合，耕地保护工作取得新成效。认真落实省长负责制，并纳入自治区效能考核，确保了1647万亩耕地保有量和1328万亩基本农田数量不减少、质量不降低。补充耕地4.93万亩，实现了“先补后占、占补平衡”。年末新增耕地面积1.68万亩，实现了连续24年耕地净增长。加快推进中北部土地开发整理重大工程项目。投入资金13.1亿元，开工122万亩，新增耕地12.87万亩，综合效益初步显现。千万亩基本农田建设工程进展顺利，基本农田调整工作全部完成。

坚持勘查和开发相结合，地质找矿实现新突破。固原盐化工基地资源整装勘查初见成效，查明岩盐资源26亿吨。探索出了统筹规划、整装勘查的“固原模式”。组织实施了两批23个自治区地勘基金项目，投入资金2.32亿元，探明煤炭资源储量约19亿吨，新查明6个大中型矿产地。

坚持激励与管控相结合，资源综合利用形势呈现新气象。在全区开展了“土地管理模范市、县”和“土地节约集约模范市、县”等创建活动。创新土地利用计划管理，加强用地定额标准审查，核减用地202.2公顷。挂牌督办了50宗530.9公顷闲置土地，并全部处置到位。开展了房地产用地专项整治和出让合同清理，依法处置了16宗180.6公顷未按期开工、竣工的房地产用地。牵头开展了矿产资源开发整合工作，关闭了24个10万吨以下的小煤矿（井口），煤炭采矿权数量减少了29个，挖掘矿山资源潜力399万吨，各类探矿权减少了12个。

坚持利民与惠民相结合，和谐社会建设迈出新步伐。超计划完成承担的两项自治区为民办理的实事，惠农采煤沉陷区治理面积2.67平方公里；对固原市受地质灾害威胁的100户、400人实施了搬迁避让。严格执行新的征地补偿标准和“一卡通”发放模式，落实征地补偿费9.76亿元，占用耕地的补偿标准同比提高了17%。高标准实施了投资1.17亿元的6个矿山地质环境治理项目。农村宅基地使用权和集体土地所有权证登记发证率分别达到96%和95%。全

# 土　资　源　厅

第一眼探采结合井竣工出水仪式

区保障性住房、棚户区改造和自住性中小套型商品房供地3483亩，同比增长105.9%，有效维护了中低收入群体的利益。

坚持查处和预防相结合，执法监管水平跃上新台阶。2009年度土地卫片执法检查的立案率、查结率均达到90%以上，成为全国少数几个“零问责”的省区。清理查处“未报即用”违法用地行动扎实开展，涉案104宗、结案率94.1%。石嘴山市等市、县用地通过国家土地督察西安局审核验收。全年开展执法巡查3783次，发现并及时制止违法行为410起，挽回经济损失1100万元。与监察厅联合办案，遴选了11起典型案件在新闻媒体公开曝光，增强了威慑力。

坚持巩固与提升相结合，基层基础工作得到新提升。第二次土地调查工作全面完成，受到国土资源部表扬。扎实开展土地资源利用评价工作，农用地产能核算工作全面完成。1个国家级、15个自治区级开发区土地集约利用评价成果更新通过验收。15个市、县（区）城镇土地级别和基准地价更新全面开展。开展了银川市等12个市县城镇土地调查工作。基础测绘三期1∶1万地形图测绘与地理信息数据库建设全面开展。国家边远地区、少数民族地区基础测绘项目加快实施，完成了吴忠市1∶500地形图测绘36平方公里。启动建设“数字吴忠”地理空间框架工程。乡镇国土所建设进一步加强，为64个基层中心所购置了执法车辆和办公设备。

基层国土资源管理中心所巡查执法车辆发车仪式

举办全区国土资源系统第二界“国土杯”职工运动会

自治区党委书记张毅会见海小平事迹报告团

自治区主席王正伟检查“中阿论坛”安保工作

确保“宁洽会”安全

整治周边环境确保校园安全

2010年以来，在自治区党委、政府和公安部的正确领导下，以“宁洽会暨中阿经贸论坛”安全保卫任务为中心，以三项重点工作、三项建设为主线，切实加强公安工作及队伍建设，较好地完成了自治区党委、政府下达的各项工作任务和各项公安保卫任务。

2010宁洽会暨中阿经贸论坛期间，公安机关投入警力3.1万余人次、车辆9000余台次。2010年，全区共破获各类刑事案件10391起，抓获各类刑事犯罪嫌疑人5925名；破获经济

打击刑事犯罪

特警队载誉归来

畅通无阻

# 公安厅

海小平事迹报告会

创建和谐警营开展警营文化活动

犯罪案件211起，挽回直接经济损失2546.076万元；破获毒品犯罪案件252起，缴获毒品海洛因30.764千克；共受理各类治安案件30062起，查处29651起，处理违法人员19560人。加强隐患排查整治工作。通过开展缉枪治爆专项行动、剧毒化学品专项整治等工作，共查没收缴炸药128.5公斤、雷管3992枚；收缴非法枪支127支、子弹3406发；通过开展火灾隐患排查整治等专项整治，全区发生火灾2440起，比上年同期下降了25.4%，死亡人数、受伤人数同比基本持平；通过开展农村道路交通安全集中整治、公路危险路段排查整治等工作，全年交通事故发生1347起，死亡308人，与上年同期相比，分别下降4.2%、5.2%；受伤1718人，上升3%。

一丝不苟

消防救援队出征青海、玉树

特警新装

铜墙铁壁

捣毁土炼油窝点

# 奋进中的宁夏

自治区党委常委、自治区副主席刘慧为重度残疾人发放津贴证

自治区党委常委、自治区副主席刘慧在红寺堡区调研残疾人生活情况

社会组织党建和培育发展工作不断加强

扎实开展学习型党组织建设试点工作

发挥双拥优势全力抢险救灾

大规模提升基层民政干部素质

村务公开和民主管理进一步规范

举办5·12大型系列慈善活动

# 民 政 事 业——自治区民政厅

2010年，全区民政工作紧紧围绕自治区党委、政府中心工作，以讲大局、惠民生、促改革、重管理、强服务为基本思路，实施“五项工程”，办好“六件实事”，推出“七项利民新政”，完善和建立“八项旧制新规”。民政工作呈现出重点突破，亮点频闪，整体推进的良好局面。防灾减灾工作有新加强，社会救助水平有了新提升，社会福利和慈善事业有新跨越，城乡社区建设有了新突破，双拥和优抚安置工作有新进展，社会组织管理工作有了新气象，专项社会事务管理有新成效，为促进社会公平、维护社会稳定，构建和谐宁夏做出了积极贡献。

适龄孤儿职业技能培训全面启动

指导和帮助灾民恢复重建

全区孤儿最低养育津贴制度全面启动

新建中的宁夏老年服务中心项目

统一规范的农村社区基础设施建设

# 自治区

自治区司法厅举办“司法人民警察大练兵活动成果汇报会”，自治区党委常委、政法委书记苏德良检阅司法警察队伍

自治区人大开展贯彻《监狱法》执法大检查活动

自治区政协领导到银川监狱进行警示教育

自治区司法厅举行“千名律师进万家企业”启动仪

# 司法厅

接受警示教育

兄弟省市参观考察全区司法所建设

香港惩教署在宁夏访问

司法厅机关干部参观石嘴山监狱

自治区劳教局举办知识竞赛

法律服务“三下乡”活动

# 自治区财政厅

## 加强财政监督

6月4日，自治区财政厅厅长王和山为百姓解答惠民政策

5月15日，自治区财政厅副厅长路芳对全区会计专业技术资格考试进行巡视

1月8日，自治区财政厅纪检组组长王本仁实地观考察位于贺兰县金贵镇的黄河金岸项目

8月26日，“法制财政为民生”专题文艺晚会暨全区财政“五五”普法知识竞赛颁奖晚会在宁夏人民会堂隆重举行

7月11日，全区财政系统“抓落实、树形象”主题演讲比赛决赛拉开帷幕

1月15～16日，全区财政工作会议在银川召开

围绕自治区党委、政府的中心工作，发挥财政的职能和作用，转变工作作风，强化服务意识，实现了战略转型。在促进经济社会快速发展的同时，地方一般预算总收入286.8亿元，其中地方财政一般预算收入完成153.6亿元，增长27.7%，增加额42亿元。财政一般预算支出达到555.9亿元，增长29.9%。

**为自治区的长远发展提供财力保障**。完成政府性基金收入160.3亿元，夯实了城乡建设和交通、水利等事业发展的财政保障体系。发行地方政府债券26亿元。争取国际金融组织和外国政府贷款22亿元。

**支持重点项目建设**。安排沿黄各类建设资金近20亿元，推进黄河金岸建设，黄河圣坛、枸杞博物馆等标志性文化场所建设。投入20多亿元用于中北部土地开发整理、包兰铁路复线、宁夏人剧院、职业教育实训基地、城市公厕、村级公益事业一事一议等项目。全年全区城乡社区支出62.7亿元，增长55.2%。

**创新扶持工业发展政策**。制定了中小企业“百家成长千家培育”等一系列政策措施，集中力量支持“五大十特”工业园区建设。全年工业类支出20.8亿元，增长45.8%。安排节能减排资金1亿多元，支持淘汰落后产能和节能技术改造。加快发展现代服务业，安排1亿元加强须弥山等景区基础设施建设，整合6000多万元支持三大口岸和九大物流园区建设，足额保障中阿经贸论坛和六大节会支出。全年全区服务业支出10.4亿元，增长64.1%。

**围绕“三大示范区”建设，扶持农业现代化建设**。整合8亿多元扶持13个农业特色优势产业和120个现代农业示范基地建设。支持南部山区设施农业、马铃薯脱毒育种三级体系等重点工作。宁夏园艺产业园升级为国家级农业科技园区。农业综合开发完成了31万亩土地治理、孙家滩有机农业示范园区等重点任务。

**促进区域协调发展**。下达一般性转移支付106亿元，增长28.6%，基本公共服务均等化进程持续推进。山区县全部纳入生态功能区转移支付范围。共下达专项转移支付139亿元，增长24.7%，促进了区域协调发展。

**财政自身建设迈出新的步伐**。开展创先争优活动，反腐倡廉建设成效明显。成功举办全区财政系统第十届职工体育运动会，全系统市级以上文明单位全覆盖，彭阳县财政局荣获“全国财政系统先进集体”荣誉称号，三位同志分别荣获“全国先进工作者”“全国财政系统先进工作者”和“全国先进会计工作者”荣誉称号。

7月30日至8月2日，全区财政系统第十届职工体育运动会在固原成功举办

6月4日，自治区财政厅干部职工走上街头进行法制宣传

11月23～24日，自治区财政厅副厅长马闽霞陪同财政部条法司副司长祝向文对全区财政“五五”法制宣传教育工作进行检查验收

5月12日，自治区财政厅副厅长张苏安带领财政厅“防灾减灾”宣传小组走上街头进行义务宣传

10月22日，自治区财政厅总会计师刘怀明在区政务大厅进行调研

4月6日，自治区财政厅副厅长董锋对孙家滩建设情况进行调研

10月21日，自治区财政厅副巡视员李少文陪同自治区人大财政经济工作委员会主任马晓光到盐池县现场办理自治区十届人大三次会议第93号建议

# 自治区环

自治区党委常委、自治区副主席齐同生检查调研宁夏危险废物和医疗废物处置中心

全区首届环境监测技术大比武决赛启动仪式在银川举行

举办世界环境日保护母亲河行动主题宣传实践活动启动仪式

6月5日，在银川市光明广场举行"清凉宁夏"广场环保之夜文艺汇演

11月27日，在银川市举行环境监察执法车辆发车仪式

2010年全区各级环保部门认真落实中央和自治区重大决部署，以建设环境友好型宁夏为目标，以解决危害群众健康突出环境问题为重点，坚持保护环境与推动发展相协调，坚污染减排与调结构相促进，坚持环境改善与惠民生相结合，项工作扎实推进，目标任务圆满完成。

**全区环境质量持续改善**。实施黄河跨市界断面水质考核点和中南部地区水污染防治工程。开展了固原清水河和葫芦流域治理、吴忠金积工业园区污水处理及银川市排水沟环境合整治。建立了区域大气污染多部门联防联控机制，开展了市环境综合整治、高速公路及滨河大道沿线高耗能企业专项治。2010年，黄河宁夏段三类以上良好水质断面稳定保持100%；五个重点城市环境空气质量二级以上天数占全年总天的比例平均达到89.3%。

**减排任务超额完成**。强化目标责任，层层签订污染减排标责任书。联合自治区发改委等5部门制定出台管理办法，施绿色电力调度。率先在全国开展减排工程建设进度警示。展了为期3个月的减排检查，通报整改39家企业。新建了45

控重点污染源在线监控系统，7家造纸制企业废水深度处理设施全部建成，城市水处理厂和固原淀粉废水处理工程稳步进，扩大了减排工程覆盖面。经环保部查组初步审核，2010年全区化学需氧量二氧化硫分别较2009年削减了2.74%和06%，超额完成目标任务。

**农村环保取得突破**。2010年初，自治党委、政府出台《关于加强农村环境保工作的意见》，明确了支持农村环保工的政策措施。环保部和财政部把宁夏列全国8个农村环境连片整治示范省区之，开展农村环境连片整治，全区22个市县、区）、800多个村庄的110多万农村人口将从中益，实施了232个村庄环境综合整治，惠及农民.2万人。生态示范创建扎实推进，创建了38个国家和自治区级的环境优美乡镇与生态村。

**环保为民不断强化**。组织开展了整治违法排污企、保障群众健康环保专项行动。集中整治全区35家及重金属排放企业。加强辐射环境监管，全面排查家重点单位的放射源，确保环境安全。政府为民办保实事件件得到落实。建立危险废物台帐试点，严打击非法收集和处理危险废物行为，维护了社会和稳定和群众的合法权益。

**服务发展明显加强**。宁东基地“煤炭间接液化”重大项目环评和白芨滩国家级自然保护区调整顺利过环保部审批，编制全区环境保护“十二五”规划10个专项规划，研究提出了今后环保工作的指导思和目标任务。组织完成了固原盐化工循环经济示范总体规划环评和宁东能源化工基地规划环评修编，优化全区产业结构和区域布局。建立了重大项目进联系机制，深化了项目环评，对新能源、新材、节能环保等新兴产业开辟了绿色通道，减少审批序，加快审批速度。对铁合金、电石、碳化硅等高能产业严格把关，推动了产业结构调整。2010年共批建设项目253个，其中52个风电项目、21个太阳光伏电站项目仅用7～10天时间完成审批。

**机构队伍建设切实加强**。成立了自治区宁东环境查中心。为基层环保部门配备环境执法监察车辆台。建成了自治区环境预警应急中心，人员配备得了加强。开展环境监测技术大比武、环境监测能力设得到提升。

宁夏农村连片整治示范项目启动仪式

7月，举行向农村配发垃圾转运车发车仪式

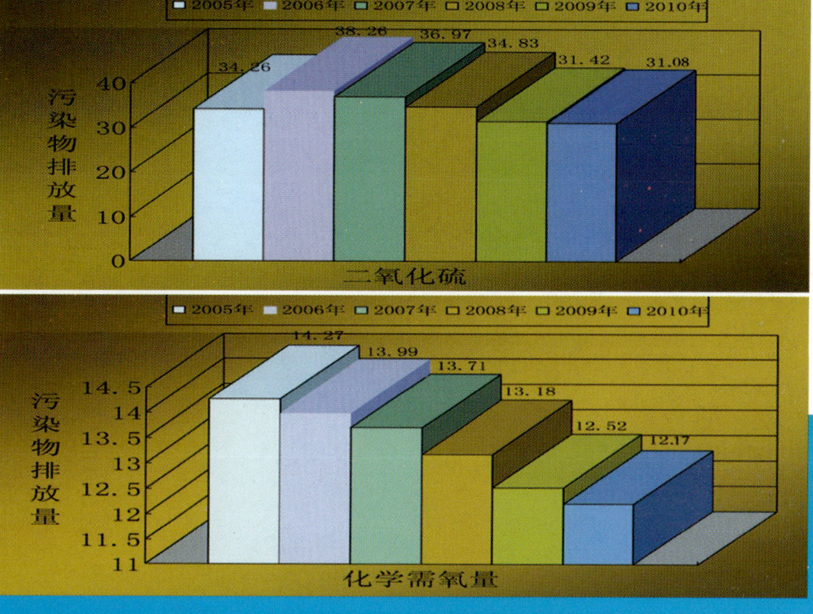

2005年～2010年主要污染物减排情况（万吨）

# 自治区住房

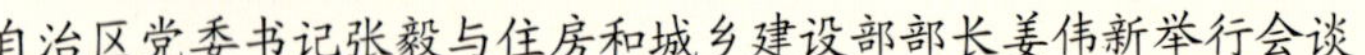

自治区党委书记张毅与住房和城乡建设部部长姜伟新举行会谈

自治区主席王正伟视察永宁县中华回族一条街

吴忠市新建的新月广场

青铜峡市陈袁滩滨河新村

丽子家园经济适用住房项目

2010年，在自治区党委、政府的坚强领导下，自治区住房和城乡设厅抢抓中央深入实施西部大开发战略的机遇，奋力拼搏，锐意进取开拓创新，真抓实干，全区住房和城乡建设事业发展取得了显著成效沿黄城市带建设、保障性住房建设、农村危房改造等工作走在了全国列，得到了中央领导和自治区党委、政府的充分肯定和社会各界的高评价，为全区经济社会跨越式发展做出了积极贡献。住房和城乡建设连续三年荣获了自治区效能目标管理考核优秀等次一等奖。

**城镇化进程加快推进**。城市基础设施进一步完善，综合服务功能显增强，全区城镇化率达到了48%。城市人居和生态环境显著改善，全城市建成区绿化覆盖率、绿地率和人均公共绿地面积分别达到38.3%35.2%和15.4平方米。银川市获得中国人居环境奖，中卫市荣获了中国居环境范例奖和2010年“迪拜国际改善居住环境最佳范例奖”全球百范例称号，青铜峡市、彭阳县获得国家园林城市（县城）称号。

**黄河金岸建设成效明显**。沿黄城市带全年共开工建设沿黄城市带点工程260项。402公里黄河标准化堤防全面竣工，508公里滨河大道全通车；中卫黄河湿地公园、吴忠新月广场、灵武枣博园等工程已建成入使用。全区住房公积金异地购房贷款、银川城市公交“一卡通”、际公交线路等同城化有序高效推进，以银川为中心的“一小时经济圈和以四个地级市为次中心的“半小时通勤圈”正在形成。

**保障性安居工程建设实现突破**。全区共开工建设廉租房14070套，设经济适用房153.5万平方米、公共租赁房2447套，限价商品房1032套改造城市和国有工矿棚户区9170户，对人均住房面积不足13平方米46958户城市低收入家庭实施了住房保障，超额完成了国家下达的住房障任务。全区住房公积金归缴额达到184.2亿元。

**农村住房建设成效显著**。全年共建成新村40个，综合整治旧村4个，改造农村危房3.38万户，新建轻钢抗震节能体系农宅1000多套，部超额完成了自治区下达的民生计划任务。宁夏被住房城乡建设部确

自治区政协主席项宗西调研沿黄城市带建设情况

自治区副主席李锐调研固原市张易镇建设情况

召开2010年全区住房城乡建设工作会议

现场为廉租住户发放租金补贴

黄河金岸滨河大道通车仪式

全国建材下乡试点省区。对同心县、原州区、海原县地震防御区、洪水受灾区6千多户困难群众的危房提前实施搬迁造，建成2717户。

**建筑业、房地产业平稳健康发展**。全年完成建筑业总产值342.7亿元，建设工程进场交易率达到了99%，工程验收合率达到了100%。宁夏博物馆工程荣获中国建筑质量最高荣誉“鲁班奖”，实现了宁夏近20年来建筑工程“鲁班奖”零突破。建筑安全生产连续3年无重大事故，被国务院安委会授予“全国安全生产月先进单位”。2010年全区房地产开完成投资254.4亿元，同比增长56.3%。完成住宅性能认定项目25个，有3个住宅项目荣获全国房地产行业最高奖 “广奖”。

**建筑节能取得新进展**。全区新建节能建筑1400万平方米，节能达标率达到98%以上，完成既有建筑供热计量和节能造面积48万平方米，可再生能源建筑一体化示范应用面积达275万平方米。生产新型墙体材料19.2亿块标砖，节约土3168亩，实现节能26.3万吨标煤。银川市列为国家级可再生能源示范城市、海原县列为国家级可再生能源示范县城。

# 自治区

幸福水入户

灌溉续建配套与节水改造唐徕渠银川段

农田水利基本建设再上台阶

2010年，全区水利以科学发展观为指导，抢抓中央加快水利改革发展重大决策和深入实施西部大开发历史机遇，以节水型社会建设为统揽，以保障和改善民生为重点，全力加大水利工程建设力度，着力强化水资源管理，努力深化水利改革，水利事业继续保持了快速发展的良好势头，为自治区经济社会跨越发展提供了有效的水资源保障。

**一是重大项目争取突破进展。**国务院《意见》涉及水利十大重点项目全部落实，水利投入达31.9亿元。编制完成了水利“十二五”规划报告，与水利部沟通确立了六大方面39项具体目标，初步规划投资320亿元。

**二是重点工程建设再创佳绩。**402公里黄河标准化堤防建设比规划3年提前1年完成。灌区续建配套、大型泵站更新改造、盐环定扬黄续建三大工程加快实施。完成高效节水补灌面积68万亩，建成以色列节水技术示范区7.4万亩，中部干旱带经济增长方式发生革命性转变。

**三是民生水利建设加大力度。**42万饮水不安全群众喝上了安全洁净水。专项规划内54座病险水库除险加固全部建成，61座小（1）型病险水库列入国家规划开始实施。治理水土流失面积1134平方公里，山区人民群众生活生产环境持续改善。

**四是城乡供水能力不断提升。**进一步加强水权管理，优化水量调度，严格用水计划，调整种植结构，加大井渠结合灌溉面积，保障了700多万亩农田均衡受益，确保了农民增收和粮食安全，保障了工业、城市用水安全和生态安全。

**五是节水型社会建设成效突出。**以农业节水为重点，坚持农业、工业、城市节水并举，工程、技术、行政、经济节水措施齐抓，加快转变用水方式，不断提高用水效率和效益。2010年，在用水需求不断增长的情况下，全区引黄水量和耗水量首次实现双不超黄委会指标，以有限水资源支撑了全区经济社会快速发展。

**六是水资源管理力度明显加强。**加快落实最严格的水资源管理制度，完成全区水资源管理“三条红线”制度指标测评，强化水资源论证制度，深化水权转换，促进了水资源合理开发和高效利用。

# 水利厅

山变绿水变清人变富

建成的黄河标准化堤防气势恢宏

大型喷灌设施

城市生态水利凸显人水和谐

**七是农田水利基本建设再上台阶**。通过“政府推动、项目带动、部门联动、宣传发动、竞赛促动”等措施，广泛动干部群众，动员全社会力量，深入开展农田水利基本建设，有效提高了农村水利基础设施标准和农业综合生产能，为保障全区粮食安全、饮水安全、防洪安全和生态安全提供了重要支撑。

**八是防汛抗旱效益更加突出**。层层落实防汛责任制，进一步完善防洪工程体系，有效应对了多次暴雨洪水过程，别是成功战胜“8·11”同心特大山洪灾害，安全转移1200多人，实现了人员零伤亡，创造了奇迹。积极应对中南部重干旱，保障了广大群众的饮水安全和特色产业补灌，维护了社会稳定。

**九是水利改革深入推进**。自治区财政首次建立了水利专项基金，水务投资集团获中行宁夏分行40亿元信贷支持合。率先在全国省区中实现全部市县成立水务局，水务一体化管理改革迈出关键步伐。

# 自治区

自治区主席王正伟陪同农业部部长韩长赋调研全区农产品加工业

农业部部长韩长赋调研全区农业农村工作

自治区党委书记张毅调研全区农业技能培训工作

自治区党委书记张毅调研肉牛产业发展情况

自治区党委副书记于革胜，自治区副主席郝林海、屈冬玉在宁夏农业产业园督查第三届园博会筹备工作

自治区农牧厅厅长赵永彪调研农民工技能培训工作

宁夏

# 农牧厅

自治区党委书记张毅、自治区主席王正伟、农业部副部长晓华共同为第三届中国（宁夏）园艺博览会启幕

自治区党委书记张毅、自治区主席王正伟参观园博会农业装备馆

自治区主席王正伟在平吉堡供港蔬菜生产基地调研

农业部副部长陈晓华调研全区农村金融信贷工作

种试验田

自治区政府召开中国（宁夏）园艺博览会总结表彰大会

宁夏农业产业园外景

# 自 治 区

自治区主席王正伟陪同商务部部长陈德铭考察全区家电下乡工作

自治区人大副主任何学清考察全区商品供应情况

2010年是巩固扩大应对国际金融危机成果、继续保持经济持续较快发展的关键之年，是实施西部大开发战略第二个十年规划的开局之年，也是商务工作压力最大、任务最重、成效最明显的一年。一年来，在自治区党委、政府的坚强领导下，在商务部、中国贸促会的大力支持下，厅领导班子坚决贯彻落实中央和自治区党委、政府的重大决策部署，紧紧把握自治区经济社会发展大趋势，紧密结合商务工作实际，抢抓机遇，迎难而上，扎实苦干，历史性的举办了“中国·阿拉伯国家经贸论坛”，在扩大消费、促进外贸恢复性反弹、构筑内陆开放型经济等方面取得了显著成绩，为推动自治区经济社会发展发挥了重要作用。2010年全年实现社会消费品零售总额403.59亿元，比上年增长19.0%。其中：城镇消费品零售额366.30亿元，增长19.7%；乡村消费品零售额37.29亿元，增长12.4%。全年实现进出口总额19.60亿美元，比上年增长63.2%。其中，出口总额11.70亿美元，增长57.5%。全年实际利用外资2.32亿美元，比上年增长63.4%。全区商务继续保持着繁荣发展的势头。

# 商务厅

自治区政协领导调研全区商务工作并听取汇报

2010年全区商务工作会议召开

自治区商务厅召开全区外贸形势分析和政策解读会

自治区商务厅召开全区打击侵犯知识产权和制售假冒伪劣商品专项行动领导小组办公室联席会议

商务厅党组书记、厅长马夫调研政务大厅商务厅窗口

商务厅党组书记、厅长马夫在银川国芳百盛调研指导工作

# 凝心聚力 再创统筹

9月27日，自治区党委书记张毅会见前来参加人口与发展国际研讨会的国家人口计生委主任李斌

9月27～28日，自治区主席王正伟会见来银参加人口与发展国际研讨会的嘉宾

9月21日，自治区召开纪念中共中央《公开信》发表三十周年暨"少生快富"工程实施十周年座谈会，表彰奖励连续从事人口计生工作30年的人员

4月19～27日，中纪委驻国家人口计生委纪检组组长勾清明视察宁夏人口和计划生育工作

11月23日，自治区政协副主席李
芬视察银川市计划生育服务站

2010年，在自治区党委、政府的领导下，全区各级党委、政府和人口计生部门坚决贯彻执行计划生育基本国策，围绕中心，强化措施，抓重点，攻难点，着力加强综合治理，统筹解决人口问题，着力深化"少生快富"，完善人口计生利益导向机制，着力加强全员人口信息信息化建设工作，着力加大人口计生宣传教育工作力度，着力完善流动人口计划生育服务管理体系，着力加强人口计生服务能力建设，人口和计划生育工作取得了明显成效，人口过快增长得到有效控制，低生育水平持续稳定，人口自然增长率连续4年控制在10‰以下。据《宁夏回族自治区2010年第六次全国人口普查主要数据公报》，2010年全区常住人口为6301350人，同第五次全国人口普查相比，十年共增长12.21%。年平均增长率为1.16%。

# 解决人口问题新辉煌

## ——自治区人口和计划生育委员会

9月27日，国家人口计生委主任李斌在自治区党委常委、银川市委书记崔波，自治区副主席姚爱兴陪同下，视察宁夏人口和计划生育工作

11月24日，自治区人大常委会副主任冯炯华检查固原市计划生育党政线职责落实情况

6月13日，刘天贵、姚爱兴、马国权等自治区领导出席2010年民生计划项目宁夏乡镇人口和计划生育流动服务车发放仪式

10月25日，自治区召开婚育新风进万家活动总结动员工作会议

4月15日，全区优生促进工程启动会议在银川召开

“十一五”末，人口增长得到有效控制，人口出生率和自然增长率逐年下降。人口素质实现全面提高。人口结构逐步趋于合理。“十一五”期间是全区人口计生工作发展最快、投入最大、优惠政策最好、人口控制最有效的5年。

# 宁夏回族自治区

自治区党委书记张毅为宁夏大学留校大学生代表和农民工子女赠书

自治区主席王正伟为全区高校三好学生、先进班集体、优秀学生干部颁奖

中共宁夏回族自治区教育工作委员会成立于2004年4月，为自治区党委的派出机构，与教育厅合署办公，主要职能是：贯彻执行中央和区党委关于加强学校党建和思想政治工作的方针政策；指导全区高校党的建设工作，指导各级各类学校思想政治工作、精神文明建设和德育工作；协助区党委组织部做好区属高校领导班子及成员的考核、选拔和推荐工作；指导高校思想政治理论课建设及其教师培养培训工作；指导检查教育系统党的统一战线工作；负责高校舆论宣传和稳定工作。目前，教育工委共设行政编制13名，其中书记1名，副书记2名；设有办公室（与教育厅办公室合署办公）、思政部（与教育厅学生处合署办公）、党建部（挂组织部牌子）3个部门。同时，经编办批准，2005年2月成立了教育工委纪工委，作为区纪委的派出机构与教育厅纪检组合署办公，接受区纪委和教育工委的双重领导，主要负责全区高校党风廉政建设和反腐败工作。

2010年，教育工委坚定不移地贯彻落实区党委的各项重大决策和部署，积极探索，改革创新，勇于实践，狠抓落实，高校及教育战线党的建设得到进一步加强，为全区教育事业又好又快发展提供了强有力的政治保证和组织保证。

一是全区教育系统“三项活动”成效显著。认真抓好学习实践活动总结和整改落实工作、西部大开发战略大学习和创先争优活动。分别召开全区中小学学习实践科学发展观活动总结暨中小学党建工作会议、创先争优和西部大开发战略大学习动员会议，全区中小学创先争优活动观摩交流会和全区高校创先争优活动经验交流会，设计了“学习型党组织建设”“师德师风建设”“创建功能党小组”“评星定格”等活动抓手，选树先进基层党组织166个、优秀党员1023名，形成了崇尚先进、学习先进、争当先进的浓厚氛围。

二是高校党的建设实现新进展。召开了第十八次全区高校党建工作会议，举办全区高校党务思政干部培训班和全区高校辅导员培训班，对全区138名高校副处以上党务思政干部和70名辅导员进行了集中培训。认真贯彻新修订的《中国共产党普通高等学校基层组织工作条例》，指导高校建立健全基层组织体系，全区高校基层党组织达到665个，实现基层党组织在高校的深度覆盖；加强党员发展工作，新发展党员733名，教师党员比例达到52%，学生党员达到11.5%。七是教育系统党建理论研究工作取得新成效。积极筹备成立了“宁夏教育系统党建研究会”，召开了全区教育系统党建研究会第一次会员代表大会和第一次理事会；积极开展党建理论和实践研究，2010年共立项党建研究重点课题10项、一般课题28项；在全区教育系统开展优秀论文征集评选活动，征集论文402篇，评选出一、二、三等奖110篇，结集出版了《宁夏教育系统党建论文汇编》。认真做好2010年宁夏组织工作创新奖和调研奖的组织申报工

自治区党委高度重视高校党的建设，每年坚持召开一次全区高校党的建设工作会议，全面总结高校党建工作的成绩和经验，并对年度工作进行安排部署

自治区党委召开全区第一次中小学党建工作会议，并在全国率先制定出台《关于进一步加强和改进中小学党的建设工作的意见》

# 教育工作委员会

《关于进一步加强高校领导班子建设的意见》和《高校实行党委领导下的校长负责制实施办法（试行）》颁布实施以来，全区高等学校领导班子和领导干部科学治校、民主治校、依法治校的能力进一步提高

制定并实施了《关于在全区高校深入开展"清风校园"建设的意见》和《关于对全区高校党风廉政建设情况进行量化考核的通知》，高校党风廉政建设保持了良好的发展态势

作，教育工委撰写的《全区高校领导班子建设调研报告》获2010年宁夏组织工作调研成果三等奖，教育工委和宁夏医科大学党委撰写的《构建三级党校培训体系，提升学生党建工作水平》获2010年宁夏组织工作创新奖提名奖。

三是大学生思想政治教育工作取得新成效。成功举办了全区高校"颂歌献给党"大型主题教育活动，认真组织实施高校思想政治理论课名师培养、教学质量提高、精品课程建设、保障体系建设"四大工程"，制定下发了《宁夏高校思想政治工作研究课题管理办法(试行)》，编辑出版了《宁夏大学生发展状况蓝皮书》，组织实施了全区高校师生思想政治状况滚动调查，组织召开了全区高校大学生心理健康教育工作会议暨高校心理健康教育培训班，组织编写了《宁夏大学生心理健康教育实用教材》，扎实推进大学生心理健康知识普及教育。

四是高校和谐稳定局面进一步巩固。建立健全了值班备勤、排查化解、分析研判、信息报送、应急管理和督促检查"六项"工作机制，全年实行"24小时值班""稳定信息日"和"零报告制度"，先后20次召开专题会议，编发要情信息23期，开展8次集中排查，积极制定防范措施，力争做到解决问题"不过夜"、"不出门"；举办了民族团结专题宣讲会和"防范'法轮功'文化反宣活动和涉外警示教育"专题讲座，切实加强对广大师生的民族政策、民族团结教育和抵御宗教渗透教育。

五是中小学党建工作取得新成效。会同自治区党委组织部、教育厅党组联合下发了《关于进一步加强和改进中小学党的建设工作的意见》，进一步明确了中小学党组织的职责任务、管理体制、组织设置，明确了学校党委的领导核心作用、基层党组织的战斗堡垒作用和党员的先锋模范作用，为全面推进中小学党建工作提供了政策依据。会同区党委组织部指导各地各学校新成立党组织71个，调整党组织279个，理顺党组织关系211个，整顿软弱涣散党组织57个；举办了4期全区中小学党务干部培训班，对1030余名教育部门和中小学党组织书记进行了培训。

六是教育系统党风廉政建设进一步加强。召开了2010年全区教育系统党风廉政建设工作会议，切实落实2010年党风廉政建设和反腐败主要任务分工，对规范教育收费、深化校务公开、加强高校党风廉政建设三项牵头任务进行细化分解，建立督查巡视制度，切实抓好落实。制定出台了《关于在全区高校深入开展"清风校园"建设的意见》和《关于对高校党风廉政建设情况进行量化考核的通知》，为进一步加强高校党风廉政建设政策依据和制度保证。

自治区党委召开全区加强和改进大学生思想政治教育工作会议

宁夏教育系统党建研究会成立并召开第一次会员代表大会

# 自治区

科技部副部长李学勇考察宁夏林研所

自治区人大视察科技工作

张来武副部长在贺兰园艺产业园调研

全区科技工作会议在银川召开

科技部与自治区人民政府第二次部区会商会议在银川召开

全国科技特派员农村科技创业行动工作推进会在银川召开

全区科技奖励大会在银川召开

自治区第二批科技创新团队授牌仪式在银川举行

# 科技厅

宁陕科技合作签约仪式在西安举行

中国（宁夏）首届防沙治沙暨沙产业论坛在银川举行

2010年，在自治区党委、政府的坚强领导下，自治区科技厅紧紧围绕全区工作重点，认真贯彻落实胡锦涛总书记视察宁夏时关于加强科技创新的重要指示精神，坚持解放思想，抢抓机遇，全力培育科技实力、加强人才队伍建设、组织重大科技攻关和加快科技成果转化，科技创新能力和对经济社会发展的支撑力显著增强，各项工作取得新的成绩。全年共安排各类科技项目600多个，投入科技经费2.4亿元。新建国家和自治区重点实验室3个，自治区工程技术研究中心5个、自治区技术创新中心16个，培育科技创新团队17个，取得工业、农业、社会发展等方面各类科技成果175项，有两项科技成果获得国家科技进步奖，自治区人大常委会委员对科技工作满意度测评达到94.5%。

**完善科技政策，创新环境进一步优化**。起草了《宁夏回族自治区实施〈中华人民共和国科学技术进步法〉办法》，起草并由自治区政府出台了《科技创新支撑转变经济发展方式实施意见》《关于大力发展沙产业推进防沙治沙综合示范区建设的意见》《关于科技支撑新能源产业发展的意见》《自治区企业研究开发项目鉴定管理办法（试行）》等多项科技政策，营造了有利于科技创新的政策环境。

**培育科技实力，创新体系不断完善**。一是科技基地建设实现新突破。围绕自治区特色优势产业，组织申报的西北土地退化与生态恢复省部共建国家重点实验室培育基地得到批准，并取得国家973前期预研首席专家项目，颅脑疾病省部共建重点实验室得到科技部批准，宁夏生殖与遗传重点实验室分别被教育部、科技部批准为省部共建实验室。二是科技资源共享平台建设实现新进展。与陕西、甘肃两省联合成立了三省区大型科学仪器技术协作联盟，新组建了宁夏医科大学、地矿局2个共享分中心和宁夏商检局出口商品检测专业分中心。三是科技人才队伍建设实现新发展。积极实施国家“千人计划”和自治区“百千万人计划”，配合组织部引进海外高层次人才1名，实现了“千人计划”人才引进新突破。

**创新体制机制，科特派创业行动深入开展**。一是加强了科技特派员队伍建设。二是加大了财政金融支持力度。三是扩大了科技特派员创业覆盖面。四是培育了科技特派员创业链。

**注重社会发展，民生科技支撑效果明显**。推动沙产业发展，制定并由自治区政府出台了《关于大力发展沙产业推进防沙治沙综合示范区建设的意见》，组织编制了《宁夏沙产业发展规划》，召开了宁夏防沙治沙及发展沙产业国际论坛，启动了编制宁夏国际沙漠博览园建设总体规划工作，争取到“北方干旱区可持续发展关键技术研究示范”国家科技支撑计划项目重大课题。

**拓展合作领域，对外科技合作有新突破**。举行了科技部与自治区政府第二次部区会商会议，对促进全区经济社会发展的战略性新兴产业、现代农业发展、创新体系建设、科技合作四个方面13个议题列入科技部支持计划，为我区科技进步创造了良好条件。

**开展专项行动，知识产权工作有新进展**。加强知识产权创造、运用、保护和管理。起草了《宁夏回族自治区知识产权战略纲要》，实施知识产权强县工程，加大专利行政执法，加强知识产权宣传，开展知识产权人才培养。

自治区领导参观第二届园博会　宁夏科技活动周启动　科技厅厅长马清贵调研贺兰园艺产业园

# 自治区发展和改革委员会

40兆瓦大型光伏电站一次性成功并网发电，标志着宁夏太阳能发电站已经进入了产业化、规模化开发阶段。图为国家发展改革委副主任解振华在自治区主席王正伟的陪同下出席启动仪式

召开全区发展和改革工作会议。自治区人大常委会副主任何学清、自治区副主席赵小平、自治区政协副主席谢孟林出席并作重要讲话

自治区发展改革委牵头组织召开全区固定资产投资工作会议

全国人大代表、委党组书记、主任袁进琳参加十一届全国人大第三次会议

举办全区发改系统读书演讲比赛

举办全区发展改革系统春节团拜会

# 自治区经济和信息化委员会

2011年3月，工业和信息化部与自治区人民政府在北京签署战略合作框架协议

自治区领导参观由经信委主办的2010年节能博览会

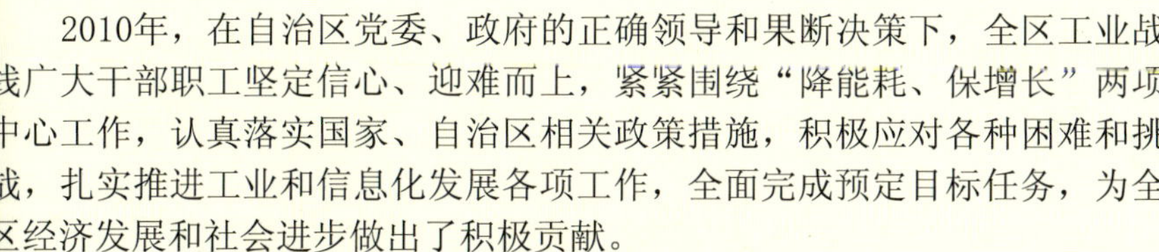

2010年，在自治区党委、政府的正确领导和果断决策下，全区工业战线广大干部职工坚定信心、迎难而上，紧紧围绕“降能耗、保增长”两项中心工作，认真落实国家、自治区相关政策措施，积极应对各种困难和挑战，扎实推进工业和信息化发展各项工作，全面完成预定目标任务，为全区经济发展和社会进步做出了积极贡献。

——**工业经济快速增长**。2010年，全区规模以上工业完成工业增加值52.89亿元，按可比口径计算，同比增长16.8%，高于全国平均水平1.1个百分点，超额完成自治区政府下达13%的年度发展目标，工业对全区经济增长的贡献率超过50%。

——**运行质量大幅提升**。2010年，全区规模以上工业实现产品销售收入1858.4亿元，同比增长34%；实现税金102.2亿元，增长31.5%；实现利润125.7亿元，增长60.8%。工业经济效益综合指数为243.9，提高57.1个点。全区规模以上工业实现税金、利润双超百亿大关，各项效益指标均创历史最好水平。

召开2010年全区工业和信息化工作会议

——**技改投资增速加快**。全区工业技术改造投资继续保持快速增长，2010年，完成工业技术改造投资161.4亿元，增长26.6%，创“十一五”最高。

——**节能减排扎实推进**。自治区“十一五”单位地区生产总值能耗由.14吨标准煤/万元下降至3.308吨标准煤/万元，累计下降20.09%，全面完成了国家下达的20%任务指标。累计下降率在全国30个地区中由高至低排名中，位列21名。

贺兰山风电

——**信息化建设取得新成效**。2010年，自治区信息化指数达到63.2%，电子信息制造业实现增加值增长50%，软件业收入增长超过20%，全区信息化建设加速推进。

——**争取国家扶持资金稳步增加**。2010年，紧紧抓住国家实施西部大开发战略及国务院支持宁夏经济社会发展的有利时机，积极争取中央预算内资金支持。在国家工业专项资金减少100亿的情况下，先后争取到各类资金支持超过4亿元，比上年增长近20%。

# 自治区教育厅

自治区党委书记张毅等领导教师节慰问教师

自治区主席王正伟等领导视察宁夏职业教育实验实训基地

自治区副主席郝林海视察盐池县寄宿制学校建设

自治区教育厅厅长郭虎视察教育教学工作

实施素质教育，使学生德智体美全面发展

现代化的学校电教室

求知若渴的回族学生

# 自治区文化厅

自治区党委书记张毅在宁夏博物馆观看红色革命文物展

自治区主席王正伟视察宁夏大剧院建设工程

第二届中国（宁夏）国际文化艺术旅游博览会开幕

2010宁洽会暨首届中阿经贸论坛开幕式文艺晚会

第八届中国西部民歌（花儿）歌会在永宁县中华回乡文化园开幕

宁夏艺术学校新校区奠基

# 自治区审计厅

签订党风廉政建设目标责任书

全区审计机关文明行业创建座谈会

审计厅组织开展中小学校舍安全审计和调查

审计厅开展宁东财税体制专项审计调查

全区审计系统第三届职工运动会

# 大事记

编辑：张明鹏　霍丽娜

## 1月

5日　宁夏医科大学与银川、石嘴山、吴忠、固原、中卫五市在银川签订加强医疗卫生合作协议，内容涉及人才培养、公共卫生服务、医疗技术指导、信息共享等十个方面。自治区领导于革胜、冯炯华、安纯人出席签约仪式。

△　自治区主席王正伟在银川会见大中华国际投资集团有限公司董事局主席黄世再一行。

6日　中央党校教授张希贤应邀在银川市悦海宾馆会议中心作了《以基层党组织工作创新为基础，创造性推进小康社会建设》为题的专题辅导报告。自治区党委书记陈建国、自治区主席王正伟等在职副省级以上领导干部聆听了报告，自治区党委副书记于革胜主持报告会。

△　宁夏首次评选"十佳人民警察"。

△　自治区党委书记陈建国、自治区主席王正伟在银川会见了长庆油田公司党委书记曲广学、川庆钻探工程有限公司党委书记蒲建中一行。

△　自治区党委召开常委会议，传达学习中央农村工作会议精神，研究贯彻落实意见。会议强调，要进一步提高对做好新形势下"三农"工作重要性的认识，重点把现代农业作为转变农业发展方式的重要内容、重大任务抓紧抓好；加强现代农业支撑体系建设；夯实农业和农村基础设施；加快推进农村社会事业发展；稳定和完善农村基本经营制度，继续深化农垦改革，积极推进农村综合配套改革和城镇化发展的制度创新，着力推进农村改革创新；加强基层党组织建设，完善农村基层治理机制，维护农村社会稳定，切实加强农村基层组织建设；强化组织领导，完善工作机制，加强督察考核，切实加强对"三农"工作的领导八个方面的工作，促进农业提质增效，农民持续增收，农村和谐稳定，切实把中央农村工作会议精神贯彻好，落实好，推动自治区农村工作再上新台阶。

△　自治区主席王正伟在银川会见了以马来西亚马来商会副会长默罕默德·哈桑为团长的马来商会代表团一行。

9日　自治区党委书记陈建国、自治区主席王正伟在银川会见了神华集团公司董事长张喜武、总经理张玉卓一行。

10日　由宁夏公路勘察设计院勘察设计的银川黄河大桥被交通运输部评为"新中国成立60周年60项公路交通勘察设计经典工程"。

11日　国家科技奖励大会在北京举行。宁夏实施并推荐的"干旱沙区土壤水循环的植被调控机理、关键技术及其应用"项目，获得国家科技进步二等奖。这是宁夏自2005年以来获得的第九个国家科技进步二等奖。

12～13日　教育部第六巡回指导组莅临自治区，就宁夏中小学（中等职业学校）学习实践科学发展观活动开展情况进行巡回指导。

13日　纪念自治区各级人大设立常委会30周年座谈会在银川举行。自治区党委书记、自治区人大常委会主任陈建国出席会议并讲话。自治区主席王正伟主持会议。

△　自治区主席王正伟率由宁夏科技厅等有关部门负责人、五市政府主要领导和自治区部分科技专家组成的宁夏政府代表团，赴陕西省共商两省区构建产业技术合作战略联盟有关事宜。14日，自治区主席王正伟与陕西省省长袁纯清签署《陕西省人民政府宁夏回族自治区人民政府科技合作框架协议》。

14日　中国·宁夏文化发展情况通报会在北京宁夏大厦举行，自治区党委常委、宣传部部长杨春光代表自治区党委、政府向阿拉伯国家和伊斯兰国家33位驻华使节介绍了宁夏文化发展情况。

14～15日　自治区主席王正伟率团在陕西考察高新技术产业，重点对西安高新技术产业开发区和杨凌农业高新技术产业示范区进行考察调研。陕西省领导孙清云、朱静芝、郑小明等分别陪同考察。

15日　全区财政工作会议在银川召开。自治区党委书记陈建国、自治区主席王正伟向大会发来贺信。2009年，宁夏全区财政收支实现四个突破，地方财政一般预算收入111.5亿元，比上年增长17.4%，突破百亿元大关；一般预算总收入213.6亿元，增长19.6%，突破200亿元大关；争取中央各类补助资金319.1亿元，增长30.9%，突破300亿元大关；地方一般预算支出427.8亿元，增长32.4%，突破400亿元大关。

△　全区贯彻落实干部人事制度改革《规划纲要》工作会议在银川召开，会议对自治区干部人事制度改革作了

具体的安排部署。自治区党委常委、组织部部长徐松南出席会议并讲话。

**15~16日** 国家发展和改革委员会副主任解振华一行来宁考察,自治区领导陈建国、王正伟、齐同生、蔡国英、赵小平、解孟林陪同。

**16日** 宁夏40兆瓦大型太阳能光伏电站成功并网,这是目前国内光伏电站规模最大的一次性并网,标志着宁夏太阳能光伏发电进入了产业化、规模化开发阶段,也标志着宁夏太阳能光伏发电走在了全国前列,成为全国发展最快的省区之一。自治区党委书记陈建国、自治区主席王正伟、国家发改委副主任解振华共同启动并网开关。

△ 自治区主席王正伟在银川会见了北京仁创科技集团有限公司董事长、北京安徽企业商会常务副会长秦升益。

**17日** 自治区党委和政府召开农村工作会议,传达贯彻中央和自治区有关会议精神,总结2009年全区农业农村工作,对2010年"三农"工作进行安排部署。2009年农民人均纯收入4108元,比上年增长11.6%,在西北五省区中纯收入水平继续列第一位,增幅连续5年高于全国平均水平;粮食总产超过340万吨,连续6年增产。

**19日** 自治区党委书记陈建国在银川会见了来宁夏考察侨务工作的国务院侨务办公室副主任马儒沛一行。自治区党委常委蔡国英会见时在座。

**20日** 首台风力发电配套设备——机舱罩、轮毂罩在银川九鼎金业风能复合材料有限公司成功下线,标志着这一大型风电配套设备首度在自治区实现本土化生产。

**21日** 自治区党委书记陈建国在银川会见国务院国资委副主任、中华全国总工会副主席黄丹华率领的全国总工会送温暖慰问团一行。

**22日** 自治区政府出台《关于解决企业职工基本养老保险历史遗留问题的意见》,决定自2010年起,用两年时间妥善解决"应保未保人员""1995年以前离岗人员"和"灵活就业人员"三类人群基本养老保险问题。

△ 全区人口和计划生育工作会议在银川召开。会议回顾总结了2009年全区人口和计划生育工作,部署安排了2010年的工作,兑现了2009年度人口和计划生育目标管理考核和区直部门履行统筹解决人口问题职责考评办法,表彰了人口和计划生育星级乡镇街道和人口计生工作先进单位。

**24日** 2009年,全区房地产开发投资保持快速增长的态势,全年共完成房地产开发投资162.74亿元,比上年增长38.4%,增幅提高12.1个百分点。

**25日** 2009年,宁夏各级审计机关共审计和调查860个单位,查出违规资金48亿元,促进有关部门和地方健全完善制度743项,移送司法机关和纪检监察部门案件13件;对349名领导干部进行了经济责任审计,其中厅级8名、县处级91名、科级241名、企业领导9名。

△ 自治区主席王正伟在银川会见了澳大利亚有限排放贸易委员会主席、澳大利亚文森滨藜环境技术有限公司总裁、中国外专局外籍专家、著名盐碱地改良专家罗伯特·文森博士。

**26日** 自治区党委书记陈建国在银川会见了最高人民检察院副检察长张常韧一行。

△ 自治区主席王正伟在银川会见阿联酋迪拜大学校长穆罕默德·欧麦尔·哈夫尼一行。穆罕默德一行于2009年11月与宁夏大学签订了联合申办阿联酋第一所孔子学院的框架协议,此次来宁是为续签这一协议。

△ 自治区党委、政府在银川召开全区2009年度机关效能建设工作总结表彰大会。会议总结了2009年度自治区效能目标管理工作,表彰了在机关效能目标管理考核中获得优秀等次一等奖的自治区党委统战部等35个单位,对2010年的效能建设工作进行了部署。自治区领导陈建国、王正伟、于革胜等出席并讲话。

**27日** 自治区主席王正伟在银川会见南京证券有限责任公司党委书记、董事长张华东一行。

**28日** 自治区党委书记陈建国、自治区主席王正伟在银川会见西部机场集团公司董事长何喜奎一行。

**29日** 由自治区体育局主办的"宁夏百乡千村农民体育活动月"启动仪式,在永宁县纳家户举行。

△ 自治区政府对宁夏夏进乳业集团股份有限公司等72家获得2009年宁夏名牌产品称号的企业和宁夏青龙塑料管材有限公司等20家获得2009年宁夏质量管理奖的企业进行了表彰,并斥资145万元对其中的29家名牌产品生产企业进行奖励。

## 2月

**1日** 自治区主席王正伟在银川会见鲁能集团副总经理徐中华一行。

△ 自治区党委办公厅印发《自治区党委人民政府关于做好2010年农业农村工作的意见》,要求各级农业农村工作部门全面落实强农惠农政策,加大"三农"扶持力度;加快转变思维方式,大力推进现代农业;加强现代农业支撑体系建设;强化农业农村基础设施建设;加快发展农村社会事业;着力推进农村改革创新;加强农村基层组织建设;切实加强对"三农"工作的领导。

**1~5日** 中国人民政治协商会议宁夏回族自治区第九届委员会第三次会议在宁夏人民会堂举行。项宗西主持大会,陈建国、王正伟、任启兴、于革胜等自治区领导以及全区各族各界政协委员参加会议。会议通过了《自治区政协九届三次会议政治决议》,通过了《自治区政协九届三次会议关于九届常委会工作报告的决议》,通过了《自治区政协九届三次会议提案审查委员会关于提案审查情况的报告》。会议表彰了自治区政协九届一次、二次会议优秀提案和提案承办先进单位以及反映社情民意信息工作先进单位和先进个人。

**2~6日** 宁夏回族自治区十届人大三次会议在银川举行。陈建国主持大会,王正伟、项宗西、任启兴等自治区领导以及来自全区各条战线的人大代表参加会议。会议表决通过了关于政府工作报告、关于自治区2009年国民经济和社会发展计划执行情况与2010年国民经济和社会发展计划、关于2009年全区及区本级预算执行情况和2010年全区及区本级预算、关于2009年民生计划执行情况与2010年民生计划报告的决议。

6日　自治区主席王正伟分别与银川、石嘴山、吴忠、固原、中卫五市市长签订了2010年度耕地保护目标责任书。自治区副主席姚爱兴主持签字仪式。

8日　2010年新版宁夏卫视频道开播仪式在宁夏卫视和上海广播电视台同步直播。自治区党委常委、宣传部部长杨春光,上海市委常委、宣传部部长杨振武等领导出席开播仪式。

△　第三批自治区爱国主义教育示范基地在银川授牌。至此,宁夏共建设国家级爱国主义教育示范基地4个,自治区级爱国主义教育基地40个,市、县级爱国主义教育基地68个。自治区党委常委、宣传部部长杨春光参加授牌仪式并讲话。

9日　2010年宁夏预算安排农业支出10.6亿元,比上年增长40.1%,加上中央专项等各类资金来源后,预计2010年宁夏支农资金将达到34亿元以上。

10日　"首届宁夏十佳人民警察"颁奖晚会在宁夏人民会堂举行。自治区党政军领导陈建国、王正伟、崔波、苏德良、张小素、李锐、王志宏、蔡万源出席颁奖晚会并为获得"宁夏十佳人民警察"称号和"宁夏十佳人民警察"提名奖的民警颁奖。

15日　《宁夏日报》报道,根据2009年农业部信息中心中国农产品区域公用品牌价值评估结果,宁夏"中宁枸杞"品牌以29.63亿元的价值名列该品牌榜百强第19位,这是中宁红宝继摘得"中国驰名商标"桂冠后再获殊荣。

20日　自治区党委书记陈建国在银川会见解放军艺术学院院长、中国舞蹈家协会副主席张继钢,并向张继钢颁发聘书,聘任他为宁夏终身首席艺术指导。

21日　"万名医师支援农村卫生工程"启动大会召开,中央下拨宁夏全区项目资金391万元。自治区卫生厅将组织201名医疗队员"上山下乡",支援农村卫生工作。

24日　全区矿产资源开发整合工作会议在石嘴山市召开,新一轮矿产资源开发整合启动。整合后煤矿设计生产能力不得低于15万吨/年;石灰岩、冶镁白云岩等非金属重要矿种的最低开采规模不低于5万吨/年。自治区党委常委、自治区副主席齐同生及自治区副主席姚爱兴参加会议并讲话。

25~27日　中共中央政治局常委、国务院副总理李克强在自治区党委书记陈建国、自治区主席王正伟等陪同下,先后到银川、中卫、吴忠等地,深入企业车间、建设工地,走进社区医院、乡村农户,着重就西部大开发中如何加快发展、改善民生等进行深入调研。

27日　《宁夏日报》报道,宁夏"汇川""兴唐""御马""IMPERIALHORSE及图""盐池滩羊"被认定为中国驰名商标。至此,宁夏拥有中国驰名商标12件。

28日　全区纪念"三八"国际劳动妇女节100周年大会在宁夏人民会堂举行。

△　自治区党委书记陈建国在银川会见中央学习实践科学发展观活动第六巡回检查组副组长、青海省人大常委会副主任郭汝琢一行。

△　中共中央纪委监察部对宁夏回族自治区原副主席李堂堂严重违纪违法问题进行了立案检查。经查,李堂堂在陕西省任职期间利用职务上的便利为他人谋取利益,收受巨额贿赂;利用职务上的便利为其亲属经营活动谋取利益。李堂堂的行为严重违纪,其中有的问题已涉嫌犯罪。依据《中国共产党纪律处分条例》《中华人民共和国公务员法》的有关规定,经中央纪委监察部审议并报中共中央、国务院批准,决定给予李堂堂开除党籍、开除公职处分;收缴其违纪所得;将其涉嫌犯罪问题移送司法机关依法处理。

## 3月

1日　全区深入学习实践科学发展观活动总结大会在银川召开。会议全面总结宁夏学习实践活动的经验做法,对进一步巩固扩大学习实践活动成果,建立健全学习实践长效机制,推进科学发展、跨越式发展进行部署。自治区领导陈建国、王正伟、于革胜、项宗西、崔波、徐松南、刘晓滨、齐同生、刘慧、马金虎、杨春光、蔡国英等出席会议。

△　《宁夏日报》报道,在最高人民检察院第七次"双先"评比表彰活动中,宁夏中宁县检察院和同心县检察院副检察长马俊分别荣获"全国模范检察院"和"全国模范检察官"称号。

2日　自治区党委书记陈建国在北京宁夏大厦会见了华电集团公司总经理云公民一行。

3日　自治区党委书记陈建国,自治区主席王正伟、副主席李锐与国家住房和城乡建设部部长姜伟新、副部长齐骥等就推动宁夏住房和城乡建设工作进行了会谈。

△　自治区政府法律咨询委员会正式成立。

5日　自治区党委书记陈建国、自治区主席王正伟在北京宁夏大厦亲切会见了国土资源部部长、国家土地总督察徐绍史一行。

6日　自治区主席王正伟在北京会见国电集团公司总经理朱永芃一行。

6~9日　以中央纪委常委,中央国家机关工委副书记、纪工委书记杜学芳为组长的中央纪委检查组一行在宁夏检查调研。

7日　《宁夏日报》报道,宁夏医科大学被教育部正式列入批准招收2010至2011年度本科临床医学专业(英语授课)来华留学生高等学校名单,成为全国获批具有招收来华留学生资质的34所医学高等院校之一。

8日　宁夏灵武市顾芸香荣获2010年全国城乡妇女岗位建功标兵称号。此次评选是从全国2000名城乡妇女岗位建功先进个人中,评选出10名全国城乡妇女岗位建功标兵。顾芸香是宁夏唯一入选人员。

△ 《宁夏日报》报道,宁夏医科大学历时八年,构建起融医学专业知识、实践创新能力、医学人文精神和回族文化精髓为一体,重人文、强实践的"4+4"全程教学模式和"3链1环节"教学体系。此项成果获国家级教学成果二等奖,成为2009年宁夏高校唯一获奖成果,填补了宁夏医学教育空白。

9日 自治区政府与中化集团战略合作框架协议签约仪式在北京举行。根据双方签订的协议,中化集团将投资160亿元,在宁东建设年产320万吨尿素、200万吨合成氨为主的煤化工项目。自治区领导陈建国、王正伟、齐同生、李锐、赵小平及中化集团党组书记、总裁刘德树等出席签字仪式。

10日 自治区政府发出通知要求,2010年起,将农民工工资清欠工作纳入自治区政府对各市、县(区)政府效能目标考核体系。对于政府投资建设的工程项目因拖欠工程款引发拖欠农民工工资的,由本级政府负责限期予以清偿;未能清偿的,除特殊项目外,自治区一律不再批准新建政府投资工程项目。

11日 中共中央政治局常委、国务院副总理李克强在人民大会堂宁夏厅参加宁夏代表团审议《全国人大常委会工作报告》和《政府工作报告》。国家发改委主任张平、财政部部长谢旭人、国务院副秘书长尤权、国务院研究室副主任宁吉喆参加了审议。

△ 自治区副主席李锐与中国航空工业集团总经理助理谭卫东在北京共同签署备忘录。中航集团将与宁夏在航空轮胎制造、汽车及汽车零部件制造、通用飞机零部件制造、通用飞机培训基地建设、风力发电设备等领域开展广泛合作。

12日 自治区政府与内蒙古自治区政府、中国烟草总公司、神华集团在北京签署上海庙矿区煤炭资源整合开发合作协议。自治区领导陈建国、王正伟、赵小平和内蒙古自治区领导胡春华、巴特尔、任亚平、赵双连以及国家发改委副主任、国家能源局局长张国宝等出席签约仪式。

16日 自治区主席王正伟在银川会见了全国政协委员、全国工商联副主席、大连万达集团董事长王健林一行。

18日 宁夏黄河金岸农业综合开发土地治理项目建设大会战在永宁启动。自治区领导陈建国、王正伟、于革胜、崔波、马秀芬、郝林海等出席启动仪式。

19日 截至2010年2月底,宁夏住房公积金总额已突破150亿元,住房公积金贷款总额达到82.6亿元,分别比上年同期增长26.4%和37%,个贷率达到48.7%,比上年同期提高近6个百分点。

21~23日 中共中央总书记、国家主席、中央军委主席胡锦涛在中共中央书记处书记、中央办公厅主任令计划,中共中央书记处书记、中央政策研究室主任王沪宁等陪同下,来到宁夏,深入银川、吴忠、石嘴山等地的企业车间、种植基地、城市社区、移民新村、黄河湿地,就深入推进西部大开发、加快转变经济发展方式、保障和改善民生、加强和改进党的建设等进行深入细致的考察。考察期间,胡锦涛还亲切接见了宁夏民族宗教界人士代表、民族工作者代表和民族团结进步模范代表。这是他自1995年起在15年内第四次踏上宁夏大地。

24日 自治区党委书记陈建国、自治区主席王正伟在银川会见了中粮集团总裁于旭波一行。

△ 全区农村特困群众危窑危房改造工作表彰会在银川召开,自治区领导王正伟出席并讲话。会议表彰了危窑危房改造工作先进县区、先进集体和先进个人。

25日 自治区主席王正伟在银川会见了北京绿天使科技有限公司董事长、总经理张建民一行。

△ 自治区主席王正伟在银川会见了来宁夏考察的中海地产集团董事长郝建民一行。

26日 宁夏农垦黄河金岸项目建设开工仪式在国家5A级景区沙湖举行。这标志着涉及城镇建设、现代农业、产业基地、示范园区、职工危房改造等18个宁夏农垦黄河金岸建设项目全面启动。自治区领导王正伟、于革胜、张小素、郝林海、陶源、屈冬玉出席开工仪式并为项目奠基培土。

27日 宁夏医科大学举行博士学位授予单位立项建设大会。该校外科学、人体解剖与组织胚胎学、劳动卫生与环境卫生学3个学科被批准立项建设博士点,到2015年这3个学科将建设成为博士点授予学科,结束宁夏医学类学位点中尚无博士点的历史。自治区领导于革胜、冯炯华、郝林海、安纯人出席会议。

29日 银川海关、宁夏出入境检验检疫局等联检单位进驻宁夏(惠农)陆路口岸,标志着该口岸正式封关运行。自治区党委副书记于革胜参加仪式并揭牌。

△ 宁夏荣京大惠农副产品加工有限公司出口到新西兰的辣椒粉,可享受"零关税"优惠待遇。这是《中华人民共和国政府和新西兰政府自由贸易协定》生效以来,宁夏签发的首份中国—新西兰优惠原产地证书。

△ 自治区主席王正伟在银川会见国家开发银行副行长郑之杰一行。

## 4月

2日 2010年宁夏"爱鸟周"活动启动仪式在银川鸣翠湖国家湿地公园举行。

3日 《宁夏日报》报道,经过国家发改委、科技部、环保部等部委专家层层考核和严格评选,宁夏中宁县在116个县市中胜出,成为全国26个"中国绿色名县"之一,这也是宁夏首个获此殊荣的县市。

5日 澳大利亚众议长哈里·詹金斯率澳大利亚众议院代表团一行14人来宁访问。自治区党委书记、人大常委会主任陈建国在银川会见了詹金斯一行。

6日 西夏木活字印刷术入选上海世博会展示表演项目。届时,再现西夏木活字印刷术第一人、影视城篆刻艺人任振斌将带着用木活字印制的西夏文、汉文相对照的《三字经》《百家姓》《毛泽东诗词》亮相世博会大舞台。

**8日** 自治区主席王正伟在银川会见了国家人力资源社会保障部副部长张小建一行。

**8~12日** 由国家体育总局主办的2010年全国女子水球冠军赛在银川市进行,北京、天津、宁夏等7支女子水球队展开角逐。参加此次比赛的京、津、川、桂等队的主力队员多为国家女子水球队队员。

**10日** 自治区主席王正伟在银川会见了奥特莱斯世界品牌折扣城控股有限公司执行董事、常务副总裁、中国首席代表詹观佑一行。

**12~14日** 中国关心下一代工作委员会主任顾秀莲在宁夏调研。

**13日** 2010年宁夏黄河金岸项目建设大会战动员会在平罗天河湾湿地公园举行。2010年,沿黄城市带建设确定重点项目300余项(不含工业项目),总投资约280亿元,其中新建项目200余项。自治区主席王正伟在动员会上作重要讲话并宣布2010年宁夏黄河金岸项目建设大会战启动,自治区领导项宗西、于革胜、冯炯华出席动员大会,自治区副主席李锐主持动员会。

**13~15日** 全国人大环境与资源保护委员会原主任委员毛如柏带队的国家工业节能调研组对宁夏工业节能工作进行考察。13日,王正伟主席在银川会见了调研组一行。

**14日** 自治区主席王正伟在银川会见了国家民委党组书记、副主任杨传堂一行。

**14~22日** 中共中央委员、自治区党委书记陈建国率中国共产党代表团访问摩洛哥、阿尔及尔、叙利亚。

**15日** 自治区党委、自治区政府向青海省玉树地震灾区捐款200万元支持抗震救灾。宁夏首批200余名地震灾害紧急救援人员已于14日20时赶往灾区,110万元的救灾款物也同时起运。当天,20辆救护车、100名医护人员也前往灾区。宁夏慈善总会捐款100万元。

**17日** 自治区政府决定提高宁夏最低工资标准,平均增幅24.9%,同时对非全日制劳动者最低小时工资标准也平均提高18%,2010年5月1日起执行。

**19日** 国家发改委安排宁夏生态移民中央预算内投资1.4亿元,以支持宁夏生态移民建设。专项资金主要用于为搬迁群众提供必要的生活设施和基本的生产条件。

**20日** 自治区主席王正伟在银川会见了中电投集团公司党组书记、总经理陆启洲一行。

**23日** 第六届宁夏六盘山山花旅游节开幕。自治区主席王正伟出席开幕式。

△ 六盘山生态博物馆建成开馆。这是宁夏首家集生态环境、自然风光、物种资源和建设成就于一体的综合型生态博物馆。自治区主席王正伟出席开馆仪式并为博物馆揭牌。

△ 自治区主席王正伟在银川会见了澳大利亚前副总理、新能源(中国)集团顾问马克·威尔率领的新能源(中国)集团考察团一行。

**25日** 宁夏庆祝"五一"国际劳动节暨表彰大会在宁夏人民会堂举行。自治区领导王正伟、于革胜、项宗西、崔波、徐松南、齐同生、杨春光、蔡国英、刘国祥、冯炯华、陶源、蔡万源等出席大会并为受表彰的先进单位和个人颁奖。大会授予宁夏中银绒业股份有限公司等11家单位为自治区模范集体、卢志斌等120人为自治区劳动模范、邬鹏等106人为自治区先进工作者。

**25~27日** 2010全国(春季)农机产品订货交易会在银川国际会展中心举行,共有境内外150多家农机企业参展。与本届全国春季农机会同期召开的还有2010年农机政策与市场报告会和第四届农机企业家论坛。

**27日** 国家发改委西部开发司正式启动了"呼包银"重点经济区发展规划前期研究课题。这标志着银川被列入西部大开发后十年重点经济区。

△ 银川泰丰生物科技有限公司投资2460万元,兴建中国枸杞博物馆。这是宁夏第一家由民营企业自筹建设的博物馆。

**28日** 2010年全国朝觐工作联席会议暨2009年朝觐工作总结表彰会议在银川召开,国家宗教局局长王作安、国家宗教局副局长蒋坚永、自治区副主席李锐以及来自中央有关部门和省市自治区的代表出席了会议。会议还对2009年全国朝觐工作先进集体和先进个人进行了表彰。

△ 自治区党委书记陈建国、自治区主席王正伟在银川会见了国家宗教局局长王作安一行。

△ 自治区主席王正伟在银川会见了由中纪委驻人口计生委纪检组长勾清明为组长的中央扩大内需第十八检查组一行。

**29日** 宁夏举行海小平先进事迹报告会。自治区党委常委、宣传部部长杨春光参加报告会并讲话。海小平是同心县公安局预旺镇派出所民警,因长时间连续工作,过度劳累,引发心脏病,于3月13日凌晨7时不幸光荣牺牲,年仅24岁。他牺牲后,被自治区党委追认为共产党员,被自治区政府追授为模范公务员,被自治区团委追授为宁夏优秀共青团员。

## 5月

**3日** 灵武市在2010中国产业发展大会上,荣获"中国产业发展能力百强县",成为宁夏首个获得此项殊荣的县市。

**4日** 自治区团委、宁夏青联决定,授予马文辉等10名同志第六届"宁夏青年五四奖章",授予付满平等10名同志第六届"宁夏青年五四奖章"提名奖。

**5日** 宁夏创建百个现代农业示范基地建设工程,在吴忠市孙家滩现代农业综合示范基地启动。自治区领导王正伟、于革胜、马秀芬、郝林海、屈冬玉等出席启动仪式。

**6日** 宁夏被财政部、环境保护部正式确定为全国8个农村环境连片整治示范省(区)之一。

△ 自治区主席王正伟在银川会见来宁考察的北京首都开发控股(集团)有限公司党委书记、董事长刘希模一行。

△ 《宁夏回族自治区家政服务管理条例(草案)》委托起草签约仪式在自治区人大举行,这是宁夏首次将法规草案委托社会力量起草,迈出了探索创新立法机制的重要一步,将成为宁夏科学立法、民主立法的里程碑。自治区人大常委会副主任刘天贵出席签约仪式。

**12日** 宁夏慈善奖颁奖典礼大会在银川举行。宁夏21个慈善先进集体代表和52名慈善先进个人受到表彰,自治区主席王正伟、全国政协人口资源环境委员会副主任和宁夏慈善总会会长任启兴以及自治区党政军领导项宗西、于革胜、刘晓滨、陈二曦、苏德良、何学清、李锐、陶源、程伟为获奖集体和个人颁奖。

△ 自治区党委书记陈建国在银川会见了以叙利亚阿拉伯复兴社会党大马士革省省委书记穆法格·巴夏为团长的叙利亚阿拉伯复兴社会党干部考察团一行。自治区领导马金虎、蔡国英会见时在座。

**14日** 在天津举办的"中阿合作论坛"第四届部长级会议的代表团抵达银川进行访问。此次来宁访问的中阿合作论坛第四届部长级会议代表团成员由也门、吉布提、苏丹、索马里、黎巴嫩、叙利亚、伊拉克、阿联酋、巴林、阿尔及利亚、阿曼、巴勒斯坦、科威特、摩洛哥等14个阿拉伯国家的外交部长、副外长、司长、驻华大使和外交官等组成。中国外交部副部长翟隽等陪同代表团对宁夏访问。15日,陈建国、王正伟、于革胜等自治区领导会见代表团成员。

**15日** 由自治区科技厅、自治区党委宣传部、自治区科协共同组织,以"科技创造财富,科技惠及民生"为主题的宁夏科技活动周在灵武市启动。自治区党委副书记于革胜、自治区人大副主任冯炯华参加启动仪式。

**16日** 南京证券银川民族北街营业部、中卫市清源供排水有限公司、银川市自来水总公司西夏区营业所、固原市供水排水总公司客户服务中心和吴忠市工商局利通一分局注册科5个单位获得全国"青年文明号"称号。

**17日** 自治区党委书记陈建国在银川会见了华电集团党组成员、华电国际电力股份公司总经理陈建华一行。

**18日** 中央纪委监察部命名第一批50个全国廉政教育基地,宁夏六盘山红军长征纪念馆入选。

△ 宁夏出台《关于老龄低保人员贷款缴纳养老保险费指导意见》,城镇老龄低保人员贷款缴纳养老保险,额度最高不超过3万元,期限最长不超过4年。

**18~20日** 第一届宁蒙陕甘毗邻地区经济技术合作洽谈会在银川召开。自治区党委副书记于革胜,自治区党委常委、自治区副主席齐同生,中国工程院院士徐滨士,中国机械工程学会秘书长张彦敏,宁蒙陕甘毗邻地区29个市(盟)、县(旗)党政领导,参展参会企业代表等各界嘉宾2000多人出席会议。12个城市共签订合作项目134个,总金额182.1亿元。

**20~22日** 中共中央政治局委员、国务院副总理张德江,在陈建国、王正伟等自治区领导的陪同下,深入到银川、石嘴山和青铜峡等地,考察了宁东能源化工基地和银川金凤区信息化推进城乡一体化试点项目,对机械、能源、纺织、电子、原材料、生物、食品加工等企业进行深入调研。

**22日** 宁夏被确定为全国8个农村环境连片整治示范省区之一,中央财政将在今后3年内给宁夏农村环境保护投入6.5亿元。

**24日** 银川—深圳—迪拜货运包机航线正式开通,首航货物由宁夏产品阿联酋(迪拜)销售中心提供。航线开通后,从银川到迪拜市只需要6个半小时。自治区领导王正伟、赵小平、何学清、解孟林出席首航仪式。

**24~28日** 自治区民族事务委员会、自治区体育局、自治区总工会、银川市人民政府承办的第七届宁夏少数民族传统体育运动会在银川举行。自治区党委书记陈建国宣布运动会开幕,自治区主席王正伟在开幕式上致辞,全国总工会书记处书记、纪检组长王瑞生,自治区领导于革胜、马金虎、冯炯华、陶源等出席开幕式。

**25日** 第九届中国艺术节在广州落幕,第十二届"文华奖"同时揭晓,由银川艺术剧院排演的大型原创回族舞剧《月上贺兰》获文华大奖特别奖,宁夏梅花奖得主柳萍获文华表演奖。

**28日至6月3日** 第二届中国西部(银川)房·车生活文化节在银川国际会展中心举办。

**31日** 宁夏散居孤儿最低养育津贴发放启动仪式在西吉县综合福利中心举行。宁夏在全国率先推出孤儿最低养育津贴制度,7000多名孤儿每月将领到200元至600元不等的孤儿养育津贴或救助金。

△ 自治区党委、政府将社会工作人才培养确定为宁夏2010年度人才工作创新项目,决定从2010年6月至2012年6月,用两年时间打造一批由40名自治区级社工之星、100名市级社工之星、3000名专业人才组成的优秀社会工作者队伍。

△ 青铜峡市被全国绿化委员会授予"全国绿化模范县(市)"荣誉称号,这是该市继荣获2009年度"国家园林城市"后再获殊荣。

△ 2010年度宁夏房地产发展高峰论坛在银川悦海宾馆会议中心开讲。中国房地产研究会副会长顾云昌,中国人民大学经济学院教授、博士生导师李义平应邀为参会代表作了演讲。自治区副主席李锐出席论坛。

## 6月

**1~4日** 自治区主席王正伟应邀对阿根廷进行友好访问。双方就农业技术、葡萄酿酒、互派留学生、清真食品、动漫产业、城市规划等方面进行了深入交流,并达成一系列合作协议。王正伟先后与阿根廷科尔多瓦省副省长哲曼·卡拉马什、城市规划部部长丹尼尔·切恩,以及官员和专家进行了深入接触和商谈，达成了宁夏与阿根廷开展多方面合作的框架交流意向。

**3日** 自治区党委书记陈建国在银川会见了中国宋庆龄基金会副主席、中国福利基金会副主席、国家卫生部原部长张文康。

**4日** 2010年宁夏将全面推进医疗卫生体制改革步伐，使城镇职工、居民医保参保人数达到186万人；新农合和城镇居民医保补助提高到每人120元；将国家基本药物全部纳入基本医疗保险药品目录报销范围，报销比例明显高于非基本药物；改革基层医疗卫生机构补偿机制；2010年重点在银川市开展公立医院改革试点。

**7日** 自治区主席王正伟在银川会见海亮集团董事局主席冯海良一行。

**9日** 自治区主席王正伟在银川会见了北京市市委原常委、原副市长翟鸿祥率领的京能集团考察团一行。

**10日** 自治区党委书记陈建国、自治区主席王正伟在银川分别会见了中国贸促会副会长张伟一行。

**15日** 2010中国省级行政机关透明度排行榜公布：福建行政机关以16.57分位列榜首，宁夏以9.97分位居第二，北京以7.27分跟随其后。

**19日** 固原市市委书记、市人大主任刘小河与加里宁格勒市市长A.Г.亚罗舒克分别代表两市签署了宁夏固原市与俄罗斯加里宁格勒市建立友好城市关系意向书。此举填补了宁夏与俄罗斯没有友城关系的空白。

**20～23日** 应罗马尼亚胡内多阿拉县议会主席米尔卡·娄恩·莫洛特的邀请，自治区党委常委、组织部部长徐松南率宁夏代表团访问该县。

**21日** 国家发改委下达宁夏重点退耕还林地区基本口粮田建设项目2010年中央预算内投资计划2900万元。其中，中央预算内资金2300万元、地方配套资金600万元，主要用于退耕还林区5.75万亩基本口粮田建设。

**22日** 自治区党委书记陈建国在银川会见了国家民委副主任吴仕民一行。

△ 自治区主席王正伟在银川会见了由匈牙利数据保护和信息自由监察专员安德拉斯·尤里率领的匈牙利国会监察专员署代表团一行。

**23日** 由叙利亚、巴林、突尼斯、巴勒斯坦、摩洛哥、沙特阿拉伯、伊拉克、埃及、阿尔及利亚、吉布提、阿拉伯国家联盟等11个国家和组织的31名成员组成的阿拉伯国家政府文化代表团抵达银川，对宁夏进行友好访问。自治区党委书记、自治区人大常委会主任陈建国，自治区主席王正伟会见了以叙利亚文化部部长利雅德·艾阿为团长的代表团一行。

**24日** 自治区主席王正伟在银川会见韩国驻华大使柳佑益一行。

**25日** 自治区主席王正伟在银川会见全国政协常委、著名艺术大师韩美林一行。

**26日** 上午10时15分，两架从银川、西安起飞的客机先后飞抵固原六盘山机场。当天，固原市六盘山机场正式通航，首次开通固原至银川、固原至西安的航班，这标志着宁夏航空运输网络格局全面完成。

△ 自治区党委书记陈建国在银川会见了全国政协常委、中华民族团结进步协会会长江家福一行。

**27日** 自治区党委书记陈建国、自治区主席王正伟在银川会见了参加中国·宁夏石嘴山光伏产业发展论坛的专家、学者和企业家。

**29日** 银川至宁东、银川至灵武、灵武至宁东、吴忠至灵武4条城际公交正式开通，这是宁夏首次开通城际公共交通。

△ 自治区党委书记陈建国在银川会见铁道部原副部长王兆成一行。

**30日** 自治区主席王正伟在银川会见国家工业和信息化部副部长苗圩、中国有色金属工业协会会长康义一行。

△ 自治区主席王正伟在银川会见以伊朗石油公司重油经理沙德为团长的伊朗石油公司考察团一行。该代表团来宁主要是考察长和实业有限公司在伊朗合作事宜。

## 7月

**1日** 自治区主席王正伟主持召开宁夏固定资产领导小组会议，确定宁夏“十二五”时期全社会固定资产投资确保年均增长25%，五年累计达到1.44万亿元；力争年均增长30%，五年累计达到1.63万亿元。

**2日** 自治区主席王正伟在银川会见了来宁参加西部大开发十周年战略论坛宁夏论坛暨“东西携手，创富中国——2010首届西部资本论坛”座谈会的中国证监会研究中心主任祁斌等著名经济学家、企业家和投资公司、证券交易所负责人。

**5～6日** 宁青两省区政协在银川就规划建设“西兰银”经济区的合作方式、协调机制等相关问题举行座谈并实地调研。青海省政协主席白玛、副主席陈资全，宁夏回族自治区政协副主席李淑芬、解孟林以及两省区有关部门负责人出席了座谈会。白玛一行还先后到宁东能源化工基地、银川万达广场等地调研。

**6日** 黄河宁夏段402公里标准化堤防工程竣工，黄河金岸508公里滨河大道全线通车。

**8日** 国家发改委、财政部、农业部、水利部、国家林业局五部委联合下达宁夏2010年度巩固退耕还林成果任务计划。全部项目建设国家将拨付中央专项资金3.37亿元。

△ 自治区党委书记陈建国、自治区主席王正伟在沙湖会议中心会见了前来宁夏调研国土管理工作的国土资源部党组成员、总规划师胡存智。

**12日** 海小平先进事迹报告会在北京人民大会堂举行，中共中央政治局常委、中央政法委书记周永康亲切会见海小平亲属和报告团成员。

**13日** 自治区党委书记陈建国在银川会见了联合国环境规划署特别协调员王之佳一行。

**14日** 宁夏希望工程20年表彰大会在银川举行。大会表彰了10名希望之星、20名优秀乡村教师、21个优秀合作伙伴、22名优秀公益人物、15名优秀建设者、18个模范希望小学、8个优秀合作媒体和17名优秀公益记者。自治区领导于革胜、冯炯华、安纯人,中国青基会党组书记、常务副理事长顾晓今出席了会议。

15日　自治区主席王正伟在银川会见内蒙古伊利实业集团股份有限公司董事长潘刚。

18日　自治区领导陈建国、王正伟、项宗西、于革胜、蔡国英在银川会见了前来出席第二届中国(宁夏)国际文化艺术旅游博览会的部委领导、省级嘉宾及23个代表团团长。文化部副部长赵少华,国家民委副主任丹珠昂奔,国家广电总局党组副书记、副局长赵实,中国人民对外友好协会副会长冯佐库,国家旅游局综合司司长唐洪广等5个文艺旅博会主办部委的有关领导和广西壮族自治区党委常委、宣传部部长沈北海,甘肃省委常委、宣传部部长励小捷,广西壮族自治区副主席李康,湖北省副省长张通,内蒙古自治区副主席刘新乐及各省区市代表团团长等嘉宾参加了会见。

△　自治区主席王正伟、自治区政协主席项宗西在银川会见了参加第二届中国(宁夏)国际文化艺术旅游博览会的外国驻华使节团一行。使节团由塔吉克斯坦、加拿大、刚果、缅甸、尼泊尔、阿塞拜疆等国驻华使节组成。

19日　第二届中国(宁夏)国际文化艺术旅游博览会综合展览在银川国际会展中心隆重开幕。全国政协副主席李兆焯,国家部委领导赵少华、丹珠昂奔、赵实、冯佐库、唐洪广,自治区领导陈建国、王正伟、项宗西、于革胜、崔波、齐同生、蔡国英、冯炯华、张乐琴、安纯人以及各国驻华外交官、各省市区代表团领导等出席了开幕式。

△　国家统计局在银川召开全国统计执法大检查工作座谈会,来自全国32个省市自治区统计局法规处的负责人参加了会议。国家统计局党组书记、副局长、国务院人口普查办公室主任张为民到会讲话。

△　陕甘宁革命老区生态能源经济协调发展试验区第三次联席会议在吴忠市召开。

△　自治区党委副书记于革胜在银川会见了由台湾民意代表、中华两岸少数民族知识经济交流协会理事长廖国栋带队的台湾少数民族交流考察团一行。当天,宁夏少数民族代表与台湾少数民族交流考察团在银川举行座谈联谊。该考察团一行34人参加台湾少数民族塞上行活动及第二届中国(宁夏)国际文化艺术旅游博览会。

20日　自治区主席王正伟接受《人民画报》等7家中央涉外媒体集体采访时,介绍了中阿经贸论坛的筹备情况,向世界展示了一个内陆省区的远大前程。

△　自治区党委书记陈建国、自治区主席王正伟在银川会见了国土资源部党组成员、国家土地副总督察甘藏春率领的考察组一行。自治区领导蔡国英、姚爱兴会见时在座。

21日　宁夏首届黄河文化论坛在银川开幕。李京文、刘光明、李崇富等九位知名专家学者纵论黄河文化,建言"黄河金岸"建设。王正伟、于革胜、崔波、冯炯华、安纯人等自治区领导出席论坛开幕式并聆听报告。自治区主席助理田明主持报告会。

△　国家住房和城乡建设部将宁夏列为2010年全国建材(水泥)下乡两个试点省(区)之一,为宁夏未列入农村危房改造计划的农民新建自用住房提供了有力的支持。

24日　全区领导干部会议在银川召开,中共中央组织部常务副部长沈跃跃宣布了中央关于自治区党委主要负责人职务调整的决定:张毅任自治区党委委员、常委、书记,陈建国不再担任自治区党委书记、常委、委员职务。

25日　自治区财政下拨5600万元专项资金,重点支持自治区政府确定的12个沿黄市县特色小城镇建设。

△　自治区主席王正伟在银川会见教育部副部长郝平,教育部原副部长、中国高等教育学会会长周远清一行。

27日　自治区主席王正伟在银川会见了印度驻华大使苏杰生一行。

27~30日　自治区人大召开自治区十届人大常委会第十八次会议。会议审议通过了《宁夏回族自治区道路运输管理条例》《宁夏回族自治区促进中小企业发展条例》和《宁夏回族自治区实施〈中华人民共和国未成年人保护法〉办法》;作出了关于批准《银川市房地产经纪管理条例》和《银川市政府投资项目审计监督条例》的决定;作出了关于批准2009年自治区本级财政决算的决议。会议由常委会副主任马瑞文主持会议,副主任冯炯华、马秀芬、何学清、刘天贵出席会议。自治区党委常委、政法委书记、公安厅厅长苏德良,自治区副主席李锐,自治区高级人民法院院长马三刚,自治区人民检察院检察长王雁飞列席会议。

30日　由自治区党委宣传部、宁夏军区政治部、武警宁夏总队政治部和宁夏文化厅联合主办的庆祝中国人民解放军建军83周年红色歌曲大型演唱会——"军旗正红",在银川市体育馆举行。自治区党委常委、宣传部部长杨春光,自治区政协副主席张乐琴,宁夏军区副政委王志宏,武警宁夏总队政委程伟出席红歌会。

## 8月

1日　2010第三届银川国际汽车博览会在银川国际会展中心开幕。自治区领导张毅、王正伟、项宗西、崔波、蔡国英、李锐等出席开幕式。

△　自治区党委书记张毅在银川会见了最高人民检察院副检察长朱孝清一行。自治区领导苏德良、蔡国英会见时在座。

2日　闽宁互学互助对口协作第十四次联席会议在福建省福州市召开。自治区领导于革胜、马秀芬等出席会议。宁夏与福建共同签署《互学互助对口协作第十四次联席会议纪要》。

3日　全国第十二次社科普及理论研讨与经验交流会在银川举行。来自全国25个省、市、自治区140位社科联代表齐聚塞上交流业务成果。自治区党委常委、宣传部部长杨春光讲话，自治区领导冯炯华、安纯人出席会议。

△ 自治区党委书记张毅在银川会见了新华社党组成员、秘书长张锦。自治区党委常委、秘书长蔡国英，党委副秘书长刘桓，新华社宁夏分社党组副书记、副社长杜晓明会见时在座。

**4日** 自治区党委常委会议研究决定，结合“创先争优”活动于8月～10月在全区各级党政组织和广大干部群众中开展深入实施新一轮西部大开发战略大学习活动。

△ 中国科学院研究员、院士孙鸿烈、刘昌明、陆大道、滕吉文、王浩等率中国科学院院士专家考察组一行21人来宁考察。自治区党委书记张毅、自治区主席王正伟会见了专家考察组一行。

**4～5日** 自治区领导于革胜、马秀芬、郝林海、解孟林，武警宁夏总队总队长蔡万源，自治区主席助理屈冬玉率领的宁夏党政代表团在福建省委副书记、组织部部长于广州，省委常委、副省长张昌平，省委常委、厦门市委书记于伟国的陪同下来到福建省厦门市考察。代表团一行参加了闽宁互学互助对口协作第十四次联席会议，考察了福州、宁德、厦门等地的企业、农村、高校，实地感受福建日新月异的发展速度。

**5日** 西北五省区第十九次人大财经工作座谈会在银川召开。会议深入探讨了新形势下加强和改进地方人大预算审查工作的思路和对策。全国人大常委会委员、全国人大财经委副主任委员汪恕诚到会指导，自治区人大常委会副主任马瑞文致辞，自治区人大常委会副主任何学清主持会议并作总结讲话。

△ 自治区党委书记张毅在银川会见了前来参加西北五省区第十九次人大财经工作座谈会的全国人大常委会委员、全国人大财经委副主任委员汪恕诚一行。

△ 自治区党委书记张毅、自治区主席王正伟在银川会见了神华集团董事长张喜武、总经理张玉卓一行。

**6日** 自治区主席王正伟主持召开政府第72次常务会议，研究讨论自治区发改委代拟的自治区党委、人民政府关于贯彻落实《中共中央国务院关于深入实施西部大开发战略的若干意见》的实施意见及分工方案。

△ 自治区主席王正伟会见了中华全国供销合作总社党组书记、理事会主任李成玉，理事会副主任顾国新一行。

**7日** 首届中国（宁夏）防沙治沙暨沙产业高峰论坛在银川举行。6位来自中国科学院、中国林科院、中国治沙学会的国内防沙治沙领域的专家，围绕如何治沙防沙和发展沙产业这一主题作了精彩报告，并结合宁夏生态状况和沙产业发展情况提出了具有很强现实指导作用的先进经验和可行性建议。自治区主席助理屈冬玉和科技部农村科技发展司副司长李增来出席论坛并致辞。

**9日** 全区深入实施西部大开发战略动员大会在银川举行。自治区党委书记张毅，自治区党委副书记、自治区主席王正伟，自治区政协主席项宗西，自治区党委副书记于革胜，自治区党委常委崔波、徐松南、刘晓滨、陈二曦、齐同生、刘慧、马金虎、杨春光、苏德良、蔡国英出席会议。

**10日** 自治区第十届人大常委会召开第十九次会议，选举张毅为自治区出席第十一届全国人民代表大会代表，接受陈建国辞去自治区十届人大常委会主任职务。

△ 宁夏召开全区贯彻全国教育工作会议精神和《国家中长期教育改革和发展规划纲要》专题辅导报告会，教育部副部长郝平率教育部宣讲组专程来宁作报告。张毅、王正伟、项宗西、于革胜、崔波、徐松南、马金虎、苏德良、蔡国英、冯炯华、马秀芬、何学清、刘天贵、郝林海、李锐、陶源、张乐琴等自治区领导出席报告会。

△ 自治区主席王正伟在银川会见了中国国际贸易促进委员会副会长董松根一行。

**11日** 自治区主席王正伟在银川会见了来宁督导检查保障性安居工程建设情况的国家住房与城乡建设部副部长齐骥一行。

**12日** 全国关工委办公室工作座谈会在自治区银川市召开。中国关工委主任顾秀莲，自治区党委常委、宣传部部长杨春光出席会议并讲话。中国关工委、自治区关工委、自治区党委老干部局有关领导，全国30个省市区、6个部委、14个副省级和计划单列市的关工委办公室主任共80人参加了会议。

△ 中组部《党建研究》工作座谈会在银川召开。自治区党委常委、组织部长徐松南出席会议并讲话。全国19个省（区、市）以及中直工委、国资委、银监会、铁路系统等单位组织和人事部门的领导和联络员共120多人参加了会议。

**14日** 宁夏第十三届运动会闭幕式在宁夏体育馆举行。自治区人大副主任冯炯华、自治区政协副主席安纯人出席闭幕式，自治区副主席姚爱兴致辞。本届运动会经过19天的激烈角逐，银川市以总分2820.5分的成绩位居青少年组团体榜首，宁夏通信体育协会获成年组团体总分第一名。在射击、举重、田径、游泳等6个设纪录的项目中，共有54人3队打破34项自治区纪录。银川市等28个青少年组代表团和自治区党委办公厅等31个成年组代表团荣获“体育道德风尚奖”称号。

**15日** 按照公安部和宁夏第六次全国人口普查办公会议工作安排，宁夏公安厅开展了第六次全国人口普查户口整顿工作。全区共核户口1084201户3019081人，登记人户分离人员190404人，登记暂住人口89830人，登记户口待定人员20810人，更正户口项目差错74147条，人户分离现象非常严重。

**16日** 《宁夏日报》报道，宁夏贺兰、灵武、青铜峡、平罗4县市携手跨入第十届西部百强县行列。

**17日** 自治区十届人大四次会议在宁夏人民会堂分别召开第一次和第二次全体会议，补选自治区十届人大常委会主任。通过全体代表选举，自治区党委书记张毅当选为宁夏第十届人民代表大会常务委员会主任。大会主席团常务主席张毅、王正伟、于革胜、徐松南、马瑞文、冯炯华、张小素、马秀芬、何学清、刘天贵、肖云刚出席了第一次和第二次全体会议。

△　自治区党委书记张毅、自治区主席王正伟在银川会见了中国石油天然气集团公司总经理蒋洁敏一行。

**18 日**　2010 年黄河流域九省区人大环境与资源保护工作座谈会在银川召开。全国人大常委会委员、全国人大环资委副主任委员陈希明出席会议并讲话。黄河水利委员会主任李国英，山西省人大常委会副主任杨安和，全国人大常委会委员、内蒙古自治区人大常委会副主任郝益东，河南省人大常委会副主任储亚平，四川省人大常委会副主任张东升，陕西省人大常委会副主任李晓东，青海省人大常委会副主任刘春耀，宁夏回族自治区人大常委会副主任马瑞文，宁夏回族自治区副主席赵小平出席会议。会议由宁夏回族自治区人大常委会副主任何学清主持。

△　自治区党委书记、自治区人大常委会主任张毅，自治区主席王正伟在银川会见了黄河水利委员会主任李国英一行。

**19～24 日**　以全国政协副主席陈宗兴为团长的全国政协"西部大开发十年来的重大成就"委员考察团来宁考察，深入了解西部大开发十年来宁夏取得的成绩与经验。自治区领导张毅、王正伟、项宗西、于革胜、齐同生、蔡国英、冯炯华、李淑芬、解孟林分别会见并陪同考察。齐同生代表自治区党委、政府汇报了西部大开发十年来宁夏经济社会发展情况。

**20 日**　宁夏第六次人口普查工作会议召开，贯彻落实全国第六次人口普查工作电视电话会议精神，全面部署宁夏第六次人口普查工作。

**22 日**　自治区党委书记张毅、自治区主席王正伟、自治区政协主席项宗西在银川会见了由北京市政协主席阳安江率领的北京市政协考察团一行。

**24 日**　自治区主席王正伟在银川会见了国务院扶贫办副主任郑文凯。

△自治区主席王正伟在银川会见了来宁调研教育资源开发情况的国务院参事、国家信息化专家咨询委员会主任曲维枝一行。

**25 日**　宁夏人力资源协会正式成立。自治区政协副主席陈守信参加会议。

△　自治区党委书记张毅在银川会见了兰州铁路局局长吴云天、党委书记刘生荣一行。自治区领导蔡国英、赵小平会见时在座。

△　自治区主席王正伟在银川会见了由外交部前副部长，外交学院前院长，前驻科威特、埃及大使杨福昌带领的前来宁夏参加中阿经贸论坛理论研讨会的专家学者一行。

△　自治区主席王正伟在银川会见马来西亚驻华大使拿督伊斯甘达·萨鲁丁和中国中铁股份有限公司总裁白中仁。

△　自治区主席王正伟在银川会见了沙索公司首席执行官戴佩德一行。自治区领导齐同生、赵小平会见时在座。

**26 日**　由自治区文化厅、自治区财政厅、自治区农牧厅共同举办的第二届宁夏回族自治区农民文化艺术节在银川开幕。自治区党委副书记于革胜、自治区副主席郝林海、自治区政协副主席安纯人出席了开幕式。

**26～27 日**　由自治区政府、中国中东学会主办，中阿论坛组委会办公室、自治区商务厅、宁夏社科院承办的中阿经贸论坛理论研讨会在银川举行，自治区主席王正伟出席并向 11 位特聘顾问颁发证书。

**29 日**　招商银行银川分行举行开业庆典。自治区党政军领导王正伟、于革胜、崔波、齐同生、蔡国英、何学清、陶源、高雷出席庆典仪式。自治区主席王正伟、招商银行行长马蔚华为招商银行银川分行揭牌。

△　自治区主席王正伟在银川会见了武警部队司令员王建平中将一行。

**30 日**　自治区地税系统举行陆明宏同志先进事迹报告会。陆明宏同志生前系青铜峡市地方税务局大坝税务所干部。2010 年 3 月 30 日，在履行税收检查工作中因劳累过度，突发脑溢血，经抢救无效，于 4 月 1 日不幸去世，时年 48 岁。宁夏回族自治区人民政府追授陆明宏为优秀公务员、自治区党委追授陆明宏为优秀共产党员、自治区总工会追授陆明宏"五一"劳动奖章。

△　自治区主席王正伟在银川会见前来参加"国家现代农业示范区建设工作座谈会"的农业部副部长危朝安、农业部总经济师杨绍品一行。

**31 日**　自治区主席王正伟在银川会见了密克罗尼西亚联邦副总统阿利克·阿利克一行。

## 9 月

**8 月 31 日至 9 月 1 日**　江西省委常委、副省长陈达恒一行，在自治区副主席郝林海陪同下，赴中卫、石嘴山、银川等地考察。

**1 日**　自治区党委书记张毅、自治区主席王正伟在银川会见国家烟草专卖局局长姜成康一行。

**2 日**　全国人大重点处理建议办理工作座谈会在银川举行，现场督办银川至西安铁路建设项目办理情况。全国人大常委会委员、全国人大民族委员会主任委员马启智，全国人大常委会委员、副秘书长何晔晖，铁道部副部长陆东福出席座谈会，自治区领导王正伟、马瑞文、马秀芬、赵小平参加会议。当天，自治区党委书记张毅、自治区主席王正伟在银川会见了马启智一行。

△　第九届海峡两岸纺织业合作研讨会在银川拉开帷幕。自治区副主席李锐、中国纺织工业协会会长杜钰洲、副会长王天凯，台湾纺织业拓展会董事长王文渊、副董事长叶义雄等嘉宾出席开幕式。

△　十届全国人大常委会原副委员长兼秘书长盛华仁第 7 次率调研组来宁夏调研。调研期间，自治区党委书记、人大常委会主任张毅看望了盛华仁。自治区主席王正伟向盛华仁作了工作汇报。自治区领导马瑞文、刘天

贵，自治区主席助理屈冬玉陪同调研。

**3日** 由宁夏回族自治区人民政府与中国纺织工业协会共同举办的第二届中国西部（银川）服装服饰艺术节·第三届中国（宁夏）国际羊绒博览会开幕式仪式在银川国际会展中心举行。自治区领导张毅、王正伟、项宗西、于革胜、崔波、刘慧、马金虎、苏德良、冯炯华、何学清、郝林海、解孟林与中国纺织工业协会会长杜钰洲、中国纺织工业协会副会长王天凯、中国轻工业联合会副会长李玉娟、国家工业和信息化部副司长高伏、世界羊绒驼绒制造商协会主席卡尔、冰岛驻华大使柯丝婷、国际羊绒驼绒制造商协会主席卡尔、香港励精企业有限公司董事长周杰男、三利集团总裁王克杰等国内外嘉宾及各省市区参展代表团代表出席开幕仪式。

△ 自治区党委书记张毅、自治区主席王正伟在银川会见了自治区原党委书记黄璜。

**3～5日** 中宣部副部长、中央外宣办主任、国务院新闻办公室主任王晨一行来宁考察。王晨一行先后在石嘴山星海湖、永宁纳家户清真寺、中华回乡文化园、宁东基地等地考察。王晨还在“新闻发布和舆论引导”培训班开班仪式上作了辅导报告，并对宁夏的外宣工作提出了要求。3日，自治区党委书记张毅、自治区主席王正伟在银川会见了王晨一行。

**4日** 第三届中国宁夏（灵武）国际羊绒节在灵武市隆重开幕。自治区领导崔波、何学清、李锐、解孟林等与中国纺织工业协会副会长王天凯、国际羊绒制造商协会主席卡尔以及来自国内外160多家羊绒、服装企业的代表共同出席开幕式。

△ 自治区主席王正伟在银川会见了来宁参加中国银行家（宁夏）论坛的国务院发展研究中心副主任卢中原一行。

**5～8日** 中共中央政治局常委、中央政法委书记周永康，在自治区党委书记张毅、自治区主席王正伟陪同下，深入中卫、固原、吴忠、银川等地考察调研。

**7日** 彭阳县新集乡姚河村海子组发现面积超过10万平方米的大型隋唐墓葬群，共清理古墓葬24座，出土随葬器物50余件。海子组隋唐墓葬群是宁夏古墓考古以来唯一一处保存完整、没有被盗的墓葬群。

△ 自治区纪委监察厅严肃查处了自治区卫生厅原党组成员、巡视员、保健局局长李寿芬（正厅级）严重违纪违法案件。经自治区纪委常委会研究决定，给予李寿芬开除党籍处分；收缴李寿芬贪污公款、收受贿赂、非法占有人民币共149.16万元，上缴自治区财政；将李寿芬涉嫌犯罪问题移送司法机关依法处理。

**8日** 宁夏文化图书进宗教场所活动在银川启动，宁夏回族自治区宗教局、新闻出版局、黄河出版传媒集团等部门领导和宁夏宗教界代表参加了启动仪式。

**9日** 科技部与自治区政府第二次部区科技工作会商会议在银川召开。自治区主席王正伟，科技部党组书记、副部长李学勇分别讲话，科技部副部长张来武主持会议，自治区副主席郝林海出席会议。

**10日** 由中国人民对外友好协会、中国国际友好城市联合会主办的“国际友好城市交流合作奖”和“国际友好城市特别贡献奖”评选在上海揭晓。宁夏获“2008年、2009年度国际友好城市交流合作奖”，吴忠市获“国际友好城市特别贡献奖”。与宁夏建立友城关系的日本岛根县和挪威桑弗郡获“对华友好城市交流合作奖”。

△ 国家科技部副部长张来武在自治区主席助理屈冬玉陪同下，到贺兰县宁夏园艺产业园暨农产品物流中心考察。

**10～14日** 中共中央政治局常委、全国人大常委会委员长吴邦国在宁夏调研考察。

**11日** 第三期中国妇女社会地位调查宁夏调查工作全面启动。调查实施时间为2010年9月至2011年2月。调查对象为居住在家庭户内的15周岁以上、1995年11月30日以前出生的中国公民。已确定全区21个样本县、178个村（居）委会、2670个家庭户作为样本。

△ “美丽宁夏·黄河金岸”全国画报媒体大采风活动在石嘴山市启动，有来自全国42家画报的总编辑、资深摄影记者以及部分国内摄影家参加。

**12日** 自治区主席王正伟在银川会见了前来宁夏就进一步扩大投资、拓展合作进行调研考察的中粮集团董事长宁高宁一行。

**14日** 自治区党委书记张毅、自治区主席王正伟在银川会见了来宁参加2010中国能源化工“金三角”发展论坛的国家能源局副局长吴吟、国家水利部原部长杨振怀等领导和嘉宾。中国能源化工“金三角”指以宁夏宁东、内蒙古鄂尔多斯、陕西榆林为核心构成的一块能源富集区，同时蕴涵丰富的光能、风能、煤炭等资源。

**15日** 2010中国能源化工“金三角”发展战略高峰论坛在银川举行，论坛围绕“聚焦能源、整体规划、统筹考虑、有序推进，打造中国能源化工‘金三角’”主题，探讨研究能源化工“金三角”战略定位、发展方向、产业路径和国际合作等问题。论坛由国家发改委、能源局和自治区政府共同主办。全国人大常委会副委员长、民建中央主席陈昌智，全国人大常委会委员、全国人大常委会民族委员会主任委员马启智，全国人大常委会副秘书长王庆喜和国家能源局副局长吴吟、水利部原部长杨振怀等有关部委和行业协会领导，以及自治区领导王正伟、崔波、齐同生、马瑞文、赵小平、陶源等出席论坛。

△ 自治区党委书记张毅、自治区主席王正伟在银川看望了全国人大常委会副委员长、民建中央主席陈昌智一行。

△ 自治区党委书记张毅在银川会见了兰州军区副政委李国辉中将及参加兰州军区理论轮训班的军队负责人。自治区党政军领导苏德良、蔡国英、刘国祥、高雷、王志宏陪同会见。

**16日** 自治区主席王正伟在银川会见了公安部消防局局长陈伟明一行。

17日　自治区党委书记张毅、自治区主席王正伟在银川会见了中国电力投资集团公司党组书记、总经理陆启洲一行。

18日　宁夏军区举行宣布中央军委命令大会。兰州军区政治委员李长才中将,自治区党政军领导张毅、王正伟、崔波、田民洲、王志宏、高雷、盛建华,宁夏军区原司令员陈二曦、原政治委员刘国祥等出席会议。李长才宣读了中央军委命令,田民洲任宁夏军区司令员,王志宏任宁夏军区政治委员,批准陈二曦、刘国祥退休。盛建华任宁夏军区副政治委员,管黎峰任宁夏军区参谋长,韩秉成任宁夏军区政治部主任。

19日　由中国田径协会、宁夏回族自治区体育局共同主办的2010年宁夏"黄河金岸"国际马拉松赛开幕式在吴忠市举行。自治区主席王正伟致开幕辞并宣布比赛开始。中华全国体育总会顾问、原国家体委副主任张彩珍致贺辞。自治区领导冯炯华、姚爱兴、安纯人、盛建华及自治区主席助理屈冬玉出席开幕式。

△　由中央文明办主办,宁夏回族自治区文明办、中国文明网、银川市文明委承办的"道德的传承——全国道德模范与身边好人现场交流活动"在银川举行。自治区党委常委、宣传部部长杨春光,中央文明办秘书组副组长杨武军,自治区主席助理屈冬玉出席交流会。

20日　自治区主席王正伟在银川会见了来宁访问的马来西亚前总理马哈蒂尔·穆罕默德一行。

△民政部与自治区政府在银川联合召开宁夏民政工作座谈会。民政部部长李立国、自治区主席王正伟出席会议。

△　石嘴山市隆重举行建市50周年庆祝大会。中共中央政治局常委、全国人大常委会委员长吴邦国在宁夏考察期间为石嘴山市题词"建设山水园林新型工业城市,贺石嘴山建市五十周年"。

21日　民政部部长李立国带领考察组一行,来到宁夏回族自治区银川市金凤区考察宁夏民政事业基础设施建设、民政基层工作情况。自治区领导崔波、刘慧陪同考察。

21～25日　上海世博会"宁夏周"举行。21日,中共中央政治局委员、上海市委书记俞正声出席开幕式,自治区党委书记、自治区人大常委会主任张毅宣布2010年上海世博会宁夏活动周开幕。上海市市长韩正,政协主席冯国勤,市委常委、常务副市长杨雄,中国贸促会副会长、上海世博会中国馆政府总代表王锦珍出席开幕式。出席开幕式的自治区领导有陈二曦、齐同生、杨春光、蔡国英、马秀芬、张乐琴,以及自治区主席助理屈冬玉。

23日　自治区主席王正伟在银川会见了约旦王国前首相宰哈比。

△自治区主席王正伟在银川会见了阿根廷探戈诺咨询服务公司总裁卡普迪维拉和阿根廷前交通部长、阿根廷探戈诺公司总监卡莫拉斯等一行。此次代表团来访将落实王正伟2010年6月访问阿根廷时双方达成的共识,考察宁夏经济社会发展状况,与宁夏有关部门进行交流、洽谈。

24日　2010宁洽会暨首届中国·阿拉伯国家经贸论坛重要活动之一的第三届中国(宁夏)回商大会,在宁夏吴忠市隆重开幕。自治区领导王正伟、马瑞文、李锐等出席开幕式。中国各地回商,巴勒斯坦、埃及、沙特、利比亚、苏丹等世界穆斯林国家嘉宾和企业家,宁夏有关厅局和市县及兄弟省区市有关领导和工商企业界代表共计12000人参加了开幕式。

△　自治区主席王正伟在银川会见了以米尔斯亚·莫洛特议会主席为团长前来参加宁洽会暨首届中阿经贸论坛的罗马尼亚胡内多阿拉县议会代表团一行。同日,宁夏与胡内多阿拉县正式签署了两区县建立友好关系及长期合作协议书。自治区领导徐松南、刘天贵、李锐出席了会见及签约仪式。

△　自治区主席王正伟会见了前来参加2010年中国宁夏国际投资贸易洽谈会暨首届中阿经贸论坛的以马阿提·本·卡杜尔为团长的摩洛哥沙维雅大区代表团一行。

25日　中国—阿拉伯国家联合商会第七届理事会在银川召开。当天,中阿联合商会宁夏联络处成立。

△　第三届中国穆斯林企业家(银川)峰会在银川市行政中心开幕。中国民族贸易促进会执行会长刘延宁、中国伊斯兰教协会副会长杨志波、中国烹饪协会副会长兼秘书长冯恩援,以及自治区领导项宗西、马金虎、马秀芬、姚爱兴出席开幕式。来自全国各地180多名穆斯林企业家、专家学者和全区清真食品、穆斯林用品企业代表参加峰会。第三届中国穆斯林企业家(银川)峰会签约40个投资项目,投资总金额305.415亿元。马金虎在银川会见了中国伊斯兰教协会副会长杨志波、中国烹饪协会副会长兼秘书长冯恩援等前来参加第三届中国穆斯林企业家(银川)峰会的主要嘉宾。

△　第五届宁台经贸合作洽谈会在银川市举行。本届洽谈会以"加强宁台合作,实现发展共赢"为主题,就宁夏与台湾两地农业和食品加工等进行项目洽谈和签约。自治区党委常委、秘书长蔡国英,自治区政协副主席张乐琴,国务院台湾事务办公室综合局局长马晓光出席洽谈会。

△　自治区主席王正伟在银川会见了马来西亚驻华使节、外交官及玻璃市州官员一行。

26～30日　中国·阿拉伯国家经贸论坛高峰会议在银川隆重举行。这是中国和阿盟国家经贸领域最高级别和最具影响力的多边、双边国际合作盛会,也是继中国—东盟博览会、中国吉林—东北亚投资贸易博览会之后,我国区域性对外开放的又一新平台。中共中央政治局委员、国务院副总理回良玉,全国政协副主席白立忱,约旦哈希姆王国前首相宰哈比,国家商务部部长陈德铭,国家民族事务委员会主任杨晶,中国国际贸易促进委员会会长万季飞,约旦计划与国际合作大臣贾法尔·哈桑,自治区党委书记、人大常委会主任张毅,自治区主席王正伟,自治区政协主席项宗西等国家有关部委领导和自治区党政军领导及来宾共同出席会议。66个国家、地区和国际机构,24个中央部委,31个省、市、自治区、特别行政区,923家国内外企业和8000余人参会参展。

**27日** 在2010中国(宁夏)引进海内外高层次人才合作洽谈会上,自治区政府向柔性引进的16名院士和40名专家颁发聘书,聘任他们为“自治区特聘专家”,聘期为3年。同时,全职引进博士62名,新建院士工作站7个、专家服务基地8个,并为新建院士工作站、专家服务基地授牌。自治区领导徐松南、刘慧参加了洽谈会,并会见了中国工程院、中国科学院院士代表。

△ 自治区主席王正伟在银川会见了斐济总统埃佩利·奈拉蒂考。

△ 自治区主席王正伟在银川会见由阿联酋外贸部副部长阿卜杜拉·阿赫默德·沙利赫率领的阿联酋代表团一行。

**27~28日** 由国家人口和计划生育委员会、自治区政府共同主办的“人口与发展国际研讨会”在银川召开。来自人口与发展南南合作伙伴组织、联合国人口基金会、世界卫生组织、国际人口方案管理委员会、国际计划生育联合会、非洲医师志愿者协会6个国际组织的负责人和代表,10多个国家的官员、专家学者,国内各省区人口计生委负责人,以及国内外媒体记者等100余人参会。

**28日** 《宁夏日报》报道,中国纺织工业协会日前在浙江海宁发布了2009~2010年度中国纺织服装企业竞争力500强名单,自治区12家企业上榜。宁夏上榜企业总数与棉纺织工业强劲的新疆并列西部地区第一。这12家企业是:中银绒业国际集团有限公司、马斯特(集团)羊绒制品有限公司、嘉源绒业集团有限公司、圣雪绒国际企业集团有限公司、德海(宁夏)实业集团、荣昌绒业集团有限公司、盛源绒业有限公司、国斌绒业有限公司、汇川服装有限公司、同心县祥福绒毛制品有限公司、同心县生海绒业有限责任公司、默根服装有限公司。

△ 宁夏回族自治区政府与联合国开发计划署和中国国际经济技术交流中心在银川联合签署“联合国宁夏荒漠化防治和民生改善项目”实施协议,宣布该项目正式启动。自治区党委副书记于革胜出席签约仪式。自治区主席助理屈冬玉、联合国开发计划署国别主任南书毕、中国国际经济技术交流中心主任姚申洪在签约仪式上讲话。

△ 自治区主席王正伟在银川会见了前来参加宁洽会暨首届中阿经贸论坛的阿联酋龙城管理公司总裁阿卜杜拉·拉希德·鲁塔一行。

**是月** 自治区党委、政府决定:用3年到5年时间,对宁夏中南部生活在不宜人居地区的7.9万户34.6万人进行生态移民搬迁,解决他们的贫困问题。搬迁人口涉及原州、西吉、隆德、泾源、彭阳、海原、同心、盐池、沙坡头9县(区)91个乡镇684个行政村1655个自然村,计划投资105.8亿元。

## 10月

**4日** 神华宁夏煤业集团公司产出纯度99.69%丙烯产品,创出世界首条煤炭经甲醇生产丙烯技术。

**12日** 自治区主席王正伟在银川会见了由全国政协常委、外交部原副部长刘古昌率领的外交部外交政策咨询委员会代表团。

**13日** 由北京市人大常委会主任杜德印带领的中央党校省部级干部进修班“社会主义民主政治建设”研究专题课题组一行12人来宁夏调研。自治区党委书记张毅在银川会见北京市人大常委会主任杜德印一行,以及来宁夏出席全国农村社区建设实验工作推进会的民政部副部长姜力。西藏自治区人大常委会副主任赵正修、湖北省政协副主席周宜开、山东省济南市政协主席徐长玉、江西省政协副主席陈清华、《求是》杂志副主编朱铁志、甘肃省军区政委傅传玉参加了会见。自治区领导项宗西、刘慧、蔡国英、马瑞文、张小素、李锐会见时在座。

△ 自治区政府召开“2010宁洽会暨首届中阿经贸论坛”总结表彰大会,对自治区商务厅等60个先进集体、陈荣生等105名先进个人和韩帅等10名优秀志愿者予以表彰奖励。自治区主席王正伟出席表彰大会并讲话。自治区领导刘晓滨、蔡国英、马秀芬、李锐、袁汉民等出席会议。自治区副主席李锐主持会议并宣读表彰决定。

**16日** 2010中国(国际)休闲发展论坛在南京举行颁奖典礼,杭州、成都、南京、银川、吉林、扬州、湛江、呼伦贝尔、秦皇岛、舟山获“2010第二届中国十大休闲城市”奖。除杭州、成都、湛江外,其余7个城市都首度上榜。

**16~18日** 自治区人大常务委员会副主任马秀芬应邀率团对叙利亚进行友好访问。17日,马秀芬与叙利亚大马士革省省长巴夏尔·萨班签署了建立友好省际关系协议。叙利亚人民议会议长迈哈默德·艾布拉会见了马秀芬及代表团一行。

**17日** 由宁夏大学西夏学研究院主办的黑水城文献与西夏学国际学术论坛开幕式暨中俄西夏学联合研究所揭牌仪式在宁夏大学举行。来自中、俄、日等国的近百位西夏学研究专家学者参加了本次论坛。

**19日** 自治区党委书记张毅、自治区主席王正伟在银川会见了南非沙索集团新项目开发总裁欧博阳和沙索合成燃料国际公司董事总经理艾德一行。

**19~21日** 民政部副部长罗平飞一行在宁夏考察低保规范化管理和医疗救助,称赞宁夏民政工作走在了全国前列。自治区主席王正伟19日在银川会见了民政部副部长罗平飞一行。自治区党委常委、自治区副主席刘慧陪同考察。

**20日** 由自治区全民创业工作领导小组主办,自治区人力资源社会保障厅等8家单位联合承办的“黄河银行杯”宁夏首届勇当创业先锋电视大赛在银川举行总决赛。自治区党委常委、自治区副主席刘慧出席大赛并为获奖选手颁奖。来自吴忠赛区的贺钧以“5000吨杞叶青枸杞植物功能饮品生产销售项目”荣获冠军,并获得15万元的创业扶持资金。亚、季军分别获得10万元和5万元的创业扶持资金。

△ 自治区党委、政府授予宁夏百岁国画大师曾杏绯“杰出回族女画家”荣誉称号。

△ 自治区党委书记张毅、自治区主席王正伟在银川会见中国进出口银行党委书记、董事长、行长李若谷一行。

21日 自治区交通运输厅与国家开发银行宁夏分行签订战略合作协议。该分行将在“十二五”期间投入120亿元信贷资金,重点支持宁夏高等级公路建设项目、国省道改造项目和农村公路项目建设。自治区副主席赵小平出席签约仪式并讲话。

△ 由自治区团委、宁夏农村青年经济人协会主办的中国杰出青年农民(宁夏)考察交流活动在银川举行。团中央书记处书记汪鸿雁、自治区党委副书记于革胜和自治区领导崔波、刘天贵、姚爱兴、张乐琴出席会议。会后,于革胜陪同汪鸿雁一行到盐池县考察了共青团工作。

△ 宁夏“泰瑞 TAIRUI”“西吉马铃薯 XiJiMaLingShu 及图”“香山硒砂及图”被认定为中国驰名商标。至此,宁夏已拥有中国驰名商标15件。

22日 2010宁夏(银川)首届创业博览会暨创业合作交流洽谈会在银川国际会展中心开幕。自治区领导王正伟、于革胜、刘慧、刘天贵出席开幕式。

△ 全国贸易外经统计工作会议在银川召开,国家统计局副局长徐一帆讲话,自治区副主席赵小平致欢迎辞。

23日 2010年度中国中小城市科学发展百强县(市)、中国最具投资潜力中小城市百强县(市)名单正式揭晓,宁夏灵武市、贺兰县榜上有名。

25日 自治区党委下发《关于认真学习宣传贯彻党的十七届五中全会精神的通知》,文件指出认真学习宣传、全面贯彻落实十七届五中全会精神,是当前和今后一个时期全党的一项重大政治任务。文件要求全区上下一定要以高度的政治责任感和使命感,加强领导,精心组织,迅速在全区掀起学习宣传贯彻十七届五中全会精神的热潮,把思想统一到全会精神上来,把力量凝聚到完成全会确定的各项任务上来,保证和促进全会精神的全面贯彻落实。

26日 被列入2010年国家级新农保试点的宁南山区八县(区),在固原市原州区启动了基础养老金发放仪式,21.5万名60周岁以上农村老人,不用缴纳一分钱将陆续领到每月国家发放的55元的养老金。至此,自治区自创的“三级”试点模式覆盖了全区22个县(区),实现全区农村居民养老有保障。宁夏在“十一五”末实现新农保制度全覆盖,比国家目标提前了十年,走在了全国前列。

## 11月

1日 第六次全国人口普查从10月31日零时起全面展开。自治区党委书记张毅以普通公民身份,带头参加第六次人口普查登记。

5日 自治区党委、政府在银川召开全区开展深入实施西部大开发战略大学习活动总结大会。自治区领导于革胜、刘晓滨、刘慧、马金虎、杨春光、蔡国英、冯炯华、陶源出席大会。

7日 中共中央政治局委员、中央书记处书记、中组部部长李源潮来到宁夏,就如何按照党的十七届五中全会的要求进一步深化创先争优活动进行考察。李源潮先后到中卫市胜金村、中山社区、沙坡头生态自然保护区,宁东能源化工基地,神华宁煤集团进行了考察。

8日 全国地方党政领导干部扶贫座谈会在银川召开。国务院扶贫开发领导小组副组长、国务院扶贫办主任、党组书记范小建出席会议并讲话,国务院扶贫办副主任王国良主持会议,自治区副主席郝林海致辞。来自北方14省区市部分地、州、市的党政领导,部分国家扶贫开发工作重点县的县委书记、县长及国务院扶贫办《中国农村扶贫开发纲要(2011~2020)》起草小组成员参加了会议。

20日 宁夏沿黄城市带保障性住房经过两年多建设,已有4.1万户困难家庭享受到住房保障,30多万农民喜迁新居。

△银川市农民由过去“1元钱”能看30种病增加至50种,药品种类也从原来的74种增加到162种。

22日 2010年初以来,宁夏和台湾交流合作日益频繁,农业种植、食品加工、餐饮服务、文化旅游、新能源、教育、医药、科技等10多个领域成为双方交流互访的热点,两地交流人数超过4000人次。

22~24日 全国人大常委会副委员长、全国妇联主席陈至立在宁夏考察妇女农业创业园、社区妇女之家、法院妇女维权合议庭等妇女工作,并召开座谈会。

23日 国家发改委、农业部下达动物防疫体系建设项目2010年第二批投资计划。其中,安排自治区中央预算内投资205万元,用于改扩建吴忠市利通区、盐池县,中卫市沙坡头区,泾源县41个乡镇兽医站,以及购置相关仪器设备。

24日 新疆维吾尔自治区党委书记张春贤在乌鲁木齐会见了到新疆考察能源合作的宁夏回族自治区党委常委、自治区副主席齐同生一行。齐同生和宁夏军区副司令员高雷、自治区检察院检察长王雁飞等先后考察了哈密地区吐哈煤田,与新疆维吾尔自治区领导杨刚、库热西·买合苏提进行了座谈,就组成专门小组、深化合作事宜达成了共识。

△ 宁夏科协召开主题为“生物技术与产业发展”的2010年学术年会,自治区主席助理屈冬玉出席年会开幕式并讲话。中国工程院院士、医学遗传学专家曾溢滔,中国科学院院士、遗传生物学家贺林应邀分别作了题为《转基因动物与医药产业》《基因揭秘造福人类》的专题学术报告,全区350多位学会代表参加开幕式并聆听报告。

24~27日 国家人口和计划生育委员会巡视组组长席小平率领国家人口发展“十一五”规划终期督评组一行,

对宁夏人口发展“十一五”规划进行终期督评，认为宁夏人口和计划生育工作做出了区域特色。自治区副主席姚爱兴陪同督评。

**25日** 自治区主席王正伟在银川会见了马来西亚驻华大使伊斯甘达·萨鲁丁一行。

△ 自治区主席王正伟在银川会见了香港《文汇报》董事、副社长、香港未来之星同学会董事主席韩力一行。

**26日** 中国共产党宁夏回族自治区第十届委员会第十一次全体会议审议通过了《中共宁夏回族自治区委员会关于制定国民经济和社会发展第十二个五年规划的建议》。《建议》指导编制《宁夏回族自治区国民经济和社会发展第十二个五年规划纲要》，对于宁夏深入实施新一轮西部大开发战略，促进经济社会平稳快速发展，开创宁夏科学发展、跨越发展的新局面，具有十分重要的意义。

△ 自治区主席王正伟在银川会见了国家审计署审计组组长、审计署西安特派办特派员娄仲一行。

**29日** 宁夏政府代表团在厦门举办宁夏·福建(厦门)经贸合作推介会暨项目签约仪式，共签约21个项目，总投资177.8亿元。

## 12月

**1日** 宁夏社科联社会组织党员大会召开，会议通过选举产生中共宁夏社科联社会组织委员会，标志着自治区首个全区性社会组织党委顺利诞生。

**3日** 宁夏回族自治区十届人大常委会第二十一次会议通过了《宁夏回族自治区实施〈中华人民共和国科学技术进步法〉办法》，这是宁夏率先在各省、市、区首次以法律形式规定科技进步影响评价制度，也是宁夏地方立法的一个重要突破。

△ 全区统筹城乡居民基本医疗保险试点工作正式启动。石嘴山市、固原市作为首批试点，已全面进入参保缴费阶段，参保居民将于2011年1月1日起正式享受新医保所有待遇。

**4日** 在第八届中国青年志愿者评选中，宁夏广播电视总台新闻中心王卫东等9人获优秀个人奖，银川市西夏团区委等5个单位获优秀组织奖，吴忠市团委实施的“文明使者”青年志愿者服务等3个项目获优秀项目奖，受到了共青团中央、中国青年志愿者协会的表彰奖励。

**6日** 中央宣讲团宣讲党的十七届五中全会精神报告会在宁夏人民会堂举行。中央宣讲团成员、中国社科院人口与劳动经济研究所所长蔡昉教授向听众作了专题报告。自治区领导崔波、徐松南、杨春光、苏德良等出席报告会，自治区党委常委、宣传部部长杨春光主持报告会并讲话。

**6~8日** 国务院督察组对宁夏价格总水平，粮油、蔬菜等主要农副产品和化肥、柴油等重要生产资料的价格、储备情况进行了考察和了解，对宁夏稳定物价保障群众基本生活工作给予了充分肯定。

**7日** 自治区政府审议通过了《关于进一步加强流动人口计划生育服务管理工作的意见》。宁夏流动人口子女接受义务教育与当地学生享受同等待遇。

**10日** 《宁夏日报》报道，自治区破解铍铝合金精密铸造技术难题，奠定了我国铍产业世界三强地位。

**10~13日** 约旦艾米拉新闻网考察团一行对宁夏进行了考察访问。考察团一行先后到银川市金凤区良田移民吊庄点、宁夏六盘山高级中学、宁夏伊斯兰经学院、灵武白芨滩林场等地，采取现场走访和召开座谈会等形式，进行了深入细致的考察。

**15日** 宁夏优秀科技工作者颁奖大会暨2010年宁夏科协“会员日”活动在银川召开，大会表彰奖励了为宁夏科技事业发展和现代化建设作出突出贡献的科技工作者。自治区党委常委、组织部部长徐松南，自治区主席助理屈冬玉出席会议并为十佳全国优秀科技工作者提名奖获得者李星、全国优秀科技工作者王锡琴等8人、第二届全区优秀科技工作者马永宁等29人、第十二届宁夏青年科技奖获得者马永等14人颁奖。

△ 宁夏千余名干部、群众在海原县牌路山集会，纪念海原8.5级地震90周年暨海原地震纪念馆建成。自治区副主席李锐、中国地震局副局长阴朝民出席了纪念会。

**17日** 自治区经济工作会议在银川召开，会议认真学习贯彻中央经济工作会议精神，总结2010年经济工作，全面分析面临的经济形势，安排部署2011年经济工作，号召全区上下认真贯彻落实党中央、国务院的决策部署和自治区党委、政府的工作安排，团结稳定鼓劲，开拓进取，科学发展，为建设和谐富裕的新宁夏而奋斗。自治区领导张毅、王正伟、于革胜、项宗西、崔波等出席会议。

△ 由自治区政府办公厅、自治区政协办公厅等联合主办的第三届宁夏“十大慈善人物和十大公益企业”颁奖典礼在银川举行。自治区领导项宗西、刘慧、杨春光、张小素、安纯人出席了颁奖盛典并为获奖个人与企业颁奖。

**18日** 在第三届中国和谐城市可持续发展高层论坛上，银川市获“中国十佳和谐可持续发展城市”殊荣。

**20日** 中科院生命科学与生物技术局局长张知彬率中科院专家来宁，参加宁夏农业综合开发创新与实践战略研讨会暨技术合作对接会。自治区主席王正伟会见了中科院科学家一行。

**21日** 2010年宁夏银行业文明规范服务单位服务标兵表彰大会在宁夏人民会堂召开。自治区领导王正伟、齐同生、冯炯华、解孟林出席大会并为文明规范服务单位、服务标兵颁奖。自治区党委常委、自治区副主席齐同生讲话。

△ 自治区主席王正伟在银川会见了世界500强企业——泰国正大集团执行总裁黄正纲一行。

**22日** 《宁夏日报》报道，国务院正式批复同意灵武羊绒产业园区升级为国家级高新技术产业园区，定名为银川市高新技术产业开发区。这是自治区首家国家级高新技术产业开发区,标志着灵武羊绒产业开始进入一个新的发展阶段。

24日 《宁夏日报》报道,宁夏事业单位优秀工作人员健康休养制度正式建立。依据《关于建立事业单位优秀工作人员健康休养制度的通知》,全区各级各类事业单位中在编在岗的优秀工作人员,都可享受健康休养制度,期限一般为10天,健康休养期间按工作日计算,不计入年休假范围。

△ 在全国农村五保供养工作会议上,宁夏3个农村五保供养工作先进单位、5个先进个人、6个模范敬老院受到民政部表彰。

25日 《宁夏日报》报道,中卫市黄河湿地恢复与治理项目被评为"迪拜国际改善居住环境最佳范例奖"全球百佳,成为宁夏首个"迪拜奖"得主。

27日 以《风正好扬帆》为主题的宁夏2010民主评议政风行风年度特别节目暨2010年度民主评议行风情况通报会在宁夏广电总台演播大厅召开。会议全面总结了2010年宁夏纠风工作及民主评议行风工作情况,通报了政风行风测评排序结果。自治区党委常委、纪委书记刘晓滨,自治区人大副主任张小素,自治区副主席郝林海,自治区政协副主席陈守信出席会议。

28日 宁夏科学技术奖励大会在银川隆重召开。自治区领导张毅、王正伟、于革胜、徐松南、蔡国英、冯炯华、郝林海、安纯人出席会议。张毅、王正伟等接见了获2009年度自治区科学技术进步奖的代表并为他们颁奖。自治区主席助理屈冬玉主持会议。

△ 《宁夏日报》报道,自治区首次发布《自治区人民政府关于促进劳动关系和谐稳定的意见》。《意见》就进一步规范劳动用工作出明确规定,指导督促劳动密集型中小型企业将大量口头协议转变为简易劳动合同,引导督促从事家庭服务业、不具备签订规范劳动合同的农民签订劳务协议。规范党政机关、事业单位编制外劳动用工,逐步解决欠缴的社会保险费,从2011年起,党政机关、全额拨款事业单位禁止新的编制外用工。在农民工维权方面,《意见》明确提出,要进一步推行农民工工资保障金制度,有效解决拖欠农民工工资问题。对用人单位遵守劳动保障法律法规的情况进行综合考核,建立诚信档案,评定诚信等级,并通过多种形式向社会公布。对失信的用人单位要依法处置并实施重点监控,适时向社会公布。

30日 宁夏工业和信息化工作会议在银川召开。2011年,宁夏工业将实施"三大计划",推进"八大工程",力争完成投资290亿元。自治区主席王正伟为会议发来贺信。自治区党委常委、自治区副主席齐同生出席会议并讲话。自治区领导何学清、张乐琴出席会议。

31日 自治区党委、政府在银川举行宁夏参与2010年上海世博会总结表彰大会。自治区领导王正伟、项宗西、齐同生、蔡国英、冯炯华出席大会并为受表彰的先进集体和个人颁奖。

△ 自治区妇联组织实施的闽宁妇联"六个一"工程示范村启动仪式,在西吉县马莲乡马其沟村举行。当天,263户农户每家领到一台电视机、一台太阳灶,10名妇女每人领到3000元小额循环项目贷款。

(孔炜丽 张 莉 李 伟 李建军)

# 宁 夏 综 览

编辑:范宗兴　霍丽娜

## 地 理 人 文

【地理环境】　宁夏回族自治区简称宁,位于祖国西北部的黄河上游地区,地处北纬 35°14′~39°23′、东经 104°17′~107°39′。东邻陕西省,西部与北部接内蒙古自治区,南部与甘肃省相连,总面积为6.64万平方公里。宁夏地形南北狭长,南北相距456公里,东西相距约250公里。黄河从宁夏中北部穿越12个县市,流程397公里。贺兰山是银川平原的天然屏障,主峰为敖包疙瘩,海拔3556米。宁夏平原是发展农业的理想绿洲,自古就享有"塞北江南"和"塞上明珠"的盛誉。从地理位置看,宁夏处于我国几何中心,在全国东、中、西三大带划分中,位于中、西部过渡区域,是西北地区距离华北最近的省区,区位优势明显。宁夏地处黄土高原与内蒙古高原的过渡地带,地势南高北低。从地貌类型看,南部以流水侵蚀的黄土地貌为主,中部和北部以干旱剥蚀、风蚀地貌为主,是内蒙古高原的一部分。境内有较为高峻的山地和广泛分布的丘陵,也有由于地层断陷又经黄河冲积而成的冲积平原,还有台地和沙丘。贺兰山绵亘于宁夏的西北部,南北长200多公里,山势巍峨雄伟,既削弱了西北寒风的侵袭,又阻挡了腾格里沙漠流沙的东移,成为银川平原的天然屏障。大约2000米以上,有以云杉、油松等为主要成分的森林。六盘山位于宁夏的南部,耸立于黄土高原之上。宁夏平原经2000多年的开发,早已是渠道纵横、阡陌相连的"塞上江南"。在黄土丘陵区以北、银川平原以东,即灵武市东部和盐池县北部的广大地区,为鄂尔多斯高原的一部分,是海拔1200~1500米的台地。　(杨　柳　何建平)

【自然资源】　宁夏土地和矿产资源丰富,农业和能源优势突出。全区耕地面积1659.51万亩,其中有灌溉条件的水田和水浇地605.49万亩,占耕地总面积36.5%。全区人均耕地面积2.75亩,人均水浇地为1亩,高于全国人均水平,居西北前列。宁夏已发现各类矿产49种,其中能源矿产6种、金属矿产8种、非金属矿产33种、水气矿产2种。探明矿产资源储量的矿种有32种,资源总量列全国前十位的矿种有7种。煤炭是宁夏的优势矿产资源,全区含煤地层分布面积1.7万平方公里,占宁夏总面积的四分之一强。宁夏煤种齐全,煤质优良,储量大。宁东煤田探明储量约270亿吨,远景储量约1390亿吨,这里已建设成为大型能源化工基地。水力资源主要集中在黄河干流,依托黄河建有青铜峡水利枢纽工程、沙坡头水利枢纽工程等。另外,宁夏光照和风能资源也很丰富。　(杨　柳　何建平)

【历史沿革】　宁夏是中华远古文明的发祥地之一。灵武水洞沟旧石器时代晚期人类活动的遗址和遗物表明,早在3万年前就有人类在这里繁衍生息。战国秦昭王三十五年(前272年)灭义渠戎方国,将固原大片土地并入秦国,归北地郡管辖,宁夏南部纳入中原王朝版图。秦统一中国后,派兵在宁夏屯垦,沿黄河置县,宁夏北部黄河以南首次纳入中央版图。汉代,宁夏各县初属北地郡,后分属北地郡和安定郡。三国两晋南北朝时期,宁夏故地政权更替,民族大融合进一步发展。北宋宝元元年(1038年),党项族首领李元昊以宁夏为中心建立了大夏国,史称西夏,定都兴庆府(今银川市)。1227年蒙古灭西夏后,于中统二年(1261年)在西夏国故地设立西夏中兴等路。至元二十五年(1288年)设宁夏府路,始有"宁夏"地名。明设宁夏卫,清设宁夏府。民国初年,宁夏府改为朔方道。民国18年(1929年)成立宁夏省。中华人民共和国成立后,于1954年撤销宁夏省,并入甘肃省。1958年10月25日成立宁夏回族自治区,首府银川市。

(杨　柳　何建平)

【行政区划】　宁夏回族自治区是全国五个省级少数民族自治区之一,是全国最大的回族聚居区。自治区下辖银川市、石嘴山市、吴忠市、固原市、中卫市5个地级市,青铜峡市、灵武市2个县级市,永宁县、贺兰县、平罗县、中宁县、盐池县、同心县、泾源县、隆德县、西吉县、海原县、彭阳县11个县,兴庆区、金凤区、西夏区、惠农区、大武口区、利通区、原州区、红寺堡区、沙坡头区9个县级市辖区,192个乡镇(93个乡、99个镇),43个街道办事处。银川市是全区政治、经济、文化中心,也是全国历史文化名城、国家卫生城市和国家园林城市。　(杨　柳　何建平)

【人口发展】　年末,全区常住人口6301350人。全区全年出生人口88317人,人口出生率为14.14‰;死亡人口

31870人,人口死亡率为5.1‰;自然增加人口56477人,人口自然增长率9.04‰,城镇人口占47.9%,乡村人口占52.1%。（杨 柳 何建平）

**【历史文化遗存】** 宁夏的得名始于蒙元政权对西夏的平定,含有平定西夏、稳定西夏、西夏“安宁”之意。宁夏具有灿烂的历史文化遗存,主要体现在神秘的西夏文化、浓郁的回乡风情、古老的黄河文化、迷人的贺兰山和六盘山胜景。有中华史前文明缩影和见证的水洞沟遗址、“东方金字塔”美誉的西夏王陵、“中国长城博物馆”之称的建筑形式多样的历代长城、全国唯一的最大塔群青铜峡108塔、典雅肃穆的清真大寺、巧夺天工的须弥山石窟、瑰丽多彩的贺兰山岩画等丰富的人文景观。（杨 柳 何建平）

# 国民经济

**【经济运行状况】** 2010年全年实现地区生产总值1643亿元,比上年增长13.4%,比全区上年增长1.5个百分点,增速高于全国同期3.1个百分点,创自治区1986年以来新高。其中,第一产业实现增加值160亿元,同比增长7%;第二产业实现增加值833亿元,同比增长16%;第三产业实现增加值650亿元,同比增长11.6%。全年完成农林牧渔业增加值160亿元,同比增长7%。全区规模以上工业实现增加值552.89亿元,同比增长16.8%。全区规模以上工业经济实现主营业务收入1659.55亿元,同比增长37%。全区规模以上工业实现利税创历史新高。全区全社会完成固定资产投资1464.7亿元,同比增长30.9%,高于全国同期7.1个百分点。全年实现社会消费品零售总额403.6亿元,同比增长19%,高于全国同期0.6个百分点。全区外贸实现进出口总额19.6亿美元,同比增长63.2%,高于全国同期28.5个百分点。对外贸易累计实现顺差3.8亿美元。（杨 柳 何建平）

**【经济结构调整】** 全区新建设施农业21.3万亩,设施农业面积累计达到105.8万亩,跨过百万亩大关,特色农业产值占比突破80%。“五优一新”(能源、化工、装备制造、新材料、特色农产品加工和高新技术产业)工业增加值以20%的速度增长,低能耗产品出口额超过60%。装卸搬运和其他运输服务业、仓储业、计算机服务业、软件业、租赁业、商务服务业、科技交流与推广业、居民服务业、其他服务业、体育业和娱乐业等11个服务行业企业全部营业收入为36.09亿元,比上年同期增长了18.7%。（杨 柳 何建平）

**【投资和招商】** 全年全社会完成固定资产投资1464.7亿元,同比增长30.9%。城镇投资增速均高于全国和西部平均水平,增幅居全国前列。全区城镇工业完成投资694.26亿元,同比增长20.8%。工业投资在城镇投资中所占比重为52.9%。电力、化工、煤炭、有色、冶金以及非金属制造等六大传统优势行业投资551.64亿元,占工业投资的比重达79.5%,成为工业投资的主体。全区工业技术改造完成投资161.37亿元,比上年增长26.6%。全区城镇投资中非国有投资610.38亿元,同比增长75.6%,增速高于全社会固定资产投资44.7个百分点。城镇本年资金来源合计1317.68亿元,同比增长37.5%,是同期投资额的1倍。其中,国家预算内资金68.74亿元,同比增长4.9%;国内贷款403.8亿元,同比增长34.1%;自筹资金609.04亿元,同比增长41.8%。全区城镇投资施工项目2087个,比上年增加206个,施工项目计划总投资4705.26亿元,同比增长47%。全区房地产开发完成投资254.37亿元,同比增长56.3%,增幅比上年高17.9个百分点。在西部12省区中,前9个月宁夏房地产投资增速稳居第二的位置。全区共引进实施项目687个,实际到位资金898.87亿元,超过目标任务198.87亿元,同比增长39.07%,共引进世界500强企业3家,国内500强企业15家。其中,银川市引进项目243个,实际到位资金446.36亿元,引进世界500强企业1家,国内500强企业5家;石嘴山市引进项目214个,实际到位资金174.03亿元,引进世界500强企业1家,国内500强企业5家;吴忠市引进项目133个,实际到位资金142.19亿元,引进国内500强企业3家;固原市引进项目54个,实际到位资金23.32亿元,引进国内500强企业1家;中卫市引进项目43个,实际到位资金112.97亿元,引进世界500强企业1家,国内500强企业1家。（杨 柳 何建平）

**【农业经济】** 全区粮食种植面积达到1266.1万亩,总产达到356.5万吨,呈现出山川同增、夏秋同丰的良好局面,是全国五个连续七年增产的省区之一,也是自治区成立以来第一次实现连续七年增产。特色优势产业全面提质增效。全区肉牛饲养量达到189万头,增长8.5%;肉羊饲养量1300万只,增长12.1%;奶牛存栏43.2万头,增长13.2%;适水产业面积达到66万亩,增长32%,稻田养蟹面积达到5.4万亩。枸杞、马铃薯、葡萄、红枣、农作物制种、苹果、中药材等特色优势产业继续保持两位数增长,特色产业占农业总产值的比重达到82%。设施农业发展势头强劲。新建设施农业21.3万亩,设施农业面积累计达到105.8万亩,百万亩设施农业建设目标提前一年完成。扬黄补灌高效节水农业发展到60万亩,为生态移民区提供了强有力的产业支撑。乡镇企业和农产品加工业平稳较快发展。乡镇企业实现增加值180亿元,增长15.2%。吸引蒙牛、伊利、野娇娇、江西煌上煌、雨润集团等国内大型农产品加工企业落户自治区。新增规模以上农产品加工企业32家,累计达到439家,加工产值达到185亿元。主要农产品加工转化率达到52%,比上年提高了2个百分点。农业综合效益持续增长。完成农业增加值140亿元,增长7%;农民人均纯收入达到4675元,增长15.5%。增幅连续六年高于全国平均水平。认真落实粮食直补、良种补贴、农机购置补贴、农资综合补贴资金9.4亿元,比上年增长13.8%。加强农产品市场流通体系建设,农业部定点农产品批发市场达到17个，产地批发市场53个，从事农产品运销专业流通合作组织发展到400多家，产销直挂、连锁经营、电子商务等现代营销模式蓬勃发展。建立健全了以“12316”、农业新时空和移动“农信通”为主体的农业信息服务网络，在全国率先实现了村村通宽带和村村有信息服务站，实现了信息化在全区农村全覆盖，农业信息化模式在全国得到推广。认真贯彻实施《农民专业合作社法》，新增合作组织180个，全区农民专业合作组织累计达到1802个，带动全区40%的农户投入产业化经营。

（杨 柳 何建平）

【工业经济】 全年重工业增长速度明显快于轻工业。重工业实现增加值470.51亿元，同比增长18.2%，轻工业实现增加值82.38亿元，同比增长9.8%。一是工业增长目标如期实现，50户工业龙头企业全年完成产值1450亿元，增长30%，占全区工业总量的近80%。二是全区规模以上工业实现税金、利润双超百亿大关，各项效益指标均创历史最好水平：规模以上工业实现产品销售收入1858.4亿元，同比增长34%；实现税金102.2亿元，增长31.5%；实现利润125.7亿元，增长60.8%；盈利企业盈利额143.3亿元，增长49%；亏损企业亏损额17.6亿元，下降2.3%。全区工业经济效益综合指数为243.9亿元，同比提高57.1个百分点。三是先后出台了《自治区2010年节能降耗预警调控方案》等17个文件推进全区节能降耗工作，成立了自治区节能降耗联合督察组和经信委“降能耗、保增长”工作组，采取定、关、停、限、改、控、扩、报、查、稳等十项措施，强力推进节能降耗工作。全年共有21个项目缓建，5个重点项目建成未投运，近140户企业阶段性停产，涉及职工2.7万人，直接减少工业增加值12亿元，影响全区工业增幅2个百分点。制定《自治区固定资产投资项目节能评估和审查办法》，修订完善《节能监察办法》和《关于进一步加强重点用能企业管理的意见》，切实加快节能降耗工作的法制化进程。四是制定下发《自治区工业经济转方式调结构实施方案》，印发了《2010～2012年“五优一新”产业发展重点目录》，出台了《关于财政专项资金支持自治区新能源产业的意见》。全年关闭年产10万吨以下的小煤矿41处（总产能234万吨）以及44万千瓦火电、80万吨水泥、40万吨焦炭、11万吨炼铁、5万吨电石、3万吨铅、2.5万吨铁合金、4万吨味精的产能，提前超额完成国家下达淘汰落后产能目标任务。五是先后下达重点产业升级和结构调整、装备制造、新能源、中小企业、节能减排、信息化等7批自治区工业化发展资金，共计2.1亿元。组织申报重点产业振兴、中小企业技改、电子信息产业技改等三批共89个项目，争取中央预算内投资计划1.5亿元。六是以煤化工、新材料、生物医药、装备制造、农产品加工等优势特色产业为重点，实施自治区重点技术创新项目81项、重点新产品试产项目90项。中电投宁夏能源铝业公司技术中心被认定为国家级企业技术中心，自治区国家级企业技术中心达到9户。组织共享集团、启元药业等企业申报国家企业技术中心创新能力建设项目，完成了“吴忠仪表股份有限公司技术中心创新能力建设”等3个项目的验收。七是集中力量推动产业集聚及专业化协作配套，促进工业园区向集群化、特色化、专业化发展。灵武羊绒工业园区被批准为国家级高新技术产业园，吴忠金积工业园区被国家工信部认定为清真食品新型工业化产业示范基地。八是制定了《宁夏促进中小企业发展条例（草案）》，协调金融机构，推进中小企业融资平台建设，筹集自治区中小企业投资发展基金；鼓励信用担保机构积极开展业务，为银川市中小企业信用担保中心等8户担保机构申请获得国家中小企业发展专项资金650万元。

（杨 柳 何建平）

【黄河金岸建设】 2010年，自治区集中资金、集中项目、集中精力，大力推进沿黄城市带建设，各项建设项目达260项，任务完成率达到99%以上，总投资达241亿元，超额14.2%完成年度计划。一是黄河标准化堤防和滨河大道全面建成。402公里黄河标准化堤防和508公里滨河大道于2010年6月底全部竣工，实现全线通车，将沿黄10个市县连为一体，初步构建起“一堤六线”沿黄城市带大构架，实现了沿黄城市带发展战略实施以来第一个重大突破。二是沿黄标志性工程和滨河生态建设加速推进。中卫黄河湿地公园、吴忠新月广场、灵武枣博园等工程已建成投入使用；中宁枸杞博物馆、黄河圣坛、青铜古镇、黄河书院、世界水车博览园、中华回族第一街等项目主体工程完工；黄河楼、黄河小镇、塞上江南博物馆、世界穆斯林城等工程正在加紧建设；银川环阅海建筑群、华夏石刻艺术园、吴忠黄河文化展示园、中卫国际沙博园等项目已完成规划，正在抓紧设计。通过大面积植树造林、湿地恢复和土地整理，沿黄两岸累计新增生态绿地65万亩、水面11万亩，整理开发土地10万多亩，新增耕地6.8万亩，滨河生态景观线和黄河文化展示线初显轮廓。三是区域和城镇基础设施加快建设。石嘴山至银川高速公路、孟家湾至营盘水高速、吴忠黄河公路大桥全面建成通车。太中银铁路完成全线铺轨，建成通车。灵武至甜水堡高速，河东机场三期，银川、石嘴山火车站改扩等区域交通设施项目加快实施，银川至宁东轻轨、银川至西安高铁抓紧论证，四通八达、立体式交通网络正在逐步形成。城市基础设施投入力度不断加大，建成了一大批道路、给排水、供热、燃气、污水处理等市政公用设施，城市带的综合服务功能和辐射带动作用明显增强。石嘴山、吴忠、中卫体育馆、博物馆、文化馆、图书馆等城市大型特色公共建筑已完成主体工程。开工建设了掌政、叶盛、金贵等12个特色小城镇，共完成镇区特色街区改造、道路、上下水、供热、生活污水处理、垃圾转运站、路灯、水系、园林绿化、集贸市场改造等市政公用基础设施建设项目58个，总投资2.96亿元，沿黄小城镇的人居环境和面貌得到改善，辐射带动功能得到进一步增强。四是特色产业和商贸物流加快发展。沿黄各市县大力开展产业结构调整和优化升级，“五优一新”特色产业发展质量和规模进一步提升,初步构建起了沿黄特色产业带。宁东能源化工基地累计投资超过1000亿元,初具规模。银川经济技术开发区、石嘴山滨河工业园等区域重点产业园区加快建设,部分重大项目建成投产。银川穆斯林小商品城、宁夏国际空港、中卫物流园区、永宁望远四季鲜果品、现代金属交易市场等一批在自治区具有较大影响的物流商贸项目建设进展顺利,银川陆港、宁夏交通物流园区基本建成,惠农陆路口岸已封关运行。五是一体化和同城化建设稳步推进。沿黄城市带基础设施、公共服务、区域市场、生态保护等一体化发展步伐加快,住房公积金异地购房贷款、银川市城市公交一卡通、城际公交线路等同城化已实施,通信“同网、同号、同费”初步方案完成,银川与贺兰、永宁,大武口区与平罗,吴忠与青铜峡城市相向融合发展趋势明显,以银川为中心的“一小时经济圈”和以四个地级市为次中心的“半小时通勤圈”正在形成。六是黄河金岸经营效益不断显现。借助“黄河金岸”的金字招牌,深入挖掘黄河历史文化,优化人文环境,搭建招商引资平台,成功举办了“中国·阿拉伯国家经贸论坛”“2010中国(宁夏)园艺博览会”“2010中国宁夏国际文化艺术旅游博览会”“2010宁夏房·车生活文化节”“2010中国西部(银川)服装服饰艺术节”“2010中国宁夏国际自驾车旅游节”“2010宁夏‘黄河金岸’国际马拉松比赛”等文化、经贸、旅游大型节庆活动,吸引各地客商来宁投资置业,凝聚了人气、商气和财气,扩大了宁夏的知名度和影响力。八是协调指导力度加大。完成了2010年黄河金岸项目大会战、滨河大道竣工通车仪式和沿黄城市带现场观摩督察活动。制定下发了《关于加强沿黄城市带重点区域规划建设管理的通知》,对滨河大道两侧拟建项目实行统一规划审查,引导沿黄城市带建设有序开发;编制完成了《沿黄城市带发展战略策划》和黄河文化展示园、华夏石刻艺术展示园、中阿经贸论坛永久会址—宁夏国际会议中心3个项目的前期策划和概念性规划。对黄河金岸沿线区域基础设施、产业布局、重大项目建设等进行统筹布局和安排,初步形成了沿黄城市带规划体系。

(杨　柳　何建平)

**【财政税收】** 2010年,全区实现一般预算总收入287亿元,其中地方财政一般预算收入完成153.6亿元,增长37.7%,增加额42亿元,是1996年以来增长最快的一年。全区财政一般预算支出达到555.9亿元,增长29.9%。健全财政资金引导运作体系。完成政府性基金收入160.3亿元,夯实了自治区城乡建设和交通、水利等事业发展的财政保障体系。发行地方政府债券26亿元。61个基本建设项目列入政府信用平台。争取国际金融组织和外国政府贷款22亿元。国库现金管理规模达到51亿元。村级互助资金试点范围扩大到777个行政村,盐池县率先实现了互助资金整县推进。全区地税系统共组织各项收入201.7亿元,同比增长48.3%,增收65.7亿元。其中,税收收入完成103亿元,同比增长42.6%,增收30.8亿元。　(杨　柳　何建平)

**【金融保险】** 全区金融机构人民币各项存款余额2522亿元,较年初增加465亿元,同比增长25.6%;人民币各项贷款余额2372亿元,较年初增加455亿元,同比增长26.6%,增幅在全国排名第五;累计为金融机构办理票据买断式再贴现35.6亿元(等同于发放贷款)。银行机构与企业达成2010年的合作意向530亿元,跨年度合作协议超过千亿元。首支中小企业集合票据发行工作全面启动。全区支农再贷款、再贴现限额100亿元,累计发放支农再贷款106.5亿元,同比多发放12亿元,支农再贷款使用率达到全国最高。银行机构共发放小额担保贷款3.56亿元,支持7134人实现就业或自主创业。全区保险业共为全社会提供风险保障10790亿元,承担了1121亿元的企业财产风险保障和130亿元的工程风险保障。保险从业人员1.64万人,新增就业岗位3000多个,全行业共上缴利税1.37亿元。为1113万人次提供了5111亿元的人身保险保障。为企业提供6800万美元的风险保障,支持的企业数量达34家。共实现保费收入52.8亿元,同比增长34.3%;财产险、人身险保费收入分别达到17.5亿和35.3亿,同比增长47.8%和28.5%;共赔付11.7亿元,保险业资产达到106亿元;新增保险省级分公司2家(人保寿险、阳光产险宁夏分公司),在宁保险省级分公司达13家,分支机构294家;新获批筹建保险省级分公司1家(泰康人寿宁夏分公司)。　(杨　柳　何建平)

**【交通运输】** 2010年全区公路交通基础设施建设累计完成投资58.14亿元,超年度计划10%。孟家湾至营盘水高速公路、石嘴山至银川高速公路、吴忠黄河公路特大桥3个项目建成通车;国道211线灵武至甜水堡段及古窑子至青铜峡联络线、同沿高速公路什子至沿川子段2个项目按计划建设;计划开工建设2000公里的农村公路已安排2279公里,完成投资12.7亿元,超计划投资2.7亿元,建成后可解决23个市、县(区)100个以上行政村通沥青水泥路问题,沿线受益群众达40多万人。组织实施了国道309线部分路段、国道211线惠安堡至甜水堡段二级公路、鸳冯公路旧路改造、宁东镇至古窑子公路、宁夏职业教育基地道路、宁夏园艺产业园道路等一批重大交通建设项目。全力推进508公里滨河大道建设,6月底实现全线贯通。加强公路养护管理,实施国省干线公路大中修工程,工程23项共250.26公里,改造危桥83座,实施安保工程50处。组织实施全区运管体制调整方案。制定《道路运输企业质量信誉考核办法》,出台全区GPS行驶记录仪使用管理办法,进一步规范GPS使用管理,修订完善《宁夏回族自治区道路运输管理条例》。开工建设农村客运站23个,超计划3个;开工建设农村客运招呼站240个,完善农村客运网络,确保“路通车通”。印发了《开通沿黄城市带城际公交试点方案》,6月29日试点开通银川至宁东等4条城际公交,实现城市公交、城际公交、农村客运“无缝衔接”和旅客“零距离”换乘。2010年全区公路运输累计完成旅客运输量1.19亿人次，旅客周转量59.86亿人公里，分别比上年同期增长7.2%和6.9%；完成货物运输量2.31亿吨，货物周转量487.68亿吨公里，分别比上年同期增长8.5%和6.9%。启动实施了宁夏国际空港物流中心等九大物流园区建设，建成了宁夏货运信息中心、“96156”货运呼叫中心、宁夏公共物流信息平台，与浙江等十个省（市、区）共同签署《省际物流公共信息平台共建协议》，将自治区纳入到全国物流信息网络之中。编制了《宁夏现代物流业“十二五”发展规划》，建成惠农陆路口岸，落实海关、检验检疫等部门入驻并正式封关运营；与天津口岸签订了跨区域口岸合作协议，开行惠农—天津塘沽五定（定车次、定价格、定线路、定时间、定到发站）班列，累计发运货物70多万吨；开通了邮翔公司银川至迪拜的国际客货运航线，开行银川至连云港集装箱首发班列，打通了第二条出海通道。争取国家安排自治区公路交通建设补贴资金17.2亿元，其中交通运输部安排车购税资金15.5亿元，包括同沿高速、孟营高速、国道309线二级公路、吴忠黄河特大桥、国道211线及古窑子至青铜峡联络线等5个重点项目11.2亿元；8个国省道改造项目1.9亿元；农村公路1.6亿元；危桥改造、安保工程、国防公路、公铁立交、客运站、农村渡改桥等项目8000万元等。同时争取国家中央预算内专项资金1.7亿元，是争取国家补贴资金最多的一年。

（杨　柳　何建平）

**【商贸流通】** 2010年，全区完成社会消费品零售总额403亿元，同比增长19%，高于年初确定增长目标4个百分点。外贸实现进出口19.6亿美元，同比增长63.1%，较全国增速快28个百分点，增速在全国排名第6位。下发《自治区党委、人民政府关于发展宁夏内陆开放型经济的意见》，与阿联酋沙迦工商会、香港贸易发展局等11个国家和地区的贸易投资促进机构签订了战略合作协议。区内清真食品穆斯林用品企业积极参加了伊朗国际食品展会、马来西亚国际清真产品展览会、海峡两岸（台湾）食品展、法国国际食品展、第九届阿联酋沙迦中国商品交易会和沙特中国商品展等各类专业展会，仅在穆斯林国家举办的清真食品穆斯林用品展销活动4次，完成了年初目标任务的2倍。企业参加出口信用保险累计投保额达6408万美元，同比增长60%，完成目标任务10%的6倍；参保企业20家，较上年同期新增4家。建立了宁夏商务系统内外贸发展项目库，共收集了7大类35小类427个内外贸发展项目；建立了重点进出口企业监测平台，对自治区30家大型外贸骨干企业和60家中小外贸企业的技术改造、技术研发及创新、出口基地建设项目进行了重点的支持和培育，支持企业不断加大开拓中东、东南亚、中亚穆斯林国家以及印度、南美、非洲等新兴市场。组织了23个出国团组分赴40多个国家和地区参会参展、开展投资和贸易促进活动。支持东方有色金属集团新材料出口创新基地建设，高新技术产品、机电产品、羊绒及其制品和特色农产品出口占出口总额的55%。依托自治区“五大工业园区”和“十大特色产业园区”，分别在“高交会”“2010年全国镁业大会”“印度国际医药原料展”等各类展会上举办了以新能源、金属镁产品、生物医药制品为主题的专题推介会。全区新批外商投资企业25家，较上年增加11家；实际使用外资8090万美元，同比增长15.8%。争取到日本利民工程无偿援助项目2个，受援金额130万元人民币；争取到联合国环境与能源处生态小项目援款35万元人民币；争取到澳大利亚小型活动计划项目——宁夏苜蓿草示范推广基地牧草调制及加工配套技术项目，援助金额为20万元人民币。全区境外直接投资新核准项目9家，累计协议投资额2780.6万美元，是2009年全年投资额的10倍；固原经济开发区永鑫蚕业有限公司在阿联酋合资设立了宁夏产品阿联酋（迪拜）销售中心，宁夏西部皮草有限公司和宁夏天然蜂产品科技开发有限公司等两家企业分别在土耳其和蒙古建立了营销窗口。认真实施流通惠民工作。全年共完成新建或改造提升标准化农家店620个（其中生态移民区建设农家超市20个），配送中心22个（其中日用百货配送中心9个、农资配送中心13个），超额完成了“改造提升标准化农家店500个，配送中心20家”的目标任务，争取到中央财政专项扶持资金共计1520万元。扶持了6家自治区一级农产品综合批发市场，支持新建或改造了20家农贸市场、23个冷链系统。全区已确认备案的家电下乡销售网点844家，年度销售家电下乡产品33万台（部），销售额达7.6亿元，拨付补贴资金6926万元，在国家家电下乡部际联系会议考核评比中，被评为全国先进省份。完成11个班次家政服务技能培训，累计培训1413人次，结业1299人。支持新华百货、中卫荣盛和固原中山等9家企业共新建社区商业连锁便利店122家，新建了“放心肉示范店”60家，完成了50家目标任务的120%，全区已有100家“放心肉示范店”，积极支持牛羊肉加工企业办理“HALAL”（清真）认证工作。努力扩大消费，加强市场运行调控。重点监测的7家大中型零售企业在“元旦”“春节”和“五一”期间，实现销售额分别达到1.02亿元、1.5亿元和8749.2万元，同比分别增长了23.8%、14.1%和5.7%。确定并下达了20家农产品骨干流通企业、20家农村专业合作经济组织、5家农超对接、13家外埠销售窗口、5家农产品品牌建设企业或项目。银川市被商务部确定为“全国首批流通领域现代物流示范城市”。利用现代流通业财政贴息重点支持了17个商业连锁便利店、物流配送中心改造和电子商务平台建设项目。引进了万达集团、华润集团等国内外知名零售商业集团进驻银川。编制了《黄河金岸成品油网络建设规划》，下发了《再生资源回收备案登记管理制度》，商务部正式批准了自治区2家企业为再生资源回收分拣试点单位。起草修订了《宁夏储备商品管理办法》《宁夏储备肉管理办法》《宁夏救灾应急商业代储商品管理办法》和《宁夏应急商品数据

库管理办法》。（杨　柳　何建平）

【邮政电信】 全区邮政业实现收入2.6亿元,同比增长18.2%。其中邮务类业务收入1.03亿元,占总收入比重达到40%,代理金融业务实现收入1.31亿元,同比增长19.4%,代理速递物流业务实现收入775万元,同比增长115.3%。2010年全行业电信业务收入完成41.7亿元,较上年增长14.5%,非话音收入占比38%。电信业务总量完成152亿元,较上年增长31.14%。全行业实现利润5.05亿元,上缴税费总额3.36亿元,较上年同期增长20.9%。全区电话用户总数达到562.68万户,新增57.8万户,其中固定电话用户数为111.88万户,移动电话用户总数达到450.8万户;电话普及率达到90部/百人,较上年每百人提高8.07部,互联网用户数达到48.8万户,其中宽带用户47万户,新增9.72万户。3G网络覆盖范围快速扩张至农村乡镇,手机支付、手机电视、移动办公、手机阅读等新业务在多个层面的客户领域展开应用,全年发展3G用户17.8万户。

（杨　柳　何建平）

【房地产业】 2010年全区房地产开发完成投资254.37亿元,比上年增长56.3%,增速位居全国第3位,西部12省区第1位。房地产投资对全社会投资增长的贡献率26.5%。施工、新开工规模继续扩大。全区商品房施工面积为2940.53万平方米,比上年增长50.6%。房地产新开工面积1808.73万平方米,比上年增长55.9%。开发资金来源总量为389.89亿元。同比增长88.1%,商品房销售面积935.98万平方米,销售额309.22亿元。保障性住房建设完成投资12.63亿元,开工建设廉租住房14070套,占全年任务的140%,开工建设经济适用房153.5万平方米,竣工94.6万平方米,限价商品房1032套,公共租赁住房2447套,对46958户城市低收入住房困难家庭实施了住房保障,完成全年任务的117.4%,实施城市和棚户区改造9170户,完成全年计划任务。（杨　柳　何建平）

【旅游业】 全年全区接待国内外旅游人数1000万人次,实现旅游总收入58亿元。接待国内游客781.5万人次,同比增长12.8%,实现国内旅游收入48.8亿元,同比增长25.6%。编制完成了《宁夏苏峪口国家森林公园贺兰山阙景区修建性详细规划》《西吉县火石寨国家地质公园修建性详细规划》《泾源县老龙潭景区修建性详细规划》等区域旅游规划和专项旅游规划十余部,形成了比较完善的区、市、县、旅游景区四级旅游规划体系。举办了第七届宁夏冰雪旅游节、2010年新春灯会、第七届六盘山山花旅游节、第四届宁夏休闲垂钓节和首届宁夏自驾车旅游节,成功举办了钟情塞上——自驾车之友大型文艺晚会。组织开展“观世博·游中国”五市旅游巡展活动和宁夏旅游采购大会以及世博会宁夏宣传周活动。自治区选送的“塞上江南,神奇宁夏”以及电视剧《风雨沙坡头》在国家文化部、国家旅游局主办的“文化旅游发展贡献奖”评选中分别荣获“影响中国旅游的一句宣传语”和“影响中国旅游的一部电视剧”等九项金奖中的两项金奖。向国家旅游局申请专项资金1800万,用于景区基础设施建设。（杨　柳　何建平）

# 社 会 建 设

【社会管理体制改革】 自治区政府发布了《深化行政审批制度改革工作实施方案的通知》。开展了第七次行政审批事项集中清理工作,取消和调整行政审批事项35项,其中取消行政审批事项22项。开展市县政府机构改革和深化乡镇机构改革检查验收工作。发布了《关于在吴忠市开展扩权强县改革试点工作的意见》《关于扩大同心县盐池县经济社会管理权限的实施意见》和《关于进一步做好扩权强县改革试点工作的通知》,扩大了盐池、同心两县经济社会管理权限。对37个市县(区)部门和24个乡镇进行了检查。重新制定了乡镇领导职数和行政编制配备标准,全宁夏乡镇减少乡镇科级领导职数220名,收回行政编制397名。基本医疗保障制度进一步完善。全区共有372万农业人口参加了新型农村合作医疗保险,参合率达95.87%,22个县(市、区)全部实现了新农合医保门诊统筹。率先在全国初步界定了现阶段基本医疗和基本公共卫生服务内容。完善财政管理体制。取消140项行政事业性收费,对27个单位实行综合预算改革,自治区本级部门实行综合预算的单位扩大到35个。全区小额贷款公司达到72家,注册资本金32.7亿元,累计发放小额贷款76.3亿元,各类中小企业融资性担保机构57家,注册资本金总额23.6亿元,累计实现担保总额75亿元。

（杨　柳　何建平）

【城镇建设和城市化】 深入实施中心城市带动战略,坚持以提高城市综合承载能力和竞争力为着力点,明确城市定位,突出发展特色,完善城市功能,中心城市的带动能力明显增强,全区城镇化率达到48%。加快沿黄城市带(群)建设,奋力打造黄河金岸,开工建设沿黄城市带重点工程260项,完成投资241亿元。完成了12个专项规划和沿黄城市带发展战略提升策划制定,完成黄河文化展示园、中阿经贸论坛永久性会址、华夏石刻艺术展示园等标志性工程的概念性规划设计。全区住房公积金异地购房贷款全面推行,开通了城市公交“一卡通”、城际公交线路等六个一体化、同城化深入实施。完成城市市政基础设施投资51亿多元,开展了“明珠杯”竞赛、城市管理年、特色街区改造年和城乡环境综合整治等活动,青铜峡市、彭阳县获得国家园林城市(县城)称号,中卫市开发保护黄河湿地资源项目荣获中国人居环境范例奖和2010年“迪拜国际改善居住环境最佳范例奖”全球百佳范例称号,银川市中国人居环境奖通过住房和城乡建设部的验收,泾源县和石嘴山市红果子镇、青铜峡市瞿靖镇、贺兰县金贵镇分别获得自治区园林县城(镇)称号。全区城市建成区绿化覆盖率、绿地率和人均公共绿地面积分别达到38.3%、35.2%和15.4平方米。突出抓好沿黄特色小城镇和中南部重点中心镇建设,开工建设中宁县石空镇、吴忠市金积镇、青铜峡市叶盛镇等12个沿黄特色小城镇和同心县下马关镇、泾源县泾河镇、彭阳县古城镇等15个南部山区重点小城镇，完成小城镇建设投资3.9亿元。大力推进可再生能源建筑一体化应用，银川市被列为2010年国家可再生能源建筑应用示范城市，海原县被列为国家级可再生能源建筑应用示范县城。

（杨 柳 何建平）

**【环境保护】** 自治区人民政府兑现2009年污染减排奖励资金1930万元。印发了《关于进一步强化污染减排工作确保完成“十一五”目标任务的通知》，出台了《自治区燃煤发电机组脱硫设施运行管理暂行办法》，实施“绿色电力调度”。强化污染减排监督检查，对全区2010年污染减排年度计划和目标责任书完成情况进行重点督察。对南部山区8县的在建城镇污水处理厂进行了全面检查。在全区开展了为期3个月的污染减排执法检查，对22家企业通报整改，向吴忠市、中卫市人民政府下达减排预警。实施了45家区控重点污染源在线监控系统建设；对全区所有火电企业脱硫设施烟气旁路实施了铅封。正确处理经济平稳运行与污染减排的关系，科学合理安排减排项目，超额完成2010年和“十一五”减排任务。实施了银川市第二排水沟、永二干沟及葫芦河、清水河流域环境综合整治等一批治理项目。建立了区域大气污染联防联控机制，开展城市环境综合整治。制定了黄河跨市界断面水质考核办法，启动了试点工作。编制了《宁夏机动车排气污染监测机构发展规划》，运营了19家机动车排气污染检测机构，全区环境质量明显改善，全国环保重点城市（银川、石嘴山）的环境空气质量、黄河干流水质均已提前达到国家“十一五”规划目标，黄河宁夏段连续22个月保持Ⅲ类良好水质。银川、石嘴山市环境空气质量二级以上天数分别达到242天和234天，占总监测天数的88.6%和85.7%。出台了《关于加强农村环境保护工作的意见》，启动了农村环境综合整治目标责任制考核试点工作，自治区被列入全国农村环境连片整治示范省区，第一批整治示范项目顺利启动，涉及59个连片整治示范项目区，覆盖22个县（市、区）及农垦系统的58个乡镇、217个建制村，惠及59.6万多人口，总投资3.08亿元。完成各类卫生厕所建设34689座，新建垃圾池9928个，发放251辆垃圾转运车；安排资金200万元用于乡村两级环境保洁公益岗位设置；命名了12个自治区环境优美乡镇、17个生态村，有5个乡镇、3个生态村被环保部命名为国家级环境优美乡镇。与重点放射源应用单位签订《安全责任书》，对全区放射源应用大户进行了专项安全检查，对各单位闲置废弃放射源及时收贮。完成全区3G移动通信基站的监测工作及中太银铁路（宁夏段）供电工程岳家沟牵引站等输变电工程项目的环境影响评价工作，确保了全区辐射环境安全。自治区危险废物和医疗废物处置中心通过竣工验收试运行。连续4年向社会承诺办理深入开展城市扬尘噪声污染综合整治、定期发布环境质量信息、农村重点集中饮用水源地保护、银川市第二排水沟治理、永二干沟污染治理等十件环保实事。编制了《自治区推进大气污染联防联控工作实施方案》，制定《自治区环保厅贯彻落实西部大开发战略实施意见》，编制了《自治区环境保护“十二五”规划（征求意见稿）》《宁夏“十二五”主要污染物总量控制规划（征求意见稿）》《宁夏“十二五”环境监管能力建设规划（初稿）》，开展了《沿黄城市带环境保护规划》《宁东能源化工基地国家生态工业园区建设规划》《中南部水污染综合防治规划》编制工作。“水体污染控制与治理科技重大专项”进展顺利，建成8平方公里技术集成试验示范区。 （杨 柳 何建平）

**【新农村建设】** 2010年，自治区继续把“塞上农民新居”建设和农村危房改造两大工程作为改善民生、建设新农村、统筹城乡发展的重点工作，以政府为主导，以农民为主体，以规划为龙头，以特色为灵魂，把新村建设与旧村综合整治相结合，坚持由分散向集中转变，自然村适度向大村庄集中，边远村庄向小城镇集中，城郊村向沿黄城市带集中，把危房改造与生态移民、产业发展相结合，同步配套水、电、路、气、太阳能等基础设施，示范推广轻钢抗震节能体系新农宅，农村住房建设取得了显著成效。2010年，自治区被确定为全国建材下乡两个试点省区之一，争取到国家危房改造补助资金达1.66亿元。开展了“村校合作”“村企结对”等活动，选拔40多名大学生志愿者为农民提供技术服务和质量监督，动员12家房地产开发企业捐助资金360多万元支持两大工程建设。全年共建成新村40个，综合整治旧村433个，改造农村危房3.38万户，新建轻钢抗震节能体系农宅1000多套，全部超额完成了任务。

（杨 柳 何建平）

**【社会保障】** 自治区实施社会保障计划，统筹城乡社保取得新突破。全区城镇职工基本养老、医疗、失业、工伤、生育保险和新型农村医疗合作保险（新农合）参保人数分别达到107.7万人、177.95万人、55.8万人、48.87万人、39.82万人和372万人，分别完成年度任务的114.6%、105.9%、116.3%、113.7%、128.5%和102.9%。积极争取国家有关部委支持，采取国家、自治区、地市“三级试点”模式，使新农保覆盖面达到100%，比国家规定时间提前十年，比自治区原设定时间提前两年实现了新农保制度的全覆盖。妥善解决社会保障历史遗留问题。出台《关于解决企业职工基本养老保险历史遗留问题的意见》，配套出台了高龄低保人员质押贷款缴纳养老保险费有关问题的政策，统筹解决“应保未保人员”“1995年前离岗人员”和“灵活就业人员”等企业职工养老保险历史遗留问题。全区办理参保12.13万人，完成年度任务的120%。一次性解决国有、集体关闭破产企业和国有困难企业退休人员医疗保险问题，将1.82万人纳入城镇职工基本医疗保险，完成年度任务的182%。统筹城乡居民基本医疗保险制度，出台《关于统筹城乡居民基本医疗保险的意见》，整合城镇居民基本医疗保险和新农合制度的管理经办力量、信息资源等,采取"一制多档"的模式和试点运行的方式,实现城乡居民医疗保险一体化,打通基金使用通道,发挥了基金最大化调剂效益。提高企业退休人员养老金水平。在连续五年提高企业退休人员养老金水平基础上,为全区19.63万名企业退休人员调增了养老金185元,增幅达12.7%,月人均养老金达到1635元。积极推进社会保险基金监管软件联网应用,组织开展了城镇基本医疗保险基金专项检查工作,查处利用假票套取基金21起,票面金额167.6万元,报销金额115.4万元。

(杨 柳 何建平)

**【劳动关系】** 自治区政府出台《关于进一步做好农民工工资清欠工作的通知》等文件,建立了农民工工资清欠工作长效机制,对恶意拖欠农民工工资的房地产开发企业,制定了"吊销其建筑施工资质;冻结其在宁夏范围内的在建工程项目,依法进行拍卖,用于支付拖欠的农民工工资;不得参与宁夏土地招标、拍卖等经营性活动,并将其清除出宁夏建筑施工市场"的三项硬措施,依法维护农民工的合法权益。累计为2.87万名农民工追讨拖欠工资1.12亿元,清欠率达98%。全区11.92万名农民工纳入工伤保险,为年度任务的132.4%。积极推进集体合同制度和工资集体协商制度,全区规模以上企业劳动合同签订率达92%,集体合同签订率达82%,涉及农民工32.9万人。

(杨 柳 何建平)

**【教育事业】** 自治区制定了《宁夏中长期教育改革和发展规划纲要(2010~2020年)》和《宁夏教育事业发展第十二个五年规划》,到2020年实现教育强区的目标。制定了《宁夏学前幼儿教育发展规划(2010~2020年)》,2010年度学前教育入园率达50.9%。深入实施"义务教育均衡发展行动计划"和创建"义务教育均衡发展示范县(区)"活动,灵武市、青铜峡市、石嘴山市大武口区3个县(区)实现了基本均衡目标。制定了《宁夏义务教育阶段学校办学基本标准》《宁夏义务教育均衡发展县(市、区)评估验收方案》和《宁夏义务教育均衡发展评估指标体系(试行)》,有序推进义务教育均衡工作健康发展。基本普及高中阶段教育提速,高中阶段毛入学率达到84.7%,贺兰等9县(市、区)基本普及高中阶段教育,实现普高目标的县(市、区)达到14个。全区中等职业教育招生4.25万人,连续八年超额完成教育部下达的任务。职业院校在校生规模达到12.5万人,三年内增长了一倍多。完成职业教育东西部合作办学联合招生1.51万人,教育部将宁夏中等职业教育东西部联合招生合作办学作为"宁夏模式"向全国推广。完成自治区职业教育实训基地二期8万平方米建设目标,实训基地基本建成,有7所院校入住,园区学生达到3万多人。重点支持隆德县、西吉县和海原县职教中心进行了改扩建或迁建。新立项高校特色专业7个、教学团队7个、双语教学示范课3个、精品课程20个、人才培养实验区11个、大学生创新计划27个、实验教学示范中心4个、高校教学改革项目30个,国家示范性高职教学项目2个。自治区重点支持地方本科院校建设重点学科15个、高职院校骨干特色专业14个,争取到国家支持特色专业、教学团队、双语教学示范课和精品课程共9个。2010年自治区高校发放国家奖学金、助学金5285.95万元,资助高校家庭经济困难学生3.59万人次,占高校在校生的25.6%。高校资助金每生每年由原来的2000元增长到3000元。实施中等职业学校农村家庭经济困难学生和涉农专业学生免学费计划,全区补助学费5562.93万元,免除2.7万名学生学费,享受免学费学生数占全区中职生总数的30%。率先在全国开展普通高中家庭经济困难学生资助试点工作,发放资助金1916.71万元,累计资助10市县普通高中家庭经济困难学生2.9万余人次,占试点地区高中生总数的20%左右。实施学生"营养早餐工程",为中南部山区农村义务教育阶段学生每人每天免费提供一个熟鸡蛋。该工程安排资金4688万元,惠及37.5万名山区农村学生。2010年,自治区筹措资金11.4亿元,566所学校实施校舍安全工程项目,安排中小学校舍维修加固、重建105万平方米。完成石嘴山市、固原市特殊教育学校改扩建。

(杨 柳 何建平)

**【科学技术】** 2010年,自治区出台了《科技创新支撑转变经济发展方式实施意见》《关于大力发展沙产业推进防沙治沙综合示范区建设的意见》《关于科技支撑新能源产业发展的意见》《自治区企业研究开发项目鉴定管理办法(试行)》等多项科技政策,营造了有利于科技创新的政策环境。对175项自治区科技成果进行了评审,推荐的"干旱沙区土壤水循环""油气集输节能减排和安全高效项目"分别获得2009年度国家科技进步二等奖和技术发明奖二等奖。西北土地退化与生态恢复省部共建国家重点实验室培育基地得到批准,取得国家973前期预研首席专家项目,颅脑疾病省部共建重点实验室得到科技部批准,宁夏生殖与遗传重点实验室分别被教育部、科技部批准为省部共建实验室。组建了硅材料、风电设备、山羊绒3个自治区工程技术研究中心和光伏材料、植物病虫害防治2个自治区重点实验室以及16个自治区技术创新中心。组建了宁夏氨基酸产学研示范基地,银川市被科技部批准为国家创新型试点城市,石嘴山市新材料园区、宁夏高新技术创业中心分别被科技部认定为"国家稀有金属材料高新技术产业化基地"和"国家级大学生科技创业见习基地"。开通了宁夏科技文献资源共享平台,实现了多种类型文献资源的跨库统一检索,建立了国家科技图书文献中心——银川服务站,提升了科技文献保障和服务能力。引进海外高层次人才1名,实现了"千人计划"人才引进新突破。全区法人科技特派员达到351家,科技特派员总数达到5246人(家),争取金融机构为科技特派员贷款约3亿元。成立宁夏羊绒、宁东能源化工基地煤化工、冶金法多晶硅产业技术创新战略联盟。全区高新技术企业达到31家,国家创新型企业1家、创新型企业试点6家,自治区创新型企业试点21

家。获批国家科技型中小企业创新基金项目72个,项目资金4800万元。争取把"山羊绒加工关键设备与关键技术研发与应用"列入国家支撑计划项目,"300mm极大规模集成电路用半导体溅射靶材"列入国家重大科技专项。"大型煤基甲醇生产装备""镁冶炼节能降耗"等项目形成了一批具有自主知识产权的科研成果,物理法多晶硅冶炼技术、大型燃气轮机铸件技术处于世界领先水平。焦炉气非催化转化制甲醇技术取得重大进展,首台1.5兆瓦风电设备核心部件——高速双馈风力发电机研制成功。制定了《宁夏现代节水高效农业科技园总体规划》;在全区120个农业科技园区确定了由30名首席专家、116名自治区专家服务团人员、736名基层技术服务人员组成的120个技术服务团队开展科技活动,共转化各类项目40多个,示范推广新品种186个、新技术120项、新装备和新材料81台(个),培训技术骨干1200多名。出台了《关于大力发展沙产业推进防沙治沙综合示范区建设的意见》,组织编制了《宁夏沙产业发展规划》,争取到"北方干旱区可持续发展关键技术研究示范"国家科技支撑计划项目重大课题。举行了科技部与自治区政府第二次部区会商会议,将战略性新兴产业、现代农业发展、创新体系建设、科技合作四个方面13个议题列入科技部支持计划。

(杨 柳 何建平)

**【医疗卫生】** 2010年,自治区完成了《宁夏基本药物目录》(基层部分)》网上确认、补充招标和议价谈判等集中招标采购工作,全区73个综合医院、236个乡镇卫生院、136个社区卫生服务机构和2474个村卫生室配备并使用基本药物,基层医疗机构实行零差率销售,"三统一"中标药品申购率100%,综合配送到位率91.7%,使用率99.9%,回款率100%。提前实现国家基本药物制度覆盖率100%的目标。争取国家投入3058万元,为乡镇卫生院、村卫生室配置了必要的医疗设备。争取国家投入500万元,农村医疗卫生信息化建设试点项目扩大到同心等5个贫困县。落实《2010年中西部地区农村卫生人员和城市社区卫生人员培训项目》,完成了社区卫生人员447人、乡镇卫生院717人、村卫生室2565人的培训任务;对3253名村卫生室人员进行了急诊急救知识培训。举办基层卫生管理人员培训班,254人参加了培训。招聘50名执业医师到贫困县卫生院工作,选拔500名高校毕业生到乡镇卫生院担任"特岗见习医生";制定《宁夏二级以上医疗卫生机构对口支援乡镇卫生院项目实施方案》,选调全区29所二级以上医院141名业务骨干组成47支医疗队,支援9个贫困山区47所乡镇卫生院。全区城镇居民健康档案建档人数为182.7万人,占城镇居民的80.8%。全区乡村居民健康档案建档172.2万人,占乡村居民的51.2%。3岁以下儿童系统管理21.3万人,占84.1%。孕产妇系统管理7.2万人,占91.2%。老年人保健管理42.1万人,占老年人口的68%。高血压规范管理8.5万人。糖尿病规范管理1.6万人。对全区15岁以上人口进行了重性精神疾病排查,诊断复核确诊重性精神病人7588人,规范管理2847人,规范管理率为37.5%。农村健康教育普及310.5万人,占农村人口的92%。为11.55万名农村育龄妇女开展了宫颈癌检查,为6.6万名农村育龄妇女免费服用了叶酸增补剂。在6县区为1.2万名农村妇女开展了乳腺癌临床筛查,并对可疑病例进行B超检查3745人,钼靶检查534人,完成率为100%。制定《宁夏回族自治区关于加快推进公立医院改革试点工作的意见》,确定银川市为改革试点城市,自治区第三人民医院和银川市第二人民医院作为公立医院改革试点单位。全区累计报告甲流病例1265例,对652例实行住院治疗,治愈率达99.44%。实施甲型H1N1流感疫苗应急接种工作,2010年上半年全区共完成应急接种96万人,接种率达到了94%。人人享有基本医疗卫生服务试点进一步深化。银川市、固原市将试点扩展到城乡全体居民,村卫生室诊治疾病由30种扩大到50种,免费提供74种药品。开展针对8月龄至4周岁儿童的麻疹疫苗强化免疫活动,累计完成适龄儿童接种40.72万人,报告接种率达到99.3%。出台《宁夏预防接种异常反应补偿管理办法》,全区常规免疫规划疫苗累计接种159.66万剂次,单苗接种率均在95%以上。完成了第五次全国结核病流行病学调查,累计检查1.6万人,共发现新发涂阳肺结核病患者2229例,任务完成率100%。完成了1815名儿童地方性氟中毒防治的病情调查,完成了3087人砷中毒的病情调查。修订了《全国鼠防工作绩效考核方案》,在海原县成功举办了人间鼠疫应急演练。全年共落实卫生建设项目96个,总投资5.75亿元,包括新建、迁建自治区儿童医院、自治区宁安医院、自治区血液中心、2个市级精神卫生防治机构、5个县级医院、9个中心乡镇卫生院、7个社区卫生服务中心和70个村卫生室建设,比确定的建设目标增加了25个。成立了宁夏回族医学研究所。创建了中宁县等全国农村中医工作先进县、中卫市沙坡头区中医药特色社区卫生示范区和一批乡镇卫生院中医示范科。开展了餐厨垃圾、滥用食品添加剂、食品生产加工小作坊和食品摊贩等6个专项整顿,在全区10个县(区)开展食品化学性污染物、食源性致病菌和食源性疾病险监测,采集监测样品3095份,建立食品安全基础数据库,食品安全风险监测网络初步形成。深入开展全区问题乳粉彻查清缴专项整顿,依法督促有关部门查处4家涉案乳粉生产企业,清缴销毁问题乳粉111.29吨,罚款32万元,吊销2家乳粉生产企业生产许可证。青铜峡市、盐池县跨入国家卫生城市、县城行列;编制完成了《宁夏区域卫生资源配置标准及重点配置规划》和《宁夏卫生事业发展"十二五"规划》。

(杨 柳 何建平)

**【计划生育】** 2010年全区出生人口约为88317人,人口出生率为14.14‰左右,自然增长率为9.04‰左右,人口和计划生育工作实现新的突破。为全区所有乡镇的人口计生服务机构各配备了一台计划生育流动服务车,在全国率先实现了乡镇人口计生流动服务车全覆盖。“少生快富”千户示范工程落实项目建设资金500万元,筛选确定了1250户重点扶持对象并建立了项目户档案。启动了全区优生促进工程并在永宁、惠农开展试点,分别为1955例、1378例计划怀孕的夫妇免费进行孕前优生健康检查。“少生快富”工程扩面试点范围从上年10个乡(镇)扩大到7个县区的48个乡(镇)。为44556户“少生快富”项目户制作悬挂了门牌,“少生快富”工程,社会效益和经济效益进一步提高。对农村独生子女户、两女户和“少生快富”户每人每年给予75元优惠缴费补贴。印发了《自治区全员人口宏观管理信息化建设实施意见》和《实施方案》,录入常住人口600多万人,全员人口覆盖率已达到90%以上。深入开展“亲情计生万家行”活动,免费为计划生育家庭制作“全家福”3万多户。自治区“少生快富”家庭代表同心县丁塘镇吴家河湾村村民纪秀英获评全国“人口和计划生育事业十大新闻人物”荣誉称号。与陕西、甘肃、青海、新疆及新疆生产建设兵团人口计生部门共同签署了《西北流动人口计划生育区域“一盘棋”工作协议书》,积极开展跨省区域协作,实现区域“一盘棋”。争取到财政支持资金300万元补助15个普通乡服务站建设,有2个县级、7个乡(镇)级服务站(所)被评为全国计划生育优质服务示范站(所)。自治区计划生育协会被授予幸福工程——救助贫困母亲行动“爱心组织”荣誉称号,中宁县计生协被授予幸福工程“项目示范点”,自治区13人被授予“爱心使者”称号,39名受助母亲被授予“幸福母亲”称号。 (杨 柳 何建平)

**【体育事业】** 2010年,宁夏体育代表团参加第四届全国体育大会成绩突出。共获得1个二等奖、7个三等奖和8个单项奖,是参加历届全国体育大会获奖最多的一次。宁夏代表团还获得了“体育道德风尚奖”。8月14日至9月2日,成功举办自治区第十三届运动会。全区共有59个代表团、137支代表队参加。共设25个大项,230个小项。参赛人员5412名,是自治区举办的规模最大、项目最多、参与最广的综合性体育盛会,共有54人、3个代表队打破34项个人和团体自治区纪录。完成5项体育民生计划。组织开展县级以上全民健身系列活动165次;建设村级农民健身工程822个,在中西部地区率先实现了村级体育场地“全覆盖”;建设城镇社区全民健身路径120条;建设6个县级体育场馆。开展“百乡千村”农民体育月活动,组织农民篮球比赛11350场次,带动近百万人次参加体育锻炼。竞技体育取得新突破。2010年,自治区运动员参加国际比赛共获得19个录取名次,其中金牌8枚、银牌1枚、铜牌1枚。参加全国赛事共获得53个录取名次,其中金牌6枚,银牌9枚,铜牌8枚,是改革开放以来自治区体育队伍参加国际、国内比赛成绩最为优异的一年。自治区运动员姜春鹏勇夺亚运会男子武术75公斤级散打铜牌,回族小伙马玉喜夺得亚残运会2枚金牌、1枚银牌,并打破1项残疾人世界纪录、1项亚洲纪录。在第五届全国特奥会上,宁夏代表团收获金牌30枚、银牌16枚、铜牌32枚,是参加历届全国特奥会成绩最突出的一次。银川市代表队参赛夺得“城市之间”国际总决赛冠军,是中国自参战“城市之间”以来在国际总决赛上夺得的第一个总冠军。承办的十一届全运会武术套路女子预赛被国家体育总局评为全国最佳赛区。举办了国际马术赛、洲际拳王争霸赛、国际龙舟赛、中美滑水对抗赛和国际汽车拉力赛等9项国际赛事,全国女子水球冠军赛、全国羽毛球超级联赛、东西南北中羽毛球赛、全国铁人三项赛、六盘山登山节等16项国家级赛事。连续三年举办“百乡千村农民体育节”“进城务工人员体育节”“的哥的姐体育节”,关注最基层群众和最弱势群体的体育活动需求,这一做法在全国群体工作会议上进行了大会交流。体彩总销量达到3.79亿元,人均购彩量居西部省区第一。各经营场馆接待健身休闲群众83万人次,比上年同期增长94%,实现创收1900多万元,比上年同期增长112%。举办了2010年宁夏黄河金岸国际马拉松赛。来自长跑传统强国埃塞俄比亚、乌干达、摩洛哥、美国的马拉松宿将和国内12省市区的专业选手345人参加了吴忠主赛场的比赛。开展足球进校园活动,有46所中小学开展了此项活动,石嘴山市获得2009~2010年全国青少年校园足球活动“宣传推广奖”一等奖。积极创建青少年俱乐部,有15所学校列入体育总局扶持计划,推进学校体育场馆向社会开放工作,8所学校被列为自治区级体育场馆开放试点单位。

(杨 柳 何建平)

**【劳动就业】** 实施创业就业计划,统筹城乡就业取得新成效。全区城镇新增就业6.89万人,完成年度任务的104%。城镇登记失业率控制在4.4%以内,低于年度控制目标0.25个百分点。大力推进全民创业,为各市、县(区)每个重点创业示范园区(创业孵化基地)拨付建设资金100万元,为每个地级市拨付全民创业工作经费100万元,支持各地进一步健全完善全民创业五大体系,加快创业型城市建设。全区创业园区和孵化基地发展到185个,创业服务组织增加到95个,发放小额担保贷款7.2亿元,完成年度任务的117.5%;培养小老板和自治区创业者8830个、培育小企业3658个、创造新岗位47596个,分别完成年度任务的442%、183%和238%,实际就业人数达44885人。组织创业能力培训1.25万人,完成年度任务的208%,培训结束当期实现自主创业4819人,带动就业20841人。大力促进高校毕业生就业,坚持政府引导、政策扶持、岗位兜底、服务覆盖,采取到企业就业、到事业单位实习、自主创业、自谋职业及“三支一扶”等13项措施,力促1.97万名高校毕业生就业,完成年度任务的104%。大力拓展区外转移就业基地,推进实施世行贷款和赠款农民工培训项目,平罗县、彭阳县、盐池县、原州区被评为全国转移就业示范县(区)。全区农村劳动力转移就业75.53万人,实现工资收入42.2亿元,分别完成年度任务的108%和114%。人均实现工资收入5588元,同比增长3.6%。大力帮助城乡困难群体就业,开发购买3000个公益性岗位,帮助7624名城镇长期失业人员和就业困难人员实现就业,完成年度任务的127%。其中帮助就业困难人员实现就业3631人,完成年度任务的121%,实现了"零就业家庭"动态清零。大力加强城乡劳动力培训。全区培训城乡劳动力10.93万人,完成年度任务的145%。争取国家有关部委支持,在4县16个乡镇实施了基层就业和社会保障服务设施项目。在银川、石嘴山、吴忠开展了失业动态监测试点工作。

(杨 柳 何建平)

**【居民收入】** 2010年,城镇居民人均可支配收入15345元,较上年增长9.4%。农民人均纯收入4675元,增长15.5%,连续5年保持两位数增长。城乡居民人民币储蓄余额达1170.3亿元,增长20.9%。全区居民消费价格(CPI)同比上涨4.1%,比2009年增长3.4个百分点。 (杨 柳 何建平)

**【扶贫开发】** 2010年,8个国家扶贫开发工作重点县农民人均纯收入达到3100元以上,增幅超过10%。争取国务院扶贫办分配给自治区的扶贫资金71090.5万元,比上年增加17%,是历年最多的一年。围绕"四个100万亩"建设目标,重点对枸杞、马铃薯、硒砂瓜、菌草、设施种养业等区域优势特色产业给予了扶持。全力推动扶贫整村推进工作,全区第三批298个整村推进村共整合投入各类资金113206.9万元,村均整合投入资金379.9万元,完成投资77004.3万元,村均投入达258.4万元,解决了200811人的脱贫问题。按照大村30万元、小村20万元的标准,落实资金7500万元,在全区20个市、县(区)300个贫困村建立"互助资金"。争取国务院扶贫办2010年试点资金1425万元,增加了41个试点村。推行项目+农户+产业、项目+农户+基地、项目+农户+产业+协会、项目+农户+基地+公司等运行模式,不断提升项目运作层次和水平。完成2010年互助资金项目试点村341个,投入资金8925万元。劳务移民扶贫深入开展。在5市的市区、工业园区、产业基地建立了14个劳务移民安置点,其中市区2个,工业园区7个,企业5个,建设劳务移民租赁房6.6万平方米、2084套,能安置中南部山区农村劳务移民8336人。把贫困人口中长期培训与劳务移民结合,安排培训资金800万元,培训劳务移民5000人。改扩建青铜峡甘城子学校,解决劳务移民子女上学困难,8336人实现稳定脱贫。积极扶持扶贫龙头企业,向30余家企业贴息450万元,带动银行贷款1.5亿元,比上年增长25%;向2万多贫困农户贴息450万元,带动银行贷款9000万元。召开闽宁互学互助对口协作第十四次联席会议,与闽、台农业龙头企业进行对接考察,有5家福建龙头企业到自治区商洽合作事宜。继续加强与福建农林大学菌草研究所合作,签订了闽宁合作菌草种植协议,进一步推动宁夏菌草产业实现菌种本地化。进一步加强了与中央定点帮扶单位、全国性社会团体的联系,争取宋庆龄基金会、铁道部帮扶资金2080万元,中国扶贫开发协会价值890万元的医疗设备和中国扶贫基金会爱心包裹用于帮助援建公益事业。协调驻宁各部队用实际行动投身地方扶贫开发建设。宁夏军区、武警宁夏总队、武警宁夏消防总队向红寺堡区9所中小学校捐赠了价值100万元的电脑。

(杨 柳 何建平)

**【民族宗教】** 自治区在2010年出台了《关于在全区深入开展民族团结进步创建活动的意见》,召开全区民族团结进步示范单位创建工作现场会,巡回观摩了34个创建示范单位。组织新闻媒体对民族团结进步创建活动成效明显的基层单位和个人进行采访。评选了33个区级民族团结进步模范村、社区和单位(企业、学校)。开展民族团结宣传教育进机关、进社区、进乡村、进校园、进企业、进宗教场所的活动。召开全区党的宗教理论政策和形势报告会,邀请国家宗教局局长王作安作《关于正确理解和全面贯彻党的宗教工作基本方针》的报告。举办全区民族宗教理论专题讲座,邀请北方民族大学副校长、教授赵杰作了题为《"建设中华民族共有精神家园"的理论思考》的专题报告。开展"民族团结月"活动。举办"民族团结铸辉煌"成就展,在《宁夏日报》开辟了"民族团结"专栏专版,宁夏电视台录制播放了"民族团结进步创建活动典型"宣传片。在开斋节和古尔邦节期间,举办了"欢庆开斋节·清真美食文化活动",30多家知名清真食品企业、150多种清真食品到场参展。中央民族歌舞团首次来宁夏举办专场慰问演出活动。启动特困民族扶贫试点工作规划,对东乡族聚居的海原县树台乡红井村、七百户村、大嘴大砚村进行集中扶持。争取国家少数民族发展项目资金3950万元,实施少数民族发展项目147个。严格落实少数民族考生加分等优惠政策,回族考生大学录取比例达34%,实现高考回族考生录取比例逐年递增的目标。从少数民族发展资金中安排400万元对12所回民中小学进行扶持。加强对"民族文化联系点"的扶持和管理,发挥示范引导作用。积极打造以回族优秀文化为主的多元文化。举办"清真美食文化节""清真食品文化论坛""清真食品穆斯林用品促销"等活动,全面展示清真饮食文化的特点。在第三届中国(宁夏)回商大会"清真美食节"上,签订5000万元以上投资项目8个,协议引进资金30.3亿元。举办回族传统名小吃评比暨清真饮食文化论坛,区内外27家餐饮企业现场制作推出菜品115道。召开中国(宁夏)·阿拉伯国家清真食品市场准入联合认证对接会,签署了《清真产业标准互认合作协议》和《清真(HALAL)食品合作谅解备忘录》,为自治区清真食品和穆斯林用品进入中东国家市场搭建了平台。组织60多名散居少数民族代表,召开全区散居少数民族联谊会。开通宁夏清真食品网,定期公布符合清真标准的餐饮企业和经营单位。依法加强宗教事务规范管理,共批准新建的两处宗教活动场所。积极做好大型活动的指导和管理工作,各项跨地区大型宗教活动都做到平稳有序,顺利结束。自治区朝觐网上报名排队办法作为"宁夏经验"在全国朝觐工作联席会议上做了交流。开展和谐寺观教堂创建活动,对102个先进集体和杨发明等98名先进个人给予了表彰。其中25个场所、5个宗教团体、10名宗教人士受到国家宗教局的表彰。实施"文化图书进寺院工程"。在全区具有一定规模的宗教活动场所设立图书室,配送法律法规、民族宗教、中国优秀传统文化、宁夏经济社会文化、科技生活等7类338个品种的图书。

(杨 柳 何建平)

**【法治建设】** 自治区在2010年出台《宁夏回族自治区人民调解员以案定补管理办法》,率先在全国建立了人民调解办案经费保障长效机制。下发《关于进一步加强司法所规范化建设的实施意见》,落实了司法所机构编制、职级待遇等政策。全区各级调解组织共调解各类矛盾纠纷1.8万件,化解特大、重大、疑难复杂矛盾纠纷3186件,其中防止群体性上访217件,发现治安隐患、案件线索77条,防止群体性械斗36件。监狱劳教场所实现"四无"(无劳教人员逃跑、无狱内发案、无重大安全生产事故、无非正常死亡)目标。建成了自治区、五市、试点县(区)教育培训中心,完成了22个司法所的社区矫正信息化网络平台建设,实现了社区矫正网络化管理。出台《关于进一步加强刑释解教人员安置帮教工作的实施意见》,落实了刑释解教人员就业为所在企业每年每人免税4800元和贷款优惠等硬性措施和最低生活保障及社会保险政策,安置帮教工作走在全国前列。共建立76个过渡性安置帮教工作基地,建立"创业就业示范基地"10家,1000余人通过落实保障政策得到了有效安置。开展争创"五好律师事务所党支部"和"五好党员律师"创先争优、学先进比先进创先进和警示教育等活动。组织开展了"全区企业法制宣传教育主题实践活动"和"千名律师进万家企业促发展活动"。评选命名了8个县(市、区)为自治区首批法治县(市、区)创建先进单位。完成了"五五"普法检查验收工作。争取80万元"中国公益彩票基金法律援助项目"资金落户自治区9个南部县(区)法律援助中心。全区22家法律援助机构实现了案件网上录入、审批、指派及数据统计工作。办结为民办实事法律援助诉讼案件2452件。

(杨 柳 何建平)

**【精神文明创建活动】** 开展自治区文明城市创建活动,隆德县"卫生县城"通过自治区爱卫会验收。开展科教文卫"四进社区"活动,全区评选表彰了14个"绿色社区"。自治区参加展演的舞蹈《馓子飘香》、相声《塞上湖城新银川》在第七届全国"四进社区"文艺展演中获优秀奖。自治区下发《关于对2007年度命名表彰的自治区文明单位进行重新申报的通知》,对任届期满的230多个区级文明单位重新申报、复查、抽查考核。全区共有88个村镇受到自治区文明委表彰。兴庆区道德"红黄榜"、灵武市"好儿媳""好女婿"评选、平罗马场村文明环境建设的做法经验,被中央文明办收入《农村精神文明建设典型经验及评析》一书,向全国介绍推广。开展"十星级文明户""好公婆"评选及"美德在农家"、关爱"留守儿童"活动,推进"乡村清洁""技能培训"行动、实施村务公开、"乡村美化"工程等,进一步提高农村社会文明水平。组织了"文明观世博、热情迎亚运、和谐迎国庆——做文明有礼的中国人网上签名寄语活动";开展安全文明交通行动,举办"关爱生命、文明出行"启动仪式,组织1600多人参加签名承诺、交通劝导服务活动,征集文明交通用语7000多条。开展"全民阅读"活动,以传承红色经典、传统经典为主要内容,在全社会倡导爱读书、读好书、善读书的文化风尚;开展文明短信传递活动,组织"红段子"创作和传播,传递文明短信24.5万条。组织开展"爱国歌曲大家唱"群众性歌咏活动,唱响"共产党好、社会主义好、改革开放好、伟大祖国好、各族人民好"的主旋律。精心组织"我们的节日"主题活动,在春节、清明、端午、中秋、重阳等传统节日期间,广泛开展民俗和文化娱乐活动,引导人们尊重传统,继承传统、弘扬传统。争取中央文明办向西部地区送电脑项目,把180所中小学、120个乡镇及社区文化站列入其中,获取了3000台电脑的援助。规范受助贫困大学生和高中宏志生的推荐、审核、确认、教育和管理,把中央文明办年度"西部开发助学工程"资助款211万元全部发放到受助的80名贫困大学生、100名高中宏志生手中。开展"迎世博迎亚运讲文明树新风"志愿服务,联合自治区团委组织高校770多名志愿者服务2010中国(宁夏)国际投资贸易洽谈会和中阿经贸论坛。

(杨 柳 何建平)

**【思想道德建设】** 实施"礼仪、诚信、和睦、爱心"四大工程,运用新闻媒体、文化广场、市民学校、农村集市等阵地,推动社会主义核心价值体系进机关、社区、企业、农村、学校。媒体开设"道德模范事迹展示"专栏,刊登自治区道德模范事迹500多篇。市县(区)建成一批道德模范宣传墙、橱窗、人物雕像等,发挥宣传阵地的教育作用。全区有37人荣登中国文明网"好人榜"。组织"道德的传承——全国道德模范与身边好人交流互动活动",在宁的全国道德模范代表、"好人榜"好人及基层群众共500多人参加交流互动。扎实推进未成年人思想道德建设。召开未成年人思想道德建设工作会,全区有30个先进集体、70名先进工作者受到表彰。开展未成年人思想道德主题实践活动,举办"宁夏青少年春节电视联欢晚会",展示青少年快乐成长的精神风貌;向中小学赠送《优秀童谣》《宁夏青少年吟唱作品选》等优秀图书,培养未成年人健康向上的兴趣爱好;举办全国"传唱优秀童谣,做一个有道德的人"网上签名寄语活动启动仪式,在中国文明网搭建网络平台,扎实推进主题实践活动深入发展;开展"文明新风在身边""中华经典诵读"等活动,提升未成年人思想道德水准。加强各类教育阵地建设和管理,全区4个国家级和47个区市级爱国教育基地、19个校外活动中心、11所国防教育基地以及图书馆、博物馆、展览馆、群艺馆、文化馆等实行免费开放,满足未成年人精神文化需求。做好未成年人心理健康辅导工作,依托宁夏阳光心理健康研究所，成立宁夏未成年人心理健康教育辅导中心。做好净化社会文化环境工作，开展“净网”“净吧”“净频”“净边”专项行动，为未成年人健康成长创造良好的环境。

（杨　柳　何建平）

## 文化建设

**【文学艺术】** 自治区2010年制定了大文化改革发展“十二五”规划。全区有17个图书馆进入国家等级馆行列，其中3个被评为国家一级馆。开通“我的图书馆”远程访问系统，为读者免费办理借阅证11288本。推动“文化服务进农家”，争取项目资金扶持村和社区文化示范户、农民文化示范户、优秀农民文艺团队、村级信息资源服务点、社区文化中心（室）550个。完成宁夏大剧院整体建筑结构土建工程。争取文化部资金支持，推进13个市县区文化场馆改造建设项目，为194个乡镇综合文化站增配了设备。举办以“打造黄河金岸、弘扬黄河文化”为主题的首届“黄河文化论坛”，编辑出版了以反映黄河诗词歌赋为内容的《黄河风辞》一书。推出了《计生主任》《朔方天歌》《跨越丝路》等新剧（节）目11部。启动了“十二五”新剧目征集工作。群众文化艺术获得“群星奖”作品类奖项5个、项目类奖项1个、群文之星奖项2个，获奖等次之高、作品和人数之多为宁夏历史之最。集中对《月上贺兰》《花儿》《庄妃与多尔衮》《回乡婚礼》等8部优秀剧目进行提炼加工，《月上贺兰》在“第九届中国艺术节”演出并获“文华大奖特别奖”，入选首批国家文化旅游演出类重点项目名录。大型舞剧《花儿》参加世博会宁夏活动周精品剧目展演，与《庄妃与多尔衮》共同荣获“第二届少数民族戏剧会演”金奖。舞蹈《口弦声声》获中国舞蹈“荷花奖”展演“十佳作品”，《夸夸咱的红枸杞》获“世博·金玉兰奖”艺术大赛最高奖。有1人获“文华表演奖”。拍摄完成西海固纪事风情系列电影《农机站长》《乡村医生》和自治区重大精品创作工程故事片《枸杞情缘》3部电影。两个文化科技项目入选国家文化科技创新工程。成功举办了第二届文艺旅游博览会暨第二届宁夏文化艺术节，开展了10大项20多个分项活动，创宁夏举办大型活动观众人数历史新高。举办第八届中国西部民歌（花儿）歌会、第二届宁洽会暨首届中阿经贸论坛晚会、首届中国（银川）国际文化艺术节、古岩画与新时尚文化创意论坛与第三届贺兰山岩画学术研讨会、第十二届文化艺术论文研讨会和非物质文化遗产专题报告学术研讨会等10项系列活动。开展“清凉宁夏”等30个特色品牌文化广场活动，完成演出1718场。组织专业和业余剧团排练优秀文艺剧目和作品，送戏下乡演出2629场。开展了“世博会宁夏文化周”活动，开周仪式演出、宝钢大舞台“花儿的家乡”、特钢小舞台和民族民间民俗展演传习区“彩韵回乡”展演、世博街头“天下黄河富宁夏”巡游、庆典广场“魅力宁夏”等系列文化活动精彩纷呈。组织《月上贺兰》《海上升明月》《三打白骨精》等优秀剧目赴阿拉伯国家、台湾地区进行交流演出，宁夏文化“走出去”迈出重大步伐。积极“请进来”开展文化交流，成功组织中阿文化论坛文化部长参观访问交流活动、“非洲聚焦”演出活动，举办了国内外优秀剧目展演、第二届中国少数民族戏剧会演、台湾少数民族“演艺文化”塞上行、全国“群星奖”获奖剧（节）目展演、宁夏·文莱达鲁萨兰国交流合作论坛、六盘山“花儿”国际研讨会等活动，全年共有来自14个国家和国内的近100个艺术团体（剧组）的111台剧（节）目来宁演出，使群众在家门口就品味到具有别样风情的文化大餐。华夏西部影城被评选为国家级文化产业示范基地，宁夏国家级示范基地达到2个。培育命名六盘山文化城等8个自治区级文化产业示范基地。制定了宁夏文化企业认定管理办法、动漫企业认定管理办法和星级文化企业评选标准，积极培育选树文化示范企业。成立了宁夏文化产业协会、模特协会2个行业社会组织，加强文化产业社会化组织引导。命名贺兰县等首批6个全区“文化建设先进县（市、区）”、青铜峡镇等3个“历史文化名乡（镇）”、沙坡头区北滩村等5个“历史文化名村”。建设农业博物馆、龙文化博物馆等行业专题博物馆15座，总量达到66座，提前实现了自治区确定的每10万人拥有1座博物馆的目标。编辑出版了《花儿论文集》《汤瓶八诊》非物质文化遗产系列丛书，新建宁夏大学回族研究中心研究基地、隆德县六盘山文化城等国家级非遗名录项目传承基地（点）10个。启动第三批自治区级非遗代表性传承人申报工作，公布第二批自治区级非遗代表性传承人62名。

（杨　柳　何建平）

**【新闻出版】** 对全区3家图书出版社2010年的1813种图书出版选题计划进行了审查，批复1811种，向新闻出版总署报送了12种审读备案图书，向自治区民委、宗教局报送审读图书26种，送自治区党史办审读图书8种，确保了图书出版的正确导向。抽查新版图书41个品种，有21种图书编校质量合格，占抽检图书的51%。向3家图书出版社核发了818个书号。其中，基础书号605个，向新闻出版总署申请增加了农家书屋工程专题书号128个，宁夏人民教育出版社增加书号85个。开展全区报纸、期刊的年度核验工作，全区15家报纸、34家期刊均通过了年度核验，表彰奖励了16个“先进宁夏记者站”。为29家媒体和书刊出版单位的475人发放了新版新闻记者证。对396家印刷企业、72家发行企业进行年检，其中有10家印刷企业、2家发行企业未通过年度核验。举办第八期出版物发行员职业技能培训鉴定班，有99名书店发行员通过职业鉴定，取得中、高级职业资格证书。向新闻出版总署争取了1112多万元的出版基金（文化产业发展基金）项目，用以支持自治区少数民族语言文字出版和数字出版行业。开展全区音像发行单位换证工作，为全区12家音像批发单位、526家零售出租单位核发了新闻出版经营许可证，理顺了对音像制品经营单位的管理秩序。关闭了《宁夏工会手机报》《联秘彩报》《时尚新女报》3家违规手机报和《银川视窗》1家网站,对宁夏网虫网的网络游戏进行了规范。加强出版物鉴定工作,全年共鉴定出非法书报刊146种,光盘23种。认真做好作品著作权自愿登记工作,共受理35件自愿登记作品。组织召开了第二十三次全区"扫黄打非"工作电视电话会议。开展了4次重要节点的"扫黄打非"集中行动,组织开展了打击网络侵权盗版专项治理"剑网行动"和侵犯知识产权制售假冒伪劣商品专项行动,共出动执法人员1100余人次,检查经营单位1300余家,查缴侵权盗版及非法出版物近14万件,取缔非法出版物经营场所54家,删除网上淫秽色情信息959条,捣毁销售淫秽光盘团伙2起,查处网吧电影服务器中存放低俗电影、动漫269部,关闭网站6家,关闭未备案网站58个。完成1100个农家书屋工程建设任务,做到种植、养殖、农产品加工等实用技术类出版物,文教、政法、少儿类出版物,医疗卫生、生活娱乐类出版物所占比例分别为60%、30%、10%。组织55家宁夏新闻出版单位组成参展团队,参加了第二十届全国图书交易博览会。宁夏参展的《看天下》等期刊受到好评。

(杨 柳 何建平)

**【"黄河金岸"文化建设】** 2010年10月,"黄河金岸"402公里黄河标准化堤防和508公里滨河大道全线通车,12个特色城镇建设全面铺开,40个开工建设的新农村示范点已建成33个,黄河书院、黄河圣坛、黄河楼、青铜古镇等一批标志性建筑主体完工,一批重大产业、物流商贸、交通项目建成投入使用或加紧建设。以银川为中心的"一小时经济圈"和以其他4个地级市为次中心的"半小时经济圈"加速形成。7.6万户城市低收入家庭实现住有所居,30多万农民喜迁新居。沿黄新开发土地10余万亩,新增绿地6.5万亩,水面11万亩,耕地4.7万亩,"黄河金岸"建设取得经济、社会、生态、文化等多方面良好效益。9月19日,2010年宁夏"黄河金岸"(半程)国际马拉松赛在宁夏回族自治区银川市、石嘴山市、吴忠市、中卫市同时鸣枪开赛,39700多人(象征黄河流经宁夏段397公里)参赛,此赛事在国内尚不多见。2010年7月18~24日,以"神奇宁夏,激情中国,和谐世界"为主题的第二届中国(宁夏)国际文化艺术旅游博览会在宁夏举办,18个国家驻华使节和28个省区、3个计划单列市代表出席会议,有30多个国家或地区的文化旅游产品2000多个商家参展。文化盛事极大地提升了宁夏文化的对外知晓度和社会美誉度,扩大了宁夏文化的辐射力,使得城市个性更加鲜明、文化名片更加靓丽、对外交流更加频繁。

**【首届黄河文化论坛在银川举行】** 2010年7月21日,首届黄河文化论坛在银川举行,中国工程院院士李京文、中国社会科学院学部委员李崇富、中国社会科学院研究员刘光明、中国旅游报社代总编辑邵春、北京大学管理技术系主任窦文章、中央民族大学新能源学院院长张伦、中国人民大学区域规划与政策研究中心主任张云可、山东大学中国文化产业研究中心常务副主任昝胜峰、河南大学教授苗长虹等就宁夏"黄河金岸"建设精彩建言,并对"黄河金岸"建设的文化意义和实践价值予以了充分肯定。

**【不同文化活动宣传展示宁夏】** 一是宁夏"西部文化产业博览会"代表团展示了宁夏文化的魅力。2010年10月15日,在西安举办的第五届中国西部文化产业博览会上,宁夏代表团携总投资超过100亿的36个文化产业项目、400多件刺绣、剪纸、泥塑、麦秆画和纸织画等文化艺术产品亮相,展示了宁夏文化、旅游、出版、报业、广电等文化繁荣发展的成就。二是《月上贺兰》成功推销了宁夏文化的独特元素。2010年5月11日,大型原创回族舞剧《月上贺兰》通过声光电等视听手段和部分演员的现场表演,在"演交会"现场成功推销了宁夏文化,使参会的国内外展商络绎不绝、驻足展区、了解宁夏。三是《夸夸咱的红枸杞》宣传了宁夏文化的时代特征。应中华民族文化艺术国际联合会邀请,2010年10月23日,72岁的杨凤梧与演职人员带着《夸夸咱的红枸杞》《和谐家园》《科技兴农结硕果》《和谐赞歌唱不完》4个参赛节目,参加了在上海风云剧场举办的"擂台赛"。其中,《夸夸咱的红枸杞》获"世博·金玉兰奖"艺术大赛最高奖。

# 市县区情

编辑：范宗兴　尹玉芳

## 银川市

市委书记　崔　波

市　　长　王儒贵（回族）

**【概况】** 银川市是宁夏回族自治区首府，中国历史文化名城，有"回族之乡""西夏古都""塞上江南"之称。总面积9555.38平方公里，城市建成区面积107平方公里，市区公用设施敷设范围110平方公里。辖兴庆区、金凤区、西夏区和永宁县、贺兰县、灵武市。各县（市）区共辖23个街道办事处、21个镇、6个乡和206个居民委员会、271个村民委员会。2010年，全市实现生产总值763.26亿元。第一产业完成增加值41.37亿元，增长（比上年，下同）6.4%；第二产业完成增加值379.26亿元，增长19%；第三产业完成增加值342.63亿元，增长11%。全市地方财政一般预算收入完成64.12亿元，同比增长45.6%。（马登斌　董　永）

**【人口与计划生育】** 到2010年末，全市总人口为175.02万人，人口出生率为9.17‰，出生政策符合率为97.3%；人口自然增长率为6.22‰；妇女的实际生育水平为1.24。全市接受避孕节育服务的已婚育龄群众知情选择率达100%。（马登斌　董　永）

**【工业经济】** 全年完成规模以上工业总产值933.94亿元，增长38.2%。其中，国有及国有控股企业完成总产值551.55亿元，增长44.3%；按轻重工业分，轻工业产值186.84亿元，增长21.1%；重工业产值747.1亿元，增长43.2%。重工业对规模以上工业增长的贡献率为87.4%。全年规模以上工业实现增加值273.29亿元，比上年增长20%。全市大中型企业完成增加值226.12亿元，增长19.2%。全年规模以上企业实现销售产值913.6亿元，比上年增长21.3%。（马登斌　董　永）

**【农业与农村经济】** 全年农作物总播种面积16.65万公顷，其中粮食作物播种面积12.32万公顷。蔬菜播种面积2.82万公顷，园林水果播种面积2.34万公顷，分别比上年增长11.5%和12.4%。全年粮食产量87.19万吨，下降4.5%；蔬菜产量126.93万吨，增长14%；园林水果产量18.76万吨，下降0.6%。肉类总产量4.96万吨，增长6.5%；禽蛋产量1.65万吨，增长9.7%；牛奶产量35.41万吨，增长11.1%；水产品产量4.95万吨，增长7.8%。（马登斌　董　永）

**【旅游产业】** 全年共接待国内外游客397.15万人次，增长20%，其中接待海外游客1.45万人次，增长37.3%。国内旅游收入36.5亿元，增长29%；国际旅游外汇收入506.8万美元，增长48.7%。（马登斌　董　永）

**【固定资产投资】** 全社会固定资产投资完成648.69亿元，比上年增长31.8%。其中，基本建设投资392.73亿元，增长18.7%；更新改造投资39.66亿元，增长2%；房地产开发投资160.82亿元，增长66.8%。

（马登斌　董　永）

**【国内贸易】** 全市实现社会消费品零售总额225.14亿元，比上年增长19.8%。分地域看，城镇消费品零售额217.86亿元，增长20.3%；乡村消费品零售额7.28亿元，增长6.5%。分行业看，批发零售业零售额196.13亿元，增长21.6%；住宿餐饮业零售额29.02亿元，增长8.9%。分经济类型看，国有经济实现零售额8亿元，下降3.7%；集体经济实现零售额1.18亿元，增长9.3%；股份制经济实现零售额91.57亿元，增长30.1%；私营经济实现零售额67.25亿元，增长24.6%；个体经济实现零售额52.83亿元，增长1.2%。

（马登斌　董　永）

**【对外经济与招商引资】** 全市进出口总额实现9.98亿美元，比上年增长49.9%。其中，出口总额6.75亿美元，增长43.7%；进口总额3.23亿美元，增长64.6%。全年签订利用外资项目19个，比上年增加7个。全年完成招商引资指导性目标任务实际到位资金446.36亿元。其中，新建项目149个，实际到位资金170.7亿元；续建项目94个，实际到位资金275.66亿元。

（马登斌　董　永）

**【交通邮电】** 全年铁路货运量0.21亿吨，增长11.2%；铁路客运量299.22万人次，增长7.8%。铁路货运周转量139.6亿吨公里，铁路客运周转量19.43亿人公里，分别增长9.8%和7.8%。公路货运量1.02亿吨，增长8.6%；公路客运量2681.6万人次，增长7.4%。公路货运周转量134.76亿吨公里，公路客运周转量23.18亿人公里，分别增长7.1%和6.9%。民航货运量0.72万吨，增长33%，民航客运量139.43万人次,增长25.7%;民航货运周转量0.11亿吨公里,增长34%,客运周转量17.61亿人公里,增长35.9%。年末全市各种民用汽车保有量20.29万辆,增长21.4%,私人汽车保有量15.69万辆,增长26%。全年邮政业务总量1.58亿元,增长11.3%;电信业务总量43.3亿元,增长20.2%。年末固定电话用户67.77万户,增长7.2%。年末移动电话用户182.16万户,增长23.9%。计算机互联网用户24.2万户,增长22.6%。 (马登斌 董 永)

【**财政金融保险业**】 全年完成地方财政收入137.99亿元,比上年增长49.1%。地方财政一般预算收入64.04亿元,增长45.5%,其中税收收入56.88亿元,增长47.3%,税收占地方财政一般预算收入的比重为88.8%。全年完成地方财政支出176.88亿元,增长28.5%。地方财政一般预算支出119.92亿元,增长34.5%。年末,金融机构人民币各项存款余额1597.96亿元,比上年末增长24.9%。人民币各项贷款余额1641.06亿元,比上年末增长27.3%。全年实现保费收入30.79亿元,比上年增长39%。其中,财产险保费收入9.33亿元,增长50.3%;人身险保费收入21.46亿元,增长34.6%。全年支付各项赔款及给付额5.92亿元,增长20.1%。其中,财产险赔款3.75亿元,人身险赔款及给付2.17亿元。

(马登斌 董 永)

【**城市建设**】 2010年末,城市建成区面积120.57平方公里,增长4.4%。年末,城市拥有道路面积1652万平方米。全年供水总量1.05亿立方米,增长2.9%。集中供热面积达到3452.37万平方米,增长5.3%。年末全市公共汽车线路达到60条,运营线路网长度420公里。公交标准运营车辆1401标台;出租汽车运营车辆5006辆。全年城市公共交通共运送乘客1.82亿人次。年末,城市建成区绿化覆盖面积5701.1公顷,建成区绿化覆盖率43%。全市城市园林绿化共完成新建、改造绿地面积724公顷。其中,新建290公顷、改造完善434公顷。全市城市园林绿化共完成植树500万株,种植各类草本及水生植物44万平方米。全年实际完成人工造林1.24万公顷。(马登斌 董 永)

【**环境保护**】 全年完成减排项目16个,减排化学需氧量3929吨,减排二氧化硫1215吨,主要污染物化学需氧量、二氧化硫分别减排2.5%、2.2%,超额完成减排2%的工作目标。全市地表水水质按功能区100%稳定达到国家标准;城市集中式饮用水水源地水质达标率100%。完成环境综合整治示范项目14个;创建国家级优美乡镇1个,自治区级优美乡镇2个,国家级生态村1个,自治区级生态村4个;完成14处农村水源地保护工程;建成大型沼气池3个、集中式秸秆气化站1个。规划完成《银川市环境保护"十二五"规划》《银川市农村环境保护规划》与《银川市环保产业发展规划》等重大规划的编制审核工作;建设项目环境影响评价执行率100%,"三同时"执行率95%;争取到位中央、自治区环保专项资金8074万元。年末,城市空气质量优良天数330天,占全年总天数的90.4%。区域噪声平均值53.9分贝,交通干线噪声平均值67.2分贝。城市饮用水源水质达标率100%,黄河银川段水质达到三类。

(马登斌 董 永)

【**安全生产**】 全年发生各类生产安全事故2438起,死亡127人,比上年下降6.6%。亿元GDP生产安全事故死亡人数为0.17人,工矿商贸企业就业人员每10万人生产安全事故死亡人数为4.3人,道路交通万车死亡人数为2.9人。 (马登斌 董 永)

【**科学技术**】 全年共争取国家、自治区级科技项目191项,资金5209.3万元。其中,国家科技型中小企业技术创新基金项目47项,资金3120万元,资金总额比上年增长141.9%;科技重大专项1项,资金600万元;自治区科技攻关计划项目16项,资金138万元;自治区政策引导计划项目8项,资金160万元;自治区中小企业创新资金项目17项,资金525万元;自治区科技特派员创业项目100项,资金166.3万元。同时,成功申报国家科技型中小企业创业投资引导资金,银川铸龙投资有限公司获国家创新基金风险补助和投资保障项目资金230万元。全年投入科技三项费用1260万元,比上年增长21.5%;实施各类科技计划项目123项,增长35.2%。获得国家科技进步奖1项,区级科技进步奖27项。全年申请专利501件。 (马登斌 董 永)

【**社会保障与劳动就业**】 年末,全市参加基本养老保险职工43.92万人,比上年增长20.4%。参加基本失业保险职工29.13万人;参加基本医疗保险82.78万人。年末全市拥有中心敬老院、敬老院9个,共有床位1133张;收养性社会福利单位1个,床位数300张,收养各类人员286人。全市享受政府最低生活保障人数为4.8万人,发放城镇居民最低生活保障金0.98亿元;农村享受最低保障人数2.3万人,发放农村最低生活保障金0.24亿元。发放城乡医疗救助金2601万元,接受城乡医疗救助8.89万人次。城镇建立各种社区服务设施425个,其中综合性社区服务中心30个。全年销售社会福利彩票480万元,筹集社会公益资金48万元,直接接受社会捐赠259万元。全年培养小老板2412人,新创办小企业1466个,创造新岗位14646个。创业能力培训4848人。全市新增城镇就业6.37万人。就业困难人员再就业0.42万人。城镇登记失业率控制在3.7%,低于自治区0.39个百分点。实现农村劳动力转移就业12.78万人,实现劳务收入7.98亿元。组织城镇职业技能培训0.748万人,农村劳动力转移培训1.37万人,中长期培训1015人,"阳光工程"培训1.16万人,组织开展各类人员职业技能鉴定0.8万人。

(马登斌 董 永)

【**教育事业**】 年末全市研究生培养单位3个,招生965人,下降10.9%;在校研究生2956人,增长4.2%;毕业生795人,增长16.2%。普通高等院校12所,招生2.11万人,比上年增长11.6%;在校生6.67万人,毕业生1.6万人,分别增长6.9%和14.3%。成人高校1所,招生1.08万人,增长13.7%;在校生

2.85万人,增长19.3%;毕业生0.57万人,下降3.3%。中等职业技术教育20所,招生2.34万人,增长7.8%;在校生5.55万人,增长11%;毕业生1.71万人,增长27.6%。普通高中23所,招生1.63万人,增长7.2%;在校生4.74万人,增长1.5%;毕业生1.44万人,增长4.4%。初中46所,招生2.61万人,下降2.3%;在校生7.59万人,增长2.7%;毕业生2.18万人,增长6.3%。小学215所,招生2.36万人,增长6.8%;在校生14.75万人,下降0.1%;毕业生2.53万人,下降3.1%。特殊教育招生55人,在校生453人。幼儿园151所,在园幼儿3.95万人,增长18.3%。农村小学、初中阶段适龄人口入学率均达到98%。

(马登斌　董　永)

**【文化事业】** 组织实施第七届"湖城之夏·广场文化季"活动,创新推出银川市"踏歌起舞"文化工程系列活动,全年完成各类广场演出915场。其中,各县(市)区完成广场文艺演出182场;特色文化广场(玉皇阁、满春园、工人文化宫)文艺演出475场;"送戏下乡"、下基层文艺演出150场;各类节庆演出15场;第二届全市职工文艺会演,第三届中老年文艺会演、第三届农民文艺会演22场;组织实施中山公园、人民广场"快乐星期天"文艺演出47场;组织实施文化进军营、工地、监区、学校、敬老院、残疾人场所等公益性演出8场;配合区、市各部门活动,组织各类专题演出16场。(马登斌　董　永)

**【卫生事业】** 年末,全市共有卫生机构544个,其中医院和卫生院99个。卫生机构床位9472张,其中医院、卫生院床位8807张。卫生技术人员1.67万人,其中执业医师及执业助理医师5302人,注册护士5050人。疾病预防控制中心8个,卫生技术人员339人;妇幼保健机构5个,卫生技术人员670人;乡镇卫生院38个,床位数316张,卫生技术人员518人。卫生监督检验机构8个,卫生技术人员153人。全市已认定医疗保险定点医疗机构181个,定点药店293个。全市儿童"五苗"全程接种率达到99.7%。(马登斌　董　永)

**【体育事业】** 成功举办了迎新年冰上运动会、WBO国际职业拳击赛、银川市首届越野耐力跑活动、"庆五一"千人围棋象棋比赛、银川市2010年端午龙舟大赛、国际赛马大会、"安利纽崔莱杯"市民健步走活动、民族健身项目展示活动、银川市业余足球联赛、第三届西北乒乓球联盟杯青少年乒乓球比赛、来银务工人员运动会等。7月16~24日,银川市代表队参加了在法国巴黎举行的"城市之间"国际版总决赛。银川队全体队员沉着应战、积极应对,顽强拼搏,获得了总决赛冠军。这是中国自参加"城市之间"以来在总决赛中首次夺冠。8月,自治区第十三届运动会在银川举行。银川市派代表团参加了青少年所有项目的比赛。获团体总分、金牌数、奖牌数3个第一,继续保持在全区的领先地位。8月,在自治区第七届少数民族体育运动会上,银川市代表团获团体总分、金牌数、奖牌数3个第一。

(马登斌　董　永)

**【人民生活】** 全年城镇居民人均可支配收入17073元,比上年增加1358元,增长8.6%。城镇居民人均消费性支出13589元,增长10.7%。城镇居民恩格尔系数32.1%。城镇居民人均住房建筑面积29.09平方米,比上年增加0.15平方米,增长0.5%。全年农民人均纯收入6161元,比上年增加772元,增长14.3%。农民人均生活消费支出5394元,增长12%。农村居民恩格尔系数35.8%。农村20%最高收入户人均纯收入10242元,农村20%最低收入户人均纯收入3495元。农村居民人均住房使用面积38.85平方米,比上年增加0.52平方米,增长1.4%。

(马登斌　董　永)

**【治安与民事调解】** 2010年,全市共立刑事案件2.04万起,破7683起,破案率37.7%,破案绝对数1.07万起。市中级人民法院受理一审刑事案件78件190人,审结41件110人,结案率52.6%;受理二审刑事案件197件,审结171件,结案率86.8%。两级检察机关共受理审查逮捕案件1213件1938人,批准和决定逮捕1015件1641人,同比分别下降16%和9.9%;两级检察机关共立案侦查各类职务犯罪案件76件130人,同比人数上升了14%。通过办案为国家挽回经济损失1689.3万余元。全年全市各级人民调解组织共调解各类矛盾纠纷6036件,调解成功5963件,成功率99%。年末,共受理各类民商事纠纷301件,标的额2.5亿元,受案数量和受案标的额较上年分别增长了30%和80%。已审结案件288件,和解调解率达到51%。

(马登斌　董　永)

**【精神文明建设】** 全市组织开展了"迎世博、迎亚运、讲文明、树新风"活动。创办了银川文明网。全年共命名表彰文明单位32个,文明村镇11个,文明社区10个,重新命名文明单位56个。起草了《关于提升市民素质的意见》,制定下发了《提升市民素质实施方案》《银川市创建优美环境、优良秩序、优质服务活动方案》《2010年"爱心银川"行动计划》。策划组织了"赠人玫瑰、手留余香"——银川市"爱心驿站"系列活动及"慈善中华行走进银川暨北方之夜大型慈善公益演唱会"。开展"道德模范""美德少年"创评活动,承办了全国性大型活动"道德的传承——全国道德模范与身边的人现场交流活动"。以开展全民读书月为契机,组织"图书漂流"活动,在全市建立20多个图书漂流站。举办了第二届"文明银川、美丽湖城"社区欢乐行活动。举办了以"花艺——让我们的生活更美好"为主题的银川市首届"众一杯"花艺大赛、"创意银川2010"市徽饰品设计大赛及"提升市民素质、创建文明城市"全国漫画大赛。策划开展了"提升市民素质、文明交通先行""创优质服务品牌、建文明和谐商务"及"百千万文明家庭"创评活动。成立了银川市志愿者协会,在团市委和三区设立志愿者分会。举办了志愿者培训班及"3·5雷锋日"志愿者服务活动启动仪式。(马登斌　董　永)

# 兴 庆 区

区委书记　彭友东
区　　长　马爱平

**【概况】** 兴庆区系银川市辖区,是宁夏改革开放的窗口和城市形象集中体现的区域。辖区总面积828平方公里,下辖2乡2镇、11个街道办事处1个管委会(32个村委会、94个社区居委会)。兴庆区是有1300年历史的文化古城。2010年,完成地区生产总值267.53亿元,同比增长13.9%;完成社会消费品零售总额119.23亿元,同比增长12%;完成全社会固定资产投资91.07亿元,同比增长119.4%;完成财政一般预算收入4.82亿元,同比增长26.6%;城镇居民人均可支配收入和农民人均纯收入分别为18498元、6820元,分别增长8.1%和12.9%,城乡居民人均收入继续位居自治区前列。（沈　杰）

**【人口与计划生育】** 到2010年末,辖区户籍人口67.8万,有回、汉、满、蒙古等37个民族。投资400万元购置了1200平方米的兴庆区计生服务中心。深入开展"四级联创"和婚育新风进万家活动。全面落实计生优惠政策,发放"少生快富"等扶持资金120万元。积极推行计划生育农村养老保险试点工作,参保率达90%以上。人口出生率为7.8‰,人口自然增长率为5.6‰。

（沈　杰）

**【第三产业】** 全年市场交易额达135亿元,利税6.7亿元,提供就业岗位5.5万个。生态旅游稳步发展,黄沙古渡被评为国家4A景区,鸣翠湖、西夏城被评为3A景区,东线旅游项目日益丰富,全年接待游客52万人次,旅游收入4110万元。2010年,完成第三产业增加值179.51亿元,同比增长10.5%。

（沈　杰）

**【农业与农村经济】** 新建二代温棚1400亩,推广种植花卉4480亩,建成了新渠梢、洼路、官湖等花卉园区,兴庆花卉知名度不断提高。蔬菜产业提质增效明显,种植面积6.1万亩,产值达2.4亿元。突破奶牛养殖传统区域,在月牙湖高标准规划并开工建设了存栏达3.4万头的万亩奶牛生态养殖园区。粮食落实播种面积14万亩。完成第一产业增加值5.08亿元,同比增长6.1%。

（沈　杰）

**【工业经济】** 2010年,完成工业增加值60.44亿元,同比增长24.4%。科技园区实现工业增加值5.2亿元。

（沈　杰）

**【招商引资】** 全年由上下达项目资金9.4亿元,实施各类项目200个,总投资162亿元,完成投资72亿元。全年完成全社会固定资产投资91.07亿元,同比增长119.4%,位居银川市首位。全年招商落地项目40个,实际到位资金28亿元,完成目标任务的187%。储备"十二五"项目144个,总投资350亿元。

（沈　杰）

**【城乡建设】** 编制《掌政镇镇区总体规划》,拆除各类建筑2.4万平方米,完成了特色街区改造工程,完成重点项目征地14.2万亩,拆迁60万平方米。实施了80万平方米的满春、光华门二期等7个康居安置区建设。建设塞上农民新居100户,轻钢结构抗震房30户;改造危房200户。完成塔桥村和通北村、通西村安全饮水工程,解决了6000余人的安全饮水问题。实施了黄河大桥亮化工程。拆除违章建筑13万平方米,清理违法占地6万平方米,查处违章占道经营2万余起。新建垃圾站(池)600余座,配备密闭垃圾清运车13辆、挂钩式垃圾桶200个。争取环保项目资金3800万元,项目一期硬化乡村巷道4万平方米,增加绿化面积16万平方米。实施黄河金岸生态景观建设,新增生态水系5000亩、绿化面积3200亩。建设高标准农田6.8万亩。完成三北四期防护林、天然林保护、封山育林1.5万亩,城乡森林覆盖率达到7.2%,城市绿地率达到37.8%。掌政镇荣获"国家环境优美乡镇"称号,燕鸽湖社区、阳澄社区被自治区确定为"绿色生态示范社区"。（沈　杰）

**【社会事业】** 投资1.8亿元,完成了二十四小、十五中等9所学校的标准化建设;投资600余万元配备教学设备。招聘特岗教师223人,建立了500多名三级骨干教师梯队。建设乡镇幼儿园3所,实现了每个乡镇有一所幼儿园的目标。投入300万元,率先在全市为辖区64所学校配备专职保安和视频监控等设备。实施各类科技项目76个,引进新品种70个、新技术11项。完成了大新、掌政文化站和兴庆区综合体育健身馆项目。贺兰砚制作技艺列入国家"非遗"名录。组织参加自治区第十三届全运会,奖牌数、团体总分均位居全区第二名。建成疾控实验室和艾滋病初筛实验室,启动了"健康兴庆全民行动",兴庆区被确定为国家重点艾滋病防治示范区。创建食品安全示范街8条。全面创建国家创业型城市,新增工商企业1292户、个体工商户8848户,塔桥花卉园区等9家企业荣获自治区优秀创业基地称号。积极创建"充分就业社区",零就业家庭动态销零率达到100%。为6282名城镇4050灵活就业人员落实再就业优惠政策,发放补贴1206万元。城镇新增就业11764人,城镇登记失业率控制在3.14%。农村转移就业10149人,劳务总收入6281万元。发放救助补贴资金3000余万元。办理企业职工养老保险9403人,新型农村社会养老保险2.6万人,城镇居民基本医疗保险12.6万人,新型农村合作医疗参合4.6万人。设立了特困申请执行人和刑事案件受害人困难救助基金。深入开展星级和谐社区创建工作,80%的社区达到星级标准。建设未成年人室外活动场所57个,新建居家养老服务站10个,兴庆区荣获"全国居家养老服务示范单位"和"全国敬老模范单位"称号。全年办理人大代表议案、建议和政协委员提案111件,办复率100%。（沈　杰）

# 金 凤 区

区委书记　夏夕云
区　　长　袁京平

**【概况】** 金凤区系银川市辖区,总面积

353平方公里。辖丰登、良田2个镇,上海西路、北京中路、长城中路、黄河东路、满城北街5个街道办事处,19个行政村、38个社区。辖区居住人口26万,城市化率达85%,是自治区城市化率最高的县区。金凤区地处银川市中心,地理位置优越,景观水道纵贯南北,宝湖公园、森林公园、阅海公园错落镶嵌,辖区华雁湖、龙眼湖、七子连湖等5.1万亩湖泊湿地星罗棋布,被评为自治区园林城区。2010年,实现地区生产总值89.53亿元,增长14.1%;财政一般预算收入1.83亿元,增长38.5%;全社会固定资产投资82.34亿元,增长50.9%;城镇居民人均可支配收入、农民人均纯收入达到15930元和6008元,分别增长11.4%和13.2%;社会消费品零售总额24亿元,增长15%。

(马 瑞)

**【第三产业】** 加快总部经济发展,启动阅海湾中央商务区项目,高起点完成规划设计,新引进企业总部10家,总部经济对辖区税收贡献率达到20%。大力发展生产性服务业,以房车展、物资展为重点的会展经济异军突起,以银行、证券、保险为引领的金融机构加速聚集,以法律、会计、动漫、软件为代表的新兴产业活跃发展。提升生活性服务业层次,推进万达商业广场项目,建成拉普斯水上购物城、凯宾斯基酒店,引进西安世纪金花、北京物美等著名企业,银川商贸新圈初具雏形。推进房地产业健康发展,实施平伏桥廉租房、五里宜居经适房等项目,加快宝湖湾、森林半岛等住宅小区建设,开发建设面积达475万平方米,开发量、销售量居全区前列。 (马 瑞)

**【工业经济】** 完善工业集中区基础设施,启动创业投资大厦、农民工公寓等项目,不断提升园区服务功能。进一步优化园区产业布局,全面推进休闲食品加工园、大学生创业园规划建设。加大项目引进,签约引进项目28个,其中过亿元项目9个。促进项目建设,开展项目建设百日大会战,为企业争取项目资金、协调贷款1.28亿元,促进润昌实业等21个新建项目开工,完成机械院机械淬火机床等19个项目续建,集中区投产企业达114家。加快企业技术创新和改造升级,实施天嘉电缆等技扩改项目10个,深入推进"铸龙工程"和"小巨人企业"培育计划,申报评审德泓国际纺织等"小巨人企业"3家。强化重点企业能耗管理,全面完成节能减排目标。全年实现工业总产值、增加值72亿元和24亿元,同比分别增长48%和27%。

(马 瑞)

**【都市农业】** 优化农业产业结构,实施良田镇泾龙村、园林村、兴源村设施温棚园区建设,新建温棚1.7万间,发展露地经济作物1.3万亩;巩固提升畜牧养殖业,推进翔达奶牛养殖场续建,新增奶牛5128头,肉牛饲养量达到4.51万头;大力推进"适水"产业,水禽养殖15.2万只、水产养殖2.7万亩。实施产业发展整村推进工程,建立园林村设施温棚、泾龙村肉牛养殖等特色产业村4个。加快农业产业化步伐,启动良田镇蔬菜配送中心建设,新增区市级农业龙头企业5家、农村专业合作组织6家,认定绿色农产品生产基地1000亩,创建金凤区沙地绿色瓜菜品牌。实现农业增加值2.5亿元,同比增长10%。

(马 瑞)

**【城市建设】** 全年征地1.35万亩,拆迁各类建筑物43万平方米,保障北部水系连通、火车站改造、阅海万家等区市重点工程顺利实施。新建、改造公厕18座,完成农村改厕2248户。大力实施园林精品化、农水精细化、村庄优美化"三化工程",高标准建设爱伊河西岸景观林带、东南水系二期等重点绿化精品工程,新增绿地7500亩、湿地3000亩。将良田集镇纳入国家小城镇建设项目。推进人饮改水安全工程,实现行政村自来水全覆盖。完成农宅改造2012户,新建乡村公路25.8公里。实施城乡建设用地增减挂钩试点项目,拆除魏家桥、新联村等旧庄点39万平方米,复耕复垦土地430亩,启动盈南安置区三期建设。 (马 瑞)

**【民生保障】** 成立小额担保贷款服务中心和青年创业贷款(YBC)工作站,发放贷款606万元。创建国家、自治区级充分就业社区28个,"零就业"家庭实现动态消零,城镇登记失业率控制在3.6%,被银川市命名为最适宜创业先进区。启动城镇居民和新型农村养老保险,办理新型农村养老保险1.35万人、失地农民养老保险7880人,解决2374名企业职工基本养老保险遗留问题,城乡60岁以上老人得到基本养老保障。办理城镇居民医疗保险5.2万人,新型农村合作医疗参合率达96.9%。全面做好拆迁安置工作,建设福通二期、银丰二期等安置区,解决了1.8万名失地农民住房安置。加大困难家庭救助力度,规范低保动态管理,提高城乡低收入家庭补助标准,扩大医疗救助范围,城乡社会保障覆盖更加广泛。累计发放城乡低保金、大病困难群众医疗救助和补助金2930万元。创新居家养老模式,率先在全区建立社区信息化服务平台,累计建设居家养老服务社区18个,被评为全国老龄工作先进区。新建、扩建城乡社区7个,开展家政、医疗等便民服务,有力提升服务居民水平。 (马 瑞)

**【社会事业】** 实施金凤十小新建、五小改建、六小扩建和曼新小学等12所学校维修加固工程,为所有中小学校配备保安人员和技防设备。申报自治区、银川市科技项目38项,顺利通过银川市科技进步考核及科技富民强县中期验收。建成农家书屋19个、村居文化活动示范点8个,发展特色文艺团队10支,开展各类群众文艺演出238场(次),电影进村入社区1322场(次)。启动西北首家公共自行车租赁服务项目,成功举办第四届生态文化旅游季。推进爱伊河生态园项目,有效开发森林公园、阅海、览山等城市生态休闲旅游线路。新建良田卫生院门诊楼,加快镇卫生院和村卫生室标准化建设,全面落实"四免一救助"惠民政策,"人人享有基本医疗卫生服务"覆盖城乡。建立人口信息化管理机制,全面开展第六次人口普查。人口出生率控制在9.8‰,出生人口政策符合率达98%,出生人口性别比首次达到正常水平。 (马 瑞)

# 西 夏 区

区委书记　郝有民
区　　长　金　花(回族)

**【概况】** 西夏区系银川市辖区，总面积1129.27平方公里，城市建成区面积44.73平方公里，辖2个镇、6个街道办事处，16个行政村，48个社区居委会。是银川市的工业基地、教育高地、旅游胜地、物流中心和生态屏障区。2010年，实现地区生产总值154.35亿元，同比增长12.2%。完成农业增加值6.32亿元，同比增长6.1%。完成全社会固定资产投资79.13亿元，同比增长76.3%。其中房地产投资完成7.01亿元，同比增长6.5%。实现社会消费品零售总额17.68亿元，同比增长17%。完成一般预算收入1.42亿元，同比增长18.3%。城镇居民人均可支配收入14394元，同比增长12.6%；农民人均纯收入4337元，同比增长18.7%。（马世宏）

**【人口与计划生育】** 2010年末，西夏区总人口29.8万人，农业人口4万人，城镇人口25.8万人，计划生育率达到98.4%，人口自然增长率控制在5.14‰以内，人口出生率7.93‰。（马世宏）

**【工业经济】** 辖区规模以上工业企业实现工业总值216.31亿元，同比增长26.58%；规模以上工业企业实现销售产值211.03亿元，同比增长25.5%。筛选出银川三铭锻造有限公司、宁夏宝塔石油化工机械制造有限公司、西轴股份有限公司、宁夏玻璃制品有限公司、宁夏宝塔活性炭有限公司等16家企业作为“小巨人企业”重点培育，小巨人企业达到12家，新增7家，规模以上企业达到75家。（马世宏）

**【农业与农村经济】** 全年完成农业增加值6.32亿元，同比增长6.1%；农民人均纯收入4337元，同比增长18.7%。两镇粮食作物总播种面积为3775.33公顷，总产量28665吨，同比增加2825吨，增长11%。蔬菜种植总面积2.1万亩，增长1.4%，实现总产量3.8万吨，同比增加0.78万吨，增长25.8%，总产值达到6159.6万元。设施农业种植总面积933公顷，总产量3.08万吨，同比增加3310万元，增长154%。奶牛存栏达到20978头，同比增加17.7%；肉牛饲养量41680头，增长2.6%；生猪饲养量48466头，同比增长5.3%；羊只饲养量69027只，同比下降13.9%；禽类饲养量1190084只，同比下降23%；肉类产量8253.4吨，同比增加1.9%；蛋产量7474.5吨，同比下降7.6%；奶产量73196.4吨，同比增加9.7%。畜牧业总产值(两镇部分)达29578万元，同比增长7%。乡镇企业达到138个，实现增加值1.62亿元，同比增加5.9%；总产值6.5亿元，同比增加8%；营业收入6.35亿元，同比增加7.6%；利润总额3000万元，同比增加7.1%；上交税金2500万元，同比增加6.4%。成立了枸杞、肉牛、种猪、种鸡、设施温棚5个科技服务中心，整合完善蔬菜、林果、畜牧兽医等专家组，已建成26个农村科技信息点、12个“农业科技110”服务点、16个科技示范园区、20个科技示范基地。（马世宏）

**【旅游产业】** 西夏区被推荐为国家级休闲农业与乡村旅游示范区，沿山旅游带累计接待游客近百万人次，创综合收入达5000万元。（马世宏）

**【招商引资】** 全年共引进新项目23个，到位资金24.9亿元。宁东C区西夏工业园基础设施建设已基本完成，2010年引入总投资13亿元年产20万吨醋酸项目、总投资8.6亿元年产30亿吨醋酸乙烯项目、总投资5.9亿元年产15万吨聚乙烯醇3个项目。（马世宏）

**【扶贫开发】** 实施“五大系统工程”，共争取各类项目资金3058万元，西夏区安排专项资金670万元，对151个典型示范项目进行扶持。实施整村推进工程，在镇北堡镇德林村规划利用荒地600亩建设生态养鸡场，已建成看护房150座，户均年可获纯收入8000元以上。深入推进移民地区“互助资金”项目工作，两镇5村互助资金合作社股金总额发展到448万元，并建立完善了互助资金管理章程和相关制度，给562户农民放贷223万元。（马世宏）

**【城乡建设】** 投资1100万元，实施镇北堡西夏风格的特色旅游小城镇和兴泾镇回族风情小城镇建设，镇北堡镇被自治区命名为“历史文化名镇”。实施了兴泾镇泾华村农民新居作为示范点工程建设，一期120套平房共计1.32万平方米的建设工程已于10月上旬开工建设。实施了顾家桥等村庄点整治和巷道硬化，改造农村危旧房屋150户。共拆除违法建筑3.1万平方米，恢复和收回土地面积820亩。开工建设了宁夏艺校农场廉租房和经济适用房项目。投资5520万元的盈北康居家园一期主体工程已完成；开工建设了星河雅居等15个房地产项目。乡村公路养护里程达到95.53公里。在全市率先开展“城管进社区”活动，在银川市考核中名列第一名。（马世宏）

**【基础设施建设】** 投资1000多万元，实施兴泾镇“四站合一”工程建设，银川火车站改造工程银川南站项目和中石油500万吨炼化项目拆迁户安置区已开工建设。整合水利和农发项目资金1200多万元，实施了牧二渠等渠道改造工程和中低产田改造项目，改善了1.5万亩基本农田的排灌条件。秋季完成高标准农田建设1.6万亩、农业综合开发项目区0.5万亩。争取资金499万元实施了镇北堡镇昊苑村和兴泾镇泾河村等农村人畜安全饮水工程，解决了1.32万人的饮水安全问题。建成了3个大型沼气站、6个总容积1000立方米的联户沼气站、600座户用沼气池，发放太阳能灶1000台，农村清洁能源建设工作实现新突破。（马世宏）

**【劳务经济与就业】** 农村富余劳动力转移培训1585人，职业技能鉴定1063人，转移农村富余劳动力10513人次，实现劳务收入6083万元，同比增长30%。城镇新增就业人员引导性培训1620人，城镇新增就业人员技能培训1610人，城镇失业人员培训1140人，在职人员培训1807人，基本技能培训1160人，就业援助工程培训179人。培训后实现创业187人，带动就业540人。2010年，城镇新增就业6134人，城镇登记失业率控制在3.7%;引导高校毕业生自主创业自谋职业199人。打造了宁夏首家801创意文化产业园,入驻各类企业38家,被银川市政府命名为第二批创业示范基地。（马世宏）

**【生态建设】** 完成城乡绿化769公顷,共栽植各类苗木65.7万株,在沙城农场建设市树市花繁育园100公顷;春季造林绿化100公顷、绿色通道70.13公顷、治沙造林工程259公顷。庄点绿化2公顷,农田林网4.53公顷,完成封山育林333公顷,完成沿山经果林共100.12公顷。（马世宏）

**【社会事业】** 争取并投资8000余万元改善办学条件,西夏十四小等4所学校续建项目建成并投入使用,西夏二小等9所学校加固工程已完成,西夏十三小等3所学校新建迁建项目全面开工。500名教师进入各级各类骨干教师序列,银川十八中、华西中学的中考上线率继续在全市城乡公立中学中居于前列。争取科技项目资金238万元。申报并认定了回族小经文、戏曲皮影等2项非物质文化遗产,在兴泾回中开展了“回族踏脚和榜榜进校园”集体活动,“民歌”传承人赵锦燕参加了中央电视台“星光大道”节目的录制。在两镇建立了基层文化服务站,完成了两镇16个行镇村农家书屋的普建工作。协办了“隆湖杯”第三届全国登山比赛和“全国俱乐部杯”钓鱼邀请赛银川站比赛,在第十三届全区运动会上获得团体总分第五名的好成绩。构建三级医疗服务联合体,新农合参合率达93%以上。启动新型农村养老保险试点工作,实施了城乡大病医疗、就诊就学等救助,全年累计发放低保金、大病救助等各类救助补贴3639万元。建成居家养老服务站18个,有750名老年人享受了慈善补贴和服务。全年发放残疾人救助金47.74万元,开展康复治疗382人次。投资近500万元完成了西夏区综合福利服务中心和宁华路街道服务中心建设。辖区48个城镇社区已创建三星级社区11个,四星级社区23个,五星级社区12个。筹措经费近百万元,加强了国防动员和双拥共建工作。在工人文化宫广场建设了西夏区“劳模文化广场”,编纂完成了《西夏区志》,填补了西夏区及原新城区没有志书的空白。全年命名81个平安单位、37个平安校园、51个平安村(社区)、3个平安镇(街道)为平安单位。公共文明指数测评名列全市第一。（马世宏）

## 永宁县

县委书记 白建平(10月任)
夏夕云(10月免)
县 长 丁建懿

**【概况】** 永宁县系银川市所辖县,银川市新型卫星城。总面积934.06平方公里。全县辖5镇1乡,2个区属农场和1个街道办事处。69个村民委员会,8个社区居委会,679个村民小组。2010年,全县实现地区生产总值58.24亿元,同比增长18%;工业总产值87.14亿元,增长22.7%;地方财政一般预算收入4.2亿元,增长75%;全社会固定资产投资75.15亿元,增长85.7%;城镇居民人均可支配收入15240元,增长11%;农民人均纯收入5896元,增长15%。（路 晶）

**【人口与计划生育】** 2010年末,全县总人口为21.99万人,其中回族人口4.06万人。兑现“少生快富”项目帮扶、独生子女保健费、优生优育政策补助、“幸福工程”救助资金140.4万元,将农村独生子女户、计划生育双女户和少生快富户纳入新农保缴费补助以及计划生育保险扶持对象。全年人口出生率10.12‰,计划生育率100%,人口自然增长率6.51‰。（路 晶）

**【工业经济】** 全年可实现工业增加值24.33亿元,同比增长16.9%。全县全年引进并开工重点工业项目23项,年底完成投资19亿元。北方精工钢构一期、紫荆花4万吨木浆纸一期、瀛海集团日产4500吨水泥等重点项目建成投入运行。泰瑞(TAIRUI)获中国驰名商标,西夏王、十里花、鹤泉湖三个品牌被新认定为第七届宁夏著名商标。（路 晶）

**【农业与农村经济】** 全年实现农业增加值8.2亿元,增长6.2%。围绕滨河大道和高标准农田重点片区,建设8个万亩标准化优质粮食生产示范区,百个粮食高产示范区,创建2个国家级冬麦生产示范基地,全县种植粮食作物49.8万亩,粮食总产量达2.13亿公斤,获全国粮食生产先进县称号。推进“统一养殖、统一防疫、统一管理、统一销售”的生产经营模式,规范发展奶牛养殖区20个、牛羊育肥区10个,新建畜牧养殖园4个,牛羊养殖示范村10个,创建自治区级现代畜牧养殖示范区2个。新增黄河金岸生态观光渔业3800亩、新培育2个水产苗种基地,全县养殖水面达到2.2万亩。加快推进贺兰山东麓、闽宁镇、滨河大道等重点区域特色经果林规模化生产,建设沿黄、沿山特色经果林2.25万亩。组建4家农村土地信用合作社,依法流转土地1.82万亩,推动现代农业适度规模经营。“十里花”牌蜂蜜、“伊布拉欣”牌羊肉臊子荣获农业部优质产品,“永宁红地球”晚熟葡萄荣获全国金质奖,“小任”牌果蔬荣获自治区知名品牌。（路 晶）

**【设施园艺】** 新建设施农业园区16个,新发展设施农业1.3万亩,创建标准化生产示范园区6个、自治区级现代农业示范园区4个,农户参与率达98%,新建温棚全部实现了“当年建设、当年生产、当年见效”,设施农业走在全区前列。恢复空棚生产783栋,清缴地租246万元,清收贷款590万元。在全市率先建设供港蔬菜基地3000亩,积极探索外向型高效农业发展的新路子。获全区设施农业建设先进县一等奖。（路 晶）

**【农田水利】** 建设围绕滨河大道、李银公路和包兰铁路3条主线,实施南部10万人农村饮水安全工程,解决了6个乡镇44个行政村28288户99795人的饮水安全问题,实现了全县农村饮水安全的全覆盖;实施干支排水沟生态治理工程,治理干沟32公里,改善沿线31万亩农田的排水条件;实施10万亩低产田集中连片改造整治工程,对跨4个乡镇13个行政村的10万亩中低产田进行综合治理。全年投入资金4.2亿元,建设高标准农田21.1万亩。获得2010年度农田水利基本建设"黄河杯"竞赛一等奖、2010年度农田水利基本建设"黄河杯"竞赛组织奖、全区农田水利基本建设先进县三个奖项。(路 晶)

【生态建设】 以永福路、珍珠湖、银子湖、包兰铁路沿线以及高标准农田片区为重点,加大城乡生态建设力度,全年完成造林2.7万亩。实施黄河金岸绿色长城生态林业工程,平整绿化带5600亩,植树22万株。贺兰山东麓优质葡萄产业项目完成绿色通道工程1552亩,种植葡萄1500亩。被评为全区"林业生态建设先进县",荣获自治区"黄河金岸"造林绿化一等奖。被自治区政府授予"全区滨河大道生态绿化先进县"。(路 晶)

【旅游业】 实施中华回乡文化园二期、纳家大院、汉延渠带状公园等项目工程建设,依托中华回族第一街,引进与文化有关的企业、商铺24家。开发清真饮食、回族服饰、回族歌舞、剪纸、刺绣、二毛皮手工制作等特色文化艺术和旅游产品。围绕滨河大道生态湿地、109国道设施农业、贺兰山东麓葡萄长廊三条线,打造以"农家乐"为重点的都市近郊观光休闲旅游业。全年共接待游客40万人次,实现旅游收入3300万元。(路 晶)

【城乡建设】 全年共完成社会固定资产投资75亿元,增长85.3%。县城老年活动中心、图书馆、文体中心等新区建设工程全部完工。宁和街以东、团结路以北、利民路以南、永祥街以西旧城改造重点区域完成拆迁总量的80%,旧城改造面积达31.9万平方米。完成县城2000户供暖分户改造任务,改造管网4公里。建设自来水公司2眼供水井,新增供水管线3公里,使县城供水能力达到每日1.1万立方米。完成永福路、中干沟路、双渠路下水管网的铺设。完成汉延渠带状公园建设,建成县城垃圾中转站和10座垃圾收集站。启动李俊小城镇建设工程。基本完成沿滨河大道西侧3个"塞上农民新居"示范庄点建设,安置农户806户。实施109国道两侧以及旅游景区沿线庄点建设,可安置农户806户。建成户用沼气池961座,卫生厕所5027座,全区农村环境连片整治示范项目启动仪式在永宁县举行,新农村建设工作走在了全区前列。被自治区人民政府授予"农村危房改造先进集体"。(路 晶)

【招商引资】 全县共实施市域外招商引资项目24个,协议总投资195.78亿元,实际到位资金46亿元,比上年同期增长了255%,完成了银川市下达的全年实际到位资金25亿元任务的184%。其中,续建项目12个,协议总投资94.04亿元,实际到位资金23.42亿元;新开工建设项目12个,协议总投资101.74亿元,实际到位资金22.58亿元。2010年新引进签约项目11个,协议总投资99.69亿元.。(路 晶)

【环境保护】 争取国家环保专项资金130万元,完成了李俊镇丰登村、望远镇东位村农村环境综合整治,建设垃圾池30个,配备垃圾箱200个;投资2890万元完成永二干沟生态护坡整治工程;投资450万元完成10座垃圾收集站后续工程建设,县城垃圾中转站投入运行,形成县、乡、村垃圾处理网络体系。拆迁旱厕4座,填埋污水坑17个。对全县35家建筑工地开展专项整治,噪声、油烟的环保投诉同比下降79%。污水日处理能力增加4.1万吨。(路 晶)

【社会事业】 全年共争取各级各类教育项目12项,资金6921万元,新建永宁三小、银川实验小学望远蓝山分校,扩建王团小学。调整撤并了友爱小学、丰登小学、前渠小学、胜利小学、观桥小学、永清小学、东位小学。基本普及高中阶段教育工作顺利通过自治区人民政府验收。全县高考一本二本上线人数达到408人,上线率达到30.6%。引进资金245万元,分别在回民高级中学、永宁中学设立"圣雪绒班""紫荆花班""伊品班""建成班"。筹资200万元对教育教学成绩突出的学校和优秀教师、教育工作者进行奖励。新增中小企业研发机构6家,伊品生物工程公司进入国家高新技术企业行列。实施国家"十一五"科技支撑项目9项,推广设施农业先进实用技术13项,引进新品种43个。引进新技术12项,推广新品种20个,建设科技兴农示范园14家,培育科技示范户540户,培训农民10.6万人次,获"国家科技进步先进县"称号。争取中央项目资金2890万元,对永宁县医院门诊综合楼进行改扩建,对李俊、通桥、增岗卫生院进行维修改造。县人民政府被自治区健康宁夏全民行动领导小组授予"自治区农民健康教育与健康促进行动先进县"称号。启动实施"文化永宁"工程。完成《纳家户村志》和《永宁史话》的编纂工作。举办"梦随蝶舞"剪纸艺术展。建成农村文化示范室6个、文化大院2个、文化中心户46个,新建农家书屋33个。投入60万元建成县图书馆电子阅览室。完成闽宁镇广播电视"村村通"工程。完成34个行政村农民健身工程;竞技体育在自治区第十三届运动会上取得全区第四的好成绩,共获25枚金牌、9枚银牌、17枚铜牌。全年共参加养老保险18665人,参加医疗保险35002人,参加失业保险12793人,参加工伤保险14279人,失地农民和村干部参加养老保险分别达到2608人、593人;新农保参保农民71778人,参保率达到87.6%;投入资金261万元,在全市率先启动了新农保养老金发放工作。养老金社会发放率达到100%;新农合参合率达到97.2%。全年城镇新增就业5628人,培训城乡劳动力8674人次,组织劳务输出35733人,实现劳务收入1.76亿元;安置公益性岗位93人。审核发放小额担保贷款1812万元,创办创业基地9个,发展小企业190个,带动2790余人就业。实施"金秋助学工程""希望工程"等项目,资助贫困大学生243名56.45万元,为102名残疾学生、10户残疾人家庭子女发放助学金7万元。全年创建银川市级文明单位5个、县级文明单位12个、文明社区1个。组织开展了"永宁县十大模范人物"评选活动,制定下发了《关于在全县开展道德模范身边好人学习宣传活动的通知》。办理县人大代表议案7件,意见、建议11件,政协委员提案14件、建议26件,办结率达到100%。

(路 晶)

【民生服务中心】 乡镇民生服务中心规范化建设是自治区政府2010年十项民生计划之一。永宁县作为银川地区试点县,3月启动了乡镇民生服务中心规范化建设。全县共核定民生服务中心人员编制47人,先后在李俊镇、望远镇、杨和镇建立3个民生服务中心,总投资630万元。乡镇民生服务中心是隶属乡镇人民政府的二级预算单位。各乡镇民生服务中心办理16项民生事项。共累计办理15.8万件,通过"一卡通"兑付各项惠农资金5315.84万元。

(路 晶)

【农村饮水安全工程】 永宁县南部农村饮水安全工程是2010年银川市委、市政府承诺要办的十件实事之一,是永宁县委、县政府2010年重点实施的民生工程之一。工程总投资4606万元,其中国补2010万元,自治区配套570万元,银川市补助400万元,永宁县财政补助562万元,受益群众自筹1054万元。建成后,解决永宁县望洪镇、杨和镇、胜利乡、李俊镇和闽宁镇以及金凤区良田镇等6个乡镇44个乡镇村405个生产队28288户99795人的饮水安全问题,实现永宁县农村群众饮水安全全覆盖。是永宁县实施农村饮水安全工程以来,投资多、规模大、工期短、标准高、施工难度大、质量要求严、受益人口多的一项农村饮水安全工程。

(路 晶)

# 贺 兰 县

县委书记 马 凯(回族)

县 长 方 仁

【概况】 贺兰县系银川市所辖县,是银川市新型卫星城。总面积1599.5平方公里。县辖4镇1乡,2个农牧场,1个街道办事处,61个行政村。2010年,全县国民经济总体运行态势良好,增速居全区首位,提前两年实现进入西部百强县目标,跻身第七届中国最具投资潜力中小城市百强县行列。全年实现地区生产总值54.54亿元(现价),按可比价格计算,比上年增长19.6%。第一产业增加值10.86亿元,第二产业增加值28.55亿元,第三产业增加值15.13亿元,分别增长7.3%、25.1%、17.2%。地方财政总收入18.27亿元,同比增长72.8%。全社会固定资产投资57.07亿元,比上年增长73.8%,增速比上年提高34.4个百分点。城镇居民人均可支配收入15146元,增长12.9%。农民人均纯收入达到6214元,增长13.4%。农民收入增速快于城镇0.4个百分点。金融机构各项存款余额51.72亿元,同比增长37.3%;各项贷款余额36.44亿元,增长61.1%。 (梁思洁)

【人口与计划生育】 到2010年末,全县总人口20.15万人。其中,女性9.49万人,占总人口的47%;回族人口4.99万人,占总人口的24.8%;农业人口14.11万人,占总人口的70%。人口出生率为9.06‰,人口死亡率为3.91‰,人口自然增长率为6.45‰。与上年同期相比,出生率、死亡率和人口自然增长率分别增长了0.16、0.02、0.44个千分点。出生政策符合率为98.4%,综合避孕率为92.1%。 (梁思洁)

【农业与农村经济】 2010年,贺兰县被国家农业部确定为首批51个国家级现代农业示范区之一,是全自治区唯一获此殊荣的县。全年完成农林牧渔业总产值19.29亿元,按可比口径比上年增长6.5%。全年粮食种植面积49.31万亩,比上年减少5.64万亩;产量23.79万吨,比上年减少1.36万吨,减产5.4%,实现连续5年超过20万吨。全年蔬菜面积20.11万亩,其中设施农业7.68万亩;瓜果种植面积1.9万亩,其中设施农业7695亩。全年蔬菜产量59.13万吨,比上年增产21.8%。水果产量10771吨,增产18.6%。全县奶牛存栏20321头,肉牛饲养量30709头,生猪饲养量80421头,羊只饲养量207779只,家禽饲养量1277441只。肉、蛋、奶总产量分别达到10148.8吨、7688.9吨和39752吨,与上年同期相比分别增长8.9%、3.4%和10.29%。牛奶产量3.3万吨,同比增长27.9%。水产养殖面积达到10万亩,全县水产品产量2.5万吨,增长10%,占全区比重达27.8%。加快推进适水产业基地建设,发展稻田养蟹2.02万亩,建设寇家湖万亩现代渔业示范园区1个,建设高标准休闲观光生态园区4处,建设适水渔业科技示范园区5个。设施农业面积累计达到8.52万亩。粮食、蔬菜、水产品、牛奶四大优势产业产值占农林牧渔业总产值的比重达到82.9%。 (梁思洁)

【农业综合开发】 共完成土地治理总面积9.84万亩。其中,改造中低产田4.04万亩,完成土地沙化治理2万亩。输变电线路配套21公里,开挖疏浚沟渠12公里,新建配套建筑物3座、小型蓄排水工程1座、机耕路18公里,营造防护林5000亩。完成京星干渠中型灌区节水改造3.8万亩,渠道砌护2条14.8公里,新建配套建筑物233座。

(梁思洁)

【扶贫开发】 争取自治区财政扶贫资金30万元,对南梁台子铁西村一号扬水站进行改造。完成金山村整村推进项目,争取银川市扶贫办整村推进项目45万元,砌护农渠7.5公里,完成砌护渠道4条1.6公里,新建配套建筑物155座,支持该村开发林果基地2000亩。砌护南梁台子铁西四社斗渠600米,新建配套建筑物46座。加大了对海原县的对口帮扶力度,累计投入资金50余万元。 (梁思洁)

【农田水利建设】 在5个乡镇和2个农牧场分别实施了节水改造、饮水安全、续建配套、应急度汛、小型农田水利、水源地保护、现代农业发展等工程,完成概算投资1.19亿元。沿黄河金岸堤防两侧开挖水系20公里,完成土方360万立方米,形成水面5000亩。启动实施了常信、洪广、习岗农村饮水安全工程,建成花园式水厂1座,铺设主支管道316.8公里,巷道管890公里,工程入户率达到80%以上;在洪广镇高荣沙丘区平田整地6300亩。规划农建片区17个,建设高标准农田28.6万亩,实施机深翻、秋施肥、秸秆还田为主的"三项作业"31.6万亩。再次夺得银川市黄河杯竞赛一等奖,连续获得自治区"黄河

杯”竞赛特等奖。（梁思洁）

**【植树造林】** 全面实施黄河金岸绿化造林工程。重点实施“三点一线四面”造林绿化。全线绿化工程共完成造林11400亩，植树550万株穴，累计投工投劳25.6万人次，动用各种机械560台班，投入造林绿化资金2500万元。巩固提升西北环绕城高速及爱伊河绿化工程，北环绕城两侧完成补植150亩，植树3.2万株；爱伊河两侧完成补植补造1560亩，植树176万余株（穴）。全县完成农田林网造林3472亩，植树283万株（穴）。以绿化美化和经济林为主绿化庄点24个，度假村和农家乐7个。全县共完成造林绿化面积3.3万亩。（梁思洁）

**【工业经济】** 全县完成工业总产值82.2亿元，完成工业增加值21.1亿元，同比分别增长34.5%和21%，两项指标分别是“十一五”末总量计划50亿元、14亿元的1.64倍和1.51倍。规模以上工业企业达到109家，其中产值亿元以上企业达20家。规模以上企业完成工业总产值67.9亿元，完成工业增加值18.9亿元，实现利税4.3亿元、利润2.4亿元，同比分别增长60%和83%。新增自治区级企业技术中心1个、“宁夏名牌”9个、“宁夏著名商标”8个，新培育银川市工业“小巨人”企业2家。（梁思洁）

**【招商引资】** 招商引资实际到位资金49.15亿元。其中，新引进、新开工项目62个，合同（协议）投资136.5亿元，实际到位资金35.21亿元，同比增加了1.9倍；上年结转或续建项目30个，实际到位资金13.94亿元，同比增加了47.2%。引进亿元以上项目15个。全年开展重大招商活动22次，签订各类投资合同（协议）49个，总投资86.1亿元。（梁思洁）

**【园区建设】** 德胜、暖泉两个工业园区340家工业企业累计完成工业总产值73.4亿元，占全县工业产值的89%，同比增长38%。其中，德胜280家企业完成52.4亿元，占64%，增长48%；暖泉60家企业完成20.8亿元，占25%，增长18%。德胜工业园区工贸企业400家，完成工贸总收入122亿元，同比增长45%，为全年任务指标120亿元的102%；实现税收总额3亿元，同比增长50%。暖泉工业园区实现工业总产值33.1亿元，同比增长17.4%；完成增加值10亿元，同比增长17.4%；完成县级税收2050万元。（梁思洁）

**【全民创业基地建设】** 一是继续推进中小企业创业孵化园区建设。新建标准厂房10栋，建筑面积2.5万平方米，投资3000万元，以新型材料、机械加工、电力设备、环保设备和食品生产类企业为主，新引进为宁东能源化工企业和德胜、暖泉园区产业配套企业10家。年底入园企业达到68家，投产企业58家，带动就业2500人。二是进一步扩大习岗新平现代设施蔬菜创业园建设规模。投资4500万元续建日光节能温棚640栋，占地1600亩，同时配套建设一个创业就业培训中心。三是规划建设现代农业核心区。依托乐义设施农业高科技示范园区，投资3500万元，其中观光休闲农业2000万元，基础设施配套1000万元，新建万亩现代农业核心示范区1个，为2000名失地农民提供创业和就业平台。四是推进清真小食品加工企业孵化基地建设。在德胜工业园区规划占地76.7亩，新建钢结构厂房10栋28400平方米，引进清真小食品加工企业10家，带动就业500人。（梁思洁）

**【城镇建设和基础设施建设】** 投资1.5亿元，新建如意湖东、西、北3个景观入口工程，建设绿地面积10万平方米。建设完成了2万余平方米的黄河文化商业街、西夏文化商业街主体工程。总投资1500余万元，在快速通道南侧平行规划全长12.5公里，宽50米桃源路至滨河大道景观水系工程。在快速通道两侧整治景观绿化带25公里。实施全长800米的朝阳南街、建行巷道路扩宽改造工程，进一步疏通城市交通微循环。投资900余万元高标准规划，完成物流园高压供电线路入地工程。投资110万元实施纬一路向东跨唐徕渠排水管网铺设工程。建成了奥林匹克花园、宝庆国际花园、望都太阳城、泰和地中海、月湖名邸、银都蓝湾等一批高端住宅小区、高档精品小区，吸引外省市县来投资置业的购房户占到了购房户的40%以上。（梁思洁）

**【新农村建设】** 分别在立岗镇幸福村、金贵镇关渠村等村规划建设农宅1204户，总建筑面积87600平方米。新建“塞上农民新居”示范点5个，共建993户，分别是：立岗镇幸福村246户、金贵镇江南村50户、金贵镇关渠村460户、立岗镇永兴村105户、立岗镇民乐村68户，续建金贵镇联星村64户。在洪广镇高荣村规划建设1518套移民安置房，总建筑面积72985平方米。一期规划建设500套，建筑面积2.7万平方米，已完成350套主体施工。（梁思洁）

**【旅游业】** 编制《贺兰县十二五旅游发展规划》《金山农家乐建设规划》等旅游发展规划，进一步推动110国道沿线农家乐发展步伐。全年乡村农家乐总数达到26家，其中新建有特色、有品位、上档次的农家乐5家，评定A级农家乐两家，2A级农家乐3家，3A级农家乐1家，4A级农家乐1家。旅游从业人员5000余人，旅游接待总人数10.1万人次，实现旅游综合收入1538.8万元，分别比上年同期增长47.7%和103%。（梁思洁）

**【社会事业】** 贺兰县是自治区政府确定的义务教育均衡发展试点县（区）之一，五星小学、金山小学、金沙小学、旭光小学、红星小学建成并投入使用。全县基本普及高中阶段教育工作顺利通过自治区检查验收。金贵回民中学成功确定为自治区百标项目学校。高考成绩二本上线人数361人，二本以上上线率达30.6%，创近年来最好水平。在自治区第十三届运动会上，贺兰县代表队共获得74枚金牌、20枚银牌、23枚铜牌，总成绩867.5分，连续三届获得自治区运动会金牌数、奖牌数和团体总分三个第一，11人打破自行车、举重、田径等项目的自治区纪录。县委、政府拿出86万元对在自治区第十三届运动会上取得优异成绩的体育健儿和教练员进行重奖。共实施国家级项目1项，自治区级项目27项，市级科技项目21

项。重点实施国家科技支撑计划"宁夏引黄灌区信息化技术研发与集成示范"项目。完成了县级信息化培训中心建设。渔业科技园区信息化监测项目代表自治区接受国家验收组的项目验收。180名科技特派员分布在7个乡镇(场)61个行政村,建立经济利益共同体65个,科技特派员创业基地20个,法人科技特派员企业发展到55家,荣获全区科技特派员管理工作先进集体称号。共为4200名企业离退休人员发放养老金4881万元,离退休人员养老金支付率及社会化发放率均达到100%,企业离退休人员社会化管理率达到100%,社区管理率达97%,领取资格认证率100%。农村社会养老保险工作在上年试点的基础上进一步加大工作力度,参保率达到95%以上。全县共发放已征地人员养老金440.17万元,共发放村干部养老金9.14万元。全县参加城镇企业职工基本养老保险单位408个,参加基本养老保险16495人,参保职工达到12447人,新增参保人员3200人,参保率达75%;失业保险参保职工达到11881人,参保率达80%;城镇职工医疗保险参保人员12079名,参保率达85%;城镇居民医疗保险参保人员15100名,参保率达96%,住院平均报销比由上年的46%提高至57%;工伤保险参保人员9318名,参保率达80%;新型农村合作医疗保险参合农民127900人,参合率98.8%,综合各级定点医疗机构报销比例,实际报销率比上年提高了5%。不断巩固提升"全国文明县城"成果。在银川市第一季度公共文明指数测评中位列全市榜首。开展"书香型、创业型、敬老型、睦邻型、诚信型、助廉型、亲子型、节约型、环保型、平安型"等10个不同类型的特色家庭创评活动。命名了5个县级文明单位、6个文明村、3个文明农家乐。

(梁思洁)

# 灵武市

市委书记　李建军

市　　长　陈淑惠(女,回族)

【概况】　"中国长枣之乡"——灵武市为银川市代管的县级市。辖区内的宁东能源化工基地系国家级大型能源和化工基地,是自治区经济核心区的重要组成部分。总面积4639平方公里,辖6镇2乡、1个街道办事处、76个行政村和16个居民委员会,有4个市属农、林场,8个区属和中央直属厂(场)矿企事业单位。东部丘陵山区已探明煤炭储量达161.8亿吨,占全区已探明煤炭储量的52.84%,建设中的宁东能源化工基地已显现出宁夏"一号工程"的优势。全年实现地区生产总值139.1亿元,全社会固定资产投资262.9亿元,地方财政一般预算收入达10.3亿元,农民人均纯收入达6581元,城镇居民人均可支配收入达15336元,分别比上年增长16.7%、0.6%、64.1%、14.8%和10%。在第十届全国县域经济基本竞争力评价排名中,跃居西部百强第18位,全国百强第150位。　(唐　学)

【人口与计划生育】　到2010年末,全市总人口23.06万人。其中,农业人口12.29万人,占总人口的53.3%;回族11.82万人,占总人口的51.3%。人口出生率为13.34‰,自然增长率为9.6‰,出生政策符合率为95.2%,综合避孕率为93%,通过国家计划生育优质服务先进单位验收。全年投入计划生育经费650.9万元,新建、改扩建乡镇人口计生服务站4个1534平方米,改造村(居)人口文化宣传中心(服务室)52个,新增自治区级示范户26户,使全市"少生快富"项目工程户达326户、示范户达178户。在27个清真寺开辟生殖健康服务点、避孕药具免费发放点和生殖健康服务室,荣获银川市"穆斯林宗教人士参与计划生育工作创新奖"。

(唐　学)

【工业经济】　全市工业总产值达313.5亿元,工业增加值达103.1亿元,分别比上年增长44.2%和21%。羊绒产业园区被命名为国家新型工业化产业示范基地,升格为国家高新技术产业园区;全年生产无毛绒4800吨、绒条400吨、羊绒纱1000吨、羊绒衫300万件,实现产值65亿元,出口创汇1.2亿美元。再生资源循环经济示范园区被自治区发改委列入宁东循环经济示范区范围,园区实现产值20亿元。

(唐　学)

【农业与农村经济】　投入农业发展资金2.4亿元,兑现各类政策性补贴6921.7万元。全市农业总产值12.7亿元,比上年增长7%;建设畦田11万亩、高标准农业示范田21.46万亩,完成土地整理7.5万亩,新增节水灌溉面积6.5万亩,改造中低产田4.5万亩,发展井、渠结合灌溉面积4.5万亩,实施粮食创高产12万亩,发展优质粮订单农业10万亩。全市粮食总产达17641.6万公斤。全市种植瓜菜6.58万亩,产值达34831万元,纯收入达27152万元。全市养鱼面积扩大到1.53万亩,水产品产量达3186吨,实现产值3823.2万元,分别比上年增长30.4%、28%和12.9%。新植灵武长枣1.1万亩,建成5000吨长枣储藏保鲜库和宁夏红枣工程技术研究中心;与华润万家建立"农超对接"合作关系,在南京、深圳等26个大中城市设立销售网点117个,外销灵武长枣800多万公斤,收入近亿元。全市水果产量5510.4万公斤。新建千只以上规模养羊园区(场)25个,培育养羊专业村8个,全市羊只存栏93万只,出栏267万只,带动农民人均增收700多元;成功举办了第七届中国羊业发展大会;巩固奶产业和生猪产业,牛饲养量达9.6万头,生猪饲养量达23.2万头,存栏奶牛2.6万头,产奶5634万公斤,肉类总产量达1639.1万公斤。全市各类专业合作社达100个(其中新增15个),土地流转面积达4.5万亩,率先在全区成立了第一家县级粮食经纪人协会,实现了电子饲料医药配送管理。　(唐　学)

【城乡建设】　融入沿黄城市带,着力打造"唐韵、绒都、枣乡、现代"特色城市,全面实施"城乡西扩"战略,完成新区控制性详规和临空经济区发展规划,新区一期道路、供排水、水系等基础设施建设完工,国际教育中心、职工文化活动中心开工建设,四中、五小和景观大桥完成了主体工程。加大旧城改造力度,实施高庙东侧等5个片区拆迁改造,开工建设面积达134万平方米,建成商住房106万平方米。1956套廉租房竣工,6万平方米经济适用房开工建设。新汽车站、火车站前广场工程完工。完成兴唐苑、高庙公园亮化工程,改造供热管网1.8公里,铺设供排水管网20公里,天然气管道34公里,新增城市绿地22万平方米。38公里滨河大道及连接线工程全线贯通,栽植各种树木440万株,世界水车博览园一期工程完工,黄河书院二期主体工程完成,在全区黄河金岸建设评比中灵武市获先进奖。加快推进新农村建设,新建"塞上农民新居"示范点5个902户;新修和改造农村道路155公里,改造卫生厕所8000座。(唐 学)

【招商引资】 全年争取各类项目289个,落实资金6.8亿元,比上年增长16%。深化"招商引资年"活动,招商引资工作实现了新的突破。全年引进招商引资项目110个,总投资263亿元,实际到位资金61亿元,比上年增长93.04%。(唐 学)

【生态建设与环境保护】 落实项目资金6629.11万元,引进到位建设资金5410.74万元,全年完成营造林119680亩,栽植苗木1923万株,占自治区、银川市下达任务的124%。完成滨河大道绿化12200亩,定植苗木440.3万株;完成城区绿化280亩,植树11860株;完成防沙治沙综合示范区沙化土地治理51120亩,栽植种苗、种条1243.7万株;完成退耕还林补植548.07万株;动员义务造林3530亩,植树78.28万株;继续封山、禁牧、恢复植被、保护草原,完成草原围栏5万亩,草原补播改良1万亩,人工种草4.12万亩,鼠虫害防治16万亩。投资3850万元,实施甜水河、东任路、雁知山、狼皮子梁生态经济林供水工程,铺设各类输水管道3500公里,使全市高效节水补灌面积达8.5万亩;治理山区小流域6条,治理水土流失面积178.68平方公里。争取和落实环保专项资金3097万元,对农村环境进行集中连片整治。全面完成了67个工业源、52个农业源、1个生活源、4个集中式污染治理设施的"污染源普查数据更新"调查、对比、审核录入和上报工作,市环保局被评为污染源普查全国、全区和银川市先进集体。全年完成排污费征收600万元。(唐 学)

【旅游业】 全年各旅游景点共接待国内外游客39万人次,实现门票收入2000万元,分别比上年增长18%和33%。水洞沟景区跻身于国家4A级旅游景区,荣获"中国优秀文化休闲旅游城市"称号。(唐 学)

【民生工程】 市财政共发各类涉农补贴6842万元,比上年增长38.81%。继续实施大病救助政策,拨付大病救助、五保户救济资金654万元;开展新农保试点工作,为达到年龄的8273人发放基础养老金136万元,发放高龄补贴188万元;在全区率先为城乡无固定收入的65岁以上女性、70岁以上男性按月发放生活补助金80万元,惠及4800人;实施"百村千户"自来水入户饮水安全工程,解决安全饮水3.93万人,率先在全区实现自来水村村通,农村饮水实现了全覆盖。实施农村清洁能源建设项目,新建沼气池960座,推广太阳灶1200台、节柴灶960个。发放小额担保贷款1688万元,购买安置公益性岗位632个,培训城乡各类人员5.6万人次。新建创业孵化园2个,开展创业培训1702人,发布创业信息170条,新培育小老板244个,小企业134家,创造新岗位2610个。千方百计扩大就业,城镇新增就业4701人,安置"4050"公益性岗位112人,转移农村劳动力29888人,实现劳务收入1.7亿元。帮助500多名农民工追讨工资130多万元。投资2.6亿元建成廉租房和经济适用房15.78万平方米,可解决2000多户困难户住房问题。补助农村进行危房改造、平改坡和零散庄点缩减撤并1003户。投资1325万元实施农村小型公益事业"一事一议"财政奖补试点项目。(唐 学)

【社会事业】 高考三本以上录取率超过自治区平均水平3个百分点,被区内外各类学校录取学生1184名,总录取率达64%,普及高中阶段教育工作顺利通过自治区验收。顺利通过自治区人民政府推进职业教育跨越式发展考核验收。在全区率先实行了高中阶段免费教育。全市各类幼儿园发展到36所,在园幼儿达7400余人。灵武市被自治区评为阳光体育先进市。在全区第十三届运动会上取得了团体总分第8名和10枚金牌、12枚银牌、9枚铜牌、24个比赛名次的好成绩。争取资金150万元为55个行政村建设了体育运动场,为枣博园配置了健身器材。实施名牌战略,千堆雪、灵州雪、菲洛索菲、绒典等6大品牌被评为自治区名牌产品,"兴唐"商标获中国驰名商标,"灵武长枣"原产地证照商标获宁夏著名商标。创造五大自治区现代农业示范基地,组建五支技术创新团队。下派科技特派员161人,发展法人特派员企业24家,创建科特派创业园区14个,创业示范基地38个、服务站28个。实施"百名新型特派员驻百村工程"。发展科技信息站点140个。组建宁夏羊绒产业技术创新战略联盟,羊绒产业园区被升格为国家级高新技术产业园区。申报专利80余项,授权71项。创新实施文化进农家、进工地、进军营、进学校、进社区、进寺院"文化六进"工程。新建村级文化室、农家书屋45个,发展农民文化大户26户。出版续修《灵武市志》《唐史唐文化论文专辑》。第三次全国文物普查登记整理不可移动文物143处,顺利通过自治区文物局专家组文物普查验收。10个"非遗"项目被列入银川市第二批非遗保护目录。实施农村广播电视"户户通"工程,解决了山区1600户群众接受电视信号难的问题。市中医院门诊综合楼和崇兴等3个乡镇卫生院的改扩建工程全面完成,新建宁东急救中心和6所村卫生室。城镇职工和居民医保参保率分别达到100%和96%,住院费用报销率分别为72%和60%;参加新型农村合作医疗11.89万人,参合率达97.6%;农民住院补偿比例提高，在市、乡(镇)两级卫生机构住院的补偿比例分别为54.6%和61.2%；新农合配套资金落实到位，总金额达1784.15万元。落实妇幼卫生“四免一补”政策，受益群众达7909人次。完成农村改厕8000所。健康灵武全民行动有序开展，8个乡镇卫生院共建农民健康档案3.77万份，规范管理率达86%；市卫生局被命名为自治区级控烟达标单位，市中医院、妇幼保健所、疾控中心被命名为银川市级控烟达标单位，13所乡镇卫生院、社区卫生服务站被命名为灵武市级控烟达标单位，其中3个乡镇卫生院通过无烟单位验收。涌现出《宁夏恋》《潘有根小说》、宁夏坐唱《绿色丰碑》、民间口弦演奏《驼铃》和《廊檐滴水》、宁夏花儿联唱《阿妈的盖碗茶》、民间剪纸、铁皮画等富有特色的表演节目。评选表彰道德模范658名、美德少年503名、60年来为灵武建设作出突出贡献的杰出人物10名、五好文明家庭9985户；在农村广泛建设五好文明家庭墙，大力宣传以孝德文化为核心的家庭美德；举行“百佳千户”文明家庭评选活动启动仪式，评选出银川市级文明家庭户1500户。

(唐 学)

# 石嘴山市

市委书记 李文章

市 长 张作理

【概况】 石嘴山市位于宁夏最北端，为山水园林新型工业城市。总面积5310平方公里，辖大武口区、惠农区、平罗县。2010年，全市地区生产总值达到290亿元，同比增长13%；财政总收入57.39亿元，其中地方财政收入32.66亿元，分别增长32.6%和40.7%；完成全社会固定资产投资270亿元，同比增幅30.9%；实现社会消费品零售总额62亿元，同比增幅19%；城镇居民人均可支配收入和农民人均纯收入达到15380元和5845元，同比分别增长9%和10%；金融机构存贷款余额分别达到377.5亿元和289.3亿元，同比增长39.5%和31.4%。人口计划生育、安全生产、社会综合治理等单项考核均获全区第一名。

(贾 宁)

【人口与计划生育】 石嘴山市是一个多民族地区。到2010年末，全市总人口74.52万人，有27个民族，少数民族人口为16.29万人，占全市总人口的21.8%。回族人口15.46万人，占总人口的20.7%。全年坚持把人口和计划生育工作纳入经济社会发展总体规划，完善党政主导、部门协调、社会参与工作格局。对领取《独生子女父母光荣证》的夫妻，在子女年满14周岁以前，将独生子女保健费奖励标准由每月12元提高到每月50元并予以落实。对具有石嘴山市户籍且符合条件的扶助对象夫妻在国家和自治区每人每年扶助1200元的基础上，再给予每人每年1200元的计划生育家庭特别扶助金，直至亡故或子女康复为止。将全市提前5年对接奖励扶助标准从每人每年600元提高到720元执行；将少生快富“节育奖”的实施范围由“独女项目户”调整扩大为“独生子女项目户”，在自治区奖励的基础上，每户再给予2000元奖励；将落实长效节育措施的育龄夫妇纳入少生快富项目户，对每个试点项目户给予3000元扶持发展生产的资金。全面启动农村计划生育保险工作，农村计生家庭已参保7237人。大力实施幸福工程、妇女发展、“贫困孕产妇生育关怀行动”和“五免一救助”等项目，投入资金100万元，发展项目户200多户。全市人口出生率和自然增长率分别为10.19‰和4.75‰，比2001年分别下降了2.32和3.66个千分点，人口自然增长率为宁夏5个地市最低。出生政策符合率95.74%。

(贾 宁)

【工业经济】 有色金属、煤炭机械、能源化工、汽车、太阳能、PVC等非煤产业产值达到335亿元，迈上新台阶。东方有色、天地奔牛、西北骏马、博宇钢铁、大地化学、大武口电厂等完成技改投入61.1亿元。太阳能和汽车装备产业迅速发展，江苏阳光多晶硅、国电多晶硅、日晶电子、晋安太阳能、天得太阳能、宁沪太阳能、君功汽车等相继建成投产或扩能，成为全市工业经济的新支点。投资2亿多元完善宁夏石嘴山陆港经济区、宁夏精细化工基地、石嘴山生态经济区等园区的基础设施建设。

(贾 宁)

【第三产业】 以陆路口岸为代表的大宗物流实现质的突破，陆路口岸年吞吐量达到2.6万标箱。旅游、地产、商贸快速发展，实施了金峰国际、贺兰山商厦、南沙海生态园等一批高品位的商业项目。房地产新开工231.2万平方米，增长54.7%。第三产业增加值达到91亿元，增幅11.5%。稳步发展一产。大型农业龙头企业迅速扩张，加工型农业出现质的飞跃，中粮番茄、中粮稻米、汇源果汁、雨润食品、野娇娇水产等农产品加工项目相继投产，农产品加工转化率达到48%，农业机械化率达到80%。农业增加值达到18亿元，同比增长7%。2010年5月，石嘴山市被国土资源部评为国家矿山公园。是年，全市共有旅游业直接从业人员1252人。

(贾 宁)

【非公有制经济】 2010年全市非公有制单位达到29655个，较上年同期增长26.8%。其中，民营企业6330个，个体工商户23310户，外资及港澳台合资企业15个；全市非公有制经济从业人员达到14.9万人，较上年同期增长18.9%。全年非公经济实现总产值285.43亿元，同比增长35.9%，实现增加值95.51亿元，同比增长22.8%；其中，个体工商户实现总产值43.03亿元，同比增长56.4%，实现增加值17.97亿元，同比增长83.8%；私营企业实现总产值232.21亿元，同比增长33.8%，实现增加值73.99亿元，同比增长14%；三资企业实现总产值10.18亿元，同比增长14.1%，实现增加值3.55亿元，同比增长14.3%。全市非公经济实现销售收入292.85亿元，增长39.82%；实现净利润7.95亿元，同比增长35.5%。其中，个体工商户实现销售收入60.9亿元，同比增长52.9%；私营企业实现销售收入221.82亿元，同比增长38%；三资企业实现销售收入10.11亿元，同比增长14.2%；非公有制

经济完成各种税收达到5.09亿元，同比增长74.3%。（贾　宁）

**【城市建设和环境治理】** 西线高速石嘴山段、滨河大道、301省道改建、水城路、大学路、润泽路、世纪大道北延伸线、贺兰山路南延伸线、星光大道东延伸线、惠农区康乐路扩建、红果子同城化通道、平罗县玉皇阁大道延伸线、县城至滨河大道连接线、110国道改线等重点道路基本建成通车。城市交通管理受到公安部、住房和城乡建设部嘉奖。拓展城市新区。启动了大武口环湖建设和惠农城区南扩，平罗新区全部建成。优化市政功能。改造新建了第二、第三、第五水厂，缓解了供水压力，特别是惠农区群众喝上了山泉水，结束了长期饮用黄河水的历史。在三县区实施了集中供热改造和天然气输配工程，市上投资3000多万元，解决了惠农老城区分散供热的问题。做美生态环境。继续以蓄水、植绿、治污为重点，实施了火车站站前广场、滨河大道水系、浴山潭二期、舍予圆、惠农生态园二期、平罗天河湾等水系和绿化项目，完成造林13.19万亩，新增城市绿地7.6万平方米，全市被列为“国家森林城市”备选市。铁腕治污，超额完成节能减排各项约束性指标，舍予三产区内的污染企业全部搬迁，大武口洗煤厂储煤场停止储煤，平罗工业园区洗煤厂全部关闭，洗煤企业全部建设了防风抑尘网。“数字环保”工程走在全区前列，城市区空气质量好于国家二级天数达到320天。国家财政部、环保部把石嘴山市列为西北地区唯一全国农村环境连片整治示范项目试点省区，项目总投资10亿元，其中，中央投资6.5亿元，自治区配套3.5亿元，分3年实施，主要用于重点村庄生活污水、畜禽养殖污染防治，垃圾治理，废弃物综合利用，村庄绿化，卫生厕所等建设工作。（贾　宁）

**【城乡统筹】** 在全区率先启动实施统筹城乡发展试点工作，在重点领域和关键环节取得了重大突破，探索形成了“中粮模式”“小店子模式”“和平村模式”“村企合作模式”等统筹城乡发展模式。荣获了全国城乡统筹和谐发展奖，建立的城乡一体养老保障机制被评为“2009中国全面小康十大民生决策”。三县区为农民建设楼房社区12.5万平方米。新建改建“塞上农民新居”5100户，2.6万人受益。整治农村环境，改造新建城乡公路237.7公里，自来水入户率达到84%，城乡医保统筹、户籍一体化改革走在全区前列，改善了农民生活方式。（贾　宁）

**【建市50周年大庆】** 市委、市政府把建市50周年大庆作为树形象、聚人心、促工作的重要助推力，开展了形式多样的对外宣传，评比了感动石嘴山50年50人和各领域的先进工作者，举办了光伏产业论坛、奇石博览会暨塞上湿地节、中澳滑水对抗赛、经贸投资洽谈会等系列活动，实施了“三馆一中心”等大庆献礼项目，集中整治了市容市貌，高质量完成了50年成就布展，编撰出版了80万字的《石嘴山史纲》（上下册）。整个活动得到了自治区和区内外与会人员的高度评价，凝聚了人心，提升了形象，促进了发展。（贾　宁）

**【青年汽车集团落户石嘴山】** 围绕建设国家重要的装备制造业基地目标，经过多方努力，使青年汽车集团石嘴山汽车制造产业建设项目落户石嘴山市，项目计划一期投资89亿元。青年汽车集团在石嘴山市建设大型汽车发动机、混合动力变速箱、汽车高档玻璃、卡车整车等汽车制造产业项目。（贾　宁）

**【石嘴山沙湖机场前期工作】** 10月26日，民航西北管理局、民航西北空管局、民航西北设计院、北京全顺辅科贸有限公司等4家单位同时到石嘴山市展开沙湖机场选址工作。11月6日，宁夏气象局气候中心、宁夏地质勘察院同时开展气候测量和地质勘察工作，12月下旬，各单位相继签署合作合约。民航西北空管局飞行程序设计方案已经首先出台，民航设计院《沙湖机场选址报告》相继出台。（贾　宁）

**【铁路运量】** 1～10月全市累计完成铁路运量876.76万吨，其中10月份全市铁路完成外运量77.41万吨（惠农站20.3万吨、大武口站21.12万吨、石嘴山站20.93万吨、西大滩站15.06万吨）；1～10月累计铁路发运量较上年同期下降12.7%。10月，铁路完成运量较上月增长8.6%，较上年同期降低24.6%。铁路运量较上月增加的主要原因：石嘴山站、大武口站、西大滩站因空车皮调入量增加，故铁路运量较上月增加；惠农站因敞篷车调入量不足，铁路运量较上月有所减少。12月，完成铁路运量85.79万吨。同月全市铁路完成外运量85.79万吨，其中石嘴山站21.7万吨，惠农站20.93万吨，大武口站27.16万吨，西大滩站16万吨。2010年全市累计完成铁路运量1036.04万吨。12月，铁路完成运量较上月上升16.7%，较上年同期下降22%。2010年累计发运量较上年同期下降14.6%。铁路运量下降的主要原因：一是调入石嘴山市排空车减少；二是包兰铁路暨复线改造（换轨砟、轨枕）每天停运3小时。（贾　宁）

**【石嘴山新火车站开工建设】** 11月29日，举行了石嘴山火车站建设工程开工仪式。石嘴山站初步设计批复站房建设面积11987.54平方米，地市级车站站房标准面积是5000平方米，石嘴山站站房超标准6987.54平方米，估算总投资2.97亿元，经市人民政府向铁道部积极争取，市人民政府只承担一次性投资超标准部分的30%。石嘴山北站（原惠农站）站房向南迁建80米，批复站房建设面积3000平方米，较原惠农站站房扩大10倍，估算总投资5704万元。（贾　宁）

**【“三争双招”工作】** 即争政策、争项目、争资金、招大商、招人才的“三争双招”工作。招商引资到位资金209.6亿元，同比增长36.7%。引进了青年汽车、江苏中联、山东信义汽配、山东三林电机、天津立源变压器、华靖光伏电站等大项目、好项目。争取国家、自治区企业技改资金1.65亿元，争取棚户区改造、廉租房建设、城乡建设用地增减挂钩、土地开发整理、采煤沉陷区治理、包兰铁路复线建设和火车站迁改建等项目资金29亿元。续延了国家给石嘴山市的经济转型相关政策，财力支持每年增加到2亿多元。报请自治区政府将石嘴山工业园区与陆路口岸整合,设立了宁夏石嘴山陆港经济区,申报国家级经济技术开发区工作进展顺利。沙湖机场列入自治区“十二五”重点工程。平罗县进入首届中国西部最具投资潜力的100个县。（贾 宁）

**【民生和社会事业】** 全年共完成民生和社会事业投入17.02亿元,同比增长14.7%。市政府把就业作为第一民生。坚持产业带就业、创业促就业和政策性安置就业,新增城镇就业人口3.06万人,城镇登记失业率控制在3.6%以内。投资2.2亿元,新建改造中小学校舍11.7万平方米。优先发展教育,投资2亿元,建设了宁夏理工学院二期、市职教中心一期,平罗职教中心投入使用。投资2.82亿元,新建、改造医疗业务用房7.6万平方米,新增床位940张,四级卫生服务网络不断完善。扩建了市第一医院、第二医院、自治区第五医院、平罗中医院、惠农人民医院,新建市中医院竣工。增加了保障性住房供给,新建经济适用房、廉租房、棚户区迁建房135.6万平方米。实施国家、自治区、市科技攻关计划项目98项,新增国家级、自治区级科技研发中心、实验室2个,高新技术企业达到5家,专利授权量达到129件,增长191%。投资3.58亿元,建设了“三馆一中心”“农家书屋”等文化设施。城市有线电视入户率和农村电视信号覆盖面均达到95%以上。投资近700万元,对全市的地震带进行了普查。完成了全国第六次人口普查任务。实施城乡居民医疗保险统筹、城镇职工基本医疗保险、生育保险市级统筹和“一卡通”制度,妥善解决了一批退休职工医疗保险和“家属工”“农场工”等群体的养老保险历史遗留问题,在全国率先实现了城乡医疗、养老保险全覆盖。建立了住房货币补贴制度。全年城乡低保、医疗救助、孤残儿童养护、五保供养、爱心助学、困难人群住房、法律援助等投入7800万元。公安“规范执法建设”被评为全国先进。人民议政网拓宽了社情民意的表达渠道,被人民网等国家级舆情媒体推介。高度重视安全生产,事故死亡人数、亿元GDP事故死亡率、十万就业人员死亡率降幅位居全区前列。办理人大代表议案、意见建议68件,政协委员提案193件。（贾 宁）

**【“四差额”干部任用制度】** 实行差额推荐、差额面试、差额考察、差额酝酿的“四差额”干部人事制度改革。创造了4个第一:第一个在全区率先推出公开差额选人;第一次采用无领导小组的面试方式;第一次请“两代表一委员”参与干部选任工作;第一次将干部人事档案作为组织选拔任用干部的实绩依据,这种干部任用制度改革做法首开全自治区先河。（贾 宁）

## 大武口区

区委书记 魏艳华(女)

区 长 洪 涛(回族)

**【概况】** 大武口区为石嘴山市辖区,又是石嘴山市委、政府所在地,总面积1008平方公里。区辖隆湖扶贫经济开发区(星海镇)、石嘴山经济开发区,2个自治区级开发区和10个街道办事处,共47个社区居委会、12个行政村。2010年,实现地区生产总值128.46亿元,增长13.5%;地方财政一般预算收入3.38亿元,同比增长36.7%;全社会固定资产投资105.2亿元,增长30%;社会消费品零售总额31.24亿元,增长19.5%;城镇居民人均可支配收入16562元,增长9.4%;农民人均纯收入4944元,增长13.3%。（郑 军）

**【人口与计划生育】** 到2010年末,辖区总人口28.67万人,回族人口2.7万人。人口出生率为9.84‰,人口自然增长率5.29‰。（郑 军）

**【产业结构】** 新型工业发展壮大,机械装备制造、新材料等新型工业初具规模,西北骏马大功率矿用隔爆电机、中色东方钛材加工、晋安光能单晶硅及切片等项目已经投产。新型工业占工业总量比重30%,比上年提高7个百分点。第三产业繁荣发展,商贸物流快速发展,金峰国际投入运营,首座龙庭、海华国际酒店开业在即,“中心商贸区”初具规模;颐和名邸、城市今典等22个项目进展顺利;金融、信息、中介等产业平稳健康发展,金融机构人民币存款余额213亿元,贷款余额147亿元;特色旅游蓬勃发展,星海湖、北武当、五七干校名扬区内外,全年旅游人数75万人次,旅游收入8175万元。服务业贡献率达30%。现代农业优化升级。瓜果蔬菜、水产养殖等现代农业档次不断提高,2000栋日光温室充实了城乡居民菜篮子,螃蟹养殖、中粮番茄育苗开辟农民增收新门路。（郑 军）

**【节能减排】** 共淘汰、关停、限产企业50家。预计万元GDP综合能耗下降6%,规模以上工业增加值能耗下降10%,化学需氧量和二氧化硫排放量分别削减55吨和115吨,全年空气环境质量达到二级标准的天数为320天。（郑 军）

**【招商引资】** 紧盯重点区域、优势产业,采取部门招商、小分队招商、企业招商、以商招商、村镇招商,开展全方位、宽领域、多层次的招商活动。2010年招商项目95个,到位资金40亿元,增长26.6%;争取资金3.1亿元,增长160%。中国青年汽车、淄山飞地工业园等一批好项目、大项目落户大武口区。（郑 军）

**【城乡建设】** 全年投入统筹城乡资金3亿元,实施项目35个,完善了功能设施,改善了城乡面貌,加快了城乡一体化进程。石炭井整治成效明显,投资近亿元实施了石炭井“一中心、两地带、三片区、四节点”环境综合整治,极大地改善了自2002年原石炭井区撤并后的矿区面貌。基础设施日臻完善,加速星海经济区建设,宁夏水城强力推进,建成了星海三号路、经六路;配合实施了火车站迁建、浴山潭大街、“三路一水系”等项目,路网、供排水等基础设施日趋完善,“文化之窗、塞上水镇”特色日益彰显。西环路、贺兰山南路延伸段、世纪大道北延伸段建设进展顺利,西线高速、长城路、山海路建成通车,形成了城乡发展的“动力带”。（郑 军）

**【生态建设】** 投资6000万元实施了包兰线3.8公里宽幅林带、舍予圆胡杨林等15个生态项目,栽植各类树木330万株,新增造林绿化面积8000亩。投资1.3亿元、占地2万亩的贺兰山东麓(石炭井沟口)生态治理项目全面启动。

(郑 军)

【社会事业】 投资6500万元实施了7所学校校舍安全改造和隆湖一站小学、青少年校外活动中心等项目,极大地改善了办学条件;投资200万元为区属24所学校配备保安、安装电子监控、建立警务室、设立道路交通安全标志,被公安厅在自治区推广。以建市50周年大庆为契机,高水平举办了星海湖大型水上景观音乐焰火晚会、首届北武当文化旅游节等系列庆祝活动,被市委、政府授予50大庆工作先进单位。加强基层文化设施建设,在星海镇建成了自治区首家农村数字电影放映厅,隆湖一站村农家书屋被中宣部评为"全国服务农民、服务基层先进单位",星海文化产业街被评为"自治区级文化产业示范基地"。广泛开展体育健身活动,被教育部评为"全国阳光体育先进区",组织135名运动员参加了自治区第十三届体育运动会,获得金牌11枚,奖牌数由上届的14枚增加到33枚,位列第六,比上届提高了4个位次。大力实施创业富民工程,培育小企业199个,培养小老板1134人,发放创业小额担保贷款4900万元,实现新增城镇就业1.1万人,转移农村劳动力1.2万人,实现劳务收入1.5亿元;充分就业社区创建率达100%。医疗卫生稳步推进,隆湖卫生院住院部、太西社区卫生服务中心建成使用。医疗救助"一站式"即时结算服务全面启动。全面推进养老服务体系建设,建成自治区居家养老服务试点社区16个,逢千老年公寓、区老年活动中心投入使用;建成了12个社区爱心超市,创建"阳光家园"7个,921名残疾人享受到优质托养服务;荣获"全国老龄工作先进集体"和"全国残疾人社区康复示范区""全国白内障无障碍县(区)"称号。安居工程稳步实施,原煤机三厂棚户区改造全面启动,一厂、二厂棚户区改造积极推进。 (郑 军)

# 惠 农 区

区委书记 张 伟

区 长 王万虎

【概况】 惠农区系石嘴山市所辖区,总面积1254平方公里。辖3镇3乡(园艺镇、红果子镇、尾闸镇、庙台乡、礼和乡、燕子墩乡),6个街道办事处(南街、北街、育才、中街、河滨街、火车站),47个居委会,38个村委会,1个自治区级工业园区。全年累计实现地区生产总值90.05亿元,同比增长13.2%;完成社会固定资产投资92.8亿元,同比增长30%;完成社会消费品零售总额16.18亿元,同比增长18%;完成地方财政一般预算收入11865万元,同比增长23.5%。完成地方财政一般预算支出83672万元,同比增长51.8%;实现城镇居民人均可支配收入14207元,同比增长10.9%;实现农民人均纯收入6390元,同比增长14.9%。

(惠农区地方志办公室)

【人口与计划生育】 到2010年末,辖区总人口18.99万人,其中城市人口13.73万人。人口出生率7.3‰,计划生育率99.6%,人口自然增长率控制在2.89‰以内。共有19个民族,其中回族3.14万人。全年对448名持有宁夏农村户口、符合计划生育政策、参加新型农村合作医疗的孕产妇享受自治区免费分娩政策。对28名符合"少生快富"工程项目户的农村妇女进行了免费绝育手术,并及时对65名实施节育手术的妇女进行了100元的"六个一"配送。落实妇女免费补服叶酸预防新生儿出生缺陷项目,为730名育龄妇女免费发放叶酸2095瓶。

(惠农区地方志办公室)

【工业经济】 累计实现工业增加值50亿元,同比增长15%;实施新建续建技改项目127个,完成投资56亿元;全年规模以上工业增加值达到48.85亿元,增长15%。全年共招商引资引进各类项目96个,到位资金51.52亿元。

(惠农区地方志办公室)

【农业与农村经济】 扩大蔬菜种植规模,发展蔬菜12.1万亩,其中番茄5.1万亩,脱水菜7万亩。加快奶产业发展,新建2个千头奶牛园区,改扩建3个奶牛园区,奶牛存栏达到2万头以上,成为蒙牛集团全国首家授牌的优质奶源基地。新种植枸杞5100亩,建成有机枸杞基地3000亩。加快现代农业示范园区建设,建成中粮5万亩配方施肥示范区、5000亩番茄标准化栽培、机械化生产示范区。新培育发展农机、枸杞等专业合作组织5个,累计达到63个。落实蔬菜政策性保险5万亩、奶牛5000头。开展了城乡建设用地增减挂钩试点工作,整理土地1300多亩。实施了荣亨达石磨面粉、燕龙工贸等44个村镇招商项目,到位资金4500万元,村镇招商实现新突破。加快塞上农民新居建设,新建300户大村庄1个,实施了36个庄点的旧村整治工程,完成农村危房改造1070户。红果子新农城一期600户交工、二期458户封顶,尾闸新农城一期144户交工、二期212户完成主体施工。创建了宁夏节水农业示范区,重点实施了中北部重大土地整理、中粮番茄膜下节水滴灌、沿山井渠结合节水灌溉、农业综合开发中低产田改造、王泉沟生态治理、惠农渠裁弯砌护等基础设施建设项目。农村劳动力转移稳定在1.8万人左右,实现劳务收入1.4亿元。 (惠农区地方志办公室)

【商贸经济】 启动实施了惠安大街30万平方米的商圈建设,完成了新明珠购物城二期和华祥商业街建设,阳光商厦、万德隆商厦、漠翼大酒店改扩建投入使用。启动了巴塞名典国际广场、摩尔娇子商住城、春晖市场改造等项目建设,成功引进新华百货、美伊家超市、新百电器、东港明珠等知名企业入惠发展。实施了"万村千乡""双百工程"和"家电下乡"工程。预计实现第三产业增加值24亿元,增长10.5%;社会消费品零售总额18亿元,增长17%。惠农陆路口岸海关监管场所、检验检疫查验处理场所顺利通过了自治区口岸办和联检单位验收并封关运行。宁夏出入境检验检疫局惠农办事处、银川海关驻惠监管组正式进驻惠农并开始办理相关业务，具备了口岸通关、国际货代、船舶代理、集装箱运输等多项口岸功能，实现了“属地申报、口岸验放”内陆通关模式，铁海联运初显成效，成为西北地区首个具备高效便捷的进出口通道和天津港腹地重要的内陆港。

（惠农区地方志办公室）

**【招商引资】** 全年共落实招商引资项目96个，实际到位资金51.52亿元，完成全年任务的134%。实施新建续建技改项目127个，完成投资56亿元。招商项目中新建开工项目72个，投资到位资金22.52亿元，续建项目24个，投资到位资金29亿元；洽谈跟踪项目19个，完成市下达惠农区38亿元招商引资任务。全年引进中国企业500强及中国机械制造业500强企业3家——国家投资公司控股国投华靖电力控股有限公司、华仪电器集团有限公司控股华仪电气股份有限公司、青年汽车集团有限公司。 （惠农区地方志办公室）

**【城乡建设】** 完成了滨河大道建设、石大路改造和同城化干道路基土方及桥涵工程；建成了滨河大道3公里景观绿化工程，扩展了城市发展空间10平方公里，新增建设用地3.3平方公里，整理土地2.3万亩，形成金岸水系万余亩，提升了城市品位，增添了城市“灵气”。完成了文化体育活动中心、廉租房、第四污水处理厂、新区广场、山水华庭二期、吉运五期、水韵铭都一期和园艺农民新村三期安置房建设；完成了2.13平方公里的采煤沉陷区综合整治；继续实施了集中供热、天然气改造工程和棚户区改造、棚户区道路、新区水系、西河桥大庄点改造、尚城名邸等开发项目；加大旧城改造力度；实施了康乐路、新村路、华祥家园、白瓷厂地段、老安乐桥地段、泰和苑三期、嘉丰园三期等旧城改造项目；启动了宁夏煤炭地质博物馆建设。加快红果子特色小城镇建设，实施了迎宾路特色街区改造和红一路、为民路等6条4.8公里道路及排水工程。加大生态招商，引进了2万亩文冠果生物能源林示范基地项目；完成造林3万亩，植树940万株，被惠农区与国家绿化委评为全国生态建设先进县区。

（惠农区地方志办公室）

**【就业与再就业】** 政府组织创建了12个创业基地。创建了吉运创业社区，培养创业小老板920人，培育小企业189家，创造新岗位4474个，开展创业培训928人，发放小额贷款3268万元。实现城镇新增就业8856人，城镇登记失业率控制在3.3%以内。实现劳动力转移就业18628人，其中实现劳务总收入达14552万元，劳务收入已成为农民增收的主渠道。组织城乡各类人员培训108期7018人，其中组织城镇各类培训51期3008人，组织农村劳动力培训57期4010人。城乡参加职业技能鉴定并取得国家职业资格证书1950人，培训后就业率达85%。

（惠农区地方志办公室）

**【社会事业】** 高标准实施了市一小、惠农小学等5所学校的校安工程。争取西部助学工程宏志生5名，三年内每年每名宏志生补助3000元；争取西部贫困助学大学生5名，四年内每名年资助5000元。实施了“阳光助学”工程，为500名贫困高中生每人年救助800元，对249名贫困大学生进行了资助。开工建设了惠农区人民医院住院部综合楼。城镇居民医疗保险完成4.7万人，新农合参保率达到98.4%，启动实施了城乡居民医疗保险和新农保工作。完成了老年公寓和老年活动中心建设。发放低保资金2300万元，保障了1.4万城乡低保对象的基本生活。实施城乡普惠型医疗救助，为630名低保、优抚对象和“三无人员”发放医疗救助资金260万元；为780名80岁以上高龄老人发放津贴44万元。组建了惠农慈善会，募集善款500多万元。完成了8个五星社区创建和10个自治区级社区居家养老服务站建设，为贫困老年人购买居家养老服务费11万元。实施“扶贫助残”工程，筹集资金22万元，扶持了330户农村有劳动能力的残疾人发展种植养殖业；为880名重度残疾人发放居家托养费53万元。在全区开展了“感动石嘴山50年50人”推荐评选学习活动，10人当选。深入推进自治区文明城市创建活动，开展了万名道德模范、百名贡献人物评选等活动。积极争取完成了38个农家书屋建设，率先在全自治区实现了农家书屋全覆盖。举办了建市50周年“放飞石嘴山——爱国歌曲大家唱”和“迎大庆、树形象、比贡献”演讲比赛。举办了“迎大庆家庭才艺展示”比赛。举办了“党旗在我心中”演讲比赛。组织开展了“缅怀祭奠革命先烈、做一个有道德的人”“我们的节日”主题征文活动等精神文明创建活动。开展了“平安惠农”“法治惠农”创建活动，被自治区命名为首批“法治县区”创建活动先进单位；“五五”普法顺利通过自治区验收。组织开展了“无毒社区”“无毒单位”创建活动。共办理人大代表议案、意见建议74件，政协委员提案、意见建议59件。

（惠农区地方志办公室）

# 平 罗 县

县委书记　蒋文龄

县　　长　仇旭辉

**【概况】** 平罗县系石嘴山市所辖县，总面积2086.13平方公里，辖7镇6乡141个村民委员会，21个居民委员会，1053个村民小组。2010年，全县经济和社会各项事业得到平稳较快发展。全年完成地区生产总值76亿元，同比增长13%。其中：第一产业增加值完成13亿元，同比增长7%；第二产业增加值完成42亿元，同比增长15%；第三产业增加值完成21亿元，同比增长11%。县本级财政收入完成10.9亿元，同比增长69.8%；全社会固定资产投资达72亿元，同比增长33.8%；城镇居民人均可支配收入达到13170元，同比增长8%；农民人均纯收入达到5974元，同比增长10%。在第十届全国县域经济基本竞争力与科学发展评价报告中，位列西部百强县第70位，比上届上升8位，首次跻身中国西部最具投资潜力百强县。 （周　阳　邢宏亮）

**【人口与计划生育】** 2010年末，全县总人口292276人，人口出生率9.16‰，自然增长率4.17‰，计划生育率99.1%。进行育龄群众生殖健康培训

45场次,培训人数21250人次,开展“三查”活动45540人次;全年参加计划生育“少生快富”工程项目40户,新增奖励扶助对象37人,创建区级示范户12户,市级示范户15户,县级示范户60户。开展全员人口宏观管理信息化建设,全县已婚育龄妇女56925人,采取各种节育措施的52153人,综合节育率为91.6%。(周阳 邢宏亮)

【工业经济】 2010年,树立“产业第一、项目推动、调整转型”的发展理念,以招商引资和项目建设为抓手,以加快推进产业结构调整为突破口,着力转变经济发展方式,加强工业运行监测,加大节能降耗监管,工业经济平稳发展。全年工业总产值达140.8亿元,同比增长41.8%,工业增加值达40.7亿元,同比增长16.1%。其中,规模以上工业企业达到112家,工业增加值达36.3亿元,增长17.8%,占全县工业增加值的89.1%。重点骨干企业贡献突出,大地化工、金海永和泰、吉元冶金、兴平化工、翔龙工贸等29家产值过亿元的企业累计完成工业产值94.6亿元,占规模以上工业总产值的75.9%。加快推进经济发展方式转变和经济结构调整,煤基碳材、精细化工、特种合金等传统产业通过关停整合,规模进一步做大;太阳能光伏、装备制造等战略性新兴产业蓬勃发展;中粮、雨润、汇源、野娇娇等项目建设顺利,工业拉动经济增长的主导作用显著增强,三次产业比重由2009年的15.5∶57.1∶27.4调整为16.2∶56.5∶27.3。循环经济发展取得新进展,重点做好5家循环经济示范企业、1个循环经济示范园区项目推进工作。恒达水泥综合利用废渣、阳光焦化焦炉尾气利用、滨河碳化硅冶炼能量系统优化改造项目、宝马化工炉气窑气废渣综合利用、福华冶金矿热炉改造等项目进展顺利,有效发挥产业示范效应;以大地化工、沙湖纸业、兴平化工、宝马化工为试点,抓好清洁生产,开展绿色企业培育工作,鼓励企业大力实行清洁生产。(周阳 邢宏亮)

【农业与农村经济】 完善18个产地市场基础设施,新组建16个农村专业合作社,培育一批农民经纪人。推行“龙头企业+专业合作组织+基地”运行模式,发展订单农业。建成优质水稻标准化种植、肉羊产加销一体化、设施农业工厂化育苗、农作物制种、适水产业综合示范养殖、农产品加工示范6个自治区级现代农业示范基地。全县粮食总产达到33万吨,连续8年稳产增产。新建万只羊场5个,改良肉羊10.6万只,羊只饲养量达到180万只,瓜菜、制种、水产、枸杞分别达到24万亩、11.8万亩、10.1万亩、4.1万亩。新建各类温棚5040亩。改造中低产田15万亩,新增灌溉面积1.4万亩,改善排灌条件17万亩,新增节水灌溉15万亩,全县渠道砌护率达到42%。落实强农惠农政策,发放各类农业补贴资金5919.5万元。全县自治区级农产品加工企业达到8家、市级45家。深化农村土地经营权流转,规模流转土地达到24.8万亩。实施农业技术推广项目30个,引进基质栽培、稻田养蟹、蔬菜杂交制种、有机蔬菜等8项农业新技术,推广测土配方施肥70万亩。(周阳 邢宏亮)

【第三产业】 实施“万村千乡”市场工程,实施6个农村市场体系建设项目,新建乡镇配送中心4个,提升改造标准化农家店59家。吸引有实力的企业参与房地产开发,新建、续建房地产项目26个168.6万平方米,完成投资15.6亿元,成功举办第二届房展会。通过举办旅游观光节、文化庙会,提升景区知名度和吸引力,与全区15家旅行社签订旅游组团协议,吸引游客增加旅游收入。全年销售家电、汽车摩托车下乡产品24781台(辆),兑付财政补贴资金980万元。支持重点骨干企业实施二、三产业分离,成立45家新公司,新增税收460万元。全年实现社会消费品零售总额15亿元,同比增长19%,第三产业增加值达21亿元,同比增长11%。

(周阳 邢宏亮)

【城乡建设】 加快老城改造和新区围合步伐,开工建设金融大厦、平罗汽车站、中水厂、人民会堂、体育健身中心;完成东环路、纬八路、纬五路、经二街等道路给排水管道改扩建和集中供热续建工程。完成109国道县城至姚伏段改造、43公里长的滨河大道、玉皇阁大道延伸段、团结东路延伸段、县城至滨河大道连接线、国道110崇岗段改线等工程,改造农村公路54公里。全面完成生态植物园、人民会堂景观、康熙饮马湖、唐徕渠带状公园、滨河大道、京藏高速、石嘴山生态经济区等重点生态项目,造林绿化面积7.7万亩,新增城市绿地7.6万平方米。推进陶乐、头闸、灵沙、渠口特色小城镇建设,整合滨河大道沿线零星村庄,建设渠口乡、灵沙东润村具有民族特色的滨河大村庄。健全农村长效保洁机制。在全区率先开展农村土地和农民房屋确权登记颁证工作。(周阳 邢宏亮)

【招商引资】 全年共争取国家和区、市投资项目642个,实际到位资金19亿元,同比增长58.2%。先后引进中国青年汽车发动机及变速箱、铝铸件、宁夏立源特种变压器、三林集团高效节能电机、无锡尚品电池组件等一批项目落户平罗。鼓励和支持村镇利用荒地、荒滩等资源开展招商引资,壮大村集体经济,全年共引进对外经济合作项目142个,其中亿元以上项目29个,实际到位资金47.3亿元,比上年同期增长59%。

(周阳 邢宏亮)

【环境保护】 实行工业项目预审制度,关停淘汰10000千伏安及其以下矿热炉6台,拆除10万吨焦炭生产线2条;整合煤炭加工企业30余家;对4家重点骨干企业实施改造升级项目;对8家重点骨干企业实行节能技改;引进银晨太阳能、亚龙高压管件等一批优质项目;加大淘汰落后产能力度,对4台矿热炉生产线和2条10万吨炼焦生产线、48家“七小”行业落后产能企业实行淘汰关停。落实节能减排政策,对电石、铁合金、碳化硅等高耗能企业60台矿热炉限电关停,全面完成节能减排任务。实施节能减排工程和生态环境保护工程,万元GDP能耗下降5%以上。

(周阳 邢宏亮)

【社会事业】 实施回民初级中学、城关五小、陶乐二小等校舍安全改造工程。落实“三免一补”政策,全年义务教育阶段公用经费补助1294万元，小学入学率达到100%，初中入学率为98.6%。新建黄渠桥中心幼儿园、姚伏中心幼儿园，开工建设平罗第三幼儿园，扩大公办幼儿园范围和规模。在自治区第十三届运动会上，平罗县运动员共夺得32.5枚金牌、23枚银牌和19枚铜牌，金牌数、奖牌数、团体总分均名列全区第三名。免费开展12项公共卫生服务；新建面积18118平方米，床位220张的中医院住院部大楼。为13个乡镇卫生院、5所社区卫生服务站、156个村卫生室配备基本设备。申报国家科技发展项目14项、自治区项目106项、石嘴山市项目48项，筹备成立平罗县生产力促进中心；科技特派员总数达到263名，担保基金130万元，引进种养新品种72个，示范推广新技术29项。实施新型农村广播影视服务体系建设工程，7300户农村居民免费收看43套卫星电视节目。建成4个社区文化活动室、10个文化示范村和44个农家书屋。策划发行《石嘴山日报·平罗人》44期。编辑出版《2009记者看平罗》《人文平罗》和《塞上》文学期刊。编排安全生产小品《头等大事》，获国家六部委三等奖。建设4个社区文化活动室和10个农村文化示范村，建设农家书屋44个，共计配送图书、光盘、书架等价值110万元。加强基层文化阵地建设，完善农村广播影视服务体系，文化展览中心投入使用，城乡文化活动丰富多彩，被自治区命名为"文化建设先进县"。实施创业富民工程，开发就业岗位2137个，城镇新增就业人员3389人。平罗县被评为全国农村劳动力转移就业工作示范县。启动城乡医疗救助"一站式"服务，成立全区首家优抚医院，发放各类困难补助和救助资金4349万元。在全区率先开展居家养老试点和残疾人"阳光家园"计划，宁夏陶乐养老城试点工程全面启动。城乡居民医疗保险实现统筹，新型农村社会养老保险试点稳步推进。解决7200名职工养老保险和医疗保险历史遗留问题。争取国家、自治区各类住房保障补助资金2415.5万元，新开工建设廉租住房1.36万平方米，经济适用住房7.6万平方米。三棵柳生态移民工程全面完成，五堆子生态移民工程顺利推进。（周　阳　邢宏亮）

# 吴　忠　市

市委书记　白雪山

市　　长　吴玉才（回）

【概况】　吴忠市位于宁夏回族自治区中部，全市总面积2.02万平方公里，占宁夏回族自治区的28.4%。现辖利通区、红寺堡区、青铜峡市、盐池县、同心县5个县（市、区）。是全国主要的回族聚居区之一，也是全国地级市中回族人口比例最高的市。2010年完成地区生产总值217亿元，增长12%。一、二、三产业分别增长7.2%、14.4%和9.6%。地方财政收入34.11亿元，增长35.03%，其中一般预算收入15.67亿元，增长27.1%。城镇居民人均可支配收入13848元，增长9.5%。农民人均纯收入突破5000元关口，达到5041元，增长14.8%。金融机构存款余额269.7亿元，贷款余额243.5亿元，分别增长56.3亿元和32.8亿元。全市社会消费品零售总额实现52亿元，增长16.9%。（胡建东）

【人口与计划生育】　到2010年末，全市总人口为138.43万人，其中，市区37.36万人，占总人口的28%；回族人口71.82万人，占总人口的51%；非农业人口41.23万人，占总人口的30%；女性66.19万人，占总人口的49%。全市人口出生率为13.15‰，死亡率为3.62‰，人口自然增长率为9.53‰，计划生育政策符合率94.05%。（胡建东）

【工业经济】　全市规模以上工业企业完成增加值79亿元，增长16%。实施投资千万元以上的重点工业项目87个，完成投资103亿元。太阳镁业3.5万吨镁合金等45个项目建成投产，新增工业产值17亿元。清洁能源迅速发展，全市风电、光电装机总容量分别达到35万千瓦和3.5万千瓦。加大石化、冶金、建材等传统产业技改力度，实施技改项目54个。工业园区平台作用明显，新入园企业67家，园区完成增加值占全部工业的80%以上。起步建设利通区毛纺织工业园，首批引进企业20家。（胡建东）

【农业与农村经济】　全年完成农业总产值71.9亿元，增长7%。全市优质粮食种植面积108万亩，粮食总产达9.2亿公斤，创历史新高。全市奶牛存栏17万头，增长13.3%。肉牛和羊饲养量分别达到59万头和552万只，分别增长24.2%和10.2%。设施农业、酿酒葡萄、红枣、高酸苹果、优质饲草、人工甘草种植规模不断扩大。孙家滩国家级农业科技示范园区建设全面启动。全市8个种养基地列入自治区现代农业示范基地范围，30个农产品获得无公害产地认定，233个获得产品认证，均居全区首位。新培育市级龙头企业22家，农民专业合作社达到65个，流转土地35.4万亩。盐池滩羊荣获中国驰名商标，天予圆枣、杞叶青饮品荣获全国农产品金奖，郭家桥刘湾大青葡萄荣获国家地理标志保护产品。大力度开展农田水利基本建设，改善灌溉面积46万亩，治理水土流失418平方公里。在全区"黄河杯"竞赛中再创佳绩，连续三年获得组织奖并实现"县县得奖"。（胡建东）

【第三产业】　培育交易额达亿元的专业市场6家，5亿元专业市场3家。涝河桥市场、东郊市场被列为全国"双百市场工程"。销售各类"家电下乡"产品12.8万台（件），销售总额达到2.8亿元。清真食品穆斯林用品产业发展加快，实现产值100.2亿元，增长18%。兴达粮油公司等4家企业获得"哈俩里"认证，涝河桥公司被指定为国家清真牛羊肉储备单位和广州亚运会清真牛羊肉专供商，清真产业品牌影响力不断提升。成功举办2010首届吴忠房·车文化节，预计完成房地产投资28亿元，增长37%。加快打造以黄河大峡谷为主的特色旅游业，青铜古镇一期、黄河圣坛等工程基本完工，水工博物馆、黄河楼等重点项目加速推进。青铜峡拦河大坝、宁夏移民博物馆被列为国家

第二批红色旅游项目。全年共接待游客150.69万人次,实现旅游收入7.92亿元。（胡建东）

【城乡建设】 全市共安排城乡建设项目297个,总建筑面积400万平方米,完成投资72.5亿元。全力推进滨河新区崛起战略,实施黄河金岸重点建设项目38个。新月广场、教育园区一期等重点项目建成投入使用,两馆一中心主体工程全面完成,世纪大道等6条城市道路、吴忠黄河公路大桥、S101线三期拓宽改造建成通车,新建、改造一批供水、供电、供热等基础设施,滨河大道市区过境段实现全程亮化。大力实施旧城改造提升战略,城市东南部建设全面启动。县城和城镇建设明显加快,实施盐池、同心新区建设与旧城改造、红寺堡城区路网与城北生态综合整治等一批县城重点工程。高闸、叶盛等10个特色村镇建设进展顺利。新建古城湾新村等“塞上农民新居”示范点13个,综合整治旧村庄75个,改造农村危房4581户,在全区“塞上农民新居”考核验收中名列第一。新建改建农村公路760公里。生态建设持续有力,全市共完成营造林35万亩,新增绿地1万亩,水面6000亩,完成黄河两岸景观绿化1万亩。城市绿地率、绿化覆盖率分别达到30.8%和36.2%。青铜峡市荣获“国家园林城市”和“全国绿化模范市”称号。（胡建东）

【招商引资】 全市共落实中央及自治区各类项目1965个,实际到位资金46.8亿元。实施招商引资项目351个,实际到位资金突破200亿元大关,完成目标任务的134%,是实施项目最多、完成投资最大的一年。成功引进浙江运达风机设备、山东新汶矿业煤机设备两家装备制造项目,填补了行业空白。（胡建东）

【社会事业】 撤并整合中小学校60所,实施投资3.2亿元、改造建设25万平方米校舍的校舍安全工程,一批安全、整洁的中小学校落成投入使用。利通区、青铜峡市、盐池县基本普及高中阶段教育,红寺堡区教育强县工作顺利通过自治区验收。加强文化阵地建设,利通区、青铜峡市标准化农家书屋在全区率先实现行政村全覆盖。实施吴忠市精神病防治中心、青铜峡市人民医院等12个医院建设项目,完成19所乡镇卫生院、社区卫生服务中心改扩建工程,城乡医疗卫生服务网络进一步完善。吴忠市被评为全国婚育新风进万家活动示范市。特困群众大病医疗救助限额统筹分别由城市5000元、农村3万元统一提高到5万元。坚持以创业带动就业,城镇新增就业1.48万人。农村劳动力转移就业24万人,实现劳务收入14.4亿元。发放全民创业贷款1.68亿元,新培养了一大批小企业和小老板。市财政安排1000万元专项资金,承诺为民办理的9件实事全面完成。建设廉租房9.6万平方米,经济适用房30万平方米,劳务移民租赁房1.8万平方米。市财政拿出500万元支援同心救灾,建新村受灾群众一期150户安置房提前完工入住。第六次人口普查工作进展顺利。深入推进依法行政工作,市人民政府被自治区评为依法行政先进集体。顺利通过自治区“五五”普法考核验收,获得优秀等次。办理人大代表议案、意见和建议60件,政协委员提案285件。（胡建东）

【2010宁夏“黄河金岸”国际马拉松赛】 9月19日上午,2010年宁夏“黄河金岸”（半程）国际马拉松赛在“滨河回乡”吴忠市主赛场开赛。来自5个国家和中国12省市区的352名运动员参加（半程）马拉松赛,2268名运动员参加10公里马拉松赛,15890名运动员参加3公里健康跑比赛。埃塞俄比亚选手包揽了男子组（半程）马拉松赛前三名。穆夏格塔·文蒂姆·格博以1小时3分16秒夺得冠军,德利杰·阿波拉·阿里以1小时3分37秒的成绩夺得亚军。中国选手关思杨以1小时6分43秒获得男子组第八名。宁夏的李峰和西北民族大学的吴徐峰分别夺得男子和女子10公里马拉松赛的冠军。宁夏队获得男子10公里团体赛冠军,宁夏体育运动学校获得女子10公里团体赛冠军。（胡建东）

【吴忠建城2224年纪念活动】 4月初成立建城纪念活动组织机构,先后邀请区内著名的文史和地方史志专家进行了论证。8月29日上午,吴忠市召开《吴忠市城市起源研究结论》签字仪式,经吴忠建城纪念活动学术组研究论证,吴忠城市起源于秦初设置的“富平县”,建城时间为秦朝三十三年,即公元前214年,距今有2224年的历史。9月出版了30万字的《吴忠溯源》和《吴忠溯源》典藏纪念邮册。12月24日上午,吴忠建城2224年纪念碑揭牌仪式在黄河金岸的柳溪湖畔举行。（胡建东）

## 利 通 区

区委书记 石瑞林
区　　长 马维敏(回族)

【概况】 利通区为吴忠市辖区,是吴忠市委、政府所在地,辖区总面积1384平方公里,辖8镇4乡和1个农业综合开发区,99个行政村、3个农场办、17个城镇社区。2010年实现地区生产总值71.5亿元,增长8.9%;地方财政一般预算收入12659万元,同比增长35%;全社会固定资产投资80.5亿元,增长19%,社会消费品零售总额26.9亿元,增长15.7%;城镇居民人均可支配收入14544元,增长10.7%;农民人均纯收入6762元,增长16%。（牛旭升 陈吉利）

【人口与计划生育】 到2010年末,全区总人口37.9万人,其中农业人口19.5万人,占总人口的51.5%;回族人口22.5万人,占总人口的59.2%,是宁夏主要的回族聚居区之一。2010年全区人口出生率11.24‰,自然增长率7.67‰。（牛旭升 陈吉利）

【工业经济】 工业总产值达到87亿元,增长13%;实现工业增加值18.8亿元,增长11.2%。完成了毛纺织产业园、失地农民创业园、特色装备制造产业园、五里坡新经济区的总体发展规划编制。开工建设了毛纺织产业园一期工程,入园企业达到20家。涝河桥清真牛羊肉及速冻食品加工、红山河年产5000吨清真枸杞香辣酱等项目建成投产。泰利丰年产5000吨麦精、茂源果汁仓储冷藏等项目全部完工。安全生产呈现“四降”态势，各类事故、死亡人数、受伤人数、经济损失分别下降了22.2%、9.1%、6.3%、5.6%。

(牛旭升 陈吉利)

**【农业与农村经济】** 农业总产值达到22.9亿元，增长6.9%；实现农业增加值12亿元，增长6.3%。奶牛存栏13.2万头，新增1.4万头；鲜奶总产量40万吨，增长10.2%。新建扩建奶牛规模养殖场10个、家庭牧场21个，改造旧园区32个。投资2300万元，改造提升日光温室1500座，设施农业总面积7.14万亩。新增经果林1万亩，总面积14.5万亩，被中国经济林协会授予“中国西北鲜果之乡”称号。建成3个粮食高产万亩示范片区，种植富硒和有机水稻3.2万亩、冬麦15.4万亩，粮食种植总面积40.6万亩，粮食总产量1.7亿公斤。投入财政支农资金8820万元，创建了自治区现代农业示范基地3个，建成标准化饲养、日光温室配套技术等6个科技示范园区。落实农机购置补贴资金1767.7万元，拉动农户投资3536万元，农机化综合作业水平达到76%。培育农民专业合作组织90个，发展成员9164人，带动农户1.75万户。新增土地流转3.16万亩，累计达到6.11万亩。投入2.6亿元，实施了马莲渠、波浪渠砌护、小农水重点县建设、农业综合开发、扁担沟土地整理等项目，新增节水灌溉面积2.97万亩，改造中低产田2.54万亩，高标准整治农田8万亩，建设畦田15万亩，综合治理22万亩。培育国家级农业产业化龙头企业2家、自治区级12家、市级30家。

(牛旭升 陈吉利)

**【第三产业】** 第三产业实现增加值26.3亿元，增长10.4%；批发零售业、住宿业、餐饮业、旅游业营业额增长率均在20%以上。大力实施“家电下乡”“汽车摩托车下乡”等惠民工程，发放补贴1351万元。举办了2010第三届中国(宁夏)回商大会“清真美食节”，投资490万元完成了清真美食街改造工程。完成了东郊农产品批发市场改扩建一期工程，水果、蔬菜大宗批发搬迁至新市场。 (牛旭升 陈吉利)

**【项目建设和招商引资】** 共落实各类政府投资项目235个，争取资金5.23亿元。农村危房改造、农村公路通达工程等项目完成年度投资计划，农村社区、市场体系、农业综合开发、农村公路渡改桥等项目正在分期实施。共引进各类招商引资项目115个，实际到位资金11.2亿元。 (牛旭升 陈吉利)

**【城乡建设】** 投资5.4亿元建成了8个“塞上农民新居”1270户，建筑面积13万平方米。开工建设了2个中心村，规划建设38万平方米安置楼，安置农户4000户。整治旧村庄48个5027户，改造危房1571户。投资3000万元，完成了3个乡镇集镇基础设施建设，金积镇新镇区建设已拉开框架，起步区6万平方米的住宅楼已开工建设；高闸镇新建、改建街道6条4公里，完成供排水4.5公里；马莲渠乡硬化街道1.2公里，完善了绿化等基础设施。投资5234万元，新建改建农村(园区)道路32条158公里。完成了高速公路板桥段、滨河大道东侧、早元段等生态景观林和农田林网、生态防护林建设，植树造林3.15万亩，栽植各类树木1863万株。完成了市区328个居民住宅小区的环境整治和绿化任务，补植增绿974亩。实施了城南防洪排涝工程，开挖土方69.9万立方，开挖主线4.6公里；实施了清水沟治理工程，开挖土方85.6万立方，治理沟道12.1公里。完成了6个乡镇农村环境整治“以奖促治”项目。新建农村卫生厕所1500座、垃圾中转站5个、垃圾池700个，购置垃圾清运车7辆，安装果皮箱580个，免费开放城市公厕38座，城市环卫机械化作业水平居宁夏之首。 (牛旭升 陈吉利)

**【社会事业】** 深入开展科技特派员创业行动，实施科技发展项目24项、科技创业项目31项，推广新技术120项，引进新品种138个。启动了城乡医疗救助“一站式”服务，全年发放城乡低保、高龄津贴、医疗救助等资金3981万元。投资43.8万元，实施了73户农村贫困残疾人的危房改造。建成自治区级文明村镇1个、市级文明村镇4个。投资491万元，新建文化广场及篮球场87个、农家书屋98个。举办了利通区第六届农民运动会，组队参加了自治区第七届民族运动会和自治区第十三届运动会，取得了13金17银6铜的优异成绩。启动了社区矫正工作，对80名社区矫正对象和345名刑释解教人员进行了矫正和帮教。大力开展“民族团结模范区”“和谐寺观教堂”创建活动，7个宗教场所、8个村(社区)被自治区民委评为“和谐寺观教堂”“民族团结示范村(社区)”。全区养老、医疗、失业、工伤、生育五大保险参保总人数达到23.87万人。启动了新农保试点工作，参保率达到80%。全民创业效果明显，建成创业园区1个、创业街3条、创业基地12个。实现劳务输出3.15万人次，创劳务收入1.82亿元。城镇新增就业5258人，城镇登记失业率控制在4.2%以内。投资370万元实施了扁担沟农村安全饮水工程，解决了1.1万人的安全饮水问题。新建户用沼气池907座、大中型沼气工程3处、技术服务网点20个，配送沼气换料车53辆；完成了1000户太阳灶示范推广项目。新建扩建乡镇计生服务站2个；为各乡镇配发计生宣传服务车13辆。开展城镇星级社区创建活动，三星级社区创建率达到100%，四星级、五星级社区创建率达到80%。整合资金1520万元，完成了83个农村社区建设任务。全年共办理人大代表议案2件13项、建议24件，政协委员提案93件，办复率达100%。

(牛旭升 陈吉利)

## 红寺堡区

区委书记 南武征

区 长 徐 军

**【概况】** 红寺堡区系吴忠市所辖区，行政区域面积2767平方公里，辖2乡2镇55个行政村2个社区居委会。2010年实现地区生产总值6.96亿元，同比增长20%；地方财政一般预算收入5000万元，增长40%；全社会固定资产投资

23亿元,增长28%;城镇居民可支配收入10500元,增长14%;农民人均纯收入3500元,增长14%;人口自然增长率为13.6‰。 (张景仁)

【人口与计划生育】 截至2010年9月底,定居总人口14.55万人(除区划调整外),其中少数民族8.71万人,占定居总人口59.9%。新出生婴儿2232人。其中,政策内出生1998人,政策外出生234人,出生政策符合率为89.5%。人口出生率为15.46‰,自然人口增长率13.6‰。共实施各种节育手术2276例,已婚育龄妇女综合节育率为94.9%,长效节育率92.7%。累计报"少生快富"项目户1036户,申报"少生快富"示范点3个,申报示范户57户。 (张景仁)

【工业经济】 依托风能、太阳能、煤炭和农副产品等资源,大力培育资源主导型工业企业。完成工业总产值3.07亿元,增长46.2%;实现工业增加值0.83亿元,增长31.6%,其中规模以上工业增加值0.4亿元,增长196%。太阳山(红寺堡)工业园区大型预应力制管厂及商品砼拌和站开工建设,累计完成投资5000万元。 (张景仁)

【农业与农村经济】 2010年农作物播种总面积稳定在30万亩以上,粮食总产量达到11.4万吨。"3211"产业发展势头强劲,新建红崖、兴旺等4个葡萄产业村,新增葡萄种植面积1.6万亩,累计达到11.6万亩,红寺堡酿酒葡萄种植基地已扩入国家确认的贺兰山东麓葡萄酒地理标志保护范围;新建龙泉、梨花等4个千亩大拱棚和东源、沙泉等5个千亩小拱棚示范点,发展设施农业2万亩,累计达到7.45万亩;以陈家沟、菊花台等为重点区域,发展红枣1万亩,累计达到2.3万亩;新建兰六三、东川等8个规模化养殖园区和开元、向阳等10个养殖示范村,新增肉牛4万头,饲养量达到8万头。 (张景仁)

【第三产业】 第三产业增加值达到2.26亿元,增长12.6%,是近五年的第一个高增长年。启动实施了农村学生"营养早餐工程",培育"放心粮油店"11家,创建"产品质量和食品安全示范店"38家;加强市场监管,城乡居民生活用品供应充足,物价保持相对稳定;加快推进"万村千乡"和"家电下乡"工程,建成标准化农家店7个,社会消费品零售总额达2.3亿元,增长18%。新开发东方世纪城、罗山宾馆贵宾楼等城镇建设项目8个,建筑面积累计达28万平方米。编制完成红寺堡旅游产业发展规划,宁夏移民博物馆系列景点列入全国红色旅游经典景区二期名录。 (张景仁)

【招商引资】 累计争取各类项目304个,下达资金计划近8亿元,到位资金6.1亿元;确定招商引资项目11个,协议资金31亿元,到位资金15.5亿元。 (张景仁)

【城乡建设】 编制完成城市和土地利用总体规划;开工建设黄河路、人民街等城区道路和梨花至红阳、东川至柳树台等农村公路。实施了红海、红关等村庄环境综合治理项目,铺设污水集污管道53公里,建成垃圾中转站2座、垃圾池440个。全面实施红柳沟流域综合治理、城南万亩生态林等水源工程和红沟滩、和兴等村自来水入户工程,扎实推进石炭沟、茅头墩等土地整理和海子塘矿山环境治理工程,开发整理土地9.5万亩,治理盐渍化土地0.6万亩,新增土地3.5万亩;高标准建设小畦田20.9万亩,自来水入户率达到80%以上,覆盖率达到100%。 (张景仁)

【生态建设与环境保护】 累计投资9616.4万元,重点实施了盐中高速、滚红高速、城东设施农业园区、城南万亩林场、太阳山(红寺堡)工业园区等生态绿化工程和城北生态景观区、移民文化园、宁夏移民博物馆等园林绿化工程,完成人工造林15.2万亩,其中生态防护林1.6万亩,荒山造林1万亩,经济林2.6万亩,退耕还林补植补造10万亩;完成城市绿化1362.2亩,创建"园林式单位"30个、"园林式小区"5个,城区绿地率达到28%以上,红寺堡镇成功创建自治区级"环境优美乡镇"。全年完成草原围栏封育15万亩,累计达到80万亩,全区森林覆盖率提高到13.7%,林木存活率均达到85%以上。 (张景仁)

【社会事业】 强化领导干部任期经济责任审计等各项监督,核减工程投资1967万元,现场审计行政事业单位17个。10件人大议案、64件代表意见和建议、75件政协委员提案、6件吴忠市政协委员提案,均高质量办理落实,反馈满意率100%。顺利完成与灵武市、利通区、盐池县和同心县行政区划勘界、移交工作。公开招考公务员126人,占原公务员总数的44%,争取特岗教师120名。引进宁夏飞亚、华银小额担保贷款公司,成立了红寺堡住房公积金管理分中心。重点实施"科普兴农惠村"计划和"科技特派员创业"行动,举办农业科技知识培训班67场次,参训农民2754人次,新增科技特派员10人。重点实施了红寺堡二中等5所学校"校安工程",新建红寺堡三中和青少年校外活动中心,改建大河乡、太阳山镇两所寄宿制中心小学,教育信息化实现了完全小学全覆盖,顺利通过自治区、吴忠市教育强区、强乡(镇)验收。加快实施"文化惠民"工程,建成36家"农家书屋",杨柳村成功创建"自治区级文化示范大院";体育竞技事业起步发展,建成17个村级农民健身场地,在自治区率先实现了农民健身场地全覆盖。建成南川乡卫生院门诊综合楼和3个标准化村级卫生室,成功处置了流行性腮腺炎和手足口病疫情。建成慈善福利中心,扶贫救助"两项制度"有效衔接,累计救助城乡低保对象1.53万人,发放低保金1150万元;在自治区率先推行社会保障医疗救助"一站式"服务,新农合参合人数达到11.8万人,参合率达到93%,累计补偿5.4万人次850万元;启动新型农村社会养老保险试点工作;发放全民创业小额担保贷款2470万元,城镇新增就业507人,农村劳动力转移就业4.8万人;建成保障性住房730套4.6万平方米,改造危窑危房户1987户,发放廉租房补贴270万元;在盐兴路、综合市场、建材市场等人员密集场所建成8所水冲式公厕。积极开展防震减灾预防和应急演练工作,成功防御了"8·10"洪涝灾害,搬迁安置新庄集地震带群众118户。 (张景仁)

# 盐池县

县委书记 刘鹏云
县 长 赵 涛

【概况】 盐池县系吴忠市所辖县,是中国的甘草之乡和滩羊之乡。总面积8661.3平方公里,是宁夏版图面积最大的县。辖花马池、大水坑、高沙窝、惠安堡、麻黄山、青山、冯记沟、王乐井等8个乡镇,98个乡委会,11个居委会,675个村民小组。2010年,完成地区生产总值26.7亿元,同比增长15.2%。三大产业分别增长8.8%、25.3%和7%。县财政一般预算收入2.3亿元,增长53.5%。全社会固定资产投资完成34亿元,增长55.6%,居宁夏山区县之首。城镇居民人均可支配收入、农民人均纯收入分别达到12637元和3669元,增长11.2%和11.6%。城乡居民储蓄存款余额达到16.2亿元,较上年增加3亿元。 (胡镜明)

【人口与计划生育】 到2010年末,全县总人口16.58万人。人口出生政策符合率达到94.8%。“亲情家人行”活动经验在全区推广,计划生育村民自治工作获得全区创新奖,军民共建人口和计划生育工作受到国家计生委等部委联合表彰。 (胡镜明)

【特色产业】 2010年,制订出台了加快滩羊、甘草产业发展和生态建设三个指导意见。滩羊、甘草两大优势特色产业规模效益和产品效益不断提升,实现产值2.1亿元,占农业总产值的28.4%。新增设施农业9000亩。粮食产量达到9760万公斤,创历史新高。 (胡镜明)

【工业经济】 确立了“一园五区”工业发展战略。全面落实扶持工业发展政策措施,协调信贷资金4.3亿元,帮助企业渡难关、提信心。全年实施新建续建技改项目23个,完成投资7.8亿元。全年实现工业增加值8.3亿元,增长31%。万元工业增加值能耗下降4%。 (胡镜明)

【农业经济】 完成农业总产值7.3亿元,增长11.1%。以打响滩羊“国字号”品牌为突破口,突出抓好保种提质、扩量增效两个关键环节,新建深井20万只等规模养殖园区19个,滩羊饲养量达到210万只。全流程无污染饲喂体系建设开端良好,在提升滩羊品质和产品附加值方面迈出关键一步。甘草产业在规模扩张、产业链延伸、物流体系建设方面实现新突破。新增种植面积20.2万亩,建成万亩示范基地5个、千亩示范基地7个。甘草茶、甘草含片成功研发上市,产业化经营取得实质性进展。积极争取在中央电视台免费播出了滩羊、甘草、小杂粮招商广告,品牌效应进一步提升。“山逗子”小杂粮、“恒纳”地毯被评为“宁夏名牌产品”。 (胡镜明)

【生态建设】 以北部防沙治沙、中部生态经济林建设、南部水土保持为重点,大规模开展生态治理,新增造林16.4万亩,综合治理水土流失面积100平方公里。高规格、高质量营造12.8公里环城宽幅防护林和扬黄干渠百里生态长廊。高起点、高标准建成集防洪、灌溉、旅游于一体的花马池生态水资源综合利用工程和城北生态水系,结束了县城没有生态水面的历史。采取草方格治沙等工程措施,三条明沙带得到进一步治理。创新开展了草原禁牧村民自治试点工作。被评为全国林业科技示范县和全区林业生态建设先进县。 (胡镜明)

【城乡发展】 盐环定扬黄续建工程顺利启动,县城及太阳山供水等工程基本完工,新打井窖2428眼,为9545户缺水群众送水2万余方,人畜饮水安全逐步得到保障。突出新区建设,加快旧城改造,城市规划控制区面积拓展到37平方公里。全年实施城市重点建设项目40个,总投资达10亿元。新修改造了广惠街、花马池项目区“四纵一横”等城市道路47公里,新增城市绿化面积8283亩。开工建设了龙辰苑二期、宁鲁花园等10个规模住宅小区,新增商住面积23.1万平方米。拆迁改造盐柳路两侧、小井坑等5大片区危旧房屋8万平方米,国家卫生县城、园林县城创建工作全面启动。坚持以城带乡,加快新农村建设。高标准建成惠安堡、冯记沟2个务工移民新村,搬迁移民534户。投资1.1亿元,新建改建大红线至新桥等县乡村道路219公里,投资额度和建设规模均为历年之最。 (胡镜明)

【社会事业】 五大民生工程顺利实施,10件为民办实事全面落实。率先在宁夏山区高标准实现教育强县目标。三级文化网络基本建立。积极争取成为全国新型农村社会养老保险试点县,农村居民比全国和自治区其他县区分别提前10年和3年享受到优惠政策。深入开展科技特派员创业行动,建设完善了四大科技示范基地,城西滩生态农业建设技术研究与示范项目获得自治区科技进步一等奖,科技工作受到科技部表彰。开工建设了高级中学和第五小学,一中、二中和实验中学“三校合一”,教育教学资源配置进一步优化。建立了教育发展基金,教育优先发展地位进一步强化。成功举办了陕甘宁边区首届红歌会,开创了全区红歌演唱的先河,完成了影视片《盐池·1936》剧本创作和《朔方盐都》脚本撰写与外景拍摄,对张家场汉墓群、深井明墓进行了抢救性发掘,出土文物2000余件。回族服饰刺绣被列入国家非物质文化遗产名录,手工地毯、二毛制品、盐池皮影被列入自治区名录。革命烈士纪念园被命名为全国爱国主义教育基地和国防教育基地。完成2200户广播电视“村村通”工程。成功举办了全县第三届体育运动会。县医院异地迁建工程启动实施,大水坑、惠安堡2个乡镇卫生院改扩建项目顺利完成。孕产妇“四免一救助”政策全面落实。甲型H1N1流感等传染病得到有效防控。惠农政策全面落实,兑现粮食直补、农资补贴、家电下乡等惠农资金8851万元,落实闽宁协作等各类扶贫资金3128万元,累计发放救灾救助资金983万元。资助贫困学生1644名。农村低保人均年提标115元、城镇低保提标360元。新建廉租房、经济适用房590套,改造危窑危房1512户,城乡困难群众住房难问题得到有效缓解。新型农村社会养老保险参保率达到76.2%。大力实施“整村推进”扶贫开发工程,719户3439人实现脱贫目标。积极落实就业再就业政策,在全区率先开通了全民创业“金通道”。成功举办了“信合杯首届全民创业大赛”。发展创业园和孵化基地4个,培养小老板75人。累计发放创业货款2477万元,带动2112人实现就业。新增城镇就业1570人,城镇登记失业率控制在4.2%以内。全年输转劳务4.9万人次,创收2.8亿元。办理人大代表议案2件、建议59件,政协委员提案54件。 (胡镜明)

## 同 心 县

县委书记 王 中
县 长 李文明(回族,7月免)
马洪海(回族,7月任)

**【概况】** 同心县系吴忠市所辖县,总面积4662.16平方公里,现辖豫海镇、河西镇、韦州镇、下马关镇、预旺镇、王团镇、丁塘镇7镇和田老庄乡、马高庄乡、张家塬乡、兴隆乡4乡及石狮镇、窑山2个管委会,170个行政村,4个社区居委会。其中王团镇、丁塘镇和石狮、窑山2个管委会为纯回民乡镇(管委会),其余乡镇属于回汉杂居。2010年,全年完成地区生产总值26.4亿元,增长12.2%;全社会固定资产投资22.7亿元,增长42.3%;地方财政收入8941万元,增长43.4%;农民人均纯收入3421元,增长23.5%;城镇居民人均可支配收入11130元,增长13.7%。 (姜国权)

**【人口与计划生育】** 到2010年末,全县总人口39.8万人。其中,回族人口34.2万人,占全县总人口的85%,是全国建制县中回族人口最多的县,因此,同心是名副其实的回族聚居地区、回族之乡。全县农业人口30.2万人。人口出生率21.8‰,人口自然增长率16.97‰。 (姜国权)

**【工业经济】** 全年共落实市级以上项目206个,争取中央及自治区批复资金14亿元,已下达资金12亿元。引进招商项目20个,到位资金14.4亿元。羊绒产业企稳回升,收购原绒5600吨,生产无毛绒2800吨,分别比上年增长7.7%、4%,全年完成工业总产值27亿元,增长28.5%,完成工业增加值7.3亿元,增长12.8%。 (姜国权)

**【农业与农村经济】** 以发展节水农业、同心圆枣、肉牛养殖、劳务产业为主攻方向,发挥优势,突出特色,基本形成扬黄灌区玉米种植和肉牛养殖、东部旱作区小杂粮马铃薯和西(甜)瓜、生态移民区设施农业和圆枣种植等三个产业带。成功创建玉米全程机械化示范县,玉米单产创每亩1314公斤的全国年度最高水平。全县粮食总产量26.7万吨,比上年增长23.4%。新建续建了东部综合供水、下马关高效节水补灌、赵家树水库、洞子沟淤地坝等水利工程,水利灌溉能力不断增强。全县农田水利基本建设完成投资4.26亿元。农民增收渠道不断拓宽。全面落实惠农政策,兑现粮食直补、良种、农资综合、农机具购置等补贴1.2亿元。建成1.75万亩以色列节水补灌示范项目。创建同心圆枣种植整体推进村20个、千亩以上同心圆枣种植示范基地10个。新栽植同心圆枣7万亩。新建了大华、新华等肉牛养殖示范园区5个,新增肉牛合作社36个,全县肉牛、肉羊饲养量分别达到27.5万头、141万只。全区肉牛产业大县创建工作顺利推进。全县累计输出劳动力7.6万人次,实现劳务收入4.2亿元。全年累计完成各类人工造林11万亩,植树1521万株;退耕还林补植补造2.2万亩;封山育林新封2万亩。实施扬黄灌区埂边1000万株“以育代造”扦插造林工程。 (姜国权)

**【生态移民】** 新开工的河西旱天岭项目区共建成移民房1980套,完成总任务的84%。全面完成移民三村、四村、九村移民房及配套设施建设。累计开发土地10.5万亩。对迁出区7个乡镇72个行政村244个自然庄头31741间房屋和9750孔窑洞进行集中拆除,基本实现“无人、无房、无畜”目标,杜绝了“回迁”或“两头跑”现象。截至年底,全县已安置移民18695户79294人,完成规划移民总任务的86%。(姜国权)

**【基础设施建设】** 投资2.4亿元开工建设了行政中心、环境监测中心、体育馆、青少年活动中心等22个公建项目,新建续建市政道路5条10.2公里、排水管网20.7公里,三纵三横的道路框架基本形成。新区基础设施建设初具规模。老城区改造成效明显。污水处理厂和2个垃圾中转站投入使用,建成城市二类公厕8座。启动了预旺、韦州、王团、下马关等小城镇建设总体规划,韦州镇区改造进展顺利,下马关新镇区建设有序推进。 (姜国权)

**【社会事业】** 全面实施校舍安全改造工程,对51所中小学进行了重建、改扩建和加固维修,开工建设了第五中学和兴隆小学。投资2000余万元扩建了县医院住院部,改扩建2所乡镇卫生院,建成标准化移民村卫生室10所。首次面向社会招聘医疗卫生人员30名、执业医师5名、特岗见习医生74名,全部补充到乡镇卫生院。五项社会保险新增参保人数2.7万人次,城镇居民基本医疗保险参保率90%,受益人数达到4.05万人次。新型农村合作医疗参保率达到93.2%,受益人数达到9.5万人次。投资3.58亿元建成东部饮水等工程,解决了13万农村居民安全饮水问题。高标准建成河西镇建新村灾民安置房150套。建设廉租住房324套、经济适用住房597套、改造农村危房1150套。加强社会救助体系建设,实施医疗救助3962人,农村五保对象集中供养率达到30%,为1012名孤儿和2056名80岁以上高龄老人发放了生活补助。平安建设不断深化。全县共破获各类刑事案件368起,破获毒品案件23起,收戒吸毒人员293人次。严格落实安全生产责任制,安全生产死亡人数、受伤人数分别下降8%和35%。办结人大代表议案建议56件、政协提案86件。 (姜国权)

## 青 铜 峡 市

市委书记 高万金
市 长 冀晓翀

**【概况】** 青铜峡市系吴忠市所辖县级

市,总面积2525平方公里,辖8个镇(小坝、大坝、青铜峡、叶盛、瞿靖、峡口、邵刚、陈袁滩)、1个办事处(裕民街道办事处)、3个农林场(树新林场、良种繁殖场、连湖农场)、82个行政村、19个居委会,青铜峡拦河大坝坐落于境内。2010年,实现地区生产总值85.1亿元,同比增长13.6%;固定资产投资50.9亿元,同比增长20.6%;财政一般预算收入5.2亿元,同比增长28%;农民人均纯收入达到6549元,同比增长12.3%;城镇居民人均可支配收入达到14117元,同比增长9.19%;社会消费品零售总额达到10.5亿元,同比增长17.3%;城镇登记失业率3.3%。在第十届全国县域经济基本竞争力评价中,青铜峡市位居西部百强32位,荣获"国家园林城市""全国绿化模范市""国家首批绿色能源示范县"等136项荣誉称号。经济总量位居全区第三位,是跨入西部50强县的县(市)。 (平吉炜)

**【人口与计划生育】** 第六次全国人口普查工作进展顺利。实施"优生促进"工程,巩固深化"星级镇(街道)"创建成果,人口自然增长率控制在7.8‰以内。 (平吉炜)

**【工业经济】** 全年工业总产值180.6亿元,增长20.19%,实现工业增加值47.2亿元,增长14.7%。实施工业重点项目19项,青铝自备电厂、西夏水泥公司70万吨熟料生产线、圣花米来公司循环经济等16个项目建成投产。培育新兴产业,制定新能源产业发展规划,开工建设重点项目5个,建成大唐国际1万千瓦光伏发电项目,国电宁夏分公司15万千瓦风力发电和中广核1万千瓦光伏发电等4个项目完成年度建设任务。两个园区新入驻企业16家,开工建设工业项目14个,其中7个项目建成投产。 (平吉炜)

**【农业与农村经济】** 全年实现农林特渔业总产值20.5亿元,增长5.4%。落实农作物播种面积70.8万亩,减少4.3%,其中,粮食作物播种面积62.8万亩,减少5.69%。经济作物播种面积8万亩,增长7.29%。全年粮食总产量26.5万吨,减少3.5%,蔬菜总产量18.6万吨,增长10.39%。荣获"全国粮食生产先进县"称号。启动创建有机水稻、酿酒葡萄等5个现代农业示范基地。落实订单面积40万亩。年末,生猪存栏9.9万头,羊存栏23.8万只,牛存栏3.5万头;新增适水产业7016亩,推广稻田养蟹8066亩。农业产业化龙头企业发展到25家,各类农民专业合作组织发展到129个,流转土地4.9万亩。实施13项农田水利重点建设项目,改造中低产田2.8万亩,建设高标准农田4.2万亩。主要粮食作物综合机械化水平达78%,位居全区前列。 (平吉炜)

**【城乡一体化建设】** 实施各类城市建设项目50项,完成投资22.5亿元,城镇化率达到45%。东区供热、供水一期和东锅炉房扩建、南锅炉房迁建等城镇基础设施项目基本完工,新增日供水能力5000吨,增加供热能力200万平方米。建成天香园、阳光越秀湾、龙海花园二期等住宅小区,开工黄河外滩、金域水岸等城市开发重点项目,新增商品房面积52万平方米。完成滨河大道二期绿化、黄河大道带状公园等一批重点绿化工程,城镇绿化覆盖率38.9%,荣获"国家园林城市"和"全国绿化模范县"称号。改造市区人行道10万平方米,完善商城、张岗农贸市场、夜市等三个专业市场功能,新增更换密闭式垃圾箱163个,建成区卫生保洁实现全覆盖,顺利通过国家爱卫办专家组技术评估。完成叶盛特色小城镇一期工程,新建和改造旧庄点42个4024户、危房838户。大力实施农村小康环保专项行动,峡口镇和瞿靖镇、赵渠村和陈袁滩村分别荣获国家级、自治区级"环境优美镇""环境生态村"称号。实施农村自来水"百村千户"入户和青铜峡镇余桥等4处安全饮水工程,解决4.73万农村人口饮水安全问题。发展沼气、太阳灶等清洁能源3163户,建设大型沼气池2个,改厕4221户。跻身"国家首批绿色能源示范县"行列,成为宁夏唯一获此殊荣的县(市)。 (平吉炜)

**【旅游业】** 完成投资3.9亿元,是旅游开发投入最多的一年。实施黄河大峡谷旅游区基础设施工程,完成青铜古镇一期、大峡谷北入口、黄河圣坛、水工博物馆、游艇码头主体工程和108塔景观水道工程;开工建设鸟岛游客服务中心,库区鸟岛进入"国家湿地公园"行列,大峡谷旅游区渐具雏形。全年接待游客95.2万人次,实现旅游综合收入2.53亿元,增长15%。 (平吉炜)

**【招商引资】** 共引进各类项目84个,当年到位资金51亿元。引进黄河外滩城市社区、中国国电宁夏分公司15万千瓦风力发电等项目。落实国家、自治区和市级项目396项,争取中央及自治区项目资金10.7亿元。 (平吉炜)

**【社会事业】** 建立科技特派员创业示范基地16个,试验示范推广葡萄、水稻等新品种29个。新培育中国驰名商标2件,宁夏著名商标6件,成为全区拥有驰、著名商标数量最多的县(市)之一。高考录取人数592人,再创历史新高。筹集资金1000万元,为市级医院、预防保健单位和4所镇卫生院配备医疗设备。加强食品药品监督管理,获得自治区级药品诚信经营示范市称号。青铜峡镇、峡口镇进入自治区首批"历史文化名镇"行列,戏剧小品《硒砂瓜甜》荣获全国第十五届"群星奖",实现农家书屋82个行政村全覆盖,被评为全区首批文化建设先进市。完成18个行政村农民篮球场建设工程。"五五"普法通过自治区验收,获得首批"全区法治县(市)创建活动先进市"称号。东街社区等3个社区进入自治区级"五星级社区"行列。深入开展"保交护线"等双拥活动。财政用于民生的投入达9.9亿元,占全市一般预算支出的63%。新培育小老板173个,创办小企业126个,新增城镇就业5200人,城镇登记失业率控制在4%以内。解决6157名企业职工基本养老保险和877名职工基本医疗保险历史遗留问题。安排财政补贴2708万元,为946名城市规划区被征地农民办理了企业职工基本养老保险。启动新型农村社会养老保险工作,新农保参保登记率85%,农村16282名到龄老人开始领取养老金。城镇职工、城镇居民和新农合住院费报销比例分别提高到73%、60%和60%,新农合参合率提高到91.5%。建设经济适用住房和廉租住房444套2.5万平方米,发放廉租住房补贴304万元,建成被征地农民安置楼8.9万平方米。向城乡低保和五保供养对象、高龄老人、孤儿、困难职工、农民工等发放各类救助金2139万元。建成残疾人康复培训中心。出台稳控物价八项措施,安排资金154万元对生活困难群众实施价格补贴。

(平吉炜)

# 固 原 市

市委书记　刘小河
市　　长　白尚成(回族)

**【概况】**　固原市地处宁夏南部的六盘山地区。总面积10540平方公里。辖西吉县、隆德县、泾源县、彭阳县和原州区。2010年实现地区生产总值104.03亿元,实际比上年增长9.6%;全社会固定资产投资112.3亿元,增长30.6%;实现地方财政一般预算收入5.26亿元,增长49%;实现社会消费品零售总额32.45亿元,同比增长17.7%;城镇居民人均可支配收入13043.9元,增长10.6%;农民人均纯收入3477.2元,增长17.4%;城镇化率达到30.85%,比上年提高1.9个百分点,城镇登记失业率控制在4.2%以内。万元GDP综合能耗1.8594吨标准煤,比上年下降1.61%。化学需氧量和二氧化硫排放量分别控制在1万吨和0.98万吨以内。　(杨忠勤)

**【人口与计划生育】**　到2010年末,全市户籍总人口152.53万人,其中,农业人口129.74万人,回族人口69.88万人,占总人口的45.8%。实施"少生快富"工程5031例,创建"少生快富"示范户584户。全市人口出生率17.24‰,人口自然增长率11.81‰,计划生育率达到83.2%。　(杨忠勤)

**【农业与农村经济】**　完成农业增加值30.09亿元,同比增长10.4%。粮食总产量74.58万吨,创历史新高。建成肉牛示范村105个,肉牛饲养量达到78万头,"泾源黄牛"通过地理标志认证。马铃薯种植面积188.53万亩,总产量29.87万吨,三级脱毒种薯繁育推广体系初步形成,建立脱毒种薯繁育基地14.45万亩,生产原种6249万粒;"西吉马铃薯"荣获中国驰名商标。新增设施农业6.3万亩,累计达到22万亩;完成以覆膜保墒为主的旱作节水农业95.3万亩。原州蔬菜、西吉西芹、隆德花卉、泾源苗木、彭阳辣椒等新的特色产业正在形成。建立健全土地流转机制,积极推广西吉"华林模式",引进总投资5000万元以上农业产业化龙头企业9家,"六盘山"牌农产品商标荣获自治区著名商标。　(杨忠勤)

**【工业经济】**　完成工业增加值11.01亿元,实际比上年增长8.3%。固原盐化工循环经济扶贫示范区启动建设,固原经济开发区中小企业科技创业园建成投入使用。六盘山热电厂2330兆瓦机组并网发电,王洼二矿年产150万吨原煤项目建成试生产。新打油井30口,生产原油13.5万吨。全年生产原煤124.9万吨、水泥85.92万吨,能源工业迈出具有里程碑意义的一步。

(杨忠勤)

**【第三产业】**　完成第三产业增加值52.07亿元,同比增长8.4%。各项存款余额148.57亿元,贷款余额83.65亿元,社会消费品零售总额达到32.45亿元,同比增长17.7%。建成须弥山博物馆、香水海文化广场及游客服务中心并完成博物馆布展,王洛宾文化园、萧关遗址文化园、六盘山生态博物馆、六盘山隆德博物馆建成运营,六盘山国家森林公园游客中心开工建设。举办宁夏第六届六盘山山花旅游节等系列活动,开发了以"六盘人家"为品牌的文化旅游小商品。全市共接待游客152万人次,实现旅游社会总收入5.8亿元。

(杨忠勤)

**【扶贫开发】**　全年共整合各类资金4.08亿元,完成第三批164个整村推进扶贫开发年度任务。争取互助资金3345万元,改善了149个贫困村的生产生活条件,全市贫困人口减少5.1万人。　(杨忠勤)

**【区域中心城市建设】**　市区总人口达到20.88万人,建成区面积达到34.62平方公里。集中力量实施新区建设大会战,行政办公、学校医院、星级酒店、房产商贸、市政设施等25个项目相继开工,总投资45亿元,年内完成投资16亿元,报业新闻中心建成启用。开辟了连接新区与老城的新通道;新铺设供热管网21公里,新增集中供热面积60万平方米,集中供热普及率达62%以上;新建5处街头景观休闲广场;完成原固原体育场改造和宋家巷民族特色商业居住区改造二期工程。开展"城市管理年"活动,城乡面貌明显改观。实施主要街区亮化美化工程,完成机场路等18条道路路灯安装;建成大原广场、古雁岭生态公园等一批重点城市园林项目,新增城市绿地4818亩,人均公共绿地面积8.52平方米,绿化覆盖率达到28.63%;全市城镇化率达到30.85%。

(杨忠勤)

**【劳务经济与全民创业】**　举办全市首届农民工职业技能大赛,完成职业技能培训14841人、职业技能鉴定10829人。新建转移就业基地64个,累计达到819个。组建劳务集团公司5家、劳务中介组织6家。组织农村劳动力转移就业"三个万人"输出大行动,全年转移就业30.52万人,实现劳务收入20亿元。原州区、西吉县、彭阳县被命名为全国农村劳动力转移就业工作示范县(区)。新建创业园区和孵化基地10个,累计达到29个;创办小企业505个,累计达到1448个;培养小老板1105人,累计达到2136人;创造新岗位5262个,累计达到13890个;累计开展创业能力培训3946人;成立创业小额贷款担保机构6家,发放担保贷款1.37亿元。

(杨忠勤)

**【基础设施建设】**　309国道彭阳过境段、马成河至硝口段建成通车,福银高速六盘山镇至沿川子段建设进展顺利,原州区至王洼铁路运煤专线等重点项目开工建设。新建农村水泥和沥青公路1120公里;西气东输二线工程固原段建设进展顺利;开工建设秦家沟水库、彭堡水源地地下水库。兴修旱作基本农田65.3万亩,新增节水灌溉面积12.6万亩;完成东山坡引水、原州区东部安全饮水、固西引水等一批重大水利设施建设项目和62座病险水库除险加固、50处农村安全饮水工程,抗旱减灾能力进一步提高。 (杨忠勤)

**【生态建设与环境保护】** 完成长城梁生态农业科技示范园二期工程、原州区须弥山河道综合治理、西吉县城北山绿化、隆德县六盘山珍稀植物园、泾源县瓦亭荒山绿化、彭阳县城南北山绿化等6个3000亩以上集中连片绿化点;开展退耕还林补植补造,2002年度41.8万亩通过国家核查验收;完成水土流失治理面积498平方公里;创建生态示范乡(镇)6个、示范村57个。全市森林覆盖率达到17.6%。狠抓封山禁牧,培育壮大苗木、林果、枸杞、中药材等后续产业。加大环境保护,四县污水处理厂相继建成,马铃薯淀粉废水治理技术研发成功并推广应用。 (杨忠勤)

**【社会事业】** 原州区、隆德县、彭阳县通过自治区教育强县(区)验收。实施中小学校舍安全改造工程,校舍面积达到162万平方米,有效缓解了"大班额、大通铺"问题。全市适龄儿童入学率、初中阶段毛入学率、高中阶段毛升学率分别达到99.7%、106.4%和85.1%。建成科技示范园区6个。科技对国民经济增长的贡献率达到39%。编制完成了《固原市中长期人才发展规划纲要(2010~2020年)》。实施精品文化工程和县(区)特色文化工程,举办了六盘山精神暨西海固文学艺术研讨会,出版发行了《六盘山文化丛书》《六盘山民间故事》等刊物,编排了《王洛宾的花儿情》等优秀剧目。组织了"花儿漫六盘"电视大奖赛等文艺展演,非物质文化遗产和文物保护成效显著。成功举办2010年全国群众健身大会暨首届六盘山登山节,全民健身活动蓬勃开展。广播电视覆盖率达到98%,农村8套以上广播电视节目入户率达到93.3%。落实药品"三统一"政策,提前实现国家基本药物制度全覆盖。市人民医院门诊住院综合楼、市妇幼保健院迁建、隆德县医院迁建、彭阳县中医院住院部建成使用。城镇居民医疗保险、新农合参合率分别达到95.2%和93.3%。率先在全区建立市区失地农民最低生活保障制度;实现了职工医疗、生育保险市级统筹,推进统筹城乡居民医疗保险试点,全面启动实施了新农保试点;解决社会基本养老保险、医疗保险历史遗留问题。全市纳入城乡低保18.6万人,实施医疗救助27.34万人次,为城乡10515名80岁以上生活困难老人发放了高龄津贴,为全市69301户农村低保户和18351户城市低保户分别发放30元和50元"两节"慰问金。住房公积金制度覆盖面进一步扩大,公积金总额达到12.1亿元,贷款总额达到7.2亿元;全市累计完成廉租住房等保障性住房53.26万平方米,实施危房危窑改造5.7万户。城乡居民各项储蓄存款余额达74.12亿元。 (杨忠勤)

**【第四次固原工作会议】** 5月10日,自治区第四次固原工作会议在固原市召开。自治区领导陈建国、王正伟、项宗西、于革胜、蔡国英等出席会议,市领导刘小河、白尚成、邓向贵等及自治区各厅局、各县区负责人参加了会议。自治区党委书记陈建国作了讲话,自治区主席王正伟主持会议。自治区第四次固原工作会议确定启动实施"155"工程,即把原州区建成全市产业聚集的"核心区",培育盐化工及煤电一体化、以草畜和马铃薯为主的特色农业及农副产品深加工、物流及服务业、旅游业、劳务产业"五大产业",建设盐化工循环经济扶贫示范基地、六盘山生态农业示范基地、西兰银交会中心物流集散基地、六盘山红色旅游和生态旅游及文化休闲避暑度假基地、劳务输出基地"五大基地"。会后,自治区党委、政府首次出台了《关于促进固原经济社会加快发展的若干意见》。 (杨忠勤)

**【固原盐化工循环经济扶贫示范区】** 5月10日,固原盐化工循环经济扶贫示范区启动建设。固原盐化工循环经济扶贫示范区建设由国电英力特集团投资,总投资约196.4亿元,分两期建设。一期自2010年至2012年,首先开工建设热电站、煤焦化、轻质碳酸钙等11个项目,生产16个产品,总投资约71亿元。 (杨忠勤)

**【六盘山机场通航】** 6月26日,固原六盘山机场正式通航,首次开通固原至银川、固原至西安的航班。六盘山机场距固原市区13公里,属4C级国内支线机场,机场总投资4.58亿元,历时两年零九个月建成。机场以2015年为目标年,能够满足年旅客吞吐量12万人次的需求,货邮吞吐量535吨,可供波音737、空客320及其系列机型安全起降,年起降量设计为2340架次。(杨忠勤)

**【六盘山热电厂并网发电】** 7月31日15时16分,宁夏首个扶贫电厂——六盘山热电厂2330兆瓦1号机组成功并网发电,宁南山区无电厂的历史宣告结束。六盘山热电厂2330兆瓦热电联产工程总投资达27.6亿元,是自治区"十一五"期间的重点建设项目之一,也是固原市的"一号工程"。2330兆瓦热电联产项目建成后,依托固原丰富的煤炭资源,年燃用原煤180万吨,年发电量36亿千瓦时,可形成1200万平方米供暖能力,实现产值10亿元,利税过亿元。 (杨忠勤)

## 原 州 区

区委书记 吴万俊(回族)

区　　长 张 戈

**【概况】** 原州区系固原市所辖区,又是固原市委、市政府所在地,辖区总面积2739.01平方公里,辖6镇5乡3个街道办事处194个村民委员会,26个居民委员会。全年实现地区生产总值43.54亿元,同比增长9.6%。其中第一产业完成8.57亿元,增长11.2%;第二产业完成8.27亿元,同比增长12.3%;第三产业完成26.7亿元,同比增长8.3%。三次产业的比重为19.7:19.0:61.3。2010年全区完成地方财政收入0.9602亿元,同比增长45.3%,其中一般预算收入完成0.9594亿元,增长45.2%;财政总支出14.46亿元,同比增长11.04%。其中一般预算支出实现14.15亿元,增长12.6%。实现全区全社会固定资产投资 45.23 亿元,增长 29.5%。实现全社会消费品零售总额 15.67 亿元,比上年增长 17.8%。城镇居民人均可支配收入达到 1.43 万元,增长 10.5%。农民人均纯收入达到 3546 元,增长 18%。 (陈 健)

【人口与计划生育】 到 2010 年末,全区总人口为 44.75 万人,其中农业人口 32.82 万人,回族人口 21.65 万人,占总人数的 48.38%,同比增长 1.3%,新出生人口 5978 人,同比减少 14.3%。人口出生率控制在 13.54‰,人口自然增长率控制在 10‰以内,出生人口政策符合率达到 89.5%;落实两项节育措施 7072 例;实施"少生快富"工程 1791 例;实现"少生快富"工程覆盖率和项目捆绑率均达到 100% 的"原州模式",初步实现了少生和快富的统一。计生部门被自治区政府授予"人口和计划生育目标管理工作一等奖"。 (陈 健)

【工业经济】 "庆元春""六盘雪"等 6 个商标入选第七届"宁夏著名商标"名录。积极配合固原市人民政府加快推进盐化工基地、六盘山热电厂等重点工业项目建设。全年辖区内实现全部工业总产值 11.38 亿元,同比增长 25.3%,实现工业增加值 3.46 亿元,同比增长 10.5%。其中原州区属工业总产值 8.68 亿元,同比增长 17.2%,实现工业增加值 2.59 亿元,同比增长 7.2%。在全部工业总产值中规模以上工业总产值 4.49 亿元,增长 33.1%,工业销售产值 4.34 亿元,增长 51.3%,工业产品产销率为 96.4%。工业经济效益综合指数为 187.3%,比上年提高 17 个百分点。 (陈 健)

【招商引资】 引进资金 1.8 亿元、世界 500 强企业中航郑飞集团清真养生小杂粮深加工项目、投资 6000 万元的有机枸杞种植及深加工项目、投资 4000 万元的烧结制品项目及汽车城和农业产业化等一批重大项目落户。全年招商引资落地项目 14 个,实际到位资金 2.7 亿元,增长 114%,2010 年宁洽会暨首届中阿经贸论坛期间,与浙江盾安集团有限公司签订了风力发电项目,伊正回药有限公司与马来西亚美德集团签订了中药材种植及回药研发项目,签约项目资金 41 亿元,占固原市全市签约项目资金的 80%,被自治区人民政府评为"投资贸易项目洽谈签约先进单位"。 (陈 健)

【农业与农村经济】 全区实现农林牧渔业总产值 17.6 亿元,同比增长 11.5%,实现农林牧渔业增加值 8.57 亿元,同比增长 11.2%。全区农作物总播种面积达到 11.3 万公顷,其中粮食种植面积 6.01 万公顷,同比减少 1.1%。粮、经、饲种植结构调整为 3:1:1,夏、秋粮调整为1:3,粮食总产量达到 17.65 万吨,同比增长 20.3%,实现连续 5 年增长。建成了高标准设施农业园区 21 个,新扩建千亩日光温室园区 4 个、大中拱棚园区 7 个,千亩西芹基地 2 个,年种植各类蔬菜面积达到 1 万公顷,时鲜蔬菜实现了"一园一品"种植。设施农业面积达到 0.48 万公顷,日光温室和大拱棚亩均收入分别达到 4 万元和 1.2 万元以上,成为宁南山区蔬菜种植面积最大的县(区)。建设 1 个万亩出口蔬菜(洋葱、胡萝卜)基地,3 个 200 公顷以上芹菜示范区,打响"六盘山"优质冷凉蔬菜品牌,农民人均设施农业收入达到 590 元,同比增长 44%。围绕建设"宁夏肉牛基地县(区)"目标,种植一年生牧草 1.9 万公顷,补播改良多年生牧草 0.35 万公顷,培育养牛示范村 15 个,冷配改良黄牛 2.4 万头,新建腾西、科宏等百头肉牛养殖园区 5 个,带动全区肉牛饲养量达到 20.1 万头。彭堡腾西牧业、科宏养殖园区肉牛养殖数量分别达到 320 万头和 325 万头,其规模和档次在固原市处于领先水平。羊饲养量 55 万只。参与马铃薯种薯三级繁育体系建设,扩建种薯繁育温室 2 万平方米,马铃薯区域种植面积达 300 万亩,生产原原种 3000 多万粒,发展原种繁育面积 160 公顷,一级种薯繁育面积 0.27 万公顷,带动全区种植马铃薯 3.3 万公顷,建有马铃薯研究开发中心 2 个,依托农业综合开发土地整理项目和"订单农业",建成中河、张易 2 个万亩马铃薯种薯繁育示范基地及 10 个种薯专业村,马铃薯种植实现了脱毒化、专业化、区域化、机械化。中河万亩马铃薯种薯繁育基地被中国科协和财政部命名为"全国科普示范基地"。实施"枸杞南移工程",新栽枸杞 0.1 万公顷,新建 2 个万亩枸杞园,累计面积达到 0.3 万公顷。"河川酥梨""原州红梅杏"优质品牌林果基地分别达到 1400 公顷和公顷 133 公顷。全年农业实现增加值 7.5 亿元,增长 8.5%。

(陈 健)

【劳务经济】 先后组织开展了春季沿海、夏季邻省、秋季进疆三季万人输出大行动,新建转移就业基地 15 个,全年输出劳务 10 万人,其中有组织输出 8.7 万人,创收 6.21 亿元,人均收入 6200 元,劳务收入占农民人均纯收入的 47%,对农民增收的贡献率达到 50%。全年培育和发展小老板 342 人,创办小企业 240 个,开发新项目 156 个,创造新就业岗位 2402 个,新建创业园 9 个,为 408 名下岗失业人员发放全民创业小额担保贷款 2015 万元,城镇新增就业 3003 人,登记失业率控制在 3.95% 以内。原州区被国家人力资源和社会保障部命名为"全国创建农村劳动力转移就业工作示范县(区)",大学生创业园被自治区人民政府评为"优秀创业基地"。 (陈 健)

【第三产业】 全年地方项目完成的投资中,第三产业 13.30 亿元,同比增长 70.4%,实现增加值 28.3 亿元,增长 15%。着力提升旅游产业的内涵和档次,完成须弥山博物馆、游客接待中心、杏树台等景区基础设施建设,建成文化名人书法墙。投资 1000 多万元对须弥山旅游线进行综合整治。在银川成功举办了须弥山旅游推介会和文化旅游周活动,全年接待游客 12.8 万人(次),实现旅游直接收入 56 万元。(陈 健)

【扶贫开发】 全年投入各类扶贫资金 1.15 亿元。认真实施了以改善农村基础设施和推进农业产业化为重点的扶贫项目,第三批 53 个行政村整村推进扶贫开发任务全面完成。贫困村村级发展互助资金扩面工程覆盖 11 个乡镇 76 个行政村,总额达到 3000 万元,为 1.1 万户贫困户解决了发展资金短缺问题，资金总额和惠及人数居自治区首位，被自治区评为贫困村“互助资金”试点工作先进项目县(区)。在完善县内南城拐子生态移民一期、二期后续工程建设的基础上，顺利完成了三期生态移民新村建设，717户3240名移民陆续搬入利民新村，实现“当年建设、当年入住、当年投产”的目标。 (陈 健)

【城乡建设】 年末城区(县城)面积34.62平方公里，常住人口15.3万人。征用土地面积0.99平方公里，新修道路324公里，桥梁17座。投资3000多万元对固原体育场进行改造。实施水、电、路、气、房、环境“六到农家”工程，完成杨郎、黄铎堡(一期)小城镇和彭堡硝沟、开城寇庄等16个新农村示范村建设。原州区获得“社会主义新农村建设先进集体”。建成仿明清街面商铺8.4万平方米，修建镇区道路7.6公里，供排水管网15.6公里，综合市场两处8.53万平方米。杨郎小城镇建设成为自治区小城镇建设的典范。投资7800万元改扩建四中、六小等中小学校、幼儿园36所，面积5.4万平方米。投资6400万元建成区医院综合住院楼、计生服务中心、妇幼保健所，寨科、杨郎、开城卫生院及48个村级活动场所。加快宋家巷二期改造拆迁步伐，完成拆迁987户19.8万平方米。 (陈 健)

【基础设施建设】 开展了“项目建设年”活动，争取落实国家、自治区政策性项目196项，完成投资8.75亿元，带动完成全社会固定资产投资45.23亿元，同比增长29.5%。编制原州区“十二五”项目规划，储备“十二五”期间重点项目224项，总投资826亿元。原州区至王洼运煤铁路专线开工建设，六盘山支线机场全线通航，初步形成以公路、铁路、航空为主体的现代化立体交通网络。 (陈 健)

【生态建设】 完成退耕地补植补造面积1万公顷，栽植各类苗木1020万株，苗木成活率达到85%以上，新农村建设道路绿化254公里，完成特色绿化185万平方米；建设农田林网45条178.7公顷，维修林区道路70公里；完成封育7万亩；全年共完成造林0.4万公顷。做好水文章，田渠林路综合治理，库井窖池综合利用，建成头营南塬、沈河2个5000亩集中连片节水灌溉(配套)工程，开工建设三营甘沟、鸦儿沟2个万亩节水高效生态农业示范区，新开工水利建设项目16个，新建基本农田4万亩，渠道183公里，新增(改善)节水灌溉面积3万亩，综合治理杨达沟、共和等流域面积45平方公里，除险加固水库12座，建成农村人饮安全工程14处，7.2万人饮水安全问题得到有效解决。农田水利建设获得自治区“黄河杯”竞赛奖。 (陈 健)

【社会事业】 创办《新原州》报和《原州》文艺期刊。组织评选了原州区第二届十大道德模范，新评市级文明单位2个、文明村镇和文明社区各1个。原州学子王景光获得2010年度感动宁夏人物。举办原州区第二届“丰收杯”花儿歌手大奖赛。组织参加自治区第十三届运动会，获得4金1银4铜的历史最好成绩。中央电视台“星光大道”走进固原大型文艺演出活动圆满成功。西北农耕博物馆后续工作全面展开，完成黄铎堡古城保护工程，《原州区志》出版发行。原州区被教育部评为“全国阳光体育先进区”，被自治区授予“全区文化建设先进县(区)”。自治区“民族团结示范村”“和谐寺观教堂”创建活动现场观摩会在原州区召开。整合中小学校37所，撤并学校64所，获自治区教育督导工作优秀奖。利用整合后的校园建成乡镇中心幼儿园11所，使1000多名学前儿童入园。适龄儿童、少年入学率分别达到99.9%、99.1%。普及高中阶段教育全面启动，“教育强区”创建工作高标准通过自治区验收，成为宁南山区首批教育强县(区)之一。通过改造危窑危房、集中建设抗震房、向沿黄城市带移民搬迁等形式，解决了地质灾害险点地震防御区、国有林场棚户区及盐化工基地搬迁范围内的3500多户群众住房安全问题。全年发放各类救助、救灾资金1.04亿元，新型农村养老保险、统筹城乡医疗保险两项试点工作全面启动，城镇居民医疗保险参保率达95%，新型农村合作医疗参合率达88.4%。顺利完成了三期生态移民工程，717户3240名移民迁入移民新村。按照新的高抗设防标准改造农村危窑危房1000户，5000多人居住条件得到改善。多方筹资206万元，资助636名高考成绩达到二本以上录取分数线的农村大学生和城市低保家庭大学新生；落实生源地助学贷款1464万元，资助困难大学生2713人，为598名孤儿发放养育津贴，免费救助残疾人600多名。围绕设施农业、规模养殖、商贸物流、餐饮服务、交通运输、建筑建材、农副产品加工等领域，开展民营企业家、大学生、返乡农民工、复转军人、下岗失业人员、农村能人“六大创业行动”，发放全民创业小额担保贷款2015万元，开发新项目156个，创办小企业240家，培育小老板342人，新增城镇就业3003人，城镇登记失业率控制在4%以内。大力推进科技特派员创业行动、科技入户及农村信息化工程，组织开展国家级科技项目9项，实施科技实验示范51项，引进推广先进适用技术22项，培训农民3.6万人，“全国科普示范县”创建工作全面启动。新型农村合作医疗参合率、城镇居民医疗保险参保率稳中有升，分别达到88.4%和95%，全年为参保群众报销医药费6598万元。 (陈 健)

【原州区“1号”工程】 2010年实施的“1号工程”是须弥山旅游线路景观大道综合治理工程，该工程创造了“原州速度”。工程总投资1900万元，自三营高速公路出口处至须弥山石窟景区，在12公里长的沿线上进行基础设施改造、道路硬化、绿化(两边各50米的绿化带)美化、黄铎堡古城遗址保护、拆违治乱、粉刷亮化等，并在三营高速公路出口处建成100亩的景观园一座，植栽云杉、国槐等常青树2万多株。(陈 健)

【新建固原人民广场】 10月19日，原州区举行“树新风、革陋习、争做文明市民”倡议活动暨人民广场竣工仪式。历时5个多月、投资3000多万元、占地5000平方米的固原人民广场，在固原体育场旧址改造建设后，正式投入使用，为广大市民提供了锻炼休闲娱乐的场所。 (陈 健)

【千名干部进村入户】 从12月27日起,原州区用两个月时间抽调1004名干部,组成11个工作队193个工作组,利用2个月时间到各乡镇、各村组,到农户家中、到田间地头,宣传贯彻中央农村工作会议精神,帮助农民开展冬季农业生产、春耕备耕等当前农村各项重点工作,服务农民,锻炼干部,为下年的工作打好基础。（陈 健）

【行政服务中心新址揭牌】 10月15日,举行原州区政务服务中心新址揭牌仪式。政务中心新址位于市区文化西街,总面积2600平方米,进驻部门25个,设立服务窗口21个,确定行政许可和行政审批事项152项。（陈 健）

## 西 吉 县

县委书记 周金柱(回族)

县 长 黄继红

【概况】 西吉县系固原市所辖县,总面积3144平方公里。辖3镇、16乡、1个街道办事处、4个居民委员会、306个村民委员会1911个村民小组。2010年实现地区生产总值24.77亿元,比上年增长9%,其中,第一产业实现增加值8.48亿元,比上年增长10.3%;第二产业实现增加值5.19亿元,比上年增长8.7%;第三产业实现增加值11.1亿元,比上年增长8.3%;完成全社会固定资产投资20.85亿元,比上年增长29.2%;完成地方财政一般预算收入4460万元,比上年增长35%;实现社会消费品零售总额7.77亿元,比上年增长17.5%;农民人均纯收入3458.75元,比上年增长17.5%;城镇居民人均可支配收入11799.95元,比上年增长10.3%。（苏 慧）

【人口与计划生育】 狠抓"少生快富"扩面试点、星级乡(镇)创建、信息化建设等重点工作,不断完善利益导向机制,全面落实农村计划生育家庭奖励扶助、救助等制度,实施长效节育措施11247例,"少生快富"1626例。创建3个五星级乡(镇)、5个四星级乡(镇),合格村达130个,村民自治试点村达到100%。新建吉强等6个乡(镇)计生服务站。到2010年末,全县总人口50.8万人,其中农业人口46.4万人,城市人口4.4万人,回族人口28.8万人,人口出生率17.58‰,计划生育率82.69%,人口自然增长率13.2‰。（苏 慧）

【工业经济】 投资3650万元,完成兴祥公司"三粉"加工、华绒公司羊剪绒、万里磷肥厂复合肥生产等企业技改项目。筹措资金2248万元,完成县木器厂、食品公司等7家企业的改制工作,安置职工1969人,转换了企业经营机制。工业运行质量和效益明显提升。实现工业总产值9.02亿元,同比增长5.5%。引进招商项目17个,协议资金24亿元,到位资金4.4亿元,同比增长74.8%。（苏 慧）

【农业与农村经济】 马铃薯种植面积121万亩,机械化作业面积54万亩。建设种薯基地6.5万亩,其中原种基地4000亩。实现马铃薯总产172万吨,农民人均马铃薯产业纯收入达到890元。"西吉马铃薯"荣获"中国驰名商标"。新建标准化圈舍1200栋,饲草氨化青贮池258座1.1万立方米。发展肉牛养殖专业村30个,规模养殖户2740户,百头以上规模养殖场5个。全县肉牛饲养量达18万头,实现牧业总产值3.6亿元,农民人均牧业纯收入317.6元,人均农业纯收入达1117.71元,增长19.4%。全县种植西芹2.68万亩,总产20.1万吨,总产值2.1亿元,农民人均西芹产业纯收入达到150元,西吉县被命名为"中国西芹(产业)之乡"和"中国西芹无公害科技创新示范县";全县种植胡萝卜1.16万亩,总产5.8万吨,总产值4640万元,种植区农民人均胡萝卜产业纯收入1140元。推广华林模式,发展番茄、辣椒、西兰花等绿色蔬菜基地6200亩。建设了将台西坪、硝河隆堡等设施农业示范园区(点)18个9300亩。发展旱作节水农业,实施秋覆膜31.2万亩。（苏 慧）

【第三产业】《火石寨旅游区修建性详规》通过自治区政府审定。完成将台堡红军长征纪念园、单家集革命遗址修缮工程,开工建设"丹霞山庄"和火石寨景区主要公路。承办宁夏第六届六盘山山花节·西吉县第二届火石寨丁香花(攀岩)旅游节。全年接待游客14万人(次),实现旅游社会总收入3000万元。实现社会消费品零售总额7.77亿元,增长17.5%。（苏 慧）

【扶贫开发】 整合各类扶贫资金5493万元,全面完成第三批整村推进扶贫开发工作。争取中国宋庆龄基金会、闽宁协作等社会帮扶资金2100万元,争取互助资金1340万元,扶持贫困村发展。启动实施了最低生活保障和扶贫开发政策两项制度有效衔接工作。贫困人口由2009年底的19.8万人减少到14.5万人,贫困面由57.1%下降到29.1%。（苏 慧）

【城乡建设】 高标准编制《西吉县区域发展战略及空间布局规划》和滨河路北侧等县城重点地段、街区详规。投资4.6亿元,实施基础设施、服务设施、保障住房、旧城改造、环境提升"五大提升工程"。建成迎宾大道等6条道路,新增城市道路7公里,县城"七横十八纵"路网进一步完善。葫芦河县城段综合整治二期工程2.4公里全面完成。建成迎宾广场、商业广场和北山公园。建成"丁香花园""湖滨花园"等住宅小区,"葫芦河畔""时代名苑"等县城开发改造项目加快推进,启动"欧景世家""宏森名都"等开发建设工程。新建廉租住房780套3.5万平方米,600户1900人搬进了新居;改造农村危房2000户9.6万平方米,3000多户1.2万城乡低收入居民住房条件得到改善。建成县城西区供热站和20座公厕及垃圾中转站。修编完善了新营、震湖等重点集镇总体规划和9个新农村建设规划,新营营昌新村、震湖苏堡新村、兴隆新村、田坪新村等新农村初具规模。（苏 慧）

【基础设施建设】 完成高标准旱作基本农田3.7万亩。建成吉强羊路等7处农村饮水安全工程、兴平赵垴等6处生态移民供水工程、马莲堡子山等19处小型人饮工程和一批集水场、集雨水窖,解决了3.52万人的饮水安全问题。建成将台西坪等6处设施农业供水工程。开工建设长易河水源工程，完成浅岔河等11座病险水库除险加固工程和夏寨灌区节水改造及郎岔小流域农业综合开发等项目年度建设任务，改善灌溉面积6.2万亩，治理水土流失面积12.2平方公里。投资2亿元，新建通村油路306公里，通村砂砾路688公里。建成了西滩等3个乡(镇)客运站，实现了乡级客运站全覆盖，行政村通班车率达98%，解决了46个行政村近6万人的行路难、出行难问题。完成退耕还林补植补造31万亩，人工造林5.3万亩，封山育林1万亩，城乡绿化0.9万亩，道路绿化370公里。将台、马莲、红耀三乡的集体林权制度改革试点工作全面完成，受到了区林业局的通报表彰。荣获"全区国有林场管理先进县"称号。建成"一池三改"沼气池2000座，投放太阳灶2.7万台。 (苏 慧)

【劳务经济】 以提升"全国劳务输出工作示范县"水平为重点，开展春季沿海、区内重点工程、夏季邻省、秋季进疆四个万人转移就业大行动，全年转移农村劳动力12万人，创收7.4亿元，农民人均劳务产业纯收入达1581.36元，务工人员人均纯收入比上年增加286元。

(苏 慧)

【社会事业】 "五五"普法工作通过区、市验收。围绕"共同团结奋斗、共同繁荣发展"的民族工作主题，深入开展民族团结月活动、和谐宗教场所创建活动。清理行政审批和许可项目146件，规范性文件49件。办理人大代表议案、建议和政协委员提案、建议案，办复率达到100%。全面实施"教育带动"工程，投资1.15亿元，完成西吉中学二期、职中、三小、一小扩建，实施将台、新营、硝河中学扩建和新营小学迁建等156所农村中小学校舍安全工程，新增改造校舍面积9.6万平方米；完成第二幼儿园主体工程建设。深入开展"教育强县、强乡(镇)"创建活动，火石寨等12个乡(镇)通过了固原市教育强乡(镇)验收。做好东西部联合办学，中职招生1350名。3074名学生进入大学校门。全面实施义务教育阶段学生营养早餐工程。整合各类资金513.4万元，惠及8345名普通高中困难学生、困难大学生；筹资250万元成立"西吉县促进教育移民发展基金会"。深入开展科技特派员创业行动，扎实推进科技入户工程，培训技术人员1.6万人(次)、农民10.8万人(次)。全面贯彻落实《全民科学素质纲要》，火石寨国家地质森林公园被列为全国科普教育基地。举办了全县体育运动会和陕甘宁秦腔名家名段演唱会。改编创排的舞蹈《牧童鞭》获第七届全区民运会表演类项目金奖。建成县文化艺术中心、博物馆迁建主体工程和94家农家书屋，实施广播电视"户户通"工程1.8万户。开展"中国文学之乡"创建活动。完成县医院迁建一期和兴隆等7所乡(镇)卫生院改扩建工程，新建标准化村卫生室15所。建成了将台、硝河及明星出租公司等7个创业园区和创业基地，扶持困难群体实现就业和自主创业，吸纳城乡就业人员4000多人，630余名大学生实现了就业。发展小企业91个，发放小额担保贷款957万元，创造就业岗位783个。城镇登记失业率控制在4.4%以内。全年征缴"五金"1.36亿元。彻底解决了2028名企业职工养老保险。健全最低生活保障、住房保障和医疗救助制度，发放低保资金4318万元，高龄津贴217万元，廉租住房补贴1035万元，支付医疗救助资金1327万元。在全区率先实施散居孤儿最低养育津贴制度，发放津贴238万元。全面落实优抚安置政策，发放退伍军人货币安置资金62万元，各类优抚资金262万元。 (苏 慧)

# 隆 德 县

县委书记 李鸿儒

县 长 米 超

【概况】 隆德县系固原市所辖县。总面积985平方公里，辖3镇10乡，127个行政村，624个村民小组。全年实现地区生产总值(现价)10.34亿元，比上年增长17.9%。其中，第一产业3.11亿元，增长25.7%；第二产业1.99亿元，增长16.8%；第三产业5.24亿元，增长14.1%。全年完成全社会固定资产投资14.13亿元，比上年增长30.1%。全县实现社会消费品零售额2.99亿元，比上年增长17.5%。完成地方财政一般预算收入3290万元，比上年增长39.2%。全县金融机构各项存款余额18.05亿元，比上年增长39.1%；金融机构各项贷款余额6.33亿元，比上年增长43.5%。全年城镇居民人均可支配收入11177.2元，比上年增长10.5%。农村居民人均纯收入3477.7元，比上年增长17.5%。人均地区生产总值(现价)5698元/人。

(张瑞红)

【人口与计划生育】 到2010年末，全县总人口18.14万人。其中，回族人口2.0万人，非农业人口2.5万人，女性8.7万人。人口出生率为13.87‰，死亡率为4.81‰，自然增长率为9.06‰。当年出生人口2442人，当年死亡人口1740人，人口密度184人/平方公里。

(张瑞红)

【农业与农村经济】 全县农作物种植面积59.71万亩。粮食作物42.29万亩。全年粮食总产量达到9.29万吨，比上年增长4.7%；油料总产量6829吨，比上年减少9.9%。新建设施农业示范点7个，巩固提升300亩以上大中拱棚示范点17个，新增设施农业1.4万亩。培育和发展花卉景观苗木、中药材两大特色产业，制定产业发展规划。建立神林辛平、观庄姚套等6个花卉种植示范区和城关七里、好水红星等8个景观苗木基地，花卉和景观苗木面积分别达到3000亩、8000亩。筛选培育秦艽、柴胡、黄芩、黄芪、大黄5个主打品种，建成六盘山优质道地中药材引种驯化、温堡新庄千亩中药材规范化种植等5个基地，大田药材面积达到3万亩。新建沙塘张树、奠安杨川等10个百头以上规模肉牛养殖场，建成方圆养殖、奠安张田等7个千头规模养猪小区，肉牛、生猪饲养量分别增长8%和7%，动物免疫率和标识佩戴率继续保持"双百"目标。建立马铃薯良繁基地2.2万亩，蚕豆良繁基地1.5万亩，菊芋规范化种植基地1万亩。在凤岭、张程、杨河等乡镇建成万亩覆膜旱作农业示范区3个,总面积达到11.2万亩。打造10大农业科技示范园区,其中六盘山特色花卉、清凉河流域中药材、方圆种猪繁育和马铃薯良种繁育4个基地列入自治区120个现代农业科技示范基地,六盘山优质肉牛养殖、六盘山珍稀(药用)植物园等5个基地列入市级示范基地。（张瑞红）

【招商引资】 全年共引进项目27个,总投资22.8亿元,其中投资亿元以上的项目4个、千万元以上的项目16个,实际到位资金5.79亿元,增长29.4%。（张瑞红）

【城乡建设】 创建国家园林县城、自治区卫生县城和文明县城,提升县城品位。扩建六盘山珍稀(药用)植物生态园5000亩,总面积达到1.1万亩。加快县城南片"城中村"改造步伐,开工建设御景鸿府、龙城世家一期工程,完成阳光花园二期工程,拆迁改造438户8.2万平方米。多渠道筹措资金6690万元,建成县城集中供热热源厂并如期供暖,供热面积达到90万平方米,集中供热率达到90%以上。完成既有建筑节能改造52.7万平方米。坚持生态优先,完成退耕还林补植补造6.4万亩,荒山造林5.3万亩、封山育林0.5万亩。投入331万元续建黄家峡农村饮水安全工程、新建小陈靳农村饮水安全工程,解决了中部城关、沙塘等4个乡镇12个行政村1.5万人的饮水问题。投入资金509.6万元,实施石庙、建国等6处农村自来水"百村千户"入户改造工程,使农村3364户1.6万人自来水入厨入灶。改善灌区灌溉面积0.5万亩,恢复灌溉面积0.33万亩。投入资金345万元,对凤岭灌区进行节水配套改造。投入资金400万元,建设联财灌区节水改造工程。投入资金1500万元,完成渝河上游、乐正川(奠安小流域)及北联池3处流域综合治理,累计完成治理河道7.6公里,新建小型扬水站2座,新建中型淤地坝3座;修建300立方米蓄水池2座,铺设低压管道14公里;修建乡村道路10公里,修建小型水保工程84座。发展灌溉面积0.8万亩,治理水土流失面积15.1平方公里。设立村级沼气服务网点48个,建成"一池三改"2014座,投放太阳灶9700台。城关七里、沙塘许川被评为全区生态文明示范村。全面完成第三批22个整村推进村扶贫开发任务,新发展贫困村村级互助资金项目村30个。（张瑞红）

【劳务经济】 举办电焊、砖瓦、电工等农村劳动力专业技能培训班15期,培训2239人,职业技能鉴定合格1636人,其中236人取得中级资格证书,1005人取得初级资格证书;举办城镇各类失业人员培训班6期,培训200人。注入小额担保贷款基金240万元,银行发放贷款1004万元,支持324人成功创业。全年培育小企业45户,创造新岗位680个,带动就业2000人。组建振华劳务集团公司,培育发展劳务中介组织7家、劳务经纪人98人,全年输出务工人员5.1万人,创收2.2亿元。（张瑞红）

【民生工程】 开工建设全县第一个廉租住房小区南凤嘉园,新建廉租住房1400套7万平方米,发放廉租住房补贴279万元。建成沙塘清泉、观庄大庄、山河石碑等15个农村危房改造集中点,完成危房改造3340户,其中476户漏风漏雨户全部迁入新居。完成石庙、姚套、倪套、大慢坡、崇安、建国6处农村自来水入户改造及小陈靳农村饮水安全工程。孤儿养育等各类救助资金4887万元,发放冬季生活、价格等补贴751万元,为80岁以上高龄老人和重点优抚对象发放补助216万元。创建了"自治区双拥模范县"。（张瑞红）

【社会事业】 新建20个星火科技信息服务站,成立农业科技"110"专家服务团。全县共有各类学校(园)156所,其中,小学137所,中学18所,职业中学1所。小学在校学生19418人,中学在校学生16631人。隆德二中等18所中小学被评为市级示范性学校,隆德中学、职业中学被评为自治区级示范性学校。多渠道筹措资金10676万元,重建校舍29997平方米,加固校舍17412平方米,筹建校舍41530平方米。享受普通高中家庭经济困难生活费补助学生2632人次,补助生活费197.39万元。争取学生营养早餐资金325万元。成立隆德县教育爱心协会,累计收到各类资助资金40.41万元,资助大学生60名,中小学生700名。县医院迁建工程如期竣工并投入使用,配备了CT等大型诊疗设备。完成桃山、沙塘、奠安卫生院改扩建工程。全面实施9类33项基本公共卫生服务项目,县财政对村医的一元钱"药事费"全额给予补贴。筹措合作医疗基金1946万元,为1.4万人(次)报销住院费1708.3万元,为20.6万人(次)报销门诊费240万元,参合率提高到97.3%。共支付退休人员养老金1650万元,基金累计结余7430.5万元。征缴城镇职工基本医疗保险费851万元,医疗保险基金支出1116万元,全县城镇职工医疗保险实行"两统一""三提高"。城镇职工基本医疗保险和大额医疗保险费最高支付限额达到18万元。共征缴基本养老保险费4371万元。审核发放失业保险金352人次共计45.66万元,为157人发放社会保险补贴资金24.42万元。制定《隆德县文化旅游产业发展规划(2010～2020)》。建成六盘人家文化广场、六盘山隆德博物馆、六盘山福建会馆,完成红崖村六盘人家老巷子一期工程,"红色文化隆德"旅游线路初步形成。扶持成立六盘人家非物质文化产品发展公司、六盘人家魏氏砖雕有限公司等文化企业,开发生产以"六盘人家"为品牌的10多个系列70多种文化旅游产品。推动六盘山文化城二次创业,带动全县完成文化产值2400万元。编辑出版《隆德民间艺术》《六盘人家》《隆德史话》和《文化隆德》系列丛书,创办《六盘人家》文学刊物。建成城关、温堡、神林、陈靳、观庄、张程6乡镇综合文化站和68家农家书屋。设备安装调试工作全面完成,正式转播隆德电视台自办节目信号,城关、沙塘、好水、神林、观庄、陈靳、杨河7个乡镇9200户、42000余人收看到了县电视台自办节目。全年共接待游客3.1万多人,实现旅游社会总收入1000万元。（张瑞红）

# 泾源县

县委书记　桂福田
县　　长　马志宏(回)

**【概况】** 泾源县系固原市所辖县。东与甘肃省平凉市相连,南与华亭县、庄浪县接壤,西与隆德县毗邻,北与原州区交界。辖3镇、4乡,2个居民委员会、109个行政村。全年实现地区生产总值6.9亿元,增长13.2%。全社会固定资产投资10亿元,增长31%。地方财政一般预算收入达到2535万元,增长14%。金融机构存、贷款余额分别达到9.5亿元和4.95亿元,增长16.4%和40.8%。实现社会消费品零售总额1.9亿元,增长15%。城镇居民人均可支配收入达到11500元,增长10.7%;农民人均纯收入达到3135元,增长15%。城镇登记失业率控制在4.2%以内。　(拜小玲)

**【人口与计划生育】** 到2010年末,全县常住人口为101026人,其中少数民族人口为81174人,占总人口的80.35%。出生政策符合率达到85%,提高1.5个百分点,人口出生率19.13‰,人口自然增长率12.2‰。完成"少生快富"工程629例,创建"少生快富"示范户294户。　(拜小玲)

**【草畜产业】** 以实现"人均两头牛"为目标,突出示范带动,规模养殖实现新突破。2010年,培育肉牛科技示范村22个,吸引社会资金新建存栏300头,肉牛养殖公司8个,累计达到15个,初步形成由散户养殖向小区养殖集中,养殖小区向养殖公司升级的集约化发展模式。加强品种改良,开设黄牛冷配改良点52处,冷配改良黄牛2.69万头,黄牛改良率达到90%以上,肉牛良种化水平居全区前列。补播、更新紫花苜蓿3.2万亩,种植地膜玉米和饲料玉米6.05万亩,调制加工饲草料5.2万吨,缓解了季节性饲草料短缺难题。重视动物防疫工作,动物防疫密度、标识率、抗体检出率分别达到100%。建立专业合作组织37个,培育育肥、贩运大户1003户,举办了春秋两季黄牛交易会,注册"泾源黄牛"地理标志证明商标。全年肉牛饲养量16.5万头,农民人均牧业收入725元,增长15.3%。　(拜小玲)

**【苗木产业】** 投资建设千亩以上苗木园区7个,累计达到14个。新增育苗面积2.1万亩,累计达到16.9万亩,全县苗木种植户达到2.1万户。工厂化育苗中心龙头带动作用凸显,驯化、研发、培育珍稀苗木100多种。实施先进、大庄等苗木园区灌溉工程4处,新增和改善灌溉面积10400亩。投资1320万元建成六盘山特色苗木花卉交易市场。注册"六盘山苗木"地理标志证明商标。全年苗木销售收入1.4亿元,农民人均苗木收入1024元,增长125%。累计完成补植补造15.47万亩。推进生态涵养林和三北防护林工程,完成荒山荒地造林2.1万亩,封山育林0.5万亩,建成县城至老龙潭、野荷谷绿色通道33公里。新建护林点7处,生态建设成果巩固发展,森林覆盖率达到41.8%。　(拜小玲)

**【劳务产业】** 培训务工人员3198人,开展职业技能鉴定887人。加强服务引导,拓宽输出领域,新建劳务输出基地4个,输出劳务2.74万人,劳务总收入1.56亿元,农民人均劳务收入1384元,增长8.8%。　(拜小玲)

**【新农村建设】** 完成23个整村推进扶贫开发重点村建设,开工建设农业农村十大重点工程。全年改造危房1124户,新修农村道路14条105公里,新建沼气池3792座,发放沼气服务车41辆,投放太阳能灶5300台。新修坡改梯旱作农田16883亩,综合治理瓦亭小流域21.9平方公里。建成饮水安全工程4处,解决12个行政村12079人的饮水问题。秦家沟水库淹没区88户396人县内移民安置工作有序推进。争取村级互助资金1525万元,被评为全区贫困村互助资金试点项目先进县。全年改造人居环境2675户,拆除危旧房屋2847间。　(拜小玲)

**【工业经济】** "六盘山"牌水泥被评为自治区著名商标。全年完成工业总产值4亿元,增长25%,工业增加值1.24亿元,增长21%。开发创业项目10个,发展小企业29户,培育小老板173个,新建创业园区1个、大学生回乡创业示范园区1个,发放创业小额担保贷款1807万元。完成非公有制经济产值2.9亿元,增长9.5%。　(拜小玲)

**【旅游产业】** 编制胭脂峡景区建设规划,老龙潭景区建设规划通过自治区人民政府评审并开工建设。龙文化民俗馆投入使用,王洛宾文化园和五朵梅客栈建成开园。园子新村农家乐投入运营,全县5处农家乐累计接待游客9万人(次),乡村游逐渐成为旅游发展新亮点。承办全国群众登山大会暨首届六盘山登山节、第六届六盘山山花旅游节。建成旅游商品一条街、清真食品一条街和东平路小商品一条街。接待游客30.6万人(次),实现旅游社会总收入1.38亿元,增长19.8%。　(拜小玲)

**【城镇建设】** 修编新一轮城市总体规划,规划区面积23平方公里,"一城三区两园"的功能格局初步形成。高标准实施城市十大重点工程,延伸富强路、西峡路和北环路,滨河路、思源路等新区街道建成通车,新增县城道路5公里,形成"四纵八横"的道路框架,城市建成区面积扩大到3.98平方公里。全年新增开发建设面积19.2万平方米。投资900万元,安装20吨热水锅炉1台,新建换热站1座,县城集中供热面积达到15万平方米。新增绿地面积7.23万平方米,建成区绿化覆盖率达到48.5%,人均公共绿地面积14平方米,通过自治区级园林县城验收。编制完成6个乡镇小城镇建设规划,为全县7个乡镇配备垃圾清运车,在六盘山镇主街道安装路灯50盏,实施新民乡街道改造,泾河源镇扩建建材市场、启动农贸街二期工程。　(拜小玲)

**【招商引资】** 争取各类项目81个,到位资金4.5亿元,比上年增加1.34亿元,增长42.4%。中石化宁夏分公司投资1.1亿元的加油加气站及培训中心项目落地建设,宁夏宏建房地产开发公司投资2.2亿元的卧龙山庄休闲度假项目和房地产开发项目进展顺利。全年引进招商引资项目14个,协议资金

8.5亿元,到位资金2.27亿元,比上年增加8400万元,增长58.7%。

(拜小玲)

【社会事业】 全县7个乡镇全部通过固原市人民政府评估验收。推进校舍安全工程,优化学校布局,投资2690万元改造校舍38所1.97万平方米。中考总分及格率达到66.6%,高考录取率达到68.3%。全面实施中小学"营养早餐"工程,全县2万多名中小学生从中受益。为民承诺办理的10件实事全部落实。城镇新增就业552人。城乡低保扩面提标,低保人数增加到14887人,全年发放低保资金1288.1万元。完善城乡医疗救助体系,为3.3万人(次)兑付救助资金402.9万元。社会保险覆盖面进一步扩大,参保人数达到2664人(次),新增540人(次)。全年征缴行政事业单位合同制工人基本养老保险金291.7万元。启动实施新型农村社会养老保险试点工作,为全县10560名60岁以上老人发放养老保险金174万元。新建廉租住房436套2.18万平方米,发放廉租住房补贴126万元。在全市率先建成残疾人康复培训中心,完成残疾人危房改造100户。农民参合率达到97.3%,区、市定点医疗机构报销比例分别提高到40%和45%,全年为群众报销医药费1070万元。5个乡镇综合文化站和22个村级文化活动室相继投入使用。"泾源回族踏脚"被列入全国非物质文化遗产保护试点项目。农村收看8套以上电视节目覆盖率达到89%。 (拜小玲)

## 彭阳县

县委书记 张佑昌

县 长 张隽华

【概况】 彭阳县系固原市所辖县,土地总面积2528.65平方公里,其中耕地面积100.3万亩,人均4.3亩。现辖3镇9乡156个行政村。2010年,全县实现地区生产总值18.4亿元,同比增长10%。其中一、二、三产业增加值分别达到7.9亿元、4.6亿元和5.9亿元。全社会固定资产投资20.9亿元,同比增长32.5%。地方财政一般预算收入9066万元,同比增长50.6%。社会消费品零售总额3.9亿元,同比增长17.8%。城镇居民人均可支配收入和农民人均现金收入分别达到11479元和3556元,同比增长10.7%和16.8%。

(杨树林)

【人口与计划生育】 截至2010年底,全县总人口262617人,人口密度为每平方公里101.3人。其中,农业人口234997人,占89.5%;回族人口78738人,占29.98%。全年出生5723人,计划内出生3027人,人口出生率、出生政策符合率和自然增长率分别为21.49‰、88.6%和16.11‰。(杨树林)

【农业与农村经济】 大力发展草畜、瓜菜、马铃薯产业,农牧业总产值15.7亿元,较上年增长6%;农牧业提供农民人均纯收入1350元,占全县农民人均纯收入3460元的40%。粮食播种面积70268公顷,粮食总产达1.89亿公斤,同比增长20%。落实粮食综合直补、良种补贴等资金2920万元。实施畜禽"出户入园"工程,畜禽饲养总量达150万个羊单位,其中肉牛17万头、朝那鸡150万只,草畜产业为全县农民人均纯收入增加750元。财政扶贫等资金1516万元,协调金融部门贷款7500万元,补栏良种母牛1.5万头,发展500头以上肉牛养殖示范村18个,建立罗洼君豪、古城中川润泽、新集上马洼富尔康、古城任河返乡农民工、财政补贴资金205万元,扶持朝那鸡养殖示范户5100户。打造孟塬椿树岔、白阳庄、小岔吊岔、耳城4个养殖示范村,带动全县朝那鸡养殖规模达150万只。建立交岔庙庄万亩和王洼镇大沟川、新集下马洼、草庙崾岘、红河宽坪4个千亩以上紫花苜蓿示范点,带动全县种植、翻新紫花苜蓿14万亩,全县巩固优质牧草留床面积102万亩。建成以饲草配送中心为主的"三贮一化"池2.7万立方米,投放牧草收割机7957台、加工机械5316台;财政补贴资金46万元,完成饲草调制3085万公斤,初步形成"饲草基地+配送中心+养殖园区"的草畜产业发展新模式。在巩固提升长城塬食用菌生产园区的基础上,建成红河万亩设施农业示范基地和温沟、恒润集团红河友联、白河、罗堡4个千亩设施蔬菜示范园区,带动新建设施农业2.12万亩。全县设施农业累计面积达5.6万亩,年产辣椒、菌草等各类蔬菜15万吨,产值2亿元,蔬菜产业为全县农民人均增收340元。在古城镇温沟村建成高标准二代日光温室314栋,形成彭阳日光温室建设上的"温沟模式"。推广旱作节水农业新技术,建立古城任河、王洼山庄、孟塬草滩3个万亩示范区和草庙陶涂、城阳长城塬、白阳镇麦子塬、新集海子4个5000亩示范方,建立古城镇5000亩玉米全程机械化生产示范园,带动完成旱作节水农业23万亩。建立三级种薯繁育基地1.6万亩,培育古城镇中川、新集乡上马洼、白阳镇麦子塬、城阳乡长城塬、罗洼乡罗洼5个种薯繁育基地,完成马铃薯种植20万亩。组织申报自治区级农业产业化龙头企业8家,全县规模以上农产品加工企业实现加工产值8000万元,带动全县乡镇企业实现总产值5.21亿元、营业收入5.65亿元、增加值1.82亿元、工业总产值2.46亿元。培育专业合作组织151个、农民经纪人750家,带动全县2.5万农户参与农业产业化经营。争取项目投资1288万元,完成"一池三改"沼气池2000座,建立沼气服务网点97个,推广太阳灶1.02万台、节柴灶1800台。截至年底,全县累计推广沼气池1.5万座、太阳灶4.86万台,沼气池、太阳灶入户率分别达到30%和97%。成功登记彭阳辣椒、固原红鸡为国家农产品地理标志,完成彭阳杏子绿色食品认证,累计认证农产品36个。全县90%的特色种植产品和肉牛、朝那鸡等畜禽产品实行了无公害认证。

(杨树林)

【工业经济】 全县工业总产值达到7.79亿元、增加值3.7亿元,同比分别增长9%和8%,完成计划的103.5%和94.9%。王洼二矿150万吨改扩建工程全部完工。银洞沟煤矿300万吨改扩建工程一期工程顺利建成,完成投资

1.4亿元。全年生产原煤130万吨,实现总产值4亿元,工业增加值2.5亿元,利税1.8亿元。石油开发工程新部署井场15个,累计成井137口,出油107口,日出油量1154立方米,日产原油402吨,全年产油8.6万吨,累计达到17.3万吨。县大有瓦业有限责任公司年产6000万块煤矸石烧结空心砖项目基本建成,总投资3500万元,完成2400万元,产品填补了本县乃至固原市新型环保节能墙体建材的空白。(杨树林)

**【基础设施建设】** 城区面积扩大到4.78平方公里,新增1平方公里;人均公共绿地面积达到36.18平方米,人均增加2.5平方米,绿化覆盖面积达到167.7公顷,新增21.7公顷;县城居民住宅面积达到58万平方米,新增19万平方米、2300套,人均住房面积达到21.05平方米,扩大2.34平方米;集中供热面积达到75万平方米,新增21万平方米。先后被国家住房和城乡建设部命名为"国家园林县城",被自治区住房和城乡建设厅评为"全区政风行风建设先进单位""全区住房和城乡建设工作先进集体"。修编新一轮县城总体规划和古城镇总体规划。全年共争取国家、自治区、县财政以及吸纳社会投资共计10亿多元,完成投资9亿元。

(杨树林)

**【扶贫开发】** 全年共落实基础设施建设、产业开发、社会事业等项目40余项,投放资金4214.3万元,两年累计总投资达7685.6万元,占计划投资2900万元的265%。29个整村推进村投资全部达到了100万元以上;项目惠及农户9271户,占项目区农户总数的92.6%,而低收入户则全部有项目覆盖。各项指标均已完成,项目指标完成率100%,各整村推进村基本实现了"四通十有"目标,整村推进村贫困人口人均纯收入由上年的2380元提高到2700元。2010年,共完成各类项目资金8547.6万元,占计划任务的123%。

(杨树林)

**【招商引资】**全年共实施招商引资项目9个,总投资22.36亿元,实际到位资金4.8亿元。完成市上下达2.6亿招商引资指导性目标任务的184.6%,完成县委、政府招商引资目标任务的120%。其中,续建项目3个,新建项目6个。

(杨树林)

**【旅游产业】** 编制了《彭阳县任山河红色旅游区建设方案》《杨万珍生态农业旅游区建设方案》《乔家渠民俗风情园建设方案》等项目方案。建设皇甫谧文化广场配套展室6间,与盛达旅游开发服务公司联合开发建设乔家渠民俗风情园暨毛泽东长征宿营地。着力打造无量山、五峰山、茹河瀑布等一批境内旅游景点。挂牌成立了中铁青年旅行社彭阳分公司,全年向外输送游客400人(次),旅游收入60多万元。

(杨树林)

**【劳务产业与再就业工程】** 制定了《彭阳县劳务产业发展规划(2010~2015年)》《彭阳县关于开展"春风行动"暨万人转移就业活动的通知》《关于向东南沿海专项转移各类毕业生的通知》《彭阳县秋季转移就业工作方案》。累计转移就业5.1万人,创劳务收入3.5亿元,劳务提供农民人均纯收入1502元。被人力资源和社会保障部命名为"农村劳动力转移就业示范县"。制定了《彭阳县就业创业十二五发展规划(2010~2015年)》,新建创业园区3个,培养小老板253个,培育小企业83家,征集创业项目86个,组织创业能力培训班4期,共培训180人,为260人发放小额担保贷款1070万元,带动就业777人。全县城镇新增就业人数1120人,登记零就业家庭动态清零率为100%,城镇登记失业率控制在3.4%。

(杨树林)

**【林果产业】** 在阳洼、麦子塬、白岔、新洼和安家川等流域建成了以杏子、核桃、花椒等为主的特色经济林4.02万亩,并把麦子塬流域建成节水高效林果示范基地。在全县12个乡镇退耕还林工程重点流域完成低产山杏嫁接改良3.5万亩。新建节能日光温室100栋,定植冬枣、樱桃等优质果树1.4万株,新发展杏子、核桃采穗圃200亩。筹措资金50万元,在长城塬新建杏子烘烤房一座,面积145.6平方米。(杨树林)

**【生态建设与环境保护】** 完成了74万亩退耕地的抚育管护任务,通过了国家林业局阶段性核查验收。高标准打造皇甫谧、莲花山等人文景点30处,绿化造林0.8万亩;结合新农村建设,完成荒山荒地造林5.5万亩,重点对县城南北山进行了高标准绿化。打造生态乡镇1个,生态示范村庄10个。完成县、乡、村道路绿化45公里。在白阳镇、城阳、王洼等乡镇完成封山育林2万亩,抚育中幼林0.5万亩。实施林地监测面积474.28万亩次,监测覆盖率89.7%。完成城市集污及污水处理工程,新建兴彭大街等6条道路污水管网14.3千米,建成处理1万吨/日的污水处理厂1座。投资156万元,新建东岳街道路给排水工程。投资1970万元,实施茹河大街北侧园林绿化工程。总规划削坡挖填土方约14万立方米,拆迁房屋约11000平方米。投资409万元,实施309国道南侧绿化工程。投资87.5万元,实施县城街道、茹河生态园绿化工程。(杨树林)

**【社会事业】** 全县有各级各类学校209所(个),在校学生51637人。建立健全义务教育"控辍保学"长效机制,全县适龄儿童、少年入学率分别达到100%和98.8%。整体搬迁了县二中、县职中,组建县三小;将王洼镇二中合并到王洼镇一中,王洼镇中心小学迁至王洼镇二中旧址,撤销王洼煤矿幼儿园和王洼镇希望幼儿园。全县有区级示范性普通高中1所,区级"书香校园"3所,市级示范性初中2所、小学13所,市级校园文化示范学校3所,家庭教育示范家长学校14所。全县高考位居全市第二。总投资180万元建成中医院附属用房836平方米;建成王洼中心卫生院住院部、6所乡镇卫生院职工宿舍和10所村卫生室,总投资661万元;争取日本驻华投资项目70万元,为王洼中心卫生院配置了医疗设备。县医院、草庙乡卫生院住院部已开工建设主体工程,总投资1698万元。制定下发了《彭阳县流动人口妇幼保健工作社区管理实施方案》和《彭阳县流动人口妇幼保健工作社区管理考核办法》。对全县

267 家餐饮单位实行“一栏两账三册”管理模式。开展了以“弘扬先进文化,构建和谐彭阳”为主题的送文化下乡活动。举办了以“龙腾盛世、虎啸丰年、凤鸣和谐”为主题的元宵灯展、焰火晚会、秦腔专场演出和社火游行表演比赛。编排舞蹈《草堂心雨》《欢聚一堂》、快板《说普法》等文艺节目 35 个,参加区、市各类演出 18 场(次)。举办了“第二届全民读书月”和“第三届文化艺术月”系列活动。《彭阳县志》完成编修,《彭阳史话》出版发行。举办了“书香彭阳”经典诗歌美文朗诵比赛、宜居彭阳“建环杯”城市建设摄影大赛、全县书画、民间艺术、秦腔大赛、花儿演唱会、“彭阳好歌”电视歌手大奖赛、“道德之光”暨“全县第三届文化艺术月”活动颁奖晚会等。实施新型农村养老保险试点工作,全年参保人数 5180 人,征缴养老保险基金 6549 万元,累计结余 9623 万元;企业离退休人员养老金平均调增到 1320 元。全县失业保险参保单位 144 个,参保人数 5670 人,征缴失业保险金 187 万元;城镇职工基本医疗保险参保 8876 人,征缴基金 1589 万元。城镇居民医疗保险参保 8920 人,个人征缴基金 65 万元;工伤保险参保 5158 人,征缴基金 80 万元;生育保险参保 125 个单位,参保人数 3195 人,征缴基金 37 万元,支付基金 8 万元;农村新型合作医疗参合 223540 人,征缴基金 3132.8 万元,累计结余 1800 万元,支付基金 2820 万元,受益 472472 人次。 (杨树林)

# 中卫市(沙坡头区)

市委书记 刘 云

市 长 徐力群

**【概况】** 中卫市地处宁夏回族自治区中西部、黄河前套之首。市辖沙坡头区、中宁县和海原县,共 40 个乡镇,442 个行政村,37 个居民委员会,总面积 17391.3 平方公里,全市人口密度为 68 人/平方公里,境内分布有汉族、回族、满族、蒙古族、东乡族等 21 个民族。2010 年,全市地区生产总值达到 162.23 亿元,人均地区生产总值达到 14170 元,地方财政收入 16.18 亿元,全社会固定资产投资 181.71 亿元。城镇居民人均可支配收入 13980 元,农村居民人均纯收入 4439 元,农村贫困人口由 43.5 万人减少到 21.4 万人。 (李福祥)

**【人口民族】** 截至 2010 年底,全市户籍总人口 118.12 万人,比上年末增加 1.47 万人。有汉、回、满、蒙等 20 个民族,其中汉族 77.07 万人,占 65.25%;回族 40.78 万人,占 34.52%;其他少数民族 0.27 万人,占 0.23%。农业人口 89.35 万人,非农业人口 25.77 万人。男女性比 104.2:100。人口自然增长率 11.03‰。 (李福祥)

**【工业经济】** 全市完成工业总产值 170 亿元,增长 19.3%;实现工业增加值 45 亿元,增长 13.9%。全市规模以上企业完成工业总产值 155 亿元,增长 22.5%;实现工业增加值 41.8 亿元,增长 16%;实现利润 6.1 亿元,增长 74.2%。新建、续建、技改工业项目 72 个,完成总投资 106 亿元,增长 307%。 (李福祥)

**【黄河金岸建设】** 从沙坡头至中宁 151 公里黄河南北标准化堤防工程全面竣工,151 公里滨河大道全线通车。完成 151 公里滨河大道两侧各 110 米宽生态湿地绿化工程,植树 100 万株,恢复湖泊湿地 3500 亩,整理土地 7860 亩,生态环境进一步改善。市“五馆一中心”、中宁体育馆、游泳馆基本建成,中国枸杞博物园、杞乡黄河体育中心即将投入使用。香山湖等黄河湿地资源开发保护项目荣获迪拜奖。 (李福祥)

**【城市建设】** 深入推进国家园林城市、卫生城市、环保模范城市、中国旅游目的地城市和全国文明城市“五创”工作。完成城市总体规划修编,城市规划控制面积达到 2260 平方公里,中卫工业园区、中卫能源化工基地、腾格里沙漠生态屏障等重要功能区纳入了城市总体规划。启动实施创建“中国人居环境奖”城市旧街区硬化绿化亮化净化“四化”工程,完成 12 条街道硬化绿化整地工程。全市新建、续建城镇建设项目 267 个,完成投资 40.2 亿元。市区建成利民路等城市道路 3 条 2.1 公里。建成职教公园。完成滨河路、水城路、五环广场亮化工程和景观水系引水工程,横穿市区 6 公里的景观水系成为一条四季流动的河。 (李福祥)

**【农业与农村经济】** 全市粮食播种面积 250.3 万亩,总产 5.9 亿公斤。实现农业总产值 56.5 亿元,增长 8.4%。鸡、猪、牛、羊饲养量分别达到 887 万只、116 万头、32 万头和 197 万只。建成区、市、县级农田保护示范区 6 个,粮食高产示范区 56 个。推广稻田养蟹 1.2 万亩。引进推广农业新品种 133 个,新技术 42 项。新上、技改、扩建农产品加工项目 11 个,培育农业产业化龙头企业 9 家。扶持发展专业合作组织 52 个,全市 285 个专业合作组织销售农副产品 79.8 万吨,销售收入 15.2 亿元。劳务输出 17.2 万人,创收 9.6 亿元。足额兑付各类涉农政策补贴 5216 万元。新增枸杞 4 万亩,累计达到 34 万亩,实现总收入 13 亿元,杞农人均收入 2300 元。百万亩硒砂瓜实现总收入 11.6 亿元,瓜农人均收入 2930 元。新增设施蔬菜 3.9 万亩,累计达到 24.7 万亩,实现产值 13.5 亿元。发展沙漠农业科技示范大棚及适沙作物 1220 亩,棚均年收益 2 万多元。沙漠设施蔬菜 2 个产品被认证为有机产品。建成永大线旱作节水农业示范区 10 万亩。(李福祥)

**【新农村建设】** 完成总投资 13 亿元,改造农房 10550 户,建成“塞上农民新居”示范点 15 个 1936 户,综合整治旧村庄 57 个。沙坡头区建立了农村垃圾清扫收集转运处理系统。完成乐台、九塘、迎水桥等农村饮水安全工程,11.8 万人的饮水安全得到保障。完成兴仁及永大线节水农业示范项目供水工程,解决了 49.5 万亩农田用水问题。实施中央财政小农水重点县配套节水、农业综合开发中低产田改造项目,改善 9.3 万亩农田灌排条件。实施腾格里沙漠整地、永大线高效节水农业用地整理、滨河湿地水源土地整理等项目,整理土地 3.9 万亩。实施兴仁万人生态移民工程,建设米粮川、高庄等移民安置点 5

个,226户移民迁入新居。在全市63个贫困村投放互助项目资金1660万元,受益4.8万人。（李福祥）

【旅游业】 建设旅游项目30个,完成投资2.7亿元。建成沙坡头旅游区黄河文化博物馆、沙漠观光扶梯、大漠露天吧等项目。完成腾格里沙漠湿地旅游项目二期工程,开发金沙岛旅游休闲度假区,建成生态广场、游客综合服务中心和40幢木屋别墅。举办首届"沙坡头杯"宁夏国际汽车拉力赛、中国·宁夏(中卫)2010年硒砂瓜暨大漠文化旅游节、黄河金岸国际马拉松赛中卫分赛区健康跑等活动。全年接待游客157万人次,增长9%;实现旅游总收入8.39亿元,增长161%。（李福祥）

【生态环境建设】 实施腾格里沙漠东南边缘防沙治沙造林、生态经济林、大南华水生态林、庄点绿化和农田林网等生态建设工程,植树造林32.1万亩。完成永康、兴仁等5个镇(乡)43个村33.2万亩集体林地确权发证试点工作。沙坡头区迎水桥镇、海原县海城镇被命名为国家级"环境优美乡镇",迎水桥镇杨渠村被命名为国家级"生态村"。（李福祥）

【社会事业】 沙坡头区、中宁县基本普及高中阶段教育,高中阶段入学率由65.6%提高到89.7%。中卫职业技术学校在全区率先实现中等职业教育"三免费",毕业生当年就业率达96%。完成中卫五中、中宁二中、海原红羊中学等194所学校校舍安全改造工程。西北干旱地区压砂地持续利用关键技术研究示范6个课题通过科技部验收。沙漠有机果蔬集成技术研究示范项目开展10多项设施农业提质增效新技术试验。引黄灌区信息化技术研发集成项目获国家科技支撑计划支持。培育科技型中小企业14家,专利获授权19件。科技特派员引进种养新品种80个,推广新技术19项。争取国家和自治区科技项目27个。创建科普示范县1个、示范乡镇6个、示范村(社区)66个。建成市医院120急救中心、中宁县医院住院综合楼、宁安镇卫生院,新建中医医院康复楼、村卫生室27个。在全区市级医院中率先推行电子病历,实现了诊疗信息微机化采集管理。建成农家书屋146个。完成《羊皮筏子非遗文化》《大麦地岩画》电视纪录片创作摄制。35集电视剧《风雨沙坡头》荣获"影响中国旅游的一部电视剧"金奖。在自治区第十三届运动会和第七届全区少数民族运动会上,中卫市夺得20金13银10铜。实施海原县国家级、沙坡头区自治区级和中宁县市级农村养老保险试点,60多万农村居民受益。新型农村合作医疗参合人数87.3万人,参合率95.5%。解决了1.8万名城镇职工及灵活就业人员、5753名关闭破产企业退休人员的养老保险、医疗保险历史遗留问题。城镇居民医保、城镇职工养老、失业、医疗、工伤和生育保险参保人数分别达到8.6万人、7.1万人、3.9万人、7.5万人、4.9万人和4.1万人。新建廉租住房和公共租赁住房5.48万平方米,经济适用住房13.4万平方米。为2247户困难家庭发放廉租住房租赁补贴900万元,廉租住房实物配租487户。拆迁改造、妥善安置城市棚户区727户。办理人大议案、建议48件,政协提案147件,办复率100%。（李福祥）

【十件民生实事】 建立农村新型养老保险制度,惠及全市60多万农村居民。扩大特重大病医疗救助范围,为660名城乡特重大病患者发放救助金1214.5万元,为特困患者预借21万元,为4585名城乡低保对象审报住院医疗救助1983.9万元,为9.44万名城乡低保户发放门诊救助和资助参保参合820.3万元。高中阶段入学率达到89.7%,应届初中毕业生升学率达到96.2%。"五馆一中心"基本建成。新建城镇居民安置用房18.88万平方米。新增就业岗位5618个,落实公益性岗位345个,"4050"人员就业159人。兴仁万人生态移民工程建设安置点5个、住房2039套。沙坡头区妇幼卫生"五免一救助"政策惠及群众15628人。沙坡头区农机具免费入户挂牌2200台,免费检验机车940台,免费培训农机驾驶员2200人,免费审验农机驾驶员910人。生态休闲旅游惠民工程惠及市民8.96万人次。未完成的两件实事是开工建设全民创业城和改造东园农贸市场。（李福祥）

# 中宁县

县委书记 张兴斌

县　　长 左新波

【概况】 "中国枸杞之乡"——中宁县,系中卫市所辖县,县辖5镇、6乡,1个红梧地区管委会,12个城镇社区,114个行政村,8个农林牧渔场。县域总面积4367.7平方公里。全县地区生产总值达到67.3亿元,增长18.2%;全社会固定资产投资92.2亿元,增长1.7倍;完成地方财政收入7.8亿元,增长36.9%;城镇居民人均可支配收入13380元,增长7.2%;农民人均收入5288元,增长14.5%。2010年先后荣获全国绿色名县、全国基本农田保护先进县、中国可持续发展品牌县、中国最佳产业转移示范园区及全区招商引资先进县、文化建设先进县、婚育文明示范县、依法行政工作先进县、新农村建设先进县、农田水利基本建设一等奖等40多项国家和自治区级荣誉称号。（朱宁霞）

【人口与计划生育】 2010年末,全县总人口31.4万人(常住人口)。全年共出生3433人,人口出生率10.6‰;自然增长率6.78‰;计划内出生3317人,计划生育率96.62%;实施"四术"4119例,综合节育率93.13%。新建了刘桥村生育文化园、永兴村人口文化广场等5个新型宣传教育示范点,创建婚育文明示范村27个、社区4个、示范户50852户。累计落实"少生快富"工程项目户1439户,兑现奖励资金534.4万元。新创建了红宝村、大战场村、徐套村3个区级少生快富致富项目(红枣、枸杞、硒砂瓜)示范点。2010年先后获全国"幸福工程项目示范点"奖、全区"阳光计生"创新奖和自治区"婚育文明示范县"等荣誉称号。（朱宁霞）

【工业经济】 全县规模以上企业发展

到32家。其中,产值过亿元的14家,10亿元以上的2家。全县规模以上企业完成工业总产值80亿元,增长29.7%,实现增加值21.5亿元,增长18.6%。

(朱宁霞)

【招商引资】 全县共引进招商项目81个,协议引进资金334.22亿元,实际到位资金95亿元。国企500强中的中石化枸杞深加工项目、中石油天然气项目相继落户本县并开工建设,民企500强中的锦宁、吉利、联华国际等企业集团先后在本县置业。(朱宁霞)

【农业与农村经济】 年内实现农业增加值11.7亿元,增长6.3%。财政支农5.1亿元,增长55%,发放粮食、良种、农机、农资综合、退耕还林等补贴资金1亿多元。全县粮食连续6年实现增产,总产量达到2.6亿公斤。新植枸杞3.2万亩、红枣4.1万亩、苹果2.1万亩,种植硒砂瓜38.6万亩、供港蔬菜1.15万亩。中宁枸杞进入中石化3万多家易捷便利店,硒砂瓜挺进“家乐福”等国际知名连锁超市。来自特色产业的农民人均现金收入达到5010元,增长18.1%。落实标准化生产规程,建设了清水河、红梧山、上渠等出口枸杞生产基地,建成标准化规模养殖场(园区)23个,猪、牛、羊等饲养量持续扩大。启动实施了永大线、滚泉坡2.7万亩高效节水农业一期项目。改造中低产田10万亩,新开发整理土地7.9万亩。

(朱宁霞)

【城乡建设】 全力打造生态园林城市。启动实施城市重点建设项目45个,开工建筑面积逾百万平方米。新修、改造、打通了滨河南路东段、富民路、109国道古城段、正大中路、育才南路、富康西路等主干道路。深入开展“城乡环境综合整治年”活动,对宁安南街等城市主干道路临街建筑物立面、店铺牌匾、人行道进行整治改造和夜景亮化,新增高标准城市绿化带30万平方米,增设了公交候车亭、健身路径、公厕、乡村垃圾收集转运等设施。配建廉租房、经济适用房2600余套,新建、续建太平、黄羊等“塞上农民新居”示范点6个981户,改造旧庄点23个,翻建危旧房3118户,硬化农村巷道48公里,城乡面貌明显改观。(朱宁霞)

【社会事业】 启动实施了32所学校新建、迁建及校舍安全改造工程,中宁二中、六中、职业教育培训中心建成投入使用。扎实推进“三名”工程,17所学校、188名教师、25名校长入选“名校”“名师”“名校长”储备库。实施文化惠民工程,完成了广播电视播控中心改造,新建的文化宣传中心综合大楼及恩和、徐套等7个乡镇文化站全部交付使用。新堡镇“夕阳红”农民文化大院原创节目在香港、上海世博会演出并荣获金奖。建成县医院住院部综合大楼、宁安卫生院及高山寺等10个村卫生室。已获批实施科技项目38个。引进枸杞高压枪施肥、枸杞捆草绳施肥壮杆、静电超低量喷药防治病虫害、生物制剂、土壤调理剂、根生元功能肥等项新技术96项,引进宁杞五号、09-1、95-2、新金兰等新品种86个;成功研制了新一代枸杞采摘机、枸杞电动修剪机、枸杞自动循环热风烘干机、高压施肥枪、砂土分离机、挖穴点播机、太阳能驱鸟器等新机械29种;开发出了枸杞浓缩汁、枸杞多糖等新产品90个。扶持科技特派员创业项目18个,培育科技型企业6家,建成红梧山科技特派员集群创业园枸杞科技试验基地、大青山硒砂瓜新技术新品种等示范基地。县内生态移民工程基本竣工,2.3万山区群众迁入新村,撒不拉滩移民区成为全区的示范样板,徐套乡实现整建制搬迁。率先在全市推行和实施新型农村社会养老保险制度。医疗卫生“四免一救助”、免费中等职业教育、山区学生免费营养早餐、困难寄宿生生活费补助、贫困生资助、弱势群体免费法律援助、残疾人康复和孤儿生活救助等政策惠及城乡群众,全年直接用于保障和改善民生的各类投入达2.8亿多元。(朱宁霞)

## 海 原 县

县委书记　王文宇

县　　长　马新民(回)

【概况】 海原县系中卫市所辖县。总面积4989平方公里,辖5镇、12乡、3个管委会(甘盐池管委会、老城区管委会、新区管委会)、1个管理处(南华山涵养林管理处),166个村委会、8个居委会。2010年,全年完成地区生产总值19.6亿元,比上年增长15.3%;地方财政一般预算收入5952万元,比上年增长13.9%;完成社会固定资产投资18亿元,比上年增长20%;城镇居民人均可支配收入11500元,比上年增长11%;农民人均纯收入达到3110元,比上年增长15.6%;全县社会消费品零售总额5.3亿元,比上年增长25.5%。

(李瑞东)

【人口发展变化】 2010年末,海原县总人口为463706人,其中回族320680人,占总人口的69.15%;农业人口420164人,占总人口的90.61%。当年人口出生率为17.34‰,人口自然增长率为13.15‰,计划生育率为78.1%。落实“少生快富”项目户1649户(其中扩面试点项目户958户);完成社会抚养费征收2419例,征收社会抚养费130.8万元。(李瑞东)

【农业与农村经济】 全县完成农作物种植217万亩。建成以高崖乡、关桥乡为核心的压砂地西甜瓜种植区11.52万亩,以甘城、三河、李旺、西安等扬黄灌区和库井灌区乡镇为主的地膜西甜瓜种植区1.17万亩,重点建设高崖草场村、关桥冯湾村压砂地设施拱棚甜瓜生产基地1.2万亩。种植马铃薯101.3万亩,重点建成南部35万亩和中部50万亩两个马铃薯产业带。建成马铃薯原种生产基地1200亩,建成1万亩一级种薯生产基地。西安马铃薯脱毒种薯繁育中心投入运行生产,繁育脱毒种苗300万株,生产原原种615万粒。小茴香种植12.06万亩,建成以西安镇园河流域为核心的小茴香产业带,着力打造以优势特色小茴香为主的中药材生产基地和集散地。葱韭蒜种植5.16万亩,建立海城山门村、史店苍湾村、田拐村、郑旗村、关桥方堡村、贾塘马营村优质葱韭蒜专业村和生产基地。葵花种植8.64万亩,建成以三河、七营、李旺、高崖等乡镇为核心的优质葵花种植区。露地蔬菜 4.75 万亩,设施农业 8.7 万亩。牛、羊、鸡、猪饲养量分别达到 13.52 万头、106.56 万只、130 万只、11.5 万头,存栏分别达到 6.67 万头、46.6 万只、61 万只、5.01 万头,出栏分别达到 6.85 万头、59.96 万只、69 万只、6.49 万头。肉类总产量 2.27 万吨、禽蛋产量 3920 吨。完成农牧业总产值 16.09 亿元,其中种植业产值 11.3 亿元,养殖业产值 4.79 亿元,农民人均农牧业纯收入 2178 元,分别增长 26.1% 和 21.8%。 (李瑞东)

**【工业经济】** 形成了以滩羊皮草加工、马铃薯加工、粮油加工、金属冶炼、机械加工、建材加工为主的工业体系。全县实现工业产值 4.4 亿元,增长 29.4%;实现工业增加值 1.2 亿元,增长 33.3%。 (李瑞东)

**【基础设施建设】** 2010 年,全年共开工建设各类项目 125 个。重点完成设施农业、巩固退耕还林成果、石峡口水库除险加固、凤凰山综合治理、人饮改造等工程,累计完成投资 5.1 亿元;市政交通项目 28 个,重点完成垃圾无害化处理、可再生能源建筑应用示范、贾塘至双河、海原至靖远公路、行政村通油路等工程,累计完成投资 6.2 亿元;社会事业项目 26 个,重点完成新区职教中心、新区医院、海原一中宿舍楼、中医医院门诊楼、海原地震博物馆一期等工程,累计完成投资 3.6 亿元;招商引资项目 22 个,重点完成物流中心、供销中合农副产品批发市场、亨源粮油、金海石膏等项目,累计完成投资 2.1 亿元;公检法及区直办公楼项目 19 个,累计完成投资 1 亿元。 (李瑞东)

**【新农村建设】** 全年实施农村危房改造 1822 户,建成海城镇山门村等 8 个新农村建设示范村和地质灾害搬迁集中安置点;完成高崖土地开发整理 6.2 万亩,兴修旱作基本农田 3.5 万亩;完成中坪水库和设施农业供水工程,实施南部、八斗等农村安全饮水项目,解决了 6.3 万人的安全饮水问题;完成海靖二级公路改造,建设农村公路 255 公里,行政村通硬化路率达 76%。开展了乡村环境整治,采取拆违、治乱、刷丑、植绿、改造、严管等措施,使乡村面貌焕然一新。 (李瑞东)

**【新区建设】** 全年实施重点项目 20 个,实际完成建设投资 40529 万元。续建项目陆续建成,新建项目相继开工。其中,投资 3500 万元完成市政道路 13.1 公里;投资 1100 万元完成排水管网铺设 15.7 公里;投资 1300 万元完成供水管网铺设 39 公里;投资 200 万元完成太阳能无极灯及庭院灯安装 270 盏;投资 1400 万元完成垃圾无害化处理进场道路及库区土方工程;投资 1150 万元完成新区一中、职中、医院、住宅及贾塘中学等可再生能源应用覆盖面积 30 万平方米的太阳能热水系统;投资 1500 万元完成丽水铭城住宅小区基础工程;投资 750 万元完成清雅宾馆建设工程;投资 150 万元完成汽车站基础工程;投资 600 万元完成利民客运主体工程;投资 500 万元完成宏创建材实验室建设工程;投资 1200 万元完成兰通建材批发市场建设工程;投资 800 万元完成延盛商贸餐饮楼工程;投资 1000 万元完成 2 号集中供热项目;投资 3000 万元完成凤凰园小区 3 万平方米住宅建设;投资 10000 万元完成红宝花园住宅小区 6 万平方米住宅建设;投资 6000 万元完成商贸城主体工程;投资 3000 万元完成天然气储气站建设;投资 2000 万元完成三河宾馆建设工程;投资 2089 万元完成廉租住房建设项目。

(李瑞东)

**【老城区改造】** 4 月,开展老城区"百日环境综合整治暨绿化美化"活动,使老城区面貌进一步改观。全年筹资 2900 万元,新建、改造了部分市政工程。其中,投资 20 万元完成五桥沟输水管网改造 1.2 公里;投资 26 万元完成路灯安装 87 盏;投资 120 万元完成北出入口改造工程;投资 1100 万元完成污水处理厂建设工程;投资 80 万元完成排水管网铺设 1.2 公里;投资 558 万元完成回购和改建廉租住房 319 套;投资 50 万元完成地震博物馆场地硬化和森林公园阶梯护坡及街道维修工程。

(李瑞东)

**【生态建设】** 海原县把生态保护与建设作为最大的基础工程,大力开展绿化造林活动,全年完成造林 14.2 万亩、退耕还林补植补造 23.3 万亩,扩大了南华山、凤凰山、西华山、月亮山的绿化面积,使全县森林覆盖率达到 12%。

(李瑞东)

**【招商引资】** 共落实亨源粮油加工、金海石膏加工、建大钢结构加工、新区现代物流中心、新区农贸市场、三河宾馆、利平商贸城等新建、续建项目 33 个,实际到位资金 2.12 亿元,完成全年目标任务 1.8 亿元的 117.8%。其中新建项目 7 个,计划投资 6.65 亿元,实际到位资金 1.16 亿元;续建项目 26 个,到位资金 0.96 亿元。工业项目 23 个,到位资金 0.49 亿元;商贸服务项目 10 个,到位 1.63 亿元。已投产运营的项目 17 个。

(李瑞东)

**【旅游建设】** 编制完成全县旅游发展规划,立足南华山、九彩坪拱北、天都山、地震遗址等资源,着力发掘花儿文化、地震文化、西夏文化、蒙元文化潜力,开辟精品线路,大力发展旅游业,全年实现旅游收入 70 余万元。形成了以海原职中剪纸刺绣培训基地、海原剪纸刺绣开发研究协会、"千真绣"等剪纸刺绣非物质文化遗产传承单位 10 余个,年产值达 1400 多万元。 (李瑞东)

**【社会事业】** 投资 6921 万元,新建、加固 83 所中小学校舍面积 7.5 万平方米。李旺等 8 个乡镇通过市政府创建教育强县评估验收。全县一二本上线人数 647 名(其中重点本科 253 名),普通高考录取 1748 名,高考录取率为 72%。本科上线率位居全市和宁南山区前列,县上筹资 128 万,重奖了优秀教师。完成新区医院及移动医院建设,新建标准化村卫生室 20 所,无害化卫生厕所 2245 所。成立海原县广播电视台,启动文化信息资源共享网络乡村服务点工程,实施"春蕾""沃土""励志"三大文化工程,建设完成乡镇综合文化站 12 个。争取项目资金 312 万元,新建农家书屋 55 个,乡镇和村级文化资源共享服务点 25 个(乡镇 17 个,村级 8 个),实施文化进农家项目 32 户。县、乡、村三级共同文化服务体系基本建立。实施广播电视“户户通”工程11400户。协助自治区文化厅举办了首届中国回族非物质文化遗产保护国际研讨会。《回乡婚礼》在全国“两会”期间成功演出13场(次)。创作编排的回族花儿联唱《富民政策到山庄》在首届中国农民艺术节上荣获金粹奖。推选的阿依舍绣庄和农民艺人伏兆娥的剪纸刺绣作品,在首届中国农民艺术节上获得民间艺术书画剪纸刺绣精品最佳展出奖。出版了海原民歌花儿专辑、花儿歌舞剧《大山的女儿》和花儿风情剧《回乡婚礼》宣传光盘。组织“2010激情广场·魅力海原”文化演出30余场。开展“道德模范宣传年”活动。策划发行了《中卫日报·海原版》。举办了将军百幅书画展和革命文物展及海原县革命老区建设促进会,筹办了海原地震博物馆布展及海原大地震90周年学术研讨会议。全年为民承诺的12件实事全部办结。全年输出劳务9.5万人次,创收4.8亿元。新增城镇就业1153人,登记失业率控制在4%,妥善解决了1950名企业职工养老保险和414名企业退休人员医疗保险历史遗留问题,清欠农民工工资203万元。启动实施国家级新农保试点工作,全县约有20万适龄参保对象和4万多位60岁以上老人受益。新农合覆盖面不断扩大,参保率达到96%,在全区率先推行“创新支付制度,提高卫生效益”试点项目,核报医药费4600万元,受益人口达65万人次。发放城乡低保、医疗救助、五保供养等各类民政救助资金7200万元、救灾资金1415万元、救灾面粉930吨。实施城市低收入住房困难保障家庭1727户,完成廉租住房改建及回购319套。兑付农资、粮食、退耕还林、退牧还草等补贴资金13.1亿元,惠及7.9万户36.6万人。加快第三批25个整村推进脱贫步伐,解决了2.7万贫困人口的脱贫问题。 (李瑞东)

# 党派群团

编辑:张明鹏　张　哲

## 中共宁夏回族自治区委员会

### 综　述

【概况】　2010年,自治区党委团结带领全区各族干部群众,扎实推进各项建设,保持了经济平稳较快发展的态势,各项社会事业取得新的成绩。全区实现地区生产总值1643亿元,增长13.4%;全社会固定资产投资达1464.7亿元,增长30.9%;财政一般预算总收入287亿元,增长34.3%,其中地方一般预算收入153.6亿元,增长37.7%;城镇居民人均可支配收入15345元,增长9.4%;农民人均纯收入4675元,增长15.5%,全面完成了"十一五"规划的各项目标任务。　(何鹏程)

【贯彻落实中央重大决策部署】　6月1日,自治区党委、政府出台《关于加快转变经济发展方式的意见》,提出加快转变经济发展方式的指导思想、基本原则、总体目标和重点任务,依靠发展壮大特色优势产业转变经济发展方式,依托高新技术提升产业层次转变经济发展方式,通过节能减排的倒逼机制转变经济发展方式,把巩固和发展经济回升向好势头与确保完成节能减排任务结合起来,采取有保有压、有促有控的针对性措施,促进资源优势向经济优势转化,提高经济发展的质量和效益。在全区开展深入实施西部大开发战略大学习活动,明确提出"五个新"(在统一思想上要有新提高,在推进思想解放上要有新突破,在促进科学发展上要有新举措,在转变工作作风上要有新成效,在促进社会和谐上要有新气象)的目标要求,组织全体党员、干部认真学习、坚决落实,积极动员广大群众广泛参与、投身实践,进一步统一认识、解放思想、凝聚力量、增强信心,为推进宁夏在新一轮西部大开发中实现新的跨越奠定强有力的思想基础。党的十七届五中全会后,在全区迅速掀起学习贯彻热潮,并以全会精神为指导,研究制定宁夏"十二五"规划《建议》。认真组织学习胡锦涛、吴邦国、李克强、周永康、回良玉、李源潮、张德江等中央领导在宁夏视察时的重要讲话精神,及时研究部署,提出贯彻意见,把学习贯彻中央领导的重要讲话精神与贯彻落实中央的一系列重大决策部署紧密结合,与扎实做好各项工作、圆满完成"十一五"目标任务紧密结合,努力把中央的关怀转化为强大动力,创造性地抓好工作落实,为"十二五"开好头、起好步奠定坚实基础。　(何鹏程)

【工业经济稳定增长】　2010年,自治区紧扣工业经济增长目标,在加快发展中调结构,在调整结构中降能耗,工业经济运行质量和效益不断提升,为全区经济发展提供了有力支撑。用足用活一系列扩大内需政策措施,坚持实施项目带动战略,以大项目带动大投资,以大投资推动大发展,自治区确定的重点工业项目累计完成投资188.8亿元。加快宁东能源化工基地等重大项目建设,支持龙头企业发挥带动作用,对50户重点工业企业加强煤电油运协调调度,帮助解决生产经营困难。变节能减排压力为动力,不失时机地推进工业结构调整"八大工程",加快实施"五优一新"产业调整振兴规划,不断强化新能源、煤化工、新材料、装备制造、特色农副产品加工和高新技术产业优势,进一步优化工业产业结构。加大技术改造创新力度,重点抓好纺织、轻工、装备制造、信息产业和中小企业技术改造,全年完成技改投入160亿元。针对高耗能工业节能减排任务异常艰巨的严峻形势,采取"十大铁律",打好节能减排攻坚战,扭转了前三季度能耗持续增长的不利局面,全年单位GDP能耗下降4.13%,二氧化硫和化学需氧量排放量分别下降1.02%和2.56%,全面完成"十一五"节能减排任务。　(何鹏程)

【加快农业农村经济发展】　自治区始终把农业作为经济发展的基础产业,坚持稳粮保供给、增收惠民生、改革促统筹、强基增后劲,加快发展现代农业,千方百计促进农业提质增效、农民持续增收和农村稳定发展,农业农村经济保持了良好发展态势,农民人均纯收入增幅连续6年高于全国平均水平。针对倒春寒等情况,在稳定粮食种植面积的基础上,积极压夏增秋,调整农业种植结构,粮食产量突破350万吨,实现连续7年增产。持续推进"三大示范区"和13个特色优势产业带建设,100万亩设施农业和100万亩覆膜保墒旱作节水农业工程提前一年完成,全面启动120个现代农业示范基地创建工作。探索高端特色农业发展方式,打造农产品知名品牌,促进特色优势产业提质、扩量、增效,优质农产品的知名度进一步提高。加快实施农业产业化龙头企业升级工程,推进农产品精深加工,扩大标准化规模养殖,扶持农超对接生产基地和农产品外埠销售窗口,努力提升农产品生产、加工、流通各环节效益,农民增收渠道不断拓宽。大力实施中北部土地开发整理重大工程,组织开展大规模农田水利基本建设,全面完成加固改造54座病险水库任务,进一步改善了农业生产条件,为保障粮食安全、防洪安全和生态安全奠定了坚实基础。(何鹏程)

**【推进城乡一体化】** 自治区坚持中心城市带动战略,着力打造黄河金岸,加快沿黄城市带建设步伐,不断完善县城和中心城镇功能,402公里黄河标准化堤防全面竣工,508公里滨河大道全线通车,完成绿化造林22万亩。加快构筑综合交通运输体系,石嘴山(崇岗)至银川和孟家湾至营盘水高速公路、国道211线白土岗至太阳山段和吴忠黄河大桥建成通车,太中银铁路年底前建成通车并开行动车组,银川火车站南站及物流中心正式开通运营,固原机场已正式投运,以银川为中心的"一小时经济圈"和以4个设区市为次中心的"半小时通勤圈"正在加速形成,经济社会发展环境进一步优化,人民群众生产生活更加便利,城市对农村的辐射带动作用不断增强。开展农村公路建设质量年活动,推进农村公路示范工程,继续抓好"百村示范、千村推进"创建工作,坚持新村建设与旧村综合整治相结合,新农村建设取得新的成效。加强城乡社区建设和管理。加快全国防沙治沙综合示范区和生态林业工程建设,继续实施巩固退耕还林、退牧还草成果专项规划,全区生态环境不断改善。继续大力推动县域经济发展,鼓励各县(市、区)立足县情、因地制宜、发挥优势,县域经济呈现竞相发展局面。5月11日,召开第四次固原工作会议,制定针对性政策措施,支持固原地区加快发展。优化环境,加强引导,支持非公有制企业积极参与资源开发和国有企业重组,鼓励有一定实力的个体工商户二次创业,非公有制经济发展速度明显加快,规模不断扩大。加快物流、金融、旅游、会展等服务业发展,继续推进"三大口岸"和"九大物流中心"建设,惠农陆路口岸正式投入运营。加强市场供应,调控价格水平,保持城乡市场活跃繁荣,社会消费品零售总额突破400亿元,增长19%。引进区外银行在宁设立分支机构和支持企业直接融资取得突破,招商银行银川分行挂牌营业,青龙管业在深圳成功上市。精心打造西部独具特色的旅游目的地和面向穆斯林地区的国际旅游目的地,实现旅游总收入67.8亿元,增长27.6%。(何鹏程)

**【推动各项社会事业】** 坚持强区与富民并重,基本实现新增财政收入的三分之二用于保障和改善民生,自治区实施的30件民生实事全面落实,基本公共服务均等化有效推进。实施教育优先发展战略,启动"义务教育均衡发展行动计划",开展教育强县创建工作,抓紧中小学校舍安全工程建设,完成第一批工程120万平方米。抓好标准化高中建设,不断提高优质教育资源的普惠性。扩大中等职业教育规模,实施农村家庭经济困难学生和涉农专业学生免学费计划,为有上学意愿但没有考上高中和大学的学生创造继续学习的条件,中职招生规模达到5.6万多人。实施二期"百所回民中小学标准化建设工程",民族教育稳步推进。支持高等院校重点学科和高职院校骨干示范专业建设,高等教育质量不断提升。加快发展学前教育,学前三年入园率达到46%。实施创新基地建设工程,加强科技资源共享平台建设,在构筑科技创新体系上取得新的进展。推进科技特派员创业行动在全区农业领域实现全覆盖,实施"5183"农业科技专项(5年实施18个重大专项,建立30个高标准示范园),大力培育科技型企业,提升工业科技创新能力,科技进步和创新在全区经济社会发展中发挥了重要支撑作用。把提高人民群众健康水平作为最大的民生和福利,积极推进医药卫生体制改革。国家基本药物制度实现全覆盖,构筑了保障群众基本医药需求的安全网。新改扩建一批县级医院、中心乡镇卫生院、村卫生室和社区卫生服务中心,方便了群众就医看病。在全面开展城镇居民医保的基础上,所有县(市、区)实现新型农村合作医疗保险门诊统筹,继续深化药品"三统一",在银川市和固原市实施城乡居民"一元钱享受基本医疗卫生服务"。开展妇幼卫生"四免一救助"工作,实现县级消除碘缺乏病目标,启动公立医院改革试点工作,基本公共卫生服务均等化取得新的进展。认真做好人口与计划生育工作,组织开展第六次人口普查,深入实施"少生快富"工程,人口自然增长率控制在9.4‰。加强就业和社会保障工作,把全民创业作为促进就业的重要载体,认真落实扶持措施,以创业带动就业。加强就业服务指导和培训,继续实行"三支一扶"政策,引导大学毕业生服务基层、实现就业,坚持购买公益性岗位,帮助城镇就业困难人员实现就业和再就业,城镇新增就业6.9万人,登记失业率控制在4.35%。克服财政困难,提高基本养老保障水平,妥善解决社会保障历史遗留问题。新型农村合作医疗保险试点扩大到全区,提高城乡低保标准和补助水平,实行困难家庭临时生活救助,发展残疾人事业,在全国率先建立孤儿养育津贴制度,社会保障体系不断完善。加快建设廉租房、经济适用房、公共租赁房和限价房,努力为城市低收入住房困难家庭提供住房保障。抓好安全生产,重视消防、人防工作,加强食品药品质量监管,做好气象、地震监测预警和防灾减灾工作,"8·11"同心严重山洪灾害无一人伤亡,有力保障了人民群众生命财产安全。高度重视贫困地区人民群众的生活改善,深入做好扶贫开发,完善扶贫开发方式,继续抓好整村推进工作。新建、续建生态移民项目区18个,新建移民住房31.9万平方米,完成定居移民4.1万人。巩固劳务移民规模,加强农村外出务工人员培训,转移农村劳动力就业75.5万人,实现劳务收入42.2亿元。拓宽产业移民渠道,在银川、青铜峡等地鼓励企业修建农民工公寓,稳定农民工就业。着眼于山川协调发展和与全国同步实现全面建设小康社会的需要,在深入调研论证的基础上,提出对中南部地区35万贫困群众实施生态移民,使他们从根本上摆脱苦瘠环境的扶贫攻坚计划。加快饮水安全项目建设进度,盐环定扬黄续建宁夏专用饮水工程和中部干旱带七项重点人饮工程基本建成,39 万饮水困难群众喝上了安全洁净的放心水。加强闽宁对口帮扶协作,广泛开展社会帮扶工作。（何鹏程）

**【深化改革开放】** 推进投资体制改革,完善招投标管理,规范非经营性政府投资项目代建制管理。深化直管县财政体制改革,加强债务管理,初步建立了覆盖广泛、重点突出的转移支付体系。增强税收调控功能,推进社会综合治税,各项税收大幅提高。继续深化国有企业改革,不断壮大国有经济实力,区属国有大型企业资产总额达到 2550 亿元,同比增长 19%,实现利润 75 亿元,同比增长 41.5%。继续推进农垦改革发展,健全经营管理体制,整顿和加强农垦土地管理,农垦事业焕发新的生机。进一步转变政府职能,取消和调整 35 项行政审批事项,开展"省直管县"试点工作,加快供销合作社改革发展,创新沿黄城市一体化体制机制,户籍制度改革试点正式启动。推进经营性文化事业单位转企改制,筹建宁夏演艺集团,整合全区广播电视网络,深化实施黄河出版传媒集团与中国出版集团战略重组,文化体制改革迈出实质性步伐,文化产业和文化事业取得新发展。加快发展内陆开放型经济,与商务部、中国贸促会联合举办首届中国·阿拉伯国家经贸论坛,建立了中国面向阿拉伯国家和穆斯林地区的国际经贸合作平台,向世界展示了发展、开放、奋进的新宁夏形象,内陆开放型经济取得了新的突破。成功举办了 2010 年中国(宁夏)国际投资贸易洽谈会。举办了"中国(宁夏)园艺博览会""中国宁夏国际文化艺术旅游博览会""中国西部(银川)房·车生活文化节、"中国西部服装服饰艺术节"等系列特色节会,开展了世博会宁夏周等对外推介活动,组团参加区外一系列大型经贸投资洽谈会,加大招商引资力度,加强外贸进出口工作,拓宽出口渠道,扩大出口规模,全年外贸进出口总额 19.6 亿美元,增长 63.2%,其中出口增长 57.5%。

（何鹏程）

**【巩固民族团结】** 把巩固和维护民族团结作为加快发展、促进和谐的重要前提和保证,始终牢牢把握各民族"共同团结奋斗、共同繁荣发展"这个民族工作主题,始终切实遵循平等、团结、互助、和谐这个处理民族问题的重要原则,始终牢固树立"三个离不开"的重要思想,始终大力发扬各族干部群众同呼吸、共命运、心连心的优良传统,始终坚持和完善民族区域自治制度。深入开展民族团结进步创建活动,在扶贫开发、生态移民、劳务输出等方面充分考虑少数民族群众的实际需要,支持少数民族聚居地区不断改善基础设施条件,积极培育发展特色产业,提高自我发展能力,切实维护少数民族群众的合法权益,民族团结进步事业不断巩固和发展。坚决贯彻党的宗教工作基本方针,全面贯彻党的宗教信仰自由政策,依法管理宗教事务,坚持独立自主自办原则,积极引导宗教与社会主义社会相适应。及时稳妥处理涉及民族宗教因素的各类突发事件和敏感问题,坚决抵御和严厉打击境内外非法传教和渗透活动。加强朝觐服务管理工作,开展和谐寺观教堂创建活动,努力减轻信教群众宗教方面的经济负担,维护广大信教群众的利益。加强宗教教职人员培训教育,发挥宗教人士的积极作用,切实维护各宗教之间、各教派之间以及教派内部的团结,保持了宗教领域的和谐稳定。（何鹏程）

**【民主政治建设】** 坚持和完善人民代表大会制度,加强和改进对人大工作的领导,支持人大依法履行职责、开展工作。指导和支持人大加强和改进立法工作,制定和修改地方性法规 6 件,废止地方性法规和法规性决定 8 件。支持人大加强对"一府两院"工作的监督,加强对民生计划落实的监督,开展执法检查和重大建设项目实施情况专题调研,加大监督力度,增强监督实效。坚持党管干部和人大依法任免干部有机统一,支持人大依法履行人事任免职责。重视和加强人大代表议案、建议督办工作,人大代表的主体作用得到有效发挥。强化基层民主管理,完善基层群众自治制度,顺利完成村"两委"换届工作。坚持和完善中国共产党领导的多党合作和政治协商制度,发挥人民政协协调关系、会聚力量、服务大局的作用,支持政协就全区经济社会发展重大问题开展调研、视察、考察活动,做好建言献策、联系各界、反映民意等工作。坚持重大事项通报制度,在制定"十二五"规划《建议》等重大决策前,认真听取各民主党派、工商联、无党派代表人士的意见和建议,广泛集中民智,坚持民主决策,形成整体合力。加强统一战线工作,正确认识和处理政党关系、民族关系、宗教关系、阶层关系、海内外同胞关系,支持民主党派、工商联加强自身建设,组织开展民主党派"思想建设年"活动,加强党外人士的思想政治教育,发挥统一战线的作用和优势。加强和改进党对工会、共青团、妇联等群团组织的领导,充分发挥其广泛联系群众的桥梁纽带作用。做好侨务和对台工作。加强国防教育和国防动员建设,发扬双拥工作优良传统,拥政爱民、拥军优属工作取得新的成绩。坚持依法治区,强化依法执政意识,全面推进依法行政,认真执行经济社会发展规划和财政预算报告。加大法律宣传普及力度,组织开展"法律六进"活动,全面完成"五五"普法检查验收。坚持维护稳定第一责任,深入推进社会矛盾化解、社会管理创新、公正廉洁执法三项重点工作,继续开展"百日矛盾纠纷大排查大调处"和"大走访"亲民爱民实践活动,推行涉法涉诉信访"双向承诺"制度,有效化解了一批矛盾纠纷和信访积案。继续深化平安宁夏创建活动,进一步加强社会治安综合治理,严厉打击各类犯罪,抓好学校、幼儿园周边安全保卫工作,实施"青少年违法犯罪社区预防计划",营造了良好的社会治安环境,人民群众的安全感不断增强。（何鹏程）

**【推进宣传思想文化工作】** 坚持党管媒体原则,以团结稳定鼓劲、正面宣传为主,组织开展转变经济发展方式、深入实施西部大开发战略、中阿经贸论坛等重大主题集中宣传报道活动,进一步凝聚全区干部群众加快宁夏发展、促进社会和谐。不断加强社会主义核心价值体系建设,引导干部群众正确认识"七个怎么看""六个为什么",划清"四个重大界限",用科学理论武装头脑、解疑释惑、统一思想。正确把握舆论导向,加强对新兴媒体监督管理,成功举办了"全区领导干部新闻发布与舆论引导"培训班。开展"道德模范宣传年"活动,大力宣传海小平等先进典型。继续深化群众性精神文明创建活动,加强大学生、青少年思想政治教育,正确引导青年学生的爱国热情。开展"百乡千场"文艺下乡、"清凉宁夏"特色品牌文化广场等活动,推进市县文化场馆、乡镇综合文化站、村示范文化活动室等公共文化设施建设,继续实施"农家书屋"、农家文化大院等文化服务项目,不断改善基层群众看书、听戏和开展文化活动的条件。命名表彰第一批"全区文化建设先进县(市、区)"和"历史文化名乡(镇)名村"。组织开展文化市场和网络暴力淫秽色情专项检查,努力净化社会文化环境。《月上贺兰》获文化部"十大文化剧目精品奖"和"文华大奖特别奖",并走出国门演出。文化精品创作和民族区域特色文化建设取得新进展。深入开展以"五到基层"为核心内容的"万名宣传思想干部下基层"活动。开展全民健身运动,成功举办自治区第十三届运动会、第七届全区少数民族传统体育运动会和宁夏"黄河金岸"国际马拉松赛。(何鹏程)

**【提高党建科学化水平】** 以改革创新精神加强和改进党的建设,为推进各项事业发展提供了坚强保证。重视理论武装,加强党的思想政治建设。深入开展学习型党组织建设,抓好县处级以上党委(党组)中心组理论学习,充分发挥党校、行政学院主阵地作用,创新培训方式,重点抓好"一把手"培训,分层分类加强基层、科研和生产一线干部培训,共培训各级党政干部5540人次。开展"党的思想理论建设重点推进年"活动,努力提高广大党员干部的思想政治素质。树立正确用人导向,加强领导班子和干部队伍建设。坚持德才兼备、以德为先的标准,努力完善制度设计,健全选人用人机制,提高选人用人的公信度。积极推进干部人事制度改革,加大竞争性选拔干部力度,在全区公开选拔了8名副厅级领导干部。建立从基层遴选公务员制度,注重从基层一线选拔培养干部,加强年轻干部、妇女干部、少数民族干部、党外干部的培养选拔,加强后备干部队伍建设,进一步优化领导班子和干部队伍结构。规范干部选任提名制度,增强民主推荐、民主测评的科学性、真实性,改进和完善干部考察工作,力求看准人、用对人。努力加强人才工作,创新人才发展体制机制,加强人才发展"小环境"建设,柔性引进了一批高层次、急需紧缺人才。按照中央部署,在全区基层党组织和党员中广泛开展创先争优活动,创造了乡镇干部"两管三评一推优""评星定格""民主议政日"等活动载体。完善村干部工作激励保障机制,选聘180名高校毕业生到村任职,鼓励优秀大学生"村官"参加村"两委"班子选举,村党支部普遍实行"公推直选",为农村基层组织带头人队伍注入了活力。加强党员活动阵地规范化建设,在全国率先实现了乡镇、行政村、城镇社区远程教育网络全覆盖。加强国有企业、机关、学校、非公有制企业和新社会组织党建工作,建立了区、市、县三级社会组织工委工作体制,全区规模以上非公有制企业全部建立党组织。老干部工作进一步加强,党员发展和管理工作取得新的成效。完善体制机制,加强反腐倡廉建设。认真落实中央《建立健全惩治和预防腐败体系2008~2012年工作规划》,反腐倡廉教育、制度、监督、改革、纠风、惩治等各项工作扎实推进。加强党风廉政建设责任制考核,组织开展了中央和自治区重大决策部署贯彻落实情况的监督检查,继续开展专项治理工作,切实纠正损害群众利益的不正之风。开展"反腐倡廉制度建设推进年"活动,建立健全廉政风险防控机制。查处了一批违纪违法案件。加强农村党风廉政建设,深入实施"勤廉为民"工程。加强对国有企业领导人员的权力监督,健全完善企业负责人经营业绩考核、企业重大决策失误追究制度。加强巡视工作。继续加强和改进民主评议政风行风工作,推进机关效能建设。深入开展"做党的忠诚卫士、当群众的贴心人"主题实践活动,纪检监察机关建设得到进一步加强。

(何鹏程)

## 重要会议

**【自治区党委十届十一次全体(扩大)会议】** 11月25~26日在银川召开。会议由自治区党委常委会主持,审议通过了《中共宁夏回族自治区委员会关于制定国民经济和社会发展第十二个五年规划的建议》,自治区党委书记张毅代表自治区党委常委会向全委会作工作报告并作重要讲话,自治区主席王正伟就《建议(讨论稿)》作了说明。会议充分肯定了自治区党委十届十次全委会以来常委会的工作。一致认为,在党中央、国务院的正确领导下,自治区党委常委会团结带领全区各族干部群众,深入贯彻落实科学发展观,扎实推进经济建设、政治建设、文化建设、社会建设以及生态文明建设和党的建设,保持了经济平稳较快发展的态势,各项社会事业取得新的成绩。会议认为,即将过去的"十一五",是宁夏历史上经济社会发展最快、城乡面貌变化最大、人民群众得到实惠最多的五年。五年来,坚持发展是第一要务不动摇,全面完成了"十一五"的目标任务。全区综合实力跃上新台阶,基础设施建设实现新跨越,城乡统筹发展取得新进展,社会事业发展达到新水平,社会和谐稳定开创新局面。经过这五年的大发展、快发展,为"十二五"实现经济社会更好更快发展打下了坚实的物质基础,培养锻炼了一支政治强、作风硬、能干事的干部队伍,形成了心齐气顺、干事创业的良好氛围。会议深入分析了今后一个时期宁夏经济社会发展面临的机遇和挑战。强调宁夏仍处于大有作为的重要战略机遇期,但经济欠发达、发展不足仍是宁夏的主要问题。加快发展、调整经济结构、保障和改善民生以及保持投资增长的压力都还比较大,必须增强紧迫感、责任感、使命感,千方百计促进科学发展、跨越发展。会议提出了今后五年宁夏经济社会发展的指导思想和主要目标。会议指出,制定自治区"十二五"规划,必须高举中国特色社会主义伟大旗帜,以邓小平理论和"三个代表"重要思想为指导,深入贯彻落实科学发展观,以科学发展为主题,以加快转变经济发展方式为主线,深入实施西部大开发战略,着力推进以项目为载体的基础设施建设,着力推进以构建现代农业产业体系为主要任务的农业现代化,着力推进以宁东能源化工基地建设为重点的新型工业化,着力推进以生态治理和节能减排为抓手的生态环境建设,着力推进以沿黄城市带为支撑的特色城市化,着力推进以生态移民攻坚为重点的扶贫开发进程,深化改革开放,保障改善民生,加强民族团结,维护社会稳定,奋力推动宁夏经济社会科学发展、跨越发展,为建设和谐富裕的新宁夏,实现全面建设小康社会宏伟目标奠定坚实基础。会议指出,要始终把加快转变经济发展方式这一主线贯穿于经济社会发展全过程和各领域。加快调整经济结构,优化升级、做大做强工业,突出抓好能源化工战略主导产业,做大做强优势特色产业,切实加快县域工业发展。提质增效、做精做特农业,抓好产业基地建设,壮大龙头企业,增加农民收入。重点突破、强力推进服务业,突出抓好物流和旅游业,促进三次产业协调发展、整体推进、全面提升。充分发挥科技、人才的支撑和引领作用。统筹城乡发展,缩小山川差距,加快沿黄城市带建设,更高起点地打造黄河金岸,着力提升产业集聚水平和人口承载能力,加快城市化进程,扎扎实实地推进社会主义新农村建设。切实保障和改善民生,把教育摆在优先发展的位置,扩大优质教育资源,狠抓教育质量,努力创办更多的优质学校,积极扩大就业,进一步完善社会保障体系,加大扶贫开发力度,组织实施生态移民攻坚计划,切实解决人民群众最关心、最直接、最现实的利益问题,使全区各族群众过上幸福美好的生活。加强生态环境建设,更加注重节能减排、资源保护和利用,大力推进资源节约型、环境友好型社会建设。积极向上争项目,加大招商引资项目,激活民资上项目,以大项目带动大投资,以大投资推动大发展。会议指出,要解放思想,凝心聚力,努力营造和谐稳定、团结鼓劲的发展环境。进一步解放思想,开拓创新,树立争先赶超意识,以锐意改革、敢为人先的精神,大胆革除一切陈规陋习,勇于冲破各种思想禁锢。从解决制约宁夏加快发展的突出矛盾和问题入手,深化重点领域和关键环节的改革,深入实施开放带动战略,加强与东部地区合作,大力实施面向阿拉伯国家、周边国家和地区的开放战略。牢固树立群众观点,更好地调动和发挥人民群众的积极性、主动性、创造性,使党和政府的正确决策成为群众的自觉行动。进一步加强社会管理,促进社会和谐稳定。全面贯彻落实党的民族政策和宗教工作基本方针,大力发展民族团结进步事业。高度重视意识形态领域工作,提高宣传舆论引导能力,加强社会主义核心价值体系建设,进一步深化文化体制改革,推进文化惠民工程。(何鹏程)

## 组织工作

**【贯彻落实中央和自治区党委重大决策部署】** 自治区党委组织部研究提出了"深化干部人事制度改革,加强领导班子和干部人才队伍建设,推进基层党组织和党员创先争优,提高组织工作科学化水平,为深化改革开放、推动科学发展、促进社会和谐提供坚强组织保证"的总体思路。按照自治区党委和中组部有关部署,研究制定了2010年组织工作要点,召开全区组织部长会议,对全年组织工作进行了部署。全年共召开部务会、部办会56次,就200余项工作进行了研究。在部机关干部选拔任用工作中探索采取了部务会票决的办法。建立了组织工作满意度民意调查制度,委托国家统计局宁夏调查总队对各县(市、区)进行了调查。同时,结合机关效能考核工作,在区直各部门单位和各市、县(区)开展了干部选拔任用"一报告两评议"工作。满意率调查和"一报告两评议"结果在全区组织部长会议上向各地各单位进行了反馈,要求对照检查,改进工作。(朱利军)

**【创先争优活动】** 自治区党委组织部研究提出并报请自治区党委确定了"创先进争优秀,推动宁夏跨越式发展"的活动主题,同时,研究提出了农村、街道社区、机关、学校、国有企业、社会组织和非公有制经济组织开展创先争优活动的主题。指导各地各单位结合地方和行业特点确定了争创主题,设计了活动载体。通过党群共建、创先争优的形式,把创先争优活动由党内拓展到社会、落实到服务群众。在全国率先开展"党群共建、创先争优"活动,自治区召开了"党群共建、创先争优"动员会,印发了在全区工会、共青团、妇联组织中深入开展"党群共建·创先争优"活动的意见,把创先争优活动作为党建带工建、党建带团建、党建带妇建的重要载体,统一研究、统一部署、统一督察。自治区下发了《关于抓好三项重点工作推进创先争优活动深入开展的通知》,指导各级党组织在创先争优活动中突出抓好"公开承诺""加强服务行业和窗口单位作风建设""开展志愿服务行动"三项重点工作,积极服务群众。建立了考核评价机制,重视运用民主测评、满意度调查、行风评议、推优排队等考评方式,确保创先争优活动不走过场;建立了表彰激励机制,适时对创先争优活动中涌现出的先进基层党组织和优秀共产党员进行表彰,确保创先争优活动有过程有结果。分别成立了自治区机关、学校、国有企业、街道社区、社会组织、非公有制经济组织和老干部等创先争优活动指导小组,加强工作指导和督察,及时召开大会,对开展创先争优活动进行了动员部署。先后通过召开全区纪念建党89周年庆祝大会暨创先争优活动座谈会、县(市、区)委书记创先争优活动汇报会、全区创先争优活动经验交流会等,及时总结经验,研究解决问题,推进整体工作。建立领导干部创先争优联系点,协调自治区有关领导多次深入市、县(区)、乡村、社区、企业调研指导创先争优活动。安排在《宁夏日报》、宁夏电视台等新闻媒体上开辟了"创先争优"专栏,对各地各单位创造的好经验、好做法和涌现出来的先进典型及时总结宣传,用身边的人、身边的事教育引导广大党员干部创先争优。

(朱利军)

**【干部队伍建设】** 以自治区党委文件形式下发了《2010～2013年全区党政领导班子建设规划纲要》《2010～2020年党政领导班子后备干部队伍建设规划》《2010～2020年宁夏干部教育培训改革纲要》和《关于贯彻中央〈2010～2020年深化干部人事制度改革规划纲要〉的实施意见》。组织召开了贯彻落实深化干部人事制度改革和落实《规划纲要》工作会议,深入推进干部人事制度改革,着力提高选人用人工作科学化水平。坚持德才兼备、以德为先的用人标准,将品德作为干部考察、民主测评的重要内容,提出了从是否忠诚于党,是否树立了正确的世界观、权力观、事业观,是否具有锐意进取的精神,是否具有良好作风以及在急难险重任务和关键时刻的表现等方面考察干部品德。改革和完善民主推荐和民主测评工作,按照知情度、关联度和广泛性、代表性的原则,科学界定参加人员范围,探索针对不同类型、不同层次人员确定不同的权重比例,提高了民主推荐和民主测评的科学性和准确性。制定了《市、县(区)领导干部考察对象民意调查暨信任度测评办法》,修订了《干部任前公示制度》《党政领导干部试用期制度》,注重听取民意,确保被提拔干部的公认度。上半年,面向全区开展了公开选拔副厅级领导干部工作,在面试环节运用了无领导小组讨论的测评方式,扩大了基层工作经历在资历量化中的权重,从报名的520多名正处级干部中选拔了8名副厅级领导干部。统一组织、统一命题、统一阅卷,从报名的941名干部中,公开选拔了37名市、县(区)处、科级领导干部。继续指导区直部门单位开展竞争上岗工作,共指导24个区直部门单位就283个处级职位开展了竞争上岗。探索开展差额选拔干部工作,组织在部分市、县(区)和区直部门开展了差额推荐、差额考察、差额酝酿、常委会票决选任领导干部工作。在地级市人大、政协领导班子缺额配备中,开展了差额推荐、差额考察、差额酝酿、差额票决工作。制定了《关于建立健全促进科学发展的党政领导班子和领导干部考核评价机制的意见》和《党政领导班子和领导干部年度考核实施办法》及市县、区直部门、高校、国有企业、法检两院等6个具体考核办法。结合年底机关效能目标管理考核工作,运用新的考评办法,对区管领导班子和干部进行年度考核。注重考核结果的运用,根据2009年考核情况,重用了一些实绩突出、群众公认的干部,同时对个别工作不在状态、群众不满意的厅级干部进行了调整。制定了《县(市、区)党政正职选拔任用程序规定》,报请自治区党委审定下发。制定了《部务会成员联系县(市、区)党政正职办法》,定期谈心谈话,加强监督管理。建立了区直机关与市、县(区)年轻干部双向挂职制度,从区直机关选派28名年轻处级干部到县(市、区)和区管企业挂职锻炼,从市、县(区)抽调20名年轻干部到区直部门学习锻炼。选派23名厅处级干部到中央国家机关和发达省市挂职锻炼。坚持面向基层选人用人的导向,制定了《自治区公务员公开遴选办法(试行)》,规定自治区和地级市机关补充公务员,通过公开遴选的办法从县乡基层公务员中选调。首次在全区范围内统一组织开展了公务员遴选工作,从近800名有基层工作经历的公务员中,遴选了130名自治区和地级市机关公务员。(朱利军)

**【干部培训】** 建立了宁夏干部教育网络学院,依托互联网,采取自主选学、在线学习等方式开展干部培训,满足干部多样化、个性化、高层次的培训需求。组织了1500多名处级干部参加了网络学院学习。进一步拓宽区外境外培训渠道,完善在美国攻读一年制MPA、MBA硕士学位的年轻干部培训机制,第二批27名处级干部完成了学业,完成了2011年赴美培训学员的选拔和英语强化培训工作。加强与中央部委和发达省、市联系交流,选派558名厅、处级干部到中央党校、三所干部学院和福建等地参加了培训。探索开展干部心理健康教育,制定下发了《关于开展干部心理健康教育增强干部心理素质的意见》,将心理健康教育纳入党校主体班次教学计划。(朱利军)

**【加强监督】** 深入抓好"四项监督制度"学习培训,举办"四项监督制度"专题培训班,邀请中组部干部监督局有关人员,对各市、县(区)和区直部门单位党委(党组)书记、组织部长进行了集中培训;指导各市、县(区)普遍举办了"四项监督制度"专题培训班。在中组部对各省"四项监督制度"知晓度的抽查中,宁夏的知晓度比全国高出近10个百分点。完善配套制度,研究制定了《党政领导干部选拔任用工作有关事项报告实施办法》《市县党委常委会向全委会报告干部选拔任用工作并接受民主评议的实施办法》《区直部门单位党组(党委)向干部职工大会报告干部选拔任用工作并接受民主评议的办法》和《市县党委书记履行干部选拔任用工作职责离任检查实施办法》。对5名离任县(区)委书记履行干部选拔任用工作职责进行了检查。上半年,组织召开了全区干部工作座谈会,就2009年组织工作满意度民意调查结果及"一报告两评议"结果,向各市、县(区)委书记和组织部长进行了反馈,对深入整治选人用人上的不正之风进行了再部署。针对检查和整治中发现的问题,自治区党委组织部下发了《关于严厉整治干部选拔任用工作中行贿受贿行为实施方案》和《组织人事部门调查核实问题责任制办法(试行)》等,根据规定,对5名领导干部进行了诫勉谈话,取消了4名干部的任职决定。针对一些地方片面执行干部任职年龄政策和干部任免、调配工作中出现的一些问题,下发了《关于防止县乡领导干部任职年龄层层递减的意见》《关于规范区直机关与县(市、区)有关干部交流工作的通知》和《关于进一步明确干部选拔任用工作若干问题的答复意见》等,进一步规范了干部选拔工作。部务会成员以“深入整治用人上不正之风、进一步提高选人用人公信度”为主要内容,与全区所有县(市、区)委书记进行了个别谈心谈话。

(朱利军)

**【人才工作】** 组织编制了《宁夏中长期人才发展规划纲要(2010~2020年)》,召开了全区人才工作会议,对人才工作进行全面部署。创新人才发展政策环境,制定了《关于加强人才发展“小环境”建设的意见》,认真落实《宁夏回族自治区关于发挥现有人才作用和引进急需紧缺人才的若干规定》和《宁夏回族自治区引进海外高层次科技人才创新创业暂行办法》,建立了吸引人才、培养人才、用好人才的政策体系。实施引进高层次人才“百人计划”,柔性引进“两院”院士16人、国内外知名专家40人,全职引进博士62人;采取挂职服务的方式,从北京交通大学引进了4名城市规划和园林设计专业高层次人才。开展了首批“百人计划”人选评选工作,将21名海外高层次人才列入全区首批“百人计划”。先后分三批向中组部申报了“千人计划”人选,1名引进人才被列入国家“千人计划”。筛选确定全区人才工作创新项目10个,及时检查,精心指导,督促有关地方和单位认真实施,保证了项目取得实效。建立了全区高层次人才和高技能人才信息库,围绕自治区重点产业、重点项目和重点学科,建立留学人员创业园1个、博士后科研工作站8个、院士工作站18个、专家服务基地20个。实施“西部之光”人才培养计划,选派优秀年轻专业技术人员16名,到北京等地做访问学者。实施“牵手工程”和“基层之光”人才培养计划,选派中小学校长80名、临床医生20名,到江苏、深圳等地重点学校和医院进行挂职研修;选派市、县(区)年轻后备人员60名到自治区科研院所、高校及银川市有关单位进行了研修。创新人才培养方式,增建了两个高级农村实用人才实训基地,使实训基地达到了7个。采取讲解适用技术与基地生产实践相结合的方法,对农村高级实用人才进行了一年期的培训。全年,培训农村实用人才61名。建立社会工作人才实训基地7个,指导举办了全区社会工作人才培训班。 (朱利军)

**【农村基层组织建设】** 创新乡镇干部管理机制,建立了乡镇党员干部“两管三评一推优”管理考核机制(即组织管理、自我管理,下级测评、同级互评、上级考评,对乡镇领导班子和干部进行推优排队)。督促各市、县(区)全面落实村干部“两提三保”政策,制定了《关于将村干部养老保险纳入新型农村社会养老保险的办法》,对连续任职20年以上的优秀村党支部书记和村委会主任(含离职),根据获得的奖励层次,每月给予不同标准的奖励补贴。选聘下派了第三批180名高校毕业生到村任职,制定了《关于大学生“村官”有关管理问题的答复》,完善了大学生“村官”管理政策。加大乡村干部培训力度,举办7期乡镇党委、村党组织负责人和大学生“村官”专题培训班,参加培训340余人次。指导全区村“两委”班子换届。加强农村党员“双带”能力建设,召开了现场推进会,总结推广了“双带”能力建设工作经验,设立了农村党员“双带”资金,采取无息借贷的方式支持农村党员带头致富、带领群众共同致富。

(朱利军)

**【城镇基层组织建设】** 评选表彰“和谐社区带头人”30名、“和谐社区服务之星”80名,积极打造社区党建品牌。在全区总结推广了“开放式”党建工作经验,着眼解决和突破基层党建“体内循环”“单一循环”的问题,探索建立整合城乡人才、智力、教育、信息、阵地、经费等资源的党建工作机制。深入推进“机关党的建设年”活动和结对共建、党员志愿者服务行动。与有关部门共同组织召开了全区国有企业党建工作会议,在国有企业中部署开展了争创“四强”党组织、争做“四优”党员活动。加强和规范学校党建工作,与有关部门共同组织召开了全区第十八次高校党建工作会议,对600多名中小学党组织书记进行培训。采取开办《规模以上非公有制企业党建工作专刊》、组织现场观摩交流、建立领导干部联系点、下派党建工作指导员等措施,推进非公有制经济组织组建党组织。全区规模以上非公有制企业党组织组建率为100%,规模以下非公有制企业党组织组建率达25.3%。组织指导自治区和各市、县(区)全部成立了社会组织工委,在全区部署开展了社会组织党建工作示范点创建活动。认真贯彻落实《全区党员教育培训工作实施意见》,争取财政增加党员教育培训专项经费80万元,指导基层党组织抓好党员教育培训工作。召开全区流动党员教育管理服务工作表彰会和全区流动党员创先争优活动观摩交流会,总结推广流动党员“双找双管双服务两地问责”等做法,在外来和外出务工流动人员中成立各类临时党组织186个,管理流动党员2500多名。 (朱利军)

**【党内民主建设】** 自治区党委下发了《贯彻〈党代表大会代表任期制暂行条例〉的实施办法(试行)》,扩大了党代表在党内决策、监督等方面的作用。扩大基层党组织选举中的民主,结合村党委组织换届,全面推行公推直选的办法,选举村党委组织班子。按照“四议两公开”模式,结合基层实践经验,在农村基层建立了“民主议政”机制。认真指导各地各单位开好2010年度领导班子民主生活会,协调自治区党委常委、党员副主席参加了地级市党委和有关厅局党组班子民主生活会。 (朱利军)

**【自身建设】** 自治区党委组织部发出了《改进作风的倡议书》,从学风、文风、会风、工作作风方面提出了“四个转变”的要求。以创先争优价值观教育为重点,加强组工干部党性教育。在组织系统印发并组织学习了中组部下发的《组工干部必须是党性最强的干部》《大力弘扬党和组织部门的优良传统》的党课报告,开展了部领导讲党课活动。自下而上部署开展了组工干部创先争优演讲比赛。在全区组织系统部署开展了“创建学习型组织部门,争做学习型组工干部”活动。创办了全区组织系统“理论讲坛”,每季度举办一次专题讲座,通过视频会议形式对全区组工干部进行辅导培训,先后邀请中央党校教授和宁夏有关领导干部就“转变经济发展方式和改善民生”“哲学思维方法”“新一轮西部大开发与宁夏跨越式发展”等专题作了报告。认真落实《关于推进组织工作公开的意见》,制定了《自治区党委组织部机关组织工作公开实施办法》,依托宁夏党建网、组织工作专网,分批次、分层次公开组织工作政策法规和重要动态。加强组织工作宣传,召开了全区组织工作宣传座谈会,举办了组织工作宣传员培训班,建立了新闻发言人制度,及时就党员干部群众比较关注的工作情况等,通过新闻媒体进行宣传。全年通过《人民日报》《中国人事报》《组织人事报》《宁夏日报》等媒体刊发自治区组织工作稿件130多篇。

(朱利军)

## 宣传工作

**【学习型党组织建设试点】** 自治区党委宣传部将2010年确定为“党的思想理论建设重点推进年”,探索制定了全区学习型党组织建设考核评价办法,组织编写了《学习型党组织建设指导手册》,要求各级宣传部门牵头抓总,分解任务,层层落实,并在宁夏新闻网开通了学习型党组织建设专题网页。按不同行业和类别分别确定中卫市委、宁夏医科大学党委、国电英力特集团公司党委等6家单位为试点单位,自治区党委宣传部及时召开全区学习型党组织建设考核评价办法试点工作情况交流会议,总结成功经验,受到中宣部学习型党组织建设协调小组的充分肯定。

(张跃庆)

**【实施西部大开发战略大学习活动】** 自治区党委宣传部按照自治区党委的要求,紧紧围绕中央深入实施西部大开发战略,认真配合做好自治区深入实施西部大开发战略大学习活动的宣传报道等协调服务工作,并精心组织开展了全区宣传文化系统深入实施西部大开发战略大学习活动。活动中,认真抓好全区干部群众的理论学习,采取分类培训、分层培训、专题辅导等方法,组织举办自治区领导干部专题学习班和辅导报告会,邀请国家有关部委的专家、学者来宁作辅导报告,解读中央精神,阐释国家政策,为宁夏发展出谋划策。在全区开展“深入实施西部大开发战略‘百场宣讲’巡回报告活动”,组织8名厅级领导干部和社科理论界的专家学者带头,理论骨干和基层宣讲团互动,把中央精神及时传达到基层干部群众中,使广大干部群众对新一轮西部大开发战略的思路、目标、任务和政策举措有了更加深刻的认识和了解,激发了广大党员领导干部积极投身西部大开发的热情和决心。 (张跃庆)

**【学习宣传十七届五中全会精神】** 自治区党委宣传部组织全区广大干部群众认真学习党的十七届五中全会精神和中共中央《关于制定国民经济和社会发展第十二个五年规划的建议》,认真总结“十一五”期间的发展经验和主要成果,领会和把握“十二五”时期经济社会发展的指导思想和主要任务,在全区上下迅速掀起了学习宣传贯彻十七届五中全会精神的热潮。 (张跃庆)

**【理论宣传研究】** 自治区党委宣传部先后组织举办两期全区理论骨干培训班,协调争取建立中央编译局宁夏调研基地,完成2009~2010年度项目监督检查及课题结项工作。继续加大“六个为什么”(为什么只有社会主义才能救中国,只有中国特色社会主义才能发展中国,而不能搞民主社会主义和资本主义;为什么必须坚持改革开放不动摇,而不能走回头路;为什么必须坚持马克思主义在意识形态领域的指导地位,而不能搞指导思想的多元化;为什么必须坚持人民代表大会制度,而不能搞三权分立;为什么必须坚持中国共产党领导的多党合作和政治协商制度,而不能搞西方的多党制;为什么必须坚持公有制为主体、多种所有制经济共同发展的基本经济制度,而不能搞私有化和单一的公有制)、划清“四个重大界限”(划清马克思主义同反马克思主义的界限,划清社会主义公有制为主体、多种所有制经济共同发展的基本经济制度同私有化和单一公有制的界限,划清中国特色社会主义民主同西方资本主义民主的界限,划清社会主义思想文化同封建主义、资本主义腐朽思想文化的界限)、“七个怎么看”(怎么看我国发展不平衡、怎么看就业难、怎么看看病难、怎么看教育公平、怎么看房价过高、怎么看分配不公、怎么看腐败现象)等深层次理论和现实问题的阐释宣传力度。加强对社会主义核心价值观的提炼、简化和诠释,推进应用对策和基础理论研究,深入扎实地推进马克思主义中国化、时代化、大众化。 (张跃庆)

**【新闻舆论引导】** 1. 认真开展中央和自治区重要会议精神的宣传报道。积极开展学习贯彻党的十七届四中、五中全会精神和自治区党委十届十次全会精神的宣传报道,做好第三批学习实践科学发展观活动的宣传报道。认真做好胡锦涛、吴邦国等中央领导来宁考察宣传报道。开展全国、全区“两会”和中央、自治区经济工作会议精神专题报道,开展贯彻落实科学发展观、加快经济发展方式转变主题宣传报道,引导人们积极应对后金融危机时代的冲击和挑战,理性看待物价上涨和政府调控政策,深刻认识国际社会关于人民币汇率、中日钓鱼岛之争等热点问题的发展变化,营造积极向上的主流舆论环境。2. 加大对重大活动宣传报道的力度。积极组织开展“创先争优”、深入实施西部大开发战略大学习等活动的宣传报道。精心组织上海世博会主题宣传、中国人民抗日战争胜利65周年纪念活动宣传。精心组织全区县域经济发展、民族团结进步月、宁洽会暨中阿经贸论坛等宣传报道工作。 (张跃庆)

**【对外宣传】** 组织开展了“第二届宁洽会暨首届中阿经贸论坛新闻发布会”“第二届文艺旅博会新闻发布会”等重大经贸招商活动的宣传报道。突出宁夏外宣特色,积极开展对伊斯兰世界的宣传。在马来西亚举办“中国宁夏文化宣传周”活动,在当地引起了中国宁夏文化热。在京举办“宁夏文化发展情况通报会”,共有来自27个阿拉伯、伊斯兰国家的33位驻华大使、文化参赞和使节参加，进一步提升了宁夏在阿拉伯国家和伊斯兰世界的知名度、影响力。全年共组织召开新闻发布会26场次，较好地向国内外传递了宁夏经济社会发展成就。邀请中宣部副部长、中央外宣办主任、国务院政府新闻办主任王晨来宁出席"新闻发布和舆论引导"培训班开班仪式并作报告。（张跃庆）

**【网络舆论引导】** 邀请中央重点新闻网站和全国重点商业网站及西部十二省区重点新闻网站开展"西部大开发10周年——西部12省（区）市网上联展"活动，对西部大开发10年来西部各省（区）市的经济、文化事业的全面发展进行了集中宣传报道，取得了规模大、声势大的良好效果，为第二轮西部大开发的深入开展创造了良好的舆论氛围。组织开展"黄河金岸"建设网上集中宣传。开展以"塞上江南·和谐家园"为主题的全国网络媒体宁夏行摄影大赛。对首届中阿经贸论坛在中央重点新闻网站和70多家地方重点新闻网进行推介宣传，形成了浓厚的网上宣传氛围，有力提升了宁夏的对外形象和影响力。（张跃庆）

**【思想道德和精神文明建设】** 深入宣传"100位为宁夏建设作出突出贡献的英雄模范人物"和"60位新中国成立以来感动宁夏人物"，组织参与中宣部开展的"双百"人物走进上海世博活动。在《宁夏日报》开设"万名道德模范事迹展示"专栏。开展"道德的传承——全国道德模范与身边好人交流互动活动"，在中国文明网、宁夏新闻网开通交流平台。组织开展"爱心颂"自治区道德模范事迹专题文艺演出巡演活动，集中展示自治区道德模范的感人事迹，在全区上下营造出了崇尚先进、弘扬先进、学习先进、争当先进的良好社会氛围。组织召开全区未成年人思想道德建设工作会议，表彰奖励了一批未成年人思想道德建设工作先进集体和先进工作者。通过多种渠道继续向全区中小学校赠送《优秀童谣》《宁夏青少年吟唱作品选》等优秀图书。举行全国"传唱优秀童谣，做一个有道德的人"网上签名寄语活动启动仪式。联合教育等部门举办"宁夏未成年人思想道德建设专题晚会""宁夏青少年春节电视联欢晚会"。组织成立了宁夏阳光青少年心理健康教育中心。组织实施了"西部开发助学工程""绿色电脑进西部活动"。采取有力措施组织开展净化社会文化环境整治活动，促进未成年人健康成长。组织中央重点新闻媒体采访报道海小平先进事迹，并以中宣部、公安部和自治区党委名义举办海小平先进事迹全国巡回报告。7月12日，在北京人民大会堂举办的首场报告会上，周永康、刘云山、孟建柱等中央领导接见报告团全体成员，周永康还就学习海小平先进事迹提出具体要求。组织"宁夏大学生和网民学习海小平先进事迹座谈会"，在大学生中引起强烈反响。组织开展"我推荐、我评议身边好人"活动。宁夏共有34人荣登中国文明网好人榜。以世界读书日为契机，精心组织开展全民阅读活动。在全区广泛开展文明礼仪宣传普及活动、志愿服务活动、窗口行业文明服务活动和"迎世博迎亚运讲文明树新风"活动。深入开展"关爱空巢老人"志愿服务、"我们的节日"主题活动、"节能、环保——与家同行"志愿等活动。积极推进模范墙、道德模范橱窗、英雄模范人物标志性建筑建设，用身边的事教育身边的人，使道德模范进一步深入人心。隆重表彰2009年度评选的自治区文明城市、文明行业和文明单位。指导银川市抓好全国文明城市创建工作，深入开展文明行业和文明景区创建活动，把文明创建活动不断引向深入。（张跃庆）

**【全民国防教育】** 组织开展庆祝建军83周年红色歌曲大型演唱会、大型广场军乐表演和"富国强军、共筑长城"国防知识网络竞赛活动。落实自治区军地联席会议制度，对已命名的11个自治区级国防教育基地、3个国家级国防教育基地进行调研，并提出了对策建议。（张跃庆）

**【文化体制改革】** 继续深入推进文化体制改革。贯彻落实全国文化体制改革工作会议精神，采取多种措施，加大工作力度，切实为改制企业解决难题，落实各项财税优惠政策，督导转制文化企业探索建立现代企业制度，完善法人治理结构，推进体制机制创新，各项改革重点工作顺利推进。国有文化企业市场主体地位进一步确立，新组建的5家公司各项转企改制标志性任务基本完成，经营性文化事业单位的转企改制工作取得实质性突破。实施战略重组，内引外联，文化资源整合实现新突破。银川市新华书店、宁夏教育服务中心实质性移交黄河出版传媒集团；黄河出版传媒集团与中国出版集团实施战略重组，并开展全方位业务工作对接。全区广播电视网络全部整合完成。宁夏演艺集团有限公司完成组建。文化市场综合执法改革各项工作正在稳妥推进。积极向中央申报文化产业项目，帮助转企改制文化企业落实税收优惠政策。（张跃庆）

**【基层文化建设】** 开展全区文化建设先进县等评选活动，以自治区党委、政府名义，命名贺兰县等县市为全区第一批文化建设先进县（市、区）；命名西夏区镇北堡镇、永宁县纳家户村等镇村为宁夏第一批历史文化名镇、名村，共给予460万元的重奖，促进了全区各县（市、区）文化阵地建设，强化了对文化遗产的保护，扩大了基本公共文化服务的覆盖面。（张跃庆）

**【文艺精品创作】** 2010年，自治区党委宣传部根据自治区重大文化精品创作工程领导小组会议的要求，狠抓重点影视作品创作，努力推动宁夏文化"走出去"。舞剧《月上贺兰》获得"文华奖"特别奖，赴埃及、卡塔尔进行文化交流受到好评，自治区党委、政府授予《月上贺兰》"文化精品'走出去'工程奖"。电影《马志英》、电视剧《六盘山》《回商》等影视作品积极进行各项前期筹备工作。组织《回乡婚礼》《花儿》在全国巡演。电视片《朔方盐州》在央视10套播出，电视剧《给水团》、电影《杞乡》等拍摄完毕，正进行后期制作。抓好重大节庆文艺演出等工作。组织排演了"花海春潮"2010年春节联欢晚会、"党旗颂"七一文艺晚会，和中国舞协共同成功举办"2010中国·宁夏第二届回族舞蹈大赛”,进一步提高了宁夏的知名度和美誉度。与宁夏广电总台共同推荐的歌曲《心中有朵马兰花》《司马光砸缸》在全国少儿歌曲大赛中分获金、银奖,并获组织奖。在中国西北音乐节上,歌曲《西部情怀》《扬帆中国》等10多部作品参赛并获奖。（张跃庆）

**【干部队伍建设】** 在全区宣传文化系统开展“讲党性、重品行、做表率”教育活动,强化理论修养和业务素质,不断推动全区宣传思想文化工作创新发展。认真抓好干部教育培训工作,举办全区宣传文化系统处级以上干部舆论引导能力建设培训班。以增强队伍活力为重点,不断加大干部选拔交流力度。建立了区直宣传文化系统副处级以上干部信息库,全面掌握和及时分析干部队伍状况,加强了干部宏观管理。加强对新闻出版、广播影视、文学艺术等宣传思想文化工作部门业务骨干和专业技术人员的培训,加强对高校思想政治工作队伍和哲学社会科学骨干培训。加强对少数民族优秀专业人才的培养力度。（张跃庆）

## 统战工作

**【协助各民主党派开展“思想建设年”活动】** 指导印发了《各民主党派开展“思想建设年活动”纪要》,坚持积极引导与自觉、自主、自为相结合,推动各民主党派开展深入实施西部大开发战略大学习活动,深入推进社会主义核心价值体系学习教育这一灵魂工程,引导广大民主党派成员积极弘扬“爱国、民主、合作、求实、奉献”的优良传统,切实把社会主义核心价值体系内化为人生态度、行为准则和价值取向,外化为服务全区中心工作的自觉行动。（马劲松）

**【促进民主党派 工商联和无党派人士参政议政】** 坚持重大事项通报制度,向民主党派、工商联、无党派人士及时通报中央、自治区党委重要文件和会议精神。协调组织召开会议,就自治区十届人代会第三次会议《政府工作报告》(征求意见稿)和《自治区党委关于制定国民经济和社会发展第十二个五年规划的建议》,向民主党派、工商联和无党派人士征求意见建议。全年各民主党派提交提案、调研报告共计260余件,有多项提案得到自治区党委、政府的高度重视。（马劲松）

**【支持各民主党派 无党派人士开展社会服务工作】** 民革区委会先后争取民革中央向宁夏贫困地区捐赠医疗设备价值达6000多万元。民盟、民建、民进、农工党、九三学社区委会结合自身特点和优势,积极开展科技、文化、卫生等下乡活动,无党派人士也积极为南部山区困难群众捐款捐物,主动服务民生。（马劲松）

**【加强党外代表人士队伍建设】** 召开全区党外代表人士队伍建设工作经验交流会,研究制定宁夏实施意见。对受聘于外资企业的管理技术人员、归国留学人员的基本状况进行了摸底调查,指导高校和科研院所做好党外知识分子工作。分别举办党外干部政治理论和无党派代表人士培训班各1期,协助各民主党派区委会举办骨干培训班6期。指导吴忠、固原做好党派市级组织换届工作。指导银川市、石嘴山市成立无党派人士联谊会。经多方努力和培养,全区党外代表人士在社会政治生活中的影响力逐步扩大。（马劲松）

**【开展民族团结宣传教育活动】** 研究制定《关于落实胡锦涛总书记重要讲话精神的实施意见》,指导各级统战部门开展“促进民族团结、实现共同进步”学习活动,在全社会开展“三个离不开”(汉族离不开少数民族,少数民族离不开汉族,各少数民族之间也相互离不开)“四个认同”(对伟大祖国的认同,对中华民族的认同,对中华文化的认同,对中国特色社会主义道路的认同)宣传教育活动。在广大党员干部中宣传学习马克思主义民族观和党的民族理论政策,深入高校、厂矿、有关厅局和部分市县(区)为干部职工、在校师生作党的民族理论政策辅导报告18场次。（马劲松）

**【开展民族团结进步创建活动】** 6月21~23日,自治区召开全区民族团结进步创建活动现场观摩会,指导各地开展以“幸福宁夏、文明宁夏、法制宁夏、和谐宁夏”为主要内容的民族团结进步创建活动。扎实开展第11个“民族团结月”活动,加大民族团结典型宣传报道力度,努力营造人人珍惜民族团结、爱护民族团结的良好舆论氛围。（马劲松）

**【加强对党的民族政策落实情况的监督检查】** 研究制定了《关于加强落实党的民族政策的监督检查,维护民族团结实施方案》,深入各市县(区)学校、社区、乡村、企业进行调研检查,进一步推进民族政策的贯彻落实。指导各市、县(区)开展清真食品市场专项检查整治活动,促进了清真食品行业的规范运行。（马劲松）

**【少数民族干部培训】** 选派22名少数民族干部分别参加中央统战部举办的少数民族州长经济研讨班和少数民族干部培训班,组织31名少数民族干部参加国家民委举办的宁夏民族干部培训班,积极为宁夏少数民族干部开阔视野、增长才干创造条件。（马劲松）

**【在宗教界开展主题教育活动】** 在宗教界开展“弘扬优良传统、推进宗教和谐、服务宁夏发展”主题教育活动,鼓励宗教界发挥爱国爱教、团结进步、服务社会的传统,努力挖掘和弘扬正确的宗教道德、宗教文化,不断夯实宗教与社会主义社会相适应的思想伦理基础。各市县(区)、各宗教团体精心组织,带动和吸引信教群众广泛参与,共举行大型论坛10多场次,建立展览室、教育基地90个,发放学习资料2万册,吸纳意见建议、办实事500余件。这项活动在全国尚属首次,历时半年时间,得到中央统战部、国家宗教局大力支持和热情指导,受到自治区党委主要领导的充分肯定。（马劲松）

**【维护宗教领域稳定】** 全年召开五市统战部长、宗教局长会议4次,沟通情况,分析研判,排查矛盾纠纷,确保了中央和自治区“两会”、上海世博会、中阿经贸论坛、广州亚运会及重大节庆期间宁夏宗教领域的和谐稳定。坚持保护合法、制止非法、抵御渗透、打击犯罪的工作原则,切实维护了宁夏社会稳定。

# 自治区新闻出版局

2010年11月30日，自治区党委书记张毅在自治区党委常委、宣传部部长杨春光，自治区党委秘书长蔡国英以及自治区主席助理屈冬玉的陪同下，到自治区新闻出版局考察调研

7月26日，由自治区新闻出版局承办的2010年西北五省区新闻出版协作工作会议在银召开，朱昌平局长主持会议并讲话

1月27日，自治区党委宣传部组织的全区“万名宣传思想文化系统干部下基层”暨2010年“三下乡”集中服务活动启动仪式在石嘴山市大武口区举行。朱昌平局长代表自治区新闻出版局向大武口区赠送了4200册价值9700元的图书

朱昌平局长在基层调研

8月29日，海军副局长参加全国新闻出版系统人事（教育）处长会议暨专题培训班

海军副局长在基层调研

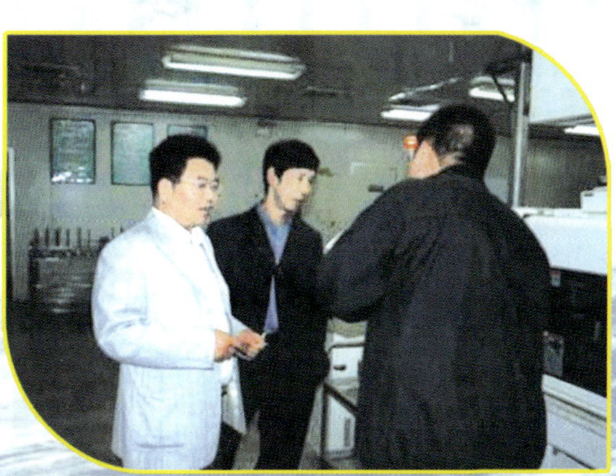

黄洪乾副局长在基层调研

9月6日，朱昌平局长在全区文化体制改革工作会议上发言

# 自治区地

自治区党委书记张毅为李彦凯局长颁发自治区“五一劳动奖状”

“十一五”时期是宁夏地税事业发展极不平凡的五年。面对复多变的经济环境、矛盾交织的内部环境和艰巨繁重的工作任务，在治区党委、政府和国家税务总局的正确领导下，自治区地税局新任导班子团结和带领广大地税干部职工，紧紧围绕“11359”工作思路圆满完成了“十一五”规划确定的“一年打基础、两年上台阶、三求突破、四年抓规范、五年创佳绩”的奋斗目标。各项工作取得了出成绩，为全区经济社会又好又快发展做出了重要贡献。

从收入规模看，2010年，组织收入实现了三大跨越，一是税收入跨越100亿元大关，达到102.95亿元；二是总收入跨越200亿元关，达到201.7亿元；三是“十一五”时期收入总量跨越了500亿元关，达到523.6亿元，是“十五”时期的5倍，翻了两番多；组织税收入310.7亿元，是“十五”时期的3倍多；2008～2010年组织社保收入176.4亿元，比前三年征收总额翻了近1番。

从税收增速看，“十一五”时期税收收入年均增长31%，比GDP速快19个百分点，比“十五”时期税收增速快13个百分点。如果组收入按增收5亿元跨一个台阶计算，“九五”时期，上一个台阶需5年，“十五”时期平均用了两年，“十一五”开局之年就上了一个阶，2010年一年跨上了12个台阶，税收增幅居全国地税系统第二，西部12省区第一。

在充分发挥聚集财政收入职能作用的同时，各级地税部门紧紧绕自治区党委、政府重大战略部署，充分发挥税收调控职能，认真实中央、自治区应对金融危机、促进“调结构、转方式、保增长”推动全民创业等各项税收优惠政策，服务地方经济发展大局的能力水平明显提升。2010年为2302户纳税人减免税收25.76亿元，是地税立以来规模最大、力度最强、范围最广、税收扶持效果最显著的年。继2008年出台了《促进节能减排12条措施》之后，又提出了促全区招商引资的16条税收优惠政策。出台了鼓励高耗能工业企业阶性停产税收扶持政策，有力的促进了经济结构调整和经济发展方式变，被自治区政府授予“支持工业保增长先进集体”。

民生是立国之本、强国之基。自治区地税局始终把“保民生、稳定”作为一项重要的政治任务，相继制定并贯彻实施了《支持全创业行动60条措施》和《保增长、扩内需、调结构、促发展40条税优惠政策》。提高了个体户营业税、个人所得税按期纳税起征点，及1.3万户个体户、中小企业以及近40万名创业者。被自治区政府授予“全民创业工作先进集体”。积极做好规费征收工作。“十五”期间，征收教育费附加和地方教育费22亿元，年均增长近20%，在全国排第三；征收水利建设基金7.7亿元，5年翻了一番；代征会经费6.2亿元，4年翻了两番，2010年超过2亿元；代征残疾人就业保障金1.2亿元，为全区社会事业和谐发展、民生改善提供了有力资金保障。

到2010年底，全系统先后有11个集体荣获国家级荣誉称号，39个集体荣获省部级荣誉称号，所有的市、县（区）局全部跨入自治级文明单位行列，2个单位获得全国文明单位。有23人受到省部级以上表彰奖励，涌现出以陆明宏同志为代表的一大批先进模范人物自治区地税局再次荣获全区民主评议政风行风第一名，被自治区政府授予“全区依法行政工作先进集体”“全民创业工作先进集体“支持工业保增长先进集体”，被财政部、国家税务总局表彰为“全国税收调查先进单位”，效能建设目标管理考核连续三年获得一奖，全面实现了“创佳绩”的奋斗目标。

自治区地税局连续三年被自治区政府评为效能目标管理一等奖，图为自治区党委常委、常务副主席齐同生向李彦凯局长颁奖

自治区地税局坚持把学习型组织建设作为党建工作的重要内容不断提高各级一把手的综合素质和领导水平

以“抓基础、强基层、苦练基本功”为主要内容的“三基”工程建设全面启动

陆明宏同志的先进事迹在区直机关和五个地级市进行巡回报告

坚持把“为纳税人服务、让纳税人满意”作为纳税服务工作的出发点和落脚点，建立起以“不同的分工、共同的责任”为主要内容的和谐税企关系

# 黄河出版传媒

自治区党委书记张毅莅临黄河出版传媒集团考察调研

自治区党委常委、宣传部部长杨春光莅临黄河出版传媒集团考察调研

2010年，黄河出版传媒集团有限公司以发展为核心，以改革为动力，把推进体制机制改革、优化资源配置、实现科学管理、做强出版、挺拔主业作为主要战略任务，强力打造核心竞争力。

在传统出版领域，围绕“服务社会、服务经济、服务群众”调整出版结构，确立了回族优秀历史文化类、宁夏地域历史文化类、政治经济类、文学艺术类、科学普及类、三农类、青春少儿类、教材教辅类、辞书类、“走出去”类图书等十个方面的出版战略和格局，大力实施重点出版工程，着力打造精品图书，策划出版了一大批深受读者喜爱、具有广泛影响力的市场精品图书。

黄河出版传媒集团总经理杨宏峰与人民文学出版社、中华书局、现代教育出版社签订战略发展合作协议

由自治区党委宣传部、自治区文明办、区直机关工委、自治区教育厅、自治区新闻出版局等单位主办，黄河出版传媒集团承办的“我与阅读同行”暨“百本”经典图书推介活动在银川举行

黄河出版传媒集团与伊朗穆斯特法国际出版社签订战略合作协议

举行第一届职工运动会表彰大会

# 集团有限公司

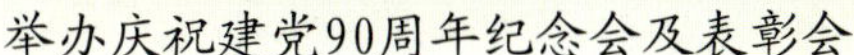

举办庆祝建党90周年纪念会及表彰会

参加自治区第一届国有企业运动会

中国回族报刊集成《月华》（影印10卷本）已出版发行，在业界产生了广泛影响；“中华传统美德校本教材国学系列丛书”《论语》《孟子》《弟子规》《千字文》《中国古代历史人物》等在中小学课堂成为一大亮点，先后重印5次，总印数达11万册，成为宁夏境内销售量最大的本版图书。新版图书品种从改制前一年最多出版 330种发展到750种，自费书比例逐年大幅下降，市场书份额逐年加大。2010年集团公司出版图书1630种，总码洋2.18亿元，比2009年增长17%；出版期刊3种，全年发行总册数190万册，发行码洋2840万元；复制磁带81种69.55万盒，码洋486.85万元；出版音像制品17种7.1万张，码洋142万元，图书、期刊、音像制品造货总码洋共计2.52亿元，比2009年增长23.53%。

在“走出去”领域，加强同阿拉伯国家和穆斯林地区出版界的交流与合作，疏浚版权贸易和产品输出主渠道，全力打造“回族优秀文化出版第一品牌”和中国图书走向穆斯林国家的最大品牌。充分挖掘富有民族特色和地方历史特色的出版资源，出版了《清真食品认证管理知识读本》（阿英汉对照）、《古兰经译注》（阿汉对照）、《于丹〈论语〉心得》（阿文版）、《中华回族爱国英才》（阿文版）、《孙子兵法》（波斯文版）、《回族民间传说故事》（阿文版）、《中国回族民俗学》（阿文版）、《清真在我身边》（阿文版）、《中国伊斯兰建筑艺术》（阿英汉对照）等30余种输出方向明确的特色图书。先后与埃及、伊朗、沙特阿拉伯和马来西亚等国出版机构签订了战略合作协议，有7种阿拉伯语和波斯语图书输出。

在数字出版领域，以互联网出版、手机出版为突破口，强力推动出版业态由传统出版向现代出版传媒转型升级，开辟新的市场空间。建设了集团公司门户网站—“黄河出版传媒网”，在中国出版协会、中国出版研究院对全国2000多家出版发行机构设立的网站进行综合测评后，黄河出版传媒网站排名第35位，被评为2010年最具发展潜力出版网站；与本区电信运营商合作，全力打造《手机读者》数字期刊出版业务；多渠道充实 “黄河网上书店”内容，目前网上可供销售书目13000多种；“数字出版网络传媒系统及应用平台”建设项目获财政部1000万元专项资金支持，为集团公司实现由传统出版向数字出版网络传媒综合发展转型打下了坚实基础；对现有图书资源进行数字转化，大力发展电子书业务。

在狠抓图书生产的同时，坚持“二为”方向，努力放大社会效益。入选新闻出版总署《全国农家书屋重点推荐目录》59个品种，先后进入19个省、直辖市、自治区的“农家书屋”，其中为宁夏“农家书屋工程”整理配送宁版图书455种。大胆创新服务模式，启动实施了“文化图书进宗教场所”工程，共为全区宗教活动场所建立207个图书室，配备图书25.8万册。

在固本强基挺主业的基础上，集团公司积极延伸出版产业链，大力实施多元化战略，努力培育新的经济增长点，实现了经济效益的重大突破： 2010年集团公司实现营业收入比2009年增长17.40%；实现利润总额比2009年增长518.45%；净资产收益率为14.18%，排在全国同行前列。

为营造以人为本，风清气正，团结和谐的发展环境，集团公司还全面加强思想建设、组织建设、作风建设、党风廉政建设、制度建设、干部队伍建设、精神文明建设和企业文化建设，都取得了新的突破。2010年2月集团公司被评为“自治区精神文明建设先进单位”，自治区宣传文化系统唯此一家；2010年9月被新闻出版总署评为“全国新闻出版行业文明单位”。

举行“黄河春潮”——2010年迎新春暨职工大型音乐歌舞史诗文艺演出

参加第二届中国宁夏国际文化艺术旅游博览会

面向社会公开招聘40名硕士研究生

齐同生、陶源、刘小河等自治区领导出席安全知识进社会活动

曹志斌局长陪同自治区领导在全国第十个安全咨询活动宁夏分会场视察

签定党风廉政建设责任书

2010年，在自治区党委、政府的正确领导下，在自治区人大、政协的关心支持下，全区上下认真贯彻落实党中央、国务院和自治区党委、政府关于加强安全生产工作的一系列决策部署和重要指示精神，全面贯彻落实科学发展观，牢固树立以人为本、安全发展理念，深入开展“安全生产年”活动，落实责任，加强监管，保障民生，坚决遏制重特大事故，全区安全生产各项工作都取得了新的进展，为全区经济社会快速发展和社会和谐稳定做出了积极贡献。

2010年，全区安全生产继续保持了总体稳定明显好转的发展态势。一是各类生产安全事故持续下降。2010年，全区共发生各类生产安全事故5330起，死亡545人，受伤2279人，直接经济损失3200万元，除受人数同比持平外，同比事故起数、死亡人数和直接济损失分别减少599起、99人和671.13万元，分别下10.1%、16.75%和17.32%。二是重点行业和领域安全产状况持续改善。道路交通、消防火灾、铁路交通故得到有效遏制，同比事故起数分别下降2.69%13.11%和36.84%，死亡人数分别下降13.45%、75%14.29%。煤矿发生事故4起，死亡15人，同比分别下71.43%和37.5%。工商贸企业同比事故起数、死亡人分别下降22.22%和25.29%。农业机械、水上交通、业船舶、民航、烟花爆竹等行业领域保持平稳。三安全生产总体水平稳步提高。同比，亿元GDP死亡率0.44 降到0.31，下降29.55%；工矿商贸就业人员10人死亡率由5.62降到4.05，下降27.94%；道路交通车死亡率由4.15降到3.38，下降18.55%；煤矿百万死亡率由0.42降到0.22，下降47.62%。四是大部分区、行业和部门控制指标完成较好，全区考核指标制在国家下达计划之内。2010年，全区各类事故死人数占全年控制目标575个的85.57%，列入考核的35市县（区）、单位中，有32个市县（区）、单位控在考核指标之内；列入考核的9个行业和领域全部在制考核指标以内。

# 产监督管理局

局领导陪同国家安监总局副局长王德学调研

局领导与市县安监局负责人交流工作

组织专家评审宁夏安全生产“十二五”规划

召开2011年上半年安全生产形势分析会

举办《安全发展大讲坛》

机关干部参加登山活动

# 自治区

自治区党委书记张毅带头参加第六次全国人口普查登记

自治区副主席赵小平看望普查工作人员

2008年以来，宁夏统计局结合宁夏实际，不断改革创新，努力在全国统计系统和国家的统计制度中注入更多的宁夏元素，取得了10个率先，被国家誉为“宁夏模式”和“宁夏经验”，引起了中央有关媒体的关注。2010年12月6日的《人民日报》第15版头条以《推行全区GDP统一核算 挤掉了约3%的水分 宁夏让统计数据说实话》进行了重点报道。

一是率先在全国成立了统计专家决策咨询委员会，建立了“五会”联动机制，逐月开展经济形势分析，做到了月度数据有论证，经济形势有研判，突出问题有预警，重要情况有报告。

二是率先在全国以省域为单元，以“八有八化”为建设目标，整体推进统计“双基”建设，成功举办了中国西部12+1统计“双基”建设与科学发展论坛，全区统计系统的基层基础建设、信息化建设、业务能力建设都得到了极大改善和大幅提高。

三是率先在全国制定出台了市县、乡镇（街道）、企业三个统计工作规范化标准，各市县统计局、乡镇、企业普遍达到了“八有”，正在向“八化”的方向迈进，改变了基层统计工作无统一标准，干好干坏一个样的状况。

四是率先在全国统计系统开展全区GDP统一核算和规模以上工业增加值及增长速度统一核算改革， GDP统一核算被国家统计局总结推广。

自治区政府召开全区统计工作会议

自治区统计局向青海玉树地震灾区捐款

全国贸易外经统计工作会议在银川召开

# 统计局

局长梅廷彦率队深入基层调研

党组书记贾红邦带队检查指导基层工作

全国地区GDP统一核算方案修订会在银川召开

召开统计文化宣传座谈会

举办全区统计系统第一届职工体育运动会

五是率先在全国加强全系统效能建设，制定了《市、县（区）统计工作综合考核暂行办法》和《自治区统计局机关部门效能目标管理考核暂行办法》，建立了全区统计系统效能目标管理考核体系，着力加强行业管理、内部管理、部门管理，实现了由过去只注重干统计向管统计的切实转变，先后被自治区政府评为行政效能建设考核一等奖、二等奖，有45项单项工作在国家统计局获奖。连续3年采取“上评下、下评上”的形式，实施效能目标管理考核，在全系统形成了比工作、比创新、比亮点、比服务的创先争优的良好氛围，提高了全系统效能建设和服务科学发展的整体工作水平。

六是率先开创了民族地区部门统计立法的先河，提请自治区政府下发了《关于加强部门统计工作的通知》，出台了《宁夏回族自治区部门统计管理办法》，建立了部门统计工作规范化标准和考核评比办法，部门统计工作水平有了较大提升。

七是率先在全国推行房地产按项目在地统计改革，引领和推动了国家房地产统计方法制度改革。

八是率先在全国建立了社会商品零售额全区统一核算分劈管理体系。

九是率先在全国建立了民生计划统计制度，监测宁夏10项民生计划30件实事进展情况，以实际行动服务保障和改善民生。

十是率先在全国将名录库全区“一库在线”延伸到乡镇一级。

# 自 治 区

园博会上，自治区党委书记张毅、自治区主席王正伟、国家粮食局副局长曾丽英等参观精品粮油展示

2010年，是全区粮食部门保障粮食市场和价格基本稳定最困难的一年，也是粮食部门各项工作奋力推进的一年。面对严峻复杂的国际国内粮食供求形势和通胀压力，自治区粮食局按照年初确定的工作思路，坚持以科学发展观为统领，坚决贯彻中央、自治区粮食宏观调控政策，未雨绸缪，稳健应对，较好地保障了自治区粮食安全，取得了显著成绩。全区粮食市场和价格保持基本稳定，没有出现大的波动。争取中央预算内粮油仓储设施、农户科技储粮项目5个，总投资9160万元。自治区党委、政府批准《关于进一步深化粮食流通体制改革，促进现代粮食流通业发展的意见》，组织实施工作全面展开。全区各类粮食企业收购粮食143万吨，销售粮食126万吨，拉动农民增收3.2亿元；截止11月底，国有粮食企业统算实现利润总额1717万元，同比增加790万元，其中自治区10家粮食储备企业实现利润1698万元，同比增加328万元，增幅达23.94%。

2010年，在自治区党委、政府领导下，自治区粮食局主要做了以下工作：

——抓调控，粮食市场保持基本稳定。

——保供给，粮食价格没有出现大的波动。

——争资金，粮油仓储设施、农户科技储粮项目得到国家支持。

——重监管，粮食流通秩序规范有序。

——讲政治，政策性粮食供应及时到位。

——促增收，粮食购销工作成效显著。

——转方式，国有粮食企业经营继续向好。

——创品牌，粮食产业化不断推进。

——提效能，党建工作水平明显提升。

# 粮食局

2011年5月4日，全区深化粮食流通体制改革动员大会在银川召开，全区深化粮食流通体制改革正式启动

自治区粮食局局长刘金定在红寺堡调研退耕还林（草）粮食供应工作

为宁夏应急成品粮油定点供应单位授牌——78家企业被确定为“宁夏回族自治区应急成品粮油定点供应单位”

自治区粮食局局长刘金定陪同兰州军区联勤部、总后勤部军需物资油料部、国家粮食局军粮办公室等部门领导观摩自治区军粮中心野战军供站

2010年10月20日，自治区粮食局、中卫市人民政府在中卫市柔远乡举行农户科学储粮示范工程启动仪式，拉开了全区农户科学储粮专项建设的序幕

# 飞速发展的宁

2010年10月27日，中央纪委副书记、监察部部长马驭（中）在自治区党委书记张毅（左一）、副书记崔波（左三）和自治区副主席齐同生（右二）陪同下视察贺兰口工作

2010年12月19日，自治区主席王正伟接受凤凰卫视专题采访

2010年9月9日，自治区政协副主席解孟林（左二）视察沙湖景区建设

2010年10月26日，自治区主席助理屈冬玉（右二）莅临沙湖检查指导宁夏湿地博物馆建设

自治区旅游局党组书记、局长李春阳

千名特困老人免费游家乡公益活动启动仪式

# 夏旅游业——自治区旅游局

全国首批5A级景区—— 沙坡头

全国首批5A级景区—— 沙湖

全区创建文明旅游行业工作汇报会

5A级景区—— 镇北堡西部影视城

2010年全区饭店服务行业技能大赛

中国宁夏首届国际自驾车旅游节

# 自治区地质矿

2011年9月20日，国土资源部部长、党组书记、国家土地总督察徐绍史，在自治区党委常委、组织部部长徐松楠，自治区副主席姚爱兴的陪同下，深入地矿局勘查找水现场调研，并与一线职工合影

2010年12月3日，自治区党委书记张毅在自治区党委常委、秘书长蔡国英，自治区副主席姚爱兴，自治区地矿局局长徐占海等陪同下，调研宁东基地地下水勘查项目

自治区主席王正伟调研地矿局实施的固原盐化工基地查项目

2010年6月2日，自治区党委常委、宣传部部长杨春光到野外勘查施工一线调研地矿宣传思想文化建设、学习型组织建设及创先争优活动开展情况

2011年3月21日，自治区人大副主任马瑞文到地矿局研，并题写“多找矿、找好矿、找大矿，为建设和谐富裕新夏贡献力量”

# 产勘查开发局

2011年8月15日，宁夏中南部及固原盐化工基地地下水勘项目探采结合井配套工程移交仪式在中宁县举行。自治区主席姚爱兴出席仪式并启动机井出水按钮

2010年3月16日，自治区副主席姚爱兴等领导出席宁夏地质博物馆开工奠基仪式

2011年7月9日，李廷栋院士来宁夏指导地质找矿工作

2011年8月1日，国土资源部地质环境司、中国地调局水部、宁夏国土资源厅、宁夏地矿局联合固原市共同开展基党组织创先争优“4+1联创齐争”活动在京启动

2011年 5月14～15日，宁夏地质找矿专家论证会在银川召开，专家把脉会诊全区金、钴、铀等找矿前景

2011年 2月16日，自治区地矿局召开“六型领导班子”建设年活动动员部署大会

2011年6月15日，自治区地矿局举办“颂献给党”演唱会，用歌声传递对伟大的中国党90华诞的祝福

2010年

宁夏回族自治区机关效能目标管理考核优秀单位

一等奖

中共宁夏回族自治区委员会
宁夏回族自治区人民政府
二〇一一年一月

地矿局2009年、2010年连续获得自治区机关效能目标管理考核直属事业单位一等奖第一名

地矿局党委高度重视人才培养与引进，建立了地质矿产院士工作站、产学研基地、宁夏地矿博士后科研工作站等培训机构和专家服务基地

# 宁夏回族自治区

自治区党委书记张毅调研宁夏农垦

自治区主席王正伟一行调研宁夏农垦

宁夏农垦局党委书记、局长，农垦集团董事长王永忠一行查看玉泉营葡萄基地

2010年，宁夏农垦紧紧围绕“深化改革增活力、搞活经营壮集团、建设园区强示范、舞活龙头调结构、繁荣三产提效益、改善民生促和谐、抓好党建带队伍”的工作部署，抢抓机遇，锐意进取，在发挥对现代农业的引领示范作用和深化改革、加快发展上取得了新的进展。全年实现垦区生产总值13.92亿元，同比增长18.6%；实现营业收入27.99亿元，同比增长16.3%；实现利润3646.8万元，同比增长19.5%；资产总额达到了93.26亿元，同比增加60.46亿元，资产负债率降到了20%。

**（一）紧盯深化改革，不断营造新优势，发展活力和动力进一步增强**。抓住改革的热点、难点问题，着力加强重点领域和关键环节的突破。土地清收更加有法可依。自治区党委、政府下发了《关于整顿和加强农垦土地管理的决定》，自治区法制办、监察厅、国土厅等4个部门出台了《农垦系统清理收回对外承包土地补偿办法》，为清理对外承包土地提供了强有力的政策支持。经济、行政、法律手段并用，收回了一批违法违规承包土地。同时，为自治区和银川市重点项目提供建设用地8400亩。改革
政策更加有力。自治区领导王正伟、于革胜、郝林海等专题
农垦改革发展工作，从9个方面、18项工作上为农垦改革发展
了新的理念和内涵，特别是用“一优三高”提升发展现代农
同意享受银川经济技术开发区政策建设以葡萄酒加工为主的
产品加工园区，支持建设与贺兰园艺产业园平行的农垦现代
示范园区等，解决了多年想解决而未解决的政策性难题。集
投融资能力更加增强。完成130宗、74.7万亩的土地注资和4
土地的分割变更登记，完成发行企业债券的信用评级、项目
等前期工作。清偿企业历史银行贷款6160万元；列入国家清
益性乡村债务试点拟化解债务6154万元。为所属企业提供发
金3.5亿元，担保贷款1.5亿元。

**（二）紧盯保障供给，不断推进现代农业建设，优势产
模进一步壮大**。坚定不移实施“六大产业倍增”工程，优势
规模实现新突破。确保粮食稳产增收。以高产创建示范为抓
大力开展新品种、新技术的集成推广应用，克服自然灾害的
影响，播种粮食49.84万亩，总产达到30.85万吨，平均单产
52.39公斤，发挥了大型商品粮基地的作用。冬麦北移4.85万
麦后复种5.67万亩，农业产出率进一步提高。确保特色产业
模。建成了葡萄育苗中心，提供种苗3100万株，新增葡萄
2.56万亩，形成了贺兰山东麓集中度最高的葡萄产业带。引
量播种机等先进机械，放大“连湖模式”，蔬菜播种面积2.
亩，供港蔬菜3万吨。以沙湖生态渔业基地为核心，发展稻
养蟹8000亩，适水产业基地达9.9万亩。确保畜牧养殖安全。
大疫情联防联控，免疫密度达到100%，奶牛和生猪标识配戴
到100%，期末奶牛存栏2.67万头；生产牛奶9.95万吨。生猪
5.19万头，“灵农”鲜猪肉连锁店达55家，向市场供应放
2000多吨。确保绿化造林质量。围绕主要交通干线绿色通
程、农田防护林工程、场镇绿化工程和特色产业工程，植树
4.57万亩，其中经济林3.08万亩，形成银川市西北环生态保
系。

**（三）紧盯科技支撑，不断推进科技进步，引领示范能**

安居富民工程

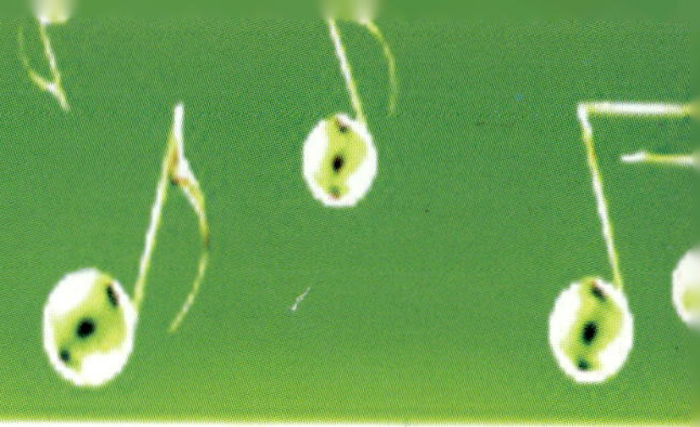

# 农垦事业管理局

宁夏农垦十万吨精米加工项目开工仪式

**一步提升**。建立了28个现代农业示范区（块），7个被列为自治区级现代农业示范基地。购进农业机械2525台，秸秆还田24.9万亩，激光平地12.6万亩，农作物机械化率达95%以上。加快农垦现代农业示范园区建设，建成了全区规模最大的马铃薯脱毒种薯繁育中心，生产原原种1700万粒；培育了2个拥有自主知识产权的玉米新品种。召开农垦科技创新大会，出台配套政策和措施，聘请首席专家6名，组建技术团队7个，招聘专业技术人员54名，承担“5183农业科技工程”项目3个，农业科技贡献率达到55%。创建粮食高产攻关区13.7万亩，平吉堡奶牛场万亩玉米单产1081.7公斤，奶牛最高单产10.07吨，冬小麦单产614.2公斤。

**（四）紧盯龙头带动，不断提高经营水平，加工企业集群进一步壮大**。实施龙头企业升级工程，完成了年产2万吨葡萄酒技改项目，建成年产200吨高端酒的葡萄酒窖；山川共济，草畜并举，拓展苜蓿基地和销售半径，拉动固原市苜蓿种植10万亩，生产草产品5万吨，贺兰山茂盛草业公司跻身全国同行业第二；启动建设年加工10万吨大米、年屠宰加工20万头生猪项目，收购水稻2.65万吨；农产品加工转化率达62%。倾力打造西部独具特色旅游目的地，加大环境整治和生态文明建设，将银川至北京旅客列车冠名为“沙湖旅游”号，沙湖景区被评为“中国十大魅力休闲旅游湖泊”，全年接待游客84万人次，实现销售收入1.21亿元。一手抓经适房及保障房建设，一手抓商品房、营业房建设，西夏苑房地产开发公司开工建设16.8万平方米，实现销售收入3亿元。实施名牌战略，对127件注册商标和500类产品统一管理，7个品牌被评为宁夏著名商标，5个系列产品进入全国农产品质量追溯体系，“沙湖”大鱼头通过国家农产品地理标志认证。

**（五）紧盯投资拉动，不断推进项目建设，发展后劲进一步增强**。坚持把项目建设放在经济社会发展首要位置来抓，申报争取项目58个，新建和续建项目34个，其中：亚行贷款和宁夏中北部土地开发整理项目计划总投资9.08亿元，可新增耕地7.34万亩。加强农田水利基本建设，整合5大类45个项目，大面积综合整治农田，耕地灌溉率达100%，灌溉水利用系数达0.45。启动了5个特色小城镇、9个产业化项目等农垦黄河金岸项目，沙湖水镇完成单体工程52栋、5.7万平方米；巴浪湖2000亩设施园艺基地初具规模，巴浪湖农场237套特色民居和黄羊滩农场100套节能抗震房顺利建成。完成大中型库区移民后扶项目76个，惠及10万多职工群众。借“园博会”“中阿论坛”和农垦60大庆等时机，签订招商引资项目24个、26亿元，苏州佰亿、浙江利同等大企业相继来垦投资置业。

**（六）紧盯民生改善，不断发展社会事业，和谐稳定局面进一步巩固**。落实强农惠农政策，争取国有农场税费改革资金和各类补贴资金9309万元。落实社会保障政策，发放低保资金1282万元，公益性岗位、困难家庭就业等补助资金278万元。落实生态移民政策，新农合参加人数增加到8236人。发扬伟大的抗震救灾精神，向玉树地震灾区捐款援助45.3万元。危房危窑改造、安居富民工程、塞上农民新居“三轮驱动”，三年解决了1万多户职工住房。“盘点”计划生育政策落实，足额补发10多年来企业拖欠职工独生子女费，争取计生服务车14辆。开展群众性文体活动50多场次，电影下场1500多场次，丰富了职工群众精神文化生活。加强对重点行业、重点区域的安全管理，杜绝了重特大事故的发生；推行信访案件领导包案制，着力解决上访人员的合理诉求，全力维护了改革发展稳定大局。

**（七）紧盯党的建设，不断推进作风转变，效能建设进一步加强**。扎实开展创先争优活动，基层党组织的战斗堡垒作用进一步发挥。扎实推进“学习型党组织”和“学习型领导班子”建设，党委中心组集体学习31次，班子成员辅导讲课8次，学习氛围日益浓厚。成功举办宁夏农垦创建60周年庆祝活动，创作了《拓荒宁夏川》、《足迹》、《农垦颂》等“六个一”文化作品，在区内外产生了广泛而深远的影响。建立了廉政风险管理制度，加大对土地管理、拆迁安置、“小金库”等25个方面的审计和监察力度，审计资金总额2.6亿元。

召开宁夏农垦第三次党代会

宁夏湿地博物馆落户沙湖

宁夏农垦创建60周年文艺演出

自治区领导张毅、王正伟、项宗西为第二届中国西部（银川）服装节启幕

自治区党委书记张毅等领导视察汇川服装公司

自治区轻纺工业局局长龙飞在企业调研

龙飞局长与参加生物质产业化发展论坛的中国工程院院士合影

研制推广新式回族头饰

羊绒制品检测

# 纺工业局

自治区主席王正伟参观中国宁夏贺兰石砚设计创意大赛获奖作品展览

自治区政协领导在宁夏生态纺织产业示范园视察

召开全区食品工业企业诚信体系建设工作会议

召开中国宁夏生态纺织产业示范园规划评审会

全区最大白酒生产企业——宁夏昊王酒业公司包装车间

宁夏羊绒加工企业生产的羊绒制品畅销欧美等国市场

引进先进的纺织设备

# 自治区供销

8月6日，中华供销合作总社党组书记、理事会主任李成玉与自治区党委书记张毅、自治区主席王正伟共同为宁夏园博会启幕

自治区主席王正伟会见中华供销合作总社党组书记、理会主任李成玉一行

2010年，自治区供销合作社在自治区党委、政府的正确领导和全国供销合作总社的强力支持、精指导下，认真贯彻《国务院关于加快供销合作社改革发展的若干意见》和自治区党委十届十一次全会全区农村工作会议精神，坚持以科学发展观统揽全局，以“创先争优”活动为动力，以服务“三农”核心，以项目建设为抓手，以联合合作为途径，快推进“新网工程”建设，改革发展取得了显著绩，经营状况及利润总额、资产结构等经济指标到近年来最好水平。2010年，全系统实现商品销总额33.6亿元，同比增长13.7%。全系统实现购进额28.7亿元，同比增长2.1%。农民经纪人销18.8亿元，同比增长6.2%。全系统汇总盈利5569元，同比增长157.8%。所有者权益6.47亿元，同增长108.5%。在全国供销合作社系统综合业绩考中获得“优胜单位”一等奖。

8月23～25日，第29届全国中心城市日杂行业经济协作会在银川召开

8月6日，自治区供销合作社与中国供销集团中国再生资源开发有限公司在银川签署《宁夏再生资源有限公司重组框架协议》

中华全国供销总社新合作集团公司海原县日用消费品配中心项目启动仪式

# 合作社联合社

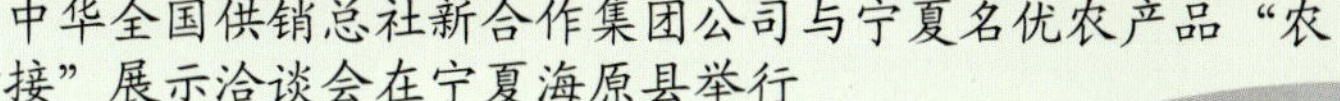

中华全国供销总社新合作集团公司与宁夏名优农产品"农超对接"展示洽谈会在宁夏海原县举行

自治区供销合作社领导深入基层，检查农资储备供应情况

自治区政府考核组检查供销合作社金合农资公司测土配方肥生产经营情况

宁夏首个农资消费专业合作社在盐池县花马池镇惠泽村正式挂牌成立

由自治区供销合作社中农金合农资有限公司、贺兰县供销社、宁夏万合种业有限公司等重组成立，集研发、繁育、生产、加工、销售为一体的宁夏科丰种业有限公司重组签约仪式在贺兰县举行

宁夏供销合作社金桥物流园区建设项目，总投资4.5亿元

# 宁夏国家

宁夏国税局积极服务地方经济社会发展，赢得了地方党政部门和社会各界的广泛好评

2010年以来，宁夏国税局不断加大45岁以上干部培训力度，大力提升干部队伍的整体素质

2010年，宁夏国家税务局在国家税务总局和自治区党委、政府的正确领导下，紧紧围绕服务科学发展、共建和谐税收的主题，以“规范化管理年”为抓手，坚持抓班子带队伍，抓管理打基础，抓收入促发展，抓服务建和谐，各项工作迈上了新台阶。全年累计组织税收收入149.99亿元，同比增长31.1%，增收35.6亿元，依法办理减免退税26.8亿元，占税收收入的17.9%。“十一五”期间累计组织收入500.4亿元，是“十五”时期的3倍，年均增长25.9%，依法减免退税111.7亿元，占同期税收收入总额的22.3%，为地方经济社会发展作出了积极贡献。

**深入推进依法行政，税收执法水平进一步提高** 组织开展第19个税收宣传月活动，认真做好“五五”普法验收工作。完善税收执法管理信息系统和税收规范性文件发布、解读以及备案审查机制，预测评估税收风险，堵塞税收征管漏洞。大力整顿和规范税收秩序，严厉打击发票违法犯罪活动，全年查补各项收入3.42亿元。

高度重视政治理论培训，每年举办政治理论春季培训，着力提高各级班子带队治税的综合素质和能力

**夯实征管基础，税收征管质效全面提高** 完善税源专业化管理工作机制，建立健全行业综合纳税评估模型和指标体系。组织开发推行了税收管理子系统，财税库银横向联网系统覆盖全区国税系统的所有国地税业务。认真落实增值税、消

# 税务局

费税、企业所得税、车购税管理政策，各税种管理更加扎实有效。

在税法宣传活动中，以群众喜闻乐见的剪纸形式深入开展税法宣传

**着力优化纳税服务，纳税人满意度持续提升** 制定完善《2010～2012年纳税服务工作规划》《纳税辅导制度》《办税服务厅工作人员绩效考核细则》等制度，继续推进办税服务厅“五统一”建设，加大推行政务公开和办税公开工作力度，增强为纳税人维权的服务意识。

**深化干部教育培训，干部队伍整体素质明显增强** 加强各级班子建设，强化政治理论学习。开展“创先争优”活动，充分发挥党组织战斗堡垒和共产党员先锋模范作用。全面完成“135”干部教育培训工程，评选表彰区级业务标兵50名、业务能手250名。召开全系统第五次思想政治工作会议，举办第二届“税务文化周”活动。在群众性精神文明创建活动中有1个单位和3名个人荣获省部级表彰。

**深入推进党风廉政建设，行业形象不断巩固** 进一步完善内控机制建设，继续强化“两权”监督，切实加强对各级执行党的政治纪律和上级重大决策部署贯彻执行情况的监督检查。扎实推进政风行风建设，在当年全区政风行风民主评议中获得第二名。

**加强机关作风建设，行政效能进一步提升** 出台了《宁夏国税局机关工作规范》《市县级国税局机关工作规范》和《税收执法工作规范》，完善了机关工作目标责任制考核办法，不断加强机关效能建设，进一步提高机关工作水平。

全系统第五次思想政治工作会议受到表彰的先进集体代表

全面加强税务文化建设，定期开展“税务文化周”和税务文化下基层活动，丰富干部职工的精神文化生活

# 国家统计局

国家统计局局长马建堂来宁宣布总队主要领导职务变动

宁夏调查总队党组副书记、副总队长胡宁生（主持工作）

深入基层调研

宁夏调查总队作为国家统计局派出的正厅级机构，于2006年4月6日挂牌成立，2011年正值五周年之际。三年来，宁夏调查总队认真贯彻国家统计局“提高统计能力、提高统计数据质量、提高政府统计公信力”要求，紧紧围绕国家统计局和自治区党委政府中心工作以及经济、社会发展中的热点、难点及老百姓关注的问题，转变工作方法和思路，挖掘调查数据资源，为自治区党委、政府及时提供质量较高、有参考价值的农业生产、城乡居民收入、市场物价、规模以下工业和企业景气等方面的信息分析报告，在提高调查数据服务能力和信息咨询服务方面取得了明显成效。

五年来，宁夏调查总队共编发《调查信息》961期、《调查分析》428期、《调查专报》20期、《专报》30期，被中办、国办采用86篇次，自治区党委办公厅、政府办公厅采用613篇次；中央领导批示10篇次，自治区领导批示106篇次。其中：2010年自治区领导批示34篇次，达到历史最好水平。充分体现了自治区领导对民生问题的高度关注和重视，也说明了总队信息服务工作在捕捉社会热点，贴近领导决策需求，提高服务能力方面迈上了新台阶。

五年来，宁夏调查总队创办了《调查专报》《调查分析》《调查信息》和专呈自治区主要领导参阅的《专报》，利用内部简报平台有效地发挥了统计、咨询和监督作用。按月编发《宁夏调查数据》月度手册，公开出版《宁夏调查年鉴》，制作光盘版年鉴资料，积极为社会公众服务。公开出版了《50年城乡巨变宁夏城乡居民生活消费实录》《跨越》。编辑印刷了《宁夏调查纪实》《改革发展》《透过数据看宁夏民生变化》《抽样调查指标与民生数据解读》《建队五周年优秀分析信息选编》《回眸“十一五” 概览宁夏民生新变化》《宁夏调查分析研究报告选编》等书籍，扩大了宁夏调查总队的社会影响和知名度，提升了服务党政领导决策的水平，受到自治区党政主要领导和社会各界的较高评价。先后承担完成省部级课题4项，其中“科技对宁夏农民收入增长的贡献研究”荣获自治区科技进步三等奖，组织立项完成总队课题10多项。

# 宁夏调查总队

宁夏调查总队党组中心组学习会

宁夏调查总队成立五周年座谈会

宁夏调查总队推进统计文化建设

宁夏调查总队领导深入市场调研居民消费价格情况

宁夏调查总队领导深入田间查看小麦长势情况

宁夏调查队系统青年联合会成立大会

调查成果汇集

# 宁夏监狱管理局

自治区党委、政府考核宁夏监狱管理局党风廉政建设责任制情况

2010年，全区监狱工作在自治区党委、政府和司法厅党委的领导下，以科学发展观为统领，认真贯彻落实《监狱法》和“刑罚与改造相结合，以改造人为宗旨”的监狱工作方针，继续深入推进监狱体制改革，进一步加强基础设施建设，狠抓制度建设和制度落实，全面提升监狱管理水平，认真履行刑罚执行职能，不断提高罪犯改造质量，全力维护安全稳定，监狱工作取得了新的进步和发展。全系统连续6年实现了“无罪犯脱逃、无重大狱内案件、无重大疫情、无重特大安全事故”的四无目标，连续2年荣获自治区政府效能考核一等奖，被司法部授予“安全稳定先进单位”，为宁夏社会和谐和经济社会跨越式发展做出了积极贡献。

自治区党委常委、纪委书记刘晓滨与司法厅厅长王正升为“先进文化进监所”活动揭幕

**立足规范，着力构建安全稳定长效机制**

2010年，全区5所监狱完成AB门建设和武警监门上哨。宁夏监狱新收押罪犯入监教育中心正式运行。全区监狱实现网络信息共享，监管设施信息化水平有了新提高。“四项长效机制”和“四防一体化”的建设，将人防、物防、技防、联防有机结合的立体防范格局提升到了新层次。

自治区党委常委、政法委书记苏德良，自治区人大副主任张小素出席社会帮教活动现场会

**依法行刑，着力打造现代化文明监狱**

不断健全完善刑罚执行程序，《监狱法》执行情况获得自治区人大的高度评价。推行狱务公开，全面引入公示制、评议制和合议制，设立举报电话、信箱等，广泛接受社会、群众和家属的监督，以公开促公正。深入贯彻宽严相济刑事政策，取得法律效果、政治效果和社会效果的“三赢”。

**标本兼治，着力完善科学合理的矫正模式**

一是强化职业技能教育。主动作为，充分利用整合政府、社会资源，将服刑人员职业技术教育培训工作全面纳

自治区党委常委、政法委书记苏德良，自治区副主席李锐等领导出席阅警仪式

宁夏服刑人员入监教育中心正式挂牌

自治区司法厅厅长、监狱管理局第一政委李振国深入监狱调研监狱生产和检查信息化建设

入了政府管理，建立服刑人员劳动技能培训长效机制，变刑期为学期，此项工作走在了全国前列。二是夯实基础教育。全区服刑人员脱盲率达97.4%，454名服刑人员参加全国高等教育自学考试，通过率达到53%。三是拓展文化教育。建立以政府机关为主、社会各界为辅的帮教新模式。通过“先进文化进监所”等活动，将先进文化融入教育改造中，净化服刑人员的心灵。四是推行心理矫治。服刑人员心理健康教育普及率和心理测试建档率均达到100%，为进一步发挥心理矫治功效奠定了基础。

**素质强警，着力培育作风过硬的监狱警察队伍**

通过开展“执法大培训岗位大练兵、大学习”等系列教育培训活动，不断提升全区监狱警察的综合素养。在2010年全区司法行政系统大练兵大比武考核中，全区监狱系统取得了优良成绩。同时，全面推行廉政风险防范管理和警察执法档案建设，以监督机制及措施的落实，有力地促进了队伍的公正廉洁。

政法机关向监狱捐赠书籍

安全生产受到自治区安全监督委员好评

发扬传统　坚定信念　“红色记忆伴我行”

雄姿飒爽接受人民检阅

# 宁夏回族

2010年，自治区总工会在自治区党委、政府和全国总工会的领导和支持下，团结带领全区各级工会和广大工会干部紧紧围绕促进全区经济发展方式转变和经济平稳较快发展这个中心，在广大职工中深入开展以“创双优”为载体的经济技术创新活动，全区4758家企业、57万职工参加了各项劳动竞赛，提出合理化建议5万多条，技术发明创造成果1052项，创经济效益6亿元；制定实施全区职工素质建设工程五年规划（2010～2014年），广泛举办多种形式职工学习教育活动，全区职工培训面达到了40%以上；圆满完成为农民工“送技能、送法律、送文化、送健康”活动三年规划，加强职工文化活动中心建设，实现全区所有市县（区）职工文化活动中心建设全覆盖，推动了职工文化和企业文化的大发展；部署开展工资集体协商示范单位和厂务公开示范单位创建活动，积极配合和争取自治区人大出台了《宁夏回族自治区企业民主管理条例》，全区国有集体和国有控股企业、事业单位厂务公开率达99%，非公有制企业厂务公开率73%，工资专项集体合同签订率达到90.6%；认真实施“21163”工字号创业带动就业三年规划，建立“工字号”创业园区32个，创业街28条，创业实训基地65个，创业就业服务中心28个；开发创业项目492个，为困难职工、失业人员、农

2010年4月25日，自治区庆祝“五一”国际劳动节暨模范集体和劳动模范、先进工作者表彰大会在宁夏人民会堂隆重举行。自治区党政军领导出席会议

2011年4月26日，自治区庆祝“五一”国际劳动节暨表彰大会在宁夏人民会堂隆重举行。自治区领导张毅、王正伟等出席大会并与全国、自治区劳动模范合影

2010年12月27日，自治区政府与工会召开第十次联席会议。听取自治区总工会关于自治区政府与工会第九次联席会议确定事项落实情况的汇报，协商议定了五个方面的问题。自治区主席王正伟主持会议并讲话

2010年6月10日，自治区厂务公开民主管理工作经验交流暨现场观摩会在银川市供电局召开。自治区党委副书记于革胜出席会议、参观检查厂务公开民主管理工作图片展，自治区政协副主席、总工会主席陶源和总工会常务副主席杨钊陪同

# 自治区总工会

2010年3月2日，自治区工会干部教育培
基地揭牌仪式暨全区首期乡镇、街道工会
部培训班在自治区党校隆重举行。自治区
校常务副校长杨国林、自治区总工会常务
主席杨钊揭牌

2010年4月15日，自治区总工会与首府银川市总工会联手在光明广场设立主会场，石嘴山、吴忠、固原、中卫四市总工会分别设立分会场，同步举行2010年全区工会就业援助“五一招聘”会

2010年6月4日，自治区总工会举办“长庆杯”采油工职工技能大赛暨长庆油田公司2010年采油工职业技能竞赛，图为套扣操作

2010年9月25日，全区第三届“电投杯”职工篮球赛开赛

工提供小额借款2891万元，扶持创业带头人637名，扶持小商店、小企业64家；建立工会职业培训基地65个，培训技术工人14874名，开发就业新岗位3771个；深入开展困难职工帮扶救助工作，救助困难职工1.2万多人次，发放救助款物折合人民币2000多万元；慰问困难企业827个，慰问困难职工（含农民工）5.31万户，覆盖率73.8%，发放款物2686万元；筹集637万元资助8237名贫困家庭学生上学；联合劳动保障等部门清欠职工、农民工工资2763万元，涉及农民工14703人；深入开展“党群共建·创先争优”活动，全区基层工会组织数达到10743个，涵盖单位达27575家，覆盖会员1074461人，分别完成全国总工会下达任务的163%、227%、152%。

2010年，全区工资集体协商工作在全国总工会进行了交流，中央电视台“新闻30分”栏目进行了报道，“四送”活动工作在全总宣传教育暨职工素质建设工程工作会议上作了书面交流，基层工会组建、经费上缴、经费审查、女职工、“五五”普法等工作受到全总表彰。

站在新的历史起点上，自治区总工会将在自治区党委、政府和全国总工会的正确领导和大力支持下，深入贯彻落实科学发展观，紧紧围绕团结动员广大职工为实施新一轮西部大开发战略和“十二五”规划起始之年建功立业这一中心，以发展和谐劳动关系为主线，以落实“两个普遍”为重点，继续深入实施职工建功立业、素质提升、维权帮扶、组织建设四大工程，努力在建功“十二五”，推动和谐富裕新宁夏建设中充分发挥工会组织的作用，以优异的成绩向建党90周年献礼！

2010年12月4日，由自治区总工会承办、银川市总工会协办的以“弘扬法治精神，促进社会和谐”为主题的送法律活动在银川拉开序幕

2010年12月21日，自治区总工会在银川市职工文化活动中心建筑工地举行全区工会2011年元旦春节送温暖活动启动仪式

2010年12月29日，自治区总工会召开2010年度“创双优”总结表彰大会

2011年1月18日，自治区总工会召开全区工会2010年第四季度维权形势分析会

# 宁夏回族自治

自治区党委副书记于革胜为宁夏首届少儿才艺大赛的获奖小朋友颁奖

举办全区纪念“三八”国际妇女节100周年大会

西北区域合作会议上全国妇联副主席孟晓驷、自治区副主席姚爱兴、政协副主席张乐琴及西北五省区妇联主席汇聚银川

自治区妇联主席李金英为全区首个“妇女之家”揭牌

自治区妇联主席李金英在中阿经贸论坛暨宁洽会上检查妇女手工艺品展出情况

# 区妇女联合会

自治区妇联执委李金英、陈红缨、哈若蕙、樊虹等在全区纪念“三八”100周年大会上表演诗朗诵《你的名字》

自治区妇联举办第五届宁夏家庭文化艺术节暨全区百万妇女健身活动展示大赛

自治区妇联为石嘴山市惠农区庙台乡东永固、李岗联合村部“妇女之家”赠送价值10万元的营养粉及电脑一台

自治区妇联向五市发放村妇代会创收基地项目资金共计60万元

# 自治区卫生厅

刘天锡厅长在社区卫生服务站调研

2010年，在自治区党委、政府的坚强领导下，在卫生部和自治区各部门的大力支持下，全区卫生系统以科学发展观为指导，以深化医药卫生体制改革为重点，围绕夯实基础，加强基层，保障基本，建立机制，改革创新，持续发展，服务民生的总体思路，抢抓机遇，务实苦干，超额完成了卫生民生计划，医药卫生体制改革取得了新成效，重大疾病防控有力，应对突发事件保障到位，基础设施不断加强，医疗技术水平、医疗卫生服务能力和城乡居民健康水平明显提高，全面完成了年初确定的各项任务。为全区经济和社会发展做出了积极贡献。

医务人员为农村妇女宣传健康知识

社区卫生服务站

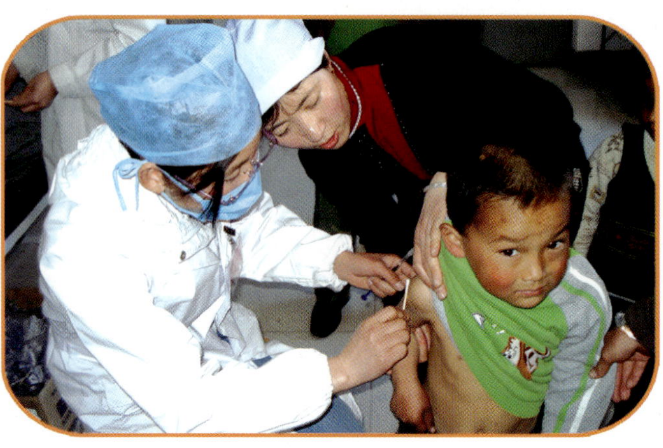

医务人员为儿童接种五苗

住院分娩母子健康

村卫生室医生为农民群众诊治

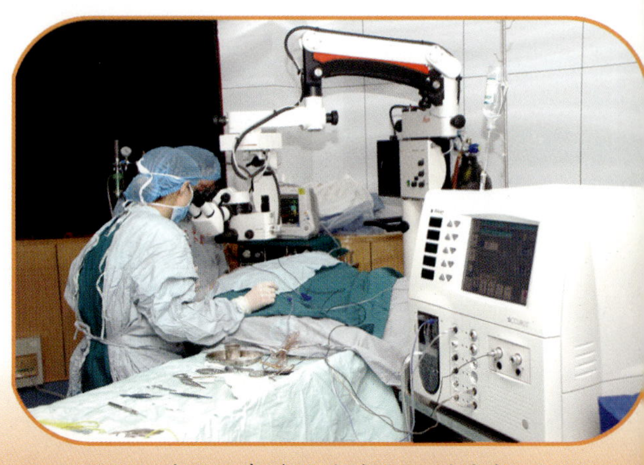

眼科医师在进行玻璃体切割手术

# 宁夏日报

## 报业集团

Ningxia Daily Newspaper Enterprise Group

## 忠诚 责任 良知 协作 创新 效率

自治区党委书记张毅到宁报集团调研时听取集团党委书记、社长刘卫，集团总编辑沙新介绍宁报集团情况

2010年10月20日，在由宁夏日报报业集团承办的纪念“银川会议”20周年全国报纸总编辑黄河金岸行暨第13届中国新闻摄影理论年会上，自治区主席王正伟会见中国新闻摄影学会主席于宁（左一）一行

举办纪念“银川会议”20周年全国报纸总编辑黄河金岸行暨第13届中国新闻摄影理论年会

“新消息报2011年音乐会”现场。宁报集团主办的“宁夏新年音乐会”已经成为凤城岁末的一大文化景观

宁夏日报报业集团目前拥有6报2刊1网站（宁夏日报、新消息报、法治新报、新知讯报、小龙人学习报、宁夏手机报、看天下杂志、博客天下杂志、宁夏新闻网）。在自治区党委和自治区党委宣传部的正确领导下，集团报业经济发展迅速，近五年年均总收入增幅在12%以上。2009年以来，宁报集团深化文化体制改革，各项工作取得较好成绩：在中国传媒大会上，宁报集团分别荣获“中国十大最具成长性传媒”“中国十大创新传媒”称号，新消息报获“中国传媒百强”“中国十大创新都市报”称号。2010年，宁夏日报荣获“中国品牌媒体百强——党报品牌十强”称号、中国传媒大会“金长城传媒奖十大党报”称号；看天下杂志获“中国品牌媒体百强——期刊品牌十强”称号。集团承办的“中国西部（银川）房·车生活文化节”荣获中国展会50强。传媒公司被自治区政府评为“全区全民创业先进集体”，被中国报业协会评为“全国报业经营管理先进集体”。

《宁夏日报》 主流媒体 政经大报

《新消息报》 咱老百姓自己的报纸

《法治新报》 法制视野 民生情怀

《新知讯报》 咨询创造价值 品位改变生活

《新知讯报》 关注农村 服务三农

《小龙人学习报》 读小龙人报 做成功少年

《看天下》 讲故事 说新闻 看天下

《博客天下》 人人都是记录者

# 宁夏回族自治区团委

全区纪念五四青年节“颂歌献给党”红色经典歌会暨宁夏五四青年奖章颁奖典礼

团中央书记处书记汪鸿雁（右三）在自治区党委副书记于革胜陪同下调研农村共青团工作

2010年，全区各级团组织紧紧围绕党政中心，切实发挥职能作用，扎实推进团的各项工作和建设，为建设和谐富裕新宁夏做出了积极贡献。

**加强团的基层组织建设和基层工作**。选派44名西部计划志愿者到县级团委开展青年工作，选派20名高校团干部到县级团委挂职。新建非公企业团组织346家，社会组织团组织41家，务工青年聚集地团组织8个。投入50万元财政经费，资助优秀基层团建项目63个，投入100万元，新建青年中心16个。完成乡镇（街道）、村（社区）团干部轮训。

**增强教育引导青年的针对性和实效性**。以“我与祖国共奋进，我与宁夏同发展”为主题，开展了“颂歌献给党”青春红歌会、“青春的故事”优秀青年事迹报告会、“三下乡”、“挑战杯”等活动。贯彻落实胡锦涛总书记致少先队建队60周年贺信精神，广泛开展争当“四好少年”等活动，努力培养少年儿童对党和社会主义祖国的朴素感情。

**动员青年积极参与经济社会建设**。深入开展“青字号”品牌活动，引导广大青年立足岗位，建功成才。做好西部计划、研究生支教团等志愿者工作。招募2490名志愿者参与了2010宁洽会暨首届中阿经贸论坛等大型志愿服务。实施“保护母亲河行动”，争取投资440万元的中日青年生态绿化示范林项目2个。

**帮助解决青少年的切实利益**。全年累计培训青年16389人，发放小额贷款 6922.3万元。希望工程筹资4322.52万元，资助学生5228名，援建小学19所。“共青团关爱农民工子女志愿服务行动”结对帮扶农民工子女2.3万余人。开展“共青团与人大代表、政协委员面对面”活动，推动颁布了新修订的《宁夏实施〈中华人民共和国未成年人保护法〉办法》。

宁夏共青团关爱农民工子女志愿服务行动启动仪式

中国杰出青年农民（宁夏）考察交流活动在银川举办

宁夏青年创业就业基金会成立

770名2010宁洽会暨首届中阿经贸论坛志愿者誓师出征

2010宁夏“希望工程圆梦行动”资助大学新生近5000名

优秀青年事迹报告团在各地巡回演讲

# 自治区文联

由自治区文联等单位联合举办的“塞上清风”廉政书法摄影工艺美术作品展在全区各市巡回展出。自治区党委书记张毅参加开幕式并题词

全国农民画展在宁夏举办。自治区党委常委、宣传部部长杨春光，中国民协副秘书长赵铁信，宁夏文联党组书记、主席郑歌平等参观画展

宁夏文联2010年“送欢乐、下基层”活动在宁东开展。图为书法家为一线工人书写春联

宁夏文联所属八个文艺家协会顺利换届。图为宁夏摄影家协会第六次代表大会会场

宁夏文联为曾杏绯先生举办百岁荣寿和画展

2010中国宁夏第二届全国回族舞蹈大赛在银川举行

# 宁夏科学技术协会

12月15日，在宁夏科协“会员日”活动中，自治区党委常委、组织部部长徐松南为“优秀科技工作者”获奖者颁奖

5月19～24日，2010年全国中学生天文奥林匹克竞赛在固原举办

2010年，自治区科协始终按照“三服务一加强”的工作定位，充分发挥科协组织智力密集、人才荟萃、学科齐全、联系广泛的优势，紧紧围绕党委、政府的重点工作，积极组织科技人员建言献策；不断加强科普惠农工作，推进农村科技服务，举办了宁夏第十一届春季农交会和“千名科技专家下基层活动”；争取外援资金，与联合国开发计划署和商务部中国国际经济技术交流中心签署协议，探索以更有效和创新的方式进行沙漠防治和民生改善；继续落实自治区领导批示，进行农村秸秆能源利用、环保节能炉具使用试点；积极搭建学术交流平台，推进学会改革、创新及管理；组织制定了《全民科学素质纲要“十二五”规划》《宁夏科普基础设施建设规划》等，在全区范围内组织开展了公民科学素养调查，组织开展了2010～2015年度全国科普示范县（市、区）的创建工作，与区直机关工委联合举办“科学发展大讲坛”；重视发挥宁夏科技馆科普宣传主阵地作用，推进中小学素质教育；竭诚为科技工作者服务，结合2010年宁夏科协会员日活动举办了“优秀科技工作者”颁奖活动、“宁夏首届科技界书法绘画摄影工艺美术展”；认真加强党的建设、干部队伍建设、廉政建设，推进精神文明建设。为加快转变经济发展方式，推动科学发展作出了积极贡献。

自治区党委常委、宣传部部长杨春光，自治区主席助理屈冬玉，中国科技馆副馆长辛兵共同启动《科技新发展，生活大变样》专题展览

9月28日，举行“联合国宁夏荒漠化防治和民生改善项目”协议签约仪式

举行第25届宁夏青少年科技创新大赛

宁夏第十一届春季农业科技推广暨农用物资交流会开幕

全国科普日暨中小学自然科学课走进科技馆活动启动

2月18日，首届宁夏“科协杯”青少年多米诺骨牌大赛决赛在宁夏科技馆开赛

宁夏第十一届春季农交会交易现场

# 自治区工商联

2010年3月24日，自治区工商联深入青铜峡、中宁、贺兰、惠农等县区，就《国务院关于鼓励支持和引导个体私营等非公有制经济发展的若干意见》颁布5年来的贯彻落实情况、非公有制企业如何加快转变经济发展方式以及全区非公有制经济特别是中小企业发展状况进行调研。自治区党委常委、统战部部长马金虎全程参与调研活动

2010年11月2日，自治区党委创先争优活动领导小组成员，自治区非公有制经济组织创先争优活动指导小组组长，自治区党委统战部副部长，自治区工商联党组书记罗玉林深入民营企业调研创先争优活动开展情况

2010年12月3日，宁夏工商联第六届会长联系会议在香港召开。自治区工商联主席、宁夏金龙集团董事局主席刘金虎，全国人大代表、香港中华出入口商会会长、和富塑胶有限公司行政总裁李宗德先生共同主持

2010年6月5日，自治区工商联与银川警备区举行“军民结对子，携手创文明”活动，自治区党委统战部副部长、工商联党组书记罗玉林与银川警备区政委史清银签订“结对共建协议书”

2010年4月29日，自治区工商联、建行宁夏分行就银企合作项目进行签约，共同支持中小企业经济发展

2010年11月12日，自治区工商联走访看望革命老区“三老”（老革命、老模范、老党员）人员，向11位“三老”人员发放了1.1万元慰问金

# 自治区残联

自治区党委书记张毅（右四）在红寺堡爱德制衣公司调研残疾人就业和社会保障工作

自治区党委常委、副主席刘慧（中）为重度残疾人发放津贴证

2010年，自治区残联认真组织实施残疾人民生计划，残疾人生活生产条件得以大幅度改善和提高。一年来，为各类残疾人配发辅助器具3053件，投入资金117万元，为3000名贫困精神残疾人免费提供服药和住院治疗。投入100万元，为社区配发残疾人康复训练器材100套。投入77万元，培训残疾人康复协调员600名。投入360万元，对200名残疾儿童进行抢救性康复。为9家托养服务机构落实“阳光家园计划”，落实补助资金76万元。为5400名居家托养的智力、精神和重度残疾人落实补助资金378万元。落实扶残助学计划，投入180.8万元，为2569名在校贫困残疾学生提供资助。投入320万元，为5000名有就业需要的贫困残疾人免费进行职业技能和实用技术培训，实现新增就业1020人。投入80万元，扶持1126个残疾人家庭发展种植养殖业。

宁夏残疾人手工艺品走进宁洽会会展。宁夏残联理事长景湛国（左四）悉心查看由残疾人制作的手工艺品

自治区残联副理事长马友谊（右一）与残疾人亲切交谈

自治区残联副理事长柴建国（右一）深入残疾人家庭看望慰问残疾人

在“首届全国听力语言康复教师职业技能大赛”中，宁夏参赛选手获得绘画第一、第三和最佳玩具教具制作奖，团体总分进入前10名的好成绩

自治区残联副理事长刘继国（中）向优秀残疾人个体工商户表示祝贺

# 自治区食品药品监督管理局

自治区党委书记张毅在自治区食品药品监督管理局调研

自治区党委常委、自治区副主席齐同生视察春节超市食品安全

自治区副主席姚爱兴视察节日市场食品安全

2010年，自治区食品药品监督管理局以确保人民群众饮食用药安全为一切工作的出发点和落脚点，深入贯彻落实科学发展观，大力践行科学监管理念，创新工作机制，典型示范引导，切实履行餐饮服务食品、保健食品、化妆品安全监管职能；服务医改工作大局，加强基本药物监管，实现基本药物全覆盖抽验，100%电子监管，确保基本药物质量安全；加大药品注册、生产、流通、使用环节的监管力度，药品市场程序进一步规范；持续开展专项整治，保持高压严打态势，集中整治“地沟油”，学校、建筑工地食堂、中药饮片、医用氧等；解决群众关心的食品药品安全突出问题，维护群众食品药品安全，保民生促和谐。2010年餐饮服务环节食品风险监测抽验总体合格率为87.84%，地产药品检验合格率为98%以上，食品药品安全水平进一步提高，全区没有发生重大食品药品安全事件。有效保障了人民群众饮食用药安全，促进了和谐宁夏建设。

自治区食品药品监督管理局局长薛塞峰在新华百货检查化妆品经营情况

自治区食品药品监督管理局局长薛塞峰检查药品经营企业

开展宁夏食品安全宣传周活动

召开问题乳粉事件新闻发布会

召开全区加强基本药物质量监管工作会议

# 自治区政府研究室

政府研究室召开半年调研成果汇报会

政府副秘书长、研究室主任马建民在企业调研

政府研究室副主任高树枝调研设施农业

2010年以来，自治区政府研究室认真贯彻中央和自治区的战略部署，深入贯彻落实科学发展观，以服务于自治区党委、政府的中心工作为目标，着力深化室党组提出的“着眼日常抓基础，立足长远重建设”工作思路，突出推动发展方式转变和经济结构调整，产业优化升级、全面推进开放、切实改善民生和社会和谐稳定等重大问题的咨政研究，不断增强决策服务的前瞻性、科学性、主动性、针对性和有效性。共开展调查研究34项，完成调研报告34篇；起草自治区领导讲话和文稿19篇；起草自治区政策性文件6个；出版《宁夏经济》11 期；编发《信息快递》68期；编发《决策参考》42期；开展社会科学课题研究10项。起草的调研报告、编发的决策参考、信息快递有60个得到自治区领导批示，在中央或自治区媒体发表和转载文章57篇，引起了较大的社会反响。6篇文章分别获得宁夏社会学会论文评选1个一等奖、1个二等奖、3个三等奖。有的文章还被中央党校《党建》丛书选用。同时，承担自治区政府效能建设目标责任制考核工作。圆满完成了自治区党委、政府交办的其它各项工作任务，为促进全区经济社会又好又快发展做出了积极贡献。

政府研究室副主任杨万仁调研全区保障房建设情况

政府研究室副主任苏昀下基层调研

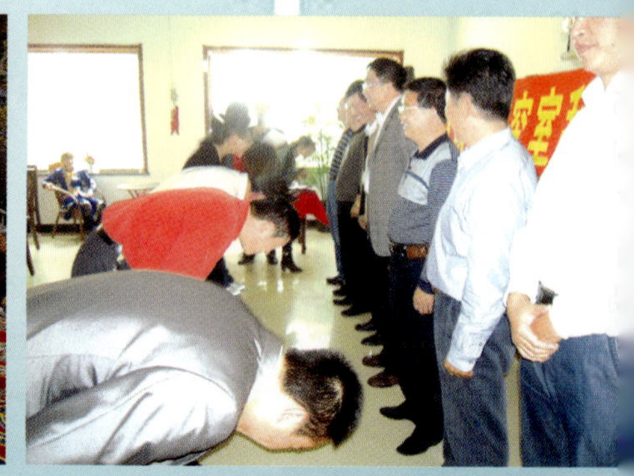

举行“充分发挥人才优势，以老带新促进提高”拜师活动

# 自治区招商局

2010年9月，“中国（宁夏）国际投资贸易洽谈会暨中国□阿拉伯国家经贸论坛”项目签约仪式在宁夏举行。会上，共签订合作项目190个，其中框架合作协议8个；投资合作项目182个，总投资2035.63亿元，外方投资2025.11亿元

2011年5月，自治区政府在香港成功举办“2011宁夏（香港）经贸文化旅游活动周”。会上，签约项目引资总额突破1000亿元。其中，投资类合作项目总投资1090.21亿元，外方资金1070.13亿元，合同项目总投资611.33亿元

2010年4月，宁夏回族自治区人民政府在上海成功举办了宁夏·长三角（上海）经贸合作推介会。会上，共签约10个项目，总投资141.4亿元，外方投资141.4亿元

2010年5月，自治区政府在广州市举办宁夏·珠三角（广州）经贸合作推介会。推介会上，共签约10个签约项目，项目总投资达73.9亿元，其中合同项目投资46亿元

2011年2月，召开了全区招商引资工作会议。会上总结了“十一五”招商引资工作，部署了今年和“十二五”期间招商引资工作。兑现了2010年目标任务考核奖励，对招商引资先进集体和先进个人进行表彰奖励

2010年，全区以大招商、招大商为主题，继续采取“项目对接、拓展市场、对外宣传”三大战略措施，以“七心（上下一心、有诚心、有恒心、有耐心、有细心、有信心、有决心）”的招商理念，不断优化，创新工作机制，强化政策措施，提升服务水平，着力抓好宁东能源化工基地、“五优一新”产业、黄河金岸、现代服务业、中阿经贸合作等重点优势领域招商，加大承接产业转移力度，大力推进战略合作，为加快推进宁夏跨越式发展奠定了坚实基础。

2010年，创新招商方式，坚持多层次加高层次招商，积极开展产业化招商、小分队招商、中介招商、以商招商、网络招商、会展招商等，进一步拓宽了合作领域和合作空间，成功引进了世界500强3家，国内500强15家。这些大项目、大集团涵盖了能源化工、装备制造、特色农业、新材料等我区重点优势产业。一是强力推进“7+3”招商，在上海、广东、北京、山东、吉林、福建、山西等7个重点省（市）举办了经贸合作推介会，共签约项目106个，总投资1249.75亿元，取得显著成效。二是认真组织参加西洽会、津洽会、中博会、哈洽会、西博会、东北亚博览会、东盟博览会等国内十多个有影响的重大投资洽谈活动，选择了一批重点项目进行对接。三是在2010“宁洽会暨中阿经贸论坛”期间，共签订项目190个，总投资2035.63亿元，外方投资2025.11亿元。四是大力推进国外招商，组团赴日本、韩国、马来西亚、印度尼西亚、泰国、埃及等海湾六国、欧洲、非洲、南美洲等国家和地区开展招商招展活动。

加大对已落户的外来投资企业跟踪服务力度，对各类经贸活动签订的项目盯住不放，专人跟踪到底，形成签约项目抓开工，开工项目抓进度，在建项目抓投产，投产项目抓发展，项目开工率、履约率和资金到位率不断提高。2010年，全区共引进实施项目687个，实际到位资金898.87亿元，超过自治区党委、政府确定的700亿元的目标任务198.87亿元，同比增长39.07%。

# 自治区政府法制办公室

自治区政府召开全区依法行政工作会议，王正伟主席作重要讲话

自治区政府召开法律咨询委员会成立大会，自治区党委常委、常务副主席齐同生作重要讲话

自治区政府召开全区政务公开工作会议，自治区党委常委、常务副主席齐同生作重要讲话

自治区政府法制办公室在青铜峡市举办理论学习读书班

自治区政府法制办公室承办国务院法制办公室和亚洲基金会主办的公众参与行政立法培训研讨会

自治区政府法制办公室举办全区行政复议人员资格培训班

# 自治区政府参事室

自治区党委书记陈建国、自治区主席王正伟会见前来宁夏考察工作的国务院参事室党组书记、主任陈进玉一行

自治区政府秘书长、参事室主任左军主持召开《政府参事工作条例》学习座谈会

参事室专职副主任马福成同政府参事调研全区水利建设情况

政府参事室是政府主管参事工作的机构。参事参与政府工作的基本职责是：参政议政、建言献策、咨询国是、民主监督、统战联谊。主要工作是围绕政府中心工作开展调查研究，了解、反映社情民意；对政府工作进行监督，提出意见、建议和批评；对有关法律文件草案、政府工作报告稿和其他重要文件草案提出修改意见和建议；参加爱国统一战线工作。

2010年，自治区政府参事室在政府办公厅党组的领导下，团结带领全体参事和工作人员，围绕中心，服务大局，调查研究日益深化，建言质量日渐提升，成果转化日趋快捷。全年组织政府参事开展各项参政咨询活动68项，开展集体调研、社会考察14批126人次，向自治区政府提交参事建议20件，19件得到自治区领导的批示，16件纳入政府督办范畴，有力地发挥了参事工作智力支持、决策咨询作用，不断向温家宝总理提出的“把参事室建成有中国特色的高水平政府咨询机构”的目标迈进。

参事室定期组织政府参事进行理论学习

政府参事调研全区扶贫开发工作

自治区发改委向政府参事通报全区“十二五”规划情况

# 自治区信访局

自治区党委常委、政法委书记、公安厅厅长苏德良耐心倾听信访群众诉求

全区信访工作会议在银川召开

表彰全区信访工作先进单位

召开全区信访系统“创先争优”活动动员部署会

2010年，在自治区党委、政府的正确领导和国家信访局的具体指导下，自治区信访局按照构建社会主义和谐社会的要求，坚持以邓小平理论和“三个代表”重要思想为指导，深入学习实践科学发展观和西部大开发战略，全面落实中央和自治区关于加强新时期信访工作的决策部署，紧紧围绕切实维护群众合法权益、密切党和政府同人民群众血肉联系这一主线，充分发挥信访部门的职能作用，恪尽职守，扎实工作，及时协调化解和妥善处理了大量人民内部矛盾，有力促进了社会和谐，确保了重大活动、重要会议、重大节日期间的社会稳定和政治安定，为维护人民群众合法权益和改革发展稳定大局做出了积极贡献。

自治区政府副秘书长、信访局局长赵诚带队赴基层督导信访积案化解工作

自治区政府副秘书长、信访局局长赵诚在基层调研信访工作

# 自治区人民防空办公室

召开第十二次全区人民防空会议

自治区副主席李锐在自治区城乡建设厅厅长刘慧芳，人防办主任马占林、副主任祖惠才的陪同下观看机动指挥所的使用情况

马占林主任作工作报告

自治区人防办领导班子成员在研究防空袭预案

自治区人防办在中国石油宁夏石化公司进行应急救援演练

自治区人防办举办创立60周年“人防之声·文艺晚会”

# 宁夏博物馆

至尊国礼明月和风展

齐白石书画展

典藏之韵

2010年，宁夏博物馆紧紧围绕“十一五”规划目标任务，坚持以改革创新为动力，把提升展览展示水平、加大科研保护力度、强化宣传教育功能作为工作重点。集中胡总书记来宁考察时的重要讲话、“两会”精神、实施西部大开发战略、十七届五中全会及文化建设相关文件会议精神及全区文化系统廉政效能建设工作会议精神，制定完善了《宁夏博物馆日常管理规定》、《创建学习型党组织、学习型党员活动实施意见》、《宁夏博物馆廉政风险防范管理工作实施方案暨2010年廉政风险防范措施》。加强馆内综合治理，确保文物万无一失。

优化内部环境，提高服务质量，使博物馆社会效益得到充分发挥。宁夏博物馆讲解员先后多次参加上海世博会宁夏馆、第六届深圳国际文化产业博览会、国家农展馆举办的《人居环境与生态环境成就展》、第二届文艺文艺旅博会旅游产品展、2010中国（宁夏）国际投资贸易洽谈会暨首届中国阿拉伯国家经贸论坛等国家和自治区级展览及重要活动的讲解工作，并凭借扎实的业务基础在各类讲比赛中屡创佳绩，充分展现了宁夏博物馆讲解员伍的风采。宁夏博物馆积极拓展宣传渠道，坚持展流动文化服务。先后走进学校、军营、社区、业、监狱，开展文化服务、法律宣传活动13场次与宁夏大学定期开展校外第二课堂电教讲座活动成为宁夏职业技术学院、宁夏六盘山中学、银川回民第二小学、兴庆区第二十一小学等学校的德基地，很好地发挥了博物馆的社会效益。全年共待游客25万多人次，比去年同期增长10%。其中接省部级领导2000多人，外宾1000多人，中小学100436人次，旅行团132823人次，全年免费义务解36390人次，实现零投诉。

成功举办和参与了一系列重要展览：“塞上韵宁夏文物特展”“乡间画记山东木版年画展”“奇石宴展”“人民币的摇篮中国革命根据地货展”“首届全国（宁夏）穆斯林书画艺术展”“广江先生阿拉伯文书法艺术展”“明月和风国际谊博物馆藏伊斯兰国家国际礼品特展”“伊朗‘兰经’书法艺术展”“大夏遗珍--西夏精品文展”“丝绸之路大西北遗珍”“曾杏绯‘百岁寿’作品展”“典藏之韵首届宁夏博物馆典藏书作品展”“民族团结铸辉煌宁夏发展成就图片展”“清净的视界陕甘宁穆斯林摄影作品展”“石刻书宁夏岩画展”“宁夏岩画拓片精品展”“红花叶齐白石书画精品展”“中国少数民族文字、物、文化系列展宁夏篇”“‘黄河杯’全国书画赛作品展”。出版了《塞上古韵》《明月和风》《丝绸之路》《民族瑰宝 书苑奇葩》《大夏遗珍》《中国风格阿文书法精选》《红花墨叶齐白石书精品集》等书籍图录，在各级刊物发表文章数篇。

宁夏博物馆讲解员为世博服务

曾杏绯书画展开幕式

文物知识进社区

中阿论坛嘉宾参观宁夏博物馆

阿文书法展现场

穆斯林艺术作品展开幕式

# 宁夏出入境检验检疫局

国家质检总局副局长魏传忠在首届中阿经贸论坛发表演讲

自治区党委副书记于革胜为宁夏出入境检验检疫局惠农办事处揭牌

宁夏出入境检验检疫局与宁夏大学共建国家级煤化工重点实验室揭牌

2010年是宁夏出入境检验检疫系统成立50周年。多年来，宁夏出入境检验检疫局在国家质检总局和自治区党委、政府的正确领导下，自觉融入宁夏经济社会发展大局，正确把握定位，严格执法把关，热情周到服务。在促进宁夏优势特色产品扩大出口、提高出口产品质量、服务外向型经济重大项目、积极应对国外技术性贸易壁垒、支持宁东能源化工基地建设等方面作出了贡献，为维护“宁夏制造”的国际声誉，促进宁夏外向型经济和经济建设又好又快发展发挥了重要作用。

举行宁夏检验检疫50周年庆祝大会

为“友谊-2010”中巴反恐演习巴方参训官兵检疫查验

针对在山东、江苏省发生的宁夏部分县(区)外出务工人员以少数民族身份要挟索要高额赔偿事件,及时约谈相关市县主要负责人,积极做好应对处置工作。 (马劲松)

【培训宗教教职人员】 共举办培训班11期,培训宗教人员518名。其中,宗教活动场所管理人员53人,宗教界代表人士35人,伊斯兰教教职人员300名,佛教、道教教职人员50名,天主教、基督教教职人员40名。选送22名宗教界人士到外省考察学习。中央统战部内部资料《情况交流》中将宁夏宗教人士培训工作经验印发全国统战部门学习交流。 (马劲松)

【完善宁甘两省协作共管机制】 8月5日,宁甘两省区宗教工作联席会议在银川市召开。会议就加强信息交流,进行政策协调,推进区域协作进行了研讨。中央统战部《统战工作》2011年第1期(总第174期)"实践创新"栏目全面介绍了宁夏甘肃两省区建立跨区域宗教活动协作共管机制经验的做法。

(马劲松)

【做好宗教界代表人士教育引导】 充分利用重大节日,采取走访慰问、座谈交流、茶话会等形式,加强与宗教界代表人士的联系。针对宗教领域出现的一些问题及时约谈有关代表人士,既阐明观点、增进团结,又推动了问题的解决。 (马劲松)

【经济领域统战工作】 一是围绕金融危机对非公有制企业的影响,深入全区16家非公有制企业进行专项调研,鼓励引导企业坚定信心,根据国内外市场变化以及本行业科技发展趋势,加快推进自主创新,调整产品结构,转变发展方式。二是指导自治区工商联开展银企合作和创业带动就业工作,借助"全国知名企业家宁夏行"等活动开展招商引资,先后促成多个合作项目的签约,引进资金130多亿元。自治区工商联服务经济建设的做法,受到全国工商联的表扬。三是按照自治区党委统一部署和要求,牵头做好全区1.1万家非公有制企业中的1300个党组织及所属党员创先争优活动的指导工作。四是引导全区非公有制经济人士投身感恩行动,为教育、养老、新农村建设等提供帮扶资金共计240余万元。五是举办全区综合评价骨干培训班,着力推进非公有制经济人士综合评价工作。六是为中国光彩会四届理事会推荐7名人选;召开宁夏光彩会、海联会会长会议,增补了组成人员。七是指导自治区工商联成立了直属会员单位党委,进一步强化会员单位党组织建设。 (马劲松)

【增进海内外同胞大团结】 认真贯彻落实全国港澳台海外统战工作专题会议精神,进一步推动相互往来。派出联络小组对港澳地区的宁夏政协委员进行慰问,并征求他们对宁夏工作的意见建议。应海峡两岸民间交流协会邀请,派团赴台进行考察访问。认真组织安排台湾大学生夏令营在宁夏的各项活动,不断深化同胞之间的感情。定期走访慰问在宁定居的台胞、探亲台胞及其亲属,转达党和政府对他们的关怀和问候。关注在宁台资企业生产经营情况,积极营造良好的发展氛围。联系协调宁夏港澳政协委员为农村学校捐款捐物,支持宁夏教育事业发展。联系澳门名嘉集团等来宁考察,大力推介宁夏投资环境。指导自治区侨联举办成立30周年庆祝活动,开展"宁夏优秀贫困大学生赴港澳夏令营"活动。指导自治区文史馆举办回族书画精品展和摄影作品展。指导自治区黄埔同学会举办黄埔军校建校86周年和抗战胜利65周年庆祝活动,并协调引进香港健康工程"引发基金会"资金为银川市三家乡镇卫生院捐款150万元。 (马劲松)

【统战理论研究】 全年安排9个重点研究课题和47个备选课题,形成了《扎实推进民族团结进步事业巩固发展和谐民族关系》《试论维护和发展我国社会主义政教和谐关系》等研究报告。认真落实自治区党委、中央统战部下达的7项重点调研课题,完成了《强化党外代表人士队伍建设的思考》《宁夏非公有制经济转变发展方式初探》等研究课题。 (马劲松)

【宣传工作】 协助中央统战部在宁夏召开全国统一战线宣传报道研讨会。加强与《中国统一战线》杂志社的联系,努力提高《宁夏统一战线》的办刊质量。全年发行《宁夏统一战线》5期。在中央杂志刊物上发表宁夏统战工作文章30篇,在宁夏各新闻媒体上发表有关统战工作的新闻报道和文章200余篇(条)。 (马劲松)

【信息报送】 对全区50多名统战工作信息员进行培训,提升基层报送信息的质量和水平,建立上下联通、便捷高效的统战信息报送渠道,确保自治区党委、中央统战部及时掌握宁夏统一战线重要动态。全年上报统战信息201期、情况反映62期、工作专报20期。其中,自治区主要领导和中央统战部领导肯定性批示14件;被中央办公厅采用10条,中央统战部采用36条。

(马劲松)

【中央统战部援建项目】 落实中央统战部项目资金4800万元,完成了在海原县打水窖6000眼,为9个县建设农村卫生室60个,帮助22个县(区)培训劳务10万人的工作任务。组织全区各级统战干部职工和动员社会各界为青海玉树灾区捐款1190万元和价值95万元的物资。在西吉县白崖乡余套村连续实施13个扶贫项目,投入帮扶资金54万元。 (马劲松)

# 政法工作

【打击刑事犯罪】 2010年,各级公安机关先后组织开展了"猎鹰2号""化雨行动""缉枪治爆""冬季行动""夏季破案会战""严打整治行动""打两抢反盗窃"等行动,重点打击严重影响人民群众安全感的杀人、抢劫、强奸等暴力犯罪和入室盗窃、盗抢机动车等多发性侵财犯罪,侦破了一批疑难案件、打掉了一批犯罪团伙,严惩了一批违法犯罪分子,进一步增强了人民群众安全感,确保了上海"世博会""中阿经贸论坛"等重大活动和重要节庆日期间的安全稳定。2010年,全区共立刑事案件39192起,同比下降6.6%,破获各类刑事案件14673起,破案率达到37.4%,同比上升1.5%。检察机关批捕案件2753件

4278人,同比件数和人数分别下降10.4%和11.1%。起诉刑事犯罪案件3572件5689人,同比分别下降0.7%和2.3%。人民法院受理刑事案件5325件,审结5199件,结案率为97.6%。

(赵永延)

【打击经济犯罪】 全区公安机关共立案破坏社会主义市场经济秩序案件324起,破获248起,破案率达76.5%。全区检察机关共立案侦查贪污贿赂案件232件399人,同比分别上升11%和32.1%;立案侦查渎职犯罪案件51件72人,同比分别上升4.1%和1.4%;起诉203件358人,同比分别上升58.6%和78.1%;挽回经济损失2943.9万余元。全区各级人民法院共受理各类民商事案件49083件,结案47653件,结案率为97.1%;受理行政一审、二审、再审案件377件,结案366件,结案率为97.1%;受理国家赔偿案件1件。受理执行案件29057件,执行结案25396件,执结率为87.4%,执行标的金额223703.39万元。 (赵永延)

【推进三项重点工作】 按照中央政法委的统一部署,开展了深入推进社会矛盾化解、社会管理创新、公正廉洁执法三项重点工作。自治区党委政法委员会提请自治区党委办公厅、政府办公厅印发了《2010年深入推进社会矛盾化解、社会管理创新、公正廉洁执法工作分工方案》,明确了8项长效机制建设工作和22项常态化工作,分解到全区各市、县(区)和36个区直部门,要求各级党委、政府和有关部门将深入推进三项重点工作作为重要责任,作为政法机关义不容辞的职责,作为各有关部门的分内之事。自治区成立了深入推进三项重点工作领导小组,自治区党委副书记于革胜担任领导小组组长,自治区领导齐同生、苏德良、李锐、马三刚、王雁飞以及自治区党委政法委常务副书记、秘书长冀晓军任副组长,自治区纪委、党委办公厅、组织部、政法委、政府办公厅、公安厅、国家安全厅、司法厅、信访局、党委督察室等有关部门负责人为成员。各地、各部门结合地方实际和部门工作职责,制定了实施意见,提出了具体措施,落实了工作责任,解决了一些影响社会和谐稳定的突出问题,健全和完善了一些行之有效的体制机制,切实化解了一批社会矛盾,社会管理和服务水平、公正廉洁执法水平都有了明显提高。12月13日,召开了全区深入推进三项重点工作督办会。 (赵永延)

【实施"阳光执法"】 自治区党委政法委员会制定下发了《关于全区各级政法机关深入推进"阳光执法"工作的意见》,明确了审判、检察、公安、司法行政工作必须公开的67项内容,各级政法机关严格按照《工作意见》,主动公开相关执法内容,接受当事人和社会的监督,促进了公正廉洁执法。 (赵永延)

【执法监督】 自治区党委政法委员会组织对全区党委政法委系统70名执法监督工作人员进行了业务培训,15次深入自治区政法部门开展执法监督。各级党委政法委认真贯彻落实自治区党委政法委员会《关于各级党委政法委开展日常执法监督工作的指导意见》,在工作职能范围内,通过执法巡视、案件评查、列席审委会、检委会及政法机关有关业务会议等方式,认真开展执法监督工作。 (赵永延)

【执法档案建设】各级政法部门认真落实自治区党委政法委员会《关于建立政法干警执法档案的实施意见》,在全区各级政法机关全面推行执法档案建设。已为全区7670名干警建立了执法档案,并将执法档案作为政法干警职务晋升、职级评定、评先选优的重要依据。

(赵永延)

【清理和化解涉法涉诉信访积案】 4月19日,召开了全区部署开展集中清理化解涉法涉诉信访积案暨案件评查专项活动工作会议,对全区集中开展清理化解涉法涉诉信访积案和案件评查专项活动进行了全面安排部署。制定了《关于开展集中清理化解涉法涉诉信访积案活动的实施方案》,对全区2009年12月31日前尚未息诉罢访的涉法涉诉信访积案逐一排查、登记,做到数量清、原因清、症结清,到2010年底,化解50%以上;制定了《关于开展案件评查专项活动的实施方案》,提出从2010年4月16日起至2012年底,自治区、市、县(区)三级党委政法委员会分别组织本级政法机关每年评查100起案件,全区三年共评查近9000起案件。2010年已评查3988件。 (赵永延)

【党风廉政建设和反腐倡廉】 自治区党委政法委员会对政法部门继续实行"菜单式"管理,印发了《关于落实〈2010年自治区党风廉政建设和反腐败主要任务分工〉的通知》,分解细化任务。以自治区政法部门党风廉政建设联席会议为抓手,认真学习贯彻落实中央纪委和自治区纪委四次、五次全会精神和《中国共产党党员领导干部廉洁从政若干准则》,全年召开自治区政法部门党风廉政建设联席会议12次。学习交流、定期检查、通报情况,督促各部门采取措施,完善制度,强化监督,推行阳光执法,规范执法行为,解决突出问题,深入推进公正廉洁执法,有效推动了牵头任务的落实。自治区政法各部门认真组织开展"反腐倡廉制度建设年"活动,落实《党员干部重大事项报告制度》,认真开展廉政风险防范管理工作,健全组织机构,制定工作方案,通过个人自查、部门评查、交叉互查、审查评估等方式,共确定301个风险点,实行三级监控,制定完善内部管理制度329项,逐项落实责任领导、责任处室、责任人员,从制度和机制上预防违法违纪问题的发生。政法部门领导干部带头落实廉洁从政"52个不准",做到"带头做""带头不做",进一步把党风廉政建设责任制落到实处。 (赵永延)

【政法干警身心健康调查及培训】 对全区政法干警身心健康状况进行了调研,形成了《关于全区政法干警身心健康问题的调研报告》。8月,自治区党委政法委员会下发了《关于开展政法干警心理咨询骨干培训工作的通知》,决定从2010年到2012年,用三年时间把宁夏政法机关10%的干警培养成心理咨询骨干。培训内容为心理咨询基础知识和操作技能,重点讲解心理异常表现、种类、成因、危害以及心理调适方法等。截至年底,全区政法系统共有141名干警参加了心理咨询骨干培训,58人通过了国家心理咨询师资格考试,通过率为41%。全区政法系统已有140名干警取得了国家二级或三级心理咨询师资格。（赵永延）

【政法文化建设】 自治区党委政法委员会牵头组织政法系统讲师团,举办了“牢固树立社会主义法治理念——深入推进社会矛盾化解、社会管理创新、公正廉洁执法”专题报告会,政法部门干警300多人参加了报告会。组织开展了政法机关通用性内容教育培训、政法文化周活动、政法艺术团小分队深入基层慰问演出活动、海小平先进事迹报告会等活动。全区各级政法机关按照自治区党委政法委员会的统一部署,结合实际,精心组织,广泛动员,深入开展了“读书月”活动,更新知识,提升素养,建设学习型党组织、学习型政法机关。充分利用《宁夏政法文苑》这一政法文学期刊,多层次、全方位,全员参与,广泛开展了文学创作、书法绘画、摄影、文艺演出、体育竞赛等文化娱乐活动。（赵永延）

【政法艺术团“边远庭所行”活动】 6月26日至7月1日,自治区党委政法委员会组织宁夏政法艺术团赴石嘴山市惠农区、银川市西夏区、吴忠市盐池县、固原市西吉县、中卫市海原县的5个基层公安派出所、人民法庭、司法所进行了慰问演出,300多名基层政法干警和干部群众观看了演出。这次“边远庭所行”小分队演出活动以“弘扬主旋律,凝聚精气神”为主题,由政法干警自己创作,自编自导自排自演。（赵永延）

## 政策研究

【组织协调大学习活动】 自治区党委将在全区开展深入实施西部大开发战略大学习活动的组织任务交给自治区党委政策研究室(以下简称政研室)后,政研室主动担负起了大学习活动领导小组办公室相关职责,抽调2位厅级干部、3位处级干部全程参加自治区大学习办综合组、调研组、宣传组的日常工作,先后起草了全区深入实施西部大开发动员大会讲话、《关于开展深入实施西部大开发战略大学习活动的意见》等一系列重要文稿文件,为全区深入开展大学习活动明确了方向。政研室在前期学习研究中央深入实施西部大开发战略《意见》的基础上,组织专门力量,处室分工负责,结合全区实际,撰写了21篇学习解读文章,这些解读文章得到了全区上下的较高评价,成为全区深入开展大学习活动的重要参阅资料,引领和推动了全区大学习活动的深入开展。政研室先后举办了大讲堂、大讨论30多次,为自治区有关市县、部门作了6场学习西部大开发战略《意见》精神辅导报告,各地各部门反响良好。为认真总结活动的学习成果和实践成果,政研室和大学习办编印了4期《大学习活动成果汇编》,圆满完成了自治区党委交办的各项工作任务,得到了自治区党委书记张毅的充分肯定,政研室的经验做法在全区开展深入实施西部大开发战略大学习活动总结大会上进行交流发言。（卢　毅）

【牵头起草“十二五”规划《建议》】 起草完成自治区“十二五”规划《建议》,是自治区党委交给政研室的一项重大政治任务。结合学习中央深入实施西部大开发战略重大决策部署、中央领导来宁视察时的重要指示精神,深入开展调查研究,多方征求意见建议,反复斟酌修改文字。特别是党的十七届五中全会召开后,起草组又在深入学习理解胡锦涛总书记的重要讲话、中央“十二五”规划《建议》和温家宝总理的《建议》说明等重要文件精神的基础上,紧密结合全区实际,对《建议》进行了进一步修改完善,其间历时五个多月,十易其稿,圆满地完成了自治区党委“十二五”规划建议的起草任务。《建议》被自治区党委十届十一次全会顺利通过,为自治区制定“十二五”规划《纲要》明确了方向、提供了有力指导。（卢　毅）

【起草党委2011年工作要点】 政研室坚持继承与创新相结合,坚持统筹兼顾与突出重点相结合,注重与自治区党委“十二五”规划建议的紧密衔接,力求各项工作体现2011年作为实施“十二五”规划起步年的新要求;注重党委部署工作的宏观性、方向性、指导性,力求体现党委抓大事、谋全局的要求;注重全区重大战略任务的连续性,力求推动工作具有可操作性;广泛征求意见,多次进行修改。在自治区党委十届十一次全体会议原则通过后,政研室又根据中央经济工作会议精神、自治区党委领导的指示精神以及地区、部门提出的修改建议作了进一步修改完善,以自治区党委1号文件印发,成为指导全区“十二五”开局起步之年做好各项工作的纲领性文件。（卢　毅）

【重大问题调查研究】 完成了自治区党委确定的以改革创新推动经济发展方式转变等13项重点调研题目、开展了60项专题调研,形成《政研工作专报》106期。对许多调研题目,自治区党委、政府领导给予了充分肯定或作出了重要批示。关于反腐倡廉制度创新的调研报告、关于加快转变经济发展方式的调研报告、关于新能源产业发展战略的调研报告、关于驻村蹲点系列调研报告、关于机关效能建设的调研报告分别得到自治区领导张毅、王正伟、齐同生、刘慧、蔡国英的批示。在自治区“十二五”规划《建议》和《自治区党委2011年工作要点》中,都吸收了关于加快构建内陆开放型经济的调研报告、关于加快转变经济发展方式的调研报告、关于扶持生态移民新村发展的调研报告、关于统筹城乡医疗保险的调研报告、关于促进服务业发展的调研报告、关于农村环境建设与保护的调研报告等,相关调查研究成果的观点和建议,这些调研报告部分地转化为自治区党委、政府的重要文件,对改革发展稳定民生等重点工作起到了积极的推动作用。（卢　毅）

【履行农办综合协调职能】 2010年,政研室认真履行了综合协调职能。1.做好文稿服务。精心筹备召开了全区农村工作会、村级互助资金现场观摩座谈会,代于革胜书记起草了重要讲话以及在中央农村工作会上的交流发言材料,代自治区党委、人民政府起草了《关于做好2010年农业农村工作的意见》《关于扶持生态移民新村发展的若干政策意见》等涉农重要政策性文件,有力地推动了农业农村改革的发展。制定的《关于加快农村环境建设的意见》,成为全国第一个以省级单位出台的农村环境建设意见,自治区也多次在全国进行经验交流。2."三农"调研。高质量完成了一批反映农业农村工作的调研报告。根据张毅书记的指示要求,组织力量对进一步推进全区生态移民工程建设和防沙治沙工作进行了专题研究,提出了具体的解决办法,为推进生态移民攻坚计划和防沙治沙提供了决策依据。撰写的《关于引领现代农业发展的方向盘——贺兰县发展现代农业的探索与实践》和《"由"空壳村"到"富裕村"的跨越——贺兰县兰光村发展情况的调查》,情况反映准确,经验总结到位,并经自治区党委领导的批示,调查报告印发各市县参阅。3. 推广典型经验。编辑整理《宁夏社会主义新农村建设情况反映》42 期,及时向全区各地反映新农村建设情况,指导各地推进新农村建设。尤其是对全区村级互助资金工作、贺兰县现代农业建设、立岗镇兰光村集体经济发展等经验的总结和发掘,被中农办《农村要情》以及《农村工作通讯》全文刊登,不仅宣传了宁夏农业农村工作,同时对全区农村经济发展起到了很好的指导引领作用。4."三农"工作考评。结合新农村建设 5 个方面 22 项指标体系,对各地农村发展、农民增收、统筹城乡试点、农业招商引资等农业农村工作进行了综合考评。在年底召开的中央农村工作会议上,于革胜副书记代表宁夏和西部地区作了题为"大力发展特色优势产业加快农民增收步伐"的经验交流,得到了中央农办领导的肯定。(卢 毅)

**【政策宣传】** 政研室紧密结合学习贯彻胡锦涛总书记来宁视察讲话精神,撰写了《认真学习贯彻胡锦涛总书记重要讲话精神》《在发展中促转变、在转变中促发展》等理论文章,对全区深入学习贯彻讲话精神,起到了积极的引导作用。紧密结合全区开展深入实施西部大开发大学习活动,专门组织力量,带头撰写了《深化大学习、推进大开发》《西部大开发政策解读》《自治区"十二五"规划建议解读》等 20 多篇文章,在《宁夏日报》以头版或专版刊发,并积极参加有关宣讲活动,起到了宣传政策、解读政策、指导实践的作用。紧密结合学习贯彻党的十七届五中全会精神和自治区十届十一次全体会议精神,在固原市、石嘴山市分片举办了政研系统学习贯彻五中全会和自治区党委十届十一次全委会精神座谈会,结合做好新时期的政研工作进行了深入的学习交流。同时,专门组织力量,撰写了 12 篇自治区"十二五"规划建议解读文章,以《宁夏工作研究(增刊)》刊发,为深化学习活动起到了积极推动作用。紧密结合调查研究工作,先后撰写了《学会运用哲学思维方法》《六项机制激发党建工作活力》等理论文章 60 余篇,在《学习与研究》《中直党建》《民族工作研究》和《宁夏日报》《共产党人》等报刊杂志上发表,在展示政研干部理论成果的同时,向区内外宣传了全区改革开放和现代化建设新成就。政研室许多政策宣传工作是依托《宁夏工作研究》这一载体开展的,刊物越办越好,影响越来越大,彰显了"紧跟党委、围绕中心、服务决策、推动发展"的办刊宗旨,突出了"政策性、指导性、创新性"的办刊特色。(卢 毅)

# 党史研究

**【贯彻落实全国和全区党史工作会议精神】** 3 月,全国党史研究室主任会议召开。在这次会议上自治区党委党史研究室编写的《中国共产党宁夏史(1949.9~1978.12)》和《执政中国·宁夏卷》分别荣获党的十七大以来全国党史部门优秀成果著作类特别奖和二等奖;与自治区党委组织部合作拍摄的电视片《先锋之路》获影视作品类二等奖;党史研究室人员撰写的《发展中的党史工作和党史工作的科学发展》《解放思想是宁夏腾飞的强大动力》分获论文类三等奖。4 月 8 日,全区党史研究室主任会议召开,会议传达了 2010 年全国党史研究室主任会议精神和自治区党委领导的指示,研究部署了 2010 年的党史工作。6 月 19 日,《中共中央关于进一步加强和改进新形势下党史工作的意见》下发后,自治区党委党史研究室立即组织全室人员多次进行学习和讨论,在《宁夏日报》《共产党人》等刊物上发表文章,营造舆论氛围。同时,对全区党史工作进行了调研,摸清了全区党史工作的现状及存在的困难等,形成了调研报告。7 月 21~22 日,全国党史工作会议在北京召开,会上自治区党委党史研究室编审处被人力资源部和中央党史研究室授予全国党史部门先进集体荣誉称号。8 月 4 日,自治区十届党委 2010 年第 25 次常委会议听取了自治区党委党史研究室关于全国党史工作会议精神及贯彻落实意见的汇报,专题研究了党史工作。会议要求,对全国党史工作会议精神和习近平同志的重要讲话,要结合宁夏实际,切实抓好贯彻落实。会议同意了自治区党委党史研究室提出的宁夏贯彻落实全国党史工作会议的意见。自治区党委下发了《关于进一步加强和改进新形势下党史工作的意见》。9 月 9 日全区党史工作会议召开,这是宁夏历年来召开的规模最大、规格最高的一次全区党史工作会议。会议认真学习、传达了全国党史工作会议精神、《中共中央关于加强和改进新形势下党史工作的意见》及自治区党委《关于进一步加强和改进新形势下我区党史工作的意见》精神,总结交流了宁夏党史工作经验,研究部署了当前和今后一个时期的党史工作,表彰了全区党史系统先进集体和先进工作者。(马 芹)

**【党史资料征集】** 征集到各类文字、档案资料 1000 多万字,图片资料 222 幅;拟定了宁夏副省级以上领导干部(含离退休)访谈计划,访谈副省级以上干部(含离退休)4 位,并建立了口述史档案。加强了对党史资料的征集、整理保管和利用工作,整理编研档案 50 余卷。编印了 120 万字的《改革开放时期宁夏党的重要会议文献选编》一书。(马 芹)

**【革命遗址普查】** 成立革命遗址普查工作领导小组,制定了普查工作实施方案，安排部署了普查工作。各市、县（区）党史部门也制订普查计划，认真开展普查。工作进程中及时召开会议，帮助解决市县工作中的具体问题。认真收集审核普查成果，填写普查统计表，撰写普查报告，并上报中央党史研究室。注重转化革命遗址普查成果，自治区党委党史研究室与宁夏广电总台合作拍摄电视专题片《红色足迹》，作为建党90周年献礼工程。（马　芹）

**【党史宣传教育】** 精选宁夏历史上不同时期、不同岗位的部分优秀共产党员的感人语录，在《宁夏日报》和宁夏党史网上刊登。在全区党员干部中发送精心编写的红色短信。在革命老区盐池举办了全区纪念抗日战争胜利65周年座谈会，深切缅怀为抗战胜利英勇牺牲的先烈，大力弘扬以爱国主义为核心的伟大民族精神，激励全区各族人民为实现宁夏大开发、大发展而努力奋斗。9月3日，《宁夏日报》开辟整版专栏进行报道。在盐池革命烈士纪念园建立了宁夏第一个党史宣传教育基地。在《宁夏日报》等公开刊物发表理论文章24篇，撰写资政报告4篇。编发《宁夏党史》刊物5期。编发《宁夏党史信息》9期，其中有5条信息被《中央党史工作简讯》转载。（马　芹）

**【党史研究】** 重点做好编写《中国共产党宁夏史（1978～2002）》的前期准备工作，拟定了一批研究专题，征集有关书籍52本，文字资料400余万字，图片30余幅，完成了27个专题的写作任务。编辑出版了《宁夏农村改革发展30年》一书。该书通过综述、专题研究、文献摘编、报刊资料、大事记5个部分，展现了改革开放以来宁夏农村改革发展变化之路，为宁夏各级党委、政府做好“三农”工作提供历史借鉴。完成了《中国共产党宁夏简史（1926～2009）》初稿写作任务。完成了2010年度全区党史大事记的编写工作。（马　芹）

## 机关工委

**【学习型党组织建设】** 开展“创建学习型党组织、争做学习型党员”活动，扎实推进深入实施西部大开发战略大学习活动，切实提高党员干部解决问题的能力和服务发展的本领。发挥龙头作用和品牌效应，围绕党组（委）中心组理论学习龙头作用的发挥，先后深入50多个部门对中心组学习情况进行调研指导，总结推荐先进经验在全区中心组学习经验交流会上交流，推动学习型领导班子建设。精心打造“科学发展大讲坛”“主题读书”活动、“普通党员讲党课”三个品牌，举办科学发展大讲坛10期，举办了“励志·厚德·正行”主题诗会。各级党组织积极举办“党员讲坛”“一季一讲”等学习讲座，开展主题读书、推荐优秀读物、评选读书标兵和“信息党课”“精品党课下基层”“精品党课评选”等，形成了导向清晰、成效明显的学习格局。（郭文坤）

**【创先争优活动】** 不断深化“三服务一推进”主题实践活动，立足岗位创先进、争优秀，积极探索建立机关党组织和党员经常性联系服务群众的机制。开展了“机关党的建设年”活动，启动结对共建、党员志愿者服务和“三同”实践锻炼三项行动。组织区直机关72个基层党组织与银川市59个社区、8个企业、4所学校和1个服务对象党组织结成共建单位，举行了区直机关党员志愿者服务行动启动仪式和“关爱生命、文明出行”志愿者活动，近千名党员志愿者走上街头、深入农村、走进学校和困难家庭，开展志愿服务活动，组织青年党员干部与农民群众同吃、同住、同劳动。各部门机关党组织纷纷与城乡基层党组织结对，通过党员干部基层行、青年党员干部下企业实践锻炼等活动，把机关的优势资源送到基层，把基层的创新经验引入机关，形成了互助互学互促的良好局面，机关党员努力做企业的“指导员”、社区的“服务员”、农业的“咨询员”，深受基层党组织和党员群众的欢迎。（郭文坤）

**【党内民主建设】** 积极培育党员民主意识，开展基层民主实践，保障党员民主权力。认真落实党务公开制度，按照“立足实际、区别情况、分层通报”的原则，建立党内情况通报、情况反映、重要事项征求意见等制度，拓宽党员参与党内事务的渠道，营造充分发表意见、民主讨论的氛围和环境。扩大“公推直选”试点工作，组织了机关党委、机关纪委班子换届“公推直选”现场观摩会，指导部分单位机关党委和基层党总支和党支部开展了“公推直选”试点工作。（郭文坤）

**【反腐倡廉建设】** 以建立健全惩治和预防腐败体系为重点，突出廉政教育和制度建设，努力加强机关党风廉政建设和反腐败工作。大力开展廉政文化进机关活动，积极发挥“党风廉政教育月”和“励志·厚德·正行”主题读书月的引领作用，通过廉政党课、党组（委）书记谈廉政等，不断加强机关党员干部的理想信念、职业道德、革命传统和廉洁自律教育。落实党风廉政建设责任制，认真抓好中央纪委十七届五次全会精神和《廉政准则》的学习贯彻，严格执行党员领导干部重大事项报告制度。推进廉政风险防范管理工作，将其纳入效能目标管理考核之中，全面推进惩防体系建设。强化监督检查，严格执行党内外监督的各项规章制度，通过参加民主生活会，参与行风政风评议和执法检查等工作，加大监督力度。（郭文坤）

**【精神文明建设】** 以“建设一流机关、打造一流队伍、培育一流作风、创造一流业绩”为目标，营造积极向上的机关文化。组织机关党员干部认真学习、深刻领会社会主义核心价值体系的精神实质，培养高尚道德情操和健康生活情趣。加强对创建文明机关的分类指导，坚持从文明处室抓起，从提高干部职工素质、加强管理、改进作风、提升效能做起，高标准、严要求，不断提升创建文明机关水平。举办了“回眸百年·展示风彩”区直机关纪念“三·八”国际劳动妇女节100周年联谊活动、“快乐运动·健康生活”区直机关职工趣味运动会、党委大院“运动健康伴我行”体育联谊等活动。（郭文坤）

**【群团工作】** 坚持党建带工建、带团建、带妇建，积极开展党群共建、创先争优活动。机关各级工会组织、团组织、妇女组织充分发挥桥梁纽带作用，组织各界群众大力开展创建学习型组织、志愿者行动、岗位建功等活动，举办"党群共建·创先争优——我身边的共产党员"演讲比赛，营造了浓厚的创先争优氛围。圆满完成了区直机关第三届青联换届和部分机关工会换届、新成立工会组织工作，群团组织的凝聚力、影响力不断增强。（郭文坤）

**【党务干部队伍建设】** 不断提升党务干部队伍建设水平，积极与各部门党组（委）配合，加强党务干部队伍建设，分批分层次做好党务干部培训工作，先后举办各类培训班8期，培训党务干部400多名。同时，支持和关心机关党务干部工作、学习和生活，帮助他们解决实际困难和问题，提高工作积极性和创造性。（郭文坤）

## 机构编制

**【政府机构改革】** 2010年，自治区积极推行部门职责履行情况评估检查工作，提请自治区人民政府办公厅印发了《关于对自治区政府各部门和有关直属单位职责履行情况进行评估检查的实施意见》，对自治区国土资源厅等10个部门职责履行情况进行评估检查。在2009年市县乡三级政府机构改革顺利完成的基础上，认真开展检查评估。由自治区机构编制委员会办公室牵头，与自治区纪检委、党委组织部、人力资源和社会保障厅、财政厅5部门组成3个检查组，以市为单位对市县（区）政府机构改革和乡镇机构改革工作进行了检查验收。检查组采取"听、查、问、算"的方法，实地抽查了14个市县（区）的改革情况，并深入37个市县（区）部门和24个乡镇进行了检查。通过检查验收，查找不足，进一步督促各市、县（区）严格落实机构改革方案，转变职能，理顺关系，推动政府职能向创造良好发展环境、提供优质公共服务、方便群众办事、维护社会公平正义的方向转变。（刘跃成）

**【省直管县改革试点】** 提请自治区党委、政府下发了《关于吴忠市开展扩权强县改革试点工作的意见》和《关于扩大同心县盐池县经济社会管理权限的实施意见》，为两县下放经济社会管理权限100项，使两县在地方经济发展、计划项目、招商引资、资源共享和财政税收等方面拥有更多的自主权。通过减少管理环节、完善县级政府的功能、增强县级政府对经济社会发展的调控能力、激发县级政府发展经济的自主权和积极性，进一步增强了两县发展县域经济的活力。2010年前三季度，盐池、同心两县经济保持了较好的发展态势，完成地区生产总值同比分别增长14.2%和10.1%；完成社会固定资产投资同比增长89.2%和47.4%；财政一般预算收入同比增长29.6%和51.5%，试点效果初步显现。同时，试点工作也为宁夏建立自治区直管县体制探索了经验。（刘跃成）

**【事业单位分类改革】** 自治区在全国率先实行了事业编制分类管理，将事业单位的辅助性工作岗位、后勤服务岗位和有特殊要求的工作岗位改用聘用人员编制管理，打破了传统的"一时做事，终身养人"的财政供养模式，盘活了事业单位编制资源，激活了事业单位用人机制，有效地解决了事业单位办事和养人的矛盾，从源头上解决了制约事业单位改革的"瓶颈"问题。截至11月底，全区共置换聘用人员编制807名（其中区直447名，市县区360名）。在此基础上，认真研究事业单位分类改革政策和可能遇到的问题，结合实际对全区事业单位进行了模拟分类。研究提出了《关于开展全区事业单位评估工作的意见》和相关配套文件，拟对各级各类事业单位履责情况和机构编制执行情况进行一次全面评估，在摸清"家底"的同时，进一步规范事业单位的机构编制、明确功能和职责定位，为事业单位分类和分类推进事业单位改革奠定基础。（刘跃成）

**【行业体制改革】** 1. 医疗卫生体制改革。根据国家医药卫生体制改革精神，通过深入调研，配合有关部门研究全区医疗体制改革相关政策，制定了《自治区医药卫生体制改革机构编制实施工作方案》，切实做好改革涉及的体制、机制调整工作，为提升宁夏医疗服务水平提供了及时有效的支持和保障。2. 文化体制改革。根据中央和自治区关于文化体制改革的精神，以转变职能、理顺关系为重点，自治区紧紧抓住经营性文化事业单位转企改制的关键环节，认真做好宁夏人民出版社和宁夏话剧团等事业单位转制改企、宁夏日报报业集团和宁夏广播电视总台事企分离、宁夏互联网新闻中心与宁夏网整合、中卫广播电视台上划、自治区文化馆和展览馆合并中的机构编制调整工作，共撤销事业机构13个（含5个内设机构）、事业编制488名、领导职数95名（厅级1正4副，处级25正28副，科级25正12副），有力地推动了文化事业和文化产业的发展。3. 交通运输事业体制改革。自治区提出了全区道路运输管理机构编制调整意见，统一了全区道路运输管理机构名称，明确了职责任务，规范了机构规格，将市、县（区）827名人员编制上划自治区管理，有力地促进了全区道路运输业健康有序发展。同时，根据国家和自治区成品油价格和税费改革的有关精神，在深入调研的基础上，自治区编办撤销了自治区交通规费征收机构，将其编制用于加强路政、海事等机构，推动了全区成品油价格和税费改革。4. 统计调查体制改革。提出了调整自治区统计调查管理体制的意见，健全了统计调查机构，理顺了管理体制，切实解决了国家统计局宁夏调查总队与地方统计局在统计调查工作上的体制不顺、职责交叉、重复调查等问题。5. 地质矿产及煤田勘察开发管理体制。为适应新时期地质矿产勘察开发工作的需要，加强地质找矿和地质工程勘察工作，理顺地矿局内部管理体制，在核减地矿局所属事业单位100名事业编制的情况下，按照事企分开的原则，调整其机关及所属事业单位机构编制事项。将煤田地质局所属事业单位规格进行调整，整合了部分事业单位，理顺了煤田地质局与所属事业单位的层级关系。（刘跃成）

**【服务创新】** 自治区编办努力将编制工作与促进宁夏经济社会发展结合起

来,努力创新,积极服务于经济、社会的文化建设,热情服务于改善民生。一是针对群众看病难、看病贵的问题,结合宁夏实际研究,提出了加强医药卫生服务体系建设、优化布局结构、依据各级公立医疗卫生机构的功能定位和机构编制标准重新核定各级医疗卫生机构人员编制的意见和建议。会同卫生厅等相关部门深入调研,研究提出了《自治区乡镇卫生院机构编制标准》,充分发挥乡镇卫生院在农村三级卫生服务网络中的作用,从机构编制方面解决了农村基层群众看病难、看病贵的问题。认真做好自治区妇幼保健院、中医院、第三人民医院等医疗卫生单位和自治区地矿局、农垦局所属医疗卫生机构移交市、县(区)管理的机构编制调整工作,增加了部分事业编制,进一步优化了各级医疗卫生机构编制资源配置,提升了医疗卫生事业单位的服务保障能力和水平。同时,为了进一步巩固和扩大自治区药品"三统一"改革成果,真正实现"管""招"分离,降低药品价格,减轻干部群众用药负担,结合宁夏实际经自治区编办批准成立了自治区药品采购中心。二是为适应教育改革、职业教育发展和中小学布局调整的需要,根据宁夏普通高校、高等职业学校和不同地区中小学校的不同规模和不同特点,研究提出了《宁夏回族自治区高等学校机构编制标准(暂行)》和调整中小学校教职工编制标准的意见。按照"有增有减,保障重点"的原则,为区直中小学增加了部分编制,极大地缓解了中小学教职工编制不足和"上学难"的问题。三是针对中国局部地区发生的特大泥石流灾害,为防患于未然,设置了自治区地质灾害应急机构,调整了编制,加强了领导力量,完善了全区地质灾害预警、预测应急响应体系。四是针对全区社保经办机构体制不顺、管理层次过多的问题,在深入调查研究的基础上,提出了调整全区社保经办机构管理体制的意见,为进一步建立完善统筹城乡社会保障体系提供了保障。五是针对开发区管理机构法律地位不明确、机构编制管理不规范等问题,积极探索建立适应宁夏经济社会发展要求的开发区(园区)管理体制,理顺了宁东基地管理体制和运行机制。六是为全面加强与阿拉伯国家及穆斯林地区的政治、经贸、文化合作,打通宁夏与阿拉伯国家及穆斯林地区经贸通道,根据自治区人民政府专题会议精神,在深入调研的基础上,设置了宁夏博览局,明确了主要职责、内设机构和人员编制,为中阿经贸论谈及中阿会议合作交流提供了组织机构、人员编制保障。同时,根据自治区十届党委2010年第22次常委会会议精神,设置了自治区马铃薯产业发展局,建立了灵活的用人机制和目标责任考核机制。(刘跃成)

**【机构编制管理和审批制度】** 严格执行机构限额设置、编制总量控制等有关规章制度的同时,进一步严格审批权限,严格审批程序,严格不同编制种类的使用范围。认真执行控编进人审核制度,在审核办理区直机关和事业单位新增人员控编手续时,建立健全责任机制,明确责任,下放权力,做到即来即办,极大地方便了部门和群众办事。全年共办理新增人员控编手续1464人;严格按照核定编制、结构和有关规定审核各级党政群机关、事业单位统一招考(遴选、招聘)工作人员计划,共审核公务员招考计划1506名、遴选计划130名,审核军转安置计划97名,审核政法部门定向招录计划256名,审核事业单位招聘计划2048名,审核特岗教师招聘计划2100名,审核乡镇卫生院招聘执业医师计划50名。(刘跃成)

**【编制实名制管理】** 在全面落实全区各级党政群机关、事业单位编制实名制管理工作的基础上,进一步完善了编制实名制信息更新制度,依托"宁夏机构编制网站",在互联网上对涉密机构外的编制实名制信息进行公示,推行"阳光编制",强化了组织、编制、人事、财政等相关部门资源共享、相互制约的联动机制,切实把住了人员"进口",有效增强了全社会广大干部群众的机构编制意识。(刘跃成)

**【基层编制调整】** 针对全区县直部门行政编制总量少、人员编制偏紧的现状,积极争取中央编办的支持,将397名乡镇行政编制跨层级调整到县直部门,为全区县级政府新增行政编制400名,有效缓解了县级行政编制紧缺的问题。认真贯彻落实中央五部委《关于加强地方县级纪检监察机关建设的若干意见》精神,会同自治区纪委监察厅对全区县级纪检监察机关机构设置、人员配备等现状进行了调研,提请自治区编委为各县(市、区)新增行政编制50名,专门用于充实县级纪检监察机关,加强了基层纪检监察机关的力量。

(刘跃成)

**【事业单位登记管理】** 全年共办理各类登记事项415件,并认真做好全区5791个事业单位年度检验工作,将年检合格单位名单在宁夏机构编制网上进行公告,主动接受社会各界的监督。同时,积极开展事业单位网上办公和登记工作,加大宣传培训力度,全年共向国家政务和公益机构域名注册管理中心上报"政务""公益"专用中文域名申请材料3925份,开通网站164个。

(刘跃成)

**【编制监督检查】** 做好编制日常监督检查和"12310"举报电话受理、查处工作的同时,提请自治区党委办公厅印发了《宁夏回族自治区机构编制管理违反党纪行为责任追究办法(试行)》,进一步加大机构编制违纪案件查处力度。围绕工作中心目标,对自治区政府机构改革、市县政府机构改革以及深化乡镇机构改革落实情况进行了专项督察;开展了高校、医疗单位机构编制管理情况专项检查工作,重点对擅自设置机构、挂牌、更名、超职数配备领导干部等问题进行督察;对区直部门所属事业单位机构编制执行情况进行专项检查,采取暗访的方式,重点对区直部门所属事业单位内设机构、人员编制管理情况进行督察;对督察过程中发现的问题,结合实际提出处理意见,限期进行整改,切实严肃了机构编制纪律,加强和规范了机构编制管理。(刘跃成)

## 自治区党校(行政学院)

**【西部大开发战略大学习活动】** 在西部大开发战略大学习活动中,自治区党校积极发挥自身优势,努力推动学习活动,提高水准,深入发展。一是积极承担宣传辅导任务。由分管教学工作的副校长负责,组织8名专家教授,成立宣讲团,确定10个宣讲题目,前往石嘴山、固原、有关厅局开展宣讲辅导达35场次,参训人员达6000余人次。二是将深入实施西部大开发战略列入教学计划。在主体班教学计划中,增设了《西部大开发的法制保障》《西部大开发战略与政府行为》《深入落实西部大开发战略及宁夏的工作重点》以及《深入实施西部大开发战略,加快发展社会事业,着力保障和改善民生》等11个专题讲座。共为主体班学员举办专题辅导讲座22场次,参训学员达360人。宁夏干部教育培训网络学院开发了6个有关西部大开发的专题课程,纳入干部在线学习教学计划,扩大了大学习活动的覆盖面。与此同时,围绕大学习活动举办学员论坛,进行研讨。组织学员实地考察,总结经验,不断提高广大学员对西部大开发战略的认识水平和实践能力。三是全面开展调研咨询工作。抽调10余名理论骨干组成调研组,完成校重点调研咨询课题12项,校特别委托课题8项,并将部分课题的研究成果报送自治区领导和有关部门。由自治区党校主编的《深入实施西部大开发战略学习读本》《深入实施西部大开发战略专题数据手册》已出版发行,《宁夏十年开发历史经验研究》一书正在做前期的可行性论证,校领导和教研人员已有12篇理论宣传文章和8篇专家访谈文章在《宁夏日报》发表。《干部思想动态》第2期刊登的《宁夏干部对深入实施西部大开发战略大学习活动认知状况的调查》一文,得到了张毅书记的肯定性批示,并被自治区大学习活动领导小组办公室以简报专刊的形式全文向全区转发,《学习时报》、中央党校网站、《宁夏日报》等媒体也作了专题报道。牵头主办了"新一轮西部大开发与宁夏经济跨越式发展"理论研讨会,邀请全区高校、企业和相关研究机构的100余名专家参加会议,为宁夏新一轮西部大开发与经济社会实现跨越式发展积极建言献策。 (王立平)

**【干部教育培训】** 一是开展培训需求调研。在厅级班学员入学前,对每一名学员进行培训需求调查,有针对性的安排教学计划。在主体班学员入学时,要求"三带来",即带来一个急需解决的认识问题、带来一个需要交流的实践问题、带来一个共同分享的成功经验,通过对学员带来的3个问题进行交流和总结,贯彻到相关的专题讲授及学员讨论中。学员入学后,随即进行教学需求问卷调查,对反映集中的培训需求在自主选学方面进行安排。二是在中青班开展"三进"活动。在第34期中青年干部培训班的教学活动中,安排了进拓展中心进行军事训练、进农村入农户实践锻炼、进工厂学习的"三进"活动,加强了对中青年干部的宗旨意识、群众观点、团队精神和管理能力的培养。三是成功实行模块化教学。在中青班首次尝试模块化教学,实现了教学内容的系统化和教学形式的多样化,增强了教学的互动性和启发性。四是细化县处级班的班次设置。在原有的公共管理、经济管理、法制理论、党的建设四个专业方向的基础上,新设社会与文化管理专业方向,更好地满足了学员的岗位培训需求。同时,新设置固原科级干部培训班,满足了贫困地区的干部培训需求。五是强化学员管理。在党性锻炼上从严要求,提高自我管理意识。在主体班中推行"学员党课大讲堂"活动,由学员自己组织管理、主讲和点评,分"组级、班级、校级"三个阶段,推荐若干名学员逐级参与各个阶段的讲解和交叉点评,最终达到学员自我教育、自我激励、自我鞭策、自我提高的目的,进而提高自我管理意识。在制度措施上从严,加强学员管理。强化"十制四化"学员管理模式和请假补课制度,认真执行学员"五不一提前"制度和班主任"四不准、四公开"制度,确保各项管理制度落到实处。全年招收研究生300人(其中,中央党校研究生50人),专本科生434人。全年共举办计划外培训班56期,培训近8100余人;参加网络学院培训的干部3049人次。 (王立平)

**【网络学院培训】** 网络学院课程资源库共设置各类课程及专题讲座1000讲,在区直14个厅(局)、1个地级市进行了处级干部和部分科级干部网络学习试点培训。全年共开设公务员能力建设、党校系统师资培训、自治区党委组织部机关党员网络学习班、自治区政府办公厅干部网络学习培训班等6个专题班次。自治区党校还积极创新课件制作技术,攻克了"三分屏"制作技术,研发制作了西部大开发系列讲座三分屏课程,填补了网络学院区情教育课程的空白。全年共举办主体班次10期,培训795人次;举办公务员轮训班2期,培训260人。 (王立平)

**【课题研究】** 全年共申报国家级课题13项、省部级课题35项、地厅级课题51项,共有52项课题中标立项,其中:国家级课题中标立项2项,省部级课题中标立项15项,地厅级课题立项37项。有15项科研成果获省部级以上奖励。

(王立平)

**【理论宣传】** 共出版专著2部,在《红旗文稿》《宁夏日报》《共产党人》等大报大刊发表理论宣传文章和专家访谈文章70多篇。在全区深入实施西部大开发战略大学习活动期间与《宁夏日报》理论评论部策划了大学习活动"专家访谈"专栏,先后刊登党校副高以上教研人员的专家访谈文章共24篇。广泛宣传了自治区党校的理论研究队伍和理论研究成果,扩大了党校的影响力。 (王立平)

**【调研咨询】** 设立2010年度校(院)级重点调研咨询课题12项,通过《调研咨询专报》《干部思想动态研究》,向自治区领导和相关部门进行了上报,在科研服务社会实践,服务于自治区党委、政府的中心工作方面取得了新突破。《我区干部对深入实施西部大开发战略大学习活动认知状况的调查》《关于中阿经贸论坛期间营造穆斯林文化氛围的

几点建议》,得到了自治区领导的肯定与批示。（王立平）

【科研组织】 7月下旬,同中央党校联合举办了全国政治思想工作科学专业委员会第十七届年会,来自北京、上海、江苏等18个省区市的90多名宣传文化系统的专家学者参加了会议。11月24日,自治区党校承办了全区领导干部报告会,邀请全国著名经济学家、北京大学副校长刘伟作了"学习贯彻党的十七届五中全会"精神专题报告,自治区领导张毅、王正伟、项宗西、崔波、徐松南、刘慧、杨春光和全区1400名处级以上领导干部参加了报告会。（王立平）

【人才队伍建设】 一是培养年轻骨干教师。组织实施了《党校教师拔尖人才培养项目》,首批4人已赴南开大学接受为期半年的访学培训。有4名年轻骨干教师参加了中组部"西部之光"访问学者计划。二是年轻骨干教师挂职锻炼。全年共选派10名年轻骨干教师到县(区)和自治区国有大中型企业挂职锻炼,选派2名年轻处级干部到信访办挂职。三是处级和副高职教研人员教育培训。先后选派6名厅级干部、15名处级干部、34名专业技术人员参加中央和国家机关各部委及各级党校举办的各个班次的培训,47名处科级干部参加了网上培训。组织17名行政、教研人员赴国(境)外进修培训。（王立平）

## 老干部工作

【离退休干部思想政治建设和创先争优活动】 2010年,自治区党委老干部局认真落实离退休干部参观考察和情况通报制度,邀请了自治区领导及区直部门负责人为离退休干部作经济社会发展形势报告;组织了副省级以上离退休干部参观考察上海世博会活动,组织百名省厅级离退休干部参观考察第二届中国(宁夏)园艺博览会、宁夏沿黄河城市带建设发展情况。一年来,各级老干部工作部门组织广大离退休干部在区内外进行参观考察203次,有13889人次参加,组织各类形势报告会140次,有9874人次参加。深入开展了全区各级离退休干部党组织和党员创先争优活动,通过广泛调研、召开现场会、举办离退休干部党支部书记培训班等形式,精心设计活动载体,积极探索符合宁夏离退休干部创先争优实际的工作思路,使创先争优活动生动、扎实、有效开展。全区已有102个离退休干部党支部被市、县(区)和厅局党委授予"五好"党支部称号。（蔡桂萍）

【落实离退休干部生活待遇】 2010年,自治区党委重点解决了一些涉及离退休干部切身利益的特殊问题,确保离退休干部共享改革发展成果。提高了离退休干部公用经费标准,同时将区直单位列入财政预算的退休人员公用经费,从厅级以上退休干部扩大到所有退休干部,实现了离退休干部公用经费的全覆盖;调整提高了全区离休干部遗孀生活困难补助费标准;靠前服务、提前介入,认真抓好改制、破产企业离休干部安置、服务管理工作;研究起草了《生活困难离退休干部帮扶暂行办法》,为建立解决特困老干部的生活困难长效机制奠定了基础。（蔡桂萍）

【离退休干部服务管理】 自治区选定银川市西夏区朔方路街道及辖区9个社区、凤凰北街街道及辖区北安、崇安社区作为自治区党委老干部局直接抓的试点街道和社区,推动全区试点工作的开展。全区已有15个市、县(区)开展了"四就近"试点工作,参与试点的街道达25个,涵盖社区近40个,服务管理的离退休干部人数近万人。开发研制了全区离退休干部信息管理系统,已经在银川市开展试点工作。（蔡桂萍）

【丰富离退休干部精神文化生活】 一年来,自治区党委老干部局共举办各类活动130余场(次),全年参加活动人数逾20万人次。举办了全区离退休干部首届健身运动会、全区离退休干部"地税杯"颂歌献祖国红歌赛活动、首届"神华宁煤杯"全区离退休干部门球赛等大型活动;承办了全国老年教育书画摄影作品展,基本实现了日常健身活动天天有,单项竞赛及展示月月有,综合性、全区性的活动每季有的良好局面,取得了良好的社会反响。（蔡桂萍）

【离退休干部发挥作用】 自治区党委老干部局高度重视老干部发挥作用工作,尊重老同志发挥作用的愿望,积极为老干部发挥作用搭建平台创造条件,一大批老同志积极投身到扶贫帮困、关心下一代、新农村建设、社区建设等领域,发挥了余热。开展了全区青少年"中华魂"民族团结主题教育活动、"讲政治、育新人,学科技、奔小康"活动,组织老同志深入社区、乡镇、企业送文化下基层,赢得了社会的广泛赞誉。在全国关心下一代工作"双先"评选中,宁夏有8个先进集体和36人受到中央文明办表彰。（蔡桂萍）

【老干部工作队伍自身建设】 与自治区党委组织部在上海浦东新区党校分别举办了全区各市、县(区)老干部局长培训班、关工委办公室主任培训班;在自治区党校举办了区直部门老干部处长培训班。举办了全区老干部工作人员"老干部工作政策业务知识竞赛"活动,共有314个单位、2104名老干部工作人员和离退休干部党支部书记参加到活动中,参与率达到99%,是历年来组织规模最大、参与人数最多、影响面最广的一次老干部工作政策业务知识学习竞赛活动,并荣获了全国组织一等奖。（蔡桂萍）

## 中共宁夏回族自治区纪律检查委员会

【党风廉政建设】 自治区党委、政府坚持完善反腐倡廉建设领导体制和工作机制,以责任制为抓手,扎实推进惩治和预防腐败体系建设,连续9年由主要领导带队对落实党风廉政建设责任制进行考核。各级党委、政府将党风廉政建设纳入本地本部门经济社会发展总体规划,同部署、同落实、同考核。各部门、各单位层层签订党风廉政建设责任书,形成一级抓一级、层层抓落实的工作局面。各级纪检监察机关充分发挥组织协调职能,坚持"三书两报告"制度,认真抓好任务分解,加强督促检查,严格责任考核和责任追究,党政齐抓共管、部门各负其责的良好局面得到进一步巩固和发展,反腐倡廉教育、制度、监督、改革、纠风、惩治等各项工作整体推进。2010年3月,宁夏接受了中央纪委惩防体系建设检查组的考核检查,得到中央纪委的充分肯定。 (吴金江)

**【监督检查】** 2010年,全区各级纪检监察机关坚持围绕中心、服务大局,把促进自治区经济社会科学发展、跨越发展作为纪检监察机关的主要任务。对中央扩内需促增长政策措施落实情况开展3轮大规模检查,共检查项目189个,督促整改问题246个,对57名责任人进行了问责处理。深入开展工程建设领域突出问题专项治理,发现问题660个,整改纠正567个,查办违纪违法案件53件。会同有关部门重点围绕节能减排和环境保护、房地产市场调控、中小学校舍安全改造项目等开展专项检查。不断加大效能监察力度,及时纠正和处理影响行政效能的问题,进一步促进了效能建设深入开展。 (吴金江)

**【廉政教育】** 2010年,全区各级纪律检查机关组织全区干部开展“学《廉政准则》、促廉洁从政”主题教育活动,营造学准则、讲廉洁的浓厚氛围。全区共有61名领导干部主动上缴收受的礼金、购物卡、有价证券等折合人民币67.4万元。深入开展警示教育,拍摄制作发生在身边的违纪违法典型案例警示教育片,编印企业领导人员、农村基层组织人员违纪违法典型案例剖析教育读本等资料,发送全区各级党政组织、企事业单位组织学习。利用警示教育基地开展教育活动,组织“塞上清风”廉政书法绘画摄影美术展、“廉政文化大篷车”、廉政文化进农村等活动,对广大党员干部进行持续性、经常性的反腐倡廉教育。认真执行中央、自治区关于厉行节约有关规定,制定《关于加强公款出国(境)经费管理办法》,从严控制出国团组、人数和经费。会同有关部门认真开展公车配备使用管理专项清理,规范公务车辆使用管理。开展对社会团体和公募基金会、国有企业“小金库”专项治理工作,查出“小金库”226个,涉及金额1亿多元,注重建立防治“小金库”长效机制。 (吴金江)

**【纠风专项治理】** 2010年,全区各级纪检监察机关坚持以人为本、关注民生,对群众反映强烈的突出问题,不断加大治理力度。突出抓好对社保基金、住房公积金、强农惠农资金和扶贫救灾救济专项资金的监管,确保资金安全。继续规范教育收费,对各级各类学校收费情况进行专项检查,查处各类违规收费55.5万元。在2009年清理170名“高考移民”的基础上,对112名涉案人员给予党政纪处分、组织处理和追究刑事责任。坚决纠正医药购销和医疗服务中的不正之风,严肃查处中卫市医保中心乱收费案件。继续治理公共服务行业侵害群众消费权益行为,加大对治理公路“三乱”监督检查力度。加强对行业协会和市场中介组织的监管,查出违规资金192.38万元。认真开展治理和规范涉企收费专项治理工作,积极推进减轻企业负担法制化建设。清理和规范面向基层的检查考核工作,巩固清理规范评比达标表彰工作成果,减轻基层负担。加强和改进民主评议政风行风工作,民主评议基层站所工作全面启动。继续办好“政风行风热线”栏目,安排区直有关部门、单位负责人走进直播间,加强与群众沟通交流,解决群众反映的问题,促进了部门和行业风气进一步好转。 (吴金江)

**【查办违纪违法案件】** 2010年,全区各级纪检监察机关受理群众来信来访、电话举报5002件次,初核违纪线索1166件,立案396件,处分党员和行政监察对象425人,其中,厅级干部8人,县处级干部28人。重点查办了自治区团委原书记曹刚,自治区卫生厅原巡视员、保健局局长李寿芬等违纪违法大案要案。通过查办案件,挽回经济损失857.39万元。同时,查核举报失实信访件531件,为一批党员干部澄清了是非。注重发挥查办案件的治本作用,编发重大案件通报6期,剖析发案原因,查找问题和薄弱环节,起到了以案查漏、以案促改的治本作用。深入开展商业贿赂专项治理工作,全区共查处商业贿赂案件51起,涉案金额764.38万元。大力推进市场诚信体系建设,建立健全防治商业贿赂长效机制。畅通信访举报渠道,完善信访举报分类处理机制。加强办案人才库建设,强化案件监督管理工作,对全区2007年以来党政纪处分决定执行情况进行全面督察,维护纪律的严肃性,取得了良好的政治、法纪和社会效果。 (吴金江)

**【制度建设】** 2010年,自治区纪委监察厅认真贯彻胡锦涛总书记在十七届中央纪委第五次全会上的重要讲话精神,在全区开展“反腐倡廉制度建设推进年”活动,大力加强反腐倡廉教育、监督、预防和惩治制度建设。制定了《自治区党委巡视工作办法(试行)》《实行党政领导干部问责暂行规定》等23项法规。各地各部门各单位先后修订反腐倡廉制度2080项,废止644项,新建897项,大力推进惩防体系制度框架建设。深化体制机制制度改革,自治区政府对行政审批事项又进行了两次集中清理,调整取消审批事项206项。继续深入推进干部人事制度和财税管理、投资体制改革,实行政府投资项目代建制和公示制。司法体制和工作机制改革不断深化,金融体制改革稳步推进,经营性土地使用权和工业用地“招拍挂”出让、建设工程招投标、产权交易进入市场和政府采购等制度进一步完善。

(吴金江)

**【廉政风险防范管理】** 2010年,全区各级纪检监察机关在党政机关全面推行廉政风险防范管理工作,各部门、各单位查找风险点,制定防范措施,健全内控机制,切实加强对领导干部、重点领域和关键岗位的监督。自治区党委巡视机构对自治区发改委、财政厅,银川市及金凤区、西夏区,固原市及泾源县、彭阳县开展巡视,提出整改建议95条,向自治区党委、政府提出工作建议6条;对自治区新闻出版局和旅游局开展巡视回访,巩固和扩大巡视成果。加强和改进对派驻机构的统一管理,进一步发挥了派驻机构的监督作用。认真执行党内监督各项制度,对77名新提拔和离任厅级领导干部、县(市、区)党政

“一把手”进行了廉政谈话。继续深化政务、厂务、村务和校务公开，不断拓展公共企事业单位办事公开领域。

（吴金江）

【基层党风廉政建设】 推进“勤廉为民”工程，加强对村级资金、资产、资源的管理。积极探索村级民主监督组织形式和工作机制，在全区农村稳步推广村民监督委员会制度。召开全区农村党风廉政建设工作会议，总结经验、部署工作，命名表彰了27个实施“勤廉为民”工程先进乡（镇）、村。在高校开展“清风校园”建设，不断加强高校党风廉政建设。制定《自治区贯彻〈国有企业领导人员廉洁从业若干规定〉实施办法》，规范“三重一大”决策行为，健全完善经营业绩考核、企业重大决策失误追究制度，促进国有企业领导人员廉洁从业。（吴金江）

【自身建设】 自治区纪委常委会坚持民主集中制原则，不断提高决策科学化、民主化水平。常委会成员带头执行领导干部廉洁自律各项规定，自觉接受监督。大力推进学习型机关建设，坚持理论中心组学习制度，通过举办培训班、开展读书活动，不断提高纪检监察干部的学习研究能力、语言文字表达能力、团结协作能力和心理承受能力。加强制度建设，健全内部监督制约机制，认真听取各民主党派、社会各界对反腐倡廉工作的意见和建议。坚持领导信访接待日制度，高度重视解决人民群众来信来访。开展深入实施西部大开发战略大学习活动和创先争优活动，加强调查研究，加大改革创新力度，狠抓工作落实。严格执行《党政领导干部选拔任用工作条例》等规定，提高选人用人公信度。认真贯彻落实中央纪委9号、10号文件精神，积极争取自治区有关部门支持，协调落实县级纪检监察机关机构设置、人员编制、装备配备规定，全区县级纪检监察机关工作条件得到明显改善。（吴金江）

# 民主党派和工商联

## 民革宁夏区委会

【思想建设】 2010年，民革宁夏区委会开展以“学习、树立和践行社会主义核心价值体系”为主题的思想建设年活动，各市委会、区直工委积极响应，均成立了活动领导小组，制定了实施方案，组织全体党员认真开展理论学习，将活动的重心落实到基层组织。区委会还邀请民革中央副主席修福金、中国政法大学终身教授李德顺和宁夏党校政治教研部副主任李喆分别作了专题辅导报告和讲座，召集48名基层主委，举行了专题学习培训班。银川市委会召开了“社会主义核心价值体系与孙中山精神”研讨会，吴忠市委会开展了“读书月”活动，通过读书的方式推动学习。学习活动后期，结合全区开展的深入实施西部大开发战略大学习活动，在全区民革基层组织中开展巡回宣讲活动。

（路晓明）

【组织建设】 2010年，对民革宁夏九届委员会组成人员进行了届中调整，增补了3名常委、6名委员。指导民革吴忠和青铜峡市委会完成了换届工作。年内，对区直工委基层支部进行了结构调整，并按照组织程序配齐了各支部领导班子。全年共发展党员32名，其中女性14人，平均年龄37岁。民革石嘴山市大武口区总支、银川市永宁县支部2个基层组织，马长青等3名党员分别被民革中央授予“民革全国先进基层组织”和“民革基层工作先进个人”称号。

（路晓明）

【参政议政】 民革宁夏区委会领导多次参加自治区党委、政府召开的党外人士座谈会、情况通报会，列席党委常委扩大会议，就“十二五”规划草案、政府工作报告、全区经济社会发展等重大问题提出意见和建议。在自治区政协九届十八次、十九次常委会议上，区委会作了《加快城镇化进程，促进农村剩余劳动力有效转移》和《以产业发展为支撑，推进城乡统筹发展》的大会发言。其中4篇建言被自治区政协采用。向自治区政协九届三次、四次会议提交集体提案31件，内容涉及农村医疗卫生、农业科技、社会法制等多个领域。其中，《关于加强我区农村公共卫生服务体系建设的建议》被列为自治区政协重点提案，并被自治区政协评为九届三次会议优秀提案。（路晓明）

【调查研究与社情民意】 2010年，民革宁夏区委会提出了《沿黄城市带统筹城乡发展中农村劳动力转移的调研》等4个重点调研课题。其中，《关于我区劳动密集型产业发展状况的调研》与国家工信部《关于开展扶持劳动密集型产业稳定发展政策措施调研工作的通知》要求完全吻合。完成《以产业发展为支撑，推进城乡统筹发展》的调研报告。一年来，各市委会、区直工委共提交调研报告17篇，经过专委会评选，确定优秀调研报告一等奖1篇、二等奖2篇、三等奖3篇。各市委会、区直工委共上报社情民意信息117条，区委会编发44条，自治区政协采用17条，民革中央采用2条。其中《关于扶持蔬菜基地建设增加农民收入的建议》《关于为我区受灾葡萄基地提供灾款的建议》和《关于大力培育发展现代服务业的建议》得到了自治区领导郝林海、赵小平的批示，《关于规范纺织洗涤市场的建议》得到自治区工商局的采纳，在全区范围内开展了洗涤行业市场专项整治。

（路晓明）

【创新机制】 2010年，民革宁夏区委会努力在工作机制上进行创新，取得了良好的效果。一是发挥专委会作用。全年共召开7次专委会工作会议，就集体提案的修订、重要文件的制定等问题，全面听取专委会的意见。在专题调研课题的确定上，专委形成了一套选题、确题程序，避免了调研选题的随意性和盲目性。二是实行专题调研招投标制度。制定印发了《民革宁夏区委会重点专题调研课题招投标办法（暂行）》，从课题确定、调研组组成、投标、发标、验收等各个环节对招投标过程进行了规范，在全体党员范围内对重点专题调研课题进行招标,鼓励党员结合自身专长和行业优势,自选课题进行投标申报。三是加大考核奖励和经费保障力度。出台《民革宁夏区委会参政议政工作考核奖励暂行办法》,首次以量化评分的方式对各市委会参政议政工作进行全面考核。建立调研经费保障机制和激励机制,对参政议政工作先进集体和个人进行表彰。四是建立了民革各级人大代表、政协委员和特邀特约人员履职情况通报制度和约稿制度。

(路晓明)

【社会服务】 2010年,民革宁夏区委会在服务社会方面做了以下工作。1. 争取"阳光绿道济困行动"项目,积极服务于民生改善。争取到中国医学基金会和中华慈善总会"阳光绿道济困行动"项目,为5市部分医疗卫生机构捐赠了总价值达2000多万元的进口医疗设备。争取到民革中央、中国医学基金会向宁夏乡镇卫生院整体捐赠了100台韩国麦迪逊sonoaceX6彩色多普勒超声诊断仪,价值6000万元。2. 推进"月牙湖乡海陶北村新农村建设示范项目",探索生态移民有效经验。在做好资金整合、基础设施建设、鼓励扶持农民发展特色产业的同时,发挥民革专家聚集的智力优势,组织举办了多种实用技术、技能培训。实施完成民革中央联络部捐赠海原县九彩乡马圈村希望小学项目。组织宁夏医科大学教授、专家赴灵武市医院举办了医疗知识讲座和义诊服务活动,为广大群众进行现场免费诊断和体检。 (路晓明)

【社会宣传和理论研究】 民革宁夏区委会2010年重视加强全国和自治区"两会"期间履行参政议政职能的宣传报道。积极主动地与《团结》杂志、《团结报》《华兴时报》及宁夏电视台等媒体加强联系与合作,累计发表新闻稿件60余篇(条)。建立了宁夏民革信息网。对《宁夏民革》内部刊物进行了全面改版。支持和加强《团结报》记者站工作,受到了团结报社的表扬,田艳芳被团结报社评为2010年度"优秀记者"。《团结报》驻宁记者站也被宁夏新闻出版局评为"中央报刊社先进驻宁记者站"。开展辛亥革命史料整理工作,对宁夏辛亥革命人物、事迹进行调研,走访了有关史学专家,查阅了相关资料,甄选宁夏13名辛亥革命重要历史人物,对其革命事迹进行了摘记。开展理论研究和征文活动,共征集到理论文章20篇。民革银川市委会被民革中央评为"全国思想理论宣传工作先进组织"。

(路晓明)

【祖国和平统一事业】 民革宁夏区委会认真组织学习胡锦涛总书记在纪念《告台湾同胞书》发表30周年座谈会上的重要讲话,正确把握新形势下中共中央对台工作方针政策,了解《两岸经济合作框架协议》的签署背景、内容和影响,为做好祖国统一工作奠定政治和思想基础。按照民革祖国统一工作"四个转变"的精神,认真贯彻民革中央《关于民革祖统工作联动协调机制建设的意见》要求,从宁夏对台工作资源有限的实际出发,加强与民革中央、自治区台办、涉台涉侨部门的联系,同来宁参观访问、探亲访友、投资办厂的台湾各界人士建立友谊,推动两岸同胞共同携手,为促进祖国和平统一大业贡献力量。为了进一步加深全区民革党员对台湾地区经济社会的了解,民革宁夏区委会继续办好《宁夏民革工作通讯》"台海观察"等栏目,使期刊发挥了对促进祖国和平统一工作的引导作用。

(路晓明)

## 民盟宁夏区委会

【思想建设】 2010年,民盟宁夏区委会在思想建设方面开展了以下几个方面的工作。1. 开展树立和践行社会主义核心价值体系活动与"思想建设年"活动。成立了活动领导小组,制定了活动实施方案。在宁夏社会主义学院举办了骨干盟员学习班和新盟员学习班。购买了《社会主义核心价值体系读本》,刻录了"社会主义核心价值体系学与行报告会""各民主党派中央主席谈树立和践行社会主义核心价值体系"等光盘,分发各市委会、工委。8月,民盟宁夏区委会组织了全区民盟成员知识竞赛答题活动。银川市委会开展了文明机关、诚信机关建设。7~10月,民盟宁夏区委会先后两次接受自治区党委统战部组织的检查和验收。2. 学习民盟光荣历史,继承民盟优良传统。组织广大民盟成员分别观看了中央电视台黄金时段播放的电视连续剧《民主之澜》《黄炎培》,还刻录了民盟中央制作的介绍张澜事迹的《一世狂澜》和《民盟历史影像资料剪辑》,发放给各市委会、工委学习。石嘴山、中卫、吴忠等市委会开展了学习民盟历史、争做优秀民盟成员活动。民盟宁夏区委会机关,高校、区直工委,银川、固原、中卫等市委会部分基层组织分别召开了观看《民主之澜》《黄炎培》座谈会。撰写了《费老的宁夏情怀——纪念费孝通先生诞辰一百周年》,通过《宁夏盟讯》和网站进行宣传。3. 组织开展了深入实施西部大开发战略大学习、大讨论活动。 (李 静)

【组织建设】 截至年底,全区民盟成员总数达1702人,年增长率保持在4%左右,一批有较高职称、较高学历和有发展潜力的人员进入民盟组织。民盟在保持文化、教育界特别是高教界优势的同时,也发展了一批法律界、新阶层人士入盟。开展了基层组织领导班子建设和基层组织目标任务落实情况的调研,提出对基层组织调整和基层领导班子建设的意见,指导基层组织按照《民盟宁夏区委会基层组织考核目标》的要求开展工作。吴忠、固原两个市委会完成了换届工作。民盟宁夏职业技术学院支部宣告成立。 (李 静)

【参政议政】 一年来,民盟宁夏区委会领导先后参加了自治区党委、政府召开的各种协商会、座谈会,就《政府工作报告》、宁夏"十二五"规划、经济工作、统一战线和多党合作发表意见,提出建议,受到重视。民盟的各级组织领导和民盟成员中的各级人大代表、政协委员,积极参加各级党委、政府、政协和有关部门召开的民主协商会、情况通报会、党外人士座谈会、征求意见会,通过参与调研、视察活动,就经济建设和社会各项事业的全面发展积极建言献策。5月,民盟宁夏区委会在中卫市召开参政议政工作会议，表彰了2009年度参政议政工作先进集体和个人。协助民盟银川市委会成功举办“民盟西部省区(市)首府城市盟务工作座谈会”，宣传了银川，宣传了宁夏。（李　静）

**【调查研究】** 《西北偏远地区开发式移民研究》和《西部地区基础教育改革发展的调研》两项课题在民盟中央中标。区委会与民盟新疆、内蒙古等省区成立了联合调研组，分区域开展了调查研究。完成了《绿色家园绿色银行绿色财富——关于六盘山林业生态建设的调研报告》《西部民族区域社区公共文化服务体系构建中存在的问题与对策》《宁夏文化共享工程可持续发展的调研》《宁夏清真食品产业发展现状的调查研究》等6篇调研报告。2009年完成的《宁夏承接东部产业转移的调研报告》被自治区党委政策研究室评为“2009年度全区优秀调研报告三等奖”；2008年完成的《我国太阳能开发与利用的调研报告》上报民盟中央后，民盟中央转化为集体提案提交全国政协十一届二次会议，被全国政协评选为“优秀提案”。（李　静）

**【理论研究和对外宣传】** 民盟宁夏区委会聘请了15位民盟成员担任多党合作理论研究课题特邀研究员。起草实施《民盟宁夏区委会思想宣传工作奖励办法》。2010年申报民盟中央理论研究课题《当前民盟基层组织建设中的问题与思考》获得立项。2009年承担的民盟中央课题《论科学发展观与新时期民盟参政能力建设》获得民盟中央理论研究成果二等奖。出版《宁夏盟讯》4期，编写《工作简报》，向民盟中央、自治区政协、自治区党委统战部以及新闻媒体等报送工作信息和新闻稿件。1月31日，民盟宁夏网站正式开通，一年来浏览数达1万多次。（李　静）

**【建言献策】** 2010年，民盟宁夏区委会向全国政协会议提交大会发言3篇，提案13件。关于《解决农民工二代问题刻不容缓》的大会发言由新华社采编为通稿后，被《中国财经报》等主流媒体转载达60余次，海外媒体中国台北的《中央日报》和香港的《凤凰资讯》也刊登了相关内容。全国政协委员安纯人还在全国两会期间就保障性住房问题接受了中央电视台《焦点访谈》栏目的采访，于3月12日晚播出。在自治区政协九届三次会议上，民盟宁夏区委会提交书面发言4篇，提案18件。《关于加强我区物流建设提高承接东部产业转移吸引力的建议》被自治区政协列为一号重点提案，由自治区主席王正伟亲自督办。4月，王正伟主席围绕提案所涉及的内容专门主持召开了主席办公会议，研究了“三大口岸”和“九大物流园区”建设问题。促成两项建设投资近20亿元。8月31日，王正伟主席亲自参加了提案办理现场座谈会，对民盟宁夏区委会的提案给予肯定，并要求政府有关部门对提案涉及的问题认真解决。《人民政协报》2010年10月25日以《政府主席和政协主席共同督办提案——宁夏投入近20亿加快物流业发展》为题进行宣传报道，宁夏电视台就提案办理工作采访了民盟宁夏区委会机关负责人，并于2011年1月11日晚在宁夏新闻联播节目中播出。民盟宁夏区委会关于《充分发挥综合优势加快我区工业园区建设》的提案，被列为自治区政协的重点提案，9月19日，自治区常务副主席齐同生带领相关人士到银川市经济技术开发区进行了现场督办。（李　静）

**【社情民意】** 收集277条信息，采编、修改、上报民盟中央信息47件，7件信息被民盟中央采用，其中《西部地区农民群众社会心态正在发生积极而深刻的变化》被全国政协信息综合采用，宁夏民盟信息工作在2010年度民盟中央38个参评单位中排名第19位。向自治区政协报送反映社情民意信息53件，自治区政协《建言》《社情民意》采用46件，其中《落实最低工资标准》《关于将西部少数民族地区农村物流业发展列为第二轮西部大开发重点项目的建议》《关于将西部少数民族地区文化产业发展列入“十二五”规划的建议》得到全国政协领导批示并转办，在自治区政协21个参评单位中民盟排名第1位。在自治区政协九届三次、四次会议上，民盟宁夏区委会作为“反映社情民意先进集体”两度受到表彰。（李　静）

**【表彰奖励】** 民盟宁夏盟员曾杏绯被自治区党委、政府授予“杰出回族女画家”，杨璟获“国家环保部污染源普查先进个人”称号，马振新获“全国计划生育先进工作者”称号，李锋主持的科研课题获自治区科技进步一等奖，何仲义获自治区“教学名师”称号，顾沛雯获国家植保学会科技成果三等奖，王玉山获得自治区政府特殊津贴，何铁壁荣获2010年度中国教育学会化学教学专业委员会“化学教学优秀教研员”荣誉称号，楼晓钦被国家林业部授予“林业工作先进个人”，他主持的科研课题获得两个自治区科技进步二等奖。1名盟员走上地级市副市长领导岗位。（李　静）

**【农村教育烛光行动】** 8月，民盟上海市委派出的5人支教团在银川市西夏区开展暑期教师培训活动。支教团先后就“教育科研与教师专业发展”“教育艺术与班级管理”“教师心理素质培养”“加强教育教学质量管理，增强课程与教学的引领力”等专题对1150名基层中小学教师、教学管理人员进行了培训。由民盟中央、民盟宁夏区委会牵线搭桥，新东方教育科技集团派出4名骨干英语教师，对石嘴山市的英语教师进行了听力、口语、语法、写作等方面的培训。（李　静）

**【社会服务】** 民盟中央把宁夏确定为2010年深圳光汇集团教育援建省区之一，援助30万元资金为平罗县陶乐二小建设学生宿舍楼。在民盟石嘴山市委会的积极配合下，该学生宿舍楼于2010年11月正式竣工，改善了当地农村学校的办学条件。全区各级民盟组织充分发挥专家盟员的作用，经常性地开展社会咨询服务活动。银川市组织市级医院医生前往社区、商业广场开展健康咨询、医疗义诊、公益宣传等活动；石嘴山市、固原市、中卫市组织教师赴农村学校开展“送教下乡”、慰问农村师生活动；青铜峡市组织农业、法律、医疗卫生界盟员向农民普及农业科技、法律、卫生健康等知识。民盟宁夏区委会开展了对银川女子监狱在押人员的帮教工作,11月10日上午,在宁夏女子监狱举行帮教工作启动仪式,挂牌成立帮教联系点,建立监狱流动图书室。与银川市委会联手,在银川市兴庆区景太社区开展社区服务工作试点,发动全区各级盟组织及广大民盟成员为该社区筹集图书、杂志1万余册,帮助社区建立了图书室。6月,民盟宁夏区委会又为该社区图书室购买了千余元的桌椅。 (李 静)

## 民建宁夏区委会

【思想建设】 2010年,民建宁夏区委会在全区开展了“弘扬民建优良传统,践行社会主义核心价值体系”的主题教育活动。制定下发了《民建宁夏区委会关于开展“思想建设年”活动实施细则》,主委孙贵宝亲自撰稿并带领“思想建设年”活动领导小组成员在石嘴山市委会、吴忠市委会、中卫总支就“弘扬民建优良传统、践行社会主义核心价值体系”开展宣讲活动,并组织召开了银川市委会、区直工委读书报告会,对会员进行辅导授课,同时号召全区各级组织开展追思、学习孙起孟活动,组织观看电视剧《黄炎培》,并在会内开展观后感征文活动。8月,民建宁夏区委会把西部大开发内容纳入重要学习日程,编发学习简报77期。12月19日,民建宁夏区委会举办了“庆祝民建成立65周年”纪念大会。 (朱桂华)

【组织建设】 2010年,全区发展新会员43人,发展率为6%,比上年净增率为5.3%。截至年底,全区会员达754人,平均年龄49.4岁,大专以上学历占79.2%,经济界会员占68%,具有专业技术职称的会员占82%。民建石嘴山市大武口总支荣获中国民主建国会全国先进基层组织称号,并代表全国先进基层组织在大会发言;全年获国家奖励的会员4人,获省部级奖励的会员7人,获得行业、系统奖励的会员23人。9月,在宁夏社会主义学院举办“2010年民建会员理论学习班”,会员中新增副厅级干部1人。 (朱桂华)

【参政议政】 区委会领导积极参加自治区党委、政府、人大、政协及统战部召开的民主协商会、座谈会、情况通报会和调研、视察活动,并就自治区重大决策、编制“十二五”规划、重要人事安排及重大问题等内容充分发表意见,提出建议,不少意见和建议受到重视和采纳。其中在自治区党委统战部召开的“双月”座谈会上,孙贵宝主委作了《以社会主义核心价值体系为引领扎实推进“思想建设年”活动深入开展》的发言;在自治区政协九届十九次常委会上,马中勇副主委作了题为《做好承接产业转移工作,发展壮大宁夏经济》的大会发言。在全国政协十一届三次会议上,孙贵宝主委提交了《加大收入分配调节力度,努力促进社会公平》的大会发言和《关于进一步支持西部地区节能减排工作的建议》等7件提案。在自治区政协九届三次会议上民建宁夏区委会提交了两篇大会发言,其中《关于发挥民族区域特色优势,打造内陆经济开放高地的建议》在大会上作交流发言。提交了《传承和发展宁夏手工地毯编织业,促进宁夏滩羊毛有效利用的建议》等15件提案。这些提案全部被立案,其中《建议加快自治区县级人力资源市场和社会保障服务中心基本建设》的提案被列为重点督办提案,并获得自治区政协优秀提案奖;孙贵宝主委提交的《建议制定宁夏回族自治区家政服务业管理条例》的议案被列为六号议案,根据议案要求,自治区人大法制工作委员会已将《宁夏家政服务管理条例(草案)》列入立法程序,并首次委托社会力量起草立法项目。《宁夏家政服务管理条例(草案)》已起草完毕,正在审查阶段。 (朱桂华)

【理论宣传】 全年在《人民政协报》《团结报》《宁夏日报》《华兴时报》《民讯》以及民建中央网站、人民日报定制网等媒体上共发表简讯和文章74篇。其中3篇理论文章获民建中央、自治区政协、党委统战部优秀论文奖;两篇新闻报道获民建中央、自治区政协新闻宣传优秀作品奖。《宁夏民建》会刊和网站不断开辟新版面和新栏目,切实做好舆论导向工作,确保思想舆论始终沿着正确的方向发展。 (朱桂华)

【社情民意】 2010年区委会形成了《发展低碳经济,促进节能减排》《关于我区农村老龄化问题的调查》和《关于宁夏新能源产业发展情况的调研》3篇调研报告。全年向自治区政协报送社情民意53篇,截至11月底,被自治区政协《社情民意》采用19篇,被自治区政协《建言》采用16篇,其中被自治区领导批示7篇;向民建中央报送信息18篇,被采用3篇。其中《关于上调我区最低工资标准的建议》由齐同生副主席作了批示,经自治区政府第62次常务会议审议通过,5月1日起宁夏已开始实行新的最低工资标准。民建宁夏区委会信息工作在自治区政协公布的21家社情民意信息工作通报中名列第二,并被民建中央评为2010年《反映社情民意信息工作先进单位》三等奖,民建宁夏区委会被自治区政协评为反映社情民意先进单位,孙贵宝主委、肖钰被评为先进个人。 (朱桂华)

【社会服务】 全区民建会员和各级组织共向青海玉树捐款捐物共计人民币96.5万元;民建宁夏区委会企业委员会成员向西南灾区捐款1.8万元,修建了6口水窖。争取“思源·薪火计划”项目资金30万元,为红寺堡区太阳山镇沙泉村农民修建了200口沼气池。组织会员企业开展了“引导非公有制经济人士回报社会感恩行动”活动,并组织15位会员企业家参加了2010年中国陕西非公有制经济发展论坛。向中华思源工程扶贫基金会申请了宁夏回族自治区妇幼保健院(所)细菌检测仪项目、思源·AOC彩虹计划——推荐“优秀大学生援教教师”项目;协助福建省东南人才交流有限公司实施人力资源“雨露”计划项目;与北京九华旅游职业学校联合开展了“励志计划”项目;与爱德基金会联合实施农村孤儿助养项目,即为部分地区6~12岁的农村贫困孤儿每年提供1340元的资助,上报的平罗、永宁、兴庆区近80名贫困孤儿,有45名符合条件的孤儿已获批准,第一批项目资金35775元已到位,同时爱德基金会还向这45名农村孤儿每人赠送MP3

一部。民建宁夏区委会被民建中央授予“2010年社会服务工作先进单位”称号。（朱桂华）

## 民进宁夏区委会

**【思想建设】** 开展“思想建设年”活动。在民进宁夏区委会六届十二次常委会上研究通过了《民进宁夏区委会思想建设工作实施方案》。3月，民进宁夏区委会制定了《关于树立和践行社会主义核心价值体系推进学习型参政党建设的实施方案》，把树立和践行社会主义核心价值体系作为思想建设的重要内容。自8月深入开展实施西部大开发战略大学习活动以来，民进宁夏区委会将大学习活动贯穿于“思想建设年”的活动之中，活动中突出领导班子的表率作用。班子成员做到“三个带头”，即带头学习理论，带头到所联系的市委会动员宣讲，带头深入基层调研听取意见，成为学习活动的指导员和宣讲员。在民进宁夏区委会六届十三次常委（扩大）会议上，5个市委会和直属总支汇报交流了思想建设的主要举措、进展情况，研究了加强和改进措施。在六届十四次常委会议上，常委们交流了学习和践行社会主义核心价值体系、西部大开发战略大学习心得体会，带动活动向纵深发展。开展“读书月”活动，积极组织各级组织和会员参与民进中央“六个为什么”有奖征答；邀请原民进中央副主席、著名作曲家王立平进行《音乐与人生》的讲座。（曹立庆）

**【组织建设】** 2010年，民进宁夏区委会顺利地完成了区委会届中调整，增补常委3人、委员4人。完成了吴忠和固原市委会的换届工作。批准成立了宁夏大学附属中学支部。民进宁夏区委会制定下发了《民进宁夏区委会关于创建民进先进地方组织、先进基层组织活动实施方案》及《评选办法》，开展了“树形象、创先进”系列活动。在民进中央首次进行的“全国先进地方组织、先进基层组织表彰大会”上，民进吴忠、中卫市委会及宁大总支、惠农总支、永宁支部等受到表彰，永宁支部在表彰大会上作了交流发言。截至2010年底，共有地级市委会5个，总支委员会9个，县（市）级委员会2个，基层组织77个。全区有1085名会员，其中2010年新发展会员30名。会员中担任全国政协委员1人，当选自治区人大代表6人，自治区政协委员18人，市级人大代表15人，市级政协委员57人；县（市、区）级人大代表11人，县（市、区）级政协委员60人。（曹立庆）

**【参政议政】** 民进宁夏区委会主要领导多次参加了自治区党委、政府、政协举办的宁夏经济形势分析、“十二五”规划建议和规划纲要征求意见会、座谈会等，对做好“三农”工作、开展节能减排、发展低碳经济、促进环境保护、建立覆盖城乡居民的基本医疗卫生保障体系、加强与阿拉伯国家合作等方面提出了意见建议，在自治区有关政策制定中被吸纳。在自治区政协九届三次大会上，民进宁夏区委会共向大会提交1份大会口头发言、两份书面发言，提交党派提案25件，会员中的政协委员积极建言献策，个人及联名提案39件，提案人数占民进参会委员人数的82.4%。民进宁夏区委会《关于严厉打击“两抢一盗”犯罪的建议》被自治区政协评为优秀提案。《关于推进我区居家养老服务工作的建议》被自治区政协列为主席督办重点提案。2010年，自治区环保厅现场办理的4件重点建议和提案中，有2件是民进宁夏区委会提出的。《关于固原盐化工循环经济扶贫示范区开发建设必须重视环境保护》的提案，促进了固原盐化工循环经济扶贫示范区总体规划环评、项目建设环境风险防范等工作的稳步推进。《关于尽快制定〈宁夏回族自治区环境教育条例〉》的提案，加快了《宁夏环境教育条例》立法工作进程。区委会提交的《关于加快我国环境教育立法工作的建议》已被民进中央列为向全国政协十一届四次大会提交的党派中央提案。区委会提出的“关于规范我区阿拉伯语公示语的建议”，受到“中阿经贸论坛”组委会的重视，银川市一些主要街道名称采用汉语、英语和阿拉伯语做了标志。在2010年民进中央省级组织专项工作表彰会上，民进宁夏区委会荣获民进省级组织参政议政工作先进集体荣誉称号。（曹立庆）

**【调查研究和宣传】** 民进宁夏区委会完成了《关于我区城镇化建设的调研》《关于加快转变我区经济发展方式的调研》《关于宁夏废旧家电拆解市场的调研》和《关于银川市水资源可持续发展情况的调研》等4项调研成果。其中《关于我区城镇化建设的调研》《关于加快转变我区经济发展方式的调研》两项调研内容作为自治区政协九届十八次和十九次常委会宁夏民进区委会的发言。民进宁夏区委会提交的《关于加强小城镇建设，推进城乡一体化进程》的发言和提案被评为民进中央2009年度参政议政成果一等奖，《关于我区大学生就业情况的调查与思考》获区党委政研室全区优秀调研报告三等奖。2010年，在宁夏电视台、《宁夏日报》《华兴时报》等播出或刊登的有关宁夏民进的新闻报道54篇，有的还被中央统战部、民进中央和兄弟省区市民进网页转载。根据《民进宁夏区委会思想宣传工作奖励办法》，区委会完善了宣传工作考核奖励机制，从各基层组织中选拔了一批责任心强、文笔好、热心党派工作的骨干会员，建立了基层组织宣传队伍。举行了庆祝中国民主促进会成立65周年座谈会并在会员中征集了40余幅会员书画进行了展览。（曹立庆）

**【承办民进中央参政议政年会】** 11月1～4日，“2010年民进中央参政议政年会”在银川召开，全国人大常委会副委员长、民进中央主席严隽琪，全国政协副主席、民进中央常务副主席罗富和等领导出席了会议，自治区党委书记、人大常委会主任张毅，自治区主席王正伟，自治区政协主席项宗西和自治区党委统战部部长马金虎等10多位自治区领导出席相关活动。年会的承办工作得到了严隽琪副委员长、罗富和副主席及与会者的高度评价，民进中央发来感谢函予以表扬和鼓励。（曹立庆）

**【社会服务】** 民进区委会和各市委会、宁大总支、医科大总支，开展了现代农业科技培训班、种养殖技术培训和医疗服务、送药下乡、教师心理专题讲座等“支教助农”活动。广大企业家会员筹款近5万元,支持开展社会服务活动。青海玉树发生地震后,民进宁夏区委会机关干部积极捐款,支持灾区恢复生产,重建家园。经民进中央科教文卫委员会和区委会的牵线搭桥,澳大利亚百利达酒庄已与自治区农垦集团达成了在银川市建设1万吨高等级酒庄及万亩葡萄基地的协议,中国农业大学拟在宁夏建设国家葡萄酒工程中心宁夏分中心,培养食品科学研究生。民进中央和人民出版社向宁夏育才学校捐赠1万余册图书。（曹立庆）

## 农工党宁夏区委会

**【思想建设】** 2010年,农工党宁夏区委会重点开展“思想建设年”活动,成立领导小组,制定实施方案,对活动进行周密部署。全区各级组织通过学习班、座谈会、组织生活会,采取集中学习和自学相结合的方式,组织党员和机关工作人员认真学习,撰写学习笔记和理论文章。全区各地组织党员观看了电视剧《民主之澜》《黄炎培》,受到革命传统教育。10月底,召开深入实施西部大开发战略大学习活动座谈会,就大学习活动进行了总结交流。（马凌霞）

**【组织工作】** 2010年,农工党宁夏区委会成立了医科大学总支,调整了医科大学第一、第二支部,对自治区医院支部进行了调整并成立了自治区中医研究院支部。7月,农工党宁夏区委会深入各市,对各地纪念建党80周年、“思想建设年”、基层组织建设等工作进行了督导检查。各级组织领导班子建设、后备干部培养和管理工作有序进行,增补丁晓琴为农工党宁夏区委会常委,吕玉兰、谢宁为区委会委员。吴忠市委会完成了换届工作。新党员发展按计划稳步推进。2010年,全区共发展党员18人,其中银川市11人,区直工委5人,中卫市总支2人。截至2010年底,全区共有农工党党员719人,其中女党员392人。具有高级职称的党员231人,占党员总数的32.1%;中级职称党员419人,占党员总数的58.3%;医疗卫生界党员444人,占61.8%;教育界党员83人,占11.5%;科技界党员30人,占4.2%;文艺界党员20人,占2.8%;经济界党员38人,占5.3%;新阶层党员29人,占4%;司法机关党员3人,占0.4%;政府机关党员32人,占4.5%;党派机关党员21人,占2.9%;其他党员19人,占2.6%;党员平均年龄48.9岁。全区党员中有全国政协委员2人(其中常委1人),自治区人大代表5人(其中人大副主任1人,人大常委1人),自治区政协委员19人(其中常委4人),市级人大代表7人,市级政协委员34人(其中常委9人),县级人大代表6人(其中常委1人),县级政协委员34人(其中常委6人)。各级特约监督员16人,自治区青联委员5人。（马凌霞）

**【参政议政】** 在全国政协十一届十一次常委会上,冯炯华主委代表农工党中央作了题为《统筹规划,协调推进西部地区跨越式发展》的发言。冯炯华、戴秀英两位委员向全国政协会议提交了《关于尽快决策开工建设大柳树水利枢纽工程的提案》等10件提案,其中《尽快建立国家基本药物制度的建议》写进了温家宝总理的政府工作报告中。戴秀英委员向自治区人大提交的《关于尽快修订完善宁夏未成年人保护条例的议案》被立为重点议案,《鼓励医学类毕业生到基层就业》的议案,受到高度重视并采纳,可以解决医学毕业生就业问题。（马凌霞）

**【调查研究】** 2010年初,农工党宁夏区委会下发《关于征集农工党宁夏区委会2010年重点调研课题及实施方案的通知》,向各级组织和广大党员征集调研课题。经常委会筛选,确定其中11个课题(4个重点课题、7个一般课题)为区委会2010年调研课题。至年底,已完成调研形成调研报告并经评审结题的重点课题3个,即《大柳树工程移民安置模式及特殊政策调研报告》《宁夏城乡医疗救助的现状调查及对策》和《乡镇卫生院基本医疗水平现状调查及对策》;一般课题6个,即《关于在惠农区打造宁蒙边界桥头堡城市的调研报告》《关于银川市职业病防治工作的调研》《中卫市村级医疗卫生人员队伍现状的调研报告》《关于全区城市社区卫生服务工作的调研报告》《关于我区农村环境保护现状调查及建议》《关于“加大对中医药事业政策支持和经费投入”的建议》。从中选取5篇作为2011年自治区政协大会发言。（马凌霞）

**【建言献策】** 2010年,农工党宁夏区委会向自治区两会提交提案15件。其中《关于完善城乡低保制度的建议》被列为自治区政协主席重点督办提案,马国权副主席带领有关人员赴自治区民政厅开展现场督办。农工党宁夏区委会提交的《关于改进农村教师困境的建议》《关于开征宁夏沉陷区治理和环境整治费及提高太西煤价格调节基金征收标准的建议》《关于我区汽车4S店规范管理的建议》获自治区政协九届三次会议优秀提案奖。银川市委会向银川市政协会议提交提案58件,两件受到表彰。孙建春代表银川市委会在市政协十一届三次会议上作了《关于我市人人享有医疗卫生服务》的大会发言。石嘴山市委会完成了11篇调研报告,向石嘴山政协会议提交提案24件,提案立案率达100%。作了题为《让人民议政之路越走越宽》的大会发言。另外《关于加快实施市一中二期改扩建工程,整合惠农区高中教育资源》和《关于加快医疗废弃物集中处置工作,尽快启用医疗废弃物集中处置场所》的提案被确定为重点提案。吴忠市委会提交提案十余件:《巩固发展新型农村合作医疗工作改革的建议》《关于调整城区学校布局,合理配置教育资源的提案》《关于清水沟、南干沟污水亟待治理的提案》《关于严格保护耕地,维护农民的合法权益的建议》等受到政府的重视和采纳。中卫市总支完成调研报告1篇,向中卫市政协递交提案11件,社情民意信息5件。（马凌霞）

**【社会服务】** 邀请专家为金凤区疾控中心、乡镇卫生院、村卫生室的医务工作者及癫痫病患者和家属进行了癫痫病防治知识讲座,发送《癫痫患者的家中医生——癫痫防治365问》及癫痫病防治药品。青海省玉树县发生地震后，农工党宁夏区委会积极捐款，号召党员参加抗震救灾队。农工党宁夏区委会向广东惠州邓演达纪念园捐款。在“世界红十字日暨我国第二个防灾减灾日”，组织专家党员在街头为群众义诊、医疗咨询、发放宣传资料、解释红十字相关知识，同时进行了模拟急救和伤病人员救护等相关知识的讲座。在“六一”儿童节前往孤儿院看望孤儿。银川市委会组织党员赴兴庆区月牙湖乡、西夏区正茂社区开展了法律援助咨询活动，向居民发放法律宣传材料。石嘴山市委会开展义诊咨询服务4次，向群众发放图书和农业科技资料1000余份，向学生发放4000余元的学习用品，向群众发放9600余元的药品。全年办理法律援助案件15件，开展法律咨询讲座5次，受益人数近200人。吴忠市委会组织党员为同心清真大寺“送医、送药、送服务、送书、送报、送知识”，还为吴忠市老年大学老干部和社区老人举办了“心脑血管疾病的防治”“糖尿病的预防和治疗”“防治肠胃病，关爱健康科普知识讲座”“慢性骨关节疾病的防治”等系列讲座。中卫市总支赴海原县红羊乡开展送医下乡活动，组织了包括内科、外科、妇产科、儿科、中医科等专家，为当地500多位群众进行了义诊，为中卫中学500多名学生进行了高考咨询和考前心理健康辅导。（马凌霞）

【宣传工作】 对农工党建党80周年系列活动和其他活动进行了广泛宣传报道，各类媒体报道农工党区委会30余次。2010年，区委会在《前进论坛》《宁夏统一战线》《宁夏社会主义学院学报》《宁夏日报》《新消息报》《华兴时报》等报刊杂志发表文章20余篇，向农工党中央和自治区党委统战部报送理论研究论文30余篇，报送《宁夏农工信息》22篇。（马凌霞）

【纪念农工党建党80周年】 农工党宁夏区委会对纪念农工党建党80周年活动事宜作了安排部署，制定下发《农工党宁夏区委会纪念农工党建党80周年活动方案》，并成立了活动领导小组，开展了系列活动。1. 党史教育。4月底5月初，农工党宁夏区委会组织机关工作人员赴上海农工党第一次干部会议会址，参观了农工党先烈们的革命活动事迹展览；赴南京邓演达墓，缅怀了农工党创始人邓演达；并同农工党上海市委会、江苏省委会进行了工作交流座谈。2. 征文活动。征集到论文60余篇，其中27篇受到表彰。3. 书画、摄影、剪纸等展览。共征集书画、摄影、剪纸等作品50余幅，其中20幅受到表彰。4. 新党员培训班。8月，举办了“农工党宁夏区委会新党员培训班”。90余名新党员接受了培训，收到良好效果。培训期间，还组织新党员（包括列席的老党员）参观了黄河金岸和滨河大道。5. 老党员座谈会。30余名离退休老党员应邀参加了“农工党宁夏区委会老党员座谈会”，对进一步做好区委会的工作提出了许多宝贵意见和建议。6. 知识竞赛。在全区党员中开展了以党史、党章、统一战线、多党合作、参政党工作为主要内容和以笔答试卷为主要方式的知识竞赛活动；下发并收回竞赛试卷510份。7. 召开纪念大会。8月8日，“农工党宁夏区委会纪念农工党建党80周年大会”在银川召开。360余名新老党员参加了会议，自治区领导刘慧、冯炯华、何学清、李淑芬、袁汉民及自治区党委统战部、自治区各民主党派、工商联、宁夏社会主义学院、自治区卫生厅、药监局等部门应邀出席会议。会议对农工党的光荣历史和优良传统进行了回顾，对农工党宁夏区委会近年的工作进行了总结，对今后的工作进行了安排。会议对近年来工作突出的两个市级组织、6个基层组织、24名优秀党员和党务工作者进行了表彰。自治区党委常委、自治区副主席刘慧代表自治区党委、政府向农工党建党80周年表示热烈祝贺。纪念大会后举行了“农工党宁夏区委会纪念建党80周年文艺演出”。（马凌霞）

## 九三学社宁夏区委会

【思想建设】 制定《九三学社宁夏区委会开展思想建设年活动的实施方案》，在全区开展学习活动。九三学社宁夏区委会以中心学习组、主委会议、常委会议、机关周五学习日等形式，学习胡锦涛总书记重要讲话以及相关文件精神。领导班子分别围绕学习全国“两会”和九三学社中央常委会会议精神、民主党派致力于树立和践行社会主义核心价值体系、统一战线为科学发展服务等内容，进行3次主题学习活动。举办两场“树立和践行社会主义核心价值体系”专题报告会。邀请九三学社中央研究室主任岳庆平、自治区党委统战部副部长杨锦明作了题为《继承和弘扬九三学社优良传统》《树立和践行社会主义核心价值体系》和《树立和践行社会主义核心价值体系》的专题报告。召开“树立和践行社会主义核心价值体系”专题研讨会，就社会主义核心价值体系的历史和时代背景、重大意义、树立和践行核心价值体系的着力点等问题在会上进行广泛深入研讨。九三学社宁夏区委举办第十八期学习班，对各市委会、总支社专职副主委、秘书长，各级基层组织负责人及新社员、机关干部等进行了以“树立和践行社会主义核心价值体系”为内容的学习培训。编印下发学习通讯8期、学习资料12期。转录下发《九三学社树立和践行社会主义核心价值体系典型事迹报告》光盘。九三学社宁夏区委主要领导带领活动领导小组成员深入石嘴山市委会、中卫市总支社等基层组织，召开座谈会，了解各级组织对学习教育活动的情况。对各市委会“思想建设年”开展的基本情况、各类活动、宣传情况、先进典型事迹、参政议政成果、开展思想建设工作的经验及存在的问题等7个方面的情况进行调研，形成报告，报送自治区党委统战部。在全体社员中开展了以“树立和践行社会主义核心价值体系”和社史研究暨纪念建社65周年为主题的征文活动，共收到征文19篇，将9篇优秀论文刊登在《宁夏社讯》。邀请区内新闻媒体参加社区委开展的各项活动，宣传报道“思想建设年”活动的开展情况；及时向社中央媒体报送信息；编印学习通讯；

在《宁夏社讯》上开辟专栏,刊登社员的典型事迹文章等。(雍 军)

【组织建设】 九三学社宁夏区委会推荐2名社员参加中央社会主义学院举办的民主党派干部培训班。配合九三学社中央组织部开展组织建设有关问题的调查研究,形成"关于开展社内监督工作的情况"和"新建省辖市组织中出现的新情况和新问题"两篇调研报告。8月,召开了基层组织工作会议,各市委会、直属基层组织交流开展基层组织工作的新思路和新方法。完成九三学社固原市委会、吴忠市委会的换届工作。完成地矿支社、区直委员会的届中调整工作。全年共发展新社员44人。其中:高级职称17人,占发展社员人数的38.64%;女社员28人,占发展社员人数的63.64%;具有硕士研究生以上学历7人,占发展社员人数的15.91%;平均年龄39.45岁。截至12月31日,九三学社宁夏区委会共有社员669人,其中高级职称424人,占社员总数的63.38%;离退休社员225人,占社员总数的33.63%;女社员281人,占社员总数的42%。(雍 军)

【表彰奖励】 2010年,蒋齐获自治区先进工作者,秦治武获自治区级劳动模范;那守范入选"感动石嘴山50年50人",蒋齐、秦治武、秦毅、赵文泓、仇芳荣获九三学社中央授予的优秀社员称号,马秀珍、范建荣荣获参政议政先进个人,杨世宏、曾黎生、马丽岩荣获社会服务工作先进个人。(雍 军)

【调查研究】 8月,九三学社宁夏区委会主要领导带领专题调研组先后走访盐池县多个地方和单位,通过对盐池县工业、农业、服务业、生态建设等情况的深入调查研究,形成了《关于盐池县转方式调结构的调查研究》报告。就调研情况在自治区政协常委会上作了大会发言,得到自治区政协的高度重视。9月,社区委领导带队赴中宁、惠农两县,就宁夏枸杞产业发展状况进行调研,形成了《关于全区枸杞产业发展状况的调研报告》。围绕新一轮西部大开发和国家"十二五"规划,开展调研,形成了《关于对西部欠发达地区节能降耗目标考核方式进行修正完善的建议》等多项建议报送九三学社中央。各专委会积极开展专题调研,形成了"关于我区羊绒产业发展状况的调研"等5篇调研报告。(雍 军)

【参政议政】 2010年,九三学社宁夏区委会共征集到提案素材90余件,经整理、遴选、修改后形成53件建议材料。其中,作为自治区政协会议大会发言6件,以九三学社宁夏区委会名义的提案25件,社员个人名义提案10件;推荐给全国政协委员6件;推荐给九三学社中央2件。九三学社宁夏区委会提案被确定为自治区党委主要领导牵头督办的重点提案。在自治区政协九届三次会议上,九三学社宁夏区委会提出的《关于加大中部干旱带和南部山区设施农业建设力度的建议》和《关于开展我区农村沼气综合利用技术示范和推广的建议》,得到了自治区党委、政府和政协的高度重视,被确定为自治区党委主要领导牵头督办的重点提案。12月,自治区党委书记张毅、自治区政协主席项宗西及自治区领导刘慧、蔡国英、陶源及相关部门负责人到同心县、红寺堡区进行现场督办。由自治区党委主要领导牵头督办提案,这在宁夏政协历史上尚属首次。由九三学社宁夏区委会提供的《农村慢性病存在的问题和对策》和《关于经济欠发达地区医疗卫生体制改革的几点建议》两件参政议政材料被九三学社中央推荐为全国政协十一届三次会议提案。九三学社宁夏区委会向自治区政协九届三次会议提交集体提案25件,其中,提交的《关于我区荒漠化治理的建议》等5件提案被大会列为书面发言,社区委在大会期间作了题为《金融危机对宁夏农业发展的影响及对发展宁夏农业特色产业的建议》的大会发言,大会发言和提案引起较大反响。国家及自治区各媒体纷纷予以关注和报道。九三学社宁夏区委会在自治区政协九届二次会议上提交的《关于进一步促进宁夏大型科学仪器设备资源共享的建议》荣获"优秀提案奖"。全国政协十一届三次会议期间,袁汉民主委向大会提交提案6件。并多次接受新闻媒体记者的采访,提出的提高基层医技人员高级职称比例和在中小学生中开展"遵规守矩"活动的建议受到新华网等媒体的广泛关注。(雍 军)

【社会服务】 九三学社宁夏各市委会、各专门委员会赴农村、进社区、到敬老院开展了送医、送药、科普宣传、科技咨询服务、农业实用技术传授、保健知识讲座等活动。累计发放宣传材料13300余份,服务群众3000余人次,科普宣讲6场次,发放常规药品价值11600元,制作展板54块,组织社内专家60余人次。九三学社石嘴山市委会在平罗县黄渠桥镇建立了社会服务基地。向九三学社中央报送论文8篇,其中5篇入选论坛论文集。积极配合社中央参政议政部开展关于我国科研机关和科研人员情况的调研。(雍 军)

## 宁夏工商业联合会

【组织建设】 截至2010年底,全区各级工商联共有会员21634名,比上年增加4434名,增幅25.8%,会员数年增幅名列全国前5位。成立了宁夏工商联直属会员单位党委,宁夏浙江商会、宁夏金龙集团、宁夏力成电气集团、宁夏兴俊集团党总支。宁夏安徽商会、宁夏温州商会顺利换届,永宁县成立了民间商会。自治区工商联指导并协助未参加2009年民政厅行业评估的协会商会参加评估。宁夏安徽商会、宁夏服装服饰业协会分别被评为4A级商会、3A级商会。自治区工商联2010年执委常委、会员数据库建设成绩突出,受全国工商联表彰。(赵红梅)

【参政议政】 2010年,自治区工商联向自治区政协九届三次会议报送提案25件,其中《关于促进宁夏民营企业创名牌的建议》由自治区政协主席项宗西亲自督办。《关于在我区取消个体工商户管理费的建议》被自治区政协评为优秀提案。向全国政协报送建言14篇,采用3篇;自治区政协采用社情民意7篇,自治区领导对其中的3篇作出具体批示。同时,自治区工商联被自治区政协评为反映社情民意信息工作先进单位。深入基层和企业调研，就宁夏“十二五”规划积极建言献策；开展了国务院《关于鼓励支持和引导个体私营等非公有制经济发展的若干意见》颁布5年来贯彻落实情况的调研；就宁夏民营企业走出去的政策措施、优惠政策以及企业在境外经营发展等情况进行调研；对宁夏民营企业在台湾投资设厂以及对台投资意向、政策要求等情况进行了“宁夏民营企业参与陆资入岛”专题调研；开展了上规模民营企业调研，宁夏宝塔石化入围中国民营企业500家；对民营企业参与新农村建设、提供空岗、吸纳高校毕业生就业等情况进行调研。撰写了7篇有较高质量的调研报告。《关于建立健全企业信用体系的建议》在全国工商联系统优秀调研成果评选中荣获三等奖；《加强人才队伍建设是实现“两个健康”的必然要求》一文获全区统战理论研究优秀成果一等奖；《农业产业化龙头企业实践与思考》一文获全区优秀调研报告三等奖；《深入推进西部大开发战略促进全区非公有制经济又好又快发展》理论文章被评为自治区政协西部大开发征文活动优秀论文；上规模民营企业调研报告受到全国工商联的通报嘉奖，被评为三等奖。同时，自治区工商联获全区统一战线理论研究优秀组织奖。（赵红梅）

【经贸交流】 自治区工商联配合自治区政府、吴忠市政府办好（宁夏）国际投资贸易洽谈会和“第三届回商大会”，共邀请北京、天津等地的27位嘉宾参加活动；邀请50家区外知名服装服饰企业，并组织区内有关企业参加第二届中国西部（银川）服装服饰艺术节和第三届中国（宁夏）国际羊绒博览会；举办“全国知名企业家宁夏行”活动，邀请30多位全国知名民营企业家和高管来宁考察，促成全国工商联旅游商会、北京天图兴业创业投资有限公司等5家企业与宁夏5家单位在旅游、科技等方面签订了合作协议；邀请甘肃、重庆等省市近30名工商界人士来宁考察；配合宁夏江苏商会举办江苏民营企业家银川行活动；开展“宁夏知名企业家革命老区盐池行”活动；选派11名企业家赴台考察；组织近20名民营企业家参加全国工商联举办的“中国民营企业投资非洲研讨会”和自治区外办举办的境外投资说明会。（赵红梅）

【金融服务】 自治区工商联与建行签署为期3年的合作协议，建行承诺在3年内向自治区工商联推荐的企业发放50亿元贷款。截至年底，已发放贷款17亿元。与建行宁夏分行举行了银企合作签约仪式暨中小企业金融产品推介会。协助公安、税务部门妥善处理涉及140多家民营企业、直接涉税7000多万元的石嘴山市“1·21”税案。（赵红梅）

【宣传工作】 自治区工商联编辑发行《宁夏商会》4期。利用《宁夏商会》、宁夏工商联网站等载体，向非公有制经济人士宣传党和国家及自治区重要精神、重大决策。与北京宁夏企业商会《北京宁商》杂志编辑部联手打造宁商品牌，联合宁夏电视台创办《倾听》和《财富故事》栏目，宣传报道宁夏民营企业创业历程、生产经营、社会贡献等典型事迹。开展了学习宣传湖北信义兄弟先进事迹活动。在《人民政协报》《中华工商时报》等媒体、网站上刊登新闻稿件、理论文章共160多篇。（赵红梅）

【人才培训】 选派民营企业家参加“企业之星”培训班、“第三期中国西部旅游人才培训工程”培训班；组织村企对接扶贫工程涉及的8名乡镇干部参加全国工商联在深圳举办的乡镇干部培训班。举办了宁夏民营企业加快转变经济发展方式论坛，邀请重庆力帆集团董事长尹明善作了“和民企朋友谈转变发展方式”专题报告；与自治区国资委、经信委、西安交通大学联合举办“管理·管理者·管理思维”专题讲座。（赵红梅）

【创业讲堂】 申报的“优秀民营企业家创业讲师人才队伍建设项目”被自治区党委组织部确定为全区2010年度十大人才工作创新项目之一，受自治区人才资源开发专项资金资助。建立创业讲师数据库，入库讲师65人；举办创业讲师培训班3期6场次，培训创业讲师144人。其中在上海、香港各举办1期创业讲师培训班。开展以“创业讲堂”进校园、进工厂、进社区、进乡村、进军营为主阵地的“五进”活动。全年举办“创业讲堂”进校园专场报告会3场，“创业讲堂”进社区专题报告会、培训班6次，专题报告会1场，2892人次聆听报告和参加培训班。（赵红梅）

【就业服务】 490多家民营企业参加了自治区工商联举办的民营企业招聘周活动，提供11018条空岗信息，发放各种宣传资料、招工简章51760份（册），有3988名求职者与用人单位达成了就业意向，签订职业技能培训意向2273人。自治区工商联被自治区人民政府评为“全民创业先进集体”。承办全国工商联“就业政策说明对话会（西北片会）”，自治区工商联和宁夏部分民营企业作了典型发言，受到了全国工商联副主席谢经荣的肯定。（赵红梅）

【公益事业】 青海玉树发生地震后，全区各级工商联、行业商（协）会、会员企业共捐助1269万元现金和价值95.8万元的物品，其中刘金虎、朱奕龙、孙珩超捐款均超过100万元；自治区工商联引导宁夏非公有制经济人士开展回报社会感恩行动；指导灵武市实施了光彩扶贫互助资金项目；组织开展感恩行动革命老区西吉捐赠活动，宁夏鲁宁企业联合会为西吉县什字中学和11位老模范老党员老革命捐款5.1万元。（赵红梅）

# 群众团体

## 宁夏回族自治区总工会

【自治区政府与工会第十次联席会议】 12月27日在银川召开。自治区主席王正伟主持会议并讲话。会议听取了第九次联席会议确定事项落实情况，对农民工“四送”（送技能、送法律、送文化、送健康）活动五年规划、职业化工会干部培养选拔管理、提高全区女职工卫生费、建立职业病防治工作联合协调机

制、开展职工医疗互助活动等问题进行研究并形成了意见。　(吴彦龙)

【自治区总工会十届六次全委会议】　3月3日在银川召开。会议传达贯彻中央书记处关于工会工作的重要指示和中华全国总工会十五届三次执委会会议精神，总结2009年工作，表彰先进，安排部署2010年工作任务。自治区党委副书记于革胜出席会议并讲话，要求全区各级工会组织要围绕中心、服务大局，认真履行职能，切实发挥作用，团结带领广大职工为经济社会发展作出新的贡献。　(吴彦龙)

【自治区总工会十届七次全委会议】　7月28日在银川召开。会议传达学习中华全国总工会十五届四次执委会议精神，总结上半年工作，安排部署下半年任务。自治区政协副主席、总工会主席陶源出席会议并讲话，自治区总工会常务副主席杨钊总结部署了工作。会议要求全区各级工会要认清形势、明确任务，切实增强做好工会工作的责任感和紧迫感；要加强领导，精心组织，突出重点，整体推进，确保全年各项任务的完成。　(吴彦龙)

【庆祝“五一”国际劳动节暨表彰大会】　4月25日在银川召开。自治区主席王正伟，自治区政协主席项宗西，自治区党委副书记于革胜，自治区党委常委崔波、徐松南、齐同生、杨春光、蔡国英，自治区人大常委会副主任冯炯华，自治区政协副主席陶源等出席大会。王正伟在讲话中强调，广大职工群众要充分发挥推进跨越式发展的主力军作用，勇于担当改革发展、创新创业、促进和谐的重任，积极投身于建设全国民族团结进步模范自治区的伟大实践中。全区劳动模范要充分发挥弘扬时代精神的先锋模范作用，争做爱岗敬业的典型、团结共事的模范、引领风尚的标兵，再接再厉，继续发挥好骨干、示范和带头作用，努力在全区各项工作中再创新业绩、再作新贡献。大会对自治区模范集体和劳动模范、先进工作者颁奖。

(吴彦龙)

【建功立业】　2010年，自治区总工会在全区开展“勇当主力军、争创先锋号”和“安康杯”劳动竞赛及职工岗位练兵、技术培训、合理化建议、“五小”(小发明、小革新、小改造、小设计、小建议)发明、名师带徒等活动。先后在电力、煤炭、石油、化工、医疗卫生等10个行业开展了17项、涉及21个工种的全区性职工职业技能大赛，在全区推广神华宁煤集团和宁夏电力公司班组建设经验，全面推进以学习型、创新型、环保型、效益型、和谐型、安康型为内容的“六型”班组建设，推动职工建功立业活动深入开展。全区有4758家企业、57万职工参加全区“创双优”竞赛活动，参赛职工比上年增加32%；提出合理化建议5000多条，有18000多条被采纳，职工技术发明创造成果1052项，创经济效益6亿元。　(吴彦龙)

【职工素质提升工程】　自治区总工会制定了实施全区职工素质建设工程五年规划(2010～2014年)，启动100家企事业单位和1000个班组(科室)创建学习型组织活动，部署开展“全民读书月”活动，举办全区“创争”活动暨职工读书月主题演讲比赛，扩大了参加读书学习和各种教育培训的职工人数，使全区职工培训面达到了40%以上。(吴彦龙)

【工会宣传和职工文化建设】　自治区总工会大力宣传和表彰五一劳动奖状获得单位、五一劳动奖章获得者、“工人先锋号”和劳动关系和谐企业、职工职业道德“双十佳”模范，广泛弘扬时代先锋和劳模精神。在《宁夏日报》、宁夏广播电台、宁夏电视台、宁夏新闻网等区内主流媒体设立“工会之窗”“宁夏工人”专栏，发布工会公益广告，建立宁夏总工会网页等，在《工人日报》《宁夏日报》、宁夏广播电视总台、全国总工会新闻中心、《中国工运》《共产党人》《宁夏画报》《宁夏人大》等区内外主流媒体宣传报道全区工会重点工作。协调建设银川市、灵武市、泾源县、彭阳县、盐池县、红寺堡区职工文化活动中心，实现全区市县(区)职工文化活动中心建设全覆盖。举办以《为祖国高歌》为主题的全区职工文艺展演和《江山如此多娇》大型文艺晚会，在全区巡回演出话剧《工会主席》70场，组织区总文工团在全区基层单位慰问演出，与有关部门联合举办全区国有企业职工首届体育运动会等。　(吴彦龙)

【协调劳动关系】　围绕创建和谐劳动关系，推进小企业劳动合同制度，部署开展工资集体协商示范单位和厂务公开示范单位创建活动，组织开展对部分五星级职代会的复验工作，配合和争取自治区人大出台《宁夏回族自治区企业民主管理条例》。2010年，全区国有企业职代会建制率达98%，事业单位职代会建制率达92%，建立工会组织的具有一定规模的非公有制企业职代会建制率达71%；全区签订工资专项集体合同的企业5848家，签订率为90.6%，覆盖职工面为90.7%；建立维护职工合法权益形势季度分析会制度和劳动关系预警机制，积极推进工会劳动保护监督检查“三级网络”建设，为从根本上维护职工合法权益、维护职工队伍稳定奠定了基础。及时化解了舍弗勒(宁夏)分公司等6起职工上访事件。　(吴彦龙)

【帮扶救助】　在全区开展“帮扶中心建设年”活动，规范全区帮扶中心设立条件和标准，推广吴忠市爱心超市四级联网救助模式和隆德县帮扶中心建设先进典型，做好困难职工帮扶救助信息的填报录入及帮扶专项资金的信息录入工作，把集中送温暖与平时救助有机结合起来，重点做好对困难职工和农民工的生活救助、“金秋助学”、法律援助和劳动关系矛盾纠纷排查。一年来，全区各级工会共建立爱心超市77家，投入资金216万元；救助困难职工1.2万多人次，发放救助款物折合人民币2000多万元；慰问困难企业827个，慰问困难职工(含农民工)5.31万户、覆盖率73.8%，发放款物2686万元；先后为2875名困难职工提供法律援助，调解劳动关系纠纷2372起，联合劳动保障等部门清欠职工、农民工工资2763万元，涉及农民工14703人。　(吴彦龙)

【工会组织建设】　自治区总工会与自治区党委组织部联合开展“党群共建、创先争优”活动，深入贯彻“双措并举、二次覆盖”“两个普遍”(依法推动企业普遍建立工会组织，依法推动企业普遍开展工资集体协商）和创先争优活动要求，打好“两大战役”（农民工入会的重点战和非公企业组建工会的持久战），突出乡镇、街道、社区、出租车公司和农民工建会入会重点，形成了纵向到底、横向到边的工会组织网络体系，有效促进了工会组建和会员发展工作。全区基层工会组织数达到10743个，比上年增加958个，增幅9.79%；其中涵盖单位达27575家，比上年净增3306家，增幅为13.62%；覆盖会员1074461人，比上年增加68896人，增幅6.85%。以上三项指标分别完成全总下达任务的163%、227%、152%。大力推进企业工会规范化建设，推荐全国模范职工之家、职工小家26个。继续推进“维权进社区”工作，对申报全区第三批职工（农民工）维权进社区工作达标社区工会进行审核，确认69家，全区累计达标社区工会384个。全年共组织培训各级工会干部和兼职工会干部40515人次。工会经费继续增长，税务代收工会经费达2.2亿元。先后接待6个国家和地区的工会组织，组织全区工会干部20人（次）赴港澳台和日本、韩国等国家和地区学习考察；加强对市县（区）、产业和直属基层工会创新亮点工作的培育，全区共推出创新工作10项，亮点工作52项。工会组建、经费收缴、经费审查、“五五”普法等工作受到全国总工会表彰。（吴彦龙）

**【“工字号”创业带动就业】** 自治区总工会举办2010年全区工会就业援助“五一招聘”活动，参与组织春风行动、民营企业招聘周活动，在固原市、中卫市举办创业沙龙，制定实施“工字号”创业小额贷款方案，启动全区“家政服务工程”，举办专业技能培训班，建立就业信息员队伍，及时提供就业信息。全区建立“工字号”创业园区32个，创业街28条，创业实训基地65个，创业就业服务中心28个；开发创业项目492个，为困难职工、失业人员、农民工提供小额借款2891万元，扶持创业带头人637名，扶持小商店、小企业664家；建立工会职业培训基地65个，培训技术工人14874名，开发就业新岗位13771个。（吴彦龙）

**【完成向农民工“四送”活动三年规划】** “四送”即送法律、送文化、送技能、送健康。2010年，全区累计建成职工书屋210个、流动电影放映队39支，分别完成规划的175%、260%。先后培训农民工158155人，127047人通过培训后上岗，58082人培训后获得由劳动部门颁发的职业资格等级证书；举办普法培训班435期，法律知识大讲堂581期，筹建法律援助工作站274个，990人通过培训获得法律监督员资格证。同时提请自治区政府与工会联席会议决定实施2011～2015年“四送”活动规划，继续推动这项活动深入开展。（吴彦龙）

**【金秋助学受助仪式】** 8月10日举行。自治区政协副主席、总工会主席陶源和自治区民政厅、教育厅、总工会等有关领导参加仪式，并为到会的40名受助学生代表每人现场发放资助金5000元。2010年，全区各级工会筹措助学金637万元，资助8237名困难职工、农民工子女上大学。自治区总工会对区直产业、企业工会160名困难职工子女进行救助，累计发放助学金54.6万元，下拨各级工会助学金118万元。各市、县（区）总工会及基层工会把经常性救助与“金秋助学”集中救助、一对一帮扶救助紧密结合，对包括中小学生在内的8000余名困难职工家庭子女进行了救助。（吴彦龙）

## 共青团宁夏回族自治区委员会

**【基层组织建设】** 2010年，共青团宁夏回族自治区委员会（简称自治区团委）在全团较早部署开展“党群共建创先争优”活动，区、市两级团委建立创先争优活动联系点76个。继续加强基层工作力量，完成最后一批地市以上团的领导机关干部驻县级团委指导工作（简称驻点工作），累计从自治区团委、五市团委机关选派4批28名干部到全区22个县（市、区）团委“驻点工作”；选派44名大学生西部计划志愿者到县级团委开展基层青年工作；选派20名高校团干部到宁夏县级团委开展为期一年的挂职；通过“1+3+X”乡镇（街道）团干部配备模式，将大学生村官、西部计划志愿者、青年能人等充实到团的基层工作队伍中。探索推广联合建团、园区建团、市场建团等模式，全年新建非公企业团组织346家，社会组织团组织41家；推进外出务工青年群体团建工作，建立团组织8个。继续加大支持基层力度，投入50万元财政经费，资助优秀基层团建项目63个，支持市、县区开展团队试点工作、驻外团工委和团务标准化建设；投入100万元，新建城乡青年中心16个；争取团中央87.5万元资金，用于县区团委开展“共青团支持基层青年书屋”建设、青年就业创业、“科技之光”扶贫等工作；分级完成了乡镇（街道）、村（社区）团干部培训任务；将对外交流机会向基层倾斜，选派32名团干部和优秀青年出访交流。（马宗正）

**【青少年思想政治教育】** 2010年，自治区团委深入实施青年马克思主义者培养工程，举办了全区大学生骨干民族团结教育培训班，培训大学生骨干和团干部130人；组织青年知识分子、青联委员以及团组织联系的各类青年骨干座谈学习“两会”精神、开展深入学习实践科学发展观活动，使他们真正理解和认同中国特色社会主义道路。以“我与祖国共奋进，我与宁夏同发展”为主题，广泛开展“颂歌献给党”青春红歌会、“青春的故事”——优秀青年先进事迹巡回报告会、形势政策教育、“三下乡”“挑战杯”大学生创业计划竞赛等活动，引导广大青年坚定不移跟党走在时代前列。深入学习贯彻胡锦涛总书记致少先队建队60周年贺信和第六次全国少代会精神，广泛开展“缅怀革命先烈，传承革命精神”“迈入青春门，走好成人路”、争当“四好少年”“特色少先队”创建、“手拉手”以及传唱儿歌童谣、创作动漫作品等活动，使广大青少年从小养成良好道德行为习惯，培养对党和社会主义祖国的朴素感情。（马宗正）

**【服务青年】** 自治区团委启动实施“共青团关爱农民工子女志愿服务行动”，全年累计结对学校267所，建设“爱心电话亭”23 个，爱心捐助 64.3 万余元，帮扶农民工子女 2.3 万余人；组织 481 名西部计划、研究生支教团志愿者赴宁夏 22 个县区开展扶贫支教、科技卫生、农村信息化建设等工作；招募 2490 名志愿者参与了 2010 中国(宁夏)国际投资贸易洽谈会暨首届中国——阿拉伯国家经贸论坛等大型志愿服务工作；组织 5 万多名志愿者开展了“倡导文明新风、共创和谐家园”等集中志愿服务和防灾减灾、节能减排、科普宣教等群众性志愿服务活动。积极参与生态建设，深入实施“保护母亲河行动”，开展了“绿色生活、有你有我——世界环境日主题宣传”“生态环保进农村”等活动，争取中日青年生态绿化示范林项目 2 个。（马宗正）

**【青年就业创业】** 大力开展进城务工青年“订单式”就业创业培训，全年培训青年达 16389 人，帮助就业 5326 人；启动“千名农村青年能人带动万名农村青年创业计划”，加强农村青年信用示范户建设，全年累积发放小额贷款 6922.3 万元，扶持创业青年 1275 人；做好共青团就业创业见习基地建设，累计为 6966 名青年提供见习岗位 3160 个，实现就业 2263 人；筹资 419 万元，成立了宁夏青年创业就业基金会，首批 20 万元资金扶持原州区大学生创业园建设；大力营造青年创业氛围，广泛开展“全民创业青年行”专题访谈、青年创业导师进校园、“我的创业故事”征集、青年创业沙龙等活动。（马宗正）

**【济困助学】** 希望工程全年筹资 4322.52 万元，再创历史新高。全年资助大中小学生 5228 名，援建希望小学 19 所，援建希望工程图书室 31 个、电脑教室 25 个、快乐体育园地 22 个、音乐教室 5 个、数字电影院线 11 套、迪士尼希望工程开心小屋 10 个。全区首家希望幼儿园立项建设；召开了宁夏希望工程实施 20 周年表彰大会。（马宗正）

**【青少年维权】** 开展“共青团与人大代表、政协委员面对面”活动，推动自治区人大审议通过并颁布实施了新修订的《宁夏回族自治区实施〈中华人民共和国未成年人保护法〉办法》；积极履行巩固和发展基层权益工作体系，继续抓好未成年人保护委员会办公室和预防青少年违法犯罪工作领导小组办公室的建设，增强协调能力，积极发挥职能作用，广泛开展进城务工青年维权服务周、青少年法制教育宣传周、“青春红丝带”“青少年远离毒品行动”、重点青少年群体排查摸底等工作。（马宗正）

## 宁夏回族自治区妇女联合会

**【妇联工作创新年】** 按照胡锦涛总书记在纪念“三八”国际劳动妇女节 100 周年大会讲话中提出的“把妇联组织建设成为党开展妇女工作的坚强阵地和深受广大妇女信赖和热爱的温暖之家”要求，自治区妇联就全区妇女创业就业状况、妇女儿童维权、探索建立村妇代会创收基地、基层组织建设等热点难点问题开展深入调研，全面了解当前妇女的新需求、新期待，在履行“党政所急、妇女所需、妇联所能”的结合点上不断创新，确定 2010 年为“全区妇联工作创新年”。10 月 9 ~ 14 日，召开全区妇联亮点工作观摩交流会，鼓励各级妇联组织走“立足实际、抓住重点、突出特色”的路子，集中力量做品牌。10 月 22 日，全区妇联工作创新奖评选活动揭晓，自治区妇联组织部“开展村妇代会创收基地建设试点工作，切实增强妇联基层组织造血能力”等 8 项工作获得“妇女工作创新奖”；银川市妇联“播撒爱心情暖孤儿结对扶助活动”等 15 项工作获得“妇女工作创新提名奖”。11 月 22 ~ 24 日，全国人大常委会副委员长、全国妇联主席陈至立专程来宁视察妇女工作并召开座谈会，对宁夏妇女工作在自治区党委、政府的高度重视和正确领导下，探索出符合宁夏发展实际的妇女工作模式，取得的显著成绩给予高度评价。（马学智）

**【妇女创业就业】** 2010 年，自治区妇联争取“巾帼科技致富培训工程”资金 100 万元，举办各类培训班 300 多期，培训妇女近 3 万人，组织 3 批山区农村女初、高中毕业生，农产品女经纪人赴农家女学校进行实用技能培训。固原市争取少数民族发展资金 20 万元，设立了少数民族妇女培训基地。吴忠市争取日本大使馆“利民无偿援助”项目 1000 万日元，建设“双学双比女能手”科技致富培训基地。自治区妇联与相关部门联合出台了宁夏妇女创业小额担保贷款财政贴息配套政策，争取到香港惠明慈善基金会 200 万元担保金，协调宁夏黄河银行按1:5比例提供 1000 万元贷款资金。2010 年全区共发放小额担保贷款 2.05 亿元，扶持 3574 名妇女自主创业。聘请企业家、专家培训女大学生 3000 多人，提供实习岗位 300 多个。召开全区女大学生村官座谈会，推进女村官成长成才、成功创业。举办妇女人才专场招聘会和就业洽谈会 62 场，组织农村女富余劳动力转移就业近万人(次)，提供适合女性就业岗位两万多个，达成就业意向协议 5400 多人。在培训提高、技术研发、市场开拓、产品推介、品牌打造等方面狠下工夫，成立宁夏妇女手工制品协会，培训妇女 5000 多人(次)，带动妇女就业近万人。在世博会宁夏活动周以及厦门等地的贸易洽谈会、博览会上进行产品推介展销，特别是在 2010 中国(宁夏)国际投资贸易洽谈会暨中国—阿拉伯国家经贸论坛上，宁夏妇女手工艺品展成为一大亮点，现场销售额近 30 万元，签订意向性协议近 500 万元。10 月 22 日，在自治区全民创业总结表彰大会上，自治区妇联被评为“全民创业”先进集体。（马学智）

**【“两纲”督导】** 组织 35 名妇女儿童工委办工作人员到上海学习先进经验，举办自治区妇女儿童工作委员会成员单位联络员培训班，培训各级妇女儿童工作委员会办公室干部、成员单位负责人、联络员 420 人。创办《宁夏妇女发展纲要》《宁夏儿童发展纲要》实施情况快讯，加强统计监测，组织专家评估。召开妇女儿童工作委员会工作会，自治区副主席姚爱兴亲自带领有关部门负责人深入市县督察两纲工作，推动重难点指标达标。全面启动了新一轮“两

纲”编制工作,完成第三期中国妇女社会地位调查宁夏入户调查工作。（马学智）

【妇女儿童救助】 2010年,自治区妇联争取各类项目资金1300多万元,实施星巴克妇女培训、“玫好家园绿色行动”“母亲安馨工程”“安康图书室”、新建“春蕾小学”等10多个项目。宁夏被列入全国首批“共同建设母亲水窖”工程六个试点省份之一,在海原、西吉等地新建水窖200眼,解决5000余人的饮水难题。启动新一轮“恒爱行动”暨“爱心妈妈送温暖活动”,筛选60名贫困弱视儿童赴北京治疗。争取香港何崇本、何崇源先生“六个一”(建一眼母亲水窖,配一台电视机,添置一架太阳灶,实施小额循环项目,开展一次女性健康体验,每户至少1名妇女参加一次技能培训)工程项目资金139万元,支持同心县河西镇李沿子村新建卫生室,在海原县开展农村妇女义诊活动。全面实施农村妇女“两癌”检查项目,加大宣传力度,培训业务骨干,保证检查质量,组织20多名专业人员赴北京参加业务培训,全区各级妇联组织联合卫生部门培训项目骨干、妇联干部和农村妇女8000多人(次)。实施乳腺癌检查2.2万人、宫颈癌检查6.1万人,超额完成目标任务。元旦春节期间筹集300万元资金和物资,赴各市、县(区)开展“送温暖献爱心”慰问活动。（马学智）

【妇女维权】 2010年,自治区妇联配合自治区人大深入5市16个县(区)开展妇女权益保障“一法一办法”执法检查工作,并参与起草《宁夏“妇女权益保障法”执法检查报告》。在全区设立了区、市、县三级人民法院全覆盖的妇女维权合议庭,建立了立案快、审理快、执行快的“三快”机制,实现了县级以上妇女维权公益服务热线12338全覆盖,创新建立了“庭(法庭)、站(维权工作站)、点(便民诉讼服务点)、员(诉讼调解员)”四位一体的诉讼服务网络和多元化调解纠纷机制,建立了咨询、救助、庇护、处理等为一体的预防和制止家庭暴力工作网络,形成了各部门齐抓共管、各级妇联上下联动的维权维稳格局。全区各级妇联共接待信访1706件次,做到了“件件有回音,事事有着落”。将“四防四无”的平安家庭创建目标扩展为“六防六无”(防拐卖、防盗窃、防抢劫、防渗透、防隐患、防犯罪,无毒品、无赌博、无暴力、无邪教、无事故、无犯罪)。命名两批共400个“平安家庭”创建示范点和示范户,在银川市开展“零暴力”社区(村)创建活动。（马学智）

【组织建设】 自治区妇联在全区开展“妇女之家”建设试点,更好地为妇女提供法律援助、技能培训、健康文化、心理疏导等多样化的服务和帮助。彭阳县城阳乡、大武口区朝阳街道办事处等3个乡(镇、街道)被全国妇联命名为首批全国妇联基层组织建设示范乡(镇、街道),兴庆区大新镇塔桥村等20个村(社区)被命名为全国妇联基层组织建设示范村(社区)。协调出台村“两委”换届中女委员比例及女性正职比例规定,并召开全区妇联参与村“两委”换届选举工作动员培训会,在全区农村妇女中开展“我参与、我提高、我争当、我发展”主题实践教育活动,积极动员农村妇女参与村民自治。指导彭阳等地做好村妇代会主任公推直选工作。截至年底,全区2307个村完成换届2273个,妇女进村“两委”比例为98%,较上届提高了10个百分点。在上海妇干校举办4期培训班,组织300名自治区直属机关的县处级干部参加培训;与福建省妇联联合举办闽宁妇女干部培训班,培训17名妇女干部;在自治区党校举办乡镇妇联主席培训班,对全区乡镇(街道)妇联主席普遍轮训一遍;联合党委组织部举办全区处级女干部培训班,培训了43名妇女干部。首创“村妇代会创收基地”试点,为30个试点村投入各2万元项目资金,扶持村妇代会因地制宜选择项目进行经营管理,帮助村妇代会创收工作经费;实现了基层妇联组织“按妇女人口人均1元钱的标准提取妇女工作经费列入财政预算”的目标。（马学智）

【宣传服务】 2月28日,自治区妇联召开全区纪念“三八”国际劳动妇女节100周年大会,并举办“百年巾帼情”大型文艺演出,评选表彰自治区三八红旗手100名、三八红旗集体50个,全区妇联系统先进个人50名、先进集体12个,全区维护妇女儿童权益先进个人100名、先进集体100个,自治区城乡妇女岗位建功先进个人100名、先进集体50个,并首次发放奖励资金,加大选树先进妇女典型力度。各市、县(区)也因地制宜开展各具特色的纪念活动,扩大妇联组织的社会影响力。（马学智）

【儿童工作】 开办“周末亲子课堂”,命名自治区家庭教育工作示范典型360个(所),指导5市建立400所家长示范学校,开展宁夏“十一五”家庭教育中期评估工作,推荐10所学校为国家级流动人口子女、留守儿童示范家长学校,成立了200所自治区级家长学校,建立留守流动儿童之家,为流动人口子女、留守儿童健康成长创造良好环境。在全区开展“六一”国际儿童节庆祝活动和净化社会文化环境家庭护卫行动,举办“中国西部学前教育发展高峰论坛走进宁夏”、首届少儿才艺大赛暨第二届少儿书法绘画优秀作品展示等活动。（马学智）

【“和谐家庭”创建】 在全区开展“星级十佳”评选活动,评选出“十佳和谐家庭”“十佳学习型家庭”“十佳好婆婆”“十佳好媳妇”“十佳好女婿”各10个,评选出自治区级“好婆婆”“好媳妇”“好女婿”“和谐家庭”“学习型家庭”各50个。自治区妇联与环保等6部门联合发起“节能、环保—与家同行”和“共建生态家园,同享绿色宁夏”志愿活动,向全区少年儿童和家庭发出“家庭低碳计划15件事”倡议,调动全社会力量参与志愿活动。成功举办以“创和谐之家,建和谐社会”为主题的第五届宁夏家庭文化艺术节和全区百万妇女健身活动展示大赛,集中展示了宁夏家庭文化建设和妇女健身活动的丰硕成果。银川、吴忠市双双获得“全国创建学习型家庭示范城市”称号。（马学智）

【妇女发展合作会议和国际交流】 8月15～18日,承办第三届西北区域妇女发展合作会议暨“推进西部开发,共促妇女发展”论坛。陕西、甘肃、青海,新疆、新疆生产建设兵团及宁夏的百余名妇女组织代表相聚银川,共商西北地区妇女深入学习贯彻落实中央西部大开发战略,推动妇女事业发展的大计,为进一步促进西北区域妇女组织在更大范围、更宽领域、更高层次上开展合作搭建平台。5~10月,叙利亚阿拉伯复兴社会党干部考察团、印度考察团、马里非洲团结正义党代表团和塞浦路斯考察团先后在宁夏考察妇女工作,就妇女组织的架构、职能及妇女在政治、经济、文化方面发挥的作用进行广泛交流。组织参加全国妇联赴澳大利亚"维护妇女儿童权益"培训团和国家行政学院赴日考察学习活动。(马学智)

## 宁夏回族自治区文学艺术界联合会

**【文艺协会换届工作】** 11月15~26日,自治区文联所属的摄影、民间文艺、曲艺杂技、书法、美术、戏剧、舞蹈和电影电视8个文艺家协会会员代表大会,先后在银川顺利召开。各协会认真贯彻落实党的十七届五中全会和自治区党委第十次全会精神,回顾总结6年来各协会取得的工作成绩,制定了新的文艺发展规划和奋斗目标,修改了协会章程,选举产生了协会新一届领导班子。(刘彦)

**【文化科技卫生"三下乡"活动】** 12月26日,2010年度文化科技卫生"三下乡"活动启动仪式在永宁县李俊镇举行。自治区党委常委、宣传部部长杨春光及文化、科技、卫生各厅局的负责人出席了启动仪式。由宁夏文联副主席哈若蕙带队的宁夏文联书法家与摄影家也参加了"三下乡"的系列活动。(刘彦)

**【2010年中国美术家协会组联工作会议】** 9月8~11日,2010年中国美术家协会组联工作会议在银川召开。中国文联党组成员、书记处书记、副主席、中国美术家协会副主席冯远,中国美术家协会分党组书记、常务副主席吴长江,中国美术家协会分党组成员、秘书长刘健,宁夏回族自治区党委宣传部副巡视员李苓,宁夏文联党组书记、主席郑歌平,副主席冯明出席了会议。宁夏文联党组书记、主席郑歌平在开幕式上致辞。全国33个省、市、区和新疆建设兵团、解放军代表参加了会议。中国美术家协会组联部主任马新林主持了会议。中国文联副主席冯远在会议上作了重要讲话。(刘彦)

**【宁夏美术家协会第六次会员代表大会】** 11月23日,宁夏美术家协会第六次会员代表大会在银川召开。来自宁夏各市、县、画院、美术院校及社会各界的代表共80余人参加了会议。与会代表们讨论并通过了工作报告和修改后的《宁夏美术家协会章程》,并选举产生了宋鸣为主席,王印泉、王雪峰、孙立人、张键、李宪、沈利萍、罗贵荣、倪士华、郭琳、郭震乾、黄智、雍进成为副主席,左力光、刘彦、何立宏、沈克斌、周一新、黑疆为主席团委员的新一届主席团。(刘彦)

**【宁夏摄影家协会第六次会员代表大会】** 11月15日,宁夏摄影家协会第六次会员代表大会在银川召开。来自社会各界的代表共80余人参加了会议。与会代表们讨论并通过了工作报告和修改后的《宁夏摄影家协会章程》,并选举产生陈长祥为主席,马俊杰、吴建新、张治军、张春荣、杨宏峰、苏保伟、徐胜凯、詹安稳为副主席,李树岩、强继周为主席团委员的新一届主席团。(刘彦)

## 宁夏回族自治区红十字会

**【概况】** 2010年,宁夏红十字会在积极援助国内外大型灾害救助的同时,组织实施了"灾后恢复重建项目""幸福天使基金健康项目""白内障复明项目""小天使基金白血病患儿救助项目""村医培训项目""舒肤佳健康长城项目""红十字书库援助项目""博爱卫生院站援助项目""爱心助学、助困项目",以及"红十字博爱送温暖""应急救护培训""社区红十字服务""造血干细胞志愿捐献"等一系列关系民生的活动。2010年宁夏红十字会被自治区政府评为全区防震减灾工作先进集体,荣获宁夏慈善优秀公益组织奖,2009~2010年度中国红十字会总会报刊宣传优秀奖,首届全国红十字应急救护大赛优秀奖;有3人分别被自治区党委、政府评为全区支援青海玉树抗震救灾先进个人、全区防震减灾工作先进个人、宁夏慈善优秀工作者。(刘雁平)

**【灾害救援】** 4月14日,宁夏红十字会向青海玉树地震灾区捐款10万元人民币,从备灾库紧急调拨1000顶帐篷、5000床棉被和5000件棉衣,总价值231万元的紧急救援物资,先后于14日、15日分两批发往青海省玉树县地震灾区。先后印发了开展募捐的通知和要求,对各市县募捐工作做了具体安排部署。宁夏红十字会向海地地震灾区捐款4.321万元、向青海玉树灾区捐赠款物1728.424867万元、向甘肃舟曲灾区捐款122.463217万元、向西南干旱贵州灾区捐款25万元,累计向国外红十字组织和外省区红十字会捐赠款物1880万元,这也是继5·12汶川地震后,宁夏红十字会实施对外援助最多的一年。(刘雁平)

**【人道主义救助】** 先后组织开展了白内障复明救助活动、先天性心脏病患儿救助活动、幸福天使基金关爱儿童救助活动、红十字博爱送温暖活动、乡村医生培训、困难群众和受灾群众救助活动、博爱助学活动等。全年累计争取援助资金1223万元。通过中国红十字基金会幸福天使基金项目争取援助项目资金640万元,援建10所村幸福天使博爱卫生站、10个幸福天使博爱书库,对2914户家庭贫困儿童进行救助,对15名先天性重大疾病婴幼儿进行救助,在社区开展科普健康教育、健康行为干预、健康心理关爱等活动,以提高婴幼儿的身体素质,受益10万人次。在中国红十字会、华电国际电力公司大力支持下,争取项目资金40万元,对宁夏3个市、11个县(区)30个行政村的200名白内障患者免费实施复明手术。争取中国红十字基金会小天使基金项目资金42万元,对宁夏14位白血病患儿进行救助。争取中国红十字基金会援助资金20万元,对宁夏100名乡村医生进行了系统的理论和技能培训。完成“2010年博爱送温暖”活动。宁夏红十字会共发放慰问物资价值274.485万元,对宁夏13700户遭受汶川地震影响的受灾群众、城镇下岗职工、城市低保户、农村贫困群众进行了慰问救助,受益人数达5.5万人。争取中国红十字会、美国宝洁公司援助36万元在吴忠市红寺堡区开展健康长城项目,援建3所村卫生站、9个乡村学校洗手设施、对农村群众进行健康教育宣传活动。争取中国红十字基金会援助42万元,在贫困学校援建了45个红十字书库。宁夏同心县、盐池县、红寺堡区遭受自然灾害后,中国红十字会根据宁夏受灾情况,援助价值20万元的大米对灾区群众进行救助。为了募集更多的社会捐款,开通了手机捐款活动,全年共募集社会爱心捐款48万元。2010年,共发放救助物资52.24万元、捐赠资助贫困学生款5.88万元、发放困难群众救助款2.7万元。 (刘雁平)

**【灾后重建】** 受四川汶川“5·12”地震影响,宁夏南部山区泾源县、隆德县、彭阳县、西吉县、原州区遭受不同程度灾害损失。宁夏红十字会争取到中国红十字会总会、中国红十字基金会、江苏省红十字会的援助,支援宁夏开展灾后恢复重建,共筹集灾后恢复重建资金3050万元,对宁夏固原市5个县(区)实施灾后重建,援建民房1050户、农村学校3所、乡镇卫生院7所、村民活动室3个、村卫生室8个以及1个市级红十字会备灾中心。除新增2个在建项目,其他援建项目都已开始组织验收。

(刘雁平)

**【社会服务】** 全区各级红十字会分别在城市公交系统、公安消防系统、公安交警系统和旅游、建筑行业共计培训救护员1907人,完成全年总目标的106%;接受救护知识讲座920人,救护知识普及受益人数15800人次。开展防病及传染性疾病知识的宣传,受益人数达到21600多人次。全年通过向区内外社会各界呼吁,共募集资金58800元,资助学生94名;开展校园内红十字知识的传播和意外伤害现场救护知识的普及活动,有1600多名学生通过学习成为了校园内红十字救护骨干;组织12所中、小学校师生开展校园内灾害应急避险及自救互救活动28场次。依托红十字会员单位组建了宁夏红十字应急救援队,救援队经过培训将承担区内外灾害应急救援工作;全区红十字团体会员单位已达286个,会员43673人,志愿者3382人,有251人进行了红十字志愿注册登记,完成了全年任务的105%;有500名完成了招募登记,完成率达到100%。2010年,中华骨髓库宁夏分库造血干细胞志愿捐献资料有效入库量达2036人份,全年初筛配型57名,高分辨配型成功9名,体检3名,实现捐献1名。截至2010年底,中华骨髓库宁夏分库造血干细胞志愿捐献资料已达8360人份。累计初筛配型207名,高分辨配型成功57人份,体检14名,累计实现捐献4名。开展无偿献血宣传活动,在无偿献血工作中推进志愿服务工作,收到了良好效果。遗体捐献器官工作取得较大发展,2010年新登记遗体器官捐献14人,累计登记66人,接待捐献咨询150人次。举办了2010年全区红十字会系统预防控制艾滋病骨干主持人培训班,培训骨干主持人40名,并在5个地级红十字会组织开展预防控制艾滋病系列活动。宁夏红十字会与宁夏储备局签署协议,由宁夏储备局为红十字会无偿代储备灾救灾物资,解决了宁夏红十字会备灾救灾物资无库存放的困难。 (刘雁平)

## 宁夏回族自治区科学技术协会

**【建言献策】** 2010年,自治区科学技术协会(以下简称自治区科协)围绕党委、政府的重点工作,就转变经济发展方式及事关经济社会发展的热点、难点问题,组织科技工作者开展调查研究,向有关领导和部门提出有针对性、可操作性的对策建议。建立优秀决策咨询成果奖励制度,内部资料《科技工作者建议》第2期刊登的《做好宁夏新能源产业气象服务的几点建议》得到自治区主席王正伟的批示。 (龙腾军)

**【农村科技服务】** 2010年,全区有11个优秀农技协、6个科普示范基地和3位科普带头人获得中国科协财政部的表彰,共获奖补资金355万元,比上年增长29.1%。利用科技活动周时机,组织开展了千名科技专家下基层活动。联合有关部门、农业科研单位、农资企业举办了宁夏第十一届春季农交会,共有270家单位参展,8万余人参加。利用“宁夏三农呼叫中心”进行专家视频授课330场,并在宁夏人民广播电台开播三农呼叫中心专家讲座专栏153期。讲课内容由农业向医疗卫生、法律援助、创业、社保等方面拓展。 (龙腾军)

**【争取外援】** 向联合国开发计划署(UNDP)提交了“宁夏沙漠化防治和民生改善项目立项报告”,得到了联合国开发计划署(UNDP)的认可。9月28日,宁夏回族自治区政府与联合国开发计划署和商务部中国国际经济技术交流中心正式签署协议,项目管理办公室设在宁夏科协。未来5年内,联合国开发署将提供无偿援助150万美元资助宁夏,探索以更有效和创新的方式进行沙漠防治和民生改善,并将经验与国内同类地区和其他国家分享。 (龙腾军)

**【促推企业创新】** 自治区科协与自治区发改委、国资委、经信委、科技厅成立“讲理想、比贡献”活动领导小组及领导小组办公室,印发了《关于在企业深入开展“讲理想、比贡献”活动的通知》。有1个先进集体、2名科技标兵、1名优秀组织者在全国“讲、比”活动中受到了表彰奖励。根据中国科协《关于加强企业科协工作的若干意见》,2010年新成立15家企业科协。按照中国科协《关于推进企业专家工作站建设的意见》精神,在有条件的事业单位和企业中新建立院士专家工作站4个、专家工作服务机构2个。 (龙腾军)

**【学术交流】** 2010年11月24日,召开主题为“生物技术与产业发展”的2010年宁夏科协学术年会,邀请中国工程院院士曾溢涛、中国科学院院士贺林及一批区内外专家学者作了专题学术报告;以“宁夏设施农业可持续发展”为主题,召开了第五届资深专家论坛;举办了第六届青年科学家论坛,论坛共征集论文147篇,评出优秀论文83篇;继续择优资助全区学会学术交流36项,全年近两万名科技工作者参加学术交流活动。组织两批共16人赴台就台湾科技场馆运行、特色设施农业等方面进行考察交流,并组织部分学会理事长、秘书长赴山西考察学会工作,互相交流学会工作经验。(龙腾军)

**【协会发展】** 自治区科协确定宁夏护理学会、宁夏老科协、宁夏声学学会、《石油化工应用》杂志社4个试点单位从完善内部治理结构、强化会员主体地位、创新组织机构建设、规范各类服务活动、增强社会服务功能、积极承接社会职能六个方面进行学会改革创新试点,增强学会活力。一些学会结合本行业实际,开展了专业技术人员继续教育活动。(龙腾军)

**【推进《纲要》实施】** 自治区科技组织制定了《全民科学素质纲要“十二五”规划》《宁夏科普基础设施建设规划》等,并积极推动将其纳入自治区“十二五”规划。3~7月,组织开展全民科学素质纲要实施情况自查和对5市的实地督察;9月,迎接了国务院办公厅对宁夏“十一五”期间《纲要》实施情况的督察,宁夏工作受到督察组的表扬和肯定。并在全区范围内组织开展了公民科学素养调查,受到中国科协表彰,获得优秀组织奖。还在《宁夏日报》上举办了公民科学素质知识竞赛活动。(龙腾军)

**【科普宣传】** 自治区科协举办了以“科技创造财富,科技惠及民生”为主题的“2010年科技活动周”活动,以“中小学自然科学课走进科技馆活动”为主题的全国“科普日”活动,并以重点科普活动带动群众性、社会性、经常性的科普活动普遍开展。与宁夏科技厅、党委宣传部联合命名了10个自治区级科普教育基地。与媒体合作进行科普宣传,其中与广电总台合办“塞上乡村”“宁夏科普”栏目,与宁报集团合办“塞上新农村”栏目。争取中国科协支持开展“中小科技馆支援计划”宁夏巡展活动。为9个县区科协配发了科普宣传车,中国科协为宁夏原州区、西吉县和宁夏科技馆各资助1辆科普大篷车。建设基层科普服务站30个,新建科普宣传栏110个。宁夏少数民族科普工作队为全区26个市、县(区)科协配备制作各类科普展板25套、1000余张;编辑制作科普画廊科普知识挂图3000多平方米,发放科普读物3万册;编辑印刷牛、羊、鸡、猪、鸭疫病防治彩色科普折页5种14万份下发基层;以社区、乡(镇)集市、中小学校为重点,充分利用科普大篷车“流动科技馆”这一有效宣传手段,积极参与“科技周”“科普日”“四进”“三下乡”“科技一条街”以及各种不同形式的大型科普宣传活动,受益群众10万人次,并尝试与已经配备科普大篷车的市科协在一些重大活动中进行科普大篷车联合行动。(龙腾军)

**【中小学素质教育】** 自治区科协为完善宁夏科技馆软硬件水平,争取财政支持并自筹资金购置了13件展品,争取中国科技馆援增了10件展品,进一步增加了科技馆的吸引力。通过政协委员提出的《关于政府专项投入开展部分学生公益参观宁夏科技馆的建议》提案,受到自治区财政厅的重视,9月起,对中小学生团体参观科技馆实行免费。财政厅按免费参观的学生每人30元标准,对科技馆予以专项资金支持。截至12月底,共接待来自50多所中小学校参观学生1.5万人次。举办了《科技新发展,生活大变样》《南极》《消防科普展》等6次专题展览,共接待社会各界参观群众3.6万余人次。宁夏科技馆还被宁夏消防总队授予“消防科普教育基地”。为促进科技馆可持续发展,宁夏科技馆还积极向自治区旅游局、国家旅游局申报4A级旅游景点。全年共接待观众13万人次。(龙腾军)

**【青少年科技活动】** 举办了首届宁夏“科协杯”青少年多米诺骨牌大赛、第25届宁夏青少年科技创新大赛、第十届全区青少年机器人(宁夏赛区)竞赛及全区五项学科竞赛,承办了全国中学生奥林匹克天文竞赛决赛。组队参加了全国第25届青少年科技创新大赛和第十届中国青少年机器人大赛,获全国一等奖1项,二等奖15项,三等奖25项。开展了科技馆进校园活动和以“我的低碳生活”为主题的青少年科学调查体验活动。与教育厅联合开展了县级校外科普场所共建共享试点工作。新建了电脑机器人、未来工程师、航空模拟飞行和汽车模拟驾驶等4个青少年科学工作室,培训青少年6000人次。举办了2010年英特尔求知计划项目暑期夏令营活动。(龙腾军)

**【表彰奖励】** 2010年宁夏科协共评选表彰“优秀科技工作者”51名,其中与宁夏回族自治区党委组织部、人力资源和社会保障厅联合开展了第十二届“宁夏青年科技奖”评选活动评出14名;与自治区人力资源和社会劳动保障厅联合开展了第二届全区优秀科技工作者评选表彰活动评出29名,并从中推选全国优秀科技工作者8名(1名获“十佳全国科技工作者”提名奖)。12月15日宁夏科协“会员日”活动的开展之日,举行了“优秀科技工作者”颁奖大会,自治区党委常委、组织部部长徐松南到会并为获奖者颁发奖章、证书。(龙腾军)

**【反邪教宣传】** 在《塞上新农村报》和《法制新报》上开辟反邪教警示教育专栏,邀请中国反邪教协会理事长王渝生在宁夏大学、宁夏师范学院作报告;为宁夏社会主义学院宗教人士培训班举办反邪教科学知识讲座,编印反邪教读本《认识邪教》以及3万份反邪教知识年历、5万份活页等宣传资料下发基层。(龙腾军)

## 宁夏回族自治区残疾人联合会

**【政策体系建设】** 2010年,宁夏回族自治区残疾人联合会(以下简称自治区残联)努力推动保护残疾人权益的制度政策建设,使残疾人的社会环境逐步改善。一是督促指导五市制定出台了贯彻落实《自治区党委人民政府关于促进残疾人事业发展的意见》(宁党发〔2009〕60号)的实施意见,在残疾人生活救助、康复医疗、特殊教育、劳动就业、组织建设、综合服务设施与无障碍建设等方面取得了一定突破。二是为残疾人办实事好事。如:自治区交通厅在面向全区招考公路收费员时,优先录用安置残疾人20名;自治区金融管理办公室在全区金融系统组织开展了"金融助残"活动。三是协助自治区人大抓好"自治区《残疾人保障法》实施办法"的立法工作;四是会同自治区财政厅制定了《宁夏贫困残疾儿童抢救性康复项目实施方案和实施办法》,确保项目顺利实施。五是会同自治区文明办、民政厅等8个部门制定了《关于加强志愿助残工作的贯彻实施意见》,规范了志愿者工作。六是会同自治区人力资源和社会保障厅、财政厅等部门修订了《宁夏回族自治区残疾人个体工商户养老保险补贴暂行办法》,将农村从事个体工商业的残疾人及盲人按摩从业人员纳入养老保险补贴范围。七是会同自治区民政厅、财政厅制定下发了《关于加强和规范基层残疾人组织建设的实施意见》。 (席卫东 武玉周)

**【民生计划】** 一是落实辅助器具供应计划。争取到国家彩票公益金项目支持,为各类残疾人配发辅助器具3053件,完成计划任务的153%。二是落实精神病救助计划。投入资金117万元,为3000名贫困精神残疾人免费提供服药和住院治疗,其中,服药2700人,住院300人,完成计划任务的100%。三是落实康复训练器材配发计划。投入资金100万元,为社区配发残疾人康复训练器材100套,完成计划任务的100%。四是落实社区康复协调员培训计划。投入资金77万元,培训残疾人康复协调员600名,完成计划任务的100%。五是落实残疾儿童抢救性康复计划。投入资金360万元,对200名残疾儿童进行抢救性康复,完成计划任务的100%。六是落实"阳光家园计划"。为9家托养服务机构落实"阳光家园计划",共补助资金76万元,为5400名居家托养的智力、精神和重度残疾人落实补助资金378万元,完成计划任务的180%。七是落实轮椅捐赠计划。投入资金90万元,为贫困肢残人捐赠轮椅2800辆,完成任务的100%。八是落实扶残助学计划。投入资金180.8万元,为2569名在校贫困残疾学生(其中,义务教育阶段1970人,高中阶段490人,大中专阶段及电大、自考生109人)提供资助,完成计划任务的102.76%。九是落实就业培训计划。投入资金320万元,为5000名有就业需要的贫困残疾人免费进行职业技能和实用技术培训,完成计划任务的100%,实现新增就业1020人。十是落实扶贫解困计划。共投入资金80万元,扶持1126个残疾人家庭发展种植养殖业,完成计划任务的112.6%。同时,积极争取将残疾人扶贫纳入政府大扶贫,扶持1万名农村贫困残疾人解决温饱。

(席卫东 武玉周)

**【残疾人康复工作】** 一是认真落实康复项目,为肢体残疾儿童实施矫治手术100例;为1066名低视力患者佩戴了助视器,培训低视力家长100名;为210名盲人进行了定向行走训练;为失聪患者免费配发助听器70个;完成77名聋儿语言康复训练,培训聋儿家长300人(次);为74名智力残疾儿童在机构或家庭进行康复训练,培训智力残疾儿童家长200人(次);为肢体残疾人安装大、小腿假肢70例。二是为"百万白内障复明手术工程"筛查输送手术患者2000例。三是加强创建全国康复示范县(区)工作指导,贺兰县、海原县和大武口区率先跨入"全国社区康复示范县(区)"行列。四是指导灵武市、贺兰县等7个县(市、区)实施CBM项目。五是配合公安、卫生部门开展精神病防治工作,监护精神病人24272人。六是为全区1500户残疾人危房改造户落实补助资金300万元。七是下达康复扶贫贷款指标2676.17万元,其中项目贷款1546.67万元,到户贷款1129.5万元。八是落实残疾人个体工商户养老保险补贴政策,覆盖到全区22县(区),申请养老保险补贴率达到100%。九是加强手语知识推广和普及,举办全区手语翻译培训班2期,培训人员100人。

(席卫东 武玉周)

**【残疾人专门协会工作】** 举办了全区首届C5执照残疾人驾驶员培训班,帮助79名左下肢和双下肢残疾人取得了驾驶执照;支持自治区盲人协会在中卫市沙坡头旅游区举办了"盲人徒步沙漠行"活动,让25名盲人朋友体验到生命的乐趣;支持聋人协会举办了庆国庆"残健和谐·沟通无障碍"首届全区聋人垂钓比赛等活动,活跃了残疾人文化生活。 (席卫东 武玉周)

**【残疾人环境建设】** 一是以重点项目、重要节日、重大活动和残疾人自强模范、扶残助残先进典型的宣传为载体,组织新闻媒体,积极加强宣传,营造有利于残疾人事业发展的社会环境。二是围绕第二十次"全国助残日"主题,在固原市组织开展了自治区"全国助残日"系列活动,为贫困地区残疾人送去了关怀和温暖。三是加强残疾人权益保护工作,对全区75名维权员进行了培训,认真做好残疾人信访工作。四是加强志愿者队伍建设,在全区党政机关、事业单位、社区阳光家园建立助残志愿者联络站共计1416个,宁夏医科大学被评为全国志愿助残示范基地,平罗县被评为全国志愿助残县,有1人被评为全国志愿助残阳光使者。五是做好第二届全国残疾人"自强创业奖"人选推荐上报工作,宁夏有两人获奖。六是自治区残联与自治区党委宣传部、自治区文化厅成功举办了"清凉宁夏"全区残疾人文艺会演;与自治区宣传部、财政厅联合举办了以"大爱无疆·和谐永远"为主题的全区大型公益助残晚会。七是联系自治区图书馆开放了以盲人为主的残疾人阅览室,配置了电脑及阅读软件、音像设备、光盘资料、盲文读物、盲文学习机等设施,方便残疾人尤其是盲人学习阅读。八是争取中残联支持,为宁夏20个社区配发24万元文化书籍。九是组团参加第五届全国特殊奥林匹克运动会,取得30枚金牌、16枚银牌、32枚铜牌,14名运动员荣获"体育道德风尚奖",宁夏特奥代表团和特奥足球队双双荣获“体育道德风尚奖”，金牌数和奖牌数创历史新高；参加全国残疾人体育锦标赛，取得了射击项目团体银牌和象棋比赛 1 枚银牌的好成绩。（席卫东　武玉周）

【组织建设】 一是强化基层组织规范化建设，采用购买公益性岗位的方式，为乡镇(街道)残联和社区残协补充专职委员 1416 人，并组织对全区社区残疾人专职委员进行培训。全区已有 19 个县(区)残联实现达标运行。二是召开自治区残疾人福利基金会第四次代表大会，充实了基金会人员力量。三是加快基层基础设施建设步伐，吴忠、固原、中卫 3 市残疾人综合服务中心年底前交付使用，两年来完成了 5 个地级市基础设施改扩建任务。

（席卫东　武玉周）

## 宁夏回族自治区归国华侨联合会

【理论学习】 2010 年，宁夏回族自治区归国华侨联合会(以下简称侨联)采取多种形式学习了党的十七大和十七届四中、五中全会精神，学习了胡锦涛总书记关于侨联工作的重要讲话和党中央对侨联工作的一系列指示，学习了林军同志题为《全面贯彻落实八代会精神，在党和国家工作大局中发挥更大作用》的工作报告，不断增强侨联为加强党的执政能力建设服务的意识和提高侨联组织的学习能力、服务能力、凝聚能力、创新能力，牢牢把握侨联工作的正确方向。集中开展机关作风整顿和构建和谐机关、创建文明单位等活动，围绕“实践科学发展、创新侨联机制、更好为侨服务”的主题，倡导“严、实、细、深”的工作作风。（杨立华）

【对外联络】 以“宁洽会”和“中阿经贸论坛”为平台，邀请海内外客商和侨胞来宁考察交流，积极为促进宁夏经济社会又好又快发展牵线搭桥，引资引智。会议期间，自治区侨联积极参与，主动配合，派出人员参与会议的各项工作。3 月 17 ~20 日，在福建省侨联的牵线和引荐下，以匈牙利福建同乡会名誉会长、匈牙利高氏集团公司董事长高文新为团长的经贸考察团一行 7 人到宁夏进行经贸考察，就旧城改造、新农村建设、房地产开发、资源矿业等领域的投资意向进行积极探讨和交流，考察团一行先后到银川市金凤区工业集中区、良田镇盈南生态村、石嘴山市工业示范园、银川市兴庆区塔桥村设施农业园区进行实地考察和座谈，听取了相关市区负责人关于园区项目基本情况和投资政策的介绍，并同项目负责人进行了深入广泛的交流，探讨在宁夏进一步投资合作发展的前景。8 月 24 日，由中国侨联主办的第十届海外高新技术人才为国服务暨第三届新侨创新成果交流会在北京人民大会堂举行。宁夏医科大学科技处处长徐方获得“中国侨界贡献奖”，她也是宁夏唯一获此殊荣的创新人才。（杨立华）

【参政议政】 在全国政协十一届三次会议上，中国侨联副主席、自治区侨联主席朱奕龙以《发挥侨务工作优势，促进少数民族地区稳定和谐发展》为题作大会发言，这是改革开放以来，首位全国政协驻宁委员在全国政协大会上发言。自治区侨联向中国侨联提出加强少数民族地区侨联工作的建议和意见，并得到了中国侨联领导的高度重视和支持。9 月，中国侨联在北京召开中国侨联少数民族地区侨联工作座谈会，安排宁夏侨联第一个在大会发言。发言得到了中国侨联领导和与会代表的好评。9 月 20 日，自治区侨联成立了法律顾问委员会，并与自治区司法厅、宁夏律师协会、银川市律师协会等部门多方沟通，聘请宁夏司法界有一定知名度和影响力的法律专家和热心侨联事业的法律工作者担任主任、副主任和委员，维权力量得到加强。9 月底，中国侨联法律顾问委员会常务副主任、最高人民法院原常务副院长祝铭山率调研组一行 6 人，来宁夏调研依法维护侨益的工作，先后赴银川市、石嘴山市和中卫市进行了调研，与基层侨联主席、侨法义务服务宣传员、社区居委会主要负责人、部分归侨侨眷代表等进行了座谈。在石嘴山市大武口区健民社区调研侨法进社区工作时，对健民社区侨眷潘向阳给该社区引进绢花制作技术，解决社区 20 个残疾人的就业，带动 200 户家庭通过此项目增加收入的做法给予了高度评价。11 月初，中国侨联在浙江温州举办全国侨联基层组织建设经验交流会。虽然宁夏是侨务小省，但由于石嘴山市侨联在我区基层侨联组织中工作成绩突出，大会指定石嘴山市侨联在大会作经验交流发言。11 月底，联合自治区人大民族宗教外事侨务工作委员会、自治区人民政府外事(侨务)办公室和自治区政协港澳台侨外事委员会四家涉侨机构，在《华兴时报》上组织开展了“全区侨务法律法规有奖知识竞赛活动”，推动了《保护法》宣传工作的深入开展，提高了全社会公民的侨法意识。

（杨立华）

【侨法宣传】 5 月 28 日，自治区侨联与自治区文化厅、自治区司法厅联合在宁夏女子监狱举办了“先进文化进监所暨社会帮教活动”现场会。现场会上，中国侨联副主席、自治区侨联主席朱奕龙捐赠了价值 50 多万元的电脑和图书。（杨立华）

【海外联谊】 5 月 22 日，香港宁夏同乡会会员大会暨第三届理事就职典礼在香港新都会大酒楼隆重举行。就职典礼上，全国政协委员、中国侨联副主席、自治区侨联主席、香港宁夏同乡会荣誉会长朱奕龙现场捐赠港币 10 余万元。8 月 6 日，自治区侨联与自治区政协港澳台侨和外事委员会、宁港青年交流促进会和澳门中华青年展志协进会共同举办了宁夏优秀贫困大学生赴港澳夏令营活动。自治区政协主席项宗西亲自向夏令营授旗，中国侨联副主席、自治区侨联主席朱奕龙致辞。活动还得到了全国政协委员、中国侨联副主席、自治区侨联主席朱奕龙、自治区政协港区委员郑俊武、倪云山、黄家荣、朱木原等的大力赞助。（杨立华）

【爱心事业】 元旦春节到来之前，自治区侨联由领导带队深入基层侨胞家中，送去慰问金和慰问品等，鼓励贫困归侨侨眷自强自立，勤劳致富。3 月 8 日，在北京出席全国"两会"的全国政协委员朱奕龙,向文化部中国艺术研究院捐款100万元创立全国性美术创作及理论研究"王朝闻奖",用以表彰中国美术界在创作和研究领域杰出的艺术家、理论家以及他们的创作成果。青海玉树地震后,朱奕龙带头为地震灾区捐款100万元,中国侨联委员、宁夏正泰成套电器制造有限公司董事长林文斌向灾区捐款11万元,自治区侨联委员、宁夏浙江商会会长、宁夏圣元房地产公司董事长叶建敏向灾区捐赠10万元。自治区侨联、石嘴山市侨联广大干部职工慷慨解囊捐款捐物;广大归侨、侨眷也纷纷在各自工作单位捐款捐物,通过各种方式表达对灾区人民的关怀;各侨资企业也积极行动,组织广大企业员工进行各种爱心捐赠活动,为灾区人民奉献爱心。5月26日,贵州侨商企业联合会成立大会在贵阳举行,自治区侨联受邀参加了成立大会,会上,朱奕龙向贵州侨联捐赠100万元,用于当地抗灾救灾和其他公益事业。7月,自治区侨联又向山东省侨联捐赠了100万元兴建侨心学校,项目已起动。向中国华侨经济文化基金会捐赠了500万元作为帮扶捐建"侨心学校"和社会公益事业的基金,该基金已在全国多个省市发挥作用。在中国侨联的支持下,爱心人士捐建的"珍珠班"已在宁夏育才高级中学连办四届。2010年,宁夏育才中学第一届"珍珠班"50名学生有46人高考分数优良,1人考上了清华大学,1人考上北京大学。名列全国"珍珠班"高考成绩第一。经自治区侨联牵线搭桥,香港宁夏同乡会会长徐启政等专程赴海原县调研,并捐资一个"侨联班"资助20名贫困优秀学生和10名优秀贫困教师。(杨立华)

## 宁夏社会科学界联合会

**【社科普及宣传调研进农村】** 1月28日,宁夏社会科学界联合会(以下简称宁夏社科联)成立4个下基层活动工作小组,即:科普下乡工作组、学会下乡工作组、专题调研下乡工作组以及下乡活动督导协调组,分别由社科联领导带队,奔赴农村相关村镇和集市,开展科普知识讲座、帮助村镇建立社科之家、为农民群众现场书写春联400余幅、书法作品100余幅,讲解养生保健知识或现场表演太极拳等。同时,就农村对社科普及工作需求和农民群众关注热点及如何围绕三农问题开展社科工作等专题开展问卷调查,广泛征求各方面意见建议。(史光明)

**【四届四次全委会】** 1月15日,宁夏社科联在银川召开四届四次全委会。会议传达了全国社科界三个会议精神,社科联党组书记、主席徐永富代表常委会作了2009年工作报告,并印发了《2010年宁夏社科联工作要点》。宁夏社科界100余名委员和代表参加了会议。自治区政协副主席安纯人出席了会议;自治区党委宣传部副部长李克强出席会议并作了讲话。与会代表还就社科联今后的工作提出了一些意见和建议。(史光明)

**【全区首家"乡村社科之家"】** 2月4日,宁夏社科联正式与银川市金凤区丰登镇联丰村建立社科普及长久合作机制,将联丰村正式命名为"乡村社科之家";徐永富与联丰村领导共同为其揭了牌;宁夏社科联帮助该村文化活动室配置了价值两万余元的社科读物和文化活动器材。(史光明)

**【市民素质提升年活动】** 为配合银川市在2010年开展的"市民素质提升年活动",宁夏社科联发出通知,要求各级党校、科研单位、高校、纪念亭、博物馆、图书馆等社科宣传基地,以银川市开展的"市民素质提升年活动"为契机,结合自身实际,制订工作计划,紧密配合开展相应工作,组织丰富多彩的宣传活动、纪念活动,唱响中国特色社会主义和改革开放主旋律,大力讴歌时代风采,弘扬革命精神,用马克思主义引领社会思想宣传导向,为公民素质提高作出新贡献。活动历时6个月。(史光明)

**【全国第十二次社会科学普及理论研讨与经验交流会议】** 8月2~7日,在银川举行。全国各省区市(直辖)社科联领导及相关负责人共计133人参加会议。宁夏区党委常委、宣传部部长杨春光,自治区人大副主任冯炯华、自治区政协副主席安纯人及自治区党委宣传部有关领导出席会议。杨春光作重要讲话。会议围绕社科普及工作改革与创新、工作与经验和社科普及工作实行全国统筹、协作及联动机制等进行了广泛交流与深入探讨,提出不少具有创新性、建设性的思路和措施。会议认为,社科普及工作必须始终坚持以人为本方针;必须始终扎实抓好科普基础工作;必须编好群众喜闻乐见社科普及读物;必须积极把握当前有利发展条件和环境;必须健全社科普及工作体制机制;必须进一步推进社科普及法制建设;必须努力建设一支高素质社科普及宣传专门队伍。会议就开展社科普及全国联动活动作出原则性建议。杨春光在讲话中指出,繁荣发展哲学社会科学事业事关党和国家事业发展全局。做好社会科学普及宣传工作,对于坚持社会主义核心价值体系,坚持马克思主义对意识形态领域根本指导地位都具有重大战略意义和深远影响。(史光明)

**【宁夏社科联在武警银川支队建立"警营社科之家"】** 7月3日,宁夏社科联在武警银川支队举行"警营社科之家"授牌仪式,正式确立武警银川支队为宁夏首个"警营社科之家"。宁夏社科联向武警银川支队现场捐赠了价值5000元社科读物及近千元体育活动器材,还邀请宁夏党校副教授马荣芳为武警官兵作了部队官兵心理健康知识专题讲座。武警宁夏总队领导及武警银川支队官兵100余人参加了活动。在授牌仪式上,宁夏社科联和武警银川支队领导分别发表讲话,就共同配合,切实做好社科普及宣传工作提出明确要求。(史光明)

**【社会活动】** 1月14日,宁夏书画艺术发展促进会书画进监区活动在石嘴山监狱举行,黄超雄、张鹏程、刘文正、李德明、唐德光、张其昌、陈现场等21人参加活动。黄超雄会长代表促进会向监狱赠送十多幅装裱作品。启动仪式上,徐惠世监狱长向促进会赠送锦旗。书画家们为监区干警及服刑人员书写近200幅作品和部分春联。11月16日,宁夏社科联、宁夏书画艺术发展促进会组织宁夏书画家到灵武职业教育中心开展送书画作品进校园活动。自治区人大常委会原副主任黄超雄、宁夏军区原司令员胡世浩、自治区科协原副主席张鹏程、国家一级美术师许家麟等14位书画家到灵武职教中心校园,围绕“发展职业教育,培养技术人才”主题,挥毫泼墨,为职教中心师生创作了100多幅书画作品。10月23日,宁夏社科联党组书记、主席徐永富及部门负责人来到灵武职业教育中心,为该校赠送了1万册价值20万元的社科书籍和1台价值5000元的电视机,帮助灵武职教中心完善基础设施建设,提升办学条件。 (史光明)

**【宁夏东西部合作促进会五届二次理事会】** 1月17日,宁夏东西部合作促进会召开五届二次理事会,总结2009年工作,安排下一年度工作。出席会议的理事约50人,名誉会长胡世浩,民政厅原副厅长蒋志平,常务理事、区发改委副巡视员、研究员汪建敏出席会议。会议由促进会秘书长陈如熙主持。

(史光明)

**【宁夏法学会深入学习贯彻《廉政准则》】** 3月26日,宁夏法学会组织召开以交流《中国共产党党员领导干部廉洁从政若干准则》学习心得为主要内容的学习会。自治区党委政法委副秘书长、法学会常务副会长韩胜利主持学习会,并提出了具体要求。中心组成员王爱民、万楚、杨寿敏、马蓉、战军、丁鸿斌、武玉洁从不同的角度作了交流发言。宁夏法学会全体干部职工一起旁听了学习会。大家认为《廉政准则》是党内反腐倡廉法规建设的重要里程碑,标志着依靠党内制度治理腐败进入到一个新的阶段。是新时期党员领导干部依法行政、廉洁从政的工作标准和行动指南。韩胜利要求党员领导干部做到《廉政准则》是党的生命线。全体党员领导干部要将学习贯彻《廉政准则》作为一项重大政治任务,作为日常生活中的一项重要学习内容,常抓不懈。

(史光明)

**【宁夏企业家协会举办第三期“午后论道”】** 3月19日,宁夏企业家协会举办第三期“午后论道”。到场的嘉宾有首届西部公众演说训练营演讲冠军周轶,用友软件宁夏分公司营销总监和商贸流通业企业家,与会者围绕“商贸流通行业如何在新经济形势下转型”展开讨论。企业家与嘉宾各抒己见,共同探讨同行业企业管理中出现的问题。

(史光明)

**【宁夏环保联合会组织开展“地球一小时”活动】** 3月27日晚8时,宁夏环保联合会在全区五市组织开展了“地球一小时”活动。当日晚8时30分,银川350多座标志性建筑及各类景观灯戛然熄灭,紧接着全区五市的广大区域,包括各居民社区、机关、企事业单位、学校、商业网点等均参与到活动中来。据有关方面测算,当晚仅银川市6条主要街道的街灯熄灭1小时,即可节能3600千瓦时,减少碳排放3153千克。

(史光明)

**【宁夏区域经济发展促进会党务活动】**

宁夏区域经济发展促进会党支部开展了形式多样的党务活动。党员缴纳“特殊党费”为玉树灾区捐款捐物。为西吉县马铃薯优良品种推广种植提供资金与技术服务。为西吉县捐助价值3万元的新品种马铃薯计1万余公斤,并为该县29户农民进行马铃薯丰产栽培技术培训。组织了3次扶贫支农专项调研活动。提出的淀粉加工的农户联系机制、龙头企业+社会团体+农户的有效做法得到推广;参与银川兴庆区化肥企业调研;对西吉县发展设施农业进行考察调研,提出可行性对策意见。帮助制定了茶叶行业质量检验标准;对确保枸杞芽茶叶质量提出可行性建议得到采纳;协助农垦系统调研制定了《“十二五”扶贫规划报告》,成为制定扶贫政策的重要参考材料。 (史光明)

**【宁夏监狱学会承办2010年度论文评审会】** 7月26日,中国监狱学会信息与基层基础建设专业委员会2010年度论文评审会在银川市召开。会议由宁夏监狱局、宁夏监狱学会承办,来自上海、浙江、福建、重庆、湖北、新疆、宁夏等16个省(区、市)监狱局、监狱学会的领导共42人参加。本次理论研讨将关注的目光投向了影响基层基础工作源头性、基础性、根本性的问题,主要围绕基层基础工作三大主题,着力凸显监狱工作在推动社会矛盾化解、创新管理模式、公正廉洁执法方面所作的探索。是在当前监狱工作面临社会矛盾激化、监管形势严峻、监狱安全压力巨大的客观情况下,对监狱工作所面临的时代课题最好的回应。评审会共初评出一等奖5篇,二等奖10篇,三等奖15篇,优秀奖20篇。宁夏监狱学会推荐的7篇论文,有2篇分获一、二等奖,2篇获优秀奖。

(史光明)

**【宁夏钱币学会召开三届十次理事会议】** 5月10日,宁夏钱币学会三届十次理事会议在人民银行银川中心支行召开。会议由学会秘书长李前堂主持,学会常务副会长段成东和理事会成员及学会秘书处相关人员共25人参加了会议。会议传达了中国钱币学会2010年全国秘书长工作会议的主要精神,并学习了马德伦理事长在中国钱币学会常务理事会上的讲话。讨论并原则通过了宁夏钱币学会秘书处提交的2010年工作计划,审议并同意学会2009年经费收支情况报告,认为学会秘书处经费管理严格、手续完备;讨论研究换届的有关事宜,确定了学会第四届理事会理事候选人和常务理事的人选比例;批准了新的团体会员3家和个人会员28名。 (史光明)

**【宁夏教育学会举办第四届青少年创意大赛】** 5月14~16日,由自治区教育厅、自治区知识产权局、宁夏教育学会主办,银川市教育局、银川市教育学会承办,银川六中协办的第四届宁夏青少年创意大赛在银川市第六中学举行。自治区教育厅副厅长赵紫霞、自治区知识产权局局长廖斌、宁夏教育学会副会长刘乐平以及银川市人大、政协的领导出席了开幕式,赵紫霞、廖斌发表讲话,全过程参加并指导了大赛的进行。参赛师生参观了在银川六中举办的银川市非物质文化遗产展览;参与了太阳能水陆两栖小车的设计制作、应用创意方案设计、太阳能水陆两栖小车竞速接力以及知识产权基本知识考试等四项赛事;听取了全国青少年发明创新教育研究专家陈明泉"中小学创新思维与创造发明"的讲座;还观看了银川六中和银川实验中学联合主演的文艺晚会。本届大赛有六盘山高级中学等30所学校代表队分获团体一、二、三等奖;银川市教育局、银川市教育学会等5个单位获优秀组织奖;蒋淑英等60名老师获优秀辅导教师奖;张建材等8人获优秀组织工作者奖;刘沛江等245名学生分获个人一、二、三等奖。 (史光明)

**【宁夏新闻工作者协会组团赴台考察】** 7月5~13日,应台湾新生报业股份有限公司邀请,以宁夏新闻工作者协会副会长、宁夏日报报业集团总编辑沙新为团长的宁夏新闻媒体负责人考察团一行14人,对台湾进行了为期8天的参观访问。重点就加强宁夏与台湾媒体间的友好交往,开展新闻交流与合作等,与台媒体负责人,台北市海峡两岸民间交流协会及台北市中国青年创业协会进行了交流。 (史光明)

**【宁夏诗词学会办公会议及"学术报告与创作经验交流会"】** 3月19日,宁夏诗词学会会长办公扩大会议在银川举行。会长秦中吟,副会长杨森翔、崔正陵、黄正元、张蒿、白林中、熊秀英以及常务理事18人参加了会议。会议由副会长张铎主持。会议总结了2009年学会工作,研究部署了2010年工作:1.8月中旬召开《中华诗词文库·宁夏诗词卷》作品研讨会,并出版《宁夏作者评论集》。2.5月23日,举办自治区政协原副主席李增林,诗人吴淮生,《夏风》副主编崔正陵学术讲座。3. 争取到吴忠市红寺堡区采风。4. 拟向中华诗词学会推荐会员10人。5. 适时举行"新天府""黄河金岸"笔会。会议研究决定,推荐学会副会长张嵩为中华诗词学会第三次会员代表大会代表;增补高兆平、单继馥为学会理事;吸收许东君、韩林森、魏茂龙为学会会员。6月,宁夏诗词学会召开"学术报告与创作经验交流会"。邀请学会总顾问、宁夏政协原副主席、北方民族大学教授李增林,作了题为《屈骚是世界文学宝库的明珠》的报告,学会名誉会长吴淮生以及崔正陵、闫云霞、许凯、刘剑虹、任登全、杨石英分别作了创作、改稿、学会活动等方面的发言。宁夏诗词学会56人参加了会议。会上,宁夏诗词学会顾问银川西夏诗社社长杨石英女士,宁夏诗词学会常务理事、平罗县诗词学会会长任登全先生分别汇报了学会、诗社的活动情况。 (史光明)

**【宁夏企业家协会举办首期"经济沙龙"活动】** 5月18日,宁夏企业家协会在银川举办首期"经济沙龙"高端交流活动。此次活动邀请了宁夏大学经济管理学院教授董晓芳、宁夏广播电视总台经济频率主播陈虹等专家学者、企业精英和投资者参加,就中国经济形势、国内企业生存和发展的经济环境、企业如何抓住机遇及推动企业发展等问题展开讨论并提出应对策略。 (史光明)

**【宁夏档案学会参与组织"中俄西夏学研究与交流"学术报告会】** 6月12日,宁夏档案学会组织自治区档案局(馆)、银川市档案局(馆)人员及高校学生,西夏学研究有关人士参加了在银川举办的"中俄西夏学研究与交流"学术报告会。会上,俄罗斯科学院东方文献研究所所长波波娃教授作了题为《俄罗斯在中亚的考察与东方研究所的收藏》的报告,介绍了俄罗斯考古学家的中国西部地区的考察活动和俄罗斯科学院东方文献研究所的文献收藏情况。俄罗斯科学院东方文献研究所教授、西夏学专家克恰诺夫做了题为《俄罗斯和中国西夏学家的往来》的报告,介绍了中外西夏学研究的历史及现状和中俄西夏学专家的学术交流情况。中国社会科学院民族研究所文献室主任、著名西夏学专家聂鸿音教授以《回归专考据学:21世纪西夏文献研究的新动向》为题做了大会发言。 (史光明)

**【宁夏家庭教育研究会组织春蕾师生看世博】** 7月27~29日,银川市西夏区兴泾镇第四回民小学1名教师、4名优秀春蕾女童乘飞机赴上海参加了"春蕾看世博"活动。"春蕾看世博"活动期间,宁夏5名春蕾师生在玫琳凯志愿者的带领下,观看了意大利馆、土耳其馆、非洲联合馆、加勒比共同体联合馆,亲身领略了意大利的现代时尚,土耳其的神秘梦幻,非洲国家的风情各异,加勒比共同体的绿色和谐。同时,从外围观看了中国国家馆、德国、法国、加拿大、澳大利亚、西班牙、瑞士、匈牙利、比利时、欧盟等10余个场馆,并通过玫琳凯志愿者的详细讲解,对这些国家的经济、文化、科技以及风土人情有了一定的了解,开阔了眼界,增长了知识。在参观世博园时,宁夏女童马小凤代表所有春蕾女童接受了记者采访;在参加"生活的准则培训"时,宁夏女童禹彩英代表小组8名同伴做了发言。 (史光明)

**【中国革命根据地货币展】** 5月18日,宁夏钱币学会与宁夏博物馆联合举办的主题为"人民币的摇篮——中国革命根据地货币展"揭幕仪式在宁夏博物馆隆重举行。宁夏文化厅党组书记、厅长杨玉经,中国人民银行银川中心支行党委副书记、副行长徐卫中,宁夏钱币学会秘书长、中国人民银行银川中心支行货币金银处处长李前堂,宁夏钱币学会副秘书长张志超,自治区文物局局长卫忠、副局长石学安,宁夏博物馆馆长李进增等领导,参加了开幕式。开幕活动由宁夏博物馆党委书记梁应勤主持,杨玉经和徐卫中为展览揭幕。自治区文化厅、人民银行银川中心支行和宁夏博物馆的其他干部、职工以及宁夏钱币学会的团体会员、个人会员代表和技工学校的学生共400多人参加了揭幕仪式并参观了展览。展览集中了宁夏地区现存的全国各个根据地货币实物约500件(组),展示了从第一次大革命时期、土地革命时期、抗日战争时期到解放战争时期的革命根据地货币,同时展出由中国人民银行发行的"第一套人民币"。 (史光明)

**【纪念《婚姻法》颁布60周年座谈会】** 5月25日,宁夏法学会与自治区妇联、民政厅、司法厅联合举办了"宁夏纪念新中国首部婚姻法颁布实施60周年座谈会"。自治区妇联主席李金英、民政厅副厅长娄晓萍、司法厅副巡视员桑建江、法学会秘书长王爱民、法学会民商法学研究会副会长张静等出席了会议。宁夏法学会学术委员会部分专家学者、区直相关部门的处室领导和各地市妇联代表60余人参加了座谈会。座谈会上,专家学者分别从《婚姻法》颁布实施的历史地位和60年的发展历程;建立社会主义新型婚姻家庭关系;解决婚姻家庭纠纷的原则和建议;正确处理婚姻家庭财产关系,维护公平正义;宁夏贯彻实施的现状、存在问题及对策等不同侧面,畅谈了《婚姻法》颁布实施以来遇到的一系列问题和发展动态。

(史光明)

**【宁夏企业家高峰论坛在银川举行】** 7月16日,宁夏企业家协会在银川举办了以“转变发展模式,共建区域优势”为主题的宁夏企业家高峰论坛。会上对“2010宁夏诚信企业及企业家”“2010区域品牌建设优秀企业及企业家”颁了奖;国内知名专家就“宁夏企业如何转变发展方式”做主题演讲。来自区内外专家学者和著名企业家代表约860余人参加了本次高峰论坛。自治区党委常委、副主席齐同生,自治区政协副主席安纯人出席会议。会议邀请国务院西部地区开发领导小组办公室副主任曹玉书等嘉宾参加会议。 (史光明)

**【中国·六盘山国际易学学术研讨会】** 8月13日,中国·六盘山国际易学学术研讨会在宁夏师范学院举行。来自国(境)内外的易经专家、学者、爱好者200多人参加会议。中华周易协会名誉会长、国际易学风水研究院名誉院长、宁夏易学研究会会长王少英主持了大会开幕式。研讨会围绕易学理论、易学应用进行了研讨。 (史光明)

**【2010年宁夏民生与社会建设论坛暨宁夏社会学会年会】** 11月13日,“2010年宁夏民生与社会建设论坛暨宁夏社会学会年会”在银川举行。自治区政协副主席安纯人和自治区党委宣传部副部长李克强,自治区人大科教文卫工作委员会主任张银屏,宁夏社科联、宁夏社科院、宁夏医科大学相关领导参加了论坛的开幕式。本次论坛由宁夏社会科学院、宁夏社会科学界联合会和宁夏社会学会主办。会议的主题是:“努力服务社会,真情与民谋利”;搭建交流平台,加强宁夏社会学者和社会工作者之间的联系与合作,团结全区队伍,共同探讨研究宁夏的社会建设和社会发展的重大理论问题和实践问题;研究新矛盾新问题,提出新观点,提高认识、理清思路,找到合适的对策和举措,促进健康的理性的社会建设事业发展。120多位来自全区各单位和部门的社会学者和社会工作者、新闻媒体记者及高校在读研究生参加了论坛。论坛开幕式由宁夏党校副校长、宁夏社会学会副会长宋建钢主持,宁夏社会学会会长陈通明致开幕词。自治区政协副主席安纯人,自治区党委宣传部副部长李克强分别发表了重要讲话。论坛对宁夏社会学界2007年以来的优秀科研成果和65篇参会论文进行了表彰奖励。共评出优秀成果一等奖8项、二等奖16项、三等奖34项;参会论文一等奖4项、二等奖10项、三等奖31项。国家统计局宁夏调查总队综合处王旭明处长作《宁夏城乡居民收入分配差异的实证分析》、宁夏社会科学院陈通明研究员作《宁夏大学生创业调查报告》、民政厅社会救助处李作忠处长作《关于完善城乡低保制度设计的几个关键性问题研究》、自治区党校何银玲教授作《宁夏和谐家庭建设调查与研究》、自治区党委政研室张洪斌处长作《建立健全群体性事件应对机制研究报告》、宁夏大学高桂英研究员作《城市化进程模式研究》的主题发言。 (史光明)

## 宁夏黄埔军校同学会

**【理论学习】** 2010年,宁夏黄埔军校同学会坚持双周二集中学习制度,认真学习宣传党的十七大精神和深入贯彻落实十七届五中全会精神,贯彻落实胡锦涛总书记2008年12月31日在纪念《告台湾同胞书》发表30周年座谈会和关于新形势下发展两岸关系的重要讲话精神,开展深入实施西部大开发战略大学习活动。深刻领会全国、全区统战工作会议精神和国务院台湾事务办公室出台六项措施,支持宁夏对台工作的重要部署,关注海峡两岸形势,增强政治责任感和历史使命感。同时,为全体会员及具有代表性黄埔亲属赠订《黄埔》杂志,不定期出刊《宁夏黄埔简讯》和发送其他学习材料等。及时了解和掌握会员学习情况,保证自学有资料,内容跟形势。一年来,将3200余份学习资料及时送到会员手中,深受广大黄埔老人及亲属的赞同和黄埔军校同学会的好评。根据会员的具体情况,采取形式多样的学习方式,银川地区以自学为主,重大节日集中座谈;中卫、吴忠联络组每季度集中学习;其他联络组以通讯的方式引导学习。机关人员坚持每季度深入基层进行指导。平时,通过电话联络,了解会员的学习情况及心得体会,及时掌握广大会员及亲属的思想动态,搜集整理会员学习心得和时事感想、回忆录等,力求不断提高会员自身的政治觉悟和认知水平,把思想统一到党的对台路线方针政策上来,始终与党中央保持高度一致。 (杨祝梅)

**【对外联络】** 通过鸿雁传书、贺年卡(寄出400余封)、打电话、网络视频等形式,表达大陆黄埔老兵对台湾广大黄埔同学及亲友的深切挂念与衷心祝福。“两节”期间,陆续收到来自海内外黄埔同学谢元熙、罗文山、庞雄、高文俊、罗吉源、黄企之、韦宗定、宁攸武、张海平、徐振华、宋狄庆等校友、亲属给宁夏黄埔同学会名誉会长、会长、副会长、秘书长、黄埔同学寄来的贺卡或打来的电话。同时也收到来自全国各省、自治区、直辖市及长沙市、四川绵阳市黄埔同学会发来的新年祝辞及贺卡百余封。积极参与全国台联以“龙脉相传、青春中华”为主题的海峡两岸最大规模台胞青年学生千人夏令营活动。使台湾青年真正感受到两岸同胞血浓于水的渊源,共同传承和发扬爱国革命的黄埔精神和中华文化的优秀传统。与全区涉台、涉侨等部门联合举行全区台胞台属、侨胞侨属、黄埔会员及亲属传统佳节座谈会。促成香港健康工程引发基金会捐资,在银川周边地区相对贫困的乡镇扩建、迁建3所简便卫生院,无偿

捐资人民币150万元,已近50%(75万元人民币)的资金投入到位,解决当地居民就医难问题。（杨祝梅）

**【合作交流】** 宁夏黄埔同学会以“天下黄埔是一家”为纽带,开展“走出去,请进来”活动。6月下旬,以自治区党委统战部杨慧玲巡视员为团长的一行8人,首次对台湾进行了为期9天的考察交流。在台期间,先后拜会了中华黄埔四海同心会,台湾陆军军官校友会,台南市、高雄市中央军事院校校友会等4个团体组织,与台北、高雄、台南、宜兰等台湾陆军士官校校友会70余人进行了座谈交流,不但会见了老朋友,又结识了许多新朋友。在台湾期间,考察团还参观了国立故宫博物院、孙中山纪念馆等,途经台湾的25个县市,对台湾岛内的民情民意、风土人情有了进一步的了解。7月,参加华北、东北地区黄埔同学会工作研讨会议,学习了各省、自治区、直辖市同学会工作中的先进经验,促进了相互之间的联系与交往,增进了做好黄埔同学会工作的共识。9月,参加黄埔军校同学会各地秘书长工作会议暨中国和平统一促进会第九次海外统促会会长会议。深入学习贯彻中央领导关于发扬黄埔精神的重要讲话精神,交流工作经验,了解当前两岸关系和平发展的新形势,把握方向,明确任务。对当前黄埔军校同学会工作中存在的主要问题进行了深入分析,提出了今后工作的思路。7月和10月,分别接待河北、青海省黄埔同学会来访。通过学习交流、讨论与实地考察,提高了认识,一是积极应对同学会工作面临的新挑战,努力探索、创新服务的新路子、新方法;二是深入挖掘对台工作的有利资源,为充分履行职能广泛凝聚力量;三是加强与兄弟省市同学会和本地区有关部门的联系,实现优势互补、资源共享、合作共事、共谋发展。（杨祝梅）

**【宣传工作】** 通过《宁夏黄埔简讯》及时宣传国家大事、会务动态、会员信息及海外来信等。在办刊上注重提高质量,在内容上侧重于对台方针政策、台海形势、会务信息、亲属联谊工作等,逐步扩大宣传力度和范围,真正把宣传工作做到岛内去,达到争取人心,凝聚力量的目的。连续3年被中国黄埔同学会总会评为信息工作先进单位。2010年共编发《宁夏黄埔简讯》8期960份。一年来,被新闻媒体、总会及各种报刊、杂志采用文章、消息、诗词、回忆录、图片等55篇(幅)。其中上报区党委统战部19篇信息中7篇被采用,自治区党委常委、统战部部长马金虎对两篇作了批示。（杨祝梅）

**【主题活动】** 一是“三八”妇女节走访慰问在银理事、会员遗属,与他们亲切交谈,送上慰问品,致以节日的问候。二是6月16日,与宁夏黄埔同学会中卫市联络组共同举办纪念黄埔军校建校86周年校庆暨纪念抗日战争胜利65周年座谈会。同时,在中卫市委统战部的大力支持下,参观了中卫市的工业园区、腾格里沙湖湿地公园、中冶美利纸业生产车间和沙漠塑料大棚蔬菜基地。会员及亲属近30人参加了座谈和参观考察活动。三是在7月、9月、11月,分别与基层联络组举行庆祝香港、澳门回归,纪念孙中山诞辰144周年座谈会等,进行爱国主义教育,深切缅怀中国民主革命先行者孙中山先生及老一辈革命家为中华民族的复兴和发展所作的杰出贡献。一年来,利用新春、校庆、国庆、中秋等传统节日,组织会员及亲属座谈、联欢6场次,参加90余人次;深入基层联络组学习座谈7场次98人次。（杨祝梅）

**【基层调研】** 上半年,对全区现有生活困难的黄埔会员进行全面摸底调研后,形成材料上报有关部门,困难同学的补助得到了落实。先后4次深入会员家中走访调研,了解会员的思想动态和生活状况,并协同有关部门为黄埔同学及亲属解决实际问题,贫困会员的生活补助在原来的基础上有所提高。

（杨祝梅）

# 政 权 政 协

编辑:王晓华　王玉琴

## 宁夏回族自治区人大常委会

### 综　　述

**【概况】** 2010年,自治区人大常委会制定地方性法规5件,修改法规8件,作出废止法规的决定1件,批准银川市法规6件,听取和审议自治区政府以及自治区检察院、法院19个专项工作报告,对其中4个报告进行了满意度测评,向自治区政府以及自治区检察院、法院发出审议意见23份,开展了"中华环保世纪行——宁夏行动""安全发展宁夏行""民生计划宁夏行"3项集中视察活动,检查了6部法律法规在宁夏的贯彻实施情况,对16件建议进行了重点督办,决定任免国家机关工作人员66人次。（高　宏）

**【地方性法规建设】** 2010年,审议通过地方性法规5件,修改法规8件,废止法规的决定1件。审议通过的法规和修改的法规有:《宁夏回族自治区企业民主管理条例》《宁夏回族自治区促进中小企业发展条例》《宁夏回族自治区防沙治沙条例》《宁夏回族自治区物业管理条例》《宁夏回族自治区禁牧封育条例》《宁夏回族自治区实施〈中华人民共和国未成年人保护法〉办法》《宁夏回族自治区商品交易市场管理条例》《宁夏回族自治区见义勇为人员奖励和保护条例》《宁夏回族自治区道路运输管理条例》《宁夏回族自治区实施〈中华人民共和国禁毒法〉办法》《宁夏回族自治区实施〈中华人民共和国科学技术进步法〉办法》《宁夏回族自治区农业机械安全监督管理条例》《宁夏回族自治区实施〈中华人民共和国残疾人保障法〉办法》。作出废止法规的决定有:《宁夏回族自治区人民代表大会常务委员会关于废止六件地方性法规和两件法规性决定的决定》,分别为《宁夏回族自治区人民代表大会常务委员会暂行工作条例》《宁夏回族自治区人大常委会和人民代表联系的暂行办法》《宁夏回族自治区人民代表大会代表工作暂行条例》《宁夏回族自治区保护妇女儿童合法权益的若干规定》《宁夏回族自治区城乡集市贸易食品卫生管理规定》《宁夏回族自治区禁止赌博条例》《宁夏回族自治区第四届人民代表大会常务委员会关于批准〈全区公安机关实施刑事诉讼法的规划〉的决定》《宁夏回族自治区人民代表大会常务委员会关于确定我区可以延长刑事案件办案期限的边远地区的决定》。审查批准的银川市6件法规是:《银川市房地产经纪管理条例》《银川市政府投资项目审计监督条例》《银川市人民代表大会常务委员会关于修改〈银川市城市供热条例〉的决定》《银川市牌匾标识管理条例》《银川市城乡规划条例》《银川市人民代表大会常务委员会关于修改〈银川市环境噪声污染防治条例〉的决定》。（高　宏）

**【听取专项工作报告】** 2010年,自治区人大常委会听取的19项专项工作报告如下:关于调整经济结构加快发展方式转变情况的报告;关于农业产业化"四个百万亩"建设情况的报告;关于自治区基本普及高中阶段教育工作情况的报告;关于全区土地出让收入管理使用情况的报告;关于审判监督工作机制建立与运行情况的报告;关于全区检察机关开展民事行政审判监督工作情况的报告;关于2010年国民经济和社会发展计划上半年执行情况的报告;关于2009年全区及区本级财政决算和2010年财政预算上半年执行情况的报告;关于全区公安机关执法规范化建设情况的报告;关于2009年度自治区本级预算执行和其他财政财务收支审计情况的报告;关于提高城乡居民收入措施与效果情况的报告;关于全区科技工作情况的报告;关于2010年民生计划执行情况的报告;关于促进旅游业发展工作情况的报告;关于全区农田水利基本建设情况的报告;关于全区劳务移民扶贫情况的报告;关于加强保障性住房建设促进房地产业健康发展情况的报告;关于2009年度自治区本级预算执行和其他财政财务收支审计结果落实情况的报告;关于自治区十届人大三次会议代表建议办理情况的报告。先后对自治区政府农业产业化"四个百万亩"建设、全区科技工作、加强保障性住房建设促进房地产业健康发展情况、全区公安机关执法规范化建设情况等4个专项报告进行满意度测评,并将测评结果及时向政府及有关部门反馈通报。

（高　宏）

**【信访工作】** 2010年,接待处理群众来信来访1395人(件)次。对重要问题、全国人大常委会转来的信访件和常委会领导批示的信访件进行跟踪督办,做到对来信来访件件进行登记,件件记录在案;对来信来访有人拆阅、有人接访,并进行分析、归类;所有来信来访都转办、交办,把办理责任落实到单位、个人;对来信来访,件件都有回音。

（高　宏）

**【人事任免】** 2010年度自治区人大常委会共任免国家机关工作人员66人次。其中,自治区人大及其常委会工作机构负责人2人次,自治区政府负责人及组成人员2人次,自治区高级人民法院和检察院工作人员62人次。

（高　宏）

**【督办工作】** 自治区十届人大三次会议主席团确定的7件代表议案得到了认真办理。自治区十届人大三次会议以来,代表提出的180件建议、批评和意见,已经解决或基本解决的占45.5%,正在解决或逐步解决的占43.8%,其余因各种原因暂时不能解决的也已向代表作了情况说明。对16件建议进行了重点督办。对重点督办的5件建议,组织代表到承办厅局上门督办、现场督办。召开了代表议案、建议工作会议,对提出高质量议案建议的代表及办理督办部门进行了表彰。

（高　宏）

## 工作委员会

**【法制工作委员会】** 科学编制立法计划,先后承担了《自治区企业民主管理条例》《自治区促进中小企业发展条例》《自治区防沙治沙条例》《自治区物业管理条例》《自治区封山禁牧条例》《自治区实施〈中华人民共和国未成年人保护法〉办法》《自治区商品交易市场管理条例》《自治区见义勇为人员奖励和保护条例》《自治区道路运输管理条例》《自治区禁毒条例》《自治区科技进步条例》《自治区农业机械安全监督管理条例》《自治区实施〈中华人民共和国残疾人保障法〉办法》等13件法规草案统一审议的调研论证和研究修改工作,会同法制委员会向常委会会议提出审议结果报告、修改情况报告52件,法规草案修改稿、表决稿52件。对自治区人大常委会成立以来制定的现行有效的159件地方性法规、法规性决定进行了全面的清理,向常委会会议提出了《自治区人大常委会关于废止六件地方性法规和两件法规性决定的决定》报告。承办了银川市人大常委会报请批准的6件地方性法规具体审查和修改工作。

（高　宏）

**【财政经济工作委员会】** 完成对《宁夏回族自治区促进中小企业发展条例(草案)》《宁夏回族自治区商品交易市场管理条例(修订草案)》《宁夏回族自治区道路运输管理条例(修订草案)》3部法规的初审任务。对自治区电力设施保护条例(修改)、供用电条例(修改)等6部法规进行了立法调研。拟定2011年常委会财经方面7部法规立法项目建议。按照全国人大常委会的要求,征集上报了《中华人民共和国预算法(修改稿)》的修改意见。受全国人大常委会委托,完成了自治区贯彻实施《中华人民共和国节约能源法》情况的执法检查并起草上报了执法检查报告。听取相关部门的汇报并向常委会提出自治区2010年度计划、预算、民生计划草案的3份审查报告。为常委会听取和审议计划预算上半年执行情况、2009年预算执行结果和审计情况报告做好有关服务工作。对2009年财政决算草案进行了审查,向常委会提交了审查报告。建议常委会第十七次会议增加审查批准中央代理宁夏发行地方政府债券及调整预算的议程,及时对预算调整方案进行了初审,向常委会提出了预算调整方案的审查报告。建议常委会听取和审议自治区政府关于调整经济结构加快发展方式转变情况、土地出让收入管理使用情况、提高城乡居民收入措施与效果情况、民生计划执行情况等4个专项工作报告。完成财经专门委员会季度经济形势分析会和各项视察、调研的服务,听取了计划、预算执行情况和工业经济运行情况等工作报告,对道路运输管理和居民收入分配等工作开展了专题调研。完成了“关于对《收费公路管理条例》进行执法检查的议案”的办理,提出了办理情况报告,对7件重点建议进行了督办,对2件重点建议进行了协办。成功承办西北五省区第十九次人大财经工作座谈会。

（高　宏）

**【内务司法工作委员会】** 2010年,《宁夏回族自治区实施〈中华人民共和国未成年人保护法〉办法》《宁夏回族自治区实施〈中华人民共和国残疾人保护法〉办法》《宁夏回族自治区见义勇为人员奖励和保护条例》《宁夏回族自治区企业民主管理条例》《宁夏回族自治区实施〈中华人民共和国禁毒法〉办法》和关于手机网络监督管理方面的立法调研工作成为立法项目。组织实施“民生计划宁夏行”视察活动,常委会听取和审议自治区人民政府关于2010年民生计划落实工作情况的报告。组织对《中华人民共和国妇女权益保障法》及《宁夏回族自治区实施〈中华人民共和国妇女权益保障法〉办法》《中华人民共和国监狱法》实施情况进行了检查。建议常委会听取和审议了自治区高级人民法院关于审判监督机制建立与运行情况的报告、自治区检察院关于全区检察机关开展民事行政审判监督工作情况的报告、自治区人民政府关于全区公安机关执法规范化建设情况的报告,对公安机关执法规范化建设情况进行了视察,协助常委会对其进行了满意度测评。对《宁夏回族自治区刑事被害人困难救助条例》《宁夏回族自治区人大常委会关于加强检察机关法律监督工作的决定》组织执法检查做了准备工作。办理了3件十届人大三次会议议案。其中,2件立法议案完成了立法起草工作,1件转交法工委委托有关专家起草。

（高　宏）

**【教科文卫工作委员会】** 完成了《宁夏回族自治区实施〈中华人民共和国科学技术进步法〉办法(草案)》的调研论证和初审工作,并提出建立自治区科技进步影响评价制度。对《自治区岩画保护管理条例(初稿)》进行了立法调研和论证等准备工作。组织“安全发展宁夏行”视察活动,邀请中国卫生监督协会常务副会长赵同刚等做了专题讲座,形成了《关于2010年“安全发展宁夏行”视察食品安全情况的报告》。建议常委会听取和审议自治区人民政府关于基本普及高中阶段教育、关于全区科技工作两个专项工作报告,完成关于科技工作情况报告的满意度测评。组织常委会部分组成人员分赴自治区文化厅和银川市、吴忠市,对文化体制改革工作进行了调研,形成了调研报告。联合自治区卫生厅、药监局、质监局等部门举办了贯彻实施《中华人民共和国食品安全法》和《自治区食品生产加工小作坊和食品摊贩管理办法》宣传活动。组织接待全国人大常委会委员、教科文卫委员会副主任委员宋法棠一行,专题调研宁夏深化医药卫生体制改革工作。

(高　宏)

**【民族宗教外事侨务工作委员会】** 认真做好《宁夏回族自治区清真食品管理条例》修订的准备工作,组成考察组先后深入区内各市、县及区外河南、河北、北京、天津、黑龙江、吉林、辽宁等省市,对修订清真食品管理条例进行了调研。组织开展《宁夏回族自治区民族教育条例》和《宁夏回族自治区义务教育条例》实施情况的执法检查。建议常委会听取和审议自治区人民政府关于促进旅游事业发展情况的专项工作报告,先后深入银川、石嘴山、吴忠、固原、中卫5市,分别听取有关市县(区)情况介绍,实地察看了17个景区的规划、建设和发展情况。在中阿经贸论坛前夕和期间会同相关部门对清真餐饮业进行检查,为论坛创造良好的清真饮食环境。协助全国人大民族工作委员会,就宁夏少数民族和民族地区经济社会发展情况进行调研。对全区宗教事务管理情况进行调研,实地察看宗教场所管理和规章制度,同当地干部和宗教人士进行座谈交流,并对自治区《宗教事务管理办法》提出意见建议。参与或负责接待了瑞士、斐济、萨摩亚、埃塞俄比亚、罗马尼亚等5个议会或华侨代表团来宁访问,接待了江苏、安徽、河南、北京、辽宁等5个省市人大民族外事侨务机构来宁考察工作。组织有关人员参加了全国人大民委、外事委、侨委举办的培训班或研讨座谈会,督促自治区有关部门出台《华侨捐资管理办法》。

(高　宏)

**【代表联络与选举工作委员会】** 6月、9月分别在北京和上海举办了两期部分人大代表和市、县(区)人大常委会负责人培训班。其间,还组织代表到天津市、江苏省等经济发达地区考察学习。起草了《关于进一步加强自治区人大代表闭会期间依法履职活动的意见》,指导银川、石嘴山、吴忠、固原、中卫5市人大常委会组织了本辖区内自治区人大代表的集中活动。十一届全国人大三次会议召开前,组织自治区有关部门及5市的负责人召开会议,征集议案、建议,协助宁夏的全国人大代表向大会提交议案、建议66件,其中《关于将银川至西安铁路(银川至环县联络线)纳入"十二五"规划并开工建设的建议》被全国人大常委会办公厅列为重点督办建议之一。按照全国人大常委会办公厅《关于组织2010年全国人大代表专题调研有关事项的通知》要求,组织宁夏的全国人大代表,会同国家有关部委就宁夏落实中央"保增长、调结构、保稳定、保民生"的重大战略决策部署,以及《关于将银川至西安铁路(银川至环县联络线)纳入十二五规划并开工建设的建议》办理落实情况进行了专题调研。认真抓议案、建议的督办落实,两次会议期间的7件代表议案、172件代表建议和闭会期间的8件代表建议均得到了落实。特别是对主任会议确定的16件重点督办建议,先后10多次协调常委会领导、各工作委员会负责人前往承办部门,对重点督办建议进行现场督办。7件议案已全部办结并答复代表,180件代表建议90%以上已办结并答复代表。组织对《宁夏回族自治区乡镇人大工作条例》的贯彻实施情况进行了执法检查。向代表寄送《人大工作通报》、常委会会议通报和常委会审议情况的报告等材料2600多份。先后邀请63名自治区人大代表列席了常委会会议,邀请34名自治区人大代表参与了常委会组织的立法调研、执法检查活动,并先后协调组织30多名代表参加了政府部门组织的视察活动。承办了全国人大常委会在宁夏举办的学习贯彻新修订《选举法》座谈会,完成宁夏回族自治区贯彻选举法实施细则的修订工作。

(高　宏)

**【农业与农村工作委员会】** 完成了《宁夏回族自治区防沙治沙条例》的制定工作,完成了《宁夏回族自治区封山禁牧条例(草案)》《宁夏回族自治区农业机械安全监督管理条例(修订草案)》的一审工作。先后赴陕西、西藏、浙江、福建等省区,就防沙治沙、封山禁牧、农业机械安全等农业与农村方面的立法工作进行了考察学习。建议常委会听取和审议自治区人民政府关于宁夏农业产业化"四个百万亩"建设情况的报告,自治区人民政府关于宁夏农田水利基本建设情况报告,自治区人民政府关于宁夏劳务移民扶贫工作情况报告,并对"四个百万亩"建设情况的报告进行了满意度测评。组织自治区人大常委会第12期履职培训班的同志分两个组到银川、吴忠、固原、中卫4市,对"四个百万亩"建设情况进行实地视察。组织常委会部分组成人员赴银川市、石嘴山市、吴忠市对全区农田水利基本建设工作进行视察。参与组织了"2010年度民生计划宁夏行"视察活动,部分常委会组成人员赴吴忠市利通区、青铜峡市、灵武市重点检查了自治区各级政府实施民生计划有关社会保障、劳务移民、住房保障方面的落实情况。(高　宏)

**【环境与资源保护工作委员会】** 完成《宁夏回族自治区物业管理条例》初审工作。完成了自治区城市供热管理立法调研工作。建议常委会听取和审议自治区政府关于加强保障性住房建设促进房地产业健康发展情况的报告,并进行了满意度测评。配合"民生计划宁夏行"活动的开展,组织了对银川、石嘴山、吴忠3市保障性住房建设和房地产发展情况的实地考察。组织了《自治区煤炭资源勘察开发与保护条例》的执法检查工作,深入实地察看了宁东能源化工基地部分现代化大型煤矿企业的运行情况。9月,组织部分常委会委员,对宁夏中北部土地开发整理重大工程项目实施情况进行了专项调研,撰写《加强土地资源开发全力服务宁夏西部大开发》的调研报告。负责办理吴金义等5名代表提出的关于进一步立法规范城管执法的建议。通过座谈、调研后，形成了时机尚不成熟暂缓立法的意见，分别答复了5位代表。中华环保世纪行——宁夏行动组委会以“落实科学发展观，构建资源节约型、环境友好型和谐宁夏”为主，重点抓了以下几项工作：一是围绕自治区政府节能减排任务和“10件环保实事”开展宣传活动。二是由自治区环保世纪行组委会牵头，各市环保世纪行组委会联手行动，集中开展活动。三是对中南部山区7县（区）污水处理厂建设运行情况进行跟踪督察。四是加强对5市环保世纪行活动的指导。五是开展宁夏环保世纪行2010年度好新闻的组织评选和《宁夏环保世纪行2010年度报告》的编辑工作。承办了在宁夏举办第二届“黄河流域九省区环境与资源保护工作座谈会”。参加全国人大环资委在上海召开的“推动低碳经济，倡导绿色生活”工作座谈会。

（高　宏）

**【执法检查】** 1. 检查《宁夏回族自治区民族教育条例》和《宁夏回族自治区义务教育条例》实施情况。4月6～9日，自治区人大常委会组成了以副主任冯炯华为组长，委员何建国、马继祯、杨万仁为成员的执法检查组，对银川、吴忠、固原3个市6个县（区）实施《宁夏回族自治区民族教育条例》和《宁夏回族自治区义务教育条例》实施情况进行了重点检查。2. 检查《中华人民共和国妇女权益保障法》和《宁夏回族自治区实施〈中华人民共和国妇女权益保障法〉办法》贯彻实施情况。4月6～8日，受全国人大常委会的委托和自治区人大常委会工作安排，由自治区人大常委会副主任张小素牵头，成立了分别由委员刘语平、石磊、金萍芬、乔毅智、徐云萍任组长，12名自治区人大代表为成员的5个执法检查组，对宁夏实施《中华人民共和国妇女权益保障法》和《宁夏回族自治区实施〈中华人民共和国妇女权益保障法〉办法》情况进行了检查。3. 检查《宁夏回族自治区乡镇人大工作条例》实施情况。6月23～24日，自治区人大常委会对《宁夏回族自治区乡镇人大工作条例》的贯彻实施情况进行了执法检查。执法检查由自治区人大常委会副主任张小素带队，分为3个检查组，常委会委员石磊、高伟、杨保尔、乔毅智、何建国、马继祯分别担任分组负责人，针对乡镇人大工作条例贯彻中5个方面的主要内容，采取听汇报、召开座谈会、随机抽查、实地查看等形式，对灵武、中宁、平罗等12个市、县（区）的25个乡镇进行了抽查。抽查数占全区乡镇总数的13%。4. 检查《中华人民共和国监狱法》贯彻实施情况。8月18～19日，自治区人大常委会副主任张小素带领由常委会组成人员刘语平、喻通、张帼文、李文录、石磊、韩陕宁、乔毅智、杨万仁、高伟、黑良杰组成的两个执法检查组，分赴银川、石嘴山、吴忠、固原4市，对全区监狱系统贯彻实施监狱法情况进行了执法检查。5. 检查《宁夏回族自治区煤炭资源勘察开发与保护条例》实施情况。11月8～9日，由自治区人大常委会副主任马瑞文、冯炯华，秘书长肖云刚以及常委会委员马晓光、马学恕、韩陕宁、李文录、马继祯、孙贵宝、杨万仁、陈恕、徐云萍组成执法检查组，对全区贯彻实施《宁夏回族自治区煤炭资源勘察开发与保护条例》进行了检查。6.“安全发展宁夏行”活动。5月11～14日，常委会开展了“安全发展宁夏行”，集中视察了全区食品安全工作。2010年的主题是“关注食品安全，关心群众健康”，重点检查食品安全法、自治区食品生产加工小作坊和食品摊贩管理办法的贯彻实施情况，专题调研农产品质量安全、食品生产加工、食品流通、餐饮消费等环节监管工作情况。

（高　宏）

# 宁夏回族自治区人民政府

## 综　述

**【经济发展概况】** 全年实现地区生产总值1643亿元，比上年增长13.4%，是新世纪以来增速最快的一年；一、二、三产业分别增长7%、15.5%、11%；财政总收入达到287亿元，增长34%，其中地方一般预算收入突破150亿元，达到153.6亿元，增长37.7%；全社会固定资产投资达1464.7亿元，增长30.9%，接近“十五”总和；社会消费品零售总额突破400亿元，增长19%；进出口总额19.6亿美元，增长63.2%，出口增长57.5%，增幅居全国前列；城镇居民人均可支配收入达到15345元，增长9.4%；农民人均纯收入4675元，增长15.5%以上，连续5年保持两位数增长。

（李　玮　杨　武）

**【工业经济】** 2010年全区经济发展承受“两个确保”的双重考验，既要确保全面完成年初确定的经济增长10%以上目标的实现，又要确保全面完成“十一五”节能减排目标任务。实现“两个确保”的目标对工业生产带来了很大的压力，面对日益严峻的节能降耗形势，着力转变经济发展方式，积极推进结构调整，着力抓好工业经济增长。切实推进工业经济结构调整，围绕“五优一新”产业集群和新兴产业发展，制订实施了“传统产业改造提升”“优势产业做强做长”和“新兴产业扩张做大”三大“千亿投资计划”，力求在调整中谋发展，在发展中促调整。积极谋划推进能源化工“金三角”“呼包银”“疆煤进宁”等区域发展战略，为区域融合拓展更大空间。全力抓好工业园区建设，宁东基地完成投资400亿元，银川高新技术产业园上升为国家级开发区，灵武羊绒产业园跻身国家级园区，所有园区投资增幅均超过25%。冶金、有色、建材、机械、电力五大行业增加值增幅均超过20%，“五优一新”工业增加值占比突破70%，新增煤炭产能1500万吨、煤化工487万吨、火电装机506万千瓦，规模以上工业完成增加值同比增长21%。不断提升自主创新能力，实施重点技改项目100个，完成技改投资160亿元，新增工业增加值46亿元。实施重大科技专项33项，世界首条正负660千伏直流输电工程单级试运行，首套煤基烯烃项目试生产成功，首台100万千瓦超临界空冷机组并网发电，均创同类项目世界之最。狠抓节能减排,进一步强化节能减排目标责任,在全国率先制定预警方案,阶段性关停140家能耗高企业。全面完成国家下达的“十一五”节能减排目标进度,全年万元GDP综合能耗下降4.1%,化学需氧量排放、二氧化硫排放分别削减2.6%、1%。

(李 玮 杨 武)

【现代农业】 2010年,自治区按照既定发展思路,抢抓国家加大农业投入的有利机遇,积极应对自然灾害频发、农产品价格大幅波动等不利影响,围绕特色产业发展,继续做大规模、狠抓加工、扩增市场、培育品牌,全区现代农业发展迈上新的台阶。大规模开展中北部土地开发整理、农田水利基本建设等重大工程,粮食生产实现“七连增”,产量突破350万吨。全力攻坚“三个百万亩”工程,设施农业和覆膜保墒提前1年完成建设任务,扬黄补灌实现年度预期目标,分别达到106万亩、130万亩和60万亩。枸杞、葡萄、红枣、硒砂瓜等13个特色产业规模、效益保持较快增长,特色产业产值占到农业产值的82%。新增规模以上农产品加工企业57家,成功引进雨润等一批知名“农字号”龙头企业,主要农产品加工转化率达到52%,比上年提高了两个百分点,宁夏大米、中宁枸杞、中卫硒砂瓜、灵武长红枣、盐池滩羊、西吉马铃薯打进高端市场。全面启动120个现代农业示范基地建设,适水产业增长30%,稻田养蟹超过5万亩。加快提升农业科技水平,一大批新品种、新技术、新模式推广应用,粮食优质化率达到85%,农业科技贡献率达到50%。大力推进农业机械化,抢抓国家农机具购置补贴政策,加快提升农机装备水平,水稻、马铃薯、玉米等主要农作物综合机械化水平达到54%,比上年提高4个百分点。

(李 玮 杨 武)

【城乡一体化建设】 自治区坚持把宁夏作为一个大城市来经营,以沿黄城市带经济区建设为龙头,推动全区城镇化进程,实现以城带乡,以工促农,以川济山,统筹发展。一是奋力打造黄河金岸。402公里黄河标准化堤防和508公里滨河大道全线贯通。黄河湿地公园、枣博园、世界水车博览园和12个特色小城镇建成使用。枸杞博物馆、黄河书院、黄河圣坛等标志性建筑主体完工,黄河楼、黄河小镇、塞上江南博物馆等加紧建设。银川环阅海建筑群、华夏石刻艺术园、黄河文化展示园等抓紧实施。住房公积金异地购房贷款全面推行,银川市城市公交一卡通有序推进,新开银川至宁东等4条城际公交,城市公交、城际公交、农村客运实现“无缝衔接”和旅客“零距离”换乘。7.6万户城市低收入家庭实现住有所居,30多万农民喜迁新居。特色小城镇示范作用明显,在永宁、贺兰、平罗建设农民新居1600户,集中安置山区贫困群众6000多人。沿黄两岸新开发土地10万多亩,新增生态绿地65万亩、水面11万亩。二是统筹城乡一体发展。出台《加快推进统筹城乡发展实施意见》,支持银川、石嘴山、吴忠、中卫不断完善城市功能,改善人居环境,提升城市品质。启动建设阅海湾CBD总部经济区,加快宁夏大剧院、贺兰山体育场、中卫市体育馆等一批地标建筑建设,支持各市县区建成了一大批道路、给排水、供热等市政公用设施,稳步推进12个特色示范镇建设,人居环境和面貌得到较大改善。提出了“一放宽、三吸引”的思路,全面启动户籍管理制度改革,用优惠的政策、产业的聚集和公共服务吸引农民进城,不断加快农民变市民步伐。三是辐射带动山川共进。大力支持固原市及中南部各县城建设,初步建成海原新区,开工建设盐化工循环经济扶贫示范区,加快发展太阳山工业园区,进一步扶持壮大草畜、苗木、马铃薯、中药材、小杂粮、特色旅游等产业,中南部地区自我发展能力不断增强。坚持教育移民、劳务移民、生态移民相结合,深入实施新一轮扶贫开发规划,建设移民住房31.9万平方米,搬迁定居4.1万人。对计划实施的35万生态移民工作,提出了初步思路和规划方案,将引导群众异地安家落户、异地就业创业、异地发展致富。298个整村推进任务超规模完成,盐池、原州、西吉、彭阳4县区连片开发试点工作进展顺利,生态旅游、劳务输出等产业提速升级,中南部地区农民人均纯收入增速连续3年高于川区。

(李 玮 杨 武)

【社会事业】 自治区坚持把保障和改善民生作为各项工作的出发点和落脚点,加大投入,提高水平,凝聚共建共享和谐富裕新宁夏的力量。全年投入民生和社会事业资金412.4亿元,占全区一般预算支出的70%。深入开展全民创业,培育小企业3651个、小老板8712个,创造新岗位4.76万个,1.97万名高校毕业生实现就业,新增城镇就业6.9万人,输出转移农村富余劳动力75.5万人次,城镇登记失业率控制在4.4%。不断完善社保体系,出台《统筹城乡居民基本医疗保险的意见》,率先在全国开展统筹城乡居民基本医疗保险,支付标准达到全国最高限额;妥善解决了11.1万人的养老遗留问题;率先在全国建立孤儿养育津贴制度,所有孤儿生活得到保障;出台了《加快残疾人事业发展的意见》,在全国率先实现了二级以上重度残疾人参加新农保个人缴费部分全部由政府买单。城乡居民稳步增收,提高了全区最低工资标准,调高了离退休人员生活补贴,加大对低收入群体的转移支付,实施了事业单位绩效工资改革。落实农业5项补贴,实行粮食最低收购价制度,确保农民增产增收。坚决贯彻落实国务院控物价16条措施,及时制定11项稳价措施,对特困群众实施补贴,价格调控见到实效,食品类商品价格涨幅从16%降到13%。居住条件有效改善,新建廉租房1.4万套、经济适用房143万平方米、棚户区住房139万平方米,7.6万户城市低收入家庭实现住有所居。新建新村40个,整治旧村433个,改造危窑危房3.2万户,30多万农民喜迁新居。新建农村公路2279公里,行政村客车通车率达到96.2%。大力实施安全饮水工程,解决了39万群众的饮水安全问题。教育事业均衡发展,新建、改造安全校舍120万平方米,新增教学班800个,高中阶段教育毛入学率达到81.5%,教育强县(区)达到18个;营养早餐工程惠及山区37.5万名学生;职业教育基础能力明显增强,中职招生增速全国第一;高等教育健康发展,民族教育稳步推进。基本医疗卫生服务不断改善,新建、改扩建医院15所、社区和村卫生室(中心)77所;公立医院优势特色专科建设和中医药、回医药加快发展。文化体育加快发展,扎实推进文化惠民工程,公共文化设施不断改善,每10万人拥有1座博物馆。《月上贺兰》等剧目再获多项国家级大奖。文学艺术和哲学社会科学进一步繁荣。成功举办黄河金岸国际马拉松赛、第十三届全区运动会和第七届全区少数民族传统体育运动会,在第五届全国特奥会上实现奖牌和总分双突破。 (李 玮 杨 武)

**【平安宁夏建设】** 牢固树立"稳定压倒一切"的思想,积极维护和谐稳定的社会环境。认真执行党的民族政策,贯彻落实民族区域自治制度,围绕"共同团结奋斗、共同繁荣发展"的主题,深入开展民族团结进步创建活动,推动了民族团结进步事业向纵深发展。积极构建平安宁夏,强化治安管理,妥善处理利益纠纷和群体性信访事件,最大限度地减少社会不和谐因素,全区破获各类刑事案件13443起,刑事案件破案率提高13.8%。开展经常性地消防安全大检查,查隐患、抓整改、堵漏洞,全年无重大火灾事故发生。积极筹建公安警务航空队,加快银川、固原应急指挥中心和石嘴山人防指挥所建设,提高应急处突能力。实施"质量兴宁"战略,将食品生产加工小作坊和车载气瓶电子标签纳入管理,成为全国唯一车载气瓶电子监管全覆盖的省区。

(李 玮 杨 武)

**【政府建设】** 始终坚持加强政府自身建设不懈怠、不松劲,以效能建设为抓手,努力提高政府的公信力和执行力。坚持依法行政,自觉接受人大及其常委会依法监督和政协民主监督,办理人大代表建议176件、政协委员提案485件,提请人大审议地方性法规草案10件,制定政府规章12件。主动听取各民主党派、工商联、无党派人士意见建议,支持工会、共青团、妇联等人民团体充分发挥桥梁纽带作用,推进决策的科学化和民主化。突出政务公开,进一步推进行政审批改革,取消审批事项22项、调整13项。加强行政问责,完善对各市、厅局的效能考核体系,年初建账,年中查账,年底交账,确保了主要职责和重点工作的落实。积极推行阳光政务,出台依申请公开等有关制度,深入推进政务公开。行政透明度排全国第二。

(李 玮 杨 武)

## 重要会议

**【全区农村工作会议】** 1月17日在银川召开。会议认真贯彻党的十七届三中、四中全会,中央经济工作会议,中央农村工作会议和自治区党委十届十次全体(扩大)会议,全区经济工作会议精神,总结2009年全区农业农村工作,分析形势,安排部署2010年的农业农村工作。陈建国、王正伟、徐松南、陈二曦、蔡国英、何学清、解孟林等自治区领导出席会议。自治区党委副书记于革胜讲话,自治区副主席郝林海主持会议。自治区党委、政府各部门、各地市县(区)主要领导、中央在宁单位负责人等200余人参加会议。

(李 玮 杨 武)

**【政府第四次全体(扩大)会议】** 1月25日在银川召开。会议主要讨论了提请自治区十届人大三次会议审议的《政府工作报告》。自治区主席王正伟就2010年的重点工作作了重要讲话。自治区副主席齐同生主持会议并作《政府工作报告(征求意见稿)》内容说明。自治区副主席刘慧、郝林海、李锐、赵小平,主席助理屈冬玉和政府秘书长左军以及自治区政府组成部门负责人出席会议。各直属机构、中央驻宁单位负责人列席会议。 (李 玮 杨 武)

**【自治区政府廉政工作会议】** 3月29日在银川召开。会议总结了2009年政府廉政工作,安排部署了2010年政府廉政工作。自治区主席王正伟出席会议并作重要讲话,自治区党委常委、常务副主席齐同生主持会议,自治区领导刘晓滨、张小素、李锐、姚爱兴、陈守信、屈冬玉出席会议。自治区主席王正伟在会上强调,2010年全区经济社会发展的任务繁重,新形势、新任务对反腐倡廉工作提出了新的更高的要求,必须把勤政为民、干净干事、建设人民满意的服务型政府作为政府工作的主旋律,加快完善惩治和预防腐败体系,促进从严治政、高效施政、廉洁从政,努力取得廉政建设和反腐败工作的新成效,着力建设人民满意的政府。

(李 玮 杨 武)

**【全区深入实施西部大开发战略动员大会】** 8月9日在银川举行。自治区领导张毅、王正伟、项宗西、于革胜、崔波、徐松南、刘晓滨、陈二曦、齐同生、刘慧、马金虎、杨春光、苏德良、蔡国英、马瑞文、张小素、马秀芬、何学清、刘天贵、郝林海、李锐、姚爱兴、赵小平、赵廷杰、王雁飞、李淑芬、陈守信、袁汉民、陶源、解孟林、张乐琴、安纯人、屈冬玉出席会议。自治区党委书记张毅作动员讲话,自治区主席王正伟作总结讲话,自治区党委副书记于革胜宣读了《自治区党委办公厅、人民政府办公厅关于开展深入实施西部大开发战略大学习活动的意见》,自治区党委常委、政府常务副主席齐同生宣读了《自治区党委、政府关于贯彻落实〈中共中央、国务院关于深入实施西部大开发战略的若干意见〉的分工方案》。自治区发展改革委、财政厅、银川市、石嘴山市、吴忠市、固原市、中卫市、神华宁煤集团等单位在会上发言。 (李 玮 杨 武)

**【全区经济工作会议】** 12月17日在银川召开。会议传达贯彻了中央经济工作会议精神,对"十一五"期间主要是2010年宁夏经济工作做了全面总结,同时就"十二五"规划的实施特别是2011年宁夏经济工作进行了部署。自治区党委书记张毅,自治区主席王正伟,自治区政协主席项宗西,自治区党委副书记于革胜,自治区党委常委、银川市委书记崔波,自治区党委常委刘晓滨、齐同生、刘慧、马金虎、杨春光、苏德良、蔡国英以及自治区人大、政府、政协各位副主任、副主席出席会议。自治区发改委、经信委、财政厅、农牧厅等部门负责人就2010年经济工作完成情况做了汇报,同时就做好2011年经济工作做了表态发言。张毅书记在讲话中对做好2011年经济工作提出明确要求,必须用中央精神统一思想认识。各级党委、政府要把学习贯彻中央经济工作会议精神作为一项重要任务,把思想统一到中央对国际国内形势的分析判断上来,统一到经济工作的主题和主线上来,统一到中央关于做好经济工作的决策部署上来,深刻领会中央精神实质,切实抓好贯彻落实。 (李 玮 杨 武)

**【第55次常务会议】** 1月12日,自治区主席王正伟主持召开。听取政府办公厅关于2009年10项民生计划为民办30件实事落实情况的汇报,听取环境保护厅关于2009年为民办10件环保实事落实情况的汇报,听取审计厅关于2008年度自治区本级预算执行和其他财政财务收支审计结果落实情况的汇报,听取财政厅关于2010年预算编制和财政工作思路的汇报。自治区副主席齐同生、郝林海、李锐、姚爱兴,特邀顾问赵廷杰,主席助理屈冬玉和政府秘书长左军出席会议。

(李 玮 杨 武)

**【第56次常务会议】** 1月21日,自治区主席王正伟主持召开。审定自治区人民政府2010年10项民生计划为民办30件实事(送审稿),听取发展改革委关于全国能源工作会议精神及贯彻落实意见的汇报,研究民政厅关于吴忠市红寺堡区周边行政区划调整的意见(送审稿),审定《自治区优秀文化作品奖励暂行办法》(送审稿)。自治区副主席刘慧、郝林海、李锐、姚爱兴,主席助理田明和政府秘书长左军出席会议。

(李 玮 杨 武)

**【第57次常务会议】** 1月28日,自治区主席王正伟主持召开。审定自治区人民政府2010年为民办10件环保实事(送审稿),研究交通运输厅关于宁夏道路运输管理机构实行垂直管理的请示,审定《宁夏回族自治区绩效审计办法(草案)》。自治区副主席齐同生、刘慧、李锐、姚爱兴、赵小平和政府秘书长左军出席会议。 (李 玮 杨 武)

**【第58次常务会议】** 2月10日,自治区主席王正伟主持召开。安排部署全区春节期间安全生产工作,审定《自治区中小学校舍安全工程规划(送审稿)》,听取国土资源厅关于宁夏中北部土地开发整理重大工程项目的进展情况,自治区副主席齐同生、刘慧、郝林海、李锐、姚爱兴、赵小平,主席助理屈冬玉和政府秘书长左军出席会议。

(李 玮 杨 武)

**【第59次常务会议】** 2月25日,自治区主席王正伟主持召开。研究政府办公厅关于统一安排"六大节会"举办时间的请示,审定《自治区沿黄城市带建设工作考核办法》(送审稿),研究国土资源厅关于包兰铁路惠农至银川段第二线征地拆迁安置补偿标准的意见(送审稿),研究银川市和文化厅关于原自治区科技馆、展览馆管理使用的请示,研究商务厅关于成立中国—阿拉伯国家经贸合作论坛组委会的请示,研究政府办公厅关于加快发展内陆开放型经济的意见(送审稿)。自治区副主席齐同生、刘慧、郝林海、李锐、姚爱兴、赵小平,主席助理田明、屈冬玉和政府秘书长左军出席会议。 (李 玮 杨 武)

**【第60次常务会议】** 3月25日,自治区主席王正伟主持召开。研究贯彻落实胡锦涛总书记视察宁夏重要讲话精神,听取各位副主席和主席助理第一季度工作汇报,审定《宁夏回族自治区人民政府航空队建设方案(送审稿)》,研究中卫市关于中卫工业园区区域扩展的请示。自治区副主席齐同生、郝林海、李锐、姚爱兴,主席助理屈冬玉和政府秘书长左军出席会议。

(李 玮 杨 武)

**【第61次常务会议】** 4月8日,自治区主席王正伟主持召开。研究发展改革委关于自治区促进生物产业加快发展的实施意见(送审稿),审定《宁夏中等职业学校农村家庭经济困难学生和涉农专业学生免学费工作实施方案(送审稿)》,审定《宁夏农垦系统和地矿局所属医疗卫生机构移交地方政府管理的实施方案(送审稿)》,研究招标服务局关于宁夏国际招标有限公司完全实行企业化改革的请示,研究经济和信息化委关于进一步深化煤矿整顿关闭工作的意见(送审稿),研究石嘴山市关于石嘴山工业园区增挂宁夏石嘴山陆港经济区牌子的请示。自治区副主席郝林海、姚爱兴、赵小平和政府秘书长左军出席会议。 (李 玮 杨 武)

**【第62次常务会议】** 4月16日,自治区主席王正伟主持召开。听取统计局关于宁夏2010年第一季度宏观经济统计情况的汇报,研究发展改革委关于加快全区转变经济发展方式的意见(送审稿),审定《宁夏回族自治区矿产资源开发整合实施方案(送审稿)》,听取人力资源和社会保障厅关于提高全区最低工资标准的情况汇报,审定《第二届中国宁夏国际文化艺术旅游博览会总体方案(送审稿)》,研究公安厅关于追授海小平为模范公务员的请示。自治区副主席齐同生、姚爱兴、赵小平和政府秘书长左军出席会议。

(李 玮 杨 武)

**【第63次常务会议】** 4月27日,自治区主席王正伟主持召开。研究农牧厅关于创建现代农业示范基地的指导意见(送审稿),研究民政厅关于促进宁夏慈善事业发展的意见(送审稿),审定《宁夏回族自治区金牌工人、首席技师选拔管理办法(送审稿)》,审定《宁夏回族自治区促进中小企业发展条例(草案)》,审定《宁夏回族自治区道路运输管理条例(修订草案)》。自治区副主席郝林海、李锐,主席助理屈冬玉和政府秘书长左军出席会议。

(李 玮 杨 武)

**【第64次常务会议】** 5月7日,自治区主席王正伟主持召开自治区人民政府第64次常务会议,审定经济和信息化委关于全区2010年节能降耗的预警调控方案(送审稿),听取人力资源和社会保障厅关于2010年享受国务院特殊津贴人员选拔评审工作情况的汇报,审定卫生厅关于开展"健康宁夏"全民行动的实施方案(送审稿),审定《宁夏回族自治区商品条码管理办法(草案)》。自治区副主席齐同生、郝林海、姚爱兴、赵小平,主席助理屈冬玉和政府秘书长左

军出席会议。 (李 玮 杨 武)

**【第65次常务会议】** 5月12日,自治区主席王正伟主持召开。听取发展改革委关于自治区国民经济和社会发展"十二五"规划基本思路的汇报,听取自治区政府代表团学习考察吉林、辽宁省投资和交通建设情况的汇报,听取发展改革委关于宁东—鄂尔多斯—榆林能源"金三角"经济区开发基本思路与建议的汇报,审议《2010年中国—阿拉伯国家经贸论坛总体方案(送审稿)》。自治区副主席齐同生、李锐、赵小平和政府秘书长左军出席会议。

(李 玮 杨 武)

**【第66次常务会议】** 5月24日,自治区主席王正伟主持召开。听取财政厅、经济和信息化委关于支持全区软件产业发展的若干意见(送审稿),研究发展改革委关于2010年深化经济体制改革工作的意见(送审稿),审定《宁夏回族自治区实施〈中华人民共和国政府信息公开条例〉办法(草案)》。自治区副主席齐同生、李锐、姚爱兴、赵小平,主席助理屈冬玉和政府秘书长左军出席会议。 (李 玮 杨 武)

**【第67次常务会议】** 6月12日,自治区主席王正伟主持召开。审定关于稳定住房价格促进房地产市场平稳健康发展的意见(送审稿),审定自治区医改办汇报全国医药卫生体制改革工作会议精神贯彻意见及自治区2010年医药卫生体制改革重点工作安排意见(送审稿),审定关于清收农垦局违规对外承包土地规范农垦土地管理的意见(送审稿)。自治区副主席郝林海、姚爱兴、赵小平,主席助理田明、屈冬玉和政府秘书长左军出席会议。

(李 玮 杨 武)

**【第68次常务会议】** 6月24日,自治区主席王正伟主持召开。研究发展改革委关于进一步扶持生态移民新村发展的若干意见(送审稿),研究地税局关于追授陆明宏为模范公务员的请示,审定《宁夏回族自治区防沙治沙条例(草案)》,审定《宁夏回族自治区民用建筑节能办法(草案)》,审定《宁夏回族自治区商品交易市场管理条例(修订草案)》。自治区副主席齐同生、刘慧、李锐、姚爱兴、赵小平,主席助理屈冬玉和政府秘书长左军出席会议。

(李 玮 杨 武)

**【第69次常务会议】** 7月1日,自治区主席王正伟主持召开。听取交通运输厅关于宁夏交通运输"十二五"规划思路的汇报,研究旅游局关于宁夏旅游学校设立的请示,审定《宁夏回族自治区城镇规划区临时建设和临时用地规划管理办法(草案)》。自治区副主席齐同生、刘慧、郝林海、李锐、姚爱兴、赵小平,主席助理屈冬玉和政府秘书长左军出席会议。 (李 玮 杨 武)

**【第70次常务会议】** 7月7日,自治区主席王正伟主持召开。研究贯彻西部大开发工作会议精神意见和关于授予蒂姆·哈维等10名外国专家宁夏"六盘山友谊奖"的决定(送审稿),审定关于2009年度自治区本级预算执行和其他财政财务收支审计情况的报告(送审稿)。自治区副主席刘慧、郝林海、李锐、姚爱兴、赵小平,主席助理田明、屈冬玉和政府秘书长左军出席会议。

(李 玮 杨 武)

**【第71次常务会议】** 7月19日,自治区主席王正伟主持召开。研究关于促进固原经济社会加快发展的若干意见(送审稿),研究关于在全区深入开展民族团结进步创建活动的意见(送审稿),审定《宁夏回族自治区中长期人才发展规划纲要(2010~2020年)》(送审稿)。自治区副主席刘慧、郝林海、李锐,主席助理屈冬玉和政府秘书长左军出席会议。 (李 玮 杨 武)

**【第72次常务会议】** 8月6日,自治区主席王正伟主持召开。研究发展改革委关于贯彻落实《中共中央国务院关于深入实施西部大开发战略若干意见》的实施意见及重点工作的分工方案(送审稿),研究农牧厅关于加快转变农业发展方式的实施意见(送审稿),研究经济信息化委员会关于加快宁夏工业经济发展方式转变推进工业结构调整的实施意见(送审稿),研究环境保护厅关于进一步加强生态建设与环境保护促进全区经济发展方式转变的实施意见(送审稿),听取体育局关于自治区第十三届体育运动会筹备工作情况的汇报,研究民政厅关于追认海小平为革命烈士的请示。自治区副主席刘慧、郝林海、姚爱兴,特邀顾问赵廷杰,主席助理屈冬玉和政府秘书长左军出席会议。

(李 玮 杨 武)

**【第73次常务会议】** 8月12日,自治区主席王正伟主持召开。听取发展改革委关于宁夏"十二五"期间发展重要指标、重大战略任务、重大工程项目、重大改革和政策有关内容建议纳入国家"十二五"规划的情况汇报,研究科技厅关于科技创新支撑转变经济发展方式的实施意见(送审稿),研究政府研究室关于加快转变服务业发展方式的实施意见(送审稿)。自治区副主席齐同生、刘慧、郝林海、李锐、赵小平,特邀顾问赵廷杰和政府秘书长左军出席会议。

(李 玮 杨 武)

**【第74次常务会议】** 8月26日,自治区主席王正伟主持召开。研究关于加快推进城乡统筹发展的实施意见(送审稿),审定国土资源厅关于《宁夏回族自治区土地利用总体规划(2006~2020年)》(送审稿),审定关于宁夏参加青海玉树抗震救灾先进集体和先进个人表彰大会的工作方案(送审稿),审定《宁夏回族自治区实施〈中华人民共和国残疾人保障法〉办法(草案)》,研究关于加快转变商贸发展方式的实施意见(送审稿)。自治区副主席齐同生、刘慧、郝林海、李锐、姚爱兴、赵小平和政府秘书长左军出席会议。

(李 玮 杨 武)

**【第75次常务会议】** 9月1日,自治区主席王正伟主持召开。听取招商局关于宁夏法希姆国际清真食品产业有限公司筹备情况的汇报,研究银川市关于实施银川市区土地级别调整与基准地价更新成果的请示,审定《宁夏回族自治区实施〈中华人民共和国科学技术进步法〉办法(草案)》,审定《宁夏回族自治区测绘成果管理办法(草案)》。自治区副主席刘慧、李锐,主席助理屈冬玉和政府秘书长左军出席会议。

(李 玮 杨 武)

【第76次常务会议】 9月16日,自治区主席王正伟主持召开。审定《宁夏回族自治区主体功能区规划(2010~2020年)(送审稿)》,研究《关于鼓励引导农民变市民,进一步加快城市化进程的意见(送审稿)》,审定《宁夏天然气价格拟调方案(送审稿)》,审定《黄河金岸滨河大道养护管理办法(送审稿)》,审定《宁夏回族自治区物业管理条例(草案)》,审定《宁夏回族自治区实施〈中华人民共和国水文条例〉办法(草案)》。自治区副主席齐同生、郝林海、李锐、姚爱兴、赵小平,特邀顾问赵廷杰,主席助理屈冬玉和政府秘书长左军出席会议。 (李 玮 杨 武)

【第77次常务会议】 10月9日,自治区主席王正伟主持召开。研究人力资源和社会保障厅关于宁夏统筹城乡居民基本医疗保险的意见(送审稿),研究商务厅关于召开2010宁洽会暨首届中阿经贸论坛总结表彰大会的请示,研究工商局关于召开自治区推进实施商标战略建设品牌大会有关事项的请示,研究国土资源厅关于神华宁煤集团公司申请减免2008年、2009年矿产资源补偿费的请示,研究财政厅、人力资源社会保障厅关于进一步规范公务员津贴补贴稳步实施事业单位绩效工资政策建议的请示。自治区副主席齐同生、李锐、姚爱兴,主席助理屈冬玉和政府秘书长左军出席会议。

(李 玮 杨 武)

【第78次常务会议】 10月21日,自治区主席王正伟主持召开。研究住房城乡建设厅关于加快发展公共租赁住房的实施意见(送审稿),研究地震局关于贯彻落实国务院《关于进一步加强防震减灾工作意见》的实施意见(送审稿),研究农牧厅关于加强农村集体资金资产资源管理的意见(送审稿),听取了民委关于参加第九届全国少数民族传统体育运动会筹备工作的汇报。自治区副主席齐同生、姚爱兴、赵小平出席会议。

(李 玮 杨 武)

【第79次常务会议】 11月4日,自治区主席王正伟主持召开。研究财政厅关于促进金融机构服务中小企业财政政策的请示,审定《宁夏回族自治区实施〈中华人民共和国禁毒法〉办法(草案)》,审定《宁夏回族自治区人民政府关于第七批取消和调整行政审批事项的决定(草案)》,审定《宁夏回族自治区人民政府关于废止和宣布失效部分自治区人民政府规章的决定(草案)》,审定《宁夏回族自治区人民政府关于修改部分自治区人民政府规章的决定(草案)》。自治区副主席齐同生、刘慧、李锐和政府秘书长左军出席会议。

(李 玮 杨 武)

【第80次常务会议】 11月10日,自治区主席王正伟主持召开。听取各牵头部门关于2010年10项民生计划为民办30件实事落实情况的汇报,审定《宁夏回族自治区封山禁牧条例(草案)》,审定《宁夏回族自治区农业机械安全监督管理条例(修订草案)》。自治区副主席齐同生、刘慧、郝林海,主席助理屈冬玉和政府秘书长左军出席会议。

(李 玮 杨 武)

【第81次常务会议】 11月23日,自治区主席王正伟主持召开。听取物价局关于宁夏物价形势和稳定价格的情况汇报,研究关于宁夏淘汰落后产能企业及阶段性停产企业职工安置的意见(送审稿),研究关于进一步促进劳动关系和谐稳定的意见(送审稿)。自治区副主席刘慧、李锐、姚爱兴、赵小平,主席助理屈冬玉和政府秘书长左军出席会议。 (李 玮 杨 武)

【第82次常务会议】 12月7日,自治区主席王正伟主持召开。审定《宁夏回族自治区治理货运车辆超限超载办法(草案)》,听取交通运输厅关于治理超限超载工作情况的汇报,研究人口计生委关于进一步加强流动人口计划生育服务管理工作的意见(送审稿),听取监察厅关于全区工程建设领域突出问题治理情况的汇报。自治区副主席齐同生、李锐、赵小平,主席助理屈冬玉和政府秘书长左军出席会议。

(李 玮 杨 武)

【第83次常务会议】 12月22日,自治区主席王正伟主持召开。审定《宁夏回族自治区中长期教育改革和发展规划纲要(2010~2020年)(送审稿)》,研究住房和城乡建设厅关于成立黄河金岸规划管理委员会的请示,听取轻纺工业局关于中国宁夏生态纺织产业示范园规划及园区核心项目可行性研究情况的汇报,审定《宁夏回族自治区无线电管理办法(草案)》,听取审计厅关于2009年度自治区本级预算执行和其他财政财务收支审计结果落实情况的汇报,听取财政厅关于2011年预算编制和财政工作思路的汇报,研究人力资源和社会保障厅关于其他事业单位实施绩效工资的意见(送审稿)。自治区副主席齐同生、李锐、姚爱兴、赵小平和政府秘书长左军出席会议。自治区政协副主席解孟林列席会议。

(李 玮 杨 武)

【第84次常务会议】 12月29日,自治区主席王正伟主持召开。听取民政厅关于全国深化村务公开和民主管理"难点村"治理工作会议精神及贯彻意见的汇报,研究教育厅关于表彰奖励全区教育系统先进集体和自治区优秀教师、优秀教育工作者的请示,听取文史研究馆关于聘任文史研究馆馆员的情况汇报。自治区副主席刘慧、郝林海、李锐、赵小平,主席助理屈冬玉和政府秘书长左军出席会议。 (李 玮 杨 武)

## 政府规章文件

【政府规章】 全年自治区人民政府共发布政府规章12件。分别是:《宁夏回族自治区绩效审计办法(试行)》《宁夏回族自治区商品条码管理办法》《宁夏回族自治区实施〈中华人民共和国政府信息公开条例〉办法》《宁夏回族自治区民用建筑节能办法》《宁夏回族自治区城镇规划区临时建设用地规划管理办法》《宁夏回族自治区测绘成果管理办法》《宁夏回族自治区实施〈中华人民共和国水文条例〉办法》《宁夏回族自治区人民政府第七批取消和调整行政审批事项的决定》《宁夏回族自治区人民政府关于废止和宣布失效部分自治区人民政府规章的决定》《宁夏回族自治区人民政府关于修改部分自治区人民政府规章的决定》《宁夏回族自治区治理货运车辆超限超载办法》《宁夏回族自治区无线电管理办法》。

(李 玮 杨 武)

【政府文件】 自治区人民政府下发的文件主要有:《关于加快发展内陆开放型经济的意见》《关于进一步深化煤矿整顿关闭工作的意见》《关于加快转变经济发展方式的意见》《关于创建现代农业示范基地的指导意见》《关于加快我区慈善事业发展的意见》《关于支持我区软件产业发展的若干意见》《关于稳定住房价格促进房地产市场平稳健康发展的意见》《关于进一步扶持生态移民新村发展的若干意见》《关于促进固原经济社会加快发展的若干意见》《关于在全区深入开展民族团结进步创建活动的意见》《关于宁夏回族自治区中长期人才发展的规划纲要(2010~2020年)》《关于贯彻落实〈中共中央国务院关于深入实施西部大开发战略若干意见〉的实施意见》《关于加快转变农业发展方式的实施意见》《关于加快我区工业经济发展方式转变推进工业结构调整的实施意见》《关于进一步加强生态环境保护促进全区经济发展方式转变实施意见》《关于科技创新支撑转变发展方式的实施意见》《关于加快转变服务业发展方式的实施意见》《关于加快推进城乡统筹发展的实施意见》《关于加快转变商贸发展方式的实施意见》《关于加快推进城乡统筹发展的实施意见》《关于我区统筹城乡居民基本医疗保险的意见》《关于加快发展公共租赁住房的实施意见》《关于落实国务院关于进一步加强防震减灾工作意见的实施意见》《关于加强农村集体资金资产管理的意见》《关于我区淘汰落后产能企业及阶段性停产企业职工安置的意见》《关于其他事业单位实施绩效工资的意见》《关于进一步加强流动人口计划生育服务管理工作的意见》《关于进一步促进劳动关系和谐稳定的意见》。 (李 玮 杨 武)

## 政府法制

【立法工作】 根据自治区政府2010年立法计划的安排,自治区法制办坚持科学立法、民主立法,认真做好政府立法工作,全年共审查、修改地方性法规(草案)11件,政府规章(草案)16件,办结地方性法规(草案)10件,政府规章12件。开展立法调研160余次,召开立法座谈会110余(场)次,立法论证会7次,立法听证会2次,网上公开征求法规规章(草案)意见23件次,全面完成了立法工作任务。认真做好法律法规草案征求意见和规范性文件合法性审查工作。全年共办理国务院法制办、自治区人大常委会下发的法律法规草案征求意见稿52件,审查、修改、拟定以自治区政府和自治区党委办公厅、政府办公厅名义下发的规范性文件67件。

(焦 臻)

【依法行政】 首先,召开了全区依法行政工作会议。组织筹备、提请自治区政府召开了全区依法行政工作会议,认真总结了《纲要》发布以来全区推进依法行政工作取得的成绩和经验,首次以自治区政府名义表彰了全区依法行政工作先进集体和先进个人,传达学习了全国依法行政工作会议精神,安排部署了下一步全区推进依法行政、建设法治政府的各项工作。其次,继续深化行政审批制度改革。起草并提请自治区政府办公厅转发了《深化行政审批制度改革工作实施方案的通知》,提出了14项改革措施。组织开展了第七次行政审批事项集中清理工作,提请自治区政府取消和调整行政审批事项35项,其中:取消行政审批事项22项,调整行政审批事项13项。加强对自治区公安厅等10个重点部门及50项行政审批事项的重点监督检查,认真开展并联审批试点工作,在自治区住房和城乡建设厅、工商局等部门开展了行政审批并联审批试点工作,取得了初步成效。第三,集中清理规章、规范性文件。按照国务院办公厅和国务院法制办的要求,认真做好规章、规范性文件的清理工作,提请自治区政府办公厅下发了《关于做好规章和规范性文件清理工作的通知》,召开了专门会议,对清理工作进行了安排部署,提请自治区政府集中废止了政府规章20件、宣布失效33件、集中修改51件、继续执行74件。同时,按照国务院法制办的要求,联合自治区人力资源和社会保障厅、教育厅、卫生厅下发了《关于抓紧清理修订涉及乙肝项目检测有关规定的通知》,对宁夏所辖26个市、县(市、区)涉及乙肝项目检测的有关规定进行了清理。第四,全面开展政务公开工作。参加了全国深化政务公开推进政务服务经验交流会,交流了全区政务公开工作的经验,得到了与会人员的高度评价,向自治区党委、政府汇报了全国会议的主要精神,安排部署了下一步推进政务公开的各项工作;起草、提请自治区政府审议发布了《宁夏回族自治区实施〈中华人民共和国政府信息公开条例〉办法》,编辑出版了《政务公开手册》《政务公开概览》,为公众获取有关政府信息提供了便利。第五,认真履行派驻政务服务中心的监督职责。加强与自治区政务服务中心的密切配合,建立了工作联系机制,对窗口各单位行政审批事项流程进行了优化。会同自治区政务服务中心认真做好推进网上审批及区市县乡四级政务服务网络审批事项的相关工作。 (焦 臻)

【法制监督】 一是加强规范性文件备案审查工作。2010年,自治区法制办共收到报送自治区人民政府备案的规范性文件160件,经审查,对存在问题的规范性文件及时进行了纠正,建立了规范性文件备案情况通报制度,每季度对规范性文件备案情况及时进行通报。同时,向国务院及自治区人大常委会报送备案政府规章12件。二是开展规范行政处罚自由裁量权工作。提请自治区政府下发了《关于开展行政处罚自由裁量权工作的通知》,组织召开了全区规范行政处罚自由裁量权工作会议,制作了《行政处罚自由裁量权执行标准示范文本》,对规范行政处罚自由裁量权工作进行了安排部署。积极指导、督促自治区各厅局开展规范行政处罚自由裁量权工作,在吴忠市工商局召开了规范行政处罚自由裁量权现场观摩会，推动了全区规范行政处罚自由裁量权工作的开展。三是强化行政执法人员培训工作。全年共举办行政执法人员培训班19期，培训行政执法人员2027名，核发行政执法证件1049套，换发行政执法证件1105套。举办了6期行政执法人员业务培训讲座，近2000名行政执法人员参加了培训，强化了对行政执法人员的监督。四是抓好行政执法监督工作。开展了行政执法人员资格及证件管理、大宗商品中远期交易市场、部门依法履行职责情况专项评估、城市管理部门执法、质量技术监督管理部门执法等5次专项监督检查工作；加强行政执法案卷评查工作规范化、制度化建设，对自治区15个行政执法部门的行政处罚案卷进行了重点评查，全年共评查行政处罚案卷280宗，进一步规范了行政执法机关的行政行为。（焦　臻）

**【行政复议】** 坚持按照“以人为本、复议为民”的要求，积极推行灵活的受理、办理方式，注重证据，加大调解、和解力度，妥善解决行政争议，充分发挥行政复议在解决行政争议、化解社会矛盾、促进社会和谐中的重要作用。第一，认真办理行政复议案件。全年共收到向自治区人民政府提出的行政复议申请105件，经审查，受理40件，已审结40件，其中驳回31件，维持2件，撤回4件，其他处理3件。第二，切实做好行政复议专项检查。按照国务院法制办的安排，2010年10月，自治区法制办会同国务院法制办对银川市、平罗县等6个市县政府的行政复议工作进行了全面检查。通过检查，总结了经验，查出了问题，明确了措施，受到了国务院法制办的好评。在此基础上，又对自治区10个厅局行政复议工作进行了专项检查。第三，探索开展行政复议委员会试点工作。积极研究、建立行政复议委员会制度，加强与外省（区、市）开展行政复议委员会试点工作的联系，组织有关厅局和市县政府的行政复议工作人员对河南、山东两省的行政复议委员会试点情况进行了调研和考察，为全区行政复议委员会试点工作的开展提供了宝贵经验。第四，加强行政复议制度建设。召开了全区行政复议工作会议，结合宁夏实际下发了《关于修订行政复议、行政应诉案件统计报告制度的通知》，规范了全区行政复议、行政应诉案件统计工作；加强与自治区高级人民法院的联系，建立了联席会议制度，下发了《宁夏回族自治区预防和化解行政争议工作联席会议制度》，增强了行政机关与司法机关的良性互动；对全区各市、县及自治区政府各部门行政复议机构名称、联系人、联系方式等内容进行了收集、汇总，通过宁夏政府法制网站统一公布，并要求各市、县也相应公布本级政府和政府各部门行政复议机构相关信息。参加了第十次全国行政复议协作会，介绍了宁夏行政复议工作情况，得到了国务院法制办领导和与会代表的肯定。（焦　臻）

**【法制宣传 理论研究和法律顾问工作】** 一是认真开展政府法制宣传工作。全年共制作、播出了9期《法治政府》电视专题节目，向《法制日报》《宁夏日报》等新闻媒体投稿40多篇，收到了良好的社会效果。加强宁夏政府法制网站建设。按照国务院法制办的要求，对宁夏政府法制网内容进行了改版、充实，采集、发布政府法制信息1200多条，向国务院法制办报送政府法制信息350余篇。二是认真开展政府法制理论研究工作。积极做好宁夏行政管理学会和宁夏回族自治区行政法学会秘书处的日常工作，开展了“推进政务公开建设服务型政府论坛”优秀论文表彰活动，对13名获奖人员给予表彰。按照自治区人力资源和社会保障厅的安排，对全区事业单位行政执法人员资格制度进行调研，形成了调研报告。全年共撰写各类政府法制理论研究文章10多篇。编辑印发了《法治政府》4期、《宁夏政府法制》8期。三是认真开展政府法律顾问工作。筹备、组织、提请自治区政府召开了法律咨询委员会成立大会，聘任了自治区政府法律咨询委员会委员，安排部署了自治区政府法律咨询委员会的相关工作。进一步完善了政府法律顾问工作配套制度，积极组织有关专家委员参加立法论证会，为自治区政府和各厅局涉法事务提供有关法律服务。（焦　臻）

**【表彰奖励】** 2010年，自治区法制办被自治区政府评为“全区依法行政工作先进集体”，被国务院法制办评为“2010年优秀省级政府法制信息网站先进单位一等奖”；深化行政审批制度改革工作受到了国务院法制办的肯定，在全国进行推广；被自治区党委、政府评为2009年效能目标管理考核二等奖；办理的自治区十届人大二次会议代表《关于制定〈宁夏回族自治区计算机信息系统安全保护条例〉的议案》和《关于修改〈宁夏回族自治区奶产业管理条例〉部分条款并严格监督条例执行的议案》成效突出，自治区人大常委会主任会议给予了表彰。4人被评为“全区依法行政工作先进个人”，1人被评为“全国维护妇女儿童权益先进个人”和“全区维护妇女儿童权益先进个人”，1人被评为“自治区实施商标战略工作先进个人”。（焦　臻）

## 外事侨务

**【服务地方经济社会发展】** 自治区外事侨务工作积极服务自治区“向西开放”战略。主动向外交部请示汇报，阐述宁夏申办中阿经贸论坛的优势以及加快内陆开放省区建设的战略规划，取得外交部支持，出色承办首届中阿经贸论坛。论坛期间，促成一批项目对接，推动中阿经贸合作、文化交流、民间友谊深入发展。积极服务自治区会展经济。依托外事侨务资源和渠道优势，邀请近千名驻华外交官、友好人士、国外客商来宁出席中阿经贸论坛、宁洽会、文博会、园博会、回商大会、国际羊绒节等活动。邀请西门子、三井、通用、东芝电器、摩根集团等世界500强企业来宁夏考察洽谈，在设备生产、技术引进、水务处理、设施园艺、煤化工、煤炭液化、火力发电等方面签署合作协议；协助神华宁煤与南非沙索公司在煤炭间接液化项目上开展合作；成功举办中国—沙特企业家经贸洽谈会暨招商项目推介会、中日企业合作宁夏论坛；邀请科威特、土耳其等国驻华大使出席宁夏世界穆斯林城奠基仪式，为高标准建设穆斯林城提供支持。组织自治区发电集团、农垦集团、花卉企业、银监部门赴荷兰、德国、日本、阿联酋寻求合作，就多项合作事项达成一致并狠抓跟踪落实；组织企业参加“中日韩产业交流会”“穆斯林投资贸易洽谈会”，加强与周边国家的经贸合作；在英国、挪威、瑞典举办3场经贸洽谈会；成功举办两届中国（宁夏）香港经贸旅游文化活动周；与以色列农业部签署农业水利合作备忘录。（侯志刚）

**【出访来访工作】** 安排省级领导出访近90批次，前往美国、德国、日本、瑞典、荷兰、挪威、南非、以色列、叙利亚、摩洛哥、卡塔尔等国家和地区考察访问；接待斐济总统，约旦前首相，密克罗尼西亚副总统，罗马尼亚胡内多阿拉县议会主席，埃塞俄比亚联邦议院议长等160多个代表团，推动官方和民间交往，深化经贸文化、科技教育、农林水利、城市规划、生态建设、煤炭产业、清真食品的对外交流与合作，广泛宣传宁夏经济社会发展的巨大成就和民族团结、宗教和顺、社会稳定的和谐局面，向世界展示宁夏的良好形象。美国之音、美联环球电视新闻、英国路透社、意大利广播公司、日本NHK、韩国文化广播公司、卡塔尔半岛电视台等40多批200多名媒体记者来宁夏采访中阿经贸论坛、沙漠治理、生态移民等，对提升宁夏的国际知名度发挥了重要作用。（侯志刚）

**【对外合作交流】** 按照“以我为主，为我所用”的工作思路，积极拓展对外友好关系。自治区已同国外17个国家建立了23对友好城市关系。加强与已建和拟建友城关系国家和地区的交往，先后组团出访利比亚、沙特、突尼斯、哈萨克斯坦、阿尔及利亚等国，积极发展对阿友好关系，深化友城合作交流。充分发挥外事侨务工作职能优势，在促进经贸合作的同时，有力地促进了社会事业的对外交流与合作。一是文化交流深入发展。成功举办自治区与日本岛根缔结友好关系10周年、15周年庆典活动；组团参加密克罗尼西亚2011年“雅浦节”；邀请罗马尼亚哈尔吉塔县艺术团参加宁夏春节晚会，丰富宁夏节日文化市场。二是积极推动教育合作。向日本岛根县派出多名宁夏籍学生公费留学，宁夏大学接收15名巴基斯坦旁遮普省学生接受汉语本科教育，宁夏大学机械学院与美国康洲洲立大学机械学院建立校际关系，宁夏大学与迪拜大学联合建立孔子学院。成功举办3届“宁夏国际青年交流”、5届“中国寻根之旅——宁夏夏（冬）令营”等活动。三是积极支持社会公益事业。着力开展引资工作，累计争取到日本、新西兰各国驻华使馆和“利民工程”“国际计划”、扶轮社、香港晨星基金会和应善良基金会、中日友好沙漠化协会的捐赠项目及资金2200多万元人民币，全部用于贫困地区更换医疗器材、增添教育设备、开展科技培训、扶持新农村建设等。日本岛根县投资100多万元人民币，与宁夏在灵武白芨滩林场共同营造600公顷“中日友好林”。（侯志刚）

**【侨务工作】** 按照“维护侨益、集聚侨智、发挥侨力、用心爱侨、真心护侨”的原则，全心全意为侨服务。一是坚持抓好《归侨侨眷权益保护法》及其《实施办法》的贯彻落实工作，将依法护侨落到实处。二是认真实施“关爱工程”，为贫困归侨侨眷家庭提供信息服务、就业培训和应急救助。三是积极开展“侨爱工程”，引导港澳同胞、海外侨胞采取扶贫公益等多种形式的帮扶，为社会主义新农村建设服务。四是认真处理各类侨务信访案件，切实维护归侨侨眷的合法权益。五是扎实推进侨务文宣工作，积极涵养新生代侨务人脉资源，营造良好的侨务工作外部环境和条件。宁夏外事侨务工作受到外交部、全国友协和自治区党委的肯定，被授予“国际友好城市交流合作奖”“服务地方经济社会发展奖”、2010宁洽会暨首届中阿经贸论坛特别贡献奖、2010宁夏文化艺术旅游博览会最佳承办单位和参与上海世博会先进单位荣誉称号。（侯志刚）

# 政协宁夏回族自治区委员会

## 全体委员会议

**【九届三次会议】** 2月1～5日在银川举行。应出席委员429人，实到390人。自治区政协主席项宗西，副主席李淑芬、马国权、陈守信、袁汉民、陶源、解孟林、张乐琴、安纯人和秘书长朱玉华出席会议。李淑芬和项宗西分别主持开幕大会和闭幕大会。项宗西、陶源受自治区政协九届常委会委托分别向大会作常委会工作报告和提案工作情况的报告。会议期间，委员听取并审议了政协宁夏回族自治区委员会第九届常务委员会工作报告，列席了自治区人大十届三次会议，听取并讨论了《政府工作报告》和其他报告。会议增选林劲为九届政协常务委员会委员，表彰了自治区政协九届一次、二次会议优秀提案和提案承办先进单位以及反映社情民意信息工作先进单位和先进个人。项宗西主席在会议闭幕时讲了话。会议期间，共举行大会发言1次，选举大会1次；收到大会发言材料45份，有8名委员分别代表民主党派、工商联或专门委员会作了大会发言；收到提案475件，经审查立案451件，其中委员提案330件，各民主党派、工商联、人民团体和政协专门委员会提案121件。（沈　燕）

## 常务委员会会议

**【第14次会议】** 1月14日在银川召开。项宗西、李淑芬分别主持会议。应到95人，实到85人。会议审议通过了关于召开宁夏回族自治区政协九届三次会议的决定以及会议议程、日程等有关文件；审议并原则通过了常委会工作报告和提案工作报告；会议还审议了各专门委员会2009年工作总结和2010年工作要点，通过了自治区政协九届三次会议列席人员范围、分组办法和召集人名单,通过了自治区政协第九届委员会委员增补名单和有关人事事项,自治区政府书面通报了自治区政协九届二次会议提案办理情况。 (沈 燕)

**【第 15 次会议】** 2 月 3 日在银川召开。项宗西主持会议。应到 95 人,实到 78 人。会议听取了自治区党委组织部负责人关于增选自治区政协九届委员会常委会组成人员建议名单的说明;审议通过了增选自治区政协九届委员会常委会组成人员名单(草案),提交各组讨论;审议了自治区政协九届三次会议选举办法(草案),提交各组讨论。

(沈 燕)

**【第 16 次会议】** 2 月 4 日在银川举行。项宗西主持会议。应到 95 人,实到 82 人。会议通过了自治区政协九届三次会议选举办法;通过了增选自治区政协九届委员会常委会组成人员候选人名单,提交大会选举;审议通过了监票人、总监票人名单。会议还通过了自治区政协九届三次会议关于九届常委会工作报告的决议(草案);通过了自治区政协提案委员会关于九届三次会议提案审查情况的报告(草案);通过了自治区政协九届三次会议政治决议(草案),提交全体大会通过。 (沈 燕)

**【第 17 次会议】** 3 月 15 日在银川举行。应到 96 人,实到 86 人。会议主要议题是传达学习贯彻全国"两会"精神。李淑芬主持会议。项宗西传达了全国政协十一届三次会议精神,并就深入贯彻全国"两会"精神作了安排部署。

(沈 燕)

**【第 18 次会议】** 6 月 28 日在银川举行。应到 96 人,实到 83 人。李淑芬、马国权分别主持会议。会议听取了自治区党委组织部负责人关于自治区政协有关人事问题的说明;解孟林传达全国政协十一届十次常委会议精神;自治区政协 4 个调研组以及自治区各民主党派、工商联和 5 市推荐的基层代表就宁夏"加强城乡统筹,加快城镇化进程"作了大会发言。自治区政府书面通报了宁夏推进城乡统筹和城镇化工作情况。李淑芬在会议结束时讲了话。

(沈 燕)

**【第 19 次会议】** 9 月 7 日在银川举行。项宗西、李淑芬分别主持会议。应到 96 人,实到 90 人。会议主要议题是围绕"深入实施西部大开发战略,如何加快我区经济发展方式转变"建言献策。会议听取了自治区副主席赵小平作的《深入实施西部大开发战略,加快推进经济发展方式转变》情况通报;自治区政协 4 个调研组以及自治区各民主党派、工商联和五市政协推荐的企业代表作了大会发言。项宗西在会议结束时讲了话。

(沈 燕)

**【第 20 次会议】** 10 月 26 日在银川举行。应到 96 人,实到 86 人。项宗西主持会议。会议主要议题是学习贯彻中共十七届五中全会精神、全国政协十一届 11 次常委会议精神和自治区党委十届 30 次常委(扩大)会议精神。解孟林传达了中共十七届五中全会及全国政协十一届 11 次常委会议精神。项宗西在会议结束时讲了话。 (沈 燕)

**【第 21 次会议】** 12 月 24 日在银川举行。应到 96 人,实到 88 人。项宗西、李淑芬分别主持会议。会议听取了自治区党委组织部负责同志关于增补自治区政协九届委员会委员建议名单;审议通过了关于召开自治区政协九届四次会议的决定和会议议程、日程;审议并原则通过了自治区政协九届委员会常委会工作报告、关于九届三次会议以来提案工作情况的报告,并推举了报告人;审议通过了自治区政协九届四次会议列席人员范围、分组办法和召集人名单;通过了自治区政协九届委员会委员增补名单;审议了自治区政协各专门委员会 2010 年工作总结和 2011 年工作要点。 (沈 燕)

## 专门委员会

**【提案委员会】** 九届三次会议以来,共收到提案 551 件,立案 500 件。其中委员提案 361 件,各民主党派、工商联和政协专委会提案 139 件。截至 2010 年底,99% 的提案已经办复。一、夯实基础,加强服务,不断提高提案质量。选编并印发了《提案征集目录》,建立了与各民主党派、有关人民团体和政协其他委员会联席会议制度,邀请政府有关部门介绍提案的征集方向和重点,协调提案选题和前期调研工作。邀请政府督办部门共同审查提案,进一步细化审查立案标准;在《华兴时报》上刊登提案综述;筛选 36 件事关全区经济社会发展的提案,以《重要提案摘报》报送党政领导阅批;精选 77 件九届二次会议提案和办理复文,汇编成《提案选编》。二、密切联系,协调配合,不断增强提案工作合力。在《华兴时报》开辟了"提案工作专栏",每周 1 期,刊登各类新闻稿件 100 多篇;举办提案通讯员培训班 1 期,对全区各市、县(区)以及自治区政协提案承办单位的通讯员进行了专题培训。三、深入调研,相互交流,不断汲取先进经验。召开全区第五次提案工作座谈会,征集经验交流材料 44 篇,筛选 10 家单位进行了大会经验交流。加强对外联系交流,赴北京市、内蒙古、黑龙江进行考察和交流。参加了在四川成都举办的西部 12 省区第 21 次提案工作联席会议。选送 7 件民主党派、工商联提案报请自治区党委办公厅办理。确定 13 件重点提案由自治区党委书记、副书记,政府主席、常务副主席,政协主席、副主席每人牵头督办 1 件,并根据提案内容邀请相关政协专委会、民主党派和人民团体参与联合督办。

(沈 燕)

**【经济委员会】** 组织委员开展各类活动 34 项(次)。其中专题调研 2 次,视察、考察 9 次,专题报告会、座谈讨论会 6 次,举办知识讲座 4 次,提交集体、联名和个人提案 32 件,反映社情民意信息 5 份。一、围绕中心工作履职献计。1. 围绕政协常委会议议题开展专题调研。邀请中国社会科学院数量经济与技术经济研究所专家参与调研;邀请自治区发改委通报宁夏低碳经济和转变经济发展方式情况,为调研提供第一手资料。协同中国社会科学院专家到启元药业集团、宁夏发电集团风电太阳能光伏发电和火电厂、宁东能源化工基地、青铜峡铝业集团、宁夏隆基硅业集团、英力特化工集团、宁夏阳光硅业集团以及银川市“塞上骄子”住宅区节能建筑等典型企业和项目进行实地考察。2. 围绕全区重点工作开展专题调研。与自治区发改委、经信委、交通运输厅、商务厅等部门深入银川、石嘴山、吴忠、中卫4市和宁东煤化工基地等23家物流企业(园区)进行调研,并起草了《关于加快我区现代物流业发展的建议》。3. 围绕经济社会发展难点热点问题开展视察。围绕全区轻纺、农垦、邮政、回族医药、工商、畜牧业、伊斯兰国际经济文化等方面发展情况组织委员视察。二、发挥委员会优势知情出力。1. 督办自治区政协重点提案。会同民建宁夏区委会、自治区发改委、财政厅、人力资源和社会保障厅等部门负责人,深入全区县级人力资源市场和社会保障服务中心示范点,听取《建议加快自治区县级人力资源市场和社会保障服务中心基本建设》承办单位介绍提案办理情况,提出了督办和跟踪落实该提案的意见建议。2. 积极组织经济界委员开展界别活动。组织经济界委员深入自治区农垦企业,视察旅游、水产畜牧养殖、葡萄种植、设施农业发展及抗震节能建筑建设等情况。3. 为科学编制“十二五”规划纲要建言献策。协助办公厅邀请自治区发改委向委员通报全区“十二五”规划编制情况。4. 联合青海、甘肃省政协呼吁建立沿黄河上游经济带。5. 协助筹划召开重点企业参与农业产业化项目座谈会。协助副主席解孟林召开自治区部分重点企业参与农业产业化项目座谈会。6. 协助牵头组织编制宁夏华欣生态纺织产业示范园区规划。7. 为招商引资项目帮忙出力。一是为加快宁夏汇丰祥国际商贸城建设帮忙出力。二是为自治区政府与中国航空工业集团开展合作帮忙出力。三、广泛开展联系与交流。加强与全国政协的联系与交流。协同全国政协经济委员会开展了“加快调整经济结构,转变经济发展方式,大力发展战略性新兴产业”调研。参加了在湖北省召开的全国26省区市政协经济委员会第18次联席会议。参加了全国政协经济委员会在黑龙江省召开的“协调推进城镇化与新农村建设”专题调研交流总结会,学习了部分省区推进城镇化和新农村建设的经验。赴新疆维吾尔自治区和四川省学习考察新疆经济社会发展情况、成都市城乡统筹经验及两省区政协经济委员会工作情况。(沈 燕)

**【人口资源环境委员会】** 一、注重学习,不断提高理论素养和业务水平。通过情况通报、集中学习、专题讲座、印发学习资料等方式,组织委员深入学习党和国家关于新一轮西部大开发的各项方针政策,帮助委员了解国际国内形势和全区经济社会发展情况。5月中旬组织部分常委赴上海世博会参观学习。委员会积极参与自治区政协机关开展的学习型机关创建、效能建设、深入实施西部大开发战略大学习和学习贯彻中共十七届五中全会精神等活动。二、深入实际,切实搞好专题调研和委员视察。1. 对全区技工院校发展及技能人才培养情况进行专题调研。听取了人力资源和社会保障厅关于全区技工院校发展及技能人才培养情况的介绍,考察了宁夏机电技师学院、化工技师学院、工商职业技术学院、交通技师学院和西北机械技师学院,分别召开座谈会与宁夏天地奔牛实业集团有限公司、神华宁夏煤业集团、银川市人力资源社会保障部门及部分技工院校和企业代表就技能人才培养使用情况进行广泛交流。2. 视察全区农村计划生育服务机构建设情况。赴固原市和中卫市实地考察了原州区头营镇、张易镇,沙坡头区常乐镇农村计划生育技术服务站,分别召开会议与市县乡村负责人、计划生育专干和农民代表座谈。3. 调研全区工业经济发展方式转变问题。与自治区经信委、轻纺工业局、城建厅和银川奥特公司等部门围绕全区战略性新兴产业布局、新型纺织业发展、物联网产业规划和建筑节能等问题进行深入研讨。三、主动配合,精心组织委员会各类相关活动。1. 承办“西部大开发十周年生态环境与人居环境成就展”宁夏展区的布展工作,展区被主办单位评为“绿洲之美奖”。2. 现场督办民进宁夏区委会关于《推进我区居家养老服务工作的建议》的重点提案。实地考察了银川市凤凰北街居家养老服务中心、天盛社区、正茂社区居家养老服务站,整理出《关于加强我区社区居家养老服务工作的建议》,报送政府相关领导。3. 配合党政部门做好相关工作。按照自治区监察厅和纠风办的工作安排,组织委员填写行风、政风测评表,对有关部门的行风政风建设进行了民主评议。四、立足主体,积极为自治区可持续发展建言献策。积极提出提案、反映社情民意,整理出8份社情民意和1份委员会集体提案。赴宁夏发电集团和石嘴山阳光硅业等部门,与企业负责人和相关技术人员深入研讨宁夏光伏产业中的瓶颈问题,并结合宁夏发展光伏产业的优势和特点,起草了《关于将宁夏确定为国家光伏产业示范基地并优先确定光伏发电上网电价的建议》。组织部分委员参与了自治区政协经济委员会和办公厅开展的《自治区“十二五”工业经济和信息发展规划(征求意见稿)》和《自治区国民经济和社会发展第十二个五年规划纲要(草案)》征求意见座谈会。(沈 燕)

**【教育科技文化卫生体育委员会】** 一、围绕中心,服务大局,认真开展履职活动,为加快全区经济社会科学发展服务。1. 根据九届18次常委会议专题调研的安排意见,承担并完成了常委会关于“中卫市加强城乡统筹加快城镇化进程”的调研任务。2. 就全区文化产业工作开展调研。深入盐池县、同心县、青铜峡市和吴忠市进行实地考察,形成了《关于我区文化产业发展情况的调研报告》分别报送全国政协教科文卫体委员会和自治区党委、政府及有关部门。二、开展课题研究,为宁夏跨越式发展建言献策。启动《回族教育与宁夏国际化》课题研究,对全区回族教育现状进行客观评估,从回族教育与宁夏国际化综合评价、回族教育与宁夏国际化差距比较、发展回族教育是宁夏国际化发展的前提和基础、在国际化视野下发展回族教育的途径4个方面展开研究。三、突出特点,开展活动,充分发挥界别作用。1. 组织全体委员实地考察了宁夏育才学校、宁夏职业教育实验实训基地等。2. 视察了银川外国语实验学校、民生·爱依宝幼儿园等。3. 组织教育界部分委员视察了宁夏大学音乐学院,并对教师进行了慰问。4. 实地考察了小任果业国家科技支撑计划"设施园艺"项目示范区、国家种苗生物工程重点实验室等。5. 实地察看了固原、中卫、吴忠3市的15所"校安办"工程及学生营养早餐工程。四、主动与东部省政协联系沟通,积极为全区教育卫生事业献计出力。1. 促成了由广东省政协副秘书长杜重年带领该省医疗系统、教育系统、医药企业界等30余名政协委员来宁,为南部山区贫困百姓送医送药、捐资助学。2. 应邀参加了全国政协"民族地区高等教育发展与人才培养"调研活动。向全国政协调研组提交了《宁夏少数民族高等教育发展与人才培养的调研报告》。3. 承担完成了2010年度宁夏政协"兴华成才助学金"百名特困大学新生授赠发放活动系列具体工作。五、加强与对口单位联系,运用提案和社情民意积极建言献策。就宁夏教育、科技、文化、新闻、出版、医药、卫生和体育等事业的发展及群众关心的热点、难点问题进行专题考察。并在座谈讨论的基础上形成了《关于大力净化青少年成长的社会文化环境的建议》等4篇提案和《关于建设海原县一县两城快速通道的建议》等9篇社情民意。六、与宁夏教育考试院联合开展了"阳光工程"视察活动。联合宁夏教育考试院,组织部分委员就宁夏2010年普通高等学校招生全国统一考试阅卷工作进行视察。七、举办专题讲座和情况通报会,开阔委员视野。组织举办了"职业教育发展情况"专题讲座。八、积极参与自治区党委、政府有关工作,发挥民主监督作用。1. 组织部分委员讨论了自治区教育厅转发的《宁夏中长期教育改革和发展规划纲要》和《宁夏教育事业第十二个五年发展规划》(征求意见稿),并将修改意见向自治区教育厅作了反馈。2. 应邀参加自治区党委、政府及相关对口业务部门组织的各类会议、活动63次。九、开展走访和联谊,增进了解,增强凝聚力。走访了自治区人大教科文卫工作委员会,就共同关心的教育、科技、文化、卫生等方面的工作进行了座谈。与自治区人民医院、宁夏医科大学附属医院、自治区妇幼保健医院、银川市第一人民医院、银川市妇幼保健医院、国龙医院的护士代表联合举办第99届"国际护士节"座谈联谊会。继续坚持走访活动,慰问了12位委员。十、与提案委员会现场督办重点提案。会同自治区卫生厅和平罗县县委、政府、卫生局,就《关于加强我区农村公共卫生服务体系的建议》的重点提案(第431号提案)进行了现场督办。 (沈 燕)

**【社会和法制委员会】** 一、服务大局,深入开展专题调研。围绕常委会议题开展专题调研。对银川、固原市11个县(区)27个乡镇进行实地考察,走访自治区发改委等18个部门,先后召开座谈会37场次,与有关厅局负责人、银川和固原市、县(区)领导及基层干部群众、专家学者代表进行了广泛的交流与座谈。还考察学习了重庆市和北京市的经验和做法。形成了《关于银川、固原市统筹城乡发展、加快城镇化进程的调研报告》《确立城市经营理念,加快我区城镇化总体方案的建议案》,以自治区政协党组名义向自治区党委上报了《自治区政协九届十八次常委会议关于确立城市经营理念,促进农民变市民,加快我区城镇化进程的建议案》。围绕全区城市低收入家庭住房保障工作开展调研。形成并上报了《关于我区城市低收入家庭住房保障情况的调研报告》。二、发挥优势,大力推进民主法制建设。召开立法协商座谈会,组织委员对《人民法院量刑指导原则实施细则》(征求意见稿)等部分地方性法规规章的修订提出意见建议。加大了对自治区政协九届三次会议重点提案——《关于加强我区法律援助工作的建议》的督办协调力度。与自治区编办、财政、司法厅等部门就全区法律援助的职能配备、机构设置、人员编制、经费使用等情况进行协商座谈和沟通,促使提案反映问题得到重视和解决。三、关注民生,积极反映社情民意。提交的集体提案《关于我区农村留守流动儿童工作存在的问题和建议》《关于加强我区法律援助工作的建议》被自治区党委办公厅、政府办公厅、政协办公厅列为自治区领导牵头督办的重点提案;《关于加强我区机动车尾气治理工作的建议》《关于尽快实施劳动教养体制改革的建议》《关于解决宁夏社会福利院出行困难的建议》等提案,被自治区环保厅、司法厅、银川市政府等列为重点提案予以办理。四、拓宽渠道,不断深化社会和法制工作。参加了全国政协社法委召开的创新社会管理专题研讨会和社会法制工作座谈会。五、加强学习,努力提高履职能力和服务水平。加强政治理论学习和业务知识学习。举办《中华人民共和国侵权责任法》法制讲座和与本委业务知识相关的座谈会。深入开展文明处室创建和效能建设活动。

(沈 燕)

**【民族和宗教委员会】** 一、围绕主题,突出重点,认真履行政治协商职能。围绕常委会重点议题进行专题调研。赴吴忠市利通区、青铜峡市、红寺堡区、盐池县、同心县和5个县、市(区)的8个乡(镇)、村就统筹城乡发展情况进行了较为广泛而深入的调研,对139人进行了问卷调查,参与座谈交流和研讨的人员来自政府、企业、社区、农村等共计600余人。针对调研中存在的城乡产业发展不够均衡等问题,提出了统筹城乡产业发展规划、大力发展第三产业、建立失地农民社会保障体系、加快农地流转、探索城乡户籍管理机制等意见建议,形成了《关于吴忠市统筹城乡发展加快城镇化进程的调研报告》。调研全区宗教如何主动与社会主义社会相适应情况。组织民族和宗教界部分委员,赴固原、中卫两市及其所辖的西吉县、原州区、海原县,就全区宗教与社会主义社会相适应情况进行了专题调研。调研组与上述市县(区)宗教管理部门、相关单位和宗教团体负责人、有关宗教教职人员及信教群众代表等200多人,就如何促进宗教与社会主义社会相适应问题进行了座谈、交流和探讨,并走访12处寺(庙)、道观等宗教活动场所。

在深入了解当前宗教与社会主义社会相适应情况及现状的基础上，提出了尽快出台宁夏贯彻落实国务院《宗教事务条例》实施细则、健全乡镇宗教事务管理机制、进一步加大对宗教教职人员的培训力度、适当增加全区宗教工作经费、建立各级宗教工作信息员网络处理机制等意见建议。协同全国政协民宗委，就宁夏贯彻实施《宗教事务条例》情况进行了专题调研。形成的《关于我区贯彻实施〈宗教事务条例〉情况的调研报告》上报全国政协办公厅后，有关建议被全国政协采用。二、关注热点，集中民智，着力推进民主监督进程。组织部分政协委员、提案人及承办单位负责人，深入吴忠市部分“农村留守流动儿童示范家长学校”，就021号重点提案《关于我区农村留守儿童工作存在的问题和建议》进行现场督办。积极协调民族宗教界委员参与社会民主监督活动。王永亮等5位委员分别受聘于自治区清真食品办和司法系统担任清真食品监督员和人民调解员，积极协助有关部门做好化解矛盾，理顺情绪工作。按照自治区行风政风评议有关精神，组织民族宗教界部分委员参与了对全区76个行政事业单位及窗口单位进行的行风评议，认真填写了《自治区2010年区直部门民主评议政风行风测评问卷》。三、善纳民意，汇集良策，努力提高参政议政水平。委员会2010年共提交提案30份，其中，由委员会提交的第476号提案获得优秀提案奖，反映社情民意6篇（两篇得到相关部门答复），提交书面大会发言2篇。四、友好协作，凝心聚力，促进民族团结社会和谐。1. 引资助学和帮助宗教团体解困。发挥诚信为先，友好往来的优势，协助政协办公厅积极联系香港福建希望工程基金会引资200多万元人民币，在全区有关市（县）兴建6所农村希望小学和1处电教室。同时，根据捐资方的意愿，在彭阳县、泾源县、同心县、海原县、中宁县为上年和2010年捐建的7所农村希望小学举行了剪彩仪式。发挥联系民族宗教界的优势，积极把在视察、调研中反映的社情民意，快速传达给有关部门作为决策依据。2. 举办说唱结合的特色文化知识讲座。举办了回族传统文化“花儿”民歌的传播与传承知识讲座。讲座采取边讲边唱的形式，使自治区政协部分委员、机关和各民主党派，工商联，黄埔同学会机关干部职工对回族“花儿”有了更深入的了解和认识。3. 重点走访宗教界代表人士，定期举办散居少数民族政协委员联谊活动，为委员知情出力提供帮助。定期走访委员和慰问宗教界代表人士。以委员为主体，开展丰富的活动。联合银川市政协开展了散居少数民族联谊活动，并与散居少数民族委员群众代表座谈，听取散居少数民族委员就营造民族团结氛围的意见。拓宽渠道，为委员们参政议政开阔思路。赴湖南、海南省学习考察，学习了两地政协为促进本地区民族、经济、社会发展献计出力的经验做法。五、加强联络，增进友谊，积极拓展对外交流渠道。参加全国政协民宗委在辽宁省大连市举行的加强对进城务工经商少数民族群众服务管理问题经验交流座谈会和关于调研部分民族省市开展贯彻《宗教事务条例》情况商议会。参与第二十一届中国哈尔滨国际经济贸易洽淡会的讲话文稿、组织协调等工作。热情服务了中央政府驻香港联络办赴宁考察活动。先后参加了全国清真食品管理立法调研座谈会、中阿经贸论坛理论研讨会和第三届中国（宁夏）回商大会。配合办公厅做好河北、广西政协民宗委来宁考察的对口接待和服务保障工作。（沈　燕）

【文史和学习委员会】　一、发挥政协文史特点，做好征编出版工作。一是完成了《宁夏文史资料总目录》的编辑出版工作。在汇总全区各级政协文史资料目录上报全国政协的基础上，编辑出版了约22万字的《宁夏文史资料总目录》。二是完成了《宁夏文史资料》第28辑的编辑出版工作，约23万字。三是完成了《知青在宁夏》（永宁卷）的征稿编辑工作，约85万字。二、围绕中心服务大局，深入开展专题调研。一是围绕常委会议题开展专题调研。深入银川、固原两市对现代物流业、旅游业、文化产业和软件业发展情况进行调研。二是围绕宁夏文化遗产保护工作开展专题调研。深入贺兰山拜寺口双塔、贺兰县暖泉汉墓和宁夏博物馆等地，对宁夏文化遗产保护工作进行调研。调研组针对文物保护基础性薄弱、文物保护“五纳入”落实不平衡、文物保护与经济建设矛盾依旧突出、文物安全形势不容乐观、机构和队伍建设与形势发展不相适应等问题，向自治区党委政府上报了《关于对我区文化遗产保护工作的调研报告》。三是对全区的地方志工作进行了视察。先后视察了自治区、银川市、吴忠市和青铜峡市地方志办公室的修志用志情况。针对全区地方志工作存在的困难和问题，提出了建设性的意见和建议，为协助党委、政府科学决策提供了参考依据。三、关注宁夏事业发展，积极做好提案和反映社情民意工作。在自治区政协九届三次会议上提出了《关于尽快解决自治区地方志办公室机构设置及人员编制有关几个问题的建议》和《关于我区古籍保护工作的建议》的提案，并针对宁夏文化产业建设中存在的工作机制不健全、资金投入少、基础设施差、队伍不稳定等问题，提出了加强和改进的意见建议。深入自治区民政厅，就农工党宁夏区委会提出《关于完善城乡低保制度的建议》提案进行现场督办。共提交集体提案2件，个人提案16件，反映社情民意3件。四、加强联系拓宽渠道，积极推进工作创新。一是加强与全国政协的联系。积极参加全国政协文史和学习委员会举办的专业培训班。二是加强与兄弟省（区、市）政协的联系。组织委员赴湖南、浙江省政协学习考察非物质文化遗产工作；协助完成了安徽、湖北、新疆等10省市区政协文史和学习工作考察团的接待任务；积极参加西部十二省、自治区、直辖市政协文史和学习工作协作会，提交了《认真贯彻全国文史会议精神，努力开创政协文史资料工作新局面》的交流材料。三是加强与自治区对口部门和各市县（区）政协的工作联系和交流。四是重视文史工作选题协作。与永宁县政协共同协作，编辑出版了

《知青在宁夏》(永宁卷)。（沈 燕）

**【港澳台侨和外事委员会】** 开展调研视察3次,提交调研视察报告3份;召开主任会议4次,全体委员会议4次,举办报告会2次;反映社情民意12条,其中领导批示2条;编发《政协工作简讯》10期,《港澳台侨情摘编》2期,新闻报道17篇;接待考察团11批近200人次。一、加强学习,不断提升委员参政议政水平。组织委员学习了中共十七大和十七届三中、四中、五中全会精神,学习了全国"两会"精神,胡锦涛总书记在人民政协成立60周年大会上的重要讲话精神,中央关于西部大开发战略的各项方针政策以及港澳台侨外事工作方面的政策知识。二、扎实工作,努力提高履行职责的实效。1. 建言农业经济发展方式转变。组织委员对全区高效农业、林业及沙产业情况进行了专题调研。2. 献策全区侨务工作。联合自治区涉侨部门调研了全区侨务情况。3. 关注台资企业成长。就全区台资企业发展情况进行了视察。4. 心系地方经济发展。联合九三学社宁夏区委会对红寺堡区社会经济发展情况进行了调研。5. 督办重点提案落实。深入到贺兰县部分水厂及农户家中,就自治区政协九届三次会议第259号重点提案《关于尽快解决农村安全饮水问题的提案》进行了现场督办。6. 积极报送提案和反映社情民意。积极向自治区党委政府反映了12条社情民意。三、广泛联系,进一步强化合作共事能力。1. 密切与委员及各界人士的联系。通过坚持走访委员制度,与委员真诚沟通联系。2. 首次组织港澳夏令营活动。联合自治区侨联协调资金35万元,组织了宁夏优秀贫困大学生赴港澳夏令营活动。从宁夏4所高校选拔出了20名品学兼优的贫困大学生赴香港、澳门地区进行了为期7天的考察学习活动。营员们在港澳期间,接受了彼得·德鲁克管理学院创业课程培训、参观了香港大学、澳门科技馆并与港澳青年进行了座谈联谊。3. 牵线捐资助学活动。一是通过与港区委员王延华的共同努力,争取到香港港九新界贩商社团联合会连续3年对宁夏贫困高中学生进行资助,2010年捐助款20万元人民币已全部发放到贫困学生手中。二是通过港区委员陈庆梓牵头,为青铜峡市五道渠小学争取到捐款40万元人民币。三是协调香港宁夏同乡会会员向海原县20名优秀贫困高中生和10名优秀贫困教师资助了3万元人民币。全年通过委员会牵线搭桥,共引进各种捐助98万元人民币。四、扩大交流,着力推进友好合作步伐。1. 看望港澳地区宁夏政协委员。随同自治区政府考察组赴香港看望了港澳地区的宁夏政协委员,参加了香港宁夏同乡会会员大会及第三届理事就职典礼活动。2. 参加全国各省区市政协外事工作研讨会。赴湖南长沙参加了全国各省区市政协外事工作研讨会。3. 考察台湾文化旅游合作情况。组织委员赴台湾地区就文化旅游合作情况进行了考察。4. 接待和参与接待了香港青年企业家考察团,香港宁夏同乡会考察团,香港港九新界贩商社团联合会考察团,江西省、山东省、贵州省等省区政协,港澳台侨外事委员会考察团等11个。五、强化素质,努力提升服务工作质量。1. 强化了联络协作的能力。进一步密切同自治区涉台涉侨部门、对口部门和市县(区)政协专委会的工作联系,加强交流,促进合作,确保委员会各项工作灵活高效开展。联合银川市政协举办了海峡两岸关系形势报告会。2. 强化了服务委员的能力。通过印发《港澳台侨情摘编》、学习资料、简报,组织委员到省外参观考察等,进一步扩大委员的"知情""知政"面,为委员提案和反映社情民意创造条件,进一步增加了委员会工作的感召力。组织部分委员赴上海世博会进行参观学习;组织委员赴贵州、江西参观考察,同时邀请港澳委员参加。3. 强化了服务委员会工作的能力。以创建学习型、服务型、务实型处室为目标,不断提高委员会办公室干部的政治素质和业务能力。（沈 燕）

## 重要活动

**【全国政协副主席陈宗兴来宁考察】** 8月19~24日,由全国政协副主席陈宗兴率领的全国政协西部开发十年重大成就考察团,对宁夏西部大开发十年来经济社会发展情况进行了考察。陈宗兴一行在自治区领导张毅、王正伟、项宗西、齐同生、冯炯华、李淑芬、解孟林及自治区政协秘书长朱玉华的陪同下,考察了宁夏黄河金岸建设情况以及中卫市永大线节水农业示范区、沙漠大棚设施蔬菜基地、香山硒砂瓜种植基地、沙坡头治沙工程、宁东神华宁煤基地甲醇厂烯烃项目等,并与有关方面进行座谈。自治区党委常委、常务副主席齐同生向考察团汇报了西部大开发实施10年来宁夏经济发展情况。自治区政协主席项宗西主持座谈会并讲话。（沈 燕）

**【北京市政协考察团来宁考察】** 8月20~23日,北京市政协主席阳安江、副主席赵文芝一行来宁考察。双方就如何创新人民政协工作进行了交流座谈。项宗西、陈守信和朱玉华参加了会议。陈守信介绍了自治区政协工作情况。北京市政协主席阳安江希望两地政协以此次考察为契机,继续加强交流与联系,不断加深合作。会后,考察团到银川、中卫和固原3市进行参观考察。（沈 燕）

**【青海省政协考察团来宁调研】** 7月5~6日,青海省政协考察团来宁调研。自治区政协召开座谈会,与来宁夏考察调研的青海省政协主席白玛、副主席陈资全一行就规划建设"西兰银"经济区进行了协商座谈,双方达成了初步共识。自治区政协副主席李淑芬、解孟林,自治区、银川市相关部门负责人和自治区政协相关处室负责人参加了座谈。李淑芬、解孟林分别介绍了宁夏有关情况。会后,考察团一行还实地了解了宁夏宁东能源化工基地和银川市经济建设情况。（沈 燕）

**【驻宁全国政协委员赴闽考察】** 9月14~17日,项宗西率驻宁全国政协委员考察团就海峡西岸经济区建设情况前往福建进行考察。考察团一行先后深入福州、泉州、厦门、漳州等地，考察了新大陆科技集团、太古飞机工程有限公司、九牧王有限公司等企业和漳州开发区、翔安隧道、厦门东渡国际邮轮中心以及中国船政文化博物馆、海峡国际会展中心、闽台缘博物馆、厦门城市规划馆等。福建省委书记、人大常委会主任孙春兰在福州会见了考察团一行。福建省委常委、厦门市委书记于伟国介绍了厦门市经济社会发展情况。全国政协委员、自治区党委常委、统战部部长马金虎，全国政协常委、自治区人大常委会副主任冯炯华，全国政协委员、自治区政协副主席安纯人等参加了考察。

（沈 燕）

**【考察宁夏防沙治沙职业技术学院】** 7月15日，自治区政协主席项宗西带领部分自治区政协委员及相关部门负责人，视察了宁夏防沙治沙职业技术学院建设情况。项宗西等领导在自治区林业局党组书记、局长王德林的陪同下视察了宁夏防沙治沙职业技术学院教学楼、办公楼、公寓等建设情况。李淑芬、朱玉华参加了考察。（沈 燕）

**【视察红寺堡区经济社会发展情况】** 8月27日，自治区政协主席项宗西、副主席安纯人及秘书长朱玉华一行在吴忠市及红寺堡区有关部门负责人的陪同下，视察了红寺堡区经济社会发展情况。视察组一行先后到红寺堡区城北生态综合治理工程、城东万亩现代高效农业综合示范园区、红寺堡区北大寺和宁夏移民博物馆建设工地详细了解情况。（沈 燕）

**【“兴华成才助学金”发放仪式】** 8月31日，自治区政协举行2010年“兴华成才助学金”发放仪式。来自石嘴山市惠农区的贫困学生周雪代表全区受资助的101名贫困学子在仪式上发言。自治区政协主席项宗西，自治区政协副主席张乐琴和秘书长朱玉华等出席。

（沈 燕）

**【人民政协报社第十四次记者站工作会】** 9月1日，人民政协报社第十四次记者站工作会在银川召开。《人民政协报》党组书记、总编辑刘未鸣总结了2010年上半年人民政协报社的工作情况并部署了下半年各记者站的宣传报道工作。自治区政协副主席张乐琴、秘书长朱玉华、副秘书长李岚，自治区党委宣传部副部长张克洪、自治区新闻出版局副局长海军等以及人民政协报社全国31个记者站的负责人出席了会议。自治区政协主席项宗西在会前会见了人民政协报社党组书记、总编辑刘未鸣、社长赵珩，副总编辑张宝川等。

（沈 燕）

**【考察宁夏农垦集团】** 9月9日，项宗西率自治区政协经济界委员，考察了宁夏农垦集团发展情况，并与有关负责人、员工和科技人员进行座谈。解孟林陪同考察。考察组先后到宁夏农垦沙湖水产健康养殖区、沙湖景区、沙湖水镇、贺兰山农牧场、贺兰山茂盛草业公司苜蓿生产加工基地、平吉堡现代农业示范园区、黄羊滩抗震节能住宅小区、农垦万亩葡萄园基地等处了解情况，听取了宁夏农垦负责人的工作汇报。

（沈 燕）

**【驻宁全国政协委员视察“黄河金岸”】** 10月18日，项宗西带领部分驻宁全国政协委员和自治区政协相关部门负责人，在自治区住房和城乡建设厅、吴忠市、利通区和青铜峡市相关领导的陪同下，实地考察了“黄河金岸”部分重点项目建设情况。（沈 燕）

**【“人民政协与深入实施西部大开发战略”理论研讨会】** 10月13日，自治区政协召开“人民政协与深入实施西部大开发战略”暨宁夏人民政协理论研究会第四次理论研讨会，就全区政协系统工作经验和人民政协理论研究进行了阶段性总结。自治区政协主席项宗西，副主席马国权、张乐琴出席会议。会上，8名优秀论文作者代表进行了大会交流发言。此次研讨会共收到论文210篇，是历届最多的，也是增加幅度最大的一次。项宗西在会议结束时讲了话。

（沈 燕）

**【全区第五次提案工作座谈会】** 11月30日，自治区政协召开第五次提案工作座谈会，传达贯彻全国政协第六次提案工作座谈会精神，总结交流提案工作经验，研究探讨新形势下全区提案工作的新情况、新问题。自治区政协主席项宗西，自治区副主席赵小平，自治区政协副主席李淑芬、马国权、陶源、张乐琴及秘书长朱玉华出席会议。赵小平和项宗西分别在会上讲了话。各市（县、区）政协主席、提案委主任，自治区有关厅（局、委、办）分管提案工作的领导、提案办理工作负责人，自治区各民主党派、工商联分管提案工作的领导和承办提案工作的负责人，自治区政协提案委员会委员参加了会议。石嘴山市政协等10家单位的代表作了交流发言。

（沈 燕）

**【张毅 项宗西现场督办重点提案】** 12月6日，自治区党委书记张毅、自治区政协主席项宗西在自治区领导刘慧、蔡国英、袁汉民、陶源和自治区政协秘书长朱玉华及相关部门负责人的陪同下，就《关于加大中部干旱带和南部山区设施农业建设力度的建议》和《关于开展我区农村沼气综合利用技术示范和推广的建议》两个提案进行现场督办。督办组实地考察了同心县河西镇建新村灾后重建情况、红寺堡区设施农业园区日光温室建设情况和爱德福利制衣厂，走访了部分贫困户，就当地困难群众越冬过年等方面的情况进行了解，并听取了自治区农牧厅、民政厅等单位的工作情况汇报。张毅和项宗西分别作了讲话。（沈 燕）

# 行政与社会管理

编辑:范宗兴　王玉琴

## 人力资源和社会保障

【创业就业】　深入实施创业促就业计划,保持了全区就业局势的总体稳定。全年城镇新增就业6.89万人,城镇登记失业率控制在4.35%以内,低于年度调控目标0.25个百分点。一是全民创业扎实推进。大力开展全民创业总结提升活动,推进重点创业示范园区(孵化基地)和创业型城市建设,全民创业"五大体系"进一步完善,全区创业园区(孵化基地)发展到185个,小额贷款担保基金扩充到1.95亿元,全年发放小额担保贷款7.23亿元,分别比上年增长52.89%、39.29%和112.65%,带动就业4.55万人;创办小企业3658个、培养小老板8830个、创造新岗位4.76万个,分别比上年增长15.36%、45.73%、25.26%;组织创业能力培训1.25万人,比上年增长14.68%,培训结束当期实现自主创业4819人,自主创业带动就业2.09万人。二是积极就业政策有效落实。继续实施"五缓、四降、三补贴、一销、一免"援企稳岗政策,累计为企业和参保个人减负3.91亿元。三是重点群体就业统筹推进。坚持"政策、岗位"双兜底,力促1.97万名高校毕业生到企业、乡镇(社区)等基层一线就业,高校毕业生总体就业率达90%,高于国家高校毕业生80%的就业预期目标10个百分点,位居全国前列。推进落实区内重点工程和季节性用工优先使用本区农民工责任制,拓展区内区外就业岗位,全年转移农村劳动力75.53万人,实现工资收入42.2亿元。平罗县、彭阳县、盐池县、原州区被评为全国农村劳动力转移就业示范县。深入开展充分就业社区创建和就业援助活动,继续购买3000个公益性岗位,促进7624名城镇长期失业人员和就业困难人员就业,实现了零就业家庭动态清零。四是职业培训有序开展。不断加大资金投入,完善项目管理制度,组织实施农村劳动力转移就业技能培训、城乡贫困和零就业家庭培训就业援助工程及特别职业培训计划等项目,全年培训城乡劳动力10.93万人,比上年增长30.7%。五是公共就业服务得到加强。组织开展系列公共就业专项服务活动,为高校毕业生、农民工和困难群体免费送信息、送岗位、送政策、送服务,促进了社会就业。银川、石嘴山、吴忠失业动态监测试点工作进展顺利。争取中央补助1268万元,按照"九统一"原则,高标准、高起点规划,在灵武、大武口、青铜峡、中宁4个县(市、区)及其所辖16个乡镇(街道)实施了国家基层就业和社会保障服务中心建设项目。

(赵启斌)

【全民创业表彰】　7~10月,在全区开展以"增强创业能力、提升创业水平、勇当创业先锋"为主题的"黄河银行杯"宁夏首届勇当创业先锋电视大赛,贺钧等6名选手分获冠、亚、季军,并分别获得15万元、10万元、5万元不等的创业扶持资金。10月22日,自治区召开全民创业总结表彰大会,对20个"创业工作先进集体"、50个"创业明星企业"、20个"优秀创业基地"、10个"优秀创业服务机构"、5个"优秀创业者协会"、10个"优秀创业就业宣传单位"、94名"创业明星"、56名"优秀创业服务工作者"、10名"优秀创业指导专家"以及20名"创业宣传先进个人"予以表彰。

(赵启斌)

【社会保障】　全面实施社会保障计划,统筹城乡社会保障步伐加快。全区城镇基本养老、医疗、失业、工伤、生育保险和新型农村合作医疗参保人数分别达到107.7万人、177.95万人、55.8万人、48.87万人、39.82万人和372万人,比上年分别增长16%、4.2%、16.3%、15.1%、29.7%和2%。"五险"基金累计结余138.75亿元,比上年增长38.2%。一是新型农村合作医疗提前实现制度全覆盖。在巩固提高上年贺兰、平罗、盐池三县国家首批新型农村合作医疗试点基础上,积极争取将固原市原州区、西吉县、隆德县、泾源县、彭阳县,吴忠市红寺堡区、同心县和中卫市海原县等南部山区八县(区)纳入2010年国家试点,覆盖全区50%的县区,高于国家试点覆盖面27个百分点,是除新疆、西藏之外扩面最大的省区。自治区、市县自筹资金在其余11个县(区)开展区、市两级试点,新农保制度比国家、自治区原定时间分别提前10年、2年实现全覆盖。二是社会保险历史遗留问题逐步解决。在全国率先出台解决企业职工基本养老保险历史遗留问题政策,并针对城镇低保户无力参保的问题,会同有关部门力破养老保险难题,及时出台了高龄低保人员质押贷款缴纳养老保险费政策,统筹解决了12万多"五七工"、家属工、农场工、"1995年以前离岗"等人员的老有所养问题。解决了1.82万名国有、集体关停破产企业和国有困难企业退休人员的医疗保障问题。三是城乡居民基本医疗保险实现制度统一。按照自治区党委、政府要求，与卫生、财政等部门密切配合，平稳完成了新型农村合作医疗移交接管工作。在全国率先整合城镇居民基本医疗保险和新型农村合作医疗制度，建立了“一制多档”筹资缴费机制，实现了城乡居民基本医疗保险体制机制、政策标准、支付结算、信息系统和经办服务等的统一，并在固原、石嘴山开展了统筹城乡居民基本医疗保险试点工作。启动实施了社会保障“一卡通”工程。四是社会保障水平进一步提高。在连续5年提高企业退休人员养老金基础上，再次为全区企业退休人员月均增加养老金185元，调整后企业退休人员月人均养老金达到1635元，高于全国平均水平265元。五是社会保险基金监管和经办服务明显加强。企业职工基本养老保险关系和流动人员基本医疗保险关系实现可转移接续。配合财政部门，在5县60个乡镇建立了统一规范的民生服务中心。（赵启斌）

**【人才队伍建设】** 落实人才规划政策，人才队伍建设进一步加强。一是人才引进工作取得新成效。2010年9月26～27日，成功举办中阿人才合作交流研讨会和中国（宁夏）引进海内外高层次人才合作洽谈会，引进海内外高层次人才118名，其中柔性引进院士16名、国内外知名专家40名，全职引进博士62名。二是人才评价机制进一步完善。出台了优秀高层次专业技术人才和高技能人才选拔办法，重新修订了31个系列专业的职称评审条件，建立了以品德、能力和业绩为主要评价要素的人才评价机制。按照新的评价机制，首次选拔21名留学归国人才入选自治区“百人计划”，其中推荐2人入选国家“千人计划”。推荐20名高层次、高技能人才享受国务院特殊津贴；评审高级专业技术职务任职资格3104人。三是人才载体建设得到长足发展。围绕重点产业、重点学科，新设博士后科研工作站3个，新建院士工作站7个、专家服务基地8个、人才高地9个。四是继续教育工作得到加强。争取人力资源和社会保障部为宁夏单独举办专业技术人员高级研讨班3期，培训314人。自主举办自治区示范性专业技术人员高级研讨班10期，培训857人。依托行业部门开展专业技术人员继续教育，培训13.58万人。五是引智工作取得良好成效。争取引智项目71个，聘请外国专家292人次，为全区培训英语教师525人，培训马铃薯栽培与种薯繁育、中小型企业国际化、饲养青贮与肉牛养殖等管理和技术人员890人次。组织出国（境）培训297人次，其中选派100名乡（镇）长到香港参加了培训。六是高技能人才、农村实用人才培养力度加大。全年新培养高技能人才3651人，其中高级工3078人，技师、高级技师573人。在国家高技能人才评选中，宁夏推荐的李军获得中华技能大奖称号，3名技能人才被评为全国技术能手。继续坚持每年选拔640名骨干农村实用人才到山东寿光、陕西杨凌等地培训，选送22名优秀农村实用人才到宁夏大学研修。（赵启斌）

**【公务员管理】** 出台了公务员遴选、培训及录用考试违纪违规行为处理等办法，进一步规范了参照公务员法管理机关（单位）人员登记、职务级别确定、人员交流等工作。深入实施阳光招考，组织各级党政机关招录、遴选公务员1773名。公务员培训、考核、奖惩、任免等工作有序开展。（赵启斌）

**【事业单位人事制度改革】** 大力推行阳光设岗，聘用合同推聘率、签聘率均达到100%，比国家全面实行事业单位聘用制规定时间提前5年；岗位设置完成率达96.7%，比国家2010年底实现地方事业单位岗位设置80%高出16.7个百分点。深入推进阳光招聘，指导各级各类事业单位公开招聘1740人，其中研究生以上学历386人。（赵启斌）

**【军转安置】** 进一步完善功绩制考核和双向选择安置办法，强化军转干部安置工作“五项措施”，推行“十公开”和廉洁自律承诺制度，着力构建阳光安置机制，圆满完成155名计划分配军转干部安置任务。军转干部培训教育受训率达100%，企业军转干部保持总体稳定。（赵启斌）

**【最低工资标准】** 根据宁夏经济发展水平，将一、二、三类区最低工资标准分别提高到710元、660元和605元，平均增幅达24.9%；将非全日制劳动者最低小时工资标准分别提高到7.6元、7.2元和6.8元，平均增幅达18%。（赵启斌）

**【绩效工资与津补贴】** 事业单位绩效工资全面实施。会同有关部门，完成全区公共卫生与基层医疗卫生事业单位绩效工资核发工作，启动了其他事业单位实施绩效工资工作。公务员津贴补贴进一步规范。会同财政部门，启动了市、县（区）第三步规范公务员津贴补贴工作，兑现了司法助理员、信访工作人员和机要交通人员岗位津贴及人民警察法定工作日之外的加班补贴。提高了机关、事业单位在职职工取暖费标准和政府效能考核奖标准，增发了机关、企业和事业单位离退休人员取暖费补贴。（赵启斌）

**【劳动关系】** 加强劳动关系建设，劳动者合法权益得到有效保障。一是农民工权益保护工作扎实开展。将农民工工资清欠工作纳入效能目标考核体系，进一步完善工资保证金、企业诚信制度等长效机制，组织开展中央驻宁企业劳动保障监察书面审查、全区重点建设项目使用农民工情况监控、劳动用工备案、农民工工资清欠等专项行动。对拖欠农民工工资的房地产开发企业出台了“吊销其建筑施工资质；冻结其在宁夏范围内在建工程项目，依法进行拍卖，用于支付拖欠的农民工工资；不得参与宁夏土地招标、拍卖等经营性活动，并将其清除出宁夏建筑施工市场”3项硬措施，农民工工资清欠率达到98%以上。二是劳动合同管理积极推进。充分发挥劳动保障监察、调解仲裁和协调劳动关系三方机制作用，推进实施集体合同制度和小企业劳动合同制度。深入开展银川、吴忠“两网化”试点工作。全区规模以上企业劳动合同签订率达92%，集体合同签订率达82%，涉及农民工32.9万人。三是信访维稳工作进一步加强。健全完善领导信访接待日等制度,制定群体性上访事件应急预案,大力开展信访积案排查化解活动,全系统共接待群众信访1.3万多人次,群众反映强烈的一些难点问题得到妥善解决。(赵启斌)

## 社会救助与社会工作

**【2010年全区民政局长会议】** 2010年1月18日,全区民政局长会议在银川召开,会议深入贯彻全国民政工作会议、自治区党委十届十次全体(扩大)会议和自治区经济工作会议精神,总结2009年工作,表彰先进,交流经验,安排部署2010年工作。自治区民政厅厅长马廷礼作了《坚持民政为民着力改善民生扎实推进民政事业科学发展跨越发展》的报告。(王震平)

**【减灾救灾】** 印发了《关于加强我区救灾减灾应急指挥体系建设的意见》,修订了《民政厅自然灾害救助应急工作规程》,推进市县两级综合协调机构建设,指导各地完成救灾减灾应急指挥机构设置。全面做好冬春灾民生活救助工作。共下拨各类救灾资金1.68亿元,累计救助灾民120万人,保障了受灾群众的基本生活。积极做好各类灾害应急救助工作。6月17日,启动旱灾四级响应,协调武警宁夏总队出动40名官兵、15辆抗旱车,支援隆德、西吉两县抗旱救灾。积极应对8月2日中卫市香山乡洪水灾害,得到了自治区政府的肯定。积极协调有关部门和部队,出动30多辆车,为青海玉树地震灾区筹集运送1000套炉具、35顶棉帐篷和50套活动板房,得到了民政部的通报表扬。协调人力资源和社会保障厅完成了灾害信息员职业技能鉴定站建站任务,组织参加了全国技能培训和职业鉴定。召开了全区农村危窑危房改造工作总结表彰大会,对5年来危房改造工作进行了全面总结和表彰奖励。(王震平)

**【防灾减灾】** 自治区海原救灾物资储备库已建成并投入使用,有效提升了全区特别是南部山区自然灾害应急保障能力。完成了自治区储备库项目可研报批、设计单位招标、初步设计报批、代建单位招标、施工单位招标等前期工作。争取救灾物资采购资金1000万元,完成救灾物资采购工作。认真组织减灾示范社区创建活动,组织人员对5市各县(区)推荐的45个社区逐一进行了考核评定和报批,授予银川市兴庆区银华社区等10个社区"全区综合减灾示范社区"称号,民政部授予银川市兴庆区景泰社区等10个社区为"全国综合减灾示范社区"称号。圆满完成了《汶川特大地震社会赈灾志》宁夏部分的编纂工作。(王震平)

**【城乡低保】** 进一步规范城乡低保工作。重新审定了《宁夏回族自治区城市居民最低生活保障工作规程(试行)》,适度扩大南部山区和中部干旱带低保覆盖面,城市低保覆盖面达到17.7%,农村低保覆盖面达到10.6%。提高了农村低保对象中学生补助水平,对低保对象中接受义务教育、高中、大学阶段的在校学生补助水平每人每月分别提高10元、20元、30元,发挥了低保促进教育的功能。截至12月底,全区共保障城市低保对象9.4万户21.1万人,累计发放低保金31106.7万元;保障农村低保对象19.7万户35.1万人,累计发放低保金19526万元。(王震平)

**【医疗救助】** 自治区民政厅出台了《城乡医疗救助即时结算"一站式"管理服务实施意见》,在全区开展医疗救助即时结算"一站式"管理服务工作。对农村五保供养人员、享受城乡居民最低生活保障人员、城乡高龄低收入老人津贴人员持相关证件和证明材料,在定点医院治疗出院时,实行基本医疗保险与医疗救助费用在一个服务窗口同时结算,简化手续,极大方便了城乡困难群众看病就医。全年共支出城乡医疗救助资金14804万元,救助106万人次,有效地缓解了困难群众"看病难"问题。(王震平)

**【五保供养】** 积极与自治区财政厅协商,下拨五保供养资金2776万元,从2011年1月1日起,对全区现有农村散居五保对象11528人,将补助标准由月人均75元提高到100元,确保农村五保对象供养标准达到当地农村平均水平。改进星级敬老院管理模式,开展了农村敬老院星级考核评比工作,全区五星级以上农村敬老院达到26个,占敬老院总数的61%,分别向民政部推荐3个民政局、5名敬老院工作人员、6家敬老院为全国先进单位、先进个人和模范敬老院,受到民政部的表彰。(王震平)

**【临时救助制度】** 2010年11月,自治区人民政府出台《关于建立临时救助制度的通知》,规定将因临时性、突发性等原因导致难以维持基本生活的困难群众家庭纳入临时救助范围,给予一次性临时生活救助。临时救助制度的建立,标志着又一项惠及城乡困难群众的重大民生政策的诞生。新出台的临时救助制度,对因就医、就学、自然灾害等临时性、突发性原因造成基本生活出现暂时困难的城乡居民家庭给予非定期、非定量的临时救助,最高可救助5000元。临时救助制度的出台,拓宽了全区社会救助范围,将救助对象由城乡低保对象、低保边缘家庭扩大到全体城乡居民家庭,实现了全区社会救助制度的创新,形成了以城乡低保、五保供养、自然灾害救助为基础,以临时救助和慈善捐助为补充,与教育、医疗、住房、司法等专项救助制度相衔接,覆盖城乡居民的社会救助体系框架。

(王震平)

**【双拥工作】** 修改完善了《宁夏回族自治区双拥模范城(县)综合考评标准和考评细则》,立足民族地区实际,积极探索双拥工作新路子。广泛发动驻宁部队、武警、消防官兵开展"一部一寺""一队一寺"共建活动,与驻地有影响的中心清真寺结对141个。通过开展军地携手共建文明清真寺活动,增强了民族团结、维护了社会稳定、促进了社会和谐、扩大了双拥群众基础和覆盖面,受到了军地双方的普遍赞誉。军寺共建活动着重围绕共建宗教和顺场所、共建先进文化传播阵地、共建民族团结窗口、共建社会稳定机制、共建国防教育和马克思主义民族观宗教观学习实践课堂等5项重点,拓展了共建领域,丰富了共建内容，创新了共建载体，突出了共建特色，形成了民族地区特有的双拥模式和品牌，推动了新时期双拥工作的创新发展。（王震平）

**【优待抚恤】** 制定了《伤残抚恤管理办法》实施细则，适时调整了在乡老红军、老战士、烈属、残疾军人等重点优抚对象抚恤补助标准，以及复员军人，带病回乡退伍军人，参战、参核退役人员生活补助标准。落实优抚安置政策，建立重点优抚对象抚恤标准自然增长机制，保障优抚对象10199人，补助标准逐年得到提高。优抚对象医疗费报销“一站式”服务工作实现了全覆盖。（王震平）

**【安置改革】** 建立了“扶持就业、经济补偿、重点安置、城乡一体”的退役士兵安置制度体系，加大就业培训力度，拓宽安置渠道，组织宁夏宝丰能源集团有限公司、宁夏赛马实业股份有限公司等14家大型企业举办了2010年退役士兵现场招聘会，有1200多名城乡退役士兵参加了招聘，被企业录用300多人；积极组织全区退役士兵参加职业技能培训，培训1100人；向83家中央驻宁和区属单位指令性安置退役士兵706人，安置率达95%。进一步完善了维稳工作机制，落实了“五包责任制”。建立了重大节日和敏感时期值班和“零报告”制度，年内无重大上访事件的发生。（王震平）

**【基层政权和社区建设】** 紧紧抓住中央支持自治区村级组织活动场所建设的有利契机，整合党委组织部、发展改革委、财政、建设、文化、卫生、体育等方面资源，捆绑各部门涉农资金和项目，聚合1.5亿元资金，按照“便民原则选址，优化资源配置，统一建设方案、统一色彩式样、统一功能布局，统一社区标识、统一以县为单位组织实施”的要求，开工新建628个村级组织活动场所和农村社区服务设施，其中标准化农村社区服务设施150个。此项工作被民政部确定为全国农村社区建设创新亮点工作。10月，在银川召开了全国农村社区建设实验工作推进会，观摩交流了宁夏经验。依法扎实有序地推进全区第八届村委会换届选举工作，村务公开和民主管理全面推进，全区有6个县（区）104个乡镇的902个村委会被评为村民自治模范单位。扎实开展城市星级社区创建活动，全区458个城市社区中，三星级以上社区327个，占社区总数的72.2%，其中，四星级社区120个，五星级社区92个，提高了社区服务和管理水平。（王震平）

**【社会福利】** 加大福利机构建设力度，宁夏老年福利服务中心一期工程和儿童福利院主体工程完工；宁夏银川精神卫生防治体系建设项目7月初开工建设，已完成主体建设；8个市级未成年人救助保护中心和孤残儿童养护中心建设项目进展顺利；3个县级综合福利服务中心全部建成。为869名病残患儿实施了手术康复，超额完成全年目标任务的3.34倍。重生项目行动被国家民政部项目办确定为全国唯一的典型单位。实施“订单就业”，争取民政部将适龄孤儿职业技能培训时间由2年延长至3年，确保孤儿有学有岗有业。（王震平）

**【慈善事业】** 以自治区党委、政府出台了《关于促进宁夏慈善事业发展的意见》，这是全国第二家以省级党委、政府名义出台关于发展慈善事业意见的省区。5月12日，集中举办了慈善奖颁奖典礼、慈善报告会、“善行宁夏”大型公益晚会等一系列活动，慈善晚会募捐善款1600多万元。“3个1000万元慈善项目”进展顺利，争取区外境外“少儿先心病”、唇腭裂等慈善项目资金已达1020万元；实施助老、助残、助孤等慈善项目资金1100万元；组织和动员137名爱心人士（组织）出资307万元，资助抚育1160名孤儿，超过了原计划160名。按照自治区党委、政府的要求，启动宁夏“黄河善谷”的规划编制工作。（王震平）

**【陶乐养老城】** 按照自治区党委、政府的要求，利用原陶乐县撤县设镇闲置资产改造建设宁夏陶乐养老城。2010年先期启动试点改造项目，概算投资2100万元，新增床位约600张。争取用5年的时间，把陶乐养老城建设成为功能配套、环境优美、特色鲜明、服务规范的养老城，打造具有宁夏特色、西部领先、全国示范的养老服务基地。（王震平）

**【孤儿养育最低津贴制度】** 2010年5月，宁夏出台了《自治区人民政府关于建立散居孤儿最低养育津贴制度的通知》和《关于发放事实无人抚养孤儿救助金的通知》，在全国率先建立孤儿养育津贴制度。明确要求对在自治区内居住、有本地户籍且父母双亡的18岁以下的社会散居孤儿，不分城乡和地域，从6月1日起，每人每月享受600元的最低养育津贴；对事实无人抚养孤儿按当地城市低保标准进行全额保障。散居孤儿最低养育津贴制度的建立，有效地保障了散居孤儿的基本生活，提高了散居孤儿的生活水平，完善了社会福利制度。（王震平）

**【社会组织】** 结合开展社会组织学习实践和争先创优活动，着力创新社会组织党建工作管理体制，扩大党在社会组织的组织覆盖和工作覆盖。经自治区党委批准，成立了自治区社会组织工委，配备专职副书记。创新党组织管理体制。纵向上，实现了自治区、市、县（区）三级社会组织工委工作体制全覆盖，全区社会组织党组织应建尽建率实现了100%；横向上，指导全区性社会组织业务主管单位成立社会组织党委（党总支），形成了各级党委领导、组织部门抓总、社会组织工委具体负责的社会组织党建工作体制。健全完善了党建工作各项制度，推动“党群共建、创先争优”活动的深入开展。建立财政保障机制，2010年，自治区财政首次安排500万元用于社会组织培育发展；市、县（区）分别将社会组织党建与发展经费纳入部门预算，为社会组织的培育发展提供了有力支持，社会组织“发展、监管、党建”三位一体工作新格局初步形成。扎实开展社会组织创先争优活动，在全区性行业协会、商会、基金会开展等级评估，普遍开展了示范性农村专业经济协会评定，取得了积极成果。2010年9月，在全国社会组织创先争优推进会上，宁夏作了交流发言。（王震平）

**【老龄工作】** 加强社区服务基础设施建设，整合多部门资源，合力推进社区居家养老服务发展。各地按照就近、方便、经济的原则,充分利用现有的社区医疗服务站、社区便民服务中心、辖区养老机构、老年活动中心(室)等多种资源,新建了一批具有日间托管、医疗保健、文化娱乐等功能的社区居家养老服务中心(站);建立了宁夏智能化社区居家养老服务信息平台,为上千名老人安装了"一键式"呼叫器,为开展形式多样的居家养老服务创造了条件。宁夏慈善总会实施了"扶老助残"慈善项目,为生活困难的3000名老年人每人每月提供50元的购买服务补助。全区已建成规范运作、管理有序、服务优良的居家养老服务示范站205个,通过政府购买服务和慈善资助等形式,累计为5000余名困难老年人购买服务。部门联合开展了敬老爱老助老主题教育活动。2010年,全区有22人、两个集体分别荣获"孝亲敬老之星"和"敬老模范单位"荣誉称号,银川市爱心老年公寓何宁红荣获"中华孝亲敬老楷模提名奖";自治区老龄办组织开展了首届"敬老月"活动。组织开展了"敬老号"和谐夕阳京津游、千名老人观世博下江南、"韩国旅游文化·中国宁夏老年活动月""宝岛台湾游""千名特困老人家乡游"等一系列大型旅游活动,上万名老年人参与了上述活动。将《老年人优待证》由原来统一在自治区人民政府政务服务大厅集中办理,改为在全区22个县(市、区)办理,并免收工本费,赢得了社会特别是老年人的赞誉。

(王震平)

**【福利彩票发行】** 福利彩票安全、健康运行,2010年,宁夏福彩销售额达6.36亿元,同比增加1.9亿元,增长率达43%,增幅位居全国前列;筹集公益金1.99亿元,同比增长39%;人均销量达到102元,在西部省区名列第一,销售业绩实现了历史性突破。(王震平)

**【专项社会事务管理】** 适时调整行政区划,按照自治区人民政府关于对红寺堡区周边行政区划调整的要求,会同银川市、吴忠市,以灵武市、利通区、红寺堡区、同心县、盐池县,对调整后的行政区域界线进行了勘定。先后于5月31日和6月15日,召开区划调整移交工作协调会议和移交仪式,顺利完成了移交,确保了自治区重大区划调整决策的执行,维护了社会稳定。进一步规范地名管理,建立了地名数据库,全区设置地名标志114,568块,采集地名信息3.8万条,提高了地名管理服务水平。殡葬改革深入推进,3个殡葬建设项目全部完成;婚姻、收养登记日趋规范,6个婚姻登记处建设进展良好。民政法制、标准化建设不断推进,在城乡社区建设、慈善事业发展、孤儿养育津贴、规范医疗救助制度、居家养老等方面率先在全国出台了一批利民新政。福利机构服务规范等民政公共服务的相关标准相继出台。本着"科学规划、分步实施"的原则,立足高标准、高起点,启动了民政信息化建设项目。被民政部列为省级民政全业务平台建设试点单位。

(王震平)

**【民政部支持宁夏社会事业】** 9月,先后邀请民政部部长李立国、副部长姜力和罗平飞一行来宁调研指导工作,民政部与自治区政府召开了宁夏民政工作座谈会,共商深入实施西部大开发战略大计。民政部明确提出,从加快民政工作改革创新、加大民政资金和项目投入、加强民政基层基础建设等大方面对宁夏给予支持;对重大改革措施或试点示范工作先行先试,推进社会组织管理体制改革,推进自治区直管县体制改革,推进民政管理和服务规范化、标准化,推广宁夏农村社区建设先进经验,编制国家"十二五"民政事业发展总体规划和专项规划多纳入宁夏项目,加大对宁夏社会救助资金、优抚安置经费和救灾减灾资金的投入,加大对宁夏社会福利事业的投入,加大对宁夏农村敬老院、各类社会福利服务设施和救助管理机构建设的支持力度,加大对宁夏救灾物资储备的支持力度,民政信息化建设,民政干部队伍建设等12个小方面提出了具体支持措施。(王震平)

**【编制民政"十二五"规划】** 紧密结合自治区党委、政府要求以及民政部"十二五"规划重点项目实施计划,对"十二五"和新一轮西部大开发期间民政事业发展的趋势进行研究和定位分析,组织召开了全区民政系统"十二五"项目建设工作会,明确了"十二五"规划编制的基本思路、任务目标和项目申报要求。坚持立足当前与谋划长远相结合、定性目标与定量目标相结合、重点突破与全面发展相结合、政府主导与社会参与相结合,认清形势,把握需求,抢前抓早,超前谋划、研究、编制、储备、申报项目,紧扣养老服务体系建设、社区服务设施建设、基本公共服务均等化和防灾减灾等专项规划,在多方征求意见、充分论证、反复修改的基础上,建立了民政系统实施西部大开发和"十二五"规划项目储备库,编制了民政重点项目4类13项28个子项目,共有项目1905个,预计投资64.25亿元,完成了2011年及3类121个民政备选项目的编报工作,确保了规划编制有计划、有步骤地开展。

(王震平)

**【党风廉政建设】** 严格执行中央和自治区党风廉政建设的各项规定,坚持惩防结合、依法行政、科学管理,努力建设风气正、作风实、行为规范的文明机关。把党风廉政建设与业务工作同计划、同部署、同检查、同考核,确保党风廉政建设工作落到实处。民政厅党组与5市民政局签订了《严禁收受礼品礼金责任书》。厅长与副厅长、副厅长与业务处室负责人层层签订了《党风廉政建设责任书》和《绩效目标考核责任书》,将党风廉政建设考核内容一并纳入年度目标考核。加强对民政专项资金的监督管理,保证了资金的安全运行。反腐败任务分工民政厅牵头的加强社会组织的管理、推进村务公开、加强救灾和捐助资金管理等3项任务圆满完成。

(王震平)

**【机关效能建设】** 按照科学合理的要求,对自治区政务中心窗口人员进行岗位分工,落实了岗位责任制。制定和完善了《民政厅行政审批办公室工作人员准则》《行政审批综合管理办法》《行政审批限时办结制度》《行政责任追究制度》和《行政许可专用章管理制度》等,用制度规范行政审批程序和行为。简化行政审批程序,缩短行政审批时限,提高行政审批效率。对审批设立、工作环节、办结时限、窗口作用、执法文书、监督制约等方面进行科学重组和流程设计，将38项限时审批事项改设为即时审批，占审批项目的78%。全面推行“阳光民政”，对进入中心办理的事项实行“一门受理、并联审批、统一收费、限时办结”的模式，并采用墙上悬挂、桌上摆放、户外张帖、网上发布等形式公开服务事项，极大地方便了群众。突出政务督办重点，人大代表建议、政协委员提案办理任务落实，被自治区政协评为“议案办理先进单位”。（王震平）

## 扶贫开发

**【概况】** 2010年，全区的扶贫开发工作以统筹山川协调发展为重点，采取就地扶持与异地转移、自然资源开发与生态环境保护共举，基础设施与社会事业建设、项目扶持与智力开发并重等方法，全力推进扶贫开发工作，贫困地区的基础设施建设明显加强，农业产业结构调整步伐明显加快，社会事业建设取得了新进展，新农村建设稳步推进，生态环境不断恶化的趋势得到进一步遏制，农民人均纯收入从上年的2916元提高到2010年的3415元，增加499元，增长17.1%，高于全区农民人均纯收入15.5%的增长幅度。（樊开应）

**【扶贫规划】** 2010年，宁夏扶贫办在认真总结10年来全区扶贫开发经验和广泛开展调查研究、组织专家论证的基础上，完成了《宁夏农村“十二五”扶贫规划》《六盘山集中连片特殊困难地区开发规划》和《劳务移民专项规划》的草拟工作，启动了新一轮的整村推进规划编制工作。这些规划突出了“五个结合”：一是与中央和自治区的一系列强农惠农措施相结合，二是与自治区贯彻落实西部大开发战略的一系列政策措施相结合，三是与自治区统筹城乡发展的重大举措相结合，四是与贫困地区发展优势特色产业相结合，五是与各行业、部门的专项规划相结合。（樊开应）

**【整村推进】** 2010年，是宁夏第三批298个整村推进工作重点村规划项目实施的最后一年。各县、市（区）按照“减少贫困、增加收入、缩小差距、促进发展、构建和谐”的总体目标和新农村建设的总体要求，加强协调，整合资源，强化责任，采取各种有效措施全力推进整村推进扶贫开发工作。全年完成投资5.76亿元，村均投入193万元，解决了13.8万人的脱贫问题，各重点村基本实现了“四通十有”（通路、通水、通客车、通信息，村有小学或能就近上学、村有医疗卫生室、村有办公场所和党建文化活动中心、村有就近方便的农技或畜牧服务点和生产生活资料服务店、村有主导产业或特色优势产业、村有互助资金、户有增收项目、户均培训稳定转移一个劳动力、人均拥有1～3亩高标准基本农田、户均有1套安居住房和50%以上的农户有新能源设施）的建设目标。（樊开应）

**【劳动力转移中长期培训——雨露计划】** 2010年，宁夏发展劳务产业领导小组办公室下达贫困地区农村劳动力转移中长期培训任务5000名。自治区扶贫办安排资金800万元，专项用于对贫困地区“80后”“90后”生的职业技能培训，并进一步落实了县（区）扶贫办和培训学校责任，加大了对培训工作的督导检查力度，确保了培训人员、时间、专业、效果四落实。培训工作主要根据区内用工企业的需要，采取自治区督导检查，市、县（区）组织生源，企业和培训学校联合进行定向培训的方法，有针对性的对“两后”生进行基本职业技能培训，实现了劳务培训与劳务移民工作的有效对接。全年共输出劳务68万人次，务工总收入近40亿元。（樊开应）

**【贫困地区产业化及扶贫龙头企业】** 2010年，全区的扶贫开发工作围绕自治区“四个百万亩”建设目标，共安排“三西”资金和闽宁资金2557万元，专项用于扶持区域优势特色产业发展，重点对马铃薯、菌草、蔬菜等现代设施高效农业进行了扶持。同时，为了使扶贫龙头企业在贫困农户增收中的带动作用更加明显，缓解贫困群众发展增收项目资金短缺等问题，共向31家扶贫龙头企业和2万多户贫困农户贴息900万元，带动银行发放扶贫贷款2.4亿元。（樊开应）

**【劳务移民】** 2010年，自治区扶贫办整合扶贫资金5320万元，在银川、石嘴山、吴忠、固原、中卫5市的市区、工业园区、产业基地新建14个劳务移民安居租赁住房安置点，建设住房2084套6.6万平方米，计划安置8336人。其中，完成了银川市西夏区西苑小区、灵武羊绒园区、宁夏亿能公司、石嘴山工业园区、青铜峡禹皇酿酒公司、夏华肉食品公司6个安置点的农民工租赁住房597套建设任务，建设面积1.975万平方米。为了疏通企业与贫困劳动力双向选择的通道，自治区扶贫办先后在新华社、宁夏电视台、华兴时报等新闻媒体上进行了相关的宣传报道，并先后3次组织用工企业负责人到8个国家扶贫开发工作重点县进行对接，由用工单位和培训学校联合进行定向培训，受培训人员经过培训后，直接进入企业就业，做到培训一个就业一个，提高培训效率。（樊开应）

**【连片开发试点】** 泾源县、隆德县、同心县被确定为2010年“县为单位、整合资金、整村推进、连片开发”试点县，3个试点县均成立了领导机构，制定了实施方案和管理制度，完成了前期准备，落实了部门（行业）资金项目整合责任，部分项目做到了当年规划、当年启动实施。同时，2010年也是盐池、原州、西吉、彭阳4县（区）“连片开发”试点工作规划项目实施的最后一年，全年共整合部门（行业）资金2.86亿元，重点投向4县（区）的农业基础设施和产业项目，项目共覆盖21个乡（镇）67个行政村共11.06万人。通过试点，4县（区）的贫困人口减幅达29.6%。（樊开应）

**【社会扶贫】** 2010年，全区社会扶贫工作成效明显。定点帮扶宁夏各扶贫开发工作重点县的中央国家机关（企业），认真贯彻落实中共中央办公厅、国务院办公厅联合下发的《关于进一步做好定点扶贫工作的通知》精神，进一步加大了定点帮扶工作力度，其中国家铁道部投入帮扶资金500万元，用于原州区教育、生态移民安置区的基础设施建设和农民培训等;宋庆龄基金会投入帮扶资金188.34万元,为彭阳县妇幼保健院、中医院及各乡镇卫生院配备救护车15辆。在福建省福州市成功召开了闽宁互学互助对口扶贫协作第十四次联席会议,顺利完成第六批、第七批福建省援宁挂职干部交接工作,成功举办了宁夏·福建(厦门)经贸合作推介会,并与福建省和台湾地区的农业产业化龙头企业开展了一系列对接交流活动,全年福建省及其对口帮扶县区共投入帮扶资金4850万元。区内各定点帮扶单位,认真贯彻落实全区扶贫开发工作会议精神,积极投资投物,帮助贫困群众解决生产生活中的实际困难,共投入各类帮扶资金3460万元。宁夏军区、武警宁夏总队等驻宁部队先后出动官兵7000多名,帮助红寺堡区、西吉县、隆德县开展植树造林和抗旱救灾工作,宁夏军区还向红寺堡区的9所中小学校捐赠了价值100万元的电脑。

(樊开应)

【贫困地区干部培训】 2010年,全区安排扶贫资金100万元,专项用于贫困地区干部培训,采取理论学习与实地参观考察相结合等形式,先后举办乡镇领导干部培训班两期、共培训100人,举办重点贫困村村支部书记(主任)培训班两期、共培训100人,举办大学生村官培训班1期、培训50人,举办产业带头人培训班5期、共培训250人。

(樊开应)

【互助资金】 2010年,共安排扶贫资金8925万元(含国务院扶贫办分配的专项资金1425万元),按照大村30万元、小村20万元的标准,新增项目村341个。其中,在同心县安排了两个千户以上的生态移民村,每村投入200万元,并将农垦系统29个生态移民村纳入了项目实施范围,当年安排了10个村。在吴忠市盐池县启动了整县推行互助资金试点,该县89个贫困村实现了全覆盖。至此,全区已在770个贫困村建立了"发展资金互助社",占全区贫困村的54.8%;项目辐射到了21个县(市、区)的128个乡镇,资金总量达3.2亿元;入社农户10.3万户,受益人口达到46万人。 (樊开应)

【两项制度衔接】 农村最低生活保障制度和扶贫开发政策两项制度有效衔接试点是新十年扶贫开发的基础性工作。在先行试点的基础上,2010年10月,"两项制度衔接"工作在全区8个国家扶贫开发工作重点县和红寺堡区全面展开。各县(区)成立了政府分管领导任组长,扶贫、财政、民政、残联、统计等相关部门负责人为成员的试点工作领导小组,制定了试点工作实施方案和指导意见,并对工作人员进行了业务知识培训。通过宣传发动、对象识别、信息录入、建档立卡等工作,9县(区)共识别确认贫困人口56.3万人。

(樊开应)

【争取国家支持】 全年国务院扶贫办分配给宁夏的扶贫资金共7.42亿元,比上年增加0.5亿元,并在其他省市区第一轮"县为单位、整合资金、整村推进、连片开发"试点工作还未结束的情况下,为泾源、隆德、同心3个县成功争取到了第二轮连片开发试点名额,每县各获试点资金1000万元。 (樊开应)

## 人口与计划生育

【概况】 2010年,全区重点围绕人口计生目标管理责任制"三线"(党政、部门、人口计生)考核、星级乡(镇、街道)创建、全员人口信息化建设、"少生快富"扩面试点等开展工作。在创建活动中,全年有24个乡(镇、街道)达到"四星级"标准,有12个乡(镇、街道)达到"五星级"标准。在年度目标考核中,银川市、石嘴山市、西夏区、永宁县、原州区获一等奖。2010年,全区总人口达630万人,比2005年增加23.8万人。人口生育率14.14‰,自然增长率9.4‰,分别比2005年下降1.83个千分点、1.29个千分点。人口平均预期寿命73岁以上。全区人口年龄结构呈现较为稳定的成年型。 (拜世雄)

【深化"少生快富"工程】 实施"少生快富"扩面试点,从上年10个乡(镇)扩大到7个县区的48个乡(镇)。实施"少生快富"千户示范工程,继续落实"一本通"帮扶制度。开展对历年"少生快富"户清理核查,为44556户"少生快富"项目户制作悬挂门牌。实施"少生快富"独生子女户、纯女户提前奖扶制度,落实提前奖扶对象24972人次,兑现资金1486.38万元。实施国家农村部分计划生育家庭奖励扶助制度和特别扶助制度,确认奖励扶助对象4378户、确认特别扶助对象530人,兑现资金315.216万元。联合自治区财政厅、保监会和宁夏人寿保险公司下发《自治区农村计划生育保险工作实施办法》,启动农村计划生育家庭子女保险和计划生育手术保险工作;联合下发《关于做好新型农村社会养老保险制度和计划生育政策衔接的通知》,对农村独生子女户、两女户和"少生快富"户每人每年给予75元优惠缴费补贴。会同中国人民大学人口与发展研究中心重点对"少生快富"工程实施情况进行评估,投入产出比由2005年的1:40上升到1:43。将实施计生富民计划——"少生快富"千户示范工程列入自治区人民政府2010年为民办30件实事计划。制定创建方案,安排资金500万元,确定1250户扶持对象。自治区政府进行现场督察并验收,对合格户以"一卡通"形式将资金拨入"少生快富"示范户账户中。示范户户均发展1~2个项目。其中,发展种植业350户,建种植蔬菜大棚1051座、压砂瓜1544亩;养殖业645户,养羊18645只,养牛2586头;其他产业255户。各县(区)共投入项目捆绑资金976万元,项目户户均收入达5000元以上。是年,宁夏"少生快富"家庭代表——同心县丁塘镇吴家河湾村村民纪秀英当选全国"人口计生事业十大新闻人物" (拜世雄)

【人口计生服务能力建设】 全年争取财政资金300万元,补助15个普通乡服务站建设。加大对中央扩大内需投资项目督察,上年立项的17个中心乡站建设,已完工15个,配套资金196万元。开展计划生育优质服务"回头看"活动,2个县级、7个乡(镇)级服务站(所)被评为全国计划生育优质服务示范站(所)。举办3期全区乡级技术人员培训班，培训120人。实施国家三千人才工程和进修培训，培训县级技术骨干26名。开展科技大练兵，6个单位、11名技术人员被评为全国科技练兵先进单位和先进个人。加强计生协会工作，"生育关怀行动""幸福工程""穆斯林生殖健康宣传教育项目"得到国家肯定并推向新疆等地。开展全区计划生育免费药具发放网点清理规范工作，清理取缔不规范网点2239个，新增和整改发放网点1000个。建立具有宁夏特色的计划生育/生殖健康工作新模式的门诊示范窗口，全年接诊服务对象2030人次。开展家庭保健项目，全区785人参加国家生殖健康咨询师统一考试，生殖健康咨询员（四级）考试合格率56.07%，生殖健康助理咨询员（五级）考试合格率27.94%。将"为194个乡镇配置计划生育流动服务车"列入自治区人民政府2010年为民办30件实事计划落实。落实经费970万元，公开招标采购，为194个乡镇、农垦14个农场配置计划生育流动服务车。6月13日，自治区在银川举行宁夏民生计划项目、全区乡镇人口计生流动服务车发放仪式。在政府直属部门中，自治区人口计生委第一个完成年度民生计划任务，实现乡镇人口计生流动服务车全覆盖。12月23日，国家人口计生委员会命名金凤区、盐池县人口计生服务中心，西夏区镇北堡镇、永宁县望远镇、贺兰县常信乡、平罗县姚伏镇、青铜峡市瞿靖镇、隆德县凤岭乡、沙坡头区镇罗镇人口计生服务站为全国计划生育优质服务示范站。（拜世雄）

**【全员人口信息化建设】** 自治区人民政府出台《宁夏回族自治区全员人口宏观管理信息化建设实施意见》《宁夏回族自治区全员人口宏观管理信息化建设实施方案》，召开全区全员人口宏观管理信息化建设启动工作电视电话会议。自治区计生委举办人口计生规划统计及信息化业务培训班，25个市、县（区）50余名规划统计和信息化人员参加培训。（拜世雄）

**【完善流动人口计划生育服务管理体系】** 自治区人民政府出台《关于进一步加强流动人口计划生育服务管理工作的意见》，建立了"4+1"目标管理责任制考核评估制度，将流动人口纳入人口计生目标管理考核体系，规范流动人口信息统计工作。加强省际协作，与陕西、甘肃、青海、新疆及新疆生产建设兵团人口计生部门签署《西北流动人口计划生育区域"一盘棋"工作协议书》，开展跨省区域协作，实现区域"一盘棋"。各市、县（区）与23个省（区、市）234个县以上人口计生部门签订双向服务管理协议，建立长效协作机制。加强PADIS流动人口子系统应用，提前一年实现与国家PADIS流动人口子系统对接，跨进二类省区工作行列。举办《流动人口计划生育工作条例》专题培训班19期。是年，银川市被确定为国家服务均等化试点市。（拜世雄）

**【婚育文明创建工作】** 全面推进婚育文明创建工作，对5市推荐的5个首批婚育文明示范县（区）进行评估验收。10月25日，召开全区婚育新风进万家活动总结动员工作会议，部署"十二五"时期全区婚育新风进万家活动的主要任务。自治区人口计生领导小组授予隆德县、中宁县、盐池县、兴庆区、惠农区为首批"自治区婚育文明示范县（区）"。（拜世雄）

**【农村计划生育保险和优生促进工程】** 2010年4月7日，自治区人口计生委、财政厅、保监局和中国人寿宁夏分公司印发《宁夏回族自治区农村计划生育保险工作实施办法（试行）》。在全区农村实施农村计划生育保险。4月15日，自治区人口计生委召开全区"优生促进工程"启动会议，在永宁县、惠农区首批试点。（拜世雄）

**【人口计生宣传教育】** 2010年3月，历时6个月的全区《流动人口计划生育工作条例》知识竞赛揭晓。银川市获一等奖，吴忠市、固原市获二等奖，中卫市、石嘴山市获三等奖，3名队员荣获最佳选手奖。4月中旬，银川市（由西夏区组队）代表宁夏参加紫竹药业杯—全国《流动人口计划生育工作条例》知识竞赛总决赛获三等奖，自治区人口计生委获最佳组织奖。9月21日，自治区召开纪念《中共中央关于控制我国人口增长问题致全体共产党员、共青团员的公开信》发表30周年暨"少生快富"工程实施10周年座谈会。10月25～27日，自治区党委宣传部、人口计生委、文联联合主办全区人口计生美术书法摄影征文竞赛作品展，展出作品173幅，评出特等奖1幅、一等奖4幅（篇）、二等奖8幅（篇）、三等奖20幅（篇）、优秀奖40幅（篇）。4～10月，自治区人口计生药具管理站组织开展全区药具系统"基本理论、基本知识、基本技能"岗位练兵和知识竞赛活动。活动分组织筹备、学习培训、逐级选拔、区内总结、全国决赛等阶段。8月16日，全区决赛在银川举行，银川市获一等奖，中卫市、固原市获二等奖，石嘴山市、吴忠市获三等奖。是年，在全区范围开展了"亲情计生万家行"宣传活动，为8万多户计划生育家庭免费制作了全家福。（拜世雄）

**【人口与发展国际研讨会】** 自治区把人口与发展国际研讨会列为首届中国·阿拉伯国家经贸论坛暨2010中国（宁夏）国际投资贸易洽谈会的一项重要内容，研讨会于9月27～28日在银川召开。人口与发展南南合作伙伴组织等6个国际组织来宾，巴基斯坦等10个国家来宾，国内外专家学者、国内各省区人口计生委负责人以及国内外媒体记者等100余人参会。会议由国家人口计生委与宁夏回族自治区人民政府联合主办，由国家人口计生委国际合作司与宁夏回族自治区人口计生委共同承办。国家人口计生委主任李斌、副主任赵白鸽，宁夏回族自治区主席王正伟，中国计划生育协会专职副会长杨玉学，人口与发展南南合作伙伴组织执行主任哈利·乔瑟里，联合国人口基金驻华代表薄纳德，世界卫生组织驻华代表蓝睿明出席会议并致辞。与会代表向大会提交30多篇学术论文，有15位国内外领导和专家学者发言。（拜世雄）

**【表彰奖励】** 9月，在纪念《中共中央关于控制我国人口增长问题致全体共产党员、共青团员的公开信》发表30周年暨"少生快富"工程实施10周年座谈会上，表彰奖励了宁夏连续从事人口计生工作30年以上的64名工作人员。是年,自治区第二届“人口计生十佳标兵”“人口计生十佳技术服务能手”和“人口计生十佳志愿者”评选揭晓。邢晖等获“十佳岗位标兵”称号,白铁玲等获“十佳技术服务能手”称号,徐明等获“十佳志愿者”称号。是年,宁夏回族自治区计划生育协会被评为全国幸福工程·救助贫困母亲行动“爱心组织”,张磊等15人被评为全国幸福工程·救助贫困母亲行动“爱心使者”,中宁县计划生育协会被评为全国幸福工程“项目示范点”,马桂莲被评为全国幸福工程“幸福母亲”。是年,宁夏获全国人口计生绩效考核评估“稳定低生育水平长效机制建设一等奖”“人口计生利益导向政策体系建设二等奖”“穆斯林人口文化工程”创新奖。另外,兴庆区大新镇等30个村(居委会、社区、办事处)跻身首批全国人口计生基层群众自治区示范村(居)。(拜世雄)

# 食品药品监督管理

**【全区食品药品监督管理工作会议】** 1月24日,全区食品药品监督管理工作会议在银川召开。会议传达学习了全国食品药品监督管理暨党风廉政建设工作会议精神,自治区食品药品监督管理局局长薛塞峰在会上作了《振奋精神开拓进取、全面做好新形势下食品药品监管工作》的报告,全面总结了2009年食品药品安全监管工作,安排部署了2010年食品药品监管工作。会议表彰奖励了2009年度全区食品药品监督管理先进集体和先进工作者。(刘 斌)

**【实施机关处级干部全员竞争上岗】** 2010年上半年,自治区食品药品监督管理局按照“竞争、择优、平等”的原则,对机关15个正副处长职位实施全员竞争上岗。在竞争上岗工作中,成立了领导小组,制定了工作方案,召开了动员会,全局有29名干部参与了竞争上岗工作,经过笔试、面试、民主测评、组织考察等程序和步骤,确定了干部任用人选。在竞争上岗工作中,提拔了6名正副处长,对4名正副处长进行了轮岗,对4名干部进行了工作交流。(刘 斌)

**【餐饮服务食品安全监管制度】** 自治区食品药品监督管理局根据《中华人民共和国食品安全法》和《餐饮服务食品安全监督管理办法》的有关要求,积极探索创新监管机制,制定出台《宁夏回族自治区大型餐饮服务单位食品安全负责人管理办法》《宁夏回族自治区小餐馆标准化管理制度》和《宁夏回族自治区农家乐餐饮服务星级评定标准》,进一步细化和量化了不同类型餐饮服务单位管理标准,达到分级分类管理的要求。

《宁夏回族自治区大型餐饮服务单位食品安全负责人管理办法》对经营面积在500平方米以上,或就餐座位数在250座以上的餐饮服务单位及学校、托幼机构食堂,实行食品安全负责人管理制度。一是明确餐饮企业法人是餐饮食品安全的第一责任人,设立由餐饮企业法人代表人或总经理担任的食品安全负责人,对本单位的食品安全承担完全责任;二是明确食品安全负责人的具体职责,负责检查餐饮服务经营过程的食品安全状况,组织从业人员参加食品安全培训,加强对食品原料采购、验收、后厨加工制作和索证索票等关键环节实施监督检查等;三是对餐饮企业食品安全责任人实施违规记分管理制度,依据卫生监督机构在日常执法监督中记录的食品安全违规行为严重程度,确定12分、6分、2分、1分4个档次记分标准,并把扣分情况作为量化分级管理的评定依据,严重者降低量化分级单位的级别,要求企业更换餐饮食品安全负责人。

《宁夏回族自治区小餐馆标准化管理制度》对经营场所在150平方米以下(含150平方米),或者就餐座位数在75人以下(含75座)的小型餐饮服务网点,在餐饮服务中必须达到最基本的16条经营标准。一是小餐馆必须制定食品原辅料索证索票、餐饮具清洗消毒等“六项”制度,餐饮服务许可证、营业执照、从业人员健康证必须统一进行公示;二是建立消毒登记台账、原料进货台账、证照册、票据册、制度册“两账三册”;三是后厨面积、排水排烟、生案熟案等硬件设施必须达到准入标准;四是实行小餐饮的食品卫生状况表情公示制,分别以笑脸、平脸和哭脸表示小餐饮的食品安全状况,让消费者知情消费。通过明确标准,提高门槛,促进小餐馆硬件改造,规范经营行为。

《宁夏回族自治区农家乐餐饮服务星级评定标准》从农家乐设立食品安全组织机构、制定管理制度、办理相关证照、餐厅环境、后厨设施及卫生状况、从业人员个人卫生等10个方面细化了评定标准,量化了评定分值,重点抓住餐具消毒和加工生熟分开,凉菜间的制作硬件等关键点,按照百分制对农家乐进行评定。根据分值多少,把农家乐餐饮单位划分为四个星级,星级越高,表示其服务和接待设施水平越高。开展星级评定工作,制作星级登记标牌,悬挂于农家乐醒目位置,方便群众监督,促进农家乐改善硬件设施,提升农家乐的规范化经营水平,防范群体性食物中毒的发生,提高食品安全保障水平。(刘 斌)

**【全区餐饮服务食品安全监管工作现场观摩会】** 5月9~10日,自治区食品药品监督管理局组织全区各级食品药品监督管理局、卫生监督所负责人70余人,在银川市和吴忠市召开全区餐饮服务食品安全监管工作现场观摩会,学习交流银川市和吴忠市在餐饮监管工作中的典型经验。现场会参观学习了银川市金孔雀度假村、保绿特生物技术有限公司(餐厨垃圾回收处理)、东港明珠大型餐饮,吴忠市美食街夜市等餐饮服务食品安全示范点,银川市和吴忠市总结交流了大型餐饮业、小型餐饮业、农家乐、学校、建筑工地食堂和餐饮类食品摊贩监管经验。(刘 斌)

**【全区农家乐餐饮服务法规培训班】** 6月30日至7月1日,自治区食品药品监督管理局在银川市举办了两期全区农家乐餐饮服务监管人员和从业人员法规培训班。培训班邀请自治区食品卫生有关专家和领导,采取现场授课、现场互动交流、现场观摩学习等形式，对农家乐星级评定标准、相关法律法规以及餐饮食品安全知识等方面的内容进行了讲解，全区260多名餐饮服务食品安全监管骨干以及农家乐从业人员参加了培训班。（刘 斌）

**【创先争优活动】** 6月24日，自治区食品药品监督管理局召开全区食品药品监督管理系统创先争优动员大会。自治区食品药品监督管理局党组书记、局长薛塞峰就全区食品药品监督管理系统深入开展创先争优活动作了动员讲话。自治区食品药品监督管理局创先争优活动开展时间为2010年6月至2012年7月，分动员部署、全面推进、深化提升、总结完善四个阶段。在创先争优活动中，自治区食品药品监督管理局开展“创先争优、扶贫助学、志愿服务”主题实践活动，11月11~12日，自治区食品药品监督管理局机关全体党员到西吉县田坪乡腰庄村开展了扶贫助学捐赠、志愿服务行动，为村里捐资修建了15个公路涵管；向腰庄村小学捐赠了计算机6台、计算机桌椅6套、烤火炉5个、炉筒50节、烤火煤4吨以及篮球足球等文体器材；向李志荣等8位贫困户捐赠了16袋面粉、8份药品、8套棉被褥等总价值47094元的物品；机关全体党员缴纳特殊党费4800元，给腰庄村小学购置了文体器材。自治区食品药品监督管理局还组织全体党员参观了六盘山红军长征纪念馆，举行了重温入党誓词宣誓活动。（刘 斌）

**【基本药物质量安全监管】** 6月24日，自治区食品药品监督管理局召开全区加强基本药物质量安全监管工作会议，对全区基本药物质量监管工作进行了全面部署，对2010年全区加强基本药物质量监管主要工作任务进行了分解落实，与银川、石嘴山、吴忠、固原、中卫等19个市县局局长和药品监督管理相关处室负责人签订了2010年加强基本药物质量监管主要工作任务责任书。自治区食品药品监督管理局切实加大工作力度，全面完成国家食品药品监督管理局和自治区人民政府部署的基本药物质量监管工作任务。一是完成全品种工艺核查。制定了《基本药物生产工艺和处方核查工作方案》，对全区5家药品生产企业逐户逐品种开展基本药物生产工艺、处方全品种覆盖核查，历时2月完成基本药物163个品种的核查。二是实现全品种覆盖监管。建立了辖区内基本药物配送企业、医疗机构日常监管档案和配送品种数据库。对基本药物配送企业和医疗机构经营使用基本药物情况进行了专项检查，实现了建档率和医疗机构使用基本药物监督检查覆盖面100%，做到了全覆盖、无遗漏的监管。三是建立全品种追溯体系。制订了药品生产、经营企业基本药物电子监管工作实施计划，分别举办全区药品生产、经营企业电子监管培训班，督察了基本药物生产、经营企业电子监管工作情况。全区5家生产企业和62家综合性药品批发、连锁企业全部申请加入中国药品电子监管网，基本完成了基本药物电子监管各项工作。四是确保全品种抽样检验。全年完成药品抽验3150批次，其中抽验自治区“三统一”配送品种1242批次（国家基本药物961批次），国家性评价抽验药品606批次，实现了基本药物全品种覆盖抽验。（刘 斌）

**【餐饮服务食品安全专项整治行动】** 自治区食品药品监督管理局开展多项餐饮服务食品安全专项整治行动，解决餐饮环节食品安全热点问题，有效提高食品安全保障水平。一是开展地沟油整治和餐厨废弃物规范管理。各级食品药品监督管理部门对小餐馆、餐饮摊点、火锅店、学校食堂、企事业单位食堂、工地食堂等餐饮服务单位食用油库存情况、进货验收记录及索证索票制度落实情况进行监督检查，共检查各类餐饮服务单位8676家次，出动执法人员4065人次，执法车辆1325辆次，没有发现餐饮服务单位使用“地沟油”现象。二是开展餐饮类摊贩专项整治。全区现场监督检查餐饮类食品摊贩989户次，帮扶整改餐饮类食品摊贩316户，培训从业人员670人，取缔7户。三是开展乳制品专项检查。各级食品药品监督管理部门对全区餐饮服务单位、集体食堂乳制品及乳品原料的库存、使用、销售及索证索票等情况进行了全面清查，检查餐饮服务单位11000余家。四是开展一次性塑料餐盒专项整治。检查各类餐饮服务单位6536户，出动监督执法人员3089人次和检查车辆641辆次。五是开展建筑工地食堂、学校食堂食品安全专项整治。在全区范围内组织开展了学校食堂、建筑工地食堂食品安全专项整治活动，共出动监督执法人员2380人次，检查学校、工地食堂1285家。进一步防范食品安全事件的发生。六是开展重大活动、节日餐饮服务食品安全保障工作。在春节、中秋节、开斋节、国庆节、中阿经贸论坛等重大节日和大型活动，集中力量开展执法检查和督察，治理突出问题和薄弱环节，确保了节日和重大活动食品安全。（刘 斌）

**【药品安全专项整治】** 8月18日，自治区食品药品监督管理局在吴忠市组织召开了全区药品安全专项整治工作现场会，总结一年来药品安全专项整治工作取得的成绩，推广吴忠市、青铜峡市药品安全专项整治工作经验，安排部署下一阶段专项整治重点工作。全面推进了药品安全专项整治工作的深入开展。在药品生产环节，建立了企业信用档案，派驻了监督员，推行了质量受权人制度，加强了特殊药品的监管，保证了地产药品的质量。在药品流通环节，以规范药品经营行为和查处案件为重点，开展了以非药品冒充药品专项整治，结合药品诚信示范市县的创建活动，整治了挂靠走票违法行为，加强了基本药物质量监管，对基本药物进行了全覆盖抽检，开展了中药饮片、疫苗、医用氧专项检查，加大药械违法案件的查办力度。在医疗器械生产经营环节，强化了日常监管，医疗器械生产、经营和使用管理工作逐步得到加强，市场秩序有了明显好转。全区共监督检查涉药单位7253家（次），查处案件315起，罚没款到账113.4万元，立案数比上年上升12%。（刘 斌）

**【治理虚假药品广告】** 自治区食品药品监督管理局严格药品广告的审批备

案,重点对全区5个地市20个电视频道刊播的药品广告进行适时监测,发现违法药品广告及时移送工商部门,对于夸大功能主治、严重违法的药品广告产品及时采取暂停销售的行政强制措施,规范药品广告的发布行为。2010年,全区审批药品、医疗器械、保健食品广告43件,异地备案217件,监测各类媒体发布的涉嫌违法药品广告266条,移送工商部门处理182条,发布消费警示10期,对景天清肺胶囊等17个严重违法广告药品在全区范围内采取了暂停销售的行政强制措施。(刘 斌)

**【创建药品经营诚信示范市县】** 自治区食品药品监督管理局制定了《创建药品诚信经营示范市县活动实施方案》和《验收标准》,在银川市等12个市县开展药品经营诚信建设示范市县创建活动。2010年,全区1130家药品经营企业参加了诚信评定,其中城区631家,有602家通过诚信评定,占95.45%;农村499家,有441家通过诚信评定,占83.44%。通过创建,奖诚罚失的诚信监管机制基本形成,药品经营企业的责任主体意识和诚信经营意识明显增强,公平竞争、规范有序、诚实守信的市场环境基本形成。(刘 斌)

**【餐饮服务食品安全宣传周】** 9月6日,宁夏餐饮服务食品安全宣传周活动在全区范围内启动,自治区食品药品监督管理局与银川市食品药品监督管理局联合在银川市蓝山名邸社区举行了“宁夏餐饮服务食品安全宣传周”启动仪式,在宣传活动现场,自治区和银川市食品药品监督管理局共摆放宣传展板10余块、发放科普读物2000册、宣传图画2000张,对广大消费者进行了食品安全法律法规、安全饮食方面的知识宣传。来自部分餐饮企业的从业人员代表在“安全饮食、健康生活”宣传标识下就认真履行企业社会责任、积极推进行业诚信建设进行了签名承诺。自治区食品药品监督管理局还开展了“邀请百姓看餐饮”主题活动,组织银川市14个社区的群众代表及有关新闻媒体30余人分别到东宇民族海鲜楼、蓝山名邸幼儿园食堂、宁夏大剧院建筑工地食堂、正源农庄等餐饮企业进行现场参观。(刘 斌)

# 信 访

**【办理群众来信来访】** 一是畅通法定渠道。对群众来信认真进行登记,耐心细致分析归类,及时呈报领导阅批,严格交办督办,力求做到“快接、快转、快办、快结案”,不拖泥带水,不借故推诿;延长接访时间,增加接访力量,节假日安排专人值班,做到上访人员随来随接,不登记完不关门,不接待完不下班,确保了上访群众谈得上、劝得走、不滞留。全年全区县级以上信访部门共受理群众来信来访80340件(人)次,其中自治区信访局受理19728件(人)次,大都得到了妥善处理。二是拓宽新的渠道。逐步完善了领导接访、带案下访、经常巡访、定期回访等已有工作机制,使之更加常态化、制度化、规范化,确保了群众信访诉求在第一时间、第一地点得到反映和处理;进一步总结推广了“市长热线”“市长信箱”“网络问政”“基层信访工作站”等新经验、新做法,压缩了空间,缩短了时间,减少了成本,使群众反映信访诉求更加方便快捷。2010年,全区仅通过领导干部接访,化解信访问题达1227件,涉及9115人,有力促进了社会和谐稳定。三是推动责任落实。严格落实首问、首办责任制,对群众信访诉求,坚持有理的解决到位、无理的教育到位,力求把问题解决在首办环节,防止了“问题积累、矛盾上行”;为提高工作效率,接待受理好群众到自治区党政机关上访,制定印发了《关于妥善处理群众到自治区党政机关上访联动工作方案》,对工作目标、任务界定、处置原则、协调方式、责任追究等逐一进行了明确,压实了各级的工作责任,切实做到了上下联动、左右互通,调度有序、处置及时。通过扎实工作,2010年全区信访形势继续保持了较为平稳的发展态势,没有出现影响社会稳定大局的信访事项。(罗峻岭)

**【矛盾纠纷排查化解】** 立足于发现得早、化解得了、控制得住、处置得好,着力抓好重点区域、重点时段、重点群体和重点单位的矛盾纠纷排查化解工作。坚持即时分析研判,对每日群众来访信息做到“随受理、随汇总、随分析、随通报”,确保各级领导在第一时间掌握情况,相关地区和部门在第一时间作出反应,大量矛盾纠纷在初始阶段即被消除;坚持定期排查交办,对受理过的信访事项定期梳理分析,排查出可能进一步扩散蔓延、可能产生不良影响、可能影响社会稳定大局的苗头性、倾向性问题,及时向责任地区和部门交办,并跟踪督导问效,有效防止了问题积累;在经常性排查的基础上,重大活动、重要会议、重大节日来临前,都提前筹划、精心部署,对可能诱发非正常上访、可能演变成群体性事件、可能酿成事端的隐患问题进行有针对性地专项排查,并认真制定应对措施,切实做到防患于未然;按照中央和自治区统一部署,指导各地各部门进一步完善了矛盾纠纷排查化解长效机制,健全了工作网络,使矛盾纠纷排查化解工作更加规范合理,科学有效。全区信访系统共排查出各类矛盾纠纷2800余件,大都得到成功化解,确保了突发性信访问题和群体性事件的源头预防效果。(罗峻岭)

**【信访积案化解】** 认真总结已有经验,继续加大工作力度,努力巩固信访积案化解成果。一是加强组织领导。始终把信访积案化解作为当前的一项重点工作来谋划、来推进。年初召开“信访积案交办会”,对尚未化解的信访积案逐案落实责任,面对面进行交办;年中召开“疑难信访积案研讨会”,听取工作进展情况汇报,集中研究“钉子案、骨头案”化解方案;年底召开“信访积案化解总结会”,对照台账验收积案化解成果,部署安排下一步工作重点。先后4次组织工作组赴基层开展专项督导检查,安排各业务处(室)带案下访30余次,有力推动了工作进展。二是坚持多措并举。对已化解信访积案定期进行回访,后续工作做到“三个跟上”,即“教育引导跟上、关心帮助跟上、监督防控跟上”,防止了案情反复。对遗留信访积案坚持对症施策，通过落实领导包案，压实责任地区、责任部门、负责领导和办案人员的工作责任，提高了化解效率；通过坚持法理并用，纠正违法违规信访行为，教育感化缠访闹访人员，促进了问题解决；通过实行重点突破，先期解决一些有影响的“钉子案、骨头案”，为其他案件的化解积累了经验、创造了条件，实现了整体推进。三是合理使用专项资金。中央先后两批拨付580万元解决特殊疑难信访问题专项资金，借此契机，自治区信访局又多方协调，推动各地形成专项配套资金，科学调度、严格监管，在最短时限内将“信访专项资金”落实到位、使用到位，为彻底化解信访积案提供了有力支撑。通过各级共同努力，2010年推动化解重点、难点信访积案272件，积案化解总数达到628件，大都做到了“案结事了、息诉息访”。 （罗峻岭）

**【进京非正常上访问题治理】** 一是强化驻京劝返工作。进一步规范了驻京劝返工作的程序、方法，明确了各级的任务、责任，健全完善了相关制度规定，驻京劝返工作机制更加完善合理；坚持非正常上访问题挂账销号制度、24小时值班制度、定期通报制度和责任追究制度，对非正常上访人员的劝返、接回、稳控做到了全程掌握、全面督导；重点敏感时期督导相关地区和部门增加人员、车辆、经费，配合驻京工作组全力做好非正常上访人员的劝返稳控工作，确保不发生问题；定期向自治区党委、政府及有关部门汇报、通报驻京劝返工作情况，赢得社会各方面的大力支持，基本形成了上下齐抓共管的良好局面。二是强化源头防控措施。进一步完善地区、部门、单位三个层面排查机制，健全“区、市、县、乡、村”五级行政区域防控网络，在排查重点人、重点事，稳控重点人、重点事，解决合理问题上下真功夫、苦功夫、硬功夫，切实做到把人员稳控在当地、问题解决在基层，从根本上减少了进京非正常上访的诱因。三是加大依法处置力度。广泛宣传《信访条例》等法律法规，引导上访人有序上访、依法维权，对少数以“上访”为名谋取不正当利益、屡接屡返重复“倒流”的非正常上访人员，配合公安部门依法给予处置，逐步树立起“非正常上访不但无助于问题的解决，而且要受到依法追究”的导向。通过努力，2010年宁夏进京非正常上访治理取得显著成效，全区共发生进京非正常上访252人次，与上年相比下降了62.8%，进京非正常上访在全国排名稳定在26位以后。特别是在重要会议、重点敏感时期都实现了“进京非正常上访零指标”。 （罗峻岭）

**【重点时期信访工作】** 上海世博会、宁洽会暨中阿经贸论坛、党的十七届五中全会、广州亚运会等举办前，自治区信访局认真分析社情动态，研究制定了《上海世博会期间宁夏非涉沪上访人员分流劝返工作方案》《“2010宁洽会暨中阿经贸论坛”期间信访工作预案》，下发了《关于切实做好广州亚运会和亚残运会期间信访工作的通知》《关于做好党的十七届五中全会期间信访工作的通知》，对每个环节的信访工作都进行了精心安排部署，切实做到了预有准备。为把工作做深做细做扎实，在影响较大的上海世博会、广州亚运会和亚残运会期间，专门成立信访工作组，全程驻会，现场办公，确保了万无一失。为保证工作不断线，重大活动、重要会议期间，自治区信访局实行24小时专人值班，随时保持联络畅通，所有工作人员节假日期间不外出、不饮酒，遇有情况随通知随到岗，做到“招之即来，来之能战”。同时，加强情报信息的搜集、汇总和分析研判工作，实行每日“信访信息零报告”制度，及时掌握深层次、高质量、预警性的情报信息，确保一旦发生问题，能够早报告、早控制、早解决。 （罗峻岭）

## 审　计

**【概况】** 2010年，全区审计机关共审计832个单位，查出违规金额42亿元，促进财政增收节支9.6亿元，促使有关部门和地方健全完善制度752项，移送司法机关和纪检监察部门案件15件。审计工作在推进政府提高行政效能、维护群众利益、促进廉政建设等方面发挥了积极作用。一是全力推行绩效审计，提升审计工作层次。审计厅重点实施了宁东财税体制、“宁洽会”招商引资、扩大内需等绩效审计示范项目，每个项目都引入绩效审计方法，揭示了一些深层次问题，为党委政府提供了可靠的决策依据。在评价领导干部履行经济责任情况时，更多地从决策事项的科学合理性、资金使用效益、经济与社会事业的协调发展等方面予以评价，适应了干部管理部门的要求。二是加强审计法制建设，规范审计执法行为。审计厅依托加拿大政府的无偿援助项目，草拟并提请自治区政府颁布实行了《宁夏绩效审计办法》；起草了《宁夏社保资金审计监督条例》，已由自治区十届人大常委会颁布实行。建立健全了聘请外部专家、审计处罚自由裁量权、审计质量检查等制度，促进了审计规范化进程。三是创新审计方式方法，增强审计监督效能。审计厅积极借助社会中介力量开展重点投资项目审计，对个别项目实行全程跟踪监督，有选择地组织全系统同步审计，保证了审计的广度和深度。在一些单位和项目审计中，检查被审计单位的计算机系统，使用GPS、“破坏性”检测仪器等高科技设备，尝试审计现场跟踪复核，大大提高了审计效率和质量。采用国家权威标准、项目批复等作为绩效评价依据，增强了评价的说服力。四是注重审计成果转化，提升审计服务水平。审计厅对重大事项和带有普遍性的问题，及时以《审计专报》向自治区党委、政府主要领导汇报，既反映问题，又提出建议，为领导决策提供参考。对于审计专报反映的财税体制、企业改制、扩内需政策执行、新农合基金等方面的问题，自治区党委、政府主要领导都作出重要批示，促进了问题的解决。 （金　荣）

**【财政预算执行审计】** 各级审计机关按照“揭示薄弱环节、促进规范管理、推动财税体制改革”的思路，对各级政府159个部门、单位的预算执行情况进行了审计。审计厅重点审计了12个一级预算部门的预算执行情况,查出预算管理制度不健全、资金管理不规范等问题。审计结果分别向自治区政府、人大常委会作了汇报,并通过新闻媒体公告,引起了社会各界的普遍关注。各市、县(区)审计机关重点揭示预算编制、财政收支、资产管理等方面的共性问题,促进公共财政体系建设。

(金　荣)

**【民生和专项资金审计】** 全区共开展民生和专项资金审计及审计调查123项。审计厅重点实施了9个大项:一是组织调查了宁东基地财税管理情况,发现管理体制和利益分配机制存在需规范的问题。二是实施了全区地方政府债务专项审计调查,揭示出债务管理混乱、偿债存在风险等问题。三是完成了全区政府主权外债审计,发现拖欠外债、减免债务政策未落实等问题。四是开展了全区退耕还林资金审计,查出虚报冒领、挤占挪用等问题。五是审计了全区新型农村合作医疗基金收支情况,发现诈骗新农合基金、套取补助资金等问题。六是开展了银川市城市低保和医保资金审计,查出资金使用不规范、配套资金不到位等问题。七是完成了全区中小学"校舍安全"工程审计,揭示出擅自调整建设规模、工程质量存在安全隐患等问题。八是实施了扩大内需项目专项审计调查,发现套取补助资金、项目未执行批复等问题。九是跟踪审计了玉树和舟曲地震捐赠款物后续管理情况,及时向社会公告了审计结果。中卫、泾源、红寺堡等地对新农合、住房公积金、生态治理、棚户区改造等资金进行了审计,查处了截留挪用专项资金、侵占群众利益的突出问题,规范了资金管理。(金　荣)

**【领导干部经济责任审计】** 全区共对314名领导干部进行了经济责任审计,其中厅级13名、县处级101名、科级197名、企业领导3名。各地在审计评价、组织方式、成果转化等方面狠下功夫,监督服务水平明显提高。审计厅组织对4个市县党政"一把手"和1家企业董事长、总经理实行同步审计,完成了4所高校、5个地级市公安局主要负责人经济责任审计,丰富了同步审计、行业审计经验;积极打造市县党政领导和部门领导干部经济责任审计样板项目,总结出了两套审计范例,指导工作。石嘴山市实行多部门联合审计和集体审计评价制度,固原市、青铜峡市分别借助中介和内审机构力量开展经济责任审计,贺兰、金凤、西夏等县区开展乡镇党政领导同步审计,探索实践了经济责任审计新领域、新方法。同心县、大武口区开展了村级财务审计,促进了基层政权建设。(金　荣)

**【工程建设领域审计】** 各级审计机关进一步加大了工程建设领域审计力度,积极为规范投资行为和提高投资效益服务。全区共查出招投标不规范等违规资金2.3亿元,核减工程价款6.8亿元,核减工程预算2.9亿元。其中审计厅核减工程价款1.2亿元,7个市县审计局核减额超过6000万元,节约了政府投资。各地积极探索实践工程建设领域审计方式方法。84%的基层审计机关聘请中介机构参与工程建设项目决算审计,40%的基层审计局开展工程标底和拦标审计,个别市县对政府重点投资项目进行全程跟踪检查,取得了明显成效。(金　荣)

**【企业 金融机构及审计署授权审计】** 全区共对5户企业、1家金融机构和10个外资运用项目进行了审计。审计厅在宁夏人民出版社、宁夏银行和审计署授权的外资公证项目、宁夏邮政公司和宁夏气象系统审计中,不仅揭示了资金管理、投资管理、信贷管理等方面的漏洞和风险隐患,还反映了事企改制、法人治理结构方面的问题,引起企业主管和有关部门的高度重视,收到了较好效果。各地以促进企业可持续发展为目标,重点揭示决策失误、损失浪费、扶持政策不到位等问题,帮助查找管理中的薄弱环节,促进增强企业发展后劲。

(金　荣)

**【创建审计文明行业】** 审计厅扎实开展学习型党组织建设和一系列评先评优活动,坚持"三个延伸",全面实行廉政风险防范管理,严格执行"八不准"审计纪律,成功举办全区审计系统第三届职工运动会,营造了风清气正、奋力争先、健康和谐的工作氛围。根据文明行业创建安排,召开全区审计文明行业创建座谈会,加强巡回检查和督促指导,主动做好与有关部门的协调工作,使文明行业创建工作保持了良好的发展势头。截至2010年底,全系统已有7个自治区级、15个市级、4个县级"文明单位"。审计厅保持了自治区级"文明单位"荣誉,被评为"全区依法行政先进单位";审计厅和石嘴山市审计局分别有1个项目被审计署评为表彰审计项目;吴忠市审计局被评为"自治区卫生先进单位"。(金　荣)

**【优秀审计项目】** 1. 吴忠市审计局实施的吴忠市医疗保险事务管理中心主任任期经济责任及医疗保险基金筹集、使用和管理情况审计;2. 中卫市审计局实施的中卫市沙坡头区2009年度新型农村合作医疗基金及经费审计;3. 审计厅固定资产投资处实施的自治区保健局原局长任期经济责任审计;4. 固原市审计局实施的固原市社会保险事业管理局2009年度社会养老保险基金审计;5. 审计厅企业处实施的宁夏人民出版社2009年度预算执行暨党委书记、社长任期经济责任审计;6. 泾源县审计局实施的泾源县2009年度新型农村合作医疗基金及经费审计;7. 审计厅农业与资源环保处实施的自治区气象局2009年度财政财务收支情况审计;8. 海原县审计局实施的海原县卫生局2009年度预算执行及财政财务收支情况审计;9. 原州区审计局实施的原州区"丝绸之路"宁夏段保护性基础设施工程项目管理情况审计;10. 审计厅社会保障处实施的自治区人力资源和社会保障厅2009年度预算执行和其他财政财务收支审计。(金　荣)

**【优秀审计调查项目】** 1. 中卫市审计局实施的中卫市第二中学、东园中学等7所中小学校舍安全工程专项审计调查;2. 审计厅财政金融处实施的宁东国家能源化工基地财政和税收管理体制专项审计调查;3. 大武口区审计局实施的大武口区2009年度新型农村合作医疗基金及经费情况专项审计调查;4. 青铜峡市审计局实施的2007～2009年全市社会抚养费征收管理和使用情况专项审计调查；5. 石嘴山市审计局实施的石嘴山市棚户区改造项目资金专项审计调查。（金 荣）

**【表彰奖励】** 1. 审计厅财政金融处实施的自治区文学艺术界联合会2009年度财政财务收支情况审计；2. 审计厅行政事业处实施的宁夏大学2009年度预算执行暨校长任期经济责任审计；3. 审计厅外资运用处实施的自治区政府外债办2009年度政府外债管理使用情况审计；4. 大武口区审计局实施的大武口区2009年度区本级财政预算执行及其他财政收支情况审计；5. 平罗县审计局实施的平罗县通伏乡人民政府原任乡长任期经济责任审计。（金 荣）

**【表彰审计标兵】** 马莲（吴忠市审计局）、彭奇（审计厅固定资产投资处）、蒙卫斌（固原市审计局）、杨晶（审计厅企业处）、冯雪辉（审计厅农业与资源环保处）、张丽霞（泾源县审计局）、杨国枫（审计厅财政金融处）、祝海荣（中卫市审计局）、刘娟（审计厅社会保障处）、王海霞（青铜峡市审计局）。（金 荣）

## 统 计

**【统计创新】** 推行地区生产总值统一核算。完善国民经济核算体系，率先在全国开展全区地区生产总值统一核算，规模以上工业增加值及增长速度统一核算改革，采取“下管一级、下算一级、专业先行、直接核算”的模式，实现了自治区与各市、县（区）数据相衔接，宁夏地区生产总值统一核算被国家统计局总结借鉴，誉为“宁夏经验”和“宁夏模式”，《人民日报》《宁夏日报》、宁夏电视台等中央和自治区新闻媒体进行了重点报道。建立地方统计制度。满足地方经济社会发展需要，率先在全国建立了社会消费品零售总额全区统一分劈管理体系，推行房地产按项目地统计改革。加快基本单位名录库建设，率先在全国将名录库全区“一库在线”延伸到乡镇一级。加强了能源、服务业统计工作，率先在全国建立了民生计划统计制度，以及人才、设施农业、文化产业等多项地方统计调查制度。5市统计局还根据市委、市政府宏观决策管理的需要，研究建立了一些地方统计调查制度，提高了为当地经济社会发展服务的能力。创新工作方式方法。坚持突出重点、兼顾一般、典型带动、整体推进的原则，用统筹经济社会发展的理念抓统计工作。坚持开门办统计，依法管统计，建立了“五会”联动机制。着力打造社情民意调查品牌，开通了社情民意调查热线，搭建了党和政府与群众沟通的新桥梁。依法加强了对民间统计的正确引导和积极培育。（董金成）

**【统计职能】** 坚持把履行统计信息、咨询、监督职能作为统计服务的主攻方向，牢固树立做好“四个服务”的理念，着力打造“四大品牌”，统计服务水平大幅提高。加强信息报送。把“死数据”变成“活情况”，以需求为导向，加大信息的提供数量，创新信息的传播载体，扩大信息的发送范围，积极为各级党委、政府提供信息服务，2010年的信息数量和信息载体在2007年的基础上实现了两个翻番，统计数据品牌作用凸显。认真落实信息公开制度，加强与新闻媒体的合作，充分利用新闻发布会、经济形势分析会、统计信息网、统计公报等载体和形式，及时发布统计信息，为社会公众提供服务，认真组织开展了两个统计节日活动，提高统计公开透明度，统计工作的社会影响力明显提升。深度分析研究。以打造分析研究品牌为目标，在统计分析的领域、深度、广度、质量上狠下功夫，实行重大课题和专题分析，高质量完成了自治区领导提出的17个重大现实问题研究，对“十二五”规划相关的统计指标进行测算和分析，为“十二五”规划的制定提供了扎实的数据支撑。3年获得省部以上领导批示150篇次，仅2010年领导批示篇数就是前两年的总和，实现了由一般对比分析向重大决策咨询的转变。强化监测预警。率先在全国成立了统计专家决策咨询委员会，定期召开经济形势分析会，研究分析经济运行形势，提出具有前瞻性和参考价值的分析报告。围绕积极应对金融危机、“十一五”规划的发展目标和约束性指标的完成情况，建立监测预警机制，及时发出预警信息，为各级党委、政府准确把握经济运行态势、出台应对措施提供了重要决策参考依据，有力地发挥了统计参谋助手作用。（董金成）

**【统计管理】** 坚持把加强统计管理作为提高政府统计公信力的重要措施，认真履行好政府统计的领导管理职能，着力加强数据管理、效能建设、部门统计，实现了由干统计向管统计的切实转变。构建质量保障体系。牢固树立“本质统计”理念，重点在加强数据评估论证、依法统计上出实招，求实效，统计数据控制能力显著增强。坚持应统尽统、不重不漏的原则，实事求是的上报统计数据。建立了全区重要统计数据评估审核通报制度，推行下管一级和下算一级的数据质量控制管理办法，确保统计数据的协调性和匹配性。围绕确保数据质量目标，加大执法力度，扩大执法巡查面，联合有关厅局开展统计执法巡查和全区统计执法大检查。2010年被查单位和曝光案件数分别比前3年增长85%和77%，在社会上引起较大反响。深入推进效能建设。以提高执行力和落实力为目标，率先在全国建立了全区统计系统效能目标管理考核体系，连续3年采取上评下、下评上的形式，实施效能目标管理考核。有45项单项工作受到国家统计局奖励。强化部门指导协调。坚持“依法管统计和联合抓统计”的思路，率先开创了民族地区部门统计立法的先河，出台了《宁夏回族自治区部门统计管理办法》，建立了部门统计工作规范化标准、考核评比办法和部门统计联席会议制度，联合发布统计公报。各地各部门根据行业管理的需要，认真开展部门统计调查，积极开发统计新产品，努力提高统计分析和服务水平，部门统计工作水平有了较大提升。（董金成）

**【统计基础】** 坚持把夯实统计基层基础作为统计科学发展的重要基石，以“八有八化”为目标，率先在全国以省域为单元整体推进统计"双基"建设,成功举办了中国西部12+1统计"双基"建设与科学发展论坛,全区统计系统的基层建设、信息化建设、业务能力建设都得到了明显提高。基础条件极大改善。加强基层统计组织机构建设,巩固统计调查网络,建立健全了乡镇统计站。银川市统计局还积极在所辖两个县(区)开展县以下统计机构垂直管理试点。3年来,自治区统计局累计投入基础建设经费3042万元,基层专项经费以每年12%的速度增加。各级统计部门也积极争取当地政府投入,加强基础建设,全区统计能力建设和环境条件得到显著改善。统计现代化加快推进。自治区统计局3年累计在信息化建设上投入经费1004万元,为全区所有市、县(区)统计局和乡镇统计站、园区配备了信息化设备,这在统计史上还是首次。实现了全区政府统计机构"人手一机"和"四级联网"的目标。加大软件开发,6个专业实现了网上直报,统计数据传输实现网络化,抗干扰能力显著增强。业务能力明显提高。率先在全国制定出台了市县、乡镇(街道)、企业3个统计工作规范化标准,各市县统计局、乡镇、企业普遍达到了规范统一的"八有"标准,正在向"八化"的方向迈进,彻底改变了基层统计工作无统一规范标准,有力提升了基层统计部门的业务能力。(董金成)

**【统计三项重点普查】** 第六次人口普查取得重大阶段性成果。各级统计部门充分发挥人口普查牵头部门的作用,与相关部门沟通协调,层层组建了普查机构、签订了责任书、落实了普查经费、制定了普查方案、开展了普查试点、强化了普查宣传、培训了普查人员,组织动员4万多名普查员完成了人口普查摸底、登记、复查、编码、质量抽查工作,高质量完成了第二次全国经济普查工作,发布了普查公报,开发了普查资料,形成了一批重要研究成果,被国务院第二次全国经济普查领导小组授予"国家级先进集体"荣誉称号。完成了第二次农业普查后续资料的开发应用工作。组织实施了投入产出调查、城乡划分清查、科学研究与试验发展资源清查、组织部门和组工干部形象调查、社会公众安全感调查等各项调查和监测任务。主动参与、承担党政机关和5市人民政府效能目标管理考核、工业园区等考核工作,有力提升了统计工作的知名度和权威性。承办了9次全国性统计会议,有力提升了宁夏统计在全区和全国统计系统的影响力。(董金成)

## 招标采购

**【概况】** 2010年,自治区招标管理服务局完成招标工作量132.55亿元。其中,招投标交易额89.7亿元,政府采购额13.07亿元,招标代理额29.78亿元。完成全区公务用车、办公设备采购;完成公务车定点保险、公务接待定点宾馆和定点印刷采购;完成全区基本药物(基层部分)统一(补充)招标采购。为神华宁煤集团、宁夏天地奔牛、宁夏赛马水泥、哈纳斯天然气、国电英力特、宁夏发电、宁夏电投、宁东铁路、中冶美利纸业等重点企业组织了招标。还承担了宁夏农垦2010年度土地开发整理重大工程项目和宁夏农垦2009~2011年中大型水库移民后期扶持项目的招标。(钱贵生)

**【招标投标交易服务】** 一是强抓制度管理和规范服务。自治区招标投标交易中心受自治区发改委委托起草了《宁夏回族自治区招标投标违法行为记录公告实施办法》,于2010年12月1日向全区印发。二是强抓业务运行管理。全年累计为工业、交通、水利、基础设施等领域重点大中型建设项目和自治区本级政府采购项目提供进场交易服务2000多场次,平均每天进行8~10个场次(最多15个场次)招投标活动,全年实现进场交易额89.7亿元,比上年增加了13%。三是开展资格核验工作。会同自治区发改委、自治区财政厅等有关部门,对进入交易中心进行招标代理活动并已进行备案的35家招标代理机构进行了资格核验。进场代理机构(招标人)达35家,通过实行"统一进场、集中交易、行业监管、行政监察"新机制,招投标市场竞争秩序混乱的局面得到初步治理。四是强化电子化评标进程。自治区招标投标交易中心安装计算机辅助电子评标软件,对自治区综合评标专家库抽取软件系统进行升级工作。在全区范围内征集行业专家评委,进行计算机保存相片、计算机指纹录入、计算机保存资料等相关工作。截至2010年底,共录入评标专家2090名,划分专业75个,按涉及专业类别划分专家库人数达4000多人次,实现了照片、指纹和个人信息资料三统一。(钱贵生)

**【政府采购】** 全年共接收财政部门下达采购计划单982份,金额10470.89亿元(不含汽车),完成采购金额9683.53亿元。完成全区公务用车采购35次,1842辆,采购金额25989.78万元。总计完成采购金额13.07亿元,完成年度采购任务。全年共编制采购文件721份(其中公开招标546份,占75.73%;竞争性谈判85份,占11.79%;单一来源采购88份,占12.21%;询价采购2份,占0.28%),发放采购文件5368份,组织公开开标及竞争性谈判等采购756次,发放中标通知书1222份;召开开标前答疑会28次;组织网上竞价200个(次),成交1740.56万元;完成了定点保险、定点饭店、定点印刷的服务类采购,确定了4家定点保险单位、42家定点印刷单位、新确定24家定点饭店;组织定点印刷二次竞价20次,成交金额126.16万元;组织开标756次,完成采购项目729个(次)、1331个标段,中标标段为972个。2010年,区本级政府采购项目全部进入宁夏招投标交易服务中心进行采购,共编报进场交易备案表519份,整理归档政府采购档案1299盒,已移交档案1299盒。(钱贵生)

**【药品集中采购】** 完成国家基本药物制度基层部分药品集中采购714种品规药品首次药品"三统一"集中采购任务。在总结经验基础上,进一步完善规范化、科学化、电子化采购运行体系,加强中标供应商合同履行监督管理。推行的"政府主导、省级集中,以生产企业为投标主体,由政府采购中心集中采

购”药招模式是宁夏首创，得到了国家卫生部等6部委的肯定和推广。 （钱贵生）

**【招标代理服务】** 2010年，宁夏国际招标有限公司通过全体员工的共同努力，招标业务取得了较好成绩。第一，招标主业稳步发展。共为353个项目组织了招标采购，开标433次，累计招标总额29.78亿元，实现营业收入2043万元，为自治区财政创收600余万元。2010年在多年难以介入的电力行业取得突破，先后代理了国电英力特、宁夏发电集团、宁夏电投等大型企业的招标业务。在招标代理业务发展上，体现出业务更加均衡、更加多元化，也更加扎实。第二，资质的申办、升级取得重大突破。年初经过艰苦努力，工程招标代理资质按照新的资格认定管理办法顺利完成，结束了公司在工程招标领域的尴尬局面；又相继申办了政府采购甲级资质、机电产品国际招标由预乙级升为甲级、中央投资项目招标由乙级升为甲级。在很大程度上解决了多年来困扰公司发展的问题，为公司的进一步发展奠定了良好基础。 （钱贵生）

**【效能建设】** 按照自治区政府对效能建设工作的有关要求，超额完成既定职能目标。第一，超额完成招投标进场交易额目标（不含房屋建筑、市政工程）。2010年，为各行业政府投资、政府采购和国有大中型企业投资建设项目提供“规范管理、全程服务、方便快捷”的“一站式”服务，在既定目标60亿元的基础上超额完成29.7亿元，超额49.5%。第二，超额完成进场交易场次目标。全年完成招投标进场交易1175场次，既定目标项目进场交易场次较上年度增长5%，实际增长27.9%。第三，超额完成国产品牌采购目标。全年完成自主品牌公务车采购158辆，既定目标在上年度基础上增加国产品牌5%，实际增加39.8%。第四，超额完成网上竞价采购目标。全年完成政府采购网上竞价采购额822.3万元，既定目标2009年度基础增长5%，实际增长38.2%。第五，超额完成招标代理额目标。在既定招标代理额18亿元的基础上超额完成11.78亿元，超额65.4%。自治区招标管理服务局在2010年全区机关效能目标管理考核中获得二等奖。 （钱贵生）

# 档　　案

**【全区档案工作会议】** 2月7日，全区档案工作会议在银川召开。8月25日，自治区档案局在银川召开了深入贯彻国家档案局《机关文件材料归档范围与文书档案保管期限表》（以下简称8号令）工作座谈会。 （张志坚）

**【馆舍建设】** 自治区和银川市合建新档案馆建设项目进展顺利。4月10日土建工程主体封顶。6月13日，自治区常委蔡国英、自治区副主席赵小平召集自治区发改委、财政厅、建设厅等单位负责人视察新馆建设工地，并召开现场办公会议，协调解决新馆建设重要问题，对新馆建设提出明确要求。年底，新档案馆建设工程进入了收口收尾阶段。非代建项目完成了档案装具、缩微设备等项目的政府采购，档案信息化设备项目开始办理政府集中采购。国家发改委和国家档案局决定在“十二五”期间，安排扶持宁夏泾源县、彭阳县、隆德县、大武口区、红寺堡区、盐池县、海原县、金凤区、兴庆区、利通区等10家档案馆建馆项目。 （张志坚）

**【档案展览】** 9月17日，“宁夏档案记忆展”项目设计与制作招标，确定北京全展展览服务公司为设计制作公司。10月21日，自治区党委召开“宁夏档案记忆展”展陈方案和脚本审定会。年底，展览经费协调到位。确定宁夏承接“中国档案珍品展”的布展方案、展出位置和展出时间。 （张志坚）

**【机关档案】** 各级档案局继续开展“8号令”的审批工作。依据《社会保险业务档案管理规定（试行）》，指导自治区社保局及社保经办机构档案工作逐步走上制度化和规范化。区政府机关事务管理局、银川市财政局、残联等单位档案工作达到了机关档案工作目标管理自治区一级标准。 （张志坚）

**【新农村建设档案】** 制定出台了《自治区集体林权制度改革档案管理办法（试行）》，举办了林改档案工作人员培训班，指导彭阳县林改档案试点工作。以永宁县为示范县，督察指导，推进全区新农村建设档案工作。 （张志坚）

**【重点建设项目档案】** 全区各级档案部门加强对重点建设项目档案工作的指导力度。依据《企业档案工作规范》，对宁东化工基地清水营煤矿、梅花井煤矿、水洞沟电厂、灵武电厂、马斯特集团、康亚药业有限公司等重点建设项目档案工作进行指导，其中7个项目通过了档案专项验收。吴忠市档案局主动做好“黄河金岸建设项目”档案的指导工作。 （张志坚）

**【法制宣传教育】** 4月下旬，自治区档案局在全区进行了“8号令”专项执法检查，抽查了自治区党委办公厅、政府办公厅、政协办公厅等30个区直机关，以及银川市、石嘴山市、吴忠市、中卫市、固原市档案局、民政局等单位。10月13～15日，以国家档案局督察组对宁夏贯彻落实“8号令”工作情况进行专项督察。《关于进一步加强已公开现行文件提供利用工作的意见》正式下发。民政部与国家档案局对全区民政系统档案进行检查。与自治区政务中心联合制发了自治区档案局档案行政审批流程。编制了自治区档案局网上审批流程及电子网络图。自治区档案局对1987年以来制发的1566份业务规范性文件进行了清理。银川市档案局以两办名义下发了《银川市电子文件管理暂行办法》《银川市已公开现行文件提供利用工作的规定》。《中国档案》杂志社对宁夏档案工作进行专门采访。《中国档案报》宁夏记者站站长被国家档案局中国档案报社评为全国优秀记者站站长。举办全区档案人员继续教育培训班2期，参训人员444人。选派兼职教师及业务骨干参加国家档案局举办的各类培训达40人次。自治区档案局馆被国家档案局、中央档案馆评为2006～2010全国档案系统法制宣传教育先进单位。 （张志坚）

**【档案资源建设】** 全区各级档案部门按照年初档案工作会议的要求，大力开展“全区档案资源建设年”活动。自治区档案馆以“宁夏档案记忆展”为契机,采取多种形式,面向全国开展涉宁档案征集工作。全年共征集各种门类档案资料:文书档案3020卷又25017件、照片档案32302张、声像影视档案141盘、会计档案356卷、实物档案114件、资料785册,征集数量为历年之最。自治区档案馆与俄罗斯圣彼得堡东方文献研究所洽谈了征集俄藏西夏档案文献事宜,签订了征集俄藏西夏文献合作意向书。在开展重大活动档案资料的征集工作过程中,重点开展了中阿论坛和宁夏参加世博会档案的收集工作,已经将世博会宁夏参展作品塞上明珠、黄河金岸沙盘模型收集进馆。银川市档案馆开展了宁蒙陕甘毗邻地区经洽会、银川国际赛马大会、宁洽会及中阿经贸论坛博览会等20项重大活动和2010年市政府为民办实事进展情况督察档案资料收集工作。吴忠市档案部门面向社会开展了非物质文化遗产、革命遗址等特色档案的收(征)集工作。按照定时定点定向拍摄的原则,组织人员在制高点对市区的面貌变化进行拍摄,编辑制作了《吴忠记忆城市工程》专题片,客观记录并保存了吴忠城市变迁的轨迹。(张志坚)

**【档案服务】** 全区5市综合档案馆共接待各级各类档案利用者4500多人次,调阅档案近1万卷。自治区档案馆为“宁夏档案记忆展”撰写脚本筛选档案资料1988件(张),照片1500余张;为乔石办公室、朱镕基办公室提供了乔石和朱镕基来宁视察档案资料;为全国人大提供了江泽民同志视察宁夏档案资料;为自治区党办汇编提供了吴邦国、回良玉来宁视察档案资料;为党史研究室、社科院等单位编写《宁夏历届党代会文件汇编》《宁夏农村改革30年》和《宁夏人口志》等书提供档案277件。接待社会各方面的利用者1177人次,提供档案5687卷(件),查阅各类现行文件3156件,收到感谢信18封,取得较好的社会效益。对馆藏满30年的1600多卷的档案进行了鉴定,提出了向社会开放和控制使用档案的范围。(张志坚)

**【档案安全】** 自治区档案馆与辽宁省档案馆签订了《重要档案异地备份保管协议》。10月13日,自治区档案馆将第一批备份档案送辽宁省档案馆进行异地异质备份。(张志坚)

**【档案编研】** 自治区档案馆编辑了《宁夏解放》一书,上报审定出版。完成6期《档案博览》编辑工作。(张志坚)

**【档案信息化建设】** 5月,“宁夏回族自治区直属机关电子公文综合管理应用系统”获得了国家档案科技成果三等奖。自治区档案馆加快全文数据库建设步伐,完成馆藏全宗48万幅档案的缩微胶片数字化转化、1000多张馆藏照片档案和照片目录的扫描、录入、挂接工作,采集宁夏新闻视频300多集,完成3.78万幅馆藏档案的缩微工作。开展了档案馆数据库,档案网站数据库,在线接收系统数据库,视频档案的在线、离线备份工作。(张志坚)

**【学会与学术交流】** 6月2日,“中俄西夏学研究与交流”报告会在银川举行。俄罗斯科学院东方文献研究所波波娃所长、克洽诺夫教授及中国社会科学院民族学与人类学研究所民族古文献研究室主任聂鸿音教授作了学术报告。5市档案学会开展了档案学术调研活动。参加了“2010年中国档案工作者年会”和“2010年青年档案工作者年会”。配合中国档案学会开展论文征集工作,有23篇论文入选。完成了宁夏档案学会的年检登记工作。(张志坚)

# 固原市

自治区党委书记张毅（右三）、主席王正伟（左三）来固原考察调研

固原市县域经济观摩团在隆德县六盘山花卉工程中心观摩

固原六盘山机场首航仪式

原州区至王洼铁路施工签字仪式

须弥山博物馆落成典礼

固原盐化工循环经济扶贫示范区启动仪式

全国群众登山健身大会暨首届宁夏六盘山登山节健身组比赛在六盘山举行

# 银川市人民政府

自治区党委书记张毅等领导调研银川市开展“创先争优”活动和干部人事制度改革工作

自治区主席王正伟调研银川市重点项目建设

银川市四套班子领导参加百日大会战成果观摩活动

自治区领导于革胜、崔波、郝林海出席全市农村饮水安全工程通水仪式

银川市创业促进会成立大会

第二届宁蒙陕甘毗邻地区经济技术合作洽谈会开幕式

阅海湿地

贺兰县洪广镇移民安置点施工现场

银川市市委书记崔波为企业授牌

召开"五创"总结表彰暨"六创"工作动员大会

2010年，银川市深入贯彻落实科学发展观，以保持经济平稳较快发展为首要任务，以推进经济发展方式转变为重点，着力做大做强优势特色产业，加快推进"两个最适宜"城市建设，全市经济社会发展取得显著成绩。经济保持平稳较快发展，全年实现地区生产总值763.26亿元，同比增长14.8%。完成地方财政收入137.27亿元，其中一般预算收入64.13亿元，增长45.6%；全社会固定资产投资648.69亿元，增长31.8%；实现社会消费品零售总额225.14亿元，增长19.8%。转变发展方式取得新进展，创新型银川建设深入推进，进入第二批"国家创新型试点城市"行列，科技进步对经济增长的贡献率达48%；节能减排攻坚成效明显，万元GDP综合能耗下降6.4%，跻身全国再生资源回收利用体系建设试点城市行列，全年环境空气质量优良天数位列西北省会（首府）城市第一。宜居城市建设呈现新面貌，现代化区域中心城市框架全面拉开，城市基础设施根本性改善，"塞上湖城、回族风情、西夏古都"的城市特色基本形成。对外开放迈出新步伐，成功承办2010宁洽会暨首届"中阿经贸论坛"和首届宁蒙陕甘毗邻地区经济技术合作洽谈会等重大活动，招商引资实际到位资金420亿元，增长19.7%，完成外贸进出口总额9.8亿美元，增长48.5%。以保障和改善民生为重点的社会事业加快发展，新增城镇就业6.4万人，城镇登记失业率控制在3.7%以内，城镇居民人均可支配收入和农民人均纯收入分别达到17073元、6160元，增长8.6%和14.3%。养老、医疗等保障体系不断完善，在西北地区率先实现新型农村养老保险试点全覆盖，全面推行"一元钱"看病，基本药物制度实现全覆盖。先后荣获"中国十佳和谐可持续发展城市""生活品质最满意城市"和"2010中国十大休闲城市"称号。

2010年宁夏银川首届创业博览会

2010年宁夏银川首届创业博览会展厅

2010年宁洽会暨中阿经贸论坛开幕式

黄河宁夏标准化堤防竣工暨黄河金岸滨河大道全线通车

第九届银川国际汽车摩托车旅游节激情开赛

翠柳岛

# 山水园林化新型工

建市五十周年自治区党委、政府赠送宝鼎仪式

青年汽车集团石嘴山项目开工建设

建市五十周年活动喜庆热烈

2010年，石嘴山市完成地区生产总值达到290亿元，地方财政收入32.66亿元，完成全社会固定资产投资270亿元，实现社会消费品零售总额62亿元，城镇居民人均可支配收入和农民人均纯收入达到15380元和5845元，金融机构存贷款余额分别达到377.5亿元和289.3亿元，社会各项事业全面发展，居民幸福指数全区第一。

**经济转型加速推进**。有色金属、煤炭机械、能源化工、汽车、太阳能等非煤产业产值达到335亿元，完成技改投入资金61.1亿元。太阳能和汽车装备产业迅速发展，江苏阳光多晶硅、国电多晶硅、日晶电子、晋安太阳能、天得太阳能、君功汽车等相继建成投产或扩能，成为工业经济的新支点。

**第三产业持续扩张**。以陆路口岸为代表的大宗物流实现质的突破，陆路口岸年吞吐量达到2.6万标箱。旅游、地产、商贸快速发展，实施了金峰国际、贺兰山商厦、南沙海生态园等一批高品位的商业项目。第三产业增加值达到91亿元，增幅11.5%。

**现代农业稳步发展**。大型农业龙头企业迅速扩张，加工型农业出现质的飞跃，中粮番茄、中粮稻米、汇源果汁、雨润食品、野娇娇水产等农产品加工项目相继投产，农产品加工转化率达到48%，农业机械化率达到80%。农业产业结构进一步优化，粮食总产保持在40万吨左右，经济作物种植53万亩，占农作物播种面积的34%。土地整理和复垦新增耕地3.4万亩。农业增加值达到18亿元，同比增长7%。

**城市和生态吸附力不断增强**。西线高速石嘴山段、滨河大道、301省道改建、水城路、大学路、润泽路等一批重点道路建成通车。启动了大武口环湖建设和惠农城区南扩，平罗新区全部建成。城市交通管理受到公安部、住房和城乡建设部嘉奖。实施了火车站站前广场、滨河大道水系、浴山潭二期等水系和绿化项

山水园林化新型工业城市石嘴山

# 业城市 石嘴山市

贺兰山绿化工程全面启动实施

淘汰落后产能

目，完成造林13.19万亩，新增城市绿地7.6万平方米，被列为“国家森林城市”备选城市。

**统筹城乡取得新进展**。加快城郊农村城市化、腹地农村社区化、农村经济企业化。实施了镇村招商，新建村办企业29个，涌现出惠农燕子墩乡荣亨达公司、平罗小店子村国电集团仓储物流等一批村办企业的新典型。改造新建城乡公路237.7公里，自来水入户率达到4%，城乡医保统筹、户籍一体化改革走在全区前列。

**三争双招成果丰硕**。争取国家、自治区各类项目资金29亿元。招商引资到位资金209.6亿元，引进了青年汽车、江苏中联、山东信义汽配等一批大项目、好项目。设立了宁夏石嘴山陆港经济区，沙湖机场列入自治区“十二五”重点工程，平罗县进入首届中国西部最具投资潜力100个县。

**民生和社会事业全面进步**。共完成民生和社会事业投入17.02亿元，同比增长14.7%。新增城镇就业人口3.06万人，城镇登记失业率控制在3.6%以内，被列为全国首批88个创业型试点城市之一。建立了统筹城乡社会保障体系，并成为全国最早实现新农保全覆盖城市，率先在全国实现了城乡医疗保险全覆盖。社会民生事业亮点频闪，被列为全国“婚育新风进万家活动”示范市，被评为全国人民防空先进集体、全国侨办系统先进集体、全国农村五保供养先进集体。

**建市五十周年庆典圆满成功**。举办了光伏产业论坛、奇石博览会暨塞上湿地节、中澳滑水对抗赛、经贸投资洽谈会等系列活动，整个活动得到了自治区和省内外与会人员的高度评价。

宁夏正泰太阳能有限公司光伏电站光电板

中色东方集团钽粉生产线

规划展示馆建成启用

电视剧《金羊毛》在陶乐影视城拍摄

惠农陆路口岸年吞吐量达到2.6万标箱

追月桥建成通车

汇源果汁项目产品下线

# 沿黄城市中最宜居最宜业最

市委书记　马廷礼

市长　徐力群

中卫市成立于2004年，辖中宁、海原两县和沙坡头区，共40个乡镇，446个行政村，总面积17442平方公里，总人口108万，全市人口密度为67人/平方公里，有汉族、回族、满族、蒙古族、东乡族等21个民族，其中回族人口占34%，其他少数民族人口占0.2%，农业人口占76%。

**经济与收入**。2010年全市GDP169.23亿元，增长13.3%；工业增加值49.01亿元，增长13.9%；地方财政收入16.18亿元，增长23.4%；全社会固定资产投资181.71亿元，增长73.9%；社会消费品零售总额32.75亿元，增长18.3%；城镇居民人均可支配收入13980元，增长9.1%；农民人均纯收入4439元，增长15.2%。

**工业与城市**。工业化处在中期的初期阶段，工业化率29%。产业结构19.2∶40.7∶40.1，就业结构47∶30.8∶22.2。工业区规划建设面积750平方公里。建成中卫工业区、中宁工业区、海原新区产业功能区“三大工业区”和“六个特色工业园”。起步建设宁西能源化工基地。城市建成区32平公里，城市化率31.2%（沙坡头区城市化率51.25%）。香湖、应理湖、黄河公园等湿地保护开发项目获“迪拜国际改居住环境最佳范例奖”和“中国人居环境范例奖”，城市景水系建设项目获“中国人居环境范例奖”。

**民生与生态**。社会保障制度基本健全。义务教育基本及，全市适龄儿童入学率99.96%，初中毕业生升学率94.28%高中阶段毛入学率85.31%，职业教育占普通高中阶段教育比达46.7%。全市城镇基本养老保险参保率75.3%，失业保险参率70.3%（城镇登记失业率在3.88%以内），工伤保险参保87%，城镇职工基本医疗保险参保率91.6%，城镇居民基本医保险参保率90.2%，新型农村合作医疗参合率95.5%，城乡居享受最低生活保障人数9.72万人。在全区率先建立了农民养补贴制度。在全国率先建立了城镇居民大病救助制度。全市林覆盖率14.5%。

景观水系

# 具特色美的城市——中卫市

中卫市职业技术学校

腾格里湖

新区建设

金沙岛

应理湖

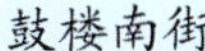

鼓楼南街

香山公园

# 滨河回乡 水韵之城——吴忠

自治区党委书记张毅、自治区主席王正伟等领导为第四届回商大会启幕

市委书记白雪山、市长吴玉才深入工业园区调研

青铜峡大坝

新月广场

清真寺

吴忠市位于宁夏回族自治区中部，南接固原市，北连银川市，东部与陕西省榆林地区毗邻，东北、西北与内蒙古伊克昭盟、阿拉善左旗相连，东南、西南与甘肃省庆阳、白银地区接壤。全市总面积2.02万平方公里，占宁夏回族自治区的28.4%。现辖利通区、红寺堡区、青铜峡市、盐池县、同心县5个县（市、区）。总人口138.43万人，其中回族71.82万人，占总人口的51.9%。吴忠市是全国主要的回族聚居区之一，也是全国地级市中回族人口比例最高的市。2010年完成地区生产总值217亿元，增长12%。三次产业分别增长7.2%、14.4%和9.6%。地方财政收入34.11亿元，增长35.03%，其中一般预算收入15.67亿元，增长27.1%。城镇居民人均可支配收入13848元，增长9.5%。农民人均纯收入突破5000元关口，达到5041元，增长14.8%。金融机构存款余额269.7亿元，贷款余额243.5亿元，分别增长56.3亿元和32.8亿元。全市社会消费品零售总额预计实现52亿元，增长16.9%。物价上涨得到有效遏制。全年万元GDP能耗下降8%，主要污染物二氧化硫和化学需氧量排放量分别减少3.53万吨和2500吨，全面完成“十一五”节能减排任务。成功举办第三届中国（宁夏）回商大会、2010宁夏“黄河金岸”国际马拉松赛和吴忠建城2224年系列纪念活动，地方形象得到全面展示和新的提升。

黄河吴忠市标准化堤防改扩建工程规划效果图

① 美丽的金沙湾
② 黄河圣坛
③ 水韵之城
④ 热情的回乡人
⑤ 城市美景
⑥ 黄河楼
⑦ 农民新居
⑧ 黄河大峡谷景区
⑨ 吴忠建城2224年纪念

# 兴庆区 打造“三

自治区党委书记张毅调研花卉产业

自治区主席王正伟视察物流港

穆斯林民俗村

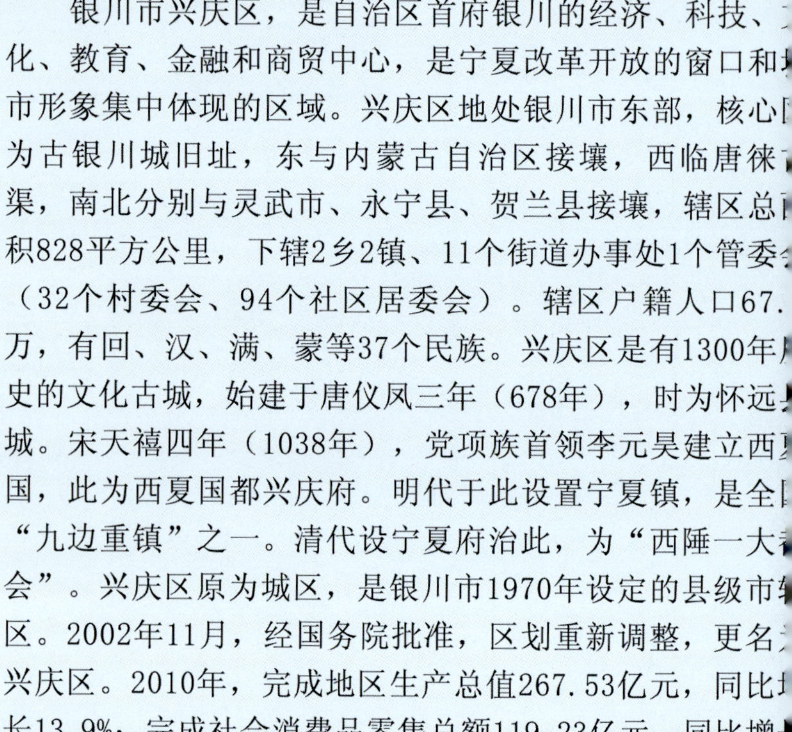

银川市兴庆区，是自治区首府银川的经济、科技、化、教育、金融和商贸中心，是宁夏改革开放的窗口和市形象集中体现的区域。兴庆区地处银川市东部，核心为古银川城旧址，东与内蒙古自治区接壤，西临唐徕渠，南北分别与灵武市、永宁县、贺兰县接壤，辖区总积828平方公里，下辖2乡2镇、11个街道办事处1个管委（32个村委会、94个社区居委会）。辖区户籍人口67.万，有回、汉、满、蒙等37个民族。兴庆区是有1300年史的文化古城，始建于唐仪凤三年（678年），时为怀远城。宋天禧四年（1038年），党项族首领李元昊建立西国，此为西夏国都兴庆府。明代于此设置宁夏镇，是全“九边重镇”之一。清代设宁夏府治此，为“西陲一大会”。兴庆区原为城区，是银川市1970年设定的县级市区。2002年11月，经国务院批准，区划重新调整，更名兴庆区。2010年，完成地区生产总值267.53亿元，同比长13.9%；完成社会消费品零售总额119.23亿元，同比增

黄沙古渡旅游区

繁华的步行街

宁夏国际汽车城

# 宜三力”幸福城区

银川市委常委、兴庆区委书记方勇

兴庆区区长马爱平

12%；完成全社会固定资产投资91.07亿元，同比增长19.4%；完成财政一般预算收入4.82亿元，同比增长26.6%；城镇居民人均可支配收入和农民人均纯收入分别为18498元、6820元，分别增长8.1%和12.9%，城乡居民人均收入继续位居自治区前列。2011年，兴庆区人民政府将站在更高起点上谋划“十二五”，紧紧围绕打造自治区城乡一体化示范区目标，为打造西北地区宜居宜业宜游、实力活力魅力兼备的幸福城区而努力奋斗。

文化生活丰富多彩

鸣翠湖湿地

机械化挤奶台

滨河大道通车

区市领导视察

金凤区行政区划东起唐徕渠，西至包兰铁路，南接永宁县，北临贺兰县，辖丰登、良田2个镇，上海西路、京中路、长城中路、黄河东路、满城北街5个街道办事处，19个行政村、38个社区。总面积353平方公里，辖区住人口26万，城市化率达85%，是自治区城市化率最高的县区。

金凤区地处银川市中心，地理位置优越，基础设施完善，自然环境优美，景观水道纵贯南北，“六纵十横”路网阡陌交错，宝湖公园、森林公园、阅海公园错落镶嵌，辖区华雁湖、龙眼湖、七子连湖等5.1万亩湖泊地星罗棋布，被评为自治区园林城区。宁夏科技馆、博物馆、图书馆、会展中心、文化艺术中心等标志性馆所

万达广场鸟瞰夜景

凯宾斯基酒店

汽车展销

阅海湾中央商务区规划图

辖区，自治区党委、人大、各大厅局及银川市党政关驻区办公；银川国家级技术产业开发区位于辖区部，银川阅海湾中央商务区启动建设，高新技术产、总部经济、房地产业、现代服务业、休闲观光旅业发展迅速，区域综合实力不断增强，金凤区已成银川市城市建设的一张靓丽名片，并日益成为银川发展环境最优、发展潜力最大、发展势头最快最好区域。2010年，实现地区生产总值89.53亿元，增长.1%；财政一般预算收入1.83亿元，增长38.5%；全社固定资产投资82.34亿元，增长50.9%；城镇居民人均支配收入、农民人均纯收入达到15930元和6008元，别增长11.4%和13.2%；社会消费品零售总额24亿元，长15%。

银川金凤区公共自行车启动仪式

2011年，金凤区将认真贯彻落实科学发展观，转变经济发展方式为主线，紧紧围绕“紧扣一个中，突出四大定位，实施五大战略，推进十大工程”发展思路，以推进科学发展为主题，以加快转变经发展方式为主线，抢抓新一轮西部大开发战略机，进一步解放思想，开拓进取，扎实推进经济建、政治建设、文化建设、社会建设以及生态文明建，奋力开创“生态金凤、宜居金凤、健康金凤、平金凤、幸福金凤”建设新局面。

小牛冲印生产车间

宁夏机械院淬火车间

农家乐

奶牛养殖

# 西夏区政府

自治区党委书记张毅、政府主席王正伟视察中石油500万吨炼化项目建设情况

近年来，西夏区党委、政府抢抓机遇，始终把项目建设作为推进区域经济社会跨越式发展的重要抓手，不断加快新型工业化、农业现代化和城乡一体化进程。优化投资环境，为参与西夏区经济建设的有志之士搭建投资兴业发展平台，在西夏区这片充满机遇的热土上共创美好未来。

依托辖区区位优势和老工业基地的产业布局，围绕国家确定的能源化工、装备制造、新能源、新材料四大主导产业，加快宁东基地西夏工业园区建设，将其建成宁东能源化工基地的配套产业园。重点做好宁夏石化公司总投资69亿元年产500万吨炼油改扩建项目和总投资29.5亿元年产45万吨合成氨、80万吨尿素项目，在此基础上，建设能源化工基地配套产业园。进一步加大与银川经济技术开发区合作共建力度，把经济开发区西区建成机械装备制造和新型战略性产业园区。西夏区着力发展现代农业，农业规模虽然不大却极富特色，目前已形成了有机枸杞、清真牛肉、酿酒葡萄、特色果品等优势农产品产业。结合区域实际，加快特色小城镇建设，西夏特色的镇北堡镇生态旅游小城镇建设初具规模，已被命名为“自治区历史文化名镇”，回族风情特色的兴泾镇小城镇建筑独具一格。小城镇已经成为辐射带动农村经济、聚集服务业的核心地带。

宁夏解放纪念碑

作为自治区境内教育资源最为集中、高等教育和职业教育产业最发达的地区，西夏区着重打造宁夏的教育重地。辖区内有包括宁夏大学、北方民族大学在内的各类学校、院所92家，在校学生7.4万人。辖区内有科研院所21家，各级各类专业技术人员1.4万人，在职业教育、职业培训、项目研发、科技创新等方面具有其他地区不可比拟的优势。西夏区作为历史故地、旅游胜地，文化积淀深厚、旅游资源丰富。贺兰山东麓有被誉为“东方金字塔”的西夏王陵，华夏西部影视城“使中国电影从这里走向世界”，张艺谋正是从这里的《红高粱》地走向成功，周星驰也

西夏王陵

西夏区委书记郝有民

西夏区委副书记、政府区长金花

是在这里凭借《大话西游》达到自己的艺术巅峰。具有悠久万史、展现古代华夏文明成果的贺兰山岩画，风景优美、保户良好的贺兰山苏峪口国家级森林公园、贺兰山滚钟口、拜寺口双塔、万义生态观光园、兰一山庄、华夏奇石城等一大批旅游资源，已逐步吸引越来越多的国内外游客到此观光旅游。西夏区是银川市行政区划面积最大的县区，同时也是区域性交通枢纽，境内交通便利，银川火车站、长途汽车站设在本区，包兰铁路横贯其中；银新、银西专用线在此与其接轨，并连通辖区内各大企业；110国道沿贺兰从西夏区由北向南贯穿，南、北、西高速公路横贯全城，政府立足西夏区优越的地理条件和交通设施，提出打造公铁运输区域性中心物流集散地的目标，建设了以佳奇石化为主的现代金融物流及生产资料物流、以宝丰物流为主的能源物流、以腾利达物流为主的集装箱物流，辖区重点物流企业3年累计完成货物运送5000多万吨，以银川火车站南货场为主的公铁物流园区正在建设之中，西夏区正逐步成为宁夏乃至西北重要的物流中转基地。西夏区大力发展连锁经营、物流配送等现代流通方式，加快同心街、兴洲街、文萃街等特色街区改造，引进了新华百货等知名企业入驻，形成了以浙江商厦为中心，东到文萃街西至同心街的商贸圈商业新区，推动了现代商贸业发展。认真落实国家调控政策，房地产业平稳健康发展。

科普知识和种养殖技术宣传

“全区中小学生阳光体育活动”启动仪式

枸杞种植

郁郁葱葱生态防护林

红柳湾山庄特色养殖

# 国家级银川经济技术开发区

新能源装备制造基地

天地奔牛生产的煤矿机械

银和新能源公司生产车间

银川经济技术开发区于2001年7月经国务院批准，在原银川高新技术产业开发区基础上设立。规划面积110平方公里，包括六个区块，远期控制面积150平方公里。

银川开发区着力打造优良的投资环境。全面实现了“九通一平”，实行“一个窗口对外”“一条龙服务”，为入园企业提供优质的服务。重点发展先进装备制造及再制造、新能源、新材料、精细化工、信息产业和现代服务业，着力打造全国知名的轮胎、数控机床、特种铸钢、西北地区重要的新能源装备制造、软件动漫和服务外包产业五大基地。德国舍弗勒集团、奥地利奥钢联、日本山崎马扎克、日本磁性流体技术株式会社、新加坡佳通、西安隆基硅、张裕、蒙牛、宁夏发电集团、银新能源等国内外一批知名企业投资建设的项目相继落户，开发区产业规模迅速壮大，已成为宁夏区域发展战略的重要载体和装备制造、新能源、高新技术产业以及战略性新兴产业共同发展的重要基地。

宁夏发电集团试验电站

# （银川高新技术产业开发区）

电通物联网模拟实验室

天净电力2.5MW风机下线

银川陆港首发银川——连云港港班列

银星能源太阳能电池组件生产现场

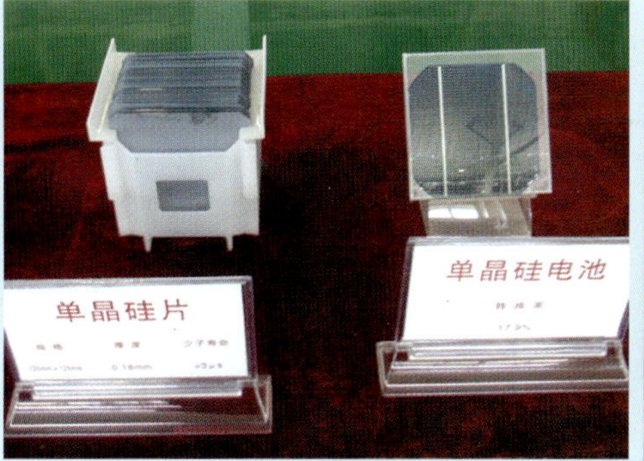

宁夏发电集团单晶硅、多晶硅切片

宁夏软件动漫园建设项目鸟瞰图

2010年末，开发区共有工业企业386余家。其中，规模以上工业企业68家，高新技术企业占全区高新技术企业总数的50%。预计到2015年末，实现地区生产总值250亿元以上，工业总产值500亿元以上。

宁夏巨能智能机器人

小巨人机床有限公司生产现场

银川凯沃汽车生产的重型工程车

共享铸钢为美国通用公司生产的大型铸件

佳通公司现代化的轮胎生产设备

# 灵武市人民政府

灵武古称灵州，历史悠久，文化璀璨。约1.6亿年前的恐龙化石、3万年前的水洞沟遗址、西汉惠帝四年（191年）置县以及唐朝太宗勒石、肃宗登基、西夏元昊建都等史实孕育了灵武厚重的历史文化底蕴，有“亿年历史，万年文明，千年古城” 之称。全市总面积4079平方公里，总人口22.6万，回族占总人口的51.3%。辖5镇2乡1个街道办事处，8个区属和中央直属厂（场）矿企事业单位，1个国家级自然保护区，1个国家级高新技术产业开发区。

灵武地处宁夏平原中部，倚黄河之利，得区位独特之势，是宁夏的资源富市和少数民族聚居区，是国家重要的煤电化基地、商品粮基地、羊绒产业基地和自治区沿黄城市经济核心区重要城市，以煤化工、循环经济、羊绒（羊）、长枣和粮食加工为主导的特色优势产业引领县域经济快速发展。2010年全市完成地区生产总值139.1亿元，地方财政一般预算收入达10.3亿元，农民人均纯收入达6581元，城镇居民人均可支配收入达15336元。在第十届全国县域经济基本竞争力评价排名中，列西部百强第18位、全国第150位，成为全国经济发展速度最快的县（市）之一。

2010年9月，市委书记李建军（右一）与参会嘉宾为第三届中国宁夏灵武国际羊绒节揭幕

市长陈淑惠（左三）调研第四中学、第五小学建设项目

“十二五”时期是实现全面建设小康社目标的关键时期，也是灵武奋力赶超、阔步跨入全国“百强”的攻坚时期。总体奋斗目标是：地区生产总值年均增长18%；地方财政一般预算收入年均增长20%；城镇居民人均可支配收入、农民人均纯收入年均各增长12%以上，力争2012年跨入“中国百强县”，“十二五”末城乡居民收入达到东部地区平均水平，将灵武建设成为全区最有活力、最具竞争力的核心区。

2011年是实施“十二五”规划的开局之年，也是灵武奋力实现“中国百强县”目标的冲刺之年。全市各级干部团结带领23万人民抢抓新一轮西部大开发和沿黄经济区建设的历史机遇，以科学发展为主题，咬定“争做全区县域经济排头兵，争做全国综合实力百强县”目标，坚持“兴工强市和特色优势产业带动”两大战略，加快发展方式转变、加快社会建设、加快民生改善，抓好招商引资和项目建设，坚定信心，同心同德，砥砺奋进，全力推进经济社会各项事业又好又快发展，为实现经济社会新跨越、建设和谐幸福新灵武而努力奋斗！

风光旖旎的灵州兴唐苑

# 永宁县人民政府

县领导调研望远工业园区

2010年，在区、市党委、政府的正确领导下，永宁县广大干部群众凝心聚力，乘势而上，奋力突破，经济社会发展取得了新的成绩。全年完成地区生产总值58.2亿元，增长13.3%；完成工业增加值87.1亿元，增长13.2%；完成地方财政收入10.2亿元，增长57.7%，其中一般预算收入4.2亿元，增长19.8%；完成全社会固定资产投资75.1亿元，增长37%；完成社会消费品零售总额9.6亿元，增长24.3%；城镇居民人均可支配收入达15240元，增长6.3%；农民人均纯收入达到5896元，增长8%。

**工业经济持续攀升**。全年共开工23项重点工业项目，完成投资19亿元。瀛海集团日产4500吨水泥、北方精工一期、紫荆花纸业4万吨木浆纸一期等项目建成投入运行；伊品45万吨玉米深加工、力成电气高压电气设备制造扩建、北方精工二期等项目进展顺利。**农业经济提质增效**。全县粮食总产量达2.13亿公斤，建设8个万亩标准化优质粮食生产示范区，被评为全国粮食生产先进县；新发展设施农业1.3万亩，在银川市率先建设供港蔬菜基地3000亩；农田水利基本建设快速发展，实施沟渠田林路综合整治，建设高标准农田13万亩；南部农村10万人安全饮水工程全线通水，在银川市率先实现了农村饮水安全的全覆盖。**城乡面貌明显改观**。完成汉延渠带状公园建设，建成县城垃圾中转站和10座垃圾收集站；老年活动中心、图书馆、文体中心等新区建设工程全部完工，完成旧城改造面积31.9万平方米；基本完成沿滨河大道西侧3个“塞上农民新居”示范庄点建设，实施109国道两侧以及旅游景区沿线庄点改造1013户，整治庄点25个。**第三产业强势推进**。望远现代金属物流园、兰花花

中华回族第一街

美丽的鹤泉湖

油桃成熟了

在建中的失地农民安居工程

望远金属物流园一角

北方精工轻钢车间

建设中的瀛海水泥厂

国际大酒店投入运营，北方国际建材城、四季鲜果品蔬菜综合批发市场、乐丛·世家国际家私城、万商国际汽车城等项目加快实施；中华回乡文化园二期、纳家大院、中华回族第一街二期等项目抓紧建设，回族文化旅游品牌逐步叫响，全年共接待游客40万人次，实现旅游收入3300万元。**社会事业全面发展**。全年城镇新增就业5628人；完成永宁三小、银川实验小学望远蓝山分校建设，实施永宁中学高中部迁建工程；医疗卫生服务能力不断提高，完成了县医院综合门诊楼和5所标准化村卫生室建设；社会保障体系进一步完善，在银川市率先启动新农保试点工作，参保率达87.6%；文化体育事业更加繁荣，新建文化图书中心和33个农家书屋；纳家户村获得全区首批“历史文化名村”称号。**闽宁开发全面推进**。认真落实自治区闽宁现场办公会议精神，加快产业化扶贫步伐，闽宁镇农民人均纯收入2916元，增长18%。

2011年是永宁县实施“十二五”规划的起步之年，我们将在新的起点上，以更加奋发有为、昂扬向上的精神状态，全力推进各项工作，打造“宜居、宜业、宜游”，富裕、文明、和谐新永宁，跨入西部百强县。

# 贺兰县人民政府

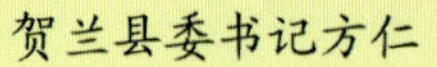


贺兰县委书记方仁

贺兰县政府代县长邓彦芳

泰丰生物科技公司生产场景

贺兰欧式风格一条街

银川德胜工业园区——西夏啤酒公司

县委书记方仁出席全国现代农业示范区建设工作座谈会

贺兰县国家级现代农业设施园区——习岗新平园区

贺兰县现代农业——优质瓜菜基地

贺兰县城全貌

# 大武口区政府

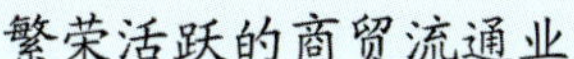

繁荣活跃的商贸流通业

机械装备制造业生产

北武当旅游景区

**经济实力显著增强**。全年实现地区生产总值128.46亿元，增长13.5%；地方财政一般预算收入3.38亿元，增长36.7%；全社会固定资产投资105.2亿元，增长30%；社会消费品零售总额31.24亿元，增长19.5%；城镇居民人均可支配收入16562增长9.4%；农民人均纯收入4944元，增长13.3%。

**产业结构不断优化**。新型工业发展壮大，机械装备制造、新材料等新型工业初具规模，西北骏马大功率矿用隔爆电机、中色东方钛材加工、晋安光能单晶硅及切片等项目已经投产。新型工业占工业总量比重达到30%，比去年提高7个百分点。第三产业繁荣发展，商贸物流快速发展；金融、信息、中介等产业平稳健康发展；特色旅游蓬勃发展，旅游收入8175万元。服务业贡献率达30%。现代农业优化升级。瓜果蔬菜、水产养殖等现代农业档次不断提高。

**节能减排全面完成**。共淘汰、关停、限产企业50家。全年空气环境质量达到二级标准的天数为320天。

**招商引资再创新高**。2010年招商项目95个，到位资金40亿元，增长26.6%；争取资金3.1亿元，增长160%。

**城乡建设不断加快**。全年投入统筹城乡资金3亿元，实施项目35个，完善了功能设施，改善了城乡面貌，加快了城乡一体化进程。石炭井整治成效明显，投资近亿元实施了石炭井“一中心、两地带、三片区、四节点”环境综合整治。基础设施日臻完善，加速星海经济区建设，宁夏水城强力推进，建成了星海三号路、经六路；配合实施了火车站迁建、浴山潭大街、“三路一水系 ”等项目。“文化之窗、塞上水镇”特色日益彰显。西环路、贺兰山南路延伸段、世纪大道北延伸段建设进展顺利，西线高速、长城路、山海路建成通车，形成了城乡发展的“动力带”。

**生态绿化成果丰硕**。投资6000万元实施了包兰线3.8公里宽幅林带、舍予圆胡杨林等15个生态项目，栽植各类树木330万株，新增造林绿化面积8000亩。投资1.3亿元、占地2万亩的贺兰山东麓（石炭井沟口）生态治理项目全面启动。

**社会事业全面进步**。投资6500万元实施了7所学校校舍安全改造和隆湖一站小学、青少年校外活动中心等项目，改善了办学条件；投资200万元为区属24所学校配备保安；加强基层文化设施建设，在星海镇建成了自治区首家农村数字电影放映厅，隆湖一站村农家书屋被中宣部评为“全国服务农民、服务基层先进单位”，星海文化产业街被评为“自治区级文化产业示范基地”。广泛开展体育健身活动，被教育部评为“全国阳光体育先进区”；大力实施创业富民工程，培育小企业199个，发放创业小额担保贷款4900万元，实现新增城镇就业1.1万人，转移农村劳动力1.2万人，实现劳务收入1.5亿元；充分就业社区创建率达100%。医疗卫生稳步推进，医疗救助“一站式”即时结算服务启动。全面推进养老服务体系建设，建成自治区居家养老服务试点社区16个，逢干老年公寓、区老年活动中心投入使用；建成了12个社区爱心超市，创建“阳光家园”7个；荣获“全国老龄工作先进集体”“全国残疾人社区康复示范区”“全国白内障无障碍县（区）”称号。

**政府建设全面加强**。接受人大依法监督和政协民主监督。认真做好人大代表议案、意见建议和政协委员提案办理工作。推进行政审批制度改革，行政许可事项大幅减少。修定了《大武口区政府采购管理办法》，规范了政府采购程序。制定了《大武口区政府投资项目代建制管理办法》，有效遏制了“三超”“三边”现象，规范了政府投资项目管理。推进政府体制改革，设立了隆湖、长胜国土资源管理中心所。出台了《大武口区政府系统应急值守制度》和《大武口区突发事件信息报告制度》，加强了政府应急管理。推进农村“三资”管理综合改革，进一步强化村务管理。改革了目标管理考核评比办法，实行“清单制”考核，建立了“周督查、月站牌、季通报、年评比”的工作落实机制，强化了执行落实、跟踪问效力度。

城市彩化工程

霞光

城市夜景

城市建设

城在水中

崛起的汽车产业

# 平罗县

石嘴山市市委常委、县委书记　蒋文龄

平罗县为石嘴山市辖县，位于宁夏平原北部，总面积2086.13平方公里，辖7镇6乡141个村民委员会，21个居民委员会，1053个村民小组。2010年，全面贯彻落实科学发展观，牢固树立“产业第一、项目推动、调整转型”的发展理念，以产业集群发展为推手，以项目建设为支撑，以改善民生为根本，推进经济发展方式转变和经济结构调整，全县经济和社会各项事业得到平稳较快发展。全年完成地区生产总值76亿元，同比增长13%。其中：一产增加值完成13亿元，同比增长7%；二产增加值完成42亿元，同比增长15%；三产增加值完成21亿元，同比增长11%。县本级财政收入完成10.9亿元，同比增长69.8%；全社会固定资产投资达72亿元，同比增长33.8%；城镇居民人均可支配收入达到13170元，同比增长8%；农民人均纯收入达到5974元，同比增长10%。在第十届全国县域经济基本竞争力与科学发展评价报告中，位列西部百强县第70位，比上届上升8位，首次跻身中国西部最具投资潜力百强县。

县长仇旭辉在全县工业大会战上讲话

石嘴山市市委常委、县委书记蒋文龄，代县长杜迁调研素菊产业发展情况

# 人民政府

中粮集团

大地循环经济厂区一角

清真牛羊肉分割车间

太阳能光伏电站

宁夏君功汽车装备

# 塞上明珠——青铜峡市

2011年4月22日，自治区党委书记张毅（右二）指导青铜峡镇余桥村创先争优活动

2010年8月22日，自治区党委书记张毅（左三）、副书记于革胜（右一），主席王正伟（左四）到青铜峡市邵刚镇酿酒葡萄基地检查指导工作

青铜峡市位于黄河上游宁夏平原中部，辖区面积 2525平方公里，辖8个镇、1个街道办事处、3个农（林）场，82个行政村460个村民小组，18个社区居委会，总人口 26.7万，其中回族人口45931人，占17.2 %。城市建成区面积 23.49平方公里，城市化率达到39.8%。

青铜峡市地理位置优越，具有丰富的土地、水利、电力、矿产、旅游等资源。自然景观、工程景观和人文景观独具特色，远近闻名。农业优势明显。粮食总产量连续12年排在全区第一位，产量约占全区的十分之一，提供的商品粮约占全区的六分之一，为全国商品粮基地之一。水利资源充沛，九曲黄河穿行其间，长约58公里，引黄灌溉条件得天独厚，九大干渠纵延纵横。电力资源充足，是宁夏乃至西北地区重要的电力资源基地，是自治区重要工业基地，是全国重要的铝产业生产基地和化工建材基地，辖区内有青铜峡铝业集团、华能宁夏大坝发电有限责任公司、宁夏金昱元化工集团公司、青铜峡水泥集团公司、御马葡萄酒业公司等大中型企业70余家，形成了以电力、冶金、化工、建材、农产品加工等产业为主的工业体系。

龙海宾馆

青秀园二期工程竣工庆典

青秀园一角

新农村庄点建设

华能宁夏大坝发电有限责任公司

2010年8月16日，青铜峡设市50周年庆祝大会隆重召开

便捷畅达，包兰铁路、京藏高速穿境而过，率先全区实现了村村通“硬化路”。

2010年，青铜峡市委、市政府以科学发展观为导，以自治区打造黄河金岸、建设沿黄城市带经区的历史机遇为契机，抢抓机遇，开拓进取，经社会保持平稳较快发展态势。全年实现地区生产值81亿元，增长13%；地方财政一般预算收入2亿元，可比增长28%；完成固定资产投资51亿，增长20.6%；实现农民人均纯收入6400元，增9.8%；实现城镇居民人均可支配收入14100元，长9%。全年接待游客95.2万人次，实现旅游综合入2.53亿元，增长15%。先后荣获“全国商品粮产基地”“全国特色魅力城市”“全国十佳休闲宜居生态城市”“全国科技进步先进市”“全国首批100个农机示范县市）”“全国首批农村社区建设实验县（市）”“全国文化先进市”“中国全面小康成长型百佳县（市）”“国家园林城”和“全国绿化模范县”等荣誉称号。2010年，又被国家能源局、财政部、农业部评为“国家首批绿色能源示范县”，被国农业部评为“全国粮食生产先进县”，被全国绿化委员会评为“全国绿化模范单位（县、市、区）”。

中华黄河坛

黄河金岸滨河大道建设

# 盐池县人民政府

2010年12月，盐池县城被评为国家卫生县城

盐池花马广场

2010年，盐池县地区生产总值完成26亿元，增长15.3%，县财政一般预算收入首次突破2亿元，增长37.2%。主要指标增长速度和质量均达到历史最好水平。

一是科学发展，产业结构不断优化。“一园五区”基础设施日臻完善，石油、煤炭、建材、新能源四大支柱产业协调推进。“盐池滩羊”“盐池甘草”产地证明商标分别被评为全国驰名商标和宁夏著名商标，品牌效应和知名度进一步提升，高端滩羊肉每公斤达到220元。

二是创新发展，重点工作强力突破。创建国家卫生县城一次性成功，成为全区第二个国家级卫生县城。盐池县政府被评为自治区“依法行政先进集体”。

三是和谐发展，制定出台了《关于保障和改善民生的实施意见》，新型农村社会养老保险提前一年实现全覆盖，在全区率先免除职业教育杂费。

盐池县城街景一角

1949年的盐池县城街景一角

# 中国甘草之乡 盐池县

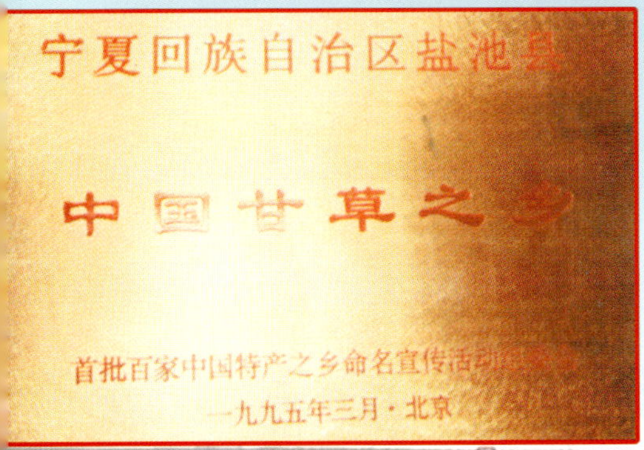

宁夏回族自治区盐池县

中国甘草之乡

首批百家中国特产之乡命名宣传活动组委会

一九九五年三月·北京

# 红寺堡区政府

自治区党委书记张毅调研红寺堡区经济社会发展情况

2010年，是吴忠市红寺堡建区发展的起步之年，也是体制转型、区划调整、奋力开创新局面的一年。一年来，红寺堡区深入贯彻落实科学发展观，抢抓深入实施西部大开发战略历史性机遇，以科学发展观为统领，以转变经济发展方式为核心，以调整经济结构为主线，以提高城乡居民收入水平为目标，着力推进新型工业化进程，着力加快现代农业发展，着力提升城镇化发展水平，着力强化生态环境建设，紧紧依靠全区各族人民，凝心聚力谋发展，开拓创新求突破，全面推动了经济建设和社会各项事业取得显著成绩。2010年，全年实现地区生产总值6.96亿元，可比增长14.8%；地方财政一般预算收入5000万元，增长42.8%；全社会固定资产投资21亿元，增长42.8%；城镇居民可支配收入10500元，增长11%；农民人均纯收入3500元，增长15.5%；人口自然增长率为13.7‰。

自治区主席王正伟调研红寺堡区工业经济情况

自治区副主席齐同生调研宁夏弘德工业园规划建设情况

民政部副部长窦玉沛调研红寺堡区残疾人工作

# 惠农区政府

惠农区村村改造油油路

中粮集团惠农基地番茄大丰收

为贫困残疾人捐赠轮椅

陆路口岸

惠农区位居宁夏北端，辖3乡3镇6个街道办事处，总人口21万人，其中回族3.14万人。惠农区是宁夏工业现发源地，有工业企业670家，煤炭、电力、能源重化工、冶金、新材料、建材和农副产品加工等7大支柱产业。耕地面积30万亩，人均达6亩。盛产小麦、玉米、蔬菜、枸杞、番茄等作物。突出发展蔬菜、枸杞、奶牛三大主导产业和“适水”产业等特色农业，为全国最大的脱水菜生产销售基地和国家商品粮基地之一。惠农陆路口岸为西北经济商业圈中心。

2010年是“十一五”规划收官之年，是承前启后，继往开来的关键之年。一年来，惠农区坚持以科学发展观为统揽，按照“抓转型、重民生、迎大庆”的总体要求，不断加快经济转型步伐，稳步推进城乡一体化发展，倾力保障和改善民生，全面加强民主法制建设、精神文明建设、生态文明建设、和谐社会建设和政府自身建设，全力以赴保增长、保节能、促转型、惠民生。全年累计实现地区生产总值90.05亿元，同比增长13.2%；完成社会固定资产投资92.8亿元，同比增长30 %；完成社会消费品零售总额16.18亿元，同比增长18 %；完成地方财政一般预算收入11865万元，同比增长23.5%；完成地方财政一般预算支出83672万元，同比增长51.8%；实现城镇居民人均可支配收入14207元，同比增长10.9%；实现农民人均纯收入6390元，同比增长14.9%。

惠农区回族学校新面貌

新区住宅

脱水菜种植园区

# 原州区人民政府

固原六盘山机场建成通航

2010年，原州区坚持以科学发展观为指导，围绕固原经济发展战略转型，大力弘扬“不到长城非好汉”的六盘山精神，按照“改革勇攀第一峰、工作勇创第一流、竞争勇夺第一名”要求，紧紧围绕建成“宁夏南部山区经济核心区、产业聚集核心区、生态文明先行区和民族团结和谐区”目标，抢抓新一轮西部大开发、国家加快宁夏发展、第四次固原工作会议等重大战略机遇，以12项重点工作和10件民生实事为抓手，解放思想，开拓创新，抢抓机遇，务实苦干，奋力推进经济、政治、文化、社会、生态文明建设，有力推动了经济社会又好又快发展；开拓了原州生态、农业、二三产业、基础设施及社会各项事业蓬勃发展的新局面。2010年，全区实现地区生产总值43.54亿元，是“十一五”末的1.3倍，年均增长17.7%；完成全社会固定资产投资45.23亿元，实现地方财政一般预算收入9594万元，实现社会消费品零售总额15.67亿元，城镇居民人均可支配收入达到14255.66元，农村居民人均纯收入3545.6元。

原州区头营设施农业示范园区

生态移民新村

西北通用航空产业园奠基仪式

原州区中河万亩马铃薯种薯繁育基地

# 隆德县人民政府

领导调研神林辛平千亩花卉果蔬示范园区智能日光温室

领导检查山河大慢坡球根类花卉繁育基地建设

领导现场办公解决高速公路引线工程问题

领导检查农业产业结构调整情况

领导调研规划大县城建设

领导检查县内生态移民安置房建设进度

# 中宁县

自治区党委书记张毅到锦宁铝镁新材料有限公司调研

2010年4月21日，自治区主席王正伟到中宁县调研

自治区党委常委、组织部部长徐松南到中宁调研

中国有色金属工业协会会长康义考察中宁县工业发展情况

2010年12月24日，举行中宁枸杞产业集团揭牌仪式

2010年8月4日，在北京举办首届宁夏中宁硒砂瓜节

# 人 民 政 府

联华国际（集团）举行中国枸杞博物园项目奠基仪式

2010年11月8日，中宁物流园区汽车城举行开业庆典仪式

锦宁公司举行120万吨铝镁合金项目（一期）试车启动仪式

南河子中心湖

新建的职教中心、六中

建设中的万隆新材料公司

崛起的金岸明珠城市

新建的枸杞博物馆

# 贺兰县金贵镇

自治区党委常委、银川市委书记崔波检查民兵应急分队救援工作

通昌清真南寺被授予“首届全国创建和谐社寺观教堂先进集体”“双拥模范共建先进集体”，银川市军区领导到清真南寺视察调研工作

代理县长邓彦芳调研通昌村稻蟹立体养殖基地

金贵镇地处贺兰县东南端，与兴庆区通贵、掌政、满春乡接壤，距银川市11公里，全镇土地总面积127.24平方公里，耕地面积11.24万亩，水域面积3.6万亩，共辖12个行政村，153个村民小组，总人口36313人，其中:回族占48.6%。2010年底全镇农民人均纯收入6578元。

近年来，金贵镇党委、政府以科学发展观为主题，坚决落实区市县各项方针政策，经济社会各项事业获得了长足的发展。全镇呈现出民族团结进步、社会稳定、人民安居乐业的大好局面。

——农村经济增长较快，农民生活水平明显提高。2010年金贵镇地区生产总值达6.2亿元，年均增长11%；农民人均纯收入6500元，是“十五”时期末2005年农民人均纯收入3471元的1.8倍，同比增长14.4%。

——农业产业结构调整取得新成效。设施蔬菜产业突破万亩大关，粮食种植面积始终稳定在10.4万亩，优质粮面积达到95%。建成水稻全程机械化种植示范园区3个，优质粮示范区3个，稻田养蟹示范基地8000亩；设施蔬菜园区6个，特色瓜菜示范园区5个。全镇蔬菜种植面积达到3.2万亩，蔬菜产业占农民收入的30%以上。建设万亩花卉苗木基地6000亩。

——畜牧养殖业获得了一定的发展。建成200头以上奶牛养殖园区5个，奶牛存栏达到5000头，出户入园率达到95%。加快发展集休闲垂钓、餐饮娱乐、观光旅游为一体适水产业基地3个，丰富了人民群众的物质生活。

——社会事业蓬勃发展。“普九”攻坚取得全面胜利，文化卫生体育设施继续完善，服务功能快速提升。农村新型合作医疗参合率达到99.3%，农村社会养老保险参保率达到95.8%。人口出生率9.29‰，人口自然增长率控制在3.4‰。

——新农村建设稳步推进。按照自治区关于建设十大特色小城镇的

汉佐村青年创业农民王炳城查看自家温棚的香瓜长势

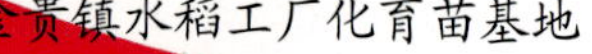

金贵镇水稻工厂化育苗基地

金贵镇人民政府办公大楼

雄英

银川市组织部领导在保南村调研工作

县委四套班子领导、各乡镇党委书记镇长观摩雄英设施园区

要求和县委、政府的安排部署，实施小城镇改扩建和“塞上农民新居”工程，新建关渠新村房屋400套，江南新村房屋47套，改造危房380户，有力改善了人居环境。

——农田水利基本建设走在全县前列。高标准完成山河大道两侧红星、潘昶、江南、关渠4个村5.88万亩农田水利基本建设任务，改造中低产田2.8万亩，新开发耕地1.2万亩。

——党建工作取得新进展，党的领导能力不断增强。认真贯彻落实十七大、十七届四中、五中全会精神，巩固和提高深入学习实践落实科学发展观活动成果，以“创先争优”活动为总抓手，整班子，强队伍，建制度，创思路，抓落实，党建工作扎实推进。

根据中央、区、市农村工作会议精神，金贵镇将进一步加大产业结构调整力度，加大镇村基础设施投入，紧紧围绕“打造贺兰重镇、建设经济强镇”这个目标，按照“生产发展，生活富裕、乡风文明、村容整洁、管理民主”的建设社会主义新农村的目标要求，努力推进各项事业不断迈上新台阶。

便民服务大厅设有法律咨询、养老保险、计划生育、农业技术服务咨询、土地咨询、粮食补贴、残疾人和低保人员办理窗口

园艺博览会

苗木花卉基地

镇领导到金贵清真大寺慰问穆斯林群众

支组织的社火队

村民运动会

迎新春军民联欢会

# 闽宁镇人民政府

## MIN NING ZHEN REN MIN ZHENG FU

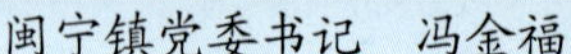

闽宁镇党委书记　冯金福

闽宁镇政府镇长　纳金东

闽宁镇位于首府银川南端，贺兰山东麓，永宁县西部，区域面积56平方公里，开发农田4.3万亩。搬迁安置移6004户，常住人口2.8万人，流动人口近2000户8000余人，回族人口占总人口的83%。

闽宁镇原称西吉玉泉营经济开发区，1991年由西吉县行移民开发建设。1997年4月闽宁两省区第二次联席会议定成立闽宁村，作为两省区东西合作的形象工程，由福建宁夏两省区投资建设。1997年7月15日闽宁村奠基，拉开东西合作的序幕。根据自治区人民政府关于移民区属地管的原则，闽宁村于2000年9月15日移交永宁县管理。2001 12月7日经自治区人民政府批准在原闽宁村的基础上成立宁镇，2003年7月与原玉海经济开发区合并，2005年11月成合村工作，由原来的12个村民委员会合并为现在5个村委员会。

五大特色产业发展势头强劲，彰显活力。2010年，率在福宁、武河村连片发展种植了1.06万亩酿酒葡萄，2011又在木兰、园艺、福宁、武河集中连片发展种植酿酒葡1.2万亩。目前累计发展种植葡萄达2.3万亩，葡萄产业已成为本地特色支柱产业。养殖业发展势头强劲，现建有园艺、武河两个规模化养殖小区，玉海村试点发展肉牛育肥养殖正在整村推进，现已发展基础母牛3300头。菌草产业稳步发展，产业带动链条正在形成，现建有武河、园艺两个菌草示范园区。劳务输出产业效益明显，年均创收逐年增加，劳务产业坚持走“以技能性人才培训为主，多层次培养劳务经济人为目标”的劳务发展模式，已培养劳务经济人43名，年均培训各类技能型人才1000余人次。餐饮服务业快速发展，依托赢海水泥厂、201省道、小城镇建设、葡萄示范区等带动服务业，扩大经济总量和规模，提升经营档次，提高服务质量，强化市场管理，增强综合服务功能。

201省道、包兰铁路沿线生态环境明显改善。其中201省道栽植各种树木3280棵，种植绿化地被（白脉根）25000平方米，更换种植土36000方，回填渣土5万方，目前15万方的回填渣土仍在进行中。沿包兰铁路两侧营造20米宽生态林带22.6公里。开挖排水沟17公里，平整土地39.6公里；为群众生产生活提供了方便，工程社会效益明显。

土地治理改造工程稳步推进。积极争取并组织落实2.6万亩土地治理改造工程，开挖排碱沟33条38公里，砌护支渠12公里，砌护斗渠59公里，砌护农毛渠158公里，整修生产路32公里。

按照“闽宁特色、回乡文化”的建设思路，推进了全镇小城镇建设步伐。围绕城镇化建设重点，着重抓好福宁街、莆西路两侧的商住房建设；18栋劳务移民安置楼的

镇党委召开2011年度目标责任签订大会

葡萄专家讲授葡萄种植技术

小城镇建设效果图

闽宁镇党委与宗教界人士建立定期座谈度，共谋地方经济发展

自治区党委常委崔波调研镇农村基层党建工作

自治区党委常委、宣传部部长杨春光参加2011年全区广播影视服务体系建设现场会

建镇十周年两省区领导揭牌

建设；4500多平米的文化广场综合楼的建设；5600平方米的闽宁幼儿园的建设。完成闽宁镇小城镇南北环道路、供热中心、排污管网、信息通信、垃圾中转站等基础设施建设；完成文化广场、闽宁标志性建筑物及福宁街道两侧的旧楼改造工程建设；完成201省道原有建筑的维护装修工作。

完成街道两侧道路硬化、绿化、亮化工程，配套街道下水排污工程4.5公里。环城路硬化工程正在积极进行中。闽宁农贸市场改造工程正在组织实施中，集镇及市场周区沿山公路两侧商品营业房建设初具规模，已基本形成以餐饮、商业、住宿为一体的服务业发展格局。

文化教育卫生事业蓬勃发展。全镇现有初级中学1所，38个教学班，教职工84人，在校学生2210人；小学7所，95个教学班，教职工172人，在校学生4944人；学前班7个，在校学生285人。翻建改造闽宁卫生院，配套5个村卫生室医疗设备，改善农村卫生就医环境和条件。

闽宁镇经济发展势头强劲，农村经济总收入和农民人均收入快速增长。截至2010年底，全镇农村经济总收入由10年前的700万元增加到 6700万元，农民人均纯收入从开发建设初期的500元增加到2916元。全镇经济和社会各项事业得到了全面健康发展，形成了民族团结，社会稳定的良好发展氛围。

举行2010年土地整理项目启动仪式

镇党委组织中心组理论学习

闽宁镇万亩葡萄产业长势喜人

定点帮扶联系对接会议

闽宁镇镇区发展规划图

2011年职业技能培训

# 望远镇人民政府

黄河金岸项目建设大会战

望远镇城镇建设

2011年是实施“十二五”规划和新一轮西部大开发的开局之年，也是全镇贯彻落实十七届五中全会精神，实现望远镇经济社会科学发展、跨越发展的关键之年。镇党委、政府坚持以科学发展观为指导，认真贯彻落实党的十七届五中全会精神、中央和区、市农业农村工作会议及县委十二届八次全体会议、县十六届人大四次会议和县经济工作会议精神，以科学发展、跨越式发展为主题，以加快推进经济发展方式为主线，以调整农业产业结构、增加农民收入为核心，着力培育发展现代商贸物流产业，着力推进城乡一体化发展，着力保障和改善民生，推进城乡基本公共服务均等化，加快望远商贸物流带市场建设，着力打造“宜商、宜居、宜业”新望远，为全面完成望远镇“十二五”经济社会发展规划开好局、起好步。

**一、各项工作进展情况**

（一）贯彻落实中央及区、市、县党委、政府重要会议精神，扎实做好各项重点工作

（二）调优农业产业结构，推进优势特色产业发展

1、着力抓好粮食安全生产；2、着力抓好设施温棚建设；3、着力抓好设施温棚贷款清收工作；4、着力抓好春季农田水利建设；5、着力抓好春季植树造林工作；6、着力抓好春季动物防疫工作；7、认真落实富农强农惠农政策，扎实做好粮食直补、家电下乡补贴工作。

（三）全力做好望通路、快速通道征地拆迁工作，加快推进望远商贸物流市场建设

（四）深入开展创建国家卫生县城活动，积极营造文明和谐环境

（五）统筹城乡协调发展，扎实推进新农村建设

（六）以构建设和谐望远为重点，力促社会事业全面发展

1、进一步完善社会保障体系，扎实推进扶贫帮困工作。2、深入开展实用农业科技培训，着力培养新型农民；3、加强计划生育工作，服务质量逐步提高；4、加强民生服务中心建设。

（七）精神文明建设蓬勃发展，为实现望远经济社会科学发展、跨越式发展创造良好环境

1、加强思想道德建设，深入推进“四德”建设活动；

五十万平方米社会保障住房

设施温棚规模化建设

领导视察温棚建设

县人大代表来镇调研

红歌唱遍永宁之百场红歌下乡村

启动永宁县廉政教育基地

永宁县统计局到镇验收人口普查工作

镇民兵应急分队演练

应急分队演练

深入开展“五比五看”活动；3、加强对外宣传报道工作，营造浓厚宣传氛围；4、开展丰富多彩的文化活动。

（八）加强民主法治建设，推进依法治镇进程

1、坚持和完善社会主义民主法治建设；2、做好新形势下统战、民族宗教工作；3、加强农村财务管理，规范村务财公开程序；4、加强社会治安综合治理，深化“平安望远”创建活动；5、注重安全生产工作，保障群众生命财产安；6、加强土地执法监管工作，有效遏止土地违法案件发生。

（九）加强党的建设，为和谐发展提供坚强的政治保证

1、深入开展学习型党组织建设工作；2、深入开展“创先争优”活动；3、深入开展纪念建党90周年党史巡回宣讲活；4、深入开展“党员建月”活动。

（十）建立完善长效机制，加强党风廉政建设

1、认真落实党风廉政建设责制；2、加强廉政风险防范管理工作；3、深入推进“勤廉为民”工程建设；4、依法选举村民监督委员会组成人员，充分发挥村民监督委员会监督作用；5、加强廉政文化教育基地建设。

新农村庄点建设

民生服务中心

**二、主要措施和经验**

1、强化领导，认识到位，扎实做好农业农村工作及重点工作；2、继续实行镇领导、镇干部包村责任制，全力推进农业农村工作及重点工作；3、全面推进“四议两公开”工作法，切实提高农村基层组织建设科学化水平；4、推行村干部绩效考核机制，激发村干部干事创业热情。

# 高原绿岛——泾源县

县委书记马志宏

县长李志达

泾源县位于宁夏回族自治区最南端，总面积1131平方公里。2010年，全县辖3镇4乡，2个居民委员会，109个村民委员会。全县常住人口10.1026万人，其中：少数民族人口8.1174万人，占总人口的80.35%。

泾源县地处六盘山东麓腹地，境内群山连绵，河流纵横，海拔高度1608～2942米，森林覆盖率达48.5%。气候湿润，风景宜人，被列为国家级自然保护区、国家森林公园和全国第一个旅游扶贫开发试验区。泾源县是回族聚居县，回族踏脚六盘山干花儿、回族剪纸等民俗艺术驰名区内外。

2010年，泾源县县域经济发展态势良好。全县实现生产总值6.9亿元，同比增长10.7%。其中:第一产业增加值19574万元，增长10.1%；第二产业增加值18595万元，增长14.8%；第三产业增加值31786万元，增长8.6%。人均地区生产总值5534元，同比增长12.4%。全县地方一般预算收入2535万元，增长14%；全县一般财政预算总支出70050万元，增长28.2%。年末金融机构各项存款余额105524万元，比上年增加23345万元，增长28.4%。各项贷款余额47506万元，比上年增加了12288万元，增长34.9%。消费品市场销售活跃。全年实现社会消费品零售总20981万元，同比增长17.5%。全县城镇居民人均可支配收入11552元，增长11.2%。城镇居民人均消费性支出8418.8元，增长7.8 %。农民人均纯收入3168.1元，比上年同期增加442.3元，增长16.2%。

实施生态移民，保护泾河上游源头生态环境

泾水源头上的废水处理厂

泾源县城全貌

# 海原县政府

自治区党委书记张毅调研海原生态移民工作

自治区主席王正伟调研海原新农村建设

中卫市委书记马廷礼、市长徐力群在海原调研基层党建工作

海原工业物流园区一隅

西安镇小茴香种植基地

皮毛产品

广场文化

2010年，海原县深入贯彻落实科学发展观，抢抓深入实施西部大开发战略历史性机遇，以科学发展观为指导，以科学发展、跨越式发展为主题，以优化经济结构、转变发展方式为主线，以深化改革和科技创新为动力，以保障和改善民生为出发点和落脚点，深入实施“兴海富民”战略，特色农业稳步发展、旱作农业加快发展、城镇建设力度加大、二三产业联动发展、新农村建设扎实推进、生态环境逐步修复、社会事业协调发展、民生保障大幅提升、自身建设切实加强，推动了经济建设和社会各项事业取得显著成绩。

全年完成地区生产总值19.6亿元，地方财政一般预算收入5952万元，完成社会固定资产投资18亿元，　城镇居民人均可支配收入11500元，农民人均纯收入达到3110元。人口出生率为17.34‰，人口自然增长率为13.15‰，计划生育率为78.12%。

海原一中新貌

改扩建的海原县中医院综合门诊楼

建设中的生态移民新村

海原刺绣

# 金凤区丰登镇

团结创新的领导班子

开展先地农民技能培训

改建民生服务中心，进驻四个站办所，方便群众办事

金凤区丰登镇辖6个行政村，63个村民小组，有农户3778户，总人口1.2万人，其中回族人口占35.2%；丰登镇总面积50.96平方公里，其中耕地面积2.8万亩，各种水域面积7000余亩；2010年年底社会生产总值2.68亿元，农民人均纯收入5972元。

近年来，丰登镇党委、政府依托区位和湿地资源丰富的优势，结合创先争优活动，以“统筹城乡、盘活土地、做强适水、巩固种养、拓宽就业、发展集镇”为重点，积极配合中阿经贸论坛接待中心、阅海湾中央商务区、园博园等区市重点项目建设；大力优化产业结构，发展农家乐36家，年养殖水禽15万只，水产4000余亩，沿正源街、贺丰公路初步形成集餐饮、垂钓、娱乐为一体的适水产业基地；集镇发展快速，水电暖等基础设施以及医疗卫生、教育、金融等公共设施建设完备，集镇人口已达到4000余人；作为国家工信部农村信息化七个试点单位之一，积极开展信息化统筹城乡一体化试点工作，受到了国家有关领导人的肯定。2007年以来，先后获得国家级环境优美乡镇、全国农业普查先进集体、全国乡镇街道统计工作先进集体、全国民主法治建设示范单位；自治区级计生“三无乡镇”“五星级乡镇”；银川市先进基层党组织、勤廉为民“五好镇”、文明镇等多项荣誉。

丰登镇小城镇建设

严格执行征地拆迁政策，确保区、市重点项目顺利推进

积极引导农民发展奶牛养殖

以“适水产业”为龙头，大力发展水面立体养殖

推广优质水稻种植

# 自治区知识产权局

国家知识产权局纪检组长肖兴威来宁考察指导全区复穗小麦知识产权工作

自治区知识产权局局长廖斌在企业调研

第四届中国专利周宁夏地区活动于11月7~13日在国家专利技术（宁夏）展示交易中心成功举办

国家知识产权局专利局第十一期处长论坛代表参观东方钽业集团公司

2011年，自治区知识产权局紧紧围绕党委、政府工作部署，认真贯彻落实国家知识产权战略和西部大开发战略，以科学发展观为统领，制定完成并推动实施《宁夏回族自治区知识产权战略纲要》。专利申请量稳步提升，专利申请结构得到优化，截止月底，全区共申请专利676件，其中发明专利申请占申请总量的39%。1至9月全区专利申请总数比2010年同期增长42%，其中发明专利申请比上年同期增长45%。加强各级知识产权试点单位的知识产权管理，全面启动专利战略试点工作，实施知识产权优势企业培育工程，提高了企业运用知识产权制度的能力和水平。实施“雷雨”“天网”知识产权执法专项行动，共出动专利行政执法人员1628人次，检查商业场所293次，检查商品12594件，联合各市知识产权局执法149次。加强国家专利技术（宁夏）展示交易中心工作，开展现场交易、网上交易、专题公益服务以及相关特色等活动，促进专利运用和产业化。

第四届中国专利周宁夏地区活动开幕式

举办全区知识产权维权援助与专利行政执法培训班

组织全体党员干部职工开展建党90周年纪念活动

# 宁夏社会主义学院

自治区政协副主席、民盟区委会主委、宁夏社会主义学院院长安纯人

自治区党委统战部副部长、宁夏社会主义学院党组书记杨锦明

社会主义学院是中国共产党领导的统一战线性质的政治学院，是民主党派和无党派人士的联合党校，是党和国家干部教育培训体系的重要组成部分。是统一战线人才培养基地、理论研究基地、方针政策宣传基地，是党外干部和党外代表人士培训的主阵地。宁夏社会主义学院的前身是宁夏政治学校，1984年更名为宁夏社会主义学院，是自治区党委直属正厅级事业单位。目前，学院挂宁夏社会主义学院、宁夏中华文化学院两块牌子，一套机构，下设办公室、教务处、行政处、统一战线理论教研室、民族宗教理论教研室、学报编辑部、文化交流中心7个处室。截至2011年6月已举办各类培训班271期、培训学员13948人次。2009年开设了北京师范大学远程教育学历班，分三个层次15个专业。为宁夏统一战线事业和经济社会科学发展、跨越发展做出了积极贡献。

自治区党委常委、统战部部长马三刚（右三）到院指导工作

宁夏社会主义学院2010年度总结表彰大会

2011年全区党外干部政治理论培训班

学院干部教职工参观考察黄河金岸建设

学院庆祝建党90周年表彰大会

# 宁夏工商职业技术学院

申报国家骨干高职院校答辩结束后露出会心的微笑

赵志群博士来院讲学

宁夏职教基地暨工商学院落成庆典仪式

宁夏工商职业技术学院隶属于宁夏回族自治区教育厅，2010年在自治区教育厅的大力支持下，被列为国家骨干高职院校第一批立项建设单位。学院坚持学校、企业、社会多元化、开放式办学模式，秉承“德能并重、多元融通、对接产业、服务社会”的办学理念，遵循“质量立校、管理立校、人才立校”的治校方针，“围绕产业办专业，工学结合促质量”的专业建设思路。根据宁夏经济社会发展需要，确定了“立足现代服务业，面向能源化工与装备制造业，培养生产、建设、服务和管理一线的具有良好职业道德和职业精神的高素质技能型专门人才”的办学定位，提出了“创建宁夏领先、西北一流、全国知名具有鲜明办学特色的高等职业技术学院”的发展目标。目前正在紧锣密鼓地进行国家骨干高职学院项目建设。

学院举办骨干高职院校建设培训班

国家骨干高职院校专家论证会

2011校企合作论坛

# 宁夏财经职业技术学院

2010年初，自治区领导于革胜、郝林海到学院新校区建设现场视察

2009年，自治区党委常委、纪委书记刘晓滨在自治区教育厅厅长郭虎和学院领导的陪同下到学院调研

团结务实的领导班子（左起：副院长田振林、副院长马成旭、院长郭伟、党委书记杨忠国、党委副书记吕周红、副院长余建强）

宁夏财经职业技术学院始建于1958年，隶属于自治区教育厅，是自治区首批重点建设的示范性高职学院，也是自治区财经和服务类专门人才最重要的培养基地，面向甘肃、陕西、山东、江苏、内蒙古等省区招生。2007年，在教育部高职高专院校人才培养工作水平评估中被评为优秀；2008年，教育部、财政部确定其为第三批“国家示范性高等职业院校建设单位”； 先后荣获“全国普通高等学校毕业生就业工作先进集体”“全区职业教育先进单位”“全区高校党建和大学生思想政治教育工作先进单位”“平安校园”等荣誉；学院高度重视对外交流与合作，与澳大利亚、新西兰、德国等职业院校签署合作框架协议；2009年，新校区破土动工，占地面积近600亩，可容纳5000余名学生就读，将于2011年秋季整体迁入。

学院坐落于宁夏首府银川市自治区职业教育基地，教职工总数340余人，全日制在校生达4200人，学院开设物业管理、市场营销、应用英语、会计电算化、金融管理与实务、计算机应用技术等20多个专业，基本形成以服务业为主干专业和以区域经济建设紧缺人才专业为主的专业格局。学院办学条件良好，教学设施完善。建有ERP实训室、会计综合实训室、金融综合实训室、市场营销实训室、多媒体语音室等设施先进的校内实训室、校外实训基地123个，图书馆藏书42万册。广泛开展职业技能培训与鉴定。近年来，学生在各类社会实践和专业技能比赛中取得优异成绩。

网络实验室　金融实训室　学生珠算练习

# 宁夏职业技术学院
# 宁夏广播电视大学

党委书记张怀斌为获奖学生颁奖

校长撒承贤在企业调研

团结务实的领导班子

不断拓宽对外交流渠道

积极争取校企合作

红歌唱响校园

电工实训

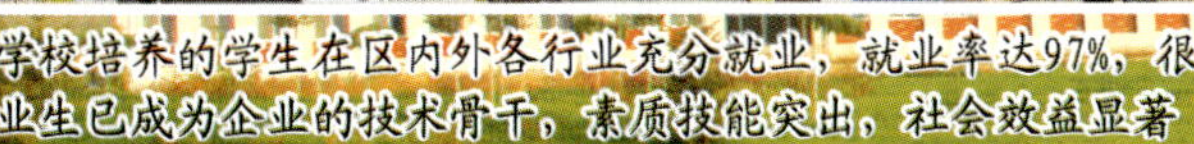
学校培养的学生在区内外各行业充分就业，就业率达97%，很多毕业生已成为企业的技术骨干，素质技能突出，社会效益显著

新校区一角

# 宁夏女子监狱

自治区司法厅厅长李振国（左三）在监狱局局长蒋元德（右一）的陪同下来监狱调研工作

团结务实的领导班子

举行升旗仪式

大练兵考核

女子监狱成立于2001年5月28日，是全区唯一一所关押女犯和未成年犯的监狱。2005年被自治区纪委确定为全区廉政法治教育基地，2011年5月被确定为区直机关廉政警示教育基地、全区依法治理示范单位。

十年来，在自治区党委、人大、政府、政协的亲切关怀下，在司法厅、监狱局党委的坚强领导下，女子监狱党委以科学发展观为统领，以维护监狱安全稳定为首任，以“抓班子、带队伍、保稳定、促发展”为主线，严格执行《监狱法》，强化“五项机制”，构筑“三道防线”，不断提高监狱工作水平，实现了“四无”工作目标。在对服刑人员的教育改造工作中认真落实“首要标准”，不断提高教育改造质量，推行监区文化建设、道德诚信建设、法律援助、爱心救助四项工程；在西北地区率先将未成年犯文化教育纳入国民九年义务教育政府规划；建立了全区监狱系统第一家心理健康中心；培育形成了“团结、吃苦、敬业、奉献、创新”的女监精神。

2006年以来，监狱被司法部命名为部级现代化文明监狱；先后获得全国“三八红旗”集体、全国司法行政系统岗位练兵先进集体、全国精神文明工作先进单位、全国监狱工作先进集体、全国维护妇女儿童权益贡献奖等全国级荣誉称号；获得自治区人民满意的公务集体、全区纪检监察系统先进集体、全区人民满意的政法单位、全区关心下一代先进集体、全区政务公开先进单位、全区预防和惩治邪教先进单位、全区普法依法治理示范单位、自治区“五一”劳动奖状、自治区2009～2012年度文明单位等自治区级荣誉称号，被自治区党委政府记集体一等功，被司法厅记集体二等功，先后被评为全区司法行政系统党建工作先进单位、全区监狱工作先进集体。2011年，荣获“感动宁夏2010年度集体”提名奖，并被司法厅党委授予全区司法行政系统先进基层党组织称号。

女警擒敌拳表演

10年教育改造成果汇报

举办服刑人员歌咏比赛

# 司 法 公 安

编辑：王晓华　唐　虹

## 审　判

【概况】　全区法院共受理各类案件88177件，同比下降10.3%；审（执）结82927件，结案率为94%，同比提高2.2个百分点。其中高级法院受理各类案件1135件，同比上升2.2%，审（执）结989件，结案率为87.1%，同比提高6.1个百分点。审判质量和效率稳步提升，在最高法院开展的审判质效评估中，26项指标有11项位居前列，综合指数在全国法院排名第9位，在西部法院排名第2位。　（卜昌华）

【刑事案件审判】　突出打击重点，依法严惩各种严重犯罪活动，特别是对侵害群众生命财产安全的严重暴力犯罪、多发性侵财犯罪以及贪污贿赂犯罪、黑社会性质犯罪和毒品犯罪等，坚决依法打击，维护社会稳定。共受理各类刑事案件5325件，审结5199件，判处犯罪分子4563人，其中判处五年以上有期徒刑直至死刑789人，死刑核准率继续保持全国领先，经验在全国推广；加强刑事和解工作，减少社会对立面，确保无罪的人不受法律追究，对1633名被告人宣告缓刑，对20名被告人宣告无罪；通过帮教回访、法制宣传、社区矫正等形式，积极参与社会治安综合治理和平安创建活动。　（卜昌华）

【民商案件审判】　依法妥善审理各类合同纠纷、民间借贷、损害赔偿以及教育、医疗、住房、环境保护、征地拆迁、劳动争议等民事纠纷，共受理各类民商事案件49083件，审结47653件，结案率为97.1%。不断加大调解工作力度，综合运用诉前调解、立案调解、诉中调解等多种方式，引导当事人自愿达成调解协议，调解结案17465件，调解后撤诉10004件，调撤率为57.6%，努力化解矛盾纠纷，实现案结事了。　（卜昌华）

【行政案件审判】　共受理各类行政诉讼案件377件，审结366件，其中判决撤销、变更或确认具体行政行为违法、无效的20件，占结案数的5.5%，促进了依法行政；注重发挥协调机制的作用，经法院协调后和解、撤诉的88件，占结案数的24%，同比增加29.4%。　（卜昌华）

【执行工作】　继续加大执行力度，创新执行理念，强化执行手段，进一步完善和谐执行机制和多方协作配合的执行联动机制，不断拓展与公安、房管、金融等协助执行部门的配合渠道；成立执行指挥中心，建立执行"110"快速反应机制，及时处理和快速掌控被执行人及其财产，对121名被执行人实施司法拘留，对构成犯罪的7名被执行人依法追究刑事责任；率先在全国法院开展"争创无执行积案法院"、委托执行案件专项清理和特殊主体案件集中执行活动，推动执行工作的深入开展。共受理执行案件29057件，执结25396件，执结标的额22.4亿元。　（卜昌华）

【审判管理】　健全审判管理工作制度，完善质效评估指标体系，建立案件质量分析通报制度，强化对审判质量和效率的科学管理；深入开展审判质效评估工作，统一对全区三级法院开展全面的质效评估，共评查各类案件4665件，评查裁判文书3805份，并将评估结果排名通报；扎实开展"百万案件评查"活动，全区法院共评查重点案件845件，通过评查认真查找存在的问题和原因，切实进行整改，努力提高审判水平；建立法官执法档案，完善绩效考评体系，强化对法官业绩的科学评价，激励引导法官公正司法；完善对审判活动各个阶段、环节的动态监控，严格审限监督，提高审判效率；出台《诉讼文书立卷归档细则》，推进审判管理规范化建设。　（卜昌华）

【机制改革】　全面推行量刑规范化改革，制定15类案件的量刑细则，统一裁判尺度，规范法官的自由裁量权；不断完善执行裁决权和实施权分离机制，强化执行案件流程管理，探索开展执行权优化配置改革试点；不断加大对委托评估、拍卖等环节的监督制约，实行专门机构统一委托，强化分权制约；继续完善少年法庭建设，推行未成年人审判社会调查员制度和社区矫正制度，确保未成年人合法权益得到切实有效地保护；完善妇女权益保护机制，在全区三级法院统一设立妇女维权合议庭，规范受案范围和审理程序，维护妇女合法权益；设立交通肇事巡回审判法庭，方便快捷地审理交通肇事案件。　（卜昌华）

【司法公开】　全面推行审判工作"六公开"，使审判过程更加透明；建立减刑、假释公开听证和公示预告制度，对3686名罪犯的减刑、假释全部公开进行；加强与人大代表、政协委员的联络，定期通报工作，主动邀请代表、委员776人（次）旁听案件审理；积极办理议案、提案和建议，高度重视代表、委员对个案的关切，共办理提案、建议4件，对5起具体案件的办理情况进行调查，并及时进行答复；依法接受检察机关的法律监督，受理检察机关抗诉案件85件，审结77件，改判20件；全面推行裁判文书网上发布,开展网民公开评判裁判文书活动;加大宣传力度,健全新闻发布制度,建立法院网站,及时通报重大案件的审理情况和重大工作举措,主动接受各界监督;全面推行“法院开放日”,大力开展法官“六进”活动,加强与群众的沟通联系,了解民情,顺应民意,回应民声。（卜昌华）

**【申诉 信访】** 进一步放宽申诉条件,扩大再审受案范围,完善申诉和申请再审案件公开听证制度,强化审判监督。共受理申诉和申请再审案件648件,经复查决定再审276件,审结229件,改判81件,申诉率为全国法院最低。建立信访案件终结机制,深入开展涉诉信访积案集中清理专项活动,加强对重点案件、敏感案件的排查化解工作;继续推行“全员接访首问责任制”和“五定一包”工作责任制,完善“判前释明、判后答疑”机制,预防和减少信访案件,全力化解信访难题。（卜昌华）

**【队伍建设】** 加大教育培训力度,推行全员培训,转变培训理念,丰富培训方式,积极开展法官教法官、岗位练兵、庭审观摩等活动,全年共培训干警1500余人次,不断提高法官驾驭庭审、化解矛盾纠纷的能力;建立高院庭室联系基层法庭制度,对基层法庭庭长全面轮训,提升基层法庭审判能力;实行科技强院工程,全面建成开通三级法院局域网、数字化法庭和远程提讯系统;继续推进上下级法院干部交流任职和挂职锻炼,加大法官横向和纵向交流任职的力度,进一步完善法官遴选制度,全面推行晋职考试和竞争上岗,促进法官司法能力的提升。（卜昌华）

# 检 察

**【概况】** 全年共受理群众举报、控告、申诉案件线索3190件,评查涉检重复信访120件,化解涉检信访积案53件。建立举报奖励制度,共奖励举报人五批65案17.6万元。联合土地管理部门开展专项检查工作,促进了土地行政执法监管长效机制的进一步完善。针对工程建设领域和环保领域拖欠土地出让金、排污费导致国有资产流失问题,部署开展了督促起诉专项活动,共发出督促起诉意见书435件,有关部门已清理、收回拖欠土地出让金、排污费近20亿元。结合办案,深入开展调查研究,先后就农村基层组织人员职务犯罪问题、土地领域违法犯罪问题等撰写调查报告,引起自治区党委政府领导高度重视,分别作出重要指示。加大办案力度,促进公正廉洁执法。共查处行政执法人员、司法人员职务犯罪72件98人;注重加强对自身执法活动的监督,建立检察权运行内部监督机制,开展了全区检察机关相对不起诉普通刑事案件、不起诉职务犯罪案件、撤回起诉案件和捕后不起诉、撤案案件等五类重点案件的专项检查活动,共查出有瑕疵案件22件,对起诉不当的7件案件已予以纠正。（顾海峰）

**【打击刑事犯罪】** 坚持依法严厉打击危害国家安全和社会稳定犯罪、黑恶势力犯罪、危害人民群众人身财产安全的严重暴力犯罪和多发性侵财犯罪。积极参与打黑除恶专项斗争和打击拐卖妇女儿童犯罪等专项行动,以及对学校、幼儿园及周边治安秩序的专项整治。全年共受理提请批准逮捕3211件4996人,依法批准和决定逮捕2753件4278人;受理移送审查起诉4355件7180人,提起公诉710人,不起诉462人。探索开展了青少年违法犯罪案件专门办理机构试点工作。结合办案,注重加强对地区突出社会治安问题的分析研究,及时提出对策建议,推动社会治安防控体系建设。（顾海峰）

**【查办和预防职务犯罪】** 发挥侦查一体化办案机制作用,不断加大办案力度。全年立案侦查贪污贿赂犯罪232件399人,同比件数和人数分别上升11%和32.1%;立案侦查渎职侵权犯罪案51件72人,同比件数和人数分别上升4.1%和1.4%。挽回经济损失2940余万元。在查办的职务犯罪案件中有大案80件,要案25人。采取“系统抓、抓系统”的方法,针对税务系统“三代费用”中的问题开展专项治理活动,已立案22案45人。组织查办了“高考移民”系列案件,共立案24人,法院已做有罪判决12人。对一些重点领域、行业的职务犯罪加大查处力度,共立案侦查涉农职务犯罪105件204人,商业贿赂犯罪69件98人,查办工程建设领域职务犯罪57件89人,查办国土资源系统职务犯罪7件14人。积极开展行贿犯罪档案查询工作,向社会提供查询服务5314件次,共提出预防检察建议1074件次。部分基层检察院在党校设立预防警示教育基地,强化预防教育。（顾海峰）

**【强化对诉讼活动的法律监督】** 全年共受理刑事立案监督案件194件,同比上升79.6%,纠正漏捕153人,同比上升112.5%。开展了对公安机关“另案处理”案件监督专项活动,对另案处理人员已捕120人,已诉900人,已判734人,督促追捕逃犯172人。加强刑事审判监督。共提出抗诉案件57件,同比上升54.1%;纠正漏诉104件,同比上升225%。加大民事行政检察监督力度。共受理民事行政申诉案件1084件,立案788件,同比上升102.6%;抗诉75件,同比上升82.9%,法院共审结抗诉案件65件,改变原判决55件,改变率为84.6%。着力推进刑罚执行监管活动监督。开展了对减刑、假释、暂予监外执行实行建档跟踪检查和“检查事故隐患、促进安全监管”专项活动,共向监管场所发出检察建议书、纠正违法通知书393件,已全部纠正,查办监管场所职务犯罪案件4人。（顾海峰）

**【制度和机制创新】** 进一步推进检察委员会制度改革,制定《关于提高自治区检察院检察委员会议事效能的意见》,检委会工作规范化建设得到加强,诉讼监督工作机制有所创新。自治区检察院与自治区公安厅联合制定《关于加强侦捕诉工作配合与制约机制的实行办法(试行)》,会签了《关于在公安派出所设立检察官监督办公室的实施意见》。部分市、县检察院开展了对车管所、交警队行政执法活动的监督工作,以及对民事执行活动的监督。积极推行量刑建议、刑事和解、轻微刑事案件释法说理工作和对不上诉死刑案件的法律监督工作。与自治区高级法院、司法厅、民政厅联合制定《宁夏监狱罪犯死亡善后处理工作规定》,规范罪犯死亡的善后处理工作。创新检察工作管理方式,积极推行了上级院与下级院双向考评制度。(顾海峰)

**【队伍素质建设】** 突出抓好检察队伍思想政治建设和领导班子建设,制定下发了《关于加强和改进新形势下全区检察机关党的建设的意见》,认真开展了创先争优活动、"建设学习型党组织、创建学习型检察院""恪守检察职业道德、促进公正廉洁执法"主题实践活动,以及"反特权思想、反霸道作风"专项教育活动。认真开展岗位练兵和业务竞赛,举办了全区侦查监督优秀检察官、公诉人业务竞赛,并组织参加了全国比赛,取得较好成绩。会同青海、甘肃共同在西宁举办了甘、宁、青三地第二届检察机关公诉人论辩赛。进一步加强闽宁两地检察协作关系,在宁举办了首届闽宁两省区检察长论坛。注重文化育检,开展了全区十佳道德模范评选、全区检察文化周、巾帼宣讲团巡讲、全区检察机关第二届文艺会演等活动。认真落实党风廉政建设责任制,查找党风廉政和执法办案风险点,举办自身反腐倡廉教育展,开展检务督察,普遍建立了检察干警执法档案。大力弘扬和表彰先进,全年共有74名个人和43个集体受到省级以上表彰奖励。着力加强基层基础建设。积极争取中央专项资金用于办案经费补助和基层检察院软硬件设施建设,提高了基层检务保障水平。(顾海峰)

**【接受人大监督】** 年初,自治区人大常委会颁布了《关于加强检察机关法律监督工作的决定》,使宁夏成为全国较早颁布加强法律监督工作决定的省份之一。各级检察院普遍开展了学习贯彻《决定》宣传周活动。自治区检察院还以此为契机,将2010年确定为"诉讼监督年",并下发了贯彻落实意见。上半年,自治区人大常委会专门听取了关于开展民事行政检察工作的专题报告,并就加强和改进此项工作提出了意见建议;下半年就落实《决定》和《刑事被害人救助条例》听取了自治区检察院的专门汇报。全区80%以上的基层检察院就查办渎职侵权工作向地方人大常委会作了专题汇报。各级检察院共认真办理人大代表、政协委员提出的意见、建议和提议案69件。(顾海峰)

## 公　安

**【治安管理】** 全年共受理各类治安案件40722起,查处40276起,查处违法人员25996人;共查没收缴炸药128.5公斤,雷管8992枚,收缴非法枪支127支、子弹3406发。自治区公安部门贯彻落实《保安服务管理条例》精神,严格规范保安服务公司、保安押运公司、保安培训单位的审批程序,稳步推进保安企业转制改革;建立了巡警、武警两警联勤巡逻工作长效机制。全年共处置各类警情4.8万余起,调解纠纷9774起,救助群众5249人,破获各类刑事案件784起;建立了户籍、流动人口、精神病人、旅店业、民爆、枪支、印章管理信息化系统,实现了治安管理信息化;组织开展打击赌博专项行动,破获赌博刑事案件2起,刑事拘留2人。查处赌博治安案件138起,查处赌博违法人员626人,行政拘留178人,治安罚款405人,收缴罚没赌资133万元,收缴赌博机型游戏机573台。(周永清)

**【道路交通管理】** 全区围绕"人要少死、路要畅通、形象要好、群众要满意"的工作目标,深入推进社会矛盾化解、社会管理创新、公正廉洁执法三项重点工作和三项建设工作,组织开展酒后驾车、超速行驶、涉牌涉证、校园周边交通秩序、客运车辆、三轮汽车、摩托车、行人非机动车和剧毒危险化学品道路运输等八项集中整治行动。全年共发生道路交通事故1806起,死亡442人、受伤2217人,直接经济损失604.964万元。与上年同期相比,事故期数下降2.7%,死亡人数减少了56人,下降13.4%,受伤人数下降1.6%,直接经济损失上升13%。(周永清)

**【出入境管理】** 全年共受理签发47481人次出国境证件,比上年增加15288人次,增长47.5%,实现证件收入766万元,比上年增加53%;临时来宁夏境外人员17170余人次,常驻境外人员470余人,为462人次境外人员办理了各类证件。(周永清)

**【打击刑事犯罪】** 全年共立刑事案件39192起,抓获犯罪嫌疑人7888人。破现行案件14673起,与上年相比破案数提高13.8%,破案率提高1.5%。共立八类主要刑事案件2366起,比上年下降1.4%,破获1772起,比上年提高10.5%。全区共抓获各类网上在逃人员1286名,比上年上升10%。其中,抓获外省市网上在逃人员311名,同比上升57%;抓获历年在逃人员404名,同比增加129名,上升47%。全区共立命案119起,破获113起,破案率95%。破命案积案4起。(周永清)

**【打黑除恶专项斗争】** 贯彻落实全国深入推进打黑除恶专项斗争电视电话会议精神和自治区人大代表"关于在全区开展打黑除恶专项斗争,净化社会环境为经济发展提供安全保障的建议",坚持"打早打小,除恶务尽",严厉打击破坏农村建设、侵蚀农村基层政权的农村黑恶势力,严厉打击操纵"黄赌毒"的黑恶势力和"地下出警队"等新型黑恶势力,严厉打击物流、运输、房产等领域的行业恶势力。先后打掉了银川市马涛、石嘴山市杨国华、固原市泾源县丁飞3个黑社会性质组织,摧毁了银川市曹宏卫,西吉县马德良,隆德县吴金栋、吴金库,固原市原州区马成,中卫市杨永锋等8个恶势力团伙。抓获涉案人员109名,破案68起,收缴枪支4支、子弹84发,查扣涉案资产120余万元。(周永清)

**【打击经济犯罪】** 全年共受理各类经济犯罪案件505起,立案324起,破获248起,涉案价值3.4亿元,挽回经济损失2734万元,抓获犯罪嫌疑人250人;共立诈骗新农合基金案件76起,刑事拘留60人,移送起诉32人,追回经济损失40余万元;共立假币犯罪案件6起,破获6起,抓获犯罪嫌疑人7名,缴获假币41.65万元;抓获网上逃犯2名,缴获假币168.7355万元;打掉了覃智明等3人信用卡诈骗犯罪团伙;共立银行卡犯罪案件34起,破1起,抓获犯罪嫌疑人18名,挽回经济损失50余万元;共立发票犯罪案件26起,收缴各类假发票643.3万份,打掉假发票制造窝点9个、假发票贩卖团伙5个、信息发送窝点5个,端掉假发票储藏窝点18个,抓获犯罪嫌疑人46名;破获一起销售假冒注册商标商品的案件,抓获犯罪嫌疑人4名,查获各类假酒850余件,4500多瓶,涉案金额20余万元。

(周永清)

**【打击毒品犯罪】** 全年共立毒品案件347起,破347起,抓获犯罪嫌疑人429名。查处毒品治安案件3252起,查获吸毒人员3568名。缴获毒品海洛因32.5公斤,大麻210公斤,氯胺酮3055克,冰毒18.4公斤,麻古230克,铲除大麻512株。外省区查获宁夏籍外流贩毒人员203名。全年禁毒工作以“打团伙、摧网络、破大案、抓毒枭、缴毒资”为目标,一是持续打击外流贩毒,到云南、四川开展40天的打击外流贩毒专项行动,摧毁宁夏、云南、四川籍人员组成的贩毒网络,破获外流贩毒案件6起,抓获犯罪嫌疑人21人,缴获毒品海洛因7000克、冰毒500克、毒资38万元。二是整治了一批零星贩毒交易窝点,破获10克以下零星贩毒案件131起,抓获犯罪嫌疑人147名,缴获毒品1056.1千克。三是建立“陆空邮”查缉体系,加大堵源截流查缉力度。7月21日,盐池县查获由同心向西峰运输毒品的马彦飞、马学彪,缴获海洛因328.2克。9月29日,银川市公安局在银川市广中货运中心抓获犯罪嫌疑人6名,缴获毒品氯胺酮1853克、冰毒96.4克,缴获五四制式子弹48发、步枪子弹2发。全区通过设卡破获毒品刑事案件52起,抓获犯罪嫌疑人69名,缴获海洛因5600克。四是开展缉毒追逃专项行动,抓获涉毒逃犯9名,协助云南省公安厅抓获外逃一年之久的公安部督办的B级跨国贩毒逃犯王国才。五是对涉毒娱乐场所开展集中整治行动。6月10日至10月10日,各级公安机关对一些公共娱乐场所进行拉网式清查,查获新型毒品违法案件82起,破获新型毒品犯罪案件23起,查获吸毒人员485人,缴获冰毒5600克,处罚涉毒娱乐场所51家。

(周永清)

**【法制建设】** 自治区公安厅起草了《宁夏回族自治区禁毒条例》,银川市人大常委会审议通过了《银川市公共监控报警系统管理条例》,石嘴山市公安局制定了《强制隔离戒毒人员诊断评估办法》《治安案件调解和解工作规范》《律师会见非涉密案件在押犯罪嫌疑人有关问题的规定》《涉案财务管理规定》等执法制度。自治区公安厅制定了《治安管理细化标准》及办理聚众斗殴、寻衅滋事、卖淫嫖娼、赌博和涉毒案件等指导意见,力求对具体违法行为实施对号入座式的处罚,压缩了民警自由裁量的空间;制定《2010年全区市县(区)公安机关绩效考核实施办法》《2010年全区市县(区)公安机关绩效考核内容与标准》,从执法效果上加强执法监督。

(周永清)

**【通信保障】** 围绕中心工作,提供“全天候、全过程、全方位”的通信保障和服务。青海省玉树藏族自治州“4·14”地震发生后,宁夏“动中通”车组奉公安部命令赶赴灾区,通过卫星车采集传输现场画面42小时10分钟,被中央电视台采用46分钟,为宁夏电视台传送资料2小时,为全国人民了解灾情、科学组织救援提供了帮助;通过“动中通”卫星通信车,为“2010宁洽会暨首届中阿经贸论坛”安保通信保障工作提供全方位的服务。对自治区公安厅电视电话会议室进行扩建和设备更新,采用高清视讯会议系统,使图像通信保障能力上升到一个新台阶,保障了全区各级公安机关120余次电视电话会议顺利进行。

(周永清)

**【来信来访】** 全区公安机关全年共处理群众来信来访1626件(其中来信973件,来访653件)。自治区公安厅对五市交办案件320件,五市处理群众来信来访1208件,占信访总量的74.3%。自治区公安厅信访办公室处理来信240件,来访178件426人次,5人以上集体上访9批153人次。群众来信来访反映的主要问题有:要求破获案件和抓获犯罪嫌疑人的322件;对公安机关处理决定和结论不服的264件;认为公安机关插手经济纠纷的44件;认为公安机关管理不到位的87件;投诉公安机关和民警执法存在问题的266件,举报违法犯罪线索161件;其他309件。

(周永清)

## 消　　防

**【概况】** 全年全区共发生火灾3446起,死亡5人,受伤1人,直接财产损失522.3万元。与上年同期相比,火灾起数下降12.5%,死亡人数增加1人,受伤人数增加1人,直接财产损失上升60%,火灾形势总体平稳。全区消防部队共接警出动5079次,出动人员44506人次,出动车辆6544辆,其中灭火战斗出动3449次,抢险救援1091次,社会救助284次,救出人员714人,疏散人员3892人,抢救财产价值3.9亿元。消防总队被部局评为年度战训工作、信息化建设“先进单位”,被自治区党委、政府评为“全区防震减灾先进集体”和“宁洽会暨中阿经贸论坛”保障服务工作先进单位。公安部消防局局长陈伟明来宁夏检查工作期间对宁夏消防工作和部队建设给予高度评价。 (周永清)

**【火灾防控】** 自治区党委、政府把严控火灾指标纳入自治区政府公共安全量化考核和社会治安综合治理体系,指导各地将消防安全工作纳入国民经济和社会发展“十二五”规划。自治区人大常委会颁布实施《宁夏回族自治区实施〈中华人民共和国消防法〉办法》。张毅、王正伟、齐同生、苏德良、李锐等自治区领导先后20多次听取消防工作汇报并作出批示。全区各级政府共召开消防工作会议145次,签订消防工作目标责任书1013份。同时,建立健全自治区公安、民政、质监、纪检监察等13个成员单位的消防安全监管厅际联席会议机制,完善议事规则,形成了推动消防经费投入、基础设施建设、消防安全监管工作的合力。自治区安全委员会实施“防火墙”工程、重大节庆消防安保和火灾隐患排查整治系列行动;自治区质量技术监督局发布社会单位“四个能力”建设10个地方标准;自治区综治、工商、安监、教育、商务、文物等单位联合执法,开展71项专项检查行动;卫生、文化、教育、商务等部门开展行业自查和联合检查277次。全区市、县级消防规划全部编制完成,22个重点镇中有21个完成消防规划编制;971个行政村消防规划编制完成,编制率达42%。城乡消防基础设施建设加速推进。各地落实《公共消防设施建设办法》和《宁夏回族自治区公共消防设施建设费征收管理和使用办法》,促进城建、财政、土地部门及社会单位完善公共基础设施配套建设。全年新建消火栓245个,维修268个,实有消火栓5296个,达到应建总数的91.2%。贯彻落实国家七部委《关于深化多种形式消防队伍建设发展的指导意见》,共发展政府、企业专职消防队28支,农村、社区专职消防队伍13支,志愿和义务消防组织534支,合同制消防员73名。 (周永清)

【构筑社会消防安全"防火墙"工程】 自治区政府先后组织召开全区构筑社会消防安全"防火墙"工程电视电话会议和全区社会单位"四个能力"建设试点现场会议,对构筑社会消防安全"防火墙"工程各项工作进行全面部署,督促各级政府部门落实组织领导、消防监管、设施建设、检查考评"四项责任";提请自治区安全委员会制定《关于落实全区构筑社会消防安全"防火墙"工程2010~2012年目标任务规划的实施意见》,逐年细化分解"防火墙"工程目标任务,具体落实人员配置、经费保障、检查考核等各项内容。全区1218家属于人员密集场所的消防安全重点通过自治区政府"四个能力"建设达标验收;共对1718家社会单位进行"四个能力"专题培训,向2249家重点单位发放《社会单位消防安全"四个能力"建设手册》,共有142家公众聚集场所和易燃易爆单位投保火灾公众责任保险,882家单位完成了远程监控系统入网工作。

(周永清)

【农村消防】 认真贯彻自治区政府关于加强农村消防工作的意见,推动各地将农村消防工作纳入县、乡(镇)两级政府政绩考评内容,建立市、县、区三级农村消防工作组织,完善奖惩制度。依托派出所、警务室、居(村)委会等基层组织开展消防安全检查,制定消防安全管理制度,加强对农村和社区的消防安全监管。各市政府出台《农村消防安全管理规定》《农村和社区"六有"建设标准》等规范性文件,在农村、社区开展以"有消防组织机构、有防火公约、有志愿消防队、有宣传阵地、有消防水源和灭火设施、有职责制度"的"六有"建设活动。全区组建乡镇、街道办消防安全领导小组188个,设置消防器材配置点的村庄1518个,设置消防器材配置点的社区183个。 (周永清)

【火灾隐患排查整治】 以"宁洽会暨中阿经贸论坛""两节""两会"重大节日和活动等为消防安保重点,开展了消防安全检查、"宁安"系列行动、"火灾隐患百日围剿专项行动"等一系列消防安全专项治理,加大对人员密集、公共娱乐、建筑消防设施和建筑内部装修材料、高层、地下建筑和易燃易爆等单位和场所的火灾隐患整治,组织发动各行业、系统主管部门、乡镇政府、街道办、居(村)委会和派出所,大规模开展火灾隐患排查整治工作,专门派员对接做好上海世博会、广州亚运会消防安保工作。全年共开展消防安全大检查行动和错时监督检查3620次,出动警力7552人次,检查单位15376家,发现火灾隐患13410处,督促整改火灾隐患13255处,销毁假冒伪劣消防产品近7000件,采取临时查封、责令关停措施150次,立案查处消防违法案件380起,清除了一批火灾隐患。 (周永清)

【安全宣传】 在区级主要媒体开办12个专栏和专题;创造性开展"三提示"工程,对消防安全重点单位覆盖率达到100%;大力开展"百千万"培训工程;与保监局、新华保险公司联合开展"消防·保险知识进万家"百日宣传系列活动;与教育等部门开展"消防辅导员进学校"活动;发挥"119"消防日平台作用,开展了配发1.2亿元消防装备仪式、巡展消防铁军风采图片、"四个能力"百场宣讲、消防快乐大本营趣味闯关、百辆消防车和出租车巡游等"十大特色宣传活动",举办消防教育科普基地挂牌仪式,组织开展全民灭火和逃生自救演练。在全区主要街区、景点等设立永久性消防宣传牌159块,全区50%的广场、商场和银川市132个大中型社区开设LED大屏幕,每周循环播放消防宣传片,建成青铜峡一百零八塔消防主题旅游景区、惠农区"防火墙"宣传灯笼一条街等宣传品牌实体32个。全年,共举办大型宣传活动123次,开放消防站557次,举办培训班147期,培训22986人,发放宣传资料44.2万份。

(周永清)

【制度建设】 健全执勤战斗预案体系,制定7大类1922份预案,建立上下配套、无缝衔接的"三级"预案体系。健全战评工作机制,将战评工作作为重要考评指标纳入单位年度工作考评体系;健全智力支撑机制,聘请72名专家成立灭火救援专家组,搭建社会资源智力支撑平台;健全作训安全机制,修订完善相关制度18条,规范应急救援作战指挥程序,查处作战训练安全隐患52处;健全岗位骨干激励机制,加强灭火救援岗位政策支持,将75%的士官编配到灭火救援岗位。对在区外比武竞赛中优秀选手予以重奖,给18名官兵分记二等功、三等功。对104名战训干部评定战训专业技术职务。创新士官队伍管理方法,制定了《宁夏公安消防总队士官职称等级评定实施办法》。采取"集训—竞赛—精训"模式,实现了攻坚组选配、练兵成效检验、重点项目突破的目标;所有执勤中队调整配齐了40个灭火救援攻坚组、160名攻坚队员和40名后备队员,确保攻坚组人员配备率达到100%。 (周永清)

【消防演练】 组织举办了全区公安、企业消防队伍打造"回乡"消防铁军比武竞赛,在打造消防铁军南片区比武竞赛中取得了班组项目1个第二、1个第三,单兵项目1个第五和团体总评第7名的好成绩;结合"宁洽会暨中阿经贸论坛"等重大消防安全保卫,突出大跨度大空间、高层、大型商市场、地下工程、石油化工等特殊火灾和特种灾害事故的技术战术研究和实战演练,拓展创新了9项支队级合成科目测试和26项大(中)队合成科目,大跨度大空间建筑测试演练96次,实战能力不断提升,完成了"4·14"青海玉树地震救援、"8·7"甘肃舟曲特大泥石流抢险救灾、"1·29"银川市西塔市场火灾扑救。"8·

11"同心县河西镇抗洪抢险等急难险重救援任务。（周永清）

【应急救援建设】 自治区政府下发《宁夏回族自治区综合性应急救援队伍建设方案》，审议通过《宁夏回族自治区应急救援总队特勤支队警务航空大队建设方案》，把宁夏灾害事故应急救援队建设列为宁夏财政工作十项改善民生计划重要目标任务。全区应急救援建设经费列入财政预算8000万元，应急救援专项经费投入9067.8万元。全区各地政府出台建设规划和保障性政策文件32份，自治区应急救援总队和100%地市应急救援支队、100%县(区)应急救援大队完成组建工作。灾害事故应急救援队(含防化、搜救、建筑灾害救援、警务航空4个大队)建设稳步推进。防化大队建成投入使用，特勤支队机关和搜救、建筑灾害救援、警务航空大队营房工程建设等项目建设已完成主体工程，训练设施建设正式启动。宁夏消防总队、支队分级建立了《灭火救援战勤保障社会联动资源库》。总队建立了两个重型应急救援队和两个轻型应急救援队，组织研制并储备了160套消防应急救援携行背囊；设立专门的应急救援物资装备库，模块化储备7类146件(套)应急救援器材，保证部队30分钟集结。按照构建"1+2"立体救援圈的战略，积极推进宁北(银川)、宁南(中卫)战勤保障大队开工建设，构筑全方位、全覆盖的应急战勤新模式。消防总队物资储备库、宁南(中卫)战勤保障大队建设任务已完成，飞行员委培及飞机购置等工作和其他工程建设正在进行中。（周永清）

【队伍建设】 全年有203个集体和661名个人获各类奖励，1人荣立个人一等功，10人荣记个人二等功，59人荣记个人三等功。完善了干部培训、管理、引进、绩效考核、选拔任用"五位一体"的工作机制，研发了《在线考试系统》。举办各类培训班27期，培训450人(次)，选送16人参加了师团职培训，选派23人赴外省市学习考察；从部队院校接收学员30名，从地方院校接收入警大学生47名；推行"公推双考"选拔团职干部工作规范化建设，先后有45名干部参加了正、副团职公开选拔考评；为92名战训干部进行了初级专业技术资格评审。抓好"两个专项教育"即思想教育和心理健康教育。对54名干部进行心理培训，突出抓好急难险重任务的心理辅导；以"四化""四有"为目标，成立宁夏消防文工团，成立书法、摄影、绘画、诗歌4个创作小组，构筑谈心亭、小花园、文化长廊、音乐走道、主题雕塑"五种景观"，打造文化气息浓郁的警营育人基地。组织第三届全区消防部队文艺会演、赴基层慰问演出等10多次，举办红色主题教育歌会、庆"八一"大型文艺晚会、赴延安参观及书画、摄影、演讲、征文10多次。树立"依法管""管为战""科学管"的观念，对人、物、事，实行定岗、定位、定责管理；开展新"共同条令"的宣贯"六学"活动，进一步规范了部队"四个秩序"。开展安全管理"五无"创建活动，健全预测、帮扶、督导、奖惩等安全工作机制。全年1个单位被评为国家级"青年文明号"，5个单位被评为自治区级"青年文明号"，37个单位被评为市、县级"青年文明号"。（周永清）

【法治建设】 贯彻宁夏回族自治区《实施〈中华人民共和国消防法〉办法》等地方性法规，修订《公安派出所消防监督工作规定》，实现了宁夏地方消防法律体系与《消防法》的有机衔接。修订《消防行政执法自由裁量权》，编制《消防监督执法手册》，全面应用消防监督业务信息系统，严格实行网上执法办案，及时更新业务窗口公示内容，增设触摸电脑查询系统，方便群众办事。加强消防业务培训，对156名消防监督干部进行了三个层次比武竞赛。部署开展消防监督执法示范单位创建活动，确立8个自治区级示范单位和11个市级示范单位开展创建达标活动。规范行政许可程序，加强"消防办事大厅"系统应用，累计受理建设工程备案1770项，发布行政许可公告2005项，完成重大建设工程消防审核、会审、论证共63项，提出意见110余条。公开了举报投诉电话、信箱，聘请社会监督员99名，畅通监督渠道。（周永清）

【信息化平台建设】 消防网络专线纳入到公安"金盾工程"，每年节约经费近40万元，申请350M无线单频点7个；投资230余万元，升级和完善了符合"一体化"软件和硬件设施；与安徽四创公司研发了智能IP互联互通系统，进一步扩展了灭火救援指挥箱功能。（周永清）

【后勤保障】 各级财政计划3年投入1.32亿元加强装备建设。共投入1.2亿元购置消防车56台、各类器材装备29741件(套)、搜救犬11只，多功能抢险破拆车、直臂云梯消防车、灭火机器、涡喷消防车等"高、新、尖"装备，个人基本防护配备率达100%，特种防护装备配备率达100%，执勤中队抢险救援器材配备率达100%，攻坚组装备配备率达到100%，县级综合应急救援装备配备率达到80%。（周永清）

# 社会治安综合治理

【新一轮"平安宁夏"建设】 全区各地结合实际，制定出台了一系列行之有效的建设"平安宁夏"的措施和意见。基层综治组织充分发挥"熟悉基层，贴近群众"的优势，强化自身职能作用，认真履行职责任务，筑牢维护稳定的第一道防线，推动平安建设工作向深层次延伸。石嘴山市进一步形成以地方创建为主体、基层创建为重点、行业系统创建为基础的"三位一体"平安建设工作格局，推进平安建设向纵深发展。吴忠市加强经营店铺、油田油区、娱乐场所、出租房屋、酒吧网吧、车辆出租、典当寄卖、废旧物资收购等薄弱环节的平安创建工作。在宗教活动场所开展"三进两创一公开""军、警、寺"双拥共建活动，警民携手、共创平安。基层组织建设不断加强。各地进一步强化综治委(办)的规范化建设，坚持"两排查一分析"、治安形势研判、信息报送、综治例会等工作制度，全面推行综治工作中心建设，整合基层社会管理资源，夯实维护稳定的根基。银川市制定出台了《银川市社会治安综合治理基层基础规范化建设标准》，从机构设置、职责任务、工作机制、经费保障、硬件建设、工作台账等六个方面，对县(市、区)、乡镇(街道)、村(居)以及内部单位的基层综治组织建设进行了规范。在各乡镇(街道)全部建成了综治工作中心，并把工作中心职能向村(社区)延伸，建立综治工作站，切实提高基层社会治安联防、矛盾纠纷联调、平安建设联创的水平。推广隆德县建立党员综治责任区的工作经验，选派政法干警担任重点村(居)综治特派员，确保乡镇(街道)综治办组织、机构、人员、经费四落实。(赵永延)

**【平安县市区命名】** 按照"自下而上，逐级创建，逐级申报"的原则，经五市社会治安综合治理委员会考核申报，自治区社会治安综合治理委员会组织验收，灵武市、平罗县、彭阳县、隆德县和中卫市沙坡头区达到规定的平安县(市、区)创建标准，未发生影响命名的"一票否决"案(事)件，进京涉法涉诉信访积案化解率达到50%以上，2010年度人民群众对当地社会治安的满意度高于全区平均水平。被自治区综治委命名为2010年度平安县(市、区)。(赵永延)

**【社会治安综合治理领导责任制】** 自治区党委、政府继续将社会治安综合治理工作、深化平安宁夏建设写进党委、政府工作报告，纳入全年工作总体规划，进行具体安排部署，继续与五市党政一把手签订了2010年度社会治安综合治理目标管理责任书。自治区社会治安综合治理委员会办公室制定了《自治区2010年度社会治安综合治理和平安建设工作考核评比方案》，加大了对市、县(市、区)党政领导履行社会治安综合治理职责的考核力度。各级党委、政府将社会治安综合治理工作纳入各级领导干部政绩考核的重要内容，建立党政领导干部抓综合治理和平安建设工作实绩档案。各级组织部门在提拔考核使用领导干部，各级人事部门在办理干部评先、受奖和晋级时，把干部抓社会治安综合治理工作的实绩作为重要考察内容之一，书面征求综治部门意见。2010年，全区各地共预算划拨综治工作专项经费800余万元，比上年增加350万元；投入群防群治、科技强警、严打整治、技防设施建设等经费2.8亿元，为社会治安综合治理和平安建设各项工作的顺利开展提供了有力保障。

(赵永延)

**【综治工作目标责任考核】** 自治区综治办进一步完善了社会治安综合治理目标考核评价办法，对社会治安综合治理工作、社会治安防控体系建设、基层综治组织建设、落实领导干部综治工作责任制、平安建设、政法综治创新等方面的工作，运用基础考核、组织推荐、综合测评等方式进行考核评价，年终对年度政法综治工作先进地区和单位以及政法综治创新工作进行表彰奖励。奖励采取以奖代补的方式，落实办案补助资金。2010年，区市县三级共投人表彰奖励经费100多万元。(赵永延)

**【社会稳定风险评估】** 各市、县(市、区)结合各自实际，建立了社会稳定风险评估制度，进一步健全完善社会稳定风险评估工作机制，对事关人民群众切身利益，牵涉面广，影响深远，易引发不稳定因素的重大决策、重要决策、重大改革举措、重点工程建设项目等实行社会稳定风险评估，切实保护广大人民群众的合法权益，从源头上预防和减少突出矛盾问题和群体性事件的发生。在企业改制、征地拆迁、涉农利益、环境保护、安全生产等容易引发矛盾纠纷的重点领域，将社会稳定风险评估作为政策出台、项目审批的前置环节，建立利益相关方共同参与的协商机制，完善公开听证、公示制度，防止发生影响社会稳定的涉众性重大矛盾纠纷，有效维护了社会稳定。(赵永延)

**【社会治安重点地区排查整治】** 根据中央综治委关于开展社会治安重点地区排查整治工作的统一部署，全区各级党委、政府和有关部门高度重视，迅速行动，层层动员部署。区、市、县(市、区)按照要求全部成立了排查整治工作领导小组，制定下发了社会治安重点地区排查整治工作实施方案，明确了排查整治工作的指导思想、工作措施、阶段步骤，将各项工作任务具体分解到5个地级市、22个县(市、区)及组织、宣传、公安、司法、民政、交通、建设、教育、工商等17个相关部门。各地、各部门广泛组织动员群众，切实加大宣传发动力度。自治区综治办在《宁夏日报》《法治新报》等新闻媒体公布了区、市、县三级举报电话27个。制定了《暗访摸排自治区备案整治的社会治安重点地区工作方案》，按照"双向排查、对账挂号"的要求，采取异地交叉暗访、行业部门系统暗访、地级市重点暗访等形式，对重点地区和突出治安问题进行全面排查。各地以县(市、区)为单位，按照"乡不漏村、村不漏户"的要求，逐村(社区)逐户进行地毯式排查，并按月逐级上报情况；各成员单位按照职责分工，对本部门、本系统、本领域内的突出治安问题进行深入细致摸排。分两批确定了132个社会治安重点地区和部位，逐一分级建档挂账。其中，由自治区备案督办30个，地级市挂牌督办42个，县(市、区)挂牌整治60个。各级排查整治工作领导小组采取"一个问题、一项方案、一套班子、一抓到底"的办法，逐点逐项进行重拳整治。先后组织开展了打击两抢一盗、客运交通安全整治、公路危险路段整治、金融领域整治、劳动用工市场整治等一系列专项活动，使一批社会治安管理中的突出问题得以解决。组织、民政部门在全区各乡镇开展行政村"两委"班子综合测评，对208个软弱涣散的基层党组织和"难点村"逐一进行调整、整顿。截至2010年底，全区三级挂牌督办整治的132个社会治安重点地区和部位，全部整改结束，整改完成率达100%。据统计，排查整治活动期间，全区共发动干部21060人次，发动群众223950人次，组织工作组795个，开展排查行动2250场次。共排查社会治安重点地区和部位976个，落实整治措施912个，整改完成率93.4%。(赵永延)

**【治安防控体系建设】** 各市、县(市、区)积极整合各方面力量，不断探索建立城市、农村多元化治安防控长效机制，构筑以公安机关为骨干，群防群治力量为依托，人防、技防、物防相结合的治安防控网络，有效预防各类违法犯罪。银川市着力构建城乡一体化治安防控新机制，提高社会管控能力，投资6000余万元建成了覆盖全市的技防网络，建立了以电子监控、治安卡点、110灯杆报警、城市巡防为主要形式的城防系统，形成了各警种、各地区之间整体作战的运行机制。石嘴山市加快推进城市报警与监控系统建设,治安保卫重点单位的监控设施安装率达到85%以上;在全区率先建立危险化学品、易制毒化学品、自行车、电动车信息管理系统,提升了管控效能。吴忠市安装视频监控探头8147个,红外线报警器4479个,在农村推广安装"气死贼""电子狗"等简易报警装置。中卫市在机关企事业单位、重点场所技防系统安装使用率达到95%,联网率达到50%;在农村开展"技防入户"建设工程,安装无线遥控警铃、"气死贼"、红外线报警器近万户。固原市大力实施"技防入企""技防入户""技防下乡"等工程,在城镇主要路口和出入口建立电子监控系统。

(赵永延)

**【矛盾纠纷"大调解"工作体系】** 各级党委、政府认真贯彻落实自治区党办、政办联合下发的《关于进一步健全完善矛盾纠纷"大调解"工作体系的意见》(宁党办〔2010〕88号),按照"属地管理"和"谁主管、谁负责"的原则,明确市、县(市、区)、乡镇(街道)、村(社区)四级和法院、公安、司法、国土、卫生、工商、民政、建设等14个行业主管部门应当承担的职责任务,推动在企业改制、征地拆迁、劳动争议、教育医疗、环境保护、交通事故赔偿等6个矛盾纠纷相对多发领域建立专业人民调解组织,积极培育专业化、社会化调解机构,努力构建地方、部门各司其职,社会各界广泛参与,人民调解、行政调解、司法调解衔接联动的"大调解"工作体系。各地严格落实排查化解工作制度。制定了矛盾纠纷日常排查、限期调处和"月统计月通报年考核"等工作制度,完善了联席会议、挂牌督办、领导包案等工作机制,把地区排查、系统排查、单位内部排查有机结合起来,对初始矛盾、信访苗头进行全面摸排梳理,建立档案。对疑难矛盾纠纷和跨区域、跨行业重大矛盾纠纷、涉法涉诉案件以及可能引发群体性事件或"民转刑"案件的重大矛盾纠纷,实行挂牌督办制和党政主要领导包案负责制,明确责任主体,限期解决问题。建立"以案定补"激励机制,自治区出台了《人民调解员"以案定补"管理办法》,对每起成功调解的纠纷给予人民调解员200至2000元不等的补贴,充分调动了人民调解员的积极性。2010年,全区共化解各类矛盾纠纷61343起,其中人民调解18040起,司法调解18073起,公安行政调解16401起,其他行政部门调解4896起。 (赵永延)

**【"打黑除恶"专项斗争】** 各级政法机关认真贯彻落实全国深入推进打黑除恶专项斗争电视电话会议精神和自治区人大代表"关于在全区开展打黑除恶专项斗争,净化社会环境为经济发展提供安全保障"的建议,坚持"打早打小、除恶务尽",严厉打击破坏新农村建设、侵蚀基层政权的农村黑恶势力,严厉打击操纵"黄赌毒"的黑恶势力和"地下出警队"等新型黑恶势力,严厉打击物流、运输、房产等行业恶势力。先后打掉了3个黑社会性质组织,摧毁8个恶势力团伙。抓获涉案人员109名,破案68起,收缴枪支4支,子弹84发,查扣涉案资产120余万。 (赵永延)

**【打击整治卖淫嫖娼专项活动】** 由自治区综治办牵头,组织协调自治区纪检委、党委宣传部、公安厅、文化厅、工商局、旅游局和银川市,对银川市兴庆区、金凤区卖淫嫖娼突出治安问题进行集中整治。通过"拉网式"滚动排摸、异地调警、交叉清查、暗访督察等方式,端掉了一批藏污纳垢窝点,查获了一批卖淫嫖娼人员,净化了社会风气。(赵永延)

**【打击传销活动专项行动】** 各级党委、政府高度重视打击传销工作,全区5市、22个县(市、区)均建立了打击传销活动领导机构和联席会议制度,坚持"打防结合,以防为主"的工作方针,持续加大打击、宣传、创建工作力度和广度,积极探索新的打击传销方式,全区共有近600个社区(村)开展了"无传销社区(村)"活动,社区打击传销志愿者队伍发展到3200多人,以创建为主要内容的群防群控工作不断向纵深发展,"打击、防范、控制、管理"的监管机制初步形成,传销活动蔓延发展的势头得到有效控制,普遍建立了以流动人口、出租房屋监管为主的打击传销长效机制。2010年共取缔传销窝点254个,教育遣散传销人员4439人,查办传销一般程序案件37起,收缴罚没款7.18万元。公安机关侦破传销案件7起,抓捕涉嫌传销犯罪人员20人。 (赵永延)

**【打击毒品违法犯罪】** 全区各级党委、政府、禁毒委高度重视禁毒工作,坚持开展禁毒严打整治,深化禁毒人民战争,以"打团伙、摧网络、破大案、抓毒枭、缴毒资"为目标,不断完善缉毒执法工作机制,采取各种有效手段,全力组织开展缉毒侦查破案会战,成功破获了一大批重特大毒品犯罪案件和零星贩卖案件,抓获了一大批毒枭和重要毒贩,打击了毒品违法犯罪活动。2010年,全区共破获毒品刑事案件347起,抓获犯罪嫌疑人464名,查破毒品治安案件3620起,查获吸毒人员3975名,缴获毒品海洛因33.54公斤、氯胺酮3.7公斤、冰毒19.76公斤。 (赵永延)

**【"扫黄打非"工作】** 各级党委、政府和"扫黄打非"工作领导小组认真贯彻第二十三次全国"扫黄打非"工作电视电话会议精神,深入开展"扫黄打非"集中行动和专项治理,坚持日常监管和专项行动相结合,在重点打击政治性非法出版物、淫秽色情非法出版物、宗教类非法出版物、网络侵权盗版、手机网络有害信息、取缔非法报刊等方面取得了明显成效。2010年,全区共出动执法人员1100余人次,检查经营单位1300余家,查缴侵权盗版及非法出版物近14万件,取缔非法出版物经营场所54家,删除网上淫秽色情信息959条,关闭网站6家,关闭未备案网站58个。

(赵永延)

**【核查纠正监外执行罪犯脱管漏管】** 按照中央综治办、最高人民法院、最高人民检察院、公安部、司法部《关于加强和规范监外执行工作的意见》,全区检察、司法等部门组成联合检查组,对全区监外执行罪犯执行情况进行了专项检查,核查了全区监外执行罪犯的情况,进一步加强和规范了监外执行和社区矫正工作,促进了交付执行、监管活动、收监执行、减刑、终止执行等工作的规范化,坚决纠正了存在的问题,保证了法律的统一规范实施。2010年,全区共接收社区服刑人员1639人。现有社区服刑人员1387人,其中管制44人,缓

刑1236人，假释56人，监外执行35人，剥夺政治权利16人。（赵永延）

**【打击拐卖妇女儿童犯罪专项行动】** 各地贯彻落实《中国反对拐卖妇女儿童行动计划》和中央关于打拐工作的一系列重要指示精神，成立了打拐工作领导小组和打拐专业队伍，结合本地实际，制定、实施打拐计划，建立了打拐信息平台，组织协调跨地区、跨部门、跨机构的打拐工作，健全完善了反拐工作协调、保障机制，建立了集预防、打击、求助和康复为一体的打拐工作长效机制，不断深化反拐工作成果。充分发挥公安机关打击拐卖妇女儿童主力军的作用，加大了打击拐卖犯罪和预防犯罪的力度，取得了一定成绩。2010年，全区共立拐卖、诱骗案件10起，破获9起。抓获犯罪嫌疑人12人，解救被拐骗幼女、妇女20人。（赵永延）

**【公众安全感调查】** 2010年11月，自治区党委政法委、综治办、统计局在全区开展了2010年度公众安全感电话抽样调查。调查主要涉及公众安全感、基层基础工作和政法队伍建设。调查共安排抽样调查户10000户，按各县（市、区）人口比例进行分配，从各地固定电话用户数据库中分段随机抽取。截至2010年12月20日，有效调查访问10000户，经计算机辅助电话访问系统（CATI）自动汇总，2010年全区公众安全感满意度为91.26分。调查结果表明，2010年各县（市、区）满意度分值均超过87分，有13个县（市、区）高于全区平均分值91.26，平罗县最高达93.81分。人民群众对社会治安的满意度已连续三年保持在90%以上。（赵永延）

**【预防青少年违法犯罪】** 各级党委、政府高度重视未成年人保护和预防未成年人违法犯罪工作，始终把这项工作摆在重要议事日程，进一步完善了自治区、市、县（市、区）三级预防青少年违法犯罪组织体系，认真贯彻落实《宁夏回族自治区预防未成年人犯罪条例》，推动预防青少年违法犯罪工作领导小组成员单位积极参与预防未成年人违法犯罪工作，明确工作职责，形成齐抓共管的工作局面。通过组建“少年模拟法庭”、落实法制副校长工作制度，广泛宣传《未成年人保护法》《预防未成年人犯罪法》等法律法规，加强未成年人思想道德建设和法制宣传教育，营造预防青少年违法犯罪的舆论氛围；成立宁夏青少年禁毒志愿者工作队，组织参观戒毒所和禁毒教育基地，教育未成年人认识毒品的危害性，远离毒品；依托12355青少年维权和心理咨询服务热线，增强法制教育的针对性；建立“社区青少年法律学校”，开展“我与祖国共奋进、我与宁夏同发展”等主题教育活动，加大宣传、教育和管理力度；积极做好学校及周边治安综合治理工作，加强对流浪未成年人、闲散未成年人、服刑未成年人、农村留守儿童的关爱、帮扶工作，不断优化未成年人成长环境，预防和减少青少年违法犯罪的发生。（赵永延）

**【学校及周边治安综合治理】** 2010年，自治区两次对全区开展维护校园及周边地区安全工作作出全面安排，把开展维护校园及周边地区安全工作作为各级党委、政府维护社会稳定的第一责任。各地、各部门迅速行动，对校园及周边地区安全方面存在的主要治安问题和安全隐患迅速进行排查整治、查找安全隐患，落实安全措施、提高防范水平，加大巡察巡逻力度、堵塞防范漏洞，集中对校园及周边地区安全隐患进行集中整治，对落实不力、行动迟缓的个别单位进行了责任追究，有的还实行了“一票否决”。自治区党委政法委机关全体人员也深入银川市区部分小学、幼儿园对各学校、各部门落实情况进行了暗访督察。确保了宁夏校园及周边地区没有发生严重危害师生安全的重大事件。（赵永延）

**【政法综治宣传】** 3月，自治区党委政法委、综治办在全区部署开展了以“普及安全常识、全民共创平安”为主题的政法综治宣传月活动。各级政法机关、综治组织依托“政法机关开门评警”“关注民生、走近群众”“千名律师进万家企业”“双百宣讲”和基层干部进村入户等活动，广泛宣传推进三项重点工作、开展平安创建和社会治安重点地区排查整治活动的重要意义、主要内容、整治目标等。8月，结合深入实施新一轮西部大开发战略，自治区党委政法委、综治办联合宁夏报业集团，开展了“西部大开发、平安宁夏行”专题系列宣传报道活动，及时报道政法综治部门在实施西部大开发战略大学习活动中的新思路、新举措，深度挖掘“平安宁夏”创建工作亮点，展示全区政法综治战线工作实绩。同时加强与各新闻媒体的联系，共同策划政法综治工作专题报道，全年共策划32次，刊登稿件142篇。在《宁夏日报》《法治新报》《现代生活报》等主流媒体上刊发了《创新工作提质效、服务发展保民安——“十一五”期间全区政法系统亮点工作展示》等8个专版，对全区政法综治工作进行集中报道，扩大政法综治工作宣传覆盖面。（赵永延）

**【“平安文化下基层”活动】** 各地借助民俗文化、社区文化、企业文化、校园文化、广场文化、旅游文化等群众文化形式，采取法制电影下乡、开展群众文艺演出、编发平安常识“口袋书”等贴近群众的宣传方式，利用节假日、集贸日、招商会等机会，推进“平安文化下基层”活动。银川市西夏区举办了“社区志愿者暨提升市民法律素质”文艺演出，一边表演群众喜闻乐见的文艺节目，一边进行法律常识有奖问答，场上场下互动，调动了群众参与的积极性。石嘴山市惠农区、固原市原州区在铁路沿线乡镇、学校开展了爱路护路宣传活动。西吉县举办“和谐西吉”业余秦腔大赛，活跃了宣传形式。中卫市沙坡头区、中宁县、海原县举办了政法综治电影宣传周活动，为群众免费播放政法综治宣传片和电影。（赵永延）

## 司法行政

**【人民调解】** 一是着力推进人民调解专业化建设，提高了矛盾纠纷调处质量。将专业化调解队伍、行业性调解组织建设作为重点，协调人力资源和社会保障、公安等相关部门建立了劳动争议、道路交通、集贸市场等行业性、专业性人民调解组织和队伍，设立了专家人才库，涌现出康福海、段文海等一批康有喜式的调解员。二是构建大调解联动机制,有效解决了纠纷调处难的问题。健全自治区政法各部门和教育、劳动仲裁、信访、宗教等机构联系制度,着力打造预防化解民族地区矛盾纠纷特色品牌的紧密联系网;健全完善县(市、区)"三调联动"工作机制,强化和规范社会矛盾纠纷分析研判情况通报制度、重大矛盾纠纷包案和相关部门联动处理制度的联动网;扎实开展矛盾纠纷排查化解专项攻坚活动,认真落实乡镇(街道)矛盾纠纷"两排查一分析"制度,不断完善"两所一庭"互通有无、优势互补、共同预防化解矛盾纠纷的联调网;构筑以村居(社区)调委会、调解纠纷信息员和基层法律"一站式"服务的矛盾纠纷联防网。联系紧密、联动有力、联调规范、联防有效的大调解联动体系初步建立。三是建立以案定补机制,破解了被动调处的难题。自治区有关部门印发《宁夏回族自治区人民调解员以案定补管理办法》,率先在全国建立了省级层面统一的人民调解办案经费保障长效机制。自治区下发《关于进一步加强司法所规范化建设的实施意见》,落实了司法所机构编制、职级待遇等政策。全区各级调解组织共调解各类矛盾纠纷 1.8 万件,化解特大、重大、疑难复杂矛盾纠纷 3186 件,完成自治区政府民生工程任务的 139%,防止群体性上访 217 件,发现治安隐患、案件线索 77 条,防止群体性械斗 36 件。宁夏人民调解工作在全国《人民调解法》座谈会上交流了经验。(魏进德)

【监狱劳教】 着力强化人防、技防、物防和联防"四道防线"建设,完成了监狱劳教 AB 门建设任务,实现了武警和警察联合执勤新模式。全面落实首要标准,成立运行了入监教育中心,挂牌成立了自治区戒毒管理局和 3 个戒毒管理所,教育矫治针对性和实效性进一步增强,监管场所连续六年实现了无脱逃(逃跑)、无重大狱(所)内发案、无重大疫情、无重特大安全事故"四无"目标。积极落实罪犯劳教人员医疗、国民教育和技能培训等社会化工作,探索建立了"政府保障、职校培训、所内实施、统一考核、社会对接"的罪犯劳教人员培训新机制。首次实现高等教育自学考试在监狱内设考场,罪犯自学考试通过率达到 53%。与自治区文化厅联合开展了三次大规模的文化进监所活动,建立了以政府机关为主导、社会各界为辅助的文化进监所新模式。(魏进德)

【社区矫正】 扎实推进社区矫正制度化、规范化、法制化建设,进一步规范了矫正衔接、矫正执行、监督管理、教育矫治、考核奖惩、解除矫正等工作。扩大试点范围,选派了第二批监狱劳教警察驻司法所开展工作,充实了社区矫正力量。规划建设自治区、五市、试点县(区)教育培训中心和 22 个司法所的社区矫正信息化网络平台建设,初步实现了社区矫正网络化管理,社区服刑人员管辖接收和考核奖罚纳入规范化的管理轨道,试点工作迈出实质性步伐。

(魏进德)

【安置帮教】 突出抓前端、抓组织、抓管控、抓安置、抓奖惩等关键环节,刑释解教人员安置帮教工作进一步加强。自治区两办印发了《关于进一步加强刑释解教人员安置帮教工作的实施意见》,落实了刑释解教人员就业为所在企业每年每人免税 4800 元和贷款优惠等硬性措施,与民政、人力资源和社会保障部门对接落实了最低生活保障和社会保险政策,有效破解了刑释解教人员安置难的问题。全区共建立 76 个过渡性安置帮教工作基地,建立"创业就业示范基地"10 家,1000 余人通过落实保障政策得到了有效安置。(魏进德)

【普法依法治理】 一是创新普法考核方法。积极争取普法依法治理工作纳入自治区政府效能目标考核内容,形成了全社会重视支持、齐抓共管普法,依法治理工作的良好局面。二是创新普法重点。制定下发了《关于推进全区企业学法用法工作的意见》,组织开展的"全区企业法制宣传教育主题实践活动"和"千名律师进万家企业促发展活动"效果好。三是创新考核验收机制。按照自愿申报、地市推荐的原则,对符合申报条件的县(市、区)进行了认真考评,评选命名了 8 个县(市、区)为自治区首批法治县(市、区)创建先进单位。采取属地检查验收和系统抓、抓系统的办法,由 5 名省级领导干部带队,高质量、高标准完成了"五五"普法检查验收工作,着力打造普法工作特色和亮点,全面彰显"五五"普法工作成果。扎实开展"六五"普法前期各项准备工作,召开了"六五"普法研讨会。四是创新依法治理举措。坚持普法和依法治理并举,以法治创建为抓手,进一步巩固和深化"法治宁夏"建设成果,在地方、行业和基层三大治理上实现新的突破,社会法治化管理水平全面提升。

(魏进德)

【法律援助】 宁夏连续三年将法律援助列入政府为民办实事项目,自治区人民政府召开了全区法律援助工作会议,自治区政协将法律援助工作列为全区 13 项重点提案之一。争取 80 万元"中央专项彩票公益金法律援助项目"资金落户宁夏 9 个南部县(区)法律援助中心,争取司法部、团中央 50 名法律援助志愿学生及律师名额,缓解了宁夏法律援助队伍短缺压力。全面落实以案定补、以质定补、季度逐案审核、逐案反馈的质量管理制度,司法部将宁夏列为全国法律援助案件质量分类评估 6 个试点省区之一。配齐了法律援助信息化建设基本硬件设施,全区 26 家市、县(区)法律援助机构全部实现了案件的网上受理、指派、录入、审批和季度审核工作,建立了法律援助舆情网上分析制度。扎实推进法律援助为民办实事工程,全区共办结为民办实事法律援助诉讼案件 2452 件,完成自治区政府民生任务的 122.6%。(魏进德)

【法律服务】 1. 律师工作。组织开展了以"防范、宣传、控制、规范、提升"为主题的"千名律师进万家企业"活动和"保民生、送温暖、法律援助律师行"活动,研究提出了《法律服务为西部大开发提供优质服务和保障的意见》,充分发挥律师公证行业"保增长、保民生、保稳定"的作用,为促进全区经济平稳较快发展作出了积极的贡献。全区律师事务所进驻企业 4000 余家,举办法律风险培训班 30 多次。坚持以党的建设带动律师队伍建设,在律师事务所和律师队伍中部署开展了争创"五好律师事务所党支部""五好党员律师"、创先争优、学先进比先进创先进和警示教育等活动,律师行业党的组织和党的工作实现了全覆盖,自治区律师协会被自治区政府评估为5A级社会组织。2. 司法鉴定工作。着力推进司法鉴定规范化建设,积极协调自治区政府出台《关于加强司法鉴定统一管理工作的意见》,率先在全国实现了中央提出"建立统一的司法鉴定管理体制"的总要求,司法鉴定工作的保障功能日益彰显,公信力逐步提升。3. 政务服务工作。司法厅政务服务窗口运行规范,率先在各厅局实现了网上审批,并获得红旗窗口荣誉称号,司法厅被自治区政府评为全区依法行政先进单位。4. 基层法律服务工作。初步规范了基层法律服务管理,调整了执业范围,招聘了180名基层法律服务工作者。 (魏进德)

**【机关效能建设】** 实施制度规范工程。全面推行了巡视、审计、警务督察、绩效考核、物资采购"四统一"管理和廉政风险防范管理为主要内容的内控机制,实现了廉政风险防范的流程化、动态化、电子化、科学化管理,初步形成了以岗位为点、以程序为线、以制度为面的廉政风险防控机制。实施科技突破工程。实现了厅、局、狱(所)三级局域网互联互通,全面推广应用了网上办公、网上考核、装备管理、车辆管理、物资管理、廉政风险防范管理等6个软件,初步形成了司法行政综合管理信息系统的基本框架。建立了监狱劳教人民警察执法档案网上填写、网上运行、网上监督机制,形成了系统、科学、规范、完善的执法监管体系。实施文化改变工程。通过网上博客、集中研讨、演讲比赛、征文投稿等多种形式,广泛开展了司法行政工作价值体系大讨论活动,初步提炼出宁夏司法行政共同追求的价值理念,编辑发行了《心灵报告》成果汇编,整体提升了司法行政机关文化软实力。在监狱劳教系统开展了以《三字经》《弟子规》等为内容的国学教育活动,引导警察职工再读历史,重温国学,营造积极和谐的工作和生活环境。 (魏进德)

**【队伍建设】** 部署开展了"创先争优""深入实施西部大开发战略大学习"和"执法大培训、岗位大练兵"等活动,举办宁夏司法警察大练兵成果汇报会。先后举办处级领导干部读书班、新任处级领导干部和处级后备干部培训班、新任司法局长和全区司法所长、监狱劳教系统科级干部、新警察岗前培训、基层监区(大队)长、律师党务工作者等培训班13期,培训1500人次。贯彻实施干部选拔任用工作四项监督制度,不断加大干部轮岗交流力度,着力优化各级领导班子结构,健全完善选人用人机制。先后提拔、调整处级干部27名,提拔交流监狱劳教科级干部334名,监狱、劳教所在同一职位任职5年以上的科级干部和在同一职位连续工作满10年的337名干警全部轮岗交流。为监狱劳教系统协调招录了266名警察,初步缓解了监狱劳教系统警力不足的问题;为基层司法所招录了68名公务员;为司法警官职业学院招录5名教师,增加了30名事业编制。政风行风建设得到了全面加强。自治区司法厅在全区政风行风评议中排名第4位。 (魏进德)

**【"宁夏千名律师进万家企业 深化法律服务促发展"活动】** 5月23日,自治区司法厅与区直有关部门联合开展的"宁夏千名律师进万家企业 深化法律服务促发展"活动举行了启动仪式,自治区党委常委苏德良、自治区人大副主任张小素、自治区政协副主席陈守信出席了启动仪式。 (魏进德)

**【先进文化进监所暨社会帮教活动现场会】** 5月28日,自治区司法厅和文化厅联合举办的"先进文化进监所暨社会帮教活动现场会"在女子监狱举行。自治区党委常委苏德良、自治区人大副主任张小素、自治区政协副主席陈守信出席会议并为全区"先进文化进监所共建单位"揭牌。 (魏进德)

**【"五五"普法验收】** 7月26日至8月4日,由自治区党委常委、政法委书记苏德良总负责,自治区依法治区领导小组组成5个检查验收组,分别由自治区人大常委会副主任张小素、自治区副主席李锐、自治区政协副主席陈守信、自治区高级人民法院院长马三刚、自治区人民检察院检察长王雁飞担任组长,对五市"五五"普法工作进行检查验收。 (魏进德)

**【司法部司法鉴定专题研讨会】** 9月8日,司法部司法鉴定专题研讨会在银川召开,全国16省市自治区司法厅司法鉴定管理局(处)长、部分省区分管鉴定管理工作的副厅长等20多人参加了会议。 (魏进德)

**【第十七届西部公证工作研讨会】** 9月19~21日,由宁夏司法厅、宁夏公证协会承办的第十七届西部公证工作研讨会在银川召开。此次研讨会以"规范、拓展、公正、诚信"为主题,以"服务西部大开发"为主旨,来自西部12省(市、区)以及新疆建设兵团的司法行政机关、公证协会、公证行业的150名代表参加了大会。会议共收到146篇理论文章。 (魏进德)

**【司法人民警察大练兵活动成果汇报会】** 10月18日,自治区司法厅举办司法人民警察大练兵活动成果汇报会,自治区党委常委、政法委书记苏德良,自治区人大常委会副主任冯炯华、自治区副主席李锐、自治区政协副主席张乐琴、武警宁夏总队政委程伟出席了汇报会。司法部对这次成果汇报活动非常重视,委派部劳教局副局长刘福臣代表司法部宣读了贺信。 (魏进德)

# 军　事

编辑：王晓华　　唐　虹

## 宁夏军区

**【军事工作】** 2010年，宁夏军区紧紧围绕提高完成多样化军事任务能力这一中心工作，科学筹划，狠抓落实，先后召开军事工作对口会、党委议训会议，强化对军事工作的领导。分层次狠抓军事训练工作检查督导，坚持按纲施训，以考促训，以考促建，现役部队、民兵预备役部队和民兵训练层次和质量明显提高。根据任务需要，组织军区首长机关进行一体化指挥平台和作战值班系统操作训练与考核，提高首长机关参谋人员业务技能；结合参加保障“使命行动—2010”“西部—10”系列演习和重大任务，进一步修改完善军区国防动员应急和专项预案，规范战备秩序，夯实日常战备基础。组织开展建制人武部比武竞赛，对中卫军分区、石嘴山预备役工兵团、银川市民兵应急营军事斗争准备及战斗力考核评估等活动，提高预备役团、人武部机关整体素质，达到确立标准、提高素质、推动军事训练的落实目的。对军分区、人武部通信指挥系统进行标准化整治和正规化值勤管理，对所属单位网络、视频和监控系统进行建设改造，有力地提升作战指挥信息化水平。68612部队参加乌海骆驼山煤矿特大透水事故救援和实施“百井支农富民工程”，68611部队赴内蒙古宗别立地区驻训，提高部队整体作战能力。启动国防动员机制，组织军分区（警备区）、人武部、部队在完成“西部—10C”战役机动演练和“使命行动—2010”保交支前任务中，通过对实兵实地指挥，果断处置复杂多变情况，提高把握全局、应对复杂情况的应急指挥能力，在完成大项工作实践中锻炼提高部队、民兵预备役遂行多样化任务能力。盯住薄弱环节抓工作，紧紧扭住人才队伍建设这个关键，强素质、打基础、求突破。坚持把完成任务过程作为培训人才的过程，通过联训联演，全方位动员，加深对使命任务的理解，提高指挥谋略、动员保障和组织协调能力。广泛开展“岗位练兵、岗位成才”活动，先后组织全区话务、报务、军械员、仓库保管员、汽车修理工等8个种类共6期的集中培训，培训各类专业技术骨干200余人，为基层培养了一大批懂专业、会管理的中坚力量。坚持把作风建设作为自身建设的关键环节，加强经常性教育和作风养成，注重从落实一日生活制度严起，从一点一滴、一人一事抓起，在日常工作和生活中培养官兵优良作风和组织纪律观念。（刘建军）

**【政治工作】** 大力加强党组织建设、遂行多样化军事任务中的基层全面建设和政治机关建设，坚持求真务实、科学指导、狠抓落实，圆满完成年度工作和上级赋予的各项任务。按照“抓普及、推进大众化，抓运用、推进实践化，抓机制、推进常态化”的总体思路，深入抓中国特色社会主义理论体系武装工作。制定《军区党委中心组理论学习计划》《军区部队团以上干部理论学习意见》，狠抓团以上党委中心组带机关理论学习，建立和规范理论学习档案和干部学习档案。围绕“提高部队党的建设科学化水平”主题，集中对全区师团职政工领导干部理论轮训，指导各级抓基层干部理论轮训和新战士、新学员、新干部理论补训，推动创新理论生动进课堂、扎实进头脑。创办编辑《思想理论舆情动态》。开展理论学习标兵评选活动，在全区部队形成学习理论、钻研理论、运用理论浓厚氛围。认真学习贯彻新修订的《军队思想政治教育大纲》，着力抓舆论宣传、形势政策和新兵入伍、老兵补选退时的思想政治教育，编印下发《回族常用语及宗教风俗常识手册》。3月，胡锦涛总书记在视察68612部队打井现场时作出“弘扬好传统，再创新辉煌”指示后，军区领导带工作组及时指导给水团开展“弘扬好传统、再创新辉煌”专题教育。开展“优质课”评选活动，石嘴山陆军预备役工兵团政委杨治安的《从“坦克能打什么弹”想到的》获得兰州军区二等奖。宁夏军区成立心理服务工作领导小组，制定《加强新形势下军区部队心理服务工作的意见》，各单位依托卫生所（队）建立健全心理咨询室，组织干部参加国家心理咨询师二、三级资格认证考试。紧随部队援建共建、野外驻训、找水打井和抢险救灾等任务，坚持政治工作跟进渗透，不断增强动散险条件下政治工作实效。结合全军重大军事演习演练活动，重点演练遂行战时保交护线、动员支前政治工作方法路子，进一步修订完善与军区作战预案相配套、与实战相衔接的各类政治工作预案，探索研究省军区系统政治工作指挥、力量、信息系统以及保障体系的构建与运用，《基于信息系统的体系作战能力建设政治工作探要》在全国、全军核心期刊《中国军队政治工作》刊发。制定《关于推进军区部队学习型党组织建设的措施》，选择10个红色教育基地和高科技企业作为军区理论学习实践基地，聘请10名地方专家为客座教授，保证建设学习型党组织有平台、有内容、有活动、有成效。开展“好班子、好主官”评选活动，“七一”表彰了先进党组织、廉政先进单位和优秀党务工作者、优秀党员、廉洁从政先进个人。11月中旬，组织两个现役团1000余名官兵、58台车辆，历时5天援建石嘴山市贺兰山绿化工程，开挖树坑1.13万个。广泛开展“送温暖、献爱心”活动，组织车辆55台、协调运输机2架，及时将自治区价值200余万元143吨清真食品、急需药品、煤炉、帐篷、活动板房和新鲜蔬菜等救灾物资送达玉树灾区，组织官兵先后为玉树和舟曲灾区捐款20多万元。采取统一标准型号、统一招标采购、统一组织捐赠形式，协调驻宁42个团以上单位向红寺堡区对口援建的42所小学捐赠276台计算机。倾力为民解难帮困，给水团实施“百井支农富民”工程顺利完工，3年共成井200眼，日出水总量约20.17万立方米，有效解决39万余人、57万余头牲畜饮水问题和3.7万亩农业灌溉用水问题，筹资150余万元在彭阳县陡坡村实施自来水入户工程，解决方圆15公里374户回汉群众吃水难问题。积极推广银川警备区援建工作向地方院校、宗教场所、弱势群体和农村组织等领域拓展的经验做法，收到良好社会、经济和政治效益。（刘建军）

【后勤工作】　2010年，宁夏军区各级后勤坚持把重大军事行动后勤保障作为头等大事来抓，加强指挥协调，科学筹划安排，保障迅速有力。针对跨区机动演习部队保交护线任务，银川警备区和吴忠、固原、中卫军分区后勤周密计划，积极协调，精心组织，出色完成过境部队食宿、加油、医疗、交通等后勤保障任务。68611、68612部队分别结合部队驻训、打井、植树造林等任务，充分利用第二代后勤装备搞保障，提高保障效率，改善官兵的生活条件，部队野战后勤保障能力明显增强。各级后勤围绕增强核心后勤保障能力，着眼遂行多样化军事任务后勤保障，修订完善战备方案和保障计划，补充更新战备物资器材，促进战备制度的落实。广泛开展岗位练兵和比武竞赛活动，石嘴山军分区利用民兵预备役整组集中点验时机，组织建制炊事班进行野炊保障训练，有效提高饮食保障水平。军区通信站炊事员姚宏军刻苦训练，在参加全军野战炊事比武竞赛中夺得1枚金牌。着眼提高驾驶员队伍整体素质，组织驾驶员进行71天复训。牢固树立为基层、为战斗力服务的思想，统筹兼顾搞保障，积极主动解难题，较好缓解部队供需紧张的矛盾。68612部队坚持把营区综合配套整治作为现代营区建设“样板工程”，精心组织规划设计，严格工程招标和施工管理，较好地完成了各个项目的建设任务，基本建成了一个设施配套、功能齐全、环境优美、管理先进的现代化军营。严格落实规定，后勤管理规范有序。坚持依法治军，科学管理，有效提高后勤保障效益。部队财务管理日趋规范，各级党委注重当家理财，开源节流。各级后勤积极联合地方开展假冒军服整治专项行动，累计查处收缴07式军(警)服及其仿制品800余件(套、双)，有效遏制市场上买卖军服违法现象。大力开展创建“文明卫生军营”活动，狠抓医疗卫生系统禁烟工作，使部队环境卫生质量、综合防病能力和整体健康水平有明显提高。积极抓好军人保障卡推广工作，顺利完成数据采集、审核上报等工作。（刘建军）

【银川警备区】　2010年，银川警备区坚持以科学发展观为指导，以核心军事能力建设为牵引，着眼提高应对多种安全威胁、完成多样化军事任务能力，科学筹划、整体推进、锐意创新、狠抓落实，民兵预备役全面建设稳步发展。金凤区区长袁京平荣获2010年全国国防后备力量建设十大新闻人物荣誉奖。坚持抓书记带队伍，努力提高各级党委领导部队科学发展能力。分批对干部进行条令集训和业务培训，组织政工干部进行《政工条例》集训。解决部分干部“精神不够振奋、工作标准不高、能力素质不强”问题，开展“聚精会神干事业、履职尽责做模范”专题教育，组织所属部队领导和机关干部参观学习，开展“讲党性、守规矩、抓落实”党课教育活动，对违规违纪党员给予处分，强化党员干部的事业心和责任感。坚持把创先争优活动与经常性工作相融合，在民兵预备役连队党支部中开展“一兵建一岗、一连兴一企”“生产建设当模范，爱军兴武当标兵”等活动，将民兵党小组建上产业链、党员岗建上工作台，促进连队建设和企业生产共同发展，这种做法被《中国民兵》予以报道。坚持预防为主、教育先行，在党员干部中广泛开展“读书思廉、知责思为”活动，建立网上廉政书库、廉政评论和廉政讲坛，组织开展读廉政勤政书籍，交流廉政勤政收获体会等活动，营造廉政勤政的浓厚氛围。坚持把新颁布的《军事训练大纲》学习运用贯穿于年度军事训练全过程，采取多种形式对首长机关战术作业、非战争行动、基地化训练等重难点科目集中研究。坚持训兵先训官，训官先训机关，以首长机关训练带动和引领部队军事训练，严格落实业务学习、体能训练和定期考核制度，采取集中辅导、个人自学、成果交流、考核评比等方法，突出业务技能、军事理论、专业技能、体能的训练，官兵综合素质逐步提高。抓警备区通信指挥系统、银川市民兵武器装备仓库正规化建设和预备役团“四个秩序”试点工作。全面启动国防动员机制，圆满完成保交护线任务。坚持把军民共建活动向大专院校、宗教场所、民营(私营)企业和民生领域延伸，警备区和各部团与19名贫困大学生开展了“1+1”助学活动，与24个清真寺开展“一部一寺”共建和谐社会活动，开展自治区双拥工作会议交流，永宁县纳家户寺管会主任吕宗明在兰州军区参建座谈会上做“军寺共建促和谐、鱼水欢歌漫贺兰”交流发言，金凤区人武部政委葛照斌被兰州军区表彰为参加和支援地方经济建设先进个人，警备区“适应新形势、拓宽新领域，努力推进援建工作创新发展”做法被兰州军区以电报形式转发至所属各部队。加强军用土地管理，协调银川市土地管理部门,完成警备区军用土地调查工作。

（刘建军）

【石嘴山军分区】 2010年,石嘴山军分区党委坚持以邓小平理论和“三个代表”重要思想为指导,深入学习实践科学发展观,按照中央军委和两级军区党委的指示要求和分区党委工作的总体部署,坚持抓学习打基础、抓队伍强素质、抓安全保稳定、抓团结促和谐,团结带领所属人员,以中心工作突破带动分区民兵预备役建设全面进步。坚持以人为本的理念,严格管理要求,加强人文关怀,维护官兵正当权益,促进官兵全面发展,充分调动广大官兵的积极性和创造性。加强领导干部作风建设,各级党组织奋发有为、廉洁奉公、团结高效的坚强领导核心得已形成,群策群力、共谋发展良好局面得已实现。以生态环境建设、支援重点工程和扶贫开发为重点,结合部队和驻地实际,坚持“积极参与、发挥优势、量力而行、有所作为”原则,组织和发动部队、民兵预备役人员开展援建工作。各级党委团结带领广大官兵牢记使命,听党指挥,扎实工作,积极进取,圆满完成以军事斗争准备为龙头的各项任务,部队和民兵预备役全面建设得到新加强。广泛开展“争创学习型机关、争当学习型干部”活动,着力解决党员干部在理想信念、党性修养、工作标准、精神状态、能力素质方面的突出问题,使创建学习型党组织在提升干部复合素质、推进部队建设整体水平中深入发展。组织对辖区重点军事目标和驻地险情要段实地勘察,聘请专家风险评估,修订完善5大类17种军事行动预案。坚持落实党委议训制度,制定首长机关年度训练计划,科学设置训练内容。坚持每月集中3至5天时间,开展新大纲知识、参谋“六会”技能、指挥信息系统使用、工程机械“三能”和理论研究等学习训练。开展反恐、处突、维稳、应对严重自然灾害等非战争行动课目训练演练,大武口区人武部组织市民兵应急营进行单兵战术、防暴队形、擒敌拳、盾牌术、摩托车特种驾驶等课目训练。惠农区人武部组织民兵抗震救援、医疗救护、应急通信保障和生活设施抢修等11个课目演练。预备役工兵团进行“八一”军事日汇报课目演练和表演。首次规范基干民兵、预备役部队和国防动员系统专业保障队伍编建秩序,把人防、交通战备、测绘、气象等专业保障队伍编入民兵组织,有效解决“一兵多职”问题。4月27日,组织市国防动员委员会有关专业办公室保障分队、市民兵应急营、县(区)民兵应急连和预备役工兵团以应急征召、医疗救护、疫情防治、通信保障、野战制炊、防暴处突、综合保障为主要内容整组集中大点验。以石嘴山市成立50周年大庆为契机,开展“迎大庆、树形象、比贡献”活动,组织学习新条令和军分区有关制度规定,集中进行队列会操和军容风纪大检查,强化官兵军人形象意识。坚持每季度召开安全形势分析会,定期排查各类安全隐患,确保在“政治、保密、枪弹、人员、车辆、经济、内部风气、军地关系”八个方面不出问题。协调地方有关部门开展国民经济动员潜力调查,新增紧急救援物资器材,完善军地联筹联供机制。围绕石嘴山市经济社会建设总体规划,先后组织上千名官兵和民兵预备役参加石嘴山市植树造林大会战。4月底,为红寺堡镇第三小、太阳山镇裕华二小集体捐赠16台计算机,帮助学校师生改善教学和学习条件。继续开展“富一村、扶一校、帮一站(院)、助一生”活动,共援建新农村示范点5个、希望小学5所、清真寺(院)4个。

（刘建军）

【吴忠军分区】 2010年,吴忠军分区部队和民兵预备役全面建设呈现稳步推进、科学发展良好态势。着眼举旗铸魂,抓党的创新理论武装,努力创建学习型军营,经验被《中国国防报》《人民军队报》和兰州军区《政工简报》刊载。开展以培育当代革命军人核心价值观为主的各项教育,组织官兵祭奠革命英烈、为玉树和舟曲灾区捐款、支援地方经济建设等实践活动,促进培育工作常态化,总结做法和经验的文章被宁夏军区《政工研究与动态》刊发。针对谷歌和中日钓鱼岛撞船事件等热点敏感问题,及时加大正面教育引导力度,坚定官兵听党话、跟党走政治信念。着眼官兵全面发展需求,不断健全完善学习成才机制,利用文化夜校、党日活动、军营网络等平台主动学习、强化本领积极性,能力素质得到有效提升,所撰写的140余篇(条)稿件被军地报刊(电台)采用,军分区被《人民军队》报评为新闻报道组织奖。参加宁夏军区政工干部比武竞赛取得团体第一名、参加宁夏军区机要参谋比武竞赛取得个人总评第二名、参加宁夏军区预备役部队竞赛性考核取得团体和单项第一名,15名军官被授予奖励,为42名官兵记功嘉奖、提职晋衔,“凭素质立身,靠实绩进步”氛围更加浓厚。落实党委议训制度,高质量完成“八一”军事比武、贯彻2010年6月新颁布的中国人民解放军《内务条令、纪律条令、队列条令》示范和市民兵武器库建设等大项军事工作。坚持党管武装原则,组织5县(市、区)人武部党委第一书记述职,协助市委召开2010年度议军会,及时研究解决战备训练和国防教育问题。做好军地隐蔽斗争和应急信访工作,吴忠市被国家安全部、总政治部表彰为全国军地隐蔽斗争协作工作先进单位。狠抓年度训练落实,军分区两级机关在宁夏军区室内战术作业考核中名列榜首,预备役团参加预备役部队竞赛性考核拔得头筹,红寺堡区、盐池县、同心县人武部在军分区“八一”军事比武中分别取得团体前三名,红寺堡区、同心县人武部和预备役团被宁夏军区表彰为军事训练先进单位。军分区参谋长王毅被兰州军区司令部评定为优秀等级参谋长。组织新任专武干部和预备役军官集中培训,进一步加强预备役团医疗防疫分队建设。扎实推进国防动员实质性准备,市国防动员委员会被自治区表彰为先进单位。圆满完成红寺堡区人武部组建任务。预备役团组织部分机关干部和营连主官进行《纲要》培训,及时调整预备役军官任职岗位。军分区安全委员会、政法委员会和保密委员会自觉履行职责,及时指导机关和部(团)抓好以安全风险评估、信息安全治理和火灾隐患排查为重点安全管理,定期检查讲评。围绕提高后勤装备应急保障能力，修订完善后勤装备战备方案和协调保障计划，及时补充部分救灾物资器材，组织驾驶员教育整训，预备役团于第一时间完成向同心县河西镇运送抗洪救灾物资任务。协调驻吴各部队和民兵预备役人员扶贫帮困、支援地方经济建设，不断拓宽新兵征召、干部使用、经费管理和工程建设等监督渠道，党员干部廉政勤政、遵纪守法意识明显增强。　（刘建军）

**【固原军分区】**　2010年，固原军分区党委着眼有效履行职能，大力加强思想政治建设，高度重视战斗力建设，提高能力强班子，从严治军促稳定，狠抓基层打基础，参建富民求深化，圆满完成年度工作任务。突出抓好党委班子建设，3月，配合军区工作组对5个人武部党委班子考察帮建，加强人武部党委班子建设，隆德县人武部党委被宁夏军区党委表彰为先进团级党委。以创建学习型党组织为目标，广泛开展创先争优活动，司令部党支部被宁夏军区党委表彰为先进机关党支部，原州区人武部政委马金峡被宁夏军区党委表彰为优秀党务工作者，彭阳县人武部党委和原州区人武部政委赵正云被宁夏军区党委表彰为廉政建设先进单位和先进个人。落实《军事训练与考核大纲》规定，抓好首长机关训练、体能训练和早操制度。军分区司令部被兰州军区司令部评为优秀等级司令部，军分区被宁夏军区表彰为军事训练先进单位，西吉县人武部取得建制人武部比武竞赛考核总分第一名，西吉、隆德人武部被宁夏军区表彰为军事训练先进单位，军分区参谋长陶国生被兰州军区司令部评为优秀参谋长，原州区人武部政委赵正云、西吉县人武部部长任升虎、彭阳县人武部政委崔涛被宁夏军区表彰为军事训练先进个人，部长任升虎、政委赵正云荣立三等功1次。全年完成宁夏师范学院、固原市职业技术学校和全市高一新生1.35万人学生军训任务，协调派遣军训教练员210人。结合基层乡镇办公楼迁建，规范基层人武部建设标准。结合乡镇干部调整，推荐提升23名优秀专武干部。组织全市65名基层武装部长15天培训，提高专武干部开展民兵预备役工作本领，年终评选表彰1个基层建设先进单位、1名抓基层先进个人和19个基层建设标兵单位、19名基层建设标兵个人。动员官兵、组织民兵参加市县春秋植树造林活动，植树210亩6.3万株。抓青年民兵技能培训和培育民兵科技示范户工作。开展“一部一校”助学活动，军分区投资援建红寺堡光彩新村希望小学，为石坡小学赠送电脑10台。“计生科普文体大院”在地方文化建设中发挥应有作用。彭阳县人武部完成宁夏军区投资150万元援建陡坡村自来水入户工程，惠及陡坡村374户1512人，彭阳县人武部被兰州军区表彰为支援地方经济社会建设先进单位。

（刘建军）

**【中卫军分区】**　2010年，中卫军分区各项工作稳步推进，较好完成各项任务。全年召开党委会16次，其中党委常委民主生活会2次，党委全体扩大会1次。2月中旬，军分区采取个别谈话、问卷调查和民主测评方式，从德能勤绩体五个方面对人武部党委班子和全体干部考核，召开军分区军人大会，组织机关副团职以上干部书面述职和民主测评。抓好“强党性修养，培养优良作风”专题教育整顿和“培育当代革命军人核心价值观”主题教育。首长机关严格按计划组织军事理论、军用文书、识图用图、战术标图、指挥信息化系统、战术作业、指挥所演习等课目训练，完成首长机关40天520小时训练任务，经年终军事训练考核，合格率达95%以上。协调驻中卫部队先后对中卫市12所中学、中宁县5所中学、海原县5所中学9000多名新生进行国防基础知识、单个军人队列动作、军体拳等课目训练。其中，中卫市一中、中宁县中学被表彰为学生军训工作先进单位。7月底，组织中卫市四套班子、国防动员委员会和各专业办公室80余人开展“八一军事日”活动，军分区领导先后4次为全市1000多名科以上领导干部和军分区全体官兵进行《西北战区周边安全及区内稳定形势分析》讲座。开展“安全宣传教育月”活动，学习条令法规，增强安全意识，提高防范技能。开展“学条令、训队列、整秩序”活动，正规“四个秩序”，提高各级依据条令法规实施科学管理的能力。4月，开展安全隐患排查，重点围绕人员管理、车辆运行、工程作业、武器装备使用、营区管理、规章制度落实、重要目标和要害部位管控、保密工作等八个方面，对重大安全隐患进行排查和治理。2～4月，完成部分民兵预备役组织建设和调整工作。沙坡头区在中卫市旅游局组建民兵水上救援分队，并进行实战演练。中宁县依托中石油公司、加油站、中宁油库新组建油库保障分队。协调军分区机关和沙坡头、中宁两个人武部为红寺堡区光彩、杨柳和上原等三所小学捐助电脑20台。3月中旬至4月下旬，组织民兵预备役人员1960人次，协调驻军4700多人次，在“黄河金岸”和永大线硒砂瓜基地进行植树造林大会战，完成16.7万株植树任务。5月至6月，组织海原人武部为海原县甘城、贾塘、郑旗3个乡拉水抗旱，解决13个行政村、16所中小学饮水问题。军分区被兰州军区评为“文明卫生军营”先进单位。（刘建军）

## 驻宁部队

**【“百井支农富民”工程第三阶段施工启动】**　4月9日，68612部队召开军人大会，举行2010年度“百井支农富民”工程出征仪式，标志着“百井支农富民”工程第三阶段施工全面启动。为坚决贯彻落实胡锦涛总书记2007年11月14日“希望再接再厉，做出更大成绩”的重要批示，宁夏军区计划用三年时间组织68612部队在宁夏南部山区和中部干旱带实施“百井支农富民”工程，解决当地群众生产生活用水困难。已累计成井158眼，日出水总量15.74万立方米。

（刘建军）

**【参加经济社会建设】**　93936部队利用春节、学雷锋日、“五一”等时机，先后3次出动500余人次，开展上街便民服务，其中医疗咨询500余人次，法律咨询580余人次，义务献血1.2万毫升。

大力宣传舍己救人好战士蔡晓明的英雄事迹。3月31日至4月10日,68205部队分别赴红寺堡、中卫市和中宁县白马乡义务植树,出动人员1885人次,车辆96台次,植树8万余棵,清坑20860个,换土52564袋,为树苗包膜55707株,施肥27450株,圆满完成"军民共建百里绿色长廊"建设任务。2010年,68252部队党委与驻地10多家企事业单位、学校和村镇、街道居委会签订双拥共建协议书,制定完善支援地方活动方案,支援青铜峡市峡口镇新村建设、红寺堡开发区和滨河大道生态环境建设,主动帮扶峡口镇回民中学、红寺堡区太阳山镇甜水河小学等援建任务。4月,出动兵力3200人次,车辆430余台次,植树1万余株。(刘建军)

**【向灾区及贫困学生助学捐款】** 2010年,驻宁解放军68205部队向灾区捐款224272.3元。其中向新疆雪灾地区捐款76004.2元,向玉树地震灾区捐款62066.5元,向甘肃舟曲县遭受特大山洪泥石流灾害地区捐款86201.6元。部队官兵自发开展"少抽一包烟、多献一份爱""少上一趟街、多省一元钱"帮助贫困学生重返校园活动,在短时间内,为中宁中学48名家庭困难学生筹资73600元学杂费。驻宁解放军93936部队先后为青海玉树地震灾区捐款34万元,为甘肃舟曲灾区捐款35万元。筹资5万余元,为宁夏红寺堡太阳山镇甜水河小学捐赠10台计算机,为西夏区教育事业捐款1万元。积极开展"牵手圆梦"助学活动,投入资金10万元对驻地356名贫困家庭学生捐助。3月,68252部队筹资1.5万元向红寺堡开发区援建学校捐赠5台电脑。4月下旬,解放军第五医院向固原市原州区寨科乡大台村小学捐款1.5万元,用于修建校园场地;第二季度,完成自治区残联组织免费儿童矫治手术20余例。肛肠外科针对驻地居民因生活方式、饮食习惯改变导致的胃肠疾病增多现象,从6月开始,开展"双拥健康行百场讲座下社区"活动,增强驻地群众防病治病意识。肝病中心深入兴庆区逸夫小学,为该校学生和农民工子女进行健康教育讲座、查体,免费赠送学习用品;8月,医院为红寺堡朝阳小学捐赠5台计算机;11月上旬,在古尔邦节来临之际,医院抽组15人医疗队赴吴忠市清真寺,开展为阿訇、满拉和回族同胞义诊和送医送药活动,赠送药品4万余元。

(刘建军)

**【68211部队赴玉树抢险救灾】** 4月,青海省玉树发生地震后,68211部队奉命赴玉树执行抢险救灾任务。4月22日,部队与扎西大同村党支部结成帮扶对子,为社区统一规划搭建72顶帐篷,紧急调运7个指挥方舱,建起文化活动室、治安警务室、卫生防疫室和"三孤人员"救助室等设施,一次性为受灾群众备齐工作生活必需品。与扎西大同村开展联建共创活动,建好灾后临时模范社区,着力抓"六个一"活动,即建强一个好支部、成立一支联合突击队、构建一个社区好环境、培养一种好心态、建立一种新型邻里关系、创造一个安全稳定局面。2010年,扎西大同村共建社区党支部被国务院评为"全国十大先进基层党组织"。部队自筹物资开办第一所"高考帐篷学校",帮助玉树职业综合技术学校116名高考学生复学上课。从西宁、兰州等地协调购买12顶大型帐篷、180套桌椅和学习用具。救灾分队在执行任务期间走访1400余户受灾群众,了解需求,宣传党的声音,为灾民搭设帐篷79顶,对50余名孤寡老人、孤儿和基本生活无着落群众重点救助,诊治伤病群众2500余人。在抓好清理废墟作业的同时,连续两天帮助扎西大同村搜寻唯一失踪人员更松文江,帮助玉树县武装部、三江源药业有限公司、13户居民拆除危房、清理场地,促进灾区社会和谐稳定。在整个抢险救灾过程中,部队克服青海玉树雪域高原重重困难,先后营救幸存者8名、救治伤员312名(重伤员21名),转移伤员35人,清理现金1386万余元、金银玛瑙物品465件、其他贵重物品410件。灾后重建分队先后投入兵力4975人次、车辆1359台次、机械799台班,清运废墟8.4万立方米,回填土石18.9万立方米,拆除危房204间。

(张强 胥魁 周军)

**【93936部队参加舟曲救灾】** 8月,甘肃省舟曲县发生特大泥石流灾害后,93936部队在兰州军区空军统一组织领导下,紧急成立救灾各保障小组,修定完善救灾飞行保障方案,合理安排保障力量,明确责任分工,细化具体保障措施和流程,组织天水、临洮片部队迅即开展抢险救灾。部队官兵克服困难,积极主动,密切协同,超常保障,部队有理、有序、有效地完成了舟曲救灾飞行保障任务。其间,出动保障人员5103人次,车辆734台次,装备739台套,保障各型飞机救灾飞行213架次,空送人员354人次,空运物资378吨。

(欧阳志冬)

**【68211部队舟曲抢险救灾】** 执行甘肃舟曲特大泥石流抢险救灾任务期间,68211部队792名官兵连续奋战48天,成功爆破37次,搜寻遇难者遗体98具,清运淤泥2.6万立方米,破拆危楼79栋,搭建帐篷1006顶,清理现金4.9万元,清理各类财产物资折合人民币134万余元。8月8日,68211部队奉命抽组成立爆破小组,乘坐直升机驰援灾区,执行爆破排险任务。针对瓦厂桥江水湍急、水上漂浮物游动剧烈、水下情况复杂不明实际,连夜研究确定"涉水勘察、试验爆破、调整装药、剥离桥面、切断主梁、机爆结合"爆破方案,于9日8时开始连续实施8次爆破,开辟一条长15米、宽8米、深3米的泄流通道,消除堰塞湖阻水险情,实现顺水导流初步目标。三眼峪泥石流下泄至白龙江,使河床抬高6至8米,涉水深度不足1米,在上游形成堰塞湖,淹没城关桥至瓦厂桥城区。8月10日,爆破组按"削岸拓宽河道,炸淤加深河床"思路,实施10次削岸爆破作业,使三眼峪入江段100米长河道拓宽5米、河床加深1米。河道中央淤泥严重阻塞上游江水下泄,爆破组架设一条跨江钢索,用人力横向牵引冲锋舟,将5包一组串联集团装药放置水下,实施19次水下爆破,炸出一条纵长50米、宽3米、深1.5米的导流槽。累计实施37次爆破作业,彻底排除堰塞湖险情。8月13日,68211部队受领南、北两条主要街道清淤任务后,立即

组织现地勘察,现场测算作业量,研究清淤方法,确定进出场路线,商榷军地协调事宜,提出"倒 L 型底端推进、先干道后街巷、先街面后店铺、军警合力封控、昼夜连续作业"总体思路。经 4 昼夜连续奋战,于 17 日 10 时,提前一天疏通连接城区东西唯一通道,使南、北街 60 余家商铺和公共营业网点迅速恢复正常营业。在青峰公交公司、滨河商贸城和北滨河路任务段清淤任务区内,部队采取"清道、开槽与泵抽相结合排水,水冲、机推与人清相结合清淤"的作业方法,同时在 3 个任务点组织清淤。累计清运淤泥 1.81 万余方,铺筑沙石路面 200 米,清理商铺 26 间、财产 26.4 万余元。8 月 18 日,68211 部队奉命与地方专业拆除队合力拆除三眼峪沟两侧危损房屋。拆除指挥组会同县政府人员、拆除技术人员,对待拆房屋分布、结构、材质、受损情况和施工周边环境进行勘察,现场研究拆除作业方法,评估拆除安全风险,确定警戒封控重点。拆除作业中,部队负责拆除作业总体协调与安全警戒,经过 4 昼夜军地协同作战,于 22 日 10 时顺利完成房屋拆除第一阶段任务。8 月 31 日,接到第二阶段危房拆除任务命令后,指挥组立即组织现场勘察,针对作业场地狭窄、建筑房屋密集、人员流动性大等特点,决定采取"先易后难、先低后高、机械拆除为主、人工拆除为辅、建筑废墟清运出场"方法实施拆除作业。累计拆除危房 79 栋、2357 余间、55213 平方米,清运废墟 1.39 万余立方米,平整场地 8700 余平方米。部队领受沙川坝过渡安置点建设任务后,立即深入施工现场,与安置点指挥组一同勘察施工场地环境,在沙川坝过渡安置点指挥部统一指挥下,与友邻部队及民兵、预备役部队共 3000 余人一同会战,按照推土机分片平整,挖掘机回填坑沟,压路机压实场地,多点平行作业方法平整场地。按照严格规划设计标准,先铺筑纵向主干道路,三点并行推进,而后铺筑横向主干道路,多点对进前移,铺筑一段压实一段方法铺筑道路。经过 5 个昼夜连续施工作业,于 24 日 11 时顺利完成沙川坝过渡安置点施工任务,共收割农作物 50 余亩,平整压实场地 7.4 万平方米,填挖土方 4.6 万立方米,拉运石料 1.6 万立方米,铺筑道路 800 米,开挖排水沟 1.5 万米,搭设帐篷 1006 顶。这次抢险救灾部队涌现出了一等功连地爆连和一等功臣唐文君等一批先进典型。（周　军）

**【68211 部队抢修甘肃成县公路生命线】** 8 月 11 日,成县东河上游发生特大洪水,11 艘采砂船失控冲至德贤大桥,严重阻塞上游河水下泄。68211 部队奉命抽组 23 人小分队火速驰援。8 月 16 日,11 艘 50 吨采砂船、50 余立方米拥堵德贤大桥漂浮物全部清运出河,成功疏通河道,排除德贤大桥可能坍塌形成堰塞湖险情。8 月 16 日 8 时,抢险分队指挥组综合分析支旗至黄渚公路受损道路、水文、地质等情况,采取因地制宜的方法抢修塌陷路段,采取巨石松散爆破,机械强行抢通方法抢修滑坡路段。于 8 月 16 日 14 时 28 分,首次成功抢通成县至小厂坝 32 公里生活保障补给线,解决小厂坝、茨坝村 1000 余名矿职工和村民生命保障问题。成县道路抢险共实施爆破作业 32 次,排除 3 处路基完全塌方段、2 处山体滑坡段,疏通道路 1200 米,确保生命补给线安全畅通。（周　军）

**【解放军第五医院为兵服务】** 4 月,解放军第五医院组织召开体系部队座谈会,广泛征求意见,修订和完善《为部队服务工作实施细则》,严格按照《军队医院为部队服务工作规定》,落实军人门诊独立分区、独立设置保障模式,实现了军人独立挂号、独立计价、独立取药、独立诊疗的要求。同时,把医疗保障重点向体系部队延伸。上半年,先后派出 5 批次医疗队,深入体系部队、驻训部队,开展为广大官兵和家属子女以健康查体、医疗巡诊、健康教育、技术指导和设备巡修为主要内容的健康服务活动。1～5 月,医院共接诊部队伤病员 9700 人次,收住部队患者 577 人次、手术 320 余例,彩超检查 1473 人次,CT 检查 371 人次。先后完成干部、离退休老干部、战士、士官等体检 2700 余人次,基本完成本年度师、团职干部体检工作。接收体系部队进修人员 2 名、军队双向代职干部 4 名,医院区域性三级维修站先后为体系部队 9 个单位检修设备 62 台(件),投入经费近 2 万元,三级计量站检测设备 30 余台(件)。针对某部战士感染结核病,引起多名官兵相继发病的情况,从 5 月 18 日至 6 月 13 日,医院先后派出 4 批专家组,赴部队进行胸部透视筛查,及时排除感染结核病菌。7 月,医院派出 2 名技术骨干参加中巴防恐演习医疗保障任务,由医院领导带领队、外科两名主任深入演习现场进行医疗巡诊。（张永泉）

**【"医德医风创优年"活动】** 7 月,为进一步加强医院作风建设,解放军第五医院在全院开展"医德医风创优年"活动。活动分学习教育、对照检查、整改提高、检查验收四个阶段进行,从服务态度、法规意识、风气建设等方面入手,着力纠治各种不正之风。医院接到患者赠送锦旗 55 面,拒收患者红包 5 万元,医院医德医风创优年和中西医结合科主任茆建国的高尚医德医风先进事迹被兰州军区联勤部转发至所属部队学习,并在宁夏《华兴时报》刊载。（张永泉）

## 武警宁夏总队

**【军事工作】** 2010 年,武警宁夏总队军事工作围绕"做一等工作、创一流总队"目标狠抓各项工作落实,圆满完成以执勤、处置突发事件和反恐为中心的各项任务。巩固执勤阵地,确保目标安全,协调召开全区监狱系统"四防一体化"(人防、物防、技防、联防)建设现场会,26 处看押、看守目标"四防一体化"建设任务按期完成,组织正规化执勤等级评定交叉检查,狠抓执勤训练试点,严格落实执勤制度,提高目标安全系数。发挥基地优势提升训练水平,集中抓新兵训练、勤训轮换、"四会"(会讲、会教、会做和会做思想工作)教练员和预提指挥士官培训,贴近实战、实兵锤炼部队,举办迎"八一"军事训练成果汇报表演,狠抓反恐分队干部骨干集训,参加总部特战分队干部骨干集训比武取得团体总分第四名。注重真打实战锤炼实战能力,制定《遂行任务能力检验评估实施细则》,修订完善处突反恐战备预案,抽组建立覆盖全区的反恐应急和抢险求援力量体系,组织开展以中阿经贸论坛安保为背景的"卫士-10"演习,加强水上救援、森林灭火等专业训练,提高部队遂行多样化任务能力。动用兵力4.6万人次,圆满完成胡锦涛总书记等4位中央首长来宁夏视察警卫、"1·22"抓捕、"7·3"劫持事件处置、"8·11"抗洪抢险、石嘴山地质公园等9个地区植树造林、中阿经贸论坛安保等470多起重大任务。完善制度机制抓预防,强化安全工作四项基本要求和综合治理的大安全观,制定《安全工作责任制》《安全责任奖惩实施办法》,形成纵向贯穿总队、支队、大队、中队、排(班)、官兵个人六个层次;横向覆盖人、车、枪、弹、酒、水、火、电、毒、密、执勤、训练、医疗、爆炸、化学、工程作业、装备、经济、舰艇、自杀、内外关系、刑事案件等22个方面的网状安全责任体系,制定落实关于扎实做好一人一事思想工作、一人一事管理工作和一人一事预防犯罪工作的意见,筑牢安全防线。集中治理整顿除隐患,严密组织"把部队安全形势过一遍、把安全教育情况过一遍、把政治考核情况过一遍、把开展谈心情况过一遍和把隐患排查情况过一遍"活动,扎实开展"治'三松'(管理松懈、作风松散、纪律松弛)、严纪律、保安全"和"刹酗酒、严纪律、树形象"教育整顿,有效根治事故案件苗头。

(张滋亚　常效杰)

**【政治工作】** 2010年,武警宁夏总队政治工作认真贯彻党中央、中央军委和武警部队党委一系列指示精神,深入推动科学发展观学习贯彻,狠抓经常性工作落实,取得明显成效。抓优化拓展政治教育功能,针对官兵现实思想反映,探索实践思想政治教育"传播真理、讲授知识、引导行为、益智育人"功能优化的有效途径,狠抓三个回合,推动核心价值观培育向岗位和实践延伸,开展"寻根问祖总结弘扬队魂"活动,筑牢官兵思想根基。抓经常增强思想工作实效,扎实开展"互学、互帮、互教","法律咨询、心理服务、文艺演出、医疗卫生、安全指导"进中队,"记警句、议新闻、学文化、办小报、读好书、谈热点"和"帮思想进步、帮技能提高、帮学习成才、帮适应环境、帮身心健康、培养优良作风"等活动,培训心理工作骨干,严密组织新兵"政治复查、体格复查、心理测查"活动,确保官兵思想道德纯洁。抓文化提升部队建设内涵,集中组织基层文体骨干培训,精心打造文工团、军乐队和红肩章合唱团三支队伍,新建总队书画艺术中心,举办第六届文艺会演、球类运动会、书法摄影绘画作品展、DV创作大赛和警营劲舞比赛等系列活动,活跃警营文化生活。军乐队代表武警部队参加全军比赛取得一等奖。抓跟进发挥服务保证作用,逐级修订《任务中政治工作预案》并狠抓训(演)练,配发野战文化装备,大力培育战斗精神,任务中政治工作效能发挥明显。

(张滋亚　常效杰)

**【后勤工作】** 加强战略建设保中心,建成后勤战备物资储备专库。组建后勤应急保障队并加强训练。探索创新模式保生活,投资219万元对后勤基地养殖场进行综合整治,承租300亩沙地建起经果林和24栋设施温棚,开展现代警营饮食文化试点,从宁夏经济信息委员会争取100万元用于基层高效节能灶改造,增强保生活质量效益。健全完善设施保基层,确立执勤设施、训练设施、文体设施和生活设施建设新标准,总队投入专项经费1000万元,拉动支队、地方和目标单位投入配套资金2300万元,完成27个基层中队执勤设施、训练设施、文体设施和生活设施配套建设。集中对有偿服务进行清理整顿,开展打击发票违法犯罪活动,引进最新信息系统助管、助供,提升后勤精细化管理水平。

(张滋亚　常效杰)

**【重大警卫勤务】** 3月21~23日,中共中央总书记、国家主席、中央军委主席胡锦涛,在王沪宁、令计划等中央领导和兰州军区司令员王国生、政治委员李长才的陪同下来宁夏调研考察。武警宁夏总队直属支队,银川、石嘴山、吴忠市支队派出兵力,完成首长住地警卫、现场警卫、武装随卫、现场屏蔽干扰、专机守卫和机动备勤任务。9月11~15日,中共中央政治局常委、国务院副总理李克强来宁夏调研考察。总队直属支队,银川、吴忠和中卫市支队派出兵力,完成首长住地、路线和现场警卫及现场屏蔽干扰、专机守卫和机动备勤任务。9月5~8日,中共中央政治局常委、中央政法委书记周永康来宁夏考察。武警宁夏总队直属支队,银川、吴忠、中卫和固原市支队派出兵力,完成首长住地、机场、路线和随队警卫任务。

(张滋亚　常效杰)

**【中国(宁夏)国际投资贸易洽谈会暨首届中阿经贸论坛安全保卫】** 9月24~30日,首届中国(宁夏)国际投资贸易洽谈会暨中阿经贸论坛在宁夏回族自治区银川、吴忠两市成功举办,包括22个阿盟国家在内的66个国家和地区组团参加,国务院副总理回良玉、全国政协副主席白立忱、斐济总统和约旦前首相等1100余名中外嘉宾、8000多名商界人士出席,参与群众超过30万人次。在自治区党委、政府坚强领导和武警总部工作组的精心指导下,武警宁夏总队动用大批兵力和各种装备,圆满完成论坛期间安保任务,实现"三个确保、一个展示"(确保会议和论坛安保万无一失,确保执勤目标绝对安全,确保部队内部高度稳定,充分展示武警部队文明之师、威武之师的良好形象)目标。任务中,总队认真贯彻武警党委首长指示要求,把论坛安保任务作为重大政治任务和阶段性工作重点,作为检验总队全面建设成果和展示部队良好形象的难得机遇,坚持党委统一领导、军政主要领导挂帅,组成两套班子,一手抓安保任务,一手抓日常工作,确保实现前安后稳。10月9日,总队召开总结表彰大会,表彰任务中表现突出的6个先进集体和23名先进个人。

(张滋亚　常效杰)

**【自治区监狱"四防一体化"建设现场会】** 3月19日,武警宁夏总队和自治区司法厅在石嘴山监狱联合召开自治区监狱“四防一体化”(人防、物防、技防、联防)建设现场会。自治区司法厅党委副书记、副厅长陈刚主持会议,武警宁夏总队总队长蔡万源、参谋长孙振廷,司法厅厅长王正升、副厅长兼监狱管理局局长蒋元德及石嘴山市市政府、政协主要领导出席会议。会议现场观摩石嘴山监狱“四防一体化”建设情况,重点研究全区监狱“四防一体化”建设问题。　(张滋亚　常效杰)

**【迎“八一”军事训练成果汇报表演】** 7月31日,武警宁夏总队在西沙窝综合训练场组织迎“八一”军事训练成果汇报表演。张毅、王正伟等自治区领导,各大厅(局)主要负责人和驻宁部队军以上领导91人观摩了汇报表演。自治区党委书记张毅对汇报演示给予充分肯定。张毅指出:“成果汇报展示了塞上卫士过硬的军事素质和良好的精神风貌,反映了部队建设取得的丰硕成果。”汇报会由总队政治委员程伟主持,总队长蔡万源在讲话中表示,全区官兵坚决服从自治区党委、政府领导,不断发扬“以史为荣、以苦励志、以实求进、以小搏大”的宁夏总队精神,着力提高遂行多样化任务能力,做支援社会经济发展的突击队,做传播精神文明、促进民族团结进步的排头兵,做现代化武警建设的先行者,为建设幸福宁夏、文明宁夏、法制宁夏、平安宁夏作出更大贡献。

(张滋亚　常效杰)

**【水上救援训练成果汇报】** 8月15日,武警宁夏总队在银川阅海湿地公园举行“水上救援训练成果汇报”。自治区领导、自治区应急办、发改委、经济和信息委员会、建设厅、财政厅、消防总队等21个防汛救灾成员单位领导及广大人民群众观摩了冲锋舟编队、游泳编队、绳索通道救援、武装泅渡救生、快速水上救生和孤岛险滩救困等汇报演示。

(张滋亚　常效杰)

**【人才建设会议】** 5月7日,武警宁夏总队召开人才建设工作会议,大会由总队副政治委员孟祥春主持,总队长蔡万源、政治委员程伟分别作重要讲话。会议围绕加快高素质人才培养步伐,努力推进现代化武警进程和“做一等工作、创一流总队”目标,深入分析总队人才建设形势,总结经验做法,制定《2010~2013年人才建设规划》。会议表彰先进单位和先进个人,为总队司令部信息化攻关小组、政治部思想教育和心理工作攻关小组、后勤部装备建设攻关小组颁发牌匾,为“宁夏大学驻武警宁夏总队研究生培养站”揭牌。总队部门以上领导、两级机关干部、基层官兵参加会议。

(张滋亚　常效杰)

**【抢险救灾】** 4月14日,青海玉树发生7.1级地震。按照自治区党委、政府统一部署并报经武警总部批准,4月16日、20日,武警宁夏总队组成两个运输分队,担负抗震救灾物资押运任务。官兵克服零下20℃严寒和道路深达40厘米积雪的困难,两次翻越海拔5600多米的巴彦喀拉山,往返3000多公里,在海拔4000米以上连续行驶12小时、800多公里。8月11日零时20分,吴忠市同心县河西镇突降特大暴雨,降雨量达150毫米,持续近2个小时,引发河西镇建新村土层塌陷及东干渠决口,300多户房屋受损,1200人受灾。武警宁夏总队吴忠支队直属大队一、二、三、四中队及同心县中队部分官兵,解救转移被困群众270名,抢运大量受灾物资,挽回经济损失近百万元。9月3日12时30分,中卫市海原县部分乡镇遭受暴雨冰雹袭击并引发山洪,19个村2000多户群众受灾,200余人被洪水围困。正在支队蹲点的武警宁夏总队政治部主任董汉民大校和中卫市支队政治委员姚宝林中校,带领海原县中队部分官兵,经过4个多小时奋战,转移被困群众200余人,牲畜50余头,粮食5000余公斤,生产生活设施1000余件,挽回经济损失60余万元。11月30日,一辆重载货运列车途经宝中铁路固原市泾源县瓦亭隧道出口处时,1节货运车厢意外脱轨,致使车厢两端连接处折断并翻入深沟,同时造成3000多根枕木破损,近千米路轨变形。担负隧道守护任务的武警宁夏总队固原市支队直属大队三中队派出兵力,历经5小时抢险救援使宝中铁路恢复运行。

(张滋亚　常效杰)

# 人民防空

**【组织指挥体系建设】** 按照国家人防办《人民防空组织指挥工作规定》,建立健全协同机制,完善各级防空袭方案和各类应急计划。制定完善了区属以上人防重点城市防空袭方案,确保各类计划完备配套,战备制度完善。加强指挥所建设和维护,以军队网络资源为依托,建成视频、音频数据网络,确保了指挥所内部设施配套完善、通信畅通,功能齐全,保障了宁夏军区与五市的连通,实现了自治区人民防空办公室指挥所与政府应急办、公安厅等单位的网络连通,与兰空52团的线路连通,确保了模拟和实时空情信号的接收,构建了完善、灵敏、可靠的防空防灾一体化立体指挥信息平台。　(周莉萍)

**【人防信息化体系】** 以硬件建设为基础,以信息化改造为支撑,加强警报规划工作,加大警报建设力度,完成了区属人防重点城市警报控制系统的改造、完善工作,警报器统控率达100%,实现了在广播电视系统中接入人民防空警报信号的工作目标,丰富了人民防空警报报知手段,提高了报警能力。加强了以设备点验、短波和超短波电台通联等为主要内容的训练工作,技术人员实际操作能力进一步增强,组织区市机动指挥所开展了集中训练野外拉练,提高了实战应急指挥和遂行任务保障水平。加快信息化建设步伐,深入开展岗位练兵和“一专多能”训练,推进了人防信息化的快速发展。　(周莉萍)

**【人防工程体系】** 编制下发了《宁夏回族自治区人民防空工程规划编制规定》,制定上报了《宁夏回族自治区人民防空工程建设管理规定》,完善了人防工程建设联审机制,加强了人防工程的立项、方案审查、施工设计等工作。建成了石嘴山“905”人防工程,银川市兴庆区紫云华庭、燕鸽湖新区,平罗县星海花园等一批高质量、高等级的人防工程,开工建设了银川火车站人防工程。抓好人防工程平战转换工作落实。加强工程维护管理,严格落实人防工程维护管理岗位责任制度和定期检查、维修保养等制度,坚持一个工程一个方案,对早期失效人防工程进行报废,确保人防工程有效管用。（周莉萍）

**【综合防护能力】** 以人口疏散体系建设为重点,加强疏散基地和重要经济目标防护工作,修订完善了各级《战时城市人口疏散方案》及相关配套计划。采取联合开发、共同建设等方法,建设了银川市国防教育基地、石嘴山市森林公园等人员疏散基地和场所。加强了人防专业队伍建设,坚持组织开展重点人防专业队伍点验、集中训练和抢险应急演练等活动,人防专业队伍遂行应急任务能力不断增强。加强重要经济目标防护工作,加强指导和监督,以企业为主体,积极组织重要经济目标防护演练活动,实现了重要经济目标防护工作与企业生产、人防部门应急管理与训练的有机结合。（周莉萍）

**【应急演练活动】** 围绕《关于加强人民防空业务训练的指示》要求,按照战时指挥关系和指挥要素,保证人员、时间、内容、效果,加强应急指挥训练。坚持开展人防重点城市人防机关应急指挥演练,人防应急准备的实战能力和快速反应能力得到充分检验。坚持组织开展全区人防重点城市中小学及部分居民防空防灾疏散演练,参演人数逐年增加。开展了人防进社区、进机关试点活动,增强了群众的防空防灾意识和应对突发事件能力,提高了人防工程的平战转换功能,使其真正成为生命工程、民生工程、德政工程。（周莉萍）

**【宣传教育】** 逐步健全完善人防宣传教育工作体系,规范配套人防宣传教育工作制度,坚持“载体宣传”。积极推进人防“进机关、进党校、进学校、进社区、进网络”活动,举办了庆祝中国人民防空创立60周年及宁夏人民防空成立40周年大型宣传活动和文艺晚会,结合“9·15”警报试鸣放和全区中小学、部分社区居民、党政机关应急疏散演练活动,大力开展面向广大干部群众的宣传教育,人防基础教育进一步强化。开办了自治区、银川市、石嘴山市人防网站,实现了人防宣传教育工作综合化、多样化、深入化的新发展,人防影响力进一步增强。（周莉萍）

# 财 政 税 务

编辑:张明鹏 杨 云

## 财 政

**【概况】** 2010年,全区地方一般预算总收入286.8亿元,其中地方财政一般预算收入完成153.6亿元,增长37.7%,增加额42亿元。全区财政一般预算支出达555.9亿元,增长29.9%。 (朱起进)

**【全面完成财政“十一五”规划】** 一是完成了财政“十一五”规划确定的各项财政招标。“十一五”时期,全区财政总收入累计完成933.8亿元,是“十五”时期的3.1倍,年均增长26.9%;地方财政一般预算收入累计完成501.6亿元,是“十五”时期的3倍,年均增长26.3%;全区财政支出累计完成1748亿元,是“十五”时期的2.9倍,年均增长28.2%;财政收入过亿元的市县由8个增加到12个;财政支出过5亿元的,由3个市县增加到18个市县。二是完成了财政“十一五”规划确定的支持经济社会建设的重点项目。保障了太中银铁路建设、黄河金岸建设、“四馆三中心”(宁夏博物馆、宁夏图书馆、宁夏科技馆、固原体育馆和宁夏国际会展中心、宁夏广电中心、银川文化艺术中心)、城市基础设施建设、环境保护等重点项目的投入使用,立项实施了宁夏中北部土地开发治理重点工程项目,保障了奥运火炬宁夏境内顺利传递,全力支援了灾区重建,成功举办了自治区50大庆、中阿经贸论坛和六大节会等重大活动。三是完成了财政“十一五”规划确定的推动经济结构调整的各项任务。累计投入资金23亿元支持宁东能源化工基地基础设施建设、“五优一新产业”和装备制造业发展、企业改制、软件产业、新能源发展、节能减排目标任务的完成;累计投入资金80亿元支持实施了引黄灌区百万亩中低产田改造等一大批农业重点项目,设施农业发展到100万亩,承建的宁夏园艺产业园主体工程不到200天建设完工,创造了“宁夏速度”;支持现代流通业、服务业的发展格局基本搭建。四是完成了财政“十一五”规划确定的财政改革和发展目标。在转移支付方面,自治区财政对市县的转移支付达到784亿元,比“十五”时期增长3.6倍。自治区财政对市县的财力性转移支付从2005年的25.2亿元增加到2010年的102亿元,年均增长32.3%。在财政收支方面,争取中央转移支付资金屡创新高,2010年中央补助宁夏的各类资金达378亿元,“十一五”期间累计达到1246.4亿元。政府信用贷款额度不断攀升,利用政府外债项目资金规模进一步扩大,地方债券发行渐成常态,融资手段和渠道更加丰富,为扩内需、调结构、惠民生发挥了重要作用。五是突出了保障和改善民生。“连续四年实施民生计划,累计安排民生支出1257亿元,占同期财政支出的70%以上,城乡免费义务教育全面实现,城乡居民基本医疗保障水平显著提升,覆盖城乡的社会保障体系基本形成,公共文化和计划生育事业得到长足发展。

(朱起进)

**【推动经济发展】** 完成政府性基金收入160.3亿元。发行地方政府债券26亿元。61个基本建设项目列入政府信用平台。争取国际金融组织和外国政府贷款22亿元。国库现金管理规模达到51亿元。农业综合投资公司引导银行新增支农贷款12.7亿元。财金联动,向黄河农村商业银行入股3亿元,支持中小企业担保机构和新型农村金融机构发展,鼓励区外金融企业进驻宁夏。村级互助资金试点范围扩大到777个行政村,盐池县率先实现了互助资金整县推进。安排沿黄各类建设资金近20亿元,石嘴山、青铜峡等财政部门也加大资金筹措力度,共推黄河金岸建设。黄河金岸集聚辐射作用进一步发挥,城乡面貌和功能逐步完善,标准化堤防、滨河大道全面竣工,黄河圣坛、枸杞博物馆等标志性文化场所初具规模。自治区投入20多亿元用于中北部土地开发整理、包兰铁路复线、宁夏大剧院、职业教育实训基地、城市公厕、村级公益事业一事一议等项目。各市县也注重整合资金和项目,不断加大对城乡建设的投入力度。全年全区城乡社区支出62.7亿元,增长55.2%。自治区财政制定了中小企业“百家成长千家培育”等一系列政策措施,积极构建以平台投放为抓手、以绩效评价为核心的财政扶持企业发展资金管理新机制。集中力量支持“五大十特”工业园区建设,增加对装备制造业、“五优一新”产业、羊绒产业、清真产业和中小企业发展的投入,推动宁夏工业经济赢利能力和竞争能力双提升。银川支持工业企业“铸龙”工程,固原加强盐化工基地建设,中宁积极培育引资环境,较好地发挥了财政政策的引领作用。全区全年工业类支出20.8亿元,增长45.8%。

(朱起进)

【推动农业经济发展】 围绕“三大示范区”建设,整合8亿多元扶持13个农业特色优势产业和120个现代农业示范基地建设。支持南部山区设施农业、马铃薯脱毒育种三级体系、春秋覆膜等重点工作。新增农资综合补贴资金集中用于粮食基础能力建设。财政支持农田水利、林业生态工程、扶贫、农垦等方面的工作也呈现整体推进、重点突破的良好局面。宁夏园艺产业园升级为国家级农业科技园区。农业综合开发完成了31万亩土地治理、孙家滩有机农业示范园区建设等重点任务。中卫突出抓好节水农业,平罗积极扶持村级集体经济发展。全年全区农林水利支出88.1亿元,增长29.3%。 (朱起进)

【引导调整工业经济结构】 安排节能减排资金1亿多元,支持淘汰落后产能和节能技术改造。全面启动财政支持新能源产业发展的工作。制定了促进软件业和服务外包业发展的财政政策。安排1亿元加强须弥山等景区基础设施建设,整合6000多万元支持三大口岸和九大物流园区建设,足额保障中阿经贸论坛和六大节会支出。完善机场建设与航线补贴政策,拓宽“空中通道”。扶持农村市场体系建设,提高农村双向流通水平。稳步推进家电等产品下乡和以旧换新工作,完成销售额11亿元,兑付率百分之百。全年全区服务业支出10.4亿元,增长64.1%。

(朱起进)

【推动可持续发展】 争取中央将宁夏列为全国农村环境连片整治示范省区,三年总投资近10亿元。支持生态建设、循环经济发展和环境保护工作,促进资源节约利用。下拨资金1.1亿元,保障宁夏阶段性关停企业职工基本生活,维护关停企业切身利益。为103家企业办理再生资源退税5273万元。建立人才专项资金考核管理模式,推进人才战略实施。增加科技投入,支持高新技术产业园区建设、企业自主创新体系、科技富民强县等方面的工作。全区环境保护和科技支出分别完成30.6亿元、5.8亿元,分别增长36.7%、31.3%。

(朱起进)

【促进区域协调发展】 共下达各类一般性转移支付106亿元,增长28.6%,转移支付办法进一步完善,基本公共服务均等化进程持续推进。山区各县全部纳入生态功能区转移支付范围。综合运用多种奖励方式,激励市县壮大县域经济、切实改善民生、提高预算执行力。加大对市县经济社会发展的专项投入力度,自治区财政共下达专项转移支付139亿元,增长24.7%。

(朱起进)

【促进城乡群众收入增长】 认真落实农资综合补贴、粮食直补等各项惠农政策,发放涉农补贴16亿元。安排5.3亿元促进全民创业就业工作,落实了一系列就业扶助政策。吴忠市支持创业城市建设措施有力。继续提高企业离退休人员基本养老金,每人每月调增120元。筹措城乡低保资金7.3亿元,实现动态管理下的应保尽保。启动物价联动机制,对城乡低保等困难群体发放了3项临时补贴。农村散居五保对象补助标准提高到年人均1200元。实施公共卫生与基层医疗卫生事业单位绩效工资制度改革,扩大职工取暖费发放基数,千方百计增加机关事业单位和企业退休人员的收入,提出一揽子方案,使干部职工年均增收4000多元。宁夏城镇居民人均可支配收入在全国的排名提高到第20位。 (朱起进)

【促进教育事业全面发展】 义务教育经费保障标准提高到小学生人均400元、初中生人均600元,按生均75元标准落实了取暖费。贺兰县、利通区和彭阳县启动了义务教育均衡发展试点工作。安排11.4亿元资金实施中小学校舍安全工程,新建、维修、加固中小学校舍105万平方米。启动“营养早餐”工程,对山区37.5万名义务教育阶段学生每人每天发放1个鸡蛋。下达职业教育专项资金2.7亿元,中职学校农村家庭经济困难和涉农专业近5万名学生享受免学费政策。全区教育支出80.9亿元,比上年增长29.8%。

(朱起进)

【推动医疗卫生体制改革】 新农合和城镇居民医保财政补助标准由80元提高到120元。基层医疗卫生机构补偿机制全面建立,乡村社区卫生机构建设得到加强。银川市财政支持医疗卫生体制改革工作迈出坚实步伐。认真落实妇幼卫生“四免一救助”(农村孕产妇免费住院分娩,免费筛查先天性甲状腺功能低下、苯丙酮尿症、先天性听力障碍等新生儿3种疾病,为3种新生儿疾病患儿提供免费治疗,在城乡实施免费婚前医学检查,对在市级以上医疗机构住院分娩发生急救情况的贫困孕产妇给予适当救助)政策。支持自治区优势特色专科、野外移动医院和宁夏儿童医院建设。全区卫生支出33.8亿元,增长54.4%。 (朱起进)

【完善社会保障体系】 国家、自治区、地级市三级联动,宁夏实现新农保制度全覆盖,比全国规划目标提前了10年。支持解决企业职工基本养老保险遗留问题,惠及20万职工群众。投入3.4亿元,完成3.2万户农村危窑危房改造任务。安排4亿元对4.6万户城市困难家庭实施住房保障。全区开工建设廉租住房1.4万套和经济适用房1.8万套,改造棚户区9170户。 (朱起进)

【全面改善民生】 在5个县区60个乡镇开展了民生服务中心规范化建设试点,创新了服务农民的方式,永宁县成为样板。投资评审工作职能延伸,对5项重点民生支出开展绩效评价。改善38个乡镇政权机构的办公生活条件,支持728个村级活动场所的新建翻修,完成了全区村级党组织活动场所建设任务。为208个基层计生服务机构配置了专用服务车辆。落实文化体制改革,支持实施精品文化剧目创演等重点工作,建成1100个农家书屋。支持20万偏远地区农民解决收听收看广播电视难题,数字电影免费放映实现一村一月一场。强化政法经费保障,投资建设沿黄城市带和固原网络监控系统,打造“平安宁夏”。同心县切实解决受灾群众的生产生活困难,隆德县全面改造县城供热设备和管网。 (朱起进)

【财政制度创新】 对市县首次提前下达了下年度转移支付指标。预算信息公开迈出关键一步,教育厅、人力资源和社会保障厅的部门预算面向社会公开。所有市县财政资金支付均推行了网络化管理,财税库银横向联网取得重要进展,公务卡改革已在10个县区推行。完成政府采购合同金额41亿元,增长32%,节约资金3.7亿元,采购效率有所提升。“小金库”专项治理取得新进展,党政机关事业单位的整改任务基本完成,社会团体和国有企业的治理工作顺利推进,初步建立了防治“小金库”的长效机制。继续加大财政监督检查力度。组织开展了政府性融资平台公司清查和规范管理工作。外债监测预警体系基本建立。应用支撑平台正式上线,核心系统在全区所有财政部门全面推广,金财工程实现一体化大突破。行政事业单位国有资产管理稳步推进,定点饭店、定点评估、定点拍卖的招标采购工作顺利完成。出国经费进一步压缩。会计和中介机构行业管理服务水平明显提升,行业监管和诚信建设有序推进,乡村财务人员培训工作得到加强。（朱起进）

# 国家税务

**【概况】** 宁夏国家税务局下辖7个市级局,1个直属单位,26个县、市、区局,72个税务分局(所)。截至2010年底,全区国税系统共有干部职工3016人。其中大专以上文化程度的2818人,占93.4%,党员1908人,占63.3%。2010年,全区国税部门累计组织税收收入149.99亿元(含免抵调库增值税,不含海关代征),同比增长31.1%,增收35.6亿元,完成年度计划126亿元的119%。海关代征增值税9.99亿元,增长25.9%;办理出口退税2.83亿元,增长14.1%;免抵调库增值税2.65亿元,增长56%。（谭奇新）

**【收入特点】** 1. 税收总量和增收额均创历史新高。2010年,全区经济税收总体运行态势良好,地区生产总值完成1643亿元,增长13.4%,是1986年以来增长最快的一年。全年税收收入总量接近150亿元,是2006年的2.5倍,增收额超过35亿元,税收增幅达31.1%,超过金融危机前2007年的水平。“十一五”期间,税收收入年均增长25.9%,快于“十五”期间6.8个百分点。2. 月增幅逐月走高,宏观税负稳步上升。从各月情况看,税收收入增幅从3月全年最低的-15.9%,回升至12月的81.7%,呈现前低后高走势。从宏观税负和弹性情况看,2010年全区地区生产总值按可比价格计算,同比增长13.4%(现价增长23.11%),国税宏观税负为9.13%,同比上升0.56个百分点;税收增速与地区生产总值现价增速的弹性系数为1.35,比上年下降0.07个百分点。3. 主体税种呈现“普涨”格局,所得税收入比重上升,流转税比重下降。在15个税种中,除个人所得税和烟叶税下降外,其他各税种增幅均超过两位数。所得税(包括企业所得税和个人所得税)累计入库26.8亿元,比上年增长45.6%,增收8.4亿元,占税收总额的比重为17.9%,同比提高1.8个百分点。流转税(包括增值税、消费税、营业税和车购税)累计入库122.1亿元,增长28.2%,增收26.8亿元,占税收总额的比重为81.4%,下降1.9个百分点。4. 中央、地方两级收入同步快速增长。中央级收入完成111.9亿元,增长30.7%,增收26.3亿元,完成年度计划95亿元的117.8%;地方级收入完成38.1亿元,增长32.2%,增收9.28亿元,完成年度计划31亿元的123%。地方级中,自治区级收入完成13.5亿元,增长31.6%,增收3.24亿元;市县级收入完成24.6亿元,增长32.6%,增收6.04亿元。5. 各地税收收入大幅增长。银川市共组织税收85.4亿元,增长32.3%,增收20.8亿元,占税收总额的比重为56.9%,同比提高0.53个百分点;石嘴山市完成26.16亿元,增长25.6%,增收5.34亿元;吴忠市完成23.55亿元,增长32.9%,增收5.82亿元;固原市完成6.66亿元,增长38.2%,增收1.84亿元;中卫市完成8.24亿元,增长26.2%,增收1.71亿元。（谭奇新）

**【税源分析】** 1. 工业经济快速增长,主要行业增值税增长迅速。规模以上工业实现增加值552.89亿元,比上年增长16.8%。工业增值税入库69.4亿元,增长22%,增收12.5亿元。工业增值税一般纳税人申报销售收入同比增长44%,申报销项税金同比增长42.6%,申报进项税金同比增长53.3%,进项税金增幅高于销项税金增幅10.7个百分点。其中:煤炭累计入库17.8亿元,增长2.9%,增收0.51亿元;电力累计入库14.5亿元,增长16.9%,增收2.1亿元;化工累计入库7.64亿元,增长49.4%,增收2.53亿元;有色金属累计入库4.66亿元,增长2.3倍,增收3.23亿元;机械设备累计入库1.57亿元,增长6.7%,增收985万元。2. 消费税大幅增长。受产能扩大、政策调整等因素影响,消费税累计入库21.38亿元,增长41.1%,增收6.22亿元。其中:全区原油加工量220万吨,增长14.5%,成品油消费税入库16.6亿元,增长33.6%;卷烟消费税累计入库3.46亿元,增长1.01倍,增收1.74亿元;酒消费税入库0.53亿元,增长19.1%。3. 企业利润大幅增长、税收优惠政策到期恢复征税等因素带动企业所得税增长迅速。全区规模以上工业实现利润125.7亿元,增长60.78%,工业企业所得税入库11.2亿元,增长34.9%;全区房地产业高速发展,房地产企业利润大幅增长,房地产业所得税入库2.1亿元,增长1.97倍,建筑业所得税入库0.54亿元,增长92.4%;税收优惠政策到期恢复征税,金融保险业所得税大幅增长,金融保险业入库5.22亿元,增长1.2倍。全年企业所得税累计入库25.54亿元,同比增长48.9%,增收8.39亿元。4. 消费总量逐步扩大,消费结构不断升级,促进了各相关税收大幅增长。全区社会消费品零售总额403.59亿元,增长19%,商业增值税入库15.1亿元,增长16.2%;营业税入库5.3亿元,增长54.3%。全区汽车类销售贸易额59.05亿元,增长44.2%;全年累计应税车辆11.45万辆,增长35.4%,增加2.99万辆;车辆购置税全年累计入库10.9亿

元,增长61.5%。(谭奇新)

【税收宣传】 组织开展第19个税收宣传月活动,通过编印赠送纳税资料、制作税收公益电视广告片、举办主题征文、举办税收知识竞赛和税法进校园等系列宣传活动,不断推进税法宣传的广度和深度;在新闻媒体公开曝光涉税违法案件的查处情况,大力宣传纳税信用等级为A级的纳税人事迹。认真做好"五五"普法验收工作,对基层单位进行了普法督察。(谭奇新)

【税收执法】 完善税收执法管理信息系统,制定具体执法标准和预警指标,开展重点、热点问题风险评估、预警和处理。完善税收规范性文件发布、解读以及备案审查机制,对税收风险进行预测评估。加强征管风险的事前提醒、事中控制和事后监督,切实提升税收执法人员风险防范的能力。认真贯彻全国税务系统依法行政工作会议精神,完善执法程序,改进税收执法方式,建立健全对重大税收执法权的制约监督。强化执法风险教育。(谭奇新)

【税务稽查】 整顿和规范税收秩序,组织开展税收专项检查和区域专项整治,严厉打击发票违法犯罪活动,切实抓好重大税收违法案件的查办、督办和查补收入入库工作。继续推行能级管理和分级分类稽查,不断提高稽查工作信息化水平。开展稽查规范年活动,研究制定了税务稽查工作五年规划、分级分类稽查实施办法和稽查工作规范等,不断完善稽查工作制度体系。发挥以查促管、以查促收作用,全年查补各项收入达3.42亿元。(谭奇新)

【纳税服务】 制定完善了《宁夏回族自治区国家税务局2010～2012年纳税服务工作规划》《纳税辅导制度》《办税服务厅工作人员绩效考核细则》等制度。继续推进办税服务厅"五统一"建设,统一规范承办涉税事项的处理流程和要求,规范公开办税、首问负责制、"一站式""一窗式"和"限时制"等服务措施,规范办税指南和办税公开指南,大力推行公开、公平办税。更新完善"12366"纳税服务信息系统知识库,在银川市试点建立了纳税人权益维护中心,开通了"12366纳税服务直通车",强化"12366"的纳税服务热线和网站咨询服务功能。与地税部门联合建立税收服务志愿者组织,每月定期组织开展"税收志愿者活动日"活动。以总局公告中所列的纳税人14项权利为重点,加大推行政务公开和办税公开工作力度。(谭奇新)

【税源管理】 建立健全税源专业化管理工作机制,探索分行业、分类型、分规模的税源专业化管理模式,完善税源专业化管理的方法和内容,积极推进税源管理辅助平台的应用。推行以重点行业和大企业专人专组管理为主要方法的驻厂管理和行业管理模式,加快税源专业化管理进程。定期开展与地税、工商、质检等部门的信息交换和比对工作,加强户籍管理。逐步完善纳税评估管理办法和工作规程,建立健全行业综合评估模型和指标体系,不断扩大纳税评估面,评估问题疑点落实率和税款入库率进一步提高。(谭奇新)

【信息管税】 加强各征收管理系统的应用力度,做好各种征管数据的加工分析利用,为强化征管提供了信息支持。加强信息技术部门的沟通和联系,实行定期分析、定期发布、定期检查、定期考核制度,推进信息交换和资源共享工作力度。组织开发并推行了税收管理子系统和普通发票机打系统,积极推广组织机构代码在税收征管系统的全面应用,财税库银横向联网系统实现了覆盖全区国税系统的业务。加强信息安全工作,从源头上防止了信息安全事故的发生。(谭奇新)

【各税种管理】 开展货物和劳务税政策调整测算工作,强化增值税零负申报管理和"一窗式"管理,加强增值税一般纳税人认定、专用发票和其他抵扣凭证管理,组织召开了规范整顿代开发票专项工作会议;认真落实成品油税费改革和卷烟消费税、车辆购置税和进出口税收政策;继续完善所得税管理制度,贯彻"抓大、控中、核小、紧盯长亏不倒户"工作方针,建立健全企业所得税纳税审核良性互动机制;加强对非居民企业税收的管理,提升反避税工作的力度,认真开展总局定点联系企业的税收自查工作,积极探索国际税收专业化管理新途径;切实做好机构未分设地区的地方税费管理工作。(谭奇新)

【内部管理】 深入开展规范化管理年活动,制定出台了《宁夏国税局机关工作规范》《市县级国税局机关工作规范》和《税收执法工作规范》,明确机关工作的程序、内容、目标、时限要求。修订完善了《区局机关财务管理办法》和《区局机关公务接待办法》等制度,加强了机关预算编制、经费支出、公务接待、车辆使用等管理。完善机关工作目标责任制考核办法,狠抓机关作风纪律教育和各项规章制度的落实,不断加强机关效能建设。牢固树立"管理在平时"的思想,对工作制度落实中的薄弱环节进行自查自纠,堵塞管理漏洞。加强部门之间的协作配合,继续精简压缩会议和文件,合并各种检查考核,坚持下基层轻车简从。坚持面向基层、面向征管,集中财力办大事、办急事的原则,积极争取和筹集资金,认真落实基层最低经费保障线制度。完成部分基层税务分局(所)的维修改造、信息技术装备和征管用车的改善工作,加强防震减灾、大病医疗救助等工作。(谭奇新)

【教育培训】 完成了135名干部教育培训工程的目标任务。全年组织举办各类培训班18期,培训1312人次,选派116人参加了总局调训。加快专业化人才培养,组织开展"十员"业务比武活动,对50名区级业务标兵和250名业务能手进行了表彰。依托宁夏国税网络学习培训系统,加强远程培训;充分利用中华会计网校、扬州税院的网络教学资源,有效降低了培训成本,提高了培训效率。(谭奇新)

# 地方税务

【概况】 2010年地方税务收入呈现持续高速增长态势。从收入规模看,一是税收收入跨越100亿元大关,达到102.95亿元。二是总收入跨越200亿元大关,达到201.7亿元。三是"十一五”时期收入总量跨越了500亿元大关，达到523.6亿元，是“十五”时期的5倍，翻了两番多；组织税收收入310.7亿元，是“十五”时期的3倍多；2008～2010年组织社保费收入176.4亿元，比前三年征收总额翻了近一番。从税收增速看，“十一五”时期税收收入年均增长31%，比GDP增速快19个百分点，比“十五”时期税收增速快13个百分点。如果组织收入按增收5亿元跨一个台阶计算，“九五”时期，上一个台阶需要5年，“十五”时期平均用了两年，“十一五”开局之年就上了一个台阶，2010年一年跨上了12个台阶，税收增幅居全国地税系统第二，居西部12省区第一。（杜　宁）

**【依法治税】** 对28个单位开展了执法检查，整改了30多个方面的问题。大力整顿税收秩序，强化税务稽查，认真落实“五长”联席会议制度，形成了打击涉税犯罪的合力。深入开展打击发票违法犯罪活动，共查处发票违法案件64起，涉案非法发票75万份；检查受票企业2253户，查补税款及罚款近500万元，被国家税务总局评为“全国打击发票违法犯罪活动先进单位”。“五五”普法顺利通过三级验收，被自治区推荐为全国“五五”普法先进单位。（杜　宁）

**【税收征管】** 到2010年底，地税部门对年纳税额30万元以上的1171户重点税源企业实施了有效监控，重点税源税收已占全部税收收入的52.1%。推进社会综合治税，与相关部门交换涉税信息10万余条，组织地方税费32亿元。强化纳税评估，制定下发了纳税评估工作规程，科学确立了评估指标体系，全系统通过纳税评估新增税款1.86亿元。按照“分级分类”管理方式，开展了税源专业化管理试点。加强征管制度建设，科学划分岗位职责，统一征管业务规程。狠抓核心软件的完善优化工作，开发了网上办税服务厅、税收分析监控平台和税收综合管理平台等辅助软件，征管手段进一步改善。开展税收风险防范工作，试点应用了税收风险管理软件。推进发票改革，实现了发票省级审批印制，全面应用了磁卡式发票领购簿，建立了发票信息查询和真伪识别系统。强化征管效能建设，组织开展了税源与征管状况分析监控工作。税政管理规范有序。加强营业税管理，特别是规范了货物运输业发票管理，组织开展了房地产一体化管理，强化了建筑业源头控管。强化企业所得税管理，全面落实新企业所得税法，认真开展所得税汇算清缴工作。加强个人所得税管理，推广使用了个人所得税代扣代缴软件，加大12万元以上个人所得税自行申报管理工作。自治区人民政府下发了城镇土地使用税和车船税实施办法。调整了城建税、房产税、土地使用税征收范围和税额标准。制定了土地增值税预征、印花税核定征收等办法。承担了全国房地产模拟评税试点。全面完成了契税、耕地占用税接管工作。

（杜　宁）

**【社保费征收和信息化建设】** 全面启动了税务机关全责征收社保费工作。坚持税费并重的原则，组建了三级社保费征管机构，开发应用了社保费征管系统，制定完善了30多种征管制度，加强与社保、财政、银行、社区、学校等部门的协调，初步形成了科学规范的社保征管体系。为全区近330万缴费人次提供了缴费服务，创造了60天内为80万缴费人提供缴费服务的征收纪录。为落实自治区解决社保历史遗留问题的要求，在短时间内征收专项社保费20亿元，使全区近12万人迅速享受到了政府的惠民政策。社保费接收工作实现了三年迈出三大步，被国家税务总局、财政部、人社部等部委共同认可为全国接管社保费速度最快、覆盖面最广、效果最好、协作最佳的地区之一。信息化建设步入快车道。在引进地税综合征管软件的基础上，全力推进税收征管、纳税服务、行政管理、干部教育培训等信息化建设和应用工作。搭建了一个平台（以综合征管软件为核心的宁夏地税税费多元化征收管理数字平台），构建了税收业务网、政务专网、信息外网，创建了税收分析决策系统、纳税服务系统、税收管理员系统、网上学习系统、安全管理系统，形成了“135”信息化管理新的框架体系。同时，各地在税管员管理、税收风险管理、纳税评估、建筑业税源管理、房地产评税等方面积极探索应用了辅助管理软件，提高了税源管理的科学化水平。初步实现了征税网络化、办公自动化、服务信息化。

（杜　宁）

**【提高“四项服务”水平】** 全年为2302户纳税人减免税收25.76亿元，是地税成立以来规模最大、力度最强、范围最广、税收扶持效果最显著的一年。提出了促进宁夏招商引资的16条税收优惠政策。出台了鼓励高耗能工业企业阶段性停产税收扶持政策，被自治区政府授予支持工业保增长先进集体。制定并贯彻实施《支持全民创业行动60条措施》和《保增长、扩内需、调结构、促发展40条税收优惠政策》。提高了个体户营业税、个人所得税按期纳税起征点，惠及1.3万户个体户、中小企业以及近40万名创业者。被自治区政府授予全民创业工作先进集体。“十一五”期间，征收教育费附加和地方教育费22亿元，年均增长近20%，在全国排第三；征收水利建设基金7.7亿元，5年翻了一番；代征工会经费6.2亿元，4年翻了两番，2010年超过2亿元；代征残疾人就业保障金1.2亿元。与自治区国税局联合起草并报自治区人民政府批转了《关于进一步加强效能建设提高纳税服务水平的意见》，组建了各级纳税服务工作机构。开展纳税人满意度调查和“优秀办税服务厅”“纳税服务之星”争创活动。规范各级办税大厅工作流程和服务标志。大力推行网上申报和财税库银横向联网缴库方式，降低了办税成本。全系统共有6623户企业实施了网上报税，13898户纳税人通过财税库银横向联网系统缴纳税款。创办了“纳税人之家”，组织开展纳税人“恳谈会”。举办了宁夏地税大讲坛和纳税人权利与义务电视大赛，开展了税收志愿者服务活动。规范注册税务师行业管理，全区有7家事务所被评为国家A级税务师事务所。强化指导，服务基层水平日益增强。组织实施了为基层办实事计划。五年共投入基本建设资金近2

亿元,建设、改造办公楼10座,标准化税务所12个;投资6000多万元,改造更新征管网络及其设备;投入2500多万元,为基层地税机关更新工作车辆100余辆、计算机1500多台、LED显示屏14(台)套等大中型办税设备。连续5年开展亮点观摩活动,发现、总结和推广了基层工作的新经验新做法,推动了工作创新。 (杜 宁)

**【教育培训】** 抓好各级党组(支部)中心组理论学习。举办了两期领导干部学习班,督促“一岗双责”目标责任制的落实。开办了系统党员领导干部信息党课,利用QQ和手机短信等现代化技术手段,开辟了新的党课理论教育平台。选优配强各级“一把手”,5年来,交流各级“一把手”47个,交流轮岗面达到90%以上。开展“六好班子”和“五好党支部”创建活动。组织干部参加总局智力援西培训项目,开展岗位技能、业务知识等各类培训,坚持每日一题学习活动,开办地税干部网络学院,干部教育培训工作在全国税务系统进行了经验交流。全年共组织各类培训班70期,受训人数达2600人次。到“十一五”末,全系统大专以上学历人员的比例达到了94.32%,比“十五”末提高了5.78个百分点。五年来,全系统有1名干部被提拔为正厅级领导干部,6名干部被提拔为副厅级领导干部。采取竞争上岗、民主推荐选拔任用86名处级干部,240多名科级干部。推行领导干部述廉,开展任职廉政谈话,落实党风廉政责任制、廉政风险防范和内控机制、廉政承诺、家庭助廉等制度。加强“两权”监督,设立了区、市级督察内审机构,开展效能监察和内部审计,先后对14人进行了责任追究。全系统没有发生重大违法案件,呈现出“两升两降”(即税收规模上升、地税地位上升,不廉情况和信访案件逐年下降)的可喜局面。 (杜 宁)

**【表彰奖励】** 到2010年底,全系统先后有11个集体荣获国家级荣誉称号,39个集体荣获省部级荣誉称号,所有的市、县(区)局全部跨入自治区级文明单位行列,2个单位获得全国文明单位。有23人受到省部级以上表彰奖励,涌现出一大批先进模范人物。尤其是地税干部的楷模——原青铜峡市地税局干部陆明宏,先后被人力资源社会保障部和国家税务总局追授为“全国税务系统先进工作者”,被自治区党委、自治区人民政府分别追授为“优秀共产党员”和“模范公务员”,被自治区总工会授予“五一”劳动奖章荣誉称号。将陆明宏的先进事迹在区直机关和五个地级市进行了巡回演讲宣传,全区5000多人听取了报告。2010年,自治区地税局再次荣获全区民主评议政风行风第一名,被自治区政府授予“全区依法行政工作先进集体”“全民创业工作先进集体”“支持工业保增长先进集体”,被财政部、国家税务总局表彰为“全国税收调查先进单位”,效能建设目标管理考核连续三年获得一等奖,全面实现了“创佳绩”的目标。 (杜 宁)

# 经济管理与综合经济

编辑：范宗兴　尹玉芳

## 宏观经济

【概况】　2010年，全区实现生产总值1643.4亿元，比上年增长13.4%，超出计划3.4个百分点，是"十一五"期间增长最快的年份。其中第一产业增加值160.28亿元，增长7%；第二产业增加值833.16亿元，增长16%；第三产业增加值649.97亿元，增长11.6%。三次产业结构由2009年的9.4∶48.9∶41.7调整为2010年的9.8∶50.7∶39.5，财政一般预算总收入286.83亿元，增长34.3%，其中地方财政一般预算收入153.64亿元，增长37.8%。　（马文涛）

【农业经济】　粮食总产量356.5万吨，比上年增长4.6%，连续7年增产。120个现代农业示范基地建设顺利推进，枸杞、硒砂瓜、葡萄、红枣、清真牛羊肉等十三大优势特色农业提质扩量增效取得实效，产值占农业总产值比重突破80%。新建日光温室6万亩、拱棚15.3万亩，设施农业突破百万亩大关。肉、奶、水产品产量分别增长1.5%、4.2%和10%。农业产业化经营迈上新台阶，培育国家级龙头企业13家、自治区级龙头企业138家，一批"宁字号"名特优农产品行销全国、走向海外。（马文涛）

【工业经济】　工业结构优化升级。"五优一新"产业继续壮大，新增煤炭产能1000万吨、电力装机439万千瓦、煤化工产能112万吨。新能源等战略性新兴产业快速发展，新能源装机达到160万千瓦，占全部电力装机规模的10.8%，高于全国平均水平。石嘴山新材料、吴忠新能源高新技术产业基地加快建设，灵武羊绒产业园升级为国家级产业园区。工业技改投资比上年增长26.6%，新产品产值增长36%。规模以上工业实现增加值552.89亿元，增长16.8%。　（马文涛）

【服务业】　银川市被列为国家首批服务业综合改革试点区域。惠农陆路口岸正式封关运营，银川陆路口岸进入试运营，宁夏国际空港物流中心等九大物流园区建设顺利推进；华润万家、北京物美、世纪金花等大型零售企业入驻银川。实现社会消费品零售总额403.59亿元，比上年增长19%；金融机构人民币各项存贷款余额分别增长25%和25.1%；商品房销售面积和销售额分别增长20.7%和29.1%。国铁货运量、公路货运量、民航旅客吞吐量分别增长8.5%、9.4%和28.3%。接待游客超过1000万人次，实现旅游总收入67.8亿元，增长26.9%。　（马文涛）

【节能环保】　突出抓好工业领域节能降耗，实施重点节能工程，火电、电解铝、铁合金、电石、烧碱等行业主要能源单耗优于全国平均水平。严控能源消费总量，阶段性关停140家高耗能企业。积极推进国家循环经济试点工作，全面加强行业污染治理。单位生产总值能耗下降4.13%，二氧化硫和化学需氧量排放量分别减少1.02%和2.56%，圆满完成国家下达的节能减排任务。继续实施封山禁牧，巩固退耕还林、退牧还草成果，积极推进天然林保护、三北防护林、大六盘生态圈等重点工程建设，切实加强水土保持工作。新增造林面积143万亩，草原围栏50万亩，小流域治理1134平方公里。　（马文涛）

【固定资产投资】　全社会固定资产投资完成1464.7亿元，比上年增长30.9%，超出计划5.9个百分点。城镇投资完成1313.3亿元，增长30.4%，其中基本建设投资增长26.1%，更新改造投资增长25.3%，房地产开发投资增长56.3%。城镇投资到位建设资金1360亿元，增长39.3%，是近年来的最好年份。50个重点建设项目完成投资445亿元，超额完成计划任务，其中有18个项目超额完成年度投资计划，一批重大项目建成并发挥效益。积极落实国家扩大内需各项政策，争取中央预算内投资50亿元以上，再创历史新高。银川市城市建设投资控股有限公司15亿元企业债券获批发行。　（马文涛）

【基础设施建设】　太中银铁路建成通车，新增铁路通车里程249公里；银川火车站南站及物流中心正式开通运营，包兰线惠农至银川段复线、王洼至原州区地方铁路全面开工。石银高速、孟营高速、吴忠黄河大桥建成通车，新增高速公路137公里；同心至沿川子高速公路建设进展顺利，青岛至兰州的高速公路、宁夏境内东山坡至毛家沟段高速公路开工建设。六盘山机场建成通航，河东机场新开航线11条，累计达到36条。固扩十一泵站人饮及节灌水源工程基本建成，盐环定扬黄续建共用工程具备通水条件。青铜峡、固海大型灌区续建配套与节水改造工程、大型泵站更新改造、中部干旱带高效节水补灌工程加快推进，新增节水灌溉面积50万亩。

（马文涛）

【城市化】　城市化进程步伐加快。黄河金岸建设框架全面拉开，八百里标准化堤防全面竣工,千里滨河大道全线通车。4条城际公交线路开通运行,公积金异地购房贷款全面推开,沿黄城市一体化迈出实质性步伐。枸杞博物馆、黄河圣坛、灵武枣博园、世界水车博览园、黄河书院等基本建成。整理开发土地近17万亩,新增耕地4.7万亩、水面11万亩、生态绿地65万亩,湖泊湿地大面积恢复。固原在陕甘宁革命老区中的城市地位凸显,中南部县城带动能力增强,12个特色示范镇加紧建设。全区城市化率达到48%。（马文涛）

**【人民生活】** 城镇新增就业6.89万人,城镇登记失业率4.35%;转移农村劳动力75.5万人,人均劳务收入5000元以上。在增加职工补贴、特色农业增效和劳务收入等因素带动下,城乡居民收入稳定增长。城镇居民人均可支配收入15344元,比上年增长9.4%;农民人均纯收入4674.89元,增长15.5%。新建廉租住房77.5万平方米、经济适用房139万平方米、棚户区住房83.1万平方米。新建农民新村40个,整治旧村433个,改造危窑危房3.4万户。建成42处集中供水工程和4200处分散供水工程,解决了20个县(市、区)397个行政村42万农村人口的饮水安全问题。新改建农村道路2279公里,行政村通客车率达到96.2%。（马文涛）

**【生态移民】** 编制完成了《宁夏"十二五"中南部地区生态移民规划》。完成了10个续建项目区配套设施和8个新开工项目区移民住房及农田水利建设任务,完成移民定居4.1万人,累计定居移民12.3万人。积极支持移民区发展设施农业、特色种植和劳务输出,50%以上的劳动力外出务工,40%以上的收入来源于劳务收入,促进了迁出地生态恢复。（马文涛）

**【社会事业】** 新建改造安全校舍120万平方米。青铜峡一中、宁夏职业教育实验实训基地、宁夏职业技术学院新校区基本建成。固原一中、宁夏艺术学校新校区、宁夏财经学院新校区开工建设。宁夏大学"211工程"三期重点学科建设启动实施。宁夏被列为国家农村边远艰苦地区教师周转宿舍建设试点省区。加快健全医疗卫生服务体系,开工建设自治区儿童医院,新建、改扩建5所县级医院、9所中心乡镇卫生院、7所社区卫生服务中心、70个村卫生室和89个社区卫生服务站。实施精神卫生防治体系建设,建成15个乡镇计划生育服务站。基本建成贺兰山体育场,完成须弥山博物馆土建工程,宁夏大剧院、固原市图书馆等重点公共设施建设进展顺利。开工建设宁夏地质博物馆、水工博物馆。成功举办黄河金岸国际马拉松赛、第十三届全区运动会和第七届全区少数民族传统体育运动会。开工建设了4个县级、16个乡级就业社会保障服务中心,全区参加基本养老保险、失业保险、基本医疗保险人数分别为107.7万人、55.7万人和177.94万人。全区享受低保救济的困难群众达53.82万人。（马文涛）

**【体制改革】** 农村综合改革迈出新步伐,参与土地承包经营权流转农户12万户,流转土地面积98.3万亩。国有企业改革取得新进展,实施了宁夏物资产业(集团)公司等14户企业的破产程序,完成了宁夏同乐百姓商贸城等2户企业改制以及银川橡胶厂重组。社会领域改革取得新成效,实施了义务教育阶段学校绩效工资制度改革,组建了宁夏演艺集团,启动了社会保障"一卡通"工程。医药卫生体制改革加快推进,在全国率先启动以省为单位的统筹城乡基本医疗保险制度试点工作,率先实现国家基本药物制度全覆盖。投资体制改革继续深化,制定了《自治区政府投资项目管理和责任追究办法》,建立健全了政府投资项目决策责任追究制度。价格改革稳妥推进,取消了高耗能电价优惠政策,落实新能源电价和补贴政策,调整了银川市自来水价格,完善了阶梯水价制度。行政管理体制改革取得新突破,取消和调整行政审批事项35项,同心县、盐池县扩权强县改革试点工作扎实推进。（马文涛）

**【对外开放】** 内陆开放迈出坚实步伐。出台了《关于加快发展内陆开放型经济的意见》,确定了内陆开放型经济发展的总体目标、战略重点和重大项目。成功举办首届中阿经贸论坛,1万多名嘉宾与会,923家国内外企业参展,共签订合作项目190个,总投资2036亿元,其中与阿拉伯国家合作项目10个,总投资27.5亿元。出口结构调整取得初步成果,地方特色产品、低能低耗产品占出口总额比重分别达到80%和60%。实现进出口总额19.6亿美元,比上年增长63.2%,其中出口11.7亿美元,增长57.5%。加强与周边地区、东中部地区的经贸文化合作,成功举办能源"金三角"高峰论坛。实际利用外资2.32亿美元,增长63.4%;招商引资到位资金突破800亿元。（马文涛）

## 国有资产管理

**【概况】** 到2010年末,全区地方国有企业资产总额达到2732.67亿元、净资产达到714.81亿元,比2009年末分别增长21.4%和25.3%;全年实现营业收入684.37亿元,增长30%;实现利润90.62亿元,增长70.7%;上交税费47.81亿元,增长11.6%。其中:自治区国有大型企业资产总额达到2578.45亿元、净资产达到664.96亿元,分别增长20.5%和24.7%;全年实现营业收入647.54亿元,增长29.3%;实现利润90.13亿元,增长70.4%;上交税费45.85亿元,增长10.2%;国有资产保值增值率达到113%。（李传山）

**【国企改革】** 全年组织实施了13个跨年度项目的关闭破产,启动了16个新项目的依法破产;组织实施了银川橡胶厂、宁夏电投钢铁公司、宁夏恒力股份公司、西北轴承股份公司、宁夏富宁投资集团公司5户企业的重组和广夏(银川)实业股份公司的重整;完成了宁夏发电集团公司、宁夏银行、国药控股宁夏公司、宁夏国大药房连锁公司4户企业的增资扩股和宁夏圣雪绒集团公司国有股权的转让。通过关闭破产、兼并重组和增资扩股等,引进一批中央企业和区外企业,增加自治区企业资本金50亿元,直接消灭亏损4亿元。（李传山）

**【结构调整】** 继续加大投资力度、调整投资方向、优化投资结构，将更多的资金投向优势产业和优势产品。2010年仅自治区国有大型企业就完成固定资产投资273.3亿元，而且主要投在新兴产业和新产品上，国有经济无论是量还是质都在发生深刻变化。神华宁煤集团公司、宁夏能源铝业集团公司、宁夏发电集团公司、中色(宁夏)东方集团公司等企业在稳步发展已有主导产业产品的同时，大做延长产业链、提升附加值的文章，建成了一批煤化工、新能源、新材料等具有战略意义的重点项目。 (李传山)

**【国资监管】** 将净资产收益率在同行业的位移作为企业经营业绩考核主要指标，对董事会、党委会、经理班子、监事会、纪委按照法律、政策及公司章程赋予的职能分类考核并依据考核结果确定其成员薪酬，既增强了考核的针对性和实效性，又促使企业完善公司治理结构、规范经营运作和提高管理效能，切实发挥了业绩考核的导向和激励作用；统一聘请中介机构对企业财务决算进行审计，在全区587户国有企业开展了“小金库”专项治理，进一步堵塞了资金管理上的漏洞；按照“管总额、管人均、管增幅、管差距”的原则认真核定企业工资总额，控制了人工成本过快增长，启动公务用车改革对规范企业领导人员职务消费进行了探索；举办了企业全面风险管理学习班，邀请中央企业负责人讲课。 (李传山)

## 工商行政管理

**【概况】** 2010年，自治区新登记注册各类市场主体4.87万户，累计达到24.69万户，比上年同期增长了9.8%。其中私营企业发展到39075户、注册资本(金)1050.53亿元，分别比上年同期增长了14.7%和41.2%，个体工商户发展到199369户、注册资金90.88亿元，分别比上年同期增长了9.4%和42.4%。指导签订订单农业合同71770份，订单合同金额327.6亿元，登记注册农村经纪人15258户，指导成立农民专业合作社2662户，出资总额31.68亿元，成员总数3.79万人。查处各类经济违法违章案件3812件，收缴罚没款606万元，其中，查处各类不正当竞争案件233件，收缴罚没款98.24万元，同比增长52%和29%。12315受理咨询、申诉、举报、检举、建议80309件，办结率99%，为消费者挽回经济损失500多万元。信息工作被国家工商总局评为政务信息先进集体。全系统行风建设取得了良好的成绩，在上年全区民主评议政风行风中，区局在20个直属机构中名列第四，参加评议的30个市县(区)工商局(分局)绝大多数进入了前三名。 (张珍祥)

**【服务地方经济发展】** 年内，自治区工商局制定出台了《关于促进沿黄城市带建设发展的意见》《关于进一步促进宁东能源化工基地发展的意见》，报请自治区政府批转了《关于促进宁夏广告业发展的指导意见》，政策服务体系进一步完善。出台了《企业名称远程核准办法》《审、核合一登记办法》等指导性文件，完善了企业登记疑难问题会商制度、新型企业登记指导制度、重点企业联络员制度，在固原市召开了全区工商系统促进个体私营经济发展经验交流会，在中卫市召开了深入实施西部大开发战略服务农村经济发展现场观摩暨经验交流会，进一步加强对市场主体的引导扶持。 (张珍祥)

**【支持全民创业】** 全面推行“五办四通”(“五办”即：资料齐全马上办、资料不全指导办、紧急项目加班办、特殊项目跟踪办、重大项目领导办；“四通”即：符合法律法规条件的确保畅通，有利于企业发展又不悖于法律原则的适当变通，注册需要与相关部门联系的主动疏通，难以疏通不能变通的加强沟通)和“六无”服务标准，坚持“六少六多”(少处罚多规范、少指责多指导、少干预多服务、少添乱多帮忙、少设路障多设路标、少讲不能办多讲怎么办)的工作理念，开展了创建“红旗窗口”活动，强化登记窗口“五种能力”建设，推行企业网上登记、网上名称核准，进一步改进服务方式，提升服务水平，实行了更加宽松的市场主体准入政策和措施办法，激发了各类市场主体的创业激情。银川市工商局试行了代发税务登记证。建立了再就业网络服务系统，搭建就业服务平台，新培育小老板3056个、培育小企业2982个，新增就业岗位28114个，分别比上年增长了50%、46.3%和68.7%，超额完成了任务。 (张珍祥)

**【实施商标战略】** 报请自治区政府批转了《注册商标专用权质押贷款办法》和《宁夏著名商标认定程序规定》，进一步完善了实施商标战略的配套政策法规。开展了第七届宁夏著名商标评审、认定工作，召开了全区实施商标战略工作表彰大会，表彰了一批实施商标战略工作先进县市、先进集体和先进个人。建立了商标查询系统数据库和宁夏著名商标、中国驰名商标培育库，推行商标基础工作规范化管理，深化商标“四书两卡”制度和商标指导员制度，采取“保姆式”全程跟踪服务，推动宁夏商标战略实现了历史性突破，全区商标申请量达13053件，注册量达7317件，拥有中国驰名商标15件，宁夏著名商标287件，提前两年完成全区争创10件中国驰名商标任务。 (张珍祥)

**【食品流通环节监管】** 组织开展了13次大规模的专项执法行动，查处食品安全案件330件，案值22.96万元，在全区掀起了“打假风暴”。积极推进流通环节“食品安全示范店”创建活动，全区命名2132家“食品安全示范店”。强化食品快速检测工作，检测26个大类124个品种10200个批次的食品，合格率为98%。在全区140个农贸市场、1.84万户食品经营户和1380户食品小作坊中推行了熟食制品“证明登记制”等四项制度，在2330户食品批发企业中推行了配送主体准入备案等五项制度，流通环节食品安全长效监管制度逐步完善，基本做到了源头可控、去向可查、问题可溯、责任可追。得到了国务院食品安全检查组的充分肯定，国家工商总局《工商行政管理简报》向全国推广了这一做法。 (张珍祥)

**【商品交易市场监管】** 修订并经自治区人大常委会审议通过的《宁夏回族自

治区商品交易市场管理条例》,已于2010年12月1日起施行。制定并上报自治区政府下发的《星级信用市场认定管理办法》,在全区112个市场建立了信用分类监管制度,全面落实"网定格、格定责、责定人"的市场区域巡查机制。制定了《自治区守合同重信用单位公示活动管理办法》和《守合同重信用企业公示评价指标》,建立起"守合同重信用"企业动态监管机制。 (张珍祥)

**【监管风险防控】** 开展"安全生产年"活动,组织开展了企业登记代理违法违规行为专项整治等7项高危行业专项检查,及时纠正、清理未办理前置许可或前置许可过期企业514户,发放警示通知书456户,函告有关部门215户次。对全区高危行业企业实行了"一审一核"制度,推广和应用了高危行业电子监管系统,有效地防范和化解了市场监管执法的区域性风险和系统性风险。大力推行网上年检、延时年检、预约年检、上门年检等方式,参检率较上年提高25.17%。内资企业网上年检率为40.46%,外资企业网上年检率达到100%。加大"两虚一逃"(虚报注册资本、虚假出资、抽逃出资的违法行为)案件查处力度,查处"两虚一逃"案件22起,罚款21万元。全面推行企业属地监管,制定下发了《自治区工商局加强企业属地监督管理办法》,促进了企业监管职能到位。加强广告监测和广告市场监管,全区主要新闻媒体广告总违法率1.96%,同比下降3.1%。

(张珍祥)

**【12315消费维权体系建设】** 制定了《12315申诉举报工作实施意见》和《12315工作规范》,扩建了区局12315申诉举报指挥中心,新增了6名受理人员,工作效能不断提升,共受理咨询、申诉、举报、检举、建议80309件,办结率99%,为消费者挽回经济损失500多万元,在全区工商系统叫响"你消费、我服务,有事找工商"的承诺。积极推进12315行政执法体系"四个平台"建设,开通了12315短信发布平台,接受消费者短信诉求4100条,发送消费警示信息2013万条。适时编辑上报《12315每周要点》《12315每月情况分析》。举办了第十二届维护消费者合法权益好新闻评选表彰活动。开展了全区公共服务行业侵害消费者合法权益综合治理工作集中督察活动,深入开展了"家电下乡""摩托车、汽车下乡"、打击消费欺诈、整治校园周边环境和房地产市场专项执法检查。"3·15"活动主题鲜明、声势浩大、形式多样、内容丰富、参与广泛、影响深远、效果显著。 (张珍祥)

**【打击传销】** 在全国率先出台了《打击传销举报奖励办法》,由自治区财政列出专项资金,奖励举报人员,进一步落实了打击传销政府牵头协调机制和部门执法协作机制。完善了全区传销人员数据库和"黑名单"制度,在全区开展了"无传销县(市、区)""无传销社区(村)"创建工作,经过考评,全区有4个县市区、62个社区被分别命名为"无传销县(市、区)"和"无传销社区"。取缔传销窝点254个,教育遣散、遣返传销人员4439人次,查处一般程序传销案件37起,移送公安机关12起,有效遏制了传销活动蔓延的势头。自治区领导王正伟、刘慧席批示予以充分肯定。共查处各类经济违法违章案件3812件,收缴罚没款606万元,其中,查处各类不正当竞争案件233件,收缴罚没款98.24万元,同比增长52%和29%。打击侵犯知识产权和制售假冒伪劣商品专项行动取得了阶段性成果,捣毁制假售假窝点4个,查处侵权假冒案件17件,罚没款17.47万元。 (张珍祥)

**【队伍建设】** 制定了《自治区工商系统干部选拔任用工作规则》《全区工商系统领导班子和领导干部年度考核实施办法(试行)》,提拔任用干部35人,交流任职9人。开展了"小金库"专项治理,对14名领导干部进行了任期经济责任审计。选派30人在干部思想教育基地进行了学习培训,共举办各类培训班519期,培训干部2.6万人次。在全系统开展了争当"执法办案能手""消费维权能手""市场监管能手""登记注册能手""计算机操作能手"活动,评选出55名"五种岗位能手",制定了《自治区工商局关于进一步加强干部管理的若干规定》,对全系统长期不上班的21名干部进行了教育规范。开展"干部职工读书月"活动,举办全区工商系统"红盾之光"文艺会演、干部职工书法绘画摄影作品展和"热爱工商作奉献、我为红盾增光辉"有奖征文活动。 (张珍祥)

**【工商基础建设】** 一是大力加强基层基础设施建设。制定了《自治区工商局关于进一步加强新形势下基层建设的意见》,在青铜峡市召开了全区工商系统基层建设现场观摩会。下发了《关于进一步加强基层工商所经费保障的意见》。全年安排基层基础建设专项经费787.3万元,装修、改造基层局办公楼10个、工商所13个,新建、购买工商所办公楼6个。开展"星级"工商所创建活动,三年来,全系统创建三星级工商所110个,占总数的93%,二星级工商所5个,占总数的4%。二是大力加强工商信息化建设,实现了人均一台电脑的目标。依托信息化,建立了区局机关企业电子档案,研发了重要生产资料商品电子监管、食品安全电子监管、高危行业电子监管三大系统,推行了食品电子监管"票证通",信息化建设从单项独立应用走向综合集成应用的新阶段,推进了信息技术与工商业务的有机融合。

(张珍祥)

**【推广"五进"工作经验】** 制定下发了《关于进一步加强12315"五进"工作的意见》,在全区农村、社区、企业、商场、学校、景区、宗教场所等领域建立12315维权站4993个,学校和农村覆盖率实现了100%,商场覆盖率达到了96.36%,扩大了消费维权网络的覆盖面。"五进"工作经验由国家工商总局向全国推广学习。 (张珍祥)

**【五项联席会议制度】** 自治区政府下发了《关于建立规范市场中介组织联席会议制度的通知》,召开了自治区查处取缔无证无照经营工作第二次联席会议暨规范市场中介组织第一次联席会议、公共服务行业侵害消费者合法权益综合治理工作联席会、整治虚假违法广告联席会议和消费教育与维权进校园进课堂联席会议。制定了《查处取缔无照经营工作考核办法》《整治虚假违法广告联席会议成员单位联合检查考核细则》,组织相关部门联合开展了查处取缔无照经营、规范市场中介组织、公共服务行业综合治理专项整治、虚假违法广告专项治理工作。联系会议制度走在全国前列。 (张珍祥)

**【"社会各界评工商""新闻媒体进工商"活动】** 邀请人大代表、政协委员视察工商工作。开展了"社会各界评工商"活动,全系统共邀请23448名各级人大代表、政协委员和监管服务对象代表参加了评议活动,邀请13家中央、自治区级新闻媒体及各地方媒体的90多名记者,组织了为期一个月的"新闻媒体进工商"活动。 (张珍祥)

**【说理式行政处罚文书】** 制定了《行政处罚自由裁量权实施办法》。自治区政府法制办在吴忠召开现场会进行推广。将行政指导贯穿于工商行政管理全部业务工作中。自治区主席王正伟在自治区政府研究室《关于我区工商系统推行行政指导情况的调研报告》上批示予以充分肯定,自治区工商局被评为全区依法行政工作先进集体并在大会上介绍了经验。 (张珍祥)

**【2010年消费维权十大典型案例】** 1. 实木门"不实心",工商维权获赔偿。5月8日,杜女士在银川月星家居广场李国贵店铺购买了112套价值126280元实木复合门及门套、窗套,在安装过程中发现大部分都是空心的。杜女士在与经销商协商解决未果后,申诉到银川市工商局兴庆一分局,经宁夏建筑材料产品质量监督检验站进行检验,该批实木门属于不合格产品,工商人员依法进行调解,月星家居广场开办方积极配合,在经销商撤场逃避赔偿的情况下,先行退还杜女士购货款126280元。2. 电视机发生"漏光",消费者申诉获退赔。10月6日,消费者李某在银川大中电器有限公司购买了一台价值9999元的57英寸液晶电视,使用时发现有漏光问题,便要求售货方更换,连续更换3次,电视机仍出现同样故障,李某与售货方协商退货未果后,申诉到银川市工商局兴庆二分局,经执法人员调查情况属实,责令售货方全额退还货款9999元。3. 传销团伙虚假宣传,工商维权追回货款。1月25日,李女士在兴庆区清和北街荣源大酒店听了301参茸倍力胶囊保健品健康讲座,便购买了9盒价值7200元301参茸倍力胶囊,经上网查询得知,该产品系虚假宣传,夸大疗效。银川市工商局兴庆一分局信义工商所接到申诉后,联合玉皇阁北街公安派出所经过4个小时的蹲点守候,查获非法传销参茸倍力胶囊的团伙,为李女士追回7200元货款,同时依法遣散了非法传销人员。4. 净水器"不净水",工商维权获退赔。5月17日,刘女士在宁夏苏宁电器有限公司购买了价值8900元的2台净水器,使用后发现流出的水有异味,供货商的技术人员经过多次检查找不出原因,便推辞是因使用次数少导致水垢沉淀而发出异味,多放水就能解决问题。刘女士按照技术人员的说法使用后,异味仍没有消除,经与供货商多次协商未果后,便申诉到银川市工商局兴庆二分局,经执法人员多次调解,供货商退还了刘女士购货款8900元。5. 冒牌假货侵权,工商依法查处。6月13日,石嘴山市工商局惠农分局接到举报,称有人正在惠农区销售假冒苏泊尔电器产品,执法人员迅速出击,当场查获外包装标有苏泊尔注册商标的豪华自动电饭锅23箱,当事人王川刚不能提供进货发票和商品销售授权证明,经浙江苏泊尔股份有限公司鉴定该产品为冒牌货,侵犯了苏泊尔注册商标专用权,工商部门依法对当事人作出没收全部侵权产品,并处以1万元罚款的处罚。6. 假冒茅台现身市场,工商部门打假手不软。6月5日,王先生在大武口区宁夏百润特综合超市有限公司购买了19瓶价值13110元的茅台酒,随后发现购买的茅台酒涉嫌假冒,便向石嘴山市工商局举报。经调查并委托贵州茅台酒厂专业人员进行鉴定,认定该酒属假冒茅台酒,侵犯了茅台酒注册商标专用权。工商部门依法没收了19瓶假茅台酒,对经销商处以1.32万元的罚款,并退回王先生全额货款,赔偿经济损失500元。7. 假冒汽车配件,害人害已受处罚。3月10日,石嘴山市工商局接到举报,称有人正在大武口区西环路边销售假冒汽车配件。经执法人员现场调查,当事人黄学中于2009年12月从河南郑州某汽车配件市场购进博世、欧亚、杰克赛尔三个品牌的喷油嘴配件和喷油器总共7319副,价值18353.5元。经检验表明该批产品非商标所有人生产,其注册商标、厂名、厂址均为假冒侵权。工商部门依法没收了该批假冒侵权产品,并对当事人处以2万元罚款。8. 回收销售过期食品,工商部门依法严查。5月26日,吴忠市工商局利通二分局接到举报,称吴忠市龙涎香清真食品厂回收销售过期卤制鸡蛋。经执法人员查明,该食品厂将回收的过期卤制鸡蛋与鲜鸡蛋混合在一起加工卤制,重新标注生产日期后进行销售。当事人使用回收食品作为原料制售食品属违法行为,依据《中华人民共和国食品安全法》有关规定,工商部门依法没收过期鸡蛋,并对当事人处以2万元罚款。9. 开发商违约遭投诉,工商调解获赔偿。1月4日,银川市李先生向银川高新技术开发区工商局申诉,称其在开发区新昌西路购买了一套营业房,购买时与宁夏易大房地产开发有限公司合同约定于2009年6月30日前交付使用,逾期每日按房款总价万分之八赔偿违约金。直到2009年12月30日,李先生才接到房屋,而开发商拒绝赔偿违约金。经工商人员依法调解,双方达成一致意见,开发商向李先生赔付违约金2万元。10. 劣质油品损毁车,工商执法严查处。8月3日,车主张某向中卫市工商局申诉,因使用中卫市四海工程机械配件经销部销售的润滑油,造成两台工程车发动机损坏。工商部门委托成品油检验机构对润滑油进行质量检测,结果表明张某使用的润滑油为不合格产品。经生产厂家鉴定,其注册商标、厂名、厂址及包装均为假冒。工商部门依法没收8桶不合格润滑油,责成经销商退还消费者全部购货款,并赔偿发动机修理费共计3万元。 (张珍祥)

**【2010年消费者十大投诉热点】** 一是手机问题居高不下。二是服装鞋帽三包争议大。三是汽车申诉持续升温。

四是家用电器售后服务难尽人意。五是家居用品问题不断。六是家装建材质量堪忧。七是食品安全备受关注。八是制作修理技术参差不齐。九是餐饮住宿服务有待提高。十是预付费消费亟待规范。（张珍祥）

# 物价管理

**【概况】** 2010年全区市场物价总水平呈逐月上升的态势。特别从4月以后，居民消费价格一直高位运行。全年居民消费价格总水平与上年比，同比上涨4.1%。分城乡看，城市上涨3.8%，农村上涨4.6%；从结构看，消费品价格上涨4%，服务项目上涨4.3%；从类别看，食品类上涨8.3%，工业消费品类上涨10%。宁夏居民消费价格总指数高于全国平均水平0.8个百分点，在全国31个省（区、市）中排列第五位，在西北五省区排列第三位。

（朱正凡　刘玉娟　曹　英）

**【居民消费价格变化特点】** 一是翘尾因素较高，食品类价格逐日攀升。据测算上年翘尾因素对全年CPI的影响达1.5个百分点，影响程度达到36.6%，全年新涨价因数为2.6个百分点，影响程度为63.4%。从4月起由于持续低温，加之南方干旱、玉树地震等原因，区内蔬菜供应减少，价格居高不下，虽5、6月随气温回升蔬菜价格有所回落，但7、8月后，由于粮食、蔬菜、猪肉等食品价格上涨，全区居民消费价格总指数再次攀升，11月达到最高为7.1%，12月回落至6.6%。二是结构性特征明显，八大类商品均有上涨。构成居民消费价格总指数的八大类商品均呈现上涨态势。居涨幅前三位的分别是食品类上涨8.3%，娱乐教育文化用品及服务类上涨3.9%，居住类上涨3.4%。以上3项对总指数的贡献率为87.3%。烟酒及用品类上涨1.4%，衣着类上涨1.3%，家庭设备用品及维修类上涨0.9%，医疗保健及用品类上涨1.9%，交通和通信价格上涨0.1%。三是食品类价格大幅上涨，其他工业品价格有涨有落。食品类中粮食价格明显上涨，其中大米累计上涨20.9%，面粉累计上涨6.5%，淀粉累计上涨22.1%。豆类价格大幅上扬，干豆平均上涨45%，其中绿豆价格最高点上涨到每公斤24元，黑豆每公斤也超过20元，与上年同比上涨近3倍。蔬菜价格居高不下，全年蔬菜价格累计上涨10.7%，拉动价格总水平上涨0.4个百分点。在日用工业消费品方面，交通工具、衣着类价格小幅上涨，电子产品价格下降，其中激光视盘机、摄像机、照相机、电脑价格分别下降6.7%、10.4%、10%、10.7%；部分家用电器价格有所上涨，如抽排油烟机、热水器涨幅分别为6.4%和2.9%，总的看工业消费品价格总体平稳。四是服务项目价格明显上涨。服务项目价格同比上涨4.3%，影响总指数上涨0.9个百分点。涨幅较高的家庭服务及加工维修费、非义务教育杂费、培训费、托幼费、房租、房屋维修分别上涨12.6%、6.2%、5.1%、41.6%、6.8%、3.5%。（朱正凡　刘玉娟　曹　英）

**【价格调控】** 消费价格总水平过快上涨是2010年价格运行中的突出问题。自治区政府认真贯彻国务院精神，及时召开政府常务会议，下发《关于加强价格调控监管稳定市场物价的通知》，就发展蔬菜等农副产品生产，保障供应，稳定市场和价格，安定群众生活作出了具体部署。各级价格主管部门认真履行职责，进一步加强和改进价格调控监管工作。按照国家发改委和自治区政府要求，把握政府管理价格调整的时机，完善配套措施，严格控制出台调价项目，暂停了天然气价格调整。检查落实鲜活农产品“绿色通道”政策，进一步降低涉及认证、检验、检测、经济鉴证类等标准过高的收费。加强对放开价费的调控监管，要求年内不得提高电煤和锅炉供暖价格，严格执行成品油价格政策。银川市物价局在媒体上刊发了“关于稳定市场价格提醒告诫书”，银川和中卫两市物价局按照自治区要求，相继出台了规范和降低集贸市场摊位费和超市进场费等措施。各地价格主管部门还积极协调配合相关部门，扶持蔬菜生产、流通，组织蔬菜、粮油等生活必需品市场供应；落实保障化肥、柴油生产供应的价格政策，做好煤电油气运协调工作。及时启动低收入群体生活与物价上涨挂钩的联动机制，对低收入群众进行补贴，促进价格稳定，保障群众基本生活。（朱正凡　刘玉娟　曹　英）

**【价格监测】** 加强价格监测和价格形势预测分析，提高价格调控的前瞻性、预见性。除继续按时完成国家发改委20个大类5415个品种的日常价格监测任务外，进一步将价格监测范围扩大为全区各市、县（区）。建立市场巡视、应急值班、跟踪监测等相关工作制度，完善应急监测工作预案，加强对重点地区、重点品种市场价格动态监测，及时向当地党委政府和上级价格主管部门上报监测情况。部分市县加大了价格监测频率，银川、石嘴山和中卫等地实行了日监测制度。银川市等物价局还深入蔬菜大棚和生产基地，了解蔬菜生产和供应情况，及时向党委政府提供决策建议。（朱正凡　刘玉娟　曹　英）

**【市场价格监管】** 多次组织开展全区市场专项检查和节日市场巡查，严厉查处乱涨价、哄抬物价等各种价格违法行为。通过采取调查、提醒、告诫、警示等形式，努力解决倾向性和苗头性的价格问题。特别是国务院和自治区出台稳价格保民生措施后，各级价格部门积极行动，进一步加强对市场价格的监管检查，仅11月下旬至12月上旬，各地就先后组成31个检查组，对辖区农贸市场、超市、加油站等市场价格进行了检查和巡查。自治区物价局还通过媒体曝光了涉及农贸市场摊位费涨价、加油站肆意抬高价格和殡葬服务乱收费的3起价格违规案件，取得了良好效果。12月6～8日，国务院督察组在宁夏进行了实地检查，对宁夏稳定物价，保障群众基本生活的工作，给予了充分肯定。

（朱正凡　刘玉娟　曹　英）

**【资源价格改革】** 根据国家有关电价政策规定，明确了国电大武口发电厂1#～4#关停机组和国电英力特集团公司9#、10#关停机组电量电价转让有关问题的处理办法；制定了国电石嘴山第一发电有限公司 1# 机组增容改造电量上网电价；公布了红寺堡风电场二期 49.5MW 工程项目，宁东风电场华电一、二期扩建项目，麻黄山风电场一、二期工程项目，太阳山风电场宁夏发电集团三、四期工程项目上网电价标准。及时批复宁夏安泰新能源股份有限公司建设的乌兰煤矿瓦斯电站上网电价，扶持煤层气发电项目建设。在取消对高耗能行业电价优惠政策的同时，积极争取国家政策支持，落实风电、太阳能发电等可再生能源电价和补贴政策，有力促进了新能源产业的发展和经济结构的调整。积极推动宁夏外送电工作，运用价格杠杆，促进资源优势向经济优势转化。调整了银川市自来水价格，通过完善阶梯水价，规定累进加价的方式，调节水资源合理配置和有效利用。严格执行国家成品油价格与国际原油价格间接接轨机制的政策，随国家油价调整，适时适度调整，公布全区成品油价格并监督执行情况，及时解决执行中出现的问题。制定公布了全区 2010 年小麦、水稻种子收购指导价格和小麦、水稻、杂交玉米种子销售指导价格。对供应全区使用的 2010 年秋季和 2011 年春季中小学教材进行价格核定工作。

（朱正凡　刘玉娟　曹　英）

**【优化经济发展环境】** 推行企业交费登记卡制度。根据自治区政府颁布的《宁夏回族自治区禁止违法增加企业负担监督管理办法》等要求，3 月初，在银川市召开全区企业交费登记卡发放启动仪式，部署了在全区范围内深入推进企业交费登记卡制度工作。国家发改委对此项工作给予了充分肯定。各地价格主管部门积极与工商、质量技术监督等相关部门密切配合，借助工商、质量技术监督部门对企业进行年检的平台，发放企业交费登记卡，耐心讲解填写方法，认真做好登记工作。全区已发放企业交费登记卡约 4000 本。其中，区本级发放 900 本，各市、县（区）发放约 3100 本。进一步推进市场中介组织和行业协会清理整顿工作。对全区 1000 余家经济鉴证类中介机构和行业协会的收费进行了清理整顿，对借助行政职能开展的环境评价、安全评价、矿业权评估、检测、检验等中介机构的收费行为进行专项调研。按照重点突破、以点带面，对发现的问题区分情况的原则，突出对两类重点问题进行了集中治理。安排治理规范经营服务性收费和涉房收费。下发了全区《关于清理规范经营服务性收费和中介组织服务收费的通知》，开展了全区经营服务性收费和涉房收费的清理规范工作。通过清理规范，公布了区管经营服务性收费项目目录，确定全区区管经营服务性收费项目中保留 109 项，待审批 14 项，取消了区内 9 个部门的 11 项收费项目。组织开展了全区行政事业性收费年审工作。会同自治区财政厅下发了《关于开展 2010 年行政事业性收费年审工作的通知》，从 3 月 30 日至 5 月 14 日，组织开展了对全区行政事业性收费单位 2009 年度收费情况进行审验的工作。据统计，2009 年度全区行政事业性收费总额为 39.26 亿元，其中行政性收费总额为 6.87 亿元，事业性收费总额为 32.39 亿元。

（朱正凡　刘玉娟　曹　英）

**【民生价格管理】** 规范药品市场价格行为。积极参与药品招标采购工作，工作中认真履行价格部门的管理监督职能，及时为评标、议标专家提供价格政策咨询服务。根据国家发改委有关精神，印发了《关于部分药品价格执行问题的通知》《关于公布 44 种政府定价药品最高零售价格的通知》，降低了部分药品价格。取消有线电视不合理收费项目。按照国家发改委和广电总局的有关要求，全面梳理了全区有线电视服务的收费项目，印发了《关于规范我区有线电视收费政策的通知》，重新规范了有线电视收费政策，取消了有线电视初装费等 12 项收费项目，维护了广大用户的合法权益。加快推进全区供热计量收费改革。在上年启动供热计量收费试点工作的基础上，与自治区住房和城乡建设厅联合出台《关于实施供热计量收费的指导意见》，制定以两部制热价为重点的供热计量价格和收费管理办法，完善计量收费办法。银川市已出台《银川市供热计量收费办法》，其他市县也在积极开展相关工作。加强对房地产价格和物业收费的监管。贯彻落实关于稳定住房价格，促进房地产市场平稳健康发展的调控措施，加强对廉租住房租金和享受政府优惠的政策性住房以及限套型、限价商品房价格的监管，开展了对商品房进行备案，对其利润率进行审核等工作。整顿规范房地产交易环节价格和房屋中介收费行为，规范物业服务特别是住宅物业服务的收费行为，清理不合理的物业收费项目。全区调控房地产价格已取得初步成效，商品房价格涨幅由 1 月的 13.1% 回落到 10 月的 8.4%。

（朱正凡　刘玉娟　曹　英）

**【价格监督检查】** 重点开展了全区涉农价格和收费专项检查、全区行业协会收费专项检查、全区涉企收费专项检查、全区电力价格大检查等专项检查工作。同时，积极开展节日市场巡查，并对放开商品和服务价格的市场价格进行了监管与规范，查处了与人民群众生活密切相关的商品和服务价格的乱加价、乱收费问题，严厉打击价格欺诈、哄抬物价等各种价格违法行为。1～11 月，全区各级价格监督检查机构共查处价格违法案件 354 件，查处违法金额 2282.78 万元，实施经济制裁 1658.58 万元，上缴财政 1475.33 万元。与此同时，为着力打造宁夏"12358"价格举报品牌工程，自治区物价局对全区"12358"价格举报网络系统的运行情况进行了升级，不断强化价格举报工作，认真及时处理群众投诉举报的各类价格案件，切实有效地维护市场价格秩序。　（朱正凡　刘玉娟　曹　英）

**【价格法治建设】** 深入开展"五五"普法工作，制定了全区价格系统 2010 年普法工作实施意见，对全区价格系统"五五"普法工作进行了全面总结。完善法规性制度，对价格行政许可事项及时进行清理，制定了进驻政务服务中心行政审批项目工作流程。清理了价格规范性文件，对价格行政处罚条款进行了量化细化。加强价格立法工作，修订了《宁夏回族自治区定价目录》，已经由国家发改委审核通过,自治区政府公布施行。修订了《宁夏回族自治区政府制定价格听证办法实施细则》,对《宁夏回族自治区经营服务性收费管理办法》开展了立法调研工作。

(朱正凡 刘玉娟 曹 英)

**【价格基础管理】** 成本调查和监审工作取得积极进展。重点开展了商品房、药品、水利工程供水、重要生产资料的成本审核,完成小麦、玉米、粳稻、生猪、优势特色农产品的成本与收益调查。价格认证工作领域有所突破。在继续开展涉案物品价格鉴定和复核裁定业务的基础上,重点拓展了涉税财物认定和公路路损价格认定业务,完善了价格评估机构和价格评估人员执业资格“双认定”工作流程。价格培训工作得到加强。全年共举办培训班7期,培训专兼职物价员1150名,提高了企事业物价员的理论知识和业务水平。价格调研取得优异成绩,有两篇课题论文荣获第五届薛暮桥价格研究奖(全国价格研究最高奖项)。《宁夏物价》等刊物较好地发挥了宣传作用。全系统开展了创先争优活动,加强了学习性机关建设,通过组织广大党员干部认真学习党的十七届五中全会精神,开展新一轮西部大开发大学习讨论活动,提高了大家的认识,为做好今后价格工作奠定了思想基础。区局与市县的工作联系更加紧密,解决了市县在工作、办公条件上存在的问题与困难,较好地完成了价格工作的各项任务,得到了党委和政府的肯定。

(朱正凡 刘玉娟 曹 英)

**【居民食品类价格有所上涨】** 根据自治区物价局对全区8个主要价格监测市县(区)粮油等居民相关重要商品及服务价格监测与上年相比显示:居民食品类价格有所上涨;粮食价格稳步上升,食用植物油微幅波动;猪肉、牛肉价格小幅上涨;羊肉价格涨幅较大;鸡肉、鸡蛋和水产品价格稳中有升;蔬菜价格上涨,价格明显高于上年。

1.2010年,随着国家托市收购力度不断加大、政策效应逐步显现,以及各种自然灾害的影响,粮食价格稳步上升。其中粳稻、玉米涨幅较大。粳稻平均收购价每50公斤(单位下同)由1月的106.75元涨至12月的145.17元,全年平均价格为132.92元,比上年上涨30.57%;红小麦由1月的108.5元上涨至12月的119.33元,全年平均价格为119.24元,比上年上涨3.9%;玉米价格由1月的85元上涨至12月的96.4元,全年平均价格为94.95元,比上年上涨35%。

成品粮价格随之稳步上扬,其中大米(标一)价格涨幅较大,面粉(标准粉)、面粉(特一粉)价格略涨。大米、面粉(特一粉)、面粉(标准粉)每500克平均零售价格(单位下同)分别为2.12元、1.62元、1.45元,与上年同期相比分别上涨24.7%、5.9%、7.3%。

另外,豆类等杂粮价格由于市场游资炒作等原因上半年一路攀升,其中绿豆因国家打击囤积居奇等不法行为后,6月下旬起价格开始回落(最高价12元左右),一直跌至年底的8元左右,全年绿豆平均零售价格7.73元,与上年相比,上涨了97.2%。

2010年,食用植物油价格呈V型波动。从年初开始受供应较为充足、市场需求偏淡、国际商品期货市场大幅波动等因素影响,呈持续下降走势,降至7、8月触底并开始小幅回升。其中:与上年相比,散装菜籽油价格全年平均每500克(单位下同)5.13元,上涨2.6%;桶装大豆调和油(5升)价格60.16元,上涨1.1%;散装大豆油价格4.70元,上涨0.2%;散装胡麻油价格7.28元,下降6.9%;桶装花生油(5升)价格101.91元,下降8.37%。

2.猪肉、牛肉价格小幅上涨;羊肉价格上半年相对平稳,下半年逐步上涨,年底涨至最高;鸡肉、鸡蛋和水产品价格稳中有升。与上年相比,猪肉(肋条肉)价格全年平均价每500克(单位下同)9.16元,上涨1.3%;牛肉(新鲜去骨)价格15.99元,上涨6.7%。羊肉上半年价格较平稳,下半年步步攀升,从年初的羊肉(新鲜带骨)平均价格13.92元,涨至年末的17.67元,最高时21元左右,全年平均15.78元,比上年上涨14.2%。由于饲料价格上涨,鸡肉和鸡蛋价格分别为7.01元和3.94元,比上年分别上涨8.2%和11.3%。水产品中带鱼、草鱼、鲤鱼价格分别为7.29元、7.85元、6.01元,比上年分别上涨9.3%、2%、12.3%。

3.蔬菜价格上涨,且大部分蔬菜价格明显高于上年。与上年相比,监测的15种蔬菜品种中,上涨的13种,下降的2种,其中:土豆平均价格每500克(下同)1.52元,上涨61.7%;大白菜1.12元,上涨45.5%;萝卜0.92元,上涨22.7%;蒜苔4.25元,上涨22.1%;茄子2.23元,上涨19.9%;豆角3.28元,上涨15.1%;胡萝卜1.34元,上涨11.7%;黄瓜1.90元,上涨9.8%;油菜1.49元,上涨9.6%;韭菜1.95元,上涨8.3%;西红柿1.66元,上涨7.8%;芹菜1.24元,上涨0.8%;尖椒2.89元,下降5.96%;青椒2.32元,下降2.9%。

(朱正凡 刘玉娟 曹 英)

**【居民日用工业消费品价格有升有降】** 与上年相比,衣着类价格小幅上涨。烟类价格平稳,酒类价格上升。家庭设备用品价格有升有降,幅度不大。

(朱正凡 刘玉娟 曹 英)

**【农业生产资料价格降多涨少】** 化肥价格全年呈曲线波动,比上年微幅下降。主要品种有碳酸氢铵、尿素(国产)、磷酸二铵(国产)价格全年平均零售价分别为0.62元/公斤、1.77元/公斤和3.13元/公斤。比上年分别下降1.6%、3.3%和2.8%。高压聚乙烯棚膜(折径1米厚0.10㎜±0.02)全年平均零售价20.90元/公斤,比上年下降3.2%;高压聚乙烯地膜(厚0.10㎜±0.02)全年平均零售价13.21元/公斤,比上年上涨0.1%。农药价格小幅上涨。受粮食价格上涨影响,饲料价格涨幅较大。(朱正凡 刘玉娟 曹 英)

**【工业生产资料价格有所上涨】** 2010年钢材价格先升后降再升,大体呈“N”型走势。监测的18种钢材全年平均价为5453元/吨,与上年相比上涨13.1%。成品油价格四次调整,受国际能源价格波动影响,国家先后四次调整成品油价格,其中1次下调,3次上调。总体来看,全年油价涨幅较大。

2010年宁夏成品油价格调整情况表(最高零售价)

单位:元/升

| 日期 \ 品种 | 0#柴油 | -10#柴油 | 90#高标准清洁汽油 | 93#高标准清洁汽油 | 97#高标准清洁汽油 |
|---|---|---|---|---|---|
| 4月14日 | 6.32 | 6.70 | 6.14 | 6.50 | 6.87 |
| 6月1日 | 6.14 | 6.50 | 5.96 | 6.32 | 6.68 |
| 10月26日 | 6.32 | 6.70 | 6.14 | 6.50 | 6.87 |
| 12月22日 | 6.58 | 6.97 | 6.37 | 6.75 | 7.13 |

石油液化气、蜂窝煤价格小幅上涨。石油液化气、蜂窝煤价格分别为5.96元/公斤和18.42元/百公斤,与上年相比分别上涨3.1%、4.5%。

煤炭价格平稳上涨。全年煤炭平均出矿价格每吨241.76元,比上年上涨31.9%,12月比1月上涨8.3%。

(朱正凡 刘玉娟 曹 英)

**【城乡居民服务价格以涨为主】** 与上年相比上涨的有:公共汽车月票40元/张,上涨2%;长途公共汽车票价(高速公路客运)0.24元/人·公里,上涨9.1%;居民生活用水(不含污水处理费、水价附加费)1.62元/吨,上涨3.9%;居民生活用水(污水处理费)0.52元/吨,上涨15.6%;有线电视收视费24元/月,上涨1.9%;注射费(肌肉注射)1.14元/次,上涨10.7%;托儿保育费180元/月,上涨44.5%。下降的有:民用采暖(锅炉供暖热水直供)3.68元/建筑平方米,下降1.1%;公路货运0.33元/公里,下降5.7%;本地网营业区内通话费(每次1分钟)0.43元/次,下降8.5%;检验费(尿常规5项指标)5.76元/次,下降2.4%。

(朱正凡 刘玉娟 曹 英)

**【农村居民服务价格涨多降少】** 农村灌溉用水费57.27元/亩,上涨7.9%;农村灌溉用水费5.34分/立方米,上涨16.6%;农机作业费(机耕费)52.84元/亩,上涨41.7%;注射费(乡镇医院肌肉注射)0.87元/人次,上涨7.4%;住院费(普通病房4人间)7.68元/床·日,上涨4.6%;排灌用电费(220V)0.25元/千瓦时,下降3.9%;检验费(尿常规检查乡镇医院)4.20元/次,下降6%。

(朱正凡 刘玉娟 曹 英)

**【房地产价格高于上年】** 2010年,随着国家一系列房价调控政策出台和落实,全区房价过快上涨势头得到遏制,房屋销售价格全年呈现先扬后抑走势,但总体来看,还是高于上年。全区房屋销售价格水平平均上涨10.8%,累计环比上涨5.9%。从各月环比价格指数看,上半年房屋销售价格稳步上涨,月环比价格小幅上涨。从各月同比指数看,随着上年翘尾因素的逐月减弱,房屋销售价格水平同比涨幅从6月开始呈逐月回落的态势。1月,房屋销售价格水平同比上涨11.5%;到12月同比上涨5.9%,回落了5.6个百分点。

银川市2010年一、二、三类地段普通商品房及商业用房的全年平均价格分别为5150元/平方米、4436元/平方米、3204元/平方米、4584元/平方米,与上年相比分别上涨23.4%、17.4%、12.2%、5%。

(朱正凡 刘玉娟 曹 英)

# 金融管理

**【概况】** 3月,自治区金融办被自治区人民政府授予"金融组织管理突出贡献奖"。截至2010年末,宁夏有银行业机构34家,营业网点1095个。其中:政策性银行2家,营业网点16个;国有商业银行5家,营业网点462个;邮政储蓄银行1家,营业网点191个;股份制银行1家,营业网点1个;城市商业银行2家,营业网点49个;农村商业银行1家,营业网点49个;农村信用社县级法人联社19家,营业网点323个;村镇银行3家,营业网点4个(吴忠滨河村镇银行有2个网点);银行业机构从业人员约1.8万人。全区银行业各项存款余额2574亿元,同比增长25%,全年新增存款516亿元,达到历史最高水平。各项贷款余额2399亿元,同比增长25.1%,全年新增贷款491亿元,增幅排名全国第五,西部第三。信贷的合理增长和结构的不断优化,为宁夏经济平稳较快发展提供了有力的资金支持。截至12月底,宁夏共有上市公司12家;总股本31.74亿股,流通股本29.22亿股;总市值535.67亿元,流通市值471.89亿元,环比分别减少1.3%和2.6%。2010年新增保险省级分公司2家(人保寿险、阳光产险宁夏分公司),在宁保险省级分公司达13家,分支机构294家;新获批筹建保险省级分公司1家(泰康人寿宁夏分公司)。全区共实现保费收入52.8亿元,同比增长34.3%;财产险、人身险保费收入分别达到17.5亿元和35.3亿元,同比增长47.8%和28.5%;共赔付11.7亿元,保险业资产达到106亿元。 (柳钰涛)

**【青龙管业上市】** 4月16日,中国证监会召开第68次发行审核委员会会议,民营企业宁夏青龙管业股份有限公司首发申请顺利获得通过。2010年8月3日,宁夏青龙管业股份有限公司在深圳证券交易所上市。青龙管业成为区内首家登陆中小板的民营企业,实现了宁夏民营企业首发上市的突破。同时也填补了宁夏6年来没有中小板上市公司的空白,为宁夏民营企业利用资本市场融资起到极大的示范作用,标志着宁夏的金融生态环境进一步优化,对宁夏资本市场的发展意义深远。

(柳钰涛)

**【中银绒业非公开发行股票申请获中国证监会核准】** 12月27日,上市公司宁夏中银绒业股份有限公司非公开发行2600万股A股股票的申请获得中国证监会通过,成为继赛马实业、英力特之后,近年来宁夏第三家通过再融资申请的上市公司。 (柳钰涛)

**【证券经营机构】** 截至12月底,宁夏有证券公司分支机构21家。其中,南京证券1家分公司、13家证券营业部,华泰证券、银河证券、西部证券、平安证券各1家证券营业部;另外,国泰君安、中信建投、申银万国银川营业部正在筹建中。本月证券账户(A、B股账户)总数44.78万户,环比增加0.7%;证券交易总额122.16亿元,环比减少45.4%。 (柳钰涛)

**【期货经营机构】** 截至12月底,宁夏有期货营业部3家,分别是格林期货、甘肃陇达期货和浙江新华期货公司银川营业部。本月新开31户,累计开户958户;成交量181945手,成交额217.77亿元,环比分别减少26.5%和18%。 (柳钰涛)

**【开放式基金代销机构】** 截至12月底,宁夏有10家基金代销机构,其中,证券类代销机构3家,银行类代销机构7家。本月,辖区共销售开放式基金3.28亿元,环比增加32.79%,其中,认购额1.34亿元,环比增加152.83%;申购额1.94亿元,与上月持平;赎回开放式基金1.54亿元,环比减少45.77%。基金保有量为73.53亿元。 (柳钰涛)

**【地方金融机构改革】** 自治区金融办指导宁夏银行、黄河银行和石嘴山银行在风险可控的同时,进一步深化改革,加快发展,3家地方银行各项存款余额、贷款余额和经营效益大幅度增长,经营水平和风险防范能力明显提高。宁夏银行在城市商业银行监管评级中被评为二类行,成功跨入城市商业银行先进行行列,宁夏银行天津分行抓紧筹建。黄河银行赢利能力(资产利润率)位居全国农信社系统前列。石嘴山银行在全国未满3年的城商行竞争力评比中位居第三名。截至2010年12月末,3家地方银行存款余额835.15亿元,贷款余额631.46亿元,有力地支持了"三农"、中小企业和县域经济发展。 (柳钰涛)

**【对外交流与合作】** 5月,自治区金融办组织有关人员专程到包商银行协商在银川设立分支机构和西部培训中心事宜。9月,自治区金融办到北京与中国东方资产管理公司协商在宁夏设立股权投资基金。10月20日,协调中国进出口银行与宁夏重点外向型企业负责人在银川举行座谈会,促进中国进出口银行与宁夏重点外向型企业加强协作、搭建交流平台支持宁夏对外贸易发展。到2011年底,中国进出口银行在宁夏的信贷投放余额将从16亿元增加到100亿。8月29日,招商银行银川分行正式开业运营。 (柳钰涛)

**【融资方式创新】** 全面启动股权投资基金和中小企业集合票据发行工作。9月27日,在2010宁洽会暨首届中国阿拉伯国家经贸论坛项目签约仪式上,自治区金融办与中国东方资产管理公司签订了《宁夏东方股权基金合作协议》。股权基金的设立,通过资本市场培育龙头企业,进行资本运作,对支持宁夏企业上市和带动地方经济发展意义重大。为加快全区中小企业直接融资步伐,破解中小企业融资难题,自治区金融办创新企业融资方式,积极开展中小企业集合票据发行工作,10月11日,召开了全区中小企业集合票据发行启动大会。拟选全区62家涉及农林牧、化工、煤炭、生物医药等企业为发行中小企业集合票据的后备资源。同时邀请交通银行、中债信用增进投资公司、联合资信评估有限公司专家就中小企业集合票据发行知识进行了专题辅导讲座。 (柳钰涛)

**【新型农村金融组织】** 为缓解"三农"发展融资难,协调引进包商银行在宁夏贺兰发起设立了宁夏贺兰回商村镇银行,1月30日,宁夏回商村镇银行开业。截至12月末,吴忠滨河、平罗沙湖、贺兰回商村镇银行运营良好,存款余额7.20亿元,贷款余额8.15亿元,有效支持了"三农"和全民创业。协调引进青海银行发起设立了宁夏中宁青银村镇银行,协调引进准格尔旗农村信用联社发起设立了宁夏兴庆蒙银村镇银行。截至12月末,宁夏小额贷款公司达到72家,累计发放小额贷款76.3亿元。发放的贷款中"三农"贷款占71.4%,使21.6万农户、创业者和中小企业受益。形成了科技特派员型、招商引资型、教育助学型、妇女创业型、反贫困型和助残就业型六种模式。 (柳钰涛)

**【银企合作】** 3月31日,自治区金融办协调各金融机构和企业召开了2010年全区银企合作推进会。举行了银企合作项目签约,各金融机构落实与企业贷款总额达到530亿元,跨年度信贷协议超过千亿元。积极争取中国人民银行支农再贷款,全区支农再贷款余额67.87亿元。积极协调各金融机构发挥各自优势,加大对宁夏重大项目、重点工程和骨干企业、"五优一新"产业集群、三农发展、节能减排、循环经济、科技创新、黄河金岸、社会民生和现代服务业的信贷支持。 (柳钰涛)

**【新型担保体系】** 发挥担保机构的重要作用,建立完善政府支持、企业和农村合作组织多方参与的农村信贷担保体系。全区有各类中小企业融资性担保机构57家,其中,各级政府独资或参股的担保机构有10家,各类法人和自然人出资设立的有47家。截至12月末,注册资本金总额22.3亿元,累计实现担保总额75亿元,为解决中小企业和"三农"贷款难题发挥了重要作用。 (柳钰涛)

**【健全工作机制】** 11月21日,自治区金融办起草的《宁夏回族自治区严厉打击非法集资工作实施意见》经自治区人民政府研究同意付诸实施。加大处置非法集资工作的宣传,正确引导社会公众投资消费,不断增强社会公众的风险意识和法制意识,提高对非法集资活动的识别力和抵制力。宁夏连续4年成为全国唯一没有发生金融大案和非法集资的省区,"处非"工作名列全国前列。 (柳钰涛)

**【特派监督员工作】** 严格执行《特派监督员管理制度》,创办《信合监督》报刊3期,《监督动态》9期;制定完善了《聘请义务监督员制度》《大额贷款报备制度》;特派监督员列席地方金融机构召开的党委会、董事会(理事会)、行长办公会等重大决策性会议，紧紧围绕地方金融机构的发展及经营工作的重点和难点问题，及时掌握地方金融机构的经营发展情况，选定部分基层支行和信用社进行调研，着重了解资产质量、经营状况、不良贷款、风险控制能力及重点企业的贷款安全性等。对大额贷款项目、涉及重大关联交易、利润分配、重大融资、投资、大额支出项目和房地产贷款实施监督，前移了监督关口，加大事前、事中和事后监督力度，有效防范与化解了地方金融风险。 （柳钰涛）

**【社会信用体系建设】** 自治区金融办加强信用宣传，规范信用市场，积极推进"信用宁夏"和社会信用体系建设。2010年，联合中国保监会宁夏监管局、宁夏保险行业协会举办了全区社会信用体系建设暨保险业诚信建设表彰大会。探索和创新社会信用监督模式，建立了义务信用监督员机制，面向全区聘请了1000名义务信用监督员。举办了"学习型企业"信用建设系列课程研修班和"涉农企业财税政策解读暨融资推进会"。进一步加强"宁夏金融网"和"宁夏诚信网"建设，2010年共报道重要金融工作和重大金融活动40余篇，报道企业稿件650余篇。创办《宁夏金融信用》杂志，已出版4期50万字。

（柳钰涛）

**【西部大开发与金融支持论坛】** 自治区金融办协调国务院发展研究中心金融研究所、《银行家》杂志和石嘴山银行，于9月4日在银川举办了"西部大开发与金融支持"论坛，邀请国务院发展研究中心副主任卢中原、国务院发展研究中心金融研究所所长夏斌等10位金融界知名专家与全国40家商业银行高管参加了论坛。 （柳钰涛）

## 质量技术监督

**【概况】** 2010年，全区质量技术监督系统积极履行《产品质量法》《食品安全法》《特种设备安全监察条例》等法律法规所赋予的职责，扎实开展"质量提升"活动，全区产品质量水平不断提升。在全国质检系统"质量提升"活动中荣获"全国质检系统'检测技能大比武'活动贡献奖"；被国家质检总局评为全国"科技兴检"先进集体；被自治区人民政府授予宁治会暨中国·阿拉伯经贸论坛服务保障工作先进单位；被自治区政府评为全区食品安全工作达标单位；在自治区政府2009年效能目标管理考核中获得二等奖。 （温 勇）

**【产品质量监督】** 组织对全区食品、化肥、农资、建材、轻纺、化工、机电、冶金、能源等产品进行质量定期监督抽查，产品质量抽检平均合格率为93.1%；对全区涉及小麦粉、大米、食用植物油、酱油、食醋、乳制品、饮料、糕点等食品生产加工企业进行定期监督抽查，共抽检各类食品758批次，抽检平均合格率为91.9%。 （温 勇）

**【食品生产安全监管】** 严格执行食品生产行政许可规定，实行许可前抽查复验制度和政府质量安全督察员督察制度，确保发证质量，排除证后监管带来的隐患。认真落实巡查、回访、监督抽查等监管制度，加强证后监管。截至2010年底，全区共有1056家企业获得《食品生产许可证》。对全区乳制品生产企业、涉乳产品生产企业和小作坊进行全面清查，累计出动执法人员2893人次，检查了28家乳制品企业、89家涉乳产品企业和245家涉乳制品小作坊，共计查处并销毁111.29吨过期乳粉和问题乳粉。在此基础上，对全区所有生产乳制品企业原料及成品进行连续抽检，抽样合格率100%。起草了《宁夏回族自治区食品生产加工小作坊和食品摊贩管理办法》，经自治区人大常委会第十五次会议通过并全面实施，此项工作走在全国前列。组织制定了《食品生产加工小作坊准许生产管理暂行规定》《食品生产加工小作坊准许生产审查通则》及相关配套制度，认真做好食品小作坊准许生产证核发和监管工作。开展45次专题宣传咨询活动，举办小作坊知识培训班36期，培训食品小作坊从业人员3000余人次。对具有一定生产规模和生产条件，但尚有部分环节或设备不符合准许生产要求的小作坊，以扶持规范为主，提出整改措施，督促限期落实，不断规范小作坊管理，确保人民群众吃得放心、喝得放心。（温 勇）

**【特种设备安全监管】** 建立了特种设备安全责任、动态监管和应急救援体系，积极开展电梯、锅炉、起重机械、气瓶充改装、游乐设施等特种设备生产、使用单位监管，组织开展各类特种设备隐患排查和专项整治。全年共检查各类特种设备使用单位3358个，检查特种设备15470台，发现各种事故隐患3324处，已监督整改3223处，隐患整治率97.8%。签发《特种设备安全监察指令书》1297份，立案56起，向当地政府报告重大隐患问题4次，培训各类特种设备作业人员共9325名，全区30万台（套）特种设备没有发生安全事故。

（温 勇）

**【服务保障】** 加强宁东能源化工基地各类特种设备的安全监察，派驻检验员常年在现场指导、检验，确保现场施工的安装单位、无损检测单位的工作质量，全力为重点项目工程保驾护航。成立特种设备应急处置中心，明确现场处置设备的配置标准，并逐步开始实施。在全国率先实行了机电类特种设备分类监管的模式，积极探索特种设备安全监管长效机制。为服务和保障宁洽会暨首届中阿经贸论坛顺利召开，制定了《宁夏回族自治区重大活动期间特种设备安全事故应急救援预案》，对会议活动场所特种设备安全监管工作进行明确分工。共对中阿经贸论坛接待宾馆、主要活动场所等核心区以及大型商场、餐厅、医院、娱乐场所、旅游景点的在用特种设备进行100%排查，检查了电梯、起重机械、锅炉、大型游乐设施、场内专用机动车辆（旅游景点内）和客运索道3628台（套、条、辆），有力保障了论坛的顺利召开。 （温 勇）

**【计量监督管理】** 加强能源计量工作，组织开展重点耗能企业的能源计量技术和节能降耗服务活动，对全区55家高耗能企业能源计量器具检定率和配备率进行核查，推动节能减排。加大民生计量执法力度，继续开展以"诚信计量进市场、健康计量进医院、光明计量进眼镜店、服务计量进社区”为重点的“关注民生、计量惠民”专项行动,加大对集贸市场、商店、超市、加油站、医疗卫生单位、眼镜店等领域在用计量器具的检查力度,共检定计量器具3.15万台(件),严厉打击短斤缺两、克扣消费者的计量违法行为。（温　勇）

**【标准化工作】** 全力推进农业标准化示范区建设,全区第六批19个国家级农业标准化示范区顺利通过国家验收;开展22家“标准化良好行为企业”试点工作,并顺利通过验收;完成制定农业、畜牧、消防等地方标准120项,建立健全农业标准体系,编制了枸杞、马铃薯、硒砂瓜等农业标准汇编;收集阿拉伯国家标准2.7万条,积极为企业提供清真标准查询服务,填补了全区空白;大力拓宽服务业标准化工作领域,在旅游业、洗染业、装饰建材等行业开展试点工作,制定颁布宁夏首个《足浴保健行业服务质量要求》地方标准。（温　勇）

**【商品条码管理】** 制定《宁夏回族自治区商品条码管理办法》,经自治区人民政府常务会议讨论通过,自2010年10月1日起施行,为提升全区产品质量安全总体水平起到了积极的推动作用。

（温　勇）

**【质量管理宣传】** 按照国家质检总局有关部署,动员和组织69家宁夏名牌产品生产企业和行业骨干企业开展“质量管理标杆对比提升”活动和“产品质量对比提升”活动,通过举办培训班、召开质量分析会等形式,帮助企业加强产品质量管理。开展全区企业质量信用等级评价工作,在宁夏质监网站设立了产品质量信用记录专栏,将信用良好和不良记录生产企业名单进行公布,有效地发挥了质监部门服务经济社会的作用。制定《质量兴宁工作方案(2008~2010)》,全区12个市、县(区)开展了质量兴市(县)工作,完成了3年的建设任务。组织全区开展以“抓质量水平提升,促发展方式转变”为主题的“质量月”宣传活动,发送手机公益短信2万条,组织质量专家深入73家企业开展“质量专家企业行”活动。活动期间,全区各级质监系统共发放宣传材料7万余份,制作宣传展板200余块,张贴“质量月”宣传画5000余张,接待群众咨询750余人次,现场受理消费者投诉89起,免费验光260余人次。（温　勇）

**【名牌产品评价和申报】** 创新宁夏名牌产品评价方式,将社会公众投票纳入宁夏名牌产品的评价内容,使名牌评价工作更加科学。大力开展名牌产品的扶持和培育,共推荐92家企业115个产品参加宁夏名牌产品的评价,经过现场评价、社会公众利用电视媒体和用户满意度调查投票、专家评价3个阶段评价,新增宁夏名牌44个,宁夏名牌产品累计达到234个。（温　勇）

**【机动车安全技术检验】** 加强机动车安全技术检验监管工作,制定《关于全区机动车安全技术检验机构规划设置的指导意见》,与公安部门联合在全区范围内开展机动车安全技术检验工作治理。共有14家机动车安检机构的29条汽车安检线和7条摩托车安检线获得资格许可。（温　勇）

**【国家级农副加工产品质量监督检验中心挂牌成立】** 服务自治区产业结构调整,在自治区食品检测中心的基础上通过实验室达标改造,提升检验检测能力,建成国家农副加工产品质量监督检验中心并通过验收,这是宁夏首家国家级产品质量监督检验中心。（温　勇）

**【执法打假】** 先后开展了关于农资、建材、石油产品、液化石油气、家电下乡产品、乳制品、食品中含三聚氰胺、毛绒纤维产品、葡萄酒等方面的10多项专项整治工作,立案查处违法案件155起,查获假冒伪劣产品货值金额576余万元,实施经济处罚237.7万元,避免了重大质量和安全事故的发生。充分发挥“12365”投诉指挥系统作用,受理用户和消费者咨询1250人次,质量申诉612件,为消费者挽回经济损失22.2万元,群众满意率达到98.5%以上。

（温　勇）

**【纺织纤维制品监督检验】** 加强对羊绒及其制品、絮棉制品、服装等产品的质量监管,全年共抽检各类纤维及制品2068批次;积极开展防治纤维公证检验,完成羊绒公证检验1753吨、国储棉公证检验3.6万吨,有力地维护了市场秩序。（温　勇）

**【质量管理体系认证】** 在全系统11个单位引入ISO9001质量管理体系认证,同时将廉政风险点防范管理工作同质量管理体系认证工作有机地结合起来,认真梳理岗位职责,明确工作运行程序,使各项工作流程规范化、制度标准化,通过文件编写、体系运行、内部审核和外审认证,顺利获得质量管理体系认证贯标。（温　勇）

**【全面落实自治区民生计划】** 一是将食品生产加工小作坊准许生产纳入自治区2010年民生计划,按照《宁夏回族自治区食品生产加工小作坊和食品摊贩管理办法》加大帮扶力度,使1297家小作坊取得准许生产证,超额完成了任务。二是将车载气瓶电子监管系统建设列入自治区2010年民生计划,对全区38家充装站和35家改装厂实行远程监控,对6万多只车用气瓶实行电子标签管理,宁夏成为全国唯一对车载气瓶实施电子监管全覆盖的省区。

（温　勇）

## 检验检疫

**【概况】** 2010年,自治区检验检疫部门共计检验检疫出入境货物3981批,7.50亿美元,批次同比下降1.7%,金额同比增加10.2%。其中,检验检疫出境货物3679批,5.26亿美元,批次与上年持平,金额同比增加58.7%;入境货物302批,2.24亿美元,同比下降18.8%和35.9%。进出口商品包装鉴定1990批,同比增长6.3%。完成口岸进出境产品现场检疫424批,卫生许可评审12家单位。经严格检验检疫,出入境产品检出率不断提高。出口商品中有140批不合格,货值1910万美元,批次不合格率为3.8%;进口商品中有19批不合格,不合格部分进口值为7772万美元,批次不合格率为6.3%。进行法定体检828人,社会体检6068人,艾滋病检测828人,预防接种1323人次,检出各类传染病49例,其中,艾

滋病患者2例。（赵 燕）

【突出重点确保安全】 2010年是全国食品安全整顿的验收年，自治区检验检疫部门制订详细计划，对辖区内59家出口食品备案企业进行了“回头看”检查，对2家存在较严重卫生安全问题的企业进行了暂停出口报检处理。对辖区内出口乳制品生产企业进行严密检查，通过检查，企业管理规范有效，没有使用非食用性物质等违法行为。经过努力，自治区出口食品安全整顿工作实现了五个100%：一是对出口食品卫生注册登记企业以及备案种植基地实施100%检查；二是对出口食品卫生注册登记企业实施100%质量安全承诺；三是对已通过备案登记的出口食品包装生产企业实施100%检查；四是对银川空港口岸获得卫生许可的食品生产经营单位实施100%检查；五是出口食品卫生注册登记企业100%配备食品安全员。年底，国务院食品安全委员会安全工作第三督察组对自治区食品安全整顿工作情况进行督导检查，并对宁夏检验检疫局进出口食品安全整顿工作给予肯定。（赵 燕）

【进出口企业诚信管理】 全面推行进出口企业质量诚信管理体系，依据宁夏检验检疫局认定的2010年宁夏进出口企业质量信用等级A级企业结果，组织人员进行认真评审，并征得自治区人民政府同意，向中国检验检疫协会推荐了13家进出口企业参加评选，13家企业全部获得全国进出口质量诚信企业称号。组织撰写质量分析报告，为自治区政府重大决策提供依据。（赵 燕）

【口岸建设】 强化口岸基础设施建设，负压隔离室已通过验收投入运行，有效提升了口岸疫病疫情的防控应急能力。完成了自治区首架国际货运包机以及承担中巴反恐联合训练任务的巴基斯坦参训官兵专机的检疫查验任务，确保人员和物资快速通关。在银川河东机场举行了化学品突发事件应急处置演练，进一步提高了口岸应急处置能力。5月，宁夏检验检疫局首个办事处——惠农办事处正式进驻开展工作，积极争取支持，推动实验室建设步伐，通过建立出口企业QQ群等形式，实现了检企“零”距离的沟通模式。5～12月，其检验检疫出口货物总值已突破5200万美元。（赵 燕）

【外来有害生物和有毒有害物质监控】

继续开展实蝇监测、出口动物、植物源性食品残留监控以及进出口食用农产品和饲料安全风险监控。在机场口岸区域开展了蚊类本底监测，为今后开展医学媒介生物控制和传染病监测提供了科学依据。对宁夏某公司引进的意大利葡萄苗进行检疫监管，发现了葡萄扇形病毒、葡萄卷叶病毒危害症状，经检测评估、确认疫情后，立即监督企业进行铲除销毁处理，有效防止了疫情扩散。（赵 燕）

【进口商品监管】 对来自美国的20559套一日龄海兰褐祖代蛋种鸡进行了隔离检疫。这是历年来全国单批引入祖代蛋种鸡最多的一次，对于进一步促进宁夏乃至西北地区蛋鸡结构的调整具有重要意义。加强进口商品的逃漏检追查，根据进口货物口岸内地联合执法系统的货物流向信息及时催报进口货物信息，对到达宁夏的流向货物100%落实检验。（赵 燕）

【认证监管】 作为2010年检验检疫系统6个试点单位之一，宁夏检验检疫局积极开展认证执法监管体系建设试点工作，构建认证执法监管长效机制。累计有效食品卫生注册登记企业62家，出口危险货物包装容器质量许可证企业16家，非食用性农产品注册登记企业35家，食用性农产品注册登记企业5家，有效种植养殖备案基地62个。（赵 燕）

【原产地优惠签证】 加大宣传力度，帮扶企业用足用好原产地优惠政策。全年签发产地证4034份，签证金额3.9亿美元，同比增长32.7%和58.5%。其中，普惠制原产地证2373份，签证金额2.19亿美元；一般原产地证1184份，签证金额1.45亿美元；区域性贸易优惠原产地证书477份，货值0.26亿美元。（赵 燕）

【促进对外贸易便利化】 宁夏检验检疫局与新亚欧大陆桥沿线的江苏、安徽等8个直属检验检疫局在南京签署了《新亚欧大陆桥检验检疫合作机制备忘录》；与天津局签署了直通放行合作备忘录，进一步促进两地对外贸易便利化和区域经济发展。全年共实施直通放行109批、货值9585万美元，为企业节省费用近55万元。（赵 燕）

【扶持食品农产品扩大出口】 宁夏检验检疫局积极落实各项优惠政策，支持农产品扩大出口，全年共减免出口农产品检验检疫收费60.2万元。同时，注重发挥宁夏促进食品农产品扩大出口工作领导小组的平台作用和协调优势，5月13日，领导小组召开了全区促进食品农产品出口工作会议，自治区副主席李锐出席会议并对所取得的成绩给予了肯定。全区食品农产品保持了良好的出口势头，全年出口货值1.96亿美元，同比增长64.7%。（赵 燕）

【出口食品质量安全示范区建设】 枸杞是宁夏首个“世界第一产业”。为全面提升枸杞质量安全水平，宁夏检验检疫局于2009年9月与中宁县政府签订了《关于共同建立中宁出口食品农产品质量安全示范区合作协议》。一年来，按照总局示范区相关要求，宁夏检验检疫局帮助中宁县示范区建设领导小组完善组织机构和工作机制，规范了示范区技术法规和标准体系、农业化学投入品管理体系、有毒有害物质残留监控和生产加工机制等。出口枸杞质量安全示范区已基本达到区域化布局、科学化种植、标准化生产、规范化管理的示范效果，并顺利通过验收考核，成为全国25个重点出口食品农产品质量安全示范区之一。（赵 燕）

【支持重点工程和龙头企业发展】 自治区宁东1号工程已进入设备安装阶段，宁夏检验检疫局制订周密计划，结合安装进度及时派员深入现场进行检验，对国电宁夏太阳能有限公司实行“一企一策”的个性化服务措施，及时帮助企业索赔，保障工程建设顺利进行。全年出具索赔证书35份，为企业挽回损失416.6万美元。在总局的支持下，帮助中色（宁夏）东方集团有限公司成功解决二次钽原料回购问题，在国外供货企业没有注册登记和装运前检验的情况下,通过科学严密的监管,允许其回购二次原料进口。这一举措,每年可为企业节约成本上千万元。中国有色矿业集团有限公司为此专门致信国家质检总局表示感谢。（赵　燕）

【服务朝觐人员出境】　由于自治区朝觐人员逐年增加,为更有效地保障朝觐群众的健康安全,宁夏检验检疫局专门配置了价值120万元的体检车,赴固原、中卫、石嘴山等回族群众集中的地区开展体检和预防接种工作。保健中心严格按照标准进行体检监测,共进行朝觐人员体检2470人,预防接种6159人次。银川机场局积极制定服务指南,明确岗位职责和工作流程,截至2010年,共查验7个朝觐包机,2324名朝觐穆斯林顺利出境。（赵　燕）

【积极应对国外技术壁垒】　2007年以来,美国对中国食品农产品采取加严检验的措施,枸杞输美受到影响。2010年1月,美国环保署发出通报,拟将枸杞纳入农作物分类表。9月,总局在银川举行了应对枸杞出口技术性贸易壁垒研讨会。宁夏检验检疫局结合欧盟美国农残法规进行了风险评估,形成了风险评估报告,并向全区出口枸杞产品生产及经销企业发出了《关于输欧盟、美国枸杞及制品加强啶虫脒检测的警示通报》,帮助企业有效应对国外技术壁垒的限制。针对宁夏苹果出口蒙古国遭遇技术壁垒的情况,宁夏检验检疫局多次与内蒙古局、自治区林业、农牧部门以及苹果主产地政府共同研讨应对方案,并积极配合国家总局通过世贸组织例会向蒙古国提出质询。（赵　燕）

【中阿经贸论坛服务保障】　宁夏检验检疫局成立了由一把手任组长的工作小组,制定了严密的工作方案,编印了中、英、阿3种文字对照的《出入境检验检疫服务指南》。在宁夏检验检疫局的积极争取下,总局为宁洽会提供了一系列优惠政策,方便了物资的快速通关。宁夏检验检疫局实行24小时值班制度,无论展品何时到达,均能随到随检。在展会现场设立了报检台和快速检测实验室,实行现场报检、现场检测、现场监管、现场咨询的“一站式服务”,广受参展客商和社会各界的好评。高质量地完成了阿联酋代表团接待工作,受到了阿联酋外贸部副部长阿卜杜拉和自治区主席王正伟的肯定和赞誉。在2010宁洽会暨首届中阿经贸论坛总结表彰大会上,宁夏检验检疫局被自治区政府评为“服务保障工作先进单位”。

（赵　燕）

【实验室建设】　2010年,宁夏检验检疫局通过政事分开、内部搞活、自我造血三大机制盘活了现有检测技术资源,与宁夏嘉源绒业集团合作,共建羊绒及其制品检测重点实验室。5月,与宁夏大学建立了煤化工重点实验室共建合作机制,双方共同投入,通过有效的资源整合,计划建设宁夏煤化工检测领域技术领先的重点实验室。同时,积极探索构建“检学研合作”机制,与区内高校在教学、实习、科研、研究生培养等方面开展合作,利用多种资源共促科技发展。深化与自治区科技厅的合作,将枸杞、羊绒等实验室纳入到省部共建的范畴,共同为宁夏优势特色产业的发展提供技术支撑。在2006年签署科技合作协议的基础上,中国检科院与宁夏检验检疫局续签了协议,进一步促进宁夏检验检疫局科技兴检战略的实施。银川市食品(药品)公共安全检验检测中心与宁夏检验检疫局综合技术中心签署了委托检测协议,银川市食品检验检测工作站在宁夏检验检疫局综合技术中心挂牌,这是宁夏检验检疫局加强检地合作,拓展职能优势的重要举措。截至2010年,实验室检测项目达到572项,检测范围覆盖了矿产品、金属材料、食品、饲料等38类,为进出口产品质量安全提供了有效保障。经过努力,国家级枸杞检测重点实验室通过了总局组织的现场验收,宁夏国际旅行卫生保健中心实验室通过了CNAL组织的认证认可复评审。技术中心全年完成法定检验和社会委托检验共计11441批、67989项次,项次同比增长111%。委托创收比上年有了大幅的增长,同比翻了两番。技术中心积极向自治区科技厅申请建设宁夏大型科学仪器协作共用进出口产品专业检测中心,通过深化合作,加大实验室开放水平,提升仪器设备利用率,增强市场开拓能力。4月,技术中心荣获“全区大型科学仪器协作共用先进单位”。（赵　燕）

【大质量工作机制建设】　有效发挥宁夏促进食品农产品出口工作领导小组的平台作用,为全区农产品质量水平提升和扩大出口创造了良好的政策环境。加强业务沟通与交流,进一步落实与银川海关、自治区农牧厅、卫生厅、商务厅、总局信息中心等的合作备忘录。着力推行资源共享。依托宁夏检验检疫局枸杞、羊绒、煤化工3个国家级检测重点实验室分别建立起与中国检科院、自治区科技厅、宁夏大学、宁夏医科大学以及本地企业的科技合作机制,共享科技资源、检测标准和数据、共建实验室、联合项目攻关,形成了共促科技工作的良好局面。着力强化工作配合。2010年4月,宁夏检验检疫局与自治区质监局签署了《关于建立大质量工作机制、推进大质检文化建设合作备忘录》,促进双方思想观念融合、资源优化整合和业务工作联合。两局联合开展“质量月”咨询活动,营造了良好的社会氛围。同时,在管理体系认证、“3C”强制性产品认证执法检查等工作中密切配合。截至2010年已检查了9家企业的17个管理体系认证情况,完成了进口强制性认证产品的市场抽查。（赵　燕）

## 安全生产监督

【概况】　2010年,自治区政府把亿元GDP死亡率和10万从业人员死亡率列入各地经济社会发展的重要考评指标,重大事故起数、事故死亡人数纳入了自治区对基层党委、政府效能目标考核体系。全区各级各部门和企业继续深入开展“安全生产年”活动、集中开展“打非”专项行动,全区安全生产继续保持了总体稳定明显好转的发展态势。一是各类生产安全事故持续下降。2010年,全区共发生各类生产安全事故5330起,死亡492人,受伤2279人,直接经济损失3200.58万元,除受伤人数同比持平外,同比事故起数、死亡人数和直接经济损失分别减少599起、99人和671.13万元,分别下降10.1%、16.8%和17.382%。二是重点行业和领域安全生产状况持续改善。道路交通、消防火灾、铁路交通事故得到有效遏制,同比事故起数分别下降2.7%、13.1%和36.8%,死亡人数分别下降13.5%、75%和14.3%。煤矿发生事故4起,死亡15人,同比分别下降71.4%和37.5%。工商贸企业同比事故起数、死亡人数分别下降22.2%和25.3%。农业机械、水上交通、渔业船舶、民航、烟花爆竹等行业领域保持平稳。三是安全生产总体水平稳步提高。同比亿元GDP死亡率由0.44降到0.31,下降29.6%;工矿商贸就业人员10万人死亡率由5.62降到4.05,下降27.9%;道路交通万车死亡率由4.15降到3.38,下降18.6%;煤矿百万吨死亡率由0.42降到0.22,下降47.6%。四是大部分地区、行业和部门控制指标完成较好,全区考核指标控制在国家下达计划之内。2010年,全区各类事故死亡人数占全年控制目标575个的85.6%,列入考核的35个市县(区)、单位中,有32个市县(区)、单位控制在考核指标之内;列入考核的9个行业和领域全部在控制考核指标以内。 (何承彬)

**【实现安全生产“十一五”规划目标】** 一是全区安全生产基础明显得到改善。安全监管组织机构不断得到加强,安全监管队伍不断得到发展和壮大。安全生产法律法规体系初步形成,已建立了以《安全生产法》为主体法,《自治区安全生产条例》等地方性法规规章相配套的与全区经济社会发展基本相适应的安全生产法律体系。“十二项治本之策”在全区安全生产实践中得到贯彻。启动并实施了《自治区安全生产“十一五”发展规划》。以“安全发展”为核心的安全生产理论体系对全区安全生产工作的指导作用日益显现。二是事故总量显著下降。2010年全区发生各类事故5330起,比2005年的8194起下降35%。三是事故死亡人数显著下降。2010年事故死亡492人,比2005年的956个下降48.5%。四是反映安全生产总体水平的四项相对指标显著下降。其中亿元GDP事故死亡率由1.59降到0.31,下降80.5%;工矿商贸10万从业人员事故死亡率由7.18降到4.05,下降43.69%;道路交通万车死亡率由9.36降到3.38,下降63.9%;煤矿百万吨死亡率由1.29降到0.22,下降82.95%,完成了《国务院关于进一步加强安全生产工作的决定》(国发〔2004〕2号)和《自治区安全生产“十一五”规划》确定的目标任务,实现了全区安全生产状况明显好转的目标。 (何承彬)

**【防范和坚决遏制重特大事故】** 2010年7月19日,国务院制定了《关于进一步加强企业安全生产工作的通知》(国发〔2010〕23号),这是继2004年国务院出台《关于进一步加强安全生产工作的决定》之后的又一重要举措。自治区人民政府下发了《宁夏回族自治区人民政府关于进一步加强安全生产工作的意见》,自治区政府办公厅下发了《关于贯彻落实〈通知〉重点工作分工方案》,将《通知》任务逐条明确了牵头部门,提出了贯彻落实的具体要求。自治区安委办建立了生产调度统计沟通机制和重大隐患挂牌督办、较大事故挂牌督办、事故企业“黑名单”等制度,对银川市、石嘴山市、吴忠市、中卫市、固原市和高速公路发生的14起较大事故进行挂牌限期督办,对2010年发生的工矿商贸死亡事故和较大事故进行公开曝光。通过公布事故“黑名单”,完善安全生产运行和打非治违、隐患治理情况月通报制度,对预防重特大事故的发生起到了很好的预警作用。随着国务院《通知》精神的深入贯彻落实,年内一度出现的阶段性、局部性安全生产被动局面得到扭转,全区各类事故由前8个月平均每天发生15.17起减少到9~12月平均每天发生7.05起,有效遏制了事故多发的势头。 (何承彬)

**【严厉打击安全生产非法违法行为】** 组织实施了“全区集中开展严厉打击非法违法生产经营建设行为专项行动”。各级各部门加大对煤矿、非煤矿山、危险化学品、烟花爆竹、道路交通、建筑施工、消防以及冶金等重点行业领域安全生产执法力度,健全完善执法计划,严厉打击无证、无照或证照不全从事生产、经营、建设等非法违法生产经营建设行为,着力解决安全生产领域比较突出的非法违法问题,坚决关闭淘汰不具备安全生产条件的小矿山、小化工等企业。8~11月集中开展“打非”专项行动期间,自治区安委办先后组织开展了3次“打非”专项检查、督察和“打非”“回头看”,全年共组织打击各类非法违法行为224521起。通过资源整合,关闭非煤矿山企业23家;煤矿由131家减少到90家,提请自治区人民政府直接关闭煤矿16处、关闭后整合煤矿36处、扩能改造煤矿22处,完成了“十一五”小煤矿整合关闭规划目标。

(何承彬)

**【专项排查治理安全隐患】** 2010年,自治区始终把隐患排查治理工作贯穿于安全生产工作的全过程,各地各部门先后组织开展了多层次、深领域的安全专项整治,推进隐患排查治理工作。先后部署开展了8次全区性的安全生产大检查。煤矿方面,深入开展了“双百工程”建设,落实瓦斯综合治理“两个四位一体”综合防突措施,煤矿排查覆盖面达100%,排查治理煤矿隐患389项。非煤矿山方面,集中开展了为期半年的非煤矿山安全生产大检查,深化安全专项整治,严厉打击矿产资源私采乱挖行为,排查治理隐患6363项。危险化学品方面,落实化工行业安全发展规划,持续开展危险化学品生产、经营、储存、使用等企业专项检查,排查企业3439家,排查治理隐患25114项。结合换发安全生产许可证,对全区危险化工工艺强制推行自动化控制装置改造,对具有易燃易爆物品、剧毒溶剂、腐蚀品等充装介质的单位实行远程监控、报警。积极推进城市人员密集区加油站安装使用HAN阻隔防爆技术,完成6座加油站的安装改造任务,超自治区下达民生计划目标的20%。烟花爆竹方面,严格执行《宁夏回族自治区烟花爆竹安全管理条例》,深入实行烟花爆竹管理“六统一”制度(即统一连锁挂牌、统一专营供货、统一商品检封、统一市场监管、统一配送服务、统一批发价格),切实加强烟花爆竹生产、经营、运输、燃放等各环节安全管理和监督,形成了具有自治区特点的监管机制,连续多年保持了烟花爆竹行业安全生产状况的总体稳定。并从源头上控制危险劣质烟花爆竹流入宁夏,严厉打击非法生产经营行为,查收非法烟花爆竹4106件,价值98.3万元,捣毁市场窝点8家,举行大规模的销毁活动6起。道路交通方面,全面排查全区公路危险路段57处,这些危险路段已基本治理完毕。积极推进道路交通“五整顿、三加强”和“三关一监督”工作,在全区客运和危货运输车辆安装GPS动态监控仪,并积极争取国家项目试点和资金支持,推进重型载货汽车、半挂牵引车、短途客车、出租车安装使用GPS记录仪,全区三级以上客运车辆安装率为99.7%,危货运输车辆安装率为99.9%。建筑施工方面,加大建筑施工领域专项整治力度,制定了建筑施工“十条禁令”,进一步明确建设项目安全“三同时”管理以及参建方的安全管理责任,加强施工现场安全管理,严厉查处以包代管,施工单位挂靠、分包、转包等违规行动。消防安全整治方面,加大消防安全“四个能力”建设力度,扎实推进社会消防安全“防火墙”建设,开展了公众聚集场所易燃可燃装修材料消防安全专项整治、高层和地下建筑消防及商贸物流场所消防安全专项整治等活动。同时,发改委、经信委、国土、农牧、水利、教育、质监、旅游、铁路、民航等部门也从各自实际出发,有针对性地开展安全生产专项整治,冶金、有色、电力、建材、机械等行业(领域)专项整治也取得了积极成效。2010年,全区共排查企业21223家,查出一般隐患28925项,已整改28291项,整改率97.8%,重大隐患8项,已整改5项,其余3项全部列入治理计划,争取国家尾矿库专项治理资金335万元,有效提升了全区安全生产水平。 (何承彬)

**【强化全民安全意识】** 以“安全发展、预防为主”为主题,认真组织开展了全国第九个“安全生产月”活动,充分发挥广播电视、《宁夏日报》等主流媒体作用,加大宣传教育力度,尤其是上年开通了“平安宁夏”安全生产电视专题栏目,进一步拓宽了宣传渠道,搭建了新的安全知识教育平台。结合实际,各地各部门先后组织开展了安全警示教育、应急知识竞赛和预案演练,以及“平安畅通县区”“平安农机”“安全生产科技周”“安康杯”“青年安全示范岗”等形式多样、主题鲜明的安全生产宣传教育和群众性活动,开展了安全生产方针政策、法律法规和知识“六进”活动,开展送安全文化到基层等活动285场次。关注民生,免费开展农民工特种作业培训达6086名,超额完成了自治区人民政府下达的民生计划。积极推进高危行业企业厂级、车间、班组“三级”教育制度的落实,加强企业“三项岗位”人员培训,共培训企业主要负责人5229人次,安全管理人员12389人次,特种作业人员19412人次,同比分别增长9.3%、22.6%和25.4%。安全生产从业人员和社会公众的安全意识和能力逐步提高。 (何承彬)

**【完善体制机制】** 一是以责任制为抓手,健全和完善安全生产控制考核指标体系。建立了《自治区安全生产监督管理责任规定》《自治区生产经营单位安全生产主体责任规定》和《自治区企业安全生产费用提取和使用管理办法》《自治区企业安全生产风险抵押金管理实施细则》,有关部门和各市及部分县(区)也制定了相应的监督管理责任规定和一些经济政策。二是推进安全科技进步。继续对矿山、危化、烟花爆竹、建筑等高危行业严格实行安全生产行政许可制度。结合安全生产行政许可,大力推进了先进适用技术和装备的运用,在煤矿强制推行安全避险“六大系统”,在非煤矿山强制推行中深孔爆破、机械铲装、井工矿机械通风等技术装备,在道路交通运输企业强制推行安装GPS动态行驶记录仪,在加油站推广安装使用HAN阻隔防爆技术等。三是开展企业安全生产标准化推进工作。持续在化工、机械、冶金、矿山、建筑等行业开展企业安全质量标准化推行工作,全区已有12座煤矿达到了示范矿井,36家企业达到了安全标准化企业水平。安全生产技术支撑体系逐步完善,宁夏安全生产技术支撑中心已建成运行,安全生产中介和教育培训机构不断壮大和成熟,安全生产培训考核管理系统得到健全和完善。四是厉行责任追究,用事故教训推动工作。依据国务院《通知》要求,建立和实行了全区事故查处挂牌督办制度,对已发生的事故,严格按照“四不放过”和“依法依规、实事求是、注重实效”的原则进行查处追究。对2010年已结案的23起事故责任人进行了责任追究,累计追究处理73人(其中行政部门干部5名,企业负责人及管理人员68名),移交司法机关追究刑事责任的有13名,其中行政部门干部7名,企业负责人及管理人员6名,极大地震慑了事故责任单位和责任人员。五是加强应急管理。组建了自治区安全生产应急救援指挥中心,推动了企业应急救援队伍建设。依托自治区公安消防总队成立了自治区应急救援总队,依托神华宁煤集团建成了国家矿山救援基地,8家危险化学品企业应急救援骨干队伍得到进一步充实和加强。初步形成了安监、公安、气象、国土、水利、地震等部门应急救援联动模式和协调工作机制。建立了覆盖政府、部门、企业(单位)相互衔接的安全生产应急救援预案体系。初步建立了安全生产应急救援队伍、专家、大型设施设备以及重大危险源数据库,为安全生产应急体系建设奠定了一定基础。2010年,组织开展各类安全生产应急救援演练788次,参演人数达到168163人次,提高了救援处置能力。 (何承彬)

# 海　关

**【概况】** 2010年,银川海关实现税收10.9亿元,首次突破10亿元大关,同比增长18.2%;监管进出口货运量87.8万吨,同比增长8.9%;监管货运总值8.4亿美元,减少6.7%;监管进出境航

班18架次,验放进出境旅客4876人次,在惠农设立了海关派驻机构,正式开办海关业务。 (姬 璞)

【税收征管】 在外贸进出口恢复性快速增长形势下,坚持拓源挖潜,积极疏通转关渠道,深化区域通关改革,优化通关环境,为企业创造属地通关便利,加强对税收存量的进度监控和增量的预测分析,有效增强了税收预见性。着力推进网上支付业务,努力为企业创造属地通关便利。关区前10家税源大户中有两家属于新增税源企业,全年共受理报关单1648份,其中区域通关报关单845份,占报关单总数的51.3%。税收首破10亿大关,创历史最好成绩。同时不断提高征管质量水平,认真把好申报、审单、专业认定关,建立"特定企业进出口归类数据库",加强了执法的规范性和统一性。全年通过归类、审价、减免税专项核查补税564.8万元。探索建立了"科学测算、专人专责、预警监控、进度跟进、目标考核、奖惩激励"等一系列加强综合治税和综合监管工作机制。 (姬 璞)

【综合监管】 完善了"风险监控分析、风险信息发布、风险核查反馈"的运行机制,加强风险管理与监管、稽查的密切联动,全年发布业务运行监控与风险防控报告73份,布控命中报关单240份,布控有效率15%,查获率达到22%;全年通过风险分析移交稽查线索6起,加强对特许权使用费等疑难案件的稽查,移交违规案件5起,稽查补税739万元。在关区开展分类通关业务改革,加强指导关区内海关监管场所规范建设和运营管理,首次承担总署单耗管理研究课题项目涂布白卡纸单耗标准制定工作,整体监管效能和水平显著提高。 (姬 璞)

【打击走私】 银川海关与自治区国税局、公安厅、人民银行银川中心支行进一步建立打私合作机制,制定了《打击出口骗退税工作联系配合办法》,签署了《反走私与反洗钱工作合作备忘录》,打私综合治理成效不断巩固和深化。加强海关内部监管、稽查、打私力量的配合,强化情报经营,提高执法办案水平,全年组织开展了打击出口骗退税、快件渠道走私、矿产品走私、擅自抵押减免税设备等一系列专项行动,立案侦办涉税走私刑事案件1起,案值2268万元,涉嫌偷逃税额264万元;立案调查行政违法案件13起,案值2.9亿元,涉税1629万元,决定罚没1521万元,现已入库44.7万元,缉私补税入库251万元。全年保持了零复议和零诉讼的良好行政执法办案成效。 (姬 璞)

【业务改革】 加强对海关大监管体系建设课题的研究,落实《银川海关业务职能及规范管理工作指导意见》,开展业务职能整合完善工作。认真落实海关总署"三查合一"工作部署,制定《银川海关关于企业稽查、减免税核查和保税中后期核查归口管理工作实施方案》,加强研究监管、关税、稽查部门三查归口衔接配合办法,顺利实现了"三查合一"工作过渡,按时启动开展了相关工作。整合人力资源,深挖内部潜能,不断加强关警业务上的深度融合,强化海关缉私与业务部门的协作配合,制定了《缉私局与各业务处室执法联动工作办法》,修订了《银川海关反走私绩效评估考核实施办法》,建立了缉私情报和风险信息、缉私办案和有效监管密切联动的工作机制,在"动态通报、移交线索、查办案件、反馈案情、加强监管、堵塞漏洞"等各方面形成了有效的工作合力。 (姬 璞)

【统计预警监测】 银川海关紧密结合自治区战略部署和发展重点,充分发挥海关职能作用,围绕完善自治区开放型经济发展结构、推动国际物流产业发展、服务"一号工程"重点项目建设、解决地方进出口发展瓶颈问题、改善地方投资环境等自治区战略发展的重要内容,海关领导带队深入开展区情、企情调研37人次,形成了"发展自治区国际物流产业,改善投资环境""发展保税加工业务,促进产业升级""发展特色优势产业,增强区域竞争能力"等多项建议。主动参与自治区贯彻落实《中共中央国务院关于深入实施西部大开发战略的若干意见》实施方案的研究,以及自治区《关于加快发展内陆开放型经济的意见》的修改完善工作,每月及时为自治区党委、政府和相关部门提供进出口贸易统计数据和动态分析,全年先后提供了关于宁夏枸杞、铁合金等特色产品产业的区域经济比较分析和《宁夏与周边省区进出口对比分析》等专题报告23篇,其中《1~7月农产品进出口稳步增长》被国务院办公厅要情采用,《1~10月铁合金出口大幅增长》被国务院办公厅专报采用,并获中央领导批示。

(姬 璞)

【国际物流产业】 银川海关及时为惠农国际物流中心派驻机构和业务骨干,配备监管设施、铺设通关网络系统,及时保证了该中心的如期运营。自5月正式开办海关业务以来,惠农国际物流中心进出口业务发展迅速,截至12月31日,海关监管货运量805.2吨,货运总值6984.3万美元,征收进出口环节税款8122.2万元,口岸功能作用日益显现。 (姬 璞)

【通关服务保障】 积极支持自治区航空口岸拓展业务空间、完善口岸功能,实现快速发展。主动协调北京首都、广州、昆明等国际机场,疏通解决银川至香港和迪拜货运包机通航通关问题,畅通自治区通往国际的空中货运渠道。促进航空口岸发挥对外贸易与交流的重要国际窗口作用,为自治区重大经贸活动和对外事务进出设立"便捷通关服务绿色通道"和业务咨询窗口,先后圆满完成了"中阿经贸论坛""宁洽会"、穆斯林群众朝觐、维和部队和中巴反恐演练部队进出境等重要监管任务。全年监管进出境航班18架次,验放进出境旅客4876人次,监管空运货物97.51吨、货值976.82万美元。同时承担和顺利完成了进出境安全维稳、知识产权边境保护等重要任务。2010年被自治区人民政府评为"服务保障工作先进集体"和"口岸建设工作先进单位"。深入推动"区域通关""多点报关、多点验放"等便捷通关业务改革;积极指导神华宁煤集团、中银绒业股份有限公司建立保税仓库,开展保税业务,增强企业发展动力;将海关服务前推后移,主动为"一号工程"等重点项目提供"预归类”“预申报”便捷通关服务与专业指导;切实履行“首问责任制”“5+2”工作制和“24小时预约”通关服务承诺。积极推动自治区电子口岸快速发展,建立和完善基础数据联网、电子执法、便捷通关项目实施、网上政策服务、通关信息服务等平台功能,大力推广“网上支付”等8个电子口岸应用项目。截至2010年底,电子口岸入网企业已达到875家,网上支付税款7.1亿元,网上付税率近七成。针对区内部分企业对国家鼓励产业政策、属地报关情况不熟悉的问题,银川海关先后9次召开国家减免税政策法规宣介会、促进自治区出口企业发展座谈会和报关企业专题培训班等具有一定规模和范围的宣传培训活动,取得了良好社会反响,赢得了企业普遍好评。 (姬 璞)

【银川海关2010年主要业务统计表】

| | | | | | | |
|---|---|---|---|---|---|---|
| 税收 | 税款入库 | | 万元 | 109192 | 92395 | 18.2 |
| | 其中:关税 | | 万元 | 9195 | 12978 | -29.1 |
| | 代征税 | | 万元 | 99996 | 79415 | 25.9 |
| | 其中:网上支付 | | 万元 | 71186 | 54728 | 30.1 |
| 减免税 | 备案项目数 | | 份 | 15 | 17 | -11.8 |
| | 其中:1. 内资项目 | | 份 | 10 | 13 | -23.1 |
| | 2. 外资项目 | | 份 | 3 | 2 | 50.0 |
| | 3. 重大装备 | | 份 | 2 | 2 | 0 |
| | 审批减免税货值 | | 万美元 | 18359 | 22287 | -17.6 |
| | 其中:1. 内资项目 | | 万美元 | 15051 | - | - |
| | 2. 外资项目 | | 万美元 | 1663 | - | - |
| | 3. 贷款项目 | | 万美元 | 158 | - | - |
| | 4. 科教用品 | | 万美元 | 358 | - | - |
| | 5. 其他 | | 万美元 | 1130 | - | - |
| | 审批减免税金额 | | 万元 | 5543 | 30931 | -82.1 |
| | 其中:1. 内资项目 | | 万元 | 2880 | - | - |
| | 2. 外资项目 | | 万元 | 1253 | - | - |
| | 3. 贷款项目 | | 万元 | 132 | - | - |
| | 4. 科教用品 | | 万元 | 481 | - | - |
| | 5. 其他 | | 万元 | 797 | - | - |
| 行邮 | 进出境旅客 | | 人次 | 4876 | 7829 | -37.7 |
| | 其中:进境 | | 人次 | 2438 | 3979 | -38.7 |
| | 出境 | | 人次 | 2438 | 3850 | -36.7 |
| | 运输工具服务人员 | | 人次 | 179 | 1631 | -89.0 |
| | 其中:进境 | | 人次 | 150 | 836 | -82.1 |
| | 出境 | | 人次 | 29 | 795 | -96.4 |
| 保税 | 备案 | 手册 | 份 | 15 | 21 | -28.6 |
| | | 进口料件金额 | 万美元 | 2720 | 2259 | 20.4 |
| | 核销 | 结案手册数 | 份 | 17 | 23 | -26.1 |
| | | 核销补税 | 万元 | 92 | 397.5 | -76.9 |

续表

| | | | | | | |
|---|---|---|---|---|---|---|
| 稽查 | 1 | 稽查企业数 | 家 | 16 | 15 | 6.7 |
| | 2 | 稽查补税额 | 万元 | 739.8 | 429 | 72.4 |
| | 3 | 移交案件数 | 起 | 5 | 0 | – |
| | 4 | 移交案值 | 万元 | 14100 | 0 | – |
| | 5 | 注册企业数 | 家 | 236 | 377 | –38.7 |

（姬　璞）

# 对外经济合作

**【概况】** 2010年，借助世界经济逐步复苏的良好形势，依托第十四届中国国际投资贸易洽谈会、2010中国（宁夏）国际投资贸易洽谈会暨首届中阿经贸论坛等平台，宁夏利用外商直接投资取得新成绩。新批外商投资企业25家，较上年增加11家；合同利用外商直接投资28405万美元，同比增长171%；实际使用外资8090万美元，同比增长15.8%。主要呈现以下特点：一是新批大项目增多，实际到位资金率较高。2010年，新批投资总额1000万美元以上的项目13个，比上年增加9个，其中15亿美元以上的大项目1个；新批合同外资500万美元以上项目11个，比上年增加7个。单个项目平均合同利用外资额达1103万美元，比上年增加424万美元。新加坡宇科环保科技有限公司、中粮集团、中银集团、法国葡萄酒业投资股份有限公司等知名企业相继来宁落户，推动了宁东污水处理，平罗11万吨稻谷综合加工，宁夏发电集团风能、太阳能发电以及葡萄种植、酿酒等一批大项目的发展。外资实际到位情况较好，投资额过亿元的项目外资实际到位7223万美元，占实际到位资金的89.3%。宁夏吴忠仪表有限公司、宁夏宇库污水处理有限公司外资注册资本当年全部到位。二是外商投资方式、投资领域不断扩展。2010年，外商投资方式从传统的中外合资、中外合作、外商独资等方式扩展到了股权并购、BOT等方式，多家企业开始筹备外资企业境内上市等新的投资方式。宁夏发电集团、宁夏宝塔联合化工公司、宁夏六盘山生物科技发展有限公司等3家企业通过并购的方式引进了外资。新加坡宇科环保科技有限公司通过BOT方式投资宁东污水处理项目，开宁夏通过BOT方式利用外资的先河。外商投资领域已从传统的制造业、种植业扩展到了品牌汽车销售、融资租赁、商业零售等领域，部分企业开始探索设立外资小额贷款公司、融资性担保公司。三是“五优一新”产业成为吸引外商投资重点。新批外资项目中，农副产品加工、能源、装备制造等自治区“五优一新”产业项目17个，合同外资24650万美元，占全区合同外资额的86.8%。农业优势进一步显现，农业及农副产品加工项目11个，合同利用外资4964万美元。德国客商诺伯特在2009年投资设立宁夏金色收获农业开发有限公司后，2010年又联合澳大利亚客商再一次投资1028万美元设立农业开发公司，采用先进技术种植、加工树莓等水果。（尹玉芳）

**【澳援残疾儿童康复中心改造维修项目】** 1月8日，澳大利亚援助宁夏残疾儿童康复中心康复训练场地改造维修项目验收。该项目援助金额30万元人民币。澳大利亚小型援助活动计划是通过澳大利亚政府的资金和技术支持，帮助项目实施地政府解决扶贫与社会可持续发展的重点、难点问题。已争取到该计划的17个项目，援助资金总计达600万元人民币。这些项目建设周期短，社会、经济效益显著。（尹玉芳）

**【日本国利民工程无偿援助项目】** 2月8日，日本国利民工程无偿援助项目签字仪式在银川举行。此次新签项目有3个，获得援助资金192万元人民币。一是宁夏泾源县兴盛乡中心小学校舍建设项目，日本政府无偿援助64万元人民币，泾源县政府配套99万元，主要用于建设规划面积1303平方米的学校宿舍楼。二是宁夏泾源县泾河源镇中心卫生院医疗急救设备配备项目，日本国无偿援助64万元人民币。三是宁夏青铜峡市青铜峡镇中心卫生院医疗设备配备项目，日本国政府无偿援助64万元人民币，地方配套12万元人民币。日本国利民工程无偿援助石嘴山市惠农区红果子中心卫生院医疗设备配备项目竣工。该项目是2009年2月获得日本大使馆批准并实施的，项目总投资75万元，其中，日本国利民工程援助60万元，惠农区政府配套15万元；项目主要为红果子中心卫生院配备了500mA程控X光机、半自动生化分析仪、微量元素分析仪、多普勒母婴监护仪等23套急需的医疗设备。（尹玉芳）

**【联合国儿童基金会来宁考察】** 自1982年以来，自治区与联合国儿童基金会共合作开展了无偿援助项目30多个，累计援助资金3200多万元人民币；受援项目主要涉及妇幼卫生、基础教育、师资培训、计划免疫、农村供水与环境卫生、贫困地区社会发展等领域。这些项目在实施地产生了广泛、良好的经济、社会效益。

4月7～9日，联合国儿童基金会执行局考察团一行22人在宁夏同心、海原两县就联合国儿童基金会贫困地区儿童发展行动和母婴卫生等项目进行了实地考察。考察早期儿童教育、贫困地区儿童行动、艾滋病防治等项目。考察团一行详细了解了联合国儿童基金会母婴卫生项目。该项目主要包括妇幼卫生服务及社区教育，社区动员及资金项目筹划等。对宁夏实施联合国儿童基金会无偿援助项目所取得的成绩给予了高度评价。（尹玉芳）

**【成功举办首届中国·阿拉伯国家经贸论坛】** 9月26～30日在银川成功举办

首届中国·阿拉伯国家经贸论坛,有24个中央部委,30个省、市、自治区和香港特别行政区、台湾地区,66个国家、地区和国际机构的6000多名各界人士参加。是宁夏历史上首次举办中国和阿拉伯国家之间经贸领域最高级别、最具影响力的国际性经贸盛会,掀开了宁夏发展内陆开放型经济的新篇章。共签订合作项目190个,总投资2035.63亿元,其中外方投资2025.11亿元。在签订的合作项目中,合同92个,总投资893亿元;协议90个,总投资1034.51亿元。一是重大项目多,项目投资数额大。所有签约项目中,上10亿元的签约项目共43个,上50亿元的签约项目10个。二是从签约项目的产业布局来看,除了传统的能源化工项目外,新能源、物流服务、特色农业、装备制造业项目明显增多,其中新能源项目43个,物流服务业合作项目46个,农副产品加工业项目42个,装备制造业项目14个。三是从签约项目合作区域来看,与阿拉伯国家的经贸合作开局良好,实现了新突破。与国外(境外)合作项目24个,总投资168.8亿元,其中与阿拉伯国家合作的项目10个,总投资27.46亿元。　(尹玉芳)

**【外商直接投资开局良好】**　改善投资环境,稳定外商投资信心,把利用外商投资作为促进自治区产业结构调整,发展新型工业化的重要推动力,确定了充分利用宁夏能源、资源、特色农业和清真产业等方面的优势,加强与世界知名企业的联系,积极争取更多的大项目投资落户宁夏。同时,依托自治区"五大工业园区"和"十大特色产业园区",充分利用参加国际国内知名展会的机遇,不断加大对全区优势产业的推介宣传力度,积极组织产业推介活动。1~11月,新批外商投资企业21家,较上年同期增长50%;合同利用外资26121万美元,同比增长153%,较上年全年增长149.2%;实际使用外资8090万美元,同比增长50.5%,较上年全年增长15.8%。1月,新批外商直接投资项目2个,投资总额7142万美元;合同外资金额3318万美元,同比大幅增长。新批的宁夏羿飞光伏电力有限公司是香港羿飞新能源开发有限公司在宁夏设立的建设和经营10MWP光伏并网发电的外商独资企业,投资总额为1.68亿元人民币,注册资本6800万元人民币;吴忠仪表有限责任公司是宁夏银星新能源股份有限公司和香港康吉森国际有限公司、科文投资有限公司共同设立的中外合资企业,主要设计、生产各种仪表、阀门、铸件,投资总额为3.2亿元人民币,注册资本3.2亿元人民币,两家外资企业各出资8000万元人民币。这两个项目均属于自治区"五优一新"产业范围,均为国家鼓励类外资项目。　(尹玉芳)

**【国际经济合作】**　申请国际多双边无偿援助项目,制定了《自治区境外产品销售中心管理办法》,积极支持企业在境外设立宁夏产品销售窗口,推动宁夏乐义国际农业发展有限公司投资674万美元收购了具有800多年经营历史的欧洲知名企业德国海涅公司。1~11月,全区境外直接投资新核准项目9家,其中新设企业7家,增资2家,中方累计协议投资额2780.6万美元,是上年全年投资额的10倍;新签对外承包工程合同和对外劳务合作合同共97份,合同金额3426万美元,同比增长29.5%;总计派出453人,同比增长88.8%。　(尹玉芳)

**【日本驻华大使馆官员赴彭阳县考察】**　7月21~23日,日本驻华大使馆官员池田女士赴彭阳县,对日本国无偿援助医疗卫生设备配备项目进行了事前调查。宁夏彭阳县王洼中心卫生院医疗设备配备项目是5月向日本驻华大使馆申请的项目。项目援助金额1000万日元(折合人民币65.7万元),地方配套资金人民币7万元,用于配备彭阳县中心卫生院电子胃镜、电动综合手术床、婴儿辐射保暖台等医疗设备及开展有关培训工作。该项目实施后,将极大地改善卫生院医疗基础设施条件,提高医护人员专业水平,从根本上解决当地农民不断增长的医疗保健服务的需求。　(尹玉芳)

**【阿拉伯国家防沙治沙技术培训班】**　6月28日至7月17日,由商务部援外司主办,宁夏商务厅和宁夏农林科学院共同承办的阿拉伯国家防沙治沙技术培训班在银川开班,来自巴林、伊拉克、科威特、约旦、巴勒斯坦、利比亚等11个国家的19名专家和官员参加了培训。为期20天的培训学习和实地调研考察,使学员们对宁夏中卫沙坡头铁路防沙固沙技术、沙区人工柠条林对退化沙地的改良、固沙植物引进及栽培、以生物措施为主的干旱草原沙地综合治理技术、沙地治理与沙产业开发、退化草地植被恢复等构成的整体治沙技术理论体系有了深入的了解,学员们还亲身参与和感受了中国先进的防沙治沙理念和技术的应用。　(尹玉芳)

**【马来西亚清真认证中心驻宁培训部在银川成立】**　3月15日,马来西亚产品宁夏展销中心和马来西亚清真(HALAL)认证中心驻宁夏培训部在银川成立。　(尹玉芳)

# 民营经济

**【概况】**　民营企业是国民经济的重要组成部分,是一支活跃而充满生机和活力的经济力量。改革开放30年来,全区经济社会发展取得了飞速进步,尤其是民营企业从无到有、从小到强,为活跃宁夏经济,缓解就业压力,促进社会稳定,加快城镇化、工业化进程发挥了举足轻重的作用。2008年,孙珩超、郑国祥、孙占财、陈庆成、张金山、柯允君、王光银、史信、马建泽、闫宝强10人荣膺"中国改革开放30周年宁夏十大民营企业家"称号,宁夏宝塔石化集团、宁夏伊品生物工程股份有限公司、宁夏兴俊实业集团、宁夏正丰建设集团、宁夏红宝集团有限公司、宁夏科进集团、宁夏长城集团房地产开发有限公司、宁夏多维药业有限公司、宁夏金昱元化工有限公司、宁夏日盛实业有限公司等10家企业当选"中国改革开放30周年宁夏十大民营企业"。　(尹玉芳)

**【民营企业创名牌】**　9月9日,宁夏回族自治区政协主席项宗西、自治区副主席李锐带队来到贺兰县德胜工业园宁夏厚生记食品有限公司、银川艾尼散热器有限公司考察。现场督办由自治区工商联提出的《关于促进宁夏民营企业创名牌的建议》(自治区政协九届三次会议第415号提案)办理工作,项宗西、李锐等先后深入生产车间,实地考察民营企业品牌战略实施现状。了解民营企业在创建名牌过程中遇到的问题。项宗西、李锐强调指出,民营企业要紧紧抓住新一轮西部大开发的机遇,积极争取国家和自治区政策扶持,注重企业产品结构的调整和创新,努力形成一批优势特色产业。依托自身现有资源创名牌,依托正确的营销策略创名牌,要做大规模、做强产品,政协要做好相关提案工作,一如既往地关心民营企业发展,反映民营企业的呼声,为民营企业争创名牌助力。各级政府要高度重视,要拿出切实政策,培育、引导、支持民营企业创名牌。 (尹玉芳)

**【民营企业家革命老区盐池行】** 7月27~28日,自治区工商联组织开展了宁夏民营企业家革命老区盐池行活动。进一步了解盐池的经济社会发展情况、招商引资项目和招商环境,搭建经济合作交流平台,寻找发展商机和投资项目,服务盐池经济发展。企业家实地考察了盐池工业园区青山石膏功能区、太阳山开发区盐池工业园区、永生物流园区及开泰镁业等企业,详细了解了该县重点招商项目,出席了第二届中国宁夏(盐池)滩羊节开幕式,参加了第二届中国宁夏(盐池)滩羊节招商引资项目推介会及项目签约仪式。企业家就甘草深加工、滩羊养殖及深加工等项目与盐池县有关部门签订了投资协议,对石膏深加工、煤炭开采等项目产生浓厚兴趣,活动达到了走进盐池、了解盐池、推动发展、实现双赢的预期目的。其间,自治区工商联主席、宁夏金龙集团董事会主席刘金虎围绕民营企业转变经济发展方式为盐池民营企业家作了一场精彩演讲,并就加强企业管理等话题同与会的260名企业家、个体工商户进行了广泛而深入的探讨和交流。

(尹玉芳)

**【宁夏首家中国枸杞博物馆开工建设】** 4月26日,由银川泰丰生物科技有限公司投资2460万元兴建的中国枸杞博物馆开工建设。这是宁夏首家由民营企业自筹建设的融中国枸杞文化展和宁夏特色产品展销为一体的开放式枸杞博物馆。该馆面积4000平方米,占地面积2500平方米,馆内设有中心文化展览大厅、展销演示大厅、休息大厅和仓储室等。建成后的枸杞博物馆将集中展示宁夏枸杞历史文化、枸杞养生文化、枸杞产业分布、枸杞发展现状、枸杞科研成果、历代枸杞农耕器具,展示展销宁夏枸杞系列产品、宁夏清真食品和穆斯林用品以及宁夏特色旅游产品等。成为世人了解、欣赏、研究、传承中国枸杞历史文化的重要园地,对弘扬中国枸杞传统历史文化和助推宁夏文化产业发展具有重要的意义。 (尹玉芳)

**【实施品牌战略】** 截至2010年,宁夏共评选出213个宁夏名牌产品,5个"中国名牌产品",其中"塞北雪"挂面、"香山"露酒等2个名牌产品为民营企业所创。宁夏131家民营企业的159个产品获"宁夏名牌产品"称号,占全区名牌产品总数的74.7%,民营企业已成为宁夏实施品牌战略的主力军。 (尹玉芳)

**【全国知名民营企业家宁夏行】** 6月22日,受自治区政府邀请,"全国知名民营企业家宁夏行"活动在银川举行。30多位全国知名民营企业家齐聚银川。宁夏回族自治区党委副书记,自治区主席王正伟、自治区统战部部长马金虎、宁夏工商联主席刘金虎等出席活动。宁夏作为中国的回族自治区,其宗教文化、风土人情鲜明而独特,是中国连接中东地区最重要的枢纽,也是面向世界伊斯兰文化的窗口。宁夏又是丝绸之路沿线的重要地域之一。在项目洽谈会上,王平会长代表全国工商联旅游业商会与沙湖地区签署投资意向书。商会将引资20亿建设占地万亩的集旅游、休闲、会展于一体的沙湖水镇的大型旅游项目。同时,在沙湖地区拟计划建立丝绸之路展览中心,宣传丝绸之路精神及各国的旅游文化。 (尹玉芳)

**【民营企业促就业】** 为构建民营企业和谐用工环境,扶持民营经济发展,充分发挥民营企业在促进就业中的作用,银川市劳动就业服务局5月20日在银川市流动人口就业服务中心举办了"2010年民营企业招聘周农民工专场招聘会"。共有42家民营企业参加现场招聘,提供岗位1409个。民营企业已经成为吸纳新增就业的主渠道。各类民营企业用工占人力资源市场招聘单位总数的90%,俨然成为招聘"主力军"。银川市劳动就业服务局、农民工法律维权中心向民营企业和农民工提供就业政策宣传等咨询服务。

(尹玉芳)

**【2010年民营企业招聘周】** 5月18日,石嘴山市惠农区劳动就业局"2010年民营企业招聘周"活动在惠农区劳动就业局人力资源市场举行。此次招聘会由惠农区劳动就业局主办,目的是为解决惠农区民营企业用工需求,帮助下岗失业人员尽早落实就业岗位。为求职者提供岗位500多个,为民营企业与求职者之间牵线搭桥,为辖区下岗失业人员再就业搭建了就业平台。

(尹玉芳)

**【宝塔石化集团荣登2010中国民营企业500强榜】** "2010中国民营企业500强"8月29日在北京揭晓,宁夏民营企业宝塔石化集团首次上榜,位列第252位,也是全区唯一上榜的民营企业。宝塔石化集团积极实施跨区域经营战略,区内投资14亿元的芦花基地技改项目顺利完成,跨区域投资的珠海烯烃项目建成投产。项目的科学布局调整,加快了宝塔石化产业升级和能源化转型步伐。该集团生产经营指标大幅增长,全年实现销售收入40.85亿元,同比增长31.5%,完成工业增加值4.79亿元,上缴税金1.05亿元。在此前揭晓的"2010中国化工企业500强排行榜"上,宝塔石化集团以其可持续发展能力和综合竞争能力位列第53位。

(尹玉芳)

**【瀛海集团引领宁夏水泥行业】** 宁夏民营企业瀛海集团淘汰落后产能,投资兴建宁夏首条日产5500吨熟料新型干法水泥生产线,是全区单条产能规模最大的水泥生产线。规划打造西北地区规模最集中、工艺最先进的千万吨级建材工业区。生态移民是自治区党委、政府彻底解决宁夏中南部世纪贫困问题的战略举措。瀛海集团主动将新建的永宁瀛海建材工业区作为吸纳生态移民无土安置的"工业引擎"。(尹玉芳)

## 招商举措和成效

**【概况】** 2010年,强化"招商引资是抢抓机遇的第一抓手、加快发展的第一动力、推进跨越式发展的第一重点"的理念,抢抓机遇,抓好大企业、大集团和大项目的引进。形成了"抓招商就是抓发展,抓发展必须抓招商"的浓厚氛围。各级领导亲历亲为,率队奔赴全国各省市区考察园区、重点企业,开展招商引资对接洽谈活动。各级招商部门积极调整工作思路,转变招商方法,采取有效措施,完善区、市、县(区)部门、园区协调互动机制,紧抓项目引进不松手,取得了明显成效。第一季度,全区招商系统按照自治区主席王正伟"招商引资首季要实现开门红"的要求,全区招商引资开工建设项目319个,计划总投资2433.91亿元,实际到位资金114.06亿元,与上年同期相比,实际到位资金增长31.3%。2010年,全区共引进实施项目687个,实际到位资金898.87亿元,超过自治区党委、政府确定的700亿元的目标任务198.87亿元,同比增长39.1%,共引进世界500强企业3家,国内500强企业15家。其中:银川市引进项目243个,实际到位资金446.36亿元,引进世界500强企业1家,国内500强企业5家;石嘴山市引进项目214个,实际到位资金174.03亿元,引进世界500强企业1家,国内500强企业5家;吴忠市引进项目133个,实际到位资金142.19亿元,引进国内500强企业3家;固原市引进项目54个,实际到位资金23.32亿元,引进国内500强企业1家;中卫市引进项目43个,实际到位资金112.97亿元,引进世界500强企业1家,国内500强企业1家。(宋笑珍)

**【专业招商】** 为抢抓西部大开发第二个十年的大好机遇,进一步加强与国内各大经济区域及周边地区的深度交流与合作,自治区政府确定了推进全区招商引资工作"7+3"的思路部署,"7"就是抓住承接东部产业转移的有利时机,在上海、广东、北京、山东、吉林、山西、福建7个国内重点招商引资区域开展经贸合作推介专题活动,以达到宣传宁夏、增进友谊、促进合作的目的;"3"就是以第二届宁洽会暨首届中阿经贸论坛,区内举办的房车节、文博会、园博会等主要节会,以及西洽会、西博会、东北亚博览会、东盟博览会等国内重要展会为招商平台,大力开展产业对接、项目引进工作。大力实施"7+3"招商思路,实现了招商引资、对外开放的新突破。4月17日,"宁夏·长三角(上海)经贸合作推介会"签约10个项目,计划总投资150.95亿元。5月6日,"宁夏·珠三角(广州)经贸合作推介会"签约10个项目,项目总投资73.9亿元。8月6日,"宁夏·北京经贸合作推介会"签约11个项目,项目总投资97.2亿元。8月25日,"宁夏·山东(济南)经贸合作推介会"共签约投资合作项目38个,总投资538.5亿元。10月28日,"宁夏·东北地区(长春)经贸合作推介会"共签约投资合作项目5个,总投资114.4亿元。11月29日,"宁夏·福建(厦门)经贸合作推介会"共签约投资合作项目21个,总投资177.8亿元。12月1日,"宁夏·山西(太原)经贸合作推介会",共签约投资合作项目11个,总投资97亿元。7场推介会共签约项目106个,总投资1249.75亿元。(宋笑珍)

**【"宁洽会"签约项目190个】** 2010年,"中国(宁夏)国际投资贸易洽谈会暨中阿经贸论坛"共签订合作项目190个(含框架合作协议8个;投资合作项目182个,总投资2035.63亿元,外方投资2025.11亿元)。其中,合同项目92个,总投资893.12亿元,外方投资885.3亿元;协议项目90个,总投资1034.51亿元,外方投资1031.81亿元。签约项目呈现重大项目多,项目投资数额大的特点。本次签约合同项目92个,占总签约项目数的48.4%;合同项目总投资893.12亿元,占总签约项目总投资额的43.9%。在签约项目中,10亿元以上签约项目43个,50亿元以上签约项目10个。签约项目的产业布局更趋合理。本届大会除传统的能源化工项目外,新能源、物流服务、特色农业、装备制造业项目明显增多。新能源项目43个,总投资841.3亿元;物流服务业合作项目46个,总投资621亿元;农副产品加工业项目42个,总投资114.6亿元;装备制造业项目14个,总投资161.8亿元。向西发展合作区域实现了新突破。与阿拉伯国家的经贸合作开局良好,与国(境)外合作项目24个,总投资168.8亿元。其中,与阿拉伯国家签订的项目10个,总投资27.46亿元。(宋笑珍)

**【"走出去请进来"式的合作交流】** 2010年,自治区参加了西洽会、兰洽会、津洽会、昆交会、哈洽会、乌洽会、西博会等15个区外大型经贸投资洽谈会,有针对性地召开经贸合作推介会,搭建合作交流平台,开展对外交流与合作,不断拓展向纵深发展。针对宁夏资源禀赋形成的经济结构和已经步入工业化中期的初级阶段,投资仍然是经济发展第一推动力和主要增长点的现实,全区招商系统紧盯世界500强、中国500强和行业500强,不间断地邀请他们前来参观考察,寻求合作契机。先后请进来日本出光兴产株式会社、美国胡商集团、泰州政府代表团、吉利控股集团、法国轩尼诗集团、香港青年企业家联合会、青年汽车集团、中粮集团、家乐福、沃尔玛、蒙牛、招商银行等诸多重要客商,来宁考察洽谈,并签订了一批合同项目。全年共"请进来"投资考察团队380多批次,各级领导干部及组织小分队"走出去"招商170多批次,拜访、考察企业集团450余家。通过工作方式的创新,进一步拓宽了合作领域和合作空间,促进了大招商、招大商的良性发展。(宋笑珍)

**【泾源县卧龙山旅游休闲度假村项目】** 宁夏银川宏建房地产开发有限公司

投资建设泾源县卧龙山旅游休闲度假村及住宅小区，项目计划总投资2.2亿元。其中，卧龙山旅游休闲度假村项目总投资6000万元，住宅小区项目总投资1.6亿元。卧龙山旅游休闲度假村项目建设地址位于泾源县城东侧，地处卧龙山公园，西接卧龙湖，东、南临卧龙山水库，北靠卧龙山，占地总面积约160亩，总建筑面积2.5万平方米，按四星级标准设计，集宾馆、餐饮、会务接待、休闲娱乐、园林景观、保健养生等功能为一体；住宅小区项目计划用地100亩，开发建设面积约11万平方米。

（尹玉芳）

**【彭阳县与雨润集团签订肉牛项目协议】** 8月30日，彭阳县在南京与中国500强企业雨润集团签订了年屠宰加工10万头肉牛项目协议。该项目计划总投资2.5亿元，设计年屠宰加工肉牛10万头，自投产之日起3年内，主营业业务达到设计生产能力，实现年销售收入10亿元，利税5000万元。该项目的引进实施将进一步推进彭阳县草畜产业发展，推动农业产业化进程。（尹玉芳）

**【固原市招商引资成绩斐然】** 2010年，全市招商引资工作认真贯彻落实以农业为主导向以工业为主导、多产业发展并举转变的重要举措，更加注重抓紧抓好签约项目的落地实施，招商引资取得了明显成效。荣获“全区招商引资工作先进市”称号，受到自治区人民政府表彰，并奖励全市工作经费175.32万元；隆德县被授予“全区招商引资工作先进县”，10人被自治区人民政府评为“招商引资工作先进个人”。全年共实施招商项目112个，项目总投资107.5亿元，实际引进到位资金29.35亿元，同比增长88.8%。其中，引进实施区外项目54个，总投资86.38亿元，到位23.2亿元，引进国内500强企业1家。分别完成市委、政府下达指导性目标任务15亿元的195.7%，自治区下达指导性目标任务10亿元的232%，增幅位居全区第一。 （尹玉芳）

**【枸杞种植及深加工项目落户原州区】**

10月29日，原州区政府与山东丽晶置业有限公司签订了3000亩枸杞种植及深加工项目协议。该项目预计总投资6000万元，计划分二期实施。其中，一期投资2800万元，在三营镇甘沟村建设占地3000亩的特色枸杞种植基地；二期投资3200万元，建设枸杞果品精深加工生产线。同时，该公司还将捐赠100万元在原州区援建1所学校。

（尹玉芳）

**【固原市三个项目在“园博会”上签约】**

8月8日，第二届中国（宁夏）园艺博览会产销对接与科技合作及经贸洽谈项目签约仪式在自治区政府礼堂举行，固原市3个项目现场签约，项目总投资10.5亿元。分别是隆德县人民政府与北京指欢堂科技有限公司签订的六盘山中医药文化休闲游泳旅游养生园建设项目，总投资8亿元人民币；西吉县人民政府与福建华林农业综合开发有限公司签订的华林蔬菜二期综合开发建设项目，总投资2亿元人民币；固原六盘山薯业有限公司与马来西亚吉隆坡农产品贸易有限公司签订的农产品贸易项目，总投资5000万元人民币，该项目也是此次“园博会”现场签约的唯一一个境外合作项目。 （尹玉芳）

**【固原市在厦门举办投资项目推介会】**

在闽宁协作第十四次联席会议召开之际，固原市于8月4日在厦门市举办了投资项目推介会暨签约仪式。共签约项目4个，总投资8.14亿元。分别是西吉县与福建省桂花香农果开发有限公司签订的总投资5413万元的胡萝卜汁加工项目、固原市经济开发区管委会与福建厦门金福莲农业科技有限公司签订的总投资5000万元清真牛羊肉熟食品加工项目、市经济技术合作局与桂花香（香港）投资有限公司签订的总投资1亿元的台商工业园建设项目、隆德县与浙江国鑫房地产开发有限公司签订的总投资6.1亿元的隆德县御景鸿府小区及“左公柳公园”建设项目。闽宁协作14年来，已有300多批（次）福建籍客商在固原考察，落地企业110多家。近3年引进落地重点项目16个，项目总投资8.7亿元，实际到位资金5.5亿元。项目涉及特色农业开发、城市基础设施建设、工业、商贸物流等方面。 （尹玉芳）

**【隆德县创建招商引进企业之家】** 近年来，隆德县委、政府高度重视招商引资投资环境，大力营造亲商、爱商、护商、安商和富商的良好招商氛围。创建“企业之家”，既解决了来隆德投资发展的招商引资企业的实际困难，又体现出以情招商、以商招商、以文招商的招商理念，对助推文化大繁荣、经济大发展起到了积极作用。各相关部门积极配合筹措资金，对位于距离六盘人家10里的农民创业大街中心地带的原峰台乡政府院落进行改造装修，创建了“企业之家”，前期安排7家招商引资重点企业负责人入住。 （尹玉芳）

**【高精度冷轧薄板项目顺利签约】** 11月9日，郑州拓普轧制技术有限公司建设年产40万吨高精度冷轧薄板项目在青铜峡市举行项目签约仪式。该项目总投资7.3亿元，厂址拟定在青铜峡新材料产业基地，分两期建设。一期项目计划于2011年6月建成投产。已完成公司注册、设备订购等前期工作。

（尹玉芳）

【2010年招商项目】

| 项目名称 | 合作方式 | 投资金额(亿元) | 项目单位 |
| --- | --- | --- | --- |
| 500MW光伏并网发电项目 | 独资、合资、合作 | 150 | 吴忠市商务和经济合作局 |
| 光伏产业项目 | 合资合作、控股、独资 | 20 | 吴忠市太阳山开发区 |
| 50MW太阳能电池项目 | 独资、合资、合作 | 6.5 | 平罗县招商局 |
| 100MW太阳能电池组件封装线项目 | 合资、合作 | 1.58 | 石嘴山市招商局 |
| 10000吨/年硅胶生产项目 | 独资、合资、面议 | 1 | 吴忠市太阳山开发区 |
| 年产1.2万吨黑色碳化硅及制砂和微粉加工项目 | 合资、入股或其他 | 0.6 | 中宁县祥瑞工贸有限责任公司 |
| 化工产业基地建设项目 | 合资、合作、入股、融资均可 | 67 | 宁夏创业集团 |
| 年产15万吨有机硅树脂项目(配套10万吨草甘膦) | 合资、合作 | 39 | 宁夏三喜科技有限公司 |
| 年产15万吨聚乙烯醇(PVA)项目 | 独资、合作、转让或其他双方认可的方式 | 5.94 | 银川市宁东管委会 |
| 年产5000吨BOPP项目 | 独资、合作、转让或其他双方认可的方式 | 1.5 | 宁东能化投资有限责任公司 |
| 年产15万吨聚丙烯合成纸项目 | 独资、合作、转让或其他双方认可的方式 | 10 | 宁东能化投资有限责任公司 |
| 年产5万吨三聚氰胺项目 | 独资、合作、转让或其他双方认可的方式 | 1.65 | 宁东能化投资有限责任公司 |
| 年产6万吨环己酮项目 | 独资、合作、转让或其他双方认可的方式 | 5.4 | 银川市宁东管委会 |
| 年产2万吨季戊四醇项目 | 独资、合作、转让或其他双方认可的方式 | 1.12 | 银川市宁东管委会 |
| 20万吨醋酸项目 | 独资、合资、合作 | 5.28 | 宁夏大地冶金化工有限公司 |
| 20万吨硫酸铵项目 | 独资、合资、合作 | 1.3 | 平罗县招商局 |
| 2万吨乙二醇项目 | 独资、合资、合作 | 1.55 | 平罗县招商局 |
| 年产5万吨双零铝箔项目 | 独资、合作、转让或其他双方认可的方式 | 15.95 | 银川市宁东管委会 |
| 年产5万吨亲水箔项目 | 独资、合作、转让或其他双方认可的方式 | 2.8 | 银川市宁东管委会 |
| 年产15万吨铝板带项目 | 独资、合作、转让或其他双方认可的方式 | 16.63 | 银川市宁东管委会 |
| 年产2万吨精铝项目 | 独资、合作、转让或其他双方认可的方式 | 3.31 | 银川市宁东管委会 |
| 年产2万吨高精度铝箔生产项目 | 独资 | 10 | 永宁工业园区管委会办公室、永宁县招商局 |
| 年产6000吨衬塑铝合金管项目 | 独资 | 0.6 | 青铜峡市人民政府 |
| 年产2万吨超高功率石墨电极项目 | 独资、合资、合作 | 4.2 | 平罗县招商局 |
| 年产8万吨汽车散热器复合材项目 | 独资、合作、转让或其他双方认可的方式 | 12.34 | 银川市宁东管委会 |
| 年产10万吨锰合金项目 | 合资、合股 | 3.6 | 宁夏华夏特钢有限公司 |
| 年产40万吨石膏制酸联产60万立方米建筑砌块及尾气余热回收发电项目 | 合资、合股 | 1.8 | 宁夏华夏特钢有限公司 |
| 高岭土(蒙脱石)开发项目 | 合作、合资方式综合开发 | 0.8 | 固原市原州区招商局 |

**装备制造**

| 项目名称 | 合作方式 | 投资金额（亿元） | 项目单位 |
|---|---|---|---|
| 铸件机械加工建设项目 | 独资 | 1 | 永宁工业园区 |
| 数控机床排屑器部件建设项目 | 独资 | 1 | 永宁工业园区 |
| 起重机运输机械车轮组建设项目 | 独资 | 0.6 | 永宁工业园区 |
| 起重机运输机械卷筒滑轮建设项目 | 独资 | 0.5 | 永宁工业园区 |
| 起重机运输机械减速器建设项目 | 独资 | 1.3 | 永宁工业园区 |
| 高强度标准紧固件项目 | 独资、合资、合作或其他方式 | 0.24 | 石嘴山市招商局 |
| 年产1500台(套)煤炭加工专用机械设备制造项目 | 独资、合资、合作 | 1.1 | 平罗县招商局 |
| 宝塔石油化工机械制造有限公司化工机械制造项目 | 合资、合作、控股等多种双方认可的方式 | 10 | 宁夏宝塔石化集团 |
| 宁夏多缸柴油发动机装配基地建设项目 | 独资或其他双方认可的合作方式 | 2.7 | 银川经济技术开发区 |
| 银川汽车底盘生产线建设项目 | 独资或其他双方认可的合作方式 | 2 | 银川经济技术开发区 |
| 数控机床刀库部件建设项目 | 独资或其他合作方式 | 1.5 | 银川经济技术开发区 |
| 宁夏风电设备增速器建设项目 | 独资或其他双方认可的合作方式 | 4.38 | 银川经济技术开发区 |
| LED外延片、芯片制造生产线项目 | 独资、合资、合作 | 1.1 | 平罗县招商局 |

**轻工、食品、医药**

| 项目名称 | 合作方式 | 投资金额（亿元） | 项目单位 |
|---|---|---|---|
| 50万平方英尺手工纯毛地毯项目 | 合资、合作 | 0.6 | 盐池县招商局 |
| 高档羊绒精纺纱线及高支羊绒精纺面料开发和生产项目 | 合资、合作 | 5.1 | 德泓(宁夏)国际纺织有限公司 |
| 山羊绒系列产品深加工产业链技改项目 | 合资、合作 | 6.12 | 宁夏荣昌绒业集团有限公司 |
| 年产1万吨柠檬酸项目 | 引进技术、资金合作生产 | 0.4 | 宁夏佳立生物科技有限公司 |
| 空气集成净化机、分布式净水系统生产项目 | 独资、合资、合作 | 1.4 | 平罗县招商局 |
| 40万羽蛋鸡健康养殖及深加工循环产业基地扩建项目 | 合资、合作或面议 | 0.86 | 宁夏顺宝现代农业有限公司 |
| 宁夏沙林纸一体化项目—10万吨/年沙柳、柠条沙生灌木浆生活用纸项目 | 合资、合作 | 5.39 | 宁夏紫荆花纸业有限公司 |
| 年产红(胡)萝卜浓缩汁15200吨、香精700吨、真空冷冻干粉6000吨加工项目 | 合资、合作 | 1.4 | 青铜峡市人民政府 |
| 滩羊养殖及精深加工项目 | 独资、合资、合作 | 0.85 | 盐池县招商局 |
| 年产8亿只无菌软包装项目 | 独资、合作、转让或其他双方认可的方式 | 3.46 | 银川市宁东管委会 |

| 项目名称 | 合作方式 | 投资金额(亿元) | 项目单位 |
|---|---|---|---|
| 年产3000吨苜蓿草叶蛋白项目 | 合资、合作 | 0.62 | 彭阳县荣发农牧有限公司 |
| 甘草产业开发项目 | 独资、合资、合作 | 0.26 | 盐池县招商局 |
| 中药有效成分提取项目 | 合资、合作 | 0.45 | 宁夏明德中药饮片有限公司 |
| 2000吨骨胶生产线扩建项目 | 合资、合作 | 0.33 | 固原市原州区招商局 |
| 黄油、干酪素、无水奶油、酪朊酸钠等系列产品加工项目 | 独资 | 0.65 | 宁夏亿美乳业有限公司 |
| 天然蜂产品技改扩建项目 | 独资 | 0.27 | 宁夏天然蜂产品科技开发有限责任公司 |

特色农产品加工

| 项目名称 | 合作方式 | 投资金额(亿元) | 项目单位 |
|---|---|---|---|
| 20万吨/年玉米深加工啤酒专用糖浆、异麦芽低聚糖、麦芽糖醇、赖氨酸生产项目 | 独资 | 2.2 | 贺兰县招商局 |
| 高档肉牛、肉羊生产体系建设项目 | 拟采取股份合作制,联营合作方式 | 0.84 | 宁夏夏华肉食品有限公司 |
| 年产5000吨马铃薯休闲食品项目 | 独资、合资、合作 | 0.75 | 宁夏银欧超闲食品有限公司 |
| 牛羊屠宰加工、副产品综合利用及商贸物流建设项目 | 合资、合作、入股(参股或部分子项目控股) | 3.56 | 宁夏农垦贺兰山清真牛羊产业(集团)有限公司 |
| 400万瓶/年生命红口服液项目 | 独资、合资 | 0.5 | 宁夏红枸杞产业集团有限公司 |
| 年加工2000吨葡萄籽综合开发项目 | 独资 | 1.5 | 青铜峡市人民政府 |
| 5万吨葡萄酿酒加工项目 | 独资、合资、合作 | 2.3 | 红寺堡开发区经济发展局 |
| 5000吨马铃薯水晶粉丝生产项目 | 独资、合资、合作 | 0.35 | 固原经济开发区 |
| 优质肉牛标准化养殖项目 | 独资、合资、合作 | 0.8 | 宁夏泾源县招商局<br>宁夏固原市招商局 |
| 马铃薯膨化食品加工项目 | 独资 | 0.45 | 西吉县招商局 |
| 高抗氧化值枸杞清汁产业化项目 | 独资、合资 | 1.2 | 宁夏瑞碧枸杞产业有限公司 |
| 枸杞深加工系列产品综合开发项目 | 独资、合资、合作或其他方式 | 0.4 | 石嘴山市招商局 |
| 20万吨/年玉米深加工啤酒专用糖浆、异麦芽低聚糖、麦芽糖醇、赖氨酸生产项目 | 独资 | 2.2 | 贺兰县招商局 |

特色旅游现代服务

| 项目名称 | 合作方式 | 投资金额(亿元) | 项目单位 |
|---|---|---|---|
| 震湖湿地自然保护区生态旅游建设项目 | 合资、合作经营 | 0.35 | 西吉县招商局 |
| 大雪山景区开发项目 | 独资、合资、合作 | 0.4 | 泾源县招商局 |
| 黄河大峡谷旅游开发项目 | 采用合资,独资均可;可单项投资,也可整体开发;合作年限不限 | 3.11 | 青铜峡市人民政府 |

| 项目名称 | 合作方式 | 投资金额（亿元） | 项目单位 |
| --- | --- | --- | --- |
| 罗山旅游资源开发项目 | 独资，亦可与政府合资合作经营，具体方式面洽 | 0.4 | 红寺堡开发区经济发展局 |
| 宁夏世界穆斯林城项目 | 项目建设采用合资、合作的方式 | 8 | 永宁县招商局 |
| 中华回乡（纳家户）文化园二期扩建项目 | 合作、入股或其他方式 | 3.5 | 宁夏回乡文化实业有限公司、永宁县招商局 |
| 中华回乡四季鲜果园与生态农业观光园建设项目 | 项目建设可以采取合资、合作、入股、融资等投资合作方式 | 0.58 | 宁夏领鲜果蔬产业发展有限公司 |
| 中卫市大型综合贸易园区建设项目 | 独资、合资、股份等多种形式，根据客商的意愿可整体招商建设或分项招商建设 | 4.8 | 中卫市旅游和商务局 |
| 吴忠金积工业园区污水处理厂项目 | 独资、合资或合作 | 0.56 | 吴忠金积工业园区管委会 |
| 石嘴山市物流中心暨战略装车点建设项目 | 独资、合资、合作 | 6 | 平罗县招商局 |
| 西部物流中心建设项目 | 独资、合资、合作或其他方式 | 2 | 石嘴山市招商局 |
| 瀚泉海综合开发项目 | 1. 可开发建设水产、旅游一体化，也可单独开发旅游产业或水产业。2. 可分片、分区域投资开发。3. 可独资、合资开发。 | 3 | 平罗县招商局 |
| 玉泉营葡萄酒小镇建设 | 合资、合作 | 40 | 宁夏农垦事业管理局<br>宁夏农垦集团有限公司 |
| 20万亩水产养殖基地及水产品批发市场建设 | 合资、合作 | 5.4 | 宁夏农垦集团有限公司 |
| 宁夏招商大厦 | 合资、合作、入股或其他 | 3.5 | 自治区招商局 |

## 名优产品

**【“枸杞经济”带动农民增收致富】** 宁夏中宁以枸杞名闻天下，枸杞种植面积已占到宁夏枸杞种植总面积的31.3%，占全国枸杞总面积的8.3%；已建成2万亩无公害枸杞科技示范园区，8个5000亩以上的优质名牌枸杞基地乡，23个千亩的枸杞生产专业村和45个500亩以上连片的集约化种植区，枸杞种植户达4.5万户，高达该县总户数的74.9%。新建成了全国规模最大的“中国枸杞城”，被国家农业部批准为全国52个“定点农副产品批发市场”之一。全国各地客商前来批量采购，年销量超过2万吨。有较大规模的枸杞加工企业10家，开发出了枸杞酒、枸杞芽菜、枸杞茶、枸杞饮料、枸杞豆奶粉、枸杞多糖、枸杞油等十大系列十几个品种的产品；年转化干枸杞2000吨，产值5亿元。产品远销美国、日本、新加坡等多个国家和地区。 （尹玉芳）

**【中宁枸杞进入高端市场】** 中石化宁夏石油分公司凭借在全国加油站网点，已捆绑形成超过1.45万家易捷便利店。中国驰名商标“中宁枸杞”在易捷便利店上架销售。中国石化宁夏石油分公司还与中宁县合作开发“易捷庄园”牌枸杞果酒，已通过中国石化加油站便利店销往北京、上海、山东、江苏、浙江、天津、广东等地。中国石化宁夏石油分公司还联系引进宁夏万盛生物科技有限公司在中宁县枸杞产业园投资1.5亿元建设枸杞精深加工及枸杞物流配送中心项目，加大枸杞新产品开发力度，打造枸杞深加工产品的知名品牌。 （尹玉芳）

**【宁夏枸杞出口达3000多万美元】** 宁夏加强对国际农业标准的研究，逐步形成了与国际标准接轨的枸杞种植和加工体系，实现了枸杞品种优良化、种植规模化、管理规范化、生产标准化和经营产业化的目标。2010年，枸杞种植总面积突破70万亩，总产量达到8万吨，产值超过30亿元。宁夏各类枸杞加工、营销企业已达200多家，形成了枸杞酒、果汁、枸杞籽油、叶茶等10大类50多种枸杞产品，枸杞深加工产品出口量已超过3500吨，同比增加10%，出口地已扩展到美国、加拿大等30多个国家和地区。 （尹玉芳）

**【重奖宁夏名牌产品企业】** 1月29日，自治区政府对宁夏夏进乳业集团股份有限公司等72家获得2009年宁夏名牌产品称号的企业和宁夏青龙塑料管材有限公司等20家获得2009年宁夏质

量管理奖的企业进行了表彰,并斥资145万元对其中的29家名牌产品生产企业进行奖励。(尹玉芳)

**【宁夏又增5件中国驰名商标】** 国家工商总局商标局公布了2010年认定的326件中国驰名商标,宁夏“汇川”“兴唐”“御马”“IMPE-RIALHORSE及图”“盐池滩羊”榜上有名,现宁夏拥有中国驰名商标12件。这5件商标自注册以来,企业产值、销售额、市场占有率、产品知名度等多项主要指标在全国同行业中位居前列。驰名商标的认定将进一步增强企业在知识产权上的优势,保护企业的品牌利益。是宁夏汇川服装有限公司、宁夏兴唐米业集团有限公司、御马国际葡萄酒业(宁夏)有限公司、盐池县滩羊肉产品质量监督检验站实施商标战略、创建自主品牌取得的重要成果。(尹玉芳)

**【宁夏大米获地理标志认证】** 7月13日,在北京举行的宁夏优质大米推介暨新闻发布会上,农业部授予宁夏大米农产品地理标志登记证书。宁夏作为我国稻谷的重要产区,随着水稻产量和品质的不断提高,大米加工业得到了快速发展。应该瞄准高端市场,打造自己的大米品牌。突出特色、精品、高端,瞄准大中城市高消费群体,提高加工水平和商品化程度,努力把“宁夏大米”打造成国家级大米精品名牌产品。(尹玉芳)

**【2010年政府奖励的宁夏名牌产品暨企业名录】**

| 商标名称 | 产品名称 | 生产企业 |
|---|---|---|
| 沃福百瑞 | 饮料(枸杞果汁) | 宁夏沃福百瑞生物食品工程有限公司 |
| 银电牌 | 聚氯乙烯绝缘电力电缆 | 宁夏天嘉电线电缆有限公司 |
| 启元 | 固体制剂(维C银翘片、复方甘草片) | 宁夏启元国药有限公司 |
| 潘杨锦旺 | 番茄 | 银川市锦旺农业综合开发有限公司 |
| 西夏王 | 驼绒服装制品 | 银川昊特制衣有限公司 |
| 斯百克 | 食品用复合塑料袋 | 银川市富邦印刷包装有限公司 |
| 长朔 | 太阳能热水器 | 宁夏清华园新能源科技有限公司 |
| 宁川 | 聚氯乙烯绝缘电力电缆 | 银川红日电线电缆有限公司 |
| 厚生记 | 膨化食品 | 宁夏厚生记食品有限公司 |
| 昊裕 | 食用植物油(胡麻油) | 宁夏昊裕油脂有限公司 |
| 六盘山 | 八宝茶 | 宁夏绿源食品有限公司 |
| 伊味奉真 | 罐头(牛、羊、鸡肉制品) | 宁夏伊味清真食品有限公司 |
| 安优卜 | 罐头(牛羊肉制品) | 宁夏安优卜清真食品有限公司 |
| 黄河香 | 大米 | 贺兰县生瑞粮油有限公司 |
| 家庆 | 食用植物油(胡麻油) | 宁夏家家食用油有限公司 |
| 全保 | 办公家具、厨柜 | 宁夏全保家具有限公司 |
| 大夏七星 | 聚氯乙烯绝缘无护套电缆电线 | 宁夏七星电线电缆有限公司 |
| 泉水牌 | 寒痛乐熨剂 | 宁夏泉水药业有限公司 |
| 继华 | 绝热用模塑聚苯乙烯泡沫塑料 | 银川继华工贸有限公司 |
| duowei | 洁白胶囊 | 宁夏多维药业有限公司 |
| 泰瑞 | 泰乐菌素 | 宁夏多维泰瑞制药有限公司 |
| 小任 | 鲜水果(草莓、吊瓜、果桑、毛桃),鲜蔬菜(乳瓜、小番茄) | 银川小任果业有限责任公司 |
| 鼎夏 | 白酒 | 宁夏鼎夏酒业有限公司 |
| 昊神 | 固体制剂(维C银翘片、双辛鼻窦炎颗粒) | 宁夏金太阳药业有限公司 |
| 宝山 | 大规模集成电路用高纯钽靶材 | 宁夏东方钽业股份有限公司 |
| 金旌 | 碳化硅 | 宁夏金旌矿冶有限公司 |
| 星海湖 | 食用植物油(胡麻油) | 宁夏成玉植物油有限责任公司 |
| 维野顿 | 罐头(蔬菜制品) | 平罗县白云特色菜加工厂 |

续表

| 商标名称 | 产　品　名　称 | 生　产　企　业 |
| --- | --- | --- |
| 涝河桥 | 速冻肉制品 | 宁夏涝河桥清真肉食品有限公司 |
| 伊　星 | 食用植物油(葵花油) | 吴忠市兴达粮油有限公司 |
| 丁国军 | 食用植物油(胡麻油) | 宁夏吴忠市国军清真食品有限公司 |
| 金鹰雪 | 小麦粉 | 吴忠市金鹰粮贸有限公司 |
| 东　星 | 塑料纺织袋 | 吴忠市东星塑料制品有限公司 |
| 万绨旎 | 阿拉伯大袍 | 吴忠市万绨旎民族服饰有限责任公司 |
| NXHY | 聚氯乙烯绝缘无护套电线电缆、聚氯乙烯绝缘聚氯乙烯护套电缆 | 宁夏海洋线缆有限公司 |
| 回　乡 | 大米 | 宁夏回乡缘粮油工贸有限公司 |
| QTX | 重熔用铝锭 | 青铜峡铝业有限公司 |
| 对　了 | 对了杂粮 | 盐池县对了杂粮食品有限公司 |
| 庆原春 | 小麦粉 | 固原雪洋粮油有限责任公司 |
| 六盘金牛 | 普通过磷肥酸钙 | 宁夏农丰源肥业科技有限公司 |
| 荣　荟 | 苜蓿草捆 | 彭阳县荣发农牧有限责任公司 |
| 佳家福 | 手工打结羊毛地毯 | 隆德县佳家福地毯有限公司 |
| 雪　冠 | 淀粉(马铃薯淀粉) | 固原雪冠淀粉有限责任公司 |
| 穆和春 | 速冻肉制品 | 宁夏夏华肉食品有限公司 |

(温　勇)

【2010年宁夏名牌产品】

| 商标名称 | 产　品　名　称 | 生　产　企　业 |
| --- | --- | --- |
| 金鹰雪 | 小麦粉 | 吴忠市金鹰粮贸有限公司 |
| 对　了 | 对了杂粮 | 盐池县对了杂粮食品有限公司 |
| 星海湖 | 食用植物油(胡麻油) | 宁夏成玉植物油有限责任公司 |
| 昊　裕 | 食用植物油(胡麻油) | 宁夏昊裕油脂有限公司 |
| 伊　星 | 食用植物油(葵花油) | 吴忠市兴达粮油有限公司 |
| 丁国军 | 食用植物油(胡麻油) | 宁夏吴忠市国军清真食品有限公司 |
| 厚生记 | 膨化食品 | 宁夏厚生记食品有限公司 |
| 沃福百瑞 | 饮料(枸杞果汁) | 宁夏沃福百瑞生物食品工程有限公司 |
| 鼎　夏 | 白酒 | 宁夏鼎夏酒业有限公司 |
| 雪　冠 | 淀粉(马铃薯淀粉) | 固原雪冠淀粉有限责任公司 |
| 涝河桥 | 速冻肉制品 | 宁夏涝河桥清真肉食品有限公司 |
| 穆和春 | 速冻肉制品 | 宁夏夏华肉食品有限公司 |
| 六盘山 | 八宝茶 | 宁夏绿源食品科技有限公司 |
| 伊味奉真 | 罐头(牛、羊、鸡肉制品) | 宁夏伊味清真食品有限公司 |
| 安优卜 | 罐头(牛羊肉制品) | 宁夏安优卜清真食品有限公司 |
| 庆原春 | 小麦粉 | 固原雪洋粮油有限责任公司 |
| 维野顿 | 罐头(蔬菜制品) | 平罗县白云特色菜加工厂 |
| 黄河香 | 大米 | 贺兰县生瑞粮油有限公司 |
| 家　庆 | 食用植物油(胡麻油) | 宁夏家家食用油有限公司 |

续表

| 商标名称 | 产　品　名　称 | 生　产　企　业 |
|---|---|---|
| 回　乡 | 大米 | 宁夏回乡缘粮油工贸有限公司 |
| 塞外香 | 小麦粉 | 宁夏塞外香面粉有限公司 |
| 三　利 | 调味品(酿造食醋、酿造酱油) | 银川三利清真酱醋有限责任公司 |
| 厚生记 | 蔬菜制品(乡螺菜) | 宁夏厚生记食品有限公司 |
| 银　泉 | 液体奶 | 宁夏北方乳业有限责任公司 |
| 贺兰山 | 酸牛奶 | 宁夏银川市平吉堡酸奶厂 |
| 老爷子 | 糕点(月饼) | 青铜峡市明珠圆清真食品乳业有限责任公司 |
| 雄　牛 | 白酒 | 宁夏雄牛酒业有限公司 |
| 兴　唐 | 大米 | 宁夏兴唐米业集团有限公司 |
| 丹　富 | 小麦粉 | 宁夏丹富粮油食品有限公司 |
| 荣　荟 | 苜蓿草捆 | 彭阳县荣发农牧有限责任公司 |
| 泽　光 | 畜禽、水产饲料 | 宁夏大北农科技实业有限公司 |
| 伊　品 | 赖氨酸 | 宁夏伊品生物科技股份有限公司 |
| 斯百克 | 食品用复合塑料袋 | 银川市富邦印刷包装有限公司 |
| 全　保 | 办公家具、厨柜 | 宁夏全保家具有限公司 |
| 东　星 | 塑料纺织袋 | 吴忠市东星塑料制品有限公司 |
| 佳家福 | 手工打结羊毛地毯 | 隆德县佳家福地毯有限公司 |
| 西夏王 | 驼绒服装制品 | 银川昊特制衣有限公司 |
| 万绨旎 | 阿拉伯大袍 | 吴忠市万绨旎民族服饰有限责任公司 |
| SHAMAIDUN(沙麦顿) | 纸箱 | 银川市富邦印刷包装有限公司 |
| 银晨 | 散热器(铜铝复合型、钢制片头系列) | 宁夏银晨散热器有限公司 |
| 汇　川 | 服装(西服、休闲装、衬衫) | 宁夏汇川服装有限公司 |
| 电　通 | 复印纸 | 宁夏电通信息产业有限公司 |
| 长　朔 | 太阳能热水器 | 宁夏清华园新能源科技有限公司 |
| 继　华 | 绝热用模塑聚苯乙烯泡沫塑料 | 银川继华工贸有限公司 |
| 瀛　海 | 普通硅酸盐水泥 | 宁夏瀛海集团实业有限公司 |
| 西　夏 | 普通硅酸盐水泥 | 宁夏西夏水泥有限责任公司 |
| 鹤泉湖 | 复合硅酸盐水泥 | 宁夏建成建材有限责任公司 |
| 青　化 | 普通硅酸盐水泥 | 宁夏金昱元化工集团有限公司 |
| 科　豪 | 釉面地板砖 | 宁夏科豪陶瓷有限公司 |
| 新　龙 | PVC－U、PE 塑料管道 | 宁夏青龙塑料管材有限公司 |
| 科　进 | 预拌混凝土 | 宁夏科进砼业有限公司 |
| 瑞　明 | 太阳能热水器 | 银川瑞明太阳能有限公司 |
| 六盘山 | 尿素 | 宁夏开元丰友化工股份有限公司 |
| 引　力 | 双氰胺 | 宁夏兴平精细化工股份有限公司 |
| 昆　仑 | 复混肥料 | 中国石油宁夏石化公司 |
| 青　化 | 聚氯乙烯树脂 | 宁夏金昱元化工集团有限公司 |

续表

| 商标名称 | 产品名称 | 生产企业 |
|---|---|---|
| 青化 | 工业氢氧化钠(片碱) | 宁夏金昱元化工集团有限公司 |
| 六盘金牛 | 普通过磷肥酸钙 | 宁夏农丰源肥业科技有限公司 |
| 金旌 | 碳化硅 | 宁夏金旌矿冶有限公司 |
| QTX | 重熔用铝锭 | 青铜峡铝业有限公司 |
| 宝山 | 大规模集成电路用高纯钽靶材 | 宁夏东方钽业股份有限公司 |
| 宝山 | 铍合金制品 | 宁夏东方钽业股份有限公司 |
| 惠冶 | 镁及镁合金锭 | 宁夏惠冶镁业集团有限公司 |
| 太洗 | 无烟煤 | 神华宁夏煤业集团有限责任公司太西洗煤厂 |
| 大夏七星 | 聚氯乙烯绝缘无护套电缆电线 | 宁夏七星电线电缆有限公司 |
| 银电牌 | 聚氯乙烯绝缘电力电缆 | 宁夏天嘉电线电缆有限公司 |
| 宁川 | 聚氯乙烯绝缘电力电缆 | 银川红日电线电缆有限公司 |
| NXHY | 聚氯乙烯绝缘无护套电线电缆、聚氯乙烯绝缘聚氯乙烯护套电缆 | 宁夏海洋线缆有限公司 |
| 卧龙 | 电力变压器 | 银川卧龙变压器有限公司 |
| 国飞 | 低压抽出式开关设备 | 宁夏国飞电气有限公司 |
| 煤友 | 煤机用隔爆型电动机(YBU 系列、YBC 系列、YBSD 系列、输送机用) | 宁夏西北骏马电机制造股份有限公司 |
| 大河 | 加工中心 | 银川大河数控机床有限公司 |
| 大河 | 数控机床(数控镗铣床、珩磨机床) | 中卫大河机床有限责任公司 |
| 启元 | 固体制剂(维 C 银翘片、复方甘草片) | 宁夏启元国药有限公司 |
| duowei | 洁白胶囊 | 宁夏多维药业有限公司 |
| 泉水牌 | 寒痛乐熨剂 | 宁夏泉水药业有限公司 |
| 昊神 | 固体制剂(维 C 银翘片、双辛鼻窦炎颗粒) | 宁夏金太阳药阳有限公司 |
| 泰瑞 | 泰乐菌素 | 宁夏多维泰瑞制药有限公司 |
| 小任 | 鲜水果(草莓、吊瓜、果桑、毛桃),鲜蔬菜(乳瓜、小番茄) | 银川小任果业有限责任公司 |
| 潘杨锦旺 | 番茄 | 银川市锦旺农业综合开发有限公司 |
| 天启 | 马铃薯 | 吴忠天启薯业有限公司 |
| 灵丹 | 灵武长枣 | 灵武市果业开发有限责任公司 |
| 香山硒砂 | 香山硒砂瓜 | 中卫香山硒砂瓜业有限责任公司 |

(温　勇)

【2010 年中国名牌产品】

| 产品名称 | 商标名称 | 生产企业 |
|---|---|---|
| 钽丝、钽粉 | 宝山 | 宁夏东方钽业股份有限公司 |
| 挂面 | 塞北雪 | 宁夏塞北雪面粉有限公司 |
| 露酒 | 香山 | 宁夏红枸杞产业集团有限公司 |

(温　勇)

# 农业与农村经济

编辑：王晓华　唐　虹

## 综　述

**【概况】** 2010年，全区农业农村经济发展成效显著，全区粮食种植面积达1266.1万亩，总产达356.5万吨，呈现出山川同增、夏秋同丰的良好局面，是全国5个连续7年增产的省区之一，也是自治区成立以来第一次实现连续7年增产。全区完成农业总产值255亿元，比"十五"末增长84.8%；实现农业增加值140亿元，比"十五"末翻了一番；农民人均纯收入跨越4000元大关，达到4600元，是"十五"末的1.8倍，位居西北五省区之首。全年完成农业增加值140亿元，增长7%；农民人均纯收入达到4600元，增长12%。增幅连续6年高于全国平均水平。人均粮食占有量560公斤以上，位居全国前列。

特色优势产业全面提质增效。全区肉牛饲养量达到189万头，增长8.5%；肉羊饲养量1300万只，增长12.1%；奶牛存栏43.2万头，增长13.2%；适水产业面积达到66万亩，增长32%，稻田养蟹面积达到5.4万亩。枸杞、马铃薯、葡萄、红枣、农作物制种、苹果、中药材等特色优势产业继续保持两位数增长，畜牧水产业产值占农业总产值的比重达到44%。设施农业发展势头强劲。全区新建设施农业21.3万亩，设施农业面积累计达到105.8万亩，百万亩设施农业建设目标提前一年完成。覆膜保墒集雨补灌旱作节水农业面积发展到130.3万亩，发挥了重要的抗旱保增收作用。扬黄补灌高效节水农业发展到60万亩，为生态移民区提供了强有力的产业支撑。乡镇企业和农产品加工业平稳较快发展。全区乡镇企业实现增加值180亿元，增长15.2%。全区新增规模以上农产品加工企业32家，累计达到439家，加工产值达到185亿元，增长22.5%。主要农产品加工转化率达到52%，比上年提高了2个百分点。（唐　亮）

**【实现"十一五"规划目标】** "十一五"期间，加大项目争取和农业投入力度，建立健全农业投入稳定增长的长效机制，共落实强农惠农资金66.04亿元。全面免除农业税，大力施行粮食直补、良种补贴、农资综合补贴、农机购置补贴、退牧还草饲料粮补贴等惠农政策，充分调动了广大农民群众发展生产的积极性，为全区农业农村经济持续快速健康发展提供了有力支撑。多年坚持开展大规模农田水利基本建设、中低产田改造，大力实施沃土工程、测土配方施肥工程、种子工程、植保工程，进一步夯实了农业发展的基础。大力开展粮食创高产示范活动，玉米单种高产创建首次实现了万亩连片超吨粮，在全国引起了较大反响；积极推进耕作制度改革，实施压夏增秋，加快马铃薯脱毒种薯三级繁育体系建设。实施冬麦北移工程，粮粮、粮菜、粮油、粮饲等冬麦复种模式大面积推广，粮食综合生产能力和农业种植效益大幅提升。全区粮食总产比"十五"末增加56.7万吨，增长19%，实现了一年上一个新台阶。变被动抗旱为主动调整，着力构建抗旱增收长效机制，实施山川对口帮扶，强化示范引导，设施农业建设由过去的政府推动为主，向政府引导、农民积极参与转变，呈现出山川竞相发展，规模效益同增的可喜局面，宁夏设施农业建设经验已被农业部向全国推广。百万亩覆膜保墒集雨补灌旱作节水农业、扬黄补灌高效节水农业全面推进，在避灾、抗旱、产业支撑、促农增收上发挥了巨大的综合效益。围绕百万亩适水产业发展，加快现代渔业先导区、适水产业开发区、生态渔业建设区、稻蟹生态种养区建设，积极推进稻蟹立体种养，实现了优质稻种植和特色水产养殖的高效结合。以畜禽养殖标准化示范创建为抓手，加快推进传统畜牧业向现代畜牧业转变，大力实施奶牛"出户入园"工程和中南部设施养殖建设工程，规模化养殖畜禽存出栏占全区总量的65%以上。全面推行重大动物疫病综合防控措施，宁夏成为全国唯一建立了动物及其产品全程信息化追溯系统的省区。继续实行全省域封山禁牧，大力开展退牧还草和后续产业建设工程，累计完成天然草原围栏2280万亩，多年生人工种草留床600万亩，一年生禾草200万亩。天然草原生态保护与建设的宁夏模式在全国推广。（唐　亮）

**【政策与举措】** "十一五"期间，围绕"三大示范区"建设，按照"一个产业一个规划、一套扶持政策、一支研发队伍、一个龙头企业、一个物流体系"的要求，制定出台了推进特色优势产业、农产品加工龙头企业、"四个百万亩"工程、中南部地区设施养殖等一系列政策意见和规划措施，整合项目资金，实行以奖代补，产加销环节同扶，引导和鼓励资本、土地、技术等生产要素向特色产业合理配置，构建起了比较完善的扶持农业发展的政策框架和制度体系，形成了政府引导、各类市场主体共同参与、合力推进现代农业发展的崭新局面。建成了70万亩枸杞、1300万只肉羊、189万头肉牛、43万头奶牛、100万亩设施瓜菜、400万亩马铃薯、100万亩压砂瓜、66万亩淡水鱼、75万亩苹果、85万亩红枣、40万亩葡萄和60万亩甘草等一批特色优势农产品产业带，呈现出区域化布局、规模化生产、产业化经营的良好格局。全区农业产业化组织发展到2380家，国家级龙头企业达到13家，自治区级龙头企业达到138家，产值过10亿元的农产品加工企业达到3家，过5亿元的达到7家，过亿元的达到40家。中粮、中储粮、蒙牛、伊利、雨润、张裕、汇源果汁等一批国内知名龙头企业落户宁夏。连续成功举办了五届西部特色农洽会、两届园博会，宁夏园博会跻身全国大型农业品牌展会的行列。首次以自治区人民政府名义在北京成功举办了宁夏优质大米品牌推介会。走精品农业之路，变"卖产品"为"卖品牌"，最大限度地激活了资源的价值和潜力。"宁粳43号"大米食味品质超过国际公认的日本"越光"米，中宁枸杞、盐池滩羊、贺兰水产、中卫硒砂瓜、西吉马铃薯等一批具有宁夏地域特色、地理标志的"宁字号"名特优农产品，行销全国、步入高端、走向海外。有力地拉动了特色农产品出口强劲增长，市场覆盖30多个国家，总量达到18.4万吨，总货值达6.4亿美元，出口总量、总货值分别比"十五"末增长1.6倍、1.1倍。

（唐　亮）

**【示范基地和科技推广】**　"十一五"期间，围绕农业"三大示范区"建设，启动实施了120个现代农业示范基地创建工作，有46个示范基地通过自治区验收，贺兰县被农业部确定为首批国家级现代农业示范区。不断完善现代农业产业技术支撑体系，分产业聘任了30名首席专家，组建了30个专家技术团队，强化"农科教、产学研"相结合，与中国农科院、黑龙江农科院、日本国际协力财团等国内外知名院校、科研院所、经济组织深入开展农业科技合作与交流。深入推进20个基层农技推广示范县建设，加快实施农业科技入户工程，建立了科技人员直接到户、良种良法直接到田、技术管理直接到人的农技推广新机制，一批新品种、新技术、新机具、新农艺得到普及和推广。全区粮食优质化率达到85%以上；奶牛、肉牛、绵羊、水产良种化率分别达到100%、45%、90%、58%；农业科技贡献率达到50%，比"十五"末提高了5个百分点。农村劳动力转移就业和新型农民培训力度进一步加大。狠抓农机化示范县、示范园区建设，在全国率先开展农机免费管理工作，宁夏创新的这一农机管理模式在全国推广。全区农机总动力达702万千瓦，增长24.8%；主要农作物综合机械化水平达到54%，比"十五"末提高了16个百分点。切实加强农产品市场和质量安全体系建设。建成农业部定点批发市场17个，产地批发市场53个；全区蔬菜、畜禽和水产品监测合格率分别达到97.8%和98.9%，均高于95%的国家控制指标；宁夏农业信息化模式在全国得到推广。大力实施农村清洁能源工程，大力推广沼气、太阳灶和太阳能热水器等清洁能源，累计受益农户达到45万户。　（唐　亮）

**【机制创新和改革】**　"十一五"期间，按照依法、自愿、有偿的原则，积极探索和创新农村土地流转机制，加强土地承包经营权流转管理和服务，全区土地流转总面积达到98.3万亩，涉及农户12万户；扶持各类主体围绕特色产业开展多种形式的规模化、专业化生产经营，大力发展"一乡（村）一品""一县一业"，泾源肉牛、西吉西芹、彭阳辣椒、海原西甜瓜、兴庆花卉、永宁园艺、灵武长红枣等一批规模优势和产业特色鲜明的专业乡（村）、专业县基本形成；以增强带动能力、服务能力和市场开拓能力为重点，坚持内联外引，高强度扶持，大力培育龙头企业、农民专业合作组织、种养大户等新型农业经营主体。全区农民专业合作组织累计达到1802个，比"十五"末增加1229个，带动全区40%的农户从事有组织、有标准、有规模的产业化经营，农民的市场意识和抗风险能力明显增强；积极推进乡镇企业结构调整和产业升级，引导龙头企业、乡镇企业与合作社、农户建立紧密型的利益联结机制，有效地提高了农业的组织化程度；率先在全国开展农业科技服务体系改革，宁夏的做法和经验在全国推广；全面推进兽医管理体制改革，建立健全了兽医工作体系；积极推进农村集体资金、资产、资源制度化、法制化管理，发展壮大村集体经济，逐步形成了村集体"三资"经营高效、管理民主、监督到位的管理体制和运行机制，宁夏被国务院批准为全国化解村级其他公益性债务的试点省份。　（唐　亮）

## 农 经 管 理

**【农村土地承包管理和经营权流转】**
切实做好延包后续完善工作，基本做到承包面积、地块、合同和经营权证书"四到户"。截至2010年底，全区97.7%的农户与集体经济组织签订了土地承包合同，97.4%的农户领取了"农村土地承包经营权证书"，均高于全国平均水平；以实施土地经营权流转合同制和备案制为重点，在全区全面使用了统一规范的土地承包经营权流转合同文本、流转委托书、台账等；贯彻执行自治区党委、政府办公厅《关于加快农村土地承包经营权流转工作的意见》，加强土地承包经营权流转管理和服务，积极推进农村土地承包经营权规范流转。截至2010年底，全区成立县级土地流转管理服务机构15个，乡（镇）级土地流转管理服务机构182个，村级土地流转管理服务站1747个。坚持依法自愿有偿原则，积极建立农村土地承包经营权流转市场，使一大批农业龙头企业、经营大户、农民专业合作组织等经营主体逐渐成为农村土地流转的参与主体和农业产业化经营的生力军。截至2010年底，全区参与土地承包经营权流转的农户13.2万户，流转面积109.6万亩，签订流转合同11.4万份；贯彻执行《中华人民共和国农村土地承包经营纠纷调解仲裁法》《农村土地承包经营纠纷仲裁规则》和《农村土地承包仲裁委员会示范章程》,建立乡村调解、县级仲裁、司法保障的农村土地承包经营纠纷调解仲裁体系。截至2010年底,有5个县(市、区)成立了农村土地承包纠纷仲裁委员会,聘任仲裁员68名,有1046个乡村成立调解机构,培训各类相关人员1147人次;继续落实土地承包信访分级负责制、属地管理责任制和上访情况逐级按月定期报告制度,加大对农村土地承包纠纷的调处力度。2010年,全区共发生农村土地承包纠纷35件,按照属地管理的原则,调处28件,仲裁委员会受理并调处纠纷4件。

(谢永新　杨利平)

**【农村集体"三资"管理】** 全区初步实现了农村集体"三资"(即资金、资产和资源)管理由人为管理、随机管理向制度管理、规范管理方向转变。2010年底,全区有93%的行政村全面落实了全区统一的村集体经济组织"三资"管理制度,有1859个村实行会计委托代理服务制,有723个村实现了村级财务电算化管理,有8个县(市、区)成立了会计委托代理中心。村级普遍实行了财务公开与民主管理制度。结合村级"两委"换届,开展了村干部任期与离任经济责任审计工作。全区共对792个行政村进行了财务审计,审计金额8.8亿元,对2105个行政村4546名村干部进行了任期和离任经济责任审计,审计总金额76.6亿元,违纪金额649.7万元。开展农村"三资"管理调研,形成了《关于对全区村级集体资金资产资源管理情况的调研报告》,并按照自治区领导批示,研究制定了《关于加强村级集体资金资产资源管理的意见》,经自治区政府常务会议、党委常委会议审议通过;在全区开展了村级集体资金资产资源清理工作,完成了2318个行政村的清理任务,共清理村集体资金资产21.5亿元,资源性资产总面积246.7亿亩。继续按照"政策指导、调查研究、加强管理"的要求,在116个新农村建设"示范村"和2个贫困村开展村级债务动态监测工作,探索化解村级债务的经验和做法;按照《国务院农村综合改革工作领导小组关于开展清理化解其他公益性债务工作的意见》精神,经积极争取,国务院将宁夏列入了全国化解村级其他公益性债务的试点省份,并批准了《宁夏清理化解村级债务实施方案》,并以自治区政府办公厅文件下发,正式启动全区村级债务化解工作。

(谢永新　杨利平)

**【农民负担监督管理】** 坚持治标与治本相结合,积极推进重点治理,狠抓减负惠农政策落实,完善相关法律法规,积极探索构建新形势下农民负担监管的长效机制和村级公益事业建设的有效机制,坚决防止农民负担反弹;深入开展农村义务教育阶段学校乱收费、修建通村公路乱摊派集资、农民建房乱收费、公费订阅报刊摊派等重点领域治理;认真落实涉及农民负担收费"审核制""公示制""限额制""监督卡制"和"责任追究制";启动实施重点地区农民负担问题综合治理试点;加强对"一事一议"筹资筹劳的指导、监督和管理,开展农民负担监测。2010年,农民负担水平总体平稳,表现为"四降一高一增"的特点,"四降"即上交集体各种款项逐年减少、行政事业性收费持续下降、农村义务教育收费大幅度减少、罚款明显减少;"一高"即农业生产收费持续上涨,居高不下;"一增"即农民承担的"一事一议"筹资筹劳有所增加。

(郭德宝　贺学斌)

**【农民专业合作组织】** 继续开展示范社建设行动,2010年制定《宁夏农民专业合作社规范》《宁夏农民专业合作社示范社创建规范》,以地方标准出台执行,在全国属首例。认真做好农民专业合作组织数据库建设、扶持项目数据库建设。截至2010年底,全区共有各类专业合作组织1802个,年内新增180个,项目扶持专业合作社97个,培育自治区级示范合作社17个。积极开展农民专业合作社负责人培训工作,利用阳光工程培训项目在全区25个市、县(市、区)举办农民专业合作社负责人培训班,完成了3000名农民专业合作社负责人的培训任务;利用农民专业合作社扶持项目培训农民专业合作社辅导员、负责人等148人。各地自行开展培训333场次,培训农民专业合作组织辅导员、负责人和乡村干部、能人大户达8471人次,全区共计培训11619人次。积极争取项目资金支持,加强项目资金管理,开展农民专业合作社项目备案制管理试点,对2009年度项目扶持的农民专业合作组织资金使用情况进行检查验收,对2007~2009年10个农业部农民专业合作组织示范项目和自治区85个10万元以上的合作组织项目进行了全面的清理和检查。积极探索合作组织与农产品超市实行"农超对接"工作,主动为农民专业合作社牵线搭桥。全区有近百家农民专业合作社实现了"农超对接"。　(谢永新　杨利平)

**【基层农业技术推广体系】** 2010年,争取到基层农业科技服务体系建设资金1500万元,为100个农业、畜牧、林业、水利站配置办公、培训、信息和技术服务设施,为150个乡镇农林牧水科技服务站配置了科技服务车,落实基层农业科技人员入户津贴105万元;按照《自治区农技人员进村入户补贴实施暂行办法》《基层农业科技人员继续教育实施方案》要求,以"素质提高"和"技能再造"为主,开展基层农技人员继续教育工作,落实农技人员继续教育工程120万元,纳入"人才助农"工程,继续教育培训基层农业科技人员1000名。

(郭德宝　贺学斌)

**【农村经济运行态势固定监测】** 完成了2010年各季度农村经济统计分析工作。2010年,全区农业增加值达140亿元,同比增长10%;农民人均纯收入达4675元,同比增长15.5%;继续在16个县(市、区)实施620户监测户、15个专业合作组织、13个综合及专业批发市场、2个标准化示范园区、10个主导及优势特色产业运行态势固定监测项目,全面完成了全年监测项目的汇总、分析、评价工作。对自治区"十一五"期间农民收入状况进行了系统分析。编印《2009年度农村经济运行态势固定监测资料汇编》。开展农户家庭收支及生活支出情况、农民现金收入情况、农产品零售和专业批发市场价格、农业生产资料价格和专业批发市场流通情况分析。全年形成农村经济运行状况、农民现金收入、农户家庭收支及生活支出情况、农产品零售和专业批发市场价格、农业生产资料价格和专业批发市场流通情况、农民生产意向等分析报告、情况反映等40多篇。做好全国农村固定观察点7个村、350户调查户的常规调查，组织完成了常规调查数据的审核、汇总、分析工作和主要农产品价格调查工作；继续开展小麦、水稻、玉米、马铃薯、辣椒、枸杞、育肥羊、奶牛等8个主要农畜产品的成本效益核算分析工作，形成专题分析报告；完成了土地流转、农民现金收入、农村劳动力外出就业、农民生产意向情况等农村难点、热点问题专题问卷调查分析，形成专题报告。

（谢永新　杨利平）

# 农业政策法规

**【农资市场管理】** 一是下发了《关于切实做好2010年春季农资市场监管工作的通知》《关于继续深入开展农资打假专项治理行动的通知》等文件，建立了农资打假重大事项专项报送制度，对《农业行政执法文书》进行了统一规范，对农业行政处罚案卷进行了评查。二是牵头8个厅局组织召开了2010年全区农资打假电视电话会议，对全区农资打假工作进行了安排布署。三是开展以化肥、农药、种子为重点的农资打假护农行动。2010年，全区农业执法队伍对无公害农产品种植基地、农产品营销企业、农资经营企业（户）、规模养殖场（户）、集贸市场等进行了6次拉网式检查，共出动执法人员17717人次，出动执法车4429辆次，检查集贸市场360多个，农资经营户4300多个，查处无证种子经营案件18起，没收假劣种子15476公斤，处理违法经营行为37人次，吊销种子生产经营许可证1家，查处假劣兽药案件8起，没收假劣兽药72公斤，为农民挽回经济损失33.494万元，净化了农资市场，维护了农民群众的合法权益。（政策法规处）

**【行政审批】** 一是开展强素质，创佳绩，树形象，人人争当优秀"五员"（讲解员、便民服务员、办事员、宣传员、监督员）活动。二是开展了行政审批办件"大回访"。政务大厅共接到电话回访120个，发出专用回访信函近70封，实地回访企业近20家，普遍反映很好。三是网上审批工作正式启动。印制了"宁夏农牧厅行政审批专用"资料袋，对行政审批工作人员进行轮岗、培训，如期开展网上行政审批。四是组织召开了行政审批工作座谈会，总结交流行政审批工作经验，加强业务单位之间的沟通与联系，为更顺畅地合作打下基础。农牧厅窗口被自治区政务服务中心评为"便民服务年"活动先进窗口。

（政策法规处）

**【政策调研】** 完成了《农业综合执法体系建设情况的调研报告》《关于西部大开发以来固原市原州区张易镇贺套村发展情况的调研报告》《关于重庆成都统筹城乡发展情况的考察报告》《关于惠农区农业产业化的调研报告》等政策调研报告，为领导研究和制定宁夏农业农村经济社会的发展提供决策参考。

（政策法规处）

# 农业技术推广

**【粮油作物技术推广】** 水稻旱育稀植、冬麦北移、灌区小麦套种玉米"吨粮"模式、山区玉米地膜覆盖栽培、马铃薯脱毒种薯、旱作节水农业等一批重大技术在全区粮食生产上的综合应用率达到75%以上，增产幅度一般为15%～30%，高的达到45%以上。其中，灌区冬麦北移技术推广面积由"十五"末的1.5万亩发展到2010年的51.7万亩，占到灌区小麦总面积的35%，平均亩产485公斤，比春麦增产40.7%，实现了小麦单产的重大突破；形成了冬麦后复种蔬菜、青贮玉米、油葵等高效种植模式，比春麦套种玉米亩均增收390～1450元，为灌区发展复种两熟、改革耕作制度开辟了技术途径。覆膜保墒集雨补灌旱作节水农业技术2010年应用面积达到130.29万亩，提前一年完成百万亩建设任务；推广种植马铃薯、玉米、向日葵、西瓜等旱区特色作物，降水利用率提高25%，水分生产效率提高12.6%，亩均增收250～910元，在中部干旱带和南部山区发挥了重要的抗旱保增收作用。粮油高产创建和重大技术推广推动宁夏粮食持续增产。2010年，全区粮食综合平均亩产为281.7公斤，达到历史最高水平；粮食总产达到356.5万吨，实现了连续7年增产，再创历史新高。（徐润邑）

**【百万亩设施农业】** 一是集成推广日光温室"十项技术"和大中拱棚"六项技术"。2010年累计应用面积135.6万亩次，全区80%的新建温室和拱棚符合规范化建设标准，设施农业优新品种应用率达到84%，集约化育苗和膜下节灌技术普及率均达到80%以上，电动卷帘机和保温被覆盖率达到30%以上。二是调整优化作物布局和茬口结构。引黄灌区主攻精品瓜菜日光温室高效生产，中部干旱带和南部山区发展冷凉蔬菜拱棚生产；日光温室以秋冬茬接早春茬为主，冬春一大茬为辅，拱棚以种植一大茬为主，试验总结出了一年两茬、两年五茬的种植模式。围绕供港蔬菜和脱水蔬菜基地建设，主推了喷灌、高垄宽行种植、病虫害统防统治、净菜加工等技术，提高了标准化生产水平。

（徐润邑）

**【蔬菜标准园和科技示范园区】** 全年建成国家级设施蔬菜标准园3个，自治区级20个，全面实现了标准化生产和商品化处理，产品质量全部达到食品安全国家标准；建成设施农业科技示范园区237个，建设蔬菜现代农业示范基地24个，展示新品种150多个，示范新技术30多项，切实发挥了示范引领作用。截至2010年底，全区设施农业建成面积达到105.8万亩，比"十五"末增长5.5倍；2010年全区日光温室蔬菜平均亩产量8230公斤，平均亩产值19664元，分别比上年提高8.5%和28.5%。供港蔬菜基地面积达到4万亩，压砂瓜发展到108万亩。（徐润邑）

**【测土配方施肥项目】** "十一五"期

间,测土配方施肥补贴项目先后覆盖全区所有县(市、区)和农垦农场,连续五年被自治区政府列为30件民生实事的测土配方施肥项目建设任务均完成。2010年,全区推广测土配方施肥技术800万亩,覆盖了农作物种植总面积的一半,通过灌区节肥增产和山区增肥增产,亩均增收29.1元,共计增收2.32亿元。其中,建立配方肥标志性示范区120万亩,推广施用配方肥4万吨,实现了测土配方施肥全面到位;建立计算机指导施肥核心攻关区2万亩,免费提供"一户一卡"或"一户多卡"个性化服务,实现了测土配方施肥全部入户。

(徐润邑)

**【农业有害生物监测】** 全区已建立起以自治区预警分中心为核心、16个预警区域站为依托的农作物有害生物监测预警体系。在坚持做好主要粮食作物病虫害预测预报的同时,着力加强特色优势作物和设施蔬菜病虫情的系统监测。农作物重大病虫害可视化预报不断推进,全区开展电视预报的县(市、区)达到16个。各级测报机构以刊物《植保信息》为主要载体,及时发布重大病虫情趋势预报及防治警报,并对小麦条锈病、草地螟等12个重大病虫害实行周报制度。全区农作物病虫害长期预报准确率稳定在85%以上,中短期预报准确率稳定在90%以上。(徐润邑)

**【农作物病虫害防治】** 认真贯彻落实农业部《关于推进农作物病虫害专业化防治的意见》,全区建立起农作物病虫害专业化防治组织80个,从业人员2199人,拥有机动施药器械8000多台,2010年完成专业化防治面积318.5万亩次,明显减少了农药用量,切实提高了防治效果,有效增强了防控能力,带动群防群治4434.23万亩次,挽回粮食损失6.34亿公斤,挽回瓜菜损失7.91亿公斤。 (徐润邑)

**【有害生物检疫】** 以产地检疫中的制种基地和调运检疫中的种子种苗为重点,严格植物检疫审批,严控疫情扩散传播。以全区52个疫情监测点为依托,强化疫情调查监测,先后于2006年和2008年在区内首次发现瓜类果斑病和苹果蠹蛾疫情。实施局部植物疫情阻截防控,特别对瓜类果斑病从发现以来逐年加大防控处置力度,到2010年终于使中宁、沙坡头、惠农和大武口的疫情得以扑灭,海原的疫情得到封锁。

(徐润邑)

**【体制改革】** 一是管理体制改革。全面贯彻落实国务院《关于深化改革,加强基层农业技术推广体系建设的意见》和自治区党委、政府《关于加快基层农业科技服务体系改革和建设的意见》,重新核定了县、乡两级农技推广机构编制和科学设置了岗位,实行了竞争上岗和人员聘用,建立了绩效考评制度,实现了由身份管理向岗位管理、由固定用人向合同用人的转变。乡(镇)农技推广机构全面实行了"三权"(人权、财权、事权)归县管理,全部列为全额拨款事业单位。全区有5个县(区)被纳入全国基层农技推广运行机制创新试点范围,体系改革建设不断向纵深推进。二是方式方法创新。依托优势技术力量,突出发展种苗统育统供、肥料统测统配、病虫害统防统治等专业化服务;围绕特色优势产业,着力指导合作组织、专业公司、龙头企业、经营大户开展产前、产中和产后全程产业化服务;鼓励科技人员采取技术承包、自主经营等方式创建科技示范园区,做给农民看,引领农民干;大力开展农信通、农技110、农情短信等现代信息服务;深入实施科技入户工程,组织技术人员进村入户,做到良种良法直接到田,技术要领直接到人。 (徐润邑)

# 种植业

**【粮食生产】** 粮食生产在连续6年丰收的基础上,继续保持稳定增长。据宁夏调查总队调查,2010年全区粮食播种面积达到1266.1万亩,比上年增加25.2万亩,增加2%;全年粮食总产356.5万吨,粮食总产再创历史新高,实现连续7年增产。其中:夏粮面积365.4万亩,比上年减少7.7万亩,减少2.1%。夏粮总产73.3万吨,比上年减少4%。小麦面积317.1万亩,比上年减少10.6万亩,减少3.2%。小麦总产70.3万吨,比上年减少4.4%。夏季小杂粮面积48.3万亩,比上年增加2.9万亩,增长6.4%,总产3万吨,比上年增长2.3倍。秋粮种植面积900.7万亩,比上年增加32.9万亩,增长3.8%。秋粮总产283.2万吨,比上年增加7.3%。其中:水稻面积124.7万亩,比上年增长6.2%。水稻总产70万吨,比上年增加8.4%;玉米面积335.1万亩,比上年增长3.9%,玉米总产165.8万吨,比上年增加6%;马铃薯面积332.8万亩,比上年增长1.9%,马铃薯总产42.5万吨,比上年增加8.7%;秋季小杂粮面积108.1万亩,比上年增长6.6%。

(杨　发)

**【支农惠农政策】** 国家和自治区对种粮农民继续实行了粮食直补、良种补贴、农资综合补贴和农机具购置补贴,粮食直补每亩补贴15元,补贴资金8697.1万元;农作物良种小麦、玉米每亩补贴10元,水稻每亩补贴15元,补贴资金8403万元;农资综合补贴水地每亩补贴57元,旱地每亩补贴16元,补贴资金5.2亿元;农机具购置补贴由上年的1.45亿元增加到2.14亿元,机具类型涉及粮食生产从种到收的各个环节,重点加大了设施农业机具和马铃薯生产机具的补贴力度。全年共落实各项惠农补贴资金9.05亿元,比上年增加0.79亿元。粮食直补、良种补贴和农资综合补贴资金通过"一卡通"方式,分别于4月底、5月底前直接补贴兑现到户,有效地调动了农民务农种粮的积极性。 (杨　发)

**【种植业结构调整】** 为适应缺水、干旱等不利因素,确保2010年粮食生产稳定增长、特色产业进一步发展,全区加大了种植业结构调整的力度。自治区农牧厅制定并下发了《2010年种植业生产及结构调整指导意见》,按照分类指导的原则,引黄灌区进一步加快发展设施农业、优质粮产业,稳定小麦、水稻面积,加大冬麦北移、设施蔬菜、农作物制种基地建设力度;中部干旱带和南部山区的扬黄、库井灌区加大结构调整力度,推进设施农业建设,旱作区大力发展覆膜保墒旱作节水高效农业,扩大马铃薯、玉米和小杂粮面积,加快特色产业发展步伐。种植业内部粮、经、饲、菜种植面积比例由“十五”末的80:8.5:5.5:6调整为66.9:7.9:9.1:16.1;粮食内部夏秋比例由41.2:58.8调整为28.9:71.1,其中山区由43.6:56.4调整为29.6:70.4。(杨 发)

**【粮食高产创建示范点】** 按照农业部粮食高产创建示范点“五统一”“三覆盖”的要求,2010年,全区共落实粮食高产创建面积126.7万亩,落实万亩示范片、千亩展示区和核心攻关点950个,其中:农业部万亩示范片30个。经测产,灌区10个农业部万亩冬麦示范片平均亩产559.7公斤,比普通大田增产31.8%以上;3个水稻万亩示范片平均亩产733.2公斤,比普通大田增产8.1%;7个玉米万亩示范片平均亩产894.2公斤,比普通大田增产30%以上。同心县河西镇玉米万亩示范片,经农业部专家组实地测产,万亩示范片平均亩产达到了1017.4公斤,创造了万亩示范片宁夏玉米单产新高和全国2010年玉米单产最高水平;3个马铃薯万亩示范片平均亩产1677.5公斤,比示范片外增产29.9%。高产创建在更大范围、更高层次上深入推进,实现了由专家产量向农民产量的转变、由单项技术向集成技术的转变、由单纯技术推广向生产方式变革的转变,为实现粮食连年增产和农业持续稳定发展发挥了重要作用。(杨 发)

**【设施农业】** 截至2010年底,全区设施农业累计面积达到105.8万亩,比2005年增加89.7万亩,比上年增加21.3万亩。其中:日光温室51.8万亩,大中拱棚37.9万亩,小拱棚16.1万亩;设施农业面积达到10万亩以上的县(区)1个,5万亩以上的县(区)9个。在推进规模扩大的基础上,重点推广了设施农业提质增效技术,通过示范园区建设,配套示范推广了日光温室十项技术和拱棚六项配套技术。引黄灌区在加大日光温室建设的基础上,加大了阳畦地的开发利用,建设了阴棚和大中拱棚。中部干旱带和南部山区早建设、适时定植,进一步优化品种茬口结构,实现了拱棚生产的春提前、夏排开、秋延后,使拱棚生产效益有效发挥。组织召开了蔬菜标准园创建工作会议,开展了设施农业督察及抵御大风、冻害等抗灾工作,设施农业发展质量、效益显著提高。促进了设施类型多样、山川共同发展、规模效益同增、农民积极参与、园区化建设、集约化生产、产业化经营的发展格局,成为农民增收的一大支柱产业。因市场价格拉动等因素,设施农业生产效益明显提高。全区日光温室亩均纯收入达到1.2万元以上,最高达到2~4万元,大中拱棚亩均纯收入达到5200元以上,小拱棚亩均纯收入达到3300元以上。设施主产区农民人均来自设施农业的纯收入达到1000元以上,设施农业已经成为宁夏农民增收新的增长点。(杨 发)

**【覆膜保墒集雨补灌旱作节水农业】** 按照自治区《中部干旱带和南部山区100万亩覆膜保墒集雨补灌旱作节水农业规划(2008~2012年)》要求,在自治区财政的大力支持下,2010年共完成覆膜保墒集雨补灌旱作农业技术推广130.29万亩,其中:秋季覆膜85.86万亩、早春覆膜44.43万亩。利用覆膜保墒集雨补灌技术平台,推广种植特色优势作物玉米88.7万亩、马铃薯23.09万亩、西瓜5万亩、向日葵13.5万亩。实现玉米总产46.7万吨、马铃薯总产50.3万吨、西瓜总产10万吨、向日葵总产2.9万吨,农业总产值13.6亿元,农业纯收入8.9亿元。特别是80万亩全膜双垄沟播技术,增产效果更为明显,比播期覆膜均增产29.7%。以覆膜保墒集雨补灌为主的旱作节水农业技术推广面积稳步扩大,其蓄水保墒、逆境成苗、抗旱增产增收效果明显,为缓解中南部山区干旱少雨,水资源短缺,促进农业结构调整,发展特色优势产业,有效增加农民收入,提供了有力的技术支撑和基础平台。(杨 发)

**【马铃薯脱毒种薯三级繁育体系】** 以全国人大“1022号”重点建议办理为契机,加大工作力度,稳步推进马铃薯脱毒种薯三级繁育体系建设,促进马铃薯产业提质增效。2011年,共完成引进扩繁优质马铃薯种苗100万株;各快繁中心生产原原种8564万粒;建设原种基地10.6万亩,生产原种1.47万吨;建设一级种基地12.2万亩,生产一级种14.65万吨。针对马铃薯种薯三级繁育体系原原种生产盲目性、种薯基地规划布局不合理、一级种薯收贮推广难等问题,2010年,各市县严格按照“马铃薯三级脱毒种薯繁育体系建设规划”和“推广实施方案”要求,进一步完善市场机制,加强对企业、基地监督管理,严格执行规范操作;适应市场需求,调整繁育品种结构,加强种薯质量监控,加强贮藏设施建设和收储管理,确保种薯繁育运行好、质量高、不流失,确保马铃薯脱毒种薯三级繁育体系建设收到实效。

(杨 发)

**【特色优势产业】** 在稳定粮食面积的基础上,2010年,全区优质粮面积进一步扩大,推广优质小麦91.6万亩,占灌区小麦种植面积的74.1%;推广“以宁粳43号”为代表的优质水稻70.6万亩,占水稻种植面积的56.6%;成功在北京举办了“宁粳43号”优质大米推介会,“宁粳43号大米”“有机大米”“蟹田大米”已占据北京、上海、广州、深圳等国内大中城市高端市场,深受广大消费者青睐。瓜菜种植面积达到319.2万亩,比上年增加17万亩。其中:蔬菜种植196.4万亩,总产量440万吨,人均年蔬菜占有量702公斤,是全国人均蔬菜占有量的1.5倍;西甜瓜122.8万亩(其中压砂瓜107.6万亩);瓜菜产品特色优势进一步显现,销售市场进一步拓展,种植效益大幅提高。发展农作物制种50万亩,比上年增加5万亩。

(杨 发)

**【示范园区建设】** 2010年,在全区建设农作物新品种展示示范园区10个,展示农作物新品种70多个;建设种植业结构调整及耕作制度改革示范园区8个,主要示范推广麦后复种饲草、青贮玉米、向日葵、早熟大豆、早熟马铃薯、蔬菜等作物和稻前茬种植蔬菜;建设蔬菜标准园23个,建设现代农业示范基地17个。通过园区展示和基地示范,筛选出了一批品种,探索出了多种高产高效种植模式,为种植业结构调整、农业增产、农民增收提供了技术支撑。

(杨　发)

# 水　利

【概况】 2010年,是全区水利投资规模最大、发展目标实现最好、人民群众受益最多、保障能力提升最快的一年,也是传统水利向现代水利、可持续发展水利加速转变的一年。全区水利投入30.67亿元,比上年增加11亿元。其中,争取中央资金17.28亿元,地方投资7.54亿元,市场融资4.5亿元,群众投劳折合资金1.35亿元。七项重点人饮工程基本建成,盐环定续建宁夏专用饮水工程完成。继续组织各市县发动广大群众深入持久开展农田水利基本建设大会战,新增旱作基本农田30万亩、新增节水灌溉面积52万亩、改造中低产田64万亩,建设高标准农田50万亩,有效提升了农业综合生产能力。402公里黄河标准化堤防全线建成。主体工程全线贯通,比规划3年时间提前1年建成,创造出黄河堤防建设的"宁夏模式",为加快建设沿黄城市带、实现跨越式发展打造了先导工程,彰显了"小省区干大事"的气魄。农业节水实现新突破,新增节水灌溉面积52万亩、高效节水补灌面积32万亩,建成以色列节灌技术示范区7.4万亩,全年引黄水量63.9亿立方米,在引水连续3年不超指标的基础上,首次实现耗水不超黄河水利委员会指标。战胜"8·11"同心特大山洪灾害,安全转移群众1200多人,创造了零伤亡的奇迹。积极应对中南部严重干旱,保障了41个乡镇17.5万人,80.3万头家畜的饮水和特色产业补灌,维护了社会稳定。全年编制完成水利"十二五"规划报告,规划总投资176亿元,是"十一五"总投资95.8亿元的1.8倍。 (李玉磊)

【黄河标准化堤防主体工程】 402公里黄河标准化堤防主体工程提前1年建成。立足黄河资源的综合开发利用和经济社会全面发展,以思路创新为先导,以体制创新为突破,以机制创新为核心,以措施创新为抓手,变堤防单一防洪功能为"防洪、交通、生态、旅游、文化和经济"等综合功能,累计动用土方4500万立方米,不仅构筑了两岸群众安居乐业防洪安全屏障,而且为建设沿黄城市带、加快城乡统筹搭建起了全新的平台,撑起了"黄河金岸"的脊梁;继续扩大实施黄河疏浚工作,完成疏浚量21万立方米。 (李玉磊)

【五大干渠续建工程】 2010年,投资4.4亿元,完成了七星渠、唐徕渠、固海五干渠等工程建设,共砌护干渠40.2公里,改造骨干建筑物18座,促进了节水增效。完成了固海扬水大战场、扁担沟一泵站共6座泵站的更新改造,改善了老化失修严重问题,使持续运行30多年的"生命工程"重新焕发生机。

(李玉磊)

【高效节水补灌工程】 完成投资3.02亿元,中部干旱带同心下马关、中卫兴仁综合供水等13项工程基本建成,完成补灌面积34.9万亩,建成以色列节水技术示范区7.4万亩,使中部干旱带经济增长方式发生革命性转变。

(李玉磊)

【人畜饮水和节水灌溉工程】 固扩十一泵站以上人畜饮水和节水灌溉工程建成并向项目区供水,人畜饮水工程铺设配水总管道32.25公里,解决了8万人饮水安全问题,完成节水灌溉面积7.39万亩。 (李玉磊)

【中小河流治理项目建设】 争取国家批复2009～2011年宁夏治理中小河流19条,投资2.7亿元。2010年安排下达资金2.06亿元,实施了汝箕沟、大水沟2条中小河流治理工程。 (李玉磊)

【农村饮水安全工程】 把农村饮水安全工程建设作为解决群众最关心、最直接、最现实问题的首要任务,全力推进。共完成投资3.87亿元,七项人饮重点工程开始发挥效益,建成饮水工程42处,解决了397个行政村665个自然村42万人的饮水问题,其中银川市率先实现人饮安全全覆盖,盐环定扬黄续建宁夏专用饮水工程通水到盐池县城,5万老区人民结束了千百年喝苦咸水的历史。 (李玉磊)

【农田水利基本建设】 把农田水利基本建设与打造黄河金岸、实施生态移民、发展设施农业和特色农业以及推广农业新技术相结合,实行山、水、田、林、路、庄全面整治,突出解决灌水难、排水难、吃水难、行路难等热点、难点问题。在领导重视、发动充分、行动提前、声势规模、涉及范围、资金投入、群众参与、质量标准、治理效果等方面实现了新突破,新增灌溉面积13.6万亩、节水灌溉面积52万亩、旱作基本农田30万亩,改造中低产田64万亩,建设高标准农田50万亩,有效提升了农业综合生产能力,为保障宁夏粮食安全、饮水安全、防洪安全和生态安全提供了重要支撑。

(李玉磊)

【病险水库除险加固改造】 强化责任落实,加强监督检查,狠抓质量进度,专项规划内54座病险水库除险加固工程全面完工,新增和恢复库容1.7亿立方米,保护了水库下游9座城市155个村镇100万人、95万亩农田的安全。同时,有61座小型病险水库列入国家专项改造规划,第一批投资计划1.7亿元已下达。 (李玉磊)

【水土保持生态建设】 加大国家农发项目、中央预算内资金水保项目和退耕还林口粮田三大重点项目建设,完成水土流失治理面积1000平方公里,有效改善中南部群众的生活生产条件,为构筑西部生态屏障作出贡献。特别是宁夏被列为陕甘宁坡改梯建设县项目重点实施省区,8个项目区获批,改造坡耕地264平方公里。 (李玉磊)

【水生态环境建设】 不断完善银川等城市水系工程,综合整治沿黄湖泊湿地6.9万亩,严格管理和保护饮水水源地,努力构建人水和谐的大生态圈。坚持以项目支持为主,批复实施水库移民项目51项,2.96万人受益,实现了"确保政策兑现、确保资金安全、确保社会稳定"的目标。 (李玉磊)

【节水型社会建设】 完成了《关于进一步加快推进节水型社会建设的实施意

见》《节水型社会建设管理办法》等相关制度并上报自治区政府，力促自治区政府把节水任务纳入各级政府和有关部门的考核目标；坚持把农业作为节水重点，围绕自治区农业“三个示范区”建设，大力实施灌区节水改造，大搞农田水利基本建设，加快惠农、红寺堡、青铜峡等节水示范县建设，因地制宜发展高效节水灌溉方式，推广水稻节水控灌80万亩，发展井渠结合面积15.3万亩，推行激光平地18万亩，充分发挥出节水整体效益；加快宁东供排水、污水处理水务一体化进程和宁东节水循环示范区建设，大力推广节水新技术、新工艺，不断扩大工业节水成效；制定《节水型载体建设标准及考核办法》，积极开展企业、学校、社区等节水载体建设。结合“水周”等纪念日，采取多种方式，利用各类媒体广泛宣传节水型社会建设，努力营造全社会节约用水的舆论氛围。2010年，在用水需求不断增长的情况下，全区引黄水量和耗水量首次实现双不超黄委会下达指标，以有限水资源支撑了全区GDP高增长。完成了全区水资源管理三条“红线”制度各项指标测评上报、95个水功能区确界立碑、全部县界断面设置和《宁夏水资源优化配置方案》编制工作，完成地下水超采区划定工作，明确禁采区和限采区；继续深化水权转换工作。完成了三个试点项目水权转换核验准备工作，启动宁夏水权转换总体规划调整和修编，编制完成扬黄灌区水权转换总体规划并启动了试点；涉水建设项目全部落实水资源论证制度。首次完成国电英力特宁东化工园区和固原盐化工园区规划水资源论证，力争神华宁煤沙索等10多项建设项目水资源论证报告获批，为自治区重大项目核准立项提供了水资源支撑；强化水资源有偿使用管理。加强取水许可管理，经自治区政府同意加快水资源费征收标准调整步伐并完成水资源调价初步方案。面对供用水矛盾加剧、黄河引水严格受限等困难，强化水权管理，严格水量调度，加强用水管理，累计引水63.9亿立方米，保障了710多万亩农田均衡受益，为全区粮食产量再创新高作出了重要贡献，实现了农业增效、农民增收和农业节水“三赢”。严格计划用水，优化水量调度。科学编制调度预案，将指标全部配置到各干渠和各市县，实施精细化调度，强化水权管理，严格水量调度，确保了灌区上下游均衡受益；积极开展农业灌溉面积核查。运用卫星遥感技术，对引黄灌区农业灌溉面积和作物种植结构进行分灌域、分市县、分乡镇核查，为水资源优化配置、水利规划设计和促进公平、公正供水提供依据；保证工业供水、生态补水。在确保农业灌溉用水的同时加大各业供水，向工业城市供水1.5亿立方米，为爱伊河、星海湖等湖泊湿地补水换水1.32亿立方米，有效地保障了全区经济发展供水安全和生态安全。 （李玉磊）

**【防汛抗旱】** 针对极端天气频发、降雨量偏多、局地暴雨突发等严峻形势，层层落实防汛责任制，加大贺兰山东麓防洪等基础设施建设投资，进一步完善防汛预案体系，有效应对了7次暴雨洪水过程，特别是成功战胜了“8·11”暴雨洪水过程，转移受灾群众1200余人，无一人伤亡。面对去冬今春部分地区干旱、西吉西北部等地10多万人饮水困难及隆德县城供水紧张的严峻形势，安排特大抗旱补助资金重点解决缺水严重地区抗旱水源工程维修、抗旱拉水车辆、抽灌机泵购置、燃油经费不足等困难，确保了灾区没有发生水荒保障了社会稳定。 （李玉磊）

**【体制改革】** 水利投入长效机制初步建立，自治区建立了水利基金，水务投资集团与中国银行宁夏分行签订40亿元信贷支持合同，为重点工程建设提供了资金保障。农村水费改革继续巩固和深化，全面推行面积、水量、水价、水费“四公开”，开票、送票、收费“三到户”和人员工资、工程结算验收“两规范”的管理模式，进一步提高协会管理水平。小型农村水利工程管理体制改革进一步加快，完成了1000处小型水利工程经营权和管理权的改革任务，调动农民和全社会参与水利建设和设施管护的积极性，发挥了工程效益。

（李玉磊）

# 林　业

**【概况】** 2010年，全区共完成营造林面积145.1万亩，其中：人工造林115万亩，封育30万亩；完成黄河金岸绿色长城造林绿化25.3万亩；完成义务植树1800万株。退耕还林完成补植补造25.4万亩，荒山造林10万亩，封山育林4万亩。年内，在罗山保护区发现了新植物锥叶柴胡，青铜峡市获“全国绿化模范县（市）”称号，贺兰山东麓实现了以生态养生态的良性循环。 （刘玲莉）

**【“六个百万亩”生态建设】** 进一步完善《宁夏六个百万亩生态经济林业建设项目实施方案》，加快了“六个百万亩”工程建设进度。贺兰山东麓百万亩生态防护林建设项目，完成造林24万亩；沿黄河百万亩湿地生态保护林建设项目，完成人工营造林总面积25万亩。灌区百万亩特色经济林建设项目，完成新建基地24万亩；毛乌素沙地百万亩防风固沙林建设项目，完成营造林23万亩；中部干旱带百万亩枣树节水经济林建设项目，新发展红枣22万亩；六盘山百万亩水源涵养林建设项目，完成营造林27万亩。 （刘玲莉）

**【优势特色产业】** 全年完成特色经济林45万亩。其中，新增枸杞5.5万亩，红枣20万亩，苹果4万亩，葡萄8万亩，其他经济林及花卉10万亩。重点培育区级龙头企业44家，27个涉林生产企业列入全区100个现代农业示范园基地建设范围。重点扶持新建24个、续建18个特色经济林示范基地；仁存渡护岸林场列入国家农业部标准果园创建项目；中宁县3万亩枸杞出口基地被评为全国十大重点样板出口农产品质量安全示范基地。加大特色经济林产业名、特、优品种的推广和现代种植、管理技术的应用。“中宁枸杞”“宁夏红”“御马干红”“同心圆枣”“灵武长枣”“西夏王”“新华红”等一批特色经济林名牌品牌的经济效益和知名度进一步提升，全区林业及相关产业总产值达到110亿元。 （刘玲莉）

**【森林资源保护】** 进一步依法完善和

规范了林木采伐、征占用林地和野生动植物保护制度,及时查处、严厉打击违法征占林地案件和滥砍滥伐、滥捕乱猎等违法犯罪行为,案件查处率达100%,全年共受理各种征占用林地申请116宗,审核办结105宗,征占用林地面积507.7公顷,依法收取植被恢复费1728万元。全面完成了宁夏森林资源连续清查工作和全区第四次荒漠化及沙化监测工作,建立了宁夏森林信息管理系统。全面完成了全区森林资源二类调查工作,完成了全区第四次荒漠化和沙化监测工作,建立了宁夏森林信息管理系统。（刘玲莉）

**【湿地保护管理】** 各地湿地管理机构相继成立,申报增加国家湿地公园2个、国际重要湿地2个,全区湿地资源清查工作稳步推进,湿地补助试点工作在宁夏石嘴山、吴忠两地开展,银川、平罗两个湿地保护恢复工程全面实施。编制完成了《湿地资源普查工作方案》和《宁夏湿地资源调查实施细则》。全区共区划重点调查湿地13个,区划调查小班约1500个。（刘玲莉）

**【集体林权制度改革】** 围绕"生态受保护、农民得实惠"这一核心,结合宁夏生态建设的实际情况开展集体林权制度改革工作,各试点地区集体林地已基本落实经营主体,完成集体林地确权面积761万亩,已确权发证林地面积761多万亩,发放林权证13余万本。

（刘玲莉）

**【森林公安】** 全区各级森林公安机关共受理各类森林和野生动物案件334起,查处324起,综合查处率为96%。其中:立刑事案件34起(重特大案件6起);受理森林行政案件307起,查处298起;受理野生动物行政案件3起,查处3起。共打击处理违法犯罪人员411人,罚款331人,其他处罚80人。收缴野生动物143头(只)。其中,国家Ⅰ级保护野生动物1头(只),国家Ⅱ级保护野生动物35头(只)。收缴猎枪3支,林政罚款82万余元。建立了森林防火警民联动机制。（刘玲莉）

**【林业有害生物防治】** 自治区确定监测的主要林业有害生物为森林鼠兔害、杨树蛀干害虫、杨树食叶害虫、落叶松红腹叶蜂、沙棘木蠹蛾、灰斑古毒蛾、枸杞瘿螨、臭椿沟眶象等24种,年内林业有害生物发生面积504.48万亩,防治面积309.44万亩,成灾面积19.98万亩,无公害防治面积243.2万亩。重点对南部山区鼢鼠、中部干旱带春尺蠖、苹果蠹蛾进行全面布控和防治。林业有害生物防治面积309.44万亩,无公害防治面积243.2万亩。无公害防治率78.6%,测报准确率87.3%。编制2010年"林业有害生物防治目标管理责任状"任务指标,起草2010年度林业有害生物防治项目实施方案,办理自治区林业局对银川、吴忠、中卫、固原和石嘴山5个地级市及17个市、县、区(局)2010年度林业有害生物防治项目实施方案的批复。签订市、县(区)林业有害生物防治责任状。对全区16个国家级中心测报点及6个自治区级测报点在年初进行检查督导。举办乡村级森防员培训班及各种类型的现场会、培训班,组织培训县、乡、村三级森防员及其他专业技术人员1080人次。(刘玲莉)

**【退耕还林】** 2010年度退耕还林工程配套荒山荒地造林计划任务14万亩(乔木造林5万亩、灌木造林5万亩、封山育林4万亩)。2010年巩固退耕还林成果补植补造任务25.36万亩、项目资金1268万元。争取完善政策补助资金7170.6万元。正式出版了《宁夏退耕还林工程实践》。编制上报了《宁夏退耕还林工程规划(2010~2015年)》。

（刘玲莉）

**【天然林保护工程】** 2010年共完成封山育林323.5万亩,飞播造林核实合格面积99.86万亩,累计完成投资42726万元,其中中央投资40042万元,地方配套资金2684万元。宁夏共纳入中央森林生态效益补偿的重点公益林面积541.1万亩,其中,国有370.2万亩,集体、个人170.9万亩,中央总投资3560万元。共纳入自治区森林生态补偿基金面积66万亩,投资300万元,将补偿面积落实到山头地块。举办全区天然林保护工程技术人员和财务人员培训班,分两期共培训人员150人。组织局直属自然保护区管理局国有林场职工进行技能培训,共培训人员200人。

（刘玲莉）

**【贺兰山野外监测】** 宁夏贺兰山国家级自然保护区管理局从国外引进两台红外线自动拍摄相机,将实现对珍稀野生动物种群及数量的动态监测。贺兰山国家级自然保护区位于银川平原和阿拉善高原之间,总面积300余万亩,是中国六大生物多样性中心之一。

（刘玲莉）

**【"黄河金岸"绿色长城建设】** "黄河金岸"绿色长城实施单位有青铜峡市、吴忠市、中卫市、中宁县、兴庆区、灵武市、永宁县、贺兰县、平罗县、惠农县、石嘴山11个市、县(区),完成营造林22万亩,其中堤防林5.46万亩,生态经济林6.64万亩,生态景观林1.36万亩,农田防护林2.87万亩,庄点绿化0.47万亩,封育及湿地保护5.2万亩。

（刘玲莉）

**【宁夏治沙经验对外推广】** 联合国环境规划署派官员和专家考察宁夏的治沙模式,把宁夏的治沙经验向全世界推广,并以宁夏为代表开展中国、联合国环境规划署与非洲三方面的环境治理合作。宁夏沙化土地占全区总面积的22.8%,比全国平均水平高出5个百分点,是中国土地沙化最为严重的省区之一。宁夏在长期的治沙实践中建立起"政府引导、工程带动、企业牵头、群众参与、多元化投资"的防沙治沙体制,创造了草方格固沙、生物工程治沙等技术,开创了谁治沙谁所有谁受益的鼓励治沙机制,形成了沙区生态经济林、沙区药材、沙区瓜果、沙区设施农业、沙区新能源、沙漠旅游休闲等主导沙产业,创造了利用外资治沙的宁夏模式。宁夏治沙面积在1500亩以上的企业有60多家,开发治理沙荒地30多万亩。建立了盐池、灵武、同心、中卫四个县级综合治理示范县。全区共治理沙漠化土地118万亩。《宁夏防沙治沙条例》2010年12月1日起施行。（刘玲莉）

**【宁夏首家园林景观设计院成立】** 宁夏宁苗园林绿化有限公司与北京林业大学景观设计院合作共同成立了宁夏

宁苗景观设计院,成为自治区首家具有专业园林景观设计专项乙级单位。

（刘玲莉）

**【林业宣传】** 全年在各类媒体播发林业新闻8000余条,其中在中央电视台播出宁夏林业新闻9条;在《人民日报》《经济日报》等中央主要媒体刊登宁夏林业报道16篇;在人民网、新华网等网络媒体刊登宁夏林业报道400多条;在中国《绿色时报》刊登宁夏林业报道70多篇;在宁夏电视台播出宁夏林业新闻160多条;在《宁夏日报》刊登宁夏林业报道300多篇,在宁夏人民广播电台播发宁夏林业新闻100多条;在《新消息报》《华兴时报》等自治区媒体登载宁夏林业报道1500多篇。（刘玲莉）

# 畜牧业

**【概况】** 2010年,全区肉牛饲养量189万头,同比增长8.5%;奶牛存栏43.2万头,增长13.2%;羊只饲养量1300万只,增长12.1%;生猪饲养量345万头,增长7.2%;家禽饲养量3800万只,增长8.5%。全区肉类总产量36.6万吨,增长11.4%;牛奶产量122万吨,增长11%;禽蛋产量9.9万吨增长11.1%;人均肉、奶、蛋占有量分别达到52.6公斤、176公斤和14.2公斤。畜牧业总产值达到86.1亿元,占农业总产值的38%,同比增长8.8%。

（张　军　脱征军）

**【饲养方式转变】** 全年把畜禽养殖标准化示范创建工作作为转变畜牧业生产方式的重要抓手,认真落实国家、自治区各项扶持政策,按照适度规模、合理布局的目标,强力推进规模养殖。全区各类规模养殖场(小区)已达3734个,其中奶牛383个、肉牛288个、肉羊1025个、生猪953个、家禽1085个。现有规模养殖户8.1万多户。全区奶牛、肉牛、肉羊、生猪等规模养殖的比例分别达到70%、29%、38.6%和62.4%,规模化养殖畜禽存出栏占全区总量的65%以上。（张　军　脱征军）

**【畜禽良种繁育和推广体系】** 畜禽良种是现代畜牧业发展的基础。全区已建成良种畜禽繁育场42家,奶牛生产性能测定中心1个,常年存栏种畜禽70多万头(只、套),每年可向市场提供150万支奶牛、肉牛冻精,2000余只种羊,5.4万头良种子猪,6500万羽以上良种家禽。建成奶牛、肉牛和生猪人工授精站(点)736个,形成了区、县、乡、村四级改良网络。畜禽良种补贴已覆盖奶牛、肉牛、肉羊和生猪等畜种,成为国内唯一的良种补贴覆盖主要畜种和技术奶牛、肉牛冻精实现全区覆盖的省区。奶牛、肉牛、绵羊和生猪良种覆盖率分别达到100%、45%、90%和80%。同时,围绕制约肉牛产业关键环节,中南部地区推广了秸秆加工调制、日粮配制、高效(暖棚)养殖、快速育肥等一批实用技术,启动了高档肉牛生产配套技术研究与示范工作,对产业的优化升级提供了强有力的科技支撑。

（张　军　脱征军）

**【优质饲草供应体系】** 按照“压夏增秋、压粮增草、为养而种、种养结合”的原则,不断调整和优化种植业结构,在稳定600万亩紫花苜蓿和红豆草等多年生牧草基地的基础上,加大地膜玉米种植力度,地膜玉米种植面积达到200万亩,青贮玉米面积突破30万亩,种植以甜高粱、大燕麦为主的一年生禾草120万亩,并有效利用其他农作物秸秆、山野草和林间草。全区畜牧业多元化饲草供应体系已经初步形成。伴随着畜牧业快速发展和饲草料种植结构调整,大力推广饲草青贮、黄贮和氨化技术,饲草料加工调制技术得到迅速推广。全年全区农户购置饲草料加工机械2万台(套),累计达到11万台(套),建设“三贮一化”池60万立方米,累计已达360万立方米。新建饲草加工配送中心20个,年内完成秸秆加工调制240万吨,其中全株玉米青贮100万吨,秸秆加工利用总量比上年增长7.1%,利用率达到了60%以上。

（张　军　脱征军）

**【财政扶持】** 一是继续加大省级财政投入。2010年在自治区农业产业化安排畜牧业发展资金1200万元的基础上,按照自治区党委、政府提出的加快中部南部设施养殖业的决策部署,通过多渠道整合资金2000万元用于中南部设施养殖业发展。二是积极争取国家项目。共落实项目资金6567万元,其中,奶牛标准化养殖场(小区)2000万元,生猪规模化养殖场(小区)500万元;落实奶牛、肉牛、绵羊和生猪畜禽良种补贴项目1167万元;争取肉羊养殖标准化示范创建资金500万元,建设肉羊标准化养殖示范小区10个;建设国家秸秆养畜示范县4个,总投资400万元;争取畜禽良种工程建设项目3个,总投资600万元;争取退牧还草、鼠虫病害防治等项目资金1400万元。三是加强项目监督管理。为确保各项政策措施落到实处,加大了与有关部门间的协调配合,联合开展项目的申报、评审、督察,严格程序,对项目执行和实施情况、资金使用和管理情况进行督察,并及时提出整改措施,确保了项目进度和取得实效。（张　军　脱征军）

**【畜产品质量安全】** 按照农产品质量安全专项整治的要求,各级畜牧部门严格饲料、兽药等投入品的监管,大力推行标准化饲养技术,强化质量安全监督管理,对全区奶站进行了拉网式检查,畜产品质量安全水平始终保持较高水平,全年未发生一起畜产品质量安全事故。据农业部飞行抽检和自治区例行监测结果,全区畜产品质量安全全年监测合格率始终保持在99.5%以上。

（张　军　脱征军）

**【区域性草畜矛盾】** 随着养殖规模的扩大,全区饲草料资源配置不足的矛盾愈发凸显。全区合理家畜饲养量为1200万个羊单位,2010年全区家畜饲养量已超过2000万个羊单位,草畜矛盾十分突出,饲草短缺将是制约宁夏畜牧业跨越式发展的主要瓶颈。

（张　军　脱征军）

**【畜产品加工】** 全区有规模以上清真牛羊肉加工企业17家,乳品加工企业24家,草产品加工企业10家。年加工牛羊肉能力仅有2万吨,销售额6000多万元,乳品加工企业年加工能力2万吨以上仅有4家,企业规模小、产品单一。产品附加值低,产业链条短,市场竞争力不强,优质不优价。

(张　军　脱征军)

## 渔　业

**【概况】**　2010年,宁夏渔业坚持科学发展,以市场为导向,以产业增效、农民增收和可持续发展为目标,认真贯彻落实国家、自治区关于农业农村经济工作的一系列方针政策及措施,扎实推进现代渔业建设,全区渔业经济继续保持快速健康的发展态势,顺利实现"十一五"各项目标任务。全区水产养殖面积达到40.4千公顷,同比增长21.4%,比"十五"末的2005年增长130%;全区水产品产量12万吨,同比增长20%,比2005年增长106%;渔业经济总产值18.6亿元,同比增长10.7%,比2005年增长98%;从渔农民人均纯收入6560元,同比增长10.3%,比2005年增长37%;全区人均水产品占有量19公斤,稳居西北地区首位。　(刘　巍)

**【渔业结构】**　"十一五"期间,自治区党委、政府以新的理念和思路破解渔业发展难题,充分发挥渔业在农业农村经济发展、生态保护、观光休闲、文化传承的综合优势,把以水产养殖为主,水生植物种植、水上休闲旅游等协调发展的"适水产业"作为现代渔业发展的重要突破口,强力推进。特别是2009年以来,在全区示范推广稻蟹生态种养技术,实现了"一水两用,一地双收",提高了土地产出率和资源利用率。2010年,全区各类水产养殖品种41个,其中乌克兰鳞鲤、草鱼、黄河鲶、河蟹等特色及名优养殖品种31个,养殖面积20.7千公顷,占养殖总面积的50.8%;示范推广稻田养蟹3.6千公顷,水生植物规模化种植0.7千公顷,休闲观光渔业场点达到198家,渔业开始由单纯的生产型产业向生态型产业、旅游文化型产业延伸和拓展。　(刘　巍)

**【水产品质量安全】**　"十一五"期间,面对中国农产品质量安全出现的各种挑战,全区各级渔业部门积极应对,不断加大工作力度,全区水产品质量安全水平不断提高,水产养殖投入品使用监管制度、水域环境监测制度、生产日志制度不断完善。2010年,全区共开展无公害水产养殖水体环境监测13.3千公顷,设置水产养殖病害测报点55个,测报面积3千公顷,水生动物病害监控和防治率达到95%以上;全年检测水产品、苗种、水质、饲料样本411个,检测参数3120个,合格率100%;外调苗种检疫率90%以上;建立完善了水产品质量安全监督抽查生产单位数据库,对全区1331户规模养殖户纳入档案管理,重点监控,在农业部产地水产品质量安全两次例行抽检中,药残合格率均达到100%。全区共创建农业部健康养殖示范场38个,认定无公害水产品基地面积25.3千公顷,认证无公害、绿色水产品82个。　(刘　巍)

**【渔业科技】**　"十一五"期间,宁夏渔业水平不断提高,科技对产业的支撑和引领作用更加明显,先后组织实施了国家自然基金、自治区科技攻关、自治区自然基金等一批重大项目,开展了湖泊湿地渔业水域环境调控、适水产业生态模式、黄河鲶人工繁育及高效养殖等研究开发,示范推广了一批养殖新品种和水产健康养殖、鱼类病害预测预报与综合防治、生态渔业、稻田养蟹等先进适用技术。2010年,组织实施了自治区科技攻关、自治区"5183"农业科技工程、宁陕科技合作等一批重大项目,完成了国家自然基金、自治区自然基金项目;开展了湖泊湿地渔业水域环境调控、适水产业生态模式、黄河鲶人工繁育及高效养殖等研究开发;加强名优鱼类健康养殖、良种繁育、稻蟹生态种养、大水面生态修复等主推技术的集成、示范与推广,其中主养草鱼项目、河蚌育珠项目分获自治区科技进步二、三等奖。2010年,全区共繁育各类水产苗种6.95亿尾,全区苗种自给率达到60%,水产良种化率达到58%;落实水产健康养殖技术大面积推广13.3千公顷,培育渔业科技示范户1100户,培训技术人员、从渔农民1.4万人次。　(刘　巍)

**【渔业支撑保障体系】**　"十一五"期间,国家及自治区不断加大对渔业的投入,加强渔业基础设施和支撑保障建设,宁夏渔业质量安全体系、水产原良种体系、渔政执法体系更加完善。截至2010年,国家及自治区投入宁夏渔业的各类项目资金达到8000余万元,建设完成自治区渔业"三检"中心、8个县级水生动物疫病防治站和一批自治区及市县级水产原良种场,配备渔政执法车14辆、渔政执法快艇14艘,全区水产品质量检测能力、良种生产能力、渔政现代化装备水平明显提高。　(刘　巍)

**【渔业生态保护】**　"十一五"期间,宁夏渔业生态保护取得新进展,可持续发展理念更加深入,建立和完善了黄河宁夏段休渔制度和渔业资源增殖放流制度,建设了黄河卫宁段兰州鲶国家级水产种质资源保护区、黄河青石段大鼻吻鮈国家级水产种质资源保护区,启动了沙湖、星海湖水生生物自然保护区建设项目,西吉震湖特有鱼类国家级水产种质资源保护区获农业部批准,全区国家级水产种质资源保护区达到3个。2010年,共向黄河及爱伊河等水域增殖放流黄河鲤、黄河鲶等经济鱼类4678万尾,举办大型增殖放流活动6次,其中,自治区人民政府与农业部联合举办的黄河吴忠段大型渔业增殖放流活动取得圆满成功,引起了媒体和社会各界的广泛关注,产生了良好的社会效果,形成了政府主导、各界支持、社会参与的良好氛围。截至2010年,宁夏共向黄河及沙湖、星海湖、阅海湖等重点湖泊水域累计投放各类经济鱼类2.5亿尾,宁夏渔业向"资源节约、环境友好"的可持续发展迈出了实质性步伐。

(刘　巍)

## 农　垦

**【概况】**　2010年,宁夏农垦紧紧围绕"深化改革增活力、搞活经营壮集团、建设园区强示范、舞活龙头调结构、繁荣三产提效益、改善民生促和谐、抓好党建带队伍"的工作部署,抢抓机遇,锐意进取,在发挥对现代农业的引领示范作用和深化改革、加快发展上取得了新的进展。全年实现垦区生产总值13.92亿元,同比增长18.6%;职工人均收入18860元,增长12.8%;人均收入10085.8元,同比增长11.9%。农垦集团实现营业收入27.99亿元,同比增长16.3%;实现利润3646.8万元,同比增长19.5%;固定资产投资6.3亿元,同比增长49%;资产总额达到了93.26亿元,同比增加60.46亿元,资产负债率降到了20%。（马慧兵）

**【经营体制】** 一是不断完善体制机制。建立了管理人员工资薪酬与企业利润、营业收入和工作绩效挂钩的激励约束机制,对垦区各企事业单位全面实行月考评、年考核,重奖重罚,奖优罚劣。进一步理顺了农场与地方、农场与实业公司及子分公司、农场与农场的关系。二是加大土地清收力度。依据《关于整顿和加强农垦土地管理的决定》和《宁夏回族自治区农垦系统清理收回对外承包土地补偿办法》,清收违法违规对外承包土地18.43万亩。同时,为自治区和银川市重点项目提供建设用地8400亩。三是加快土地变资本进程。完成130宗74.7万亩68.4亿元土地注资,完成425宗土地分割变更登记,完成发行企业债券的信用评级、项目审批等前期工作。四是跟进落实政策。与11个市、县(区)政府签订了医疗卫生机构移交协议,将17所医院和388名医务人员以事业编制身份全面移交地方政府,结束了农垦60年来企业办医疗卫生事业的历史;与农行宁夏分行就处理不良贷款达成了分期分批偿还意见,偿还银行贷款本息6160万元;将垦区列入国家清理化解公益性乡村债务试点范畴,可化解社会公益性债务6154万元。

（马慧兵）

**【优势产业】** 一是粮食生产保增收。播种粮食49.84万亩,总产达到30.85万吨,平均单产达到了618.9公斤;冬麦北移面积4.85万亩,麦后复种5.67万亩,复种指数达到1.8。二是特色产业上规模。建成了葡萄育苗中心,育苗3100万株,为垦区内外提供优质种苗2170万株,定植鲜食葡萄148棚,新增葡萄种植基地2.56万亩,形成了10万亩的葡萄产业带,农垦集团成为全国单个企业葡萄种植规模之最。放大“连湖模式”,种植蔬菜2.2万亩,生产各类蔬菜7.5万吨,其中供港菜3万吨。以沙湖生态渔业基地为核心,发展稻(苇)养蟹2466亩,适水产业基地达9.9万亩,水产产量达到8637.5吨,增长28.7%。三是畜牧养殖求安全。面对重大疫病给奶牛、生猪等带来的严重影响,实行“四级联防联控”,注射口蹄疫、禽流感疫苗93万头(只)次,免疫密度达到100%,确保规模不减、水平不降和食品安全。期末奶牛存栏2.67万头,同比增加1.5%;生产牛奶9.95万吨,同比增加14.3%。生猪出栏5.19万头,存栏3.38万头,“灵农”牌鲜猪肉连锁销售点达55家,供应放心肉2000多吨,完成中央储备肉活体猪9000头。四是绿化造林讲质量。围绕主要铁路、公路交通干线绿色通道工程、农田防护林工程、场镇绿化工程和特色产业工程,植树造林4.57万亩,其中葡萄、苹果、枸杞等经济林3.08万亩;完成了西北环路内侧50米“八横八纵”宽幅林带、文萃路两侧林网等2万多亩生态绿化建设。（马慧兵）

**【农业示范基地】** 推进农垦28个农业示范区(块)建设,平吉堡现代农业、沙湖生态渔业、玉泉营酿酒葡萄等7个示范基地已列为自治区级现代农业示范基地。开展小麦水肥一体化实验,每亩节水63%、节肥24%,增产104公斤,节本增收109.7元;积极探索灌区节水农业发展新路子,率先小面积实施水稻滴灌技术,节水、节肥、节药、节工效果良好。（马慧兵）

**【建设现代农业示范园区】** 生产马铃薯脱毒原原种1700万粒,研发了2个拥有自主知识产权玉米新品种,填补了自治区种子自繁销售的空白;建成4918平方米的智能温室,引进蝴蝶兰、红掌等名优特新品种19个、7.8万株;3600平方米科技创新大楼和7000平方米冷链加工贮藏中心已完成部分主体工程;450亩优质百果园和220亩育苗中心等项目已具雏形。（马慧兵）

**【科技服务】** 创建了葡萄、奶牛、设施园艺等三大科技创新中心,时隔25年召开了宁夏农垦科技创新大会,出台了《关于加强农垦科技创新的实施意见》;聘请首席专家6名,选聘科技特派员10名,组建技术团队7个,承担“5183农业科技工程”项目3个;成立了科学技术协会,吸纳个人会员295名,团体会员29个;壮大科技人员团队,面向社会招聘专业技术人员54名(硕士生13名);开展老专家服务团和“科技下场”活动,现场培训159场、3万多人次,极大提高了新技术的普及率和到位率。创建粮食高产攻关区13.7万亩,设立部级万亩高产创建区2个、千亩展示区85个,推广应用高产新品种96%以上;长山头农业发展公司玉米万亩高产示范区平均亩产达1145公斤,创造了宁夏农垦玉米万亩高产示范区单产新纪录,灵武农业发展公司水稻、西夏王实业公司冬麦万亩高产创建示范区平均亩产分别达到717公斤、614.2公斤,均创历史新高,受到农业部部长韩长赋的充分肯定和高度评价。10个高产攻关奶牛场成年母牛年均单产达8871公斤,贺兰山奶业公司5个奶牛场平均单产达9708公斤,最高单产达10070公斤,刷新垦区历史纪录,达到全国领先水平。

（马慧兵）

**【农业基础设施建设】** 投资2.38亿元,综合治理农田23.7万亩,建设高标准农田1.1万亩,改造中低产田8.31万亩,建设种子晒场8万平方米,激光平地12.6万亩,秸秆还田24.9万亩,测土配方施肥9.4万亩,砌护渠道415公里,沟渠清淤1663公里,修建配套建筑15835座,是农垦近三年的总和。整合农机补贴资金和项目,购进各类农业机械2525台,小麦、水稻、牧草等主要农作物耕种收综合机械化率达到95%以上,高出全国平均水平43个百分点、全区37个百分点;奶牛养殖示范园区机械化率达90%。（马慧兵）

**【企业经营】** 一是抓好农产品加工龙头。完成了西夏王葡萄酒公司年产2万吨葡萄酒技改项目,建成了年产200吨高端酒的葡萄酒窖,收购葡萄5506

吨。贺兰山茂盛草业公司山川并举,拓展紫花苜蓿基地和市场销售半径,拉动固原市苜蓿种植近10万亩,生产草产品5万吨,跻身全国同行业第二。西夏嘉酿、灵农畜牧、金夏贡米等龙头企业也呈现出了产销两旺的发展势头。二是抓好现代服务业龙头。继续开展"一元游沙湖"惠民活动,加大生态保护和建设,深度包装推出新产品,依托农垦博物馆增加了红色旅游线路,将银川至北京旅客列车冠名为"沙湖旅游"号;沙湖景区入围"中国十大魅力休闲旅游湖泊",被评为"最具娱乐价值"奖,全年接待游客84万人次,实现销售收入1.21亿元,利润2547万元。建成了宁夏湿地博物馆,成为全国唯一一家省级湿地博物馆。天湖经国家及自治区专家实地考察和审定,并报国家林业局审批,确定为"国家级湿地公园"。坚持一手抓经济适用房及保障性住房建设,一手抓商品房、营业房建设,开工建设住房16.8万平方米,实现销售收入3亿元,利润2800万元,房地产业成为农垦经济新的增长极。三是抓好名优品牌壮大升级。大力实施品牌战略,对农垦拥有的127件注册商标、近500类产品实行统一管理,围绕"沙湖""贺兰山""西夏王"三个品牌进行整合,"贺兰山"植物、"西夏王"葡萄酒、"平吉堡"牌酸牛奶、"沙湖"大鱼头、"沙湖"旅游等7个品牌被评定为宁夏著名商标。积极做好"三品一标"认证工作,"沙湖"大鱼头获国家农产品地理标志认证,"灵农"鲜猪肉、南梁枸杞、贺兰山清真牛羊肉、"西夏王"葡萄酒、巴浪湖蔬菜等产品相继进入农业部农产品质量追溯体系。"碧宝"牌SOD富硒枸杞、"沙湖"大鱼头荣膺第八届中国(国际)农产品交易会金奖。（马慧兵）

【开放合作】 申报项目58个,争取国家批复扶持资金8987.66万元;新建和续建项目34个,其中争取投资过亿元的项目2个:亚行贷款项目7000万美元,折合人民币4.78亿元,宁夏中北部土地开发整理项目农垦项目区总投资4.3亿元,可新增耕地7.34万亩。沙湖水镇、玉泉葡萄小镇被纳入全区十大特色小城镇,基础设施建设获得自治区重点支持。继续加强与丹麦嘉士伯、北京首旅、山东张裕等大企业的合作,积极促进汉口精武2000万只鸭产业、辽宁农垦稻田养蟹、江苏农垦葡萄籽(皮)开发利用等合作项目的落地。借"园博会""中阿经贸论坛"和农垦60大庆的有利时机,签订招商引资项目24个、26亿元,招商引资取得较大突破。启动了5个特色小城镇、9个产业化项目及农产品加工园区等16个农垦黄河金岸项目建设,累计投资5.4亿元;沙湖水镇建设项目已封顶完成单体工程52栋、5.7万平方米,巴浪湖2000亩设施农业示范园区已初具规模;亚行贷款项目已投资6703万元,完成两年总计划的66.7%;实施了第一期宁夏中北部土地开发整治重大工程项目91640亩,共计投资9870.8万元,完成总面积的29%,新增耕地面积20752亩;10万吨大米加工项目已完成土建、钢架构和立筒仓等主要工程,收购水稻2.56万吨;年屠宰20万头生猪加工项目已开工建设。争取自治区大中型水库移民项目资金3658.4万元,完成库区后扶项目76个,惠及近10万移民和职工。（马慧兵）

【民生工程】 一是落实强农惠农政策。落实发放粮食、良种、综合直补及农机补贴、国有农场税费改革等资金9310万元,惠及15个农业公司12337户职工,争取"一事一议"资金810万元。二是落实社会保障政策。对家属工、农场工等人员进行摸底、核实,垦区应保未保人员参加了养老保险。发放低保资金1282万元,落实公益性岗位、大学生就业、困难家庭就业补助资金278万元。生态移民参加"新农合"的县级财政补助部分已列入自治区财政预算,入保人数由上年的3359人增加到现在的8236人。足额补发了10多年来企业拖欠职工独生子女费,争取计生服务车14辆。三是加大帮扶救助力度。对垦区2700名困难职工进行了帮扶,对118名省部级劳模进行了慰问;"金秋助学"使54名困难学生圆梦大学;首次安排468名离休老干部、新中国成立前参加工作的老工人进行了体检;组织干部职工向玉树地震灾区捐款援助45.3万元。四是加快改造职工危房。坚持统一规划、建新拆旧,利用危房危窑改造、安居富民工程、塞上农民新居建设"三轮驱动",拆除危房1126户、6.3万平方米,危房改造3411户、29万平方米,建成抗震节能新型材料试点房100套,修建场镇道路63.3公里,综合整治旧村庄7个、1890户,实施环境连片整治项目3个,争取国家财政资金7897.7万元。平吉堡奶牛场、贺兰山农牧场分别被列为自治区环境优美乡镇和自治区生态村,4个农场被评为自治区新农村建设先进单位。（马慧兵）

【宁夏农垦创建60周年】 为庆祝宁夏农垦创建60周年举办了大型文艺节目《农垦颂》,创作了五集电视系列片《拓荒宁夏川》、纪实回忆录《足迹》《农垦劳模风采》《农垦60年》画册等文化产品,达到了"展示成就、凝聚人心、鼓舞干劲,提升形象"的预期目标。以农垦创建60周年为契机,举办了清凉宁夏文化广场文艺演出,首届职工书法、美术、摄影展和群众文体活动50余场次;继参加"宁夏众一杯"端午龙舟赛取得两个第一、一个第三的优异成绩后,成功举办了宁夏农垦沙湖(国际)龙舟邀请赛;开展电影下场活动,组建农垦数字电影队13个,放映电影1500余场次,观看人数达16万人次,实现了垦区数字电影全覆盖,农垦系统被评为全区电影放映先进集体。（马慧兵）

## 乡镇企业

【概况】 2010年,全区乡镇企业已达15.5万家,从业人员61.9万人,比上年增长0.2%;乡镇企业实现增加值181.6亿元,比上年增长14%;营业收入647.2亿元,比上年增长12%;完成总产值671.8亿元,比上年增长11.7%。全年实现利润总额44.7亿元,比上年增长15.7%;实交税金19.7亿元,比上年增长6.5%。全年支付职工工资49.1亿元,比上年增长19.5%。年人均工资7932元,比上年净增1184元/人。农业企业稳中有增。全区乡镇企业第一产业企业492家,比上年增加26家,实现增加值4.1亿元,比上年增加32.2%;占其比重由上年的1.7上升到2.7,上升1个百分点。农业企业的发展,主要得益于中央对农业的重视;得益于自治区党委、政府对农业产业结构的调整;得益于大力发展现代农业。工业企业平稳发展。全区乡镇工业企业6187家,职工20.4万人,全员劳动生产率19159元/人。工业企业占乡镇企业比重由上年的75.5%下降到65.3%,下降10.2个百分点。主要原因是近些年自治区加大了对污染环境企业的治理力度,关停了一些不合规定的小企业(如:小铁合金企业、煤炭、建筑和淀粉等)。第三产业已逐步走出金融危机时的低谷。乡镇企业第三产业12656家,比上年增长7.5%、从业人员6.5万人,占其比重由上年的8.1上升到16.5,上升8.4个百分点。全区乡镇企业第三产业各项主要经济指标说明,全区乡镇企业第三产业已逐步走出2008年国际金融危机时的低谷,已基本摆脱金融危机时给企业带来的不利影响。 (苏延庆)

**【农产品加工业】** 到2010年底,全区农产品加工企业近5890家(含个体加工户),比上年增加123家,农产品加工企业用工达25万人。实现增加值77.2亿元,比上年增长20.2%,占全区农业增加值的55%。完成总产值266.2亿元,占全区乡镇企业总产值的40%。比上年提高1.8个百分点。占农业总产值的95.1%。实现营业收入241.3亿元,占全区乡镇企业营业收入的37.3%。比上年提高1.9个百分点。实现利润23.3亿元,上交税金7.7亿元,分别比上年增长1.8和5.7个百分点。支付劳动者报酬11.8亿元,比上年增长48.9%。在农产品加工企业中,规模以上农产品加工企业已达439家,比上年增加了32家(其中:在规模农产品加工企业中,过10亿元的企业有4家,过5亿元企业3家,过亿元企业43家),从业人员达7.4万人。规模以上企业完成工业增加值53.6亿元,比上年增加了32.3%。完成总产值185.2亿元,比上年增长22.6%。实现营业收入167.3亿元,比上年增长22.9%。规模以上农产品加工企业实现利润15.9亿元,上交税金5.2亿元。分别比上年增长40.4%和1.4%。农产品加工企业的快速发展,主要得益于近几年自治区对农产品加工企业发展的政策支持和资金的扶持。 (苏延庆)

**【规模工业企业】** 全区销售收入500万元以上规模企业共736家,实现工业增加值85.5亿元,同比增长8.5%。规模工业实现销售产值327亿元,同比增长35.7%,产销率达90.8%,提高7.8个百分点;规模工业生产和销售出现少有的同步增长。规模企业仅占全区乡镇企业总数的0.5%,实现工业增加值占全区乡镇企业增加值的47.1%,基本和上年持平。实现营业收入占全区乡镇企业营业收入的49.3%,比上年增长2.3个百分点。实现利税占全区乡镇企业实现利润的68.9%,比上年增长了12.6个百分点,规模工业主要指标的增长速度均大大高于乡镇企业平均增幅10个以上百分点,同时占乡镇企业的比重不断快速提升,成为乡镇企业经济增长的重要基础,推动着乡镇企业整体向前发展。农产品加工企业对乡镇企业工业的贡献率达62.7%,农产品规模工业的快速发展,是拉动规模企业总量增长的主要因素。 (苏延庆)

**【社会贡献】** 乡镇企业对宁夏经济增长的作用越来越大。一是成为全区国民经济的重要组成部分。2010年,全区乡镇企业实现增加值181.7亿元,占全区国内生产总值的11%。实交税金19.7亿元,占全区全部财政收入的12.8%。两项指标贡献率连续几年都保持在10%以上。全区县域经济财政收入的50%以上是来自于乡镇企业,有的县(市)已超过90%以上,乡镇企业已成为宁夏县域经济收入的重要来源。二是为农村劳动力转移提供了途径。全区乡镇企业从业人员61.9万人,乡镇企业从业人员占全区农业人口的18.2%,比上年增长0.3个百分点。乡镇企业全年共吸纳城镇失业人员20496人,比上年增加4952人。三是带动了农村经济,增加了农民收入。2010年,全区农产品加工企业全年支付职工工资11.8亿元,职工人均工资4720元,比上年净增770元/人,农民从农产品加工企业及相关服务人均获得工资性收入347元,人均比上年净增115元。2010年,企业上交支农建农资金及补助社会性支出1.1亿元,比上年增加949万元。 (苏延庆)

**【固定资产投资】** 2010年,全区乡镇企业施工项目455个,本年实际完成固定资产投资额232.7亿元,比上年增长171亿元,增长280%。在固定资产投资中,本年投资1000万元~5000万元项目52个,投资5000万元~1亿元项目21个,投资1亿元以上项目10个。企业自我投资110亿元,比上年增长76亿元,是近年来投资最高的一年。固定资产投资快速增长是乡镇企业稳步发展的重要原因。 (苏延庆)

**【休闲农业】** 休闲农业迅速发展,已成为调整农业结构、扩大农民就业、增加农民收入的重要途径。2010年,全区从事休闲农业的乡镇企业165家,比上年增长44.7%,增加51家。年接待游客72万人次,带动参与农户数1.2万户,带动农民直接就业1.1万人,带动农副产品销售收入1.9亿元。其中,仅旅游业发达的银川市年接待游客就达32.7万人次,营业收入1.2亿元。休闲农业的发展,直接带动了周边农村物流、商贸、服务等相关行业发展,拉动了农村经济的增长。 (苏延庆)

**【外贸出口】** 2010年,全区乡镇企业出口企业共100家,比上年增加6家,全部出口交货值18.9亿元,比上年增长12.5%。在出口企业中,年出口交货值500万元以上企业39家,年出口交货值17.9亿元。出口行业主要集中在工业产品、医药、羊绒制品和农产品加工类。宁夏农产品加工企业的发展,为外向型农业提供了广阔的发展空间。具有浓郁地方特色和品质优势的食品出口开始起步。宁夏农产品正呈现出一定的市场竞争力,也将成为宁夏外贸新的增长点。 (苏延庆)

**【区域发展状况】** 2010年,引黄灌区乡镇企业完成增加值136.1亿元,同比增长14.7%。实现利税46.8亿元,同比增长13.8%。中部干旱带乡镇企业完成增加值10.9亿元,同比增长1.7%。实现利税3.9亿元,同比增长11.8%。南部山区乡镇企业完成增加值5.2亿元,同比增长9.7%。实现利税2.7亿元,同比增长6.8%。企业数量少、规模小是川区、山区乡镇企业差距拉大的主要原因。 (苏延庆)

# 农业机械化

**【概况】** 2010年全区农机总动力达702万千瓦,比上年增加4%;农用拖拉机拥有量达21万台,比上年增加5%;各种配套农机具达29万台(套)。全区主要粮食作物耕种收综合机械化水平达54%,比上年提高4个百分点,高于全国平均水平2个百分点。灌区小麦、水稻生产基本实现机械化,水稻机械化种植水平超过70%,其中机械插秧水平达30%,机械收获水平达95%,在全国处于领先水平。2010年,全区建设了6个农机化示范县、35个农机化示范园区,示范推广了保护性耕作、玉米、马铃薯全程机械化、水稻育插秧机械化等先进适用农机化技术,示范面积达106万亩,核心示范区内耕种收机械化作业水平达100%。全区农机专业服务组织数量达175家,农机作业服务公司总数达24家,其中2010年新增18家。2010年,全区创建国家级平安农机示范县3个。2010年,全区全面开展农机免费管理,成为全国首个在全省范围内实施农机免费管理的省区。全区农机检验率较往年增长了20%以上,农机安全生产形势明显好转。 (王 林)

**【农机购置补贴政策】** 2010年,国家购机补贴资金再创历史新高,并继续向农业主导产业、农机化示范园区、农机专业合作组织倾斜。进一步完善、加强了农机购置补贴政策监管措施,严格实行补贴机具目录招标选型制、补贴政策公示制、补贴资金集中支付制、项目管理监督制和工作成效考核制五项制度,确保了购机补贴政策落实。年内,中央和自治区共安排购机补贴资金2.13亿元,其中中央财政1.7亿元,自治区财政4365万元,比上年增加了3000多万元。全区共补贴各类农业机械6万多台(套),购机总额达6亿多元,带动农民直接投资4.5亿元,资金拉动比1:2.5,实施范围覆盖全区22个县(市、区)和14个国营农场,受惠农户5万多户。 (王 林)

**【农机化示范园区】** 在巩固2009年农机化示范园区建设成果的基础上,又新建了6个农机化示范县和35个农机化示范园区,示范推广了保护性耕作、玉米、马铃薯全程机械化、水稻育插秧机械化等先进适用农机化技术,示范面积达到106万亩,核心示范区内耕种收机械化作业水平达100%。农机化示范园区建设还与农业技术部门积极配合,与粮食创高产示范方相结合,取得了实质性的进展。 (王 林)

**【马铃薯 玉米 水稻全程机械化技术】** 突出抓了马铃薯机械化种植、收获两大作业环节机械化技术的示范推广,在西吉县建设了马铃薯机械化示范县,在山区建设了6个马铃薯全程机械化示范园区,自治区先后召开4次种、收现场演示会,召开了首届马铃薯机械化收获技能大赛,宣传马铃薯全程机械化技术。全区马铃薯机械化种植收获作业水平达到30%,比上年提高了10个百分点。重点示范推广了玉米精量播种和机械收获技术,在主要玉米产区建设了1个玉米机械化示范县和9个玉米全程机械化示范园区,使全区玉米机械播种水平达到60%,玉米机收水平达到30%。重点推广了水稻机械化育插秧技术,并在引黄灌区水稻产区建设了1个水稻全程机械化示范区,在示范园区的带动下,全区水稻机械化种植水平达到70%,其中机械化插秧水平达到30%,水稻机收水平达到95%以上。

(王 林)

**【组建农机作业服务公司】** 自2009年开始扶持组建第一批6个农机作业公司以来,全区共建设农机作业服务公司24家,其中2010年新建农机作业服务公司18家。自治区财政对农机作业公司购置农机具累加补贴20%,对作业公司新建机库棚补贴30万元~40万元。农机作业服务公司按照组织规模化、运作企业化、服务市场化的运行模式,积极参与土地流转,开展跨区作业,推行"一条龙"作业、合同订单作业和农机"套餐式"服务,形成组织稳定、信誉可靠、技术集中的服务优势,实现了农机使用效率和使用收益的最大化。

(王 林)

**【平安农机创建和规范化建设】** 一是以农机免费管理为抓手,带动和提升了农机安全管理的整体工作。自农机免费管理试点工作实施以来,农机上牌率、年检审验率、机手持证率均大幅度提高,全区农机免费挂牌3.62万台,是前3年挂牌总量的1.5倍;免费培训驾驶操作人员2.3万名,是2008年的4倍多。全区农机检验率较往年增长了20%多,农机安全生产形势明显好转。宁夏农机免费管理试点工作引起了国务院、农业部和自治区政府的关注,宁夏的经验和做法开创了全国先河。二是全面落实农机安全生产责任制,各级农机主管部门与监理机构、各县区政府与农牧(农机)部门以及乡镇、乡镇与农机户、农机手层层签订农机安全生产责任书,使农机安全生产责任落实到人。三是狠抓拖拉机、联合收割机挂牌入户、驾驶人持证工作。全年全区累计登记上牌拖拉机、联合收割机10910台,比上年增长2.5倍;驾驶人考证6210人,比上年增长5倍。四是突出抓了"平安农机"创建活动、规范化建设和三项行动,全区已申请创建国家"平安农机"示范县3个、自治区"平安农机"示范县3个;示范乡(镇)57个、示范村658个、示范户8879个。排查农机安全隐患5090起,整改4983起。全区未发生重特大农机安全事故。五是进一步完善制度。严格牌证管理制度,申报审批程序进入政府政务大厅,公开透明。各级农机监理机构按照国家及自治区安全生产的有关要求,制定并完善了《农机事故紧急救援预案》等一系列制度。 (王 林)

【农机跨区作业】 “三夏”“三秋”期间，共有2000多台联合收割机参加跨区作业。组织800多台联合收割机远赴河南、河北、陕西、内蒙古等地参加一年一度的小麦机收大会战，平均单机年创收可达2万元以上。积极组织山川及周边省区的农机专业合作组织开展马铃薯跨县机收作业。加大农机化宣传工作，先后举行了春播、水稻、玉米适时机收、马铃薯机收等9次机械化生产启动仪式和现场会，举办了宁夏首届马铃薯机械化收获技能大赛和首届水稻机械化收获技能大赛。并在春季农机产品订货交易会和第二届设施园艺博览会组织企业进行了机械展示。

（王　林）

【创新农机化技术培训模式】 一是结合农机购置补贴力度大、购置机具数量多、机具驾驶操作要求高等特点，自治区农机部门一改过去课堂讲授的培训模式，采取农机部门搭台，农机生产经销企业唱戏，基层推广人员、农机户、购机户参与，现场操作的培训模式，取得了良好的效果。自治区农机部门共举办农机化实用技术集中培训班4期，培训农民和基层农机化技术推广人员300余人次，刊印并发放培训教材6000余册。二是结合阳光工程，加强农机驾驶操作人员和维修工培训，全年共完成4000名农机驾驶员、修理工的培训任务。三是与自治区机电工程学校（原农业机械化学校）联合办学，在县（区）农机部门的支持配合下，招收了1500名农机系统工作人员，结合各地农时季节、主要作物、主推机具设置课程，开展送教下乡。学员免收学杂费，每年每生补助生活费1500元。学制两年，学生毕业时，除获取中专毕业证书外，若通过职业技能鉴定，还可获取农机操作或农机维修职业技能鉴定资格证书。

（王　林）

## 农村能源

【概况】 2010年，全年建设户用沼气3万户、联户沼气90处、大型沼气工程30个、沼气乡村服务网点790个，县级服务站2个；培训沼气生产工300名，沼气农户5万户，农村能源专业技术和管理人员150名，投放太阳灶5万台。加大了大中型沼气工程和太阳能光热利用项目的争取，共争取国家项目资金12883万元，其中农村沼气下达三批，中央投资10883万元，建设户用沼气8300户、大中型沼气工程51处；下达太阳灶10万台，中央投资2000万元。全年建成沼气池39914户；建成联户沼气106处；建成大型沼气工程32个，大型沼气工程实现了规模上、质量上的跨越式发展，标志着农村沼气由户用沼气向大型沼气转型的发展。建成乡村沼气服务网点915个；建成彭阳、利通区两个县级服务站。全年落实了“十五”规划任务，编制了“十二五”规划。（赵更生）

【全区农村能源工作会议】 7月2日，全区农村能源工作会议在银川召开，会议表彰奖励了6个农村能源建设先进集体23个先进工作者。会议指出，进一步发展农村沼气服务事业，提升服务水平，标志着宁夏农村沼气工作从“上规模、重建设”向“重服务、增效益”的转变。会议要求进一步推动农村沼气服务工作规范化、制度化、专业化。

（赵更生）

【利用CDM机制示范推广太阳灶】 年内全区利用CDM机制结合示范推广太阳灶71150台，彭阳县、西吉县完成的太阳灶推广项目部分参与了芬兰、瑞士国际组织CDM机制CO2温室气体减排的任务，此项目为全球首家，标志着太阳灶在惠及、改善贫困地区农户生活生产用能的同时，又实现了减排工具的功能，拓展了新能源利用领域。（赵更生）

【技术培训】 培训和再培训沼气生产工、农村能源专业技术和管理人员3150名，822人获得了国家社会劳动保障部和农业部联合颁发的沼气生产工职业资格证书，培训回访沼气农户20万户以上。委托农业部西北分中心举办大型沼气培训班，共有95人参加了培训，结束了宁夏没有中级、高级沼气生产工的历史。（赵更生）

【目标管理】 年初制定《2010年全区农村能源建设指导意见》，提出了“三抓好一开展”的目标任务，即抓好项目建设、抓好技术网点建设、抓好项目申报、大力开展“大培训大回访”活动。下发《加强我区农村沼气建设和管理工作的意见》和《关于加强农村沼气安全生产工作的通知》等文件，对户用沼气、养殖小区和联户沼气及大中型沼气工程、乡村服务网点的施工建设、安全运行和维护管理作了进一步规范和要求。成立太阳灶质量监督监理领导小组，明确了项目督导组职责，制定了质量监督、监理和验收办法，项目督导组按3000台一个批次到生产企业对太阳灶生产质量进行了督导检查，确保了建设质量。编印10期《宁夏农村能源动态》，宣传各县（区）好的做法，交流经验。

（赵更生）

【“便民服务年”活动】 根据自治区政府政务服务中心“便民服务年”活动安排和《农牧厅“便民服务年”活动实施方案》要求，结合实际，积极开展“全民服务年”活动。按照农业部县级服务站和乡村服务网点建设方案及自治区有关项目批复文件要求，完成了乡村服务网点设备招标采购工作，招标采购大功率出料车790辆，维修服务工具、检测设备915套，并对招标采购情况进行了公示，于7月2日公开将各类设备配备各县。宁夏已初步构建了省、县、乡三级农村能源服务体系框架，各地在服务过程中，根据实际探索形成了个人领办型、协会领办型、合作社协作型等多种模式，显著改善了服务条件和质量。

（赵更生）

【新型节能炕灶】 农村高效节能灶炕炉（“炕连灶”）建设项目是国家支持的巩固退耕还林成果项目，该项目的推广关系到农民生活质量的提高和农业生态环境改善，与农民脱贫致富密切相关。大力开展节能灶试点示范和新型高效节能架空炕试验示范工作是根据宁夏不同地区类型特征和自治区的民生工程，通过在南部黄土丘陵区建立和示范了“沼气与节能灶相结合的技术模式”“太阳灶与节能炕相结合的技术模式”；在中部干旱带建立和示范了“太阳灶与节能灶(炕)相结合的技术模式”“太阳灶与高效低排商品化生物质炉相结合的技术模式”;在引黄灌区建立和示范了“沼气与高效低排商品化生物质炉相结合的技术模式”。在固原市原州区三营镇和平村和同心县王团镇南村新建节能灶100台、改建节能灶40台、投放安装高效低排炊事炉(包括炉具和余热利用装置)100台,顺利完成农业部节能炉灶点示范工作;在原州区三营镇团结村、永宁县望洪镇农声村、同心县王团镇南村建设15铺节能炕,切实做好新型高效节能架空炕试验示范工作,此种炕灶热效率由过去的14%~18%提高到30%以上,有力地支持了低碳经济发展。(赵更生)

**【农村沼气大培训和大回访活动】** 以问卷调查与现场查看相结合形式开展全区沼气建设大回访调查,重点对未正常产气的沼气池进行故障检查和维修维护;对未正常进出料的沼气池,指导用户正确进出料;对已破损报废的沼气池,指导农户进行填埋;对未采取保温措施的沼气池,动员和指导农户做好防冻工作;对未开展“三沼”综合利用或利用技术不到位的,进行现场技术指导。为进一步巩固农村沼气大培训大回访活动成果,推动沼气建设工作良性发展,全区建立健全农村沼气大培训大回访长效管理工作机制,把沼气大培训大回访工作列为农村清洁能源工作的重点内容之一,常抓不懈,确保沼气户用得满意,不断放大农村沼气项目效益。同时继续完善档案管理,编印通俗实用的宣传资料,广泛开展形式多样的培训教育、技术指导和产学研活动,开发农村沼气新技术、新产品,提高农村沼气的建设质量和服务水平。(赵更生)

**【表彰奖励】** 10月9日,组织代表队参加了农业部举办的全国首届沼气生产工技能大赛,荣获“团体铜奖”“组织奖”“优秀技工奖”,宁夏能源站主持完成的《宁夏农村太阳能光热利用技术》获农业部丰收计划三等奖。宁夏能源站获自治区绩效考核一等奖、农业信息先进集体称号。年内,青铜峡市被国家能源局、财政部、农业部授予第一批国家绿色能源示范县称号。(赵更生)

## 农业环保

**【宁夏第一次全国农业污染源普查后续工作】** 2010年7~10月根据农业部通知精神,组织人员对2008年、2009年全区22个县区市的土地、耕地、主要种植模式、种植面积、施肥情况、农药使用情况以及畜禽养殖情况、粪便排放情况与方式等进行了全面而细致的调查与统计更新工作,为农业资源环境保护“十二五”规划制定的准确性和科学性,保证第一次全国农业污染源普查结果适时公布提供基础保障。是年,提交的《宁夏第一次全国农业污染源普查工作技术报告》获第一次全国污染源普查优秀技术报告二等奖,4人被评为国家级先进个人,3人被评为自治区级先进个人。(马 戈)

**【农产品产地环境监测】** 全部完成对各监测点的样品采集工作,共采集各类样品125个。其中土壤样品87个、灌溉水样14个、农产品作物样24个(水稻样9个、玉米样14个、油葵样1个)。从区划分,一般农区样品数41个,污灌区监测样品数52个,工矿企业周边监测样品数24个,大中城市郊区8个,总监测项次为959项次。同时在惠农、平罗、吴忠、中卫、中宁工矿企业周边共设立19个集尘缸采集大气降尘。已全部按规定送交化验室进行样品分析化验工作。(马 戈)

**【农村清洁工程】** 对“农村清洁工程”示范点建设情况进行现场督导,并提供资金支持。通过该工程的建设实施,使项目村生活污水处理利用率达到90%以上,生活垃圾处理利用率达到90%以上,农田废弃物收集处理率达到95%以上,建设了较为完备的农村物业服务设施,解决了农村生活污水、人畜粪便、生活垃圾、秸秆造成的污染问题。同时,完成了2011年宁夏农村清洁工程示范建设项目实施方案的编制上报工作,为2011年继续推动宁夏农村清洁工程建设工作的开展奠定了良好基础。(马 戈)

**【农业野生植物保护】** 在已完成的60余种宁夏特有、濒危、渐危农业野生植物资源调查基础上,继续对宁夏部分重要农业野生植物资源展开调查,重点放在了全区野生枸杞、火烧兰等濒危、渐危农业野生植物资源的调查,基本摸清了其在宁夏分布的种类、种群数量、地理位置、分布区域、生物多样性的丰富程度,生态环境状况、威胁其生存的经济、社会、环境等主要因素及成因,获得了一批重要背景资料数据,突出亮点在于:2009年发现一种新种(清水河枸杞)和一变种(密枝枸杞)野生枸杞,已于2010年10月通过中国科学院植物研究所系统与进化植物学国家重点实验室的分子鉴定。在中宁县发现另一种野生枸杞新种(小叶黄果枸杞),为中国野生枸杞家族又添新丁,对今后野生枸杞的开发和利用作出了重大贡献。总投资116万元的“中宁县野生黄果、黑果枸杞原生境保护点建设项目”已建设完成。对已建成的3个农业野生植物原生境保护区进行动态监测,摸清了保护区野生植物资源的背景和动态规律。编制完成了《2010年宁夏农业野生植物资源调查及动态监测专项报告、总结报告》以及制作标本等工作,并完成了“2011年宁夏农业野生植物资源调查和动态监测项目”实施方案的编制上报工作。出版《宁夏主要农业野生植物》,填补了宁夏主要农业野生植物保护工具书的空白。(马 戈)

**【农业环境司法鉴定和污染事故查处】** 制定农业环境司法鉴定人员“道德规范”和“十个不准”。制定农业环境污染查处、司法鉴定的减免等规定。受各级法院委托,全年共完成农业环境司法鉴定5起,鉴定范围包括粮食作物、蔬菜、林木等,鉴定面积400余亩,为农业生产者或经营组织挽回直接经济损失共52万多元。协调处理农业环境污染事故4起,为受害人挽回经济损失14万多元。(马 戈)

**【无公害农产品监测评价】** 受吴忠市孙家滩现代农业综合示范基地、宁夏机械化林场堡子台分场、银川黄河峰源有机稻种植专业合作社、宁夏万齐米业有限公司等委托，全年共完成无公害农产品、绿色食品产地环境监测评价9个，品种涉及枸杞、蔬菜、水稻、马铃薯、糯玉米、粮食作物、水产等十几个产业，监测作物面积2.7万公顷，水产养殖面积0.67万公顷，共采集各类样品80个，其中土壤样品60个，水样18个，分析化验500余项次，为其申报无公害农产品基地和绿色食品生产基地提供环境条件支持。 （马 戈）

# 种子管理

**【品种区域试验工作】** 2010年，全区安排落实小麦、水稻、玉米、大豆、油料、杂粮等农作物品种区域试验45组503个品种141点次。对部分单位领导不重视、试验质量不高的试点进行了调整；审定通过6种作物17个品种，对推荐报审品种全部进行了DNA指纹检测和转基因检测；建立品种风险评估机制，对推广品种的适应性、抗逆性进行跟踪调查，开展风险评估，及时退出了4种作物49个老品种，保障了审定通过品种的种植安全；建议调整宁夏主要农作物构成，将向日葵列为主要农作物，换下面积萎缩、效益低下的胡麻，保障向日葵生产用种安全，推动向日葵产业健康发展，促进了种植业结构调整向纵深发展。 （常学文）

**【示范园区建设】** 2010年建设农作物新品种展示示范园区10个，试验、展示示范17类作物2609个品种，展示示范面积6000亩。10个园区的建设为宁夏组建了一个农作物新品种、新技术“大型超市”，建立了区、市、县三级新品种、新技术推广联动机制。在园区带动下，全区举办各类培训班88场（次），培训技术人员及农民23480人，接待观摩人次23543人。全年玉米新品种推广率达到100%，品种专用化率超过75%，水稻优质率达到87%，有力地促进了粮食增产、农业增效、农民增收，为宁夏连续7年粮食增产奠定了坚实的基础，成为全区种业工作的最大亮点。西夏种业新品种展示示范园区入选“2010年中国种业风采”。 （常学文）

**【品种推介】** 按照《国务院关于进一步促进宁夏经济社会发展的若干意见》“实施品牌战略，形成特色农业优势产业带”精神，结合2009年全区14个农作物新品种展示示范园区品种展示示范结果，2010年初，提出了《2010年全区农作物品种布局指导意见》，分区域、分类型提出小麦、水稻、玉米、马铃薯、大豆、胡麻、杂粮等作物主推品种49个。《意见》的提出对加快宁夏主要农作物优势区域布局，优化种植业结构，提高农产品竞争力起到了巨大的推动作用，在社会上引起了强烈的反响。2010年，灌区推广宁春39号、宁春47号、宁春43号等优新小麦品种28.2万亩，占灌区小麦种植面积的31%；推广宁粳43号、宁粳41号、宁粳38号、吉粳105、宁粳40号优质水稻品种70.6万亩，占全区水稻种植面积的56.6%；推广正大12号、永玉3号、宁单11号、宁单13号、沈玉21号等优质玉米新品种150.7万亩，占灌区玉米种植面积的74%，灌区小麦、玉米、水稻优新品种种植比重均超过本作物的30%，分别实现了五、六、七次更新换代，成为全区种子管理工作的又一亮点。 （常学文）

**【科技合作】** 与山东省农科院玉米所合作，引进玉米新品种（组合）34个，在中卫市、永宁县、贺兰县安排筛选试验，对上一年引进试验中表现突出的5个品种安排进入本区区域试验并集中展示，报请自治区农作物品种审定委员会审定通过品种1个。为贯彻落实“黑龙江农科院—宁夏农牧厅科技合作框架协议”精神，对黑龙江农科院为宁夏提供的水稻、玉米、大豆、杂粮、蔬菜、西甜瓜、马铃薯7大类171个新品种，在区内不同生态区域安排7组14个点次筛选试验，从中选择出了黑河39、绥农10号大豆品种、哈04－29、松粳9号水稻、龙幅208、龙育3号、龙单49号玉米等适宜宁夏不同区域种植的农作物新品种9个，2011年列入自治区正式区域试验，进行多年份、多区域、多品种、多点次的品种区域试验，鉴定和评价品种各方面的表现，进一步明确良种的区域适应性，加快其在适宜地区推广。 （常学文）

**【种子执法年活动】** 按照农业部《2010年种子执法年活动方案》的总体部署和要求，起草下发了《2010年全区种子执法年活动实施方案》，及时组织启动了全区种子执法年活动，4个地级市18个县、区相继举行了本辖区的种子执法年活动启动仪式，营造了良好的执法年活动氛围。按照执法年活动要求，各级种子管理部门开展种子生产经营企业清理、种子市场检查、种子生产经营许可证审核管理，结合3·15活动、农资营销人员培训和种子市场检查等各种时机，采取现场讲解、接受咨询等多种手段，发放《种子法》宣传资料5000余份，培训农资营销人员800多人，广泛宣讲种子法律法规，普及购种注意事项和科学用种知识，提高了种子管理者依法治种的能力，强化了企业守法经营的意识，增强了农民择优选种以及依法维权的能力，营造了全社会重视和支持种子执法年活动的良好氛围。 （常学文）

**【种子市场准入管理】** 按照谁发证、谁清理的原则，对全区持证种子生产经营企业采取“两种方式”（书面检查、实地核查），进行“8项检查”（注册资本、加工设备、检验仪器、仓储设施、检验、加工、贮藏技术人员和企业行为），全面清理不合格企业，全区注销企业71家，限期整改企业5家。清理整顿的同时，严格按照《种子法》及其相关法律法规要求，对企业提交的种子生产、经营许可证申请材料和办理条件进行认真审查，对部分企业的种子生产经营场所、加工、检验设施等情况进行实地考察，切实按照法定要求，规范做好许可证核发相关工作，力促企业的种子生产经营条件符合法定要求，全年办理生产许可证18家，种子经营许可证9家，办证企业实力明显高于往年。 （常学文）

**【市场监管与案件查处】** 为整顿和规范春季种子市场秩序，各级种子管理部门采取日常检查和专项抽查相结合的方式，突出“三个重点”（重点市场、重点作物、重点企业),集中力量对全区种子市场开展“六项检查”(品种真实性、品种审定及授权情况、种子质量、种子标签、转基因品种、种子经营许可证和经营档案),严肃查处各种违法违规行为。全区共组织市场检查524次,出动执法车辆695车次,出动执法人员近2878人次,检查种子经营网点1850个、种子档案1501份、种子标签2058个,捣毁种子制假窝点1个,处理违法违规行为93人次,查处种子案件79起,查处假劣、超范围经营、未审先推、标签标注不合格及无证经营种子11万公斤,没收违法所得1.07万元,收缴罚款17.7万元,挽回经济损失181.84万元,有效防止了假劣种子进入市场,确保了农业生产用种质量安全。（常学文）

**【质量监管】** 为确保春耕农业生产用种安全,自治区下发了《关于开展农作物种子质量抽检工作的通知》,制定全区种子质量抽检方案,对全区注册资本500万元以上种子企业经营的小麦、水稻原种、杂交玉米及向日葵种子质量及标签标注情况进行了抽检,共抽查种子企业33家120份样品,代表种子量310万公斤,在对抽检样品水分、净度、发芽率进行检测的基础上,开展玉米样品田间小区纯度种植鉴定和有争议样品室内真实性检测,查处不合格样品2个,收缴假种子300公斤。玉米制种关键时期,组织开展了全区杂交玉米制种田花期质量抽检,共抽查生产企业13家,组合34个,基地42个,抽检面积1.67万亩,占办证制种面积的53.5%,抽查结果在全区范围内进行了通报,全力提高了种子生产质量控制能力。在完成农业部安排宁夏对甘肃、吉林两省异地种子质量市场专项抽查任务的基础上,配合农业部两次对种子企业经营的玉米等作物种子进行质量抽查,对抽查不合格的企业、品种、质量指标及相关种子批次数量在全区范围内进行通报,要求企业及时召回不合格种子。

（常学文）

**【种子供应】** 各级种子部门将保证种子供应作为首要任务,组织召开供种协调会议、种子购销定价会议、行业信息统计发布等,做到了种子供应数量充足、品种齐全、结构合理、供应及时、服务到位,特别是面临2010年山区春播严重干旱的实际情况,指导种子企业积极储备和调剂种子,保证了农业生产用种的需要。全年调剂供应小麦、水稻、玉米三大作物生产用种3556万公斤,统供率分别达到54%、78%、100%,新品种应用率80%以上,主要农作物良种覆盖率达到85%,种子精选加工率100%。在满足本区生产用种的同时,种子企业积极开拓外地市场,共外销种子130万公斤。春播用种总体呈现出准备充足、数量充裕、品种齐全、质量较好、价格稳定、销售到位的良好局面。

（常学文）

**【国家备荒救灾种子储备】** 为保障自治区代国家储备110万公斤救灾备荒种子任务的顺利实施,自治区种子管理部门分别与农业部种植业管理司和承储单位区种子公司、盐池县种子公司、原州区种子公司签订了种子储备合同,明确种子储备的具体要求,指导三家公司保质保量全面完成了110万公斤储备任务,收贮种子量足、质优、价低。先后两次上报补贴申请和储备工作阶段性总结,为三家公司争取补贴资金67.3万元,较上年增长30%。（常学文）

**【良种补贴】** 按照自治区农业部门安排,认真贯彻落实国家良种补贴精神,采取切实有效措施,精心制定实施方案,严格补贴范围、补贴面积、标准和补贴品种,加大宣传力度,广泛接受社会监督,顺利完成国家下达良种补贴资金8416万元,任务完成率100%,充分发挥了良种补贴政策引导作用,有效地激发了农民种植优良品种的积极性,推进了粮食优新品种的应用步伐,为全区粮食增产、农业增效、农民持续增收奠定了坚实基础。（常学文）

# 工　业

编辑：吴晓红　唐　虹

## 综　述

**【概况】** 2010年，全区规模以上工业企业完成工业增加值552.89亿元，按可比口径计算，同比增长16.8%，高于全国平均水平1.1个百分点。分轻重工业看，轻工业完成增加值82.4亿元，增长9.8%；重工业完成增加值470.5亿元，增长18.2%。全区大中型工业企业实现工业增加值426.3亿元，占全区规模以上工业增加值的77%，同比增长15.4%；国有控股企业完成增加值296.4亿元，占全区规模以上工业增加值的53.6%，增长18.3%。（张　慧）

**【经济效益】** 2010年，全区规模以上工业实现产品销售收入1858.4亿元，同比增长34%；实现税金102.2亿元，增长31.5%；实现利润125.7亿元，增长60.8%；赢利企业赢利额143.3亿元，增长49%；亏损企业亏损额17.6亿元，下降2.3%。全区工业经济效益综合指数为247.03，同比提高50.61个点。其中产品销售率为95.62%，同比提高1.86个百分点。全区规模以上工业企业997户，亏损312户，亏损面31%。全区赢利额在100万元以上的企业有365户，累计实现利润142亿元，占赢利企业赢利额的99%。其中，有182户企业的利润超过500万元，有124户企业的利润超过1000万元。全区亏损额在100万元以上的企业有138户，累计亏损17亿元，占亏损企业亏损额的96.6%，其中亏损在500万元以上的企业有55户，亏损在1000万元以上的企业有31户。（张　慧）

**【产品产量】** 在重点监控的49种主要工业产品中，有73%的产品产量增长。大宗产品中，原煤产量6613.6万吨，增长20%；发电量585.8亿千瓦时，增长21%，其中火电发电量550亿千瓦时，增长20.8%；原油加工量220万吨，增长14.5%；子午线轮胎外胎210.4万条，增长78%；电石237万吨，增长0.3%；化肥（折纯）95万吨，增长4.5%；铁合金107万吨，增长22.3%；焦炭426.7万吨，增长39.3%；原铝91.5万吨，增长39.6%；水泥1357.5万吨，增长28.8%；机制纸78.9万吨，增长6.2%；箱板纸4.2万吨，增长102.24%；乳制品13.4万吨，下降0.45%；化学药品原药7330吨，增长4.5%；中成药493吨，增长8.5%；金属切削机床5741台，增长95.6%；数控机床3304台，增长86%；轴承230.6万套，增长24.6%；自动化仪表及系统39322台，增长0.75%。（张　慧）

**【原材料工业】** 原材料工业各行业生产保持增长，冶金、有色、建材行业增速高于全区平均水平；石油石化行业累计亏损，其他行业均实现赢利。石油石化行业保持生产平稳、累计亏损。完成增加值31.8亿元，增长12.5%；全行业累计亏损2.9亿元，同比减利增亏6.8亿元。化工行业生产小幅增长，实现利润大幅增长。累计实现增加值53.2亿元，同比增长4.7%；实现利润3.3亿元，增长64%。银川佳通公司调整产品结构，累计实现利润7113万元，增长59%；国电英力特、金昱元化工集团等行业重点企业生产、效益平稳增长。冶金行业生产、效益快速增长。累计完成工业增加值46亿元，增长20.2%，增速高于全区平均水平3.4个百分点；实现利润6亿元，增长93.6%。有色金属行业生产良好、效益倍速增长。行业完成工业增加值46.8亿元，增长19.6%；实现利润5.4亿元，增长2.8倍。电解铝行业生产、销售良好，中电投宁夏青铜峡能源铝业全年完成产值同比增长49.5%，实现利润2.4亿元；宁夏惠冶镁业有限公司生产保持稳定，完成产值同比增长20.6%。高速公路和自治区重点项目工程建设持续拉动建材行业快速发展，建材行业全年累计完成增加值28.6亿元，增长35.3%；实现利润11亿元，同比增长6.6%；累计完成产值同比增长43.8%，实现销售收入同比增长35%，实现利润同比增长22%。

（张　慧）

**【能源工业】** 全区能源工业发展势头强劲，电力生产平稳。煤炭行业运行良好，煤炭产销平稳。累计完成工业增加值126.6亿元，增长13.4%。实现利润53亿元，增长1倍。原煤产量6614万吨，增长20.14%，其中洗煤2195万吨，增长18.4%。神华宁煤集团加大生产力度，加强煤炭销售，企业生产销售突破200亿元，完成工业总产值207亿元，销售收入215亿元。电力行业全年完成工业增加值98.9亿元，同比增长25.9%；实现利润22亿元，增长1.7倍。

（张　慧）

**【消费品工业】** 轻工行业生产平稳增长、效益小幅增长。累计完成工业增加值44亿元，增长8.7%，实现利润6.3亿元，增长5%。烟草行业全年完成工业增加值2亿元，同比增长38.5%；累计亏损448万元,增亏69%。纺织行业受羊绒产业加快发展带动,纺织行业完成增加值23.4亿元,增长4.4%;实现利润7.8亿元,增长10.2%。医药行业累计完成工业增加值9.3亿元,增长14%;全行业累计实现利润3.8亿元,同比增长59%。 (张 慧)

**【机械行业】** 全年累计完成工业增加值31亿元,同比增长25.5%,高于全区平均水平8.7个百分点;全行业实现利润8.5亿元,同比增长13%。

(张 慧)

**【电子信息产业】** 全区电子信息制造业企业销售收入、利润指标均实现翻番,分别实现销售收入17.9亿元,同比增长107%;实现利润1.93亿元,同比增长124%;完成工业增加值8.78亿元,同比增长46%;实现工业总产值21.44亿元,同比增长40.8%。全区软件产业累计完成软件业务收入44354.6万元,同比增长21.2%。其中,软件产品收入13898.9万元,占软件业务总收入的31.3%,同比增长17.6%,增速比上年提高5.8个百分点;系统集成和支持服务收入18609.7万元,同比增长19.7,增速比上年同期低3.9个百分点。 (张 慧)

**【对外贸易】** 2010年,全区外贸实现进出口总额19.6亿美元,同比增长63%,其中出口11.7亿美元,同比增长57.5%;外贸进口总额7.9亿美元,增长72%。自治区重点出口企业中,工业企业中有18户出口额超过1000万美元,其中,宁夏有色金属进出口有限公司、宁夏启元药业有限公司、宁夏中银绒业股份有限公司、宁夏多维泰瑞制药有限公司、宁夏惠冶镁业集团有限公司等出口额超过5000万美元。重点出口商品中,铁合金出口1.4亿美元,增长59%;钽铌铍及制品出口1.4亿美元,增长80%;金属镁出口8358万美元,增长42%。 (张 慧)

**【铁路运输】** 2010年,全区累计完成铁路货运量4414.89万吨,比上年同期增运339.44万吨,同比增长8.33%。其中:煤炭累计完成3309.4万吨,增长10.65%;石油433.7万吨,下降12.4%;粮食36万吨,下降37.5%;钢铁142万吨,增长39%;化肥145万吨,下降9%;化工65万吨,增长20.7%。

(张 慧)

**【工业龙头企业】** 截至2010年12月末,自治区50户工业龙头企业完成工业总产值1505.92亿元,同比增长37%;实现工业增加值490.5亿元,同比增长24.9%。除长庆第三采油厂,工业龙头企业完成工业总产值1359.7亿元,同比增长35.6%,高于全区平均水平3.6个百分点;实现工业增加值410亿元,同比增长21.1%,高出全区平均水平4.3个百分点。神华宁煤集团、宁夏电力公司、中石油长庆采油三厂、中电投宁夏青铜峡能源铝业集团有限公司和中石油宁夏石化分公司等5户企业工业总产值超百亿,其中,神华宁煤集团和宁夏电力公司产值超过200亿元;宁夏发电集团有限责任公司和宁夏宝塔石化集团公司工业总产值超过50亿元;国电英力特能源化工集团股份有限公司和宁夏宝丰能源集团有限公司等30户企业工业总产值超过10亿元,比前三季度增加10户。工业总产值保持增长的有46户,其中,宁夏电力公司、中色(宁夏)东方、宁夏小巨人等12户企业增速超过50%。1~12月,工业龙头企业完成工业总产值占全区规模以上工业总产值的比重达到70.7%,比上年同期提高1.8个百分点。净增工业总产值359亿元。实现主营业务收入1468.5亿元,同比增长37.7%;上缴税金77.6亿元,同比增长22.8%;实现利润121.6亿元,同比增长83%,除去中石油长庆采油三厂数据,实现利润占全区规模以上企业利润总额的89.7%,其中,赢利企业46户,赢利总额123.7亿元,同比增长96.7%。神华宁煤集团赢利额超过50亿元,实现利润达50.5亿元;宁夏电力公司、宁夏建材集团、石嘴山发电集团等20户企业赢利额超过1亿元,较前三季度增加3户。

(张 慧)

**【骨干中小企业】** 2010年,自治区30户骨干中小企业累计完成工业总产值129.9亿元,同比增长23.2%;累计完成工业增加值33.7亿元,同比增长25.4%,增幅高于全区平均水平8.8个百分点。30户企业中,工业总产值实现增长的企业有26户,其中4户企业增幅超过50%,分别为石嘴山市矿业集团公司(增1.4倍)、金旌矿冶公司(增64.9%)、吉元冶金公司(增63.6%)、荣盛铁合金集团公司(增69.2%)和吴忠卷烟厂(增52.8%);30户企业累计实现销售收入129亿元,同比增长28%;30户企业实现销售收入均超过1亿元,其中销售收入过5亿元的企业有7户,分别为吴丰伟业钢铁集团公司(10亿元)、吉元冶金有限公司(8.9亿元)、兴平精细化工有限公司(6.96亿元)、荣盛铁合金集团公司(5.9亿元)、金地煤业有限公司(5.8亿元)、恩德银川风电设备有限公司(5.14亿元)和鲁西化工化肥有限公司(5.12亿元)。销售收入实现增长的企业24户,其中,兴平精细化工股份有限公司、吉元冶金有限公司、石嘴山矿业集团公司等3户企业增长强劲,增幅均超过1倍,3户企业累计实现销售收入20.2亿元,同比增长1.31倍,对30户企业增长的贡献率达到50%;30户企业实现工业销售产值120.7亿元,同比增长23.9%,累计产销率92.9%。产销率在90%以上的企业20户,其中,吉元冶金有限公司、吴丰伟业钢铁有限公司、恩德(银川)风电设备制造有限公司、西北轴承股份有限公司、开元丰友化工公司、明盛染化有限公司、吴忠卷烟厂、力成电气集团公司、石嘴山市矿业集团公司、亿群矿业集团公司、荣盛铁合金集团公司等11户中小骨干企业产销率超过100%。风力发电机、生铁、铁合金、铁路轴承、高低压配电箱等产品市场需求旺盛。恩德银川风电设备公司、吴忠卷烟厂、吉元冶金公司、吴丰钢铁公司、开元丰友化工公司产成品存货均有较大程度的下降。30户企业全年累计实现利润总额3.5亿元,同比增长35.3%。 (张 慧)

**【资源节约与综合利用】** 2010年是完成“十一五”节能目标任务的攻坚年,一季度全区能耗大幅增长,节能形势变得日益严峻。5月5日,自治区召开全区节能降耗电视电话会议，统一了思想，明确了目标；出台了《宁夏回族自治区节能降耗预警调控方案》及补充方案；召开了全区节能降耗工作会议，签订了目标责任书，落实了任务；积极与国家有关部委沟通联系，取得理解与支持。建立了联合督察制度、节能监察制度、能耗指标公示制度、节能监督举报制度和重点用能企业动态监测制度，形成了能耗倒逼机制和逐月分析、逐季考核的工作机制，通过采取“定、关、停、限、改、控、扩、报、查、稳”等一系列强有力措施，能耗快速增长态势得到有效遏制。2010 年全区能源消费量为 3670 万吨，同比增长 8.3%；用电量 546.8 亿千瓦时，同比增长 18.1%，全区万元 GDP 能耗降到 3.31 吨标煤以下，全面完成“十一五”节能降耗目标。

2010 年，全区按照“减量化、再利用、资源化”的原则，加大对 3 家国家级循环经济试点单位和 39 家自治区级循环经济试点单位的工作指导力度，加快项目建设速度，不断延长产业链，从项目备案、规划审批、资金支持、协调服务等方面推动自治区工业企业发展循环经济。重点支持风能、太阳能、生物质能利用的低碳技术利用，工业余热余压利用，废弃物回收利用，污水污泥处理及利用；大力推动宁东能源化工基地、宁夏宝丰能源集团公司焦化项目等一大批循环产业项目加快实施。全区有 4 家重点用能企业开始实施余热余压发电项目，其中青铜峡水泥股份公司 6MW 水泥纯低温余热发电机组已并网发电，发电量 2250 多万千瓦时，具有较好的示范作用。（张　慧）

**【技术改造】** 2010 年，全区技术改造投资呈现平稳较快增长态势。工业全年技术改造投资完成 161.4 亿元，同比增长 26.6%，增速比 2009 年提高 3.1 个百分点，创“十一五”时期最高。“十一五”期间，全区工业技改投资合计完成 545.9 亿元，是“十五”的 3 倍。中石油宁夏石化公司 500 万吨/年炼油改造、中电投青铜峡迈科铝业公司宁东异地搬迁改造（81 万吨电解铝）、万隆新材料公司年初 100 万吨稀土彩钢板、王洼煤业银洞沟煤矿技术改造等一批重点项目按计划顺利实施。通过实施重点产业振兴和技术改造专项，鼓励引导企业对装备制造、石化、有色金属、轻工、纺织等行业进行技术改造，掀起了工业行业技术改造的高潮。在技改投资资金来源中，企业自筹资金 111.31 亿元，同比增长 33.2%，自筹资金占全部资金比重为 68.2%。国内银行贷款 41.34 亿元，同比增长 59.8%。国家预算内资金 2.5 亿元，同比增长 53.4%。1～12 月，煤炭行业、医药行业技改投资成倍增长，分别完成投资 30.2 亿元、2 亿元，同比增长 1.4 倍、6.7 倍；冶金、机电、轻纺行业分别完成投资 53.55 亿元、12.78 亿元、115.8 亿元，同比增长 52.9%、51.2%、39.8%。石化行业、电力行业、建材行业分别完成投资 19.86 亿元、9.38 亿元、22 亿元，同比下降 5.5%、6.1%、30.6%。2010 年，50 个重点续建、新开工技改项目合计总投资 800 亿元，已开工建设 47 个，开工率 94%。（张　慧）

**【技术创新】** 一是围绕煤化工、新材料、生物医药、装备制造、农产品加工等优势特色产业，服务外包和信息软件等高新技术产业，节能减排和资源综合利用等领域，2010 年组织实施自治区重点技术创新项目 81 项、重点新产品试产项目 90 项，总投入 70 亿元，全部项目达产后预计每年可新增销售收入 138 亿元、新增利税 33 亿元。下达技术创新扶持资金 1050 万元，对重点“五优一新”产业技术创新项目和新产品试产项目给予扶持。二是对 60 多家企业进行了技术创新体系建设、科技统计业务及统计法律法规知识等方面的培训，帮助企业进行技术中心建设，提高自主创新能力。三是做好国家认定企业技术中心组织申报和培育工作，组织企业积极申报国家级企业技术中心，中电投宁夏青铜峡能源铝业集团有限公司被认定为国家级企业技术中心，超额完成“十一五”目标。四是组织推荐了 2010 年国家重大科技成果转化项目，神华宁夏煤业集团有限责任公司“煤炭超纯制备工艺及设备产业转化项目”、宁夏林业研究所（有限公司）“生物工程技术在林木良种工厂化快速繁育中的应用与推广”获得国家 1800 万元支持。五是组织推荐了 10 个产业结构调整和技术改造专项电子信息产业项目，获得 2000 万元资金支持。六是组织宁夏中卫大河机床有限公司、宁夏银川大河数控机床有限公司、新瑞长城机床等企业申报国家高档数控机床与基础制造装备科技重大专项，银川大河数控机床有限公司项目列入 2010 年度项目，获国家资金支持 496 万元。（张　慧）

**【中小工业企业】** 2010 年，全区共有中小工业企业法人单位 5000 余户。其中，规模以上中小工业企业 953 个，占规模以上工业企业总数的 98.3%；累计完成工业总产值 937.2 亿元，同比增长 17.8%，占规模以上工业的比重为 64.4%；完成工业增加值 316.5 亿元，占规模以上工业的比重为 61.6%；实现利润总额 42.2 亿元，同比增长 26.2%，占规模以上工业利润总额比重达到 53.6%。全区规模以上中小工业企业实现增加值 316.5 亿元，占规模以上工业增加值的比重达到 61.6%；中型、小型企业增加值的贡献率分别为 22.7% 和 60.3%，分别高于大型企业 5.7 和 43.3 个百分点；中型、小型企业分别拉动规模以上工业增加值增长 3.2 和 8.6 个百分点，分别高于大型企业 0.8 和 6.2 个百分点。

2010 年，全区规模以上中小企业年平均就业人数 16.3 万人，占规模以上工业企业在业人数的 62%。从业人员中，农民工占了相当大的比重。另外，还有 2.2 万个以家庭为经营单位的工业个体户，绝大多数分布在农村，吸纳了 5.5 万城乡居民就业。截至 2010 年底，全区中小企业科技活动人员和研究发展人员分别为 7481 人和 4041 人，占规模以上企业两项人员总数的比重均为 73%。企业内部用于科技活动的经费支出、研究与发展经费支出和新产品产值分别为 8.7 亿元、4.9 亿元和 71.5 亿元，分别占以上各项支出总计的 62.8%、62.8% 和 63.5%；有效发明专利 119 件，占规模以上企业有效发明总

数的69.6%。（张　慧）

【工业园区】 截至2010年底,纳入考核范围的25个工业园区共有入园工业企业2541户,其中规模以上工业企业598户,占全区规模以上工业企业的60%。完成工业总产值1081.8亿元,比上年增长56.5%,占全区规模以上工业总产值的56.23%;实现工业销售产值992.8亿元,比上年增长57.5%,占全区规模以上工业销售产值的53.77%;实现出口交货值49.8亿元,比上年增长52.9%。25个工业园区累计已开发面积达35.4万亩,其中绿化面积达26.47万亩,基础设施累计投资达248亿元,工业园区计划投资2099亿元,实际完成累计投资1764.15亿元。

2010年,25个工业园区实现主营业务收入976.6亿元,比上年增长54.8%;实现利税总额101.38亿元,比上年增长83.5%;实现利润总额56.6亿元,比上年增长93%;有1419个企业实现赢利,赢利企业数增长28.9%,占全部入园企业的55.8%;赢利企业实现赢利额63.7亿元,比上年增长69.9%;亏损企业个数和亏损企业亏损额分别下降16.5%和7.8%。（张　慧）

## 煤　炭

【概况】 2010年,宁夏煤矿累计生产原煤6807.62万吨,同比增长20.08%。发生各类死亡事故4起,死亡15人,百万吨死亡率为0.22。同比事故起数减少10起,下降71.43%;死亡人数减少9人,下降37.50%;百万吨死亡率下降47.95%;宁夏煤矿安全监察局银北监察分局辖区煤矿首次实现了建局11年来的“零死亡”。（王万彬）

【煤矿安全生产】 “十一五”期间宁夏煤炭安全生产情况。一是煤矿产量大幅提升。“十一五”期间是宁夏煤矿产量增长最快的5年。宁夏煤矿产量由2005年的2654.29万吨增加到2010年的6807.62万吨,年均增长率达20%,增长156.48%。二是死亡人数、百万吨死亡率逐年下降。国家下达宁夏煤矿的死亡人数、百万吨死亡率控制指标分别从2005年38人、1.52下调到2010年的24人、0.4。5年来国家下达的控制指标死亡人数下降36.8%、百万吨死亡率下降73.7%。全区煤矿实际死亡人数、百万吨死亡率分别从2005年的29人、1.09下降到2010年的15人、0.22,5年来宁夏煤矿实际死亡人数下降48.28%、百万吨死亡率下降79.82%。死亡人数和百万吨死亡率实际下降幅度均超过指标下降幅度,2010年是继2007年之后,宁夏煤矿安全形势最好的一年。三是关小建大,小煤矿数量逐年递减。煤矿数量从2005年的138处减少到2010年底的97处,单井生产能力从6万吨/年以下提高到15万吨/年及以上,“重灾区”治理工作初显成效。四是煤矿装备水平有了大幅提升,安全基础得到进一步强化。“十五”末,全区其他经济成分煤矿巷道支护多采用木支护、采煤工作面大多采用的是仓房式采煤法,没有支护或只有木支护,经过安全专项整治、加大执法力度,指导其他经济成分煤矿采用先进工艺,主要巷道淘汰了木支护,采煤方法改用长壁式,工作面装备了单体液压支柱、π型钢梁支护和柔性掩护支架,淘汰了仓房式采煤。煤矿装备的逐步提升,为安全生产打下了坚实的基础。五是执法力度逐步加大。行政罚款从2005年186.16万元增加到2010年321.2万元,5年来罚款总计1354.61万元。六是应急救援体系逐步建立,救援能力得到提升。加强了宁夏煤矿应急救援体系建设,依托神华宁煤集团救护总队,建立国家矿山救援宁煤基地。指导其他经济成分煤矿与救护队签订救护协议。多次组织救护队伍参加全国矿山救援技术竞赛,均取得了较好成绩。七是不断创新监察方式,逐步提高监察效能。多年来,在对监察方式总结借鉴的基础上,推广“示范式监察”“解剖式监察”“交叉监察”“突击监察”等方式方法,取得了较好的效果。为使监察执法有的放矢,将监察内容细化、量化,推出“量化式监察”,制定“监察预案”。八是煤矿建设项目质量监督工作稳步推进。进一步完善了煤炭工业建设工程质量监督工作,开展了工程质量认证,积极组织建设单位申报优质工程和“太阳杯”工程。2008年度枣泉煤矿储煤场等9个工程获得全国煤炭行业“太阳杯”工程和“优质工程”奖;羊场湾煤矿矿井工程荣获“鲁班奖”,这是宁夏建筑工程项目以及西北地区煤炭建设项目首次获得我国建筑行业工程质量的最高奖项。2009年度基建公司承建的神华宁煤集团设备维修中心工程荣获全国煤炭行业优质工程和“太阳杯”工程两项大奖,承建的清水营矿原煤煤仓工程荣获优质工程奖。九是与政府有关部门关系进一步理顺。及时向自治区政府分管领导汇报煤矿安全监察工作,积极与发展改革、国土资源、行业管理、安全监管、财政、公安、工会、纪检监察、检察机关等有关部门协调沟通,争取得到理解,支持煤矿安全监察工作,部门关系逐步理顺,执法权威逐步树立。（王万彬）

【煤矿安全执法】 一是抓执法计划和监察预案的编制。结合宁夏煤矿安全的实际,认真制订年度监察计划。宁夏煤矿安全监察局银北、银南监察分局根据辖区煤矿安全状况、监察力量,统筹制定了年度、月度煤矿监察执法计划。规范执法行为,制定详细的预案,从监察的时间、力量组织到具体监察内容都作出了明确的要求。二是抓计划的执行。宁夏煤矿安全监察局及宁夏煤监局银北、银南监察分局按照计划,认真组织力量开展“三项监察”。同时结合国家局和自治区的工作部署和要求,组织开展了年初安全大检查、节日前后安全监察,组织开展了“一三一”“打非治违”等专项行动。实施了重点监控矿井的重点监察,组织开展了建设项目、机电设备、防治水、粉尘危害治理、资源整合矿井等专项监察,按计划开展定期监察。全年累计监察矿井462矿次,完成全年计划的120%。行政处罚罚款321.2万元,实际收缴罚款321.2万元,罚款收缴率100%。三是抓执法文书规范化制作,开展文书评比活动。组织开展了全局性的执法文书评比活动,对分局116份执法文书进行量化考评，评选出优秀执法文书（案卷）24份，以此推动执法文书制作的规范化。四是依法依规查处事故，严肃追究事故责任，坚持用事故教训推动煤矿安全工作。

（王万彬）

**【煤矿安全治理】** 一是抓瓦斯防治，积极推进煤矿瓦斯治理体系建设。督促煤矿企业加强瓦斯综合治理工作，建立完善瓦斯治理责任体系，认真落实煤矿瓦斯治理的主体责任。全年抽采瓦斯14395.42万立方米，利用瓦斯8880.34万立方米，瓦斯利用率达61.69%，瓦斯利用水平超过全国平均水平的一倍。二是抓水害治理。会同自治区有关部门对煤矿水害专项治理情况进行了督察。落实“有疑必探、先探后掘”的措施。督促神华宁煤集团成立水害防治研究机构和专业化队伍，加强水害防治工作。三是抓煤矿的整顿关闭和资源整合。配合有关部门开展煤矿整顿关闭和资源整合工作，及时注销了67处煤矿企业的安全生产许可证，共关闭煤矿36处，进行扩能改造22处。四是抓重大隐患排查治理。按照“安全生产年”活动的要求，督促煤矿企业严格执行隐患分级管理制度，完善隐患排查治理责任体系，实施对重大隐患的督察督办，确保一般隐患能得到及时发现和整改，重大隐患全程跟踪，限期整改。全年两级煤矿安全监察机构累计查处事故隐患942条，完成整改942条，整改率100%。（王万彬）

**【煤矿安全生产宣传教育】** 一是抓安全生产宣传教育。分片举办培训班，学习宣传贯彻国务院《关于进一步加强企业安全生产工作的通知》、领导下井带班规定等制度，认真开展“安全生产月”和“安全咨询日”活动。引导煤矿企业和从业人员进一步树立安全发展的理念，形成关注安全、关爱职工生命健康的舆论氛围。二是抓从业人员培训，提高安全防范能力。制订培训计划，改进培训手段，完善培训内容，提高培训质量。全年各级培训机构共培训“三项岗位人员”19452人次，完成年计划的102%。（王万彬）

**【煤矿安全保障能力建设】** 一是及时向煤矿企业推荐了“十一五”国家重点推广的30项煤矿实用新技术。加强检测检验、安全评价等中介机构的管理，引导中介机构参加煤矿安全检查，解决企业存在的技术问题，主动为煤矿安全生产服务。二是推进煤矿安全避险“六大系统”建设。制定《宁夏煤矿建设完善煤矿井下安全避险“六大系统”工作方案》，召开专题工作会议，扎实推进“六大系统”建设的顺利开展。三是加强应急救援工作。积极组织矿山救护队参加第八届全国矿山救援技术竞赛，取得了团体第三名的好成绩。组织开展了“1·22”“6·26”两起较大事故的应急救援。落实其他经济成分煤矿救护协议的签订工作，组织救护队参加其他经济成分煤矿隐患排查活动，参与预防性安全检查。四是积极推进安全质量标准化建设。制定的《宁夏回族自治区煤矿安全质量标准化标准及考核评级办法》已经自治区政府同意，在全区煤矿开始实施。针对建设矿井，制定了《建设矿井安全质量标准化考核评级办法》。五是加强安全生产调度和统计分析工作。认真抓好安全生产统计培训，完善统计工作制度，加强24小时调度值班值守，确保应急救援等安全生产信息的上传下达，为安全监察工作提供决策依据。（王万彬）

**【煤矿安全监察队伍建设】** 扎实开展“机关党的建设年”和“五型机关”创建活动，深入开展创先争优和“争做安全发展忠诚卫士、创建为民务实清廉安监机构”活动，引导全体干部职工围绕中心、服务大局，为煤矿安全监察事业再作贡献。深化干部人事制度改革，17名处级干部通过竞争上岗走上了领导岗位。推进干部交流，15名干部在省局和分局间进行了轮岗交流。加强业务建设，抓好分局领导班子建设。对新任和交流的25名处级干部进行了任职廉政谈话，并选派19名新任处级干部到区直机关工委参加廉洁从政学习班。深入开展“廉政文化六个一”“警示教育周”“廉政风险排查”“惩防体系建设检查”等活动，强化教育，排查风险，丰富载体，不断推进党风廉政建设和反腐败工作深入开展。（王万彬）

**【神华宁煤集团经营质量高速提升】** 神华宁煤集团全年完成原煤产量6006万吨，同比增产981万吨，增长19.5%。销售商品煤5808万吨，同比增销777万吨，增长15.4%。实现营业总收入210.9亿元，同比增收34.5亿元，增长19.5%。实现利润50亿元，同比增盈25.6亿元，增长1倍，提前3年实现了利润翻两番战略目标，占全区规模以上工业企业利润总额的46.7%。完成经济增加值41亿元，是神华集团下达计划的3.4倍。上缴税费25.1亿元。资产负债率63.4%，同比下降4.6%。

（姚毓鸿）

**【神华宁煤集团基地建设】** 1. 完成固定资产投资126.6亿元。枣泉煤矿西翼采区等6个项目顺利投入联合试运转，煤炭生产及在建总规模突破1亿吨。2. 6万吨/年煤基甲醇项目一次投料成功并满负荷运行，50万吨/年煤制烯烃项目投料试车成功并打通全流程，6万吨/年聚甲醛项目安装工程基本完工，宁东煤化工基地建设实现重大里程碑目标。3. 资源储备取得重大突破。完成内蒙古上海庙矿区煤炭资源矿业权转让，获得资源49亿吨。取得红石湾煤矿划定矿区范围批复和任家庄煤矿采矿许可证，完成原红梁和磁窑堡公司、大峰矿、白芨沟矿采矿权办理工作。4. 项目前期工作加快推进。马家滩矿区总体规划获得国家发改委批准，煤炭间接液化项目已完成项目评估，50万吨/年甲醇制烯烃项目获得自治区核准。5. 争取到安全国债项目国补资金1749万元，产业升级项目贷款贴息789万元。（姚毓鸿）

**【神华宁煤集团安全生产】** 原煤生产百万吨死亡率为零，灵新煤矿安全生产超过5000天，创全国一流水平。6个单位达到本质安全二级，14对矿（厂）达到本质安全三级，煤化工分公司通过HSE体系认证。全面启动羊场湾、焦煤公司等5对矿井安全技术改造工程。新增综采综掘设备17套，采掘机械化率分别达到96.7%和90.7%。

（姚毓鸿）

【神华宁煤集团专业化管理】 实现全集团公司大额资金、重大预算编审、上缴税费集中管理和薪酬统一发放。物资公司优化业务流程,规范供应商入围资格评审,物资采购性价比、供货周期明显提升。能源工程公司如期建成太西洗煤厂快速装车系统,保证了C80万吨大列运输无烟煤顺利开通。炭基公司新建活化炉日产能由8.3吨稳定提升到12吨。综采安装分公司强化管理,安全、高效完成11次安装和9次回撤任务。矿山机械制造维修分公司大型设备维修技术日臻完善,全年完成产值4.5亿元,同比增加2.3亿元,增长了110%。 (姚毓鸿)

【神华宁煤集团技术攻关】 建立自治区煤炭开采及煤化工院士工作站、国家博士后科研工作站,承担的3个国家科技支撑项目按计划推进,1个国际合作项目正式启动。在羊场湾和枣泉煤矿成功实验推广了“综采(放)工作面柔性网控制顶板快速回撤技术”,工作面回撤铺网时间由原来的12天缩短为6天。宁东小煤柱留设注浆加固、无煤柱开采技术取得初步成果。煤化工德士古气化炉辐射废锅结渣研究与应用等课题通过自治区科技厅成果鉴定。太西厂煤炭超纯制备工艺及设备产业转化项目被国家财政部列为2010年度重大科技成果转化项目,并获得补助资金1000万元。“大倾角复杂特厚易燃煤层6.2米大采高开采集成技术研究”荣获国家能源局科技进步二等奖,“地面钻井抽采高瓦斯突出煤层群保护层开采卸压瓦斯关键技术”荣获中国煤炭工业协会和自治区科技创新一等奖。完成专利受理29项,获得国家发明专利1项、实用新型专利2项。“太洗”牌无烟精煤、“太西”牌活性炭被评为“第七届宁夏著名商标”。 (姚毓鸿)

【神华宁煤集团再获殊荣】 年内,神华宁煤集团公司信息技术中心获煤炭工业信息化先进单位称号;集团公司党委被国务院国资委评为先进基层党组织;矿山救护总队在第八届全国应急救援竞赛中取得团体第三名和团体二等奖并获单项比赛二等奖、三等奖;集团公司被评为全区信访工作先进单位,获全国质量管理小组活动优秀企业称号,并获自治区工业信息化和工业化融合典型示范企业称号,获自治区参与2010年上海世博会先进单位称号;全面完成了“十一五”节能减排考核指标,被评为自治区节能降耗先进企业并受到特别嘉奖;集团公司工会获“全国模范职工之家”称号。新闻中心《华夏能源报》被授予“中国品牌媒体最具品牌价值专业报”。 (姚毓鸿)

## 电　力

【概况】 全区发电总装机(全口径)927.17万千瓦。其中,火电装机842.07万千瓦,占90.82%;水电装机42.87万千瓦,占4.62%;风电装机42.21万千瓦,占4.55%。其中,统调电网装机904.96万千瓦,发电量462.80亿千瓦时,同比减少0.008%;其中火电437.75亿千瓦时,占94.59%;水电17.30亿千瓦时,占3.74%;风电7.75亿千瓦时,占1.67%。

2010年在役电网主网设备规模:750千伏变电站(开关站)3座,容量780万千伏安,750千伏输电线路总长度561公里;330千伏变电所12座,容量526万千伏安,330千伏输电线路回路总长度1439公里;220千伏变电所27座,容量831万千伏安,220千伏输电线路回路总长度2159公里。

电网建设投资25.88亿元。其中,大中型电网建设投资17.69亿元,农网专项投资4亿元,专项技改投资3.76亿元,小型基建投资4310万元。110千伏及以上线路新开工636.65公里、新投产594.7公里,变电容量新开工673.2万千伏安、新投产270.1千伏安。

110千伏及以上电网开工规模线路1020.2公里、变电容量409万千伏安。其中,330千伏及以上线路长度308.2公里、变电容量270万千伏安;220千伏线路长度109.8公里、变电容量48万千伏安;110千伏线路长度602.2公里、变电容量91万千伏安。

全区最高负荷703万千瓦(统调),同比增长16.58%;全社会总用电量462.959亿千瓦时,同比增长5.31%。其中,第一产业用电量10.85亿千瓦时,占2.34%;第二产业用电量420.77亿千瓦时,占90.89%;第三产业用电量15.28亿千瓦时,占3.30%;居民生活用电量16.07亿千瓦时,占3.47%。售电量365.14亿千瓦时,同比增长5.47%;线损率4.65%,同比下降0.24个百分点。“十一五”期间,宁夏电网建设和改造共投入资金约115.47亿元,年均投资23亿元。投资整体呈逐年上升趋势。完成750千伏主网架及外送电规划调整,宁夏—浙江±800千伏直流工程正式上报国家发改委。跨大区电力外送取得重大突破。宁东—山东±660千伏直流输电工程正式开工建设。宁夏、山东已先后完成属地输电线路施工任务。2010年底可单极投入运行,实现外送电力200万千瓦。为实现“上得去(大规模火电机组和新能源发电项目接入)、落得下(大规模负荷落地)、输得出(大规模电力外送)”的目标奠定了坚实的基础。特高压电网是继公路、铁路、水路、航空和管道之后的“第六种运输方式”,是解决长期存在的煤电油运紧张问题的根本之道,是推动清洁能源规模、集约发展的绿色平台,符合中国资源分布和开发应用的基本国情。

(孟继东)

【330千伏及以下输配电网】 南部330千伏环网网架、北部220千伏电网网格状结构基本形成。到2010年底330(220)千伏变电容量将达到1537万千伏安,线路3795公里,分别是2005年的1.85倍和1.25倍;110千伏变电容量1008万千伏安,线路4437公里,分别是2005年的1.65倍和1.44倍。至此,宁夏电网已经能够满足较长时间内自治区经济社会发展对电力供应的需求,满足宁东能源基地各大型发电厂上网、输电的要求,为招商引资营造了良好的环境。 (孟继东)

【农村电网及城市低压配电网】 “十一五”期间,宁夏农村电网建设投资在10亿元以上,人均投入远远高于全国平均水平。完成了投资5亿多元的西部农网完善工程，并在西部率先通过省级人民政府组织的验收；完成了投资3.4亿元的扩大内需工程；“户户通电”工程全部以大电网延伸的方式实现，当年开工当年完成；“一户一表”改造、低压接进户线整治等专项工程使农村电网管理更加规范，可靠性进一步提升；大力支持自治区党委、政府制定的农村经济发展战略，根据各地设施农业、特色种植养殖等产业发展需求，及时规划建设配套的供电工程，为发展特色农业，加快农业产业化和农村致富奔小康的步伐发挥了促进和支持作用。（孟继东）

**【安全生产】** 宁夏电力公司作为全区电力生产、运行的调度机构和电网经营的主体，从维护电力系统安全的高度出发，精心编制生产计划，不断补强电网薄弱环节，采取强有力的安全管理措施，保障电网安全稳定运行，使宁夏电网安全指标和供电可靠性位居全国的前列，被国家电网公司树为安全管理标杆单位。

扎实开展“安全年”“三项行动”（安全生产执法行动、治理行动、宣传教育行动）、“反违章”排查整改等各项安全生产活动。认真吸取“3·9”事故教训，强化现场安全管理。在“三查一整改”（查制度、查管理、查隐患、整改突出问题）及“秋检”中排查整改各类安全隐患89项。开展高危和重要电力客户安全隐患排查治理，客户用电安全隐患“告知、备案、督导”到位率100%。

强化生产、施工、农电现场制度执行，大力推行标准化作业，现场安全管理进一步规范。加快老旧设备技术改造，加强运行维护，110千伏及以上变电主设备可用率达到99.9%。建成备用调度中心、应急物资储备中心，完成电网大面积停电应急预演，公司应急体系在实战中不断完善。全面推进输变电设备状态检修，建立了基于状态评估的状态检修管理体系、技术体系和执行体系。（孟继东）

## 冶金化工

**【概况】** 2010年，全区冶金行业规模以上企业实现销售收入399亿元，增长38.1%；完成工业增加值92.89亿元，其中有色金属工业46.83亿元，增长19.6%，黑色金属工业46.07亿元，增长20.2%；实现利润总额11.44亿元，增长1.52倍；上缴税金9.34亿元，增长19.1%；行业规模以上企业173户，其中亏损企业62户，减亏46.6%；行业资产合计667.49亿元，增长22.2%；行业负债合计471.47亿元，负债率为70.63%；行业全部从业人员数达5.70万人，增长7.1%。

主要产品产量：电解铝91.51万吨，同比增长39.6%；金属镁7.91万吨，增长9.55%；钽409.2吨，增长37.94%；铌94.36吨，下降1.58%；钢材33.03万吨，下降12.97%；生铁39.1万吨，增长7.7%；钢丝及其制品16.25万吨，下降8.1%；铁合金107.32万吨，增长22.30%；金属锰7.99万吨，增长15.8%；焦炭426.71万吨，增长39.32%；碳化硅23万吨，增长15%；电解铅2.84万吨，下降16.96%；石墨及碳素制品59.43万吨，下降28.96。（马玉清）

**【运行状况】** 一是产量恢复性增长速度较快，产品产量创新高。二是产品价格稳步回升。原铝价格回升至1.6万元/吨以上，硅铁、多晶硅、焦炭、金属镁、钽铌铍市场价格均有一定回升，逐步走出金融危机影响。三是行业快速恢复性增长，增速明显高于全区工业平均水平。四是为完成节能任务，铁合金等高耗能行业大面积停产，工业增速快速回落。全区商品铁合金、电石企业全部停产，碳化硅企业全部停产，减少用电负荷达230万千瓦。昊越冶金231500kVA等大型铁合金项目、太阳镁业等金属镁项目、锦宁铝业等一批新建项目等待投产。（马玉清）

**【电解铝工业】** 中电投宁夏青铜峡能源铝业集团有限公司下属的中青迈公司350kA预焙系列二系列9万吨产能于4月逐步启动，三系列9万吨产能于8月逐步启动生产，到12月350kA系列全线达产。

电解铝冶炼。电解铝是宁夏的支柱产业之一，全区有电解铝生产企业3家，分别是中电投宁夏青铜峡能源铝业集团有限公司、宁夏锦宁铝镁新材料有限公司和宁夏秦毅集团公司，已建成82kA、120kA、150kA、200kA、350kA和400kA共9个（以上只有6个）预焙电解铝生产系列及配套的电解阳极生产系统，形成电解铝生产能力125万吨，阴极碳素制品产能4万吨，新增锦宁铝镁新材料公司一期35万吨新建电解铝能力。2010年原铝产量为91.5万吨，同比增长39.6%，占全国原铝产量的5.65%，在全国排第6位，实现利润2.5亿元，实现工业产值133.5亿元，现有从业人员1.19万人。宁夏锦宁铝业一期400kA预焙电解铝系列项目于6月起开始逐步投产，该系列产能达到35万吨，400kA在全区属最大电流电解槽，该项目的投产进一步提升了宁夏电解铝产业的技术装备水平。中电投宁夏青铜峡能源铝业集团有限公司二期一系列400kA大型预焙电解铝系列项目于2010年开工建设，将新增产能30万吨，预计2011年7月起逐步建成投产。

铝深加工。全区只有中电投宁夏青铜峡能源铝业集团有限公司形成铝深加工产能，现有板（扁）锭、棒材、盘圆、合金等下游产品生产能力20万吨，冷轧板5万吨，铝加工产能25万吨。

锦宁巨科新材料有限公司100万吨一期40万吨高精度铝板带箔项目和广银铝业有限公司42万吨高精度铝加工材用铸锭项目正在建设，这两个深加工项目主要是锦宁铝镁合金公司电解铝产能和中电投宁夏青铜峡能源铝业集团有限公司二期技改项目产品配套建设的深加工项目。两个项目预计2012年初建成投产。（马玉清）

**【钢铁工业】** 2010年底，全区钢铁工业形成了60万吨电炉钢、200万吨转炉钢、250万吨生铁、30万吨金属制品的生产能力。共生产钢材33.03万吨，下降 12.97%;生铁 39.1 万吨,增长 7.7%;钢丝及其制品 16.25 万吨,下降 8.1%。宁夏钢铁(集团)有限责任公司建设的年产 120 万吨特钢技改项目于 9 月建成投产,项目总投资为 92680 万元,使用国内先进水平的最新全连铸、连轧一火成材技术,生产各种型号和规格的特殊钢棒材、线材和建筑螺纹钢、线材等。改造建设 2 台 156 立方米烧结机、2 座 600 平方米高炉、2 座 60 吨转炉、70 吨 LF 精炼炉、2 台方坯连铸机、1 套连续棒材轧机、1 套高速线材轧机,以及相配套的燃气、热力、给排水、供电、运输等设施。宁夏博宇特钢集团公司建设的年产 120 万吨特钢技改项目,建有烧结、2 座 50 吨转炉等子项,该项目于 11 月建成投产。淘汰了宁夏常能达焦化公司 165 立方米小高炉 1 座。

宁夏万隆新材料有限公司建设的 100 万吨稀土彩钢板及配套工程,在充分发挥投资主体(内蒙古华业特钢股份有限公司)稀土不锈钢热轧卷优势,不增加钢铁产能的前提下,采用先进的“冷轧—着色”短流程生产工艺,项目建成投产后,宁夏万隆公司形成以生产稀土彩钢板为龙头,以电解金属锰、稀土镍铁、稀土铬铁为一体,上下游产品紧密衔接、资源循环利用为一体的循环经济产业格局。主要建设内容:100 万吨稀土彩钢板冷轧、退火、酸洗、着色生产装置;630000kVA 密闭式稀土铬铁矿热炉及尾气余热回收发电装置;625500kVA 密闭式镍铁矿热炉及尾气余热发电装置;32 万吨电解金属锰二三期(24 万吨)工程项目生产装置及配套的公辅设施。该项目正在建设,预计一期 30 万吨稀土彩钢板将于 2011 年下半年投产。 (马玉清)

**【稀有金属工业】** 全区有稀有金属生产企业 1 家,即中色(宁夏)东方集团有限公司,截至 2010 年,形成年生产能力分别为钽冶炼 550 吨,钽丝 80 吨,氧化钽 25 吨,氧化铌 240 吨,铌冶炼 80 吨,氟化铝 16 万吨,氢氧化镍 3000 吨。2010 年,实现销售额 32.7 亿元,增长 61%;实现主营业务收入 28.5 亿元,增长 70.3%;实现利润总额 6500 万元,增长 18 倍。截至 12 月,公司资产总额 74.2 亿元,增长 11%,均创历史最好水平。

2010 年以来,公司加快项目建设。全年新产业区实现销售额超过 11 亿元,项目的带动作用进一步彰显。1. 干法氟化铝项目。6 月 6 日完成了三期项目的全线贯通,同时,对一期一条生产线进行无水氢氟酸改造。2. 刃料级碳化硅微粉项目。对现有碳化硅加工工艺流程进行了系统化改造,完善年产 3 万吨碳化硅微粉的生产能力。3. 钛加工材项目。9 月熔炼系统调试成功,一次性成功生产出满足用户需求的产品。除挤压机和斜轧穿孔机以外的其他设备均已调试完毕。项目达产达标后,将形成年产 3000 吨钛管、棒、锭加工材的生产能力。4. 氢氧化镍项目。5 月 8 日建成投产,形成了年产 1500 吨电池材料的能力。投产试车一次性成功,产品主要指标好于历史水平。5. 铍青铜板带材项目。已进入设备安装尾声,大部分设备完成调试,已实现空负荷试车。项目达产达标后,将形成年产 2000 吨铍铜及 6500 吨其他高精度铜合金带材的生产能力。6. 铍材生产线改造项目。项目已得到国家国防科工局正式批复,首批 2500 万元到账,设备开始招标,污水站土建基本完工。

自主创新,科技进步取得新成果。2010 年,该公司共承担科研课题 73 项,承担省部级以上科技项目 12 项,完成中国有色集团课题研究 60 项和省部级以上科技项目 4 项。其中,取得较好进展的有:航天姿控发动机用铌钨合金和涂层取得突破性进展,已应用于鑫诺六号卫星。2010 年集团公司共申请专利 20 项,授权 8 项。“柔性连接铍铝合金件的研制”“溅射镀膜用钽环件的研究与开发”同时获得中国有色金属工业科学技术二等奖。“球化造粒凝集金属粉末的方法,金属粉末和电解电容器阳极”专利荣获国家知识产权局“第十一届中国专利优秀奖”。 (马玉清)

**【铁合金工业】** 截至 2010 年底,全区建成投产的铁合金企业经兼并整合有 60 家,有铁合金矿热炉 205 台,装机总负荷 215 万 kVA,形成铁合金年生产能力 170 万吨。现以硅铁矿热炉以 12500kVA 左右炉型为主,最大炉型为 33000kVA,行业从业人员 2.25 万人。2010 年全区生产铁合金 107.32 万吨,增长 22.30%。一批 25000kVA 以上的大型铁合金矿热炉陆续建成投产。宁夏晟晏集团福华冶金 2 台 25500kVA 锰铁矿热炉、中卫茂烨冶金公司 5 台 25500kVA 矿热炉、新华钢铁公司 4 台 25500kVA 矿热炉、耀鑫钢铁公司 3 台 25500kVA 矿热炉均已建成投产。一批铁合金项目正在建设,如宁夏华湘冶金公司 625500kVA 镍铁项目、惠义冶金 425500kVA 项目、宁夏金旌矿冶公司 236000kVA 硅铁项目预计 2011 年将逐步投产。同时,全区铁合金矿热炉尾气余热发电取得积极进展,宁夏嘉盛冶金公司和宁夏天净集团银川冶金分公司余热发电项目均在建设中,这些项目的建设将进一步提升全区铁合金产业装备水平。 (马玉清)

**【金属镁工业】** 2010 年,全区有建成投产的金属镁冶炼及加工企业 10 家,形成镁冶炼能力 24.8 万吨,镁合金及镁粉能力 2 万吨,全区金属镁产量 7.91 万吨,同比增长 9.55%,占全国镁产量 12.1%,排全国第三位。宁夏是国内外主要的金属镁及镁合金产地之一,已被国家确定为金属镁及镁合金材料产业化基地,产能、产量排全国第三位。生产管理及技术装备水平在全国同行业居先进水平。产品主要供出口,是自治区的主要出口创汇产品之一。镁合金项目建设取得积极进展:太阳镁业公司一期 3.5 万吨镁合金项目、华盈矿业公司一期 2.5 万吨镁合金项目和开泰镁业公司一期 1.5 万吨镁合金项目的镁冶炼部分均已建成,太阳镁业于 11 月投入试生产。其中开泰镁业公司金属镁冶炼采用竖罐冶炼,这在全国镁行业尚属首次,如果投产顺利,将会大大提高镁冶炼行业机械化和自动化程度,大幅提高劳动生产率。

宁夏镁行业协会组织召开 2010 年全国镁行业大会和促进宁夏镁产业发展专家座谈会。3 月 30 日,宁夏镁行业协会进行换届会议，主管部门从商务厅改为自治区经信委。10月11～13日，由中国有色金属工业协会镁业分会主办，宁夏经济和信息化委员会和宁夏镁行业协会协办的“中国有色金属工业协会镁业分会第十三届年会暨2010年全国镁行业大会”在银川召开。10月13日，组织召开“促进宁夏镁产业发展专家座谈会”，邀请中国镁协、全国科研院所及镁合金深加工企业的知名专家18人，针对宁夏的镁产业状况，围绕如何促进宁夏镁产业发展等问题进行了深入讨论。大会的召开，对推动全区镁产业调结构、扩规模、上水平，大力发展循环经济和做好节能减排，做大做强镁合金及其深加工有重要意义。（马玉清）

**【焦炭工业】** 截至2010年底，全区共有焦化生产企业（不含半焦生产企业）14家，形成715万吨焦炭生产能力。其中宝丰集团和庆华集团两家企业，建设炭化室高度5.5米大型捣固炼焦炉，共形成焦炭产能330万吨；平罗阳光焦化和盛港公司建设4.3米以上捣固炼焦，产能170万吨。另外10家是不符合行业准入条件，均为原有的炭化室高度在4.3米以下的小焦化生产企业，有295万吨产能，这些企业全部集中在石嘴山市，熄焦方式全部采用湿法熄焦，所有企业均对剩余煤气进行了不同程度的综合利用，产品也以三级冶金焦、化工焦等低端产品为主，小机焦只能对煤焦油等进行回收，煤气综合利用率低，造成资源的浪费。12月，全区有3家企业申报国家焦化行业准入，工信部正在审核中。2010年，全区生产焦炭426.7万吨，同比增长39.3%，比2008年增长2.62倍。全区焦炭总量依然很小，约占全国总产量的1.1%。（马玉清）

**【焦化行业发展特点】** 一是龙头骨干企业依靠发展循环经济，迅速做大。全区现已建成投产的大型现代化焦炉企业有宝丰和庆华集团两家企业，年产能分别是220万吨和110万吨，已全部投产，循环经济效果显著。宝丰集团始终遵循科技创新、资源节约、环境友好、资源综合利用的宗旨，坚持走煤、电、焦、化、油、气多联产的新型煤化工技术路线，努力建设国内技术、设备、环保水平领先，产品多元化的新型一体化煤化工多联产企业。形成了完整的以煤焦化为基础的循环经济产业链，改善了环境、扩大了规模、提高了效益。一期项目中煤矿、洗煤、焦化、甲醇、化产回收、余热发电等项目已于2009年底全部投产，30万吨焦油加工和10万吨苯加氢项目将于2011年底投产。二期建设项目有260万吨焦化/年、180（含一期30万吨）万吨甲醇/年、60万吨MTO工艺制烯烃（一期60万吨/年）/年、30万吨聚丙烯/年、30万吨聚乙烯/年、60万吨煤焦油加氢/年、10万吨/年聚苯乙烯，初步建立起较为完善的循环经济体系。二是在建和拟建项目规模大。按照国家有关项目建设程序和国家焦化行业准入条件，全区核准（或备案）建设的均为5.5米及以上捣固炼焦、生产能力100万吨/年以上的焦化多联产项目，主要批复建设的项目有7个，涉及生产能力1420万吨，分别是宁夏宝丰能源有限公司500万吨（二期260万吨）焦化多联产项目、宁夏庆华煤化公司煤焦化一体化建设项目（二期110万吨）、宁夏宇光能源公司240万吨焦化多联产项目、中电投宁夏能源铝业集团300万吨煤焦化多联产项目、通达煤业在太阳山建设的200万吨煤焦化多联产项目、石嘴山市盛港焦化公司80万吨焦化项目、宁夏众元煤焦化公司240万吨煤焦化项目。三是淘汰落后产能成效显著。“十一五”期间，按照国家产业政策，全区加大了焦化行业淘汰力度，从2007年起每年都淘汰一批炭化室高度在3.2米以下的落后生产能力。五年来，共淘汰7家企业、14座焦炉，淘汰焦炭落后生产能力105万吨。（马玉清）

**【金属锰工业】** 全区金属锰生产企业只有宁夏天元锰业有限公司一家，该公司经过多次改造，产品结构不断优化，经济总量不断增大，综合实力和市场竞争力不断增强。已形成年产电解金属锰8万吨的生产规模，二期12万吨电解锰项目正在建设，预计2011年6月开始陆续投产，是世界最大的电解锰生产企业。三期12万吨电解锰项目也已批复。企业资产总额达到37.57亿元，2010年生产金属锰7.99万吨，增长15.80%，完成产品销售收入15.31亿元，增长17.8%。从业人数2263人。宁夏天元锰业有限公司以调整优化产品结构节能降耗提高资源综合利用率、发展循环经济为重点，以发展氧化锰、硫酸、镍铁、铬铁等产品为主攻方向，形成上下游产品紧密衔接、资源综合利用率高、工艺设备先进、环境污染少、资源循环利用的循环经济产业格局，努力实现建设具有国际竞争力的锰材料基地的战略目标。（马玉清）

**【多晶硅 单晶硅工业】** 多晶硅系列产品是电子工业和太阳能光伏材料的基础材料，近年来，由于世界半导体集成电路产业和太阳能光伏产业的迅猛发展，尤其是受太阳能电池产业发展的驱动，多晶硅、单晶硅材料市场迅速增长。全区多晶硅、单晶硅等材料处于起步阶段，宁夏隆基硅材料公司2800吨单晶硅项目、宁夏阳光硅业有限公司一期1500吨多晶硅项目、宁夏发电集团2000吨多晶硅、单晶硅项目均已建成投产，部分项目已实现达产，经济效益逐步显现。国电多晶硅公司的5000吨多晶硅（一期2500吨）项目于10月投入试生产。（马玉清）

**【节能减排】** 2010年是“十一五”的收官之年，全区节能任务异常艰巨，为完成国家下达给宁夏的节能任务和目标，自治区党委、政府采取一系列措施，临时阶段性关停了商品铁合金、电石、碳化硅工业企业。3个行业累计减少电力负荷230万千瓦，全年减少用电量63亿千瓦时，为完成全区节能任务作出重要贡献。（马玉清）

**【对外贸易】** 2010年，全区冶金行业对外贸易增长强劲，重点企业和重点商品拉动明显。全区30户重点出口企业中，有11户为冶金企业，其出口创汇情况如下：宁夏有色金属进出口公司15092万美元，增长48.9%；宁夏惠冶镁业有限公司5223万美元，增长183.6%；埃肯碳素（中国）有限公司2202万美元，增长25.4%；银川市滨河磨料磨具公司2263万美元，增长

106.1%;宁夏华亿镁业公司826万美元,下降11.7%;宁夏天马冶化(集团)股份有限公司135万美元,下降84.4%;宁夏华辉活性炭有限公司862万美元,增长17.6%。受有色金属市场低迷影响,以出口银为主的天马公司出口额从2008年的6600万美元下降到2009年865万美元,再到2010年的135万美元。全区监测的18种重点出口商品中,冶金产品除个别外均实现大幅增长,出口钽铌铍及制品14229万美元,增长79.9%;铁合金14346万美元,增长59.3%;金属镁8358万美元,增长87.6%;电极糊4091万美元,增长94%;碳化硅7997万美元,增长2倍;活性炭3756万美元,增长29.3%;增碳剂3190万美元,增长61.8%。(马玉清)

## 建材

**【概况】** 2010年,全区建材行业快速发展,规模以上企业全年完成工业增加值28.6亿元,增长35.3%,实现利润11亿元,同比增长6.6%。主要产品产量:水泥1357.45万吨,增长28.76%,净增293万吨;熟料964.6万吨,增长22.3%;砖2364万平方米,增长43.6%;陶瓷砖2363万平方米,增长4.1%。全年规模以上水泥企业全年实现销售收入约43亿元,实现利润约8.6亿元。再次取得宁夏水泥工业发展史上的大丰收。年内水泥项目投资16.7亿元,增长15.9%。年末,全区已投产新型干法熟料生产线增加到21条,在建4条;全区水泥总产能达到2100万吨。(赵德海)

**【散装水泥和预拌混凝土】** 全年散装水泥供应量484.35万吨,比2005年增长3.55倍,“十一五”期间年均增长35.4%。2010年水泥散装率35.6%,比“十一五”末提高16.8个百分点,年均提高3.37个百分点。水泥散装化程度最高的企业是赛马实业股份公司,2010年该公司水泥散装率已稳定在70%以上,是拉动自治区散装水泥发展的主要力量。全区完成预拌混凝土供应822.39万立方米,同比增长73.5%,预拌混凝土实现行业总产值26.6亿元,实现增加值近7亿元;2010年全区新增25户混凝土企业、40多座搅拌站,新增产能接近1000万立方米,到年底全区预拌混凝土企业有69家、80个混凝土搅拌站(取得生产资质的企业有39家,其余30家正在按规定办理报批手续),生产能力超过2000万立方米。全区散装水泥、预拌混凝土、预拌砂浆“三位一体”产业思路基本确立,良性互动发展机制逐步形成,产业体系建设稳步推进。(马旭东)

**【预拌混凝土资源综合利用】** 2010年全区发展散装水泥和预拌混凝土,可减少水泥包装袋9700万只,节约包装物(聚氯乙烯)7200吨,减少水泥损耗24万吨,节约电力3480万千瓦时,减少二氧化碳排放29万吨,综合利用粉煤灰、采矿碎屑等固体废物近400万吨,节约综合能耗7.4万吨标准煤,创造综合经济效益达20亿元。年内混凝土行业又通过3家企业资源认定,全区已有15家通过了资源综合利用认证,为全行业健康发展起到了促进作用。(马旭东)

**【建材下乡】** 10月12日,国家住房城乡建设部、财政部、发展改革委、工业和信息化部、国土资源部和商务部等六部委联合发文,确定宁夏、山东为全国建材下乡试点省区。宁夏开展建材下乡工作将探索各类推动建材下乡的具体措施、操作办法和工作模式,为全国范围内制定建材下乡政策提供经验。为保证试点工作效果,在试点期间,建材下乡以推动水泥产品下乡为主,鼓励使用散装水泥和预拌混凝土。(赵德海)

**【第一台Φ4.2水泥磨建成投产】** 6月15日,宁夏青铜峡水泥股份有限公司利用先进节能技术淘汰落后水泥粉磨装备技术改造项目投产,该项目淘汰二台Φ2.413M水泥磨,建成一条辊压机+V形选粉机+Φ4.213M双闭路水泥粉磨生产线。填补了全区没有Φ4.2水泥磨的空白。(赵德海)

**【日产4500吨熟料生产线投产】** 宁夏瀛海天琛水泥有限公司日产4500吨熟料新型干法水泥生产线项目于2010年10月建成投产。该项目自2009年8月10日开工建设,历时14个月,总投资5.6亿元。12月,宁夏明峰萌成日产4500吨熟料生产线也建成投产。这两条生产线的建成投产填补了全区大型水泥生产线的空白。(赵德海)

**【“二化融合”示范企业】** 7月18日,自治区经信委公布了“自治区工业企业信息化和工业化融合典型示范企业”名单,获此殊荣的企业共15家,宁夏赛马实业股份有限公司作为建材行业唯一代表入选。(赵德海)

**【新型干法熟料产能加快发展】** 宁夏西夏水泥有限公司、宁夏青铜峡水泥股份有限公司太阳山分厂一期、宁夏瀛海天琛建材有限公司、宁夏明峰萌成建材有限公司等企业4条新干法熟料生产线投产,新增熟料产能470万吨。(赵德海)

**【粉磨生产线更新换代】** 先后有金力实业、赛马宁东二期、金海超宇、吴忠水泥、亿丰建材、青水股份、建成建材、太青山、科进石膏、胜金固原分公司、丰运建材等企业3.2米以上的粉磨生产线投产。(赵德海)

**【跨区域发展】** 宁夏赛马实业股份有限公司在本区和甘肃、内蒙古建成4条熟料生产线,收购包头西水35%的股权、乌海西水45%的股权,同时以新增股份换股吸收合并宁夏建材集团获国资委批准。实现了区域性跨越式发展。(赵德海)

## 轻纺

**【概况】** 2010年,全区规模以上轻纺企业(294户)完成工业总产值322.2亿元,同比增长20.9%;完成工业销售产值293.1亿元,同比增长28.75%,产销率达到90.97%;完成工业增加值101.66亿元,同比增长12.53%。实现主营业务收入287.33亿元,同比增长25.47%,实现利税26.07亿元,同比增长22.44%,实现利润17.7亿元,同比增长19.3%。从业人员54639人,同比增长5.47%。

系统内规模以上轻纺企业(282户)完成工业总产值294.35亿元,同比增长20.75%,增速比上年同期(18.76%)高出1.99个百分点,其中:轻工业完成201.17亿元,增长19.83%,纺织业93.18亿元,增长22.08%;完成工业增加值91.32亿元,同比增长11.95%,其中:轻工业64.72亿元,增长14.64%,纺织业26.6亿元,增长5.9%。实现主营业务收入264.78亿元,同比增长26.05%,其中:轻工业180.35亿元,增长29.37%;纺织工业84.43亿元,增长19.5%。实现利税总额21.55亿元,同比增长17.66%,其中:轻工业12.76亿元,增长18.18%;纺织工业8.79亿元,增长16.9%。实现利润总额13.85亿元,同比增长11.52%,其中:轻工业6.05亿元,增长13.32%;纺织工业7.8亿元,增长10.15%。系统内轻纺企业资产合计436.46亿元,负债合计278.79亿元,资产负债率63.87%。　(尹　君)

**【产业优化】**　轻纺工业以实施"1250"工程和发展"六大产业"为抓手,重点加快羊绒、清真食品、造纸、发酵制品等主导产业发展,提升对全行业的支撑作用。羊绒产业依托灵武、同心两个羊绒工业园区和宁夏中银绒业国际集团有限公司、宁夏嘉源绒业有限公司、宁夏荣昌绒业集团有限公司等七大集团,引导企业大力发展精深加工和高附加值产品,促进羊绒产业优化升级。全年完成工业总产值88.05亿元,其中精深加工比重占40%以上。清真食品是宁夏具有特色优势和发展空间的轻工产业,2010年完成总产值90.29亿元。造纸行业按照国家出台的新标准,完成了废水深度处理工程建设,2010年完成总产值47.29亿元。发酵制品业不断延伸产业链,形成以味精、赖氨酸等氨基酸为主、有机酸及酶制剂并进的产品格局,总产值达到34.04亿元。乳制品业支持宁夏夏进乳业集团股份有限公司、宁夏塞尚乳业集团、宁夏红果乳品有限公司等骨干企业发展,引进吴忠恒枫乳业有限公司、宁夏明旺乳业有限公司,在建伊利、蒙牛,2010年总产值达到14.68亿元。　(尹　君)

**【宁夏生态纺织产业示范园规划】**　宁夏生态纺织产业示范园是在国家西部大开发政策鼓舞和支持下,积极承接东部产业转移,推动全区产业结构调整,拉动宁夏经济发展的重大项目。2009年8月2日,宁夏回族自治区人民政府与浙江华欣控股集团签订了"关于共同推进中国(宁夏)生态纺织工业园建设的框架协议"。同年10月31日至11月1日,自治区政府和中国社会科学院联合在杭州召开了"中国宁夏生态纺织产业示范园研讨论证会"。2010年2月28日,自治区主席王正伟主持召开会议,听取了"中国宁夏生态纺织产业示范园"前期工作汇报,会后下发了会议纪要,成立了示范园建设工作领导小组,由王正伟主席担任领导小组组长,自治区常务副主席齐同生、政协副主席解孟林担任副组长,领导小组下设园区建设和对外联络两个办公室。政府常务会议又明确李锐副主席、赵小平副主席参与纺织产业示范园的领导工作。2010年12月,由绍兴文理学院、中国纺织工业设计院编制完成了《中国宁夏生态纺织产业示范园规划》和核心项目《年产40万吨生态环保彩色涤纶纤维生产线可行性研究报告》。12月22日《中国宁夏生态纺织产业示范园规划》经宁夏回族自治区政府第83次常务会议审定原则通过。下发了自治区人民政府第83次常务会议纪要。(尹　君)

**【第二届服装节·第三届羊绒博览会】**　9月3～7日举办的第二届中国西部(银川)服装服饰艺术节·第三届中国宁夏国际羊绒博览会共安排了10项大型活动。第九届海峡两岸纺织业合作研讨会首次在银川召开,成为本次节会的启幕活动。节会邀请了来自北京、浙江、福建等17个省区市及11个纺织工业集群重点城市的28个代表团,以及来自英国、美国、德国等12个国家和地区的103名外宾参会,共设置标准展位1102个,展出面积比上届增加了31.5%。吸引了国内外242家企业408个品牌参展,参展品牌比上届增长了25%。节会期间观展人数达21.2万人次,实现现场零售交易额485.5万元,签约协议购销金额8966万元,签订投资合作项目44项,签约金额88亿元。无论是参展企业数量品牌,签约项目金额,还是国内外参会参展人数,均超过上届规模,受到了各省市以及行业内的高度评价。　(尹　君)

**【氨基酸产学研合作示范基地】**　2月8日,宁夏伊品生物科技股份有限公司和中国科学院微生物研究所合作成立的氨基酸联合实验室以及宁夏氨基酸产学研合作示范基地正式揭牌。基地建立有助于实现企业整体技术水平和自主创新能力的全面提高,加快企业产品结构调整和自主创新的步伐,将为构建全区氨基酸领域产学研技术创新战略联盟、加速全区氨基酸产业高新技术成果转化和科技人才培养起到积极的推动作用。　(尹　君)

**【《宁夏分梳山羊绒》地方标准】**　5月10日,自治区质量技术监督局、自治区轻纺工业局联合召开《宁夏分梳山羊绒》地方标准实施新闻发布会,标志着《宁夏分梳山羊绒》地方标准正式实施。从根本上解决了各企业执行标准不统一、出口贸易受制于人、品牌效应不明显等问题。有利于规范羊绒产业市场秩序,净化羊绒竞争环境,提高全区羊绒产品品质,保护羊绒产业信誉,实现全区羊绒产业又好又快发展。

(尹　君)

**【葡萄酒企业联袂亮相德国】**　3月24～28日,宁夏西夏王葡萄酒业有限公司、广夏(银川)葡萄酿酒有限公司、宁夏红枸杞产业集团、御马国际葡萄酒业(宁夏)有限公司、贺兰晴雪酒庄及圣路易·丁酒庄等6家企业组团赴德国斯图加特展览中心参加国际葡萄酒、水果、果汁和烈酒技术展览会。CHINANINGXIA(中国宁夏)首次亮相斯图加特展览中心。作为本次展会上唯一的中国代表,宁夏葡萄酒企业借助国际性的展览平台,直观地展现了中国宁夏葡萄酒的产品形象,扩大了对宁夏优势特色产业的宣传。　(尹　君)

**【伊品入围"中国轻工业发酵行业十强企业"】**　2009年度中国轻工业发酵行

业十强企业评选中,宁夏伊品生物科技股份有限公司榜上有名。“中国轻工业发酵行业十强企业”是中国轻工业联合会和中国发酵行业协会对企业的主营业务收入、利润总额、产值利税率和工业总产值增长速度等方面统一量化评价的结果,是中国轻工业发酵行业的首次排行,也是企业规模、利润、产值、科技创新及经营管理等能力的综合反映。伊品公司入围体现了宁夏在发酵领域所占的重要地位。 (尹 君)

**【对外产学研合作】** 为加快宁夏羊绒纺织产业科技创新和产业升级步伐,7月28日,宁夏轻纺工业局与天津工业大学(原天津纺织工学院)签订了产学研合作意向书。双方将组织技术力量建立企业技术研发中心,为企业知识产权申请与保护提供支持,技术成果双方共享。采取入校培训、远程授课、实地讲座、挂职、促进毕业生到企业就业等形式为全区羊绒纺织企业提供智力支持,通过定期召开相关信息交流研讨会,就纺织生态园和羊绒园区建设开展深度合作。10月21日,宁夏轻纺工业局与法国CAFA专业品酒师侍酒师学院签订了合作意向书,CAFA学院为宁夏葡萄酒产业发展进行境外人才培训,并每年派遣教师来宁授课,提供葡萄酒行业发展战略、发展规划、产品定位、葡萄酒旅游开发和持续发展、葡萄酒营销策略方面的咨询与指导。双方不定期组织业内相关人员互访,开展餐酒搭配研究,研究宁夏菜品与葡萄酒的搭配,扩大葡萄酒消费市场。 (尹 君)

**【第二届白酒品酒职业技能竞赛】** 8月10日,由自治区轻纺工业局、自治区总工会主办,宁夏酿酒协会、宁夏农林水财工会协办的全区第二届白酒品酒技能大赛在银川沙湖宾馆落下帷幕。本次白酒品酒技能大赛按照《品酒师》国家职业标准有关内容命题,分理论考试和实际操作两个部分。来自全区白酒生产、营销、教学等单位的44名选手参加了培训和竞赛。经过严格的理论考试和7个轮次的品评角逐,银川昊王酒业有限公司高彩燕最终夺得技能大赛冠军,宁夏红枸杞产业集团有限公司罗文华、宁夏雄牛酒业有限公司任贵军分获大赛二、三名。 (尹 君)

**【纺织服装企业入选竞争力500强】** 中国纺织工业协会2009~2010年度中国纺织服装企业竞争力500强企业评选中,宁夏中银绒业国际集团有限公司、宁夏马斯特集团、宁夏嘉源绒业集团有限公司、宁夏圣雪绒国际企业集团有限公司、德海(宁夏)实业集团、宁夏荣昌绒业集团有限公司、宁夏盛源绒业有限公司、宁夏国斌绒业有限公司、宁夏汇川服装有限公司、宁夏同心祥福绒毛制品有限公司,宁夏同心县生海绒业有限责任公司等11家羊绒和服装企业入选竞争力500强企业。此次竞争力测评是以2009年企业经营数据为基础,根据已确立的测评体系,将企业数据进行模型测算,确定本年度的各行业竞争力强势企业。评定范围包括棉纺(色织)、毛纺、化纤、麻纺、丝绸、印染、针织、服装等行业企业。 (尹 君)

**【推广新款回族头饰】** 轻纺工业局邀请有关回族文化研究专家,对征集到的46个新款型回族头饰进行评审,评选出4组12个品种进行推广。绚丽多姿的色彩、时尚美丽的花型、弹性的纱网面料、俏丽的褶皱构成最新款回族头饰设计风格,展现出回族女性纯洁、内敛、庄重大方的独特气质。由于社会历史因素,回族服装特别是回族女性头饰未能随时代和经济发展而充分开发普及。新款回族头饰推广,既是发展宁夏服装服饰产业的需要,也是深入贯彻党的民族政策、继承和发扬回族服饰文化的具体表现。轻纺工业局计划先期选择1~2家企业小批量生产投放市场,采取政府支持和企业积极促销方式,测试市场和消费者偏好。 (尹 君)

## 食 品

**【概况】** 2010年,宁夏规模以上食品工业企业实现工业总产值119.15亿元,较上年同期的98.91亿元增长20.47%,占宁夏轻重工业总产值比重6.18%,占宁夏轻纺工业总产值比重达40.48%。其中清真食品工业产值90.53亿元。食品工业完成工业销售产值105.81亿元,同期增长26.93%;实现工业增加值36.94亿元。经济效益较上年同期增长4%,实现利润总额54357万元的较好成绩,有效克服了金融危机带来的各种类食品原辅材料大涨价,而食品工业产成品市场销售价格不得随机应声而涨的局面,保持了较好的社会效益。

举办了全区葡萄酒品评技能培训班和首届葡萄酒品酒职业技能竞赛活动,促进酿酒行业积极引进先进技术和生产工艺,形成白酒、枸杞酒、葡萄酒、啤酒四花齐放,主要企业产值大幅增长。宁夏昊王酒业有限公司总产值达5亿元,成长为宁夏酿酒行业的龙头企业;宁夏红枸杞产业集团有限公司总产值年增长三成以上达到4.8亿元;葡萄酒行业中的宁夏科冕、御马、西夏王、广夏(银川)贺兰山葡萄酿酒等企业总产值分别达到6832万元、4904万元、2721万元和2014万元,促进销售收入较上年度增长112.93%,实现了历史上的最好水平。以伊品、万胜、米来生物工程有限公司为龙头的味精发酵产业快速崛起,实现销售收入29亿元,成长为宁夏食品工业新的经济增长点。积极创建区域品牌。打造贺兰德胜“清真食品工业园”、吴忠市“清真食品产业基地”。食品工业企业把加快技术创新作为增强市场竞争力,转变发展方式的重要手段,不断加大资金投入,加快技术改造步伐,根据国家产业发展趋势,重点在高附加值生产技术、清洁生产技术、资源综合利用技术、关键工艺与设备的研发和产业化发展方面取得了新的突破,推动新型乳制品、枸杞深加工、生物发酵、淀粉深加工等行业技术进步升级。农副食品加工业年度出口创汇19.7亿元,主要集中在枸杞、脱水菜、果汁、淀粉加工产品等。 (吴 俊)

**【主导产业】** 按规模以上企业统计,乳制品行业摆脱三聚氰胺影响,乳粉产品产量增长15.25%,液体乳也呈增长趋势,新建项目德胜园区的明旺乳业、吴忠园区恒枫乳业投产后成为新的骨干企业。乳品加工业生产乳制品13.6万吨，实现加工产值13.44亿元，占13.63%。酿酒企业生产白酒2.3万吨，啤酒12万吨，葡萄酒9989吨，枸杞酒7462吨，合计实现加工产值15.95亿元，占食品工业全行业比重16.17%。其中宁夏昊王酒业有限公司总产值4亿多元，比上年同期增长284%，有效带动宁夏白酒行业产品产量同期增长239.5%。宁夏御马葡萄酒有限公司总产值走上了1亿元大关，增长253%。以宁夏地方最具有优势特色枸杞加工为主要职能职责的宁夏红集团公司总产值5亿多元，再次增长35%以上。善于抢抓机遇的发酵制品行业发展迅速，经济运行态势良好，生产与效益同步增长，利税、利润大幅度增加。（吴 俊）

**【清真食品工业】** 2010年，清真食品工业年实现工业总产值、实现销售产值分别占全区食品工业总产值和销售产值的73.72%和75.06%。食品工业实现利税总额和利润总额分别占全区工业比重的6.90%和7.34%。充分显示出清真食品工业投资小、见效快，能够显著改善宁夏不合理的轻重工业结构、迅速提高经济效益和社会效益的特点。（吴 俊）

**【名牌产品】** 12月30日，经自治区名牌战略推进委员会全体会议审议通过，确定了2010年宁夏名牌产品83个，其中食品类名牌产品35个，占全部宁夏名牌产品42.17%。至此，宁夏获得绿色食品认证的企业已有191家，获得有机食品认证的企业有5家。“夏进液体奶”、宁夏红“香山露酒”“塞北雪挂面”“圣雪绒羊绒衫”4个产品跻身中国名牌产品行列，“早康枸杞”“穆和春清真羊肉”“厚生记食品”等5个产品被农业部命名为中国名牌农产品，72个农产品被评为宁夏名牌产品。（吴 俊）

**【2010年宁夏名牌产品】**

| 商标名称 | 产品名称 | 生产企业 |
|---|---|---|
| 贺兰山 | 酸牛奶 | 银川市平吉堡酸奶厂 |
| 银泉 | 液体奶 | 宁夏北方乳业有限责任公司 |
| 三利 | 调味品（酿造食醋、酱油） | 银川三利清真酱醋有限责任公司 |
| 沃福百瑞 | 饮料（枸杞果汁） | 宁夏沃福百瑞生物食品工程有限公司 |
| 厚生记 | 蔬菜制品（乡螺菜） | 宁夏厚生记食品有限公司 |
| 厚生记 | 膨化食品 | 宁夏厚生记食品有限公司 |
| 六盘山 | 八宝茶 | 宁夏绿源食品有限公司 |
| 安优卜 | 罐头（牛羊肉制品） | 宁夏安优卜清真食品有限公司 |
| 伊味奉真 | 罐头（牛、羊、鸡肉制品） | 宁夏伊味清真食品有限公司 |
| 维野顿 | 罐头（蔬菜制品） | 平罗县白云特色菜加工厂 |
| 对了 | 对了杂粮 | 盐池县对了杂粮食品有限公司 |
| 兴唐 | 大米 | 宁夏兴唐米业集团有限公司 |
| 回乡 | 大米 | 宁夏回乡缘粮油工贸有限公司 |
| 黄河香 | 大米 | 贺兰县生瑞粮油有限公司 |
| 雄牛 | 白酒 | 宁夏雄牛酒业有限公司 |
| 鼎夏 | 白酒 | 宁夏鼎夏酒业有限公司 |
| 丁国军 | 食用植物油（胡麻油） | 吴忠市国军清真食品有限公司 |
| 家庆 | 食用植物油（胡麻油） | 宁夏家家食用油有限公司 |
| 昊裕 | 食用植物油（胡麻油） | 宁夏昊裕油脂有限公司 |
| 星海湖 | 食用植物油（胡麻油） | 宁夏成玉植物园有限责任公司 |
| 伊星 | 食用植物油（葵花油） | 吴忠市兴达粮油有限公司 |
| 塞外香 | 小麦粉 | 宁夏塞外香面粉有限公司 |
| 丹富 | 小麦粉 | 宁夏丹富粮油食品有限公司 |
| 庆原春 | 小麦粉 | 固原雪洋粮油有限责任公司 |
| 老爷子 | 糕点（月饼） | 青铜峡市明珠圆清真食品乳业有限责任公司 |

续表

| 商标名称 | 产 品 名 称 | 生 产 企 业 |
|---|---|---|
| 伊 品 | 赖氨酸 | 宁夏伊品生物科技股份有限公司 |
| 穆和春 | 速冻肉制品 | 宁夏夏华肉食品有限公司 |
| 涝河桥 | 速冻肉制品 | 宁夏涝河桥清真肉食品有限公司 |
| 雪 冠 | 淀粉(马铃薯淀粉) | 固原雪冠淀粉有限责任公司 |
| 泽 光 | 畜禽、水产饲料 | 宁夏大北农科技实业有限公司 |
| 灵 丹 | 灵武长枣 | 灵武市果业开发有限责任公司 |
| 香山硒砂 | 香山硒砂瓜 | 中卫香山硒砂瓜业有限责任公司 |
| 天 启 | 马铃薯 | 吴忠天启薯业有限公司 |
| 潘杨锦旺 | 番茄 | 银川市锦旺农业综合开发有限公司 |
| 小 任 | 鲜水果(草莓、吊瓜、果桑、毛桃)<br>鲜蔬菜(乳瓜、小番茄) | 银川小任果业有限责任公司 |

(吴 俊)

**【葡萄酒制造业】** 2010年,宁夏贺兰山东麓酿酒葡萄产业发展初具规模。葡萄基地面积34万亩,其中酿酒葡萄种植面积达到29万亩,当年新增酿酒葡萄种植面积10万亩,葡萄酒生产企业20家,葡萄酒加工能力达到12.9万吨。具有万吨以上生产加工能力的企业有宁夏西夏王葡萄酒业有限公司、宁夏(银川)贺兰山葡萄酿酒有限公司、宁夏科冕实业有限公司、宁夏御马葡萄酒业有限公司、银川巴格斯葡萄酒庄有限公司、宁夏瑞丰葡萄酒有限公司等6家,资产合计达到8.67亿元,年度生产加工葡萄酒2.19万吨,较上年同期增长41.69%,主营业务收入1.8亿元,较上年同期增长103.87%,实现销售产值同期增长112.93%。同时以圣路易·丁、贺兰晴雪等品牌为代表采取酒庄方式经营的企业逐渐增多,将葡萄酒酿造经营与生态、观光相结合,标志着宁夏葡萄酒产业发展走向一个新的经营消费趋势。品牌发展健康成长,在第四届(2010)亚洲葡萄酒质量大赛上,宁夏4家参赛企业揽到7金6银,进一步展示了贺兰山东麓葡萄酒的实力。“御马”葡萄酒荣获中国驰名商标。

宁夏葡萄酒产业发展规划明确,酿酒葡萄基地重点分布在贺兰山东麓葡萄酒地理标志保护优质产区的银川市西夏区、永宁县、贺兰县,吴忠市的青铜峡市、红寺堡区,以及上述区域内农垦局的暖泉农场、贺兰山农牧场、平吉堡农场、银川林场、黄羊滩农场、玉泉营农场和连湖农场的土地上,“十二五”期间(2010~2015年)新建葡萄基地36.6万亩,总规模达到73.8万亩。规划到2015年葡萄总产量达到47万吨,其中酿酒葡萄产量达到33.2万吨,鲜食葡萄产量达到13.68万吨,葡萄种植业总产值超过18亿元,葡萄酒加工企业、酒庄、酒堡发展到150家以上,葡萄酒加工能力达到29万吨以上,加工业总产值超过90亿元。宁夏西夏王葡萄酒业有限公司6万吨葡萄酒技改扩建项目;御马葡萄酒有限公司1.5万吨灌装线技改项目(引进6000瓶/小时生产线一条,将生产能力达到1.5万吨规模)建设;银川巴格斯葡萄酒庄(有限公司)投资3000万元建设贺兰山东麓有机酿酒葡萄种植生态园及冰葡萄酒酒堡;宁夏德龙酒业公司投资1亿元建设5万吨葡萄酒生产线,投资17亿元建设10万亩葡萄种植基地、建设生态产业示范园、国际葡萄酒庄文化苑、酿酒葡萄种植园三大功能区建设;张裕(宁夏)葡萄酿酒有限公司原酒酿造二期及酒庄项目,达产后可形成年产葡萄原酒3万吨、灌装1万吨的生产能力;中粮集团年产5万吨葡萄酒生产线项目及20万亩酿酒葡萄种植;宁夏贺兰山东麓小镇建设及9个特色风格的葡萄酒酒堡项目建设都拉开了帷幕,努力把贺兰山东麓打造成为我国重要的优质葡萄酒生产加工基地及鲜食葡萄生产基地。

(吴 俊)

**【清真乳制品制造业】** 2010年,自治区质量技术监督局组织对自治区经信委和发改委审核符合产业政策的16家乳制品及婴幼儿配方乳粉生产许可条件进行重新审核。经审核全区16家企业的20个乳制品单元和3个婴幼儿配方乳粉单元符合生产许可条件。经宁夏质量技术监督局行政审批例会批准,并报自治区乳品行业开展项目(企业)审核清理工作领导小组批复,全区原拥有生产许可证的乳制品企业33家,经重新审核共有16家企业符合生产许可条件,未通过审核和停产整改的企业一律停止生产乳制品。产品在原有以液态奶、奶粉、发酵型酸奶为主的基础上,逐渐发展专用奶粉、UHT奶、长保质期巴氏灭菌奶,以及乳饮料、发酵型酸奶等制品,强化多元奶粉、多菌种益生菌发酵产品、乳蛋白粉、乳糖及奶酪等中高档、多元化乳制品。重点围绕装备技术升级和产品更新换代,引导宁夏夏进乳业集团股份有限公司、宁夏亿美乳业有限公司、宁夏塞沿乳业有限公司、宁夏明旺乳业有限公司、宁夏恒枫乳业有限公司、宁夏红果乳业有限公司等企业

扩大规模、优化产品结构,提升乳制品市场竞争力。（吴　俊）

【特色食品枸杞产业】 2010年,全区枸杞种植面积70万亩,折合干果产量9万吨,加工规模企业26家。加工产值10.3亿元。形成了以干果、原汁、枸杞酒、饮料、籽油、芽茶及保健品为主的10大类50多种产品。宁夏特色优势优质枸杞产业的快速迅猛发展,促使我国枸杞年度出口量达到6191吨,在较2009年增长6%的基础上,出口价格也创出了6580美元/吨的历史新高,同比上涨了31%;出口额为4073万美元,同比增长39.5%。从出口地区来看,也逐渐由传统的亚洲华裔市场进入西方主流社会,拓展了欧盟、美国、澳大利亚等市场,其独特而丰富的营养保健功效在西方国家逐渐得到证实和认可,枸杞及其制品在西方食品中被称为“超级水果”。在适度发展枸杞干果基础上,进一步积极开发枸杞营养保健产品,重点发展枸杞饮品、枸杞多糖、枸杞籽油等精深加工产品,培育壮大宁夏红枸杞产业集团、宁夏早康公司、宁夏泰丰杞乡生物制品有限公司等5~7家骨干龙头企业,打造宁夏红、早康、泰丰等3~5个全国知名品牌。（吴　俊）

## 医　药

【概况】 2010年,全区医药行业面对融资环境偏紧、原材料大幅涨价、节能减排任务较重等困难,紧紧围绕自治区党委、政府确定的“工业增加值增长13%”的目标,积极采取“转方式、调结构、上水平、促发展”一系列举措,全行业继续保持平稳增长,运行质量稳步提高。全行业完成工业总产值25.73亿元,同比增长21.1%;完成工业增加值9.27亿元,增长14%;实现销售收入22.56亿元,增长19%;实现利税4.53亿元,增长51.8%,其中实现利润3.85亿元,增长59.3%。主导产品化学原料药产量7588.73吨,增长17.3%;中成药生产528.52吨,下降23.2%;中药饮片生产1284.5吨,增长33.5%。（刘　然）

【化学原料药生产】 2010年,全区化学原料药随着国际市场需求的持续回暖,生产实现历史性突破,完成工业总产值23.38亿元,同比增长22.1%,占全区医药工业总产值的90.8%。4家化学原料药生产企业完成总产量7688.73吨,增长17.3%。其中,宁夏启元药业公司硫氰酸红霉素2663.46吨,增长8.5%;四环素碱506.9吨,下降30.3%;盐酸四环素1017.14吨,下降12.9%;维生素B221吨,下降80.5%;维生素C1060.8吨。宁夏多维药业公司(含泰瑞公司)泰乐菌素1950.42吨,增长15.1%;替米考星236.21吨,增长59.6%;维生素B12180.04吨(含纯品、液相以及紫外相),下降10.2%。宁夏紫荆花药业公司苦参系列原料药8.48吨,下降5.7%;宁夏康亚药业公司羟苯磺酸钙33.55吨。（刘　然）

【化学制剂生产】 2010年,全区化学制剂生产企业完成工业总产值1.34亿元,同比增长13%。4家化学制剂企业可生产8种剂型284个品种,其中冻干粉针剂50.58万瓶,下降54.1%;注射剂2282.02万支,增长29.8%;大输液1149.21万瓶,下降9.2%;片剂9.65亿片,增长8.1%;颗粒剂291万袋,增长13.2%;胶囊剂1.91亿粒,增长3.1%;滴剂122.33万支,与上年基本持平。（刘　然）

【中成药及中药饮片生产】 2010年,全区中成药生产企业完成工业总产值4795万元,同比下降12.5%,3家中成药生产企业可生产10种剂型188个品种,完成总产量528.52吨,下降23.2%。其中,蜜丸58.31吨,增长28.2%;水丸108.47吨,下降28.2%;片剂79.55吨,下降3.1%;冲剂166.12吨,增长0.7%;胶囊12.43吨,下降12.6%;膏剂55.66吨;其他剂型47.36吨。全区中药饮片生产企业完成工业总产值4480万元,增长21%;完成中药饮片产量1284.5吨,增长33.5%。（刘　然）

【对外贸易】 2010年,全区医药行业重点出口企业出口创汇额再创新高,达1.31亿美元,同比增长23.6%,占全区外贸出口总额11.2%,份额较2009年下降2.07个百分点。两户重点企业出口额均列全区前五位,宁夏启元药业有限公司第三位,宁夏多维药业有限公司(含宁夏泰瑞制药股份有限公司)第五位。其中,宁夏启元药业有限公司出口创汇7449万美元,增长15.3%;宁夏多维药业有限公司(含泰瑞公司)出口创汇5696万美元,增长37.2%。化学原料药对外出口量3447.06吨,下降7.4%,占全部产量的44.8%。其中,启元药业公司出口盐酸四环素926.25吨,下降18%;硫氰酸红霉素1020.94吨,增长6.3%;多维泰瑞制药有限公司出口泰乐菌素1316.15吨,增长13.5%。（刘　然）

## 印 刷 包 装

【概况】 2010年全区包装工业完成销售收入43.4亿元,比上年增长32.5%;实现工业增加值12.1亿元,增长17.2%。3月26日,组织召开了全区包装工作会议,对2009年全区包装行业工作进行总结交流,并部署了全区包装行业转方式、调结构、上水平、促发展等任务,推进包装业平稳较快发展。根据工业和信息化部《关于组织申报机电产品包装节材代木试点单位的通知》要求,会同自治区经信委组织开展机电产品包装节材代木试点单位的申报工作,选择有行业代表性和节材代木工作基础的中卫大河机床有限责任公司、新瑞长城机床有限责任公司申报国家试点单位,并对企业申报材料和资质条件进行了认真审核,按时将试点方案材料上报工信部,推动全区节材代木包装产品的研究开发和推广应用。（朱丽英）

【行业管理】 研究起草了《宁夏回族自治区包装行业“十二五”发展规划》,对“十一五”包装工业发展情况及存在的问题进行了评价和分析,研究了“十二五”包装工业发展面临的形势及市场需求,提出了全区包装工业“十二五”发展的目标、重点和措施。根据国家对危险化学品包装物、容器和食品用包装容器工具等包装产品实施生产许可证的工作部署,配合质量技术监督部门继续开展包装产品生产许可证工作。共有9户危险化学品包装物生产企业、11户食品用包装容器生产企业通过了生产条件的审查,产品检测合格,获取生产许可证。按照《2009年10月至2010年6月全区治理商品过度包装工作方案》要求,组织好包装生产企业和食品生产企业,以及商品销售单位的自查自纠。重点对元旦、春节、五一、中秋、国庆节前的商品过度包装进行了专项整治,加强组织协调和监督检查,取得了较好成效。围绕包装行业发展中具有综合性、全局性、前瞻性的问题,提出包装行业实施节能减排的主要途径与措施,按时完成了"我区包装行业发展低碳经济的对策建议"的专题调研工作。(朱丽英)

**【科技创新】** 重点抓好宁夏电通公司食品、药品包装数字化监管智能系统研发,吴忠东星塑料公司多闭环智能控制加热系统机械节能,宁夏金世纪包装公司金箔复合纸热压工艺研发应用,宁夏宁安包装公司宽幅多层瓦楞纸板、纸箱一体化生产应用,银川日昌公司智能化高速自动计量包装机等项目建设。其中,宁夏电通公司"基于RFID技术的食品、药品包装数字化监管智能包装制品研发"、吴忠东星塑料公司"多闭环智能控制加热系统用于塑料机械节能项目"、宁夏金世纪包装公司"金泊复合纸热压工艺研发应用"项目被列入国家2010年包装行业高新技术研发项目计划,争取到国家财政研发资金170万元。(朱丽英)

**【行业交流】** 开展了全区包装行业先进企业评选活动,共评选表彰"2009年度全区包装行业先进企业"10户。组织全区9户包装重点骨干企业负责人一行26人赴广东包装企业考察学习,先后参观学习了广东万联包装机械有限公司、中山松德包装机械股份有限公司、广州丰采印刷有限公司、广东德冠包装材料有限公司、佛山南海利达包装印刷有限公司、广州番禺骏扬纸品有限公司等8户有代表性的大型包装企业,引进先进技术和管理经验。鼓励和支持有比较优势的包装企业采取多种形式与发达地区的企业进行合作,并就广东包装企业来宁考察投资等进行了座谈交流,达成了意向。组织全区15户包装重点骨干企业参加在北京举办的"世界包装大会""国际包装博览会"和"国际包装论坛",搭建交流、互动平台,促进与国内外包装同行业的交流与合作,拓宽包装产品的市场领域。(朱丽英)

## 饲料加工

**【概况】** 2010年,全区共生产饲料产品72万吨。其中配合饲料59.97万吨,浓缩饲料10.1万吨,添加剂预混合饲料1.94万吨,赖氨酸9.1万吨,酶制剂0.04万吨。实现工业产值17.2亿元。(高新雯)

**【行业监管】** 为全面完成农业部"两个确保和两个千方百计"工作目标,年初对全区饲料行业形势进行分析,并对全区饲料行业监管工作进行部署。印发了饲料监管工作要点,要求各市县饲料执法部门扎扎实实做好饲料行政监管工作。在开展饲料专项整治工作中,全区共出动执法人员2393人次,检查饲料生产、经营企业188家,检查养殖户3177个。对饲料标签、饲料乳清粉、饲料皮革蛋白原料和饲料混合油脂进行了专项整治。组织工作组多次对各市县日常监管和专项整治工作中存在的问题进行督导检查,依据有关法律,向监管人员进行了讲解,提升了监管工作人员的业务素质,加强了监管工作人员的执法力度。(高新雯)

**【饲料质量监管】** 按照农业部饲料生产企业设立标准,严把企业准入关,对申请办理生产企业审查合格证、添加剂预混合饲料生产许可证、饲料添加剂生产许可证和产品批准文号的企业,组织专家进行现场审查,由于严把生产企业准入关,有20%的生产企业未能通过审查,进一步提高了饲料生产企业准入门槛。2010年共审查验收饲料生产企业29家,申办生产合格证企业18家,上报农业部审批3家。3~4月,由饲料办牵头,组织各市县饲料执法部门,对饲料生产企业逐一进行年度备案登记和现场检查,对获证的企业,检查出问题要求限期改正,对存在问题较为严重的生产企业,责令其停业整顿,整改结束后由饲料管理部门再次组织联合组进行复查,确认消除安全隐患后方可允许恢复生产。(高新雯)

**【饲料质量安全检测】** 2010年,农业部下达宁夏各类饲料检测任务800批次,配合自治区兽药饲料监察所,对全区18个市县饲料生产、经营和使用环节进行了全面监测,全年共抽查各类饲料样品1039批次,合格率99.18%。(高新雯)

**【规范饲料经营行为】** 为了规范全区饲料经销市场,组织各市县饲料行政监管机构配合工商部门对40余家饲料经营企业、养殖部门饲料产品进行监督检查,共查处违法经销不合格饲料产品18吨,取缔经销部门2家,进一步规范了饲料经销行为,为净化全区饲料市场、有效保护养殖户的合法利益奠定了基础。(高新雯)

**【企业标准化建设】** 对12个生产企业65个标准进行了修订和评审,使企业产品质量标准化意识进一步加强,促进了饲料生产管理工作和饲料产品质量规范化、标准化。严格按照农业部公布的《饲料添加剂品种目录》范围内选用饲料添加剂,保护生态环境,促进饲料业和养殖业健康可持续发展。(高新雯)

# 宁夏广播电影电视局

7月，国家广电总局党组副书记、副局长赵实亲切慰问宁夏广电一线职工

3月9日，国家广电总局在北京召开宁夏区域性影视基地规划大纲座谈会

4月22～27日，广电总局广告检查组来宁检查指导工作

11月，宁夏广电局领导检查督导农村广播电视户户通工程进展情况

6月7～9日，阿拉伯国家广播电视人员访华交流团来宁夏参观考察

2010年，宁夏广播电影电视局全面完成自治区民生计划的6万套广播电视户户通工程建设目标任务，使约20多万人收听收看到8套以上电视节目。全年放映数字电影46000场，观众达655万人次，超额15%完成了自治区民生计划目标。宁夏中广CMMB信号已经覆盖全区所有地级市和川区县市，覆盖面居全国同行业第一，通讯类CMMB电视用户发展到7万户。7月18日，首届塞上江南影视节开幕式暨繁荣广播影视创作主题报告会在银川举行，影视节期间举办了全国电影院线夏季看片会、优秀电影展映月、广播影视节目作品展等活动。全区新建和改造城市影院16座、影厅26个。9月7日，全区广播电视网络整合签约仪式在银川举行，标志着宁夏广电网络实现了"一区一网"。全行业总收入8.26亿元，比上年增长20.4%。

7月18日，首届塞上江南影视节开幕式暨繁荣广播影视创作主题报告会在银川举行

11月12日，宁夏农村电影放映统一补贴购置暨冬季固定放映试点启动仪式在石嘴山隆湖开发区举行

11月，宁夏电影集团投资的电影《远东之恋》在上海开机

# 颁奖盛典

# 公司总经理刘刚荣膺2010年度宁夏经济人物

自治区政协副主席张乐琴为宁夏销售公司总经理刘刚颁发2010年度宁夏经济人物奖

刘刚发表获奖感言

4月16日晚，宁夏人民会堂张灯结彩，座无虚席。“灵州雪”2010年度宁夏经济人物颁奖盛典在这里隆重举行。

在精英云集的2010年度宁夏经济人物中，有这样一位分外引人注目。他服从发展大局，开创宁夏石油“黄金发展期”；服务地方经济，打造最受信赖“油品供应商”。他给力宁夏经济发展，为宁夏加油。他，就是中国石油宁夏销售公司总经理刘刚。

2010年3月16日，刘刚就任中国石油宁夏销售公司总经理。上任第一年，就遇到席卷全国的柴油荒，中国石油以外的加油站基本停止零售，自治区柴油资源全面告急，农业生产、交通运输和重点工程建设面临停摆困局。作为自治区主渠道成品油供应商的销售公司，总经理刘刚高瞻远瞩，审时度势，以勇于担当的责任感，动员公司全部力量调运资源，用数量占全区30%的加油站承担了全区90%以上的油品供应任务，使柴油荒在宁夏初露矛头就得到了缓解。宁夏销售公司为此付出了高昂代价，4.3万吨高价自采的柴油，每卖出一吨，就会亏损50到60元。然而在宁夏销售公司付出的代价背后，则是自治区柴油供应日趋平稳，社会经济稳定发展，农业生产、交通运输和重点工程建设稳步推进。刘刚说，这是一种责任，也是一种担当。

2010年，在柴油资源紧缺时期，中国石油宁夏销售公司把自治区重点项目、重大工程用油作为保障重点，送油到工程现场和厂矿企业，优先保障工业、农业、交通运输及公安、消防等重点单位用油，自治区政府致信感谢，老百姓拍手叫好。在“春耕春播”“三夏”和“秋翻冬灌”时节，中国石油宁夏销售公司成立保供小组，全力保障农业生产，“送油到田间，服务到机手”，同时，在高速公路服务区提供加油、餐饮、住宿、购物、汽修等一条龙服务。

获奖后，刘刚感言，中国石油宁夏销售公司作为宁夏最大的成品油供应商，将用我们的诚信服务，优质服务，提供最优质的成品油，为宁夏社会发展加油，为宁夏经济建设助力加油。

当主持人采访刘刚为什么经常深入基层，刘刚表示，一是了解市场，分析市场，只有这样才能真正履行中国石油政治责任、经济责任和社会责任；二是了解顾客的需求，更好地为全区顾客服务；三是关心我们的员工，倾听他们心声。

在颁奖盛典背景墙上，刘刚重笔写下“为宁夏经济发展社会进步助力加油”，这既是对宁夏社会发展、经济建设的承诺，又是对宁夏销售公司三千多名员工的鞭策和鼓舞。

# 高瞻远瞩担重任 求实奋进谱新篇

董事长　肖宝贵

肖宝贵于2005年至2010年8月，任宁夏天地奔牛实业集团有限公司党委书记、总经理。由于其卓越的领导才能和任职期间所取得的重大成就，2010年8月被调入北京天地科技总部，升任天地科技股份有限公司副总经理，兼任宁夏天地奔牛实业集团有限公司党委书记、董事长，正高级工程师，享受自治区人民政府特殊津贴。

在担任公司总经理期间，他引领企业在5年间成功运筹两项重大决策：与天地科技股份有限公司实现战略重组、收购并重建银川起重设备有限公司。实现四个重大跨越：发展规模向现代化煤机制造基地跨越；发展模式向引领市场需求跨越；奔牛品牌向国内著名品牌跨越；经济增长向高效益、高速度跨越。引领奔牛集团走上跨跃式的快速发展道路，公司经营效益和各项经营指标呈递进式的年年创历史新高。

肖宝贵率领公司领导班子不断推进天地奔牛集团公司锐意进取，大胆创新，近年来，天地奔牛集团公司先后承担了国家“十五”期间的年产“600万吨综放工作面”、“十一五”期间的年产“600万吨、1000万吨、1200万吨综采工作面”成套输送设备等多个国家级技术创新项目。通过近几年的努力奋斗，“奔牛”产品很快居于同行业领先地位。公司在2006年入选国家统计局公布的全国大企业集团竞争力500强、中国机械工业500强之后，2008年度获得中国煤炭工业双十佳企业、2009年获全国煤炭工业质量奖、全国机械工业先进集体、2010年被评定为全国企事业知识产权试点单位、国家高技能人才培养示范基地。

肖宝贵先后获得石嘴山市“杰出青年企业家”“功勋企业家”，自治区“2006年度十大经济人物”、自治区“企业文化建设功勋人物”“中国煤机工业优秀企业家”“全国煤炭机械工业双十佳企业家”等荣誉称号。2010年，被评为“感动石嘴山50年50人”“自治区劳动模范”、2010年度宁夏经济人物。

召开领导班子民主生活会

召开公司三届二次职工代表大会

举办中层管理人员竞聘会

# 引领天地奔牛 实现新的跨越

## —天地奔牛集团公司党委书记、董事长肖宝贵

2010年9月15日，肖宝贵在感动石嘴山五十年五十人颁奖现场

2010年3月30日，肖宝贵陪同自治区主席王正伟等领导参观减速器分厂

2010年3月30日，肖宝贵在公司减速器分厂为自治区主席王正伟介绍技改项目建设情况

肖宝贵接受石嘴山市市长张作理授予的一级功勋企业家奖杯

肖宝贵陪同上级单位领导视察生产

肖宝贵陪同国资委监事会主席师金泉视察公司

2010年5月5日，肖宝贵向大武口区区委书记魏艳华介绍技改项目情况

2010年10月25日，中煤科工集团公司董事长刘高卓参观技改项目减速器分厂

2010年，“七一”表彰大会中肖宝贵为优秀共产党员颁奖

# 颁奖盛典

张志荣总经理荣获2010年经济人物奖

颁奖现场

# 宁夏王洼煤业有限公司总经理　张志荣

总经理张志荣在颁奖现场

张志荣，1967年4月出生，中共党员，固原市原州区开城镇人。1985年考入宁夏煤炭工业学校通风专业学习，1987年7月毕业后分配到王洼煤矿工作，1997年参加成人高考，录入西安科技学院机电工程专业函授学习，2001年6月毕业，2003年参加宁夏党校固原分校经济管理本科班学习，2005年12月毕业。2011年4月16日获得灵州雪2010年度“宁夏十大经济人物”。

1987年7月学校毕业，分配到王洼煤矿任安监科技术员，主要从事科室建章建制，完善管理工作，分管通风和瓦斯管理工作。1990年12月成立通风维修队后任技术员，1991年3月任副队长，1992年4月任队长。在通风维修队9年期间，主要从事矿井“一通三防”工作，在矿井“一通三防”、自然灾害防治工作中取得了比较优异的成绩，并在煤矿防止自然火灾、均压通风等方面有独创性技术经验，探索制定出了一套适用于本矿的行之有效、经济可靠的综合措施，1994～1996年被自治区评为行业科技先进个人。

1999年5月任企业管理科科长，主要做了企业内部深化改革工作，修改完善了企业管理制度。2000年1月至2004年4月任企业管理办公室主任兼劳资科科长，主管劳资、社保、业务招待、车辆调派等业务，在此期间，根据国家和上级有关政策，结合本矿实际情况，全面修订并负责实施了企业内部管理的各项规章制度、措施等，基本完成企业内部三项制度改革，使本矿企业管理工作逐步走上现代化企业管理的轨道。

2004年4月，经民主推荐，组织考评，固原市政府聘任为王洼煤矿副矿长，分管销售、供应、劳资、多种经营。2005年4月，中共固原市委员会任命他为王洼煤矿党委书记，2005年9月，王洼煤矿划归宁夏发电集团有限责任公司管理。2006年3月任王洼煤矿矿长，主持全矿行政工作，规划矿区发展，带领企业制定企业改制转型相关工作，2008年4月改制成立宁夏王洼煤业有限公司。

2008年5月，兼任宁夏王洼煤业公司党委书记，2009年12月任宁夏王洼煤业有限公司总经理兼王洼煤矿矿长，主持煤业公司行政工作。为公司长远规划发展，争取外部和上级对煤业公司的支持，做了大量有成效的工作，为公司快速发展做出了贡献。

孙占财董事长荣获2010年度宁夏经济人物

孙占财荣获中国改革开放30年全区十大民营企业家

宁夏红宝集团有限公司成立于1999年，公司总部设在宁夏中宁县城平安东街。公司是由企业家孙占财创立并已发展成为集水利、公路市政工程、工业与民用建筑、房地产开发、宾馆餐饮、汽车运输、成品油经销等多种产业于一体的跨地区、跨行业的综合性民营企业集团。

截至目前，公司资产总额13.5亿元，公司现有员工2100余人，其中：大专以上学历的151人，高中、中专学历的854人，拥有各类技术职称的291人，中级以上的208人。2010年，公司实现营业收入7.3亿元，实现利税1.1亿元。

随着国家第二轮西部大开发和第十二个五年规划的实施，公司抢抓发展机遇，在总结“二五”规划的同时，提出了“三五”规划的总体要求和目标任务：

五年规划的要求是：全面贯彻党的十七届四中、五中全会精神，高举中国特色社会主义伟大旗帜，以邓小平理论和三个代表重要思想为指导，深入贯彻落实科学发展观，抢抓西部大开发的战略机遇，紧紧围绕产业结构调整，突出四大产业，继续深化各项改革、安全生产、廉洁自律，推进经济建设快速发展。

目标任务是：营业收入达到10个亿，利税达到3个亿，领导工资年薪达到8～10万元，职工工资年薪达到3～5万元，为员工全部解决“五险”，工程建设房地产开发收入6个亿，餐饮收入达到1.6亿元，商砼站收入达到1个亿，运输公司和其它行业收入达到1个亿。“三五”末力争实现营业收入15个亿，产值比“二五”翻番。

2011年公司决定将原已设施陈旧、功能落后、运营了近40年的固原宾馆拆除，投资2.6亿元，新建一座高20层的五星级宾馆。该工程正在建设之中；承揽了银川市兴庆区月牙湖万亩奶牛养殖场中央大道排水及生态移民工程，计划3年建成；公司将进一步加大房地产开发力度，计划在中宁、中卫、海原、固原开发建设15～20万平方米的商品住宅房。

2011年是国家第十二个五年计划的开局之年，也是红宝公司第三个五年规划的开局之年，董事长孙占财运筹帷幄，站在新的高度、新的起点，为奋力开创红宝事业快速发展的新局面，满怀信心地团结和带领公司全体员工继续发扬“艰苦创业、无私奉献”的红宝精神，以十七大精神为动力，以西部大开发为契机，解放思想，振奋精神，求真务实，开拓创新，为实现红宝的跨越式发展努力奋斗！

# 勇立潮头　跨越发展

## 宁夏红宝集团有限公司董事长孙占财

领导视察

荣当奥运火炬手

董事长孙占财慰问环卫工人

公司文艺演出

吴忠红宝大厦

公司全景

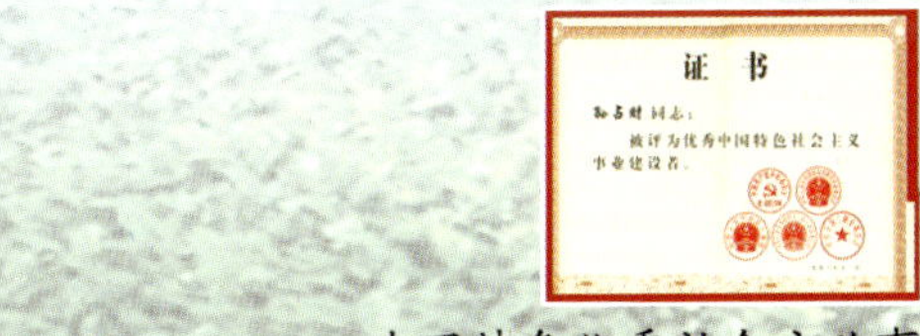


中国特色优秀社会主义事业建设者

建筑完成的红宝南河花园

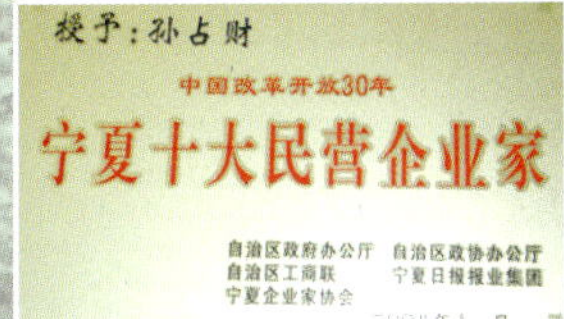


荣　誉

# 2011 NXTV 宁夏年度经济人物 颁奖盛典

张光华总经理

## 个人简介

1972年4月—1975年8月，山东化工学院（现青岛科技大学）橡胶工艺专业学习；
1975年8月—1977年12月，银川橡胶厂成型车间，任计划员、技术员；
1977年12月—1984年6月，银川橡胶厂技术科，任结构设计员、助工；
1984年6月—1999年10月，银川橡胶厂，任技术副厂长、高工；
1999年10月—2002年12月，银川（长城）轮胎有限责任公司，任党委书记、总经理；
2003年1月至今，银川佳通/银川佳通长城轮胎有限公司，任党委书记、总经理。

## 荣获表彰

1990年，获"全国化工科技先进工作者"称号；
1993年，享受国务院政府特殊津贴；
1996年，获"国家突出贡献的中青年专家"称号；
2002年，被评为银川市劳动模范；
2002年，被自治区经贸委提名为中国工程院院士候选人；
2003年、2008年，当选为自治区第九届、第十届人大代表；
2004年，被评为"银川市年度十大经济人物"；
2005年，被评为自治区劳动模范；
2005年，被评为"自治区优秀环境科技实业家"；
2009年，被选为自治区石油化工协会副会长；

### 勇于创新　追求卓越　开创银川佳通持续发展的新局面

2010年，天然橡胶价格持续疯涨，轮胎企业产品生产成本上升50%以上，轮胎全行业亏损面近50%，国内轮胎市场竞争激烈。面对复杂的经营环境和艰难处境，银川佳通全体员工在总经理张光华的带领下，在自治区党委和各级政府的关心、支持下，迎难而上，产品结构调整、扩大产能，紧盯国家振兴汽车工业发展产业政策的契机，对外积极拓展配套市场，对内深化成本管理，克服了各种严峻挑战，巩固了应对经济危机取得的成果，实现了企业销售收入、产值等主要经济指标比2009年大幅度增长，其中：实现销售轮胎238万套，较2009年增长了13.6%；实现销售收入23.64亿元，较2009年增长了41.64%；工业总产值24.47亿元，较2009年增长了6.11%；实现利润6869万元，较2009年增长了53.7%，创造了合资8年来经济效益最好的企业新业绩，引领企业进入了全面持续发展的新时期。

张光华，自1975年进入企业到现在的36年中，从一名车间技术员成长为企业的掌舵人，与轮胎事业结下了深厚的情缘。在经历了2008年金融危机的严冬后，面对美国轮胎特保案给国内轮胎市场带来的巨大竞争压力，以及经济复苏各种原材料价格持续攀升的不利因素，转危为机，2009年、2010年企业效益连续两年快速增长。在新中国成立六十周年时，被中国橡胶工业协会评为"中国橡胶工业企业科学发展带头人"，荣誉肯定了他在中国橡胶工业科学发展领域做出的突出贡献。实践证明，正是他身上那种踏实工作、坚韧不拔、开拓进取、勇于创新、追求卓越的优秀品质和个人魅力，激励和带动着佳通全体员工不断进取，使企业健康持续发展。

### 未雨绸缪　扩产能　拓市场　树品牌

**一、扩大全钢胎产能，实现规模效益。**

1999年，张光华总经理担任银川橡胶厂30万套全钢载重子午胎项目总负责人，项目建设创造了众多纪录，整个项目节省投资近1.3亿元，几年来全钢产能逐步提升。2010年，他继续领导组织实施了企业"高性能全钢载重子午胎技术改造项目"，该项目共计投入资金5000余万元，新增一条钢丝圈生产线、3台成型机、6台硫化机等设备，　2010年6月项目完成后，将企业全钢胎产能从日产4750条扩大到日产5500条，形成了年产180万套的生产规模。合资8年来，全钢胎产能增长6倍，进一步提高了全钢胎的规模效益，满足了市场和客户需求。

**二、抓住市场和产业政策的有利机遇，提前战略布局，增加产品年末库存，扩大市场份额。**

早在2009年10月份，公司就已经开始考虑和部署2010年的生产、销售工作。在对原材料市场和产品市场需求变化进行科学分析和判断后，他敢于担当，勇于承担风险，大胆决策，提前布局，针对2009年末原材料价格相对较低的有利时机，提高产量，增加年底产品库存数量；抓住了2010年初销售市场启动早、需求旺盛和产品提价的宝贵时机，企业实现产量、销售和效益开门红，为完成全年经济效益目标打下了坚实的基础。与此同时，2010年初，针对国家振兴汽车工业发展的产业政策，商用车产销量增长迅猛的机遇，积极争取配套份额和资源支持，主动和各汽车生产厂家联系洽谈，争取配套业务，努力扩大全钢胎配套量。经过努力，2010年企业全钢胎配套量较2009年增加了170%，配套比例由2009年的16%增加到目前的32%，实现了历史突破，有效提升了全钢产能的发挥，增加了企业经济效益。

**三、大力推进品牌战略，保证企业长远发展。**

企业要想长远发展，在拥有过硬质量产品的同时，必须走品牌发展的道路，形成企业自己的核心竞争力。在张光华总经理的主持下，2010年企业制定了品牌发展的五年规划，确定了企业"长城"商标争创"中国驰名商标"的战略目标；同时，成立了企业商标管理小组，专门负责企业的品牌建设工作，他亲自担任组长。

2010年，企业的"长城""银轮""GREATWALL"商标品牌连续第七届被自治区政府评为"宁夏著名商标"；"长城""银轮"品牌同时被宁夏知识产权中心评为"宁夏市场重点品牌"。荣誉的取得，进一步扩大了企业产品的美誉度，增强了企业的核心竞争力。

### 调整结构　强科技　炼内功

**一、依靠产品结构调整和技术改造，向技术创新要效益。**

在研究、分析市场变化和客户需求的基础上，2010年张光华总经理提出企业产品结构的调整方向：全钢胎要向中长途和无内胎方向发

# 勇于创新 追求卓越

## 银川佳通轮胎有限公司、银川佳通长城轮胎有限公司总经理张光华

自治区党委常委、银川市委书记崔波到公司调研

银川市市长王儒贵到公司调研

续深入发展；斜交胎针对传统市场萎缩现状，要加大工业胎、特种胎等特色产品的研发生产。2010年度企业共计开发了4个规格、169个品种的全钢胎新产品，43个规格品种的斜交胎新产品。这些新规格产品的推出，不但满足了市场的需求变化，同时提高了企业产品的市场占有率。技术进步成为企业增加效益和发展的核心力量。2010年，技术部门通过采用新材料、新工艺，技改节约措施共计为企业增加效益1811万元；合资8年来，新技术及技改节约已累计为企业降低成本12865万元。

**二、完善成本管理体系，降低能耗，实现可持续发展。**

银川佳通自合资开始，在张光华总经理的主导下，企业的成本管理工作持续向体系化和深入化的方向发展，逐步开展并完善形成单胎产品利润测算模式指导生产；坚持召开月度经济活动分析会扩展到成本分析周汇报制度，使企业成本管理过程中存在的问题得到更为及时的解决；成本管理体系从2005年开始建立至今，已经取得了良好的效果。

节能减排既是关系到国计民生的国家大政方针，也是企业持续发展的前提。2010年，企业的吨三胶耗水完成18.04吨， 吨三胶耗电完成1923千瓦时，吨三胶耗煤完成1619公斤，环保指标完成国家规定排放标准。企业的节能减排工作超额地完成了自治区政府下达的“十一五”期间综合能耗下降45.24%的节能减排指标，被评为“宁夏回族治区2009年度节能降耗先进企业二等奖”，并获得政府80万元的奖励；企业的环保工作自2005年以来获得“自治区环境友好企业”的荣誉称号。

### 完善企业机制 构建企业文化

在企业的机制建设工作方面，张光华总经理始终强调：作为领导者，只有无私才能无畏；只有自己心无私心杂念，自身过硬，才能要求和领导属下严于律己；要有“海纳百川”的胸怀，才能成就共同的事业！在张光华总经理的领导下，企业始终按照建立、健全、执行、改进、完善、丰富的路径，把机制建设作为企业管理的重中之重常抓不懈，使各项机制逐步规范并适应公司生产经营及发展的需要。通过几年的尝试和探索，公司已经建立起德才兼备，能上能下的人员聘用机制；公正、科学的竞争机制；以岗定薪、按绩取酬的分配机制；健全、丰富的绩效管理和激励机制；作业员、专业技术人员和行政管理人员三条通道的员工职业发展机制和完整的员工培训体系。 银川佳通组建后，以张光华为核心的领导班子认真分析企业文化现状，在企业文化融合进程中，在突破了影响企业发展的机制性障碍后，确立了“以事业为基础，以生产力为标准”的核心价值理念；积极营造“以事业凝聚人，以文化感召人，以机制激励人”的工作氛围；将共同的事业追求作为员工之间相处和工作的基础，作为处理工作关系和个人交往的基本原则；用生产力标准为基本准绳来评价每一位员工，这些都已成为企业的核心价值观。合资8年来的实践证明，公司倡导的企业文化得到了员工的认同和支持，越来越多的员工正通过自己的工作业绩体现着自己的人生价值，推动着企业的发展和进步。

### 履行社会责任 回报社会 促进和谐

张光华总经理强调，企业在实现自身持续发展的同时，必须积极履行社会责任，保证国家、股东、企业、员工和客户的共同利益，促进社会和谐。身为合资企业的领导、党委书记，他始终不忘自己的定位，企业党组织建设工作不断深入完善，党组织活动经费充分保障。合资以来，企业共计新增员工1900余人，提供劳务工就业岗位1123个；创造了大量的社会就业岗位，其中包括大中院校、职业技术学校毕业生、复转军人安置、农村富裕劳动力和下岗失业人员。

至2010年底，企业员工人均年收入达到28200元，较合资之初2003年的13884元增加了14316元，增幅达103.1%。职工利益与企业共同发展，严格按照国家关于养老保险、医疗保险、失业保险、工伤保险、计划生育保险以及住房公积金的有关法规和政策，及时足额的为员工缴纳“五险一金”，充分保障员工权益。2010年，企业被银川市住房公积金管理中心评为“十大住房公积金缴存先进单位”。合资以来，无论企业多么困难都从不拖欠员工工资；即便是在经济危机的时候，仍然千方百计想办法，保证员工不下岗，确保员工生活有保障。2010年银川佳通向国家缴纳税金1.22亿元，较2009年度增长27.1%，比合资之初的2003年增长了221.1%；合资8年来，企业累计已向国家缴纳税金达8.04亿元。

在全球经济一体化的今天，面对复杂的经济环境和日趋白热化的市场竞争，作为企业领导人，怀着对企业庄严的使命感、责任感和危机感，秉承强烈的事业心和无私奉献的精神、求真务实的作风和运筹帷幄的才干，凭借脚踏实地的坚韧和挑战未来的坚定勇气，以企业发展和员工为本，引领企业和广大员工，驰骋于市场经济大潮中，劈荆斩浪，勇往直前！

# 宁夏兴俊实业集团有限公司董事长杨彦聪

杨彦聪董事长

杨彦聪，1963年10月生于宁夏同心，汉族，研究生学历。现任宁夏回族自治区政协常委，宁夏回族自治区工商联合会副主席，宁夏兴俊实业集团有限公司董事长。

阅读油区管理条例

杨彦聪所主持的兴俊集团与改革开放同步发展，是宁夏非公有制经济“十强”和自治区政府重点扶持的28家民营企业之一。下属10个子公司，分布在宁夏、陕西、内蒙等地，以石油开采、销售，成品油批发零售为主导产业，经营范围涉及原油购销，汽（柴）油批发零售等。现拥有定边县委托管理油井和志丹县与长庆油田分公司合作开发油区2个，油井200多口；油区配备5部钻井机、6台修井作业车、20余辆油罐运输车；银川地区拥有7座加油站，15万吨原油及成品油油库1座。年产值及销售额达8.5亿多元，累计上缴国家税费4.5亿多元。集团奉行产业报国的思想，始终牢记“致富思源，造福桑梓”，创建20多年来，用于扶贫济困、捐资助学，向社会光彩事业捐款累计4628万多元，1998年4月向遭受洪涝灾害的贺兰县捐资23.5万元。2002年捐资105万元兴建了定边县兴义光彩小学，2003年捐资140万元兴修建了同心县兴义光彩中学。2005年捐资150万元在同心县建成“天台山千亩光彩林”。2007年为南部山区济困扶贫捐资200多万元。2008年为四川汶川灾区捐资30万元，2009年5月向宁夏慈善总会捐资101万元，　2009年向杨新庄生态园投资350万元，2010年8月向宁夏同心县贫困大学生捐款20万元，2010年向杨新庄生态园投资976万元,为宁夏私企树立了榜样。

面对全球化金融危机的挑战，杨彦聪带领兴俊集团凭借自身的实力和政策支持，积极开展新的经营领域，逐步建立现代企业制度。广泛开展多渠道、多领域、大范围的经济技术合作。走一业为主，多业兼营的集团化发展道路。加快内引外联的步伐，实施“走出去”的企业发展战略，在原油、成品油销售以及石油开采等项目上潜心研究，同国外客商进行意向性接触和相关业务合作交流，为做大、做强、做优现有产业，在CEO高企管理研讨班上发表了“关于提高民营企业强大生命力几个问题的研究”。

兴俊实业集团在发展的过程中，受到了从中央到地方各级领导的关怀与支持，他本人曾获自治区第二届优秀中国特色社会主义事业建设者，2010年度宁夏十大经济人物。所领导的企业被中华工商联合会、国家税务总局评为“诚信纳税会员单位”，并被中华联合会、中华民间商会评为“优秀会员企业”，国家民政局特颁发“爱心捐助奖”等殊荣。被宁夏回族自治区自治区政府评为中国改革开放30年宁夏行业功勋奖、中国改革开放30年宁夏十大民营企业。企业创始人杨兴义先生先后获得优秀中国特色社会主义建设者、宁夏首届“十大慈善人物”“100位为宁夏建设做出突出贡献英雄模范人物”等荣誉。

傅小东行长

## 践行开发性金融 服务宁夏跨越式发展

傅小东2007年1月由国家开发银行总行调任宁夏分行党委书记、行长。四年多来，他坚持科学发展观，积极实践国家开发银行董事长陈元提出的“开发性金融理念”，以高度的责任感和使命感，致力于支持宁夏经济社会全面发展，带领全行员工开拓进取，勤奋工作，取得了良好的业绩，得到了自治区党委、政府主要领导的高度赞扬。2007年初至今，国开行宁夏分行员工队伍从45人壮大到了105人，贷款规模从170亿元增长到了414亿元，账面利润从3亿元增长到了8亿元，贷款本息回收年年保持100%，重点支持了宁东基地、黄河金岸、交通、新能源和城市基础设施等“两基一支”领域重点项目，重点扶持了中小企业、新农村、中低收入住房和生源地贷款等民生富民领域发展，在约旦、以色列等国家派驻工作组积极开拓国际合作业务，连年在自治区中长期贷款领域保持同业第一。2010年，分行被自治区政府授予支持地方经济发展功勋奖，同时还授予“宁夏希望工程20年优秀合作伙伴”等称号。

## 深入贯彻落实西部大开发，全面服务宁夏建设

宁夏地处西北内陆，是经济欠发达地区，改革和发展的任务很重，经济发展对金融支持的依存显得更为重要。如何在宁夏经济社会发展中更有效地发挥开发性金融的作用，一直是傅小东行长认真思考的内容。为此，他对自治区党委、政府提出的发展战略进行深入研究，奔赴自治区各地和重要项目进行实地调研。在他的带领下，宁夏分行把自己置身于宁夏经济社会发展的发展大局中，以开发性金融理论指导实践，把政府的组织优势和开行的融资优势结合起来，全面支持了自治区经济社会发展。

傅小东行长荣获2010年度经济人物

一是积极争取总行和区外银行支持，不断加大对宁夏地区的贷款支持力度。2007～2010年，分行新增贷款规模占全区贷款增量年均为18%。为加大信贷资金支持自治区经济建设力度，一方面积极向总行申请政策倾斜，另一方面利用总行担保资源，采用银团贷款、信托贷款等金融产品，与中信银行深圳分行、交通银行兰州分行、光大银行、北京银行、中信信托等金融机构签订合作协议，主动引进区外银行信贷资金支持区内重点项目建设，保证了自治区重点项目资金不断链，为自治区固定资产投资持续保持较快增长创造了有利条件。

二是突出重点，全力支持“两基一支”重大项目建设。2007～2010年末，分行累计向自治区“两基一支”重点领域发放贷款514亿元，占全部发放量的90%以上，成为支撑自治区经济社会发展的一支重要力量。向宁东能源重化工基地灵武电厂一期/二期项目、水洞沟电厂、年产25万吨甲醇、年产21万吨二甲醚项目、煤基烯烃、枣泉、梅花井煤矿项目、宁东地方铁路项目发放贷款75亿元，推进自治区“一号工程”实现又好又快地发展；向太中银铁路、西部大通道武汉至银川公路（宁夏）同心至沿川子、中宁至孟家湾、中宁至盐池、银川绕城高速公路等项目发放74亿元，支持自治区交通运输网的全面建设，消除因交通基础设施薄弱对经济社会发展带来的瓶颈制约；支持银川、石嘴山及各市县公共基础设施建设，发放贷款69亿元用于城市道路、供排水、供热改造、集污处理等项目，使自治区中心城市面貌有了明显改善，大大加快了自治区城市化进程；倡导绿色清洁能源开发与利用，向风电、光伏发电、污水处理等环保及节能减排领域发放贷款197亿元，占全部发放量的37.5%，大力支持了自治区节能减排目标的实现。

三是关注民生，打破社会发展领域的融资瓶颈。社会瓶颈领域是支撑区域社会发展的重要基础，长期以来，得不到金融行业的有力支持。在傅小东行长的带领下，国家开发银行宁夏分行坚持主动服务地方经济社会发展战略和政策目标，积极支持保障性住房建设、教育资源整合、重点医院改造、中小企业、新农村建设和县域经济等党委、政府关心的社会瓶颈领域，竭诚为社会的和谐进步、民生的富裕安康提供一切现实有效的优质服务，探索出一条经济效益与民生发展双效并显、和谐共进的路子。截至2010年末，分行已向保障性住房、教育、卫生、中小企业、县域及新农村建设等瓶颈领域发放贷款115亿元，发放的贷款支持中低收入住房建设269万平方米，住宅55702套，约可解决19.9万

低收入人群住房困难问题；发放生源地助学贷款14445.81万元，帮助27433名贫困学生解决上学难问题，成为区内唯一大规模支持中低收入住房和生源地助学贷款的金融机构；改造了一批市县级重点医院和重点中学，缓解了老百姓上学难、就医难的问题；针对区内中小企业普遍融资难、融资渠道不通畅的现状，积极探索推进了“铸龙公司+担保中心”合作机制、“嘉荣创业担保小额贷款”、盐池小额微贷、设施农业贷款和羊绒贷款等合作模式，以模式的不断创新促进基层金融业务的健康发展，尤其是红寺堡、盐池等地农户牛羊养殖业，已成为当地农户脱贫致富的重要途径，并得到区内外主流媒体的深度报道。

国家开发银行宁夏分行行长傅小东赴盐池调研

国家开发银行宁夏分行行长傅小东、副行长池勇赴青铜峡市调研

四是开拓思路，服务宁夏内陆开放城市建设。除了国内业务，国家开发银行还是我国最大的外汇贷款银行，国开行宁夏分行也在约旦、以色列等国家派驻了工作组，这和自治区近年来提出的建设内陆开放城市发展思路不谋而合。2010年9月，首届中阿经贸论坛在宁夏成功举办，国开行作为支持单位中唯一的金融机构，积极参与筹备工作，推荐约旦、阿联酋、摩洛哥等多家海外机构参与此次论坛会议，并同约旦、叙利亚、毛里塔尼亚等代表团进行了座谈。2010年10，分行又协助宁夏发电集团在约旦、以色列、塞浦路斯等国进行了能源合作方面的考察，积极支持自治区骨干企业“走出去”，利用国外资源和市场发展壮大。

### 开拓创新，积极提升金融服务水平

开拓创新是国家开发银行长久的发展理念，除了传统的存贷款业务，国开行已经具备了“投资、贷款、债券、租赁、证券”等全方位的金融服务手段。傅小东行长时常教育分行同志：要有服务意识，要有全局意思，针对宁夏特殊情，更要善于解放思想。

2010年，国开行宁夏分行在传统贷款业务之外，也取得了丰硕的成果。一是倡导规划先行，发挥参谋助手作用。分行积极参与全区及各市县 “十二五”规划编制工作，主动跟进陕甘宁革命老区振兴规划、宁夏沿黄城市带规划、蒙陕甘宁能源“金三角”等重点规划编制，主动向自治区政府就生态移民、宁东轻轨等重点项目提出独立意见，还向宁南生态移民配套水利骨干工程——宁夏中南部城乡饮水安全水源项目提供规划贷款2000万元，专项用于前期立项研究。二是作为主承销商，成功完成了银川市15亿元城投债和国电英力特10亿元中期票据的发行工作，发行利率均为同期品种最低利率。三是积极向交通厅、发电集团、天净集团积极推广融资租赁、夹层投资等金融产品，积极发掘支持区内企业发展的新思路新手段，目前部分已达成初步意向。

### 倡导奉献，提高队伍凝聚力和战斗力

在大力推进业务发展的同时，傅小东行长非常重视队伍建设，以身作则，倡导用“爱宁夏、建设宁夏”的奉献精神打造企业文化。

宁夏是傅小东行长的第二故乡，他认为，只有打造有一支团结向上的队伍，才能保证开发性金融在宁夏的长期可持续发展。在工作中，傅小东行长坚持以正确的政治理论引导人，以严格的规章制度约束人，以扎实的工作作风凝聚人，以有效的党建工作鼓舞人。分行成立时间短，大多员工年纪轻、阅历浅，在与青年员工思想座谈中，傅小东行长一方面激励员工要热爱宁夏，勇于奉献，为宁夏的经济社会建设贡献光和热，另一方面，他鼓励年轻人多学习，加强思想政治素养，提高自身综合能力建设。通过一系列扎实有效的党建活动强化思想政治工作，全行员工认识到，做一个具有远大理想和高尚情操的人，就是不断磨练自身品质、提高业务能力，增强为人民服务的本领，做一个在支持宁夏经济社会建设的大业中有所作为的人。共同的理想信念，凝聚了人心，激励了斗志，为分行更好地支持宁夏经济社会发展奠定了建设的思想基础。傅小东行长还亲自带队赴南部山区开展扶贫帮困活动，带头向灾区及贫困地区捐款，他的率先垂范影响带动了分行员工积极参加各种社会公益活动，近年来，分行和个人先后向南部山区、教育事业、社会公益事业等捐款18.4万元，树立了开发银行良好的社会形象，得到了自治区社会各界的普遍赞誉，2010年获得“宁夏希望工程20年优秀合作伙伴”等称号。

# 国家开发银

赵建平在中阿经贸论坛基础设施分会论坛上发表演讲

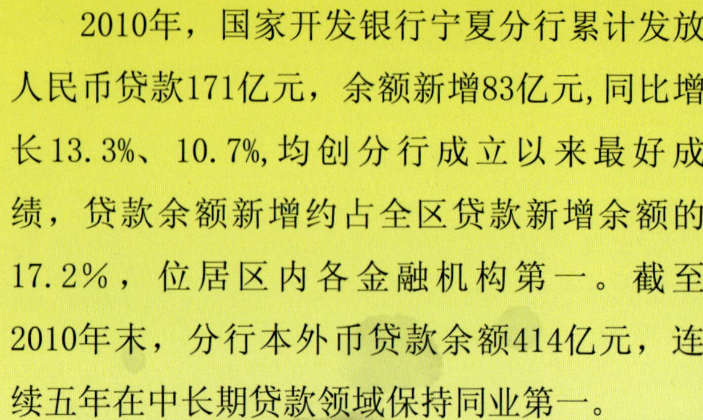

2010年，国家开发银行宁夏分行累计发放人民币贷款171亿元，余额新增83亿元,同比增长13.3%、10.7%,均创分行成立以来最好成绩，贷款余额新增约占全区贷款新增余额的17.2%，位居区内各金融机构第一。截至2010年末，分行本外币贷款余额414亿元，连续五年在中长期贷款领域保持同业第一。

（一）加大贷款投放，支持重点领域。在全国信贷投放收缩的情况下，全年争取信贷规模83亿元，信贷投放量和增长比例均高于往

国家开发银行与叙利亚中央银行签订《双边合作谅解备忘录》

2010年7月27日，与宁夏投资集团签订战略合作协议

中阿经贸论坛国家开发银行展厅

嘉荣小额担保项目壹加壹肉牛养殖

# 行宁夏分行

年，创分行历史新高。新增发放中，向宁东能源重化工基地、电力、煤炭、交通等领域放款168.8亿元；向风电、光伏发电、污水处理等领域发放55.3亿元，其中风电和光伏发电贷款约占全区85%以上，有力支持了自治区新能源产业发展和节能减排任务的完成。

（二）创新贷款模式，支持民生富民。全年共计向灵武羊绒、盐池惠民微贷、红寺堡农户养牛、固原六盘山薯业、宁夏金河乳业、灵武长枣产业化项目等发放中小企业贷款6.6亿元，支持中小企业1680户，尤其是红寺堡、盐池等地农户牛羊养殖业成为当地农户脱贫致富的重要途径，并得到区内外主流媒体深度报道。全年加大中低收入住房支持力度，发放贷款11亿元，建设中低收入住房182万平方米；发放生源地助学贷款9678万元，帮助18313名贫困学生解决上学难问题，成为区内唯一大规模支持中低收入住房和生源地助学贷款的金融机构。

（三）加强规划合作，发挥参谋作用。作为自治区“十二五”规划编制小组成员中唯一金融机构，开行宁夏分行全面参与了地方各级政府“十二五”规划编制工作，主动跟进蒙陕甘宁能源“金三角”规划、陕甘宁革命老区振兴规划、宁夏沿黄城市带规划等重点规划编制。向宁南生态移民配套水利骨干工程——宁夏中南部城乡饮水安全水源工程承诺贷款2000万元专项用于前期立项研究。

与中电投宁夏青铜峡能源铝业集团有限公司签订战略合作协议

（四）推动国际合作，服务内陆开放。作为支持第一届中阿经贸论坛的协办单位，开行宁夏分行利用全行国际化的经营网络，推荐多家海外机构参与此次论坛会议，同约旦、叙利亚、毛里塔尼亚等代表团进行了座谈，促进中阿双向开放。在引进来的同时，分行积极推介宁夏发电集团走出去，支持地方骨干企业利用国外资源和市场发展壮大。

与宁夏交通运输厅签订“十二五”规划合作协议

（五）开展综合营销，提升服务能力。利用开行“债券银行”的优势，以主承销商的身份，完成了银川市15亿元城投债和国电宁夏英力特集团10亿元中期票据的发行，发行利率均为同期品种最低利率，在拓宽债券市场融资渠道的同时，大幅降低了企业融资成本。按照商业化转型的要求，分行启动了票据、租赁、企业理财等业务，服务手段更加多样化。

# 颁奖盛典

自治区副主席齐同生（左）为荣获2010年度宁夏经济人物的农行宁夏分行行长张建中（中）颁奖

经济人物颁奖晚会上，张建中（左）接受晚会特邀主持人——凤凰卫视主持人马斌（右）采访

2011年3月18日，张建中应邀作客宁夏广电总台卫视《倾听——对话经济人物》栏目

张建中坚持深入一线、深入客户，充分了解企业生产经营情况及金融服务需求，大力实施“龙头带动、项目驱动”，“一行一策、一企一策”，为其量身定制金融服务方式，切实为客户解决资金、结算等金融需求。图为张建中到北方乳业、荣昌绒业、兴唐米业等公司开展调研

# 中国农业银行宁夏分行

张建中（右）陪同自治区政协副主席袁汉民（左）调研农行服务三农工作情况

“用创新细致的服务，诠释金融的力量；用不遗余力的支持，定位金融的价值；全力扶持中小企业，谱写服务三农新篇章”。2011年4月16日，在宁夏人民会堂隆重举行的2010年度宁夏经济人物颁奖晚会上，评委会为荣登年度经济人物榜首的农行宁夏分行党委书记、行长张建中给出了如上颁奖辞。

自2007年担任农行宁夏分行党委书记、行长以来，张建中始终以科学发展观为指引，带领全行上下，紧紧围绕自治区党委、政府发展战略规划，一手抓股改提活力，一手抓经营促发展，特别是勇于担当“服务三农”的社会责任，积极探索和创新“面向三农、商业运作”的新路径、新模式、新产品，全力支持自治区新农村建设和县域经济发展，在实现业务经营跨越式发展的同时，为自治区城乡经济统筹、平稳、较快发展作出了积极贡献。

几年来，张建中围绕全区基础设施、产业升级、社会建设等方面的金融需求，积极发挥城市主流银行作用，全力加快城市业务发展，先后与银川市、石嘴山市政府以及有关企业集团等签订了500多亿元的战略合作协议，与50余家大型企业集团和骨干企业建立了全面战略合作关系，成功拓展了一批“互为第一”的战略客户。

与此同时，围绕自治区产业规划布局，结合当地资源禀赋和县域经济特点，张建中积极探索、不断创新服务“三农”新模式，加大涉农信贷金融支持力度。推出了“羊绒（果汁、粮食）存货抵押”“应收账款质押”“奶牛补充抵押”等多种产成品、半成品、原材料抵押方式，大力支持羊绒、枸杞、淡水渔、清真牛羊肉、高酸果汁、粮食加工等特色产业做大做强，带动农户增收致富。三年累计发放涉农贷款217亿元，占各项贷款累放额的45.8%。截至2010年末，涉农贷款余额达90亿元，较2007年初增加57亿元，年均增幅28%。对国家级、自治区级农业产业化龙头企业的服务覆盖面达到76%和47%。仅用两年时间，累计发行惠农卡42.5万张，覆盖全区89%的乡镇、76%的行政村和48%的农户，惠及农村180多万人。以惠农卡为载体向10万多农户授信21.3亿元，累计发放农户小额贷款54亿元，有效解决了长期困扰农户发展的担保、贷款难题。被自治区党委、政府授予2009年度“支持新农村建设突出贡献奖”；创新推出的“农业产业化专用银行卡”荣膺2010年度全国“服务小企业及三农十佳特色金融产品”；2010年三农业务综合绩效考核结果位列全国33家三农金融分部第4名，服务三农工作连续三年获得农总行表彰嘉奖。

三年多来，农行以卡为媒，在县域及农村布放ATM、POS、转账电话等自助设备1300余台（部），提供包括银行卡、网上银行、电话银行、POS、财务顾问等多元化产品和综合服务，较好地满足了县域及农村日益扩大和多样化的金融服务需求，有效地发挥了农行县域优质金融服务的提供者和新型金融产品推广者的作用。图为张建中（左）在农行三农金融服务点，亲自为农户演示自助终端操作使用要领

张建中（前排左二）出席全区银企合作推进会，并接受自治区党委、政府颁发的“支持新农村建设突出贡献奖”

张建中（左一）应邀参加全国地方金融第十四次论坛，并接受中国银行业协会颁发的“服务小企业及三农十佳特色金融产品”奖励

ICBC 中国工商银行 宁夏分行

# 服务地方经济

自治区主席王正伟向工行宁夏分行文明规范服务单位颁发奖牌

王保林行长深入中小企业调研

王保林行长在营业网点调研

多年来，工商银行宁夏分行按照“围绕发展抓党建，抓好党建促发展”的方针，坚持以服务客户和支持地方经济发展为己任，认真执行自治区党委、政府及总行的发展战略和决策部署，以科学发展观为引领，以一往无前的实践和创造，续写改革与发展的辉煌篇章，现已发展成为塞上大地一家健康的、充满生机活力的一流现代商业银行。

经营总量快速增长，质量和效益大幅提升。截至2011年5月末，全行各项贷款余额363亿元，各项存款余额367亿元，分别较2006年增长1.6倍和1.1倍；不良贷款率仅为0.31%，在系统内及区内同业间始终处于领先水平；2010年账面利润较2006年增长1.7倍，工行系统内省级分行综合考评等级排名第19位，列西北五省区分行第一。总资产净回报率、经济资本回报率在区内同业间持续保持领先水平。

经营转型稳步前行，收益结构大幅改善。通过持续推进结构调整和发展方式转变，使传统的经营格局和发展方式发生显著变化。在有限的信贷规模下对中小企业的信贷资源予以了倾斜和优先配置，自2009年4月成立中小企业专营机构以来，全行共新增扶持了190余户中小企业的成长壮大，新增贷款78.2亿元，贷款余额较2009年初增长2.7倍，倾力发挥出了一家大银行的突出作用；绝大多数新业务发展处于同业领先地位，尤其是理财产品销售市场占比遥遥领先，较好地满足了区内客户多元化的投资理财需求；个人金融在金融资产、个人贷款及新业务等领域继续引领市场；电子银行业务占比达59.5%，成为金融交易的主渠道；2010年中间业务收入较2006年增长2.08倍，收益结构大幅改善。

紧跟自治区战略部署，有力促进地方经济发展。围绕宁东能源化工基地建设等重大基础设施工程和自治区经济发展战略重点，在同业中率先以优

# 促进跨越发展

惠下浮利率和"绿色通道"方式加大对煤炭、电力、高速公路等基础设施和资源开发性行业信贷投放力度。仅2010年以来就累计向煤炭、电力、公路行业投放贷款118亿元，至2011年5月末，全行煤炭、电力、公路贷款余额达到168.3亿元，支持了区内一大批基础设施重点工程和项目，有力促进了宁夏资源优势转化为经济优势并成为经济发展的强劲推力。

中国工商银行行长杨凯生考察宁东能源化工基地

创新信贷经营模式，服务品质显著提升。大力支持民生工程，积极支持沿黄城市带水利设施和水土生态治理建设，为自治区大规模生态移民工程提供支持保障；加大对以居民消费为主导的个人安居住房按揭、个人消费信贷市场的投放力度，有力促进了城镇居民生活消费水平的提高。稳步推进并基本完成了分行直接管理各县市支行和银川各网点支行扁平化机构改革工作，形成了"分行－支行/网点支行"新型两级经营格局，服务品质进一步提升，连续荣获了"改革开放30年宁夏行业功勋奖""支持宁夏地方经济发展突出贡献奖""支持地方经济发展功勋奖""2010年度公信力品牌奖"等，成为全区国有控股商业银行中消费者满意度最高的银行。

与宁夏交通运输厅签订《银企战略合作协议》

风险管理水平持续优良，内部治理机制日趋完善。整体建构了全面风险管理体系和内控案防体系，在区内银行同业间确立了依法合规、稳健经营的良好形象。信用风险管理日益完善，不良贷款率处于全国系统内和本地区同业先进水平。操作风险过程控制体系建设扎实推进，连续7年没有发生经济案件。健全完善了经济资本管理、资产负债管理、全面风险管理、内控合规管理、人力资源管理、财务集中管理、惩治腐败和案件防控体系等一系列重要的管理制度。党的建设、队伍建设与企业文化建设更趋融合，在履行经济责任过程中展现出了应有的风采。

积极履行企业社会责任

鲲鹏展翅，志飞千里。通过创新与服务实践，历经上市后改革重塑和金融危机考验，工行宁夏分行已具备了搏击市场风雨的强劲翅膀，开启了建设"区内最盈利、最优秀、最受尊重银行"的新的战略征程。我们坚信，凭借工商银行的雄厚实力和宁夏分行多年来改革创新所积淀的文化底蕴，宁夏分行一定能够在自治区贯彻中央宏观调控部署和拓展经济增长等方面发挥更加积极的作用，在支持区域经济建设中迈出新步伐、谱写新篇章，在服务社会发展中展现出职业风采、履行好社会责任，为更好地服务支持地方经济发展做出新的努力和贡献。

# 中国建设银行宁夏分行
## China Construction Bank

建行宁夏分行党委书记、行长 廖林

地方政府向建行宁夏分行赠送企业合作牌匾

2010年是建行宁夏区分行全面实现新业务发展规划的开局之年，在自治区党委、政府的大力关心和支持下，该行积极应对挑战，千方百计保发展、保安全、保稳定，业务经营成效显著，管理水平全面提升，继续保持了经营规模、资产质量和盈利能力在区内同业中的领先优势。截至2010年末，负债业务实现历史性突破，全口径存款余额527.57亿元，较年初新增87.84亿元；资产业务增势强劲，各项贷款余额达到424.58亿元，余额市场占比35.64%，当年贷款新增79.67亿元；中间业务迈出新步伐，实现中间业务净收入36576.69万元，增长9304.16万元，占主营业务收入的比重为20.24%，比上年提高3.2个百分点；资产质量稳步向好，不良贷款达到历史最低，十二级分类不良贷款余额10249万元，不良贷款率0.24%，分别比年初下降2689万元、0.13个百分点。深度推进“时时讲服务，人人为客户”的服务品牌建设，不断提高服务质量与效率，在自治区举办的“消费与服务——见证诚信的力量”3·15颁奖晚会上，荣获“2009年度宁夏杰出社会贡献奖”，是辖区金融行业中唯一获奖的单位，辖内有4个单位荣获宁夏3·15消费服务示范单位、服务示范窗口称号。同时，积极履行企业社会责任，向定点帮扶工作组、青海玉树甘肃舟曲“成长计划”、“英模母亲资助计划”“少数民族大学生成才计划”等共捐助、投入资金257万元。

区分行党委书记、行长廖林到网点调研

建行宁夏分行为玉树地震灾区捐款

建行宁夏分行举办银行业公众教育服务日活动，各营业网点设置咨询点向客户宣传新业务

与自治区工商联联合举办支持中小企业暨新产品推介会

“中国建设银行少数民族地区大学生成才计划”捐赠启动仪式上，建行宁夏分行纪委书记袁贵向宁夏青少年发展基金会捐款

在宁夏银行业文明规范服务单位服务标兵表彰大会上，建行宁夏分行6个单位被评为宁夏银行业文明规范服务单位

## 宁夏分行

中国银行宁夏分行党委书记、行长 王永堂

中国银行总行纪委书记张林与自治区副主席屈冬玉亲切会谈

2010年以来，中国银行宁夏分行以中总行战略发展目标和2010年工作部署为指导，积极贯彻国家宏观调控政策和自治区经济金融工作精神，认真落实人民银行货币信贷管理工作要求，加快转变发展方式，突出经营特色，发挥系统优势，加强产品创新，严格内部管控，提高服务水平，取得了较好的工作成效。

——**资产负债总量跨越200亿大关**。截至2010年末，全行资产总额214.65亿元，增幅16.98%；负债总额209.91亿元，增幅17.04%。

——**人民币存贷款稳步增长**。截至2010年末，各项人民币存款余额173.47亿元，新增13.02亿元，增幅8.11%；各项人民币贷款余额201.45亿元，新增33.74亿元，增幅20.12%。人民币存贷款市场占比稳步提升，外汇和国际结算业务保持市场领先。截至2010年末，各项外汇存款余额1.20亿美元，各项外汇贷款余额5494万美元。

——**资产质量保持稳定**。截至2010年末，全行本外币不良授信余额和不良率实现双下降，分别比上年末降低2200万元和0.29个百分点。

——**经营能力持续提高**。截至2010年末，实现拨备前利润4.96亿元，增幅28.34 %。

中国银行宁夏分行密切跟进宏观经济形势变化和国家政策调整，合理把握投放节奏，调整优化信贷结构，资产业务实现平稳较快发展。认真执行“三个办法、一个指引”，按照“实贷实付”的要求，加强信贷资金流向监控。高度关注流动性、汇率利率变动、地方政府融资平台、房地产价格波动和产能过剩行业调控带来的信贷风险。充分发挥授信审批在结构调整中的主导作用，加强对战略性新兴行业和新能源行业的研究，提高优质客户授信占比。加强贷后管理，严格控制关注类贷款占比，加大清收处置工作，保证了资产质

中国银行宁夏分行与北方民族大学再度携手续签国家助学贷款合作协议

量的持续改善。认真构筑内控“三道防线”，加强内控建设和安保工作，实现了安全运营。

It蓝图项目成功投产，流程再造工作稳步推进。进一步完善运营服务平台，持续提高运营及信息科技水平。深入开展“创新金融服务，支持经济发展”“创先争优”等建功立业竞赛活动。积极主动融入地方政府招商引资，为2010中国（宁夏）国际投资贸易洽谈会暨首届中国•阿拉伯国家经贸论坛、宁夏国际节能减排与新能源科技博览会等提供全程、全方位的金融服务。

在积极支持地方经济建设的同时，全体员工不懈努力，获得自治区“模范集体”“稳定出口突出贡献单位”“2010宁洽会暨首届中国•阿拉伯国家经贸论坛服务保障工作先进单位”“厂务公开民主管理工作先进单位”等荣誉和奖项，辖属多家分支机构被自治区评为“2010年宁夏银行业文明规范服务单位及服务标兵”，市场形象和品牌影响力进一步提升。

荣获“自治区模范集体”荣誉称号

中国银行宁夏分行认真开展“2010年银行业公众教育服务日”活动

中国银行宁夏分行为2010宁洽会暨首届中阿经贸论坛提供优质金融服务

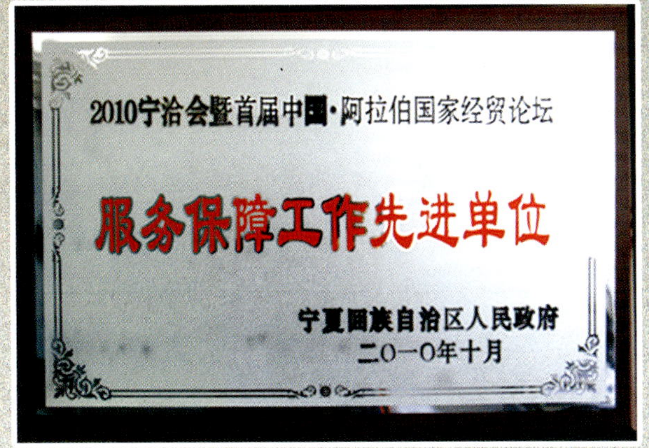

荣获“2010宁洽会暨首届中阿经贸论坛服务保障工作先进单位”荣誉称号

荣获“自治区厂务公开民主管理工作先进单位”荣誉称号

# 招商银行 银川分行

CHINA MERCHANTS BANK

自治区主席王正伟与招商银行总行行长马蔚华共同为招商银行银川分行揭牌

招商银行总行行长马蔚华、银川分行行长李平陪同自治区副主席齐同生在分行视察

银川市副市长王久彬莅临招商银行银川分行视察指导工作

招商银行（以下简称“招行”）于1987 年在中国改革开放的最前沿——深圳经济特区成立，是中国境内第一家完全由企业法人持股的股份制商业银行，也是国家从体制外推动银行业改革的第一家试点银行。2002年，招行在上海证券交易所上市；2006年，在香港联合交易所上市。成立23年来，招行伴随着中国经济的快速增长，在广大客户和社会各界的支持下，从当初只有1亿元资本金、1家营业网点、30余名员工的小银行，发展成为了资本净额超过1200亿、资产总额突破2万亿、机构网点近750家、员工4万余人的全国性股份制商业银行，并跻身全球前100家大银行之列。凭借持续的金融创新、优质的客户服务、稳健的经营风格和良好的经营业绩，招行现已发展成为中国境内最具品牌影响力的商业银行之一。在银监会对商业银行的综合评级中，招行多年来一直名列前茅。并被国内外权威媒体授予“中国最佳银行”“中国最佳零售银行”“中国最佳网上银行”等多项殊荣。为有效应对来自内外部经营环境的各种变化，持续增强竞争优势，招行将在深入推进经营战略调整的基础上，全面实施以降低资本消耗、提高贷款定价、控制财务成本、增加价值客户、确保风险可控为主要目标的二次转型，着力推进经营方式向内涵集约型转变，真正走上集约化经营的道路。

乘着西部大开发战略和国家经济重心由东向西转移的良好机遇，2010年8月12日，招商银行银川分行试营业；2011年

开展“百年招银林”植树活动，全员参与义务植树

组织员工参加素质拓展训练

向贫困小学捐赠“招银图书馆”

号召全体行员和社会各界参与无偿献血

分行开业庆典之际，员工表演民族舞蹈

独家冠名2011年宁夏新年音乐会

## ——服务 创新 稳健

开业庆典期间，招商银行总行行长马蔚华来宁举行专场新闻发布会

宁夏银监局局长安宁一行莅临招商银行银川分行视察指导工作

8月29日，银川分行正式开业。成立以来，在各级政府的亲切关怀下，在金融监管机构的具体指导下，在广大客户和社会各界的大力支持下，招商银行银川分行始终以“服务、创新、稳健”为核心价值观，秉承“因势而变，因您而变”的经营理念，坚持效益、质量、规模、结构协调发展，大力弘扬“心”文化，快乐工作，从“心”开始；热情服务，从“心”开始；加强管理，从“心”开始；沟通理解，从“心”开始。靠诚心，取信于社会；靠热心，想客户所想，急客户所急；靠爱心，以情感人，以爱包容；靠恒心，坚持不懈，善始善终。经过短短4个月，招商银行银川分行各项业务得到了快速稳健发展。截至2010年12月末，招商银行银川分行全折人民币自营存款23.46亿元，其中，对公存款18.10亿元，储蓄存款5.36亿元；全折人民币自营贷款33.74亿元，其中，对公贷款20.58亿元，个人贷款2.52亿元，票据贴现10.64亿元。贷款投放成功突破30亿大关。

未来的发展道路上，招商银行银川分行将继续坚持稳健经营，强化合规管理，开拓创新，积极进取，认真履行社会责任，致力于树立良好的品牌形象，为客户和社会提供优质全面的金融服务，为自治区和银川市的经济腾飞作出应有的贡献！

举办金葵花文化盛宴艺术品鉴会

银川分行与驻宁九大商会的战略合作签约仪式

招商银行银川分行开业期间，自治区副主席齐同生、总行行长马蔚华与全体员工合影留念

2010年8月12日，招商银行银川分行举行试营业升旗仪式

招商银行银川分行金葵花理财室，为金葵花客户提供更周到体贴的服务

招商银行银川分行办公大楼

# 宁夏电力投资集团有限公司

NINGXIA POWER INVESTMENT CORPORATION

全国五一劳动奖章获得者，集团公司董事长、党委书记、总经理李广林

## 企业文化理念

企业精神：和谐　创新　奋进

企业作风：高　严　细　实

企业使命：秉承责任 成就人生

宁夏电力投资集团有限公司成立于1996年，是由自治区政府全资设立的大型国有投资控股公司，现注册资本10亿元人民币。集团公司主要承担政府融资平台管理、投资参股、实业控股三项主要任务，投资项目涉及火电、热电、新能源、金融等多个领域。2010年底，集团控股、参股公司达36家，其中控股公司15家，参股公司21家，员工7700人。

截至2010年末，集团公司资产总额达到170.28亿元，其中净资产达到31.08亿元，全年实现营业收入36.88亿元，实现投资收益1.7亿元，纳税总额1.9亿元。计划到2015年，公司各项业务收入150亿元，总资产达到380亿元，净资产达到80亿元，发电装机容量400万千瓦（其中控股装机容量316万千瓦，参股权益容量84万千瓦），民用供热能力4000万平米，工业蒸汽供热能力852t/h。

到2020年，集团公司控股的热电项目将达到9个，控股装机容量445万千瓦；太阳能光伏发电装机规模达到30万千瓦，占宁夏太阳能光伏发电总装机规模的15%；风电装机规模达到100万千瓦，占宁夏风电总装机规模的20%。

公司领导勘察风力发电项目施工现场

李广林董事长检查热网建设工作

自治区领导张毅、王正伟、于革胜、崔波等视察宁夏电投集团光伏发电项目

自治区党委常委、自治区副主席齐同生视察宁夏电投西夏热电公司

多年来，在自治区党委、政府的正确领导下，集团公司坚持以科学发展观为统领，牢牢把握推动发展的主动权，加快结构调整，转变发展方式，谋划发展思路，深化企业改革，强化内部管理，落实自治区国有大型骨干企业的政治、经济和社会责任，为自治区经济社会发展做出了突出贡献。2009年集团公司荣获“宁夏诚信建设突出贡献企业”“工业保增长先进企业”“宁夏企业文化建设优秀示范单位”“全区2006～2008年度支教工作先进集体”等荣誉称号，2010年获得“宁夏年度经济推动力奖”“全区2009～2010学年支教工作先进集体”等荣誉称号；2011，获得“2010年度自治区职工职业道德建设十佳单位”荣誉称号和自治区五一劳动奖状。

集团公司组队参加全国亿万职工排舞大赛喜获表演二等奖和精神文明最佳奖等四项大奖

宁夏电投西夏热电有限公司

宁夏电投太阳山一期10MWp太阳能光伏发电项目

宁夏电投太阳山风力发电一期49.5MW项目

中国邮政储蓄银行 宁夏分行
POSTAL SAVINGS BANK OF CHINA

进步 与您同步

进步，源自厚积薄发。自2007年12月成立以来，中国邮政储蓄银行宁夏分行始终以“沟通城乡，服务大众”为己任，紧随时代步伐，紧随城乡百姓生活需求，不断突破创新。

# 热爱宁夏、扎根宁夏、服务宁夏、建设宁夏

## ——南京证券用真诚和专业服务宁夏资本市场

分公司总经理赵贵成参加自治区“五一劳动奖状”颁奖大会

南京证券宁夏分公司是南京证券有限责任公司在西北地区的直属分支机构，下辖13家营业网点，全面覆盖了宁夏区内各大地级城市，拥有良好的经营环境和高效的信息系统，为宁夏地区证券市场投资者提供全方位、方便、快捷的证券经纪和证券承销与保荐业务服务。近年来，分公司始终秉承“热爱宁夏、扎根宁夏、服务宁夏、建设宁夏”的经营方针，积极贯彻落实精细化管理的工作思路，深化“专业服务，创造价值”的工作要求，通过提升专业化服务的水平和层次，促进分公司各项业务持续、稳定发展；2010年，在自治区党委、政府和各级领导的正确领导和大力支持下，分公司“两个文明”建设齐头并进，取得了长足的发展：

**一是分公司规范经营，稳步发展，实现了较好经营业绩**：分公司全年共实现证券交易量1173.74亿元，实现利润2.17亿元，上缴利税3700万元，大大提升了证券资本市场对区域经济发展的贡献力度，繁荣和活跃了宁夏地区的证券资本市场。

**二是分公司创先争优，成效显著，精神文明建设硕果累累**：分公司被评为“自治区五一劳动奖状”先进集体，所属中山北街营业部荣获了“全国五一巾帼标兵岗”和自治区总工会“工人先锋号”荣誉称号，新华东街、怀远西路营业部获得自治区“青年文明号”荣誉称号；至此，分公司先后有11家营业部荣获国家、自治区、地市级“青年文明号”称号、有4家营业部分别荣获“巾帼示范岗”、“精神文明单位”和宁夏“315”消费服务示范单位称号。

**三是分公司热心公益，扶贫济困，积极承担社会责任**：分公司在总公司领导下，先后投资数百万元，开展改扩建“南京证券希望”小学、援建集水场、“百万圆梦助学工程”、帮扶困难劳模和职工等多项公益活动。在“2010年第三届宁夏十大慈善人物和十大公益企业”表彰活动中，宁夏分公司获得了“宁夏十大公益企业”特别贡献奖的荣誉称号。

与宁夏大学经管学院战略合作签约仪式

南京证券“百万圆梦助学工程”捐款仪式

银川民族北街营业部全国青年文明号揭牌仪式

南京证券向宁夏总工会送温暖工程捐助100万元捐赠仪式

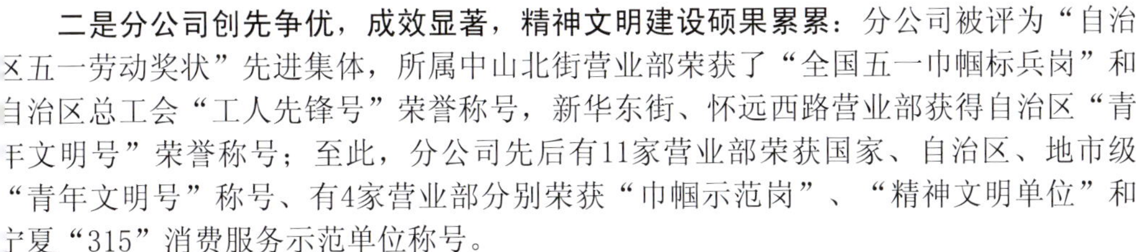

固原马庄宁夏南京希望小学捐助合影

与宁夏卫视、第一财经联合举办《全国巡回投资报告会》

# 中和资产评估有限

自治区党委常委、纪委书记刘晓滨到公司视察

公司董事长　徐敬旗

参加自治区第十届财政系统职工运动会

**中和资产评估有限公司宁夏瑞衡分公司**的前身是宁夏瑞衡资产评估有限公司（原宁夏资产评估公司），成立于1993年，1994年取得证券业务资产评估资格，1999年完成脱钩改制。2002年5月，经与北京、陕西等地四家机构共同组建了中宇资产评估有限责任公司。2011年与中和资产评估有限公司合并。合并后的公司综合实力进一步增强，在评估师人数、业务规模、服务网络、以及评估经验、评估胜任能力等方面均具有领先优势。目前具有证券业务资产评估资格、矿业权评估资格、房地产及土地评估资格、司法鉴定评估资格等各项资质。

**宁夏瑞衡工程造价咨询事务所有限责任公司**是在宁夏瑞衡资产评估有限公司工程造价部的基础上成立的工程造价咨询专业机构。2002年，经宁夏建设厅批准成立，现具有工程造价咨询甲级及司法鉴定资质，是一家面向全国、为各行业提供专业服务的造价咨询单位。经过多年的努力，公司已成为自治区首批达到规范管理要求的七家工程造价咨询单位之一。

**宁夏瑞衡联合会计师事务所**经宁夏回族自治区财政厅批准，成立于2006年，具有执行注册会计师各类法定业务的资格。虽成立较晚，但依托瑞衡评估公司的坚实基础，凭借深厚的技术底蕴和精诚合作精神，不断开拓，积极进取。始终坚持独立、客观、公正的原则，恪守行规、准则等，规范执业，无论从执业质量、执业水平、工作效率上均得到好评。

2011年获中评协先进基层党组织荣誉

2008年获得评估行业巾帼文明岗荣誉

董事长徐敬

# 公司宁夏瑞衡分公司

评估师们不畏艰辛进行现场勘察

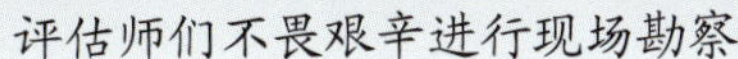

2010年“五五普法”活动获得优秀组织奖

在“瑞衡人”的不懈努力下，公司与众多客户建立了长期良好的信用合作关系，得到社会各界与客户的充分信赖和好评。近年来不仅获得良好的经济效益和社会效益，而且赢得了许多殊荣。2008年被中国资产评估行业评选为行业“巾帼文明岗”单位。瑞衡党支部也在2009年获得了自治区基层党建工作先进单位的荣誉，今年被中国资产评估行业党委与宁夏注册会计师行业和资产评估行业党委分别评为开展创先争优活动先进党支部。公司董事长徐敬旗在2007年被中国资产评估行业评选为“全国首届十佳青年注册资产评估师”；2008年被自治区精神文明建设指导委员会评为“信德之星”。

凤凰涅磐，其羽更丰，其神更髓，瑞衡公司全体员工将团结一致、与时俱进，努力开拓，进一步打造“瑞衡”品牌，发扬“瑞气待人、衡鉴执业”的企业文化精神，不断拓宽服务领域，提高执业水平，努力为客户提供优质服务。

承接的宁夏博物馆造价项目

参加唱红歌比赛并获奖

全国十佳青年评估师”荣誉

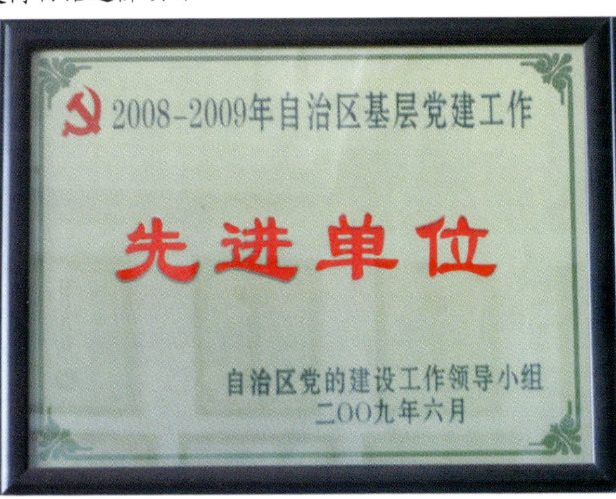


2009年获得基层党建工作先进单位荣誉

董事长徐敬旗获得2009信德之星荣誉

# 宁  

自治区党委书记张毅参加2.5兆瓦风机下线仪式并参观天净厂房

自治区领导王正伟、齐同生调研宁东外送工程

国家电监会副主席史玉波检查公司安全生产

自治区副书记齐同生为崔吉峰颁发年度经济人物奖

崔吉峰总经理调研工业园区用电情况

公司党委书记、副总经理邢峻生现场检查指导工作

# 力 公 司

国家电网公司副总经理郑宝森检查银川东换流站工程

宁夏电力公司是关乎宁夏能源安全和经济社会发展的国有重要骨干企业。主营业务包括电网建设、运行和电力营销等，肩负区内电力生产的调度管理和组织宁夏电力外送等职能。下辖6个地市级供电局，管理26个县级供电企业，设置11个专业分公司和2个全资子公司。

先后荣获全国“五一”劳动奖状、全国模范劳动关系和谐企业、全国厂务公开先进单位，自治区民族团结进步先进集体、自治区十大公益企业等称号，连年受到自治区政府的通报表彰，连续在自治区窗口行业行风民主测评中荣登榜首。

“十二五”期间，宁夏电力公司将在自治区党委、政府的正确领导和亲切关怀下，加快推进“两个转变”，为建设“一强三优”现代公司而努力奋斗，为自治区经济社会发展作出更大贡献！

邢俊生书记检查指导老年大学老同志的学习情况

六一儿童节，电网志愿者为孩子们送去学习用品

全面开展线路普查，制作电子线路专档，提高线路精益化管理水平

银川东750kV变电站四、五、六、七扩建工程1#主变压器B相附件安装

# 中国石油天然气

集团公司总经理蒋洁敏到宁夏视察

自治区主席王正伟与荣获全国劳模的公司总经理雍瑞生亲切握手

参加焦炉煤气项目奠基仪式

开展应急演练，实施立体扑救

炼厂日出

中国石油宁夏石化公司，坐落在美丽的宁夏回族自治区首府银川市西夏区，被宁夏人民亲切地称为“贺兰山下的一颗明珠”。公司始建于1985年。目前，公司拥有两套大型化肥生产装置和一套复合肥生产装置，以及150万吨/年常压、60万吨/年催化、3万吨/年聚丙烯等炼油化工装置，可年产尿素130万吨，复合肥40万吨，加工原油150万吨，固定资产总值70亿元，年销售收入近百亿元，是集化肥生产、炼油业务为一体的现代化大型企业，也是全国最大的百万吨尿素生产企业之一。公司化肥产品遍及全国二十多个省市、自治区并打入国际市场，汽柴油、液化气和聚丙烯等产品也占据了宁夏及周边90%以上的市场份额。

多年来，宁夏石化公司秉承“奉献能源，创造和谐”的企业宗旨，以及“诚信、创新、业绩、和谐、安全”的经营管理理念，积极履行政治、经济、社会三大责任。以人为本，科学发展，不断强化基础工作，提升管理水平，创造了良好的经营业绩，有力地支持了全国农业生产和宁夏回族自治区的经济建设。公司曾先后获得“全国环保先进单位”“全国绿化先进单位”“全国花园式工厂”“全国五一劳动奖状”“全国民族团结进步先进集体”“全国思想政治工作先进单位”“全国精神文明建设先进单位”“国家职业卫生示范企业”、全国“安康杯”竞赛优胜企业（连续7年）和“中国质量信誉AAA等级企业”等多项荣誉称号。

# 股份公司宁夏石化公司

公司与清华大学签署战略合作协议

开展员工“同心”互助金捐款活动

贺兰山下的一颗明珠——宁夏石化公司

公司尿素产品获自治区名牌产品

500万吨炼油装置开工仪式

随着资源整合、炼化一体化发展战略的确立实施，企业规模、生产经营、建设发展、和谐稳定进入了新的历史时期。目前，公司生产经营持续稳定，经济效益稳步增长，企业杜邦安全管理、5S管理、平衡计分卡等科学管理有效推进，走合同能源管理的低碳经济发展之路结出了硕果，500万吨/年炼油改扩建工程正在争分夺秒抓紧建设， 年产45万吨合成氨、80万吨尿素的国产化天然气大化肥项目也正式奠基，预计2013年建成投产。

随着两大重点项目的实施，企业综合实力将进一步增强，必将为中国石油建设综合性国际能源公司做出更大的贡献。

在企业发展的同时，公司员工更加爱岗敬业，勤奋工作

文艺演出——石油工人

# 宁夏邮政公司

5月24日，自治区主席王正伟（前排左）与中国邮政集团公司企划部总经理高冀远（前排右）共同为银川—深圳—迪拜国际货运航线开通启航

5月25日，“银川城市通卡”暨“邮虹一卡通”工程启动仪式在银川隆重举行。标志着“邮虹一卡通”正式投入使用。银川市市长王儒贵（中）、宁夏邮政公司总经理马赞福（右）、宁夏电力公司总经理崔吉峰（左）共同触摸启发球

4月15日，宁夏邮政派出抗震救灾突击队，赴青海玉树地震灾区开展救援工作。全区邮政员工积极为灾区捐款。宁夏邮政公司党组书记、总经理马赞福，邮储银行宁夏分行行长张明仁，宁夏邮政公司纪检组长、副总经理，宁夏邮政速递物流公司总经理庄健带头捐款

2010年，是全区邮政实施“建设大邮政跨越式大发展”战略的第二年。全区邮政干部员工开拓创新，锐意进取，使企业经营规模、服务水平、运行质量和效益稳步提高，顺利实现了“跨越式大发展”战略“两年做大市场增效益”的目标。邮务类业务规模持续做大，金融业务和速递物流业务实现平稳较快发展。继续深入贯彻“开仓养鱼，放石饮鸟”的经营理念，推进营销机制创新，营销体系建设取得显著成效。加强大客户开发维系工作，深入推进服务中小企业109工程，邮政服务中小企业的社会影响力进一步提升。做好服务“三农”工作，改造提升“三新农家店”260处、仓储配送中心7处，开展农资、日用品配送和送科技下乡工作；代收代付“新农保”资金3400万元。推进宁夏邮翔国际快递物流中心建设，首航开通银川—深圳—迪拜国际货运航线，为自治区发展国际物流业务打下了基础。拓展银川市“城市一卡通”服务领域，使邮虹通卡具备了购水、购电、购气，缴纳移动、联通、电信话费等功能，满足了市民持卡支付公路管理费、加油费、餐饮休闲娱乐购物等消费需要，发行邮虹通卡7万余张。开展了“强化大服务支撑大邮政理念，打造邮政特色精品服务品牌”活动，不断提升服务质量和水平。在公共服务行业消费者满意

7月1日，宁夏邮政公与中国移动宁夏分公司签订战略合作协议

12月16日，宁夏邮政公司荣获“2010年第三届宁夏十大公益企业”称号。在颁奖会上自治区政协主席项宗西（左）与宁夏邮政公司总经理马赞福（右）合影留念

4月21日，中国邮政集团公司总经理刘安东（中）一行在宁夏邮政公司总经理马赞福（右）的陪同下考察宁夏药品仓储中心

6月29日，宁夏邮政速递物流有限公司正式挂牌成立，标志着邮政速递物流改革迈出了坚实的一步

调查活动中，宁夏邮政消费者满意度位列供电、供气、民、银行等几大服务行业之首。连续12年保持了“自治区文行业”荣誉称号。

宁夏邮政药品配送工作得到了医疗机构的普遍认可，受了群众的广泛好评，引起了各级领导的高度重视。2010年月21日，中共中央政治局常委、国务院副总理、国务院深化药卫生体制改革领导小组组长李克强作出批示：“**对邮政与药品统一配送，推进医药改革的情况和经验应予了解和结，以资推广。**”国务院医改督导调研组和卫生部领导在研和实地考察的基础上，对宁夏邮政药品配送工作给予了度评价，表示支持邮政部门发挥服务网络优势做好药品配工作。

深化“大服务支撑大邮政”理念，优质服务暖人心

5月26日，由宁夏邮政公司自主研制开发的电子化流动服务车，代表中国邮政在第十届国际交通技术与设备展览会上展出。受到与会代表的广泛关注

邮政储蓄银行宁夏分行信贷员正在为用户办理小额贷款

# 自治区通信管理局

2011年世界电信与信息社会日，宁夏通信管理局局长王生屹在电信行业纪念活动现场了解3G业务发展情况

在全行业行风建设工作会议上，宁夏通信局局长王生屹、宁夏电信用户委员会杨惠玲主任向全区全国用户满意电信服务明星代表颁奖

2001年挂牌以来，宁夏通信管理局充分发挥行业指导和管理职能，创新监管手段，提升监管效能，积极引导电信市场秩序公平、有序发展，全面推进全区电信基础设施建设步伐，努力消除城乡信息化数字鸿沟，大力维护电信消费者的合法权益，切实保障电信网与互联网网络信息安全，促进了全行业平稳较快发展。

近年来，宁夏通信管理局坚持做好互联互通、通信保障、码号资源、市场准入、互联网备案、行风建设、工程质量监督、职业技能鉴定等基础监管工作，努力营造和谐发展的竞争环境。同时，深入落实“监管为民”的理念，认真履行社会管理职责，积极推进第三代移动通信网络和光纤宽带网络建设。着力推动电信基础设施共建共享。重点加强网络与信息安全管理，净化网络环境，互联网网络及手机涉黄问题得到了有效治理。

在“十二五”期间，宁夏通信管理局将推动全区电信业着力实施九大重点工程。一是以IPTV、手机电视为切入点，推进三网融合建设；二是加快物联网、云计算、IPV6等新技术应用试点工程；三是加快3G移动通信建设和应用工程；四是实施“宽带宁夏”工程，充分发挥光纤宽带、无线宽带对国民经济信息化和社会发展的促进作用；五是实施数字新农村工程，开展信息下乡、提升农村通信服务方式，推进城乡一元化建设；六是实施沿黄城市带通信一体化工程，更好地服务于沿黄城市带建设；七是实施网络信息安全管理系统建设工程，加强网络信息安全管理工作，保障通信安全；八是实施应急通信保障能力提升工程，健全通信应急保障体系，做好应急通信保障；九是实现行业绿色运营，落实节能减排工作目标。

全区电信基础设施共建共享先进个人合影

宁夏通信管理局召开庆祝中国共产党建党90周年纪念大会

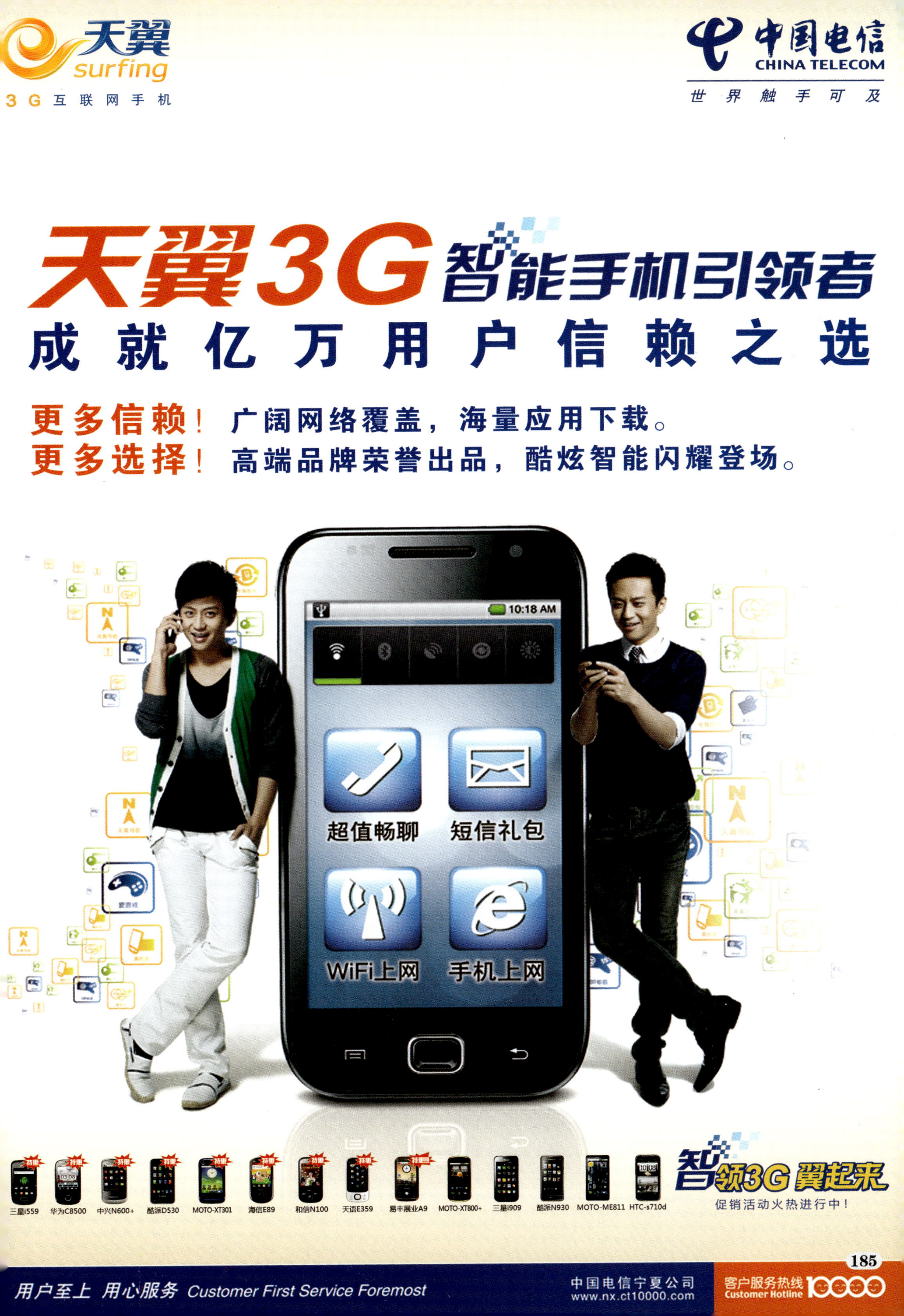

天翼3G 智能手机引领者

成就亿万用户信赖之选

更多信赖！广阔网络覆盖，海量应用下载。

更多选择！高端品牌荣誉出品，酷炫智能闪耀登场。

超值畅聊 短信礼包 WiFi上网 手机上网

三星i559 华为C8500 中兴N600+ 酷派D530 MOTO-XT301 海信E89 和信N100 天语E359 易丰展业A9 MOTO-XT800+ 三星i909 酷派N930 MOTO-ME811 HTC-s710d

促销活动火热进行中！

用户至上 用心服务 Customer First Service Foremost

中国电信宁夏公司
www.nx.ct10000.com

客户服务热线 Customer Hotline 10000

# 公益为本 科学

**2010年是“十一五”的收官之年，也是宁夏体育彩票管理中心深入贯彻《彩票管理条例》，践行科学发展观，“创先争优”的一年。一年来，体彩中心坚持“来之于民，用之于民”的发行宗旨，不断开拓创新，坚持依法治彩，取得了良好的销售业绩，维护和树立了中国体育彩票良好的社会形象。**

## 一、业绩体彩——稳定发展，筹集公益金连续三年超亿元

2010年，宁夏体彩全年销售体育彩票3.79亿元。其中，电脑彩票销售2.53亿元；“顶呱刮”即开型彩票销量达1.26亿元，取得自2008年发行以来的最好成绩。全年筹集公益金1.1亿元，其中，上缴中央财政5531万元，连续三年实现公益金超亿元；返奖2.04亿元，平均返奖率达57.5%；代扣代缴个人偶然所得税934万元。“十一五”期间，宁夏体彩共计销售16.5亿元，筹集公益金5.17亿元，为全区体育事业和社会公益事业做出了积极贡献。

## 二、快乐体彩——大奖频出，刷新记录

### （一）“竞彩”隆重上市

“竞彩”游戏以国际足球、篮球赛事为主要竞猜对象，集智慧性、娱乐性和参与性为一体，平均返奖率高达69%。经过精心筹备，“竞彩”于4月30日在宁夏隆重上市。“竞彩”的上市，不仅优化了全区体育彩票的玩法结构，同时对遏制地下私彩也起到了积极作用。

### （二）返奖创新高

**1.“顶呱刮”即开型体育彩票连中4注100万元大奖**

我国即开型彩票最高奖金为100万元。2010年，宁夏彩民幸运地中出了4注体彩“顶呱刮”100万元大奖，创下全区即开彩票上市以来的最高中奖记录。

据统计，除了4注百万大奖外，2010年，宁夏彩民还中出体彩“顶呱刮”25万元6注，10万元12注，3万元3注，2万元2注，1.5万元12注，1万元15注，1万元以下的奖项不计其数，平均返奖率高达66%。

**2.电脑体育彩票各玩法大奖频出**

2010年，宁夏电脑体育彩票也是大奖频繁爆出，高潮迭起。“大乐透”566万、500万，“排列5”250万、50万，“足彩”165万、141万，“排列3”400注直选大奖等，让彩民朋友在奉献爱心的同时，着实体验到了体育彩票所带来的快乐与激情。

2010年，宁夏电脑型体育彩票共中出500万元以上2个；500万元以下至100万元9个；100万元以下至10万元112个；10万元以下至1万元517个；1万元以下奖项不计其数。

## 三、公益体彩——大爱无疆，惠泽八方

2010年是宁夏体彩中心的“公益年”，不仅通过发行体育彩票为国家筹集公益金，还开展了一系列公益活动，诠释了体育彩票的公益本色。

### （一）天灾无情，人间有爱

经国务院批准，自2008年7月1日起至2010年12月31日，即开型体育彩票“顶呱刮”所筹集的中央级公益金，全部用于地震灾区灾后重建。截至2010年12月31日，宁夏体彩共销售赈灾彩票“顶呱刮”2.86亿元，为地震灾区筹集重建资金2860万元。

为纪念汶川地震两周年，5月5日，“大爱无疆”援建汶川灾区灾后重建主题套票在宁夏上市。又逢玉树地震，宁夏体彩中心将当日全区销售“顶呱刮”所得发行费9888元，全部捐给了玉树地震灾区，以表达宁夏体彩对玉树同胞的关爱之情。

宁夏红十字会为宁夏体彩中心送来了“感谢状”

### （二）心系教育，关爱未来

捐资助学是中国体育彩票长期坚持开展的公益行动，2010年，体育彩票对教育事业更是心牵情系，以绵绵爱心温暖了宁夏寒门学子。

**1.“中国体育彩票·新长城助学”基金再次关爱宁夏贫困大学生**

2010年，“中国体育彩票·新长城助学基金”，向宁夏师范学院的50名贫困大学生伸出援助之手，每人资助4000元助学金。资助活动不仅对贫困学生的生活和学习提供了帮助，更给予了寒门学子精神上的支持。

宁夏师范学院的贫困大学生受到“中国体育彩票·新长城助学”基金的资助

**2.援建中宁县下流水九年制学校**

2009年，宁夏体彩两位大乐透一等奖得主中奖不忘献爱心，向宁夏体彩中心各自捐出10万元，用于宁夏贫困地区教育事业。经实地考察，宁夏体彩中心把这20万元善款捐赠给中宁县喊叫水乡下流水九年制学校，用于校舍、操场、道路、水窖等工程。经过一年的建设，校园面貌焕然一新。

**3.为彭阳县崖湾小学的孩子们过了一个特殊的“六一”儿童节**

2004年，宁夏体彩中心曾对口援建了彭阳县冯庄乡崖湾小学。2010年“六一”儿童节前夕，带着对该校师生的牵挂，宁夏体彩中心载着价值5000多元的体育器材和学习用品，再次来到崖湾小学，为孩子们过了一个特殊的“六一”儿童节。

孩子们抱着新书包、新文具，开心地笑了

### （三）打下吃水井，送去“生命水”

在彭阳县崖湾小学，吃水难是学校平日最大的困难，师生们喝的是窖水或从几十里

# ——宁夏体彩2010年回眸

的地方买水吃，了解到这一情况，宁夏体彩中心当即决定，为该校打一口吃水井。0月14日，这口集宁夏体彩中心爱心和希望的吃水井在地下70米处喷出了甘露，被当地群众亲切地称为“爱心井”“生命之水”。

**（四）支持大型体育赛事，助推全民健身事业**

2010年，在宁夏第十三届运动会和黄河金岸国际马拉松赛两项大型体育赛事中，宁夏体彩中心积极参与，助力全区竞技体育和全民健身事业的广泛开展，彰显了中国体育彩票关爱百姓健康的公益理念。

宁夏第十三届运动会上，宁夏体彩中心投入30万元结余发行费，全力支持开幕式及各项比赛的顺利进行

黄河金岸国际马拉松赛场

**（五）关爱农民，关爱健康**

近年来，在自治区体育局的领导下，宁夏体彩中心积极投身“新农村建设”，通过捐助、支持和参与农民体育活动，加快了全区新农村建设的步伐。

2010年“体育彩票”百乡千村农民体育活动月启动仪式上，自治区领导为农民朋友挑

第三届“体育彩票杯”进城务工人员体育节让进城务工人员欢乐过节

**（六）向“城市美容师”捐款5万元**

为了表达对环卫工人的尊敬和关爱，2010年宁夏体彩中心向银川市城市管理局捐赠5万元，专项用于银川市环卫工人改善工作条件。

## 四、多彩体彩——开展丰富活动，促进体彩销售站建设

2010年，宁夏体彩通过组织开展看开奖、观世博等多项活动，回馈彩民，加强体彩销售网点建设。

**（一）走进摇奖现场，见证阳光开奖**

8月4日，宁夏体彩中心组织部分销售员和彩民代表前往北京观看现场摇奖，共同见证了体育彩票“公开、公平、公正”的阳光开奖全过程。

宁夏体彩观摩团在体育彩票摇奖大厅合影

**（二）组织部分销售人员和彩民亲临《城市之间》节目现场，感受快乐体彩**

2010年8月8日是第二个“全民健身日”，宁夏体彩组织部分销售人员和彩民亲临北京节目现场，参与“公益体彩与全民健身同行”节目当中，真正体会到了运动所带来的无限欢乐。

**（三）规范网点形象建设**

2010年，宁夏体彩为全区各销售站布设了“公益宣传墙”，集中展现了体育彩票的公益属性和所做出的积极贡献，不仅增强了彩票代销者和彩民的荣誉感，还完善了销售站的形象建设，增强了销售站浓厚的文化娱乐氛围。

**（四）积极开展培训，提高销售人员素质**

2010年，宁夏体彩加大培训力度，着力提高销售人员素质，更好地为彩民提供优质服务，共举办业务、营销、服务等各类培训百余场次，千余名销售人员参加了培训。

## 五、温暖体彩——慰问一线，安全运行

**（一）领导慰问一线销售人员**

2010年，总局体彩中心、自治区体育局相关领导先后视察了部分体彩销售站，亲切慰问了常年坚持在工作一线的销售人员。上级领导的肯定和鼓励，让销售人员满怀信心，干劲更足。

国家体育总局体彩中心、自治区体育局领导考察网点，慰问销售人员

**（二）冬季送温暖，夏季送清凉**

“冬季送温暖，夏季送清凉”是宁夏体彩中心常年坚持的一项活动。夏季的消暑茶，冬季的暖手宝，让宁夏体彩销售人员倍感亲切，归属感更强。活动开展的同时，宁夏体彩中心还根据冬夏两季的气候特点，及时提醒销售人员注意消除安全隐患，确保人员、设备、资金和销售站点的安全。

**2011年已经到来，宁夏体彩任重道远。他们将坚守公益职责，坚持科学发展，为广大彩民和彩票代销者提供更加优质的服务，为体育事业和社会公益事业筹集更多的资金，为和谐社会建设贡献力量。**

自治区领导视察“六·五”环保宣传工作

领导研究工作

五省合作协议签订仪式

宁夏环境监测中心站以党的政策方针为导向，全面落实科学发展观，坚持“技术立站，科技兴站，管理育站，和谐建站”理念，以“建设一流队伍，培育一流作风、创建一流业绩”的总体目标，抓党建促发展、抓培训强素质、抓团结促和谐，积极推进环境监测能力建设，全面推动转型发展，为环境管理和社会经济发展提供了有效技术支撑。

2009年，为适应新时期国家对环境监测发展的总体要求，积极谋划促成中国环境监测总站和宁夏环境保护厅签署《中国环境监测总站促进宁夏环境监测事业发展合作协议》。2010年，发起签订了《宁夏、内蒙古、陕西、甘肃、青海省环境监测工作互动合作协议》，建立了五省区联席会议制度，开展跨省区环境监测全方位互动合作；与浙江省环境监测中心签订了《浙江省环境监测中心与宁夏环境监测中心站业务代培合作协议》，并派遣区、市站第一批人员到浙江进行为期40天的培训，学习先进业务技术和实验室管理经验。

宁夏环境监测中心站除了做好污染源监测、环境质量监测、应急监测和国家及自治区指令性监测任务外，承担了《国家重大水专项畜禽养殖研究》《煤基活性炭行业大气污染物排放国家标准》制定、《全国饮用水水源地基础环境调查及评估》等20多项环境科研课题，先后获“全国污染源普查先进集体”“全国污染源普查报告书二等奖”“自治区饮用水水源地基础环境调查及评估科技进步二等

获得荣誉

# 监测中心站

五省监测联席会议

站领导检查实验室

奖”等称号和奖励。政务信息工作受到中国环境监测总站表彰，并连续五年在全区环保系统名列前茅，在自治区首次环境监测技术人员大比武竞赛中取得第一名的好成绩。2009年、2010年，连续两年在宁夏环境保护厅直属单位效能目标考核、日常工作考核中名列第一名，获党风廉政建设、机关文化建设、精神文明建设先进单位等荣誉；站党支部连续两年被厅机关党委表彰为“先进党支部”。

重温入党誓词

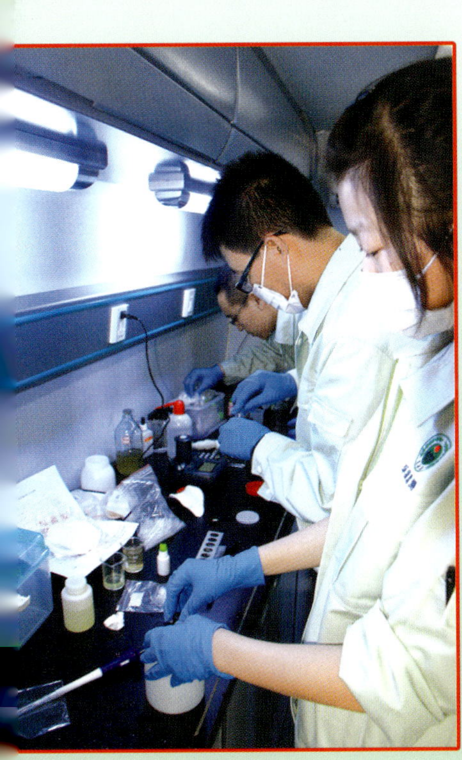
车载实验室分析

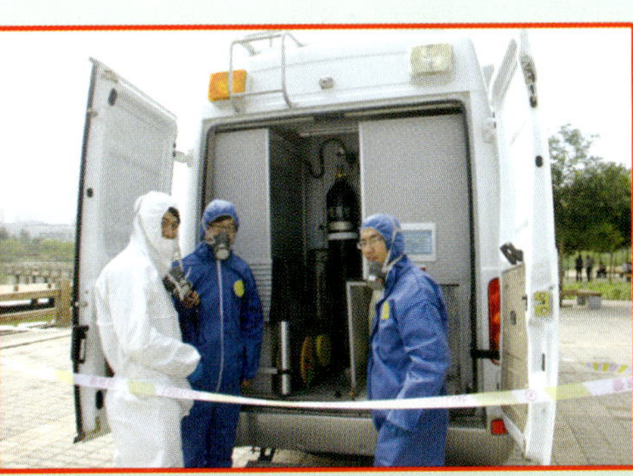
环境应急监测

烟道气监测

竞聘上岗

文体活动

# 宁夏地球物理

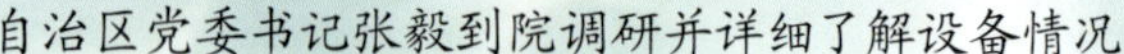
自治区党委书记张毅到院调研并详细了解设备情况

时任自治区党委书记陈建国了解物探设备情况

宁夏地球物理地球化学勘查院（原为宁夏地质局物探队）成立于1958年，简称宁夏物勘院。现隶属于自治区地质矿产勘查开发局，属自治区公益性事业单位。现有在职职工248人，其中全国注册师8人，博士生2人，硕士研究生14人，高级工程师26人，工程师44人。宁夏物勘院已通过自治区技术监督局的计量认证和ISO9001:2000（GB/T19001-2000）质量管理体系认证，拥有国土资源部颁发的地质勘查单位物化探勘查甲级资质和工程物探甲级资质，自治区测绘局颁发的乙级测绘资质，是宁夏区内唯一的产学研一体的从事物化探矿产勘查和工程物探的专业队伍。

建院50年来，物勘院专业工作范围遍及宁夏全区和邻近内蒙、青海、甘肃、陕西和新疆等省（区）部分地区，在区域性基础物化探调查、金属和非金属矿产勘查、煤炭资源勘查和物化探技术应用研究、工程物探和水源地勘查等方面取得了多项成果。宁夏物勘院完成的宁夏全区1∶20万区域重力调查项目获原地矿部科技三等奖，全区1∶20万区域化探调查获原地矿部原始资料评比优秀奖，宁夏六盘山海原盆地高精度大比例尺石油重力调查获宁夏地矿局优秀奖，固原彭阳县草庙地区煤田二维地震项目获宁夏地矿局优秀创新成果奖。内蒙阿拉善左旗航空磁测异常检查工作多年来受到当地地矿主管部门的好评。内蒙阿盟地区傲干奥日布格一带1∶5万物化探矿产调查项目和新疆特克斯一带1∶5万物化探矿产调查项目分别获内蒙、新疆国土资源主管部门奖励。

陕北油田水源井测井项目施工中

美国428XL网络化全数字遥测地震仪（1500道）

428XL网络化全数字遥测地震仪主机工作间

加拿大V8电法工作站

# 地球化学勘查院

自治区副主席姚爱兴详细了解设备情况

自治区人大领导在地矿局局长徐占海的陪同下到院指导检查工作

目前，宁夏物勘院拥有加拿大Phoenix公司先进的V8多功能电法工作站套，V5电法工作站3套、美国Geometrics公司 G856AX和美国GEM公司SM19T质子磁力仪共17台（套），国际领先水平的法国sercel 428XL网络化全数字遥测地震仪（1500道）、国产48道地震仪2套，protem67瞬变电磁勘探系统1套、CG-5高精度重力仪3台、RTKGPS 全球定位测量系统10台、徕卡S06全站仪1套、徕卡水准仪1套。拥有国内煤田系统广泛采用的TYCQ-3型综合测井仪2套及其他地面、井下物探设备数10台（套）。在地震勘探、重力勘探、电法勘探、磁法勘探、工程地质和环境(灾害)地质物探调查、建筑物基础和大型构件无损检测和管线探测及煤田、水文、金属矿测井等方面具有较强的技术实力和野外作业能力。

宁夏物勘院始终严格执行所涉及产业规范和行业技术规范规程，牢固树立“质量第一，质量兴业”的意识；一贯坚持施工现场三级质量管理监督体系，保证了产品100%的合格率。

宁夏物勘院一如既往地做好基础性、公益性和战略性地质工作相关的地球物理地球化学勘探项目的生产、实验、示范、推广工作；开展好地球物理地球化学方法找矿及研究工作；做好在地质构造勘查、地质环境和地质灾害评价中的方法研究、应用和推广工作，充分发挥人才、技术设备资源优势，全方位为自治区煤炭、能源开发及经济建设和社会发展服务。

固原岩盐矿勘查地震项目施工中

新疆特克斯县萨尔昆盖一带矿调项目（化探采样一出工）

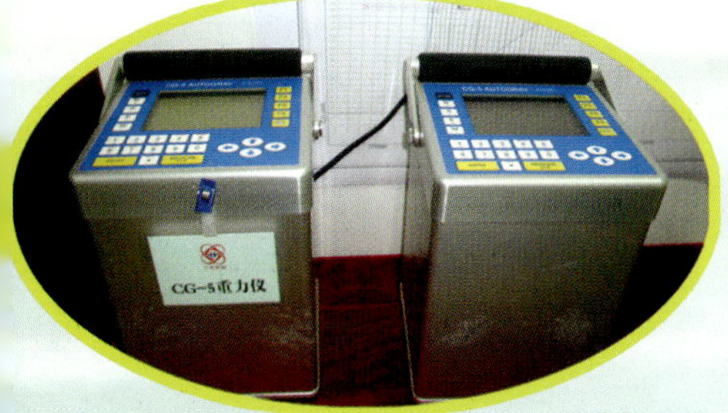


CG-5高精度重力仪

RTKGPS 全球定位测量系统、徕卡TS06全站仪

银川市红墩子煤矿红二井田二维地震勘查施工中

# 宁夏煤矿安全监察局

召开2011年工作会议

推进全区煤矿井下六大系统建设

肖蕾局长深入矿区检查工作

2010年，宁夏煤矿安全监察局认真贯彻落实国家和自治区关于煤矿安全工作的决策部署，以继续深入开展“安全生产年”活动为主线，努力推进安全生产“三预防”“三加强”工作，认真履职、强化监察，完成了全年的监察执法工作计划，各项工作取得了一定成效。

**更加注重落实责任，贯彻全国安全生产会议精神，分解指标，完善措施。**及时召开了2010年工作会议，以安全生产“三突出”“三加强”为重点，研究制定了继续深入开展“安全生产年”活动的六项具体措施。对全年的控制指标进行了分解，局与两个监察分局分别签订了煤矿安全监察目标责任书，落实了责任，明确了全年的工作目标。

**更加注重加强监察，深化煤矿安全执法行动，加大行政执法力度。**结合宁夏煤矿安全实际，认真制定了局年度监察计划，分局统筹制定了年度、月度煤矿监察执法计划。开展了年初安全大检查、“打非治违”等专项行动。实施重点监察，组织开展了专项监察，按计划开展定期监察。

**更加注重预防为主，深化煤矿安全治理行动，抓住防治瓦斯、防治水两个重中之重。**督促煤矿企业加强瓦斯综合治理工作，建立完善瓦斯治理责任体系，认真落实煤矿瓦斯治理的主体责任。会同自治区有关部门对煤矿水害专项治理情况进行了督查。配合有关部门开展煤矿整顿关闭和资源整合工作，督促煤矿企业严格执行隐患分级管理制度，完善隐患排查治理责任体系。

**更加注重提高安全防范能力，深化煤矿安全生产宣传教育行动，强化从业人员安全意识。**认真学习宣传贯彻国务院《通知》、领导下井带班规定等文件规定，开展“安全生产月”和“安全咨询日”活动。制定培训计划，改进培训手段。全年各级培训机构共培训“三项岗位人员”19452人次，完成年计划的102%。

**更加注重安全保障能力建设，强化安全基础工作，提升安全水平。**推进煤矿安全避险“六大系统”建设，积极组织参加第八届全国矿山救援技术竞赛，取得了团体第三名的好成绩。制定的《宁夏回族自治区煤矿安全质量标准化标准及考核评级办法》已经自治区政府同意，在全区煤矿开始实施。

**更加注重安全监察队伍建设，提高煤矿安全监察执行力。**深入开展创先争优和“争做安全发展忠诚卫士、创建为民务实清廉安监机构”活动。推进干部竞争上岗和交流，不断推进党风廉政建设和反腐败工作深入开展。再次获得区直机关文明单位称号。加强制度建设，清理了规范性文件，编印了执法参考手册、工作联系手册。强化政务信息工作，修订完善机关保密工作各项措施。重视老干部工作，落实两项待遇。重视扶贫支教工作，先后投入款物4.2万余元，为村民购买生产资料、学校冬季取暖用煤、完善扶贫支教点基础设施。

调研煤矿安全生产工作

局领导深入矿区检查

为扶贫支教点捐赠电脑

# 开发区与工业园区

编辑：王晓华　杨　云

## 开发区

### 宁东能源化工基地

**【经济运行概况】** 2010年，完成固定资产投资182亿元，完成全年目标的65%，全年完成280亿元；完成工业总产值158.94亿元，同比增长92.1%，完成全年目标106%，全年完成200亿元；实现工业增加值57.07亿元，同比增长41.3%，完成全年目标95.1%，全年完成80亿元；实现地方各项收入6亿元，同比增长46.1%，完成全年目标的101.7%，全年完成5.17亿元。在建和建成煤炭产能达到8000万吨/年以上，火电装机容量524万千瓦/年，煤化工产品965万吨/年，新材料257吨/年。

（龙　洁）

**【重点项目】** 一是煤炭产业稳步发展。羊场湾煤矿二分区、枣泉煤矿（西井）清水营煤矿、梅花井煤矿、石槽村煤矿，红柳煤矿、麦垛山煤矿，金凤、双马、红石湾、四股泉煤矿、红一煤矿、红四煤矿、银星二号和宋新庄煤矿、丁家梁煤矿、贺家窑煤矿正在加紧建设。二是电力产业全面提速。宁东至山东±600千伏直流输电工程、灵武电厂二期工程、鸳鸯湖电厂一期工程、水洞沟电厂一期工程、宁东矸石电厂、宁东热电厂、临河动力站正在加紧建设。三是煤化工产业全力推进。神华宁夏煤业集团83万吨/年二甲醚项目、52万吨/年煤基烯烃项目、6万吨/年聚甲醛项目、50万吨/年甲醇制烯烃、煤变油前期工作、国电英力特能源化工集团120万吨/年甲醇多联产项目，醋酸、醋酸乙烯、乙炔和BDO项目、宁夏捷美丰友化工尿素项目、盛大宁东化工公司二甲醚项目、宁夏宝塔石化集团电石项目、半焦、醋酸乙烯项目，宁夏宝丰集团焦化二期、苯加氢和合成氨、尿素项目继续开展，宁夏永大石化12万吨/年聚丙烯项目，宁夏中富能源化工公司化工助剂项目，中化宁东氮肥项目都有进展。四是其他产业进展加快。中电投宁夏能源铝业集团电解铝二期、宁夏科进石膏建材有限公司100万吨/年水泥粉磨站建成投产，20万吨/年脱硫石膏项目，银川大重化工机械设备制造公司压力容器项目、宁夏兆恒机械设备制造公司和宁夏兆恒复合包装材料公司非标设备制造和复合包装袋项目进展顺利。（龙　洁）

**【招商引资】** 强势推进下游产业项目招商引资，推动煤炭资源就地转化和深加工。招商引资到位资金约138.71亿元，占目标任务的50.44%，年底累计到位资金200亿元。积极参加大型招商引资活动，超额完成招商引资签约任务。积极参加"第三届中国穆斯林企业家（银川）峰会""中国铝加工技术创新及产业升级大会""2010年中国（宁夏）国际投资贸易洽谈会暨首届中国·阿拉伯国家经贸论坛""中国东西部合作与投资贸易洽谈会"等大型招商活动；组织召开"宁东能源化工基地下游加工项目（南京）座谈会""宁东能源化工基地下游产业专题报告会"；协助召开"2010中国能源化工金三角发展战略高峰论坛"等，深入开展下游产业项目招商引资，共签订投资合作项目15个，签约金额213.8亿元。多措并举推进产业链延伸，下游产业发展扬帆起航。起草了《加快宁东基地下游产业发展的优惠政策》。先后组织20余批次小分队赴铝加工产业集聚度高的广东、河南、山东、辽宁、浙江等地开展下游产业招商，广泛与企业洽谈对接，邀请41家企业356人次到宁东基地参观考察。

（龙　洁）

**【规划编制】** 一是抓好临河综合项目区C区总体规划和下游产业园区专项规划的编制。组织编制了《宁东能源化工基地铝镁产业发展规划》和《宁东能源化工基地临河综合项目区A区铝镁下游产业发展规划纲要》，编制了废渣综合利用产业发展规划。二是规划建设特色产业园区。集约利用土地资源，在煤化工园区B区规划了精细化工产业园区，在临河综合项目区A区规划了塑料化工、铝下游加工和废渣综合利用三个产业园区，规划建设标准厂房。三是抓紧编制临河综合项目区C区和黄河金岸区域规划。紧扣"呼包银"经济带、宁夏沿黄经济区、宁东—鄂尔多斯—榆林能源化工"金三角"经济增长带和增长点，高起点编制黄河以东、银川至青岛高速公路以北，宁夏和内蒙古省界以西，临河综合项目区C区北界以南约100平方公里区域总体规划和控制性详细规划，将该区域规划建设成为辐射"能源金三角"的高端服务业集聚区。四是协调完善园区外部配套设施规划。协调完善煤化工园区铁路专用线和临河综合项目区C区铁路专用线、国道211线古窑子至青铜峡联络线穿越煤化工园区线路、国电英力特宁东项目区35kV电源线路走廊、中国移动、联通和电信公司通信光缆布局等设计方案。五是抓住新一轮土地利用总体规划修编的机遇,保障工业园区土地可持续利用。六是科学规划园区项目布局。按照宁东基地总体规划和园区定位,科学合理确定园区项目布局,完成宝丰集团、中富能源公司、宝塔集团、宁夏宇库污水处理有限公司等17个建设项目规划选址工作,发放选址意见函12份,用地红线图17份。　（龙　洁）

**【基础设施建设】** 启动和实施了一批重点基础设施项目,累计完成投资5.68亿元,同比增长141%,超目标任务47%。2010年已开工项目计划完成投资6.17亿元,新建道路16条长47.92公里,敷设供排水管线67.94公里,平整场地30346亩,挖填土石方1112万立方米。及时解决资金、用地、拆迁等问题;制定宁东管委会工程建设领域专项治理工作实施方案。临河综合项目区C区基础设施主次干道路总长35公里,主体工程基本完工;供排水管网工程总长52公里,已完成60%,实施临河综合项目区A区塑料化工园道路供排水和场地平整工程,修建道路4公里,铺设供排水管线8公里,完成场地平整1069亩,土石方挖填30万立方米;铝下游产业加工园完成道路工程4.12公里,铺设供水管线3.56公里,完成场地平整2120亩,土石方挖填145万立方米;煤化工园区精细化工园修建道路0.78公里,铺设供排水管线1.5公里,完成场地平整472亩,土石方挖填7万立方米;新建排水管网13公里,已完成70%。银川至宁东铁路专用线前期工作加快推进。　（龙　洁）

**【节能减排与环境保护】** 一是在项目引进上严格把关,严格禁止高耗能、高污染项目进入宁东基地,并坚决执行落后产能限期淘汰制度。二是重点围绕宝丰循环经济示范园区建设,推广循环经济和节能减排先进技术,推动企业内部、企业与企业及工业园区之间循环经济产业链,三是加快废渣、废水综合利用。宁夏赛马公司和宁夏科进石膏建材公司废渣综合利用项目已投产,实现了资源最大化利用;临河A区污水处理及中水回用工程已开工建设,实现中水回用,对黄河零排放。四是组织基地企业开展安全生产月活动,要求各企业落实建设项目法人负责制,全面排查治理施工现场事故隐患,开展重点事故安全专项整治;组织力量排查施工现场影响安全生产的隐患和问题。　（龙　洁）

## 银川经济技术开发区
## 银川高新技术产业开发区

**【经济运行概况】** 至2010年末,开发区共有各类企业2750家。其中,工业企业386家,规模以上企业88家。完成地区生产总值87亿元,比上年增长34.5%;工业总产值166.5亿元,同比增长26.6%;工业增加值58亿元,同比增长39.1%;技工贸总收入303亿元,同比增长25.7%。一般预算收入7亿元,同比增长44%;固定资产投资52.7亿元,增长70%。一是大力实施投资拉动战略。2010年,开发区全年实施各类投资项目122个。其中,工业项目80个。宁电高纯硅和多晶硅、银川隆基硅一期、新瑞铸造、舟舰钣焊件、巨能精加工等14个项目建成投产。新增规模以上工业企业14家,年产值超过亿元的企业18家,超过10亿元的企业4家,有7家上市公司在开发区投资建设项目,大企业、大项目的带动作用日益显著。二是加大政策扶持力度。加大对主导产业和优势企业的扶持力度,累计兑现各类政策奖励资金2250万元。协助企业申报各类项目152个,获得中央、区、市产业扶持资金1.25亿元,通过资金扶持,进一步加快主导产业发展。三是加快转变发展方式。大力发展高新技术产业,力促银川高新技术产业开发区升级为国家级高新区。按新标准认定高新技术企业16家,占全区31家高新技术企业总数的52%。新建企业技术中心3个,累计建立国家级研发中心3家,自治区级研发中心9家,企业研发中心19家,有79种产品拥有自主专利。高新技术创业服务中心孵化企业98家,孵化企业总数达到286家。其中,65家企业实现了产业化。创全国驰名商标1件,宁夏著名商标24件。共享铸钢公司燃气轮机用大型、高品质铸钢件实现国产化和规模化生产,填补了国内技术空白,国际市场占有率达50%以上,国内市场占有率超过80%,铸钢件产量和供货品种数居世界首位。加大人才引进和培训力度,科技研发人员达到1785人,1人入选国家"千人计划",3人入选自治区"百人计划"。建立了2个院士工作站和2个专家服务中心。与西安交大、成都电子科技大学等知名院校联合举办工程和软件硕士培训班,培训高技能人才70人。加强知识产权保护,累计认定、登记技术合同4000余份,合同金额4亿余元。企业研究与试验经费支出1.36亿元,占地区生产总值的比重达1.6%。高新技术企业产值预计达到28亿元,占工业总产值的比重达16.9%。四是提升服务促发展。全年共举办各类招聘活动90多场,提供岗位4200个,有2300人与企业达成意向。同时,召开银企协调会,为企业提供贷款担保,努力解决融资难题。　（王永安）

**【主导产业】** 一是装备制造及再制造业主导地位进一步强化。深入推进装备制造业"铸龙"工程和"小巨人企业"培育工程,兑现38家企业奖励资金949.1万元,装备制造及再制造业实现产值66亿元,同比增长75%。机械装备生产企业实力不断壮大,年产各类数控机床3392台,同比增长83.9%;起重机械2.18万吨,增长94.9%;矿山工程车及拖拉机850台,增长178%。以风电和光伏发电设备为主,新能源装备制造快速发展。年产各类风机1116台,同比增长44%。2.5MW大功率风机下线。风机减速器、轮毂等主要部件实现了区内配套。光伏发电设备初步形成硅料—多晶硅(单晶硅)—切片—电池及组件—跟踪系统—逆变器—发电系统完整的产业链条。二是新材料产业迅猛发展。以硅材料为主的光伏材料产业异军突起,宁电高纯硅、多晶硅、西安隆基硅一期等项目建成投产,高纯硅产能达到1万吨,多晶硅产能达到2000吨,单晶硅产能达到4000吨。华盈矿业铝镁合金、泰山石膏等一批新材料和新型建材项目入区建设，新材料产业实现工业产值13亿元，同比增长40%。三是精细化工产业保持良好发展势头，佳通轮胎、长城轮胎等老企业根据市场变化，适时调整产品结构，生产规模不断扩大，化工产业实现产值24.2亿元，同比增长5%。四是信息产业不断壮大。软件园入园企业45家，员工人数达到900余人。完成软件动漫服务外包主营业务收入2.4亿元，同比增长20%。投资5亿元建设软件园二期。抓住物联网产业全球同步起步的机遇，宁夏电通公司、奥特电脑公司等企业在物联网技术研发和电子芯片制造等方面取得进展，部分产品已开始向市场推广。五是现代服务业蓬勃发展。银川陆港累计完成投资2.63亿元。全年实现货物吞吐量50万吨。中心商务区确定了建设方式，完成了拆迁摸底调查。凯宾斯基酒店、拉普斯水上购物城等建成开业。全年第三产业完成增加值24.5亿元，同比增长33.2%。新引进企业总部21个。（王永安）

**【招商引资】** 一是创新招商方式。将全年的招商引资任务分解落实到各个部门，按季度跟踪督察，并将招商情况作为部门和领导干部绩效考核的主要内容，调动各部门招商的积极性和主动性，全员招商的氛围更加浓厚。二是强化招商措施。坚持以商招商、小分队招商、顾问招商和节会招商相结合，党工委、管委会领导带队一线招商，与东部沿海、环渤海地区等30余家大企业建立了密切的联系。先后在上海、深圳、浙江等地召开项目推介会6次。畅通招商引资“绿色通道”，落实专人服务和全程代办制，对不符合开发区产业条件的项目，积极向周边县（区）推荐，得到了投资者的普遍好评。三是招商成效显著。全年累计引进项目41个，合同资金123亿元。西安隆基硅、力成电气、天地平顶山、泰山石膏、蒙牛乳业、银星能源新能源产业基地等22个项目分3批集中开工。全年招商引资项目实际到位资金30亿元。（王永安）

**【基础设施建设】** 2010年，全年基本建设项目和基础设施投资累计达到10亿元。一是启动开发区宁东工业园建设。争取国家有关部委和区、市党委、政府对开发区宁东工业园建设的支持，白芨滩自然保护区区划调整通过国家环保部专家委员会评审并上报国务院待批。二是科学编制规划。适时调整并上报开发区西区30.68平方公里空间发展战略规划，启动了南环高速公路以南40平方公里规划控制区用地的空间发展战略规划和宁安街以西区域修建性详细规划，完成了《宁东工业园总体规划》《高新技术科技创业园修建性详细规划》《土地集约利用评价》等，规划的科学性进一步提高。三是加强土地管理。严把土地供给关口，严格按照投资强度供地，依法办理农用地转用和建设用地审批手续，严格挂牌出让程序。挂牌出让工业项目建设用地13宗，面积1513.35亩，足额收回土地出让金2.58亿元。四是加大基础设施建设力度。投资5000万元，新建续建道路9.5公里。投资1.8亿元，实施了经天路、文昌路等主干道路高标准绿化和文昌双湖改造等重点工程，新增绿化面积106万平方米，西区绿化水平和档次迈上新台阶。实施了10条高压线路的改线工程，解决了长期影响土地利用和项目建设的问题。加快西区供热工程建设进度，确保所有新建项目统一供热。同安园二期廉租房、职工公寓项目竣工并交付使用，可解决1300名职工的住宿问题。开通了西区公交环线，西夏区十六小、宁安医院开工建设。五是重点项目进展顺利。实施了中小企业创业园二期、三期20幢标准厂房建设，建筑面积约11万平方米，总投资2.36亿元。以合资、合作的方式参与西安隆基硅、银新能源新能源基地、大和坩埚、皇马汽车等项目建设，通过创新财政资金投入项目建设的方式，在承接配套项目转移及吸引大项目落地方面发挥了重要作用，受到了企业的欢迎。文昌湖改造工程、研发服务中心主体及外装修、展厅等重点建设项目基本完工。六是土地清理工作取得积极进展。完成双渠口村、农垦工程处银巴路以东土地征地拆迁，以及兴泾镇十里铺村涝池组前期摸底调查和整体搬迁安置方案制定等工作，安置小区已开工建设。解决了部分遗留问题，基本保证项目建设如期进行。累计征收土地3635亩，拆除建筑面积15422平方米，安置搬迁户数96户，签订补偿协议金额9380.86万元，累计支付搬迁补偿资金1.7亿元。

（王永安）

# 吴忠市太阳山开发区

**【经济运行概况】** 全年实现地区生产总值8.3亿元，增长78%；全社会固定资产投资50.6亿元，增长56%；财政收入4131万元，增长21%。全年完成工业总产值22.5亿元，增长66%；工业增加值7.42亿元，增长67%。主要工业产品产量大幅增加，焦炭产量达到76万吨；水泥产量达到24万吨；金属镁产量达到8000吨；清洁能源发电总量达2.9亿度，其中风力发电和光伏发电分别为2.5亿度和4000万度。全年共签约项目12个，协议总投资200亿元，实际到位资金52.09亿元，完成年度任务的104%。紧紧抓住国家加大基础设施建设投入、扩大内需的有利时机，重点围绕公共基础设施、生态绿化、矿山治理、循环经济、新能源产业等5个领域23个项目，全年共落实国家争取资金1.5358亿元，完成年度计划的102.4%。全年共完成税收收入4939万元，其中本级收入3320万元，完成计划任务的104%，超收130万元，收入总量、增长比例、增收额均创历史新高，实现了税收与经济的协调增长。（刘军强）

**【实施项目】** 共实施各类项目31个，其中工业项目25个。庆华一期15万吨焦炉尾气制甲醇项目投入生产，建材集团日产2000吨油井熟料和太阳镁业3.5万吨金属镁已建成投产，华盈矿业2.5万吨金属镁项目已点火温炉，宁电投一期10兆瓦光电、宁发电试验风电场一期4.95万千瓦风电项目已并网发电；泰山机械装备制造项目1号车间已建成；庆华300万吨重介选煤项目、150万吨韦二、60万吨四股泉煤矿完成年度建设任务;汉能、中电投、华电光电一期,宁发电光伏发电二期、三期,中节能光伏发电二期,宁电投、神鹏风电一期,京能、大唐风电二期,宁发电风电四期、太中银铁路太阳山集运站等项目正在加紧建设。 (刘军强)

【平安创建】 依托"百日安全生产"大会战活动,切实加大了联合执法检查力度,着力排查治理事故隐患,抓好企业主体责任落实,集中开展了4次"拉网式"大检查,共检查各类企业、场所58家(处),深入煤矿196人次,整改隐患60余处,整改率达100%,开发区安全生产形势趋向好转。深入开展了"大走访"活动,共接处各类矛盾纠纷144件,成功处置群体性矛盾纠纷54起,协调解决拖欠资金250余万元,社会矛盾有效化解,实现了赴银进京"零上访"的目标。 (刘军强)

【社会事业】 高度重视教育,完成了太阳山寄宿制中学建设,新办了太阳山幼儿园,有效解决了学龄前儿童入园难、入学难的问题。实施了老盐池村红墩子庄点改造工程,完成了巴庄、塘坊梁和惠安堡村人畜饮水工程;新修农村公路20公里,开通客运班车19趟、公交线路7条、营运出租车110辆,解决了企业职工和群众出行难的问题。积极筹措资金,加强社会救助,全力解决群众困难,共发放各类救助资金近百万元,新型农村合作医疗、社会保险覆盖率达到96%,社会保障体系逐步完善。依托商业一条街广泛开展全民创业,以创业带动就业取得实效,累计注册个体工商户676家,年内新增108家,从业人员达1840人。本土转移劳动力5800人次,劳务收入670万元,农民人均纯收入达4508元。 (刘军强)

【基础设施建设】 铺设工业供水管线42.5公里,完成了330kV变电站项目建设,架设供电线路百余公里,完成了电力大道延伸段建设。围绕公共服务,完成了太阳山中心医院、农行、供电所、税务局办公楼、消防大队综合楼、交警大队办公楼、市场改造等7个项目;太阳山集运站、污水处理厂、劳务移民保障住房工程等项目建设进展顺利。围绕城镇建设,实施了顺通街、育英路、金环路等3条全长5.85公里的市政道路工程。围绕生态治理,加大封山禁牧,大力推广舍饲圈养;变以往大规模招标发包造林为全民义务造林,完成造林绿化面积6040亩,栽植各类苗木近60万株,铺设生态用水管线30多公里。 (刘军强)

## 石嘴山经济开发区

【经济运行概况】 1~9月,规模以上企业完成工业总产值为65.88亿元,同比增长40.8%,工业增加值为16.927亿元,同比增长25.7%。其中:新材料为21.037亿元,同比增长78.33%;煤炭开采和洗选业为9.289亿元,同比增长13.87%;机械制造业为26.455亿元,同比增长22.91%。企业用电量43881.56万千瓦时。 (谷 红)

【产业结构优化】 一是抓好传统产业优化升级。加快实施了中色钛及钛合金管棒线、铍青铜板带材、奔牛大功率矿用减速器、西北煤机超长带式输送机、西北骏马公司大功率矿用隔爆电机等一批事关长远发展的重大项目。二是加快培育新兴产业,太阳能光伏和汽车制造两大产业取得突破性进展。太阳能光伏产业已形成光伏设备研发生产—单晶硅拉棒及切片—太阳能电池及组件的产业链条。汽车产业正在逐步形成以特种车辆、重型汽车、工程机械车辆、汽车零部件制造等为主的产业集群。三是大力发展循环经济,大荣公司烟气道余热利用及二氧化碳回收项目已近收尾;市第三中水厂及污水处理厂项目加快实施;为解决开发区工业固体废弃物排放问题,联合上海科贯公司实施了"石嘴山市工业副产品制备水硬性胶凝材料产业链项目"课题研究,并取得了突破性进展。四是加快淘汰落后产能。认真贯彻落实《石嘴山市2010年节能降耗预警调控方案》,配合市、区工信、环保部门加大对辖区碳素、洗煤等高耗能企业的预警检测;加强对非法涉煤企业的清理整顿力度,编制了《石嘴山经济开发区涉煤企业搬迁方案》。 (谷 红)

【重大项目】 2010年开发区共承担市、区重点项目22项。截至年底,续建工业项目中,投资过亿元的8个项目:中色东方集团年产3000吨球镍、奔牛集团大功率矿用减速器、晋安光能年产400吨单晶硅及1000万片切片、三庆年产1万辆特种汽车4个项目已投产;中色年产3000吨钛及钛合金管棒线、9200吨铍青铜板带材、日晶电子年产10万只石英坩埚及结构件精加工项目、华亿镁业年产1.2万吨镁及镁合金4个项目正在加快建设。新建项目中,投资过亿元的连成汽贸、宁沪太阳能等4个项目顺利推进,开发区规模和实力进一步增强。 (谷 红)

【基础设施建设】 实施了石嘴山经济开发区中小企业孵化园、中小企业服务中心、市第三水厂、第三中水厂及污水处理厂等一批项目建设,总投资达4.2亿元。完成了汝箕沟口6平方公里的1:500地形测量图和两个沟口规划平面设计,长胜煤炭加工区挡风抑尘墙工程已完成工程量的90%;石炭井沟口绿化全面完成。完善了道路标志标线。投资约140万元,实施了园区美化靓化工程。 (谷 红)

【招商引资】 一是抢抓东部发达地区产业转移等机遇,加大招商引资力度,成功引进三庆汽车零部件制造项目、无锡中硅1000吨单晶硅拉棒项目、银川起重机厂2000台起重机生产基地项目和山东信义集团500万套汽车刹车片4个项目,总投资达10.6亿元。二是全力抓好政策资金争取工作。争取财政部关闭中小企业补助资金100万;财政部、工信委中小企业发展专项资金180万元;财政厅地方优势特色产业服务体系建设资金200万元;自治区工信委园区基础设施建设资金240万元;市财政工业园区建设资金170万元;自治区经信委第二批工业化发展资金110万元;市财政补助资金40万元;市财政中色项目基础设施建设资金4100万元;共计争取各级各类补助资金和项目资金5540万元。协助大荣集团和华亿镁业分别争取到国家专项资金1500万元和1000万元，协助中色东方集团争取国家重大科技专项资金682.74万元。三是帮助企业做好融资工作。协调建设银行争取孵化园建设贷款500万元；协调石嘴山银行为瑞宁机电设备公司贷款200万元；协调宁夏农业发展银行为三庆汽车贷款1700万元。（谷 红）

**【土地管理】** 收回北奥电子、弘盛铭、梁立华3家闲置土地702亩，重新安排市第三水厂、第三中水厂及污水处理厂、宁沪太阳能等7个项目。将宁夏基本建设公司、太西建筑安装公司和天同汽车贸易公司二期、市天弓门窗制造公司、市欧德力碳素有限公司、市韵升碳素有限公司闲置的土地列入新一批清理范围，由市国土部门收回国有土地使用权。协调市国土部门完成2宗土地招拍挂，用于宁沪太阳能、陈逢干制衣项目建设。连成汽贸、无锡中硅等5个项目用地正在挂拍办理中。对东方市政等6家企业拖欠的327万元土地出让金进行了清缴，已收回拖欠资金226万元。（谷 红）

**【制度建设】** 一是完善了联系企业制、项目服务制、首问责任制、跟踪问效制等十项制度。制定了《石嘴山经济开发区入园建设项目管理办法》。二是抓好规划编制工作。组织开展《石嘴山经济开发区产业规划》《石嘴山经济开发区建设规划》和《石嘴山经济开发区规划环评》及土地集约节约利用评价技术报告等编制工作；三是做好入园项目审批工作。全年共受理入园项目9家。四是做好企业协调服务工作。协调市土地、规划、建设、供电、供排水等部门，为晋安光能、嘉顺商贸等9家企业接通水电；为连成汽贸、三庆汽车等12个入园企业实施征地，完成征地1218亩，补偿资金770万元。五是完善监测机制。成立了石嘴山经济开发区统计站。六是抓好安全生产工作。认真做好日常巡检和重大节假日期间的安全生产检查。七是抓好管理创新。编印开发区工作动态10期。八是认真做好各级各类考察接待工作，累计接待量110余次。（谷 红）

## 固原经济技术开发区

**【经济运行概况】** 2010年完成地区生产总值5.41亿元、工业总产值5.92亿元、工业增加值1.9亿元、地方财政收入4500万元，分别比2009年增长18%、19%、18%和32%，分别是“十五”末的2.6倍、2.7倍、2.8倍和2.6倍，其中地方财政收入是2007年建区15年时的1480万元的3倍。园区投入产出率比2009年增长18.7%。（周文斌）

**【招商引资】** 引进各类项目45个，完成和正在实施的招商引资项目17个，其中全国五百强企业1家，实际到位资金2.95亿元，比上年增长1倍，比“十五”末增长4倍；争取计划外扶持资金1510万元，比上年增长3倍。

（周文斌）

**【园区建设】** 集中力量实施中小企业科技创业园、家道二期农机销售中心、5000吨中药饮片加工、小杂粮加工、2万套蚕丝被加工、保温材料加工等项目，完成固定资产2.15亿元，比上年增长39.6%；建设农业产业化龙头项目2个（一是固原市一级农产品批发市场，总投资5200万元，当年投资2500万元，完成检验检测室、冷库、保鲜库、部分交易场房及场地硬化等工程，2010年6月交付使用；二是清真牛羊肉屠宰加工项目，总投资5300万元，当年投资2100万元，完成冷库、生产车间、生活服务区、硬化场地等工程，屠宰项目已投产运营），优势产业比重同比增长19.7%；加大土地资源整合力度，土地集约利用率同比增长19.6%。为了贯彻落实国务院《关于进一步促进宁夏经济社会发展的若干意见》精神，搭建中小企业创业创新服务和东部产业梯度转移平台，解决当地投资者征地、建设厂房后，因缺少流动资金而无法正常生产经营的难题，启动建设了中小企业科技创业园项目。中小企业创业园占地450亩，总投资1.7亿元，在没有贷款的情况下，完成投资1亿元，已完成创业服务大楼及部分基础配套工程，建设标准厂房4万多平方米，并全部租赁准备投入使用。

（周文斌）

**【基础设施建设】** 新修朝阳路、希望路等3段总长6.5公里的道路；铺设给水管网5.1公里、下水管网8.2公里、供热管道4.9公里，建成区基础设施配套能力达到较高水平；全面整顿规范门头牌匾，补助资金28万元。（周文斌）

# 工 业 园 区

## 银川德胜工业园区

**【经济运行概况】** 2010年，园区工贸企业400家，2010年年底完成工贸总收入122亿元、同比增长45%，为全年任务指标120亿元的102%；实现税收总额3亿元、同比增长50%。工业经济实力逐步夯实。281家工业企业，预计完成产值50亿元、同比增长39%，为全年任务50亿的100%；工业增加值15.5亿元、同比增长34%，为全年任务15.5亿元的100%；工业企业实现县本级税收4000万元；新增规模以上企业19家、为全年任务指标17家的112%；产值过亿元企业9家，其中：过2亿元企业3家，过5亿元企业1家。商贸流通产业快速发展。120家商贸企业完成销售收入75亿元、同比增长55%。其中72家汽车销售服务业实现销售收入62亿元，同比增长52%，完成县本级税收3000万元。（史学功）

**【招商引资】** 2010年，共洽谈、对接各类项目87个，签约28个，签约项目资金11.1亿元，预计实际到位资金8亿元。万丰汽车、塞尚乳业、煌上煌食品、远高重钢、奥特莱斯、北方电子商品交易所等大项目的引进和建设，成为下一年园区经济新的增长点。华能热电、华欣纺织、中航集团等战略型项目的有效跟踪对接，为园区“十二五”经济的大发展积蓄动力支持。（史学功）

**【重点项目】** 2010年，园区共实施建设项目53个，其中新建项目12个，续建项目12个，投产达效项目29个。华泰龙木业、伊顺园农工贸等续建项目相继建成投产，远高重钢、万丰汽车、塞尚乳业等一批新建项目按期建成投产。投产达效项目生产经营状况良好,泰丰生物科技、凯晨电气、艾尼散热器等6家企业被列入银川市“小巨人培育工程”的重点扶持企业。（史学功）

**【创业基地】** 全民创业基地规划建设的68栋标准厂房已建成65栋,其中,新建9栋、续建10栋已全部建成。进入创业基地的58家企业,年底投产达到43家,其中新增投产企业15家。9家列入县投产达效项目除圣地源豆乳品项目暂未生产外,其他项目生产经营正常,年底完成产值1.2亿元。（史学功）

**【投资环境】** 在硬件设施方面,主要实施了虹桥路、丰庆路和清真食品园绿化改造工程,新增绿化面积12.3万平方米;进一步完善了市政、安全、治安管理机制,加大人、财、物方面的投入,强化考评考核,为入园企业生产经营创造良好的发展条件。在软环境建设方面,通过开展“创先争优”和“西部大开发”大讨论学习活动,各部门的办事效率明显不断提高,企业对管委会的满意度明显提升。（史学功）

**【创新工作】** 加快推进园区工业和信息化建设,西北地区唯一一家电子商务——北方商品交易所落户园区,借助网络优势平台的推介,宁夏特色农产品及园区的知名度、美誉度、信誉度进一步提升;先后组织企业参加了马来西亚国际清真食品博览会、中国银川房·车文化节、中阿经贸论坛、中国银川国际清真食品暨穆斯林用品洽谈会、中国银川首届农产品博览会等大型参展活动;进一步完善了汽车销售、信贷、保险、缴税、办证、挂牌一条龙服务平台建设,开展了全区首家“中小企业健康成长计划”培训,培训员工5次860余人。举办了6次企业用工招聘会,为企业招聘员工2600余人,其中贺兰人口653人;积极协调金融部门为企业解决贷款6.6亿元,落实扶持资金3200余万元。着力推进品牌战略的实施。深入实施“质量立园、名牌兴业”战略,引导企业通过提高产品质量、服务水平、产品文化内涵等措施,大力培育品牌、提升品牌、经营品牌、延伸品牌。2010年,园区又有11家企业的产品获得了自治区级知名品牌。（史学功）

## 灵武羊绒产业园区

**【经济运行概况】** 1~12月,园区生产无毛绒4800吨,羊绒条400吨,羊绒纱1000吨,羊绒衫300万件,实现产值66.5亿元,出口创汇1.52亿美元(占全区绒毛行业出口创汇97%以上),累计解决8000余人就业。羊绒产业园区于2010年11月29日成功升级为国家级高新技术产业开发区。（吴奋林）

**【基础设施建设】** 中国羊绒电子交易市场、中国羊绒及其产品质量检验检测中心,已完成规划设计和工程招标。完成中银、嘉源、荣昌三大集团技术研发中心建设,已全部投入使用。开工建设了园区污水处理厂。完成荣昌、国斌、俊峰绒业搬迁工程。职工生活基地建设已全部投入使用。引进鹿王面料厂整体搬迁园区已与市政府签订协议,计划2011年开工建设。完成了市委、政府安排的5家企业拆迁任务。（吴奋林）

**【招商引资】** 共引进上海美梭羊绒纺织制品有限公司山羊绒加工项目、荣昌绒业集团与陕西通海羊绒制品有限公司合作的新厂建设项目、盛源绒业公司与安哥拉纺织有限责任公司建设的羊绒制品加工项目、中银公司与张家港中荣国际贸易有限公司合作的5000吨原料公司建设项目、西部皮草公司与土耳其ER-TU皮毛有限公司合资建设皮草加工项目等6个项目,招商引资到位资金2.23亿元。全年共争取国家、自治区、银川市各类项目资金4000.58万元,均已到位。（吴奋林）

**【服务工作】** 拓展羊绒制品销售市场。帮助园区羊绒企业在一线城市新建销售网点50多个,在全国达200以上,完成羊绒衫等制品订单280万件;帮助企业女工进行免费健康检查。积极协调灵武东方医院为1000名女职工进行了妇科病免费检查;做好羊绒产业硕士研究生班报名工作。积极组织园区企业完成了20名羊绒产业硕士研究生班报名工作。培育了“兴唐”1个“中国驰名商标”和“千堆雪”“菲洛索菲”“灵州雪”“灵达”4个自治区级羊绒制品名牌产品;高质量、高标准、严要求地完成了吴邦国、李克强、张德江等国家领导人视察园区服务工作。（吴奋林）

**【产品营销】** 协助嘉源集团公司完成了在北京举办的“CY”“绒典”品牌推介会,中银集团公司完成了在戴斯酒店举办“菲洛索菲”产品订货会,荣昌集团公司完成了在公司举办“灵州雪”产品订货会,宏达绒业公司完成了在戴斯酒店举办“帕雪兰”秋冬季新品订货会。成功举办了“中国(灵武)首届国际羊绒服装服饰大赛”和第三届“中国(灵武)国际羊绒节”。（吴奋林）

**【人才培养】** 一是积极协调灵武市教育体育局、职业学校对中银公司选派的20名职工进行了出国前的培训;二是邀请北方民族大学商学院副院长刘斌为园区企业家和企业销售主要负责人举办了“羊绒电子交易模式和发展前景”培训班;三是协调银川市科协对园区企业60余名设计、染色人才进行重点培训;四是组织企业管理人员参加银川市举办的MBA培训班。（吴奋林）

**【获奖情况】** 第二届中国(灵武)国际羊绒节被中国县域节庆论坛组委会评为“中国十佳县域节庆”奖,宁夏灵武羊绒产业园区被工业和信息化部授予“国家新型工业化产业示范基地”。按时完成羊绒产业园区土地集约更新评价评审工作,经自治区国土资源厅组织专家论证,羊绒园区土地综合利用列全区第一名。2010年11月,被中国畜产品流通协会、中国纺织报社、中国羊绒羊毛行业表彰先进组委会评为“中国羊绒羊毛行业表彰先进活动最佳组织奖”。中银集团公司董事长马生国、嘉源集团公司董事长杨立功荣获“中国羊绒行业十大领军人物奖”,荣昌集团公司董事长杨建荣荣获“中国羊绒行业十大杰出人物奖”,中银、嘉源、荣昌、宏达、盛源、国斌绒业公司等18家企业列入“中国羊绒羊毛行业百强企业”,“绒典”“菲洛索菲”“帕雪兰”羊绒衫品牌列入“中国羊绒行业最具市场价值产品”。灵武羊绒产业园区管委会2010年12月被自治区轻纺工业局评为“全区轻纺工业项目组织先进单位”和“全区先进轻纺行业主管部门单位”。 (吴奋林)

**【献爱心活动】** 梳理临河镇石坝村存在的13个问题,结合石坝村实际情况,撰写了《固本强基,全面推进新农村建设》调研报告。同时,工作组为石坝村编制了2010~2012年发展规划,发放慰问金5000元对19户贫困户进行了慰问,协助村委会进行了村容村貌整治,并将石坝村党员组织到羊绒园区企业参观且进行交流。积极组织园区企业向地震灾区捐130吨优质大米,救灾物资达到50万元;党内爱心捐助资金14.54万元。 (吴奋林)

## 永宁望远工业园区

**【经济运行概况】** 2010年,完成工业总产值43亿元,比上年同期增长33.33%;实现工业增加值12.8亿元,比上年同期增长20%;实现销售收入39亿元,比上年同期增长41.16%,实现利税5.33亿元,比上年同期增长67.94%;规模以上企业30家,完成工业总产值40.16亿元,比上年同期增长31.96%;实现销售收入37.69亿元,增长40.09%,实现利税5.24亿元,增长69.58%。 (徐 晖)

**【基础设施建设】** 2010年园区实施的扩规提档工程有5项,总投资31575万元,完成总投资21988万元。1.“七路五桥”工程续建情况。2009年开工的“七路五桥”项目,总投资18775万元。截至2010年10月底,唐徕渠以西的旺牛路、望通路、双庆路、良田路道路及排水工程完工。李银路5#桥、双庆路4#桥(即5孔桥)、望通路7#桥(即7孔桥)基本完工。唐徕渠以东的中小企业创业园路道路工程已完工;市场1#路、2#路大新渠以东排水管道已铺设安装完成,1#路和2#路道路油面已铺,路缘石已安装,2#路正在铺设人行道砖。市场1#路、2#路跨大新渠的桥梁工程桥板混凝土浇筑已完成,正在进行护坡施工。完成投资18200万元。2. 唐徕渠西道路绿化工程。项目总投资388万元,主要建设唐徕渠以西的望通路、双庆路、旺牛路、良田路的行道树和中分带绿化。工程已全部完工,完成投资388万元。3. 望远(第二)污水处理厂及集污管道项目。项目投资约4900万,污水处理厂占地面积117亩,规划敷设钢筋混凝土排水管道14.25公里,管径为Φ1200~Φ1500mm,配套建设提升泵站4座。完成投资2100万元。4. 望远农产品综合市场110KV高望线、掌望线、10KV望开二线、35KV多维药业线路及人和路10KV西位东、西线入地改造工程。总投资1300万元,招投标工作已结束。施工单位已进驻现场。完成投资1300万元。5. 109国道两侧及京藏高速公路西侧绿化工程。总投资约2800万元,项目立项工作已完成,正在进行项目设计招标工作。

民生工程:望远拆迁安置20万平方米工程项目。整个项目基本完工,36栋住宅楼、3栋商业网点和1栋幼儿园主体全部完工。亘元房地产开发公司开发的唐徕渠以西92万平方米宁煤棚户区安置工程项目。项目占地1000亩,一期建设住宅41.24万平方米,一期地勘工作已完成,一期规划工作已完成,施工单位及设备已进入施工现场,临时建筑已搭建,临时道路已铺设完毕。 (徐 晖)

**【重点工程项目】** 2010年园区实施北方精工二期年产10万吨重钢及100万平方米新型岩棉防火保温洁面金属板加工配送项目,上海东方希望动物营养食品有限公司投资建设的玉米钢板仓项目,金盛、荣胜中小企业创业园项目,启元药业改扩建项目,多维药业(包括泰瑞)技改扩建项目,力成电气高压电气建设项目6项工程,总投资11.92亿元。 (徐 晖)

**【永宁望远物流园区】** 2010年是园区物流业取得突破性进展的一年,积极打造集“现代仓储、加工配送、交易批发、电子商务、信息服务”等功能为一体的大型综合物流园区,使其真正成为带动第三产业增长的主要力量,2010年园区实施的兰花花大酒店项目、宁夏望远物流信息中心项目,总投资11.78亿元,总建筑面积781亩。望远物流园区项目共9项,总建筑面积7400亩,总投资100亿元,建成后预计完成销售收入500亿元,利税6.05亿元,解决劳动就业3万人。2010年计划完成投资34.85亿元,已完成投资21.8亿元,计划完成建筑面积120万平方米,已完成87万平方米。1. 宁夏望远现代金属物流股份有限公司投资建设的宁夏望远现代金属物流中心项目。项目总占地2000亩,总投资26亿元,已完成投资6.72亿元;2. 宁夏蓝山投资有限公司投资建设的宁夏乐从北方国际家私城项目。项目占地1500亩,项目总投资30亿元,总建筑面积82万平方米;3. 宁夏北方置业开发有限公司投资建设的宁夏北方建材物流商贸园项目。项目占地1000亩,总建筑面积近70万平方米,项目总投资20亿元,开工总面积约46.4万平方米;4. 银川鸿曦房地产开发有限公司投资建设的宁夏万商汽车城项目占地682亩,总建筑面积54万平方米,总投资10亿元,本项目工程共计开工44栋楼,建筑面积29.9万平方米。完成投资1.54亿元;5. 宁夏四季鲜置业有限公司投资建设的宁夏永宁四季鲜果品蔬菜综合批发市场项目。项目占地655亩,投资5.45亿元;6. 宁夏路丰物流园与浙江多家宾馆酒店用品企业、建材系列产品企业联合投资建设的宁夏路丰建材物流园。项目占地354亩,总投资6亿元,总建筑面积34万平方米,已完成投资6000万元;7. 宁夏金盛房地产开发有限公司投资建设的宁夏望远商贸物流园项目。项目占地441亩,总投资9.17亿元;8. 由宁夏多维药业公司投资建设的多维药材批发市场。规划占地119亩,总建筑面积10万平方米,总投资2.3亿元;9. 由浙江爱尔达电机制造有限公司投资建设的宁夏国际轻纺百货小商品物流中心项目。项目占地约600亩,总建筑面积38.8万平方米,总投资8.1亿元。 (徐 晖)

**【招商引资】** 不断创新招商引资方式,拓展招商领域,搭建招商载体。2010年具备开工条件的项目9项,总投资11.78亿,总建筑面积31.55亿,占地面积770亩,建成后可实现产值14.49亿元,利税可达3.51亿元。拟新签约项目8项,总投资74.56亿元,总建筑面积1423万平方米,总占地面积4310亩,项目建成后可实现产值111.09亿元,实现利税3.88亿元。储备项目10项,总投资11.71亿元,总建筑面积30.11万平方米,总占地面积2730亩,项目建成后可实现产值28.48亿元,实现利税1.92亿元。（徐　晖）

## 石嘴山(河滨)工业园区

**【经济运行概况】** 2010年,园区完成固定资产投资54.84亿元,同比增长36%,完成目标任务的110%。抓好工业项目投资。国电宁夏太阳能公司2500吨多晶硅、英力特4万吨糊状PVC项目、宁夏天得2000吨单晶硅、恒力3万吨特种钢丝绳、博宇特钢100万吨特钢改造等项目已投产。日盛30万吨烧碱及6万吨水合肼、华辉公司3万吨煤质活性炭等项目正在建设中。大中型企业的强势带动作用较为明显。阳光硅业的达产,以及国电太阳能多晶硅、天得公司单晶硅、英力特糊状PVC等项目的投产,都成为新的增长点,园区经济呈现出快速增长的势头。全年工业产值203.8亿元,同比增长28%,完成目标任务的102%,位居全区各开发区(工业园区)首位,全面完成了自治区人民政府下达的年度目标任务。（刘海峰）

**【基础设施建设】** 建成了北片区3.9公里的道路和供水工程;完成了园区内2处工业废渣处置场建设,开展了包兰铁路沿线和园区各企业环境整治;完成了北盛街排水工程;建设了中小企业创业孵化基地工程;改造了河滨、兰山220KV变电站,实施了谊西110KV线路和园区内供电线路的整合改造;加强园区生态建设,在园区主干道路及厂区内外完成植树近6.5万株,绿化面积1500亩;完成了竹柳园生态任务,植树13万株,绿化面积3000多亩。（刘海峰）

**【招商引资】** 与山东淄博合作,成功引进了淄山工业园,通过创新招商引资理念,开启"以园引园"招商新模式,成为承接东部产业转移的示范项目。该项目总投资110亿元,规划建设公共事业配套区和建陶产业、煤化工产业、配套产业、热电联产5个功能区。光伏产业招商成效显著,初步形成产业链,在经济转型上实现了突破。引进了天得太阳能2000吨硅棒、华辉3万吨煤质活性炭、胜蓝化工5000吨多晶硅副产品综合利用等技术含量高、循环利用率高的项目,鼓励和引导企业进行产业转型、改造,部分高耗能企业开始筹备新建项目,鲁晶化工建设了综合利用项目,上海新日公司整体收购了电投钢铁,鑫兴公司、恒通伟业公司完成了镍铁改造工程,进一步提升了园区的投入产出率与土地利用率。（刘海峰）

**【宁夏石嘴山内陆港经济区】** 围绕特色工业产业发展和陆路口岸的运行,申报了国家级"宁夏石嘴山陆港经济区",陆路口岸已实现封关运行,具备口岸通关、国际货物代理、船舶代理、国际集装箱运输、堆存、仓储等多项口岸功能,实现"属地申报,口岸验放"的内陆通关模式,成为西北地区首个具备高效便捷的进出口通道的内陆港口和天津港腹地的重要内陆港。同时,根据整体规划,将原矿务局学校和医院资产移交园区使用,规划建设公路港口物流基地。惠农陆路口岸正式封关运营将实现天津港—西北四省区(宁夏、甘肃、青海、内蒙古的周边地区)进出口货物的铁海联运,内地货主提供全方位的优质的货运代理及物流服务,享受天津港对无水港的优惠政策、最优惠的海运价格,实现直接在惠农的报关、报验。通过它将天津与西北、东北紧密地联系在一起,拉近了内陆与沿海的距离。对提升宁夏物流业竞争力,加快发展现代服务业,建成区域性物流枢纽中心具有重要意义。（刘海峰）

**【优势特色产业】** 依托英力特化工股份公司、博宇特钢、惠冶镁业等企业的产业优势,发展"煤—电—粉煤灰加工—水泥熟料"以及"煤—电—化工—冶金—建材","电力和热电联产"以及"硅料—硅棒(片)—太阳能电池及组件—太阳能发电"等多条产业链。2010年,园区被列为第二批自治区级循环经济试点园区,英力特化工被国家工信部、财政部、科技部授予第一批资源节约型、环境友好型"两型"示范企业,宁夏昊凯生物科技有限公司L-乳酸产品被国家科技部评为星火计划产业化示范企业。随着宁夏阳光硅业有限公司1500吨多晶硅项目的达产和国电宁夏太阳能有限公司2500吨多晶硅项目的生产,以及中节能尚德、正泰、国投华靖光伏电站的并网发电,以及天得公司2000吨单晶硅项目的建设,形成了"硅料—硅棒(片)—太阳能电池及组件—太阳能发电"产业链。（刘海峰）

**【创新能力建设】** 1. 专利方面。国家发明专利2项,石嘴山市科通冶金公司硅钙合金混合冶炼法和宁夏阳光硅业公司三氯硅烷合成塔氯化氢气体喷出构件及三氯硅烷合成法获得发明专利。国电宁夏太阳能公司多晶硅棒破碎设备、条状工件的切割夹具和还原炉硅芯安装装置3项获得了实用新型专利。宁夏昊凯生物科技公司的1号2号包装袋分别获得了外观设计专利。2. 企业技术中心。现有宁夏恒力钢丝绳股份公司和宁夏惠冶镁业集团、国电宁夏太阳能公司3家自治区级以上企业技术研发中心。3. 驰名商标与品牌。石嘴山市科通冶金公司"翔迈"商标被国家工商总局评为"中国驰名商标"。宁夏电投钢铁公司、宁夏惠冶镁业集团、石嘴山金力公司、石嘴山市丰本公司、宁夏英力特公司等7个企业的7个商标和5个图形被自治区工商局评为"宁夏著名商标"。宁夏惠冶镁业集团"镁及镁合金锭"和宁夏金旌公司"碳化硅"2种产品被评为"宁夏名牌产品"。同时,宁夏阳光硅业正在申报实用新型专利7项,国电宁夏太阳能公司、宁夏胜蓝公司、宁夏阳光硅业3家企业正在申报国家发明专利5项。（刘海峰）

**【节能减排工作】** 研究制定了《2010

年节能降耗预警调控方案》,对重点用能企业实行重点监控,将节能目标任务分解落实,初步形成有序节能目标管理体系。关停拆除了常能达165立方米高碳镍铁高炉、金旌矿冶26300kVA硅铁矿热炉、通福焦化两座炭化室为2.8米焦炉,英力特化工26300kVA电石炉。2010年万元GDP综合能耗下降5%,万元工业增加值综合能耗下降9%,19户国家"千家企业节能行动"计划企业涉及石嘴山工业园区的5家,经过自查,产品单耗均在国家、自治区限额范围以内,全面完成节能目标任务。(刘海峰)

## 中冶美利造纸工业园区

**【经济运行概况】** 2001年率先在国内实施林纸一体化工程项目,在腾格里沙漠边缘地带植树造林,投资29.63亿元完成了林纸一体化一期年产10万吨杨木化机浆生产线、年产30万吨涂布白卡纸生产线、250MW热电站等三项项目及其相关配套设施的建设,项目于2008年元月顺利竣工投产。(逯 飞)

**【产业升级】** 产品向高档化转换,全年共研发新产品15种,完成技术创新项目185项,为企业带来直接经济效益500万元。调整产品结构,稳步提升特种纸产品品种、产量、质量和市场份额的发展战略,加大产品核心技术的攻关力度和新产品的研发力度,特种纸产量已达到文化纸总产量的20%。

(逯 飞)

**【市场销售】** 调整优化市场布局,增加辐射半径在1500公里以内的市场销售份额,立足西北及周边市场作为主要产品的重点区域和主流市场,逐步缩减华东、华南等市场中低端产品的销售份额,今年西北及周边市场销量达到总销量的50%以上,降低运输费用240万元。(逯 飞)

**【节能减排】** 实现COD减排1381吨,$SO_2$减排720吨,全面完成了"十一五"及年度节能目标。遵照循环经济理念、加大节能减排调整战略,创新环保节水途径、推行资源环境从原料林基地—制浆—造纸—废水废料回收利用—原料林基地的清洁化生产封闭循环模式,形成纸业、林业互为依托的"生态产业链",走林纸结合、林兴纸旺的发展道路,实现社会、企业、环境"多赢"的战略调整,践行资源节约、环境友好和可持续发展的社会责任。(逯 飞)

## 平罗工业园区

**【经济运行概况】** 由于受到全球金融危机的严重冲击,工业园区企业开工率一度降低至30%左右,为近年来的历史最低点,企业经济效益急剧下滑,面对严峻的形势,工业园区党工委、管委会坚决贯彻县委、政府的决策部署,坚持调整产业结构、培育壮大优势产业和"扶大、关小、上新、延长"的总体思路,支持和鼓励园区企业迎难而上,在确保稳定中推进发展,同时进一步转变自身工作职能,把2010年确定为优质服务年,从规范服务行为、提高服务质量入手,为园区企业进行全方位、深层次的优质服务。截至9月底,工业园区完成工业总产值46.5203亿元;完成工业增加值7.1432亿元;完成税收1.4574亿元。(平罗县工业园区管理委员会)

**【项目建设】** 截至年底,大地循环产业园10万吨PVA及密闭电石炉项目,福华冶金公司年产20万吨硅锰合金二期项目,国电光伏50兆瓦并网太阳能光伏电站一期项目,贝利特公司年产1万吨双氰胺、5万吨石灰氮项目、恒达公司干法旋窑水泥熟料项目,伟源建材及天晟砼业商用混凝土项目,沙湖纸业集团生活用纸扩建项目以及钢宝碳素年产1.5万吨活性炭、配套4万吨碳素等一批重点项目实现了年内投产达效;滨河碳化硅深加工项目、立源变压器年产1000台变压器项目、三林管业公司PVA、铝镁合金高效节能电机等一批续建新建项目工程正在全力推进;生态经济区220KVA供电站等项目已完成前期规划审批等准备工作,形成了竣工投产一批、施工在建一批、论证储备一批的项目梯次格局,切实增强了项目带动工业经济转型能力。

(平罗县工业园区管理委员会)

**【基础设施建设】** 园区管委会以"布局集中、用地集约、产业集群、管理集成"为目标,不断加大基础设施建设和生态建设力度。新建大地循环产业园建设东西出口道路、光伏电站西出口道路3600米,完善了园区道路体系;实施轻工区纬三西路排水管道延伸工程和排水改造工程,铺设排水管网500米,建设配套设施5座和园区清淤沟道3200米,铺设排水管道1600米,疏通排水管道1.2万米,建设配套建筑物900多座,解决了野娇娇食品公司及园区企业的排水问题;组织实施了银晨散热器公司等项目入园场地铺垫土方工程,保证了园区新上项目顺利开工建设,确保园区企业特别是骨干企业、规模以上企业在正常生产的基础上进一步扩大规模,做大做强。强化环境综合治理,着力提升园区整体形象。重点对包兰铁路沿线及周边企业环境卫生进行综合整治,清运工业废渣废料、生产生活垃圾3.58万立方米,覆盖土方5.6万立方米;拆除违章建筑物16处,拆除面积1120平方米;新建围墙1500米。园区内95%以上的企业实现了环境美化、建筑物刷新、生产生活区隔离、炉体包装、原料入库的整治目标。在园区卫生保洁员中实行路段卫生包干制和绩效工资挂钩制,使园区环境卫生质量有了显著提高。加快造林绿化进程,努力打造生态型园区。春季,补植园区内道路绿化带17条,总长51670米,补植各类苗木66.8万株,补植面积7.8万平方米;在园区高压走廊闲置地域"以育代植示范区"内补植柳树苗36万株,补植面积150亩;整治园区轻工区道路绿化带5条,长4969米,换土13.38万立方米,并完成了配套水利设施建设,为下一年春季植树奠定了坚实的基础。对生态经济区吉利大道及太沙路延伸段道路两侧全长13.2公里的绿化带进行换土整治,栽植各类乔灌木89万株,绿化面积23.7万平方米,由于认真落实了生态建设"五包双管"责任制,树木成活率在90%以上,创造了西大滩不毛之地植树造林的成功范例。

(平罗县工业园区管理委员会)

【招商引资】 在2010年新建、续建的重点项目中,大地公司部分项目、福华冶金二期、光伏电站、贝利特化工、恒达水泥、伟源建材、天晟砼业、沙湖纸业及钢宝碳素等工程项目实现了年内投产达效,滨河碳化硅、立源变压器、三林管业等项目建设正在全力推进。工业园区全年完成对外经济合作项目18个,预计完成投资8.2亿元,全面完成了县委、政府年初下达的目标任务。

(平罗县工业园区管理委员会)

## 吴忠金积工业园区

【经济运行概况】 新入园企业35家,园区企业总数达到118家。实施招商引资项目67个,到位资金17.24亿元,其中经园区管委会确定为11.09亿元。上争项目资金3419.5万元,完成任务的171%。截至2010年11月底,完成工业总产值37.1亿元,增长17%;完成工业增加值10.7亿元,增长18%。到年底,完成工业总产值42亿元,完成计划任务的102%;完成工业增加值12亿元,完成计划的114%;完成固定资产投资11.4亿元。园区被自治区授予全民创业示范基地,被国家工信部核准公告为国家新型工业化产业示范基地(清真食品)。 (马凌云)

【基础设施建设】 投资1.1亿元,园区生产生活条件进一步完善。国电235万千瓦热电项目获准开展前期工作,2011年3月全面开工建设。造纸循环经济园污水处理项目主体工程全部竣工,已投入使用,为造纸园区的可持续发展奠定了坚实基础。新南天然气加气调配站项目前期工作全部结束,2011年3月正式动工。中小企业创业基地新建的8栋标准化厂房已交付使用。改造供水管线3.1公里。架设10千伏安输电线路6.5公里。日供水6000立方米人畜饮水工程已开工建设。组织实施了中小企业孵化基地绿化美化工程,栽植各类苗木900株,新增绿地面积80亩。拆迁居民130户,启动实施了金积新镇区项目,开工建设了12栋安置楼。完成土地治理项目一处,完成投资510万元。 (马凌云)

【重点项目】 全年共确定各类工业项目67个,其中:新建项目44个,续建23个,竣工投产20个,正在建设43个。一是重点项目建设步伐加快。伊利乳业19万吨液态奶项目主体工程封顶,正在进行内部装修,年内完成投资2亿元。银星能源2.2万吨多晶硅项目场地平整完工,2011年3月开工建设。金马公司100万立方米商品混凝土等17个项目实现了当年建设、当年投产。佳美纸业3万吨高档生活用纸等9个项目正在安装调试设备。二是包装印刷基地后劲增强。富林塑料8000吨包装材料、天宏70万条集装袋等3个项目建成投产。恒通塑料5000吨食品包材项目完成工程量的70%,预计2011年6月中旬投产运营。夏进制箱厂扩建项目完成征地及规划设计等手续,2011年3月正式动工。三是中小企业创业孵化基地取得新进展。建成标准化厂房40栋,入园企业22家,万兴和清真食用醋、杞叶青生物饮料等11家企业投产运行,年底投产企业达到18家,新增工业产值1亿元,解决劳动就业500人。

(马凌云)

【招商引资】 积极参加自治区和吴忠市举办的各类招商活动,与13家企业达成了投资意向。充分发挥本地企业家在招商方面的作用,增强了招商工作的实际效果。吸引浙江运达风电股份有限公司、上海清美集团、浙江苍南彩印有限公司、宁夏赛马水泥实业公司等入园投资。10月9日市委召开专题会议研究园区项目建设后,建设速度加快,宏泰工贸有限公司1万吨钢结构加工、明升建筑机械等2万台建筑机械等16个招商引资项目正式落地。加紧进行前期工作,永标实业等6个项目破土动工。组织编制了清真产业物流园、中小企业创业基地等项目13个。指导宁夏肯萨清真食品有限公司等24家企业编制资金申请报告,争取到项目资金35项,共落实扶持资金2369.5万元。依托吴忠市国资经营有限公司,争取到信息化公共服务平台项目资金180万元。金积工业园区自身争取到项目资金4项共850万元。与市发改委、交通局密切合作,争取到关渠桥至卢沟闸9公里乡村道路项目,国补资金360万元已到位。在区市环保部门的大力支持下,造纸循环经济园5万立方米污水综合处理项目获得国家环保部支持3000万元国补资金已下达到位。 (马凌云)

【提高服务水平】 坚持把"负重拼搏、务实苦干、敢为人先、争创一流"作为园区精神和工作准则,着力营造良好的政务环境、服务环境和诚信环境。对伊利乳业19万吨液态奶等重点项目实行定人跟踪服务,与市国土资源局密切协作,帮助17家企业完善了用地手续。多次召开协调会,督促中小企业孵化基地相关方面通力合作,启动了房产证、土地证办理程序。对所有入园的项目指定专人,帮助办理注册登记、项目备案、规划选址、建设用地、环境评价、建设管理以及消防、安全等手续。

(马凌云)

## 中宁工业园区

【经济运行概况】 2010年,按照"一园四区"总体规划和布局合理、产业聚集、循环发展、基础配套的工作思路,以建设"三个百亿元"工业基地(新材料循环经济区、高新技术产业及物流区、建材区)为目标,积极协调各部门,全力以赴抓落实,全县各部门2010年为园区共计投资10.1亿元,加快了园区基础设施建设步伐。 (郭 俊)

【园区规划】 委托陕西东西部经济研究院对中宁工业园新材料循环经济区进行了基础设施建设总体规划。规划范围南至黄河北滨河路、北至园区5#横路、西至时庄中大沟、东至536处仓库连接路,规划面积123.85平方公里,工业项目可开发利用面积66平方公里。新材料循环经济区的规划体现了宁夏打造沿黄城市经济带的整体构想,突出了中宁县委政府建设"冶金重镇、金岸明珠"的战略目标。中小企业发展园正在规划中。中小企业发展园选址在物流园区以南,道路规划与物流园区道路相接,是物流园区的延伸,规划面积

5000亩，测绘已经完成，规划办进行了道路规划，交通局正在进行道路工程的修建准备工作。（郭 俊）

【基础设施建设】 2010年，园区的基础设施项目建设不断加快，投资不断增加，园区的大环境大为改观，石碱路到电厂路，南北土地平整连成一片，嘉盛冶炼、兴尔泰集团、宏岩矿业土地平整工作已基本结束。1. 公共服务中心。园区公共服务中心平地50亩，平整土方4.4万立方米，投资30万元。公共服务中心办公大楼投资600万元，建筑面积3000平方米，已完成主体工程建设。2. 土地平整。土地平整工作按照程序由园区办牵头，会同监察局、审计局、财政局、规划办、国土资源局工作人员，对划地、土方测量、平整土地土方验收三个环节进行集体决策、监督、验收。园区办、国土局共计平整土地5460亩。3. 道路建设。投资2400万元，新修沙石道路19.4公里，高标准硬化道路14.7公里。（郭 俊）

【园区供水】 园区日供水能力达到了6万立方米。投资283万元，开挖扩渠18.9公里，建设了北沟至太平湖引水等公共供水工程。1. 天元锰业、华夏特钢、万隆公司供水。供水及辅助设施投入达3210万元，确保了华夏特钢、万隆公司用水。供水总投资达到2450万元。修建2.5万立方米蓄水池1座，建成一级泵站一座；太平湖接彩钢项目和园区三横路的二期供水线路管道铺设上水管道5.7公里，建设二级泵站一座；铺设连接100万吨彩钢项目、36万吨铬铁项目、30万吨镍铁料场项目管道12公里。协调铁路部门，园区投资760万元，在张裕沟铁路桥下建造供排水管道穿越铁路涵洞一座。2. 锦宁公司。投资246万元，新建二级泵站一座，井泵房一座，阀井15座，架设高低压线路8.6公里，安装变台4台套，深井泵10台套。（郭 俊）

【污水处理】 争取国家项目资金2000万元，对天元锰业污水处理进行改造。12万吨电解锰原液回收池120立方米/小时废水处理循环利用项目，已完成了原液回收池、2个废水处理化合罐的建设；废水处理车间已完成土建，正在进行回填土和防渗处理；滤布清洗车间、压滤车间正在进行混凝土浇筑施工；主要设备已订购。污水处理厂项目已完成土方挖取和平整，正在进行水池四周、底部的初级防渗处理和排污管道的铺设工作。两项污水处理工程总投资13300万元。天元锰业、华夏特钢、万隆公司联系解决污水处理厂项目，平整土地120亩，平整土方131万立方米，迁坟48座，投资982.5万元。（郭 俊）

【园区供电】 1. 枣园330kV、张裕沟110kV变电所已投入使用。枣园330kV变电所扩建已开工建设，投资达6000万元。2. 天元锰业、华夏特钢、万隆公司供电项目。投资总计达到741万元。保证了华夏特钢各个项目的开工建设。委托西北电力设计院和宁夏电力设计院完成了36万吨铬铁、40万吨硫酸项目进行供电系统接入方案设计；投资36万元委托宁夏电力设计院完成了30万吨镍铁、100万吨稀土彩钢板供电系统接入方案；接入镍铁项目和彩钢板项目的线路正在架设，确保镍铁和彩钢板一期投产；投资80万元为铬铁项目铺设临时地埋电缆2.5公里。100万吨稀土彩钢板项目辅助设施110kV变电所，制氮、制氢等公共辅助设施用地210亩，平整土方68万立方米，投资503万元。新建330kV变电所项目，平地100亩，平整土方18万立方米，迁坟16座，投资100万元。协调供电部门，投资60万元，迁移中关甲110kV线路天元锰业厂区内铁塔2座；投资28万元，关渠35kV线迁移，厂区内铁塔一座；投资3万元迁移12万吨电解锰10kV线路一处；投资120万元迁移园区0#所接枣园330变电所35kV线路。（郭 俊）

【园区环境治理】 对一园四区内的山洪沟乱挖、乱采、乱埋进行了有效的检查治理。协同国土局、工业商务安监局制止石空镇刘怀杰、尹嘉公司非法占用园区土地行为两起。协同防汛办指派天元公司、嘉盛公司、177处、锦宁公司、长庆石空泵站、中宁电厂等企业调动装载机、挖掘机12台，清理了罗家沟、磨得沟、张裕沟、新寺沟垃圾约1.2万立方米，有效治理了园区大环境卫生，确保了园区防洪安全。新完成新植和补植苗木2000余株，投资达40万元。3#横路、3#纵路按照企业位置对绿化带实行管护责任制，形成了栽、管、护一体化的造林绿化体制。（郭 俊）

【服务企业】 投资130万元委托宁夏地质勘查院为华夏特钢公司36万吨铬铁项目1300亩土地进行地质勘查。（郭 俊）

## 同心县羊绒工业园区

【经济运行概况】 2010年，全县绒毛加工企业45家，其中规模以上企业15家。全县收购原绒5600吨，同比增长7.7%；分梳无毛绒3400吨，同比增长26%；工业产值18.7亿元，同比增长39%；工业增加值4.4亿元，同比增长41%；销售收入25亿元，同比增长60%；税金5006万元，同比增长96%；出口无毛绒300吨，安装梳绒机800台(套)，安置劳动力2500人。羊绒工业园区入园企业29家，投产企业20家，规模以上企业10家。园区分梳无毛绒2063吨，工业产值11.5亿元，工业增加值2.8亿元，销售收入13亿元，税金2600万元，安装梳绒机500台(套)，安置劳动力约800人。（姜国权）

【园区建设】 园区开工建设项目10个，全年固定资产投资完成3500万元(其中基础设施1110万元)，累计完成15672万元(其中基础设施4194万元)。园区8家企业实施了新建、续建、扩建和技改项目，其中4个项目建成投产，其余4个项目基本建成，新建厂房面积3.4万平方米，竣工2万平方米，累计达到1万平方米。园区基础设施建设进一步完善，服务功能进一步提升。羊绒检测中心于2010年7月29日挂牌投入使用，自治区质监局在同心县举行了羊绒产业发展合作备忘录签字暨宁夏羊绒检验中心同心检验站挂牌仪式，羊绒交易市场和中心监管库已基本建成，计划于2011年春季新绒上市时正式投入使用。园区绿化得到改善，在园区及周

边植树2000棵,绿化面积1万平方米。(姜国权)

【招商引资】 同心县羊绒工业争取项目资金619万元,其中企业技术改造资金419万元,基础设施建设资金200万元。羊绒工业园区落实招商项目3个,项目投资2.76亿元,实际到位资金1.87亿元。(姜国权)

【技术改造】 针对羊绒企业设备陈旧、工艺落后,收到世界上最好的原绒,梳不出最好的无毛绒,卖不到高价钱的状况,决定分期分批对全县20家羊绒企业的814台梳绒机和1万平方米生产车间进行技术改造。2010年,全县10家企业完成了312台(套)羊绒分梳机改造和2万平方米厂房改造,大大降低了羊绒纤维损伤率、含杂含粗率,提高了无毛绒产品质量。(姜国权)

【提高服务水平】 树立"一切为了投资者"的宗旨意识,积极推行首问负责制、服务承诺制、限时办结制等服务制度,帮助园区企业和投资客商办理了立项、规划、土地、环保、建设、工商、税务、生产等手续,实行跟踪服务,做到有求必应,让服务对象满意;帮助加工企业建立和完善了各项规章制度,积极协调做好企业财务管理,使全县15家达到规模的企业全部纳入规模企业管理;加强与金融部门的沟通协调工作,积极争取金融机构扩大融资规模,支持羊绒企业发展,落实贷款8.4亿元(其中建设银行3亿元,农业银行2.65亿元,信用联社2.75亿元),缓解了企业的融资困难。组织羊绒企业参加了第三届中国宁夏国际羊绒博览会暨第二届中国西部服装服饰艺术节、陕甘宁蒙商贸洽谈会和闽台农产品项目投资会,在第三届中国宁夏国际羊绒博览会上,同心县羊绒产业优势、发展历程、园区建设、企业风貌以图文并茂的形式在羊绒综合展厅得到展示,5家企业展出了自己的产品,4家企业与外地企业签订购销合同,出售无毛绒1050吨,销售收入达5.4亿元。为同心县羊绒企业和民族用品企业提供了展示的窗口,创造了信息交流、招商引资和贸易合作的机会。(姜国权)

【国内行业先进评选】 在2010年11月6日中国畜产品流通协会与中国纺织报社举办的"首届中国羊绒羊毛行业表彰先进活动"中,同心县德海公司董事长马海科、生海公司董事长周生良被评为"中国羊绒行业十大领军人物",祥福公司董事长张殿福、双维公司董事长马维东被评为"中国羊绒行业突出贡献人物",生海公司的精梳白无毛绒被评为"中国羊绒行业最具市场价值产品",生海公司、祥福公司、双维公司、羊春公司、鑫源公司、新福公司、金昌公司等被评为"中国羊绒行业百强企业",园区管委会获得"中国羊绒羊毛行业表彰先进活动最佳组织奖",同时被自治区轻纺工业局评为"全区创新型发展先进集体"。(姜国权)

## 固原清水河工业园区

【经济运行概况】 截至12月底,进园企业76家,其中工业企业49家,商贸流通服务企业27家。园区企业工业总产值突破4亿元,增加值1.5亿元,与上年同期相比分别增长38%和67%;实现销售收入3.5亿元,实现利税2500万元,与上年同期相比分别增长52%和20%。(李雁斌)

【延续优惠政策】 针对园区优惠政策于2008年底已到期的情况,上报了《关于申请对固原清水河工业园区优惠政策再延续5年的请示》,经多方争取,自治区人民政府批复,同意园区优惠政策再延续5年,自治区财政厅、国税局出台了相关配套优惠政策,为加快园区发展提供政策保障。(李雁斌)

【规范园区管理】 进一步完善了《固原清水河工业园区管理办法》,向各企业印发了《关于加强工业园区规划、建设、管理的通知》,从项目准入、规划、建设、土地利用等八个方面进行了进一步规范。定期不定期组织人员进行检查,对违反管理制度的行为及时进行了纠正,特别是每逢重大节日和企业生产旺季都要组织对园区进行综合整治。共查处违章建筑4起,违规取沙事件3起,破坏园区公共设施事件5起,车辆违规行驶11起。对园区垃圾死角和企业院内存在的脏、乱、差现象进行了集中整治。安排专人对园区公共区域卫生进行清扫保洁,与企业签订了"门前三包"责任书、安全生产责任书,加大平常安全生产工作检查力度。通过制度的建立和落实,营造了良好的投资创业环境。(李雁斌)

【招商引资】 结合园区实际,在充分调研论证的基础上,及时充实园区招商引资项目库,制定了园区招商引资方案,落实招商引资责任。全年共引进项目10个,实际完成投资12780万元,完成区委、政府下达2010年招商任务1.2亿元的130%。先后多次到自治区发改委、经信委、财政厅及固原市相关部门推介园区企业,帮助企业争取项目资金,邀请这些部门负责人到园区企业实地查看调研,以取得上级业务部门的信任及对项目的倾斜。2010年度,园区共争取项目12个,资金额2655万元。(李雁斌)

【宣传工作】 为了提升园区知名度,让更多的客商了解园区,投资1万余元更换园区沿银平公路大型宣传广告牌2幅,安装灯箱广告160幅,制作园区宣传册1000本,宣传展板11块;在"安全生产月""科技宣传周"活动期间,组织园区企业上街宣传;在各种报刊、网站发表园区招商引资、工作动态类宣传报道16篇;印发园区工作信息26期;接待各类考察、观摩、调研团队31批(次);进一步宣传园区,推介项目,使园区的知名度得到提升。(李雁斌)

# 交通信息产业

编辑：范宗兴　王玉琴

## 公路运输

【概况】 截至2010年底，全区公路通车里程达2.25万公里、每百平方公里公路密度33.89公里，分别较“十五”末增长72%、20%。全年完成公路交通固定资产投资58.14亿元，超原计划10%。截至2010年底，全区营运车辆达12.5万辆，比“十五”末增长72.8%。其中，营运客车23751辆，比“十五”末增长62.2%；营运货车101254辆，709614个吨位，分别比“十五”末增长75.4%和264.9%。全年完成公路客运量1.29亿人，旅客周转量65.31亿人公里，完成货运量2.55亿吨，货运周转量538.27亿吨公里，分别较上年增长7.4%、7%、9.1%、8.3%，道路运输在综合运输体系中居主导地位。道路运输从业人员达24.2万人，成为全区规模较大、吸纳性较强、收入较稳定的行业之一。　（陈　丽）

【基础设施建设】 2010年，全区公路交通建设计划投资52.7亿元，实际完成投资58.14亿元，超原计划10%。其中，争取国家补贴资金17.2亿元，创历史最好水平；申请世行贷款2.5亿美元。一是重点项目建设。全年完成投资25.8亿元，建成孟家湾至营盘水、石嘴山至银川高速公路、吴忠黄河公路特大桥、国道211线白土岗至太阳山段；在建国道211线灵武至白土岗段及古窑子至青铜峡联络线、同沿高速公路什字至沿川子段、银巴高速宁夏段、东山坡至毛家沟公路试验段。二是国省道改造。实施8个国省道改造项目完成投资1.77亿元，建设里程156公里。三是农村公路建设。开工建设农村公路2279公里，完成投资12.67亿元。四是物流园区、滨河大道、路网改造及其他项目建设。物流园区建设完成投资5.6亿元，滨河大道完成投资8.26亿元，危桥改造和安保工程完成投资0.39亿元，城市出入口、客运站等其他项目完成投资3.65亿元。　（陈　丽）

【公路管理和养护】 2010年，围绕迎接全国干线公路养护管理检查（以下简称“国检”），各项工作取得新成绩。一是以开展“四大工程”为抓手，全力以赴迎接国检。在公路路况提升工程中，投资2278.45万元，完成干线公路养护大中修工程89项；投资1.2亿元，实施迎“国检”专项工程53项；投资2671.59万元，改造干线公路危桥53座；投资3104.13万元，处治高速公路病害62.93万平方米，施划公路标线0.96万平方米；投资1090.32万元，在53条公路上实施安保工程，处治隐患路段1208处/551公里；投资102.89万元，处治自治区级公路危险路段4处。在公路环境整治工程中，依法拆除建筑控制区违章建筑物和非公路标志，整治乱堆乱放、摆摊设点、打场晒粮、占道经营等违法行为。清理非公路标牌4680块、堆积物9.84万立方米、摊点1.61万平方米。开展打击盗窃破坏公路路产设施、公路沿线加水点、车辆洒落物污染公路等专项治理活动，保障了公路的安全畅通。在服务形象展示工程中，组织开展“收费服务强化年”活动，围绕“四项建设”和“八项竞赛”，开展了一系列突出行业特色的优质服务活动，规范收费行为，提高业务技能，增强服务意识，展示服务风采，涌现出一批“百日无差错”“百万元无差错”和个人连续收费千万元无差错的技术能手。加强业务指导和检查，举办培训班8次，开展专项督察6次，整理国检资料档案870盒。二是加强公路科学养护，实现高速公路MQI值91.03、优良路率94.6%；普通国道优良路率73.7%，省道优良路率70%，县道优良路率63.3%，乡道优良路率40.3%，村道优良路率22.7%。三是强化路政管理和治超工作，以推行执法责任制和规范执法行为为重点，提高路政管理水平。及时查处路政案件，全年发案2264起，查处2260起，结案2179件，查处率达99.8%、结案率达96.2%；收缴公路赔补偿费1.01亿元；实施清障救援1656起，处理高速公路事故248起。治超工作累计检测车辆158.71万辆，查处超限车辆7.43万辆，车辆超限率为4.69%。四是加大通行费征收管理力度，全年征收通行费23.83亿元。落实便民措施，加强“绿色通道”管理，减免118.75万辆次通行费1.07亿元，查处假冒“绿色通道”车辆3362辆，挽回损失37.48万元；服务赈灾抢险和灾区重建车辆2449辆，减免通行费27.2万元；服务自治区大型活动和会议车辆2511辆，减免通行费71.6万元。

（陈　丽）

【机动车服务与管理】 一是客货运输基础设施建设不断完善。“十一五”期间，新建和改建了银川、吴忠、固原、中卫、大武口等16个市县（区）汽车客运站，共建成等级客运站138个、农村客运招呼站684个，基本形成了以一级站为枢纽、二级站为主导、农村客运站为补充,辐射全区、连接周边省区的客运站场服务网络体系。二是运输服务水平进一步提升。“十一五”末,全区共开通各类客运班线1717条,比“十五”末增加了454条。其中,跨省线路增加27条,进一步扩大了省际客运覆盖面。乡镇通客车率达100%,行政村通客车率达96.2%,比“十五”末提高了13个百分点,试点开通了四条沿黄城际公交线路,推广客运班线循环发班达85%。三是驾驶员培训、机动车维修、汽车检测服务能力显著提高。截至2010年底,全区4S店和特约维修站由“十一五”末的16家发展到56家,增长了2.5倍。全区机动车驾驶员培训机构58家,年培训能力由“十五”末的2.9万人增加到10.2万人,年培训量由“十五”末的2.15万人增加到9万人,累计为农村和南部山区培训技能劳务输出人员3.72万人。 (陈 丽)

**【道路运输结构】** 截至2010年底,全区道路旅客运输经营业户由2005年的886户整合为181户,户均车辆由17辆增加到95辆。道路危险货物运输经营规模发展较快,由2005年的90户增长到2010年120户,户平均车辆数由2005年的17.87辆提高到27辆,增长51.1%。驾驶员培训行业结构和布局更趋合理,2010年底,全区一类驾校由2005年的1家增加到17家,三类驾校全部退出市场,基本形成了县县有驾校、每个地级市有一所一类中心驾校的布局。 (陈 丽)

**【城市公交】** 坚持“公交优先”发展战略,各项扶持、优惠和低票价政策逐步落实,城市公交快速发展,截至2010年底,全区开通城市公交线路120条,开通沿黄城际公交线路4条,营运公交车辆达2629辆,日均运送旅客81.3万人次,营运城市出租车达15520辆,市民出行需求基本得到满足。 (陈 丽)

**【现代物流】** 一是健全物流管理机构。积极与各部门协调,报自治区人民政府批准成立了自治区现代物流业发展领导小组;指导各市县(区)交通运输局成立了物流产业科或物流产业主管科室。二是推进物流基础设施建设。全区“九大”物流园区建设已初具规模,石嘴山市惠农陆路口岸和银川经济技术开发区陆路口岸现已封关运营。三是培育物流龙头企业,截至2010年底,全区登记注册100万元以上的物流企业有311家,500万元以上的有108家。其中,有1家物流企业被国家评为4A级物流企业(宁夏交通国际物流港),有9家被评为3A级物流企业,有1家被评为2A级物流企业。四是2010年6月,在宁夏交通国际物流港试点开通“宁夏货运信息交易中心”和“宁夏货运呼叫中心”,截至2010年底,发展会员近400家,每日发布信息1000条以上,促成货物交易1.8万笔。 (陈 丽)

**【口岸管理】** 2010年,制定了《宁夏“十二五”口岸发展规划》,积极争取自治区政府出台了口岸扶持政策。一是协调有关单位和部门圆满完成穆斯林群众朝觐包机、维和部队包机、杨洁篪外长专机、中巴“友谊-2010”反恐联合训练包机在银川口岸出入境保障任务。二是2010年5月,协调开通了银川—迪拜首航货运包机。三是2010年3月29日,惠农口岸封关运营,国家海关总署增设银川海关驻惠农监管组。惠农口岸经济效益明显,2010年1~10月实现货物吞吐量52万吨、22005标准箱。 (陈 丽)

**【安全生产】** 2010年,全面落实安全生产责任制,健全安全生产制度,加大隐患排查治理力度,构建安全生产长效机制,行业安全形势基本稳定。在全区所有二级以上汽车客运站安装电子监控仪和“三品”检测仪,严格执行汽车客运站“三不进站”和“五不出站”等制度。建成自治区汽车动态监控服务总平台、运管机构三级监控平台和运输企业监控平台,强化营运车辆动态管理。加大对非营运船舶的巡查力度,督促协助沿黄河两岸县乡政府落实安全管理责任,严格落实船员管理、船舶检验等安全措施,突出重点水域、重点船舶和重点时段安全监管,提升水上安全监管水平。道路和水上运输应急保障基本实现全覆盖,形成了较完善的交通运输应急保障体系。以平安工地创建为抓手,以精细化管理为手段,推进公路工程建设施工现场标准化建设,建立安全保证六级体系,落实安全保障经费,推行公路桥梁隧道工程安全风险评估机制,确保公路建设工程施工安全。“十一五”累计投入资金2.14亿元,实施安保工程7601处、1803公里,改造国省干线危桥151座,处置事故多发点42处,确保了公路安全畅通。 (陈 丽)

**【交通科技】** 认真贯彻落实公路建设新理念,努力建设资源节约型和环境友好型公路。国道211线建设项目在穿越白芨滩自然保护区时,采用了“低路堤、缓边坡、宽中央分隔带”的设计方案,实现了公路建设与荒漠区自然环境相协调。孟营项目注重保护腾格里沙漠边缘脆弱的生态环境,合建红卫、营盘水两个收费站和服务区,实现高速公路服务区和收费站互相利用,节省了耕地。石银项目沿西干渠东侧渠堤布设线路,提高了西干渠防洪能力,节约了建设用地和资金,实现交通和防洪双功能。开展了土石混填技术研究等17项科研课题,采用抛丸喷砂工艺处治混凝土桥面铺装,推广应用骨架密实型结构路面基层,科技创新能力持续增强。银川西北环高速公路项目中的“关于宁夏冲积湖软弱路基沉降规律及处治措施研究”课题荣获自治区科技进步三等奖。 (陈 丽)

**【依法行政】** 建成以4部地方性法规和14部政府规章为支撑的交通运输法律框架体系。2010年新颁布实施的《宁夏回族自治区道路运输管理条例》,首次将物流等相关业务以法规形式明确;2010年12月31日出台的《宁夏回族自治区治理货运车辆超限超载办法》,首次将治超综合管理办法以政府规章形式明确。规范交通行政审批行为,清理规范性文件5316件、行政许可事项6次。积极开展交通行政审批权相对集中改革,优化行政审批项目流程,率先试点推行网上电子审批。全面推行交通行政执法责任制,切实加强交通行政执法监督,不断提升交通行政复议工作水平。 (陈 丽)

## 水路运输

【概况】 2010年,全区沿黄河15个县(市、区)的38个有船乡镇共设置各类渡口38道,浮桥3座。拥有各类船舶1400艘(架、座),其中符合法定检验的726艘,总吨位达8370吨、功率27756千瓦。全区已有在册船员1400余人。全区水上旅游景区18个,其中国家级5A景区2个,旅游船舶总客位3735座,占全区船舶总客位的83%。(陈 丽)

【船舶检验】 2010年,成立了自治区船舶检验局,增加编制2人,增配总工1人。船舶检验队伍及船舶检验力量得到加强。严格执行有关规范标准和检验程序,落实"谁检验、谁签证,谁签证、谁负责"的责任措施,在船舶检验中把住三个重点:即现场检验、整改落实、签发证书。确保不发生船舶检验质量事故,在源头上保证了船舶航行安全。

(陈 丽)

【船员管理】 以《中华人民共和国内河船舶船员适任考试和发证规则》修订为契机,以服从宁夏社会经济发展为目的,制定了符合实际的船员管理工作重点。船员培训坚持考培分离制度,保证了培训质量,举办了一期持证船员知识更新培训班,对全区1300名持证船员进行知识更新培训,提高了实际操作技能和遵章守纪的法规意识。举办初领证船员培训班一期,培训学员120人,为解决农村剩余劳动力就业作出了贡献。 (陈 丽)

【水上应急演练】 在石嘴山星海湖、黄河青铜峡段成功开展了2次水上搜救演习,综合检验了宁夏海事应急反应和处置水平,实现了海事、公安、消防、卫生等部门搜救资源的有效整合。督促19家具有水路运输经营资质的企业建立了应急救援预案。充分调动社会救援力量,在全区设立7个社会救助点,做到全区水上应急全覆盖,建立和提高了应急救援能力。改善了全区水上安全监管手段,争取到国家海事局配备的3艘11米海事监督艇,提升了救助能力。 (陈 丽)

【安全生产】 一是与所属5个下属单位签订了安全生产责任书,各下属单位也层层签订了责任书,并督促协助沿黄县区乡政府落实非营运船舶的安全管理责任。"政府统一领导、部门依法监管、企业全面负责、社会监督支持"的水上安全生产工作运行机制运转良好,全区"纵向到底,横向到边,不留死角"的安全管理责任体系已基本建立。二是狠抓了"重点季节、重点水域、重点船舶"的安全监督。在"五一""十一"等旅游旺季安排专项检查,对全区各水上旅游景区和黄河各渡口、浮桥水上交通安全管理进行认真的安全检查,全年检查船舶600艘次,检查船员1200人次。对存在的安全隐患,进行了认真的安全督导,确保不发生重特大事故。三是认真落实渡口改造工作。2010年,将渡口改造工作纳入重要日程,按照早计划、早安排的要求,全面完成了5处乡镇渡口,7艘渡船的更新改造工作。加大水上交通安全宣传力度,深入渡口码头向群众宣传水上交通安全常识。重点宣讲水上交通安全应急常识,演示正确穿戴救生衣、使用灭火器方法,提高了广大人民群众的水上安全意识,收到了良好的社会效果。 (陈 丽)

## 铁路运输

【制度建设】 2010年,银川客运段先后细化和修订了《银川客运段干部绩效考核》《一体化考核办法》《内部分配考核办法》等近70项管理制度,完成了《银川客运段行政管理制度汇编》(第二版)和《银川客运段突发公共事件应急预案汇编》的修订工作,进一步夯实了各项管理基础。大力推行专业化管理理念,不断细化管理职能,规范管理标准,各业务部门对《安全关键点细化控制措施》《干部现场安全管理考核办法》《乘务规章资料管理办法》以及《各次列车作业程序》等基础管理制度的细化完善,促进了各工种岗位责任的落实,安全管理基础进一步强化,有力地提升了各项工作的内在质量和管理水平。

(张学军)

【安全生产】 银川客运段将"确保旅客运输安全为中心,规范现场作业为重点"作为基本工作思路,始终把现场安全管理放在首位,坚持以现场控制为核心,按照"逐级负责、分工负责、专业负责"的原则,进一步将安全生产责任分解细化,确保安全责任闭环管理落到实处。不断对现有的安全管理制度进行全面完善和规范,建立健全安全管理体系,深入推进全段安全管理制度化和规范化,同时始终把安全管理的重心放在规范职工行为上;在日常工作中,明确安全管理责任和安全监管工作重点,认真执行"自控、互控、他控"的安全防控手段,强化关键环节、关键部位、关键点的卡控措施;实施段领导包片、车队干部包区段、一般干部包班组的安全包保责任制和定时、定量、定位、定质、定责的"五定"添乘制度,对于安全隐患性问题做到及时发现、紧盯整改、落实销号;结合"刹风整纪""安全生产月"及"安全大检查、大反思、大教育"等多项安全专项整治活动,深入剖析问题的根源,制订切实可行的整改计划,夯实了现场安全基础,促使全员形成了上下一心、共保安全的良好氛围。截至12月31日,银川客运段实现了行车无责任事故3739天的良好成绩。 (张学军)

【经营管理】 组织相关科室对财务预算统筹安排,并分配到科室、车队、班组。每月召开经济活动分析会和专题会议研究制定加强节能降耗细化措施,倒排支出预算,全面梳理预算已安排的支出,依据财力可能,按轻重缓急进行重新排队。严格控制生产用水、电、油、煤支出,制定详细保障措施,切实落实考核标准,确保能源消耗得到有效控制。严格控制非生产性支出,办公费、差旅费、短途运输和业务招待费支出预算一律在年初基础上进行压缩。截至年底,完成运输收入3108.9万元,比年度预算2340万元多完成768.9万元,提前105天完成全年运输收入任务。

(张学军)

【线路调整】 4月26日,银川客运段

担当的 2587/2588 次列车车次调整为 K1087/1088 次，全段各次列车时刻进行部分调整。6 月 29 日起，1295 次列车变更径路，并更换新型 DC600V 直供电空调车体，仍按现行列车编组运用。由原运行经包兰、宝中、陇海、洛湛、石长、京广线，调整为经包兰、宝中、陇海、洛湛、汉丹、京广线运行，银川至广州 1295/8/5/8/5 次取消荆门、澧县、临澧、常德、益阳停站，增加随州、武昌、咸宁、赤壁、岳阳站，广州—银川 1296/7/6/7/6 次取消益阳、常德、临澧、澧县、当阳、荆门停站，增加岳阳、赤壁、武昌、随州站。（崔 洁）

**【1295/1296 次旅客列车开行一周年】** 10 月 22 日，银川至广州 1295/1296 次旅客列车开行一周年暨车体换型首发仪式在银川车站举行，银川客运段做了专题汇报，展示了银川至广州旅客列车开行一年来取得的各项成果。银川至广州 1295/6 次列车全面更换为南京浦镇车辆有限公司 2010 年新造 25G 型 DC600V 直供电高寒客车。（崔 洁）

**【55201/4/1 55202/3/2 次列车开通】** 12 月 16 日起，兰州铁路局决定每日在太中银线银川—定边—中卫间开行试运列车 1 对（兼做职工通勤），车次 55201/4/1、55202/3/2，由银川客运段安排人员值乘，为太中银线开通做好准备。（崔 洁）

**【表彰奖励】** 2010 年，银川客运段被评为“第二次全国经济普查兰州铁路局先进集体”；段长金学军获“第二次全国铁路运输业经济普查先进个人”荣誉称号。银川客运段北京车队京一组党支部、银川客运段西宁车队党总支获兰州铁路局“先进基层党组织”称号；银川客运段西宁车队党总支书记刘丽彬被评为兰州铁路局“优秀党支部书记”。银川客运段 K177/178 次、K359/360 次列车荣获铁道部 2009 年度“红旗列车”称号。银川客运段广州车队工会荣获中华全国铁路总工会“全国铁路模范职工小家”称号。银川客运段职工张文波、费凡、万晓磊、封伟被评为兰州铁路局“青年岗位能手”。银川客运段节能降耗 QC 小组荣获铁道部优秀 QC 小组称号；上海车队沪八组 QC 小组、西安车队第三包乘组 QC 小组荣获兰州铁路局优秀 QC 小组称号；张学军、郝晨娣荣获全局质量管理小组活动先进个人。申锦正、白艳辉、黄映丽获兰州铁路局“全局技术能手”。尚丽萍、孙贵波、李丽霞、黄伟民荣获“兰州铁路局标杆班组长”荣誉称号，杨志鹏、方惠玲荣获“兰州铁路局学习型职工标兵”荣誉称号。银川客运段职教科荣获全局 2010 年度“名师带高徒”活动“优秀组织奖”，郭建英、郑帆；张黎明、李寅获“好师徒”荣誉称号，授予张斌“名师带高徒”活动先进个人荣誉称号。银川客运段被评为兰州铁路局治安联防联控先进单位。（崔 洁）

# 民用航空

**【概况】** 2010 年，机场公司坚持“航空市场主战场”不动摇，采取区域机场合作、联合推介、包机运营等措施，全力推动主业增长。4 月，机场公司发起举办了由陕、甘、宁、青、蒙、晋 6 省区、15 家机场、4 家航空公司参加的首届区域机场合作峰会，开启了区域机场合作的新局面，开通了银川至榆林、固原等 7 个城市的区域航线，以银川为中心的区域支线航空网络初步形成。创新提出了两地政府、两家机场、航空公司合作的“2 + 2 + 1”营销模式，开通银川—包头、银川—桂林—三亚等多条航线，营销效果凸显。积极探索支线机场发展模式，以包机形式解决了固原机场停航难题。2010 年，银川机场新开南宁、温州等 9 个通航点和银川—石家庄—青岛等 10 条航线，加增北京、上海、乌鲁木齐等 9 条航线的班次，全年完成运输起降 2.6 万架次，旅客吞吐量 294 万人次，货邮吞吐量 2 万吨，较上年同比增长 23.4%、27.5%、34.5%，客、货吞吐量增速居全国省会机场前列。中卫机场完成运输起降 1300 架次，旅客吞吐量 6.8 万人次。固原机场完成旅客吞吐量 5283 人次。“十一五”期间，宁夏航空运输实现了新跨越，银川机场新增通航点 13 个，累计完成旅客吞吐量 934 万人次，货邮吞吐量 6.7 万吨，年均增速分别达 28% 和 23%，分别是“十五”期间的 3.4 倍和 3.2 倍，国内机场旅客吞吐量排名提升 7 位。（郭耀阳）

**【经济效益】** 2010 年，机场公司实现合并营业收入 1.98 亿元，营业外收入 2057 万元，实现赢利 707 万元。机场主业实现收入 1.49 亿元，营业外收入 1933 万元，实现赢利 177 万元，在新开固原机场的情况下较上年账面减亏 1837 万元，创收效果明显。大力创新经营模式，鼓励辅业公司主动参与市场竞争，辅业发展实现根本性转变。3 家辅业公司完成收入 5201 万元，实现利润 715 万元，均超额完成经营指标。航服公司全年实现收入 3696 万元，利润总额达 708 万元，清偿历史欠款 1020 万元，各项考核指标均超额完成。货运业务实现新跨越，货邮吞吐量首次突破 2 万吨，业务收入同比增长 41.9%，空运报关业务量占全区 65%，航空货物派送全区覆盖率达到 80%。贵宾厅冠名及服务、候机楼商业开发、停车场汇总收入超过 2200 万元；民航大厦获评国家四星级旅游饭店，“携程网”对宁夏 14 家高档酒店服务、卫生、环境等进行综合评比，民航大厦名列客户口碑排行榜第一，全年实现营业收入近 1400 万元，实现考核利润约 50 万元，民航大厦酒店标杆品牌不断树立。全力打造非航产业链，成立了机场置业公司，西港固原酒店开工建设，已完成项目立项方案设计、“三通一平”工作。滨河空港服务基地项目已完成一期规划方案设计、审批、地质勘探等工作。“十一五”期间，机场公司形成了完整的、系统的思路。经营管理水平快速提升，机场主业经营效益稳步提高，辅业公司整体实现赢利。（郭耀阳）

**【运营管理】** 2010 年，机场公司全面推进“管理体系”建设，不断修订完善岗位职责，绘制岗位业务流程 241 项，制定完善各类制度 90 余项。启动了绩效管理试点工作，制定试点单位岗位考核指标 153 项。大力推行“六型全优”班组建设，建立班组运行流程 160 项，班组已成为推动管理的主要抓手。加大安全管控力度,SMS安全管理体系全面实施。“8·24”特大飞行事故后,立即开展了安全大检查,夯实了安全运行基础。狠抓安全隐患治理,及时消除各类安全问题60余项。全年投入1000余万元,更换了对讲机系统,购买了特种车辆,启动了鸟情调研,对银川机场飞行区围界进行了整治。强化风险管控和应急处置能力,修订完善各类预案和控制措施146项,有针对性地开展了7次应急演练。组织开展技术大比武活动,涉及实操科目33个。加大净空保护力度,协调自治区政府出台了净空保护规定。中卫机场顺利通过安全审计,符合率达96.3%。认真开展服务整治,全年服务满意率达95%。狠抓培训工作,全年组织培训2210期,共计4.41万人次。加快推进人力、物资、财务信息系统建设,物资采购信息系统在集团内得到推广,全年实施采购3178项,节约成本支出68.6万元。认真落实节能措施,全年节约能耗支出98.42万元,仅节能灯改造一项节约用电7万千瓦时。“十一五”期间,机场公司强势推进各项改革,全面加强安全基础管理,大力实施生产和管理流程改造,不断加快辅业资源整合步伐,顺利完成薪酬制度改革,扩大了竞争上岗范围,累计投入1.5亿元用于改善基础设施。 (郭耀阳)

【机场建设】 固原机场于6月26日建成通航。银川机场老航站楼改造等项目工程于12月20日建成投用。飞行区围界改造及围界监控项目稳步实施,已完成整体工程85%。安保基础设施项目设计概算5128万元,安保楼主体工程建设已完成,该项目建成后将使银川机场安保设施得以极大改善。抢抓国家加大基础设施投资的政策机遇,积极配合政府加快推进银川机场三期扩建前期工作,预可研报告评审、航站区规划及航站楼方案评审已完成。“十一五”期间,各项基本建设投资项目稳步实施,累计投资超过15亿元,完成了银川机场一期扩建,改造了1号航站楼,从根本上提高了机场硬件保障能力。分别投资4.58亿和3.7亿元建成固原、中卫两个支线机场,以银川机场为主、固原和中卫机场为辅的一主两翼格局全面形成。 (郭耀阳)

【优化环境】 2010年,机场公司加大与政府各方的协调力度,争取到固原、中卫机场基本建设资金2亿元。主动服务地方政府发展战略,精心保障中阿经贸论坛等重大活动,被宁夏回族自治区授予“2010宁洽会暨首届中阿论坛保障先进单位”荣誉称号。玉树地震发生后,紧急调派特种车辆和业务骨干支援青海玉树机场,组织干部员工为玉树地震、舟曲泥石流灾区捐款15万元。持续推进环境形象建设,打造场区亮化工程,在绿化美化基础上进一步实施细化,共平整土地10万平方米,铺设飞行区供水管道3300米,安装绿化微喷带2.28万米,架设绿化喷头5700个,安置了景观石,更换、新装了景观亮化路灯207具,机场窗口形象得到进一步美化。“十一五”期间,各级政府政策资金支持力度不断加大,累计获得宁夏航空运输发展专项资金5350万元。银川机场获评“全国文明机场”,在自治区行风政风评议中连续6年名列前茅。银川机场基本建成园林式机场。 (郭耀阳)

【安全生产】 2010年,民航宁夏空管分局共保障各类飞行39555架次,较上年同期增长13.3%。其中本场起降26333架次,较上年同期增长23%;分别创造了日高峰99架次,小时高峰16架次的历史新纪录;通信设备正常率100%,导航设备正常率100%,气象设备正常率100%,重要天气预报准确率86.6%,发布航行通告160份,全年无航行通告发布严重差错,提供PIB10876份,各项指标均达到或超过了西北空管局确定的安全责任目标要求,确保了航空和地面安全,较好地完成了安全生产任务。 (刘江 张渊)

【安全管理】 分阶段推进安全管理体系建设工作,制定了实施方案,进行了宣传贯彻,完成了《安全管理体系手册》的编写工作。规范了运行质量监督检查,制定下发了《运行质量监督检查机制管理办法》。开展了代号为“集结行动”的应急演练,有效检验了紧急情况发生后动员集结的能力。组织业务骨干扎实开展了学术科研活动,并以西北地区沙尘天气的预报方法为研究内容开展科研项目立项;搭建了自动转报平台、航班动态处理系统、集中监控平台,自主研发了预报质量评估系统,有力地推动了科研技术能力的提高。积极筹备银川地区空域规划和进近管制室增设准备工作。主动出击寻求战略伙伴,先后与中国电信宁夏公司、宁夏气象局签署了“战略合作协议”,充分利用电信、气象部门在技术方面的优势,用高尖端科技持续提高分局的空管保障能力。2010年,共外送参加岗位适应性培训272人次,自办培训班9期,投入培训经费136.7万元,培训785人次。此外,为适应雷达等新设备的技术需求,分批次组织了相关技术骨干赴意大利、西班牙等国家培训学习。 (刘江 张渊)

【安全基础建设】 额济纳旗雷达站和信标台土建工程顺利完工,成为全国民航航路建设工程中第一个开竣工的土建项目;吴忠雷达站建设克服了台址变更的困难,积极争取当地政府支持,保证了吴忠雷达站工程的建设进度,设备机房和职工宿舍已全部封顶。完成了综合楼工程项目与专项整治项目、气象自动观测系统与安防系统工程的安装调试,机关办公用房、业务用房和值班公寓的装修改造。 (刘江 张渊)

## 信息化建设

【概况】 2010年全区信息化指数达到63.2%,电子信息制造业实现增加值增长50%,软件业收入增长超过20%,全区信息化建设加速推进。一是推动区域信息化建设。推进金凤区信息化统筹城乡一体化试点工作,建立了自治区、银川市、金凤区、乡镇及行政村的五级综合信息服务网络;指导和协调平罗、惠农等县区结合自身实际建设区域性综合信息服务平台。继续巩固提升农村信息化建设,加大涉农信息资源的整合力度,宁夏农村信息化工作继续走在全国前列，多次得到国家领导人的充分肯定。二是不断拓展信息技术应用新领域。大力发展电子商务，依托宁夏电信综合电子商务网，开展供求信息发布、企业产品展示、网上采购与招投标、安全交易支付等业务。加快物联网的研发应用，指导、支持相关企业物联网研发中心的建设。三是推进重点信息化项目建设。积极协调全区全员人口宏观管理信息系统、社会保障一卡通工程、政法综合信息网及地理信息平台等重点项目建设，全面提升宁夏信息基础设施水平。四是促进信息产业发展和“两化(即信息化、工业化)融合”。起草下发了《关于加快推进宁夏信息化与工业化融合的实施意见》，召开了全区“两化融合”现场会，重点实施吴忠仪表、小巨人、共享集团等企业的信息化示范工程，全面推进全区“两化融合”工作。加快软件园新址建设，促进全区软件产业资源整合、规模化发展。

(马隆隆)

**【电子信息制造业】** 1～12月，全区电子信息制造业企业销售收入、利润指标均实现翻番。2010年，半导体光伏材料多晶硅、单晶硅价格数次上调；电子元件价格一路走高；电子仪表企业接获国网大额定单后，调整产品结构，大功率电表产销比例增大，产品附加值大幅提高；加之各企业生产热情高涨，各项产品产销量均创历史最高水平，产销率均在90%以上。唯一一家亏损的宁夏阳光硅业12月当月减亏554万元，首次实现月赢利。全区电子信息产品制造业实现销售收入17.9亿元，同比增长107%；实现利润1.93亿元，同比增长124%；完成工业增加值8.78亿元，同比增长46%；实现工业总产值21.44亿元，同比增长40.8%。其中，1～12月半导体材料行业共生产多晶硅828吨，销售821吨；单晶硅生产2067吨，销售1900吨，比上年同期分别增长64%和66.2%。电子元件行业共生产电容器4.12亿只，销售3.8亿只，较上年同期分别增长21.2%和4.1%。电子仪表行业共生产电表74.8万只，销售75.2万只，较上年同期分别增长16%和20.3%。

(马隆隆)

**【软件服务业】** 1～12月，全区软件产业累计完成软件业务收入44354.6万元，同比增长21.2%，本年连续实现快速增长。其中，软件产品收入13898.9万元，占软件业务总收入的31.3%，同比增长17.6%，增速比上年提高5.8个百分点。系统集成和支持服务收入18609.7万元，同比增长19.7%，增速比上年同期低3.9个百分点。信息技术咨询和管理服务收入8083.8万元，同比增长20.2%，增速比上年同期高13.9个百分点。嵌入式系统软件收入3612.2万元，同比增长54.4%，增速比上年同期高41.1个百分点。(马隆隆)

## 邮　政

**【概况】** 2010年，全区邮政实现收入4.32亿元，全年实现邮务类业务收入1.03亿元，金融业务和速递物流业务实现平稳较快发展。继续深入贯彻“开仓养鱼，放石饮鸟”的经营理念，推进营销机制创新，营销体系建设取得显著成效。加强大客户开发维系工作，深入推进服务中小企业109工程，新开发中小企业客户188家，邮政服务中小企业的社会影响力进一步提升。5月28日，宁夏邮政公司通过自治区文明委的复查验收和拟评公示，获得由自治区文明委颁发的“文明行业”牌匾。宁夏邮政公司已连续12年三次保持“自治区文明行业”荣誉称号。2010年，开展了“强化大服务支撑大邮政理念，打造邮政特色精品服务品牌”活动。深化“大服务支撑大邮政”理念的提出，是宁夏邮政企业文化理念的升华，是深入实施西部大开发战略的具体行动。银川市公共服务行业消费者满意度调查显示，宁夏邮政消费者满意度位列供电、供气、民航、银行等几大服务行业之首。

(胡爱蘋)

**【服务民生】** 做好服务“三农”工作，改造提升“三新农家店”260处、仓储配送中心7处；开展送科技下乡工作；代收代付“新农保”资金3400万元。推进宁夏邮翔国际快递物流中心建设，首航开通银川—深圳—迪拜国际货运航线，为自治区发展国际物流业务打下了基础。拓展银川市“城市一卡通”服务领域，使邮虹通卡具备了购水、购电、购气，缴纳移动、联通、电信话费等功能，满足了市民持卡支付公路管理费、加油费、餐饮休闲娱乐购物等消费需要，发行邮虹通卡7万余张。组织开展“强化大服务支撑大邮政理念，打造邮政特色精品服务品牌”活动，窗口服务水平不断提升。在自治区消协和《宁夏日报》社开展的公共服务行业消费者满意度调查活动中，宁夏邮政服务满意度位居全区服务行业之首，并被自治区确定为政风行风评议窗口行业免评单位。

(胡爱蘋　杜　旭)

**【强化管理】** 强化邮件时限管理，推进流程优化，使网络支撑能力不断提升。信息网功能进一步完善。内控管理不断强化。机要通信连续三年荣获全国机要通信质量管理二等奖，实现机要通信22年无事故，位居全行业前三名。

(胡爱蘋　杜　旭)

**【宁夏邮政速递物流有限公司】** 为进一步贯彻落实国务院、财政部关于邮政速递物流改革发展的工作要求，根据中国邮政集团公司关于重组改制设立中国邮政速递物流股份有限公司的决定，完成了速递物流专业的分业经营、分账核算工作。8月27日，宁夏邮政速递物流有限公司正式挂牌成立，标志着邮政速递物流改革迈出了坚实的一步。

(胡爱蘋　杜　旭)

**【邮储银行宁夏分行小额贷款累计发放突破10亿元】** 2010年，邮储银行宁夏分行累计发放小额贷款突破10亿元，对支持地方经济建设作出了积极的贡献，获得自治区政府颁发的“2010年支持中小企业发展突出贡献奖”。

(胡爱蘋　杜　旭)

**【银川—深圳—迪拜货运航线开通】** 作为宁夏国际空港物流中心的第一家入驻企业，宁夏邮政积极开展宁夏邮翔国际物流快递中心建设，完成了保税仓、出口监管仓、国际速递集散处理中心等重要工程建设。5月24日，中国邮航银川—深圳—迪拜货运航线首航开通，使宁夏地方优势特色产品搭乘宁夏首条国际货运航线直接进入中东，为宁夏打开了通往中东地区的空中通道。（胡爱蘋　杜　旭）

**【流动服务车参展第十届国际交通技术与设备展览会】** 5月26日，中国邮政信息技术创新发展重要成果——宁夏邮政电子化流动服务车，在第十届国际交通技术与设备展览会上亮相，备受世界多国参展商的关注。（胡爱蘋　杜　旭）

**【与外界战略合作】** 2010年，宁夏邮政公司与宁夏旅游局、中盐宁夏商业有限公司、中粮集团宁夏分公司、中国移动宁夏分公司、银川金河乳业公司签订战略合作协议。根据协议，宁夏邮政优先为上述单位提供邮政分销、速递物流、金融、集邮和电子商务等业务，提供邮资封片卡印制、礼仪及庆典等一揽子邮政服务。（胡爱蘋　杜　旭）

**【援助青海玉树地震灾区】** 4月14日，青海省玉树藏族自治州玉树县发生7.1级大地震。地震发生后，宁夏邮政公司党组连夜召开会议，研究部署抗震救灾工作，成立了由21人组成的宁夏邮政抗震救灾突击队，派出2辆全封闭箱式药品配送车和3辆流动服务车，并根据集团公司要求，紧急组织了价值30余万元的41种急救药品与物资，千里驰援玉树地震灾区。宁夏邮政广大员工积极为受灾地区捐款5万元，宁夏邮政公司党组书记、总经理马赞福个人捐款1万元。（胡爱蘋　杜　旭）

**【精神文明建设】** 举办"为邮政做大规模增效益做贡献"和"赴玉树抗震救灾突击队先进事迹"巡回演讲活动，进一步激发了广大员工爱岗敬业、无私奉献的热情。推进农村支局所"和谐小家"建设，做好献爱心、送温暖、扶贫帮困和离退休工作。除了援助青海玉树地震灾区，还组织员工为甘肃舟曲特大泥石流灾害受灾群众捐款11万多元。宁夏邮政公司分别荣获全国"精神文明建设工作先进单位""全区党建工作先进单位""2010年第三届宁夏十大公益企业""西部大开发十周年突出贡献企业"等称号。固原市邮政局荣获"全国邮政用户满意企业"称号。吴忠市邮政局工会被评为"全国模范职工之家"。吴忠市红寺堡区局被评为自治区"工人先锋号"。宁夏邮政公司总经理马赞福荣获"西部大开发十周年杰出贡献企业家"称号；银川邮区中心局张斌被评为"中国好人榜'敬业奉献好人'"；同心县邮政局马全虎、银川西城分局鲁琳娜荣获"自治区劳动模范"荣誉称号。在自治区"创双优"活动中，银川市邮政局投递班班长樊义获"十佳班组长"荣誉称号。（胡爱蘋　杜　旭）

## 电　信

**【拓展服务领域】** 2010年，宁夏电信把应用项目作为突破政企客户全业务市场的重中之重，积极挖掘商机，抓好项目跟进与实施。重点实施交付了16个重点项目。积极配合政府实施"平安吴忠""平安永宁"等19个大型综合建设项目。积极推广政务监管类、交通物流、翼机通、数字医院等行业信息化应用。农村和社区信息化建设深入推进。以金凤区丰登镇和良田镇作为"农村信息化"试点单位，完成了金凤区两镇及下属的18个网站建设工作，实现了农产品供求信息的及时发布。积极推进社区信息化应用。社区便民缴费、社区居家养老、社区司法矫正、数字医院等信息化应用，开始实施和推广。（孙启明）

**【推进服务转型】** 稳步推进全业务客户服务标准达标，全面落实集团"五个一"服务举措。组建了VIP客户服务团队，启动了"天翼腾飞"满意服务劳动竞赛。不断强化投诉管控，对重复投诉、群体性投诉、费用争议和信息安全、强制捆绑消费等投诉进行了重点分析、重点解决和重点回访。全业务投诉较上年同比下降6.6%，投诉处理及时率97.2%，投诉处理用户满意率96.4%。积极开展了以"规范服务，放心消费"为主题的民主评议行风活动。主动服从政府行业监管，加强与其他运营商的合作，确保了网间通信服务质量。积极配合政府部门开展了手机色情网站专项整治行动，净化网络环境，行风建设取得成效，公司在宁夏公共服务行业消费者满意度调查中列通信行业第一。全年未发生工信部立案投诉和媒体曝光等重大服务问题。（孙启明）

**【网络规模与能力】** 继续坚持有效益的发展模式，投资结构进一步优化。实施了IP城域网的改造优化建设工作，全面满足了城市4M以上宽带业务的发展，大大提升了用户宽带接入能力，有效促进了信息化发展步伐。完成了烟草e通、司法e通、工商e通、校企翼机通平台建设，为促进公司宽带及移动业务的发展起到了积极的推动作用。加快移动网络建设步伐，3G信号覆盖了全区所有乡镇。网络"四防"工作不断强化，节能减排深入推进，有效降低了维护成本。扎实做好互联互通工作，保证了C网网间通信畅通。圆满完成玉树抗震救灾、中阿论坛等重大活动的应急通信保障工作。（孙启明）

**【创先争优活动】** 围绕"创先推动转型上水平，争优实现发展新突破"的主题，扎实开展了一系列工作。建立了领导联系点制度，领导干部深入基层，加强指导，服务群众。积极推进小食堂、小浴室、小卫生间、小活动室等"四小"建设，改善一线员工生产生活条件。各单位积极开展"学习邮差弗雷德"活动，强化用心服务理念。基层党组织和广大党员共提出合理化建议313条，开展技术革新项目49个，为群众和社会做好事119件，岗位建功活动86次，建立了技术攻关、网络优化、市场营销等"功能党小组"139个，增强了创先争优活动的感染力和吸引力，发挥了基层党组织的战斗堡垒和党员的先锋模范作用，有效促进了各项任务目标的完成。（孙启明）

**【企业文化建设】** 通过培训宣传、案例教育、主题活动等多种方式，进一步深化企业文化建设。评选出10名公司第五届"感动客户"年度人物，弘扬了"用户至上、用心服务"的服务理念。对集团公司"十大感动人物"和公司"感动客户人物”的先进事迹进行了深入宣传，有效发挥了示范导向作用。选派青年员工代表宁夏参加“振兴杯”全国青年职业技能大赛；组织开展了第二届“放飞青春·天翼领航”团员风尚活动，极大地丰富和活跃了员工的文化生活。文明创建取得新成果，公司被评为“宁夏第三届十大公益企业”“2010年度自治区工业‘保增长’先进企业”“2010年度重质守信——3·15放心单位”“全区防震减灾工作先进集体”“宁夏慈善突出贡献企业奖”“全区厂务公开民主管理工作先进单位”“宁夏2009~2010学年度支教工作先进集体”等荣誉。银川分公司虹桥营业厅被国资委授予“中央企业红旗班组”，吴忠分公司工会被中华全国总工会授予“全国模范职工之家”。（孙启明）

## 移动通信

【提升服务水平】 2010年，中国移动宁夏公司牢固树立“客户为根，服务为本”的经营理念，有力夯实服务基础。建立周服务例会制度，实施督办事项闭环监督机制及督办专题轮播制度，建立了纵向联动、横向协同的服务机制。通过周服务例会，对客户投诉焦点问题、典型案例进行专题分析、集体会诊，有效解决了一些客户高度关注和困扰服务的焦点和难点问题。积极落实“便捷服务、满意100”各项举措，提升客户服务满意度。优化业务管理机制，简化业务办理流程；启动月费日收改造项目，缓解了月初月末营业厅客户等候排队现象；强化现场管理，深化厅店硬件改造，实现客户意见闭环管理；建立忙闲厅轮岗排班制度，灵活调整营业时间，实施业务预处理机制；加强系统支撑，简化客户账单；全面推进首席客户经理制；开展增值业务产品质量提升大会战、业务技能竞赛和标杆营业厅建设；以客户满意度调查和营业厅服务检查为抓手，全过程监控各商业过程的服务质量。2010年，中国移动宁夏公司客户满意度上升幅度排名集团第一。（韩晓毓）

【提升运营能力】 深入开展TD工程全区大会战，仅用59天就完成了TD2010年扩容工程，工程进度排名集团第一。持续丰富网络优化手段与覆盖方式，启动银川GSM1800M网络建设，降低无线利用率及半速率比例，有效解决高话务吸收问题，通信质量得到了较大改善。推进网络优化规范化管理和网络资源管理，建设网络与信息安全体系，强化网络安全隐患排查，完善应急保障体系，夯实网络安全基础，圆满完成了宁夏六盘山登山节、宁夏“黄河金岸”国际马拉松赛、回商大会及中阿经贸论坛等应急通信保障工作。完成NGBOSS一阶段BOSS&CRM2.0工程建设上线，业务支撑服务能力进一步提升。（韩晓毓）

【提升管理水平】 2010年，根据运营发展需要，优化公司组织架构，推动企业由职能化管理向流程化管理转型。存续企业改革工作在满足“三有利、一确保”的前提下，结合企业自身实际，顺利完成注入主业的全部工作。加强培训规划，积极开展TD及全业务全员轮训，加强内训师队伍建设，搭建员工能力素质模型；完善绩效管理办法和人力资源信息化系统建设，夯实人力资源管理基础。继续推进财务与业务融合，逐步实现了财务核算的标准化、统一化、规范化，为后财务集中时代奠定基础。管理创新成果和质量管理小组活动蓬勃开展，各类获奖数量占到了宁夏通信行业的64.7%。有效推进“五五”普法，依法治企能力水平得到提升。加强与政府和企事业单位的合作，先后与中卫市、固原市政府以及宁夏中广传播有限公司、中国邮政宁夏公司等签署战略合作协议，加强移动信息化技术在各行业的应用和推广。狠抓安全生产基础管理和安全生产宣传教育工作，深入开展安全生产月活动，提高安全技能防范，确保了全年无重大安全事故的发生。（韩晓毓）

【企业文化】 中国移动宁夏公司坚持标本兼治、综合治理、惩防并举、注重预防的方针，扎实推进反腐倡廉建设和惩防体系建设。进一步加强和改进党的建设，大力开展创先争优活动，充分发挥党组织的战斗堡垒作用和党员的先锋模范作用。健全基层党组织，完成了区公司、分公司两级党委和纪委的换届选举工作，成立县分公司（区营业部）党支部35个，保证了各级基层党组织工作的正常开展。深入推进企业文化建设，制定了《班组建设实施指导意见》，成功举办了中国移动西部片区班组建设经验交流会；积极开展企业文化示范点创建、“中国移动企业文化知识短信传播”等活动；推进EAP项目，关爱员工身心健康；职工餐厅顺利投入使用，为员工搭建温馨就餐环境。创先争优效果明显，公司荣获“2009年度企业文化建设先进单位”，石嘴山分公司荣获自治区“五一劳动奖状”，银川宁东营业部大客户服务部荣获国资委“中央企业红旗班组”荣誉称号，银川分公司、石嘴山分公司被集团公司认定为“星级企业文化示范单位”；网管中心荣获全国“巾帼文明岗”称号，银川分公司荣获集团公司先进党支部，吴忠分公司康莉荣获“全国劳动模范”光荣称号，陈少华荣获“全国三八红旗手”光荣称号，吴忠分公司何玲获得“自治区劳动模范”，徐喆荣获自治区“五一劳动奖章”，余游荣获自治区厂务公开民主管理先进个人，税晋荣获集团公司“抗震救灾先进个人”，罗丽远、郭建斌荣获集团公司优秀党务工作者和优秀共产党员称号。（韩晓毓）

【企业社会责任】 2010年，中国移动宁夏公司共建共享工作进展良好，应急通信保障体系进一步完善。公司经受住了“3·8”冰凌、“3·19”风灾、“6·22”地震等自然灾害的考验。与兄弟省公司快速响应、深度服务、协同作战，圆满完成了“4·14”玉树抗震救灾和“8·7”舟曲特大泥石流抢险救灾以及区内重大活动的通信保障和服务工作，彰显了企业责任，展现了良好的企业形象。从关系国计民生和公众监督的高度加大垃圾短信治理，认真开展打击手机网络淫秽色情专项行动，构建和谐健康放心的消费环境。以拥抱两型生活，共创美好未来为导向，深入践行资源节约型、环境友好型社会的建设理念，积极开展“绿色行动计划”，单位业务量耗电下降39.7%、单位电信业务总量综合耗电下降34.5%。继续开展扶贫帮困工作，分别为盐池县花马池镇冒寨子村和彭阳县贫困小学捐赠大米、食用油、化肥、计算机以及现金。公司坚持开展定点扶贫、捐资助学、环境保护等公益活动，得到了自治区党委、政府以及社会各界的高度赞誉和好评，公司荣获“宁夏慈善突出贡献企业奖”、第三届“宁夏十大公益企业”。（韩晓毓）

## 联通通信

**【概况】** 2010年，中国联合网络通信有限公司宁夏回族自治区分公司（以下简称“宁夏联通”）以3G、2G和宽带等业务为重点，全年营业收入同比增长6.6%，完成全年预算的92.1%。3G业务增长迅速，形成一定用户规模，呈现较好发展势头，3G销售渠道逐步走向均衡发展格局。固网业务稳定发展，宽带业务市场拓展取得一定成效。开展了捆绑型融合业务的推广工作，实现统一账单、共享时长、互打优惠等服务。创新型业务全面发展，2G增值业务有所增长，3G增值市场得到进一步培育。集客业务取得显著成绩，2010年完成的主要项目有公安系统移动警务项目、保险系统远程定损、疾控中心远程视频会商系统、药监移动执法等。信息导航业务立足市场，开发新产品，挖掘新的收入增长点，取得新的进展。（高科丽）

**【提升通信能力】** 宁夏联通加快3G精品网络建设，完善2G网络广度覆盖，初步建成高性能宽带和基础传输网络。移动网络通信能力加强，GSM网人口覆盖率、乡镇覆盖率、旅游景点覆盖率、铁路覆盖率、高速公路覆盖率、国道覆盖率均达到90%以上。WCDMA网络覆盖全区所有市县及大部分重点乡镇，人口覆盖率、旅游景点覆盖率、铁路覆盖率、高速公路覆盖率较上年有大幅度提升。固定网络通信能力也分别加强，新增软交换语音端口，新增宽带接入网PON，4M以上端口提供能力达90%以上。根据市场需要，新增传输、光缆、杆路、管道等通信能力。（高科丽）

**【改善通信质量】** 宁夏联通初步完成网络融合，运维资源重组、新运维体系的组建，初步实现运维对前台统一支撑的工作目标。夯实运维基础管理，完成运维AA达标验收工作。全区“集中监控、集中维护、集中管理”的目标基本实现。局数据基本实现集中制作。加速推进网络融合与优化调整，全面梳理和修订各类电子运维流程，实现对各生产环节的有效管控。深入开展网络融合和业务迁移工作，优化了网络结构，整合了网络资源。加强后台支撑工作，建立客户响应相关管理制度，确保了业务开通、测试、故障、重保、割接等关键流程运转通畅。网络优化工作也取得进展，通过日常优化和专项优化工作相结合，各项指标明显改善，用户感知较往年有大幅提升。加强代维公司的管理，提高了维护质量，降低了代维费用。深入实施节能减排工作。（高科丽）

**【提升服务水平】** 宁夏联通积极推动服务窗口功能转型，实施3G服务穿越体验活动，集中整治存在问题。完善业务流程，明确服务考核和服务评价内容，确保各项服务工作落实到位。加强服务质量检查，通过采取现场检查、电话回访、第三方暗访等方式，了解窗口服务质量及用户需求。落实服务质量持续改善计划，将VIP客户服务到达率、宽带服务能力、营业厅服务能力作为重点服务短板进行专项整改，取得一定效果。发挥服务质量分析会作用，加强督办力度。组建VIP客户经理队伍，围绕客户经理服务到达率、3G客户满意度、3GVIP拍照客户保有率、客户资料完整度等指标开展考核和维系评价工作。发挥客户俱乐部的纽带作用，成立了包括本地iPhone俱乐部等8大特色俱乐部，纳入全区多家商家开展合作，为用户提供全方位的专属服务。提升投诉处理能力，实现对投诉处理的闭环管理，工单处理及时率与客户满意度得到提高。加强客服呼叫中心管理，实现客户分级服务，服务水平基本达到总部KPI指标要求。（高科丽）

**【加强职能管理】** 宁夏联通按照集团公司要求在年初顺利完成机构改革，各部门的工作定位进一步明确，工作职责基本理顺，各项规章制度得到建立健全。市场管理工作进一步完善，资费套餐优化评估完成，专项收入稽核得到加强。全面推行实施了用户实名制工作。计划管理工作以市场需求为导向，最大限度发挥资金效益和效率的能力得到提升。财务工作加强预算全过程控制，深入开展“降本增效”活动，全力推行本地网全成本评价工作，全面开展资源资产盘活和“小金库”专项治理等工作。信息化管理水平进一步提升，按时完成3G、OCS、WLAN、现场写卡和用户分级，以及渠道佣金规则调整和营销活动需求的支撑等工作。物资采购工作进一步规范，招投标工作机制得到完善，物资出入库管理得到加强。法律事务建立起较为完善的法律风险防范体系，持续改进内控规范，强化内控的督导与落实工作。共建共享深入推进，审计工作完成各类审计项目。公司培训体系建设进一步完善，职位薪酬优化工作稳步推进，干部选聘制度得到深入推广，集团客户机构得到补充完善，优化岗位调整，推进人员合理流动。效能监察配合专题深入开展工作。安全生产没有发生重大安全事故。圆满完成中阿经贸论坛业务展示和通信保障等工作。

（高科丽）

## 通信管理

**【概况】** 2010年，全区电信业务收入完成41.7亿元，较上年增长14.5%，非话音收入占比38%。电信业务总量完成152亿元，较上年增长31.1%。全区电话用户总数达到562.68万户，新增57.8万户，其中固定电话用户数为111.88万户，下降2.5万户，移动电话用户总数达到450.8万户，新增60.3万户；电话普及率达到90部/百人，较上年每百人提高8.07部，互联网用户数达到48.8万户,其中宽带用户47.01万户,新增9.72万户。全区增值电信业务经营单位达到66家,新增14家,互联网信息服务单位达到6409家,新增1327家,移动短信息服务企业达到26家,新增2家。全行业完成固定资产投资20.43亿元,固定资产总额达到126.7亿元,光缆线路总长度达到4.15万公里,新增4535公里,移动基站总数达到6595个,全年新建移动基站1841个,3G基站总数达到3078个,发展3G用户17.8万户。（师力驰）

**【市场准入】** 全区增值电信业务经营单位达到66家,新增14家。互联网信息服务单位总数达到6409家,其中,经营性互联网信息服务提供商达到50家,新增13家,非经营性互联网信息服务单位达6359家,新增1314家。移动短信息服务商达到26家,新增2家,互联网接入运营商4家,电话信息服务商1家。有1048家跨地区移动短信息经营单位在宁夏备案。建设市场准入管理得以强化,重新审核备案通信建设企业资质78家,其中施工企业资质52家,监理资质2家,设计企业资质13家。（师力驰）

**【资费监管】** 加强资费审批工作流程管理,提高资费备案管理工作效率,建立了电信资费适时监测平台,实现了对基础电信企业业务受理系统的实时查询和对电信资费的直接监管。加强终端设备的市场管理,整顿了通过终端补贴变相降低资费的行为,规范了终端定制增值电信业务的管理,加大了对山寨机的拨测力度,对SP内置业务进行下线操作,避免了强制定制增值业务和强制扣费行为。加强电信资费政策的宣贯,鼓励企业根据市场情况和消费者需求,制定适当的资费方案,固定电话资费上限管理、区间通话费下调、移动电话"一费制"、取消短消息业务网内网间差别定价等资费政策得到严格执行,电信综合资费水平下降了11%。

（师力驰）

**【市场监管】** 不断加大市场管控力度,综合运用法律、行政、技术等手段,强化对市场行为的监管,对"超范围经营""虚假宣传""变相改变资费标准""不履行资费备案审批程序""诋毁竞争对手"等违规行为进行了严肃处理;重点巡查校园市场等敏感、重点区域电信业务发展情况,正确引导"智能一卡通"等3G业务在校园中的应用,有效防止了校园市场的不正当竞争行为。进一步规范用户驻地网建设和经营活动,研究制定了《宁夏回族自治区用户驻地网管理暂行规定》,强化了新建办公楼、新开发小区配套设施建设标准的执行,减少了企业间的恶性竞争,形成了政府监管、企业自律和行业协会协调的驻地网建设管理的有效机制。深入开展通信建设领域突出问题排查工作,督察了通信管道建设、设备安装、系统集成等专业领域的建设标准执行,引导企业排查了1094个通信工程建设项目,总投资33.6亿元,发现并整改在招投标、建设程序管理、质量监督、施工安全等方面存在的13类问题,进一步明确了工程建设招标的有关规定和要求,纠正了企业议标和定向商务谈判等行为,加强了对企业自行招标资格的备案管理。处理电信企业通信线缆建设纠纷4起,增强了电信运营企业员工的法律意识,维护了通信建设市场秩序。举办评标专家和监理工程师资格培训,提升全行业建设、管理水平。组织区内优秀通信工程及设计评选,强化了通信建设样板工程的示范作用。（师力驰）

**【网络安全管理】** 加强对互联网网络安全事件的管理。加强了对全区互联网上发生的网络安全事件技术分析,重点对区内各重要政府网站进行"防黑"监测和流量监测,做好应急处置服务。全年处理网页被黑事件66起,互联网骨干流量异常事件8起。组织开展对宁夏政府网站ICP备案信息和网络安全防护情况调查,为开展网络安全工作提供了可靠的第一手资料。认真核实宁夏各电信运营商IP地址使用情况,为准确报备IP地址提供了可靠依据。开发了网络安全数据分析系统,搭建了网络安全攻防演练实验系统,逐步构建起宁夏互联网基础数据体系。加强电信网网络安全管理。完成了网络单元安全防范渗透检测,开展了网络定级系统更新备案。组织电信运营企业深入开展安全架构保护、通信机房防火、通信枢纽楼和重要局所供电系统安全隐患排查工作,按照《电信网运行监督管理办法》认真整改网络拓扑安全架构、重要枢纽楼及局所单路市电供电、发电机单配等问题。明确了双关口、双节点、双路由的网间安全架构建设目标,为进一步强化网络运行安全支撑创造了条件,全行业全年未发生重大安全责任事故。（师力驰）

**【网络环境】** 深入开展手机和互联网淫秽色情专项治理行动,不断强化对有害信息的治理,组织全区基础电信运营企业重点排查了增值电信业务合作中在业务推广渠道、未备案手机网站接入、手机上网违规代收费、服务器层层转租、涉黄网站转换域名逃避打击等方面存在的问题。各电信运营企业清理并与所有接入网站及业务合作伙伴重新签署了信息安全管理协议,明确了ICP和增值电信业务企业在信息安全管理中的责任。经过整顿,查处了15家违规从事服务器转租业务的企业,规范了256家备案网站的接入渠道,关闭了58家未备案网站,清理移动梦网短信业务2579个,对403个移动梦网短信业务实施点播确认。加强网站备案管理,强化对4家互联网接入商企业侧网站备案系统建设工作的督导,顺利完成了网站备案系统的升级改造及接入商存量信息核验工作。稳步推进电话实名制工作,加强新闻舆论正面引导,实名制工作顺利开展。会同公安等有关部门开展了治理网络赌博专项行动、整治网站登载地理信息专项行动,发送公益短信近3000万条。专项治理工作取得了阶段性成果,有效阻止了涉黄有害信息的蔓延,（师力驰）

**【互联互通管理】** 认真做好网间互联互通日常数据监测和分析,及时发现网间通信监测数据的波动和异常,追根溯源,将互联互通障碍排除在萌芽状态;根据网间话务饱和情况,认真组织企业开展网间链路调整和本地网关口局扩容等工作,保证了网间通信的畅通;开展了不规范码号传送忙时监测和追踪治理工作，妥善处理了不规范拦截网间群发短信影响网间通信质量的行为，建立了短信息互联互通申诉处理机制；认真落实互联互通各项制度，协调处理了3起网间通信障碍，有效强化了网间互联互通管理。通信网络保持了畅通运行，多项指标超过部颁标准，本地网络接通率达到98.7%，长途网络接通率达到97.9%。（师力驰）

**【应急通信保障】** 研究编制全行业通信网络发生8级以上地震抗震能力评估报告，分析了宁夏通信网络现状、强震受损程度、网络恢复能力，向自治区党委、政府提出了加强网络设施建设的建议。积极争取自治区应急办的支持，协调解决了抗震基站建设征地难、规划难等问题。加强通信应急组织机构建设，应急通信组织机构延伸至电信运营企业县级分支机构，确定了预案编制程序和备案管理制度，提升了应急响应能力。组织开展了中阿经贸论坛等自治区重要活动的通信保障，认真勘验保障现场通信环境，部署了保障措施，圆满完成了保障任务，荣获自治区人民政府表彰的“保障服务工作先进单位”称号。（师力驰）

**【共建共享工作】** 研究制定了《宁夏电信基础设施共建共享实施管理办法》和《宁夏电信基础设施共建共享协议范本》，完善共建共享联系机制，建设了共建共享网上文件流转审核系统，保证了3家企业报送数据的准确性、一致性和时效性。将共建共享工作调整到运营企业地市分公司，坚持共建共享周例会制度，加大考核力度，督促企业在制定投资计划时预留共建共享建设资金及租用费用，建立了共建共享绿色审批通道。组织企业及规划设计单位核实了未来十年移动基站规划和通信管线规划，确定了联合建设的具体站点，避免了同地点新建铁塔、同路由新建杆路现象，保证了新增铁塔、杆路实施共建，其他电信基础设施共建共享比例逐年提高，全面完成了工业和信息化部共建共享率考核指标，全年共建铁塔126座、基站126座、杆路324公里、传输线路688公里；共享铁塔214座、基站224座、杆路1461公里、传输线路1471公里；节约建设投资9000万元。（师力驰）

**【3G建设与“三网融合”】** 深入调研光纤宽带网络建设、3G网络建设及“三网融合”在宁夏的发展情况，研究制定了光纤宽带网络、3G网络建设实施方案，规划了五年投资规模及建设进度，确定了投资额、网络覆盖范围、端口数量等具体指标，明确了光纤宽带网络和3G网络建设实施的责任分工和进度规划，为推进网络更好、更快发展奠定了坚实的基础。对宁夏实施“三网融合”进行了研究，提出了加快推进宁夏“三网融合”的意见，明确了“三网融合”发展的工作思路、目标、重点任务及相关政策措施，设计了以IPTV业务为切入点探索电信企业与广电内容提供商全面合作的运营模式，为下一步开展“三网融合”创造了条件。（师力驰）

**【行风建设】** 全行业自觉坚持“诚信经营、和谐服务”的行为规范，电信网络质量显著提升，3G网络建设快速延伸，计费用户满意度明显改善，增值业务的投诉率大幅下降，垃圾短信和网络有害信息治理持续有效。与工商部门建立消费者投诉处理联系机制，定期召开联席工作例会，工商部门对电信行业认知感加大，企业处理申诉案件流程缩短，12300申诉受理中心处置案件界面更加清晰，各类通信服务申诉、举报下降40%。督促企业坚决执行电信服务规范，重点落实3G业务的服务规范，认真履行对社会公开承诺内容。积极实施回拨业务清理工作，着重开展规范移动电话增值业务收费行为专项活动，认真梳理移动信息服务业务，杜绝了异常订购行为，保证了移动信息服务业务健康发展。全面推进电信用户满意度调查工作，完成了定量定性的指标分析评价。妥善处理消费者申诉举报，建立了申诉、举报、投诉、咨询信息月报制度，切实维护消费者权益。宁夏电信用户申诉受理中心全年受理电信用户申诉、咨询933件，问责督办服务质量问题333件。（师力驰）

**【工程质量监督管理】** 认真做好“通信建设信息规划管理系统”的应用，改进通信工程质量监督工作方式和程序，加快小型工程项目的申报审批，提高了工作效率和质量。发布了《宁夏通信工程质量和安全监督管理实施细则》，提升通信工程参建各方的质量保障，加大了概预算人员申报、备案、培训工作力度，规范了建设市场行为。着重加强通信工程质量实体监督，保障通信工程建设质量。坚持安全生产意识教育，落实安全生产责任，加大防雷检测、机房防火工作力度，保障了基础设施安全、稳定运行。（师力驰）

**【职业技能鉴定】** 严格按照国家职业资格认证的要求开展职业技能鉴定工作，完善充实鉴定工种的试题库，编印了培训复习资料，全年有465名参考人员取得初、中级专业技术职务任职资格，340名网络通信安全管理员、250名电信业务员通过了职业培训和技能鉴定考核工作，69名通信监理工程师参加了继续教育，77名新申报人员通过了监理工程师资格考试工作。组织开展了全区通信建设项目评标专家招标投标培训考核工作，为各专业领域的发展储备了人才。（师力驰）

## 无线电管理

**【概况】** 截至2010年10月底，全区公众移动用户467.86万部，无线市话（小灵通）61502部，各类专业无线电台站19237个，其中广播电台143座，甚高频、特高频电台5696个，集群通信系统移动设备3465个，蜂窝移动通信系统基站3420个，无线数传电台648部，卫星地球站61座，微波站602座。（王冬梅）

**【法制建设】** 颁布了《宁夏回族自治区无线电管理办法》（以下简称《办法》）。《办法》于2010年12月22日经自治区人民政府第83次常务会议审议通过，自2011年2月1日起实施，这是宁夏无线电管理史上的一件大事。《办法》的出台，完善了地方无线电管理配套法规体系,推进了地方无线电管理法制建设。制定自由裁量权执行标准等一系列配套制度。根据《自治区人民政府关于开展规范行政处罚自由裁量权工作的通知》精神,制定了《无线电管理行政处罚自由裁量权执行标准》,报送自治区法制办审核。并围绕这一标准,制定了《行政处罚自由裁量公开制度》《行政处罚说明理由和告知制度》等5个配套制度,执法尺度统一且更加公开透明,减少和杜绝行政执法的随意性。举办无线电管理法制培训班。11月,自治区无委办在银川市举办了全区无线电管理法制培训班,就《中华人民共和国无线电管制规定》和《中华人民共和国无线电频率划分规定》分别进行了学习和研讨。通过学习,使大家明确了管制的内容、范围、措施和意义,加强了对频率划分、分配、指配以及频率调整总框架的认识,增强了工作人员依法行政的意识,为做好2011年无线电管理工作奠定了良好基础。继续开展清理违法使用对讲机专项行政执法活动。在2009年开展清理违法使用对讲机专项执法活动取得阶段性成果的基础上,自治区无线电委员会办公室把清理违法使用对讲机专项活动转化为日常工作,对违法使用对讲机行为,常抓不懈,积极探索建立对讲机综合管理的长效机制。在检查中,各小组认真核对,对已发现违法设台的单位和个人,采取限期办理设立无线电台手续、进行频率改写的办法;对不服从管理的,利用警示系统压制非法信号、责令停用、没收设备并处罚款等手段进行处理。全年共检查82家单位,发现违法使用对讲机1449部,补办设台手续32家。 (王冬梅)

**【无线电频率台站管理】** 保障重大工程项目对无线电频率资源的需求。支持银川河东机场扩建和中卫机场、六盘山机场的建设,为机场选址进行电磁环境测试,及时审批机场所设各类无线电台站。对西气东输工程宁夏段、中国移动超级基站等重点项目及时办理了设台手续。按照中太银铁路建设进度,及时解决了GSM－R系统宁夏段与宁夏移动公司的频率协调问题。开展150MHz、400MHz频段对讲机系统频率使用情况的调研。根据《工业和信息化部关于150MHz、400MHz频段专用对讲机频率规划和使用管理有关事宜的通知》精神,制定了宁夏150MHz、400MHz对讲机频段的使用规划,并下发全区执行。规范业余无线电台的管理与使用。根据《关于做好业余无线电台管理工作有关事项的通知》精神,对由业余无线电爱好者组织成立的业余中继台进行了规范,明确了设台主体和主管责任人,并按照设台审批程序办理电台执照,使业余无线电爱好者在自治区无线电管理机构的引导和监督下开展各类活动。加强对车友会、户外活动、登山协会等业余电台使用者的管理和服务,指导他们正确使用业余电台。固原管理处对业余无线电爱好者进行法律法规、理论和实际操作等方面的培训,要求其严格遵守国家无线电频率使用的有关规定,按照操作证书和无线电管理机构核定的参数工作,使业余无线电活动得以规范。全年共受理无线电频率申请85起,均按时办结。 (王冬梅)

**【无线电监测】** 认真开展无线电频谱监测统计工作。按照国家下达的监测任务,利用自治区A级监测控制指挥中心和中心固定站、4市B级无线电监测网及9个遥控监测站进行频谱监测,保证对信号的全面掌握。重点监测频段内无遗漏,监测数据准确有效。全年累计监测时间1.3万多小时,并按照要求,按时报送月报统计资料。积极查处卫星电视接收干扰。全年共查处3起此类干扰。其中2起是未及时拆卸的卫星电视干扰器天线所致,1起为中星九号卫星信号受干扰,严重影响特殊区域居民正常收看电视。3起干扰均及时排除。严肃查处其他各类无线电干扰,对不明信号干扰分析排查力度不断加大。受理石油天然气总公司、宁夏移动公司、宁夏电信公司、民航等频率干扰15起,经过现场勘查查找,全部排除。受理率和排除率均达到100%,有效维护了空中电波秩序。认真做好电磁环境测试和设备验收工作。为中国矿业大学银川学院等5家设立无线电台单位进行了周密细致的电磁环境测试工作,并提交了详细准确的测试报告,为拟设电台频率的合理指配提供了科学可靠的技术依据。完成了宁夏女子监狱无线电设备的检测工作和4家单位通信网的设备验收工作。 (王冬梅)

**【无线电安全保障】** 为确保中国(宁夏)国际贸易洽谈会暨首届中国·阿拉伯国家经贸论坛庆典活动的顺利进行,自治区无委办制定工作方案,对参与活动的单位,实行无线电设备准入制度。各工作小组,针对协作单位上报需要保护的重要频段开展监测,对发现的干扰信号进行测向定位。同时,加强主会场周边电磁环境的监测,密切关注各重点保障频段的频谱情况,丝毫不敢懈怠,尤其对广播电视现场直播频段、导演指挥频率进行重点保障,确保了整个开幕式各相关单位的频率正常使用和开幕式直播活动的顺利进行,荣获了自治区政府颁发的"服务保障工作先进单位"称号。开展保护铁路无线电专用频率工作。联合兰州铁路局无委办共同印发了《关于切实做好铁路无线电专用频率保护工作的通知》,建立起一套科学有效的铁路专用频率保护工作制度,加强对铁路专用频率的监测和对铁路沿线、车站周边电磁环境的保护,着力提高应对铁路无线电突发事件的处置能力,切实保障了铁路列车安全预警等铁路专用频率的使用安全。继续打击和防范利用无线电设备进行考试作弊的行为。配合教育部、人力资源和社会保障部、公安部等部门,防范和打击利用无线电设备进行考试作弊的行为,保障考试安全。全年共出动监测车45车次,保障技术人员100多人次,累计保障88个考点、3886个考场,共查处作弊案件10起,抓获作弊人员15名,阻断作弊行为31次,没收对讲机、线圈、微型耳机等作案工具11件。 (王冬梅)

**【军地协作】** 组织召开宁夏军地电磁频谱(无线电)管理联席工作会议,传达了国家军地联席会议精神,分别通报2009年军地工作情况,协商并确定了2010年军地电磁频谱(无线电)管理工作。完成重要军事活动的无线电保障工作。10月，在国内跨区域大型军事演练活动进行中，自治区无线电委员会办公室应宁夏军区电磁频谱管理委员会办公室的要求，对特定区域的电磁环境进行测试。在参演部队跨区域运动时，组成移动监测车队，随部队运行，确保重点频段不受地方用频单位的影响。保障工作得到了参演指挥部的表扬。积极配合宁夏军区搞好电磁环境监测。根据宁夏军区拟设集群系统的频率需求，自治区无线电委员会办公室依靠先进的技术手段，专门为军区通信组网频率进行了占用度的测试，提供测试结果和分析报告。（王冬梅）

**【设施建设】** 2010年，自治区无线电委员会办公室加紧落实各项无线电管理基础设施和技术设施建设，有效提升了全区无线电监测能力。新办公楼投入使用。新楼包括区无线电监测网络控制指挥中心、无线电监测站监测机房及办公室。进行了A级监测网中心站、控制中心机房和信息机房等设备的安装、网络调试，达到了国家A级监测站建设标准，整体设备配置、技术指标、功能达到国内同行的先进水平，监测自动化水平和监测分析、干扰查处能力大大加强。投资1500万元建设的4600平方米区A级无线电监测网（银川）B级监测分站（暨宁夏军区电磁频谱预备役部队训练基地）项目土建工作已完成，开始进行内部装修。此分站是全区无线电监测网一个监测节点，并为军地电磁频谱管理预备役部队训练基地和军地监测系统联网管理中心预留发展空间。完成了区监测站设备检测中心的建设和石嘴山、吴忠、固原、中卫4市监测站检测设备的配置工作；购置了5套无线PR100便携式监测设备。自治区A级监测网宁东分站的建设项目已得到自治区发改委的批准，前期准备工作已启动。（王冬梅）

**【完善联合协作机制】** 为加强无线电管理合作机制，保障周边地市各类无线电业务正常运行，石嘴山、吴忠和中卫3市无线电管理处与内蒙古鄂尔多斯市等3个盟市无线电管理处召开第二次协作会，探讨如何更好地实施无线电管理，进一步完善了《宁夏内蒙古周边盟市无线电管理工作联合协作机制》。固原管理处依据已制定的《周边地市无线电管理工作联合协作协议》，与甘肃省平凉市、庆阳市无线电管理处就建立周边地市无线电安全预警机制、提高区域间的相互配合、协调联动以及及时有效地处置无线电突发事件等问题进行了深入讨论，并在庆阳市无线电管理处签署了《周边地市及边界区域无线电管理应急保障（试行）预案》。预案的签署为今后三地及时有效处置边界区域无线电突发事件、促进周边无线电管理事业健康、有序发展奠定了基础。（王冬梅）

**【健全管理组织机构】** 经自治区编办批准，增设宁夏无线电委员会办公室副主任编制1名，成立银川市无线电管理处，自治区编办已核定单位级别和人员编制，组建工作已经开始。2010年共录取8名事业编制人员和1名公务员。举办了首届西部五省区无线电监测技术演练（竞赛），陕西、甘肃、青海、内蒙古、宁夏的10支代表队参加演练（竞赛）。报名参赛的人数达到55人，总参赛人次达到160人次。宁夏代表队获得了2个一等奖、2个二等奖、1个三等奖的好成绩。全年共举办了3期无线电监测技术培训班，培训36人次；举办3次技术讲座，参训人员73人次；55人次参加全国各类无线电管理业务培训。（王冬梅）

# 商业贸易

编辑：吴晓红　尹玉芳

## 国内贸易

【概况】　2010年，全区消费品市场规模扩大，零售总额稳步增长。实现社会消费品零售总额403.6亿元，同比增长19%，高于全国增速0.6个百分点。分季度看，一季度92.8亿元，二季度94.5亿元，三季度106.5亿元，四季度109.8亿元，同比分别增长18.4%、19.1%、19%和19.4%。全年有6个月增速在19%或以上，呈现出消费品市场繁荣高速增长的趋势。

城市消费旺盛，乡村消费稳步提高。2010年，城镇实现消费品零售额366.3亿元，比上年增长19.7%，高出全区社会消费品零售总额0.7个百分点，拉动全区社会消费品零售总额增长17.8个百分点。已连续实施三年的"万村千乡"市场工程和连续实施两年的"家电下乡"等惠农政策，极大地改善了农村消费环境，拉动了农村消费的增长。2010年，乡村实现消费品零售额37.3亿元，同比增长12.4%。批发、零售势头强劲，热点商品持续旺销。2010年，全区批发零售业又有华润万家、北京物美、苏宁电器、世纪金花等国内知名大型零售企业抢滩入驻，壮大了批零行业的实力。2010年，批发和零售贸易业实现零售额337.6亿元，同比增长20.1%，占社会消费品零售总额的83.6%，对全区社会消费品总额的贡献率达87.6%。从全区限额以上企业（单位）商品零售类值看，吃、穿、用类商品均保持稳定增长的趋势。吃类商品增长29.5%，穿类商品增长23.5%，用类商品增长33.2%；另外，提高群众生活质量的商品，如家用电器类、化妆品类和金银珠宝类零售额分别增长19.4%、23.4%和36.7%。假日经济集中消费作用明显，节日市场亮点纷呈。2010年春节、元旦、五一、十一等传统节日以及开斋节、古尔邦节、圣诞节、情人节等节日，均掀起了消费热潮。商家尽显身手，千方百计挖掘节日市场潜力，使市场亮点纷呈。每逢节假日商场人气旺盛，客流量成倍增加，销售量也大幅增长。2010年，商务厅重点监测的几大商场、超市，元旦销售同比增长23.8%，春节销售同比增长14.1%。汽车消费成为一大热点。2010年，国家继续实施小排量汽车购置税优惠、汽车摩托车下乡、汽车以旧换新、二手车交易市场和报废汽车回收拆解企业升级改造等一系列促进消费的政策措施，汽车消费市场全年呈现持续高速增长的态势。2010年，汽车类零售额比上年增长44.2%，拉动全区社会消费品零售总额增长5.3个百分点，石油及制品类零售额比上年增长45%。CPI涨幅扩大，生活必需品价格走高。2010年3月，全区居民消费价格指数同比突破3%的警戒线，继而连续升高，11月创下7.1%的最高值。食品类价格特别是部分农产品价格上涨成为推动CPI上涨的主要力量。农产品中，粮食（零售）、肉类（批发）和蔬菜（农贸）价格与上年相比分别上涨16.8%、5.6%和20.9%。食用油（零售）价格同比下降1.5%。主要是蔬菜、粮食价格涨幅较大。肉类价格自2009年上涨后，一直持续在高位运行，2010年6、7月价格回落，四季度又有小幅攀升。从整体来看，全年全区生活必需品市场的供求基本平衡，主要产品供应充足。下半年出现的蔬菜、粮食等商品价格上涨，影响了低收入群众的生活。国务院研究并下发了26号文件，采取16项控制物价、保障供应措施，自治区人民政府也采取了一系列措施稳定物价。在中央和地方出台的各项措施组合拳的作用下，物价上涨势头得到了遏制，年底物价总水平有所降低。

（杨文辉　何金武）

【商贸服务业】　一是完善城市生活服务体系，扩大居民消费需求，努力做好"清真主食加工配送工程"工作。支持全区4家实施企业加大硬件投资建设，其中宁夏阳光那波里餐饮连锁管理有限公司新建的1万平方米的"清真餐饮主食加工配送中心"、宁夏敬义泰清真食品有限公司投资新建的8500平方米的清真餐饮主食加工配送中心、宁夏曼苏尔清真食品有限公司投资新建的5000平方米的清真餐饮主食加工配送中心和固原瑞丰工贸有限公司投资新建的3.4万平方米的清真餐饮主食加工配送园都已全部开始运营，2010年宁夏敬义泰清真食品有限公司等4家清真餐饮主食加工配送工程实施企业共新增配送网点112家，其中，宁夏敬义泰清真食品有限公司新增60个，宁夏固原瑞丰工贸有限公司新增34个，宁夏曼苏尔清真食品有限公司新增16个，宁夏阳光那波里餐饮连锁管理有限公司新增2个。二是培育商业发展新模式，努力推动便利店建设。2010年共新建便利店122家。其中，新华百货连锁超市有限公司15家，宁夏天天鲜蔬菜果品有限公司20家，宁夏领鲜农产品销售公司18家；石嘴山市华欣百货商厦有限公司8家，石嘴山市人民商场有限公司7家；吴忠市三郎果蔬配送中心5家；中卫市荣盛超级市场有限公司24家；固原中山食品连锁有限责任公司15家，固原味园商贸有限责任公司10家。三是继续实施“三便民一推动”工程，积极培育家政服务网络体系建设。2010年宁夏利安科技有限公司新增便民网点220个，其中银川93个，石嘴山31个，吴忠46个，中卫29个，固原21个。可实现中国移动电子卡缴费、中国电信营账缴费、中国电信电子卡缴费、中国联通营账缴费、中国联通电子卡缴费、中国铁通营账缴费、中国网通电子卡缴费、自来水缴费、机票预定、鲜花蛋糕预定、家政服务预订、福利彩票等12项服务内容。四是强化成品油市场管理，组织完成“黄河金岸”和“十二五”成品油分销体系规划。下发了关于五市商务主管部门制定《2010～2015年加油站行业发展规划》的通知，全年共完成审批新建6座、迁建6座、改扩建加油站5座、新建油库2座、扩建油库1座。五是抓会展促消费，做好走出去、引进来工作。组织全区13家食品企业参展中国（宁波）食品博览会，组织63家流通企业参加了“北京宁夏商品大集”系列活动。六是推进再生资源分拣体系建设，做好再生资源回收备案登记工作。1月8日，国家商务部正式批准了宁夏两家再生资源回收分拣试点单位（宁夏供销社再生资源回收有限公司、银川市金泰物资回收有限公司）。并于10月确定银川市为全国再生资源回收体系建设试点城市。七是提升流通领域现代物流管理水平。继续落实《商贸物流专项规划》，在多方努力和协调下，商务部于2月26日正式批准银川市为流通领域现代物流示范城市。积极推动城市物流配送中心的发展，鼓励发展绿色物流和第三方物流共同配送。八是全面推动家电以旧换新工作。召开全区家电以旧换新工作会议，制定了宁夏家电以旧换新邀标方案和宁夏家电以旧换新实施细则。已有4家重点零售商场作为双中标企业，确定了宁夏亿能再生资源回收公司为宁夏家电以旧换新拆拣处理企业。

（杨文辉　何金武）

**【市场体系建设】**　一是深入实施农村市场体系建设工程，改造提升标准化农家店500个，配送中心20家。2010年，商务厅继续巩固和提高“万村千乡市场工程”成果，加大农家店及配送中心建设改造力度，全年完成新建或改造提升标准化农家店620个，其中生态移民区建设农家超市20个，配送中心22个，其中日用百货配送中心9个，农资配送中心13个。一个覆盖全区各市县（区）乡村的现代日用消费品连锁经营网络和农产品、农资流通服务网络基本建立。二是继续全面落实自治区现代农村市场体系建设发展规划，千方百计争取各部门资金，凝聚社会力量，形成现代农村市场体系建设合力，继续加强扶持宁夏国际农产品和穆斯林商贸物流中心、银川物流港冷链交易中心等6家自治区一级农产品综合批发市场；支持新建或改造了石嘴山市大武口区百花市场等20家农贸市场、宁夏东旺农牧产品有限公司清真牛羊肉冷链配送中心等23个冷链系统。三是继续实施“家电下乡”工程，进一步扩大补贴品种，全年销售下乡产品超过8万台（部），销售额达到2亿元。继续认真贯彻落实国家及自治区有关政策规定，进一步加大宣传力度，强化监督检查，简化补贴兑付程序，在上年9大类12个家电下乡补贴品种的基础上，新增燃气灶作为家电下乡补贴品种。四是继续扶持培育农产品骨干流通企业、农村专业经济合作组织、农超对接特色优势生产基地，建设农产品外埠销售窗口，扶持农产品品牌建设。以设施蔬菜、水果、清真牛羊肉、枸杞、马铃薯、硒砂瓜、大米、食用油、牛奶、花卉、水产品、葡萄、红枣等13个特色优势农产品为重点，建立了2010年市场体系建设项目库，确定并下达了20家农产品骨干流通企业、20家农村专业合作经济组织、5家农超对接、13家外埠销售窗口、5家农产品品牌建设企业或项目。五是整顿和规范流通市场秩序，加强对拍卖、典当、二手车、报废汽车拆解的行业管理。六是抓好3个商务综合行政执法试点，加强商务领域信用体系建设。加快3个商务综合行政执法试点工作。督促指导石嘴山、吴忠、固原3市商务主管部门加快12312商务举报投诉服务中心建设进程。为倡导企业开展诚信经营示范创建活动，下发了《关于开展2010年“诚信兴商宣传月”活动的通知》。　（杨文辉　何金武）

**【农村流通体系】**　2010年，利用商务部、财政部专项资金政策和自治区配套资金政策，共支持了农副产品一级批发市场（自治区级）、县级农贸市场、冷链流通体系、专业批发市场、流通骨干企业、农村专业合作经济组织、外埠销售窗口、农超对接和农产品品牌建设等9大类114个建设项目。商务厅、财政厅已下拨6个一级批发市场（自治区级）3000万元、20个县级农贸市场1400万元、2个专业批发市场300万元、23个冷链流通体系企业1360万元的专项扶持资金，专项资金所支持项目完成率达到95%。各项目实施企业在2010年农村市场体系专项资金的支持下共建设改造农副产品交易大棚23座，面积达55062平方米；流通企业兴建厂房1.8万平方米，建设冷库32座、库容面积达92382立方米，新增设备28套，完成厂区地面硬化19780平方米；在区外21个大中城市设立了宁夏农产品销售中心、专卖店、加盟店等651个；扶持的5家农超对接连锁企业当年与56个农产品基地对接，直供超市的农产品总量为3600吨，直采金额8000万元，受益农户达2000余户。　（杨文辉　何金武）

## 对外经贸

**【内陆开放】**　9月26～30日，“中国·阿拉伯国家经贸论坛”在银川成功举办，此次会议是宁夏历史上首次举办中国和阿拉伯国家之间经贸领域最高级别、最具影响力的国际性经贸盛会，掀开了宁夏发展内陆开放型经济的新篇章。同时,自治区党委、人民政府出台了《关于发展宁夏内陆开放型经济的意见》,为发展内陆开放型经济奠定了基调,指明了方向。 (杨文辉 何金武)

**【对外贸易】** 按照拓市场、调结构、促平衡的总体要求,认真贯彻落实稳外需的各项政策措施,建立了宁夏商务系统内外贸发展项目库,共收集了7大类35小类427个内外贸发展项目,进一步提高了出口信保覆盖率,建立了重点进出口企业监测平台,扩展了监测样本企业,加大了企业开拓国际市场的支持力度,重点扶持和培育出口创新基地建设,突出调整优化出口商品结构,建设公共研发和公共检测平台,确定了30户高新技术产品、机电产品、羊绒及其制品和特色农产品出口重点企业,对外贸易实现了快速增长。全年实现进出口总额19.6亿美元,比上年增长63.2%。其中,出口总额11.7亿美元,比上年增长57.5%;进口总额7.9亿美元,比上年增长72.3%。全年高新技术产品出口3.82亿美元,比上年增长31.6%,占全区出口总额的32.6%;机电产品出口1.31亿美元,比上年增长50.2%;碳化硅出口增长2倍;金属镁、钽铌铍及制品和铁合金出口分别增长87.6%、79.9%和59.3%。

(杨文辉 何金武)

**【对外贸易运行状况】** 一是月度出口再创新高。从各月出口看,1~11月,全区月均出口9600万美元,基本达到2008年的出口水平,其中,月度出口自5月以来连续7个月保持在1亿美元左右。在钽铌铍及制品、生物医药、羊绒及制品、铁合金等强力拉动下,11月当月出口创金融危机爆发后25个月以来的新高,出口达1.18亿美元。二是重点出口企业支撑作用明显。1~11月,自治区30户重点出口企业共计出口7.5亿美元,增长54%,低于全区出口增速9个百分点,占全区出口总值的71%。其中,有10户企业出口增速高于全区平均水平;出口超5000万美元的有东方钽业、中银绒业、启元药业和商业外贸4户企业;出口3000~5000万美元的有多维药业、惠冶镁业和明迈特3户企业。在非重点出口企业中,伊品生物公司近年来不断加大技术创新、开发新品和开拓国际市场力度,在出口信用保险政策的支持下,饲料添加剂和味精远销欧洲、东南亚市场,前11个月共计出口3740万美元,是上年同期的27倍。三是特色优势产品国际市场竞争力进一步增强。随着世界经济及国际市场的好转,钽电容器市场需求旺盛,钽制品出口量、出口额均呈现高速增长态势,国际市场占有率达到近年来最好水平;1~11月,钽铌铍及制品出口量、出口额分别增长了37%和81%。在国际医药市场全面恢复和国内市场大幅扩容的情况下,生物医药企业出现了购销两旺和产品销售供不应求的良好局面,前11个月共计出口16308万美元,增长61%;其中,泰乐菌素、红霉素出口量分别下降了17%和10%,出口额却分别增长了10%和27%;饲料添加剂出口额增长105.5%。印度市场由于上年进口量减小,2010年加大了补充库存力度,青霉素、头孢菌素、抗感染类原料药从中国进口量激增明显;欧盟、北美市场由于上半年为补库存阶段,加之医药市场的刚性需求,对中国的原料药进口增幅分别达到26.6%和29.3%。前11个月羊绒及制品出口11934万美元,增长41%;其中,无毛绒、羊绒衫出口量分别增长7%和24%,出口额分别增长80%和35%。铁合金、金属镁、碳化硅出口量分别增长33%、65%和95%,出口额分别增长75%、91%和287%。四是机电产品进口增幅高于全区平均水平。从各月进口看,1~11月,全区总体月均进口6500万美元,月度进口增速基本保持在30%以上。随着自治区工业化步伐的加快,一大批新项目、大项目陆续开工建设,加工机床、轴承、发电、电力、热处理设备等进口激增明显,全区机电产品累计进口同比增长143%,高于全区进口增幅80个百分点。另外,氧化铝、天然(复合)橡胶、钽铌钒矿砂、锰矿砂、木浆、燃料油等资源类累计进口同比增长53%。

(杨文辉 何金武)

**【2010年出口额500万美元以上商品情况表】**

| 金额分类 | 商品分类 | 出口金额 | 比上年(±%) |
|---|---|---|---|
| 5000万美元以上 | 铁合金 | 14346 | 59.3 |
| | 钽铌铍及制品 | 14229 | 80 |
| | 羊绒及其制品 | 13600 | 39.7 |
| | 其中:无毛绒 | 7254 | 56.4 |
| | 羊绒衫 | 4751 | 35.7 |
| | 羊绒纱线 | 828 | -48 |
| | 金属镁 | 8358 | 87.6 |
| | 生物医药 | 11484 | 13 |
| | 其中:红霉素 | 5697 | 26 |
| | 四环素及其盐 | 1656 | -12 |
| | 泰乐菌素 | 4130 | 9.6 |
| | 碳化硅 | 7997 | 200 |
| | 双氰胺 | 5217 | 29.4 |

续表

| 金额分类 | 商品分类 | 出口金额 | 比上年(±%) |
| --- | --- | --- | --- |
| 1000 万美元~5000 万美元 | 机床铸件 | 2709 | -9 |
| | 增碳剂 | 3190 | 61.8 |
| | 电极糊 | 2289 | 32.3 |
| | 饲料添加剂 | 4048 | 1545 |
| | 除草杀虫剂 | 1528 | 13 |
| | 枸杞 | 1250 | 62 |
| 500 万美元~1000 万美元 | 脱水蔬菜 | 836 | 8 |
| | 毛皮及其制品 | 614 | 49.3 |
| | 轴承类 | 640 | 21.2 |
| | 铝箔 | 652 | -8 |
| | 果汁 | 884 | 124 |

(杨文辉　何金武)

**【2010 年出口额 1000 万美元以上出口市场情况表】**

| 主要出口市场 | 出口金额(万美元) | 比上年(±%) | 主要出口市场 | 出口金额(万美元) | 比上年(±%) |
| --- | --- | --- | --- | --- | --- |
| 日　本 | 19455 | 102.87 | 比利时 | 2409 | 24.10 |
| 美　国 | 18752 | 63.00 | 香港 | 2349 | -28.54 |
| 印　度 | 9973 | 22.43 | 奥地利 | 2279 | 220.46 |
| 意大利 | 6968 | 59.70 | 菲律宾 | 1777 | 99.74 |
| 韩　国 | 5490 | 15.50 | 以色列 | 1742 | 164.02 |
| 荷　兰 | 4911 | 63.16 | 俄罗斯 | 1612 | 92.87 |
| 台　湾 | 4746 | 122.78 | 巴西 | 1604 | 27.44 |
| 德　国 | 4427 | 37.57 | 西班牙 | 1257 | 35.91 |
| 泰　国 | 3124 | 53.97 | 马来西亚 | 1118 | 37.42 |
| 英　国 | 2928 | 53.73 | 澳大利亚 | 1113 | 65.90 |
| 加拿大 | 2804 | 106.83 | 印尼 | 1069 | 59.88 |
| 法　国 | 2576 | 195.83 | 土耳其 | 1025 | 211.88 |
| 出口市场:出口商品市场达 114 个国家和地区;出口额超过 1000 万美元的市场有 24 个。 | | | | | |

(杨文辉　何金武)

**【2010 年进口额 500 万美元以上商品情况表】**

| 金额分类 | 商品名称 | 进口金额(万美元) | 比上年(±%) |
| --- | --- | --- | --- |
| 1000 万美元以上 | 氧化铝 | 22016 | 72.8 |
| | 热处理炉 | 9395 | 17749.5 |
| | 天然橡胶 | 5740 | 52.7 |
| | 各类轴承及传动轴 | 3434 | 127 |
| | 钽铌矾矿砂 | 2661 | 1.18 |
| | 数控装置 | 2643 | 235.8 |
| | 木　浆 | 2265 | 0.6 |
| | 木　材 | 2215 | 429 |
| 500 万~1000 万美元以上 | 焊接链 | 907 | 34 |
| | 数控机床 | 833 | 414 |
| | 仪器仪表 | 693 | 113 |

(杨文辉　何金武)

【2010 年进口额 1000 万美元以上进口市场情况表】

| 主要出口市场 | 进口金额(万美元) | 比上年(±%) | 主要出口市场 | 进口金额(万美元) | 比上年(±%) |
|---|---|---|---|---|---|
| 澳大利亚 | 22059 | 41.12 | 哈萨克斯坦 | 1862 | -15.39 |
| 德　国 | 15336 | 199.05 | 韩国 | 1725 | 21.76 |
| 日本 | 12575 | 241.87 | 泰国 | 1527 | 3.74 |
| 美国 | 6436 | 85.57 | 巴西 | 1331 | -15.89 |
| 马来西亚 | 4349 | 156.23 | 莫桑比克 | 1205 | 188.31 |
| 印尼 | 1867 | 43.55 | | | |
| 进口商品市场:进口商品来自 55 个国家和地区 | | | | | |

(杨文辉　何金武)

# 利用外资和对外经济合作

【利用外资】 全年实际利用外资 2.32 亿美元,比上年增长 63.4%,其中,实际利用外商直接投资 0.81 亿美元,比上年增长 15.7%。2010 年全区新批准外商直接投资项目 25 个,合同外资金额 2.84 亿美元。其中,制造业签订利用外商直接投资项目 11 个,合同额 0.91 亿美元。截至 2010 年底,全区注册登记外商投资企业累计达到 165 家。其中,中外合资企业占 37.6%。

(杨文辉　何金武)

【外经合作】 努力扩大国际经济合作,积极申请国际多双边无偿援助项目,稳步实施"走出去"战略,开展贯彻落实《对外承包工程管理条例》的专项检查工作,制定了《自治区境外产品销售中心管理办法》,积极支持企业在境外设立宁夏产品销售窗口,推动宁夏乐义国际农业发展有限公司投资 674 万美元收购具有 800 多年经营历史的欧洲知名企业德国海涅公司。2010 年,全区共新设立境外投资企业 8 家,分别为宁夏产品阿联酋(迪拜)销售中心(有限公司)、德国乐海有限责任公司、大世界集团(香港)有限公司、越南光隆盛公司、蒙古新蜂蜜公司、宁夏西部皮草有限公司伊斯坦布尔产品销售中心、日本中银国际股份有限公司、玛克玛莉有限公司,投资额共计 1335.6 万美元。境外投资企业增资两家,分别为邓肯有限公司和凯瑞特乌干达有限公司,增资额共计 1805 万美元。两项总计共 10 家,同比增长 100%,投资总额 3153.52 万美元,为上年的 8 倍。2010 年对外承包工程及外派劳务两项总计新签合同份数 97 份,同比下降 15%;新签合同额 3246 万美元,同比增长 29.5%;总计完成营业额 1851 万美元,同比增长 1.3%;总计派出 453 人,增长 88.8%;总计月末在外人数 778 人,同比增长 62.1%。

(杨文辉　何金武)

【2010 年宁夏利用外资情况统计表】

| 利用外资方式 | 本年批准利用外资金额 | | | | | | 本年实际使用外资金额(万美元) | | |
|---|---|---|---|---|---|---|---|---|---|
| | 项目个数 | | | 合同外资金额(万美元) | | | | | |
| | 2010 年 | 2009 年 | 同比% | 2010 年 | 2009 年 | 同比% | 2010 年 | 2009 年 | 同比% |
| 总　计 | 25 | 25 | 0 | 28405 | 22952.21 | 23.8 | 8090 | 14027.78 | -42.3 |
| **一、对外借款** | 0 | 3 | -100 | 0 | 10320.85 | -100 | 0 | 6738 | -100 |
| 外国政府贷款 | 0 | 1 | -100 | 0 | 220.85 | -100 | 0 | 4917.16 | -100 |
| 国际金融组织贷款 | 0 | 2 | - | 0 | 10100 | -100 | 0 | 153.5 | -100 |
| 外国银行商业贷款 | 0 | 0 | - | 0 | 0 | 0 | 0 | 1667.34 | -100 |
| **二、外商直接投资** | 25 | 14 | 78.6 | 28405 | 10483 | 171 | 8090 | 6986.77 | 15.8 |
| 合资经营企业 | 14 | 6 | 133.3 | 20222 | 6754 | 199.41 | 6284 | 3303.13 | 90.2 |
| 合作经营企业 | 1 | 2 | -50 | 2064 | 390 | 429.2 | 0 | 0 | 0 |
| 外资企业 | 10 | 6 | 66.7 | 6119 | 3339 | 83.3 | 1806 | 1969.64 | -8.3 |
| 外商投资股份制企业 | 0 | 0 | - | 0 | 0 | - | 0 | 1714 | -100 |
| **三、外国其他投资** | 0 | 17 | -100 | 0 | 2148.36 | -100 | 0 | 483.01 | -100 |
| 国际租赁 | | | | | | | | | |
| 补偿贸易 | | | | | | | | | |
| 加工贸易 | | 17 | | | 2148.36 | 100 | | 483.01 | 100 |

(杨文辉　何金武　吴学锋)

# 烟草专卖

**【烟草销售】** 全年销售卷烟22.21万箱,同比增长6.83%。低档卷烟销售4.34万箱,完成年度销售计划的100.96%。一、二类烟累计销售2.55万箱,同比增长32.01%。卷烟批发均价达66.2元/条,比上年同期的60.7元/条,价格提高5.5元。全国性重点骨干品牌销售15.29万箱,增长23.18%,占总销量的比重为68.86%。严格执行价格管理规定和要求,确保了卷烟价格稳定和零售户合理利益。全年实现税利7.12亿元,同比增加0.89亿元,增长14.24%,经济效益平稳提升。3项费用率7.57%,同比下降0.22个百分点,成本费用控制水平持续提升。 (汪创业)

**【营销网络建设】** 科学制定规划,强化网建基础。制定全系统《营销网建工作三年发展规划》《市场营销上水平实施意见》、五年卷烟市场规划,明确了营销网建发展方向。修订完善全区网建基础管理标准,组织开展基标对标考评,查找问题,加强指导,促进了基础工作实际效果的有效提升。深化订单供货,提升预测水平。以"预测、采购、供应、市场"四个有机对接为重点,强化营销管理,建立信息采集操作规范模式,有效落实"需求驱动营销"工作思路,改进系统自动分配货源模式,切实抓好规范运作、市场调研、采购管理和货源供应等工作,较好地实现"市场需求基本满足、零售客户有所选择"。全年零售客户订单满足率达到81%,销量预测吻合度达到98%,预测对采购的指导程度达到99%。深化协同营销,提炼培育模式。各市公司协同工业企业开展深度营销,进行品牌精准营销试点。围绕全国重点骨干品牌,加大全区品牌整合力度。全国销量排名前15位品牌(1~3类)全区销量达到7.36万箱,同比增长28.1%;占总销量的33.1%,同比提高5.5个百分点。全国销售收入排名前15位品牌全区销售收入达到22.65亿元,同比增长29.4%;占总销售收入的61.6%,同比提高6.1个百分点。加强客户服务,推进网上订货。从完善客户服务体系、强化零售终端建设、注重客户满意度管理等方面入手,客户服务能力得到有效提高。全年零售户经营毛利率保持在11%左右,货源供应满意度达到77%。按照统一规划和要求,11月银川市公司试点上线运行"新商盟"网上订货系统,年底网订客户比重达到71.11%,为全区推广积累了经验;其他市公司相继开展首批客户上线运行工作,年底全区比重达到20%。突出岗位管理,强化培训练兵。采取"部岗结合"的方式,通过流程梳理、公开竞聘,初步完成营销组织机构整合和专业化岗位配置工作。组织举办第二届全区营销人员业务技能竞赛,加强业务培训和职业技能鉴定,全区营销员职业资格证比例达到98%,其中高级营销员比重达到56%,银川市公司两名营销人员通过行业二级营销师资格认证。根据国家局要求,区公司成立物流规划领导小组,启动现代物流建设规划编制工作。制定《关于开展卷烟物流配送工作评价的实施方案》,从管理、成本、运营、服务、安全等五个方面对配送中心进行考核评价。各市公司实施5S现场管理和对标管理,优化工作流程、整合送货线路、独立核算费用,辖区范围内实现卷烟物流集中管理,物流费用指标总体保持平稳运行。 (汪创业)

**【内部监管】** 制定民主管理监督、预审、评议等配套制度,明确区局机关公开事项的内容、范围、公开的方式与时间要求,并对基层单位进行检查考核。一季度,全系统对2008年以来的工程投资、物资采购和宣传促销项目进行自查自纠及整改,并顺利通过国家局的重点抽查并得到充分肯定。举办行业办事公开民主管理和"工程投资、物资采购、宣传促销"项目管理(即"两项工作")试点现场会。深化财务收支、经济责任和预算编制及执行等常规审计工作,促进审计监督的常态化。加强物资采购、宣传促销、工程投资项目等工作的审计监管,启动推行审计委派制工作,完成制度建立、机构设置、人员选派工作,派驻办机构年底正式运行。区局被评为2008~2010年度全区内部审计先进单位。修改完善《内部监管工作规范》,充分发挥专卖内管信息系统"智能分析预警、自动流程驱动"的作用,有效开展日常监管和同级监管工作,内部监管工作逐步向实用化、常态化转变,监管质量和效率不断提高。积极组织开展高价位卷烟监督自查、内部专卖监管季度重点抽查,督促认真整改落实,顺利通过国家局重点抽查,全区生产经营活动规范有序,没有发生违纪违规问题。 (汪创业)

**【专卖管理】** 专卖管理体系初步建立。按照"四统一"(即统一管理制度、统一业务流程、统一工作标准、统一考核评价)原则,编写完成由专卖管理监督、市场管理、队伍建设、基础管理和考核评价体系五个工作模块组成的《专卖管理工作标准》。卷烟打假取得成效。全区共查处各类违法案件794起,其中假冒商标卷烟案件413起,查获假烟406.4万支,判刑28人,全区成功侦破6起符合国家局标准网络案件,其中银川、吴忠市局各2起,石嘴山、固原市局各1起;固原市局还成功侦破1起符合区局标准的网络案件。市场监管持续加强。研究制定市场秩序评价标准和可操作的市场监管工作标准,切实履行市场监管职责。全面推广贺兰县局零售户自律小组建设经验,调动零售户诚信经营、打假积极性。联合工商部门开展专项治理行动,着力遏制无证经营行为,努力化解零售许可证供需之间的矛盾。专卖队伍建设得以强化。继续加大教育培训力度,全面培训《烟草专卖法》《烟草专卖行政处罚程序规定》及高法、高检《解释》,举办4期职业技能培训班、内管知识培训班和全区"五能"知识竞赛,专卖队伍素质进一步提升。

(汪创业)

**【基础管理】** 质量管理体系持续改进。区局(公司)制定2010年质量管理体系建设工作要点,开展了2009年体系建设考核评价及表彰奖励和区局系统审核情况督导。银川市局(公司)继续抓好持续改进,8月底通过国家局行业审核,得到较高评价。在2010年4月全国烟草行业质量管理体系建设知识竞赛中,宁夏列全国商业系统第五名,荣获优胜奖。对标管理工作有序开展。按照全年对标工作要点,在各市局(公司)自测的基础上,制定了2010年对标指标标杆,完善了对标工作体系和对标指标体系,有序开展对标工作,主要指标同比有所进步。基层创优活动扎实推进。贺兰县局(分公司)基础管理工作得到国家局领导充分肯定,并在全国卷烟销售工作会议上介绍了经验。各县局(分公司)学习借鉴试点经验,积极参与创优活动,与党的基层建设、队伍建设、品牌培育等工作有机结合,丰富创建载体、创新途径和方式,夯实了管理基础。预算管理水平提升。严格执行全面预算管理办法和规程,制定完善《成本费用定额标准管理办法》《成本费用定额标准方案》《宁夏烟草系统全面预算考核办法》等制度文件,加强预算编制、日常监控、预算公开和预算执行情况分析,促使预算执行到位。规范细化会计核算,夯实会计基础工作,开展"小金库"专项治理,加强国有资产监管,保证国有资产的保值增值。信息化建设稳步实施。在制定完善信息化规划,加强信息安全管理,保障信息系统运行的同时,积极推进重点项目建设,专卖管理信息系统7月全区正式启用,人力资源信息系统进入试运行,营销分析系统、按订单组织货源、自动货源分配、数字仓储等信息系统完成验收,国家局卷烟远程鉴别、全国网上订货等系统进行推广实施。安全稳定工作得到加强。认真落实安全生产责任制,加强安全教育培训,开展"安全生产文化年"活动,持续推进职业健康安全管理体系建设,继续加强安全基础设施建设,突出交通安全管理,强化安全督促检查,积极整改事故隐患,全年没有发生重大安全事故。 (汪创业)

# 供销合作

【概况】 2010年,全系统实现商品销售总额33.6亿元,同比增长13.7%。全系统实现购进总额28.7亿元,同比增长2.1%。农民经纪人销售18.8亿元,同比增长6.2%。全系统汇总赢利5569万元,同比增长157.8%。所有者权益6.47亿元,同比增长108.5%。在全国供销合作社系统综合业绩和全区效能考核中分别获得了优胜单位一等奖、二等奖的好成绩。 (孙向前)

【"新网工程"建设】 坚持"抓龙头强本级,抓对接带市县,抓提升强基础"的工作思路,以实施"新网工程""万村千乡市场工程"和"三新工程"项目为抓手,推进全区供销合作社"五大经营"网络体系的构建。2010年,争取国家扶持"新网工程"项目资金1815万元,争取农业综合开发项目国家资金405万元,自治区政府配套69万元,支持各市县改善经营服务网络基础设施及区本级企业扩大经营服务。依托"万村千乡市场工程"和"三新工程",2010年新建改造农资、日用消费品配送中心20个,农家店295个,使宁夏供销合作社在农资、农副产品、日用消费品、再生资源和烟花爆竹的现代流通网络体系建设得到进一步加强,为"十二五"期间加快农村现代流通网络体系建设奠定了坚实基础。 (孙向前)

【农资经营】 面对化肥价格异常波动和供需难测等复杂局面,宁夏供销合作社系统不等不靠,主动承担起为农服务的责任,做好农业生产的备肥保供工作。一是指导相关企业积极筹措资金3.3亿元,全面落实淡储协议和供货合同,稳定库存,确保蓄水池、调节器作用的发挥。二是积极推行联储联销机制,与化肥生产企业建立起风险共担、利益共享的合作关系,增强了抵御市场风险的能力。三是充分发挥网络优势,及时将各种质优价廉、适销对路的化肥配送到各基层网点,增强了市场辐射能力,扩大了优质化肥覆盖面。四是加强诚信体系建设和农化服务,推行质量承诺制,会同工商、质监等部门开展农资市场检查整治活动,坚决杜绝假冒伪劣农资产品进入市场,切实维护农民利益,确保了粮食生产和农民用肥安全。全年销售化肥50.2万吨,完成化肥淡储19万吨,研发、推广测土配方肥6万吨。 (孙向前)

【农产品流通】 充分发挥行业组织优势,利用行业会议、集中培训、农产品推介会为平台,加强区、市、县农产品流通经纪人协会、农产品购销企业以及专业合作社、经纪人之间的联系和互动,逐步形成了以四季青果蔬公司为龙头,各级协会、企业、合作社、农产品经纪人协同作战的农产品购销网络体系,积极组织农产品外销,全年组织带动农民合作经济组织和农产品经纪人共推销各类农副产品11.5亿元。积极领办农村专业合作社,并在此基础上培育、建设9个示范性专业合作社,建成综合服务社15个。把培养全区农村合作经济指导员与农产品经纪人培训相结合,举办了宁夏供销合作社农产品经纪人高级培训班,组织130多名优秀农产品经纪人赴甘肃榆中等地参观学习。培训并指导全区各市县和社属企业培训农产品经纪人4858人,提高了全区农产品经纪人的职业技能,激发了他们的经营服务热情,成为农业产业化的重要骨干力量。 (孙向前)

【日用消费品和再生资源经营】 依托宁夏新合作农村物流发展有限公司,发挥供销合作社网络、资源优势,促进农村商贸流通发展,改善农村消费环境,提高农民生活质量。全系统消费品经营额大幅提高,实现销售5.5亿元,同比增长38.2%。为了积极应对金融危机对全区再生资源行业带来的冲击和影响,抢抓国家大力发展可再生资源和循环经济战略机遇,扩建新的报废汽车拆解厂,扩展旧家电回收、拆解业务,并顺利完成了与中国再生资源公司的战略重组,成为全区供销合作社构筑新农村再生资源流通网络和企业扩大经营的助推器。 (孙向前)

【项目建设】 通过外引内联、盘活资产等形式,组织实施了一批重大建设项目,设计总投资达22.14亿元。其中,宁夏金桥物流园区项目总投资4.5亿元,自启动建设以来,入园企业中农金合农资有限公司、四季青果蔬冷藏物流有限公司、承润食用油有限公司、金桥物流有限公司已完成了建设项目的一期工程;宁夏永宁四季鲜果品蔬菜综合批发市场建设项目总投资9.4亿元,占地670多亩,一期工程基本完成;海原新区农副产品综合批发市场建设项目总投资3.5亿元,南区工程已完成投资1500万元,工程进展良好;海原新区新合作日用百货配送中心及超市项目总投资5000万元,已按期封顶;中国灵武再生资源产业示范基地项目总投资3.04亿元,已完成前期准备工作;盐池县高沙窝供销社建设的盐池县畜产品交易市场项目总投资1.2亿元,建设项目全面完工并开始经营。 (孙向前)

**【联合发展】** 把加强同总社龙头企业、区内各级联社以及系统外资本联合与合作作为盘活存量资本、拓展经营服务范围、壮大发展实力、夯实为农服务基础的有效手段。一是加强同总社相关企业的纵向联合。宁夏新合作公司完成了与总社新合作公司的控股重组和有效对接;与总社农产品批发市场控股有限公司联合,推进了海原县新区农副产品综合批发市场开发建设;宁夏供销社与中国供销集团中国再生资源开发有限公司签署了《宁夏再生资源有限公司重组框架协议》,完成了宁夏供销社再生资源有限公司战略性重组。二是充分发挥龙头企业带动作用,推动系统内网络的对接与联合。中农金合农资有限公司与泾源、彭阳、隆德等县社联合合作,建设了农资配送库和直营店,在盐池等县开展了农资消费专业合作社建设试点工作。三是加强横向联合。金桥物流有限公司与江苏连云港港口集团合作开展了铁路集装箱运输业务,经营发展势头良好。中农金合农资有限公司联合贺兰县供销社和区内民营农作物种子企业"宁夏科丰种子有限公司",重组成立了集研发、繁育、生产、加工、销售为一体的宁夏科丰种业有限公司。新合作公司加强与区内名优商品、农副土特产品生产企业联合合作,先后增加了宁夏红枸杞酒、枸杞鲜果、枸杞胶囊、类人首干红、孔雀园枸杞咖啡及八宝茶等贴牌商品。与宁夏银行签订了战略合作协议,为企业解决发展资金短缺和融资困难搭建了平台。主办宁夏(海原)名优土特产品农超对接展示洽谈会,积极参与第二届中国(宁夏)园艺博览会。通过招商引资和开放办社,不仅为社属企业引进了先进的经营业态和管理经验,也壮大了社属企业经营实力,增强了供销合作社可持续发展能力和为农服务能力。 (孙向前)

**【宁夏首家"消费维权示范基地"】** 3月11日,宁夏银川市工商局兴庆一分局举行"消费维权示范基地"授牌仪式,宁夏供销合作社鼓楼商场被确定为宁夏首家"消费维权示范基地"。

(孙向前)

**【新合作集团公司与宁夏名优农产品"农超对接"展示会】** 5月25日,中华全国供销总社新合作集团公司、自治区供销合作社、海原县委政府联合在海原新区举办了"新合作集团公司与宁夏名优农产品'农超对接'展示洽谈会暨海原县日用消费品配送中心项目启动仪式"。总社新合作集团公司组织了国内20个省市区新合作公司负责人前来洽谈采购,区内具有代表性的81家名优产品企业参加了产品展示会。参展产品品种达600多个,涵盖了宁夏13个特色优势农产品产业及手工剪纸、刺绣等具有地方民族特色的工艺品。展示洽谈会上,购销双方坦诚务实,现场签订购销合同13个,涉及金额近2亿元。

(孙向前)

**【宁夏科丰种业有限公司重组签约仪式】** 6月9日,宁夏科丰种业有限公司重组签约仪式在贺兰县举行。自治区主席助理屈冬玉出席仪式并作了重要讲话,就做大做强种业龙头企业、促进宁夏种业提升发展提出了要求。自治区农业厅、商务厅、科技厅、农垦局、供销社、科协、自治区农科院,自治区农业开发办、自治区农业综合投资公司,银川市和贺兰县有关部门的领导,签约各方的代表出席了签约仪式。宁夏科丰种业是在原宁夏科丰种子有限公司基础上增资扩股,由宁夏中农金合农业生产资料有限公司、贺兰县供销社、宁夏万合种业有限公司等重组成立的,是全区最大、面向全国的集研发、繁育、生产、加工、销售为一体的种子企业。重组成立后,注册资本达到3000万元以上,并申请国家农业主管部门认定。

(孙向前)

**【青铜峡水稻腐植酸测土配方施肥观摩会】** 6月26日,自治区供销合作社金合农资有限公司联合自治区农业技术推广总站组织召开了2010年青铜峡水稻腐植酸测土配方施肥观摩会。"中农金合"牌腐植酸系列配方肥是金合公司与中国腐植酸工业协会和宁夏农技推广总站进行技术协作,在宁夏测土配方施肥专家组大量田间试验的基础上,按土壤的供肥性能和作物对养分的需求规律研制生产的新型有机无机复混肥料。年初,金合公司联合宁夏农技推广部门在全区大面积开展了腐植酸配方肥试验示范,从反馈情况看,与常规施肥对比,腐植酸配方肥可增强作物的抗逆性,显著提高作物产量和改善品质,每亩节约种粮成本60~80元。

(孙向前)

**【宁夏首个农资消费专业合作社成立】** 7月30日,宁夏首个农资消费专业合作社在盐池县花马池镇惠泽村正式挂牌成立。自治区供销合作社理事会副主任琚再强和盐池县副县长蒯文普等为合作社揭牌。该专业合作社以服务城西滩设施农业为切入点,依托盐池县供销社现有配送设施和宁夏中农金合农业生产资料有限公司的资金、技术等各种资源优势开展经营,为社员及当地农民提供产前、产中、产后服务,促农节本增效。合作社成立后,将在盐池县政府和自治区供销社的指导下,做好农资市场运营,以有效缓解盐池县因农资销售设施不健全、销售渠道不畅通,农民分散采购配方肥价格偏高的现象,同时将有效扼制因分散销售,造成假农资坑农、害农事件的发生。 (孙向前)

**【举办农产品经纪人高级培训班】** 8月1~8日,宁夏回族自治区供销合作社、人力资源和社会保障厅共同举办了自治区供销合作社农产品经纪人高级培训班,来自全区140多名农产品高级经纪人参加了培训。培训班搭建起了农产品经纪人加强学习的平台、提高能力的平台、沟通交流的平台、增进友谊的平台和联合发展的平台等“五个平台”,以“三个结合”取得了实效。

(孙向前)

**【顾国新来宁考察】** 8月5～7日,中华全国供销总社理事会副主任、中国供销集团董事长顾国新带领总社有关部门负责人考察自治区供销合作社工作,出席了自治区供销合作社与中国供销集团中国再生资源开发有限公司签署《宁夏再生资源有限公司重组框架协议》的仪式,出席了灵武市再生资源回收加工利用园区开工奠基活动。考察了自治区供销社建设的宁夏金桥物流园区、宁夏永宁四季鲜果品蔬菜批发市场。他对宁夏供销社抢抓西部大开发政策机遇和自治区陆港物流中心建设机遇,推进园区建设给予了充分肯定。顾国新一行深入革命老区海原县考察了海原农产品综合批发市场、新合作海原配送中心超市建设进展情况。他充分肯定工程建设所取得的阶段性成果,并就做好下一阶段工作提出了要求。

(孙向前)

**【李成玉出席第二届中国(宁夏)园艺博览会】** 8月6日,中华全国供销总社党组书记、理事会主任李成玉率总社有关负责人出席了由农业部、宁夏回族自治区人民政府共同主办的第二届中国(宁夏)园艺博览会开幕式,并与自治区党委书记张毅、自治区主席王正伟、农业部副部长陈晓华共同为园博会启幕。开幕式前,李成玉在张毅和王正伟等陪同下,参观了园博会展示区展馆、特色温室和示范园。李成玉还与张毅、王正伟就加快宁夏供销合作社的改革与发展有关问题交换了意见。 (孙向前)

**【签署《宁夏再生资源有限公司重组框架协议》】** 8月6日,自治区供销合作社与中国供销集团中国再生资源开发有限公司在银川签署了《宁夏再生资源有限公司重组框架协议》。自治区主席王正伟、中华全国供销合作总社党组书记、理事会主任李成玉,自治区党委常委、银川市委书记崔波,自治区副主席郝林海、自治区主席助理屈冬玉、自治区秘书长左军、中华全国供销合作总社理事会副主任、中国供销集团董事长顾国新,中国供销集团党委副书记杨凤禄、中国再生资源开发有限公司董事长管爱国等出席了签约仪式。中国再生资源开发有限公司董事长管爱国、自治区供销合作社理事会主任秦亚兵代表双方在协议上签字。根据签署的《框架协议》,由中国供销集团中国再生资源开发有限公司投资控股宁夏再生资源公司。重组后,宁夏再生资源公司注册资金增至5000万元,将在灵武循环经济示范区投资建设以再生资源集散、综合加工、交易为一体的产业园,改造银川满春再生资源市场,整合宁夏报废汽车回收企业,开发建设具有一定规模的二手车交易市场,加快构建宁夏再生资源回收利用网络。 (孙向前)

**【第29届全国中心城市日杂行业经济协作会】** 8月23～25日,第29届全国中心城市日杂行业经济协作会在宁夏银川隆重召开,会议以“合作谋共赢、创新促发展”为主题,紧紧围绕国家经济发展方式转变对日杂行业提出的新要求,创新机制,整合资源,构建布局合理、安全快捷、管理有效的现代流通网络,促进行业可持续发展进行了深入研讨。来自全国22个中心城市日杂行业会员单位的80多位代表相聚银川,共话行业未来前景,共商企业发展大计。会议中,与会代表分别就各自企业的工作成绩进行了交流,也对经营中出现的一些带有普遍性的问题展开了探讨。

(孙向前)

**【农产品(物流)经纪人培训班】** 9月9日,自治区供销合作社“农产品(物流)经纪人及失地农民创业培训班”在永宁县开班,自治区供销社、发改委、人力资源和社会保障、农牧等部门以及永宁县委、人大、政府、政协等相关领导出席了开班仪式。培训班聘请区内专家教授讲授《合同法》、农产品营销策略、农产品经纪人商务谈判与社交礼仪、就业创业等知识。自治区供销社直属企业宁夏四季鲜农产品置业有限公司还从300多名参训学员中择优录用200多名进入四季鲜果品蔬菜批发市场就业。

(孙向前)

**【销毁非法劣质烟花爆竹】** 10月22日,自治区在银川市良田镇植物园村泄洪沟集中销毁非法劣质烟花爆竹,自治区安监局、公安厅、质监局、工商局、供销合作社专营公司等单位参加了集中销毁行动。新华社宁夏分社、《中国安全生产报》《宁夏日报》、宁夏电视台等新闻媒体,在销毁现场进行了采访报道。此次销毁的非法劣质烟花爆竹有花炮、鞭炮、礼花弹、擦炮、摔炮等26个品种,共1862箱,价值约45万元。打击了私炮贩子的嚣张气焰,强化了烟花爆竹市场的安全管理。 (孙向前)

# 粮 食 管 理

**【概况】** 2010年,自治区粮食部门以粮食流通宏观调控、粮食流通行政执法监督检查、推动粮食流通产业化发展为主要职责,紧紧围绕确保粮食安全这一目标,抓调控、稳粮价,争资金、上项目,重管理、提效益,攻坚克难,取得佳绩。设立粮食市场监测点国家级5个、自治区级43个、市级49个,以覆盖全区的监测系统,掌握市场动态;加强监督检查,维护粮食流通秩序;积极收购,掌握充足粮源;采购区外粮油,调剂品种,充实库存;与中储粮西安分公司协调一致,发挥在宁中央储备粮作用,调控宁夏粮食市场;设立自治区粮油应急定点供应单位,完善应急保障体系,应对突发事件。全年争取到中央预算内粮油仓储设施建设、购置检化验设备、开展农户科学储粮试点等6个项目,中央财政资金年内实际到位10996万元,为10年来首次成功争取国家投资支持发展之年。直属企业全年实现利润2010万元,自治区粮食储备企业在职员工普调月基本工资350元。

(任洪峰　张鸿玺)

**【调控粮食市场】** 上半年,受国际市场影响,国内粮价不断上扬,宁夏粮价随之攀升。自治区粮食局向自治区党委、人民政府报送《我区粮食供需趋势及应对措施专报》,自治区主席王正伟、副主席郝林海批示后,立即组织实施。加大粮食市场监测密度和频次,在敏感时期启动成品粮油日监测、日报告制度和大中型企业收购原粮3日报制度。组织储备企业、加工企业采购区外粳稻6.97万吨,为2004年以来采购区外粮食最多的一年。自5月起,区内粳稻价格快速上涨,最高价每公斤达2.90元,涨幅40%。自治区粮食局责成宁夏粮油批发交易市场每10天举办一场粮食交易会,向区内粮食市场持续投放粳稻。1~10月,全区居民消费价格总水平比全国平均水平高出0.5个百分点,自治区人民政府于11月23日召开第81次常务会议,制定调控监管措施,稳定物价。自治区粮食局把调控粮食市场作为中心任务,一把手亲自抓,圆满完成遏制粮价过快上涨的各项任务。一是抓储备,管住、管好储备粮油,保证调得动、用得上。二是下达指令性计划,多收购粮食。三是修改粮食经营者最低、最高库存量标准,对从事粮食收购、加工和销售的企业逐户核定其商品粮的最高库存量,并定期检查企业执行情况,防止出现恶意炒作、恶意囤积现象。四是开展秋粮收购检查,维护正常的收购秩序。五是建立自治区粮食局与中储粮西安分公司联席会议制度,分析市场,整合中央、地方两种粮食资源,适时出库储备粮,以合力调节宁夏粮食市场。年内,全区共安排调控市场粮食68.8万吨,其中小麦22.3万吨、稻谷21.6万吨、玉米24.9万吨。12月8日,国务院督察组在自治区稳定物价保障群众基本生活工作情况汇报会上表示,宁夏党委、人民政府认真贯彻落实国务院有关会议和通知精神,工作主动,措施得力,成效显著,宁夏市场里的粮、油等必需品品种丰富,储备到位,供应充足,价格总体水平趋于稳定。

(任洪峰 张鸿玺)

**【应急成品粮油储备与供应】** 一是加强应急成品粮储备与管理。2010年,自治区级应急成品粮储备达到供应地级市城区人口10天口粮的规模,应急食用油储备达到供应全区人口1个月的规模。年内,新建市、县(区)级应急成品粮油储备1345吨。3月,各市粮食局组织审核辖区内应急成品粮油企业的储备资格,5月,自治区粮食局组织复审,调整布局,审定33家粮油加工企业为自治区应急成品粮油承储企业。9月20~30日,各市粮食局检查辖区内应急成品粮储存情况。10月10~15日,自治区粮食局检查各市粮食局对应急成品粮油储备的监管工作,并抽查储备情况。10月18~23日,自治区粮食局会同有关部门组成联合检查组,按不低于30%的比例抽查承储企业库存。10月的两次检查结果均显示,各市粮食局重视应急成品粮油储备的监管工作,基础工作扎实,未发现应急成品粮有数量、质量问题。二是设立应急成品粮油定点供应单位。5月28日,自治区粮食局印发《宁夏回族自治区应急成品粮油定点供应单位管理办法(试行)》,自6月1日起设立自治区应急成品粮油定点供应单位,地级市每5万城镇人口设立1个,县(区)每3万城镇人口设立1个。各市粮食局于8月30日前评审出辖区内的粮食应急定点供应单位,全区共评审出78家。11月12日,自治区粮食局举行授牌仪式,为这78家企业授“宁夏粮食应急定点供应单位”牌。至此,以10家原粮储备企业、38家应急定点加工企业、33家自治区级应急成品粮油承储企业、78家应急定点供应单位以及应急运输体系为骨干的宁夏粮食应急供应体系更加完善。(任洪峰 张鸿玺)

**【粮油仓储设施建设】** 2010年中央安排给宁夏预算内粮油仓储设施建设项目4项。一是兴庆国家粮食储备库改扩建2.5万吨仓储设施项目,新建平房仓4幢、机械罩棚1058平方米、器材库1058平方米,购置粮仓机械、通风熏蒸、粮情检测、远程监控设备等。年底基本完成。二是青铜峡国家粮食储备库1万吨食用油储油罐建设项目,7月20日开工,年底基本建成。三是新城国家粮食储备库、粮食物流中心整体搬迁项目。这是根据铁道部、自治区人民政府《关于银川火车站改造工程可行性研究的批复》和银川市城市建设总体规划的要求实施的搬迁工程。自治区粮食局征用平吉堡农场一般农用地360亩,规划建设15万吨粮仓、1万吨食用油储油罐、2公里铁路专用线、9000平方米铁路罩棚、6000平方米站台周转仓、日产50吨精炼食用植物油生产线,并建设年交易量为50万吨的粮食物流设施。搬迁项目一次设计分期实施,2010年实施2.5万吨仓储设施建设项目和0.5万吨食用油储油罐建设项目。10月9日开工。四是银川粮油购销公司中心粮库搬迁建设项目。中心粮库原有仓容3.15万吨,国家发改委批准扩建3万吨仓容,因中心库占用的土地被银川市全部规划为商住用地,无法扩建,自治区粮食局征用通贵乡一般农用地110亩,建设仓容5万吨新粮库,9月26日开工。 (任洪峰 张鸿玺)

**【粮油仓储管理】** 国家粮食局于2009年7月在全国粮油仓储企业开展为期一年的粮油仓储规范化管理活动,自治区粮食局按时完成这次活动的各项任务。一是以近年来国家和地方出台的粮食法规、粮改政策、管理制度、技术标准、操作规程为主要内容,开展宣传教育活动。二是实行精细化管理,完善仓储粮油数量管理、质量监管、仓储设施设备管理、化学药剂管理等制度,推行数量周期责任制和质量跟踪负责制。三是投资720万元,维修改造粮食仓房93栋(仓容量16.7万吨)、地坪1.3万平方米、门窗517个、围墙508米,改善粮油仓储保管条件。投资350万元,集中采购仓储机械设备142台,提高企业装备水平。四是投资143万元,在自治区粮食储备企业中推广应用低温密闭压盖保湿技术、储粮调质通风技术、高水分粮就垛干燥技术。储粮调质通风技术投入产出比达到1:10左右;低温密闭压盖保湿技术有延缓粮食陈化,防止虫害发生的效果,并减少水分散失0.3个百分点;高水分粮就垛干燥技术使吨粮费用降低7.6元。投资33万元在兴庆国家粮食储备库开展仓房喷涂太阳热反射涂料应用试验,试验结果显示,本项目降低仓温5℃以上,提高仓内湿度约10%。五是建立、完善自治区粮食储备企业远程监控点220个,更加有效地监控储备粮单个货位粮食出入库、粮情及实物台账等。年内,自治区粮食储备企业机械通风、粮情检测覆盖率达100%,低温储藏达45%以上;"四无粮仓"达标率、账实相符率、品质宜存率常年保持100%。经评定,自治区国家粮食储备企业全部达到规范化仓储企业标准。国有粮食购销企业有20家达标,占全区国有粮食购销企业的16%。6月,国家粮食局表彰石嘴山、兴庆、青铜峡3家储备库为全国粮油仓储规范化管理先进企业。(任洪峰 张鸿玺)

**【粮油库存检查】** 2010年粮油库存检查工作的检查范围为宁夏境内储存的所有中央储备粮、国家临时存储粮、地方储备粮,国有粮食企业储存的各种性质商品粮。检查时点为2010年3月末粮食库存统计月报结报日。这次库存检查分为自查、复查、督察和汇总整改四个阶段进行。自查阶段,市、县(区)粮食行政管理部门组织辖区内企业共自查库点178个,货位(仓垛)1498个。复查阶段,自治区粮食局会同财政厅、农业发展银行宁夏分行、中储粮西安分公司等部门组成检查组,以听汇报、随机抽查、突击检查等方式复查。中央事权粮食实际复查比例为22%、地方事权粮食22.5%、应急成品粮54.5%。复查结果表明,库存数量真实、质量良好、粮情稳定、储存安全,账实相符、账账相符,安全生产良好。4月26~30日,国家粮食局等有关部门组成联合工作组随机检查银川、吴忠、中卫3市辖区内的中央直属库、自治区直属库、市县购销公司等7家企业的粮油库存检查工作。经检查,联合工作组确认,"宁夏粮食库存检查工作领导高度重视,组织落实到位,程序方法规范,工作细致认真,结果真实可靠,库存数量真实、质量良好、储存安全"。(任洪峰 张鸿玺)

**【农户科学储粮专项建设】** 据自治区粮食局调查,全区农村户均年收获粮食4703公斤,户均储粮2161公斤,储存时间平均为9个月,由鼠害、虫害、霉变等原因造成的损失占农户储粮的5.35%。年初,自治区粮食局向国家粮食局上报《宁夏农户科学储粮专项建设2010年度实施计划》,并获准实施。8月,自治区粮食局在第二届中国(宁夏)园艺博览会上展出农户科学储粮示范仓(即农户标准化储粮仓),示范仓为三段式彩钢板组合仓,仓容1000公斤,受到好评。10月20日,自治区粮食局、中卫市人民政府在中卫市柔远乡举行农户科学储粮示范工程启动仪式,并配发农户标准化储粮仓1000套。截至年底,自治区粮食局为5个地级市31个行政村的5000个试点户共配发农户标准化储粮仓5000套,资金由中央补贴、自治区配套、农户自筹解决,各占1/3左右,中央财政共补贴1050万元。自治区十届人大五次会议将农户科学储粮专项建设列入2011年为民办30件实事的民生计划,为4万农户每户配备1个标准化储粮仓。(任洪峰 张鸿玺)

**【粮食收购】** 一是组织签订粮食订单,衔接产销。全区各类粮食企业共与297个乡镇、1365个行政村的41.4万户农民以及10个国营农场签订粮食订单14768份,订单粮食面积272.7万亩,数量110.3万吨。订单品种扩展到油葵、蚕豆、荞麦、马铃薯等。据自治区粮食局统计,订单履约率为84%。二是兼顾生产者、经营者、消费者利益和财政负担出台小麦、粳稻收购市场信息参考价,冬麦、春麦同等同价,开秤价每公斤为2.06元(国家质量标准三等品),比上年提高3%,稻谷2.40元,提高10%。自治区粮食局多次召开收购价格衔接会议,国有粮食企业带头执行参考价,保护种粮农民利益。三是自治区粮食局向直属储备企业、产粮县重点国有粮食购销公司下达秋粮收购指令性计划,要求完成稻谷115858吨、玉米17.5万吨的收购任务。四是加强监督检查。秋粮收购期间,各市、县(区)粮食行政管理部门核查辖区内粮食收购企业的收购资格,共派出22个检查组,核查770家收购企业,给予警告或责令整改的收购企业45家,注销收购许可证的40家。收购期间,国有粮食企业发挥了主渠道作用,没有发生"收粮大战"。2010年,全区冬麦收购比上年同期增加6000多吨,水稻收购量达50万吨,均创历史新高。全区粮食企业全年共收购粮食143万吨,拉动农民增收3.2亿元。(任洪峰 张鸿玺)

**【粮食经纪人管理】** 国有粮食企业经历粮食流通体制改革以后,职工由1.2万人减少到9000人,收购期间人力严重不足,需要由粮食经纪人到农户收购再集中到粮库。据灵武市粮食局统计,该市国有粮食企业委托粮食经纪人收购的粮食占本市国有粮食企业收购量的80%以上。据自治区粮食局统计,全区共有粮食经纪人1315名,年经营量约90万吨。2010年,自治区粮食局在银川、吴忠等市开展粮食经纪人管理试点。一是制定《宁夏回族自治区粮食经纪人管理试点办法》,规范管理工作,把管理工作纳入各级粮食行政管理部门的职责中。二是办培训班,提高粮食经纪人素质。有1000多粮食经纪人接受培训。三是将粮食经纪人组织起来,720名粮食经纪人加入粮食经纪人协会或粮食经纪人服务社或粮食行业协会粮食经纪人分会。四是谁用谁管,责成国有粮食企业管理为本企业工作的粮食经纪人。11月5日,自治区粮食局召开全区粮食经纪人管理试点经验交流会,通报试点情况,交流管理经验。(任洪峰 张鸿玺)

**【粮食行政管理检查】** 一是开展粮食收购许可证年审,严格市场准入制度。年审中,对40家企业提出整改意见,注销了53家企业的粮食收购许可证,5月末,年审结束。二是开展全区粮食统计执法大检查,重点检查2008年以来发生的统计违法行为。三是办培训班,提高监督检查人员的执法能力和执法水平。其中,11月2~4日与自治区政府法制办联合举办的粮食流通监督检查行政执法培训班,培训了全区的粮食流通监督检查行政执法人员。四是监管粮食流通市场,打击乱涨价、囤积居奇等行为。自治区粮食局在敏感时期组织综合执法检查,在收购季节组织粮食市场和安全生产检查。年内,规模最大的一次是根据自治区人民政府办公厅《关于做好秋粮收购和当前粮食市场调控工作的通知》,由自治区粮食局、监察厅、发展改革委、财政厅、工商局、物价局组成秋粮收购和粮食市场联合检查工作组，于11月23～26日开展的检查。检查内容从收购资格审核落实情况、库存量限定规定落实情况、政策性粮食调控节奏把握情况到粮食行政首长负责制落实情况，共9项。这次检查，各级人民政府高度重视，周密部署，精心组织，认真开展，对检查中发现和要求限期整改的问题，归口管理并跟踪落实，整改落实情况上报自治区粮食局。

（任洪峰 张鸿玺）

**【粮食质量监管】** 一是加强粮食质量监测机构建设。截至年底，全区有省级粮食质量检验监测机构1个，地市级2个，均挂牌为国家粮食质量检验监测机构，有自治区国家粮食储备企业内设化验室11个。年内，自治区粮食局筹措资金1681215元，购置质检化验仪器397台（套），提升区、市质检机构、储备企业化验室的硬件水平。二是提高质检人员的业务水平。全年办班两期，请国家粮油质检中心、区外专家授课。近年来，多次培训提高了质检人员业务水平。在5月28～30日举行的第二届全国粮食行业职业技能大赛中，宁夏代表队获团体第16名，崔林霞（青铜峡国家粮食储备库）获得粮油质量检验员职业企业组优秀个人二等奖。6月，国家粮食局颁发证书授予崔林霞"全国粮食行业技术能手"荣誉称号。三是开展前移储备粮质量关口试点，抓实入库前的质量管理。试点企业将质量责任落实到人，层层签订责任书。粮食入库时，对地产粮食逐车检验；对从外省采购的粮食，先检查对方出具的质检报告，后逐车（或车皮）检验。自治区粮食局委托自治区粮食质检中心对入库粮食作随机抽检。四是监管政策性粮食储存期间的质量安全。五是加强对政策性供应粮食的质量监管。对退耕还林补助粮实行统一招标采购，不采购有质量问题的粮食；对军粮实行招标采购，统一质量、统一配送、统一管理；对国家分配给宁夏的3批救灾大米则是生产一批检测一批，共检测178批次，保证救灾粮质量和卫生指标合格。六是开展2010年度粮食收购环节质量安全监测和小麦、稻谷、玉米质量调查品质测报工作。在小麦、水稻、玉米收获的第一时间，组织抽样、会检，开展监测与测报，为粮食收购、推荐优质粮食品种提供依据。七是开展粮油食品中违法添加非食用物质和滥用食品添加剂整顿工作。宁夏加工企业使用过氧化苯甲酰、面粉改良剂为面粉增白，使用面得筋、筋力素、面粉强筋剂、面粉品质改良剂为面粉增筋。经抽查检测114个批次面粉样品，没有发现超标使用情况。

（任洪峰 张鸿玺）

**【国有粮食企业管理】** 一是在直属企业中实行目标管理。年初与企业签订目标管理责任书，企业分解落实目标、任务、制定措施、明确奖惩办法。二是为企业发展创造宽松环境。年内，自治区粮食局为11家粮食储备企业、20家应急成品粮承储企业、12家食用油承储企业、6家军粮供应企业分别争取到享受免征营业税、印花税、房产税、城镇土地使用税和企业所得税（地方留成部分）等优惠政策。三是以军粮供应站为依托，在五市市区、居民社区建设国有粮店，平抑粮价，应对突发事件。中卫市、固原市还把国有粮店建设延伸到乡镇。四是发展城乡粮油超市、连锁店、配送中心，开展"放心粮油""放心粮油店"活动，转变国有粮食企业经营方式，树立国有粮食企业新形象。五是在直属企业中实行全面预算管理，增收节支。六是规范竞价销售和采购行为，规避风险，提高轮换效益；开展代收代储业务，加强企业间的合作。七是定期召开国有粮食企业经济运行分析会议，分析形势，交流经验，布置任务。年底，自治区粮食储备企业实现连续两年赢利。县（区）国有粮食购销企业仍存在负债重欠息多，无法取得收购贷款，经营困难等问题，但比上年稍好。12月，自治区党委办公厅、政府办公厅针对宁夏粮食流通实际情况，印发《进一步深化粮食流通体制改革促进现代粮食流通业发展的意见》，加强粮食行政管理，完善储备体系，深化国有粮食购销企业改革，强化改革发展中财政、税收、土地使用、社会保险等扶持政策，推进现代粮食流通业加快发展。

（任洪峰 张鸿玺）

**【军粮供应】** 5月，自治区粮食局印发《关于开展创建百强军粮供应站活动的通知》，成立自治区粮食局百强军粮供应站评价领导小组，以"建设全天候军粮供应网络体系、提高综合保障能力、提升市场竞争力"为目标开展创建活动，推动军粮供应工作。4月14日7时49分，青海省玉树县发生7.1级地震。9时10分，驻中卫市某部接到赴玉树抗震救灾命令。9时40分，该部通知中卫市军粮供应站，要求提供粮油保障。中卫市军粮供应站于12时前把部队需要的大米、面粉、食用油、挂面及其他生活必需品准备齐全，全部送到部队驻地，从接到通知到完成任务只用两个小时。7月初，中国和巴基斯坦国在青铜峡地区举行"友谊—2010"陆军联合反恐训练，自治区粮食局在部队驻地设立野战军粮供应站保证粮油、蔬菜、副食及生活用品供应，部队走到哪里，伴随服务跟到哪里，部队需要什么，就组织供应什么。8月3日，自治区粮食局局长刘金定带领有关人员冒雨到野战军粮供应站检查指导工作，刘金定指出，随着形势的发展，部队野战演练后勤保障工作将呈现出常态化趋势，要从战略和讲政治的高度充分认识做好野战和应急军粮供应工作的重要性，要结合野战军供工作，建立起野战和应急军粮供应的长效机制，使常规军粮供应工作与野战和应急军粮供应工作有机结合。8月8日6时10分，驻宁某部工兵团接到赴甘肃省舟曲县抢险救灾的命令，工兵团当即通知中卫市军粮供应站值班人员，要求提供粮油保障。中卫市军粮供应站立即组织人力、物力、运力，调用4辆车于7时10分将部队需要的大米、面粉、食用油、挂面、杂粮及生活日用品准备齐全，全部送到部队驻地。这时，离职工正常上班时间还有50分钟，从接到通知到完成任务没用上1个小时。工兵团交口称赞中卫市军粮供应站作风过硬，宁夏军粮供应工作做得好。10月10～11日，兰州军区在银川召开西北五省（区）军粮供应座谈暨供应管理表彰会,表彰自治区粮食局军粮供应管理中心等为军粮供应管理先进单位,表彰自治区军粮供应管理中心周丽等为军粮供应管理先进个人。10月中下旬,“使命行动—2010”遂行跨区机动演练在青铜峡地区举行,自治区粮食局分片设立野战军供中心和野战超市,以定点保障与伴随保障相结合的方式,供应演练部队粮油、蔬菜、副食及生活日用品,圆满完成各项保障任务。10月31日,解放军某部致信自治区人民政府,感谢自治区粮食局为这次演习提供的优质高效的保障服务。自治区人民政府副主席刘慧在感谢信上作出批示:请粮食局同志阅,并予致谢!12月,国家粮食局、财政部、总后勤部联合表彰宁夏回族自治区粮食局为2010年度全国军粮供应管理工作先进集体。

（任洪峰　张鸿玺）

**【冬麦北移工程】** 自治区粮食局自2007年起共投入专项资金100多万元组织研究开发以冬麦为主要原料的面粉新产品,支持冬麦北移工程。5月10日,自治区粮食局组织验收2009/2010年度冬麦研发课题。验收结论为,从冬麦收购到新产品配方试验、新产品推广、资料分析和数据的整理,研发出的新产品各项指标均达到国家质量标准,整个试验思路明晰,过程严谨,予以通过。至此,自治区粮食局组织研究开发出冬麦新产品共4大类、16个品种。据承担研究课题的某企业负责人介绍:用宁夏灌区冬麦研发出的馒头粉,面筋值高于山东、河南同类产品,企业采购地产冬麦与采购外地的相比每吨节省成本100元,新产品批量生产投放市场后消费者满意,产销率在96%以上,企业入市收购积极。因此,冬麦价格不断上涨,农民种植冬麦每亩增收300元以上。

（任洪峰　张鸿玺）

**【优质大米产业】** 农业部登记“宁夏大米”为农产品地理标志产品。第七届粳稻发展论坛鉴定认为,用宁粳43号稻谷加工的宁夏大米品质超过日本“越光”大米。自治区粮食局向自治区党委、人民政府提出《关于大力发展我区优质大米产业的思考和建议》,自治区主席王正伟作出批示后,自治区粮食局配合有关部门组织实施。7月,自治区粮食局参加自治区人民政府在北京召开的宁夏优质大米产品推介会宣传宁夏大米。宁夏有机米、蟹田米、胚芽米、富硒米等产品进入北京、上海、广州、深圳市场后,身价大增,有机米每公斤售价40元、蟹田米25元左右,金贡胚芽米在广州、深圳市场售价高达210元。

（任洪峰　张鸿玺）

# 旅　游　业

编辑：王晓华　王玉琴

## 综　述

【概况】　2010年，全年接待国内游客1018.8万人次，比上年增长12%，实现国内旅游收入67.3亿元，增长26.4%；接待入境游客1.79万人次，增长24%，实现旅游外汇收入600万美元，增长35%，实现旅游总收入67.8亿元，相当于全区GDP的4.12%。全区旅行社达到104家，其中国际社12家，国内社92家；星级饭店63家，其中五星1家，四星11家，三星41家，二星10家；A级景区33家，其中5A级2家，4A级9家，3A级14家，2A级7家，1A级1家；星级农家乐31家，其中四星10家，三星21家。全区导游人数达到2503人，同比增长20.1%。　（樊燕琼）

【全区旅游局长会议】　2月8日，全区旅游局长会议在中华回乡文化园召开。自治区旅游局党组书记、局长李春阳出席会议并作工作报告。各市县（区）旅游局、旅行社、3A级以上景区、三星级以上旅游饭店主要负责人，自治区旅游局副处级以上干部、局属机构主要负责人及相关媒体记者共200多人参加会议。大会对首批自治区文明星级饭店、文明旅行社，全国红色旅游导游员、讲解员电视大赛获奖人员，2009年度全区旅游行业效能目标管理先进单位、文明创建先进单位、安全生产先进单位、政风行风建设先进单位（集体）、旅游宣传营销先进单位（集体）、旅游项目建设管理先进单位、景区品牌提升先进集体进行了授牌表彰。银川市旅游局、固原市旅游局、石嘴山市文化旅游局和宁夏中国国际旅行社分别作了政风行风建设、旅游项目管理、文明创建、旅游包机专列等方面的经验交流发言。（樊燕琼）

【红色旅游】　8月6日，自治区旅游局在六盘山红军长征纪念广场举办了2010年全国群众登山健身大会暨首届宁夏六盘山登山节，来自辽宁、江西、浙江、山东、江苏、河南、新疆等18个省市、自治区的1600余名登山运动员、爱好者参加了比赛，多家新闻、网络媒体对本次活动进行了全程报道，为宣传固原红色旅游起到了积极作用。固原市旅游局对六盘山旅游网进行改版升级，丰富了相关红色旅游内容。吴忠市旅游局在旅游宣传片、旅游宣传图册等资料中，都把红色旅游作为一项重要内容予以积极宣传，同心县抽调专人搜集整理了西征红军在同心、斯诺在同心等史料，为制作《清真大寺》《西征红军纪念园》《斯诺在同心》3个宣传册做好前期准备工作。　（樊燕琼）

【黄金周旅游】　2010年春节黄金周期间，全区共接待国内游客15.88万人次，实现旅游收入8900万元，同比分别增长72%和85.42%，其中接待过夜旅游者3.97万人次，增长13%，一日游游客11.91万人次，增长107%。全区主要景区接待游客26842人次，景区收入445016元。其中阅海滑雪场接待游客7940人次，镇北堡西部影城接待游客3599人次；回乡文化园接待游客1722人次；苏峪口滑雪场接待游客1373人次；中卫沙坡头滑雪场接待游客2376人次；中卫高庙接待游客6350人次。全区接待国内游客量和旅游收入增幅创五年来新高。十一"黄金周"，全区接待国内游客59.9万人次，实现国内旅游收入3.3亿元。与上年同期相比，国内游客增长17.1%，国内旅游收入增长33.6%。　（樊燕琼）

【五一小假期旅游】　五一3天假期，区内主要景区接待游客数量达20余万，旅游收入1800余万元，较上年同期增长10%。沙坡头旅游区、镇北堡西部影城等景区的单日游客接待量创下历史新高，沙湖旅游区、贺兰山苏峪口、贺兰山岩画等景区也呈现游客如潮的火爆场面。除区内游客外，五一期间来宁夏旅游的游客主要来自周边省区，其中以甘肃、陕西、内蒙古和山西游客居多，游客出行方式多为自驾游。　（樊燕琼）

【王正伟调研固原旅游业】　4月22～23日，自治区主席王正伟带领旅游等相关部门负责人对固原旅游业进行深入调研。王正伟说，要把旅游产业作为固原跨越式发展的重要措施来抓，要高起点规划、高标准建设。一要抓好须弥山、六盘山长征纪念馆、凉殿峡、火石寨四大景区建设，做大六盘山旅游片区，使之与沙湖、沙坡头旅游片区相呼应；二要做好旅游宣传和促销，要在西安、兰州等周边城市设点促销，加强与旅行社、旅游公司的联系；三要挖掘和打造精品文化节目，固原文化底蕴深厚，要深入挖掘和打造一台在全区乃至全国都叫得响的精品文化节目。四要建好一个五星级旅游酒店。　（樊燕琼）

【自治区领导调研旅游业】　3月3～4日，自治区主席助理田明带领自治区旅游局、发改委、财政厅、交通运输厅、水利厅、文化厅等部门负责人到黄河大峡谷、须弥山、六盘山等景区进行实地调研,专题研究景区开发建设事宜,吴忠市、青铜峡市、固原市、原州区、泾源县负责人参加了调研座谈会。4月28日,自治区党委常委、银川市委书记崔波带领银川市四套班子领导及市直有关部门的负责人,对西夏博物馆迁建选址进行了实地考察,并主持召开了座谈会,对有关问题进行了研究。崔波指出,新建的西夏博物馆应以充分展示西夏历史、经济、政治等方面的情况和依托西夏陵进行旅游开发为主。8月5日,自治区政协副主席马国权一行16人到水洞沟旅游景区视察指导工作。马国权高度赞扬了水洞沟旅游区对国家文物保护工作所作的贡献,并对水洞沟近年来在文化遗址保护方面所做的各项工作给予了肯定。9月15日,自治区副主席李锐在灵武进行调研。在滨河大道沿岸新建的黄河书院内,李锐查看了正在建设之中具有江南特色的园林建筑群。12月1日,自治区党委常委、宣传部部长杨春光在沙湖景区调研时强调,要不断增强景区文化内涵和特色,提升企业竞争力。杨春光一行实地调研了沙湖湿地博物馆和宁夏农垦博物馆,并对博物馆的建设给予了充分肯定。

(樊燕琼)

**【国家和有关部门领导在宁视察】** 6月24日,全国政协原副主席王文元在自治区政协、银川市政协领导的陪同下,到水洞沟旅游景区视察。王文元全程游览了水洞沟,对水洞沟文化和古代长城立体防御工事表现出了浓厚的兴趣。6月25日,第九届全国政协副主席胡启立在自治区党委常委、统战部部长马金虎的陪同下,考察了中华回乡文化园。胡启立一行在回族博物馆内仔细了解了回族历史文化的渊源、伊斯兰文明进程、中国回族的形成、回族与时俱进在华夏文明史上的重要贡献以及宁夏回族的形成与发展。9月24日,中国国际贸易促进委员会兼中国国际商会会长、十一届全国政协常委万季飞在自治区副主席刘慧陪同下参观了镇北堡西部影城。9月25日,全国人大常委会常委、全国人大外事委员会主任委员李肇星参观了镇北堡西部影城。

(樊燕琼)

**【纳迪尔·宰哈比参观沙湖 镇北堡影城】** 9月25日,约旦前首相纳迪尔·宰哈比参观沙湖、镇北堡影城。纳迪尔·宰哈比首相游览沙湖后,对记者说:"我任首相期间去过很多地方,但从来没见到过如此独特而美丽的景致。我认为沙湖是我去过的最美丽的地方。"

(樊燕琼)

**【银川市荣膺2010中国十大休闲城市称号】** 10月16日,在南京举行的2010中国(国际)休闲发展论坛颁奖典礼上,银川市荣获2010第二届中国十大休闲城市奖,这也是银川首度入选中国十大休闲城市榜单。 (樊燕琼)

**【灵武市荣获2010中国优秀文化休闲旅游城市称号】** 在2010年中国文化旅游主题年高峰论坛暨中国优秀文化休闲旅游城市颁奖盛典上,灵武市以厚重的历史文化和独特的优势资源,融自然与人文相结合的文化旅游景观,荣获中国优秀文化休闲旅游城市称号,提升了"神韵古灵州、活力新灵武"的知名度和美誉度。 (樊燕琼)

**【吴忠市荣膺中国优秀生态旅游城市称号】** 8月13日,在海南三亚举行的2010年第六届中国旅游城市发展大会上,吴忠市荣获中国优秀生态旅游城市称号。2010年,吴忠市继续大力开展优秀旅游城市创建工作。按照《中国优秀旅游城市评定标准》的要求,吴忠市旅游局加大宣传力度和招商引资力度,深入挖掘特色文化,加强旅游城市功能建设,开辟吴忠旅游专线、设置旅游车次,完成新修道路标志牌的设置,加强对市区规划、小区建设、餐饮娱乐业的回乡特色规划指导,规范特色街区,确保回族建筑之乡真正成为本市的特色品牌。

(樊燕琼)

## 宣传促销

**【宁夏"春光万里行"活动】** 从3月初开始,宁夏旅游局组织"宁夏旅游春光万里行"促销团先后赴贵州、江西、湖南、上海、江苏、浙江、重庆、四川、西安、汉中、兰州、温州、南通、广州、济南、北京等18个省(市)举办了21场"塞上江南·神奇宁夏"推介会,公布奖励政策,商讨合作意向,有力地促进了宁夏旅游企业与上述地区旅游企业、新闻媒体等各界人士的联络交流。 (樊燕琼)

**【参加旅游交易会】** 2010年,自治区政府先后组团参加了第十六届中国兰州投资贸易洽谈会、中国国内旅游交易会(重庆)、成都自驾车旅游交易会、第五届海峡两岸台北旅展、广东国际旅游展览会、中国国际旅游交易会(上海)等节会活动,达到了展示资源、提升形象、推介产品、洽谈合作、促进交流的目的,进一步提升了宁夏旅游在海内外的知名度和美誉度,旅游市场进一步扩大。

(樊燕琼)

**【分级旅游营销机制】** 2010年,自治区旅游局重点抓整体旅游的宣传与中远程旅游市场的拓展与促销,在《旅行商媒体邀请管理办法》的基础上,制定了《重点客源市场宣传补助办法》《旅游宣传促销代理机构(办事处)管理办法》等,市县旅游局重点进行周边市场的促销与巩固,宁夏国旅、宁夏文化国旅、中铁青年、青年假期、逸飞国旅等旅行社主动邀请重点市场客商,全年邀请十多批次近千人到宁夏考察踩线,有力地促进了市场开拓和客源增长。根据旅游市场发展变化情况,修改完善了包机专列等奖励办法,将旅游企业研制推广新产品等列入奖励范围之内,极大调动了市县、景区、旅行社开展营销的积极性。

(樊燕琼)

**【宁蒙陕甘12城市签订旅游合作协议】** 5月18日,在首届宁蒙陕甘毗邻地区经济技术合作洽谈会上,银川、鄂尔多斯、延安、平凉等12个城市共同签订《宁蒙陕甘毗邻地区12城市关于进一步加强旅游合作联合打造特色旅游线路合作协议》,联手开展市场调研,互相无偿提供旅游统计数据,积极推动相互间的旅游协作与交流,在共同开拓国内外客源市场上大做文章。12城市还互享旅游资源,共同打造精品旅游线路,策划推出平凉-庆阳-固原-中卫-武威-敦煌-额济纳旗-阿拉善盟-银川的丝绸之路探秘游、咸阳(汉阳陵)

－宝鸡(乾陵)－延安(黄帝陵)－榆林(统万城)－鄂尔多斯(成吉思汗陵)－银川(西夏陵)的西部帝陵游、宝鸡(太白山)－平凉(崆峒山)－庆阳(子午岭)－固原(六盘山)－银川(贺兰山)的山水绿色生态游、鄂尔多斯(成吉思汗陵)－银川(中华回乡文化园)－阿拉善盟(通湖草原)－吴忠(回乡民俗)的民俗风情游等多条精品旅游产品线路,力争形成品牌性的旅游产品链和产业链。 (樊燕琼)

**【接待国内国际媒体】** 6月3～14日,接待日本BS朝日电视台摄制组一行6人来宁夏拍摄《中国神秘之旅》风光片“丝绸之路特辑”。该风光片向世界各国发行播放,对开拓海外旅华市场具有重要意义。10月22～29日,接待中央电视台阿语频道《中国之旅》栏目来宁拍摄专题节目。 (樊燕琼)

**【海外市场的宣传和促销工作】** 积极参加国家旅游局组织的境外促销活动,有重点地着手开发周边境外旅游市场。积极配合国家旅游局,编制制作了英文版宁夏旅游折页。接待阿拉伯国家联盟文化旅游部长,积极寻求与阿拉伯国家联盟的旅游交流合作。先后派人赴日本、马来西亚和新加坡、德国、意大利、中东阿拉伯国家及台湾等地参展。 (樊燕琼)

**【媒体和公共形象宣传】** 全年在中央电视台新闻联播前的黄金时段投放“‘塞上江南·神奇宁夏’欢迎您”形象广告60次,总投资600多万元。在旅游卫视、宁夏卫视、宁夏公共频道等投放广告,同时开辟“中国游·走进宁夏”“印象宁夏·神奇旅游”等专栏,播出专题片20期。在《中国旅游报》《宁夏日报》《新消息报》《华兴时报》《现代生活报》等媒体开设了旅游专版。6月15日至12月14日,在北京首都国际机场T2航站楼刊登宁夏旅游形象广告,9月10日至10月9日在上海公交车身发布宁夏世博旅游宣传广告。为增强旅游宣传品的生动性和实效性,编辑制作了《宁夏旅游好歌大家唱》DVD光盘,5月初完成出品。这是继《神奇宁夏》音乐风光片、《塞上江南·神奇宁夏》旅游风光片等宁夏旅游宣传影像作品之后,宁夏旅游文化建设的又一力作。10月委托中央电视台三套拍摄由五洲唱响乐团演绎的《神奇宁夏》音乐电视,时长为4分钟20秒,首次借助国际知名乐团,用音乐这种脍炙人口的表现形式展示了一个更开放更包容的宁夏。 (樊燕琼)

**【文化旅游发展贡献奖】** 11月6日,由国家文化部、国家旅游局主办的“文化旅游发展贡献奖”揭晓,宁夏旅游局选送的“塞上江南·神奇宁夏”旅游宣传语和电视剧《风雨沙坡头》脱颖而出,分别荣获“影响中国旅游的一句宣传语”金奖和“影响中国旅游的一部电视剧”金奖。 (樊燕琼)

## 重大旅游活动

**【千名老人免费游家乡公益活动】** 9月8日,自治区旅游局与自治区财政厅、自治区老龄办共同举办了“关爱老年人、共赏家乡美”千名老人免费游家乡公益活动,共有1260名享受城乡低保的年龄在65～75岁的特困老人参加了此次活动。 (樊燕琼)

**【全国百城世博旅游宣传推广周】** 4月3～11日,为做好世博旅游宣传推广工作,自治区旅游局发起了“全国百城世博旅游宣传推广周”宁夏站暨五市旅游巡展活动。此次活动由自治区旅游局主办、五市旅游局承办、全区30家主要景区参与。 (樊燕琼)

**【首届中国宁夏国际自驾车旅游节】** 7月3～10日,自治区旅游局筹办了首届宁夏自驾车旅游节,并成功举办了“钟情塞上—自驾车之友大型文艺晚会”。在全国首次创办了自驾车旅游节,为积极争取自驾车旅游市场进行了有益的探索。7月3日晚,“钟情塞上—车迷之友大型演唱会”在宁夏体育场举行,拉开了首届中国宁夏国际自驾车旅游节的帷幕。自治区主席王正伟宣布首届中国宁夏国际自驾车旅游节开幕,自治区领导崔波、齐同生、安纯人等出席开幕式,自治区党委常委、自治区副主席齐同生在开幕式上致辞,自治区主席助理田明主持开幕式。演唱会上,旅游节形象大使林志颖携李宇春、罗志祥、范玮琪、陈明真、“五洲唱响”乐团等两岸艺人倾情出演,国际著名魔术大师、台湾艺人丁建中奉献了大变法拉利的魔术。节目由上海东方卫视和宁夏卫视等全国60多个电视台联合直播或录播。当天,作为自驾车旅游节活动之一的全国汽车直线竞速赛在银川览山剧场开赛。 (樊燕琼)

**【第二届中国(宁夏)国际文化艺术旅游博览会新闻发布会】** 5月17日,第二届中国(宁夏)国际文化艺术旅游博览会新闻发布会在北京梅地亚中心举行。自治区主席王正伟,自治区党委常委、宣传部部长杨春光以及文化部副部长赵少华、国家旅游局副局长王志发、中国人民对外友好协会常务副会长井顿泉、国家广电总局副总编辑金德龙、国家民委文宣司司长武翠英等出席发布会,并回答了记者提问。 (樊燕琼)

**【第二届中国(宁夏)国际文化艺术旅游博览会】** 7月19日,第二届中国(宁夏)文化艺术旅游博览会在银川国际会展中心开幕。同时举行了招商引资项目签约仪式,共签约37个项目,包括10个文化旅游基础设施项目、2个文化出版项目、7个文艺产品制作交流演出项目、18个文化旅游开发项目。正式签约合同协议资金104亿元,意向性框架协议资金20.8亿元。本届文博会共推介文化旅游产业重点项目和签约项目180个,经过前期的深入联系和跟踪对接,共确定了宁夏世界穆斯林城二期工程、石嘴山市贺兰谷旅游开发、吴忠市神农岛休闲度假村开发建设等37个招商引资项目。 (樊燕琼)

**【上海世博会宁夏活动周】** 9月21～25日,自治区党委、政府组织大型代表团赴上海开展世博会宁夏活动周活动。自治区旅游局局长李春阳、副局长薛刚率团参加旅游宣传推介活动。20日举行公交车身广告揭幕仪式,22日在上海宾馆举办了旅游推介会,自治区主席助理屈冬玉出席会议并致辞。 (樊燕琼)

**【第三届贺兰山岩画艺术节暨国际岩画

学术研讨会】 6月27日,第三届贺兰山岩画艺术节暨国际岩画学术研讨会在银川开幕。自治区领导崔波、马秀芬等参加了开幕式,并为知名岩画专家陈兆复、盖山林和李祥石颁发了支持贺兰山岩画突出贡献奖证书。会议期间,来自国内外的近80位岩画专家与知名学者聚集在贺兰山岩画景区,就贺兰山岩画的学术研究和保护利用进行深入探讨。致力于发掘、记录并保护世界各地古代岩画的国际文化传播与保护组织布拉德肖基金会,向银川世界岩画馆赠送了在非洲尼日尔发现的达布斯长颈鹿铝制头像。基金会主席戴蒙·德·拉斯洛表示,长颈鹿铝制头像的捐赠是对银川世界岩画馆在世界范围内地位的认同,同时标志着布拉德肖基金会和银川世界岩画馆合作的开始。

(樊燕琼)

**【2010年全国群众登山健身大会暨首届宁夏六盘山登山节】** 8月6日,2010年全国群众登山健身大会暨首届宁夏六盘山登山节成功举办。1268名健身组的登山队员从位于六盘山西麓的隆德县杨家店出发,最终抵达六盘山红军长征纪念馆广场,全程约7公里。经过激烈角逐,共有60名队员获得竞赛组个人奖、150名队员获得健身组个人奖。

(樊燕琼)

**【第九届银川国际汽车摩托车旅游节】** 8月16~19日,第九届中国银川国际汽车摩托车旅游节在银川举办。来自全国的30多支代表队、1000多名汽车摩托车运动爱好者参加旅游节活动,参加旅游节总人数超过3000人。旅游节期间,除传统的开幕式、闭幕式、机车城市大巡游等活动外,本届汽摩旅游节还设立了汽车摩托车沙漠趣味系列赛、草原戈壁拉力赛,车迷沙漠、草原大联欢等主题赛事活动,让车迷和游客有了更加丰富的娱乐体验。16日上午举办了机车城市大巡游活动,上千辆车型各异的汽车摩托车共分成20多个方阵从银川市亲水大街出发,途经北京路后到达巡游终点新月广场。16日晚,第九届银川国际汽车摩托车旅游节在宁夏体育场开幕,自治区领导崔波、齐同生、冯炯华、姚爱兴、张乐琴等和来自国内外的1100多名车手及15000余名车迷参加了开幕式,自治区党委常委、自治区副主席齐同生宣布汽摩节开幕,自治区旅游局局长李春阳致辞,布衣乐队用摇滚乐演绎了开场曲《宁夏川》,好莱坞电影特技表演队向观众奉献了汽车两轮传人、汽车摩托车摩擦绕蛇、摩托车飞跃表演等汽车摩托车特技表演。在19日的闭幕式上,自治区旅游局领导为各项比赛获奖选手颁发了奖杯和证书。

(樊燕琼)

**【第六届六盘山山花旅游节】** 4月23日至5月31日,由自治区旅游局、固原市政府共同主办的第六届六盘山山花旅游节在六盘山国家森林公园举办。自治区主席王正伟出席开幕式并宣布旅游节开幕。六盘山山花旅游节是全区性的大型旅游节庆活动,每年举办一次,旨在借助“宁夏六盘山”这张亮丽的名片,通过打造高原绿岛、红色之旅、丝路重镇、回乡风情四大旅游品牌,充分展示固原生态旅游资源的多样性、红色旅游资源的垄断性、文化旅游资源的多元性和民俗文化旅游资源的独特性,推动固原旅游乃至宁夏旅游向更高层次、更广领域发展,进而带动区域经济繁荣。本届旅游节围绕“世博旅游年”和打造“西北独具特色旅游目的地”这一主题,经过精心“打扮”的萧关遗址文化园、隆德县博物馆、六盘人家民俗文化村、须弥山旅游区等一批旅游景区(点)成为亮点。其间,举行了六盘山生态博物馆开馆仪式,还在泾源、隆德、西吉县分别举行了第二届泾水文化旅游节、六盘山民间文化艺术展示暨博物馆开馆仪式、第二届火石寨丁香花(攀岩)旅游节暨国家地质公园科普基地挂牌仪式,在须弥山石窟旅游区举办了第三届须弥山旅游文化周。共吸引宁夏、陕西、甘肃、内蒙古等地的5000多名游客竞相登山观景赏花。 (樊燕琼)

**【西吉第二届火石寨丁香花(攀岩)旅游节开幕】** 5月20日,西吉第二届火石寨丁香花(攀岩)旅游节在火石寨国家地质(森林)公园举行,秀美的丹霞景色和绚烂的丁香花吸引了不少区内外游客前来观光、游玩。此次活动是第六届宁夏六盘山山花旅游节的“节中节”,火石寨以其秀丽奇特的自然风光、时尚健康的户外攀岩运动成为山花节的亮点。在开幕仪式上,火石寨地质公园被命名为全国科普教育基地、国家级国土资源基地,该地质公园也是宁夏唯一同时拥有国家地质公园、国家森林公园、自治区自然保护区的旅游景区。 (樊燕琼)

## 招商引资与景区建设

**【编制旅游规划】** 2010年,自治区旅游局委托宁夏景元旅游规划设计院进行“十二五”规划的编制,召开了六次研讨会,征求相关专家、领导、业内人士对“十二五”规划初稿的修改意见,最终完成了《宁夏“十二五”旅游规划(送审稿)》,确定了“一个轴心旅游带,三大旅游板块,五个城市乡村旅游圈”的产业空间布局和七大旅游产品体系。自治区旅游局还编制完成了《银川市旅游发展总体规划》《彭阳县旅游发展总体规划》《盐池县旅游发展总体规划》等旅游业发展规划,《西吉火石寨旅游区修建性详细规划》《老龙潭景区修建性详细规划》《沙坡头旅游区修建性详细规划》《沙湖旅游区修建性详细规划》《苏峪口贺兰山阙景区修建性详细规划》《盐池花马湖旅游带重要节点开发建设规划》《石嘴山五七干校二期修建性详细规划》《庙庙湖旅游区修建性详细规划》等重点景区修建性详细规划,完善了宁夏旅游规划体系,为宁夏旅游业的可持续发展奠定了基础。 (樊燕琼)

**【六盘山生态博物馆开馆】** 4月23日,六盘山生态博物馆建成开馆,自治区主席王正伟出席开馆仪式并为博物馆揭牌。六盘山生态博物馆位于六盘山国家森林公园核心区,与六盘山植物园隔河相望,建筑面积2780平方米,分为序厅、植物厅、动物厅、昆虫厅、成就厅五大部分。各展厅均通过大量照片、彩画、图表、实物、标本等展示手段,对六盘山的地形地貌、树木种类、动物名录以及重点旅游风景区、大六盘生态圈建设辐射地等方面进行了多层次、全方位的展示与介绍。其中,陈列有六盘山788种高等植物实物标本,215种脊椎动物标本;远古时期生存繁衍在六盘山区的三趾马的头骨、牙齿化石和喜寒动物披毛犀的复制骨架等珍贵动物标本。参观者能详细了解六盘山的产生、形成与演变,感受到从远古到现在,特别是新中国成立以来六盘山的保护、建设以及巨大变化。（樊燕琼）

**【西夏城成功创建3A级景区】** 西夏城荣膺国家3A级景区,自治区人大常委会副主任马秀芬、自治区政协副主席袁汉民出席了6月10日的授牌仪式。西夏城景区位于黄河东岸,原名横城堡,距今已有500多年历史。早期是为抵御北方少数民族侵犯而修建的渡口屯兵营,是当年康熙帝西征葛尔丹时的重要渡口,也是著名的宁夏明清八景之一的横城古渡旧址。自2008年以来,西夏城先后投入5800万元,除建成黄河渔村、陶艺馆、水上画舫船等一批具有西夏文化特色的景点外,还打造出一台全国独有的西夏乐舞,自创建以来已连续演出240场,为景区创收500多万元。西夏城还将投资8000万元,陆续建成黄河欢乐谷、温泉休闲度假区等。

（樊燕琼）

**【沙湖入选中国十大魅力休闲旅游湖泊】** 2009“中国十大魅力休闲旅游湖泊评选”颁奖大会于2010年1月17日在水域之乡江苏省常熟市举行,国家5A级旅游景区沙湖与杭州西湖、浙江千岛湖、新疆天池等一同入选。由央视国际网和上海春秋国际旅行社联合主办的2009“中国十大魅力休闲旅游湖泊评选”被称为是中国首次关于湖泊的“选美”活动。（樊燕琼）

**【中华回族第一街暨纳家大院建设】** 3月18日上午,中华回族第一街二期暨纳家大院建设奠基仪式在永宁县中华回族第一街二期项目工地举行。自治区党委书记陈建国、自治区主席王正伟参加了奠基仪式。纳家大院是中华回乡文化园的配套项目,与中华回乡文化园、纳家户大寺、纳家户穆斯林聚居区等共同组成中国回族文化核心区。该项目位于中华回乡文化园东侧,总建筑面积近3万平方米。（樊燕琼）

## 管理与培训

**【旅游业检查】** 2010年,自治区旅游局开展执法检查98次,其中开展旅游服务质量专项检查活动3次,检查旅游企业73家,检查导游员705人次,较上年提高6%,检查员检查率达到了100%。国家旅游局在《关于2010旅游服务质量提升年第一次旅游市场检查周情况通报》中,对宁夏开展联合执法检查的做法给予了充分肯定。2010年,受理旅游投诉63起,接受电话咨询100多起。通过全面规范的管理,有效维护了全区的旅游市场秩序和旅游者的合法权益,旅游者对宁夏的满意度明显提升。（樊燕琼）

**【旅游培训】** 12月15~17日,自治区旅游局举办了宁夏旅游营销人员培训班。各市县分管营销工作的局长、科长,4A级以上景区、三星级以上酒店、国际旅行社和部分国内旅行社的营销工作负责人参加了此次培训。此外,自治区旅游局还选派盐池博物馆1名管理人员和1名讲解员赴天津旅游管理干部学院参加了第五期全国红色旅游导游讲解师资培训班;选派宁夏2名资深导游员参加了国家旅游局组织的第一、二批“名导进课堂”工程师资培训班;选派2名质监执法人员参加了国家旅游局在广西召开的全国旅游质监执法人员培训班;选派西吉县旅游局副局长、泾源县旅游局副局长共2人参加了国家旅游局在天津举办的第十七期西部地区旅游局长培训班,进一步提高了宁夏旅游管理人员的素质。（樊燕琼）

**【旅游星级评定工作】** 自治区旅游局加强旅游星级饭店评定,推行旅行社、旅游餐馆、农家乐星级评定,制定出台旅行社分支机构管理办法、质量等级评定与划分标准。评定四星级旅行社3家,三星级旅行社2家,四星级农家乐6家,五星级旅游餐馆3家,旅游星级饭店8家。完成了64家星级饭店复核工作,并对存在问题的10家星级饭店作出处理。（樊燕琼）

**【赴台旅游】** 7月18日,国家旅游局开放宁夏赴台业务。自治区旅游局协调区台办组织开展赴台旅游企业和人员从政策法规、领队业务、台湾旅游资源、应急处置、沟通技巧、服务礼仪等方面进行培训,培训赴台旅游管理人员及导游人员80多人次,保证赴台旅游的有序、健康运行。截至2010年底,宁夏赴台旅游人数达到1500多人次。

（樊燕琼）

**【全区旅游纪检监察暨行风建设工作会议】** 5月14日,2010年全区旅游纪检监察暨行风建设工作会议在银川召开。自治区纪委、监察厅、自治区政府纠风办领导出席会议并讲话。全区各市、县(区)旅游局长、各国际旅行社及部分国内旅行社、3A级(含)以上景区、三星级(含)以上饭店负责人、聘请的10名全区旅游行风监督员、自治区旅游局副处级以上干部、局属机构主要负责人及相关媒体共160多人参加了会议。自治区旅游局党组书记、局长李春阳分别与五市旅游局局长签订了2010年政风行风建设责任书,吴忠市旅游局等5个单位及行风监督员代表作了大会发言,交流了政风行风建设的经验。（樊燕琼）

**【悦海宾馆荣膺五星级饭店称号】** 12月28日,宁夏首家五星级旅游饭店的挂牌庆典仪式在悦海宾馆举行。自治区党委副书记于革胜和自治区党委常委、秘书长蔡国英为宾馆的五星级标牌揭牌。自治区党委、人大、政府、政协领导和自治区旅游局及社会各界和新闻媒体人士参加了揭牌仪式。（樊燕琼）

**【命名5家四星级农家乐】** 2月10日,自治区旅游局命名银川市黄沙古渡人家、银川市盈南生态庄园、吴忠市神农岛休闲农庄、固原市杨家店民俗文化村六盘人家、中卫市沙坡头区北长滩原生态度假村农家乐等5家农家乐为宁夏首批“四星级农家乐”。（樊燕琼）

# 金 融 业

编辑：吴晓红　杨　云

## 中国人民银行银川中心支行

【概况】 2010年，全区新增本外币贷款491亿元，占全国的比重首次超过6‰。2010年末，全区银行业本外币各项存款余额2587亿元，全年新增519亿元。其中，人民币各项存款余额2574亿元，同比增长25%，全年新增存款516亿元，比上年多增47亿元，达到历史最高水平。从结构看，企业存款同比增长14.9%，保持平稳较快增长；储蓄存款受股市震荡及商品房销售放缓等因素影响，下半年增速明显回升，年末同比增长20.9%；财政存款波动较大，同比增速从5月的46.7%回落到了12月的6.6%；机关团体存款增势强劲，同比增长138%。从期限看，新增储蓄存款中，活期存款所占的比重由2009年的67%上升到2010年的70%，新增企业存款中，活期存款所占的比重连续两年保持在75%以上，继续呈现活期化趋势。2010年末，全区银行业本外币各项贷款余额2420亿元，全年新增491亿元。其中，人民币各项贷款余额2399亿元，同比增长25.1%，排全国第5位，西部第3位，全年新增人民币贷款481亿元。全年新增中长期贷款406亿元，比上年多增33亿元，占全部新增贷款的84%，占比较上年提高12个百分点，有效满足了基础设施建设、工业和个人购房等领域的长期资金需求。票据融资新增10亿元，比上年多增4亿元。人民银行全年累计办理再贴现42亿元，年末余额16亿元，有效支持了商业银行扩大对中小企业的票据融资。中小企业贷款余额750亿元，全年新增146亿元，占新增企业贷款的58%，同比增长24.1%。人民银行继续加大对涉农金融机构的支农再贷款发放力度，年末余额达到70亿元，带动农业及农户贷款新增73亿元，是上年的1.86倍。个人贷款新增178亿元，有力支持了居民购房、农户生产和个体户经营。全区银行业一般贷款加权平均利率为7.4%，比上年上升0.4个百分点。各外汇指定银行结售汇总额23.9亿美元，同比增长30.5%。境外投资企业协议投资3153万美元，同比增长142%，境内企业“走出去”步伐加快。全区银行信贷资产质量继续改善，不良贷款率较上年末下降0.5个百分点，全年实现账面利润60.9亿元，同比增长41.7%，比上年加快21.3个百分点，实现了促进经济增长与提高经营效益的双赢。

（李　斌）

【货币信贷】 结合实际研究制定信贷指导意见、按季召开金融运行暨货币信贷形势分析会，要求各金融机构正确把握形势，抢抓国家实施第二轮西部大开发战略机遇和当前全区发挥自身优势、加快发展的大好时机，加大信贷投放力度，优化信贷结构，全力支持全区经济发展和经济结构调整。积极筹备，配合自治区政府成功举办了“2010年宁夏银企合作推进会”，促成银行与企业达成意向性合作协议530亿元，跨年度合作协议超过千亿元。指导有关金融机构认真执行民族贸易和民族特需商品生产贷款优惠利率政策，全区涉及民族用品的生产企业全年获得1.73亿元的利息补贴，同比增长89.7%。举办银行间市场债务融资工具宣传推介暨银企洽谈会，为企业了解和使用非金融企业债务融资工具搭建平台。积极建议推动发行集合票据融资，促成宁夏首只中小企业集合票据发行工作全面启动。制定印发《关于金融支持县域经济发展的指导意见》，引导金融机构进一步加大对县域经济的信贷投入。用活用好用足支农再贷款，积极向人民银行总行汇报争取增加支农再贷款及再贴现额度各10亿元，2010年全年累计发放支农再贷款143.94亿元，同比增长23.1%；全区支农再贷款使用率达到全国最高，带动农业及农户贷款全年新增73亿元，是上年的1.86倍。要求和指导金融机构因地制宜推出符合县域经济、“三农”需求和特点的创新产品，促进农业及农户贷款快速增长。配合社会保障部门起草《关于进一步完善支持创业小额担保贷款工作机制的意见》被自治区政府转发，强化了小额担保贷款支持创业的积极作用。配合自治区妇联等部门制定《关于落实“支持妇女创业小额担保贴息贷款基金项目”贴息资金的意见》，缓解了农村妇女创业的资金瓶颈问题。着力推动助学贷款业务发展，认真做好大学生“村官”创业富民金融服务工作。

（李　斌）

【金融稳定工作】 坚持按季召开银行、证券、保险监管联席会议，及时交流分析当前情况，统一协调有关政策措施，维护和促进自治区金融稳健发展的合力进一步增强，为地方经济金融发展营造了良好的金融秩序。参与共同建立西北六省跨区域金融稳定工作交流协作机制，加强区域金融稳定合作。探索建立宁夏地方性中小金融机构风险普查和评估机制，继续完善宁夏中小法人金融机构风险监测系统，提高了风险监测的科学性和准确性，提升了防范区域性金融风险的针对性和有效性。结合试点经验，制定并提请自治区政府印发《宁夏金融生态环境建设考核评价试行办法》，推动金融生态环境建设步入系统化、制度化、规范化轨道，为吸引更多资金流入宁夏营造了良好环境。有效整合人民银行系统执法监管资源，对建设银行和邮政储蓄银行部分分支机构开展综合执法检查，并针对上年检查发现的问题，对地方性金融机构高管人员开展6期培训，有效提升了全区地方性金融机构的依法合规经营意识和服务质量。制定印发《宁夏银行业金融机构开业报告和重大事项报告制度》，加强对金融机构的开业管理和服务。

（李 斌）

**【外汇管理服务】** 努力支持涉外经济平稳快速发展。全面落实外汇改革新政策，促进贸易投资便利化。增加开办外汇业务银行网点达到160家，服务经济功能显著增强。新设的灵武市外汇支局所辖银行结售汇机构数由上年的1家增至4家，为企业办理核销业务6201万美元，县域外汇服务环境进一步改善，得到了灵武市羊绒企业等涉外经济实体的普遍好评。重点支持全区清真食品穆斯林用品和涉农绿色产品出口，做好与阿拉伯国家经贸合作的外汇服务。认真做好出口换汇成本监测，按季向样本企业通报监测情况与分析结果。深入银行企业现场开展指导和培训，为企业提供"送政策上门"服务，做好对涉外经济实体的外汇管理与服务。深入开展外汇检查，严厉打击网络炒汇、地下钱庄等外汇违法违规行为。

（李 斌）

**【金融服务业务】** 不断提升金融服务效率和质量。建立农户生产、消费及金融需求问卷调查制度，定期掌握农村居民生产、消费和金融需求状况，研究提出改进农村金融服务、缓解农户贷款难的措施。制定印发《关于2010年改善宁夏农村支付服务环境的实施意见》，组织召开"大力推进金融产品创新、积极支持县域经济发展"现场会，全力推动全区县域和农村金融服务工作上台阶。研究解决在无金融机构网点的乡镇借记卡POS小额取现的可能性，为农户提供方便快捷的金融服务。大力推动农民工银行卡特色服务在全区推广，已开通县及县以下受理农民工银行卡营业网点286个。启动农村青年信用户创建工作，研究开发适合农村青年特点的信用评价体系，进一步扩大了农村青年创业小额贷款的覆盖面。积极拓宽国库直接支付范围及项目，先后成功将全区城市高龄低收入老年人基本生活津贴、家电下乡补贴资金、城乡低保人员补助资金及农村村干部补贴资金等直拨到受益人账户，为纳税人和社保缴款人提供了更加便捷的服务。强化发行基金调拨和残损人民币管理，督促金融机构落实假币收缴鉴定暨残缺污损人民币兑换鉴定管理中心的建立和运行，确保了全区现金合理供应，提高了全区流通中人民币的整洁度。结合民族地区实际，整合金融宣传资源，开展了金融知识"进宗教场所、进农村、进社区、进校园、进革命老区、进企业、进军营"的"七进"服务及"金融知识宣传站"建立活动，进一步拓展了金融知识和金融法制宣传的深度和广度，受到地方各级党政好评和社会公众的赞誉。建立宁夏金融系统办公室主任联席会议制度，加强与宁夏金融系统各单位的沟通和协作。召开支付系统运行工作联席会议，做好支付系统运行维护管理及信息安全保障工作。完善反洗钱联席会议制度，与银川海关建立反走私与反洗钱工作合作备忘录，形成了反洗钱工作合力。健全金融业信息安全协调机制，有效提升宁夏快速处置金融信息安全事件的能力。

（李 斌）

# 中国银行业监督管理委员会宁夏监管局

**【概况】** 2010年末，宁夏银行业总资产3361.63亿元，比年初增加733.65亿元，其中各项贷款余额2435.35亿元，比年初增加506.69亿元，增长26.3%；总负债3231.87亿元，比年初增加705.56亿元，其中各项存款余额2461.78亿元，比年初增加528.59亿元，增长27.3%。不良贷款余额30.78亿元，比年初减少3.17亿元；不良贷款率1.3%，比年初下降0.5个百分点。法人银行机构资本充足率13.8%，比年初提高1.08个百分点，拨备覆盖率167%，比年初上升52个百分点。实现净利润53.2亿元，同比增加17.22亿元。（数据有别于人民银行统计口径）宁夏银监局着眼于地方经济发展大局，在督促银行业金融机构合理掌控信贷投放规模和节奏，实现全年信贷有序投放的基础上，调整结构，压缩限控行业贷款，有效地支持了自治区重点建设项目、节能减排项目、"三农"和小企业的合理信贷需求。2010年末，宁夏银行业金融机构各项贷款新增余额中地方法人机构新增138.35亿元，控制在规模以内；全年累计发放节能减排、清洁能源、技术改造等绿色贷款近百亿元，压缩采矿冶炼行业贷款5.9亿元，新增小企业贷款68.93亿元，增长27.5%，略高于各项贷款增幅，新增涉农贷款148.22亿元，增长25.2%。全面推行了贷款新规。年末，宁夏银行业金融机构70%的固定资产贷款、32%的流动资金贷款、30%的个人消费贷款按照贷款新规进行审批发放。

（刘晓瑜）

**【风险防范】** 一是处置了融资平台贷款风险。建立了与地方政府、银行业金融机构的工作沟通、协作机制；先后组织召开专项工作推动会13次，向自治区政府上报工作专报7次，解答银行业金融机构政策咨询210余次，组织13家债权银行与各级地方政府就53家融资平台开展债权协商会谈248次，签订了分类处置协议;促成自治区政府同意拟将52亿元国有股权注入全区最大的省级融资平台,获得了银监会的肯定。二是防范了房地产信贷风险。加强了对宁夏房地产信贷风险的持续监测和分析调研,组织银行业金融机构开展了房贷压力测试、房贷违规情况自查清理和闲置土地风险排查工作,下发了《关于进一步加强银行业金融机构房地产信贷风险管理的通知》,督促银行业金融机构严格执行房贷政策,加强风险管理。协助政府有关部门出台了相关房地产行业管理制度,参与建立了房地产开发企业信用体系联席会议制度,联合相关部门向社会公布了宁夏房地产开发企业信用等级评定结果,推进了宁夏房地产开发企业信用体系建设。三是管控了流动性风险。建立了法人银行机构信贷投放旬报、监测制度,加强日常流动性监管;对法人银行机构信贷超规模投放导致存贷比等流动性指标下滑的情况,及时采取措施督促其整改。2010年末,宁夏法人银行业金融机构平均流动性比率59%,流动性整体稳定。四是巩固了3年未发生大案的治理成果。推动了内控和案防制度执行年活动,开展了邮储银行案件风险排查、枪支弹药管理情况检查、ATM机等自助设备安全检查等多项现场检查,主动应对并妥善处置了宁夏通和国际汽车城法定代表人刘万义涉嫌贷款诈骗案件风险,落实了案件责任追究制度,确保了全年未发生百万元以上的大案要案,巩固了3年未发生大案的良好局面。

(刘晓瑜)

**【银行业改革】** 一是法人银行机构风险抵御能力显著提升。全年各个时点城商行资本充足率均保持在14%以上,不良贷款率均低于2%,拨备覆盖率均保持在220%以上,主要风险监管指标均高于全国平均水平,各项经营指标在全国同业中也排名前列。推进农村合作金融机构基本实现了3年达标升级规划目标,开展了股权改造,提高了风险抵御能力。二是法人银行机构发展再上新台阶。在整体风险管理能力提升的前提下,支持法人银行机构引进战略投资者,实现跨区域发展。宁夏银行在天津设立了分行,石嘴山银行在银川设立了5家支行,宁夏银行、石嘴山银行、黄河农商行在外省发起设立了多家村镇银行。指导3家农村信用联社完成了改制农商行的清产核资等前期准备工作,完成了申请材料的初审,已上报银监会审批。同时,推进了城商行发展战略转型。宁夏银行确立了"服务地方经济,服务中小企业,服务城乡居民"的市场定位,连续两年被自治区政府授予"支持地方经济发展贡献奖"。石嘴山银行确立了"立足地方、服务中小、服务市民"的市场定位,近3年来小企业信贷资产逐年递增,占信贷总资产的比例已达到40%以上。三是提前实现了农村金融服务全覆盖。支持和指导银行业金融机构在宁夏偏远落后地区发起设立村镇银行,通过定点服务和流动服务等延伸服务方式,解决了宁夏25个金融机构空白乡镇的金融服务问题,提前半年实现了全区金融服务全覆盖。四是大胆探索实践伊斯兰银行业务监管工作。制定了《宁夏伊斯兰银行业务试点管理暂行规定》,组织编译了《伊斯兰银行业务监管手册》,编写了《伊斯兰银行业务知识读本》,探索建立了伊斯兰银行业务监管制度体系。配合银监会完成了试点情况调研,推动试点工作向常态化转变。五是完善了宁夏银行业组织体系。批准招商银行在宁夏设立机构,开展业务;制定并落实宁夏新型农村金融机构发展3年规划,严格执行挂钩政策,引导银行业金融机构在金融服务不充分的地区设立机构。批准包商银行、青海银行分别发起设立了宁夏回商村镇银行和宁夏中宁青银村镇银行,受理了宁夏银行在宁夏偏远落后地区发起设立1家村镇银行的申请,指导石嘴山银行制定了在宁夏设立4家村镇银行的规划。 (刘晓瑜)

**【监管工作】** 注重挂钩监管,将日常监管与银行重点风险管控、案件治理、贷款新规贯彻落实、小企业及"三农"服务等情况挂钩,对重点工作推动不力、监管要求落实不到位的机构采取约见高管谈话、限制准入、暂停部分业务等强制性措施,进一步提升了监管权威。全年,共开展了贷记卡业务、贷款新规执行情况、大额贷款风险情况等30多项现场检查,下发《现场检查意见书》100多份,提出整改意见600多条,实施挂钩监管6次,责令收回违规贷款9.77亿元,处理违规责任人员20多人,罚款9000元。注重与地方党委政府及相关部门的监管协作,营造了良好的外部环境。坚持银、证、保监管联席会议制度,完善了与人民银行统计信息共享机制,建立了与地方房管、土地、财税、国资委、发改委和公检法等部门的工作协作,增强了工作合力,促进了融资平台贷款清理、房地产风险防控、案件治理和安全保卫等重点工作的顺利开展。

(刘晓瑜)

# 中国保险监督管理委员会宁夏监管局

**【概况】** 2010年全区共实现保费收入52.75亿元,同比增长34.29%,其中财产险保费17.5亿元,同比增长47.8%;人身险保费35.25亿元,同比增长28.46%。全年累计赔付支出11.68亿元,全区保险业总资产达到106.06亿元,较年初增长29.83%。2010年全区保险深度达到3.2%,保险密度达到835.44元,分别较上年提高0.27%和205.33元。2010年,宁夏新增中国人民人寿保险股份有限公司宁夏分公司、阳光财产保险股份有限公司宁夏分公司2家保险公司省级分公司。截至年末,全区共有13家保险公司省级分公司,其中财产保险公司6家,人身保险公司7家;共有保险中介公司10家,其中保险代理公司6家,保险经纪分公司4家。主动服务扩大就业,积极发挥保险业吸纳人才的优势,进一步做好增员工作,拉动就业增长,截至2010年底,全区保险业从业人员达到1.64万人,新增就业岗位3000多个。 (朱振龙)

**【服务社会】** 一是积极支持重大项目建设。2010年,全区保险业共为全社会提供风险保障10790亿元，承担了1121亿元的企业财产风险保障和130亿元的工程险风险保障。全年赔付各类重大事故20余起，在“11·6”青铜峡铝业火灾爆炸事故、中宁天元锰业气体中毒事故中赔付1500多万元，有效保障了企业灾后及时恢复生产。二是积极支持现代农业建设和农业产业结构调整。坚决落实《宁夏农业保险实施方案》要求，截至12月末，共承保奶牛等牲畜21.5万头，小麦、水稻、设施农业等种植作物31.7万亩，参保农户2.1万户；共为各类农业灾害事故支付赔款2360万元，受益农户1.5万户次。同时，宁夏保监局与自治区相关部门共同组建了宁夏农业灾害鉴定委员会，切实保护参保农户的权益。大力发展农村借款人意外伤害保险，主动探索解决农民贷款难问题，积极盘活农村信贷市场，全年承保贷款农户18.1万人，承担风险保额92.1亿元，分别较上年增长18.5%和43.3%，人均风险保额达5.1万元。三是积极支持各项民生计划。截至年底，全行业共上缴营业税及附加等1.37亿元。积极参与社会保障体系建设，全年共为1113万人次提供了5111亿元的人身保险保障。积极参与医疗卫生体制改革，继续参与居民健康档案建设，通过扩大商业健康、医疗保险的覆盖面，满足人民群众的多样化需求。认真开展计划生育家庭子女意外伤害保险和计划生育手术保险，全区符合条件的参保家庭42555户，各项承保工作有序开展。为中阿经贸论坛提供保险金额为1500万元的财产综合险和1500万元的公众责任险保障，为第二届中国西部（银川）房车生活文化节提供财产基本险和公众责任险等达1.16亿元的风险保障。四是积极支持内陆开放经济区建设。发挥信用保险的政策性职能，积极支持区内企业利用信用保险保障风险、灵活结算方式，扩大海外订单，积极支持自治区外经贸产业稳健、快速的恢复、发展和壮大。2010年共为东方钽业、启元药业、圣雪绒等自治区重点出口企业提供6800万美元的出口信用风险保障，同比增长68.6%，支持的企业达34家，同比增长78.9%，向出口企业提供买家资信报告265份，发布风险预警20期。加强“银、保、企”三方合作，在保障企业风险的同时，积极推动全区出口信用保单融资等业务发展，有效解决出口企业融资难的问题，2010年帮助出口企业办理出口信用保险项下贸易融资925.15万美元。五是积极支持“和谐宁夏”建设。2010年，全区保险业充分发挥保险社会“稳定器”的作用，积极支持“和谐宁夏”建设。积极配合做好重大突发事件的善后处理工作，简化理赔手续，开辟理赔绿色通道，向“6·26”海原重大交通事故支付赔款60万元。与自治区司法厅、公安厅等单位共同建立交通事故、医疗事故人民调解制度，与自治区气象局建立了部门间气象灾害预警服务联络员会议制度。主动服务畅通宁夏建设，在银川市新建1家机动车轻微交通事故快处快赔服务站，2010年累计处理轻微道路交通事故7329起，定损车辆9903辆。建立车险信息共享平台，通过共享安全驾驶优惠和无赔款优惠等信息，进一步促进投保人提高安全驾车意识，减少事故发生。

（朱振龙）

**【保险监管】** 2010年共对全区保险机构开展了23家次现场检查工作，全年共投入检查力量46人次、259个工作日。积极开展风险排查工作，组织各保险机构对非正常退保、非法集资、资金管理、单证管理、信息安全、群访群诉等方面的风险进行深入排查。与中国人民银行银川中心支行等单位在银川共同举办金融系统反腐倡廉建设展，组织全行业1500余人参观了展览。加强对公司依法合规经营工作的指导，建立保险监管专员制度。组织编印产险、寿险、专业中介公司《管理人员法律法规指引手册》和《人身险公司销售人员销售行为指引手册》，制定《宁夏人身保险公司讲师组训管理办法》，防范销售误导和其他违法违规行为。根据新修订的《保险公司董事、监事和高级管理人员任职资格管理规定》，及时建立《保险机构高级管理人员任职资格测试工作制度》，严把高管人员入职关。贯彻落实《保险公司分支机构分类监管暂行办法》，完善分类监管制度，提高监管效率。制定《宁夏保险专业中介机构分类监管实施细则》，加强对保险专业代理机构的管理，按照“谁申报、谁管理”的原则，进一步明确了管理责任。2010年宁夏保监局被自治区人民政府授予“金融组织管理突出贡献奖”。（朱振龙）

**【诚信建设】** 2010年以来，宁夏保险业积极开展行风建设年活动，主动参与“信用宁夏”建设，着力打造诚信行业，不断提升保险消费者满意度。2010年6月，自治区人民政府在银川市专门召开全区社会信用体系建设暨保险业诚信建设表彰大会，对保险业在诚信建设中涌现出来的诚信服务明星、诚信展业明星、诚信管理明星进行了表彰，并将保险业近年来在诚信建设方面取得的成绩和经验向全区进行了推广。在完善维权体系方面，2010年初，宁夏保监局根据新修订的《保险法》等法律法规，对投保提示内容进行了修订。4月，宁夏保监局在银川组织召开全区保险信访工作会，与各公司负责人签订信访工作责任状。同时，修订《宁夏保险信访工作办法》，编写《保险信访工作手册》，运用14条具体指标对各保险公司信访工作进行量化测评，强化监督检查，提高依法信访、规范信访的水平。在强化社会监督方面，3月15日，新华人寿宁夏分公司在银川举办“‘3·15’诚信服务暨保险服务监督员聘请启动仪式”，分别在教育、银行、工商、税务、媒体、医疗卫生、私营等各行业聘请100名社会保险业务服务监督员。积极开展保险消费者教育。5月，宁夏公安消防总队、宁夏保监局与新华人寿宁夏分公司联合举办“消防·保险知识进万家”百日宣传活动，共组织《消防保险专题讲座》75场。9月，平安人寿宁夏分公司与自治区防灾办共同在银川组织开展全民灾害防御知识普及公益活动。

（朱振龙）

**【“十一五”回顾】** “十一五”期间全区保费收入年均增长27.4%，较全国平均水平高3.16个百分点。同时，宁夏保险业既坚持业务的稳健经营，防止业务大起大落,又实现了经营效益的稳定增长,5年来全行业共上缴营业税及附加等近4亿元。在降雪冰冻灾害、"7·11"特大交通事故、"7·14"特大暴雨灾害、大峰矿爆炸事故等重大自然灾害和突发事件面前,保险业全力以赴,较好地发挥了经济补偿和社会风险管理功能,促进了生产生活秩序的稳定和灾后重建。争取自治区政府召开全区推进保险业改革发展大会,印发《自治区人民政府贯彻落实〈国务院关于保险业改革发展的若干意见〉的实施意见》。实施车辆交强险制度,运用保险手段,促进保障道路交通事故受害人利益的机制全面推行。推动宁夏农业保险实施方案的出台,财政支持的农业保险从无到有、从小到大,试点险种从养殖业的单个险种增加到种植业、林果业和养殖业共18个险种,对稳定农业生产和农民增收作出了积极贡献。努力开拓参与多层次社会保障体系建设的新途径,在全国率先建立省级财政全额补贴的新型计划生育保险制度,积极开展外出务工人员保险,推进农村小额保险试点工作在4个县市展开。充分发挥保险的社会管理功能,推进承运人责任险、校园方责任险、旅行社责任险实现应保尽保,以"治安双保""一分钱创建平安村"和"治安联防保险服务项目"等方式积极参与社会治安综合治理工作,在交通事故处理中实施互碰自赔、快处快赔等机制,进一步服务畅通宁夏建设。不断加强改善保险监管,大力规范保险市场秩序,积极推进财产险"见费出单"、人身险"零现金"收付费等工作,防范化解市场风险,逐步构建了政府监管、企业内控、行业自律、社会监督"四位一体"的风险防范体系。5年来,"就保险论保险"的传统思维定势被打破,"想全局、干本行,干好本行、服务全局"成为全行业的自觉行动。2010年保费收入、保险业总资产突破50亿和100亿大关,分别是2005年的3.36倍和3.12倍。市场体系更加健全,共有13家保险公司进入宁夏,比2005年增加7家,分支机构达到294家,是2005年的近一倍。服务能力大幅提升,5年间,保险业各项赔款和给付支出累计达40.5亿元,是"十五"期间的2.7倍。保险业共为全社会承担风险责任10790亿元,为人民群众未来医疗和养老积累准备金104亿元。人才队伍逐步壮大,2010年,全区保险业从业人员达到1.64万人,是2005年的两倍多,经营管理、市场营销、法律财会、保险监管方面的专业人才队伍快速成长。 (朱振龙)

## 中国证券监督管理委员会宁夏监管局

**【概况】** 截至2010年底,全区共有上市公司12家,总股本31.74亿股,同比增加4.15亿股;总市值535.66亿元,同比增加140.49亿元,同比增长35.6%。截至2010年9月末,12家公司总资产295.78亿元,同比增长35.03%;净资产91.44亿元,同比增长25.5%;共实现营业总收入116.65亿元,同比增加25.33亿元,增长27.7%;实现净利润5.74亿元,同比减少2.59亿元,同比下降31.1%;净资产收益率为6.3%,同比下降5.2%;每股净资产2.88元,同比增长9.1%;基本每股收益0.2元,同比下降40%。全区没有证券法人机构,有证券分支机构21家。其中,南京证券1家分公司、13家证券营业部,华泰证券、银河证券、西部证券、平安证券各1家证券营业部;另外,国泰君安、中信建投、申银万国银川营业部已在筹建中。投资者开设证券账户44.78万户,证券资产合计211.55亿元,全年证券交易总额1469.08亿元,实现营业收入3.7亿元、营业利润2.43亿元。全年辖区证券业务各项指标保持合理水平,市场经营秩序正常。全区没有期货法人机构,有期货分支机构3家。其中,格林期货、甘肃陇达期货和浙江新华期货各1家营业部。投资者开户数958户,客户权益15738.27万元,累计成交量121.02万手,交易额1160.97亿元,手续费收入790.04万元,净利润209.79万元;另外,具有期货IB业务资格的11家证券营业部期货投资者开户数608户,客户权益4853.90万元,累计成交量56.95万手,交易额1132.17亿元。上述指标均创宁夏历史上最高水平。 (任向华)

**【重要会议】** 1月29日,宁夏证监局召开全区证券期货工作会议,传达全国证券期货监管工作会议精神,回顾总结2009年的主要工作,安排部署2010年重点工作。局党委书记、局长王宏斌作了题为《创新监管、改进服务、维护稳定、推动发展》的工作报告;5月20日,宁夏证监局组织召开辖区整治非法证券活动工作会议,自治区党委宣传部,自治区高级法院、检察院、公安厅、工商局、通信管理局、金融办、人行银川中心支行、银监局、广电局、新闻出版局等自治区整治非法证券活动协调小组成员单位的领导参加了会议。会议学习传达了证监会及相关部门近3年以来出台的整治非法证券活动政策,通报了全国和辖区2009年、2010年第1季度打非工作形势,总结了2009年打非工作情况,安排部署了2010年打非工作任务,解读了非法证券活动典型案例;5月28日,宁夏证监局召开辖区上市公司2009年年报总结分析会。会上,各上市公司针对2009年公司年报编制、审计和披露工作的主要做法、经验和不足,认真分析了上市公司经营状况和面临的困难;提出了积极应对国际金融危机、防范市场风险和财务风险的措施;各公司表示将进一步提高履行职责的能力;6月28日,宁夏证监局联合深圳证券信息有限公司以网络在线交流的形式举办了宁夏上市公司2009年年报业绩集体说明会,共有20多个省份的投资者在线提出1811个问题,主要涉及上市公司2009年年度财务状况和经营情况、行业发展、公司治理等诸多方面。 (任向华)

**【青龙管业成功登陆中小企业板】** 8月3日,宁夏青龙管业股份有限公司股票在深圳证券交易所成功挂牌上市,募集资金8.75亿元。这是宁夏7年来首家新上市公司,实现了辖区资本市场新的突破,也填补了中小企业板的空白。

青龙管业的成功上市为宁夏更多优质企业加快上市起到了良好的示范效应。（任向华）

**【银广夏正式启动破产重整程序】** 9月16日，银川市中级人民法院以〔2010〕银民破产字第2号民事裁定书受理北京九知行管理咨询有限公司对被申请人广夏（银川）实业股份有限公司破产重整申请，指定公司清算组为管理人。银广夏正式进入破产重整程序。（任向华）

**【中银绒业非公开发行股票申请获审核通过】** 12月27日，宁夏中银绒业股份有限公司非公开发行2600万股A股股票的申请获得中国证监会发审委审核通过，成为继赛马实业、英力特之后，近年来辖区第三家通过再融资申请的上市公司。此次发行预计募集资金2.9亿元，用于5000吨羊绒采购初加工项目及羊绒制品国内市场营销体系建设项目。（任向华）

**【证券期货市场布局和结构得到优化】** 2010年，浙江新华期货、西部证券、平安证券先后获准在银川市设立营业部，南京证券一家在宁营业部获准迁址至他省，华泰证券和银河证券在银营业部获准同城迁址筹建，市场布局和结构得到进一步优化，市场功能得以有效发挥。（任向华）

**【信访工作】** 宁夏证监局坚持把及时妥善处置信访投诉作为衡量一线监管工作成效的重要标准，建立了信访工作责任制，完善了信访投诉处理流程，制定了《信访工作考核办法》，强化责任追究，关注投诉热点问题，认真分析原因，力求从源头上化解矛盾，从根本上消除不稳定因素，信访投诉事项明显减少。截至2010年末，已连续17个月证券期货经营机构为零投诉，有力地维护了投资者合法权益。（任向华）

## 国家开发银行宁夏分行

**【概况】** 2010年，国家开发银行宁夏分行累计发放人民币贷款171亿元，余额新增83亿元，同比分别增长13.3%、10.7%，均创分行成立以来最好成绩，贷款余额新增约占全区贷款新增余额的17.2%，位居区内各金融机构第一。截至2010年末，分行本外币贷款余额414亿元，连续5年在中长期贷款领域保持同业第一。（张景莹）

**【支持地方重点建设项目】** 在全国信贷投放收缩的情况下，全年争取信贷规模83亿元，信贷投放量和增长比例均高于往年，创分行历史新高。新增发放中，向宁东能源重化工基地、电力、煤炭、交通等领域放款168.8亿元；向风电、光伏发电、污水处理等领域放款55.3亿元，其中风电和光伏发电贷款约占全区85%以上，有力支持了自治区新能源产业发展和节能减排任务的完成。（张景莹）

**【支持民生富民项目】** 全年共计向灵武羊绒、盐池惠民微贷、红寺堡农户养牛、固原六盘山薯业、宁夏金河乳业、灵武长枣产业化项目等发放中小企业贷款6.6亿元，支持中小企业1680户，尤其是红寺堡、盐池等地农户牛羊养殖业成为当地农户脱贫致富的重要途径，并得到区内外主流媒体深度报道。全年加大中低收入住房支持力度，发放贷款11亿元，建设中低收入住房182万平方米；发放生源地助学贷款9678万元，帮助18313名贫困学生解决了上学难问题，成为区内唯一一家大规模支持中低收入住房和生源地助学贷款的金融机构。（张景莹）

**【加强规划合作】** 作为自治区“十二五”规划编制小组成员中唯一的金融机构，国家开发银行宁夏分行全面参与了地方各级政府“十二五”规划编制工作，主动跟进蒙陕甘宁能源“金三角”规划、陕甘宁革命老区振兴规划、宁夏沿黄城市带规划等重点规划编制。向宁南生态移民配套水利骨干工程——宁夏中南部城乡饮水安全水源工程承诺贷款2000万元专项用于前期立项研究。（张景莹）

**【推动国际合作】** 作为支持第一届中阿经贸论坛的协办单位，国家开发银行宁夏分行利用全行国际化的经营网络，推荐多家海外机构参与此次论坛会议，同约旦、叙利亚、毛里塔尼亚等代表团进行了座谈，促进中阿双向开放。在引进来的同时，分行积极推介宁夏发电集团走出去，支持地方骨干企业利用国外资源和市场发展壮大。（张景莹）

**【开展综合营销】** 利用国家开发银行宁夏分行“债券银行”的优势，以主承销商的身份，完成了银川市15亿元城投债和国电宁夏英力特集团10亿元中期票据的发行，发行利率均为同期品种最低利率，在拓宽债券市场融资渠道的同时，大幅降低了企业融资成本。按照商业化转型的要求，分行启动了票据、租赁、企业理财等业务，服务手段更加多样化。（张景莹）

## 中国农业发展银行宁夏分行

**【概况】** 2010年，农发行宁夏区分行各项工作取得了突出成效。全年账面赢利突破2亿元，经营效益再创历史新高；全年无新增不良贷款，实现不良贷款“双降”；中间业务收入持续攀升，人均名列全国农发行系统前列。截至年末，全行各项贷款余额91亿元，比年初增长11.6%；各项存款（含同业存款）余额50亿元，比年初增长4.5%。全面完成各项业务经营绩效考评指标：人均利润63.6万元，同比增加6.5万元；资产利润率1.9%；成本收入比23.3%；不良贷款余额下降率34.1%；不良贷款率0.6%，比年初下降0.45个百分点；人均存款余额1000万元；人均中间业务收入2.5万元，同比增加1.4万元。（王孝伟）

**【支持粮油购销储备】** 在粮油收购市场面临严峻挑战的情况下，坚持“多收粮、收好粮、防风险”，对收购数量早预测，资金计划早落实；建立粮油收购资金贷款审批“绿色通道”，确保收购资金及时足额供应。全年累计发放粮油储备贷款26411万元，支持购入中央、自治区储备粮油 15083 万公斤。完成政策性跨省移库计划 5 批,划转政策性粮食跨省移库贷款 35145 万元、粮食 20897 万公斤。累计发放粮油收购贷款 71611 万元,同比多发放贷款 14959 万元,支持企业收购粮油 62779 万公斤,同比多收购粮油 3987 万公斤。

(王孝伟)

**【支持特色优势产业】** 加大对符合国家、自治区产业政策,辐射带动作用强的羊绒、生物发酵、优质粮食加工等特色优势产业的信贷支持力度。全年累计发放产业化龙头企业和加工企业贷款 140670 万元,支持农业产业化龙头企业和加工企业 12 家。据统计这 12 家企业实现年销售收入 454225 万元,利润 43087 万元,出口创汇 9950 万美元,上缴税金 11257 万元,解决就业人员 4518 人。此外,发放 1.5 亿元的化肥储备贷款,支持储备化肥 7 万吨,保障了春耕及追肥时节的农业生产用肥。

(王孝伟)

**【支持农业基础和新农村建设】** 累计发放农业综合开发和农村基础设施、县域城镇建设中长期贷款 106330 万元,用于支持农村路网、农民新居、生态治理、水利工程、公共事业等 19 个重点项目建设。一是围绕打造“黄河金岸”,发放贷款 4.5 亿元,支持沿黄堤防和农村路网建设项目 6 个,改造黄河堤岸 42.5 公里,新建和改建农村道路 99 公里。二是围绕塞上农民新居建设,发放贷款 1.4 亿元,支持土地储备整治项目 2 个,支持农房改造、村庄规划整合项目 1 个,新建安居工程房 7.5 万平方米,改善 1000 户困难农民的生活居住环境;支持农村教育项目 1 个,解决了 2000 名学生的上学问题。三是围绕水利和生态建设,发放贷款 47330 万元,支持生态防护林、沙漠化治理、湿地恢复、特色农业基地建设等项目 7 个,治理沙漠石化面积 11.5 万亩,增加绿地面积 2.7 万亩,改良土地 5.7 万亩;支持泄洪排涝补灌项目 2 个,新建防渗渠 11 万米,修缮疏浚沟渠 90 万米;支持建设红枣、葡萄生产基地 2 处,有效改善了农村生产生活条件。截至年末,农村基础设施建设、农业综合开发和县域城镇建设中长期贷款余额达 509981 万元,占全行贷款总额的 56.03%。 (王孝伟)

**【信贷资产质量保障】** 一方面,严控新增不良贷款。加强政策性和准政策性粮油贷款的库存监管,严格落实粮油贷款企业自主收购商品粮油“双结零”制度,全行连续 5 年实现了上年度粮油贷款本息、库存“双结零”和回笼货款收贷收息率 100% 以上的管理目标;严格落实分期还贷制度,及时足额收贷收息,全年中长期贷款收贷收息率均达到 100%;全面启用法律审查程序,全年进行信贷担保法律审查 63 笔,涉及贷款金额 252975 万元。另一方面,下大力清收存量不良贷款。坚持一企一策,采取现金清收、借助政府组织优势清收、诉讼保全、以资抵债、呆账核销等手段全面清收不良贷款,使不良贷款余额下降率达到了 34.1%;不良贷款率比年初下降了 0.45 个百分点,11 个分支机构中有 9 个实现了不良贷款“结零”。

(王孝伟)

**【基础管理】** 一是加强信贷监管,提高办贷质量。严把贷款准入关,对条件不具备、指标不达标、风险大和超业务范围的项目不予支持,对不符合节能环保要求的企业果断实施退出,对产能落后的项目经技术改良后方能予以信贷支持。全年审查贷款 106 项,退出环保不达标及经营管理不善、抗风险能力弱的客户 13 家。同时,坚持推行信贷独立审查官列席贷审委会议制度和特聘律师参与贷款全过程措施,提高了办贷的科学性。二是清理规范政府融资平台贷款。全面完成了地方政府融资平台贷款分解数据、分析定性、汇总报表等工作。就涉及本行的 27 个地方政府融资平台公司的存量贷款,补充了合法有效的第二还款来源,落实了存量贷款风险缓释措施。三是全年信贷资金运用率达 112.23%;财政补贴资金综合到位率 100.1%;加强营销低成本资金存款,全年营销各类存款 504654 万元,同比增加 21621 万元。 (王孝伟)

## 中国工商银行股份有限公司宁夏分行

**【概况】** 2010 年,按中国工商银行考核口径,拨备前利润同口径同比增长 36.3%,经济增加值同口径同比增长 36.4%,高出系统内平均水平 7.8 个百分点。各项贷款较年初增加 63.3 亿元,增长 22.9%。各项存款较年初增加 63.13 亿元,增长 24.7%。实现中间业务收入 2.31 亿元,同比增长 33.6%。清收处置不良贷款 0.36 亿元,不良贷款率降至 0.3%。在总行 2010 年度分行绩效考评中,分行考评等级由上年的 E-级升至 D++级,跃升了 8 个级次,位居系统内一级分行第 19 位,列西北五省区分行第一。 (杨 磊)

**【信贷结构调整】** 一是强力推进“信贷扩户工程”,促使信贷客户结构和收益结构调整取得突出成效。在继续大力拓展大企业、大项目的同时,有的放矢地推进中小企业优先发展战略。全年新增公司客户 170 户,其中新增中小企业客户 161 户,中小企业贷款较年初增加 39.25 亿元,结构比重为 34%,同比提高 10.23 个百分点;中小企业贷款综合收益率平均达到同期限档次基准利率上浮 40% 以上。二是认真落实“五个重点支持”,积极主动调整信贷行业结构和产品结构。高效支持自治区“一号工程”以及在建、续建已签约重大项目建设,在服务自治区经济健康快速发展与结构调整及战略性主导产业中倾力发挥了一家大银行的骨干作用。全年累计发放公司和个人贷款 217 亿元,其中煤炭、电力、城建、交通等基础设施领域净增贷款 15.81 亿元,占全部公司客户贷款净增额的 31.5%,基础设施领域以外行业新增贷款占公司贷款净增额的比重达到 68.52% 且分散到近 20 个行业中,余额占比由 24.1% 提高至 32.5%。将贸易融资作为企业法人客户短期融资的主要方式,依托核心企业杠杆作用全力撬动上下游企业供销链融资业务,推动中小企业、贸易融资规模和品种实现多维突破。贸易融资余额增长145%，占法人客户贷款比重为10.6%，占流动资金贷款比重达37.2%。进一步改进了消费信贷服务模式和定价机制，积极支持居民合理消费需求，年内个人贷款增加22.03亿元，贷款余额占各项贷款的比重达16.8%。其中个人消费贷款增幅达345%，超过个人住房贷款增幅近3倍。

（杨 磊）

**【经营管理】** 一是继续深化网点支行扁平化改革和渠道建设，进一步锻造存款业务竞争发展的优势。年内新打造网点支行6家，总数达31家。31家网点支行各项存款共计增加22.89亿元，其中储蓄存款增加16.4亿元，结构比重分别达36.3%和59%。银川地区各行储蓄存款增量市场占比继续保持同业首位。探索实施了石嘴山支行营业网点经营机制创新，取得了较好的试点成效。全年共装修改造营业网点15家，其中新建贵宾理财中心5家；打造离行式自助银行11家，新增ATM机70台，布放POS机1064台，基本构筑形成了辐射“黄河金岸”产业带的立体化渠道服务架构。二是健全完善负债业务创新发展的战略执行体系，协调推进储蓄存款“赶超计划”和对公存款“稳户+扩户”工程。大力实施个人客户发展战略，加快综合营销服务平台和营销系统建设，力促个人客户多元化发展。年内个人四星级（含）以上客户增长55.9%，四星级以上客户占比和金融资产大幅跃升。进一步推进结算账户发展工程，全年净增对公结算账户2814户。在加快信贷扩户和结算账户扩户的同时，积极延伸拓展大中型客户的上下游供销链企业，综合运用工商行先进的网络系统、个性化金融解决方案等增值服务，深度挖掘公司和机构客户存款。

（杨 磊）

**【各项业务】** 一是理财产品发行量、业务规模和收入进一步领先竞争对手，极大地丰富和满足了区内广大客户的投资理财金融需求。二是着力推进了“强个金”战略，创新优势进一步显现。在个人中高端客户规模和个人贷款业务规模快速壮大的同时，个人中间业务年度收入额首次破亿。信用卡发卡量、消费额、透支额均大幅度增长，同业占比位居市场领先地位。三是结算与现金业务在结算账户、现金管理、理财、贵金属等领域已整体确立了市场引领地位。四是国际业务竞争力快步提升，国际结算量、结售汇业务量分别增长69%和65%，国际贸易融资发生额和余额市场占比双夺第一。五是电子银行二次创业取得突出成效，客户规模快速壮大，电子银行交易额达同比增长43.84%，业务占比达提升2个百分点，成为交易的主渠道。六是投行年金托管业务进入创新发展快车道，公司类中间业务收入同比增长71.2%，中小企业类中间业务收入同比增长85.5%，收入额跃升至各专业条线第二位。重组并购、债务融资工具、信贷资金托管等新业务竞争优势充分显现，资产托管规模及其业务收入同比分别增长5.8倍和5倍。

（杨 磊）

**【机构建设与管理】** 一是进一步强化了“分行－支行/网点支行”两级架构格局。继续深化了公司客户、无贷户与机构客户、国际业务客户分层分类营销体系建设。健全了支行内部等级管理办法，改进了绩效考核、薪酬激励机制，对全行价值增长和经营转型的导向和杠杆作用进一步显现。充分发挥中后台部门在风险控制和营销支持中的关键作用，既合理把控了信贷投向与节奏，扎实推进了内部评级量化结果在贷款评价、业务审批中的应用，又持续跟进了授信审批流程优化和全流程电子化审批，为服务前台扩户和提质增效提供了有力支撑。健全了员工晋升发展机制、员工工资等级（档次）正常晋升机制及岗位变动薪酬调整机制，打通了员工的晋升发展通道。二是扎实推进运营改革，基本搭建起了价值型运行管理体系。整体完成了集中式、跨机构的授权管理改革，年末各项评价指标均好于系统内平均水平。基本搭建起跨地区、跨网点的业务集中处理平台，为进一步提高运营效率、优化业务布局和推进网点功能转型奠定了基础。顺利投产了会计凭证档案影像管理系统，从严落实了风险分类分级管理机制，运营风险管控能力大大提升。三是全面形成了布局合理、执行有效的服务战略格局。认真执行“服务价值年”活动“十大工程”，完善了服务工作长效机制，服务内涵逐步向注重客户满意度和价值创造转变。在自治区“3·15”满意度调查和银行业协会文明规范服务示范单位评比中，工商行均得到了社会各界与业内人士的肯定与赞扬。

（杨 磊）

**【风险防控】** 按照“三个办法、一个指引”贷款新规，推行了信贷资金发放与监督支付精细化管理，重点加强了对地方政府融资平台贷款、房地产贷款、“两高一剩”行业贷款的风险防控。健全了信贷作业监督考评机制，高密度强化了信贷监测分析预警和监督检查职能，信贷基础管理水平进一步提升。全年压降退出潜在风险贷款4.38亿元，化解“担保圈”风险贷款4.65亿元，清收处置不良贷款0.36亿元。不良贷款率在系统内和本地区同业中始终处于领先水平。继续跟进落实了内控体系建设三年规划任务，修订了扁平化改革子方案、创建了重点关注行管理制度、完善了基层行内控评价机制、落实了营业网点内控管理规定，强化了内控合规管理的长效机制。充分发挥非现场监测与重点关注类准风险事件核查监督的联动功效，切实加大了对重大风险关注事件的防控力度。80%的支行已达到“平安品牌支行”标准。认真推行“技防+夜间联防”新策，有效应对了不法分子针对自助设备盗窃诈骗案件频发的严峻形势。

（杨 磊）

## 中国农业银行宁夏分行

**【概况】** 截至2010年末，全行各项存款余额346.2亿元，较年初增加76亿元；贷款余额222.4亿元，较年初增加43.5亿元；实现中间业务收入2.1亿元，同比增加6147万元；实现经营利润

7.2亿元，同比增盈2.7亿元，增幅58%；22家经营行全部实现赢利。综合考评位居全国农行系统37家一级分行第9位，较上年晋升4位。（王亚军）

【城市业务】 大力实施“7+1”城市行优先发展战略，不断巩固和提升城市主流银行地位。一是以“两大一优”项目为抓手，大力营销和支持驻宁央企、自治区大型企业集团和生产行业龙头企业，成功拓展了金凤万达广场、中盐集团、鲁银投资、宁东尚德太阳能发电公司等优质客户；与兰州铁路局初步建立业务合作关系，实现了铁路系统客户营销的重大突破。全行亿元以上法人客户余额109.34亿元，较年初增加5.63亿元。二是加强对房地产类优质客户的拓展力度。与区内35家房地产企业建立了信贷业务合作关系，房地产类贷款余额50.48亿元，比年初增加17.75亿元，增幅54.2%。其中个人住房贷款净增10.35亿元，余额27.1亿元。三是围绕园区经济和专业市场，充分发挥各级小企业专营机构作用，持续加大小企业信贷投入。小企业贷款余额16.36亿元，比年初增加5.05亿元。

（王亚军）

【县域业务】 着力发挥县域领军银行作用，大力支持县域经济及“三农”业务发展，“三农”业务多项指标名列系统前列。全年累积发放县域贷款56亿元，同比多发放11.8亿元，县域贷款余额达64.2亿元，较年初增加17.9亿元。“三农”业务综合绩效考核列全国农行第4位，较上年提升8位。服务“三农”工作再获殊荣，农业产业化专用卡获中国银行业协会“服务小企业及‘三农’十佳特色金融产品”奖。一是加大对农业产业化龙头企业的支持力度。新拓展2家国家级龙头企业，对国家级及自治区级农业产业化龙头企业覆盖面分别达到76%和47%，提高6.9个和5.8个百分点。累积发放农业产业化龙头企业贷款14.9亿元，余额17亿元，较年初增加3.2亿元。二是不断加大县域房地产及个人住房贷款、助业贷款、农户个人生产经营贷款投放力度，有效满足了县域优质客户资金需求。新增县域房地产开发贷款2.37亿元，余额5.25亿元，增幅82.3%；县域个人贷款余额18.4亿元，同比增长8.2亿元。三是加大农户小额贷款投放力度。新增惠农卡15.7万张、农户小额贷款4.8亿元，累计发卡42万张，覆盖全区50%以上农户、140多万农业人口，农户小额贷款余额13.2亿元。四是有效推动代理新农保业务发展。与7个县区社保部门签订了代理协议，发放代理新农保惠农卡10.8万张，办理代付基础养老金4.2万人、金额680多万元；代理养老保险22万人、金额2420万元。五是不断提高县域综合服务水平。围绕农户方便用卡，共在农村区域布放ATM机等自助设备355台，安装移动POS机933台、转账电话963部，开通电话银行7.8万户、手机银行1.7万户，注册个人网银2万户。并在海原高崖、中宁大战场等地设立了金融服务点，为农户提供查询、转账、结算、信贷、理财等综合金融服务，为落后地区农村金融服务提供了全新金融服务方式。（王亚军）

【中间业务】 全行将中间业务作为战略性业务，以“增加收入、提升份额”为目标，推动业务经营、收入结构进一步多元化发展。中间业务收入跨跃2亿元大关，达2.1亿元，同比增加6147万元。新增电子银行客户58万户，个人网银动户率同比提高9个百分点，企业网银动户率76.1%，跃居全国农行第三；电子渠道分流率（金融性）达到46%，同比提高8.24个百分点。新增信用卡2.2万张，信用卡消费额及卡均消费额分别增长3.21倍和2倍，并荣获2010年宁夏银行卡业务突出贡献奖。累计销售基金、国债、贵金属7.72亿元。实现代理保险保费收入2.5亿元、手续费收入1250万元，“两费”收入市场份额实现“双第一”。（王亚军）

【内部改革】 配合总行顺利完成了中国农业银行股份有限公司在沪港两地的成功发行上市。持续深化信贷审批体制改革，启动了合议会制度，完成了信贷C3系统推广工作，实现了信贷业务全流程、全机构、全品种网上作业。深入推进人力资源综合改革，平稳有序地实施了人岗匹配落地工作和绩效分配制度改革。加强运营管理体系建设，“三大集中”工程稳步推进。优化经营绩效考核机制，提高了价值回报、增量进步和竞争力提升等指标权重，全行效能建设和经营管理水平进一步提升。强化信息科技创新，完成了40多个业务系统升级改造和10多项新系统自主研发，为业务发展提供了强大支撑。

（王亚军）

## 中国银行宁夏分行

【概况】 截至2010年末，资产负债总量跨越200亿大关。全行资产总额214.65亿元，增幅16.9%；负债总额209.91亿元，增幅17%。人民币存贷款稳步增长。人民币各项存款余额173.47亿元，新增13.02亿元，增幅8.1%；各项人民币贷款余额201.45亿元，新增33.74亿元，增幅20.1%。人民币存贷款市场占比得到巩固。资产质量保持稳定。全行本外币不良授信余额1.64亿元，不良率0.8%，分别比上年末降低2200万元和0.29个百分点。经营能力持续提高。实现拨备前利润4.96亿元，增幅28.3%。

（彭　佳）

【金融业务】 认真落实国家宏观调控政策，主动做好“管控、调控”工作，合理把握投放节奏，调整优化信贷结构，最大限度用好用足贷款规模，资产业务实现平稳较快发展。公司金融紧密围绕自治区重点行业、重点项目建设及有竞争力的特色产业发展授信客户，加大公司授信有效投放，全年公司贷款新增22.66亿元。同时稳步推进信贷结构调整，优质行业授信占比上升至40%，授信行业结构、客户结构、期限结构持续优化。（彭　佳）

【个人金融业务】 积极落实国家房贷新政，不断调整贷款结构，进一步丰富个贷产品，努力深化银校国家助学贷款业务合作。截至2010年末，各项人民币贷款、各项外汇贷款分别新增33.75亿元和984万美元，增幅均超过20%。

授信客户中绿色类贷款余额占比达到93%以上。 （彭 佳）

【国际业务】 结合自治区政府关于对出口企业扶持、稳定外贸增长的一系列措施，大力拓展国内商业发票贴现、国内信用证融资、国内融易达、融货达等业务，多次深入企业开展重点营销，派出业务骨干深入企业、辖内支行推介产品，为客户设计贸易金融服务方案。同时运用海外协议付款、福费廷转卖、出口信用保险融资等新产品，为企业提供资金支持，并帮助企业规避汇率风险，加速资金周转，有力支持了地区进出口业务的发展。2010年，国际贸易结算量同比增长19.8%；叙做人民币贸易融资同比增加154.1%，外币贸易融资同比增长85.4%。 （彭 佳）

【民生金融服务】 加快产品创新，开展民生金融服务。依托当地具有民族特色的羊绒收购生产加工产业，继续扎实有效地做好羊绒收购贷款业务，先后为212户收购户办理了个人投资经营贷款8.96亿元，实现了企业、银行和羊绒收购户3方共赢，达到了预期的效果。同时，缓解了牧民卖绒难的问题，解决了少数民族地区3万多户农牧民的生产和生活困难。 （彭 佳）

【风险防控】 认真执行“三个办法、一个指引”，按照“实贷实付”的要求，加强信贷资金流向监控。高度关注流动性、汇率利率变动、地方政府融资平台、房地产价格波动和产能过剩行业调控带来的信贷风险。充分发挥授信审批在结构调整中的主导作用，加强对战略性新兴行业和新能源行业的研究，提高优质客户授信占比。加强贷后管理，严格控制关注类贷款占比，加大清收处置工作，保证了资产质量的持续改善。认真构筑内控“三道防线”，加强内控建设和安保工作，实现连续10年无案件事故安全运营的良好局面。 （彭 佳）

【服务地方经济】 IT蓝图项目成功投产，流程再造工作稳步推进。进一步完善运营服务平台，持续提高运营及信息科技水平。深入开展“创新金融服务，支持经济发展”“创先争优”等建功立业竞赛活动。积极主动融入地方政府招商引资，为2010中国（宁夏）国际投资贸易洽谈会暨首届中国·阿拉伯国家经贸论坛、宁夏国际节能减排与新能源科技博览会等提供全程、全方位的金融服务。中国银行宁夏区分行荣获“自治区模范集体”“全区稳定出口突出贡献单位”“2010宁洽会暨首届中国·阿拉伯国家经贸论坛服务保障工作先进单位”“全区厂务公开民主管理工作先进单位”等荣誉和奖项，辖属多家分支机构被自治区政府评为“2010年宁夏银行业文明规范服务单位及服务标兵”。 （彭 佳）

## 中国建设银行宁夏分行

【概况】 2010年，实现拨备前考核利润11.09亿元，首次突破10亿元；实现经济增加值3.41亿元；全行各项贷款余额424.58亿元，比年初新增79.67亿元；全口径存款余额达527.57亿元，较年初新增87.84亿元；实现中间业务净收入3.65亿元，同比多增9194万元；十二级分类不良贷款余额10249万元，不良贷款率0.24%，分别比年初下降2689万元、0.13个百分点。 （乔惠婷）

【资产管理】 明确营销重点，储备优质项目，把握信贷投向和投放速度，继续把资产业务作为重点抓紧抓好。认真甄选辖区内优势行业和客户，引导信贷资源向低信用风险产品、资本占用少、区位竞争优势明显的客户倾斜，重点支持信用等级高、资质等级较好、财务状况良好、综合收益高的客户。积极营销新能源、新材料、生物医药等战略性新兴产业，以及符合国家区域振兴规划和建行区域差别化政策的优势项目和客户。积极开展个人贷款营销，对楼盘项目进行清理，向重点楼盘经办行派驻客户经理，在售楼中心现场办理个人住房贷款业务。2010年底，全行公司类贷款余额370.61亿元，较年初新增59.62亿元；个人类贷款余额53.9亿元，比年初新增20.05亿元，增速达到59%，居全国建行系统第一位。 （乔惠婷）

【存款业务】 扩大优质大客户的示范带动作用，集中优势力量，狠抓大项目、大客户的营销服务，切实发挥宁东项目群等一批行业龙头企业的存款支撑作用。大力营销新客户，积极培育新的存款增长点。以“民本通达”业务为基础，以银政、银企关系为突破，搭建正式合作平台，建立客户推荐及信息交流共享机制，有效拓宽营销渠道，积极拓展客户群体。突出重点，抓好优质基本结算户开户单位的代发业务，以龙卡通、结算通为载体，增加结算量，拓宽个人存款来源。狠抓理财产品这一存款“蓄水池”，实现客户存款与理财产品之间的良性循环，为存款持续增长提供储备。大力拓展个人基本客户，以OCRM系统为抓手，做好中高端客户精细化维护，有效挖掘个人基本客户的潜在贡献度。将存款任务落实到人，落实到客户，加大存款激励措施，优化绩效考核办法，将有限的财务资源用于存款考核，充分调动和激发员工吸存的积极性和主动性。截至2010年底，一般性存款余额490.59亿元，比年初新增82.65亿元。其中，企业存款余额286.65亿元，比年初新增50.46亿元；储蓄存款余额203.94亿元，新增32.19亿元。

（乔惠婷）

【中间业务】 加大中间业务的考核力度，健全激励约束机制，改标杆考核为标杆激励和重点产品激励双项考核，集中有限资源对总分行确定的重点产品进行重点激励。推动产品创新，拓展新的业务增长点。新型财务顾问、“乾元—日鑫月溢”开放式对公理财产品、金融租赁、现金管理、银团贷款、现金管理系统（财资模块）、对公一户通等业务均实现零的突破；账单服务、现金管理收入成倍增长；建信租赁融资、羊绒商户百易安业务被总行作为典型营销案例在全国推广。挖掘产品潜力，加大投资银行、国内保理、卡及收单业务等重点产品的营销力度，强化资产业务的捆绑销售力度。确定“代理保险业务做大，黄金业务做强，代理基金业务做好，特色理财业务做优”的发展目标，深度挖掘客户,提高产品覆盖率。全行共销售特色理财产品46.62亿元,增幅达1284.8%;销售实物黄金231公斤,增幅为198%;代理基金销售25322万元,较上年同期多销售6351万元;代理保险销售21957万元,较上年同期多销售10813万元。 (乔惠婷)

【国际业务】 加快外汇分支机构建设,新增外汇分支机构6家,实现了对宁夏地区的有效全面覆盖。结合全区产业区划,打造差异化服务品牌,做好产品特色化建设。针对银北地区的机械制造,推广进口贸易融资类外汇产品;借助出口对应结算类产品,支持吴忠地区清真食品、服装等加工产品;推出远期外汇衍生产品,满足宁东地区在技术装备进口及高附加值资源类产品出口方面的需求。加快产品结构调整步伐,加大多种贸易融资类产品和传统高收益产品营销力度。加强本外币联动,先后营销中电投宁夏青铜峡能源铝业集团有限公司、宁夏天元锰业有限公司等一大批区内大型、特大型进出口企业。全年实现国际结算量51134万美元,实现外汇中间业务收入1094.23万元。

(乔惠婷)

【电子银行 信用卡业务】 紧紧围绕"提占比"的重心,推进柜面代发工资业务向企业网上银行渠道的快速迁移。以"建行手机银行,缤纷好礼送不停"等专项营销活动为契机,牢牢把握"账务性交易量"这一关键指标,重点营销网上支付、基金定投、账户金等特色功能。组织开展"全员体验使用电子银行活动",倡导"建行人使用建行电子银行,E时代不用去网点柜台"的理念,要求全行员工开通使用网上银行等电子银行产品。截至年末,电子银行交易量、交易额同比分别增长126%和118%;电子银行与柜面交易量之比达73.1%,同比增加43.63个百分点。电子银行日均交易量4.08万笔,按照每个网点4名柜员,每名柜员日均处理150笔业务测算,相当于68个网点的业务处理能力,电子银行渠道分流作用进一步显现。充分发挥网点主渠道作用,实现银行卡营销的精细化、标准化。推广发行汽车卡和卓越信用卡,开辟较为广泛的客户资源。积极拓展高价值客户群体,钻石卡、标准白金卡、公务卡等重点产品取得较大突破。提高信用卡使用率,实现消费交易额18.58亿元;账户活动率63.3%,在全国建行排名第四位。优化商户结构,重点发展优质及高扣率商户,抓大不放小,提升商户收单业务综合收益率。大力拓展分期业务,全年实现信用卡分期交易额2629万元,分期付款业务实现中间业务收入209万元。

(乔惠婷)

【不良贷款防控】 高度重视信贷资产质量管理,下辖8个直管行中有6个实现了公司类不良贷款"清零";全行个人类不良贷款率0.16%,比年初下降0.19个百分点。推进贷款十二级分类工作,准确反映资产质量风险状况。定期进行贷款风险分类认定,准确评估不良贷款减值损失。积极配合内外部审计机构的信贷审计,减少分类偏离度。综合运用多种手段,集中力量做好重点项目的经营处置。按照"新增多少、处置多少"的原则,做好当年新增不良贷款的处置。加大信用卡催收力度,加强大额账户催收分析及跟踪,积极开展催收竞赛活动,全年累计催收信用卡逾期90天以上账户1535笔228万元。

(乔惠婷)

【操作风险防范】 根据建行总行和银监局要求,抓好"内控和案防制度执行年"活动的实施。组织全行员工梳理学习内控案防制度和文件,以岗位为单元,对照本岗位制度条款和操作要求,梳理业务操作流程步骤、识别关键环节控制点,规范各项业务操作,并采取逐条对照的方法开展自查、互查和抽查,坚持纠查与预防相结合,进一步提升员工内控管理水平和职业素养。推进操作风险与内控自评估工作常态化和流程化,完成柜面业务制度、流程风险后评估工作,对会计、营运管理、个人金融、公司业务、法律合规等各项业务流程进行梳理,并提出有效改进建议。落实11个关键风险点监控检查,做到对基层机构关键风险点的有效监控,切实防范因"管理疲劳"产生的操作风险和案件。提高柜面核算质量,加强对前台操作风险监督,注重风险的深度挖掘,提高稽核工作的专业化、专注性。问题差错率在业务量快速增长的情况下稳步下降,全行综合问题率0.89‰,较上年同期下降32.06%,远远低于总行3‰的控制水平。 (乔惠婷)

【安全生产】 连续6年实现安全运营,没有发生案件和重大责任事故,有力地保障和促进了全行各项业务的又好又快发展。以创建"平安建行"活动为主线,进一步强化安全意识和责任意识。层层签订党风廉政建设、查防案件、安全目标责任书,形成各负其责、齐抓共管、综合治理的工作局面。全行8个直管行、84个网点全部被授予"平安分(支)行""平安网点"称号。强化案件防控责任制,逐步推进案件风险点专项治理活动、防治商业贿赂案件专项活动,围绕重点部位和重点岗位开展自查自纠,堵塞制度缺陷和经营风险漏洞。完善安全生产管理工作措施,防止发生案件和事故。对重点时段、重点部位作重点检查,针对冬季火灾易发、高发特点,采取有力措施,坚决预防和遏制火灾事故发生。加大重大节假日期间巡查力度,组织突发事件应急预案演练。强化责任追究,将轻微违规积分管理作为规范业务经营和员工日常操作行为的重要手段,发挥了较好的警示作用。加强员工遵纪守法、职业操守及风险防范意识教育,组织员工参观金融系统反腐倡廉建设展,举办预防职务犯罪讲座,提高全行员工执行规章制度的自觉性,从源头上控制风险。 (乔惠婷)

## 交通银行宁夏区分行

【概况】 2010年,交通银行宁夏区分行各项存款余额51亿元,较年初增加18.9亿元,增长59%;各项贷款余额37亿元,较年初增加14.7亿元,增长56%;实现中间业务收入2193万元,较上年增加1190万元,增长118.6%;实现经营利润7840万元,较上年增加3940万元,增长101%。 (朱 冰)

【存款业务】 一是大力拓展对公存款。全年新开立账户共计603户,存款8.96亿元,占新增对公存款的66.7%。12月末,对公存款市场份额3.9%,较年初提高0.51个百分点。二是千方百计抓好储蓄存款。每季度制定各项个金业务市场推广活动方案,推出了“个金开门红”“冲锋行动”“铁人五项赛”“激情夏日”等形式多样的个金业务竞赛活动,鼓励全员抓存款。年末AUM余额达到17.03亿元,较年初新增8.39亿元,计划完成率129%。12月末,人民币储蓄存款市场占比为1.2%,较上年末提高0.58个百分点。 (朱 冰)

【资产业务】 一是加强贷款投向管理。根据宁夏产业结构的特点,加大电力客户的授信业务占比和煤炭行业客户的拓展,夯实了授信业务的发展根基。选择区域经济或细分行业居于主导地位的机械制造、燃气、自来水供应、水利等自治区龙头企业,增加信贷投放。新增贷款均符合国家产业政策和信贷政策,信贷资产质量良好,实现了3年无不良资产的经营目标。二是个人信贷业务发展强劲。采取驻点“银川房博会”及新楼盘销售区等措施,与多家房地产开发商建立了稳固的合作关系,大力开办个人住房贷款业务。成立了隶属于个金部的零售信贷管理二级部,明确了部门销售和市场推广职责,鼓励支行在控制好风险的前提下大力开办零售信贷业务。12月末,新增个人贷款3.37亿元,其中住房按揭贷款新增2.8亿元。

(朱 冰)

【战略性业务】 一是通过上门培训和召开“领汇财富”客户联谊会等形式,加强业务联动、扩大营销范围,并先后开办了远期结汇、出口押汇、“慧兴利”对公外汇理财、离岸开证、代理卖方信贷等新业务。12月末,国际结算市场占比6.9%,较年初提升了2.59个百分点。二是继续加强综合经营能力,企业年金业务实现突破;蕴通账户净增数、第三方存管机构客户净增数、银期转账机构客户净增数均超额完成全年任务。坚持表外业务与表内业务一起抓,邀请著名主持人王刚举办世博贵金属签售活动,取得良好反响。12月末,公司、个金和国际条线实现中间业务收入同比增幅分别为127.7%、124.3%和70.3%,中间业务计划完成率146.7%,系统内排名第一。 (朱 冰)

【电子银行】 一是要求全员学习电子银行知识,人人都是电子产品经理,人人会用电子银行,积极推进电子银行建设。在总行2010年电子银行业务知识竞赛中,经过片区晋级赛等环节的激烈竞争,在全国总决赛中以第六名的优异成绩荣获团体优秀奖。二是高质量建设自助银行,新建成6家离行式自助银行,人工网点和自助银行比例达到1:3,初步形成自助渠道网络。把发展特约商户作为渠道建设的重要内容。三是结合部分个体商户使用网银批量购货的习惯,持续开展“交行网上支付,成就网络达人”活动,以网上支付促网银签约。抓住手机银行无卡取款和手机号码转账的独特功能,以产品特色优势,贴近客户服务。 (朱 冰)

【风险防控】 一是对客户提前介入、甄别,对客户及业务的风险点进行提示,并根据客户的经营特点,优化授信方案,有效调整授信业务的担保结构和期限结构,信贷资产抵御风险的能力大大增强。严格落实授信新规,及时制定下发了各类授信业务指导意见,通过授信管理通知书的形式,对授信流程和操作管理、内部评级、专项风险排查等进行规范。二是持续开展贷后监控和风险排查工作,认真落实减退加固工作计划,有效消除了业务运行中的风险隐患。三是加强操作风险管理。积极推进操作风险管理项目的实施,认真执行“会计主管双委派制”,与基层会计主管签订重大会计风险环节防控责任书,确保各项责任要求落实到位。组织全体员工认真学习操作风险知识,加大操作风险知识普及力度,并积极参加全行操作风险知识考试,通过率达100%,取得系统排名第二的成绩。四是开展“依法廉洁从业、遵守职业操守”宣传教育活动、“内控和案防制度执行年”活动,教育干部员工防微杜渐,增强廉洁从业、守规经营的意识。 (朱 冰)

## 中国邮政储蓄银行宁夏分行

【概况】 2010年,全区邮政储蓄银行金融业务收入实现2.39亿元,同比增长33.8%,完成年计划的115.5%,其中银行自营业务收入1.11亿元,同比增长59.2%,完成年计划126.3%,较2008年邮政储蓄银行成立之初翻了一番多。2010年,个人储蓄存款余额达到83.32亿元;信贷业务从无到有,队伍由弱变强,社会影响和业务规模快速扩大,累计放贷20亿元;一批优秀的大客户、大项目成功开发,多元化的客户结构逐步形成,对公存款初具规模,余额达到11.5亿元。同时,一批适应商业银行发展的理财、结算等中间业务相继起步并快速发展。积极实施全员素质提升培训工程,开展业务知识和专业技能培训163期7100人次,尝试招录志愿者和村官10名,进一步优化了员工队伍结构。“好借好还”小额贷款信用村建设取得良好的经济效益和社会效益,树立了“好借好还”的品牌优势,受到社会普遍关注,小企业贷款业务的正式开办以及网上银行的成功上线,进一步拓宽了服务渠道,社会地位和品牌形象显著提升。2010年荣获自治区政府“支持中小企业发展突出贡献奖”。(李彦京)

【客户结构调整】 以信用卡、淘宝卡、绿卡通卡、商易通为抓手,以跨年度竞赛、刷卡有奖活动等为载体,组织节日拜访和大客户深度营销,稳步实施了小额账户收费,巩固了个人储蓄规模,客户结构得到有效调整,优质客户占比大幅提升。年末万元以上的客户比例从年初的20.8%提高到26.1%。

(李彦京)

【扩大资产业务规模】 深入推进分区包片宣传营销模式,加快信用市场、信用村建设,积极实施零售信贷示范行建设,规范业务流程,完善激励约束机制,以小额贷款为核心的零售信贷业务经营能力初步形成,信贷产品体系日趋丰富,树立了“好借好还”的品牌优势。全

年发放贷款10亿元。同时,小企业贷款业务在银川市分行正式试点开办,进一步拓宽了资产业务服务渠道。(李彦京)

【提升服务能力】 突出抓好核心竞争能力建设,科学统筹,加大投入,进一步提升了基础能力。网点渠道建设加快实施。制订年度网点建设、投资计划,科学调整网点布局。电子银行渠道进一步拓展。网上银行成功上线进一步丰富了电子服务渠道,个人网银用户注册量达到25138户。全力推进原有系统优化和新系统建设,有力提升了金融网络系统的处理能力和产品服务能力。邮政储蓄2.0版本第二阶段改造,商业票据、集团客户现金管理、公司信贷等系统上线有效支撑了业务发展;个人网上银行、网汇通二期等系统上线拓宽了服务渠道;公司业务会计稽核、终端数据传输加密、个人信贷审计等系统上线支撑了风险内部防控。(李彦京)

【规范化服务】 完善服务规范基础制度,建立服务质量考评奖罚机制,启动“神秘人”检查制度,使服务规范活动向深度推进。在自治区2010年民主评议政风行风工作中,宁夏分行名列服务窗口评议第二名。在总行网点规范化服务双星评选活动中,区分行直属支行荣获“服务明星支行”称号,石嘴山市朝阳支行张敏等3人荣获“服务明星个人”称号。吴忠利通区支行、平罗县支行等8个支行荣获“宁夏银行业文明规范服务示范单位”称号,其中区分行直属支行、银川市西城区支行被推荐为中国银行业“千佳文明规范服务示范单位”。(李彦京)

【风险管理】 深入开展“业务行为规范年”活动,以信贷、对公结算业务合规操作手册为标准,推动业务条线开展自评估活动,开展合规征文、事例汇编等主题活动,加大合规宣传力度,将风险管理关口前移,合规经营意识进一步增强。加强授权管理,规范业务经营活动。成立区分行不良贷款资产保全中心,启动资产保全工作。积极落实反洗钱制度,提高法律事务对经营发展的支撑服务作用。严格执行人民银行、银监局、证监局等监管部门的外部检查要求,对查出问题逐一认真分析落实,整改工作得到了监管部门的肯定。(李彦京)

# 宁 夏 银 行

【概况】 2010年,全行资产总额443.08亿元,比年初增加76.19亿元;各项存款余额384.21亿元,比年初增加87.66亿元;各项贷款余额251.79亿元,比年初增加50.27亿元;实现拨备前利润9.58亿元,较上年增加2.57亿元。资本充足率14.85%,不良贷款率0.99%,监管指标全面达标。年末,宁夏银行在全区金融机构存款市场占比14.35%,列第二位;增量市场占比10.06%,列第五位。(李益华)

【监管指标】 注重科学理性发展,坚持安全性、流动性、赢利性协调统一,按照“资本充足、治理完善、内控严密、营运安全、功能齐全、服务和效益良好、经营特色鲜明”的标准,着力提高监管评级等级。年末,资本充足率14.85%,比2004年提高10.01个百分点;不良贷款率0.99%,比2004年降低11.61个百分点;贷款损失准备充足率386.2%,比2004年提高386.17个百分点;拨备覆盖率322.9%,比2004年提高304.34个百分点;单一客户贷款集中度9.2%,比2004年降低116.09个百分点。监管指标全面达标。(李益华)

【存款业务】 面对市场资金趋紧、同业竞争激烈的经济金融环境,宁夏银行强化业务督导、拓宽融资渠道、完善监督体系、提升服务效率。建立存款业务和贷款业务联动发展机制,发挥理财业务优势,吸引优质客户资金。年末,各项存款余额384.21亿元,其中对公存款273.27亿元,比年初增加82.74亿元,储蓄存款110.94亿元,比年初增加4.92亿元。(李益华)

【信贷业务】 全行认真贯彻落实国家宏观调控政策,坚持控制总量、均衡投放、优化结构、确保质量,促进信贷业务健康发展。一方面继续支持全区优势行业、优质客户及重点建设项目,另一方面倍加重视发展中小企业信贷和个人类贷款业务,逐步形成了大中小客户梯度有序的发展格局。同时,进一步调整贷款准入标准,加大对战略性新兴产业、节能减排绿色产业的支持力度,严控潜在风险较大领域贷款,对“两高一剩”行业推行名单制管理,对政府融资平台贷款进行清理和规范。2010年,全行各项贷款新增50.27亿元,累计发放各项贷款249.96亿元,同比增长26.1%,保持了对社会和地方经济发展应有的支持力度。(李益华)

【赢利水平】 全行持续推进经营结构调整和发展方式转变,加快产品创新,优化客户服务,严格成本控制,加强风险管理,进一步拓宽了收入来源渠道,赢利结构得到优化,经营效益显著提升。2010年,实现拨备前利润9.58亿元,较上年同期增加2.57亿元,实现利息收入22.3亿元,同比增加4.41亿元。此外,通过加快业务创新和转变发展方式,全行实现投资收益2.06亿元,同比增加0.63亿元。(李益华)

【资金运营】 在宏观政策紧缩、债券市场收益率和资金面波动大的环境下,宁夏银行深入研究宏观经济政策,把握投资机会,加强利率管理、调整资金结构、优化投资组合、提高运营收益,投资、票据贴现和货币市场业务呈现快速健康发展势头。2010年,共完成交易量6795亿元,同比增加3032亿元。交易量排名第96位,位列全国城市商行第32位,西北城市商行第1位。实现资金业务净收入3.71亿元,同比增加1.2亿元。年内,累计办理贴现102.63亿元,再贴现7.06亿元,实现贴现利息净收入7264万元,同比增加2462万元。(李益华)

【国际业务】 2010年,宁夏银行加强业务营销,扩大网络覆盖范围,继续发挥国际结算速度快、贸易融资便利、高效审批的服务优势及多项措施吸引客户资源。年末,共完成国际结算量2.14亿美元,同比增长47.6%;结售汇2.02亿美元,同比增长42.4%;外汇中间业务收入302万元,同比增加100万元。(李益华)

【电子银行】 完善账户的综合理财服务功能,着力提升客户对"如意银行卡"品牌的满意度和认知度。进一步细分客户群体,挖掘各行业各领域优质客户资源,加强与专业市场担保合作,扩大信用卡发卡量。全年新增信用卡1.2万张,累计发卡突破5.26万张,交易额达到19.85亿元,实现利息和费用收入(不含商户回佣)1241万元,信用卡呆账率(逾期180天以上)0.53%,达到了同业较高水平,实现了规模、质量、效益的快速协调发展。网上银行业务方面,搭建集交易、营销和服务于一体的综合性业务平台。加快产品创新与应用,优化完善网银功能,提升客户服务水平。实现了电子商业汇票功能,上线了企业网上银行查询版、动态口令网银版、商户查询功能,开通了银企对账、众赢理财产品的网上预约和申购等业务。年末,个人网银客户达到1.37万户、企业网银客户达到2870户,网银交易额突破500亿元,手续费收入105万元。96558业务方面,充分发挥渠道汇集和综合服务职能,提升服务窗口品牌形象。2010年交易笔数(含查询)达328万笔,交易金额4927亿元,96558代缴费占全行代缴费业务量70%,服务价值和应用效益日益明显。 (李益华)

【理财业务】 在继续发行众赢理财产品的基础上,2010年又针对机构类客户开发并推出了合赢理财产品,丰富了理财产品体系。逐步构建起理财产品发行、营销、风险控制、信息披露等管理机制,实现了理财产品从立项、开发到运营、清算的全流程管理。2010年累计发行理财产品23期,募集资金15.1亿元。"众赢理财"产品被"中国·银行理财高层论坛"评为2009年度值得信赖的银行理财产品十大品牌之"最佳中小银行品牌"。 (李益华)

【机构建设】 2010年,宁夏银行西安分行按照"站稳脚跟、打开局面、突破发展、安全运营"的工作要求,坚持存款立行、效率优先、强化内控、传承创新,找准市场突破口,健全营销机制,业务发展初见成效。年末,西安分行各项存款余额30.37亿元,新增存款占全行存款增量的32.08%。各项贷款余额15.53亿元,新增贷款占全行贷款增量30.54%。积极开办理财业务,募集资金2.4亿元。逐步打开外汇、电子银行等新业务局面,服务功能更趋完善。加强产品创新、组织模式创新和考核激励机制创新,不断增强经营发展活力,探索异地机构发展新路。11月26日,天津分行获准筹建,开辟了宁夏银行向东部沿海银行学习的窗口,实现了在天津设立第二家区外分行的发展构想。2010年,宁夏地区平罗支行和鼓楼支行相继开业,总行营业部顺利搬迁,网点布局进一步优化,网络覆盖范围逐步扩大。截至2010年12月31日,全区共设有1家分行、36家支行(含营业部)和1家专营机构(小企业信贷中心)。

(李益华)

【基础管理】 一是落实贷款新规。2010年初中国银监会贷款新规"三个办法一个指引"全面颁布,为贯彻落实,宁夏银行建立了以首席风险官任组长的银监会贷款新规贯彻落实工作小组,制定了固定资产、流动资金、个人贷款、项目融资四项管理实施细则,全面修订了20种信贷合同、协议及24种相关格式文本。12月28日,信贷系统二期正式上线运行,支持贷款新规的全面实施。鉴于在贷款新规培训宣传推广工作中的突出表现,宁夏银行被中国银行业协会评为"百佳培训推广机构"。二是完善制度体系。全行从信贷管理、计划考核、风险控制、会计核算、资金运营、信息技术、安全保卫等方面修订制度50余项,保障全行安全稳健运行。三是强化内控管理。全年着重开展了对分支机构1000万元以上法人类授信客户及单笔100万元以上个人类贷款业务、全行授权管理、关联交易及股东贷款、贷记卡透支业务等8项专项稽核。开展会计业务风险监测预警系统专项稽核,逐步从事后监督向评价、分析、预警方向延伸,建立了内控评价的长效机制。四是加强安全生产管理。认真落实案件查防责任制,完善安全管理制度,做好安防设施建设工作,加强押运保安队伍协调管理。全行37家分支机构已有36家领用了新标准《安全防范设施合格证》,安防设施建设达标率97.3%,已连续4年未发生安全事故,安全运营形势得到巩固。 (李益华)

# 黄河农村商业银行

【概况】 2010年,黄河农村商业银行及其控股的县市联社(以下简称黄河银行系统或黄河银行)坚持服务"三农"的市场定位,各项业务稳健发展,经营效益再创新高。一是存贷款规模稳步增长,支农力度不断加大。截至2010年末,黄河银行系统各项存款余额387.5亿元,比年初增加110.8亿元,增长40%;各项贷款余额340.8亿元,比年初增加70.2亿元,增长25.9%。其中涉农贷款余额235.2亿元,比年初增加49亿元,增长26.3%,占各项贷款余额的69%。二是抗风险水平显著提升,赢利能力持续增长。2010年末,全系统拨备覆盖率137.8%,较年初提高42.5个百分点;资本充足率13%,高于监管指标5.04个百分点;实现各项收入39.9亿元,同比增加10.1亿元,增长33.9%;实现经营利润21.5亿元,同比增加7.4亿元,增长52%。 (杨晓莉)

【多元化支农服务方式】 一是积极配合自治区发展13个优势特色产业的战略构想,累计投放涉农资金210亿元,对宁夏澳利优奶牛养殖有限公司、宁夏京昊现代农业科技发展有限公司等有规模效应、有市场销路的农业特色优势主导产业进行重点信贷支持。二是创新合作模式,与宁夏农业综合投资有限公司签订合作协议,实现政府、银行、企业三方联动机制,引导更多的信贷资金、社会资金投向"三农",全年通过合作方式发放小额贷款、绿色信用卡贷款、委托贷款16亿元,扶持优质中小企业做大做强。三是创新担保模式,积极推广"农村土地承包经营权及农业设施经营权抵押"贷款担保模式,已办理土地承包经营权抵押贷款5511户、1.03亿元,使60840亩土地承包经营权成为农户获得贷款的主要担保方式,为扩大农村担保物范围、缓解农村抵押担保难问题开辟了新途径。四是成功竞选社会保障"一卡通"。10月,黄河银行在8家竞选银行中成为全区社保一卡通项目唯一主办银行,顺利开办新农保、新农合代理业务,截至年末已征收新农保53万余户、金额6513.5万元;新农合29万余户、金额2744.5万元,全系统由此吸收财政存款5.2亿元,既惠及了广大农户,又增加了支农资金实力。五是加强信用体系建设,改善农村金融生态环境。全系统共为48万户农户建立了经济档案;评定信用农户8.59万户、信用村255个、信用乡镇29个。为信用户发放"绿色信用贷款证"10万余本,授信余额14.17亿元。（杨晓莉）

**【业务创新】** 一是推出各项电子银行业务。2010年,陆续开通96555电话银行、短信银行、网上银行、电子商业汇票等电子银行业务,以收费低廉、方便快捷、安全高效等优势,得到客户广泛认可。截至年末,电子渠道交易数13万笔,交易金额4.55亿元,对业务的支撑作用日趋明显。二是研发新型信贷产品——"黄河富农卡"。适时推出的"一次授信、循环使用、随用随贷",具有自助贷款、还款功能的"黄河富农卡",在贺兰联社试点3个月即发行1693张,总授信金额达到1.15亿元,有效缓解了农户和工商个体户的融资难问题。三是丰富现有贷款业务品种。为中小企业量身定做联保贷、监管宝、发票通、仓单质押、融地贷等贷款新品种,解决了抵押担保物缺失导致的贷款难问题。（杨晓莉）

**【树企业品牌形象】** 一是继续将公益助学作为履行社会责任的重点,2010年宁夏黄河银行助学基金会再次向贫困大学生捐资775万元,6年来累计捐资额达到2739万元,帮助4808名贫困学子圆了大学梦;先后为新疆雪灾灾区、玉树地震灾区捐助203万元,积极帮助灾区重建。二是成功冠名"黄河银行杯"宁夏首届勇当创业先锋电视大赛,不仅为广大创业青年搭建了实现梦想的舞台,还在全区掀起了一场创业热潮。2010年,6家"精品支行"获全国、宁夏两级银行业协会"文明规范服务示范单位"荣誉称号。特别是在2010年宁夏政风行风评议中,黄河银行以高票取得自治区服务窗口第三名,全区银行业第二名的好成绩。（杨晓莉）

## 中国人民财产保险股份有限公司宁夏分公司

**【概况】** 2010年,全区系统保费收入一举突破10亿元大关,实现11.61亿元,同比增加3.78亿元,增幅48.2%,高于全国系统平均增速19.3个百分点,系统排名第3位,完成总公司计划的134.3%。（林　颐）

**【经营战略和理念】** 2010年初,公司认真分析了面临的优势、困难、机遇和挑战,确立了未来5年"持续打造效益显著、管理精细、作风扎实、创新一流、员工自豪、文化领先的精品分公司"的发展战略,通过制定《持续打造精品分公司实施纲要》、开展战略学习宣导等形式,使"强化五种意识、加强四项建设、完善三个机制"的现代企业经营理念,成为凝聚公司发展的动力。通过举办高级经营管理者封闭式理论研讨班等,使各级经营管理者对"怎么样经营""靠什么发展""如何提升管理"等关系公司未来的核心问题深刻思考,认识逐步提高。引导广大员工在解放思想中想实招、干实事,在转变观念中谋发展、想办法。有效益发展的经营理念得到各级公司、全体员工的广泛认同且深入人心并成为自觉实践。加快发展与防范风险、业务增长与效益提升互相协调的局面正在逐步形成。（林　颐）

**【业务拓展】** 一是在市场拓展上,发挥优势、抢占先机,加强外部沟通协调,在巩固党政机关、企业集团、大型车队等传统优势领域的同时,加大对个人分散型客户的拓展力度,推动业务快速发展,实现车险骨干险种有效发展;密切跟踪大项目、集团客户和标志性业务,重点发展宁东能源化工基地新建和在建投资项目的财产险、工程险业务;承运人责任险、校园方责任险、旅行社责任险和学幼险等主要险种稳步发展。借款人意外伤害险业务实现新突破。力促《自治区农业保险实施方案》出台,为公司今后几年政策性农险业务的健康发展打下坚实的基础。二是在发展方式上,统筹配置、优化资源,拓展了专管专营的范围,在银川市出租车、车行、车管所等专营工作取得经验基础上,积极探索推进银川以外地市分公司车险专管专营工作,提高专业化经营和差异化管理水平。三是在渠道建设上,整合中介渠道业务,通过集中管控与授权经营,在中介渠道业务全面专管专营的基础上,进一步提升市场掌控能力,取得了明显成效。大力发展个代营销业务,有效推进交叉销售,积极推动电子商务集中运营。（林　颐）

**【提升经营能力】** 一是从管理责任和经营导向抓起,与各经营机构签订《年度绩效合同》,将发展目标与管理效益、效率类指标捆绑,实行季度刚性考核,突出过程管理与赢利性指标考核,提高了业务发展的稳定性和赢利性。采取积极的财务政策支持业务发展,强化利润导向,增加利润在薪酬、费用分配中的权重,激励长期有效发展。对经营出现亏损的公司及时启动绩效质询机制,开展"一对一"点评指导。二是从成本核算和预算管理抓起,推行全面预算管理,强化资金、费用预算的全过程刚性管控,优化财务资源配置,实行差异化配置变动费用,大力压缩非生产性开支,支持一线业务发展。三是从重点领域和薄弱环节抓起,完善理赔管理制度和规定,加强理赔数据监控,加大理赔质量检查,开展重点督察,分类指导,不断提高理赔效率和质量。着力强化理赔关键环节管控,完善省集中核损、核赔管理体系,积极推进新的非车险理赔系统和杭州流程控制系统的上线工作,强化了人伤案件的事前跟踪和事后反馈,理赔反欺诈工作取得明显成效。四是从外部市场谋取共赢抓起,主动联合同业主体,实现了《行业费率风险修正系数使用规范》,统一行业承保政策,加快推动行业车险信息共享平台的建设和完善,推动行业车险手续费自律公约。五是从基础建设抓起,把2010年作为公司“数据管理元年”,签订了《数据质量管理责任状》,持续开展数据综合治理工作,数据质量和真实性明显提高。（林　颐）

【深化机制改革】 突出业务结构调整重点,把握关键环节,全面强化赢利基础。一是以业务结构调整为重点,着力推行车险和非车险差异化承保政策,强化产品、客户群、渠道、区域细分,推进选择性承保,优化业务结构,实施产品线业务类别分布控制基准,刚性控制高风险业务占比,有效引导基层公司加快业务结构调整。二是以推进省集中管控为关键,深入落实总公司“四化”要求,积极推进省集中工作,完成了承保中心改建出单管理中心,产品线核保职能得到加强,出单管理进一步强化,积极推进核保、核损、核赔省集中,加强财务集中管控,全面推行资金集中支付管理模式。落实理赔队伍人力资源改革,提高理赔管理的专业化能力。三是以销售队伍建设为抓手,制定并出台了《宁夏分公司2010年营销建设指导意见》,召开营销建设启动誓师大会,强化营销晨夕会管理,优化组织架构,实施有效增员,全年新增营销员近290人,占业内有效增员的80%左右,壮大了营销队伍,探索销售人员动态职级管理,推行营销团队化管理模式,隆重召开实施精品分公司纲要之后的首次营销高峰会,加强专业化和综合团队建设,营销体系逐步完善,销售能力得到提升。四是以推进人力资源改革为保障,从规范用工提高人均效能入手,对基层技术类岗位实行了定岗定编,进一步调整理顺基层一线薪酬,调动了一线员工的工作积极性。（林　颐）

【问责制度】 按照“落实制度、加强考核、严格问责”的要求,认真执行财经纪律“十五条禁令”,切实增强合规经营意识,构筑合规“三道防线”。一是签订党风廉政建设责任状和合规经营承诺书,建立各级机构负责人对业务发展、规范管理、队伍建设等方面的各类违规行为承担第一责任制度。二是组织对监管规定和公司各项规章制度的学习,完善内部管理机制,教育和引导各级公司依法合规经营并促进整个市场秩序的规范。深入开展了合规经营自查自纠、“整肃财经纪律、排查财务风险”“财务业务自查自纠专项检查”和清理“小金库”活动,认真清查和整改在资金、资产等方面存在的各种问题。三是贯彻保监会出台的《保险机构案件责任追究指导意见》,落实各级管理者责任,建立和完善了监督检查问责制度。（林　颐）

【客户服务】 坚持以客户服务标准化建设为主导,牢固树立以客户为中心的经营理念,完善服务效能评价体系,加强监测和考评,推动标准化建设,规范服务行为。强化客户实名制数据质量考核,完善客户档案管理工作,加强CRM系统建设;制定实施重要客户管理办法和客户分级管理服务规范,开展客户评级和分类管理,推行差异化服务举措;建立完善服务监控体系,规范客户投诉管理;扎实推进承保理赔信息客户自主查询制度落实工作;开展金牌服务竞赛、客户节和“岗位大练兵”活动,有效提升了广大员工的服务能力。组织客户参观世博活动,为“宁洽会暨首届中阿经贸论坛”、第二届西部“房车文化节”和“首届中国宁夏国际自驾车旅游节”等自治区大型活动提供唯一保险服务,向客户推介保险产品,丰富客户服务内涵,充分展现了人保财险良好的品牌形象。公司在全区2010年民主评议政风行风活动中获得保险行业第一的好成绩。（林　颐）

## 中国人寿保险股份有限公司宁夏分公司

【概况】 一是保费规模实现了新的突破。实现总保费收入11.5亿元,同比增长14%。其中同心、吴忠、青铜峡等公司保费规模增幅高于全区平均水平,为公司整体业务发展树立了典型。银川分公司银保部业务发展速度迅猛,实现总保费1.4亿元,占全区银保业务规模的41%,为稳固公司银保业务市场份额和整体市场份额作出了积极贡献。二是在全国本系统中增长速度名列前茅。公司总保费增长排名(按新口径)位居全国系统第12位。贺兰、同心、吴忠等公司业务增速较快,分别达到54%、31%、24%。短险业务全国系统增幅排名第十位。其中,贺兰、固原、石嘴山等公司增幅较高。银保业务完成3.39亿元,同比增长20%,增幅全国排名第八位。其中,贺兰、灵武、平罗等公司的增速较快;三是核心业务创历史新高。实现首年期交保费2.37亿元,同比增长57%,其中,个险首年期交业务达1.1亿元。其中,贺兰、中宁、青铜峡等公司同比增长高于全区平均水平;银保期交业务实现保费收入1.26亿元,同比增长168%,增幅全国排名第三位;公司在全国率先实现了总公司下达的银保专销任务目标,为银保转型增效带了好头。四是短险赔付率控制有效。尤其是银川、平罗等公司有效控制了短险赔付率,简单赔付率低于全区平均水平。五是重新夺回市场份额主导地位。公司寿险市场份额达到33.8%。银保长险首年市场份额44.8%,依然占据着市场主导地位。六是大型企业年金业务取得了前所未有的成绩,实现基金总规模1.2亿元。（蕙　宁）

【队伍建设】 公司将队伍基础建设作为一项长期性工作来抓,队伍建设取得了较好突破。一是个险渠道将增员育成工作固化到经营单位的日常管理之中,进一步细化了初级主管育成训练营的操作思路和操作流程,实现了训练营操作目标、操作流程、实施方式、考核指标的标准统一,丰富了操作工具和训练专题。一年来,个险渠道先后出台了一系列增员办法和方案,采取强有力的措施,全年实现新增持证人力1244人,尤其是第四季度新增持证人力687人。其中:区分公司本部通过角色转变,积极挖掘潜力,实现实增人力71人,同心、海原、青铜峡等公司增员工作措施得当,效果显著。二是团险渠道现有人力76人,继续保持了较为稳定的人力规模。三是银保渠道按照“精干高效”

的原则,有效提升银保队伍的竞争力和战斗力。截至12月末,全区银保渠道销售队伍有效人力达313人,销售队伍数量与2009年底相比翻了一番,客户经理的整体素质也得到了切实提升。特别是银川分公司银保部在队伍建设方面成效显著,客户经理总人数达到133人,理财经理40人。四是在加大队伍扩张的同时,公司狠抓教育培训工作,举办各类培训56期,受训人数达3976人次。通过各层级培训,使销售队伍的业务素质和销售技能普遍得到提高。青铜峡、永宁、贺兰和固原地区各公司重视培训工作,严格执行送训制度,送训人员多、质量高,培训效果明显。（蒽 宁）

**【管理改革】** 一是绩效考核和薪酬分配更加科学。在费用政策、工资总额上加大了向业务一线的倾斜力度,建立了销售管理人员与首年费用,销售人员与销售业绩,非销售人员与公司整体经营效果直接挂钩的薪酬激励机制,按照多劳多得的原则,严格考核,按月发放,充分发挥了薪酬的激励导向作用。二是进一步明确了组织架构和管理体系,基本构建了展管分离的管理模式和两级公司的职能定位,实现了县域分支机构业务发展综合化,城区分支机构业务发展专业化。三是对人力资源重新进行了配置,完善了公开竞聘选拔干部的用人机制和员工“双向选择”上岗制度,完善了营销选拔、人才招募、组织选聘、续聘等多种岗位聘任方式。四是员工招聘方面,适度减少社会招聘名额,增加校园招聘,进一步优化员工年龄和性别结构。五是推进定编减员工作,采取“转签合同、有偿解除、考核辞退”等措施,进一步调整了员工队伍结构,逐步建立起了市场化的用人机制。公司获得了全区2010年“规范劳动用工、建立企业劳动保障诚信”优秀企业的称号。（蒽 宁）

**【后援部门工作】** 公司全面实现展管分离,对后援运营工作提出了新的要求,一是开展了员工增员活动,此项活动的开展,让本部员工真正体验到了增员和业务发展的艰辛,增强了机关的服务意识和发展意识。二是业务管理中心积极改变服务措施,对同城柜面和基层客户服务中心出台具体管理办法,加大了考核和监督力度。同时,以支持销售为出发点,出台系列保障措施,通过送培训进职场、开展助飞“2010”服务销售活动、协同三个销售渠道做好投保单规范填写等措施的开展,提升了后援支持销售的服务能力,通过加大对大中城市后援支持措施提升了银川市的竞争力,减少了信息不对称、沟通不畅等问题。另外,后援部门还在优化契约流程、提升保全基础管理水平、加大理赔检查、加强核保风险控制、推进柜面标准化建设等方面,为公司基础性建设工作作出了成绩。（蒽 宁）

**【客户服务】** 客户服务管理中心的电话回访量、回访率和回访处理效能明显提升,截至12月底共完成各类回访共计17.7万件,回访成功率达到87%,呼入业务的人工接通率达96%,回访发现问题已全部处理完毕。提供短信服务240万余条,为公司业务发展提供了有力支持;充实“国寿1+N”服务的内容,积极开展国寿“牵手”系列客户服务和“客户节”活动,加强特约商家管理和国寿鹤卡发放工作。通过“客户节”“钓鱼比赛”等活动的开展,进一步增进了客户感情,进而提升了公司的社会形象。信息技术部门积极配合销售渠道,及时制定了“开门红”信息技术支持方案,加大了互联网短险销售系统和激活卡销售平台系统的上线推广力度,配合总公司完成了生产系统向集电港的迁移和印章等11个系统的全区上线工作。另外,信息技术部门集中人力对全区网络进行了改造,送视频进职场、开发和推广了迅捷投保系统,并开创了电子化投保新模式。（蒽 宁）

**【合规经营】** 一是配合西安审计中心、宁夏保监局、人民银行等监管单位完成各种检查,提高了全员依法合规经营的意识,从制度上、源头上防范和化解了各类风险隐患。二是强化了销售风险防控信息化管理和风险提示,在全区开展了销售人员违法违规案件预防性排查,重点对客户资料真实性、委托代办业务、风险预警排查、银邮代理业务四类销售风险及诚信活动开展情况实施了自查和现场检查,现场检查覆盖率达80%以上。三是认真组织开展巡视工作,认真落实“三个问责规定”;加强了对用人、大宗物品采购等重大事项的监督力度。对部分公司进行了风险防范教育为主要内容的效能监察。四是开展了“小金库”专项治理工作,对虚假费用支出、变相支付销售费用、违规支付手续费进行了自查自纠。五是完成了单证的移交工作和印章的上线管理工作,实现了系统印章上收和单证归口管理,单证、印章风险管控力度不断加强。六是加强收付费管理,新单业务非现金收费占比大幅上升。（蒽 宁）

## 中国平安财产保险股份有限公司宁夏分公司

**【概况】** 2010年,平安财产保险宁夏分公司累计保费3.57亿元,同比增长59.7%,继2009年11月保费突破2亿大关后,2010年11月10日,保费规模突破3亿,创历史新高。平安产险宁夏分公司三大险种全面赢利,六大渠道全面开花,车险保单成本不断下降,人均产能不断提升。（杨 婕）

**【机构改革】** 结合总公司直销升级转型指引及三、四级机构渠道深化发展工作要求,平安产险宁夏分公司充分考虑机构实际情况,对各三级机构结合宁夏地域特点、市场状况、队伍现状、发展潜力等因素综合评估,通过调研、访谈、数据分析等方法,了解机构的实际需求,切合机构的发展状况,对机构渠道发展进行统筹规划。通过直销升级转型及三、四级机构渠道深化工作。（杨 婕）

**【客户服务】** 分公司理赔部车物作业室全体员工继续贯彻执行总公司“车险万元以下,资料齐全,一天赔付”的服务承诺,前后线通力合作,查勘、定损、收单紧密衔接,实现达成率99.8%。2010年分公司为方便客户、服务客户,在定损中心设立专人专岗负责定损、收单,简化手续。分公司将查勘与定损细分，实行查勘与定损工作的分流，优化配置公司人力资源，减少客户定损的等待时长，极大提升了服务时效及服务品质。在查勘环节，分公司要求查勘员严格落实接到报案5分钟内联系客户举措，市区30分钟以内赶到现场，郊区40分钟以内赶到现场的服务承诺。适时推出新的服务举措。为迎接"3·15国际消费者权益保护日"，运营客服部专门成立3·15应急服务小组，加大服务监督力度，认真履行平安承诺。9～11月召开了平安产险第七届客户服务节，以"绿色承诺，服务先行"为主题，开展了网上寻找低碳达人、客户大拜访、客服创意竞赛等丰富多彩的活动。

（杨 婕）

【合规经营】 2010年，在宁夏保监局和行业协会的指导下，宁夏分公司高度重视合规工作，开展自查自纠及整改工作，全面检视内控管理及业务流程的风险隐患，切实改善费率执行、业务财务数据、理赔服务，各级机构密切配合，全体员工积极参与，创建合规经营工作氛围，促进公司健康快速发展；开展全面提高综合管理能力专项工作，以制度为管理基础，完善制度的执行力和一致性，制度规范过程、职能明确分工、执行保证结果，强化风险管控，提高合规经营能力；举办"合规知识竞赛"活动，法律培训、法规问答、全员考试、评选奖励，营造学法、知法、懂法、用法良好氛围；组织廉政教育，参观"金融系统反腐倡廉建设展"，观看《廉政中国》，学习廉政知识，树立反腐倡廉意识。因合规工作基础扎实，获得总公司"2010年最佳内控推动奖"。（杨 婕）

## 中国平安人寿保险股份有限公司宁夏分公司

【概况】 平安人寿宁夏分公司下辖4个中心支公司、7个支公司、11个营销服务部、1个营业部，通过4400余名干部职工为全区50万客户提供全方位的人寿保险保障。2010年全年累计保费收入114126.2万元，赔付支出11496.8万元，其中3个工作日理赔结案率达98%，充分保障了客户权益。在促进社会经济发展、安定人民生活，构建和谐社会方面发挥着越来越重要的作用。

（潘明杰）

【创新服务】 在服务渠道方面。一是3月，平安人寿"信守合约，为您寻找理赔的理由"服务承诺持续升级，提出"三十项最常用服务·网上自助轻松搞定"，为广大寿险客户提供24小时保单自助服务的全新体验。"保单E服务"的升级承诺，可通过网络、手机、电话自助语音等方式，为众多寿险投保人客户提供总计20项保全变更、11类保单查询和网上缴费等全天候自助服务；二是5月，推出移动保全项目，平安人寿保险代理人可以通过E行销系统为客户办理19项保全业务，开创业界先河；三是10月，平安人寿宁夏分公司推出移动展业模式（MIT），通过笔记本电脑、3G网卡、Epos机三种设备的应用让客户体验到即时通过核保、刷卡交费、保单生效获得保障的一种全新展业模式，最快5分钟即可完成从了解客户投保意愿到保单承保生效；四是11月，平安人寿宁夏分公司在银川市场开通新渠道电话销售业务，更全面为银川市场保险客户提供保险保障服务；五是2010年，平安人寿宁夏分公司实行了核保、理赔、保全等方面的100%集中作业，使客户全面了解自己的保单权益，及时对保单信息进行更新；2010年平安人寿宁夏分公司同工商银行、邮政储蓄、建设银行、中国银行、交通银行、招商银行、农业银行、平安银行开通首续期转账业务。通过建行手机交费业务，为客户开通了平安一账通服务，极大方便客户办理各项业务；2010年平安人寿宁夏分公司全面调整体检模式在三级机构设立特约体检医院，全区共计设立9家特约体检医院。方便各营销网点交纳保费和客户体检。在理赔服务方面。2010年，平安人寿宁夏分公司持续推行重大事项应急机制，通过专设渠道开通以及专门的问题处理流程，及时有效地解决了客户关注的重点问题，并且强化理赔温馨服务工程。平安人寿宁夏分公司先后展开了全国异地理赔、理赔报案客户专项服务、住院客户探视、10日未结案件双向通知、结案短信平台通知，开通24小时理赔重大案件报案热线等项目，更方便地为客户提供理赔服务。（潘明杰）

【附加值服务】 在服务方面，全面推进简单、快捷、方便、及时、有效五星服务理念。2010年平安人寿宁夏分公司大力开展VIP客户系列关爱活动，2010年各季度分别组织了观影活动、农家乐采摘活动、德国啤酒节VIP活动、冬钓比赛活动，提高服务质量水平。在持续推广客户服务节系列活动中提高服务质量。6～10月，举行了健康知识讲座、少儿家庭才艺大赛、低碳100进社区、少儿安全知识大赛、少儿千人围棋象棋大赛等系列活动，很好地树立了行业的风范。（潘明杰）

【内控管理】 一是增强法律合规意识。加强经营过程的风险管理，通过对《侵权责任法》《人身保险业务基本服务规定》《保险机构案件责任追究指导意见》等保险法律法规、部门规章的学习与推广，持续深化广大干部员工对法律合规风险的认识。二是夯实内控基础，强化制度建设与执行。保险机构内部控制是保险行业发展的内部保证，通过年度、季度、月度等常规与非常规的方式将内控管理日常化，除了法律合规专业岗位的设置外，各业务系列也设置了风险管理岗位，对于本系列所涉的内控风险进行监督与管控。实行权责明确、激励约束的考核评估体系，通过内控建设与制度执行完善内控管理体系。三是强化诚信理念与职业道德建设。全员通过"保险代理人考试"并获得相应资质，展开保险职业道德的教育、借助开展诚信征文、演讲比赛等方式深化诚信教育，强化职业道德与维护职业形象。

（潘明杰）

【公益活动】 4月，平安人寿宁夏分公司自发组织员工为玉树地震灾区捐款13万元。8月，同心发生严重水灾，平安人寿员工第一时间携带物资奔赴灾区；9～10月，平安人寿宁夏分公司携手自治区青少年发展基金会举行中国平安希望小学支教活动,活动以人文科学为主题,来自全国各地30余名志愿者分五期前往泾源大湾乡平安希望小学进行支教,为山区孩子播种希望的种子,同时斥资两万元对学校操场进行重新铺设,设立宣传栏,配备煤炉等硬件设备;3月15日,平安人寿宁夏分公司被评为消费者服务示范单位。 (潘明杰)

## 中国太平洋财产保险股份有限公司宁夏分公司

**【概况】** 2010年,公司业务保持了持续、健康、协调的发展。全年实现保费收入1.84亿元,同比增长48.6%,完成年预算目标的123.8%。2010年共处理理赔案13760件,支付赔款7541万元,抵御风险能力不断增强,经济补偿能力充分得到发挥。 (田 凡)

**【转方式促发展】** 2010年,宁夏分公司转变发展方式,积极探索销售模式和销售机制的创新,不断完善直销、营销体系建设;注重大项目保险的跟踪和拓展;推动电销、交叉销售业务发展;整合车商渠道建设。积极利用新技术,升级"快易保"和B2B,改变销售方式,促进业务发展;继续密切与中介代理和经济公司的合作,业务范围不断扩展。 (田 凡)

**【抓内控防风险】** 结合总公司内控建设及防范风险的总体要求,在日常工作中注重合规经营的具体实施。加强合规管理力度,完善制度,对核保、核赔、定损、合规及财务人员进行各类专业培训及合规培训,提高专业技能,增强全员依法合规经营意识。组织高管人员学习保监会《保险机构案件责任追究指导意见》,与各分支机构签订了《合规经营承诺书》,所有机构通过了总公司对2009年合规达标的年检复评复核工作。 (田 凡)

**【讲诚信提服务】** 推进诚信建设,改进服务质量,提升服务品质,营造良好的服务环境。完善服务体系,积极开展"以质量构建和谐,以服务创造价值"为主题的服务活动;及时充实理赔现场查勘人员,提高了现场勘查定损效率;加强窗口服务建设,注重服务细节,提高窗口服务标准,提高客户满意度;建立了客户投诉信访工作制度,与分支机构签订《信访工作责任状》,促进了服务质量的提高。2010年中国太平洋财产保险股份有限公司宁夏分公司被宁夏信用建设指导委员会评为宁夏消费服务满意示范单位。 (田 凡)

**【抓改革重创新】** 全面推进人力资源改革。统一规范分公司及辖内组织架构,明确各组织模块职责,完善业务流程衔接,建立健全公司职位、薪酬和绩效管理体系,提升公司整体组织效率。提高公司人力资源管理对专业化管理和市场化竞争的适应能力。 (田 凡)

**【重品牌塑形象】** 全面贯彻实施集团品牌战略,加快系统品牌建设,逐步提高品牌对公司经营管理和业务发展的支持能力。通过VI亮化工程,统一加深公司形象识别,以广告和形象工具传播为手段,以重大活动和事件为契机,通过新闻舆论监督,充分发挥品牌的杠杆和传播作用,提升了太平洋财产保险公司的社会影响力和产品渗透力。 (田 凡)

## 中国大地财产保险股份有限公司宁夏分公司

**【概况】** 2010年共实现保费收入8933.66万元,同比增长31%,目标任务达成率为114%。其中:车险保费收入达到6540.5万元,同比增长35%;人身险保费收入1459.8万元,同比增长16%;非车险保费收入933.3万元,同比增长25%。三大险种占比分别为73%、16%、11%,应收保费连续两年实现清零目标,圆满完成了总公司下达的2010年度各项任务目标。一是保费规模逐年上升,截至2010年末,保费收入8933.66万元,比成立首年翻了四番多,目标任务达成率为114%,同比增速为31%,高于系统平均增速8.13个百分点,三大险种占比分别为73%、16%、11%,发展形势喜人。二是人身险、非车险业务发展稳步提升,2010年,分公司人身险保费收入1459.8万元,列市场第三,同比增速16%,业务结构占比16%,高于行业水平12个百分点,在公司全系统排名第五,连续三个季度在总公司人身险业务责任人考核中,排名全国前6位;非车险保费规模同比增长25%,比系统平均水平高8个百分点。三是自留满期赔付率逐年下降,在总公司理赔责任人考核中名列第三,截至2010年末,全险种精算自留满期赔付率低于系统平均水平4个百分点,年度保单赔付率与上年相比下降17个百分点,其中营业货车、家庭自用车、出租租赁车赔付率均有不同程度下降,业务车险占比低于行业平均水平11个百分点,承保质量逐步提升。四是应收保费逐年下降,分公司自成立以来一直对应收保费采取高压控制态势,在全国34家省级分公司中是第一家实现"零应收"目标的公司,2007年全险种应收率为0.6%,2008年降至0.2%,在大地系统内排名第一,2009年、2010年连续两年实现应收清零。 (赵宁娜)

**【业务发展】** 一是做"精"车险业务,严格控制高风险车型的承保比例和承保条件,在坚决剔除高风险业务的同时,甄别优质业务,从调整车险内部结构入手,重点从控制营业性货车占比、交强险占比、提高效益险别占比三方面进行了核保引擎设置,有效提升了车险业务质量。二是做"强"人身险业务,不断加大业务承保过程化管控,一方面,严格实施承保前风险问询机制,另一方面,努力实现业务跟单、跟人、跟渠道,极力推动核保前置。为鼓励优质大项目和效益险种的发展,销售费用均实行差异化拨付政策,对优质项目和渠道实施点对点费用扶持,公司主动与相关单位多方联系,建立了良好的合作关系,有力地推动了业务的良性发展;三是充分发挥业务政策引导作用,在加大常规险种拓展力度的同时,积极开发新险种,并在基层公司全面推广;四是积极探索创新展业模式,并实行目标责任制和激励处罚机制,将任务层层分解,责任落实到人,充分调动了广大员工的积极性。五是做"稳"非车险业务,公司采取"走出去,请进来"的战略,派专人下各镇点蹲守,多次深入企业进行讲座,实行零距离接触,以优质服务赢得客户的逐步认可,同时通过整合资源,借助和利用行政资源开拓新领域,做好"四要",提升公司在大项目、重点工程、政府采购等业务的竞争力。在抓业务数量的基础上,坚决丢弃屡保屡亏的高风险业务。确保续保业务及时回笼,按月上报续保业务台账,提前介入公关。与相关单位和部门建立友好合作关系,充分把握市场主动。对于已丢失的业务不放弃,列出流失业务明细,找出脱保原因,加大公关力度,改善服务手段,争取全面回流。（赵宁娜）

【队伍建设】 一是提高员工队伍的岗位技能和整体素质,加强员工培训工作,公司先后邀请自治区政府文电信息处做了公文培训、人民银行反洗钱处做了反洗钱工作专题培训,还请自治区发改委领导和保监局局长分别就区内经济形势、"十二五"规划编纂及全区保险行业发展、新时期保险管理人员素养等内容作了专题讲座。为加强销售人员体系化的培训,公司组织辖内全体销售人员进行了两期、共计8天的封闭式集中培训。财务管理部、业务管理部及客户服务部也针对重点工作安排,组织了各种业务培训。二是为进一步建立规范的工作秩序,加强分公司本部与各分支机构的沟通交流,建立有效的协调机制,公司组织各分支机构班子成员到分公司各部门交流培训。三是在业务管理部、客户服务部、计划财务部及综合管理部设置了二级部门,选拔了一批有责任心、有能力的骨干员工担任二级部门负责人(即室主任),使一些优秀员工逐步走上了管理岗位。（赵宁娜）

【客户服务】 一是建立特色服务体系,牢牢把握以服务为核心竞争的大趋势,依托理赔全流程系统,以车险全国通赔和赔案在线查询为基础,建立统一规范、公开透明、快速便捷的理赔服务体系。二是从服务标准化建设入手,进一步提高理赔服务水平,强化理赔队伍建设,提高第一现场勘查率,客户服务形象进一步规范化、专业化。三是服务更加人性化、亲密化。客户出险后,除及时通知理赔人员及时处理外,还会通知该业务经办人员,协助客户办理理赔事宜;对于特大事故在出险后根据案件处理需要提前预付赔款,以解客户的燃眉之急;对于暂时无法来公司投保但电话投保的客户,公司积极协调人员主动上门服务等,提高服务的人性化水平,不断打造服务竞争优势。四是建立信息咨询平台,无论是客户前来公司或来电咨询,都能及时对客户提出的问题作出合理有效的答复,力争做到有问必答。（赵宁娜）

## 安邦财产保险股份有限公司宁夏分公司

【概况】 截至2010年末,安邦保险宁夏分公司全区累计保费收入4499.24万元,其中:车险保费收入4245.77万元,占比94.36%,非车险保费收入253.47万元,占比5.6%。赔款支出693.69万元,同比增加11.6%。（张少鹏）

【合规经营】 一是抓好一个理念,服务前置,提高了员工的服务意识和水平。二是完善了各岗位服务承诺,以服务推动业务发展。三是分公司荣获了消费者满意单位称号和诚信服务先进单位称号,使得分公司服务水平获得了社会认可。四是合规经营工作落实到位,在保险行业协会的检查中,安邦保险宁夏分公司连续两年无违纪违规现象,受到行业协会的表扬。五是积极学习新《保险法》、反洗钱等材料,增强员工合法合规经营意识。（张少鹏）

【客户服务】 服务技能提升。进行服务技能培训,对理赔、财务、出单均进行业务技能的专项培训,在客服内部营造良好的竞争氛围,全面提升客服人员工作技能;建立健全考核制度,基础指标考核指标到人,从各个环节量化客服人员的服务能力,促进技能提升。服务时效提升。践行"万元以下,资料齐全,一天赔付"的服务承诺,理赔时效明显改善,客户满意度有效提升;产险运营集中出单项目有序推动,集中的后援服务平台为客户提供更方便快捷的服务,提高录单服务时效;三级机构成立理赔部,提高处理理赔工作时效;积极配合行业快赔中心的建立,同多家主体比照服务能力,取长补短,提高理赔服务时效水平。（张少鹏）

【队伍建设】 人才引进。岗位招聘倾向客户服务及基层机构,2010年共招聘管理人员2名,各岗位专业技术人员23名,优化了人员结构;多渠道引进40名销售人员,其中绩优人员10名。培训育成。总公司共组织新入职员工培训12期,新入职25名员工均参加培训,并考试合格;总公司组织每周一次的视频培训,使员工及时了解和掌握公司的发展动态和举措。（张少鹏）

【业务管理】 续保管理。成立客户服务事业部,制定续保提升方案;制定周提升目标,在总公司月度经营分析会上进行检视,指标改善明显。单证管理,单证管理工作稳定有序发展,超期未回销率指标健康。日志管理,推行工作日志汇报,使全体人员养成时间管理的习惯。营销规划,改变推动业务发展的模式,实行保费任务月度责任考核,年度责任考核。渠道推动,在巩固传统渠道的基础上,大力拓展汽车、电销、银保等新渠道业务,进行产品创新、服务创新。（张少鹏）

# 城乡建设和房地产业

编辑：范宗兴　杨　云

## 综　述

【概况】　2010年，全区住房和城乡建设工作取得了显著成效，超额完成了自治区党委、政府年初下达的各项目标任务。城乡规划编制管理水平显著提高，沿黄城市带建设成效明显，城镇基础设施建设进一步加强，城镇化进程加快推进，城乡安居工程建设成绩显著，建筑质量安全水平实现新提高，房地产业平稳健康发展，建筑节能取得新进展，全区住房城乡建设事业呈现出又好又快发展的良好局面。沿黄城市带建设、保障性住房建设、农村危房改造等工作走在了全国前列。在自治区人民政府效能目标管理考核中，自治区住房和城乡建设厅荣获自治区效能目标管理考核优秀等次一等奖。　（刘　兵）

【国家项目】　全年共争取国家各类资金11亿多元，其中保障性住房建设补助资金8.5亿元，农村危房改造补助资金1.66亿元，建筑节能补助资金8500多万元。宁夏被列为全国第一批建材下乡两个试点省区之一，银川市被列入国家可再生能源示范城市，石嘴山市惠农区群众文化活动中心被列入国家太阳能光电建筑应用示范工程。

（刘　兵）

【行政效能建设】　自治区人大常委会和自治区人民政府出台了《宁夏建设工程造价管理条例》《宁夏回族自治区物业管理条例》《宁夏回族自治区民用建筑节能办法》《宁夏城镇规划区临时建设和临时用地规划管理办法》等法规和规章，银川市颁布了《物业管理条例》和《城市供热条例》，住房城乡建设系统法律法规体系进一步健全完善。严格执行行政执法责任制，规范行政处罚自由裁量权，深入开展重点稽查执法工作，全年组织房地产和建筑市场秩序整顿、住房保障、住房公积金管理等专项检查49次，查处违法违规案件78件。认真做好行政复议工作，坚持“逢案必调”，进一步提高了行政复议案件办理的质量和效率。　（刘　兵）

【城乡规划编制】　严格执行《城乡规划法》，坚持先规划、后建设的原则，深入开展城镇体系规划、城市规划、镇（乡）规划、村庄规划和各专项规划编制工作，强化规划编制管理，推动城乡规划以城市为主向城乡一体转变。沿黄各市县按照《沿黄城市带发展规划》要求对各城市总体规划进行了修编，完成了银川市、石嘴山市、吴忠市、中卫市、平罗县、灵武市6个城市总体规划修编。银川市城市总体规划通过国家部际联席会议审查，隆德县县城总体规划通过自治区技术评审。编制了沿黄城市带12个专项规划。完成了沿黄城市带发展战略提升策划、黄河文化展示园、中阿经贸论坛永久性会址、华夏石刻艺术展示园等标志性工程的概念性规划设计。制定了“十二五”城镇化发展、城镇基础设施建设、建筑节能和绿色建筑等专项规划，修订了保障性安居工程建设规划、农村住房建设三年规划、城市和国有工矿棚户区改造规划。编制了30多个小城镇建设改造规划和一批沿黄滨河新村建设规划，全区控制性详细规划的覆盖率达到60%，为城乡统筹发展提供了科学依据。　（刘　兵）

【城乡规划编制管理】　严格审查各城市调整或修编总体规划，强化规划实施监管，严格执行规划，加强控制性详细规划编制管理，加大城乡规划效能监察，有效促进了规划依法实施。结合房地产领域违规变更规划、调整容积率专项治理活动，加强控制性详细规划编制管理，加快推进各地规划编制进度，全区5个地级市城区控制性详细规划覆盖率达到75%以上。7月1日，自治区人民政府第69次常务会议研究通过了《宁夏回族自治区城镇规划区临时建设和临时用地规划管理办法》，8月1日起正式施行。《办法》对临时建设和临时用地的范围进行了界定，明确了市县城乡规划主管部门的监管职责，详细规定了临时建设和临时用地规划许可的申请、受理、审查及批准的条件和程序，确定了临时建设、临时用地的使用期限、建设要求、使用期满后的处置办法以及监督检查和法律责任。规定临时建设、临时用地的使用期限一般不超过两年，禁止在批准临时使用的土地上建设永久性建筑物、构筑物和其他设施；经批准延长临时用地期限的，须到国土资源主管部门办理临时用地审批手续，且批准延长的期限最长不得超过一年，只能批准延期一次；临时建设工程规划许可证和临时用地规划许可证，不得作为房地产确权的依据。对单位和个人违反规定的行为给予处罚，并依法追究相应责任。　（刘　兵）

【勘查设计质量管理】　严格落实质量责任管理制度、设计图纸和技术文件质量审查制度、勘查设计后期阶段现场服务制度、重大项目施工图审查复审制度，规范勘查设计工序管理程序、施工图设计文件审查和备案工作，促进全区勘查设计质量全面提高。开展了全区勘查设计市场质量综合检查，对55家区内设计单位的192个项目、6家审图机构的20个项目和18家区外来宁企业的48个项目逐一进行了图纸质量检查，对发现的问题及时进行了处理，提高了勘查设计质量。 （刘 兵）

**【勘查设计评优活动】** 组织开展了2010年度自治区优秀城乡规划勘查设计评选活动，宁夏博物馆、海宝福星苑住宅小区（一期）工程、石嘴山市惠农区锦苑小区岩土工程勘查、黄河（开关站）750kV变电站工程设计4项工程获得一等奖；宁东煤化工基地综合办公楼等12项工程获得二等奖；长庆油田分公司银川生产指挥中心等19项工程获得三等奖；另有17项工程获得表扬奖，3项工程获得专项奖。优秀城乡规划、勘查设计评选活动的开展，对提高城乡规划和勘查设计水平，增强企业技术创新和创优意识，推动全区城乡规划、勘查设计事业又好又快发展，发挥了积极的促进作用和引导示范作用。 （刘 兵）

## 城镇建设

**【概况】** 以提高城市的综合承载能力和竞争力为着力点，大力实施中心城市带动战略，明确城市定位，突出发展特色，完善城市功能，增强辐射带动能力。集中力量做大做强银川市，积极发展石嘴山、吴忠、中卫、固原4个区域性中等城市，加快县级城市和重点城镇基础设施建设，基本构建了以大城市为中心，中小城市为骨干，小城镇为基础的多层次城镇体系，走上了一条大中小城市和小城镇协调发展的新型城镇化道路。中心城市的带动能力明显增强，推进了产业聚集、人口集中、城乡互动。全区城镇化率达到了48%。 （刘 兵）

**【“黄河金岸”项目建设大会战动员会】**

4月13日，“黄河金岸”项目建设大会战动员会在平罗天河湾湿地公园举行。自治区领导王正伟、项宗西、于革胜、冯炯华、李锐出席大会战动员会并为平罗塞上江南博物馆奠基。王正伟强调，要按照城乡、区域统筹的思路，通过实实在在的建设发展，最终实现沿黄市县规划编制、基础设施、产业发展、区域市场、生态建设和公共服务“六个一体化”，全面打造沿黄标准化堤防和生命保障线、便民交通线、经济命脉线、特色城市线、生态景观线、黄河文化线等“一堤六线”新景观，推动城乡统筹、山川共济、协调发展。 （刘 兵）

**【沿黄城市带建设工作考核办法】** 2月25日，自治区人民政府第59次常务会议审议通过了《沿黄城市带建设工作考核办法》，决定对沿黄各市、县和农垦系统年度沿黄城市带建设工作进行全面考核。12月，自治区沿黄城市带发展领导小组办公室按照《沿黄城市带建设工作考核办法》和2010年考核实施细则、评分办法的规定和要求，组织自治区有关厅局对2010年沿黄10个市县和自治区农垦局列入建设目标考核的260个项目进行了全面考核考评。

（刘 兵）

**【自治区党委高度重视沿黄城市带规划建设】** 8月25日，自治区党委召开了专题会议，自治区党委书记张毅、自治区主席王正伟及有关领导听取了自治区住房和城乡建设厅关于沿黄城市带规划建设情况的汇报。汇报会上，张毅强调，建设沿黄城市带、打造黄河金岸是一个高瞻远瞩的大战略、大思路，是推动宁夏经济社会跨越式发展的重要举措，要坚持不懈、一以贯之地实施下去，全面抓好贯彻落实。在沿黄城市带发展建设中，要特别处理好保护、利用、开发三者的关系，把保护黄河金岸的生态环境、自然资源放到首位，在保护的前提下，有序开发利用，实现可持续发展。要做好三个结合，一是把沿黄城市带建设与推进城镇化结合起来，以沿黄城市带发展带动全区经济社会又好又快发展。二是把沿黄城市带建设与招商引资、发展高新产业结合起来，大力推介黄河金岸，吸引各地客商来宁投资置业，承接产业转移，把沿黄城市带建成现代产业的聚集区。三是把沿黄城市带建设与扶贫开发、生态移民结合起来，充分利用沿黄地区的经济优势、产业优势和区域优势，带动中南部地区人口向沿黄城市带流动，实行生态移民、劳务移民、教育移民，有效解决山区贫困问题，逐步缩小地区差距，促进区域统筹协调发展。 （刘 兵）

**【《关于加快推进城乡统筹的实施意见》】** 自治区人民政府印发的《关于加快推进城乡统筹的实施意见》明确提出，到2015年，全区城镇化率达到55%左右，人均GDP达到4万元左右，农民人均纯收入达到8000元左右。加快推进全区城乡统筹发展的重点任务和主要工作，一是统筹城乡空间布局，加快城乡统筹发展总体规划以及各专项规划的编制工作，建立完善的城乡规划体系；二是统筹城乡产业发展，完善城乡产业布局，推进三次产业联动发展；三是统筹城乡基础设施建设，着力改变农村基础设施建设滞后的状况；四是统筹城乡市场体系，重点建设贯通城乡的农产品流通体系；五是统筹城乡公共服务，初步建立起城乡一体的教育卫生、公共文化、社会保障、生态环境服务体系，实现城乡公共服务均等化；六是统筹城乡就业，加快各类创业园建设，完善和强化城乡人力资源市场的公共就业服务能力；七是统筹城乡生态建设，大力发展生态经济，促进人与自然和谐发展。《实施意见》还提出了六大推进措施：一是加快推进产业升级，推进产业发展方式转变；二是深化城乡配套改革，消除城乡二元分割的政策壁垒；三是大力推进城镇化，提升城镇体系的综合服务功能和承载力；四是加快转移农村劳动力，破除制约农村劳动力转移的障碍；五是加快农村新社区建设，努力建成一批规划科学、经济繁荣、环境优美、管理民主、生活富裕、社会和谐的农村新社区；六是加大城乡统筹发展的投入，建立政府主导、社会参与的多元化投融资机制。 （刘 兵）

**【沿黄城市带（群）建设取得阶段性成效】** 2010年沿黄各市县加大投入力度，加快建设步伐，全年共开工建设重点工程260项，完成投资241亿。402

公里黄河标准化堤防全面竣工,508 公里滨河大道全线通车,两岸新增耕地 4.7 万亩,湿地 11 万亩,生态绿地 65 万亩;中卫黄河湿地公园、吴忠新月广场、灵武枣博园等工程已建成投入使用,中宁枸杞博物馆、青铜峡黄河圣坛、青铜古镇、灵武黄河书院、永宁中华回族第一街等项目主体工程已完工,黄河楼、黄河小镇、水工博物馆等一批沿黄标准性建筑和景区、景点加紧建设,银川环阅海建筑群——中阿经贸论坛永久性会址、黄河文化展示园、华夏石刻艺术展示园规划已完成。实行了全区住房公积金异地购房贷款、城市公交一卡通,开通城际公交线路等同城化,以银川为中心的"一小时经济圈"和以 4 个地级市为次中心的"半小时通勤圈"正在形成。充分发挥沿黄城市带的辐射带动作用,吸纳中南部地区人口向沿黄城市带集中,在永宁、贺兰、平罗县建设农民新居 1600 户,集中安置西吉县、原州区的贫困群众 6000 多人。(刘 兵)

**【加强城市建设管理】** 全年完成城市市政基础设施投资 51 亿多元,新建和改造了一大批道路、供排水、供暖、污水治理、垃圾处理等基础设施,城市综合服务功能有了新提升。新建了 8 个污水处理厂,3 个垃圾处理场投入使用,新建公厕 343 座。在银川市启动数字化城市管理系统建设,实现动态管理。各市县深入开展国家级、自治区级园林城市(城镇)、中国人居环境奖创建、"明珠杯"竞赛、特色街区改造年和城乡环境综合整治活动。银川市以创建中国人居环境奖和国家文明城市为抓手,完善城市基础设施体系,强化城市建设管理。石嘴山市开展了"市容环境卫生示范街、示范广场"创建活动,进一步加大城市基础设施、生态绿化建设力度,山水园林城市特色更加明显。吴忠市大力实施城市西移东扩战略,做活"水、路、绿、特、文化、产业"六篇文章,滨河水韵生态城市初具规模。固原市以打造宁南区域中心城市为目标,开展了新区建设大会战,提升了城市综合服务功能,进一步增强了城市集聚效应和辐射带动能力。中卫市加强城市生态绿化景观建设和湖泊湿地保护,荣获了中国人居环境范例奖和 2010 年"迪拜国际改善居住环境最佳范例奖"全球百佳范例称号。青铜峡市、彭阳县获得国家园林城市(县城)称号,银川市获得中国人居环境奖;泾源县和贺兰县金贵镇、石嘴山市惠农区红果子镇、青铜峡市瞿靖镇分别获得自治区园林县城(镇)称号。全区城市建成区绿化覆盖率、绿地率和人均公共绿地面积分别达到 38.3%、35.2% 和 15.4 平方米。(刘 兵)

**【城市建设管理工作现场观摩会】** 9 月 19～21 日,自治区住房和城乡建设厅组织各市县城建、城管、园林、房管等部门的负责人召开了城市建设管理工作现场观摩会。9 月 19～20 日,参会人员现场观摩了石嘴山市、平罗县、贺兰县、银川市、吴忠市、青铜峡市、中卫市、海原县新县城、彭阳县、固原市城市园林绿化、城市基础设施运营、特色街区改造、城乡环境综合治理工作。9 月 21 日,在固原市召开了经验交流会,5 个地级市介绍了城市建设成果和经验,住房和城乡建设厅总结了全区近几年城市园林绿化和特色街区改造取得的成绩,分析了全区与其他省区在城市园林绿化方面存在的差距。(刘 兵)

**【城市供热计量改革】** 自治区人民政府办公厅下发了《关于加快推进供热计量改革的意见》,自治区住房和城乡建设厅会同自治区物价局印发了《关于实施供热计量收费的指导意见》,加快推进供热计量改革工作。从 2010～2011 年采暖期开始,全区新竣工建筑、实施供热计量和节能改造的既有居住建筑、公共建筑和国家机关办公建筑取消以建筑面积计价收费方式,实行按用热量计价收费方式。凡是住宅供热计量收费面积占集中供热总面积的比例低于 25% 的市县(区),不予受理其申报国家和自治区园林城市、卫生城市、环保模范城市、文明城市、优秀旅游城市、节水型城市、可再生能源示范城市、人居环境奖;凡是不按照标准安装供热计量装置、室内温度调控装置的民用建筑工程项目,不得受理其申报"鲁班奖"、住宅性能认定、可再生能源建筑应用示范项目、"广厦奖""西夏杯"优质工程等奖项的评选。对已获得上述奖项、称号的市县(区)和建筑项目将进行复查,没有达到标准的,要求限期整改达标,未整改达标的,一律不予通过复查。2010 年全区共完成供热计量装置安装面积 829.1 万平方米,占全区民用建筑总量的 8%。其中银川市完成了 704 万平方米,石嘴山市完成了 33.7 万平方米,吴忠市完成了 9.4 万平方米,固原市完成了 17.3 万平方米,中卫市完成了 64.7 万平方米。2010 年新建建筑安装供热计量装置面积 534.5 万平方米,占新建建筑总面积的 39%。(刘 兵)

**【11 市县在"明珠杯"城市规划建设管理竞赛活动中获奖】** 在 2010 年度"明珠杯"城市规划建设管理和竞赛活动中,银川市、平罗县、彭阳县获"明珠杯"城市规划建设管理竞赛活动综合奖,石嘴山市获城乡环境综合整治专项奖,吴忠市获特色街区改造专项奖,固原市获城市管理专项奖,中卫市获人居环境改善专项奖,灵武市获园林绿化专项奖,同心县获市政设施建设专项奖,海原县获城市规划专项奖,隆德县获供热计量改革专项奖。(刘 兵)

**【特色小城镇建设】** 住房和城乡建设厅组织各市县和自治区农垦局高标准、高起点编制完成了小城镇总体规划、重点地段详细规划,制定了 2～3 年具体建设方案,会同自治区财政厅拟定了资金补助计划,并上报自治区人民政府批准,全力推进小城镇建设。截至 2010 年底,完成投资 3.9 亿元,开工建设了中宁县石空镇、吴忠市金积镇、青铜峡市叶盛镇等 12 个沿黄特色小城镇和同心县下马关镇、泾源县泾河镇、彭阳县古城镇等 15 个南部山区重点小城镇,加强基础设施建设,同步规划布局产业,建设了一批体现自然特色、地域特点和文化品位,同生态环境协调一致的商贸大镇、产业强镇、旅游名镇,进一步增强城镇辐射带动能力,促进了农村人口和产业向城镇加速集聚。(刘 兵)

# 新农村建设

【概况】 自治区把“塞上农民新居”建设和农村危房改造两大工程作为改善民生、建设新农村、统筹城乡发展的重要抓手，坚持“统一规划设计、统一制定政策、统一建设管理、统一技术服务、统一考核验收”的“五统一原则”，把新村建设与旧村综合整治相结合，坚持由分散向集中转变，自然村适度向大村庄集中，边远村庄向小城镇集中，城郊村向沿黄城市带集中，把危房改造与生态移民、产业发展相结合，同步配套水、电、路、气、太阳能等基础设施，示范推广抗震节能新农宅，农村住房建设取得了显著成效。宁夏被确定为全国建材下乡两个试点省区之一，争取到国家危房改造补助资金1.66亿元。开展了“村校合作”“村企结对”等活动，选拔40多名大学生志愿者为农民提供技术服务和质量监督，动员12家房地产开发企业捐助资金360多万元支持两大工程建设。全年共建成新村40个，综合整治旧村433个，改造农村危房3.38万户，新建轻钢抗震节能体系农宅1000多套，全部超额完成了自治区下达的民生计划任务。对同心县、原州区、海原县地震防御区、洪水受灾区6000多户困难群众的危房提前实施搬迁改造，已建成2717户，部分群众已入住。在“两大工程”建设中，各市、县(区)立足实际，大胆创新，走出了各具特色的新农村建设道路。永宁县、贺兰县、金凤区以土地增减挂钩为契机，集约利用土地，适度集中建设大村庄，促进了村庄规模发展。平罗县、惠农区对滨河大道、109、110国道和农村县乡主干道路两侧的零散村庄进行了撤并，对旧村进行了综合整治。利通区建成了古城湾、回乐人家、新渠新村等一批示范村，“塞上农民新居”建设走在了全区前列。青铜峡市、红寺堡区、西吉县积极筹措资金，对“两大工程”建设进行补助，有效解决了工程建设资金不足的问题。兴庆区、原州区、隆德县整合各种项目资金捆绑使用，配套建设村庄道路、给排水、卫生厕所等基础设施，农村生产生活条件有了很大改善。中卫市实施了农村危房改造、农村基础设施建设、城乡环境综合整治“三大工程”。中宁县出台了“两大工程”实施方案和奖励办法，明确了补助和奖励标准，充分调动了群众建房的积极性。自治区农垦局编制了《农垦危房改造三年规划和实施方案》，对不足100户且房屋陈旧、存在隐患的庄点进行了拆迁，共撤销整合庄点31个。

(刘　兵)

【2010年度“塞上农民新居”建设和农村危房改造先进集体】 在2010年度“塞上农民新居”建设和农村危房改造工作中，吴忠市利通区获塞上农民新居建设先进集体一等奖，贺兰县获塞上农民新居建设先进集体二等奖，青铜峡市获塞上农民新居建设先进集体二等奖，自治区农垦局获塞上农民新居建设先进集体三等奖，银川市兴庆区获塞上农民新居建设先进集体三等奖，石嘴山市惠农区获塞上农民新居建设先进集体三等奖，中宁县获塞上农民新居建设先进集体三等奖，隆德县获农村危房改造先进集体一等奖，永宁县获农村危房改造先进集体二等奖，中卫市沙坡头区获农村危房改造先进集体二等奖，西吉县获农村危房改造先进集体三等奖，平罗县获农村危房改造先进集体三等奖，吴忠市红寺堡区获农村危房改造先进集体三等奖，固原市原州区获农村危房改造先进集体三等奖。　(刘　兵)

【农村危房改造暨城乡环境综合整治动员会】 4月26日，全区2010年农村危房改造暨城乡环境综合整治动员会议在隆德县召开。与会人员实地观摩了固原市张易镇小城镇建设和环境综合整治，隆德县神林乡辛坪村、沙塘镇清泉村和原州区杨郎村危房改造和旧村整治项目，安排部署了农村危房改造暨城乡环境整治工作。自治区副主席李锐出席会议并作了重要讲话，要求全区各地各部门一要抢抓机遇，在争取支持上下工夫；二要科学规划，在彰显特色上下工夫；三要严把关口，在提升质量上下工夫；四要创新机制，在整体推进上下工夫；五要规范运行，在资金筹措管理上下工夫；六要统筹兼顾，在基础设施配套上下工夫；七要强化管理，在巩固成果上下工夫，加快推进农村危房改造和城乡环境综合整治。（刘　兵)

# 建　筑　业

【提高建筑质量安全水平】 自治区制定印发了《关于加快全区建筑业产业结构调整促进建筑业持续健康发展的若干意见》，大力调整建筑业产业结构，转变发展方式，提高发展质量，鼓励支持优势骨干企业做大做强，在搞好主业的同时，向相关领域延伸，实行一业为主，多元经营，推进建筑业优化升级，初步构建起以大型骨干企业为龙头、专业分包企业为支撑、劳务企业为基础的建筑业发展新格局。强化工程招标投标监管，招投标全部进入政务大厅，全面实行了工程量清单计价招标、计算机辅助评标、网上报名、语音抽取评委等制度，进一步健全完善了工程招投标制度和机制，建设工程进场交易率达到了99%。深入开展建筑领域突出问题专项治理，严厉打击非法分包、转包、资质挂靠等违法违规行为，将违法违规的16家外省进宁企业清理出了宁夏建筑市场，进一步规范了建筑市场秩序。严格执行基本建设程序，加强建筑工程质量监管，加大自治区重点工程项目、民生工程和教育工程质量巡检、抽查力度，工程验收合格率达到了100%。宁夏博物馆工程荣获中国建筑质量最高荣誉——“鲁班奖”，实现了宁夏近20年来建筑工程“鲁班奖”零的突破。强化建筑施工安全监管，严格落实安全生产责任制，组织实施农民工岗位安全生产教育培训，创建农民工业余学校80所，培训农民工2.6万人，取得了连续三年无重大事故发生的好成绩。2010年完成建筑业总产值342.7亿元。

(刘　兵)

【解决建设领域工程款拖欠突出问题电视电话会议】 1月13日，自治区人民政府召开全区清理政府投资项目拖欠工程款电视电话会议。自治区党委常委、自治区常务副主席齐同生,副主席李锐参加会议。自治区相关部门负责人,各市县人民政府分管领导,有关部门负责人及重点建设开发、施工企业负责人参加了会议。会上,自治区住房和城乡建设厅通报了近几年政府建设项目拖欠工程款的数额及清理的情况。会议决定,成立以自治区常务副主席齐同生为组长,副主席李锐为副组长,自治区相关厅局负责人为成员的自治区清理政府投资项目拖欠工程款协调领导小组,负责指导全区开展工作;制定印发《关于解决政府投资项目拖欠工程款问题实施方案》,指导全区各地开展政府投资项目清理拖欠工作;自治区政府督察室会同自治区清理政府投资项目拖欠工程款协调领导小组组成督察组督促各市县和政府相关部门做好清欠还款工作,对不履行或不及时履行还款义务的拖欠单位和部门,予以通报批评。副主席齐同生作了重要讲话。他强调要充分认识清理拖欠工程款和农民工工资的重要意义,增强责任感和紧迫感,加大资金筹措力度,加快工作进度,加强督促督办,建立和完善相应的管理体系和责任机制,确保政府投资项目所欠工程款得到有效清偿。加快建立长效机制,坚决遏制工程款"前清后欠、边清边欠",防止拖欠工程款和农民工工资问题不断反弹和反复。

(刘 兵)

**【建筑业产业结构调整】** 自治区人民政府批转了自治区住房和城乡建设厅等八部门《关于加快建筑业产业结构调整促进建筑业持续健康发展的意见》,从推进建筑产业结构调整,加快科技创新和技术进步,完善建筑市场监管体系、健全工程质量安全保证机制,加强人才队伍建设、加大政策扶持力度等方面,采取有力措施,加快推进全区建筑产业结构调整,转变发展方式,提高发展质量,提升核心竞争力,促进建筑业持续健康发展。加快建筑新技术、新材料、新工艺、新设备的推广应用,积极实施建筑业科技示范工程,鼓励企业开发具有自主知识产权的专有技术,制定具有自身特点的企业技术标准和施工办法。加快推进建筑市场信用体系建设,建立全区统一的建筑市场诚信信息平台,形成更加完善、更具约束力的社会信用管理体系。大力推进企业质量、环保等体系认证工作,推进企业建立质量保证和安全生产标准化体系,夯实质量安全基础工作。完善优质工程评定办法,开展"创名牌、创优质、创文明"活动,鼓励工程建设各方主体创建优质工程,实行优质优价。进一步改进监管方式,强化工程质量安全监督,狠抓质量安全生产责任制,深化质量安全形势分析制度,完善工程质量应急救援体系,落实工程质量安全技术政策,建立有效的工程质量和施工安全保证机制,提高行业质量安全管理水平。研究建立建筑业企业信用担保基金,为企业申请银行贷款、参加工程投标提供担保服务;实施有利于企业发展的税收征管措施,对符合减免税条件的建筑企业实施税收优惠政策;培育和发展工程担保、工程保险的中介机构,帮助企业提高投融资能力和抵御风险能力。 (刘 兵)

**【建筑执业资格注册管理中心】** 根据自治区机构编制委员会办公室《关于自治区住房和城乡建设厅增加副处级领导职数及部分所属事业单位更名等事项的通知》精神,自治区住房和城乡建设厅组建了宁夏回族自治区建筑执业资格注册管理中心。其主要职责是:负责全区建设行业各类执业师执业资格的报名、资格审核工作;负责全区各类建设执业师注册登记、资格复审、注销变更等工作;负责全区各类建设执业师的管理、业务培训和对外交流工作;负责建立住房和城乡建设系统专业技术人才库工作。实施集中执业资格注册管理。 (刘 兵)

**【调整建设工程计价定额人工费】** 自治区住房和城乡建设厅、发展改革委、财政厅在对全区建筑市场各个工种的计件工资、产量、工作强度、工作时间、工作条件进行充分调查测算的基础上,下发文件,对全区建设工程计价定额人工单价予以调整,调整标准为执行全区现行建筑、装饰装修、安装、市政、园林绿化计价定额以及房屋修缮、机械台班定额中的综合工日单价由每工日34元调整为45元,上调幅度为32.4%。

(刘 兵)

**【"安全生产月"活动】** 6月,在全区住房城乡建设系统开展了"安全生产月"活动,紧密联系建筑安全生产实际,采取一系列有效措施,扎实开展安全生产宣传教育,切实加强建筑安全生产监管,加大安全生产执法检查和隐患排查治理力度,强化安全生产责任落实。开展建筑质量施工安全检查,全区各地市、县共检查2105项在建工程,建筑面积1843.5万平方米,其中住宅1421项(保障性住宅96项),教育项目120项,公共建筑项目564项。对存在质量问题的工程和相关责任主体,下达整改通知书239份,停工通知书40份。自治区住房和城乡建设厅对全区5个地级市、22个县(市、区)的2153项在建工程项目进行了督察,共抽查在建工程126项(施工面积356万平方米),抽查覆盖率达到了30%以上。下发安全隐患整改通知书16份,下发停工整改通知书35份,下发执法建议书39份,并全部督办落实到位。对不合格的安全防护用品予以集中销毁;对25家未开展自查的施工企业召开了约谈会。严厉打击各类建筑安全非法违法行为,全区共注销安全生产许可证109家,对抽查发现未办理施工许可证擅自开工的26项工程项目限期整改,违法违规结案率100%。积极开展自治区级建筑施工安全质量标准化工地评审工作,截至2010年底,安全质量标准化工地达标率,一级企业100%、二级企业85%、三级企业65%,促进了全区建筑安全生产管理水平的提高。住房和城乡建设厅被国务院安全生产委员会评为全国"安全生产月"活动优秀单位。 (刘 兵)

**【住房城乡建设部督察组督导检查全区建设工程质量安全管理工作】** 10月13~16日,国家住房和城乡建设部为开展严厉打击建筑施工非法违法行为专项行动和建筑安全专项治理工作,对宁夏在建工程安全质量管理工作情况进行了督导检查。自治区住房和城乡建设厅汇报了全区建设行业开展严厉打击建筑施工非法违法行为专项行动情况和开展建筑质量安全专项治理工作情况。督察组重点督察了银川市、中卫市保障性住房、教育工程项目、大型公共建筑以及住宅工程质量和安全管理情况,通过听、查、看、问、议的方式,抽查了5项在建工程的施工许可、安全监督等法定手续办理情况。在10月16日的反馈会上,督察组专家就银川市、中卫市质量安全监管工作以及对工程项目建筑起重机械、施工用电等先进管理手段和做法等诸多亮点给予了表扬,对全区建筑质量和安全管理工作给予了充分肯定。对全区建筑质量和安全管理工作提出了建议。 (刘 兵)

## 建筑节能

**【概况】** 自治区认真贯彻国家关于建筑节能减排各项要求,加强建筑节能监管,大力推进既有建筑节能、供热计量改造和可再生能源建筑一体化应用,积极开展绿色建筑评价标志工作,大力发展低碳节能绿色环保建筑,全区新建节能建筑1400万平方米,节能达标率达到98%以上,完成既有建筑供热计量和节能改造面积48万平方米,可再生能源建筑一体化示范应用面积达275万平方米。银川市列为国家级可再生能源示范城市、海原县列为国家级可再生能源示范县城,有3个项目列入国家太阳能光伏发电建筑一体化应用示范项目,隆德县成为全国第二个对既有建筑进行全面改造的县区。积极开发推广节能环保新材料,全年生产新型墙体材料19.2亿块标砖,节约土地3168亩,实现节能26.3万吨标煤。 (刘 兵)

**【可再生能源建筑应用发展规划】** 自治区人民政府颁布了《宁夏回族自治区可再生能源建筑应用发展规划(2010~2020年)》,提出了全区未来十年可再生能源建筑应用发展方向、目标、基本原则和重要任务。规划到2020年底,全区新增太阳能热水系统建筑应用面积达到5430万平方米,新增太阳能屋顶光伏发电装机容量62.5兆瓦,新增浅层地能建筑应用面积735万平方米,新增应用可再生能源建筑面积将达6165万平方米,建成之后每年可节约标准煤38.4万吨。 (刘 兵)

**【建筑节能专项检查】** 自治区住房和城乡建设厅组织对银川市、石嘴山市、吴忠市、固原市、中卫市5个地级市,永宁县、贺兰县、平罗县、惠农区、青铜峡市、盐池县、西吉县、隆德县、海原县等9个县市(区)2010年1月1日以后在建和竣工验收的居住、公共建筑工程以及2008~2009年既有居住建筑节能改造工程进行了检查。检查组对随机抽查的51项工程各方责任主体(建设、房地产开发、设计、施工、监理单位以及施工图审查机构)贯彻落实国家和自治区建筑节能法律法规、工程项目设计和施工阶段执行建筑节能强制性标准、新建建筑同步安装热计量装置、既有居住建筑供热计量与节能改造工作进展、新建民用建筑太阳能光热建筑一体化应用及节能专项设计审查验收备案登记工作的开展等情况进行了重点检查。从检查情况看,各市县执行建筑节能50%或65%的标准严格,新建建筑设计和施工阶段节能标准执行率达到100%。对检查中发现的部分建筑节能工程设计、施工图审查和施工质量方面执行建筑节能标准不到位的问题,现场下发整改通知书20份,要求有关市县严格执行建筑节能强制性标准,采取改进措施,限期进行整改。 (刘 兵)

**【国家专项检查组检查全区节能减排工作】** 12月17~21日,全国住房城乡建设领域节能减排专项检查第三组对全区进行了专项监督检查。检查范围涉及建筑节能、供热计量改革、城市照明节能、城市污水处理、生活垃圾处理等5个方面。检查组认真听取了自治区住房和城乡建设厅、银川市政府、固原市政府、隆德县政府的工作汇报,查看了相关文献资料,检查了全区15个在建项目施工设计文件和施工现场,银川市、固原市可再生能源应用情况及3个城市(县)5个污水处理项目,3个垃圾处理项目,2个城市照明项目。检查组肯定了宁夏建筑节能减排取得的成绩,对建筑节能、供热计量改革、城市照明节能、可再生能源应用等工作给予了高度评价。同时,对全区既有建筑节能改造、供热计量改革、污水处理及垃圾处理工作提出了建议。 (刘 兵)

**【启动绿色建筑评价标志工作】** 自治区住房和城乡建设厅印发了《宁夏回族自治区绿色建筑评价标志管理办法》,全面启动了绿色建筑评价标志工作,加快全区绿色建筑发展。《办法》明确了绿色建筑的评价范围、评价标准、评价程序、监督管理等内容。规定绿色建筑评价标志分为"绿色建筑设计评价标志"和"绿色建筑评价标志",评价标志分为一星、二星和三星3个等级。全区规划设计和施工阶段的建筑或已经竣工投入使用满一年的住宅和公共建筑,满足条件的均可提出申请。 (刘 兵)

**【轻钢结构抗震节能体系技术及应用荣获自治区科技进步一等奖】** 12月28日,自治区科学技术进步表彰大会在银川召开,由自治区住房和城乡建设厅组织编制的《轻钢结构抗震节能体系关键技术及其在"塞上农民新居"中的应用研究》荣获2009年度自治区科学技术进步一等奖。另外"轻钢抗震节能体系农宅"项目被住房城乡建设部和科技部列入村镇宜居型住宅技术推广目录,在全国推广。 (刘 兵)

**【全区抗震安全排查工作取得阶段性成果】** 全年自治区完成了5个地级市、27个县(区、市)、12个农场、191个乡镇、2308个行政村、7.69万农户住宅和6.94万栋城镇建筑的抗震安全排查,排查面积达1.79亿平方米,收集汇总分析排查数据信息2641.64万条,普查成果数据库为全区城乡建筑进行抗震加固提供了全方位的基础数据支持。

(刘 兵)

## 房地产业与市场管理

**【房地产业平稳加快发展】** 自治区人民政府印发了《关于稳定住房价格促进房地产市场平稳健康发展的意见》,加强房地产市场宏观调控,整顿规范市场秩序,促进房地产市场平稳健康发展。各市县编制了2010~2012年住房建设规划和年度工作计划,加快保障性住房、中低价位、中小套型普通商品住房建设,增加有效供给,调整住房供应结构,逐步解决不同收入群体的住房困难。严格执行《商品房销售管理暂行办法》,加强房地产销售管理和价格备案,严肃查处恶意炒作、捂盘惜售、囤积房源、随意涨价等违规行为,严厉打击投资投机性购房,稳定住房价格。深入开展了房地产企业清理整顿和信用等级评定活动,评选出AA级企业63家,注销了19家资金实力弱、管理水平低、市场信誉差的企业资质,进一步优化了房地产企业结构。加快推进住宅产业化,完成住宅性能认定项目25个,宁夏新材房地产开发公司开发的紫云华庭(一期)、宁夏房地产开发集团开发的湖畔嘉苑(一期)、宁夏民生房地产开发公司开发的民生·艾依水郡(一、二、三期)3个项目获得了国家"广厦奖"。截至2010年底,全区共有9个房地产项目获得国家"广厦奖",获奖数量位居西北省区前列。2010年全区房地产开发完成投资254.4亿元,同比增长56.3%。12月新建商品房销售价格涨幅由1月的13.1%回落到7%,回落了6.1个百分点,房地产市场调控取得了阶段性成果。 (刘 兵)

**【出台《关于稳定住房价格促进房地产市场平稳健康发展的意见》】** 自治区人民政府印发了《关于稳定住房价格促进房地产市场平稳健康发展的意见》。明确提出进一步加快保障性住房建设,力争到2012年底,通过廉租住房和经济适用住房保障等方式,解决全区15万户城市低收入家庭的住房困难。加快建设公共租赁住房,重点解决城市中等偏下收入住房困难家庭、新增就业人员和农民工等群体的住房困难。优化住房供应结构,增加廉租住房、经济适用住房、公共租赁住房、限价商品住房和普通商品住房有效供给,原则上套型建筑面积60平方米以下的住房控制在新建住房总量的20%左右,用于解决低收入家庭的住房问题;套型建筑面积60~90平方米的住房控制在新建住房总量的50%左右,用于解决中等收入家庭的住房问题;套型建筑面积90~140平方米的住房控制在新建住房总量的15%左右,用于解决较高收入家庭的住房问题;套型建筑面积140平方米以上的住房控制在新建住房总量的15%左右,用于满足高收入家庭的住房需求。加大差别化信贷、税收政策执行力度,加大对普通商品住房、公共租赁住房、限价商品住房、经济适用住房、廉租住房建设的信贷支持,增加住房有效供给。鼓励居民购买90平方米以下普通自住住房,对购买90平方米以上住房或贷款购买第二套及以上住房和个人住房转让的家庭,严格执行国家规定的首付款比例和信贷、税收政策,坚决遏制投资炒房和投机性购房行为。加大住房建设用地供给和管理力度,确保廉租住房、经济适用住房、公共租赁住房、限价商品住房和普通商品住房建设用地不低于住房建设总用地规模的70%。加强商品房销售管理,凡达到商品房预售条件的,房地产开发企业必须在规定时间内申请预售许可并向社会公布预售许可房源和预售方案,严格按照备案价格明码标价对外销售,不得在取得预售许可前,进行内部认购、发放VIP卡、预售房号及接受团购等,预售资金必须专户储存,并确保全部用于所预售的商品房项目建设,不得挪作他用。加强房地产市场监督管理,加大对房地产市场违法违规行为的查处力度,对存在捂盘惜售、囤积房源、哄抬房价、未取得预售许可进行内部认购、预售房号、诚信缺失的房地产开发企业,限制新购置土地,金融机构不得发放新开发项目贷款。 (刘 兵)

**【房地产市场大检查活动】** 根据国务院和自治区政府有关文件要求,自治区住房和城乡建设厅会同自治区有关部门,先后下发了《关于开展全区房地产开发市场检查的通知》《关于开展房地产用地专项整治联合检查的通知》和《关于开展2010年税收专项检查工作的通知》,组织开展了全区房地产市场大检查活动。编印了《宁夏房地产管理政策法规汇编》和《房地产开发企业法定义务和相关法律责任(摘编)》,为大检查活动和查处违法违规案件提供明确依据。会同自治区政府法制办、国土资源厅、人民银行银川中心支行等部门举办了各市县房地产管理部门和全区房地产开发企业负责人参加的房地产法规政策培训班。各级房管、国土、税务、物价、银监等相关部门对249家开发企业在建和在售的317个开发项目的土地、资金、建设、销售、税收等各个环节进行了拉网式的全面检查。共查处违法违规行为为39件,下发限期整改通知书32份,罚款62万元,查补税款、罚款、滞纳金145.12万元,收回闲置土地11.9亩,住房和城乡建设厅向有关市县下达建设行政执法建议书7份,督办查处重点违法违规案件,全区房地产市场秩序明显好转,促进了房地产业健康发展。 (刘 兵)

**【商品房销售管理】** 加大对商品房销售行为的监管力度,从源头上杜绝和制止发布虚假信息、捂盘惜售、囤积房源、恶意炒作、擅自涨价等违法违规行为,维护购房者的合法权益,自治区住房和城乡建设厅根据住房和城乡建设部《城市商品房预售管理办法》《商品房销售管理办法》和《宁夏回族自治区商品房销售管理暂行办法》等规定,印发了《关于加强商品房销售场所管理的通知》。住房和城乡建设厅要求各房地产开发企业在销售商品房时,必须在商品房销售场所显著位置明示企业法人营业执照、资质证书、《宁夏回族自治区商品房销售管理暂行办法》、商品房预售许可证、商品房销售方案、商品房明码标价公示表、商品房销售进度表、《前期物业服务委托合同》《业主临时公约》和土地、在建商品房是否有他项权利或者权利受限制情况等有关资料,必须在醒目位置提供商品房所在地房地产管理部门投诉、举报电话。对房地产开发企业委托中介服务机构代理销售商品房的,要在销售场所显著位置明示中介服务机构企业法人营业执照、中介服务机构在商品房所在地房地产管理部门备案的证书、代理销售委托书等资料。

(刘 兵)

【房地产高峰论坛】 5月31日，2010年中国西部（银川）第二届房车文化节房地产高峰论坛在银川市悦海宾馆会议中心隆重举行。论坛会邀请中国房地产研究会副会长顾云昌和中国人民大学教授、博士生导师李义平分别作了《2010中国楼市发展调控与改革》和《经济发展中的房地产业》的主旨演讲。自治区副主席李锐出席论坛会并作了重要讲话。自治区有关部门、各市县房地产管理部门和全区房地产开发企业负责人500多人参加了论坛会。高峰论坛为贯彻落实好国务院房地产市场宏观调控政策，坚决遏制房价过快上涨，稳定住房价格，加大开发投资，引导住房合理消费，促进全区房地产市场平稳健康发展奠定了良好基础，对房地产业的发展产生了重大影响。（刘 兵）

【2010第二届中国西部（银川）房车生活文化节】 5月28日至6月3日，自治区人民政府在银川举办了2010第二届中国西部（银川）房车生活文化节。全区共有48家规模比较大、实力比较强的房地产开发企业暨68个楼盘参加了房车生活文化节房展会，展位面积达5200多平方米，参展企业数量和展位面积，分别比上届房车节提高10%。参展企业中不仅有区内知名房地产企业，而且还有5家区外房地产企业。房展会期间各参展楼盘接待观展群众31.6万人次，现场办理各类房屋预约登记5068人次，其中现场达成购房协议并交纳定金227套，涉及交易资金达6亿元。根据房展会期间十佳企业、十佳个人、十佳楼盘的评定标准，住房城乡建设厅邀请了自治区范围内的规划、设计、工程质量、建筑节能等方面的权威人士组成专家评审组，按照标准量化打分、综合评定，最终确定了入选的企业、个人、楼盘。（刘 兵）

【全区住房信息系统建设】 自治区住房和城乡建设厅印发了《宁夏回族自治区住房信息系统建设工作方案》，成立了全区住房信息系统建设工作领导小组，加快推进全区住房信息系统建设工作。明确提出了全区住房信息系统建设工作目标和任务，在2011年底前，建立自治区、市、县三级住房信息系统网络和基础数据库，实现全区住房信息共享。2010年底前银川市建立市辖区基本住房信息系统和数据库，2011年6月底前完成银川市所辖县（市）系统联网和数据整合；石嘴山、吴忠、固原、中卫4市，在2011年6月底前，建立市级住房信息系统和数据库，2011年底前，完成市级和所辖县（市）系统联网和数据整合；在各地级市完成互通互联的基础上，完成自治区级住房信息系统建设，并与住房和城乡建设部系统实现连接。要求市县成立住房信息系统建设工作领导小组，制定住房信息系统建设实施方案，健全信息工作管理机构，加强政策法规和技术培训，按时完成信息系统建设；建立和完善信息综合分析制度，及时提供和发布房地产市场信息；建立信息交流和共享制度，逐步实现房地产市场信息系统和住房保障信息系统的互联互通；加强公共信息服务，构建集信息发布、政策查询、网上投诉和咨询服务于一体的综合性信息平台。

（刘 兵）

【物业服务"扩面提质规范"活动】 自治区住房和城乡建设厅组织各市县房地产管理部门在物业服务领域开展了"扩大覆盖面、提高服务质量、规范企业行为"的主题活动。各市县立足实际，扎实工作，奋力开创物业服务新局面。银川市建立健全市、区、街道办事处（乡镇）分级管理的新模式，依法加强物业服务市场监管，全面开展优秀物业服务项目和优秀物业服务企业创建活动。石嘴山市结合开展房地产管理部门规范化建设活动，健全物业管理机构，修订完善物业服务等级标准，全面推行服务项目招标投标，推动物业服务管理规范化。吴忠市在市委、市政府的大力支持下，投入500多万元，完善老旧小区基础设施，开展环境综合整治；进一步理顺物业服务管理体制，将具体物业服务管理职能下放到利通区环境卫生管理局，实现了城市环境卫生管理与住宅小区环境管理的有机结合。固原市对原州区所有住宅小区的环境卫生和管理情况进行调查摸底，组织工作人员走上街头、深入小区进行宣传，引导居民群众支持配合物业服务工作。中卫市巩固2009年开展的物业管理年活动成果，继续加大对旧住宅小区的整治管理力度，对分散的旧住宅楼由居民委员会牵头，组织居民实行"保安、保洁、保绿"为基础的自治型物业管理。截至2010年底，全区物业服务覆盖率平均为63%，其中5个地级城市的物业服务覆盖率达到72%，分别比年初确定的目标提高了13个百分点和12个百分点。全区所有新建住宅小区全部推行了规范化的物业服务。（刘 兵）

【房地产管理部门规范化建设】 在全区各级房地产管理部门继续组织开展了以提高素质、规范行为、提升效能、优化服务为主要内容的规范化创建活动。各市县房地产管理部门紧密结合实际，将规范化建设作为加强效能建设的有力抓手，着眼于创新机制，理顺职能，健全制度，打好基础，规范管理，推动发展。石嘴山市住房保障和城市管理局在加强规范化建设中健全完善管理机构，对所有科级干部实行考试竞聘上岗，率先推行"大部室"工作体制，简化办事环节，提高办事效率，加强房地产行业从业人员培训教育，努力提高从业人员的业务素质和服务技能。固原市房管局立足实际，加强市场监督管理，妥善处理历年开发遗留问题，坚持便民利民，对保障性住房实行专业化、市场化的服务管理，与物业服务企业协调联系，帮助安置家庭困难人员就业，加大宣传力度，有序推进老旧住宅小区物业服务管理，合理解决物业服务收费难问题，赢得了居民群众的赞誉。青铜峡市住房和城乡建设局以开展房地产管理部门规范化建设为契机，推进住宅与房地产业健康有序发展，房地产开发投资稳步增加，产权产籍管理进一步规范，尤其是在房地产信息系统建设方面，率先实行商品房销售、签约、备案等网上运行，走在了全区各市县的前列。石嘴山市住房保障和城市管理局、固原市房产管理局、青铜峡市住房和城乡建设局被评为房地产管理部门规范化建设达标单位。（刘 兵）

【《宁夏回族自治区物业管理条例》颁布】 12月3日,自治区十届人大常委会第二十一次会议审议通过了《宁夏回族自治区物业管理条例》,2011年2月1日正式施行。《条例》根据《物权法》、国务院《物业管理条例》等法律法规,结合宁夏实际,对前期物业管理,业主、业主大会与业主委员会、物业服务、物业的使用与维护、管理措施、法律责任等相关内容作出了明确规定,重点突出了对物业服务管理各方合法权益的保护。明确了各级人民政府、房地产管理部门和街道办事处、乡镇人民政府在物业管理活动中的职责。实行物业管理联席会议制度,对物业管理联席会议协调解决的事项作出了明确规定。 (刘 兵)

【加快推进住宅全装修试点工作】 自治区住房和城乡建设厅根据国务院办公厅《关于推进住宅产业现代化提高住宅质量的若干意见》和住房城乡建设部《商品住宅装修一次到位实施导则》《关于进一步加强住宅装饰装修管理的通知》,结合宁夏实际,制定印发了《宁夏新建住宅全装修试点工作的实施意见》,加快推进新建住宅全装修试点工作。明确提出从2010年起,全区每年新建住宅全装修面积占到当年住宅竣工面积的10%以上,力争到"十二五"期末全区新建住宅实行全装修的面积达到年度竣工面积的50%。银川市率先推行住宅全装修,中心城区新建住宅实行全装修的面积,要达到年度竣工面积的20%以上;其他4个地级城市和条件较好的县市要选择项目进行试点,分步实施。在全国率先实行容积率奖励优惠政策,对新建住宅全装修面积占到项目建筑面积10%以上的,容积率可以提高1%;占到50%的,容积率可以提高2%;占到100%的,容积率可以提高3%。2010年12月20日《人民日报》对宁夏实行住宅全装修容积率奖励优惠政策的具体做法进行了宣传报道。2010年,全区新建住宅实行全装修的面积已由2006~2009年4年总和的39.72万平方米,提高到41.99万平方米,比前4年增加了5.7%。 (刘 兵)

# 住房保障工作

【概况】 自治区住房和城乡建设厅对全区城市低收入家庭住房困难情况进行了全面普查,修订完善了住房保障三年建设规划,进一步完善住房保障政策体系,加大廉租房、经济适用房建设力度,大力发展公共租赁房、进城务工人员周转房和新市民公寓,解决不同群体的住房困难。7月13日,2010年全区城市低收入家庭住房保障工作会议在银川召开。会议安排部署了住房保障工作,自治区人民政府与5个地级市政府签订了2010年度住房保障工作目标责任书,自治区副主席李锐出席会议并作了重要讲话。制定出台了《廉租住房实物配租管理办法》,严格准入审查和管理,确保让真正困难的家庭住上保障房。全年共争取到国家各类住房保障补助资金达8.5亿元。在住房保障工作中,各市县加强制度建设,严格落实项目法人制、招投标制、工程监理制、合同备案制等制度,认真执行施工图审查、工程质量监督、施工许可、竣工验收等基本建设程序和抗震设防、节能环保等强制性工程技术标准,强化工程建设管理。银川市、灵武市、中宁县、泾源县多方筹措廉租住房建设资金。石嘴山市、吴忠市、平罗县、青铜峡市出台了一系列规章制度。固原市、红寺堡区、盐池县、彭阳县保障性住房建设起步早,基本实现了主体工程封顶。全年全区共开工建设廉租房14070套,建设经济适用房153.5万平方米,已竣工94.6万平方米,公共租赁房2447套,限价商品房1032套,改造城市和国有工矿棚户区9170户,对人均住房面积不足13平方米的46958户城市低收入家庭实施了住房保障,超额完成了国家下达的住房保障任务。加强住房公积金监管,认真开展住房公积金支持保障性住房建设试点,全区住房公积金归缴额达到184.2亿元。全区保障性住房建设的资金配套标准、责任考核机制、年度目标任务完成进度等都走在了全国的前列。2010年2月,李克强副总理在宁夏视察时指出,"宁夏在保障性住房方面做了有益探索,解决了'夹心层'的住房问题,对保障性住房项目进行了整体设计,具备现代功能。"2010年12月27日,中共中央办公厅第58期《工作情况交流》刊载了题为《围绕住有所居目标,大力推进保障性住房建设》的文章,宣传宁夏住房保障工作经验。 (刘 兵)

【住房和城乡建设部与自治区签订目标责任书】 5月19日,国家住房和城乡建设部在北京举行了住房保障工作目标责任书签字仪式。住房和城乡建设部代表国务院保障性安居工程协调小组与各省、自治区、直辖市人民政府以及新疆生产建设兵团签订2010年住房保障工作目标责任书。自治区副主席李锐代表自治区人民政府签订了目标责任书。根据目标责任书要求,2010年,宁夏新筹集廉租住房(包括新建、购买、改建、租赁等方式)1.36万套,新增发放租赁住房补贴0.48万户;新建经济适用住房1.25万套;新建公共租赁住房0.1万套;新建限价商品房0.08万套;城市棚户区改造住房0.46万户;林业棚户区(危旧房)改造住房0.13万户;国有工矿棚户区改造住房0.45万户;改造农村危旧房2.7万户;煤矿棚户区改造按照国家发改委下达的年度计划执行。住房和城乡建设部部长姜伟新在签订仪式上讲话。 (刘 兵)

【出台《关于加快发展公共租赁住房的实施意见》】 自治区人民政府印发了《关于加快发展公共租赁住房的实施意见》,加快推进全区公共租赁住房建设,着力解决城市中等偏下收入家庭、新就业职工和外来务工人员的住房困难。《意见》明确提出,公共租赁住房主要由市、县(区)人民政府组织筹集;房源通过新建、改建、收购、在市场上长期租赁住房和接受捐赠等方式多渠道筹集;按照"政府主导、市场运作"的原则进行建设和管理;实行"谁投资,谁所有",政府在土地供应、减免税费、便利融资等方面提供政策支持,引导和鼓励国有企业、集体经济组织、民营企业、公益基金等机构参与公共租赁住房建设,力争到2015年,全区建设公共租赁住房2万套、120万平方米。公共租赁住房单套建筑面积最大不超过60平方米。租金定价"保本微利",标准低于同等地段的市场租金,并控制在各类供应对象可承受范围内。要求各市、县人民政府加强组织领导,明确工作责任,通过直接投资、资本金注入、投资补助、贷款贴息等方式,加大投入力度,确保公共租赁住房建设工作顺利实施;建立公共租赁住房申请、审核、公示、轮候、配租和租后管理制度,确保信息公开、政策透明、操作规范。 (刘 兵)

**【国务院督察组督察指导宁夏保障性安居工程建设工作】** 8月11日至13日,国家住房和城乡建设部副部长齐骥带领国务院保障性安居工程建设督察组,对宁夏保障性安居工程建设工作进行了检查和指导。8月11日下午,齐骥一行听取自治区保障性安居工程建设情况汇报,齐骥在讲话中指出,宁夏2010年保障性安居工程建设进展顺利,成效明显,是全国保障性安居工程建设进度好的省区之一。会后,齐骥实地查看了银川市部分保障性安居工程项目建设情况。8月12~13日,国务院保障性安居工程建设督察组一行分别赴石嘴山市、吴忠市、银川市检查了保障性安居工程建设情况。8月13日下午,召开了督察情况反馈会议,住房和城乡建设部住房保障司司长侯淅珉充分肯定了宁夏在保障性安居工程建设方面取得的成绩。同时,指出了宁夏保障性安居工程建设中存在的地方配套资金不到位、保障性住房建设项目立项手续不规范,部分项目开工迟缓等问题,并提出了具体的改进意见和建议。 (刘 兵)

**【住房公积金贷款支持保障性住房建设试点工作】** 国家住房和城乡建设部等六部委下发了《关于做好利用住房公积金贷款支持保障性住房建设试点工作的通知》,批准银川市为住房公积金贷款支持保障性住房建设试点城市,确定高桥、上前城、盈北、花畔里等4个经济适用住房建设项目为利用住房公积金贷款支持的保障性住房建设项目。4个项目总建筑面积为34.8万平方米,投资规模7.89亿元,计划使用住房公积金项目贷款4.44亿元。项目建成后,将为银川市城市低收入家庭提供约5000套经济适用住房。 (刘 兵)

**【城市和国有工矿棚户区改造规划】** 自治区人民政府颁布了《宁夏回族自治区2010~2013年城市和国有工矿棚户区改造规划》,计划2010~2013年,对国有土地上集中连片,建筑面积在2000平方米以上的4.1万户城市和国有工矿棚户区进行改造,其中改造城市棚户区2.96万户、190万平方米,投资约35亿元;改造国有工矿棚户区1.16万户、79万平方米,投资约15.8亿元。要求各市县人民政府积极落实国家、自治区有关政策,把棚户区改造工作纳入城市建设总体规划,落实改造资金,加强对棚户区改造全过程监管,制订详细的建设、安置补偿计划,实施分级负责制度,建立健全目标管理责任制,各司其职,密切配合,全力做好各项工作。

(刘 兵)

# 生态建设与环境保护

编辑：范宗兴　杨　云

## 国土资源管理与保护

**【土地资源】**　截至2010年底，全区土地总面积5194784.24公顷，按三大类划分：农用地面积为3828308.72公顷，占全区土地总面积的73.7%；建设用地面积为275140.94公顷，占全区土地总面积的5.3%；未利用地面积为1091334.58公顷，占全区土地总面积的21%。（郭　敏）

**【矿产资源】**　截至2010年12月，全区共发现各类矿产49种（含亚矿种），占全国已发现矿种（171种）的28.7%，其中，能源矿产6种，金属矿产8种，非金属矿产33种（冶金辅助原料非金属矿产7种、化工原料非金属矿产7种、建材原料和其他非金属矿产19种），水气矿产2种。已探明矿产资源储量的矿种有34种（含亚矿种），占国家查明资源储量（159种）的21.4%，其中，能源矿产4种，即煤、石油、天然气、地热；金属矿产5种，即铁、铜、镁、金、银；非金属矿产23种，主要是熔剂用灰岩、冶金（熔剂）用白云岩、电石用灰岩、冶金用砂岩、铸型用砂岩、耐火黏土、硫铁矿、电石用灰岩、制碱用灰岩、磷矿、石膏、水泥用灰岩、制灰用石灰岩、玻璃用白云岩、玻璃用砂岩、水泥配料用砂岩、陶瓷土、砖瓦用黏土、水泥配料用黏土、建筑辉绿岩、饰面用大理石、水泥配料用板岩等；水气矿产2种，即地下水和矿泉水。对宁夏经济发展影响较大的石油、天然气、金、铌、钽、铜、铝等资源不足或没有资源。矿产资源总量列全国前10位的能源矿产：煤排列第6位，金属矿产镁排列第3位，非金属矿产硅石排列第5位，石膏排列第7位。全区质量特优矿石是炼焦煤、无烟煤、不黏结煤和冶镁白云岩。石炭井矿区和呼鲁斯台矿区是西北地区主要的优质炼焦煤基地之一，汝箕沟矿区是全国优质无烟煤（太西煤）基地，灵武矿区的不黏结煤是气化和生产活性碳的理想原料，青龙山的冶镁白云岩质量好。已探明储量但尚未开发利用的矿产资源有：制碱用灰岩、饰面用大理石、陶瓷黏土、铜矿、建筑用辉绿岩和水泥配料用板岩。煤、石膏、冶镁用白云岩、水泥用灰岩、电石用灰岩等还有大部分探明储量未利用。（郭　敏）

**【国土资源规划】**　2010年共安排落实国家和自治区重点建设项目138项近200个，预留1.05万亩机动指标予以保障规划实施期间新增的重点项目用地；各市、县及所辖乡、镇、农场土地利用总体规划的实施，在土地用途管制、耕地和基本农田保护、节约集约用地、科学规范管理土地等方面已开始发挥重要调控和指导作用。自治区矿产资源总体规划（2008～2015年）已经国土资源部批复，自治区人民政府批准发布实施；开展了市级第二轮矿产资源总体规划编制工作，制定了《自治区第二轮市级矿产资源总体规划编制指导意见》。出台了《宁夏回族自治区土地利用年度计划管理考核实施办法》。初步建立了计划激励和约束机制。按照各市、县（市）2010年1～8月固定资产投资、项目用地需求和耕地保护、集约节约用地、土地执法等考核结果，对前3名市县的2010年度土地利用计划指标进行了追加。全年全区共安排使用新增建设用地计划指标10.38万亩，其中新增建设占用农用地计划指标5.692万亩（耕地4.3万亩），分别占全年计划的99.9%和100%、90%。组织拟定了《宁东能源化工基地（灵武市）土地利用总体规划调整方案》。（郭　敏）

**【土地利用】**　2010年，全区共供应建设用地978宗6190.64公顷（新增建设用地5052.94公顷），供地面积同比增长了17.5%。共划拨土地247宗2849.58公顷，及时保障了公共管理与公共服务、交通运输、能源和水利设施等城镇基础设施和公益项目的用地需求。组织各市、县（区）编制上报了2010年城市住房用地供应计划，全区共供应住房用地1467.41公顷，占建设用地供应总量的23.7%，其中三类保障性住房用地供应面积1028.11公顷，占住房用地供应总量的70.1%。组织开展了宁夏农垦集团公司等11家企业和单位的土地资产处置工作。对银川、石嘴山、中卫、永宁、贺兰、灵武、平罗、青铜峡和红寺堡9个市县（区）尚未处置完毕的50宗530.85公顷闲置土地进行挂牌督办。截至年底，50宗闲置土地已全部依法处置到位。其中，已开发利用11宗32.59公顷，已开工建设16宗132.58公顷，限期可开工建设12宗167.68公顷，收回土地11宗198公顷。下发了《国有建设用地使用权出让合同专项清理实施方案》，组织各市县（区）国土资源局完成了土地供应和开发利用情况的清理登记和录入、上报工作。制定下发了《宁夏回族自治区房地产用地专项整治工作方案》，会同自治区住房和城乡建设厅等部门,对全区房地产用地专项整治、闲置土地清理处置、土地出让金清缴、土地使用权出让合同专项清理等工作进行了全面检查。对清查出的未按期开工、竣工和闲置的16宗180.6公顷房地产用地,召开由相关市县政府分管领导、国土资源局和房地产开发企业负责人参加的整改处置工作会议并跟踪督办。截至年底,16宗房地产闲置土地已全部整改处置到位。按照《工业项目建设用地控制指标》等有关规定,对新建和改、扩建的工业项目的用地规模进行严格审核。在预审的2908.82公顷建设用地中,共核减用地面积202.16公顷,占申请用地面积的7%。指导市县国土部门严格按照国土资源部《限制用地项目目录》的规定供地,严格执行商品住宅项目单宗土地出让的面积标准。要求各市县(区)上报批次建设用地时,必须同时上报拟建项目名称、位置、用地面积、用途、投资强度等相关情况,从源头上防止了各地盲目批地和超面积批地。加强了对各市县(区)系统运行情况的指导检查,督促各局及时录入各类土地供应信息。全区共发布出让公告190条、成交公示247条、成交结果(出让合同、划拨决定书)999条。（郭　敏）

**【耕地保护】** 自治区主席王正伟与5市市长签订了年度耕地保护目标责任书,将耕地保有量、基本农田保护面积、耕地占补平衡、占用耕地计划管理、土地执法监察、年度耕地保护重点工作6项指标纳入了考核范围,进一步完善了耕地责任目标考核。严格农用地转用和土地征收管理。截至10月30日,全区共审批各类建设用地和农业开发用地共240件,其中,建设用地239件,总面积5936.69公顷;农业开发用地1宗,建设总规模152.3公顷。开展了专项检查督察。联合自治区农牧厅和统计局,对2009年度耕地保护责任目标履行情况进行全面检查和落实。印发了《关于对2010年度耕地保护责任目标履行情况进行年中督察的通知》,并对全区5个地级市及自治区农垦事业管理局耕地保护责任目标进行了认真细致的督察。开展了占补平衡考核工作。全区共落实补充耕地1671.36公顷,全部做到了先补后占和数量质量按等级折算要求,实现了占补平衡。（郭　敏）

**【中北部土地开发整理项目】** 促使自治区与项目所在市县(区)签订了重大项目实施工作目标责任书。国土资源厅牵头编制了《中北部土地开发整理重大项目总体规划》。同时,创新重大项目质量监督管理,建立了"五级监督机制"。2009年度重大项目共安排13个,涉及全区10个市县(区),建设总规模54.2万亩,预算总投资5.6亿元,已完成年度投资任务的72%。2010年度重大项目如期启动,拟安排11个市县(区)和农垦系统共20个项目,建设规模为67.3万亩,估算总投资7.83亿元,已全面开工建设。（郭　敏）

**【第二次土地调查】** 组织开展了全区基本农田上图的收尾工作。经过修改完善的全区22个市县(区)的基本农田数据库成果已经并入第二次调查数据库。组织对全区22个市县土地调查数据标准时点统一更新工作进行了全面检查、修改和实地核查。5月已将修改完善后的数据库和资料按时上报了全国土地调查办公室审查。9月17~9月26日,组织有关市县、作业单位、监理单位的技术人员赴京对5月上报国家的统一时点整改成果的数据库进行最后的修改、对接。经检查合格后,已由中国土地勘测规划院整合入库(国家库)。这标志着全区第二次土地调查(农村部分)和县级数据库建设全面完成。组织完成了土地调查标准时点自治区(市县区)分县的土地利用现状分类汇总。按照国家调查办的要求,在县级汇总统计的基础上完成了自治区级汇总。为了加快农村土地调查成果的应用和管理,协调作业单位向各市县(区)国土资源局移交了内、外业数据成果。组织开展了同心县、中宁县、固原市原州区、隆德县、西吉县、彭阳县、海原县、吴忠市利通区、永宁县、石嘴山市大武口区、惠农区、平罗县的城镇土地调查工作;完成银川市、隆德县、中卫沙坡头区3个市县(区)的城镇土地调查工作。完成全区城镇土地调查数据汇总工作及全区各市县(区)和建制镇的土地利用现状数据汇总,并编写全区城镇土地数据汇总报告。（郭　敏）

**【国土资源市场建设】** 2010年共出让土地731宗3341.06公顷,成交价款89.8亿元,完成年初下达任务的359.2%,土地出让宗数、面积和价款同比增长了70%、88.1%和39.2%。其中,招拍挂出让土地596宗3069公顷,成交价款84.3亿元。先后制定了《宁夏采矿权出让管理暂行规定》《宁夏矿业权价款评估管理暂行规定》《宁夏矿业权招标拍卖挂牌出让底价管理暂行规定》等制度,为全面推行有偿化工作奠定了基础。2010年共出让采矿权188宗。其中,挂牌出让140宗,协议出让采矿权42宗,拍卖6宗,成交采矿权价款共计3357.9667万元;共收缴价款23593.74万元。同时也加大了矿产资源补偿费的征缴力度,征缴的费用逐年增加。2010年收缴矿产资源补偿费8432.4万元。按照国土资源部关于建立矿业权有形市场的要求,经过积极努力,自治区机构编制委员会以"宁编发〔2010〕64号"批准设立自治区土地和矿业权交易中心,核定全额编制20名。（郭　敏）

**【地质勘查】** 2010年地质勘查投入资金80221万元,同比增加116%。实施矿产资源勘查项目64项,完成钻探工作量63.09万米,同比增长48%,再创历史新高。在64个项目中,能源(39项)投入资金64818万元,占总量的90%;黑色金属(3项)投入资金594万元,占总量的1%,有色金属(7项)投入资金1012万元,占总量的1%;贵金属(7项)投入资金2786万元,占总量的4%;化工建材及其他非金属(8项)投入资金3080万元,占总量的4%。自治区新增查明矿产资源量:煤炭13.57亿吨、石膏614.21万吨、电石用灰岩0.04亿吨、水泥用灰岩1.23亿吨、岩盐(NaCl)11.78亿吨、芒硝12900万吨。新发现矿产地1处,位于宁夏石嘴山市牛头沟,规模为小型金矿,普查提交金属资源量(333)1.82吨。（郭　敏）

【省部合作】 2009年5月13日,国土资源部与自治区人民政府在银川签署了《合作构建国土资源科学发展新机制、共同促进宁夏经济社会跨越式发展协议书》(以下简称“513协议”)。协议合作周期为2009~2015年。“513协议”签署以来,全区共投入资金18.09亿元,部署开展了143个地质项目。其中,基础地质项目12个0.38亿元,矿产勘查项目80个15.22亿元,水工环勘查及矿山环境治理项目25个2.09亿元,矿政管理与地质科研项目26个0.40亿元。新增了一批煤炭、金矿、电石灰岩、岩盐等宁夏紧缺矿种的资源储量。“513协议”实施取得了明显的阶段性成效。一是能源矿产勘查取得重大成果。在固原市彭阳县草庙、灵武市甜水河、银川红墩子—石嘴山市陶乐、盐池县四股泉四处勘查空白区获得重大找矿突破。全区共实施14个预查和普查找矿项目,其中有8个发现了新的煤炭资源,新增煤炭资源量60亿吨;实施28个详查和勘探项目,已完成14个,提高煤炭资源储量类别78.48亿吨。二是金属矿产勘查实现新的突破。卫宁北山金场外围钻孔中除发现金、银、铜矿体外,新发现了铁、铅、锌、钴矿体等8个矿种。贺兰山北段牛头沟金矿普查工作,在已有分析测试结果的13个钻孔中,有8个孔中见到了工业矿体,已圈定出了具有一定规模的金矿体,初步估算金资源量达到5吨以上。三是固原岩盐矿整装勘查进展迅速。仅用6个月时间,就完成了固原硝口30平方公里岩盐详查工作,查明岩盐资源量25.36亿吨。硝口外围500平方公里区域预查工作同步开展,取得重大进展。四是地下水勘查取得明显成效。加快宁东能源化工基地地下水勘查步伐,完成了4200平方公里范围的1:10万水文地质调查、1900平方公里的1:5万水文地质调查,完成钻探工作量2000米。在陶乐地区、灵武大泉、盐池北部等地区新发现四处良好储水构造。组织实施了“宁夏中南部严重缺水地区地下水勘查与供水安全示范项目”,完成探采结合井8眼,总出水量达7000立方米,符合人畜饮水标准,解决了6万人畜的饮水困难问题。采用高科技改良苦咸水取得成功,完成了同心县王团镇苦咸水和高氟水淡化示范项目,每天处理淡水240立方米,解决了当地6000人的饮水问题。在海原县关桥镇麻春堡、红寺堡罗山西麓断陷带、香山东麓团部郎和原州区河川乡等地区找到了水质较好、水量较大的储水构造。五是矿山环境治理和地质灾害防治全面推进。先后共组织实施6个矿山地质环境治理项目,投资1.17亿元,治理规模1411公顷,已完成总工程量的75%以上。惠农采煤沉陷区治理工程和固原市地质灾害危险点村民搬迁避让工程,被列为宁夏10项民生计划和30件为民办理的实事,累计完成了10.4平方公里的治理任务,安置居民1.2万户约3万人,争取到国家资金257万元,已完成了112户521人的搬迁避险工作。与自治区气象局联合召开了地质灾害防治气象预警预报联席会议,发布三级和四级地质灾害气象预报15次。

(郭 敏)

【地质灾害预防】 汛期前后,组织人员参加专业技术培训,参训人数1200余人。汛期结合“防灾减灾日”“地球日”“土地日”的宣传活动。先后制作了宣传展板8块,印制《滑坡、崩塌、泥石流防灾减灾知识读本》1000本,张贴地质灾害防灾避险宣传画、宣传单和宣传册近万张(册)。制定下发了《关于做好2010年汛期地质灾害防治工作的通知》。并结合全区汛期地质灾害防治形势,编印了《宁夏回族自治区地质灾害防治手册(2010年度)》,落实并公布了区、市、县(区)突发地质灾害应急指挥系统和重险点分布及监测责任人。编制了《2010年地质灾害防治方案》。2010年5月12日在固原市西吉县马建乡刘堖村开展了地质灾害防治应急演练。对33项国家、自治区重点建设项目进行了地质灾害危险性报告的审查备案。争取到国家资金257万元,按照平均每户2万元的标准,对西吉县马建乡台子村、刘堖村、庞湾村,新营乡玉皇沟村及原州区张易镇黎套村等5个重要地质灾害隐患点的100多户400多人进行搬迁避让,分别占计划任务的112%和130%。 (郭 敏)

【矿山环境恢复治理】 2010年,全区共组织实施矿山环境治理项目6个,其中国家投资11670万元,治理规模近1410公顷。各项目按照年初制定的责任目标已基本完成。自治区采取多项措施,对2010年组织实施的6个矿山地质环境治理项目进行了阶段性检查。石嘴山市惠农采煤塌陷区矿山地质环境治理项目,国家批复资金5600万元。2010年,石嘴山市惠农采煤塌陷区矿山地质环境治理项目计划治理面积约2.43平方公里,实际完成2.61平方公里,项目治理投资5600万元。按照《石嘴山市惠农采煤沉陷区矿山环境治理项目(续作)》设计方案的要求实施。

(郭 敏)

【基础测绘工作】 2010年,宁夏引入无人机航摄系统。3月16日,宁夏国土资源厅厅长刘卉到贺兰立岗镇参观中北部土地整理项目无人机航摄系统在宁夏的首飞仪式。2010年太原航空摄影有限责任公司完成宁夏银北摄区(摄区代码20100011)928幅图的航空摄影,航摄面积23527平方公里,航摄比例尺1:32000,北京星天地信息科技有限公司完成吴忠市308平方公里1:4000数码摄影,影像分辨率为0.1米,完成宁夏基础测绘三期1:1万地形图更新、彭阳测区230幅图的更新,完成内容为数字线划图(DLG)、数字高程模型(DEM)、数字正摄影像(DOM);完成卫宁测区、牛首山测区、石嘴山测区220幅数据修改,对所有完成数据进行了数据入库。4月30日,自治区国土资源厅和吴忠市政府联合组织申报“数字吴忠”地理空间框架建设项目已获国家测绘局批准。吴忠市成为全区第一家数字城市建设试点。11月30日,自治区国土资源厅制定并印发了《宁夏测绘应急保障预案》,成立宁夏测绘应急保障领导小组。2010年度基础测绘处被国家测绘局表彰为应急测绘保障先进集体。 (郭 敏)

【测绘管理】 在国家测绘局的部署下,

认真开展了2010年测绘资质单位复审换证工作。截至2010年底，宁夏共有66家测绘资质单位通过复审换证，缓期换证单位2家，被注销单位17家，另有6家单位新取得测绘资质。3月，向国家测绘局报送了《关于呈报宁夏整顿和规范地理信息市场秩序工作总结的报告》。完成为期一年的全区地理信息市场专项整治工作，组织专项检查28次，涉及80多家地理信息从业单位；完成全区地理信息市场专项整治工作评比工作，宁夏国土资源厅被评为全国地理信息市场专项整治工作先进集体，测绘行业管理处刘中苏、测绘产品质量监督检验站焦兴仓、石嘴山市国土资源局方熙被评为先进个人。11月，印发了《关于印发宁夏测量标志保护管理普查试点工作实施方案的通知》，确定在永宁县、西吉县开展测量标志保护管理普查试点工作。此项工作于2011年3月底结束。12月，根据国家测绘局《关于加快开展互联网地图服务测绘资质审查发证工作的通知》要求，对全区范围内互联网地图服务网站进行排查，取消2家未取得互联网地图服务测绘资质网站的地图链接服务。2010年，共处理4起违规登载地图问题；受理审核各类地图110幅（书刊插图、图集、图册、挂图）。 （郭 敏）

**【维护权益】** 结合2009年征地补偿费清理工作经验做法，制定了《关于进一步完善国家及自治区重点建设项目征地拆迁安置补偿程序的通知》、《关于进一步加强和规范征收集体土地有关工作的通知》《关于执行新征地补偿标准有关问题处理意见的通知》等涉及规范征地补偿程序的文件。组织各市县制定了征地统一年产值标准和区片综合地价，拟制了工作报告和技术报告，于12月25日通过政府第53次常务会议研究通过。新的征地补偿标准比原补偿标准平均提高了17%，2010年1月1日起执行。耕地保护处和调控、财务、监察等处（室）结合近年来征地工作中发生的问题、存在的矛盾，联合自治区财政、监察、审计、农牧印发了《关于进一步加强和规范征收集体土地有关工作的通知》。自治区市县（区）征地统一年产值标准和区片综合地价已经自治区政府发布施行，国土资源管理部门按照规定标准，审查报批各类建设用地。 （郭 敏）

**【执法监察】** 核查出违法用地260宗，立案查处247宗，查结率达95%，成为全国少数几个“零问责”的省区；首次将依法用地执法监察纳入政府耕地保护目标责任考核；在全国率先建立了省级国土资源行政执法联席会议机制，明确了各部门职责；制定了动态巡查规范，全区共开展执法动态巡查3783次，发现并及时制止违法行为410起，挽回经济损失1100万元；依法严肃查处土地矿产违法案件，全区共立案查处土地违法案件347件，收缴罚没款2038万元，查处矿产违法案件43件，收缴罚没款70.4万元；结合“一张图”工程，自治区有关部门联合开展了清理查处“未报即用”违法用地行动，排查清理出违法用地104宗，结案率94.1%；开展土地执法预警行动，清理排查出违法违规用地180宗，已自行纠正或立案查处108宗；指定专人负责“12336”国土资源违法举报电话接听受理，自治区国土资源厅直接受理90件，260人次，办结率85%。 （郭 敏）

## 生态恢复与重建

**【概况】** “十一五”期间，全区深入实施退耕还林、三北防护林、天然林资源保护、森林生态效益补偿、野生动植物保护区、湿地恢复与保护等国家重点林业工程项目，加快推进自治区“六个百万亩”生态林业建设工程，全区共完成营造林面积655万亩，有效地控制了水土流失和土地沙漠化，水土流失和沙化面积逐年减少，重点地区的生态环境和农民生产生活条件得到明显改善。全区水土流失初步治理程度接近40%，每年减少入黄河泥沙4000万吨，全区年均治理水土流失面积超过1000平方公里。全区累计治理水土流失近2万平方公里。全区森林覆盖率达到11.4%，生态环境明显改善。以建设全国防沙治沙综合示范区为重点，以三北防护林、天然林保护、退耕还林等国家重点建设工程项目为依托，坚持“以成活为中心、以核查为根本、以效益为目的、以宣传为命脉、以服务为保障”的工作思路，全面完成了自治区党委、政府下达的各项林业任务，全区共完成营造林面积145万亩，其中人工造林115万亩，封育30万亩；完成黄河金岸绿色长城造林绿化25.3万亩；完成义务植树1800万株；退耕还林完成补植补造25.4万亩。 （张仲举）

**【“黄河金岸”造林绿化】** 按照自治区主席王正伟主席“早作准备、下达指标、广泛动员、掀起造林高潮”和“黄河金岸22万亩绿化任务，最好在春季一次性完成”的重要指示和《自治区人民政府关于做好2010年林业生态建设工作的通知》要求，紧紧抓住2010年春土壤墒情较好，植树存活率高的有利时机，统筹安排、精心组织，制定下发了《宁夏黄河金岸绿色长城造林绿化项目2010年度实施方案》，迅速掀起了造林绿化的高潮。全年完成“黄河金岸”绿色长城造林绿化及湿地恢复与保护25万亩。

（张仲举）

**【林业项目】** 全年完成特色经济林45万亩。其中新增枸杞5万亩、红枣20万亩、苹果5万亩、葡萄5万亩、其他经济林及花卉10万亩。27个涉林生产企业列入全区100个现代农业示范园基地建设范围，重点扶持新建26个、续建18个特色经济林示范基地；仁存渡护岸林场列入国家农业部标准果园创建项目；重点培育区级龙头企业30家，全力打造提升“中宁枸杞”“宁夏红”“御马干红”“同心圆枣”“灵武长枣”“西夏王”“新华红”等一批特色经济林品牌的经济效益和知名度。大力实施枸杞南移北扩工程，重点加大了特色经济林产业名、特、优品种的推广和现代种植、管理技术的应用。林业产业总产值达到110亿元。 （张仲举）

**【防沙治沙】** 为了加快推进全区综合防沙综合示范区建设，细化了全国防沙治沙示范区年度建设方案，将每年的建设任务分解到县。同时,对于国家发改委设立的专项工程宁夏防沙治沙综合示范区项目给予资金支持。国家林业局支持全区建立了盐池、灵武、同心、沙坡头区4个县级综合治理示范县区。截至2010年底,全区共治理沙漠化土地118万亩。《宁夏防沙治沙条例》已经宁夏回族自治区第十届人民代表大会常务委员会第二十次会议通过,2010年底颁布实施。（张仲举）

**【森林资源保护】** 全区577万亩公益林纳入天然保护林工程管护,541.1万亩公益林纳入国家和地方重点生态效益补偿基金范围。积极争取并组织实施了野生动植物保护及自然保护区建设工程,完成了贺兰山、六盘山、罗山、白芨滩国家级自然保护区一、二期和哈巴湖国家级自然保护区一期工程建设。高度重视湿地保护与恢复工作,编制完成了《宁夏黄河湿地保护总体规划》和《宁夏湿地保护工程十一五规划》;各地湿地管理机构相继成立,全年申报增加国家湿地公园2个、国际重要湿地2个,湿地补助试点工作在宁夏石嘴山、吴忠两地开展,银川、平罗两个湿地保护恢复工程全面实施,湿地保护利用"十二五"规划列入自治区发改委专题规划。全面完成了全区森林资源二类调查工作,完成了全区第四次荒漠化和沙化监测工作,建立了宁夏森林信息管理系统。公布了全区首批28处湿地保护与恢复示范区、湿地保护小区和湿地公园;列入国家湿地保护恢复"十一五"规划的银川黄河、吴忠滨河、石嘴山星海湖、中卫沙漠、平罗天湖湾5个湿地保护恢复工程已被国家林业局批准实施;经国家林业局批准建立了5处国家湿地公园,其中银川(阅海湖和鸣翠湖)国家湿地公园,成为全国第三个、中国北方第一个国家湿地公园,宁夏湿地保护工作得到国家林业局的充分肯定。组织开展了"候鸟行动"和"严厉打击破坏森林和野生动物资源专项行动"等集中专项整治活动,共查处各类破坏森林、林木、野生动植物案件1406起。拓宽了森林防火建设资金渠道,加强了天保工程重点区域防火基础设施建设,全区没有发生大的森林火灾。进一步加强了林木病虫害防治的基础设施建设,林业有害生物防治体系初具规模,基本建立了区、市、县三级森林病虫鼠害预测测报检疫网络和全区防治检疫信息管理系统,有效预防和阻止了重大危险性森林病虫鼠害的扩散蔓延。通过建立森防"四率"目标管理责任制,强化了调控手段和约束机制,提高了控灾减灾的能力。（张仲举）

**【集体林权制度改革稳步推进】** 为进一步解放林业生产力,增强发展活力,增加农民收入,加强现代林业和生态文明建设,根据《中共中央、国务院关于全面推进集体林权制度改革的意见》,自治区人民政府出台了《关于开展集体林权制度改革试点工作的意见》和《宁夏回族自治区集体林权制度改革试点方案》等指导性文件,在彭阳、盐池、永宁县及其他各县(市、区)部分乡(镇)试点推进集体林权制度改革。以"生态受保护、农民得实惠、社会得发展"为核心,紧密结合生态建设实际,通过抓队伍、促宣传、强培训、广督导、严验收,因地制宜、实事求是、积极稳妥地推进集体林权制度改革试点工作。全区已完成集体林地确权面积505.6万亩,已经基本完成了集体林地确权到户的改革试点任务。农民群众对林改政策的知晓率和群众满意度均达到95%以上,林改进度、质量已从2009年的全国后进跃居全国前列,涌现出彭阳县、泾源县两个"全国林改典型县",创造了林改"宁夏模式""四个坚持"和"五个结合",为祖国西部生态脆弱区林改提供了新经验,得到国家林业局有关领导的高度赞扬。（张仲举）

**【绿化博览会成果丰硕】** 由全国绿化委员会、国家林业局和河南省政府共同主办的第二届中国绿化博览会,于2010年9月26日至10月5日在河南省郑州市举行。共有34个全国绿化模范城市大型企业和行业(部门)以及8家国际友好城市等共计94家参展。宁夏首次参加绿博会室外展,建设的室外展园"宁园"荣获本届绿博会室外展园银奖,同时被评为优秀组织奖,还获得其他6项单项奖。（张仲举）

## 环境污染与治理

**【污染减排】** "十一五"以来,宁夏每年都把污染减排目标列入党委、政府年度工作要点,制定了《宁夏节能减排综合性工作方案》《自治区"十一五"期间主要污染物减排计划》《自治区"十一五"环境保护目标责任书考核办法》,出台了节能减排"十大铁律"和"财政支持节能减排工作30条措施"等文件,连续4年将污染减排相关工作列为自治区政府为民办环保实事的主要内容。自治区政府和环保厅每年分别与各市政府、有关县政府和相关企业签订年度主要污染物总量减排目标责任书,将目标任务和重点减排工程等内容层层分解落实到各级政府和有关企业,严格考核。宁夏2010年化学需氧量排放量12.17万吨,比2009年(12.52万吨)下降2.74%,比2005年(14.27万吨)下降14.72%;二氧化硫排放量31.08万吨,比上年(31.42万吨)下降1.06%,比2005年(34.30万吨)下降9.38%,标志着宁夏超额完成了2010年及"十一五"主要污染物总量减排任务。截至2010年,全区二氧化硫和化学需氧量排放强度将分别比2005年下降66.9%和65.8%。（崔万杰）

**【环境质量】** 全国环保重点城市银川和石嘴山市环境空气质量提前两年达到国家"十一五"规划目标,银川市环境空气质量连续5年在西北省会城市中位居首位;石嘴山市摘掉了全国十大空气严重污染城市的帽子;全区生态环境质量由"较差"跨进"一般",比2005年提高一个质量类别,改善幅度居全国前列。实施黄河跨市界断面水质考核试点和中南部地区水污染防治工程。争取中央环保资金8100万元,开展了固原清水河和葫芦河流域治理、吴忠金积工业园区污水处理及银川市排水沟环境综合整治。建立了区域大气污染多部门联防联控机制,开展了城市环境综合整治、高速公路及滨河大道沿线高耗能企业专项整治。2010年，黄河宁夏段三类以上良好水质断面稳定保持在100%；5个重点城市环境空气质量二级以上天数占全年总天数的比例平均达到89.3%。（崔万杰）

【环境执法】 自治区环保部门连续8年联合9部门开展整治违法排污企业保障群众健康环保专项行动，在全区范围内对饮用水源保护区、垃圾填埋场等领域和行业存在的环境问题进行了集中整治。开展了工业园区、畜禽养殖污染等专项执法检查，坚决打击各类违法排污行为，维护了群众环境权益和社会和谐稳定。同时，为加大环境执法能力建设，自治区环保厅联合财政厅再次为全区各市县环境执法部门配备57辆环境监察执法车辆。首次开展造纸行业交叉执法专项检查，坚决打击各类违法排污行为，维护了群众环境权益及社会和谐稳定。2010年，全区共出动执法人员33162人次，检查企业12808家，立案查处70家，取缔关闭企业12家，解决了一大批群众反映强烈的突出环境问题。（崔万杰）

【农村环境保护】 自治区环保厅全面落实"以奖促治"政策，着力开展农村环境综合整治，切实解决"城市污染农村的水和地，农村污染城市的饭和菜"的大问题。先后开展了农村小康环保行动、农村环境综合整治目标责任制等试点工作，编制了农村环境综合整治规划和农村重点集中式饮用水源地保护规划。农村环保工作走在了全国的前面，初步摸索了一套农村环境保护的经验和方法。2010年，出台了《关于加强农村环境保护工作的意见》，得到国家环保部的充分肯定，并作为"宁夏经验"转发全国进行推广。同时宁夏被列为全国8个农村环境连片整治示范省区之一，2010年～2012年，国家和自治区将投入10亿元开展农村环境连片整治工作，全区22个县（市、区）、800多个村庄，110多万回汉群众将从中受益。目前，已下达中央环保专项资金3.75亿元，启动了首批217个村庄环境综合整治和230处农村集中式饮用水源地保护项目。完成各类卫生厕所建设34689座，新建垃圾池9928个，发放垃圾转运车251辆。（崔万杰）

【生态示范创建】 自治区把生态示范创建作为建设资源节约型、环境友好型社会的细胞工程不断加大工作力度，并将绿色创建工作列入环保厅效能目标考核内容之一，在全社会广泛开展了"绿色社区""绿色学校""环境优美乡镇"和"生态村"创建工作，同时率先在全国开展了"绿色示范社区"创建工作，创建"绿色示范社区"3个，超额完成自治区政府年初确定创建2个"绿色示范社区"的目标。命名了12个自治区环境优美乡镇、17个生态村。为社区制作了环保宣传栏、制度牌、引示牌。建设了环保图书室，配发了环保书柜，购买了环保书刊。组织编排了社区环保文艺节目，建立了社区楼宇文化，编印了绿色示范创建指南，汇编了全区绿色创建工作资料，拍摄了绿色示范创建电视专题片。在社区建立了"乡土植物园""环保堆肥栏"，设立了"一站式"环保便民服务窗口和社区环保工作站。开展了社区环保大讲堂活动，举办了绿色示范社区创建工作培训班。健全了社区环保志愿者队伍和社区环境监督员队伍。完善了社区环境管理制度。全区现有"绿色社区"14家。其中"绿色示范社区"3家，"绿色学校"77所，其中，国家级绿色学校11所，被国家命名的"环境优美乡镇"8个，"生态村"4个；自治区级"环境优美乡镇"41个，"生态村"45个。（崔万杰）

【服务地方经济发展】 宁东基地"煤炭间接液化"等重大项目环评和白芨滩国家级自然保护区调整顺利通过环保部审批和评审。编制全区环境保护"十二五"规划和10个专项规划，研究提出了今后环保工作的指导思想和目标任务。组织完成了固原盐化工循环经济示范区总体规划环评和宁东能源化工基地规划环评修编等，优化全区产业结构和区域布局。建立了重大项目推进联系机制，深化了项目环评，对新能源、新材料、节能环保等新兴产业开辟了绿色通道，减少审批程序，加快审批速度，对铁合金、电石、碳化硅等高耗能产业严格把关，推动了产业结构调整。2010年共审批建设项目253个，其中52个风电项目、21个太阳能光伏电站项目仅用7～10天时间完成审批。（崔万杰）

【办理环保实事】 集中整治全区35家涉及重金属排放企业，保障群众身体健康。加强辐射环境监管，全面排查23家重点单位的放射源，确保环境安全。全力组织实施城市扬尘噪声污染综合整治、区控重点污染源在线监控体系建设、农村集中饮用水源地保护等10件自治区人民政府为民办环保实事，提前完成目标任务。建立危险废物台账试点，严厉打击非法收集和处理危险废物行为，妥善处置宁夏民爆器材专营公司代存的过期危险化学品，维护了社会和谐稳定。及时对宝丰、宝塔、峡光、米来等企业环境污染事件，进行应急处置，维护了群众的合法权益，化解了纠纷。2010年，全区共查处企业70家，取缔关闭12家，解决了一批关系群众切身利益的突出环境问题。王正伟在《对2010年为民办十件环保实事落实情况的督察报告》上批示："十件环保实事抓得很扎实，成效明显，要继续坚定地抓下去。"（崔万杰）

【机构队伍建设】 环保机构和队伍建设进一步加强，成立了自治区宁东环境督察中心，山区县尝试环保管理体制新模式。支持8个市县建设业务用房，为区市县三级环保部门配备环境执法设备488套、车辆58台，基础建设得到强化，办成了一批大事。自治区环境预警应急中心投入使用，环保厅系统办公条件全面改善，通过考试录用了30名行政事业编制和65名聘用编制人员，全区环保系统人员编制达到979人，比"十五"末增加了39%。能力建设取得重大进展，环境监察、监测、辐射等标准化建设稳步推进，设施设备和监管手段大幅改善。推进环境监测技术大比武、环境监察机构标准化建设和业务培训等。加强党风廉政建设，强化项目资金管理和廉政风险防范，组织实施"小金库"和工程建设领域突出问题专项治理。年内，自治区环保厅被自治区党委、政府评为效能考核一等奖。

（崔万杰）

【政务信息】 修订《政府信息主动公开制度》等八项制度,信息公开工作进一步制度化、规范化。2010年宁夏环保网站访问量达到150万人次,日均访问量近5000人次;信息发布量3800余条,其中区内环境信息1800条。网上受理环境保护投诉90余件;依申请公开政府信息1期,网上公示公告56份。发布了《宁夏环境保护厅网站环保投诉(咨询、留言信件)办理制度》,规范了网站环保投诉、咨询、留言信件办理工作。特别是在宁洽会、中阿经贸论坛及国庆节期间,安排专人值班,加强了网络安全管理和舆情动态通报,确保了网站的安全运行。认真做好人大代表建议、政协提案办理工作,2010年承办的13件建议提案全部高质量办结。全区环保系统共办理信访事件4300件,接待群众来访211批354人次,办结率99.85%。噪声污染投诉量与上年相比同比下降逾两成,下降21.6%。

(崔万杰)

## 环保基础工作

【法制建设】 《宁夏回族自治区环境保护条例(修订)》于2010年1月1日起施行。该条例在丰富和强化环境执法手段、维护群众环境权益等方面,作出了富有地方特色的亮点规定。制定出台了《宁夏自然保护区管理办法》等部门规章。加紧制定《自治区环境教育条例》,开启了环境教育地方立法的先河。市县也加强环境法制建设,银川市制定机动车排气污染防治管理办法等行政规章,在公检法机关设立办理环境案件的专门机构,率先在全区开展环境违法行为有奖举报。环境科技工作稳步推进,承担了国家煤基活性炭污染物排放标准的制定工作,填补了宁夏国家环境标准制定的空白。完成了电石渣生产高效脱硫剂、马铃薯淀粉废水处理技术等示范项目的研发,为污染减排及区域污染防治提供了技术支撑。进一步加强法制宣传教育,完成“五五”普法规划任务,顺利通过检查验收。组织召开了全区环境执法工作会议,开展了环保世纪行执法检查、全区环保行政处罚案卷评查等活动,依法行政工作进一步加强。

(崔万杰)

【环境新闻宣传】 2010年,环境新闻宣传工作取得较大突破。通过《中国环境报》《宁夏日报》、宁夏电视台、宁夏人民广播电台、宁夏新闻网等刊发信息和新闻1600余条,其中报纸刊发484条,网站刊发1200余条,专版宣传15块(篇);其他网站也对全区有影响的环保工作动态信息进行了转载报道;在宁夏电视台“绿色宁夏”栏目开办“农村环境连片整治惠民生”专题节目,已播出9期;在《环境保护》《中华英才》《共产党人》《宁夏人大》《宁夏年鉴》《宁夏画报》《辉煌十年》等杂志上刊发文字10余万字、图片200余幅;区内外媒体专题、专访50余次;开通了“农村环境连片整治示范项目”专题网站。环境新闻宣传为建设环境友好型宁夏营造了良好的舆论氛围,在区内国内及国际上宣传了宁夏和宁夏环保工作。召开了首次全区环境宣传教育工作会议。完成了《宁夏通志·建设环保卷》环境保护部分60万字、140多幅图片的编纂工作。宣教中心代表西北地区率先实施了调查项目,已圆满完成,受到环保部表彰。环境宣传教育队伍不断壮大,仅自治区环境宣传教育中心人员就由原来的14人增加到22人。在6月5日世界环境日系列性活动中,自治区环保厅与40多家单位在鼓楼步行街举行了街头宣传咨询、保护母亲河启动仪式以及环保系统职工主题摄影作品展览等活动,组织大学生志愿者开展环保知识问卷调查,向市民发放环保宣传资料、挂图等5000多份,赠送环保购物布袋5000多个。举办了“市民环保一日游”社会体验活动,组织50多名社区居民,参观了银川市“12369”环保投诉举报中心、第三污水处理厂、河东垃圾填埋场。举办了“看我家乡环境美”网上主题征文活动,共征集作品2500篇。举办了以反映环境友好型宁夏建设为主题的环境保护成就五市图片巡回展览活动。举办了环保科普知识下乡活动,向农民群众面对面宣讲低碳生活、污水处理和沼气利用等方面的环保科普知识。开展了“弘扬法治精神,促进社会和谐”为主题的法制宣传活动。向市民广泛宣传了环保法律法规常识,引导市民学法、知法、懂法、守法和用法。组织环保志愿者深入正茂社区、阳澄社区、长庆燕鸽湖社区开展环保进社区宣传活动。向社区居民赠送了环保书籍,组织居民开展了低碳环保宣传活动。同时,联合银川市政府、宁夏电视台组织启动了“关灯一小时”宣传活动。举办了西北五省(区)环保系统摄影作品征集展览活动,从1000多幅参展作品中精选出150多幅作品,制作成展板,在全区进行了巡回展出。举办了“清凉宁夏”环保系统文艺会演活动。

(崔万杰)

【教育培训】 举办了首批省控重点企业环境监督员培训班,在加大国控重点企业环境监督员培训的同时,把省控重点企业环境监督员培训工作作为教育培训的重点。率先在全国开展了农村环境监督员培训工作,举办了首期农村环境监督员培训班,150多名乡镇干部和农村项目负责人参加了培训。举办了环境政务信息和环境通讯员业务培训班,邀请自治区党委办公厅信息处和《环境保护》杂志、中国新闻社的编辑讲课。举办了环境教育基地项目解说人员培训班和《中国环境年鉴》第十六次地方编委、特约编辑工作会议。启动了环境教育示范基地和环境友好企业评选创建工作。对银川市第三污水处理厂、河东垃圾填埋场、白芨滩自然保护区等单位进行了调研,制定了创建工作计划方案和评选标准,下发了通知。

(崔万杰)

【环境信息】 启动实施了环境信息与统计能力建设项目。成立了宁夏环境信息与统计能力建设项目领导小组及项目办公室,下设了项目管理办公室和财务组、标准组、网络与安全组、数据与应用组、统计组等6个工作组。召开项目办会议,论证确认工作方案,规划网络地址,实施网络线路建设工作。筹备建设区内视频会议系统及厅办公自动化系统。方案通过多次论证完成了招投标工作，并进入实施阶段。完成了《环境信息数据仓库系统技术规定》(征求意见稿)等18项标准。联合环境监测中心站落实了全区地表水、空气等环境质量监测数据联网与信息化平台建设工作。启动了污染源分布查询系统建设工作，编制了《宁夏污染源分布查询系统工作方案》。（崔万杰）

**【银川市环境质量持续改善】** 2010年，银川市环境状况各项指标均有好转，环境质量全面好转、持续改善。环境空气质量二级及好于二级天数从2006年的312天上升到2010年的332天，连续五年名列西北首府城市第一；黄河银川段水质连续三年由Ⅳ类稳定达到Ⅲ类，地表水水质稳定达到国家环境功能区标准，城市集中式饮用水水源地水质达标率稳定保持在100%；城市区域声环境和道路交通噪声质量保持稳定；国控、省控重点污染源全部实现在线监控，废水排放达标率保持在100%；全面完成创建国家环保模范城市各项任务。银川市荣获“中国十佳和谐可持续发展城市”。6月9日，经全国绿委会会议研究决定，正式授予银川市“全国绿化模范城市”称号。（崔万杰）

## 环境监测与科技

**【环境监测服务环境管理】** 2010年，全区环境监测部门强化环境质量监测，围绕污染减排，强化污染源监测，全面开展了地表水、空气、酸沉降、沙尘天气影响、饮用水水源地、城市噪声、农村环境、生态、土壤等各环境要素的常规监测以及污染源监督性监测和应急监测工作，获得大量的监测数据，其中，中卫市全年获各类监测数据26361个，石嘴山市101000个，吴忠市18183个。监测数据表明，2010年全区空气质量达到国家二级标准，全区5市优良天数比例均达到86%以上；城市区域噪声环境质量总体较好；生态环境质量指数较上年略有上升。（崔万杰）

**【全区首届环境监测大比武】** 2010年，自治区环保厅联合区人力资源和社会保障厅、总工会、妇联、团委开展了全区首届环境监测专业技术人员大比武。这次技术比武为自治区一类竞赛，比赛共分选拔、预赛、决赛、培训参加全国竞赛4个阶段，主要进行理论考试和操作技能考试。参赛队伍由宁夏5市环境监测站(包括辖区县市监测站)和宁夏回族自治区环境监测中心站组成，6支代表队中选拔出的优胜选手代表宁夏参加了全国环境监测技术大比武决赛。环保及相关部门对在全区监测技术比赛中表现优异的选手进行了表彰，8名选手分获大比武一、二、三等奖，3支代表队获团体奖一、二、三名，银川市环境监测站获得了优秀组织奖，5个部门获得协作奖，另有16名选手获得鼓励奖。（崔万杰）

**【环境监测交流合作】** 2010年，积极与兄弟省区联系协调，充分借助西部五省区同处黄河中上游的区位优势和东部发达地区兄弟省区的技术优势，积极开展西部五省区环境监测工作互动合作及宁夏、浙江监测站业务对口培训合作，进一步提高环境监测水平，促进环境监测工作和经济社会更好更快发展。8月30日，积极促成与内蒙、陕西、甘肃、青海四省区签署了环境监测工作互动协议，宁夏回族自治区环境监测中心站与浙江环境监测中心站签署了业务对口培训合作协议。（崔万杰）

**【环境监测能力建设】** 2010年，全区环境监测能力建设成绩突出。自治区环境监测中心站、自治区辐射环境监督站、吴忠市环境监测站乔迁新站，办公条件有效改善。一批环境监测仪器设备、业务用车装备到位。人员队伍建设方面，新增事业编制10个，人员已全部上岗。各市县也增加了专业技术人员。（崔万杰）

**【西北首家水源地预警站建成】** 2010年，宁夏环保厅、财政厅投资315万元建成了西北首家水源地预警自动监测站即贺家湾水源地水质预警自动监测工程，该站的建成投运，实现了宁夏水源地毒性预警监测零的突破，从而保障了固原地区50万山区群众的饮水安全。贺家湾水源地水质预警自动监测站采用水质常规五参数在线监测仪、高锰酸盐指数在线监测仪、生物毒性在线监测系统等国内外先进技术和设备，对水体中高锰酸盐指数等2000多种有毒生物能够进行预警监测。同时，可连续24小时对水温、pH值、溶解氧、电导率、浊度常规五参数进行在线监测。同时，建成黄河宁夏段出境断面石嘴山麻黄沟水质自动监测站。（崔万杰）

**【“十一五”“水专项”课题进展顺利】** 自“十一五”“水专项”宁夏项目实施以来，一是已建成宁夏灵武8平方公里技术集成试验示范区。完善了示范区观测基础条件；绘制了示范区土壤养分分布图。取得了10万个以上的第一手观测数据，为污染负荷总量控制与技术方案的制定提供了较好的依据。二是初步构建了灌区水质水量调控模型。根据模型研究需要，对项目区土壤物理化学参数、土地利用类型、作物种植结构及施肥情况等参数进行了调研及取样分析。在野外调研和前期研究工作的基础上，综合国内外最新研究成果，初步建立了灌区水质水量调控模型框架。三是初步探明了作物种植模式与农田水质的关系。四是技术集成和示范工作全面展开。在去年研究工作基础上研发出水稻、西瓜沼渣和清洁生产专用肥配方8个，与企业合作出产10余吨清洁生产专用肥。举办不同形式培训班，在示范区宣传推广减氮控磷、固体废弃物农田安全利用、节水控灌、测土配方施肥等控制农田退水污染综合集成技术。在示范区灵武农场三队、梧桐树乡杨洪桥村举办培训班，共计到场300人，分发技术小册子300余份。完成了合同书上要求的年度考核指标。全年共申请国家专利4项，其中，“土壤测渗自动测量仪”“数显电触式水位测定仪”和“便携式自反馈进排水样采集器”适用型专利3项，发明型专利1项。四项专利的发明提升了科技在农村环境保护工作中的贡献率。（崔万杰）

**【《煤基活性炭行业大气污染物排放标准》】** 2010年，该《标准》制定工作有序推进，一是完成区内活性炭企业的调查，摸清了全区活性炭企业的规模、原辅材料、产品种类、环境影响评价、环境监测、生产工艺、主要设备、原理、废气治理工艺设备、技术水平、主要污染物浓度、污染治理设施处理效率等方面的情况。二是赴山西开展课题调研,初步了解和掌握了国内活性炭行业的发展概况。三是了解了活性炭行业科研及相关情况。收集到了国内活性炭行业协会《2004 年全国活性炭研讨会论文集》《2008 年中国活性炭学术研讨会论文集》《中国活性炭 2009 年企业名录》,对标准制定工作具有重要的学习参考价值。四是基本摸清了国内煤基活性炭企业煤质成分及分布状况,为标准的制定工作提供了重要支撑和依据。

(崔万杰)

**【环境保护科技项目管理】** 重点围绕全区污染减排、生态建设和环保民生工程等环保工作的重点领域,着重推动解决全区环境保护工作中急需的重大科研问题。一是组织征集 2009 年全区环保科技项目。重点支持水体污染、清洁能源技术在全区的推广应用,农村环境综合整治中生活污水和垃圾再处理和循环综合利用技术研究,新时期环保工作机制、体制等方面的研究。二是组织对 2007 年符合验收条件的科研项目按照《宁夏回族自治区环境保护厅环境保护科技项目验收管理办法》进行了验收,对验收的项目颁发了验收证书。三是组织对 2008 年的科技项目进行中期检查。为加强对自治区环境科研项目的日常监督管理,及时发现和解决项目研究过程中出现的问题,对申报的 10 个项目,组织专家进行了中期检查,确保了项目顺利实施和按期完成。

(崔万杰)

**【环境污染治理设施运营资质监管】** 2010 年,自治区环保部门加强对环境污染治理设施运营资质持证单位的监督管理。一是办理了石嘴山市创绿环保科技有限公司污染物自动连续监测气(临时)、水(临时),宁夏燕泰建设环保工程有限公司工业废水乙级(临时)、工业固废乙级(临时)运营资质申请,并顺利通过预审,已获环保部批准。同时办理了宁夏仁和环保科技发展有限公司工业固废乙级(临时)运营资质申请,已通过环保厅预审,报国家环保部审批。二是组织对辖区内的环境污染治理设施运营资质持证单位进行了年度考核,并将考核报告呈送环保部。三是进一步规范全区环境污染治理设施运营工作,加强对全区环境污染治理设施运营市场的监督管理,推进全区环境污染治理设施运营市场化进程,组织开展了专题调研活动。 (崔万杰)

**【发布《宁夏环境质量信息管理办法》】**

自治区发布了《宁夏环境质量信息管理办法》(试行),通过政府网站、环保网站、公报、新闻发布会以及报刊、广播、电视定期发布环境质量信息。定期发布环境质量信息是宁夏回族自治区政府今年为民办 10 件环保实事之一。《办法》明确规定,县级以上环境保护行政主管部门负责本辖区内环境质量信息发布管理工作;五市环境保护行政主管部门每日发布当天城市空气质量信息,每月 10 日前发布上月空气质量天数信息,每月 15 日前发布黄河干、支流及湖泊水质质量信息,每月 25 日前发布一次城市噪声环境质量信息;自治区环境保护行政主管部门每月 5 日前在自治区政府网、宁夏环保网发布上月全区环境质量信息,每年 6 月 5 日前发布《宁夏环境状况公报》,维护人民群众的环境知情权、参与权和监督权。

(崔万杰)

**【辐射环境管理】** 自治区环保部门与重点放射源应用单位签订《安全责任书》,对全区放射源应用单位闲置废弃放射源及时收贮,有效杜绝因管理不善发生放射源丢失、被盗等现象。重点加强对宁东能源化工基地放射源和跨区域流动和移动放射源监管,做好闲置和废旧放射源的监督检查和收贮工作。在中阿经贸论坛前期,对 23 家重点用源单位的 225 枚放射源进行了全面排查,确保了论坛期间环境的安全。完成全区 846 个 3G 移动通信基站的监测工作及中宁电厂改接工程等一批重点项目的环境影响评价工作,确保了全区辐射环境安全。开展了危险废物台账试点管理工作,加大对非法收集、处理危险废物行为的打击力度。按照自治区领导批示精神,妥善处理宁夏民爆器材专营公司代存的过期危险化学品,对 9.4 吨包含剧毒化学品在内的 1559 种废弃危险化学品进行了清理分类,妥善处置。 (崔万杰)

# 教　育

编辑：张明鹏　唐　虹

## 综　述

**【概况】**　2010年，全区共有各级各类学校2796所，比上年减少85所。普通高等学校15所，其中本科院校8所（宁夏大学、北方民族大学、宁夏医科大学、宁夏师范学院、宁夏理工学院、中国矿业大学银川学院、宁夏大学新华学院、银川大学），高职学院8所（宁夏职业技术学院、宁夏财经职业技术学院、宁夏工商职业技术学院、宁夏民族职业技术学院、宁夏司法警官职业学院、宁夏建设职业技术学院、宁夏工业职业学院、银川科技职业学院），成人高校1所（宁夏广播电视大学），中等职业学校36所（比上年减少3所），普通高中70所（比上年减少12所），初中267所（比上年减少6所），小学2027所（比上年减少104所），特殊教育学校7所（比上年增加1所），幼儿园373所（比上年增加39所）；各级各类学校在校学生146万多人，其中高等教育在校生83.4万人；高中阶段14.2万多人；义务教育阶段在校生96万多人；幼儿园在园生13.79万多人；特教学校在校生1516人；各级各类民办教育在校生103996人。小学适龄儿童入学率99.86%，初中毕业生升学率105.5%，高中阶段毛入学率84.71%，中等职业教育招生增幅连续六年高于全国平均水平，高等教育毛入学率25.15%，普通中小学生比例12:1，各级各类学校少数民族学生的比例38.49%，普通高等学校招生录取少数民族学生比例已达30.58%。全区专任教师7.38多万人，全部实现持《教师资格证书》上岗。全区初中专任教师学历合格率为99.18%，普通高中专任教师学历合格率为96.4%，全区小学专任教师学历合格率为99.45%，普通高等学校专任教师中具有硕士以上学历的达到40.13%。2010年，全区中小学校舍安全工程全面推进，基本普及高中阶段教育工作取得新的进展，创建教育强县工作进入攻坚阶段，中等职业教育持续快速发展，连续8年超额完成招生任务，自治区职业教育实训基地全面建成并投入使用。高等教育在促进内涵发展和提高质量方面取得新的成绩，宁夏大学"211工程"建设进展顺利，宁夏医科大学博士点建设进入实质性阶段。民族教育持续发展，二期"百所回民中小学标准化学校建设工程"深入推进。教师队伍建设取得新进展，"国培计划"中西部项目在宁夏正式启动，连续第五年实施农村中小学教师特岗计划，使特岗教师总数达到7600多人。（陈惠英）

**【教育经费保障机制】**　2010年中央、自治区共安排全区义务教育阶段学校公用经费40664万元（含农村学生每生每年75元取暖费）。寄宿生生活费补助资金6705万元，免费教科书资金8166万元。增加寄宿生生活费补助基数并提高补助标准。2010年自治区在上年6万人的基础上将全区享受寄宿生生活费补助人数增加到6.9万人，寄宿生生活费补助标准由原每生每年小学500元、初中750元提高到小学750元、初中1000元，每人每天增加补助标准1元。进一步规范相关管理措施，经与自治区财政厅深入3县15所学校开展调研，针对实施过程中存在的问题，起草了《关于推进全区农村义务教育经费保障机制改革有关事项的通知》并报请自治区人民政府同意后，与自治区财政厅联合下发文件执行。重点要求市、县在安排公用经费时对取暖补助安排增设调整系数，确保规模较小学校、偏远薄弱学校和寄宿制学校的正常取暖；并将中小学编制外用工人员工资纳入市县财政预算，确保中小学公用经费不用于人员工资，中小学公用经费中5%教师培训费由市县统筹安排3%，重点用于农村薄弱学校教师培训，充分发挥资金效益。全年资助高等学校、中等职业学校和普通高中的学生共计22.5万余人次，积极争取国家、社会资助金（包括助学贷款在内）共计3.26亿余元。

（陈惠英）

**【教育收费管理】**　制定下发宁夏《教育厅等七部门2010年规范教育收费工作的实施意见》，进一步明确相关教育收费政策，规范全区教育收费工作。会同自治区物价局上报全区中小学服务性收费和代收费的意见，经自治区人民政府批转下发了《关于进一步规范中小学服务性收费和代收费管理有关问题的通知》。对宁夏职业技术学院、工商学院、考试院、宁夏大学等申请收费标准和收费项目进行了严格审核，并按程序报自治区财政、物价等收费管理部门进行审批。（陈惠英）

**【中小学校舍安全工程】**　根据《自治区人民政府办公厅关于进一步加强学校规划布局工作的意见》精神，综合考虑城镇化发展、生态移民、沿黄城市带建设和着力解决城市学校"大班额"、农村学校"大通铺"问题，推进教育均衡发展以及学校标准化建设等因素。2010年，自治区筹措资金11.4亿元，其中国家支持资金2.8亿元。批复校舍安全工程项目学校566所，安排中小学校舍维修加固、重建105万平方米。在确保自治区下达的规划建设面积以外，部分县(市、区)还自筹资金扩大城市学校规划面积，累计超额完成建筑面积15万平方米。2010年，全区校舍安全工程实际完成120万平方米，其中维修加固40万平方米、重建80万平方米。

(陈惠英)

**【农村初中校舍改造工程】** 2010年，中央安排全区“农村初中校舍改造工程”资金3200万元，共安排改造学校12所，可新建学生宿舍19070平方米，学生食堂2230平方米，可解决近4000名学生的食宿问题，截至11月底，全区已开工建设学校10所。会同自治区发改委社会处、基建处及稽查办抽调专门人员历时两个月对2007～2010年全区“农村初中校舍改造工程”93所项目学校的项目前期准备工作、招投标情况、工程建设情况、竣工验收情况、工程资金使用情况以及规划执行情况等6个方面开展了全面检查，并根据检查结果提出处理意见。 (陈惠英)

**【明德小学建设项目】** 2010年，明德小学捐赠方安排捐赠资金315万元，确定4所学校列入2010年的明德捐增项目，完成项目申报工作。对明德小学建设项目进行了检查验收并接受明德小学工作小组对全区项目实施情况的检查。制定《提升明德小学教育质量项目规划方案》，组织实施2010年“明德杯”学生创意智能竞赛活动，举办全区明德小学项目学校校长培训班，全方位提升明德项目实施综合效益。2010年全区工作整体推进有力，受到了教育部和台湾台塑集团的表彰，荣获明德小学整体建设项目执行“优等奖”。利用邵逸夫捐赠资金160万港币，建设学校两所。

(陈惠英)

**【高校学生资助】** 2010年，全区高校发放国家奖助学金共计5285.95万元，资助高校家庭经济困难学生累计3.59万余人次，占高校在校生数的25.6%。其中：发放高校国家奖学金80万元，奖励100人；发放高校国家励志奖学金941万元，奖励1882人；发放高校国家助学金4264.95万元，资助3.4万人。从2010年秋季学期开始资助金每生每年由2000元增长到3000元。此外，全年通过绿色通道顺利入学的高校家庭经济困难大学生共有5101名，占新生总数的22.6%。 (陈惠英)

**【中等职业学校资助计划】** 2010年，国家在实施中等职业学校助学金的基础上又建立了中等职业学校免学费政策，全区落实中等职业学校资助金1.43亿元，累计资助学生13.6万余人。根据中央和国家的精神，自治区政府下发《关于批转宁夏回族自治区中等职业学校农村家庭经济困难学生和涉农专业学生免学费工作实施方案的通知》(宁政发〔2010〕72号)，开始实施中等职业学校农村家庭经济困难学生和涉农专业学生免学费计划，全区补助学费5562.93万元，免除2.7万名学生学费，享受免学费学生数占全区中职生总数的30%，比自治区人民政府下达覆盖面25%的任务超出5个百分点。全年发放助学金8771.17万元，资助10.8万人，每生每年1500元，占中等职业学校一、二年级在校生数的93%。

(陈惠英)

**【普通高中困难学生资助体系】** 自治区率先在全国开展普通高中家庭经济困难学生资助试点工作，发放资助金1916.71万元，累计资助山区10市县(固原市、原州区、西吉县、隆德县、彭阳县、泾源县、同心县、盐池县、海原县、红寺堡开发区)普通高中家庭经济困难学生2.9万余人次，占试点地区高中生总数的20%左右。秋季，国家正式建立普通高中家庭经济困难学生资助制度，宁夏普通高中资助制度覆盖全区所有市县，平均资助面提高到30%，资助金提高到每生每年1500元。 (陈惠英)

**【生源地信用助学贷款】** 在全区范围开办了宁夏生源地信用助学贷款业务。全区生源地信用助学贷款在国家开发银行宁夏分行的支持下，以县区级为单位在全区范围开办了此项业务，由各地教育行政部门具体办理。经各级学生资助部门共同努力，基本实现“应贷尽贷”。年内全区发放助学贷款9678万元，惠及18313名宁夏籍高校学生，人均贷款5000元左右，贷款已全部发放到位。2010年，贷款金额数和贷款学生数较上年实现翻番，获贷率达到94.8%，较上年提高3.8个百分点。

(陈惠英)

**【《宁夏中长期教育改革和发展规划纲要》和《宁夏教育事业发展第十二个五年规划》】** 为进一步推动宁夏教育事业科学发展，精心谋划宁夏教育事业未来五年和十年改革发展规划。就全区教育改革发展中存在的问题立项教育规划科研课题23个，召开大型座谈会13次，广泛征求各个部门以及各市县(区)党委政府和教育部门、各高等院校、离退休干部及社会各界的意见。在充分总结全区教育改革与发展成就的基础上，结合当前教育改革与发展的新形势、新目标和新要求，经过反复论证，制定了《宁夏中长期教育改革和发展规划纲要(2010～2020年)》和《宁夏教育事业发展第十二个五年规划》，提出到2020年实现教育强区目标，教育发展的主要指标达到全国平均水平，部分指标达到全国先进水平，基本形成学习型社会，基本满足人民群众对教育的多样化需求，进入人力资源强区行列。《规划纲要》已正式颁布。为了保障实现建设教育强区的宏大目标，《规划纲要》和《“十二五”规划》在深化改革和加快发展上都提出了许多重大的措施和具体的项目支持。 (陈惠英)

**【教师资格认定】** 全年，共认定各级各类教师资格5959个，其中，幼儿园教师资格713个、小学教师资格596个、初级中学教师资格1628个、高级中学教师资格2266个、中等职业学校教师资格75个、中等职业学校实习指导教师资格75个、高校教师资格606个。

(陈惠英)

**【职称评聘】** 协助自治区人力资源和社会保障厅完成2009年高教、中专、中小学(幼儿园)系列专业教师资格人员信息录入及发证工作，印发各系列职称证书1100份。修订并印发了《高教、中专系列教师专业技术职务任职资格评审条件(试行)》。会同自治区人力资源和社会保障厅做好2010年高教、中专、中小学(幼儿园)系列专业教师资格评审的相关工作。三个系列共提交教师职称评审材料882份(其中高教系列273份、中专系列44份、中小教系列565份),年底三个系列职称评审工作全部完成。根据自治区人力资源和社会保障厅统一安排,对厅机关和厅直属单位、学校工勤技能人员开展晋级和技师评聘工作,已将岗位需求上报自治区人力资源和社会保障厅,待岗位确定后开始考评。（陈惠英）

**【特岗教师招录】** 2010年,全区共计划招聘特岗教师2100名。其中国家特岗教师1800名,主要分布在23个县(市、区),初中岗位1150个,小学岗位650个;地方小学特岗教师300名,分布在21个县(市、区)。通过网上报名、网上资格初审、笔试、加分审核、资格审查、面试等公开选拔过程以及补录,历经5个月确定2010年特岗教师聘用人员2096名,其中国家特岗教师1800名、地方特岗教师296名,顺利完成了特岗教师招录工作。制定下发了《自治区教育厅关于认真做好2007年招聘农村义务教育阶段学校特设岗位教师三年服务期满考核聘用工作的通知》,为2007年招聘的三年服务期满且考核合格的878名特岗教师办理了正式入编手续。（陈惠英）

**【教育考试制度改革】** 在2009年成功实行"平行志愿"录取模式改革的基础上,将"平行志愿"录取模式改革范围扩大到各个批次的少数民族预科班志愿和提前批次中的体育院校或专业志愿,各批次少数民族预科录取分数显著提高,高分落档情况明显减少,考生志愿录取率进一步提高。普通高考、成人高考实行了网上报名改革,普通高考实行了网上填报志愿,实现了考生报名信息、志愿信息采集手段的重大变革,为考生提供了更加便捷、更加高效的报名和志愿填报服务。同时,将普通高考中军事、公安院校招生面试时间提前,取消了普通高考外语考试和外语口试中重复参加"听力考试"的过多负担,在宁夏职业技术学院部分专业进行了单独招生改革试点。（陈惠英）

## 基础教育

**【中小学德育工作】** 11月,召开了全区中小学"德育示范校""和谐校园"和"书香校园"现场会,对大武口区教育局、吴忠市利通区一小、隆德县第二中学、银川市第二十四中、中宁县第一中学等一批先进学校进行了表彰奖励,启动第二批"书香校园"评选活动。组织评选区级三好学生690名,优秀学生干部296名,首次在全区评选14名优秀学生。组织评选宋庆龄奖学金10名获奖者和10名提名奖获得者。针对农村留守儿童和进城务工人员子女缺乏关爱、自卑等心理特点,在第六个心理健康教育周期间,组织开展以"阳光心情,你我共享"为主题的心理健康教育活动。在2010年节能宣传周期间,全区各级各类学校中以"校园低碳行动,你我共同参与"为主题,开展校园低碳行动"七个一"活动。即每天保证读书一小时;每人借阅一本好书;每周至少写一篇读书笔记;每周认识一个书中的人物;每周设计一张名言箴句的小书签;每周向班级推荐一本好书;每周向家长介绍一个书中的好故事。进一步增强了师生的节约意识,为建设资源节约型、环境友好型社会作出了贡献。（陈惠英）

**【义务教育均衡发展】** 实施"义务教育均衡发展行动计划"和创建"义务教育均衡发展示范县(区)"活动,推进灵武市、青铜峡市、石嘴山市大武口区年内达到基本均衡目标。拟定《宁夏义务教育阶段学校办学基本标准》《宁夏义务教育均衡发展县(市、区)评估验收方案》和《宁夏义务教育均衡发展评估指标体系(试行)》,有序推进全区义务教育均衡工作健康发展。启动了推进义务教育均衡发展试点工作,遴选贺兰县、吴忠市利通区、彭阳县作为试点县(区),筹备召开了试点工作启动会。（陈惠英）

**【营养早餐工程】** 从2010年秋季学期开始在中南部地区12个市县(区)农村义务教育阶段公办学校学生和县(城市)义务教育阶段公办学校寄宿学生中全面实施"营养早餐工程"。教育厅协调组织在固原市召开了全区学生"营养早餐工程"工作会议,联合财政厅、卫生厅、农牧厅、工商行政管理局、质量技术监督局、食品药品监督管理局下发了《自治区中南部地区农村义务教育阶段公办学校学生"营养早餐工程"安全管理办法(试行)的通知》,明确了市县(区)相关部门的工作职责和相关安全管理措施,建立健全了"政府统筹、部门协作、措施得力"的管理体制,督促各市、县(区)将"营养早餐工程"所需鸡蛋全部纳入政府采购管理。该工程安排资金4688万元,惠及1500多所中小学校的37.5万名山区农村学生。从2010年秋季开学,为中南部山区农村义务教育阶段学生每人每天免费提供1个熟鸡蛋。（陈惠英）

**【基本普及高中阶段教育】** 按照稳步发展普通高中、扩大中等职业教育规模的思路,统筹高中阶段教育,加快中等职业教育基础能力建设,确保初中毕业生都能够进入高中阶段学校就读,高中阶段毛入学率达到84.71%。按照自治区党委、政府2009年印发的《宁夏回族自治区基本普及高中阶段教育实施方案》部署,为确保普高工作顺利开展,年初教育厅制定印发了《2010年基本普及高中阶段教育工作实施方案》,落实各项措施,推动工作进展。按照工作方案,加大过程性督导检查和指导力度,组织力量3次深入川区9个县(市、区)进行过程性检查,促进了贺兰县、永宁县、灵武市、平罗县、利通区、青铜峡市、盐池县、沙坡头区、中宁县等9个县(市、区)普及高中阶段教育工作。超过自治区年初确定6个县普高的目标。自治区人民政府成立了评估验收领导小组,于10月25日起对9县(市、区)开展了评估验收。重点对组织领导、普及程度、教育经费、师资队伍、办学条件和教育管理6个一级指标22个二级指标进行考核验收。辖区内的户籍适龄人口高中阶段毛入学率达到85%以上,即可认定基本普及高中阶段教育。9县(市、区)的高中阶段毛入学率等关键指标高于自治区规定的标准。量化考核总分均高于86分,吴忠市利通区达到89.67分,得分最高,9县(市、区)达到了自治区规定的基本普及高中阶段教育标准。全区14个县(市、区)实现了基本普及高中阶段教育工作目标。占县(市、区)总数的63.64%。(陈惠英)

**【创建教育强县(区)】** 按照创建教育强县(区)的目标规划,抓好红寺堡、原州区、隆德县、彭阳县创建教育强县(区)工作,并指导山区县(区)做好教育强乡(镇)的创建工作。组织专家深入红寺堡、原州区、彭阳县、隆德县开展了专项检查指导,4县(区)对照教育强县(区)评估标准及档案建设要求积极开展创建工作。自治区政府已完成了对4县(区)的验收工作。至此,除同心、海原、西吉、泾源县外,全区18个县(市、区)已实现教育强县(区)目标,占22个县(市、区)总数的81%。

(陈惠英)

**【基础教育学校综合管理质量工程】** 按照"基础教育学校综合管理质量工程"实施方案,认真组织各地市(县)教育行政部门进一步深化改革、加强管理,建立健全各项规章制度,努力提高教师专业化水平,全面提高教育教学质量,切实保证了工程取得实效。深化全区高中招生制度改革,首次将信息技术考核纳入综合素质评价之中,并将信息技术考核的成绩按10%计入综合素质评价。将体育与健康分值由40分提高到50分,进一步加强体育与健康教育,增强学生的体能素质,促进学生全面发展。(陈惠英)

**【进城务工子女就学】** 与自治区有关部门联合开展了进城务工随迁子女就学问题调研,进一步完善了进城务工随迁子女受教育政策,石嘴山市率先对进城务工随迁子女在报考普通高中、录取中取消户籍限制。(陈惠英)

**【教育科学研究】** 教育部门承担的"义务教育均衡发展研究课题""学前教育发展课题""普通高中教育发展研究课题"和"特殊教育发展研究课题"均已结题。全年编辑发行《宁夏教育科研》和《教育信息》各4期。4月23日,在石嘴山市召开全区教育科研现场会,石嘴山市四套班子领导参会,教育厅副厅长冀永强作重要讲话,全区有200多人参会。组织全区首届教育科研成果评选活动,共收到各级各类参评成果430余项,分著作类、研究报告类、论文类评奖,共有243项成果获一、二、三等奖。收到全区学校申报课题140余项,评审上报全国教育科学规划办85项,有9项课题被全国教育科学规划办批准立项;完成宁夏"十一五"教育科学规划课题30项结题工作。按时完成自治区人民政府政研室《宁夏实施民生计划的实践与探索》"2007~2010年自治区教育民生计划完成情况总结"的撰稿任务;完成了《宁夏教育年鉴(2001~2005卷)》审稿统稿工作。先后接待了来自西藏3批70余人的考察团,对银川一中、六盘山高级中学、平罗中学、中卫中学进行新课改考察,融洽了与兄弟省区的友好关系,为西藏地区2010年开始推行的高中新课程改革作好了准备。

(陈惠英)

**【第四届宁夏青少年创意大赛】** 组织开展"第四届宁夏青少年创意大赛暨尚德电力杯第四届中国青少年创意大赛宁夏赛区选拔赛"活动,选拔推选8所学校代表宁夏参加"第四届中国青少年创意大赛暨知识产权宣传教育活动"总决赛,宁夏参赛队成绩居全国前列。宁夏教育学会荣获"优秀组织先进集体"奖,教科所、教育学会有4人荣获"优秀组织先进工作者"奖。(陈惠英)

**【学前教育】** 制定了《宁夏学前幼儿教育发展规划(2010~2020年)》(征求意见稿),明确全区发展学前幼儿教育的目标任务和各级政府发展学前教育的责任,提出了创新学前教育发展模式、加快发展农村学前教育的政策措施。分县(市、区)制定了学前教育发展目标,提出建立学前教育投入机制、师资队伍建设、发展农村学前教育的政策建议。组织专家对金凤区回民幼儿园、大武口区幼儿园、中宁县幼儿园3所申报自治区级示范幼儿园进行了评估验收,举办全区幼儿园教材培训班,全面提升幼儿教师的专业素养,大力推进乡镇中心幼儿园建设,促进农村学前教育资源进一步扩大,教育质量进一步提高,本年度学前教育入园率达50.9%。实现了学前三年入园率达到46%的目标。

(陈惠英)

**【特殊教育】** 按照教育部、国家发展改革委《"十一五"期间中西部地区特殊教育学校建设规划(2008~2010年)》要求,国家下达新建学校3所(同心、中宁、海原),资金1140万元。完成石嘴山市、固原市特殊教育学校改扩建,资金560万元。到2010年底,全区特殊教育学校已经新建和改扩建8所。石嘴山市特殊教育学校改扩建工程已经完成,中宁县特殊教育学校建设工程正在组织实施。全区共有适龄残疾儿童1844人,其中,在校就读1656人,残疾儿童义务教育入学率达到90%。

(陈惠英)

**【青少年校外活动场所建设】** 全年争取国家资金900万元,建设的大武口区、同心县、红寺堡开发区3个青少年校外场所已投入使用。完成了2007~2008年7个国家扶持建设的青少年校外活动场所设备公开招标工作。全区已有19个县(市、区)建设了青少年校外活动中心。会同财政厅对2008年青少年校外场所项目运行情况进行全面检查。(陈惠英)

# 高等教育

**【大学生思想政治教育】** 6月,召开了全区加强和改进大学生思想政治教育工作会议,认真总结全区大学生思想政治教育工作的成绩和经验,安排部署了当前和今后的工作。在五四期间成功举办了全区高校"颂歌献给党"大型主题教育活动,表彰了全区高校三好学生65名、优秀学生干部25名和优秀班集体20个。6月,制定下发了《自治区教育工委、教育厅关于认真开展好2010年“孝敬父母月”活动的通知》，对2010年全区开展学生“孝敬父母月”活动进行安排部署。会同自治区邮政局联合开展了“给父母一封信”书信大赛。全区各学校积极响应，广泛参与，组织开展了丰富多彩的“孝敬父母月”教育活动。召开全区高校大学生心理健康教育工作会议暨高校心理健康教育培训班，系统总结了近年来全区高校大学生心理健康教育工作的主要成绩和经验，深入分析了形势与任务，对当前和今后一个时期的工作进行安排部署，并对全区高校心理健康教育工作者进行专题培训。8月制定《宁夏高等学校思想政治工作研究课题管理办法（试行）》，组建全区高等学校思想政治工作研究课题评审委员会，切实加强对高校思政课题研究的管理。组织实施了2010年全区高校师生思想政治状况滚动调查，完成了2010年全区高校教师和学生思想政治状况滚动调查报告上报教育部。（陈惠英）

**【思想政治理论课教学】** 实施“名师培养工程”“教学改革和教学质量提高工程”“优质课程建设工程”和“保障体系建设工程”的高校思想政治理论课“四大工程”，加强思想政治理论课教学管理、学科建设和师资队伍建设，改进思想政治理论课教学方式方法，提高教学质量，有效增强了思想政治理论课的吸引力和感染力。11月，举办全区高校思想政治理论课教师培训班，邀请知名专家学者作了专题讲座，对全区60余名思政课教师进行培训，明确了新时期新形势下开展思政课教育教学工作的指导思想、目标任务、主要内容和教学方法。建立健全高校思政课指导机制。在本科院校和高职学院设立7个思想政治理论课课程建设专业委员会，每年为每个专业委员会划拨2万元工作经费，支持开展教学科研、师资培训、教学评估等工作，推进中国特色社会主义理论体系和科学发展观进教材、进课堂、进学生头脑工作。（陈惠英）

**【维护稳定工作】** 先后召开维护稳定工作专题会议20次，传达各类密级文件和自治区领导批示19份，编发要情信息23期，安排和部署维护高校的稳定工作。先后对校园网络管理等重点问题开展8次集中排查，并制定了防范措施，基本做到问题“不过夜”“不出门”，有效预防和化解不稳定事件发生。邀请教育部新疆学生调研宣讲组在宁夏大学、北方民族大学分别举办民族团结专题宣讲会，对全区高校新疆籍学生进行了国家民族政策和民族团结教育。（陈惠英）

**【学籍学历管理】** 顺利完成16809名本专科、760名研究生学历证书电子注册工作，审核办理各类高校学生转学20人次、转专业210人次，对全区高校学籍学历遗留问题进行清查和整改。召开全区高校毕业生图像信息采集工作会议，对2010年学生图像信息采集工作进行了安排部署。举办全区高校学籍学历管理人员培训班，对全区高校80余名学籍学历管理人员进行了系统培训。加强高等教育学历证书审核认证工作，审核各类高校学历证书2580证次；配合全区事业单位、公务员和农村特岗教师等招考录用工作，共审核高校学历证书近5000证次。（陈惠英）

**【教育质量提高工程】** 宁夏大学“211工程”建设按计划深入推进，2010年中央预算内投资计划1600万元，推动宁夏高等教育发展水平迈上新台阶。宁夏医科大学博士点建设进入实质操作阶段。银川科技职业学院专升本有突破性进展，正在接受国家的评估。国家重点学科建设2个，填补了宁夏高校的空白。自治区新立项高校特色专业7个、教学团队7个、双语教学示范课3个、精品课程20个、人才培养实验区11个、大学生创新计划27个、实验教学示范中心4个、高校教学改革项目30个、国家示范性高职教学项目2个。自治区重点支持地方本科院校建设重点学科15个、高职院校骨干特色专业14个，争取到国家支持特色专业、教学团队、双语教学示范课和精品课程9个。加快高校人才培养，实施研究生教育创新计划，立项课题17个。宁夏高校2010年研究生毕业795名，招生1178名。实施“西部地区人才培养特别项目”，输出培养65人。（陈惠英）

**【高校招生】** 2010年，区内外大专院校在宁夏共招生38901人，高考录取率达69.3%，比上年增加7个百分点，其中区外院校在宁夏招生15753人，比上年增加2009人，增长14.6%。完成了成人教育招生1.2万人，较上年增长17.65%；其中区外招生6377人，比上年增加935人。（陈惠英）

**【大学生就业创业】** 2010年全区普通高校共有20013名毕业生，其中毕业研究生795人，本科毕业生9201人，专科（高职）毕业生10017人。宁夏生源地就业毕业生约3000人。3月，召开全区大中专院校毕业生就业工作会议，对教育系统做好毕业生就业工作进行全面部署和安排，并对毕业生就业工作先进集体和个人进行表彰。坚持实行毕业生就业情况月报制度，定期召开全区高校毕业生就业工作联系会，及时了解和掌握各高校毕业生就业工作的进展情况，加强对各高校工作的指导和检查。会同自治区人力资源和社会保障厅实施高校毕业生就业服务进校园活动，开展就业服务“八进校园”（就业政策进校园，岗位信息进校园，企业招聘进校园，就业指导、失业登记指导进校园，技能培训信息进校园，创业政策、创业指导、创业培训信息进校园，人事代理档案托管服务进校园，创业意愿摸底进校园）。会同自治区工商联等部门组织实施“创业大讲堂——优秀民营企业家进高校”活动，邀请区内外知名企业家到高校作创业讲座，加强对大学生创业知识与技能的教育培训。指导大中专学校召开毕业生招聘会60余场次，提供就业岗位约1.4万个；组织参与实施了“农村和城市教师特岗计划”“大学生村官”计划、“三支一扶”计划项目等，使2010年全区高校毕业生就业率达到了79.9%。（陈惠英）

**【研究生教育】** 继续做好国家、区级优秀博士、硕士学位论文和区级研究生科技创新成果评选，适时开展学位论文抽查工作。举办全区研究生学术交流论坛活动。开展研究生培养机制改革试点。以优化研究生教育类型和层次结构、提高培养质量为目标,制定改革试点方案,完善研究生选拔机制,创新培养模式,优化培养过程,加强导师队伍建设,推行产学研联合培养研究生的“双导师制”。对新增的博士点、硕士点研究生培养质量,宁夏医科大学博士授予单位立项建设的情况进行督导检查。(陈惠英)

【对外交流合作】 积极拓展与国外教育机构、外国驻华教育机构、国外著名高校等合作渠道,争取通过设立联合培养本科生、研究生项目,职业院校国内外联合实习实训项目,教师互派、学生互访项目,海内外学者科研联合攻关项目等实质性合作项目,带动高校建立国际合作交流关系,重点发展优质高等教育和高等职业教育中外合作办学。继续组织实施和扩大国家公派出国留学各类项目,争取教育部国际司和国家留学基金委专项留学项目支持。争取自治区党委、政府支持,设立“宁夏回族自治区地方公派出国留学奖学金”,逐步扩大公派出国留学规模。配合教育部“留学中国”计划,制订“留学宁夏”计划,认真落实中国政府奖学金地方自主招生计划,积极争取自治区党委、政府支持,设立“宁夏回族自治区来华留学奖学金”,鼓励本专科学校积极招收留学生,加大双语授课专业范围以吸引留学生来宁就读,积极稳妥扩大外国留学生规模,提高来华留学教育质量。争取自治区财政加大对外籍文教专家经费的支持力度,引导高校将外国专家聘请工作由单纯聘请语言类专家扩展到聘请学科专业教师、科学研究领域专家,提高高校外籍专家聘请效益。促进高校汉语国际推广,着力支持和指导宁夏大学、北方民族大学等重点高校在海外建立孔子学院。争取教育部的支持,扩大宁夏高等学校与内地高校的对口支援工作。(陈惠英)

# 职业教育

【中等职业教育招生】 2010年,继续拓宽中职招生范围,招生对象从应届初中毕业生拓展至应届高中毕业生、往届初高中毕业生、回乡农村青年、返乡农民工、企业员工、退役士兵等各类人群。凡是接受过九年义务教育的,只要本人愿意,中等职业学校的大门就向他们敞开。全区中等职业教育招生4.25万人,连续8年超额完成了教育部下达的任务。职业院校在校生规模达到12.5万人,三年内增长了一倍多。(陈惠英)

【东西部联合招生】 组织职业学校参加全国中等职业教育东西部联合招生合作办学洽谈会,签订意向性协议5000多份。截至11月中旬,完成职业教育东西部联合招生合作办学1.51万人,超额完成了教育厅党组年初确定的1.5万人的招生任务。从2006年开始,5年来,宁夏赴东部职业学校学习、实习和就业的学生总数已达到6.7万人,其中3.5万余名学生已经稳定就业。(陈惠英)

【职业教育改革】 深化职业教育办学模式和人才培养模式的改革,坚持学历教育和中短期培训并重,加大“订单式”培养方式,鼓励校企合作、半工半读和分阶段完成学业(学分制)等办学形式。初步构建了“政府主导、依靠企业、发挥行业作用、社会力量积极参与、公办与民办共同发展”的多元办学格局,全区职业院校构成中公办占88.7%,民办占11.3%。扩大了办学自主权,优化专业和课程结构,加强学生的职业技能培养和实践教学环节,创新了学籍管理模式。优化教育资源配置,以宁夏职业教育实训基地为核心,推进职业教育园区运行机制改革,促进职业教育资源共享,职业教育质量不断提升。(陈惠英)

【基础能力建设】 完成自治区职业教育实训基地二期8万平方米建设目标,自治区党委、政府隆重举行了庆典大会。加快职业教育园区建设,已经有7所院校建设入驻,园区学生达到3万多人。按照自治区党委、政府关于建设占地8.8平方公里、入驻13所职业院校的自治区职业教育园区的规划,6所职业院校(宁夏司法警官职业学院、宁夏建设职业技术学院、中国矿业大学银川学院、宁夏职业技术学院、宁夏工商职业技术学院、银川市职教中心)已经建成并投入使用;完成自治区职业教育实验实训基地二期建设工程,工程包括现代服务实训中心、装备制造实训中心、电子信息实训中心、能源化工实训中心和大学生创业园5个部分,宁夏财经职业技术学院新校区建设进展顺利,宁夏艺术学校新校区已开工建设。自治区继续支持5个地级市依托职教中心建设共享实验实训基地。支持隆德迁建职教中心一期工程、西吉扩建职教中心一期工程,支持海原完成职教中心迁建工程。争取中央“职业教育基础能力建设”二期工程项目3个,资金3000万元,中等职业教育实训基地建设项目12个,资金2090万元,是历史上最多的一年。自治区公办中等职业教育机构80%以上进行了迁建或改扩建。自治区隆重举行了宁夏职业教育实训基地落成庆典,同时国家烹饪协会批准该基地为全国清真食品烹饪培训基地。2010年自治区还支持海原、隆德、西吉3个县改扩建职教中心,支持建设目标比原计划超额完成1个。每个县下达支持资金300万元。(陈惠英)

【实验实训基地竣工运行】 2010年争取教育部下达实验实训基地建设项目12个,资金2090万元,比上年增加232%。为了保证职业教育实验实训基地二期工程,投资27704.66万元,建筑面积约8万平方米,超额完成3万平方米。建设内容主要是大学生创业园、实验实训中心和体育场看台,共7个标段。15标段(大学生创业园东段)、16标段(大学生创业园西段)已于10月20日达到竣工验收条件。17标段(煤化工中心、物流中心、汽车服务中心)、18标段(电子信息、能源化工实训中心)、19标段(烹饪工艺、影视网络实训中心)、20标段(装备制造实训中心、学员宿舍、食堂)和体育场看台于10月31日达到竣工验收条件。(陈惠英)

【困难学生和涉农专业学生免学费计划】 根据自治区人民政府实施10项民生计划为民办30件实事中的第18项内容“逐步免除全日制中等职业学校

农村家庭经济困难学生和涉农专业学生学费,免学费人数达到在校生总数的25%”的要求,按照《财政部、国家发展改革委、教育部、人力资源社会保障部关于中等职业学校农村家庭经济困难学生和涉农专业学生免学费工作的意见》(财教〔2009〕442 号)精神,教育厅积极协调联系自治区财政厅、人力资源和社会保障厅有关部门,起草了《宁夏回族自治区中等职业学校农村家庭经济困难学生和涉农专业学生免学费工作实施方案》,由自治区政府批转,标志着宁夏中等职业学校免学费制度正式建立。7 月,根据自治区财政厅、教育厅、人力资源社会保障厅《关于下达2009 年秋季学期至 2010 年春季学期中等职业学校农村家庭经济困难学生和涉农专业学生免学费资金的通知》(宁财教发〔2010〕880 号)的规定,全区免除 27815 名中职学生学费,占当年学生总数 86025 人的 30% 左右,投入资金5562.9 万元,补助金已全部补充到学校,完成了自治区政府制订的工作计划。（陈惠英）

**【办学机制和管理体制改革】** 组织专家通过量化打分、查阅档案、实地察看等形式对县级人民政府推进职业教育跨越式发展工作责任进行了考核,对优秀、良好等次进行了奖励。制定了自治区职业教育实验实训基地管理运行实施方案,并制定了入驻职业教育基地学校、教师、专业、基础设施整合方案,后勤社会化管理办法和职业教育创业园区运行方案。组织专家从专业设置、师资队伍、教学改革、办学条件、教学管理和社会认可度等方面,对全区中等职业学校进行了全面评估,将银川市职教中心、中卫市职业技术学校、固原农业学校申报为国家级中等职业示范学校,在教育部网站公示;将平罗县职教中心、中卫市职业技术学校、海原县职教中心申报为国家级重点中等职业学校,教育部正在评审之中。对中等职业学校 150 名机电类专业课教师进行了新课程集中培训,并由自治区地方财政出资 200 万元,组织 216 名专业课、“双师型”教师到清华大学等 6 个国家级职业教育教师培训基地进行了培训。组织 50 名教师、20 名校长参加教育部举办的国家级骨干教师培训和到国外进修等活动。制定了国家教育体制改革试点项目《宁夏职业教育园区集团化办学体制机制改革试点》任务书并上报教育部。

（陈惠英）

**【第二届全区中等职业教育技能大赛】** 5 月下旬,举办了第二届全区中等职业教育技能大赛;6 月下旬,选拔代表参加了在天津举办的全国职业教育技能大赛,取得一、二等奖各 1 个三等奖 12 个的好成绩。实现了金牌零的突破。对于宁夏参加全国职业教育技能大赛,取得的成绩和选送的表演节目《喝口盖碗心舒坦》获得成功,教育部鲁昕副部长致信郝林海副主席表示感谢。

（陈惠英）

**【构建农村职业教育培训网络】** 认真组织实施“成人继续教育和再就业工程”“农村适用型人才培训工程”“农村劳动力转移培训工程”努力构建以县职教中心为龙头、乡(镇)农民文化技术学校为骨干、村级农民文化技术学校为基础的农村职业教育培训网络。特别是面对金融危机农民工返乡的情况,全区各职业学校、县级职教中心积极承担农民工返乡后的技能培训,利用寒假期间培训农民工 1 万多人。2010 年中等职业学校招生范围扩大到返乡农民工、复转军人和往届毕业生。同时,扩大农村中小学现代远程教育工程应用范围,形成了覆盖广大农村地区的中小学信息技术教育网络,充分发挥了“一网多用”功能,在服务教育教学的前提下,积极服务农村党员干部培训和农民实用技术培训,将农村现代远程教育中心建成为农村科学知识、农业技术和先进文化的传播中心,社会主义新农村建设的重要阵地。（陈惠英）

## 民族教育

**【“百标工程”项目学校建设】** 2010 年,各市县(区)申报“百标工程”项目学校 34 所,自治区“百标工程”办公室组织专人对各地教育局择优推荐的 21 所学校进行了实地查看。召集区民委、发改委、财政厅等三个成员单位研究,贺兰县金贵回民中学等 12 所学校被确定为 2010 年度“百标工程”项目学校。在这 12 所项目学校中,有初级中学 6 所,九年一贯制学校 1 所,完全小学 5 所。自治区投入资金 920 万元,为 2010 年“百标工程”12 所学校配置了教学仪器、音体美设备、图书及其他教学设备。贺兰县金贵回民中学、灵武市第二中学、石嘴山市第二中学、同心县第三中学、中卫市西台九年一贯制学校、惠农区惠农小学、平罗县宝丰小学、固原市民族师范附属小学、西吉县第二小学、中宁县第九小学、吴忠市二中、海原红羊中学等 12 所项目学校通过教育厅评估验收,全区标准化的回民中小学达到了 122 所。（陈惠英）

**【百标项目学校内涵建设创新活动】** 7 月 9 日,在中宁县九小组织召开了 2010 年度项目学校创建现场会,与会代表参观了中宁九小落实“百标工程”创建工作的成果,中宁县政府、教育局及九小负责人分别介绍了创建工作的具体做法和经验,灵武市第二中学等 3 所学校作了表态发言。马林副厅长作了重要讲话。7 月 12～13 日,自治区“百标工程”办公室在银川市组织召开了一、二期 123 所项目学校校长论坛会。银川一中等 8 所学校校长在大会上作了主题发言,介绍了实施“百标工程”的经验和做法。论坛会分高中组、初中组、小学组进行交流讨论,有 31 所学校的校长在分组会上进行发言。9 月 25 日,举办了项目学校初级中学物理教师实验操作技能竞赛活动,54 所初级中学的物理老师参加了竞赛。内容包括初中物理教材中比较典型的基本实践操作、设计和创新能力。10 月,“百标工程”办公室将这一百多所回民中小学建设的经验之作编辑为《百标春秋》,通过翔实的文字和精美的图片讴歌教育事业,展现校园新貌。由自治区“百标工程”办公室和宁夏教育电视台联合策划,反映“百标工程”建设历程的十集系列专题片《“百标”春秋》已进入拍摄过程中。

（陈惠英）

【项目学校培训】 8月18~26日,“百标工程”办公室分别举办了2010年项目学校校长、教研主任、实验学科教师以及电教室、功能室管理员培训班。培训内容围绕教学实际,贴近教育管理,培训效果达到预期目的。 (陈惠英)

【项目学校评估验收】 10月25~30日,自治区“百标工程”办公室依照《“百所回民中小学标准化建设工程”评估验收细则》,对2010年的12所项目学校的创建工作进行了检查、评估验收,主要内容包括领导管理、师资队伍、办学条件、教育教学质量、办学特色等5个方面。经检查,除吴忠二中、海原红羊中学基本建设未正式交工需要延期评估验收外,其他10所项目学校通过了验收。12月10日,验收组又再次赶赴两校,经检查评估,两校均通过了验收。 (陈惠英)

【“少数民族高层次骨干人才”培养计划】 2010年,教育部下达宁夏“骨干人才”硕士招生计划129人(博士计划不分省下达),硕士报考663人,博士报考185人。拟录取的硕士149人(含未返协议33人)、博士53人(含未返协议9人)已与教育厅签订了定向协议书。教育厅加强与区人力资源和社会保障厅的联系,提供毕业生名单和基本信息,参与研究制定就业指导政策,共同印发了《关于国家定向培养宁夏少数民族高层次骨干人才研究生就业工作的实施意见》。并积极争取财政厅的支持,确立了毕业生培养成本及违约金的收费项目,制定了《自治区实施少数民族高层次骨干人才计划暂行办法》,确保“骨干人才”计划程序完整,符合实际,便于操作。 (陈惠英)

【民族中小学校长教师培养培训计划】

制订《宁夏回族自治区民族中小学校长和教师培养培训计划》(2010~2013年),总结“十一五”以来民族教育中央补助专款使用情况,争取到2010年少数民族教育中央补助资金100万元。校长和教师培养计划参照“抓两头带中间、抓骨干带队伍、抓特色促发展”的教师队伍建设思路,遵循理论学习与教育教学实践相结合、脱产集中研修与短期集中学习相结合等原则,采取以建代培、以管代培、以研代培、以赛代培、以评代培等五个项目板块的方式,有步骤、分年度地对宁夏独立设置的民族中小学校长和教师进行培训。培训计划旨在通过实际教学工作中对于教育技术、教育方法等方面的培训,提高独立设置的民族中小学校的管理方式、教学质量,达到对民族地区教育发展的研究,有效提升宁夏民族教育内涵发展整体水平。 (陈惠英)

【宁夏大学民族预科教育学院】 2010年,在校生3182人规模增长近一倍,其中新疆学生1639人,学生来自39个民族,19个省、区的65所招生院校。针对学生生源地广、民族成分多,部分南疆学生存在汉语障碍,与其他民族学生交流困难的实际,学院对预科生实施因材施教、分层教学,变以往的五层次教学为七层次教学,淡化预科生的民族身份管理,变以往的切块管理为混合管理,实行混合编班、编宿舍,促进各族预科生的交流。成功举办预科学院二十周年庆典及全国高校民族预科教育基地成立四周年庆典,承办中国少数民族教育学会预科教育专业委员会成立大会及预科学术论坛。 (陈惠英)

【“百标工程”学校内涵式发展行动研究课题】 3月,深入全区“百标学校内涵式发展行动研究”9所项目实验学校调研、咨询指导和服务,通过运用逻辑框架图和行动研究图,从校长与管理、课程与教学、学生与成长、教师专业发展、学校与社区等五个维度梳理出来的制约学校发展的主要问题进行分析,提出行动措施和活动形式,确定方案。7月,在银川召开了课题阶段成果研讨会。在听取各学校自查情况的基础上,通过互动点评,肯定好的做法,达到互相学习的目的;10月,召开了课题观摩研讨会。主题是以学校文化建设和教师专业成长促进学校内涵发展。以兴庆区十八小为案例,采取听、看、评、思的方式,使校长明白学校的发展离不开健全规范的制度文化建设、凝聚人心的精神文化建设和优美的环境文化建设。通过展示学校开展的一系列校本培训活动和教师成长的现身说法,证实了培养优质教师是学校内涵发展的根本。建立了课题研究博客,在各实验学校之间搭建了相互交流的网上空间。 (陈惠英)

## 师资教育

【表彰先进】 印发了《关于隆重庆祝2010年教师节有关工作的通知》,9月10日,自治区党委书记张毅、自治区主席王正伟、自治区党委副书记于革胜、人大副主任冯炯华、政协副主席张乐琴分别在固原市、六盘山高级中学看望慰问优秀教师代表和青海玉树灾区来宁借读师生。自治区教育部门领导带队先后在银川、同心、海原等地看望慰问优秀教师、福建来宁支教教师、研究生支教团教师和特岗教师121人。固原市原州区张易中学回族女教师杨秀花获“全国教书育人楷模”提名奖受到胡锦涛总书记的接见。银川一中教师张永宏获“‘宝钢杯’全国杰出中小学青年教师”银奖。表彰自治区优秀教师100名,全区教育系统先进集体30个。教师节期间,在《宁夏日报》、宁夏教育电视台组织师德典型重点宣传,大力褒奖高尚师德,广泛宣传优秀教师先进事迹,展现人民教师奋发进取、忠诚奉献的精神风貌。 (陈惠英)

【中小学教师继续教育全员岗位培训】

本着“边培训、边实验、边研究、边总结”的思路,通过区、市、县、校四级培训网络,分层组织开展教师全员岗位培训。年初印发《关于做好2010年全区中小学教师继续教育全员岗位培训考核工作的通知》,以《中小学教师职业道德规范》和《教师基本功的新修炼》为重点内容进行全员岗位培训。4月,组织开展自治区级培训,为各市县(区)、校培训800余名师资,为各市县(市、区)开展二、三级及校本培训提供师资保障。9月,组织了全区统一考核,由分管领导带队,成立了五个巡视组赴五市进行了巡视,确保了培训的质量与效益。全区共有6万余名中小学幼儿园教师、

教育管理人员参加了全员岗位培训考核,合格率达98%以上。（陈惠英）

**【2009～2011年中国移动中小学校长培训项目】** 全区选派152名中小学校长作为项目培训对象。其中72名校长分别到北京、天津、上海、浙江、福建等省参加为期13天的集中培训和基地研修。80名校长在区内参加"影子培训",经两天集中通识培训后,分在区内基地学校进行10天的实践性学习。选送31名中小学校长参加教育部举办的研修班学习。（陈惠英）

**【特岗教师培训】** 举办第五、六两期特设岗位教师自治区级培训班,培训师资团队由宁夏大学、自治区教研室专家及一线骨干教师组成,培训全区各市县（区）200名中小学特岗教师,年内,全区共培训特岗教师540名。（陈惠英）

**【普通高中教师培训】** 6月,印发《宁夏普通高中教师自治区级远程提高培训实施方案》,采取远程培训方式,计划用3年时间对全区普通高中教师分层次、分学科教学提高培训。启动实施第1期培训,9月召开视频启动会,进行培训动员,遴选14名学科骨干教师作为指导教师进行全程指导。全区有近2000名高中教师参加培训学习。参训教师提交作业2912份,发表文章2704篇,编写简报160期。（陈惠英）

**【高职院校管理者培训】** 10月,在银川举办自治区第二届高职院校教学管理人员研修班,来自全区8所高职院校的教学管理人员、教学名师及骨干教师118人参加了为期4天的研修班。教育部教授王成方,国家教学名师李学锋教授,自治区教学名师严新仁、赵晓瑞、高明泉作了专题报告。内容包括专业建设、教学团队建设、师德建设、人才培养水平评估、教学课程改革、教学资源库建设、精品课程建设内容。各职业院校领导还结合研修主题和本单位实际进行交流发言。（陈惠英）

**【骨干教师培训】** 启动了新一轮中小学骨干教师培养计划。计划用3年时间完成对1000名自治区级骨干教师、3000名市级骨干教师、5000名县（区）级骨干教师的培训。2月,印发《自治区教育厅关于实施新一轮中小学骨干教师培养计划的通知》,明确目标与任务、培养对象的选拔、培训内容时间和形式、考核和资格认定、组织管理与实施等。成立自治区新一轮骨干教师培养培训领导小组、专家组,采取专家与学员"一对一"培养模式,加强培训质量的提升。在全区推荐的1600余名自治区级骨干教师人选中评审出1356名培养对象。8月,组织开展第一期集中培训,有560名教师参加,历时18天,聘请区内外教育专家、学者40余名,内容包括师德教育、现代教育理论、教育科研与课题研究、新课程与课堂教学、教师专业化发展、信息技术与课程整合、知识拓展、教育实践与研究8个模块。其间,编印班级简报10期,学员撰写学习体会542篇、制订个人专业发展计划542篇,组织学员专题研讨10次。9～11月,560名学员参加了远程学习培训,全部转入岗位实践阶段。（陈惠英）

**【"国培计划"项目实施】** 2010年教育部、财政部安排5亿元专项资金支持中西部23个省（区）实施"国培计划——中西部农村骨干教师培训项目",采取置换脱产研修、短期集中培训和远程培训的方式对农村中小学教师进行高质量,大规模的培训。项目要求自8月启动,2011年3月全面完成。宁夏的主要做法:一是与自治区财政厅联合印发了《关于认真做好2010年"国培计划——中西部农村骨干教师培训项目"有关工作的通知》,明确了项目实施的目标、任务、实施步骤以及项目总体要求。同时印发项目实施方案、招标通知和招标指南。二是按照国家要求,组织召开"国培计划"项目招标（邀标）答辩评审会,由各培训机构进行答辩,组织专家进行认真评审,初评出8家培训机构作为项目承担机构,其中有6家为自治区域外培训机构。三是编制了"国培计划——中西部项目规划书",对项目实施的必要性和可行性进行分析,明确了项目的工作思路、达到的预期效果及目标任务。四是印发《关于承担教育部、财政部"国培计划——宁夏农村骨干教师培训项目"（2010）培训任务单位的通知》,并对各项目的培训学科,培训对象、培训计划、培训时间和承办单位进行进一步明确,对做好培训工作提出了明确要求。按照教育部、财政部要求,结合实际,评审产生并向教育部推荐了三类（置换研修、短期集中培训和远程培训）5个子项目,28个学科项目的培训任务,公开面向全国招标遴选确定了宁夏大学、宁夏师范学院、中国教师研修网、全国中小学教师继续教育网、福建师范大学、北京大学网络教育学院、中央电教馆作为宁夏"国培计划"中西部项目的承担机构。五是为了保证中西部项目实施的有效性,成立了市县（区）项目领导小组,项目执行专家组,形成了自治区级远程培训专家团队,建立了项目领导小组办公室与自治区专家组双向管理机制,建立健全了项目各机构、人员职责以及项目实施绩效量化考核方案。市县（区）相继也制定了项目具体实施管理办法,确保项目按照教育部、财政部要求推进实施。置换研修项目、短期集中培训项目培训团队中,一线优秀教师占近40%,外请专家、教授占总教师数的三分之一,置换研修、短期集中培训和远程培训全部按照计划正在顺利实施。（陈惠英）

**【参加"国培计划"项目培训】** 1. 组织开展"国培计划——义务教育阶段骨干教师培训项目"。确定彭阳县为项目县,从7月5日开始到8月18日结束,历时45天。共有2304名中小学教师参加,其中初级中学教师791人,小学教师1513人。参加混合培训的小学语文、数学教师1213人,合格率100%;培训期间,共计完成作业4485篇,发表评论、网贴191283个,发布简报8期。其中中心管理工作和混合培训的组织管理工作多次受到"国培计划"执行办公室的通报表扬。2. 组织开展"国培计划——2010知行中国小学班主任教师培训项目"。印发了《"国培计划——2010知行中国小学班主任教师培训项目"宁夏实施方案》的通知,明确项目实施的目标、任务、实施步骤以及项目工作职责和要求。6月下旬,组织召开全区"国培计划——2010知行中国小学班主任教师培训项目”宁夏项目视频动员会,全区22个市(县、区)的3000名小学班主任教师参加项目培训学习,组成33名教师的指导团队,对培训进行过程性指导和监控,调动了学员的主动性、积极性,完成了参训学员“一个都不能少”的要求。3000名教师完成了远程培训学习任务。据统计,参训教师完成各类作业70165篇,编写班级简报248期,自治区级简报10期。11月6日,课程学习任务全部完成,自治区项目团队、石嘴山大武口区项目团队、固原市泾源县项目团队分别获全国中小学教师继续教育工程办公室授予的“优秀项目团队暨知行中国示范区”称号;有15名辅导教师获优秀指导管理教师奖;有优秀学思作业60篇、优秀知行作业90篇和60个优秀“三人行”网络班级获奖,并颁发了优秀学员证书。3.11月10~25日,组织25名初中地理教师在北京师范大学参加了“国培计划——2010年中小学骨干教师研修项目”短期集中培训。使宁夏教师了解了地理学领域最新的研究成果,内容注重结合中学地理教学的实际,解决了一线教师们所关心的问题。4.组织初中数学,中小学英语,初中历史10名学科骨干教师和两名“国培项目”管理人员分别在陕西师范大学、西南大学、北京外国语大学、首都师范大学、北京教育学院参加了“国培计划”培训者、管理者培训,为中西部项目在宁夏的实施提供了师资和管理者。 (陈惠英)

**【普通话培训测试】** 在抓好大中专院校学生普通话培训测试的同时,加强国家公务员、事业单位工作人员的普通话培训测试管理,规范操作程序,拓展对象范围,为二、三类城市验收工作做好奠基工作。全年普通话培训测试9274名,其中大中专学生7679名、公务员200名、社会人员1395名。其间,国家语委普通话培训测试中心副主任韩其洲带领国家语委普通话培训测试中心组成调研组对宁夏普通话培训测试工作开展10年来的情况进行调研指导。 (陈惠英)

**【大中小学规范汉字书写大赛活动】** 根据《教语用司关于举办“第二届全国大中小学规范汉字书写大赛”的通知》要求,在全区大中小学中开展了规范汉字书写大赛活动。通过五个市初评,全区共征集大中小学生硬笔、软笔书法586件,经专家评选,131件作品获全区一、二、三等奖,参加全国大赛,有32件作品分别获国家一、二、三等奖,43件获国家优秀奖。 (陈惠英)

**【语言文字示范校评审认定】** 7月,下发《自治区语委关于开展申报、认定自治区级和第二批国家级语言文字规范化示范校工作的通知》文件,在各市县(区)语委、教育局、高等院校、厅直属学校语言文字工作部门积极支持配合下,通过组织专家评审和实地抽查等方式,认定10所自治区级语言文字规范化示范校。 (陈惠英)

**【普通话宣传周活动】** 转发《教育部等八部委关于开展第13届全国推广普通话宣传周活动的通知》,宣传周活动中全区共发放宣传单116300份,开展不同层次的“中华颂”“中华赞”演讲比赛活动286场(次),征集大中小学学生硬笔、软笔书法作品682件,通过评选向国家推荐各类作品86件,各单位悬挂“推普周”宣传主题横幅528幅。宁夏电视台、宁夏教育电视台刊发公益宣传口号30余条,播放专题新闻3次。 (陈惠英)

**【二 三类语言文字城市创建评估工作】** 印发《自治区语言文字工作委员会办公室关于加快推进城市语言文字工作评估的通知》(宁教语委办〔2010〕5号),布署全区二、三类城市语言文字工作评估,完成吴忠市的二类语言文字工作评估工作。 (陈惠英)

**【支教工作】** 全年区内外共选派2596名支教人员到南部山区支教。各支教帮扶单位向南部山区学校捐赠款物共1051.36万元。其中,引进和投入资金658万元,用于改建、扩建学校;投入款物211万元,购置电脑416台,添置多媒体、办公桌椅、课桌凳、文体器材、图书等教学用品27357件;捐赠款物105万元,购置学习用品、衣物等31563件,资助家庭经济困难学生3793名。另外还为南部山区受援学校捐赠了价值70多万元的电视机、DVD、复印机、打印机等。一年间,各单位主管领导和分管领导不定期到支教点走访、视察和调研136人次,召开专门研究、协调和解决支教工作问题的党组、厅务会议48次。2009~2010学年共为川区对口山区支教教师发放生活补助费21万元,制作并发放宁夏回族自治区城镇教师支援农村教育工作荣誉证书152本。

(陈惠英)

# 宁夏天地奔牛实业集团有限公司

天地奔牛

宁夏天地奔牛实业集团有限公司是中国煤炭科工集团下属的天地科技股份有限公司控股的集团公司，是国家煤矿专用输送设备的研究、开发、生产基地，全国大型工业企业。公司下属9个子公司，9个生产分厂，拥有总资产20亿元，技术装备水平在国内行业居领先地位。公司主导产品为煤矿用重型、超重型刮板输送机、转载机、破碎机、洗选设备及地面起重设备。行销全国22个省、自治区350多个煤矿，并批量出口土耳其、印度等国。

公司于2008年挺进中国煤炭机械工业50强列第5位，公司被国家批准设立博士后科研工作站，技术中心被认定为国家级技术中心。“奔牛”品牌，被评定为自治区名牌产品、中国知名品牌，荣获第四届“中国煤机市场用户满意第一品牌”，“奔牛”牌刮板输送机获产品质量国家免检证书。2010年，公司先后荣获国家技能人才培育突出贡献奖、全国企事业知识产权试点单位、中国煤炭工业优秀企业、全国煤炭工业科技创新示范单位、全国煤炭行业AAA级信用企业称号、全国煤炭工业质量奖、中央企业先进基层党组织等荣誉称号。

公司以刮板输送机世界前沿技术为目标，研制了一大批国家高产高效煤矿急需的赶超国际先进水平的创新产品。2010年底，国内首套年产1200万吨综采工作面成套输送装备在公司研制成功，是目前国内煤矿机械装备向大功率、大运量、高可靠性、智能化方面发展取得的又一重大突破，标志着我国超重型综采成套输送装备的主要技术达到国际领先水平。公司竭诚贯彻“真正为顾客提供价值”的质量方针，满足市场和广大用户的需求，为促进我国煤炭工业技术升级和装备现代化作出了自己的贡献。

自治区主席王正伟在肖宝贵董事长的陪同下视察公司工作

天地奔牛科技大厦奠基仪式

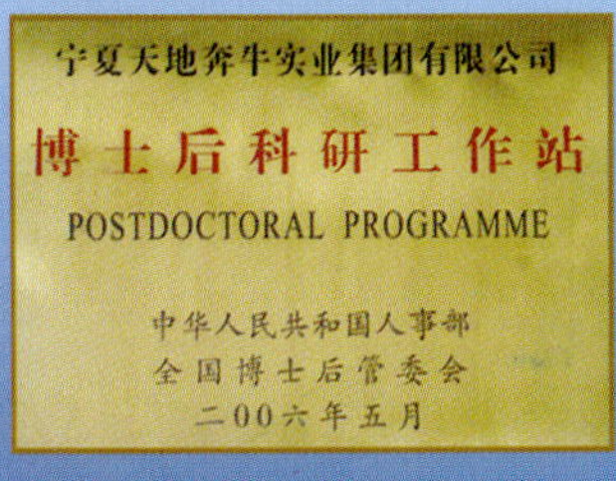


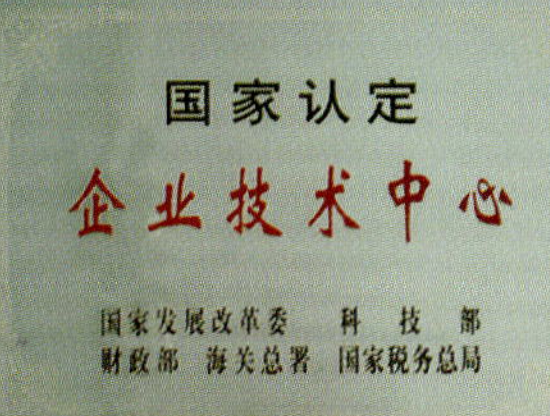

中国煤炭工业协会副会长姜智敏出席年产1200万吨综采输送设备出厂评议会

创造品质 追求卓越

矿长张吉深入井下检查指导安全生产工作

滔滔黄河，流淌着中华民族生生不息的血脉！

巍巍贺兰，见证五万名神宁儿女铿锵有力的前进步伐！

茫茫大漠，挥洒两千多名灵新员工的智慧和热血！

滚滚煤海，激荡五百八十名灵新共产党人践行先进性的豪言壮志！

战旗猎猎建宁东，甘洒汗水续辉煌。在激情似火的宁东大地上，有两座充满传奇色彩的矿井——灵新煤矿、磁窑堡煤业公司。灵新煤矿是宁东的首座现代化矿井，磁窑堡煤业公司则是宁东唯一一座百年老矿。2010年8月14日，这两座具有宁东发展里程碑意义的矿井整合为新的灵新煤矿。两矿整合后，意气风发的灵新人在“科学发展，对标一流，5年实现神宁经济总量翻两番”的进程中，以敢为人先的勇气和魄力，在新一届矿党政领导班子领导下，用青春和热血，用逢一必争、逢冠必夺，不甘示弱、永不言败的“务实、奉献、创新、争优”精神，书写了一曲“奉献岗位，敢当责任”的壮丽凯歌！截至2011年3月9日，顺利实现安全生产14周年，取得了全国国有重点煤矿安全生产名列前茅的辉煌成绩，成为宁东煤田上一朵绚丽多姿的奇葩，一颗璀璨夺目的煤海明珠。

**魂　筑**

长歌言志，润色鸿业。“常怀感恩之心、培育感恩之情、落实感恩之行，构建和谐灵新”灵新煤矿在宁夏企业界最先开展了员工与企业相互感恩的感恩主题教育实践活动，并形成了独具灵新特色的“10+4”感恩主题教育法，即：持之以恒开展好“感恩共产党、感恩社会主义、感恩祖国、感恩父母、感恩灵新、感恩岗位、感恩员工、感恩家庭、感恩同事、感恩自然”十个感恩主题教育活动，坚持每年四个季度各抓好一个感恩主题教育活动，使员工心灵空间得到了扩充，矿区更加和谐，企业文化内涵在员工中更加深化。

感恩文化架起了企业与员工之间的桥梁，企业用感恩之心对待员工，员工怀着感恩之情回报企业。这是心与心的交流，情与情的互动，这份真情增强了企业凝聚力，成就了二者水乳交融的和谐之美。

为了将美带到员工工作生活的每个角落，矿区变成了花园，办公楼长廊变成了书画园地，从井口到井下的每一寸井壁都成了员工的创作空间，幽深的矿井处处暖意盎然，优美的音乐在矿井回响。员工处在这样的工作环境中，个个精神饱满，干劲十足，脸上洋溢着灿烂的春光。灵新煤矿党委先后被中组部、自治区党委、神华集团党组织分别授予先进基层党组织荣誉称号，这是对灵新煤矿党委长期出色工作的极大鞭策和激励，常怀感恩之心、培育感恩之情、落实感恩之行，构建和谐灵新，这是灵新人和灵新一起创建的企业文化，这是企业活的灵魂，如今的灵新人在怀揣感恩力量推动下，向着高更远的目标前进，灵新人相信只要不断培育感恩之心，与企业携手并进，灵新人必将扬起时代的风帆，开创和谐美好的未来。

“九层之台起于垒土，合抱之木生于毫末”。灵新的厚是文化的厚重，是制度的严谨创新，是人心的凝聚，是精神的积淀。“学习与实践改变命运，知识与应用成就未来”是灵新煤矿的学习观。在这一理念的指引下，灵新煤矿不断鼓励员工立足岗位学技术、练技能、提素质，走出了一条理论教育与实际操作、岗位培训与脱产培训、学历教育与继续教育相结合的员工教育培训之路 。

“人人是人才，人人都成才”是灵新煤矿的人才观。把每一名员工视为企业最宝贵的财富，不断创新用人用工机制，搭建人才竞争的平台，坚持用人所长，激励员工最大限度的能动性。正是这样开放的用人理念，使灵新煤矿成为宁东人才的孵化器，神华宁煤集团人才培养实训基地。矿井先后为宁东各矿输送了1200多名优秀的管理和技术人才，成为宁东人才培训当之无愧的摇篮。

# 灵新煤矿

矿党委书记李海峰深入井下督导安全生产工作

灵新煤矿办公楼

# 神华宁煤集

## 强 本

安全是企业最大的效益，是社会稳定和家庭幸福的基石。经过多年积淀，灵新煤矿把“煤矿可以杜绝碰手碰脚事故”作为安全核心理念，使神华集团“煤矿能够做到不死人、瓦斯超限就是事故”的两个理念得到升华。

千丈之堤，以蝼蚁之穴溃；百尺之室，以突隙之烟焚。

管住了细节，就是管住了安全。灵新煤矿以安全管理“零干扰、零事故、零伤害”为目标，大力实施“人、机、环、管+文化”的“4+1”安全生产管控机制，极力防范“无知故意型”“明知故犯型”“屡禁不止型”“假管放纵型”“留患成灾型”“五种类型”事故发生。

干就要干样板工程。这是灵新煤矿精品工程的创建标准。在全矿全方位开展了精品工程建设。精品工程以改善矿容、矿貌，改善员工作业环境，消除人的不安全行为和物的不安全状态为目标，实现了“采掘质量精品化、机电工程规范化、运输大巷地铁化、安全管理数字化、安全装备现代化、管线吊挂艺术化、作业牌板统一化、安全监控信息化、现场环境整洁化、安全文化人性化”的“十化”目标。坚持每月开展“五型”区队、班组和员工评比表彰活动，同时每月在采煤、掘进和辅助区队各评选一个精品工程给予表彰，有效激励了全员、全方位参与安全生产和精品工程的创建热情。

安全、高效、质优，这是灵新人对工作的理解和实践标准。企业向员工承诺安全，员工成就企业发展，企业和员工在高度一致的安全观上引发共鸣、形成合力。这股合力促使矿井继续保持神华集团特级质量标准化矿井和神华本安一级的优异成绩。全矿员工实现了“要我安全到我要安全”“要我标准到我要标准”的蜕变，彻底改变了煤矿安全管理中“事故不可抗拒”的认识误区，将矿井安全质量标准化建设推向新阶段。

## 固 基

强基固本促发展，与时俱进谱华章。煤矿管理，重在执行。要打造一流的企业必须创造一流的执行力。灵新煤矿按照“把矿区建设成军营，把企业办成学校，把员工塑造成军人”的深层次军事化管理思路，突出“坚决服从、严格执行”这一核心，严格落实要“严”，力戒“松”；要“细”，力戒“怕”；要“实”，力戒“空”；要“精”，力戒“浮”；要“狠”，力戒“软”；要“恒”，力戒“满”的“六要六戒”灵新作风。

“思想素质军事化培养，行为习惯军事化养成，日常工作军事化考核，企业管理军事化标准”是灵新煤矿深层次军事化管理的四条主线。从岗位手指口述操作、物料摆放、危险源辨识、灾害处理等都有军事化的质量标准，每道程序都有军事化的操作要求，让工作追求精益求精，立即执行无借口成为每一名员工的行为准则。各个岗位上下班列队，开会统一坐姿都成了习惯；岗位操作程序化，物料码放定置化、执行工作规范化已成为灵新煤矿全体员工的自觉行为。

## 聚 力

登高壮观天地间，千帆竞发势冲天！灵新煤矿崇尚与时代同步的创新，这种创新在党建工作上体现的分外鲜明。灵新煤矿的发展实践证明，党建工作一直是解决困难、保证方向、凝聚人心、走出困境的法宝。灵新煤矿的两级党组织、党员也总是能在急难险阻之时发挥坚强的核心、堡垒和先锋作用。遇到迷境解决问题的是党组织，遇到困难发动群众的是党组织；遇到困难敢于挺身而上的是共产党员，各个岗位的中流砥柱是共产党员。“我是党员，向我看，跟我干”是灵新煤矿叫的最响的一句话。“融入中心抓党建、创先争优保安全，融入实际抓党建、以人为本促和谐”。是灵新煤矿在党建中坚持的原则，这个原则使灵新煤矿成为了宁夏第一家荣获全国先进基层党组织的企业。

在融入生产经营的过程中，灵新煤矿党委根据生产经营和阶段性工作，不断推出新的创新项目。创造性地开展了以党员名字命名岗位的“安全生产示范工程”“质量标准化精品示范工程”“技术创新工程”“创先争优工程”以共青团员名字命名的“青年登高工程”等120多项命名工程。真正使每个党员在自己的岗位上发挥作用，亮出牌子——“我是党员，向我看，跟我干”。

生产经营的形势不同、任务不同，党建创新的难点和重点就不同，这是灵新煤矿党委始终坚持的党建与生产经营同步创新的原则。他们根据矿精细化管理，推行了党建项目化管理，将党建创新工作演化为可供实施的具体项目，实行“项目+目标+过程+结果”管理考核机制，真正解决党建工作没有“硬”指标、任务不具体、缺乏严格考核奖惩等问题。创造性实施党建优势品牌项目管理，将一个个特色鲜明、成效突出的党建项目演化成党建品牌来经营。深入推行党务公开工作，将党组织的每一项工作置于广大党员和员工群众的监督之下，使党组织的凝聚力、党员队伍的战斗力得到进一步增强。

在灵新，党组织变成了一个坐标、一座堡垒、一面旗帜。党组织的政治核心作用、党支部的战斗堡垒作用和党员的先锋模范作用在实践中得到了升华和延伸。

忆往昔峥嵘岁月，展未来豪情满怀。在新的起跑线上，灵新人正以崭新的姿态，挟一路雄风，踏矫健步伐，在神华宁煤集团“五年实现经济总量翻两番”目标的指引下，向着更高更远的目标前进！

井下项目化管理阵地

整齐划一的工作面

党员发挥中流砥柱作用，确保安全生产

# 团灵新煤矿

军事化管理提升全员执行力，按章操作保安全

员工在安全条幅上郑重签下安全誓言

以党员名字命名的革新项目，创效增收保安全

宗教人士深入井下送温暖，生产线上嘱安全

意气风发的灵新人

# 神华宁夏煤业集团有

董事长王俭在运销公司魏学文、刑宝星等领导的陪同下在五公里检查指导工作

神华宁煤集团运销公司是神华宁夏煤业集团有限责任公司煤炭产品的专业销售机构，按照“统一销售、统一订货、统一售价、统一计量、统一结算”的原则进行运作，主要负责集团商品煤的销售、市场开拓、铁路运输组织、货款回收及售后服务等工作。

公司下设办公室、党群工作部、纪检监察部、计划统计部、调运部、销售部、市场研发部、人力资源管理部、质量检测部、煤炭采购部、清欠办、北京办事处等12个部门，其中销售部又根据片区下设六个业务部，调运部下设宁东、大武口两个装运部；煤炭采购部下设惠农五公里、棋盘井、策克等采购点；质量检测部下设一个中心化验室。

2010年，在神华宁煤集团公司的正确领导下，运销公司全体员工顽强拼搏、不懈努力，认真贯彻落实集团公司工作会议精神，紧紧围绕2010年销售目标，准确分析形势，精心组织产运销衔接，积极克服煤炭市场变化波动大、资源不足、铁路运输影响因素多等各种困难，完成商品煤销量5808.88万吨，比计划超销608.88万吨，同比增销777.34万吨，增长了15%。产品销往全国22个省、市、自治区及国际市场。销售的煤炭产品主要有无烟煤、动力煤和焦精煤。其中“太西”无烟煤是世界上最著名的优质无烟煤，具有“三低六高”的特征，是冶金、化工等企业的最佳原料，被誉为“煤中之王”和“太西乌金”，享誉国内外。国内市场有首钢、鞍钢、酒钢、宝钢、武钢、本钢、唐钢等大型钢铁企业，国际市场主要销往英国、法国等十几个国家和地区。动力煤俗称“香砟子”，属不粘煤，具有低灰、低硫、特低磷、无粘结性、较高发热量、高化学活性等特点，是良好的气化、液化及动力用煤，主要供应宁东基地化工、区内外各大电厂发电及民用。因其低灰、特低硫、特低磷的品质，对环境保护具有重要意义，被各级政府认定为环保洁净煤，在各大中城市推广使用。焦精煤具有结焦性好、出焦率高、热稳定性好、焦炭强度高等优点，既可以单独炼焦，又可以配煤炼焦。产品主要供应酒钢、包钢、八钢、济钢、陕西东岭等冶金企业。

运销公司坚持“用户的需求就是我们的标准”的销售理念，本着“诚信营销、合作共赢”的原则，强化市场管理、运输协调、客户服务，精心打造“神华宁煤”品牌，竭诚为广大客户供应优质稳定的煤炭产品和最佳的服务。

# 限责任公司运销公司

集团公司副总张正军和运销公司经理魏学文等领导陪同铁道部领导视察羊场湾快速装车部

西夏电力送锦旗

廉洁风险防范体系建设推进会

五公里煤炭装运现场

召开集团公司产运销协调会

# 宁夏宁鲁煤电

董事长、党委书记 张华

总经理、党委副书记 苏起

宁夏宁鲁煤电有限责任公司成立于2004年9月21日，是由神华宁夏煤业集团和国家电网能源公司各出资50%组建成立的煤电一体化公司，公司总部设在宁夏灵武市宁东镇。公司下设灵州电厂和任家庄煤矿两个单位。现有员工1256名。

公司成立6年来，经济效益逐年增长，各项工作稳步推进。2010年，完成发电量16.5亿千瓦时，超计划1.65亿千瓦时，同比增发2.63亿千瓦时，增长18.9%；原煤产量完成279万吨，超计划9万吨，同比增产6万吨。全年实现营业收入13.33亿元，较计划增加9600万元。

不断提升经济效益的同时，公司以提升员工幸福指数为目标，努力营造文明、健康、和谐的生活环境，分别在煤矿、电厂建设了集文化活动和体育活动为一体的活动中心，购置体育器材和健身器材，丰富了员工业余文化生活。近年来，公司绿化面积达8万平方米，种树3万株，美化亮化厂矿工业园区的生产生活环境，改善了单身员工居住条件。坚持不懈地抓好社会公德、职业道德、家庭美德、个人品德

# 有限责任公司

公司领导慰问员工

井下送温暖

员工篮球运动会

现代化的综采工作面

建设绿色矿山

灵州电厂集控室

“四大工程”建设，开展了以“感恩共产党、感恩祖国、感恩企业、感恩父母、感恩同事”为主题的“感恩”系列教育活动，狠抓公共文明行为习惯养成，员工自觉践行公共文明行为规范。公司党委成立了党建、思想政治工作理论研究会，结合员工关心的热点难点问题，开展有针对性的思想政治宣传教育工作，开展安全形势大讨论活动，形成了员工队伍稳定、群情振奋、干劲倍增、共谋发展的浓厚氛围。

庆祝建国60周年歌咏比赛

卡拉OK歌唱比赛

安全演讲比赛

安全月咨询日活动

# 长庆油田分公

厂长郑明科荣获全国"五一劳动奖章"

**厂长郑明科，1964年1月出生，陕西岐山人，大学学历，高级工程师。历任长庆油田采油三厂修井队技术员、生产技术科科员、采油工艺大队副大队长、采油工艺所副所长、采油厂副总工程师、副厂长、产建项目经理、总工程师、常务副厂长等职，2009年任采油三厂厂长至今。郑明科主持参与20余项重大科技项目研究，先后在国内石油学术刊物发表30余篇论文。1996年～2010年，有20余项技术成果获得局级科技进步、科技创新成果一二三等奖。他本人被推荐为宁夏石油学会会员、《石油化工应用》杂志理事长。**

第三采油厂是中国石油长庆油田分公司下属的专业化采油厂，组建于1971年，经过几代石油人的艰苦创业、开拓进取和拼搏奉献，已经发展成为长庆油田首个年产400万吨以上规模的采油厂，具备了年产430万吨以上生产能力，正在向着实现500万吨的宏伟目标迈进。"十一五"期间，原油产量由2005年的246万吨上升到2010年的420万吨，产量增长174万吨，年平均增长30万吨以上；原油年产2007年突破300万吨，2010年跃上400万吨，5年之内实现两次百万吨级跨越，连续9年领跑长庆油田，保持了自1993年以来原油产量连续17个年头的持续增长。2010年，生产原油420万吨，创造工业产值154亿元，跻身中国石油第四大采油厂行列。先后荣获全国五一劳动奖状、中央企业先进集体等荣誉，涌现出全国劳动模范、中国石油榜样好干部等为代表的一批先进个人。

厂长郑明科（右一）、党委书记闵建雄（左三）在一线调研指导工作

# 司第三采油厂

厂党委书记闵建雄获自治区“五一劳动奖章”“职工职业道德十佳标兵”荣誉称号

朝气蓬勃的员工队伍

青年志愿者队伍

数字化建设为油田发展插上腾飞的翅膀

科研人员认真进行检验分析

生产一线修井工人全力以赴保生产

标准统一、节能环保的子母井场

整洁温馨的员工宿舍

经济民警坚守一线岗位

开展消防演习练兵，为油田发展保驾护航

专业化的后勤事务管理

长庆油田银川生产指挥中心办公楼

# 中电投宁夏青铜峡

中电投宁夏青铜峡能源铝业集团有限公司（简称宁夏能源铝业）中国电力投资集团公司（简称中电投集团）旗下的二级控股子公司。电投集团公司是国务院国资委直管的大型国有企业，是全国五大发电团之一，拥有火电、水电、核电、煤炭、电解铝等产业。

2008年12月26日，由中电投能源公司和自治区国资委监管的青铜铝业集团有限公司战略重组设立的宁夏能源铝业，全面负责中电投在夏项目的投资、建设、发展和生产经营管理。实施战略重组是中电投团打造宁东产业集群的重要举措，是支撑中电投集团宁东产业集群速、健康发展的基础，电解铝产业由此进入中电投集团三大主营业务。

宁夏能源铝业借助宁夏资源优势和地域优势，秉承中电投“奉献色能源、服务社会公众”的企业精神，深入贯彻落实科学发展观，切履行国有企业的政治责任、社会责任和经济责任，按照“符合国家西大开发战略、符合宁夏经济社会发展战略、符合中电投集团发展战略的原则和公司“煤为基础、电为支撑、铝为核心，产业一体化协同展”的方针，打造完整的煤-电-铝、煤-电、煤-电-化三条产业链为的特色产业集群，科学制订战略规划，加快项目开发建设，不断促进业结构优化升级和资源优势向经济优势转化。目前，公司资产总201亿元，电解铝产能达到115万吨，拥有电力权益装机容量85万千瓦在建控股撞击容量75万千瓦，初步形成铝电产业协同发展格局。同时公司大力推进新能源产业建设，“十二五”末期，风电、太阳能清洁源将占公司控股装机容量的35%以上，成为中电投集团公司新能源基之一。几年内，宁夏能源铝业将成为结构布局合理、产业链群完整、保水平领先、核心竞争力强的一流企业，为中电投集团公司“三步走战略宁夏区域的实施和地方经济跨越式发展作出积极的贡献。

建设中的红一煤矿

青铜峡铝业自备电厂

整装待运的铝锭产品

国家认定
企业技术中心
国家发展改革委 科技部
财政部 海关总署 国家税务总局

四好班子

国家级技术中心

博士后科研工作站

青铜峡电解铝生产基地

# 能源铝业集团有限公司

电解铝生产调度指挥中心

规划中的吴忠光伏发电项目

在建的中卫香山风电项目

技术先进的400kA电解铝生产系列

铝板锭生产线

# 宁夏惠冶镁业集团有限公司

# NINGXIA HUIYE MAGNESIUM MARKETING GROUP CO., LTD.

董事局主席吴振荣

## 董事局主席吴振荣简介

吴振荣，汉族，1954年生，兰州大学物化系本科毕业，1979年8月参加工作，现任宁夏惠冶镁业集团有限公司党委书记、董事局主席。曾任石嘴山市正处级领导干部，自治区第八届、第九届人大代表。1995年获得全国“五一劳动奖章”，1998年在石嘴山市企业产权制度改革中被石嘴山市委、政府评为先进个人，1998年、1999年、2000年连续三年被评为自治区优秀企业家，1999年，被评为石嘴山市优秀共产党员，1998年、1999年，连续两年被石嘴山日报社、石嘴山电视台、石嘴山广播电台推选为全市十大新闻人物，2000年荣获全区劳动模范的称号，并经国家人事部审定，享受国务院政府津贴，同年被自治区党委宣传部、组织部、经贸委、总工会授予全区“优秀思想政治工作者”，被自治区政府研究室评为《宁夏经济》特约评论员，2004年被惠农县党委、政府评为“发展县域经济突出贡献奖”，2007年被石嘴山市委、政府评为“十大功勋企业家”，2008年被自治区企业家协会评为“改革开放30年行业杰出贡献人物”，2010年荣获2009年度“石嘴山市一级功勋企业家”荣誉称号。在吴振荣的正确决策和坚强领导下，惠冶从一个名不见经传的小厂发展成为今天跨三省经营、单体产能排名全国第一的镁业航母，在企业综合实力不断发展壮大的同时，吴振荣带领企业积极承担社会责任，在他的积极倡导下，2004年至今惠冶累计为各项公益事业捐款上千万元。今天的惠冶，在以吴振荣为首的领导集体的带领下，正走向更加辉煌壮丽的明天！

自治区主席王正伟到公司视察

总经理高尚荣在厂庆十三周年为先进工作者颁奖

宁夏惠冶镁业集团有限公司是全国最大的镁及镁合金生产企业，在首届宁夏百强企业中综合排名27位，是全区50户工业龙头企业和20户重点出口企业之一，是国家科技部认定的镁及镁合金研究与应用产业基地，国家商务部评定的宁夏镁及镁合金技术研发与推广应用服务平台，世界镁协会员单位、中国有色金属协会镁业分会常务理事单位。集团公司下属5个全资子公司、14个生产分厂，是以生产镁及镁合金、铁合金为主的外向型企业，年产镁及镁合金85000吨、硅铁70000吨，工业产值18亿元。2010年“惠冶”牌镁及镁合金锭被自治区名牌战略推进委员会评为“宁夏名牌产品”，“惠冶”商标被自治区工商行政管理局评为“第七届宁夏著名商标”。公司生产的硅镁系产品出口美国、加拿大、日本、韩国、西欧等国家和地区，“HY”品牌的硅镁系产品以其过硬的质量赢得了顾客的信赖。

丰富多彩的职工文化生活

公司办公楼

公司拥有同行业最新的装备、最先进的工艺技术和经验丰富的队伍。公司于2001年通过IS09001：2000标准质量体系认证，2010年11月通过了WHS-JH-10-RH-RE-0007-NX148欧盟瑞驰法规体系认证，本体系是欧盟化学品工业管理局颁发的化学物质元素检测的法规体系，对于公司打开欧洲市场的大门具有重要意义。同年公司通过ISO/TS16949:2009国际通用的汽车压铸件用镁合金铸锭质量认证体系，为公司生产汽车用镁合金产品奠定了良好的基础。2011年，自治区发改委批准命名公司为“自治区镁合金工程实验室”。通过进一步整合创新资源，加快镁合金材料应用试验，技术研发与产品试制相结合，使公司在未来的市场竞争当中能够占据技术上的优势地位。

在未来5年内，惠冶将正确把握和预测镁行业发展的趋势和走向，全心全意巩固和革新现有宁夏和陕西神府镁业，确保其成为公司赢取效益发展壮大的牢固基地。依靠这两个基地源源不断弥补、积累资金，积极提升创新工艺技术和装备水平，以自动化代替人工和清洁环保生产为目标。积极研究开发各类镁制品以及新型镁合金，开发高端的镁合金制品；在镁合金熔炼方面研究开发大规模的连续熔炼等一系列的先进技术，力争在5年内，把公司发展成为高品质镁及镁合金的大型集团公司。

焕然一新的厂区

密闭式镁锭连续浇铸机

主导产品—金属镁锭

自力更生　团结奉献　求实创新　拼搏图强

自治区领导视察公司项目

自治区领导视察公司项目

# 宁夏房地产

宁夏房地产开发集团有限公司是按照自治区党委、政府关于进一步深化全区国有资产管理体制改革、加快推进国有企业改革与发展的重大决策，以原宁夏经济适用住房建设公司和宁夏政兴房地产开发建设有限公司为主体合并组建的国有独资公司。公司成立于2008年12月，注册资本2亿元人民币，具备房地产开发二级资质，经营范围主要包括：经济适用住房建设、政府代建项目建设、房地产开发和销售；工业与民用建筑施工、室内外装饰装修工程；房屋租赁、物业管理等。公司现有员工 262人，年开发能力30万平方米以上。现已开发建设的“湖畔嘉苑”一期工程30万平米住宅小区、政兴苑 11万平米住宅小区及西桥巷综合商务楼、怡好园三期、太阳岛、信访大楼、泾河源山庄、“文欣苑”住宅小区、“长乐园”住宅小区、“西花园”住宅小区、“银橡二号区”等项目已交付使用，其中，“湖畔嘉苑”一期项目顺利通过住房和城乡建设部AA级住宅性能认定，并分别荣获“广厦奖”“中国城市标志楼盘”。

宁夏房地产开发集团有限公司组建以来，积极强化内部

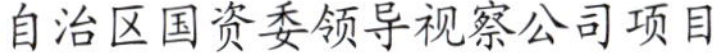

自治区国资委领导视察公司项目

自治区国资委领导视察公司项目

# 开发集团有限公司

管理，通过建立质量、环境、职业健康安全“三标一体化管理体系”理顺工作机制，各项工作步入正轨，具备了加快发展的条件。特别是通过前期的实践，集团公司在开发低价位、高品质住宅等政策性项目方面，积累了宝贵的经验，为进一步发挥行业内国企的特殊功能奠定了基础。2010年集团公司继续秉承“建设精品住宅，服务广大业主”的宗旨，紧紧围绕质量、成本、进度、安全等目标，实施科学合理的管控手段，不断提升工作效率，取得了项目开发施工面积20万平方米、竣工面积7万平方米、销售收入2.8亿元、利润1192万元、上缴利税2991万元的好成绩，为宁夏地方经济发展与繁荣房地产市场做出了应有的贡献，得到上级主管部门和社会各界的一致好评。公司先后荣获“2010年中国房地产诚信品牌企业”“中国房地产最具社会责任企业”“宁夏诚信企业”“区域品牌建设优秀企业”“A级纳税信用单位”“2010年度A++级信用企业”“经济建设贡献突出企业”等多个奖项，并取得了“宁夏政府投资项目代建资格”；集团公司总经理蓝涛被评为“区域品牌建设优秀企业家”、“宁夏诚信企业家”。

# 利鑫地产

宁夏利鑫房地产开发有限公司成立11周年，房地产主业发势头强劲，多元化战略加速推进。秉承“诚信经营创品牌、和发展创佳绩”的企业宗旨，利鑫地产先后参与开发了恒富小区丽景街综合楼、健康花园、梧桐花园、富康大酒店、书香门第众多项目，被授予“守合同，重信用企业”、“科学管理，续发展优秀企业”和“十大新锐企业之一”等一系列荣誉称号。

## 一座国际瞩目的现代化大城将以一流

»书香门第

»梧桐花

北京中路 亲水大街 国际会展中心 人民广场 正源北

国贸新天地

# 百镀成金 运营未来

利鑫地产2011年扛鼎巨作"国贸新天地"新城市中央国际级都市综合体，集合城市House、成品公寓、商务酒店、5A甲级智能写字间以及CBD商业多种业态，以国际高度接轨银川未来CBD核心，独占城市经济价值巅峰！

国贸新天地地处开发区核心区位，扼守北京路与宁安街；依附银川市人民政府、国际会展中心、宁夏科技馆、图书馆、和博物馆；与人民广场、森林公园、艾依河、行政中心广场等城市独有的景观资源相融合；现代简欧设计理念，高端智能化社区，商务、生活无限助力。

**品质脱颖而出！国贸新天地将成为银川名片性战略要地，标志银川城市建设新高度！**

富康大酒店

国贸·新天地

项目地址+ 北京中路行政中心南侧

开发商+ 利鑫房地产

全程代理+ handclasp 合成盛道

0951+ VIP专线 5699111

本广告为宣传用途，不构成商品房买卖合同内容，解释权归开发商

# 宁夏发电集团

# NINGXIA ELECTRIC

宁夏发电集团有限责任公司（简称宁夏发电集团）成立于2003年6月，是宁夏回族自治区主导以区内用电和引导向区外送电的地方办电主体。集团公司注册资本金35.7亿元，拥有全资和控股子公司17家，分公司7家，参股公司8家，其中控股的银星能源股份有限公司为A股上市公司（股票代码：000862）。2010年，宁夏发电集团全年完成发电量99.49亿千瓦时，合并口径实现营业收入40.3亿元，资产总额212亿元，实现利润3.99亿元，上缴各项税费5.14亿元，拥有员工7200余人。

宁夏发电集团以“植根宁夏山川，造福各族人民”为宗旨，以“建设强大的新型能源企业集团”为目标，成立8年来，在坚持发展火力发电等传统能源的同时，积极开发风力发电、太阳能发电等可再生能源，形成了传统能源与可再生能源“两翼并重、双翼齐飞”的产业格局，并按照延伸产业链的思路，形成了火力发电、风力发电、太阳能发电、煤炭开发、装备制造五大产业板块和煤炭铁路火力发电、风电设备制造风力发电、硅材料光伏发电设备太阳能光伏发电三条产

董事长刘应宽

总经理何怀兴

宁夏发电集团银星能源股份有限公司风机主机生产车间

宁夏发电集团太阳山风电场

# 有限责任公司

# POWER GROUP Co., Ltd.

业链协同发展的良好局面。2010年，集团公司已建成和在建发电总装机权益容量达到490万千瓦，煤炭产业已投产和在建的规模达到年产1000万吨，已形成年产2200吨多晶硅、2400万片晶体硅片、100MWp太阳能电池组件和年产500台（套）风机、500台齿轮箱、500套塔筒、20MWp太阳能跟踪装置的生产能力。由宁夏发电集团承担的“冶金法制备太阳能级多晶硅的关键技术研究及工业示范”课题通过了国家科技部组织的专家论证，并被列入国家“十二五”科技支撑重点项目。宁夏发电集团已经成为自治区国有控股的一支重要力量，成为自治区新能源产业的先行者、新能源装备制造业的领跑者。“十二五”期间，宁夏发电集团将在“电为核心、双翼齐飞、强本固基、东进西出”的战略方针指导下，沿着传统能源清洁化和新能源低成本化的方向，继续加强和完善三条产业链，规划到2015年末，主要经济指标与“十一五”末相比，资产总额翻一番，超过400亿元，营业收入翻两番，力争200亿元，利润总额翻两番，力争达到15亿元。生产能力指标达到“四个1000”：即集团公司发电总权益容量达到1000万千瓦，风电设备制造总产能达到1000MW/年以上，光伏发电设备制造总产能达到1000MW/年以上，煤炭产量达到1000万吨/年以上。

宁夏发电集团经过8年的不断发展，公司上下团结一心、抢抓机遇、锐意进取、艰苦创业，生产经营、发展建设取得了令人瞩目的成绩，迅速形成了聚焦效应和品牌优势。先后荣获“全国五一劳动奖状”“自治区五一劳动奖状”“自治区党建工作先进单位”“自治区劳动关系和谐模范企业”“全国可再生能源法知识大赛二等奖”“自治区模范集体”“自治区国有大型企业经营业绩‘跨越杯’奖”等多项荣誉和奖项。宁夏发电集团塑造的“风电精神”和为建设“环境友好型、资源节约型社会”作出的重大贡献，赢得了国内外的广泛关注和赞誉。

宁夏发电集团六盘山热电厂

宁夏发电集团王洼煤业有限公司

宁夏发电集团银星能源股份有限公司太阳能电池组件车间

宁夏发电集团太阳山光伏电厂

# 宁夏众一发展

自治区领导观看首届“宁夏众一杯”端午龙舟赛

自治区主席王正伟为宁夏众一龙舟点睛

宁夏众一发展集团有限公司是ISO9001国际质量管理体系认证单位、银川市级精神文明单位，是集房地产开发、工程建设、货运物流、商贸、宾馆餐饮、清真食品加工与销售、门窗制造与销售、农业种植与开发为一体的现代企业。总公司注册资金2500万元，现有资产总计3.67亿元，2010年共上缴利税1024.2万元。现有在册员工80名，大中专毕业生62名，各类专业技术人员45名，集团公司下设：宁夏众一建设工程有限公司、宁夏众一物流有限公司、宁夏众一市场经营有限公司、宁夏众一清真食品有限公司、宁夏众一门窗工程有限公司、宁夏众一物业服务有限公司。公司始终践行“众志一心，构筑精品，建顾客满意工程；发展创新，科学管理，创行业知名品牌”的质量方针和秉承“以德为本，诚信经营”的经营理念，建立了完善的质量管理体系和专业化的管理团队，具备了开发建设各类大中型工业、商业、民用建筑的能力和雄厚的资金实力，并建立了良好的社会资信。

为丰富银川市民生活和全民健身活动，公司先后协办了银川市首届“宁夏众一杯”残疾人运动会、花艺大赛暨海宝公园开园仪式以及历届“宁夏众一杯”端午龙舟赛，同时积极为灾区和贫困地区捐款捐物。三年来，共为社会公益事业捐款赞助合计200余万元。公司连年被授(评)为银川市精神文明单位、ISO9001国际质量管理体系认证单位、银川市“守合同重信用企业”、中国诚信同盟会员单位、先进基层党组织、西部大开发十周年突出贡献企业、自治区无烟单位、支持体育事业贡献奖、质量效益型先进企业、争创质量无投诉先进单位、消费者信得过单位、质量信誉承诺单位、质量信誉跟踪单位、质量万里行“行业唯一品牌”代表单位、银川市小巨人企业。无独有偶，董事长、总经理袁责钧被选为银川市政协委员、银川市第四届“十大杰出青年企业家”、银川工商联“资助创业关爱青年优秀企业家”和自治区第九届“十大优秀青年企业家”、自治区“工商联优秀会员”、银川市“青年创业奖”“扶残助残先进个人”等荣誉。

**宁夏众一建设工程有限公司**是ISO9001国际质量体系认证单位，注册资金2000万元，是以建设工程为主导，集工程技术监理、建材产品经营等为一体的多元化建筑企业，公司具备建设各类大中型商业、民用建筑的能力，具有大中型建设工程项目的资质、资金和社会资信。

**宁夏众一市场经营有限公司**(西夏怀远综合市场)位于西夏区怀远路与文萃路交汇处，总投资2000余万元，于2003年5月投资建成，同年10月18日正式开业运营，至今经营户已有600余户，市场建立了蔬菜果品区、日杂区、饮食娱乐区服务于周边居民。

**宁夏众一清真食品有限公司**成立于2008年6月，位于银川市德胜工业园区，总投资3000余万元，主营食品加工与销售，以速食面为主营产品，年生产清真食品达12万件。

**宁夏众一门窗工程有限公司**位于兴庆区科技园区C1-1，注册资金500万元，占地23亩，建筑面积15000多平米。该项目计划投资3000多万元，拟建设4条生产线，铝合金、塑钢门窗、断桥铝合金、成品库、中空玻璃等5个加工车间，每条生产线年加工门窗面积为5万多平米。

**宁夏众一物流有限公司**坐落在银川市丽景南街5号(109国道)，北临丽景公园，银通公路，南靠大团结广场，银古高速公路，地理位置非常优越，交通极为便利。主要经营货运、物流、停车场、宾馆、餐饮等业务，是宁夏唯一得到ISO9001国际质量管理体系认证的物流企业、是宁夏首家同时也是银川市唯一一家国家AAA级物流企业，是一个自主经营、自负盈亏、实行企业化管理的民营企业。公司注册资金3000万元，年上缴税费达1000多万元，即将搬迁至银川市国际物流港宁夏众一物流园区。

**宁夏众一物业服务有限公司**位于兴庆科技园兴春路，成立于2010年8月，注册资金200万元，主营物业服务、物流管理、工程维修、工

银川市委书记崔波调研宁夏众一物流中心

银川市市长王儒贵视察众一生态园

程配套、家政服务等业务。为了加强自身在物业市场的竞争能力，众一物业提倡现代化、科学化、正规化、标准化、精细化的“五化管理”，致力于管理机制的创新和完善。

在“两个最适宜”城市建设中，公司积极开发建设了海宝小区福星苑、黄河小镇观塘别墅和满城南街福满苑；同时，公司又在银川市国际物流港规划区域开发建设了宁夏众一物流园区，为“两个最适宜”城市建设做出了突出贡献。

**宁夏众一物流园区**项目总投资逾5.2亿元，是集信息服务、货运配载、仓储配送、商贸交易、生活服务、停车住宿为一体的配套设施完善、服务功能齐全的综合性现代物流园区，总建筑面积约26万平方米，为促进银川市、宁夏乃至周边地区物流业的发展，实施物流业的调整和振兴，实现传统物流业向现代物流业的转变起到积极的推动作用。

**福星苑**位于海宝居住区内，总规划用地14.3公顷，总建筑面积23万平方米，建筑密度28.26%，容积率1.59，绿化率0.25%。依照国家AA标准建造。南临中山公园，北接北塔湿地森林公园。海宝居住区的居民有5000户，1.8万余人，已发展为一个独立的文化、生活体系。福星苑以中国传统的福文化为积淀，运用现代中式建筑风格，传承中华民族之美德，融合现代之气息，使传统与现代和谐统一。

董事长、总经理　袁责钧

**福满苑**位于银川市金凤区西南地区。南邻长城西路，东靠满城南街。项目总占地面积53338平方米，总规划开发建筑面积为12.49万平方米，共建设18栋楼。绿化率为35.2%，建筑密度22.5%，容积率2%。建筑采用现代与古典相结合的立面风格，追求高尚住宅建筑的高贵和现代感。

黄河小镇·观塘别墅项目位于银川市兴庆区，是区、市两级着力打造的黄河金岸的重要项目之一，该项目西靠黄河，东临灵陶公路，北接西夏影视城，总占地面积约221.5亩，其中建设用地面积145亩，园林景观用地76.5亩，规划总建筑面积48195m²，商业面积26868m²，别墅21167m²，会所及休闲度假中心9984m²，项目配套设施齐全，功能完善，是集休闲度假、旅游、居住为一体的综合项目。

天行健，君子以自强不息；地势坤，君子以厚德载物。宁夏众一发展集团在以袁责钧总经理为核心的公司领导层的带领下，以质量求生存，向管理要效益，以品牌为发展根基，以诚信为经营之本，与时俱进，不断完善现代企业管理制度，努力营造和谐、健康、文明的企业环境，开拓创新，加速向智能密集型的大型企业迈进。

黄河小镇——观塘别墅

宁夏众一福满苑住宅小区效果图

宁夏众一物流园综合信息大楼效果图

# 宁夏医科大学总医院

自治区党委书记张毅接见生物芯片北京国家工程研究中心主任程京院士一行

自治区党委常委蔡国英和国家发改委高技术产业司副司长刘艳荣为“生物芯片北京国家工程研究中心宁夏分中心”揭牌

自治区副主席姚爱兴和宁夏医科大学校长孙涛为“宁夏医科大学总医院”揭牌

由宁夏医科大学、宁夏大学和生物芯片北京国家工程研究中心联合主办，宁夏医科大学总医院（原“宁夏医科大学附属医院”）承办的“2011贺兰山生命与和谐论坛”于7月8～10日在宁夏医科大学总医院举办。国家发改委高技术产业司副司长刘艳荣，中国工程院院士、国务院学位委员会办公室主任张尧学，中国工程院秘书长白玉良，中国科学院院士、中国医学科学院北京协和医学院副院校长曾益新，中国工程院院士、上海东方肝胆外科研究所副所长王红阳，中国工程院院士、生物芯片北京国家工程研究中心主任程京及国内十余位著名专家应邀出席论坛。

7月8日上午，“2011贺兰山生命与和谐论坛”开幕式在宁夏医科大学总医院举行。自治区党委常委、秘书长蔡国英，自治区副主席姚爱兴等领导与各位院士专家和来宾共同出席，并为“宁夏医科大学总医院”“生物芯片北京国家工程研究中心宁夏分中心”揭牌。中午，自治区党委张毅书记在悦海宾馆亲切接见了出席论坛的领导、院士和专家一行。当天，与会院士和专家分别就各自所从事研究领域的国际最新动态作了专题学术报告，并现场对参会代表进行了学术指导。

7月9日，生物芯片北京国家工程研究中心各分中心汇报会在沙湖假日酒店会议厅举行。刘艳荣副司长、白玉良秘书长、程京院士等领导听取了各分中心负责人的情况汇报，并提出了指导性意见。曾益新院士、王红阳院士等分别参加了肿瘤学基础与临床等专业的对接研讨会，区内相关单位的学科带头人、科研骨干参加了会议。会议就支持宁夏医科大学总医院组织工程实验室建设等项目初步达成合作意向。

论坛举办期间，刘艳荣副司长就宁夏企业自主创新能力建设情况进行了考察。张尧学院士出席宁夏各高校校长、学位办主任工作会议并作专

自治区副主席屈冬玉题词

宁夏医科大学总医院院长杨银学致开幕辞

生物芯片北京国家工程研究中心主任程京院士作学术报告

贺兰山生命与和谐论坛
Helanshan Forum on Life and Harmony

“2011贺兰山生命与和谐论坛”会徽

“2011贺兰山生命与和谐论坛”开幕

生物芯片北京国家工程研究中心各分中心汇报会召开

题讲座。

宁夏是我国五个少数民族自治区之一，地区社会经济和科技水平发展相对滞后。科技是第一生产力。实现宁夏的科学发展、可持续发展，离不开科技创新，离不开高科技产业的支撑。“2011贺兰山生命与和谐论坛”的成功举办，揭开了我区生命科学和生物产业发展的新篇章，必将对宁夏高科技产业发展发挥重要的推动作用。

刘艳荣副司长、程京院士等领导、院士和专家的到来，既充分体现了国家对西部地区各族人民群众生命健康的高度重视，又让宁夏人民深深感受到了他们对贫困地区人民群众的关爱。在自治区党委、政府的亲切关怀和各上级主管部门的正确领导下，经过宁夏医疗卫生和科研界全体同仁不懈的努力和辛勤汗水的浇灌，“让生命在贫穷面前同样有尊严”这一理想的种子必将在宁夏这块美丽的土地上结出更为丰硕的果实！

# 宁夏建工集团有限公司

宁夏建工集团有限公司董事长白耀华视察宁夏大学科技综合楼施工

宁夏建工集团有限公司于2007年5月由原宁夏建设集团有限责任公司、宁夏第一建筑公司、宁夏二建集团、宁夏第五建筑公司合并重组成立。是集建筑安装工程总承包、房地产开发、国际经济技术合作、装饰装潢、工程咨询、科研于一体的区属国有独资大型建筑施工企业。集团公司拥有注册资本金3亿元，拥有各类施工机具2000台件，总功率达4万千瓦，具有年完成施工产值100亿元以上的施工能力。

通过整合重组现有分公司37家，子公司10家。集团公司对子分公司实行二级管理。重组后公司人财物优化配置，资源集中，通过调整经营结构，搞活机制，拓展市场，狠抓内部管理，集团公司生产经营各项工作保持了平稳较快发展，各项经济指标大幅增长，承揽任务量从2007年的不足30亿发展到75亿，增长100%；完成施工产值从27亿增长到65亿，是重组前的2倍多；实现利润从亏损800多万元到赢利3500余万元，是重组前的10多倍。集团公司还打破了自治区18年没有获得鲁班奖的纪录，实现了集团鲁班奖零的突破。企业的社会形象和市场竞争力进一步增强。

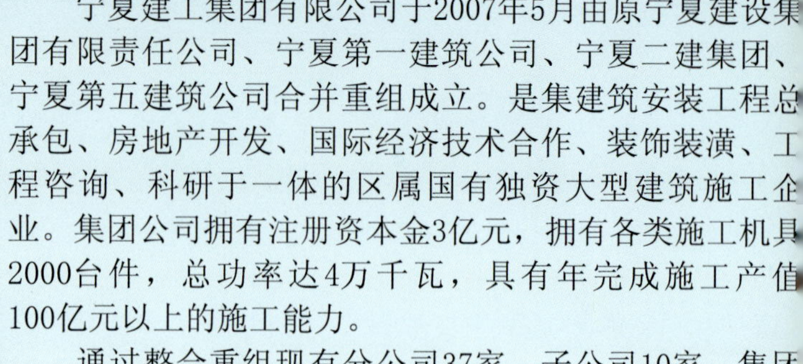



宁夏建工集团有限公司总经理王天林到隆德县考察调研对口帮扶工作

承前启后创伟业，继往开来谱新篇。宁夏建工集团有限公司牢固树立“团结务实、敬业奉献、负重拼搏、创新发展”的企业精神；坚持“一业为主、多元经营、品牌兴企、争创一流”的发展战略；坚持“诚信守法、建造精品、追求卓越、奉献社会”的经营宗旨；不断弘扬企业文化，树立管理就是效益，就是公司第一核心竞争力的管理理念。在自治区党委和政府的领导下，以科学发展观统揽全局，以加快改革、促进发展、构建和谐企业为主线，加强产业结构调整，加快公司发展方式转变；强化“经营立企”，全方位开拓市场，提高市场占有率；强化“管理治企”，加强基础管理，全面提升基础管理水平；强化“科技建企”，推动科技进步；强化“人才兴企”，为公司发展提供人才保障；强化“文化促企”，促进精神文明建设。以较强的综合实力，展现宁夏建工集团有限公司的新形象。

宁夏建工集团有限公司承建的贺兰山体育场工程

荣获全国建筑AAA级信用企业称号

宁夏博物馆工程荣获中国建设工程鲁班奖（国家优质工程）

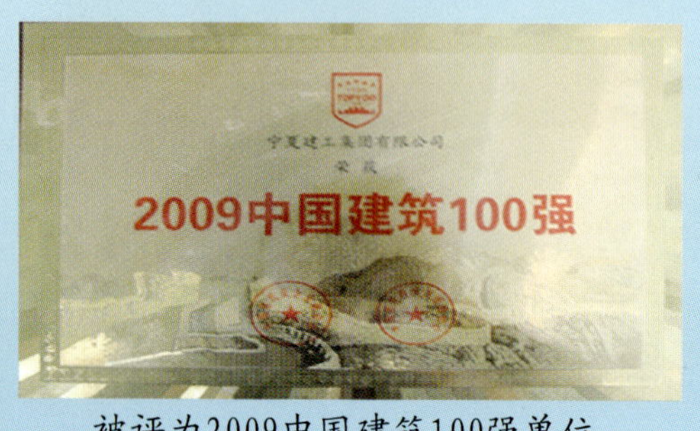



被评为2009中国建筑100强单位

宁夏建工集团有限公司庆祝建党90周年歌咏比赛

宁夏建工集团有限公司承建的宁夏银行工程

# 吴忠仪表有限责任公司

吴忠仪表有限责任公司是我国流程工业自动化控制中控制阀行业的龙头企业，始建于1959年。1965年在国家“三线”建设时期，由上海搬迁宁夏吴忠开始生产控制阀。

多年来，公司培养造就了一批经验丰富的工程技术人员和能工巧匠，自主创新能力很强，在创新中保持公司强劲的发展势头，是国家振兴装备制造业的骨干企业。

吴忠仪表坚持信息化带动工业化，工业化促进信息化的发展思路，将自动控制系统作为“两化”融合的纽带，在转变经济发展方式和推动产业结构调整中发挥着重要作用。吴忠仪表作为中国工业自动化的骨干企业，正以一流的技术、一流的管理、一流的服务在国家重大项目以及振兴装备制造业等方面发挥重要作用。

自治区副主席屈冬玉到公司调研科技创新工作

德国ARCA公司领导到公司考察

吴忠仪表正起航

吴忠仪表庆祝建党90周年红歌演唱

# 宁夏固原博物馆

引进展览《八闽墨宝》—福建博物院藏闽籍书画展开展仪式

邀请固原市纪检委案件审理室主任黄选存进行党风廉政建设教育讲座

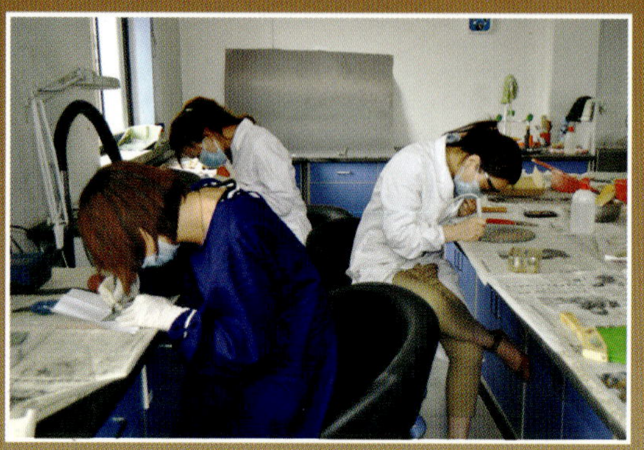
不断加大文物科技保护力度，修复人员工作场景

宁夏固原博物馆隶属于自治区文化厅，筹建于1983年，1988年9月25日落成开放。占地面积40000平方米，建筑面积16000平方米。这座以收藏历史文物为主，集宣传教育、科学研究、展示服务等功能于一体的综合性国家一级博物馆的建成，标志着宁夏博物馆事业的发展迈入了新的里程。2008年被国家文物局授予为宁夏唯一一家“国家一级博物馆”和可移动文物技术保护设计乙级资质，2009年被中央文明委授予“全国文明单位”荣誉称号，2010年被评为2011-2014年度“自治区级文明单位”称号，2009年、2010年连续两年被自治区文化厅授予“直属单位考核一等奖”和2010年度文化厅直属机关“五个好”党支部。

2010年6月2日，联系香港爱心人士为六所小学学生捐赠1800双鞋

（一）加强全体人员思想道德修养和作风养成，形成了干部职工肯干事、会干事、干成事的良好风气。

（二）加强基础设施建设，全馆工作环境、参观环境和生活环境进一步美化、亮化、绿化、净化。利用中央大众传媒资金300万元，对古墓馆、石刻馆进行了维修改造，对宣教大楼两边及后院进行了硬化、绿化、美化。投入80多万元对监控系统和报警系统做了更换，实现了与固原市110报警系统的联网。

（三）加强业务建设，各项工作的精细化、精准化和程序化程度在逐步提高。1、坚持为民服务理念，大力做好观众接待服务工作。全年接待观众296626人次，较上年有新的提高。开展了进学校、进军营等五进活动。2、坚持以提高公益性文化单位供给能力和涵养能力为重点，及时为大众提供不同口味的精神食粮。3、坚持“走出去”战略，在更宽更广的范围用珍贵历史文物宣传宁夏悠久历史和光辉灿烂的多元文化。4、坚持保护与利用并重的原则，下大力气做好文物数据信息采集和文物科技保护工作。5、坚持科学研究，大力提升专业人员业务水平。

（四）坚持帮扶支教工作，亲民、近民、爱民的为民理念牢固树立。代文化厅在西吉县马建乡杨路村开展了抗旱救灾工作。

作为全国文明单位、自治区级爱国主义教育基地、国防教育基地和“4A”级旅游景点的宁夏固原博物馆，以其新颖的陈列、优美的环境、优质的服务、优良的秩序和独特的魅力，吸引着众多中外游客纷至沓来。在未来的发展道路上，奋力前进中的宁夏固原博物馆，将以充满生机和活力的崭新面貌，继续为全社会的物质文明和精神文明建设作出新的更大的贡献！

在黑城监狱挂牌成立警示教育基地，并给黑城监狱捐赠图书70套，还为监狱服刑人员送上一台自编自演的节目

开展以安全为主题的专题讲座和突击训练，坚持每年开展两次消防演练

# 银川大学：宁夏民办高校一面旗帜

教育部部长袁贵仁（前排右一）来校视察工作

自治区主席王正伟（前排左二）等领导来校视察工作

自治区党委副书记、银川市委书记崔波（右二）来校调研。自治区人大常委、银川大学执行校长周生信（左二）介绍学校发展规划

银川大学校园文化活动丰富多彩，提高学生人文素质

电力学院新建的火电厂仿真模型实验室

大一学生到宝塔石化宁东基地认知实习

石化学院30万吨/年乙烯生产工艺微缩模型

银川大学（银川科技职业学院）是宁夏民营骨干龙头企业宝塔石化集团创办的一所民办高职院校。1999年10月经自治区人民政府批准筹建，核定校名为银川大学；2004年5月经自治区政府批准、教育部备案，正式设为高职类的银川科技职业学院；2011年4月，经教育部批准，在银川科技职业学院的基础上筹建本科层次的银川能源学院。现有全日制各类在校生044人，教职工475人，其中专任教师08人，高级职称教师97人，正教授38人，副教授59人，研究生95人。以工科为主，涵盖经、管、文、法、农5个学科，10系3部1中心、32个高职专业和21个成人本科专业。其中石油化工生产技术、工业分析与检验、电气自动化专业、电力系统自动化技术等4个专业被评为宁夏骨干示范建设专业。学校先后被评为“全区基层党建工作先进单位”“全区高校大学生思想政治教育工作先进集体”“全区职业教育先进单位”“全区学校体育工作先进集体”“全区学生军训工作先进单位”“银川市文明单位”“全国大中专学生志愿者暑期‘三下乡’社会实践活动先进单位”“全国毕业生就业典型经验高校0强”“中国民办十大知名品牌学校”等各种荣誉100多项。

建校12年来，在宁夏回族自治区党委、政府的正确领导下，在自治区教育工委、教育厅的大力支持和社会各界人士的热情帮助下，学校管理机制创新，组织机构健全，配套设施功能齐全，教学工作严格正规，党建工作制度健全，活动经常，校园文化丰富多彩，学生就业成绩突出，企业办学特色明显，社会影响日益扩大，是一所新型的、发展快速的、充满生机与活力的宁夏民办高校一面旗帜。全国政协副主席黄孟复、郑万通，教育部部长袁贵仁，自治区主席王正伟等20多位省部级领导莅临学校视察指导工作，对学校多项工作给予肯定和好评。

面向未来，银川大学将以科学发展观为指导，在新的历史起点上努力把银川大学建设成为全国一流的高水平民办大学。学校的“十二五”发展建设规划是：（一）层次定位：全日制本科学历教育。（二）学科专业定位：工科为主，突出能源化工专业特色，重点建设石油化工、煤化工、天然气化工、精细化工、电力电气、热能动力、装备制造等相关专业。（三）培养目标：培养基础知识扎实、综合素质高、实践能力和创新意识强的应用型专门人才。（四）服务定位：立足宁夏、面向中西部，主动为地方经济社会发展和行业企业服务。（五）规模定位：学校坚持走以内涵建设为主，稳步扩大规模的道路，计划2012年，开始招收本科生，全日制在校生将达到10000人，2015年达到12000人，2020年达到15000人。为宁夏经济社会和教育事业发展做出新贡献。

王松鹏 张宏 摄影报道

银川大学举行全校师生升国旗仪式，进行爱国主义教育活动

# 宁夏穆斯林国际语言学校

معهد اللغات العالمية للمسلمين بنينغشيا

Ningxia Muslim International Language College

## 宁夏穆斯林国际语言学校

宁夏穆斯林国际语言学院是由自治区教育厅批准设立的中等职业学校，是自治区政府指定的阿拉伯语、波斯语、乌尔都语、印尼语、土耳其语、马来语等小语种翻译人才培训基地。自学校成立以来荣获“中国民办特色品牌学校”“民办教育行业特色教育示范校”“就业质量示范校”“宁夏民办职业教育发展功勋单位”及“宁夏金牌培训机构”等荣誉称号。学校位于银川市永宁县境内的宁夏世界穆斯林城内，占地面积400亩，建有现代化的教学楼、办公楼、图书馆、电教室以及宿舍楼等基础设施。学校常年在海内外市场进行宣传，为优秀学生争取对外劳务和国内各大企业就业机会，学校与黎巴嫩、叙利亚、埃及、苏丹等各国大学建立联系，择优推荐学生出国留学。

学校师资力量雄厚，有一批优秀骨干教师，有来自埃及、苏丹、伊拉克的外籍教师，也有毕业于沙特、巴基斯坦、叙利亚、泰国、印度尼西亚、利比亚等阿拉伯国家的硕士、学士留学生。他们知识广博，基础功底扎实，形成了各具特色、术业专攻的一套规范化、标准化的教学理念与体系。

学校将以穆斯林城为平台，大力培养外语人才，建设中国最大的阿拉伯语人才培训基地和马来语、波斯语、乌尔都语等小语种培训基地，为建设成为中国民办高等品牌学校而努力！

# 宁夏艺术学校

自治区文化厅厅长杨玉经在宁夏艺术学校奠基仪式上致辞

奋力创先争优推动校园科学发展中努力办人民满意的艺术教育

宁夏艺术学校创立于1979年，是全区唯一一所专门从事培养音乐、舞蹈、美术、戏剧等专业艺术人才，具有中专学历教育的省级公立艺术学校。现有教职工104人，在校生450人。

2007年，《口弦声声》《山里的小尕妹》获宁夏首届回族舞蹈回族服饰展演二等奖、三等奖；

2008年，学校创作的《月上弦》获第六届中国舞蹈“荷花奖”校园舞蹈比赛专业组编导铜奖；

2009年，油画《玉皇阁三月雪》在全国教师美术书法摄影作品竞赛中获专业组三等奖；

2010年，《口弦声声》获第七届中国舞蹈“荷花奖”校园舞蹈展演 “十佳作品”；女子群舞《花儿漫漫》获第二届全国回族舞蹈展演创作一等奖，《回乡风韵》获得优秀节目奖；

2010年，荣获年度文化工作贡献奖；

2010年，参加上海世博会宁夏周活动被自治区政府评为先进单位，21人获先进个人；

上海戏剧学院舞蹈学院院长陈家年来校指导授课

2010年，获文化厅直属单位考核一等奖；

2010年，在全区“清凉宁夏”广场文化活动中获得区直机关、企事业单位示范演出先进单位称号，并荣获全区文化系统人才工作先进单位。

2009年，学校申报的《回族舞蹈教材》编撰项目被列入自治区社会文化类重点课题，2010年申报成功文化部社会文化类重点课题，填补了国内外《回族舞蹈教材》的空白。

2010年8月28日，宁夏艺术学校新校区整体迁建工程在宁夏回族自治区职业教育园区举行奠基仪式。新校区占地200亩，学生规模1000人，总建筑面积37000平米。

上海世博会宁夏活动周宁夏艺术学校学生在世博园街头巡演

艺校学生参加奥运会火炬传递活动

宁夏艺术学校新校区奠基仪式

# 宁夏贺兰山国家级自然保护区管理局

“六五”世界环境宣传日活动

防火宣传

宁夏贺兰山国家级自然保护区地处银川平原和阿拉善高原之间，是阻挡腾格里、乌兰布和沙漠的天然屏障，也是银川、石嘴山地区的重要水源涵养林区，对宁夏平原经济社会的发展发挥着极其重要的生态作用。保护区南北长170公里，东西宽约20～40公里，总面积2062.66平方公里，地跨银川、石嘴山二市六县（区）。

近年来，管理局以科学发展观为指导，认真组织学习党的十七大和十七届五中全会精神，以创建示范性自然保护区和全国文明单位为目标，深入扎实地开展创先争优活动。开展“党在我心中”建党90周年主题活动。加强管理和培训，建立了《宁夏贺兰山管理局森林防火管理办法》及责任追究制度，组织编制了《贺兰山国家级自然保护区中长期发展规划》。确保贺兰山60年无较大火灾发生的可喜成绩。已出版了《贺兰山脊椎动物》《贺兰山昆虫》和《贺兰山苔藓植物》三部专著。继续与科研院所合作对紫蘑菇、濒危物种进行系列研究。扩大与陕西长青自然保护区的人员交流和合作，探索保护科研一体化管理模式。进一步规范林地管理工作，完善健全《林地管理办法》等林业行政执法规定等规章管理制度，出台了林地管理和林政执法责任追究制度。规范林政案件办理程序，加大巡护和打击力度，上半年查处林业行政案件100余起，移交刑事案件1起，依法足额收取各项费用。加快贺兰山阙景区建设，实现旅游收入300多万元。积极争取项目资金。切实抓好效能建设，着力抓好工作执行力和工作效率。保护区各项事业取得了显著成绩，2011年先后被国家林业局评为保护森林和野生动植物资源先进集体，被中共宁夏区直机关工委评为先进基层党组织，被自治区林业局评为宁夏森林资源连续清查工作先进单位。

防火培训

唱响建党90周年红歌会

组织职工观摩黄河金岸

中国华能
CHINA HUANENG

# 宁夏大坝发电有限责任公司

总经理白俊在职代会上作报告

宁夏大坝发电有限责任公司是西北第一台300MW机组诞生地，也是宁夏首座百万千瓦级火力发电厂。投产发电20年来，已累计向电网输送电力1240.53亿千瓦时，其中：1997～2002年连续6年发电量占宁夏总发电量的50%以上，2003～2006年，企业年发电量连续4年突破90亿千瓦时，在自治区经济发展中占据着举足轻重的地位；培养造就了一大批能工巧匠、技术专家和管理人才，先后向区内外电力企业输送管理干部和技术骨干1000多名，为宁夏电力工业的快速、健康发展做出了突出贡献。

加强机组检修管理，提高设备安全性和经济性

2010年，公司实现了集团公司“节约环保型燃煤发电厂”目标。图为脱硫设施集控室

公司加大固废弃物综合利用力度，粉煤灰、渣综合利用量达到30万吨以上；建成了年产10万吨建筑石膏粉项目，形成了废弃物循环利用的较好经济模式

近年来，公司以节能环保为核心，加大设备治理和改造，建成了集团公司“创建节约环保型企业”，为持续、健康、和谐发展奠定了基础。

2010年，公司发电80.46亿千瓦时，完成年计划的120.46%

壁明珠—美丽的花园式企业

# 宁夏赛马实业股份有限公司

宁夏赛马实业股份有限公司是一家以水泥生产为主业的上市公司，是自治区规模最大的水泥生产企业。

公司总资产62亿元，主业水泥年生产能力1900万吨，职工3900余人，主要产品有“赛马”牌、“青铜峡”牌、“双鹿”牌、“六盘山”牌普通硅酸盐、硅酸盐水泥及道路硅酸盐水泥、中低热水泥、油井水泥等，产品通过了国家产品质量认证，企业通过了ISO9001、ISO14001、ISO18001（质量、环境、职业健康安全）三标一体的综合管理体系认证。公司下辖宁夏中宁赛马水泥有限公司、宁夏石嘴山赛马水泥有限公司、固原市六盘山水泥有限责任公司、乌海赛马水泥有限责任公司、中材青海水泥有限责任公司、宁夏赛马混凝土有限公司等6家全资子公司，中材甘肃水泥有限责任公司、宁夏青铜峡水泥股份有限公司、天水中材水泥有限责任公司等3家控股子公司和乌海市西水水泥有限责任公司、包头市西水水泥有限责任公司等2家参股公司。

公司先后被评为“全国质量百佳企业”“全国环境保护先进企业”“全国绿化先进企业”“国家重合同守信用企业”“首届全国矿产资源合理开发利用先进矿山企业”“自治区先进企业”“自治区纳税先进企业”“自治区循环经济试点企业”“自治区环境友好型企业”“银川市五创先进集体”“银川市节水先进单位”等荣誉称号。“赛马”牌、“青铜峡”牌、“双鹿”牌及“六盘山”牌是宁夏名牌产品，“赛马”牌、“青铜峡”牌商标被评为宁夏著名商标。

公司产品广泛应用于区内外的重点工程建设，远销北京、内蒙、甘肃、山西、西藏等省区，并获得了陕西咸阳国际机场、甘肃中川机场、银川河东机场、山西运城机场、宁夏贺兰山机场、拉萨贡嘎机场、太中银铁路等重大工程项目的大量使用和好评。

厂区一角

水泥生产线夜景

# 宁夏金昱元化工集团有限公司

自治区党委书记张毅来公司调研工作

公司董事长　张新华

宁夏金昱元化工集团有限公司（原宁夏青铜峡树脂厂）成立于1991年1月，地处青铜峡镇。2000年10月进行股份制改造，成立青铜峡树脂厂有限责任公司。2003年12月以青铜峡树脂厂有限责任公司为母公司组建企业集团宁夏金昱元化工集团，母公司同时更名为宁夏金昱元化工集团有限公司。

公司下设树脂厂、热电厂、水泥厂和凯拓电石公司，总资产为14亿元，员工2200人，占地面积100公顷。主要产品的年生产能力达到烧碱20万吨、聚氯乙烯树脂22万吨、盐酸5万吨、液氯6000吨、溶解乙炔3万瓶、电石27万吨、水泥60万吨，年发电量15万千瓦；"青化牌"树脂连续6年被国家技术监督局评定为合格产品，畅销国内20多个省区，"青化牌""金昱元牌"商标被评为自治区名优商标。2002年10月通过ISO9001：2000标准质量管理体系认证。

近年来，公司通过市场化运作，推行"四全管理法"，以资本为纽带，以市场为价值取向，整合资源，优化产品结构，形成了以氯碱化工为龙头，以环保治理为基点，热电电石氯碱水泥各产业相互支撑，循环利用的循环经济产业链，大大提升了企业竞争力。2010年实现工业总产值20亿元，销售收入22亿元，利税2亿元。企业以不断壮大的规模和经济效益突出的优势，发展成为西北地区较大的氯碱化工基地之一；2000年以来，公司连续6年荣获自治区"先进企业"荣誉称号；2005年被列为全国首批发展循环经济试点企业和千家节能试范企业；2006年荣获自治区环境友好型企业；2007年荣获自治区百强纳税企业；2008年荣获自治区改革开放30年十大民营企业称号，成为自治区50家工业龙头企业之一。

在"十二五"期间，公司将进一步迈上创新发展的新里程，依托宁夏当地丰富的煤炭和石灰石资源，延长产品链和拓展循环经济产业链，通过实施氯碱化工系列项目、煤化工及深加工系列项目和电石深加工系列项目，使金昱元公司在氯碱化工、精细化工、煤化工、热电、电石冶炼、水泥产业形成具有循环经济特点的资源综合利用的大生产循环圈，实现规模效益和跨越式发展，为促进地方社会经济的发展做出应有贡献，力争跨入自治区工业总产值过50亿元的大型工业企业行列。

公司全景图

先进的DCS集控室

春节游园筷子夹球活动

新职工进厂军训

三八妇女节健身操大赛

电石炉

水泥厂

树脂厂

# 宁夏泰瑞制药股份有限公司

总经理　王义

宁夏泰瑞制药股份有限公司成立于2000年，是国家高新技术企业，宁夏30家非公有制优势骨干企业之一，拥有国家级企业技术中心，员工近2000人。企业主要致力于兽用原料药、预混剂和饲料添加剂的研发、生产和销售。多年来企业在发展过程中，不断完善自己的销售网络，建立了以北京为中心，辐射30多个中心城市以及国际主要销售市场的销售网络。公司在立足国内市场的基础上，积极开拓国际市场，了解国际兽药市场动态，加强国际化兽药战略品牌的推进。自2001年起，陆续通过了国家农业部GMP认证。并通过了波兰、德国、比利时等多个国家和地区的重点企业质量审计认证。公司拥有自营进出口权，产品70%以上出口国外，远销巴西、印度、美国等80多个国家和地区，是自治区重点出口创汇企业，拥有较高的国际声誉和知名度。

公司先后荣获“中国优秀民营科技企业”、“中国第三批创新型试点企业”等称号，泰瑞商标荣获“中国驰名商标”称号。公司已成为中国最大的兽用原料药生产基地和出口基地，2010年各项经营指标均创历史新高。

庆祝中国共产党成立90周年表彰及歌咏大会

厂景

厂庆文艺汇演

技术中心大楼

# 紫荆花纸业

公司与意大利特斯客公司签订高速纸机订购合同

宁夏紫荆花纸业有限公司始建于1989年。20年前，紫荆花纸业以一家小规模的乡镇集体企业为起点，拉开了充满挑战、富有激情的创业之旅，把一个年产值不到200万元的乡镇小厂发展为拥有3000名员工、年产能12万吨、利税近亿元的中国生活用纸10强企业，是西北地区经营状况最好的造纸企业。

“紫金花”系列产品荣获“中国专利新技术博览会”金奖，产品销往全国24个省。1998年以来连续多年被中国农业银行宁夏分行评为“AAA”级信誉企业，被国家工商管理总局评为全国“守合同重信用”企业，是自治区农业产业化龙头企业，2010年紫荆花又荣获宁夏慈善突出贡献企业奖。

作为一家有着强烈社会责任感的企业，紫荆花纸业多年来致力于企业环保治理，近几年已投入1亿多元用于环境保护。公司被国家环保部列为全国清洁生产示范项目单位。也是行业内为数不多的完全按最新国家环保标准达标排放的造纸企业。

2010年，公司又投资新建4万吨木浆高档生活用纸生产线，该生产线采用了国际先进的新月成型技术，项目建成后紫荆花拥有中国西部最大的木浆生活用纸生产线。

2010年获得宁夏慈善突出贡献企业奖

2010年对入职大学生进行厂内军训

# 宁夏美洁纸业股份有限公司

企业法人周兴起

宁夏美洁纸业股份有限公司成立于1958年，是自治区重点扶持的骨干企业之一。美洁纸业的主要产品是美洁系列生活用纸。美洁系列产品被中国造纸协会生活用纸委员会定为生活用纸行业品质保证产品及向全国消费者推荐的产品。“美洁”牌系列产品是宁夏名牌产品，“美洁”商标是“宁夏著名商标”。美洁纸业2003年进入中国生活用纸企业前五强。品质闯世界，诚信赢天下。美洁公司在发展壮大的同时，也一定会以一流的质量、一流的服务造福社会，回报广大消费者。

自治区领导陈建国、王正伟到公司视察

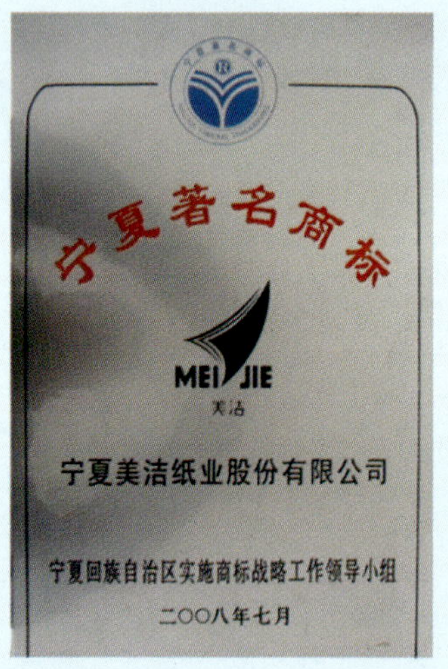

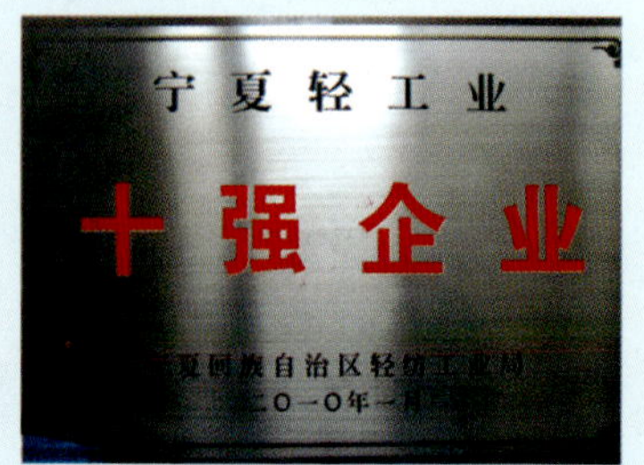

# 宁夏瀛海集团

宁夏瀛海集团创建于1992年，是自治区党委、政府重点支持的50户龙头企业之一、自治区水泥行业领军企业。现已发展成为以水泥产业为主，集冶金、化工、三产等多业并举的一家大型民营企业集团。集团总资产近15亿元，在职职工3000余人，下辖5个全资水泥子公司，以及瀛华镁业、化工、酒店等共计11个全资子公司，形成了主业突出、他业并进的集团化经营管理新格局。

集团总裁出席客户答谢会

经过19年拼搏前行，瀛海集团水泥生产能力快速增长，核心竞争能力明显增强。瀛海以保护塞上山川生态家园作为企业的社会责任，不断追求国家支持和鼓励的生产新工艺，配套建设纯低温余热发电项目，以及相关环保设施，努力实现清洁、环保、高效的目标。“瀛海”商标列入宁夏著名商标，瀛海牌系列水泥成为国家免检产品、宁夏名牌产品。

实行集团化经营发展以来，瀛海集团始终保持了较强的盈利能力，创税能力逐年增强。集团坚持以人为本，推行现代企业管理，遵循“向管理要效益、靠人才谋发展”的经营管理思路，拥有一支懂技术、善管理、会经营的人才队伍，现代企业管理效益日益显现。

宁夏瀛海集团下属骨干全资子公司代表——宁夏瀛海天琛水泥有限公司，位于永宁县闽宁镇南三公里201省道东侧，该公司建成投产的一条日产5000吨熟料新型干法水泥生产线，是自治区首条单产规模最大的水泥生产线。其工艺水平及装备规模均达到国内领先水平。具有单机生产能力大、热效率高、产品质量高、环保、节能等特点。全线采用计算机集散控制系统，自动化水平高；项目充分利用粉煤灰、脱硫石膏、矿渣等排放物为原料，生产水泥熟料，配套建设国内一流的电、袋式除尘工艺设备。工作条件优越，厂区环境优雅，属国家产业鼓励建设的节能减排、循环经济综合利用项目，资源综合利用、节能减排和环境保护示范意义重大。为水泥工业建成资源节约型、环境友好型产业做出了积极的贡献，成为全区民营水泥行业的领头羊、产业结构调整和节能减排的排头兵。

集团将以调整产业结构、转变发展方式为主线，大力建设一批“装备一流、规模一流、环保一流”的大型水泥生产线，继续做大做强水泥主业，力争冲入“中国水泥企业60强”。

集团总裁获银川市“五一劳动奖章”

荣获宁夏著名商标

荣获建材企业最具发展潜力100强

荣获建材企业500强

# 宁夏西北骏马电机制造股份有限公司

宁夏西北骏马电机制造股份有限公司（原西北煤矿电机厂）始建于1966年，1970年建成投产，当时国家为满足煤炭工业发展的需要，合理调整煤矿机械制造工业的布局以及备战的需要，开展“三线建设”，本着“靠山、分散、隐蔽”的原则，煤炭工业部决定由抚顺煤矿电机厂在西北选点包建生产矿用隔爆电动机的工厂，厂址选在了贺兰山下的石嘴山市。原设计年生产能力容量4万千瓦，年产值280万元，主导产品为煤电钻和小型矿用防爆电机。

自治区主席王正伟在原石嘴山市委书记李文章陪同下来公司视察

2005年1月1日，企业整体改制，所有制为股份制企业，经营范围为防爆电动机制造；普采、综采配件制造等。截至2010年12月31日，资产总额62314.92万元，年实现利润7749.73万元，年上缴税金4377.80万元，注册资本2.168亿元。

公司2011年首次股东大会

企业先后获得全国煤炭机械工业优秀企业、绿化先进单位、环境保护先进企业、厂务公开民主管理先进单位、安康杯竞赛优胜企业等。获自治区安全质量标准化机机械制造企业、五一劳动奖状、十佳企业、劳动关系和谐模范企业、安全生产标准化二级企业、节能先进企业、纳税A级企业。获石嘴山市一级功勋企业、石嘴山市工商局重合同守信誉先进单位， 并荣获了全国环保先进单位、全国“安康杯”竞赛先进集体等20多项荣誉称号。公司生产的“煤友牌”电机荣获了“中国西部理想品牌”，为宁夏赢得了骄傲。

综合车间

企业转换经营机制在经营理念和经营策略上发生了变化，增强了市场竞争能力。生产效率不断提高，精益制造水平大幅提高。生产经营出现了稳步递增的局面，生产规模逐年扩大，企业各项经济技术指标每年都以20%速度递增。各项经济指标年年创造历史最好水平，已成为国内生产矿用防爆电机的优势骨干企业。预计“十二五”末企业的主导产品年产值将达到12亿元，电机容量240万千瓦。实现利税13000万元。“十二五”期间将抓住国家把“煤矿综采设备”作为振兴装备制造业的重点并列入“国家经济和社会发展第十二个五年计划纲要”和西部大开发的历史机遇，把传统产品做强做大，着力开发与煤矿机械配套的新的电机产品，向高电压、大功率高可靠性方向发展。同时着手与大专院校合作研制开发矿用变频调速电机、永磁电机、开关磁阻电机、风力发电机等具有广阔市场前景和发展方向的新型节能产品，把企业建设成为国内最具有竞争优势的现代化企业，力争成为国内知名品牌。

公司制定的各项制度

# 银川市中级人民法院

自治区党委书记张毅，自治区党委常委、银川市委书记崔波调研全市法院党建工作

自治区高级人民法院马三刚院长到银川市中级法院调研指导工作

刘彦宁院长在银川市第十三届人民代表大会第四次会议上作法院工作报告

“阳光司法”公开审判

开展每月一次“走近法院，走进法庭”法院开放日活动

2010年，全市法院受理案件数首次出现较大幅度下降，共受理各类案件35207件，同比下降9.05%，审结33310件，结案率94.61%。其中：市中级法院共受理各类案件4213件，同比下降9.57%，审结3853件，结案率91.46%。

坚持宽严相济的刑事政策，全面推进量刑规范化改革工作，统一裁判尺度，规范量刑裁量权。积极参与社会治安综合治理和平安创建活动，维护社会稳定。认真贯彻“调解优先、调判结合”的原则，依法妥善审理涉及民生的案件，积极化解各类矛盾纠纷，促进社会和谐发展。依法妥善审理行政纠纷案件，保护公民、法人和其他组织的合法权益，监督和支持行政机关依法行政，促进提高行政执法水平，推动完善社会管理。创新执行方法，加大执行力度，规范执行行为，成立执行指挥中心，构建快速反应平台，形成全市法院执行工作统一管理、统一指挥、统一调度的工作格局。加强立案信访窗口建设，设立立案、信访、执行、对外委托鉴定评估拍卖等四个接待大厅，强化服务措施，最大限度地为群众提供方便。

成立审判管理办公室，加强案件质效和审判流程管理。落实公开审判制度，依法公开案件信息，实现案件审判全过程公开。建立案件审判信息查询系统，实现开庭公告网上预告，裁判文书网上公开，接受社会和群众监督。建立网络民意沟通和舆情研判分析机制，拓宽民意沟通渠道。每月举办一期“法院开放日”活动，定期召开新闻发布会，回应群众司法需求，增强工作透明度，推进司法民主。全市法院共开展“开放日”活动48期，有6000余名群众走近法院、走进法庭，旁听审判，接受法制教育，监督司法审判。

与政府行政执法部门召开联席会议

召开新闻发布会

采用公开摇号方式确定评估拍卖机构

# 中共银川市

党员献爱心银川市党内关爱资金捐助仪式

银川市直机关2010年党的工作会议

2010年，在银川市委的正确领导下，银川市市直机关工委紧紧围绕全市工作大局，认真贯彻落实党的十七届四中全会、全国机关党建工作会议和市委十二届六次全会精神，坚持以科学发展观为指导，以“服务中心、建设队伍”为目标，以建设学习型党组织、提升干部能力素质为重点，深入开展“创先争优”和“机关党的建设年”活动，积极投身“西部大开发战略大学习”活动的各项工作，市直机关党组织和广大党员干部自觉适应新形势、新任务对机关党建工作提出的新要求，锐意创新、开拓进取，提高执行力，抢抓新机遇，为努力推进“两个最适宜”城市建设作出了应有的贡献。

市直机关开展机关党的建设年和提升党员干部素质活动动员会

市直机关党务干部学习贯彻十七届四中全会精神专题讲座

# 直机关工委

市直机关干部职工心脑血管疾病的预防和急救知识讲座

市直机关第八届篮球赛

市直机关第三届职工排球赛

市直机关第二届书香伴我行朗诵比赛

市直机关第十六届职工体育运动会开幕式

市直机关第二届千人攀登贺兰山活动

# 银川市公安局

自治区党委书记张毅视察公安工作

自治区党委常委、政法委书记、公安厅厅长苏德良视察银川公安工作

召开市公安局第三次党代会

全力做好中阿经贸论坛安保工作

两警联勤

文化育警

百车大巡防

重拳出击

2010年，全市公安机关在市委、政府和区公安厅的坚强领导下，主动服务第一要务，认真履行第一责任，以宁洽会暨首届中阿经贸论坛安保工作为重点，深入推进"三项重点工作""三项建设"和"平安银川"创建工作，公安工作取得了新成绩，迈出了新步伐。

**在重大活动安保和警卫方面，工作能力大力提升。**先后完成了胡锦涛等中央领导来银视察及各类重要活动的安全警卫任务，共完成等级警卫任务29批（其中一级任务5批），各类重要会议、活动安全保卫任务179批，特别是圆满完成了宁洽会暨首届中阿经贸论坛安全保卫工作。**在维护社会稳定方面，工作机制逐步完善。**采取有效措施，配合有关部门解决了一大批矛盾纠纷和治安隐患，妥善处置了390起群体性事件，确保了社会政治稳定。**在社会治安打防控机制建设方面，实效性更加明显。**全年破案绝对数10668起；破获八类主要案件931起；命案破案率95.1%，再创历史新高；共破获毒品刑事案件81起，缴获各类毒品30余公斤，缴获数为上年的5倍。超额完成公安部下达的收缴假发票任务，收缴各类假发票500余万份。强化社会面治安防控，巩固和扩大"两警联勤"成果，加强专业巡防队伍巡逻和群众防范组织联防。开展了各项专项整治工作，大力整治社会治安突出问题，消除了安全隐患。加强交通消防安全管理，推行交通管理、交通设施、安全宣传"三个社会化"工作机制，提升了交通管理层次和水平。大力实施"防火墙"工程，公共消防安全管理逐步加强。**在开展各项重点业务工作方面，强本固基、扎实推进。**公安信息化建设成果显著，全面完成了银川市城市综合监控报警联网系统建设任务。警用地理信息系统（PGIS平台）建设通过公安部验收。警用GPS卫星定位及移动警务系统建成应用；执法规范化建设再出新举措，牵头制定了《检、法机关对公安机关办理案件进行评议的规定》，成立了执法规范化建设法律专家组；社会管理不断创新，开展了特定人群排查摸底和肇事肇祸精神病人排查工作。推进流动人口和出租房屋信息化管理。深化行政审批许可"两集中、三到位"工作，市辖三区公安行政许可业务均进驻服务大厅，完成了市政府试点任务。**在基础设施和装备建设方面，取得历史性突破。**应急指挥中心建成即将投入使用。刑事技术大楼已交付使用，交警支队、兴庆区分局办公大楼已主体封顶，"三所"迁建工程和刑事侦查大楼已经立项，进入可行性研究阶段；经费保障前所未有，争取到1.41亿元中央预算资金用于公安基础建设，对加强公安基础设施建设、推动公安事业的跨跃式发展提供有力保障；装备投入力度超前，2010年全市共投入7778万元用于公安业务装备建设，超过前五年投入总和。**在队伍正规化建设方面，呈现新气象。**着眼于提高民警执法水平和能力，教育培训针对性更强；完成了民警职务序列套改工作，成立了银川市公安民警互助协会，落实了民警法定节假日加班补贴，完成了清河南街、凤凰北街公安小区房产证办理工作，从优待警措施更实；深入开展和谐警营建设，成功召开了市局第三次党代会，圆满完成了基层党组织换届选举工作。组织开展了"创先争优"、"对口帮扶"、"党员献爱心"等活动。创新宣传思想工作方式，加强舆情引导，召开新闻发布会12次，发布警情通报41期，保持公安宣传工作主导地位。全市公安机关有9个集体、9名个人获得省部级表彰，5个集体、350名个人被记功和嘉奖，思想政治工作更新；扎实开展警车和涉案车辆违规问题专项治理、执法过程中涉案人员非正常死亡问题专项整治和疑难信访案件专项治理工作，取得了良好成效。严肃查处了一批违法违纪案件，纯洁了公安队伍，队伍监督管理更严、更细。

# 银川市国家税务局

自治区党委常委、副书记崔波在银川市国税局车辆购置税征收分局调研工作

自治区国税局局长刘金良参观银川市国税局税务文化作品展

银川市国税局荣获全国五一劳动奖状荣誉称号

银川市国税局党组书记、局长杨勇在企业调研机打发票推行情况

税法知识进校园，税务干部为银川一中学生讲解税法知识

庆祝中国共产党成立90周年红歌赛，展示国税干部良好精神风貌

近年来，银川市国税局在银川市委政府的和自治区国税局的正确领导下，牢记“为国聚财，为民执法”的宗旨，紧紧围绕“服务科学发展、共建和谐税收”的工作主题，始终坚持依法行政，不断强化税收征管，积极探索和创新管理手段，规范税收执法，大力整顿税收秩序，全面落实各项税收优惠政策，实现了税收与经济的协调发展。

**一 、坚持服务经济建设大局，税收政策全面落实**

紧扣服务地方经济发展主线，坚决贯彻“依法征税，应收尽收，坚决不收过头税，坚决制止和防止越权减免税”的组织收入原则，严格落实组织收入目标责任制，不折不扣地抓好各项税收优惠政策的落实，2009年至2010年共组织各项税收入库102.91亿元，减免退税达30亿元，圆满完成了税收任务，极大地促进了全市经济的全面协调可持续发展。

**二、坚持以纳税人需求为导向，纳税服务不断优化**

按照“始于纳税人需求、基于纳税人满意、终于纳税人遵从”的要求，银川市国税局将纳税服务作为税收工作的核心业务抓实、抓好，在全区率先成立纳税人维权中心，开发了《国地税信息共享平台》，开展纳税服务“大走访”活动；深入宣传政策，强化纳税辅导，不断完善服务机制，建立需求主导性服务模式，在全系统树立“大服务”工作理念，形成了部门协作、全员参与、齐抓共管的纳税服务新模式，纳税服务不断优化，服务质效不断提升。

**三、坚持税收管理科学发展，征管质量不断提升**

推行税源专业化管理，实施重点税源企业分类管理，不断健全完善税收征收管理规程，建立银川、石嘴山、吴忠市国家税务局纳税服务和税收征管联席工作机制；依托税收执法管理信息系统，强化税收执法考核力度，定期组织执法专项检查，逐渐构建起执法责任清晰、执法程序规范、评议考核合理、过错追究到位的税收执法责任制运行机制，税收征管质量不断提升。

**四、坚持以人为本工作理念，队伍建设显著增强**

坚持把队伍建设作为税收工作发展的基础工程常抓不懈，不断加强班子建设，大力强化干部教育培训，进一步提高了干部的综合素质、业务素质和岗位技能；狠抓党风廉政建设，完善惩防并举的廉政风险防范机制，全力筑牢了廉洁从税的思想防线，使干部队伍发展呈现出勃勃生机，为顺利完成好各项工作任务奠定了强有力的基础。

# 银川市环保局

自治区中华环保世纪行检查组银川组在自治区人大副主任何学清的带领下检查银川市执行《中华人民共和国水污染防治法》的情况

2010年6月5日，银川市环保局举行纪念第39个“六·五”世界环境日宣传活动，市长王儒贵、人大常委会副主任雷鸣到现场指导工作

召开建设资源节约型和环境友好型社会动员大会

举办绿色社区创建活动培训班

召开党风廉政工作会议

加大废水治理力度，使全市水污染物排放总量得到有效控制

通过开展环境综合整治，银川市2010年空气质量优良天数达到332天

# 银川市国土资源局

国土资源部党组成员、国家土地副总督察甘藏春调研银川市国土资源管理工作

6月25日，银川市国土资源局在光明广场开展“土地日”宣传咨询活动

2005年10月，经市机构编制委员会批准成立银川市国土资源局。局内设综合处、业务处，下设兴庆、金凤、西夏三个分局，负责全市国土资源管理工作。

银川市国土资源局主要职能是贯彻执行国家、自治区关于国土资源管理的法律、法规和方针政策；编制并组织实施全市土地利用、矿产资源保护与合理利用、测绘事业发展规划；组织实施全市耕地保护、基本农田保护和鼓励耕地开发政策；组织实施地籍管理办法，执行地籍管理技术规程，统一管理城乡地籍工作；负责土地确权、定级、登记、发证工作；负责全市土地征用管理；承办全市建设用地审查、报批工作；管理全市土地资产、土地市场，负责市区土地使用权出让、转让、出租、抵押、作价出资的管理。依法管理矿产资源，编制矿产资源保护与开发利用规划，承担矿产资源储量管理工作；监督、管理矿产资源的开发、利用和保护；监督、检查土地、矿产、测绘法律法规的执行情况；调处国土资源纠纷，查处国土资源违法案件；组织监测、防治地质灾害，负责全市测绘行业和测绘市场管理，承办银川市委、市人民政府及自治区国土资源厅交办的其他任务。

银川市国土资源管理工作近几年取得了较好的成绩。贯彻落实国土资源管理法律法规，依法行政，采取“规范、节约、建设、开发”四项措施保护“生命线”，耕地数量每年递增，耕地保护实现了总量动态平衡，稳中有升，2010年末全市（含两县一市）耕地保有量200.73万亩；整顿规范矿产资源开发秩序成效显著，矿产资源开发整合工作进展顺利，矿山环境治理分期实施，整顿规范工作及“回头看”工作顺利通过国家九部委验收；土地利用总体规划修编大纲通过国土资源部的审查；第二次土地大调查工作接近尾声，城镇地籍管理信息系统建设稳步推进；土地使用制度和矿产资源开采权制度改革进一步深化，经营性用地、工业用地全部以招标拍卖挂牌方式供给，2005年至2010年年末以挂牌方式出让土地374宗，成交面积2402.64公顷，成交金额215.2亿元；国土资源行政执法工作进一步加强，应用卫星遥感技术开展土地执法检查行动、土地执法“百日行动”、闲置土地清理、农村集体三项用地清理等土地执法专项行动落实到位，违法违规行为得以及时查处；资源保障能力进一步加强，银川市城市经济发展重点项目建设用地需求和资源供给全力保障；完成重点建设项目征地拆迁任务，妥善解决农民征地拆迁遗留问题，清欠征地拆迁补偿费1.8亿元；每年办理土地登记近3万宗，农村集体土地确权完成85%以上；银川市国土资源局网站开通，政务信息全面公开；银川市政务协同办公系统正式运行，“电子政务”水平逐步提升；党风廉政建设、精神文明建设、效能建设、政务公开等工作按要求进行，学习实践科学发展观活动、解放思想大讨论活动、作风建设活动、国土资源“四推进”活动深入开展，行风、政风建设进一步加强，国土资源各项工作迈上了新台阶。2008年国土资源测绘管理工作获得了全国县市测绘管理先进，受到了国家测绘局的表彰。土地执法“百日行动”、国土资源法律知识宣传教育培训活动因成绩突出受到国土资源部通报表扬，连续三年获得自治区国土资源管理系统工作先进集体和执法监察工作先进集体。

银川市国土资源系统签定2011年党风廉政建设责任书

银川市国土资源局领导班子开展调研活动

组织运动员代表队参加自治区国土资源系统第二届职工运动会

# 银川市工商局兴庆一分局

自治区工商局局长马云海检查指导兴庆一分局市场监管工作

银川市工商局兴庆一分局局长马宗卫检查指导辖区市场工作

银川市工商局兴庆一分局召开清真食品监管工作会议

银川市工商局兴庆一分局执法人员进行食品检测

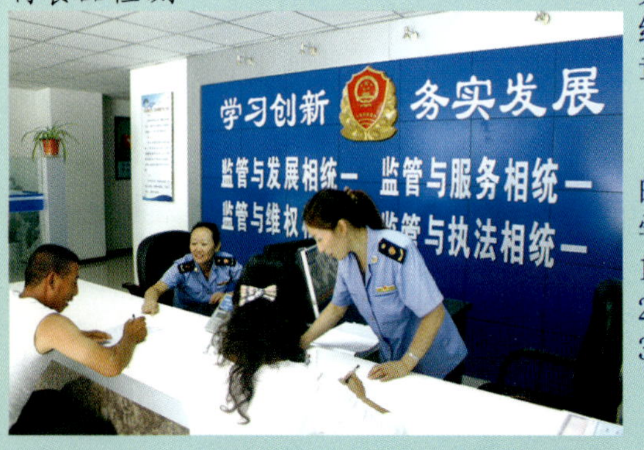

银川市工商局兴庆一分局工作人员为前来办事人员指导服务

银川市工商局兴庆一分局下设6个工商所、1个经检队，管辖着银川市最繁华的商业区域，辖区内有综合性消费品市场27个，辖区有各类市场主体26000余户，其中各类企业11000余户，个体工商15000余户。2008年以来，分局所属工商所先后被人力资源和社会保障部、国家工商总局表彰为“全国工商行政管理系统先进工商所”；被国家工商总局评为“全国工商行政管理系统商标工作先进集体”，分局机关被自治区教育厅、自治区工商局评为全区消费教育与维权“进校园、进课堂”工作“先进集体”； 2008-2010连续三年被自治区工商局评为“全区工商系统先进集体”。

**一、抓班子，带队伍，促提高**

坚持不懈地推进学习型机关建设，建立健全了学习“五项”制度，以创先争优活动为契机，掀起了学理论的高潮，提升了工作能力，使各项工作与各级党委政府的中心工作跟得更紧、贴得更近、连得更实。同时，坚持从严带队伍，从实抓作风，深入开展了以“提升党员素质，完善党内民主集中制”为主题的“党建年”活动；扎实开展了“双述双评”监管对象评工商活动；重点开展了“精细化管理年”活动，基层建设工作走在全市系统前列，队伍建设上了新台阶，班子更加团结有为，队伍更加积极主动，党建更加稳固坚实。

**二、抓职能，谋发展，促服务**

立足职能，制定、出台了服务地方经济发展的意见20条，为经济发展提供了宽松、和谐的外部环境。分局进一步推行“五办四通”和“六无”服务标准和工作理念，通过降低门槛、放宽准入、强化服务，激发各类市场主体的创业激情，取得良好效果。分局以实际行动践行区局党组提出的“你发展（消费）、我服务，有事找工商”的服务理念。集中开展“红盾护农”“合同帮农”“经纪活农”“商标富农”等活动，大力培育农村经纪人，服务“三农”取得实效。

**三、抓监管，强执法，促和谐**

通过全力推行食品安全电子监管，开展日常检查和专项检查，进一步强化了食品安全监管，努力构建食品安全长效机制；强化了执法领域的拓展，进一步加大打击传销工作力度；开展了查处取缔无证无照经营工作、规范了市场中介组织；加大了对高危行业的监管力度，有效规避了监管风险，有力地打击了违法违章行为，创造了公平有序的市场环境。

**四、抓维权，重创新，促成效**

着力推进12315行政执法体系“四个平台”建设，认真开展了12315“五进”的各项工作，通过“四手联动”进校园、创建消费维权示范基地、成立农民维权学校、送法进社区（乡镇）等活动，丰富了消费维权“五进”活动载体。分局12315“五进”工作覆盖107个消费维权服务站，提升了12315品牌形象。截止2010年，共受理消费者申诉、举报2640件，办结率100%，为消费者挽回经济损失305余万元。

**五、抓创新，出亮点，促重点**

坚持常规工作抓落实，重点工作创亮点的工作思路，分局开展的“效能作风提升月”活动，推行了“四员一体”的清真食品市场监管模式，深化市场区域巡查责任制，为市场经济的健康发展营造了良好环境。

# 科学技术

编辑：王晓华　杨　云

## 综　述

**【概况】** 2010年，自治区共安排各类科技项目600多个，投入科技经费2.4亿元。新建国家和自治区重点实验室3个，自治区工程技术研究中心5个，自治区技术创新中心16个，培育科技创新团队17个，取得工业、农业、社会发展等方面各类科技成果175项，有两项科技成果获得国家科技进步奖，自治区人大常委会委员对科技工作满意度测评达到94.5%。自治区开展科技进步奖评审工作，对175项自治区科技成果进行了评审，推荐的干旱沙区土壤水循环、油气集输节能减排和安全高效项目分别获得2009年度国家科技进步二等奖和技术发明奖二等奖，使宁夏连续多年获得国家科技奖励。筛选了32个科技含量高的招商项目，组织了近30家国内外著名的投资企业，积极开展科技招商，签订项目7个，招商协议资金21.62亿元。（马俊理）

**【科技政策】** 2010年，自治区政府出台了《科技创新支撑转变经济发展方式实施意见》《关于大力发展沙产业推进防沙治沙综合示范区建设的意见》《关于科技支撑新能源产业发展的意见》《自治区企业研究开发项目鉴定管理办法（试行）》等多项科技政策，营造了有利于科技创新的政策环境。（马俊理）

**【科技创新体系建设】** 一是科技基地建设实现新突破。围绕自治区特色优势产业，组织申报的西北土地退化与生态恢复省部共建国家重点实验室培育基地得到批准，并取得国家973前期预研首席专家项目；颅脑疾病省部共建重点实验室得到科技部批准，宁夏生殖与遗传重点实验室分别被教育部、科技部批准为省部共建实验室。组建了硅材料、风电设备、山羊绒3个自治区工程技术研究中心和光伏材料、植物病虫害防治2个自治区重点实验室以及16个自治区技术创新中心。批准组建了宁夏氨基酸产学研示范基地，银川市被科技部批准为国家创新型试点城市，石嘴山市新材料园区、宁夏高新技术创业中心分别被科技部认定为国家稀有金属材料高新技术产业化基地和国家级大学生科技创业见习基地。二是科技资源共享平台建设实现新进展。与陕西、甘肃两省联合成立了三省区大型科学仪器技术协作联盟，新组建了宁夏医科大学、地矿局2个共享分中心和宁夏商检局出口商品检测专业分中心。开通了宁夏科技文献资源共享平台，制定科技文献发展规划，实现了多种类型文献资源的跨库统一检索，建立了国家科技图书文献中心——银川服务站，提升了科技文献保障和服务能力。三是科技人才队伍建设实现新发展。积极实施国家"千人计划"和自治区"百千万人计划"，配合组织部引进海外高层次人才1名，实现了"千人计划"人才引进新突破。举行了自治区第二批17个科技创新团队授牌仪式，完善了科技创新团队管理和服务措施，与组织部一起首次组织了创新团队带头人和骨干人才休假活动。起草了《自治区科技创新团队管理办法》和《自治区科技创新团队评价指标体系》，确定了5个科研实力较强的企业和研究机构开展科技创新团队培育指导工作。（马俊理）

**【科技特派员创业行动】** 2010年，全区加强了科技特派员队伍建设。组织宁夏林研所、宁夏科技资源与产权交易所、宁夏清洁发展机制环保服务中心等一批科技含量高的企业参与科技特派员创业，开辟了科技特派员创业的新领域。新吸纳科技特派员160名（家），全区法人科技特派员达到351家、科技特派员总数达到5246人（家）。加大了财政金融支持力度。审定自治区级科技特派员专项188个，骨干信息科技特派员补助项目150个，全区投入科技特派员创业行动专项资金突破3000万元。通过贷款担保、专项贴息等形式，全年争取金融机构为科技特派员贷款约3亿元。扩大了科技特派员的创业覆盖面。在宁夏农垦集团成立了科技特派员工作机构，认定了一批农垦系统技术人员为科技特派员，使科技特派员创业行动在宁夏农业领域实现了全覆盖。培育了科技特派员创业链。组织800多名技术优势明显、示范带动能力强的科技特派员深入设施蔬菜等重点产业链各节点创业，在产业链上培育了一批生产经营大户、经济合作组织、龙头企业和品牌农产品。新认定酿酒葡萄、中药材等12个科技特派员创业链，实现了分散创业向集群型创业的转变。（马俊理）

**【对外科技合作】** 科技部与自治区政府第二次部区会商会议将促进宁夏经济社会发展的战略性新兴产业、现代农业发展、创新体系建设、科技合作4个方面13个议题列入科技部支持计划，为宁夏科技进步创造了良好条件。积极开展与国内科技发达地区、国家大院大所的科技合作，与陕西省签订了科技合作框架协议，围绕煤化工、枸杞、中药现代化等16个领域共实施合作项目36个。开展与中国科学院合作，初步达成并着手在宁夏建立中科院寒区环境与工程研究所宁夏银川分部、宁夏现代节水农业研究所、宁夏防沙治沙研究所和合成树脂联合实验室等一批合作内容的相关前期工作。继续开展与国外相关科研机构的科技合作，组织实施了煤基烯烃、镁渣综合利用等一批国际科技合作项目，加强国家国际科技合作基地——中色(宁夏)东方集团有限公司、宁夏农科院的创新能力建设，发挥其示范带动作用，推进了与以色列节水农业科技合作，提升了节水农业的技术水平。 (马俊理)

**【知识产权工作】** 2010年，自治区科技部门加强知识产权创造、运用、保护和管理。实施知识产权强县工程，加大专利行政执法，加强知识产权宣传，开展知识产权人才培养。帮助10家试点企业建立知识产权规章制度，引导和帮助青铜峡、贺兰等市(县)健全县域知识产权工作体系，组织全区五市开展“雷雨”“天网”知识产权执法专项行动，出动专利行政执法人员2396人次，检查商业场所458次、商品3万余件，登记检索专利商品4312件，开展了“知识产权宣传周”“4·26世界知识产权日”等宣传活动，举办了4期培训班，对高层次知识产权人才进行了培训。2010年，全区申请专利739件，专利受理完成2586件。 (马俊理)

## 农业科技

**【科技示范园区建设】** 2010年，自治区科技部门积极推进宁夏园艺产业园科研开发区建设工作。编写、完善宁夏园艺产业园科研开发区研发方案，先后组织14家区内外科研单位进园实施；圆满完成了第二届中国(宁夏)园博会科研开发区的科研和展示工作。根据李克强副总理指示精神和自治区领导的安排，启动在海原县、同心县建立旱作节水高效农业示范园区的前期工作，制定了《宁夏现代节水高效农业科技园总体规划》；在全区120个农业科技园区确定了由30名首席专家、116名自治区专家服务团人员、736名基层技术服务人员组成的120个技术服务团队开展科技活动，共转化各类项目40多个，示范推广新品种186个、新技术120项、新装备和新材料81台(个)，培训技术骨干1200多名，参与农民6万多人次。 (马俊理)

**【科技产业发展】** 一是深入实施“5183”农业科技工程，农业重大科技专项取得重要阶段成果。培育创制了一批优新品种。培育出枸杞、马铃薯、压砂瓜、水稻、小麦、玉米等特色作物和经济林木新品种9个、新品系50多个，引进筛选出国内外优新品种140多个；集成配套的一批特色优势农产品标准化生产技术得以推广。研究建立了有机枸杞、清真羊肉、设施蔬菜基质栽培、旱作节水立体复合种植模式等30多套特色优势农产品生产技术标准；引领带动现代农业和绿色农业发展。有机枸杞、有机水稻、稻蟹共生、优质羔羊肉和高档牛肉生产、设施基质栽培、病虫害物理生物防控、节水灌溉与水肥一体化的研发取得了重要突破；研发的物化技术成果提高了现代农业发展装备水平。成功研发了枸杞采摘机、马铃薯种薯抗旱播种和收获机具、智能化卷闭链系统、压砂地生产配套机械、旱地补灌覆膜机具等一系列生产配套机械。二是国家科技支撑计划项目进展顺利，成效显著。“西部干旱冷凉区设施园艺节水高效生产技术研究与示范”项目，设计完善了14种适宜西北地区发展的设施结构类型，研发了8种设施新装备和新机械，确定设施主栽品种36个，制定地方标准30项，示范推广新品种、新装备、新技术53.9万亩，增加效益30%以上。“西部干旱地区压砂地持续利用关键技术研究与示范”项目，自主培育7个西瓜、甜瓜品种(品系)，筛选并示范推广4个西瓜、甜瓜品种，制定和发布地方技术标准19个，研发改进压砂地专用播种机等5种产品，筛选出防治主要病虫害的生物农药5种，建成技术示范区3万亩，辐射推广70万亩，累计增加效益6.6亿元。“西部民族地区电子农务平台关键技术研究与应用”项目，建立了门户网站“西部电子农务网”，开发了10大类、42个库、240多万条信息的中心数据库，完成了39个农村信息服务系统和45个属地化信息决策系统，制作了22套多媒体课件。在全区新建和完善了600个信息服务示范点，广泛开展了农村信息化技术的应用示范。“西部干旱地区现代马铃薯产业发展关键技术研究与示范”项目，研制出4种马铃薯种薯专用肥、防腐保鲜剂和专用贮运设备，建设1座现代化种薯贮藏示范窖，开发和筛选出4套旱地马铃薯种薯专用设备；建立各类技术示范区11.69万亩、累计辐射180余万亩；培训基层技术骨干320人次，培训企业及农民技术骨干7910人次。 (马俊理)

**【科技成果转化】** 围绕增强县域经济的科技支撑能力，强化了国家农业成果转化、星火计划、科技富民强县等项目的申报与实施，集中推广了一大批农业综合配套生产技术，推动科技服务体系进一步完善，加大了科技成果转化力度，为县域经济发展提供了强有力的科技支撑。全年共申报国家项目39个，获批国拨资金近2600万元。据初步统计，通过项目的实施，对30个新品种和16项科技成果进行了转化，推广新品种、新技术、新设施(装备)40多个(项)。 (马俊理)

**【民生科技工作】** 一是加强新农村建设科技示范工作。2010年，通过实施“宁夏村镇住宅可再生能源利用技术开发”示范课题，研究了建筑围护结构的低能化、生态化和多种技术方案的集成优化组合，实现乡村居住建筑的低能耗发展目标。在兴庆区掌政镇碱富桥村新建了58户集院内生产、生活、健身于一体的小康住宅，采用粉煤灰蒸压砖、混凝土空心砌块、多孔砖等新型建材，以及非平衡式围护结构体系等技术，从而有效改善了农民生产、生活条件。二是牵头完成自治区政府赋予的“信息助农"任务。通过国家科技支撑计划"西部民族地区电子农务平台关键技术研究与应用"项目和12396星火科技省域试点工作的深入实施,在全区新建了171个科技信息服务综合示范点,组织基层科技部门培训农村信息员1982名,开展农村信息服务培训28385人次,推广应用农村科技等各类服务系统和数据库98套。 (马俊理)

## 工 业 科 技

**【科技计划项目】** 积极争取国家项目,把"山羊绒加工关键设备与关键技术研发与应用"列入国家支撑计划项目,"300mm极大规模集成电路用半导体溅射靶材"列入国家重大科技专项。"大型煤基甲醇生产装备""镁冶炼节能降耗"等项目形成了一批具有自主知识产权的科研成果,物理法多晶硅冶炼技术、大型燃气轮机铸件技术处于国际先进水平。焦炉气非催化转化制甲醇技术取得重大进展,首台1.5兆瓦风电设备核心部件——高速双馈风力发电机研制成功。"宁夏制造业信息化技术集成推广应用"项目通过科技部验收,示范企业吴忠仪表、共享集团信息化水平达到了国际先进水平,共获得专利15项、软件著作权4个。 (马俊理)

**【新能源产业】** 由自治区人民政府办公厅转发《关于科技支撑新能源产业发展的意见》。《意见》对指导全区新能源产业科技创新发挥了重要作用。按照《意见》精神,自治区财政每年从新能源专项中拿出约1000万元资金作为新能源科技专项资金,专门支持新能源产业的技术创新,开辟了宁夏新能源产业科技研发资金的新渠道。组织和推荐的宁夏发电集团、宁夏电力公司等单位的光伏材料、光伏发电、风机制造、新能源功率控制等6个项目得到新能源科技专项的支持,支持经费为950万元。依托宁夏银星多晶硅有限责任公司组建了宁夏硅材料工程技术研究中心;依托宁夏大学材料科学与工程实验室组建了宁夏光伏材料重点实验室;依托宁夏银星能源风电设备制造有限公司组建了宁夏风电设备工程技术研究中心,填补了宁夏没有新能源研发机构的空白。 (马俊理)

**【科技特派员创业行动】** 一是大力实施企业科技特派员创新创业行动。召开了全区企业科技特派员创新业行动工作座谈会;设计了企业科技特派员工作网站,大力宣传企业科技特派员创新创业行动;对2009年聘任的106名企业科技特派员工作进行了全面检查;面向区内外科研院所为宁夏中小企业征集、筛选、聘任企业科技特派员120名。聘任的企业科技特派员为97家企业开展了大量卓有成效的技术创新服务活动,已有89项科研成果实现了产业化。 (马俊理)

**【科技创新】** 大力推进产业技术创新战略联盟建设。灵武羊绒产业园区羊绒加工产业技术创新战略联盟正式成立;神华宁煤煤化工产业技术创新战略联盟完成各成员的签约。加强产学研合作示范基地的建设。宁夏伊品生物科技公司联合中科院微生物研究所、中国氨基酸技术中心等单位,共同组建了宁夏氨基酸产学研基地。大力培育科技型中小企业,组织申报了100个国家创新基金项目,有71个项目得到科技部立项支持,国拨经费总额为4800万元,创历史之最,是去年争取经费的2.86倍。开展高新技术企业和创新型企业认定工作,新认定高新技术企业6家。截至2010年底,全区高新技术企业达到31家,国家创新型企业1家、创新型企业试点6家、自治区创新型企业试点21家。 (马俊理)

**【国家科技进步奖】** 1月14日,党中央、国务院在北京隆重举行国家科学技术奖励大会。由宁夏推荐的宁夏共享集团有限责任公司主持完成的"大型高端燃气轮机铸件研发及产业化"项目荣获2010年度国家科学技术进步二等奖。胡锦涛、温家宝等党和国家领导人接见了获奖代表。这是继2005年以来,宁夏连续第六年获得国家科学技术进步奖。大型燃机发电设备的设计和制造是当今装备制造领域最高端的先进技术之一。长期以来,我国相关产品主要依赖进口或合资、合作制造。为了攻克燃气轮机核心配套铸件的制造技术,解决国内发电设备制造企业开发生产发电整机的瓶颈问题,自治区科技厅多次组织设立国际合作、成果转化等重大科技专项进行关键技术攻关,通过对铸钢、铸铁材质和成型技术的自主研发,在大型铸件制造新工艺、新材料等领域取得重大突破,解决了大型燃气轮机铸钢及铸铁件的成套制造技术问题,先后获得国家专利3项、自治区科技成果2项,其中1项获得自治区科技进步一等奖。"大型高端燃气轮机铸件研发及产业化"项目以燃气轮机机组缸体铸件的研发为切入点,通过研究开发厚大断面高温承压高韧性铁素体球铁生产、大型燃气轮机外缸凝固控制、立体多点联合定位尺寸控制的排气缸造型等技术及工艺,解决了在厚大断面球铁件上铸长孔变形的问题,突破了生产燃气轮机壳体铸件缩孔、缩松行业性和"铸态下力学性能达ASTM标准"世界性难题,并实现了铸钢冶炼全过程的计算机实时控制。首创的球墨铸铁件UT标准,填补了国际空白。项目涉及的多项技术处于世界先进水平。共享集团公司依托本项目研发生产的燃气轮机铸件产品达到190余种,铸件产量达到5.2万吨,销售收入近10亿,利税4亿元。成套的大型燃气轮机铸钢及铸铁件国际国内市场占有率居世界第一。产品除在中国使用外,美、德、法、意、日、印等多个国家发电厂也广泛应用,多次成为通用电气和西门子公司最佳供应商。该项目的研发成功不仅为共享集团的跨越式发展形成新的经济增长点,而且为提高中国大型合金铸钢件制造水平、推动中国铸造业技术进步作出了突出贡献。 (马俊理)

## 林 业 科 技

**【科技成果获奖】** 经宁夏回族自治区科学技术进步奖专业组评审,2010年宁夏林业防沙治沙事业获自治区科学技术进步奖11项。其中一等奖1项:由宁夏农林科学院种质资源研究所等单位主持完成的“有机枸杞生产树体保健和病虫可持续调控研究与示范”。二等奖3项:由宁夏林业局等单位主持完成的“宁夏森林资源信息获取及管理系统研建”;由宁夏大学主持完成的“宁夏维管植物资源及其系统分类研究”;由宁夏农林科学院植物保护研究所等单位主持完成的“枸杞和甘草害虫生物控制与安全防治技术体系的建立”。三等奖7项:由宁夏贺兰山国家级自然保护区管理局等单位主持完成的“宁夏贺兰山国家级自然保护区岩羊保护生物学专项研究”;由宁夏枸杞工程技术研究中心等单位主持完成的“4ZGB-30型便携式枸杞采摘机的研制”;由宁夏农林科学院荒漠化治理研究所等单位主持完成的“宁夏沙生中药材种质资源利用和规范化种植技术研究与示范”;由宁夏大学等单位主持完成的“设施鲜切花关键生产技术集成研究与示范”;由宁夏大学等单位主持完成的“宁夏贺兰山东麓葡萄酒产业关键技术体系研究与示范”;由宁夏农林科学院种质资源研究所等单位主持完成的“设施果树优质高效综合配套栽培技术研究与应用”;由宁夏枸杞工程技术研究中心主持完成的“枸杞种质资源规范化描述评价及种质鉴定技术研究”。由宁夏林学会推荐宁夏大学农学院曹兵撰写的 Effects [$CO_2$] and nitrogen on morphological and biomass traits of white birch (Betulapapyrifera) seedlings 荣获中国林学会第三届梁希青年论文二等奖。 (刘玲莉)

**【科技推广】** 共推广营造林和产业化等新技术21项,推广面积2万多亩,使示范区的造林成活率提高20个百分点以上,特色经济林效益提高25%以上;在同心县推广的“宁夏中部干旱带抗逆性优良品种同心圆枣繁育及造林技术推广”项目,为进一步做大做强同心圆枣提供了示范样板。在金沙葡萄基地区域推广“宁夏出口鲜食葡萄优质丰产栽培及贮运保鲜关键技术示范”项目。 (刘玲莉)

**【科技下乡】** 全年共组织大规模送科技下乡活动10次,开展技术讲座及科技大篷车服务21场次,发放书籍800多册、技术资料1500多份,培训基层技术人员和果农2万多人次,辐射带动果农超过5万人次,为银川市、吴忠市等基层工作林业单位配送价值50多万元的电脑、投影机等培训物资。组织林业科技大篷车主动深入固原、青铜峡、大武口、永宁市县林业建设一线,送资料、送专家、送技术到田间地头,帮助解决工程建设中遇到的技术难题。与宁夏黄河出版传媒集团联合开展农家书屋建设工程,为全区基层单位建设181个书屋。组建了40名科技特派员队伍,利用农村、农民的冬闲时间,组织全区林业特派员和专家,围绕全国防沙治沙示范省区、六个百万亩工程和集体林权制度改革等重点林业建设对科技的需求,深入各地开展形式多样的“百万农民培训工程”。 (刘玲莉)

**【林业标准化编制】** 全年共进行了17项林业地方标准的编制,其中完成了《设施葡萄延后栽培技术规程》《菊花切花设施栽培生产技术规程》《香石竹鲜切花设施栽培生产技术规程》《塑料大棚滴灌条件下鲜食葡萄促成栽培技术规程》《SOD苹果生产技术规程》《有机苹果生产技术规程》《设施果桑促早栽培技术规程》《设施桃促早栽培技术规程》《设施葡萄打破休眠技术规程》《半冷式温棚李促早栽培技术规程》《灰叶铁线莲育苗技术规程》《有机灵武长枣生产技术规程》《燃煤烟气脱硫废弃物改良盐碱地造林技术规程》《枸杞苗木质量》《清水河流域枸杞规范化种植技术规程》《枸杞热风制干技术规程》。 (刘玲莉)

## 水利科技

**【科技项目】** 2010年新增水利科技项目资金820万元。落实国家、自治区水利科技资金550万元;年内新立项水利厅重点项目21项、科技推广项目12项,落实工程带科研资金210万元;建立水利科技专项基金,落实2010年科技专项基金60万元,开展了小型渠道防渗砌护新材料试验示范研究。争取国家公益性水利科技项目“宁夏中部干旱带扬黄延伸区限额灌溉技术研究”和“宁夏扬黄灌区水量分配及水权研究”两项;自治区科技攻关项目“爱伊河补水机制及水平衡调控研究”和“高含沙条件下双吸离心泵转轮优化设计研究”两项,自然科学基金项目“节水灌溉条件下扬黄灌区延伸区特色作物土壤水分运移规律研究”和“气候变化背景下宁夏降水时空变化及其对农业灌溉的影响研究”两项,争取自治区国土整治项目及自治区科技支撑项目、科研院所转制项目各1项;国家“863”重点项目“宁夏半干旱区现代节水农业技术研究与集成”、自治区科技支撑项目“宁夏中部干旱区设施蔬菜综合节水技术研究与示范”完成验收。 (李玉磊)

**【科技推广】** 积极开展新技术应用推广。开展节水灌溉技术典型展示,邀请水利部农水司副司长倪文进和中国工程院院士茆智进行“中国农村水利发展状况与科技需求”及“现代节水防污型灌区构建及节水防污作用”专题讲座,区内外24家技术使用单位和技术持有企业就节水灌溉新材料、新技术、新工艺应用展开交流,向全区200多名水利技术骨干展示节水灌溉领域最前沿的科技成果;与水利部科技推广中心联合开展保水剂、竹塑渠道砌护、微润灌溉等8项新技术推介,将其中两项列入了2010年水利科技示范推广计划并实施;与农水处举办玻璃钢渠道防渗新技术现场观摩会;举办全区引扬黄灌区渠道砌护技术研讨会,制定了技术导则。 (李玉磊)

**【科技交流】** 举办宁夏水资源管理高级研讨班,聘请中国工程院院士王浩及水利部、黄委会专家就水文水资源研究前沿及热点、最严格的水资源管理、黄河水资源问题等进行交流,水利厅厅长吴洪相作了“宁夏水资源情势及应对策略”主旨报告,150多名水利专业技术人员参加研讨。组织专业技术人员赴甘肃、内蒙古和湖北等省区进行技术考察,学习和引进好经验好做法。参加了中国水利学会举办的中国原水论坛并就宁夏水权制度建设与探索进行交流。组织参加中国水利学会2010年学术年会,推荐学术论文17篇,会议交流8篇。邀请中国水科院、中国农林水利工会专家就水资源管理与农田水利技术发展和水利调研报告的撰写进行了专题讲座。举办2010年宁夏水利论坛,区内4位专家分别就3S、压砂瓜、水土保持技术及遥感科普知识等进行了学术交流。 (李玉磊)

【水利科技成果】 2010年12月水利厅组织开展了2010年度宁夏水利科技进步奖评审工作,经评审及公示,评定出一等奖两项:《宁夏回族自治区县区水资源详查与评价》《宁夏半干旱区现代节水农业技术研究与集成》,二等奖两项:《宁夏水利工程设计概算编制规定(试行)》《宁夏水利建筑工程预算定额(试行)》(同一单位报送)《宁夏七星渠志》,三等奖3项:《宁夏中卫市海原县棉山湾水源工程》《惠农渠井渠结合灌溉技术应用与推广》《盐环定三道井扬水干渠砌护工程破坏原因分析及应对技术研究》。2010年水利厅5项成果获自治区科技进步奖:《宁夏大厚度自重湿陷性黄土的工程特性与地基的预浸水处理方法研究》《爱伊河水体富营养化防治技术》获二等奖,《黄土高原西部地区小流域坝系工程总体布局研究》《宁夏节水循环型校区建设及评价体系创新研究》和《宁夏中北部土地开发整理重大工程项目水土资源平衡分析报告》获三等奖,《压砂地建设技术规范》《水稻节水高产控制灌溉技术规程》《宁夏南部山区旱情与旱灾评定标准》分别获得宁夏标准创新贡献一、二、三等奖。 (李玉磊)

# 防震减灾

【地震活动】 2010年,宁夏及邻区(35°00′~40°40′N,103°30′~107°40′E)共发生Ml2.0以上地震282次(不包括甘肃华亭一带的矿震),其中Ml2.0~2.9级地震251次,Ml3.0~3.9级地震25次,Ml4.0~4.9级地震6次,最大地震为2010年6月22日宁夏永宁Ml4.8级地震。2010年,宁夏境内共发生Ml2.0级以上地震92次,其中Ml2.0~2.9级地震82次,Ml3.0~3.9级地震9次,Ml4.0~4.9级地震1次。2010年,宁夏及邻区地震活动与2009年度地震活动相比,2010年Ml3.0~4.0级地震持续活跃,主要集中在宁夏北部的内蒙古阿拉善左旗与甘肃民勤一带和宁夏灵武至永宁一带。2010年6、9、12月宁夏及邻区Ml3.0级以上地震活动水平明显增强,6月地震活动强度最大,12月地震活动频次最多。2010年6月22日,在宁夏永宁县发生Ml4.8级地震,震后监测到的余震分布很少,但持续时间较长。 (罗国富)

【地震监测预报】 制定下发了《宁夏2010年度震情监视跟踪方案》,完成了2010年度全区地震监测台网的运行维护、仪器标定和巡回检查任务。全年进行地震台网速报197次,编发地震短信7万多条,编辑区域台网地震目录事件642条,进行强震动台网拨号1.45万次。依法保护胜利乡流体井、牛首山测震台观测环境;对红羊流体台、石嘴山地震台进行了改造。承办了2010年全国电磁学科技术协调组暨电磁学科观测资料评比工作会议、中国地震局西部片区测震仪器维修技术研讨会。认真落实周、月、年会商制度,科学研判地震趋势。配合中国地震局前兆异常调查组,完成了银川小口子地震台倾斜等异常情况核实工作。完成了陆态网宁夏项目建设并投入试运行。完成了中国地震背景场探测项目初步设计、建设用地预审等工作。实施"贺兰山东麓断裂1:5万条带状地质填图/石嘴山市活断层探测数据库建设"任务和"石嘴山市活断层一期探测与断层活动性初步鉴定"项目。 (闫 冲)

【防震减灾知识宣传】 宁夏地震局建成防震减灾科普馆,向社会免费开放。在"5·12"全国防灾减灾日期间,各地各部门广泛开展地震应急演练和防震减灾知识宣传活动,全区受教育群众520多万人。与中国平安保险公司宁夏分公司联合举办了"全民灾害防御知识普及公益活动"启动仪式。固原地震台被认定为第六批自治区科普教育基地。加强抗震设防管理。宁夏地震局组织完成了二级地震安全性评价工程师考试;对全区开展地震安全性评价企业进行了资质认定,全年审批重大建设工程地震安全性评价项目70多项。 (闫 冲)

【地震应急救援】 积极稳妥地处置了多起地震应急事件。4月14日青海玉树7.1级地震发生后,宁夏地震局迅速完成地震速报,紧急会商研究判断震情趋势,启动西北地区地震应急协作联动机制,派出地震现场工作队赶赴玉树灾区,完成青海省杂多、巴塘等地的灾害评估和科学考察等任务。协助自治区人民政府派遣宁夏地震灾害紧急救援队赴灾区开展抗震救灾。关注社会舆情,稳妥处置了2010年4月15日出现的手机短信地震谣传事件。2010年5月30日至6月10日,宁夏同心县小地震活动频繁,其间,又发生了阿拉善左旗4.2级地震和永宁县4.5级地震,银川市周边地区震感强烈。面对严峻的震情形势,宁夏地震局紧急部署震情监视、跟踪、应急准备,及时向自治区党委、政府提出应对建议,配合同心县、红寺堡区、利通区、青铜峡市、中宁县、海原县、原州区等地方政府,开展地震活断层避让范围内农村危房安全隐患排查工作,为自治区人民政府提前解决以上地区农村民居地震中的安全隐患提供了依据。全区19个县(市、区)政府及437个政府组成部门修订了预案,细化工作流程,增强预案实用性。各市县(区)政府依托消防部队组建综合应急大队,归口处置地震等突发灾害事件。全区各级人民政府共组建地震灾害专业救援队6支1200人,街道组建5支共200人,社区居委会组建地震志愿者队伍5支共260人。积极参加中国地震局举办的2010年全国地震应急指挥系统演练。承办了西北地区地震应急区域协作联动工作会议。组织宁夏地震现场工作队参加了内蒙古自治区举办的"蒙西2010"地震应急演练。 (闫 冲)

【海原大地震90周年纪念活动】 2010年是海原大地震90周年,宁夏地震局与海原县人民政府共同完成了海原地震博物馆建设,并成功举办了海原大地震学术研讨会,自治区副主席李锐、中国地震局副局长阴朝民及部分省级地震部门领导和专家应邀出席。编著出版了《海原大地震·1920》。(闫 冲)

# 地质矿产勘查

【矿产勘查】 陶乐北部地区煤炭勘查获取资源量8.64亿吨。在宁东提高煤炭资源储量级别21亿吨;在卫宁北山发现具有一定规模的高强度放射性异常带1处,为铀矿勘查提供了新的靶区。金属矿产勘查取得新突破。在贺兰山北段牛头沟地区新查明金资源量2.8吨,是宁夏提交金资源量最多的靶区。在卫宁北山首次发现了具有工业价值的钴矿体,资源量5822吨。同时还找到了金、银、铜、铅、锌、铁、硫等工业矿体,估算资源量分别为金5吨、银57吨、铜1.24万吨、铅6780吨,资源潜力巨大。岩盐矿勘查取得新突破。固原硝口外围再次发现了单层最大厚度56.93米、累计厚度328.95米的岩盐资源,资源量46.42亿吨,达到大型规模。能源矿产、金属矿产和岩盐新增资源量潜在经济价值超过1000亿元。

(王静戟)

【地下水勘察】 在中南部干旱带、宁东、石嘴山等地提交地下水资源8.3万立方米/日,可解决近30万人的饮水问题。编制完成了《宁夏地下水勘查10年规划》及其实施方案,尽快全面摸清宁夏水资源家底,助推和谐富裕新宁夏建设。扎实推进宁南和宁东两个重大勘查找水项目,落实年度资金2750万元,探采结合成井21眼,并扩径加泵转为生产井移交地方使用。在中南部干旱地区实施抗旱找水应急打井和改水工程。自筹资金200多万元,抗旱打井3眼,总出水量每天3480立方米,解决了近3万人的饮水困难;在同心县改良苦咸水井1眼,每天处理淡水240立方米,解决了当地6000人的吃水问题,探索了解决苦咸水、高氟水地区人畜饮水的新途径。

(王静戟)

【人才队伍建设】 在已有柔性引进3名院士的基础上,2010年再次柔性引进院士4名(中国科学院1人、中国工程院3人)国内知名地质专家10名。委托中国地质大学培养地学博士2名、工程硕士16名,与中国地质大学(北京)合办函授教育,招收本科生40名、专科生34名。公开招聘地质专业人员43名。

(王静戟)

【项目编制与落实】 积极编制《宁夏回族自治区"十二五"地质矿产勘查专项规划(建议稿)》。规划安排105个项目,总预算投资28.12亿元。狠抓地勘项目落实。全年落实项目179个,落实资金6.77亿元。地质勘查主业同比增长45.6%,占全局地勘经济总量的51.5%。加强基础地质工作。安排开展了"贺兰山北段金多金属矿远景调查"等3个项目,为确定找矿靶区奠定了基础。着力加大矿产资源勘查力度。开展了石嘴山牛头沟金矿普查、石嘴山陶乐北部煤炭普查等15个勘查项目,完成钻探总进尺61万米(610公里)。

(王静戟)

【科研工作】 自筹资金115万元开展了沿黄经济带(黄河金岸)水工环地质调查研究,为沿黄经济带建设提供地质基础服务。积极开展地热、浅层地温能及煤炭深部气化、铀矿等资源开发利用研究工作,为能源资源战略储备夯实前期工作。正在与宁夏发电集团联合进行煤炭深部气化前期论证。上报各类科技项目35项,获自治区科技进步二等奖1项、三等奖1项,全国优秀科技工作者和自治区青年科技奖各1人。投入资金3064.32万元,购置了快眼Ⅲ型无人机、电感耦合等离子质谱仪等先进找矿设备。自筹资金145万元实施了"宁东能源化工基地及周边地区二氧化碳地质储存可行性研究"等9个实用型科研项目。国土资源部批准的固原市盐化工基地岩盐资源勘查利用关键地质问题研究项目落实资金358万元。

(王静戟)

【煤炭资源勘查】 2010年,自治区煤田地质局全年共承担区内外煤炭资源勘查项目32个,其中社会地质项目23个、地勘基金项目8个、局财政事业费支持地勘项目1个;承担综合研究项目5个。全年编制完成勘探设计方案34个。累计完成各类钻孔383个,钻探进尺32万米;二维地震3412个点;三维地震75.62平方公里;完成测井27.65万米;完成槽探800平方米,环境调查70平方公里;完成煤田及水文地质填图105.02平方公里;煤芯样品检测6571个。全年共提交各类资源勘查地质报告、储量核实报告和技术总结等90余件,提交可供建井资源量72亿吨。

(李 龙)

# 气象测报

【气候概况】 2010年,宁夏气温偏高,阶段性变幅大,降水量接近常年,且年内各季降水量分布与作物生长需水期比较吻合,属于正常年景。全区年平均气温9.1℃,较常年偏高1.1℃,列1961年以来气温偏高年份的第7位,也是连续14年高于气候平均值0.5℃以上的年份。年度内气温阶段性变幅大,其中冬季平均气温偏高1.2℃;春季大部分地区平均气温接近常年,降水量偏多,位于1961年以来同期降水偏多年份的第10位;夏季全区平均气温偏高1.4℃,是1961年以来同期气温偏高年份中的第3位,降水量较常年偏少近3成;秋季全区平均气温较历年同期偏高1.2℃,为1961年以来秋季平均气温偏高年份中的第5位,降水量接近常年略偏多。

(张 冰)

【重大气候事件】 2009~2010年冬季,强冷空气活动频繁,入冬提前,暴雪偏早。2009年11月1~2日,全区出现了寒潮天气,气温普遍下降10℃左右,局部地区降幅达12℃,各地日平均气温降到0℃以下,大部分地区最低气温降到零下10℃以下,宁夏提前半月进入冬季。11月10~11日宁夏中北部普降大到暴雪,出现时间之早历史罕见。中北部9个市县日降雪量创历史同期极值。银川、永宁、贺兰过程降雪量创历史同期最高纪录，其中永宁降雪量达33.7mm，雪深14cm。2010年2～3月中旬气温变化剧烈。冷暖空气活动频繁，气温变化异常剧烈。旬平均气温明显偏高和偏低交替出现。4月全区气温偏低，大部分地区平均气温较常年同期偏低2℃以上，部分偏低达3℃～4℃，创历史同期极值；下旬全区平均气温偏低2.7℃，位于1961年以来同期气温偏低的第5位。终雪时间明显偏晚。4月气候比较反常，9～11日宁夏中北部地区出现了1.0～4.8mm降雪。这次降雪过程，使该地区终雪时间较常年明显推迟，历史同期罕见。其中，引黄灌区推迟30～46天，中部干旱带盐池推迟15天，韦州推迟24天。6～7月全区出现2006年以来范围最广、持续时间最长的高温天气（最高气温≥35℃）。夏季宁夏中北部地区各站最高气温大于35℃日数普遍在1～13天，其中吴忠达13天，大武口和中宁达12天，与历年同期相比普遍偏多1～12天。特别是吴忠、中宁和大武口分别偏多12天、10天和9天。6月22日石嘴山、银川、贺兰、永宁、吴忠、中宁6站出现高温天气，23日，10站出现高温天气，石嘴山最高达36.4℃。7月29～30日全区大部分地区出现高温炎热天气，有15个站次最高气温超过37℃，其中惠农、大武口达到38.7℃，吴忠达到38.5℃，惠农、吴忠出现历史极值。受持续高温天气影响，城市需水量剧增，银川市自来水总公司发布的数据显示，6月22日供水量达28.78万立方米，突破历史纪录，比上年最高日供水量高出近1万立方米。

（张　冰）

**【主要气象灾害】** 1. 干旱。1～3月中旬，中部干旱带及南部山区的大部分地区气温偏高，降水偏少一至八成，其中兴仁、海原、麻黄山、同心及六盘山偏少六成以上。中部干旱带及南部山区的大部分地区出现了不同程度的干旱，其中，同心、海原及固原的局部达到了中到重旱的程度。据统计，干旱造成中部干旱带及南部山区59.27万人饮水困难。2. 大风、扬沙、沙尘暴。全年宁夏共出现沙尘天气过程9次，其中春季7次，接近2000年以来的平均值。沙尘暴天气过程出现2次，均在春季，比常年偏少。如：3月19日的沙尘天气，六盘山、惠农最大风力达12级，有15个站出现扬沙，3个站出现了沙尘暴；4月24～26日的全区大风强降温天气过程，最大瞬时风力达10级左右，部分地区伴有沙尘天气，有5站出现沙尘暴，中宁、中卫出现强沙尘暴。此次天气过程中，先后出现大风、扬沙、沙尘暴、阵雨、雷电、阵雪、霰、雨夹雪、霜冻天气现象，以上各类天气现象在一次天气过程中集中出现，非常少见。3. 暴雨洪涝。全年宁夏全区出现11次局地暴雨洪涝天气，其中5月出现1次，6月出现2次，7月出现2次，8月出现4次，9月出现2次。据统计，2010年因暴雨洪涝造成1人死亡，2人受伤，次生灾害造成2人不慎触电死亡，11.86万人受灾，农作物受灾面积2.12万公顷。7月18日，银川市金凤区以东地区遭遇40多分钟的短时强降雨，降雨量为26mm，银川市多处街道被淹。8月10～11日，宁夏大部出现了雷阵雨或阵雨，中卫市西北部、吴忠市东南部中到大雨，盐池、同心、海原等地部分乡镇出现了暴雨。受暴雨、洪涝影响，同心、盐池、海原及中宁、中卫市沙坡头区等地农舍、电力、交通及蔬菜瓜果设施农业遭受不同程度的危害。据统计，受灾人口1922人，农作物受灾4586.3公顷。4. 冰雹。全年宁夏全区共出现局地冰雹天气9次。其中5月2次，6月3次，7月1次，8月2次，10月1次。影响范围主要集中在中卫、海原、同心、泾源一带。据统计，因冰雹灾害造成27.3万人受灾，农作物受灾面积17943公顷。5. 霜冻（低温冻害）。全年宁夏出现霜冻灾害6次，其中4月4次，5月2次。5月18～19日，固原市各地出现霜冻，最低气温-3.0℃～-0.3℃，造成4.52万公顷玉米、胡麻等农作物及蔬菜等遭受较严重冻害。6. 寒潮。1月3～4日，全区大部出现了大风、寒潮天气，中卫市部分地区、吴忠市大部地区及银川、石嘴山两市24小时、48小时降温幅度在10℃以上，达到了寒潮，全区大部伴有6级左右偏北风，阵风8到9级，其中惠农最大瞬时风速达27m/s，盐池站出现了扬沙天气。7. 雪灾。全年宁夏出现局地暴雪3次。其中2月9～10日，全区出现明显降雪天气，银川、石嘴山、吴忠三市大部分地区出现中到大雪，降雪量在5～10mm，大武口、贺兰、永宁降了大到暴雪，积雪深度10～18cm。此次降雪造成部分航班延误，长途客车部分线路停运，出现旅客滞留，道路交通事故增加。据不完全调查，银川河东机场9架航班延误，700余人滞留。全区各地共有1724辆（次）班车停运。由于道路积雪较厚、路面湿滑结冰，全区各地共发生交通事故130余起，10人受伤。4月11日、13～14日，盐池县、隆德县出现中到大雪，局部地区暴雪，其中盐池县降雪量在4mm以上，最大积雪深度2～13cm，极大风速16.5m/s，最低气温-4.9℃，暴雪造成部分设施农业受损。8. 大雾。9月30日银川地区出现大雾，机场能见度不足150m，大雾使数十架进出港班机延误，9架航班被迫取消，当晚600多人滞留银川。11月29～30日，银川及石嘴山的部分地区出现大雾天气，30日零时至12时，对宁夏境内部分区域高速公路实行了管制，京藏高速平罗至吴忠段实行临时道路封闭，此次大雾对城市交通也造成了较大影响。9. 雷电。全年宁夏共发生5起雷击事件。5月1起，8月4起，其中两起烧坏了当地部分通信、监控设备，造成近百万元的损失，另外两起造成民居受雷击，部分家电损坏。8月30日惠农区一小区6层居民住宅楼屋脊遭雷击，所幸无人员伤亡，但造成了附近部分居民家用电器损毁。

（张　冰）

**【郑国光来宁视察】** 1月11日，中国气象局党组书记、局长郑国光一行来银川宣布宁夏回族自治区气象局领导班子调整决定、考察工作并慰问宁夏气象干部职工。在宁夏气象局干部大会上，郑国光作重要讲话，对新一届领导班子和促进宁夏气象事业改革发展提出4点要求。1月11日，自治区党委书记陈建国在银川会见中国气象局党组书记、局长郑国光一行,双方就贯彻落实《国务院关于进一步促进宁夏经济社会发展的若干意见》,加强气象灾害防御、气象为农服务和人工影响天气等工作交换了意见,强调要共同支持宁夏气象事业科学发展、跨越发展。自治区领导蔡国英、郝林海、屈冬玉以及自治区气象局领导班子成员会见时在座。

(张　冰)

**【气象工作重要活动】** 4月28日下午,自治区人大组织召开学习宣传和贯彻实施《气象灾害防御条例》座谈会。自治区人大副主任马秀芬、自治区政府副秘书长张存平、中国气象局政策法规司副司长于玉斌和自治区气象局局长丁传群出席会议并讲话。自治区人大法工委、农工委以及自治区政府法制办、应急办、发改委等26个相关部门参加了座谈。与会人员围绕国务院《气象灾害防御条例》及《宁夏回族自治区气象灾害防御条例》的学习宣传和贯彻落实进行座谈,研究探讨"政府主导、部门联动、全社会参与"的气象灾害防御体制机制建设问题。5月24日下午,自治区领导陈建国、于革胜、郝林海及自治区水利、国土资源等有关部门负责人到宁夏气象局现场办公,安排部署防汛抗旱工作。7月29日,自治区主席助理屈冬玉应邀出席自治区气象局"解放思想、把握需求、谋划发展"主题实践活动报告会,就转变观念、创新发展、加强气象为农服务向全区气象干部职工作专题报告。8月22~24日,中国气象局党组副书记、副局长许小峰在宁夏银川出席"风能太阳能等再生资源可持续利用专题研究班"开班仪式并授课。8月22日,自治区副主席郝林海会见了许小峰一行,双方就转变气象事业发展方式,加快宁夏气象事业科学发展,更好地服务地方经济社会发展等问题交换了意见。其间,许小峰赴自治区气象局检查指导工作。 (张　冰)

**【气象服务】** 区局启动应急响应16次,召集多部门联合会商5次,自治区办公厅、应急办发文部署5次。成功组织了"8·11"暴雨山洪气象服务,受到自治区党委书记张毅的肯定,被授予"8·11"抗洪抢险先进单位和全区防汛抗旱先进集体。编发决策服务材料206期,自治区领导批示18次,为历年之最。呈报的冬春季气候预测意见,自治区党委政府高度重视,直接依据该意见安排冬春季农业生产。区气象服务中心统一建设了全区农村气象信息服务平台,与市、县气象局联合,开始分县提供设施温棚、枸杞采摘晾晒气象条件等通俗实用的专项服务。制作农业气象专题节目、新闻267期,通过"农信通"发送为农服务信息810条、服务308万人次。与宁夏移动公司签订了战略合作协议,短信发送预警信息207条,服务6600多万人次。首届中阿经贸论坛等气象保障受到政府表彰。建立人工影响天气作业预案14套。飞机增雨21架次,飞行70多个小时。火箭增雨作业454点次,跨区域火箭移动集中增雨作业5次。高炮消雹作业256点次,在窑窖水库蓄水、抗旱减灾、生态环境建设等方面发挥了积极作用。中央及自治区财政投入1505.5万元,较上年翻了一番。上报气候变化决策咨询报告4份。与自治区发改委联合编制宁夏新能源产业发展战略研究报告。为8个风电场提供了风能资源评估服务。

(张　冰)

**【气象现代化建设】** 现代气象业务体系建设取得新进展。气象、农牧部门签订了合作协议。完成贺兰县、中卫市沙坡头区两个试点示范县建设,全区建成农村气象信息服务站243个、预警大喇叭145个、预警显示屏102块。自治区政府印发了气象灾害应急预案。建成移动气象应急监测与指挥系统。区气象台预报员分为两个团队,定期轮流值班、轮流开发,促进业务与技术开发有机融合。基于WRF模式的RUC快速同化预报系统投入试运行。谋划、推进区级"833"预报业务系统建设,以3个数据库、8个业务系统为支撑,集成建设短时临近监测预警、中短期预报和决策气象服务3大业务平台。初步建立了宁夏精细化风能预报服务系统。宁夏气象科学研究所开发的农用天气预报系统在全国人工影响天气业务系统暨公共气象服务业务系统观摩交流会上获优秀奖。完成宁夏防灾减灾信息中心土建工程。建成宁夏沙湖湿地生态气象观测站,编制了《芦苇及动物自然物候观测规范》。基础业务质量稳中有升,地面测报质量较上年提高0.06‰,农业气象观测错情率0.00‰,高空气象探测业务综合评分平均98.8分,区域自动气象站传输及时率98.4%、资料可用率97.1%。 (张　冰)

**【队伍建设】** 新增正研高工1人、国家级首席预报员1人。建立了正研高工和首席预报员咨询议事机制。选拔宁夏气象局"512"人才21名。出台了干部选拔任用全程记实办法和正研申报专家指导制度。初步形成"一个正研带一支创新团队"的机制。首次选派6名县局长分赴浙江、山东省的县局挂职学习3个月。安排区内挂职、交流25人。引进博士1名、硕士5名;招录公务员7名;招聘2011年应届毕业生,签约27人。召开了青年工作会议和座谈会。组建了宁夏气象局青年联合会。组织40多名年轻干部驻基层台站工作、调研7~10天。 (张　冰)

**【法治建设】** 两个气象立法项目列入自治区2011年立法计划。成立了宁夏气象局行政执法大队。举办了全区气象行政执法证件培训班,119人通过考试取得行政执法证件,全区气象部门取得执法证件的人数占职工总数近三分之一。全区各级气象主管机构独立开展执法检查990余次,与安监、消防等部门联合开展执法检查30余次,共涉及行政管理相对人1100余家;现场制止各类违法行为300余件;立案查处各类气象违法案件141件,固原市气象局等单位在辖区内开展了日常巡回执法。开通了区级网上气象审批业务。全区各级气象主管机构共受理各类行政许可申请2027件,依法准予许可1933件,不予许可94件。宁夏首部气象类地方标准《建筑物防雷设计评价技术规范》正式出台。气象行业标准《枸杞农业气象观测规范》、地方标准《硒砂瓜农业气象观测规范》获批立项。编制了宁夏气象事业发展“十二五”规划。气象灾害监测预报预测、气象灾害评估、气象防灾减灾体系建设、建立和完善温室气体排放统计监测制度、加强适应气候变化能力建设、科学分析评估气候变化对经济社会发展的影响等内容被列入自治区“十二五”规划纲要。（张 冰）

## 测 绘

**【测绘管理】** 在国家测绘局的部署下，认真开展了全区测绘资质复审换证工作，集中开展并完成了全区测绘持证单位复审换证工作。截至2010年底，全区共有测绘资质持证单位73家，其中甲级2家，乙级16家，丙级20家，丁级35家。登记注册各类测绘专业技术人员978人。（郭 敏）

**【测绘法制建设】** 全面整顿和规范地理信息市场秩序，会同自治区国家安全厅等8部门开展完成了为期一年的全区地理信息市场专项整治工作，组织专项检查28次，涉及80余家地理信息从业单位。通过专项整治工作，宁夏地理信息市场秩序明显好转。测绘法制建设和依法行政工作成效明显。在自治区政府法制办的大力支持下，出台了《宁夏回族自治区测绘成果管理办法》。对测绘成果管理机构、测绘成果汇交与保管、利用、保密管理、重要地理信息数据的审核与公布等方面进行了明确和全面的规范。加强测绘法宣传教育。认真组织各市、县测绘行政主管部门及全区测绘持证单位通过多种形式开展“8·29”测绘法宣传日和“12·4”法律宣传日活动，提升测绘工作的认知度和影响力。（郭 敏）

## 知 识 产 权

**【《宁夏回族自治区知识产权战略纲要》】** 自治区知识产权局设立了知识产权战略制定办公室，协调战略制定工作。收集各地制定完成的知识产权战略纲要及实施意见、宁夏近远期规划和发展战略、宁夏相关的知识产权战略、宁夏企业发展状况和知识产权工作情况等资料，调研国内各省市专利实施及产业化、专利申请促进、专利行政执法、企业知识产权工作促进等方面的工作情况，调研各地战略制定工作的经验和做法，邀请国家知识产权局领导和专家来宁指导，召开专家座谈会，聘请专家、检索文献，起草了《宁夏回族自治区知识产权战略纲要》（代拟稿），征求了自治区政府研究室、发改委、经信委、财政厅等22个相关厅局意见，根据反馈意见修改代拟稿，争取2011年初颁布实施。（马国庆）

**【专利申请】** 2010年，全区专利申请739件。其中发明专利268件，占申请总量的36.3%，比2009年增长47.2%，实用新型397件，占申请总量的53.7%，比2009年增长39.8%，外观设计专利74件，占申请总量的10%。全区专利授权1081件，同比增长18.8%。发明专利申请数量占比超过全国平均水平，发明和实用新型占比90%，成为宁夏2010年专利的主要组成部分。（马国庆）

**【企业知识产权工作】** 企业知识产权综合能力得到提升。帮助10家试点企业建立知识产权规章制度，制订知识产权工作计划，培训知识产权工作人员，并通过调研、座谈等形式，为企业申请专利、利用专利文献信息、开展专利战略研究出谋划策。典型示范带动作用明显，企业专利申请占所有申请的比例接近40%。通过试点工作，多次与国家知识产权局沟通协调，为银新能源、伊品科技、青龙管道、金太阳药业等多家企业办理加快审查业务，最大限度地满足企业知识产权保护需求。积极争取国家局的支持，使银川市被国家知识产权局批准为国家中小企业知识产权战略推进工程首批实施单位，为宁夏中小企业争取国家支持项目奠定了良好的工作基础。积极协调争取国家对PCT国际专利申请的支持，对宁夏中色（宁夏）东方集团、宁夏医科大学两家单位的5项PCT申请，补助资金26万余元，为宁夏自主创新技术产品进入国际市场提供了支撑。（马国庆）

**【知识产权强县工程】** 2010年，按照知识产权强县工程的年度推进计划目标，成立了知识产权专家指导组，对口引导和帮助宁夏进入工程的4个市县（青铜峡市、灵武市、贺兰县、平罗县）加强知识产权工作机构建设，完善知识产权政策法规，健全县域知识产权工作体系。在专家组的指导和监督下，4个知识产权强县工程所在的市县人民政府，全部建立了以市县领导为组长的“国家知识产权强县工程”工作协调领导小组，成员涉及科技、财政、农牧、发改、文化、科协、工商、技术监督等多个部门。各市县还将知识产权工作纳入市县政府工作议程，市县政府定期研究解决知识产权重大问题，将目标任务分解成具体工作，由成员单位分别落实。（马国庆）

**【知识产权保护】** 积极组织全区五市知识产权局开展“雷雨”“天网”“打击侵犯知识产权和制售假冒伪劣商品”知识产权执法专项行动，稳步推进专利纠纷调处工作，加大专利行政执法力度，办案数量和质量稳步提高，建立知识产权维权援助机制，积极努力做好知识产权维权援助和举报投诉工作，加强会展中的知识产权保护，对5市知识产权局执法工作进行巡查督导，充分发挥省际间联合执法优势，积极向其他省区知识产权局移交案件。2010年以来，区市两级知识产权局协作执法82次，共出动专利行政执法人员2396人次，出动执法车辆541次，检查商业场所458次，检查商品3万余件，登记检索专利商品4312件，立案调处专利纠纷案件11件。（马国庆）

**【知识产权宣传】** 联合自治区党委宣传部、高院、检察院、教育厅等十几家单位，在全区范围内开展了内容丰富、形式多样的“知识产权宣传周”系列活动，开展知识产权“进学校、进企业、进社区”等工作，在全区5市统一开展“4·26世界知识产权日”大型宣传活动，在银川设立主会场，其他4市设立分会场，展出展板、发送知识产权宣传资料，设立知识产权咨询服务台咨询，并邀请新闻媒体参加宣传报道。开展《中国知识产权报》的征订和宣传工作,为区、市、县党委、人大、政府、政协四套领导班子主要领导免费订阅《中国知识产权报》,取得各级领导对知识产权工作的关注和支持。通过新闻媒体(电视、广播、报纸、网络)向社会积极宣传知识产权工作,宣传全区知识产权发展状况、取得的成绩以及存在的困难,不断提高全区知识产权意识水平。编辑印发《宁夏知识产权》2 期,发送 1000 多份。联合自治区教育厅、宁夏教育学会举办了第四届宁夏青少年创意大赛暨知识产权宣传教育活动,共有 63 所学校 885 人报名参加。(马国庆)

**【人才培养】** 加强对高层次知识产权人才的培养力度,组织高层次人才参加国家局举办的国内外培训,积极支持他们申报国家局知识产权项目研究,为宁夏经济社会发展提供深层次研究保障。组织各种内容的培训班,举办"知识产权的政府运作与企业经营""中学生创新思维与创造发明""企业专利管理新思路与企业专利战略""知识产权管理""知识产权保护"等 5 期培训班,宣传培训对象主要有各级党政领导干部、知识产权管理干部、企事业经营管理人员以及参加第四届宁夏青少年创意大赛暨知识产权宣传教育活动的辅导老师和学生,共有近 2000 人受到了培训。除自己举办培训班外,积极组织并选派全区知识产权系统工作人员和企事业单位专利管理人员参加国家知识产权局等单位举办的知识产权战略信息员培训班、知识产权报社通讯员培训班、知识产权执法等业务知识培训。

(马国庆)

**【服务体系建设】** 2010 年,加强完善国家专利技术(宁夏)展示交易中心、国家知识产权局专利局银川代办处、中国(宁夏)知识产权维权援助中心和专利信息平台等服务体系的建设。利用国家专利技术(宁夏)展示交易中心平台,加大宁夏专利技术对外展示交易工作力度,创新"中国专利周"宁夏地区活动方式,开展现场交易、网上交易、专题公益服务以及相关特色等活动,为专利技术持有人和需求者提供交流、交易平台,为专利运用和产业化提供了服务。国家专利局银川代办处的业务质量、工作效率和服务水平大幅提高,多渠道大力宣传、推广电子申请,做好专利受理、收费等日常工作,加强质量管控。2010 年,专利受理累计完成 2586 件,其中区内申请 510 件(发明 180 件、实用新型 295 件、外观设计 35 件),区外申请 2076 件(发明 746 件、实用新型 829 件、外观设计 501 件),收缴专利费用 2374 笔,累计 127 万多元。积极推进知识产权维权援助工作,通过宣传提高了知识产权维权援助中心和 12330 知识产权维权援助与举报投诉公益服务电话影响力,拓宽了工作面,推动宁夏知识产权维权援助工作取得较快进展。加强专利信息服务,为适应社会公众对专利文献信息需求的增长,积极申请财政支持,投入 20 万元用于专利信息平台更新与维护工作。(马国庆)

# 社会科学

编辑：吴晓红　王玉琴

## 综　　述

**【25 项国家社科基金项目获准立项】** 2010 年，全区共申报国家社科基金项目 192 项，获准立项 25 项，获得资助金额 298 万元。其中国家社科基金项目 12 项，资助金额 142 万元；西部项目 13 项，资助金额 156 万元。获准立项的课题按照学科划分：应用经济 1 项，社会学 3 项，民族问题研究 6 项，中国历史 5 项，新闻学 1 项，人口学 2 项，统计学 2 项，宗教学 2 项，图书情报学 2 项，语言学 1 项。　　　（白　超）

**【2010 年度国家社科基金项目表】**

| 批准号 | 项目名称 | 负责人 | 所在单位 |
| --- | --- | --- | --- |
| 10BMZ013 | 河套地区西夏史迹调查研究 | 杨　蕤 | 北方民族大学 |
| 10BZS001 | 《天盛改旧新定律令》与中华法系综合研究 | 陈　旭 | 北方民族大学 |
| 10CZS030 | 明清时期边缘藏区的移民、开发与族际互动研究 | 王海兵 | 北方民族大学 |
| 10BMZ004 | 宁夏回族自治区民族自治地方团结、稳定、发展典型案例研究 | 齐　岳 | 宁夏大学 |
| 10BSH009 | 西部农村地区教师政策问题研究 | 王安全 | 宁夏大学 |
| 10BZS042 | 民国时期西北乡村借贷关系的历史考察研究 | 高石钢 | 宁夏大学 |
| 10CXW020 | “三网融合”时代的互联网管理制度的国际比较研究 | 薛　辉 | 宁夏大学 |
| 10AZS001 | 中国藏黑水城汉文文献整理与研究 | 杜建录 | 宁夏大学 |
| 10CMZ003 | 宁夏回族地区农村社会冲突及其化解机制研究 | 罗强强 | 宁夏大学 |
| 10CRK001 | 回族农民工迁移及市民化研究 | 马金龙 | 宁夏大学 |
| 10CZS013 | 西夏法律对中华法系的传承与创新研究 | 姜　歆 | 宁夏社会科学院 |
| 10BRK002 | 西北民族地区农民工城市融入问题研究 | 李禄胜 | 宁夏社会科学院 |
| 10XSH008 | 西部民族地区转型期的社会稳定问题研究 | 王银梅 | 北方民族大学 |
| 10XYJ002 | 住宅特征价格指数编制问题研究 | 罗晓娟 | 北方民族大学 |
| 10XZJ006 | 新时期中国清真寺管理现状及走向 | 海正忠 | 宁夏大学 |
| 10XMZ015 | 民国时期回族社会团体研究 | 马志俊 | 宁夏大学 |
| 10XYY011 | 汉字字族研究 | 蔡永贵 | 宁夏大学 |
| 10XZJ012 | 从宗教的认同性和别异性探讨甘青宁地区民族社会的历史发展 | 白建灵 | 宁夏大学 |
| 10XTQ005 | 西部民族地区发挥信息化为农业服务作用研究 | 李习文 | 宁夏社会科学院 |
| 10XTQ015 | 西夏文字形音义考证与研究 | 贾常业 | 宁夏社会科学院 |
| 10XMZ035 | 回族认同意识研究 | 金　贵 | 宁夏社会科学院 |
| 10XSH002 | 宁夏民族文化融合及其对社会稳定的作用研究 | 赵耀锋 | 宁夏师范学院 |
| 10XTQ016 | 西夏医药文书整理研究 | 王艳红 | 宁夏医科大学 |
| 10XJY037 | 近两年实施扩大消费政策跟踪研究 | 柏建华 | 自治区党校 |
| 10XMZ005 | 民族地区突发性群体事件预防和处置机制研究 | 李长德 | 自治区党校 |

（白　超）

**【69项自治区社科规划项目获准立项】** 2010年,共设立自治区社科规划项目69个,其中重点项目2个,一般项目31个,青年项目13个,自筹经费项目23个。获准立项的课题按照学科划分为:马列、社科2项,党史、党建1项,哲学1项,经济学20项,法学7项,社会学8项,民族学7项,政治学2项,图书情报学2项,中国历史2项,中国文学3项,语言学8项,新闻学2项,体育学2项,教育学2项。 (白 超)

**【2010年度自治区社科规划项目表】**

| 批准号 | 项目名称 | 负责人 | 所在单位 |
| --- | --- | --- | --- |
| 10NXAYJ01 | 关于宁夏生态移民工程的研究报告 | 李志强 | 《共产党人》杂志社 |
| 10NXAZZ01 | 构建和谐社会中公民有效政治参与机制研究 | 李 斌 | 宁夏大学 |
| 10NXBKS01 | 少数民族地区建设社会主义核心价值体系方略 | 潘忠宇 | 宁夏大学 |
| 10NXBDJ01 | 宁夏农村基层党建工作创新研究 | 王大力 | 自治区党校 |
| 10NXBFX01 | 我国民生的法治保障问题研究 | 周晓军 | 自治区党校 |
| 10NXBFX02 | 宁夏生态移民相关法律及政策研究 | 张云雁 | 宁夏大学 |
| 10NXBFX03 | 宁夏地方立法效果评估问题实证研究——以西部开发中有效的法规为研究对象 | 刘淑媛 | 宁夏大学 |
| 10NXBYJ01 | 新一轮西部大开发中有关税收政策问题研究 | 祁彦斌 | 自治区国税局研究所 |
| 10NXBYJ02 | 适应气候变化的农户生计调试实证研究 | 何彤慧 | 宁夏大学 |
| 10NXBYJ03 | 宁夏清真产品国际化营销战略研究 | 高晓勤 | 北方民族大学 |
| 10NXBYJ04 | 宁夏加快城乡统筹发展的机制研究 | 高兰芳 | 自治区党校 |
| 10NXBYJ05 | 宁夏南部山区生态移民与回族传统生产生活方式转型研究——以同心县为例 | 田晓娟 | 宁夏社会科学院 |
| 10NXBYJ06 | 宁夏“草根银行”的探索发展与反贫困对策研究 | 沈国琴 | 银川市委党校 |
| 10NXBYJ07 | 宁夏低碳经济发展的路径与财税政策创新研究——基于宁夏上市公司龙头带动效应视角 | 崔 柳 | 宁夏大学 |
| 10NXBYJ08 | 基于低碳经济背景下宁夏能源金融发展模式研究 | 张晓凤 | 北方民族大学 |
| 10NXBYJ09 | 宁夏南部山区退耕还林区域补偿机制研究 | 陈 晶 | 宁夏医科大学 |
| 10NXBYJ10 | 宁夏加快城乡统筹发展的机制研究 | 刘 涛 | 宁夏大学 |
| 10NXBSH01 | 宁夏农村社会保障体系建设研究 | 杨永芳 | 宁夏社会科学院 |
| 10NXBSH02 | 西部地区大学就业问题及就业促进机制研究 | 何晓丽 | 宁夏大学 |
| 10NXBSH03 | 宁夏新社会组织的成长性与功能研究 | 李东林 | 北方民族大学 |
| 10NXBSH04 | 宁夏南部山区农村合作医疗状况调查研究 | 杨桂玲 | 宁夏师范学院 |
| 10NXBSH05 | 宁夏中小企业服务体系建设研究 | 吴素芳 | 自治区党校 |
| 10NXBZZ01 | 宁夏深化省管县体制改革研究 | 魏向前 | 自治区党校 |
| 10NXBMZ01 | 回医药学的学科价值及民族区域特色研究 | 吴世彩 | 宁夏医科大学 |
| 10NXBMZ02 | 中国共产党少数民族统一战线理论与实践研究 | 田淑卿 | 宁夏医科大学 |
| 10NXBTQ01 | 网络舆情与应用对策 | 张克洪 | 自治区党委宣传部 |
| 10NXBZL01 | 国民政府时期西北银行业的兴起与区域经济变动研究 | 张天政 | 宁夏大学 |
| 10NXBZL02 | 宁夏灾荒的历史考察 | 方建春 | 宁夏师范学院 |
| 10NXBZW01 | 清初宁夏籍诗人曾畹及其诗集整理研究 | 安正发 | 宁夏师范学院 |
| 10NXBYY01 | 宁夏高校大学英语语言交际能力培养——问题与对策研究 | 郭鸿雁 | 宁夏大学 |
| 10NXBYY02 | 认知诗学视角下的文学语篇研究 | 马菊玲 | 宁夏大学 |
| 10NXBXW01 | 宁夏文化创意产业发展与提升竞争力研究——以银川市为例 | 王 玮 | 银川市委宣传部 |
| 10NXBTY01 | 宁夏回族自治区城市中老年全民健身运动处方的研究 | 徐芝芳 | 宁夏大学 |
| 10NXCYJ01 | 宁夏与阿拉伯国家经济合作模式与战略构想 | 王 瑛 | 北方民族大学 |

续表

| 批 准 号 | 项 目 名 称 | 负责人 | 所在单位 |
|---|---|---|---|
| 10NXCYJ02 | 基于国际成功经验的宁夏沙漠旅游发展战略研究 | 杨学燕 | 宁夏大学 |
| 10NXCYJ03 | U－S协作下的西部农村地区教师教育合作机制研究——以宁夏回族自治区为例 | 马艳艳 | 宁夏大学 |
| 10NXCZX01 | 后现代文化语境中大学生审美心理研究——以宁夏高校为例 | 张富宝 | 宁夏大学 |
| 10NXCFX01 | 民族地区生态补偿机制研究 | 施海智 | 北方民族大学 |
| 10NXCFX02 | 回族民间法文化与民族地区依法治区问题研究 | 马宇峰 | 北方民族大学 |
| 10NXCSH01 | 宁夏城乡义务教育师资均衡发展的长效机制研究 | 马　青 | 宁夏大学 |
| 10NXCSH02 | 新生代农民工市民化问题研究——以银川市为例 | 马冬梅 | 宁夏医科大学 |
| 10NXCMZ01 | 宁夏构建和谐民族关系实证研究——"解经"工作与和谐社会建设 | 马辉芬 | 北方民族大学 |
| 10NXCMZ02 | 明清以来宁夏的民间信仰 | 仇王军 | 宁夏社会科学院 |
| 10NXCTQ01 | 民国时期宁夏文献题录 | 张玉梅 | 宁夏社会科学院 |
| 10NXCYY01 | 美国语言立法与民族语言意识研究及对我国民族地区语言规划的借鉴 | 巨　静 | 宁夏大学 |
| 10NXCXW01 | 宁夏回族文化的影像传播研究 | 顾广欣 | 宁夏大学 |
| 10NXXKS01 | 社会主义核心价值体系与青年学生思想政治教育研究 | 张　琳 | 北方民族大学 |
| 10NXZFX01 | 强化公司社会责任促进现代企业制度发展——对宁夏公司制企业履行社会责任情况的调查与研究 | 丁　婷 | 北方民族大学 |
| 10NXZFX02 | 我区工商行政指导与服务型政府建设 | 翟桂荣 | 自治区党校 |
| 10NXZYJ01 | 完善我国公共财政体制研究——现实约束与路径突破 | 王心农 | 宁夏财政厅 |
| 10NXZYJ02 | 新时期宁夏人口规模、结构变化趋势及对经济社会发展影响研究 | 魏淑清 | 北方民族大学 |
| 10NXZYJ03 | 民族地区低碳经济发展研究——以宁夏为例 | 范　莹 | 北方民族大学 |
| 10NXZYJ04 | 宁夏沿黄经济区构建现代产业体系研究 | 杨丽艳 | 自治区党校 |
| 10NXZYJ05 | 非对称信息下宁夏设施农业市场供求信息资源优化配置的策略研究 | 蒋紫艳 | 宁夏大学 |
| 10NXZYJ06 | 新一轮西部大开发中宁夏建设中国伊斯兰金融中心问题研究 | 张正斌 | 北方民族大学 |
| 10NXZSH01 | 突发群体性事件应对机制研究 | 唐　利 | 自治区党校 |
| 10NXZMZ01 | 文本实践与民族认同:晚清民国回族报刊研究 | 刘　莉 | 宁夏大学 |
| 10NXZMZ02 | 宁夏回族国家认同的实证研究 | 王雪梅 | 宁夏大学 |
| 10NXZMZ03 | 旅游开发背景下的回族汤瓶传统文化变迁及保护研究 | 姜克银 | 宁夏大学 |
| 10NXZZW01 | 西部地区电影媒介发展现状及前景研究——以宁夏为例 | 姜文姬 | 北方民族大学 |
| 10NXZZW02 | 建安文学与北方地域文化关系研究 | 马志英 | 北方民族大学 |
| 10NXZYY01 | CBI运用于商务英语人才培养的实证研究 | 张　洁 | 北方民族大学 |
| 10NXZYY02 | 文化因素影响翻译策略之研究 | 刘艳芬 | 宁夏大学 |
| 10NXZYY03 | 宁夏阿拉伯语学科建设与规划研究 | 白　楠 | 宁夏大学 |
| 10NXZYY04 | 宁夏与阿拉伯国家语言文化互动研究 | 白玉波 | 宁夏大学 |
| 10NXZYY05 | 独立学院英语专业听力教学改革实施策略 | 关　越 | 宁夏大学 |
| 10NXZTY01 | 宁夏回族宗教民俗中养生健身资源开发与利用研究 | 古雅辉 | 宁夏大学 |
| 10NXZJY01 | 利用教育优质资源提升农村小学课堂教学质量的研究 | 高志军 | 宁夏大学 |
| 10NXZJY02 | 宁夏电化教育(教育技术)发展史的研究 | 侯建军 | 宁夏大学 |

(白　超)

**【宁夏社会科学院社科成果】** 2010年,全院公开发表学术论文、调研报告及报纸文章183篇,完成专著、编著、工具书26部,科研成果共获各类奖项27项,有多篇成果被中国人民大学报刊复印资料等报刊转载或摘编。完成宁夏重大现实问题研究课题22项、社会委托项目6项,编印《决策咨询》22期。在研国家社科基金课题11项,新获立项课题5项;在研自治区社科基金课题9项,新获立项课题7项。 (杜志杰)

**【宁夏社会科学院打造图书品牌】** 为适应宁夏经济社会文化发展的需要和蓝皮书发展的规律,宁夏社会科学院进一步优化结构,整合资源,精心打造"一鉴、三皮书、一报告"图书品牌系列。1月29日,宁夏社会科学院召开2009年度科研成果暨2010年蓝皮书新闻发布会,蓝皮书系列《宁夏经济蓝皮书》《宁夏社会蓝皮书》《宁夏文化蓝皮书》正式形成并面世。蓝皮书系列综合了宁夏社会科学院和区内其他相关专家学者关于当年宁夏经济、文化、社会发展的研究成果,会聚了各方专家学者和政府官员对宁夏经济、文化、社会的观点、见解,以翔实的资料数据、客观的动态研究,全面客观地记录分析了2010年宁夏经济、文化、社会发展的基本情况,为宁夏经济、社会、文化发展提供全面、最新的咨询意见。 (杜志杰)

**【《西夏研究》创刊】** 3月26日,宁夏社会科学院《西夏研究》创刊首发式在银川举行。自治区党委常委、宣传部部长杨春光,自治区政协副主席安纯人出席首发式。《西夏研究》的创刊,将聚合国内外学术力量,进一步挖掘整理研究西夏历史文化,是研究西夏历史文化的学术阵地,对推动西夏研究的国际交流合作和弘扬中华民族优秀传统文化具有重要意义。杨春光对《西夏研究》的创办提出三点希望和要求:一是要坚持以邓小平理论和“三个代表”重要思想为指导,深入学习贯彻党的十七大和十七届四中全会以及自治区党委十届十次全体扩大会议精神,全面贯彻落实科学发展观,以胡锦涛总书记来宁夏考察工作时作的重要讲话精神为指导,始终牢牢把握“高举旗帜,围绕大局,服务人民,改革创新”的总要求,用马克思主义的历史唯物主义和辩证唯物主义观察处理问题;二是要坚持“百花齐放、百家争鸣”的方针,着眼维护中华民族团结进步和祖国统一大局,科学传播学术精品,努力追求独特的办刊风格,聚合国内外学术界的力量,进一步挖掘整理研究西夏历史遗存文化,不断扩大交流国际合作研究成果;三是要坚持解放思想,实事求是,破除狭隘的部门和区域观念,树立世界眼光,深层次多角度地挖掘和展示宁夏的历史文化资源。

(杜志杰)

**【各级领导视察宁夏社会科学院】** 6月1日,由自治区主席助理田明带队,自治区政府副秘书长王政,自治区发改委、财政厅、人保厅、编办等有关厅局人员组成的调研组一行到宁夏社会科学院调研视察并召开工作汇报会。工作汇报会由宁夏社会科学院党组书记李耀松主持,院长张进海汇报了有关工作情况。10月21日,自治区党委常委、宣传部部长杨春光等一行到宁夏社会科学院视察指导工作。自治区党委宣传部副部长李克强、自治区党委宣传部理论处处长朱天奎以及宁夏社会科学院副处副研以上科研人员参加了会议。会议由宁夏社会科学院党组书记李耀松主持、院长张进海汇报工作。杨春光在充分肯定了宁夏社会科学院工作后要求大家在今后的工作中继续深入、细致、认真地学习国务院“十二五”规划以及十七届五中全会精神,围绕“十二五”规划,把中心任务突出到显著地位,结合市情、区情、党情,严肃工作责任,循环往复地工作,为自治区哲学社会科学事业的跨越式发展作出贡献。12月7日,自治区主席助理屈冬玉一行到宁夏社会科学院检查指导工作,召开宁夏社会科学院工作汇报会并作重要讲话。屈冬玉主席助理对宁夏社会科学院工作给予肯定,并对存在的困难和问题给予了理解和关注。他在讲话中要求:一是宁夏社会科学院要做核心价值的倡导者、先进文化的推动者、科技创新的实践者、党和人民的思想库,要与时俱进,发扬西北人民坚忍不拔的精神;二是要把握机遇,做好规划,根据轻重缓急做好项目筹划工作;三是要出人才、出成果、出效益,要把分配制度改革作为解决人才问题的突破口,出成果不仅要出书、出论文、出咨询报告,还要出企业迫切需要的成果;出效益不仅要出经济效益,还要出社会效益、政治效益、文化效益等;四是要以创新的思维,组织跨学科、跨领域的联合研究和攻关;五是要深化与中国社科院的合作以及与福建、上海等省市社科院的合作;六是要以成果的转化和知名度的提高来体现办院的成效。要多搭建平台,多办有影响力的学术会议,聚集资源,培养浓厚的学术氛围。他同时强调,解放思想、改革开放是一切工作的出发点。要提高科研人员的市场化意识,不论是社会科学还是自然科学,都要把潜在的重要性变成现实的重要性。 (杜志杰)

**【李范文被中国文字博物馆增聘为中国文字博物馆顾问】** 8月,宁夏社会科学院西夏学首席专家李范文先生同王蒙、欧阳中石等5名国内知名专家学者被中国文字博物馆增聘为中国文字博物馆顾问。 (杜志杰)

**【宁夏大学科技项目立项】** 2010年,共申报各级科技项目520余项,获得自治区级以上项目269项,经费共计3500万元,美金0.8万元,较上年立项数量增加了19%。其中,获得国家科技支撑计划课题、国家“973”项目及课题、国家农业成果转化项目、博士点基金共6项;首次以总协调单位(首席专家谢应忠)的身份获得国家“973”计划—“资源高效利用与生态环境安全重大问题研究”项目立项,立项经费796万元。获得自治区科技攻关、自治区科技兴农、自治区宁陕合作、宁夏自然科学基金项目102项,经费761.5万元。2010年已完成校级项目申报242项,其中重点项目40项。特别是以首席专家身份获得国家“973”计划——“资源高效利用与生态环境安全重大问题研究”项目立项,为全校第一次。 (史小娟)

**【宁夏大学科技成果与奖励】** 2010年度共完成各级各类项目结题、验收、鉴定139项,其中国家科技支撑计划课题11项,国家自然科学基金项目15项,国家部委项目6项。通过自治区验收鉴定的科技成果18项,自治区自然科学基金结题项目14项,宁夏高校项目结题42项,校级项目结题33项(其中青年项目11项)。共申报自治区科技进步奖14项,根据自治区公示结果,全校有8项研究成果获自治区科技进步一等奖1项,二等奖3项,三等奖4项。获得了高等学校科学研究优秀成果奖两项。 (史小娟)

**【宁夏大学科技创新平台建设】** 根据自治区建设发展重大战略实施需求,申报成立了宁夏光伏材料重点实验室,培育设立了宁夏大学农产品贮藏与加工工程技术研究中心、清真农产品工程技术研究中心和宁夏大学新能源研究中心。集中实施科技创新平台升级工作,组织葡萄与葡萄酒教育部工程中心通过了教育部验收,旱区节水灌溉与水资源调控工程技术研究中心进入了教育部工程研究中心行列。召开了多次宁夏煤化工工程实验室验收协调会。与自治区进出口检验检疫局签订了合作协议,共建了国家级煤化工检测实验室,引进了1000多万元的设备。与银川市金凤区签订协议,组织了大学科技孵化园的升格共建工作。特别是制定了《宁夏大学申报国家重点实验室工作方案》,协助西北退化生态实验室召开了计划任务书论证会和院士专家咨询会,为学校申报国家重点实验室作了扎实准备。积极争取自治区财政厅和科技厅支持,获批了自治区科技基础条件能力建设项目4项,经费101万元,"以奖代补"资金240万元。争取了"211工程"科技创新平台运转经费100万元。出台了《宁夏大学重点实验室、工程技术研究中心经费管理办法》,规范了科技创新平台各类经费的使用。以学校编制"十二五"发展规划的契机,编制了科技创新平台发展规划,明确了"十二五"发展目标和任务,制定了保障措施。同时,重点强化了管理队伍、创新队伍、服务队伍"三支队伍"的结合,为各平台积极争取了项目、增加了设备、协调增强了队伍,在全区各部门和行业企业中进行了推介。 (史小娟)

**【宁夏大学拓宽科技服务地方渠道】** 一是加大了与自治区五市县区的科技协议落实工作力度。组织和参加了学校与银川、石嘴山、吴忠、固原市的科技合作交流,调研"十一五"签订的合作协议落实情况;与银川市及其10多个部门签订了合作框架协议,进一步明确了合作领域和科技服务内容;与自治区经信委、宁夏农垦集团、宁夏军区后勤部等12家单位(企业)签署了合作协议,近30家企业单位成为宁夏大学产学研合作基地,广泛开展科技服务,示范影响全区各市县。二是进一步突出了科技服务地方工作的重要性。起草和出台了《宁夏大学关于加强科技服务地方工作的若干意见》,结合学校实际,提出了进一步加强服务地方工作的具体措施和办法,为全面深入服务提供政策保障。三是加大了横向合作项目承担的组织引导力度。大力推进《宁夏大学关于科技服务地方及促进毕业生就业创业的若干意见》的实施,鼓励教师科研人员服务企业,举办培训班20余场,培训基层人员近万人。先后组织100多位教师申报了2010年科技特派员,获批49名,占全区续聘的40%。落实了自治区与中科院合作项目、宁陕合作项目申报,共落实项目20余项。组织验收了宁夏大学中色(宁夏)东方有色金属集团公司合作基金首批4个项目,获得了企业认可。全校共承担横向合作项目83项,经费650万元,比2009年增加了25%,显著扩大了横向合作规模。四是深度参与自治区100个现代农业科技示范基地的创建。先后组织近百名涉农科技人员参加自治区现代农业科技示范园区服务专家的报名工作,有8位专家受聘为首席专家,26位专家成为骨干成员,通过组织召开宁夏大学参与现代农业示范基地首席专家工作汇报会等形式,积极组织协调首席专家开展服务工作。五是加大了科技成果转化力度。共申报专利21项,获授权12项。经过艰苦谈判和多次协调,向宁夏共享化工有限公司转化了大型铸钢件用新型树脂、固化剂成果,加强了工业领域的技术支持力度。 (史小娟)

**【2010年度宁夏大学工作亮点】** 一是国家自然科学基金和社科基金项目立项数量大幅增长。共获批国家自然科学基金项目37项、国家社科基金项目12项,在全国200多个地区科学基金项目申报单位中位列第十名,取得了较好成绩。二是出台了一个《办法》,两个《意见》,分类指导,重点奖励。制定了《宁夏大学科学研究与创新奖励办法》,以发展提速为导向,简化了奖励标准,提高了奖励额度,加大了重大科技项目、成果、转化和高水平学术论文的奖励引导。同时,为了更好地促进学校学科协调发展和全面服务社会,通过调研和专家咨询,出台了《宁夏大学关于加强哲学社会科学学科建设的若干意见》和《宁夏大学关于加强科技服务地方工作的若干意见》,从重点工程实施、亮点打造、团队建设、特色优势学科建设等方面提出了具体建设性意见。三是成功召开宁夏大学第五届科技大会暨第二届科技服务地方大会。本次大会共签署合作协议12项,对科技创新平台、现代农业示范产学研合作基地、大中型企业产学研合作基地及校友企业产学研合作基地等34家单位进行了授牌。邀请自然科学和哲学社会科学的著名学者进行系列学术讲座,并对"十一五"期间在科技创新和服务社会方面作出突出贡献的76名先进个人和8个先进集体进行了表彰奖励,激发和引导了全校教师科研人员科技创新和服务地方的积极性。四是咨询成果水平显著提升,服务团队进入高层视野。承担了自治区发改委《宁夏城镇化发展规划》《宁夏镁及镁合金产业发展竞争力分析》《宁蒙乌金三角发展规划》,以及自治区科技厅《宁夏"十二五"工业发展规划》《宁夏"十二五"社会事业科技发展规划》等一批优秀咨询和服务成果,受到了自治区主要领导的批示和认可。

(史小娟)

**【宁夏大学人才培养】** 宁夏大学新增国家级教学团队1个、国家级特色专业建设点2个、国家级双语教学示范课程1门、国家级大学生创新实验项目40项、自治区级大学生创新实验项目3项,1项成果被列入第三届全国大学生实验论坛推荐展示。进一步加强研究生教育管理,加快发展专业学位研究生教育。积极促进研究生创新能力培养,立项8项自治区研究生创新计划。申报了5个一级学科博士点、20个一级学科硕士点。柔性引进院士5人,引进博士40人、硕士38人。鼓励在职教师继续深造,考取博士52人。首批4人入选自治区"百人计划",3人获2010年宝钢优秀教师奖。获准设立了宁夏生态恢复和宁夏土建与水利工程两个自治区院士工作站。 (李东宁)

**【宁夏大学"211工程"建设】** 宁夏大学争取中央专项资金4000万元、自治区共建资金2000万元,有力支持了

"211 工程"各项建设任务的顺利开展。申报了 1 个国家重点学科和 1 个国家重点(培育)学科。(李东宁)

【宁夏大学开放办学】 国家汉办与阿联酋迪拜大学签署协议,正式批准宁夏大学在阿联酋迪拜大学成立孔子学院。与吉林大学、山东大学、西北农林科技大学、福州大学、南昌大学开展了更为深入的合作交流。在"中国政府奖学金来华留学生项目""青年骨干教师出国研修项目""国家建设高水平大学公派研究生项目""中新澳 1+1+1 项目"等方面实现了突破。(李东宁)

【北方民族大学学科建设】 2010 年,共有包括国家自然科学基金和国家社会科学基金项目在内的各级各类科研项目 55 项获准立项。获省部级科研成果奖两项,共有 110 项各级各类项目顺利结项或通过了有关部门的结题验收。获批省级科技创新中心 1 个。申请发明专利 5 项。全年发放科研奖励经费 166.02 万元。不断加大实验室建设的投入力度,投入 819.72 万元,重点建设了金融实训中心、外国语学院语音教学平台等 8 个实验室,实践教学条件进一步改善。大力加强硕士学位点的申报工作,1 个工程硕士学位点、5 个一级学科硕士学位点获批,实现了这两个类型学位点零的突破;完成了"生物质能源"等 5 个与社会经济发展急需的战略性新兴产业相关专业的申报工作。"提升民族高校学生创新创业能力的实践教学改革"获批为国家教育体制改革试点项目,金融学、生物技术专业获批为省级优势特色专业建设项目,"材料科学实验教学团队"获批为省级教学团队建设项目。顺利通过了自治区教育厅组织的各类国家级、区级"质量工程"项目的中期检查和结项验收。(李慧慧)

【宁夏师范学院科研成果与项目经费】 2010 年,宁夏师范学院共组织申报各级各类科研项目 175 项。其中获得立项资助的国家社科项目 1 项、省部级项目 14 项、市厅级项目 15 项、校级项目 37 项,科研项目经费达到 81.65 万元。教师发表学术论文 420 篇,其中中文核心期刊发表论文 73 篇,被 SCI 收录 4 篇,人大资料全文转载 1 篇,出版著作 6 部。7 项成果获得首届宁夏优秀教育成果奖励,其中著作、教材类一等奖 1 项,二等奖 2 项;报告类一等奖 2 项,二等奖 1 项;论文类三等奖 1 项。4 项成果获得第十二届文化艺术论文奖,其中二等奖 1 项,三等奖 3 项。(潘怀义)

【宁夏师范学院筹建历史文化研究中心】 2010 年,学校统筹人才和经费资源,通过反复论证,整合重点学科、研究机构的科研优势,筹建了"固原地方历史文化""师范教育"研究中心,并邀请宁夏大学原校长陈育宁先生,固原市委常委、宣传部部长周庆华等专家、领导来校,召开了固原历史文化研究座谈会,就固原历史文化研究、校地合作、校际合作进行了讨论、交流,争取通过 3~5 年,建成在区内外有一定知名度与影响力的研究团队。(潘怀义)

【宁夏师范学院回族 历史文化研究】 宁夏师范学院在回族研究方面主要开展了回族文化、文学、教育等方面的研究。2010 年,祁应楠主持的教育部人文社会科学研究一般项目(思想政治工作专项任务项目)——"西北少数民族大学生文化适应中的几个突出问题研究",陈耀庚主持的教育部人文社会科学研究专项任务项目"西北地区高校少数民族女大学生心理危机事件预防与干预研究"等,均涉及宁夏回族心理健康、文化适应等教育研究的多个类型。地方历史文化研究方面主要包括:2010 年获立国家社科基金项目 1 项(赵耀锋主持的"宁夏民族文化融合及其对社会稳定的作用研究"),获立宁夏社科规划项目 2 项(方建春的"宁夏灾荒的历史考察"、安正发的"清初宁夏籍诗人曾畹及其诗集整理研究")等。出版地方语言研究专著 1 部(杨苏平著,《固原方言俗语》,宁夏人民出版社。(潘怀义)

【宁夏社会主义学院教学科研工作】 一是完善制度,注重科研能力培养。建立完善院级课题申报制度。坚持每年拿出 5 万元用于科研工作。在开展科研活动中,提出明确任务要求,鼓励教师积极投身科研工作,通过整合现有师资力量,充分发挥教师集体智慧和个人特长,集中优势力量成功申报中央社会主义学院和自治区级社科课题。取得中央社院立项课题 1 项、自治区社科类立项课题 2 项、安徽社院招标课题 1 项。全年上报全区统战系统优秀理论成果评选论文 36 篇,在《宁夏日报》《共产党人》等省级各类报纸、刊物公开发表论文、文章 28 篇,完成了 2009 年 6 项院级招标课题结项和 2010 年度 8 项院级课题的立项工作。二是坚持理论与实践的结合,大力开展调研活动。围绕教育培训效果、科研课题、统一战线的热点问题、学院培训工作中的难点问题、民族宗教方面的细节问题,多次组织教师赴自治区党委统战部、各民主党派、宗教场所进行调研。三是注重教师的业务培养,切实提高教学水平。在教师培养上坚持针对每位教师专业特长制定培养目标,对年轻教师交任务、压担子,帮助他们尽早成为业务骨干。2010 年共安排 4 名教师到中央社院接受培训。全年共承担院内外各类培训班专题讲座 129 次,赴地市和有关部门进行专题讲座 10 次,新增课题 18 个,参加学员讨论交流活动 20 次。

(刘安平)

## 宁夏地方史志文化研究

【概况】 2010 年,出版《宁夏通志》4 部、各级各类年鉴 12 部、专业志 6 部,按期完成《宁夏史志》6 期编辑出版任务。彭阳县地方志办公室编辑出版《彭阳史志》4 期。石嘴山市地方志办公室创办综合性史志刊物《石嘴山史志》,全年编辑出版两期。为贯彻落实《地方志工作条例》《宁夏回族自治区〈地方志工作条例〉实施细则》以及《宁夏回族自治区地方志工作发展规划(2008~2020)》有关规定,全面提高志书、年鉴编纂质量,自治区地方志办公室制定了《关于对各级各类志书、年鉴和地情资料类书籍实行送审制度》工作流程,对全区各级、各类志书、年鉴及地情资料类书籍实行"三审"定稿制。全年共审阅志书、年鉴 15 部,在记述方法、体例结构、内容归属等方面进行了统一规范。为鼓励各市县(市、区)地方志工作机构积极开展工作,自治区地方志办公室制定了《全区地方志工作机构考核实施细则》,2010年评选出彭阳县地方志办公室等13个先进集体。依据《关于实行地方志资料年报制度的通知》,以《宁夏年鉴》(2010)资料征集为契机,将各厅局2009年度工作总结全部作为年报资料进行存档。坚持与外省区建立广泛的图书资料交换关系,2010年,共与全国地方志系统期刊交换达到85%以上,志书、年鉴交换达到70%以上。全年共交换各类志鉴地情图书百余部,通过交换,地方志资料积累工作取得了显著成效。先后派专人到自治区计划生育委员会、宁夏农行举办编纂理论培训。7月9日,银川市地方志办公室成功承办第二十次全国城市年鉴研讨会。石嘴山市地方志办公室先后制定《石嘴山市志办编辑出版管理规程》《石嘴山市志办关于对地方志、史、鉴类书目编纂行文规范的要求》等行业管理文件,提出了具体的规范化要求。海原县地方志办公室完成《海原县史志工作暂行规定》《海原县地方志工作"十二五"规划》。中卫市建成地方志资料中心,藏书3000余册。 (王玉琴)

**【志书编修】** 截至2010年底,全区共编纂出版首修、二轮续修、首修与续修合一的市县级、专业志书6部:《宁夏纪检监察志》《永宁县志》(1978~2008)、《灵武市志》(1991~2005)、《海原县志》(1991~2008)、《西夏区志》《原州区志》。农业银行宁夏分行正式启动了《宁夏农业银行志》(简称《农行志》)的编纂工作,是宁夏首部银行志,为各行业志、部门志的编修起到了表率作用。自治区计划生育委员会启动《宁夏人口志》编纂工作。正式启动了第三轮《盐池县志》编修工作。 (王玉琴)

**【年鉴编辑和出版】** 《宁夏年鉴》编辑是地方志办公室的常项工作,鉴于宁夏经济社会发展变化的具体状况,编辑部调整了年鉴的篇目结构,使其更为科学合理,特色突出,贴近实际,实现了资料性、可读性、信息性的统一。为了缩短出版周期,年鉴编辑部精简工作环节,加快流程,优化编辑人员队伍,提高了工作效率,并实行了政府招标印刷。11月,《宁夏年鉴》(2010)按既定目标正式出版。年内,地方志办公室先后对《固原年鉴》《中卫年鉴》《西吉年鉴》《平罗年鉴》《原州区年鉴》《石嘴山年鉴》《泾源年鉴》《宁夏财政年鉴》《宁夏招标管理服务局年鉴》《宁夏邮政年鉴》进行业务指导和质量评审,并下发了出版批复。《宁夏水利年鉴》(2009)创刊并正式出版。 (王玉琴)

**【《宁夏通志》】** 2010年,《宁夏通志》社会卷、民族宗教卷、商贸旅游卷、行政建置卷按计划完成出版任务,《宁夏通志》已总计出版19卷。 (王玉琴)

**【《宁夏地方史话丛书》编纂】** 2010年,为了提高丛书质量,自治区地方志办公室将《兴庆区史话》的篇目予以下发,供各编纂单位参考。在全区史话经费尚未到位的情况下,深入市县(市、区)做了大量协调工作,推动丛书编纂工作开展。经过努力,《彭阳史话》《西吉史话》《同心史话》处于最后校改阶段,进入出版程序。《海原史话》《中宁史话》《宁夏水利史话》等分册的编纂工作已全面展开。 (王玉琴)

**【《宁夏史志》出版6期】** 《宁夏史志》自1985年创刊至今已刊发145期。2010年共收到稿件200余篇,编辑稿件81篇,图片百余张。完成了封面改版、内文版式的调整,增强刊物内容的可读性。对刊物的栏目进行了部分调整,增设了"堡寨风情""民俗文化"等栏目,在保证学术性的同时积极宣传地方文化特色。积极发挥《宁夏史志》载体的平台作用及业务指导作用。加强对各市县的业务指导、对各省区进行工作宣传、对地方志理论和编纂工作的研究及对地方历史文化的研究方面的稿件,努力保持鲜明的宁夏地方史志特征。配合"5·18"地方志工作宣传日、领导调研指导宁夏地方志工作等重要活动,在刊物上积极宣传,推动全区地方志工作发展。 (王玉琴)

**【史志开发】** 2010年,永宁县地方志办公室完成《中共永宁党史大事记》(1925~2009)初稿编纂工作,组织人员撰写了《解放初期土改运动》《解放初期农业合作化运动》《解放初期经济恢复与农业生产》《1958年"大跃进"运动》等为内容的14个党史专题,积极筹备纳家户村史展览馆建设工作,完成黄河渡口文化研究工作。贺兰县地方志办公室为《银川党史》开展资料征集工作,承担了58个专题工作任务,完成《辉煌贺兰五十年》编辑出版任务,编纂的《贺兰"第一"志》完成初稿,编辑出版《贺兰县民间体育辑》。石嘴山市地方志办公室为中央电视台《走进中国·走进石嘴山》节目收集、整理、提供了大量史志资料,参与编写的《石嘴山史纲》出版。惠农区地方志办公室协助惠农区党委办公室撰写的《石嘴山历史图鉴》公开出版,协助惠农区工业和安全监督管理局编写《50年辉煌——崛起的石嘴山工业经济》正式出版。吴忠市地方志办公室组织编写的《吴忠大事记—2010》《走进灵州》出版发行,参与编写的《吴忠溯源》出版发行。中宁县地方志办公室编辑完成《中华人民共和国大典·宁夏卷》中宁县综合性资料,完成革命遗址遗迹普查工作,提交普查成果与普查报告上报县委、政府及相关部门,并对现存革命遗址的维修和保护提出合理化建议。固原市地方志办公室整理编写并出版《固原西部大开发10年大事记》,完成2010年固原人物、固原文献、固原大事记等收集整理工作。西吉县地方志办公室搜集、整理《西吉文物志》资料,并进入初稿编纂阶段。彭阳县地方志办公室完成14集历史文化系列专题片《记忆彭阳》解说词的撰写和拍摄工作,撰写题为《对新集小河湾遗址的史学蠡测》《悟江南情韵,纂塞上方志》的调研报告。海原县地方志办公室完成海原县革命遗址普查及等级上报工作,形成《关于海原县革命遗址普查的报告》得到县委的重视,红色遗迹遗址保护开发被列入县委政府的工作日程;挖掘整理了马宪民等41名红色人物的事迹材料,编辑出版地情资料类书籍《红军西征在海原》和《环球大震——海原·1920》,完成《蒙元文化与海原》的

编辑出版工作。隆德县地方志办公室编辑出版《隆德简志》《中共隆德县历史大事记2009》。（王玉琴）

**【《弘治宁夏新志》点校出版】** 2010年12月由宁夏人民出版社出版，宁夏地方志办公室编审范宗兴签注。《弘治宁夏新志》是现存不多的明代古方志之一，由宁夏巡府王珣主修，乡儒胡汝砺编纂。虽然内容记述过于简单且有缺漏，但却为研究当时宁夏历史、文化、经济和人物等提供了珍贵的第一手资料，特别是给宁夏开展的修志工作提供了直接的帮助和借鉴。签注后的史料价值体现在四个方面：一是对庆王朱㮵藩封宁夏的历史事件，庆王府及其他5个王府位置、规模、建筑设施考证翔实；二是记述了庆王藩封宗系图对历代庆王世袭及其他各王支脉的延伸；三是详细记述了庆藩王府著书和刻书的情况，反映了宁夏刻版印刷业的发展状况；四是收录了大量的诗词。对以上史料的集中记述和收录，是这部旧志有别于宁夏现存其他古志的可贵之处，也是这部志书的特色及其价值所在。（王玉琴）

**【5·18地方志宣传日】** 为了调动全区地方志工作机构的积极性，使方志宣传工作扎实有效地开展，体现特色，自治区地方志办公室下发了《关于开展“5·18”地方志宣传活动的通知》，对活动的意义、目的、内容等提出了详细要求，各市县（市、区）上报了详细的活动方案。自治区地方志办公室还专门制作了“2009年宁夏地方志工作100件”彩页，作为各地散发的宣传材料。5月18日，自治区地方志办公室组织全区各市县（市、区）地方志系统举办地方志专题宣传活动，活动形式多样，达到了预期的目的。如银川市兴庆区在宣传日期间开展集中学习活动，举办培训班，加强地方志法规的学习。中卫市开展有奖竞答活动，以地方志法规、市情历史等为主要内容进行抢答，突出了趣味性。彭阳县地方志办公室在罗洼乡马涝村举行向全县农家书屋捐赠史志书籍启动仪式，为全县农家书屋捐赠《彭阳县历史与经济》《彭阳史志》《彭阳风物》《彭阳史地文集》《中华名医皇甫谧》等地情资料书籍260套。为了使此次活动真正做到扎实有效，自治区地方志办公室认真做好宣传活动的督促检查。在5月18日当天，由宁夏社会科学院和自治区地方志办公室领导带队组成数个检查小组分赴各市（县、区）进行现场指导。此次宣传专题活动体现了地方志部门一贯的务实、创新、团结、有序的工作状态。（王玉琴）

**【领导视察调研地方志工作】** 4月28日，自治区政协副主席马国权率自治区部分政协委员对全区修志工作进行调研。调研组一行参观了自治区地方志办公室地情资料中心及由自治区志办编写出版的相关成果，听取了自治区志办主任邱新荣对全区方志工作的汇报。随后考察组一行在宁夏社会科学院和自治区地方志办公室领导的陪同下，赴银川市地方志办公室、青铜峡市地方志办公室、吴忠市地方志办公室进行实地查看、召开座谈会听取工作汇报，通过对全区地方志工作体制、机构队伍建设、依法修志、业务工作、方志理论研究与宣传等几个方面的调研，马国权对全区方志事业所取得的成绩给予了充分肯定，并提出了今后还应积极把读志用志工作开展好，更好地发挥志鉴地情图书资政教化的作用。6月1日，自治区主席助理田明到自治区地方志办公室检查指导工作。7月23日，中国地方志指导小组常务副组长朱佳木与自治区领导杨春光、屈冬玉，宁夏社会科学院领导李耀松、张进海，自治区地方志办公室主任邱新荣座谈了宁夏地方志工作。朱佳木就宁夏地方志工作提出四点建议：一是要进一步贯彻落实《地方志工作条例》，坚持依法修志；二是要把志书质量放在第一位，要精雕细琢，不着急、不急躁；三是要从地方实际出发，在财力富裕的情况下，可以建设方志馆，把方志馆定位到地情博物馆的位置，就极具建设价值；四是要尽快建设开通地情网，这是读志用志的有效途径，也是普及地方志的好办法。12月7日，自治区主席助理屈冬玉到自治区地方志办公室检查指导工作。（王玉琴）

**【第二十次全国城市年鉴研讨会】** 7月9日，由中国出版工作者协会年鉴工作委员会主办、中国版协年鉴工作委员会城市年鉴工作部、银川市地方志办公室承办为期4天的第二十次全国年鉴城市研讨会在银川圆满结束。中国版协年鉴工作委员会副会长周兴俊、王守亚、鲍海春、王中华、谭惠全及来自全国各省市和香港、澳门特别行政区的150名代表参加了会议。副会长谭惠全围绕年鉴框架创新与规范作了主题报告，银川市志办、大连市志办、镇江史志办、哈尔滨年鉴社和郑州市志办围绕创新发展与把握特色作了交流发言，与会代表结合各自工作实际，围绕创新、特色、规范和争优进行了分组讨论。大家一致认为，年鉴的发展既要规范框架结构，又要科学设计分类；在内容的选择上，既要体现共性内容，又要彰显个性特点，以时代特色为主线，地方特色为基石，年度特色为亮点，努力推动年鉴工作科学持续发展。会议决定，第二十一次全国城市年鉴研讨会于2011年在湖南省长沙市举办。（王玉琴）

**【银川方志网正式开通】** 2010年，宁夏首家地情资料网站——银川方志网正式开通。银川方志网包括银川概览、方志动态、志鉴工作、市情资料、大事回眸、银川人物、银川风采7个栏目。银川方志网的开通，充分体现了地方志为经济社会服务的功能，对推动全区地方志工作的深入开展，宣传宁夏、宣传银川发挥着重要作用。（王玉琴）

**【表彰奖励】** 1月，在中国版协年鉴研究会组织的第四届全国年鉴评奖工作中，《宁夏年鉴》获装帧设计一等奖、框架设计二等奖、条目编写二等奖和综合二等奖。11月，在全国地方志系统第二届年鉴评奖活动中，《宁夏年鉴》（2009）《银川年鉴》（2009）被评为二等奖，由自治区地方志办公室评审并批复出版的《固原年鉴》《青铜峡年鉴》《宁夏能源年鉴》《原州区年鉴》被评为三等奖；11月，自治区地方志办公室获中国地方志指导小组评选表彰的“全国方志系统先进集体”荣誉称号；11月，自治区地方志办公室获人力资源和社会保障部与中国地方志指导小组联合表彰的"全国方志系统先进集体"荣誉称号，授予石嘴山市地方志办公室编辑贾长安全国地方志系统"特别嘉奖先进个人"，授予彭阳县志办主任叶长青、吴忠市地方志办公室主任胡建东全国地方志系统"先进个人"荣誉称号。12月15日，由部分市县（市、区）地方志工作机构组成的2010年度地方志修志机构考核小组，在自治区地方志办公室对市县（市、区）地方志工作机构逐月进行量化考核的基础上，进行年终考核，评选出彭阳县地方志办公室等13个先进集体。（王玉琴）

**【《中华人民共和国大典·宁夏卷》编前会】** 8月13日，宁夏国史编审委员会办公室召开了《中华人民共和国大典·宁夏卷》编前会。《中华人民共和国大典》是由人民出版社、中华人民共和国大典编修指导委员会联合编纂并面向国内外公开发行的大型图文丛书，包括总卷、地方卷、行业卷共81卷。经自治区人民政府批准，《中华人民共和国大典·宁夏卷》由宁夏国史编审委员会办公室承编，全书分为区情概况、发展历程、辉煌成就、地市概览、附录5个部分，着重反映自治区党委和政府在党中央的领导下，坚持解放思想、实事求是、与时俱进，团结带领全区人民进行社会主义革命建设、推进改革开放伟大事业的奋斗历程的巨大成就。全书在编写方法上将运用新资料、新观点、新方法，客观真实、图文并茂、全面系统地反映宁夏解放60多年来走过的不平凡历程和取得的辉煌业绩。与会人员就编写提纲、资料使用、编写手法、编写程序等进行了讨论。（王玉琴）

**【固原历史文化学术研讨会召开】** 2010年7月5～7日，由宁夏师范学院主办，宁夏师范学院科研处、宁夏师范学院政法学院、《宁夏师范学院学报》编辑部和宁夏社会科学院历史研究所承办的固原历史文化学术研讨会在宁夏师范学院召开。研讨会上，来自河南大学、天水师范学院、陇东学院、宁夏大学、北方民族大学、宁夏社会科学院、宁夏师范学院、宁夏固原博物馆等单位的50多名区内外专家学者齐聚一堂，围绕各历史时期固原政治、军事、经济状况，固原社会史、文化史，固原城的变迁、丝绸之路与固原、回族历史文化、固原考古与文物等论题展开热烈的交流和讨论。本次研讨会共收到专家学者提交的论文36篇，内容涉及历史地理、社会经济、文物考古、回族文化、文化教育以及文学评论，涵盖了固原历史文化研究领域的诸多方面。此次研讨会的成功举办，不仅促进了跨地区间的学术交流与合作，扩大了学术研究视野，也为今后的固原历史文化研究提供了广阔的思路，同时对进一步推动固原历史文化研究更加深入，更好地为地方社会经济与文化发展服务开拓了新的渠道。（王玉琴）

**【《中国地域文化通览·宁夏卷》启动编写】** 编写编撰《中国地域文化通览·宁夏卷》是中央文史馆安排给各地文史馆的重点工作，根据中央文史馆审定的编写提纲内容，宁夏文史研究馆组织了十几位专家学者分章节编写，要求图文并茂、史论新颖、特点突出、通俗易懂。主编杨继国、胡迅雷，编辑部主任韩东。定于2012年由中华书局出版全套丛书。（韩 东）

**【《盛世文苑》第三辑出版】** 《盛世文苑》第三辑于12月编辑出版，本期刊载了曾杏绯、胡正伟、吴善璋、宋鸣、程法光、袁希俊等文史馆馆员的书画作品及个人简历，本辑分馆员风采、将军之页、扇面作品、翰墨天地、赏石之道、宁夏史话、摄影之窗、他山之石等8个栏目，重点文章有《固原出土前秦、北朝、隋唐墓志及其史料价值》《明清时期的宁夏书院》《历代帝王与奇石》。本集还介绍了王德恭、陈弘、余正、程连凯、赵大山、刘新民、郑山麓、沈立新、蔡知新等国内外知名书画家的作品。（韩 东）

## 回族伊斯兰教研究

**【著（译、编译）作品简况】** 1. 古兰经和圣训研习类的有孔德军翻译的《古兰经注（伊本·凯西尔经注）》，金忠杰编译的《〈古兰经〉百科问答》，穆斯林学者穆罕默德·安萨里著、陈玉峰译的《〈古兰经〉的五大主题》，祁学义的《圣训研究》等。2. 传统经学类的有马文才、韩文清编译的《伊斯兰教教义学大纲新解（中阿对照版）》，周传斌、任军主编的《神圣与传统：纳塞尔哲学思想引介》等。3. 伊斯兰历史、政治文明研究：程彤的《"正统"观念与伊朗什叶派——从旭烈兀到阿巴斯一世之间的伊朗》，敏贤麟的《蒙古游牧文明与伊斯兰文明的交会》（约翰 L. ·埃斯波西托、达丽亚·莫格海德著），晏琼英、王宇洁、李维建合译的《谁为伊斯兰讲话·十几亿穆斯林的真实想法》等。4. 伊斯兰科技、医药、经济类有哈桑等著、梁波等译的《伊斯兰技术简史》；阿维森纳编著、朱明主译的《阿维森纳医典》；杨华祥的《汤瓶八诊养生方案》，沈晓明主编的《伊斯兰银行知识读本》等。5. 回族古籍及其研究有吴建伟、张进海主编的《回族典藏全书总目提要》，宁夏民族古籍整理办的《月华》（全十册），梁向明的《明末清初回族三大汉文译著家伦理思想研究》等。6. 中国伊斯兰与回族文化研究有杨怀中主编的《中国回商文化（第二辑）》，王正伟主编的《中华回族爱国英才》《中国—阿拉伯国家经贸论坛理论研讨会论文集》，杨占武的《回族语言文化》，杨学林的《哲赫忍耶—中国伊斯兰教苏非学派史论之一》，王灵桂的《中国伊斯兰教史》，马跃和樊前锋的《中国大地上的穆斯林》，王建平编著的《中国陕甘宁青伊斯兰文化老照片：20世纪30年代美国传教士考察纪实》，洪梅香和刘伟编著的《回族清真美食文化》等。此外，还有张承志的《大草原与大西北》《你的微笑》，塔西尔著、袁珊译《我的穆斯林父亲》，刘宝军编著的《世界华人穆斯林概况》等。论文方面，2010年出版4期《回族研究》，共刊发学术文章120篇百余万字。（李 华）

**【执政党与宗教：伊斯兰教与和谐社会学术研讨会】** 6月9～11日，由中国社会科学院世界宗教研究所与中共江苏省委党校联合主办的"执政党与宗教：伊斯兰教与和谐社会学术研讨会"在南京举行，来自全国各地的100多位专家学者参加了此次研讨会。开幕式由江苏省委党校副校长王庆五教授主持。中国社会科学院学部委员、世界宗教研究所所长卓新平研究员,北京大学宗教文化学院院长张志刚教授,中国社会科学院世界宗教研究所吴云贵研究员和中国伊斯兰教经学院副院长高占福研究员应邀作了主题发言。他们分别以《当代中国宗教之思》《执政党与宗教:中国政教关系问题研究的一个基本角度》《当今世界伊斯兰教若干问题评述》和《改革开放以来中国伊斯兰教问题的认识和思考》为题,从国际、国内的视野,世界与本土的角度讲述和分析了宗教研究的特点、理论与方法等,引发了学者们的热烈讨论。大会还就"执政党与宗教""伊斯兰教与和谐社会""伊斯兰教与宗教对话""社会转型与伊斯兰教"等相关议题进行了分组讨论。江苏省青年干部管理学院常务副院长米寿江教授主持了闭幕式。江苏省伊斯兰教协会会长、南京大学伍贻业教授作了精彩而简洁的讲话。中国社会科学院世界宗教研究所周燮藩研究员作了大会总结。会议主办方安排学者们考察了扬州著名的伊斯兰教古迹仙鹤寺、普哈丁墓园,并参观了扬州博物馆等。宁夏社会科学院副院长郭正礼及回族伊斯兰教研究所所长马平,研究人员孙俊萍、刘伟、王伏平、金贵和马燕参加了此次会议。 (李　华)

**【第四次文明对话国际学术研讨会】** 6月12~14日,由南京大学与美国哈佛—燕京学社主办、南京大学民族与边疆研究中心承办的"文化理解与文化对话的百年进程——第四次文明对话国际学术研讨会"在南京举行。会议云集了中国、美国、日本、意大利等国家和地区70多位从事伊斯兰教中国化研究、伊斯兰教与儒学对比研究、文明对话研究及中东伊斯兰研究的学者。此次学术会议是美国哈佛—燕京学社作为对"文明冲突论"的一种积极回应而倡导伊斯兰文明与儒家文明在中国及世界的历史性与现实性对话的总结性会议。美国哈佛—燕京学社新任主任裴义理教授、南京大学校长助理周宪教授及中国伊斯兰教经学院副院长高占福研究员代表各方致欢迎辞。宁夏社会科学院研究员马平、云南大学教授肖宪、南京大学教授华涛分别对前三次学术研讨会进行了回顾与总结。会议围绕"文明对话十年回顾""宗教与中国问题研究""中国历史上的回儒对话""回儒对话的现代思考""伊斯兰教在中国的发展""民族、宗教与'中国性'""文明对话的理论探索""文明对话的前瞻""文化理解与文化对话的百年历程"等议题进行。宁夏社会科学院副院长郭正礼参加了此次学术研讨会的开幕式,马平、丁克家、金贵、仇王军分别提交论文《不同信仰间的"文化理解"与中国回儒对话范式》《文明对话视角下的回儒对话》《从"文化理解"的角度看王岱舆的"五常"范畴》《试论回族与其他宗教的关系》,并分别在大会上作了发言。

(李　华)

**【首届中国回族非物质文化遗产保护国际研讨会】** 7月23~24日,由宁夏大学和自治区文化厅主办、宁夏社会科学院协办的首届中国回族非物质文化遗产保护国际研讨会在银川市举行。本次研讨会的主题为"回族非物质文化遗产保护"。国内外从事(回族)非物质文化遗产研究的学者、非物质文化遗产保护工程的实际工作者及部分传承人共108名出席了本次会议。国外学者主要来自美国、德国、土耳其、苏丹、利比亚、伊朗以及韩国,中国代表分别来自全国12个省、市、自治区以及香港特区,共提交论文或论文提要60余篇,播放回族非物质文化遗产的纪录片及花儿等回族非物质文化遗产作品数部。美国密苏里州立大学荣誉退休教授卡尔·W·路卡特、伊朗驻华使馆文化参赞阿里·穆罕默德·萨贝基博士、西北民族大学郝苏民教授、厦门大学彭兆荣教授四位学者分别在大会上作了主旨发言,香港中文大学陈志明教授对他们的发言作了精彩评议。与会专家具体围绕"国际视野中的非物质文化遗产保护研究""回族非物质文化遗产保护研究""花儿及其他民歌研究""非物质文化遗产类别研究""非物质文化遗产区域性研究""回族文化传承与创新研究"等专题展开讨论。学者们肯定了回族非物质文化遗产保护工作的重大意义和工作成就,强调加强对回族非物质文化遗产传承人的培养,重视回族非物质文化遗产进校园、进社区等社会宣传教育,为更好地保护和传承回族非物质文化遗产奠定广泛和坚固的社会基础。对于回族非物质文化遗产保护工作的宏观研究、保护与开发的关系、具体名录的挖掘与保护、花儿的保护与开发,以及保护方法和研究维度、在具体保护和开发中的注意事项提出多方面建议。

(李　华)

**【第十九次全国回族学研讨会】** 8月5~8日,中国民族学会回族学分会第十九次学术研讨会在呼和浩特市回民区隆重召开,此次研讨会由中国民族学会回族学分会、中共内蒙古自治区委员会统战部、内蒙古自治区民族事务委员会主办,中共呼和浩特市委员会统战部、呼和浩特市民族事务委员会协办,中共呼和浩特市回民区委员会、呼和浩特市回民区人民政府承办。中共呼市回民区委员会书记云挨厚主持开幕式,内蒙古自治区民委副巡视员吴长林致欢迎辞,中国回族学会会长高发元教授致开幕辞,中国回族学会副会长、河北大学新闻传播学院院长白贵教授宣读了全国政协副主席、中国回族学会名誉会长白立忱的讲话,全国人大常委、中国伊斯兰教协会副会长、著名学者余振贵教授,中共呼市回民区委副书记、组织部部长兰恩华,中共呼市回民区委副书记、政府区长、中国回族学会常务理事白云分别作了重要讲话。全国政协常委、政协民族和宗教委员会副主任、国家民委原副主任周明甫作了题为"关于单个民族发展进步的思考"的主旨发言。来自全国各地400多名回族和各兄弟民族的领导、专家、学者、企业家、民族工作者等参加研讨会。本次研讨会的主题是"团结与和谐、实践与发展"。与会代表就回族经济社会、历史文化和回族学学科建设等重大议题,分为"和谐与发展""历史与人物""社会与经济""文化与认同""文学与艺术"

"学科与教育""哲学与宗教"专题进行了研讨交流。研讨会为来自全国各地的回族企业家、经济学家、管理学家举办了企业家论坛。与会期间,代表们在呼市回民区义乌广场参加了伊斯兰特色景观街揭匾仪式,观看了赵本山率领的辽宁民间艺术团的文艺演出,参观了清真大寺、穆斯林老年公寓、伊利公司、蒙亮民贸有限公司,参与了格根塔拉草原行等实地考察活动。 (李 华)

**【中阿经贸论坛理论研讨会】** 8月26~27日,由宁夏回族自治区人民政府、中国中东学会主办,中阿经贸论坛组委会办公室、宁夏回族自治区商务厅、宁夏社会科学院承办的中阿经贸论坛理论研讨会在银川市举行。应邀参加会议的区外学者48人、区内学者27人。会议由宁夏商务厅厅长马夫主持。自治区主席王正伟向杨福昌、吴思科、安惠侯、孙必干、刘振堂、杨光、李绍先、朱威烈、王铁铮、马晓霖等11位特聘顾问颁发证书。研讨会紧紧围绕"中阿经贸关系研究""宁夏举办中阿经贸论坛的重大意义和作用影响研究""中阿经贸论坛的架构和运行机制研究""宁夏在中阿经贸关系中的作用"等重要议题展开讨论。王正伟作了《搭建中阿经贸合作平台,加速西部地区对外开放进程》的演讲。杨福昌、吴思科、朱威烈、杨光、王铁铮分别作了题为《中阿友谊弥久益坚》《以大视野看待与阿拉伯世界的合作》《把握机遇选准路径实现宁夏新飞跃》《对阿拉伯经济和中阿经贸合作的基本看法》《中阿经贸关系的未来走向》的学术演讲。刘振堂、李雨时、马晓霖、李振中相继作了题为《宁夏在中阿经贸合作中的地位与作用》《继往开来开拓前进共同谱写中阿合作新篇章》《中阿经贸论坛及文明交流格局构建》《推动民族区域经济促进中阿合作》的主题发言。 (李 华)

**【回族文化产业论坛】** 为配合宁洽会暨首届中阿经贸论坛的举办,9月26日上午,回族文化产业论坛在永宁中华回乡文化园召开。论坛由宁夏社会科学院、宁夏人民出版社、中华回乡文化园、西安三宝双喜集团公司主办,青海回族撒拉族救助会、西安腾飞豪华装修公司、西安阿拉米油脂公司协办。宁夏社会科学院院长张进海、自治区政协民族与宗教委员会主任马三保、自治区人大民宗外侨委副主任马天芳、宁夏社会科学院副院长刘天明等以及区内外专家学者150余人参加了此次论坛。陕西政协民宗委副主任、西安伊斯兰文化研究会会长沙鹏程作主题发言。中国社会科学院李兴华研究员、兰州大学马明贤副教授、甘肃社会科学院马东平副研究员、宁夏社会科学院段庆林研究员分别作了题为《回族文化产业与西部大开发》《文化产业的发展与回族文化产业的前景》《对甘肃临夏回族自治州文化产业的个案研究》《穆斯林创意文化与宁夏新经济》的发言,宁夏社会科学院丁克家博士作了精彩点评。中国回族博物馆馆长雷润泽、宁夏人民出版社编审王永亮、《回响》杂志主编李雪竹分别作了《发掘利用回族文化遗产创办回族创意产业》《盘活回族文化资源创新民族繁荣之路》《从〈回响〉杂志看回族民间刊物市场化经营》的发言,甘肃省诗文书画院院长兼《中国穆斯林诗书画》主编马石头、北京大学沙宗平博士等人进行了自由发言;《北方民族大学学报》主编丁万录进行精要点评。最后,宁夏社会科学院副院长刘天明研究员对本次回族文化产业论坛作了总结发言。

(李 华)

**【清真饮食文化论坛学术研讨会】** 9月26日,清真饮食文化论坛学术研讨会在银川召开。本次研讨会系宁洽会暨首届中阿经贸论坛重要组成部分之一,由自治区民族事务委员会、银川市人民政府、宁夏社会科学院主办。来自区内外专家学者百余人参加了学术研讨会。《北方民族大学学报》主编丁万录主持"清真饮食文化"专题,暨南大学马建春教授、陕西师范大学李建彪博士、新疆民族事务委员会研究所所长王平、云南大学马雪峰博士、陕西省饮食文化研究会白剑波副会长、云南社会科学院李红春助研、西北民族大学杨娟硕士分别作了题为《伊斯兰饮食与中国清真饮食的关系》《论清真饮食的禁忌性》《多元文化背景下新疆回族饮食文化》《清真餐饮与1980年以来内地穆斯林农民的迁徙》《西安清真餐饮现状调查研究》《试析清真饮食的文化视野》《回族清真饮食的医食同源》的发言,云南大学姚继德教授进行了精彩的点评;新疆民族事务委员会研究所所长王平主持了"清真产业经营与发展"专题,云南民族大学马经教授、西安市伊斯兰文化研究会原会长贾保平、香港科技大学何伟业博士、浙江东伊顺公司总经理孙玉安、厦门大学王平博士、广东省伊协副秘书长王玉霞、宁夏社会科学院金贵助研分别作了题为《云南清真产业发展之管见》《穆斯林的饮食律例》《清真食品:社会资本、全球风险社会与跨国穆斯林社群》《华东沿海地区回族饮食的现状与发展》《东南沿海城市清真行业现状与发展的调查与分析》《清真牛肉面馆的现状与思考——以珠江三角洲地区为例》《论清真饮食的标准化问题》的发言,宁夏大学任军博士作了精彩评议;西北民族大学马明良教授主持"清真食品法制与管理"专题,南京理工大学季芳桐教授、河南社会科学院潘世杰博士、北京国家宗教事务局处长敏贤良、中南民族大学李安辉副教授、河北沧州市回族文化协会会长吴丕清先生分别作了题为《刘智伊斯兰饮食理论初探》《回族清真饮食文化禁忌理念解读》《关于对清真食品加强管理的思考与建议》《散杂居民族地区清真食品产业发展的难点应用对策研究》《试论清真食品不清真的危害与治理》的发言,与会人员进行了广泛文化交流,一位来自云南的阿訇表达了与学者、企业家合作开展穆斯林应用型人才培养研究的愿望。最后,宁夏社会科学院丁克家博士进行了评议。 (李 华)

**【"中国回族商业文化"征文优秀论文奖】** 9月25日,"中国回族商业文化"征文优秀论文奖揭晓,其中,马宗保、马广德荣获二等奖,段庆林和王伏平等荣获三等奖,孙俊萍和李华等获入围奖。此次征文是由2010第三届中国(宁夏·吴忠)回商大会执委会发起。在全国范围内开展的"中国回族商业文化"

征文暨研讨交流活动,旨在进一步繁荣回族文化,研究探讨今后一个时期“中国回族商业文化”发展,弘扬“乐商坚韧、义利互济”的回商精神,增进不同地域回族商业间的协作交流,推动民族团结进步事业。征文活动共收到来自全国各地论文32篇,经专家评审组认真评审,征文组委会审核,回商大会执委会研究,最终评出21篇优秀论文,对论文作者予以表彰奖励。此次评审一等奖空缺,著名回族学者、中央民族大学教授马启成先生以论文《〈回族研究〉与回族学科建设》荣获特别奖。(李 华)

**【第二届伊斯兰教与基督教对话学术研讨会】** 10月21~23日,中国社会科学院世界宗教研究所、宁夏社会科学院回族伊斯兰教研究所、香港建道神学院基督教与中国文化研究中心联合主办的“文明的交融:第二届伊斯兰教与基督教对话”学术研讨会在北京召开。来自北京、上海、江苏、重庆、山东、广东、云南、甘肃、宁夏、新疆以及香港等地的百余位代表与嘉宾出席研讨会。中国伊协副会长阿地里江·阿吉克力木出席会议并致辞。本次会议分为“伊斯兰教与基督教对话的理论视域”“经典与对话”“宗教比较与文明对话”“伊斯兰教与基督教对话的现实思考”“伊斯兰教与基督教对话的历史经验”“伊斯兰的文明”“伊斯兰文明与中华文明的交融”7个专题。会议注重促使学界的理论探讨与政界、教界的实际经验相融合,并致力于推动将关于伊斯兰教与基督教对话的理论探讨转化为两种宗教共同构建和谐宗教关系的积极实践。宗教文明对话是当今时代要求。应发挥宗教界和学术界的各自优势为彼此之间开展交流与平等对话,为促进和平与发展作出贡献。(李 华)

**【宁夏大学阿拉伯学院成立】** 11月1日,宁夏大学举行了阿拉伯学院揭牌仪式。宁夏回族自治区有关厅局负责人和宁夏大学领导共同为宁夏大学阿拉伯学院揭牌。前来参加宁夏大学首届阿拉伯学学术研讨会的北京外国语大学、上海外国语大学、西安外国语大学等相关专业院校的专家对该学院的成立纷纷表示祝贺。宁夏大学自2002年开设阿拉伯语专业,已为社会输送了百余名本专科人才,该专业有在校生130人,有相关专业的二级学科博士点1个、有外国语言文学一级学科硕士点下设二级学科阿拉伯语言文学硕士点1个。(李 华)

## 西夏学研究

**【概况】** 据不完全统计,2010年出版研究专著12种(部)(包括新版专著98种、修订重版专著2部、期刊2种),发表200多篇论文、资料(包括公开的期刊、报纸论文和重要资讯)。2010年西夏研究有以下几大特点:一是在文献的刊布方面,北方民族大学主编、上海古籍出版社出版了《英藏黑水城文献》(第5册)。该文献为英人斯坦因第三次中亚探险(1913~1916年)从内蒙古黑水城发掘所得,现藏于大英图书馆印度和东方事务部,其数量仅次于俄罗斯的藏品。前4册2005年由西北第二民族学院(现北方民族大学)和上海古籍出版社合作出版。第5册除继续完成之前剩余的全部编号外,还编写了包括全套丛书内容的《叙录》(20万字)。丰富的文献文物资料,有利于西夏研究的拓宽和深入,必将对西夏的语言、历史、宗教研究产生重要的推动,也使《俄藏黑水城文献》西夏文世俗部分文书的最后一卷(第14册)和宗教部分的出版更为学界所翘首期盼。二是西夏学论文的发表阵地进一步扩大,研究阵容日益强大。在国家新闻出版总署批复下,《西夏研究》期刊在年初创办。这样,学界主要的固定论文刊物有《西夏研究》(季刊,宁夏社会科学院主办)、《西夏学》(年刊,宁夏大学西夏学研究院主办,以书代刊);不定期的著作研究丛书有《西夏学研究》(宁夏社会科学院主办)、《西夏研究丛书》(宁夏大学西夏学研究院主办)。另外,多年以来,《宁夏社会科学》《宁夏大学学报》《宁夏师范学院学报》《图书馆理论与实践》等期刊都开辟“西夏学”专栏,集中发表西夏历史文化的文章。北京、宁夏、甘肃是研究力量最为集中的三大地区,高校、社科院系统的研究生、文博领域的研究人员和西夏文化的业余爱好者每年都有新人新作。三是西夏学界与相邻学科敦煌学界,与俄国西夏学界以及学界内部的学术交流,进一步加深和拓宽。本年度宁夏大学先后主办召开了“西夏与敦煌学术研讨会”“黑水城文献与西夏学国际学术论坛”。中国社会科学院民族学与人类学研究所主办了“薪火相传——西夏学国际学术研讨会”。在黑水城文献与西夏学国际学术论坛上,中俄西夏学联合研究所正式在宁夏大学揭牌成立,并将会议论文提前作了结集出版。相关会议还有2010年丝绸之路与西北历史文化研讨会、中国民族古文字研究会成立30周年纪念研讨会、辽金史学会年度会议、首届中国少数民族古籍文献国际学术研讨会。四是西夏历史文化、西夏文献文物(黑水城汉文文献)、西夏学的综合研究,取得明显的进展。研究论著方面,属于专题研究的主要有《西夏艺术史》(陈育宁、汤晓芳著)、《辽夏关系史》(杨浣著)、《西夏河西佛教研究》(崔红芬著)、《宋夏关系史》(李华瑞,重版)。属于文献图录、考释的有《西夏社会文书研究》(杜建录、史金波著);属于论文集(期刊)的有《中国多文字时代的历史文献研究》(聂鸿音、孙伯君编)、《西夏历史与文化——第三届西夏学国际学术研讨会论文集》(薛正昌主编)、《西夏文书档案研究》(赵彦龙著)、《西夏研究》(第1~4期)、《西夏学》(第5~6辑)。此外,还有白滨《寻找被遗忘的王朝》(修订版)。论文成果仍然以语言文字和文献史料(黑水城文献)研究为主,其次为社会、文化和宗教研究,文物、考古和保护开发研究,还有综述、书评及其他。学界的上述成果是在利用俄中英法几大藏地的西夏文、汉文和其他相关民族文字文献资料的基础上,对西夏历史、文献进行了专题性和通论性研究。总之,2010年西夏学以文献研究方面尤为突出。但在西夏历史方面仍需注意研究的深度、广度以及作相关问题的学术史

回顾。（杨志高）

**【"西夏与敦煌"学术研讨会】** 5月30日，宁夏大学西夏学研究院在宁夏大学举办了"西夏与敦煌"学术研讨会。受邀主讲的区外专家有中国敦煌吐鲁番学会会长、首都师范大学历史学院院长、博士生导师郝春文，兰州大学敦煌研究所所长、博士生导师郑炳林，首都师范大学唐宋经济史研究中心主任、博士生导师李华瑞，陕西师范大学西北环发研究中心主任、博士生导师侯甬坚。四位先生分别以《北朝至隋唐五代间的女人结社》《图像中的历史——史学研究新视角》《改革开放以来的国内西夏史研究述评》《统万城遗址考古和研究的新进展》为题，或以敦煌史料、壁画文献为依据，或对女人结社和从图像信息解读历史文本作了探讨；或介绍了国内西夏史研究状况和匈奴赫连勃勃大夏国都遗址的研究概况。宁夏大学西夏学研究院院长、博士生导师杜建录交流了《西夏学学科建设问题》。最后，宁夏大学原校长、博士生导师陈育宁总结讲话。区内20位专家及西夏学研究院全体师生参与了本次研讨会。此次会议，对西夏学借鉴敦煌学的研究经验，提升整体研究水平有重要作用。（杨志高）

**【2010年"丝绸之路与西北历史文化"研讨会】** 7月31日至8月2日，由西北民族大学主办，西北民族大学历史文化学院、兰州大学敦煌学研究所承办的"丝绸之路与西北历史文化"研讨会在西北民族大学举行。与会代表66名，来自北京、江苏、陕西、澳门、宁夏、河南、西藏、新疆、内蒙古和甘肃等19个地区。会议围绕丝绸之路的盛衰与西北历史文化、丝绸之路与中外经济文化交流、丝绸之路与西北文化遗产保护、丝绸之路与民族关系、丝绸之路与宗教、丝绸之路与艺术、丝绸之路旅游资源开发研究7个方面的议题进行学术探讨。薛正昌《丝绸之路与固原》、段玉泉《西夏文〈圣观自在大悲心总持功能依经录〉研究》分别就宁夏段四处文化遗存申报世界文化遗产、西夏佛教文化流传史进行了交流。（杨志高）

**【中国民族古文字研究会成立30周年纪念研讨会】** 8月27～29日，中国民族古文字研究会成立30周年纪念研讨会在河北承德召开。来自北京、天津、河北、辽宁、黑龙江、内蒙古、宁夏等地的专家学者共147人出席了会议。会议共收到回忆性文章6篇、学术论文近70篇，涉及契丹、女真、西夏、八思巴、回鹘、藏等16种民族古文字及古文字文献的研究和解读。作为全国性学术团体的学会，该会自1980年8月成立以来，秉承团结和组织少数民族语言文字、文献古籍工作者的宗旨，开展古文字、文献古籍的学术研究活动，因而也是通过借鉴其他民族古文字研究的理论、方法，进而推动西夏文献研究交流的重要平台。（杨志高）

**【"黑水城文献与西夏学"国际学术论坛】** 10月16～18日，宁夏大学西夏学研究院主办、宁夏博物馆协办举行了"黑水城文献与西夏学"国际学术论坛。出席会议的有中国社会科学院学部委员史金波，宁夏大学原党委书记、校长陈育宁，俄国科学院东方文献研究所所长波波娃，俄国科学院东方文献研究所原所长克恰诺夫，中国社会科学院研究员聂鸿音，宁夏大学西夏学研究院院长杜建录，首都师范大学李华瑞，宁夏博物馆馆长李进增，陕西师范大学韩小忙，日本东京外国语大学荒川慎太郎，俄国圣彼得堡大学索罗宁等百余位代表。本次论坛共收到论文80余篇，其中60余篇会前结集于《西夏学》"首届西夏学国际论坛专号"（第5～6辑）。会议交流主要内容为黑水城的相关文献的解读和历史文化研究。这次会议为中俄人文合作委员会的活动项目，规模大、层次高、新人多、研究课题新、学术气氛浓，达到了学术交流与探讨的目的。（杨志高）

**【中俄西夏学联合研究所正式揭牌成立】** 10月17日，在黑水城文献与西夏学国际学术论坛开幕式上举行了中俄西夏学联合研究所揭牌仪式。宁夏大学党委书记齐岳、校长何建国，以及中国社会科学院学部委员史金波、宁夏大学原校长陈育宁、俄罗斯科学院东方文献研究所原所长克恰诺夫、宁夏博物馆馆长李进增、日本东京外国语大学荒川慎太郎、俄国圣彼得堡大学索罗宁等和宁夏大学西夏学研究院师生出席了揭牌仪式。宁夏大学西夏学研究院院长、中俄西夏学联合研究所中方所长杜建录，俄国科学院东方文献研究所所长、中俄西夏学联合研究所俄方所长波波娃为联合研究所揭牌。齐岳在致辞中指出，成立中俄西夏学联合研究所可以进一步促进中俄文化交流，有助于深化西夏学研究水平。联合研究所是中国在西夏学研究领域建立的第一家中外学术合作研究机构，作为中俄人文合作委员会（副总理级）活动平台，每年将定期举办国际西夏学论坛，邀请国际著名专家、青年学者举办西夏学最新研究成果报告，论坛发表的论文将结集公开出版。中俄双方将组织专家开展黑水城文献与西夏历史文化合作研究，中方每年选派学者到俄罗斯科学院东方文献研究所访问进修，俄方提供科研资料和必要条件。中方邀请俄罗斯专家每年到中国访学，并给予必要的支持和帮助。（杨志高）

**【首届中国少数民族古籍文献国际学术研讨会】** 10月19～22日，由中央民族大学、西南民族大学、中国民族古文字研究会和北京市民委共同主办的首届中国少数民族古籍文献国际学术研讨会在中央民族大学召开。来自俄、德、法、英、土耳其、波兰、荷兰、芬兰、美国、澳大利亚、蒙古、日本等13个国家和地区的80名专家学者参加了会议。会议提交专题研究、综述、研究报告79篇，涉及20多个语种。主要议题包括"某一文种的古籍文献专题研究""国内外某一区域（某一机构）的中国少数民族古籍文献收藏现状报告""濒危小少文种古籍研究""中国少数民族古文字研究""中国少数民族古籍文献保护与抢救"等5项内容。西夏学界俄罗斯学者克恰诺夫、波波娃，中国学者史金波、聂鸿音、林英津、孙伯君、胡进杉及日本学者池田巧、荒川慎太郎、松泽博等出席了会议。这次会议对包括西夏文献在内的中国少数民族古籍文献整理研究工作向深度和广度发展有重要的推动

作用。 (杨志高)

**【薪火相传——西夏学国际学术研讨会】** 10月22~23日,为庆祝著名西夏学家史金波先生70岁寿诞,中国社会科学院民族研究所在北京举行"薪火相传——西夏学国际学术研讨会"。来自北京、宁夏、河北、甘肃、陕西、内蒙古、江苏、台湾等地以及俄、日、法等国的30余名专家学者出席庆贺和学术研讨。与会代表围绕西夏语文、西夏史、西夏宗教文化、西夏遗存文献的解读、民族史研究及民族古文字文献等方面进行了学术讨论。宁夏大学和宁夏社会科学院的相关研究人员在会议上宣读了自己最新的研究成果。 (杨志高)

**【台湾西夏学专家龚煌城教授逝世】** 9月11日,台湾著名语言学家、西夏研究学家龚煌城教授病逝于台北,享年77岁。龚先生1934年生于云林北港,1957年自国立台湾师范大学英语系毕业。1966~1974年赴德留学,学习德语、历史语言学。1974年获得慕尼黑大学哲学博士学位。1976年返回台湾在中央研究院从事历史语言研究。研究期间,1988年于国立台湾大学中国语文学系开设上古音研究、汉藏语历史比较语言学以及西夏语文研究课程。他曾任日本东京外国语大学亚非语言文化研究所访问教授、美国加州大学伯克利校区东亚语言学系访问教授。他曾经访问过俄国莫斯科大学、俄国科学院圣彼得堡东方学研究所以及国内外多家高校和科研单位,与国内外西夏学与藏缅语权威学者作过学术交流。1998年受聘为中国社会科学院西夏文化研究中心学术委员。2005年8月曾出席在宁夏主办的第二届西夏学国际学术研讨会。龚先生精通日语、德语、英语,能阅读法语、荷兰语及俄语等,专长古汉语、西夏语和汉藏比较语言学。他最重要的著作有《西夏语文研究论文集》以及《汉藏语研究论文集》。通过长期研究,他首先发现了西夏语韵母的音韵转换现象,并探索各种转换的规律及其与构词法的关联,以及西夏语音韵的历史演变。他对原始西夏语音韵构拟得到国际西夏学代表学者的一致认同与采用。 (杨志高)

**【《西夏学大辞典》撰稿会议】** 11月27日,《西夏学大辞典》主编及撰稿人会议在银川召开,来自北京、陕西、甘肃和宁夏的西夏学、民族学、文物考古学方面的30余名专家学者,为《西夏学大辞典》编纂工作的启动进行了座谈和进展汇报。《西夏学大辞典》是第一部全面反映西夏历史文化的大型专科工具书,由宁夏社会科学院名誉院长、博士生导师李范文担任主编。 (杨志高)

## 经济社会研究

**【概况】** 2010年,以宁夏社会科学院等各职能部门为主的研究机构,加大了对宁夏经济社会发展中具有全局性、前瞻性、战略性的重大理论问题和实际问题研究力度,在研究选题上,注重开展中长期战略发展研究,与自治区党委提出的发展战略紧密相联,如"关于宁夏'十二五'规范的几个重大发展战略问题研究""宁夏'十二五'投资规模问题研究"等。研究的内容主要涉及宁夏的内陆开发型经济、沿黄城市带发展、银鄂榆三角区域、宁夏农业特色优势产业发展和三大农业示范区建设等,这些研究成果,受到自治区党委、政府领导和有关部门的重视和肯定,实现了研究成果与宁夏经济社会发展实际的有效对接。 (郭亚莉)

**【《在转变发展方式中拓宽西部开发新路》】** 由自治区党委副书记、自治区主席王正伟撰写,发表于《求实》2010年第13期。加快经济发展方式转变,是中央的重大战略部署,是新一轮西部大开发的重要着力点,也是推动宁夏科学发展、和谐发展的关键环节。文章提出,首先,要着眼长远,深刻认识转变经济发展方式的紧迫性。宁夏必须全力推动经济结构转型升级,加强体制机制创新,积极引进外部要素,着力聚集资源、盘活存量、优化增量,在转变方式、调整结构、发展战略性新兴产业中抢占一席之地,形成新的竞争优势。其次,要立足区情,探索经济发展方式转变的新思路。统筹整体与局部的关系,促进区域协调发展;统筹开发与保护的关系,促进生态友好发展;统筹经济与民生的关系,促进和谐发展。最后,要真抓实干,在大胆实践中加快经济发展方式转变。要提升投资和消费质量,在扩大内需中促转变;要提升优势产业发展质量,在培育内生动力中促转变;要提升城市化质量,在城乡统筹、山川共济中促转变;要提升对外开放质量,在发展外向型经济中促转变;要提升人民生活质量,在加快社会事业发展中促转变;要提升将宁夏建成统筹发展的"大城市"调控和管理质量,在改革创新中促转变。 (郭亚莉)

**【《以科学发展观为指导努力提高民族地区妇联组织五种能力》】** 由自治区党委副书记于革胜撰写,发表于《中国妇运》2010年第6期。文章指出科学发展观是发展中国特色社会主义必须坚持和贯彻的重大战略思想,也是指引中国妇女运动的强大思想武器。宁夏处在加快发展、爬坡赶超的关键阶段,面临的机遇和挑战都是前所未有的。必须把贯彻落实科学发展观同民族地区实际结合起来,科学谋划妇女工作发展,不断推动思路创新和实践创新,努力提升妇联组织服务大局、服务妇女和服务基层的能力,走出一条符合民族地区妇女工作特点的新路子。文章提出各级妇联组织,一要提高服务大局的能力,动员广大妇女为促进经济平稳较快发展作贡献;二要提高服务妇女的能力,着力解决关系妇女生计和发展的重大民生问题;三要提高改革创新的能力,着力推动妇女工作体制机制创新;四要提高维权保障的能力,切实担负起保障妇女儿童权益的社会责任;五要提高自身建设能力,为妇联组织有效发挥作用提供坚强组织保证。 (郭亚莉)

**【《把中心组学习作为重要工程来抓》】**

由自治区党委常委、宣传部长杨春光撰写,发表于《党建》2010年第4期。文章指出宁夏各级党委(党组)把中心组学习作为领导干部坚定理想信念、提高理论素质、提升分析解决实际问题能力的重要工程来抓,使中心组学习成为抓领导干部学习、带动全员学习、形成良好学风和推动学习型党组织建设的重要抓手。首先,把中心组学习作为重要工程来抓,使学习有特点。其次,把中心组学习作为重要工程来抓,要抓关键。还要根据形势发展需要,不断加强和改进中心组学习,使中心组学习定位准确,安排科学,方法灵活,规范有序,善于创新。 (郭亚莉)

**【《再塑“塞上江南”新景观》】** 由自治区党委常委、银川市委书记崔波撰写,发表于《国土绿化》2010 年第 9 期。文章分析指出银川市东临黄河,西傍贺兰山,是中国西北地区东部重要的区域中心城市。这里有古老的黄河文化、神秘的西夏遗韵和浓郁的回乡风情。“贺兰岿然,长河不息”的银川精神,是银川人优秀品质的集中体现。近年来,银川市的城乡园林绿化事业紧紧围绕建设西北地区“最适宜居住最适宜创业”的现代化区域中心城市目标快速发展,生态环境及城市面貌大为改善,市民的幸福指数大幅度提升,取得了十分可喜的工作成绩。但是银川市三面环沙,是被沙漠包围的一片绿洲,整体生态环境依然很脆弱。因此,必须保持永不懈怠的坚定信念,继续扎实苦干,奋力突破,要持续抓增量,抓塞上湖城的特色,深化机制改革,巩固提高全国绿化模范城市建设成果。 (郭亚莉)

**【《将宁夏建成统筹发展的“大城市”》】** 由自治区发改委党组书记、主任袁进琳撰写,发表于《今日中国论坛》2010 年第 11 期。文章提出,第一,把宁夏全区作为一个城市规划建设。从资源环境的角度看,把宁夏作为一个城市规划是科学的;从发展实践的角度看,把宁夏作为一个城市规划是可行的;从实现小康的角度看,把宁夏作为一个城市规划是紧迫的。第二,走出有特色的兴区富民之路。加快建设沿黄经济区是统筹城乡发展的重要载体,是一项长期而艰巨的战略任务。要按照共建共享的要求,以黄河金岸为核心区,以固原为次中心,以打造现代产业聚集区、城乡统筹示范区、生态文明先行区和内陆开放试验区为目标,按照资源开发、功能定位、特色突出、服务现代、同城建设的要求,把宁夏作为一个大城市规划建设,走出一条符合宁夏实际、富有特色的兴区富民之路。 (郭亚莉)

**【宁夏农业综合开发创新与实践战略研讨会】** 12 月 19 ~ 20 日,由自治区农业综合开发办公室与中国科学院生命科学与生物技术局合作举办的宁夏农业综合开发创新与实践战略研讨会在银川召开。中国科学院生物技术局局长张知彬、中国科学院动物所孟安民院士和自治区主席王正伟、主席助理屈冬玉、财政厅厅长王和山到会致辞并作重要讲话。研讨会共收到研讨交流论文 23 篇,中国科学院的 5 位科学家、宁夏的 5 位专家及厅局领导分别作了主题报告。北京绿东国创农业科技有限公司汪晓云应自治区农发办邀请出席了本次研讨会并作了题为《双向节水设施农业创新模式的构想与建议》的报告,提出了“根际节水”与“冠层节水”的双向工程节水理念,得到中国科学院部分专家和宁夏回族自治区科技厅、农发办相关专家的响应和共鸣。 (郭亚莉)

**【人口与发展国际研讨会】** 9 月 27 日,人口与发展国际研讨会作为中阿经贸论坛的重要内容在银川市召开。来自各国及有关各国际机构的代表、国内的专家学者和实际工作者,交流和研讨在人口和发展、生殖健康、妇女发展、消除贫困等方面的经验,讨论进一步贯彻人口发展大会行动纲领、实现千年发展目标的战略和路径。国家人口计生委主任李斌、自治区主席王正伟、中国计划生育协会副会长杨玉学、人口与发展南南合作伙伴组织执行主任哈利·乔瑟里、联合国人口基金驻华代表薄纳德、世界卫生组织驻华代表蓝睿明出席会议并在开幕式上致辞。国家人口计生委副主任赵白鸽作了题为《促进可持续发展实现千年发展目标》的演讲。

(郭亚莉)

**【ACCC 项目中国社科院宁夏技术支持研讨会】** 7 月 29 ~ 31 日,ACCC 项目中国社科院研究团队在宁夏召开技术支持研讨会,这是继国际专家团队在内蒙古培训会后的 CASS 技术支持团队的第一次技术支持会。中国社科院的主要研究人员潘家华研究员、郑艳博士、陈洪波副研究员、王晓毅研究员、吴向阳副研究员、王建武博士等都参与了会议并作了主题发言。中国农科院许吟隆教授作为气候变化自然影响研究团队的专家,受邀参会,并介绍了气候科学情景及其与社会经济情景之间的衔接问题。宁夏研究团队的主要人员参与了会议,包括宁夏发改委经济发展研究中心、宁夏生态办、宁夏 CDM 中心、宁夏气象局、宁夏水利厅等机构,共计 18 人。本次会议以主题报告、讨论交流、调研考察为主要形式,中国社科院团队提供的技术支持主要有:适应脆弱性评估的概念框架、利益相关方分析方法、社区调研的主要方法、社会经济情景的构建方法、生态移民的国内外案例、适应资金机制的框架等。宁夏代表主要介绍了宁夏研究的工作进展,双方共同讨论了宁夏 2010 年工作计划,以期为宁夏经济发展提供技术支持。

(郭亚莉)

**【中拍协 2010 年理论研讨会】** 8 月 24 ~ 25 日,由中国拍卖行业协会主办、中国拍卖行业协会法律咨询与理论研究专业委员会承办、宁夏回族自治区拍卖行业协会协办的中国拍卖行业协会 2010 年理论研讨会在宁夏银川举行。全国人大法工委民法室副主任陈佳林及商务部市场体系建设司的有关领导,中国政法大学、中南财经政法大学、上海政法学院、西安交通大学以及上海立信会计学院的专家学者出席研讨会并作主题演讲。中国拍卖行业协会会长张延华、副秘书长王凤海和来自全国各省、自治区、直辖市拍卖行业协会领导以及拍卖企业代表参加了此次研讨会。研讨会由中拍协法律咨询与理论研究专业委员会主任田涛、副主任王凤海,中拍协理论宣传部副主任欧树英分别主持。本次研讨会围绕“拍卖在市场经济中的地位与作用”这一主题进行,代表们分别从“拍卖在市场经济中的经济功能探讨”“拍卖在市场经济中法律地位的理论探讨”以及“司法委托拍卖公共平台建设探讨”3 个方面进行了翔实

的论述和深入的探讨。 (郭亚莉)

【生态环境补偿机制国际研讨会】 为总结国际国内生态环境补偿机制的成功做法和经验，研究我国生态环境补偿的基本思路和政策措施，探讨我国建立健全生态环境补偿机制的政策法规框架，2010年7月，国家发展改革委、环境保护部、亚洲开发银行、宁夏回族自治区人民政府在宁夏石嘴山市联合举办生态环境补偿机制国际研讨会。自治区主席王正伟出席会议，自治区副主席赵小平、环境保护部自然生态司司长庄国泰、亚洲开发银行东亚局局长克劳斯·格尔豪瑟出席会议并讲话。国家发改委、环保部、财政部、国土资源部、水利部、农业部、国家林业局、国务院法制办有关负责人，以及江苏、山西、青海等13个省区市发展改革委、环保厅(局)有关负责人近100人参加会议。来自亚洲开发银行、中国科学院、北京大学、中国人民大学、武汉大学、环保部环境规划院等国际组织和知名学府、研究机构的专家学者，围绕生态补偿国际经验及对中国的启示、中国生态补偿政策框架设计、生态补偿政府间财税关系、生态补偿法律关系以及生态补偿立法等问题，进行了演讲和讨论；与会各省区市就本地开展生态补偿机制试点情况作了大会交流。国家发改委副主任杜鹰出席会议并讲话。会议指出，生态补偿是以保护生态环境、促进人与自然和谐发展为目的，根据生态系统的服务价值和保护成本，综合运用政府和市场手段，调节生态环境相关者之间利益关系的公共制度安排。党中央、国务院高度重视生态文明建设和建立生态补偿机制工作。党的十六届五中全会首次明确提出，“按照谁开发谁保护、谁受益谁补偿的原则，加快建立生态补偿机制”。胡锦涛总书记在党的十七大报告中再次强调，“实行有利于科学发展的财税制度，建立健全资源有偿使用制度和生态环境补偿机制”。建立健全生态环境补偿机制，是全面贯彻落实科学发展观的重大战略举措，具有特别重要的意义。 (郭亚莉)

【新一轮西部大开发与宁夏经济跨越式发展研讨会】 由宁夏经济学会主办、宁夏大学经济管理学院承办的新一轮西部大开发与宁夏经济跨越式发展理论研讨会于10月9日在宁夏大学国际交流中心举行。宁夏经济学会、自治区党校、宁夏大学、北方民族大学、自治区发改委、自治区党委政研室、自治区政府研究室、宁夏社会科学院等单位从事经济理论教学与经济问题研究的理论骨干百余人参加了此次会议。宁夏经济学会会长、自治区党校常务副校长杨国林，宁夏大学校长何建国教授出席会议并致辞，我国著名区域经济学专家、中国社会科学院博士生导师陈栋生教授应邀前来参加会议并为大会作学术报告，宁夏社科联副主席魏锦、自治区政府研究室原副主任张海晏教授、自治区发改委助理巡视员汪建敏、自治区政府研究室副主任高树枝和经济学会的领导出席了会议。十多位专家在会上发言，陈栋生作了题为《在转变经济发展方式中推动新一轮西部大开发》的专题报告，他认为，转变经济发展的方式是未来五年或更长时间经济持续平稳较快发展的关键。经济社会的主旋律是在发展中促转变，在转变中谋发展。尽管西部大开发使经济得到较快发展，但是高消耗、高占用、高排放、低效益却成了需要解决的难题。中央对西部实行整体推进，重点突破，宁夏应当优化区域结构，使经济协调发展。自治区发改委汪建敏研究员围绕“宁夏发展战略与对策的若干思考”主题进行演讲。 (郭亚莉)

【“西部大开发宁夏新跨越”理论研讨会】 8月13日，由宁夏社会科学院科研组织处和《宁夏日报》社理论部联合召开了“西部大开发·宁夏新跨越”理论研讨会。《宁夏日报》社理论部主任王桂生就全区实施西部大开发战略十年来所取得的成就和经验，未来十年如何将研究思路和方向与中央及自治区党委政府决策对接作了发言，并提出了急需研究的课题。宁夏社会科学院专家学者结合自己的学习体会，就宁夏实施西部大开发十年来所取得的成就和经验，全区在深入实施西部大开发战略中面临的机遇与挑战，西部大开发任务和政策的对接与落实，如何加强基础设施建设和生态环境建设，加快科技教育发展，特色优势产业发展和人才开发，如何加快经济结构的战略性调整和产业结构的优化升级，如何保障和改善民生，如何深化改革和扩大开放、加强民族团结、促进社会和谐稳定等方面作了交流发言。 (郭亚莉)

【中阿论坛宁夏农业经贸合作洽谈研讨会】 9月27日，中国·阿拉伯国家经贸论坛宁夏农业经贸合作洽谈研讨会在银川举行。来自阿拉伯国家的政府官员和商界人士以及农业部、商务部、海关总署的特邀嘉宾和全区各地农牧部门及企业代表180多人参加研讨会。中外双方企业家代表还对企业及优势特色农产品进行了推介。近年来宁夏与阿拉伯国家农业经贸合作越来越紧密。宁夏的农产品出口已覆盖77个国家和地区，特别是羊绒制品、枸杞、脱水蔬菜、马铃薯、果汁、滩羊皮等特色农产品和清真食品在阿拉伯国家有着广阔的市场。在中阿经贸合作论坛总体框架下召开中阿宁夏农业经贸合作洽谈研讨会，对进一步加深阿拉伯国家对宁夏乃至中国农业、农产品发展状况的认识，促进宁夏与阿拉伯国家和穆斯林地区的农业经贸合作，深层次地开展现代农业交流与合作，推动宁夏现代农业和特色优势农产品更多地走出国门、走向世界具有深远的意义。 (郭亚莉)

【热点问题研究】 2010年，宁夏各界不仅对经济社会发展热点问题的研究力度加大，随着经济的发展，研究的领域也不断扩大。在经济转型、沿黄城市带、经济核心区、三农问题、清真产业、旅游经济、人口问题、生态问题、可持续发展等热点问题的研究进一步加深。研究视角不只关注经济和社会方面的发展问题，而且关注发展与生态、环境的问题。三农问题依然是研究的重点，尤其对农业产业化、信息化、设施农业的研究力度进一步加强。据不完全统计，各类公开发行期刊、研讨会、报纸刊载及内部刊物上有关宁夏经济社会方面研究的论文千余篇。 (郭亚莉)

# 学术园地

**【《宁夏社会科学》】** 《宁夏社会科学》创刊于1982年(双月刊),是由宁夏社会科学院主管主办的全国社会科学类期刊,由《宁夏社会科学》编辑部负责编辑出版,是反映和代表宁夏社会科学学术研究水平的综合性学术理论刊物,主要突出民族特色和地域特色,刊载具有创新意义的研究成果。辟有政治法律、经济社会、民族宗教、西夏历史、哲学文化、文学艺术等栏目。其中以西夏历史学、民族宗教学为特色栏目。《宁夏社会科学》在全国社会科学期刊中多次获殊荣。1996年、2008年被中国社会科学院文献信息中心评为中国人文社会科学核心期刊;2001年进入中国期刊方阵,被评为双效期刊;2002年、2008年、2009年8月被评为宁夏回族自治区优秀期刊;2003年1月,《宁夏社会科学》荣获第二届国家期刊奖百种重点期刊称号。2004年,《宁夏社会科学》被北京大学图书馆评为中文核心期刊;1999年、2004年、2008年分别被南京大学中国社会科学研究中心评价中心(CSSCI)选为中文社会科学引文索引来源期刊。随着期刊信息化、电子化进程的加快,《宁夏社会科学》分别加入了中国学术期刊网、万方数据库,同时入选中国学术期刊综合评价数据库,全文收入中国学术期刊(光盘版)和万方数据——数字化期刊,并被《中国核心期刊(遴选)数据库》收录,实现了期刊电子化和数字化。2010年来稿约5000份,共出版期刊6期,刊载学术文章229篇,部分文章被《中国人民大学报刊复印资料》《新华文摘》等转载或摘引。(张东祥)

**【《回族研究》】** 《回族研究》创刊于1991年2月,是国内唯一一份公开出版的全方位研究回族的综合性刊物,集知识性、学术性与资料性于一体。设有回族历史、回族文化教育、回族经济与社会、回族哲学、回族人物、回族伊斯兰教、文明对话、域外伊斯兰文明、回族知识等栏目。《回族研究》是广大回族和一切关心回族问题的研究者交流思想与成果的园地,是回族人民学习和了解本民族历史文化、掌握当前本民族社会经济文化动态的便捷渠道,是党政部门、各界人士及其他各民族群众获得有关回族方面知识和信息的重要窗口。2010年,《回族研究》继续保持中国民族学类中文核心期刊、中国人文社会科学核心期刊的地位;被多家权威数据库认定为来源期刊;为国家新闻出版总署的"双效期刊"。2010年共出版刊物4期;刊发学术理论文章124篇,共120万字;资料、信息21条约3000字;图片87幅;被人大复印资料全文转载3篇文章;被《新华文摘》全文转载1篇文章。

(马晓琴)

**【《宁夏大学学报》(人文社会科学版)】** 2010年,《宁夏大学学报》共收登稿件2600多份,出版6期,编发稿件247篇,共计260.7万字,校对782万字,被全国高等学校文科学报研究会评为"全国高校百强社科期刊","西夏研究"栏目被评为特色栏目。规章制度建设编辑队伍建设方面,一是进一步做好现有规章制度的落实和贯彻,根据出版工作实际,继续做好规章制度的制定、修订与完善,制定了《宁夏大学学术期刊中心主编、副主编岗位职责》,修订了《宁夏大学学术期刊中心编校差错认定细则》,并把各项规章制度落到实处。二是自2010年3~9月,受宁夏新闻出版局委托,承担了部分外省市图书和宁版书的审读工作。三是继续输送编辑人员参加《咬文嚼字》讲习所培训活动,以提高编辑人员的文字编校水平。理论政策宣传和传播核心价值观方面,一是进一步宣传和落实科学发展观及十七届五中全会精神,组织编发了一批相关稿件,产生了良好的社会效益。二是积极响应党和政府关于西部大开发战略大学习活动,组织编发了相关稿件,如《西部大开发以来宁夏产业结构演进的就业效应分析》等,为新一轮西部大开发提供了理论参考。传播中华文明方面,一是组织刊发了一大批汉语言文字方面的稿件,如汉语研究方面,共刊登全国各地作者的文章80余篇;文学研究方面,共刊登30余篇,有力地鼓舞了广大作者研究中华文明的热情和信心。二是加强栏目建设,办好特色栏目,突出学术特色。三是为中国社会科学院编写的《西夏年鉴》提供了本刊历年刊发的有关西夏研究的论文等相关资料。改革发展方面,一是开展学术不端行为检测,组织编辑人员专题学习了相关文件,购买了软件,培训了编辑人员,对拟采用的稿件指定专人进行相似度检测,在一定程度上杜绝了抄袭剽窃等学术不端行为的发生。二是与《上海交通大学学报》编辑部合作,开展了审稿专家共享、互派编辑学习等活动。(王荣华)

**【《西夏研究》】** 《西夏研究》由宁夏社会科学院主管主办,国内外公开发行的历史学类中文学术期刊(季刊,国际标准刊号:ISSN1674-8077,国内统一连续出版物号:CN64-1068/C,邮发代号:74-41,国外代号:Q932),主要面向社会科学研究人员,高等院校教师、学生,历史学爱好者。2010年2月正式创刊并出版发行。2010年共出版刊物4期,刊发学术理论文章68篇、资料信息4篇80余万字,被《中国人民大学报刊复印资料》全文转载2篇文章。

《西夏研究》是西夏研究专业学术理论刊物,主要刊载西夏历史文化、语言文字、西夏学术研究动态及隋唐宋辽元、边疆史地等相关学科研究论文。栏目有西夏历史,包含西夏政治、西夏经济、西夏军事、西夏族源、西夏对外关系、西夏地理等方面内容;西夏文化,主要包括西夏佛教、西夏科技、西夏文学、西夏风俗、西夏美术音乐舞蹈等方面内容;西夏语言文字;西夏文物考古;西夏文献整理研究,包括黑水城文献、国内藏西夏文献、流失海外的西夏文献、传统典籍汉文史料等;西夏移民调查研究;西夏人文旅游;国外西夏学研究评介;西夏学新书目、百年西夏学研究著作、西夏学学人、西夏学研究机构推介以及与西夏相关学科如宋辽金元研究、古藏羌研究、北方边疆民族史研究、宁夏地方史等。 (孙颖慧)

**【《北方民族大学学报》(哲学社会科学版)】** 2010年,《北方民族大学学报》(哲学社会科学版)注重栏目建设,在做好重点特色栏目民族学研究、宗教学研究、人类学研究的同时，开设了各项专题栏目，发表了一批具有较高学术价值和现实关怀的文章，进一步提升了学报的社会影响力。在稿件的审理录用方面，充分利用网络资源，启用科技期刊学术不端文献检测系统(WMLC)，对抄袭等学术不端行为的作者和稿件进行涤除。随着期刊信息化、电子化进程的加快，《北方民族大学学报》分别加入了“中国学术期刊网”“万方数据库——数字化期刊”并被《中国核心期刊(遴选)数据库》收录，实现了期刊电子化。2010年，《北方民族大学学报》被南京大学中国社会科学研究评价中心再次入选为中文社会科学引文索引(CSSCI)民族类来源期刊。2010年共出版发行学报6期，刊发学术理论文章144篇共147万字，被《新华文摘》和《高等学校文科学术文摘》摘编和转摘4篇，被人民大学报刊复印资料全文转载6篇。

(马　君)

**【《宁夏师范学院学报》】** 2010年，《宁夏师范学院学报》在办好固定栏目，如社科版的文学研究、西北史地、历史文化、语言文字、西夏研究，自然版的基础理论与应用基础、生态环境与经济发展、计算机技术及应用的基础上又设置了宁夏作家作品研究、纪念海原大地震90周年、固原历史文化学术研讨会等专栏。严格按照编辑部工作程序开展工作，遵循统一登记、归口审阅、编辑加工、互换校对、印刷发行的工作流程，坚持三审、三校和集体讨论定稿制制度，避免出现工作失误，保证按时按质完成工作任务。继续使用科技期刊学术不端行为检测系统，杜绝剽窃抄袭、一稿多投等学术不端行为。全年共计发稿193篇(社会科学141篇、自然科学52篇)。同时利用封二、封三从学科概况、学科队伍、研究方向、科研成果和建设目标等方面，对学校重点学科中国现当代文学、基础数学、专门史、英语语言文学、分析化学、光学等进行了介绍。

(王文娟)

**【《宁夏党校学报》】** 《宁夏党校学报》由中共宁夏回族自治区委党校、宁夏行政学院主办。以中国特色社会主义理论体系为指导，坚持理论联系实际，研究改革开放进程中的理论与现实问题，研究社会经济发展和党的建设问题，研究宁夏经济社会发展的理论与现实问题等为办刊宗旨。主要栏目有：中国特色社会主义理论体系研究、党的建设、经济研究、社会主义研究、宁夏经济社会发展研究、法治与社会、哲学与文化等。10月，学报编辑部组织自治区党校(院)专家学者及科研工作者围绕“如何办好《宁夏党校学报》”进行了座谈。根据经济社会发展的热点问题，增设深入实施西部大开发战略学习、十七届五中全会学习等交替栏目，组织“深入实施西部大开发战略大学习”和“十七届五中全会学习”征文。对学报的封面、版式等进行改版。2010年学报共发表文章153篇，约92万字。

(孟　筱)

**【《图书馆理论与实践》】** 《图书馆理论与实践》是宁夏图书馆学会、宁夏图书馆主办的图书馆学、情报学、文献学、信息学专业刊物，是全国中文核心期刊。该刊1979年12月正式创刊，其前身是《宁夏图书馆通讯》，自1986年第一期起更名为《图书馆理论与实践》。该刊创刊时至1984年均为不定期发行。1985年《图书馆理论与实践》改为季刊。自2000年第一期起改为双月刊。2002年改为大16开国际流行版。2004年，每期页码增至112页；2005年，每期页码增至136页；2007年，每期页码增至148页。2009年第一期起改为月刊。《图书馆理论与实践》多年来坚持理论与实践并重、立足西部，面向全国的办刊宗旨，其发文主题主要涉及有关图书馆学、情报学、文献学、信息学的理论、实践、方法、技术、事业建设等多个层面，栏目设置注意捕捉行业热点、学术前沿动态，根据学术研究的需要及变化打造特色栏目。现辟栏目主要有学术探讨·工作研究、信息学·文献学、综合评述、争鸣、海外链接、图书馆数字化技术平台、海外链接、区域图书馆事业、民族文献·地方文献：研究与开发、专业史苑、经验交流、基层图书馆、三大类型图书馆事业、图书馆信息服务业与西部大开发、全国图书馆学情报学精选文摘等。《图书馆理论与实践》分别于1989年、1993年、1995年、1998年、2002年、2006年荣获由中国图书馆学会评选的全国图书馆学优秀期刊奖。1992年入选北京大学等单位主持测评的全国中文核心期刊(《中文核心期刊要目总览》第一版)，其后分别于1996年、1999年、2004年入选该核心期刊系列之2、3、4版。1994年加入《中国学术期刊(光盘版)》和《中国学术期刊综合评价数据库》。1996年正式入选由中国科学院主办的《中国科学引文数据库》的来源期刊。1997年、2000年、2004年被收入由南京大学、武汉大学等单位主持测评与公布的《全国哲学、人文科学、社会科学核心期刊表》。1998年荣获“宁夏社会科学期刊第二次质量评估优秀奖”。2002年获“宁夏社会科学期刊第三次质量评估优秀奖”，并进入“宁夏社会科学十大一级期刊”行列。同年入选南京大学中国社会科学研究评价中心编辑出版的《中文社会科学引文索引》(CSSCI)来源期刊。1999年、2004年连续获得“来源期刊全文收录期刊”证书。1999年、2004年入选中国万方科学技术期刊网核心期刊。2007年3月获“第二届北方优秀期刊奖”。《图书馆理论与实践》还被列入《中国大百科全书·图书馆学》的《世界著名图书馆学期刊表》。1995年，《图书馆理论与实践》副主编张欣毅获“宁夏出版系统先进工作者”称号；1997年，主编高树榆获中国科技期刊编辑学会“银牛奖”；2002年，主编张欣毅获“宁夏第二届‘十佳编辑’”称号；2004年，副主编于建文获中国图书馆学会“全国图书馆学期刊优秀编辑”称号。2008年，副主编王岗被评为“(第二届)全国图书馆学期刊优秀编辑”，时任副主编肖群被宁夏新闻出版局评为“优秀编辑”。

(王　岗)

# 学术交流考察

**【中国社会科学院与自治区人民政府签订科研合作与人才培养协议】** 3月10日,中国社会科学院与自治区人民政府科研合作与人才培养协议签订仪式在北京举行。自治区主席王正伟和中国社会科学院常务副院长王伟光分别代表自治区人民政府、中国社会科学院签订了《中国社会科学院、宁夏回族自治区人民政府科研合作与人才培养协议》。自治区副主席齐同生、中国社会科学院副院长武寅分别在签订仪式上致辞。中国社会科学院秘书长黄浩涛及有关部门负责人,宁夏回族自治区主席助理田明,宁夏社会科学院书记布青沪、院长张进海、副院长郭正礼、刘天明等参加签字仪式。协议的签订标志着中国社会科学院贯彻落实国务院《关于进一步促进宁夏经济社会发展的若干意见》,与宁夏回族自治区的科研合作进入了全面实施阶段,也是宁夏回族自治区党委、政府为繁荣发展哲学社会科学,增强文化软实力,推动宁夏经济社会跨越式发展作出的战略举措。协议主要内容有:中国社科院将适时选派一流的专家学者与宁夏社会科学院的研究人员合作,积极推进对宁夏重大现实问题的研究。大力支持宁夏哲学社会科学的人才培养,参照"西部之光"访问学者培养模式,为宁夏社会科学院培养科研骨干;为宁夏社会科学院的科研人员进修深造提供帮助。积极推动国外相关研究机构和人员同宁夏社会科学院交流与合作,大力支持宁夏社会科学院图书资料建设。 (杜志杰)

**【《意识抑或仪式:香港华人穆斯林的认同》学术报告会】** 4月30日,宁夏社会科学院重点学科回族学学科特邀香港中文大学人类学系博士候选人马建福先生作了题为《意识抑或仪式:香港华人穆斯林的认同》的学术报告会。宁夏社会科学院回族伊斯兰教研究所、古籍办、《回族研究》编辑部、哲学与文化研究所、纪检组等处室的科研人员以及宁夏大学人类学、民族学专业的研究生等参加了报告会。 (杜志杰)

**【纪念绥西抗战70周年学术研讨会】** 2010年是绥西抗战胜利70周年。为了纪念民族英烈,弘扬中华民族爱国主义精神,5月8日,北方民族大学、宁夏大学、自治区文史馆、宁夏人民出版社、宁夏社会科学院和宁夏回族研究会联合召开"纪念绥西抗战70周年学术研讨会"。研讨会由宁夏回族自治区文史馆副馆长胡迅雷主持。宁夏文史研究馆馆长、宁夏回族研究会副会长杨继国,宁夏大学副校长李伟教授,宁夏社会科学院副院长、博士陈冬红研究员,北方民族大学副校长、宁夏回族研究会副会长、博士生导师赵杰教授,中共内蒙古自治区巴彦淖尔市党史研究办公室主任张建国,宁夏人民出版社副社长何志明,宁夏目前所知唯一健在的绥西抗战老兵周进朝,马鸿宾先生的直系亲属和部分绥西老兵后裔等以及来自中国社会科学院、兰州大学、北方民族大学、宁夏大学、自治区文史馆、宁夏人民出版社、宁夏社会科学院和内蒙古巴彦淖尔市党史办、内蒙古巴彦淖尔市乌拉特中旗党史办等单位的专家学者及北方民族大学的学生等200多人参加了研讨会。郑彦卿、张建国、丁万录、马世英、马景、赵杰、丁明俊等分别作研讨发言。 (杜志杰)

**【"中美贸易的基石与远景——假如凯恩斯来中国瞧瞧"学术报告会】** 5月25日,美国加州州立大学谢定中教授"中美贸易的基石与远景——假如凯恩斯来中国瞧瞧"学术报告会在宁夏社会科学院举行。宁夏社会科学院全体科研人员,宁夏大学经管学院、资源与环境学院的部分师生听取报告并与谢定中进行了互动交流。 (杜志杰)

**【中俄西夏学研究与交流学术报告会】** 6月2日,中俄西夏学研究与交流报告会在自治区科技馆召开。自治区党委常委、秘书长蔡国英,宁夏社会科学院西夏学首席专家李范文先生、宁夏社会科学院副院长刘天明,宁夏社会科学院西夏学学科组科研人员,宁夏大学、北方民族大学的专家学者及师生参加了报告会。俄罗斯科学院东方文献研究所所长波波娃教授、俄罗斯著名西夏学专家克恰诺夫教授和中国著名西夏学专家、中国社会科学院民族学与人类学研究所聂鸿音教授分别作了学术报告,并与参会人员进行了互动交流。 (杜志杰)

**【日本爱知大学专家学术报告会】** 9月6日,宁夏社会科学院召开日本爱知大学现代中国学院马场毅教授学术报告会。报告会上,马场毅教授从"治水理论"到"水利共同体"、中国水利史研究会的成立、最近的研究等3个方面对"战后日本对中国水利史的研究"进行了详细而又深入的阐述,并且与参会人员进行了现场互动。 (杜志杰)

**【2010年宁夏民生与社会建设论坛暨宁夏社会学会年会】** 11月13日,由宁夏社会科学院、宁夏社会科学联合会和宁夏社会学会主办,宁夏社会科学院法学社会学研究所承办,2010年宁夏民生与社会建设论坛暨宁夏社会学会年会在银川举行。宁夏社会学会会长陈通明致开幕辞,自治区政协副主席安纯人、自治区党委宣传部副部长李克强分别在论坛开幕式上作了重要讲话。国家统计局宁夏调查总队王旭明等6人在论坛上作了发言交流。论坛围绕宁夏社会建设和社会发展等问题进行了分组讨论,并对58项宁夏社会学优秀成果和45项参会论文进行了表彰奖励。论坛开幕式由自治区党校副校长、宁夏社会学会副会长宋建钢主持,论坛交流由北方民族大学教授束锡红主持。论坛紧扣时代脉搏,秉承优良学术传统,检阅了科研成果,加强了社会学者和社会工作者的联系交流,进一步增强了广大社会学者潜心学术研究、服务社会的意识。 (杜志杰)

**【宁夏社会科学院课题组赴日本爱知大学进行学术交流活动】** 宁夏社会科学院中日合作关于中国宁夏地区现代化的研究课题组一行6人由宁夏社会科学院院长张进海带队,前往日本爱知大学国际中国学研究中心访问,进行学术交流,并就继续合作研究事宜进行了商谈。经双方商定,成立关于中日合作西部开发共同研究中心运转机构,由宁夏社会科学院院长张进海任研究中心主任,日本爱知大学国际中国学研究中心高桥五郎所长出任研究中心副主任。其间,宁夏社会科学院、青海社会科学院与日本爱知大学的研究人员分别作了学术报告。课题组还与日本综合地球环境学研究所的科研人员进行了交流,并考察了京都的建筑文化遗产。

(杜志杰)

**【北方民族大学学术交流活动】** 与北京科技大学、南京理工大学、大连民族学院等学校合作开展本科生访学,人才培养模式更加丰富。学术交流和大学生科技创新活动蓬勃开展。组织召开了学校2010年科研工作会议。组织各类学术报告119场次,著名民族学专家杨圣敏教授、北京大学副校长李岩松教授等应邀到校讲学,学校学术氛围更加浓郁。积极组织参加首届全国大学生数学竞赛等国家级、省部级竞赛活动,获全国二等奖1项、三等奖3项,省部级一等奖1项、二等奖2项、三等奖3项的好成绩。

(李慧慧)

**【北方民族大学校地 校际间合作】** 与石嘴山市政府草签了“合作交流框架协议”和“地校交流与合作方案”,疏通学校与地方政府及企业科技合作的信息交流渠道,进一步密切了学校与政府部门及企业的合作,有力推动了应用学科的建设和发展,为地方产业结构升级转型和科技创新与成果转换搭建了研究平台。与大连民族学院签署合作共建协议,通过合作,在学科建设与研究生教育、科学研究、人员交流互访、学生工作等方面实现了资源共享、优势互补、强强联合,在深化高层次人才培养模式改革、拓宽研究生培养途径等方面具有重要的现实意义。

(李慧慧)

**【宁夏师范院校科技和学术交流】** 宁夏师范学院邀请中国科技馆原馆长王渝生教授、宁夏大学教授陈育宁等国内知名专家学者讲学27人次;首次组织承办了固原历史文化研讨会,区内外专家学者40多人与会,就固原历史文化展开研讨,这项活动提升了学校的学术影响力。组织学校教师开展学术讲座125次。派出各类访问学者13人次,参加学术交流活动30人次。攻读博士、硕士学位的56人。

(潘怀义)

**【宁夏社会主义学院文化交流工作】** 宁夏中华文化学院自成立以来,以制度建设为抓手,制定《宁夏中华文化学院文化交流中心工作流程》《文化交流中心考勤制度》《文化交流中心学习制度》等制度,探索出符合中华文化学院的工作流程。在此基础上依托社院资源优势,充分发挥中华文化学院平台作用,大力开展工作。一是加强宣传力度,增加社会知名度。在《宁夏日报》理论与动态版发表整版文章引起社会关注。二是在宗教代表人士班开设传统文化讲座——“学好弟子规,做合格的中国人”的专题讲座,得到学员的高度评价。三是积极参加国学课题研究。为了填补宁夏中华文化学院在学术研究方面的空白,组织各方面力量积极参与中央社院《各民族中华认同、国家认同研究——以宁夏回族自治区民族和谐共进为例》课题研究。四是组织开展了国学公益讲座。2010年在宁夏监狱系统组织了15场以《弟子规》为主要内容的中华传统文化讲座,在宁夏监狱系统、服刑人员中引起了积极的反响,收到良好的社会效果。五是进一步拓宽社会主义学院的培训渠道。2008年11月经自治区教育厅批准与北师大联合建立了北京师范大学现代远程教育宁夏学习中心,现已开展本专科学历、学位教育共3个层次,15个专业,现有学员90人。

(刘安平)

# 文　化

编辑：王晓华　唐　虹

## 综　述

**【六件文化实事】** 2010年，自治区政府十项民生计划为民办30件实事中，“文体促进计划”确定由自治区文化厅承担的6项，分别是：完成已建成50个乡镇综合文化站的设备配置；扶持社区文化中心（文化活动室）、村文化室、优秀农民文艺团队、农民文化示范户（大院）220个；新创打磨优秀剧（节）目10部（台）；送戏进农村、进社区、进校园、进军营、进工地演出1500场；全年开展广场文化演出1200场；举办全区农民文艺表演选拔赛。截至2010年底，6件文化实事全部完成。　（张　斌）

**【艺术创作获奖】** 1月24日，大型回族舞剧《月上贺兰》新年进京汇报演出获得成功；5月25日，《月上贺兰》获第十三届文华大奖特别奖，宁夏梅花奖得主柳萍获文华表演奖；9月2日，《月上贺兰》被自治区党委办公厅、政府办公厅授予文化精品“走出去”工程奖，入选首批国家文化旅游演出类重点项目名录。3月10日，大型民族舞剧《花儿》在北京宁夏大厦举行晋京演出新闻发布会，自治区党委副书记于革胜会见著名舞蹈编导张继钢；3月12～14日，《花儿》在北京保利剧院隆重上演，中央政治局委员、国务委员刘延东，全国人大常委会副委员长周铁农、陈昌智，全国政协副主席、中国文联主席孙家正和全国人大民族委员会主任马启智、环境与资源保护委员会副主任陈希明，中国人民解放军副总参谋长章沁生，全国供销合作总社理事长李成玉，文化部纪检组长李洪峰，国家新闻出版总署副署长李东东，团中央书记处书记王晓、周长奎，以及曾在宁夏工作过的老领导黄璜、毛如柏、程法光、赵延年等，在自治区党委书记陈建国、自治区主席王正伟、自治区政协主席项宗西、自治区党委常委苏德良、自治区人大副主任马瑞文、自治区副主席郝林海、自治区政协副主席安纯人等的陪同下观看了演出。5月25日，由文化部主办的“大地情深”——全国第十五届“群星奖”评奖在广州揭晓，宁夏选送的舞蹈《栲栳》《馓子飘香》、小品《硒砂瓜甜》，宁夏坐唱《百井浇开幸福花》4件优秀作品及中国西部民歌（花儿）歌会分别荣获作品类和项目类“群星奖”，宁夏文化馆靳宗伟、贺兰县文化馆张淑萍荣获“群文之星”称号。10月12～13日，《花儿》在国家大剧院演出，中央政治局委员、国务院副总理回良玉观看演出，国务院副秘书长丁学东，国家民委党组书记、副主任杨传堂，文化部副部长杨至今，科技部副部长张来武和自治区主席王正伟等陪同观看演出。回良玉副总理给予《花儿》舞剧高度评价，盛赞《花儿》为“宁夏的品牌、黄河流域的品牌、中华民族的品牌”。舞剧《花儿》与秦腔《庄妃与多尔衮》共同荣获“第二届少数民族戏剧会演”金奖。舞蹈《口弦声声》获中国舞蹈“荷花奖”展演“十佳作品”，《夸夸咱的红枸杞》获“世博·金玉兰奖”艺术大赛最高奖。有1人获“文华表演奖”。　（张　斌）

**【世博会宁夏文化活动周】** 4月19日，上海世博会宁夏馆举行开馆仪式。自治区主席王正伟，上海世博会执委会常务副主任、上海市委常委、常务副市长杨雄，自治区党委副书记于革胜，中国贸促会秘书长、中国馆馆长徐沪滨，自治区政府秘书长左军等出席。9月21～25日，宁夏文化活动周在上海世博园举行，本次文化活动周以“塞上江南”为主题，集中体现“黄河”和“回族”两大元素，共演出50场。中共中央政治局委员、上海市委书记俞正声出席，宁夏回族自治区党委书记、人大常委会主任张毅宣布活动周开幕。展演活动受到俞正声的赞扬。舞剧《花儿》中《金色的汤瓶》舞蹈应邀入选上海市政协中秋晚会演出。由宁夏文化厅承办的宁夏活动周文艺表演、街头巡游等受到广泛好评。　（张　斌）

**【文化交流】** 1月7日，宁夏京剧团大型现代京剧《海上生明月》赴台湾进行交流演出。5月20日，宁夏文化厅组派银川艺术剧院《月上贺兰》剧组一行75人赴埃及、卡塔尔进行交流演出。6月14日，应国务院台办和第二届海峡论坛组委会邀请，宁夏京剧团大型现代京剧《海上生明月》赴福建演出。6月26日，第二届中国（宁夏）国际文化艺术旅游博览会系列展演——叙利亚奥尔妮娜舞蹈团专场演出在宁夏人民会堂举行，自治区党委书记陈建国等观看演出。6月23日，由叙利亚、巴林、突尼斯、巴勒斯坦、摩洛哥、沙特阿拉伯、伊拉克、埃及、阿尔及利亚、吉布提、阿拉伯国家联盟等11个国家和组织的31名成员组成的阿拉伯国家政府文化代表团来宁进行友好访问。自治区党委书记、自治区人大常委会主任陈建国，自治区主席王正伟会见了以叙利亚文化部部长利雅德·艾阿为团长的代表团一行，自治区举行了欢迎会。6月28日，“2010非洲聚焦·莫桑比克之夜”

歌舞晚会在银川市光明广场上演。自治区党委常委、宣传部部长杨春光和莫桑比克驻华大使安东尼奥·伊纳西奥共同观看演出。7月19日,宁夏·文莱国际经济文化合作论坛在银川开幕。全年共有来自14个国家和国内的近100个艺术团体(剧组)的111台剧(节)目来宁演出。 (张 斌)

**【文化活动】** 2月18日,全区2010年春节民俗文化大集暨新春灯会亮灯仪式在银川举行,自治区领导陈建国、崔波、蔡国英、冯炯华、安纯人以及自治区主席助理田明等出席。田明致辞并宣布灯会开幕,自治区党委书记陈建国启动亮灯按钮。4月16日,宁夏文化厅与宁夏司法厅、监狱局共同举办2010年"先进文化进监所"暨实地警示教育系列活动,自治区党委常委、纪委书记刘晓滨及自治区文化厅厅长杨玉经、纪检组组长李强等参加。6月26日,由宁夏文化厅、旅游局、银川市人民政府主办的"2010年古岩画与新时尚·第三届贺兰山岩画艺术节"在银川开幕。自治区党委常委、银川市委书记崔波,自治区主席助理田明以及自治区政府副秘书长、研究室主任马建民,自治区党委宣传部副部长尤艳茹,宁夏文化厅厅长杨玉经、副厅长陶雨芳,宁夏旅游局副局长薛刚,银川市市长王儒贵、政协主席洪梅香等出席开幕式。7月12日,第八届西部民歌(花儿)歌会宁夏赛区在银川开赛。7月16日,由宁夏文化厅、银川市人民政府共同主办的"首届中国银川国际民间文化艺术节——民间书画艺术作品展"在银川文化艺术中心开幕。7月17日,第二届中国少数民族戏剧会演在银川开幕。7月18日,第二届中国(宁夏)国际文化艺术旅游博览会开幕式暨"欢乐中国行·魅力银川"大型文艺晚会在宁夏体育馆盛装启幕,全国政协副主席李兆焯宣布开幕。文化部副部长赵少华,自治区领导陈建国、王正伟、项宗西、于革胜、崔波、齐同生、蔡国英、冯炯华、安纯人等出席,自治区主席王正伟致辞。7月19日,第二届中国(宁夏)国际文化艺术旅游博览会综合展在银川开幕。国家部委领导赵少华、丹珠昂奔、赵实、冯佐库、唐洪广,自治区领导陈建国、王正伟、项宗西、于革胜、崔波、齐同生、蔡国英、冯炯华、张乐琴、安纯人以及参会各国驻华外交官、各省区代表团领导等出席开幕式,自治区党委常委、自治区副主席齐同生致辞。7月21日,第八届中国西部民歌(花儿)歌会在银川开幕,自治区领导王正伟、冯炯华、安纯人、田明等出席开幕式。7月23日,首届中国回族非物质文化遗产保护国际研讨会在银川开幕。来自美国、德国等国家和中国香港及贵州、北京等10多个省市的100多位专家学者会聚银川。自治区政协副主席张乐琴、自治区主席助理田明等出席研讨会开幕式。7月30日,庆祝中国人民解放军建军83周年大型演唱会"军旗正红"在银川体育馆激情唱响。自治区领导杨春光、张乐琴等观看演出。9月25日,2010中国(宁夏)国际投资贸易洽谈会暨首届中阿经贸论坛开幕式大型文艺晚会"跨越丝路"在宁夏人民会堂隆重上演。中共中央政治局委员、国务院副总理回良玉,全国政协副主席白立忱,斐济总统埃佩利·奈拉蒂考等观看演出,张毅、王正伟等自治区领导陪同观看。10月20日,自治区党委、政府在自治区博物馆举行授予曾杏绯"杰出回族女画家"称号仪式暨百岁作品展览开幕式,自治区党委常委、宣传部部长杨春光出席并讲话。10月21日,首届中国·西北音乐节在西安落下帷幕。宁夏歌舞团交响乐团共摘得11个奖项,成为获奖最多的乐团。其中,《塞上音乐会》获得演奏金奖。12月7日,由宁夏文化厅和辽宁省文化厅共同主办的中国近现代书画名家作品系列展览之三"红花墨叶"——齐白石书画精品展在宁夏博物馆举行,自治区党委常委、宣传部部长杨春光及宁夏文化厅厅长杨玉经等观看画展。 (张 斌)

**【第二届中国(宁夏)国际文化艺术旅游博览会暨宁夏文化艺术节】** 5月17日,第二届中国(宁夏)国际文化艺术旅游博览会新闻发布会在北京梅地亚新闻中心举行。自治区主席王正伟,自治区党委常委、宣传部部长杨春光以及文化部副部长赵少华、国家旅游局副局长王志发、中国人民对外友好协会常务副会长井顿泉、国家广电总局副总编辑金德龙、国家民委文宣司司长武翠英等出席发布会。王正伟、赵少华、王志发等回答记者提问。7月18~24日,第二届中国(宁夏)国际文化艺术旅游博览会暨宁夏文化艺术节在银川举行,历时7天,集中开展了10大项20多个分项活动,"欢乐中国行"开幕式演出等活动盛况空前,有关国家领导人和6个国家部委领导、28个省区市和3个计划单列市的代表团、52个国家的外宾和外媒及港澳台嘉宾、参展参会客商、专家学者共6800多名嘉宾参加了盛会,直接参与活动的观众达到40万人次,创宁夏举办大型活动观众人数历史新高。7月24日,第二届中国(宁夏)国际文化艺术旅游博览会在宁夏人民会堂举行闭幕颁奖晚会。 (张 斌)

**【第二届农民艺术节】** 8月26日,第二届全区农民艺术节开幕式暨2010年"公共文化服务进农家"设备配送启动仪式在银川市金凤区举行。自治区领导于革胜、郝林海、安纯人及自治区有关部门负责人参加了仪式。本届农民艺术节紧紧围绕"展示乡村发展新成果、讴歌民族团结新面貌"的总体要求,创作推出以"三农"为题材,富有艺术性和观赏性的小品、舞蹈、表演唱、快板等各类新节目1200多个,开展了"希望田野""小康大道""大地新歌"等系列文化活动,观众达150万人次,成为宁夏近年来规模最大、影响最广、群众参与最多的一次农村文化活动。近万名农民文艺骨干、文艺爱好者参加了创作和演出。11月24日,第二届全区农民艺术节优秀节目汇报演出暨颁奖晚会在贺兰县举行。自治区领导于革胜、郝林海、安纯人及自治区主席助理屈冬玉出席并为获奖节目颁奖。 (张 斌)

**【文化示范基地(企业)】** 华夏西部影视城被文化部评为国家级文化产业示范基地,全区国家级文化产业示范基地达到2个。培育六盘山文化城等自治区级文化产业示范基地8个。成立银川创意产业促进会、宁夏文化产业协会、宁夏模特协会行业社会组织3个。

(张 斌)

**【文化设施建设】** 8月28日,宁夏艺术学校新校区整体迁建工程在宁夏职业教育园区举行奠基仪式。自治区党委副书记于革胜、自治区人大副主任冯炯华、自治区副主席郝林海、自治区政协副主席张乐琴出席奠基仪式。宁夏大剧院整体建筑结构土建工程及工程预留预埋和舞台设备招标、设计深化等工作按计划完成。红旗文化大厦抓紧施工,银川剧院拆迁工作基本完成。

（张　斌）

**【文化旅游影视产品展】** 7月19～22日,文化旅游影视产品展开展,展览共设省区市文化旅游综合展馆、旅游主题展馆、影视产品展馆、奇石展馆、文化艺术展馆、伊斯兰国家礼品展馆、赏玩收藏、玉器钱币、贺兰山国际岩画9个主题展览,展位(场)面积达33万平方米,分布在银川国际会展中心、宁夏博物馆、星月广场、西塔古玩城、贺兰山岩画中心5处。展览吸引了泰国、缅甸、南非及港澳台11个国家和地区、全国28个省区市和近2000家国内外企业组展参展,39万人参观展览,现场交易额达8000多万元。（张　斌）

**【文化建设先进县和历史文化名乡(镇)名村】** 4月30日,在全区宣传部长会议上,自治区党委、政府投入460万元对文化建设先进县市区和文化名乡(镇)名村进行了奖励,此举在全国尚属首例。根据《自治区党委办公厅、政府办公厅关于印发〈宁夏文化建设先进县(市、区)评选办法〉(试行)、〈宁夏历史文化名乡(镇)名村评选办法〉(试行)的通知》(宁党办〔2008〕69号)精神,经层层推荐、评审验收,报经自治区党委、政府同意,授予贺兰县、青铜峡市等6个县市区为全区首批“文化建设先进县(市、区)”称号;授予青铜峡市青铜峡镇、西夏区镇北堡等3个镇为全区首批“历史文化名乡(镇)”称号;授予沙坡头区北长滩村等5个行政村为全区首批“历史文化名村”称号。（张　斌）

**【黄河文化论坛】** 7月21日,宁夏首届黄河文化论坛在银川隆重举行。来自国内研究黄河文化的多位专家学者参加。自治区领导王正伟、于革胜、崔波、冯炯华、安纯人等出席论坛。自治区主席王正伟在论坛上致辞。来自中国科学院、中国社会科学院的院士,水利部、建设部、国家旅游局的专家学者,美国文化研究院院士和北京大学、河南大学等高校博士生导师就打造黄河金岸,发展沿黄城市群,突出黄河文化的品牌效应等主题,为推动宁夏经济社会跨越式发展建言献策。全国政协委员、中国社会科学院学部委员李崇富发言。北京民族大学新能源学院院长、著名经济学家张伦就黄河金岸建设提出7个战略重点。（张　斌）

**【宁夏第八次文学艺术奖颁奖晚会】** 12月31日,自治区党委宣传部和宁夏文联在宁夏人民会堂隆重举办宁夏第八次文学艺术奖颁奖晚会。自治区领导陈建国,王正伟、徐松南、杨春光、蔡国英、冯炯华、安纯人等出席颁奖晚会并为获奖艺术家代表颁发了获奖证书和奖金。（刘　彦）

**【举办慰问活动】** 2月9日,自治区文联开展了“百花回报沃土、艺术服务人民——送欢乐到宁煤、送春联进万家”慰问活动。来自宁夏书法、美术、摄影、戏剧、音乐、舞蹈等艺术门类的作家、艺术家共40人参加了慰问。自治区文联党组书记、主席郑歌平,文联副主席、作家协会副主席、《朔方》杂志总编辑冯剑华,自治区美术家协会主席、国家一级美术师宋鸣,自治区摄影家协会副主席兼秘书长、国家一级摄影师张春荣等艺术家分别向宁煤集团赠送了书法、美术、摄影作品,宁夏优秀文学作品集,《朔方》杂志。（刘　彦）

**【全区老文艺家元宵节联谊会】** 2月28日,由自治区党委宣传部、自治区文联举办的“正月正——全区老文艺家元宵节联谊会”在银川香渔王子酒店举行。自治区宣传文化系统主要负责人、自治区文联主席团成员及曾杏绯、董小吾、刘正谦、王志洪、张少山等几十位知名老艺术家,10名文艺家协会的代表,共计150余人参加了联谊会。联谊会由自治区文联主席、党组书记郑歌平主持。自治区党委常委、宣传部部长杨春光代表自治区党委和政府向老艺术家们祝福贺寿。会上,自治区文联主席、党组书记郑歌平还向老艺术家宣读了中共中央总书记胡锦涛、国务院总理温家宝给中国文联“文艺家之家”建成发来的贺信。（刘　彦）

**【纪念《在延安文艺座谈会上的讲话》发表68周年专题座谈会】** 5月23日,由自治区党委宣传部、自治区文联举办的纪念毛泽东同志《在延安文艺座谈会上的讲话》发表68周年座谈会在银川召开。来自全区的文艺家和各协会代表100多人参加了会议。自治区党委常委、宣传部部长杨春光号召全区文艺工作者重温延安讲话精神,为弘扬时代主旋律、讴歌宁夏跨越式发展的光辉业绩、服务人民群众,创作出更多无愧于时代要求的文艺精品。自治区文联党组书记、主席郑歌平主持会议。

（刘　彦）

**【“2010清凉宁夏”宁夏文联专场文艺演出】** 为纪念毛泽东同志《在延安文艺座谈会上的讲话》发表68周年,由自治区文联精心打造的“2010清凉宁夏”宁夏文联专场广场文艺演出于5月23日晚在银川市光明广场举行。来自社会各界的群众2000多人观看了演出。

（刘　彦）

**【送文艺下基层慰问活动】** 为深入贯彻李长春同志在参观“不负丹青——吴冠中纪念特展”时的重要讲话精神,由自治区文联、自治区曲艺家协会组织曲艺家下基层——走进神华宁煤集团清水营煤矿慰问演出,丰富了煤矿工人的业余文化生活。8月13日下午,由中国曲艺家协会副主席、自治区文联副主席、宁夏曲艺家协会主席郭刚带队,银川艺术剧院、银川说唱团、银川杂技团、石嘴山市文化馆等单位30位艺术家组成的慰问团到神华宁煤集团清水营煤矿慰问,受到了煤矿领导和矿工们的热烈欢迎。（刘　彦）

## 文学创作

**【《坐在阳光里》研讨会】** 由宁夏作协和青铜峡市委宣传部及青铜峡市文联、残联、民政局联合举办的回族残疾农民作者、宁夏作协新会员李少军的散文集《坐在阳光里》研讨会于6月17日在青铜峡市召开。宁夏作协副主席余光慧、吴忠市文联主席白少麟及青铜峡市有关领导和银川、吴忠市、青铜峡市三地的作家、媒体记者80余人参加了会议。青铜峡市文联主席丁宏山主持会议。 (刘 彦)

**【"我与个税"与"身边的税收"征文活动】** 2010年,由宁夏作家协会、宁夏国家税务局、宁夏地方税务局联合举办了"我与个税"和"身边的税收"征文活动。经由宁夏作家协会与宁夏国家税务局、宁夏地方税务局共同组成的专家评委会认真审评,共评选出34件获奖作品,其中一等奖2名、二等奖4名、三等奖8名、优秀奖20名。 (刘 彦)

**【"关爱在楚雄 美在水梢子"文学作品征文大赛】** 2010年,成功举办了由宁夏作家协会、中卫市作家协会、宁夏楚雄建设集团联合举办了"关爱在楚雄、美在水梢子"文学作品征文大赛,经过评审委员会的评审,100余篇参赛作品中9篇作品获等次奖,20篇作品获优秀奖。 (刘 彦)

## 戏 剧

**【新编大型历史京剧《秦始皇与朝那湫》首演】** 3月19日晚,由宁夏京剧团新创排的新编大型历史京剧《秦始皇与朝那湫》在宁夏人民会堂首次与观众见面。为深入挖掘宁夏历史文化底蕴,宁夏京剧团从2009年开始组织相关人员对秦始皇西行出巡至宁夏的历史题材进行搜集,初创剧本《龙祭朝那湫》。之后,邀请国家京剧院一级编剧邹忆青对剧本进行再次创作,完成新编大型历史京剧《秦始皇与朝那湫》剧本。在吉林省吉剧团一级导演刘富英的指导下,宁夏京剧团与北京等地艺术家携手合作,经过3个月的紧张排练,将该剧搬上舞台。 (张 斌)

**【《庄妃与多尔衮》荣获大奖】** 6月,秦腔《庄妃与多尔衮》荣获中国少数民族戏剧协会金孔雀综合大奖。柳萍、李小雄荣获优秀表演奖。7月,《庄妃与多尔衮》在第二届中国少数民族戏剧会演中荣获剧目金奖,柳萍、李小雄荣获优秀表演奖,屈连英荣获表演奖。 (张 斌)

**【举行郭刚获奖作品研讨会】** 10月23日,由自治区文联副主席、宁夏曲艺家协会主席、著名曲艺家郭刚创作并播出的长篇评书《话说马鸿逵》荣获第六届中国曲艺牡丹奖文学奖。12月15日,由中国曲艺家协会与宁夏文联共同举办的郭刚获奖作品研讨会在银川举行,中国曲艺家协会党组成员、秘书长刁惠香主持了研讨会。宁夏文联党组书记、主席郑歌平在研讨会上致辞。中国文联副主席、中国曲艺家协会主席刘兰芳,中国文联机关服务中心主任张显,中国曲艺家协会分党组副书记黄启君,自治区党委宣传部副部长尤艳茹及国内知名曲艺家、曲艺理论家等70余人参加了研讨会。会上对郭刚获得中国曲艺牡丹奖文学奖的长篇历史评书《话说马鸿逵》进行了品评研讨。(刘 彦)

**【宁夏剧协举办小戏剧创作研讨会】** 8月18日,宁夏剧协在银川举办小戏剧创作研讨会,特邀中国戏剧家协会党组成员、副秘书长周光,中国《剧本》杂志编辑部副主任李小青出席,宁夏文联有关部室负责人、宁夏剧协主席团成员及全区戏剧创作者60多人参加了研讨会。 (刘 彦)

## 美 术

**【"黄河金岸——今日宁夏"主题美术创作工程】** 该创作工程以"天下黄河富宁夏,黄河文化汇宁夏"为主旨,是一个大型的、多视觉、多层面、多方位的当代系列美术创作活动,按照系统创作、突出精品的原则要求,以黄河金岸为主线,以书法、国画、油画、雕塑、篆刻、摄影、装置等不同表现形式,计划创作作品150余幅。创作工程由中国国家画院牵头,宁夏和各地著名书画家参与,组成若干创作组进行创作,打造宁夏乃至全国的传世精品。 (张 斌)

**【举办曾杏绯百岁荣寿暨作品展览】** 10月20日,由自治区党委宣传部和自治区文联主办的授予曾杏绯"杰出回族女画家"称号仪式暨"百岁荣寿"作品展在宁夏博物馆开展。来自社会各界人士近千人祝贺宁夏国画大师曾杏绯先生的"百岁荣寿"作品展出。自治区文联党组书记、主席郑歌平主持了开幕式。自治区党委常委、宣传部部长杨春光致贺辞,并代表党委、政府授予曾杏绯"杰出回族女画家"称号。 (刘 彦)

**【著名版画家六盘采风】** 10月,"情系六盘"全国著名版画家六盘行采风、创作、展出、研讨活动在宁夏固原市举行。广军、宋源文、代大权等7位全国著名版画家和宁夏10余名版画家参加了活动。 (刘 彦)

**【全国农民画展开幕】** 由中国民间文艺家协会、自治区党委宣传部和自治区文联共同主办的全国农民画展于8月5日在银川开幕。自治区党委常委、宣传部部长杨春光,自治区政协副主席安纯人,中国民协副主席、自治区文史馆馆长杨继国,中国民协副秘书长赵铁信、吕军,自治区文联党组书记、主席郑歌平以及中国民协和部分省市民协的嘉宾和农民画艺术家代表出席了开幕式。自治区文联副主席冯明主持了开幕式。中国民间文艺家协会赵铁信代表中国民协向全国农民画展在银川举行表示祝贺。自治区党委常委、宣传部部长杨春光在开幕式上讲话。此次全国农民画展共展出来自全国20多个省、市、自治区的160多幅作品。 (刘 彦)

## 书 法

**【隆德县书法家送书法作品活动】** 2010年6月8日上午,固原市隆德县消防大队全体官兵参加了由县武装部、县双拥办、县文联联合举办的"爱心献给子弟兵'送书法,进警营'"活动。隆德县有关领导及长期从事书画创作的书协、美协老师以及武装部、消防大队、武警中队的官兵共60余人参加了活动。现场书法作品将作为官兵们在第二故乡服役的留念。 (张 斌)

**【宁夏书画研究院举办扇面书画作品展】** 7月、9月,宁夏书画研究院分别在宁夏文化馆、吴忠图书馆举办了宁夏书画研究院扇面书画作品展。展出的宁夏书画研究院艺术家们精心创作的近百幅书画作品，以浓郁的民族特色，深厚的艺术底蕴，鲜活的时代气息和较高的审美价值，得到了各级领导的表扬和社会各界的广泛赞誉。 （韩 东）

**【王焕新 王焕民将军书法展】** 7月29日至8月3日，为庆祝中国人民解放军建军83周年，由宁夏文史研究馆和兰州军区联勤部、宁夏军区政治部等单位联办的王焕民、王焕新将军书法作品展在宁夏文化馆举行。本次展览汇集了两位将军近年来精心创作的书法作品90余幅，表达了对党、对国家、对人民、对军队的无限忠诚和挚爱之情。

（韩 东）

**【第二届文博会全国回族书画精品展】** 7月19～22日，在第二届中国·宁夏国际文化艺术旅游博览会举办期间，宁夏文史研究馆承办的全国回族书画精品展在银川国际会展中心展出，展出作品260余幅，是从三届全国回族书画展作品中精选出来的，反映了回族书画艺术创作的最高水平。本次展览荣获了文博会组委会授予的最佳展示奖。

（韩 东）

**【中国(宁夏)·文莱达鲁萨兰国国际合作论坛】** 7月19～22日，中国(宁夏)·文莱达鲁萨兰国国际合作论坛活动在银川举行。本次活动由宁夏回族自治区人民政府主办，宁夏文史馆、宁夏伊斯兰国际经济文化友好促进会、深圳鼎力传媒公司承办。内容包括举办宁夏·文莱摄影艺术展、中国(宁夏)·文莱达鲁萨兰国国际合作论坛等。7月19日上午，宁夏·文莱摄影艺术展在国际会展中心举行开幕式，摄影展展出了文莱国、宁夏摄影爱好者的200幅作品，内容包括自然风光、风土人情、社会生活等。19日下午中国(宁夏)·文莱达鲁萨兰国国际合作论坛在银川开幕，自治区主席助理田明、文莱国驻中国大使张慈祥、文莱国文化部副部级官员兼文莱国摄影家协会主席穆罕默德·亚辛以及来自文莱国文化界、企业界和有关厅局等近百人参加了论坛。双方就清真食品的认证、旅游、文化及出口宁夏马铃薯等进行了交流。 （韩 东）

**【宁夏“朝霞工程——花儿小歌手”命名现场会暨培训基地挂牌仪式】** 4月21日，宁夏“朝霞工程——花儿小歌手”命名现场会暨培训基地挂牌仪式在海原隆重举行。自治区文联副主席、宁夏“朝霞工程”组委会主任郭刚，自治区文联组联部副主任、宁夏“朝霞工程”组委会办公室主任刘彦，市文联副主席麦振江，海原县有关领导、县文联负责同志和被授予“朝霞工程——花儿小歌手”荣誉称号的同学及海原职中全体师生参加了会议。会上，自治区文联副主席、“朝霞工程”组委会主任郭刚给“朝霞工程——花儿小歌手”培训基地县文联授牌；自治区文联组联部副主任、“朝霞工程”组委会办公室主任刘彦宣读了授予10名同学“朝霞工程——花儿小歌手”命名的决定。 （刘 彦）

**【第三届中国书法兰亭奖宁夏喜获丰收】** 11月，经过中国书协紧张的评选，第三届中国书法兰亭奖各奖项产生，宁夏取得了历史最好成绩。宁夏书协因组织得力，会员参与比例高、作品入展率高而获得“书法稿件组织奖”，在艺术奖评选中，宁夏总投稿件数为92件，共8人入展，入展率为8.7%，其中4人获提名奖，获奖率为50%，入展人数超过了前两届之和，实现了三个突破：一是宁夏书协获得了兰亭奖书法稿件组织奖；二是在入展人数上有突破；三是在艺术奖上实现了突破。这一成绩使宁夏书法界备受鼓舞，扩大了宁夏书法的影响力，提升了宁夏书法艺术的整体水平，为宁夏书法推出精品、推出人才，弘扬传统文化起到了重要作用。

（刘 彦）

**【“中国书法家进万家”送祝福活动】** 1月21日，宁夏书法家协会、银川河东机场联合举办了“中国书法家进万家”——走进河东机场送祝福大型活动。宁夏书法家协会15名书法家来到银川河东机场现场书写了数百幅春联送到了旅客和机场员工手中。

（刘 彦）

**【草书临摹沙龙】** 4月24日，自治区书协首次举办了书法临摹沙龙——草书沙龙，来自全区各地的书协会员及书法爱好者100多人参加了活动。宁夏书协副主席兼秘书长李洪义主持了草书沙龙，并通报了中国书协本年度书法活动安排。中国书协副主席、宁夏书协主席吴善璋到会并作重要讲话。7月30日，在第83个建军节到来之际，为响应中国书法家协会“中国书法家进万家”活动号召，表达书法家对武警官兵的敬仰和慰问之情，由自治区文联党组成员、副主席冯明，中国书法家协会副主席、宁夏文联副主席、宁夏书法家协会主席吴善璋带队，18位书法家组成的慰问团到武警宁夏总队直属支队进行慰问，宁夏书协还向武警官兵赠送了书法作品。 （刘 彦）

## 摄 影

**【108塔大型公益摄影创作活动】** 6月5日，由宁夏文物局、宁夏艺术摄影学会、青铜峡市委宣传部、青铜峡市文化旅游广播电视局共同主办，青铜峡市文物管理所、青铜峡市摄影协会承办的“108位摄影家共闪108塔”大型公益摄影创作活动在青铜峡市举行。来自宁夏各地的108位摄影家，共同拍摄闪光灯下的108塔夜景，营造了西夏古塔群绚丽多彩的景象，为公众创作出一组“千年一遇”的神秘画卷。本次活动突出了2010年文化遗产日“文化遗产，在我身边”的主题，是宁夏文化遗产日系列宣传活动的重要组成部分。

（张 斌）

**【大河上下·国际摄影艺术大展】** 7月18～23日，大河上下·国际摄影艺术大展在宁夏国际会展中心举行。来自国外和国内青海、四川、甘肃、内蒙古、山西、陕西、河南、山东8省区及宁夏的摄影家，为摄影展奉献了1000余幅精品力作。摄影艺术家用镜头传递情感，用影像记录生活，共同表达了热爱自然、关爱地球、追求和谐社会的美好情感。展区共展示作品700余幅。本次展览宁夏摄影作品获得一等奖1个、二等奖2个、三等奖3个、优秀奖24个。 （张 斌）

**【获得重要奖项】** 2010年，宁夏摄影学会会员获省级及以上奖100幅，其中马俊杰的《欢乐泼水节》《年轮》两幅作品获美国职业摄影师协会(PPA)组织的印象亚洲会员年度作品展最佳摄影师奖。吴晓亮的作品《起舞》获国家第23届摄影作品展入选奖。（张 斌）

**【西部畅想曲摄影展(宁夏篇)】** 由宁夏摄影家协会和上海图书馆联合主办的西部畅想曲摄影展(宁夏篇)于3月6日在山东济南图书馆隆重展出。山东摄影家协会驻会副主席田凤仙及部分山东摄影家观看了展览。（刘 彦）

**【美国职业摄影师协会与宁夏影友联谊会】** 5月8日,美国职业摄影师协会(简称PPA)与宁夏影友联谊会在宁夏工会大厦举行。美国职业摄影师协会驻中国大区委员会主席曾毅、秘书长赵彤、市场部负责人张毅与宁夏摄影家及摄影爱好者200余人参加了活动。赵彤对PPA作了详细介绍,使大家对这一国际性组织有了进一步的了解和认识。在对作品进行现场评奖中,评选出一、二、三等奖和优秀奖共计38幅作品,获奖作者将由美国职业摄影师协会颁发证书。（刘 彦）

**【《中国城市巡礼》摄影展】** 7月19～22日,第二届宁夏国际文化艺术旅游博览会在银川开幕,由自治区文联、宁夏摄影家协会承办的《中国城市巡礼》摄影展是综合展览的重要组成部分。展览吸引了来自国内外的嘉宾和全区摄影家、摄影爱好者及群众万余人观展,赢得了社会各界广泛的认可和好评,为进一步繁荣宁夏的文化艺术,加强城市之间的文化交流和推动区域性城市合作与发展起到了积极的作用。此外,文博会期间,由宁夏文史馆、宁夏摄影家协会承办的宁夏—文莱摄影交流展同时展出,自治区领导和文莱代表团嘉宾等兴致勃勃地观看了展览。（刘 彦）

## 音 乐

**【第八届中国西部民歌(花儿)歌会】** 7月21日,第八届中国西部民歌(花儿)歌会在永宁县中华回乡文化园开幕。自治区领导王正伟等出席开幕式。来自国内外的近300名嘉宾和宁夏两万余名观众一起观看节目。中国西部民歌(花儿)歌会已成功举办了7届,是宁夏十几年来倾力打造的品牌文化活动之一,至2010年已有20多个民族700多位歌手参加了比赛,在全国产生了深远的影响,并在2010年举办的第九届中国艺术节中喜获国家政府奖项“群星奖项目奖”。本届歌会由国家文化部社会文化司、自治区党委宣传部、自治区文化厅及西部兄弟省区市相关单位共同主办,有来自西部13个省区市的代表队参与,共有10多个民族近200名歌手相聚银川,以歌会友、以歌传情。此次歌会分设西部民歌比赛专场和花儿歌手比赛专场。其中,花儿歌手比赛重点鼓励民间、原生态花儿歌手参赛。为奖励花儿的优秀民间歌手和传承者,还特别设立了“花儿演唱特别奖”和“花儿传唱新人奖”。（张 斌）

**【宁夏合唱艺术团获世界合唱节民谣组金奖】** 7月16～24日,在绍兴市举办的第六届世界合唱节上,宁夏合唱艺术团荣获民谣组金奖。世界合唱比赛由总部设在德国的国际文化交流基金会于2000年创办,每两年举办一届,2010年是第六届。作为基金会组织推广的一项重要国际文化赛事,其在全球合唱界具有巨大的权威影响力和号召力。来自五大洲、超过80个国家和地区的2万多名歌手、乐者参加了本届比赛,规模为历届之最。其中,中国参赛团队达276支,数量位居第一。（张 斌）

**【西北音乐节宁夏代表团摘得12项奖励】** 10月22日,在陕西西安落下帷幕的2010首届中国西北音乐节——长安音乐会上,宁夏代表团演出了具有浓郁民族特点和鲜明地域特色的《塞上音乐会》,共摘得表演奖、演奏奖、作品奖、组织奖等金、银奖12项,成为中国西北音乐节上获奖最多、最抢眼的代表团。（张 斌）

**【参加首届“中国农民艺术节·第一届全国乡村歌手大赛”】** 11月15～22日,由国家文化部、中国文联、云南省人民政府联合举办的第二届“中国·福保乡村文化艺术节”暨首届“中国农民艺术节·第一届全国乡村歌手大赛”在昆明福保文化城露天广场隆重开幕。宁夏固原农民歌手张国辽、泾源县回族歌手温彩云、银川市回族歌手马依黑牙代表宁夏文联参加了本次大赛,最终均获得优秀歌手演员奖。宁夏文联荣获了优秀组织奖。（刘 彦）

## 舞 蹈

**【2010中国·宁夏第二届回族舞蹈展演】** 10月13～15日,2010中国·宁夏第二届回族舞蹈展演活动在银川举行。此次展演由中国舞蹈家协会、自治区党委宣传部和宁夏文联主办,宁夏舞蹈家协会承办,来自宁夏、青海、甘肃、新疆、云南、四川、河南、广东、海南9个省区22个参赛单位共选送了53个回族舞蹈作品参赛,表演水平及参赛数量均超过首届。参赛作品从不同角度反映了回族生活、民俗风情和精神风貌。组委会聘请中央民族歌舞团原团长李毓珊、著名舞蹈家迪丽娜尔、查干朝鲁等9位全国著名舞蹈艺术家组成评委会。经评选,北方民族大学音乐舞蹈学院推出的《喊叫水》获特别大奖;新疆昌吉回族自治州民族歌舞剧团的《尕老汉》《绣》,宁夏大学音乐学院的《跳动的色俩目》,宁夏艺术学校的《花儿漫漫》,石嘴山市文化艺术团的《串铃声声》,银川市艺术剧院有限公司的《红是甜来美是妹》,北方民族大学音乐舞蹈学院的《新月璀璨》等7个作品获一等奖。宁夏歌舞团创排的《金色的汤瓶》获表演一等奖。宁夏回族舞蹈在此次比赛中包揽特别大奖和6个一等奖。自治区人大常委会副主任冯炯华,自治区政协副主席张乐琴,中国文联副主席、中国舞蹈家协会主席白淑湘,中国舞蹈家协会分党组书记、副主席冯双白,自治区党委宣传部副部长李克强,自治区文联党组书记、主席郑歌平等出席颁奖晚会并为获奖单位和个人颁发了奖牌、证书。中国舞蹈家协会分党组书记、副主席冯双白在闭幕式上致辞,中国文联副主席、中国舞蹈家协会主席白淑湘宣布本届回族舞蹈展演闭幕,自治区文联副主席郭刚主持了闭幕式,来自全区的1500多名观众观看了颁奖节目演出。（张 斌）

【宁夏舞蹈家受表彰】 11月27日，中国舞蹈家协会成立60周年纪念大会在北京人民大会堂召开。出席大会的有全国政协副主席、中国文联主席孙家正，中国文联党组书记、副主席胡振民，中国文联书记处书记、秘书长廖奔和中宣部文艺局局长、总政治部文化部副部长、文化部、新闻出版总署等有关部委领导。宁夏舞协名誉主席秦绥武、主席马学礼分别被授予“卓越贡献舞蹈家”和“突出贡献舞蹈家”称号。（刘　彦）

【宁夏舞协获第七届中国舞蹈“荷花奖”校园舞蹈大赛奖】 由中国文联、青岛市人民政府、中国舞蹈家协会主办的第七届中国舞蹈“荷花奖”校园舞蹈大赛于7月21～27日在山东青岛举办。宁夏舞蹈家协会选送了舞蹈《口弦声声》，其编导石峰、王玉梅、严惠荣获艺术院校组十佳作品奖；舞蹈《青春哆来咪》编导陈丽文、张伟荣获普通院校组十佳作品奖。宁夏舞蹈家协会荣获优秀组织奖。（刘　彦）

【第九届全区少儿舞蹈“希望杯”比赛】 8月8日，由自治区党委宣传部、自治区文联、教育厅、文化厅、宁夏广播电视总台、宁夏舞蹈家协会联合举办的第九届全区少儿舞蹈“希望杯”决赛颁奖晚会在银川举行。自治区政协副主席安纯人，自治区党委宣传部副部长尤艳茹，宁夏文联党组书记、主席郑歌平等出席颁奖晚会并为获奖单位和个人颁发了奖牌和证书。（刘　彦）

## 图书馆业

【宁夏图书馆服务宣传周活动】 5月23～29日，由宁夏文化厅、宁夏图书馆学会、宁夏图书馆主办的“2010年宁夏图书馆服务宣传周活动”在全区范围内展开。按照全国统一安排，活动主题为“充分发挥公益性电子阅览室作用，积极推进学习型社会建设”。宁夏活动主题为“图书馆伴我行”。本次活动期间，共开展了青少年综合知识网络竞赛、“图书馆伴我行”“体验数字图书馆”“夕阳红”老年书画作品展、免费放映电影、上门办理读者借书证、“塞上人文论坛”讲座、精品图书优惠展销、英语角、共享工程进社区、中学生百科知识网络竞赛等11项活动。（张　斌）

【宁夏大学图书馆】 2010年，宁夏大学图书馆在文献资源建设方面取得了积极进展和成绩。1. 共编目纸本图书4515种12032册，编目期刊合订本1671种5728册，加工随书光盘2300余种。2. 招标采购电子图书60万种(册)、“超星名师讲坛”学术视频讲座1600集，丰富了文献资源的品种与数量。3. 招标采购服务器、服务器机柜、光纤磁盘阵列、两小时在线UPS不间断电源、计算机及研究生学位论文提交系统、分布式虚拟联合目录查询系统、随书光盘网上发布系统等硬件设备和软件系统，改善了图书馆的硬件条件。

在读者服务方面，全年共外借图书16.8万册，还书15.1万册。通过馆际合作拓展服务渠道，与上海交大图书馆、Cashl(中国高校人文社会科学文献中心)、山东大学图书馆等单位开展文献传递。传递原文文献556篇，在一定程度上弥补了馆藏文献资源，特别是外文文献保障不足的缺憾。开展了一系列人性化服务项目。借馆舍调整之机，建起了“职工之家”，配备了部分健身及娱乐器材，丰富了职工的业余文化生活；对逸夫馆漏水暖气片进行了更换；在逸夫馆安装自动饮水机2台；对逸夫馆破损窗帘进行了维修和清洗；对逸夫馆一楼卫生洁具进行了更换，安装了自动抽风机。宁夏大学图书馆被正式确定为“Calis宁夏自治区文献信息服务中心”，被自治区文化厅评为“全区图书馆公共服务先进集体”。（马淑萍）

【北方民族大学图书馆】 4月23日，为配合世界读书日活动，图书馆举办了欢乐购书、“爱书、护书”读者签名、读者需求问卷调查、图书检索比赛、外文题录专题推送、外文电子资源介绍等形式丰富多彩、内容多种多样的活动。对馆内订阅的理工类纸质外刊题录进行加工，形成《外刊题录》；将馆藏外文数据库资源的介绍及外文检索室的使用方法印制成《外文资源列表》。成功加入大学数字图书馆国家合计计划项目二期建设图书馆数字建设：CADAL项目(大学数字图书馆国际合作计划)一期建设由浙江大学和中国科学院研究生院牵头，北京大学、清华大学等16所高校参与建设，已收录100余万册中文图书。后又以民族特色文献成功加入二期建设，主要承担1872～2010年，以少数民族文献为主要特色的民国图书、地方文献、汇编资料等文献的数字化建设。（马淑萍）

【宁夏医科大学图书馆】 2010年，全年共采购加工图书4万多册；期刊912种，报纸51种69份。续订数据库6个；申请试用数据库4种；加工光盘719种1191张。加工上传光盘数据703条168.2GB，光盘资源目录可通过光盘系统检索，所有已加工的数据可通过FTP实现下载；外借87222册图书，书刊阅览人数103991人次，自习人数368780人次，电子阅览室45299人次。（马淑萍）

【宁夏师范学院图书馆】 2010年，宁夏师范学院图书馆新馆运行正常后，对100多万条新书书目通过计算机进行数据整理。全年各阅览室共计接待读者160800人次，平均每天670人次。全年流通书库共接待读者73781人次，借书37567册。完成了对新馆电子阅览室(80台计算机)软、硬件设备安装调试工作。（马淑萍）

【自治区党校图书馆】 2010年，通过多种渠道采购图书1459种2208册，期刊472种5000余册，报纸74种，做到进馆书刊科学分类、科学管理、及时流通。在原有7个库的基础上又购买了《中国工具书总库》《中国世纪期刊数据库》和2010度《CNKI中文期刊全文数据库》，逐步形成了具有党校特色的馆藏结构，为教学科研和领导决策提供了有力的文献保障。（马淑萍）

【宁夏职业技术学院图书馆】 2010年，多次零星采购纸质图书合计69212.36元、电子期刊续订10万元、纸质期刊约40313.2元、报纸7617.48元，以上共计采购文献217143.04元。以大学习和创先争优两项活动为契机，着力抓好图书馆网络化、数字化、自动化建设。研究制定了数字图书馆建设方案，明确了图书馆今后重点建设、发展的方向。开展“手牵手——农村青少年阅读行动”读书活动,在吴忠市高闸中心学校建立了农村电大书屋,为中宁县徐套乡新建的一所移民学校建立了农村电大书屋。在吴忠、中宁两所基层电大分校建立了农村电大书屋。（马淑萍）

## 文物与博物

**【文物调查申报】** 2010年,完成境内明长城及战国秦长城实地调查和资料整理,第七批全国重点文物保护单位申报复核,第四批自治区文物保护单位申报和资料汇总以及贺兰口、苏峪口等6个岩画分布点信息建档工作。启动了西夏陵四号陵保护工程。（张 斌）

**【全国重点文物保护单位保护规划公布】** 11月4日,108塔、水洞沟遗址、董府、贺兰山岩画4处全国重点文物保护单位保护规划经国家文物局审核批复,自治区人民政府以宁政发〔2010〕160号文批准公布。（张 斌）

**【宁夏文物在福建博物院展出】** 2009年11月8日至2010年2月28日,“塞上古韵——宁夏文物特展”在福建博物院展出。自治区主席助理田明、福建省政协副主席叶家松以及自治区文化厅厅长杨玉经、福建省文化厅厅长宋闽旺等参加了开幕式。此次展览由宁夏文化厅和福建省文化厅联合主办,由福建博物院、宁夏博物馆和宁夏固原博物馆共同承办。展览以宁夏最具特色的丝路文物、西夏文物、回族民俗文物和贺兰山岩画为主,共展出珍贵文物238件,其中国家一级文物25件。分文明曙光、农牧家园、丝路重镇、西夏寻踪、塞北江南五个部分,展现了丝绸之路与西夏古国的风情。（张 斌）

**【非物质文化遗产保护】** 世界非物质文化遗产宁夏花儿生态保护实验区建设确立非遗保护新模式,承办的中国西部民歌(花儿)歌会成为国家群众文化艺术政府最高奖“群星奖”项目。新建宁夏大学回族研究中心研究基地、隆德县六盘山文化城等国家级非遗名录项目传承基地(点)10个,公布第二批自治区级非遗代表性传承人62名。编辑出版《花儿论文集》《汤瓶八诊》非遗系列丛书。（张 斌）

**【中卫黄河南岸首次发现旧石器】** 中卫市文管所考古人员在沙坡头区宣和镇南约15公里的双井子山北坡下,发现旧石器时代晚期人类使用过的打制石器工具——清水河式尖状器。该尖状器质地坚硬,色泽灰白,器型平面近似箭头状,上尖下宽,中间略起脊,两侧刃口锋利,通长7厘米,最宽处3厘米,脊厚1厘米。经有关专家论证,该尖状器是宁夏境内继灵武水洞沟、青铜峡鸽子山旧石器晚期遗址之后发现的第三个地点,是旧石器晚期最具特征的代表器形之一,距今约1.2万年。因最早发现于内蒙古清水河旧石器晚期遗址内,而被命名为“清水河式尖状器”。此石器的发现在宁夏具有重要考古价值,为研究中国西北地区远古人类史前文明提供了珍贵的实物资料。（张 斌）

**【举办西北五省区考古工作联席会】** 10月25日,宁夏文物考古研究所联合陕西省考古研究院、甘肃省文物考古研究所、青海省文物考古研究所、新疆维吾尔自治区文物考古研究所、西北大学文化遗产学院在银川举行了西北五省区考古工作联席会。会议形成了六点共识:一是联合开展相关学术课题研究。联合开展早期周文化研究,秦戎文化关系研究,齐家文化的起源、发展及其在中华文明形成与发展中作用的研究,汉晋时期中原文化在西域的传播与交融等学术课题研究。二是加强配合基本建设考古项目中的合作。在基建项目开展的前期工作中,五省考古研究所加强交流。在配合大型基建项目开展的考古工作中,加强合作、相互支持。三是将丝绸之路文化遗产保护与考古学研究推向深入。结合丝绸之路“申遗”工作,利用西北五省区在丝绸之路上的地缘优势,与中亚五国合作,联合开展丝绸之路文化遗产保护与考古学研究,结合文献对丝绸之路进行详细考察,积极推动丝绸之路整体“申遗”工作。四是加强专业人才的培养、交流。利用西北大学文化遗产学院的师资力量与陕西省考古研究院等单位在文化遗产保护方面的优势,以多种方式为西北各省区考古单位培养所需的各种专业技术人才。五是建立长期的合作与交流机制,推动西北各省区考古工作的进展。定期举办西北五省区考古工作联席会,协调工作,解决问题;根据合作研究课题的进展情况,不定期召开专题学术研讨会;成立西北五省区考古工作交流协作秘书组,储备一批区域性课题,开展相关的预研究。六是加强考古资料的科学、有效管理与资源共享。加强各省区之间的资源共享与交流,建立考古资料的共享平台,促进考古资料的数字化建设,加大资源的有效利用。与会人员还对如何处理好现场文物保护与考古发掘的关系以及科研项目的管理、实施与验收等问题进行了深度探讨。（张 斌）

**【两部岩画学术著作编辑出版】** 宁夏岩画研究中心完成了《久远的记忆》《远古的呼唤》两部学术著作的编辑出版工作。《久远的记忆》是根据2008年9月岩画中心承办的全国少数民族地区岩画联展图片编著而成,共遴选了七省区少数民族地区极富代表性的优秀岩画图片,共800余幅。《远古的呼唤》主要介绍了宁夏岩画学界历经40年在宁夏范围内开展田野考察和研究工作的情况,突出展现了岩画学界众多专家学者多年来付出的艰辛努力、取得的成绩及对宁夏岩画事业发展作出的贡献,是一本全面了解宁夏岩画的导读性书籍。（张 斌）

# 新闻出版与广播影视

编辑：王晓华　唐　虹

## 新闻出版管理

【印刷发行行业管理】　宁夏新闻出版局按照《印刷业管理条例》和《出版物市场管理规定》，结合全区印刷发行业的实际，贯彻落实一系列行业管理制度，使全区印刷发行业管理工作走向了规范化、制度化。对印刷发行企业的管理坚持以市场为导向，实行总量控制、合理布局、供需平衡。日常监管与专项行动相结合，切实加强行业管理。以贯彻落实印刷业各项管理制度为重点，深入企业进行检查，发现问题及时纠正。认真做好印刷发行企业的年检工作。1～3月，完成对396家印刷企业、72家发行企业年检工作，其中有10家印刷企业、2家发行企业未通过年度核验，并按有关规定处理。全年对135家出版物印刷企业和12家出版物批发企业进行了检查，发现10起违规问题，依法进行了行政处罚。加强图书期刊印制委托书、出省印制出版物的备案和内部资料性出版物的审批办理等工作，做到认真审核、严格把关、依法行政。认真开展中小学教材的印制质量检测工作，督促做好全区中小学教材的印制发行工作。积极开展印刷发行业的专家讲座、技术交流、技能大赛等活动，推动印刷发行行业的技术进步。（吴　鹏）

【出版行政管理】　为全面了解宁夏基层新闻出版行业改革发展和公共服务体系建设等情况，提高行政管理工作的针对性和时效性，结合全区开展的宣传文化系统万名干部下基层活动，宁夏新闻出版局成立了以局领导为组长的3个调研组，研究制定了调研主题，明确调研重点、目标要求、完成时限，深入农村、企业、政务服务窗口、政府机关开展调研工作。调研组通过实地考察、群众座谈、听取汇报等形式，了解全区5市农家书屋建设管理情况、印刷发行企业的经营发展状况和新闻出版局的工作情况，掌握了新闻出版基层单位在发展中遇到的困难和急需解决的问题，征集到基层对宁夏新闻出版局工作的12条意见和建议，形成了《加强和改进新闻出版管理工作，推动新闻出版业健康发展》的调研报告，制定了改进新闻出版行政管理工作的11项工作措施。（吴　鹏）

【出版审读】　各出版单位健全审读机构，充实审读员队伍，坚持“出版前审读”和“出版后审读”并重的原则，落实审读工作制度，拓展了工作思路、强化了工作成效。自治区新闻出版局及时召开了全区出版单位审读工作会议，分析形势、研究问题、部署工作。组织局机关管理人员和专职审读员，扩大了报刊审读范围，将全区公开发行的15种报纸和28种社科类期刊列为审读重点，并重点地对《黄河文明的绿洲——宁夏历史文化地理》《历代帝王在宁夏》等图书进行了审读，撰写了10篇审读文章，提出存在的问题，督促整改落实。（吴　鹏）

【行政审批制度改革】　坚持将27项行政许可事项和1项非行政许可事项纳入自治区政务服务中心新闻出版窗口统一办理，实现了“集中、便民、高效”的目标。截至2010年12月20日，共受理行政许可事项申请1393件，已办结1376件，办结率99.1%。即时办结1248件，占总办结件的90.7%，提前办结128件，提前办结率为9.3%，节省15080个工作日。（吴　鹏）

【全民阅读活动】　2010年1月27日，自治区党委宣传部在石嘴山市大武口区举行了全区“万名宣传思想文化系统干部下基层”暨2010年“三下乡”集中服务活动启动仪式。自治区党委常委、宣传部部长杨春光出席活动并作重要讲话。在启动仪式上，自治区新闻出版局局长朱昌平代表自治区新闻出版局向大武口区赠送了4200册、价值9700元的图书。银川市新闻出版局发挥行政职能，充分调动、引导各个协会组织及其会员发挥行业优势、积极参与、推进全民阅读活动的扎实开展。组织银川市新华书店在永宁县捐建1个农家书屋，总投资2万余元。会同宁夏书报刊发行业协会为青海玉树地震灾区捐赠少儿图书5000余册，价值11万元。多次举办优质优价出版物展销，组织全市各书城和发行网点开展多种形式的书刊及音像出版物优惠展销活动。利用网络媒介倡导青年人网上阅读，拓宽全民阅读的形式载体。全市互联网协会积极倡导各个网吧鼓励网民，特别是青年朋友在上网娱乐时多阅读、善阅读，并从阅读欣赏中培养去伪存真、区别良莠、远离不健康作品的鉴赏力和辨识力。（吴　鹏）

【新闻报刊管理】　以落实《报刊社记者站管理办法》和《新闻记者证管理办法》为重点，规范新闻报刊管理工作。根据新闻出版总署的安排部署，及时开展了全区报纸、期刊的年度核验工作。2010

年宁夏有15家报纸、34家期刊均通过了年度核验。狠抓两个《管理办法》的落实,加强各驻宁记者站的管理。上半年,结合年检对中央及地方媒体驻宁夏记者站进行审查,认真审核各记者站的资质、工作范围以及人员设置等情况。有64家记者站通过了年检,对未通过年检的2家记者站,撤销了其资质。开展先进驻宁记者站的评选工作,表彰奖励了16个先进宁夏记者站。做好新闻记者证的核发工作,为29家报刊出版单位(包括电视台、广播电台)的475名同志发放了新版新闻记者证。加强舆论监管,一如既往开展打击“假新闻”“假记者”“假记者站”。通过召开通气会、诫勉谈话等形式,强化各报刊社的法规意识,确保正确的舆论导向。同时,加强监控,严厉打击违规行为。

(吴　鹏)

**【图书选题审批】** 严把图书出版选题审批关。严格执行《出版管理规定》,在研究论证的基础上,对宁夏3家图书出版社2010年的1813种图书出版选题计划进行了审查,批复1811种,对不符合出版条件的图书选题坚决不予批准。坚持重大选题送审制度,严格按照新闻出版总署有关规定送审图书。全年向新闻出版总署报送了12种审读备案图书,向自治区民委、宗教局报送审读图书26种,送自治区党史办审读图书8种,确保了图书出版的正确导向。

(吴　鹏)

**【音像电子出版管理】** 积极开展全区音像发行单位换证工作,为全区12家音像批发单位、526家零售出租单位核发了新闻出版经营许可证,理顺了对音像制品经营单位的管理秩序。及时协调总署,批复了宁夏大地音像出版社更名申请和隶属关系。开展调查论证,及时向总署上报了50个音像出版选题计划。执行国家只读类音像制品质量行业标准,积极开展音像电子出版物的审读工作,对宁夏新海利视盘有限公司按季度进行抽样质量检测,平均分数95分以上,合格率100%。对黄河电子音像出版社有限公司磁介质盒式语言录音制品抽样检测,平均分数96.5分以上,合格率100%。

(吴　鹏)

**【互联网网络监控】** 宁夏互联网出版监控中心按照新闻出版总署通知要求,组织了32次专项监控,并将监控工作情况及时向总署汇报,取得了良好成效。在通信管理部门的配合下,关闭了《宁夏工会手机报》等3家违规手机报和《银川视窗》网站,对宁夏网虫网的网络游戏进行了规范。11月30日,自治区党委书记张毅在自治区党委常委、宣传部部长杨春光,自治区党委常委、秘书长蔡国英,自治区主席助理屈冬玉及有关厅局领导的陪同下到新闻出版局进行调研。张毅非常关心宁夏的互联网出版监控工作,重点调研了宁夏互联网出版监控中心。在听取了监控中心负责人的情况介绍后,张毅还认真观看了互联网出版监控系统的工作情况。调研结束时,张毅对新闻出版局顺应时代发展要求,及时调整工作职能,积极开展互联网出版监控工作的做法给予充分肯定。

(吴　鹏)

**【举办宁夏图书期刊编辑业务培训班】** 9月1~3日,由新闻出版总署主办,新闻出版总署人事司、新闻出版总署培训中心、宁夏新闻出版局承办的宁夏图书期刊编辑业务培训班在银川举办。培训班邀请国内多名专家为宁夏200多名图书期刊编辑授课。培训课内容丰富,涉及新时期新闻出版业的形势和主要任务、文化创意产业的发展与传统出版业的机遇、畅销书策划与编辑的素质、期刊编辑的思维方式、图书选题策划的创新、期刊编辑的选题策划和期刊的市场推广、书刊编辑加工中语言文字的规范用法等相关知识,取得了良好效果,受到学员一致好评。

(吴　鹏)

**【保护知识产权活动】** 继续推进企业软件正版化工作。在“有计划,分步骤”稳步推进企业软件正版化工作的同时,进一步加强企业使用软件情况的管理,督促使用正版软件。2010年,宁夏有4家企业入选全国软件正版化工作示范单位。加强著作权宣传工作力度。积极开展“4·26世界知识产权日”宣传活动,局领导接受宁夏新闻广播《与法同行》节目记者采访,对新《著作权法》进行系统阐释。组织召开了颁奖大会,对宁夏获得“全国青少年版权保护读书活动暨版权保护知识竞赛”奖项的个人和单位进行颁奖,以此加强著作权知识的宣传。编辑出版了《版权案例评析》一书,在全国公开发行。加强出版物鉴定工作,全年共鉴定出非法书报刊146种、光盘23种。认真做好作品著作权自愿登记工作,共受理35件自愿登记作品。宁夏新闻出版(版权)局版权管理处被评为2010年度全国查处侵权盗版案件有功集体。

(吴　鹏)

**【“扫黄打非”专项行动】** 坚持不懈地开展“扫黄打非”工作,坚持以整治出版、印制环节为重点,打击政治性非法出版物为首要任务,组织开展了4次重要节点的“扫黄打非”集中行动,打击网络侵权盗版专项治理“剑网行动”和侵犯知识产权制售假冒伪劣商品专项行动。编写8期“扫黄打非”简报,扩大工作影响力。2010年,全区共出动执法人员1100余人次,检查经营单位1300余家,查缴侵权盗版及非法出版物近14万件,取缔非法出版物经营场所54家,删除网上淫秽色情信息959条,捣毁销售淫秽光盘团伙2起,查处网吧电影服务器中存放低俗电影、动漫269部,关闭网站6家,关闭未备案网站58个。

积极开展调研,完善“扫黄打非”体制机制。上半年,自治区“扫黄”办组织宁夏“扫黄打非”成员单位的负责人深入全区有关市县,对“扫黄打非”工作行动部署、宣传教育、案件查办、组织协调、日常监管、专项行动、制度建设、经费投入、队伍建设以及“扫黄打非”斗争亟待解决的困难和问题进行深入细致的调研,查找了宁夏“扫黄打非”工作中存在的日常监管缺位、经费严重不足等6个方面的问题。自治区“扫黄”办及时向自治区党委、政府反映,要求不断完善宁夏“扫黄打非”体制机制,提高“扫黄打非”工作成效。下半年,自治区“扫黄”办组织区市两级“扫黄”办的负责人考察了四川、云南、贵州省的版权相关产业和版权保护工作,学习借鉴外省成功经验,不断提高宁夏版权保护工作水平。

(吴　鹏)

**【集中销毁侵权盗版和非法出版物】** 根据中央、宁夏回族自治区"两办"《2010年"扫黄打非"行动方案》的要求,为迎接"4·26"世界知识产权日,4月22日,宁夏与全国同步在银川市光明广场举行侵权盗版及各类非法出版物集中销毁活动。自治区分管领导、自治区政协副主席张乐琴、自治区主席助理田明以及自治区"扫黄打非"工作小组成员单位领导参加了此次活动,自治区"扫黄打非"办公室主任、自治区新闻出版局党组副书记、副局长海军主持销毁活动仪式。全区共销毁非法出版物20多万件。这次销毁活动,进一步表明自治区党委、政府打击侵权盗版,保护知识产权,推进知识创新,净化文化市场的一贯立场和坚定决心。同时也向社会各界展示全区"扫黄打非"工作取得的成果,并借此活动,在全社会倡扬反对盗版、使用正版,共同培育和打造良好的出版物市场环境。 (吴 鹏)

**【协会工作】** 2010年1月,期刊协会组织召开了宁夏期刊协会理事会,通报了宁夏科技期刊质量检查结果。授予《宁夏大学学报》(自然科学版)"宁夏最佳科技期刊"荣誉称号。授予《农业科学研究》《宁夏工程技术》等期刊"宁夏优秀期刊"荣誉称号。4月,积极组织宁夏5家期刊出版单位赴四川参加了第二十届全国图书交易博览会。宁夏期刊展位整体设计大方抢眼,地方特色突出。展会期间,宁夏参展的《看天下》等期刊受到了广大读者的关注和广泛好评。10月25~31日,组织期刊协会成员单位16人赴福建考察学习,为宁夏期刊发展带回了宝贵经验。2月6日,宁夏印刷协会召开第五届理事会第五次常务理事会。会议的主要任务是:讨论研究2010年宁夏印协工作要点;对企业安全生产提出明确要求。围绕2010年宁夏印协工作要点,参会人员进行了讨论并提出了意见和建议。

(吴 鹏)

**【出版行业领军人才评选活动】** 2010年底,由国家新闻出版总署组织开展的全国新闻出版行业第二批领军人才评选活动正式公布了评选结果。新闻出版行业领军人才是全国新闻出版行业各领域最高层次的专家或带头人,是新闻出版行业高层次人才的"国家队"人选。新闻出版行业领军人才的评选,对于推动行业高层次人才队伍建设,培养造就高素质人才队伍,为加快向新闻出版强国迈进提供智力支持和人才支撑都具有重大战略意义。作为"十一五"期间重点人才计划项目的新闻出版行业首批领军人才是2008年批准公布的,入选者共243名。而本次评选的全国新闻出版行业第二批领军人才活动,从2010年9月开始,经各级评选评审最后确定入选者298名,全区新闻出版行业人才中共有3人获此殊荣。

(吴 鹏)

**【全国第二十届图书博览会】** 2010年4月24~28日,第二十届全国图书交易博览会在四川成都世纪城新国际会展中心举行。从全国书市发展到全国图书交易博览会,至今已举办了20届。书博会已由单一的图书交易活动,发展成为出版成果展示、出版物展销、文化信息交流、产业合作和推动全民阅读、拉动地方文化经济等功能于一体的文化盛事,是国家重点扶持的展会之一。本届书博会在成都举办,是为灾后重振的四川提供一个文化展示的平台,充分展示了中国人民抗震救灾和灾后恢复重建的丰硕成果和四川经济社会的发展成果。本届书博会新增三大展区:全面反映农村百姓读书生活的"农家书屋建设成果展""5·12"抗震救灾出版物展,以及首次纳入主会场展区的民营书业展。此外,为充分展示四川灾后重建的新面貌,本届书博会特别设置了绵阳、广安、乐山等3个分会场。自治区新闻出版局组织全区50余家出版系统、新华书店系统、二级批发图书发行单位、个体零售图书发行单位共116人在局长朱昌平、副局长黄洪乾的带领下参加了本届书博会,宁夏代表团共定置了4个图书展位、2个期刊社展位。

(吴 鹏)

**【农家书屋工程】** 宁夏新闻出版局高度重视农家书屋工程,在国家1100个农家书屋工程建设资金到位的情况下,积极向自治区政府申请,及时核拨了20%的配套资金。工程建设中,严格履行招标程序,狠抓工程质量。在认真总结经验的基础上,借鉴兄弟省区的成功做法,研究制定并认真实施了6项措施,保质保量地完成了1100个农家书屋工程建设任务。对第二标段招标的书架(柜)、农家书屋标牌、村民借阅须知牌、农家书屋管理员细则牌等配套设施,聘请质量技术部门专家参与评审验收,确保农家书屋工程建设质量。同时,积极开展项目申报工作,国家已为宁夏批准了1475个农家书屋的工程建设任务。 (吴 鹏)

**【人才队伍建设】** 积极安排新闻出版专业技术人员参加新闻出版总署开展的干部调训工作,全年共安排10名同志参加了学习培训,派出《宁夏日报》报业集团等报社的5名业务骨干到发达地区挂职锻炼。及时开展出版系列高级职称评审工作,协同自治区人力资源和社会保障厅,评审了12名出版系列正高级职称,其中编审8名、副编审4名。9月,协助新闻出版总署人事司在银川市举办了1期新闻采编业务培训班,有73名新闻采编人员参加了培训,72人取得了培训合格证。积极支持北京印刷学院继续教育学院宁夏工作站开展学历教育,做好师资配备、完善教学设施和经费保障工作。积极开展印刷发行业的专家讲座、技术交流、技能大赛等活动,推动印刷发行行业的技术进步。举办第八期出版物发行员职业技能培训鉴定班,有99名书店发行员通过职业鉴定,取得中高级职业资格证书。 (吴 鹏)

## 广播影视管理

**【宣传报道工作】** 全区广播影视系统按照中宣部、国家广电总局关于宣传管理工作部署,紧紧围绕自治区党委和政府中心工作,认真做好全国、自治区"两会"和中央、全区经济工作会议精神的一系列宣传报道工作,组织全面宣传扩内需、调结构、促改革、惠民生的政策措施,全面做好上海世博会、第二届中国宁夏文化旅游博览会和中阿经贸论坛等重要活动的报道,积极做好抗震救灾宣传工作。(李宝宁 徐 涛)

**【广播影视创作】** 全年引进电影5部、电视剧2部27集,完成了宁夏广电总台与外省区影视制作机构联合拍摄的5部35集电视连续剧的审核、报批和发证工作,积极协助做好电视剧《金羊毛》《给水团》和《风雨沙坡头》的拍摄工作。参与制作完成的《风雨沙坡头》荣获"影响中国旅游的电视剧"金奖。认真做好电影剧本(梗概)备案和电影片审查工作,上报国家广电总局备案公示电影片3部。积极推进全区广播电视少儿节目及动漫产业快速发展。组织召开全区广播电视媒体与动漫企业共谋发展座谈会,共同寻求新的发展途径。(李宝宁 徐 涛)

**【广播影视公共服务体系建设】** 积极申请国家广电总局委托招标,多方落实资金,全面完成统一招标的6万套户户通工程建设目标任务,加上各市县自主安装、纳入管理的用户,共计完成67668套,超额12%,使20多万人收听收看到8套以上广播电视节目。大力实施农村电影放映工程。全区全年放映电影46000场,观众达655万人次,其中农村电影32244场、广场社区和农林牧场放映13756场,超额15%完成了自治区民生计划目标。11月在石嘴山举行农村电影放映车统一补贴购置暨冬季固定放映试点启动仪式。8月25日,中央电视台《东方时空》《新闻故事》等栏目对宁夏广播电视户户通和农村电影放映两项工程进行了重点采访报道。

(李宝宁 徐 涛)

**【广播影视事业产业】** 5月13日,宁夏中广传播有限公司与中国移动宁夏公司签署手机电视战略业务合作协议书,此举标志着TD+CMMB手持电视在宁夏正式使用。宁夏中广CMMB信号已经覆盖全区所有地级市和川区县市,覆盖面居全国同行业第一,通信类CMMB电视用户发展到6万户,占总用户比例居全国同行业第一。编制上报了《宁夏广播影视"十二五"发展规划》,向自治区政府提出了全区《广播影视系统贯彻落实国务院三网融合试点方案的意见》,并积极进行全区有线电视网络双向化改造工作,已完成银川市双向化改造工程、互动平台以及管理系统设备的招标采购工作。完成了西新工程和中央节目无线覆盖补点工程。积极申报文化产业发展专项补助资金,截至2010年底,共争取到中央财政各类扶持资金超过6000万元。由自治区广电总局向国家广电总局申请在宁夏建设地面数字电视单频示范覆盖网的项目,得到国家发改委批复,同意建设宁夏地面数字电视单频示范覆盖网。

(李宝宁 徐 涛)

**【城乡电影恢复发展】** 全区新建和改造城市影院16座、影厅26个,新增银幕10块。进一步开发农村电影市场,广告经营收入达到40多万元。对全区农村数字电影269套设备进行了升级,建成了覆盖全区、涉及所有放映设备、监测及时、统计准确、信息完善的卫星监控系统。重点抓紧落实中国(宁夏)区域性影视基地建设项目的前期工作。从年初开始,委托广电总局设计院专家组来宁进行深入的实地勘查,并在此基础上着手高起点编制规划文稿。6月3日和11月6日,自治区政府分管领导两次主持召开中国(宁夏)区域性影视基地规划论证会。(李宝宁 徐 涛)

**【经营收入】** 全行业总收入创造历史新高,达到82656.81万元,其中:广告收入24083.35万元、有线电视收入21780万元。全区城市电影票房收入达到3992.78万元。(李宝宁 徐 涛)

**【广播影视监测】** 为了适应三网融合和新媒体发展的需要,完成了宁夏广播电视监测平台(无线)及UPS电源系统招标工作,建设集技术监测、安全播出、调度指挥等功能为一体的综合数据处理平台,全面实现从对传统媒体内容、广告的监管向移动手机广播电视、互联网视听节目和楼宇电视延伸的目标。

(李宝宁 徐 涛)

**【广播影视管理】** 加大对各级播出机构节目内容的监测和检查力度。加强境外卫星电视节目落地管理工作。制定《关于加强境外卫星电视节目落地管理工作的实施方案》,对全区开展境外卫星电视节目落地管理工作进行安排部署。联合公安、国家安全、文化市场行政执法等部门对全区接收境外卫视节目的17家单位进行了检查,对存在问题的接收单位下发了限期整改通知书。深入开展境外卫视传播秩序专项整治工作。

严厉打击通过互联网非法传播境外卫星电视节目的行为。共拆除非法安装使用的卫星地面接收设施390余套,收缴卫星天线250多面、高频头200多只、数字接收机110余台,查扣"全球网络影音棒"400余只,有力地维护了正常的卫星电视信号接收秩序。加大对广播电视广告播放的监管。加强互联网传播视听节目管理及依法打击网络淫秽色情有害信息工作。认真开展全区广播电视节目制作经营机构管理及年审工作。加强政务服务。与政务大厅联合下发了《关于印发自治区广播电影电视局行政审批项目工作流程的通知》,行政审批承诺时间较以前提前了1~3天。全年受理行政许可申请31份,全部办结,向社会公开承诺事项全部落实,没有发生被群众投诉的现象。

(李宝宁 徐 涛)

**【对外交流】** 主动协助文化厅积极到中央电视台争取"欢乐中国行"和"跨越丝路"两场晚会来宁演出并录制播放。宁夏广电总台成功举办了"感动宁夏2009年度人物颁奖活动""人间有大爱,舟曲不孤独公益募捐"等大型活动。经国家广电总局批准,由总局宣传管理司、电影局、电视剧司与宁夏广电局共同主办的首届塞上江南影视节开幕式暨繁荣广播影视创作主题报告会于7月18日在银川举行。总局宣传司、电影局、电视剧司主要负责人分别作了《关于中国动画产业发展的思考》《电影:抓住历史机遇,实现强国梦想》《电视剧创作生产的管理与繁荣》的报告。首届塞上江南影视节还举办了全国电影院线夏季看片会、优秀电影展映月、广播影视节目作品展等活动。加强与阿拉伯国家广播电视同行联系与交流。

圆满完成了两次“阿拉伯国家广播电视人员访华交流团”来宁参观考察和采访2010宁洽会暨首届中阿经贸论坛外事接待任务，被自治区政府评为2010“宁洽会”暨首届中阿经贸论坛保障服务工作先进单位。（李宝宁 徐 涛）

## 广 播 影 视

**【体制改革】** 根据自治区文化体制改革的总体部署，从总台实际出发，把握广电媒体的规律，积极稳妥地推进广电体制改革。将网络、广告、节目制作、物业管理等业务剥离出去，组建了广电传媒集团公司；将电影、电视剧制作等业务剥离出去，组建了电影集团公司。形成了以广告和网络经营为主体，影视剧生产、音视频网站、移动电视等传统媒体和新兴媒体相互融合、多元发展的产业新格局。注重中央和自治区的改革政策与总台广大干部职工的切身利益相结合，细化了政策措施，加强了思想教育，确保了转企干部职工的平稳过渡，使广大干部职工在改革中做到了队伍不乱、思想不散，促进了改革的顺利推进。（海晓宇 万春宁）

**【产业发展】** 组建后的宁夏广电传媒集团有限公司，坚持把拓展网络公司业务作为主业来抓，积极整合全区网络，已实现“一省一网”的目标，并积极组建面向市场的节目制作公司，开拓会展、演艺等新的业务领域。成功对网络公司股权进行了回购。组建后的宁夏电影集团有限公司，在做好《给水团》《远东之恋》《马志英》《画皮2》等影视剧拍摄工作的同时，积极筹划影视基地建设和推进城市数字化影院建设。2010年，总台所属媒体及产业公司共实现经营收入3.9亿元，比上年增长11%，充分显示了文化体制改革对广电产业的推动作用。（海晓宇 万春宁）

**【对外合作】** 借助与上海台合作的契机，加大宁夏卫视落地覆盖工作力度。宁夏卫视已在全国除港澳台以外的所有直辖市、省会城市落地，覆盖人口超过5亿。坚持实施“走出去”战略，经过两次改版，宁夏卫视以全新的面貌出现在全国观众面前，在明确战略、聚拢资源、扩大影响等方面取得突破。最新调查显示，宁夏卫视全国收视排名已由29位上升到20位左右，在2010年底举办的第三届中国品牌媒体高峰论坛排行发布会上，宁夏卫视首次跻身全国卫视“十强”，被评为最具品牌创新力的省级卫视频道。联手贵州电视台，推出宁夏首家综合型购物频道宁夏家有购物频道，进一步深化了宁夏广电产业的发展之路，也带动了宁夏消费模式与观念的创新。（海晓宇 万春宁）

**【宣传报道】** 2010年，宁夏广电总台紧紧围绕全区工作大局，按照对内宣传凝聚力量，对外宣传提升形象的要求，大力加强舆论引导能力建设。坚持创新内容、创新形式、创新手段，着力提高舆论引导水平，实施了一系列有创意、有力度、有影响的新闻宣传活动，力争做到新闻效果、社会效果、政治效果相统一、相协调，切实履行了广电媒体促进和引领宁夏科学发展、跨越式发展的责任。2010年，总台共获得国家、省部（自治区）单项业务奖177件，获得全国、自治区各类先进集体、个人奖项141个。其中，《一元钱看病》《穷山沟出了首个亿元村》两篇报道分别获得中国新闻奖二、三等奖，是宁夏2010年仅有的两个中国新闻奖。少儿频道组织策划录制的《心中有朵马兰花》和《司马光砸缸》获全国少儿歌曲大奖赛金、银奖。高标准、高质量完成了中央领导胡锦涛、吴邦国、李克强、周永康等视察宁夏的宣传报道工作，所采制的消息和专题在中央电视台播出。全国“两会”期间，派出由33名采编播及技术人员组成报道组，在北京搭建演播室，共传回现场报道100多条。中央电视台《新闻联播》《共同关注》等栏目多角度、全方位报道宁夏代表团参加“两会”的活动，发稿量创历史之最。第一时间派记者赴青海玉树地震灾区，发回各类报道50多条，受到自治区党委、政府高度赞扬。全力做好学习贯彻党的十七届五中全会和自治区党委十届十一次全会精神，实施新一轮西部大开发战略大学习宣传活动。举全台之力报道中阿论坛、黄河金岸等大型宣传战役活动。宁洽会暨中阿经贸论坛期间，开设《中阿论坛全接触》栏目，制作播出了电视专题片《中阿友谊》和《阿盟掠影》，为宁洽会暨中阿经贸论坛营造了良好的舆论氛围。（海晓宇 万春宁）

**【对外宣传】** 加强对外宣传的战略谋划和统筹协调，把对外宣传工作作为系统工程，从形势发展的新要求来完善对外宣传工作的思路和布局，从自治区党委、政府的重要决策部署、重大活动中寻找工作的切入点、着力点，集中全台资源，集聚优势，通过与中央媒体合作交流，与阿拉伯国家建立信息平台和与上海台合作改版宁夏卫视频道等，进一步提升了对外宣传的整体效应。中央电视台、中央人民广播电台和中国国际广播电台全年共采用宁夏广电总台提供的新闻300多条，其中央视《新闻联播》采用45条，7条在头条播出。宁夏广电总台在《新闻联播》“十年崛起新西部”栏目发稿质量和数量位列西部12省台之首。《中国回族》《花儿的家乡》《印象宁夏》等几档节目在央视阿语频道播出。四集电视专题片《朔方盐州》在央视四套、九套、十套播出。在中央人民广播电台《中国之声》播发广播专题节目12期。此外，还与上海电视台联合成功举办了西部大开发十周年战略论坛（宁夏论坛）。

（海晓宇 万春宁）

**【组织大型活动】** 走出直播间，内引外联，按照打造“看得见的广播”和“多元互动的视频”的节目创作理念，成功举办了“宁夏春节联欢晚会”“感动宁夏2009年度人物颁奖活动”“2009年度经济人物评选”“2010宁夏新年音乐会”“2010宁夏青少年春节联欢晚会”“第十四届CCTV青年歌手电视大奖赛宁夏赛区选拔赛”“首届勇当创业先锋创业大赛”“亚洲熄灯日——银川熄灯一小时”“人间有大爱，舟曲不孤独公益募捐”“我是明星年度总决赛”“风正好扬帆——2010宁夏民主评议政风行风年度特别节目”等一系列大型活动，提升了媒体的美誉度、影响力和竞争力。

（海晓宇 万春宁）

【依法管理】 按照"理顺关系、规范管理、搞活机制"和以制度管事、以制度管人的原则,进一步深化内部管理。出台了《频率频道管理暂行办法》《节目考评暂行办法》《经费管理暂行办法》《人员管理暂行办法》《绩效考核暂行办法》和《广告经营管理暂行办法》等6个管理办法,做到了责权利明晰。对频率频道实行总台领导下的总监目标责任制,从节目考评、收听收视率、市场占有额、收支成本核算、节目影响力等方面制定责任制,严格考核。在用人、经费管理、购片、广告监管、绩效考核等方面给频道更大的自主权。初步建立起科学的效能考核评价体系。以节目政治导向、收视收听率和经济效益为主要目标,结合专家意见以及投入产出比等指标,导入目标管理和质量管理体系,以质量评估促进节目优胜劣汰,实行末位淘汰。进一步完善了干部选拔任用机制。2010年年底,对总台处级干部竞聘上岗和干部轮岗交流,通过竞聘选拔了6名处级、15名副处级干部到领导岗位,增加了干部队伍的活力。建立了激励机制。严格绩效考核量化标准和要求,发挥动态薪酬分配制度的激励作用,通过建立目标量化考核机制,形成相对科学、规范和透明的管理,推动项目制和制片人制,确保队伍的积极性和创造力。通过强化内部管理,进一步提高了行政效率,节约了管理成本。2010年,总台的各项会议比上年减少50%,接待等费用比上年下降了22%,车辆耗油量比上年减少17%,用水量比上年减少24%。

(海晓宇 万春宁)

【安全播出】 将安全播出纳入重要议事日程,强化责任,进一步建立健全了各级安全播出指挥调度机构和工作制度,完善了安全播出应急预案。严格规范了总台系统各类播出事故、事件的上报程序,进行了全台范围内编播环节隐患排查,加强了应对突发事件的紧急处置能力和预警机制。以广电中心建设为契机,对技术装备、更新提出了规划,加大了对现有设备的更新改造力度,完成了741转播铁塔加固维修,同心转播台危塔改造,六盘山转播台、罗山转播台天线系统的更新改造与检修测试,传输发射中心下属台站发射机备机安装等20多项隐患整改工程。强化了技术人员培训。举办了数字化应用技术培训班等,邀请国内外专家对108名技术骨干进行了培训。对各类安全播出事故做到了发现一起、查处一起,有效地预防了事故的发生。全年安全播出事故率较上年同期下降32.8%,在全国两会、中阿论坛等一系列重要安全播出保障期,没有发生一起安全播出事故。

(海晓宇 万春宁)

【行风和队伍建设】 制定了《宁夏广播电视总台2010年党风廉政建设和反腐败主要任务分工》,把全年主要任务细化分解,逐级签订责任书,形成了一级抓一级,层层抓落实的局面。建立健全惩防体系。认真开展廉政风险点排查,研究制定防范措施,编制了廉政风险点暨防范管理措施一览表,制定了《领导干部实行廉政谈话暂行办法》《领导干部述职述廉暂行办法》等制度,健全了教育、监督、预防、惩处相结合的长效机制。把行风建设融入到改革发展大局之中,注重抓重点领域、热点部位和关键环节。在广播、电视、报纸、网站等媒介向社会公布举报电话,公开服务承诺。聘请15名行风监督员,每月对节目质量、广告播出、队伍建设和有线电视等情况进行评议监督。大力开展"三项教育"活动,教育引导广大职工爱岗敬业、遵纪守法,加强新闻职业道德建设。严格执行三级审片制度,开展杜绝虚假报道教育整顿工作,从工作纪律、生活养成等方面入手,在细节中培养职工的工作和生活习惯,提高职工自律意识,全年没发生一起虚假失实报道。加强反腐倡廉宣传。以发挥媒体功能、净化社会风气为己任,在"全区新闻联播""宁夏新闻"和"政风行风在线""行风面对面"等节目栏目中,有计划地安排播出党风廉政建设和反腐倡廉节目,及时传达自治区关于廉政建设的要求、部署,全面反映各地各部门在廉政建设工作中的经验和举措,大力宣传先进典型,教育领导干部勤政为民、廉洁从政,很好地发挥了舆论引导作用。重视发挥工青妇等群众组织的桥梁纽带作用,充分调动职工参与精神文明创建活动的主动性和积极性,形成全体职工共同参与精神文明创建工作的生动局面,机关的效能建设得到进一步提升,作风得到进一步转变,办事效率明显提高,群众满意度明显增加。2010年总台机关被区直机关工委授予文明机关称号。

(海晓宇 万春宁)

# 出 版

【概况】 2010年完成造货总码洋共计2.52亿元,比上年增长23.5%。出版图书1630种,总印数1883.64万册,总码洋2.18亿元,比上年增长17%。其中新版图书587种、重印图书391种、租型教材252种、电子图书400种。出版期刊3种,全年发行总册数190万册,发行码洋2840万元。复制磁带81种69.55万盒,码洋486.85万元;出版音像制品17种7.1万张,码洋142万元;代理复制光盘112.81万张。为宁夏农家书屋工程整理配送宁版图书455种。入选新闻出版总署《2009年全国农家书屋重点推荐目录》28个品种,先后进入19个省、直辖市、自治区的农家书屋,合计发货码洋1439.72万元;全面启动"文化图书进宗教场所"工程,已为全区207处宗教场所配备了500个书柜,配送图书350种258343册;进一步加大区内直销力度,销售本版图书4.33万册。2010年黄河出版传媒集团公司主营业务收入4.52亿元,比上年同口径3.82亿元增长0.7亿元,增幅18.3%;利润总额3024.55万元,比上年同口径1001.4万元增长2023.15万元,增幅202%。其中,出版本部主营业务收入1.62亿元,比上年1.31亿元增长0.31亿元,增幅23.7%;利润总额2225.5万元,比上年665.4万元增长1560.1万元,增幅234.5%。自治区新华书店系统主营业务收入合计2.9亿元,比上年2.51亿元增长0.39亿元,增幅15.5%;利润总额799.1万元,比上年336万元增长463.1万元,增幅137.8%。

（段继科）

【教材出版】 受国际金融危机影响,纸张等印刷物资价格波动幅度过大,全区印刷市场压力巨大。按时高质量地完成了春秋两季中小学教材的出版印制工作,保证了全区百万名中小学生及时拿到教科书。这是宁夏连续第32年做到课前到书、人手一册。（段继科）

【体制改革工作】 一是按照现代企业制度的规范,搭建了黄河出版传媒集团公司母子体系的基础构架,以集团公司为投资主体,完成了宁夏画报实业有限公司等7家子公司的工商注册和税务登记。因资本投入问题,还有宁夏人民出版社有限公司等6家子公司尚未完成注册,但内部已按独立法人机制运作。二是与中国出版集团进行了全方位业务工作对接,理顺了与中国出版集团各业务部门的工作关系,达成了一系列帮扶合作项目。三是与中国出版集团旗下的人民文学出版社、中华书局、现代教育出版社、商务印书馆和三联书店签订了战略合作协议,创建了5个新的体制联合体。现代教育出版社宁夏分社和中华书局《中华活页文选》杂志社宁夏工作总站已挂牌运行,人民文学出版社西北分公司、商务印书馆综合类辞书编辑出版基地、黄河三联书店正在筹备组建。四是宁夏教育服务中心和银川市新华书店整体划转黄河出版传媒集团,标志着黄河出版传媒集团发行资源整合工作圆满完成。五是广泛挖掘聚集区内出版资源,与自治区党委、政府有关部门,5个地级市,宁夏社会科学院,各高校分别达成建立出版资源整合机构的合作意向,扩大和强化了本地区出版资源的统筹整合。（段继科）

【积极争取项目】 建立了黄河出版传媒集团项目库,制定了《黄河出版传媒集团项目库管理办法》。先后申报了民族文字出版基金、"走出去"专项资金、"十二五"规划出版选题、文化产业发展专项资金、国家出版基金、东风工程资金、自治区"十二五"规划等大型项目,向新闻出版总署项目库上报了21个项目,已获各类项目支持资金1543万元。

（段继科）

【重点出版工程】 《中华民族文化丛书》(57种)、《新青年》(简体横排典藏本12卷)和《中国粮食问题》《新编中国历史大事年表》《中国汉族通史》《中国民族政策简史》《回族典藏全书总目提要》等大型出版项目即将面世,中国回族报刊集成《月华》(影印10卷本)已在10月出版。（段继科）

【市场精品图书】 《东方战争》《城市,也是我们的》《湿润的上海》《我们的海小平》《白盖头》《左手蜗居右手奋斗》《青春印记》《赫鲁晓夫的冷战》《历史是个什么玩意》《献给父母的爱》《著作权案例评析》《我的大学我做主》《闲适中的挣扎》《世界尽头的目标先生》《帝王的智慧》《棋殇》《我的北漂日记》《返乡农民工》《乡村的记忆》《也是亚当,也是夏娃》《第四空间》等市场图书读者群定位准确,获得认可和好评。《马鸿逵传》在中国出版集团的"双推计划"中被评为"优秀常销图书"。部分图书累积发行量近2万册。（段继科）

【纪念建党90周年 辛亥革命100周年图书出版】 出版《中国共产党党史纪实》《中国国史大典·宁夏卷》《辛亥百年》《二万五千里长征》《回族与辛亥革命》《军号声的回荡》等图书,视野宽阔,资料翔实。（段继科）

【"三农"类图书】 《苹果优质高效生产技术》《畜禽繁殖与改良》《常见重大畜禽共患疾病的防疫与检疫》《宁夏林木育苗技术》《设施果树栽培技术》《牧草栽培与加工利用》《优质马铃薯生产技术》《优质中药材生产技术》《肉羊饲养与疾病防治》《北方食用菌栽培实用技术》《酿酒葡萄栽培与管理》《无公害蔬菜栽培与采后处理技术》《珍禽养殖技术》《饲料检验与配方优化技术》《农药使用技术指南》《动物疫病防控技术》《农产品经纪人实用全书》等图书价格适当、领域广泛,为提高农民创业致富能力、丰富业余生活提供了"软财富",深受农民读者喜爱。（段继科）

【回族优秀历史文化类图书】 《中华回族爱国英才》《回族史话》《简明中国伊斯兰教史》《中国伊斯兰文化要略》《中国民族政策简史》《阿拉伯文学史》《中国回族民间故事》《马鸿逵传》《西北王马步芳》《中国回商文化》《中国大地上的穆斯林》《世界华人穆斯林概观》《走进回族》《阿拉伯民间文学》《宁夏清真寺概观》《宁夏朝觐者》等图书视野开阔,充分展现了回族优秀历史文化的鲜明特色。（段继科）

【宁夏地域历史文化类图书】 《黄河文化汇宁夏》《宁夏文化的纵与横刍议》《宁夏非物质文化遗产丛书》《当代宁夏历史纪年》《宁夏好歌大家唱》《远古的呼唤——宁夏岩画研究历程》《西夏文书档案研究》《将台堡会师》《海原大地震》《文化隆德》《开边大将蒙恬》《纳家户旧事》等图书为读者提供了一套了解宁夏地域多元文化的精品。《宁夏剪纸精品集》等优秀图书先后被52个国家和地区孔子学院选配。（段继科）

【政治经济类图书】 《请等到2011年:中美日投资大趋势》《日本最了不起的公司》《政治经济学原理》《结构优化与和谐社会问题研究》《证券投资分析》《百案法律导航》《中国—阿拉伯国家经贸论坛理论研究论文集》《深入实施西部大开发战略学习读本》《宁夏退耕还林工程实践》《宁夏经济蓝皮书》《宁夏社会蓝皮书》《掌政模式——解读全国首家农村"资金物流调剂中心"》等图书紧密联系历史和当前经济社会发展的新形势,宏观和微观结合,透视经济社会热点,深入解读经济社会大势。

（段继科）

【文学艺术类图书】 《我们的节日丛书》《中国民间文学经典文库》《虎之书》《中国唐卡艺术集成》《文化遗产保护诠说》《中华民间崇奉与节日风俗》《东方民间文学丛书》《雨虹丛书》《守望吾土吾乡:国家历史文化名城阆中》《笔下有千年》《诗意大地》《前世的记忆》《穿越》《一个人的奋战》《谁不想活五百年》《儒学与人生》《中华饮食文化》等图书彰显中华优秀文化特色,选题领域广泛,图书"引力"较强,逐步形成出版品牌效应。"国学经典全民阅读系列丛书"《孟子选读》《老子》《庄子选读》《论语选读》《古文观止选读》等图书,在建设学习型社会中显现出生命

力。（段继科）

【科技普及类图书】 《医疗保健知识丛书》《百姓家中的医生》《食物相克与最佳食物搭配500问》《皮纹探秘》《常见花卉栽培技术》《宠物养护与疾病防治》《家庭实用酿造技术》《呼吸系统常见病家庭必备手册》《实用口腔疾病诊疗手册》《常见病的饮食调理与禁忌》《营养保健实用知识》《肿瘤防治家庭必备手册》《驯服血糖》等图书广泛走进大众的生产生活。这类图书科学严谨，立足科普，适用性强。（段继科）

【青春少儿类图书】 《快乐知识大擂台》《幼儿必备经典30图卡》《小学生写字》《精灵Baby生肖乐园》《远行让我销魂》《养女》《父亲的雪》《大学生村官》《爱伊河畔》《世界上下五千年》《中华上下五千年》《我兔斯基你》等图书颇受少年儿童和年轻读者的追捧。《小学生写字》发行达7.1万册。《我兔斯基你》在第七届全国书籍设计艺术展中被评为最佳书籍设计；在由《出版人》杂志社新浪读书频道联合主办的“2009中国书业年度评选”中，再获年度成人绘本奖。（段继科）

【辞书类图书】 继《新编成语大词典》后，《新编成语小词典》已与读者见面。新编学生用语词类《新版小学生词典》《小学生释字组词词典》《小学生解词造句词典》《小学生成语词典》《同义词词典》《反义词词典》《袖珍字典》《歇后语小词典》等8本辞书正处于编校加工阶段。《宁夏大辞典》编纂工作已启动。（段继科）

【教材教辅类图书】 联合开发的教辅有《学习之友》《寒暑假生活丛书》《幼儿活动操作材料》《成长教育》《精讲精练系列丛书》《课堂导用》《新课堂》《课时作业》《高中生名著导读》等337种，其中有近百种逐步在全区中小学普及。新开发的中小学校本教材有《语言的魅力》《谁拨动了你的心弦》《我们可爱的家乡——宁夏》《民族团结教育》《彭阳地理》《多元智能珠心算》等99种，其中“中华传统美德校本教材国学系列丛书”《论语》《孟子》《弟子规》《千字文》《中国古代历史人物》等在中小学课堂成为一大亮点，先后重印5次，总印数达11万册，是区内销售量最大的本版图书。新开发的高等院校教材有《计算机组装与维护》《园林植物栽培养护》《新高等英语教程导论》《化学应用技术》《大学生心理健康实用教程》《婚姻家庭继承法新论》《汉英动物词语和文化对比研究》等23种。这批图书具有门类齐全的特点，为扩大出版资源占领市场奠定了基础。（段继科）

【“走出去”工程】 与伊朗穆斯特法出版社签署了战略合作协议，进一步促进了对外文化交流。在中阿经贸论坛期间，积极主动与伊斯兰国家专家学者密切接触磋商，建立了黄河出版传媒集团与伊斯兰国家出版工作委员会顾问队伍和阿拉伯语、波斯语、土耳其语翻译、审校专家队伍，为对外出版交流和阿语、波斯语、土耳其语等小语种图书的翻译编审提供了国际化、高水平的人才保障。版权输出实现新突破，《中国回族民俗学》《中华回族爱国英才》《孙子兵法》输出到伊朗，中国图书对外推广计划工作小组为此专门拨付7万元对外推广经费。《中华回族爱国英才》同时还输出到埃及。在2010年国务院新闻办外宣出版物回购工作中，《于丹〈论语〉心得》（阿文版）外宣采购500册。“走出去”工程从管理体制、运作机制、机构联合、人才挖掘、队伍建设、版权贸易、产品输出等多方面实现了重大突破。已出版的有《清真食品认证管理知识读本》（阿英汉对照）、《古兰经译注》（阿汉对照）、《于丹〈论语〉心得》（阿文版）、《中华回族爱国英才》（阿文版）、《孙子兵法》（波斯文版）、《回族民间传说故事》（阿文版）、《中国回族民俗学》（阿文版）、《清真在我身边》（阿文版）、《中国伊斯兰建筑艺术》（阿英汉对照）。（段继科）

【图书发行工程】 积极参加全国各种图书订货会，拓展发行渠道。为宁夏农家书屋工程整理配送宁版图书455种。入选新闻出版总署《2009年全国农家书屋重点推荐目录》28个品种，先后进入19个省、直辖市、自治区的农家书屋，合计发货码洋1439.72万元。全面启动文化图书进宗教场所工程，已为全区207处宗教场所配备了500个书柜，配送图书350种258343册。进一步加大区内直销力度，销售本版图书4.33万册。为全区职工书屋招投标配送图书16096册。本版图书发行部门首次实现历史性的扭亏为盈。（段继科）

【数字出版】 确立了以互联网和手机出版为突破口的数字出版传媒战略，建设了集团公司门户网站——黄河出版传媒网，在中国出版协会、中国出版研究院对全国2000多家出版发行机构设立的网站进行综合测评后，黄河出版传媒网站排名第35位，被评为2010年最具发展潜力的出版网站；与武汉黄冈中学网校签署了宁夏地区代售网校点卡的合作协议，开辟了网上辅导教学新领域；与本区电信运营商合作，全力打造《手机读者》数字期刊出版业务，已成功发送70余期，主动定制用户达670人；多渠道充实黄河网上书店内容，网上可供销售书目13000多种；主动出击，多方联系，实现电子书交易收入63万元。“数字出版网络传媒系统及应用平台”建设项目获财政部1000万元专项资金支持。（段继科）

【党建与企业文化建设】 以创建“五个好”先进基层党组织、争当“五带头”优秀共产党员为主线，掀起“创先争优”活动热潮，涌现出优秀党员11名、党员先锋岗13个、党员示范窗口14个，发展4名新党员，培养入党积极分子13名。以强化社会主义核心价值体系建设，提高人的精神境界和基本素质为核心，精神文明建设取得丰硕成果。集团公司被自治区党委、政府授予自治区级文明单位称号，自治区宣传文化系统唯此一家；被新闻出版总署确定为全国新闻出版行业精神文明单位。制定《黄河出版传媒集团员工文明手册》，强化每个员工都是文明单位的窗口的全员文明意识。开展丰富多彩的文体活动。举办“黄河春潮”2010年迎新春暨职工大型音乐歌舞史诗晚会、黄河出版传媒集团第一届文化艺术节和第一届职工运动会、颂歌献给党文艺演出。联系宁夏农科院养殖专家赴扶贫点传授养殖知识，帮助解决生产问题;向扶贫点小学捐赠学习用品、4台电脑及3000多册图书。出版集团被自治区评为支教工作先进集体。 (段继科)

## 报 业

【报业经济发展】 2010年宁夏报业集团经营工作实现新突破。全年实现总收入3.02亿元,同比增长27%;完成利润指标2417万元,增长122%;实现净利润1200万元,增长240%。 (陈 栋)

【对外合作】 宁夏报业集团与中石油宁夏销售公司签订了战略合作协议;与金凤区政府达成协议,购置50亩土地,用于印刷产业园项目的开发建设;与交通银行宁夏分行签订10亿元授信贷款协议。《现代生活报》改刊合作稳步推进,《小龙人学习报》对外合作进一步扩大,《看天下》杂志、《博客天下》杂志对外合作成效显著。 (陈 栋)

【大型活动】 宁夏精心策划举办了“纪念‘银川会议’20周年全国报纸总编辑黄河金岸行暨第十三届中国新闻摄影理论年会”,全国50余家主流媒体聚焦宁夏,以“西部大开发与民族团结”为主题,沿黄河两岸采风,有力地宣传了宁夏经济社会发展成就。成功举办“第二届中国西部(银川)房·车生活文化节”“2010‘虎啸塞上’新春灯会”“2010西夏啤酒清凉音乐节”“《新消息报》2011新年音乐会”等大型节会。 (陈 栋)

【集体与个人荣誉】 《宁夏日报》荣获“中国品牌媒体百强——党报品牌十强”称号、中国传媒大会“金长城传媒奖十大党报”称号。《看天下》杂志获“中国品牌媒体百强——期刊品牌十强”称号。总编辑沙新先后荣获“影响中国创意经济发展风云人物”“2010中国传媒年度人物”称号。在自治区第十三届运动会上,获得“道德风尚奖”“大众广播体操比赛第二名”“象棋比赛个人第二名”。承办的“中国西部(银川)房·车生活文化节”荣获中国展会50强。传媒公司被自治区政府评为“全区全民创业先进集体”,被中国报业协会评为“全国报业经营管理先进集体”;发行公司被中国报业协会评为“全国党报发行先进集体”;《新消息报》广告策划中心获得“全国报刊广告经营管理优秀团队”称号;《法治新报》荣获2010年中国报刊广告“金鼎奖”“诚信奖”。宁夏互联网新闻中心团支部被命名为自治区级“青年文明号”单位。 (陈 栋)

【新闻作品获奖】 在第二十届中国新闻奖评选中,《宁夏日报》刊登的消息《王玉欣照顾邻居四推搬家计划》获得2009年度中国新闻奖消息类三等奖。在全国省级党报新闻奖评选中,《宁夏日报》获3个一等奖、2个二等奖、4个三等奖。在第十六届全国省区市党报总编辑新闻出版工作研讨会上,《宁夏日报》的3块版面和3篇论文分获一、二、三等奖。《新消息报》刊发的《残疾人苏文一家主动退领低保金》等5篇新闻作品获全国晚报都市报好新闻奖一等奖,12篇作品获二、三等奖。宁夏新闻网获中央外宣办网络局“文明上网共建和谐”活动竞赛银奖1个、铜奖1个。6件作品分获全国农民报好新闻一、二、三等奖。《小龙人学习报》在两年一届的全国少儿报刊协会“六一奖”好作品编辑奖的评选中,荣获1个一等奖、1个二等奖、2个三等奖;在第三届全国教育教辅类报纸好作品评选中,首次摘得1个金奖、2个银奖、1个铜奖。在2009年度好新闻评选中,集团各报共有124件稿件获奖。其中,《宁夏日报》获奖作品42件,《新消息报》获奖作品32件,《现代生活报》获奖作品12件,《法治新报》获奖作品12件,《小龙人学习报》获奖作品6件,《新知讯报》获奖作品6件,宁夏新闻网14件。 (陈 栋)

【《固原日报》】 《固原日报》是固原市委机关报。2010年,通过《固原日报》《固原数字报》《固原手机报》《固原新闻网》等传媒载体,重点抓了对中央领导胡锦涛、吴邦国、周永康来宁夏考察和自治区党委书记张毅来固原调研的重要讲话精神的宣传;对十七届四中五中全会,市委二届八次、九次全会和全国、区市“两会”,第四次固原工作会议等重要会议精神的宣传;对社会主义核心价值体系、六盘山精神、学习型党组织建设、争优创先活动、党的建设和党风廉政建设、西部大开发大学习活动等重大主题的宣传;对“155工程”建设的宣传(即盐化工循环经济扶贫示范基地、六盘山生态农业示范基地、西兰银交会中心物流集散基地、六盘山红色旅游和生态旅游休闲及文化避暑度假基地、劳务输出基地的宣传);对六盘山热电厂、新机场通航、新区大会战等重点建设项目的宣传;对文化固原建设、精神文明建设、思想道德建设的宣传;对教育、科技、卫生、法制、综治、计生等社会事业方面的宣传。唱响了主旋律,打好了主动仗,体现了主流媒体强有力的舆论引导作用。 (武兴华)

【《吴忠日报》】 2010年,较好地完成了学习实践科学发展观活动、“两大任务”、春季绿化和秋季农田水利建设、民族团结宣传教育年活动、创先争优活动、打造黄河金岸、回商大会、“大学习大讨论”活动、学习贯彻十七届五中全会精神等中心与重点工作,以及太阳山透水事故、同心洪灾等重大突发事件的宣传报道;率先在全国挖掘推出了海小平先进事迹,社会反响热烈,报纸新闻宣传的实效在不断提升。新开设了“城市”“民生”“平安”“共筑长城”等专刊和“来自基层的声音,看吴忠三年变化”等栏目,引起了广泛关注与热烈反响,扩大了报纸的影响。按照事业单位人事制度改革的要求,在全市事业单位中率先打破身份界限与职级限制,鼓励全员参与、平等竞争,顺利完成6个部室10位负责人竞争上岗和一般人员双向选择。 (张国勤)

【《中卫日报》】 2010年,共出版《中卫日报》192期,全年刊发自采地方新闻9000条。另外,中卫日报网、中卫手机报、中卫日报多媒体数字报、中卫日报电子屏报,同时刊发《中卫日报》相关内容,形成“四报一网”立体式宣传格局。全年适时策划、制订、实施《关于全市集中开展“三大工程”推进新农村建设的宣传报道方案》《关于春季植树造林大会战宣传报道方案》《关于创建卫生城市的宣传报道方案》《关于建设学习型党组织的宣传报道方案》《深入开展创先争优活动宣传报道方案》《关于切实维护保障老年人合法权益宣传报道方案》《西部大开发宣传报道方案》及其补充方案等27个阶段性、战役性宣传报道方案,新开设“推进三大工程建设新农村”“掀植树造林热潮建设生态中卫”“卫生与健康”“建设学习型党组织推动中卫科学发展”“开展创先争优推动科学发展”“维护保障老年人合法权益明察暗访”“西部大开发大学习大讨论”“深入实施西部大开发战略专题论坛”“辉煌十一五”等重点栏目30余个,全力报道三大工程建设、植树造林、创先争优、学习型党组织建设、西部大开发等全市重点工作、主要活动、举措成就、基本经验,全力推动农业现代化、新型工业化、城市精品化、旅游特色化进程,对全市工作起到了舆论引领、激励助推的作用,营造了全市上下干部谋发展、促发展、快发展的浓厚氛围。(冯博文)

**【《石嘴山日报》】** 2010年,《石嘴山日报》及时开设“贯彻胡锦涛考察宁夏讲话精神推动经济社会又好又快发展”栏目,刊发相关稿件96篇,形成了强大的宣传声势,在全市掀起了学习胡锦涛重要讲话精神的热潮。及时开设“贯彻落实张毅书记讲话精神推动全市各项工作实现新突破”栏目,对各县区、各部门深入学习贯彻张毅书记讲话精神进行宣传报道,刊发相关稿件30余篇。全方位、多角度做好建市50周年的宣传报道工作,紧紧围绕展示成就、凝聚人心、鼓舞干劲的目标,精心策划,分步骤、有重点地抓好宣传落实工作,陆续开设12个相关栏目,集中宣传石嘴山建市50年来取得的辉煌成绩。9月20日大庆当天及9月21日,《石嘴山日报》推出对开八版大报,共计28块版面,将50大庆宣传推向了高潮。共刊发稿件近1100篇(幅),300块版面。开设栏目“抓转型重民生迎大庆深入学习贯彻市委八届七次全会精神”“深入学习贯彻市委八届七次全会精神”,共刊登稿件、图片300余篇(幅)。着力做好重点项目建设的报道工作,开设“实施重点项目推动经济转型”栏目,及时宣传重点项目的进程,刊发相关稿件80余篇。开设栏目“田间地头话春耕”“深入学习贯彻中央一号文件精神”“一号文件下乡来”,组织采写刊发稿件、图片135篇(幅)。着力做好全市农业农村工作会议、全市推进城镇化工作会议、2010中国·宁夏石嘴山光伏产业论坛等方面的宣传报道,加大民生新闻的报道力度,先后对“门诊预约服务”“高价收药非法小广告”“小区物业收费”“‘低碳’生活”“关注高考”“无公害蔬菜”“小区物业管理”“高考失利路在何方”“暑期培训班”等组织策划报道,并对新出台的政策进行解读,积极引导舆论,收到党政放心、群众满意、社会叫好的宣传效果。(张红珍)

# 兴庆区纪委

近年来，兴庆区纪委以“勤廉为民”工程为抓手，通过加强农村“三资”管理，规范村级事务管理，加强“三务”公开力度，落实“民主议政日”，试点推行村民监督委员会，强化为民便民服务措施，积极开展勤廉为民“五好乡镇”“五好村”创建活动，切实推进了农村党风廉政建设，为兴庆区新农村建设提供了显著的保障。

兴庆区考核组考核月牙湖乡村务、财务公开情况

2011年6月20日，兴庆区农村基层党风廉政建设协调领导小组对兴庆区两乡两镇申报的勤廉为民“五好村”进行考核验收

2010年12月1日，兴庆区召开农村党风廉政建设工作会议。会议命名了10个勤廉为民“五好”村，表彰奖励了4个实施“勤廉为民”工程先进村

兴庆区月牙湖乡举行民主议政日活动，“民主议政日”活动创新了民主建设新载体，将党员集中活动、党员和村民代表议事、村务(财务)公开、远程教育节目收看及电教片播放统一起来

2011年7月20日，兴庆区纪委组织召开了兴庆区党风廉政建设现场会。会议命名了11个勤廉为民“五好”村并授牌

# 兴庆区人民法院

自治区党委常委、宣传部部长杨春光调研兴庆区法院学习型党组织建设工作

院长亲自将执行赔偿款送到残疾当事人手中

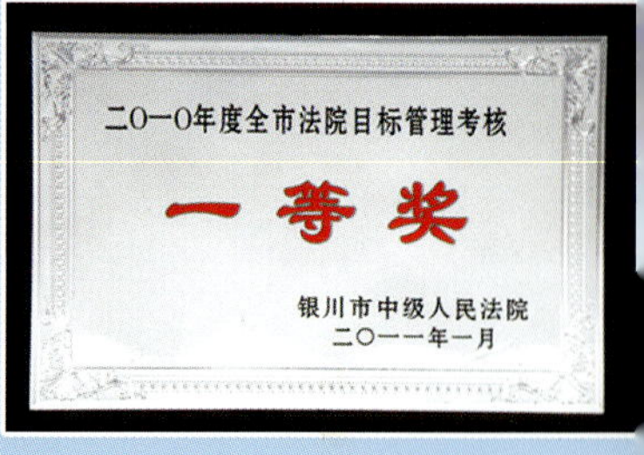


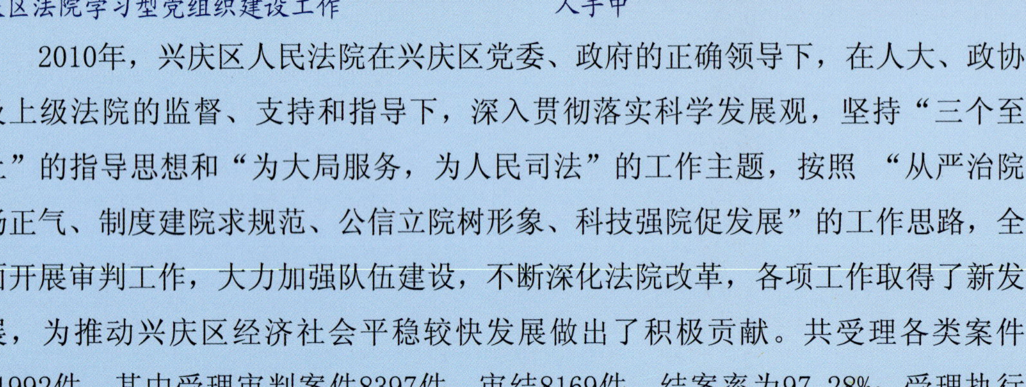

2010年，兴庆区人民法院在兴庆区党委、政府的正确领导下，在人大、政协及上级法院的监督、支持和指导下，深入贯彻落实科学发展观，坚持“三个至上”的指导思想和“为大局服务，为人民司法”的工作主题，按照 “从严治院扬正气、制度建院求规范、公信立院树形象、科技强院促发展”的工作思路，全面开展审判工作，大力加强队伍建设，不断深化法院改革，各项工作取得了新发展，为推动兴庆区经济社会平稳较快发展做出了积极贡献。共受理各类案件11992件，其中受理审判案件8397件，审结8169件，结案率为97.28%；受理执行案件3595件，执结2562件，依法终结775件，执行率为92.82%，执结案件标的2.38亿元。2010年，兴庆区法院先后荣获全国全区维护妇女儿童权益先进集体、全国“司法公开示范法院”、全区法治宣传先进集体、自治区无执行积案法院、自治区高院集体二等功、银川市矛盾纠纷排查调处工作先进单位、全市法院目标管理考核第一名、兴庆区年度绩效考核优秀等次、兴庆区公正廉洁执法先进单位、兴庆区法治宣传思想工作先进集体、兴庆区平安单位，16个庭室和个人受到了党委、上级法院的表彰奖励。

召开全市法院量刑规范化现场会

创新社会管理成立社区回访帮教室

中心理论组学习

“圆桌法庭”消除未成年犯对法庭的恐惧心理

下乡巡回办案

入选全市建党90周年红歌决赛

# 银川市西夏区人民法院

西夏区人民法院党组书记、院长　张学锋

近年来，银川市西夏区人民法院在区委的领导下，在人大、政府、政协和上级人法院的监督、支持、指导下，以科学发展观为统领，紧紧围绕社会矛盾化解、社会管理创新，公正廉洁执法三项重点工作，按照“抓班子、带队伍，抓审判、促公正，抓廉政、树形象”的工作思路，团结和带领全体干警，认真履行宪法和法律赋予的职责，不断创新工作方法，落实司法为民工作措施，较好的完成了各项工作任务。

2010年共受理各类案件3818件，审结3673件，结案率达到了96.2%，调撤1763件，调撤率70.2%，受理执行案件1100件，执结1012件，执结率92%，有效化解了社会矛盾，为促进西夏区经济社会又快又好发展和维护社会和谐稳定提供了有力的司法保障。

在全院干警的共同努力下，2010年西夏区人民法院被银川市委、政府命名为“文明单位”，执行庭荣立集体“三等功”，一名干警分别被银川市表彰为“职业道德之星”“职业道德先进个人”，两名干警荣立个人“三等功”，多名干警分别被上级人民法院、上级单位部门评为“办案能手”“调解能手”“执行能手”和先进工作者，各项工作都得到了上级领导和辖区人民群众的充分肯定。

中院院长刘彦宁在张学锋院长的陪同下，检查指导立案工作

送法进社区

积极开展文化活动

张学锋院长现场发放执行款

女法官服务队义务法律宣传

司法为民促和谐

# 银川市公安局 交通警察支队

自治区党委常委、自治区副主席齐同生视察道路交通安全隐患专项整治工作

自治区党委常委、政法委书记、公安厅厅长苏德良视察道路交通安全隐患专项整治工作

市委常委、副市长方勇和市人大副主任金平为“文明交通志愿者服务岗”揭牌

市公安局党委委员、政委李俊章带领交管民警为广大市民群众送上新春祝福

王青山局长带队督查创城工作

“文明交通志愿服务”启动仪式

法制培训

交通安全知识宣传走进乡镇街头

“畅行中国—文明交通在行动”有奖知识问答

创新交通安全宣传模式积极开办电视专题栏目

新警培训

# 永宁县财政局

财政部社保司副巡视员路英调研全县财政工作

自治区副主席刘慧调研永宁县民生工作

自治区财政厅副厅长张苏安调研工作

永宁县财政局是县人民政府重要的经济管理职能部门，肩负着组织财政收入、统筹财政支出、履行财政监督以及调控全县经济资源等职责。局内设永宁县会计核算中心、永宁县政府采购中心、永宁县建设工程预决算审查中心3个事业单位和办公室、国库股、预算行财社保股、经济建设企业股、农业股、会计监察综合股6个业务股室以及永宁县国有资产经营管理公司一个企业单位。现任局长邹光新，党支部书记徐兵。全局现有在职干部职工61人。

主要职责：协调税收、组织各项收入入库、预算内外资金核拨、票据领用管理、会计证件办理、财会业务培训、乡镇和部门财务集中核算、政府集中采购、工程预决算审查、国有资产管理等业务工作。负责编制永宁县和县本级年度财政预决算草案，执行县人代会批准的财政预算；受县政府委托，向县人民代表大会报告永宁县和县本级财政预算和执行情况，向县人大常委会报告永宁县和县本级年度财政决算；负责永宁县财政非税收入管理工作；管理行政机关和财政供给经费的事业单位银行开户；负责行政事业性收费项目的立项申报；管理县级预算外资金和财政专户；管理政府性基金和专项资金；承办县委、县政府交办的其他事项。

2010年，永宁县财政一般预算收入突破4亿元，达到4.21亿元，增长75%，增速位列全区第一，财政用于社保民生方面的支出逐年加大，公共事业保障能力不断增强，全系统内部管理规范有序，基层党建扎实开展，干部队伍素质明显提高，形成了业务争先、文明创优、人心思进的和谐向上的工作氛围。同时还被自治区文明委命名为全区精神文明建设先进集体，跨入了区级文明单位行列，局属事业单位会计核算中心被授予银川市“巾帼文明岗”称号；2009、2010年连续两年在全县目标责任考核中获得一等奖，2008～2010年连续被自治区财政厅评为全区财政系统政风行风建设先进单位。

邹光新局长调研乡镇民生服务中心

县领导和干部职工参加“六五”普法启动大会电视电话会议

永宁县财政局办公楼

# 永宁县人民法院

自治区政协机关调研组来院调研廉政文化建设工作

银川市中级人民法院院长刘彦宁为院颁发奖牌

永宁县民主党派、无党派人士参与“法院开放日”，体验司法公开（图为查看裁判文书公开栏）

梁忠新院长慰问帮扶村老党员

李俊法庭法官和特邀人民调解员为闽宁镇案件当事人进行庭前调解

2010年以来，永宁法院以“公正与效率”为工作主题，以维护社会稳定为出发点，以公正廉洁执法为立足点，坚持能动司法，深入推进三项重点工作，以创建服务型、学习型、创新型、科技型“四型法院”为主要内容，通过深化管理、优化配置、加快改革，不断加强审判工作、加大执行工作力度、提高案件质量效率、狠抓队伍建设，忠实履行宪法和法律赋予的神圣职责，着力提升法院公信力，努力做到思想认识上有新提高，队伍建设上有新举措，深化三项重点工作上有新突破，为永宁经济社会又好又快发展提供更加有力的司法保障和法律服务。2010年3月，永宁县人民法院荣获“全区维护妇女儿童权益先进集体”，被全国妇联评为“全国维护妇女儿童权益先进集体”；被银川市综治委评为基层“三调联动”工作先进单位，被银川市委政法委评为“公正廉洁执法先进单位、依法治理示范单位”；在2010年银川市两级法院综合考核中，获得二等奖；有3名干警荣立三等功；1名干警被评为“永宁县十大模范人物”；2011年6月，永宁县人民法院党支部被自治区党委政法委授予“全区政法系统先进基层党组织”荣誉称号，被银川市委授予“全市先进基层党组织”荣誉称号。

巡回法庭进村入户为群众排忧解难

积极开展专业知识测试

纪念建党90周年系列文化活动

# 永宁县人民检察院

检察院党组书记、检察长　王殿宏

3年来，永宁县人民检察院以打造"六个检察"为载体，关注民生，服务大局，成效显著，先后被评为全市先进检察院、全区先进基层检察院、全国文明接待室，创造了历史最佳成绩。

**预防"小村官"变"大蛀虫"**

2009年3月，永宁县人民检察院在查办一起职务犯罪案件时，发现一名涉案乡镇干部在负责当地某项工程建设中，将102位农民8.4万元的取土补偿费和劳务费从财务报支，拖了很久也没发下去。王殿宏检察长敏感地意识到，若不及时将钱发还当事人，群众利益将受到损害，党和政府的形象必将受到影响．还有可能引发集体上访等不稳定因素。检查院遂扣押此款，并全额发还给农民。

永宁县人民检察院在办案过程中，主动将案件重点向民生领域延伸，下大力气查办侵害群众利益、可能引发社会矛盾的职务犯罪案件。据统计，近3来，共查处贪污贿赂案件26件36人，渎职侵权案件4件6人，其中大多为土地征用、房屋拆迁及涉农职务犯罪，挽回经济损失150万余元。办案过程中，还开展预防职务犯罪专题讲座40余场次，教育干部1.2万余人次．为打造风清气正的政务环境，建立和谐的党群关系、干群关系做出了积极努力。特别是查处一起乡镇干部受贿窝案后，该院及时开展了警示教育，起到了"敲山震虎"的作用，不到一周就有9名乡镇干部投案自首。

**督促起诉收回国资5000万元**

当前，一些企业占有土地搞开发，赚的"盆满钵满"，却恶意拖欠土地出让金，严重损害了国家和人民的利益。2010以来，永宁县人民检察院找准民事行政检察监督与服务大局的结合点，积极探索民事督促起诉工作保护国有资产的新途径、新方法，取得了显著成效。在对全县国有土地出让情况调查摸底后发现，共16家开发商拖欠土地出让金累计超过1.6亿元，国有资产面临流失危险。检查院及时发出催缴通知书16份、检察建议2份，督促有关部门及时建立和完善土地出让管理监督工作机制，加大催缴力度，共追缴土地出让金5300余万元，约占拖欠总额的三分之一。

**"老王热线"解民忧**

在永宁县人民检察院，有一条关注民生，服务群众的"老王热线"，接线员是该院原副检察长王建国。无论是青少年早恋、网瘾问题，还是企业用工纠纷、农民工维权，只要和群众利益有关的事儿，王检事事关心，以案说法，解疑释惑。大胆探索了一条检察机关化解矛盾纠纷，参与社会管理的新途径，有力地促进了社会的稳定和谐。据统计，"老王热线"开通以来，已受理青少年、企业职工、农民工电话咨询和来访500余人(次)。

**精心铸就"六个检察"品牌**

以"开放日"活动为契机，深化检务公开，打造"阳光检察"。检查院邀请人大代表、政协委员、特约检察员、检民联络员、律师、记者等社会各界代表到检察院实地观摩，并向他们通报情况，征求意见，接受监督，促进公正执法。

以"学习周"为起点，提升"素质检察"和"数字检察"水平。将春节和国庆长假后的第一个星期确定为"学习周"，举办网上办公办案和法律文书、公文写作培训，并邀请专家教授进行业务讲座，提高干警实战技能。目前，全院本科学历以上的干警占88%，国家司法考试通过率走在全区前列。

以"文化月"为平台，推进"活力检察"。将5月和10月确定为"文化月"，通过开辟电子阅览室、充实图书室书刊、建立荣誉室和党员活动室、组织检察官乐队、悬挂廉政书画作品，举办运动会、爬山比赛等活动，丰富干警文化生活，营造积极向上的工作氛围。

以"质量年"为载体，狠抓办案质量，创建"民生检察"和"满意检察"。不断深化"亲民检察"工作理念，开展亲民爱民系列活动，充分体现"立检为公，执法为民"的工作原则，做到人民检察为人民；通过实行案件评查制度、"一把手"亲自办案、重大疑难案件提前介入引导侦查取证等方法，案件质量明显提高，批捕、起诉案件准确率达到100%，贪污贿赂案件起诉率达到80%，有罪判决率达100%。

老王热线

出庭支持公诉

接待回族群众

文化育检

# 坚持科学发展观，共创碧水蓝天

## ——永宁县环境保护局

自治区环保厅厅长冯志强调研永宁县农村环境整治

多年来，通过“治本工程”“碧水蓝天工程”“打击违法排污企业、保障群众健康”等多项环保工程的实施，通过永宁环保人坚持不懈的巡查整治行动中，永宁县建设项目“三同时”执行率达到95%以上，化学需氧量排放量减少18.6%，二氧化硫排放量减少10%，该县的环境质量得到了显著改善。全县规模以上工业企业万元产值能耗同比下降9.5%，万元工业增加值能耗同比下降10.6%，永宁县清洁能源生产完成率位居银川市第一。

### 多项工程推进环境整治

——环境基础设施建设不断加快。城市污水处理设施建设步伐加快。截至2010年底，永宁县按期完成县城污水处理厂建设项目，并确保了污水处理设施的稳定运行和水质的达标排放。

——按期完成永二干沟综合整治工程。实施了永二干沟截污工程和生态护坡工程，对永二干沟望远镇段至望远污水处理厂拟选址段铺设截污管网3.08公里，栽植树木1.3万株，清淤沟道3公里，清理污泥2.2万方，解决了永二干沟沿线脏乱差的状态，对改善永二干沟水质起到了积极作用。

——认真开展工业污染防治工作。“十一五”期间，为实现工业废水稳定达标排放，不断扩大重点污染源企业污水处理能力，监督启元药业、多维药业、伊品生物、紫荆花纸业按期完成热电联产项目的脱硫设施技术改造工作并配套实施了储煤场半封闭。并针对宁夏伊品生物科技股份有限公司复混肥车间的异味污染问题，督促企业投资600万元新建等离子体生物滤池除臭设施。对宁夏启元药业复合肥车间采取了停产措施，彻底解决了复合肥车间的异味污染问题。

执法人员取缔新五小企业

执法人员向群众发放环保袋

永宁县望远镇南方村被评为国家农村环境连片整治示范区

污水处理厂基础设施

### 农村环境质量不断改善

——加快农村垃圾收运系统的建设步伐。在望远镇、杨和镇、望洪镇、李俊镇、闽宁镇、胜利乡分别建设垃圾中转站1座，配套购置垃圾转运车23辆，制定并建立了垃圾转运长效管理机制，将各乡镇垃圾全部转运至县城垃圾转运站集中收集、压缩后送至宁东垃圾填埋场进行无害化处理。

——加强农村饮用水水源地保护工作。为切实加强农村集中式饮用水源地的保护工作，对李俊镇宁化村、李俊村，望洪镇靖益村、望洪村，望远镇政台村，闽宁镇武河村等六个农村饮用水水源地完成打桩定界工作，设立水源地警示牌6个、水源地标示碑6个、水源地界桩210个，拆除旱厕4座，填埋污水坑17个。

——加快农村环境基础设施建设。争取中央环保专项资金130万元，组织实施农村环境综合整治工作，并顺利通过了银川市环境保护局的验收。同时积极争取2011年中央“以奖促治” 环保专项资金2030万元，对望洪镇南方村、望远镇政权村、闽宁镇福宁村等三个新农庄点实施排水管网、污水处理、生活垃圾收集系统的建设工作。

提高环境保护意识　爱护我们共有家园

# 宁夏贺兰金山水泥有限责任公司

董事长兼总经理王兴文

自治区建材研究院领导亲临现场考察项目

科研人员在中控室研究工艺参数

水泥实验室

新型干法水泥旋窑

宁夏贺兰金山水泥有限责任公司始建于1970年，1998年改制为宁夏贺兰金山水泥有限责任公司。公司地处贺兰县暖泉工业区，紧靠包兰铁路、银汝公路、石中高速公路，交通十分便捷，经过四十年的发展，年产“金山”牌普通硅酸盐和复合硅酸盐水泥100余万吨。公司在完善环保节能减排硬件设施的同时，相应制定了与之相配套的管理体系和环保节能机构，设置了主管领导、环境与节能机构和车间专、兼职环保员组成的三级管理机构，并逐步完善环保管理体系、节能手册、节能自查报告和节能任务书等相应软件，2008年公司通过了ISO9001国际质量体系认证和ISO14001环境体系认证，建立了程序化、标准化的管理体系，在2009年度公司水泥产品被自治区评为“宁夏名牌”荣誉称号。

公司于2008年开始在新型干法旋窑掺入金属镁还原渣（废渣）的科研项目现已成功实施，使得新型干法旋窑中首次实现镁还原渣掺量12%以上的应用，代替石灰石12%以上，二是节约实物煤20%以上，减碳效果显著，达到节能、减排、降耗的目的，同时也解决了制约金属镁行业因废渣难以处置而困扰发展的环保瓶颈问题，使环保、节能减排、清洁生产和企业长远发展有机地结合在一起，取得了可观效益。该项目于2011年通过了自治区环保厅组织相关专家的验收，并列为自治区金属镁还原渣环保应用示范点。

# 宁夏贺兰县第一中学

校长　陈全勇

宁夏贺兰县第一中学始建于1956年，是银川市绿色学校和园林式单位，自治区示范性学校。学校占地面积100173平方米，建筑面积55290平方米，绿化面积19672平方米，绿地面积6700平方米。现有办公楼、教学楼、综合实验楼、教师和学生公寓楼等12座，能同时容纳2000人就餐的自治区A级餐厅1个。全校共有80个教学班，其中高中48个，初中32个，学生4629人，其中初中2118人，高中2511人，住校生近2100人，教职工315人，区级以上骨干教师12人，高级教师83人、中级教师72人，教师平均年龄37岁。

学校按国家一级一类标准配置，共建成理化生实验室及各种功能室43个，有一个2.3万平方米的标准运动场，3600多平方米的体育看台，1个 3000多平方米的风雨操场。

学校进一步深化内部管理体制改革，不断加强领导班子建设、师资队伍建设、内部管理工作和基础设施建设，努力营造和谐的育人环境。学校实行全员聘任制，实施导师制，开展“四个一”育教活动，以“办优质教育，创品牌学校”为总目标，坚持以人为本，科学管理，民主参与；以创新为动力，以“德育为首，全面发展，多出人才，办出特色”为办学主导思想；并提出了“一个中心，两个转变，三个落实，四个提高，五种精神”的治校思路。

自治区党委常委蔡国英来校检查指导工作

学校高考成绩逐年稳步提高，有3人夺得自治区文理科状元，1人获得自治区理科总分第一名，有8人获自治区单科第一名。特别是近几年来，有3000多名学生被清华大学、北京大学、中国人民大学、上海交大等全国各大专院校录取，其中有780多名学生进入全国重点院校，5名同学被清华大学和北京大学录取。2011年高考取得优异成绩，三本以上录取384人，本科和专科（高职）共录取594人，录取率达92.1%。中考成绩突出，连续多年夺得全县均分第一名，升学率第一名，优秀率第一名。

学校先后被评为全国教育系统先进集体、全国“五讲四美”、“为人师表”先进集体、全国体育先进集体、全国社会实践活动先进集体、全国体育传统项目学校先进单位、全国施行《国家体育锻炼标准》先进单位、全国精神文明建设工作先进单位；自治区文明单位、全区中小学精神文明建设工作先进单位、全区绿化二十佳学校、全区教研工作先进集体、全区“课堂教学质量工程”先进单位、全区师德建设先进集体、全区卫生先进单位、全区教科文卫体系统先进教工之家等全国及区市县多项殊荣。学校“怡馨园”师生餐厅被自治区卫生厅评为食品量化管理A级餐厅，2005年9月，学校被自治区教育厅命名为自治区首批示范性高中，2007年9月获得自治区9·10教育奖状，2008年5月被自治区教育厅命名为全区德育示范学校，2009年1月再次被评为全国精神文明建设工作先进单位和国家级传统体育项目学校。

举办业余党校党课培训班

原县委书记、县人大主任马凯来校检查指导工作

阅览室

# 石嘴山日报

# 引领舆论 关注民生 适应市场

## ——奋力谋求跨越发展的石嘴山日报社

《石嘴山日报》是中共石嘴山市委机关报，创刊于1988年1月1日。23年来，《石嘴山日报》伴随改革的浪潮，紧扣时代的脉搏，历届报人为办好市委机关报，付出了辛勤的劳动，倾注了无数的心血，作出了应有的贡献。

特别是2009年以来，石嘴山日报社不断加大改革创新力度，明确提出了"引领舆论、关注民生、适应市场"的全新办报理念，对《石嘴山日报》进行了全新改版，着力培育具有鲜明的石嘴山地域风格的地市级党报，通过精心打造品牌稿件、品牌版面、品牌栏目，推出品牌策划、品牌活动，着力提升《石嘴山日报》的影响力、亲和力和公信力，让社会主流意识牢牢占领新闻宣传和意识形态主阵地，使报纸融入到基层和群众的日常工作和生活中，成为一张让市委、政府放心，让干部群众满意，让广大读者喜爱的地市级党报。

《石嘴山日报》由中共石嘴山市委主办，国内统一连续出版刊号GN640010，邮政代号为736；数字版网址:\\www.szsdaily.com。

2011年6月22日，《石嘴山日报》参展了在北京举办的纪念建党90周年全国党报党刊事业发展成就展。图为国家新闻出版总署署长、国家版权局局长柳斌杰（右一），新闻出版总署副署长李东东（右三）等领导翻阅《石嘴山日报》。

近两年，为提高报纸质量，石嘴山日报社定期开展业务培训、业务竞赛、业务研讨，研讨业务时邀请业内人士、专家学者以及骨干通讯员参加，与采编人员共同分析问题，总结经验，探讨办报方向。图为自治区新闻出版局领导及审读专家组莅临指导工作。

▲ 精心制作的《石嘴山日报》精彩纷呈。

▲ 群众题词

◀《石嘴山日报》自2009年改版以来，充分发挥"引领舆论，关注民生，适应市场"的职能作用，影响力不断扩大，受到广大群众的广泛关注和一致好评。

近两年，石嘴山日报社通过开展"党报三进""记者矿山行""记者进警营""党报进社区""社区欢乐行"等活动，使报纸走近基层，走近群众，让报纸品牌深深地扎根于广大读者的心中，实现了报纸和读者间的良好互动，取得了较好的经济和社会效益。图为石嘴山日报社主办的2010年石嘴山市第二届《石嘴山日报》"西夏啤酒杯"文明石嘴山·美丽绿城大型文化演出。

# 石嘴山市

自治区党委常委、纪委书记刘晓滨在市廉政教育基地视察指导工作

市委常委、纪委书记陆军带队检查指导源头治腐工作

2010年以来，石嘴山市各级纪检监察机关在自治区纪委、监察厅和市委、市政府的坚强领导下，认真谋划，大胆探索，积极实践，全市党风廉政建设和反腐败工作呈现出在继承中发展、在实践中创新、在改革中突破的良好态势。反腐倡廉教育、专项治理和廉政风险防范管理等重点工作有特色、有亮点，有效预防腐败工作走在全区前列。

**创新教育形式**。倾力打造了“反腐倡廉预防职务犯罪警示教育基地”“党校廉政教育基地”“廉洁文化主题公园”“廉政教育室”“警官廉政文化教育基地”等5个基地，形成了各具特色、各有侧重、各有所长的廉政教育基地体系。2.5万多名党员干部到基地接受教育，杜学芳、勾清明、罗兰等中纪委领导莅临指导，北京、内蒙古、陕西、甘肃及区内兄弟市县前来考察学习40多批次，区内处主流媒体纷纷宣传报道，基地的影响力不断增强。

**加强监督检查**。在全区率先出台了《中央扩大内需投资项目和全市重点项目监督检查暂行办法》，对全市615项重点工程进行拉网式排查，挂牌督促整改问题项目19个，整改到位率达95%。对26人进行了行政问责。

**突出作风建设**。先后开展了“树一流作风、创一流效能”主题实践、“挑刺把脉”万人评议基层站所等一系

召开全市治理工程建设领域突出问题专项治理工作领导小组会议

召开市纪委八届七次全体会议

# 纪委监察局

活动。推行了“三误”（延误、失误、错误）问责制，建立三级便民服务中心。

**强化预防监督**。率先在全区五个地市中开展党风廉政巡查工作，发现问题和隐患12个，提出合理化建议50多，立案2件，切实做到关口前移、超前防范。通过“一学二算三警四送五约”的形式，对101名处级干部进行任职政谈话。在全市3个县区、256单位、1万多名党员干部职工中开展了廉政风险防范管理工作。

**坚决惩处腐败**。2010年以来，全市各级纪检监察机关共受理信访举报340件，初步核实139件，立案19件，处分员和行政监察对象15人。

**切实维护民利**。督促有关部门着力解决就业、教育、医疗、住房、社保等方面严重损害群众利益的不正之风问，加强对群众基本生活保障、农民增收减负、移民工程、就业援助、特困群体救助等民生政策落实情况的监督检，让群众共享改革和发展成果。深入实施农村“勤廉为民”工程，建立乡（镇）民生服务中、村民生服务站，健完善便民服务网络建设。

**注重自身建设**。围绕创建“团结的模范、落实的模范”机关，扎实开展创先争优活动。强化学习教育培训，加干部提拔交流力度，丰富机关文化生活，着力提升机关干部的学习研究、文字表达、团结协作和心里承受四种能，自身建设不断加强。

对新提拔任用的县处级干部进行任前廉政教育

举办全市纪检监察系统查办案件工作培训班

石嘴山市大武口地税局工作人员详细解答群众咨询

举办“《百姓关注　政风行风热线》走进石嘴山市人民政府”大型户外直播节目

举办全市纪检监察机关迎新春联欢晚会

# 石嘴山监狱

武警总部副司令员戴洪生、武警宁夏总队总队长蔡万源视察监狱

自治区司法厅厅长李振国、宁夏监狱管理局局长蒋元德到监狱检查工作

司法部监狱管理局巡视员李豫黔到监狱检查

开展多种形式的培训

石嘴山监狱在自治区司法厅、监狱局党委的坚强领导下，以邓小平理论和“三个代表”重要思想为指导，深入贯彻落实科学发展观，认真贯彻监狱工作方针，紧紧围绕司法厅、监狱局下达的效能目标任务和监狱总体工作部署，坚持“首要标准”，认真履行好“第一责任”，紧扣“规范执法、创新机制、加快发展”主题，坚持“抓班子、带队伍、保稳定、促发展”这一主线，加强“规范化、精细化、科学化”管理，努力提高教育改造质量，确保了监狱持续安全稳定，实现了“四无”目标。

严阵以待

以活动促安全

审议罪犯减刑假释监狱长办公会议全程录音录像

表彰先进

外出参观学习兄弟单位先进经验

开展预案演练

新警风采

背身点名是监狱监管改造工作的一道亮丽风景

岗位大练兵成果汇报

服役人员开展丰富多彩的文体活动

秩序井然的生产车间

服刑人员高唱红歌奔新生

# 石嘴山市星瀚市政产业(集团

集团公司总裁 秦继才

石嘴山市星瀚市政产业（集团）有限公司成立2004年9月，现有资产28.7亿元（含参股电厂的资达39.5亿元），公司在岗员工1180名，是市属国有资中型企业集团。主要从事集中供热、燃气供应、来水生产供应、污水的收集、处理和污水资源化利以及城市基础设施建设，兼营发电、房地产开发、筑安装、工程设计、宾馆、旅游服务等。

星瀚集团是以母子公司制为基本结构的企业团，实行三级管理。下辖润泽供排水公司、星泽燃公司、皓泰热力公司、项目建设公司、多种经营事部和城投公司。投资控股亿河宾馆有限公司，参股电大武口热电有限公司和在水一方有限公司。集团经事业部负责管理众安房地产开发公司、星凯建筑装公司和环达市政工程公司。集团所属的星海湖宾是石嘴山市第一家四星级涉外旅游饭店。集团共有核算单位17个，其中：独立核算单位10个。

星瀚集团按照现代企业管理的要求和“整合做大、投资做强、规范做优”的发展思路，积极探索市场经济条件下的现代业管理机制，相继构建了统一管理分级核算的财务管理、内部银行的资金结算管理、全面预算的经营管理、“管、建、用”分离的项目管理、以联合巡检为主要形式的安全生产管理、以岗定薪、竞聘上岗的人力资源管理六大管理体系。打造了具有瀚特色的企业文化，培育了“精诚团结、创造辉煌”的星瀚企业精神，先后实施了制度建设年、品牌服务年、效能建设年项目建设年、改革创新年主题年活动，形成了“诚信、务实、创新、高效”的管理理念、“整合资源、形成合力、规范理、共铸辉煌”的经营理念和“为用户着想”的服务理念。

星瀚集团先后荣获全国民族团结进步模范集体、全国劳动关系和谐模范企业，全国“安康杯”竞赛优胜企业，全国先进市污水处理厂、全国供水企业文化先进单位、全国供排水行业突出贡献单位、全国三八红旗集体、自治区五一劳动奖状、自区“四好”领导班子先进集体、石嘴山市一级功勋企业等100多项荣誉称号。

污水厂运行池

石嘴山市第一中水厂

参股建设的2X330MW发电厂

天然气输配站　集中供热换热站　星瀚集团营业大厅　星海湖宾馆

全国人大环资委主任毛如柏等领导到集团视察

自治区党委常委、副主席齐同生等领导视察集团公司项目建设情况

集团公司注资成立人民警察星瀚金盾救助基金

CDM项目签约仪式

全国民族团结进步模范集体

中华人民共和国国务院
二〇〇九年九月

全国模范劳动关系和谐企业

中华人民共和国劳动和社会保障部
中华全国总工会
中国企业联合会/中国企业家协会
二〇〇七年八月

全国“安康杯”竞赛优胜企业

中华全国总工会
国家安全生产监督管理总局

授予
模范职工之家

中华全国总工会
二〇一〇年四月

全国五一巾帼标兵岗

中华全国总工会
2011年2月

石嘴山市一级功勋企业奖

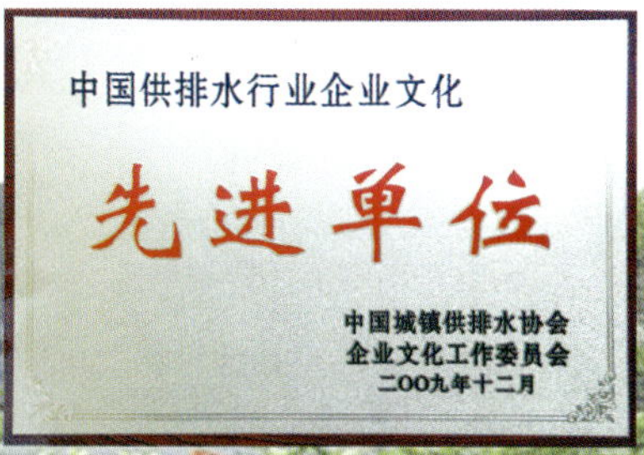

中国供排水行业企业文化
先进单位

中国城镇供排水协会
企业文化工作委员会
二〇〇九年十二月

# 石嘴山市中级人民法院

自治区高院党组书记、代院长李彦凯调研石嘴山中院工作

最高法院纪检组副组长周小莹调研廉政风险管理工作

参观井冈山纪念馆

市委书记彭友东调研全市法院工作

组织干警到市廉政教育基地参观学习

开展审判质效评估

近年来，石嘴山市中级人民法院在党委、人大、政府、政协和上级法院的领导、监督、支持和指导下，紧紧围绕市委中心工作，振奋精神，积极进取，深入推进“社会矛盾化解、社会管理创新、公正廉洁执法”三项重点工作，全面加强审判执行工作和自身建设，全力服务全市富民强市发展大局，整体工作取得新的发展。

**注重社会矛盾化解，审判执行工作取得新进展**。2010年，共审（执）结各类案件2372件，同比上升19.98%，审（执）结率达95.84%，同比提高5.57个百分点，一线法官全年人均办案50件，同比增加16件。面对案件总量居高不下，疑难复杂程度不断增加，矛盾化解难度明显加大，人民群众期待、要求越来越高的新形势，石嘴山中院及时转变司法理念，强化能动司法，公正、高效地审理、执行各类案件，为全市经济社会又好又快发展创造稳定和谐的法制环境。

**促进社会管理创新，司法改革取得新进展**。开展量刑规范化改革，规范法官的自由裁量权；完善审判质效评估体系，确保评估结果的科学性和准确性；加强案件质量责任追究，增强办案人员的责任心；成立执行指挥中心，建立执行“110”快速反应机制，进一步完善执行联动机制，着力从制度上化解执行难；加大司法公开力度，开展法院“公众开放日”等活动，增加公众对法院职能及执法活动的了解；建立申诉、申请再审、涉诉信访听证制度和执行听证制度；建立“诉讼服务中心”，为当事人提供更多更完善的服务；积极参与综合治理，深入开展“法律六进”活动，到机关、部队、企业、乡村、学校等讲法制课10余场次，旁听人员1万多人。

**确保公正廉洁执法，队伍建设取得新进展**。通过开展创先争优、“发扬传统、坚定信念、执法为民”“大学习、大讨论、大实践”“西部大开发、经济大发展”大学习等活动，教育干警牢固树立社会主义法治理念，立足本职，爱岗敬业。加大业务培训力度，鼓励干警参加继续教育和司法考试。举办并不断丰富“法官讲坛”，开展优秀干警评选等岗位练兵活动，举办全市法院新招录公务员上岗培训班和书记员技能培训班。切实抓好反腐倡廉建设，组织开展党性党风党纪教育、司法警察警示教育和“反腐倡廉制度建设推进年”等活动。进一步完善干警廉政执法档案，增强干警廉政勤政意识，其中廉政风险防范管理工作受到上级好评。举办全市法院球类比赛、“优秀法官、调解能手、优秀书记员”颁奖典礼和迎春团拜会、廉政文化进家庭等丰富多彩的文体活动，丰富干警的文化生活，陶冶干警精神情操，积极致力法院文化建设。

开展“人民法官为人民”主题实践交流活动

开展法律进监区活动

兑现执行款，维护胜诉方合法权益

征求人大代表意见
自觉接受法律监督

参加庆祝建党90周年演出活动

公开开庭审理杨国华等人涉黑一案，严厉打击黑社会性质组织犯罪

# 石嘴山市审计局

参观宁东基地，切身感受宁夏经济发展的辉煌成就

局领导深入惠农区南街乐新社区调研

审计人员深入工程现场勘查、测量道路建设情况

2010年，石嘴山市审计局重点安排了65项审计项目，实际完成审计项目71项，占全年计划的109%。审计上缴财政资金1125万元，节约财政资金11335.82万元，提出审计建议47条，进一步规范了财政财务管理，优化了经济环境，为全市经济社会和谐发展发挥了积极作用。组织实施的社会捐助及有关专项资金财务收支审计获国家审计署优秀地方表彰审计项目，实现了建局以来的历史性突破；棚户区改造项目资金绩效审计调查获全区优秀审计调查项目；先后荣获全区“绩效审计年”活动先进单位、“机关党的建设年”活动先进单位、全区审计系统第三届职工运动会团体总分第三名等殊荣。

审计人员入户调查征地拆迁补偿政策落实情况

举办全市审计系统庆祝建党90周年总结表彰暨“红歌”演唱会

举办全市审计系统干部视频培训

# 石嘴山市公安局

石嘴山市委常委、政法委书记、公安局长　陈栋桥

石嘴山市公安局党委副书记、政委　倪凤昭

2010年，全市公安机关认真贯彻市委、政府“保稳定、重民生、迎大庆”的总要求，把维护稳定、打击犯罪、治安防控、科技强警、规范执法、队伍建设等工作细化为41项重点工作，强化责任抓落实，聚精会神谋发展，不断推进全市公安工作全面协调可持续发展。在全市政府部门行风评议中，市公安局连续两年名列前茅，实现了今后三年免评的目标。

**2010年，是石嘴山公安安保工作取得圆满成功的一年。**全市公安机关以上海世博会、广州亚运会、中阿经贸论坛和建市50周年大庆安全保卫工作为主线，全警动员、全力以赴，精心组织、周密部署，奋勇拼搏、连续奋战，保稳定、保平安，圆满完成了建市50周年大庆等各项重大安全保卫任务，出色完成了胡锦涛、吴邦国、张德江等党和国家领导人来石视察及中阿经贸论坛期间重要外宾来石考察的警卫任务。

**2010年，是石嘴山公安保障民生、建设和谐社会取得重大成效的一年。**深入推进社会矛盾化解工作，建立了社会矛盾排查、协作评估、化解调处等三个新机制，市公安局主要领导亲自走访“老上访户”，召开听证会集中力量化解矛盾纠纷；全市派出所、交警大队建立“民调进所”“交调对接”工作模式，化解矛盾纠纷4000余起，为全市经济平稳快速发展营造了和谐稳定的社会环境。

**2010年，是石嘴山公安侦查破案攻坚能力显著提升的一年。**各警种协同作战，形成重拳、主动出击，形成了强有力的打击攻势。全市20起命案全部侦破，刑事案件破案率居全区第一。

**2010年，是石嘴山公安依靠创新激发活力、全面加强社会管理的一年。**“四警联防、四网交织”，人防、物防、技防有机结合，着力构筑严密的治安防控体系。“大城管、大巡防”综合执法模式，美沙酮药物维持治疗门诊，“三调联动”交通事故调处机制，平安“4+1工程”、“网上公安局”、“QQ派出所”等社会管理创新工作走在全区前列。。

**2010年，是石嘴山公安大力推进科技强警工程、核心战斗力显著提升的一年。**以信息化引领警务现代化，建立了三级信息研判机制、8大数据库23个应用子系统，利用“大情报”系统追逃战果位居全区第一；痕迹检验室被列为“全区重点痕迹实验室”；投资2700万元建设城市报警监控系统，将在全市形成省界、市界、区界三道防护“天网”。

**2010年，是石嘴山公安执法规范化程度显著提高的一年。**石嘴山市公安局被自治区政法委推荐为“全国执法公开先进单位”，被公安厅命名为全区唯一的市级执法示范单位，被确定为全区政法机关接待人民群众涉法涉诉来访双向承诺制度试点单位。

**2010年，是石嘴山公安大力弘扬解放军精神、队伍凝聚力显著提高的一年。**重视文化育警和人才培养，市公安局被国家体育总局评为“2010年全国亿万职工健身活动月先进单位”，被市委评为全市人才工作先进集体，2名民警入选公安部教官人才库；牢固树立“公平公正是最大的从优待警”、“培训是最大的福利”的新理念，48名民警通过竞争上岗走上了领导岗位，36名中层干部赴广州市公安局跟班学习，20多名民警赴天津交流学习；关爱民警身心健康，安排52名优秀民警进行异地休养，为16名大病致贫民警及家属发放救助金21万元。

**2010年，石嘴山公安人才辈出。**张艳琴、骆幸福、刘刚、陈莉当选为首届“宁夏十佳人民警察”；骆幸福、王晓荣被公安部授予全国“爱民模范”，陈莉荣获全国劳动模范，受到胡锦涛等党和国家领导人的亲切接见；侯光春烈士及安红军、龙锡富、陈莉当选“感动石嘴山50年50人”。

巡逻防范

全市公安工作会议

# 为服务科学发展 忠实履职 奋勇争先

## ——石嘴山市工商行政管理局

自治区工商局党组书记、局长马云海（左四）在石嘴山市检查农资市场

石嘴山市工商局领导班子

石嘴山市工商局党组书记、局长袁文军（左二）深入一线检查指导食品安全监管工作

石嘴山市工商局执法人员检查图书市场

2010年，石嘴山市工商局紧紧围绕“发展为重、服务为先、以人为本、突出效能、依法行政”的工作思路，优化服务促发展，创新机制抓监管，提升素质构和谐。全市工商工作在服务发展上取得新成果，在市场监管上展现新水平，在消费维权上开创新局面，在创新工作上再显新亮点。市局机关先后被国家工商总局评为2006～2010年全国工商系统法制宣传教育先进集体。在全区工商系统2010年度综合考核和石嘴山市2010年度目标管理考核中均获一等奖，在全区工商系统社会各界评工商活动中综合评议成绩排名第二。全市各级工商机关全部进入当地政风行风评议前三名。全市工商系统在队伍建设、精神文明建设等方面取得了丰硕的成果。

召开实施商标战略工作表彰大会

举行全市工商系统军事训练成果汇报展示活动

干部职工自编自演活跃节日气氛

# 平罗县国

平罗县国土资源局局长　王建军

平罗县国土资源局党支部书记　马建忠

平罗县国土资源局办公大楼

平罗县国土资源局成立于2003年，由原平罗县矿产资源管理站与土地管理局合并而成，主要职能是承担全县的矿产资源和土地利用管理、规划、用地审批工作。内设土地收储征收中心、规划与耕地保护站、地籍测绘站、执法监察队、土地整理中心、办公室6个站队室和13个乡镇国土所，现有职工60人，主要负责完成全县的耕地保护、土地利用规划编制、土地利用征收审批、土地违法案件查处、土地开发整理工作的实施等专项工作。

近年来，平罗县国土资源局不断优化国土资源配置，积极探索国土资源保障科学发展新机制，提高干部队伍素质，扎实开展工作，全面完成了以下主要工作：

**一、严格落实耕地保护责任，全面加强基本农田保护工作**

为了全面加强耕地保护工作，每年建议县政府把耕地保护特别是基本农田保护工作纳入了乡镇领导干部目标管理的考核内容。将70.75万亩基本农田实行目标管理，共划定基本农田片块1019块，设立各种保护标志159块，签订保护责任书到乡镇13份，到村129份，到农户62074份。

**二、稳步推进城乡用地增减挂钩工作**

为进一步优化土地资源配置，提高土地集约节约率，缓解城镇建设用地紧张矛盾，将增减挂钩作为盘活农村土地，调整

平罗县土地开发整理重大项目整治后的项目区

基本农田保护区

# 土资源局

各级领导视察项目区建设情况

实施增减挂钩项目

土地利用结构，统筹城乡发展的重要举措，因地制宜，合理编制《平罗县城乡建设用地增减挂钩试点项目实施规划》上报审批，自治区批准下达全县增减挂钩项目周转指标1308.49亩，沿滨河大道4个乡镇23个行政村，拆旧区总面积1323.09亩，涉及村民704户2898人，确定农民安置建新周转指标面积430.2亩，预留城镇建新周转指标878.29亩。

**三、积极开展土地市场清理整顿工作。**

2010年3月，在全县开展土地市场清理整顿工作，共催缴入库土地出让金6568.9486万元，追缴土地契税160多万元；依法按程序对23家超占用地企业进行了行政处罚，共收缴罚款30.12万元；依法收缴2宗闲置土地闲置费3.8万元；依法收回10宗闲置土地，收回土地总面积15764.48亩。

**四、稳步推进宁夏中北部土地开发整理重大工程项目建设**

宁夏中北部土地开发整理重大工程项目是自治区党委、政府为加快宁夏经济又好又快发展，全面夯实农业发展基础，加快农村经济全面发展，改造中低产田，增加有效耕地面积的重大举措。

平罗县作为全区的农业大县和全国商品粮生产基地，五年内要承担54.7万亩的整治任务，总投资将达到6.23亿元，新增耕地7.68万亩。土地整治面积将达到全县耕地面积的三分之二，涉及全县9个乡镇84个行政村，惠及农村人口达到18万人，是全县历史上农业方面投资最大的项目，也是最能给老百姓带来实惠的项目，土地整治面积和投资是全区最大的县区。

2010年，按照自治区土地开发整理领导小组的安排，实施了2009年度渠口、头闸、红崖子三个项目和2010年度灵沙、渠口、通伏、五堆子四个项目区，总建设规模25.2万亩，总投资2.75亿元，新增耕地5万亩。涉及五个乡镇39个村，受益人口达到12万人。

在工程实施中，创新管理模式，建立了业主、监理、乡镇村等“六位一体”的质量监管模式，强化工程质量监督；同时，采用观摩评比和奖惩机制，保障工程整体质量；另外将沟道开挖等工程委托乡镇实施，充分调动乡镇、农民参与项目建设积极性；多方位加强资金监管，确保了资金运行安全；建立健全了各项管理制度，制定了相关技术细则，规范施工工程序；加强施工技术业务培训，保证了施工工序和质量的标准统一。

整理后的项目区

# 平罗县财政局

平罗县财政局局长　郭学文

财政厅厅长王和山调研平罗县家电下乡资金兑付情况

财政厅副厅长张苏安在平罗县高庄乡司法所调研

财政局全体干部职工

平罗县财政局是主管全县财政收支、财税政策执行、国有资产管理的宏观调控部门，现有在职干部50人，内设11个职能科室。

2010年县级财政收入累计完成110542万元，为年度预算数的163.3%，增长72%。其中：一般预算收入完成51965万元，为年度预算数的125.7%，增长23.4%。财政支出累计完成257699万元，为变动预算数的90.7%，增长71%。其中：一般预算支出183737万元，为年度预算数的93.3%，增长46.3%。有力地保障了县委、政府确定的48项重点工程和20件民生实事顺利实施。

财政局党支部连续11年被评为先进基层党支部，先后被评为“五个好”党支部、“红旗党支部”。局机关连续14年被评为先进集体，并连续6年获得了县直部门N +X · Y综合考核第一的好成绩。局机关先后获得市级依法治理、市级平安模范单位、全区法制宣传教育先进集体荣誉等荣誉。局机关在成为全区财政系统和全县行政事业单位第一个区级文明单位标兵后，2005年10月被国家文明委授予“全国文明单位”荣誉称号。2006年12月，又被国家人事部和财政部授予“全国财政系统先进集体”。2009年，财政局再次成功创建“全国文明单位”，连续两年民主评议政风行风位居前三名，财政系统“阵地”建设和“窗口”形象提升到了新水平，争创了区级“第三批全区精神文明建设工作先进集体”、全市机关党建工作先进单位等荣誉。锻造了一支政治成熟，敢打硬仗，能打胜仗的财政干部队伍，在社会上树立了财政干部的良好形象。

财政局党总支红歌献给党

局领导关心老干部

研究乡镇民生服务中心建设

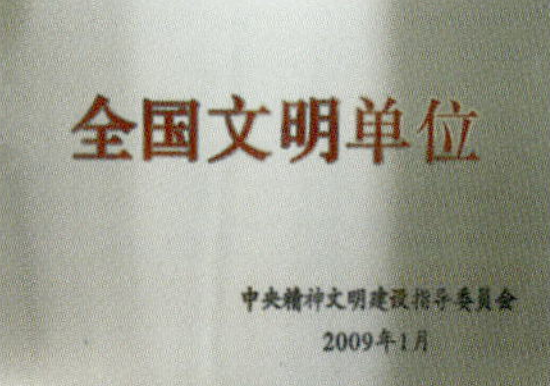


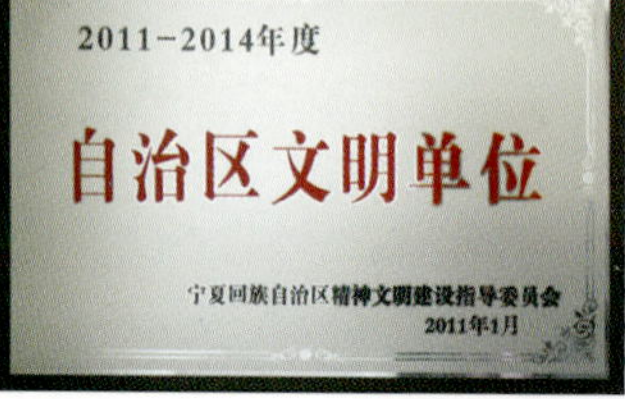


平罗县财政局获得的各类奖杯及奖牌

# 吴忠市纪委监察局

中纪委副书记张惠新调研全市“三进两创一公开”工作

自治区党委常委、纪委书记刘晓滨调研市城乡规划和环卫综合管理局廉政风险防范管理工作

自治区纪委副书记陶进调研利通区“四权治理”工作

自治区纪委副书记赵正川调研利通区村民监督委员会实施情况

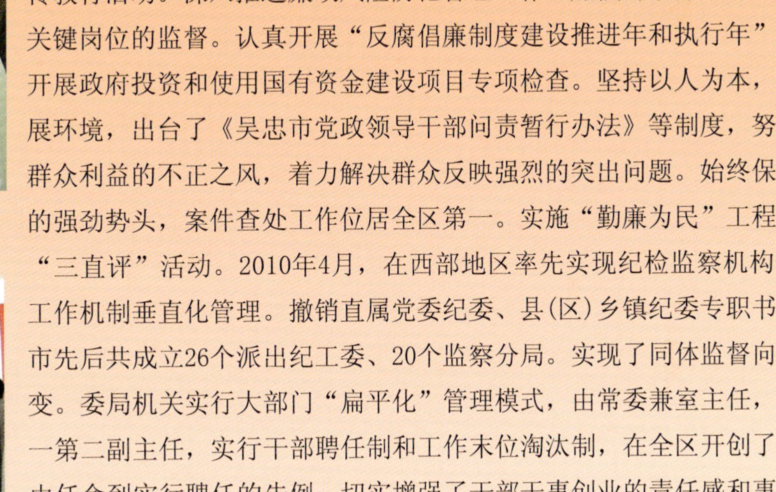

吴忠市纪委监察局在市委、市政府的统一领导和高度重视支持下，坚持抓基础严管理、抓重点求突破、抓创新显特色，充分发挥组织协调和监督检查职能，围绕中心、服务大局、保障民生。坚持不懈地开展警示教育和廉政文化宣传教育活动。深入推进廉政风险防范管理工作，加强对领导干部、重点领域和关键岗位的监督。认真开展“反腐倡廉制度建设推进年和执行年”活动。深入开展政府投资和使用国有资金建设项目专项检查。坚持以人为本，优化经济发展环境，出台了《吴忠市党政领导干部问责暂行办法》等制度，努力纠正损害群众利益的不正之风，着力解决群众反映强烈的突出问题。始终保持查办案件的强劲势头，案件查处工作位居全区第一。实施“勤廉为民”工程，深入开展“三直评”活动。2010年4月，在西部地区率先实现纪检监察机构领导体制和工作机制垂直化管理。撤销直属党委纪委、县(区)乡镇纪委专职书记岗位。全市先后共成立26个派出纪工委、20个监察分局。实现了同体监督向异体监督转变。委局机关实行大部门“扁平化”管理模式，由常委兼室主任，各室内设第一第二副主任，实行干部聘任制和工作末位淘汰制，在全区开创了部门公务员由任命到实行聘任的先例，切实增强了干部干事创业的责任感和事业心。“三进两创一公开”经验在全区推广；“四权治理”模式荣获了首届全国基层党建创新案例奖；全区廉政文化进农村、“阳光村务”、农村党风廉政建设现场观摩等会议相继在吴忠召开。教育、制度、监督、改革、纠风、惩治等各项工作统筹推进，党风廉政建设和反腐败工作取得了新成效，为吴忠经济社会又好又快发展提供了坚强保障。被中央纪委、人力资源和社会保障部、监察部评为全国纪检监察先进集体，被自治区纪委监察厅评为宣传教育工作先进集体。

自治区纪委领导、吴忠市四套班子领导和机关干部参观全区“塞上清风”廉政书法和摄影作品展

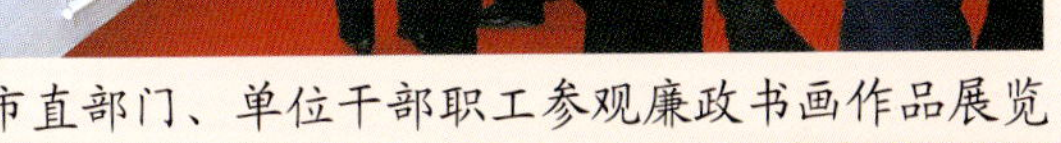

市直部门、单位干部职工参观廉政书画作品展览

在全区率先成立派出纪工委监察分局

组织廉政文艺广场展演

# 吴忠市中级人民法院

法院院长陈大威接访当事人

院长陈大威为生活困难当事人发放司法救助金

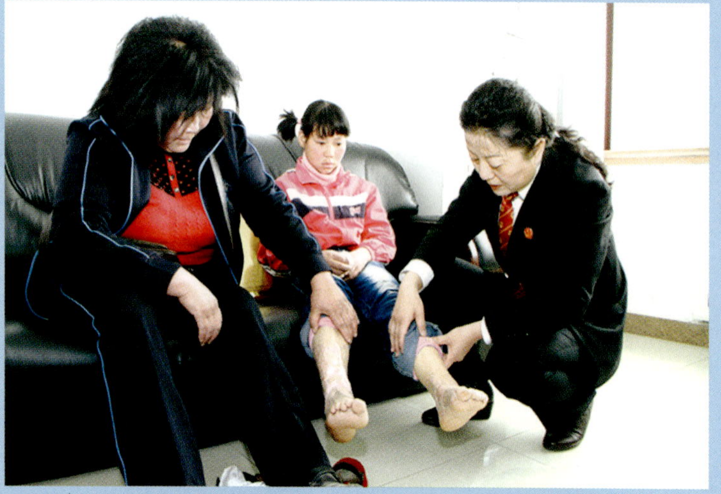

副院长陶夏平慰问受害当事人

2010年，吴忠中院坚持与时俱进，努力打造善于学习、勇于创新的法官队伍，创建设施齐全、服务一流的审判环境，全院上下齐心协力，高标准，严要求，奋力推进自治区级文明单位创建各项工作。

**固本强基带队伍**。队伍管理人为先，只有锻造一支素质过硬的干部队伍，才能筑牢创建工作的根基。坚持以人为本，以创建带队建，以队建促审判是吴忠中院精神文明创建工作的基本思路和实践途径。

**文明司法促和谐**。几年来，吴忠中院以维护稳定、促进发展、构建和谐、服务大局为己任，切实履行审判职责，全力化解各类矛盾纠纷，为促进吴忠地区经济、社会科学发展提供了有力的司法保障。通过开展“立案信访窗口”建设，实现了诉讼引导、立案审查等“八项功能”的一条龙服务。不断拓展立案服务职能，推行上门立案、巡回立案、加强巡回法庭和便民诉讼点建设、公布便民热线电话、对弱势群体和涉困诉讼当事人实行“一简二优一救助”等措施，建立健全了覆盖全市的便民诉讼网络，最大限度地保证当事人用最短时间、最低成本、最有利的方式参加诉讼，减轻了当事人讼累。

**一心为民赢赞誉**。落实司法为民，彰显人文关怀。吴忠两级法院设立司法救助基金20万元，帮助因诉讼而导致生活困难的当事人。

**丰富活动聚人心**。吴忠中院倡导健康文明的生活方式，通过举办丰富多彩的活动，进一步凝聚人心，营造文明、健康、向上的工作、生活氛围。几年来，先后举办了广场文艺、新春联欢会、歌咏比赛、体育竞赛、法官书画摄影展等文体活动。2010年，主办全区法院“法苑杯”和 “天平杯”乒乓球比赛，举办了全院排球比赛，“走进军营，转变作风强纪律”主题实践等各项活动。丰富的法院文化体育活动，锻炼了干警体魄，增强了团队协作精神和集体荣誉感。

爱心帮扶

为铝厂女职工进行法制专题讲座

为群众讲解诉讼知识

走访交通肇事刑事被告人家属

参加广场文艺演出

举办趣味运动会

# 吴忠市财政局

举办吴忠市财政系统"西部大开发、财政怎么办"集中交流会

举办吴忠市财政性项目管理培训班

支持保障性住房建设

举办吴忠市财政系统"抓落实、树形象"演讲比赛

缅怀革命先烈

心系玉树积极捐款

2010年吴忠市财政工作立足全局、围绕中心，以"保增长、惠民生、促发展、强基础"为工作主线，主动作为，科学理财、依法理财，财政改革发展取得新成效。

**财政收入超额完成**。2010年吴忠市财政总收入56.2亿元；地方财政收入32.3亿元，超收13.7亿元；地方财政一般预算收入15.6亿元，超收3.2亿元。市本级落实工业、农业、园区建设、城市建设、科技创新等财政性项目304个，到位资金5.6亿元，完成年度目标任务的140%。

**科学调控积极有效**。2010年市区共争取中央和自治区投资9.3亿元，其中市本级6.9亿元，争取地方政府债券1.47亿元，筹措落实配套资金2.6亿元，有力保障了一批打基础、管长远、增后劲的重大项目开工建设，扩大政府公共投资，全力拉动经济增长。积极筹措拨付资金6.6亿元，支持推进工业"两城五园"、农业"十大基地"、滨河生态水韵城市和黄河金岸建设。

**民生支出有效保障**。2010年吴忠市财政支出98.3亿元，比上年增加33.7亿元，增长52.3%。市区财政支出36.1亿元，比上年增加13.7亿元，增长61.4%。市区教育、社会保障和就业、医疗卫生、城乡社区事务、农业、公共安全、环境保护、住房保障等民生支出19.4亿元，占一般预算支出的74%。市本级财政安排专项资金1000万元支持了市政府承诺为民办9件实事顺利完成。兑付农民征地拆迁补偿1.85亿元，实现无拖欠。提高了小学、中学、高中阶段生均公用经费，企业退休人员基本养老金，城乡低保、农村孤儿供养、新农合、人均基本公共卫生服务经费、单位绩效工资、企业退休人员和行政事业单位干部职工取暖费等12项财政补助标准，让人民群众共享公共财政阳光。

**财政改革深化创新**。部门预算扩大到市直所有一、二级预算单位，实现了一个部门一本预算，增强了预算约束力。政府非税收入形成的可用财力纳入部门预算编制范围，2010年政府非税收入11亿元。政府采购规模达到1.15亿元，节约资金1500万元，节约率13.6%。按照"大系统，小集中"、"小单位、大集中"的原则，在95个一级、二级预算单位推进会计集中核算向国库集中支付转轨。公务卡结算改革全面推行。

**财政监管日益强化**。行政事业单位国有资产管理信息系统启用，行政事业单位经营性公共房屋租赁公开招标。开展了国有及国有控股企业、社会团体"小金库"专项治理、强农惠农资金专项检查。严查违规采购、私自采购案件14起。专项稽查"新农合"，发现涉嫌套取医保基金报销凭证5例，移交司法机关查处。开展了政府性融资平台清查和规范清理工作。

**财政法治建设推进**。财政"五五"普法和"法律进机关"活动做到了总体有规划、年度有计划、经费有保障、工作有制度、档案有记载，形成了领导抓组织、机构抓落实、专人抓法制、形式多样化、宣传重效果的工作体系和工作机制，通过全国财政"五五"普法验收检查组检查验收。

**财政效能全面提升**。深入开展了"创先争优"、"抓落实、树形象""深入实施西部大开发战略大学习大讨论"及行风评议、文明创建、调查研究、廉政风险防范等活动。2010年被确定为行风免评单位，支持吴忠市创建国家级创业型城市做法在全区推广，财政信息调研考核居全区各市、县（区）财政局第一名。先后荣获全区"小金库"专项治理工作先进集体、全区财政系统"抓落实、树形象"年活动先进集体等厅局级以上表彰奖励24项，先后有38人次受到各级部门的表彰奖励。

# 追求卓越 在奋进中发展

中国银行吴忠市分行班子成员在研究市分行发展规划

多年来，中国银行吴忠市分行担负自己的职责和使命，认真贯彻落实科学发展观，贯彻国家的金融方针政策和中国银行发展战略规划，以支持地方经济发展为己任，以“创先争优”活动为载体，以打造中国银行“追求卓越”和“诚信、绩效、责任、创新、和谐”的核心价值观为目标，以创新金融产品、提升规范服务、优化流程整合、职工建功立业、树立先进典型为抓手，内强素质外树形象，紧紧围绕地方政府经济发展重点，充分发挥信贷优势，全面优化办事内涵，积极构建和谐中行、平安中行。特别是近年来，各项业务在2007年的基础上实现了翻三番，有力地促进了地方经济又好又快发展。

中国银行吴忠市分行也因为工作突出而获得了众多殊荣。2010年，被中国银行总行评为职工职业道德建设先进单位、第一届“创建学习型组织，争做知识型员工”先进单位；被宁夏“3·15”消费与民生发展论坛授予“宁夏回族自治区和谐放心消费环境创建单位”荣誉称号；在区分行综合绩效考核中排名第一，获得A+优胜单位；市分行党委荣获区分行2010年度先进基层党组织，内控管理综合评价获得区分行优秀单位；被区分行评为“创新金融服务、支持经济发展”竞赛先进单位；狠抓精神文明建设，实现全年无投诉，在区分行文明优质服务检查中考核第一；营业部被自治区银行业协会授予文明优质服务示范单位。

开展青年员工座谈活动，激励员工建功立业

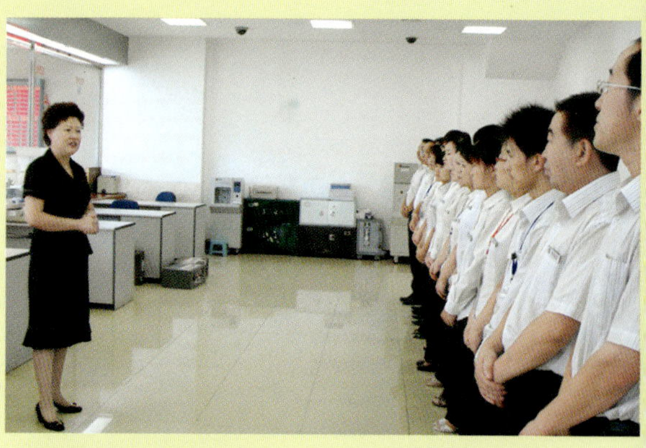

行长王和芳深入一线，参加营业部晨会

员工走上街头开展诚信宣传

员工经常积极开展读书实践活动，努力提高两个素质

员工耐心为穆斯林群众提供柜台优质服务

员工利用休息时间深入清真寺为朝觐的穆斯林群众进行外币业务宣传服务

# 负重拼搏创佳绩 继往开来谱新篇

——吴忠市地方税务局

自治区党委常委、宣传部部长杨春光莅临吴忠市地税局视察指导精神文明建设工作

自治区地税局党组书记、局长马建民在市委副书记、副市长赵永清陪同下调研工作

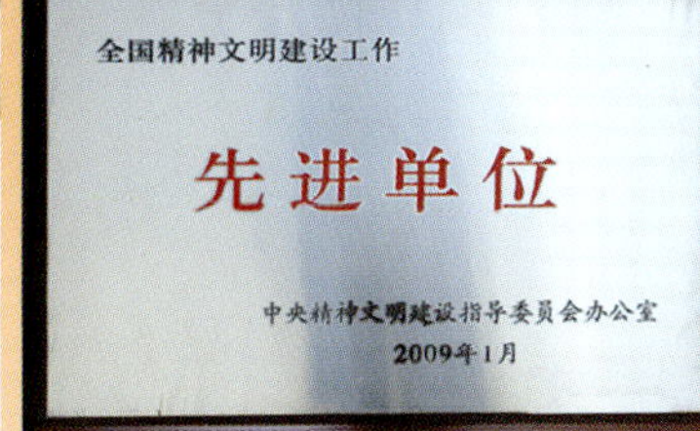

市委书记白雪山，市委副书记、常务副市长赵永清调研社保费征缴情况

《征管法》的贯彻执行工作受到吴忠市人大执法检查组的好评

陆明宏同志先进事迹全区地税系统报告会在银川举行

开展亮点观摩活动，以亮点促工作

吴忠市地税局在自治区地税局党组和吴忠市委、政府的正确领导下，认真贯彻落实全区地税工作会议和全市经济工作会议精神，坚持科学发展理念、秉承改革创新精神，以组织收入为中心，以“服务、效率”为主线、以“三基”工程建设为抓手，团结进取、务实苦干，圆满完成年初部署的各项工作任务，全系统各项收入大幅增收，为全市经济社会发展提供了可靠的财力保障。

科学部署，重点工作稳步推进，结合工作实际制定了《吴忠市地税局2011年税收工作要点》，科学编制“十二五”规划。

狠抓廉政建设和政风行风建设。在全局广泛开展领导班子向干部述廉和基层科（所）长向纳税人述职述廉活动，开辟“廉政墙”、“廉政文化屏保”等廉政教育阵地，建立系统的廉政风险防范管理机制。

加强税收征管。一是对重点税源和重点项目实施动态跟踪管理和“跟进式”纳税服务。二是继续推进税源管理一体化工作。三是加强委托代征管理。四是精心举办了综合征管软件全员培训，五是加强对欠税的动态管理，摸清底数，大力压欠。六是加强《征管法》贯彻落实工作。

加强社保费征管。建立和完善配套的制度，全力推行“一站式”征收和社保费全责征管试点工作。

加强税种管理。一是开展了2010年度企业所得税汇算清缴工作。二是在全区娱乐行业营业税税率调整后，迅速予以落实。三是先后举办了二手房交易计税价格核定系统操作培训、个人所得税管理多个培训班。四是组织开展了2010　年度12万元以上个人所得税自行申报工作。五是加强存量房交易税收征收管理工作。六是加强不动产及建筑项目管理。

认真落实税收优惠政策。一是及时召开减免税领导小组会议，为93户企业办理了减免税手续，为15户企业主动落实西部大开发税收优惠政策。二是认真落实税收优惠备案管理制度。为30户企业落实备案类企业所得税优惠政策。

积极做好纳税服务和税收宣传工作。继续推行“绿色通道”等办税服务，在连续两年圆满完成为纳税（缴费）人办十件实事的基础上，继续为纳税人办理十件实事。

积极发挥稽查职能作用。开展了税收专项检查，入库税款380万元；与公安部门、国税稽查局联合组成检查组，维护了税收秩序，发挥了稽查震慑作用。

狠抓精神文明和地税文化建设。以创建全国“文明单位”为目标，深入开展职业道德建设和“诚信地税”建设等一系列精神文明创建活动。

举办书画摄影比赛活动

开展税收宣传活动

开展全员培训

参加职工运动会

举办文艺会演

# 吴忠市利通区财政局

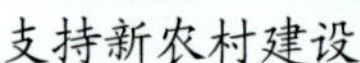

支持新农村建设

开展廉政警示教育

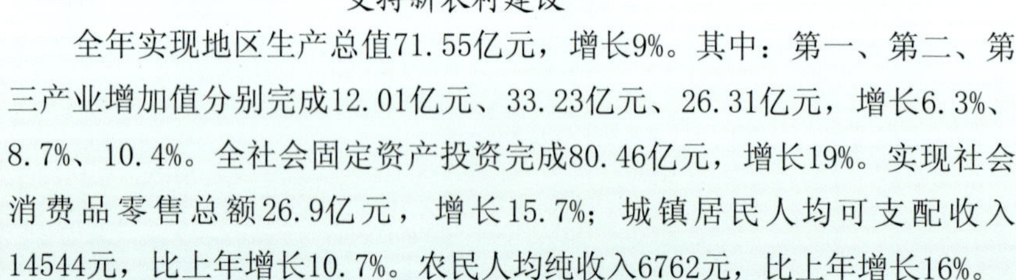

全年实现地区生产总值71.55亿元，增长9%。其中：第一、第二、第三产业增加值分别完成12.01亿元、33.23亿元、26.31亿元，增长6.3%、8.7%、10.4%。全社会固定资产投资完成80.46亿元，增长19%。实现社会消费品零售总额26.9亿元，增长15.7%；城镇居民人均可支配收入14544元，比上年增长10.7%。农民人均纯收入6762元，比上年增长16%。

**重点项目扎实推进**。安排招商引资和争取项目专项经费，做好项目的储备和申报，狠抓“两大任务”的落实。争取自治区、吴忠市各类专项资金2.6亿元，为利通区重点工作、重点项目提供资金保障。

积极推进财政改革

**民生支出需求得到保障**。全年社会保障和就业支出5860万元，集中财力加大对社会保障、民政救助、新农村建设等方面的投入，切实保障和改善民生，增进民生福祉。

**财政精细化管理不断深化**。出台《利通区财政资金管理规定》和《利通区专项资金管理监督规定》，完善财政资金管理。积极推进公务用车定点保险、政府采购、国库集中支付全覆盖、公务卡结算、乡镇民生服务中心规范化建设试点等工作。

强化行风政风建设

**党风廉政建设扎实开展**。扎实推进财政部门惩治和预防腐败体系建设，认真抓好党风廉政建设和反腐败工作各项牵头任务和协办任务，认真落实“一岗双责”和“三重一大”决策制度，深入推进廉政风险防范管理工作。

加强财政基础工作

扎实开展党建工作

# 吴忠市红寺堡区科学技术和农牧局

5月9日，区委书记仇旭辉视察灰家窑露地蔬菜产业

红寺堡科学技术和农牧局成立于2010年（原红寺堡开发区农牧局，成立于2002年），是红寺堡区主管农业、农村经济和综合管理种植业、养殖业、科学技术和农业机械化的职能部门。全局下设7个站（室），4个乡（镇）农业服务中心和4个乡镇畜牧兽医工作站。

2010年，全区设施农业已累计发展到7.45万亩，肉牛养殖发展到7.4万头，菜用马铃薯种植11万亩，先后被自治区评为“设施农业建设先进县”“设施农业建设一等奖”“全区动物防疫先进单位”“全区农村能源建设先进集体”“自治区人工影像天气工作先进集体”，被吴忠市命名为评为“文明单位”“平安单位”“依法治理示范单位”“安全生产工作先进单位”，被区委、政府评为“五个好党支部”“红旗党支部”“先进党支部”“优秀基层党支部”“一帮一联、双挂双创”先进集体、“卫生先进单位”“安全生产工作先进单位”“全区‘五五‘先进单位”“全区依法治理示范单位”等多项区、市及县级荣誉称号。

5月4日，政府区长徐军、副区长马宁检查灰家窑露地蔬菜种植工作

7月2日，副区长马宁带领农牧、园林、乡镇、公安等部门督查封山禁牧工作

灰家窑甘肃陈老大胡萝卜基地

宁夏东港蔬菜基地大拱棚示范

灰家窑甘肃陈老大万亩马铃薯基地

宁夏兴俊农林牧业有限公司

# 红寺堡区社会保障服务中心

2010年7月1日，举行红寺堡区社会保障服务中心启动仪式，红寺堡区委书记南武征，红寺堡区委副书记、政府区长徐军，红寺堡区委副书记、政协主席马鑫，红寺堡区副区长陆兴明等领导参加

2010年2月，新农合职能顺利划转后，红寺堡区委、区政府把如何统筹城乡社会保障体系，让百姓办理更加便利的社会保障业务，享受到完善的社会保障服务列为落实民生计划的一项重要课题。结合编制少、人员不足的实际，积极探索社会保险城乡一体化服务模式，着手对社会保险、新农合、城乡医疗救助进行资源整合，并经政府常务会议、区委常委会议研究决定开始筹建红寺堡区社会保障服务中心， 2010年7月1日，社会保障服务中心一站式服务平台正式启动试运行。

服务中心总面积546平方米，建有新型农村合作医疗、城乡医疗救助、城镇居民医疗保险、工伤保险、生育保险、失业保险、基本养老保险等12个窗口工作区，医疗待遇审核区、后台管理区、待遇支付结算服务区、档案室、中心机房等功能区，设置了LED电子屏、触摸屏、宣传栏、咨询台等服务平台。

服务中心将由社会保险事务管理中心经办的基本养老、医疗、工伤、失业及生育五大保险，由新农合经办的新型农村合作医疗及民政部门办理的城乡大病医疗救助业务整合纳入服务中心。社保经办机构及新农合经办机构全员进驻中心，民政、国税、银行派员进驻，设立国税征缴、银行待遇支付窗口，让群众进一家门，就能即时办理缴费、待遇结算支付、医疗救助事项，提高了办事效率，方便了群众。实现了城乡医疗保险与医疗救助的无缝衔接，社会保险缴费与待遇结算的一站式服务，社会保险基金的一站式监督，社会保险信息系统的一站式管理，为统筹城乡社会保险奠定了阵地平台、信息平台。

2010年8月27日，自治区政协主席项宗西在红寺堡区区委书记南武征的陪同下视察红寺堡社会保障服务中心工作

红寺堡区社会保障服务中心正式运行

# 中共青铜峡市纪律检查委员会
# 青铜峡市监察局

自治区和吴忠市委领导在青铜峡市参加全区农村党风廉政建设现场会

青铜峡市委、政府领导认真履行“一岗双责”职责，切实抓好职责内的反腐倡廉工作

2010年，青铜峡市纪委监察局共监督检查政府投资等建设项目245个，督促整改工程建设领域突出问题43个；加大违纪违法案件查办力度，处分了部分党员及行政监察对象，解决了部分损害群众利益的突出问题，清理党政机关工作人员拖欠银行欠款142万元；建立廉政风险防范管理机制，查找廉政风险点2416个，制定防范措施2702项，清理制度933项，出台了《青铜峡市推进惩防体系建设考核办法》、项目报建等40余项源头治腐制度，切实加强对领导干部，关键岗位、重点领域的制约和监督；创新措施，开设“勤廉为民”热线，推进“勤廉为民”工程的实施，创建吴忠市“勤廉为民五好镇”4个，青铜峡市“勤廉为民五好村”46个。加强自身建设，实施了纪检监察机关行政管理体制改革，整合内设机构，设立4个派出纪工委（监察分局），壮大了纪检监察队伍，强化了外部监督，以党风廉政建设新成效，为青铜峡市经济发展、社会稳定提供了有力保障。市纪委监察局保持了全国精神文明建设先进单位荣誉。

团结务实的市纪委监察局领导班子

领导班子深入工作一线调研

加强外部监督，提升反腐倡廉水平

纪委书记徐东深入基层讲党课

举办全市“质监杯”学习《廉政准则》知识竞赛

开展反腐倡廉宣传教育活动

# 青铜峡市地方税务局

团结务实的局领导班子

廉政教育扎根基层一线

打造一流团队

深入开展革命传统教育

党风廉政建设常抓不懈

青铜峡市地税局成立于1994年，内设5个机关科室，下辖7个基层税务所，担负着全市8个建制镇、1个街道办事处、2个国营农（林）场、11个集贸市场所辖区域内1528户企事业单位、6267户个体工商业户的地方税收征管工作。

**班子建设实现新进展**。局党组"一班人"把基层干部职工的意见、呼声作为作决策抓工作的重要依据，把实现和促进地方经济又好又快发展作为第一要务，把维护干部职工利益、解决干部职工的工作生活难题作为工作着力点，使近年来影响和困扰全局发展的一些问题得到及时解决，促进了各项工作落实，赢得了全体干部职工的信任与好评。2010年被自治区局表彰为"六好班子"，局党组先后被青铜峡市委和吴忠市委表彰为先进基层党组织。

**队伍建设实现新突破**。按照"狠抓学习教育，严明工作纪律，整治不良风气，解决实际问题"的工作思路，在全局大力开展"向陆明宏同志学习"活动，收到明显效果。

**廉政和效能建设取得新成效**。坚持把"两权"监督贯穿于税收工作全过程。继续巩固政风行风评议成果，一如既往地抓好行业作风建设，扎实有效地推进机关效能建设，促进了各项工作的开展。

**文明创建再结新硕果**。2009年，全局荣获"全国精神文明创建工作先进单位"、自治区"职工职业道德建设先进单位"、全区"五一劳动奖状"先进集体。

**地税文化建设上了新台阶**。牢固确立"以文化育人，以文化立局，以文化兴税"的工作理念，坚持把地税文化建设融入到带队育人的各个环节，渗透到税收工作的方方面面，对全局干部职工综合素质提高起到了很好的潜移默化作用，为税收工作跨越式发展提供了强大的精神动力。

**社会形象有了新改观**。积极争取和坚决服从市委、政府的领导，加强与有关部门的协调配合，理顺了各方面的工作关系。各项工作得到了市委、政府的高度评价和社会各界的充分肯定认同，市主要领导多次称赞地税部门为青铜峡市的一面旗帜。

**税（费）收入稳步增长**。税费收入由1994年组建之初的4702万元上升到2010年的94552万元，以平均每年5286万元的速度递增。连续17年超额完成任务，2010年，全局共组织入库各项收入94552万元，同比增长30.34%，增收12600万元。



文明建设深入人心，捐款献爱心，回报社会

税法宣传贴近纳税人

# 青铜峡市环境保护局

自治区人大副主席马瑞文、吴忠市委书记白雪山调研峡口镇垃圾填埋场

自治区环保厅厅长冯志强在科进峡光纸业公司调研

召开全区农村环保工作推进会

青铜峡市环境保护局是主管全市环境保护工作的市人民政府组成部门，内设机关行政事务管理股、环境影响评价股，污染控制股、生态保护股、环境监察大队、环境监测站。主要职责是：宣传贯彻党和国家环境保护的方针政策和法律法规，并对执行情况进行监督、检查；负责对辖区内环境实施统一监督管理；调解、仲裁各类环境污染事故和纠纷；组织实施辖区环境质量分析、监测等。

环保局紧紧围绕市委、政府确定的各项工作任务，以科学发展观统领环保工作，以开展大学习大讨论大实践活动为契机，牢固树立“一切为了发展、一切为了民生、一切为了和谐”的工作理念，切实厉行“实、细、快”的工作作风，进一步深化污染防治和生态环境保护工作，着力解决危害人民群众健康的突出环境问题，辖区环境质量明显改善，为推动全市经济社会又好又快发展做出了积极的贡献。

自治区环保厅副厅长鲁国会指导青铜峡镇农村环境连片整治建设工作

检查企业污染设施运行情况

启动中意农村环保合作项目

召开全市农村环保工作推进会

严查建设项目环境违法行为

进行环保法律法规知识宣传

作风过硬的环保干部职工

# 中卫市

局党组书记、局长　张兴华

自治区地税局局长马建民到中卫地税局调研工作

市委书记马庭礼调研中卫地税工作

党组副书记、副局长周华带领干部观看全国检察机关惩治和预防渎职侵权犯罪巡展

自治区文明委在中卫市地税局验收

中卫市地税局成立于2004年6月，内设11个科室和1个党群组织，直属1个稽查局、1个社保费征收管理局和1个县局、7个派出机构。全系统现有在职干部职工179人，其中：大专以上学历162人，党员113人。主要负现本市（含1区1县）地方税及基金（费）的征收管理工作，辖区登记在册的各类纳税业户14222户。

几年来市局先后荣获“全国文明单位”“全国精神文明建设工作先进单位”“全国全民健身先进单位”“全国全民健身推广广播体操工间操先进单位”“2010年全国亿万职工健身活动先进单位”“2007～2010年区级文明单位”和“全区精神文明建设先进单位”称号，党组书记、局长张兴华同志荣获“全国知识型职工先进个人”“全区五一劳动奖章”“100位为宁夏建设做出突出贡献英雄模范人物”“全区民族团结进步先进个人”称号。

2010年，中卫市地税局在自治区地税局的正确领导下，紧紧围绕市委、市政府的工作部署，坚持以科学发展观为指导，不断加强干部队伍建设，提升信息管税能力，优化纳税服务，构建良好税收法制环境，努力打造中卫地税品牌，圆满完成全年各项工作任务。全市地税部门共组织各项收入8.5亿元，比上年增长54%。其中：税收收入3.7亿元，增长32.14%；社保费收入4.4亿元，增收2亿元，同比增长83 %；残疾人就业保障基金227万元；工会经费720万元。2011年1～5月份共组织各项收入6.31亿元。其中：税收收入2.28亿元，同比增长46%；征收社会性保险费3.86亿元，其中：养老保险费3.6亿元，较上年同期增收1.76亿元，同比增长95.6%，为地方经济社会持续稳定发展作出了积极的贡献。

# 地税局

局长张兴华为纳税人维权中心揭牌

局长张兴华和宣和镇领导为宣和税务所办公楼落成剪彩

地税局编排、干部演出的《廉政准则嘻唰唰》文艺节目

干部所得税知识全员考试

端午节总经济师梅青代表局党组看望慰问离退休老干部

自治区地税局副局长李津调研中卫纳税人之家建设

# 同心县财政局

财政局局长白明玺安排部署全县财政工作

县财政局局长白明玺陪同县长马洪海在县城新区调研

局长白明玺在乡镇调研2011年粮食直补发放工作

局长白明玺深入生态移民村调研生产生活情况

2010年，同心县财政工作在县委、县政府领导下，在全县财政工作者的辛勤努力下，取得了累累硕果。财政干部队伍在工作中得到了煅炼，财政工作在克服困难中实现了跨越，理财水平在应对复杂局势中得到了提升，为同心财政改革与发展史谱写了新篇章。县级财政一般预算收入完成8941万元，完成年度预算7000万元的127.7%，比上年增长43.4%；全县财政一般预算支出180538万元，同比增长38.1%。超额完成了“十一五”财政规划目标，有力的支持了全县经济社会事业持续、稳定、协调发展。

财政投资8000万元新建的豫海回民中学

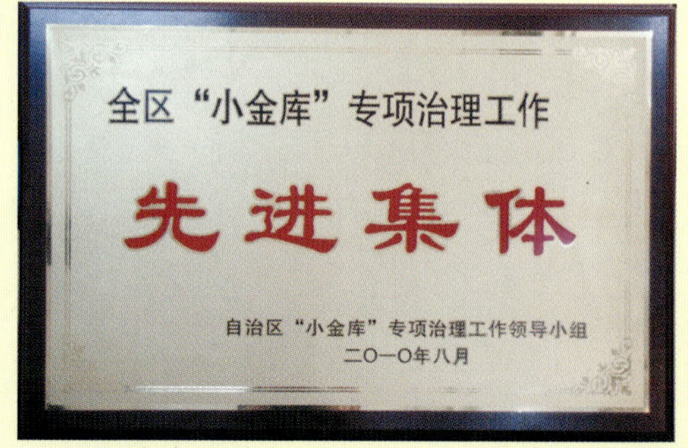

全区“小金库”专项治理工作

先进集体

自治区“小金库”专项治理工作领导小组

二○一○年八月

县财政局被评为全区“小金库”专项治理先进集体

财政投资建设的万亩圆枣基地

# 盐池县财政局

2011年4月，自治区财政厅厅长、党组书记王和山调研盐池大县城建设

2011年3月，财政局召开形势政策宣传教育活动动员会

盐池物产富集、人杰地灵，以“中国滩羊之乡”、“中国甘草乡”和“长城博物馆”三大品牌彰显盐池特色。

盐池县财政局现内设机构11个，在职干部职工55人。其中：党员32人，大学本科20人，专科35人，会计师等中级职称19人，助理会计师18人。近年来，在县委、政府的正确领导下，在上级财政部门的大力支持下，加强财政收支管理，不断提高财政保障能力；积极争取项目资金，不断促进县域经济发展；推进财政管理改革，落实各项财政政策；加强财政监管，不断提高理财水平；加强机关队伍建设，不断提升财政形象，有力地促进了财政整体工作。财政一般预算收入由2004年的3904万元增加到2010年的23492万元，首次在山区九县（区）中率先突破2亿元大关，年均增长13%，财政一般预算支出由2004年的25145万元增加到2010年的119543万元，年均增长14.6%。盐池县财政局先后被评为区级“卫生先进单位”、 区级“文明单位”，被中华全国总工会授予“全国模范职工之家”称号。

财政局开展财政法制宣传周活动

财政局开展民情大走访活动

财政局召开年终总结表彰大会

财政局开展廉政教育活动

# 盐池县环境保护和林业局

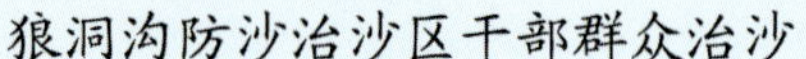
狼洞沟防沙治沙区干部群众治沙

围城造林一角

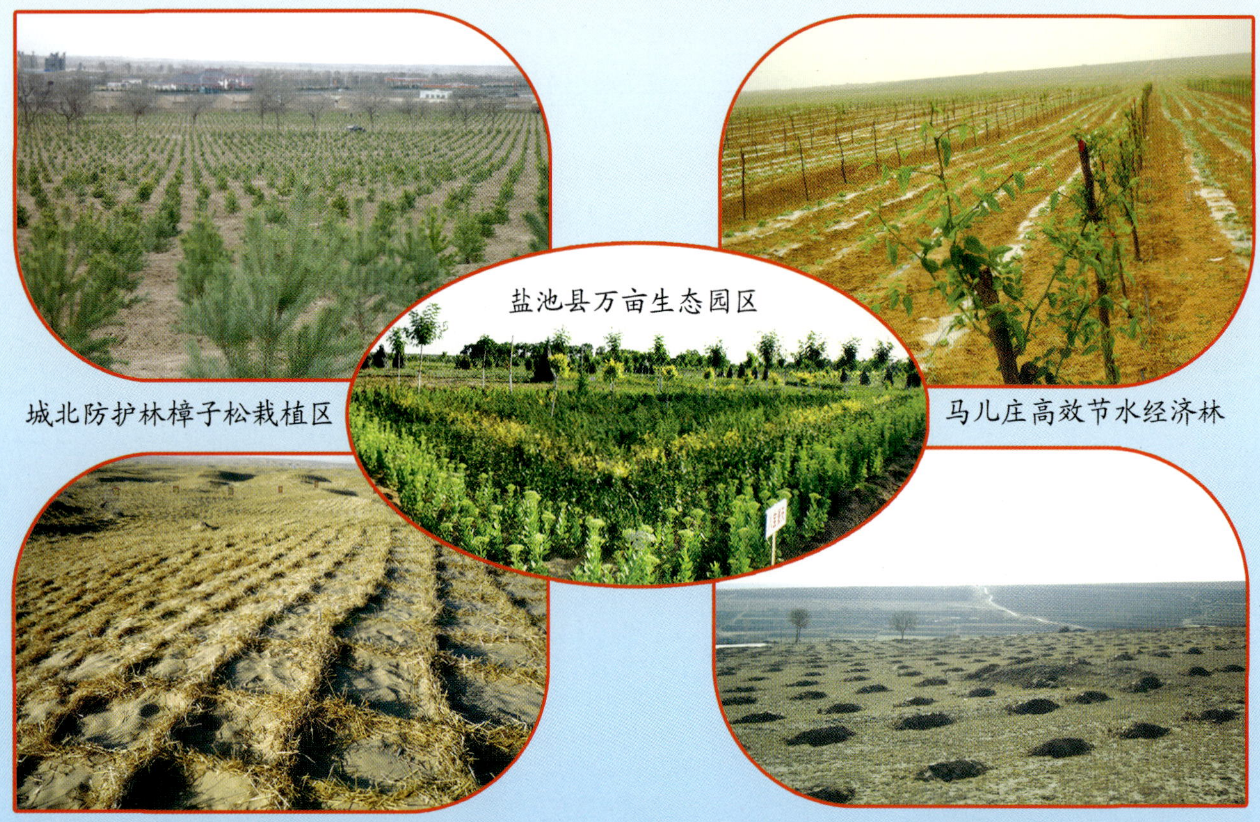
盐池县万亩生态园区

城北防护林樟子松栽植区

马儿庄高效节水经济林

狼洞沟防沙治沙草方格示范区

南部鱼鳞坑造林

近年来，盐池县绿化造林工作以创建国家园林县城、全力打造宁夏东部绿色生态屏障为目标，依托百万亩防沙治沙、退耕还林、三北防护林、天然林保护等生态工程项目建设，以防风固沙、水土保持、园区绿化、绿色通道、围城造林、生态园林、生态经果林工程建设为重点，全县已建立灌木采种基地100万亩，沙柳资源基地40万亩，以甘草为主的人工中药材基地累计面积15万亩，以枣树为主的经果林6.8万亩。累计林木面积404万亩，其中天然林178万亩，占全县林木面积的44%；人工造林226万亩（乔木林17万亩、灌木林209万亩），占全县林木面积的56%。林木覆盖率达到22.6%以上。

# 中宁县政协

中宁县政协主席　马学成

自治区政协副主席袁汉民（主席台前排左四）、中卫市政协主席马宇桢（左五）出席中宁县政协成立五十周年庆祝大会

县政协主席马学成（前排左二）、副主席庞立忠（左一）在新材料循环经济园区视察工业经济

2010年，中宁县政协常委会认真履行三大职能，为打造“枸杞之乡、冶金重镇、物流之都、金岸明珠”和争创西部百强县汇智聚力。一是着眼全局，围绕中心做贡献。积极参与转变经济发展方式、特色产业发展、保障和改善民生等一系列党政中心工作和多个重点项目的包抓协调工作；积极争取交通、医疗设备、希望工程、爱心助学类项目资金分别达到400万元、1000万元、60万、16万元分别用于修建偏远村庄道路、改善基层卫生院医疗条件、援建移民区希望小学、救助困难学生，树立了良好社会形象。二是科学建言，服务大局助发展。充分利用政协会议的协商平台，抓大事、议大事，全年共召开常委会议5次、主席会议15次、专委会议10次，共提出针对性、实用性强的意见建议80余条，为县委、政府破解县域经济发展中的热难点问题提供了有益参考。认真执行《提案办理四项机制》，采取现场协商、集中督查等多种方式，加大督办力度，审立的90件提案办理满意率达97%以上。强化社情民意反映，多方征集社情民意，整理编报《社情民意专送》13期。进一步强化评议监督，认真开展了对2个部门的民主评议工作，推荐16名委员担任监督员，促进了受评单位的作风转变，提高了监督实效。着眼全县经济社会发展大局，积极开展调研视察，形成调研视察报告8篇，提出具有建设性的意见建议38条，为优化党政决策提供了智力支持。三是发扬民主，汇聚力量促和谐。积极开展委员集中活动，以党派、团体名义提出提案46件，积极举办“迎中秋·庆国庆”观摩联谊活动、参加横向联谊会，接待外市县兄弟政协考察学习16批、315人次，编辑出版了《中宁县政协志》和《中宁文史资料》（第九辑），形成了凝心聚力谋发展、团结一心促和谐的强大合力。四是适应形势，强本固基，推动工作上台阶。积极参加全国、区、市、县级干部理论培训，在区政协第四次理论研讨会上有2篇理论文章获奖，在《人民政协报》、《华兴时报》发表理论文章4篇；组织部分常委、委员赴外地学习观摩2次，借鉴了工作经验，提高了履职水平。积极开展联系走访委员及述职考评活动，认真落实委员约谈工作，评选和表彰了10名优秀委员。制定宣传工作制度，全年共编发《中宁政协信息》20余期，刊发《中宁政协》4期，重要报刊选登信息54篇。实行机关工作月度计划和周会制，机关工作质量明显提高、服务效能不断增强，推动政协工作迈上了新的台阶。

县政协主席马学成（前排右二）、副主席庞立忠（左一）、副主席陈玉清（右一）带领政协委员在恩和镇文化站调研文化建设

县政协副主席田伯川（左二）带领政协委员在大战场乡视察畜牧业发展

县政协副主席陈玉清（中）带领政协委员在信用联社督察重点提案办理

# 中宁县环境保护局

自治区环保厅领导在中宁县检查指导企业环保工作

召开全县环境保护暨城乡环境综合整治工作会议

一是污染减排迎难而上，三项措施落实到位。中宁县环保局面对污染减排巨大压力，认真落实区、市、县环保工作会议精神，把主要污染物削减任务落实到了重点企业，与35家企业签订污染减排目标责任书。加强企业污染治理设施和在线监测设备正常运行管理，上半年全县削减化学需氧量1375吨、二氧化硫580吨、氨氮64吨、氮氧化物187吨，分别完成全年任务的53%、52.4%、51.5%和58.3%。

二是重点工作有力推进，项目争取进展顺利。总投资1.33亿元的天元锰业废水综合治理项目已完成一期工程建设，占地1.4km$^2$的工业固体废物填埋场项目，已完成进场道路测绘、设计及工程地勘、可研等工作。11个乡镇的农村环境综合整治工作和6个农村环境连片整治项目全面开工，清理三堆、治理三乱工作有力推进。科学筛选污染防治项目，组织有关单位人员多方争取，使中宁县6个项目进入国家发改委、环保部“十二五”重点流域水污染防治规划，总投资2.8亿元。组织新堡镇、恩和镇、大战场乡三个乡镇申报2011年度农村环境连片整治项目，三个项目全部通过自治区审批，落实项目资金980万元。

三是农村环境综合整治有序开展，村庄环境质量得到改善。制定下发了《2011年全县农村环境综合整治工作安排意见》和《中宁县村庄环境综合整治标准》，确定了36个示范村整治地段、内容和标准。按照农村环境综合整治“治乱、拆违、清理”的工作要求，全面开展农村环境整治。扎实推进农村环境连片整治项目建设，完成下水管网铺设5700m，垃圾填埋场土方开挖30000m$^3$，完成投资600万元。

四是服务意识增强，执法力度加大。强化服务意识，严把建设项目审批关口，对宏岩公司15万吨特种铸件项目、锦宁公司二期铝镁合金项目和巨科公司40万吨铝材带箔项目等重点项目和招商引资项目开辟绿色通道，特事特办，对不符合国家产业政策和工业园区产业规划的项目“一票否决”。上半年，共审批项目32个，环评和“三同时”执行率达100%。认真组织开展“整治违法排污企业保障群众健康”环保专项行动，采取区市县三级联动的办法，分别对重金属企业、涉铅企业、建筑施工、餐饮娱乐单位和重点污染源进行专项执法。

五是突出活动主题，开展创先争优。以“强化环境监管，提升环境质量，扎实推进城乡环保一体化”为主题，扎实开展创先争优活动，组织党员干部开展承诺服务、结对帮扶、评星定格、“唱红歌、颂党恩”等活动，推动环保工作上台阶、上水平、以实际行动向建党90周年献礼。

县政府与环保局签订环保目标责任书

举行农村环境保洁车发放仪式

# 西吉县财政局

自治区财政厅厅长王和山来西吉县调研工作

西吉县财政局局长　黄占刚

西吉县财政局团结务实的领导班子

西吉县财政局内设办公室、预算股、国库股、农财股、行政事业股、社保股、综合股、经建股、监察股等9个股室和财政投资评审中心、政府采购中心、国库支付中心、农业综合开发办公室、会计管理中心等5个事业机构。财政局为政府经济综合职能部门，主要负责组织全县财政收入，统筹调度并安排各类资金，行使财政监督、会计管理、政府采购、农业综合开发等职能。

近年来，在县委、政府的正确领导和上级业务部门的大力支持下，狠抓财政收入、优化支出结构、加快改革步伐、强化监督管理，有效发挥财政职能作用，全力支持经济建设和社会各项事业协调发展。2010年，全县完成一般预算收入4460万元，为年度预算的120.5%，同比增长35%；全县一般预算支出184695万元，为变动预算的96.1%，同比增长30.3%。支持“三农”、教育、科技、医疗卫生、社会保障和就业、保障性住房等领域成绩突出。同时，坚持依法理财、统筹兼顾和增收节支的方针，切实加强财政科学管理，从严控制一般性支出，提高财政资金使用效益，促进全县经济社会健康和谐发展。

近年来，财政局多次受到上级部门的表彰奖励，先后被评为自治区文明单位、全区扶残助残先进集体、自治区“创建学习型组织”、争做知识型职工”先进单位、全市农村党风廉政建设“双十双百”工程“五好”示范单位、全市“创建学习型组织、争做知识型职工”竞赛活动先进单位；全区财政系统“抓落实、树形象”活动先进集体。连续三年被财政厅评为政风行风、监督检查先进单位；连续两年被县委、政府评为全县经济综合部门目标管理综合考核一等奖；连续三年被县委、政府评为社会治安综合治理、机关效能建设、基层党组织建设先进集体和争取资金突出贡献奖等30多项次表彰奖励。

财政干部召开会议统筹调度各类资金

组织财会人员举办软件培训

县财政代表队参加全县体育运动会

# 隆德县财政局

隆德县财政局局长杨光祖

隆德县财政局作为县人民政府主管全县财政收支、执行财税政策、实施财税监督等工作的综合经济管理部门，在县委、政府的正确领导下，在上级财政部门的精心指导和大力支持下，认真贯彻落实全区、市财政工作会议精神，坚持以邓小平理论和“三个代表”重要思想为指导，深入贯彻落实科学发展观，积极开展创先争优活动，认真落实积极的财政政策和“保增长、保民生、保稳定”的政策措施，紧紧围绕县委确定的“产业富民强县，绿色生态立县，文化旅游兴县，科教和谐铸县，凝心聚力建县”五大战略，大力加强财源建设，不断优化支出结构，切实提高财政科学化、精细化管理水平，实现了财政工作的新跨越，有力地促进了全县经济和社会各项事业的发展。

参加全县庆祝建党90周年歌咏大赛

深入田间地头调研设施农业

召开2010年全县财政财务决算会

组织开展全区财政法规政策宣传周活动

2010年，全县实现地区生产总值10.3亿元，按可比价格计算（下同）比上年增长10.2%。其中：第一产业实现增加值3.1亿元，增长10.3%；第二产业实现增加值2亿元，增长12.0%；第三产业实现增加值5.2亿元，增长9.56%。2011年上半年，财政总收入完成3841万元，比上年同期增长47.56%。一般预算支出完成36096万元，为年度变动预算的54.9%，增长22.45%。

近年来，隆德县财政局多次受到县委、政府和上级部门的表彰奖励，先后获得全区、全市、全县政风行风评比第一名、目标综合考核一等奖、机关效能先进集体、重点工程项目完成奖、农业农村工作先进集体、人口和计划生育工作先进集体、全民创业先进集体、危房改造先进集体等多项殊荣。

# 体 育 卫 生

编辑:王晓华　杨　云

## 体　　育

**【竞技体育】** 竞技体育成绩取得新突破。对竞技体育项目重新进行调整布局并初见成效。全年参加国际比赛共获得19个录取名次,其中金牌8枚、银牌1枚、铜牌1枚。参加全国赛事共获得53个录取名次,其中金牌6枚,银牌9枚,铜牌8枚,是改革开放以来参加国际、国内比赛成绩最为优异的一年。在第十六届亚运会上,姜春鹏勇夺亚运会男子武术75公斤级散打铜牌,继北京亚运会20年后,再次有宁夏运动员站在亚运会领奖台上。在第十六届亚残运会上,马玉喜夺得2枚金牌、1枚银牌,并打破1项残疾人世界纪录、1项亚洲纪录。在第五届全国特奥会上,获金牌30枚、银牌16枚、铜牌32枚,是参加历届全国特奥会成绩最突出的一次。银川市代表队参赛夺得"城市之间"国际总决赛冠军,这是中国自参战"城市之间"比赛以来在国际总决赛上夺得的第一个总冠军。成功举办自治区第十三届运动会,共有59个代表团、137支代表队参加,共设25个大项,230个小项,参赛人员5412名,是宁夏举办规模最大、项目最多、参与最广的综合性体育盛会。8月8日举行开幕式,历时17天,共有54人、3队打破34项个人和团体自治区纪录,兴奋剂零记录,竞赛零投诉,实现了运动成绩和精神文明双丰收。后备人才建设得到加强。宁夏体育运动学校等5所体校被命名为自治区高水平体育后备人才基地。承办第十一届全运会武术套路女子预赛,被国家体育总局评为"全国最佳赛区"。

(杨东皓)

**【群众体育】** 组织开展县级以上全民健身系列活动165次,建设村级农民健身工程822个,分别超额完成政府计划任务的65%、37%,在中西部地区率先实现了村级体育场地全覆盖。建设城镇社区全民健身路径120条,建设6个县级体育场馆,分别超额完成政府计划任务的20%和100%。开展"百乡千村"农民体育月活动,组织农民篮球比赛11350场次,带动近百万人次参加体育锻炼。连续三年举办"百乡千村农民体育节""进城务工人员体育节""的哥的姐体育节",关注最基层群众和弱势群体的体育活动需求,并将具体做法经验在全国群体工作会议上进行了交流。参战第四届全国体育大会成绩突出,共获得1个二等奖、7个三等奖和8个单项奖,是参加历届全国体育大会获奖最多的一次,并获得了"体育道德风尚奖"。

(杨东皓)

**【体育公共服务】** 积极开展足球进校园活动,有46所中小学开展了此项活动,超额完成职能目标任务的130%,石嘴山市还获得2009~2010年全国青少年校园足球活动"宣传推广奖"一等奖。积极创建青少年俱乐部,有15所学校列入总局扶持计划,比原计划多出5倍。继续推进学校体育场馆向社会开放工作,8所学校列为自治区级体育场馆开放试点单位,比原定目标多出1倍。完成了第三次全国国民体质监测工作任务,确定了9个县(区)为监测点,测试样本量达9280人,超额29%。切实做好社会体育指导员培养工作,培训社会体育指导员700人,比计划多培训200人。

(杨东皓)

**【体育赛事】** 成功举办了2010年宁夏黄河金岸国际马拉松赛。9月19日,来自长跑传统强国埃塞俄比亚、乌干达、摩洛哥、美国的马拉松宿将和国内12省市区的专业选手345人参加了吴忠主赛场的比赛,银川、石嘴山、中卫3个分赛场39700名长跑爱好者在397公里的黄河沿岸同时参加了健康跑活动。举办了第七届全区少数民族传统体育运动会,共设木球、方棋等11个竞赛项目,打木尖等12个表演项目,9个代表团1338名运动员、教练员参加了比赛,参赛人数、项目设置都超过历届。先后成功举办了国际马术赛、洲际拳王争霸赛、国际龙舟赛、中美滑水对抗赛和国际汽车拉力赛等9项国际赛事,全国女子水球冠军赛、全国羽毛球超级联赛、东西南北中羽毛球赛、全国铁人三项赛等16项全国性比赛。

(杨东皓)

**【体育产业】** 全年体彩总销量3.79亿元,人均购彩量居西部省区第一。各经营场馆接待健身休闲群众83万人次,比上年同期增长94%,实现创收1900多万元,比上年同期增长112%。

(杨东皓)

## 卫　　生

**【社区卫生与妇幼保健】** 11月,宁夏启动实施了8~15岁人群乙肝疫苗补种工作。2010年5月底,补种工作顺利结束,全区累计补种适龄人群52.6万人,累计接种127.2万剂次,补种接种率在97%以上。其中累计补种8~15岁儿童39.7万人,补种96.3万剂次,累计补种在校大学生和高中生13万人,补种30.9万剂次,提前完成国家确定的三年工作任务。截至2010年11月底,全区有4.13万名农村孕产妇享受了免费住院分娩,已完成任务的103.3%;全区有2.61万名农村适龄青年接受了免费婚检,已完成任务的104.4%;有2.67万名农村新生儿享受了免费先天性疾病筛查,已完成任务的106.8%。以上指标全部超额完成全年工作任务。 (王 诚)

**【新型农村合作医疗】** 按照自治区人民政府《关于新型农村合作医疗制度管理职能划转有关问题的通知》精神,卫生厅积极配合自治区人力资源和社会保障厅下发了《新型农村合作医疗制度管理职能划转实施方案》,督促各市县(区)卫生部门理清历年基金收支情况、财务账目、文档资料、统计报表、数据信息等,分类归档并登记造册,在春节前向人保部门进行了整体移交。移交后,卫生厅按照政府赋予的新职能,对上积极与卫生部联系衔接,会同人保部门做好项目的资金筹措与政策支持工作。按照卫生部关于新型农村合作医疗工作的有关要求,与人保部门协商,提出贯彻意见,共同做好相关政策的制定工作,推动宁夏新农合管理职能顺利划转,保证了新农合工作健康持续发展。2010年,全区参合率达到了95.9%,政策范围内住院费用报销比例达到69.4%。 (王 诚)

**【医疗卫生基础建设】** 2010年共落实卫生建设项目96个,总投资5.75亿元,主要包括新、迁建自治区儿童医院、自治区宁安医院、自治区血液中心、2个市级精神卫生防治机构、5个县级医院、9个中心乡镇卫生院、7个社区卫生服务中心和70个村卫生室建设,比年初确定的建设目标增加了25个。加强乡镇卫生院建设和医疗设备配置。争取国家投入3058万元,为乡镇卫生院、村卫生室配置了必要的医疗设备。利用"降消"项目资金,为兴庆区等6区县妇幼机构配置了一批医疗设备。协助民革宁夏区委会为乡镇卫生院配置了100台彩超,价值6000万元。提高基层医疗机构的服务能力。乡镇卫生院和城市社区服务机构业务分工明确,首诊和双向转诊制度基本确立。农村医疗卫生信息化建设试点项目扩大到同心等5个贫困县,争取国家投入500万元,构建信息化服务系统。选择青铜峡市和隆德县,启动了实施儿童白血病、先天性心脏病等儿童重大疾病医疗保障试点工作。 (王 诚)

**【队伍建设】** 加大基层医疗卫生队伍建设力度。落实"2010年中西部地区农村卫生人员和城市社区卫生人员培训项目",完成了社区卫生人员447人、乡镇卫生院717人、2565名村卫生室人员的培训任务;对3253名村卫生室人员进行了急诊急救知识培训。举办了基层卫生管理人员培训班,254人参加了培训。启动了105名基层医疗卫生机构在岗人员全科医生转岗工作。完成国家为宁夏乡镇卫生院订单定向免费培养50名医学本科生招生任务。招聘50名执业医师到贫困县卫生院工作,选拨500名高校毕业生到乡镇卫生院担任特岗见习医生。市县选派23名青年医生到自治区级医院进修,实施"牵手工程"项目,选派24名青年骨干到江苏省研修。制定了《宁夏回族自治区农村基层医疗卫生人员培养招聘使用实施方案》,实施"二补三定向",为乡镇卫生院培养150名5年制临床医学本科生。从近年的普通高校毕业生中,定向招聘150名医学本科生,通过1年住院医师规范化培训方式,为乡镇卫生院培养全科医生,使每个乡镇卫生院至少有1名医学本科毕业的全科医生。从在职的乡村医生、符合条件的高中毕业生和大中专毕业生中,定向培养和招录3000名大专学历村医,使村医大专学历比例达到西北前列。制定了《宁夏二级以上医疗卫生机构对口支援乡镇卫生院项目实施方案》,选调全区29所二级以上医院141名业务骨干组成47支医疗队,支援9个贫困山区47所乡镇卫生院。7个二、三级医院向12个县级医院派驻支援医师60名,选派39名县级医院骨干人员到三级医院进修。福建省对口支援宁夏6所县医院工作进展顺利,派驻支援医师12名。开展继续医学教育工作,国家批准6个项目、自治区批准487项、远程教育2项,有近4万人参加了培训,培训率达到90%以上。制定了《关于加强卫生人才队伍建设的实施意见》,完成了"百人计划""突出贡献专家""政府特殊津贴"等高层次人才的推荐工作,引进博士、副高以上专家32名。为事业单位公开招聘97名研究生,使公开、公平、竞争性选拔干部成为常态。完成了事业单位绩效工资改革工作和第二轮直属单位岗位设置管理工作。制定出台了《卫生系列高级职称评审条件》,对全区1200人卫生系列高级职称晋升进行了评审。审核了全国卫生专业技术资格考试人员资格8000余人。 (王 诚)

**【卫生应急工作】** 先后派遣3批170人的宁夏医疗卫生防疫救援队支援玉树抗震救灾。累计投入170多万元,在灾区工作52天,累计诊治645人,巡诊1000多人次,转运危重伤病员12人,消毒面积达15.45万平方米,发放健康教育资料3万余份,张贴宣传标语200余条,疾病监测4800余人。紧急处置了中宁县"6·25"矿难、海原县重大交通事故、保伏知新村炭疽疫情、同心县洪涝灾害和中宁县特大中毒事件医疗救治和卫生防疫工作。开展了卫生系统急救技能大赛。积极开展重大活动医疗卫生安全保障工作。开展文博会、中阿论坛等各类重大活动医疗卫生保障38次。未发生食品安全、生活饮水污染、公共场所污染事件,有力地保障了参加重大活动来宾的身体健康。被自治区政府评为首届中阿论坛和文博会最佳保障单位。 (王 诚)

**【免疫接种】** 按照卫生部的统一部署,经自治区人民政府批准,9月11~18日组织全区开展了针对8月龄至4周岁儿童的麻疹疫苗强化免疫活动,累计完成适龄儿童接种40.7239万人,报告接种率达到99.3%。此项工作自接种日开始,宁夏的接种进度一直位于全国第一,得到了卫生部督导组的高度评价。

免疫规划管理工作方面，根据中国周边国家脊灰疫情，加强了全区脊髓灰质炎野外病毒输入防范工作；组织开展了全区疫苗和冷链系统清查，进一步规范了疫苗运输和保存行为；重新调整了自治区急性迟缓性麻痹诊断专家组；制定下发了《宁夏预防接种异常反应调查诊断实施办法》，提请自治区人民政府下发了《宁夏预防接种异常反应补偿管理办法》。截至2010年，全区常规免疫规划疫苗累计接种159.6609万剂次，单苗接种率均在95%以上。 （王 诚）

**【疾病防控】** 组织完成了第五次全国结核病流行病学调查，累计检查15965万人，共发现新发涂阳肺结核病患者2229例，任务完成率100%。艾滋病防治政策得到有效落实，在全区二级以上医疗卫生机构推行了医务人员主动提供的HIV检测咨询工作，监测体系进一步完善，建立各类哨点17个，监测覆盖各类人群；艾滋病综合防治示范区各项工作全面推进，较好地完成了国家规定的80项任务指标；美沙酮维持治疗工作进一步规范，新增1个门诊，公安厅安康医院、石嘴山市疾控中心两个门诊获得国务院美沙酮工作组的表彰。上半年，继续加强了甲型H1N1流感防控工作，组织完成了全区第二轮感染状况快速血清学调查；累计组织全区接种疫苗96万人。进一步加大了县级消除碘缺乏病工作力度，实施了百日消除行动计划，落实了3轮督导、健康宣教、碘盐市场专项治理等13类工作，累计监测盐样7332份，监测结果显示，以县为单位全区居民户合格碘盐食用率均在90%以上。完成了1815名儿童地方性氟中毒防治的病情调查，完成了3087人砷中毒的病情调查。布病防治重点人群监测4652人。包虫病累计免费药物治疗病人1187例，对120例符合条件的病人实施了免费手术治疗。开展了慢病综合干预、食管癌早诊早治、肿瘤随访登记、儿童口腔疾病综合干预、农村癫痫防治管理和死因监测等工作。对25家疾控机构、77家基层医疗机构进行了慢病防控能力调查；累计报告肿瘤发病死亡病例1962例，完成慢病干预1206人，食管癌检查1000人，癫痫免费药物治疗4174人，适龄儿童牙齿窝沟封闭24663颗，监测死亡病例18255例。 （王 诚）

**【全区城乡环境卫生清洁行动】** 制定了行动计划和考核验收方案，并拟定了卫生村、镇、社区标准和命名监督管理办法。继续加大对卫生城市创建地区指导力度，先后组织专家对青铜峡市、盐池县创建国家卫生城市、县城工作进行了多次指导，并配合全国爱卫办完成了对青铜峡市的技术评估，两地已跨入国家卫生城市、县城行列；组织对中卫市、隆德县、平罗县创建自治区卫生城市、县城工作进行了检查。加强农村安全饮水监测，组织对全区375处农村集中式安全饮水工程进行了枯水期、丰水期监测，累计采集检验水样1478份；完成101个国家农村饮水监测点监测工作，累计采集检验水样298份。

（王 诚）

**【控烟工作】** 控制吸烟危害工作取得实效。在全区医疗卫生系统实施全面禁烟，开展无烟单位创建活动，举办了控烟履约、公民健康素养促进行动、医院健康教育等培训班。通过考核验收，31家医疗卫生单位被授予自治区无烟单位称号。 （王 诚）

**【医政管理】** 继续开展“医疗质量万里行”、医院管理年和平安医院创建活动，活动开展以来，以查促建、纠建并举，进一步落实医疗质量安全核心制度，提高了医疗质量，促进了医疗安全，改善了医疗服务，优化了医疗环境。积极探索建立全区医院长效评价管理机制，加强医院感染管理，指导医院做好NDM－1细菌感染预防工作。加强对民营、社会办医执业医师执业行为的管理，组织专家对全区30余家综合医院、专科医院、民营医院进行了检查督导，对人员、机构、技术准入进行评审校验。启动了医院等级评审工作。按照卫生部关于开展优质护理服务示范工程活动要求，确定了1个卫生部优质护理重点联系医院、7个自治区重点联系医院，全区二级以上医院优质护理示范工程试点病房达39个。全面推动自愿无偿献血工作，制定了《无偿献血表彰奖励办法》，促进无偿献血工作健康持续发展。加强了单采血浆站的管理，全面开展血液集中化检测工作，确保临床用血安全。

（王 诚）

**【中（回）医药事业管理】** 第一批5个重点专科接受了国家中期评估，争取了国家项目经费1000万元。实施了第四批师承项目和第二批全国中医临床研修人才培养项目。成立了自治区回族医学研究所。创建了中宁县等全国农村中医工作先进县、中卫市沙坡头区中医药特色社区卫生示范区和一批乡镇卫生院中医示范科。推广了一批基层常见病、多发病中医药适宜技术。组织了全区“创双优”中医药理论知识与技能大赛，积极传播中医药文化。11支代表队81人参加了自治区总决赛。开展了中医医院管理年活动，全区已建成国家级重点中医专科5个、国家中医特色专科23个、自治区重点专科27个，形成了完整的中医专科体系。有85%的乡镇卫生院设有中医科，77.6%的村卫生室、40%的社区卫生服务站能提供中医药服务。 （王 诚）

**【卫生监督执法】** 认真贯彻实施《食品安全法》和《自治区食品生产加工小作坊和食品摊贩管理办法》，履行食品安全综合协调职责，深化食品安全整顿。组织各地各部门开展宣传教育活动。通过电视、广播、报纸、互联网等媒体深入开展食品安全宣传教育活动，提高了全民的食品安全和法律意识。完善配套制度，规范食品安全监管。制定了《宁夏食品安全地方标准管理办法》等规章制度，初步建立食品安全风险监测体系，监测环节涵盖了初级农产品、食品生产加工、流通和餐饮消费各环节，范围覆盖全区城镇，监测点人口数占全区人口数的43.02%。重点整顿乳制品市场秩序。先后3次组织全区各级政府及各有关部门快速行动，对乳制品生产加工企业、经营商户和餐饮服务单位进行清查。共查获并销毁问题乳粉111.29吨，对4家乳制品生产加工企业依法给予处罚。 （王 诚）

**【卫生科技】** 积极组织申报科研项目。

2010年获得自治区科技厅科技攻关项目资助49项,资助科研经费208万元,比上年增长100%。获得科教成果奖25项。开展了自治区卫生厅重点科研项目申报和评审工作,共申报课题255项,68项获得资助。组织参加自治区科普周活动,发放卫生宣传材料2700多份,免费为当地群众义诊和咨询。加强实验室安全管理,制定下发了《实验室病原微生物管理办法》,组织进行了监督检查,完成了自治区级医疗卫生机构一、二级实验室生物安全备案工作。推广基层适宜技术18项。卫生厅于5月组织优势专科技术指导专家分别对第一批7个优势专科建设情况进行了督导和年度评估,对已达到建设标准的3个专科建设项目提前进行了验收。第二批医学优势专科建设项目的遴选工作已开始。 (王 诚)

**【医药卫生体制改革】** 在药品“三统一”工作的基础上,完成了“宁夏基本药物目录”(基层部分)网上确认、补充招标和议价谈判等集中招标采购工作,全区73个综合医院、236个乡镇卫生院、136个社区卫生服务机构和2474个村卫生室配备并使用基本药物,基层医疗机构实行零差率销售,“三统一”中标药品申购率达100%,综合配送到位率91.7%,使用率99.89%,回款率100%。二、三级医疗机构也按规定优先选择使用基本药物,采购品种数分别达到90%和80%。提前实现国家基本药物制度覆盖率100%的目标。完善基层医疗卫生机构补偿机制。加强乡镇卫生院和社区医疗卫生服务机构内部管理,提高了人员工资和基本公共卫生经费补助水平。落实绩效考核制度,增强了服务的主动性,提高了服务效率和水平。制定了《宁夏回族自治区关于加快推进公立医院改革试点工作的意见》,确定银川市为改革试点城市,自治区第三人民医院和银川市第二人民医院作为公立医院改革试点单位,改革公立医院管理体制、补偿机制、运行机制和监管机制。两家试点医院开展了50种常见疾病的临床路径管理,实行了全成本核算和绩效考核。人人享有基本医疗卫生服务试点运行良好。银川市、固原市进一步调整、完善了试点方案。将试点扩展到城乡全体居民,银川市将30种疾病74种药物扩大到50种疾病162种药物。固原市扩大到50种疾病121种药物,群众在村卫生室就诊率明显增加,两市共有168.38万人次享受了基本医疗卫生服务,免费使用1597.72万元的药品,次均门诊费用9.56元。进一步缓解了农村“看病难、看病贵”的矛盾,得到了城乡居民广泛认可和欢迎。

(王 诚)

**【盐池海原两县医改试点项目】** 在盐池县和海原县启动了“创新支付制度提高卫生效益”试点项目。实行门诊、住院病人统筹,大小病同保,公共卫生、基本医疗同时提供。参合农民在县、乡、村门诊看一般疾病、慢性病,特大病在乡、县、县以上医院住院,享受不同比例报销。卫生厅制定了试点方案,培训了县、乡、村卫生人员,进行了广泛宣传,先后督导13次,项目工作取得了阶段性成果。群众受益面明显扩大,与上年同期相比,盐池县受益人次增加了128.4%,海原县增加了84.6%。小病在基层、在门诊的服务模式逐步形成,门诊病人盐池县40.2%在村卫生室,57.4%在乡卫生院;海原县门诊病人的58.3%在村卫生室,36.3%在乡卫生院。病人的就医负担有所减轻,门诊次均费用:盐池县由28.96元降为19.6元,海原县由28.48元降为21.97元;两县住院率处于全区较低水平,盐池县住院人次较上年降低了19.3%。

(王 诚)

**【公共卫生服务】** 稳步推进国家9类33项基本公共卫生服务工作。其中电子健康档案人数124.9万,占55.3%。全区乡村居民健康档案建档172.2万人,占51.2%。3岁以下儿童系统管理21.3万人,占84.2%。孕产妇系统管理7.2万人,占91.3%。老年人保健管理42.1万人,占68%。高血压规范管理8.5万人,占55%。糖尿病规范管理1.6万人,占46%。为1.06万人开展了重性精神疾病排查,重性精神疾病规范管理884人,管理率为18%。农村健康教育普及310.5万人,占92%。累计为11.55万名农村育龄妇女开展了宫颈癌检查,为6.6万名农村育龄妇女免费服用了叶酸增补剂。在8县区为1.06万名农村妇女开展了乳腺癌临床筛查,并对可疑病例进行B超检查3011人,钼靶检查302人,完成率为88.3%。为确保完成农村6.62万户无害化卫生厕所建设任务,年初召开了启动会,签订了责任书,培训了项目县区技术人员,开展了两轮督导检查。共完成6.89万座,超额完成了工作任务。全年需完成2000例白内障手术,为了保证完成任务,确定了28家定点医院开展白内障手术,全区实际完成手术2374例,超额完成了全年手术任务。 (王 诚)

**【健康宁夏全民行动】** 根据《健康宁夏全民行动实施方案》,召开启动会,签订了责任书,成立了管理和技术组织,制定了工作方案,全面开展健康宁夏全民行动。在全区开展了基线调查工作,共完成9200户28800人(份)问卷调查。编制《健康100》知识读本和健康知识宣传画,发放到城乡健康教育咨询点和居民家中。开展“十个一”传播活动。聘请健康教育专家,为自治区党政部门进行健康知识专题讲座,并深入各地进行巡讲巡展活动。在宁夏广播电视总台新闻频率开播大型系列《全民健康知识窗》专题节目;在银川、平罗和同心县等高速公路口设计制作、安装大型健康教育宣传牌,营造了良好社会氛围。

(王 诚)

# 民 族 宗 教

编辑：张明鹏　杨　云

## 民 族 事 务

**【概况】** 2010年，出台了《关于在全区深入开展民族团结进步创建活动的意见》，切实推动创建活动深入进行。召开全区民族团结进步示范单位创建工作现场会，巡回观摩了的34个创建示范单位。组织新闻媒体对民族团结进步创建活动成效明显的基层单位和个人进行采访。评选了33个区级民族团结进步模范村、社区和单位（企业、学校），推动民族团结进步事业向基层延伸、向纵深发展。开展民族团结宣传教育进机关、进社区、进乡村、进校园、进企业、进宗教活动场所活动。召开全区党的宗教理论政策和形势报告会，邀请国家宗教局局长王作安作《关于正确理解和全面贯彻党的宗教工作基本方针》的报告。举办全区民族宗教理论专题讲座，邀请北方民族大学副校长、教授赵杰作了题为《“建设中华民族共有精神家园”的理论思考》的专题报告。开展“民族团结月”活动。举办“民族团结铸辉煌”成就展，在宁夏日报开辟了“民族团结”专栏专版，宁夏电视台录制播放了“民族团结进步创建活动典型”宣传片，集中宣传自治区民族团结、经济发展、社会和谐的主要成就。成功举办了全国（宁夏）穆斯林书画艺术展，300余幅参展作品充分展示了中国穆斯林的生产生活及其独特的文化风貌。在开斋节和古尔邦节期间，举办了“欢庆开斋节·清真美食文化活动”，30多家知名清真食品企业、150多种清真食品到场参展。中央民族歌舞团首次来宁夏举办专场慰问演出活动。启动特困民族扶贫试点工作规划，对东乡族聚居的海原县树台乡红井村、七百户村、大嘴大砚村进行集中扶持。争取国家少数民族发展项目资金3950万元，实施少数民族发展项目147个。严格落实少数民族考生加分等优惠政策，回族考生大学录取比例达34%，实现高考回族考生录取比例逐年递增的目标。从少数民族发展资金中安排400万元实施回民中小学标准化建设工程，对12所回民中小学进行扶持。加强对“民族文化联系点”的扶持和管理，发挥示范引导作用。积极打造以回族优秀文化为主多元文化。举办“清真美食文化节”“清真食品文化论坛”“清真食品穆斯林用品促销”等活动，全面展示清真饮食文化的特点。在第三届中国（宁夏）回商大会“清真美食节”上，签订5000万元以上投资项目8个，协议引资金30.3亿元。举办回族传统名小吃评比暨清真饮食文化论坛，区内外27家餐饮企业现场制作推出菜品115道。召开中国（宁夏）·阿拉伯国家清真食品市场准入联合认证对接会，签署了《清真产业标准互认合作协议》和《清真（HALAL）食品合作谅解备忘录》，为自治区清真食品和穆斯林用品进入中东国家市场搭建了平台。组织60多名散居少数民族代表，召开全区散居少数民族联谊会。开通宁夏清真食品网，定期公布符合清真标准的餐饮企业和经营单位。依法加强宗教事务规范管理，共批准新建2处宗教活动场所。积极做好跨地区大型宗教大型活动的指导和管理工作，各项活动均平稳有序，顺利完成。自治区朝觐网上报名排队办法作为“宁夏经验”在全国朝觐工作联席会议上做了交流。开展和谐寺观教堂创建活动，对102个先进集体和杨发明等98个先进个人给予了表彰。其中25个场所、5个宗教团体、10个宗教人士受到国家宗教局的表彰。实施“文化图书进寺院工程”。在全区具有一定规模的宗教活动场所设立图书室，配送法律法规、民族宗教、中国优秀传统文化、宁夏经济社会文化、科技生活等7类338个品种的图书。　　（丁　莉）

**【工作会议】** 1月26日，自治区民委（宗教局）在银川召开了全区民族宗教工作会议。自治区党委常委、统战部部长马金虎看望了与会代表，自治区副主席李锐出席会议并作了重要讲话。全区各市县（区）民族宗教系统干部约100人参加了会议。会议传达了全国民委主任会议、全国宗教工作会议精神，回顾总结了2009年全区民族宗教工作情况，安排部署了2010年工作任务，表彰奖励了全区民族宗教工作先进集体，6个先进集体代表作了大会交流发言。　　（丁　莉）

**【民族团结进步创建活动】** 由自治区民委起草、自治区党委政府制定的《关于在全区深入开展民族团结进步创建活动的意见》（宁党发〔2010〕38号）于8月16日发布，安排部署了宁夏民族团结进步创建工作。创建活动的主要形式是创建民族团结进步模范乡村、模范社区、模范单位（机关、企事业单位）、模范军营、模范院校、“和谐寺观教堂”。文件要求各地要在抓好基层创建的基础上，努力争创“民族团结进步模范市县(区)”。创建活动的主要措施:一是广泛开展民族团结进步宣传教育活动,引导各族干部群众牢固树立“三个离不开”(汉族离不开少数民族、少数民族离不开汉族、各少数民族之间谁也离不开谁)的思想观念,增强“四个认同”(对祖国、中华民族、中华文化、中国特色社会主义道路的认同)。二是促进少数民族各项事业全面发展,改善民生,让各族群众共享改革发展的成果。三是依法维护少数民族合法权益,坚决防止发生违反民族政策、伤害民族感情、损害各族群众合法权益的现象。四是切实维护安定团结的良好局面,为开展创建活动、促进全区经济社会又好又快发展提供有利条件。五是充分发挥宗教人士和信教群众的积极作用,着力营造人人争当民族团结进步模范,促进经济社会发展的社会氛围。 (丁 莉)

**【民族团结进步模范创建】** 7月18日,自治区召开了全区民族团结进步创建活动现场观摩会,观摩了各地创建工作的亮点和典型,对创建成果进行了深入交流和学习,向国家民委推荐了3个民族团结创建典型。在全区评选表彰了14个民族团结进步模范村、10个民族团结进步模范社区、10个民族团结进步模范单位(企业、学校)。 (丁 莉)

**【民族团结月】** 2010年民族团结月以“开展民族团结创建活动,共建和谐美好宁夏”为主题,组织开展了以下活动。一是开展庆贺穆斯林开斋节活动。9月9日、10日两天,自治区党委、人大、政府、政协领导分别深入银川市部分清真寺、宗教人士和回族群众家中,看望慰问穆斯林群众。二是举办全区党的宗教理论政策和形势报告会,邀请国家宗教局局长王作安作《关于正确理解和全面贯彻党的宗教工作基本方针》的报告。三是举办宁夏发展成就图片展。四是民族团结专场文艺晚会。五是举办欢庆开斋节清真美食文化活动。六是举办全国(宁夏)穆斯林书画艺术展,共有来自全国16个省区的300余幅作品参展。七是举行文化图书进宗教场所工程启动仪式。八是在中国宁夏国际投资贸易洽谈会暨首届中阿经贸论坛期间,举办回族传统名小吃评比暨清真饮食文化论坛和中国(宁夏)·阿拉伯国家清真食品市场准入联合认证对接会。 (丁 莉)

**【宁夏发展成就图片展】** 2010年9月21日,由自治区民委、自治区发改委筹办的宁夏发展成就图片展在宁夏博物馆展出。展览用150多幅精美图片和翔实文字,全方位、多角度地展示自治区成立50多年来经济建设、社会发展、民族团结和对外交流等方面的辉煌成就,生动展现了各族人民团结一心、自强不息、艰苦奋斗的精神风貌,突出展示了党的民族政策和民族区域自治制度的巨大优越性。 (丁 莉)

**【古尔邦节茶话会】** 11月17日,自治区党委统战部、自治区民委(宗教局)举行自治区欢庆古尔邦节茶话会。自治区党政军领导张毅、王正伟、崔波、刘晓滨、齐同生、刘慧、马金虎、杨春光、蔡国英、田民洲、王志宏、马瑞文、郝林海、马国权、蔡万源等与宁夏各族、各界人士欢聚一堂,互致友情,共庆佳节,共话宁夏民族团结、经济发展、社会进步的美好未来。自治区党委常委、统战部部长马金虎代表自治区党委、政府向全区广大穆斯林群众致以亲切问候和节日祝贺。宁夏伊斯兰教协会会长杨发明、天主教宁夏教区主教李晶在茶话会上发言。自治区部分副省级以上离退休老干部,自治区各部委厅局、各民主党派、工商联、企事业单位、宗教团体、大专院校有关负责人和全区各族各界群众代表共260多人参加了茶话会。 (丁 莉)

**【中央民族歌舞团慰问演出】** 11月16日晚,由自治区政府主办、自治区民委承办的“欢度古尔邦节·中央民族歌舞团专场慰问演出”在宁夏人民会堂举行。自治区党政军领导王正伟、马金虎、蔡国英、田民洲、王志宏、李淑芬、马国权、陶源、张乐琴、蔡万源及区直各部门、各单位、各市县(区)干部职工代表,大专院校师生代表以及各族各界群众代表共同观看了演出。17日,中央民族歌舞团又演出两场,宁夏各族各界群众观看了演出。 (丁 莉)

**【第七届全区少数民族传统体育运动会】** 5月24~28日,第七届全区少数民族传统体育运动会在银川举办。本届民族运动会设抢花炮、木球、射弩等11个竞赛项目和12个表演项目,参会总人数达到1339人。经过5天激烈角逐,11个竞赛项目共决出112块金牌、112块银牌、112块铜牌,表演项目评出一等奖4名、二等奖4名、三等奖4名。民族运动会期间,召开了全区民族体育先进表彰大会,对近年来在民族体育领域涌现出的先进集体和先进个人予以表彰。 (丁 莉)

**【清真食品管理立法调研】** 5月5~7日,国务院法制办、国家民委组织调研组,邀请天津、辽宁、云南、新疆等8省、自治区的清真食品管理专家学者在宁夏进行清真食品管理立法调研。调研组考察了银川市德胜工业园区泰丰生物有限公司、宁夏安优卜清真食品有限公司等企业,对清真食品生产企业的进货、生产、管理等方面的情况进行了详细了解。之后,调研组召开座谈会,就执法主体、群众监督、管理模式、清真食品管理生产经营中需要规范的问题、法律责任等进行了交流。 (丁 莉)

**【中国(宁夏)·阿拉伯国家清真食品市场准入联合认证对接会】** 9月26日,中国(宁夏)·阿拉伯国家清真食品市场准入联合认证对接会在银川召开,来自阿盟驻华代表处和阿盟国家驻华使节、商务参赞以及新西兰、澳大利亚、阿根廷等国家的50多名外宾出席会议,国家民委、国家认证认可监督管理委员会、中国伊协有关负责人应邀出席,60多名区内清真食品企业代表参加了对接会。宁夏清真食品国际贸易认证中心负责人和阿拉伯国家—中国经济文化联合会副主席艾哈迈德签署了合作协议和备忘录,为宁夏清真食品和穆斯林用品进入中东国家市场搭建了平台。 (丁 莉)

**【回族传统名小吃评比暨清真饮食文化论坛】** 9月27日,回族传统名小吃评比暨清真饮食文化论坛在银川举办。来自宁夏、河南、陕西、青海等省区的27支代表队参赛,现场推出116种回族传统小吃。在清真饮食文化论坛上，来自区内外的政府官员、知名专家和企业负责人共150多人参加了论坛，7位代表作了发言，为宁夏清真产业发展提出意见建议。（丁　莉）

**【散居少数民族座谈联谊会】** 8月8日，全区散居少数民族座谈联谊会在固原市召开，来自5市的满、蒙、维、东乡、朝鲜等散居少数民族代表，民族宗教局负责人及自治区民委干部共100余人参加会议。4名散居少数民族代表作了交流发言。（丁　莉）

**【清真食品认证】** 宁夏清真食品国际贸易认证中心依托自治区清真产品检验检疫技术研究中心，认真组织开展对清真食品企业产品的认证工作。按照《宁夏回族自治区清真食品认证通则》和《宁夏回族自治区清真食品认证工作规范》，2010年受理了17家清真食品企业的认证申请，受理认证的区内外清真食品企业已达27家。（丁　莉）

**【宁夏清真食品网开通运行】** 10月，宁夏清真食品网开通，全区清真食品网络管理以餐饮业（中餐炒菜、中餐火锅、中餐小吃、面食和西餐等）、生产加工业（肉制品、乳制品、调味品、粮油、茶饮保健品等）、定点屠宰业、代理销售、商场超市与市场个体户等8个行业为标准对企业进行分类。网站的建立，标志着清真食品标志认证管理进入网络化阶段。（丁　莉）

**【少数民族发展资金管理及使用】** 2010年，国家民委下拨宁夏少数民族发展资金3950万元。自治区民委会同财政厅，按照“统一规划、集中使用、渠道不乱、用途不变、各负其责、各记其功”的原则，全年安排项目147个。主要用于民族教育、文化、卫生、农村基础设施建设、清真食品穆斯林用品发展等项目。（丁　莉）

**【民族教育】** 2010年继续实施“百所回民中小学标准化建设工程”二期工程，安排400万元少数民族发展资金对12所回民中小学进行扶持。在这12所项目学校中，有初级中学6所，九年一贯制学校1所，完全小学5所。监督落实普通高校招生少数民族考生录取比例逐年递增的任务，2010年录取比例达34.5%。（丁　莉）

**【宁夏民贸民品清真产品企业协会召开第三次会员代表大会暨迎春联谊会】** 2月2日，宁夏民贸民品清真产品企业协会召开第三次会员代表大会暨迎春联谊会，来自全区近百家民贸民品和清真食品企业代表参加了会议。2009年协会协助自治区民委、财政厅、中国人民银行等主管部门做好民贸民品优惠政策的落实工作，又有20家会员企业被国家民委、财政部和中国人民银行增补为国家少数民族特需商品定点生产企业。协会还积极帮助会员企业开拓区外市场，促成自治区政府与陕西省签订了少数民族经济合作协议。（丁　莉）

## 宗　教　事　务

**【全国2010年朝觐工作联席会议】** 4月27～28日，国家宗教局在银川召开2010年全国朝觐工作联席会议暨2009年朝觐工作总结表彰会议。会议传达学习了中央领导贾庆林、回良玉、杜青林等关于朝觐工作的重要批示精神，总结了2009年朝觐工作取得的成绩和经验，分析当前面临的形势，研究部署了2010年朝觐工作。会议对2009年朝觐工作成绩突出的集体和个人进行了表彰，宁夏宗教事务局、宁夏伊斯兰教协会被授予“朝觐工作先进集体”荣誉称号。国家宗教局局长王作安在会上指出，进一步做好朝觐工作的关键是推进“三化”，即推动朝觐事务管理的机制化，促进朝觐事务管理的规范化，实现朝觐事务管理的常态化。（丁　莉）

**【王作安在宁作专题报告】** 9月7日上午，国家宗教局局长王作安在宁夏人民会堂作“党的宗教理论政策与宗教工作形势”专题报告，区直机关、中央驻宁单位、银川市有关部门的领导干部，自治区党委统战部、自治区民委（宗教局）的全体干部等1000多人聆听了报告。王作安的报告以马克思主义宗教观为基础，结合国际国内处理宗教事务的实践以及他本人从事宗教工作的亲身经历，深入浅出地阐述了党的宗教工作“四句话”方针，即全面贯彻党的宗教信仰自由政策、依法管理宗教事务、坚持独立自主自办原则、积极引导宗教与社会主义社会相适应。结合宗教工作面临的形势，阐述了在新世纪新阶段做好宗教工作的重要性，提出了加强和改进宗教工作的意见。（丁　莉）

**【“和谐寺观教堂”创建活动总结表彰大会】** 11月28～29日全区创建“和谐寺观教堂”表彰大会在银川召开，自治区党委常委、统战部部长马金虎出席会议并作重要讲话。各市县（区）党委统战部部长、民族宗教局局长、宗教团体负责人及党内负责人，自治区五大宗教团体负责人及党内负责人，自治区党委统战部、宗教局业务处室工作人员，受表彰的先进集体和先进个人代表共150余人参加了大会。大会对一年来开展“和谐寺观教堂”创建活动进行了全面的总结，并对在全区“和谐寺观教堂”创建活动中表现突出的自治区伊斯兰教协会等102个先进集体和杨发明等98个先进个人进行了表彰。（丁　莉）

**【朝觐工作】** 10月8～9日，宁夏2010年朝觐工作联席会议暨朝觐包机口岸统送统接协调会、带队干部培训会在银川召开。会议分析了宁夏朝觐工作面临的形势，研究部署了2010年宁夏的朝觐统接统送和境外带队等工作。自治区朝觐工作领导小组成员单位负责人、各市县区民族宗教局局长、2010年度朝觐工作团带队干部及工作人员共120余人参加了会议。12月11日，宁夏2010年度穆斯林朝觐活动结束。宁夏共有2441人先后在麦地那、麦加进行宗教活动和参观，于11月14～18日顺利完成了正朝功课，12月4日开始陆续返回国内，历时51天。针对朝觐人员多，出入境口岸不集中等情况，自治区伊协积极与相关部门配合，做好护照签证、航班安排、住房分配、行李收取、统送统接等工作。并首次尝试在沙特麦加集中给近1100名朝觐人员做饭供餐，方便朝觐群众。此外，积极探索开拓副朝渠道，减轻正朝人员压力，于

2010年斋月首次成功组织了35人赴沙特副朝,满足了穆斯林群众的宗教生活需求。2010年,自治区伊斯兰教协会被国家宗教局评为"全国朝觐工作先进单位",被自治区朝觐工作领导小组评为"朝觐出入境工作先进集体"。

(丁 莉 海 静)

# 伊斯兰教

**【开展主题教育活动】** 4~9月,自治区党委统战部、自治区宗教局在全区宗教界开展"弘扬优良传统、推进宗教和谐、服务宁夏发展"主题教育活动。1.自治区伊斯兰教协会(自治区伊协)召开会议进行动员部署,并成立自治区伊协主题教育活动领导小组,对全区伊斯兰教界开展教育活动作出具体安排,提出明确要求。在阶段学习结束之际,召开转段总结会议,对学习活动进行总结和再部署,扎实推进各项工作,切实把主题教育活动引向深入。2. 认真组织干部职工学习主题教育活动的基本内容,撰写学习心得体会。召开全区伊斯兰教界人士主题教育活动学习座谈会,交流学习体会,开展"献计献策"活动。组织自治区伊斯兰教协会常委对伊斯兰教经训中所倡导的优良传统进行挖掘整理,共整理了包括爱国、团结、扶贫等28个关系社会各个方面的内容,撰写成卧尔兹讲稿进行宣传学习。成立督导组深入到固原市各县(区)伊协和10所清真寺调研督导学习情况。3. 按照主题教育活动"切实提高自我管理能力"的要求,建立和完善了工作人员守则等12项规章制度,规范和促进了自治区伊协的工作和学习,为争创"学习型、民主型、文化型、创新型、服务型"宗教团体提供了制度保障。 (谢建国)

**【和谐清真寺创建活动】** 1. 以伊斯兰教优秀文化引导创建活动。充分利用内部刊物《宁夏穆斯林》和举办伊斯兰教文化活动等平台和形式,广泛宣传,层层发动,加大创建活动的宣传力度,努力营造开展创建活动的良好氛围。2. 以务实工作开展创建活动。主要是认真贯彻执行《宗教事务条例》和中国伊协"三个办法",加强和规范教职人员管理,严格执行阿訇考核聘任制度,努力维护全区伊斯兰教领域的团结稳定,为创建活动奠定良好基础。3. 弘扬传统美德促进创建活动。在创建过程中,积极宣传和倡导伊斯兰教服务社会的理念,引导和组织伊斯兰教界人士、清真寺积极协助政府做好教育、卫生、法律工作,积极组织开展慈善捐助活动。2010年,自治区伊协被中共中央统战部、国家宗教局评为全国创建"和谐寺观教堂"先进集体。 (谢建国)

**【参观交流】** 4~9月,分批组织1200多名穆斯林群众参观上海世博会,并沿途参观大中城市,考察当地清真寺,与当地伊斯兰教界进行交流。其间,组织40多名自治区伊斯兰教协会常委、各市县(区)伊协负责人,参观上海世博会、长江三峡,并同上海浦东清真寺、重庆市伊协就清真寺民主管理、教职人员培养等方面工作深入交流座谈。活动中,专门安排厨师,购置灶具,在游轮上设灶做饭,并提供礼拜场所和礼拜毯,极大方便了穆斯林群众。 (谢建国)

**【重要会议】** 8月7日,自治区伊协召开七届四次常委会议,总结了自治区伊协的工作,通报了全区民族宗教工作情况,征求常委及各级伊协对自治区伊协工作的意见和建议。3月22日,召开全区伊斯兰教协会负责人会议,学习贯彻全国"两会"精神和全区民族宗教工作会议精神,交流各级伊协工作,对上年度伊协8个先进单位及在信息服务建设、朝觐服务组织、伊斯兰文化推广、服务社会开展公益事业、教职人员备案换证等工作中的11个先进单位进行了表彰。 (谢建国)

**【教职人员资格证书换发】** 2010年上半年,对参加2009年度全区无证开学阿訇考试成绩在录取分数线下的人员进行了降分补录,制发了资格证书,同时对前期未能及时换证的人员进行了集中换证,于2010年6月结束了全部工作,并进一步完善了全区教职人员信息档案。此次大规模换证工作,是宁夏实行阿訇资格证书制度20多年来的第一次,是全国第一个率先完成教职人员资格认定工作和教职人员资格证换发工作的省区。 (谢建国)

**【伊斯兰教文化活动】** 1. 举办全区第七届《古兰经》诵读比赛暨弘扬伊斯兰教优良传统卧尔兹论坛。全区各地26名年轻伊玛目和穆斯林参加《古兰经》诵读比赛,9名自治区伊协常委在卧尔兹论坛上以弘扬伊斯兰教优良传统为主要内容进行演讲,有近千名穆斯林现场聆听了诵读和演讲。卧尔兹演讲活动,突破了以往进行比赛的传统模式,以论坛的形式,以弘扬伊斯兰教优良传统为主题,由自治区伊协常委们进行交流演讲,不仅提升了论坛的层次,也有力地增进了伊斯兰教界人士的相互交流和学习,同时也为广大教职人员积极宣讲新卧尔兹起到了很好的示范带动作用。还选送宁夏选手参加全国比赛,并取得了第二名。2. 举办了首届中国(宁夏)穆斯林书画展暨甘宁青穆斯林摄影展。9月,自治区伊协与宁夏博物馆联合举办了首届中国(宁夏)穆斯林书画展暨甘宁青穆斯林摄影展。共征集到穆斯林书画作品300多幅、照片150多幅。推荐获奖人员参加了在埃及等国举办的国际阿拉伯文书法比赛。3. 做好伊斯兰教刊物、书籍的编辑出版工作。不断改进《宁夏穆斯林》刊物办刊工作,刊物可读性逐步提高;发行工作更加完善,发行网络逐步形成;编辑部人员力量增加,制度建设更加健全。编辑出版了《古兰经地图集》,成功创办了《宁夏穆斯林通讯》报纸,启动了宁夏伊斯兰教协会网站,为宣传宁夏伊协和宁夏穆斯林建立了新的窗口。积极协助自治区宗教局做好"图书进寺院活动",认真做好涉及宗教书刊的审阅工作,指导清真寺建立图书室。(谢建国)

**【对外交流】** 1.4月10~18日,应台湾"中国回教协会"邀请,经国家宗教局及国务院台湾事务办公室批准,并经自治区党委、政府有关部门和领导同意,自治区宗教局负责伊斯兰教工作的人员和自治区伊协及部分市县(区)伊协的负责人一行13人,赴台湾访问交流,其间拜会了台湾"中国回教协会"、台北清真寺、台中清真寺和高雄清真寺。访问团通过参观、座谈、走访等形式,深入了解台湾伊斯兰教发展和穆斯林生活状况,同时也向台湾穆斯林同胞介绍了大陆宗教信仰自由政策和宁夏伊斯兰教以及穆斯林的基本情况。访问圆满成功,并形成了题为《两岸回民好联系,为教为族好发展》的考察报告。9月,应邀来宁参加中阿经贸论坛的台湾"中国回教协会"一行4人到自治区伊协回访座谈,介绍了各自情况,并签订了加强两地穆斯林友好交流协议。2. 与兄弟省区(市)伊协交流频繁。自治区伊协先后接待了吉林、青海、上海、湖南、河南、天津、山东等多个省市的考察团。考察期间,向他们介绍了宁夏朝觐报名、教职人员换证等工作的主要做法,并相互交流了各自地区伊斯兰教的情况和工作。积极协助自治区宗教局做好开斋节、古尔邦节的庆祝贺节活动,加强了自治区伊协与自治区各部门、社会各界的联系与交流。3. 热情接待国外组织和友人。8月20日,俄罗斯穆夫提委员会伊斯兰文化中心、国际部、编辑部官员一行3人拜会了宁夏伊协,双方各自介绍了本地伊斯兰教及穆斯林的基本情况,还就教职人员培养、伊斯兰文化发展等问题进行了交流,并就举办国际间伊斯兰文化论坛进行深入交流。接待了美国天主教牧师一行,双方就宗教与和平、不同宗教间的对话等问题进行了座谈交流。（谢建国）

## 佛　教

**【自治区佛协第三届六次理事扩大会议】** 1月4日,在银川召开。讨论推荐中国佛教协会第八次全国代表会议代表、理事、常务理事名单;讨论商议自治区佛教协会换届的有关事宜。1月31日在北京召开的中国佛教协会第八次全国代表大会上,宁夏有7名代表参加,宁夏佛教协会会长耀正法师当选为常务理事,吕维新、释大明、释果真、释觉凯、释星慈当选为理事。（陈　英）

**【"和谐寺观教堂"创建活动】** 2010年,自治区佛教界继续开展"和谐寺观教堂"创建活动。各协会和寺院牢牢把握"爱国爱教、知法守法、团结稳定、活动有序、教风端正、管理规范、安全整洁、服务社会"的8条标准,进一步健全了各寺院的管理制度。11月25日,在由自治区党委统战部和自治区宗教事务局召开的全区"和谐寺观教堂"创建活动先进集体和先进个人表彰大会上,宁夏佛教界有11人、11个先进集体受到表彰。12月,中央统战部、国家宗教局在北京召开了全国"和谐寺观教堂"创建活动表彰大会,自治区佛教协会、银川海宝塔寺、石嘴山银善寺被评为"全国创建和谐寺观教堂先进集体",石嘴山银善寺住持释湛法被评为全国创建"和谐寺观教堂"先进个人。（陈　英）

**【学习培训】** 4月16日,自治区佛教协会召开常务理事扩大会议,安排部署全区佛教界积极参加宗教界开展的"弘扬优良传统、推进宗教和谐、服务宁夏发展"主题教育活动有关工作。6月,组织各市县(区)佛教协会认真学习中佛协〔2010〕99号文件,引以为戒,不断加强寺院管理,提高自身素质、自我管理能力。10月,选派人员参加国家宗教局在山东淄博市召开的宗教教职人员认定备案暨宗教活动场所财务监督管理两个专项工作培训班的学习。11月1~7日,在宁夏社会主义学院举办了佛教道教人士培训班。（陈　英）

**【服务社会】** 青海玉树发生大地震后,自治区佛教协会按照自治区宗教局安排,参加了自治区五大宗教团体为灾区献爱心捐款活动,为灾区捐款1万元。6月1日是青海玉树地震灾区遇难者"七七"祭日,根据中央统战部、国家宗教局通知和自治区党委统战部、自治区宗教局部署,6月1~2日,自治区佛教协会组织银川海宝塔寺、中卫高庙保安寺、石嘴山银善寺、吴忠兴教寺、灵武马鞍山甘露寺等全区各大重点寺院举行了为青海玉树地震中遇难各族同胞超度祈福法会。自治区佛教协会会长、常务理事等分别在各地寺院参加或主持了法会活动。7月,自治区佛教协会弘法利生基金会组织佛教界第18次放生活动。（陈　英）

## 道　教

**【学习培训】** 1. 教育培训。11月,在宁夏社会主义学院举办了场所负责人和道教教职人员培训。石嘴山市、固原市、青铜峡市道教协会分别举办了道教教职人员培训班,进一步提高了道教教职人员的素质。2. 学习。全国"两会"结束后,自治区道教协会立即组织协会副秘书长以上人员就"两会"精神进行了学习讨论;召开了自治区道教协会一届三次理事会议,学习自治区党委书记张毅在自治区宗教团体负责人见面会上的讲话,进一步增强道教界人士为和谐社会作贡献的积极性。3. 主题教育活动。按照自治区党委统战部、宗教局在全区宗教界开展"弘扬优良传统、推进宗教和谐、服务宁夏发展"的主题教育活动实施方案,自治区道教协会召开会长办公会,成立了开展主题教育活动领导小组,制定了道教界开展主题教育活动实施方案,严格按照实施方案规定的各个环节,在全区道教界深入开展了主题教育活动。（张学成）

**【教职人员认定和发放道士证】** 针对宁夏道教教职人员队伍情况和各地协会不健全的现状,要求各市一级成立道教协会的,由协会组织当地道教教职人员举办培训班,并进行考试和初步认定。没有成立协会的市,通过自治区宗教局协调,委托当地宗教部门举办培训班考试。5月18日召开常务理事会,严格按照中国道教协会《道教教职人员认定办法》逐一进行审核认定,认定道教教职人员1219人。9月8日,在青铜峡市峡口镇太平观举行全区首批道士证发放仪式,共为青铜峡市道教界51名道士发放了道士证,并按照道教的科仪,举行了祈福大法会。（张学成）

**【授箓工作】** 2010年,中国道教协会分配宁夏授箓10名。10月下旬,宁夏道教协会举办了授箓培训班,并进行了考试。授箓人员于11月9~14日由自治区宗教局二处干部带队赴江西龙虎山参加了授箓活动。在授箓期间，宁夏人员遵守纪律，表现良好，并由道长唐学武代表宁夏授箓人员进行了大会交流发言，受到中国道教协会的好评。（张学成）

**【创建和谐寺观教堂】** 2010年，自治区道教各协会和道观牢牢把握“爱国爱教、知法守法、团结稳定、活动有序、教风端正、管理规范、安全整洁、服务社会”的8条创建标准，将加强自身建设与推动道教界的道风建设相结合，将依法开展宗教活动与提高场所的管理水平相结合，将发挥场所的作用与服务经济社会发展相结合。灵武高庙、同心莲花山三霄观等道观将《道德经》主要内容刻在石碑上，向信教群众宣传传统文化，使信教群众开展宗教活动的场所成为弘扬传统文化的阵地。在创建活动中，进一步建立健全了道教活动场所规章制度，做到了制度上墙，规范各大道观的财务管理，保证了庙会活动的有序进行。在11月28～29日召开的全区“和谐寺观教堂”创建活动总结表彰大会上，欧治国副会长等6人获先进个人，青铜峡市道教协会、中卫龙宫庙等9个场所获先进集体。12月，在中央统战部、国家宗教局召开的全国“和谐寺观教堂”创建活动表彰大会上，欧治国副会长、青铜峡市道教协会、灵武市高庙、中卫龙宫庙、固原东岳山道观获全国先进称号。（张学成）

**【服务社会】** 青海玉树发生大地震后，自治区道教协会按照自治区宗教局的安排，参加了全区五大宗教团体为灾区献爱心的捐款活动，为灾区捐款2万元；同时响应中国道教协会的号召，4月21日，自治区道教协会在中卫市龙宫庙举行宁夏道教界向青海省玉树地震灾区献爱心募捐活动，共捐得善款23220元；银川市道教协会也组织了捐款献爱心活动，共捐款1万余元。宁夏道教界共向玉树灾区捐款5万余元。7月初，江西发生特大洪水灾害，自治区道教协会响应中国道教协会的号召，发动宁夏道教界人士，向龙虎山天师府捐款2万元；8月又向甘肃舟曲特大泥石流灾害捐款2万元。2010年共向灾区捐款近10万元，充分体现了道教慈同齐爱、服务社会的优良传统。（张学成）

## 基督教

**【学习培训】** 2010年，自治区基督教协会继续落实《自治区宗教界人士2009～2013年培训规划》，加强教职人员和义工的思想道德建设，增强基督教徒的爱国守法和与社会主义社会相适应意识。11月，自治区宗教局在宁夏社会主义学院举办培训班。全区各市县区宗教工作部门都加大教育培训力度，参加集中培训的宗教人员达260余人次。重点学习了党的民族宗教法规、政策和中国特色社会主义民族宗教理论；宗教界在构建社会主义和谐社会中如何发挥作用；坚持贯彻党的宗教政策，在“相适应”中求发展；深刻理解科学发展观以及依法治国等课程。自治区基督教“三自”爱国会、教务委员会，适时组织召开各种形式的教职人员和堂点负责人工作会议，制定了每月学习制度，建立健全议事制度，如期召开常委、委员会议。全年有组织地学习了中共党的十七大和十七届四中、五中全会精神，学习温家宝总理在十一届全国人大三次会议上的《政府工作报告》；调派协会负责人20人次赴中国基督协会参加会议和培训，及时传达学习相关会议精神，积极引导基督教与经济社会发展相适应。（王响钟）

**【神学思想建设】** 积极开展神学思想建设，组织教职人员进行神学思想研讨交流。引导宗教与社会相适应的重要方面，就是对宗教教义进行符合社会发展的阐释。6月，自治区基督教两会在平罗基督教会成功举办了以“创建和谐教堂，构建和谐社会”为主题的神学思想建设研讨会，与会60余人，提交论文20余篇，会议交流12篇，有效促进了教职人员的神学造诣，提高了研经布道与社会发展相适应的水平。（王响钟）

**【创建和谐教堂】** 为了加强宗教教职人员和宗教活动场所建设，提升教会与社会主义社会相适应的能力，根据自治区宗教局“关于深入开展和谐寺观教堂创建活动”的总体部署，自治区基督教两会在全区开展了“和谐寺观教堂”创建活动，健全了组织，制定了措施，投入了资金。通过开展活动，教职人员的思想品质得到明显改善和提高，教会的自我管理得到明显加强，硬件和软件设施得到明显改善，在健全制度、图书室设置、健身场所的配置以及环境整治等方面成效显著，取得了阶段性成果。在创建活动中，宁夏基督教界1个团体、7个集体、6名个人在自治区首届创建“和谐寺观教堂”表彰大会上被评为先进，其中1个团体、2个集体在中央统战部、国家宗教局召开的首届全国创建“和谐寺观教堂”表彰大会上被评为先进。（王响钟）

**【捐助救灾】** 在玉树震灾之后，有组织地进行捐款，累计捐助2万余元；在宁夏打造“黄河金岸”活动中，基督教界也尽上微薄之力，为劳动在一线的工人端茶送水。（王响钟）

**【召开全区基督教第三次代表会议】** 12月28～29日，在银川举行。会议期间，自治区党委常委、统战部部长马金虎，自治区民族宗教局局长马力分别作了重要讲话，肯定了过去五年所取得的成绩，从四个方面对基督教界提出了希望和要求。会议听取、审议通过了《和谐进取、携手共进，为构建社会主义和谐社会作贡献》的工作报告；讨论修改通过了自治区基督教两会《章程》；选举产生了基督教两会第三届委员会委员和领导班子。会议号召在新形势下，全区基督教各级爱国团体和信教群众，要在自治区党委和政府的正确领导下，高举爱国爱教、团结进步的旗帜，坚持独立自主、自办教会的原则，进一步实施人才培育计划，努力培养造就一支“政治上靠得住、学识上有造诣、品德上能服众、关键时起作用”的教职人员队伍；积极开展神学思想建设，充分挖掘神学思想中符合社会发展要求的有益阐释，提高基督教与社会主义社会相适应的能力；发扬基督教的优良传统和博爱精神，发挥优势，服务社会，惠及人群；全

面贯彻执行党的宗教政策。（王响钟）

## 天主教

**【学习培训】** 7月1~7日，主教李晶参加中央统战部举办的中国天主教中青年代表人士学习班，并到上海参观考察。9月1~10日，选派天主教代表人士5名（其中：神父3人、修女1人、教友1人），参加国家宗教局举办的中国天主教中青年代表人士研讨班，并到山东参观考察。组织神父、会长及骨干教友44人，参加在宁夏社会主义学院举办的宁夏天主教界代表人士培训班。

（杨吉生）

**【教会建设】** 1. 召开自治区天主教爱国会、教务委员会三届四次全会暨学习全国人大、政协会议精神专题座谈会，并多次组织两会负责人和神职人员学习时事政策法规，通过学习研讨，提高思想认识。2. 修订完善了天主教宁夏教区和堂区各项规章制度，并统一印制下发各堂、点实施。3. 开展“创建和谐寺观教堂”和“弘扬优良传统，推进宗教和谐，服务宁夏发展”主题教育活动。2010年，银川市天主教两会、银川天主堂、惠农区下营子天主堂被评选为全区创建“和谐寺观教堂”先进集体；主教李晶、神父张建定被评选为全区创建“和谐寺观教堂”先进个人，受到自治区党委统战部、自治区宗教局的表彰。4. 推荐李晶等4名代表出席中国天主教第八次全国代表会议，李晶当选为中国天主教爱国会和主教团常委，神父张建定、魏微当选为中国天主教爱国会委员。（杨吉生）

**【教务活动】** 多次召开教区全体神职人员会议，安排部署重要圣事活动。全教区各堂（点）均举办了教友学习班，积极开展福传活动。10月16日（重阳节），天主教宁夏教区隆重举行刘静山荣休主教百岁寿辰庆典，热烈庆贺世纪老人百岁华诞。（杨吉生）

**【服务社会】** 2010年，春节前夕全教区各教堂组织教友捐款捐物，到贫困教友家中看望、慰问，为他们送去了新春的祝福。利用“五一”节假日开展献爱心活动，银川天主堂在大门前为过往行人免费量血压、称体重、供应开水，教堂乐队为人们演奏了优美的乐曲。6月28日，银川天主教堂爱心小组组织神长教友到银川市兴庆区敬老院慰问，为老人们送去了T恤衫、毛巾、袜子、扇子、牛奶等慰问品。12月17日，组织部分神长教友慰问银川市育智学校残障学生，送去慰问品，并与师生联欢。银川天主教堂先后4次组织神长教友为甘肃舟曲泥石流灾害、西南旱灾、青海玉树地震、海地地震等国内外灾害所在地区人民祈祷，并组织捐款共3万余元。

（杨吉生）

**【友好往来】** 6月29日，主教李晶应邀为成都教区4位新神父祝圣。7月1日，台湾圣母圣心传教会葛永勉、林艾雯修女到银川天主教堂访问、讲课，对修女院全体修女进行灵修辅导。8月6日，天主教兰州陈官营神长教友旅行团一行50人到银川堂参观，并和银川教友进行联欢活动。8月24日，香港徐锦尧神父应邀为天主教宁夏教区修女院修女讲授避静神功。9月25日，来宁夏旅游的江苏省南京教区陆桥教堂神父、修女、教友一行26人，到银川堂访问，并参加弥撒圣祭。天主教宁夏教区主教李晶及部分神父、教友应邀先后赴内蒙古自治区呼和浩特，陕西省三原、榆林，山西省太原4个教区，协助和参加了当地天主教祝圣主教重大宗教礼仪庆典活动。（杨吉生）

# 人　物

编辑：王晓华　张明鹏

## 逝世人物

【马思忠】　回族，1931年2月出生，西吉县沙沟乡沙沟村人。1943年冬参加陇东边区回民骑兵团，1947年6月加入中国共产党。1949年4～9月，随回民骑兵团配合解放军主力部队参加了解放镇原、隆德、静宁和西吉县的战斗。新中国成立后，历任西吉县委青年干事，城关区副区长，白崖区区长、副区长，泾源县公安局局长、县委第二书记、县委书记处第一书记，固原专员公署副专员，固原县县长、县委副书记，隆德县委书记，固原林建师二团代理团长兼政委。"文化大革命"期间，受到不公正待遇。1972年8月至20世纪70年代末，历任固原地委副书记，自治区党委常委、革委会副主任。1981年1月当选为自治区党委常委、自治区副主席。1988年6月和1993年5月，先后当选为宁夏回族自治区第六、七届人大常委会主任并兼任党组书记。1998年5月当选为政协宁夏回族自治区第七届委员会主席并兼任党组书记。2001年4月离职休养。是中国共产党第十一、十二、十三届中央候补委员，中共十一、十二、十三、十四、十六、十七大代表，第三、七、八届全国人大代表，第八届全国人大民族委员会委员，第九届全国政协委员。2010年1月2日在银川去世，享年79岁。　（张明鹏）

【张忠华】　1932年8月30日出生，江苏省如东县人。1946年9月参加革命工作，1947年8月加入中国共产党。1946年9月至1952年，先后担任新四军一师一旅二团三营通信员，新四军四纵队警卫员，华东野战军司令部陈毅警卫员，二十三军六十七师二〇〇团排长、连副指导员。1952年8月赴朝鲜参战，先后任志愿军二十三军二〇〇团三营八连副指导员、志愿军二十三军七十三师二十一团一营三连指导员，参加了著名的上甘岭战役。1953年10月回国后，先后被选派到中国人民解放军第八预备学校和洛阳步兵学校学习。1959年11月被分配到总参三部三局六处任政治协理员，1962年10月任总参三部三局七处协理员兼副科长。先后荣立二等功1次、三等功3次；荣获解放奖章1枚，抗美援朝军功勋章1枚、并由金日成亲自授勋。1964年6月，为支援宁夏建设，从部队转业来到宁夏工作，先后在自治区党校训练队、宁夏区党委财贸政治部、宁夏区商业系统、银川维尼龙厂、银川手扶拖拉机厂担任党支部书记、队长、主任等职务。1978年11月调自治区工商局工作，先后担任办公室副主任、商标广告事务所所长、自治区广告协会秘书长等职务。1993年5月离职休养，享受副厅级待遇。2010年1月3日在银川去世，享年78岁。

（张明鹏）

【杨振平】　1932年12月出生，河北玉田人。1959年9月，从北京大学法律系毕业后，被分配到宁夏回族自治区公安厅政治部工作。1962年8月至1968年12月，任自治区公安厅办公室研究室科员。1969年1～9月，在自治区毛泽东思想干校学习。1969年10月至1972年8月，在宁夏保卫部审判组工作。1972年9月至1983年9月，先后任自治区高级人民法院书记员、助理审判员。1983年10月至1984年11月，任自治区高级人民法院刑事审判庭副庭长。1984年11月至1994年7月，任自治区高级人民法院副院长、党组成员，1994年1月任正厅级干部。1994年8月退休。2010年3月16日在银川去世，享年78岁。　（张明鹏）

【贺廷寅】　1934年3月出生，甘肃镇原人。1949年7月参加革命工作，1953年4月加入中国共产党。1949年7月至1955年4月，在甘肃省镇原县公安局先后任干事、文书、秘书股股长等职。1955年5月至1958年10月，任甘肃省庆阳专区公安处侦查科、平凉专区公安处政保科科员。此后，调甘肃省劳改局筹建银川劳改分局，任银川劳改分局副科长。1968年11月至1978年8月，任宁夏劳改局政工组组长、政治处主任。1978年9月至1982年9月，任宁夏人民警察学校副校长。1982年10月至1983年9月，在自治区党委政法委工作。1983年10月，党中央、国务院决定将全国劳教工作由公安划归司法行政机关统一领导后，自治区党委任命他为第一任劳改局局长、党委书记。1992年12月，被国务院授予二级警监。1995年6月离休。2010年3月26日在银川去世，享年76岁。　（张明鹏）

【彭林柏】　回族，1914年2月出生，山东蒙阴人。1938年8月加入中国共产党。1938年9月参加抗日游击队，历任山东沂南独立团六连连长、沂水抗日自卫大队指导员、沂南艾山区中队武委会主任、滨海警卫团副政委、渤海二分区回民支队十一团副政委、济南警备四团副政委等职务。新中国成立后，历任济南警备一团政委、山东渤海区警备团政委、山东军区警备七团政委、空军独立一团政委、上海江湾基地场站政委、上海虹桥基地场站政委、空二师政治部副主任等职。1955 年被授予空军中校军衔。1958 年 10 月转业任宁夏回族自治区公安厅副厅长。后任宁夏回族自治区保卫部副部长、公安局副局长等职。1979 年 12 月任宁夏回族自治区公安厅厅长。1983 年 4 月当选为宁夏回族自治区第五届人大常委会副主任。1986 年 1 月离职休养。2004 年 3 月享受正省级医疗待遇。2010 年 4 月 25 日在银川去世，享年 96 岁。（张明鹏）

**【海小平】** 回族，1985 年 3 月 16 日出生，同心县公安局预旺派出所民警，三级警司警衔。2006 年 7 月，从宁夏警察学校毕业被分配到同心县预旺派出所工作。他是预旺和张家塬两个乡镇 900 多平方公里范围内 400 个自然村的社区民警，管辖着 9 万多人。繁重的地理信息采集任务，本来需要 1 年完成，他提前 4 个月就全部完成了。因为信息采集工作出色，他被同心县公安局评为 2009 年度全局信息化建设先进个人。在从警的 3 年 8 个月时间内，他去云南参加缉毒任务 46 天，去新疆执行维稳任务 86 天。因过度劳累，3 月 13 日凌晨突发心脏病去世。得知海小平去世的消息，中共中央政治局常委、中央政法委书记周永康，宁夏回族自治区党委书记陈建国，自治区主席王正伟等分别作出批示。自治区政府、团委先后追授海小平为自治区劳动模范、全区优秀共青团员。宁夏回族自治区政府第 62 次常务会议同意，追授海小平为模范公务员，享受省部级劳模待遇。（张明鹏）

**【钱　森】** 1928 年 11 月 15 日出生，吴忠金积镇人，国家一级演员。幼年被马敦静安排到军营戏班“庚辰俱乐部”学戏，师承著名男旦教练杨正俗先生，成为秦腔名角。1949 年 9 月 23 日宁夏解放，“庚辰俱乐部”由解放军十九兵团“军管”，先后更名为“宁夏人民京剧院”“人民剧团”“银光剧团”。为了配合党的“土改”“三反”运动，剧团赶排了一批反封建反压迫的秦腔古装戏及《血泪仇》《王贵和李香香》《小女婿》等一批反映解放区人民新思想、新风貌的现代秦腔剧。在这些戏中，钱森扮演的基本都是一号女主角。1950 年，西北局给钱森颁发了“进步艺人”奖章。1956 年，加入了中国共产党。1960 年，被推选为出席全国四届“文代会”的代表，受到了毛泽东、朱德、刘少奇、周恩来等党和国家领导人的接见。1995 年 10 月，他参演的《李慧娘》在北京举办的“宝中宝杯”全国中老年戏剧表演大赛中荣获“牡丹奖”。1985 年 12 月，在自治区中青年演员大奖赛中，他以王宝钏的独角戏《鸿雁传书》夺得大赛一等奖。2010 年 6 月 26 日，在银川去世，享年 82 岁。（张明鹏）

**【田　明】** 1955 年 2 月出生，甘肃民勤人，中共党员。1971 年 11 月参加工作，中央党校函授学院毕业，大学学历。历任银川加气混凝土制品厂副厂长，宁夏回族自治区新材房屋开发公司经理、书记，宁夏回族自治区建材总公司副经理，宁夏回族自治区建设厅副厅长、党组成员，宁夏回族自治区建设厅党组副书记、副厅长，宁夏回族自治区人防办主任，宁夏回族自治区建设厅党组书记、厅长。2005 年 6 月，任石嘴山市委副书记、代市长。2006 年 1 月，当选石嘴山市市长。2007 年 3 月任石嘴山市委书记。2008 年 1 月，调任自治区政府党组成员、主席助理。2010 年 7 月 29 日在银川去世，享年 55 岁。（张明鹏）

**【郭启全】** 1930 年 8 月出生，广东汕头潮阳县人。1962 年 4 月入党。1957 年北京工业学院毕业后，分配至中央一机部五局第一研究所任技术员。1958 年 8 月任宁夏机械局技术员。1958 年 8 月至 1960 年 6 月，在中国科学院计算技术研究所学习进修。1960 年 6 月，任宁夏电子研究所脉冲技术教研室副主任。1962 年 5 月至 1969 年 3 月任宁夏科委计量所无线电组长。1969 年 3 月至 1970 年 3 月在宁夏干校学习。1970 年 3 月，调入宁夏电视台工作，先后任宁夏电视台技术组长、宁夏广播局无线电工程师、宁夏电视台副台长、宁夏广播局技术处副处长。1983 年 6 月，任宁夏广播电视厅副厅长、党组副书记。1986 年 2 月任宁夏广播电视厅总工程师。1993 年 1 月退休。2010 年 10 月 4 日在银川逝世，享年 81 岁。（张明鹏）

**【米德忠】** 1927 年 1 月，回族，山东平原县人。1949 年 10 月入党。1945 年 6 月，在齐齐哈尔车站参加革命。1947 年 2 月，到东北铁路学院学习。1948 年 8 月，任齐齐哈尔车站站务员、车号员。1949 年 2 月，参加铁道兵任二支队运输连。1949 年 7 月，任中南铁路运输司令部驻武昌车站军代表。1949 年 10 月，任岳阳车务段人事干事。1950 年 2 月，任武昌车务段人事主任。1951 年 3 月至 1954 年 3 月，参加中国人民志愿军入朝作战，历任分局人事主任、驻站军代表、指导员等职。1954 年 6～11 月，先后任郑州铁路工程队教导员、工程处党总支书记。1958 年 2 月，任宁夏银川糖厂工会主席。1959 年 3 月，任宁夏轻工局安装队队长。1959 年 12 月，任银川棉纺厂厂长。1962 年 10 月至 1963 年 9 月，先后任银川毛纺厂厂长、书记兼厂长。1969 年 6 月，任宁夏石嘴山瓷厂书记兼主任。1977 年，任宁夏广播局七四一工地主任。1982 年 5 月，任宁夏广播电视厅保卫处处长。1985 年 5 月离休，享受副厅级待遇。2010 年 10 月 6 日在银川去世，享年 84 岁。（张明鹏）

**【李照临】** 1925 年 4 月出生，山西榆次人。1937 年 10 月参加革命工作。1938 年 4 月加入中国共产党。抗日战争时期，在八路军一二〇师七一五团、第一野战军司令部当过战士、宣传员、机要处译电员、机要处股长；解放战争时期，在吕梁军区、山西军区任保卫科长、保卫助理等职务；1950～1983 年，先后在北京军区空军、中国科学院地球物理所、宁夏区食品公司、区外贸公司、区医药公司、区医药管理局等单位任党委秘书、办公室主任、器材处处长、商业处处长等职务。获得过三级独立自由勋章和三级解放勋章。1983 年 10 月离休，享受副厅级待遇。2010 年 11 月 7 日在银川去世，享年 85 岁。（张明鹏）

# 全国劳动模范

【魏　江】　宁夏西北骏马电机制造股份有限公司铆焊班班长。在担任班长期间,他所在车间每年都超额完成任务。在强化班组建设中,他积极开展“学安全、用安全、讲奉献”活动,毫无保留地传授操作技术,帮助青年工人提高操作技能,为企业后备人才队伍建设作出了突出贡献。他爱岗敬业,率先垂范,做事公平,被大家亲切地称为“我们的好班长”。2005~2008年被公司评选为“劳动模范”,2009年荣获石嘴山市“五一劳动奖章”。2010年荣获“全国劳动模范”称号。　(张明鹏)

【康　莉】　女,中国移动宁夏公司吴忠分公司市场部经理。她不断创新管理方法和领导技巧,提高企业经济效益和社会效益,为广大移动客户提供优质服务发挥了主要作用。2009年,通信行业3G业务投入运营,市场竞争更加激烈,她主动到各县进行市场调研,认真分析各类营销及投诉案例,制定切实可行的营销方案,带领市场部员工创新营销方式,积极参与市场竞争,努力开拓市场,公司年度营业收入达3.73亿,增长率达18.33%,取得全区综合评价第二名。她连续9年荣获中国移动宁夏公司吴忠分公司先进个人,5次荣获全区移动系统先进个人,并荣获宁夏移动辉煌十年“十佳个人”,吴忠市“巾帼建功标兵”“吴忠市民族团结先进个人”“孝老爱亲道德模范”和“自治区孝德之星”等荣誉称号。2010年荣获“全国劳动模范”称号。　(张明鹏)

【郝光荣】　回族,宁夏宁鲁石化有限公司工会主席、调度长。在担任工会主席和调度长期间,帮助粤西溶剂油厂(宁鲁石化前身)对生产系统中的常压装置进行了多项技术改造,解决了生产管线被冻凝结、装置完全瘫痪的难题。在负责企业安全生产工作和装置建设、设备改造及检修工作期间,他发动职工小改小革、勤俭节约,每年为企业节约开支近百万元。在他的带领下,企业建立健全了公司安全管理体系,连续3年被区、市、县三级安委会评为“安全生产(消防)先进单位(企业)”。他多次被公司评为优秀共产党员、先进个人、优秀主管,曾获得“吴忠市民族团结先进个人”荣誉称号。2010年荣获“全国劳动模范”称号。　(张明鹏)

【赵银红】　女,宁夏金昱元化工集团森科树脂公司隔膜车间操作工。参加工作以来,在树脂厂环境最差、条件最苦、劳动强度最大的蒸发工段一干就是十几年,每次技能评定都名列前茅。她在日常工作中,能严格执行安全操作规程,从未违反安全规章制度。在发现同事出现违章行为时能及时提醒避免事故发生。作为一名蒸发碱工,她认真对待工作的每一个环节,精心控制每一个工艺指标,能从自身找差距,努力提高自己的技术水平。多年来,她没有旷过一天工,请过一天假。她先后荣获公司“先进个人”“优秀员工”“三八红旗手”等荣誉称号。2010年荣获“全国劳动模范”称号。　(张明鹏)

【江振强】　宁夏夏进乳业股份有限公司设备部部长。1998年,他主持改造荷兰施托克(STORK)瓶装生产线适应国内市场需求,实现了250毫升规格瓶装产品的技术改造,仅此一项就为公司节省了几十万元的技改资金;1999~2000年,他先后对公司的两台巴氏杀菌机、生产设备的冷却水回收再利用、锅炉节煤、供暖系统等多项技术改造,每年为公司节约费用1000多万元;2000~2001年,为了实现节能降耗、优化流程、提高生产效率的目标,他指挥完成公司3条进口百利包生产线的安装调试工作,在国内首次成功实现了进口无菌灌装机与国产UHT杀菌机连机生产。他还对多条生产线进行了安装调试,为公司节约经费50多万元;2009年6月,他大胆提出了公司收奶系统、13条无菌生产线以及仓储系统的改造方案。通过改造,每年可降低生产费用近500万元。2010年荣获“全国劳动模范”称号。　(张明鹏)

【孟春生】　兰州铁路局银川车务段甘塘车站调车长。孟春生参加工作以来,先后担任制动员、连结员、调车长职务。在繁忙的工作之余,认真学习和钻研行车有关规章制度,做到学规章、懂规章、用规章。由于热爱本职工作、思想积极、踏实肯干,他多次荣获银车段,原银川分局、路局“优秀共产党员”“技术能手”“先进工作者”“优秀技能人才”等荣誉称号,在各项技术大比武中多次取得优异成绩,他带领的调车组也多次获得先进调车组称号。2009年,他先后荣获兰州铁路局首届“安全十佳青年”和全国铁路“技术能手”荣誉称号。2010年荣获“全国劳动模范”称号。　(张明鹏)

【邢仙茹】　女,长庆油田公司第三采油厂虎狼峁作业区柳二转井区井区长。担任柳二注、柳二转井区井区长以来,带领井区干部员工,努力克服人员紧张、员工技能素质参差不齐、管理难度大等一系列难题,实行了井区干部分片承包制,推行了员工自主择岗管理办法,采取“十佳井组”的评比激励办法,率先建立了柳二转井区员工培训基地,井区整体工作取得了明显进步,成为采油三厂迈向400万吨的排头兵。她所带领的柳二注井区、柳二转井区先后跻身长庆油田采油三厂一类井区行列,成为全厂基层建设的标杆井区,并连续获得厂级“先进集体”“HSE先进集体”等荣誉称号。个人先后荣获厂级以上荣誉17次,其中公司级以上荣誉7次,2009年被全国妇联授于“全国三八红旗手”荣誉称号。2010年荣获“全国劳动模范”称号。　(张明鹏)

【马建华】　中冶美利纸业公司工程师。在担任制浆分厂技术员期间,带领技术人员先后完成了二套、三套碱回收项目的扩建工程并按期投产运行,年可回收烧碱约22750吨,创造2800多万元产值,创造利润400多万元,使公司实现了环保治理与经济效益的双赢。在担任2640车间技术员期间,自行研制出了可靠性强、性能稳定、寿命较长的光电校正装置,年节约成本24万元以上,有效减少因校正器影响而发生的停机现象,增创经济效益达5万元,使车间生产经营形势步入良性发展轨道。2007年完成产量6.2万吨,成本节约

722万元,销售收入达到2.8亿元,同比增长17.6%,创造了开机以来的历史新高。生产的雪面双胶纸、防粘衬纸、静电复印纸和胶版书写纸等高档产品获得了"国家绿色产品"称号。2009年,负责一抄车间两台1575短长网多缸造纸机的全面改造工作,圆满完成了任务,使一抄车间年可生产2万吨高档铝箔原纸,年新增销售收入14530万元,利税总额8120万元。先后多次被公司评为"先进工作者""优秀共产党员""科技创新标兵",2009年被中冶科工集团推荐为劳动模范。2010年荣获"全国劳动模范"称号。（张明鹏）

**【吴海山】** 宁夏沙湖旅游股份有限公司沙湖宾馆烹饪技师。由于表现突出,被派往北京新世纪酒店和北京北宛宾馆深造,业务水平迅速得到提升,并考取高级烹饪技工和高级烹饪技师职称。他多次代表宁夏餐饮业参加国家旅游局和中国烹饪协会以及首旅集团、国宾馆等单位联合主办的中华美食节及清真食品文化节促销活动,宣传了宁夏美食文化。在北京国宾馆他为国家主席江泽民宴请泰国王后做了宁夏"沙湖大鱼头"和"宁夏沙湖薯条"两道菜,受到国家礼宾司餐饮负责人的好评。在他和全体餐饮人的努力下,沙湖宾馆取得了较好的经济效益和社会效益,餐饮收入超出客房收入,开创了酒店经营的新格局。2009年宾馆总收入4480万元,其中餐饮收入3000多万元,占收入的三分之二。2010年荣获"全国劳动模范"称号。（张明鹏）

**【蒙鹏科】** 神华宁煤集团羊场湾煤矿综放队队长。在担任磁窑堡二矿技改井首开项目技术骨干时,相继攻克了高韧性煤可放性和极易自燃发火煤层放顶煤防灭火两大技术课题,攻克了煤层夹矸难题,创下了宁夏煤矿建设史上安全最优、效率最佳的新纪录。在队伍建设中,他注重抓班组、打基础、强技能,有效开机率达95%以上,实现了日产3.24万吨、月产80.6万吨的好成绩,连续刷新全区煤炭行业单月单日单班单产新纪录。2008年7月,他临危受命,攻坚克难,解决了Y162工作面多项难题,破解了工作面月计划35万吨而实际产量只有5万吨的现状,为煤矿当年完成1200万吨生产任务赢得了宝贵时间,作出了突出贡献。2009年,他严把工程质量命脉关,使得Y162工作面质量标准化工作一跃成为全矿的质量标准化样板巷道。科学攻关,破解了Y162工作面顶板破碎压力大,片帮严重,上下端头难维护等实际困难,顺利通过200米火区、圆满安装工作面后部输送机,过2#工艺联络巷等重点工程,生产原煤250.6万吨,超计划38万吨,为煤矿完成1700万吨奋斗目标提供了强有力的支撑。他先后荣获了自治区"五一劳动奖章"、自治区"青年文明号""青年先锋号"等荣誉称号,连续多年被公司评为"优秀共产党员""双文明先进个人""优秀党务工作者""安全生产先进个人"。2010年荣获"全国劳动模范"称号。（张明鹏）

**【宋艳丽】** 女,宁夏电力公司银川供电局变电站站长。先后担任银川供电局北塔110kV"女子变电站"、高桥220kV变电站和平吉堡220kV变电站站长,是银川供电局有史以来第一位220kV变电站女站长。她参与发布的QC成果《提高变电设备巡视合格率》荣获全国"茅台杯"QC小组成果发布二等奖。主持的高桥变探索QC小组发表的课题《提高GIS气室压力值异常预见性》《缩短GIS设备倒闸操作时间》课题被银川供电局评审为年度QC小组活动成果二等奖,2008年荣获国家电网公司变电运行专业技能专家的资格。2008年度她领导的高桥变电站获得宁夏电力公司"工人先锋号"、中国能源化学工会全国委员会"全国能源化学系统女职工建功立业标兵岗称号"等多个荣誉称号。2009年9月,她带领高桥变电站在参加宁夏电力公司第三届变电站、保线站"站际"竞赛中荣获行业"标杆"站荣誉称号。2010年1月,高桥变电站被银川供电局以宋艳丽名字命名为"宋艳丽220kV变电站"。2010年荣获"全国劳动模范"称号。（张明鹏）

**【李树春】** 青铜峡铝业股份有限公司电解一部四车间主任。在担任车间主任期间,电解四车间各项生产指标连续多年在本单位同系列电解槽保持在前列。2007年电解四车间完成原铝液产量41795.22t,原铝液综合交流电耗13988kWh/t.AL,原铝液电流效率完成94.8%,超额完成了任务,不仅在公司电解车间中主要生产指标名列前茅,而且创造了国内同类槽型的最好生产水平。2009年,他积极组织车间骨干进行研究分析,围绕如何延长电解槽寿命、稳定生产、提高生产效率等主要问题展开工作。通过车间全体员工的努力,使电解槽逐步稳定,最终扭转了被动的生产局面,全年电流效率完成了93.7%,综合交流电耗达到13877kWh/t.AL,车间总体生产指标保持在公司同系列电解槽中最好水平。他先后被公司评为"优秀党员""先进工作者",2009年被中电投公司评为"优秀共产党员"。2010年荣获"全国劳动模范"称号。（张明鹏）

**【尤天军】** 宁夏银仪电力设备检修安装有限公司中宁检修维护基地检修维护部锅炉辅机班班长。他带领班组成员积极开展技术革新,大大提高了检修的经济性和检修质量,其中磨煤机拉杆改造,每年可节约材料费、燃油费和损失电量等费用约98.6万元;磨煤机分离器出口粉管由焊接改法兰连接,每年可为企业节约资金约50万元。从2006年以来,他带领班组每年自主完成6台磨煤机检修,对九套磨煤机磨辊辊套、七套磨煤机静环进行了修复再使用,对两台磨煤机墨辊衬瓦进行了在线堆焊等措施,为公司节约检修费用约170万元,提高了设备的经济性和安全性,为公司经济效益的提高作出了突出贡献。2006~2009年度被评为宁夏发电集团"先进个人""优秀共产党员"和"敬业奉献模范",并获自治区"五一劳动奖章"。他的技术创新成果荣获集团公司"节能减排一等奖"和自治区"创双优"百项成果奖,并在全区同类机组中进行推广。2010年荣获"全国劳动模范"称号。（张明鹏）

**【张　路】** 宁夏路桥设备租赁维修公司维修中心主任。他带领维修中心的员工着手研究机器构造,参与了多项路桥机械技术改造项目,为公司节约了大量成本。2007年4月,因料仓规格不同,银川西北环高速公路八合同段、九合同段工程存在延期的风险。张路带领维修中心的全体员工加班加点,仅用1个月时间就攻克难关,保证了施工进度。2008年3月,公司购置的大型机械设备因设计原因,质量、产量一直不稳定,张路及其团队迎难而上,进行技术攻关改造,使该设备的产量由原来的每小时300吨提高到500吨以上。2010年荣获"全国劳动模范"称号。

(张明鹏)

**【贺志远】** 回族,中国工商银行宁夏分行银川西门支行行长。担任西门支行行长以来,围绕部门中心工作,内抓管理,外树形象,从严治行,员工风险防范意识明显加强,操作行为日益规范,制度执行力显著提高,会计核算质量得到大幅度提高,2009年提前实现内控评级达一级水平的战略规划。在他的领导下,西门支行员工在较短时间内把一个业务单一、两项存款不过3亿元的分理处经营成综合业务全面、两项存款突破11亿元的支行,提前3年完成支行发展规划目标,取得了经营利润、行长绩效、经济增加值名列网点支行首位的好成绩。他作风正派,清正廉政,多次被总行授予"先进个人""青年岗位能手""优秀共产党员""优秀党务工作者"等荣誉称号。2008年被全国红十字会授予"优秀志愿者"称号。2010年荣获"全国劳动模范"称号。 (张明鹏)

**【刘庆华】** 宁夏天地奔牛实业集团有限公司产品研究所副所长。担任研究所副所长后,多次承担公司重大技术创新项目的设计研发,为公司产品的发展和更新换代作出了突出贡献。他研制开发的"闭式浸油限矩摩擦离合器""齿轨与齿轨座联接装置"等项目,解决了煤矿开采、刮板输送过程中的重大难题,有的填补了国家煤炭生产项目的空白,为企业发展降低了成本,创造了效益。PLM3500轮式破碎机、SGZ800/630小采高刮板输送机和年产600万吨综采工作面成套输送设备,分别获得中国煤炭科学技术两个二等奖和一个三等奖。设计室先后被公司煤炭科学研究总院授予"优秀班组"和"青年文明号",被自治区评为"全区学习型标兵班组"。他本人2009年被授予石嘴山市"五一劳动奖章"。2010年荣获"全国劳动模范"称号。 (张明鹏)

**【史 信】** 宁夏上陵实业(集团)有限公司党委书记、董事长。他还任自治区人大代表,银川市政协委员,宁夏企业家协会副会长,宁夏诚信企业联合会副会长,银川市工商联副会长。他凭着自己的勤奋与智慧,经过十年的拼搏,把一个小公司发展成为拥有员工400多人,企业资产达6.68亿元,年实现销售收入4.8亿元,年上缴税金近千万元的集团化民营企业。他先后获得"宁夏诚信企业家""宁夏诚信经营杰出企业家"等荣誉称号。他领导的企业也先后获得"宁夏优秀诚信企业"、银川市"民族团结进步先进集体""AAA级诚信企业""宁夏诚信经营优秀企业"等多项荣誉称号。2010年荣获"全国劳动模范"称号。 (张明鹏)

**【侯建军】** 宁夏汇川服装有限公司董事长兼总经理。宁夏汇川服装有限公司历经17年的风雨洗礼,固定资产由公司成立初期的几十万元发展到现在的几千万元,取得了连续17年年年赢利的优异成绩。汇川商标被评为"宁夏著明商标"和"中国驰名商标",汇川西服、衬衫被评为"宁夏名牌产品"。公司先后获得"国家'863'计划CIMS应用示范企业""全国纺织和谐企业建设先进单位""全国纺织行业信息化建设优秀奖""宁夏CAD应用技术开发与示范推广科技进步一等奖"和"先进企业"、自治区"五一劳动奖状"、自治区级"守合同重信用企业""宁夏改革开放三十年行业功勋奖""宁夏质量管理奖"和中共银川市委、银川市人民政府"2009年度工业经济(保增长)工作先进企业"和"银川市小巨人企业"。侯建军先后被评为1998年度"宁夏优秀企业家",被国家人事部、国家纺织工业局授予"全国纺织工业系统劳动模范",被宁夏制造业信息化工程领导小组授予"宁夏制造业信息化建设模范一把手"。荣获2004年度首届"银川十大经济年度人物",荣获"创业之星"和新中国成立60年来"为宁夏建设作出突出贡献英雄模范人物奖"。2010年荣获"全国劳动模范"称号。 (张明鹏)

**【雍瑞生】** 宁夏石化公司总经理、党委副书记。担任宁夏石化公司总经理、党委副书记以来,组织修订了《"十一五"发展规划》,使公司资源配置得到进一步优化,产品结构得以拓宽,综合实力显著增强。2009年在国际金融危机的冲击下,带领员工坚定信心,从容应对,实现销售收入82.5亿元,利润4亿元,同比增长22亿;上缴税金18.4亿元,同比增长18.4亿,实现了企业生产平稳较快发展。他被委派为美国斯坦福大学访问学者,通过了美国斯坦福大学EMBA学业。公司先后多次获得全国"五一劳动奖状""全国绿化先进单位""全国民族团结先进集体""全国精神文明先进单位""全国思想政治工作先进单位"等多项荣誉称号。2010年荣获"全国劳动模范"称号。 (张明鹏)

**【郭敬华】** 回族,宁夏庆华煤化有限公司总经理。郭敬华抓住太阳山开发区被列为自治区重点工程及吴忠市一号工程的契机,带领广大员工仅用了一年半的时间建成了一个110万吨煤焦化项目、15万吨焦炉尾气制甲醇项目。干成了别人五六年才能干成的事情,创造了被社会各界公认的"庆华速度"。2008年为支持四川汶川重建和慰问受灾群众,他不仅自己带头捐款50万元,而且还组织员工向"5·12"地震受灾群众捐款。他个人先后荣获吴忠市"民族团结进步先进个人"、吴忠市"优秀共产党员""2007年度宁夏公益人物""2008年度宁夏十大经济人物"光荣称号。集团公司获"2007年度自治区宁东基地生态绿化工作先进集体""2007年度以商招商先进企业""民族团结进步先进集体""自治区第二批循环经济试点单位"等多项荣誉称号。2010年荣获"全国劳动模范"称号。 (张明鹏)

**【叶立国】** 石嘴山市平罗县姚伏镇小店子村党支部书记。叶立国担任小店子村党支部书记以来，在引导农村土地合理流转方面进行了积极探索。他组织创办的“支部加协会”小店子村土地信用合作社，将村上1700亩土地集中起来耕种，以每亩480元兑付给农户进行托管，实行水稻育秧、插秧、收获的一条龙服务，让农民从繁重的土地劳作上解放出来，实现了产业化经营、规模化种植、机械化生产，走出一条“公司+合作社+基地”的产业化经营模式。2009年，小店子村作为姚伏镇统筹城乡发展试点单位，土地流转、农机化配套作业等各项工作走在全县前列。小店子村合作社存贷土地面积由最初的80亩发展到2800亩，存地农户达到138户。村土地信用合作社的蓬勃发展推进了农机合作化进程，村农机服务公司发展壮大，现有办公场所300平方米，农机维修、保养、仓储厂房400平方米；公司拥有大中型拖拉机5台、稻麦联合收割机8台、插秧机8台、播种机2台、深松犁3部。转移劳动力160余人，仅此实现劳务收入200多万元。2010年荣获“全国劳动模范”称号。（张明鹏）

**【李万成】** 青铜峡市邵刚镇下桥村五组农民，青铜峡市科技特派员。牵头成立了邵刚镇“红十月”葡萄产销协会，推行了“支部+合作社+基地”的管理模式。在尚桥村设施葡萄种植园区，吸收会员103户，种植日光温棚葡萄1500多亩，带动周边村队和相邻的永宁县等共600户、5000余亩温棚葡萄种植。他多次义务对周边1000余名镇村干部进行科技培训，其中360余人熟练掌握了葡萄种植技术，带动了500多户群众投入到葡萄产业发展中，2009年产值已达到200多万元。李万成的葡萄种植园区已成为宁夏最大的温棚葡萄科技示范经营大户，被确定为自治区主席王正伟的联系点，并被自治区林业厅确定为全区温棚葡萄种植示范基地。他本人先后两次被自治区人力资源和社会保障厅、农牧局授予“宁夏优秀农村实用人才”称号；被吴忠市委、政府授予“农村优秀人才”称号；2008年他被团中央、中央文明办、全国绿化委员会、国家林业局授予“绿色小康户”光荣称号。他先后被青铜峡市委、政府授予“十大科技示范户”并当选为青铜峡市政协第九届委员会委员。2010年荣获“全国劳动模范”称号。（张明鹏）

**【丁学福】** 回族，吴忠市利通区板桥乡梁湾村党支部书记，吴忠市党代表、政协委员。他垫钱为本村一、二队修了长2公里、宽6米的水泥路，解决了一、二队多年行路难的问题。他多方招商引资落实项目18个，使本村从事二、三产业人员由300多人发展到1500多人，村集体经济收入由5000元发展到60万元。他筹措资金400多万元，规划建设了梁湾村生态奶牛养殖园区，使本村奶牛存栏由过去的200多头发展到1000多头。他积极争取项目资金支持，解决700多户村民安全饮水问题。在他的提议下，村上每年出资近10万元，为群众免费耕地，人均减负100多元。几年来，他向社会累计捐款达40多万元。丁学福先后获得自治区“十大杰出青年”、全国“农村青年创业致富带头人标兵”“中国青年五四奖章”、全国“十大杰出青年农民提名奖”等荣誉称号。2010年荣获“全国劳动模范”称号。（张明鹏）

**【杨　飞】** 中卫市香山乡农民。杨飞先后投资200万元在宁夏中卫市香山乡发展压砂地3000亩种植西甜瓜，成为当地首屈一指的种植大户。2002年9月成立了香山瓜果流通有限责任公司，经营瓜果种植和销售。2004年，又以公司名义牵头，成立了7个乡村西瓜专业协会和6个农村西瓜专业经济合作组织，吸收会员1600余人，形成了瓜果流通公司牵头流通营销，协会负责组织种植，农户订单生产的产业链条互助互利的格局。他帮助200户贫困户发展压砂地3000亩，帮带了1350人从事西甜瓜流通，使他们逐步走上了致富的道路。他先后获得第三届“宁夏优秀青年农民”、首届中卫市优秀青年企业家、首届中卫市青年企业家理事、宁夏第四届五四青年奖章、硒砂瓜流通大户、首届中卫市十大杰出青年、中卫市“十佳”农村实用人才、全国农村优秀人才等称号。他是自治区青年联合会委员、中卫市第二届政协委员。2010年荣获“全国劳动模范”称号。（张明鹏）

**【禹爱莲】** 女，回族，固原市泾源县新民乡杨堡村农民。她筹资建成新民乡境内首家农副产品收购站，解决了当地群众农副产品销售难的问题。她投资270万元建成了加油站，开办了石料厂，先后吸纳解决了150多名农村剩余劳动力就业，年销售收入153万元，赢利12.7万元，上缴国税4.56万元；她带领家乡妇女脱贫致富，筹措资金2万元，建成了新民乡农业科技信息网，让200多名同乡姐妹通过网络学到了知识和技术，找到了致富的门路；注册成立了民间刺绣加工艺术协会，年产绣品10万件，全村人均获利350元。获得了“中华杰出女性突出贡献奖”；多次荣获自治区、市、县级“三八红旗手”称号；荣获全国、自治区农村妇女“双学双比女能手”、自治区“和谐家庭”等荣誉称号。2010年荣获“全国劳动模范”称号。（张明鹏）

**【施志林】** 西吉县吉强镇大滩村党支部书记。任村党支部书记27年来，施志林第一个把村级小学办成了县级小学，第一个实现了村集体经济过万元村，第一个建立西芹产业示范园区，第一个建设了全民创业园区，第一个在全县探索出民主议政日制度。大滩村由一个“空壳村”变成村级固定资产达410万元，年总产值达1100万元，人均纯收入达到5168元的西吉富裕小康村、产业发展示范村、巾帼创业示范村、民族团结示范村。他先后受到各级政府、部门的表彰，1996年被固原地区基层组织建设领导小组评为农村基层组织建设先进个人；1998年被自治区基层组织建设联系领导小组评为全区农村基层组织建设优秀村党支部书记；2000年被自治区党委、人民政府评为全区社会治安综合治理先进个人；2007年被自治区党委表彰为25年以上村党支部书记；2008年被自治区党委、人民政府评为全区民族团结进步先进个人，被宁夏回族自治区精神文明建设指导委员会评为“爱德之星”；2009年被自治区党的建设工作领导小组评为“全区优秀村

组织书记”称号。2010年荣获“全国劳动模范”称号。（张明鹏）

【虎彩虹】 女，彭阳县草庙乡新洼村农民。虎彩虹中专毕业后走上创业之路，逐步发展成为远近闻名的致富能手。建有一家规模化鸡苗孵化、育雏场，建有黄牛冷配点、村卫生室，并成立了草庙乡彩虹养鸡专业合作社。任新洼村防保员、黄牛改良员和村科技12396信息服务点信息员。2006年被自治区人口计生委评为“2002～2005年度全区计划生育药具工作先进个人”，被自治区人才办、自治区农牧厅授予“宁夏优秀农村实用人才”荣誉称号，2007年被固原市评为“全市学科带头人”，2009年被自治区“双评”活动组委会评为“100位为宁夏建设作出突出贡献英雄模范”，2004～2006年连续三年被授予“彭阳县黄牛改良先进个人”，被彭阳县畜牧局评为“朝那鸡基地建设中业绩突出贡献奖”获得者，被彭阳县科技特派员创业行动协调领导小组评为“全县信息化工作先进个人”。2010年荣获“全国劳动模范”称号。（张明鹏）

【马国兵】 回族，兴庆区环卫处清扫二公司农民工。他负责的凤凰北街路段是流动摊点的集聚区，污染严重，清扫难度大，任务重。自从2006年马国兵到岗后，此路段常年保持干净、整洁，他多次受到单位领导表扬和沿街商户的称赞。因为出色的工作表现，2008年被评为公司先进个人。2010年荣获“全国劳动模范”称号。（张明鹏）

【张晓炜】 宁夏正丰建筑工程有限公司电工、高级工。张晓炜从事维护现场临时用电和民用电气维护工作。通过刻苦学习，于2008年取得了劳动人事部颁发的高级电工证书，成为一名技术能力很强的高级工。张晓炜总会出现在施工现场安全用电第一线。在他的努力下，其所在的工地没有一起因为用电而发生的安全事故。张晓炜这种“奉献在先、安全至上”的工作态度，不但赢得了同事的赞美，同时也赢得了企业的认可。他连续多次被公司评为优秀农民工、先进工作者，2008年获得了银川市建筑行业农民工电工状元的称号。2010年荣获“全国劳动模范”称号。（张明鹏）

【赵　广】 海原县高崖乡高崖村第三自然村村委会主任。赵广担任村委会主任期间，围绕新农村建设完成拓宽村道铺沙2条3.6公里；完成主渠道1条3公里、支渠道7条12.8公里的清淤修复；完成打窖68眼，打机井1眼；发展以小畦灌溉为主的基本农田1023亩；完成改、扩建困难户23户；动员干部群众植树1.3万余棵；带领村内退伍军人、大中专毕业生及大量待业青年，外出务工100余人次，完成非农产值40余万元；个人垫资0.3万元，为338户群众装上了电视卫星接收器；组建了两支农民业余社火队，积极开展“诚信务工、诚信运输”宣传教育活动，引导2200名村民参加了农村合作医疗保险。2008年被自治区农牧厅评为设施农业科技培训示范标兵；2009年被海原县人民政府评为“全民创业工作先进个人”和硒砂瓜流通大户。2010年荣获“全国劳动模范”称号。（张明鹏）

## 全国先进工作者

【孙仙梅】 女，银川市西夏区朔方路街道正茂社区党支部书记，中共十七大代表。孙仙梅在平凡的社区工作中，被居民称为小巷“总理”。她通过与辖区单位结对子，开展弹性就业、非全日制工作、钟点工等多种灵活的就业方式，为下岗职工提供了大量的就业机会，从2000年至今共输送劳务3150人次，并多次组织下岗职工、失业人员参与40多部影视片拍摄，创收近百万余元。她带领社区党支部开办了社区诊所、托儿所、存车处等21个便民服务网点，并为600多位社区孤寡老人和残疾人提供各种服务。她所在的社区被评为自治区五星级社区，她先后被授予全国“三八”红旗手、全国“巾帼建功”标兵、全国社区优秀妇女思想政治工作者、全国优秀党务工作者、全国优秀社区工作者等荣誉称号。2006年初她还被评为第二届“感动宁夏”十大人物和宁夏首届十大新闻人物，并在2007年被光荣地推选为十七大党代表。2008年7月被自治区体育局推选为奥运火炬手，9月被自治区评选为“影响宁夏50年的人”。2010年荣获“全国先进工作者”称号。（张明鹏）

【王　结】 回族，保健按摩技师，宁夏爱德盲人按摩职业技能培训学校校长，中国盲人按摩学会理事、宁夏按摩学会副会长、宁夏盲协副主席、宁夏青联常委、宁夏残联执行理事会理事、宁夏固原市残联副理事长。他是世界上第一个取得SIYB教师资格证书的盲人；中国第一个攻读双硕士研究生的盲人；中国第一个参加全国职称统一考试晋升为副主任医师的盲人；编著了中国第一部指导盲人创业的书籍；创建了西北第一家盲人网站；创办了宁夏第一所残疾人职业学校。他代表宁夏参加第二届全国残疾人职业技能大赛获西北西南赛区团体一等奖和全国总决赛团体三等奖。王结创办的宁夏爱德残疾人学校培训残疾人和下岗失业等各类人员2300余人，参加社会公益性捐款活动，为残疾人、下岗失业人员补贴培训费等共计20多万元。王结先后荣获“中国青年五四奖章”“全国自强模范”“全国自学成才奖”“宁夏十大杰出青年”“宁夏培养技能人才工作先进个人”，他担任校长的爱德学校被民政部评为“全国自律与诚信建设先进单位”，被宁夏人民政府评为“就业再就业工作先进集体”和“扶残助残先进集体”。他受到胡锦涛、温家宝等国家领导人的亲切接见，他的事迹被写入中学课本。2010年荣获“全国先进工作者”称号。（张明鹏）

【陈　莉】 女，副主任法医师，石嘴山市公安局刑警支队法医。工作以来，参与检验活体3000余例，检验尸体1200余例，检验物证300余例，出具检验鉴定书4000余份无一差错。她通过现场勘查及尸体检验，先后为多起杀人案件提供了破案线索及证据。陈莉先后多次在国家级刊物发表论文。2003年被评为全国公安刑事技术青年人才，并被录入公安部全国青年人才库。她先后荣立个人三等功3次，被评为石嘴山市公安局“优秀共产党员”、石嘴山市“巾帼建功”标兵、“全区实施妇女儿童规划纲要先进个人”、自治区“五一劳动奖章”“全区十大法治人物”“全区50年政法英模”、全国“三八红旗手”。2010年荣获“全国先进工作者”称号。

（张明鹏）

**【李学斌】** 中国民主建国会会员，石嘴山农业技术推广中心技术员。从事农业技术推广工作30多年，先后主持和参与了农业部、区市级13项重点课题的试验示范推广，在农业技术推广方面发挥了重要的技术骨干作用，他主持推广的宁夏引黄灌区养分丰欠指标的试验研究、小麦机播旱追肥、地膜覆盖栽培试验成果和栽培技术已被广泛应用于农业生产当中，并收到了显著成效。发表学术论文19篇，编写两本蔬菜栽培技术书籍，培训教材20余份。研究成果获全国农牧渔业丰收二等奖1次、三等奖1次，自治区农牧厅科技成果一等奖1次，石嘴山市科技进步二等奖2次，石嘴山市农业优秀成果一等奖1次。2005年被评为石嘴山市“351”人才专业技术拔尖人才；2008年享受石嘴山市人民政府特殊津贴。2010年荣获“全国先进工作者”称号。（张明鹏）

**【何桂琴】** 女，回族，固原市回民中学高中数学教师兼校团委书记。多年来先后承担校内外公开课上百次，辅导学生百余人，撰写教学论文十多篇并发表在区内外报刊上。她多方积极努力筹备，经校委会同意成立贫困学生助学基金会。2003年至今共有30多个单位和许多热心人与回中542名贫困回汉学生结成帮扶对象，共捐助款项386840元。她多次被“希望杯”全国数学邀请赛组委会评为优秀园丁，4次被评为数学竞赛优秀辅导员；2004、2005、2006、2007年连续4年被固原市团委评为优秀共青团干部；2000年被固原行署评为优秀女教师。2005年被自治区教育厅评为“师德先进个人”。2008年被自治区政府评为“民族团结先进个人”。2010年荣获“全国先进工作者”称号。

（张明鹏）

**【杨凤鹏】** 固原市彭阳县林业和生态经济局造林队队长。先后参与完成彭阳—王洼、崾岘—长城塬、草庙—孟塬等主要公路通道工程3万多亩，栽植各种树木20多万株；道路绿化200多公里，栽植各种绿化大苗35万多株；完成长城塬、麦子塬等重点经济林带建设共4万多亩，栽植各种经济林苗木40多万株。他连续15次受到单位的表彰奖励，2006年被自治区百万农民培训工程领导小组评为“百万农民培训先进个人”，2009年被评选为固原市敬业奉献道德模范先进个人，他所领导的造林队被彭阳县评为“五一劳动奖状”单位。2010年荣获“全国先进工作者”称号。

（张明鹏）

**【张振安】** 中卫市司法局常乐司法所所长、镇调委会副主任。2004年以来，经他调解的矛盾纠纷达218起，为集体、当事人挽回损失、落实补偿680余万元，同时化解了许多部门无法解决的矛盾纠纷，为全镇经济社会各项事业快速发展作出了突出贡献。2004年以来，他每年都奋战在硒砂瓜基地两三个月，累计落实硒砂瓜种植5万余亩，帮助瓜农起草协议千余份，调解大小纠纷189起。2004年，他被评为中卫市司法局先进工作者；2005年被评为中卫市优秀共产党员；2006年被评为自治区“四五”普法先进个人；2007年，被最高人民法院、司法部授予“全国模范人民调解员”荣誉称号。2010年荣获“全国先进工作者”称号。（张明鹏）

**【哈若水】** 回族，自治区人民医院放射科主任。多次被评为医院先进个人、“十佳医生”。2005年荣获自治区“行风建设先进个人”，2009年被中国医师协会授予“中国医师奖”，现为硕士生导师、宁夏放射学会副主任委员。1985年，哈若水调入宁夏回族自治区人民医院放射科工作，成为科里唯一的大学生。因工作成绩突出，1989年和2000年，他分别被医院派往澳大利亚墨尔本和日本岛根进修学习。回到宁夏后，他迅速把所学的新技术、新业务应用到实际工作中，取得了多项科研成果。近年来，先后以主要课题负责人立项课题7项；获全区医学优秀论文二等奖1次，卫生厅科技进步一、二、三等奖各1次，自治区科技进步三等奖2项。在他的带领下，放射科近3年先后承担省级、厅级以上课题10余项，发表核心论文20余篇，并多次获宁夏医学优秀论文二、三等奖。2010年荣获“全国先进工作者”称号。（张明鹏）

**【蔡　敏】** 女，回族，宁夏灵武气象站观测员。2006年7月参加工作以来，始终坚守在气象基础业务工作第一线，勤奋努力，刻苦钻研业务，工作质量连续4年达到优秀指标，2007～2008年，连续两年获自治区气象局“地面测报百班无错情单项奖”，2009年3月，参加“第二届全国气象行业气象观测技能竞赛”，荣获团体第十名、个人计算机综合处理单项第三名和个人全能第十二名的好成绩。2010年荣获“全国先进工作者”称号。（张明鹏）

**【康小伟】** 回族，著名摔跤运动员，国家级运动健将。1980年7月考入宁夏体育运动学校，1985年代表宁夏参加全国青少年运动会，一举夺得古典式摔跤87公斤级预赛、决赛冠军，为宁夏夺得唯一的一枚金牌。1986年，康小伟被选调进入国家队训练，并担任国家摔跤队队长。同年3月，康小伟随中国体育代表团出访日本，分别战胜了日本大学生冠军和全国冠军。1987年获得第六届全国运动会男子古典式摔跤100公斤以上级冠军，为宁夏体育代表团夺得一枚金牌，从而改写了宁夏代表团在历届全运会上没有金牌的历史。自治区体委给他记特等功；自治区政府授予其“劳动模范”；康小伟还获得当年“宁夏十佳青年”的称号。1997年11月后，担任宁夏摔跤队教练。在多年的运动员生涯中，康小伟代表宁夏队参加全国性专项体育比赛，共获4金、3银、2铜奖牌。2010年荣获“全国先进工作者”称号。

（张明鹏）

**【冷晓红】** 女，宁夏职业技术学院教师。她一直从事生物制药专业的教学工作，承担了较为繁重的教学任务，并指导生产实习、顶岗实习、课程实训等不同的实践环节。尤其是在百所示范性院校重点专业的建设中,承担了多项工作。冷晓红先后承担过多项国家及自治区科研课题,并多次获得奖项;先后在国家核心期刊发表论文20余篇。冷晓红在保质保量完成教学和科研任务的同时,开展了形式多样的社会服务活动,进行了多项自治区科研项目的论证、科研成果的评审,为宁夏医药行业专业人员的继续教育培训及职称考前培训做了大量的工作。并积极开展科技服务于社会活动,指导多家制药企业完成了各种新药研究和工艺改造工作,取得了可喜的成绩。冷晓红现为中国药学会宁夏分会理事、宁夏"313人才工程"人选、自治区政府特殊津贴获得者、高级专家联合会会员、宁夏大学硕士生导师、宁夏医科大学客座教授、首批宁夏科技创新团队带头人。2010年荣获"全国先进工作者"称号。

(张明鹏)

**【王晓花】** 女,满族,灵武市第一小学体育教师。1993年,22岁的王晓花从宁夏体校毕业,分配到灵武市北滩小学任三年级班主任。纪凤梅当时是她班上的一名学生,因家庭贫困而辍学。王晓花毅然用自己微薄的149元工资资助她重返校园,并把她领到自己的宿舍,让她跟自己同吃同住。纪凤梅的妹妹纪晓微也面临辍学困境。王晓花夫妻又将纪晓微接到了家里,资助她上学。最困难时,全家欠债达10万元,但他们没有中断对纪家姐妹的资助。1999年,纪凤梅被宁夏机电工程学校录取,2003年完成了学业。2004年纪晓微被全国重点大学东北师大录取,成为村里第一个女大学生。王晓花先后被评为自治区优秀共产党员、"中国百名优秀母亲""感动宁夏人物",被授予全国"五一劳动奖章"等,2008年当选为奥运火炬手。2010年荣获"全国先进工作者"称号。 (张明鹏)

**【韩　文】** 回族,财政厅预算处副处长。他先后提出了清查理顺区属增值税、实施支出进度考核、建立"税收贡献地转移支付"、创新均衡性与激励性转移支付等多项建议,均被成功实施。连续多年负责起草预算报告、决算报告和日常的重要汇报材料,得到了好评。在担任预算处处长期间,他认真做好每年度宁夏财政总预算的编制管理工作。韩文先后7次被单位评为"优秀公务员""优秀共产党员",被自治区党委组织部表彰为"优秀选派干部",被自治区人民政府表彰为"自治区第五次先进会计工作者",同时还获得全区"十杰百优行业青年标兵"称号,2009年获得第九届"宁夏十大杰出青年"提名奖。2010年荣获"全国先进工作者"称号。

(张明鹏)

**【庄电一】** 高级记者,光明日报社宁夏记者站站长。自1985年成为《光明日报》驻宁记者以来,他始终活跃在采访一线,是宁夏在一线工作时间最长、年龄最大的记者。他发表稿件4000篇400万字,个人获奖30多项,作品获奖100多项。他多次参加重大典型、重大主题采访活动,3次被中宣部任命为采访团团长。在自治区50大庆宣传中,他因业绩突出受到表彰。2006年,自治区党委书记陈建国批示号召全区新闻工作者向他学习,宣传部为此专门召开座谈会。在十七大代表选举中,他成为宁夏35位候选人之一,2009年被评为"宁夏当代名人"。光明日报社等部门3次为他举办作品研讨会,高校教材《新闻采访学》中对他有专门介绍。他为企业、机关、高校、新闻单位讲课百余场。《人民日报》《中国新闻出版报》《宁夏日报》等20余种报刊对他作过报道,总字数超过10万字。庄电一被评为全国百佳新闻工作者、"宁夏十佳记者""宁夏名记者"等荣誉称号,是国务院政府特殊津贴和"地球奖"获得者。2010年荣获"全国先进工作者"称号。

(张明鹏)

## 国务院政府特殊津贴获得者

**【彭　凡】** 宁夏共享集团有限责任公司高级工程师。1983年从重庆大学机械系毕业,获铸造工艺及设备学学士学位。随后到宁夏长城机床铸造厂及长城机器集团/共享集团、长城须崎铸造公司工作。2004年1月,中共中央党校研究生毕业。1983～1988年任生产现场工程师和工艺设计工程师。1989～1993年历任铸造工厂副厂长、工艺科副科长、设计室主任、设计处处长和总厂厂长助理等职务。1994年被聘任为长城须崎铸造公司副总经理。1999年,被聘为长城须崎公司董事、总经理。2003年成为共享集团总裁兼任长城须崎公司董事长、总经理。多次被选为宁夏、银川市党代会和人代会代表,2004年1月当选为银川市十二届人大代表。是中国铸造协会理事会副理事长。2000年获得中国铸造协会"良艺"青年铸造科学技术奖,同年,入选宁夏"313"人才工程;2001年被授予第六届"宁夏杰出青年企业家"称号;2001、2003年被银川市委授予优秀共产党员称号;2001年《企业国际化经营战略与管理》论文获第六届中国企业管理现代化创新成果二等奖,获得中国机械工业重大创新成果奖;2002年《面向全球市场的战略管理》获得中国机械工程学会优秀论文银奖,获得国家经贸委经济研究中心、中国国际名牌协会中国经济技术发展论文一等奖;2004年《整合标准,精细量化管理》获得机械工业创新成果一等奖。

(张明鹏)

**【严永胜】** 神华宁夏煤业集团公司总经理、党委副书记,高级工程师。1983年7月参加工作,西安矿院毕业,大学学历。历任石嘴山矿务局生产处工程师,石嘴山矿务局三矿副总工程师,石嘴山矿务局湖北石庙子水库项目经理,石嘴山矿务局生产处副处长,石嘴山矿务局副总工程师,石嘴山矿务局一矿矿长,宁煤集团公司石嘴山金能煤业公司党委书记、总经理,神华宁煤集团公司副总工程师等职。他在羊场湾煤矿成功推广应用了大倾角6.2米大采高综采工艺,填补了国内技术空白。2009年,羊场湾矿更是创造了采区单产达到1000万吨水平、全矿年产量达到1700万吨的国际先进水平。共投入安全资金32.34亿元,投入综采设备28套、综掘设备35套,矿井机械化程度大幅提升,机械化程度由70%提高到了94.5%。他推广了"手指口述"安全管理法,使矿井安全保障能力和安全管理水平得到有效提升。在他的主持下,集团公司共投入资金近10亿元,实现搬迁安置员工27980户。他参与主持的"松软地层柔模快速支护技术"获自治区科技进步二等奖,"大倾角复杂特厚易燃煤层6.2米大采高开采工艺集成技术"获自治区、煤炭工业协会科技进步一等奖,"煤炭超纯制备工艺与设备研究"获国家科技进步二等奖。

（张明鹏）

**【宋新华】** 宁夏地质矿产勘查开发局教授级高工。宁夏青年联合会委员、七届常委,宁夏青年企业家协会常务理事,中国地质矿产经济学会青年分会四至六届副理事长,宁夏灾害防御协会二届常务理事,宁夏高级专家联合会常务理事,宁夏地质学会第五届理事会副理事长,宁夏地质经济学会第六届理事会常务副理事长。他先后主持完成了多个地球物理地球化学勘查项目,尤其在宁夏中卫金场子金矿异常查证中,创新技术工作,采用激电测深、甚低频电磁法、汞气测量,野外快速痕量测金、地电找金等多种物、化探组合的新技术、新方法,取得了明显的找矿成果,并获自治区地矿局科技进步三等奖,主持的1: 5万水系沉积物测量及1: 1万岩石测量成果获自治区地矿局找矿三等奖。他组织制定了自治区"十二五"地质勘查工作规划。先后在国家、自治区公开发行的刊物上发表论文30余篇,在全国中文核心期刊发表科技论文6篇,其中有1篇被SCI收录。荣获全国优秀科技工作者、第二届宁夏"十大杰出青年"、宁夏优秀青年企业家、宁夏"五一劳动奖章"、全国地矿系统十佳管理干部、2009年度自治区政府特殊津贴获得者等多项荣誉。（张明鹏）

**【陈保宗】** 宁夏天地奔牛实业集团有限公司高级工程师。1970年参加工作。1987年主持设计了国内首台双速电动机拖动的刮板输送机;1992年作为技术主体参加了"铁法日产4千吨综合成套设备及工艺"项目,分别主持和作为技术骨干设计了破碎机和转载机,均填补了国内空白,破碎机和转载机技术水平达20世纪80年代来国际先进水平。1993年参加了国经贸科(1993)93号文《八五期间国家重大引进技术消化吸收计划》的引进技术谈判和可行性报告编写,1995年后研究开发了本厂主导产品刮板输送机、转载机、破碎机的20项关键技术应用这些技术,开发的6种新产品是国家级新产品,均填补了国内空白,达到当时国际国内先进水平。1998年10月取得了国家技术产权局"刮板输送机双向运输中部槽""埋链牵引刮板输送机的牵引链的锚固筒"两项专利。被评为1994~1996年度宁夏煤炭厅先进科技工作者,1997年宁夏煤炭系统优秀科教卫工作者,1999年石嘴山市"五一劳动奖章"。（张明鹏）

**【杜　历】** 宁夏水利科学研究所研究员。1984年7月毕业于宁夏农学院农田水利工程专业,毕业后分配到宁夏水科所工作,一直从事水利专业技术工作。2001年入选自治区"313人才工程"。主持和参加自治区"八五""九五"重点科技项目6项,获自治区科技进步奖二等奖1项、三等奖2项,发表学术论文30余篇,获自治区自然科学优秀论文二等奖1篇、三等奖2篇。1990年以来在《水利学报》《土壤学报》《灌溉排水》《中国农村水利水电》等刊物发表论文20篇,1995年撰写论文《宁夏银北地区地下水调控的有限元分析》入选中国科协第二届青年学术年会,受到党和国家领导人江泽民、胡锦涛、温家宝、宋健等亲切接见。2003年出版了《灌区改造与节水技术实践》和《浅层地下水利用与盐碱地治理》两部专著。

（张明鹏）

**【刘廷俊】** 宁夏林业产业发展中心研究员。1976年9月,毕业于宁夏农学院园林系,毕业后至1984年2月,在中宁县园艺场工作;1984年2月至1998年3月,在中宁县林业局工作,任林业局副局长、工程师、高级工程师;1998年3月至2002年6月,在中宁县绿化办公室工作,任办公室主任、研究员;2002年6月至今,在自治区果树站、宁夏经济林技术推广中心工作,历任副站长、副主任、研究员。参加工作30多年来,曾先后主持参加了"桃树引种栽培试验""宁夏引黄灌区兴果富民工程果树新品种引进及优质高效试验"等数10项重大科研和推广项目。先后获宁夏回族自治区科技进步二等奖2项、三等奖11项、四等奖1项,农业部科技进步三等奖1项,首届"梁希林业科技进步奖"三等奖1项,银南行署科技进步奖、中宁县科技进步奖10余项。1992年被评为自治区实施"231工程"先进个人,1995年被评为"全国农业科技推广先进个人",1999年获"全国绿化奖章",2000年被评为"全国营造林先进个人",2001年被评为"全国林业科技先进工作者"。

（张明鹏）

**【李生宝】** 宁夏农林科学院研究员。1982年毕业于北京林业大学林学系,在宁夏农林科学院林业研究所工作,先后任技术员、工程师、副研究员、林业研究所副所长,宁夏农林科学院园艺研究所所长,宁夏农林科学院荒漠化治理研究所所长、党支部书记。多年来,先后在西海固、盐池等地参加小流域水土保持综合治理科技示范与工程建设、荒沙治理等项目。共为宁夏沙区和山区引进旱生灌木130余种,培育优良抗旱种苗12000多万株,共营造各类试验示范林近100万亩。他建成的试验示范区已成为全国防沙治沙的样板,得到国内外专家学者和各级领导的好评。多次被宁夏农林科学院及其所在单位和地方政府评为先进工作者和优秀共产党员,被宁夏农林科学院评为先进工作者,先后被授予林业劲松奖、宁夏青年科技奖、国家科技部科技扶贫奖、全国钱学森沙产业开发奖、全国环境保护大奖"地球奖"、全国治沙暨沙产业先进科技工作者、全国优秀农业科技工作者、全国优秀科技工作者等称号。（张明鹏）

**【吴旭东】** 宁夏水产研究所研究员。1988年毕业于四川大学动物学专业,获理学学士学位;1991年毕业于西南师范大学动物学专业,获理学硕士学位;2006年毕业于中国农业大学分子生物学及农药学专业,获理学博士学位。兼任甘肃农业大学硕士生导师、西部渔业协会理事、宁夏渔业学会理事等职。完成农业部项目"淡水鱼类苗种繁育系统工艺及应用技术""宁夏鱼类病原区系研究"等国家、省部级科研项目十余项。获全国农牧渔业丰收二等奖、宁夏科技进步二等奖、重庆市科技进步二等奖等科研奖励4项。申请"一种与抗砷相关蛋白及其编码基因与应用"等国家发明专利4项。主编《淡水鱼类工厂化苗种繁育系统工艺及应用技术》《水产优良品种引进繁育及高效养殖技术研究》论文专集两部,在《Biochemistry》《DNASequence》《水生生物学报》《淡水渔业》等专业学术期刊上发表学术论文30余篇。主要从事国家农业科技成果转化资金项目"黄河鲇鱼良种选育及工厂化苗种规模繁育技术"、国家自然科学基金"黄河濒危兰州鲇繁殖与保护遗传学研究"、农业部"黄河鲇国家级原种场""黄河宁夏段黄河鲇鱼、大鼻吻鮈种质资源保护区"等项目研究,总经费550多万元。为宁夏"313人才工程"人选、水产学科跨世纪学术与技术带头人、国家科技风险投资评审委员会委员、宁夏回族自治区专家服务团成员。

(张明鹏)

**【马玉龙】** 宁夏大学化学化工学院教授。毕业于浙江大学,博士。宁夏大学化学与化工学院硕士研究生导师,教育部新世纪优秀人才,宁夏跨世纪学术技术带头人("313"人才)。获宁夏科技进步奖二等奖1项、三等奖2项,宁夏优秀学术论文二等奖1项、三等奖2项。发表学术论文70余篇,申请国家发明专利5项。主要从事天然药物开发及其药理药性、发酵药物分离纯化、药物生产中废弃物治理与资源化等领域的研究工作。(张明鹏)

**【龚波林】** 宁夏大学化学化工学院教授。2003年12月获西北大学博士学位,中国科学院大连化学物理研究所博士后,宁夏大学化学与化工学院硕士研究生导师。入选国家千百万人才工程第一、二层次和教育部新世纪优秀人才。主持完成了国家自然科学基金、科技部基础研究前期专项、教育部新世纪优秀人才支持计划、国际合作项目和宁夏自然科学基金(2004008)等10余项科研课题。参加了国家发展计划委员会重大课题"重组蛋白药物示范生产线及关键设备的开发"和国家自然基金重点课题"重组蛋白复性研究"等的研究工作。获宁夏科技进步二等奖1项,1998~2003年获宁夏自然科学优秀论文一等奖2项、宁夏大学优秀科研成果二等奖1项,获宁夏大学先进科技工作者荣誉称号4次。为国家自然科学基金通讯评审专家,宁夏重大科技项目评审专家,国际分析化学期刊《Talanta》和国内《高等学校化学学报》《分析化学》《色谱》等刊物的特约审稿人。

(张明鹏)

**【孙武平】** 宁夏银川市第二中学高级教师。1982年7月参加工作,自治区人民政府特殊津贴获得者。兼任全国民族教育协会常务理事,自治区青联委员、教育学会常务理事、数学学会常务理事,银川市青联常务理事、教育学会副会长、数学学会副会长等职务。先后5次被评为银川市优秀公务员,多次被银川市委、教育工委评为优秀党员。

(张明鹏)

**【陈晓秋】** 宁夏长庆小学校长,中学高级教师,国家级普通话测试员,国家资格认证心理咨询师,中华全国青联第十一届委员,宁夏青联委员副秘书长,自治区"百标工程"项目学校评估团专家,自治区语委语言文字专家团成员,自治区级骨干教师,自治区优秀辅导员、优秀党务工作者、先进工作者,银川市师德标兵。全国青年教师教学研究会委员,宁夏小学语文研究会常务理事,银川市小学语文教育学会副理事长。在国家级和省级核心期刊发表论文30余篇,主编和参与编写论著3部,另有5篇论文被人教、高教等出版社公开发行的书籍收录。主持的教育科研课题在全国"十五"规划课题中获成果一、二等奖,带领团队研究的多项课题获自治区一等奖。2003年,率先独立研发注重语文素养拓展的校本课程"诗文诵读与书法",并在全区小学语文课程改革成果会中向全区各校推广。2008年被国家教育部录入"中华名师库",参加全国核心期刊《教育艺术》杂志遴选,定为封面人物,专题介绍。(张明鹏)

**【毕玉明】** 宁夏石嘴山市光明中学高级教师。多年来,毕玉明身兼数职,既是英语教师、英语教研组长,又是班主任和学校教导处主任。他撰写的《英语语用学在教学中的应用》等7篇论文在省级刊物发表,主持申报的基础教育科研题课《中学英语词汇拓展实验》被自治区批准立项。作为一所拥有2000多人规模的重点高中教导处主任,毕玉明还撰写了一系列教育教学方案和制定规范,使学校的各项工作走上了规范化、科学化轨道。他所带的班级英语会考优良率高达98%,班级平均分高出本地区平均分28.3分,居全校之首。2001届毕业生高考平均分为88.1分,大幅度超出自治区平均分23.2分。

(张明鹏)

**【黄建华】** 宁夏回族自治区人民医院主任医师。黄建华从事心血管外科临床和科研工作近20年,主要以外科手术治疗心血管疾病,并研究基因、干细胞对心血管疾病的治疗作用。曾获中日政府世川奖学金赴日本进修,主攻血管新生的基因治疗。后在日本札幌医科大学分子医学部门攻读分子医学博士,主攻心血管疾病的基因及干细胞治疗。2005年博士毕业后赴美国范德比尔特大学和加州大学圣地亚哥分校医学中心进行博士后学习,其间主要从事心脏和肿瘤血管新生的分子机制研究。共主刀和参加心脏直视手术1500余台,发表文章30余篇,其中SCI论文10余篇,是世界著名杂志《Circulation》的审稿人,以第一发明人申请国际专利1项。(张明鹏)

**【白飞虎】** 宁夏医科大学附属医院主任医师。2003年6月毕业于宁夏医学院消化内科专业,获医学硕士学位,2007年以优秀博士毕业生毕业于第四军医大学消化内科专业,获医学博士学位。2006年10月,论文《多肽PⅢ抑制胃癌腹膜转移的研究》获第三届全国中青年消化病学术会议二等奖。2007年

12月科研项目《与胃癌腹膜高转移细胞表面受体特异性结合的多肽片断的研究》获第四届宁夏医学科技奖一等奖。2008年《胃癌腹膜高转移细胞系$GC_{9811}$-P的建立及其功能研究》成果获宁夏回族自治区科技进步二等奖。2008年12月科研项目《抗转移多肽对人胃癌腹膜高转移细胞侵袭转移的抑制作用研究》获第五届宁夏医学科技奖一等奖。主持国家自然科学基金在研项目2项，教育部春晖计划1项，教育厅重点项目、卫生厅重点项目各1项，宁夏医学院研究项目1项。主要从事胃癌转移的基础与临床研究，在国际刊物发表论文15篇，国内刊物发表论文20余篇。（张明鹏）

**【王振海】** 宁夏医科大学附属医院主任医师。医学博士、生物医学工程博士后研究员、神经病学主任医师、副教授、硕士研究生导师，宁夏医科大学临床学院副院长兼宁夏医科大学附属医院神经内科副主任、宁夏颅脑疾病重点实验室脑脊液研究室主任。中华医学会神经病学分会第四届青年委员、神经生化学组委员，国家"863"专家库评审专家，宁夏新世纪"313人才工程"人选。长期从事神经病学临床、教学和科研工作，擅长中枢神经系统感染和脑血管疾病的诊断、治疗和分子机制研究。（张明鹏）

**【夏鹤春】** 宁夏医科大学附属医院神经外科主任医师，中华医学会神经外科分会神经肿瘤学组委员，第七届宁夏医学会理事。1983年9月至1987年，在宁夏贺兰县人民医院外科任外科住院医师。1987年后，在宁夏医学院附属医院神经外科担任医师。承担宁夏回族自治区自然科学基金项目"人脑胶质瘤的时间生物节律性和生物钟基因表达的研究"（批号NZ0795）、国家人事部留学回国人员基金项目"荷人脑胶质瘤小鼠模型的建立及Clock基因表达的研究"。作为主要参与者承担国家"863"研究计划生物与医药技术研究基因工程和蛋白质操作技术专题（目标导向）"中枢神经系统新发病毒感染脑脊液分子生物学诊断建立和分子流行病学研究"。先后荣获宁夏回族自治区科技进步二等奖2项，荣获1998年度宁夏回族自治区卫生厅科技进步三等奖1项。2002年被评为宁夏回族自治区优秀青年科技工作者，2003年获得国家百千万人才第三层。已培养出硕士研究生3名、在读硕士研究生6名。（张明鹏）

**【郭文斌】** 宁夏银川市文联二级作家。先后就读于固原师范、宁夏教育学院中文系、鲁迅文学院。现为银川市文联主席、宁夏作协副主席、《黄河文学》主编、中国作协会员、中国散文学会会员。先后在《人民文学》《中国作家》《青年文学》等刊发表作品百余万字。作品先后多次被《小说选刊》《小说月报》等国家核心选刊和选本选载。有多篇被中央电视台制作播出。散文集《空信封》出版后受到读者欢迎，一版再版。小说集《大年》受到好评。《小说选刊》杂志社等单位为其召开专题研讨会。纪实长篇《第三种阳光》被多家媒体报道、缩发、连播、改拍。短篇小说集《大年》《水随天去》等引起争鸣。（张明鹏）

**【李树业】** 宁夏银川市第一职业中学高级技师、银川一职国家职业技能鉴定所所长、自治区级骨干教师。1980年从山东烟台商业学校毕业后，回到银川被分配到新华饭店工作。1985年，调入银川一职任教。2006年被中国烹饪协会授予"中国烹饪大师称号"，担任班主任的15年间，获得过10次省市优秀班主任和模范班主任称号。是银川一职烹饪专业的创始人。（张明鹏）

**【郭孝民】** 中色（宁夏）东方钽业公司二分厂技师。1987年7月毕业后进入东方钽业二分厂，先后在酸洗、降氧、还原等岗位从事钽粉冶炼工作，历任还原工段升温班长、副工段长、工段长。分别于1999年、2007年主持完成了钽粉生产中关键工序——钠还原的二期、三期扩能改造，设备洗型、调试和工艺制定。同技术人员一同对出口日本三洋公司的FTW500钽粉工艺加以改进，使该产品成功大批量进入日本及欧美市场。为了提高该品级粉的炉次合格率，对其原料的投入、反应器具的使用、注钠时间、注钠量进行了大量原始数据的跟踪分析，确定了较好的设备组合和控制参数，确保了产品质量的稳定性和一致性。对设备及工艺进行不断改进，如稀释剂的连续烘干方式、分钠器的坩埚设计，提高了产品的通过能力。先后两次参与了钠还原生产线的设计、改造和调试工作，在钽粉三期的扩能改造中，结合钽粉的生产发展需要，确定了钠净化系统、还原炉、搅拌机等主要设备的选型，完成了设备的安装和生产调试。通过对原材料的长期跟踪分析，解决了还原工序中的金属杂质超标的问题，使原粉炉次合格率提高近5%，每年可为公司创造500万元的经济效益。先后两次对还原炉体进行了改造，由六区控制改为三区控制，提高了使用寿命和加热效率，缩短了还原生产周期约20%。降低了消耗，节约了生产成本。他个人先后获得东方钽业公司安全生产先进个人、先进生产者、优秀工人技师称号，获得东方钽业科技年会成果二等奖1项、三等奖2项。2000年，获得全国优秀QC成果奖。2007年，获得自治区技能大奖。（张明鹏）

**【张　廉】** 中共宁夏回族自治区委员会党校副校长、宁夏行政学院副院长，法学博士、教授。兼任中国法学会法理学研究会理事、全国青联社会科学工作者联谊会理事、宁夏高级专家联合会常务理事、宁夏法学会副会长、宁夏哲学学会副会长、自治区人大常委会法工委法律咨询委员会主任委员、自治区人民政府法律咨询委员会副主任。主要从事党的基本理论及法制现代化问题研究。入选全国宣传文化系统"四个一批"人才、宁夏跨世纪学科带头人（"313人才工程"人选）、银川市仲裁委员会仲裁员，北京大成律师事务所银川分所律师，西北政法大学法学研究所兼职研究员。2002年荣获中国"十大杰出青年法学家"提名奖。（张明鹏）

**【李　军】** 宁夏银星能源股份有限公司车铣中心操作工。1996年毕业于宁夏职业技术学院。从2001年开始连续4年被公司评为"劳动模范"；2003年、2005年两次获得"全区杰出青年岗位能手"荣誉称号；2004年获首届全国数控大赛宁夏赛区第一名并代表自治区参加全国大赛;2005年获首届"振兴杯"技能大赛宁夏赛区数控车组第一名;2006年获第二届全国数控大赛宁夏赛区数控车组第一名,全国大赛第二十八名;2006年获"全国技术能手"荣誉称号。多年来他不断创新工作方法,提高加工效率,年均完成工时6000小时以上,超过正常定额2倍,工时居车间榜首。2006年被劳动和社会保障部授予"全国技术能手"称号,2010年获宁夏自治区政府津贴,成为宁夏银星能源股份有限公司获此殊荣的第一人。

(张明鹏)

## 新闻人物

**【全国"人口和计划生育事业十大新闻人物"纪秀英】** 纪秀英,同心县丁塘镇吴家河湾村的村民。2003年,宁夏"少生快富"工程在同心县开始实施,纪秀英成为全村第一批"少生快富"项目户。她利用计生部门3000元"少生快富"项目资金,买了两头小肉牛,主动联系当地畜牧技术人员就如何选配饲料、饲喂养、防病疫等技术问题进行指导,很快掌握了扎实的养殖技术。夫妇俩以两头小牛起步,稳步扩大养殖规模,后又扩大经营种植优质牧草、建成标准化圈舍和引进羔羊品种。几年来,纪秀英已出售肉牛170多头、商品羊220多只,收入近20万元,牛、羊分别存栏8头和37只。家庭年收入由2003年的2000多元提高到2010年的6万多元,由当地出了名的贫困户变成了小康户。在纪秀英的带动下,他们夫妇二人的兄弟姐妹先后有7人加入了"少生快富"工程,近三分之一(83户)的吴家河湾村村民成为"少生快富"项目户,该村170多户的家庭发展养殖,吴家河湾村因此被评为"少生快富"示范村。(张明鹏)

**【全国国防动员建设2010年度人物周舒】** 周舒,宁夏回族自治区交通运输厅党委书记、厅长,自治区国动委委员。他建立了养护、路政、收费、监控、服务区协同作战的高速公路应急保障体系,组建了公路交通战备工程保障中队,成立公路工程、公路运输、通信工程3大类8个专业保障队伍。按照军地结合、军民通用、系统配套、科学合理的原则,周舒主持制定了《应急交通保障预案》《战时交通保障方案》《防空袭交通保障计划》《民用运力动员预案》等,以及配套的应急交通民用运力动员、交通专业保障队伍动员、应急交通通信保障、交通线防护与抢修及给养、卫勤等保障方案,为高科技时代的交通战备保障打下了坚实基础。在他的带领下,宁夏交通运输厅积极实施国防公路改造,将驻地部队营区进出口道路建设纳入县、乡道路建设计划,3年来投入8635万元安排国防公路项目6个,共计115公里。2010年投资980多万元为驻宁部队、武警修缮营区道路4条,总长13.9公里。在他的亲自参与下,"贺兰砺剑—08""中巴联合军演""使命行动—2010"等演习的军事交通保障任务均取得圆满成功。2月21日,周舒当选"全国国防动员建设2010年度人物",并赴京参加国家国动委组织的颁奖仪式,受到国务院、中央军委领导的亲切接见。

(张明鹏)

**【2010中国小额信贷年度人物尹全洲】** 尹全洲,宁夏回族自治区金融管理办公室主任。1988年9月至1999年7月,先后在中国工商银行宁夏分行、中国银行宁夏分行和中国银行固原地区支行工作。1999年7月至2003年3月,在宁夏社会科学院任院长助理、副院长、党组成员,《宁夏社会科学》主编。2003年至2005年任自治区党委政策研究室副主任,兼任机关党委书记。2005年9月任自治区金融管理办公室主任后,积极推动宁夏地方金融改革和新型农村金融机构发展,很多方面成为全国金融工作的亮点,受到社会各界的关注。他先后获宁夏哲学社会科学第六届、第八届一等奖2项,获中共中央宣传部精神文明"五个一"工程奖2项。1992年获中国银行全国先进个人,1995年获中国银行总行"突出贡献一等奖",1999年获宁夏回族自治区"优秀青年企业家称号",2000年被宁夏回族自治区社会科学研究系列高级评审委员会评审为研究员、教授,兼任宁夏大学经济管理学院政治经济学专业金融理论方向的硕士研究生导师。2001年入选国家"百千万人才工程",2002年获"国务院特殊津贴"。(张明鹏)

**【第11届"中国时代新闻人物"李秀萍】**

李秀萍,女,微生物学与免疫学教授,主任医师,硕士生导师,宁夏医科大学党委委员、宁夏医科大学附属医院党委书记、宁夏医科大学临床医学院党委书记;兼任宁夏生物学会副理事长、宁夏心理学会副理事长、中国亚太经济发展研究中心高级研究员、《中国卫生》杂志社编委会编委、《中国医院建筑与装备》杂志社编委会编委、《医院报》编委、中国卫生人才理事、健康报社新闻宣传咨询委员会委员等社会职务。先后在《中国中西医结合杂志》《中国临床医药研究》《中国中西医结合脾胃杂志》《中西医结合肝病杂志》等国家级和省级刊物上发表论文30余篇,部分在国际性和全国性学术会议上进行交流。先后荣获"全国优秀教师""全国卫生系统优秀思想政治工作者""全国百姓放心示范医院优秀管理工作者""2006年度中国医疗健康大使""人文医学荣誉奖""和谐中国·2007年度百名影响力人物""2008中国关爱民生公益模范""2008中国经济女性年度成就人物"等殊荣及"全区防治非典型肺炎工作优秀共产党员""全区卫生系统行业作风建设先进工作者""全区文化科技卫生三下乡先进个人"等多项荣誉称号。2010年11月14日,由中国文学艺术基金会、影响力人物杂志社等单位联合主办的"影响中国——第11届中国时代新闻人物颁奖典礼"在北京人民大会堂举行,李秀萍荣获第11届"中国时代新闻人物"荣誉称号。(张明鹏)

**【中国最具创意策划杰出贡献人物赵淑铭】** 赵淑铭,宁夏鼎信益智管理咨询有限公司董事长、总经理。他先后20多次受政府和企业的委托,策划、设计、承建了宁夏葡萄陈列馆、中国·宁夏枸杞文化馆、中国·宁夏牛文化科技馆、中国·宁夏羊文化馆等十大主题展馆。

赵淑铭先后任宁夏乳制品工业协会副会长兼秘书长和中国策划院宁夏分院副院长、银川创意产业促进会常务副会长、银川会展业协会常务副会长等职务，并获得中国农业文化品牌首席策划创意师、中国首席展馆创意策划师、宁夏首届十大策划人的荣誉称号。他还担任17个国家级龙头企业战略发展顾问和管理咨询专家、自治区多个厅局咨询专家和政策与经济发展咨询顾问、银川市政府重大行政决策咨询专家等。6月18日，在由中国生产力学会、中国策划研究院举办的第二届中国创意策划节上，宁夏鼎信益智管理咨询有限公司获"中国最具创意的策划机构"称号，赵淑铭获"中国最具创意策划的杰出贡献人物"称号，是宁夏唯一获此殊荣的机构和个人。　　(张明鹏)

**【全国方志系统特别嘉奖先进工作者贾长安】**　贾长安，石嘴山市地方志办公室主任科员。从事编史修志工作25年来，在省级刊物发表修志理论文章40余篇10多万字；指导培训全市各级修志人员数百人次。先后参与编纂《大武口区志》《惠农县志》《平罗县志》《石嘴山市志》《石嘴山军事志》《石嘴山区志》《陶乐县志》等42部各类地方志书，累计逾千万字。同时还承担着指导、修改、编审基层30多个单位的部门(行业)志编修工作。先后在《中国地方志》等多家省级刊物发表修志论文52篇，在《宁夏日报》等省级报刊撰写发表地方史料文章40多篇。独立编纂出版《古今石嘴山》《当代石嘴山简史》《新世纪石嘴山》《当代石嘴山日史》《石炭井区志》《石嘴山军事年鉴》《大武口区政协志》。2005年荣获自治区人民政府表彰的"全区地方志工作先进个人"称号。2010年11月，中国地方志指导小组授予他"全国方志系统特别嘉奖先进工作者"称号。　　(张明鹏)

**【全国方志系统先进工作者叶长青】**

叶长青，彭阳县地方志办公室主任。2006年6月，任县史志办主任后，致力于地方文化建设。编辑出版个人专著《彭阳历史与经济》和《中华名医——皇甫谧》，达70余万字。主编出版了《中国共产党彭阳县历史大事记》《彭阳风物》《彭阳史地文集》《彭阳史话》。他主持创办的《彭阳史志》已连续出刊14期，是全区唯一的县级史志刊物。他还参与编辑《固原市志》《六盘山民间故事·彭阳卷》《风雨历程》、县政协《参政议政要报杂志》《走近皇甫谧》《探索与实践》等书刊。主持审定了《城阳中学校史》和《彭阳二中校史》。撰写了大量史志论文，发表在《固原日报》《新消息报》《宁夏史志》《宁夏党史》《共产党人》等报刊上。在他担任史志办主任的几年里，6名工作人员中有3人被组织提拔重用，有2人被县委、政府评为"学习型先进个人"，单位被县委、政府命名为"学习型机关"。业务工作连续3年被评为"全区修志先进集体"。他本人被县委、政府命名为"敬业奉献道德模范"，多次被评为"优秀共产党员"和"先进工作者"，还被推荐为固原市"十佳书香家庭"候选人。2010年11月，中国地方志指导小组授予他"全国方志系统先进工作者"称号。　　(张明鹏)

**【全国方志系统先进工作者胡建东】**

胡建东，吴忠市志办主任，助理编辑，高级政工师，宁夏地方志协会理事、宁夏年鉴协会理事、宁夏国史学会理事。担任《吴忠军事志》《武警吴忠市支队志》《青铜峡工商行政管理志》总纂。协调、组织、指导完成了《金银滩农场简志》《郭家桥乡志》和《吴忠监狱志》。连续11年为《宁夏年鉴》撰稿，累计搜集资料100万字，撰稿20万字。2008年，校勘出版《宁灵厅志草》。他先后担任《石嘴山市志》《固原市志》《续修永宁县志》《灵武市志》《石嘴山区志》特邀编审。策划并完成了吴忠第一部回族全史——40万字的《吴忠回族》。他还发表了大量的诗歌、散文、通讯和论文40多篇20多万字。多次荣获吴忠市先进工作者和优秀共产党员荣誉，2005年被宁夏区政府授予"全区地方志先进工作者"称号。2010年11月，中国地方志指导小组授予他"全国方志系统先进工作者"称号。　　(张明鹏)

## 宁夏年度经济人物

**【张建中】**　中国农业银行股份有限公司宁夏分行党委书记、行长，高级经济师。截至2010年末，全行各项存贷款余额分别达到346.2亿元、222.4亿元，增幅双列区内四大银行之首，分别较2007年增加178亿元和123亿元，增幅106%和84.3%，创宁夏农行历史之最，实现了经营规模翻一番。"三农"业务、资产回报率、不良贷款率等17项重要指标位居全国农行系统前列，综合绩效考核升至全国农行37家一级分行第9位，历史性地进入前10名，被农行系统誉为"小省区也有大作为"的"宁夏奇迹"。2010年，企业资产总额359.2亿元，营业总额16.5亿元，净利润5.18亿元，完税额8722万元。　　(张明鹏)

**【傅小东】**　国家开发银行宁夏分行党委书记、行长。2007年至2010年末，国家开发银行宁夏分行累计向自治区经济社会发展重点领域发放贷款514亿元，占全部发放量的90%以上，成为支撑宁夏经济社会发展的一支重要力量。向保障性住房、教育、卫生、中小企业、县域及新农村建设等领域发放贷款115亿元。发放生源地助学贷款1.45亿元，帮助解决27433名贫困学生上学难问题，成为区内唯一大规模支持中低收入住房和生源地助学贷款的金融机构。2010年，企业资产总额480.16亿元，营业总额10.19亿元，净利润8.34亿元，完税额2.78亿元。　　(张明鹏)

**【刘　刚】**　中石油宁夏销售公司总经理。2010年，中石油宁夏销售公司销售成品油138.6万吨，零售量130万吨，非油业务收入1.01亿元，公司成品油销售总量、零售量和非油业务收入三项指标增幅均创历史最好水平。2010年，受原油价格、铁路运力等因素影响，宁夏成品油资源出现紧张态势。针对这一情况，宁夏分公司制定销售应急预案，多渠道筹措成品油资源，加大市场投放，保重点、保民生、保增长，用数量占全区30%的加油站，承担了90%以上的油品供应任务。2010年，企业资产总额14.64亿元,营业总额89.8亿元,净利润1.08亿元,完税额1.3亿元。

(张明鹏)

**【肖宝贵】** 宁夏天地奔牛实业集团有限公司党委书记、董事长。2010年,主持研制成功的"年产1200万吨综采工作面成套输送设备"是目前世界上最大的综采输送设备,其主要技术指标居国际领先水平,标志着"奔牛"品牌已跻身世界输送装备制造前列。2009年,天地奔牛集团被国家人力资源和社会保障部、中国机械工业联合会授予"全国机械工业先进集体"荣誉称号,成为宁夏唯一获此殊荣的企业,也是国内刮板机制造领域唯一获此荣誉的企业。2010年,企业资产总额18.94亿元,营业总额16.76亿元,净利润1.61亿元,完税额1.69亿元。 (张明鹏)

**【张光华】** 银川佳通轮胎有限公司党委书记、总经理。2010年,企业实施了"高性能全钢载重子午胎技术改造项目",新增了一条钢丝圈生产线,开发了4个规格、169个品种的全钢胎新产品,43个规格品种的斜交胎新产品,使企业全钢胎产能从日产4750条扩大到5500条,形成了年产180万套的生产规模。全年实现销售轮胎238万套,较2009年增长了13.6%。2010年,企业资产总额14.2亿元,营业总额19.6亿元,净利润6869万元,完税额1.22亿元。

(张明鹏)

**【孙占财】** 宁夏红宝集团有限公司董事长。2010年随着西安红宝宾馆的开业,红宝集团实现了餐饮服务业向外拓展的目标。公司已发展成为集水利、公路(市政)、工业与民用建筑、餐饮娱乐、客运旅游、汽车运输、油品经营、房地产开发等多种产业于一体的跨行业、跨地区的民营企业,为3200多人提供了就业岗位,先后为社会公益事业捐款、捐物800多万元。2010年,企业资产总额13.34亿元,营业总额7.02亿元,净利润8607万元,完税额2054万元。

(张明鹏)

**【刘文锦】** 宁夏民生房地产开发有限公司董事长。民生房地产开发有限公司成功推出"民生城市花园""民生·塞尚公寓""民生·新天地""民生·艾依水郡""民生·兴庆府大院"等精品住宅。使"民生地产"由年开发量不足5万平方米的单一房地产开发业务公司,发展成为国家一级开发企业。2010年,宁夏民生房地产致力于"黄河金岸——华夏石刻园"项目开发。多年来,民生房地产公司向社会捐助善款累计达700余万元。2010年,企业资产总额22.28亿元,营业总额6.4亿元,净利润5375万元,完税额8243万元。 (张明鹏)

**【张志荣】** 宁夏王洼煤矿有限公司总经理。2009年被自治区评为工业经济"保增长"工作中贡献突出的优秀工作者,王洼煤业有限公司被评为全国煤炭企业先进集体、全国精神文明创建单位等,企业生产能力330万吨/年。2010年,企业资产总额20.41亿元,营业总额4.43亿元,净利润1.93亿元,完税额8896万元。 (张明鹏)

**【钟宝申】** 宁夏隆基硅材料有限公司总经理。他是中国横向磁场单晶研究领域知名专家。2006年投资10亿元成立了宁夏隆基硅材料有限公司,公司将资源集中于单晶硅材料的生产领域,按照"专业化、规模化、品牌化"的经营思路发展企业,产销量、利润快速增长,企业取得了令人瞩目的成就。按照未来三年的发展规划,企业将成为全球最大的太阳能硅材料制造商。2010年,企业资产总额8.9亿元,营业总额10.69亿元,净利润2.64亿元,完税额3395.5万元。 (张明鹏)

**【杨彦聪】** 宁夏兴俊实业集团董事长。2000年,投资成立宁夏兴俊实业集团,下辖6家独资或控股公司与分公司,形成了以石油开采、销售为主,多种经营为辅的产业格局,为400多人提供了就业。杨彦聪致富不忘国家,以扶贫光彩事业为己任,十多年来共向社会捐资4625万元。2010年,企业资产总额8.5亿元,营业总额7.37亿元,净利润6028万元,完税额4734万元。 (张明鹏)

**【彭　凡】** 宁夏共享集团有限公司董事长、总裁。2011年1月14日,共享集团"大型高端燃气轮机研发及产业化"项目获得2010年国家科学技术进步二等奖,被国家科技部认定为国家级企业技术中心。彭凡被授予"'十一五'国家科技计划执行突出贡献奖"。2010年,共享铸钢公司获得"国家中小企业创新100强"称号,彭凡获得"2010年创新先锋人物"称号。共享集团铸件产品50%以上出口,是中国最早向日本、美国出口高档铸件的专业铸造企业。2010年,企业资产总额17.17亿元,营业总额11.19亿元,净利润1.6亿元,完税额83604万元。 (张明鹏)

**【陈逢干】** 宁夏石嘴山市大榆树沟煤炭产销公司董事长。从2005年起,陈逢干首开民营企业创办基金会的先河,创办了宁夏最大的非公募基金会——宁夏陈逢干大学生助学基金会。基金会每年拿出300万元,专门用于贫困大学生的捐资助学。据统计,从1990年到2010年的20年间,陈逢干共向各类慈善事业捐款达到1.1亿元。他的善举得到社会各界的赞赏,成为全国唯一一个连续五年登上中国十大慈善家排行榜的企业家。2010年,企业资产总额4.36亿元,营业总额3.55亿元,净利润6561万元,完税额5900万元。

(张明鹏)

## 感动宁夏人物

**【海小平】** 见"去世人物"。

**【刘　志】** 1993年,刘志被确诊患急性粒细胞白血病。在治疗期间,她坚持学习,圆了自己的大学梦。2000年,刘志白血病复发,在亲朋好友及爱心人士的帮助下,在北京同仁医院成功地完成了自体干细胞移植手术。2002年,刘志参与了以她为原型拍摄的16集电视连续剧《天边有片洁白的云》。此后,她开始关注白血病儿童以及对捐献骨髓和干细胞的宣传。2010年4月26日,青海玉树发生地震后的第12天,刘志独自带着200套学习用具、5个小氧气瓶、几盒红景天抵达玉树灾区。在蓝天救援队的协助下,刘志来到巴塘乡拉吾尕村校。在这里,5个年级的孩子只有5名老师,还有一名老师的母亲在学校帮忙做饭。大家学习生活都在帐篷里,缺少学习用具。刘志决定留下来,给孩子们上课。8月8日凌晨,甘肃舟曲发生特大泥石流灾害,8月12日,刘志与其他4名志愿者一起奔赴舟曲。在灾区她开始跟大家一起一锹一锹地挖土救人。8月30日,一身疲惫的刘志再次奔赴玉树,途中,刘志经过距离宁夏的家只有300公里的一个岔路口,她没有回家,还是选择了去玉树。2010年,被评选为“感动宁夏2010年度人物”。

（张明鹏）

**【陈树兰】** 女,吉林长春人。宁夏医学院院长、主任医师、教授。1952年毕业于中国医科大学,在西北军政委员会卫生部直属医院任住院医师。1953年5月调宁夏省人民医院工作,1979年6月到宁夏医学院任副教授、内科主任、副院长、院长,从事医疗、教学和科研工作。多年来她坚持进行高血压、冠心病的流行病学研究、心脏窦房结电图的研究等,完成多项科研课题。1984年获自治区有突出贡献科技人员二等奖。1991年享受国务院政府特殊津贴。1999年被评为自治区有突出贡献的十大科技明星。是第十一届、十二届、十三届全国人大代表,自治区第七届人大常委。兼任中华医学会理事,宁夏医学会副会长。2010年被评选为“感动宁夏2010年度人物”。（张明鹏）

**【李宁为】** 宁夏肢残协会主席。他三次夺得全国残疾人游泳比赛金牌。1997年,他停薪留职,创办了宁夏东平伟业工贸有限公司,不仅自己率先过上了小康生活,而且带动和帮助周围的许多残疾人实现了自强自立。他先后被授予全国、全区“自强模范”“宁夏道德之星”“宁夏慈善人物”。李宁为还把更多的精力投入到慈善事业。汶川大地震后的第二天,他发起和组织了残疾人公益捐款活动,为灾区募集善款4万余元。他还倡导和组织了全区“关爱盲人兄弟——捐赠眼角膜”大型公益活动。他不仅自己成为全区第一个考取机动车驾驶执照的残疾人,而且引领和帮助全区300多名肢体残疾人考取了驾驶执照。他收养了被火车压掉双腿的孤残儿童丁宁宁,资助双下肢残疾人袁杰、失去双臂和一条腿的王利华成为宁夏优秀残疾人运动员,累计捐款捐物近60万元。他先后被评为银川市和自治区自强模范。2007年被推选为银川市政协第十一届委员,被自治区党委宣传部授予“爱德之星”光荣称号,被中国肢残协会授予“文化助残先进个人”。2010年,被评选为“感动宁夏2010年度人物”。（张明鹏）

**【杜雪梅】** 宁夏吴忠市红寺堡区红海镇村民。25年前,杜雪梅的丈夫因为一次意外而瘫痪在床,年仅38岁的杜雪梅成了家里的顶梁柱,她用无私的爱唤起丈夫生活的信心,她以孱弱之躯照顾生病的丈夫,扶养儿女长大成人。25年里,她没有睡过一个安稳觉,却总是把丈夫收拾得干干净净,把家操持得利利落落。她说,虽然丈夫有病了,但他们谁也离不开谁。25年的坚守,25年的努力,在这个并不为人知的中部干旱带的小山村里,杜雪梅用自己最朴素的方式演绎了一段感人至深的真爱故事,让一个曾经濒临破碎的困难家庭,一步一步地走上了幸福的坦途。她用中国女性特有的坚韧、执著和贤惠营造出一个幸福家庭。2010年被评选为“感动宁夏2010年度人物”。（张明鹏）

**【沙渊聪】** 2010年7月5日,宁夏吴忠市红寺堡中学初一年级学生沙渊聪,刚刚考完期中考试,约了几个同学一起出去玩,在他们游戏的水塘里,有两个少年落水,沙渊聪和同学王生宝奋不顾身地跳下去,当与同伴协力救出两个落水者后,这个只有13岁的男孩,又把生的希望留给别人,奋力将王生宝推向岸边,而他却牺牲了。2010年被评选为“感动宁夏2010年度人物”。

（张明鹏）

**【詹永奎】** 中卫市永康镇徐庄村农民。年轻时他当过拖拉机手、铁路工人、村队会计。1984年,创办了一家塑料厂。2002年,国家退耕还林政策出台,詹永奎先后申请了3000多亩荒地,58岁的他开始向荒漠进军。2002年,詹永奎开发了500亩荒地,种上了防风固沙的刺槐等树木。2003年,增加到600多亩。2005年,时任中卫市农牧局局长的马吉查看了他承包的荒山后深受感动,决定为他提供价值十几万元的枣树苗。2006年,他将开发面积增加到2000亩。为了灌溉树木,他把井水引到水平主渠道,然后每隔几十米引出多条垂直渠道,在每一行树的水平线位置再造引水坑,类似水平梯田的方法让每一株树都可以“喝”到水。用这种被专家称为“鱼鳞穴坑式”的节水灌溉方法,一亩果林一年可节水70立方米。2010年,詹永奎获得全国绿化奖章,宁夏共有11人获奖,而詹永奎不仅年龄最大,还是其中唯一的农民。2010年被评选为“感动宁夏2010年度人物”。（张明鹏）

**【王志明】** 宁夏武警大武口支队政委。入伍26年,从事政治工作就有20年,具有丰富的政治工作经验。任政委以来,他积极探索新形势下开展政治工作的方法和路子,总结出“基层干部带兵十法”“知兵二十条”等经验,指导部队开展了“唱红色歌曲、看红色电影、读红色书籍、做红色传人”活动,打牢了官兵争做党和人民忠诚卫士的思想根基。2010年7月3日,石嘴山市大武口区发生了一起劫持出租车司机的突发案件。当地公安人员赶到犯罪现场,对劫匪劝说了三个多小时,犯罪嫌疑人不为所动。在这危急关头,他们请求武警宁夏总队大武口支队协同公安制服劫匪,支队政委王志明带领官兵来到了案发现场。经过几个小时的耐心劝服,劫匪终于被擒获,一场危机就此化解。2010年被评选为“感动宁夏2010年度人物”。

（张明鹏）

**【李国峰】** 宁夏西吉县田坪乡庙山村盲人。5岁时,李国峰双目失明。9岁时,父亲去世。改革开放后,他开起了小卖部,从距离村上7公里山路的甘肃省会宁县马路乡的集市上进货。母亲领着儿子往返于这条7公里长的山路。几个月后,李国峰终于掌握了通往山外的路。从此以后,人们看见一个盲人拉着一个装满百货的架子车,行走在山间的道路上。每到冬天的夜里,他就用自己身体的温度给母亲暖病腿。如今,56岁的他侍奉着已经78岁的母亲,每天早上起来先给母亲煮碗面，等母亲吃完后，他的小卖部才开门营业。2010 年被评选为“感动宁夏 2010 年度人物”。

(张明鹏)

**【王景光】** 原州区的一名普通大学生。父亲是原州区水利局职工，母亲在家待岗，弟弟在新疆上大学。家里的一切开支就靠父亲一个人的微薄工资承担。2008 年王景光考入南京晓庄学院经济与管理学院，为资助宁夏失学儿童，他曾同时在校内兼三份职：在校园书店卖书、做老师的助手、在图书馆整理书籍。为省钱，他给自己定的每月生活费是 115 元，每天吃饭的钱仅 3 元至 3.5 元。但他每年资助的学生数却在增长，大一上学期 3 名，下学期 4 名；大二 7 名；现在增加到了 8 名。在他的爱心带动下，南京晓庄学院和南京市民纷纷对宁夏贫困孩子伸出了援助之手，现已有 120 多名贫困生得到了爱心资助。王景光也先后荣获 2010 年感动南京年度人物”“第九届南京市好市民”“2010 年江苏优秀大学生”“2010 年南京市优秀团员”“第三届感动晓庄十大杰出青年”等 12 项荣誉称号。2010 年被评选为“感动宁夏 2010 年度人物”。 (张明鹏)

# 人 物 名 录

**【第六届“宁夏青年五四奖章”获得者】**

马文辉 女 回族 吴忠市创业青年

白亚东 宁夏地矿局物勘院地震勘查公司总工程师

任爱民 银川小任果业公司董事长

李新华 神华宁夏煤业集团有限责任公司白芨沟煤矿矿长

张文华 宁夏夏华肉食品有限公司董事长兼总经理

杨　涛 回族 自治区体育运动训练管理中心运动员

杨金会 回族 宁夏大学宁夏能源化工自治区重点实验室教授

周　玮 回族 宁夏医科大学附属医院呼吸内科副主任、宁夏医科大学临床学院内科学副教授

柳　萌 银川市公共交通有限公司 101 路驾驶员

贾　斌 宁夏交通信息监控中心副主任、高级工程师

(张明鹏)

**【宁夏回族自治区劳动模范】**

卢志斌 银川市正义达律师事务所主任

高强文 银川方达电子系统工程有限公司总工程师

史　信 宁夏上陵实业(集团)有限公司董事长

张凤琴 女 银川新华百货商店股份有限公司副董事长

杨　伟 银川建发集团股份有限公司董事长

党彦宝 宁夏宝丰能源集团有限公司总裁

杨茂红 回族 宁夏兴唐米业集团有限公司董事长

任爱民 银川小任果业有限责任公司董事长

张晓炜 宁夏正丰建筑工程有限公司电工

马新华 回族 银川市兴庆区银古路办事处高台寺村委会主任

吴永虎 金凤区黄河东路街道办事处魏家桥村党支部书记

曹艳婷 女 永宁县李俊镇侯寨村党支部书记

庙月萍 女 贺兰县洪广镇金山村党支部书记

魏　江 宁夏西北骏马电机制造股份有限公司铆焊班班长

颜文香 女 石嘴山市星瀚集团皓泰热力有限公司工人

杨银军 宁夏博宇特钢集团有限公司焦化车间主任

李文龙 石嘴山银行股份有限公司客户服务中心负责人

刘庆华 宁夏天地奔牛实业集团有限公司产品研究所副所长

王金山 宁夏金力实业集团有限公司技术员

王学仁 石嘴山市人民商场有限责任公司董事长

肖宝贵 宁夏天地奔牛实业集团有限公司董事长

秦继才 满族 石嘴山市星瀚市政产业(集团)有限公司总裁

杨利忠 宁夏惠冶镁业集团有限公司副总经理

马　涛 回族 宁夏宝马化工铸造有限责任公司铸造车间车间工

乔建银 石嘴山市宏力市政工程有限责任公司机修工

张　亮 大武口区阳光园艺有限公司经理

叶立国 平罗县姚伏镇小店子村党支部书记

杨金萍 女 回族 平罗县通伏乡通伏村农民

王生军 平罗县红崖子乡三棵柳村农民

吕天明 石嘴山市惠农区红果子镇宝马村农民

康　莉 女 中国移动宁夏公司吴忠分公司市场部经理

赵映红 女 宁夏金昱元化工集团森科树脂公司操作工

李朝辉 吴忠卷烟厂厂长

江振强 宁夏夏进乳业股份有限公司设备部部长

郭敬华 回族 宁夏庆华煤化有限公司总经理

党海凤 女 吴忠市龙河牧业专业合作社理事长

丁学福 回族 吴忠市利通区板桥乡梁湾村党支部书记

李万成 青铜峡市邵刚镇下桥村五组农民

杨宝虎 回族 同心县宝虎劳务中介公司经理

徐生兰 女 盐池县花马池镇强生养殖专业合作社理事长

郝光荣 回族 盐池宁鲁石化公司工会主席

师昌吉 红寺堡区紫兴电器商贸有限公司经理

康伏海 回族 红寺堡镇创业社区人民调解委员会主任

马　军 回族 固原市京军人力资源和服务派遣公司经理

雷　达 宁夏天豹固原市汽车运输有限责任公司董事长

樊学明 固原市医药集团有限责任公司董事长

皮学亮 原州区头营镇马园村党支部书记

施志林　西吉县吉强镇大滩村党支部书记
冯存虎　回族 隆德县杨河乡红旗村党支部书记
张琪生　隆德县神林乡庞庄村二组农民
虎彩虹　女 彭阳县草庙乡新洼村养殖协会农民
禹爱莲　女 回族 泾源县禹爱莲手工制作协会农民
马建华　中冶美利纸业有限公司一分厂2640车间技术员
李文华　中卫市应理市政集团公司经理
杨　飞　中卫市硒砂瓜协会技术员种植户
贾天将　宁夏天元锰业集团有限公司董事长
张文华　中卫市沙坡头区东园镇史湖村养殖大户
刘文祥　中卫市沙坡头区文昌镇雍楼村党支部书记
王建荣　中宁县鸣沙镇薛营村村委会主任
赵　广　海原县高崖乡高崖村种植户
李永武　回族 海原县红羊乡术川行政村主任
张　鹏　宁夏亨源粮油有限公司工人
李亚萍　女 宁夏黄河出版传媒集团有限公司教材中心主任
吴海山　宁夏沙湖旅游股份有限公司沙湖宾馆厨师
吴新明　宁夏农垦集团灵武农业发展公司生产部主任
王雪红　女 宁夏农垦集团西夏王实业公司玉泉营葡萄公司农二队组长
张　路　宁夏路桥工程股份有限公司设备租赁维修公司主任
范开明　宁夏供销社日杂鞭炮有限公司储运分公司副经理
段庆奎　宁夏建筑材料研究院(有限公司)院长
白永江　宁夏矿业开发公司钻井队队长
薛志学　宁夏伊斯兰地质工程公司天津分公司深圳项目部经理
侯建军　宁夏汇川服装有限公司总经理兼董事长
王泽顺　银川市烟草专卖局科长
吴海生　西部机场集团宁夏机场有限公司职工
孟春生　兰州铁路局银川车务段干塘车站调车长
王铁柱　兰州铁路局银川供电段青铜峡接触网工区工长
金学军　兰州铁路局银川客运段段长
邢仙茹　女 长庆油田公司第三采油厂虎狼峁作业区柳二转井区区长
程玉虎　长庆油田公司第三采油技术服务处处长
鲁琳娜　女 银川市邮政局西城分局营销员
马全虎　回族 宁夏同心县邮政局乡邮、投递员
王起东　中国电信股份有限公司银川分公司计算中心主任
何　玲　女 回族 中国移动通信集团宁夏有限公司吴忠分公司客户经理
薄其明　华电集团宁夏分公司规划建设部主任
刘　麒　国电宁夏石嘴山发电责任有限公司发电部部长
曹崇福　中国人民银行中卫市中心支行行长、党委书记
贺志远　回族 中国工商银行宁夏分行银川西门支行行长
陆凤珍　女 中国农业银行股份有限公司石嘴山惠农支行部门经理
张晓彬　女 中国建设银行宁夏吴忠分行执行会计师
马进晓　回族 中国农业发展银行宁夏区分行处长
刘加清　国家开发银行宁夏分行市场投资处处长
贺继江　交通银行宁夏区分行办公室主任
刘志刚　中国人民财产保险股份有限公司银川市丽景支公司客户经理
贺　钧　宁夏杞叶青生物工程有限公司经理
阮世忠　宁夏厚生记食品有限公司总经理
郭昊东　宁夏彭阳昊东创业园经理
王　俭　神华宁夏煤业集团有限公司董事长
宋兆贵　神华宁夏煤业集团金能煤业公司副总经理
苏学辉　神华宁煤集团乌兰煤矿综采二队采煤一班班长
蒙鹏科　神华宁夏煤业集团羊场湾煤矿综放队队长
崔吉峰　宁夏电力公司总经理
赵大光　宁夏电力公司发展部主任
苗建龙　国电大武口发电厂检修部机械分部工人
宋艳丽　女 宁夏电力公司银川供电局变电站站长
李树春　中电投青铜峡能源铝业集团股份有限公司电解一部四车间主任
朱宝仓　宁夏恒力钢丝绳股份有限公司生产制作部部长
李　彬　中色(宁夏)东方集团股份有限公司总工程师
赵洪章　中色(宁夏)东方集团股份有限公司四车间主任
陈跃军　宁夏发电集团银星能源股份有限公司风电设备制造有限公司车间主任
尤天军　宁夏发电集团银仪电力设备检修安装有限公司工人
毛学军　宁夏建工集团有限公司总工程师
张兴宁　宁夏建工集团有限公司西夏体育馆项目部项目经理
李国梁　宁夏建材集团青铜峡水泥股份有限公司动力部部长
雍瑞生　中国石油宁夏石化公司总经理
董新宁　中国石油宁夏销售公司滨河加油站站长
施万森　宁夏大唐国际大坝发电有限责任公司安全监察部部长
段生杰　宁夏回族自治区煤田地质局总工程师
卢万明　国电英力特能源化工集团股份有限公司项目经理
吴文平　宁夏银行股份有限公司大武口支行科长
张淑琴　女 宁夏黄河农村商业银行股份有限公司科技信息部主管

(张明鹏)

**【宁夏回族自治区先进工作者】**

邬　鹏　银川市委组织部组织科科长
田金柱　银川市动物卫生监督所职工
张晓虎　回族 银川市公安局兴庆区分局刑警大队反盗抢中队教导员

黄晓晨 银川市公安局交警支队兴庆区一大队中队长
高新平 银川市殡仪馆馆长
史顺宁 银川市西夏公园副主任
姬恒飞 银川晚报社记者
王 琴 女 银川二中教师
王 岩 女 银川市第一人民医院病理科主任
朱更生 灵武市农业技术推广服务中心主任
唐文林 宁夏灵武长枣研究所副所长主任
蒋小安 女 回族 银川市兴庆区回民第二小学校长
马国兵 回族 银川市兴庆区市容环境卫生处清扫员
梁玉春 女 金凤区农业技术推广服务中心研究员
孙仙梅 女 西夏区朔方路街道办事处正茂巷居委会主任
秦治武 永宁县人民医院外科主任
兰剑波 贺兰县地方税务局局长
李学斌 石嘴山市农业技术推广服务中心技术员
陈 莉 女 石嘴山市公安局刑侦支队法医
邱秦晓 女 石嘴山市第五中学教师
张惠斌 石嘴山市第九小学党支部书记
孙中宁 石嘴山市建设工程质量监督站站长
薛谊献 女 石嘴山市公路段工人
王亚军 女 石嘴山市第一人民医院妇产科主任
刘学芳 女 大武口区城市管理执法大队副大队长
叶宪萍 女 石嘴山市大武口区长城街道健民社区居委会主任
刘学花 女 惠农区中心敬老院服务员
段进成 平罗县中医院推拿中心主任
王金玉 吴忠市中心血站站长
张自福 回族 吴忠市市政建设管理中心路灯管理所所长
赵春杰 吴忠市地税局局长
石金山 吴忠市公安局刑侦支队支队长
关生仁 吴忠中学教师
门永红 女 吴忠日报社编辑部副主任
蒋万兵 青铜峡市农业技术推广服务中心主任
马金林 回族 吴忠市利通区马莲渠乡岔渠桥村医疗站医生
海小平 回族 同心县公安局预旺派出所民警
张治中 同心县公安局缉毒大队大队长
李海洋 回族 同心县预旺农业服务中心主任
刘 杨 女 固原市文化体育广播电视局助理编辑
杨 琳 女 固原市农科所旱作物研究室副主任
何桂琴 女 回族 固原市回民中学教师
马东升 回族 固原市公安局原州区分局彭堡派出所所长
高春河 原州区水保站站长
王彦平 原州区农业技术推广服务中心主任
胡 杰 固原市人民医院院长
闫治成 西吉县城乡建设与环境保护局环卫队队长
胡国忠 回族 西吉县兴隆镇政府党委书记
程国昌 隆德县农业技术推广中心农艺师
杨宁国 彭阳县文物管理所所长
杨凤鹏 彭阳县林业和生态经济局造林队队长
李福祥 回族 泾源县卫生监督所所长
何士荣 女 中卫市城市公用事业管理所环卫队队长
赵紫峰 中卫市公安局沙坡头区分局刑警大队大队长
辛 军 中卫市第二人民医院中西医综合科主任
张振安 中卫市沙坡头区常乐镇司法所人民调解员
史川军 中卫市永康镇永康小学教师
刘明星 中宁县第九小学教师
张建平 中宁县公安局三级警督
吴春辉 女 中宁县人民医院儿科主任
杨文选 海原县人民医院内科主任
刘 瑞 女 宁夏公安厅安康医院内科护士长
韩 文 回族 自治区财政厅预算处副处长
张 黎 自治区国土资源调查检测院院长
孟光永 自治区党委政策研究室调研员
宋 鸣 满族 宁夏文学艺术界联合会美术家协会主席
杨先梁 自治区环境监察总队副总队长
魏邦荣 《宁夏日报》报业集团办公室副主任
李建华 宁夏广播电视总台节目主持人
庄电一 光明日报社宁夏回族自治区记者站站长
张 文 中国农工民主党宁夏回族自治区委员会秘书
焦登相 自治区统战部机关党委专职副书记
廉 龙 宁夏公路管理局石嘴山分局大武口养护中心主任
潘丹丹 女 宁夏公路管理局吴忠分局盐池收费站收费员
韩 飞 自治区农村能源工作站站长
罗晓瑜 自治区畜牧工作站站长
蒋 齐 宁夏农林科学院荒漠化治理研究所所长
曹 君 宁夏盐环定扬水管理处九泵站书记兼站长
马国民 宁夏红寺堡扬水管理处检修队副队长
徐宁红 女 宁夏水利厅农村水利处处长
王洪祥 银川劳动教育管理所康复中心筹备组组长
刘瑞宁 石嘴山监狱副监狱长
马 仟 女 宁夏歌舞团演员
冷晓红 女 宁夏职业技术学院教师
朱庆林 银川一中教师
田凤俊 回族 宁夏师范学院外国语学院院长
武宇林 女 北方民族大学社会学与人类学研究所副所长
贺弘炜 宁夏教育厅教学研究所主任
褚广宇 宁夏建筑安装劳动定额管理站综合科科长
余根民 宁夏金沙林场副科长
桂树斌 吴忠市国家税务局总会计师
王荷娟 女 银川市地方税务局税政二科主任科员
赵文业 中卫市地方税务局人事与老干部科科长
田彦才 海原县工商行政管理局经济检查队指导员

高　建　石嘴山市工商行政管理局惠农分局科员
左　弘　宁夏锅炉压力容器检验所所长
张廷荣　中卫市粮食局军粮供应站主任
刘永锋　青铜峡国家粮食储备库业务科科长
刘常青　自治区科技厅办公室主任
哈若水　回族 宁夏回族自治区人民医院放射科主任
薛　瑞　女 宁夏药品检验所副主任
杨　怡　女 回族 宁夏医科大基础医学院生物化学与分子生物学系实验中心副主任
闫立民　宁夏疾病预防控制中心主任、党委书记
康小伟　宁夏体育运动训练管理中心摔跤队主教练
蔡　敏　女 回族 灵武市气象局测报员
张　帆　女 银川市劳动就业服务局职业介绍服务中心主任

（张明鹏）

【宁夏慈善突出贡献人物奖获得者】

陈逢干　石嘴山市大榆树沟煤炭产销有限公司董事长
刘金虎　宁夏回族自治区工商联主席
张贤亮　宁夏文联名誉主席、镇北堡西部影城董事长
党彦宝　宁夏宝丰能源集团有限公司董事长
孙珩超　宁夏宝塔石化集团有限公司总裁
郑国祥　宁夏正丰建设集团董事长
柯允君　宁夏日盛实业有限公司总经理
朱宏魁　银川市郊区第二建筑有限公司董事长
张宝军　宁夏建成建材有限责任公司董事长
刘文锦　宁夏民生房地产开发有限公司董事长
王新生　宁夏住宅建设发展（集团）有限公司董事长
马生国　宁夏中银绒业股份有限公司董事长

（张明鹏）

【宁夏慈善模范爱心人士奖获得者】

张　达　宁夏华尊立达房地产开发集团有限公司董事长
徐　毅　宁夏隆湖房地产开发集团有限公司董事长
马少青　平罗宝马化工铸造有限责任公司董事长
姜丽娟　银川市兴庆区西关居委会原主任
魏　民　银川众一集团房地产开发有限公司董事长
于金荣　泾源县荣盛建筑工程有限责任公司总经理
马仲林　中卫市楚雄房地产开发集团董事长
金　明　银南房地产公司董事长
岳思国　吴忠中达房地产公司董事长
李宁为　宁夏银川东平伟业工贸公司总经理
刘睿华　石嘴山市骊达工贸有限公司总经理
俞　斌　宁夏科豪陶瓷有限公司副总经理
李平子　西吉县农贸蔬菜批发市场经理
赵嘉庚　固原雪洋粮油有限责任公司总经理
肖永锋　宁夏永生实业有限公司总经理
马志英　海原县海城镇爱心妈妈
刘国祥　宁夏杞芽食品科技有限公司董事长
孙仙梅　银川市西夏区正茂社区居委会主任
贾益琳　《宁夏日报》报业集团高级编辑

（张明鹏）

【宁夏慈善优秀工作者奖获得者】

丁丽萍　平罗县中心敬老院副院长
魏　华　宁夏红十字会副秘书长
李建荣　宁夏妇女手工制品协会秘书长
周立梅　宁夏青少年发展基金会监察部部长
杨青虎　宁夏陈逢干大学生助学基金会副秘书长
于志毅　银川市穆斯林孤儿院院长
何宁红　银川宁红爱心老年公寓院长
胡春平　宁夏社会福利院副院长
王彦蓉　宁夏儿童福利院特教康复部副主任
王　琰　银川市兴庆区社会福利院院长
韩映升　固原市原州区民政局干部

（张明鹏）

【宁夏慈善模范新闻工作者奖获得者】

周志忠　《人民日报》宁夏分社采编部主任
曹　健　新华社宁夏分社记者
王海英　宁夏日报社新闻部记者
祁瀛涛　《现代生活报》记者
邓永平　宁夏广电总台新闻部记者
王卫东　宁夏广电总台新闻中心记者
刘　波　银川电视台记者
吕　芹　石嘴山电视台新闻网站部记者
马茂荣　固原市文化体育广播电视局助理记者
张晓勇　《中卫日报》海原记者站站长

（张明鹏）

【第三届宁夏“十大慈善人物”】

白武新　宁夏亘元房地产开发有限公司总经理
陈逢干　石嘴山大榆树沟煤炭产销有限公司董事长、宁夏陈逢干大学生助学基金会理事长
朱奕龙　宁夏银帝集团董事长
王新生　宁夏住宅建设发展集团总裁兼党委书记
禹学峰　宁夏泰华煤业有限责任公司董事长
张宝军　宁夏建成建材有限责任公司董事长
杨文学　中国阿拉伯国家宁夏贸易促进会会长
康全保　宁夏利鑫房地产开发有限公司、银川富康大酒店董事长
司本念　宁夏盛世开元拍卖有限公司董事长
张京芃　宁夏昊城房地产开发有限公司董事长

（张明鹏）

【首届宁夏“十佳人民警察”】

张晓虎　兴庆区公安分局刑警大队反盗抢中队教导员
屠建强　金凤区公安分局刑侦大队大队长
陈　莉　石嘴山市公安局刑警支队法医
张艳琴　大武口区公安分局朝阳街派出所永乐社区民警
骆幸福　平罗县公安局巡警大队教导员
李卫东　青铜峡市公安局交警大队民警
张治中　同心县公安局缉毒大队大队长
杨瑞琪　西吉县公安局刑侦大队中队长

周建华　中卫市公安局交警支队巡逻大队大队长

刘　刚　石嘴山市消防支队惠农区大队大队长

（张明鹏）

【首届宁夏“十佳人民警察提名奖”】

魏　宁　西夏区公安分局宁华路派出所园林场社区民警

黄晓晨　银川市公安局交警支队兴庆区一大队中队长

赵虎财　石嘴山市公安局刑侦支队副支队长

赵志刚　盐池县公安局花马池派出所陵园社区民警

杨军军　红寺堡区公安分局刑侦大队民警

王振华　原州区公安分局治安大队大队长

张发长　隆德县公安局交警大队联财中队中队长

龚　峰　海原县公安局李旺派出所教导员

康国鹏　中卫沙坡头区公安分局办公室副主任

杨树成　公安厅禁毒总队侦查支队支队长

（张明鹏）

# 集体名录

【自治区模范集体】

宁夏中银绒业股份有限公司

宁夏惠冶镁业集团有限公司

吴忠市人民检察院

固原市第一中学

宁夏隆基硅材料有限公司

宁夏育才中学

宁夏医科大学附属医院手术室

中国银行宁夏区分行

神华宁夏煤业集团汝箕沟煤矿

宁夏电力公司石嘴山供电局

宁夏发电集团有限公司

（张明鹏）

【宁夏慈善突出贡献企业奖】

宁夏兴俊实业集团

神华宁夏煤业集团有限责任公司

国家电网宁夏电力公司

宁夏银帝集团房地产开发管理公司

宁夏庆华集团

中电投宁夏青铜峡能源铝业集团有限公司

宁夏宁鲁石化有限公司

宁夏银行股份有限公司

中国石油天然气股份有限公司宁夏石化分公司

宁夏红枸杞产业集团有限公司

中国移动通信集团宁夏有限公司

宁夏紫荆花纸业有限公司

石嘴山银行股份有限公司

银川金凤万达广场投资有限公司

中国电信股份有限公司宁夏分公司

（张明鹏）

【宁夏慈善优秀公益组织奖】

宁夏慈善总会

宁夏红十字会

宁夏妇女儿童发展基金会

宁夏陈逢干大学生助学基金会

宁夏友好爱心协会

宁夏煤炭职工扶贫济困基金会

（张明鹏）

【第三届宁夏“十大公益企业”】

中国电信宁夏公司

宁夏邮政公司

银帝集团

国家电网宁夏电力公司

中国移动通信集团宁夏有限公司

宁夏银行

中国石油宁夏销售公司

银川昊王酒业有限公司

宁夏伊品生物科技股份有限公司

宁夏金宇房地产投资集团有限公司

（张明鹏）

# 文 献 目 录

编辑：邱新荣　霍丽娜

**【2010年宁夏回族自治区人大常委会颁布的地方性法规目录】**（15个）

| 法规名称 | 通过时间 | 公布时间 | 施行时间 |
| --- | --- | --- | --- |
| 宁夏回族自治区社会保障资金审计监督条例 | 2010年1月16日宁夏回族自治区第十届人民代表大会常务委员会第十五次会议通过 | 2010年1月16日 | 自2010年3月1日起施行 |
| 宁夏回族自治区实施《中华人民共和国消防法》办法 | 2010年1月16日宁夏回族自治区第十届人民代表大会常务委员会第十五次会议通过 | 2010年1月16日 | 自2010年3月1日起施行 |
| 宁夏回族自治区食品生产加工小作坊和食品摊贩管理办法 | 2010年1月16日宁夏回族自治区第十届人民代表大会常务委员会第十五次会议审议通过 | 2010年1月16日 | 自2010年1月16日起施行 |
| 宁夏回族自治区人民代表大会常务委员会关于加强检察机关法律监督工作的决定 | 2010年1月16日宁夏回族自治区第十届人民代表大会常务委员会第十五次会议审议通过 | 2010年1月16日 | 自2010年1月16日起施行。 |
| 宁夏回族自治区人民代表大会常务委员会关于废止六件地方性法规和两件法规性决定的决定 | 2010年3月31日宁夏回族自治区第十届人民代表大会常务委员会第十六次会议通过 | 2010年3月31日 | 自2010年3月31日起施行 |
| 宁夏回族自治区道路运输管理条例 | 2010年7月30日宁夏回族自治区第十届人民代表大会常务委员会第十八次会议修订通过 | 2010年7月30日 | 自2010年9月1日起施行 |
| 宁夏回族自治区促进中小企业发展条例 | 2010年7月30日宁夏回族自治区第十届人民代表大会常务委员会第十八次会议通过 | 2010年7月30日 | 自2010年9月1日起施行 |
| 宁夏回族自治区实施《中华人民共和国未成年人保护法》办法 | 2010年7月30日宁夏回族自治区第十届人民代表大会常务委员会第十八次会议修订通过 | 2010年7月30日 | 自2010年9月1日起施行 |
| 宁夏回族自治区见义勇为人员奖励和保护条例 | 2010年10月15日宁夏回族自治区第十届人民代表大会常务委员会第二十次会议修订通过 | 2010年10月15日 | 自2010年12月1日起施行 |
| 宁夏回族自治区商品交易市场管理条例 | 2010年10月15日宁夏回族自治区第十届人民代表大会常务委员会第二十次会议修订通过 | 2010年10月15日 | 自2010年12月1日起施行 |
| 宁夏回族自治区防沙治沙条例 | 2010年10月15日宁夏回族自治区第十届人民代表大会常务委员会第二十次会议通过 | 2010年10月15日 | 自2010年12月1日起施行 |
| 宁夏回族自治区企业民主管理条例 | 2010年12月3日宁夏回族自治区第十届人民代表大会常务委员会第二十一次会议通过 | 2010年12月3日 | 自2011年2月1日起施行 |
| 宁夏回族自治区物业管理条例 | 2010年12月3日宁夏回族自治区第十届人民代表大会常务委员会第二十一次会议通过 | 2010年12月3日 | 自2011年2月1日起施行 |

续表

| 法 规 名 称 | 通 过 时 间 | 公布时间 | 施行时间 |
| --- | --- | --- | --- |
| 宁夏回族自治区实施《中华人民共和国科学技术进步法》办法 | 2010年12月3日宁夏回族自治区第十届人民代表大会常务委员会第二十一次会议通过 | 2010年12月3日 | 自2011年2月1日起施行 |
| 宁夏回族自治区实施《中华人民共和国残疾人保障法》办法 | 2010年12月3日宁夏回族自治区第十届人民代表大会常务委员会第二十一次会议修改通过 | 2010年12月3日 | 自2011年2月1日起施行 |

(何建平)

【2010年宁夏回族自治区党委发布重要文件目录】

| 发 文 标 题 | 发 文 文 号 |
| --- | --- |
| 中国宁夏回族自治区委员会2010年工作要点 | 宁党发〔2010〕1号 |
| 关于报送《中共宁夏回族自治区委员会2009年工作总结》和《中共宁夏回族自治区委员会2010年工作要点》的报告 | 宁党发〔2010〕2号 |
| 关于成立中国共产党宁夏回族自治区社会组织工作委员会的通知 | 宁党发〔2010〕3号 |
| 关于中国石油化工股份有限公司宁夏石油分公司党组织隶属关系有关事项的通知 | 宁党发〔2010〕4号 |
| 关于表彰2009年度社会主义新农村建设农民增收先进集体的决定 | 宁党发〔2010〕5号 |
| 关于表彰2009年度自治区机关目标管理考核获优秀等次一等奖单位的决定 | 宁党发〔2010〕6号 |
| 关于做好2010年农业农村工作意见 | 宁党发〔2010〕7号 |
| 关于加强农村环境保护工作的意见 | 宁党发〔2010〕9号 |
| 关于推进学习型党组织建设实施意见 | 宁党发〔2010〕15号 |
| 关于印发《中共宁夏回族自治区委员会巡视工作办法(试行)》的通知 | 宁党发〔2010〕18号 |
| 关于贯彻《2010~2020年深化干部人事制度改革规划纲要》的实施意见 | 宁党发〔2010〕20号 |
| 关于全区开展向海小平同志学习活动的决定 | 宁党发〔2010〕22号 |
| 关于表彰自治区模范集体和劳动模范、先进工作者决定 | 宁党发〔2010〕23号 |
| 关于命名表彰全区首批“文化建设先进县(市、区)”和“历史文化名乡(镇)名村”的决定 | 宁党发〔2010〕25号 |
| 关于印发《2010~2020年全区党政领导班子后备干部队伍建设规划》的通知 | 宁党发〔2010〕26号 |
| 关于促进慈善事业发展的意见 | 宁党发〔2010〕28号 |
| 关于加快转变经济发展方式的意见 | 宁党发〔2010〕29号 |
| 关于做好2010年军队转业干部安置工作的通知 | 宁党发〔2010〕34号 |
| 关于印发《宁夏回族自治区中长期人才发展规划纲要(2010~2020)》的通知 | 宁党发〔2010〕37号 |
| 关于在全区深入开展民族团结进步创建活动的意见 | 宁党发〔2010〕38号 |
| 关于追授陆明宏同志为优秀共产党员的决定 | 宁党发〔2010〕41号 |
| 关于表彰“8·11”抗洪抢险先进单位的通报 | 宁党发〔2010〕42号 |
| 关于加强和改进新形势下党史工作的意见 | 宁党发〔2010〕44号 |
| 关于贯彻中央精神做好当前经济工作的意见 | 宁党发〔2010〕45号 |
| 关于进一步扶持生态移民新村发展的若干意见 | 宁党发〔2010〕46号 |
| 关于促进固原经济社会发展的若干意见 | 宁党发〔2010〕47号 |
| 关于撤销王富伟宁夏回族自治区先进工作者荣誉称号的决定 | 宁党发〔2010〕48号 |
| 关于授予曾杏绯“杰出回族女画家”荣誉称号的决定 | 宁党发〔2010〕53号 |

续表

| 发　文　标　题 | 发文文号 |
| --- | --- |
| 关于认真学习贯彻党的十七届五中全会精神的通知 | 宁党发〔2010〕55号 |
| 关于表彰国防动员工作先进单位和先进个人的通报 | 宁党发〔2010〕58号 |
| 关于表彰奖励全区支援青海玉树抗震救灾先进集体和先进个人的决定 | 宁党发〔2010〕59号 |
| 中共宁夏回族自治区委员会关于制定国民经济和社会发展第十二个五年规划的建议 | 宁党发〔2010〕62号 |
| 关于印发《宁夏中长期教育改革和发展规划纲要(2010~2020年)》的通知 | 宁党发〔2010〕67号 |

（官登华）

**【2010年宁夏回族自治区人民政府发布重要文件目录】**

| 发　文　标　题 | 发文文号 |
| --- | --- |
| 自治区人民政府关于2009年工作总结的报告 | 宁政发〔2010〕2号 |
| 自治区人民政府关于表彰奖励银川海关的决定 | 宁政发〔2010〕5号 |
| 自治区人民政府关于表彰奖励宁夏出入境检验检疫局的决定 | 宁政发〔2010〕6号 |
| 自治区人民政府关于表彰奖励宁夏地震局的决定 | 宁政发〔2010〕7号 |
| 自治区人民政府关于表彰宁夏电力公司的决定 | 宁政发〔2010〕9号 |
| 自治区人民政府关于解决企业职工基本养老保险历史遗留问题的意见 | 宁政发〔2010〕10号 |
| 自治区人民政府关于表彰2009年度计划生育"一无"乡镇街道的决定 | 宁政发〔2010〕11号 |
| 自治区人民政府关于表彰2009年度人口和计划生育星级乡(镇、街道)的决定 | 宁政发〔2010〕12号 |
| 自治区人民政府关于表彰2009年宁东大会战暨绿化先进集体和先进个人的决定 | 宁政发〔2010〕15号 |
| 自治区人民政府关于表彰奖励2009年度城市管理年活动先进市的决定 | 宁政发〔2010〕16号 |
| 自治区人民政府关于表彰奖励2009年"塞上农民新居"建设和农村危房改造先进集体的决定 | 宁政发〔2010〕17号 |
| 自治区人民政府关于表彰2009中国(宁夏)国际投资贸易洽谈会和宁夏(香港)经贸文化旅游活动周先进集体和先进个人的决定 | 宁政发〔2010〕18号 |
| 自治区人民政府关于新型农村合作医疗制度管理职能划转有关问题的通知 | 宁政发〔2010〕19号 |
| 自治区人民政府关于兑现奖励2009年度招商引资目标任务考核奖励的决定 | 宁政发〔2010〕20号 |
| 自治区人民政府关于表彰奖励宁夏邮政公司的决定 | 宁政发〔2010〕22号 |
| 自治区人民政府关于表彰奖励2009年度污染减排先进集体和先进个人的决定 | 宁政发〔2010〕23号 |
| 自治区人民政府关于表彰奖励2009年度耕地保护工作先进市、县(区)的决定 | 宁政发〔2010〕24号 |
| 自治区人民政府关于表彰奖励兰州铁路局的决定 | 宁政发〔2010〕26号 |
| 自治区人民政府关于表彰西部机场集团宁夏机场公司的决定 | 宁政发〔2010〕27号 |
| 自治区人民政府关于2010年实施10项民生计划为民办30件实事责任分工的通知 | 宁政发〔2010〕28号 |
| 宁夏回族自治区人民政府关于支持建立清真食品穆斯林用品保税区的请示 | 宁政发〔2010〕33号 |
| 自治区人民政府关于2010年为民办10件环保实事的通知 | 宁政发〔2010〕34号 |
| 自治区人民政府关于调整吴忠市红寺堡区和同心县局部行政区划的决定 | 宁政发〔2010〕35号 |
| 自治区人民政府关于转发宁夏回族自治区对未取得乡村医生执业证书人员进入村医疗卫生机构执业的暂行规定的通知 | 宁政发〔2010〕41号 |
| 自治区人民政府关于调整吴忠市红寺堡区和盐池县局部行政区划的决定 | 宁政发〔2010〕44号 |
| 自治区人民政府关于批转《宁夏回族自治区注册商标专用权质押贷款办法》的通知 | 宁政发〔2010〕47号 |

续表

| 发文标题 | 发文文号 |
|---|---|
| 自治区人民政府关于开展第一次全区水利普查的通知 | 宁政发〔2010〕49号 |
| 自治区人民政府关于表彰奖励全区农村特困群众危窑危房改造工作先进县(区)、先进集体和先进个人的决定 | 宁政发〔2010〕50号 |
| 宁夏回族自治区人民政府关于2009年节能目标责任评价考核自查情况的报告 | 宁政发〔2010〕51号 |
| 自治区人民政府关于表彰全区法律援助工作先进集体先进个人和十佳法律援助案件的决定 | 宁政发〔2010〕53号 |
| 自治区人民政府关于表彰奖励金融监管部门和金融机构的决定 | 宁政发〔2010〕54号 |
| 自治区人民政府关于印发《宁夏回族自治区安全生产监督管理责任规定》的通知 | 宁政发〔2010〕55号 |
| 自治区人政府关于印发《宁夏回族自治区生产经营单位安全生产主体责任规定》的通知 | 宁政发〔2010〕56号 |
| 自治区人民政府关于扩大新型农村社会养老保险试点范围的通知 | 宁政发〔2010〕57号 |
| 自治区人民政府关于批转全区继续深入开展"安全生产年"活动实施方案的通知 | 宁政发〔2010〕58号 |
| 宁夏回族自治区人民政府关于举办"首届穆斯林人口与发展国际研讨会"的请示 | 宁政发〔2010〕59号 |
| 宁夏回族自治区人民政府、陕西省人民政府关于呈报《陕西省与宁夏回族自治区行政区域界线第二轮联合检查工作情况的报告》 | 宁政发〔2010〕60号 |
| 宁夏回族自治区人民政府关于2009年度耕地保护责任目标履行情况的报告 | 宁政发〔2010〕61号 |
| 自治区人民政府关于表彰全区防震减灾工作先进集体先进单位和先进个人的决定 | 宁政发〔2010〕66号 |
| 自治区人民政府关于提高全区最低工资标准的通知 | 宁政发〔2010〕67号 |
| 自治区人民政府关于调整吴忠市利通区和红寺堡区部分行政区划的决定 | 宁政发〔2010〕68号 |
| 自治区人民政府关于调整灵武市和吴忠市红寺堡区局部行政区划的决定 | 宁政发〔2010〕69号 |
| 自治区人民政府关于聘任侯志德等15人为"特邀安全质量督察员"的通知 | 宁政发〔2010〕71号 |
| 自治区人民政府关于批转宁夏回族自治区中等职业学校农村家庭经济困难学生和涉农专业学生免学费工作实施方案的通知 | 宁政发〔2010〕72号 |
| 自治区人民政府关于印发宁夏农垦系统医疗卫生机构移交地方管理实施方案的通知 | 宁政发〔2010〕73号 |
| 自治区人民政府关于印发全区政务服务网上审批及区市县乡四级政务服务网络建设工作方案的通知 | 宁政发〔2010〕76号 |
| 宁夏回族自治区金牌工人、首席技师选拔管理办法 | 宁政发〔2010〕77号 |
| 自治区人民政府关于追授海小平同志"模范公务员"荣誉称号的决定 | 宁政发〔2010〕78号 |
| 自治区人民政府关于调整灵武市和吴忠市利通区部分行政区划的决定 | 宁政发〔2010〕79号 |
| 宁夏回族自治区著名商标认定程序规定 | 宁政发〔2010〕81号 |
| 自治区人民政府关于批转宁夏回族自治区重大水利工程建设基金征收使用管理暂行办法的通知 | 宁政发〔2010〕83号 |
| 自治区人民政府关于下达2010年度地级市效能目标管理考核职能目标责任书的通知 | 宁政发〔2010〕85号 |
| 自治区人民政府关于印发健康宁夏全民行动实施方案(2010-2012年)的通知 | 宁政发〔2010〕86号 |
| 自治区人民政府关于建立散居孤儿最低养育津贴制度的通知 | 宁政发〔2010〕87号 |
| 关于建立宁夏回族自治区驻外办事处岗位工作绩效奖励制度有关问题的通知 | 宁政发〔2010〕88号 |
| 自治区人民政府关于表彰首届中国(宁夏)国际文化艺术旅游博览会筹办工作先进单位和先进个人的决定 | 宁政发〔2010〕89号 |

续表

| 发　文　标　题 | 发文文号 |
|---|---|
| 宁夏回族自治区人民政府关于试点开办伊斯兰金融业务的情况报告 | 宁政发〔2010〕90号 |
| 自治区人民政府关于加强沿黄城市带重点区域规划建设管理的通知 | 宁政发〔2010〕91号 |
| 自治区人民政府关于开展规范行政处罚自由裁量权工作的通知 | 宁政发〔2010〕92号 |
| 自治区人民政府关于批转2010年深化经济体制改革工作意见的通知 | 宁政发〔2010〕95号 |
| 自治区人民政府关于印发宁夏回族自治区2010年地质灾害防治方案的通知 | 宁政发〔2010〕96号 |
| 宁夏回族自治区人民政府关于2010年节能减排目标和实施方案的报告 | 宁政发〔2010〕97号 |
| 自治区人民政府批转经济和信息化委财政厅关于支持我区软件产业发展若干意见的通知 | 宁政发〔2010〕98号 |
| 自治区人民政府自治区高级人民法院关于建立预防和化解行政争议工作联席会议制度的通知 | 宁政发〔2010〕99号 |
| 自治区人民政府关于加快发展内陆开放型经济的意见 | 宁政发〔2010〕100号 |
| 自治区人民政府关于稳定住房价格促进房地产市场平稳健康发展的意见 | 宁政发〔2010〕101号 |
| 宁夏回族自治区人民政府关于银川市2010年度城市建设用地的请示 | 宁政发〔2010〕102号 |
| 自治区人民政府关于表彰奖励黄河标准化堤防和滨河大道建设先进市县(区)先进集体先进个人的决定 | 宁政发〔2010〕103号 |
| 自治区人民政府关于表彰奖励2009年度农村小康环保行动试点工作优秀县(区)的决定 | 宁政发〔2010〕109号 |
| 自治区人民政府关于石嘴山工业园区升级为国家级经济技术开发区的请示 | 宁政发〔2010〕110号 |
| 自治区人民政府关于表彰奖励2009年度节能降耗先进企业的决定 | 宁政发〔2010〕111号 |
| 自治区人民政府关于印发2010年度节能指标及"十一五"进度指标的通知 | 宁政发〔2010〕112号 |
| 自治区人民政府关于印发《宁夏回族自治区固定资产投资项目节能评估和审查管理办法》的通知 | 宁政发〔2010〕113号 |
| 宁夏回族自治区人民政府关于审批宁夏"十二五"期间年森林采伐限额的请示 | 宁政发〔2010〕114号 |
| 自治区人民政府关于加强司法鉴定统一管理工作的意见 | 宁政发〔2010〕119号 |
| 《宁夏回族自治区储备商品管理办法》《宁夏回族自治区储备肉管理办法》《宁夏回族自治区救灾应急商业代储商品管理办法》和《宁夏回族自治区应急商品数据库管理办法》 | 宁政发〔2010〕120号 |
| 自治区人民政府关于追授陆明宏同志"模范公务员"荣誉称号的决定 | 宁政发〔2010〕121号 |
| 自治区人民政府关于邀请马来西亚前首相马哈蒂尔先生访问宁夏的请示 | 宁政发〔2010〕126号 |
| 自治区人民政府关于加快转变服务业发展方式的实施意见 | 宁政发〔2010〕135号 |
| 关于申请解决中国(宁夏)投资贸易洽谈会暨中国·阿拉伯国家经贸论坛专项支持资金的请示 | 宁政发〔2010〕136号 |
| 自治区人民政府关于加快推进城乡统筹发展的实施意见 | 宁政发〔2010〕137号 |
| 宁夏回族自治区人民政府关于申请撤销孙立军全国劳动模范荣誉称号并取消其相关待遇的请示 | 宁政发〔2010〕138号 |
| 自治区人民政府关于印发《宁夏回族自治区星级信用市场认定管理办法》的通知 | 宁政发〔2010〕140号 |
| 宁夏回族自治区人民政府关于限期清缴问题乳粉的公告 | 宁政发〔2010〕141号 |
| 自治区人民政府关于聘任宋振骐等16名院士和傅卫平等40名专家为"自治区特聘专家"的通知 | 宁政发〔2010〕142号 |

续表

| 发文标题 | 发文文号 |
|---|---|
| 自治区人民政府关于建立宁夏自动化仪表等7个院士工作站和宁夏石膏产业等8个专家服务基地的通知 | 宁政发〔2010〕143号 |
| 自治区人民政府关于表彰奖励2010中国(宁夏)国际投资贸易洽谈会暨首届中国·阿拉伯国家经贸论坛先进集体先进个人和优秀志愿者的决定 | 宁政发〔2010〕146号 |
| 自治区人民政府关于统筹城乡居民基本医疗保险的意见 | 宁政发〔2010〕147号 |
| 自治区人民政府关于表彰奖励参加第四届全国体育大会先进集体和优秀运动员教练员的决定 | 宁政发〔2010〕148号 |
| 自治区人民政府关于表彰奖励全区全民创业先进集体和先进个人的决定 | 宁政发〔2010〕149号 |
| 自治区人民政府关于授予蒂姆·哈维等10名外国专家宁夏六盘山友谊奖的决定 | 宁政发〔2010〕150号 |
| 自治区人民政府关于建立临时救助制度的通知 | 宁政发〔2010〕158号 |
| 自治区人民政府关于表彰奖励第七届全区少数民族传统体育运动会先进单位和先进个人的决定 | 宁政发〔2010〕159号 |
| 自治区人民政府关于发布实施108塔等四处全国重点文物保护单位文物保护规划的通知 | 宁政发〔2010〕160号 |
| 自治区人民政府批转自治区科技厅关于科技创新支撑发展方式转变实施意见的通知 | 宁政发〔2010〕162号 |
| 自治区人民政府关于加快发展方式转变推进工业结构调整的意见 | 宁政发〔2010〕163号 |
| 自治区人民政府关于聘请何建国等同志为特邀督察员的通知 | 宁政发〔2010〕165号 |
| 自治区人民政府关于试行国有资本经营预算的意见 | 宁政发〔2010〕166号 |
| 自治区人民政府关于加快发展公共租赁住房的实施意见 | 宁政发〔2010〕167号 |
| 自治区人民政府关于表彰奖励自治区实施商标战略工作先进县(区)、先进集体和先进个人的决定 | 宁政发〔2010〕168号 |
| 自治区人民政府关于表彰奖励中国驰名商标和第七届宁夏著名商标企业(单位)的决定 | 宁政发〔2010〕169号 |
| 自治区人民政府关于加强价格调控监管稳定市场物价的通知 | 宁政发〔2010〕170号 |
| 自治区人民政府批转自治区住房城乡建设厅等部门关于加快产业结构调整促进建筑业持续健康发展的意见的通知 | 宁政发〔2010〕171号 |
| 自治区人民政府关于上报稳定消费价格总水平保障群众基本生活工作情况的报告 | 宁政发〔2010〕174号 |
| 自治区人民政府关于表彰全区依法行政工作先进集体和先进个人的决定 | 宁政发〔2010〕177号 |
| 宁夏回族自治区人民政府关于贯彻落实国务院26号文件加强"菜篮子"工程建设情况的报告 | 宁政发〔2010〕179号 |
| 自治区人民政府关于采取优惠政策措施启动实施中小企业"百家成长千家培育"发展工程的意见 | 宁政发〔2010〕181号 |
| 自治区人民政府关于淘汰落后产能企业及阶段性停产企业职工安置的意见 | 宁政发〔2010〕182号 |
| 自治区人民政府关于开展乡镇民生服务中心规范化建设的指导意见 | 宁政发〔2010〕183号 |
| 自治区人民政府关于公布第四批自治区文物保护单位的通知 | 宁政发〔2010〕184号 |
| 自治区人民政府关于2009年度自治区科学技术进步奖励的决定 | 宁政发〔2010〕192号 |
| 自治区人民政府关于进一步加快工业园区发展的指导意见 | 宁政发〔2010〕195号 |
| 自治区人民政府关于表彰宁夏参与2010年上海世博会先进单位和先进个人的决定 | 宁政发〔2010〕197号 |
| 自治区人民政府关于进一步促进蔬菜生产保障市场供应和价格基本稳定的通知 | 宁政发〔2010〕198号 |
| 自治区人民政府关于免征自治区政务服务中心产权证税金的批复 | 宁政函〔2010〕213号 |

(何建平)

【2010年宁夏回族自治区政府办公厅发布重要文件目录】

| 发　文　标　题 | 发文文号 |
|---|---|
| 自治区人民政府办公厅转发自治区科技厅《关于科技支撑新能源产业发展的意见》的通知 | 宁政办发〔2009〕4号 |
| 自治区人民政府办公厅关于印发《自治区政府机关领导干部公寓管理办法》的通知 | 宁政办发〔2010〕5号 |
| 自治区人民政府办公厅关于启用宁夏回族自治区黄河标准化堤防工程建设领导小组及其办公室印章的通知 | 宁政办发〔2010〕6号 |
| 自治区人民政府办公厅关于印发自治区人民政府2010年拟定地方性法规(草案)制定政府规章计划的通知 | 宁政办发〔2010〕7号 |
| 自治区人民政府办公厅关于印发政府投资项目拖欠工程款清理工作方案的通知 | 宁政办发〔2010〕8号 |
| 自治区政府办公厅关于重申民生计划新闻发布纪律的通知 | 宁政办发〔2010〕9号 |
| 自治区政府办公厅关于表彰优化行政审批项目流程工作先进单位的决定 | 宁政办发〔2010〕10号 |
| 自治区政府办公厅关于表彰自治区政务服务中心2009年度优秀窗口及先进单位的决定 | 宁政办发〔2010〕11号 |
| 自治区人民政府办公厅关于2009年工作总结的报告 | 宁政办发〔2010〕14号 |
| 自治区人民政府办公厅关于做好《宁夏年鉴》(2010)资料征集工作的通知 | 宁政办发〔2010〕16号 |
| 自治区人民政府办公厅关于印发第七届全区少数民族传统体育运动会实施方案的通知 | 宁政办发〔2010〕18号 |
| 自治区政府办公厅转发自治区民委体育局关于第七届全区少数民族传统体育运动会总规程及单项竞赛规程的通知 | 宁政办发〔2010〕19号 |
| 自治区人民政府办公厅关于启用宁夏回族自治区招商引资工作领导小组及其办公室印章的通知 | 宁政办发〔2010〕21号 |
| 自治区人民政府办公厅关于印发宁夏回族自治区综合性应急救援队伍建设方案的通知 | 宁政办发〔2010〕24号 |
| 自治区人民政府办公厅关于印发王正伟主席在自治区人民政府第四次全体会议上的讲话的通知 | 宁政办发〔2010〕27号 |
| 自治区人民政府办公厅转发自治区经济和信息化委关于加强工业应急管理工作实施意见的通知 | 宁政办发〔2010〕28号 |
| 自治区人民政府办公厅关于调整北京宁夏大厦二期工程建设领导小组的通知 | 宁政办发〔2010〕29号 |
| 自治区人民政府办公厅关于进一步做好农民工工资清欠工作的通知 | 宁政办发〔2010〕30号 |
| 自治区人民政府办公厅转发自治区金融办人民银行银川中心支行关于自治区金融生态环境建设考核评价办法的通知 | 宁政办发〔2010〕31号 |
| 自治区人民政府办公厅关于印发宁夏回族自治区矿产资源开发整合工作方案的通知 | 宁政办发〔2010〕33号 |
| 自治区人民政府办公厅转发自治区人力资源社会保障厅等五部门关于进一步完善支持创业小额担保贷款工作机制的意见的通知 | 宁政办发〔2010〕34号 |
| 自治区人民政府办公厅关于开展农用地产能核算工作的通知 | 宁政办发〔2010〕37号 |
| 自治区政府办公厅关于印发《2009年自治区政府常务会议情况的报告》的通知 | 宁政办发〔2010〕38号 |
| 自治区人民政府办公厅关于公布政府信息公开年度工作报告的通知 | 宁政办发〔2010〕39号 |
| 自治区人民政府办公厅关于转发《财政部、发展改革委、人力资源社会保障部、卫生部关于印发2009年基层医疗卫生机构实施国家基本药物制度和综合改革以奖代补专项资金管理办法的通知》的通知 | 宁政办发〔2010〕40号 |
| 自治区人民政府办公厅转发自治区工商局、发展改革委关于促进宁夏广告业发展的指导意见的通知 | 宁政办发〔2010〕41号 |

续表

| 发文标题 | 发文文号 |
| --- | --- |
| 自治区人民政府办公厅关于印发《包兰铁路宁夏段增建第二线工程征地拆迁安置补偿标准》的通知 | 宁政办发〔2010〕43号 |
| 自治区人民政府办公厅关于印发2009年度耕地保护责任目标履行情况检查工作方案的通知 | 宁政办发〔2010〕44号 |
| 自治区人民政府办公厅关于印发《向全区部分行业派驻特邀安全质量督察小组实施意见(修订稿)》的通知 | 宁政办发〔2010〕45号 |
| 自治区人民政府办公厅关于印发开通沿黄城市带城际公交试点方案的通知 | 宁政办发〔2010〕46号 |
| 自治区人民政府办公厅印发关于加快推进供热计量改革的意见的通知 | 宁政办发〔2010〕47号 |
| 自治区人民政府办公厅关于印发宁夏回族自治区全员人口宏观管理信息化建设实施方案的通知 | 宁政办发〔2010〕49号 |
| 自治区人民政府办公厅关于表彰2009年人大代表建议政协委员提案办理工作先进单位和先进个人的决定 | 宁政办发〔2010〕50号 |
| 自治区人民政府办公厅关于印发2010第二届中国西部(银川)房车生活文化节活动方案的通知 | 宁政办发〔2010〕51号 |
| 自治区人民政府办公厅转发国务院办公厅关于加强和规范各地政府驻北京办事机构管理的意见的通知 | 宁政办发〔2010〕52号 |
| 自治区人民政府办公厅关于成立宁夏支援包兰铁路复线建设领导小组的通知 | 宁政办发〔2010〕53号 |
| 自治区人民政府办公厅关于开展土地出让金清缴等项工作的通知 | 宁政办发〔2010〕55号 |
| 自治区人民政府办公厅关于加强基层应急队伍建设的意见 | 宁政办发〔2010〕56号 |
| 自治区人民政府办公厅关于印发《贯彻落实〈自治区人民政府关于扶持和促进中医药事业发展的意见〉的任务分工》的通知 | 宁政办发〔2010〕57号 |
| 自治区人民政府办公厅关于开展土地管理模范市、县(区)考评活动的通知 | 宁政办发〔2010〕58号 |
| 自治区人民政府办公厅关于成立宁夏回族自治区第十三届运动会筹备工作委员会的通知 | 宁政办发〔2010〕59号 |
| 自治区人民政府办公厅关于认真做好自治区十届人大三次会议代表建议和自治区政协九届三次会议委员提案办理工作的通知 | 宁政办发〔2010〕61号 |
| 自治区人民政府办公厅关于严禁在包兰铁路宁夏段增建第二线工程建设控制范围内抢建抢栽的紧急通知 | 宁政办发〔2010〕64号 |
| 自治区人民政府办公厅关于建设全区政务服务网上审批及区市县乡四级政务服务网络的请示 | 宁政办发〔2010〕65号 |
| 自治区人民政府办公厅关于办理全国人大代表建议和全国政协委员提案的通知 | 宁政办发〔2010〕66号 |
| 自治区人民政府办公厅宁夏军区司令部关于协助做好国防测绘作业有关事项的通知 | 宁政办发〔2010〕68号 |
| 自治区人民政府办公厅关于进一步做好政府信息依法申请公开工作的意见 | 宁政办发〔2010〕69号 |
| 自治区人民政府办公厅转发自治区人力资源社会保障厅财政厅关于进一步完善城镇职工基本医疗保险有关问题的意见的通知 | 宁政办发〔2010〕71号 |
| 自治区人民政府办公厅关于公布自治区工业龙头企业名单的通知 | 宁政办发〔2010〕72号 |
| 自治区人民政府办公厅关于印发第二届中国(宁夏)国际文化艺术旅游博览会总体方案的通知 | 宁政办发〔2010〕73号 |
| 自治区人民政府办公厅关于认真做好节约粮食反对浪费工作的通知 | 宁政办发〔2010〕74号 |
| 自治区人民政府办公厅转发自治区教育厅财政厅关于实施中南部地区农村义务教育阶段公办学校学生营养早餐工程意见的通知 | 宁政办发〔2010〕75号 |
| 自治区人民政府办公厅关于印发全区构筑社会消防安全防火墙工程实施方案的通知 | 宁政办发〔2010〕76号 |

续表

| 发文标题 | 发文文号 |
| --- | --- |
| 自治区人民政府办公厅关于启用宁夏回族自治区节水型社会建设工作领导小组办公室印章的通知 | 宁政办发〔2010〕77号 |
| 自治区人民政府办公厅印发贯彻落实自治区人民政府关于促进石嘴山市经济转型与可持续发展的意见重点工作分工方案的通知 | 宁政办发〔2010〕78号 |
| 自治区人民政府办公厅关于2010年第一季度自治区人民政府常务会议落实情况的通报 | 宁政办发〔2010〕79号 |
| 自治区人民政府办公厅关于印发宁夏回族自治区消防安全监管厅际联席会议制度的通知 | 宁政办发〔2010〕80号 |
| 自治区人民政府办公厅关于协助做好2010年度国家1:50000基础地理信息数据库更新工作的通知 | 宁政办发〔2010〕83号 |
| 自治区人民政府办公厅转发自治区经济和信息化委2010年度全区政府信息系统安全检查指南的通知 | 宁政办发〔2010〕85号 |
| 自治区人民政府办公厅关于加强工业园区统计、考核和评价工作的通知 | 宁政办发〔2010〕86号 |
| 自治区人民政府办公厅关于建立自治区50户工业龙头企业联席会议制度的通知 | 宁政办发〔2010〕87号 |
| 自治区人民政府办公厅关于印发2010中国能源化工金三角(宁东、鄂尔多斯、榆林)发展战略高峰论坛方案的通知 | 宁政办发〔2010〕88号 |
| 自治区人民政府办公厅关于做好规章和规范性文件清理工作的通知 | 宁政办发〔2010〕90号 |
| 自治区人民政府办公厅转发自治区人力资源社会保障厅等四部门关于公共卫生与基层医疗卫生事业单位实施绩效工资意见的通知 | 宁政办发〔2010〕91号 |
| 自治区人民政府办公厅关于建立规范市场中介组织联席会议制度的通知 | 宁政办发〔2010〕92号 |
| 自治区人民政府办公厅关于成立政府规章、规范性文件清理领导小组的通知 | 宁政办发〔2010〕93号 |
| 自治区人民政府办公厅关于印发2010中国(宁夏)国际投资贸易洽谈会和中国·阿拉伯国家经贸论坛组委会第一次会议暨北京新闻发布会实施方案的通知 | 宁政办发〔2010〕95号 |
| 自治区人民政府办公厅关于开展征地拆迁管理工作专项检查的通知 | 宁政办发〔2010〕96号 |
| 自治区人民政府办公厅关于印发第二届中国西部(银川)服装服饰艺术节·第三届中国(宁夏)国际羊绒博览会实施方案的通知 | 宁政办发〔2010〕97号 |
| 自治区人民政府办公厅关于加快新能源装备制造业发展的意见 | 宁政办发〔2010〕98号 |
| 自治区人民政府办公厅关于印发第二届中国(宁夏)园艺博览会实施方案的通知 | 宁政办发〔2010〕99号 |
| 自治区人民政府办公厅关于转发2010年度主要污染物总量减排计划的通知 | 宁政办发〔2010〕100号 |
| 自治区人民政府办公厅关于认真做好迎接2010年全国干线公路养护与管理检查工作的通知 | 宁政办发〔2010〕101号 |
| 自治区人民政府办公厅关于印发自治区医药卫生体制五项重点改革2010年度主要工作任务安排的通知 | 宁政办发〔2010〕102号 |
| 自治区人民政府办公厅转发自治区人力资源社会保障厅关于进一步做好城乡劳动力职业技能培训促进就业创业的意见的通知 | 宁政办发〔2010〕106号 |
| 自治区人民政府办公厅关于印发宁夏回族自治区企业安全生产费用提取和使用管理办法的通知 | 宁政办发〔2010〕107号 |
| 自治区人民政府办公厅关于印发宁夏回族自治区企业安全生产风险抵押金管理实施细则的通知 | 宁政办发〔2010〕108号 |
| 自治区人民政府办公厅关于在全区开展农村抽样调查样本轮换和城镇住户基本情况调查工作的通知 | 宁政办发〔2010〕110号 |

续表

| 发文标题 | 发文文号 |
| --- | --- |
| 自治区人民政府办公厅转发自治区住房城乡建设厅等五部门关于加快推进城市和国有工矿棚户区改造的实施意见的通知 | 宁政办发〔2010〕111 号 |
| 自治区人民政府办公厅关于成立自治区强农惠农资金专项清查工作领导小组的通知 | 宁政办发〔2010〕113 号 |
| 自治区人民政府办公厅关于做好银川河东机场规划用地控制和净空电磁环境保护工作的通知 | 宁政办发〔2010〕114 号 |
| 自治区人民政府办公厅关于启用宁夏回族自治区第十三届运动会组织委员会暨办公室印章的通知 | 宁政办发〔2010〕115 号 |
| 自治区人民政府办公厅关于 2010 年第二季度自治区人民政府常务会议落实情况的通报 | 宁政办发〔2010〕116 号 |
| 自治区人民政府办公厅关于印发宁夏回族自治区可再生能源建筑应用发展规划(2010～2020)的通知 | 宁政办发〔2010〕117 号 |
| 自治区人民政府办公厅关于印发宁夏回族自治区打击传销举报奖励办法的通知 | 宁政办发〔2010〕118 号 |
| 自治区人民政府办公厅关于暂停全区行政区划和地名变更审批工作的通知 | 宁政办发〔2010〕120 号 |
| 自治区人民政府办公厅关于成立全区道路运输管理体制调整工作小组的通知 | 宁政办发〔2010〕121 号 |
| 自治区人民政府办公厅关于建立国土资源行政执法联席会议制度的通知 | 宁政办发〔2010〕122 号 |
| 自治区人民政府办公厅关于转发推进光纤宽带网络建设实施方案和推进第三代移动通信网络建设实施方案的通知 | 宁政办发〔2010〕123 号 |
| 自治区政府办公厅关于转发财政厅宁夏农业保险实施方案的通知 | 宁政办发〔2010〕124 号 |
| 自治区人民政府办公厅转发自治区科技厅等部门关于自治区现代农业示范基地科技支撑方案的通知 | 宁政办发〔2010〕125 号 |
| 自治区人民政府办公厅关于转发财政厅物价局公安厅《宁夏回族自治区公共消防设施建设费征收管理和使用办法》的通知 | 宁政办发〔2010〕126 号 |
| 自治区人民政府办公厅印发自治区关于促进生物产业加快发展的意见的通知 | 宁政办发〔2010〕128 号 |
| 自治区人民政府办公厅转发自治区全民科学素质纲要实施工作办公室《关于五市贯彻落实全民科学素质行动计划纲要督察意见》的通知 | 宁政办发〔2010〕129 号 |
| 自治区人民政府办公厅关于印发自治区防震减灾领导小组应对地震灾害工作方案的通知 | 宁政办发〔2010〕130 号 |
| 自治区人民政府办公厅关于转发自治区 2010～2012 年农村环境连片整治示范工作方案的通知 | 宁政办发〔2010〕133 号 |
| 自治区人民政府办公厅关于印发《神华宁煤集团煤炭化学工业公司烯烃项目试生产开车应急处置预案》的通知 | 宁政办发〔2010〕135 号 |
| 自治区人民政府办公厅关于印发"美丽宁夏·黄河金岸"全国画报媒体宁夏大采风活动方案的通知 | 宁政办发〔2010〕136 号 |
| 自治区人民政府办公厅转发自治区经济和信息化委关于加快自治区 50 户工业龙头企业发展意见的通知 | 宁政办发〔2010〕137 号 |
| 自治区人民政府办公厅关于印发《宁东能源化工基地重特大生产安全事故应急救援预案》的通知 | 宁政办发〔2010〕138 号 |
| 自治区人民政府办公厅关于印发宁夏回族自治区地沟油整治和餐厨废弃物规范管理工作实施方案的通知 | 宁政办发〔2010〕139 号 |
| 自治区人民政府办公厅关于印发 2010 中国西部国际艺术双年展筹备工作方案的通知 | 宁政办发〔2010〕140 号 |
| 自治区人民政府办公厅关于印发宁夏回族自治区农村基层医疗卫生人员培养招聘使用实施方案的通知 | 宁政办发〔2010〕141 号 |

续表

| 发　文　标　题 | 发文文号 |
|---|---|
| 自治区人民政府办公厅关于印发宁夏回族自治区气象灾害应急预案的通知 | 宁政办发〔2010〕142 号 |
| 自治区人民政府办公厅关于部分市、区分管领导缺席全区消除麻疹暨 2010 年麻疹疫苗强化免疫工作电视电话会议的通报 | 宁政办发〔2010〕143 号 |
| 自治区人民政府办公厅关于转发深化行政审批制度改革工作实施方案的通知 | 宁政办发〔2010〕144 号 |
| 自治区人民政府办公厅关于进一步强化污染减排工作确保完成"十一五"目标任务的通知 | 宁政办发〔2010〕146 号 |
| 自治区人民政府办公厅关于转发宁夏农村环境综合整治目标责任制考核办法（试行）和 2010 年宁夏农村环境综合整治目标责任制考核工作实施方案的通知 | 宁政办发〔2010〕147 号 |
| 自治区人民政府办公厅关于转发《黄河出版传媒集团、自治区宗教局关于在全区实施"文化图书进宗教场所工程"的意见》的通知 | 宁政办发〔2010〕148 号 |
| 自治区人民政府办公厅关于承办新农保新农合金融业务银行开户的通知 | 宁政办发〔2010〕149 号 |
| 自治区人民政府办公厅关于表彰 2009 年度全区公文处理暨政务信息工作先进集体和先进个人的决定 | 宁政办发〔2010〕150 号 |
| 自治区人民政府办公厅关于成立和调整部分工作领导小组的通知 | 宁政办发〔2010〕151 号 |
| 自治区人民政府办公厅关于印发《宁夏回族自治区预防接种异常反应补偿办法》的通知 | 宁政办发〔2010〕152 号 |
| 自治区人民政府办公厅关于进一步加强应急值守和突发事件信息报告工作的通知 | 宁政办发〔2010〕154 号 |
| 自治区人民政府办公厅关于转发宁夏回族自治区煤矿安全质量标准化考核评级办法（试行）的通知 | 宁政办发〔2010〕155 号 |
| 自治区人民政府办公厅转发自治区环境保护厅关于进一步加强生态建设与环境保护促进全区经济发展方式转变的实施意见的通知 | 宁政办发〔2010〕156 号 |
| 自治区人民政府办公厅关于协助开展地震监测工作的通知 | 宁政办发〔2010〕157 号 |
| 自治区人民政府办公厅关于做好秋粮收购和当前粮食市场调控工作的通知 | 宁政办发〔2010〕159 号 |
| 自治区人民政府办公厅关于印发《全区开展土地卫片执法检查预警行动方案》的通知 | 宁政办发〔2010〕160 号 |
| 自治区人民政府办公厅关于做好政府融资平台债务清理与核实工作的紧急通知 | 宁政办发〔2010〕164 号 |
| 自治区人民政府办公厅关于 2010 年第三季度自治区人民政府常务会议落实情况的通报 | 宁政办发〔2010〕165 号 |
| 自治区人民政府办公厅关于开展县级行政区域界线第二轮联合检查的通知 | 宁政办发〔2010〕166 号 |
| 自治区人民政府办公厅转发自治区农牧厅关于进一步加快全区适水产业发展意见的通知 | 宁政办发〔2010〕168 号 |
| 自治区人民政府办公厅转发环境保护厅等部门关于推进大气污染联防联控工作实施方案的通知 | 宁政办发〔2010〕169 号 |
| 自治区人民政府办公厅关于印发《自治区贯彻落实〈国务院关于进一步加强企业安全生产工作的通知〉重点工作分工方案》的通知 | 宁政办发〔2010〕170 号 |
| 自治区人民政府办公厅关于印发宁夏回族自治区严厉打击非法集资工作实施意见的通知 | 宁政办发〔2010〕173 号 |
| 自治区人民政府办公厅关于对阶段性停产能耗企业实施政策扶持的通知 | 宁政办发〔2010〕174 号 |
| 自治区人民政府办公厅关于印发宁夏代表团参加第九届全国少数民族传统体育运动会筹备工作方案和奖励办法的通知 | 宁政办发〔2010〕175 号 |
| 自治区人民政府办公厅关于做好煤矿安全生产和瓦斯防治工作的通知 | 宁政办发〔2010〕176 号 |
| 自治区人民政府办公厅关于印发打击侵犯知识产权和制售假冒伪劣商品专项行动方案的通知 | 宁政办发〔2010〕177 号 |
| 自治区人民政府办公厅关于评估验收固原市原州区等四县区创建教育强县区暨县级政府教育工作情况的通报 | 宁政办发〔2010〕180 号 |

续表

| 发　文　标　题 | 发文文号 |
|---|---|
| 自治区人民政府办公厅关于评估验收贺兰县等九县区基本普及高中阶段教育工作情况的通报 | 宁政办发〔2010〕181号 |
| 自治区人民政府办公厅关于加强污染源普查动态更新调查工作的通知 | 宁政办发〔2010〕183号 |
| 自治区人民政府办公厅转发体育局等部门关于进一步加强运动员文化教育和运动员保障工作实施意见的通知 | 宁政办发〔2010〕184号 |
| 自治区人民政府办公厅关于印发加强电力需求预测管理工作实施方案的通知 | 宁政办发〔2010〕185号 |
| 自治区人民政府办公厅转发自治区人力资源社会保障厅、财政厅关于其他事业单位实施绩效工资的意见的通知 | 宁政办发〔2010〕186号 |
| 自治区人民政府办公厅关于印发宁夏回族自治区清理化解村级债务实施方案的通知 | 宁政办发〔2010〕187号 |
| 自治区人民政府办公厅关于建立普通高中家庭经济困难学生国家资助制度的通知 | 宁政办发〔2010〕188号 |

（何建平）

# 索　　引

说明：

1. 本索引以主题分析方法为主，按主题词首字汉语拼音字母顺序排列。

2. 主题词后的数字表示内容所在的页码，数字后面的 a、b、c 表示该页自左至右的栏别。

3. 为便于读者检索，在宁夏的企事业单位和在宁夏发生的事件名称前的“宁夏”二字，除易产生歧义者外均予省略。

**K**



**L**



**M**



**N**



**Q**



**R**



**S**



**T**



**W**



**X**

## Y



## Z

# 彩页目录